# NomosKommentar

Dr. Dieter Hömig [Hrsg.]
mitbegründet von Dr. Karl-Heinz Seifert †

# Grundgesetz
## für die Bundesrepublik Deutschland

**10. Auflage**

**Dr. Dr. Michael Antoni**, Staatssekretär a.D., früher Sächsisches Staatsministerium des Innern I **Dr. Reinhard Bergmann**, Ministerialrat a.D., früher Bundesministerium des Innern I **Ulf Domgörgen**, Vorsitzender Richter am Bundesverwaltungsgericht I **Dr. Dieter Hömig**, Richter des Bundesverfassungsgerichts a.D. I **Andreas Kienemund**, Ministerialrat im Bundesministerium der Finanzen I **Dr. Horst Risse**, Staatssekretär, Direktor beim Deutschen Bundestag I **Dr. Klaus-Dieter Schnapauff**, Ministerialdirektor a.D., früher Bundesministerium des Innern I **Dr. Peter Silberkuhl**, Vorsitzender Richter am Bundesverwaltungsgericht a.D.

Nomos

Die Deutsche Nationalbibliothek verzeichnet diese Publikation in
der Deutschen Nationalbibliografie; detaillierte bibliografische
Daten sind im Internet über http://dnb.d-nb.de abrufbar.

ISBN 978-3-8487-0270-1

10. Auflage 2013

# Inhaltsverzeichnis

## Vorwort zur 10. Auflage

2011: 60 Jahre Bundesverfassungsgericht. 2012: 30 Jahre Erläuterungen des Grundgesetzes für die Bundesrepublik Deutschland im und durch den gebundenen Nomos-Kommentar. Da trifft es sich gut, dass diese vornehmlich aus der Sicht des Praktikers geschriebenen Erläuterungen jetzt - im Wesentlichen mit Stand Herbst 2012 - in 10. Auflage erscheinen. Die neue Auflage bleibt der von Anfang an ins Auge gefassten Linie des Erläuterungsbuchs treu, seine Nutzer, seien sie Studierende, Praktiker oder einfach nur am Verfassungsrecht interessierte Bürger, so inhaltsreich, übersichtlich und verständlich wie möglich über die Bedeutung der Artikel des Grundgesetzes zu informieren (Vorwort vom 1. September 1982). Dabei waren diesmal vorrangig Rechtsprechung und Schrifttum in den Kommentar zu integrieren.

Änderungen des Grundgesetzes waren nur in zwei Fällen zu berücksichtigen. Der neue Art. 91 e GG als verfassungsrechtliche Grundlage für ein Zusammenwirken von Bund und Ländern bei der verwaltungsmäßigen Bewältigung der Grundsicherung für Arbeitsuchende und die Erweiterung des Art. 93 Abs. 1 GG um eine Nr. 4 c mit der Möglichkeit, gegen die Nichtanerkennung als Partei einer zur Teilnahme an der Bundestagswahl bereiten Vereinigung beim Bundesverfassungsgericht Beschwerde zu erheben, werden den Nutzern des Kommentars knapp, aber möglichst praxisgerecht vorgestellt. Darüber hinaus und vor allem ist die seit dem Erscheinen der Vorauflage ergangene Rechtsprechung in die einschlägigen Verfassungsartikel eingearbeitet. Das gilt neben der mit Verfassungsfragen befassten Judikatur der Fachgerichte insbesondere für die Rechtsprechung des Bundesverfassungsgerichts, die, soweit sie sich mit der europäischen Staatsschulden- und Finanzmarktkrise zu befassen hatte, teils völlig neue und durchweg erweiterte Erläuterungen des Art. 23 GG, aber auch der Art. 110, 115 GG und im Wahlrecht notwendig gemacht hat. Dass in die Kommentierung überdies durchgängig die einschlägige verfassungsrechtliche Literatur eingegangen ist, versteht sich von selbst, auch wenn dies aus den Gründen des Vorworts von 1982 oft nicht sichtbar gemacht werden konnte. Berücksichtigt ist schließlich auch die Bundeswehrstrukturreform einschließlich der Suspendierung der Wehrpflicht und der sie flankierenden Maßnahmen.

Zwei Neuerungen, zu denen wir uns in der 10. Auflage entschlossen haben, verdienen besondere Erwähnung. Im Interesse vor allem unserer studierenden Leserinnen und Leser enthalten die Vorbemerkungen zu Art. 1 und Art. 70 GG erstmals Hinweise, wie bei der Bearbeitung und Prüfung verfassungsrechtlicher Fälle am Maßstab der Grundrechte und der Kompetenznormen des Grundgesetzes methodisch vorgegangen werden sollte; dazu gesellt sich die Darstellung der Prüfungsreihenfolge in den Erläuterungen des Art. 34 GG. Und die zweite Neuerung: In der Kommentierung vor allem des Art. 93 GG wird, wo zum Verständnis notwendig oder wenigstens hilfreich, verstärkt auf die das Grundgesetz begleitenden und sie ergänzenden verfassungsprozessualen Normen des Bundesverfassungsgerichtsgesetzes Bezug genommen.

Wir wollen auch auf diese Weise bei unseren Nutzern weiter für unser Grundgesetz werben, das ob seiner unverändert stabilisierenden Wirkung für Staat und Gesellschaft in der politischen Debatte nicht vorschnell und ohne Rücksicht auf die Konsequenzen eines solchen Schritts zur Disposition gestellt werden sollte.

Plankstadt/Dresden/Berlin/Meckenheim, den 5. März 2013
*Die Verfasser*

## Vorwort zur 1. Auflage

Dieses Erläuterungswerk will ein Taschenkommentar im ursprünglichen Sinne des Wortes sein, ein handliches, leicht mitnehmbares Buch, das seinen Besitzer so knapp, aber auch so inhaltsreich, übersichtlich und verständlich wie möglich über die Bedeutung der Artikel des Grundgesetzes für die Bundesrepublik Deutschland informiert. Es geht bewusst einen anderen Weg als die Großkommentare der Nachkriegszeit, deren Umfang offenbar noch immer nicht an seine Grenzen gestoßen ist. Ein knapper Grundgesetzkommentar erfordert Selbstbeschränkung in verschiedener Hinsicht. Das hier vorgelegte Erläuterungswerk verzichtet daher zunächst einmal auf die Behandlung von Annexmaterien und beschränkt sich grundsätzlich auf das, was die Verfassung sagt. Verzichtet wurde ebenso auf verfassungsgeschichtliche Rückblicke, rechtspolitische Erörterungen, ideologische Auseinandersetzungen und die Behandlung zahlreicher Fragen, denen mehr oder weniger nur eine theoretische Bedeutung zukommt. Das folgende Erläuterungsbuch ist ein Kommentar von Praktikern der Ministerialverwaltung für die Praxis. Es wendet sich aber nicht nur an den Praktiker, sondern an jeden juristisch oder politisch Vorgebildeten, der sich über den wesentlichen Inhalt des Grundgesetzes und seiner Bestimmungen praxisnah unterrichten will. Auch der Umfang der zu den einzelnen Artikeln gegebenen Erläuterungen ist betont nach ihrer Bedeutung in der Verfassungswirklichkeit abgestuft. Diese wird von der Staatspraxis der Verfassungsorgane und heute wie nie zuvor von der Rechtsprechung der Gerichte bestimmt. Der Kommentar bringt daher vor allem ausführliche Nachweise über die jeweils einschlägige Verfassungsrechtsprechung. Dagegen musste von den bei vielen Artikeln kaum noch zu übersehenden Schrifttumsnachweisen grundsätzlich abgesehen werden. Die jeweiligen Erläuterungen entsprechen in der Regel der von den Verfassern kritisch überprüften herrschenden Meinung. Es kann also im Allgemeinen davon ausgegangen werden, dass auch die großen Kommentare zum Grundgesetz und die Rechtsprechung auf dieser Linie liegen. Wo wichtige Stimmen im Schrifttum oder Gerichtsentscheidungen eine abweichende Meinung vertreten oder grundlegende Bedeutung für die Auslegung einer Vorschrift gewonnen haben, sind sie vermerkt. Noch ungeklärte Fragen sind als streitig gekennzeichnet. Zum Streitstand im Einzelnen und den Standpunkten, die die verschiedenen Autoren oder Gerichte vertreten, muss auf die Großkommentare verwiesen werden, ebenso für die wissenschaftliche Vertiefung der Probleme. Wo die Verfasser von der herrschenden Meinung abweichende Auffassungen vertreten, ist dies besonders angegeben. Rechtsprechung und Schrifttum sind bis Ende 1981, verschiedentlich aber auch bis Mitte 1982 berücksichtigt.

Bonn, den 1. September 1982

*Die Verfasser*

## Bearbeiterverzeichnis

| Bearbeiter | Artikel/Bearbeitungsgegenstand |
|---|---|
| Antoni | 1, 2, 5, 6, 11, 14-16 a, 18-20, 34, 116, 131, 135 a, 143 |
| Bergmann | 3, 4, 8, 9, 12 a, 33, 36, 44, 45 a, 62-69, 117, 137-140 |
| Domgörgen | 22, 54-61 |
| Hömig | Einführung, Präambel, 7, 10, 12, 13, 17, 17 a, 20 a, 28, 30, 35, 37, 39, 43, 45 b-48, 76-78, 82-91, 92-104, 120-121, 123-125, 126-130, 133, 136, 141, 142, 143 a, 143 b, 145, 146, Stichwortverzeichnis |
| Kienemund | 91 a-91 e, 104 a-115, 125 c, 143 c, 143 d |
| Risse | 23-27, 29, 31, 32, 40, 42, 45, 50-53 a, 115 a-115 l, 118-119, 122, 144 |
| Schnapauff | 70-75, 79-81, 125 a, 125 b, 134, 135 |
| Silberkuhl | 21, 38, 41 |

Die Vorbemerkungen zu den einzelnen Abschnitten des Grundgesetzes stammen jeweils von dem Bearbeiter des folgenden ersten Abschnittsartikels.

## Abkürzungen

*Gesetze* werden hier durchgängig und im Text grundsätzlich nur mit ihrem Ursprungsdatum oder, soweit später eine Neubekanntmachung erfolgt ist, nur mit deren Datum (= i.d.F. vom) angegeben. Wo es für das Verständnis der Kommentierung hilfreich oder notwendig ist, wird in den Erläuterungen darüber hinaus auch auf spätere Änderungen hingewiesen. *Entscheidungen des Bundesverfassungsgerichts* werden, soweit es sich um Senatsentscheidungen handelt, nach der Entscheidungssammlung BVerfGE, sonst als Urteil (U.) oder Beschluss (Beschl.) mit Datum und Aktenzeichen zitiert; alle anderen Judikate dieses Gerichts sind Entscheidungen der dort gemäß § 15 a BVerfGG gebildeten Kammern.

| | |
|---|---|
| a.A. | anderer Ansicht |
| a.a.O. | am angegebenen Ort |
| Abg. | Abgeordnete(r) |
| AbgG | Gesetz über die Rechtsverhältnisse der Mitglieder des Deutschen Bundestages (Abgeordnetengesetz) i.d.F. vom 21.2.1996 (BGBl I S. 326) |
| ABl | Amtsblatt |
| ABlEG | Amtsblatt der Europäischen Gemeinschaften |
| ABlEU | Amtsblatt der Europäischen Union |
| Abs. | Absatz |
| abw. | abweichend |
| AcP | Archiv für die civilistische Praxis |
| a.E. | am Ende |
| AEG | Allgemeines Eisenbahngesetz vom 27.12.1993 (BGBl I S. 2378, 2396) |
| AEUV | Vertrag über die Arbeitsweise der Europäischen Union i.d.F. des Vertrags von Lissabon vom 13.12.2007 (BGBl 2008 II S. 1039, 1054) |
| a.f. | alte(r) Fassung |
| AG | Aktiengesellschaft, Amtsgericht |
| AGG | Allgemeines Gleichbehandlungsgesetz vom 14.8.2006 (BGBl I S. 1897) |
| allg. | allgemein |
| allg. M. | allgemeine Meinung |
| AllMBl | Allgemeines Ministerialblatt |
| ALR | Allgemeines Landrecht für die preußischen Staaten |
| Altern. | Alternative |
| a.M. | anderer Meinung |
| Anh. | Anhang |
| Anm. | Anmerkung |
| AO | Abgabenordnung i.d.F. vom 1.10.2002 (BGBl I S. 3866) |
| AöR | Archiv des öffentlichen Rechts |
| AP | Arbeitsrechtliche Praxis |
| ArbGG | Arbeitsgerichtsgesetz i.d.F. vom 2.7.1979 (BGBl I S. 853) |

| | |
|---|---|
| arg. | argumentum |
| Art. | Artikel |
| AS | Amtliche Sammlung von Entscheidungen der Oberverwaltungsgerichte Rheinland-Pfalz und Saarland mit Entscheidungen der Verfassungsgerichtshöfe beider Länder |
| AsylVfG | Asylverfahrensgesetz i.d.F. vom 2.9.2008 (BGBl I S. 1798) |
| AtG | Gesetz über die friedliche Verwendung der Kernenergie und den Schutz gegen ihre Gefahren (Atomgesetz) i.d.F. vom 15.7.1985 (BGBl I S. 1565) |
| AufenthG | Gesetz über den Aufenthalt, die Erwerbstätigkeit und die Integration von Ausländern im Bundesgebiet (Aufenthaltsgesetz) i.d.F. vom 25.2.2008 (BGBl I S. 162) |
| Aufl. | Auflage |
| AuR | Arbeit und Recht |
| AuslG a.F. | Ausländergesetz vom 28.4.1965 (BGBl I S. 353) |
| AWG | Außenwirtschaftsgesetz i.d.F. vom 27.5.2009 (BGBl I S. 1150) |
| | |
| BAFG | Gesetz über die Errichtung des Bundesaufsichtsamtes für Flugsicherung vom 29.7.2009 (BGBl I S. 2424) |
| BAG | Bundesarbeitsgericht |
| BAGE | Entscheidungen des Bundesarbeitsgerichts |
| BAnz | Bundesanzeiger |
| BauGB | Baugesetzbuch i.d.F. vom 23.9.2004 (BGBl I S. 2414) |
| BayObLG | Bayerisches Oberstes Landesgericht |
| BayVBl | Bayerische Verwaltungsblätter |
| BayVerf | Verfassung des Freistaates Bayern i.d.F. vom 15.12.1998 (GVBl S. 991) |
| BayVerfGH | Bayerischer Verfassungsgerichtshof und Entscheidungen des Bayerischen Verfassungsgerichtshofs |
| BayVGH | VGH München und Sammlung von Entscheidungen des Bayerischen Verwaltungsgerichtshofs |
| BB | Betriebs-Berater |
| BBank | Deutsche Bundesbank |
| BBankG | Gesetz über die Deutsche Bundesbank i.d.F. vom 22.10.1992 (BGBl I S. 1782) |
| BBergG | Bundesberggesetz vom 13.8.1980 (BGBl I S. 1310) |
| BBesG | Bundesbesoldungsgesetz i.d.F. vom 19.6.2009 (BGBl I S. 1434) |
| BBG | Bundesbeamtengesetz vom 5.2.2009 (BGBl I S. 160) |
| Bbg | Brandenburgisch |
| Bd. | Band |
| BDG | Bundesdisziplinargesetz vom 9.7.2001 (BGBl I S. 1510) |

| | |
|---|---|
| BeamtStG | Gesetz zur Regelung des Statusrechts der Beamtinnen und Beamten in den Ländern (Beamtenstatusgesetz) vom 17.6.2008 (BGBl I S. 1010) |
| BeamtVG | Gesetz über die Versorgung der Beamten und Richter in Bund und Ländern (Beamtenversorgungsgesetz) i.d.F. vom 24.2.2010 (BGBl I S. 150) |
| Beil. | Beilage |
| Bek. | Bekanntmachung |
| Beschl. | Beschluss |
| bestr. | bestritten |
| betr. | betreffend(e) |
| BetrAV | Betriebliche Altersversorgung |
| BewG | Bewertungsgesetz i.d.F. vom 1.2.1991 (BGBl I S. 230) |
| BEZ | Bundesergänzungszuweisungen |
| BfD | Bundesbeauftragter für den Datenschutz |
| BFH | Bundesfinanzhof |
| BFHE | Entscheidungen des Bundesfinanzhofs |
| BFH/NV | Sammlung amtlich nicht veröffentlichter Entscheidungen des Bundesfinanzhofs |
| BGB | Bürgerliches Gesetzbuch i.d.F. vom 2.1.2002 (BGBl I S. 42) |
| BGBl | Bundesgesetzblatt |
| BGH | Bundesgerichtshof |
| BGHSt | Entscheidungen des Bundesgerichtshofs in Strafsachen |
| BGHZ | Entscheidungen des Bundesgerichtshofs in Zivilsachen |
| BGleiG | Gesetz zur Gleichstellung von Frauen und Männern in der Bundesverwaltung und in den Gerichten des Bundes (Bundesgleichstellungsgesetz) vom 30.11.2001 (BGBl I S. 3234) |
| BGS | Bundesgrenzschutz |
| BGSG a.F. | Gesetz über den Bundesgrenzschutz (Bundesgrenzschutzgesetz) vom 18.8.1972 (BGBl I S. 1834) |
| BHO | Bundeshaushaltsordnung vom 19.8.1969 (BGBl I S. 1284) |
| BImSchG | Gesetz zum Schutz vor schädlichen Umwelteinwirkungen durch Luftverunreinigungen, Geräusche, Erschütterungen und ähnliche Vorgänge (Bundes-Immissionsschutzgesetz) i.d.F. vom 26.9.2002 (BGBl I S. 3830) |
| BJagdG | Bundesjagdgesetz i.d.F. vom 29.9.1976 (BGBl I S. 2849) |
| BKA | Bundeskriminal(polizei)amt |
| BKAG | BundeskriminalamtG vom 7.7.1997 (BGBl I S. 1650) |
| BKanzler(in) | Bundeskanzler(in) |
| BK-Gewalt | Befehls- und Kommandogewalt |
| Bln | Berlin, Berliner |
| BLV | Verordnung über die Laufbahnen der Bundesbeamtinnen und Bundesbeamten (Bundeslaufbahnverordnung) vom 12.2.2009 (BGBl I S. 284) |

| | |
|---|---|
| BMF | Bundesminister(ium) der Finanzen |
| BMI | Bundesminister(ium) des Innern |
| BMinG | Gesetz über die Rechtsverhältnisse der Mitglieder der Bundesregierung (Bundesministergesetz) i.d.F. vom 27.7.1971 (BGBl I S. 1166) |
| BMinister | Bundesminister |
| BMinisterium(en) | Bundesministerium(en) |
| BMJ | Bundesminister(ium) der Justiz |
| BMU | Bundesminister(ium) für Umwelt, Naturschutz und Reaktorsicherheit |
| BMVg | Bundesminister(ium) für/der Verteidigung |
| BNatSchG | Gesetz über Naturschutz und Landschaftspflege (Bundesnaturschutzgesetz) vom 29.7.2009 (BGBl I S. 2542) |
| BND | Bundesnachrichtendienst |
| BNDG | Gesetz über den Bundesnachrichtendienst vom 20.12.1990 (BGBl I S. 2954, 2979) |
| BNetzAG | Gesetz über die Bundesnetzagentur für Elektrizität, Gas, Telekommunikation, Post und Eisenbahnen vom 7.7.2005 (BGBl I S. 2009) |
| BNotO | Bundesnotarordnung vom 24.2.1961 (BGBl I S. 97) |
| BPolBG | Bundespolizeibeamtengesetz i.d.F. vom 3.6.1976 (BGBl I S. 1357) |
| BPolG | Gesetz über die Bundespolizei (Bundespolizeigesetz) vom 19.10.1994 (BGBl I S. 2978, 2979) |
| BPräs | Bundespräsident |
| BPräsRuhebezG | Gesetz über die Ruhebezüge des Bundespräsidenten vom 17.6.1953 (BGBl I S. 160) |
| BPräsWG | Gesetz über die Wahl des Bundespräsidenten durch die Bundesversammlung vom 25.4.1959 (BGBl I S. 230) |
| BR | Bundesrat |
| BRAO | Bundesrechtsanwaltsordnung vom 1.8.1959 (BGBl I S. 565) |
| BRat | Bundesrat |
| BR-Dr | Bundesratsdrucksache |
| BReg | Bundesregierung |
| Brem | Bremisch |
| BremStGHE | Entscheidungen des Staatsgerichtshofes der Freien Hansestadt Bremen |
| BRH | Bundesrechnungshof |
| BRPräs | Bundesratspräsident |
| BRRG | Rahmengesetz zur Vereinheitlichung des Beamtenrechts (Beamtenrechtsrahmengesetz) i.d.F. vom 31.3.1999 (BGBl I S. 654) |

| | |
|---|---|
| BSG | Bundessozialgericht |
| BSGE | Entscheidungen des Bundessozialgerichts |
| BStBl | Bundessteuerblatt |
| BT, BTag | Bundestag |
| BT-Dr | Bundestagsdrucksache |
| BTPräs | Bundestagspräsident |
| BTX | Bildschirmtext |
| Buchst. | Buchstabe |
| Bulletin | Bulletin des Presse- und Informationsamtes der Bundesregierung |
| BVerfG | Bundesverfassungsgericht |
| BVerfGE | Entscheidungen des Bundesverfassungsgerichts |
| BVerfGG | Gesetz über das Bundesverfassungsgericht i.d.F. vom 11.8.1993 (BGBl I S. 1473) |
| BVerfGK | Kammerentscheidungen des Bundesverfassungsgerichts |
| BVerfSchG | Gesetz über die Zusammenarbeit des Bundes und der Länder in Angelegenheiten des Verfassungsschutzes und über das Bundesamt für Verfassungsschutz (Bundesverfassungsschutzgesetz) vom 20.12.1990 (BGBl I S. 2954, 2970) |
| BVersammlung | Bundesversammlung |
| BVerwG | Bundesverwaltungsgericht |
| BVerwGE | Entscheidungen des Bundesverwaltungsgerichts |
| Buchholz | Sammel- und Nachschlagewerk der Rechtsprechung des Bundesverwaltungsgerichts |
| BVFG | Gesetz über die Angelegenheiten der Vertriebenen und Flüchtlinge (Bundesvertriebenengesetz) i.d.F. vom 10.8.2007 (BGBl I S. 1902) |
| BW | Baden-Württemberg, Baden-Württembergisch |
| BWahlG | Bundeswahlgesetz i.d.F. vom 23.7.1993 (BGBl I S. 1288) |
| BWV | Bundeswehrverwaltung |
| BWVerf | Verfassung des Landes Baden-Württemberg vom 11.11.1953 (GBl S. 173) |
| BWVP | Baden-Württembergische Verwaltungspraxis |
| bzw. | beziehungsweise |
| ca. | circa |
| DB | Der Betrieb |
| DBAG | Deutsche Bahn AG |
| DBGrG | Gesetz über die Gründung einer Deutsche Bahn Aktiengesellschaft (Deutsche Bahn-Gründungsgesetz) vom 27.12.1993 (BGBl I S. 2378, 2386) |
| DDR | Deutsche Demokratische Republik |
| Dens. | denselben |

17

| | |
|---|---|
| Ders. | Derselbe |
| Der Staat | Zeitschrift für Staatslehre und Verfassungsgeschichte, deutsches und europäisches öffentliches Recht |
| dgl. | dergleichen |
| d.h. | das heißt |
| d.i. | das ist |
| DIN | Deutsches Institut für Normung |
| DÖD | Der Öffentliche Dienst |
| DÖV | Die Öffentliche Verwaltung |
| Doppelbuchst. | Doppelbuchstabe |
| dort. | dortige(n) |
| DRiG | Deutsches Richtergesetz i.d.F. vom 19.4.1972 (BGBl I S. 713) |
| DRiZ | Deutsche Richterzeitung |
| Dr | Drucksache |
| DStR | Deutsches Steuerrecht |
| DtZ | Deutsch-Deutsche Rechts-Zeitschrift |
| DVBl | Deutsches Verwaltungsblatt |
| | |
| E | Eigentum, Entscheidung |
| EAGFL-A | Europäischer Ausrichtungs- und Garantiefonds für Landwirtschaft |
| ebd. | ebenda |
| EFRE | Europäischer Fonds für regionale Entwicklung |
| EFSF | Europäische Finanzstabilisierungsfazilität |
| EG | Europäische Gemeinschaft(en) |
| EGBGB | Einführungsgesetz zum Bürgerlichen Gesetzbuch i.d.F. vom 21.9.1994 (BGBl I S. 2494) |
| EGGVG | Einführungsgesetz zum Gerichtsverfassungsgesetz vom 27.1.1877 (RGBl S. 77) |
| EGMR | Europäischer Gerichtshof für Menschenrechte |
| EGV | EG-Vertrag = Vertrag zur Gründung der Europäischen Gemeinschaft i.d.F. des Vertrags von Nizza vom 26.2.2001 (BGBl II S. 1667) |
| Einl. | Einleitung |
| einschl. | einschließlich |
| EMRK | (Europäische) Konvention zum Schutz der Menschenrechte und Grundfreiheiten i.d.F. vom 22.10.2010 (BGBl II S. 1198) |
| EnWG | Gesetz über die Elektrizitäts- und Gasversorgung (Energiewirtschaftsgesetz) vom 7.7.2005 (BGBl I S. 1970) |
| Erl., Erläut. | Erläuterung(en) |
| ERP | Europäisches Wiederaufbauprogramm |
| ESC | Europäische Sozialcharta vom 18.10.1961 (BGBl 1964 II S. 1262) |

| | |
|---|---|
| ESchG | Gesetz zum Schutz von Embryonen (Embryonenschutzgesetz) vom 13.12.1990 (BGBl I S. 2746) |
| ESM | Europäischer Stabilitätsmechanismus |
| ESMFinG | Gesetz zur finanziellen Beteiligung am Europäischen Stabilitätsmechanismus (ESM-Finanzierungsgesetz) vom 13.9.2012 (BGBl I S. 1918)) |
| EStG | Einkommensteuergesetz i.d.F. vom 8.10.2009 (BGBl I S. 3366) |
| ESVGH | Entscheidungssammlung des Hessischen Verwaltungsgerichtshofs und des Verwaltungsgerichtshofs Baden-Württemberg mit Entscheidungen der Staatsgerichtshöfe beider Länder |
| ESZB | Europäisches System der Zentralbanken |
| EU | Europäische Union |
| EuGH | Gerichtshof der Europäischen Union, Europäischer Gerichtshof |
| EuGHE | Sammlung der Rechtsprechung des Europäischen Gerichtshofes und des Gerichts erster Instanz, Teil I: Gerichtshof |
| EUGrCh | Charta der Grundrechte der Europäischen Union in der am 12.12.2007 unterzeichneten Fassung (BGBl 2008 II S. 1166) |
| EuGRZ | Europäische Grundrechte-Zeitschrift |
| Eurocontrol | Europäische Organisation zur Sicherung der Luftfahrt |
| EUV | Vertrag über die Europäische Union i.d.F. des Vertrags von Lissabon vom 13.12.2007 (BGBl 2008 II S. 1039) |
| EUZBBG | Gesetz über die Zusammenarbeit von Bundesregierung und Deutschem Bundestag in Angelegenheiten der Europäischen Union vom 12.3.1993 (BGBl I S. 311) |
| EUZBLG | Gesetz über die Zusammenarbeit von Bund und Ländern in Angelegenheiten der Europäischen Union vom 12.3.1993 (BGBl S. 313) |
| EuZW | Europäische Zeitschrift für Wirtschaftsrecht |
| e.V. | eingetragener Verein |
| EV | Einigungsvertrag = Vertrag zwischen der Bundesrepublik Deutschland und der Deutschen Demokratischen Republik über die Herstellung der Einheit Deutschlands vom 31.8.1990 (BGBl II S. 889) |
| EVG | Europäische Verteidigungsgemeinschaft |
| EZB | Europäische Zentralbank |
| f. | folgende |
| FA | Finanzausgleich |
| FAG | Gesetz über den Finanzausgleich zwischen Bund und Ländern (Finanzausgleichsgesetz) vom 20.12.2001 (BGBl I S. 3955, 3956) |

| | |
|---|---|
| FamFG | Gesetz über das Verfahren in Familiensachen und in den Angelegenheiten der freiwilligen Gerichtsbarkeit vom 17.12.2008 (BGBl I S. 2587) |
| FamRZ | Zeitschrift für das gesamte Familienrecht |
| FAnlG | Gesetz über Fernmeldeanlagen i.d.F. vom 3.7.1989 (BGBl I S. 1455) |
| ff. | folgende |
| FFH-RiLi | Richtlinie 92/43/EWG des Rates vom 21.5.1992 zur Erhaltung der natürlichen Lebensräume sowie der wildlebenden Tiere und Pflanzen (ABlEG Nr. L 206 S. 7) |
| FG | Finanzgericht |
| FGO | Finanzgerichtsordnung i.d.F. vom 28.3.2001 (BGBl I S. 442) |
| FH | Finanzhilfen |
| FlurbG | Flurbereinigungsgesetz i.d.F. vom 16.3.1976 (BGBl I S. 546) |
| FMStFG | Finanzmarktstabilisierungsfondsgesetz vom 17.10.2008 (BGBl I S. 1982) |
| Fn. | Fußnote |
| FS | Festschrift |
| FStrG | Bundesfernstraßengesetz i.d.F. vom 28.6.2007 (BGBl I S. 1206) |
| FV | Finanzverfassung |
| FVG | Finanzverwaltungsgesetz i.d.F. vom 4.4.2006 (BGBl I S. 846) |
| | |
| G | Gesetz(e), Gemeinden |
| G 10 | Gesetz zur Beschränkung des Brief-, Post- und Fernmeldegeheimnisses (Artikel 10-Gesetz) vom 26.6.2001 (BGBl I S. 1254) |
| G 115 | Gesetz zur Ausführung von Artikel 115 des Grundgesetzes (Artikel 115-Gesetz) vom 10.8.2009 (BGBl I S. 2704) |
| GA | Gemeinsamer Ausschuss, Gemeinschaftsaufgaben |
| GAKG | Gesetz über die Gemeinschaftsaufgabe „Verbesserung der Agrarstruktur und des Küstenschutzes" i.d.F. vom 21.7.1988 (BGBl I S. 1055) |
| G Art. 131 | Gesetz zur Regelung der Rechtsverhältnisse der unter Artikel 131 des Grundgesetzes fallenden Personen i.d.F. vom 13.10.1965 (BGBl I S. 1685) |
| GBl | Gesetzblatt |
| GemO | Gemeindeordnung |
| GemS | Gemeinsamer Senat der obersten Gerichtshöfe des Bundes |
| GenG | Gesetz betreffend die Erwerbs- und Wirtschaftsgenossenschaften i.d.F. vom 16.10.2006 (BGBl I S. 2230) |
| gerichtl. | gerichtlich |
| gesellsch. | gesellschaftlich |
| gesetzl. | gesetzlich |

| | |
|---|---|
| GewArch | Gewerbearchiv |
| GewO | Gewerbeordnung i.d.F. vom 22.2.1999 (BGBl I S. 202) |
| GG | Grundgesetz für die Bundesrepublik Deutschland vom 23.5.1949 (BGBl S. 1) |
| ggf. | gegebenenfalls |
| GGO | Gemeinsame Geschäftsordnung der Bundesministerien vom 26.7.2000 (GMBl S. 526) |
| GL | Geldleistungen |
| GLG | Geldleistungsgesetz(e) |
| GmbH | Gesellschaft mit beschränkter Haftung |
| GMBl | Gemeinsames Ministerialblatt |
| GO | Geschäftsordnung |
| GOBR | Geschäftsordnung des Bundesrates i.d.F. vom 26.11.1993 (BGBl I S. 2007) |
| GOBReg | Geschäftsordnung der Bundesregierung vom 11.5.1951 (GMBl S. 137) |
| GOBT | Geschäftsordnung des Deutschen Bundestages i.d.f. vom 2.7.1980 (BGBl I S. 1237) |
| GOBVerfG | Geschäftsordnung des Bundesverfassungsgerichts vom 15.12.1986 (BGBl I S. 2529) |
| GOGA | Geschäftsordnung für den Gemeinsamen Ausschuss vom 23.7.1969 (BGBl I S. 1102) |
| GOVBl | Gesetz- und Verordnungsblatt |
| GOVermA | Gemeinsame Geschäftsordnung des Bundestages und des Bundesrates für den Ausschuss nach Artikel 77 des Grundgesetzes (Vermittlungsausschuss) i.d.F. vom 30.4.2003 (BGBl I S. 677) |
| GRUR-RR | GRUR-Rechtsprechungs-Report |
| GRWG | Gesetz über die Gemeinschaftsaufgabe „Verbesserung der regionalen Wirtschaftsstruktur" vom 6.10.1969 (BGBl I S. 1861) |
| GV | Gemeindeverbände |
| GVBl | Gesetz- und Verordnungsblatt |
| GVFG | Gesetz über Finanzhilfen des Bundes zur Verbesserung der Verkehrsverhältnisse der Gemeinden (Gemeindeverkehrsfinanzierungsgesetz) i.d.F. vom 28.1.1988 (BGBl I S. 100) |
| GVG | Gerichtsverfassungsgesetz i.d.F. vom 9.5.1975 (BGBl I S. 1077) |
| GVOBl | Gesetz- und Verordnungsblatt |
| GWB | Gesetz gegen Wettbewerbsbeschränkungen i.d.F. vom 15.7.2005 (BGBl I S. 2114) |
| GWK | Gemeinsame Wissenschaftskonferenz |
| Halbs. | Halbsatz |
| Hbg | Hamburgisch |

| | |
|---|---|
| Hess | Hessisch |
| HessVerf | Verfassung des Landes Hessen vom 1.12.1946 (GVBl S. 229) |
| HFR | Höchstrichterliche Finanzrechtsprechung |
| hG | hergebrachte Grundsätze, hergebrachter Grundsatz |
| HGrG | Gesetz über die Grundsätze des Haushaltsrechts des Bundes und der Länder (Haushaltsgrundsätzegesetz) vom 19.8.1969 (BGBl I S. 1273) |
| HHW | Haushaltswirtschaft(en) |
| h.L. | herrschende Lehre |
| h.M. | herrschende Meinung |
| HPl | Haushaltsplan |
| hrsg. | herausgegeben(e) |
| | |
| i. | im, in |
| i. Allg. | im Allgemeinen |
| i.d.F. | in der Fassung |
| i.d.R. | in der Regel |
| i.e.S. | im engeren Sinne |
| IFG | Gesetz zur Regelung des Zugangs zu Informationen des Bundes (Informationsfreiheitsgesetz) vom 5.9.2005 (BGBl I S. 2722) |
| InfAuslR | Informationsbrief Ausländerrecht |
| insbes. | insbesondere |
| IntVG | Gesetz über die Wahrnehmung der Integrationsverantwortung des Bundestages und des Bundesrates in Angelegenheiten der Europäischen Union (Integrationsverantwortungsgesetz) vom 22.9.2009 (BGBl I S. 3022) |
| i.S. | im Sinne |
| i. st. Rspr. | in ständiger Rechtsprechung |
| IT-NetzG | Gesetz über die Verbindung der informationstechnischen Netze des Bundes und der Länder – Gesetz zur Ausführung von Artikel 91 c Absatz 4 des Grundgesetzes – vom 10.8.2009 (BGBl I S. 2706) |
| i.V.m. | in Verbindung mit |
| i.w.S. | im weiteren Sinne |
| | |
| JbSächsOVG | Jahrbücher des Sächsischen Oberverwaltungsgerichts – Neue Folge –. Entscheidungssammlung des Sächsischen Oberverwaltungsgerichts und des Verfassungsgerichtshofes des Freistaates Sachsen |
| JGG | Jugendgerichtsgesetz i.d.F. vom 11.12.1974 (BGBl I S. 3427) |
| JöR | Jahrbuch des öffentlichen Rechts |
| JR | Juristische Rundschau |
| JURA | Juristische Ausbildung |
| juris | Juristisches Informationssystem |

| | |
|---|---|
| JuS | Juristische Schulung |
| JZ | Juristenzeitung |
| Kap. | Kapitel |
| KBeschl. | Kammerbeschluss |
| KDVG | Gesetz über die Verweigerung des Kriegsdienstes mit der Waffe aus Gewissensgründen (Kriegsdienstverweigerungsgesetz) vom 9.8.2003 (BGBl I S. 1593) |
| Kfz | Kraftfahrzeug |
| KG | Kammergericht, Kommanditgesellschaft |
| KöR | Körperschaft(en) des öffentlichen Rechts |
| KonsHilfG | Gesetz zur Gewährung von Konsolidierungshilfen (Konsolidierungshilfengesetz) vom 10.8.2009 (BGBl I S. 2705) |
| krit. | kritisch |
| KrWG | Gesetz zur Förderung der Kreislaufwirtschaft und Sicherung der umweltverträglichen Bewirtschaftung von Abfällen (Kreislaufwirtschaftsgesetz) vom 24.2.2012 (BGBl I S. 212) |
| KSchG | Kündigungsschutzgesetz i.d.F. vom 25.8.1969 (BGBl I S. 1317) |
| KSZE | Konferenz über Sicherheit und Zusammenarbeit in Europa |
| KZ | Konzentrationslager |
| LAG | Landesarbeitsgericht, soweit nicht Lastenausgleichsgesetz i.d.F. vom 2.6.1993 (BGBl I S. 845) |
| LastG | Gesetz zur Lastentragung im Bund-Länder-Verhältnis bei Verletzung von supranationalen oder völkerrechtlichen Verpflichtungen (Lastentragungsgesetz) vom 5.9.2006 (BGBl I S. 2098, 2105) |
| LFGB | Lebensmittel-, Bedarfsgegenstände- und Futtermittelgesetzbuch (Lebensmittel- und Futtermittelgesetzbuch) i.d.F. vom 22.8.2011 (BGBl I S. 1770) |
| LG | Landgericht |
| LKrO | Landkreisordnung |
| LKV | Landes- und Kommunalverwaltung |
| LKRZ | Zeitschrift für Landes- und Kommunalrecht Hessen – Rheinland-Pfalz – Saarland |
| LMinister | Landesminister |
| LReg | Landesregierung(en) |
| LS | Leitsatz |
| LTag | Landtag |
| LuftSiG | Luftsicherheitsgesetz vom 11.1.2005 (BGBl I S. 78) |
| LuftVG | Luftverkehrsgesetz i.d.F. vom 10.5.2007 (BGBl I S. 698) |
| LVerfG | Landesverfassungsgericht |

| | |
|---|---|
| LVerfGE | Entscheidungen der Verfassungsgerichte der Länder Baden-Württemberg, Berlin, Brandenburg, Bremen, Hamburg, Hessen, Mecklenburg-Vorpommern, Niedersachsen, Saarland, Sachsen, Sachsen-Anhalt, Thüringen |
| MAD | Militärischer Abschirmdienst |
| m.a.W. | mit anderen Worten |
| MDR | Monatsschrift für Deutsches Recht |
| MinBlFin | Ministerialblatt des Bundesministers der Finanzen und des Bundesministers für Wirtschaft |
| Mio | Million(en) |
| MPK | Ministerpräsidenten-Konferenz |
| Mrd. | Milliarden |
| MuSchG | Gesetz zum Schutze der erwerbstätigen Mutter (Mutterschutzgesetz) i.d.F. vom 20.6.2002 (BGBl I S. 2318) |
| MV | Mecklenburg-Vorpommern |
| m.w.N. | mit weiteren Nachweisen |
| NATO | North Atlantic Treaty Organization (Nordatlantikpakt-Organisation) |
| Nds | Niedersächsisch |
| NdsStGH | Niedersächsischer Staatsgerichtshof |
| NdsStGHE | Entscheidungen des Niedersächsischen Staatsgerichtshofs |
| NdsVBl | Niedersächsische Verwaltungsblätter |
| n.F. | neue(r) Fassung |
| NJ | Neue Justiz |
| NJW | Neue Juristische Wochenschrift |
| NordÖR | Zeitschrift für Öffentliches Recht in Norddeutschland |
| nordrh.-westf. | nordrhein-westfälisch |
| NPD | Nationaldemokratische Partei Deutschlands |
| Nr. | Nummer |
| NS | Nationalsozialismus |
| NSDAP | Nationalsozialistische Deutsche Arbeiterpartei |
| NStZ | Neue Zeitschrift für Strafrecht |
| NStZ-RR | NStZ-Rechtsprechungs-Report Strafrecht |
| NuR | Natur und Recht |
| NVwZ | Neue Zeitschrift für Verwaltungsrecht |
| NVwZ-RR | NVwZ-Rechtsprechungs-Report Verwaltungsrecht |
| NW | Nordrhein-Westfalen, Nordrhein-Westfälisch |
| NZA | Neue Zeitschrift für Arbeitsrecht |
| NZA-RR | NZA-Rechtsprechungs-Report Arbeitsrecht |
| NZBau | Neue Zeitschrift für Baurecht und Vergaberecht |
| NZS | Neue Zeitschrift für Sozialrecht |
| NZWehrR | Neue Zeitschrift für Wehrrecht |

| | |
|---|---|
| o.ä. | oder ähnlich(es) |
| öffentl. | öffentlich |
| öff.-rechtl. | öffentlich-rechtlich |
| o.g. | oben genannt |
| OHG | Offene Handelsgesellschaft |
| OLG | Oberlandesgericht |
| OSZE | Organisation für Sicherheit und Zusammenarbeit in Europa |
| OVG | Oberverwaltungsgericht |
| OVGE | Entscheidungen der Oberverwaltungsgerichte für das Land Nordrhein-Westfalen in Münster und für das Land Niedersachsen (bis Bd. 42 auch für das Land Schleswig-Holstein) in Lüneburg mit Entscheidungen des Verfassungsgerichtshofes Nordrhein-Westfalen und des Niedersächsischen Staatsgerichtshofes |
| OVGE Bln | Entscheidungen des Oberverwaltungsgerichts Berlin |
| OWiG | Gesetz über Ordnungswidrigkeiten i.d.F. vom 19.2.1987 (BGBl I S. 602) |
| | |
| PA | Petitionsausschuss |
| Parl., parl. | parlamentarisch |
| ParlRat | Parlamentarischer Rat |
| PartG | Gesetz über die politischen Parteien (Parteiengesetz) i.d.F. vom 31.1.1994 (BGBl I S. 149) |
| PatG | Patentgesetz i.d.F. vom 16.12.1980 (BGBl 1981 I S. 1) |
| PersV | Die Personalvertretung |
| PKGr | Parlamentarisches Kontrollgremium |
| PKGrG | Gesetz über die parlamentarische Kontrolle nachrichtendienstlicher Tätigkeit des Bundes (Kontrollgremiumgesetz) vom 29.7.2009 (BGBl I S. 2346) |
| polit. | politisch |
| PostG | Postgesetz vom 22.12.1997 (BGBl I S. 3294) |
| PostG a.F. | Gesetz über das Postwesen i.d.F. vom 3.7.1989 (BGBl I S. 1449) |
| PUAG | Gesetz zur Regelung des Rechts der Untersuchungsausschüsse des Deutschen Bundestages (Untersuchungsausschussgesetz) vom 19.6.2001 (BGBl I S. 1142) |
| | |
| RdA | Recht der Arbeit |
| RdJB | Recht der Jugend und des Bildungswesens |
| RDV | Recht der Datenverarbeitung |
| rechtl. | rechtlich |
| RESC | Revidierte Europäische Sozialcharta vom 3.5.1996 (Sammlung der Europäischen Verträge Nr. 163) |
| RGBl | Reichsgesetzblatt |
| RGZ | Entscheidungen des Reichsgerichts in Zivilsachen |

| | |
|---|---|
| RHBG | Gesetz über die Haftung des Reichs für seine Beamten vom 22.5.1910 (RGBl S. 798) |
| RhPf | Rheinland-Pfälzisch |
| RiA | Recht im Amt |
| richterl. | richterlich |
| RiStBV | Richtlinien für das Strafverfahren und das Bußgeldverfahren vom 1.1.1977 |
| Rn. | Randnummer |
| Rspr. | Rechtsprechung |
| RuP | Recht und Politik |
| RVO | Rechtsverordnung(en) |
| | |
| S. | Seite |
| s. | siehe |
| Saarl | Saarländisch |
| SachsAnh | Sachsen-Anhalt |
| Sächs | Sächsisch |
| SächsVBl | Sächsische Verwaltungsblätter |
| Sächs-VerfGH | Verfassungsgerichtshof des Freistaates Sachsen |
| Schles.-Holst. | Schleswig-Holstein |
| Schles.-Holst-Verf | Verfassung des Landes Schleswig-Holstein i.d.F. des Gesetzes vom 29.3.2011 (GVOBl S. 96) |
| SED | Sozialistische Einheitspartei Deutschlands |
| SG | Soldatengesetz i.d.F. vom 30.5.2005 (BGBl I S. 1482) |
| SGB | Sozialgesetzbuch |
| SGB I | Erstes Buch Sozialgesetzbuch – Allgemeiner Teil – vom 11.12.1975 (BGBl I S. 3015) |
| SGB II | Zweites Buch Sozialgesetzbuch – Grundsicherung für Arbeitsuchende – i.d.F. vom 13.5.2011 (BGBl I S. 850) |
| SGB III | Drittes Buch Sozialgesetzbuch – Arbeitsförderung – vom 24.3.1997 (BGBl I S. 594) |
| SGB IV | Viertes Buch Sozialgesetzbuch – Gemeinsame Vorschriften für die Sozialversicherung – i.d.F. vom 12.11.2009 (BGBl I S. 3710) |
| SGB V | Fünftes Buch Sozialgesetzbuch – Gesetzliche Krankenversicherung – vom 20.12.1988 (BGBl I S. 2477) |
| SGB VI | Sechstes Buch Sozialgesetzbuch – Gesetzliche Rentenversicherung – i.d.F. vom 19.2.2002 (BGBl I S. 754) |
| SGB VII | Siebtes Buch Sozialgesetzbuch – Gesetzliche Unfallversicherung – vom 7.8.1996 (BGBl I S. 1254) |
| SGB VIII | Achtes Buch Sozialgesetzbuch – Kinder- und Jugendhilfe – i.d.F. vom 11.9.2012 (BGBl I S. 2022) |

| | |
|---|---|
| SGB IX | Neuntes Buch Sozialgesetzbuch – Rehabilitation und Teilhabe behinderter Menschen – vom 19.6.2001 (BGBl I S. 1046) |
| SGB XI | Elftes Buch Sozialgesetzbuch – Soziale Pflegeversicherung – vom 26.5.1994 (BGBl I S. 1014) |
| SGB XII | Zwölftes Buch Sozialgesetzbuch – Sozialhilfe – vom 27.12.2003 (BGBl I S. 3023) |
| SGG | Sozialgerichtsgesetz i.d.F. vom 23.9.1975 (BGBl I S. 2535) |
| sog. | so genannt |
| SozSich | Soziale Sicherheit. Zeitschrift für Sozialpolitik |
| St | Steuer(n) |
| StA | Staatsangehörigkeit |
| StabiRatG | Gesetz zur Errichtung eines Stabilitätsrates und zur Vermeidung von Haushaltsnotlagen (Stabilitätsratsgesetz) vom 10.8.2009 (BGBl I S. 2702) |
| StabMechG | Gesetz zur Übernahme von Gewährleistungen im Rahmen eines europäischen Stabilisierungsmechanismus (Stabilisierungsmechanismusgesetz) vom 22.5.2010 (BGBl I S. 627) |
| StAG | Staatsangehörigkeitsgesetz vom 22.7.1913 (RGBl S. 583) |
| staatl. | staatlich |
| Stellv. | Stellvertreter |
| stellv. | stellvertretend(e) |
| StenBer. | Stenographische Berichte |
| steuerl. | steuerlich |
| StGB | Strafgesetzbuch i.d.F. vom 13.11.1998 (BGBl I S. 3322) |
| StGB-DDR | Strafgesetzbuch der Deutschen Demokratischen Republik i.d.F. vom 14.12.1988 (GBl I S. 33) |
| StGH | Staatsgerichtshof |
| StPO | Strafprozessordnung i.d.F. vom 7.4.1987 (BGBl I S. 1074) |
| str. | streitig |
| StraFo | Strafverteidiger Forum |
| st. Rspr. | ständige Rechtsprechung |
| StrVG | Gesetz zum vorsorgenden Schutz der Bevölkerung gegen Strahlenbelastung (Strahlenschutzvorsorgegesetz) vom 19.12.1986 (BGBl I S. 2610) |
| StVO | Straßenverkehrs-Ordnung vom 16.11.1970 (BGBl I S. 1565) |
| StVollzG | Gesetz über den Vollzug der Freiheitsstrafe und der freiheitsentziehenden Maßregeln der Besserung und Sicherung – Strafvollzugsgesetz – vom 16.3.1976 (BGBl I S. 581) |
| StWG | Gesetz zur Förderung der Stabilität und des Wachstums der Wirtschaft vom 8.6.1967 (BGBl I S. 582) |
| SVG | Gesetz über die Versorgung für die ehemaligen Soldaten der Bundeswehr und ihre Hinterbliebenen (Soldatenversorgungsgesetz) i.d.F. vom 16.9.2009 (BGBl I S. 3054) |

| | |
|---|---|
| Thür | Thüringer |
| ThürVBl | Thüringer Verwaltungsblätter |
| TierSG | Tierseuchengesetz i.d.F. vom 22.6.2004 (BGBl I S. 1260) |
| TKG | Telekommunikationsgesetz vom 22.6.2004 (BGBl I S. 1190) |
| TÜV | Technischer Überwachungsverein |
| | |
| U. | Urteil |
| u. | und |
| UA | Untersuchungsausschuss, Untersuchungsausschüsse |
| u.a. | unter anderem |
| u.ä. | und ähnliche(s) |
| UdSSR | Union der Sozialistischen Sowjet-Republiken |
| UIG | Umweltinformationsgesetz vom 22.12.2004 (BGBl I S. 3704) |
| umstr. | umstritten |
| UMTS | Universal Mobile Telecommunication System |
| UN | United Nations |
| UNO | United Nations Organization |
| u.ö. | und öfter |
| usw. | und so weiter |
| u.U. | unter Umständen |
| UVPG | Gesetz über die Umweltverträglichkeitsprüfung i.d.F. vom 24.2.2010 (BGBl I S. 94) |
| | |
| v. | von, vom |
| VA | Verteidigungsausschuss |
| VAG | Gesetz über die Beaufsichtigung der Versicherungsunternehmen (Versicherungsaufsichtsgesetz) i.d.F. vom 17.12.1992 (BGBl 1993 I S. 2) |
| VB | Verfassungsbeschwerde |
| VBL | Versorgungsanstalt des Bundes und der Länder |
| VBlBW | Verwaltungsblätter für Baden-Württemberg |
| VereinsG | Gesetz zur Regelung des öffentlichen Vereinsrechts (Vereinsgesetz) vom 5.8.1964 (BGBl I S. 593) |
| Verf | Verfassung |
| VerfG | Verfassungsgericht |
| VerfGH | Verfassungsgerichtshof |
| VermA | Vermittlungsausschuss |
| VersammlG | Gesetz über Versammlungen und Aufzüge (Versammlungsgesetz) i.d.F. vom 15.11.1978 (BGBl I S. 1790) |
| VerwArch | Verwaltungs-Archiv |
| VerwRspr | Verwaltungsrechtsprechung in Deutschland |
| VG | Verwaltungsgericht |
| VGH | Verwaltungsgerichtshof |
| vgl. | vergleiche |
| vH | vom Hundert |

| | |
|---|---|
| VIZ | Zeitschrift für Vermögens- und Immobilienrecht |
| VK | Verwaltungskosten |
| VkBl | Verkehrsblatt |
| VMBl | Ministerialblatt des Bundesministeriums (Bundesministers) der Verteidigung |
| VO | Verordnung(en) |
| Voraufl. | Vorauflage |
| VR | Verwaltungsrundschau |
| VStGB | Völkerstrafgesetzbuch vom 26.6.2002 (BGBl I S. 2254) |
| VVDStRL | Veröffentlichungen der Vereinigung der Deutschen Staatsrechtslehrer |
| VVE | Vertrag über eine Verfassung für Europa (BT-Dr 15/4900 S. 7) |
| VwGO | Verwaltungsgerichtsordnung i.d.F. vom 19.3.1991 (BGBl I S. 686) |
| VwVfG | Verwaltungsverfahrensgesetz i.d.F. vom 23.1.2003 (BGBl I S. 102) |
| VwVG | Verwaltungs-Vollstreckungsgesetz vom 27.4.1953 (BGBl I S. 157) |
| | |
| WaStrG | Bundeswasserstraßengesetz i.d.F. vom 23.5.2007 (BGBl I S. 962) |
| WBO | Wehrbeschwerdeordnung i.d.F. vom 22.1.2009 (BGBl I S. 81) |
| WDO | Wehrdisziplinarordnung vom 16.8.2001 (BGBl I S. 2093) |
| WEU | Westeuropäische Union |
| wirtsch. | wirtschaftlich |
| WirtschSiG | Gesetz über die Sicherstellung von Leistungen auf dem Gebiet der gewerblichen Wirtschaft sowie des Geld- und Kapitalverkehrs (Wirtschaftssicherstellungsgesetz) i.d.F. vom 3.10.1968 (BGBl I S. 1069) |
| wistra | Zeitschrift für Wirtschafts- und Steuerstrafrecht |
| WM | Zeitschrift für Wirtschafts- und Bankrecht |
| WPflG | Wehrpflichtgesetz i.d.F. vom 15.8.2011 (BGBl I S. 1730) |
| WPr | Wahlprüfung |
| WPrüfG | Wahlprüfungsgesetz vom 12.3.1951 (BGBl I S. 166) |
| WRV | Verfassung des Deutschen Reichs vom 11.8.1919 (RGBl S. 1383) = Weimarer Reichsverfassung |
| | |
| ZAR | Zeitschrift für Ausländerrecht und Ausländerpolitik |
| z.B. | zum Beispiel |
| ZBR | Zeitschrift für Beamtenrecht |
| ZDG | Gesetz über den Zivildienst der Kriegsdienstverweigerer (Zivildienstgesetz) i.d.F. vom 17.5.2005 (BGBl I S. 1346) |
| ZerlG | Zerlegungsgesetz vom 6.8.1998 (BGBl I S. 1998) |

| | |
|---|---|
| ZfBR | Zeitschrift für deutsches und internationales Baurecht |
| ZG | Zeitschrift für Gesetzgebung |
| Ziff. | Ziffer |
| ZIP | Zeitschrift für Wirtschaftsrecht |
| ZMR | Zeitschrift für Miet- und Raumrecht |
| ZOV | Zeitschrift für offene Vermögensfragen |
| ZP | Zusatzprotokoll |
| ZParl | Zeitschrift für Parlamentsfragen |
| ZPO | Zivilprozessordnung i.d.F. vom 5.12.2005 (BGBl S. 3202) |
| ZRP | Zeitschrift für Rechtspolitik |
| ZSKG | Gesetz über den Zivilschutz und die Katastrophenhilfe des Bundes (Zivilschutz- und Katastrophenhilfegesetz) vom 25.3.1997 (BGBl I S. 726) |
| z.T. | zum Teil |
| ZUM | Zeitschrift für Urheber- und Medienrecht |
| z.Z. | zurzeit, zur Zeit |

## Abkürzungen häufiger zitierten Schrifttums

| | |
|---|---|
| AK | Denninger/Hoffmann-Riem/Schneider/Stein, Kommentar zum Grundgesetz für die Bundesrepublik Deutschland (Alternativkommentar), 3. Aufl. 2001 ff. |
| BK | Kahl/Walter/Waldhoff, Bonner Kommentar zum Grundgesetz (Bonner Kommentar), 1950 ff. |
| BlnK | Friauf/Höfling, Berliner Kommentar zum Grundgesetz, 2000 ff. |
| Dreier | Grundgesetz, 2. Aufl., Bd. I, 2004, Bd. II, 2006, Supplementum 2007, Bd. III, 2008 |
| Epping/Hillgruber | Grundgesetz, 2009 |
| ErfK | Müller-Glöge/Preis/Schmidt, Erfurter Kommentar zum Arbeitsrecht, 12. Aufl. 2012 |
| Härtel | Handbuch Föderalismus – Föderalismus als demokratische Rechtsordnung und Rechtskultur in Deutschland, Europa und der Welt, Bd. II, 2012 |
| Hamann/Lenz | Das Grundgesetz, 3. Aufl. 1970 |
| Hesse | Grundzüge des Verfassungsrechts der Bundesrepublik Deutschland, 20. Aufl. 1995 |
| HGr IV | Merten/Papier, Handbuch der Grundrechte in Deutschland und Europa, Bd. IV, 2011 |
| HStR | Isensee/Kirchhof, Handbuch des Staatsrechts der Bundesrepublik Deutschland, Bd. I, 2. Aufl. 1995, Bd. III, 3. Aufl. 2005, Bd. IV, 3. Aufl. 2006, Bd. VI, 3. Aufl. 2008, Bd. VII, 3. Aufl. 2009, Bd. VIII, 3. Aufl. 2010 |
| Jarass/Pieroth | Grundgesetz für die Bundesrepublik Deutschland, 12. Aufl. 2012 |
| v. Mangoldt/Klein/Starck | Kommentar zum Grundgesetz, 6. Aufl., Bd. 1, 2 und 3, 2010 |
| Maunz/Dürig | Grundgesetz, 1958 ff. |
| Meyer-Ladewig | Europäische Menschenrechtskonvention, 3. Aufl., 2011 |
| von Münch/Kunig | Grundgesetz, Kommentar, 6. Aufl., Bd. 1 und 2, 2012 |
| Reuter | Praxishandbuch Bundesrat, 2. Aufl. 2007 |
| Sachs | Grundgesetz, 6. Aufl. 2011 |
| Schmidt-Bleibtreu/ Hofmann/Hopfauf | Kommentar zum Grundgesetz, 12. Aufl. 2011 |
| Sodan | Grundgesetz, 2. Aufl., 2011 |

| | |
|---|---|
| Stern | Das Staatsrecht der Bundesrepublik Deutschland, Bd. I, 2. Aufl. 1984, Bd. II 1980, Bd. III/1 1988, Bd. IV/2 2011 |
| Stern/Becker | Grundrechte-Kommentar, 2010 |
| Umbach/Clemens | Grundgesetz, Bd. I und II, 2002 |

# Einführung

Nach der **Kapitulation Deutschlands am Ende des 2.** Weltkriegs wurde die Staatsgewalt auf deutschem Boden zunächst von den vier Siegermächten (USA, Großbritannien, Frankreich, Sowjetunion) ausgeübt. Die **Wiederherstellung einer deutschen Staatsgewalt** und der staatsorganisatorische Wiederaufbau vollzogen sich, in der „Stunde Null", von der Gemeinde- und Kreisebene ausgehend und in den vier damaligen Besatzungszonen uneinheitlich verlaufend, in einem Entwicklungsprozess „von unten nach oben". Eine Einigung der vier Großmächte über eine Neuordnung der innerstaatl. Verhältnisse in Deutschland scheiterte – zuletzt im November 1947 – an den unüberbrückbaren Gegensätzen in den Vorstellungen einerseits der Sowjetunion und andererseits der drei Westmächte. Darauf traten die Letzteren Anfang 1948 mit Vertretern Belgiens, der Niederlande und Luxemburgs zu den Londoner Sechsmächteberatungen zusammen. Auf Grund der bei diesen Beratungen gefassten Beschlüsse forderten die Militärgouverneure der drei Westzonen die Ministerpräsidenten der elf westdeutschen Länder Baden, Bayern, Bremen, Hamburg, Hessen, Niedersachsen, Nordrhein-Westfalen, Rheinland-Pfalz, Schleswig-Holstein, Württemberg-Baden und Württemberg-Hohenzollern am 1.7.1948 im sog. **Frankfurter „Dokument I"** auf, eine Verfassunggebende Versammlung einzuberufen, die für den Bereich dieser Länder eine demokratische und freiheitliche Verfassung föderalistischen Typs mit angemessenen Befugnissen der Zentralinstanz ausarbeiten sollte. Die Ministerpräsidenten nahmen den Auftrag zwar grundsätzlich an, schlugen jedoch, um das Ziel einer staatsrechtl. Zusammenführung der polit. bereits getrennten Gebiete West- und Ostdeutschlands sichtbar offenzuhalten, statt der Einberufung einer Verfassunggebenden Versammlung und der Ausarbeitung einer deutschen Verfassung die Bildung einer von den westdeutschen LTagen gewählten Vertretung („Parlamentarischer Rat") und die Schaffung eines vorläufigen „Grundgesetzes" vor, das eine einheitliche Verwaltung des Besatzungsgebiets der Westmächte ermöglichen sollte. Nach Einigung mit den Alliierten beauftragten sie einen Sachverständigenausschuss mit der Erarbeitung eines Gesetzentwurfs, der, nach dem Tagungsort dieses Ausschusses benannt, als sog. „**Herrenchiemseer Entwurf**" dem ParlRat als Grundlage für dessen Beratungen diente. Die 65 Mitglieder des **Parlamentarischen Rats**, zu denen fünf nicht stimmberechtigte Vertreter Berlins hinzutraten, wurden von den LTagen der o.g. Länder gewählt, waren in ihrer Arbeit unabhängig, formierten sich alsbald nach Fraktionen und waren, weil keine von diesen ein inhaltsbestimmendes Übergewicht hatte, im Zwang zum sachlichen Konsens miteinander verbunden. Der ParlRat trat am 1.9.1948 im Museum Koenig in Bonn zusammen und verabschiedete am 8.5.1949, auf den Tag genau vier Jahre nach der Kapitulation, nach teilweise schwierigen Verhandlungen mit den Militärgouverneuren, von deren Genehmigung das Zustandekommen der neuen Verfassung nach dem Dokument I abhängig war, mit 53 gegen 12 Stimmen den Entwurf des GG. Mit einigen Vorbehalten, die sich vor allem auf die Teilnahme Berlins am Bunde bezogen, fand der Entwurf am 12.5.1949 auch die Billigung der Militärgouverneure (Text des Genehmigungsschreibens in BK, Einl. S. 127 ff.). Sodann stimmten die Volksvertretungen der beteiligten Länder der **Annahme des Grundgesetzes** entsprechend Art. 144 I mit (mehr als) der dort geforderten Zweidrittelmehrheit zu (näher s. Art. 144 Rn. 1). Am 23.5.1949 stellte der ParlRat gemäß Art. 145 I die Annahme fest, fertigte das GG aus und verkündete es (vgl. auch die nachstehend vor dem Präambeltext abgedruckte Verkündungsformel). Als „Reorganisation eines Teilbereichs des deutschen Staates" (BVerfGE 77, 150; BVerfG, DVBl 1995, 288), die als Staats- und Völkerrechtssubjekt nicht untergegangenen, sondern weiterhin existenten und von der mit ihm identischen Bundesrepublik Deutschland fortgesetzten Deutschen Reiches (zum Ganzen BVerfGE 36, 15 f. m.w.N.; 77, 154 ff.), ist das GG damit nach Art. 145 II am 24.5.1949 um 0 Uhr in Kraft getreten (s. auch Art. 145 Rn. 1). Sein Geltungsbereich beschränkte sich gemäß Art. 23 Satz 1 a.f. auf das Gebiet der oben angeführten elf Länder (zum Mundatwaldgebiet als Teil des Landes Rheinland-Pfalz vgl. OVG Koblenz, DVBl 2008, 1320) und des Landes „Groß-Berlin", war in letzterer Hinsicht allerdings tatsächlich auf den Westteil des Landes begrenzt (s. dazu BVerfG, DVBl 1995, 288, u. zu den inhaltlichen Geltungsbegrenzungen im damaligen Lande Berlin Art. 144 Rn. 2).

2 Ursprünglich nur als Übergangsstatut eines besetzten, nach Wiedervereinigung mit seinen im Osten abgetrennten Landesteilen strebenden Staatsgebietes gedacht, ist das GG im Hinblick auf seinen Inhalt und die Akzeptanz in der Bevölkerung schon bald zu einer **Vollverfassung** geworden. Es ging fiktiv von der Souveränität und Gleichberechtigung der Bundesrepublik Deutschland in der Völkergemeinschaft aus. Gleichzeitig sollten in der **Bezeichnung „Grundgesetz"** die aus den alliierten Vorbehalten folgenden Beschränkungen, der vorläufige Charakter und der räumlich begrenzte Entstehungs- und Geltungsbereich des Gesetzeswerks zum Ausdruck gebracht werden (vgl. auch vorstehend Rn. 1). In seiner Ausgestaltung war das GG allerdings ein sehr gründliches Provisorium geworden. Das war bei der damals schwer absehbaren Entwicklung ein Wagnis, hat sich aber als Vorteil erwiesen, weil das GG dem deutschen Staatsleben bis zur Wiederveinigung Deutschlands sehr viel länger als Grundlage gedient hat, als 1949 angenommen wurde, und weil auf dieser Grundlage ein reibungsloses Hineinwachsen in den Zustand einer am Ende vollständigen Souveränität möglich geworden ist (zu Letzterem s. Präambel Rn. 5).

3 Inhaltlich ist das GG keine revolutionären, aber zukunftsoffene Wege gegangen. Zu seinen **elementaren Grundsätzen** gehören gemäß Art. 20 und Art. 28 I – neben dem Sozialstaatsprinzip – das Prinzip der Demokratie, das bundesstaatl. und das rechtsstaatl. Prinzip (BVerfGE 1, 18), die als innerlich zusammenhaltende allg. Grundsätze und Leitideen auch dort Geltung beanspruchen, wo sie nicht in besonderen Verfassungsrechtssätzen konkretisiert sind (vgl. BVerfGE 2, 403). Das Sozialstaatsprinzip vermittelt im Regelfall keine konkreten Einzelansprüche, wirkt vielmehr vornehmlich als für die Staatstätigkeit allg. richtungsweisendes Gestaltungs-, Abwägungs- und Auslegungsprinzip und ist in diesem Sinne auch eine der Stützen der sozialen Marktwirtschaft. Demgegenüber wird der Rechtsstaatsgrundsatz vor allem durch einen umfassenden Katalog unmittelbar rechtswirksamer (Art. 1 III), insbes. mit der Verfassungsbeschwerde einklagbarer, das Menschenbild des GG bestimmender Grundrechte geprägt. Dabei steht als oberste Richtschnur und Grundnorm der Verfassung (s. Hömig, EuGRZ 2007, 633, sowie hier Art. 1 Rn. 1 u. 2) bewusst am Anfang der Verfassung das Bekenntnis: „Die Würde des Menschen ist unantastbar" (Art. 1 I 1). Umfangreiche Kompetenzen des BVerfG als des Hüters der Verfassung und ein auch sonst weitgreifendes Rechtsschutzsystem (vgl. Art. 19 IV, Art. 92 ff.) verstärken die rechtsstaatl. Komponente, die über den Grundsatz der Verhältnismäßigkeit die öffentl. Gewalt nachhaltig steuert und bindet. Ein nach wie vor zu befürwortender, weil durch nichts wirklich Besseres zu ersetzender streng repräsentativ-demokratischer Charakter grundsätzlich ohne plebiszitäre Elemente (Volksbefragung, Volksbegehren, Volksentscheid) auf Bundesebene, Sicherungen zum Erhalt einer stabilen BReg und die Ausgestaltung des föderativen Prinzips zu einem Instrument auch der polit. Gewaltenbalance sind weitere **Kennzeichen des Grundgeset-**

zes (zu Letzterem vgl. aber auch nachstehend Rn. 6). Für das Verfassungssystem des GG charakteristisch sind weiter auch dessen Vorkehrungen gegen demokratie- und rechtsstaatswidrige Entwicklungen in Staat und Gesellschaft (Art. 2 I, Art. 5 III 2, Art. 9 II, Art. 10 II 2, Art. 18, 20 IV, Art. 21 II, Art. 61, 79 III, Art. 87 a IV, Art. 91, 98 II u. V), das Bekenntnis zur wehrhaften und streitbaren Demokratie, die die freiheitliche demokratische, rechts- und sozialstaatl. Ordnung notfalls auch durch Eingriffe in missbrauchte Freiheiten ihrer Feinde verteidigt (BVerfGE 25, 100; 30, 19 f.; 39, 349). Schließlich hat das GG ein betont europafreundliches Gepräge (s. dazu – neben der seit Anbeginn auf das Ziel der europäischen Einigung gerichteten Präambelerwägung – vor allem Art. 23, 28 I 3, Art. 45, 52 IIIa u. Art. 88 Satz 2); darin eingebunden sind die Selbstverpflichtung Deutschlands zum weltweiten Frieden (Präambel, Art. 24 III, Art. 26 I) und die Öffnung nach außen durch die Hereinnahme des allg. Völkerrechts in das innerstaatl. Recht (Art. 25).

Das wichtigste Ereignis in der **Geschichte des Grundgesetzes** ist der **Beitritt der** 4 **Deutschen Demokratischen Republik** zum Geltungsbereich des GG gewesen, den diese, dem Beispiel des Saarlandes (s. dazu Präambel Rn. 4) folgend, nach der friedlichen Revolution und dem Zusammenbruch des kommunistischen Herrschaftssystems in Ostdeutschland gemäß Art. 23 Satz 2 a.F. auf Grund des Volkskammerbeschlusses vom 23.8.1990 mit Wirkung zum 3.10.1990 vollzogen hat (vgl. BGBl I S. 2058) und dessen Voraussetzungen und Auswirkungen in mehreren Verträgen zwischen den beiden deutschen Staaten (Vertrag über die Schaffung einer Währungs-, Wirtschafts- u. Sozialunion v. 18.5.1990, BGBl II S. 537; Vertrag zur Vorbereitung u. Durchführung der ersten gesamtdeutschen Wahl des Deutschen BTages i.d.F. v. 20.8.1990, BGBl II S. 822, 831; Einigungsvertrag v. 31.8.1990, BGBl II S. 889) geregelt worden sind. Seit dem Wirksamwerden des Beitritts, der in Art. 4 EV zu einigen wenigen, indes wichtigen (Anpassungs-)Änderungen des GG geführt hat, freilich ohne dabei den spezifischen Erfahrungen und Befindlichkeiten der Deutschen in den ostdeutschen Bundesländern hinreichend Rechnung zu tragen, gilt dieses nach Art. 3 i.V.m. Art. 1 EV als **gesamtdeutsche Verfassung** (näher dazu Präambel Rn. 6) auch im Gebiet der Bundesländer Brandenburg, Mecklenburg-Vorpommern, Sachsen, Sachsen-Anhalt, Thüringen und im Ostteil von Berlin (sog. Beitrittsgebiet).

Von den in der Zeit vor der Wiedervereinigung zustande gekommenen **Grundge-** 5 **setzänderungen** sind die umfangreichsten 1956 im Zuge der Ergänzung des GG um eine Wehrverfassung (BGBl I S. 111), 1968 durch die Notstandsnovelle (BGBl I S. 709) und 1969 anlässlich der Finanzverfassungsreform (BGBl I S. 359) vorgenommen worden. Die übrigen Änderungen hatten vor allem die Verteilung der Gesetzgebungszuständigkeiten zum Gegenstand; sie führten zum Nachteil der Länder zu einer deutlichen Ausweitung der Bundeskompetenzen (s. auch Art. 70 Rn. 2). Neuerungen mit dem Ziel einer Umgestaltung des verfassungsrechtl. Grundgefüges wurden zunächst – auch von den Verfassungsenquete-Kommissionen der Jahre 1970-1976 (vgl. deren Berichte in BT-Dr VI/3829 u. 7/5924) – nicht für erforderlich gehalten. Die im unmittelbaren Anschluss an die Wiederherstellung der Deutschen Einheit verabschiedeten Verfassungsänderungen hatten ebenfalls nicht zu einer solchen Umgestaltung geführt. Trotzdem waren sie und die später hinzugekommenen Veränderungen teilweise von großer verfassungspolit. und auch praktischer Bedeutung. Hervorzuheben sind die aus Anlass der Bildung und Fortentwicklung der EU beschlossenen Neuregelungen insbes. in Art. 23, die Neuordnung des Asylrechts in Art. 16 a, ferner Art. 87 e und Art. 87 f als Grundlagen der bei Bahn und Post durchgeführten Strukturreformen und schließlich die Änderungen gemäß der Verfassungsnovelle vom 27.10.1994 (BGBl I S. 3146). Vorbereitet wurde diese Novelle – wie schon die Anpassung des GG an den mit dem Vertrag von Maastricht über die EU vom 7.2.1992 (BGBl II S. 1253) erreichten Stand der europäischen Einigung – durch die von BTag und BRat eingesetzte *Gemeinsame Verfassungskommission*, deren Aufgabe es im Gefolge von Art. 5 EV insbes. war, für die gesetzgebenden Körperschaften Vorschläge zur Lösung der im Zusammenhang mit der deutschen Einigung aufgeworfenen Fragen zur Änderung oder Ergänzung des GG zu erarbeiten. BTag und BRat sind den Empfehlungen der Kommission in deren Bericht (BT-Dr 12/6000 S. 15 ff.) in dem genannten Änderungsgesetz weithin gefolgt. Von den darin enthaltenen Neuerungen sind die Ergänzung des GG um eine Staatszielbestimmung zum Schutz der natürlichen Lebensgrundlagen in Art. 20 a, inzwischen auf den Schutz der Tiere erweitert, und Änderungen im Bereich der Gesetzgebungszuständigkeiten mit Gewichtsverschiebungen im Bund/Länder-Verhältnis zugunsten der Länder besonders bedeutsam.

6 Eine befriedigende Regelung für das Funktionieren des nach Auffassung der polit. Akteure über die Jahre ins Stottern geratenen föderalen Systems war damit allerdings nicht verbunden. Deshalb kamen die Regierungschefs der Länder 1998 überein, die bundesstaatl. Aufgaben-, Ausgaben- und Einnahmenverteilung krit. zu überprüfen. In der Folge beschlossen BTag und BRat im Oktober 2003 die Einsetzung einer gemeinsamen *Kommission zur Modernisierung der bundesstaatlichen Ordnung* (15. BTag, 66. Sitzung v. 16.10.2003, StenBer. S. 5618 i.V.m. BT-Dr 15/1685; BR-Dr 750/03 [Beschl.]). Die Kommission – die heute sog. *Föderalismuskommission I* – sollte für die gesetzgebenden Körperschaften des Bundes Vorschläge erarbeiten mit dem Ziel, die Handlungs- und Entscheidungsfähigkeit von Bund und Ländern zu verbessern, die polit. Verantwortlichkeiten im Verhältnis beider Ebenen für den Bürger erkennbarer zuzuordnen sowie die Zweckmäßigkeit und Effizienz der jeweiligen Aufgabenerfüllung zu steigern. Nach umfassender Beratung (s. dazu die von BTag u. BRat hrsg. Dokumentation der Kommission, Zur Sache 1/2005) konnte sich die Kommission Ende 2004 auf umsetzungsfähige Reformvorschläge nicht verständigen. Anders verhielt es sich nach der Bildung einer großen Koalition im Anschluss an die BTagswahl vom September 2005. Durch das G zur Änderung des GG vom 28.8.2006 (BGBl I S. 2034) ist es mit der **Föderalismusreform I** zur bis heute tiefgreifendsten Änderung des GG seit 1949 gekommen (im Einzelnen dazu Holtschneider/Schön, Die Reform des Bundesstaates, 2007; Risse in Härtel, § 44 Rn. 3 ff.). Mit ihr sollten die Zustimmungsrechte des BRats vor allem nach Art. 84 I abgebaut werden (vgl. BT-Dr 16/813 S. 8 sowie Art. 78 Rn. 3 u. Art. 84 Rn. 2) und sind die Gesetzgebungskompetenzen von Bund und Ländern unter Abschaffung der Rahmengesetzgebung neu geordnet (dazu s. vor allem vor Art. 70 Rn. 1, Art. 73 Rn. 1, Art. 74 Rn. 1 sowie die Hinweise zu Art. 74 a u. Art. 75), die Reichweite der Erforderlichkeitsklausel des Art. 72 II eingeschränkt (vgl. Art. 72 Rn. 3), das Recht der Länder, auf bestimmten Gebieten vom Bundesrecht abzuweichen, eingeführt (näher Art. 72 Rn. 4, Art. 84 Rn. 7) und mit dem Ziel eines Abbaus von Mischfinanzierungen durch den Bund und die Länder punktuelle Korrekturen im Bereich der Finanzverfassung vorgenommen worden (s. BT-Dr 16/813 S. 10).

7 Die Auswirkungen dieser Änderungen (zu Zwischenbilanzen s. BT-Dr 16/8688; Häde, ZG 2009, 1 ff.) sind inzwischen offenbar weniger weitreichend ausgefallen als vielfach erhofft (zum Rückgang der Zustimmungsgesetze vgl. vor Art. 50 Rn. 3, Art. 50 Rn. 2 Buchst. b Doppelbuchst. cc, Art. 78 Rn. 3 u. Art. 84 Rn. 2) oder befürchtet (Risse in Härtel, § 44 Rn. 61: „moderat positive Bilanz"; zur frü-

heren Kritik s. Kommentar, 8. Aufl., Einführung Rn. 7). Bis in die jüngste Zeit vermehrt diskutiert wird allerdings eine Rücknahme oder Lockerung des aus Art. 91 b und Art. 104 b I 1 abgeleiteten sog. Kooperationsverbots auf dem Gebiet des Schul- und Hochschulwesens (vgl. dazu Regierungsentwurf eines G zur Änderung des GG [Art. 91b], BT-Dr 17/10956, u. weiter etwa Seckelmann, DÖV 2012, 701), die freilich mit den Vorstellungen auch der von BTag und BRat mit Beschluss vom 15.12.2006 eingesetzten gemeinsamen *Kommission zur Modernisierung der Bund/Länder-Finanzbeziehungen* nur schwer zu vereinbaren wären. Aufgabe dieser sog. Föderalismuskommission II sollte es nämlich sein, Vorschläge mit dem Ziel zu erarbeiten, die Eigenverantwortung der Gebietskörperschaften und ihre aufgabenadäquate Finanzausstattung zu stärken. Dabei war schwerpunktmäßig an Maßnahmen zur Vorbeugung von künftigen und zur Bewältigung von bestehenden Haushaltskrisen, an Konzepte zur Sanierung, Entbürokratisierung und Effizienzsteigerung sowie an die verstärkte Zusammenarbeit und an Möglichkeiten zur Erleichterung des freiwilligen Zusammenschlusses von Ländern gedacht worden (s. 16. BTag, 74. Sitzung v. 15.12.2006, StenBer. S. 7410 i.V.m. BT-Dr 16/3885; BR-Dr 913/06 [Beschl.]). Von diesem Maßnahmenbündel sind auf Grund der Vorschläge der Kommission (zu ihren Beratungen vgl. den von BTag u. BRat hrsg. Schlussbericht Die gemeinsame Kommission von BTag u. BRat zur Modernisierung der Bund-Länder-Finanzbeziehungen, 2010, S. 30 ff.) durch das G zur Änderung des GG vom 29.7.2009 (BGBl I S. 2248), der sog. **Föderalismusreform II,** nur Teilbereiche verwirklicht worden. Im Zentrum der am 1.8.2009 in Kraft getretenen Neuerungen steht dabei die – inzwischen europaweit zum Vorbild gewordene – sog. *Schuldenbremse für Bund und Länder* in den neu gefassten Art. 109 und 115 (s. dazu die Hinweise in der BT-Dr 17/1711 S. 2 ff.). Im Zusammenhang mit dem damit verbundenen schrittweisen Schuldenabbau, dem zu wünschen ist, dass er auch tatsächlich gelingt, erhalten die besonders notleidenden Länder Berlin, Bremen, Saarland, Sachsen-Anhalt und Schleswig-Holstein bis einschl. 2019 vom Bund und der Ländergesamtheit aufzubringende Hilfen zur Konsolidierung ihrer Haushalte (Art. 143 d). Von den sonstigen Regelungen der Föderalismusreform II ist darüber hinaus die Erweiterung des Abschnitts VIIIa (Gemeinschaftsaufgaben) um die Art. 91 c und 91 d hervorzuheben, denen inzwischen durch das G vom 21.7.2010 (BGBl I S. 944) Art. 91 e hinzugefügt worden ist. Mit Art. 91 c ist zukunftsgerichtet die verfassungsrechtl. Grundlage für ein Zusammenwirken von Bund und Ländern und der Länder untereinander bei der Nutzung ihrer informationstechnischen Systeme geschaffen worden (zur Umsetzung dieser Regelung s. BT-Dr 17/1711 S. 1 f.). Art. 91 d regelt das (freiwillige) Zusammenwirken von Bund und Ländern bei Vergleichsstudien zur Feststellung und Förderung der Leistungsfähigkeit ihrer Verwaltungen. Damit verbindet sich die Hoffnung, die Bereitschaft zu Leistungsvergleichen in Deutschland nachhaltig zu fördern (BT-Dr 16/12410 S. 8). Art. 91 e schließlich schafft die Grundlage für gemeinsame Bund/Länder-Einrichtungen für die Ausführung von Gesetzen auf dem Gebiet der Grundsicherung für Arbeitsuchende. Regelungen, die auch eine Neugliederung des Bundesgebiets und damit die Bildung leistungsfähigerer Länder fördern könnten, sind einst mit der Föderalismusreform II nicht erreicht worden (vgl. auch Art. 29 Rn. 1). Anzeichen für eine in diese Richtung gehende Reform, die Aussicht auf Erfolg hat, sind auch weiterhin nicht in Sicht, auch wenn sie als Teil einer Föderalismusreform III nach wie vor gefordert wird (s. Mandelartz, RuP 2012, 23).

Ungeachtet all dieser Änderungen im föderativen Gefüge hat sich das **Grundgesetz** in den über 60 Jahren seines Bestehens in seinen Grundzügen **bewährt.** Es    **8** gilt dies vor allem für den *Grundrechtsteil* und die grundrechtsähnlichen Gewährleistungen dieser Verfassung. Beide bildeten und bilden, seit dem Inkrafttreten des GG substantiell vergleichsweise wenig geändert und in ihrer Wirk- und Prägekraft vor allem durch die wertbestimmte und identitätsstiftende Rspr. des BVerfG kontinuierlich weiterentwickelt und entfaltet sowie mit Ausstrahlungswirkung auf alle Bereiche des Rechts ausgestattet (vgl. vor Art. 1 Rn. 4), die Grundlage für ein Freiheitsklima in Deutschland, wie es dies vordem in der deutschen Geschichte – im Verhältnis des Bürgers zum Staat, aber auch in der Beziehung der Einzelnen zueinander – so noch nie gegeben hat. Darüber hinaus war das GG *in staatsorganisatorischer Hinsicht* auf dem Fundament der durch Art. 79 III gesicherten Staatsstruktur- und Aufbauprinzipien so flexibel, dass die Bundesrepublik Deutschland und ihre verantwortlichen Organe neuen Herausforderungen im Innern wie international in aller Regel effizient und sachgerecht begegnen konnten. Wo die Voraussetzungen dafür – anders als etwa bei der Frage einer vorzeitigen BTagsauflösung nach Art. 68 (näher dazu die Hinweise zur unechten, auflösungsorientierten Vertrauensfrage in Art. 68 Rn. 3) oder beim Auslandseinsatz der Streitkräfte unter der Verantwortung insbes. der UN (s. dazu Art. 87 a Rn. 8) – nicht im Wege der Verfassungsinterpretation geschaffen werden konnten, war es Aufgabe des verfassungsändernden Gesetzgebers, das GG zukunftsfest zu machen, etwa nach Europa hin zu öffnen (vgl. vorstehend Rn. 5 u. nachfolgend Art. 23 Rn. 1). Die Schlichtheit im Ausdruck, Ästhetik, Lesbarkeit und die Offenheit seiner Rahmen setzenden Ordnung hat das GG dabei allerdings hier (s. inbes. Art. 23, aber auch Art. 20 a u. Art. 115 II, Art. 143 d) wie bei der Einschränkung von Grundrechten (vgl. Art. 12 a, 13 III-VI, Art. 16 a II-V) nicht selten verloren; es regelt stattdessen inzwischen vielfach Details, die besser der ausführenden einfachen Gesetzgebung vorbehalten geblieben wären. Dies ist wohl nicht nur dem Umstand geschuldet, dass die Lebensverhältnisse seit 1949 weltweit komplizierter geworden sind. Trotzdem ist vor einer vorschnellen Verfassungsneugebung im Zuge einer weiteren Föderalisierung Europas (s. dazu auch Art. 146 Rn. 4) zu warnen, weil sie mit dem Risiko verbunden ist, dass dabei über Jahrzehnte Bewährtes auf der Strecke bleibt.

# Grundgesetz
## für die Bundesrepublik Deutschland
Vom 23. Mai 1949 (BGBl I S. 1)

(BGBl III 100–1),

zuletzt geändert durch Gesetz zur Änderung des Grundgesetzes (Artikel 93) vom 11. Juli 2012 (BGBl I S. 1478)

## Verkündungsformel

Der Parlamentarische Rat hat am 23. Mai 1949 in Bonn am Rhein in öffentlicher Sitzung festgestellt, daß das am 8. Mai des Jahres 1949 vom Parlamentarischen Rat beschlossene Grundgesetz für die Bundesrepublik Deutschland in der Woche vom 16.-22. Mai 1949 durch die Volksvertretungen von mehr als Zweidritteln der beteiligten deutschen Länder angenommen worden ist.

Auf Grund dieser Feststellung hat der Parlamentarische Rat, vertreten durch seine Präsidenten, das Grundgesetz ausgefertigt und verkündet.

Das Grundgesetz wird hiermit gemäß Art. 145 Absatz 3 im Bundesgesetzblatt veröffentlicht:


## Präambel

Im Bewußtsein seiner Verantwortung vor Gott und den Menschen, von dem Willen beseelt, als gleichberechtigtes Glied in einem vereinten Europa dem Frieden der Welt zu dienen, hat sich das Deutsche Volk kraft seiner verfassungsgebenden Gewalt dieses Grundgesetz gegeben.

Die Deutschen in den Ländern Baden-Württemberg, Bayern, Berlin, Brandenburg, Bremen, Hamburg, Hessen, Mecklenburg-Vorpommern, Niedersachsen, Nordrhein-Westfalen, Rheinland-Pfalz, Saarland, Sachsen, Sachsen-Anhalt, Schleswig-Holstein und Thüringen haben in freier Selbstbestimmung die Einheit und Freiheit Deutschlands vollendet. Damit gilt dieses Grundgesetz für das gesamte Deutsche Volk.

**Allgemeines:** Der Vorspruch, im GG Präambel genannt, der in seiner heute gültigen Fassung auf Art. 4 EV zurückgeht, ist Bestandteil des GG. Er enthält (u. enthielt in seiner ursprünglichen Fassung) Aussagen unterschiedlichen Gewichts. Z.T. ist er bloß – mehr oder weniger feierliches – polit. Bekenntnis, z.T. historische Zustandsbeschreibung, z.T. aber auch – so rechtl. Gehalt (zu Letzterem vgl. auch – mit Blick auf die Präambel a.F. – BVerfGE 5, 127 f.; 36, 17; BVerwGE 11, 13). In rechtl. Hinsicht ist der Vorspruch vor allem für die Auslegung anderer GG-Vorschriften bedeutsam (s. BVerfGE 63, 370; 73, 386; für das Landesverfassungsrecht SächsVerfGH, LKV 1997, 286; BayVerfGH, NVwZ 2008, 422). Ansprüche Einzelner lassen sich aus ihm nicht herleiten. Auch die Annahme von Rechtsverlusten (z.B. in Bezug auf die deutsche Staatsangehörigkeit) kann auf die Präambel nicht gestützt werden. Im Einzelnen ist zu deren Inhalt zu sagen: 1

**2** „**Im Bewusstsein seiner Verantwortung vor Gott und den Menschen**". – Angesichts der religiös-weltanschaulichen Zurückhaltung, die das GG insgesamt kennzeichnet (vgl. Art. 4 Rn. 1 u. 6, Art. 140 Rn. 9), kommt diesen Worten kein im engeren Sinne religiös oder weltanschaulich zu verstehender Aussagegehalt zu (vgl. auch – wiewohl in anderem Zusammenhang – VGH München, NVwZ-RR 2010, 607). Die Bekräftigung der Verantwortung vor Gott und den – auch künftig lebenden (BT-Dr 16/10469 S. 81) – Menschen ist vielmehr als Bekenntnis zur Existenz eines dem Staat vorgegebenen, allen Menschen gleichermaßen verpflichteten moralisch-kulturellen Mindeststandards mit überpositiven rechtl. Bindungen zu deuten. Enthalten ist darin auch die Absage an jede Form totalitärer staatl. Machtausübung (s. auch BT-Dr 12/6000 S. 110).

**3** „**von dem Willen beseelt, als gleichberechtigtes Glied in einem vereinten Europa dem Frieden der Welt zu dienen**". – Hier wird der Bundesrepublik Deutschland als Verfassungsauftrag (BVerfGE 123, 346) das Ziel gewiesen, in Abkehr vom überholten Nationalismus früherer Geschichtsepochen nach einem *vereinten Europa* zu streben, in dem das Deutsche Volk gleichberechtigtes Mitglied ist (zur damit angesprochenen Integrationsoffenheit des GG vgl. BVerfGE 89, 183), und in dieser Eingebundenheit dem Weltfrieden zu dienen. Das GG will danach als Ausdruck eines gewandelten Souveränitätsverständnisses die Mitwirkung Deutschlands an internationalen Organisationen, eine zwischen den Staaten hergestellte Ordnung des wechselseitigen friedlichen Interessenausgleichs und ein organisiertes Miteinander in Europa (BVerfGE 123, 346), das als Gesamteuropa und nicht nur als Westeuropa zu verstehen ist (zur polit. Verfasstheit der EU u. ihrer verfassungsrechtl. Grenzen s. Art. 23 Rn. 2 u. 4). Daraus folgt, dass fremde Rechtsordnungen und -auffassungen grundsätzlich zu achten sind (BVerfGE 108, 137; 108, 247 f.) und das GG nach Möglichkeit so auszulegen ist, dass ein Konflikt mit völkerrechtl. Verpflichtungen der Bundesrepublik Deutschland nicht entsteht (BVerfGE 111, 317 f.; BVerfGK 10, 123 f.; 17, 397; BSGE 107, 72). Die **Europa- und Völkerrechtsfreundlichkeit** des GG begründet deshalb auch die verfassungsunmittelbare Pflicht der deutschen Gerichte, das EU-Recht und völkerrechtl. Verträge europa- und völkerrechtsfreundlich auszulegen (vgl. BVerfGE 126, 303); im Rahmen methodisch vertretbarer Auslegung zu beachten und anzuwenden sowie einschlägige Entscheidungen der für Deutschland zuständigen internationalen Gerichte zur Kenntnis zu nehmen und sich mit ihnen auseinanderzusetzen (BVerfGE 111, 317 ff.; 128, 367 ff.). Das in der Präambel neben den Grundsätzen der Europa- und Völkerrechtsfreundlichkeit weiter genannte *Friedensziel* wird, verstanden als Friedensgebot, komplettiert und unter unterschiedlichen Aspekten konkretisiert durch Art. 9 II, Art. 24 II, Art. 25 und Art. 26 (vgl. auch BVerfGE 111, 318). Jede Form von Gewaltpolitik ist damit unvereinbar, nicht aber eine Politik, die im Einklang mit Völker- und Gemeinschaftsrecht deutsche Interessen verfolgt.

**4** „**hat sich das Deutsche Volk kraft seiner verfassungsgebenden Gewalt dieses Grundgesetz gegeben**". – Der Passus besagt, dass das GG nicht auf einem Diktat der Besatzungsmächte beruht (vgl. auch Einführung Rn. 1) und auch nicht aus einem Bündnis der Länder, sondern aus der verfassungsgebenden Gewalt des Deutschen Volkes hervorgegangen ist. Dass dieses in den Entstehungsjahren 1948/49 weder den ParlRat unmittelbar konstituiert noch das GG durch einen plebiszitären Mitwirkungsakt sanktioniert hat, hindert nicht, von Inanspruchnahme und *Ausübung verfassungsgebender Gewalt* durch das Deutsche Volk zu sprechen. Denn hierfür reicht auch das Handeln von Repräsentationsorganen aus, die – wie der ParlRat (s. Einführung Rn. 1) – über eine bloß mittelbare de-

mokratische Legitimation verfügen (str.; wie hier z.B. Starck in v. Mangoldt/
Klein/Starck, Präambel Rn. 19). Auch die seit der deutschen Wiedervereinigung
gesamtdeutsche Verfassung (dazu Einführung Rn. 4 u. nachstehend Rn. 6) wird
von der Verfassungsgebung des Jahres 1949 getragen, weil der Verfassungsgeber
damals ausweislich der Präambel a.f. „auch für jene Deutschen gehandelt (hat),
denen mitzuwirken (seinerzeit) versagt war". Diese haben im Übrigen ihre Zustimmung zum GG auch selbst zum Ausdruck gebracht, und zwar vor allem
durch die Beitrittserklärungen, die das Saarland (vgl. ABl des Saarlandes 1956
S. 1645) und die ehemalige DDR (s. BGBl 1990 I S. 2058) entsprechend dem
Willen ihrer jeweiligen Bevölkerung nach Art. 23 Satz 2 a.f. abgegeben haben
(zur Legitimationswirkung des Beitritts der DDR vgl. auch BT-Dr 11/7760
S. 358).

**„Die Deutschen in den Ländern ... haben in freier Selbstbestimmung die Einheit**   5
**und Freiheit Deutschlands vollendet".** – Die Aussage stellt klar, dass mit dem
Beitritt der DDR zum Geltungsbereich des GG (dazu vgl. Einführung Rn. 4) das
*Wiedervereinigungsgebot*, wie es, bezogen auf die Grenzen des Deutschen Reiches nach dem Stande vom 31.12.1937 (str.; a.A. z.B. Jarass in Ders./Pieroth,
Präambel Rn. 5), insbes. in der Präambel a.F. niedergelegt war (s. dazu BVerfGE
77, 149 f. m.w.N.; BVerwGE 11, 12 f.), seine Erledigung gefunden hat. *Träger
des Selbstbestimmungsrechts*, durch dessen Betätigung am Ende die Einheit und
Freiheit Deutschlands vollendet werden konnten, waren vor allem die Deutschen
in der ehemaligen DDR. Dass der von ihnen in Gang gebrachte Prozess zum Erfolg geführt hat, ist aber auch das Verdienst der früheren Besatzungsmächte, ohne deren Duldung und Mitwirkung die deutsche Vereinigung auf friedlichem
Wege nicht hätte erreicht werden können. In dem zwischen ihnen und den beiden deutschen Staaten geschlossenen (sog. „2+4"-)Vertrag über die abschließende Regelung in Bezug auf Deutschland vom 12.9.1990 (BGBl II S. 1318) wurden
der *„endgültige Charakter"* der deutschen Außengrenzen bekräftigt (Art. 1) und
die Rechte und Verantwortlichkeiten der Vier Mächte in Bezug auf Berlin und
Deutschland als Ganzes beendet (Art. 7). Die deutsche Frage ist damit erledigt
(BT-Dr 11/7760 S. 358): Mit der Einheit hat Deutschland – seit dem 15.3.1991 –
auch seine Freiheit, die *„volle Souveränität* über seine inneren und äußeren Angelegenheiten" (Art. II des „2+4"-Vertrags), wiedererlangt (vgl. auch BVerfGE
84, 95). Mit der Aufzählung der seit der Vereinigung 16 Bundesländer und der
Aufhebung des Art. 23 a.F. (mit seinem den Beitritt „anderer Teile Deutschlands" regelnden Satz 2) ist auch innerstaatl. zum Ausdruck gebracht worden,
dass die Bundesrepublik Deutschland über das den Gebietsbestand dieser Länder
umfassende *Bundesgebiet* (s. dazu auch Art. 29 Rn. 3) hinaus keine Gebietsan-
sprüche gegen andere Staaten mehr hat (zur Oder/Neiße-Grenze vgl. ergänzend
den Vertrag mit Polen v. 14.11.1990, BGBl II S. 1329).

**„Damit gilt dieses Grundgesetz für das gesamte Deutsche Volk".** – Hier zieht die   6
Präambel die Konsequenz aus der Vollendung der Deutschen Einheit. Das GG
gilt nunmehr – unter „Beendigung des in... der bisherigen Präambel angesprochenen transitorischen Charakters" (BT-Dr 11/7760 S. 358) und unabhängig von einer Volksabstimmung darüber (vgl. die Erläut. zu Art. 146) – als *gesamtdeutsche
Verfassung* (s. auch BT-Dr 12/8165 S. 26) und damit für das gesamte Deutsche
Volk (zu letzterem Begriff vgl. Art. 20 Rn. 8) unter Einschluss der Deutschen im
Ausland. Dass das GG, das im Gebiet der ehemaligen DDR nicht etwa rückwirkend in Kraft gesetzt worden ist (vgl. BVerfG, EuGRZ 1998, 38), nach Maßgabe
seiner einzelnen Vorschriften auch für Ausländer und hier insbes. für die auf

deutschem Staatsgebiet lebenden Ausländer Gültigkeit hat, soll durch die Nennung des Deutschen Volkes nicht in Frage gestellt werden.

# I. Die Grundrechte

## Vorbemerkungen

1 Allgemeines: Der **Grundrechtskatalog** des I. GG-Abschnitts ist ein unaufgebbares, zur Struktur des GG gehörendes Essential der Verfassung der Bundesrepublik Deutschland (BVerfGE 37, 280), das den eigentlichen **Kern der freiheitlichdemokratischen Ordnung** bildet (BVerfGE 31, 73). Die Grundrechte stehen als unmittelbar geltendes Recht (Art. 1 III) am Anfang des GG, da sie als Schranken und Richtlinien der Staatstätigkeit die Verfassungswirklichkeit prägen sollen. Sie sind darüber hinaus diejenigen Bestimmungen der Verfassung, die den Alltag des Menschen am meisten betreffen. Das GG enthält auch außerhalb des I. Abschnitts zahlreiche Gewährleistungen, die – als grundrechtsgleiche Rechte – Grundrechtscharakter besitzen, insbes. Art. 20 IV, Art. 33 I-II, Art. 38 sowie die Verfahrensrechte der Art. 101, 103 und 104.

2 **Nationale und internationale Entwicklung:** Die Grundrechte des GG stehen in der Tradition der liberalen deutschen Verfassungen des 19. und 20. Jahrhunderts. Das GG selbst und die Entwicklung seit seinem Inkrafttreten sind jedoch gekennzeichnet durch eine erhebliche Ausweitung des Grundrechtsschutzes, an welcher ein wachsendes Grundrechtsbewusstsein in der öffentl. Meinung einen erheblichen Anteil hat. Diese nationale Entwicklung ist begleitet und beeinflusst durch zunehmende *internationale Bemühungen zum Schutz von Bürger- und Menschenrechten*. Die Initiativen der UNO auf diesem Gebiet begannen mit der Allg. Erklärung der Menschenrechte vom 10.12.1948 und wurden durch zahlreiche Konventionen fortgesetzt. Zu ihnen gehören etwa die sog. Menschenrechtspakte über bürgerliche, polit., wirtsch., soziale und kulturelle Rechte vom 19.12.1966, denen auch die Bundesrepublik Deutschland beigetreten ist (vgl. BGBl 1973 II S. 1534, 1570). Zum Grundrechtsschutz auf europäischer Ebene s. die Charta der Grundrechte der Europäischen Union (EUGrCh) vom 12.12.2007 (BGBl 2008 II S. 1165) und die (Europäische) Konvention zum Schutz der Menschenrechte und Grundfreiheiten (EMRK) i.d.F. vom 22.10.2010 (BGBl II S. 1198) mit sie ergänzenden Zusatzprotokollen. Näheres zu diesen Kodifikationen nachstehend Rn. 23–25.

3 **Abwehrrechte gegen den Staat:** Von ihrer historischen Entwicklung her besteht die Funktion der Grundrechte zunächst darin, Abwehrrechte des Bürgers gegen staatl. Machtentfaltung zu sein (BVerfGE 1, 104). Dies ist nach der Rspr. des BVerfG auch heute noch ihre primäre und zentrale Wirkungsdimension (BVerfGE 50, 337). Die Grundrechte sind in erster Linie dazu bestimmt, die Freiheitssphäre des Einzelnen vor Eingriffen der öffentl. Gewalt zu sichern (BVerfGE 7, 204 f.; 21, 369; 68, 205). Das Grundrechtsverständnis ist jedoch in einem Wandel begriffen, der auf eine Erweiterung der Funktion der Grundrechte zielt.

Einem demokratischen Staat, dessen Souverän das Volk ist, wird die bloße Abwehrfunktion der Grundrechte, die ihren Ursprung in einem dualistischen Verhältnis von Staat und Gesellschaft hat, nicht mehr gerecht. Gerade die Bedeutung, die den durch die Grundrechte umschriebenen Freiheitsbereichen beigemessen wird, verlangt – jedenfalls im Grundsatz – über das Gebot der Achtung hinaus eine Verpflichtung der staatl. Gewalt auch zum aktiven Schutz und zur Förderung dieser Rechte.

**Objektive Wertordnung, institutionelle Gewährleistungen:** Anerkannt ist, dass die Grundrechte zugleich eine **objektive Wertordnung** verkörpern, die als verfassungsrechtl. Grundentscheidung für alle Bereiche des Rechts gilt und Richtlinien sowie Impulse für Gesetzgebung, Verwaltung und Rspr. gibt (BVerfGE 7, 205; 49, 141 f.; 96, 64). Daraus folgt zum einen, dass die Normen des einfachen Rechts im Lichte der Grundrechte auszugestalten und zu interpretieren sind. Zum anderen wird die gesamte staatl. Gewalt verpflichtet, nach Möglichkeit die Gefährdung von Grundrechten auszuschließen (d.h. die Grundrechte des Einzelnen zu schützen und vor Verletzungen durch andere zu bewahren; *Schutzpflichtfunktion der Grundrechte*; s. z.B. BVerfGE 103, 100; 115, 44 f.; 115, 152 m.w.N.) und die Voraussetzungen für ihre Verwirklichung zu schaffen (vgl. BVerfGE 49, 142; 88, 251; BVerfGK 16, 71 f.; s. dazu etwa Art. 2 Rn. 9, Art. 5 Rn. 3, 17 u. 34). Ein subjektiver Anspruch auf eine bestimmte gesetzl. Maßnahme besteht aber grundsätzlich nicht, sondern nur „auf ein Tätigwerden des Gesetzgebers überhaupt" (Stern, DÖV 2010, 248). Einige Grundrechte enthalten auch **institutionelle Gewährleistungen**, durch die ein Grundbestand von Normen gesichert wird, die die Existenz des jeweiligen Instituts garantieren (BVerfGE 24, 389). Geschützt werden die durch das jeweilige Institut vorgegebenen Strukturprinzipien, indem sie der Verfügungsgewalt des Gesetzgebers entzogen bleiben (BVerfGE 53, 245). Beispiele sind etwa das Institut „freie Presse" (abgeleitet aus der Pressefreiheit des Art. 5 I 2 – BVerfGE 20, 175), die Institution der „freien Wissenschaft" (abgeleitet aus Art. 5 III – BVerfGE 35, 120), die Institute von Ehe und Familie (Art. 6 I), die Institution der Privatschule (abgeleitet aus Art. 7 IV – BVerfGE 27, 200) sowie das Institut des Eigentums (Art. 14 I – BVerfGE 53, 389).

**Leistungs- und Teilhaberechte:** Umstritten ist, wieweit Grundrechte darüber hinaus als Leistungs- oder Teilhaberechte wirken. Anders als die Weimarer Reichsverfassung und einige Verfassungen der Bundesländer kennt das GG *keine sozialen Grundrechte*, die als subjektive Anspruchsrechte formuliert sind. Aber auch Abwehrrechten kann zusätzlich die Funktion von Leistungsrechten zukommen, aus denen subjektive Ansprüche auf Gewährung abgeleitet werden können. Je stärker der moderne Staat sich der sozialen Sicherung und kulturellen Förderung der Bürger zuwendet, desto mehr tritt im Verhältnis zwischen Bürger und Staat neben das ursprüngliche Postulat grundrechtl. Freiheitssicherung vor dem Staat die komplementäre Forderung nach grundrechtl. Verbürgung der Teilhabe an staatl. Leistungen (BVerfGE 33, 330 f.). Anders als Teile der Lehre (vgl. z.B. Martens u. Häberle, VVDStRL 30/1972, S. 7 ff., 43 ff.) erkennt die Rspr. bisher allerdings nur in außergewöhnlichen Fällen Leistungsansprüche an. Ein einklagbarer Individualanspruch kann allenfalls dann in Betracht kommen, wenn ein verfassungsrechtl. Auftrag an den Staat, die tatsächlichen Voraussetzungen für die Grundrechtsverwirklichung zu schaffen, evident verletzt wird. Auch insoweit gilt aber der Vorbehalt des Möglichen, d.h. es darf nur das gefordert werden, was der Einzelne vernünftigerweise von der Gesellschaft beanspruchen kann (BVerfGE 33, 333). Im Übrigen hält das BVerfG grundsätzlich daran fest, dass auch im modernen Sozialstaat es der nicht einklagbaren Entscheidung des Gesetzgebers überlassen bleibt, ob und inwieweit er Teilhaberechte gewähren will (BVerfGE 33, 331; vgl. auch BVerwGE 134, 7 f.). Bejaht worden sind z.b. aus (u.a.) Art. 1 I der Anspruch auf Gewährleistung eines menschenwürdigen Existenzminimums (im Einzelnen hierzu Art. 1 Rn. 8), die Möglichkeit eines Anspruchs auf Impfung aus Art. 2 II 1 (BVerwGE 9, 80 f.) und ein Recht auf Hochschulzulassung u.a. aus Art. 12 I (dazu näher Art. 12 Rn. 10). Abgelehnt wurde hingegen ein Anspruch des Hochschullehrers auf eine Grundausstattung an Forschungsmitteln aus Art. 5 III (BVerwGE 52, 341 f.; s. aber auch Art. 5 Rn. 34).

6 **Drittwirkung:** Umstritten ist die sog. Drittwirkung der Grundrechte, d.h. die Frage, ob und inwieweit die Grundrechte nicht nur im Verhältnis Staat-Bürger, sondern auch in den Rechtsbeziehungen der Bürger untereinander Geltung besitzen. Das GG selbst ist in seiner Aussage nur insoweit eindeutig, als die Koalitionsfreiheit (Art. 9 III) ausdrücklich auch unmittelbar im außerstaatl. Bereich gilt (s. Art. 9 Rn. 21) und einzelne andere Grundrechte – wie das Kriegsdienstverweigerungsrecht (Art. 4 III) – ihrem Wesen nach nur gegen den Staat gerichtet sein können. Das BAG deutet bestimmte Grundrechte als Ordnungsgrundsätze für das soziale Leben und leitete hieraus wie aus dem normativen Bekenntnis des GG zum sozialen Rechtsstaat ihre unmittelbare Wirkung im Privatrechtsbereich ab (BAGE 1, 191 ff.; 24, 441). Erst mit der Entscheidung BAGE 52, 97 f., sprach sich das Gericht (zu Art. 10) gegen eine unmittelbare Drittwirkung aus. Das BVerfG ist demgegenüber (in Übereinstimmung mit der überwiegenden Meinung der Lehre) von Anfang an von einer nur *„mittelbaren Drittwirkung"* der Grundrechte ausgegangen, die eine unmittelbare oder auch nur entsprechende Anwendung der Grundrechte im Privatrechtsverkehr ausschließt (BVerfGE 7, 198; 30, 199; 103, 109). In den Rechtsbeziehungen der Bürger untereinander kann sich danach niemand unmittelbar auf Grundrechte berufen. Die Grundrechte beeinflussen aber die Interpretation (auch) der zivilrechtl. Vorschriften, die im Geiste der Grundrechte ausgelegt und angewandt werden müssen (BVerfGE 7, 205 f.; 102, 362; 103, 100). „Einbruchstellen" der Grundrechte in das bürgerliche Recht sind vor allem Generalklauseln (etwa § 826 BGB) und unbestimmte Rechtsbegriffe, der der wertenden Ausfüllung bedürfen und über die die Grundrechte „Ausstrahlungswirkung" entfalten (vgl. BVerfGE 7, 206; 73, 269; 99, 185). Von besonderer Bedeutung ist diese Ausstrahlungswirkung auch bei der Rechtsfortbildung (BVerfGE 96, 398).

7 **Privatrechtliche Staatstätigkeiten:** Unmittelbar anwendbar sind die Grundrechte aber dann, wenn der Staat sich *bei der Erfüllung öffentlicher Aufgaben Formen des Privatrechts* bedient (etwa durch Abschluss eines zivilrechtl. Vertrags). Staatl. Organe können sich nicht durch die „Flucht in das Privatrecht" der Grundrechtsbindung entziehen (BVerfGE 128, 244 ff.; BGHZ 29, 80; 52, 328). Dies gilt auch dann, wenn zur Erfüllung hoheitlicher Aufgaben Private (sog. *Beliehene* – wie z.B. der TÜV) eingeschaltet werden (vgl. BVerfGE 10, 327). Umstritten ist hingegen die unmittelbare Grundrechtsgeltung für sog. *Hilfsgeschäfte der Verwaltung* (d.h. die in privatrechtl. Form erfolgende Anschaffung der für die Verwaltungstätigkeit notwendigen Sachgüter) sowie bei *erwerbswirtschaftlichen Tätigkeiten* des Staates (Betreiben eigener Wirtschaftsunternehmen). Nach Meinung des BGH führt der Staat hier ausschließlich privatrechtl. Charakter der Geschäfte hier zu einer Gleichstellung der staatl. Tätigkeit mit der von Privatpersonen (vgl. BGHZ 36, 96). Gegenteiliger Ansicht z.B. Hesse, Rn. 347.

8 Eine **Grundrechtsprüfung** erfolgt in mehreren Stufen: a) Berührt die zu prüfende staatl. Maßnahme thematisch, d.h. sachlich und personell, den *Schutzbereich* des

in Betracht kommenden Grundrechts? (dazu Rn. 9–12, 17). Wenn ja, stellt b) die Maßnahme eine *Beeinträchtigung* des Grundrechts dar? (dazu Rn. 9, 13). Wenn ja, ist c) die Beeinträchtigung im Schutzbereich durch *Grundrechtsschranken,* also durch einen Gesetzesvorbehalt (Rn. 9, 15, 16) oder durch kollidierendes Verfassungsrecht (Rn. 15), *gerechtfertigt?* D.h., gibt es c aa) eine Grundlage für die Rechtfertigung und entspricht c bb) diese den *Schranken-Schranken,* also den Grundätzen der Verhältnismäßigkeit (s. Rn. 9, 15) bzw. der gebotenen Abwägung (Rn. 18)?

**Prüfungshinweise:** Im Einzelnen haben sich vor diesem Hintergrund in der Ausbildungsliteratur zwei Aufbauvarianten für ein Schema der Grundrechtsprüfung herausgebildet, die gleichwertig sind: eine viergliedrige (Schutzbereich – Beeinträchtigung [auch: Eingriff] – [Grundrechts-]Schranken – Schranken-Schranken) und eine dreigliedrige, die die letzten beiden Punkte unter „verfassungsrechtl. Rechtfertigung des Eingriffs" zusammenfasst. Nach der viergliedrigen Variante umfasst die Grundrechtsprüfung die folgenden Schritte:        **9**

a) Erster Schritt ist die Prüfung, ob der *Schutzbereich* (auch: Gewährleistungs- oder Garantiebereich) des fraglichen Grundrechts eröffnet (auch: einschlägig) ist. Dabei ist zu unterscheiden: (aa) Die Prüfung des *sachlichen* Schutzbereiches (vgl. Rn. 10; fällt das Verhalten/die Eigenschaft des Grundrechtsträgers oder die maßgebliche Gegebenheit in den Kreis der Umstände, die von dem Grundrecht geschützt sind?) erfolgt in zwei Schritten. Zunächst ist der Schutzbereich zu definieren und dann herauszuarbeiten, ob die Handlungen/ Eigenschaften/Gegebenheiten des Individuums von dem so bestimmten Schutzbereich erfasst werden. Vermeidung typischer Fehler: Auch offensichtlich verwerfliche Handlungen sind dem Schutzbereich eines Grundrechts zuzuordnen; denn für das Handeln einer natürlichen Person, die kein Amtsträger ist, ist stets der Schutzbereich irgendeines Grundrechts eröffnet, zumindest Art. 2 I. Nur bei Amtsträgern und juristischen Personen (ausländischen oder solchen des öffentl. Rechts) kann die Prüfung zu dem Ergebnis führen, dass ihnen für ein bestimmtes Vorhaben keinerlei Grundrechtsschutz zukommt. - Den Schutzbereich sollte man nicht mit der Begründung bejahen, dass ein Eingriff gegeben sei (Verstoß gegen Denkgesetze). - Bei der Prüfung des Schutzbereichs muss man den staatl. Eingriff mit im Blick haben; denn die Antwort auf die Frage, ob das konkrete (ja regelmäßig bereits streitige) Vorhaben des Grundrechtsträgers vom Schutzbereich erfasst wird, erfordert die Vorprüfung, was der Staat denn verbieten, verhindern oder auch erzwingen will. (bb) Der *persönliche* oder personelle Schutzbereich (s. Rn. 10; gehört der Grundrechtsträger zum Kreis derjenigen Personen, die sich auf das Grundrecht berufen können?) ist praktisch nur relevant bei Deutschengrundrechten (namentlich Art. 8 I, Art. 9 I, Art. 12 I i.V.m. Art. 116 I) sowie in dem Fall, dass sich eine juristische Person gemäß Art. 19 III auf Grundrechte beruft. Ergänzend vgl. nachstehend Rn. 10.

b) Zweiter Schritt ist die Prüfung des Vorliegens einer *Beeinträchtigung* (eines Eingriffs; dazu auch unten Rn. 13). Es gibt zwei Eingriffsbegriffe. Der klassische Eingriffsbegriff weist die Merkmale der Finalität, der Unmittelbarkeit, der Charakterisierung als Rechtsakt sowie der Durchsetzung mit Hilfe von Befehl und Zwang auf (s. BVerfGE 105, 299 f.). Er orientiert sich am überkommenen „Polizeibefehl" und schließt unbeabsichtigte oder mittelbare Folgen staatl. Handelns ebenso aus wie die Zurechnung faktischen oder informalen Handelns, das auf Zwang verzichtet. Der moderne Eingriffsbegriff definiert sich deshalb als ein dem Staat zurechenbares Handeln, das dem

Grundrechtsträger ein Verhalten ganz oder teilweise unmöglich macht, das in den Schutzbereich eines Grundrechts fällt. Erfasst sind davon insbes. unbeabsichtigte oder mittelbare Folgen staatl. Handelns. Beide Eingriffsbegriffe sind nebeneinander anwendbar. Typische Fehlerquelle im Rahmen der Eingriffsprüfung ist die Verwendung des Begriffs „Verletzung" eines Grundrechtes statt Beeinträchtigung, Eingriff in oder Tangieren, Verkürzen des Schutzbereichs. Verletzt ist ein Grundrecht erst dann, wenn sich ganz am Ende der Prüfung herausstellt, dass der Eingriff verfassungsrechtl. nicht zu rechtfertigen ist.

c) Dritter Schritt ist die *Schrankenprüfung* (s. auch nachstehend Rn. 15). Es geht im Kern um die Abarbeitung einer zweigliedrigen „Legitimationskette" für den Eingriff. Erste Frage: Findet sich ein Gesetz, das den Eingriff grundsätzlich deckt? Wenn nicht, steht schon an dieser Stelle fest, dass wegen Verstoßes gegen den Grundsatz vom Vorbehalt des Gesetzes (dazu vgl. vor Art. 70 Rn. 7) der Eingriff auch eine Verletzung des Grundrechts darstellt. Zweite Frage: Ist ein solches eingriffsrechtfertigendes Gesetz auch vom GG vorgesehen? Andernfalls wäre das Gesetz mangels Schrankenvorbehalts verfassungswidrig. Wichtig ist mithin die Unterscheidung von Schranke und Schrankenvorbehalt. Schranke ist regelmäßig das Gesetz, das den Eingriff in den Schutzbereich entweder erlaubt (in Form einer Eingriffsermächtigung) oder selbst darstellt. Der Schrankenvorbehalt ist demgegenüber die entweder geschriebene (einfacher [z.b. Art. 2 II 3] oder qualifizierter [z.b. Art. 11 II] Gesetzesvorbehalt) oder ungeschriebene Ermächtigung, dem Grundrecht durch ein solches Gesetz im Interesse des Gemeinwohls oder Dritter Schranken zu setzen. Auch bei sog. vorbehaltlosen Grundrechten wie Religions- oder Kunstfreiheit (s. Art. 4 Rn. 16 u. Art. 5 Rn. 31) ist wie folgt zu differenzieren: Schranke ist wiederum das einfache Gesetz, mit dem der parl. Gesetzgeber versucht hat, die kollidierenden Verfassungsgüter zu einem schonenden Ausgleich zu bringen (etwa Art 4 I, II u. Art 20 a in den Regelungen des TierschutzG zum betäubungslosen Schächten; vgl. dazu Art. 20 a Rn. 5 m.w.N.). Art 20 a ist mithin nicht selbst Schranke der Religionsfreiheit, sondern dient nur als aus der Gesamtschau der Verfassung folgender Schrankenvorbehalt der Religionsfreiheit (str.).

d) Vierter Prüfungspunkt: *Schranken-Schranken.* Hier ist die Frage, ob der Gesetzgeber bei der Ermächtigung zum Eingriff die Grenzen gewahrt hat, die ihm das GG zieht. (Bei der Überprüfung von Behördenakten u. Gerichtsentscheidungen kommt noch die Prüfung hinzu, ob Behörden u. Gerichte auch bei der Anwendung des Gesetzes im Einzelfall den Grundrechten des Betroffenen genug Gewicht beigemessen haben; sog. doppelte Verhältnismäßigkeitsprüfung.) Zu erörtern ist daher, ob das als Schranke fungierende Gesetz vom (qualifizierten) Schrankenvorbehalt gedeckt ist, nämlich formell, insbes. kompetentiell, verfassungsgemäß ist, den Parlamentsvorbehalt wahrt, also die für den Grundrechtseingriff wesentlichen Entscheidungen selbst trifft und nicht verbotenerweise an die Verwaltung delegiert, ausdrückliche Schranken-Schranken des GG achtet (Art. 5 I 3, Art. 12 II, III, Art. 102, 104 I 2, II-IV) auch im Übrigen materiell verfassungsmäßig ist, also nicht inhaltlich gegen sonstige Wertungen des GG verstößt, die außerhalb des Grundrechtsteils stehen, weiter verhältnismäßig und hinreichend bestimmt ist (muss nach verbreiteter Ansicht im Rahmen der Verhältnismäßigkeit geprüft werden), nicht gegen das Rückwirkungsverbot (vor Art. 70 Rn. 13) verstößt (Rechtsstaatsprinzip, Art. 20 III, Art. 28 I 1; Spezialregelung in Art. 103 II [s. Art. 103

Rn. 17) sowie Art. 19 I 1 (Verbot des Einzelfallgesetzes), Art. 19 I 2 (Zitiergebot) und Art. 19 II (Wesensgehaltsgarantie) wahrt (vgl. dazu Art. 19
Rn. 3 ff.). Regelmäßig beschränkt sich die Prüfung unter Schranken-Schranken (wenn formelle Verfassungsmäßigkeit u. Wahrung des Schrankenvorbehalts unter Schranke geprüft werden) auf die Erörterung der *Verhältnismäßigkeit* der Norm (bzw. ihrer Anwendung im Einzelfall). Ihre Prüfung erfolgt
viergliedrig: (aa) *Legitimer Zweck* fragt danach, ob das vom Staat verfolgte
Ziel als solches mit dem GG vereinbar ist. Dies ist nur in Ausnahmefällen zu
verneinen. Gleiches gilt für die Frage, ob auch das eingesetzte *Mittel* als solches legitim ist. (bb) *Geeignetheit* oder Eignung: Sie liegt vor, wenn das eingesetzte Mittel den Zweck zumindest fördern kann; es wird nicht vorausgesetzt, dass es ihn zwingend erreichen muss. Auch dieses Kriterium ist nur selten nicht erfüllt. (cc) *Erforderlichkeit* (auch: Notwendigkeit): Der Zweck
darf nicht durch ein gleich effektives, aber den Betroffenen weniger belasten-
des Mittel erreicht werden können. Auch hier kann sich der Gesetzgeber auf
eine Einschätzungsprärogative (dazu allg. vor Art. 70 Rn. 10) berufen; wichtig ist die Berücksichtigung der Einschränkung „gleich effektiv". (dd) *Verhältnismäßigkeit im engeren Sinne* (auch: Angemessenheit, Zumutbarkeit):
Die abschließende Frage ist, ob Gesetzgeber (bzw. Behörden u. Gerichte) die
verfolgten Gemeinwohlbelange mit der Grundrechtsposition des Betroffenen
in einen Ausgleich gebracht haben, der im Sinne einer Stimmigkeitsprüfung
überzeugend erscheint. Das Kriterium eröffnet subjektiven Wertungen des
zur Entscheidung Berufenen häufig viel Raum. Zum Ganzen s. auch Art. 20
Rn. 13.

**Sachliche Schutzbereiche** können *Verhaltensweisen* (z.B. sich versammeln – 10
Art. 8 I), *Rechtsgüter* (etwa Leben – Art. 2 II 1), *Eigenschaften* des Grundrechts-
inhabers (z.B. Behinderung – Art. 3 III 2) oder *Situationen* sein, in denen der
Grundrechtsinhaber sich befindet (Verletzung in eigenen Rechten – Art. 19 IV 1).
Begrenzungen im Wortlaut (nicht jedoch Begrenzungsermächtigungen) sind dabei zu beachten. **Personelle Schutzbereiche** umschreiben die Personengruppen,
die durch das Grundrecht geschützt werden, d.h. die Grundrechtsträger
(s. Rn. 11 Grundrechtsfähigkeit u. Rn. 12 Grundrechtsmündigkeit, Rn. 16 Sonderrechtsverhältnisse). Dies können Deutsche (z.B. Art. 8 I) sein, aber auch Ausländer (z.B. Art. 3 I, „Alle Menschen") und juristische Personen (Art. 19 III).
Trotz Betroffenheit des Schutzbereichs ist ein Grundrecht nicht anwendbar,
wenn es durch ein anderes verdrängt wird (*Grundrechtskonkurrenz*, Rn. 17).

**Grundrechtsfähigkeit:** Die Grundrechtsfähigkeit, d.h. die Fähigkeit einer natürli- 11
chen oder juristischen Person, *Träger von Grundrechten* zu sein, kann nur für jedes einzelne Grundrecht gesondert festgestellt werden. Dies folgt u.a. daraus,
dass das GG einige Grundrechte (Art. 8, 9 I, Art. 11, 12, 16) nicht jedermann,
sondern nur Deutschen gewährleistet und die Grundrechtsfähigkeit juristischer
Personen nach Art. 19 III davon abhängig macht, dass die Grundrechte ihrem
Wesen nach auf sie anwendbar sind. Zum Begriff der juristischen Person im hier
maßgeblichen Sinne und zur Frage der Grundrechtsfähigkeit juristischer Personen des öffentl. Rechts s. Art. 19 Rn. 7 f. Aus dem Wesen der Grundrechte ergibt
sich, dass im Prinzip der Grundrechtsschutz vom Alter des Grundrechtsträgers
unabhängig ist (zur Grundrechtsträgerschaft von Kindern vgl. BVerfGE 24, 144;
47, 73 f.; 79, 163; zur Frage der Grundrechtsfähigkeit des werdenden Lebens s.
Art. 1 Rn. 3, Art. 2 Rn. 10, Art. 14 Rn. 11). Als höchstpersönliche Rechte können
Grundrechte nicht auf andere Personen zur eigenen Wahrnehmung übertragen
werden (vgl. BVerfGE 16, 158).

12 **Grundrechtsmündigkeit:** Von der Grundrechtsfähigkeit wird die Grundrechtsmündigkeit, d.h. die Fähigkeit natürlicher Personen, ihre Grundrechte selbständig *geltend zu machen*, unterschieden. Dem System der Grundrechte entspricht es aber eher, nicht von einem gesonderten Institut der Grundrechtsmündigkeit zu sprechen; denn grundsätzlich darf jeder seine Grundrechte von Geburt an selbst ausüben. Die *selbständige Ausübung* kann jedoch bei Minderjährigen und Betreuten begrenzt sein durch natürliche Fähigkeiten, das Erziehungsrecht der Eltern, das öffentl. Erziehungsrecht und sonstige gesetzl. Regelungen (z.B. „Religionsmündigkeit" erst ab dem 14. Lebensjahr – s. BVerwGE 44, 199, u. Art. 7 Rn. 9). Ein wesentliches Kriterium ist die geistige Urteils- und Entscheidungsfähigkeit (vgl. BVerfGE 59, 387 f.; BGHZ 15, 265 f.; VGH Mannheim, JZ 1976, 477). Da die Entscheidungsfähigkeit des Jugendlichen sich für verschiedene Lebens- und Handlungsbereiche unterschiedlich entwickelt, erscheint auch eine Differenzierung nach einzelnen Grundrechten geboten. Dabei gilt der Grundsatz, dass der zwar Unmündige, aber schon Urteilsfähige die ihm um seiner Person willen zustehenden höchstpersönlichen Rechte selbst ausüben kann (BVerfGE 59, 387 f.; s. dazu den Versuch einer Einteilung bei von Münch in Ders./Kunig, vor Art. 1 Rn. 31). Soweit eine selbständige Grundrechtsausübung durch den Grundrechtsträger nicht in Betracht kommt, können seine gesetzl. Vertreter in seinem Namen die Rechte ausüben.

13 **Grundrechtsbeeinträchtigung** ist eine belastende oder nachteilige Wirkung für den Grundrechtsträger in engem Zusammenhang mit einer staatl. Maßnahme, die von einem *Grundrechtsadressaten*, d.h. von einem inländischen staatl. Organ (Art. 1 III) ausgeht (Jarass, AöR 120 [1995], 363 f.). Dies gilt auch für privatrechtl. Handeln der öffentl. Hand (Rn. 7) und für Betätigungen außerhalb Deutschlands (Rn. 22). An einer Beeinträchtigung fehlt es, wenn es um eine *Grundrechtsausgestaltung* geht oder wenn eine wirksame *Einwilligung* vorliegt (Grundrechtsverzicht, Rn. 14). Bei einigen Grundrechten ist der Gesetzgeber zur **Ausgestaltung** berechtigt oder sogar verpflichtet (z.B. bei der Rundfunkfreiheit; Art. 5 Rn. 21). Eine zulässige, d.h. sachgerechte, geeignete und zumutbar Grundrechtsausgestaltung (vgl. dazu BVerfGE 60, 295; 77, 284) ist keine Beeinträchtigung. **Arten einer Beeinträchtigung** sind *Eingriffe* (imperative u. faktische, die nach Ansicht des BVerfG eng auszulegen sind: E 105, 273; 105, 303), *Benachteiligungen* (insbes. bei Gleichheitsgrundrechten), *Unterlassen* (z.B. von Leistung u. Schutz) sowie *Versagung von Teilhabe*. Der Grundrechtsschutz ist nicht auf Eingriffe im herkömmlichen Sinne beschränkt. Der Abwehrgehalt des Grundrechts kann auch bei faktischen oder mittelbaren Beeinträchtigungen betroffen sein, wenn diese in Zielrichtung und Wirkung Eingriffen gleichkommen (BVerfGE 116, 222; s. auch BVerfGE 110, 191; 118, 20). Durch Wahl eines nicht förmlichen Eingriffs kann die Grundrechtsbindung nicht umgangen werden (BVerfGE 105, 273; BVerfG, NVwZ 2007, 1669). Im *Privatrechtsbereich* kann eine Grundrechtsbeeinträchtigung auch in der unzureichenden Beachtung der Ausstrahlungswirkung bzw. der mittelbaren Drittwirkung der Grundrechte (s. Rn. 6) bei der Auslegung und Anwendung des Privatrechts liegen (BVerfGE 86, 128 f.; 89, 229 f.; 96, 398; 102, 362). Grundsätzlich ist zu beachten, dass dem Gesetzgeber ein **weiter Regelungs- und Gestaltungsspielraum** zukommt (BVerfGE 88, 262; 97, 176), der den Gerichten zugute kommt, sofern gesetzl. Vorgaben fehlen (BVerfGE 96, 64).

14 **Grundrechtsverzicht** (vgl. dazu Pietzcker, Der Staat 1978, 527 ff.), d.h. ein Verzicht auf alle oder einzelne Grundrechte als solche, ist nicht möglich. Wohl aber kann auf bestimmte, sich aus den Grundrechten ergebende Befugnisse zeitweise

verzichtet werden. Dies ist im Grunde nichts anderes als eine Form des Grundrechtsgebrauchs. Der Verzicht muss aber freiwillig sein; daran fehlt es, wenn ohne Zustimmung gewichtige Nachteile entstehen (BVerwGE 119, 127). Gänzlich unverzichtbar ist die Menschenwürde (s. Art. 1 Rn. 2). Für unzulässig angesehen wurden ferner die Unterwerfung eines Beschuldigten unter eine von der Exekutive festgesetzte Strafe mit dem Ziel, gerichtl. Rechtsschutz auszuschließen (BVerfGE 22, 81 f.), und eine auf unbeschränkte Zeit eingegangene Verpflichtung, den Wohnsitz nicht an einem bestimmten Ort zu nehmen (BGH, NJW 1972, 1414). Der Verzicht auf den Schutz des Art. 10 (Brief-, Post- u. Fernmeldegeheimnis) ist im Einzelfall zulässig (vgl. Art. 10 Rn. 10 m.w.N.).

**Schranken der Grundrechte:** Der Schutz der Grundrechte für den von ihnen umschriebenen Garantiebereich unterliegt Schranken. Abgesehen von den in einigen Grundrechten selbst enthaltenen Begrenzungen ihres Geltungsbereichs (z.b. die Gewährleistung des Versammlungsrechtes in Art. 8 I nur unter der Voraussetzung „friedlich u. ohne Waffen"), gilt für die meisten Grundrechte ein **Gesetzesvorbehalt.** Dabei ist zu unterscheiden zwischen dem einfachen (nicht näher bezeichneten) Gesetzesvorbehalt (dazu Art. 19 Rn. 2) und dem qualifizierten Gesetzesvorbehalt, der eine Einschränkung nur aus bestimmten, im GG selbst genannten Gründen zulässt. In engen Grenzen kann der Gesetzgeber die Ausübung grundrechtl. Befugnisse auch von einer Genehmigung abhängig machen, wobei aber die Voraussetzungen zur Erteilung bzw. Versagung der Genehmigung von ihm selbst umrissen werden müssen (BVerfGE 8, 76; 20, 158; 49, 145). Der Gesetzesvorbehalt gewährt dem Gesetzgeber jedoch keinen unbeschränkten Freiraum zum Erlass grundrechtseinschränkender Gesetze. Art. 19 I und II verbietet Einzelfallgesetze und die Antastung des Wesensgehalts eines Grundrechts (s. Art. 19 Rn. 3 u. 5 f.). Darüber hinaus hat der Gesetzgeber den Grundsatz der Verhältnismäßigkeit (Art. 20 Rn. 13) zu beachten. Danach müssen die im Gesetz angeordneten Maßnahmen zur Erreichung des angestrebten Ziels geeignet und – unter dem Gesichtspunkt des geringstmöglichen Eingriffs – erforderlich sowie für den Betroffenen zumutbar sein (vgl. BVerfGE 19, 348 ff.; 30, 316, u. auch Art. 2 Rn. 8 a.E. sowie Art. 12 Rn. 14 f.). Auch soweit Grundrechte (wie Art. 4 I u. II, Art. 5 III) nicht unter einem Gesetzesvorbehalt stehen, gelten für sie **verfassungsimmanente Grundrechtsschranken** in dem Sinne, dass kollidierende Grundrechte Dritter und andere mit Verfassungsrang ausgestattete Rechtswerte ausnahmsweise auch „uneinschränkbare" Grundrechte in einzelnen Beziehungen begrenzen können (BVerfGE 28, 261; 69, 55; 83, 139). Nicht unter Gesetzesvorbehalt stehende Grundrechte dürfen aber weder durch die allg. Rechtsordnung noch durch unbestimmte Gemeinwohlklauseln relativiert werden (BVerfGE 30, 192).

**Sonderrechtsverhältnisse,** d.h. Rechtsverhältnisse, in denen sich der Betroffene in besonders enger Abhängigkeit zu einem staatl. Hoheitsträger befindet (wie Schüler, Studenten, Soldaten, Beamte u. Strafgefangene), können Grundrechte nicht schon von sich aus durch ihr Bestehen, sondern nur auf besonderer verfassungsrechtl. oder gesetzl. Grundlage beschränken. Auch hier ist der Gesetzgeber verpflichtet, die wesentlichen Entscheidungen, zu denen insbes. Grundrechtsbeschränkungen gehören, selbst zu treffen und nicht der Verwaltung zu überlassen (BVerfGE 33, 11; 47, 78, 79; 58, 366 f.; BVerwGE 47, 198; 64, 310).

**Grundrechtskonkurrenz:** Allg. Grundrechtsnormen wie vor allem die Menschenwürde des Art. 1 I, das allg. Freiheitsrecht des Art. 2 I und der Gleichheitssatz des Art. 3 I treten hinter die speziellen Grundrechtsnormen – z.B. die Meinungsfreiheit (Art. 5 I), die Versammlungs- und Vereinsfreiheit (Art. 8, 9), die Freizügigkeit (Art. 11) und die Berufsfreiheit (Art. 12 I) – zurück. Hat jede Norm eine spe-

15

16

17

zifische Bedeutung (z.B. Art. 3 I u. Art. 6 I), so ist die Norm anwendbar, die die stärkere sachliche Beziehung zu dem zu prüfenden Sachverhalt hat (BVerfGE 64, 238 f.; 65, 112; 92, 196); doch kann die andere Norm als grundlegende Wertentscheidung bei der Auslegung der primär anwendbaren Bedeutung haben (BVerfGE 13, 296 ff.; 65, 113).

18 **Grundrechtskollision:** Wenn Grundrechte verschiedener Grundrechtsträger aufeinanderstoßen, muss eine Güterabwägung im Einzelfall erfolgen (BVerfGE 30, 195; 67, 228). Dabei ist festzustellen, welche Verfassungsbestimmung für die konkret zu entscheidende Frage das höhere Gewicht hat (BVerfGE 28, 261). Ausgangspunkt ist dabei aber nicht die völlige Verdrängung eines der Grundrechte, sondern der Versuch, zwischen den kollidierenden Grundrechten entsprechend dem *Grundsatz praktischer Konkordanz* (BVerfGE 93, 21) dergestalt einen schonenden Ausgleich zu finden (BVerfGE 35, 225; 39, 43; 63, 144), dass jedes von ihnen zu möglichst optimaler Wirksamkeit gelangen kann (Hesse, Rn. 72). Das Verhältnis der *Grundrechte der Landesverfassungen* zu denen des GG regelt Art. 142.

19 **Auslegung der Grundrechte:** Maßgebend für die Auslegung jeder Verfassungsnorm und damit auch der Grundrechte ist der darin zum Ausdruck kommende objektive Wille des Normgebers, so wie er sich aus dem Wortlaut und Sinnzusammenhang ergibt. Ergänzend kann auch das rechtl. und historische Umfeld der Entstehung der Norm herangezogen werden (vgl. BVerfGE 1, 312; 74, 116). Im Zweifel ist diejenige Auslegung zu wählen, welche die rechtl. Wirkungskraft der Grundrechtsnorm am stärksten entfaltet (*Grundsatz der größtmöglichen Grundrechtseffektivität* – BVerfGE 39, 38; 57, 99). Eine einzelne Verfassungsbestimmung kann auch nicht isoliert betrachtet, sondern muss unter Beachtung der Einheit der Verfassung (BVerfGE 33, 27; 60, 267) so ausgelegt werden, dass sie mit den elementaren Grundsätzen der Verfassung vereinbar ist (BVerfGE 1, 32 f.).

20 **Grundrechtsschutz:** Der Schutz der Grundrechte ist Aufgabe aller staatl. Organe; denn sie sind unmittelbar an die Grundrechte gebunden (Art. 1 III). Gesetzgeber und vollziehende Gewalt haben allerdings einen weiten Einschätzungs-, Wertungs- und Gestaltungsfreiraum (BVerfGE 92, 46). Aus Grundrechten ableitbare konkrete Verpflichtungen des Gesetzgebers zur Schaffung bestimmter Regelungen sind eine seltene Ausnahme. Besondere Bedeutung für den Grundrechtsschutz kommt den Gerichten und hier vor allem dem BVerfG als oberstem Hüter der Verfassung (dazu s. Art. 93 Rn. 3) zu. Dieses entscheidet in Streitigkeiten über die Verfassungsmäßigkeit einfachen Rechts (Art. 93 I Nr. 2 u. 2 a, Art. 100 I), es allein kann die Verwirkung von Grundrechten aussprechen (Art. 18), und jeder Grundrechtsträger kann dieses Gericht im Wege der Verfassungsbeschwerde (Art. 93 I Nr. 4 a) anrufen, wenn er glaubt, durch die öffentl. Gewalt in einem seiner Grundrechte verletzt zu sein. Schon diese Möglichkeiten der gerichtl. Kontrolle tragen dazu bei, dass die grundrechtl. Schutzbereiche von vornherein geachtet werden.

21 **Grundrechtsverwirklichung und Grundrechtssicherung durch Organisation und Verfahren:** Einige Grundrechte setzen nach ihrem Inhalt eine bestimmte Organisation (z.B. Art. 9 I) oder ein bestimmtes Verfahren (z.B. Art. 4 III i.V.m. Art. 12 a II oder Art. 16 a) voraus. Soweit Grundrechte ihre materielle Schutzfunktion in der sozialen Wirklichkeit nicht hinlänglich erfüllen können, bedürfen sie darüber hinaus allg. zu ihrer Effektuierung und Realisierung geeigneter Organisationsformen und Verfahrensregelungen, die der Gesetzgeber zu schaffen hat, sowie einer grundrechtsfreundlichen Anwendung vorhandener Verfahrensvorschriften (BVerfGE 53, 65; 69, 355 f.; 90, 96; Gewährung von Auskunft u. Be-

*Antoni*

gründung – BVerfGE 103, 357). Das BVerfG hat allerdings bisher offengelassen, ob – abgesehen von verfahrensabhängigen (wie Art. 16 a) oder verfahrensgeprägten (z.b. Art. 5 I 2) Grundrechten – eine Pflicht des Staates besteht, Verfahren festzulegen, und ob der Bürger ein Recht auf „Verfahrensteilhabe" hat (BVerfGE 77, 229).

**Geltung bei Auslandsbezug:** Die Grundrechte binden die deutsche öffentl. Gewalt auch, soweit Wirkungen ihrer Betätigung außerhalb des Hoheitsgebiets der Bundesrepublik Deutschland eintreten (BVerfGE 6, 295; 57, 23; BVerfGK 16, 404; zu Art. 10 s. auch E 100, 362 ff.). 22

**Recht der Europäischen Union:** Im Verhältnis zu dem von der EG gesetzten Recht hatte das BVerfG 1974 zunächst den Vorrang der Grundrechte des GG festgestellt, solange das Gemeinschaftsrecht keinen von einem Parlament beschlossenen, dem Grundrechtsstandard des GG adäquaten Grundrechtskatalog aufweist (BVerfGE 37, 280 f., 285). Spätere Entscheidungen ließen diese Frage offen (BVerfGE 52, 202 f.; vgl. aber auch E 58, 40 ff.). 1986 hat das Gericht dann entschieden, dass die EG, insbes. der EuGH, einen wirksamen Schutz der Grundrechte gewährleistet, der dem des GG im Wesentlichen entspricht (BVerfGE 73, 340). Damit waren der Vorrang der Grundrechte des GG vor dem Gemeinschaftsrecht und die Möglichkeit der Anrufung des BVerfG insoweit nicht mehr gegeben. Aber auch Akte der EG, heute EU, berühren die Gewährleistungen des GG, die den Grundrechtsschutz in Deutschland und insoweit nicht nur gegenüber deutschen Staatsorganen zum Gegenstand haben (BVerfGE 89, 175; anders noch BVerfGE 58, 27). Allerdings übt das BVerfG seine Rspr. über die Anwendbarkeit von abgeleitetem Gemeinschaftsrecht in einem „Kooperationsverhältnis" zum EuGH aus (BVerfGE 89, 175; vgl. auch Art. 93 Rn. 25). Die am 7.12.2000 in Nizza proklamierte „*Charta der Grundrechte der Europäischen Union*" (EUGrCh, EuGRZ 2000, 554) soll die EU und ihre Mitgliedstaaten bei ihren Maßnahmen binden. Die Charta ist (mit geringfügigen Änderungen) als Teil II in den Vertrag vom 29.10.2004 über eine *Verfassung für Europa – VVE –* (BT-Dr 15/4900) eingegangen, der nach dem Scheitern der Ratifizierung in Frankreich und den Niederlanden 2005 nicht in Kraft getreten ist. Am 12.12.2007 ist die Charta neu unterzeichnet und verkündet worden (BGBl 2008 II S. 1166). Mit Inkrafttreten des am 13.12.2007 unterzeichneten Vertrags von Lissabon (BGBl 2008 II S. 1039) zur Änderung des Vertrags über die EU und des Vertrags zur Gründung der EG (Umbenennung in Vertrag über die Arbeitsweise der EU) hat die Charta über einen Verweis in Art. 6 I EUV n.F. (außer für Großbritannien, Polen u. Tschechien) Rechtsverbindlichkeit erlangt. Dieser lautet wie folgt: „(1) Die Union erkennt die Rechte, Freiheiten und Grundsätze an, die in der Charta der Grundrechte der EU vom 7.12.2000 in der am 12.12.2007 ... angepassten Fassung niedergelegt sind; die Charta der Grundrechte und die Verträge sind rechtl. gleichrangig. (2) Durch die Bestimmungen der Charta werden die in den Verträgen festgelegten Zuständigkeiten der Union in keiner Weise erweitert. (3) Die in der Charta niedergelegten Rechte, Freiheiten und Grundsätze werden gemäß den allg. Bestimmungen des Titels VII der Charta, der ihre Auslegung und Anwendung regelt, und unter gebührender Berücksichtigung der in der Charta angeführten Erläuterungen, in denen die Quellen dieser Bestimmungen angegeben sind, ausgelegt." In Art. 6 II des Vertrags von Lissabon heißt es: „Dieser Vertrag tritt am 1.1.2009 in Kraft, sofern alle Ratifikationsurkunden hinterlegt worden sind, oder andernfalls am ersten Tag des auf die Hinterlegung der letzten Ratifikationsurkunde folgenden Monats." Tschechien hat als letzter Mitgliedstaat seine Ratifikationsurkunde in Rom hinterlegt. Danach sind der Lissa- 23 bon-Vertrag und mit ihm die Grundrechte-Charta am 1.12.2009 in Kraft getreten (Bek. v. 13.11.2009, BGBl II S. 1223).

24 **Stellung der EU-Grundrechte in der europäischen Rechtsordnung:** Die Grundrechte der EUGrCh (s. dazu Meyer, Charta der Grundrechte der Europäischen Union, 3. Aufl. 2011) sind danach rechtl. unmittelbar bindend. Es gelten für sie im Prinzip ähnliche Regeln wie im deutschen Verfassungsrecht (vgl. oben insbes. Rn. 3–5, 15, 17–20). Im Einzelnen ist von Folgendem auszugehen:

a) **Rechtsbindung.** Die EU-Mitgliedstaaten und ihre Stellen sind nach Art. 51 I 1 EUGrCh bei der Durchführung des EU-Rechts an die Charta gebunden. Den Mitgliedstaaten sind unabhängig davon schwerwiegende Verletzungen der Kernaussagen der in der Charta verankerten Grundrechte untersagt, auch und gerade außerhalb der Durchführung des Unionsrechts. Gemäß Art. 7 III EUV kann eine schwerwiegende Verletzung der Werte der Union (vgl. Art. 2 EUV) durch einen Mitgliedstaat zur Suspendierung seiner Rechte führen.

b) Die Grundrechte-Charta enthält neben Grundrechten im eigentlichen Sinne auch „**Grundsätze**", die nicht unverbindliche Programmaussagen, sondern unmittelbar geltendes Recht sind: Die Grundrechtsadressaten haben sie auszuführen, auch wenn sie Beurteilungsspielräume haben und die Grundsätze keine subjektiven Rechte gewähren sowie gerichtlich nur begrenzt einsetzbar sind.

c) EU-Grundrechte sind **primäres Recht** und gehen dem sekundären Unionsrecht vor. Sekundäres Unionsrecht, das gegen die Grundrechte verstößt, ist unwirksam, sofern es nicht grundrechtskonform ausgelegt werden kann.

d) Im Verhältnis zu sonstigem primärem Recht bzw. Vertragsrecht der EU sind die Grundrechte grundsätzlich gleichrangig (soweit keine ausdrücklichen Sonderregelungen bestehen). Im Kollisionsfall muss durch **Güterabwägung** ein schonender Ausgleich vorgenommen werden.

e) Die EU-Grundrechte gehen gemäß Art. 6 EUV als Recht der EU im Rahmen seines Anwendungsbereichs allem **nationalen Recht** vor. Nationales Recht (einschl. Verfassungsrecht), das gegen EU-Grundrechte verstößt, ist, soweit diese maßgeblich sind, nicht anwendbar, ggf. grundrechtskonform auszulegen. Nationale Rechtsvorschriften können aber EU-Grundrechte einschränken, wenn das betr. Grundrecht einen entsprechenden Vorbehalt enthält und sonstiges EU-Recht nicht entgegensteht.

f) **Verhältnis zu nationalen Grundrechten:** Art. 53 EUGrCh gilt als Konkurrenzregel für das Verhältnis der Grundrechte der EU zu denen des Völkerrechts und der nationalen Verfassungen (Jarass, EU-Grundrechte, 2005, § 3 Rn. 11 f.; a.A. – Auslegungsregelung, nach der es jeweils auf das weitestgehende Grundrecht ankommt – Beutler in von der Groeben/Schwarze, Kommentar zum EU/EG-Vertrag, Bd. 1, 6. Aufl. 2003, Art. 6 EUV Rn. 111, 120). Die EU-Grundrechte enthalten keine abschließende Regelung, lassen vielmehr weitergehende Rechte zu. Nationale Grundrechte können den Inhalt der EU-Grundrechte beeinflussen: Soweit die auf nationale bezogenen Verfassungstraditionen der Mitgliedstaaten diesen „gemeinsam" sind, bilden sie eine Rechtserkenntnisquelle für die EU-Grundrechte (nicht aber Grundrechte eines Mitgliedstaats, die Besonderheiten im Vergleich zu den Grundrechten anderer Mitgliedstaaten aufweisen). Die EU-Grundrechte binden zum einen EU-Stellen, die – jedenfalls nach Unionsrecht – durch nationale Grundrechte nicht gebunden werden. Soweit die Mitgliedstaaten und deren Stellen Adressaten der EU-Grundrechte sind, weil sie EU-Recht durchführen, werden die nationalen Grundrechte entweder von vornherein nicht anwendbar sein oder im Konfliktsfall zurücktreten, soweit die Mitgliedstaaten durch zwingendes Unionsrecht (außerhalb der Grundrechte) gebunden sind. Wo allerdings den Mitgliedstaaten Spielräume eingeräumt werden, können nationale Grundrechte (zusätzlich) zur Anwendung kommen. Soweit Überschneidungen auftreten, ergibt sich aus Art. 53 EUGrCh, dass EU-Grundrechte und nationale Grundrechte kumulativ zum Einsatz kommen. Der Bürger kann sich auf das Grundrecht berufen, das den weitergehenden Schutz enthält (Meistbegünstigung). Eine EU-Rechtskonforme Auslegung nationaler Grundrechte ist i.d.R. nicht geboten, weil EU-Grundrechte und nationale Grundrechte parallel anzuwenden sind. EU-Grundrechte können aber bei der Auslegung nationaler Grundrechte herangezogen werden.

Die Menschenrechte der **Europäischen Menschenrechtskonvention** (EMRK; vgl. **25** oben Rn. 2) sind als allg. Grundsätze Teil des Unionsrechts (Art. 6 III EUV). Zur Bedeutung der EMRK für die Auslegung des GG hat das BVerfG im Anschluss an den Görgülü-Beschluss vom 14.10.2004 (BVerfGE 111, 315 ff.) im Urteil zur Sicherungsverwahrung vom 4.5.2011 (BVerfGE 128, 326 f.) schon in den Leitsätzen klargestellt: Die EMRK steht danach zwar innerstaatl. im Rang unter dem GG. Dieses ist jedoch völkerrechtsfreundlich auszulegen. Die EMRK und die Rspr. des EGMR dienen auf der Ebene des Verfassungsrechts als Auslegungshilfen für die Bestimmung von Inhalt und Reichweite von Grundrechten und rechtsstaatl. Grundsätzen des GG. Die völkerrechtsfreundliche Auslegung erfordert „keine schematische Parallelisierung" der Aussagen des GG mit denen der EMRK. Grenzen einer solchen Auslegung ergeben sich aus dem GG. Die Berücksichtigung der EMRK, zu welcher die staatl. Organe der Bundesrepublik Deutschland grundsätzlich verpflichtet sind (zu den verfassungsprozessualen Konsequenzen s. Art. 93 Rn. 30), darf nicht dazu führen, dass der Grundrechtsschutz nach dem GG eingeschränkt wird; das schließt auch Art. 53 EMRK selbst aus. „Dieses Rezeptionshemmnis kann vor allem in mehrpoligen Grundrechtsverhältnissen relevant werden, in denen das ‚Mehr' an Freiheit für den einen Grundrechtsträger zugleich ein ‚Weniger' für den anderen bedeutet. Die Möglichkeiten einer völkerrechtsfreundlichen Auslegung enden dort, wo diese nach den anerkannten Methoden der Gesetzesauslegung und Verfassungsinterpretation nicht mehr vertretbar erscheint".

**Grundpflichten** (s. dazu Schmidt, Grundpflichten, 1999), d.h. ausdrücklich verfassungsrechtl. festgelegte Pflichten des Bürgers gegenüber dem Staat, kennt das **26** GG nur wenige. Zu nennen sind hier vor allem die Treue der wissenschaftlichen Lehre zur Verfassung (Art. 5 III 2), Pflege und Erziehung der Kinder als Elternpflicht (Art. 6 II), die Dienstverpflichtungen nach Art. 12 II und Art. 12 a sowie die Sozialpflichtigkeit des Eigentums (Art. 14 II).

## Artikel 1 [Menschenwürde, Rechtsverbindlichkeit der Grundrechte]

(1) Die Würde des Menschen ist unantastbar. Sie zu achten und zu schützen ist Verpflichtung aller staatlichen Gewalt.

(2) Das Deutsche Volk bekennt sich darum zu unverletzlichen und unveräußerlichen Menschenrechten als Grundlage jeder menschlichen Gemeinschaft, des Friedens und der Gerechtigkeit in der Welt.

(3) Die nachfolgenden Grundrechte binden Gesetzgebung, vollziehende Gewalt und Rechtsprechung als unmittelbar geltendes Recht.

1   **Allgemeines:** Art. 1 gehört zu den **tragenden Konstitutionsprinzipien,** die alle Be-
stimmungen des GG beherrschen (BVerfGE 6, 36; 109, 149; BVerwGE 115,
199), und gibt Staatsziele vor. Er enthält den Schutzauftrag an den Staat, den
Einzelnen gegen Angriffe durch Dritte in seiner Würde zu schützen. *Drei Aussa-
gen sind von elementarer Bedeutung:* erstens die Unantastbarkeit der Würde des
Menschen als höchsten Rechtswert (BVerfGE 12, 53), der den Mittelpunkt des
Wertsystems des GG bildet (BVerfGE 35, 225; 87, 228; 96, 398), zweitens das
Bekenntnis zu den Menschenrechten als Grundlage jeder menschlichen Gemein-
schaft und drittens die Bindung von Gesetzgebung, vollziehender Gewalt und
Rspr. an die Grundrechte als unmittelbar geltendes Recht. Eine *Änderung* des
GG, die die in Art. 1 niedergelegten Grundsätze berührt, ist nach Art. 79 III un-
zulässig.

### Absatz 1: Menschenwürde

2   In der Wertordnung des GG ist die Menschenwürde der **oberste Wert** (BVerfGE
27, 6; 102, 389; 109, 311). Damit entscheidet sich das GG zugleich gegen die
Vorstellung vom unbedingten Primat des Staates (Absage an den Totalitarismus).
Die Würde des Menschen ist *nicht verwirkbar* und *nicht verzichtbar, über sie
kann nicht verfügt werden* (BVerfGE 45, 229). Sie verlangt, dass der Mensch als
selbstverantwortliche Persönlichkeit mit Eigenwert anerkannt wird (BVerfGE 45,
228). Jeder Eingriff in den Kernbereich der Menschenwürde ist verfassungswidrig (im Einzelnen s. nachstehend Rn. 6). Extern auf **europäischer Ebene** enthält
die EMRK keine entsprechende Regelung. Für den Bereich der EU stuft der
EuGH das Grundrecht der Menschenwürde jedoch als in der EU geltendes Recht
ein (EuGHE 2001, I-7079 Rn. 70 ff.). Gemäß Art. 1 EUGrCh soll die Menschenwürde als Fundament der Grundrechte und wichtigste Wertentscheidung – entsprechend der Regelung des GG – Geltung erlangen.

3   Wo menschliches Leben existiert, kommt ihm Menschenwürde zu (BVerfGE 39,
41). **Schutzobjekt** des Abs. 1 ist jeder Mensch, beginnend mit der Befruchtung
der Eizelle (EuGH, EuGRZ 2011, 589) und unabhängig von Eigenschaften, Leistungen und sozialem Status (BVerfGE 87, 228). Rechtsträger ist der Ausländer
(vgl. BVerfGE 50, 175) ebenso wie das minderjährige Kind (BVerfGE 57, 382;
75, 124; 102, 124), der Geisteskranke oder der Straftäter (s. BVerfGE 64, 284;
72, 115; BGHZ 35, 8; HessStGH, DVBl 1974, 943). Auch das werdende Leben
(der nasciturus) genießt diesen Schutz (BVerfGE 39, 41; 88, 203), der selbst über
den Tod hinaus wirkt (BVerfGK 13, 116; BVerwGE 45, 230 – Schutz der Toten-
ruhe) und die Würde des Verstorbenen mit umfasst (BVerfGE 30, 194; speziell
zum Schutz sog. menschlicher Plastinate BayVGH, NJW 2003, 1620). Das heißt
aber nicht, dass Tote Grundrechtsberechtigte sind. Denn der Wortlaut „Mensch"
steht dem entgegen. Zu schützende Grundrechtsträger sind die Überlebenden, ihnen gegenüber ist es geboten, die Würde des Verstorbenen nicht zu missachten
(Sodan in Ders., Art. 1 Rn. 26). Geschützt ist die Würde des konkreten Men-

schen, nicht die der Menschheit schlechthin. Aber auch die Menschenwürde einer Personengruppe (wie der in der Bundesrepublik Deutschland lebenden Juden – BVerwGE 86, 328 f.; BGHZ 75, 163) kann Schutzobjekt sein, nicht hingegen eine juristische Person. Die Menschenwürde verliert auch nicht, wer sich „unwürdig" verhält (BVerfGE 109, 150).

**Der Begriff der Menschenwürde** i.S. des Abs. 1 ist ein unbestimmter Rechtsbegriff, dessen Inhalt nicht absolut, sondern immer nur in Ansehung des konkreten Falles (BVerfGE 30, 25) bestimmt werden kann. In ihn fließen zwar die geistesgeschichtlichen Traditionen mit ein, er ist jedoch auch wandlungsfähig (OVG Berlin, NJW 1980, 2485) und zeitbedingt (vgl. BVerfGE 45, 229; 96, 399 f.). Menschenwürde ist gleichzusetzen mit dem sozialen Wert- und Achtungsanspruch, der dem Menschen wegen seines Menschseins zukommt (BVerfGE 87, 228). Im Kern geht der Begriff davon aus, dass der Mensch als geistig-sittliches Wesen darauf angelegt ist, in Freiheit und Selbstbewusstsein sich selbst zu bestimmen und auf die Umwelt einzuwirken (BGHZ 35, 8). Die Menschenwürde wird aber auch geprägt vom Menschenbild des GG, das den Menschen nicht als selbstherrliches Individuum, sondern als in der Gemeinschaft stehende und ihr vielfältig verpflichtete Persönlichkeit begreift (BVerfGE 12, 51; 28, 189; 30, 20; 33, 10 f.) und von der grundsätzlichen rechtl. Gleichheit aller Menschen ausgeht. Der Inhalt des Begriffs der Menschenwürde lässt sich am ehesten vom Verletzungsvorgang her bestimmen: Der Mensch darf keiner Behandlung ausgesetzt werden, die ihn zum bloßen Objekt degradiert (BVerfGE 27, 6; 50, 175; 109, 312 f.) und seine Subjektqualität prinzipiell in Frage stellt oder Ausdruck der Verachtung des Wertes ist, der dem Menschen kraft seines Personseins zukommt (BVerfGE 30, 26; 116, 85 f.; 117, 89). Abs. 1 schützt die Würde des Menschen, wie er sich in seiner Individualität selbst begreift und seiner selbst bewusst wird (BVerfGE 49, 298). I.d.R. kommt es entscheidend darauf an, was der Betroffene empfindet. Geschützt ist jedoch nicht eine übertriebene Empfindlichkeit. Keine Verletzungen der Menschenwürde sind deshalb z.B. die Ladung zum Verkehrsunterricht (BVerfGE 22, 28), Friedhofszwang für Urnen (BVerfGE 50, 262 ff.), die allg. Wehrpflicht (BVerfGE 12, 50), die Eintragung körperlicher Eigenheiten im Personalausweis (BVerwG, NJW 1972, 1774), „Schockwerbung" (BVerfGE 107, 284 f.; a.A. BGHZ 149, 262 f.). Eine Ausweitung des Schutzes der Menschenwürde auf einen „Schutz vor sich selbst" (BVerwGE 64, 279 f.; 84, 317 – Peep-Show; 115, 198 ff. – Laserspiele; LG Mannheim, NJW 1995, 3398 – Telefonsex; VG Minden, NVwZ 1988, 666 – Prostitution) dürfte dem Ziel der Unantastbarkeit der Menschenwürde, die freie Entscheidung über die eigene Person zu ermöglichen, widersprechen und der Bedeutung der eigenen Empfindungen des Betroffenen für den Inhalt der Menschenwürde nicht gerecht werden (vgl. auch VG München, NVwZ 1983, 695, sowie Kunig in von Münch/Kunig, Art. 1 Rn. 34). Ein Schutz gegen den Willen des Betroffenen ist regelmäßig nicht erforderlich (BVerfGE 61, 137 f.; 113, 341 f.). Nur wenn ernsthafte Zweifel an der Fähigkeit zu einer wirklich freien Entscheidungsfindung bestehen, kommt eine Schutzpflicht des Staates aus Art. 1 gegen den Willen des Grundrechtsträgers in Betracht (VG Berlin, NJW 2001, 986).

**4**

**Typische Fälle der Verletzung der Menschenwürde** sind Folter, Sklaverei, Ausrottung ethnischer, nationaler, rassischer oder religiöser Gruppen, Verschleppung, unmenschliche oder erniedrigende Strafen und Behandlungsweisen, vollständige Entrechtung, Vernichtung sog. lebensunwerten Lebens und Menschenversuche (HessStGH, DVBl 1974, 940 ff.). Auch in der Erniedrigung oder Ächtung von Personen (BVerfGE 102, 367) und in deren Kommerzialisierung kann

**5**

eine Beeinträchtigung liegen (BVerfGE 96, 400). Rspr. und Lehre haben darüber hinaus zahlreiche Fallgruppen und Einzelfälle der Verletzung der Menschenwürde entwickelt (vgl. etwa die Übersicht bei Kunig in von Münch/Kunig, Art. 1 Rn. 36). Die Unzulässigkeit der Herabwürdigung des Menschen zum bloßen Objekt staatl. Handelns verbietet es, zur Abwehr der von einem nichtkriegerischen Luftzwischenfall ausgehenden Gefahr unschuldige Menschen zu töten (BVerfGE 115, 151 ff. – LuftsicherheitsG) oder den Menschen zwangsweise in seiner gesamten Persönlichkeit zu registrieren und zu katalogisieren (BVerfGE 27, 6). Gewährleistet ist damit auch grundsätzlich der Schutz persönlicher Daten (BVerfGE 109, 313 – Verletzung durch Abhören oder Beobachten des Kernbereichs privater Lebensgestaltung). Rechtl. Gehör i.S. des Art. 103 I ist auch durch die Würde der Person gefordert (BVerfGE 9, 95). Eine Beweiserhebung mit Hilfe eines „Lügendetektors" im Strafverfahren ist selbst bei Zustimmung des Betroffenen unzulässig (BVerfG, NJW 1982, 375; BGHSt 5, 333 ff.), ebenso ein Zwang zur Selbstbezichtigung (BVerfGE 80, 121; 95, 241 f.) und grausame, unmenschliche oder erniedrigende Strafen (BVerfGE 72, 116; 109, 150, 153 f. – Sicherungsverwahrung I). Die verhängte Strafe darf grundsätzlich die Schuld des Täters nicht übersteigen und nicht nur deswegen ausgesprochen werden, um andere abzuschrecken (BVerwGE 43, 83). Als Sanktion für schwerste Tötungsdelikte verstößt die lebenslange Freiheitsstrafe zwar nicht gegen die Menschenwürde, ihr Vollzug muss aber sicherstellen, dass der Verurteilte eine konkrete und grundsätzlich auch realisierbare Chance hat, zu einem späteren Zeitpunkt die Freiheit wiederzuerlangen (BVerfGE 45, 227 ff.; 72, 116; 109, 150). Eine strafrechtl. Ahndung bei fehlender Schuld ist unzulässig (BVerfGE 80, 120 m.w.N.). Die Menschenwürde kann durch eine Überbelegung des Haftraums und das damit erzwungene Zusammenleben auf engstem Raum verletzt sein (BVerfG, NJW 2002, 2699; s. auch BlnVerfGH, LKV 2010, 27). Art. 1 I verbietet es grundsätzlich, Gefangene grob unhygienischen und widerlichen Haftraumbedingungen auszusetzen (BVerfGK 17, 426). Weitere Fälle: Achtung als Mensch absprechen (BVerfGE 110, 284), unzumutbare Überforderung menschlichen Leistungsvermögens (BAGE 38, 81), Besteuerung des Existenzminimums (BVerfGE 82, 85; 120, 154 f.).

6 **Schranken für den Schutz der Menschenwürde** kann es im eigentlichen Sinne nicht geben. Eine angemessene Begrenzung erfährt Art. 1 I jedoch durch das auf Gemeinschaftsbezogenheit und Gemeinschaftsgebundenheit ausgerichtete Menschenbild des GG (s. dazu oben Rn. 4). Daraus folgt, dass nicht jede Einschränkung der Freiheit des Bürgers schon eine Verletzung des Art. 1 I darstellt (vgl. BVerfGE 30, 26 f.). Unberührt davon bleibt, dass auch überwiegende Interessen der Allgemeinheit niemals einen Eingriff in den *absolut geschützten Kernbereich* privater Lebensgestaltung zulassen. Hier ist auch kein Raum für Interessenabwägungen mehr (BVerfGE 34, 245; 93, 293; a.A. Herdegen in Maunz/Dürig, Art. 1 I Rn. 46 ff. m.w.N.).

7 Verletzungen der Menschenwürde führen i.d.R. zum **Anspruch auf Unterlassen der Beeinträchtigung** (BVerfGE 30, 187 ff.). Eine Entschädigung in Geld ist dagegen nicht in jedem Fall geboten (BVerfGK 7, 122 ff.; BGHZ 161, 33, für möglicherweise menschenunwürdige Haftunterbringung). Bei schwerwiegenden Fällen ehrverletzender Eingriffe in die Persönlichkeit und unzulässiger Verfügung über die persönliche Eigensphäre kann jedoch ein *Schadensersatzanspruch* in Betracht kommen, wenn sich die erlittene Beeinträchtigung nicht auf andere Weise befriedigend ausgleichen lässt (BGH, NJW 1979, 649).

Mit dem Begriff **unantastbar** in Satz 1 soll die Menschenwürde negativ gegen An-    **8**
griffe abgeschirmt werden (BVerfGE 1, 104). Satz 2 verpflichtet den Staat, d.h.
die gesamte Staatsgewalt von Bund und Ländern einschl. der Gemeinden, darüber hinaus zum positiven Tun des Schützens der Menschenwürde vor Angriffen aus dem nichtstaatl. Bereich und auch von Seiten ausländischer Staatsgewalt.
Dementsprechend stellt z.b. § 130 StGB bestimmte Formen des Angriffs auf die
Menschenwürde anderer unter Strafe. Diese **Schutzpflicht** schließt den vorbeugenden Schutz ein (vgl. BVerfGE 49, 142). So sichert das *Grundrecht auf Gewährleistung eines menschenwürdigen Existenzminimums* aus Art. 1 I i.V.m.
dem Sozialstaatsprinzip des Art. 20 I jedem Hilfebedürftigen diejenigen materiellen Voraussetzungen zu, die für seine physische Existenz und für ein Mindestmaß
an Teilhabe am gesellsch., kulturellen und polit. Leben unerlässlich sind
(BVerfGE 40, 121, 133; 113, 108 f.; 123, 363; 125, 222). Art. 1 I begründet den
Anspruch, und das Sozialstaatsgebot erteilt „dem Gesetzgeber den Auftrag, jedem ein menschenwürdiges Existenzminimum zu sichern". Dieses Grundrecht,
das als Menschenrecht deutschen und ausländischen Staatsangehörigen, die sich
in Deutschland aufhalten, gleichermaßen zusteht (BVerfG, U. v. 18.7.2012 – 1
BvL 10/10 u.a. –; s. auch oben Rn. 3), ist dem Grunde nach unverfügbar, bedarf
aber der Konkretisierung und stetigen Aktualisierung durch den Gesetzgeber, der
die zu erbringenden Leistungen in einem transparenten und sachgerechten Verfahren realitätsgerecht und nachvollziehbar auf der Grundlage verlässlicher Zahlen und schlüssiger Berechnungsregeln am jeweiligen Entwicklungsstand des Gemeinwesens und an den bestehenden Lebensbedingungen auszurichten und dabei
neben dem typischen Bedarf zur Sicherung des menschenwürdigen Existenzminimums auch einen darüber hinausgehenden unabweisbaren, laufenden, nicht nur
einmaligen besonderen Bedarf zu berücksichtigen hat (BVerfGE 125,
222 m.w.N.). Der verfassungsrechtl. Leistungsanspruch erstreckt sich aber nur
auf diejenigen Mittel, die zur Aufrechterhaltung eines menschenwürdigen Da-
seins unbedingt erforderlich sind (BVerfGE 125, 223). Das GG gebietet nicht die
Gewährung von bedarfsunabhängigen, voraussetzungslosen Sozialleistungen
(BVerfGK 17, 377 f.). Die Gewährleistung eines menschenwürdigen Existenzminimums führt auch zu Konsequenzen für die steuerrechtl. Behandlung von Kran-
kenversicherungsbeiträgen (vgl. dazu BVerfGE 120, 155 ff.). Für den Strafgefangenen sind menschenwürdige Haftbedingungen zu schaffen (OLG Hamm, JZ
1959, 239; vgl. auch oben Rn. 5 a.E.) und eine Resozialisierung nach Verbüßung
der Strafe zu ermöglichen (BVerfGE 35, 235 f.). Bei der Wahl der Mittel zur Umsetzung dieser Schutzverpflichtungen hat der Staat einen weiten Ermessensspielraum. Ein Schutz gegen den Willen des Betroffenen ist aber i.d.R. nicht erforderlich (BVerfGE 61, 137 f.; a.A. BVerwGE 113, 341 f.).

Ob man in Abs. 1 ein subjektiv-öffentl. Recht, d.h. ein **Grundrecht**, oder nur eine    **9**
Norm objektiven Rechts (so u. a. Herdegen in Maunz/Dürig, Art. 1 I Rn. 29)
sieht, ist zu einer Frage ohne praktische Bedeutung geworden, da die Rspr. auch
im Falle der Verletzung des Art. 1 die Verfassungsbeschwerde zulässt. Das
BVerfG spricht vom „Grundrecht des Art. 1 I" (BVerfGE 15, 255; s. auch E 61,
137). Als tragendes Konstitutionsprinzip der Verfassung *beherrscht* Art. 1 I *die
einzelnen Grundrechte* (vgl. BVerfGE 6, 36), die in gewissem Umfange spezielle
Konkretisierungen des Gebots der Achtung der Menschenwürde sind und ihren
Schutz im Besonderen gewährleisten (BVerfGE 35, 235). Gegenüber der speziellen Grundrechtsbestimmung scheidet Art. 1 I als eigenständiger Prüfungsmaßstab
aus (BVerfGE 51, 105). Ob das Gebot zur Achtung der Menschenwürde unmittelbare *Drittwirkung* entfaltet, d.h. ob es auch Gültigkeit im Privatrechtsverkehr

besitzt (s. vor Art. 1 Rn. 6), ist ebenfalls umstr. (vgl. Kunig in von Münch/Kunig, Art. 1 Rn. 27 f.). Versteht man Abs. 1 nicht, wie Wortlaut und Bedeutung nahe legen, als Verhaltensnorm für jedermann, ergibt sich die Wirkung der Menschenwürde auf den Privatrechtsverkehr zumindest daraus, dass der Staat nach Satz 2 verpflichtet ist, die Menschenwürde auch gegen Angriffe von Privatpersonen zu schützen (s. oben Rn. 8).

10 Von besonderer Bedeutung für die Praxis ist das aus Art. 1 I und Art. 2 I abgeleitete „allgemeine Persönlichkeitsrecht" (zusammenfassend BVerfGE 65, 41 f.; 101, 380; 114, 346). Es soll i.S. der Menschenwürde die engere persönliche Lebenssphäre und die Erhaltung ihrer Grundbedingungen sichern (BVerfGE 72, 170; 96, 61). Die allg. Handlungsfreiheit ist gegenüber dem allg. Persönlichkeitsrecht subsidiär. Letzteres tritt seinerseits hinter die Spezialregelungen des Brief-, Post- und Fernmeldegeheimnisses (Art. 10 I) sowie der Unverletzlichkeit der Wohnung (Art. 13 I) zurück (s. BVerfGE 120, 302 ff., u. auch hier Art. 10 Rn. 2, Art. 13 Rn. 4). Über die Gewährleistung der Einzelgrundrechte hinaus (vgl. BVerfGE 34, 281) schützt es Elemente der Persönlichkeit, die ebenso konstituierend sind wie die besonderen Freiheitsgarantien (BVerfGE 106, 39). Der Schutz gilt dem Menschen (auch dem Kind – BVerfGE 72, 172 f.; 83, 140) bis zu seinem Tod (BVerfGE 30, 194) gegenüber Eingriffen, die geeignet sind, seine engere Persönlichkeitssphäre zu beeinträchtigen (BVerfGE 54, 153), insbes. gegenüber „neuartigen Gefährdungen der Persönlichkeitsentfaltung" (BVerfGE 101, 380). Die Geltung des allg. Persönlichkeitsrechts für juristische Personen ist str. (s. Kunig in von Münch/Kunig, Art. 2 Rn. 39; vgl. auch nachstehend Rn. 14 – Informationelle Selbstbestimmung, Rn. 15 – Recht am eigenen Bild u. Rn. 16 – Recht am gesprochenen Wort). Es ist Abwehrrecht, verpflichtet den Staat zum Schutz vor Beeinträchtigungen (BVerfGE 34, 281 f.; 96, 64; 99, 194 f.) und kann auch Anspruchsgrundlage für Auskünfte sein (BVerfGE 79, 268 ff.; 90, 271 – Kenntnis der Abstammung; BVerwGE 82, 48 ff. – Einsicht in Patientenakten). Der Schutz ist umso intensiver, je näher die gefährdeten Rechtsgüter der Intimsphäre des Betroffenen stehen, die als unantastbarer Bereich privater Lebensgestaltung gegenüber aller staatl. Gewalt Achtung und Schutz beansprucht (s. BVerfGE 89, 82 f.; 115, 345 f.; 120, 239 f. m.w.N.). Auf europäischer Ebene ist das allg. Persönlichkeitsrecht durch Art. 8 I EMRK garantiert, der u.a. das Gebot der Achtung der privaten Sphäre enthält, das den gleichen Schutzbereich hat. Insoweit wortgleich ist Art. 7 EUGrCh. Der von Art. 8 I EMRK mit umfasste Schutz personenbezogener Daten wird durch Art. 8 I EUGrCh ausdrücklich gewährleistet (vgl. auch Art. 16 AEUV).

11 Zu den Schutzgütern des allg. Persönlichkeitsrechts gehören das Recht auf individuelle Selbstbestimmung (BVerfGE 72, 170) und damit neben der Privat- und Intimsphäre die persönliche Ehre, das Verfügungsrecht über die Darstellung der eigenen Person einschl. des Rechts am eigenen Bild und am gesprochenen Wort. I.V.m. dem Sozialstaatsprinzip ergibt sich aus dem allg. Persönlichkeitsrecht auch ein *Recht auf Resozialisierung* (BVerfGE 96, 115; 98, 200; 103, 39 f.) mit Auswirkungen auf eine angemessene Anerkennung der Arbeit im Strafvollzug (BVerfGE 98, 201 ff.) und auf Maßnahmen der Lockerung des Strafvollzugs (BVerfG, NJW 1998, 2203). Die Rspr. hat den Inhalt nicht abschließend umschrieben (vgl. BVerfGE 79, 268; 95, 241), sondern seine Ausprägung jeweils anhand von Einzelfällen herausgearbeitet.

12 Die Privat- und Intimsphäre umfasst Angelegenheiten, die wegen ihres Informationsgehalts typischerweise als privat eingestuft werden, ebenso wie den räumlichen Bereich, in dem der Einzelne zu sich kommen, sich entspannen oder gehen

lassen kann (BVerfGE 101, 382 f.; 120, 199). Dies ist räumlich nicht auf den häuslichen Bereich beschränkt (BVerfGE 101, 384). Das allg. Persönlichkeitsrecht verbietet grundsätzlich *unbefugtes Belauschen* (VGH Mannheim, NJW 1972, 971), *heimliche Tonbandaufzeichnungen* zur Stimmanalyse (BGHSt 34, 43), die *Einholung eines graphologischen Gutachtens* ohne Einwilligung (BAGE 41, 61 f.), die *Bespitzelung* des Ehegatten in der eigenen Wohnung durch eine dritte Person (BGH, NJW 1970, 1848) und die *Zusendung unerbetener Werbung* trotz ausdrücklichen Widerspruchs (VG Hannover, NJW 1986, 1630). Es schützt i.d.R. auch vor *Erhebung und Weitergabe von Befunden über Gesundheitszustand, seelische Verfassung und Charakter* (BVerfGE 32, 379 f.; 89, 82 m.w.N.; einschränkend BGHZ 24, 72). Bei *Einstellung in den öffentlichen Dienst* sind Fragen nach dem Vorleben nicht unbegrenzt zulässig (BVerfGE 96, 187 f.). Der Schutz der Persönlichkeitssphäre lässt es auch grundsätzlich nicht zu, dass *Ehescheidungsakten* in einem Disziplinarverfahren verwertet werden (BVerfGE 27, 351 f.; 34, 209), und gebietet Zurückhaltung bei der öffentl. *Berichterstattung über Bußgeld-, Disziplinar- oder Strafverfahren zum Schutz vor vorzeitiger Bloßstellung* (BVerfGE 71, 217, 219; 103, 68). Ausgeschlossen ist ferner, dass ohne hinreichend konkreten Anlass die persönlichen Verhältnisse einer am Verfahren unbeteiligten Person vor Gericht schrankenlos durchleuchtet werden (BVerfGE 19, 186). DNA-Analysen ausschließlich zum Zweck der Identitätsfeststellung sind grundsätzlich zulässig (BVerfGE 103, 31 f.). Zur Zulässigkeit psychologischer Tests s. BVerwGE 72, 144. Besonders geschützt ist der *Intimbereich*, der die Sphäre des menschlichen Lebens umfasst, die durch weitgehende Abgeschiedenheit von der Beteiligung anderer Personen (mit Ausnahme der Familie) gekennzeichnet ist. Hierher rechnet beispielsweise, inwieweit eine Frau bekannt werden lassen will, wer der Vater ihres nichtehelichen Kindes ist (BVerwGE 36, 57). Umgekehrt umfasst das allg. Persönlichkeitsrecht auch das *Recht auf Kenntnis der eigenen Abstammung* in dem Sinn, dass erlangbare Informationen darüber nicht vorenthalten werden dürfen (BVerfGE 79, 268 f.; 90, 270 f. – zur Verfassungswidrigkeit von § 1598 BGB a.F.), das Recht eines Mannes auf Kenntnis der Abstammung des ihm rechtl. zugeordneten Kindes (BVerfGE 117, 225 ff.) und das Recht am eigenen *Namen* (BVerfGE 78, 49; 109, 266; 123, 102; speziell zum Schutz des Vornamens eines Menschen BVerfGE 116, 262 f.). Die *Privatheit der Sexualsphäre* (BVerfGE 96, 61) wird ebenso geschützt wie das Recht, seine *Einstellung zum Geschlechtlichen* und die Einwirkung Dritter auf diese Einstellung selbst zu bestimmen (BVerfGE 47, 73 – zur Sexualkunde; einschränkend E 60, 134; s. auch E 120, 239 f.; 121, 190; 128, 124 f. – Änderung des Personennamens). Die personenrechtl. Anerkennung einer geschlechtsändernden Operation kann auch bei verheirateten Transsexuellen in Abwägung mit dem Schutzgut der Ehe (Art. 6 I) möglich sein (BVerfGE 121, 198 f.). *Der familiäre Umgang zwischen Ehegatten und Kindern* und der Bereich, in dem sich Kinder frei vo öffent. Beobachtung fühlen und entfalten dürfen, wird noch umfassender als bei Erwachsenen geschützt (BVerfGE 101, 385 f.; BVerfG, NJW 2000, 2192 – Recht des Kindes auf Entwicklung; BGHZ 160, 304 f.). *Briefe und andere vertrauliche private Aufzeichnungen* dürfen i.d.R. nicht ohne Einwilligung des Verfassers veröffentlicht werden (BVerfGE 121, 92 f. – Tagebuch; BGHZ 73, 123 m.w.N.). Dies gilt auch für die Verwendung als Beweismittel, wenn das Interesse des Staates an der Strafverfolgung nicht das persönliche Interesse am Schutz des eigenen Geheimbereichs überwiegt (BGHSt 19, 325 ff.). Tagebücher oder ähnliche Aufzeichnungen sind jedoch nicht schlechthin von der Verwertung im Strafverfahren ausgenommen. Bei unmittelbarem Bezug zu konkreten Straftaten gehören sie nicht zum geschützten Kernbereich und können nach entsprechender Güterabwägung herangezogen werden (BVerfGE 80, 375 f.). Bei Handhabung der – grundsätzlich zulässigen – Briefkontrolle gegenüber Untersuchungsgefangenen ist zu berücksichtigen, dass dem freien brieflichen Kontakt mit dem Ehegatten im Hinblick auf das Gebot der Achtung der Intimsphäre besondere Bedeutung zukommt (BVerfGE 35, 39 f.). Es widerspricht auch der Menschenwürde, jemanden durch eine Auskunftspflicht zu zwingen, sich selbst zu belasten (BVerfGE 55, 150; 56, 41 ff.).

13 Der **Schutz der Ehre** (BVerfGE 54, 217; 97, 147) verbietet beispielsweise die namentliche Bezeichnung als Ehestörer in einem Scheidungsurteil (BVerfGE 15, 286), die Diffamierung eines Berufsstands (BVerfGE 20, 32), die herabwürdigende und erniedrigende Darstellung einer Person durch ein negativ-verfälschendes Portrait (BVerfGE 30, 199) oder in einem Theaterstück (BGH, MDR 1975, 920) sowie die grundlose Bekanntgabe des Aufenthalts in Untersuchungshaft (BVerfGE 34, 382 f.).

14 Der Einzelne hat selbst über die **Darstellung der eigenen Person** gegenüber Dritten und der Öffentlichkeit zu entscheiden (BVerfGE 54, 153; 103, 33 m.w.N.). Dazu gehören auch die rechtl. gesicherte Möglichkeit, einer bestimmten Darstellung der Persönlichkeit entgegenzutreten (Recht zur wirksamen Gegendarstellung – vgl. BVerfGE 97, 148; 101, 381 ff.; 120, 198 f.), und der Anspruch auf Schutz vor verfälschender und entstellender Darstellung in der Öffentlichkeit (BVerfGE 99, 194). Der Einzelne hat aber keinen Anspruch darauf, in der Öffentlichkeit nur so dargestellt zu werden, wie es ihm genehm ist (BVerfGE 97, 125, 149; s. auch BVerfGE 82, 236, 269; BVerfG, NJW 2011, 511). Im Rahmen des allg. Persönlichkeitsrechts gewährleistet das **Recht auf informationelle Selbstbestimmung** dem Einzelnen die Befugnis, grundsätzlich selbst über die Preisgabe und Verwendung seiner persönlichen Daten zu bestimmen (BVerfGE 113, 46; 118, 184; 120, 379 ff.; ob er z.B. fotografiert oder seine Stimme aufgenommen werden darf u. was mit den Aufzeichnungen geschieht – BVerfGE 106, 39 f.). Auch ein – allerdings nicht schrankenloses – Recht auf Zugang zu über die eigene Person gespeicherten Daten kann daraus abgeleitet werden (vgl. zu Krankenunterlagen BVerfG, NJW 1999, 1777; BVerfGK 7, 174; BVerwGE 84, 378 f., 381; BGHZ 106, 146). Die (gesetzl. geregelte) Erteilung von Auskünften oder Akteneinsicht durch Dritte stellt ebenfalls einen Eingriff in das Recht auf informationelle Selbstbestimmung der betroffenen Person dar, deren schutzwürdigen Interessen dem entgegenstehen oder eine Beschränkung des Zugangs zu den Daten erforderlich machen können (BVerfG, NJW 2007, 1052; 2009, 2876). Im Hinblick auf die Möglichkeiten und Gefahren moderner Datenverarbeitung sind – auf Grund der Gemeinschaftsbezogenheit und Gemeinschaftsgebundenheit der Person zulässige – Einschränkungen dieses Rechts auf gesetzl. Grundlage, „aus der sich die Voraussetzungen und der Umfang der Beschränkungen klar und für den Bürger erkennbar ergeben und die damit dem rechtsstaatl. Gebot der Normenklarheit entspricht", mit ausreichenden organisatorischen und verfahrensrechtl. Vorkehrungen gegen die Gefahr von Grundrechtsverletzungen zu versehen (BVerfGE 65, 41 ff.; 93, 188; 118, 197; s. auch E 110, 55, sowie zur Bestimmtheit E 120, 428 f.). Die Zulässigkeit einer Beschränkung hängt davon ab, zu welchem Zweck Angaben verlangt werden und welche Verknüpfungs- und Verwendungsmöglichkeiten bestehen. Die Zulässigkeit der Erhebung von Daten, die in nicht anonymisierter Form verarbeitet werden, ist auf solche mit Sozialbezug beschränkt und nur gegeben, wenn der Gesetzgeber den aus überwiegendem Allgemeininteresse gebotenen Verwendungszweck bereichsspezifisch und präzise

bestimmt und der Schutz gegen Zweckentfremdung gewährleistet ist (BVerfGE 65, 44 ff.; BVerfG, DVBl 1990, 1042). Dies gilt auch für Verkehrsdaten beim Kommunikationsteilnehmer zum Schutz vor Sicherstellung und Beschlagnahme (BVerfGE 115, 188 ff. – Abgrenzung zum Schutzbereich des Art. 10 I). Für bestimmte Zwecke erhobene Daten dürfen für andere Zwecke nur weiterverwendet werden, wenn eine entsprechende Ermächtigung vorliegt (BVerfGE 65, 46), die Verwendung verhältnismäßig (BVerfGE 80, 375 f.) und die Behörde sachlich zuständig (BVerwG, NJW 2005, 2332) ist. Die Feststellung, Speicherung und Verwendung des DNA-Identifizierungsmusters ist als Eingriff in das Recht nur zulässig, soweit dies zum Schutz öffentl. Interessen unerlässlich ist (BVerfGE 103, 32 f.). Bei Datenerhebung zu statistischen Zwecken (d.h. bei Verarbeitung in anonymisierter Form) ist eine konkrete Zweckbestimmung nicht erforderlich – auch das Sammeln von Informationen „auf Vorrat" ist zulässig –, es müssen aber ausreichende Vorkehrungen gegen Entanonymisierung und Zweckentfremdung getroffen sein (BVerfGE 65, 47 ff.). Präventivpolizeiliche Rasterfahndung ohne konkrete Gefahr ist hingegen unzulässig (BVerfGE 115, 357 ff.). Bei der Gestaltung des *Namensrechts* ist der Schutz des geführten Namens zu respektieren (BVerfGE 78, 49; 104, 387; 115, 14 – Schutz des gewählten Vornamens bei Transsexuellen). Geschützt sind auch der Name und seine Verwendung (BVerfGE 97, 399) einschl. des Geburtsnamens und die Wahl des Vornamens (BVerfGE 78, 49; 104, 392; 109, 266; 116, 262 f. – zum Schutz des Vornamens). Dem Berechtigten ist es vorbehalten zu entscheiden, ob und wie sein Name öffentl. in Erscheinung tritt (BGHZ 81, 75 – Werbung mit fremdem Namen). Keine Verletzung des Persönlichkeitsrechts liegt vor, wenn der Gesetzgeber durch § 1355 IV 2 BGB einem Ehegatten die Möglichkeit vorenthält, seinen Namen dem Ehenamen hinzuzufügen, falls der gewählte Ehename schon aus mehreren Namen besteht (BVerfGE 123, 101). Unzweifelhaft ist mittlerweile, dass eine *juristische Person* Grundrechtsträgerin des Rechts auf informationelle Selbstbestimmung sein kann. Dieses gewährleistet einer juristischen Person „einen Grundrechtsschutz vor Gefährdungen, die von staatl. informationellen Maßnahmen ausgehen können" (BVerfGE 118, 204). Dabei kommt es allerdings maßgeblich auf die Bedeutung der betroffenen Informationen für den grundrechtl. geschützten Tätigkeitskreis der juristischen Person an. Angesichts der durch die moderne Informationstechnik begründeten neuartigen Gefährdungen der Persönlichkeit formulierte das BVerfG auch ein **„Grundrecht auf Gewährleistung der Vertraulichkeit und Integrität informationstechnischer Systeme"** als weitere, spezifische Ausprägung des allg. Persönlichkeitsrechts (BVerfGE 120, 304 ff., u. dazu Hömig, JURA 2009, 207, 209 ff.). Dabei ist aber die Abgrenzung zum Recht auf informationelle Selbstbestimmung problematisch (krit. Britz, DÖV 2008, 413 f.). Geschützt sind die Interessen des Nutzers, dass die erzeugten, verarbeiteten und gespeicherten Daten vertraulich bleiben (Vertraulichkeitsschutz, BVerfGE 120, 213 ff.) und dass die Integrität des Systems gewahrt bleibt (Integritätsschutz, BVerfGE 120, 325 ff.).

Das **Recht am eigenen Bild** erfasst die Abbildung der Person ebenso wie deren **15** Darstellung in der Öffentlichkeit (BVerfGE 97, 268; 120, 198) und auch im privaten Bereich (BVerfGE 101, 382 f.). Es wird etwa durch Darstellungen auf der Bühne, im Film und im Fernsehen (OLG Hamburg, NJW 1975, 650), so durch die Veröffentlichung von Abbildungen eines Straftäters oder Tatverdächtigen in Fernsehen (BVerfGE 35, 219) und Presse (OLG Hamm, NStZ 1982, 82), berührt. Die Veröffentlichung von Bildern verdächtiger Personen kann jedoch dann gerechtfertigt sein, wenn bei einer schwerwiegenden Straftat das öffentl. Interesse an einer wirksamen Strafverfolgung gegenüber den schutzwürdigen Belangen des Betroffenen überwiegt (OLG Hamm, a.a.O.). Zum Verbot von Ton- und Bildaufnahmen bei Gerichtsverfahren s. BVerfGE 103, 68, mit abw. Meinung S. 79. Das heimliche Herstellen von Bildaufnahmen anderer Personen verstößt i.d.R. nur dann gegen Art. 1 I, wenn der Bereich der privaten Lebensgestaltung berührt wird und die Aufnahme gegen den Willen des Betroffenen der Öffentlichkeit zugänglich gemacht werden soll (BGHZ 24, 200 f.). Das Fotografieren von Teilnehmern einer öffentl. Versammlung durch die Polizei (BGH, JZ 1976, 31 f.) und die Überwachung von Arbeitsvorgängen mit einer Fernsehkamera (OLG Schleswig, NJW 1980, 352 f.) verletzen das allg. Persönlichkeitsrecht nicht. Für *juristische Personen* kann der Schutz des Rechts am eigenen Bild „auf kein Fall weiter reichen als das entsprechende Recht einer natürlichen Person. Eher dürfte der Schutz schwächer sein, da die juristische Person sich anders als die natürliche nicht auch auf den im allg. Persönlichkeitsrecht mitumfassten Schutz der Menschenwürde i.S. des Art. 1 I GG berufen kann" (BVerfG, NJW 2005, 883).

16 Das **Recht am gesprochenen Wort** sichert jedem grundsätzlich die Entscheidungsfreiheit darüber, welchem Kreis von Personen seine Worte zugänglich gemacht werden dürfen, ob sie auf Tonträger aufgenommen und wem gegenüber sie abgespielt werden sollen (BVerfGE 54, 155 f.). Niemandem dürfen Aussagen zugeschrieben werden, die er nicht getan hat und die seinen von ihm selbst bestimmten sozialen Geltungsanspruch beeinträchtigen (BVerfGE 54, 154 f.; s. auch BVerfGK 18, 53). Auch die Behauptung der Mitgliedschaft in einer Gruppe wird erfasst (BVerfGE 99, 194). Die Verfügungsbefugnis über das gesprochene Wort bleibt jedoch unberührt, wenn der objektive Gehalt des Gesagten – etwa im geschäftlichen Verkehr bei fernmündlichen Durchsagen und Bestellungen – so sehr im Vordergrund steht, dass die Persönlichkeit des Sprechenden nahezu völlig dahinter zurücktritt und das gesprochene Wort seinen privaten Charakter einbüßt (BVerfGE 34, 247). Der Schutz gegen heimliche Tonbandaufnahmen und deren (schriftliche) Veröffentlichung (BGHZ 73, 123 ff.) kann auch dann zurücktreten, wenn in Fällen schwerer Kriminalität zur Feststellung der Identität von Straftätern oder zur Entlastung Beschuldigter auf solche Aufnahmen Dritter zurückgegriffen werden muss (BVerfGE 34, 249 f.). *Juristische Personen* haben den Schutz des Rechts am gesprochenen Wort, „soweit es hierfür auf einen besonderen personalen Kommunikationsinhalt nicht ankommt" (BVerfGE 106, 43; 118, 203: vgl. auch E 95, 242).

17 **Einschränkungen** erfährt das allg. Persönlichkeitsrecht durch die verfassungsmäßige Ordnung (BVerfGE 106, 48) und insbes. durch den Grundsatz der Verhältnismäßigkeit (BVerfGE 65, 44; 90, 271; BVerfG, NVwZ 2005, 571 f. – keine Rechtfertigung zur Erhebung von Daten ohne Richtigkeitsgewähr) sowie das Grundrecht der Meinungsfreiheit, vor allem das der Pressefreiheit (Art. 5 I). Der verfassungsrechtl. Schutz wirkt nicht absolut, soweit es nicht um den „letzten unantastbaren Bereich privater Lebensgestaltung" geht (vgl. BVerfGE 80, 373 f.). Außerhalb des Kernbereichs können Eingriffe durch die Wahrnehmung schutzwürdiger Interessen gerechtfertigt sein (BAGE 54, 370), wenn sie auf gesetzl. Grundlage erfolgen und verhältnismäßig sind (BVerfGE 78, 85; zum methodischen Vorgehen bei der Prüfung von Grundrechtsbeeinträchtigungen allg. s. vor Art. 1 Rn. 8 f.). Soweit es zur Meinungsbildung in einer die Öffentlichkeit interessierenden Frage beiträgt, können die schutzwürdigen Belange der persönlichen Eigensphäre zurückgedrängt werden (s. auch Art. 5 Rn. 4 ff., 26, 28). Je stärker dabei der private Charakter der Information ist, umso bedeutender und nachhaltiger muss auch das öffentl. Interesse an der Information sein (BGHZ 73, 128).

Unter diesen Gesichtspunkten ergibt sich insbes. für sog. Personen der Zeitgeschichte – wie Staatsmänner, Politiker und Personen des kulturellen Lebens – eine Einschränkung des Schutzes des Eigenbereichs (OLG Frankfurt/Main, NJW 1971, 49; OLG Karlsruhe, NJW 1980, 1701 f.). Es gibt jedoch auch hier einen letzten unantastbaren Bereich privater Lebensgestaltung, der der öffentl. Gewalt schlechthin entzogen ist (BVerfGE 80, 373 f. m.w.N.).

Gentechnologie als Verfassungsproblem bewegt sich grundrechtl. (zur Kompe-   **18** tenzlage im Bereich der Gesetzgebung vgl. Art. 74 I Nr. 26 u. die Erläut. dazu) im Spannungsfeld zwischen *Forschungsfreiheit* und ihren *verfassungsimmanenten Schranken* (s. vor Art. 1 Rn. 15) aus den Lebensschutzbestimmungen des GG (Art. 1 I – Menschenwürde; Art. 2 II 1 – Recht auf Leben u. körperliche Unversehrtheit; Art. 2 I i.V.m. Art. 1 I – allg. Persönlichkeitsrecht) und Art. 6 – Schutz von Ehe und Familie. Soweit die Grenzen der Gentechnologie durch Grundrechte bestimmt werden, übernimmt Art. 1 I die Rolle eines allg. Indikators der unabweisbaren ethischen Bedingungen des wissenschaftlichen Fortschritts (Badura, Staatsrecht, 5. Aufl. 2012, S. 135). Ausgehend von der Vermutung des Erlaubtseins wissenschaftlicher Forschung gibt es im *außermenschlichen Bereich* keine prinzipiellen Beschränkungen der Genforschung. Bei der *Humangenetik* ist nach Zielsetzung (diagnostisch, therapeutisch oder genmanipulativ) und Folgen des angewendeten Verfahrens zu unterscheiden. Hier fungiert Art. 1 I als wichtige immanente Schranke. *Pränatale Diagnostik* mit therapeutischer Zielsetzung ist grundsätzlich als Heilbehandlung (oder Heilversuch) gerechtfertigt. *Künstliche Spermienübertragung* ist wohl dann als Heilbehandlung zu begreifen, wenn sie zur Überwindung von Fruchtbarkeitsstörungen dient. *Embryo-Transfer bzw. Eibefruchtung außerhalb des Körpers* und Austragung durch „Leihmütter" werfen, wie jede Form der künstlichen Befruchtung, regelungsbedürftige familien-, personenstandsrechtl. und moralische Probleme auf („doppelte Mutterschaft", „doppelte Vaterschaft", „Retortenbaby"). Doch wird man diese Verfahren nicht generell als Verstoß gegen die Menschenwürde ansehen können (zur Zulässigkeit von Verboten bestimmter Formen künstlicher Befruchtung nach Art. 8 EMRK vgl. EGMR, NJW 2012, 209 f.). Das EmbryonenschutzG vom 13.12.1990 (BGBl I S. 2746), zuletzt geändert durch G vom 21.11.2011 (BGBl I S. 2228), regelt die künstliche Befruchtung und schützt gegen die missbräuchliche Anwendung von Fortpflanzungstechniken. Die Herstellung von „Kopien" eines Menschen durch Klonen widerspricht der Unwiederholbarkeit jedes Einzelnen und damit der Menschenwürde. Die *Genomanalyse* ist wie jeder andere diagnostisch-therapeutische Eingriff zulässig, soweit sie sich auf den Nachweis bzw. die Ausschaltung von Erbkrankheiten beschränkt. Vor Verwendung von Daten der „Genkarte" eines Menschen ohne dessen ausdrückliche Zustimmung schützt das Recht auf „informationelle Selbstbestimmung" (s. Rn. 14). Bei *Gentransfer in somatische Körperzellen* (der nur den einzelnen Menschen betrifft) ergibt sich eine ähnliche Situation wie bei – grundsätzlich zulässigen – Organtransplantationen. *Gentransfer in Keimbahnzellen* verändert künftige Generationen. Aus dieser „Machbarkeit des Menschen" wird auf die Unvereinbarkeit solcher Eingriffe mit der Menschenwürde geschlossen (s. § 5 ESchG). Dabei kommt es entscheidend auf den *Beginn des Menschenwürdeschutzes* des GG an. Nimmt man ihn schon bei der Verschmelzung der Gameten an (mit der Verschmelzung von Ei- u. Spermienzelle wird das genetische Programm eines Menschen erstmals verkörpert), dann unterliegt jeder Keimbahneingriff dem verfassungsrechtl. Schutz, und einer gesetzgeberischen Aktivität bedürfte es folglich nicht. Setzt man den Zeitpunkt für den Beginn des menschlichen Lebens später an (etwa mit dem Verlust der

Omnipotenz der Embryonalzellen, der Nidation [vgl. BVerfGE 88, 251] oder dem Beginn der Neuralrohranlage des Embryos), sind Genmanipulationen möglich, ohne dass ein verfassungsrechtl. Schutz eingreifen würde. Löst die Zellverschmelzung bereits den Menschenwürdeschutz aus (was zu befürworten wäre), könnten Eingriffe in Keimbahnzellen als Heilbehandlung allenfalls dann gerechtfertigt sein, wenn sie der Bekämpfung festgestellter Erbkrankheiten auf Grund von Gendefekten dienen. Nach der Rspr. des EuGH (EuGRZ 2011, 590) sind beim Menschen jede Eizelle vom Stadium ihrer Befruchtung an (dazu schon oben Rn. 3), jede unbefruchtete Eizelle, in die ein Zellkern aus einer ausgereiften menschlichen Zelle transplantiert worden ist, und jede Eizelle, die durch Parthenogenese zur Teilung und Weiterentwicklung angeregt worden ist, ein (zu schützendes) menschliches Embryo. Reine Forschung (auch im Hinblick auf künftige Heilungsmöglichkeiten) wäre ebenso unzulässig wie Maßnahmen positiver Eugenik zur Optimierung menschlicher Fähigkeiten. Bei Annahme eines späteren Zeitpunkts für das Einsetzen des verfassungsrechtl. Schutzes der Menschenwürde würde eine extensive Auslegung des Rechts auf Leben über Art. 2 II 3 ein umfassendes gesetzl. Verbot *positiver* Eugenik rechtfertigen. Maßnahmen *negativer* Eugenik wären hingegen als Heileingriffe zulässig. Das GentechnikG i.d.F. vom 16.12.1993 (BGBl I S. 2066), zuletzt geändert durch G vom 9.12.2010 (BGBl I S. 1934), regelt den Rahmen für die Erforschung, Entwicklung, Nutzung und Förderung der wissenschaftlichen und technischen Möglichkeiten der Gentechnologie. Vgl. auch das StammzellG vom 28.6.2002 (BGBl I S. 2277), zuletzt geändert durch G vom 14.8.2008 (BGBl I S. 1708).

### Absatz 2: Bekenntnis zu den Menschenrechten

19 Abs. 2 zieht – auch als Reaktion auf die Verbrechen des Nationalsozialismus (BVerwGE 101, 26; 113, 50) – konkrete Folgerungen aus dem in Abs. 1 niedergelegten Postulat der Unantastbarkeit der Menschenwürde. Das Bekenntnis des deutschen Volkes zu den unverletzlichen und unveräußerlichen Menschenrechten bedeutet zugleich ein **Anerkenntnis vorgegebener,** nicht erst durch die Verfassung gewährter **Menschenrechte.** Diese stehen für niemanden zur Disposition und werden deshalb als unverletzlich und unveräußerlich bezeichnet. Sie dürfen von keinem angetastet werden und sind weder verzicht- noch verwirkbar. Die menschenrechtl. Tradition soll den Gehalt der Grundrechte mitbestimmen und auch vor Verfassungsänderungen abschirmen (allg. dazu BVerfGE 84, 121). Die Verweisung auf die Menschenrechte ist dynamisch und bezieht auch zukünftige Menschenrechtsgarantien mit ein. Aus Abs. 2 folgt jedoch nicht, dass die *(Europäische) Konvention zum Schutz der Menschenrechte und Grundfreiheiten* (EMRK) i.d.F. vom 22.10.2010 (vgl. vor Art. 1 Rn. 2) Verfassungsrang hat (str.; s. Kunig in von Münch/Kunig, Art. 1 Rn. 47). Sie gilt deshalb nur als einfaches Bundesrecht (BVerfGE 111, 317 m.w.N.; vgl. auch vor Art. 1 Rn. 25). Im Zusammenhang mit der Sicherungsverwahrung (s. auch vor Art. 1 Rn. 25, Art. 103 Rn. 13, 19, Art. 104 Rn. 7, 9) stellt das BVerfG fest: Das Grundgesetz weist mit Art. 1 II dem Kernbestand an Menschenrechten einen besonderen Schutz zu. Dieser ist i.V.m. Art. 59 II die Grundlage für die verfassungsrechtl. Pflicht, auch bei der Anwendung der deutschen Grundrechte die EMRK in ihrer konkreten Ausgestaltung als Auslegungshilfe heranzuziehen. Art. 1 II ist daher zwar kein Einfallstor für einen unmittelbaren Verfassungsrang der EMRK, die Vorschrift ist aber mehr als ein unverbindlicher Programmsatz, indem sie eine Maxime für die Auslegung des GG vorgibt und verdeutlicht, dass die Grundrechte auch als Ausprägung der Menschenrechte zu verstehen sind und diese als Mindeststandard in sich aufgenommen haben (BVerfGE 128, 369; vgl. bereits BVerGE 74, 370; 111,

329). Der genaue Umfang der in Abs. 2 bezeichneten Menschenrechte ist durch die Rspr. noch nicht ausreichend geklärt. Sie können aber über die positiven Grundrechte des GG hinausgehen. Andererseits haben nicht alle diese Grundrechte den Rang unveräußerlicher Menschenrechte. Dazu gehören jedoch z.b. das Recht der freien Entfaltung der Persönlichkeit (BVerfGE 35, 399), das Recht auf Leben und Gesundheit (BGHZ 9, 89), der allg. Gleichheitssatz (s. BVerfGE 35, 271 f.) und das elterliche Erziehungsrecht (BVerfGE 74, 124). Die Bestimmung der Menschenrechte *„als Grundlage jeder menschlichen Gemeinschaft, des Friedens und der Gerechtigkeit in der Welt"* ist Teil des umfassenden Bekenntnisses des GG zum friedlichen internationalen Zusammenleben (vgl. auch Präambel Satz 1, Art. 9 II, Art. 24–26). Zugleich enthält sie eine verbindliche Richtlinie für die Außenpolitik der Bundesrepublik Deutschland (str.; s. Kunig in von Münch/Kunig, Art. 1 Rn. 45). Zur Bedeutung der Charta der Grundrechte der EU vgl. vor Art. 1 Rn. 23 f.

### Absatz 3: Verbindlichkeit der Grundrechte

Abs. 3 enthält eine Leitnorm (BVerfGE 31, 72), aber selbst keinen Verfassungssatz, an dessen Inhalt eine Bindung bestehen könnte. Zu den „nachfolgenden Grundrechten", die alle staatl. Gewalt binden, gehören nicht nur die in den I. Abschnitt aufgenommenen Grundrechte, sondern auch die übrigen im GG enthaltenen subjektiven öffentl. Rechte sowie nach Ansicht des BVerfG auch Art. 1 I (BVerfGE 61, 137). Einbezogen sind also auch die in Art. 93 I Nr. 4 a genannten grundrechtsgleichen oder grundrechtsähnlichen Rechte des Art. 20 IV und der Art. 33, 38, 101, 103, 104 sowie i.V.m. Art. 140 z.B. Art. 136 IV und Art. 137 II WRV (vgl. u.a. Starck in v. Mangoldt/Klein/Starck, Art. 1 Rn. 149). Mit der Kennzeichnung der Grundrechte als **unmittelbar geltendes Recht** wird zum Ausdruck gebracht, dass es sich um keine bloßen Programmsätze handelt und dass der Einzelne sich gegenüber der öffentl. Gewalt auf diese Normen im Zweifel soll berufen können (BVerfGE 6, 387). Ihre Verletzung kann er im Wege der Verfassungsbeschwerde rügen (Art. 93 I Nr. 4 a). 20

**Gebunden** werden nur **inländische staatliche Organe** in Bund und Ländern (BVerfGE 103, 347 f.) einschl. parl. Untersuchungsausschüsse (BVerfGE 77, 46; BVerfG, NVwZ 2002, 1500) und der Träger mittelbarer Staatsgewalt (BVerfGE 33, 160 f.) wie Rundfunkanstalten (BVerfGE 97, 314) und Beliehene sowohl im Tun wie im Unterlassen. Str. ist, ob Art. 1 III auch gegenüber den Kirchen gilt. Die Frage wird differenzierend zu beantworten sein (s. Herdegen in Maunz/Dürig, Art. 1 III Rn. 103, u. hier Art. 140 Rn. 18). Gebunden wird die deutsche öffentl. Gewalt auch insoweit, als ihre Betätigung sich im Ausland auswirkt (BVerfGE 6, 295; einengend BVerfGE 18, 116 f.; vgl. auch vor Art. 1 Rn. 22), wobei die Grenzen der Regeln des allg. Völkerrechts zu beachten sind (BVerfGE 100, 363). Auch die Vorschriften des deutschen internationalen Privatrechts und das nach ihm Anwendung findende ausländische Recht sind an den Grundrechten zu messen (BVerfGE 31, 72 ff.). Erfasst ist jedes Handeln staatl. Organe oder Organisationen, weil es in Wahrnehmung ihres dem Gemeinwohl verpflichteten Auftrags erfolgt; dazu gehören neben imperativen Maßnahmen auch Entscheidungen, Äußerungen und Handlungen, die – auf den jeweiligen staatl. Entscheidungsebenen – den Anspruch erheben können, autorisiert im Namen aller Bürger getroffen zu werden (BVerfGE 128, 244). 21

**Privatrechtliches Handeln des Staates** unterliegt ebenfalls der Grundrechtsbindung (Hesse, Rn. 347 f.; Stern, Bd. III/1, S. 1421 f.). Dies gilt sowohl für die Verwendung zivilrechtl. Handlungsformen als auch für den Einsatz privatrechtl. Or- 22 ganisations- und Gesellschaftsformen" (BVerfGE 128, 244). Auch gemischtwirtsch. Unternehmen, an denen sowohl private als auch öffentl. Anteilseigner beteiligt sind und die von Letzteren beherrscht werden, unterliegen der unmittelbaren Grundrechtsbindung; eine solche Beherrschung ist gegeben, wenn sich mehr als die Hälfte der Anteile im Eigentum der öffentl. Hand befinden (BVerfGE 128, 246 f.). Nach dem BVerfG sind die Auswirkungen dieser Bindung jedoch begrenzt. Insbes. wird die öffentl. Hand hierdurch nicht grundsätzlich daran gehindert, in adäquater und weithin gleichberechtigter Weise wie Private die Handlungsinstrumente des Zivilrechts für ihre Aufgabenwahrnehmung zu nutzen und auch sonst am privaten Wirtschaftsverkehr teilzunehmen (BVerfGE 128, 248). Vor allem verbietet auch Art. 3 I Differenzierungen nicht, die an marktrelevante Kriterien wie Produktqualität, Zuverlässigkeit und Zahlungsfähigkeit anknüpfen, um ein wettbewerbliches Wirtschaften des Unternehmens zu ermöglichen; öffentl. und öffentl. beherrschte Unternehmen sind jedoch bei der Gestaltung ihrer Vertragsbeziehungen zu rechtsstaatl. Neutralität verpflichtet. Es steht ihnen nicht frei, ihre wirtsch. Tätigkeit nach Belieben mit subjektiv weltanschaulichen Präferenzen oder Zielsetzungen und hierauf beruhenden Differenzierungen zu verbinden (BVerfGE 128, 248 f.).

23  Die entscheidende Bedeutung des Abs. 3 liegt in der Bindung der **Gesetzgebung** an die Grundrechte. Galten diese nach der Weimarer Reichsverfassung nur im Rahmen der Gesetze, sind es nun die Grundrechte, die den Rahmen der Gesetze bestimmen (s. BVerfGE 7, 403 ff.). Gesetzgebung meint jede Art von staatl. Normgebung, nicht nur das förmliche Gesetzgebungsverfahren, sowie alle Funktionen der legislativen Gewalt, also auch parl. Kommissionen und Ausschüsse (vgl. BVerfGE 67, 142 – Untersuchungsausschuss). Bei der Normsetzung durch die Tarifparteien handelt es sich zwar um Gesetzgebung im materiellen Sinne (BVerfG i. st. Rspr. seit E 4, 106), nicht jedoch um staatl. Rechtsetzung. Grundrechtsgebunden sind allerdings die für allgemeinverbindlich erklärten Tarifnormen (BVerfGE 44, 340; 55, 21). Anders BAGE 54, 213, wonach *alle* Tarifverträge als grundrechtsgebunden anzusehen sind, während die Entscheidung BAGE 88, 162, nur von mittelbarer Anwendung ausgeht. Soweit Grundrechte unter einem Gesetzesvorbehalt stehen, sind in der Praxis für den Gesetzgeber – abgesehen von der Wahrung der Menschenwürde – vor allem die Beachtung des Wesensgehalts der Grundrechte (Art. 19 II) und die Berücksichtigung des Verhältnismäßigkeitsgrundsatzes (dazu Art. 20 Rn. 13) von Bedeutung. Im Blick auf die Exekutive ist in Abs. 3 durch G vom 19.3.1956 (BGBl I S. 111) der Begriff der Verwaltung durch **"vollziehende Gewalt"** ersetzt worden, um die Grundrechtsbindung der Bundeswehr, die nicht Verwaltung i.e.S. ist, zu verdeutlichen. Einbezogen ist auch die Erfüllung von Verwaltungsaufgaben durch Private (s. vor Art. 1 Rn. 7). Die Grundrechtsbindung der Exekutive ist umfassend. Sie gilt für die Regierungstätigkeit ebenso wie für das gesamte Verwaltungshandeln und auch dann, wenn außerstaatl. Kompetenzträgern Rechtsetzungsmacht übertragen wurde (BVerfGE 33, 160 f.). Mit Bezug auf die **Rechtsprechung** ist sie unabhängig davon, welchem Bereich die einzelne Rechtsstreitigkeit zuzuordnen ist (BVerfGE 7, 206; 93, 360). Aus der Bindung der rechtsprechenden Gewalt an die Grundrechte folgt auch die Verpflichtung zu einer rechtsstaatl. Verfahrensgestaltung (BVerfGE 52, 207). Zur Bedeutung der Grundrechte für Auslegung und Anwendung zivilrechtl. Vorschriften vgl. vor Art. 1 Rn. 6.

## Artikel 2 [Persönliche Freiheitsrechte]

(1) Jeder hat das Recht auf die freie Entfaltung seiner Persönlichkeit, soweit er nicht die Rechte anderer verletzt und nicht gegen die verfassungsmäßige Ordnung oder das Sittengesetz verstößt.

(2) Jeder hat das Recht auf Leben und körperliche Unversehrtheit. Die Freiheit der Person ist unverletzlich. In diese Rechte darf nur auf Grund eines Gesetzes eingegriffen werden.

**Allgemeines:** Art. 2 enthält insgesamt **vier Grundrechte**: das Recht auf freie Entfaltung der Persönlichkeit (Abs. 1), das Recht auf Leben (Abs. 2 Satz 1), das Recht auf körperliche Unversehrtheit (Abs. 2 Satz 1) und das Recht auf Freiheit der Person (Abs. 2 Satz 2).    1

### Absatz 1: Freie Entfaltung der Persönlichkeit

Aus der engen Beziehung zur Menschenwürde als dem höchsten Wert der Verfassung ergibt sich der hohe Rang des Rechts auf freie Entfaltung der Persönlichkeit (BVerfGE 35, 221) als „allg. Freiheitsrecht" (BVerfGE 63, 60). Als *Hauptfreiheitsrecht* bringt Art. 2 I die in der Menschenwürde enthaltene Komponente der freien Entfaltung des Menschen zum Ausdruck und führt insoweit die Freiheitlichkeit als Leitprinzip in die Verfassungsordnung ein (Hamann/Lenz, Art. 2 Anm. A 2). Die **allgemeine Handlungsfreiheit** ist umfassender Ausdruck der persönlichen Freiheitssphäre und zugleich Ausgangspunkt aller subjektiven Abwehrrechte des Bürgers gegen Eingriffe des Staates (BVerfGE 6, 36; 113, 103; 128, 68, 84). Art. 2 I enthält somit ein Grundrecht i.S. eines subjektiven öffentl. Rechts (vgl. z.B. BVerfGE 1, 273; 6, 36; 74, 151; st. Rspr.). Auf **europäischer Ebene** gibt es keine Verbürgungen, die diesen innerstaatl. Garantien entsprechen. Der EuGH hat zwar als Ausfluss allg. Rechtsgrundsätze die „allg. Handlungsfreiheit" erwähnt (EuGHE 1987, I-2289 Rn. 15, 19), aber damit kein Grundrecht festgestellt (a.A. u.a. Dreier in Ders., Art. 2 I Rn. 12).    2

Art. 2 I erfüllt eine lückenschließende **Auffangfunktion** (vgl. auch BVerfGE 65, 297; 77, 118). Er gehört deshalb zu den am meisten beanspruchten Grundrechtsbestimmungen, wird allerdings häufig auch überfordert (dazu Kunig in von Münch/Kunig, Art. 2 Rn. 12 ff.). Als verfassungsrechtl. Prüfungsmaßstab greift er immer dann ein, wenn bestimmte Lebensbereiche nicht durch besondere Grundrechte geschützt sind (BVerfGE 23, 55 f.). Sein Verhältnis zu den anderen Grundrechten ist das der Subsidiarität gegenüber der Spezialität der Einzelfreiheitsrechte (BVerfGE 32, 107; 67, 171; 120, 306 ff.). Das Recht auf freie Entfaltung der Persönlichkeit kommt aber immer dann wieder zum Tragen, wenn ein Freiheitsbereich betroffen ist, der nicht unter demselben sachlichen Gesichtspunkt in den Schutzbereich der besonderen Grundrechtsnorm fällt (BVerfGE 19, 2 25). In Ab-    3 grenzung zum Schutz der Menschenwürde in Art. 1 I, der die menschliche Persönlichkeit mehr aus einer statischen Perspektive ihres Wesens schützt, erfasst Art. 2 I den Menschen vor allem als handelnde Person.

4 Als allg. Menschenrecht (vgl. Art. 1 Rn. 19) wird die freie Entfaltung der Persönlichkeit für **jedermann** garantiert. Sie steht Ausländern (BVerfGE 35, 399; 78, 197; 104, 346) ebenso zu wie Minderjährigen (für die sich mit zunehmendem Alter der Schutz ihrer eigenen Persönlichkeit gegenüber dem Erziehungsrecht der Eltern verstärkt – BVerfGE 47, 74; 59, 382; 79, 63) und erlischt mit dem Tod (BVerfGE 30, 194; BVerfGK 9, 88). Nicht erfasst, da nicht als handelnde Persönlichkeiten anzusehen, sind deshalb der Tote, ebenso das werdende Leben (s. BVerfGE 30, 194). Hingegen können sich auch juristische Personen des Privatrechts (BVerfGE 10, 225) und andere Personengesamtheiten – z.B. Handelsgesellschaften (BVerfGE 10, 99; 23, 30) – auf dieses Grundrecht berufen, soweit nicht das von Art. 2 I mit geschützte, nur für natürliche Personen geltende allg. Persönlichkeitsrecht (vgl. Art. 1 Rn. 10–16) betroffen ist. Zur Grundrechtsgeltung für juristische Personen des öffentl. Rechts s. Art. 19 Rn. 7 f.

5 Mit der **freien Entfaltung der Persönlichkeit** schützt Art. 2 I die Selbstverwirklichung des Menschen nach seinen eigenen Vorstellungen. Schutzgut ist nicht nur die Entfaltungsfreiheit innerhalb eines ideellen und kulturellen Kernbereichs des Menschen als geistig-sittlicher Persönlichkeit, sondern völlig wertneutral eine allg. Handlungsfreiheit im umfassenden Sinne (vgl. BVerfGE 6, 36; 80, 152, 154; 91, 338; BVerwGE 40, 349). Dies ergibt sich auch aus der Entstehungsgeschichte der Vorschrift, deren nur aus sprachlichen Gründen geänderte Entwurfsfassung lautet: „Jedermann ist frei, zu tun und zu lassen, was die Rechte anderer nicht verletzt und nicht gegen die verfassungsmäßige Ordnung oder das Sittengesetz verstößt" (s. JöR n.F. 1 [1951], 56).

6 Den weiten **Umfang des Schutzbereichs** des Grundrechts verdeutlicht die kaum noch zu überschauende Rspr. (Überblick bei Kunig in von Münch/Kunig, Art. 2 Rn. 29). Danach werden neben dem Bereich des aus Art. 1 I und Art. 2 I abgeleiteten allg. Persönlichkeitsrechts (s. Art. 1 Rn. 10–16) durch Art. 2 I beispielsweise gewährleistet: ein unantastbarer Kernbereich menschlicher Freiheit (BVerfGE 6, 41; 10, 59), die Freiheit, etwas zu unterlassen, Vertragsfreiheit (BVerfGE 95, 303 ff.; 117, 181; 126, 300), Freiheit der wirtsch. Tätigkeit (BVerfGE 50, 366; 95, 221; 98, 259), Wettbewerbsfreiheit (BVerwGE 30, 189), Ausreisefreiheit (BVerfGE 6, 42; 72, 245), das Aufenthaltsrecht für Ausländer in der Bundesrepublik Deutschland nach erlaubter Aufenthaltnahme (BVerfGE 35, 399 f.; 76, 71 – kein Anspruch auf Einreise u. Aufenthaltsgewährung), altruistische Rechtsberatung (BVerfGK 7, 317), die Gestaltung der eigenen äußeren Erscheinung nach Gutdünken (BVerfGE 47, 248 f.; BVerwGE 76, 72 f.), die Entfaltung des Kindes in der Schule (BVerfGE 34, 200; 58, 272; 98, 257), Aus- und Weiterbildung (BVerfGE 47, 206; 56, 158), das Recht des Untersuchungsgefangenen zum Empfang von Besuch und privaten Briefen (BVerfGE 34, 395 f.; 57, 177), i.V.m. Art. 20 III ein faires Gerichtsverfahren (BVerfGE 38, 111; 64, 145; 86, 317; BVerfGK 17, 399), ein Vertrauensanwalt vor Gericht (BVerfGE 45, 295; BVerfG, NJW 2001, 3696; nicht jedoch die Erstattung aller damit zusammenhängenden Kosten – BVerfGE 68, 255 f.), das Recht auf Vertrauensschutz (BVerfGE 128, 105 f.; BVerfG, NVwZ-RR 2011, 378), Schutz des Strafgefangenen vor Verlegung gegen seinen Willen (BVerfGK 6, 264), die Freiheit der Gewissensentscheidung (soweit Art. 4 nicht speziell eingreift – BVerwGE 27, 305), das Selbstbestimmungsrecht der Ehegatten in ihren finanziellen Beziehungen untereinander (BVerfGE 60, 399; vgl. aber auch E 103, 100 f., zu den Grenzen der

Privatautonomie bei Eheverträgen), das Reiten (BVerfGE 80, 154 f.) und freie geschlechtliche Betätigung (BVerfGE 6, 432 f.; 60, 134), nach inzwischen gewandeltem Verständnis des Sittengesetzes einschl. der Homosexualität. Weiterhin schützt Art. 2 I generell vor staatl. Eingriffen in die Lebensführung des Einzelnen ohne verfassungsmäßige Rechtsgrundlage (BVerfGE 26, 7; 41, 243; 78, 197). Die grundrechtl. Gewährleistung der Privatautonomie ist auch bei Auslegung und Anwendung zivilrechtl. Generalklauseln (wie den §§ 138, 242 BGB) zu beachten (BVerfGE 89, 214; s. auch E 95, 321, sowie zur Vertragsgestaltung E 103, 100 ff.; 114, 34 f.).

Die Gemeinschaftsgebundenheit des Menschen, von der das GG ausgeht (s. **7** Art. 1 Rn. 4), und die Weite des geschützten Freiheitsbereichs bedingen **Schranken**, die über die anderer Grundrechte erheblich hinausgehen (zum methodischen Vorgehen bei der Prüfung von Grundrechtsbeeinträchtigungen allg. s. vor Art. 1 Rn. 8 f.). Die freie Entfaltung der Persönlichkeit ist nur so weit garantiert, wie nicht Rechte anderer verletzt werden und nicht gegen die verfassungsmäßige Ordnung oder das Sittengesetz verstoßen wird. „**Rechte anderer**" sind subjektive Rechte Dritter (nicht jedoch Rechte der Allgemeinheit), die in der Rechtsordnung unter dem GG Geltung haben. Dazu gehören ebenso die Grundrechte wie etwa Individualrechte des Zivilrechts, nicht jedoch bloße Interessen. Der Inhalt des „**Sittengesetzes**" ist nur schwer bestimmbar. Was zu dieser Summe gesetzl. nicht fixierter ethischer Verhaltensnormen zu rechnen ist, wird durch die gemeinsame Grundüberzeugung der Gesellschaft bestimmt (BAGE 28, 88 f.). Das persönliche sittliche Gefühl eines Richters oder die Auffassung einzelner Volksteile können hierfür nicht maßgeblich sein (BVerfGE 6, 434 f.). Anknüpfungspunkte bilden die historisch überlieferten Moralauffassungen, wobei den Lehren der christlichen Konfessionen besondere Bedeutung zukommt (a.a.O.). Der Inhalt des Sittengesetzes ist jedoch nicht statisch, sondern dem Wandel gesellsch. Grundanschauungen unterworfen (BGHZ 92, 213; vgl. z.B. die Beurteilung der außerehelichen Lebensgemeinschaft oder der Homosexualität). Bei dem heutigen Grad der Durchnormierung aller Lebensbereiche kann aber verlangt werden, dass die Wertvorstellung in einer Rechtsnorm verankert ist. Damit geht das Sittengesetz in der verfassungsmäßigen Ordnung auf (Schnapp, JuS 1978, 730). Zu dieser nachstehend Rn. 8.

Zentrale Bedeutung als Grundrechtsschranke besitzt die „**verfassungsmäßige** **8** **Ordnung**", die die beiden übrigen Begrenzungen teilweise überlagert und nach der Ausprägung, die sie durch die Rspr. erfahren hat, weitgehend verdrängt. Verfassungsmäßige Ordnung ist danach im Rahmen des Art. 2 I anders zu verstehen als in Art. 9 II und Art. 20 III (BVerfGE 6, 38; 111, 81 f.; 113, 103). Sie ist mit der **verfassungsmäßigen Rechtsordnung** gleichzusetzen, d.h. mit der *Gesamtheit der Rechtsnormen, die formell und materiell der Verfassung gemäß sind* (BVerfGE 6, 37 f.; 91, 338 f.; 103, 115). Das Grundrecht des Art. 2 I steht damit nicht nur unter einem Gesetzesvorbehalt, es unterliegt vielmehr einem allg. Rechtsvorbehalt, der insbes. auch (vorkonstitutionelles) verfassungsgemäßes Gewohnheitsrecht als Schranke einschließt (vgl. BVerfGE 54, 144 – Ortsrecht; 74, 152 – richterl. Rechtsfortbildung). Zu einem „Leerlauf" des grundrechtl. Schutzes der allg. Handlungsfreiheit führt dies jedoch nicht. Dem Gesetzgeber sind insbes. durch den Sozialstaatsgrundsatz und das Rechtsstaatsprinzip (Art. 20) materielle Grenzen gesetzt. So verbietet der aus dem Rechtsstaatsprinzip abgeleitete Verhältnismäßigkeitsgrundsatz sachlich nicht gebotene Eingriffe (s. BVerfGE 17, 313 f.; 55, 165 ff.; 109, 111 m.w.N.). Darüber hinaus schützt die Wesensgehaltsgarantie des Art. 19 II auch für das Grundrecht der freien Entfaltung der Persönlichkeit einen schlechthin unantastbaren Kernbereich privater Lebensgestaltung (vgl. z.B. BVerfGE 34, 245 f.; st. Rspr.). Regelungen für *öffentlich-rechtliche Zwangsvereinigungen*, die nicht an Art. 9 I, sondern an Art. 2 I zu messen sind, gehören nur dann zur „verfassungsmäßigen Ordnung" i.S. von Art. 2 I Halbs. 2, wenn diese Vereinigungen „legitime öffentl. Aufgaben" wahrnehmen (s. etwa BVerfGE 10, 102 f.; 78, 329; BVerfGK 10, 75 f.). Der Grundsatz der Verhältnismäßigkeit gebietet dabei aber auch, nicht durch Zwangsmitgliedschaft in „unnötigen" Körperschaften in Anspruch genommen zu werden (BVerfGE 38, 298; BVerwGE 59, 233; 64, 117; 109, 99). Das Maß der den Einzelnen durch seine Pflichtzugehörigkeit treffenden Belastung muss noch in einem vernünftigen Verhältnis zu den ihm und der Allgemeinheit erwachsenden Vorteilen stehen (BVerfGE 38, 302). Gerechtfertigt ist eine Zwangsmitgliedschaft in der gesetzl. Krankenversicherung (BVerfGE 68, 209).

**Absatz 2: Recht auf Leben und körperliche Unversehrtheit, Freiheit der Person**

9 Abs. 2 enthält nicht nur **subjektive Abwehrrechte** gegen staatl. Eingriffe, vielmehr ergibt sich aus seinem objektiv-rechtl. Gehalt für die staatl. Organe auch die **Pflicht zum Schutz und zur Förderung** der darin genannten Rechtsgüter, die insbes. vor rechtswidrigen Eingriffen von Seiten anderer zu bewahren sind (BVerfGE 53, 57; 56, 73; BVerfGK 17, 5 m.w.N.). In engen Grenzen kann hieraus – wie aus Art. 1 I (s. dort Rn. 8) und dem Sozialstaatsgebot des Art. 20 (vgl. dort Rn. 4) – auch eine Verpflichtung des Staates entnommen werden, im Rahmen seiner Möglichkeiten die materielle Existenz des menschlichen Lebens zu sichern. Den Gewährleistungen des internen Grundrechtsschutzes in Art. 2 II entspricht extern auf **europäischer Ebene** hinsichtlich des *Rechts auf Leben* Art. 2 EMRK (dazu BVerfGK 17, 6; EGMR, NVwZ 2011, 1442 ff.; NVwZ-RR 2012, 1019 f.). Für den Bereich der EU sieht Art. 2 EUGrCh insoweit eine gleichlautende Garantie vor, die zusätzlich mit dem Verbot der Todesstrafe in Abs. 2 eine Schranken-Schranke normiert. Zum Recht auf *körperliche Unversehrtheit* enthält die EMRK kein vergleichbares Grundrecht, es wird aber aus Art. 2 (Recht auf Leben) abgeleitet und durch das Verbot der Folter (Art. 3) ergänzt (s. dazu unter dem Gesichtspunkt der Genitalverstümmelung von Mädchen u. Frauen EGMR, NVwZ 2012, 687). Art. 3 EUGrCh garantiert neben der körperlichen auch die geistige Unversehrtheit; außerdem verbietet Art. 4 EUGrCh Folter und unmenschliche oder erniedrigende Strafe oder Behandlung. Das *Recht auf Freiheit der Person* sichert Art. 5 EMRK, der die Sicherheit ausdrücklich einbezieht und die besondere Bedeutung dieses Rechts durch einen Anspruch auf Ersatz materieller und immaterieller Schäden bei Verletzung (Abs. 5) betont. Dem entsprechende Garantien sieht für die EU Art. 6 EUGrCh vor.

10 *Satz 1* garantiert **jeder lebenden natürlichen Person** – auch dem noch nicht geborenen Kind – das Recht auf Leben und körperliche Unversehrtheit (BVerfGE 39, 37; BVerwGE 54, 220). Ob auch der nasciturus, das werdende Leben, Grundrechtsträger ist, ist umstritten (vgl. zum Meinungsstand Kunig in von Münch/Kunig, Art. 2 Rn. 47 ff., sowie Art. 1 Rn. 3). Zumindest wird er von den objektiven Normen der Verfassung in seinem Recht auf Leben geschützt (BVerfGE 39, 41; 88, 203), wohl aber auch im subjektiven Sinne (Starck in v. Mangoldt/Klein/Starck, Art. 2 Rn. 203).

11 Die Reichweite des **Rechts auf Leben** ist noch weitgehend ungeklärt. Menschliches Leben beginnt wohl mit der Verschmelzung von Ei- und Samenzelle (vgl. Stern, Bd. III/1, S. 1057 f.; s. auch Art. 1 Rn. 18). In jedem Falle stellt es innerhalb der Ordnung des GG einen Höchstwert dar, der den Staat zum umfassen-

den Schutz verpflichtet (BVerfGE 46, 164; 49, 53; 115, 139, 152 – LuftsicherheitsG). Die Schutzwürdigkeit hängt nicht von der individuellen Dauer des Lebens ab (vgl. BVerfGE 115, 152, 158). Das Grundrecht kann auch durch ein Unterlassen des Staates verletzt werden. *Ein Instrument zum Schutz des Lebens ist das Strafrecht.* Fraglich ist, ob das Recht auf Leben auch ein *Verfügungsrecht des Einzelnen über sein Leben* (etwa ein „Grundrecht auf Selbsttötung") enthält (ablehnend z.B. Di Fabio in Maunz/Dürig, Art. 2 II Rn 47; für das Recht der EMRK vgl. EGMR, NJW 2011, 3774). Verneint man dies, kann aus Art. 2 II weder das Verbot einer gesetzl. geregelten Zwangsernährung von Strafgefangenen noch ein Anspruch auf „Gnadentod" für unheilbar Kranke abgeleitet werden. Dem Recht auf Leben ist aber auch nicht ein generelles Verbot der Selbsttötung zu entnehmen (s. Kunig in von Münch/Kunig, Art. 2 Rn. 50). Im Hinblick auf die *Todesstrafe* stellt Art. 102 eine Spezialregelung dar. Im Falle der *Notwehr* und der *Nothilfe* (§ 32 StGB) sowie in ähnlich gelagerten Ausnahmesituationen (z.B. Todesschuss der Polizei zur Befreiung einer Geisel) ist selbst ein Eingriff zulässig, der für den Betroffenen von dem Grundrecht nichts mehr übrig lässt (vgl. Kunig in von Münch/Kunig, Art. 2 Rn. 85 ff.). Die Schutzpflicht für das *ungeborene Leben* bezieht sich auf das einzelne Leben, nicht nur auf menschliches Leben allg. (BVerfGE 88, 252). Rechtl. Schutz gebührt ihm auch gegenüber der Mutter. Nach der Rspr des BVerfG (E 39, 44; 88, 252 ff.) hat deswegen der Gesetzgeber den *Schwangerschaftsabbruch* grundsätzlich zu verbieten und die prinzipielle Pflicht zum Austragen des Kindes festzulegen. Das Lebensrecht des Ungeborenen soll zu keiner Zeit der freien Entscheidung eines Dritten überantwortet sein. Die Reichweite der Schutzpflicht ist unter Beachtung des zu schützenden Rechtsguts einerseits und der damit kollidierenden Rechtsgüter andererseits zu bestimmen. Als vom Lebensrecht des Ungeborenen berührte Rechtsgüter kommen dabei – ausgehend vom Anspruch der schwangeren Frau auf Schutz und Achtung ihrer Menschenwürde (Art. 1 I) – vor allem ihr Recht auf Leben und körperliche Unversehrtheit (Art. 2 II 1) sowie ihr Persönlichkeitsrecht (Art. 1 I i.V.m. Art. 2 I) in Betracht. Die Grundrechtspositionen der Frau führen dazu, dass es in den vom Gesetzgeber zu bestimmenden Ausnahmelagen, die ein solches Maß an Aufopferung eigener Lebenswerte der Frau verlangen, dass von ihr ein Austragen des Kindes nicht erwartet werden kann, zulässig oder geboten ist, die Rechtspflicht dazu nicht aufzuerlegen und den Schwangerschaftsabbruch zuzulassen. Der Staat ist aber auch verpflichtet, Gefahren, die vom familiären und sozialen Umfeld für das ungeborene Leben ausgehen, entgegenzuwirken. Die befristete Fortgeltung einer Fristenregelung für das Beitrittsgebiet nach Art. 9 II i.V.m. Anlage II Kap. III Sachgebiet C Abschnitt I Nr. 1 EV (§§ 153–155 StGB-DDR) verstieß zumindest so lange, wie Art. 143 I Abweichungen zuließ, nicht gegen Art. 2 II 1.

Das **Recht auf körperliche Unversehrtheit** schützt in seinem klassischen Bereich insbes. vor gezielten Eingriffen in die Gesundheit im physiologischen Sinne (BVerfGE 56, 73 ff.; 79, 201 – Zwangsversuche an lebenden Menschen, Zwangssterilisation). Das BVerfG hat es bisher offengelassen, wieweit sich das Grundrecht auch auf den geistig-seelischen Bereich, also auf das psychische oder gar das soziale Wohlbefinden, erstreckt (BVerfGE 56, 73 f.). Geschützt ist jedenfalls das Recht auf Freiheit von Schmerzen (Di Fabio in Maunz/Dürig, Art. 2 II Rn. 55). Insoweit reicht der Grundrechtsschutz in den psychischen Bereich hinein, da z.B. auch tiefgreifende Angstzustände und hochgradige Nervosität als Schmerzen anzusehen sind. Als Eingriff in den Schutzbereich sind damit zumindest auch solche nichtkörperlichen Einwirkungen anzusehen, die ihrer Wirkung nach einem körperlichen Eingriff gleichzusetzen sind, weil sie das Befinden eines

12

Menschen in einer Weise verändern, die der Zufügung von Schmerzen entspricht (BVerfGE 56, 74 f.). Gewährleistet ist weiter die Freiheit vor Verunstaltungen, selbst wenn deren Zufügung (wie etwa bei einem entstellenden, lächerlichmachenden Haarschnitt) keine Schmerzen verursacht (BVerwGE 46, 7). Die *Verneinung eines Eingriffs* in die körperliche Unversehrtheit, wenn dieser nur geringfügig und damit zumutbar ist (BVerfGE 17, 115), ist angesichts der Unsicherheit des Maßstabs problematisch, wenn es auch sicherlich nicht Sinn des Grundrechts sein kann, vor völlig unwesentlichen Beeinträchtigungen zu schützen (vgl. BVerwGE 46, 7; 54, 223). Ein Eingriff wurde z.b. verneint bei einer Hirnstromuntersuchung (BVerfGE 17, 115) und bei einer Anordnung über Länge und Tragweise des Haupthaars von Soldaten (BVerwGE 46, 7). Das *Vorliegen eines Eingriffs*, der für seine Zulässigkeit der gesetzl. Grundlage bedarf, wurde hingegen bejaht bei der zwangsweisen Veränderung der Haar- und Barttracht zum Zweck der Gegenüberstellung mit Zeugen (BVerfGE 47, 248), bei einer Hirnkammerluftfüllung (BVerfGE 17, 114 ff.) und bei Zwangsheilung gegen den erklärten Willen des Patienten (BGHSt 11, 113 f.; OLG Stuttgart, NJW 1981, 638). Zur Zulässigkeit der Gurtanlegepflicht s. BVerfG, NJW 1987, 180. Bei Erfüllung der **Schutzpflicht des Staates** für die körperliche Unversehrtheit kommt dem Gesetzgeber und der vollziehenden Gewalt ein weiter Einschätzungs-, Wertungs- und Gestaltungsbereich zu (BVerfGE 79, 202). Geboten ist Gefahrenvorsorge einschl. des Umweltschutzes durch staatl. Maßnahmen aller Art. Dies können beispielsweise sein: Lärmschutzmaßnahmen für Flugplatz- und Straßenanlieger (BVerfGE 56, 73 ff.; 79, 201 f.; OVG Münster, NJW 1981, 701) und Schutz vor schädlichen Folgen der Nachtarbeit (BVerfGE 85, 209 f.). Eine Verletzung der Schutzpflicht wurde etwa verneint hinsichtlich Immissionsschutz bei Mobilfunksendeanlagen (BVerfGK 10, 211 f.), kurzfristiger Bekämpfung der Ozonkonzentration durch Verkehrsverbote (BVerfG, NJW 1996, 651) und Nichtraucherschutz in Gaststätten und Diskotheken (BVerfGE 121, 362 ff., 371 f.). Bei Kernkraftwerken wird der Grundrechtsschutz insoweit vorverlegt, als angesichts der Art und Schwere der möglichen Folgen eines Reaktorunfalls bereits eine entfernte Wahrscheinlichkeit ihres Eintritts genügt, um die konkrete Schutzpflicht des Gesetzgebers auszulösen (BVerfGE 49, 142). Eine Kernkraftwerksgenehmigung ist nur zulässig, wenn es nach dem Stand von Wissenschaft und Technik praktisch ausgeschlossen ist, dass schwerwiegende Schadensereignisse eintreten (BVerfGE 49, 143; 53, 59). Das darüber hinausgehende Restrisiko muss hingenommen werden (BVerfGE 49, 143). Nicht völlig überzeugend erscheint es, Gefährdungen, die nicht unmittelbar auf die öffentl. Gewalt der Bundesrepublik zurückgehen, aus dem Schutzbereich des Grundrechts auszuklammern (so aber wohl BVerfGE 66, 56 ff.).

13  *Satz 2* bringt mit der Erklärung der Unverletzlichkeit der **Freiheit der Person** neben der Statuierung des subjektiven Abwehrrechts eine für alle Bereiche des Rechts geltende objektive Wertentscheidung der Verfassung zum Ausdruck (BVerfGE 10, 322) und hat ein besonderes Gewicht (BVerfGE 109, 239; 117, 96; 128, 372 f.; BVerfGK 11, 328 m.w.N.). **Grundrechtsträger** ist jede natürliche Person. Geschützt wird deren körperliche Bewegungsfreiheit (jeden Ort aufzusuchen u. zu verlassen), nicht jedoch (in Abgrenzung zu Art. 104) die Freiheit vor jeglichem staatl. Druck oder Zwang (vgl. BVerfG, NVwZ 2008, 305; BVerwGE 6, 355; OVG Berlin, DÖV 1956, 153). Eine Freiheitsbeschränkung liegt auch dann vor, wenn jemand durch die öffentl. Gewalt gegen seinen Willen daran gehindert wird, einen Ort oder Raum aufzusuchen oder sich dort aufzuhalten, der ihm an sich (tatsächlich u. rechtl.) zugänglich ist (BVerfGE 94, 195 f.; 96,

21). Eingriffe in die Freiheit der Person stellen Verhaftung und Festnahme (BVerfGE 35, 190; BVerfG, NVwZ 2011, 38; BVerwGE 6, 355), polizeiliche Verwahrung (BVerwGE 45, 56), Durchsuchung und ähnliche Maßnahmen dar (s. auch Art. 104 Rn. 3). Freiheitsstrafen und freiheitsentziehende Maßregeln der Besserung und Sicherung verfolgen unterschiedliche Zwecke, weswegen sie auch nebeneinander angeordnet werden können. Geschieht dies, ist es jedoch geboten, sie einander so zuzuordnen, dass die Zwecke beider Maßnahmen möglichst weitgehend erreicht werden, ohne dass dabei in das Freiheitsrecht des Betroffenen aus Art. 2 II 2 mehr als notwendig eingegriffen wird (so bereits BVerfGE 91, 1). § 67 IV 4 StGB ist daher mit Art. 2 II 2 unvereinbar, soweit er es ausnahmslos ausschließt, die Zeit des Vollzugs einer freiheitsentziehenden Maßregel der Besserung und Sicherung auf Freiheitsstrafen aus einem anderen Urteil anzurechnen (BVerfGE 130, 394 f.). Das Grundrecht der Freiheit der Person steht nicht der Unterbringung eines Geisteskranken entgegen, die ausschließlich den Zweck hat, den Kranken vor sich selbst zu schützen (BVerfGE 22, 219; 90, 172; 91, 27 ff.). Art. 2 II 2 ist auch ein Beschleunigungsgebot in allen Angelegenheiten zu entnehmen, die den Freiheitsentzug (vor u. nach Erlass eines Urteils) betreffen (BVerfGE 36, 269 ff.; 42, 11; 61, 34; BVerfGK 7, 427 m.w.N.), ebenso die Verpflichtung zu einem fairen Gerichtsverfahren mit Mindesterfordernissen für eine zuverlässige Wahrheitserforschung (BVerfGE 70, 307 f. m.w.N.). Ergänzt wird der Schutz der Freiheit der Person durch Art. 104, der in Abs. 2 für den Freiheitsentzug mit der Notwendigkeit der richterl. Entscheidung (dazu s. Art. 104 Rn. 8 f.) einen weiteren verfahrensrechtl. Vorbehalt schafft (BVerfGE 10, 323 f.; vgl. auch E 58, 220).

Nach *Satz 3* ist der **Eingriff** in die Rechte des Art. 2 II **nur auf Grund eines Gesetzes** zulässig (zum methodischen Vorgehen bei der Prüfung von Grundrechtsbeeinträchtigungen allg. s. vor Art. 1 Rn. 8 f.). „Gesetz" in diesem Sinne ist nach h.M. das förmliche Gesetz (BVerfGE 22, 219; 109, 157, für das Recht auf Leben u. die Freiheit der Person; VGH Mannheim, DÖV 1979, 339, für das Recht auf körperliche Unversehrtheit). Gewohnheitsrecht reicht damit zur Legitimierung von Eingriffen nicht aus (Di Fabio in Maunz/Dürig, Art. 2 II Rn. 75; a.A. im Hinblick auf ein Züchtigungsrecht des Lehrers z.B. BGHSt 11, 241 ff.; BayObLG, BayVBl 1979, 121 ff.). Bei den besonders sensiblen Grundrechten des Art. 2 II sind im Einzelfall die Beachtung der Unantastbarkeit des Wesensgehalts des Grundrechts und der Verhältnismäßigkeitsgrundsatz von zentraler Bedeutung (vgl. zum Recht auf Leben BVerfGE 115, 162 ff., 165 – LuftsicherheitsG, zur körperlichen Unversehrtheit BVerfGE 16, 201 ff.; 17, 117, zur Freiheit der Person BVerfGE 29, 316 f.; 35, 190 f.; 61, 134). Bei Einwilligung liegt eine Freiheitsbeschränkung nicht vor (BVerfGE 105, 248).

14

## Artikel 3 [Gleichheit vor dem Gesetz]

(1) Alle Menschen sind vor dem Gesetz gleich.

(2) Männer und Frauen sind gleichberechtigt. Der Staat fördert die tatsächliche Durchsetzung der Gleichberechtigung von Frauen und Männern und wirkt auf die Beseitigung bestehender Nachteile hin.

(3) Niemand darf wegen seines Geschlechtes, seiner Abstammung, seiner Rasse, seiner Sprache, seiner Heimat und Herkunft, seines Glaubens, seiner religiösen

oder politischen Anschauungen benachteiligt oder bevorzugt werden. Niemand darf wegen seiner Behinderung benachteiligt werden.

1 **Allgemeines:** Art. 3 enthält neben dem allg. Gleichheitssatz (Abs. 1) zwei von mehreren, auch anderswo (hauptsächlich Art. 6 V, Art. 33 I-III, Art. 38 I 1 u. Art. 28 I 2) geregelten speziellen Gleichheitssätzen (Abs. 2 Satz 1: Gleichberechtigung, Abs. 3 Satz 1: Differenzierungs-, Abs. 3 Satz 2: Diskriminierungsverbot wegen bestimmter Merkmale). Durch G vom 27.10.1994 (BGBl I S. 3146) sind zu den bisherigen Regelungen die Staatszielbestimmung des Abs. 2 Satz 2 (Förderung der Gleichberechtigung) und in Abs. 3 Satz 2 das Diskriminierungsverbot für Behinderte hinzugekommen. Kraft Spezialität bleibt für die Prüfung am Maßstab des Abs. 1 kein Raum mehr, wenn Abs. 2 Satz 1 oder Abs. 3 oder ein anderer besonderer Gleichheitssatz einschlägig ist (BVerfGE 13, 296; 59, 156); zum Einfluss der faktischen Benachteiligung (s. Rn. 20) auf den Prüfungsmaßstab BVerfGE 121, 254 f. Spezielle Gleichheitselemente sind in einzelnen Wert- und Grundsatzentscheidungen des GG enthalten und beeinflussen die Auslegung und Anwendung des – ausnahmsweise (vgl. BVerfGE 99, 11) mit seinem Schutzbereich vorrangigen – Art. 3 I insoweit, als sie die Freiheit des Gesetzgebers einschränken, selbst zu bestimmen, was gleich oder ungleich sein soll (z.B. Art. 2 I i.V.m. Art. 1 I: BVerfGE 60, 134; Art. 5 I: BVerfGE 36, 330 f.; Art. 5 III: BVerfGE 36, 330 f.; 81, 118, 121; BVerfG, NJW 1996, 1127; Art. 6 I: BVerfGE 111, 184; 112, 67; 114, 366; Art. 6 IV: BVerfGE 65, 113; Art. 12: s. Prüfungsrecht in Rn. 10; ferner BVerfGE 79, 218; 121, 344, 355, 369 f.; BVerfGK 3, 46 f.; Art. 13: BVerfGE 83, 87; Art. 14: BVerfGE 74, 24 f.; 83, 86 f.; BVerfGK 6, 189; Art. 19 IV: BVerfG, NVwZ 2005, 1418).

### Absatz 1: Allgemeiner Gleichheitssatz

2 Der allg. Gleichheitssatz ist eine allg. rechtsstaatl. **Grundnorm für die gesamte Rechtsordnung** (BVerfGE 38, 228; 41, 13; ähnlich BVerfG, NVwZ-RR 2005, 495; BGH, NJW 2006, 3775; von BVerfGE 1, 243, als überpositiv, von BVerfGE 35, 272, als bereits ungeschrieben selbstverständlich bezeichnet). In diesem Sinne wird er extern auf **europäischer Ebene** für den Bereich der EU auch von Art. 20 EUGrCh, ergänzt durch die Nichtdiskriminierungsregelung des Art. 21 EUGrCh und die Gleichberechtigungsregelung des Art. 23 EUGrCh, verstanden. Art. 157 AEUV sichert die Gleichheit des Arbeitsentgelts für Mann und Frau. Art. 14 EMRK enthält ein allg. Diskriminierungsverbot. Da Menschenwürde und Freiheit jedem Menschen zukommen, die Menschen insoweit also gleich sind, ist das Prinzip der Gleichbehandlung aller ein tragendes Konstitutionsprinzip (BVerfGE 5, 205; 6, 265). Seine Grundelemente sind nach Art. 79 III unan-

tastbar (BVerfGE 84, 121, 127; 94, 34). Art. 3 I will in erster Linie eine ungerechtfertigte Verschiedenbehandlung von Personen verhindern (BVerfGE 55, 88, 89; 90, 56) und die unterschiedliche rechtl. Behandlung nur solcher tatsächlicher Verschiedenheiten zulassen, denen aus Erwägungen der Gerechtigkeit und Zweckmäßigkeit auch für das Recht unterscheidende Bedeutung zukommt (BVerfGE 3, 240). Gleich*behandlung* in diesem Sinne macht den Kern des *Grundrechts*charakters aus.

**Grundrechtsträger** sind zunächst alle natürlichen Personen – auch Nichtdeutsche –, sodann – i.V.m. Art. 19 III – juristische Personen des *Privat*rechts und nichtrechtsfähige Personengesellschaften (BVerfGE 42, 383; 53, 345); soziale Gleichheit braucht jedoch nur im Verhältnis natürlicher Personen untereinander hergestellt zu werden (BVerfGE 102, 319). Für juristische Personen des *öffentlichen* Rechts, soweit sie öffentl. Aufgaben wahrnehmen, und solche des Privatrechts, die im konkreten Fall gesetzl. zugewiesene und geregelte Aufgaben der Daseinsvorsorge erfüllen, gilt Art. 3 I zwar nicht (BVerfGE 70, 15; BVerfG, NJW 1990, 1783; für Sparkassen BVerwG, DVBl 2011, 1094); jedoch beansprucht das *Willkürverbot* (s. Rn. 4 u. 5) jedenfalls auf Grund des Rechtsstaatsprinzips Geltung auch für Beziehungen innerhalb des hoheitlichen Staatsaufbaus (BVerfGE 89, 141; 113, 262; BVerfGK 4, 77; BGH, NVwZ-RR 2011, 803; BlnVerfGH, NVwZ 2002, 596). Die Verletzung des Willkürprinzips kann deshalb von den genannten juristischen Personen nicht mit der (allg.) Verfassungsbeschwerde verfolgt (BVerfGE 75, 195, 201), jedoch im Rahmen von Richtervorlagen nach Art. 100 I oder des Verfahrens nach Art. 93 I Nr. 4 b geprüft werden. Verwandt mit diesem Problem ist die Geltung des Gleichheitssatzes (Willkürverbot) im (finanzrelevanten) Verhältnis der Hoheitsträger untereinander (BVerfGE 76, 119; 83, 393; 86, 251; BVerwG, DVBl 1998, 779). Zur Geltung des Willkürverbots im Verwaltungsprivatrecht vgl. BGHZ 155, 175; zum Fall erwerbswirtsch. Handelns einer von der öffentl. Hand beherrschten Gesellschaft s. BGH, NJW 2004, 1031.

**Verwaltung und Rechtsprechung als Adressaten des Grundrechts:** Art. 1 III bindet alle drei Gewalten an die „nachfolgenden" Grundrechte, im Fall des Art. 3 I also trotz des Wortlauts „vor dem Gesetz" auch, und zwar schwerpunktmäßig, die Gesetzgebung (zu ihr ausführlich Rn. 5 ff.). Bei der Bindung der **Verwaltung** geht es z.B. um die Vollziehung der Gesetze „ohne Ansehen der Person" (was Verschiedenbehandlung durch verschiedene Verwaltungsträger nicht ausschließt; BVerfGE 75, 347; 79, 158; vgl. auch Rn. 9), um willkürfreie Handhabung und Förderung des Verwaltungsverfahrens, um „pflichtgemäße" Ermessensausübung (BVerfGE 49, 184; 69, 169) und um Selbstbindung insbes. durch Erlass und Anwendung allg. Verwaltungsvorschriften (BVerfGE 40, 254; 78, 227, 229; BVerwGE 120, 376; 138, 44; 138, 71 f.; vgl. auch OVG Münster, DVBl 2011, 51 f.). Ein allg. *Gesetzesvollziehungsanspruch* lässt sich aus Art. 3 I ohne eigene Rechtsbetroffenheit nicht ableiten (BVerfG, U. v. 12.9.2012 – 2 BvR 1390/12 u.a. –). Keine „*Gleichheit im Unrecht*", d.h. auch kein Anspruch auf Anwendung einer rechtswidrigen Verwaltungspraxis (s. BVerfGE 50, 166; 105, 279). Strikte Gleichbehandlung bei der Belieferung mit Informationsmaterial (OVG Münster, NVwZ-RR 1998, 312) und – insoweit Gerichtsverwaltung als Adressat – mit Gerichtsentscheidungen (BVerwGE 104, 108, 112). Bindung der **Rechtsprechung** an Art. 3 I bei Auslegung und Anwendung des Gesetzes unterliegt den gleichen Maßstäben wie die Grenzen des Gestaltungsspielraums des Gesetzgebers – dazu Rn. 5 ff. – (BVerfGE 54, 235; 101, 269). Sie bedeutet speziell: effektiver und gleicher Rechtsschutz (BVerfG, NVwZ 2005, 1418), Rechtsanwendungsgleichheit (vgl. BVerfGK 4, 14 f.; BVerwGE 123, 80 f.; G. Kirchhof, DVBl 2011, 1073) einschl. Handhabung des Verfahrensrechts ohne Ansehen der Person (BVerfGE 66, 335 f.; 69, 254; 71, 362), (i.V.m. Art. 20 III) Rechtsschutz- und Rechtswahrnehmungsgleichheit von weniger Bemittelten und Begüterten im gerichtl. und außergerichtl. Rechtsschutz (BVerfGE 122, 48 ff. m.w.N.; BVerfGK 15, 440; 16, 408); Notwendigkeit der Beiordnung eines Rechtsanwalts im Sozial- gerichtsverfahren (BVerfGK 15, 429), Beratungshilfe (BVerfGK 18, 3), Akten- übersendung an Rechtsbeistände wie an Rechtsanwälte (BVerfG, NVwZ 1998, 837), Gleichbehandlung in der Strafverfolgung durch Legalitätsprinzip (BVerfGE 92, 363/Sondervotum), jedoch Zulässigkeit unterschiedlicher Strafpraxis (BVerfGE 75, 347; zum Disziplinarverfahren s. BVerwGE 119, 3; 120, 49; 127, 32) und generell abw. Auslegung derselben Norm durch verschiedene Gerichte wegen deren Unabhängigkeit (BVerfGE 87, 278; BVerfGK 2, 307; 9, 132: kon- stitutionelle Uneinheitlichkeit; ähnlich BVerfGE 128, 403), auch vergleichbarer Vorschriften in verschiedenen Rechtsgebieten (BVerwG, DÖV 2002, 528). Zur Chancengleichheit bei der Vorauswahl von Insolvenzverwaltern BVerfGK 4, 9. Nicht geboten ist Gleichheit der Klagearten etwa im Bereich der Rechtsmittelbe- lehrung (BVerfGE 93, 111 f.); nach BGH, NJW 2002, 2172 f., aus Art. 3 I Pflicht zur Belehrung in einzelnen Verfahren der freiwilligen Gerichtsbarkeit. Vgl. nun- mehr § 232 ZPO i.d.F. des ÄnderungsG vom 5.12.2012 (BGBl I S. 2418). Allg. zur Rechtsbehelfsbelehrung BVerfG, NJW 2013, 40. Zu ZPO-Hinweispflichten vgl. BVerfGK 5, 13 f. Praktisch wichtig ist der Prüfungsmaßstab des allg. Gleich- heitssatzes in seiner Bedeutung als *Willkürverbot* (s. allg. auch Rn. 5). Willkür- lich in einem objektiv zu verstehenden Sinne (schuldhaftes Handeln nicht erfor- derlich) ist eine Entscheidung dann, wenn die Rechtsanwendung oder das dazu eingeschlagene Verfahren unter keinem denkbaren Aspekt rechtl. vertretbar ist und sich daher der Schluss aufdrängt, dass sie auf sachfremden Erwägungen be- ruhen (vgl. BVerfGE 108, 137, 142 f.; BVerfGK 15, 259; BVerfG, NJW 2011, 3217). Die Willkürgrenze ist überschritten, wenn eine offensichtlich einschlägige Norm nicht berücksichtigt oder der Inhalt einer Norm in krasser Weise missdeu- tet wird (gilt entsprechend für Beweiswürdigung) oder eine Auseinandersetzung mit entgegenstehender höchstrichterl. Rspr. und Literatur unterbleibt (BVerfGE 112, 215 f.; BVerfGK 9, 269; 16, 126). Beispiele: eigene gerichtl. Tatsachenfest- stellung, auf die sich Unterlassungsbegehren gar nicht gerichtet hatte (s. BVerfGK 5, 149), Aberkennung eines Anspruchs, den die Partei nicht zur Ent- scheidung gestellt hat (nur einfachrechtl. BAG, NZA 2011, 1379 f.).

5 **Bedeutung des Gleichheitssatzes für den Gesetzgeber:** Der eigentliche Inhalt des Art. 3 I, soweit von praktischer Bedeutung, erschließt sich aus den in der Rspr. des BVerfG entwickelten Vorgaben für die Gesetzgebung. Der allg. Gleichheits- satz des Art. 3 I gebietet dem Normgeber, wesentlich Gleiches gleich und wesent- lich Ungleiches ungleich zu behandeln, ohne dass diesem damit jede Differenzie- rung verwehrt wäre. Der Gleichheitssatz gilt sowohl für ungleiche Belastungen als auch für ungleiche Begünstigungen (vgl. BVerfGE 79, 17; 129, 68; BVerfG, Beschl. v. 10.7.2012 – 1 BvL 2/10 u.a. –). Verboten ist auch ein gleichheitswidri- ger Ausschluss von Begünstigungen (BVerfGE 116, 180; 121, 317; 126, 416; BVerwGE 138, 69 f.). Aus dem allg. Gleichheitssatz ergeben sich **je nach Rege- lungsgegenstand und Differenzierungsmerkmalen unterschiedliche Grenzen** für den Gesetzgeber, die von gelockerten, auf das Willkürverbot beschränkten Bin- dungen bis hin zu strengen Verhältnismäßigkeitserfordernissen reichen können (BVerfGE 117, 30; 126, 416). Differenzierungen bedürfen stets der Rechtferti- gung durch Sachgründe, die dem Differenzierungsziel und dem Ausmaß der Un-

gleichbehandlung angemessen sind. Art. 3 I gebietet nicht nur, dass die Ungleichbehandlung an ein der Art nach sachlich gerechtfertigtes Unterscheidungskriterium anknüpft, sondern verlangt auch für das Maß der Differenzierung einen inneren Zusammenhang zwischen den vorgefundenen Verschiedenheiten und der differenzierenden Regelung, der sich als sachlich vertretbarer Unterscheidungsgesichtspunkt von hinreichendem Gewicht erweist (BVerfGE 124, 220). Der Gleichheitssatz ist dann verletzt, wenn eine Gruppe von Normadressaten oder Normbetroffenen im Vergleich zu einer anderen anders behandelt wird, obwohl zwischen beiden Gruppen *keine Unterschiede von solcher Art und solchem Gewicht bestehen, dass sie die unterschiedliche Behandlung rechtfertigen können* (BVerfGE 130, 253 m.w.N.). Dabei gilt ein stufenloser, am Grundsatz der Verhältnismäßigkeit orientierter Prüfungsmaßstab, dessen Inhalt und Grenzen sich nicht abstrakt, sondern nur nach den jeweils betroffenen unterschiedlichen Sach- und Regelungsbereichen bestimmen lassen (BVerfGE 126, 416). Eine strengere Bindung des Gesetzgebers ist insbes. dann anzunehmen, wenn die Differenzierung an Persönlichkeitsmerkmale anknüpft, wobei sich die verfassungsrechtl. Anforderungen umso mehr verschärfen, je weniger die Merkmale für den Einzelnen verfügbar sind (BVerfGE 88, 96) oder je mehr sie sich denen des Art. 3 III annähern (BVerfGE 124, 220). Eine strengere Bindung kann sich auch aus den jeweils betroffenen Freiheitsrechten ergeben. Im Übrigen hängt das Maß der Bindung u.a. davon ab, inwieweit die Betroffenen in der Lage sind, durch ihr Verhalten die Verwirklichung der Kriterien zu beeinflussen, nach denen unterschieden wird (zum Ganzen zusammenfassend BVerfGE 129, 69; BVerfG, NJW 2012, 215, u. zuletzt zur Gleichheitswidrigkeit des Verbots der Sukzessivadoption durch eingetragene Lebenspartner BVerfG, U. v. 19.2.2013 – 1 BvL 1/11 u.a. –).

**Generalisierung, Typisierung, Pauschalierung:** Art. 3 I gebietet es nicht, unter allen Umständen Ungleiches ungleich zu behandeln. Der Gesetzgeber ist – insbes. bei Massenerscheinungen (Steuer-, Sozial-, Verkehrsrecht) – auch befugt (u. bisweilen auch verpflichtet; vgl. BVerfGE 106, 309), zu generalisieren, zu typisieren und zu pauschalieren, auch pauschaliert zu quantifizieren, ohne allein wegen damit verbundener Härten gegen den allg. Gleichheitssatz zu verstoßen. Eine zulässige Typisierung setzt unter Berücksichtigung des Verhältnismäßigkeitsgrundsatzes freilich voraus, dass diese Härten nur unter Schwierigkeiten vermeidbar wären, dass sie nur eine verhältnismäßig kleine Zahl von Personen betreffen und dass die ungleiche Wirkung ein gewisses Maß nicht übersteigt. Vielmehr müssen die Vorteile der Typisierung im rechten Verhältnis zu der mit ihr notwendig verbundenen Ungleichheit stehen. Außerdem darf die Typisierung keinen atypischen Fall als Leitbild wählen, sondern muss sich realitätsgerecht am typischen Fall orientieren (zum Ganzen BVerfGE 117, 31; 122, 59). Der Gesetzgeber darf auch praktischen Erfordernissen der Verwaltung Rechnung tragen, sofern sie von Gewicht sind (BVerfGE 97, 194 f.; 100, 205; zur Relevanz des Verwaltungsaufwands BVerfG, BayVBl 1995, 112). Zur Pauschalierung und Typisierung im Gebührenrecht vgl. BVerwGE 135, 361, zur Praktikabilität im Steuerrecht BVerfGK 5, 261 m.w.N.; BVerfG, NVwZ 2009, 501. In den genannten Grenzen ist auch – als Unterfall der Pauschalierung – die Hinnahme von Höchst- und Freigrenzen (im Steuerrecht Schranke: „nicht realitätsfern"; BVerfGE 82, 88; 89, 353; allg. BVerfGE 89, 24 ff.) und insbes. von sachlich vertretbaren Fristen, *Stichtagen* (BVerfGE 118, 107 f.; BVerfG, NVwZ 2006, 451; BVerfGK 15, 69; BAGE 110, 77) und Altersgrenzen (BVerfGE 126, 53; BVerfG, NVwZ 2008, 1233; vgl. auch BVerfGE 103, 193 f.; BGHZ 174, 282; 185, 34; RhPfVerfGH, DVBl 2005, 503; s. auch Art. 33 Rn. 7 u. 19 Buchst. b; einfachrechtl. § 10 AGG

6

– s. Rn. 24 –) möglich. Nachweise zu Rspr. über Altersgrenzen in BVerfGK 10, 233.

**7** **Verschiedene Ordnungssysteme:** Art. 3 I enthält kein Gebot, ähnliche Sachverhalte in verschiedenen Ordnungsbereichen (z.b. Jagd- u. Waffenrecht) mit unterschiedlichen systematischen und historischen Zusammenhängen gleich zu regeln (BVerfGE 75, 107; 85, 186; 122, 25; BVerwG, BayVBl 1996, 315).

**8** **Systemwidrigkeit, d.h.** die Abweichung des Gesetzgebers von den einen Rechtsbereich beherrschenden Grundregelungen durch Sonderregelungen, auch ein Systemwechsel, ist für sich genommen kein Verstoß gegen Art. 3 I. Eine systemwidrige Ausnahme bedarf aber eines plausiblen Grundes. Bei der Übernahme eines konsistenten Normenkomplexes aus einem anderen in das eigene Regelwerk und gleichzeitiger Abweichung in Gestalt einer Einzelnorm liegt ein Verstoß des Normgebers gegen Art. 3 I besonders nahe (gesteigerter Rechtfertigungsbedarf, BVerfGE 124, 223; BVerfG, NJW 2012, 214; vgl. auch BVerfGE 122, 36; BVerfGK 16, 220; BVerwGE 136, 162).

**9** **Gleichheit im Bundesstaat** (s. auch Rn. 3): Zum (außergrundrechtl.) föderativen Gleichbehandlungsgebot vgl. BVerfGE 72, 404; 119, 417 f.; 122, 38 f. Unterschiedliche Regelungen und eine unterschiedliche Verwaltungspraxis in Bund und Ländern oder im Verhältnis der Länder untereinander verletzen, weil Art. 3 I nur die Gleichbehandlung im Zuständigkeitsbereich des jeweiligen Gesetzgebers und Verwaltungsträgers fordert, den Gleichheitssatz grundsätzlich nicht (BVerfGE 93, 351; 106, 241; BVerfGK 16, 448; BVerwGE 129, 132; 138, 214; BVerwG, NVwZ-RR 2012, 368; BayVerfGH 48, 96; BlnVerfGH, JR 1999, 367; RhPfVerfGH, DÖV 2002, 166; OVG Münster, NVwZ-RR 2011, 872). Zur Verpflichtung des Gesetzgebers zu kassenübergreifendender Belastungsgleichheit s. BVerfGE 113, 232 f., zur Selbstbindung nur innerhalb des Zuständigkeitsbereichs einer Behörde OVG Koblenz, NVwZ-RR 2004, 51. Auch keine Geltung bei Abweichung vom Recht anderer EU-Mitgliedstaaten (BVerfGK 4, 83). Zu Landeskinderklauseln im Hochschulrecht BVerfGE 33, 352 f.; BVerwGE 79, 342; im Privatschulrecht BVerfGE 112, 86 ff.; bei öffentl. Schulen OVG Koblenz, NVwZ 2008, 1252. Zu entsprechenden Klauseln bei der Auswahl von Notaren s. BVerfG, DVBl 2002, 1629; BVerfGK 5, 211 ff. Allg. Zulässigkeit von Landeskinderbegünstigung offengelassen in der Entscheidung BVerfGE 130, 258.

**10** **Sachgebietsbezogene Prüfungsmaßstäbe** (Auswahl): Der allg. Gleichheitssatz ist *bereichsspezifisch* anzuwenden (BVerfGE 107, 45 f.; 112, 279; 120, 144). In der Rspr. geht es – in Stichworten – u.a. um folgende Maßstäbe:

a) **Arbeitsrecht:** Eigener arbeitsrechtl., inhaltlich an Art. 3 I angelehnter, aber einfachrechtl. (richterrechtl.) Gleichbehandlungsgrundsatz gebietet, Arbeitnehmer eines Unternehmens gleich zu behandeln, soweit sie sich in gleicher oder vergleichbarer Lage befinden (auch im Bereich der Vergütung u. freiwilligen Sonderzahlungen), und verbietet eine sachfremde Gruppenbildung sowie die willkürliche Schlechterstellung einzelner Arbeitnehmer innerhalb einer Gruppe (BAGE 125, 298; BAG, NZA 2011, 1048; NJW 2012, 700; vgl. auch Schmidt in ErfK, GG Art. 3 Rn. 29); daneben besondere gesetzl. Gleichbehandlungsgebote, z.B. § 7 AGG; Gesetzgeber und Differenzierung nach Arbeitnehmergruppen: BVerfGE 82, 148 ff.; 85, 383; Betriebsvereinbarung: BVerfG, DB 1997, 2438; Typisierung durch Vernachlässigung kleiner Gruppen: BVerfGE 90, 59; BVerfG, NJW 1994, 1341; keine qualitative Differenzierung von Teil- und Vollzeitarbeit: BVerfGE 97, 44; BAG, NZA 2012, 220; vgl. auch EuGH, NVwZ 2008, 175; BVerwG, NVwZ–RR 2008, 800.

Zur verfassungswidrigen Ungleichbehandlung verheirateter und in eingetragener Lebenspartnerschaft lebender Arbeitnehmer des öffentl. Dienstes im Bereich der betrieblichen Hinterbliebenenversorgung s. BVerfGE 124, 224.

b) **Außenpolitik:** Bei außenpolit. Erwägungen weites Ermessen der BReg (BVerfGE 94, 35; 95, 45, 47; grundsätzlicher BVerfGE 118, 259). Beispiel: BT-Dr 13/9067 S. 3.

c) **Beamtenrecht:** Differenzierung nach Status – Beamte und Nichtbeamte –: BVerfGE 98, 13 f.; 98, 391; BVerfG, NVwZ 2000, 1036; BVerwGE 124, 235; BayVerfGH 48, 96; im Disziplinarrecht: BVerwGE 103, 380; 111, 237 f.; weite Gestaltungsfreiheit im Besoldungs- (BVerfGE 117, 352 f.; BVerfGK 16, 448; BVerfG, NVwZ 2012, 359; BVerwGE 123, 313) und Versorgungsrecht (BVerfGE 76, 295, 330; BVerfG, NVwZ 1996, 580; 2000, 1036; BayVerfGH 51, 175), insbes. bei der Regelung von Zulagen (BVerfG, DÖD 2002, 87) und bei Systemänderungen (BVerfG, ZBR 1999, 381). Benachteiligungsverbot bei Teilzeitarbeit: § 15 I BGleiG; vgl. BVerfGE 121, 261 f.; BVerwGE 122, 73; 124, 238 f. (gemeinschaftsrechtl.); zur Bevorzugung von Teilzeitbeamten bei Versetzungsschutz s. OVG Berlin-Brandenburg, LKV 2009, 89, zur Gleichbehandlung von eingetragener Lebenspartnerschaft und Ehe beim beamtenrechtl. Familienzuschlag Art. 33 Rn. 19 Buchst. a.

d) **Finanzielle/fiskalische Erwägungen** können namentlich bei Leistungsgesetzen gewichtige Differenzierungsgründe darstellen (BVerfGE 75, 72; 76, 311; 87, 45); s. aber auch unter „Steuerrecht" und BVerfGE 93, 402; 107, 353, zum Besoldungsrecht; dazu differenzierter BVerfGE 114, 291 ff. Zur Grenze sachfremder Differenzierung BVerfGE 130, 254.

e) **Gebührenrecht:** Sachgerechte Verknüpfung zwischen den tatsächlichen Kosten der gebührenpflichtigen Staatsleistung und der Gebührenhöhe; neben Kostendeckung Äquivalenzprinzip, aber auch Verfolgung anderer Zwecke und Staffelung nach sozialen (einkommensabhängigen) Gesichtspunkten denkbar: BVerfGE 97, 344 f.; 108, 18 ff.; BVerwGE 104, 66; 137, 333, 340; vgl. auch BVerwGE 140, 239. Zu Wertgebühren im Bereich der Justizkosten BVerfGE 115, 389; BVerfGK 3, 313; BVerfG, NJW 2006, 2246; zum Gestaltungsspielraum OVG Berlin-Brandenburg, NVwZ 2006, 358. Zur Relevanz eines Erhebungsdefizits s. Buchst. m – vgl. BVerfG, NVwZ-RR 2011, 466.

f) **Kriegsfolgenrecht, Wiedergutmachung, Wiedervereinigung:** Besonders weite Gestaltungsfreiheit: BVerfGE 112, 210; BVerfGK 16, 214 f., 225. Nur Willkürprinzip als Maßstab: BVerfGE 102, 299; BVerfG, NVwZ 2009, 986 f. m.w.N. Abbau des Besatzungsrechts: BVerfGE 95, 46. Unterschiedliche Tarifregelungen im öffentl. Dienst durch unterschiedliche wirtsch. Verhältnisse vorübergehend gedeckt: BVerfG, ZBR 2001, 176. Überführung der Rentenansprüche und -anwartschaften: BVerfGE 100, 38; 117, 311.

g) **Leistungsverwaltung** allg.: Trotz Zurückhaltung in der Entscheidung BVerfGE 61, 147, Grundsatz weiter Gestaltungsfreiheit (BVerfGE 99, 178; 106, 175 f.; BVerfGK 18, 459). Zur Familienförderung BVerfG, NJW 2012, 215, zur Subvention BVerfGE 93, 350; BVerfGK 3, 179 f., zu deren Abänderbarkeit BVerwGE 104, 223; 126, 48 f.

h) **Politische Parteien:** Zur Chancengleichheit aus Art. 21 I i.V.m. Art. 3 I vgl. BVerfGE 111, 398; 121, 121 f.; BVerfGK 10, 364; OVG Weimar, LKV 2009, 140, sowie Art. 21 Rn. 8.

i) **Prozessrecht:** Waffengleichheit im Straf- (BVerfGE 110, 253), Verwaltungs- (BVerfGE 74, 92) und Zivilprozess (BVerfGE 117, 185; BVerfGK 14, 121;

BGHZ 150, 342), z.T. auch Postulat des Rechtsstaatsprinzips. Zum Nichtbestehen einer Pflicht zur Rechtsmittelbelehrung im Zivilprozess und zur Rechtswahrnehmungsgleichheit s. Rn. 4, zur Rechtsmitteldifferenzierung in vergleichbaren Situationen BVerfGK 10, 395, zum gleichheitswidrigen Selbsttitulierungsrecht einzelner öff.-rechtl. Kreditinstitute BVerfG, Beschl. vom 18.12.2012 – 1 BvL 8/11 u.a. –.

j) **Prüfungsrecht:** Chancengleichheit vgl. BVerfGE 84, 50 f.; BVerfGK 18, 174; BVerwGE 109, 116; BVerwG, NJW 2012, 2902; Rspr.-Übersicht bei Zimmerling/Brehm, NVwZ 2009, 359; DVBl 2012, 265 ff. Zum Willkürverbot BVerwGE 129, 39.

k) **Sozialrecht:** Nicht offensichtlich fehlsame und mit der Wertordnung des GG vereinbare sozialpolit. Entscheidungen des Gesetzgebers sind hinzunehmen (BVerfGE 89, 376); wegen fortwährender schneller Veränderungen des Arbeits-, Wirtschafts- und Soziallebens besonders weite Gestaltungsfreiheit (BVerfGE 81, 205; 100, 205), desgleichen, wenn ein Sozialleistungssystem nur die Teilabsicherung eines Risikos bewirken soll (BVerfGK 1, 179). Recht des Gesetzgebers, komplexe Reformen in Stufen zu verwirklichen: BVerfGE 87, 43 ff.; BVerfG, FamRZ 1996, 789; zur Relevanz der dauerhaften Bleibeperspektive von Ausländern für Erziehungs- und Elterngeld vgl. BVerfG, Beschl. vom 10.7.2012 – 1 BvL 2/10 u.a. –, zur Eigenart des Sachbereichs (Strukturprinzipien) Rentenversicherung BVerfGE 76, 300 ff. Dem Versicherungsprinzip entsprechende Äquivalenz von Beitrag und Leistung muss grundsätzlich gewährleistet sein (BVerfGE 90, 240; 92, 71). Zur Typisierung s. Rn. 6, zum Systemwechsel BVerfGE 112, 401 ff.

l) **Staatskirchenrecht:** Wegen seiner Neutralität muss der Staat bei der Zusammenarbeit mit Religionsgesellschaften und ihrer Förderung auf eine am Gleichheitssatz orientierte Behandlung achten (BVerfGE 123, 178; Bbg-VerfG, NVwZ-RR 2012, 579); s. näher Art. 140 Rn. 9.

m) **Steuerrecht/Besteuerungsgleichheit/Abgabengleichheit/Abgabengerechtigkeit:** Begrenzung der Gestaltungsfreiheit des Gesetzgebers durch das Gebot der Besteuerung nach der finanziellen Leistungsfähigkeit (horizontale Steuergerechtigkeit durch gleich hohe Besteuerung bei gleicher Leistungsfähigkeit, in vertikaler Hinsicht Angemessenheit der Besteuerung höherer im Vergleich mit der Belastung niedrigerer Einkommen) und der Folgerichtigkeit (konsequente Umsetzung der einmal getroffenen Belastungsentscheidung), zusammenfassend BVerfGE 121, 119 f.; 124, 294 f.; 126, 417; zur Aufwandsteuer s. auch BVerwGE 137, 129. Ausnahmen von der Folgerichtigkeit nur bei besonderem sachlichem Grund: außerfiskalische Förderungs- und Lenkungszwecke im Gemeinwohlinteresse. Typisierungs- und Vereinfachungsbefugnis (vgl. schon Rn. 6), jedoch nicht rein fiskalischer Zweck staatl. Einnahmenerhöhung (s. BVerfGE 122, 233). Strenge Verhältnismäßigkeitsprüfung bei Ungleichbehandlung eingetragener Lebenspartner (BVerfG, Beschl. v. 19.6.2012 – 2 BvR 1397/09 – u. v. 18.7.2012 – 1 BvL 16/11 – m.w.N.). Keine Vorgabe eines konkreten Tarifverlaufs (BVerfGE 115, 116 f.). Zum Mindestmaß an zweckgerechter Ausgestaltung des Vergünstigungstatbestands und zum Gebot realitätsgerechter Tatbestandsgestaltung s. BVerfGE 105, 112 f., 126 f. m.w.N.; 107, 51. Zur Gleichheitswidrigkeit durch Vollzugs-(Erhebungs-)defizite vgl. BVerfGE 110, 112 ff.; BVerfGK 9, 120. Ergänzend s. auch Rn. 6. Zur Anwendung auf Sonderabgaben vgl. BVerfGE 108, 233 f., zur Abgabengleichheit/Abgabengerechtigkeit im Übrigen BVerwGE 133, 179 f.; 139, 69; BVerwG, DVBl 2011, 959. Zur Besteuerung nur auswärtiger Zweitwohnungsinhaber s. Art. 105 Rn. 12; zur Gleichbehandlung von Ehegatten und eingetragenen Lebenspartnern im Grunderwerbsteuerrecht BVerfG, Beschl. vom 18.7.2012 – 1 BvL 16/11 –.

n) **Strafrecht:** S. Rn. 4. Keine Bindung an die Strafzumessung bei anderen Tatbeteiligten (BGH, NJW 2011, 2598 f.). Keine Doppelbelastung durch Abschöpfung der Erlangten und dessen gleichzeitige Besteuerung (BVerfGE 81, 241; BGHSt 47, 266). Belastungsgleichheit reicher und armer Täter (BVerfGE 105, 176 f./Sondervotum). Zu unterschiedlichem Verjährungsrecht in West- und Ostdeutschland vgl. BVerfGK 2, 163. Zur Freiheit des Gesetzgebers zu differenzierter Tatbestandsgestaltung s. BVerfGE 120, 253.

o) **Umweltrecht:** Bei der Verteilung knapper Ressourcen darf der Gesetzgeber auf Lenkungswirkungen abzielen (Anreize zu erwünschtem Verhalten, z.b. Emissionsminderung). Schranke für Vergünstigungen: Verteilung nach unsachlichen Gesichtspunkten (BVerfGE 118, 101).

p) **Vergaberecht:** Es verletzt nicht Art. 3 I, dass der Gesetzgeber den Rechtsschutz gegen Vergabeentscheidungen unterhalb bestimmter Schwellenwerte anders gestaltet hat als den gegen Vergabeentscheidungen, die die Schwellenwerte übersteigen (BVerfGE 116, 159; vgl. auch BVerwGE 129, 16).

q) **Vermögensrecht:** Gleichbehandlungsgebot erfordert staatl. Ausgleichsleistungen zugunsten der 1945–1949 in der sowjetischen Besatzungszone Enteigneten dem Grunde nach (BVerfGE 84, 128 ff.; 95, 62 f., u. im Einzelnen Erläut. in Art. 143 Rn. 4), dazu AusgleichsleistungsG vom 27.9.1994 (BGBl I S. 2624, 2628).

r) **Wahlrecht:** Seit der Entscheidung BVerfGE 99, 10 (vgl. auch BVerfGK 5, 103), kann im Anwendungsbereich der speziellen wahlrechtl. Gleichheitssätze von Art. 38 I 1 und Art. 28 I 2 nicht mehr auf den allg. Gleichheitssatz zurückgegriffen werden (s. auch Art. 38 Rn. 5), wohl aber für die Europawahlen i.s. seiner Ausprägung als Gebot strenger und formaler Wahlgleichheit für die Wahl der deutschen Abgeordneten. Die Stimme jedes Europawahlberechtigten muss grundsätzlich den gleichen Zählwert und die gleiche rechtl. Erfolgschance haben (BVerfGE 129, 317 f.). Zu Wahlen im wirtsch. und sozialen Bereich s. BVerfGE 111, 300 f.; BVerfGK 13, 197 f.

s) **Wehrrecht:** Zu Wehrgerechtigkeit und allg. Wehrpflicht s. Art. 12 a Rn. 4.

### Absatz 2: Gleichberechtigung von Mann und Frau
### Satz 1: Gleichberechtigungsgebot

Satz 1 konkretisiert den allg. Gleichheitssatz und verbietet, dass der Geschlechtsunterschied als beachtlicher Grund für eine Ungleichbehandlung „im Recht" („vor dem Gesetz" wie in Art. 3 I) herangezogen wird (zum europäischen Kontext s. schon oben Rn. 2). Er räumt der Frau die Gleichstellung auf allen Gebieten des öffentl. und des privaten Rechts ein, untersagt aber auch die Benachteiligung des Mannes (BVerfGE 31, 4; 112, 73; seltenes tatbestandliches Beispiel: BVerfG, NZA 2000, 1184). Das Gleichberechtigungsgebot ist eine unmittelbar anwendbare **Norm des objektiven Rechts** und ein gegen den Staat in all seinen Erscheinungsformen gerichtetes **Grundrecht** von Mann und Frau. Das Ziel, Rechtsnormen zu beseitigen, die Vor- und Nachteile an das Geschlecht knüpfen, und für die Zukunft die Gleichberechtigung der Geschlechter durchzusetzen (BVerfGE 15, 345; 85, 207), galt im Jahre 1994 in *rechtlicher* Hinsicht als so gut wie erreicht (vgl. auch BT-Dr 12/6000 S. 49 f.). Schritte auf dem Weg dorthin waren u.a. die Durchsetzung der Gleichberechtigung bei der Wahrnehmung der elterlichen Gewalt (BVerfGE 10, 59), die Anerkennung der Arbeit der Frau im

11

Haushalt als Unterhaltsleistung (BVerfGE 37, 251; 79, 126), das Verbot der Festschreibung überkommener Rollen in der Ehe (BVerfGE 87, 253), die Verwerfung des Vorrangs des Mannesnamens für den Ehe- und Familiennamen (BVerfGE 48, 337; 84, 18 ff.; 104, 387), die Unzulässigerklärung der Bevorzugung des Mannes im Höferecht (BVerfGE 15, 342 ff.), der kollisionsrechtl. Ungleichbehandlung der Frau im internationalen Privatrecht (BVerfGE 31, 73; 63, 195; 68, 390), der Schlechterstellung des Witwers gegenüber der Witwe bei der beamtenrechtl. Versorgung (BVerfGE 21, 340 ff.) wie der Kinder bei Waisenrenten und Kinderzuschüssen nach der Mutter in der Sozialversicherung (BVerfGE 17, 27 ff.) und im Versorgungsrecht (BVerfGE 17, 49 ff.; 17, 66 f.), die Ablehnung der Ableitung der Staatsangehörigkeit ehelicher Kinder allein vom Vater (BVerfGE 37, 217), die Öffnung des Hausarbeitstages auch für den allein stehenden Mann mit eigenem Hausstand (BVerfGE 52, 369) und die volle Gleichbehandlung von Witwer- und Witwenrente in der Sozialversicherung (BVerfGE 39, 186; 97, 289), neuerdings die Erstreckung des Betreuungsunterhalts auf Mutter und Vater (BVerfGE 112, 73) und die erleichterte Erteilung einer Aufenthaltserlaubnis in Anknüpfung an Mutter und Vater nach § 33 Satz 1 AufenthG. Niederschlag der Gleichbehandlung der Geschlechter im Arbeitsrecht vor allem in den §§ 7, 11, 15, 22 AGG (s. Rn. 24). Dort wird ein sanktionsbewehrtes Ausschreibungs-, Einstellungs- und Aufstiegs-Diskriminierungsverbot mit Beweislastumkehr normiert, um (nicht allein, aber i.d.R.) Frauen gleiche Chancen im Beruf und Lohngleichheit (Material in BT-Dr 14/2662 u. 14/8952) zu sichern (vgl. BVerfGK 9, 221 ff., zu den §§ 611 a, 611 b BGB a.F., BAG, NJW 2009, 3673 ff., zum AGG); weitere frauenfreundliche Maßnahmen u.a. im Beamtenrecht, im Zweiten GleichberechtigungsG vom 24.6.1994 (BGBl I S. 1406) und vor allem in dessen Nachfolger, dem BundesgleichstellungsG (BGleiG) vom 30.11.2001 (BGBl I S. 3234), zuletzt geändert durch das DienstrechtsneuordnungsG vom 5.2.2009 (BGBl I S. 160, 266). Das BGleiG geht davon aus, dass das „verbindliche Staatsziel" des Art. 3 II 2 im öffentl. Dienst des Bundes noch nicht erreicht und der Unterrepräsentanz von Frauen durch eine sog. einzelfallbezogene Quote sowie durch konkrete Benachteiligungsverbote unter dem Aspekt mittelbarer Diskriminierungen abzuhelfen sei (s. BT-Dr 14/6898 S. 1, 22; 14/5679 S. 15 f., 22 f.); vgl. auch Art. 33 Rn. 4. Der Erste Gleichstellungsbericht vom 14.6.2011 (BT-Dr 17/6240) will die Grundlage für eine abgestimmte Familien- und Gleichstellungspolitik der 17. BT-Legislaturperiode liefern. Zu Frauenquoten in der Wirtschaft s. Rn. 19.

12 Nach dem Geschlecht differenzierende Regelungen (zur Bagatellgrenze s. Rn. 20) sollen trotz der Striktheit (BVerfGE 84, 17) des Art. 3 II 1 zulässig sein, soweit sie zur „Lösung von Problemen" (eine juristisch merkwürdige Kategorie), die ihrer Natur nach nur entweder bei Männern oder bei Frauen auftreten können, zwingend erforderlich sind (BVerfGE 85, 207; 114, 364; BVerfGK 18, 410; allg. BVerfGE 102, 67, zu Art. 3 III 1, aber auch für die abwehrrechtl. Seite des Art. 3 II 1 gemeint); den Prüfungsmaßstab für Fälle außerhalb mutterschaftsbedingter Benachteiligung offenlassend BVerfG, Beschl. vom 10.7.2012 – 1 BvL 2/10 –; die zwingenden Gründe (vgl. allg. BVerwGE 130, 204) entsprechen der Durchbrechung der strikten Gleichheit etwa beim Wahlrecht (dazu BVerfGE 120, 102; 121, 122, u. Art. 38 Rn. 10). Fehlt es an zwingenden Gründen, lässt sich Ungleichbehandlung nur noch im Wege einer Abwägung mit kollidierendem Verfassungsrecht legitimieren (BVerfGE 92, 109). Die vom BVerfG früher in st. Rspr. (u.a. E 52, 374; 68, 390; 74, 179) verwandte Formel von der Zulässigkeit von Sonderregelungen im Hinblick auf objektive **biologische und funktionale** (ar-

beitsteilige) **Unterschiede** ist seit kritischen Bemerkungen des Gerichts zu den funktionalen Unterschieden (E 84, 18: „dahingestellt") und zu der nicht speziell Frauen gesundheitlich gefährdenden Nachtarbeit (E 85, 209 f.) jedenfalls teilweise nicht mehr heranziehbar. Die erwähnten „zwingenden Gründe" (einfachrechtl.: „wesentliche u. entscheidende berufliche Anforderung" = unverzichtbare Voraussetzung; s. § 8 I AGG u. BAG, NJW 2009, 3674 f.) werden Einzelfälle wie Schwerstarbeitsverbote für Frauen noch rechtfertigen, ebenso etwa das Monopol für Wärterinnen in Frauenhaftanstalten (BVerwGE 47, 354; überholt dagegen das Beispiel der Leiterin einer Mädchenschule in BVerfGE 39, 368; vgl. dazu BAGE 123, 366 f.), den Vorbehalt für Erzieherinnen mit Ganztagsaufsicht in einem Mädcheninternat (BAG, NJW 2009, 3674 ff.) und die Bevorzugung von Beamtinnen/Soldatinnen beim Tragen von Ohrschmuck oder bei der Länge der Haartracht (BVerwGE 84, 292; 103, 103; BVerwG, NJW 2000, 531; Truppendienstgericht Süd, NZWehrR 2008, 40 m. Anm. Dreist; zum „Hemdkragenlänge-Erlass" BVerwGE 125, 88 ff.); in beiden Fällen berichten BT-Dr 14/5400 S. 12 und BT-Dr 16/850 S. 31 f. allerdings über Unmut in der Truppe. Überholt aber die unterschiedliche Beihilfefähigkeit einer Perücke (BVerwG, NJW 2002, 2046 – zu Art. 3 III 1). Das Abstellen auf die körperliche Konstitution wird indessen zunehmend problematischer. Daher hat das BVerfG die Beschränkung einer Feuerwehrdienstpflicht und einer daran anknüpfenden Abgabepflicht auf Männer mit Art. 3 III 1 für unvereinbar erklärt (E 92, 109). Andere traditionelle Beispielsfälle sind bereits durch die Gesetzgebung überholt, darunter das vorgezogene Altersruhegeld für Frauen (vgl. noch BVerfGE 74, 181 f.; heute § 237 a II SGB VI; Chronologie in BVerfGK 2, 268 f.), auch das (1985 weggefallene) Frauenmonopol für den Hebammenberuf (dazu noch BVerwGE 40, 24 f.) und die seit 1994 obsolete unterschiedliche Behandlung von Mann und Frau bei homosexueller Betätigung (früher: § 175 StGB; BVerfGE 6, 422 ff.). Die Berücksichtigung der „Gebärrisikos" (Schwangerschaftsmalus) bei der privaten Krankenversicherung (hypothetisch: BVerfG, NJW 1994, 786; unionsrechtl.: EuGH, NJW 2011, 908; dazu krit. Looschelders, JZ 2012, 109; Purnhagen, NJW 2013, 113 ff.) ist in den allg. Versicherungsbedingungen seit 2008/2009 weggefallen (begründet mit § 3 I 2, § 20 II 1 u. 2 AGG). Bedenklich die in § 16 I 1 BGleiG nur Frauen vorbehaltene Bestellung zum Frauen- oder Gleichstellungsbeauftragten (unzulässig nach BAGE 90, 172 ff.; BAG, NVwZ 1999, 806; Vereinbarkeit mit Art. 3 II offengelassen in BVerfGE 91, 245). S. dazu auch Art. 33 Rn. 3.

Art. 3 II (u. III 1) ist von besonderer Bedeutung als **Ergänzung zu Art. 6 Abs. 1** **13** **(und Abs. 2 Satz 1)** bei der Begründung gleicher Rechte und gleicher Verantwortung von Ehegatten bei der Ausgestaltung des Ehe- und Familienlebens ohne tradierte „Zuständigkeitsbereiche" mit gleicher Teilhabe am gemeinsam Erwirtschafteten (vgl. BVerfGE 105, 10 f.; 114, 366; 128, 207; unausgesprochen BVerfGE 105, 345; 109, 119). Zum daraus resultierenden unterschiedlichen Versorgungsbedarf BVerfGE 124, 129.

Im Gegensatz zur Striktheit des Art. 3 II steht die einseitige **Belastung des Man-** **14** **nes mit der Wehrpflicht.** Diese Einseitigkeit ist von der Verfassung gewollt und mit gleichrangigen Vorschriften (Art. 12 a I u. IV 2) gerechtfertigt (s. Art. 12 a Rn. 5). Bei Kollision mit Art. 9 I verlangt Art. 3 II keineswegs unbedingten Vorrang (BVerfG, FamRZ 1989, 1047).

Zur Rspr. des BVerfG zur Erstreckung der Gleichberechtigung auf die gesellsch. **15** Wirklichkeit vgl. nachstehend Rn. 16, zur Übergangsregelung des Art. 117 dort Rn. 2–5. Zum Wertebild des Art. 3 II innerhalb schulischer Neutralität s. BVerfGE 108, 332 f./Sondervotum.

**Satz 2: Förderung der Gleichberechtigung**

16 **Nachteilsausgleich, Kompensation:** Jahrzehntelang hatte das BVerfG dem Differenzierungsverbot des Art. 3 II a.f. wie dem des Art. 3 III a.f. nur die Bedeutung beigemessen, dass „die aufgeführten faktischen Verschiedenheiten keine *rechtliche*, nicht aber auch dass sie keine gesellsch. ... Wirkung haben dürfen" (BVerfGE 3, 241; inhaltlich ebenso E 64, 156). Später hat es im Anschluss an BVerfGE 85, 206 f., eine radikale Abkehr von dieser Auffassung vollzogen (zusammenfassend BVerfGE 109, 89 m.w.N.; 126, 53; BVerfGK 9, 221). Danach schließt Art. 3 II 1 zunächst Diskriminierungen wegen des Geschlechts aus, die auch Art. 3 III 1 verbietet. Darüber hinaus stellt er nach dieser Rspr. ein **Gleichberechtigungsgebot** auf und **erstreckt** es auch auf **die gesellschaftliche Wirklichkeit** (Durchsetzung der Gleichberechtigung für die Zukunft unter Anerkennung eines Gestaltungsspielraums des Gesetzgebers, Angleichung der Lebensverhältnisse, gleiche Erwerbschancen der Frauen, Überwindung überkommener Rollenverteilungen); der Gesetzgeber darf faktische Nachteile, die typischerweise Frauen treffen, durch begünstigende Regelungen ausgleichen. Diese Rspr. war – neben dem der Regelung des Art. 31 I EV entnommenen Auftrag zur **Weiterentwicklung der Gleichberechtigung** und neben den Frauenförderungsgesetzen der Länder und entsprechenden Aufträgen in neuen Landesverfassungen – Anlass für die Ergänzung des Art. 3 II durch das in Rn. 1 genannte ÄnderungsG (BVerfGE 92, 109; 104, 393; 109, 89: Klarstellung). Die Gemeinsame Verfassungskommission von BTag und BRat (s. Einführung Rn. 5), auf die die Formulierung zurückgeht, wollte ein **Staatsziel** mit einem verbindlichen Auftrag zur Herstellung faktischer Gleichberechtigung normieren. Die divergierenden Begründungen (BT-Dr 12/6000 S. 50) nehmen die Schwierigkeiten der Auslegung vorweg.

17 **Kritik:** Das Verhältnis von Art. 3 II 1 und Art. 3 III 1 zu Art. 3 II 2 erfordert eine neue Sichtweise (insoweit in der Begründung, nicht im Ergebnis Abweichung von Voraufl., Art. 3 Rn. 16–19): Es gibt keine Begrenzung der abwehrrechtl. Gleichberechtigung einschl. des Verbots der Unterscheidung nach dem Geschlecht durch die Förder- und Hinwirkungspflicht. Satz 2 von Abs. 2 bekräftigt den objektivrechtl. Gehalt des Verbots, verstärkt also dessen individualrechtl. Kernehalt in seiner Geltungskraft. Sein Schutzauftrag unterscheidet sich im Umfang nicht von der Schutzpflichten bei anderen Grundrechten. Infolgedessen bleibt bei der Verwirklichung der Chancengleichheit eine Verschiedenbehandlung nach dem Geschlecht unzulässig (vgl. grundlegend Sachs in Stern, Bd. IV/2, S. 1679–1681, 1694 f., u. ZG 2012, 57–59). Verstärkung der Geltungskraft einer Norm und – so die herrschende Auffassung – Möglichkeit der Abweichung durch einen begrenzenden Nachsatz sind unüberbrückbare Gegensätze.

18 **Frauenquoten im öffentlichen Dienst:** Nach der Rspr. des BVerwG ist Art. 3 II nicht darauf gerichtet, die Geltung des Leistungsgrundsatzes (Art. 33 II) für die Vergabe öffentl. Ämter generell einzuschränken. Die bevorzugende Berücksichtigung unterrepräsentierter Frauen sei sowohl nach Unionsrecht (Richtlinie 2006/54/EG des Europäischen Parlaments u. des Rates v. 5.7.2006, ABlEG Nr. L 204 S. 23) als auch nach § 8 S. 1 BGleiG (s. Rn. 11) ausdrücklich auf Fälle gleicher Qualifikation beschränkt und greife überdies nur ein, wenn nicht in der Person eines Mitbewerbers liegende Gründe überwögen (BVerwGE 140, 88). Entscheidend ist, dass nach dem oben (Rn. 17) dargestellten, durch Art. 3 II 2 nicht begrenzten Unterscheidungsverbot des Art. 3 II 1, III 1 von einer dem Förderziel dienenden, chancenwahrenden Auswahlbeeinflussung (so Ossenbühl, NJW 2012, 418 f., ohne Eingehen auf einfaches, in Art. 33 Rn. 4 erwähntes Recht) nicht die Rede sein kann. Art. 3 II 2 will vom Staat tatsächliche individuelle

Chancengleichheit unabhängig vom Geschlecht, nicht aber einen vom strikten (vgl. Rn. 12) Unterscheidungsverbot des Satzes 1 abweichenden Gruppenproporz herstellen lassen (überzeugend Sachs in Stern, Bd. IV/2, S. 1680 f., u. ZG 2012, 57 ff.; s. allg. zur Orientierung der Verfassung am Individuum und dem Individualrecht BVerfGE 61, 104; 105, 173/Sondervotum; BVerfG, NJW 1990, 1783). Freistellungen von europarechtlichen Unterscheidungsverboten (hier Art. 157 IV AEUV, Art. 23 Satz 2 i.V.m. Art. 52 II EUGrCh) dispensieren nicht gleichzeitig von den entsprechenden nationalen Verboten (s. ausführlich Sachs in Stern, Bd. IV/2, S. 1684 f.).

**Frauenquoten für die Privatwirtschaft:** Zielvorgaben für die Wirtschaft (Aufsichtsrat, Vorstand, Geschäftsführer) sind polit. umstritten (Übersicht über alle Gesetzentwürfe u. Entschließungsanträge der Opposition bei Sachs, ZG 2012, 53 f. Fn. 13). Frauenquoten als Grundrechtseingriffe (Art. 14, 12 I, Art. 9 I, Art. 2 I) können jedenfalls nicht mit Art. 3 II 2 gerechtfertigt werden. Auch die mittelbar staatl. veranlasste, von Dritten umgesetzte Unterscheidung wegen des Geschlechts kann durch eine die Verschiedenbehandlung nicht modifizierende Norm nicht legitimiert werden (vgl. Sachs, ZG 2012, 64 ff.; a.A. Wieland, NJW 2010, 2409 f.). **19**

## Absatz 3: Ausdrückliche Differenzierungsverbote, Benachteiligungsverbot für Behinderte

### Satz 1: Ausdrückliche Differenzierungsverbote

Art. 3 III 1 verstärkt den allg. Gleichheitssatz durch konkrete Diskriminierungsverbote, indem er der dem Gesetzgeber sonst eingeräumten Gestaltungsfreiheit im Blick auf NS-Willkürmaßnahmen (dazu BVerfGE 102, 64/Sondervotum m.w.N.) hier im Sinne einer Mindestsicherung gegen Diskriminierungen sehr enge Grenzen zieht. Die darin genannten, gleichgewichtigen (vgl. BVerfGE 102, 64; 115, 372 f.; jeweils Sondervotum) Merkmale dürfen nicht als Anknüpfungspunkt für differenzierende Regelungen herangezogen werden (BVerfGE 97, 197; 114, 364). Ausnahmen sollen allenfalls auf der Grundlage einer Abwägung mit kollidierendem Verfassungsrecht gerechtfertigt sein (vgl. BVerfGE 121, 257; BVerfGK 2, 41; beiläufig BVerfGE 118, 62; zum Erfordernis hinreichend sachlicher Gründe für eine Diskriminierung, die nichts mit der geschlechtsbezogenen Benachteiligung zu tun haben, s. BVerfGE 113, 20; 126, 54; BAGE 83, 337; auch schon Rn. 12), unionsrechtl. (Art. 4 I der Richtlinie 200/78/EG des Rates vom 27.11.2000, ABlEG Nr. L 303 S. 160), wenn ein Merkmal eine wesentliche und entscheidende berufliche Anforderung darstellt, sofern es sich um eine rechtmäßigen Zweck und eine angemessene Anforderung handelt. Art. 3 III 1 verbietet nur die (rechtl., nicht sonstige) *gezielte* **Benachteiligung und Bevorzugung**, d.h. zwischen der Sonderbehandlung und den Merkmalen muss ein kausaler Zusammenhang bestehen; die Bevorzugung oder Benachteiligung muss gerade „wegen" dieser Merkmale erfolgt sein (BVerfGE 2, 268; 39, 368; BVerwG, DVBl 1998, 728). Nach der neueren, ursprünglich zur Gleichberechtigung entwickelten Rspr. des BVerfG (ab E 85, 206) liegt dagegen eine gesetzl. Benachteiligung wegen des Geschlechts in zwei Formen vor: *unmittelbar*, wenn eine Ungleichbehandlung ausdrücklich an das Geschlecht „anknüpft" (die Regelung also nicht unbedingt auf die Ungleichheit abzielt); darüber hinaus *faktisch*, wenn Regelungen zwar geschlechtsneutral formuliert sind, im Ergebnis aber auf Grund natürlicher Unterschiede oder der gesellsch. Bedingungen überwiegend Frauen betreffen (BVerfGE 121, 254 m.w.N.; 126, 53; BVerfGK 14, 386 – für Mannesbenachteiligung –; vgl. auch BVerwGE 124, 17 f.; 124, 186; 124, 197); s. auch **20** die Legaldefinition in § 3 I, II AGG (dazu BAG, NZA, 2011, 759; NJW 2011, 3114; 2012, 174) und BGHZ 174, 225 f. Zur Benachteiligung von Frauen auf Grund rechtl. oder tatsächlicher Umstände der Mutterschaft bei der für sie schwierigen Erfüllung von sozialrechtl. Anspruchsvoraussetzungen vgl. BVerfG, Beschl. vom 10.7.2012 – 1 BvL 2/10 u.a. –. Für einen Kausalzusammenhang im Rahmen des § 1 AGG ist ausreichend, dass das Geschlecht Bestandteil eines entscheidungserheblichen Motivbündels ist (BAGE 129, 181; BAG, NZA 2011, 98; NJW 2011, 2460). Seine Rspr. hat das BVerfG auch auf die anderen Merkmale des Art. 3 III 1 ausgedehnt (z.B. BVerfGK 2, 39, auf die Sprache; BVerfGK 1, 146, auf religiöse Überzeugungen), obwohl hier ein dem Art. 3 II 2 entsprechendes angebliches Gebot der Erstreckung auf die gesellsch. Wirklichkeit fehlt (BVerfGE 96, 302; BVerfGK 6, 129; BVerwG, NVwZ 2009, 247; im Ergebnis ebenso BAG, NJW 2011, 552, auch auf das Behinderten-Benachteiligungsverbot des Art. 3 III 2). Gegen die Anerkennung einer mittelbaren Diskriminierung bei allen Merkmalen Sachs in Stern, Bd. IV/2, S. 1646 ff., für alle außer dem Geschlecht Kischel in Epping/Hillgruber, Art. 3 Rn. 194; bei den übrigen Merkmalen fehlt es i.d.R. für das „typische" Betroffensein an einem Gegenpart. Überzeugender war die frühere Auffassung, wonach nur die auf Ungleichbehandlung *abzielende* Diskriminierungsform dem Finalitätserfordernis des „wegen" zu entnehmen und der Eintritt von Vor- und Nachteilen als zwangsläufige Nebenfolge einer ganz anders ausgerichteten Regelung unerheblich ist (s. BVerfGE 39, 368; 59, 157; 75, 70). Diese Auffassung vertritt noch heute das BVerwG (E 106, 194 f.; 136, 255). Tatbestandlich einschränkende Kausalverbindungen wie die durch „wegen" (s. dessen eindeutigen Wortsinn z.B. in Art. 46 I 1 u. II, Art. 61 I 1, Art. 93 I Nr. 4 b, Art. 103 III) sind nicht der angemessene Ort für Überlegungen zur Anerkennung faktisch-mittelbarer Beeinträchtigungen (vgl. allg. BVerfGE 105, 300 f., 303; in BVerfGE 106, 298 ff.; 116, 202/Sondervotum, Ablehnung der Mittelbarkeit für Art. 12 I, wenn bloßer Reflex einer nicht entsprechend ausgerichteten gesetzl. Regelung; zurückhaltend für Art. 9 III auch BVerfGK 4, 363; BVerwGE 136, 81; zu Art. 9 I s. BVerfGE 123, 186). Für den Wortsinn der synonymen Präposition „aus Gründen der" (Art. 116 II, Art. 131 Satz 1 u. 2, ähnlich Art. 48 II 2) ist anerkannt, dass er ein finales, andere Normzwecke i.s. eines „allein" oder „nur" ausschließendes Element zum Ausdruck bringt (vgl. BVerwG, DVBl 2006, 265, zu § 17 Nr. 1 – 3. Modalität – VereinsG). *Bagatellgrenze:* „Benachteiligen" (wie umgekehrt „Bevorzugen") grenzt – wie im Fall der Ungleichbehandlung nach Abs. 2 – „vergleichsweise unbeträchtliche" Differenzierungen aus (BVerfGE 19, 183; BVerfG, NJW 1991, 1478; allg. BVerfGE 89, 10). Art. 3 III 1 schützt auch das Recht, unbenachteiligt anders zu sein als andere Mitglieder der Gruppen, denen man nach den in dieser Bestimmung genannten Merkmalen angehört (BVerfGK 14, 389).

21 Der Erwähnung des Merkmals **Geschlecht** kommt kein über Abs. 2 hinausreichender Regelungsgehalt zu (st. Rspr. bis BVerfGE 74, 179). Wegen ihres (verfehlten) kompensationstheoretischen Ansatzes (Rn. 16) gilt das für die neuere Rspr. nur insoweit, als das Benachteiligungsverbot, nicht aber die Nachteilsausgleichsfunktion des Abs. 2 betroffen ist (BVerfGE 85, 206 f.; 92, 109; vgl. auch BAGE 123, 369). Diese Rspr. lässt (unzutreffend, aber folgerichtig) die Legitimation einer Ungleichbehandlung durch das Gleichberechtigungsgebot (s. Rn. 16) als Ergebnis einer Abwägung mit kollidierendem Verfassungsrecht (Rn. 12; für BVerwG, NVwZ 2003, 94, nicht einmal Kollisions-, sondern Spezialitätsfall) zu. In der Eröffnung der eingetragenen Lebenspartnerschaft nur für gleichgeschlechtliche Paare (§ 1 I des LebenspartnerschaftsG v. 16.2.2001, BGBl I S. 266) erblickt

BVerfGE 105, 351, keine Benachteiligung von verschiedengeschlechtlichen Paaren wegen ihres Geschlechts (a.A. Sondervotum, ebd., S. 362 f.). Der Schutz von Müttern vor geschlechtsbezogener Diskriminierung ist in Art. 3 III 1, nicht in Art. 6 IV verankert (BVerfGK 18, 410). Es gibt keinen rechtl. Zwang zu einer geschlechtsneutralen Vorschriftensprache (s. Bachmann, NVwZ 2008, 754). **Abstammung** bezeichnet die natürliche biologische Beziehung eines Menschen zu seinen Vorfahren, die die genetische Ausstattung festlegt und damit die Persönlichkeit mitprägt (BVerfGE 9, 128; 79, 268 f.; 90, 270). Zum Zusammenhang mit dem Abkömmlingsbegriff des Art. 116 vgl. BVerfGE 127, 180, zur personellen Reichweite der Abstammung BVerwGE 130, 200 f., zum Unterschied von rechtl. Elternschaft BVerfGE 108, 101, 105. Eine an ebenbürtige Heirat und Abstammung gekoppelte Erbunfähigkeitsklausel in einem Testament des Hochadels muss nicht wegen des Differenzierungsverbots gegen § 138 BGB verstoßen, wohl aber möglicherweise – einzelfallabhängig – wegen der Einschränkung der Eheschließungsfreiheit (Art. 6 I; s. auch BVerfGK 3, 119 ff.; dort Art. 109 III 1 WRV nicht erwähnt). Zur nicht diskriminierenden Begrenzung der Strafbewehrung des Geschwisterinzests auf leibliche Geschwister vgl. BVerfGE 120, 253. Der Begriff „Rasse" – anders als Hautfarbe recht diffus (Fremdenfeindlichkeit; Ausdehnung auf Minderheiten; s. Rn. 24) – vereinigt bestimmte Merkmale, die sich eine Gruppe durch Volkszugehörigkeit identitätsbegründend als Schicksalsgemeinschaft zuschreibt oder die ihr – auch gegen ihren Willen – von anderen unter der Behauptung genetischer Verbundenheit (oft stigmatisierend, vgl. BVerfG, NJW 2001, 63; s. auch BVerwGE 129, 81; BVerwG, NZWehrR 2009, 37) zugeschrieben werden (ansatzweise ähnlich BVerfGE 90, 251 f.; BVerwG, NJW 1993, 3215; BGHZ 75, 162 f.); aktuelle Beispiele: vereinsmäßiges Bekenntnis zur NSDAP (BVerwG, NVwZ-RR 2000, 71, 73), Kündigung wegen rassistischen Verhaltens (BAG, NZA 1999, 1270), Versagung des Zutritts zu einer Diskothek wegen der Hautfarbe (OLG Stuttgart, NJW 2012, 1085, mit Zuerkennung von Schmerzensgeld), Nichtbedienung in Gaststätten. Vgl. auch die §§ 7, 19 I, II, § 21 I 2, II 3 AGG, strikte Ausformung ohne Rechtfertigungsgrund; zur ethnisch motivierten Benachteiligung BAG, NJW 2012, 174, Art. 14 EMRK (dazu EGMR, EuGRZ 2008, 90), das Internationale Übereinkommen vom 7.3.1966 zur Beseitigung jeder Form von Rassendiskriminierung (BGBl 1969 II S. 961) und § 130 StGB (s. auch Art. 139 Rn. 3).

**Sprache** i.S. von Mutter- oder bevorzugter Umgangssprache ist wegen des Zugangs zu der durch sie vermittelten Kultur (vgl. § 6 BVFG a.F. u. BVerwGE 112, 119; zu § 6 II BVFG i.d.F. des SpätaussiedlerstatusG v. 30.8.2001, BGBl I S. 2266, s. BVerwG, NVwZ-RR 2002, 698; BVerwG 122, 253, 257) geschützt. Das Verbot der Benachteiligung schützt nur vor Diskriminierungen auf Grund der Sprache, nicht aber vor Erschwernissen durch die deutsche Gerichtssprache und in Deutsch abgefasste Ladungen (BayObLG, NJW 1996, 1837) und Gerichtsurteile (BVerfGE 64, 156 f.); jedoch wegen des Gebots eines fairen Verfahrens u.U. Belehrungs- und Sachaufklärungspflichten (BVerfGE 64, 145; BVerfG, NVwZ 1987, 785; BVerfGK 9, 189, 194 ff.; BVerwG, NJW 1996, 1553; zu Anforderungen an Asylbewerber: BVerfGE 94, 201–204; BVerfG, BayVBl 1996, 728, kostenfreien Übersetzungen: BVerfGK 1, 334 ff.; 2, 40 ff. – einzelfallbezogen; BGHSt 46, 184, u. Wiedereinsetzungsrechten: BlnVerfGH, JR 2001, 102). Zur Chancengleichheit und Fairness im Prüfungsrecht bei nicht deutschsprachigen Prüflingen s. OVG Lüneburg, NVwZ-RR 2008, 323. Zu Fremdsprachen im Gerichtsverfahren vgl. Armbruster, NJW 2011, 812; zu Englisch als Gerichtssprache in internationalen Handelssachen vor deutschen Gerichten Flessner,

22

NJW 2011, 3544 f., zur Aufforderung an einen Arbeitnehmer, an einem Deutschkurs teilzunehmen, BAG, NJW 2012, 74 f.; zu Rechtsmittelverzicht und Sprachbeherrschung BVerfGK 13, 228. Die §§ 6 und 9 des BehindertengleichstellungsG (dazu Rn. 31) haben die Gebärdensprache und das Recht auf ihre Verwendung anerkannt. **Heimat** bezeichnet die örtliche Herkunft eines Menschen nach Geburt oder Ansässigkeit i.s. der emotionalen Beziehung zu einem geographisch begrenzten, den Einzelnen mitprägenden Raum – Ort, Landschaft – (so BVerfGE 102, 53, in Präzisierung früherer Rspr.; 107, 209; BVerwGE 106, 194). Damit sollten vor allem die Rechte der Flüchtlinge und Vertriebenen gesichert, nicht jedoch Differenzierungen nach Wohnsitz oder gewöhnlichem Aufenthalt ausgeschlossen werden (BVerfGE 48, 287; 92, 50; wohl abw. BVerfGE 102, 64 ff./Sondervotum); auch nicht solche nach dem Ort des Erwerbs von Befähigungsvoraussetzungen im Zuge der Wiedervereinigung (s. BVerfGE 107, 269 f.). Keine Benachteiligung von Spätaussiedlern durch das G über die Festlegung eines vorläufigen Wohnortes für Aussiedler und Übersiedler i.d.F. des G vom 26.2.1996, BGBl I S. 223 (BVerfGE 110, 198); keine fremdenrechtl. Diskriminierung durch unterschiedliche Versicherungsbiographien (BVerfGE 116, 130); keine Bevorzugung ausländischer Mieter durch Berücksichtigung von gesteigertem Informationsinteresse (Parabolantenne für Empfang von Heimatprogrammen, BVerfG 90, 37), soweit technisch noch geboten (dazu BVerfG, NJW-RR 2005, 662 f.; BGHZ 157, 327 f.; BGH, NJW-RR 2005, 597; für fallbezogene Abwägung: BGH, NJW 2006, 1064; 2008, 216). Zu Volkszugehörigkeit und Volkstum vgl. BVerwGE 74, 337 f.; 97, 96 f.; 101, 208, 211; zu sog. Einheimischenmodellen bei der Grundstücksvergabe, dem Ausschluss Auswärtiger von der Benutzung öffentl. Einrichtungen bzw. der Auferlegung höherer Benutzungsentgelte und der Vergabe öffentl. Aufträge an ortsansässige Unternehmen Burgi, JZ 1999, 878 m.w.N.; nach BayVGH, BayVBl 1999, 402, Vergabe von Bauflächen an einheimische Gewerbetreibende keine Bevorzugung „wegen" der Ortsansässigkeit. **Herkunft** meint die von den Vorfahren, vor allem den Eltern, hergeleitete ständisch-soziale Abstammung und Verwurzelung (BVerfGE 9, 129; BVerfG, EuGRZ 1998, 40; BVerwGE 91, 148; 106, 194; 136, 256), also nicht die örtliche Herkunft (= Heimat), irrig insofern BGHSt 43, 234, undeutlich BVerfGE 116, 130; 126, 397; BAG, AP Nr. 18 zu § 1 KSchG 1969 Wartezeit. Gemeint ist auch nicht die ethnische Herkunft des § 1 AGG. Der Begriff des **Glaubens** und der **religiösen Anschauungen** umfasst auch areligiöse Auffassungen (den Nichtglauben, vgl. BVerfG, NVwZ 1999, 756) und religionsfreie Weltanschauungen (s. Art. 4 Rn. 4). Öffentl., einschl. der öffentl. beherrschten Unternehmen, können ihre wirtsch. Tätigkeit nicht nach Belieben mit subjektiv weltanschaulichen Präferenzen oder Zielsetzungen und darauf beruhenden Differenzierungen verbinden (BVerfGE 128, 249). Keine Diskriminierung durch Streichung eines staatl. anerkannten Feiertags (BVerfG, NJW 1995, 3379), durch Abstellen auf objektive Feststellbarkeit einer Glaubensregel (BVerwGE 99, 8 f.) oder durch Pflicht zum Schulbesuch für Angehörige einer Minderheitsreligion (vgl. BVerfGK 1, 144). S. auch Art. 33 Rn. 9. „**Politisch**" sind die auf Einflussnahme auf die Gestaltung von Staat und Gesellschaft bezüglichen **Anschauungen** (vgl. am Rande BVerwGE 76, 30; 111, 53; BAGE 89, 235 ff.). Art. 3 III 1 schützt vor Eingriffen, die schon an das „Haben" einer bestimmten polit. Anschauung anknüpfen. Eingriffe, die sich auf die Äußerung und Betätigung solcher Anschauungen beziehen, werden an den jeweiligen Freiheitsgrundrechten gemessen, jedenfalls dann, wenn ihnen (z.B. Art. 5 I u. II) spezielle Gleichheitsgewährungen innewohnen (BVerfGE 124, 324, 326, 338). Das Merkmal hätte in den Entscheidungen

BGHZ 154, 146, und BGH, NJW 2004, 1031 (Kündigung eines Sparkassen- u. Postbankkontos bei der damaligen Konstruktion beider Kreditinstitute), Prüfungsmaßstab sein müssen. Zum Verhältnis des Merkmals zu Art. 33 II (s. dort auch Rn. 4, 7, 19 Buchst. s) bei polit. Beamten und Wahlbeamten Bracher, DVBl 2001, 19, zur Hinnahme der polit. Gesinnung von Gästen im Gaststättenrecht VGH Mannheim, NVwZ-RR 2006, 180. Vgl. ergänzend Rn. 23.

**Kein Verstoß** gegen Abs. 3, wenn z.B. im Versorgungsverfahren notwendigerwei- 23 se von der Abstammung ausgegangen (BVerfGE 9, 205 f.) oder ein polit. Beamter/Soldat oder kommunaler Wahlbeamter wegen seiner polit. Einstellung in den einstweiligen Ruhestand versetzt oder abgewählt wird (BVerfGE 7, 170 f.; BVerfG, NVwZ 1994, 477). Unberührt vom polit. Diskriminierungsverbot bleiben als sonderrechtl. Einschränkungen auch die Verfassungstreuepflicht nach Art. 33 II und V und die Vorschriften des GG in Art. 9 II, Art. 18 und 21 II sowie die daran anschließenden normativen und Einzelfallregelungen. Vgl. dazu insbes. BVerfGE 39, 368 f.; BVerfG, NVwZ-RR 2004, 270; NJW 2005, 88; a.A. BVerfGE 63, 303/Sondervotum. Der BGH bejaht für Art. 3 III 1 eine **mittelbare Drittwirkung** (BGHZ 140, 132). Sie kann dazu führen, dass ein Hotelier im Rahmen einer Grundrechtsabwägung einem NPD-Funktionär nach fester Buchung kein Hausverbot ohne besonders gewichtige Sachgründe, wohl aber für die Zukunft ohne sachliche Gründe, ein solches Verbot wegen der polit. Anschauungen des Gastes erteilen kann (BGH, NJW 2012, 1726 f.).

**Minderheiten, Antidiskriminierungsgesetze:** Jede Erweiterung des Kataloges des 24 Art. 3 III 1 – z.B. um die sexuelle Identität (s. BT-Dr 17/88) – würde die Dignität des tragenden Konstitutionsprinzips des allg. Gleichheitssatzes schwächen. Art. 3 III will eine Mindestsicherung gegen Diskriminierung erreichen (BVerfGE 51, 30; BVerwGE 136, 256) und keine „Pinnwand" für fortzuschreibende gesellschaftspolit. Anliegen anbieten (i.S. von Graf Vitzthum in Depenheuer/Grabenwarter, Verfassungstheorie, 2010, S. 388 Fn. 38). Es ist ein Irrtum, dass nur in der Verfassung *benannte* **Minderheiten** sich in der egalitären Demokratie Gehör verschaffen könnten. An der Staatsgewalt haben alle Angehörigen des Staatsvolks (einer zur Einheit verbundenen Gruppe von Menschen; vgl. BVerfGE 83, 51) gleichberechtigt teil. Sog. Antidiskriminierung kann in Diskriminierung von Mehrheiten umschlagen (zur Wechselbeziehung von „Mehr" u. „Weniger" an Freiheit BVerfGE 128, 371). Die Schutzwürdigkeit von Minderheiten im Parlamentsrecht beruht auf anderen Prinzipien (s. Art. 20 Rn. 3; vgl. auch BVerfGE 106, 273; 112, 140 f.). Ohne verfassungsrechtl. Notwendigkeit, aber in oder aus Anlass der Umsetzung von vier EG-Richtlinien (s. zur Nichtdiskriminierung heute Art. 21, 25, 26 EUGrCh) untersagt das **Allgemeine Gleichbehandlungsgesetz** (AGG) vom 14.8.2006 (BGBl I S. 1897) hauptsächlich für das Arbeitsrecht, aber auch für den allg. Zivilrechtsverkehr (dort nicht durchweg EU-rechtl. Regelungskompetenz) die Benachteiligung aus Gründen der Rasse oder wegen der ethnischen Herkunft, des Geschlechts, der Religion, der sexuellen Identität sowie – die beiden folgenden Merkmale gelten nicht für das soldatenrechtl. Parallelgesetz (vgl. Art. 12 a Rn. 12) – wegen einer Behinderung und des Alters. Daneben existiert noch eine Reihe spezieller Gesetze zum Abbau von Diskriminierungen, u.a. das ProstitutionsG vom 20.10.2001 (BGBl I S. 3983). Wegen der Merkmale Rasse, ethnische Herkunft, Geschlecht, Religion und Behinderung im AGG wird auf die Erläuterungen in Rn. 21, 22 u. 28 ff. verwiesen.

Wegen der zusätzlichen AGG-Merkmale gilt Folgendes: 25

a) **Sexuelle Indentität:** Unter Hinweis auf die europarechtl. Entwicklung (nunmehr Art. 18 AEUV, 21 I EUGrCh) und die Rspr. des EGMR zu Art. 14 EMRK (u.a. NJW 2009, 3639) hält das BVerfG die sexuelle Orientierung für ein mit den Fallgruppen des Art. 3 III 1 vergleichbares und damit die personenbezogene Differenzierung im Rahmen des Art. 3 I erschwerendes (s. Rn. 5) Merkmal (BVerfGE 124, 219 ff.; vgl. auch BVerfGE 126, 400; BVerfG; Beschl. v. 19.6.2012 – 2 BvR 1397/09 – u. v. 18.7.2012 – 1 BvL 16/11 –). Zum Besoldungsrecht s. Art. 33 Rn. 19 Buchst. a. Überblick über die Entwicklung der eingetragenen Lebenspartnerschaft in allen Rechtsgebieten bei Bömeburg, NJW 2012, 2753 ff. Unionsrechtl. besteht eine Diskriminierung, wenn das fiktive Nettoentgelt als Bemessungsgrundlage der ruhegeldfähigen Bezüge bei dem Partner einer eingetragenen Lebenspartnerschaft anders als bei verheirateten Partnern ermittelt wird (EuGH, NJW 2011, 2189 f.).

b) **Alter:** Zu Diskriminierungen wegen des Alters nach § 1 AGG können auch Altersbeschränkungen z.b. für Sachverständige und Piloten gehören. In seiner umfangreichen Rspr. hat der EuGH (zuletzt NJW 2011, 3209; NZA 2012, 786 ff.; EuGRZ 2012, 756; Überblick ansonsten in BVerfG, NVwZ 2012, 298 f.) generelle Altersgrenzen nur für zulässig erklärt, wenn damit sozialpolit. Ziele (insbes. Beschäftigungspolitik, Arbeitsmarkt u. berufliche Bildung) verfolgt werden (so auch BVerwG, NJW 2012, 1019, nachfolgend zu BVerfG, NVwZ 2012, 297) und der Grundsatz der Verhältnismäßigkeit gewahrt ist. Zur unterschiedlichen Grundvergütung nach Lebensaltersstufen EuGH, NZA 2011, 100; BAG, NZA-RR 2012, 102, zur gestaffelten Urlaubsdauer nach Altersstufen BAG, NZA 2012, 804 ff., zum Hinausschieben des Ruhestandes EuGH, NVwZ 2011, 1249, zur Anknüpfung an das Lebensalter in einer Vereinbarung über die Dauer eines befristeten Arbeitsverhältnisses BAG, NJW 2011, 3114, zur altersbezogenen Benachteiligung eines Stellenbewerbers BAG, NJW 2010, 2970; 2012, 3806, zu Höchstaltersgrenzen für den Zugang zum Beamtenverhältnis BVerwGE 142, 69 f., zum Entschädigungsanspruch wegen Alterdiskrimierung beim Auswahlverfahren um die Stelle eines kommunalen Wahlbeamten OVG Lüneburg, NVwZ-RR 2012, 734 f. Rspr.-Übersicht bei Bayreuther, NJW 2012, 2758 ff.

26 Die **Staatsangehörigkeit** wird in Art. 3 III 1 nicht als unzulässiges Differenzierungsmerkmal aufgeführt (BVerfGE 51, 30; 90, 37; BVerfG, NJW 2004, 356; zum EU-Recht BVerfGE 129, 97 ff.; EuGH, NVwZ 2009, 379; DVBl 2011, 887). Die Anknüpfung an sie bedarf nach dem allg. Gleichheitssatz eines hinreichenden Sachgrundes. In bestimmten Konstellationen kann die Ungleichbehandlung ausländischer Staatsangehöriger in ihren Auswirkungen einer Unterscheidung nach den in Art. 3 III 1 genannten Merkmalen nahekommen, so dass strengere verfassungsrechtl. Anforderungen an die Rechtfertigung der Ungleichbehandlung zu stellen sind (BVerfGE 130, 255).

27 Normenhierarchisch steht das AGG auf einer Stufe mit einfachen Bundesgesetzen, kann also von diesen durch Spezialität verdrängt werden (BGHZ 174, 278; 185, 34). Das Gesetz hat unter Stichworten wie Vermengung von Recht und Moral (political correctness, Gutmenschentum), Ersatz der Rationalität des Vertrages und der Selbstbestimmung durch dekretierte „Tugend" (z.B. in § 3 III, § 17 I) Kritik gefunden. Das Privatrecht mit seiner Privatautonomie steht ohnehin in einem Spannungsverhältnis zu Diskriminierungsverboten und Vorrang eigener Präferenzen (vgl. Looschelders, JZ 2012, 105, 113; Neuner, JöR n.F. 59 [2011], 43). Die Kritik am AGG ist verfassungsrechtl. insofern von Belang, als der übereinstimmende Wille von in der Entfaltung ihrer Individualität selbstverantwortlichen (BVerfGE 128, 244) Vertragsparteien für sich allein i.d.R. auf einen durch den Vertrag hergestellten sachgerechten Interessenausgleich (eine „Richtigkeitsgewähr" i.S. von Schmidt-Rimpler, AcP 147 [1941], 147 ff.) schließen lässt, den

der Staat grundsätzlich zu respektieren (vgl. BVerfGK 7, 296; 8, 131; 18, 23; zur Angemessenheitsvermutung des Tarifvertrags vgl. BAG, NZA 2008, 950; 2011, 924) und nicht für lenkungs- und erziehungsbedürftige Bürger vorzugeben hat (dazu Schmitt Glaeser, JöR n.f. 57 [2009], 56; ähnlich Ritter/Dreher, JöR n.f. 59 [2011], 82). Zur Kritik an paternalistischen Begründungen allg. BVerfGE 121, 388/Sondervotum.

## Satz 2: Benachteiligungsverbot für Behinderte

**Richterrechtlicher Benachteiligungsbegriff:** Satz 2 verbietet die Benachteiligung (anders als Satz 1 „nur" diese) Behinderter, eine von der Gemeinsamen Verfassungskommission (s. Rn. 16) abgelehnte (BT-Dr 12/6000 S. 52), vom Verfassungsgesetzgeber jedoch beschlossene (G v. 27.10.1994, BGBl I S. 3146) Konzession an den Zeitgeist. Dieser wollte nicht wahrhaben, dass schon nach früherem Recht unter der Herrschaft des Art. 3 I die Behinderung so gut wie nie Anknüpfungspunkt einer rechtl. Benachteiligung sein durfte. Der Ausgleich für das Lebensschicksal der Behinderung erfolgt über das Sozialstaatsprinzip (BVerfGE 40, 133; freilich ohne unmittelbare u. konkrete Handlungsanweisungen an den Gesetzgeber; vgl. Art. 20 Rn. 4). Indessen lebt die Reform von einem seltenen Gegensatz zwischen Gesagtem und Gemeintem (im einfachen Recht oft ein Indiz für den Verstoß gegen den Grundsatz der Normenwahrheit, dazu BVerfGE 107, 256). Nach einem ohne Kenntnis des Gemeinten nüchternen juristischen Befund ist nicht geregelt – und damit im Gegensatz zu den Fallgruppen des Satzes 1 (anders für das Geschlecht Art. 23 Satz 2 EUGrCh) nicht ausdrücklich verboten – die *Bevorzugung* von Behinderten; insoweit würde also der allg. Gleichheitssatz nicht verstärkt (s. Rn. 20), d.h. es verbliebe – wie vor der Schaffung des Satzes 2 – bei der Befugnis, die Behinderung nach den Kriterien des Art. 3 I als Anknüpfungspunkt für Bevorzugungen heranzuziehen. Als Reformansatz gewollt war weder diese Konsequenz noch das – ebenso „magere" – abwehrrechtl. Verbot, Behinderte „vor dem Gesetz" (Abs. 1) *wegen* ihrer Behinderung zu benachteiligen, ihnen also schlechtere Rechtspositionen im Verhältnis zu Nichtbehinderten einzuräumen. Beabsichtigt waren vielmehr einmal die Aufnahme des Schutzes der Behinderten in das GG überhaupt im Interesse ihrer Eingliederung (insoweit Appellwirkung u. Signalfunktion, beides Fremdkörper in einer juridischen Verfassung; zur Überschätzung der „Benennung" s. Rn. 24), sodann die Verhinderung ihrer gesellsch. und rechtl. Ausgrenzung. Mehr an Unstreitigem lässt sich den dürftigen Materialien (hier BT-Dr 12/8165 S. 28) nicht entnehmen (Literatur u. Rspr. arbeiten vielfach mit nicht die erforderliche Mehrheit repräsentierenden parl. Einzelmeinungen, so auch z.b. BVerfGE 96, 302; 99, 356, 357, mit BT-Dr 12/6323 S. 12). Der verfassungsändernde Gesetzgeber hat nicht den Weg gewählt – wie etwa Art. 11 Satz 2 der Berliner Verfassung (dazu BlnVerfGH, JR 1999, 365 f.; OVG Berlin, NVwZ-RR 2003, 35) –, den Staat ausdrücklich zu verpflichten, für gleichwertige Lebensbedingungen von Menschen mit und ohne Behinderung zu sorgen. Er hat vielmehr ein Diskriminierungsverbot geschaffen, das sich in der sprachlichen Struktur an Art. 3 III 1 anschließt. Es spricht viel dafür, dass das reformerische Anliegen im geänderten Text nicht den erforderlichen Niederschlag gefunden hat (Beispiele für die Maßgeblichkeit des Gesetzestextes: BVerfGE 106, 399; 110, 248; BVerfGK 10, 445; BVerwGE 131, 37; des Verfassungstextes: BVerfGE 109, 389/Sondervotum). Jedenfalls müssen Verfassungsänderungen „beim Wort genommen" (BVerfGE 109, 390/Sondervotum), d.h. ihnen darf kein in der Norm nicht selbst zum Ausdruck kommender Gehalt unterlegt werden (vgl. BVerfGE 30, 38/Sondervotum). In dieser Lage hat das BVerfG wohl das Dilemma gesehen, mit einer konventionellen Interpretation des **Benachteili-**

28

**gungsbegriffs** den Reformansatz zu verfehlen. Es hat deshalb die eigenständige Bedeutung des Satzes 2 im Hinblick auf die mit den Trägern der Merkmale des Satzes 1 nicht vergleichbare, grundsätzlich schwierigere Lebensführung des Behinderten begründet und als Benachteiligung nicht nur die Verschlechterung der Situation des Behinderten (Verweigerung von Zutritt oder Leistungen), sondern auch den Ausschluss von anderen Menschen offenstehenden Entfaltungs- und Betätigungsmöglichkeiten durch die öffentl. Gewalt bezeichnet, wenn dieser nicht durch eine auf die Behinderung bezogene Förderungsmaßnahme hinlänglich kompensiert werde (BVerfGE 96, 288 f.; 99, 357; 128, 156). Ein Beispiel ist integrative Erziehung (Inklusion) in Regelschule und Regelkindergarten (BVerfGE 96, 304; BVerfGK 7, 271 f.). Die BVerfG versteht das Verbot des Art. 3 III 2 zugleich als Grundrecht und objektive Wertentscheidung. Unabhängig davon, ob sich aus ihm originäre Leistungsansprüche herleiten ließen, folge aus ihm eine besondere Verantwortung des Staates für Behinderte. Das Verbot der Benachteiligung (Behinderung als Anknüpfungspunkt für Ungleichbehandlung) fließe als Teil der objektiven Wertordnung in die Auslegung des Zivilrechts ein (BVerfGE 96, 304; 99, 356; BVerfG, NJW 2000, 2659; im letzten Fall zugunsten eines Beschwerdeführers, der selbst nicht behindert u. nach den Maßstäben von BVerfGE 96, 301 ff.; BVerwG, NVwZ 2009, 247, gar kein Grundrechtsträger war; zur davon zu unterscheidenden mittelbaren Diskriminierung s. Rn. 20). Eine rechtl. Schlechterstellung wird als zulässig angesehen, wenn behinderungsbezogene Besonderheiten es zwingend erfordern (z.b. Ausschluss vom Schöffenamt: BVerfGK 3, 76; vgl. auch BayVerfGH 61, 51). Die kompensatorischen Aussagen des BVerfG tragen Züge einer ungeschriebenen Staatszielbestimmung (so auch Starck in v. Mangoldt/Klein/Starck, Art. 3 Rn. 417, 419). Auf europäischer Ebene gewährleistet Art. 26 EUGrCh für den Bereich der EU den Anspruch von Behinderten auf Maßnahmen ihrer Eigenständigkeit, ihrer sozialen und beruflichen Eingliederung und ihrer Teilnahme am Leben der Gemeinschaft. Zum EU-rechtl. Behindertenbegriff s. EuGH, DVBl 2006, 1109; BAGE 122, 58.

29 **Kritik:** Diese Auffassung des BVerfG ist nicht bedenkenfrei, weil bei der Auslegung von Verfassungsnormen der Entstehungsgeschichte (erst recht der hier selektiven; dazu BVerfGE 105, 162) ausschlaggebende Bedeutung regelmäßig nicht zukommt (BVerfGE 51, 110; 62, 45; 111, 282, 284/Sondervotum; ähnlich BVerfGE 119, 179/Sondervotum; 119, 290/Sondervotum). Immerhin kann sich ein Förderungsauftrag (Bevorzugungsmöglichkeit) nach altem wie nach neuem Recht aus dem Sozialstaatsprinzip ergeben (vgl. Sachs in Stern, Bd. IV/2, S. 1784 f.).

30 **Kasuistik:** Die bisherige Rspr. des BVerfG führt bisweilen zu kaum einlösbaren Ansprüchen, die nur durch praktische Konkordanz (z.b. bei BayVGH, BayVBl 1998, 183 f.; vgl. zu einer Art Fortsetzung des Treppenlift-Falls – BVerfG, NJW 2000, 2658 – auch VG Freiburg, NVwZ-RR 2002, 15) kunstvoll begrenzt werden können. Schon BVerfGE 96, 305 (s. auch BVerfGK 7, 272; BVerwGE 130, 5; BlnVerfGH, JR 1999, 366), verweist darauf, der Staat könne Integrationsmaßnahmen in Abwägung mit anderen wichtigen Gemeinwohlbelangen unter dem Vorbehalt des organisatorisch, personell und von den sächlichen Voraussetzungen her Möglichen stellen. Der VGH Kassel (NVwZ-RR 2010, 769) lehnt generell Ansprüche auf staatl. Leistungen i.S. von ausgleichenden Maßnahmen ab (Legasthenie bei Leistungsbewertung). § 3 II AGG verneint eine mittelbare Benachteiligung bei sachlicher Rechtfertigung durch ein „rechtmäßiges" Ziel sowie den Einsatz angemessener und erforderlicher Mittel, BSGE 85, 303, eine Benachteiligung bei „vorgefundener" Ungleichheit des Leistungsvermögens. Der Bay-

VerfGH (BayVerfGH 61, 51) sieht keine Benachteiligung behinderter Kinder mit sonderpädagogischem Förderbedarf, wenn sie ebenso wie nichtbehinderte Kinder mit Entwicklungsstörungen wegen der Prognose nicht erfolgreicher Teilnahme am Unterricht von der Aufnahme in die Grundschule zurückgestellt werden können. Der VGH Kassel (NVwZ-RR 2010, 605) lässt die Zuweisung eines Schülers mit sonderpädagogischem Förderbedarf an eine Förderschule nach Abwägung aller Belange im Einzelfall als nicht diskriminierend zu und verneint die innerstaatl. Geltung der UN-Behindertenvention (VertragsG v. 21.12.2008, BGBl II S. 1419), soweit sie den Bereich des öffentl. Schulwesens (hier Art. 24) betrifft und noch nicht in Landesrecht transformiert ist. Keine Zurücksetzung eines behinderten (bereits eingestellten) Arbeitnehmers durch die Frage nach einer Schwerbehinderung (BAG, NJW 2012, 2059). Das LAG Nürnberg (NZA 2009, 149 f.) verneint eine Diskriminierung Schwerbehinderter allein durch den Wortlaut „flexibel und belastbar" in der Ausschreibung der Stelle eines Kfz-Mechanikers. Bei Beamten Aktualisierung des Art. 3 III 2 bei der gesundheitlichen Eignungsprüfung i.S. des Art. 33 II (BVerfGK 14, 496) im Rahmen der Fürsorgepflicht und bei Ausgestaltung der Beihilfevorschriften (OVG Lüneburg, NVwZ-RR 1999, 392; OVG Münster, NVwZ-RR 2008, 271). Pflicht des öffentl. Arbeitgebers zur Einladung eines schwerbehinderten Bewerbers zum Vorstellungsgespräch selbst bei Zweifeln an der fachlichen Eignung nach der „Papierform" (BAG, NJW 2009, 3320). Zur Ausstrahlungswirkung: In einer Wohnungseigentümergemeinschaft besteht kein Anspruch eines Behinderten auf den Empfang von mehr Fernsehprogrammen, als eine Gemeinschaftsantennenanlage zulässt (BayObLG, NJW 2002, 1508), wohl aber im Einzelfall ein Anspruch auf Ausnahme vom Hundehaltungsverbot (BayObLG, NJW-RR 2002, 226). Keine generelle Pflicht zur Bekanntgabe von Verwaltungsakten an einen Blinden in einer für ihn verständlichen Form (OVG Koblenz, NVwZ-RR 2012, 746).

**Einfaches Recht:** Das SGB IX – Rehabilitation und Teilhabe behinderter Menschen – vom 19.6.2001 (BGBl I S. 1046) versteht sich als Umsetzung des Benachteiligungsverbots des Art. 3 III 2 im Bereich des **Sozialrechts** (BT-Dr 14/5074 S. 92; 14/5800 S. 23). Es enthält in Teil 1 eher allg. Regelungen für Behinderte und übernimmt als Teil 2 das frühere SchwerbehindertenG, das u.a. durch ein arbeitsrechtl. Benachteiligungsverbot mit Entschädigungssanktion (§ 81 II SGB IX i.V.m. § 15 II AGG) ergänzt wird. Zur Kausalität von Nachteil und Behinderung BVerwGE 139, 144; BAG, NJW 2011, 552. Ziel des Gesetzes ist es, die Selbstbestimmung der Behinderten und ihre gleichberechtigte Teilhabe am Leben in der Gesellschaft zu fördern, Benachteiligungen zu vermeiden oder ihnen entgegenzuwirken (§ 1). Zu Fortentwicklungen des SGB IX s. Joussen in Dau/Düwell/Joussen, SGB IX, 3. Aufl. 2011, Einführung Rn. 48. Zur Steuerungswirkung des Art. 3 III 2 gegen die Zurückhaltung bei Einstellung oder Weiterbeschäftigung Behinderter vgl. BVerfGE 109, 95. Zur Verfassungsmäßigkeit von Beschäftigungspflicht und Ausgleichsabgabe s. BVerfGK 4, 80. **Behindert** („finaler Begriff"; BVerfGE 57, 153, 160; vgl. auch Neumann, NVwZ 2003, 897) ist derjenige, dessen körperliche Funktion, geistige Fähigkeit oder seelische Gesundheit mit hoher Wahrscheinlichkeit länger als sechs Monate von dem für das Lebensalter typischen Zustand abweicht und dessen Teilhabe am Leben in der Gesellschaft daher beeinträchtigt ist. Schwerbehinderte sind Personen mit einem Grad der Behinderung von wenigstens 50 (§ 2 I, II); zu Beurteilungskriterien des Grades der Behinderung: BVerfG, NJW 1995, 3050; BVerfGK 15, 430 f.; zum Unterschied von Behinderung und Krankheit OVG Magdeburg, NVwZ-RR 2012, 816. Die fachlich hinreichend begründete, auch international abgesicherte

**31**

Behindertendefinition (s. BT-Dr 14/5074 S. 98; zur UN-Behindertenrechtskonvention als Auslegungshilfe s. BVerfGE 128, 306) kann für die Verfassungsauslegung herangezogen werden (so auch BVerfGE 96, 301; 99, 356 f., für den Vorgänger des § 1 SGB IX; vgl. auch BAGE 122, 59). Zum Unterschied zwischen dem zitierten Behindertenbegriff im verfassungsrechtl. Sinne und dem des § 43 I 2, II 2 SGB VI s. BVerfGE 128, 156 f. Die Umsetzung auf dem Gebiet des (sonstigen) **öffentlichen Rechts** ist durch das BehindertengleichstellungsG vom 27.4.2002 (BGBl I S. 1467, 1468) erfolgt, wobei die *Barrierefreiheit* (§ 4, ein zentraler Begriff auch für die übrige Gesetzgebung; zum Zusammenhang mit Art. 3 III 2 vgl. OVG Lüneburg, NVwZ-RR 2007, 156) u.a. im Bau- und Verkehrsrecht verankert ist und § 7 wiederum ein Benachteiligungsverbot enthält. Im **Zivilrecht** erfolgt der Schutz vor Benachteiligungen hauptsächlich durch die §§ 7, 8, 19 AGG (s. Rn. 24; das Gesetz findet im Gegensatz zum Zweiten Teil des SGB IX auch auf „Einfachbehinderte" Anwendung, BAG, NJW 2011, 2072 f.), daneben durch Sonderregelungen wie z.b. § 554 a BGB oder den Sonderkündigungsschutz des § 90 IIa SGB IX. Zur Einbeziehung in die Sozialauswahl des § 1 III 1 KSchG vgl. Lunk, NZA Beilage 1/2005 S. 42 f. Das G zur Bekämpfung der Arbeitslosigkeit Schwerbehinderter vom 29.9.2000 (BGBl I S. 1394) hat die Integration von Behinderten in den Beruf als Teil des verfassungsrechtl. Benachteiligungsverbots (BT-Dr 14/3372 S. 15; 14/3799 S. 34 f.) zu verbessern versucht, das System der Beschäftigungspflicht und der Ausgleichsabgabe neu gestaltet sowie die Rechte der Schwerbehinderten und ihrer Vertretung gestärkt. S. auch Art. 33 Rn. 7.

## Artikel 4 [Glaubens- und Gewissensfreiheit]

(1) Die Freiheit des Glaubens, des Gewissens und die Freiheit des religiösen und weltanschaulichen Bekenntnisses sind unverletzlich.

(2) Die ungestörte Religionsausübung wird gewährleistet.

(3) Niemand darf gegen sein Gewissen zum Kriegsdienst mit der Waffe gezwungen werden. Das Nähere regelt ein Bundesgesetz.

1 **Allgemeines:** Art. 4 ist – im 1. und 3. Merkmal von Abs. 1 sowie in Abs. 2 – **Ausdruck der Offenheit des Staates gegenüber dem Pluralismus religiös-weltanschaulicher Überzeugungen** und seiner Pflicht zu entsprechender Neutralität, Gleichbehandlung und Toleranz (vgl. näher Art. 140 Rn. 9). In der als ebenfalls unverletzlich anerkannten **Freiheit des Gewissens** und seiner Entscheidungen äußert sich die autonome sittliche Persönlichkeit unmittelbar; im Fall der – z.Z. nicht aktuellen (s. Art. 12 a Rn. 3, 7) – Entscheidung gegen den Kriegsdienst mit der Waffe respektiert das GG in Abs. 3 das Einzelgewissen mit der Rechtswirkung des Art. 12 a II. Abs. 1 und 2 sind der „leitende Bezugspunkt" für das Staatskirchenrecht (s. Art. 140 Rn. 1 u. 9).

Bereits die **Menschenwürde** (zur Beziehung von Art. 4 I, II zu ihr vgl. BVerfGE 2
52, 247; 108,305) fordert für das Leben- und Bestehenkönnen als sittliche Person einen Mindestbestand der Religionsfreiheit (religiöses Existenzminimum in Gestalt der inneren Freiheit, sich eine religiöse oder weltanschauliche Überzeugung zu bilden, sie zu haben oder nicht zu haben: BVerfGE 76, 159 f.; 81, 66; BVerwGE 120, 20). Er umfasst das Kommunizieren mit anderen (dazu s. allg. BVerfGE 109, 313), das seelsorgerische Gespräch mit einem Geistlichen (BVerfG, EuGRZ 2011, 712), Religionsausübung im privaten Bereich außerhalb der Öffentlichkeit, auch die Freiheit, den Glauben vor staatl. Stellen nicht leugnen zu müssen (dazu BVerwGE 123, 21). Darüber, über das *forum internum*, geht Art. 4 I und II hinaus, indem er zusätzlich die Freiheit erfasst, nach den eigenen Glaubensüberzeugungen zu leben und zu handeln (Betätigung in der Öffentlichkeit, *forum externum*); beim Asylanspruch nach Art. 16 a nicht geschützt, beim Flüchtlingsschutz klärungsbedürftig (BVerwGE 133, 227; 138, 277 ff.). Diese Unterscheidung gilt abgewandelt für alle Freiheiten des Art. 4 (zur Gewissensfreiheit: BVerfGE 78, 395; zu Abs. 3: BVerfGE 83, 364). Extern auf **europäischer Ebene** umfasst Art. 9 i.V.m. Art. 11 EMRK garantiert den Schutz des Gläubigen, seine Religion allein und privat, aber auch gemeinsam mit anderen zu bekennen und sich frei und ohne willkürliche staatl. Eingriffe zu Gemeinschaften zusammenzuschließen (EGMR, NVwZ 2009, 510; 2011, 1504 f.; eingrenzend EGMR, NVwZ-RR 2011, 962). Der EMRK ist aber kein Recht zu entnehmen, in der Schule nicht mit Überzeugungen oder Meinungen konfrontiert zu werden, die den eigenen widersprechen (EGMR, NVwZ 2010, 1355). Die Entscheidung über das Anbringen von Kruzifixen in den Klassenzimmern staatl. Schulen fällt nach Auffassung des EGMR (EuGRZ 2011, 684 f.) grundsätzlich in den Beurteilungsspielraum des Vertragsstaats (zur innerstaatl. Rechtslage s. nachstehend Rn. 7); der EGMR achtet diesen Spielraum einschl. des Stellenwerts der Religion, solange die nationalen Entscheidungen nicht zu einer Form von Indoktrinierung religiöser Symbole führen. EUGrCh und EMRK erfassen mit der Religionsfreiheit auch die Weltanschauungsfreiheit; dabei verlangt der EGMR von weltanschaulichen Überzeugungen (z.B. Säkularismus), dass sie einen bestimmten Grad an Überzeugungskraft, Ernsthaftigkeit, Geschlossenheit und Gewicht erreichen (vgl. EuGRZ 2011, 684). Zu Reichweite, Regelungskompetenz und Rechtsschutz s. Weber, NVwZ 2011, 1490 f. Art. 10 II EUGrCh verweist – wie im Ergebnis auch die EMRK (arg. Art. 4 III Buchst. b; neuerdings Änderung der Rspr. durch EGMR, NVwZ 2012, 1605 ff.) – wegen der Anerkennung der Wehrdienstverweigerung auf die einzelstaatl. Gesetze (s. auch OVG Hamburg, NVwZ-RR 2007, 333). Zu den Voraussetzungen einer Verfolgung wegen Verletzung der Religionsfreiheit nach der Richtlinie des Rates 2004/83/EG vom 29.4.2004 (ABlEU Nr. L 304 S. 12) vgl. EuGH, EuGRZ 2012, 641 f. (vorausgehend Vorabentscheidungsersuchen BVerwGE 138, 270 ff.). Der Umgang mit dem religiösen oder weltanschaulichen Bekenntnis gehört zu den wesentlichen Bereichen demokratischer Selbstgestaltung eines Mitgliedstaats der EU (BVerfGE 123, 358).

### Absätze 1 und 2: Religions- und Gewissensfreiheit

Abs. 2 hebt mit der Religionsausübung nur eine Gewährleistung hervor, die an 3
sich schon in der Glaubens- und Bekenntnisfreiheit des Abs. 1 enthalten ist (BVerfGE 24, 245). Der Gewährleistungsmodus beider Absätze ist zumindest deshalb gleich (a.A. Pauly/Pagel, NVwZ 2002, 442), was den Schutz vor staatl. Maßnahmen betrifft, auch wenn „**unverletzlich**" sonst (vgl. BVerfGE 10, 322; 105, 247, zu Art. 2 II 2) einen hohen Rang unter den Grundrechten kennzeich-

nen mag. Schon im Ansatz verfehlt und überdies widersprüchlich ist die Ableitung der Unbeschränkbarkeit aus der Unverletzlichkeit in der Entscheidung BVerwGE 127, 327 f., 359. Die **Religionsfreiheit** wird, liest man beide Absätze zusammen (einheitliches Grundrecht; BVerfGE 125, 79), nicht nur in bestimmten Teilfreiheiten, sondern „umfassend" gewährleistet. Es herrscht Glaubens- und Gewissensfreiheit einschl. der Bekenntnisfreiheit, ferner die Freiheit der privaten und öffentl. Religionsausübung (Kultusfreiheit) und – nur in Art. 140/137 II WRV deklaratorisch erwähnt, aber auch in Art. 4 I und II (dort konstitutiv) mitumfasst – die religiöse Vereinigungsfreiheit, d.h. die Freiheit, aus gemeinsamem Glauben sich zu einer Religionsgesellschaft zusammenzuschließen und zu organisieren (BVerfGE 105, 293; 123, 177; BVerfGK 9, 377 m.w.N.); zu deren Grundrechtsträgerschaft s. Rn. 11.

4 Die **Glaubens- und Bekenntnisfreiheit** erstreckt sich auf religiöse und weltanschauliche Überzeugungen. Für den religiösen Menschen und seine Glaubensgemeinschaft geht es darum, sowohl im häuslich-privaten und nachbarschaftlichkommunikativen Bereich (Existenzminimum i.S. von Rn. 2) als auch in der Öffentlichkeit einen Glauben allein oder in Gemeinschaft mit anderen bekennen zu können. Unter Religion oder Weltanschauung ist eine mit der Person des Menschen verbundene Gewissheit über bestimmte Aussagen zum Weltganzen sowie zur Herkunft und zum Ziel des menschlichen Lebens zu verstehen. Dabei legt die **Religion** eine den Menschen überschreitende und umgreifende („transzendente") Wirklichkeit zugrunde (BVerfGE 105, 293; BVerfGK 9, 377; BVerwG, DVBl 2006, 288), während sich die **Weltanschauung** auf innerweltliche („immanente") Bezüge beschränkt: die Ordnung der Weltsicht nach umfassenden Prinzipien und – insoweit über Wissenschaft (Gegenstand: auf wissenschaftlicher Eigengesetzlichkeit beruhende Prozesse, Verhaltensweisen u. Entscheidungen bei der Suche nach Erkenntnissen, ihrer Deutung u. Weitergabe; BVerfGE 90, 11 f.; 111, 354; 122, 105; s. auch BVerwGE 123, 353) hinausgehend – eine subjektiv verbindliche Handlungsanleitung im Rahmen einer Wahrheitsüberzeugung von einer ganzheitlichen Welt-, Lebens-, Sinn- und Werteordnung; nicht ausreichend sind Überzeugungen zu einzelnen Teilaspekten des Lebens (BVerwGE 89, 370 f.; BVerwG, NJW 2006, 694), auch nicht polit. Überzeugungen (BVerwG, NJW 2005, 88). Zu § 130 IV StGB vgl. BVerfGE 124, 342 f.; BVerwGE 131, 222. Ergänzend und zum Begriff der Religionsgesellschaft s. Art. 140 Rn. 12.

5 Das Selbstverständnis einer Gemeinschaft rechtfertigt für sich allein noch nicht die Annahme einer Religion. Vielmehr muss es sich auch tatsächlich, **nach** geistigem Gehalt, **aktueller Lebenswirklichkeit**, Kulturtradition und allg. wie auch nach religionswissenschaftlichem Verständnis, um eine Religion und Religionsgemeinschaft handeln (BVerfGE 83, 353; BVerfGK 9, 377; BVerwGE 99, 4; 123, 54; allg. BVerfGE 90, 12 f.); die Mitgliederzahl ist unerheblich (BVerfGE 32, 106; 33, 28; BayVGH, NVwZ 1995, 503; undeutlich BVerwGE 112, 319). Für die Beurteilung von Weltanschauungen und Weltanschauungsgemeinschaften, die rechtl. gleichgestellt sind, gilt Entsprechendes (BVerfG, NVwZ 1993, 358); hier ist auf eine hinreichende Konsistenz, Geschlossenheit und Breite des Gedankensystems ebenso zu achten wie auf ein Minimum an Organisationsgrad (BVerwGE 89, 371, 373). Zur Vermeidung ausufernder Ermittlungen behilft sich die Praxis bei modernen „Lehren" häufig mit einer Art Wahlfeststellung (entweder Religion oder Weltanschauung; vgl. BVerwG, DVBl 2006, 388; so letztlich auch BVerfGE 105, 293: „jedenfalls Weltanschauung"). Die Ansicht, dass das GG nur solche Glaubensbetätigung schützen wolle, die sich bei den heutigen Kulturvölkern auf dem Boden übereinstimmender sittlicher Grundanschauungen

im Laufe der geschichtlichen Entwicklung herausgebildet hat (BVerfGE 12, 4), ist fragwürdig und inzwischen aufgegeben (vgl. BVerfGE 41, 50; spätestens BVerfGE 83, 35; anders noch BVerwGE 94, 87).

Das äußere Erscheinungsbild einer Religion oder Weltanschauung fehlt noch 6 nicht, wenn gleichzeitig **wirtschaftliche Betätigung** vorliegt (BVerfGE 105, 293; BVerfGK 9, 377). Dient aber die ideelle Zielsetzung nur als Vorwand für diese Betätigung, verfolgt die Gemeinschaft also in Wahrheit ausschließlich Interessen, die mit ideellen Zielen bloß verbrämt sind, ist der Gemeinschaft der Schutz des Art. 4 abzusprechen (BVerwG, DVBl 2006, 388). Damit ist der **Missbrauch** der Religionsfreiheit durch sog. *neuere Glaubensgemeinschaften* angesprochen (vgl. „Sektenbericht", BT-Dr 13/10950, u. Waldhoff, Gutachten D zum 68. DJT, 2010, S. D 30 ff.). Vgl. auch allg. Art. 17 EMRK, 54 EUGrCh. Die neuere Rspr. neigt dazu, Missbrauchsfällen nicht mit einer einschränkenden Definition des Grundrechtstatbestands (Schutzbereichs), sondern im Rahmen der Grundrechtsschranken (s. Rn. 16) zu begegnen (vgl. BVerwGE 90, 117 f.; 112, 321; BVerwG, NVwZ 1995, 475, wohl im Anschluss an die allg. Tendenz in BVerfGE 85, 397; 93, 358; 104, 107; wohl auch BVerfGE 108, 14). Nach dieser Rspr. dürften sich Religionsausübung und Gewinnerzielung nicht ausschließen (vergleichbar der mit Art. 5 I vereinbaren Gleichzeitigkeit von Sozialkritik und Werbezweck, dazu BVerfGE 107, 283). Wenn BVerwGE 105, 313 (s. auch BVerwG, NVwZ 1999, 766 f.), mitgliedschaftstypische entgeltliche Leistungen von unternehmerischer Tätigkeit (unabhängig von ihrer gewerberechtl. Relevanz) ausnimmt (vgl. näher Art. 140 Rn. 16), ist der kommerzielle Missbrauch nicht mehr verlässlich zu beurteilen (zur Rechtsunsicherheit auch Segna, NVwZ 2004, 1446). Jedoch hindert der Grundsatz religiös-weltanschaulicher Neutralität (s. Erläut. in Art. 140 Rn. 9 u. BVerfGK 9, 378) den Staat nicht daran, das tatsächliche Verhalten einer Religionsgemeinschaft oder ihrer Mitglieder wertend zu beurteilen (BVerfGE 102, 394; 113, 78). Zu Warnungen vor den genannten Gemeinschaften vgl. vor Art. 62 Rn. 9 und auch Art. 30 Rn. 6. Ein Missbrauchs- und kein Grundrechtskollisionsfall ist entgegen OLG Jena, NJW 2006, 1892, die Berufung eines Hausfriedensbrechers und Gottesdienststörers auf die Glaubensfreiheit, ebenso Kirchenliedgesang i.V.m. kommerziellem Schankbetrieb (s. BayVerfGH 60, 56).

**Einzelheiten:** Die Glaubens- und Bekenntnisfreiheit umfasst u.a. das Recht, frei 7 über seine Zugehörigkeit zu einer Religions- oder Weltanschauungsgemeinschaft zu entscheiden (BVerfGE 30, 423; 44, 49; s. aber auch Vorbehalt innerkirchlichen Rechts, Erläut in Art. 140 Rn. 19), auch einer solchen fernzubleiben oder aus ihr jederzeit mit Wirkung für das staatl. Recht auszuscheiden („Austritt"; vgl. BVerfGK 14, 62 m.w.N.; BayVerfGH, BayVBl 2009, 335; Stuhlfauth, DÖV 2009, 225), desgleichen den Schutz vor fremden Glaubensbekundungen einschl. Symbolen, wenn der Einzelne ihnen infolge staatl. Veranlassung nicht ausweichen kann (BVerfGE 93, 16; 108, 301 f.; BVerwGE 109, 45; Ausweichmöglichkeit im Falle OVG Münster, NZWehrR 2008, 83) – **negative Glaubens- und Bekenntnisfreiheit** – (BVerfGE 44, 49). Ebenfalls sind geschützt das Recht, für seinen Glauben zu werben und von einem anderen Glauben abzuwerben (BVerfGE 12, 4; 24, 245; 105, 294), – i.V.m. Art. 6 II 1 – das Recht der Eltern, ihren Kindern die von ihnen für richtig gehaltene religiöse oder weltanschauliche Überzeugung zu vermitteln und sie von für falsch oder schädlich gehaltenen Überzeugungen fernzuhalten (BVerfGE 93, 17; damit Verpflichtung der Schule zur Zurückhaltung, Toleranz u. Rücksichtnahme auf die elterlichen Überzeugungen z.B. beim Sexualkundeunterricht, BVerfG, NJW 2009, 3152; BVerwG, NVwZ 2009, 58 m.w.N.; jedoch nicht ein Anspruch auf Gleichstellung des Unterrichtsfachs

Religion mit anderen Schulfächern und auf deren Distanz zum Umgang mit Andersdenkenden: BVerfGK 10, 429 ff.), und ganz allg. das Recht, seinem Glauben gemäß zu handeln (BVerfGE 32, 106; 33, 28; 41, 49), nicht nur nach imperativen Glaubenssätzen, sondern auch solchen Überzeugungen, die ein Verhalten als das zur Bewältigung einer Lebenslage richtige bestimmen (s. BVerfGE 108, 297); auch das Recht der Auskunftsverweigerung über Glaubens- und Bekenntnisfragen (BVerfGE 12, 4; 46, 267; allerdings durch Art. 140/136 WRV eingeschränkt). Zur religiösen Lehrfreiheit (Art. 7 III 3) vgl. Art. 7 Rn. 13. Art. 4 und Eidesverweigerung: BVerfGE 33, 28 ff.; 79, 76; Art. 4 und Kreuz im Gerichtssaal: BVerfGE 35, 366. Das Verhältnis von positiver und negativer Glaubensfreiheit (hier der Freiheit, kultischen Handlungen eines nicht geteilten Glaubens fernzubleiben) ist seit der Entscheidung BVerfGE 93, 22 ff. – Kreuz im Klassenraum – sehr umstritten. Während das BVerfG im Rahmen des Toleranzgebots die negative Freiheit stärker betont, hält BayVerfGH, BayVBl 1997, 688 ff., die bayerische „Widerspruchslösung" bei der Ausstattung aller Klassenzimmer mit einem Kreuz für zumutbar, ebenso BVerwGE 109, 45 ff., mit einer bundesverfassungskonformen Auslegung und konfliktvermeidenden Verfahrensanforderungen; zum Kreuzentfernungsanspruch eines Lehrers s. BayVGH, NVwZ 2002, 1006 ff. Die Freiheit, seinen Glauben durch das rituelle islamische Gebet zu bekunden, kann durch den Schulfrieden, einen Gemeinschaftswert mit Verfassungsrang (Art. 7 I; allg. Rn. 16; vgl. auch Art. 7 Rn. 8), beschränkt sein (BVerwGE 141, 229, 235 ff.). Der Streit um die positive und negative Glaubensfreiheit in der Schule hat sich durch die Entscheidung BVerfGE 108, 282 ff. – muslimisches **Kopftuch** einer Lehrerin – verschärft. Während das Gericht mit der Mehrheit der Richter hier die positive Freiheit nur bei hinreichend bestimmter gesetzl. Grundlage für eingrenzbar hält (nachfolgend BVerwGE 121, 148, 152; 131, 246; s. auch OVG Bremen, NVwZ-RR 2006, 403 ff.), erachtet eine Minderheit von drei Richtern (BVerfGE 108, 315, 319) die negative Freiheit von Eltern und Schülern als allein relevant. Vgl. auch Rn. 20 sowie Art. 33 Rn. 4 und 20. Die für notwendig erachteten Regelungen haben die Länder inzwischen erlassen (Überblick bei Hofmann, NVwZ 2009, 76 f.), z.T. für alle öffentl. Bediensteten und z.T. alle religiösen Symbole erfassend. Landesverfassungsgerichte haben bisher keine Variante beanstandet (s. BayVerfGH 60, 5 ff.; HessStGH, ESVGH 58, 48 ff. – a.A. Sondervotum, NVwZ 2008, 206 ff. –; zur Rechtslage in BW aus bundesrechtl. Sicht schon BVerwGE 121, 148, 152, sowie zu einer die Haare verdeckenden Mütze BAGE 132, 4 ff.; BVerwG, NJW 2009, 1290, dort S. 1291 auch zur EGMR-Rspr. zu Art. 9 EMRK, zum EU-rechtl. Diskriminierungsverbot nach Art. 4 I der Richtlinie 2000/78/EG des Rates v. 27.11.2000, ABlEG Nr. L 303 S. 16, u. zu den Umsetzungsregelungen gemäß § 1, § 7 I, § 8 I AGG). Zum Kopftuch einer Kaufhausangestellten vgl. Rn. 15, einer Zuhörerin im Gerichtssaal BVerfG, NJW 2007, 57, zum Gebrauch einer religiösen Schlussgrußformel durch einen Call-Center-Angestellten LAG Hamm, NZA-RR 2011, 640, zur Ganzkörperverschleierung (Nigab u. Tschador) Finke, NVwZ 2010, 1127; Barczak, DÖV 2011, 57 ff.

8    Unter **Religionsausübung** sind die Verkündigung des Glaubens sowie die Pflege und Förderung des Bekenntnisses nach dem (objektivierten) Selbstverständnis der Religion zu verstehen. Hierzu gehören kultische Handlungen sowie die Beachtung und Ausübung religiöser Gebote und Gebräuche wie Gottesdienst, Sammlung kirchlicher Kollekten, Gebete, Empfang der Sakramente, Prozessionen, Zeigen von Kirchenfahnen, liturgisches Glockengeläut, religiöse Erziehung, Feiern (so zusammenfassend BVerfGK 9, 377), ferner karitative Tätigkeit, Bestattung (s.

Zacharias, DÖV 2012 49 ff.; Schwerpunkt: Islam), Bekleidung, Speisezubereitung (vgl. auch § 21 Satz 3 StVollzG u. EGMR, NVwZ-RR 2011, 961 – vegetarische Kost für inhaftierten Buddhisten), Muezzin-Gebetsruf; nach BayVerfGH 59, 16, ebenso die Beratungstätigkeit für Schwangerschaftsfragen der Caritasverbände. Zur Religionsausübung durch Religionskritik s. Rn. 13. Keine Religionsausübung ist, auch wenn religiös motiviert, die Errichtung einer Photovoltaikanlage auf einer Pfarrscheune (VGH Mannheim, DVBl 2011, 1423; ein Seitenblick auf Art. 140 i.V.m. Art. 138 II WRV hätte nahegelegen). Bei der Beurteilung des Schächtens wird, auch wenn diese Tötungsart im Rahmen beruflicher Tätigkeit selbst nicht als Akt der Religionsausübung zu verstehen ist, der Schutz des Metzgers aus Art. 12 I (oder bei Ausländern aus Art. 2 I) durch den speziellen Freiheitsgehalt des Art. 4 I u. II verstärkt (BVerfGE 104, 346; nachfolgend BVerwGE 127, 186 f.; BVerfGK 16, 233 ff. – nur von prozessualer Bedeutung –; zum Verkauf von Fleisch geschächteter Tiere am Sonntag vgl. VGH Kassel, NVwZ 2004, 893). Niemand darf an einer religiösen Handlung oder der Teilnahme daran gehindert, niemand zu einer solchen gezwungen werden, auch nicht durch mittelbar wirkenden Druck (s. z.B. BVerwGE 73, 249); keine Hinderung an Begehung eines kirchlichen Feiertags durch Abschaffung als gesetzl. Feiertag (BVerfG, NJW 1995, 3378; BayVerfGH, BayVBl 1996, 306; BlnVerfGH, NJW 1995, 3380). Zum Zwangsverbot vgl. auch Art. 140/136 IV WRV. Wegen des Charakters des Abs. 2 als Ausschnitt des umfassenden, Weltanschauungen mit enthaltenden Abs. 1 (Rn. 4) schützt Abs. 2 auch Kulthandlungen auf weltanschaulicher Grundlage (ebenso BVerfGE 24, 246; BVerfGK 9, 377).

Die **Gewissensfreiheit** umfasst nicht nur die Freiheit, ein Gewissen zu „haben", sondern grundsätzlich auch die Freiheit, von der öffentl. Gewalt nicht verpflichtet zu werden, gegen Gebote und Verbote des Gewissens in seinem Rechtskreis zu handeln (BVerfGE 78, 395). Zum forum externum vgl. Rn. 2. Die Gewissensfreiheit kann, muss aber nicht religiös oder weltanschaulich motiviert sein (säkularisiertes Gewissen). Eine **Gewissen**sentscheidung ist nur eine ernste sittliche, d.h. an den Kategorien von „Gut" und „Böse" orientierte Entscheidung, die der Einzelne als für sich bindend und unbedingt verpflichtend innerlich erfährt (BVerfGE 12, 55; BVerfGK 11, 129). Keine in diesem Sinne zwingende Verhaltensregel (s. auch BVerwGE 112, 235), wenn Seelsorger Aussage über Geschehnisse außerhalb eines seelsorgerischen Gesprächs im Strafvollzug verweigert (BVerfGK 10, 223). Nicht erfasst ist eine ernsthafte und nachdrückliche Auffassung von „guter polit. Ordnung und Vernunft" (BVerfGK 10, 238, im Anschluss an BVerfGE 48, 174). Die Berufung auf behauptete Glaubensinhalte und Glaubensgebote unterliegt einer *Ernsthaftigkeitskontrolle*; ein Gewissenskonflikt muss konkret, substantiiert und wenigstens ansatzweise objektiv nachvollziehbar dargelegt werden (BVerwGE 94, 88; 99, 4; BVerwG, DVBl 1994, 169; ausführlich BayVGH, BayVBl 1998, 306 m.w.N., unter analoger Heranziehung von § 2 II 3 KDVG; BayVGH, NVwZ-RR 2010, 262; allg. zur Nachprüfbarkeit BVerfGE 90, 12 f.). Der Schutzbereich der Gewissensfreiheit wird nicht berührt durch das Schöffenamt in einer konkreten Sache (OLG Karlsruhe, JR 1996, 128) und auch nicht durch die Entscheidung zum *Schwangerschaftsabbruch* und zur damit einhergehenden Tötung des Ungeborenen (insoweit keine Grundrechtsposition, sondern nur Respektierung einer „gewissenhaft" zustande gekommenen Entscheidung; BVerfGE 88, 308). Das Recht, die Mitwirkung am (nicht medizinisch indizierten) Schwangerschaftsabbruch zu verweigern (§ 12 I SchwangerschaftskonfliktG v. 27.7.1992, BGBl I S. 1398), konkretisiert nicht die Gewissensfreiheit (so noch BVerwGE 89, 262), sondern das durch das ärztliche Berufs-

9

bild geprägte Persönlichkeitsrecht nach Art. 2 I i.V.m. Art. 12 I (BVerfGE 88, 294). Nicht in den Schutzbereich fällt schließlich auch das sog. *Kirchenasyl* (kirchlicher Unterschlupf für abgelehnte Asylbewerber vor drohender Abschiebung), weil es das Gewissen für die sittlich irrelevante „bessere" Wahrheit von bloßen Geschehensabläufen (polit. Verfolgung) bemüht. Weitere wichtige Beispiele für das Ausscheiden aus dem Schutzbereich in Rn. 18–20.

10  Art. 4 I gewährleistet keinen Anspruch darauf, in den **Rechtskreis anderer** geoder verbietend nach eigenen Vorstellungen einzuwirken: z.B. das jagdrechtl. zulässige Jagen von Dritten auf dem eigenen Grundstück und das Errichten eines Hochsitzes zu untersagen (vgl. BVerwG, DVBl 2006, 61 f.; BGH, NJW 2006, 985; unerörtert in EGMR, NJW 2012, 3633; s. auch Rn. 14), als Altenpfleger dem Wunsch nach Beendigung der künstlichen Ernährung entgegenzuwirken (vgl. BGHZ 163, 200; zur „Frömmigkeit auf Kosten anderer" s. Blomeyer, JZ 1954, 312), in das allg. Persönlichkeitsrecht von anderen einzugreifen (so im Ergebnis VGH Mannheim, NJW 2011, 2534), als Soldat Kameraden zum Ungehorsam aufzurufen (nur insoweit zutreffend BVerwG, EuGRZ 2005, 651) oder den Gottesdienst zu stören (vgl. Rn. 6). Pflichtmitglieder öff.-rechtl. Zwangsverbände können sich auf Art. 4 I nicht berufen, um die Verbände von gesetzmäßigen Leistungen abzuhalten (s. BVerfGE 67, 37; 78, 331). Aus dem Schutzbereich ausgenommen ist insbesondere der Einsatz von Gewalt (Beispiele bei Muckel, BlnK, Art. 4 Rn. 19). In diese Kategorie gehört entgegen LG Köln, NJW 2012, 2129, nicht das von der Personensorge (gerechtfertigt durch Art. 6 II 1; dazu BVerfGE 107, 117; 121, 92) umfasste Recht der Eltern, in eine medizinisch nicht indizierte *Beschneidung* ihres nicht einsichts- und urteilsfähigen Sohnes einzuwilligen, und zwar nicht nur aus religiösen, sondern auch aus kulturellen, sozialen oder prophylaktischen Gründen (klarstellend § 1631 d BGB, eingefügt durch G v. 20.12.2012, BGBl I S. 2749). Einfachrechtl. wird die Einhaltung bestimmter Anforderungen – u.a. fachgerechter nichtärztlicher Eingriff aus religiösen Gründen nur in den ersten sechs Monaten nach der Geburt – verlangt und die Grenze der Gefährdung des Kindeswohls genannt. Der Gesetzgeber stützt sich auf die Sorge für das geistig-seelische (neben dem körperlichen) Wohl des Kindes (BT-Dr 17/11295 S. 12 ff.; 17/11814 S. 9 f.; vgl. auch vor der Klarstellung Schwarz, JZ 2008, 1128; Rox, JZ 2012, 807 f.; eher problematisierend Wiater, NVwZ 2012, 1381).

11  Das Grundrecht der Religions- und Weltanschauungsfreiheit steht **jedermann** zu, auch Ausländern und Kindern, d.h. allen natürlichen Personen, außerdem den Religionsgesellschaften und Weltanschauungsgemeinschaften selbst (einschl. Untergliederungen u. rechtl. selbständigen – auch karitativen – Einrichtungen) sowie entsprechenden (vgl. Rn. 5) anderen Vereinigungen (BVerfGE 53, 387 f.; 70, 161; 83, 351; BayVerfGH, NJW 2006, 1052; s. auch Art. 140 Rn. 13). Der Rückgriff auf Art. 19 III (so noch BVerfGE 105, 293, für einen e.V.; vgl. auch Stuhlfauth, DVBl 2009, 422) ist wegen der Rechtsformunabhängigkeit von Religionsgesellschaften (s. Art. 140 Rn. 12, 16) und des funktionalen Zuschnitts der für sie geltenden staatskirchenrechtl. Gewährleistungen auf die (als selbstverständlich möglich vorausgesetzte) *Inanspruchnahme* der Religionsfreiheit (vgl. Art. 140 Rn. 1) entbehrlich (vgl. BVerfGE 125, 74 f., 79 f.; BVerfGK 9, 376 f.). Die Gewissensfreiheit ist ihrem Wesen nach (Art. 19 III) auf juristische Personen mit wirtsch. Zielsetzung nicht anwendbar; Gewissenszwänge der hinter ihnen stehenden Gesellschafter sind unabhängig von einem für Art. 3 I konstruierbaren Personenbezug (BVerfGE 95, 317; allg. BVerfGE 106, 42 f.) unerheblich (BVerfG, NJW 1990, 241; ohne Rücksicht auf Zielsetzung BVerwGE 64, 199).

Die Grundrechte des Art. 4 I und II richten sich als klassische **Abwehrrechte** gegen den Staat (vgl. BVerfG, DVBl 1992, 1021; BayVerfGH 59, 16) und verbieten ihm, sich in Angelegenheiten des Glaubens, des Gewissens und des Bekenntnisses einzumischen und die Religionsausübung zu „stören". Sie haben aber auch Bedeutung als **Schutzverpflichtung** des Staates i.s. des Gebots, Raum für die aktive Betätigung der Glaubensüberzeugung und die Verwirklichung der autonomen Persönlichkeit auf weltanschaulich-religiösem Gebiet zu sichern (BVerfGE 125, 78, auch zur Konkretisierung u. Stärkung der Schutzpflicht durch Art. 139 WRV i.V.m. Art. 140). Im Rahmen einer Abwägung der Ausstrahlungswirkung der Meinungsäußerungsfreiheit und des Persönlichkeitsschutzes kann Art. 4 I neben oder statt Art. 2 I i.V.m. Art. 1 I in Betracht kommen (BVerfG, NJW 1997, 2670; offengelassen in BVerwGE 131, 175). Die dem Staat gebotene Neutralität (s. auch Art. 140 Rn. 9) bedingt eine offene und übergreifende, die Glaubensfreiheit für alle Bekenntnisse gleichermaßen fördernde Haltung (vgl. BVerfGE 108, 300). Eine Schutzpflicht des Staates besteht nach Auffassung von BVerfGE 93, 16; 102, 393; BGHZ 148, 311, in Form des Schutzes des Einzelnen und religiöser Gemeinschaften vor Angriffen und Behinderungen durch Anhänger anderer Glaubensrichtungen oder konkurrierender Religionsgruppen. Ein Schutz in dem Sinne, möglichst günstige Bedingungen der Grundrechtsausübung zu schaffen (missverständlich BVerfGE 41, 49; BVerwG, NVwZ 1998, 854; BR-Dr 367/86 S. 6 f.), lässt sich außerhalb der in Rn. 2 genannten Maximen nicht begründen. Es besteht allg. kein Anspruch, mit staatl. Unterstützung der Glaubensüberzeugung Ausdruck zu verleihen (BVerfGE 93, 16; BVerwGE 116, 361; s. auch Art. 140 Rn. 9), auch nicht auf finanzielle staatl. Leistungen in bestimmter Höhe (BbgVerfG, NVwZ-RR 2012, 578 f.).

**12**

Für **Religionskritik** durch staatl. Stellen (z.B. Warnungen) gelten die abwehrrechtl. Bemerkungen von Rn. 12, zusätzlich die Erläut. in Art. 30 Rn. 6, vor Art. 62 Rn. 9 und Art. 140 Rn. 9 a.E. Kritik durch Private – auch in scharfer Form – beeinträchtigt i.d.R. die Religionsfreiheit nicht (BVerfG, NVwZ 1994, 159; 2001, 908). Die Schonung bloßer religiöser Gefühle fällt nicht in ihren Schutzbereich. Derartige Religionskritik muss im Rahmen der Meinungs-, Presse-, Kunst- und Wissenschaftsfreiheit (BVerfGE 122, 105 ff.) hingenommen werden. Kritik *durch* Religions- oder Weltanschauungsgemeinschaften und durch ihre Anhänger an anderen Religions- oder Weltanschauungsgemeinschaften kann sich ihrerseits auf Art. 4 I u. II stützen. Dieses religiöse Äußerungsrecht als Teil der Religionsausübungsfreiheit ist gegenüber Art. 5 I die speziellere Gewährleistung und findet Schranken in kollidierendem Verfassungsrecht, insbes. in Grundrechten Dritter (näher Rn. 16). Der Schutz der persönlichen Ehre ist dabei nicht als Grenze der Meinungsfreiheit (Art. 5 II), sondern als Rechtsposition von Verfassungsrang (allg. Persönlichkeitsrecht) einschlägig. Dieses Verfassungsgut und die Religionsausübungsfreiheit sind im Wege der praktischen Konkordanz zu einem schonenden Ausgleich zu bringen, wenn etwa von der Kanzel herab Kritik an einem Wissenschaftler geübt wird (BVerwG, NVwZ 2011, 1279). Im umgekehrten Fall der satirischen Kritik an einem Kirchenführer (Fotomontage von Papstbildern) hat der BayVGH einen Angriff auf die Ehre abgelehnt (BayVBl 2011, 11 f.). Kein subjekt-öffentl. Recht auf Untersagung einer als blasphemisch angesehenen Theateraufführung (VG Hamburg, NJW 2012, 2537). Seiner Pflicht zum Schutz vor verletzender Religionskritik (Friedenssicherungspflicht; s. Rn. 12) kommt der Staat durch Strafrechtsschutz der §§ 166 f. StGB und das Angebot eines Rechtsschutzsystems zur Abwehr der Kritik nach. Ausführlich

**13**

zur Religionskritik Voßkuhle, EuGRZ 2010, 539 ff.; Waldhoff, Gutachten D zum 68. DJT, 2010, S. D 162 ff.

14 Im Übrigen ist die individuelle Überzeugung nicht der Maßstab der Gültigkeit genereller Rechtsnormen oder ihrer Anwendung (BVerfGE 67, 37; BVerfGK 11, 129; BVerwGE 105, 78; BGHZ 161, 273). Daher kein notwendiger Vorrang des Gewissens des Eigentümers vor der Grundrechtsausübung anderer Nutzungsberechtigter (BVerfGK 10, 73 – Zwangsmitgliedschaft eines die Jagd auf Tiere ablehnenden Eigentümers in einer Jagdgenossenschaft), kein Anspruch, von allen religiös oder gewissensmäßig bedingten Erschwernissen der Lebensführung freigestellt zu werden (BVerfGE 67, 37; BVerwGE 89, 264), kein Recht, durch aktives Tun in Rechte Dritter (z.b. Selbstbestimmungs- oder Persönlichkeitsrecht) einzugreifen (BGHZ 161, 273; 163, 200). Die Religionsfreiheit eröffnet grundsätzlich keine staatl. Leistungspflichten, z.b. Förderung von Schwangerenberatungsstellen (BayVerfGH 59, 16; vgl. aber einfachrechtl. BVerwGE 118, 291; BVerwG, NJW 2009, 1016; BayVerfGH 60, 2 f.), keine Teilhabeansprüche am öff.-rechtl. Rundfunk (BVerwG, NVwZ 1986, 380), kein Gebot zur Zahlung erhöhter Sozialhilfe für die Ausübung des Grundrechts (BVerwGE 65, 57; BVerwG, NJW 1983, 2587), kein Recht auf Befreiung vom Erlaubnisvorbehalt einer straßenrechtl. Sondernutzung (VGH Mannheim, NVwZ-RR 2002, 744; 2003, 242; 2003, 246; differenzierend OVG Lüneburg, NVwZ-RR 2004, 884), keine Ansprüche auf Bereitstellung eines Kirchengebäudes (BVerwGE 87, 133) oder Gewährung finanzieller Mittel zum Gottesdienstbesuch (BSG, NJW 2001, 2198) oder zu einer besonders aufwendigen Bestattung (VG Hannover, NVwZ-RR 2005, 44). Jedoch leistungsrechtl. Komponente des Art. 4 im Falle der Teilhabe an etwaigen staatl. Leistungen (BVerfGE 123, 178). Keine sonst nicht bestehenden Rechte eines Ausländers auf Einreise und Aufenthalt oder Einbürgerung (BVerwG, NJW 1983, 2587; BVerwGE 135, 307; nicht überzeugend die hiervon – u. von dem allg. grundrechtl. Ansatz von BVerfGE 76, 47, 49 ff. – gemachte systemsprengende Ausnahme in BVerfGK 9, 379, für den Fall der Verwirklichung der Religionsausübung gerade durch die persönliche Begegnung der Gläubigen mit ihrem geistlichen Oberhaupt, die auch im Ausland erfolgen könnte), auch kein Anspruch auf einen sektennahen Dienstort (BVerwGE 63, 218). Eltern muss für ihre Kinder nicht eine ihren Wünschen entsprechende (nicht) religiös oder weltanschaulich geprägte Schule zur Verfügung gestellt werden (BVerfGE 41, 46; 41, 107). Kein Anspruch auf außerschulischen Heimunterricht (BVerfGK 1, 143 f.; weitere Hinweise in Art. 7 Rn. 8). Das freiwillige, überkonfessionelle Schulgebet auf christlicher Grundlage ist zulässig, wenn sich anders gesinnte Schüler in voller Freiheit für die Nichtteilnahme entscheiden können (BVerfGE 52, 238 ff.). Zu Anforderungen an einen glaubensneutralen Ethikunterricht BVerfGK 10, 434; BVerwGE 107, 78 ff. Zur Glaubens- und Gewissensfreiheit in der Schule s. auch Art. 7 Rn. 8 und 9. Das Verbot des Abhörens von Beicht- und vergleichbaren seelsorgerischen Gesprächen in § 100 c VI 1 i.V.m. § 53 I Nr. 1 StPO wird mit Art. 4 begründet (BVerfGE 109, 322, 326 f.; BVerfGK 11, 170), ebenso das absolute Beweiserhebungs- und -verwendungsverbot des § 160 a StPO (BVerfG, EuGRZ 2011, 712).

15 Art. 4 I und II beeinflusst als wertentscheidende Grundsatznorm die **Auslegung und Handhabung einfachen Rechts**: z.b. als Wohlwollensgebot (allg. BVerwGE 105, 78) strafrechtl. Sanktionen (BVerfGE 32, 108 f.; vgl. Roxin, JöR n.F. 59 [2011], 20; zu den Anforderungen an seelische Bedrängnis s. BVerfGK 8, 154 f.) und die Disziplinarmaßnahmenbemessung (vgl. BVerwGE 93, 344; BVerwG, NJW 1977, 539), das Baunutzungsrecht (unausgesprochen BVerwGE 138, 171),

die Bauleitplanung (BayVGH, BayVBl 1997, 146), das gemeindliche Vorkaufsrecht (BVerwG, NVwZ 1994, 284), das Verwaltungsverfahrensrecht (andeutungsweise BVerfGK 2, 25), das Gerichtsverfassungsrecht (BVerfG, NJW 2007,
57 – Kopftuch einer Zuhörerin), im *bürgerlichen Recht* z.b. durch Verneinung
einer Eheverfehlung allein wegen eines Glaubenswechsels (BVerfGE 17, 305;
BGHZ 33, 149 ff.); weiter s. Art. 9 Rn. 3, Art. 140 Rn. 16. Zum *Arbeitsrecht*
näher Rn. 18. Zu Gebetspausen während der Arbeitszeit vgl. LAG Hamm,
NJW 2002, 1970; zum Kopftuch einer islamischen Kaufhausangestellten
BVerfGK 1, 311 ff. Gesetzl. Arbeitsverweigerungsrecht bei Produktion und Verbreitung rechtsextremer Propaganda abgelehnt in BT-Dr 13/11137. Eine ähnliche Abwägung findet statt, wenn im Fall des § 121 I SGB III das Vorliegen eines
wichtigen Grundes zur Ablehnung von Arbeit geprüft wird und dabei die Funktionsfähigkeit der Arbeitslosenversicherung mit der Zumutbarkeit eines anderen
als des angesonnenen Verhaltens kollidiert (BVerfG, NJW 1984, 912; BSGE 54,
10 ff.; 61, 164 ff.). S. jedoch auch krit. Rn. 18–20.

**Schranken:** Abs. 1 und 2 garantieren die Freiheitsrechte der Religions- und der    16
Gewissensfreiheit vorbehalt-, aber nicht schrankenlos (BVerfGK 2, 23; keine Anwendung der Schranken des Art. 2 I, BVerfGE 32, 107; keine lückenschließende
Gewährleistung durch Art. 2 I i.S. von BVerfGE 106, 39). Sie finden wie alle
sonstigen im Wortlaut uneingeschränkten Grundrechte ihre Grenzen an anderen
Bestimmungen des GG (zum methodischen Vorgehen bei der Prüfung von
Grundrechtsbeeinträchtigungen allg. s. vor Art. 1 Rn. 8 f.), insbes. am Schutz der
im Einzelfall *kollidierenden Grundrechte Dritter* (z.B. aus Art. 1 I 1, Art. 2 I
i.V.m. Art. 1 I, Art. 2 II 1, Art. 4 I selbst, Art. 5 III, Art. 6 I, II, Art. 7 II, Art. 14)
oder an anderen mit Verfassungsrang ausgestatteten Rechtsgütern (BVerfGE
108, 297 m.w.N.; BVerfGK 2, 23; 10, 429 f.), darunter staatl. Erziehungsauftrag
(vgl. BVerfG, NJW 2009, 3152; OVG Münster, NVwZ-RR 2009, 924), Schulfrieden (vgl. Rn. 7) sowie Schutz der natürlichen Lebensgrundlagen (BVerfGE
10,74) und der Volksgesundheit (BVerfGE 112, 318). Insbes. bei kollidierenden
Grundrechtsverbürgungen gleichen Inhalts und beim Zusammentreffen der positiven und der negativen Bekenntnisfreiheit ist unter Abwägung aller Gesichtspunkte und Heranziehung in erster Linie des Toleranzgebots ein *schonender
Ausgleich* zu suchen (BVerfGE 52, 247, 251; 93, 21; BVerfG, DVBl 2002, 969;
BVerwGE 105, 78; 112, 318; BVerwG, NJW 1997, 407; NVwZ 2011, 1279).
Die staatl. Verpflichtung zur Sicherstellung einer geordneten Verwaltung der Kir-
chensteuer (s. Art. 140 Rn. 19) rechtfertigt die mit einem gebührenpflichtigen
Kirchenaustrittsverwaltungsverfahren verbundene Einschränkung der negativen
Glaubens- und Bekenntnisfreiheit (BVerfGK 14, 63 ff.; vgl. auch Stuhlfauth,
DÖV 2009, 228 ff.). Die Entscheidung BVerfGE 108, 297, 303, verlangt nicht
nur hier, sondern bei jeder Einschränkung der Glaubensfreiheit eine hinreichend
bestimmte gesetzl. Grundlage. Zur Zulässigkeit eines mit Art. 5 III und Art. 33
III in Einklang stehenden Ausschlusses eines „abtrünnigen" Theologieprofessors
s. BVerfGE 122, 105 ff., und Erl. in Art. 33 Rn. 9, zur verfassungsunmittelbaren
Ermächtigung der BReg zum *Warnungen* vor neuen Glaubensrichtungen und Welt-
anschauungen vor Art. 62 Rn. 9. Der Beschluss BVerfGE 33, 30 f., sieht die
Schranken der bürgerlichen und staatsbürgerlichen Rechte und Pflichten
(Art. 140/136 I WRV) nicht als aktuell, sondern als von Art. 4 I „überlagert" an.

**Gewissenskonflikte in vertraglichen und gesetzlichen Pflichtenkreisen sowie in    17
Sonderrechtsverhältnissen:** Übereinstimmend für vertragliche und gesetzl. Pflichten gilt der oft übersehene Grundsatz: Die Berufung auf das Gewissen hat gene-

rell nicht die Kraft, von der Befolgung eingegangener oder allen auferlegten Verpflichtungen zu entbinden.

18 **Vertragliche Verpflichtungen:** Der Grundrechtsschutz im Privatrechtsverkehr durch das Medium der zivilrechtl. Generalklauseln und unbestimmten Rechtsbegriffe (vgl. näher BVerfGK 1, 311; 6, 97 f.; 9, 357; BGHZ 178, 332, u. oben vor Art. 1 Rn. 6) ist hier deshalb problematisch, weil beim Ausgleich bürgerlicher Freiheitssphären untereinander (BVerfGE 128, 249) die diese Klauseln i.d.R. beherrschenden *allgemeinen* Überzeugungen (z.b. Sittenwidrigkeit, soziale Rechtfertigung, überragendes schutzwürdiges Interesse, billiges Ermessen) und die *individuellen* ethischen Maßstäbe oft auseinanderklaffen (grundlegend Wieacker, JZ 1954, 466 f.). Im **Arbeitsrecht** kann der Arbeitgeber kraft Weisungsrechts (§ 106 GewO) die Leistungspflicht des Arbeitnehmers nach Zeit, Ort und Art der Leistung grundsätzlich einseitig näher bestimmen. Bei der Ausübung des Rechts nach billigem Ermessen hat der Arbeitgeber die wesentlichen Umstände des Einzelfalls abzuwägen und die beiderseitigen Interessen angemessen zu berücksichtigen. Dabei ist ein offenbarter und nicht unbeträchtlicher Glaubens- und Gewissenskonflikt des Arbeitnehmers zu beachten. Nach der Rspr. des BAG kommt es bei der Auslegung und Anwendung des § 106 GewO auf einen Ausgleich der gegensätzlichen Rechtspositionen an: der Glaubensfreiheit nach Art. 4 I und der unternehmerischen Betätigungsfreiheit des Art. 12 I; die in ihrer Wechselwirkung zu sehenden kollidierenden Grundrechte sind so zu begrenzen, dass sie i.s. einer praktischen Konkordanz für alle Beteiligten möglichst weitgehend wirksam werden (BAG, NJW 2011, 3320 f.; eher allg. schon BVerfGK, 1, 311 ff., im Anschluss an BAGE 103, 119 f.). In die einzelfallabhängige Abwägung fließen ein: das unverzichtbare Schutzminimum, die Rücksichtnahmepflicht aus § 241 II BGB, die Einwilligung in die Begrenzung grundrechtlicher Freiheiten durch Vertrag (dazu BAGE 103, 120; BAG AP GG Art. 9 Nr. 141; s. auch allg. vor Art. 1 Rn. 14), die Gelegenheit zu organisatorischer Umstellung im Betrieb. Im Ergebnis *kann* die Weigerung, der Arbeitsanweisung Folge zu leisten, keine Vertragsverletzung sein. Allerdings kann gleichwohl wegen eines in der Person des Arbeitnehmers liegenden Grundes die Kündigung des Arbeitsverhältnisses nach § 1 II KSchG gerechtfertigt sein. Im Rahmen dieser Erwägungen stellt das BAG (NJW 2011, 3321) „nicht ohne weiteres" auf die **Vorhersehbarkeit** des Konflikts ab (z.B. bei geänderter Glaubensüberzeugung). Dennoch hält es eine Verletzung vertraglicher Pflichten für möglich, wenn der Arbeitnehmer im **Wissen** um einen unvermeidlich auftretenden Glaubens- und Gewissenskonflikt ein Arbeitsverhältnis eingeht. Dann sind Zweifel an der Ernsthaftigkeit oder Widerspruchsfreiheit der Gewissensentscheidung möglich. Es kann auch unzulässige Rechtsausübung (§ 242 BGB) in Frage kommen. Beispiele: Ein Kellner, der das Servieren von alkoholischen Getränken oder Schweinefleisch ablehnt; ein Drucker, der Bedenken gegen den Inhalt des Druckauftrags äußert; ein Apotheker, der die Abgabe von nidationshemmenden Arzneimitteln ablehnt; eine Buchhandelsangestellte, die den Verkauf von kirchlich missbilligten Büchern zurückweist; ein Pilot, der die Rückbeförderung von Ausländern in ihr Heimatland nicht ausführt. Beim selbstständigen Apotheker wird durch den Kontrahierungszwang des § 17 IV der Apothekenbetriebsordnung in die (vorrangige) Berufsfreiheit des Art. 12 I nicht unverhältnismäßig eingegriffen (vgl. allg. BVerfGE 123, 238; abzulehnen die im Fall der „Pille danach" auf Art. 4 gestützte Stellungnahme des BM für Jugend, Familie, Frauen u. Gesundheit v. 30.12.1986, abgedruckt bei Cyran/Rotta, Kommentar zur Apothekenbetriebsordnung, Stand 2010, § 17 Rn. 491). Widersprüchliches Verhalten liegt vor, wenn der Kunde einen Stromlieferungsvertrag

abschließt und den verbrauchten Strom anschließend wegen seiner Herkunft (Kernkraftwerk) nicht bezahlen will (vgl. BVerfG, NJW 1983, 32). Die arbeitsrechtl. Kriterien gelten auch für Angestellte des öffentl. Dienstes (s. z.b. den Postzustellerfall in Rn. 20).

**Gesetzliche Pflichten:** Die Befreiung von in der *Verfassung* selbst angelegten  **19** Pflichten unter Berufung auf das Gewissen setzt dessen bereichsspezifische Anerkennung auf Verfassungsebene voraus (Beispiel: Art. 4 III, Art. 12 a II; sinngemäß ebenso BVerfGE 28, 263). Steuer- und Schulbesuchsverweigerung aus Gewissensgründen sind schon deshalb rechtswidrig. Üblicherweise wird die Unzulässigkeit indessen auf andere Gesichtspunkte gestützt: beim Steuerverweigerungsrecht auf die gewissensirrelevante Verwendungsentscheidung gemäß Art. 110 II 1 und das demokratische Prinzip (vgl. BVerfGK 11, 129; BFHE 166, 318; ähnlich Schweizerisches Bundesgericht, EuGRZ 2012, 329 f., auch zu Art. 9 EMRK), bei der Schulpflicht auf eine Abwägung zugunsten der Grundpflicht aus Art. 7 I (so BVerfGK 1, 143 f.; BVerfG, NJW 2009, 3152; OVG Hamburg, NVwZ-RR 2005, 185; OVG Münster, DÖV 2008, 118 f.; BayVGH, BayVBl 2009, 19; NVwZ-RR 2010, 606; OLG Hamm, NJW 2006, 238), während in Wahrheit Art. 4 I nach dem Vorhergesagten als gleichrangige Verfassungsvorschrift schlicht verdrängt oder konstitutionell eingeschränkt wird (s. auch Art. 9 Rn. 8 u. Art. 12 a Rn. 5). Eher zur Beschränkung neigend auch BVerfGK 8, 153; 10, 429 f. Zur Störung des Schulfriedens durch Mitgliedschaft in einer dem staatl. Erziehungsauftrag entgegenstehenden Weltanschauungsgemeinschaft vgl. BVerwG, NVwZ-RR 2005, 477. Der Lossagung von *einfachrechtlich* begründeten Gemeinschaftspflichten aus Gewissensgründen steht die Unabhängigkeit genereller Rechtsnormen von der Billigung durch das individuelle Gewissen entgegen (dazu u. zum Jagdgenossenschaftsfall s. oben Rn. 14). Wer als Tierversuchsgegner in Kenntnis der Prüfungsanforderungen freiwillig Zoologie studiert, befindet sich bei der Ablehnung der Tierversuchspraktika entgegen BVerfG, NVwZ 2000, 910; BVerwGK 105, 77 f., nicht in Gewissensnot, solange er ein anderes Studienfach (nicht nur einen anderen Studienort) wählen kann (vgl. zur Lösung von Gewissenskonflikten durch Handlungsalternativen auch BVerfGK 8, 154 f.).

**Sonderrechtsverhältnisse:** Nicht unerhebliche Fälle von Gewissenskonflikten im  **20** Beamten- und Soldatenrecht lösen sich trotz unterschiedlicher Rechtslage (u.a. Art. 33 V, Neutralitätsverpflichtung, vielseitige Verwendbarkeit) im Ergebnis entsprechend den in Rn. 18 angeführten Beispielen: Wer sich in Kenntnis der Aufgabe der Polizei zum Polizistenberuf entscheidet, kann sich bei Ablehnung des Waffeneinsatzes nicht auf Art. 4 I berufen (vgl. BVerwGE 56, 228 f.) und ist – wie derjenige, der Dienst am Wochenende ablehnt – disziplinarisch zu maßregeln (s. auch Starck in v. Mangoldt/Klein/Starck, Art. 4 Rn. 120), ebenso der die Postzustellung an bestimmte Adressaten ablehnende Postbeamte (BVerwGE 113, 363 f.). Abzustellen ist auch hier – wie in den Fällen der Rn. 18 – auf die Vermeidbarkeit des Gewissenskonflikts (vgl. BVerwGE 89, 264; 113, 364). Im Übrigen ist aber die „Nähebeziehung" des Beamten zum Staat entgegen der Tendenz in BVerfGE 108, 316 ff./Sondervotum, kein Grund, den Grundrechtseingriff fast nie als gegeben anzusehen (zutreffend Sachs, NWVBl 2004, 212; allg. BVerfGK 9, 126 f.). Allerdings ist auch das andere Extrem abzulehnen, den Beamten ohne Berücksichtigung seines Sonderstatus wie nicht in die Staatsorganisation eingegliederten Staatsbürger gleichzustellen (der Tendenz nach BVerfGE 108, 297, 301 ff.). Näheres bei Art. 33 Rn. 4 und 20; sonst wäre auch das Religionslehrerprivileg des Art. 7 III 3 nicht regelungsbedürftig. Im **Soldaten**verhältnis wird der wesentliche Teil der Gewissensfreiheit durch Art. 4 III abgedeckt. Sollte noch

Raum für die Anwendung des Art. 4 I bestehen (krit. Rn. 22), könnte der verfassungsrechtl. Rang der Funktionsfähigkeit der Bundeswehr (vgl. BVerfGK 3, 229, sowie Art. 87 a Rn. 4) eine Einschränkung des Grundrechts im Wege der praktischen Konkordanz rechtfertigen. Mit ihrer Auffassung, die Funktionsfähigkeit sei, weil grundrechtsbegrenzt, konkordanzungeeignet, steht die Entscheidung BVerwGE 127, 363 ff., allein.

### Absatz 3: Recht der Kriegsdienstverweigerung

21 Zur Bedeutung des Grundrechts s. Rn. 1. Im Verhältnis zu Abs. 1 ist Abs. 3 eine **Spezialnorm**, die **im Bereich der Wehrpflicht** die Reichweite der freien Gewissensentscheidung abschließend konkretisiert und beschränkt (vgl. BVerfGE 19, 138; 23, 132; 28, 263 f.). Mit der faktischen Aussetzung der Wehrpflicht ab 1.7.2011 (näher Art. 12 a Rn. 3) ist die Aussetzung der Verpflichtung zur Ableistung des Zivildienstes (im Einzelnen Art. 12 a Rn. 7) verbunden. Auch hier sind die nachfolgenden einfachrechtl. Hinweise nicht nur von historischem Interesse, sondern wegen des Wiederauflebens der Gesetzgebung im Spannungs- und Verteidigungsfall (§ 1 a ZDG) auch rechtspraktisch von Bedeutung.

22 Die Frage, ob im Soldatenverhältnis außerhalb der Wehrpflicht Art. 4 I etwa bei völkerrechtl. Bedenken gegen eine militärische Unterstützung eines Bündnispartners zum Zuge kommen kann (bejaht von BVerwGE 127, 321, 332 f.), kann dahinstehen; denn die Unzulässigkeit einer situationsbedingten Kriegsdienstverweigerung nach Abs. 3 (s. Rn. 25) gilt im Ergebnis auch für Abs. 1 in Form entweder der Unteilbarkeit und Widerspruchsfreiheit der Gewissensentscheidung (vgl. Rn. 18) oder der Grundrechtsirrelevanz der Modalitäten des Einsatzes der Streitkräfte durch die dafür legitimierte Staatsgewalt (s. ansatzweise BVerwGE 103, 371 f.; ferner Rn. 19 zur Steuerverwendung).

23 *Satz 1:* Kriegsdienstverweigerung nach Abs. 3 ist ein zwar vollwertiges, jedoch „verfahrensabhängiges" Grundrecht in dem Sinne, dass schon seine Innehabung die förmliche Feststellung in einem gesetzl. vorgesehenen Anerkennungsverfahren voraussetzt (BVerfGE 69, 25; BVerwGE 80, 63; allg. BVerfGE 87, 61 f.). „Niemand": also – Art. 12 a I (Wehrdienst) entsprechend – keine Beschränkung der Kriegsdienstverweigerung auf Deutsche (Art. 116 I), jedoch auch nach deutschem Recht Wehrpflichtige (vgl. BVerwG, DVBl 2005, 588). Dazu gehören seit 2005 – Wegfall von § 2 WPflG a.F. – nicht mehr Ausländer. Diese werden nicht davor geschützt, in ihrem Heimatstaat Wehrdienst leisten und hierfür nicht ausreisen zu müssen (OVG Hamburg, NVwZ-RR 2007, 333).

24 „**Kriegsdienst mit der Waffe**" meint Tätigkeiten, die in einem nach dem Stand der jeweiligen Waffentechnik unmittelbaren Zusammenhang zum Einsatz von Kriegswaffen stehen (BVerfGE 69, 56), auch unterstützende Tätigkeiten, da der moderne Waffeneinsatz oft ein arbeitsteiliger Vorgang ist (zum Radardienst z.b. BVerwGE 49, 73 f.); dies zu verweigern, ist der Kerngehalt des Grundrechts aus Art. 4 III. Nicht zum Kernbereich gehört die Verweigerung auch der Ableistung von Wehrdienst in Friedenszeiten. Allerdings gibt das GG durch die in Art. 12 a II enthaltene Ermächtigung zu erkennen, dass es denjenigen, der den Kriegsdienst mit der Waffe aus Gewissensgründen verweigert, auch außerhalb des Kernbereichs, mithin grundsätzlich auch in Friedenszeiten, nicht „nutzlos" zum Dienst mit der Waffe herangezogen wissen will (BVerfGE 48, 163 f.; 80, 358). Nicht einbezogen, weil waffenlos, sind der Sanitäts- (BVerfGE 69, 56; bisher BVerwGE 72, 244; 80, 68 ff.) und der Militärmusikdienst (BVerwG, Buchholz 448.6 § 13 KDVG Nr. 19 S. 6 f.); daher kein Rechtsschutzbedürfnis für ein Anerkennungsverfahren des freiwilligen Dienstes in beiden Sonderlaufbahnen

(bisher BVerwG, NZWehrR 1996, 218; NVwZ-RR 2010, 156); freiwillig dienende, aus dem Dienstverhältnis ausgeschiedene Soldatinnen können entgegen der zuletzt genannten Entscheidung mangels Wehrpflicht schwerlich zu Dienstleistungen nach § 60 SG herangezogen werden; zu deren „Ersatzdienst" krit. Sachs in Stern, Bd. IV/2, 1674 Fn. 477. Die ca. 30jährige st. Rspr. zum Rechtsschutzbedürfnis hat das BVerwG mit U. vom 22.2.2012 (BVerwGE 142, 53 ff.) zu Unrecht aufgegeben. Die Abkehr überzeugt nicht, weil das Gericht aus dem einfachen Recht (Verfahrensvorschriften), das den Schutzbereich der Verfassung nur deklaratorisch nachzeichnen darf (vgl. Rn. 26), Schlüsse auf das materielle verfassungsrechtl. Tatbestandsmerkmal „Kriegsdienst mit der Waffe" zieht und dabei im Ergebnis den freiwillig eingegangenen, unstreitig waffenlosen Sanitätsdienst entgegen dem BVerfG in einen (die Anerkennung von Berufs- u. Zeitsoldaten als Kriegsdienstverweigerer voraussetzenden) Waffendienst ummünzt. Nicht erfasst sind ferner der nach dem BGS-NeuregelungsG (s. Art. 12 a Rn. 1) nicht mehr als Kombattant (früher: § 64 BGSG a.F.) angesehene BGS und die Wehrverwaltung. Die Gesetzgebung nach Art. 12 a II 3 muss die Möglichkeit eines Ersatzdienstes vorsehen, der in *keinem* Zusammenhang mit den Verbänden der Streitkräfte und des BGS steht. Mit Rücksicht darauf schließt das nach Durchführung des Anerkennungsverfahrens zuerkannte Grundrecht aus Art. 4 III auch das Recht ein, den waffenlosen Dienst in der Bundeswehr zu verweigern (BVerwGE 80, 63 ff.). Unbeachtlich (kein Kriegsdienst mit der Waffe) ist eine Gewissensentscheidung bei der Gebrauchsüberlassung eines Lkw nach dem BundesleistungsG (BVerwGE 64, 199) sowie beim Dienst im Zivil- oder Katastrophenschutz (BVerwGE 61, 250; OLG Düsseldorf, NStZ 1985, 417). Umgekehrt steht die berufliche Tätigkeit in einem Rüstungsbetrieb der Anerkennung als Kriegsdienstverweigerer nicht entgegen (BVerwG, NVwZ 1986, 747); deswegen darf andererseits ein Kriegsdienstverweigerer auch nicht mit Wirkung für die Arbeitslosenversicherung rüstungsbezogene Arbeit unter Berufung auf Art. 4 III ablehnen (BVerfG, NJW 1984, 912; vgl. auch Rn. 15 u. 19).

„**Gegen sein Gewissen**": Zum Begriff der Gewissensentscheidung s. Rn. 9. Sie unterscheidet sich danach von anderen sittlichen Entscheidungen durch ihre unabdingbare Verbindlichkeit. Es genügt eine schwere Gewissensnot des Wehrpflichtigen, die als Folge des Zwangs, Kriegsdienst mit der Waffe leisten und Menschen töten zu müssen, nicht notwendig zu einem schweren seelischen Schaden, erst recht nicht zum Zerbrechen der Persönlichkeit führen muss (BVerwGE 81, 240 f.). Schlüssig und substantiiert sind Tiefe, Ernsthaftigkeit und absolute Verbindlichkeit einer wirklichen Gewissensentscheidung geltend zu machen (zur Pflicht zur Offenbarung der Überzeugung s. auch BVerfGE 52, 246; BVerwG, NVwZ-RR 2004, 117). An der Ernsthaftigkeit des Anerkennungsbegehrens fehlt es z.B. bei Vorstrafen wegen Körperverletzung unter Waffengewalt und wegen Fahrens ohne Fahrerlaubnis (BVerwG, NVwZ-RR 2001, 167 f.). *Nur die prinzipielle Verweigerung* des Kriegsdienstes mit der Waffe „schlechthin und allg." ist geschützt (vgl. § 1 KDVG), nicht die *„situationsbedingte"* Verweigerung der Teilnahme an einem bestimmten Krieg, an einem bestimmten Art von Kriegen, an einem Krieg in einer bestimmten Region (z.B. außerhalb des Bundesgebiets) oder der Führung bestimmter Waffen (BVerfGE 12, 58; BVerwGE 83, 371 f.; BVerwG, NJW 1994, 603; 1997, 539), die nicht den Charakter einer „unbedingten" Gewissensentscheidung hätte.

*Satz 2*: Das hier vorgesehene (z.Z. – s. Rn. 21 u. Art. 12 a Rn. 7 – leerlaufende) Bundesgesetz kann das Kriegsdienstverweigerungsrecht nicht in seinem sachlichen Gehalt einschränken, sondern darf nur die Grenzen offenlegen, die in Satz 1 schon enthalten sind (BVerfG i. st. Rspr., ausführlich E 48, 153 m.w.N.), also den Schutzbereich deklaratorisch nachzeichnen (allg. BVerwGE 79, 349). Es muss die *Anerkennung der Kriegsdienstverweigerung* auf die Wehrpflichtigen beschränken, die in ihrer Person die Voraussetzungen des Art. 4 III erfüllen. Andererseits hat der Gesetzgeber auf die verfassungsrechtl. Grundentscheidung für eine wirksame Landesverteidigung zu achten (BVerfGE 69, 21). Er muss ausschließen, dass der Wehrdienst nach Belieben verweigert werden kann (BVerfGE 48, 168 f.; 84, 273; gegen eine Wahlfreiheit auf Verfassungsebene: BT-Dr 12/6000 S. 105; 12/8165 S. 41). Dem genügte das gemäß § 26 WPflG i.d.F. vom 8.12.1972 (BGBl I S. 2277) bis 1983 gültig gewesene Prüfungs- und Anerkennungsverfahren (BVerfGE 28, 259; 48, 166), nicht jedoch die Regelung der „Postkartennovelle" vom 13.7.1977, BGBl I S. 1229 (BVerfGE 48, 171, 176). Das frühere Prüfungs- und Anerkennungsverfahren war allerdings nicht zwingend geboten (BVerfGE 28, 259; 48, 166 f.). Der Gesetzgeber konnte auch auf ein solches verzichten und den Ersatzdienst (Art. 12 a II) als einzige Probe auf die Gewissensprüfung einsetzen, wenn dabei die Berechtigung zur Berufung auf Art. 4 III sichergestellt ist (BVerfGE 48, 170 f.; 69, 25). Mit Art. 4 III 1 und Art. 12 a II vereinbar (BVerfGE 69, 25 ff.; zuvor auch schon BVerwG, DÖV 1984, 677; bestr.) war daher auch die von 1984 bis 2003 geltende Regelung (Kriegsdienstverweigerungs-NeuordnungsG v. 28.2.1983, BGBl I S. 203), die anstelle des Prüfungs- und Anerkennungsverfahrens für ungediente Wehrpflichtige ein schriftliches Verfahren vor dem Bundesamt für den Zivildienst vorsah; dabei war „tragendes Indiz" für die Glaub- und Ernsthaftigkeit der geltend gemachten Gewissensentscheidung – eigentliche Probe auf das Gewissen – (BVerfGE 78, 370, 372; BVerwGE 75, 202) die Bereitschaft des Wehrpflichtigen zur bewussten Inkaufnahme der *„lästigen Alternative"* eines seinerzeit verlängerten zivilen Ersatzdienstes. Das Kriegsdienstverweigerungs-NeuregelungsG vom 9.8.2003 (BGBl I S. 1593) hat das Anerkennungsverfahren vor (beim BMVg ressortierenden) Ausschüssen und Kammern – Restzuständigkeit zuvor noch für Anträge von Soldaten (vgl. z.B. BVerwGE 118, 91) – ganz abgeschafft. Seitdem wird einheitlich ein Antrag mit Darlegung der Beweggründe für die Gewissensentscheidung verlangt. Über ihn entscheidet das Bundesamt für den Zivildienst im Rahmen einer Schlüssigkeitsprüfung (Anhörung nur in Ausnahmefällen). Die im Verhältnis zum Grundwehrdienst früher längere **Dauer** des Ersatzdienstes – ursprünglich ein Drittel (nach BVerfGE 48, 170 f. verfassungsgemäß), später (ab 2002) ein Monat Zuschlag – ist seit dem Inkrafttreten des Art. 1 Nr. 12 Buchst. b des ÄnderungsG vom 27.9.2004 (BGBl I S. 2358) entfallen. Demnach zunächst einheitliche Dauer beider Dienste von neun, später – kurz vor Aussetzung der Wehrpflicht – sechs Monaten (§ 24 II ZDG, § 5 Ia u. II WPflG). Von dem ehemals tragenden Indiz der Bereitschaft zur bewussten Inkaufnahme der lästigen Alternative eines längeren Dienstes ist zum Schluss die Bereitschaft zum Durchlaufen eines Verwaltungsverfahrens verblieben (s. VG Saarlouis, NVwZ-RR 2010, 732). Zur Rechtfertigung der früheren Differenz: BVerfGE 69, 33; 78, 364, und BT-Dr 13/9330 S. 30.

27 Die **Rechtsfolgen** der Kriegsdienstverweigerung regelt Art. 12 a II: Der Verweigerer wird zu einem (einfachrechtl. „Zivildienst" genannten) *Ersatzdienst* herangezogen (vgl. Art. 12 a Rn. 7).

## Artikel 5 [Freiheit der Meinung, Kunst und Wissenschaft]

(1) Jeder hat das Recht, seine Meinung in Wort, Schrift und Bild frei zu äußern und zu verbreiten und sich aus allgemein zugänglichen Quellen ungehindert zu unterrichten. Die Pressefreiheit und die Freiheit der Berichterstattung durch Rundfunk und Film werden gewährleistet. Eine Zensur findet nicht statt.

(2) Diese Rechte finden ihre Schranken in den Vorschriften der allgemeinen Gesetze, den gesetzlichen Bestimmungen zum Schutze der Jugend und in dem Recht der persönlichen Ehre.

(3) Kunst und Wissenschaft, Forschung und Lehre sind frei. Die Freiheit der Lehre entbindet nicht von der Treue zur Verfassung.

**Allgemeines:** Art. 5 umfasst **sieben selbständige Grundrechte:** das Recht auf freie Meinungsäußerung, die Informationsfreiheit, die Pressefreiheit, die Freiheit der Berichterstattung durch Rundfunk und Film sowie die Freiheit von Kunst und Wissenschaft. 1

### Absatz 1: Meinungs- und Verbreitungsfreiheit

Für die in Abs. 1 jedermann verbürgten Grundrechte sind zwei Komponenten wesensbestimmend: Neben die subjektive Freiheitsgarantie tritt der objektive **Bezug zum demokratischen Prinzip** (Art. 20 I), dessen Funktionieren eine frei gebildete und möglichst gut informierte öffentl. Meinung voraussetzt (BVerfGE 27, 81); nach Auffassung des BVerfG sind das Recht der freien Meinungsäußerung, die Presse-, Rundfunk- und Filmfreiheit wie auch das Grundrecht der Informationsfreiheit (BVerfGE 27, 98) für eine freiheitliche demokratische Staatsordnung „schlechthin konstituierend" (BVerfGE 20, 97; 93, 292; 117, 258). Freie Meinungsbildung vollzieht sich in diesem Prozess der Kommunikation. Indem Abs. 1 Äußerungs-, Verbreitungs- und Informationsfreiheit als Menschenrechte gewährleistet, sucht er diesen Prozess zu schützen (BVerfGE 57, 319 f.; 74, 323), und zwar nicht nur für den Bereich der öffentl. Meinungsbildung, sondern auch im privaten Bereich (vgl. Herzog in Maunz/Dürig, Art. 5 I, II Rn. 5 ff.). Auf **europäischer Ebene** verbürgt die EMRK in Art. 10 die Meinungsäußerungsfreiheit (s. dazu EGMR, NJW 2012, 1198 m.w.N.), enthält jedoch kein eigenes Mediengrundrecht. Dieses wird aber nach der Rspr. des EGMR (EuGRZ 1990, 255; NJW 2009, 3146 ff.; NJW-RR 2011, 985; zur Pressefreiheit vgl. auch BVerfGE 120, 202) und des EuGH aus der Meinungsäußerungsfreiheit abgeleitet. Art. 11 EU-GrCh hingegen sieht für den Bereich der EU das innerstaatl. Recht entsprechende Garantien vor, wenn auch Meinungs- und Informationsfreiheit (Abs. 1) sowie die Freiheit der Medien (Abs. 2) jeweils nur ein Grundrecht sind. 2

*Satz 1* gewährleistet zunächst die **allgemeine Meinungsfreiheit**, d.h. das Recht, die eigene Meinung in Wort, Schrift und Bild unter Wahl des Ortes und der Zeit (BVerfGE 93, 289) frei zu äußern und zu verbreiten, auch das Recht, die eigene 3

Meinung zu verschweigen (*negative Meinungsfreiheit*). Das Grundrecht schützt nicht nur die einzelne Äußerung, sondern will die freie individuelle und öffentl. Meinungsbildung insgesamt sichern (BVerfGE 57, 319; 95, 28). Es steht Deutschen (Art. 116 I), Ausländern und inländischen juristischen Personen i.S. des Art. 19 III zu. Meinungsäußerungen von Staatsorganen in Ausübung ihres Amtes schützt Art. 5 I nicht (für Abg. gilt Art. 38 I 2; s. Art. 38 Rn. 25 sowie BVerfGE 60, 380; zum Äußerungsrecht der Regierung vgl. vor Art. 62 Rn. 2 u. 9). Die Grundrechte des Satzes 1 schützen wie alle Grundrechte in erster Linie negativ vor Eingriffen der öffentl. Gewalt, wobei ein Eingriff nicht nur dann anzunehmen ist, wenn das grundrechtl. geschützte Verhalten selbst eingeschränkt oder untersagt wird, sondern auch dann, wenn an das Verhalten nachteilige Rechtsfolgen geknüpft werden (BVerfGE 86, 128). Darüber hinaus wird der Staat grundsätzlich aber auch positiv verpflichtet, die genannten Freiheiten zu sichern. Das gilt auch für den Bereich der betrieblichen Arbeitswelt (vgl. BVerfGE 42, 140; BAG, NJW 1978, 1873). Außerdem enthält Satz 1 verfassungsrechtl. Wertentscheidungen, die in der gesamten Rechtsordnung zu beachten sind (BVerfGE 7, 205 ff.; 85, 128 f.), vor allem auch bei Auslegung und Anwendung des Privatrechts (BVerfGE 107, 280).

4 „**Meinungen**" sind *Urteile* jeder Art, insbes. **Werturteile**, also wertende Betrachtungen von Tatsachen, Verhaltensweisen oder Verhältnissen, aber auch Fragen (BVerfGE 33, 14 f.; 90, 259). Aus dem umfassenden Charakter des Meinungsäußerungsrechts (vgl. BVerfGE 61, 7), das sich auf *jede* Meinung erstreckt, folgt, dass es keine entscheidende Rolle spielt, ob ein Urteil objektiv richtig oder falsch ist, ob es emotional oder rational begründet ist (BVerfGE 30, 347; 61, 6; 124, 320), schließlich ob die Meinung „wertvoll" ist oder nicht (BVerfGE 33, 14 f.; 93, 289). Als Beitrag zur geistigen Auseinandersetzung (BVerfGE 42, 149) sind auch falsche, verwerfliche und bewertende Meinungsäußerungen bis zur Grenze des Abs. 2 geschützt (BVerfGE 85, 14 f.). Dies gilt namentlich für den Fall öffentl. geäußerter Kritik, an deren Zulässigkeit auch mit Blick auf das Persönlichkeitsrecht (dazu Art. 1 Rn. 10 ff.) keine überhöhten Anforderungen gestellt werden dürfen (BVerfGE 54, 137; 60, 240). In den Grundrechtsschutz einbezogen sind schließlich auch Meinungen, die auf eine grundlegende Änderung der polit. Ordnung zielen, unabhängig davon, ob und wie weit sie im Rahmen der grundgesetzl. Ordnung durchsetzbar sind. Das GG vertraut auf die Kraft der freien Auseinandersetzung als wirksamste Waffe auch gegen die Verbreitung totalitärer und menschenverachtender Ideologien (BVerfGE 124, 320).

5 Kennzeichnend dafür, was als Äußerung einer Meinung vom Schutz des Grundrechts umfasst wird, ist das Element der Stellungnahme, des Dafürhaltens im Rahmen der geistigen Auseinandersetzung (BVerfGE 65, 42; 90, 247; 93, 289). Ein Recht, gehört zu werden, lässt sich daraus aber nicht ableiten (BVerfGE 104, 117/Sondervotum). Das GG unterscheidet nicht ausdrücklich zwischen Werturteil und Tatsachenbehauptung (BVerfG, NJW 1993, 1845). Deshalb und wegen ihrer meist kaum zu lösenden Verzahnung mit wertenden Elementen wird i.d.R. im Interesse eines wirksamen Schutzes der Meinungsfreiheit (BVerfG, NJW 1993, 1845) von der Einbeziehung auch der **Tatsachenmitteilung** in den Grundrechtsschutz auszugehen sein (vgl. Herzog in Maunz/Dürig, Art. 5 I, II Rn. 50 ff.); jedenfalls wird sie insoweit geschützt, wie sie Voraussetzung für die Bildung von Meinungen ist (BVerfGE 71, 179; 94, 7 m.w.N.; BVerfG, NJW 2011, 48). Der Schutz endet dort, wo Tatsachenbehauptungen nichts mehr zur Meinungsbildung beitragen können (BVerfGE 90, 247; 94, 8; BVerfG, DVBl 2009, 1167; krit. Köhler, NJW 1985, 3090). Anders als bei der Meinungsäuße-

rung ist nach h.M. an die Tatsachenmitteilung grundsätzlich die Anforderung ihrer Richtigkeit zu stellen (a.A. Wendt in von Münch/Kunig, Art. 5 Rn. 10). Erwiesen oder bewusst unwahre Tatsachenbehauptungen sind danach kein schützenswertes Gut (BVerfGE 61, 8; 90, 15; 94, 8; 99, 197). Das gilt auch für die Wiedergabe fremder Äußerungen. Das unrichtige Zitat bzw. die Ausgabe einer eigenen Interpretation als Zitat eines anderen wird vom Grundrecht der Meinungsfreiheit nicht gedeckt (BVerfGE 54, 219; 90, 248). Die Anforderungen an die Wahrheitspflicht dürfen aber nicht so weit gehen, dass die Funktion der Meinungsfreiheit darunter leidet (BVerfGE 54, 299 f.; 61, 8; 85, 15).

Auch die nur gegen Entgelt zu erlangende Meinungsäußerung (kommerzielle  6
Meinungsverbreitung) wie z.B. bei Presseerzeugnissen fällt unter die Meinungsfreiheit (BVerfGE 30, 352 f.; str. allerdings bei kommerzieller Werbung, die aber jedenfalls bei meinungsbildendem Inhalt geschützt ist; BVerfGE 71, 175; 95, 181; weitergehend Wendt in von Münch/Kunig, Art. 5 Rn. 11). Ebenso die Veröffentlichung rechtswidrig erlangter Informationen, nicht aber die rechtswidrige Beschaffung (BVerfGE 66, 137 ff.). Das Grundrecht soll aber nur den **geistigen Kampf der Meinungen** gewährleisten. Danach fallen zwar auch gewerbeschädigende Kritik (BGHZ 45, 307) und die Aufforderung zu einem bestimmten Verhalten (z.B. ein Boykottaufruf) noch unter die geschützten Meinungskundgaben (vgl. BVerfGE 62, 244 f., 247 f.); wird ein solcher Aufruf jedoch nicht nur auf geistige Argumente gestützt, sondern bedient er sich darüber hinaus besonderer Druckmittel (etwa durch die Androhung erheblicher wirtsch. Nachteile), die dem Angesprochenen die Möglichkeit freier Entscheidung nehmen, ist diese Aufforderung – ebenso wie jede Gewaltanwendung – nicht mehr durch das Grundrecht der freien Meinungsäußerung geschützt (BVerfGE 25, 264 f.; 62, 245; BVerfG, NJW 1989, 382).

Die Begriffe **„Wort, Schrift und Bild"** sind weit auszulegen und auch nach h.L.  7
nur als beispielhaft anzusehen (vgl. Wendt in von Münch/Kunig, Art. 5 Rn. 16). Über die Form der Meinungsäußerung – *Äußerung und Verbreitung* – entscheidet jeder selbst (BVerfGE 54, 138 f.; 93, 289). Ein Anspruch auf *Zuhörerschaft* oder Gehör durch öffentl. Stellen lässt sich aus Art. 5 I 1 nicht ableiten (s. BayObLG, NJW 1969, 1127, u. auch oben Rn. 5), auch nicht ein Recht auf *Volksbefragung* (BVerfGE 8, 45 f.).

Wegen der großen Bedeutung, die der öffentl. Meinung in der modernen Demo-  8
kratie zukommt (vgl. oben Rn. 2), wird die **freie Bildung der öffentlichen Meinung** als durch Abs. 1 mitgarantiert angesehen (BVerfGE 8, 112; 20, 98). Aus dem Grundrecht folgert das BVerfG darüber hinaus sogar ein grundsätzliches Recht auf polit. Betätigung (BVerfGE 20, 98). Die körperschaftlich verfasste Studentenschaft kann daraus jedoch kein allgemeinpolit. Mandat herleiten (BVerwGE 34, 75).

Die außerdem in Satz 1 gewährleistete **Informationsfreiheit** – das Recht, sich  9
selbst zu informieren – ist ein selbständiges Grundrecht (BVerfGE 27, 108 f.), nicht bloßer Bestandteil des Rechts der freien Meinungsäußerung und -verbreitung (BVerfGE 27, 81). Geschützt ist sowohl das aktive Handeln zur Informationsbeschaffung als auch die schlichte Entgegennahme von Informationen (BVerfGE 27, 82 f.). Über die Zugänglichkeit einer Informationsquelle (vgl. Rn. 10) entscheidet, wer über das entsprechende Bestimmungsrecht verfügt. Erst nach Eröffnung der allg. Zugänglichkeit kann die Informationsfreiheit tangiert sein (BVerfGE 103, 44, 60).

**10** Nur die Unterrichtung aus **allgemein zugänglichen Informationsquellen** ist verfassungsrechtl. gewährleistet. Allg. zugänglich ist die Informationsquelle (d.h. jeder denkbare Träger von Informationen, auch der Informationsgegenstand selbst) regelmäßig, wenn sie „technisch geeignet und bestimmt ist, der Allgemeinheit, d.h. einem individuell nicht bestimmbaren Personenkreis, Informationen zu verschaffen" (BVerfGE 27, 83). Staatl. Beschränkungsmaßnahmen (z.b. Einfuhrverbote) gegenüber Zeitungen oder anderen Massenkommunikationsmitteln, die dem ungehinderten Zugang zur Informationsquelle entgegenstehen, beseitigen deren Eigenschaft der Allgemeinzugänglichkeit nicht. Diese ist allein nach tatsächlichen Kriterien zu beurteilen (BVerfGE 33, 85). Rundfunkprogramme (auch ausländische), deren Empfang in Deutschland möglich ist, sind allg. zugängliche Informationsquellen (BVerfGE 90, 31 f.). Unzulässig ist das Verbot von Außenantennen, wenn dadurch die Rundfunkempfangsmöglichkeiten beschränkt werden (BayVerfGH, NJW 1986, 833; vgl. auch BVerfGE 90, 32 f.). Auf Verschaffung von Informationen oder Benennung einer Quelle besteht kein Anspruch (BVerfGE 103, 59 f.). Nicht allg. zugänglich sind Postsendungen an bestimmte Personen (BVerfGE 18, 315), nicht zur Veröffentlichung bestimmte private oder betriebliche Aufzeichnungen (BVerfGE 66, 137) sowie Behördenvorgänge, so dass das Informationsgrundrecht eine Auskunftserteilung oder Gewährung von Akteneinsicht durch Behörden nicht umfasst (BVerwGE 47, 252; 61, 22). Eine rechtl. dafür vorgesehene Informationsquelle in staatl. Verantwortung ist auch dann allg. zugänglich, wenn der Zugang verweigert wird (BVerfGE 103, 60). Die Vorenthaltung auch nur einer Informationsquelle greift ebenfalls in das Grundrecht ein, da dem Grundrechtsträger ein Auswahlrecht bezüglich mehrerer Quellen zusteht (BVerfGE 15, 295 f.).

**11** **Ungehindert** ist das Informationsrecht dann, wenn es frei von rechtl. oder tatsächlicher Abschirmung, Behinderung, Lenkung, Registrierung oder auch nur Verzögerung (vgl. BVerfGE 27, 98 f.; BVerwGE 84, 92) wahrgenommen werden kann. Ein Recht auf unentgeltliche Unterrichtung (BVerwGE 29, 218) oder Übermittlung einer bestimmten Information (BVerwG, DÖV 1979, 102) lässt sich aus der Informationsfreiheit nicht herleiten (dazu Wendt in von Münch/Kunig, Art. 5 Rn. 28). Die Erhebung eines Entgelts zur Nutzung der Informationsquelle, insbes. eine Rundfunkgebühr, beeinträchtigt die Informationsfreiheit nicht (BVerfG, NJW 2000, 649). Das gilt jedoch nur für herkömmliche, in erster Linie für den Empfang von Rundfunk konzipierte (monofunktionale) Geräte. Rundfunkgebühren auch für multifunktionale Empfangsgeräte wie internetfähige PC führen dagegen zu einem (wenn auch gerechtfertigten) Eingriff, da so eine Zugangsschranke zu Informationsquellen außerhalb des Rundfunks errichtet wird (BVerwG, NJW 2011, 950). Das BVerwG sieht die Informationsfreiheit auch dann als nicht beeinträchtigt an, wenn dem Bürger der Zugang zu Verwaltungsvorschriften verwehrt wird (BVerwGE 61, 22). Der gesetzl. Ausschluss von Ton- und Fernseh-Rundfunkaufnahmen in Gerichtsverhandlungen ist zulässig (BVerfGE 103, 44; abw. Meinung S. 79).

**12** *Satz 2* gewährleistet die **Pressefreiheit** als subjektives *Grundrecht sowie als Garantie des Instituts „Freie Presse"* (BVerfGE 10, 121; 95, 34 – Abgrenzung zur Meinungsfreiheit; 97, 400; 103, 39). Eine freie, nicht der öffentl. Gewalt gelenkte und keiner Zensur unterworfene Presse ist ein Wesenselement des freiheitlichen Staates. Sie ist neben Hörfunk und Fernsehen ein wichtiger Faktor für die Bildung der öffentl. Meinung, die in der modernen Demokratie eine entscheidende Rolle spielt (BVerfGE 50, 239). Die Freiheit der Presse stellt eine wesentliche Voraussetzung für eine freie polit. Willensbildung des Volkes dar (BVerfGE 50,

240) und ist konstituierend für die freiheitliche demokratische Grundordnung (BVerfGE 107, 329).

Als **Träger des Grundrechts** kommen grundsätzlich alle „im Pressewesen tätigen Personen und Unternehmen" in Betracht (vgl. BVerfGE 20, 175; für inländische juristische Personen i.S. von Art. 19 III BVerfGE 21, 277 f.; 95, 35; 102, 359). Dazu gehören z.b. auch die in der wirtsch. Verwaltung wie der Buchhaltung eines Presseunternehmens Tätigen (BVerfGE 25, 304). Auch der Träger presseexterner Hilfstätigkeiten (wie der Grossist) kann in den Schutzbereich einbezogen sein (BVerfGE 77, 354). Auf dem Umstand, dass sowohl Verleger als auch Redakteure und Journalisten Grundrechtsträger sind, beruht das umstrittene Problem der sog. *inneren Pressefreiheit* (s. die Nachweise bei Wendt in von Münch/ Kunig, Art. 5 Rn. 39). Dabei geht es um unternehmensinterne Rechtsbeziehungen partizipatorischer Natur zwischen diesen Grundrechtsträgern. Trotz des Grundrechtsbezugs ist schon die verfassungsrechtl. Qualität der Fragestellung, mehr noch eine einzig aus dem Grundrecht herzuleitende Lösung des Problems äußerst zweifelhaft (vgl. Bethge, Zur Problematik von Grundrechtskollisionen, 1977, S. 141 ff.); das Meinungsspektrum reicht vom verfassungsrechtl. Gebot bis zum verfassungsrechtl. Verbot (auf Grund der Pressefreiheit des Verlegers). **13**

Der **Begriff** „**Presse**", der alle zur Verbreitung (auch in eng beschränkten Leserkreisen) geeigneten und bestimmten Druckerzeugnisse umfasst, ist weit und formal auszulegen (vgl. BVerfGE 66, 134; 107, 280), so dass es hierfür weder auf das technische Herstellungsverfahren noch auf die Verbreitung (BVerfGE 95, 34 ff. – Werkszeitungen) oder auf den Inhalt des Erzeugnisses ankommt (s. BVerfGE 21, 278; 39, 164). Er kann insbes. nicht von einer Bewertung des einzelnen Druckerzeugnisses abhängig gemacht werden. Eine Beschränkung der Pressefreiheit auf die „seriöse" Presse wäre damit nicht vereinbar (BVerfGE 34, 283; 95, 35). Geschützt sind sowohl die Berichterstattung und die Verbreitung eigener Meinungen (BVerfGE 10, 121; 62, 243) wie auch die Unterhaltung (BVerfGE 101, 389 f.). Der Schutz umfasst die Pressetätigkeit in sämtlichen Aspekten. In seinem Zentrum steht die Freiheit der Gründung und Gestaltung von Presseerzeugnissen. Der Schutzbereich reicht von der Beschaffung der Information bis zur Verbreitung der Nachrichten und Meinungen (BVerfGE 20, 176; 117, 259). **14**

Zu den von der Pressefreiheit umfassten **Einzelgewährleistungen** gehören etwa die freie Gründung von Presseorganen und ihre Gestaltung (BVerfGE 97, 144; BVerfG, NJW 2008, 1655), der freie Zugang zu den Presseberufen (BVerfGE 20, 175 f.), die Freiheit, die Tendenz eines Presseorgans zu bestimmen (BVerfGE 52, 296 f.; 101, 389) und die freie Verbreitung von Nachrichten und Meinungen (BVerfGE 50, 240). Der Grundrechtsschutz erstreckt sich auch auf die Veröffentlichung von Anzeigen (BVerfGE 21, 278; 64, 114) und reine Anzeigenblätter (OLG Köln, NJW 1984, 1121). Zur Frage der Verpflichtung zum Abdruck von Anzeigen (insbes. bei Monopolstellung der Zeitung u. polit. Anzeigen) vgl. BVerfGE 42, 62, sowie Wendt in von Münch/Kunig, Art. 5 Rn. 32. Die Pressefreiheit verbürgt alle wesensmäßig mit der Pressearbeit zusammenhängenden Tätigkeiten einschl. der typischen pressetechnischen Hilfstätigkeiten (zu den Grenzen vgl. BVerfGE 77, 354; 100, 365). Sie schützt ferner den gesamten Bereich publizistischer Vorbereitungstätigkeit, insbes. also die Beschaffung von Informationen (BVerfGE 103, 53) und letztlich auch die Informationsquelle (BVerfGE 50, 240; 91, 134; nicht gegen den Willen des Verfügungsberechtigten – E 103, 59; bei rechtswidriger Beschaffung nur in Ausnahmefällen – E 66, 137 ff.) einschl. des Vertrauensverhältnisses zwischen Informant und Journalist (BVerfGE **15**

117, 259). Als unentbehrlich gehört damit zur Pressefreiheit auch ein gewisser Schutz des Vertrauensverhältnisses zwischen Presse und privaten Informanten einschl. der Wahrung des Redaktionsgeheimnisses und der Vertraulichkeit der Arbeit von Redakteuren (BVerfGE 66, 132 ff.; 95, 36) z.b. durch bestimmte Zeugnisverweigerungsrechte (BVerfGE 20, 176 f.; 77, 81 ff.) und durch Veröffentlichung anonymer Beiträge (BVerfGE 95, 36).

16 Zur Pressefreiheit rechnet ferner vor allem ihre grundsätzliche **Staatsfreiheit**. Es widerspräche der Verfassungsgarantie, die Presse oder einen Teil von ihr unmittelbar oder mittelbar von Staats wegen zu reglementieren oder zu steuern (BVerfGE 12, 260). Einer eigenen Pressetätigkeit braucht sich der Staat aber deswegen nicht völlig zu enthalten. Auch einzelne Kooperationsabkommen zwischen staatl. Stellen und Presseverlagen sind so lange unbedenklich, wie dies nicht zu einer staatl. Beherrschung von Presseunternehmen führt. Das BVerfG hält gewisse Einflussnahmen des Staates auf die Presse noch für zulässig, wenn sie wegen der Konkurrenz mit der Fülle der vom Staat unabhängigen Zeitungen und Zeitschriften an dem Bild der freien Presse substantiell nichts ändern (BVerfGE 12, 260). Dabei dürfte es sich jedoch nur um ein Mindesterfordernis handeln. Entsprechend der Neutralitätspflicht des Staates sind Förderungsmaßnahmen (auf die kein verfassungsrechtl. Anspruch besteht – BVerfGE 80, 133) für die Presse nur dann mit Art. 5 I 2 vereinbar, wenn eine Einflussnahme auf Inhalt und Gestaltung einzelner Presseerzeugnisse sowie Verzerrungen des publizistischen Wettbewerbs insgesamt vermieden werden (BVerfGE 80, 124). Insoweit ergeben sich aus Art. 5 I 2 auch ein subjektives Abwehrrecht und ein Anspruch auf Gleichbehandlung (BVerfGE 80, 133 ff.). Zulässig dürften sowohl eine gleichmäßige Subventionierung von Presseunternehmen nach meinungsneutralen Kriterien wie auch eine gezielte Förderung zur Erhaltung der Pressevielfalt sein. Sehr problematisch ist hingegen die gezielte staatl. Förderung einzelner Druckerzeugnisse nach thematischen Kriterien.

17 In gewissem Umfang begründet Art. 5 auch **Handlungspflichten des Staates** (s. oben Rn. 3). Anerkannt sind u.a. Auskunftspflichten der Behörden gegenüber der Presse (BVerfGE 20, 176), die man allerdings nur i.S. einer allg. Unterrichtungspflicht zu verstehen haben wird, über deren Umfang und Modalitäten die staatl. Stellen eigenverantwortlich bestimmen können (BVerwGE 70, 313 ff.; 85, 284), und nicht als durchsetzbaren Auskunftsanspruch im konkreten Einzelfall (str.; vgl. Wendt in von Münch/Kunig, Art. 5 Rn. 35 unter „Informationsanspruch"; s. auch BVerwGE 70, 310 ff.). Darüber hinaus ließe sich auch an eine Pflicht des Staates denken, Gefahren abzuwehren, die einem freien Pressewesen aus der Bildung von Meinungsmonopolen erwachsen können (BVerfGE 20, 176; zur Diskussion vgl. Wendt in von Münch/Kunig, Art. 5 Rn. 40).

18 Die **Grenzen der Pressefreiheit** ergeben sich aus Abs. 2 (dazu nachstehend Rn. 26–28). Die Pressefreiheit findet auch dort eine Grenze, wo sie auf andere gewichtige Interessen des freiheitlichen demokratischen Staates stößt und die Erfüllung der publizistischen Aufgabe nicht den Vorrang der Pressefreiheit erfordert (BVerfGE 25, 306; vgl. ferner E 21, 273). Rechtsgüter anderer müssen auch von der Presse geachtet werden (BVerfGE 20, 176). Im Übrigen beschränkt sich der Schutz der Pressefreiheit auf die wahrheitsgemäße Berichterstattung, zu der die Presse bei Erfüllung ihrer Aufgabe verpflichtet ist. Die leichtfertige Weitergabe unwahrer Nachrichten, erst recht die bewusste Entstellung der Wahrheit, auch durch das Weglassen wesentlicher Sachverhalte, wird durch Art. 5 nicht gedeckt (BVerfGE 12, 130).

**Rundfunkfreiheit:** Zum Rundfunk (Hörfunk u. Fernsehen) gehören drahtloser   19
Raumfunk ebenso wie leitungsgebundener Drahtfunk, soweit sich die Sendungen
an die Allgemeinheit richten und von ihr empfangen werden können (OVG
Münster, DÖV 1978, 519). Dazu rechnen auch rundfunkähnliche Dienste wie
Telefonansage und Bildschirmtext, bei denen Informationen für jeden zum Ein-
zelabruf bereitgestellt werden (BVerfGE 74, 350 ff.), nicht jedoch Individual-
kommunikation, gleich welcher Übertragungsmedien. Diese Kriterien gelten im
Prinzip auch für die Einordnung anderer neuer Medien (Videotext, Kabeltext
usw.), wobei zugleich eine Abgrenzung zur Presse zu finden ist (zur Problematik
s. BVerfGE 74, 350 ff.). Der Rundfunk ist wie die Presse ein wichtiger Faktor im
Prozess der öffentl. Meinungs- und Willensbildung (BVerfGE 35, 222). Auch er
ist eine unerlässliche Voraussetzung, freie und umfassende Meinungsbildung zu
gewährleisten (BVerfGE 13, 80; 83, 296; 90, 87). Trotz der engen Fassung des
Wortlauts („Berichterstattung") unterscheidet sich die Rundfunkfreiheit in ihrer
Funktion nicht von der Pressefreiheit (vgl. BVerfGE 119, 318 ff.). Unterschiede
bestehen nur im Mittel der Funktionserfüllung (BVerfGE 91, 134). Die stärkere
Beeinträchtigung anderer Rechtsträger kann aber weitergehende Beschränkungen
rechtfertigen als bei der Pressefreiheit (BVerfGE 91, 135). Gemeint ist eine umfassende Rundfunkfreiheit als subjektives Grundrecht wie als institutionelle Garantie (BVerfGE 77, 74; BVerwGE 39, 163 f.); sie gilt in gleicher Weise für be-
richtende Sendungen wie für Sendungen anderer Art (BVerfGE 35, 222; 73, 152;
83, 295 f.) und unabhängig von der Rechtsform (öff.-rechtl. oder privatrechtl.)
bzw. der kommerziellen oder nichtkommerziellen Betätigung (BVerfGE 95, 234).
Die Rundfunkfreiheit schützt auch die Gründung von (privaten) Rundfunkunternehmen (BVerfGE 97, 313). Verbote der Veranstaltung bestimmter Rundfunkprogramme oder rundfunkähnlicher Kommunikationsdienste (auch wenn sie nur
für öff.-rechtl. Veranstalter gelten) verstoßen grundsätzlich gegen die freie Meinungsbildung (BVerfGE 74, 297 f., 331 ff., 353 ff.). Die Rundfunkfreiheit gewährleistet wie die Pressefreiheit den in ihrem Bereich tätigen Personen und Unternehmen Freiheit vor staatl. Zwang, sie reicht von der Informationsbeschaffung bis zur Verbreitung und umfasst auch die Hilfstätigkeiten (BVerfGE 107,
229 f.; 119, 318) sowie die Vertraulichkeit der Redaktionsarbeit (BVerfGE 77,
74 f.; 91, 134 f.; 117, 259; BVerfG, DVBl 2011, 161). Ein Eingriff liegt in der
Behinderung der Aufnahme allg. zugänglicher Quellen. Daher beeinträchtigt das
Verbot von Fernsehaufnahmen von Streitparteien vor und nach einer Gerichts-
verhandlung die Rundfunkfreiheit, während das Aufnahmeverbot im Gerichtssaal lediglich die Zugänglichkeit regelt (s. BVerfGE 91, 135; 119, 319 f.). Art. 5 I
2 schließt es aus, dass der Staat mittelbar oder unmittelbar eine Anstalt oder Gesellschaft beherrscht, die Rundfunksendungen veranstaltet (Staatsfreiheit –
BVerfGE 121, 61; vgl. bereits BVerfGE 12, 261; 83, 330). Die Veranstaltung von
Rundfunk durch eine Hochschule verstößt allerdings nicht gegen den Grundsatz
der *Staatsfreiheit* des Rundfunks, wenn das gesendete Programm thematisch den
gesetzl. Aufgaben der Hochschule entspricht (BVerfGK 11, 482). Ein absolutes
Verbot für polit. Parteien, sich an privaten Rundfunkveranstaltungen zu beteiligen, stellt – auch unter Berücksichtigung ihrer staatsnahen Stellung – keine zulässige gesetzl. Ausgestaltung der Rundfunkfreiheit dar (BVerfGE 121, 52 f., 61 f.,
63 f.). Die *Programmfreiheit* des Rundfunks erfasst grundsätzlich auch Werbe-
sendungen (str.; offengelassen in BVerfGE 74, 341 f.). Die Rundfunkfreiheit
deckt nicht allein die Auswahl des dargebotenen Stoffs, sondern auch die Entscheidung über die Art und Weise der Darstellung. Erst wenn die Wahrnehmung
der Rundfunkfreiheit mit anderen Rechtsgütern in Konflikt gerät, kann es auf

das mit der konkreten Sendung verfolgte Interesse, die Art und Weise der Gestaltung und die erzielte oder voraussehbare Wirkung ankommen (BVerfGE 35, 223). Auch die *finanzielle Sicherung* der Programmveranstaltung ist Teil der Rundfunkfreiheit (BVerfGE 74, 342 f.; 83, 310 f.), nicht jedoch eine bestimmte Finanzierung (BVerfGE 78, 103) oder eine Existenzgarantie für einzelne Veranstalter (BVerwGE 75, 322 f.). Für die *Gebührenfinanzierung des öffentlich-rechtlichen Rundfunks* gilt der Grundsatz der Programmneutralität (BVerfGE 90, 87 ff.): Bei der Gebührenfestsetzung ist von der Programmentscheidung der Rundfunkanstalten auszugehen, und es sind die zur Erfüllung von deren Aufgaben erforderlichen Mittel zu gewährleisten. Die Gebühr darf nicht zur Programmlenkung oder zur Medienpolitik eingesetzt werden. Die Rundfunkfreiheit erfordert aber nicht die Gebührenfestsetzung durch die Anstalten selbst. Bei Festlegung durch den Landesgesetzgeber (s. nachstehend Rn. 21) darf der durch die Anstalten nach den Grundsätzen der Wirtschaftlichkeit und Sparsamkeit ermittelte Bedarf nur aus Gründen unterschritten werden, die vor der Rundfunkfreiheit Bestand haben (insbes. Interessen der Gebührenzahler).

20 Im Unterschied zur Presse mit ihrer relativ großen Zahl von selbständigen und polit. oder weltanschaulich miteinander konkurrierenden Presseerzeugnissen musste in der Vergangenheit im Rundfunkbereich vor allem mit Rücksicht auf den großen finanziellen Aufwand die Zahl der Träger solcher Veranstaltungen zunächst verhältnismäßig klein bleiben (BVerfGE 12, 261). Die Änderung der technischen Bedingungen hat hier eine neue Situation geschaffen. **Träger von Rundfunk** können nicht nur öff.-rechtl. Rundfunkanstalten, sondern alle natürlichen und juristischen Personen sowie Personenvereinigungen sein, die eigenverantwortlich Rundfunk veranstalten und verbreiten (BVerfGE 97, 310 f.). Dazu gehören wohl auch die Landesmedienanstalten (BayVGH, BayVBl 1993, 314; offengelassen für das Verhältnis untereinander in BVerfGE 95, 172; a.A. Sächs-VerfGH, NJW 1997, 3016). Die nach Ansicht des BVerfG bestehende verfassungsrechtl. Bestands- und Entwicklungsgarantie für den öff.-rechtl. Rundfunk (E 83, 297 f.; 90, 91), die eine funktionsgerechte Finanzausstattung umfasst (E 87, 198 ff.), erscheint fragwürdig, da heute durchaus eine pluralistische Rundfunkstruktur auch ohne öff.-rechtl. Anstalten möglich sein kann (s. nachstehend insbes. Rn. 22).

21 Die **Regelung des Rundfunkwesens** ist *Ländersache* (BVerfGE 12, 205, 225 ff.). Art. 5 I 2 schreibt dem Landesgesetzgeber keine bestimmte Form der Rundfunkorganisation vor (unterschiedliche landesrechtl. Regelungen können aber im Hinblick auf den zunehmenden grenzüberschreitenden Empfang von Programmen aus anderen Bundesländern u. aus dem europäischen Raum dazu führen, dass sie teilweise wirkungslos werden). Doch hat der Gesetzgeber gewisse *Vorkehrungen zur Aufrechterhaltung der in Art. 5 gewährleisteten Rundfunkfreiheit* zu treffen. Als Sache der Allgemeinheit muss der Rundfunk in voller Unabhängigkeit überparteilich betrieben und von jeder einseitigen Beeinflussung freigehalten werden (BVerfGE 31, 327). Der Staat muss ausreichende Maßnahmen gegen die Bildung von Informationsmonopolen treffen (BVerfGE 97, 258). Vor allem die öff.-rechtl. Rundfunkanstalten müssen in ihrem Gesamtprogramm umfassende Informationen bieten, der vollen Meinungsvielfalt Raum geben und dürfen, anders als z.B. die Parteien, die öffentl. Meinung nicht mit bestimmter Tendenz beeinflussen (BVerfGE 59, 258; 60, 63, 67). Der Rundfunk darf weder dem Staat noch einer oder einzelnen gesellsch. Gruppen ausgeliefert sein (BVerfGE 12, 262 f.). Es müssen vielmehr alle in Betracht kommenden gesellsch. Kräfte auf die Rundfunktätigkeit Einfluss haben und in dem von einem „Mindestmaß von in-

haltlicher Ausgewogenheit, Sachlichkeit und gegenseitiger Achtung" bestimmten Gesamtprogramm zu Wort kommen können (BVerfGE 12, 261 ff.; 48, 277 f.), wobei die Kriterien der „gesellsch." Relevanz" jedoch schwer zu bestimmen sind. Gefordert ist eine binnenpluralistische Struktur des einzelnen Veranstalters oder die außenpluralistische Struktur bei einer Vielzahl von Veranstaltern (BVerfGE 73, 153 ff.; 83, 296 ff.). Ebenso wie die Presse (s. Rn. 18) unterliegt der Rundfunk dem Gebot der Wahrheitspflicht. Diese Anforderungen gelten mit gewissen Einschränkungen auch für die Veranstaltung privater Rundfunksendungen (BVerfGE 57, 319 ff.).

In einer **dualen Ordnung des Rundfunks** (öff.-rechtl. u. private Veranstalter), wie **22** sie sich inzwischen herausgebildet hat, kommt dem öff.-rechtl. Bereich, solange und soweit dessen Programme nahezu die gesamte Bevölkerung erreichen und er zu einem umfassenden Programmangebot in der Lage ist, die Aufgabe einer „Grundversorgung" zu (BVerfGE 73, 118; 74, 325 ff.; 89, 153), die als öffentl. Verwaltung im öff.-rechtl. Bereich vollzogen wird (BVerfGE 31, 329; 47, 225) und auch eine – zumindest überwiegende – Finanzierung durch Gebühren rechtfertigt und gebietet (BVerfGE 87, 181, 199 f.). Die verfassungsrechtl. Zulässigkeit des dualen Systems hängt von der Funktionsfähigkeit des öff.-rechtl. Rundfunks ab (BVerfGE 90, 91). Mit dieser Stellung ist ein Konkursverfahren über das Vermögen einer öff.-rechtl. Rundfunkanstalt nicht zu vereinbaren (BVerfGE 89, 153). Für den privaten Rundfunk hat der Gesetzgeber sicherzustellen, dass auch hier den verfassungsrechtl. Anforderungen entsprochen wird, insbes. ein möglichst hohes Maß gleichgewichtiger Vielfalt erreicht wird, das aber hinter dem des öff.-rechtl. Rundfunks zurückbleiben kann (BVerfGE 73, 118), und dass die Entstehung einer vorherrschenden Meinungsmacht verhindert und allen Meinungsrichtungen – auch solchen von Minderheiten – die Möglichkeit gegeben wird, Ausdruck zu finden (BVerfGE 57, 324 ff.). Die Kontrolle darüber kann einem externen, vom Staat unabhängigen, unter dem Einfluss der maßgeblichen gesellsch. Kräfte stehenden Organ übertragen werden (BVerfGE 73, 119). Zur Gewährleistung der Kontrolle kann auch die Sicherung des Sendematerials geregelt werden (BVerfGE 95, 235 ff.). Die Finanzierung privaten Rundfunks durch Werbung ist zulässig (vgl. BVerfGE 73, 119), ebenso die Beschränkung der Finanzierung durch Werbung bei öff.-rechtl. Anstalten (BVerfGE 74, 342 ff.). Die inhaltlich unveränderte Weiterverbreitung von außerhalb des Geltungsbereichs des jeweiligen Landesrundfunkgesetzes veranstalteten Programmen ist möglich (s. im Einzelnen BVerfGE 73, 196 ff.).

Obwohl juristische Personen des öffentl. Rechts mit Aufgaben öffentl. Verwal- **23** tung, sind die **Rundfunkanstalten in Bezug auf die Rundfunkfreiheit grundrechtsfähig**, weil sie unmittelbar dem durch dieses Grundrecht geschützten Lebensbereich zuzuordnen sind (BVerfGE 31, 322; 34, 162; 74, 318). Demgemäß können sie sich grundsätzlich für jede Sendung auf den Schutz des Art. 5 I 2 berufen.

**Filmfreiheit:** Satz 2 schützt ferner den Film als Medium der Nachrichten- und **24** Meinungsverbreitung. Der Bereich der geschützten Tätigkeiten entspricht insoweit demjenigen der Presse (oben Rn. 15) einschl. der institutionellen Garantie (BVerfGE 39, 163). Soweit der Film Ausdrucksmittel der Kunst ist, steht er (auch) unter dem Schutz des Abs. 3 (vgl. BVerfGE 33, 70 f.). Eine Ausstrahlung im Fernsehen führt zur Zuordnung zum „Rundfunk".

Das in *Satz 3* enthaltene **Zensurverbot** stellt eine absolute Eingriffsschranke, also **25** kein zu den in Satz 1 und Satz 2 aufgeführten Freiheitsrechten hinzutretendes Grundrecht dar. Unter „Zensur" ist nur die Vorzensur (Präventivzensur), also der Eingriff *vor* Herstellung oder Verbreitung eines Geisteswerks, zu verstehen, insbes. das Abhängigmachen von behördlicher Vorprüfung und Genehmigung seines Inhalts (vgl. BVerfGE 73, 166; 83, 155; 87, 230). Eine „Nachzensur" ist im Rahmen der allg. Regeln über die Meinungs- und Pressefreiheit und ihre Schranken zulässig (BVerfGE 33, 72). Das Zensurverbot schützt nur Akte der Meinungsäußerung und Meinungsverbreitung und damit Hersteller und Vertreiber, nicht aber Leser und Bezieher (s. BVerfGE 27, 102). Es entfaltet auch keine Drittwirkung gegenüber Privatpersonen (etwa im Verhältnis von Autor zu Verleger, Redakteur usw.). Zum Näheren: BVerfGE 33, 71 f.; 47, 236 f. Vom Zensurverbot es kann keine Ausnahme geben, auch nicht durch „allg. Gesetze" nach Abs. 2 (BVerfGE 33, 72). Zensur meint nur inhaltliche Prüfung; die Genehmigungsbedürftigkeit bestimmter Verbreitungsarten (z.B. Abwurf vom Flugzeug) ist ebenso zulässig wie eine „Filmbewertungsstelle", die auf die Verbreitung unmittelbar keinen Einfluss nimmt (vgl. BVerwGE 23, 194 ff.).

### Absatz 2: Grundrechtsschranken

26  Alle in Abs. 1 aufgeführten Grundrechte (nicht also das Zensurverbot des Satzes 3) sind in ihrer Schutzwirkung begrenzt durch die in Abs. 2 genannten Schranken (vgl. BVerfGE 27, 84; 33, 72; 66, 138; zum methodischen Vorgehen bei der Prüfung von Grundrechtsbeeinträchtigungen allg. s. vor Art. 1 Rn. 8 f.) und durch andere Wertentscheidungen des GG (vgl. BVerfGE 66, 136; 111, 157). So muss z.b. die Meinungsfreiheit zurücktreten, wenn durch ihre Ausübung die Menschenwürde eines anderen angetastet wird (BVerfGE 93, 293). Da in schrankenlos gewährte Grundrechte im Wege der praktischen Konkordanz zugunsten kollidierender, höherwertiger Verfassungsgüter eingegriffen werden kann (s. vor Art. 1 Rn. 15, 18), muss dies auch für Grundrechte gelten, die unter einem qualifizierten Gesetzesvorbehalt stehen. Folgerichtig können auch Sondergesetze (wie § 130 IV StGB) für Aktivitäten von Neonazis zum Schutze der freiheitlichen demokratischen Grundordnung die Grundrechte aus Art. 5 I wirksam beschränken. Dass solche Gesetze keine „allg." i.S. des Art. 5 II sind, steht ihrer Zulässigkeit nicht entgegen (vgl. BVerfGE 124, 327 f., mit problematischer Begründung; dazu etwa Hong DVBl 2010, 1271 f.). Am bedeutsamsten ist die Schranke der **allgemeinen Gesetze**. Das BVerfG hat in Bezug auf die Meinungsäußerungsfreiheit als allg. Gesetze *alle diejenigen* bezeichnet, die *nicht eine bestimmte Meinung verhindern, sich auch nicht speziell gegen die Meinungsäußerung als solche richten* (s. BVerfGE 71, 214; 97, 146; 111, 155), vielmehr dem Schutz eines schlechthin, ohne Rücksicht auf eine bestimmte Meinung zu schützenden Rechtsguts dienen, dem Schutz eines Gemeinschaftswerts, der gegenüber der Meinungsfreiheit den Vorrang hat (BVerfG i. st. Rspr. seit E 7, 209 f.; aus neuerer Zeit z.B. E 93, 291). Allg. Gesetze dieser Art finden sich auf allen möglichen Rechtsgebieten (Übersicht bei Wendt in von Münch/Kunig, Art. 5 Rn. 74), z.B. im bürgerlichen Recht (BVerfGE 68, 231), Arbeits- (BAGE 1, 194 ff.; 7, 261; 24, 444; 29, 200), Wettbewerbs- (BVerfGE 102, 360 f.; 107, 281), Strafrecht (BVerfGE 28, 200; 47, 130), Polizei-, Steuer-, Postrecht (BVerfGE 72, 183), aber auch im Beamten- (BVerfGE 39, 367) und Soldatenrecht (BVerfGE 28, 292 f.; 44, 197). Auch untergesetzl. Rechtsnormen können allg. Gesetze i.S. des Abs. 2 sein (vgl. BAGE 7, 261; OVG Münster, DVBl 1972, 509). Bei Erlass und Anwendung allg. Gesetze ist jedoch Bedacht darauf zu nehmen, dass die Grundrechte des Abs. 1 nicht jeder Relativierung durch einfaches Gesetz ausgesetzt und schlechthin unter Gesetzesvorbehalt gestellt werden. Nach der seit dem Lüth-Urteil (E 7, 208 ff.) bestehenden Rspr. des BVerfG (s. BVerfGE 94, 8) müssen daher die allg. Gesetze in ihrer das jeweilige Grundrecht beschränkenden Wirkung ihrerseits im Lichte der

besonderen Bedeutung dieses Grundrechts für den freiheitlichen demokratischen Staat ausgelegt werden; sie sind so zu interpretieren, dass der besondere Wertgehalt des Grundrechts auf jeden Fall gewahrt bleibt (vgl. z.b. BVerfGE 50, 241; 117, 260; 120, 199 f.). Die gegenseitige Beziehung zwischen Grundrecht und allg. Gesetz ist demnach nicht als einseitige Beschränkung der Geltungskraft des Grundrechts durch die allg. Gesetze aufzufassen; es findet vielmehr eine *Wechselwirkung* in dem Sinne statt, dass die allg. Gesetze zwar dem Wortlaut nach dem Grundrecht Schranken setzen, ihrerseits aber aus der Erkenntnis der wertsetzenden Bedeutung des Grundrechts im freiheitlichen demokratischen Staat ausgelegt und so in ihrer das Grundrecht begrenzenden Wirkung selbst wieder eingeschränkt werden müssen. Ob und wieweit ein durch allg. Gesetz geschütztes Rechtsgut gegenüber der Meinungsfreiheit oder einem anderen Kommunikationsrecht des Abs. 1 den Vorrang verdient, lässt sich nur im Einzelfall mit Hilfe einer *Güterabwägung* feststellen (BVerfGE 35, 224; s. auch E 71, 180 ff.; 71, 213 ff., 219 ff.; 77, 75). Im Meinungskampf zu einer die Öffentlichkeit wesentlich berührenden Frage spricht jedoch die Vermutung für die Zulässigkeit der freien Rede (BVerfGE 68, 232; 90, 249; 107, 281). Abweichungen bedürfen einer Begründung, die der Bedeutung der Meinungsfreiheit Rechnung trägt (BVerfGE 93, 295). Zu den Grundrechtsschranken in Sonderrechtsverhältnissen vgl. vor Art. 1 Rn. 16. *§ 130 IV StGB*, nach dem bestraft wird, wer öffentl. oder in einer Versammlung den öffentl. Frieden in einer die Würde der Opfer verletzenden Weise dadurch stört, dass er die NS-Gewalt- und Willkürherrschaft billigt, verherrlicht oder rechtfertigt, ist *kein allgemeines Gesetz* i.S. des Art. 5 II, indessen *gleichwohl verfassungsgemäß*; denn Art. 5 I und II ist für Bestimmungen, die wie der den Anforderungen des Verhältnismäßigkeitsgrundsatzes genügende § 130 IV StGB der propagandistischen Gutheißung dieser Gewalt- und Willkürherrschaft Grenzen setzen, eine Ausnahme vom Verbot des Sonderrechts für meinungsbezogene Gesetze immanent (BVerfGE 124, 321 ff.). *Anordnungen nach § 176 GVG*, mit denen Bild- und Fernsehaufnahmen vom Geschehen im Gerichtssaal am Rande der Hauptverhandlung untersagt oder beschränkt werden, greifen in den Schutzbereich der Rundfunkfreiheit aus Art. 5 I 2 ein (s. BVerfGE 91, 134 f.; 119, 320 f.). Beim Erlass solcher Anordnungen ist zwischen der Rundfunkfreiheit und dem besonderen Persönlichkeitsschutz der Verfahrensbeteiligten abzuwägen (vgl. BVerfGE 103, 68; 119, 322 ff.). Bei der Gewichtung der Nachteile ist in Bezug auf die Rundfunkfreiheit nicht nur die Schwere der Tat, sondern auch die öffentl. Aufmerksamkeit an dem Strafverfahren zu berücksichtigen (s. BVerfGE 35, 230 f.; 119, 321 f.; BVerfG, NJW 2012, 2178 f.).

Das Gebot der Güterabwägung gilt auch für die zweite Schranke des Abs. 2, die **gesetzlichen Bestimmungen zum Schutze der Jugend** (z.B. vor Gefahren auf sittlichem Gebiet, durch Gewalt- u. Kriegsverherrlichung, Rassenhetze; vgl. BVerfGE 30, 347). Abzuwägen ist hier zwischen der Forderung nach umfassendem Grundrechtsschutz und dem verfassungsrechtl. hervorgehobenen Interesse an einem wirksamen Jugendschutz (BVerfGE 30, 348). Wann eine Grundrechtseinschränkung wegen Jugendgefährdung gerechtfertigt ist, beurteilt sich nach in gewisser Weise zeitgebundenen Kriterien am Maßstab der Jugendlichen i. Allg. (s. BVerwGE 39, 206). Die Wertentscheidung der Verfassung für die Freiheit der Meinung und Information schließt es aus, Schriften, von denen weder stets noch wenigstens typischerweise Gefahren für die Jugend ausgehen, generellen Verboten zu unterwerfen (BVerfGE 30, 348, 354; BVerwGE 39, 212). 27

Die dritte in Abs. 2 genannte Schranke, das **Recht der persönlichen Ehre**, ist nicht ausdrücklich als Gesetzesvorbehalt formuliert. Mit dem BVerfG ist jedoch 28 davon auszugehen, dass auch das Recht der persönlichen Ehre nur insoweit eine die Rechte des Abs. 1 einengende Schranke bildet, als dies gesetzl. normiert ist (BVerfGE 33, 16 f.). Dabei muss auch hier das Erfordernis der Allgemeinheit meinungsbeschränkender Gesetze gemäß Abs. 2 Altern. 1 gewahrt sein (BVerfGE 124, 326 f.). Sowohl das Straf- als auch das Zivilrecht enthält entsprechende Konkretisierungen (vgl. die §§ 185 ff. StGB, 823 ff. BGB). Bei der Verhältnisbestimmung von Meinungsfreiheit und Ehrenschutz kommt es wie bei den übrigen Schrankenregelungen wesentlich auf die einzelfallbezogene Abwägung an (s. BVerfGE 82, 52 ff.; 82, 281 ff.). Dabei ist ggf. – insbes. bei der Presse – zu berücksichtigen, dass auch die *Wahrnehmung berechtigter Interessen* (§ 193 StGB) eine besondere Ausprägung des Grundrechts der Meinungsfreiheit darstellt. Die Pflicht zur Rücksichtnahme auf die Persönlichkeit anderer führt i.d.R. so lange nicht zu einer grundrechtswidrigen Beschränkung der freien Rede, wie diese durch den Gebrauch einer anderen, nicht kränkenden Form Ausdruck finden kann (BVerfGE 42, 150; vgl. auch die abw. Meinung S. 154 ff. sowie BVerfGE 93, 291). Bei Formalbeleidigung und Schmähung geht der Persönlichkeitsschutz der Meinungsfreiheit regelmäßig vor (BVerfGE 66, 151; 82, 281, 283 ff.; 93, 294, 304 f.; s. auch die abw. Meinung S. 397 ff. sowie BVerfGE 114, 349). Eine herabsetzende Äußerung ist aber erst dann eine Schmähung, wenn in ihr nicht mehr die Auseinandersetzung in der Sache, sondern die Herabsetzung der Person im Vordergrund steht (BVerfGE 82, 283 f.; 90, 248; BVerfG, NJW 2012, 1644). Bei Meinungsäußerungen, die mit Tatsachenbehauptungen verbunden sind, kann die Schutzwürdigkeit vom Wahrheitsgehalt der ihr zugrunde liegenden tatsächlichen Annahmen abhängen. Sind diese erwiesen unwahr, tritt die Meinungsfreiheit ebenfalls regelmäßig hinter den Persönlichkeitsschutz zurück (BVerfGE 61, 8 f.; 85, 17; 90, 248 f.; 99, 197; BVerfG, NJW 2004, 592). Wahre Aussagen müssen dagegen i.d.R. hingenommen werden, auch wenn sie für den Betroffenen nachteilig sind (BVerfG, NJW 2012, 1644).

## Absatz 3: Kunst und Wissenschaft

29 *Satz 1* verbürgt Kunst und Wissenschaft sowohl als subjektive Freiheitsrechte wie auch als institutionelle Garantie. Extern auf **europäischer Ebene** enthält die EMRK keine vergleichbare Regelung, der EGMR leitet entsprechende Garantien aber aus dem Recht der freien Meinungsäußerung nach Art. 10 EMRK ab (EGMR, NJW 1988, 545). In Art. 13 EUGrCh hingegen sind für den Bereich der EU entsprechende Abwehr- und – hinsichtlich der Wissenschaft – Teilhaberechte vorgesehen, für die die Einschränkungsgründe des Art. 10 II 3 EMRK gelten sollen.

30 Der **Begriff Kunst** leidet unter der Schwierigkeit seiner Definition. Neutralität und Toleranz gegenüber einem pluralistischen Kunstverständnis können aber nicht von der Abgrenzung entbinden. Das Wesentliche der künstlerischen Betätigung ist die freie schöpferische Gestaltung, in der Eindrücke, Erfahrungen, Erlebnisse und Gedanken des Künstlers durch das Medium einer bestimmten Formensprache zur unmittelbaren Anschauung gebracht werden (s. BVerfGE 30, 188 f.; 67, 226; 83, 138). Der Freiheitsbereich liegt nicht a priori fest. Der Kunstbegriff ist nicht auf die klassischen Gegenstände (Malerei, Bildhauerei, Musik, Dichtkunst) beschränkt. In Anbetracht der Tendenz in der Kunst, starre Formen und Konventionen zu überwinden, kann nur ein *weiter Kunstbegriff* zu angemessenen Lösungen führen (BVerfGE 67, 224 ff.; zur Begriffsbestimmung vgl. Scholz in Maunz/Dürig, Art. 5 III Rn. 22 ff.). Das folgt auch daraus, dass eine wertende Einengung des Begriffs mit der umfassenden Freiheitsgarantie des Art. 5 III 1

nicht zu vereinbaren ist (BVerfGE 81, 305). Notwendig ist nur die Unterscheidung von Kunst und Nicht-Kunst. Auch Satire (BVerfGE 86, 9; BVerfG, NJW 2002, 3767) oder ein pornographischer Roman (BVerfGE 83, 130) können Kunst sein, i.d.R. jedoch nicht Kunstkritik (BVerfG, NJW 1993, 1462). Eine Differenzierung zwischen „höherer" und „niederer", „guter" oder „schlechter" Kunst liefe auf eine unstatthafte Inhaltskontrolle hinaus (BVerfGE 75, 377).

Die umfassend und vorbehaltlos (BVerfGE 30, 191) garantierte **Kunstfreiheit** betrifft nicht nur die künstlerische Betätigung selbst (*Werkbereich*), sondern auch die Darbietung und Verbreitung des Kunstwerks (*Wirkbereich*) – BVerfGE 30, 188 f.; 67, 224; 81, 305. Die Gewährleistungswirkung erstreckt sich daher auch auf die Medien (Kommunikationsmittel wie z.B. Buch oder Schallplatte – BVerfGE 36, 331; Filmproduzent – BGHZ 130, 218). Damit enthält Abs. 3 Satz 1 ein Freiheitsrecht für alle Kunstschaffenden und alle an der Darbietung und Verbreitung von Kunstwerken Beteiligten, das sie vor Eingriffen der öffentl. Gewalt in den künstlerischen Bereich schützt. Auch die Werbung für ein Kunstwerk ist mit geschützt (BVerfGE 77, 251). Aus Sinn und Zweck der Kunstfreiheitsgarantie ergibt sich zunächst für die staatl. Gewalt das Verbot, auf Methode, Inhalte und Tendenzen der künstlerischen Tätigkeit einzuwirken, insbes. den künstlerischen Gestaltungsraum einzuengen oder allg. verbindliche Regeln für diesen Schaffensprozess vorzuschreiben (BVerfGE 30, 190). Als objektive Wertentscheidung stellt die Verfassungsnorm dem modernen Staat zugleich die Aufgabe, ein freiheitliches Kunstleben zu erhalten und zu fördern (BVerfGE 36, 331; BVerfG, NVwZ 2004, 472 – großer Spielraum des Staates). Schon von daher erhellt, dass die „Staatsfreiheit" der Kunst weder als absolutes Abstinenzgebot noch in allen Situationen als strikte Neutralitätspflicht des Staates aufzufassen ist. Dies gilt namentlich für Förderungsmaßnahmen (vgl. dazu BVerfGE 36, 332 f.). Staatl. Eingriffe sind umso weniger zugelassen, je näher sie dem Kern der Kunstfreiheit kommen (Vorrang des Werkbereichs vor dem Wirkbereich – BVerfGE 77, 253 f.). Wird jedoch bei einer Gesamtbetrachtung des Kunstwerks offensichtlich, dass die „Kunstform missbraucht wurde und lediglich eine Mogelpackung, ein Transportmittel ist, um bestimmte Personen zu beleidigen, zu verleumden oder verächtlich herabzuwürdigen, dann ist dies nicht mehr von der Kunstfreiheit gedeckt" (BVerfGE 119, 47/Sondervotum; s. auch BVerfGE 30, 224/Sondervotum).

Auch der **Begriff Wissenschaft** ist nicht frei von Definitionsschwierigkeiten. Darunter fallen vor allem die auf wissenschaftlicher Eigengesetzlichkeit (Rationalität, Methodik, Systematik, Beweisbedürftigkeit, Nachprüfbarkeit, Kritikoffenheit, Revisionsbereitschaft usw.) beruhenden Prozesse, Verhaltensweisen und Entscheidungen beim Auffinden von Erkenntnissen wie bei ihrer Deutung und Weitergabe (vgl. BVerfGE 35, 112 f.; 122, 105; 126, 19; 128, 40). Da **Forschung und Lehre** (zu diesen Begriffen s. BVerfGE 35, 113 f.) die wissenschaftlichen Betätigungsfelder wohl erschöpfend bezeichnen, ist Wissenschaft der gemeinsame Oberbegriff. Der Unterricht an allg. bildenden Schulen zählt nach h.M. nicht zur wissenschaftlichen Lehrtätigkeit (BVerwG, BayVBl 1956, 248), wohl aber die Lehre an Fachhochschulen (vgl. jedoch zu der an diesen betriebenen Forschung BVerfGE 61, 246; 64, 358). Im Verhältnis von Wissenschaft und Politik endet der von Abs. 3 geschützte Freiraum dort, wo die wissenschaftlich gewonnenen Erkenntnisse zu Bestimmungsgründen polit. Handelns gemacht werden (BVerfGE 5, 146).

Als subjektives **Freiheitsrecht** gewährt das Grundrecht jedem in der Wissenschaft Tätigen – also keineswegs beschränkt auf den Hochschulbereich – ein Recht der

*Antoni*

Abwehr staatl. Einwirkungen auf den Prozess der Gewinnung und Vermittlung wissenschaftlicher Erkenntnisse (BVerfGE 35, 112, 125; 90, 11 f.). Personell geschützt ist jeder, der wissenschaftlich tätig ist oder werden will (BVerfGE 88, 136; BVerfGK 18, 172). Dazu zählen insbes. auch Hochschullehrer. Als ein solcher ist der akademische Forscher und Lehrer zu verstehen, der auf Grund der Habilitation oder eines sonstigen gleichbewerteten Qualifikationsbeweises mit der selbständigen Vertretung eines wissenschaftlichen Faches in Forschung und Lehre betraut ist (BVerfGE 95, 210; BVerfGK 18, 173). Hierzu gehören auch Fachhochschullehrer, denen die eigenständige Vertretung eines wissenschaftlichen Faches in Forschung und Lehre übertragen worden ist (BVerfGE 126, 19 ff.). Der autonomer Verantwortung unterliegende (BVerfGE 122, 105 m.w.N.) Freiraum des Wissenschaftlers ist grundsätzlich ebenso vorbehaltlos geschützt wie die Freiheit künstlerischer Betätigung (BVerfGE 35, 112 f.; 95, 209; 111, 353). Fakultäten oder Fachbereiche von Universitäten besitzen jedoch kein durch das GG geschütztes Recht, allein über Umfang und Inhalt des Lehrangebots zu bestimmen (BVerfGE 67, 207 f.). Die allg. beamtenrechtl. Stellung des Hochschullehrers, für den zum Kern der Wissenschaftsfreiheit das Recht gehört, sein Fach in Forschung und Lehre zu vertreten (BVerfGE 122, 105), wird durch Art. 5 III 1 nicht berührt (BVerwGE 52, 331; 81, 216). Er kann insbes. aus dem Grundrecht keinen Anspruch auf unbeschränkte Belassung im Amt oder unbeschränkte Zugehörigkeit zur Hochschule herleiten (BVerfGE 3, 115; s. auch BVerwGE 35, 110). Die noch ausreichende Freiräume für Forschung belassende Beschränkung der Wissenschaftsfreiheit durch Lehrverpflichtungen ist zulässig (vgl. BVerwGE 20, 239 f.; 60, 48, 50). Die Möglichkeit wissenschaftlicher Arbeit muss je nach Verteilung von Ressourcen für jeden Hochschullehrer bestehen bleiben (BVerfGE 111, 362). Amtliche Stellungnahmen zur wissenschaftlichen Tätigkeit eines Hochschullehrers sind unzulässig (BVerfGE 102, 312), zulässig dagegen Kritik in Form des wissenschaftlichen Diskurses (BVerfG, NJW 2000, 3635) und Evaluationen zur Qualität (BVerfGE 102, 312; sie dürfen aber nicht nur auf Drittmittel beschränkt werden – BVerfGE 111, 359). Ebenso schließt die Wissenschaftsfreiheit ein Mitbestimmungsrecht des Personalrats bei Angelegenheiten, die wissenschaftliche Forschung betreffen, nicht grundsätzlich aus (BVerwGE 72, 95). Auch die Universitäten sind trotz ihrer öff.-rechtl. Verfassung Träger des Grundrechts der Wissenschaftsfreiheit (BVerfGE 15, 261 ff.). Die Gründung privater Hochschulen ist vom Freiheitsbereich des Art. 5 III 1 mitumfasst (str.; offengelassen in BVerwG, DÖV 1979, 750).

34   Außerdem leitet das BVerfG aus der Wissenschaftsfreiheit als Teil der grundgesetzl. Wertordnung zwei **staatliche Gewährleistungspflichten** ab: Einmal hat der Staat für die Pflege der freien Wissenschaft und ihre Vermittlung funktionsfähige Institutionen zur Verfügung zu stellen. Zum anderen hat er dafür zu sorgen, dass das Grundrecht der freien wissenschaftlichen Betätigung so weit unangetastet bleibt, wie das unter Berücksichtigung der anderen legitimen Aufgaben der Wissenschaftseinrichtungen und der Grundrechte der verschiedenen Beteiligten möglich ist (vgl. BVerfGE 35, 114; 111, 353 f.). Das führt im öffentl. Wissenschaftsbetrieb grundsätzlich zur Selbstbestimmung des einzelnen Grundrechtsträgers sowie im Rahmen der korporierten Hochschule zu entsprechenden Teilhabeberechtigungen (einschl. der Teilhabe an Ressourcen – BVerfGE 111, 353 f.). Dem einzelnen Grundrechtsträger erwächst danach aus der Wertentscheidung ein Recht auf solche staatl. Maßnahmen auch organisatorischer Art, die zum Schutz seines grundrechtl. Freiheitsraums unerlässlich sind, weil sie ihm freie wissenschaftliche Betätigung erst ermöglichen (BVerfGE 35, 114 ff.; 95, 209; 127, 114 f.). In die-

sem Zusammenhang fordert das BVerfG für das – verfassungsrechtl. zulässige – Modell der „Gruppenuniversität", dass den Hochschullehrern in den Kollegialorganen ihrer Universität in Fragen der Lehre maßgebender, in Angelegenheiten der Forschung und bei der Berufung von Hochschullehrern ausschlaggebender Einfluss vorbehalten bleiben muss (BVerfGE 35, 124 ff.; s. dazu die abw. Meinung S. 148 ff.). Dabei ist das sog. Homogenitätsprinzip zu beachten. Es bedeutet, dass der Gruppe der Hochschullehrer keine Personen mit minderer Qualifikation zugerechnet werden dürfen (BVerfGE 39, 255). Andererseits dürfen Hochschullehrer, deren persönliche Eignung und fachliche Qualifikation festgestellt wurde, mitgliedschaftsrechtl. nicht der Gruppe der wissenschaftlichen Mitarbeiter zugeordnet werden (BVerfGE 95, 209 ff. – frühere DDR-Hochschullehrer). Art. 5 III 1 verlangt nicht, dass jeder Hochschullehrer unbedingt an der Leitung der wissenschaftlichen Einrichtung, an der er tätig ist, teilnehmen oder Einfluss auf sie ausüben kann; es muss nur ein wissenschaftlicher Freiraum für den Wissenschaftler und Hochschullehrer unangetastet bleiben (BVerfGE 57, 92 f.; 93, 96; 95, 212). Der Entzug des Doktorgrades wegen nachgewiesener Unwürdigkeit (Verstoß gegen Grundsätze wissenschaftlichen Arbeitens) dient der Sicherung des auf Redlichkeit basierenden Wissenschaftsprozesses und damit zum Schutz der in Art. 5 III 1 verankerten Rechtsgüter (VGH Mannheim, ESVGH 62, 79). Zur angemessenen und differenzierenden Bezeichnung von Hochschullehrern vgl. (sehr weitgehend) BVerfGE 61, 242 ff.

**Grenzen der Kunst- und Wissenschaftsfreiheit:** Abs. 3 enthält für die *Kunstfreiheit* keine ausdrücklichen Gewährleistungsschranken. Unanwendbar sind Art. 5 II und Art. 2 I. Das Freiheitsrecht ist deswegen aber nicht schrankenlos gewährt. Jedoch folgt aus der Vorbehaltlosigkeit seiner Verbürgung, dass die Grenzen der Kunstfreiheit nur aus der Verfassung selbst, d.h. in Abwägung gegen andere verfassungsrechtl. geschützte Rechtswerte, zu bestimmen sind (BVerfGE 47, 369 f.; 119, 23; 122, 107 m.w.N.; s. auch BVerwGE 1, 307; 39, 207 f.). Beschränkungen dieser Art können sich z.B. aus der Menschenwürde (vgl. Art. 1 Rn. 2 ff.), dem allg. Persönlichkeitsrecht (BVerfGE 30, 193 ff. mit abw. Meinung S. 200 ff. u. 218 ff.), dem Schutz der Jugend (BVerfGE 83, 139), dem Sonn- und Feiertagsschutz (Art. 140 i.V.m. Art. 139 WRV; dazu BVerfGE 125, 79 ff.; BVerwG, DVBl 1994, 1243 f.) und aus dem Schutzgut „Bestand der Bundesrepublik Deutschland und ihrer freiheitlichen demokratischen Grundordnung" ergeben (BVerfGE 33, 71). Entsprechend bestimmen sich die Grenzen der ebenfalls nicht unter Gesetzesvorbehalt stehenden *Wissenschaftsfreiheit* (BVerfGE 128, 41; BVerwGE 37, 267 f.; s. auch BVerfGE 28, 261 zu Art. 4 III); vgl. für Hochschullehrer der Theologie die Beschränkung durch das Selbstbestimmungsrecht der Religionsgemeinschaften (BVerfGE 122, 108). **35**

Die in *Satz 2* aufgeführte **Treuepflicht gegenüber der Verfassung** stellt bei der vorstehenden Auslegung der Wissenschaftsfreiheit und ihrer Grenzen mit der h.L. keine zusätzliche Schranke dar (Hesse, Rn. 403). Angesichts ihrer deklaratorischen Bedeutung kommt ihr wohl im Wesentlichen nur Warnfunktion zu (vgl. Wendt in von Münch/Kunig, Art. 5 Rn. 114). **36**

## Artikel 6 [Schutz von Ehe und Familie, nichteheliche Kinder]

(1) Ehe und Familie stehen unter dem besonderen Schutze der staatlichen Ordnung.

(2) Pflege und Erziehung der Kinder sind das natürliche Recht der Eltern und die zuvörderst ihnen obliegende Pflicht. Über ihre Betätigung wacht die staatliche Gemeinschaft.

(3) Gegen den Willen der Erziehungsberechtigten dürfen Kinder nur auf Grund eines Gesetzes von der Familie getrennt werden, wenn die Erziehungsberechtigten versagen oder wenn die Kinder aus anderen Gründen zu verwahrlosen drohen.

(4) Jede Mutter hat Anspruch auf den Schutz und die Fürsorge der Gemeinschaft.

(5) Den nichtehelichen Kindern sind durch die Gesetzgebung die gleichen Bedingungen für ihre leibliche und seelische Entwicklung und ihre Stellung in der Gesellschaft zu schaffen wie den ehelichen Kindern.

1 **Allgemeines:** Art. 6 enthält **mehrere** unterschiedliche **Grundrechtsgarantien**, die sich alle auf den *Bereich der Familie* beziehen. Für das Eltern/Kind-Verhältnis sind die Abs. 2 und 3 Spezialregelungen gegenüber Abs. 1 (BVerfGE 31, 204). Zum methodischen Vorgehen bei der Prüfung von Grundrechtsbeeinträchtigungen allg. s. vor Art. 1 Rn. 8 f.

### Absatz 1: Schutz von Ehe und Familie

2 Abs. 1 ist eine **Grundsatznorm** für den gesamten Bereich des Ehe und Familie betr. privaten und öffentl. Rechts (BVerfGE 6, 72; 55, 126; 80, 92 f.; 103, 257 f.). Er umfasst eine Institutsgarantie, ein Abwehrrecht des Einzelnen und eine verbindliche Wertentscheidung (BVerfGE 24, 135; 62, 329; 105, 342). Extern auf **europäischer Ebene** gewährleisten die gleichlautenden Regelungen des Art. 12 EMRK und des Art. 9 EUGrCh das Eingehen einer Ehe und die Gründung einer Familie als Freiheitsrecht und als Garantie für die Rechtsinstitute der Ehe und der Familie. Dabei nimmt der EGMR inzwischen unter Berücksichtigung von Art. 9 EUGrCh nicht länger an, dass das in Art. 12 EMRK garantierte Recht, eine Ehe einzugehen, unter allen Umständen auf Ehe zwischen zwei Partnern unterschiedlichen Geschlechts beschränkt ist; die „Entscheidung aber, ob eine gleichgeschlechtliche Ehe zugelassen werden soll oder nicht, bleibt zum gegenwärtigen Zeitpunkt dem Recht des Konventionsstaats überlassen" (NJW 2011, 1423). Das Handeln in Ehe und Familie wird durch das Grundrecht auf Privatleben (Art. 8 I EMRK, Art. 7 EUGrCh; s. dazu auch nachstehend Rn. 9)

und den Grundsatz des Schutzes der Familie (Art. 16 I ESC, Art. 33 I EUGrCh) geschützt.

**Verhältnis zu anderen Grundrechtsnormen:** Abs. 1 verstärkt die Entfaltungsfrei- **3** heit des Art. 2 I im privaten Lebensbereich (BVerfGE 42, 236; 57, 178). Im *Verhältnis zu Art. 3 I* hat Art. 6 I als die speziellere Norm Vorrang (BVerfGE 17, 38), wenn der Prüfungsgegenstand direkt an eine seiner Wertentscheidungen anknüpft (vgl. BVerfGE 28, 346 f.). Im Einzelfall ist daher zu klären, welche Bestimmung nach ihrem spezifischen Sinngehalt die stärkere Beziehung zu dem zu prüfenden Sachverhalt aufweist (BVerfGE 13, 296). Das *Gleichberechtigungsgebot des Art. 3 II 1* wirkt hingegen im Schutzbereich des Art. 6 I so, dass Männer und Frauen auch in Ehe und Familie gleichberechtigt sind (BVerfGE 10, 67).

**Grundrechtsträger** können dem Wesen des Art. 6 I nach nur natürliche Personen **4** sein (BVerfGE 13, 297 f.).

„Ehe" i.S. des Art. 6 I ist die umfassende, grundsätzlich unauflösbare Lebensge- **5** meinschaft von Mann und Frau (vgl. BVerfGE 10, 66; 31, 82; 53, 245; 87, 264). Sie wird nicht abstrakt, sondern in der Ausgestaltung gewährleistet, wie sie den herrschenden, in der gesetzl. Regelung maßgebend zum Ausdruck gelangenden Anschauungen entspricht (BVerfGE 15, 332). Der Verfassung liegt somit das Bild der verweltlichten bürgerlich-rechtl. Einehe zugrunde, die unter Wahrung bestimmter vom Gesetz vorgeschriebener Formen durch freien Entschluss eingegangen wird (s. BVerfGE 29, 176; 105, 342 ff.) und bei Vorliegen der gesetzl. Voraussetzungen mit der Folge geschieden werden kann, dass die Ehegatten ihre Eheschließungsfreiheit wiedererlangen (BVerfGE 31, 82 f.; 53, 245). Anders als die zwar gescheiterte, formell aber noch bestehende Ehe (vgl. BVerfGE 55, 141 f.) fallen geschiedene Ehen (s. BayObLG, NJW 1972, 2041), eheähnliche Lebensgemeinschaften (vgl. BVerwGE 15, 316) und gleichgeschlechtliche Partnerschaften (BVerfGE 105, 342 ff; 115, 19; BVerwGE 100, 294; BVerwG, DVBl 2001, 224; zur Position des EGMR s. oben Rn. 2) nicht in den Schutzbereich des Grundrechts (wohl aber die fortwirkende personale Verantwortung u. die Folgewirkungen einer geschiedenen Ehe, z.B. Unterhaltsregelungen; BVerfGE 66, 93; 71, 385; 108, 363 f.). Der Gesetzgeber kann Lebensgemeinschaften jedoch – jedenfalls in einzelnen Hinsichten – mit Ehen gleichbehandeln (BGHZ 84, 40 f.; BSG, NJW 1989, 3038) und rechtl. anerkennen (BVerfGE 9, 34 f.; 82, 15; BVerwGE 15, 316). Auch die nur religiöse Eheschließung, trotz gesetzl. vorgeschriebener Zivilehe, steht nicht unter dem Schutz des Art. 6 I (OVG Münster, DÖV 1982, 461). Jede Ehe hat vor der Rechtsordnung den gleichen Rang (BVerfGE 55, 128; 68, 268). Daher genießt beispielsweise die Ehe, in der nur ein Ehegatte marktwirtsch. Einkommen erwirbt, verfassungsrechtl. keinen weitergehenden Schutz als die „Mehrverdienerehe", in der beide Partner Einkünfte haben (BVerfGE 9, 243). Ebenso erhält eine Erstehe keinen anderen Schutz als die nach einer Scheidung geschlossene Ehe (BVerfGE 68, 268).

„Familie" i.S. des Art. 6 I ist die in der Hausgemeinschaft geeinte engere Familie, **6** das sind die Eltern mit ihren Kindern (BVerfGE 48, 339). Schutzobjekt ist damit nicht die Generations-Großfamilie im alten Sinne, sondern die moderne Kleinfamilie. Dazu gehören neben der vollständigen ehelichen Familie mit Vater, Mutter und Kind auch die sog. Restfamilie aus Kind und *einem* sorgeberechtigten Elternteil (BayObLG, NJW 1969, 1767), die Familie mit Stief-, Adoptiv- und Pflegekindern (vgl. BVerfGE 18, 106; 68, 187; 79, 267; 108, 117 ff.) sowie das Verhältnis des Erblassers zu seinem Kind (BVerfGE 57, 178; 112, 352), das Verhältnis des nichtehelichen Kindes zu seiner Mutter (BVerfG i. st. Rspr. seit BVerfGE 8, 215) und die Gemeinschaft zwischen dem nichtehelichen Kind und seinem Vater (BVerfGE 45, 123; 79, 267). Einbezogen sind auch die bereits volljährigen Kinder (BVerfGE 57, 178). Der Schutzbereich des Art. 6 I umfasst wohl auch die Mehrehe, nach BVerwGE 71, 228, jedenfalls das Eltern/Kind-Verhältnis in einer solchen. Leben eingetragene Lebenspartner mit dem leiblichen oder angenommenen Kind eines Lebenspartners in auf Dauer angelegter sozial-familiärer Gemeinschaft, bilden sie mit diesem ebenfalls eine durch Art. 6 I geschützte Familie; alle Beteiligten können sich jeweils eigenständig auf den Schutz des Familiengrundrechts berufen (BVerfG, U. v. 19.2.2013 – 1 BvL 1/11 –). Das geschützte Verhalten umfasst die Familiengründung und alle Bereiche familiären Zusammenlebens (BVerfGE 80, 92; 112, 352). Die rechtl. Struktur bereitzustellen, innerhalb derer sich Familienbeziehungen entwickeln können und aus der sich die wechselseitigen Verpflichtungen und Befugnisse ergeben, ist der Gesetzgeber durch Art. 6 I verpflichtet (näher dazu BVerfG, U. v. 19.2.2013 – 1 BvL 1/11 –). Nach der Rspr. des EGMR umfasst das Familienleben i.S. des Art. 8 EMRK (vgl. Rn. 2) zumindest auch nahe Verwandte (EGMR, NJW 1979, 2452 – z.b. Großeltern, Enkel). Dies ist durch deutsche Gerichte bei der Auslegung zu beachten (BVerfGK 14, 543 f.).

7  Die in Art. 6 I enthaltene **Verpflichtung zum besonderen Schutz von Ehe und Familie** durch die staatl. Ordnung umfasst positiv die Aufgabe, Ehe und Familie vor Beeinträchtigungen zu bewahren und durch geeignete Maßnahmen zu fördern, sowie negativ das Verbot, sie zu schädigen oder sonst zu beeinträchtigen (vgl. BVerfGE 6, 76; 55, 126 f.; 105, 346; BVerwGE 91, 133 f.). In letzterer Hinsicht gewährt Art. 6 I dem Einzelnen ein *Abwehrrecht* gegen staatl. Eingriffe (BVerfGE 6, 76; 6, 388). Der Schutz der Ehe gebietet es, neben ihr keine anderen rechtsverbindlichen Partnerschaften des Ehegatten zuzulassen (BVerfGE 105, 343). Es besteht aber kein Gebot, andere Lebenspartnerschaften gegenüber der Ehe zu benachteiligen (BVerfGE 105, 348, 361). Geht die Privilegierung der Ehe mit einer Benachteiligung anderer Lebensformen einher, obgleich diese nach dem geregelten Lebenssachverhalt und den mit der Normierung verfolgten Zielen der Ehe vergleichbar sind, rechtfertigt der bloße Verweis auf das Schutzgebot der Ehe gemäß Art. 6 I eine solche Differenzierung nicht (BVerfGE 124, 226 ff.; 126, 420 f.; vgl. auch BVerwG, NJW 2011, 1466; abw. BVerfG, NJW 2008, 2327; BGH, NJW-RR 2007, 1442). Das Beeinträchtigungsverbot bezüglich Ehe und Familie erfasst auch nicht jede Rechtsfolge, die sich negativ auf Ehe und Familie auswirken kann, an sich aber nicht auf die Stellung des Einzelnen in Ehe und Familie ausgerichtet ist (Fürsorgeerziehung für minderjährige Ehefrau – BGHZ 49, 308 ff.; s. auch BVerwGE 40, 240). Unzulässig ist es allerdings, wenn einer Familie nach Erfüllung der Einkommensteuerschuld nicht das Existenzminimum verbleibt (BVerfGE 82, 85; 87, 169 ff.; 120, 154 f.) oder wenn Betreuung und Erziehung von Kindern bei den Bemessungsgrundlagen beitragspflichtiger Versicherungen nicht berücksichtigt werden (BVerfGE 103, 242, 263 – Pflegeversicherung). Die steuerl. Privilegierung der Ehe dagegen ist zulässig (BVerfGE 108, 365 ff.). Ein einheitlicher Familienname ist durch das GG nicht geboten (BVerfGE 78, 49), verfassungswidrig aber die Festlegung, dass automatisch der Name des Ehemanns Familienname wird (BVerfGE 84, 19). Geschützt ist eine gleichberechtigte Partnerschaft (BVerfGE 37, 249 ff.); deswegen hat der Staat dort der freien Gestaltung der Ehegatten (z.B. durch Eheverträge) Grenzen zu setzen, wo sie auf die Dominanz eines Ehepartners hinausläuft (BVerfGE 103, 101).

8  Art. 6 I enthält als wesentlichen Bestandteil das Recht der **Eheschließungsfreiheit**, das jedem erlaubt, mit einem selbstgewählten (geschlechtsverschiedenen) Partner

die Ehe einzugehen (BVerfGE 31, 67; 36, 161), in Ehe und Familie zusammenzu-
leben (BVerfGE 31, 82 f.; 53, 250; 76, 42), die eheliche Gemeinschaft nach innen
in ehelicher und familiärer Verantwortlichkeit und Rücksicht frei zu gestalten
(BVerfGE 80, 92; 103, 101; 107, 53), über die Zahl der Kinder zu entscheiden
und sich scheiden zu lassen. Geschützt wird damit auch vor einem aufgezwungenen Ehepartner und einer aufgezwungenen Ehe („Zwangsehe"). Daraus ergeben
sich auch die „negative" Eheschließungsfreiheit (von der Entscheidung BVerfGE
56, 384 f., in Art. 2 I verortet) und das Recht, an einer bestehenden Ehe festzu-
halten (s. hierzu BVerfGE 121, 198 ff., betr. transsexuelle Ehepartner und deren
– mit Art. 6 I unvereinbare – gesetzl. Verpflichtung zur Ehescheidung als Voraussetzung für die Anerkennung geänderter Geschlechtszugehörigkeit). Die Gewährleistung der Eheschließungsfreiheit erfordert auch gesetzl. Regeln über die Formen der Eheschließung und ihre sachlichen Voraussetzungen (BVerfGE 31, 69;
103, 101). Die Freiheitsgarantie verpflichtet den Staat jedoch zu äußerster Zurückhaltung bei der Aufstellung von Ehehindernissen (Unzulässigkeit des Ehever-
bots der „Geschlechtsgemeinschaft" – BVerfGE 36, 163 f.) und bei der Festlegung der Ehevoraussetzungen (Zeugungsfähigkeit/Gebärfähigkeit – BVerfGE 49,
300). Die Ausstrahlungswirkung, die die Grundrechte über die Generalklauseln
des Zivilrechts im Privatrechtsverkehr entfalten (vgl. vor Art. 1 Rn. 6), lässt vertragliche „Zölibatsklauseln", die Heiratsverbote für die Dauer von Arbeitsver-
hältnissen aufstellen, in aller Regel unzulässig werden. Dies schließt jedoch nicht
aus, dass bei Beschäftigten von kirchlichen Einrichtungen unter Berücksichtigung
des Selbstbestimmungsrechts nach Art. 140/137 III WRV im Einzelfall eine Kündigung gerechtfertigt sein kann, wenn die Eheschließung gegen wesentliche
Grundsätze der kirchlichen Sittenlehre verstößt (s. BVerfG, NJW 1983, 2571;
BAGE 33, 24 f.; 47, 148 f.; zur Gegenposition vgl. AG Münster, BB 1987,
128 ff.). Eine letztwillige Verfügung kann bei schwerem Eingriff in die Eheschließungsfreiheit sittenwidrig sein (BGHZ 140, 130 f.). Die lebenswichtige
Funktion der Familie für die menschliche Gemeinschaft, wie sie Art. 6 I zugrunde
liegt, kann aber die Strafbarkeit des Inzests (§ 173 StGB) rechtfertigen, weil das
vorausgesetzte Ordnungsgefüge durch inzestuöse Beziehungen ins Wanken gerät
(BVerfGE 120, 245). Der Schutz des mit der Ehe gewählten Namens erwächst allein aus dem allg. Persönlichkeitsrecht (Art. 1 I i.V.m. Art. 2 I; BVerfGE 105,
342; 109, 267; 123, 101 ff.).

Besondere praktische Bedeutung kommt dem Grundrecht im Hinblick auf **Aus-**     9
**länder** zu. Der Schutz des Grundrechts erstreckt sich grundsätzlich auch auf nach
ausländischem Recht geschlossene Ehen, soweit dabei die Absicht bestand, eine
dauernde Gemeinschaft einzugehen (vgl. BVerfGE 62, 330 f.; 76, 41). Bei *Heirat*
eines Ausländers im Inland sind die deutschen Behörden zur erforderlichen Mitwirkung verpflichtet (BVerfGE 31, 78). Die Anwendung des nach Art. 13
EGBGB maßgebenden Heimatrechts ist im Einzelfall an den Grundrechten zu
messen (s. BVerfGE 31, 73). Ergibt sich in Bezug auf einen konkreten Sachverhalt, der eine starke Inlandsbeziehung aufweist, ein Widerspruch zwischen den
Grundrechten und dem ausländischen Recht, ist Letzteres nicht anzuwenden
(vgl. BVerfGE 31, 81 f.). Im Bereich des *Aufenthaltsrechts* kommt bei der Güterabwägung zwischen den privaten Interessen des Ausländers und den öffentl. Belangen der Bundesrepublik Deutschland dem Schutz von Ehe und Familie ein hoher Rang zu (BVerfG i. st. Rspr.; z.B. BVerfGE 51, 397 ff.; 76, 49 f.; s. auch
BVerwGE 48, 302; 70, 137 f.; 102, 22; 105, 40). Dadurch wird der den Auslän-
derbehörden eingeräumte Ermessensspielraum bei der Erteilung von Aufenthalts-
erlaubnissen und bei Ausweisungsentscheidungen eingeschränkt (vgl. BVerfGE

76, 49 f.; BVerfG, NJW 1994, 3155). So drängt die Pflicht des Staates zum Schutz der Familie regelmäßig einwanderungspolit. Belange zurück (BVerfG, NJW 1994, 3155). Art. 6 I begründet jedoch kein allg. Aufenthalts- und Familiennachzugsrecht (s. BVerfGE 76, 47; 80, 93; BVerwGE 102, 19; 106, 17); dies gilt i. Allg. auch für von Deutschen adoptierte erwachsene Ausländer (BVerfGE 80, 81). Mit Deutschen verheiratete Ausländer haben aber praktisch, soweit es sich nicht um Scheinehen handelt (BVerwGE 65, 180), ein Bleiberecht (BVerfGE 49, 184), jedoch keinen Anspruch auf Einbürgerung (BVerwGE 67, 183; BVerwG, DVBl 1984, 98 ff.). Generalpräventiv motivierte Ausweisungen kommen in diesen Fällen nur bei besonders schweren Straftaten in Betracht (BVerfGE 51, 397 f.; BVerfG, NVwZ 1983, 667; BVerwGE 81, 162 f.). Gemeinsame Kinder mit deutscher Staatsangehörigkeit verstärken das Gewicht der Gründe, die für ein Bleiberecht sprechen (BVerwGE 48, 303; 56, 251). Kann eine bestehende Lebens- und Erziehungsgemeinschaft zwischen einem Ausländer und seinem Kind nur in Deutschland verwirklicht werden, treten einwanderungspolit. Belange hinter den Schutz der Familie zurück (BVerfG, DVBl 2006, 247). Da Art. 6 I, wiewohl mit geringerer Schutzwirkung im Bereich des Aufenthaltsrechts, auch für rein ausländische Ehen und Familien gilt (BVerfGE 76, 46 f.; BVerwGE 48, 302 f.), kann auch hier im Einzelfall das Ausweisungsermessen eingeschränkt sein (vgl. BVerwGE 60, 135 f.). Für volljährige Ausländer besteht aber nicht allein deswegen ein höherer Ausweisungsschutz, weil die Eltern im Bundesgebiet wohnen (BVerwGE 68, 101). Der grundrechtl. Schutz der Familie ist auch bei Regelungen über den Nachzug von ausländischen Ehegatten und Kindern zu ihren in der Bundesrepublik Deutschland aufenthaltsberechtigten Ehegatten und Eltern zu berücksichtigen (BVerwGE 70, 137 f.; 71, 228; 109, 311). Doch begründet weder Art. 6 I noch Art. 6 II einen grundrechtl. Anspruch von ausländischen Ehegatten oder Familienangehörigen auf Nachzug (BVerfGE 76, 47 f.). Ein generelles Nachzugsverbot wäre freilich unzulässig. Gesetzl. Beschränkungen – etwa zur Förderung der Integrationsfähigkeit bereits anwesender Kinder – sind jedoch nicht ausgeschlossen. So ist das Erfordernis eines achtjährigen ununterbrochenen Aufenthalts im Bundesgebiet als Voraussetzung für den Nachzug des anderen Ehegatten zulässig (BVerfGE 76, 53), eine dreijährige Ehebestandszeit als Nachzugsvoraussetzung dagegen zu lang und zu generell (s. BVerfGE 76, 60 f.). Das BVerwG sieht es ferner als grundsätzlich nicht nur mit Art. 6, sondern auch mit Art. 8 EMRK und Art. 7 EUGrCh vereinbar an, als Nachzugserfordernis für Ehegatten zu verlangen, dass diese sich auf einfache Art in deutscher Sprache verständigen können (BVerwGE 136, 243 ff.; nach Ansicht von Pfersich, ZAR 2011, 34, wäre hier eine Vorlage an den EuGH geboten gewesen). Bei der Entscheidung über den Nachzug kann entscheidend sein, ob der Nachziehende voll- oder minderjährig, von welcher Dauer und Verfestigung der Aufenthalt des Nachholenden ist (VGH Mannheim, NJW 1983, 536, 1280) und ob beide Elternteile oder nur einer im Bundesgebiet leben (BVerwG, DÖV 1983, 420). Ein normales Familienleben ist da zu ermöglichen, wo langfristig die Lebensgrundlage für die Familie geschaffen werden soll. Regelmäßig verstößt es aber nicht gegen Art. 6 I, die Ehegatten einer rein ausländischen Ehe darauf zu verweisen, die Familiengemeinschaft in ihrer Heimat herzustellen, wenn der gemeinsame Aufenthalt der Familie in der Bundesrepublik Deutschland mit deren öffentl. Interessen nicht vereinbar ist (BVerwGE 70, 138). Weiter ist das Schutzgebot des Art. 6 I auch im Rahmen des *Asylrechts* zu beachten. Dem ist bei Ehegatten und abhängigen minderjährigen Kindern eines Asylberechtigten, die nicht selbst polit. verfolgt sind und mit diesem die Familiengemeinschaft fortsetzen wollen, grundsätzlich durch die Gewährung eines Bleiberechts im allg. aufenthaltsrechtl. Verfahren Rechnung zu tragen, ohne dass deswegen auch ihnen Asyl zu gewähren ist (vgl. auch BVerwGE 65, 247).

Die **Institutsgarantie** für Ehe und Familie (s. Rn. 2) verbietet zwar staatl. Maßnahmen, die auf die Abschaffung dieser Einrichtungen hinzielen oder eine solche Abschaffung zumindest fördern, belässt dem Gesetzgeber aber einen erheblichen Gestaltungsspielraum (vgl. BVerfGE 53, 245; 105, 346 – Einführung eingetragener Lebenspartnerschaften). Dieser erstreckt sich auch auf die Ausgestaltung des Scheidungsrechts, solange das Prinzip der grundsätzlich unauflöslichen Ehe beachtet wird. So war die Einführung des Zerrüttungsprinzips (s. BVerfGE 53, 224) und des Versorgungsausgleichs (BVerfGE 53, 257) verfassungskonform. Die starre Fristenregelung des § 1568 II BGB verstieß jedoch gegen die Pflicht des Staates, eine Scheidung zur Unzeit zu verhindern und außergewöhnlichen Härten zu begegnen (BVerfGE 55, 141 f.). Art. 6 I schützt Ehe und Familie zunächst nur als äußere Rechtsinstitute. Er garantiert damit zugleich eine Sphäre der privaten Lebensgestaltung, die staatl. Einwirkung entzogen ist (vgl. BVerfGE 6, 81). Hinsichtlich des inneren Bereichs der Ehe ist der Gesetzgeber an Art. 3 II gebunden, während die Ehegatten bei der Ausgestaltung ihrer Privatsphäre grundsätzlich frei sind (BVerfGE 6, 81 f.; 51, 398). Dem Gesetzgeber ist es damit versagt, auf bestimmte Formen der Ehe (wie die „Hausfrauenehe") etwa durch steuerrechtl. Maßnahmen hinzuwirken (BVerfGE 6, 79 ff.; 61, 347 ff. – Splittingtarif). Ehe und Familie sind sowohl im immateriell-persönlichen wie auch im materiellwirtsch. Bereich als selbstverantwortlich handelnd zu respektieren und zu schützen (BVerfGE 33, 238; 61, 346 f.). Die Institutsgarantie verbietet aber nicht, Strukturelemente der Ehe auch anderen Personenkonstellationen als der Verbindung von Mann und Frau anzubieten (BVerfGE 105, 351 – gleichgeschlechtliche Lebenspartnerschaft).

Das in Art. 6 I enthaltene **Verbot der Diskriminierung** von Ehe und Familie verbietet grundsätzlich jede Benachteiligung von Ehegatten gegenüber Ledigen, von Familienmitgliedern gegenüber Nicht-Familienzugehörigen (vgl. BVerfGE 9, 242; 61, 355; 69, 205) und von ehelichen gegenüber nichtehelichen Lebensgemeinschaften (BVerfGE 99, 232; 112, 279; 114, 333), soweit es sich – unter Anlegung strenger Maßstäbe (BVerfGE 12, 69; 15, 335; 18, 107) – nicht bloß um unbeabsichtigte Nebenfolgen in Ausnahmefällen handelt (s. BVerfGE 6, 77; 12, 176). Auch der Unterhaltsanspruch des wegen Kindesbetreuung bedürftigen geschiedenen Ehegatten kann Vorrang vor dem des neuen Ehegatten haben, der ebenfalls ein Kind betreut (BVerfGE 66, 84; 107, 215; 108, 363 f.). Bei Bemessung nachehelichen Unterhalts ist von der Gleichwertigkeit von Familien- und Erwerbsarbeit auszugehen (BVerfGE 105, 12 ff.). Splittingvorteile einer neuen Ehe dürfen nicht zugunsten der geschiedenen berücksichtigt werden (BVerfGE 108, 366 f.). Eine Verletzung des Grundrechts liegt dann vor, wenn sich beim Vergleich von Verheirateten und Familienmitgliedern mit Ledigen und Nicht-Familienmitgliedern allein aus dem Umstand des Verheiratetseins oder der Zugehörigkeit zu einer Familie nachteilige Rechtsfolgen ergeben (vgl. BVerfGE 28, 347; 69, 204; zur Differenzierung bei der Arbeitslosenhilfe: BVerfGE 87, 256). Das schließt jedoch nicht eine Begünstigung von Unverheirateten (etwa durch eine Ausbildungszulage) aus, wenn dies mit üblicherweise nur bei ihnen vorliegenden Gründen (z.B. größerer Bedürftigkeit) gerechtfertigt werden kann (BVerfGE 22, 104 f.). Kindesunterhalt mindert die steuerl. Leistungsfähigkeit (BVerfGE 107, 49; 112, 280). Die steuerl. Berücksichtigung doppelter Haushaltsführung darf bei Doppelverdienerehen nicht zeitlich beschränkt werden (BVerfGE 107, 53 ff.). Zweitwohnung-

*Antoni*

steuer auf Erwerbswohnungen von Ehegatten diskriminiert die Ehe (BVerfGE 114, 333 ff.; s. aber zu einer mit Art. 6 I vereinbaren Ausgestaltung BVerfG, NVwZ-RR 2010, 458 f.). Nicht mit Art. 6 I vereinbar ist eine Einkommensbesteuerung verwitweter, geschiedener, getrennt lebender oder unverheirateter Eltern mit Kind, die den zwangsläufigen zusätzlichen Aufwand für die Kindesbetreuung nicht berücksichtigt und für Alleinerziehende im Vergleich zur Ehegattenbesteuerung zu nicht gerechtfertigen Mehrbelastungen führt (BVerfGE 61, 342, 348 ff.; 68, 152 ff.). Der Betreuungsbedarf für Kinder muss in jedem Fall einkommensteuerrechtl. unbelastet bleiben (BVerfGE 99, 234).

12  Die vom Gebot zum Schutz von Ehe und Familie mitumfasste **Förderpflicht** des Staates (s. oben Rn. 7) wirkt sich besonders im materiell-wirtsch. Bereich (z.b. im Sozialversicherungsrecht) aus (BVerfGE 48, 366). Ihre Erfüllung steht unter dem Vorbehalt des Möglichen (BVerfGE 82, 82; 87, 35 f.; 103, 259), Art und Umfang der Förderung unterliegen deshalb weitgehend dem Ermessen des Gesetzgebers (BVerfGE 21, 6). Die grundsätzliche Förderungspflicht geht auch nicht so weit, dass der Staat verpflichtet wäre, jegliche die Familie betr. finanziellen Belastungen auszugleichen (BVerfGE 23, 264; 87, 35). Auch lassen sich aus dem Förderungsgebot keine konkreten Ansprüche auf bestimmte staatl. Leistungen oder konkrete Formen der Rechtsgewährleistung (etwa in Bezug auf das Sorgerecht) herleiten (BVerfGE 39, 326; 57, 385 ff.). Demzufolge ergibt sich zwar aus Art. 6 I i.V.m. dem Sozialstaatsprinzip eine allg. Pflicht des Staates zur Förderung im materiell-wirtsch. Bereich (insbes. dem Bereich der Kinderbetreuung – BVerfGE 99, 234) und zu einem Familienlastenausgleich einschl. der Steuerfreiheit des Existenzminimums aller Familienmitglieder (BVerfGE 39, 326; 110, 433; 120, 154 f.; BFHE 180, 554), doch können hieraus keine konkreten Maßstäbe für die Behandlung im Steuer-, Renten- und Kindergeldrecht abgeleitet werden (vgl. BVerfGE 43, 121; 47, 24; 55, 127; BSG, NJW 1987, 463). Die besondere Pflicht zur Förderung der Ehe wird nicht verletzt, wenn ein anderes Institut als die Ehe mit gleichen Rechten und Pflichten versehen wird, solange der Adressatenkreis, an den sich das Institut richtet, ein anderer ist als der von Mann und Frau (s. BVerfGE 105, 350 f.).

**Absatz 2: Elternrecht**

13  Gegenüber dem allg. Schutz der Familie durch Abs. 1 enthält Abs. 2 spezielle Bestimmungen, die die Beziehungen zwischen Eltern und Kindern in der Familie sowie die **Stellung von Eltern und Staat bei der Kindererziehung** betreffen (vgl. BVerfGE 24, 135). Garantiert wird der Vorrang der Eltern, ihre Eigenständigkeit und Selbstverantwortlichkeit bei der Pflege und Erziehung der Kinder. Zugleich wird aber die staatl. Gemeinschaft zum Wächter hierüber bestellt. Als Abwehrrecht gewährt Art. 6 II den Eltern Schutz vor staatl. Eingriffen, soweit diese nicht durch das „Wächteramt" gedeckt sind (BVerfGE 24, 138). Das Ziel des Freiheitsrechts ist aber der Schutz der Kinder (BVerfGE 59, 376). Daher muss in der Eltern/Kind-Beziehung das Kindeswohl die oberste Richtschnur der Pflege und Erziehung sein (BVerfGE 60, 88; s. etwa zur Elterneinwilligung in die Beschneidung nicht einsichts- u. urteilsfähiger Knaben Art. 4 Rn. 10). Die Funktion als wertentscheidende Grundsatznorm verpflichtet z.B. die Ausländerbehörde, bei der Entscheidung über aufenthaltsbeendende Maßnahmen die inländischen familiären oder väterlichen Bindungen des Ausländers angemessen zu berücksichtigen (BVerfG, NVwZ 2009, 387). Das Elternrecht bedarf der gesetzl. Ausgestaltung, um einzelnen Elternteilen bestimmte Rechte und Pflichten zuzuordnen, wenn die Voraussetzungen für eine gemeinsame Ausübung fehlen (BVerfGE 84, 180; 92,

178 f.f.). Extern auf **europäischer Ebene** gewährleistet Art. 2 des 1. ZP zur EMRK das Recht der Eltern auf Erziehung ihrer Kinder. Für den Bereich der EU schützt Art. 24 EUGrCh (gestützt auf das Übereinkommen über die Rechte der Kinder v. 20.11.1989, BGBl 1992 II S. 121) den Anspruch des Kindes auf Schutz und Fürsorge. Zwar wird auch der Kontakt mit den Eltern garantiert, doch steht das Wohl des Kindes und nicht wie in Art. 6 II GG das Elternrecht im Mittelpunkt der Regelung.

Das Grundrecht des Art. 6 II ist ein *Individualrecht*, das nicht den Eltern als verschiedengeschlechtlicher Gemeinschaft, sondern – unabhängig vom Geschlecht – jedem Elternteil einzeln zusteht (BVerfG, U. v. 19.2.2013 – 1 BvL 1/11 –) und nicht durch Mehrheitsbildung ausgeübt werden kann (BVerfGE 47, 76; 99, 164; 107, 173). **Grundrechtsträger** können Personen sein, die in einem durch Abstammung oder durch einfachgesetzl. Zuordnung begründeten Elternverhältnis zum Kind stehen (BVerfG, U. v. 19.2.2013 – 1 BvL 1/11 –). Dazu gehören die Eltern ehelicher Kinder ebenso wie Adoptiveltern (vgl. dazu BVerfGE 24, 135, 150; 79, 211). Bei nichtehelichen Kindern steht das Grundrecht nicht nur der Mutter (s. BVerfGE 24, 135), sondern auch dem Vater zu (BVerfGE 92, 176, 178; 107, 169 – unter Abweichung von der früheren einschränkenden Rspr.; vgl. E 56, 384). Doch folgt daraus nicht das verfassungsrechtl. Gebot, den Vater bzw. die Mutter in jedem Fall an der elterlichen Sorge für ihr nichteheliches Kind zu beteiligen (BVerfGE 56, 383 f.; 92, 177 ff.). Aber auch der nicht sorgeberechtigte Elternteil hat ein Umgangsrecht (BVerfGE 64, 187 f.; 108, 81) und muss die Möglichkeit haben, die rechtl. Elternschaft zu erlangen (BVerfGE 108, 104 ff.). Verfassungswidrig ist jedoch die zwangsweise Durchsetzung der Umgangspflicht (BVerfGE 121, 89). Der rechtl. Vater ist zumindest dann Träger des Rechts aus Art. 6 II 1, wenn er für das Kind Elternverantwortung wahrnimmt (BVerfG, NJW 2008, 2835). Das Elternrecht schützt auch das Interesse des rechtl. Vaters, sich von seiner nicht biologischen Vaterschaft zu trennen (BVerfG 117, 234). Die Kinder haben aus Abs. 2 Satz 1 einen Anspruch auf Pflege, Erziehung und Beaufsichtigung durch die Eltern (BVerfGE 68, 269; 121, 92 f.) sowie auf Schutz durch den Staat (BVerfGE 107, 117), der die elterliche Pflege und Erziehung zu gewährleisten hat (BVerfG, U. v. 19.2.2013 – 1 BvL 1/11 –). Keine Grundrechtsträger sind Groß-, Stief- und Pflegeeltern sowie Vormünder (s. BVerfGE 10, 328; 19, 329; 79, 60).

**„Pflege und Erziehung"** sind als einheitlicher Begriff zu verstehen, der die gesamte Sorge für das körperliche Wohl und die seelisch-geistige Entwicklung des Kindes umfasst. Hierzu gehören Ernährung, Kleidung und Förderung der körperlichen Entwicklung ebenso wie die Verwaltung des Kindesvermögens, die Finanzierung seines Unterhalts, seine Ausbildung und umfassend die Bestimmung der Erziehungsziele und der Erziehungsmittel. I.V.m. Art. 4 I wird auch das Recht zur religiös-weltanschaulichen Kindererziehung mitumfasst (BVerfGE 93, 17; s. auch Art. 4 Rn. 7).

Das **Elternrecht** des Art. 6 II schützt elterliches Handeln, das bei weitester Anerkennung der Selbstverantwortlichkeit der Eltern noch als Pflege und Erziehung zum Wohl des Kindes gewertet werden kann (BVerfGE 24, 143; 76, 48). Die Abstammung und gleichermaßen die sozial-familiäre Verantwortungsgemeinschaft machen den Gehalt von Art. 6 II 1 aus (BVerfGE 92, 178). Damit ist der rechtl. ebenso wie der biologische Vater vom Schutzbereich umfasst (vgl. BVerfG, NJW 2008, 2835). Auch Personen gleichen Geschlechts, die gesetzl. als Elternteile eines Kindes anerkannt sind, sind Eltern i.S. des Art. 6 II 1 (BVerfG, U. v. 19.2.2013 – 1 BvL 1/11 –). Dem Elternrecht steht eine *Pflichtenbindung* ge-

14

15

16

genüber, wie sie in gleicher Weise bei keinem anderen Grundrecht besteht. Die Pflicht ist dabei nicht Schranke, sondern wesensbestimmender Bestandteil des Grundrechts, das daher zutreffender als „Elternverantwortung" zu bezeichnen wäre (BVerfGE 56, 381 f.; 68, 190; 108, 72). Zur Verantwortung gehört, die Betreuung des Kindes sicherzustellen und für einen angemessenen Unterhalt zu sorgen (BVerfGE 68, 267; 80, 90 f.; 103, 107). Die Elternverantwortung ist auch die Grundlage für die erhöhte Unterhaltspflicht der Eltern gegenüber ihren minderjährigen Kindern (vgl. BGH, NJW 1980, 2415). Die Verantwortung der Eltern für ihre Kinder und die Befriedigung ihres Lebensbedarfs überdauert die Scheidung und ist unabhängig von der Übertragung der elterlichen Sorge (BVerfGE 68, 267). Das Umgangsrecht des nichtsorgeberechtigten Elternteils ist ebenfalls Teil des Elternrechts (BVerfGE 64, 188; BVerfG, NJW 1995, 1343). Das Elternrecht des Vaters eines nichtehelichen Kindes aus Art. 6 II wird verletzt, wenn gegen den Willen der Mutter die elterliche Sorge für ein solches Kind nicht auf den Vater übertragen werden kann (BVerfGE 127, 151 ff.). Auch der Vater des nichtehelichen Kindes ist an der Adoption zu beteiligen (BVerfGE 92, 181 ff.). Es besteht aber aus Art. 6 II 1 keine Verpflichtung des Gesetzgebers zur Ermöglichung einer Sukzessivadoption durch einen eingetragenen Lebenspartner (BVerfG, U. v. 19.2.2013 – 1 BvL 1/11 –). Die zwangsweise Durchsetzung der gesetzl. Verpflichtung eines Elternteils zum Umgang mit seinem Kind ist dagegen verfassungswidrig (s. oben Rn. 14). Bestandteil des Sorgerechts ist es, dem Kind einen Namen zu geben (BVerfGE 104, 385 f.); dieses Recht ist nur durch eine mögliche Beeinträchtigung des Kindeswohls begrenzt (BVerfGE 104, 385; BVerfGK 6, 319). „Zuvörderst" weist auf die Priorität elterlicher Verantwortung hin, deutet aber auch an, dass der Staat auf diesem Gebiet ebenfalls Aufgaben und Pflichten hat (BVerfGE 24, 135 f.).

17 **Grenzen des elterlichen Erziehungsrechts:** Die Verantwortung der Eltern für den Gesamtplan der Erziehung ihrer Kinder (BVerfGE 47, 75) steht in einem *Spannungsverhältnis zum staatlichen Erziehungsauftrag in der Schule* (Art. 7 I), der in seinem Bereich dem elterlichen Erziehungsrecht gleichgeordnet ist (BVerfGE 52, 236 m.w.N.; BVerwGE 18, 42; BayVerfGH 33, 43; HessStGH, ESVGH 32, 8; DÖV 1983, 546 ff.). Daraus folgt die Notwendigkeit eines sinnvoll aufeinander bezogenen Zusammenwirkens von Eltern und Schule (BVerfGE 34, 183; 47, 74; einschl. eines Informationsrechts der Eltern – BVerfGE 59, 381) mit der Folge, dass sich sowohl für das elterliche Erziehungsrecht als auch für den Gestaltungsbereich des Staates Begrenzungen ergeben (in letzterer Hinsicht s. Art. 7 Rn. 6 f.). Der elterlichen Bestimmung grundsätzlich entzogen sind neben der Festlegung der Schulpflicht (BVerfG, NJW 1987, 180) und der organisatorischen Gliederung der Schule auch die inhaltliche Festlegung der Ausbildungsgänge und Lernziele sowie die Bestimmung des Unterrichtsstoffs (vgl. BVerfGE 34, 182; 45, 415; 53, 196; BVerfGK 10, 429 ff. – Ethikunterricht; s. auch BVerwGE 44, 312 f.; 47, 198; BayObLG, BayVBl 1984, 90 f.). Auch in *zeitlicher Hinsicht* hat das Erziehungsrecht der Eltern seine Grenzen. Mit abnehmender Pflege- und Erziehungsbedürftigkeit sowie zunehmender Selbstbestimmungsfähigkeit des Kindes werden die Befugnisse des Elternrechts zurückgedrängt, sie ist mit der Volljährigkeit erlöschen (BVerfGE 59, 382; 72, 137; vgl. auch § 1626 II BGB). Im Übrigen tritt es auch dort zurück, wo *eigene Rechte des Kindes* (z.B. im religiösen Bereich; s. BGHZ 21, 352 f.; BVerwGE 68, 18 f., sowie hier Art. 7 Rn. 9) oder *verfassungsmäßige Pflichten* (wie die Schulpflicht) bestehen (BVerwGE 22, 237). Bei Interessenkollision zwischen Kind und Eltern hat das Kindeswohl Vorrang (BVerfGE

72, 137; 79, 211; 99, 156). Die lebenswichtige Funktion der Familie kann die
Strafbarkeit des Inzests (§ 173 II 2 StGB) rechtfertigen (BVerfGE 120, 245).

Das „Wächteramt" des Staates verpflichtet diesen, die Wahrnehmung der Eltern-   18
verantwortung zu ermöglichen und durch ihre Überwachung Pflege und Erziehung des Kindes sicherzustellen (vgl. BVerfGE 24, 144; 60, 88). Im Mittelpunkt
steht dabei das *Wohl des Kindes*, an dem der Staat seine Maßnahmen ausrichten
muss, das ihm aber auch erlaubt, in das elterliche Erziehungsrecht einzugreifen
(vgl. BVerfGE 72, 134). Das Recht auf freie Gestaltung der Sorge für das Kind
verdient dort keinen Schutz, wo sich die Eltern ihrer Verantwortung entziehen
und eine Vernachlässigung des Kindes droht (BVerfGE 24, 143 f.; 103, 107). Die
Verantwortung der Eltern ist dabei jedoch so weit wie möglich zu achten
(BVerfGE 7, 323; 10, 83). Es muss daher zunächst versucht werden, durch unterstützende Maßnahmen ein verantwortungsgerechtes Verhalten der Eltern zu erreichen, bevor direkt in ihre Erziehungs- und Pflegerechte eingegriffen wird oder
diese vorübergehend oder sogar dauernd entzogen werden (BVerfGE 24, 144 f.;
60, 89 ff.; 107, 122). In diesem Rahmen ist der Staat beispielsweise berechtigt,
bei Uneinigkeit (BVerfG, NJW 2003, 1031 f.) die Einwilligung eines Elternteils
zur Adoption zu ersetzen, wenn dieser seine Pflichten gegenüber dem Kind
schuldhaft verletzt und die Einwilligung böswillig verweigert (BVerfGE 24,
119 ff.), oder gerichtl. Bestimmungen des Umgangsrechts des Nichtsorgeberechtigten mit seinem Kind zu treffen (BVerfGE 64, 184 ff.). Die Regelung, dass das
Sorgerecht für ein Kind nach der Scheidung ohne Ausnahme nur einem Elternteil
allein übertragen werden kann, verletzt die Rechte der natürlichen Eltern aus
Art. 6 II, wenn diese willens und fähig sind, die Elternverantwortung zum Wohle
des Kindes weiterhin gemeinsam zu tragen (BVerfGE 61, 374 ff. – in Abweichung von E 55, 178 ff.). § 1738 I BGB (Verlust des Sorgerechts der Mutter eines
nichtehelichen Kindes bei dessen Ehelicherklärung) verstieß, soweit er auch die
gemeinsame Ausübung der elterlichen Sorge durch die mit dem Kind zusammen-
lebenden und zur Übernahme gemeinsamer Elternverantwortung bereiten und fähigen Eltern ausschloss, ebenfalls gegen Art. 6 II (BVerfGE 84, 179 f.; 107, 179).
Der Gesetzgeber kann ein gemeinsames Sorgerecht der natürlichen Eltern in unterschiedlichen Formen vorsehen (BVerfGE 84, 187).

**Absatz 3: Trennung des Kindes von der Familie**

Abs. 3 enthält eine **zusätzliche Sicherung der Elternverantwortung** gegenüber   19
dem Staat, indem er den im Rahmen des staatl. Wächteramts nach Abs. 2 Satz 2
möglichen Eingriffen Grenzen setzt und einzelne Maßnahmen unter den Vorbehalt einer gesetzl. Regelung stellt (vgl. BVerfGE 24, 138 ff.; 76, 48). Verhindert
werden soll ein Zurückdrängen der elterlichen Erziehungstätigkeit zugunsten
staatl. Zwangserziehung. Daher berührt zwar auch die Entscheidung über die
Aufrechterhaltung einer Trennung (BVerfGE 68, 187), nicht aber die Einleitung
einer Adoption gegen den Willen der Eltern den Schutzbereich des Abs. 3
(BVerfGE 24, 142).

„Trennung" i.S. des Abs. 3 ist die „Wegnahme" des Kindes von seinen Eltern bei   20
grundsätzlichem Fortbestand der Eltern/Kind-Beziehung und der darauf beruhenden Rechte und Pflichten (BVerfGE 24, 139 ff.). Gegen den Willen der Erziehungsberechtigten – d.h. der Sorgerechtsinhaber – darf dies nur bei deren Versagen oder im Falle der Verwahrlosung geschehen. Während ein „Versagen" voraussetzt, dass die Sorgeberechtigten auf Dauer ihrer Erziehungsverantwortung
nicht nachkommen, kann eine „Verwahrlosung" auch ohne Pflichtverletzung der
Erziehungsberechtigten eintreten. Die staatl. veranlasste Trennung von Eltern

und Kind ist der stärkste Eingriff in die Rechte von Erziehungsberechtigten (BVerfGE 107, 118). Nicht jedes Versagen oder jede Nachlässigkeit der Eltern berechtigt daher den Staat, auf Grund seines Wächteramtes (vgl. Rn. 18) die Eltern von der Pflege und Erziehung ihres Kindes auszuschalten oder gar selbst dieses Aufgabe zu übernehmen; vielmehr muss das elterliche Fehlverhalten ein solches Ausmaß erreichen, dass das Kind bei einem Verbleiben in der Familie in seinem körperlichen, geistigen oder seelischen Wohl nachhaltig gefährdet ist (BVerfG, NJW 2010, 2334; s. auch BVerfGE 60, 91). Diese sich unmittelbar aus Art 6 II 1 und III ergebenden Anforderungen sind auch beim Erlass vorläufiger Eilmaßnahmen zu beachten (BVerfG, NJW 2011, 3356). Die verfassungsrechtl. gebotene *gesetzliche Grundlage* (BVerfGE 107, 120) für derartige staatl. Maßnahmen liefern das SGB VIII – Kinder- und Jugendhilfe – i.d.F. vom 11.9.2012 (BGBl I S. 2022) und das bürgerliche Recht (§§ 1666, 1666 a BGB; s. dazu BVerfGE 60, 90 f.; 72, 138).

## Absatz 4: Schutz- und Fürsorgeanspruch der Mutter

21 Als wertentscheidende Grundsatznorm enthält Abs. 4 einen bindenden Auftrag an den Gesetzgeber (BVerfGE 60, 74), in Abweichung vom allg. Gleichheitssatz **Fürsorge und Schutz aller Mütter** zu gewährleisten. Gleichzeitig statuiert er für diese ein echtes Grundrecht (BVerfGE 76, 48 f.; 115, 271 – Verschaffungsanspruch; BVerfGK 5, 267 f.; BVerwGE 47, 27), dessen Schutz sich allein auf Mütter betr. Sachverhalte bezieht (BVerfGE 87, 41 f.; 94, 259). Als Konkretisierung des Sozialstaatsprinzips (BVerfGE 32, 279) schützt er die Frau während der Schwangerschaft und als Mutter eines Kindes darüber hinaus ohne Rücksicht auf Familienstand und Alter (vgl. BVerfGE 32, 277; BVerwG, NJW 1971, 1328; BSGE 64, 299). Der Anspruch auf Schutz gebietet auch, ehevertragliche Vereinbarungen einer besonderen Inhaltskontrolle zu unterziehen, um eine einseitige Lastenverteilung zuungunsten der Frau zu verhindern (BVerfGE 103, 102). Extern auf **europäischer Ebene** wurde der Mutter- und Elternschutz für den Bereich der EU in Art. 33 II EUGrCh als Grundrecht auf Art. 8 ESC (Recht der Arbeitnehmerinnen auf Schutz) und Art. 27 RESC (Recht der Arbeitnehmer mit Familienpflichten auf Chancengleichheit u. Gleichbehandlung) gestützt. Zudem betont der EuGH den Schutz der Mutterschaft im Zusammenhang mit der Gleichberechtigung von Frauen und Männern. Die Gewährleistung des Art. 33 I EUGrCh zielt darauf ab, dass „Familien- und Berufsleben miteinander in Einklang" gebracht werden können, und stimmt damit mit dem Schutzbereich des Art. 6 IV weitgehend überein.

22 Besondere Bedeutung hat Abs. 4 im **Arbeitsrecht**. Er gewährleistet den Bestand des Arbeitsverhältnisses einer schwangeren Arbeitnehmerin und verpflichtet den Gesetzgeber, die werdende Mutter gegen den Verlust des Arbeitsplatzes zu schützen (BVerfGE 85, 175; 85, 372). Insoweit ist das Kündigungsverbot des § 9 MuSchG, das auch bei extremer Belastung der öffentl. Haushalte nicht suspendiert werden kann (BVerfGE 84, 155 f.), eine Konkretisierung dieser Verfassungsentscheidung (BAGE 24, 477 ff.). Der Kündigungsschutz geht auch dann nicht verloren, wenn die Frist zur Mitteilung der Schwangerschaft unverschuldet überschritten und die Meldung unverzüglich nachgeholt wurde (BVerfGE 52, 357 ff.; 55, 157 f.). Hingegen rechtfertigt eine schuldhafte Versäumung der Mitteilungsfrist den Verlust des Kündigungsschutzes (BVerfGE 32, 273). Auch eine Berufung in das Beamtenverhältnis kann nicht allein deswegen aufgeschoben werden, weil die Bewerberin schwanger ist (BVerfGE 44, 215). Die Fürsorgepflicht des Staates bedeutet nicht, dass dieser ausschließlich die Kosten des Mut-

terschutzes zu tragen (BVerfGE 37, 126 f.) oder jede mit der Mutterschaft zusammenhängende Belastung auszugleichen hat (BVerfGE 60, 74; BVerwGE 91, 134 f.). Es ist auch nicht unzulässig, Mütter, die nicht erwerbstätig oder arbeitslos sind, vom Bezug des Mutterschaftsgelds auszuschließen (BVerfGE 65, 112).

**Absatz 5: Gleichstellung von nichtehelichen Kindern**

Als **Schutznorm zugunsten des nichtehelichen Kindes** (BVerfGE 17, 153; 85, 87) verbürgt Abs. 5 – ohne Altersbegrenzung (BVerfGE 44, 19) – zunächst als Konkretisierung des allg. Gleichheitssatzes (BVerfGE 2, 225; 84, 184 f.; BGHZ 191, 233) ein subjektives Grundrecht auf Gleichstellung mit ehelichen Kindern. Weiterhin enthält er einen bindenden Auftrag an den Gesetzgeber (BVerfGE 25, 173), dem dieser durch das G über die rechtl. Stellung der nichtehelichen Kinder vom 19.8.1969 (BGBl I S. 1243), zuletzt geändert durch G v. 19.4.2006 (BGBl I S. 866), nachgekommen ist. Darüber hinaus ist die Vorschrift Ausdruck einer verfassungsrechtl. Wertentscheidung, die als unmittelbar anwendbar Generalklausel fungiert (BVerfGE 25, 182) und Justiz und Verwaltung bei der Rechtsauslegung und Ermessensausübung bindet (s. BVerfGE 8, 217; BVerfG, NJW 2009, 1065). Art. 6 V schafft eine Art Beweislastumkehr zugunsten des nichtehelichen Kindes (BVerfGE 74, 39 ff.). Die Regelung ist eine besondere Ausprägung des Art. 3, des Art. 6 I sowie des Sozialstaatsprinzips und geht diesen im Rahmen ihres Gewährleistungsbereichs als Spezialnorm vor (BVerfGE 26, 60; 26, 272). Das extern auf **europäischer Ebene** in Art. 14 EMRK normierte und für den Bereich der EU in Art. 21 I EUGrCh enthaltene grundrechtl. Verbot der Diskriminierung auf Grund der Geburt ist nur in Teilbereichen deckungsgleich mit Art. 6 V. 23

Die Verpflichtung, **gleiche Bedingungen wie für das eheliche Kind** nicht nur für die leibliche, sondern auch für die seelische Entwicklung des nichtehelichen Kindes zu schaffen, verbietet den generellen Ausschluss des gemeinsamen Sorgerechts von Vater und Mutter und schließt mit ein, das Aufwachsen des Kindes in einer „Ersatzfamilie" zu fördern. Daher kann nicht dem Stiefvater das Kindergeld für das von ihm aufgenommene Kind verweigert (BVerfGE 22, 173) oder die Dauer der Unterhaltszahlungen für eheliche und nichteheliche Kinder unterschiedlich geregelt werden (BVerfGE 118, 62 ff.). Art. 6 V gebietet jedoch keine schematische Übertragung der für eheliche Kinder geltenden Rechtsvorschriften (BGHZ 191, 234). Die verschiedene Ausgangslage kann es vielmehr rechtfertigen und sogar gebieten, das nichteheliche Kind in einzelnen Beziehungen anders und günstiger zu behandeln als das eheliche Kind (BVerfGE 26, 61; 58, 390; 85, 87). So war etwa der allein dem nichtehelichen Kind zustehende Anspruch auf vorzeitigen Erbausgleich nach dem früheren § 1934 d BGB im Hinblick auf das bestehende generelle Lebensdefizit des nichtehelichen Kindes nicht zu beanstanden (BVerfGE 58, 389 f.). Dagegen verstieß die Ungleichbehandlung gegenüber dem ehelichen Kind durch § 1934 c I 1 BGB a.F., der Erbansprüche des nichtehelichen Kindes gegen seinen Vater nur zuließ, wenn die Feststellung der Vaterschaft bei dessen Tod zumindest rechtshängig war, gegen Art. 6 V (BVerfGE 74, 33). Auch bei der Ausgestaltung von Rechtsschutzmöglichkeiten ist eine Gleichstellung geboten (BVerfGE 85, 87 f.). 24

## Artikel 7 [Schulwesen]

(1) Das gesamte Schulwesen steht unter der Aufsicht des Staates.

(2) Die Erziehungsberechtigten haben das Recht, über die Teilnahme des Kindes am Religionsunterricht zu bestimmen.

(3) Der Religionsunterricht ist in den öffentlichen Schulen mit Ausnahme der bekenntnisfreien Schulen ordentliches Lehrfach. Unbeschadet des staatlichen Aufsichtsrechtes wird der Religionsunterricht in Übereinstimmung mit den Grundsätzen der Religionsgemeinschaften erteilt. Kein Lehrer darf gegen seinen Willen verpflichtet werden, Religionsunterricht zu erteilen.

(4) Das Recht zur Errichtung von privaten Schulen wird gewährleistet. Private Schulen als Ersatz für öffentliche Schulen bedürfen der Genehmigung des Staates und unterstehen den Landesgesetzen. Die Genehmigung ist zu erteilen, wenn die privaten Schulen in ihren Lehrzielen und Einrichtungen sowie in der wissenschaftlichen Ausbildung ihrer Lehrkräfte nicht hinter den öffentlichen Schulen zurückstehen und eine Sonderung der Schüler nach den Besitzverhältnissen der Eltern nicht gefördert wird. Die Genehmigung ist zu versagen, wenn die wirtschaftliche und rechtliche Stellung der Lehrkräfte nicht genügend gesichert ist.

(5) Eine private Volksschule ist nur zuzulassen, wenn die Unterrichtsverwaltung ein besonderes pädagogisches Interesse anerkennt oder, auf Antrag von Erziehungsberechtigten, wenn sie als Gemeinschaftsschule, als Bekenntnis- oder Weltanschauungsschule errichtet werden soll und eine öffentliche Volksschule dieser Art in der Gemeinde nicht besteht.

(6) Vorschulen bleiben aufgehoben.

**1**   **Allgemeines:** Art. 7 enthält **Einrichtungsgarantien, Grundrechtsnormen und Auslegungsregeln für den Bereich des Schulwesens** (BVerfGE 6, 355). Soweit er Grundrechte verbürgt, unterliegen Grundrechtsbeeinträchtigungen den allg. Regeln (s. dazu vor Art. 1 Rn. 8 f.). Extern wird der interne Grundrechtsschutz auf europäischer Ebene durch das in Art. 2 des 1. ZP zur EMRK garantierte Recht auf Bildung ergänzt. Dieses Recht ist, obwohl es für den Bereich der EU in gewisser Weise als Vorbild gedient hat, enger gefasst (zum Inhalt im Einzelnen s. EGMR, NVwZ 2008, 1327 f.; EuGRZ 2010, 181 f.; NVwZ 2011, 739) als Art. 14 EUGrCh mit dem darin enthaltenen Recht jeder Person auf Bildung einschl. des Rechts auf unentgeltliche Teilnahme am Pflichtschulunterricht sowie der Freiheit zur Gründung von Lehranstalten nach Maßgabe der einzelstaatl. Gesetze. Zum unionsrechtswidrigen Ausschluss der einkommensmindernden Berücksichtigung von Schulgeldzahlungen für den Besuch einer Privatschule im EU-Ausland durch einen deutschen Schüler s. EuGH, EuGRZ 2007, 546 ff.; 2007, 553 ff.

## Absatz 1: Staatliche Schulaufsicht

Abs. 1 ist kein Grundrecht (OVG Lüneburg, NdsVBl 2012, 271), stellt vielmehr **2** als Organisations- und Kompetenznorm (OVG Münster, DÖV 2008, 120; VGH Mannheim, U. v. 23.1.2013 – 9 S 2180/12 – juris) das gesamte Schulwesen unter die Aufsicht des Staates. Unter „**Schulwesen**" ist dabei die Gesamtheit der Einrichtungen zu verstehen, die sich mit der Vermittlung von Bildungsgütern in *Schulen*, d.h. in Unterrichtsstätten befassen, die auf Dauer angelegt sind und in denen eine wechselnde Zahl von Schülern in mehreren Fächern planmäßig zur Erreichung allg. festgelegter Bildungs- und Erziehungsziele durch dazu ausgebildete Lehrkräfte angehalten wird (VGH Mannheim, NVwZ-RR 2003, 562; zur Abgrenzung von Kursen, Lehrgängen u. dgl. vgl. auch BVerfGE 75, 77; BayVGH n.F. 51, 47). Für den Begriff der Schule kommt es weder auf das Bestehen einer Schulpflicht noch auf das Alter der Schüler an (BVerfGE 75, 77). Erfasst werden öffentl. wie private, allg. bildende wie Fortbildungs-, Berufs- und Fachschulen, auch Fernschulen (s. auch BVerwG, NVwZ 1987, 680; zu Bildungssendungen des Rundfunks mit Schulcharakter ferner BVerfGE 83, 340 f.). Ziel muss jedoch sein, die Gesamtpersönlichkeit des jeweiligen Schülers zu bilden. Deshalb gehören gewerbliche Unterrichtsunternehmen, die diese Voraussetzung nicht erfüllen, nicht zu den Schulen i.S. des Art. 7 (BayVGH n.F. 10, 5; 20, 56 f.). Das Gleiche gilt für Kindergärten, Volkshochschulen und Hochschulen (BVerfGE 37, 320), von denen die Letzteren unter das Regime des Art. 5 III 1 fallen. Auch die auf vereinsrechtl. Grundlage von islamischen Moscheegemeinden errichteten sog. Koranschulen zur religiösen Unterweisung muslimischer Kinder fallen nicht unter Abs. 1. Das Gleiche gilt für die Europäischen Schulen, die als zwischenstaatl. Einrichtungen mit Völkerrechtspersönlichkeit Immunität vor den deutschen Gerichten genießen (BGH, NJW 2009, 3166 f.). Erst recht handelt es sich bei einem Heimunterricht, der außerhalb öffentl. Schulen und staatl. anerkannter Ersatzschulen erteilt werden soll, nicht um eine Schule i.S. des Art. 7 (OVG Münster, DÖV 2008, 119).

Die **staatliche Schulaufsicht** besteht nicht nur in einem – bei genehmigten Privat- **3** schulen wegen Abs. 4 auf die Rechtsaufsicht beschränkten – Kontrollrecht gegenüber dem jeweiligen Schulträger (VGH Kassel, ESVGH 4, 152; OVG Lüneburg, DVBl 1954, 256; OVG Münster, DÖV 2008, 120), gibt dem Staat vielmehr ein *eigenständiges Erziehungsrecht* auch zur Vermittlung von Wissen und Werten (BVerfGE 34, 183; 41, 44). Abs. 1 ist insoweit Ausdruck und Konsequenz der staatl. Verpflichtung, sich des Schulwesens anzunehmen, allen jungen Bürgern, auch wenn sie schon volljährig sind (BayVerfGH 57, 121), gemäß ihren Fähigkeiten in der Schule die dem heutigen gesellsch. Leben entsprechenden Bildungsmöglichkeiten zu eröffnen (BVerfGE 59, 377; BayVerfGH 57, 35; OVG Bautzen, LKV 2005, 455; OVG Lüneburg, NordÖR 2012, 255; zur staatl. Aufklärung u. Erziehung zwecks Immunisierung gegenüber totalitären u. menschenverachtenden Ideologien vgl. BVerfGE 124, 320 f.) und ihnen damit den Zugang zu Ausbildung, Studium und Beruf zu ermöglichen. Darüber hinaus hat der Erziehungsauftrag des Staates auch zum Inhalt, dass einzelne Kind zu einem selbstverantwortlichen Mitglied der Gemeinschaft heranzubilden (VGH Mannheim, U. v. 23.1.2013 – 9 S 2180/12 – juris). Er ist danach nicht nur auf Wissensvermittlung, sondern auch auf die Herausbildung sozialer und staatsbürgerlicher Kompetenz ausgerichtet (BVerwG, NVwZ 2010, 526). Dabei handelt es sich vornehmlich um eine **Verpflichtung der Länder**, in deren ausschließliche Gesetzgebungs- und Verwaltungszuständigkeit das – durch ganz unterschiedliche Schulsysteme gekennzeichnete und deshalb die Mobilität innerhalb des Bundesgebiets zuweilen nicht unerheblich behindernde – *Schulwesen als Teil der Kulturhoheit* (BVerfGE 106, 132; 119, 82) – vorbehaltlich eines Zusammenwirkens von Bund und Ländern im Bereich des Art. 91 b – fällt (u.a. BVerfGE 98, 248; 125, 242; BVerfGK 10, 431; BVerwGE 104, 6; BFHE 236, 25; BayVerfGH, BayVBl 2007, 493; s. auch Art. 23 VI 1). Die Anknüpfung bundesrechtl. Regelungen an schulrechtl. Entscheidungen der Länder ist aber möglich (BVerfGK 3, 176 f.).

4 **Im Einzelnen** umfasst die staatl. Schulaufsicht i.S. einer staatl. Schulhoheit (vgl. NdsStGHE 3, 245), die dem Staat eine umfassende Gestaltungsfreiheit vorbehält (VGH Mannheim, VBlBW 2008, 440; 2009, 23), die *Gesamtheit der staatlichen Befugnisse zur Organisation, Planung, Weiterentwicklung, Leitung und Beaufsichtigung des Schulwesens* (BVerwG, NJW 1976, 864 m.w.N.; BayVerfGH 47, 293; s. auch BVerfGE 26, 238; 47, 71). Zu diesen sog. inneren Schulangelegenheiten rechnen nach derzeitigem Verständnis im Näheren die organisatorische Gliederung der Schule (BVerfGE 96, 303; BayVGH, BayVBl 1982, 212; zur Einführung des achtjährigen Gymnasiums vgl. BayVerfGH, BayVBl 2006, 530, zu den verschiedenen Schularten in Deutschland BT-Dr 16/9891), die Entscheidung über die Einrichtung der öffentl. Schulen als Ganztagsschulen (zur Einführung der Grundschule mit festen Öffnungszeiten in Sachsen-Anhalt s. BVerfG, DVBl 2002, 791 f.), als (nicht nach Bekenntnissen u. Weltanschauungen getrennte, konfessionsübergreifende) Gemeinschaftsschulen oder als Bekenntnis- bzw. Weltanschauungsschulen einschl. möglicher Zwischenformen (BVerfGE 41, 44 ff.; zur Zulässigkeit christlicher Bezüge in der öffentl. Schule als Ausdruck allg. anerkannter Kulturwerte BVerfGE 44, 84 f.; 108, 300; zur Wertorientierung allg. OVG Münster, DÖV 2008, 120), ferner die Festlegung der auch Besonderheiten des jeweiligen Landes berücksichtigenden Prägung des jeweiligen Schultyps, aber auch die Regelung der allg. Schulpflicht (BVerwG, DVBl 1992, 1025; BVerwGE 94, 84; BayVerfGH, BayVBl 2003, 237 f.; vgl. auch BVerfG, NJW 1987, 180), die der Konkretisierung (BVerfGK 10, 429 f.; BVerfG, NJW 2009, 3152; BayVGH, NVwZ-RR 2007, 763) und Durchsetzung des staatl. Erziehungsauftrags dient (BVerfGK 1, 143; 8, 153, 155; OVG Koblenz, NVwZ-RR 2005, 116) und in Bezug auf ausländische, in Deutschland lebende Kinder den Zweck verfolgt, sie auf ein Leben im hiesigen Kulturraum vorzubereiten (OVG Koblenz, AS 31, 446). Ebenfalls erfasst ist die Organisation des Unterrichtsbetriebs (BayVerfGH 33, 43) einschl. der Festlegung von Mindestschülerzahlen je Klasse (OVG Bautzen, LKV 2005, 456; VG Schleswig, NordÖR 2012, 559, 561). Der Staat kann kraft seiner Schulaufsicht ferner grundsätzlich Regelungen darüber treffen, inwieweit den vom jeweiligen Bundesland angestellten Lehrkräften an öffentl. Schulen im Unterricht das Tragen äußerer Symbole und Kleidungsstücke, die eine religiöse oder weltanschauliche Überzeugung ausdrücken, versagt ist (BayVerfGH, NVwZ 2008, 420; s. auch die weiteren Hinweise in Rn. 8). Auch die inhaltliche Festlegung der Ausbildungsgänge, der Erziehungs- und Unterrichtsziele sowie des Unterrichtsstoffs (BVerfGE 47, 71 f.; 53, 196; BVerwGE 47, 198; 94, 84 f.) einschl. der Entscheidung über die Regeln der Rechtschreibung (BVerfGE 98, 247), die Bestimmung der Lehrmethoden, Regelungen über die Ordnung in der Schule (BayVerfGH 47, 293), Planung und Erprobung neuer Inhalte und Formen des Schulunterrichts (BVerwG, NJW 1976, 864; NdsStGHE 3, 236) und die Möglichkeit der Einwirkung auf Errichtung, Änderung und Aufhebung von Schulen (BVerfGE 26, 238) sind Teil der staatl. Schulaufsicht. Mit erfasst sind weiter etwa die Entscheidung über die Personalauswahl und die Anstellung der Lehrer (SächsVerfGH, JbSächsOVG 2, 90), die Befugnis, die Verwendung von Schulbüchern im Unterricht festzulegen (BVerfG, NVwZ 1990, 54;

BVerwGE 79, 300), und das Recht, die Voraussetzungen für den Zugang zur Schule, für den Übergang von einem Bildungsweg zum anderen (zur verbindlichen Schulwahlempfehlung am Ende der Grundschulzeit s. BayVGH, BayVBl 1997, 432; OVG Münster, NVwZ-RR 2008, 539; VGH Mannheim, VBlBW 2011, 115) und für die Versetzung innerhalb eines Bildungswegs zu bestimmen, einschl. der Befugnis zur Entscheidung darüber, ob und inwieweit das Lernziel vom Schüler erreicht worden ist (BVerfGE 34, 182; 45, 415; BVerwGE 5, 157, 159; OVG Münster, NWVBl 2007, 486). Bei der Ausgestaltung der staatl. Pflichtschule haben die Länder (vgl. Rn. 3) weitgehende Entscheidungsfreiheit (BVerfGE 108, 302; BVerwGE 107, 78 f.; SachsAnhVerfG, LVerfGE 13, 383). Eine Verpflichtung, so viele Schulen zu errichten und so viele Ausbildungsmöglichkeiten zu schaffen, dass jedermann an jedem Ort die ihm entsprechende schulische Ausbildung erhalten kann, lässt sich dem GG nicht entnehmen (ebenso für das bayerische Landesverfassungsrecht BayVerfGH, BayVBl 2008, 79; zum Grundsatz der sog. Sprengelpflicht beim Besuch der Grundschule vgl. VGH Kassel, NVwZ-RR 2009, 958).

Die Wahrnehmung dieser Aufgaben und Befugnisse berührt in vielfältiger Weise 5 Grundrechtspositionen (vgl. auch nachstehend Rn. 6–8). Deshalb und wegen der weitreichenden Bedeutung der Schulbildung für das Gemeinwesen und seine Bürger ist es nach dem Prinzip des **Vorbehalts des Gesetzes** (dazu allg. Art. 20 Rn. 15 u. vor Art. 70 Rn. 7) Aufgabe des Gesetzgebers, die wesentlichen Entscheidungen im Schulwesen selbst zu treffen und nicht der Schulverwaltung (BVerfGE 58, 268 f. m.w.w.N.; 108, 312) oder Selbstverwaltungsgremien der Schule (BayVerfGH 47, 294) zu überlassen. Dies gilt sowohl für Fragen der Schulorganisation (s. BVerfGE 34, 181 ff.: obligatorische Förderstufe; 45, 417 ff.: Neuordnung der gymnasialen Oberstufe) als auch für die Festlegung der Unterrichtsinhalte (vgl. BVerfGE 47, 81 f.; BVerwGE 47, 204 f.; 57, 363 f.: Erziehungs- u. Bildungsziele der Schule; BVerwGE 64, 312 ff.: Pflichtfremdsprache in der Bremer Orientierungsstufe; VGH Mannheim, DÖV 2007, 1059 f.: regional unterschiedlicher Fremdsprachenunterricht in Baden-Württemberg) und für die Ausgestaltung des Schulverhältnisses (s. OVGE Bln 12, 142: Schulpflichtdauer, Schulaufnahme u. -wechsel; BVerfGE 41, 260; 58, 272 ff.; BVerwGE 56, 157; BayVerfGH 34, 97: Versetzung u. Schulausschluss). Auch das Verbot, als Lehrerin im Unterricht ein Kopftuch als Zeichen religiöser muslimischer Überzeugung zu tragen, betrifft nach Auffassung des BVerfG eine in diesem Sinne wesentliche Frage (vgl. BVerfGE 108, 312 f.; krit. dazu ebd., S. 314 ff., 335 ff./Sondervotum). Die Anforderungen an den Gesetzesvorbehalt dürfen jedoch nicht überspannt werden. Ob und in welchem Umfang der Gesetzgeber selbst tätig werden muss, richtet sich nach der Intensität, mit der die Grundrechte des Regelungsadressaten betroffen werden (BVerfGE 58, 274; 108, 311; HessStGH, ESVGH 35, 5). Dass eine Frage polit. umstritten ist, führt nicht allein schon dazu, dass sie als wesentlich verstanden werden müsste. Auch ist zu berücksichtigen, dass der Grundsatz der Gewaltentrennung mit darauf zielt, staatl. Entscheidungen von den Organen treffen zu lassen, die dafür nach Organisation, Zusammensetzung, Funktion und Verfahrensweise über die besten Voraussetzungen verfügen. Dieses Ziel darf nicht durch einen Gewaltenmonismus in Form eines umfassenden Parlamentsvorbehalts unterlaufen werden (BVerfGE 98, 251 f.; BVerfG, NVwZ-RR 2001, 313). Parlamentsgesetzl. Vollregelungen sind danach nur bei Maßnahmen geboten, die die Grundrechtssphäre besonders nachhaltig beeinflussen, oder wenn miteinander konkurrierende Freiheitsrechte aufeinandertreffen und deren Grenzen fließend und nur schwer zu bestimmen sind (BVerfGE 108, 311 f.). Im Übrigen genügen – je nach Gegenstand zu bestimmende – *parlamentarische Leitentscheidungen* (BVerfGE 47, 83; 58, 271), in deren Rahmen die Einzelheiten durch RVO und auch durch allg. Verwaltungsvorschriften geregelt werden können (BVerwGE 47, 204 f.; 56, 160; 57, 363 f.; vgl. auch BVerfG, NVwZ 1984, 781; OVG Bautzen, NVwZ-RR 2011, 153).

6 **Begrenzungen des staatlichen Bestimmungsrechts** über die Schule enthält Art. 7 selbst nach Maßgabe seiner Abs. 2–5 (dazu nachstehend Rn. 9 ff.). Sie ergeben sich darüber hinaus

a) aus der **Garantie der kommunalen Selbstverwaltung,** die den Gemeinden als äußere Schulangelegenheit vielfach die Schulträgerschaft an den öffentl. Schulen und damit die Befugnis zur Errichtung und Unterhaltung der Schulgebäude und zur Rekrutierung des Verwaltungspersonals sichert (vgl. dazu mit Blick auf das öffentl. Volksschulwesen BVerfGE 26, 239 ff.; ferner auch OVG Lüneburg, NordÖR 2011, 242) und Staat und Gemeinden zu einem Zusammenwirken im Bereich der Schulen zwingt (s. auch OVG Bautzen, LKV 2005, 455; VG Schleswig, NordÖR 2012, 559, 561, u. dazu Uhle in Epping/Hillgruber, Art. 7 Rn. 15), weiter

b) aus dem durch Art. 2 I geschützten **Recht des Schülers auf möglichst ungehinderte Entwicklung seiner Persönlichkeit,** Anlagen und Befähigungen (vgl. insoweit BVerfGE 45, 417 m.w.N.; BVerfG, NVwZ 1997, 782; BVerwGE 56, 158; NdsStGH, NVwZ 1997, 267) und dem Recht auf freie Wahl der Ausbildungsstätte (Art. 12 I; VGH Mannheim, VBlBW 2011, 115),

c) aus seinem **allgemeinen Persönlichkeitsrecht** (BVerfGE 98, 257),

d) aus Art. 3 III 2 (BVerfGE 96, 304, 313), vor allem aber

e) aus Art. 6 II und Art. 4 I und II (dazu nachstehend Rn. 7 f.; s. auch BVerwGE 90, 7; 94, 86).

7 Im Hinblick auf das **elterliche Erziehungsrecht** (dazu allg. Art. 6 Rn. 13 ff. u. hinsichtlich des Spannungsverhältnisses zum staatl. Erziehungsauftrag im Bereich der Schule Art. 6 Rn. 17) ist der Staat gehalten, bei der Herbeiführung praktischer Konkordanz (dazu BVerfGE 93, 21 m.w.N.; BVerwG, DÖV 2008, 776) die Verantwortung der Eltern für den Gesamtplan der Erziehung ihrer Kinder zu achten und für die Vielfalt der Anschauungen in Erziehungsfragen so weit offen zu sein, wie es sich mit einem geordneten staatl. Schulsystem verträgt (BVerfGE 34, 183; 47, 75; BVerwGE 79, 300 f.). Deshalb darf das Wahlrecht der Eltern zwischen den vom Staat zur Verfügung gestellten Schulformen nicht mehr als notwendig begrenzt werden (BVerfGE 34, 185; zur Beschränkung des elterlichen Bestimmungsrechts in Bezug auf Schulen, die in Erfüllung der Schulpflicht zu besuchen sind, vgl. BVerwGE 21, 292). Einen Anspruch auf eine bestimmte, den Elternwünschen entsprechende Schulform – etwa die einer Gesamtschule (dazu OVG Hamburg, NVwZ-RR 2006, 680) –, auf Aufnahme in eine bestimmte Schule des gewählten Schultyps (BVerfGE 45, 415 f.; 53, 196; BVerwG, NJW 1981, 1056; s. aber mit Blick auf Art. 6 II 1 OVG Bautzen, NVwZ-RR 2010, 478; LKV 2012, 521; einfachrechtl. auch VG Hannover, NVwZ-RR 2009, 206) wie ganz allg. auf ein an den Wünschen der Eltern und Schüler ausgerichtetes Unterrichtsangebot (OVG Münster, NWVBl 2009, 394) gewährt die Verfassung allerdings nicht (zum rechtl. Rahmen für die Aufhebung von Schulen vgl. VG Hannover, NVwZ-RR 2012, 890 m.w.N.). Das Gleiche gilt hinsichtlich der Beteiligung der Eltern an der Schulselbstverwaltung (BVerfGE 59, 380 f.), die die Funktionsfähigkeit der staatl. Schulaufsicht nicht beeinträchtigen darf (s. Nds-StGH, NVwZ 1997, 270), wie allg. hinsichtlich der organisatorischen Gestaltung der Schule (vgl. z.B. BVerwGE 47, 206: 5-Tage-Schule u. BayVGH, BayVBl

1982, 213: Klassenstärke). Dagegen besteht ein Recht auf Unterrichtung über Vorgänge in der Schule, deren Verschweigen die Ausübung des elterlichen Erziehungsrechts beeinträchtigen könnte. Dazu gehören insbes. Informationen über Leistungen und Verhalten des Kindes und im Zusammenhang damit auftretende Schwierigkeiten (BVerfGE 59, 381 f. m.w.N.; zur Unterrichtung der früheren Erziehungsberechtigten volljähriger Schüler s. BayVerfGH 57, 113; RhPfVerfGH, NJW 2005, 410). Wenn es die Aufrechterhaltung eines ordnungsgemäßen Schulbetriebs erfordert, kann aber auch ein Kontaktverbot für Eltern mit Lehrkräften ihres Kindes in Betracht kommen (OVG Koblenz, NVwZ-RR 2005, 723).

Aus Rücksicht auf die **Grundrechte der Glaubens-, Gewissens- und Bekenntnis-** **8** **freiheit,** auf die sich der Einzelne im Rahmen der Schule wiederum wegen des Gebots zur Herstellung praktischer Konkordanz (s. Rn. 7) nicht ohne Abstriche berufen kann (BVerfGE 93, 22), ist der staatl. Bildungs- und Erziehungsauftrag nach Art. 7 I unter Wahrung der Pflicht zu weltanschaulich-religiöser Neutralität (vgl. dazu Art. 4 Rn. 1 u. 6, Art. 140 Rn. 9) zu erfüllen (BVerfGE 108, 299; BVerwGE 109, 45 ff.; VGH München, NVwZ-RR 2010, 607). Der zuständige Gesetzgeber ist im Interesse einer Wahrung des von Art. 7 I vorausgesetzten, weil für die Erreichung dieses Auftrags notwendigen Schulfriedens (BVerwGE 141, 235) verpflichtet, an bekenntnismäßig nicht gebundenen öffentl. Schulen auftretende Spannungen zwischen „negativer" und „positiver" Religionsfreiheit unter Berücksichtigung des grundgesetzl. Toleranzgebots (dazu u. zum Verbot der Indoktrination allg. auch BVerfGK 8, 154 f.; BVerwGE 79, 300 f.; 116, 363; BayObLG, BayVBl 2000, 286) für beide Seiten möglichst schonend zum Ausgleich zu bringen (s. BVerfGE 108, 302 f.; BVerwGE 116, 361, 363 f.; weiter auch BayVGH n.F. 40, 72 ff.). Dasselbe trifft für Spannungen zu, die sich bei der gemeinsamen Erziehung von Schülern unterschiedlicher Glaubens- und Weltanschauungsrichtungen ergeben können (BVerfGE 108, 301; BVerfGK 10, 430; VGH München, NVwZ-RR 2010, 607; zu den Begriffen Religion u. Weltanschauung vgl. Art. 4 Rn. 4). Zum koedukativ erteilten Sportunterricht für Schülerinnen muslimischen Glaubens s. BVerwGE 94, 83 ff.; OVG Bremen, NordÖR 2012, 424 ff.; VGH Kassel, DVBl 2013, 59 ff. Auch auf dem Gebiet der Sexualerziehung hat die Schule die Gebote der Toleranz, Offenheit und Zurückhaltung zu wahren (BVerfGE 47, 77; BVerfG, NJW 2009, 3152; BVerwG, DÖV 2008, 775 ff.). Religiös-weltanschauliche Zwänge für Minderheiten sind so weit wie möglich zu vermeiden (zur zwangsweisen Anbringung von Kreuzen in den Unterrichtsräumen einer staatl. Pflichtschule s. BVerfGE 93, 1; EGMR, NVwZ 2011, 739 ff., u. auch Art. 4 Rn. 7, zum Tragen von Symbolen und Kleidungsstücken, die die religiöse oder weltanschauliche Überzeugung einer Lehrkraft zum Ausdruck bringen, BVerwGE 121, 147 ff.; BVerwG, NJW 2009, 1290 f.; BayVerfGH, NVwZ 2008, 420 ff.; bei Referendaren BVerwGE 131, 245 ff., zum Ritualgebet muslimischer Schüler in der Schule BVerwGE 141, 235 ff.; eher überzeugend VG Berlin, LKV 2010, 42, vgl. z.B. auch Enders, JZ 2012, 364 ff.; Rubin, JURA 2012, 721 f.). Der sachlichen Auseinandersetzung mit allen religiösen und weltanschaulichen Auffassungen ist Raum zu geben. Geschieht dies, entsteht auch bei religiös-weltanschaulicher Prägung einer Schule durch die maßgebende Orientierungsbasis selbst für Eltern und Kinder, die abw. Wertvorstellungen haben, kein unzumutbarer Glaubens- und Gewissenskonflikt (BVerfGE 41, 46 ff.; 41, 108; s. ferner zur Abhaltung von Schulgebeten Art. 4 Rn. 14). Im Einzelfall kann die religiöse Überzeugung des Schülers und seiner Eltern auch dazu führen, dass dieser vom Unterricht in einzelnen Fächern oder von der Teilnahme an bestimmten anderen Schulveranstaltungen befreit werden muss (BVerwGE 94,

87 ff.; OVG Münster, NWVBl 2012, 235 ff.). Eine generelle Befreiung schulpflichtiger Kinder von der Pflicht zum Besuch staatl. Schulen oder staatl. anerkannter Ersatzschulen mit dem Ziel alleiniger Unterrichtung in elterlichem Heimunterricht ist dagegen grundrechtl. nicht geboten (im Näheren BVerfGK 1, 142 ff.; 8, 153 ff.; BVerwG, NVwZ 2010, 525 f.; OLG Brandenburg, NJW 2006, 236; OLG Hamm, NJW 2006, 238 f.; VGH München, NVwZ-RR 2010, 606 f.; ebenso EGMR, Entscheidung Nr. 35504/03 v. 11.9.2006 – Konrad –, vgl. EuGRZ 2007, 621).

**Absatz 2: Teilnahme am Religionsunterricht**

9 Abs. 2 garantiert das **Recht der Erziehungsberechtigten, über die Teilnahme des Kindes am Religionsunterricht zu bestimmen**, als Grundrecht. Dieser Unterricht ist – anders als etwa das bekenntnisneutrale Fach Lebensgestaltung-Ethik-Religionskunde in Brandenburg – konfessionsgebunden (vgl. Abs. 3 Satz 2), weil er in konfessioneller Positivität und Gebundenheit zu erteilen ist (zum Begriff der Religion s. Art. 4 Rn. 4); durch ihn werden die Glaubenssätze der jeweiligen Religionsgemeinschaft als bestehende Wahrheiten vermittelt (vgl. BVerfGE 74, 252; BVerwGE 110, 333; 123, 53), ohne dass (auch) Wissensvermittlung und wissenschaftlicher Umgang mit dem Fach deshalb ausgeschlossen wären (BVerfGE 74, 253). Mit Rücksicht auf diese Bekenntnisbindung stellt das *Abmelderecht* nach Abs. 2 (BVerfGE 74, 251) sicher, dass niemand zum Besuch des Religionsunterrichts gezwungen werden kann (s. BVerfGE 41, 78). Die damit eröffnete Befreiungsmöglichkeit (zur Rechtslage nach der EMRK vgl. EMGR, NVwZ 2008, 1218 f.) macht diesen Unterricht aber nicht zum Wahlfach (BVerfGE 74, 251 f.; BVerwGE 123, 71). Das Grundrecht des Abs. 2 enthält eine besondere Gewährleistung der Glaubens- und Gewissensfreiheit im Hinblick darauf, dass dieser Unterricht nach Abs. 3 Satz 1 – als staatl. Unterricht (s. auch nachstehend Rn. 10 ff.) – ordentliches Lehrfach ist (BVerwGE 42, 352 f.). Das Bestimmungsrecht der Erziehungsberechtigten, d.h. der nach Verfassung und Familienrecht Sorgeberechtigten, wird nach Maßgabe des G über die religiöse Kindererziehung vom 15.7.1921 (RGBl S. 939) zugunsten eigener Mitwirkungs- und Entscheidungsrechte des Kindes eingeschränkt und am Ende verdrängt (näher dazu BVerwGE 15, 138 f.; 68, 18 f.; BGHZ 21, 352; OVG Koblenz, AS 15, 443 f.). Das Recht der Länder (vgl. Rn. 3), für am Religionsunterricht nicht teilnehmende Schüler einen bekenntnismäßig nicht gebundenen obligatorischen Ersatzunterricht in Philosophie, Religionskunde oder Ethik einzurichten, wird durch Abs. 2 nicht berührt, weil sich dieser auf einen solchen Unterricht nicht bezieht (BVerwG, VerwRspr 25, 416; BVerwGE 107, 75 – *Ethikunterricht*; die Verfassungsmäßigkeit der Pflichtteilnahme an einem solchen Unterricht verneinend VG Hannover, NVwZ 1998, 317 f.; zum für bestimmte Jahrgangsstufen – ohne Abwahlmöglichkeit zugunsten des freiwilligen Religionsunterrichts – obligatorischen Ethikunterricht in Berlin s. BVerfGK 10, 428 ff.; OVG Berlin, LKV 2007, 237 ff.; VG Berlin, LKV 2007, 93 f., u. dazu krit. Unruh, DÖV 2007, 628 ff.; zur Beurteilung aus der Sicht der EMRK EGMR, EuGRZ 2010, 181 f.). Ein Anspruch auf Einrichtung von Ethikunterricht an Grundschulen wird vom VGH Mannheim verneint (U. v. 23.1.2013 – 9 S 2180/12 – juris).

**Absatz 3: Religionsunterricht als ordentliches Lehrfach**

10 *Satz 1* enthält für den **Religionsunterricht an öffentlichen Schulen** mit Ausnahme der bekenntnisfreien Schulen eine institutionelle Garantie (BVerfGE 74, 253; BVerwGE 110, 337; a.A. Sodan in Ders., Art. 7 Rn. 8) und ein primär abwehrrechtl. geprägtes, in Bezug auf die Religionsgemeinschaften aber auch mit einer

Leistungskomponente versehenes Grundrecht (Letzteres str.), das die Religionsfreiheit des Art. 4 I und II konkretisiert (s. BVerwGE 123, 52 f.) und auf Kooperation zwischen diesen und dem Staat angelegt ist. Gewährleistet werden – vorbehaltlich der Regelung in Art. 141 (s. Erläut. dort) – Einrichtung und Betrieb des Religionsunterrichts als **ordentliches Lehrfach**. Der Religionsunterricht (vgl. dazu oben Rn. 9), der in dieser Eigenschaft kein Wahlfach ist (s. auch Rn. 9), sondern zu den Pflichtlehrfächern gehört (BVerwGE 123, 71), die benotet werden und versetzungserheblich sein können (vgl. auch BVerwGE 107, 85), aber nicht durchweg müssen, ist damit, unbeschadet der staatl. Pflicht zu religiösweltanschaulicher Neutralität (s. dazu Art. 4 Rn. 1 u. 6, Art. 140 Rn. 9) im Übrigen (BbgVerfG, LVerfGE 16, 199 f.), als staatl. Aufgabe und Angelegenheit (BVerfGE 122, 110) zu einem integrierenden Bestandteil der staatl. Schulorganisation und Unterrichtsarbeit erhoben (BVerfGE 74, 251; BVerwGE 42, 347 ff.). Er unterliegt also staatl. Organisationshoheit und Schulaufsicht (Art. 7 I) und wird in Erfüllung des staatl. Bildungs- und Erziehungsauftrags gemäß Abs. 1 durch staatl. Amtswalter als staatl. Veranstaltung durchgeführt (BVerwGE 110, 338, 341 f.; BayVGH, DVBl 2008, 1514). Für die Unterrichtserteilung ist also der Staat bzw. der von ihm beauftragte kommunale Schulträger und nicht die betr. Religionsgemeinschaft verantwortlich (BayVGH, DVBl 2008, 1514). Bei der Stundenplangestaltung darf der Religionsunterricht nicht diskriminiert werden (s. BVerfGE 104, 308). Seine Kosten trägt in sächlicher wie personeller Hinsicht der Staat (BVerwGE 110, 333).

Religionsgemeinschaften – als solche werden i. Allg. Religionsgesellschaften i.S. der Weimarer Kirchenartikel (vgl. Art. 140) verstanden (s. BVerwGE 110, 342; näher zu diesem Begriff BVerwGE 123, 54 ff., u. Art. 140 Rn. 12) – haben einen **Anspruch** darauf, **dass in der Schule** – bei entsprechender Schülerzahl (s. BVerfGE 104, 308) – **Religionsunterricht** ihres Bekenntnisses als ordentliches **Lehrfach erteilt wird** (BVerwGE 123, 52 ff.; BGHZ 34, 21). Auch Einrichtung und Durchführung islamischen Religionsunterrichts kann unter dieser Voraussetzung verlangt werden, sofern auf muslimischer Seite ein organisatorisch mit eindeutiger Mitgliederstruktur (BVerwGE 123, 71) hinreichend verfestigter, die Gewähr der Dauer bietender (BVerwGE 123, 70), vom Staat unabhängiger, aber kooperationsfähiger (vgl. dazu OVG Münster, NVwZ-RR 2004, 493), in Bezug auf den seinen Religionszugehörigen konfessionsgebunden zu erteilenden Unterricht kompetenter, insoweit ausreichend verlässlicher (VG Düsseldorf, NVwZ-RR 2000, 791) und verfassungstreuer (BVerwGE 123, 72 ff.; Kotzur in Stern/Becker, Art. 7 Rn. 41) Ansprechpartner vorhanden ist (zur Zugänglichkeit des Religionsunterrichts für grundsätzlich alle Religionsgemeinschaften s. BVerfGE 102, 396; BVerwGE 123, 70). In Nordrhein-Westfalen sind diese Voraussetzungen übergangsweise bejaht worden, obwohl dort eine Religionsgemeinschaft i.S. des Art. 7 III noch nicht besteht, weshalb andere, mit religiösen Aufgaben betraute Organisationen als Ansprechpartner fungieren können (G zur Einführung von islamischem Religionsunterricht als ordentliches Lehrfach v. 22.12.2011, GVBl S. 728; Verfassungsmäßigkeit umstr.). Der Staat hat die organisatorischen und dienstlichen Voraussetzungen für den Religionsunterricht als ordentliches Lehrfach zu schaffen (BVerwGE 123, 73) und darf sich seiner Verpflichtung nicht dadurch entziehen, dass er die bekenntnisfreie Schule zur Regelschule erklärt (BVerwGE 89, 377; 110, 330 f.). **Bekenntnisfrei** ist eine Schule dann, wenn sie – wie dies bei den weltlichen und den weltanschaulichen Schulen der Fall ist – auf jegliche religiöse Bindung verzichtet. Anders als Religionsgemeinschaften haben Eltern und Schüler – auch hinsichtlich der anderen Schulen – keinen Anspruch auf Einrichtung und Erteilung von Religionsunterricht als ordentliches Lehrfach, weil der Staat als Grundrechtsadressat einen solchen Anspruch im Hinblick auf die nach Satz 2 notwendige Mitwirkung der Religionsgemeinschaften allein nicht einlösen könnte (str.). Umstritten ist auch, ob Weltanschauungsgemeinschaften verlangen können, dass Unterricht über ihre Weltanschauung wie Religionsunterricht als ordentliches Lehrfach erteilt wird. Nach Auffassung des BbgVerfG (LVerfGE 16, 199) berechtigt Art. 7 III 1 den Staat, wenn er Religionsunterricht *einfach*rechtl. – als nichtordentliches Lehrfach – zulässt, jedenfalls nicht dazu, Weltanschauungsgemeinschaften die Erteilung eines entsprechenden **Weltanschauungsunterrichts** auf Grund ihrer Eigenschaft als Weltanschauungsgemeinschaft zu versagen. *Verfassungs*rechtl. besteht aber kein Anspruch auf die Einrichtung eines solchen Unterrichts, weil Abs. 3 nur von Religions- und nicht von Weltanschauungsgemeinschaften handelt (dazu auch Art. 140 Rn. 9 u. 20). Dass der Staat Schulen bestimmter religiöser oder weltanschaulicher Prägung einrichtet, kann ebenfalls nicht verlangt werden. Art. 7 III enthält keine Festlegung der Schulformen, setzt vielmehr die verschiedenen Schultypen religiös-weltanschaulicher Art als rechtl. möglich voraus (BVerfGE 41, 46; BVerwG, DVBl 1992, 1036).

12 Das *Übereinstimmungsgebot* des *Satzes 2*, das an Satz 1 anknüpft und den Staat als Veranstalter des Religionsunterrichts voraussetzt (BVerwGE 110, 338 f.), modifiziert die staatl. Schulaufsicht (BVerfGE 27, 201; s. auch BVerwGE 110, 340 f.; BayVGH, DVBl 2008, 1514) und macht den Religionsunterricht zur gemeinsamen Angelegenheit von Staat und Kirchen (BVerfGE 74, 251), indem es den **Religionsgemeinschaften** als Kooperationspartnern des Staates (OVG Münster, NVwZ-RR 2004, 493; s. auch VGH Kassel, ESVGH 56, 66) im Interesse der Vermittlung ihrer Glaubenssätze (vgl. BVerfGE 74, 252; BVerwGE 42, 350) und als Mittel zur Entfaltung positiver Religionsfreiheit (BVerwGE 123, 74) das – vielfach auch durch Staatskirchenverträge gesicherte – **Recht zur inneren Gestaltung des Religionsunterrichts** als Grundrecht garantiert. Die Ausrichtung an den Glaubenssätzen der jeweiligen Konfession ist danach von der Verfassung vorgegeben und belegt auch, dass bekenntnisgebundene Religionslehre Lehrinhalt staatl. Universitäten und der an ihnen erfolgenden staatl. Lehrerausbildung sein darf (BVerfGE 122, 110). Die von den Religionsgemeinschaften als maßgeblich bestimmten Lehren müssen als „Grundsätze" i.S. des Satzes 2 den zentralen Gegenstand des Religionsunterrichts bilden (BayVGH, DVBl 2008, 1514). Der Staat ist damit auf die Schaffung und Gewährleistung der weltlichen Rahmenbedingungen für den Religionsunterricht (etwa in Gestalt der allg. Schulordnung) beschränkt. Für verfassungsfeindliche Bestrebungen und Agitationen darf der Unterricht nicht missbraucht werden. Die Religionsgemeinschaften, deren Selbstbestimmungsrecht Art. 7 III 2 insoweit bereichsspezifisch konkretisiert (BVerwGE 110, 340), tragen danach – in den Grenzen des Art. 79 III (BVerwGE 123, 73) – die inhaltliche Verantwortung für den – als Veranstaltung des Staates zu erbringenden (s. Rn. 10) – Religionsunterricht (BayVGH, DVBl 2008, 1514); ihre Vorstellungen über Ziel und Inhalt der Lehrveranstaltung sind in diesem Rahmen grundsätzlich maßgebend (BVerfGE 74, 252, 254; BVerwGE 123, 73). Dies wird auf der personellen Ebene dadurch sichergestellt, dass die für den Religionsunterricht eingesetzten Lehrkräfte neben dem staatl. Auftrag zur Unterrichtserteilung als Ausfluss des Selbstbestimmungsrechts der Religionsgemeinschaften (BVerfGE 122, 112 f.) auch einer Bevollmächtigung durch die jeweilige Gemeinschaft bedürfen, wie nach katholischem Recht einer missio canonica (BayVGH, DVBl 2008, 1514; vgl. auch Rn. 13). Satz 2 behält den Religionsge-

meinschaften auch die Entscheidung darüber vor, ob und in welchem Umfang Schülern anderer Bekenntnisse die Teilnahme an ihrem Unterricht gestattet wird (BVerfGE 74, 253 ff.; BVerwGE 68, 20 m.w.N.). Eltern- und Schülerrechte werden durch Satz 2 verfassungsunmittelbar eingeschränkt (BVerfGE 74, 251). Eine geistliche Schulaufsicht besteht nicht (BGHZ 34, 22; BayVGH, DVBl 2008, 1514).

*Satz 3* gewährleistet den **Lehrern an öffentlichen Schulen** das (Grund-)**Recht, die Erteilung von Religionsunterricht abzulehnen**, ohne dass ihnen daraus dienstliche oder persönliche Nachteile erwachsen dürfen. Nicht verboten ist es der Schulbehörde, aus der Entziehung der kirchlichen missio canonica und den ihr zugrunde liegenden Umständen sachgemäße dienstrechtl. Folgerungen zu ziehen, z.b. die Ernennung zum Schulleiter einer katholischen Bekenntnisschule mangels Eignung i.S. des Art. 33 II abzulehnen (BVerwGE 19, 262, 260). Auch Satz 3 setzt voraus, dass Religionsunterricht als ordentliches Lehrfach gemäß Satz 1 vom Staat veranstaltet wird (BVerwGE 110, 341).   **13**

### Absatz 4: Privatschulfreiheit

*Satz 1* verbürgt *jedermann* – auch inländischen Stiftungen als juristischen Personen des bürgerlichen Rechts (BVerwGE 40, 349), ebenso kirchlichen Schulträgern – das **Grundrecht zur Errichtung** und zum Betrieb **von Privatschulen** (BVerfGE 88, 46; 90, 114; BayVerfGH 36, 34; zum europäischen Kontext s. oben Rn. 1, zum Genehmigungsvorbehalt für Ersatzschulen nachstehend Rn. 16 ff.), also von Schulen, die nicht öffentl. Schulen sind, aber mit dem Ziel einer Verwirklichung von Vielfalt im Schulwesen eine dem Bereich der Daseinsvorsorge zuzurechnende öffentl. Aufgabe erfüllen (BVerfG, NJW 1999, 2660; vgl. auch BayVerfGH 49, 57). Mitumfasst von dem Grundrecht sind die freie Wahl des Schulstandorts und das Recht des Schulträgers, Prägung und Ausgestaltung des an der Privatschule erteilten Unterrichts – insbes. im Hinblick auf Erziehungsziele, weltanschauliche Basis, Lehrmethoden und Lehrinhalte – eigenverantwortlich zu bestimmen (BVerfGE 112, 83 m.w.N.; BVerwGE 112, 268 f.; BGHZ 175, 108; BayVerfGH, BayVBl 2008, 79; MVLVerfG, NordÖR 2011, 119) und zu ändern, die eigenen Lehrer zu rekrutieren und für die Schule die Schüler so auszuwählen, dass ein seinen Vorstellungen entsprechender Unterricht durchgeführt werden kann (zu Letzterem s. BVerfGE 112, 83; BGHZ 175, 107, 108; BayVerfGH 57, 35; BayVGH, BayVBl 2011, 408; OVG Berlin-Brandenburg, U. v. 8.9.2011 – OVG 3 B 24.09 – juris). Die Privatschulen können ihre inneren Rechtsverhältnisse danach grundsätzlich eigenständig selbst gestalten. So haben sie das Recht, auf privatrechtl. Basis in wirtsch. Selbständigkeit und Unabhängigkeit Schulgeld zu erheben (BayVerfGH, BayVBl 2008, 79). Auch das Recht, sich von den Schülern wieder zu trennen, wird durch Art. 7 IV garantiert (BGHZ 175, 107 ff.; OLG Schleswig, NVwZ-RR 2010, 397). Gewähr und Ausübung des Grundrechts – in den Schranken der Sätze 2–4 – sind die Voraussetzung für die Möglichkeit von Eltern und Schülern, zwischen staatl., ggf. auch in privater Rechtsform geführten, und privaten Schulen zu wählen, die häufig Vorreiter bei der Entwicklung neuer pädagogischer Modelle sind (zur tatsächlichen Situation vgl. BT-Dr 16/6583 S. 3 ff.). Unter den *Begriff der Privatschulen*, im Landesrecht vielfach auch Schulen in freier Trägerschaft genannt (s. auch BVerwGE 130, 3), fallen sowohl Ersatz- als auch Ergänzungsschulen, die private Rechtsträger haben. *Ersatzschulen* sind Privatschulen, die nach mit ihrer Gründung verfolgten Gesamtzweck als Ersatz für eine – zufolge des Landesrechts (vgl. BVerfGK 18, 473; BVerwGE 105, 24) – in dem Land vorhandene oder   **14** grundsätzlich vorgesehene öffentl. Schule (zu diesem Begriff s. VGH Mannheim, DVBl 1989, 1259) dienen sollen (BVerfGE 27, 201 f.; 90, 139; BVerwGE 104, 8; 112, 266; BFHE 183, 446; zur Ersatzschuleigenschaft einer privaten Schule zur integrativen Beschulung von sonderschulpflichtigen Kindern vgl. VG Freiburg, U. v. 25.3.2009 – 2 K 1638/08 – juris). Sie unterscheiden sich damit von den *Ergänzungsschulen*, für die vergleichbare öffentl. Schulen i.d.R. nicht bestehen und in denen der Schulpflicht i. Allg. nicht genügt werden kann (BVerfGE 27, 202; BGHZ 52, 332; BFHE 183, 446; s. aber auch Kösling, RdJB 2004, 208 ff.). Die Qualifizierung als Ersatzschule hängt nicht davon ab, ob sie schulpflichtige Kinder aufnimmt (BVerfGE 75, 76). Keine Privatschulen i.s. des Satzes 1 sind private Hochschulen (BVerfGE 37, 320).

15  Mit der Gründungsfreiheit ist **auch die Privatschule als Institution garantiert** (BVerfGE 6, 355; 27, 200; BayVerfGH 36, 34; MVLVerfG, LVerfGE 12, 240). Der Institution Privatschule, deren Bedeutung in den letzten Jahren kontinuierlich zugenommen hat (vgl. BT-Dr 16/3902 S. 5; 16/10469 S. 49), werden damit verfassungskräftig ihre Existenz und eine ihrer Eigenart entsprechende Verwirklichung gesichert (BVerfGE 112, 83; BayVerfGH, BayVBl 2008, 80; BayVGH, BayVBl 2011, 408). Demzufolge wird in der Privatschule ein eigenverantwortlich geprägter Unterricht erteilt (s. auch oben Rn. 14). Die Garantie der Privatschulfreiheit bedeutet die *Absage an ein staatliches Schulmonopol*, ohne dass die Privatschule damit zur staatsfreien Schule wird, und ist zugleich eine Wertentscheidung, die eine Benachteiligung gleichwertiger Ersatzschulen gegenüber den entsprechenden staatl. Schulen allein wegen ihrer andersartigen Erziehungsformen und -inhalte verbietet (BVerfGE 27, 200 f.; 90, 114; BayVerfGH 37, 155; MVLVerfG, NordÖR 2011, 119). Die allg. Organisationsgewalt des Staates auf dem Gebiet des Schulwesens erfährt dadurch aber keine Beschränkung. Der Staat kann daher einzelne Ausbildungszweige auf dem Gebiet des öffentl. Schulwesens ausgliedern, wenn er dies für sachgerecht hält. Daran ist er nicht etwa deshalb gehindert, weil bisher Privatschulen sich einem solchen Ausbildungszweig gewidmet haben (BVerwG, DÖV 2007, 561). Ebenso wenig ist es dem Staat verwehrt, eine neue öffentl. Schule neben einer bereits bestehenden Privatschule zu errichten, auch wenn dadurch deren wirtsch. Grundlage beeinträchtigt wird (BVerfGE 37, 319; BayVGH n.F. 16, 37). Doch ist er kraft der objektiv-rechtl. Dimension der Privatschulfreiheit (vgl. BVerfGE 90, 117) verpflichtet, das private Ersatzschulwesen neben dem öffentl. Schulwesen zu fördern und in seinem Bestand zu schützen (BVerfGE 75, 62; 112, 83; BVerwGE 79, 156; BGHZ 105, 98; MVLVerfG, LVerfGE 12, 240). Wie der insoweit bestehenden **Schutz- und Förderpflicht** (BVerwG, Buchholz 421 Kultur- u. Schulwesen Nr. 138 S. 32) im Einzelnen genügt wird, obliegt grundsätzlich der Entscheidung des Gesetzgebers, dem dabei eine weitgehende Gestaltungsfreiheit zukommt (BVerfGE 75, 66 f.; 90, 116; BVerfGK 3, 177; MVLVerfG, NordÖR 2011, 119; VGH Kassel, NVwZ-RR 2000, 158; OVG Bautzen, SächsVBl 2011, 59). Das gilt auch für die Gewährung finanzieller Leistungen (BVerfGE 112, 84; BayVerfGH 62, 132; BayVGH, BayVBl 2011, 409), deren nähere Ausgestaltung Sache des Gesetzgebers ist (zur verfahrensrechtl. Komponente des Art. 7 IV in diesem Zusammenhang s. Heinig/Vogel, LKV 2012, 341). Zum Wesen der Privatschulfreiheit gehört auch, dass die Träger privater Schulen sich finanziell selbst engagieren und durch die Erbringung angemessener Eigenleistungen (BVerfGE 75, 68) die wirtsch. Grundlagen für den Schulbetrieb legen (BayVerfGH, BayVBl 2008, 80). Die finanziellen Lasten und unternehmerischen Risiken, die durch Gründung und Betrieb einer Privatschule notwendigerweise verursacht werden, nimmt die Ver-

fassung dem Ersatzschulträger nicht ab (BVerfGE 75, 68; OVG Bautzen, Sächs-VBl 2011, 59). Angemessene Wartefristen vor dem Beginn finanzieller staatl. Förderung, durch die der Einsatz öffentl. Mittel in Bezug auf den Betrieb privater Ersatzschulen an einen Erfolgsnachweis gebunden wird, sind deshalb grundsätzlich verfassungsgemäß (BVerfGE 90, 117; MVLVerfG, NordÖR 2011, 119 f.). Eine *Pflicht* des Staates *zur finanziellen Förderung* bedürftiger Ersatzschulen entsteht – unter dem Vorbehalt dessen, was von der Gesellschaft vernünftigerweise erwartet werden kann (BVerfGE 112, 84; BayVerfGH, BayVBl 2008, 80; BayVGH, BayVBl 2011, 409) – kraft Verfassungsrechts erst dann, wenn ohne staatl. Eingreifen der Bestand des Ersatzschulwesens als Institution evident gefährdet wäre (BVerfGE 75, 67; 112, 84; BVerwG, Buchholz 421 Kultur- u. Schulwesen Nr. 138 S. 32; BFHE 183; 440; 235, 439; BayVerfGH 49, 57; zu der insoweit bestehenden Beobachtungspflicht des Gesetzgebers vgl. OVG Bautzen, SächsVBl 2011, 59, zur Zuschusspraxis der Länder BT-Dr 16/3902 S. 6). Die einzelne Ersatzschule genießt danach keinen Bestandsschutz (BVerfGE 112, 84; BVerwGE 70, 292; 74, 136) und kann insbes. nicht verlangen, vom Staat auch noch dann gefördert zu werden, wenn sie nicht mehr lebensfähig ist, weil sie von der Bevölkerung nicht mehr angenommen wird (BVerfGE 112, 84). Erst recht können Ersatzschulen nicht eine bessere Ausstattung als öffentl. Schulen beanspruchen (BVerfGE 90, 116; MVLVerfG, LVerfG 12, 242, 246); dass sich ihre Förderung an den Kosten dieser Schulen orientiert, ist aber nicht zu beanstanden (BVerfGE 75, 68; 90, 116). Mit Art. 7 IV ist es auch grundsätzlich vereinbar, bei der Bemessung finanzieller Hilfen für private Ersatzschulen nur die Schüler zu berücksichtigen, die ihre Wohnung oder Hauptwohnung im Sitzland der Ersatzschule haben (BVerfGE 112, 83 ff.). Werden die Träger privater Ersatzschulen – durch Aufbringung eines Kostenbeitrags (BVerfGE 90, 116) – finanziell unterstützt, ist der Gesetzgeber an Art. 3 I gebunden (BVerfGE 75, 69; 112, 86 f.), was bei neu gegründeten Ersatzschulen auf diese Besonderheit ausgerichtete Differenzierungen nicht ausschließt (s. BVerfGE 90, 126). Die Förderung kann auch mittelbar durch steuerrechtl. Vergünstigungen erfolgen (vgl. BVerfGK 3, 176 f.; zur Abzugsfähigkeit des für den Besuch bestimmter Privatschulen gezahlten Schulgelds s. § 10 I Nr. 9 EStG). Ansprüche auf finanzielle Unterstützung von Schülern und Eltern, etwa auf Erstattung der mit dem Besuch einer Privatschule verbundenen Fahrkosten, lassen sich aus Satz 1 nicht herleiten (vgl. BVerfGK 17, 377; BVerwG, DVBl 1982, 729 f., u. auch BayVerfGH 36, 36; 62, 132). Er verpflichtet die Länder auch nicht, die Beförderung von Schülern privater Schulen in bestimmter Weise zu regeln (OVG Lünebürg, NdsVBl 2007, 336 f.). Zur praktischen Bedeutung des Privatschulwesens in Deutschland s. BT-Dr 16/6583 S. 3 ff.

*Satz 2:* Die Sätze 2–4 ziehen dem Grundrecht der Privatschulfreiheit verfassungsrechtl. **Schranken** (BVerfGK 18, 471). Anders als die Eröffnung von Ergänzungsschulen, die i. Allg. nicht genehmigungs-, sondern nur anzeigepflichtig ist (vgl. auch BVerfGE 75, 62; BFHE 235, 437, u. zum Begriff dieser Schulen oben Rn. 14), stehen Errichtung, Betrieb und Änderung derjenigen **Privatschulen**, die „**als Ersatz für öffentliche Schulen**" dienen sollen (zum Begriff der Ersatzschulen s. ebenfalls schon Rn. 14), nach Satz 2 unter dem **Vorbehalt staatlicher Genehmigung.** Das Genehmigungserfordernis als Ausfluss der staatl. Schulaufsicht nach Abs. 1 (dazu oben Rn. 2 ff.) hat den Sinn, die Allgemeinheit vor unzureichenden privaten Bildungseinrichtungen zu schützen (BVerfGE 27, 203; BVerfGK 18, 471; BAGE 118, 73; OVG Weimar, ThürVBl 2010, 116; OVG Berlin-Brandenburg, U. v. 8.9.2011 – OVG 3 B 24.09 – juris). Im Einzelnen dienen dem die sich aus den Sätzen 3 und 4 ergebenden Genehmigungsvoraussetzungen (dazu

16

Rn. 17 f.). Bei der Prüfung, ob diese Voraussetzungen vorliegen, ist auf die pädagogischen Besonderheiten der jeweiligen Ersatzschule Rücksicht zu nehmen (BVerfGK 18, 474 f.). Durch die Erteilung der Genehmigung wird festgestellt, dass gegen die Errichtung der Schule keine Bedenken bestehen, dass die private Schule als Ersatzschule den öffentl. Schulen gleichwertig ist und dass der Besuch der Schule als Erfüllung der Schulpflicht gilt (BVerfGE 27, 203; BVerwG, NVwZ 1990, 865 m.w.N.). Hoheitsbefugnisse werden dem Schulträger nicht verliehen (BVerwGE 45, 119). Auf die Genehmigung und ihre Aufrechterhaltung hat der Schulträger unmittelbar kraft Verfassungsrechts einen *Rechtsanspruch*, wenn und solange die – abschließend normierten – Voraussetzungen von Satz 3 und 4 erfüllt sind (vgl. BVerfGE 27, 200, 204; BVerwG 17, 237; 112, 266; BFHE 183, 439). Diese bilden zugleich den Rahmen für die Schulaufsicht, die dem Staat nach Abs. 1 gegenüber den Ersatzschulen obliegt (BVerwGE 12, 351; 17, 236 f.). Eine Bedürfnisprüfung findet im Genehmigungsverfahren nicht statt (OVG Lüneburg, NordÖR 2011, 242); insbes. darf die Genehmigung nicht davon abhängig gemacht werden, dass der öffentl. Schule durch die Ersatzschule keine existenzgefährdende Konkurrenz entsteht (str.) . Was zu geschehen hat, wenn die Genehmigungsvoraussetzungen später wegfallen, hat der Landesgesetzgeber festzulegen (vgl. auch zum Vorbehalt des Gesetzes oben Rn. 5). Abs. 4 ist dazu – ebenso wie Abs. 1 – unmittelbar nichts zu entnehmen (OVG Bautzen, LKV 2007, 88).

17 Um genehmigt werden zu können, müssen die Ersatzschulen gemäß *Satz 3* im Interesse der Schüler und ihrer Eltern den öffentl. Schulen hinsichtlich ihrer Lehrziele und Einrichtungen sowie hinsichtlich der wissenschaftlichen Ausbildung ihrer Lehrkräfte gleichwertig sein (Gleichwertigkeitsgebot). **Lehrziele** sind der generelle Bildungsauftrag der Schule und die jeweiligen Bildungsziele der einzelnen Schularten und Schulstufen (BVerfGK 18, 472). **Gleichwertigkeit** der Lehrziele bedeutet, dass die Ersatzschulen die allg. Bildungs- und Erziehungsziele sowie fachlichen Qualifikationen anstreben müssen, die den ihnen nach der Gesamtkonzeption des öffentl. Schulwesens entsprechenden öffentl. Schulen vorgeschrieben sind (BVerwGE 112, 267 f.). Sie bezieht sich sowohl auf die Unterrichtstätigkeit als auch auf die Wahrnehmung von Aufgaben der Unterrichtsverwaltung (BVerwG, NVwZ 1990, 865). Gleichwertigkeit heißt aber nicht Gleichartigkeit (OVG Berlin-Brandenburg, U. v. 8.9.2011 – OVG 3 B 24.09 – juris m.w.N.), so dass die Ersatzschulen z.B. in ihren Lehr- und Erziehungsmethoden oder hinsichtlich ihrer internen Organisation von den öffentl. Schulen abweichen können. Dagegen gehört die Feststellung des Ausbildungserfolgs in Zeugnissen und Prüfungen zum Bereich der Schule i.S. von Art. 7 IV (BVerfGK 18, 474). Maßgeblich für den Gleichwertigkeitsvergleich ist aber nicht der Ausbildungs- und Leistungsstand am Ende des jeweiligen Schuljahrs, sondern bei Abschluss des schulischen Bildungsgangs (BVerwGE 112, 268 ff.; s. auch BVerfGK 18, 472). Ein Prinzip der Durchlässigkeit, d.h. die Sicherung eines möglichst ungehinderten Wechsels der Schüler auf eine öffentl. Schule, lässt sich aus dem Gleichwertigkeitserfordernis des Abs. 4 Satz 3 nicht herleiten; es steht im Gegenteil im Widerspruch zur grundrechtl. garantierten Privatschulfreiheit (BVerwGE 112, 268). Für die Genehmigungserteilung reicht die Prognose, dass die Gleichwertigkeit voraussichtlich erreicht werden wird (BVerwGE 112, 272). Mit den in Satz 3 außerdem genannten **Einrichtungen** meint die Vorschrift die sächlich-organisatorische Ausstattung der Schulen, beispielsweise mit Schulräumen (BVerfGE 90, 142; BVerwGE 112, 271). Zu den Einrichtungen zählt darüber hinaus all das, was mitbestimmend ist für Inhalt und Qualität der Bildungsfunktion der Privat-

schule, also u.a. die Ausstattung der Schule mit Lehrern, pädagogischen Hilfskräften und sonstigem Personal sowie Organisation und Leitung der Schule einschl. der Regelungen dazu, ob die Schule einen Leiter hat oder kollegial geführt wird und welche konkreten Aufgaben die Schulleitung hat. Eine kollegiale Schulleitung ist zumal dann genehmigungsfähig, wenn sie zum besonderen pädagogischen Konzept des privaten Schulträgers gehört, setzt aber auch in diesem Fall zwingend voraus, dass die mit der Schulleitung betrauten Lehrkräfte für die Wahrnehmung der mit dieser Funktion verbundenen Aufgaben geeignet sind und deren gemeinsame Wahrnehmung die Gleichwertigkeit der Ersatzschule nicht in Frage stellt (OVG Münster, NWVBl 2011, 153). Die weiter geforderte **Gleichwertigkeit der wissenschaftlichen Ausbildung des Lehrpersonals** ist gewahrt, wenn die berufliche Qualifikation, die von Lehrern an Privatschulen verlangt wird, den Anforderungen der staatl. Ausbildung entspricht (vgl. BVerwGE 131, 247 f.; zu Einzelheiten s. auch VG Halle, LKV 1998, 495 f.). Eine staatl. Dienstaufsicht über die an Privatschulen beschäftigten Lehrer besteht nicht; zum Widerruf der einem solchen Lehrer erteilten Unterrichtsgenehmigung wegen pädagogischer Mängel des Unterrichts vgl. OVG Lüneburg, OVGE 50, 458 ff. Im Hinblick auf das in Satz 3 außerdem enthaltene **Sonderungsverbot** (*keine Sonderung der Schüler nach den Besitzverhältnissen ihrer Eltern*) muss die Ersatzschule in dem Sinne allg. zugänglich sein, dass sie grundsätzlich ohne Rücksicht auf die Wirtschaftslage ihrer Schüler und deren Eltern besucht werden kann (BVerfGE 75, 64; BFHE 209, 52; OVG Bautzen, SächsVBl 2011, 60). Der Erhebung und grundsätzlich möglichen Erhöhung von Schulgeldern sind also durch das Sonderungsverbot Grenzen gesetzt (BVerfGE 90, 119). Sie dürfen nicht dazu führen, dass der Besuch der Privatschule Kindern aus einem wirtsch. bevorzugten Bevölkerungskreis vorbehalten bleibt (s. BVerfGE 75, 64). Geschieht dies doch, hat die Sonderung wegen überhöhter Schulgelder die Versagung oder Aufhebung der Ersatzschulgenehmigung zur Folge (s. OVG Bautzen, SächsVBl 2011, 60).

Weitere Genehmigungsvoraussetzung ist nach *Satz 4*, dass die **wirtschaftliche und rechtliche Stellung der Lehrkräfte** der jeweiligen Privatschule **genügend gesichert** ist (Sicherungsgebot). Die Sicherung in wirtsch. Hinsicht ist gegeben, wenn die Lehrkräfte aus ihrem Rechtsverhältnis als Lehrer so vergütet werden, dass sie daraus ihren Lebensbedarf angemessen befriedigen können, also zu einer weiteren Berufstätigkeit nicht gezwungen sind (näher dazu BAGE 118, 73; VG Dresden, Beschl. v. 28.3.2007 – 5 K 1750/06 – juris). Das setzt regelmäßig voraus, dass die überwiegende Zahl der Lehrkräfte im Angestelltenverhältnis und nicht auf Honorarbasis beschäftigt ist (VG Potsdam, LKV 2010, 383). Die Regelung dient wie Satz 3 dem Ziel, den Schülern an Ersatzschulen zu einer der Ausbildung an öffentl. Schulen gleichwertigen Ausbildung zu verhelfen (vgl. BVerfGE 75, 65). Im Hinblick auf diesen Normzweck dürften die Lehrkräfte unmittelbar aus Satz 4 Ansprüche nicht herleiten können (str.; anders wohl BAGE 118, 73). **18**

**Anerkannte Privatschulen:** Andere als die in den Sätzen 3 und 4 abschließend genannten Genehmigungsvoraussetzungen dürfen, außer für den Fall des Abs. 5, nicht verlangt werden (BVerwGE 17, 238; 23, 349). Der Landesgesetzgeber (vgl. Rn. 3) ist aber befugt, die *Einordnung der Ersatzschulen in das Gesamtgefüge des staatlichen Schulwesens* zu regeln, insbes. zu bestimmen, ob Versetzungen durch die Privatschule und die bei ihr abgelegten Prüfungen allg. anerkannt werden oder ob es der Prüfung durch einen vom Staat eingesetzten Prüfungsausschuss und einer Aufnahmeprüfung beim Übergang auf öffentl. Schulen bedarf (BVerwGE 17, 238). Im ersten Fall kann verlangt werden, dass die Ersatzschule nicht nur die Genehmigungsvoraussetzungen der Sätze 3 und 4 erfüllt, sondern **19**

außerdem die für entsprechende staatl. Schulen geltenden Aufnahme-, Versetzungs- und Prüfungsbestimmungen übernimmt (BVerfGE 27, 201 ff.; BVerwGE 68, 188; 112, 270 f.), und erlangt die Ersatzschule den *Status einer anerkannten Privatschule*, die sich als Beliehene von der nur genehmigten Ersatzschule darin unterscheidet, dass sie mit öff.-rechtl. „Außenwirkung" (BVerfGE 27, 203) die gleichen Berechtigungen wie die öffentl. Schulen erteilt (BVerwGE 17, 41; Bay-VerfGH 57, 35; 62, 129; BayVGH n.F. 35, 29; s. auch VGH Mannheim, NVwZ-RR 2011, 559; krit. Ogorek, DÖV 2010, 344 ff.). Ein Anspruch auf eine solche Anerkennung ist verfassungsrechtl. nicht garantiert (BVerfGE 27, 202 ff.; BVerwGE 68, 188; 112, 270). Das Institut der Anerkennung und die damit für die Privatschule verbundenen Vorteile dürfen vom Landesgesetzgeber aber nicht dazu benutzt werden, die Ersatzschulen zur Anpassung an öffentl. Schulen in einem sachlich nicht gebotenen Umfang zu veranlassen oder unter Verletzung des Gleichheitsgebots einzelne Privatschulen gegenüber anderen Schulen zu benachteiligen (BayVerfGH 57, 36).

### Absatz 5: Zulassung privater Volksschulen

20　Abs. 5 regelt mit unmittelbarer Verbindlichkeit für die Länder (VG Halle, LKV 1998, 496) die Voraussetzungen für die **Errichtung und** den **Betrieb privater Volksschulen.** Insoweit gelten, da es sich bei diesen um Ersatzschulen handelt, zunächst die Genehmigungsvoraussetzungen des Abs. 4 Satz 3 und 4 (BVerfGE 88, 47; vgl. auch – zu Satz 3 – BVerwGE 90, 6 f.) und zusätzlich die *besonderen Zulassungsbedingungen* nach Abs. 5 (zu ihnen näher unten Rn. 21 f.). Sinn und Zweck der Regelung ist es, die gesellsch. Integration von Kindern in den ersten Lebensjahren in der Schule besonders zu sichern und eine Sonderung der Schüler nach dem Sozialstatus zu vermeiden (BVerfGE 34, 186 f.; BT-Dr 16/7659 S. 5: „Schule für alle"). Abs. 5 statuiert deshalb, indem er die Zulassung privater Volksschulen unter gleichzeitiger Einschränkung der Privatschulfreiheit des Abs. 4 von den in der Vorschrift genannten weiteren Voraussetzungen abhängig macht, ein prinzipielles **Verbot privater Volksschulen** (BVerwGE 90, 8). Dies führt notwendig und anders als bei den weiterführenden Schulen zu einem **Vorrang** auch **der Pflicht zum Besuch der öffentlichen Volksschule** (BVerwGE 21, 292; s. auch BVerfGE 88, 50; BVerwGE 75, 277). All dies ändert aber nichts daran, dass ein Anspruch auf Zulassung der privaten Volksschule besteht, wenn die Voraussetzungen des Art. 7 IV und V erfüllt sind (BVerwGE 112, 266; VG Halle, LKV 1998, 495, 496; BT-Dr 16/7659 S. 4). Immer sind unter „Volksschulen" die Grundschulen überkommener Prägung zu verstehen (vgl. BVerfGE 88, 45 f.; BVerfGK 18, 473; VG Stuttgart, NVwZ-RR 2004, 580; vorsichtiger noch BVerwGE 75, 277; zur Geltung des Abs. 5 für Gymnasialklassen, die in die Grundschulpflicht hineinreichen, s. BVerwG, DVBl 1997, 1178 f.), die nach der Vorstellung des GG-Gebers grundsätzlich von allen Schülern gemeinsam besucht werden sollen (BVerfGE 88, 49 f.; VGH Mannheim, NVwZ-RR 2003, 563). Der bloße Fortfall der Bezeichnung „Volksschule" entzieht den im SchulG geregelten Sachverhalt nicht schon dem Geltungsbereich des Art. 7 V (BVerfGE 88, 46). Mittelbar ist Abs. 5 auch zu entnehmen, dass öffentl. Volksschulen als Gemeinschafts-, Bekenntnis- oder Weltanschauungsschulen eingerichtet werden können (BVerfGE 41, 46; 93, 22; BVerwG, DVBl 1992, 1036). Der Landesgesetzgeber ist insoweit bei der Wahl und Ausgestaltung der Schulform prinzipiell frei (BVerfGE 41, 86; OVG Münster, OVGE 36, 36 f.). Die Annahme einer Bekenntnis- oder Weltanschauungsschule i.S. des Abs. 5 setzt allerdings ein die Schule und deren gesamten Unterricht prägendes gemeinsames Bekenntnis bzw. eine in gleicher Weise wirkende gemeinsame Weltanschauung der Erziehungsberechtigten voraus, die ihr Kind in die betr. Schule schicken oder schicken wollen (BVerwGE 89, 369 ff.; 90, 6).

Mit dem nach *Abs. 5 Altern. 1* erforderlichen **besonderen pädagogischen Interesse** als wichtigster objektiver Voraussetzung für die Zulassung (= Genehmigung) einer privaten Volksschule sind das öffentl. Interesse an der Erprobung und Fortentwicklung pädagogischer Konzepte sowie das Interesse an der angemessenen pädagogischen Betreuung spezieller Schülergruppen gemeint, denen das öffentl. Schulwesen keine hinreichenden Angebote macht (BVerfGE 88, 51; BayVerfGH 50, 86; OVG Bremen, NordÖR 2012, 512; VG Halle, LKV 1998, 497). Die Anerkennung eines solchen Interesses, das nicht mit dem jeweiligen Interesse des Schulträgers, der Eltern oder Unterrichtsverwaltung gleichzusetzen ist (BayVGH 62, 247), verlangt eine sinnvolle Alternative zum bestehenden öffentl. und privaten Schulangebot, die die pädagogische Erfahrung bereichert und der Entwicklung des Schulsystems insgesamt zugute kommt (BVerfGE 88, 53); dabei muss das pädagogische Interesse an der privaten Volks- oder Grundschule von solchem Gewicht sein, dass es den grundsätzlichen Vorrang der öffentl. Schule dieses Typs überwiegt (BVerfGE 88, 55). Wird dieser Vorrang durch eine flächendeckende Zulassung privater Grundschulen insgesamt gefährdet, ist das besondere pädagogische Interesse für die Zulassung der konkreten Privatschule zu verneinen (BVerwG, NJW 2000, 1281 ff.). Die Auslegung dieses Begriffs ist gerichtl. voll überprüfbar (BayVGH n.f. 62, 248; VG Halle, LKV 1998, 497, 498). Begrenzt ist die Gerichtskontrolle allerdings dort, wo es um die Bewertung eines pädagogischen Konzepts im Einzelfall und um die Abwägung mit dem Vorrang der öffentl. Volksschule geht. Insoweit, aber auch nur insoweit, dürfen die Gerichte ihre Auffassung nicht an die Stelle derjenigen der Unterrichtsverwaltung setzen (BVerfGE 88, 56 ff.; BVerwG, NJW 2000, 1283; für einen weitergehenden Entscheidungsspielraum der Unterrichtsverwaltung noch BVerwGE 75, 276).

Für die Errichtung einer privaten Volksschule als Gemeinschafts-, Bekenntnis- oder Weltanschauungsschule kommt es nach *Abs. 5 Altern. 2* entscheidend nicht auf ein besonderes pädagogisches Interesse, sondern – neben der entsprechenden Prägung bei Schulen der zuletzt genannten Art (vgl. Rn. 20) – auf den **Antrag der Erziehungsberechtigten** an (mehr dazu – mit Blick auf eine private islamische Bekenntnisgrundschule – VG Stuttgart, DÖV 2004, 214).

### Absatz 6: Verbot der Vorschulen

Abs. 6 belässt es für das Verbot der Vorschulen bei dem unter der Geltung der Weimarer Reichsverfassung geschaffenen Rechtszustand (s. dazu Art. 147 III WRV u. § 2 des G betr. die Grundschulen u. Aufhebung der Vorschulen v. 28.4.1920, RGBl S. 851). **Vorschulen** sind öffentl. oder private Einrichtungen zur Vorbereitung auf den Besuch weiterführender Schulen. Kindergärten, Vorklassen mit dem Ziel der Vorbereitung auf den Grundschulbesuch, Förderklassen an Grundschulen und Schulen, bei denen Grundschule und weiterführende Schulen zu einer Einheit verbunden sind, gehören nicht dazu (vgl. Schmitt-Kammler/ Thiel in Sachs, Art. 7 Rn. 79 f.). Praktische Bedeutung hat die Vorschrift nicht mehr, auch wenn ihre Zielsetzung, der Entwicklung von Bildungsbiographien in Abhängigkeit von der sozialen Schicht vorzubeugen, nach wie vor aktuell bleibt (BT-Dr 16/7659 S. 6).

21

22

23

## Artikel 8 [Versammlungsfreiheit]

(1) Alle Deutschen haben das Recht, sich ohne Anmeldung oder Erlaubnis friedlich und ohne Waffen zu versammeln.

(2) Für Versammlungen unter freiem Himmel kann dieses Recht durch Gesetz oder auf Grund eines Gesetzes beschränkt werden.

| | |
|---|---|
| Versammlungsfreiheit (Abs. 1 und 2) | Beeinträchtigungen und ihre Rechtferti- |
| Schutzbereich .............. 1–5, 13, 17 | gung ...................... 6–12, 14–16 |

1 **Allgemeines:** Das durch Art. 8 garantierte Grundrecht der Versammlungsfreiheit ergänzt das Grundrecht der Meinungsfreiheit (Art. 5 I 1) durch die Gewährleistung kollektiver **Meinungsbildung und -kundgabe** und steht in engem Zusammenhang mit dem Prozess der demokratischen Meinungs- und Willensbildung. Seine historische Funktion, Veränderungen in Staat und Gesellschaft einzufordern (vgl. Hoffmann-Riem, NJW 2004, 2778), trifft auf eine Verfassung, die solche Veränderungen in den Formen einer mittelbaren und repräsentativen Demokratie (s. Art. 20 Rn. 9) bewerkstelligt. Wer – wie das BVerfG (E 69, 347; NJW 2001, 2460) – die Versammlungsfreiheit als eine Art Kompensation für Defizite unmittelbarer Demokratie in einer (auf Bundesebene) bewusst plebiszitarmen Verfassung ansieht, wird zu einer Überhöhung des Rangs des Grundrechts (vgl. BVerfGE 69, 343, 344; dagegen pointiert auch Starck in v. Mangoldt/Klein/Starck, Art. 1 Rn. 184 mit Fn. 135) neigen. Die kollektive Meinungskundgabe erfolgt, den Spielregeln einer freien geistigen Auseinandersetzung (BVerfGE 69, 345; 102, 398) entsprechend, *mit geistigen Mitteln* (s. BVerfGE 104, 116/Sondervotum; BGHZ 137, 99; BGHSt 44, 41; BT-Dr 14/5365 S. 3). Deswegen fällt es schwer, mit dem BVerfG (E 87, 406; 104, 104) die Meinungskundgabe in Form einer Sitzblockade (dazu näher Rn. 8) als geschützte Veranstaltung anzusehen. **Verhältnis zu Art. 5:** Das Verbot oder die Auflösung einer Zusammenkunft mit anderen zum Zwecke einer gemeinschaftlichen, auf die Teilhabe an der öffentl. Meinungsbildung gerichteten Erörterung oder Kundgebung (vgl. Rn. 4), ferner die Beschränkung der Art und Weise ihrer Durchführung, insbes. versammlungstypischer Äußerungsformen (s. Rn. 4), betreffen den *Schutzbereich des Art. 8 I*. Solche Beschränkungen in der Kombination des Inhalts und der versammlungstypischen Ausdrucksform von Meinungen betreffen ebenfalls die Meinungsfreiheit des Art. 5 I und sind daher auch vor Art. 5 II zu rechtfertigen. Die Meinungsäußerungsfreiheit hat im Gegensatz zur Versammlungsfreiheit keinen besonderen Raumbedarf im Hinblick auf öffentl., der Kommunikation dienende Foren (BVerfGE 128, 265). Beschränkungen der Freiheit der Versammlung (unter freiem Himmel) bedürfen gemäß Art. 8 II einer gesetzl. Grundlage (vgl. Rn. 13 ff.). Werden sie mit dem Inhalt der die Versammlung betreffenden Meinungsäußerungen begründet, ist die besondere Gewährleistung des Art. 5 I angesprochen. Der Inhalt von Meinungsäußerungen, der im Rahmen des Art. 5 nicht unterbunden werden darf (s. Art. 5 Rn. 26), kann auch nicht zur Rechtfertigung von Maßnahmen herangezogen werden, die das Grundrecht des Art. 8 beschränken (BVerfGE 124, 319 m.w.N.); daher ist z.B. Kritik an der Verfassung und ihren wesentlichen Elementen ebenso erlaubt wie die Forderung nach Änderung tragender Bestandteile der freiheitlichen demokratischen Grundordnung (zum Ganzen BVerfGK 13, 92 m.w.N., insbes. auch zur Schranke der allg. Gesetze; vgl. aber auch Rn. 14). Zum Verhältnis zu Art. 5 III 1 (Kunst) vgl. Rn. 4 (Straßentheater). Geht es um die Sanktionierung (§ 29 I Nr. 3 VersammlG) einer

z.B. ausländerfeindlichen Meinungsäußerung, die eine Auflage zur Durchführung der Versammlung verletzt, so ist Prüfungsmaßstab Art. 8 I (BVerfGK 10, 495). Nicht unter den Versammlungsbegriff fallende Zusammenkünfte (s. Rn. 4) genießen den Schutz des Art. 2 I. Die *Föderalismusreform I* (vgl. Einführung Rn. 6) hat die Gesetzgebungskompetenz für das Versammlungsrecht vom Bund auf die Länder übertragen (s. Art. 74 Rn. 1). Das Gesetz über Versammlungen und Aufzüge (VersammlG) i.d.F. vom 15.11.1978 (BGBl I S. 179) gilt gemäß Art. 125 a I bis zur Ersetzung durch Landesrecht weiter. Von der neuen Kompetenz hat als erstes Bundesland Bayern mit dem VersammlungsG vom 22.7.2008 (GVBl S. 421) umfassend Gebrauch gemacht (inzwischen auch Niedersachen, Sachsen, Sachsen-Anhalt). Durch einstweilige Anordnung vom 17.2.2009 (BVerfGE 122, 342) hat das BVerfG zahlreiche (inzwischen weitgehend abgeänderte; vgl. BVerfG, NVwZ 2012, 828) Bußgeldvorschriften dieses Gesetzes (s. auch Rn. 2) einstweilen außer Kraft gesetzt und die Anwendung von Vorschriften über Übersichtsaufnahmen und -aufzeichnungen (vgl. auch Rn. 11) mit einschränkenden Maßgaben versehen. Die EMRK garantiert auf **europäischer Ebene** die Versammlungsfreiheit in Art. 11 im gleichen Umfang und enthält überdies – insoweit abw. von Art. 8 GG – einen ausdrücklichen Eingriffsvorbehalt für Fälle der Verhütung von Straftaten (vgl. BVerwGE 129, 154). Zum Schutzumfang, zu Einschränkungen und Verbot vgl. EGMR, NVwZ 2011, 1376 ff.; EuGRZ 2012, 150 ff. Art. 12 I EUGrCh schützt die Versammlungsfreiheit für den Bereich der EU ohne diesen Vorbehalt, aber auch im Zusammenhang mit der Vereinigungsfreiheit. Die Ordnung der Versammlungsfreiheit gehört zu den wesentlichen Bereichen demokratischer Selbstgestaltung eines Mitgliedsstaats der EU (BVerfGE 123, 358).

### Absatz 1: Versammlungsfreiheit allgemein

Das **Grundrecht** der Versammlungsfreiheit umfasst das Recht, Versammlungen (s. Rn. 4) zu veranstalten (vorzubereiten u. abzuhalten) und an solchen teilzunehmen, auch das Recht, Zeitpunkt, Art und Thema der Veranstaltung einschl. des Zugangs zu ihr grundsätzlich selbst zu bestimmen (BVerfGE 69, 343; 84, 209). Eingeschlossen ist die Entscheidung darüber, welche Maßnahmen der Veranstalter zur Erregung der öffentl. Aufmerksamkeit für sein Anliegen einsetzen will (BVerfGE 104, 111; BVerfGK 2, 6; 7, 19). Zwar können die Teilnehmer selbst entscheiden, wo sie ihr Anliegen am wirksamsten zur Geltung bringen können. Art. 8 berechtigt aber nicht zum Zutritt zu Orten, die der Öffentlichkeit nicht allg. zugänglich sind oder zu denen schon den äußeren Umständen nach nur zu bestimmten Zwecken Zugang gewährt wird (z.B. Verwaltungsgebäude, öffentl. Schwimmbäder, Krankenhäuser, eingefriedete, der Allgemeinheit nicht geöffnete Anlagen). Erlaubt dagegen sind Versammlungen dort, wo ein allg. Verkehr eröffnet ist, **2**

a) im öffentl. Straßenraum, ferner in Einkaufszentren, Ladenpassagen oder ähnlichen Begegnungsstätten (dort im Wege unmittelbarer oder – bei Privaten – mittelbarer Grundrechtsbindung),

b) an anderen Orten kommunikativen Verkehrs, die der Öffentlichkeit allg. geöffnet und zugänglich sind (z.B. der Flanier- und Einkaufsbereich eines Flughafens, nicht dessen Sicherheits- und Gepäckausgabezone).

Zum Ganzen BVerfGE 128, 251 f. (vgl. auch BayVGH, NVwZ-RR 2012, 66); krit. zur Vergleichbarkeit von Flughafen-Abfertigungshallen und öffentl. Straßen oder Plätzen sowie zur Ausdehnung der mittelbaren Grundrechtsbindung BVerfGE 128, 273 ff./Sondervotum. Das Anliegen ist inhaltlich, inbes. im Hinblick auf seine gesellsch. Wünschbarkeit, irrelevant (vgl. Hoffmann-Riem, NJW 2004, 2779). Es kann während des behördlichen oder gerichtl. Verfahrens jederzeit eigenständig konkretisiert werden (BVerfG, NVwZ 2006, 588). Das Grundrecht richtet sich *gegen den Staat* (öffentl. Gewalt in allen Erscheinungsformen). Unmittelbar grundrechtsgebunden sind von der öffentl. Hand beherrschte (mehr als 50 vH Anteile) gemischtwirtsch. Unternehmen und im Alleineigentum des Staates stehende öffentl. Unternehmen, die in den Formen des Privatrechts organisiert sind (BVerfGE 128, 245 ff.; gegen die 50 vH-Grenze durch bloße Addition der Anteile verschiedener Träger staatl. Gewalt unterschiedlicher staatl. Ebenen BVerfGE 128, 270 ff./Sondervotum). Art. 8 verpflichtet den Staat z.B., eine rechtmäßige Versammlung vor der Gewalt Dritter zu schützen. Der Schutzgehalt des Art. 8 beeinflusst die Auslegung strafrechtl. Sanktionen (BVerfGK 11, 109 ff., 112 ff., zu § 113 III StGB). Er hindert den Gesetzgeber daran, zusätzlich zu verwaltungsrechtl. Pflichten und Verboten beliebig korrespondierende Bußgeldtatbestände für Versammlungsleiter und -teilnehmer einzuführen (BVerfGE 122, 362 ff., im Kontext einer Folgenabwägung). Der aus Art. 8 abgeleitete Grundsatz versammlungsfreundlichen Verhaltens (vgl. BVerfGK 2, 10; OVG Weimar, NVwZ-RR 2003, 208 f.) ist von dem nicht bestehenden Recht auf möglichst optimale Rahmenbedingungen für eine Versammlung (dazu VG Berlin, NVwZ 2004, 761) zu trennen. Art. 8 schützt auch die *negative Versammlungsfreiheit*, insbes. also die Nichtteilnahme an einer Versammlung, nicht aber ein Zusammenwirken, um eine Versammlung zu verhindern (BVerfGE 84, 209 f.).

3 **Berechtigte:** Nur **Deutsche** (Art. 116 I) einschl. inländischer juristischer Personen i.S. des Art. 19 III, also auch sonstige Personenvereinigungen, sofern sie eine festgefügte Struktur besitzen und auf gewisse Dauer angelegt sind (BVerfGE 122, 355), haben ein verfassungsrechtl. gewährleistetes Versammlungsrecht. Ausländer sind nach Maßgabe von BVerfGE 78, 196 f., Träger des Grundrechts des Art. 2 I. Darüber hinaus gewährt § 1 VersammlG auch Nichtdeutschen ein einfachrechtl. Versammlungsrecht nach den Vorschriften dieses Gesetzes und des AufenthaltsG vom 30.7.2004 (BGBl I S. 1950; s. hier insbes. § 47). Vgl. auch die registerrechtl. Mitteilungspflicht bei Ausländervereinen nach § 400 FamFG.

4 **Versammlungen** sind örtliche Zusammenkünfte mehrerer Personen zur gemeinschaftlichen, auf die Teilhabe an der öffentl. Meinungsbildung gerichteten Erörterung oder Kundgebung (BVerfGE 104, 104; 128, 250; BVerfGK 18, 373). Die Verbundenheit der Teilnehmer durch einen beliebigen Zweck reicht mithin nicht aus. Vielmehr ist wegen des mit ihrer Bedeutung in der freiheitlichen demokratischen Ordnung (s. Rn. 1) zusammenhängenden besonderen Schutzes der Versammlungsfreiheit die kommunikative Einflussnahme auf die öffentl. Meinung entscheidend. Deshalb fallen nicht unter den Versammlungsbegriff bloße Menschenansammlungen und auch nicht die Aufstellung eines Informationsstandes, wenn nicht das Informationsangebot der Vermittlung des polit. Mottos der Veranstaltung dient und darauf abzielt, Außenstehende einzubeziehen (BVerwG, NVwZ 2007, 1434). Da die Rspr. auch neuartige, nicht nur traditionelle Formen gemeinsamen Verhaltens einbezieht, fällt es schwer, in der Kasuistik (vgl. Kommentar, 8. Aufl., Art. 8 Rn. 4) einen „roten Faden" zu finden: etwa für die Verneinung von Versammlungen bei Volksfesten, Vergnügungsveranstaltungen und solchen, die der bloßen Zurschaustellung eines Lebensgefühls dienen oder die als eine auf Unterhaltung ausgerichtete Massenparty gedacht sind, und andererseits für die Bejahung von Versammlungen in Gestalt von Veranstaltungen unter Einsatz von Musik und Tanz, wenn dadurch auf die öffentl. Meinung Einfluss genommen wird. Die Fuckparade-Entscheidung des BVerwG (E 129, 47, in Anleh-

nung an BVerfG, NJW 2001, 2461; Bezugnahme in BVerwGE 131, 218; s. auch BVerwG, NVwZ 2007, 1434) versucht, darauf abzustellen, ob eine „gemischte" (Teilhabe u. Nichtteilhabe an der Meinungsbildung vereinende) *Veranstaltung* aus der Sicht eines durchschnittlichen Betrachters ihrem *Gesamtgepräge* nach eine Versammlung ist. Blieben insoweit Zweifel, so bewirke der hohe Rang der Versammlungsfreiheit, dass die Veranstaltung „wie eine Versammlung" behandelt wird. Der letztgenannte Schluss vom hohen Rang des Grundrechts (Rechtsfolge) auf Erleichterungen bei der Prüfung eines Tatbestandsmerkmals, vom Wert der Vergünstigung also auf eine im Zweifel hohe Zahl von Begünstigten, ist rechtslogisch nicht zulässig. Am Schutz der Versammlungsfreiheit haben teil versammlungstypische Ausdrucksformen wie Aufrufe, Flugblätter, Transparente, Fahnen, Lieder, auch das laute Skandieren von Parolen (BVerfGK 13, 87, 94) und der Einsatz von Megaphonen (OVG Berlin-Brandenburg, NVwZ-RR 2009, 370 f.). Polit. Straßentheater kann sowohl Versammlung als auch Kunstausübung sein, was zu einer auf Art. 5 III 1 bezogenen und damit grundrechtskonformen Anwendung des Versammlungsrechts führen kann (VGH Kassel, DVBl 2011, 709; vgl. auch VG Berlin, NVwZ-RR 2011, 726; kursorisch BayVGH, NJW 2010, 792 f.). Versammlungen sind auch „Aufzüge" („Umzüge"), d.h. Menschengruppen, die, sich fortbewegend, einen der oben genannten Versammlungszwecke verfolgen. Art. 8 schützt nicht Aufmärsche mit paramilitärischen oder sonst wie einschüchternden Begleitumständen (BVerfG, NJW 2001, 2071; BVerfGK 13, 92 f.). Abs. 1 gilt für öffentl. wie für nichtöffentl. Versammlungen, für Versammlungen in geschlossenen Räumen wie für solche unter freiem Himmel. Eine Versammlung genießt den Schutz des Art. 8 bis zu ihrer rechtmäßigen Auflösung (s. BVerfGE 104, 106 f.; BVerfGK 4, 158).

**„Ohne Anmeldung oder Erlaubnis":** Damit wird der Schutzbereich um eine Verfahrensgarantie erweitert (a.A. Wege, NVwZ 2005, 901: formelle Schranken-Schranke). Die Anmeldepflicht nach § 14 VersammlG (s. Rn. 14) ist auf eine unvorbereitete, sog. Spontanversammlung nicht anwendbar, soweit deren Zweck bei Einhaltung der Vorschrift nicht erreicht werden könnte (vgl. BVerfGK 4, 158 m.w.N.; 11, 108; vgl. auch BVerfGE 128, 261).   5

**Eingriffe in das Versammlungsrecht,** vor allem Verbot und Auflösung einer Versammlung, sind, von Abs. 2 und den in Rn. 11 weiter genannten Einschränkungen abgesehen, *nur bei unfriedlicher oder bewaffneter Zusammenkunft* zulässig. Zum methodischen Vorgehen bei der Prüfung von Grundrechtsbeeinträchtigungen allg. s. vor Art. 1 Rn. 8 f.   6

Eine Versammlung verliert den Schutz des Art. 8 grundsätzlich bei kollektiver **Unfriedlichkeit.** Unfriedliche Versammlungen sind ebenso wie solche, bei denen Waffen (s. Rn. 9) mitgeführt werden, nicht geschützt. Wegen dieser Gleichbewertung (logisch nicht ganz schlüssig) ist nach der Rspr. des BVerfG eine Versammlung erst unfriedlich, wenn Handlungen von einiger Gefährlichkeit wie etwa aggressive Ausschreitungen gegen Personen oder Sachen oder sonstige Gewalttätigkeiten stattfinden (BVerfGK 4, 157; 10, 6). Dabei soll die Begehung von Ausschreitungen durch einzelne Demonstranten oder eine Minderheit nicht genügen (BVerfGK 11, 109). Kollektive Unfriedlichkeit liegt vor, wenn die Versammlung im Ganzen einen unfriedlichen Verlauf nimmt oder der Veranstalter und sein Anhang einen solchen Verlauf anstreben oder zumindest billigen (BVerfG, NVwZ 2011, 423). Die vom BVerwG (E 129, 151) vertretene Irrelevanz der Prognose künftiger Unfriedlichkeit widerspricht den Aussagen der Entscheidung BVerfGK 11, 309 f. Eine Versammlung ist nach der Rspr. nicht schon unfriedlich, wenn es zu Behinderungen Dritter kommt, seien diese auch gewollt und nicht nur in Kauf   7 genommen (BVerfGE 104, 106 m.w.N.; BVerfGK 18, 373). Es ist schwer nachvollziehbar, dass es von dem Schutzbereich eines Kommunikationsgrundrechts gedeckt sein kann, die Aufmerksamkeit Dritter mit Behinderungen (Fortbewegungssperre) zu erzwingen (vgl. BVerfGE 104, 117/Sondervotum zu Art. 5 I; BVerfGK 12, 276, zu den nur geistigen Kampfmitteln beim Boykott). Wird nicht mehr durch die in Rn. 1 erwähnte geistige Auseinandersetzung die Gegenseite zu überzeugen versucht, sondern werden durch zielgerichtete Anwendung von Zwang Dritte in erheblicher Weise an der Nutzung geschützter Rechtsgüter gehindert, wird der Rahmen der verfassungsrechtl. geschützten Versammlungsfreiheit verlassen (BGHZ 137, 100; BGHSt 44, 41).

8    Strafrechtl. war eine gezielte und bezweckte Verkehrsbehinderung durch **Sitzblockade**, um öffentl. Aufmerksamkeit für polit. Ziele zu erzwingen, früher eindeutig eine rechtswidrige Nötigung (BGHSt 35, 275 ff.: Fernziele nicht bei Rechtswidrigkeit, sondern bei Strafzumessung zu berücksichtigen; vgl. auch BGHSt 37, 352 ff.). Das BVerfG (E 73, 248; 87, 406) sah den strafrechtl. Gewaltbegriff als zu weit an und verlangte für die Unfriedlichkeit einer Versammlung „Handlungen von einiger Gefährlichkeit". Da aber schon im Strafrecht die Verwerflichkeitsklausel des § 240 II StGB eine Abwägung u.a. des Gewaltumfangs voraussetzt (BGHSt 34, 77; 35, 277; zur grundrechtssichernden Funktion der Abwägung u. gegen die indizielle Bedeutung der Gewaltanwendung: BVerfGE 76, 217; BVerfG, NJW 1991, 971 f.; 1992, 2689) und das Urteil BVerfGE 73, 250, eine gezielte Verkehrsbehinderung mit nicht geringfügiger Behinderung Dritter als nicht von Art. 8 gedeckt und damit (s. BayObLG, NJW 1995, 270) als letztlich unfriedlich anzusehen schien, war die Unterscheidung bis 1994 nicht von großer praktischer Bedeutung. Das alles hat sich schlagartig durch die Entscheidung BVerfGE 92, 18, geändert, wonach die erweiternde Auslegung des Gewaltbegriffs in § 240 I StGB (Tathandlung „lediglich" körperliche Anwesenheit u. nur *psychische* Zwangswirkung auf den Genötigten) gegen Art. 103 II verstößt (keine Übertragung der Rspr. auf andere Straftatbestände, vgl. BVerfG, NJW 2006, 136). Daraufhin haben die Strafgerichte das Gewicht von der Kraftentfaltung auf die Zwangswirkung verlagert und geringen körperlichen Aufwand – wie das Sich-Hinsetzen oder Sich-auf-die-Fahrbahn-Begeben – den Anforderungen an den Gewaltbegriff genügen lassen, wenn seine Auswirkungen den Bereich des rein Psychischen verlassen und, (auch) physisch wirkend, sich als körperlicher Zwang (Unterbindung der beabsichtigten Fortbewegung durch tatsächlich nicht überwindbare Hindernisse) darstellen (BGHSt 41, 185; 44, 40 m.w.N.). Der Beschluss BVerfGE 104, 102 f., hat zu dieser sog. Zweite-Reihe-Rspr. des BGH mangels Streiterheblichkeit (es ging um von körperlicher Kraftentfaltung ausgehende Zwangswirkungen) nicht Stellung genommen (verdeutlichend BVerfG, NJW 2002, 2309; BVerfGK 18, 370 f.), jedoch nicht das Überwiegen der Kraftentfaltung gegenüber der durch die bloße Anwesenheit von Personen ausgelösten psychischen Hemmung für die Bejahung der Gewalt verlangt und im Übrigen – S. 107 ff. – den Strafgerichten auf der Linie der bisherigen Rspr. detaillierte Vorgaben zur Auslegung des § 240 II StGB im Lichte des Art. 8 gemacht (u.a. Erlaubtheit von Behinderungen Dritter u. Zwangseinwirkungen, soweit als sozialadäquate Nebenfolgen mit rechtmäßigen Demonstrationen verbunden, einzelfallbezogene Abwägung, Berücksichtigung des Kommunikationszwecks, Verbot übermäßiger Sanktion). Während dem BVerfG ein zweiseitiges Personenverhältnis (Demonstranten/Insassen eines einzigen Kraftfahrzeugs) zugrunde lag, hatte der BGH ein mehrseitiges Personenverhältnis (Demonstranten/Insassen des ersten Kraftfahrzeugs/Insassen der nachfolgenden Kraftfahrzeuge) zu beurteilen. Physi-

sche Zwangswirkung liegt im Verhältnis des ersten Fahrzeugführers (gerechtfertigt handelnder Tatmittler) zu den nachfolgenden (eingekeilten) Fahrzeugführern vor. Die psychische Zwangswirkung im Verhältnis von (die Fahrbahn betretenden) Demonstranten zu dem ersten Fahrzeugführer reicht für die Annahme einer mittelbaren Täterschaft aus (BVerfGK 18, 371). Zivilrechtl. wird eine Blockadeaktion – auch unter Berücksichtigung des Art. 8 – ohnehin als rechtswidrige Rechtsgutverletzung i.S. des § 823 I BGB betrachtet (BGHZ 137, 98 ff.; für verfassungsorientierte Auslegung des Haftungsrechts Hoffmann-Riem, HGr IV, § 106 Rn. 140). Von Störern ausgehende, gegen den Willen der Versammlungsleitung und Versammlungsmehrheit geübte Gewalt, Gewaltdrohung oder Friedensgefährdung machen eine Versammlung nicht unfriedlich, sondern sind auf der Grundlage des VersammlungsG (§ 2 II, § 18 III, § 19 IV, § 21) und der polizeilichen Generalklausel durch Maßnahmen gegen die Störer zu unterbinden.

**Waffe** ist jeder Gegenstand, der durch seine Anfertigung oder den beabsichtigten **9** Gebrauch dazu bestimmt ist, Verletzungen beizubringen. Sind nur einzelne Versammlungsteilnehmer gegen den Willen der Versammlungsleitung bewaffnet, darf nur ihre Teilnahme unterbunden werden.

**Parteienprivileg (Art. 21 II 2), rechtsextremistische Versammlungen:** Die Privile- **10** gierung polit. Parteien durch das Entscheidungsmonopol des BVerfG für deren Verbot (s. Art. 21 Rn. 19) schließt ein administratives Einschreiten gegen polit. Aktivitäten als verfassungsfeindlich betrachteter, aber nicht verbotener Parteien aus, soweit sie sich allg. erlaubter Mittel bedienen. Die jahrelange Kontroverse um das Verbot rechtsextremistischer Versammlungen ist durch die Senatsentscheidung BVerfGE 111, 147, weitgehend bereinigt: einmal durch die strikt getrennte Zuordnung der in den 2. Absätzen von Art. 5 und 8 enthaltenen Schranken nur zu dem jeweiligen Schutzbereich (zum Unterschied s. Rn. 1) der betroffenen Grundrechtsnorm (BVerfGE 111, 155), sodann durch die Ablehnung einer verfassungsimmanenten Beschränkung der Kundgabe einer rechtsextremistischen Ideologie ohne gesetzl. Grundlage (BVerfGE 111, 157 f.) und schließlich durch die Verwerfung richterrechtl. Grundrechtsschranken unter Berufung auf den Schutz der freiheitlichen demokratischen Ordnung (BVerfGE 111, 158 f.). Einen vorläufigen Schlusspunkt setzt der in Rn. 14 erwähnte Beschluss BVerfGE 124, 325 ff., zur Verfassungsmäßigkeit des § 130 IV StGB.

**Eingriffe und Beschränkungen im Einzelnen:** Die Begriffe „unfriedlich" und „be- **11** waffnet" sind – allerdings unvollkommen – in die Tatbestände der §§ 5 und 13 VersammlG eingeflossen, die die Möglichkeiten polizeilicher Eingriffe in das Versammlungsrecht für *öffentliche* Versammlungen in *geschlossenen* Räumen unter Ausschluss der polizeilichen Generalklausel („kann nur") abschließend aufzählen (so auch VGH Mannheim, NVwZ 1998, 763; BayVGH, BayVBl 2009, 17 f.) und damit den Abs. 1 für die Praxis in den Hintergrund treten lassen. Für *nichtöffentliche* Versammlungen (zum Begriff BGHSt 37, 331; BayObLG, NJW-RR 1995, 202) in *geschlossenen* Räumen – dazu gehört ein Bundesparteitag als geschlossene Veranstaltung in einer Stadthalle –, deren Gefahrenpotential der Bundesgesetzgeber (s. aber Art. 125 a I u. Art. 74 Rn. 1) geringer eingestuft und die er nicht abschließend geregelt hat, fehlt es an einer bundesgesetzl. Ermächtigungsgrundlage für ein Verbot. Ein Eingriff auf landesrechtl. Grundlage z.B. unter den Voraussetzungen des polizeilichen Notstands ist möglich (näher Rn. 16). Im Übrigen darf, auch ohne dass der für Art. 8 II für Veranstaltungen unter freiem Himmel geltende Gesetzesvorbehalt eingreift, die Versammlungsfreiheit wie jedes vorbehaltlos gewährleistete Grundrecht eingeschränkt werden, wenn dies zum Schutz der Grundrechte Dritter oder anderer mit Verfassungsrang ausgestatteter Rechtswerte notwendig ist (BVerwG, NJW 1999, 992; allg. BVerfGE 122, 107), allerdings als Konkretisierung von Freiheitsbeschränkungen nur auf gesetzl. Grundlage (vgl. BVerfGE 111, 157 f.). Zum Vorrang des allg. Persönlichkeitsrechts (Schutz der Privatsphäre) und der Menschenwürde prominenter Personen des öffentl. Lebens bei „Mahnwachen": BVerfG, VBlBW 1988, 56; OVG Koblenz, NJW 1986, 2659; VGH Kassel, ESVGH 44, 137 f.; VGH Mannheim, NVwZ 1995, 505. Fotografieren friedlicher Teilnehmer einer Mahnwache ohne Gefahrenprognose ist nicht gerechtfertigter Eingriff in das Grundrecht des Art. 8 I (BVerwG, ZBR 1998, 243; ähnlich VGH Mannheim, NVwZ 1998, 762, 764; zur Videoaufzeichnung s. die §§ 12 a, 19 a VersammlG; BVerfGE 122, 371, zur Videobeobachtung auch OVG Münster, DVBl 2011, 175; Roggan, NVwZ 2011, 590; Korany/Singelnstein, NJW 2011, 124, zum Zutritts- u. Tonaufnahmerecht der Polizei BayVGH, BayVBl 2009, 17 f; VGH Kassel, DVBl 2011, 707). Zu den Voraussetzungen von Übersichtsaufzeichnungen vgl. BVerfGE 122, 372. Kollidierendes Grundrecht kann auch das Versammlungsrecht selbst sein, so dass Versammlungsrecht gegen Versammlungsrecht abzugrenzen ist. Unberührt von Art. 8 bleiben daher z.b. Ordnungsmaßnahmen des Versammlungsleiters nach den §§ 7 ff. VersammlG zur Sicherung des Versammlungszwecks und vor allem gesundheits-, bau- und feuerpolizeiliche Eingriffsrechte der Behörden, die jedoch nicht schikanös ausgeübt werden dürfen. Zur Zulässigkeit nachrichtendienstlicher Beobachtung von Parteiversammlungen oder -aufmärschen vgl. BVerfGE 107, 366/Sondervotum. Einschränkungsmöglichkeiten für Angehörige der Streitkräfte und des Ersatzdienstes: Art. 17 a I. Zur Zulässigkeit der Teilnahme eines Stabsoffiziers in Zivil an einer Demonstration vor einem Munitionslager: BVerwGE 83, 64; zum Uniformverbot für Polizisten: VG Wiesbaden, NVwZ 2004, 635; zum Einfluss eines polizeilichen „Gefährdeschreibens" auf die Willensentschließungsfreiheit zu demonstrieren: OVG Lüneburg, DÖV 2006, 123.

12 Ansonsten sind von den Veranstaltern und Teilnehmern einer Versammlung **alle Rechtsvorschriften** und Rechtsschranken zu **beachten**, die auch sonst für sie gelten (BGHSt 23, 57). Was allg. verboten ist, wird nicht dadurch erlaubt, dass es in einer oder durch eine Versammlung geschieht (BayObLG, NJW 1995, 271). Im Einklang mit Art. 5 II strafbare Meinungsäußerungen bleiben deshalb auch in einer Versammlung verboten. Mit hoher Wahrscheinlichkeit zu erwartende Straftaten dürfen im Vorfeld ihrer Begehung unterbunden werden (BVerfGE 90, 250). Vgl. jedoch Rn. 2 zum Ort der Versammlung. In der Rspr. des BVerfG klingt der Gedanke an, bei der Auslegung von Rechtsvorschriften die abschreckende Wirkung auf den künftigen Gebrauch der Versammlungsfreiheit zu erwägen (z.b. BVerfGK 16, 395 f.; 17, 307).

### Absatz 2: Versammlungen unter freiem Himmel

13 „Versammlungen unter freiem Himmel": Nach neuerer Rspr. sind in Abgrenzung von Versammlungen in von der Öffentlichkeit abgeschlossenen Räumen (z.b. Hinterzimmern von Gaststätten), in denen die Teilnehmer unter sich und von der Allgemeinheit abgeschirmt sind, Versammlungen unter freiem Himmel solche an Orten allg. kommunikativen Verkehrs – unabhängig davon, ob in freier Natur oder in geschlossenen Räumen – in unmittelbarer Auseinandersetzung mit der Öffentlichkeit (u. damit mit einem höheren Gefahrenpotenzial), vgl. BVerfGE 128, 255 f. Die Einbeziehung geschlossener Räume liegt hart an der selbst (BVerfGE 128, 210, zum einfachen Recht) gezogenen Auslegungsgrenze des Wortsinns. Für Versammlungen unter freiem Himmel kann das Grundrecht unter Sicherheitsgesichtspunkten durch Gesetz unmittelbar (z.b. § 16 Ver-

sammlG) oder auf Grund eines Gesetzes durch RVO (s. z.B. G zum Schutze des Olympischen Friedens v. 31.5.1972, BGBl I S. 865) oder Verwaltungsakt beschränkt werden. Soweit durch Ermächtigungsgrundlagen spezifische hoheitliche Entscheidungsbefugnisse geschaffen werden, verlangt Art. 8 II eine bewusste und ausdrücklich auf die Versammlungsfreiheit bezogene Regelung durch den Gesetzgeber. Die Eingriffsvoraussetzungen müssen in hinreichend bestimmter und normenklarer Weise zumindest in den Grundzügen vom Gesetzgeber selbst festgelegt werden (BVerfGE 128, 257). Eisenbahnrechtl. Vorschriften enthalten für die Blockade von Schienenwegen eine zureichende gesetzl. Beschränkung (BVerfG, NJW 1998, 3114; OVG Lüneburg, NVwZ-RR 2004, 575). Auch das für BTag, BRat und BVerfG geltende G über befriedete Bezirke für Verfassungsorgane des Bundes vom 8.12.2008 (BGBl I S. 2366) enthält eine solche Beschränkung, allerdings – in Umkehrung des Regel-Ausnahme-Verhältnisses nach altem Bannmeilenrecht – gemäß § 3 I 1 mit der Maßgabe, dass öffentl. Versammlungen in jenen Bezirken zuzulassen sind, wenn eine Beeinträchtigung der Tätigkeit der Verfassungsorgane sowie ihrer Organe und Gremien und eine Behinderung des Zugangs zu ihren in dem befriedeten Bezirk gelegenen Grundstücken nicht zu besorgen ist. Vorschriften des BGB (z.B. das Hausrecht gemäß § 903 S. 1 u. § 1004) können, auch wenn es sich nicht um versammlungsbezogene Bestimmungen handelt, die Versammlungsfreiheit beschränken, räumen der in den Formen des Privatrechts handelnden öffentl. Hand jedoch keine spezifisch hoheitlichen Befugnisse ein (BVerfGE 128, 257 f.). Eingriffe bedürfen mithin eines legitimen Zwecks; sie müssen zu dessen Erreichung geeignet, erforderlich und angemessen sein. Versammlungsbeschränkende Maßnahmen haben der grundlegenden Bedeutung der Versammlungsfreiheit im freiheitlichen demokratischen Staat Rechnung zu tragen. Sie können zur Gewährleistung der Funktionsfähigkeit des komplexen logistischen Systems eines Flughafens unter weniger strengen Bedingungen erlassen werden, als dies für entsprechende Versammlungen im öffentl. Straßenraum möglich wäre (BVerfGE 128, 259 f.; vgl. auch BayVGH, NVwZ-RR 2012, 66).

Maßnahmen der Gefahrenabwehr gegen Versammlungen richten sich nach dem **14** VersammlG, das als Spezialgesetz dem allg. Polizeirecht vorgeht (daher z.b. kein Platzverweis; BVerfGK 4, 158; BVerfG, NVwZ 2010, 1485; Auflösungserfordernis: BVerfGK 11, 115; BVerfG, NVwZ 2011, 424). Diese sog. Polizeifestigkeit der Versammlungsfreiheit lässt gleichwohl nach Auffassung der Entscheidung BVerfGE 129, 147 (st. Rspr.), in Fällen einer fehlenden speziellen Regelung des nicht lückenlos die Gefahrenabwehr erfassenden VersammlG Raum für den Rückgriff auf das Landespolizeirecht, insbes. bei der Vorbereitung von Versammlungen und gegenüber anreisenden Teilnehmern (daher z.b. Zulässigkeit einer Meldeauflage). Auf Grund des Abs. 2 sehen die §§ 14, 15 des Versammlungsgesetzes folgende **Beschränkungen** von Versammlungen unter freiem Himmel vor: Anmeldepflicht (s. Rn. 5), Auflagen, Verbot und Auflösung bei unmittelbarer Gefährdung der öffentl. Sicherheit oder Ordnung. Der durch ÄnderungsG vom 24.3.2005 (BGBl I S. 969) eingefügte Abs. 2 des § 15 VersammlG will rechtsextremistische Veranstaltungen an wichtigen Gedenkstätten für NS-Opfer (Denkmal für die ermordeten Juden in Berlin einschl. Umgebung u. vergleichbare, landesgesetzl. geschützte Orte) verhindern (vgl. BT-Dr 15/4832 S. 3; 15/5051 S. 4). Der durch das gleiche Gesetz (Art. 2) erweiterte Straftatbestand der Volksverhetzung (§ 130 IV StGB) dient versammlungsrechtl. dazu, die öffentl. Sicherheit (auch dann) als gefährdet anzusehen, wenn der öffentl. Friede durch Billigung, Verherrlichung oder Rechtfertigung der NS-Gewalt- und Willkürherrschaft in einer die Würde der Opfer verletzenden Weise gestört wird. Nach Auffassung des BVerfG (E 124, 325–329) ist die Vorschrift zwar kein allg. Gesetz i.S. des Art. 5 II – 1. Modalität – (a.a. das vorausgehende Urteil BVerwGE 131, 219 ff.), aber gleichwohl verfassungsgemäß, weil solches Sonderrecht für meinungsbezogene Gesetze im Falle der singulär gegenbildlich identitätsprägenden Bedeutung der NS-Gewalt- und Willkürherrschaft für die verfassungsrechtl. Ordnung ausnahmsweise zulässig sei (s. auch Art. 5 Rn. 26 a.E.; sehr str.; problematisierend BVerfG, NVwZ-RR 2008, 73).

15 Zur Verfassungsmäßigkeit der herkömmlichen Einschränkungen (darunter § 15 a.f. VersammlG) von Versammlungen unter freiem Himmel vgl. BVerfGE 69, 349 ff. (dort S. 352 auch zur ausreichenden Bestimmtheit des Begriffs der öffentl. Ordnung); 85, 74 ff.; 87, 407 ff.; BVerwGE 26, 136 f. Durch die Strafgesetze begrenzte (z.b. antisemitische oder rassistische) Meinungsäußerungen verletzen zugleich die öffentl. Sicherheit und können daher versammlungsrechtl. durch die Ordnungsbehörden abgewehrt werden (vgl. BVerfGE 111, 155 f.). Öffentliche Sicherheit i.s. des § 15 I VersammlG umfasst den Schutz zentraler Rechtsgüter wie Leben, Gesundheit, Freiheit, Ehre, Eigentum und Vermögen sowie die Unversehrtheit der Rechtsordnung wie der staatl. Einrichtungen – praktisch am wichtigsten das Drohen einer strafbaren Verletzung dieser Rechtsgüter – (BVerwGE 131, 218; zustimmend BVerfGE 124, 341; auch bei Antragsdelikten ohne Strafantrag, BVerfGK 10, 498; s. allg. auch BVerwG, NJW 2012, 2677), öffentliche Ordnung die Gesamtheit der ungeschriebenen Regeln, deren Befolgung nach den jeweils herrschenden und mit dem Wertgehalt des GG zu vereinbarenden sozialen und ethischen Anschauungen als unerlässliche Voraussetzung eines geordneten menschlichen Zusammenlebens innerhalb eines bestimmten Gebiets angesehen wird (BVerfGE 69, 352; 111, 156; BVerfGK 2, 6). § 15 I VersammlG bedarf nach Auffassung des BVerfG (E 111, 155 f.; BVerfGK 13, 92; vgl. auch VGH Mannheim, NVwZ-RR 2011, 604) einer einschränkenden Auslegung dahingehend, dass eine Gefahr für die öffentl. Ordnung durch den Inhalt von Äußerungen (vgl. Rn. 1) ausscheidet. Schutzgut der öffentl. Sicherheit kann die körperliche Unversehrtheit von Personen am Veranstaltungsort sein (z.B. Zugang von Rettungswagen), auch das Anliegen, Störungen von staatl. Veranstaltungen (internationale Konferenz) abzuwehren (BVerfGK 11, 306), nicht aber nach Ansicht von BVerfG, NJW 2007, 2169, ohne weiteres die Befürchtung der Belastung auswärtiger Beziehungen. Eine Verletzung der öffentl. Ordnung kann aus der Art und Weise der Durchführung der Versammlung (Gegensatz: Inhalt der zu erwartenden Äußerungen u. mithin thematische Ausrichtung der Versammlung, s. BVerfGK 7, 221) folgen, z.B. bei aggressivem und provokativem, die Bürger einschüchterndem Verhalten, auch im Zusammenhang mit der Identifizierung mit Riten und Symbolen der NS-Gewaltherrschaft oder der Provokation aus Anlass eines NS-Unrechts- oder Holocaust-Gedenktages (vgl. BVerfGE 111, 157 m.w.N.; BVerfGK 13, 92; s. auch OVG Lüneburg, DVBl 2011, 1303). Unmittelbarkeit der Gefährdung: Vorliegen konkreter Erkenntnisse, die bei ungehindertem Geschehensablauf mit hoher Wahrscheinlichkeit („fast mit Gewissheit", BVerwGE 131, 218) zu einem Schaden für die der Versammlungsfreiheit entgegenstehenden Rechtsgüter führen würden; erforderlich sind nachweisbare Tatsachen als Grundlage der Gefahrenprognose (BVerfGK 2, 8 f.; BVerfG, NVwZ-RR 2011, 626; VGH Mannheim, NJW 2006, 636; OVG Koblenz, NVwZ 2011, 1280). Ein bloßer Verdacht und Vermutungen reichen nicht aus (BVerfGE 69, 353 f.; 115, 361; BVerfGK 8, 198; OVG Lüneburg, DVBl 2011, 1303 f.). Vorkommnisse auf früheren Versammlungen oder Äußerungen Dritter als Quellen der Einschränkung müssen dem Veranstalter zurechenbar sein (vgl.

BVerfG, DVBl 2002, 970; BVerfGK 4, 160). Die *Kooperation* mit der Behörde ist für den Veranstalter nur eine Obliegenheit (s. BVerfG, NVwZ 2002, 982; 2007, 575), kann aber dazu führen, dass die Schwelle für behördliches Eingreifen wegen einer Gefährdung der öffentl. Sicherheit höher rückt (BVerfG, NJW 2001, 1408; 2001, 2079; zu den Folgen unzureichender Kooperation vgl. OVG Weimar, NVwZ-RR 2003, 209). Zu versammlungsrechtl. Auflagen zum Ordnereinsatz und Pflichten des Versammlungsleiters sowie der Ordner zur Information s. VGH Mannheim, DVBl 2011, 1307.

Unter Berücksichtigung des Grundsatzes der Verhältnismäßigkeit ist zu entscheiden, durch welche Maßnahmen eine gegebene Gefahr abgewehrt werden kann. **16** Ein **Versammlungsverbot** setzt als ultima ratio voraus, dass das mildere Mittel der Auflagenerteilung ausgeschöpft ist. Nach der Rspr. des BVerfG kommen Verbote grundsätzlich nur zur Abwehr von Gefahren für elementare Rechtsgüter in Betracht, deren Schutz sich regelmäßig in der positiven Rechtsordnung und damit im Rahmen der öffentl. Sicherheit verwirklicht (nach Auffassung des OVG Lüneburg, NVwZ-RR 2011, 142, auch Immissions- und Arbeitsschutz). Gefährdungen der öffentl. Ordnung sollen i. Allg. nur Auflagen rechtfertigen (BVerfG, NJW 2001, 1410; 2001, 2071; DVBl 2002, 971; vgl. auch BVerfGE 128, 258 ff.; BVerwGE 131, 218; zur engen Auslegung bei der Rechtfertigung einer Ausnahme von einer Grundfreiheit s. allg. EuGH, EuGRZ 2011, 31), erforderlichenfalls aber auch ein Verbot (BVerfGE 111, 157). Zum Verbot von regelmäßigen Protestversammlungen von Einwohnern gegen die Anwesenheit ehemaliger Straftäter vor deren Wohnhaus s. OVG Magdeburg, NJW 2012, 2536. Die Prüfung der Verhältnismäßigkeit verlangt den Ausschluss der Möglichkeit, Straftaten durch Maßnahmen gegen einzelne Versammlungsteilnehmer zu bekämpfen. Bei der Aufstellung und der Interpretation des üblichen behördlichen Katalogs von Verhaltensregeln wird vielfach folgende Unterscheidung übersehen: Mit der Möglichkeit von Sanktionen ausgestattete **Auflagen** i.S. des § 15 I und des § 29 I Nr. 3 VersammlG haben einen eigenständig verpflichtenden, in die Versammlungsfreiheit zur Abwehr einer Gefährdung der öffentl. Sicherheit oder Ordnung i.S. des Art. 8 II eingreifenden und unmittelbare Rechtswirkung erzeugenden Inhalt. Als „beschränkende Verfügungen" (so der neue Sprachgebrauch des BVerfG) unterscheiden sie sich darin von bloßen *Hinweisen auf die* allg. *Rechtslage* (z.b. auf die Maßgeblichkeit von Strafrechtsnormen) wie von Vorkehrungen für abstrakt gefährliche Tatbestände oder vorsorgende Maßnahmen zur Gewährleistung des reibungslosen Ablaufs. Soweit solche Maßnahmen keine Grundrechtseingriffe darstellen, bedürfen sie keiner gesetzl. Grundlage (BVerfGK 10, 496 f.; BVerfGK 13, 89). Die Gewährleistung der allg. Gesundheitsvorsorge obliegt nicht dem Veranstalter (VGH Kassel, NVwZ-RR 2010, 597). Bei Auflagen ist nach dem Grundsatz versammlungsfreundlichen Verhaltens (s. Rn. 2) nach Möglichkeit das Selbstbestimmungsrecht des Veranstalters (vgl. Rn. 2) zu respektieren. Auflagen dürfen das inhaltliche Anliegen einer Versammlung nicht verändern (s. BVerfGK 2, 10; 3, 100). Sie haben das Interesse des Veranstalters zu würdigen, auf einen Beachtungserfolg nach seinen Vorstellungen zu zielen (BVerfGK 11, 304; 13, 5; OVG Lüneburg, NordÖR 2010, 417 f.). Zu den Auflagen können gehören die zeitliche Verschiebung, eine andere Streckenführung, die Modifikation der Versammlungsmodalitäten (auch Zeitdauer, Tageszeit) und des Versammlungsablaufs einschl. der Beschränkung auf ein ortsfestes Stattfinden (dazu BVerfG, NJW 2000, 3055 f.; BVerfGK 2, 8; 8, 82 f.). Mit Auflagen und Auflösung kann gemäß § 15 VersammlG auch gegen Spontanversammlungen (dazu Rn. 5) vorgegangen werden. Insbes. sind möglicherweise gewalttätige

*Gegendemonstrationen* kein Grund für ein Versammlungsverbot. In solchen Fällen müssen sich behördliche Maßnahmen primär gegen den Störer richten, um das Grundrecht des Veranstalters der zuerst angemeldeten Versammlung in unparteiischer Weise zu schützen. Vor der Heranziehung der Grundsätze des polizeilichen Notstands mit dem Ziel einer Inanspruchnahme des Nichtstörers muss die Versammlungsbehörde prüfen, ob der Notstand durch Modifikation der Versammlungsmodalitäten vermieden werden kann, ohne dadurch den konkreten Zweck der Versammlung zu vereiteln und den Rechtstreuen gegenüber dem Gewaltbereiten zu benachteiligen. Auf mangelnde Verfügbarkeit von Polizeikräften kann sie sich erst berufen, wenn sie trotz der Möglichkeiten der Amts- und Vollzugshilfe wegen der Erfüllung vorrangiger staatl. Aufgaben zum Schutz der angemeldeten Versammlung nicht in der Lage ist (vgl. BVerfGK 8, 80 ff. m.w.N.; 8, 201; 11, 365; zur entsprechenden Gefahrenprognose bei Auflagen BVerfG, NVwZ 2010, 626 f.). Aufrufe von Amtsträgern zu Gegendemonstrationen, um der Ausgangsdemonstration „keinen Raum zu lassen" (s. den Tatbestand von VG Stuttgart, NVwZ 2011, 615; VG Gera, NVwZ 2011, 79), verletzen die staatl. Schutzpflicht (zutreffend Hoffmann-Riem, NJW 2004, 2780). Trotz Prioritätsgrundsatz und Pflicht zur staatl. Neutralität gegenüber Inhalt von Versammlungszwecken kein unabdingbares Vorrecht des „Erstanmelders" (vgl. BVerfGK 6, 112 f.; OVG Koblenz, NVwZ-RR 2004, 848), jedoch bei mehreren zur gleichen Zeit für denselben Ort geplanten Versammlungen Pflicht zu einer Gesamtschau, um die Gewährleistungen des Art. 8 in möglichst großem Ausmaß zu verwirklichen. Bewaffnete und unfriedliche Versammlungen gefährden immer unmittelbar die öffentl. Sicherheit und Ordnung. Die Kostenerhebung für mit der Versammlung verbundene Amtshandlungen setzt eine wirksame Auflage (§ 15 I VersammlG) i.S. einer Anknüpfung an die Verursachung einer dem Betroffenen zuzurechnenden konkreten Gefahr für die öffentl. Sicherheit und Ordnung (Gegensatz: Hinweise auf die allg. Rechtslage; s. oben in dieser Rn.) voraus (BVerfGK 12, 358 f.; VGH Mannheim, NVwZ-RR 2009, 330). Für nichtöffentl. Versammlungen unter freiem Himmel bewendet es z.Z. bei Art. 8 I.

17 I.V.m. Art. 19 IV verlangt der Schutzgehalt des Art. 8 **effektiven Rechtsschutz,** der besondere Anforderungen an das fachgerichtl. Eilverfahren stellt (interpretationsleitende Berücksichtigung der Ausstrahlungswirkung z.B. bei der Begründung, vgl. BVerfGK 1, 322; 7, 17; s. auch BVerfGK 8, 198). Das Eilverfahren übernimmt faktisch vielfach die Funktion des Hauptsacherechtsschutzes. Jedoch besteht auch ein Anspruch auf Rechtsschutz in der Hauptsache (s. BVerfGE 110, 86, 91; BVerfG, NVwZ-RR 2011, 405, insbes. zum Fortsetzungsfeststellungsinteresse). Im Eilrechtsschutz wird die Bestimmung von Auflagen grundsätzlich der Verwaltungsbehörde überlassen (BVerfGK 5, 185; 8, 204; 9, 448; Gegenbeispiel: OVG Koblenz, NVwZ 2011, 1280). Erste einschlägige fachgerichtl. Hauptsachenentscheidung als Gegenstand des verfassungsgerichtl. Kammerverfahrens: BVerfGK 13, 82.

## Artikel 9 [Vereins- und Koalitionsfreiheit]

(1) Alle Deutschen haben das Recht, Vereine und Gesellschaften zu bilden.

(2) Vereinigungen, deren Zwecke oder deren Tätigkeit den Strafgesetzen zuwiderlaufen oder die sich gegen die verfassungsmäßige Ordnung oder gegen den Gedanken der Völkerverständigung richten, sind verboten.

(3) Das Recht, zur Wahrung und Förderung der Arbeits- und Wirtschaftsbedingungen Vereinigungen zu bilden, ist für jedermann und für alle Berufe gewährleistet. Abreden, die dieses Recht einschränken oder zu behindern suchen, sind nichtig, hierauf gerichtete Maßnahmen sind rechtswidrig. Maßnahmen nach den Artikeln 12 a, 35 Abs. 2 und 3, Artikel 87 a Abs. 4 und Artikel 91 dürfen sich nicht gegen Arbeitskämpfe richten, die zur Wahrung und Förderung der Arbeits- und Wirtschaftsbedingungen von Vereinigungen im Sinne des Satzes 1 geführt werden.

| Vereinsfreiheit (Abs. 1 und 2) | | Koalitionsfreiheit (Abs. 3) | |
|---|---|---|---|
| Schutzbereich | 1–3, 5 | Schutzbereich | 11–18 |
| Beeinträchtigungen und ihre Rechtfertigung | 4, 6–10 | Beeinträchtigungen und ihre Rechtfertigung | 19–22 |

**Absatz 1: Vereinsfreiheit**

Mit dem Recht, Vereine und Gesellschaften zu bilden, garantiert Art. 9 I das  1
Prinzip freier **sozialer Gruppenbildung** im Gegensatz zu ständisch-korporativen oder rein staatl. organisierten Ordnungen (BVerfGE 50, 353; 80, 252; 100, 223) und ein freies Vereinswesen. Verein i.S. des durch Art. 9 gewährleisteten Grundrechts ist „ohne Rücksicht auf die Rechtsform jede Vereinigung, zu der sich eine Mehrheit natürlicher oder juristischer Personen für längere Zeit zu einem gemeinsamen Zweck freiwillig zusammengeschlossen und einer organisierten Willensbildung unterworfen hat" (Legaldefinition des § 2 I VereinsG). Dieser sog. öff.-rechtl. Vereinsbegriff umfasst bürgerlich-rechtl. sowohl *Vereine wie Gesellschaften*. Art. 9 II fasst beide unter dem Begriff „Vereinigungen" zusammen. Wesentlich ist dem Verein i.S. des Art. 9 einerseits das Element der Freiwilligkeit des Zusammenschlusses (daher geht es nur um privatrechtl. Rechtsformen, vgl. BVerfG, NVwZ 2002, 336; BVerwGE 107, 172), andererseits das der Unterordnung der Mitglieder unter einen Gesamtwillen, der ihre Tätigkeit lenkt und leitet. Art. 9 erfasst auch Kapital- und Personengesellschaften sowie sonstige vereinsmäßige Zusammenschlüsse des wirtsch. Bereichs. *Keine Vereine* sind Stiftungen (kein personaler Bezug: BVerwG, NJW 1998, 2545 f.), soziale Gruppen, Gesinnungsgemeinschaften, „Bewegungen", Koordinierungsgruppen, die ohne Unterordnung unter einen Gesamtwillen zusammenwirken, Verabredungen, „Aktionen", Agentenringe, deren Mitglieder ohne Fühlung miteinander sind, öff.-rechtl. Körperschaften und Zwangszusammenschlüsse (z.b. Ärztekammern, Studentenschaften, Jagdgenossenschaften, dazu BVerfGE 10, 75 m.w.N.), Personengemeinschaften, die sonst auf anderer Grundlage als dem Vereinigungswillen ihrer Mitglieder zusammengeschlossen sind wie z.b. Feuerversicherung mit Versicherungszwang (BVerfG, NJW 1995, 515) oder Betriebsgemeinschaften. *Von Art. 9 nicht betroffen* werden ferner polit. Parteien, die zwar begrifflich Vereine sind, aber samt ihren Teilorganisationen der Sonderregelung des Art. 21 unterliegen (BVerfGE 25, 78; 91, 266; 91, 283, u. Art. 21 Rn. 2; zum Vergleich auch BVerfGE 107, 358), wohl aber ihre Nebenorganisationen (BVerfGE 2, 13), Kommunalparteien und Wählervereinigungen (s. am Rande BVerfGE 121, 118). Weiterhin nicht betroffen werden Fraktionen (§ 46 I AbgG) und Gruppen parl. Körperschaften (da ihre Bildung auf der in Ausübung des freien Mandats gemäß Art. 38 I 2 getroffenen Entscheidung der Abg. beruht; BVerfGE 84, 322), Personalräte (BVerfGE 85, 370), Gewerkschaften (unterfallen Abs. 3), die Tätigkeit in den Aufsichtsgremien des Rundfunks (BVerfGE 83, 339), Religions- und Weltanschauungsgemeinschaften (die durch Art. 4 I, II eine besondere Gewährleistung

ihrer Vereinigungsfreiheit erfahren haben – vgl. Art. 4 Rn. 3 u. Art. 140 Rn. 12 –, aber gleichwohl dem Art. 9 II unterliegen können – dazu Rn. 7 –), wohl aber religiöse Vereine wie Orden, Missionsgesellschaften usw. Vgl. zum Vorstehenden auch § 2 II VereinsG und nachstehend Rn. 3.

2 **Berechtigte: Nur Deutsche** (Art. 116 I) einschl. inländischer juristischer Personen i.S. des Art. 19 III, also auch nichtrechtsfähiger Vereine (vgl. Art. 19 Rn. 9), haben ein verfassungsrechtl. gewährleistetes Recht der Vereinsfreiheit. Für *Ausländer* und Ausländervereine (maßgebliche Beeinflussung des Vereinsgeschehens bei gemischter Mitgliedschaft entscheidend) dagegen ist Art. 2 I Schutznorm (vgl. BVerfGE 78, 196 f.; 104, 346; BVerfGK 18, 168). Sie und zusätzlich die ausländischen Vereine (auch soweit nicht von Art. 2 I geschützt; s. Art. 19 Rn. 11) genießen Vereinigungsfreiheit nach Maßgabe einfacher Gesetze, insbes. des VereinsG (§§ 1, 14, 15, 19 Nr. 4). Unionsbürger (dazu Art. 28 Rn. 6) sind in den §§ 14, 15 VereinsG Deutschen gleichgestellt, ebenso heimatlose Ausländer hinsichtlich der nichtpolit. Vereinsfreiheit (§ 13 des G über die Rechtsstellung heimatloser Ausländer im Bundesgebiet v. 25.4.1951, BGBl I S. 269). Auch durch Staatsvertrag kann eine Gleichstellung von Ausländern eingeräumt sein. Das Recht der Vereinsfreiheit steht auch Beamten (für Berufsverbände: §§ 116 BBG, 52 BeamtStG), Soldaten, Studenten und Schülern zu, ist jedoch nach allg. Grundsätzen (vor Art. 1 Rn. 16, Art. 33 Rn. 20; s. auch unten Rn. 12) eingeschränkt. Extern auf **europäischer Ebene** garantiert Art. 11 EMRK jedermann das Recht, sich frei mit anderen zusammenzuschließen; Art. 12 I EUGrCh übernimmt diese Gewährleistung für den Bereich der EU.

3 Die Vereinsfreiheit ist in erster Linie Grundrecht, daneben Grundsatz des objektiven Rechts. Das **Grundrecht der Vereinsfreiheit** besteht zunächst – positiv – im Recht des *Einzelnen* auf vereinsmäßigen Zusammenschluss (Gründung, Beitritt, Verbleib), auf Wahl der Organisationsform und vereinsmäßige Betätigung (z.b. Vorstandszugehörigkeit: BGHZ 106, 213), umfasst aber, da das individuelle Grundrecht nur so voll wirksam werden kann, *auch Rechte des Vereins als solchen*, z.b. das Recht auf Entstehen, Bestand, freie Bestimmung seiner Organisation und Willensbildung sowie das Recht auf freie Vereinsbetätigung (BVerfGE 80, 252 f.; 123, 230, 237; BVerfGK 1, 96), wobei für die Teilnahme am Rechtsverkehr die materiellen (Individual-)Grundrechte maßgebend sind (BVerfGE 70, 25; BVerfG, NJW 2000, 1251). Erfasst ist grundsätzlich auch das Recht des Vereins, über die Aufnahme und den Ausschluss von Mitgliedern selbst zu bestimmen (BVerfGE 124, 34 f., 42, für kleinere Vereine mit personal ausgestalteter Struktur). Ebenfalls geschützt ist das Recht des Vereins, sich mit anderen Vereinen zu Spitzenorganisationen zusammenzuschließen. Die Vereinsfreiheit ist somit **Doppelgrundrecht**. Durch Art. 9 I ist ferner gewährleistet das Recht der „negativen Vereinsfreiheit", d.h. das Recht, einem Verein i.S. von Rn. 1 fernzubleiben oder aus ihm auszuscheiden (BVerfGE 85, 370; BVerwGE 107, 172 f.; BGHZ 130, 251), und für den Verein als solchen das Recht der Selbstauflösung (BayObLG, BayVBl 1979, 760). Unzulässig: Abhängigmachen der Vereinsbildung von behördlicher Erlaubnis, besondere staatl. Vereinsaufsicht (s. aber Rn. 4), Zwangszusammenschluss zu *privaten* Vereinen (vgl. BGHZ 105, 312). Vor einer gesetzl. angeordneten Zwangsmitgliedschaft in einem zur Wahrnehmung legitimer öffentl. Aufgaben geschaffenen *öffentlich-rechtlichen* Verband mit Beitragspflichten schützt Art. 9 jedoch nicht (Prüfungsmaßstab: Art. 2 I; BVerfGE 115, 42 f.; 123, 262; BVerfGK 10, 75; BVerwGE 107, 172 ff.; 108, 172; BVerwG, NVwZ 2006, 93 f.; BGH, NJW 2006, 986; BSGE 31, 138 f.); das Gleiche gilt für den gesetzl. Zwang zum Abschluss eines privaten Versicherungs-

vertrags (BVerfGE 103, 215, 221 ff.). Die Verpflichtung der Versicherungsvereine, eine Krankenversicherung im Basisbereich zu gewähren (Kontrahierungszwang, § 12 Ia VAG), kann zwar – anders als Vorschriften über die Ausgestaltung eines Tarifs und Beitragsbegrenzungen (Prüfungsmaßstab: Art. 12 I) – theoretisch den Schutzbereich des Art. 9 I berühren. Dies scheidet aber in praxi bei großen Versicherungsvereinen aus, weil hier kein Zwang besteht, nur Mitglieder aufzunehmen. Ebenso wenig wird die Vereinigungsfreiheit durch das absolute Kündigungsverbot des § 206 I 1 VVG (Prämienverzug) verletzt, weil es nicht die Mitgliedschaft, sondern die Fortführung des Versicherungsvertrags erfasst. Für kleinere Versicherungsvereine (nur Mitglieder-, keine Vertragsgeschäfte) besteht der Kontrahierungszwang bei verfassungskonformer Auslegung nur gegenüber Mitgliedern; der für sie durch das Kündigungsverbot zu bejahende Eingriff in das Grundrecht ist duch die Gefahr des Verlusts des Versicherungsschutzes gerechtfertigt (zum Gesamtkomplex des Basistarifs vgl. BVerfGE 123, 224, 236 ff., 249; 124, 32 f., 41 f.). Grundsätzlich unzulässig ist eine gerichtl. Kontrolle verbandsinterner, die Rechtsstellung der Mitglieder regelnder Normen im Hinblick auf inhaltliche Angemessenheit (§ 242 BGB); Ausnahmen (auch über Aufnahme u. Ausschluss hinaus) gelten für diejenigen Vereinigungen, die im wirtsch. oder sozialen Bereich eine überragende Machtstellung innehaben (zu sog. sozialmächtigen Verbänden BGHZ 105, 316–319; beiläufig BVerfGK 10, 170; andeutungsweise BVerfG, FamRZ 1989, 1047) und deren Regelwerk durch rechtsgeschäftliche Unterwerfung bisweilen auch Nichtmitglieder erfasst (für Sportspitzenverbände: BGHZ 128, 103 ff.). Zum Anspruch von Sportvereinen auf Aufnahme in Verbände mit überragender Machtstellung aus Art. 9 I vgl. BGHZ 140, 78 ff. Zur Organisationsfreiheit gehören neben einer ausreichenden *Satzungsautonomie* (dazu ausführlich BVerfGE 83, 358 f.) u.a. freie Wahl der Rechtsform, freie Namenswahl (BVerfGE 30, 241; OVG Lüneburg, DVBl 1993, 1320), Schutz der Vereinsdaten, werbewirksame Selbstdarstellung (BVerfGE 84, 378), Mitgliederwerbung (BVerfG, NJW 1993, 1254; BVerwG, NJW 1991, 2037), Sport- und Wettkampfordnungen (s. auch Rn. 4) einschl. Sanktionen und Verbandsrechtsschutz (BGHZ 128, 104–108). Zur Vereinbarkeit einer gesetzl. angeordneten Mitbestimmung der Arbeitnehmer mit der Organisations- und Willensbildungsfreiheit von Kapitalgesellschaften vgl. BVerfGE 50, 356 ff. Eine innerdemokratische Ordnung wird im Unterschied zu den Parteien (Art. 21 I 3) für gewöhnliche Vereine, auch sog. Interessenverbände, von Art. 9 oder einer anderen Norm des GG nicht gefordert, ergibt sich aber zumeist aus den (allerdings größtenteils nachgiebigen) Vorschriften des bürgerlichen Vereinsrechts (zu religiösen Vereinigungen s. Art. 140 Rn. 16). Die Teilnahme am Rechtsverkehr „wie jedermann" ist nur im Rahmen der allg. Gesetze geschützt; die Vereinsfreiheit erlaubt nichts, was sonst erlaubnispflichtig oder verboten ist (BVerfGE 70, 25; BVerwG, NJW 1991, 2038). Aus Art. 9 I folgt kein Anspruch auf Förderung eines einzelnen Sportvereins durch landesweites Interesse (OVG Berlin-Brandenburg, NVwZ-RR 2011, 576).

**Beeinträchtigungen:** Zum methodischen Vorgehen bei der Prüfung von Grund- **4** rechtsbeeinträchtigungen allg. s. vor Art. 1 Rn. 8 f. Das Grundrecht der Vereinsfreiheit ist zunächst schon tatbestandlich durch Art. 9 II eingeschränkt (vgl. BVerfGE 80, 253; BVerwGE 134, 307). Außerdem können der vereinsmäßigen Betätigung durch Gesetz diejenigen Grenzen gesetzt werden, die zum Schutze anderer Grundrechte oder Rechtsgüter mit Verfassungsrang von der Sache her geboten sind. Auch die Vereinigungsfreiheit lediglich ausgestaltende Regelungen müssen sich jedoch am Schutzgut des Art. 9 I orientieren und einen Ausgleich zwischen diesem Gut und schutzbedürftigen Interessen Dritter oder der Allgemeinheit finden, der die zwingenden Voraussetzungen und Bedürfnisse freier Assoziation grundsätzlich wahrt (BVerfGK 1, 196 f. m.w.N.; BVerwG, DVBl 2005, 581). Die Interessen des Gemeinwohls, die der Staat gesetzgeberisch zum Schutz anderer Rechtsgüter wahrnimmt, müssen der Intensität des Eingriffs in die Vereinsfreiheit an Gewicht entsprechen (BVerfGE 84, 378 f.; 124, 36 f., 42). Ein Beispiel ist ein zumutbarer Aufnahmezwang oder die durch öffentl. Interessen gerechtfertigte Pflichtmitgliedschaft in privatrechtl. Prüfungsverbänden nach § 54 GenG (BGHZ 130, 254). Die Frage, ob Wirtschaftsgesellschaften mit entpersonalisiertem Massegeschäft und Zurücktreten des personalen Elements bis zur Bedeutungslosigkeit sich überhaupt auf Art. 9 I berufen können, hat die Entscheidung BVerfGE 124, 34, dahinstehen lassen. Gerechtfertigt sind auch die faktische behördliche Präventivkontrolle von Schießsportordnungen und die Privilegierung von anerkannten Verbänden nach § 15 I-IV des WaffenG vom 11.10.2002 (BGBl I S. 3970); vgl. BVerfGK 1, 97 ff.

5 Das Grundrecht der Vereinsfreiheit richtet sich **gegen den Staat,** hat aber auch gewisse *Drittwirkungen* auf Privatrechtsverhältnisse, insbes. in Form der negativen Vereinsfreiheit (zu dieser s. oben Rn. 3); innerhalb erlaubter Zwangsmitgliedschaften (vgl. vorstehend Rn. 4) kann das zu Beitragsbegrenzungen für freiwillige Vereinsaufgaben führen (BGHZ 130, 256 ff.).

## Absatz 2: Verbotene Vereinigungen

6 Abs. 2 regelt abschließend die materiellen Voraussetzungen von Vereinsverboten. Er enthält ein Instrument des „präventiven Verfassungsschutzes" und ist – wie Art. 18 und Art. 21 II – Ausdruck des Bekenntnisses des GG zu einer „streitbaren Demokratie" (BVerfGE 80, 253; BVerwGE 110, 132; 137, 282). Das Verbot polit. Vereinigungen, die nicht Parteien sind (zur Abgrenzung: BVerfGE 91, 266 f.; 91, 284), ist Sache der vollziehenden Gewalt. **Verboten** sind (vgl. auch § 3 I 1 VereinsG):

a) Vereinigungen, deren Zwecke oder Tätigkeit den *Strafgesetzen* objektiv zuwiderlaufen. Strafgesetz ist jede Strafrechtsnorm, die ein Verhalten unabhängig von seiner vereinsmäßigen Begehung pönalisiert. Sonstige Gesetzwidrigkeiten berechtigen nicht zum Verbot;

b) Vereinigungen, die sich gegen die *verfassungsmäßige Ordnung* richten. Dazu gehören hier (vgl. auch § 4 II Buchst. f BVerfSchG) vor allem die Achtung vor den im GG konkretisierten Menschenrechten sowie das demokratische Prinzip mit der Verantwortlichkeit der Regierung, das Mehrparteienprinzip und das Recht auf verfassungsmäßige Bildung und Ausübung einer Opposition (BVerwGE 134, 292; st. Rspr.);

c) Vereinigungen, die sich gegen den Gedanken der *Völkerverständigung* richten, d.h. deren Tätigkeit oder Zweck – objektiv – geeignet ist, diesen Gedanken durch Störung des friedlichen Zusammenlebens der Völker i.S. von Art. 26 I 1 oder durch unfriedliche Überwindung der Interessengegensätze von Völkern (vor allem Gewalt, Aufruf zur Tötung von Menschen – entweder selbst oder durch Unterstützung anderer Gruppierungen –) schwerwiegend, ernst und nachhaltig zu beeinträchtigen, und – subjektiv – von einem entsprechenden Willen (insbes. Identifizierung mit Gewalttätern) getragen wird (BVerwG, DVBl 2005, 591 ff., NVwZ 2010, 1377); Beispiele sind die Verneinung des Existenzrechts eines Staates (BVerwG, NVwZ 2006, 695) und die Überlassung von Spendengeldern für humanitäre Zwecke an Sozialvereine, die eine gegen den Gedanken der Völkerverständigung gerichtete Organisation unterstützen (BVerwG, NVwZ-RR 2012, 649, 654).

Auch verborgene, vorübergehende, Zwischen-, Fern- und Nebenziele bzw. -tätigkeiten können die Tatbestände des Abs. 2 erfüllen. Doch ist bei bloßen Nebenzielen und -tätigkeiten der Grundsatz der Verhältnismäßigkeit besonders zu beachten. Rechtserheblich für die „Richtungsbestimmung" einer Vereinigung sind über Satzung und Programm hinaus das gesamte Auftreten in der Öffentlichkeit, Publikationen und Äußerungen sowie Grundeinstellung ihrer Funktionsträger. Vom Verein gestützte (z.b. in Mitgliederzeitschrift) oder geduldete Handlungen einzelner Mitglieder oder Funktionäre können dem Verein als solchem zugerechnet werden (§ 3 V VereinsG); eine durch Mitglieder verwirklichte Strafgesetzwidrigkeit muss den Charakter der Vereinigung prägen (BVerwG, NVwZ 2010, 1374; VGH Mannheim, NVwZ-RR 2012, 199; BayVGH, NVwZ-RR 2000, 496). In allen drei Fällen wird eine Vereinigung verfassungswidrig durch ihre gegen Strafgesetze, verfassungsmäßige Ordnung usw. verstoßende Tätigkeit, aber auch schon durch ihre dagegen gerichteten Bestrebungen. Daher ist nicht erforderlich, dass strafbare oder verfassungswidrige Handlungen usw. bereits begangen worden sind (zur Irrelevanz strafgericht.). Verurteilung von Mitgliedern BVerwGE 134, 280), auch nicht, dass eine konkrete Gefahr solcher Handlungen besteht (s. dazu BVerwGE 55, 182 f.; 80, 307 f.). Andererseits genügen zur Verfassungswidrigkeit nicht bloß die geschützten Rechtsgüter ablehnende und ihnen andere Grundsätze entgegenstellende Anschauungen und Meinungen; erforderlich ist vielmehr ein gegen sie gerichtetes, schon gegenwärtiges *aktives, aggressiv-kämpferisches Verhalten*, z.b. ein fortlaufendes Untergraben ihrer Geltung, nicht aber angewandte oder beabsichtigte Gewalt oder sonstige Rechtsverletzung. Eine Zielrichtung gegen die verfassungsmäßige Ordnung ist zu bejahen, wenn ein Verein nach Programm, Vorstellungswelt und Gesamtstil eine Wesensverwandtschaft mit dem Nationalsozialismus aufweist. Ausführlich BVerwGE 134, 292 f.; BVerwG, NVwZ-RR 2011, 15 m.w.N.; vgl. auch BVerfGE 124, 330, und die Erläut. in Art. 21 Rn. 14–17. Eine Teilorganisation wird auf Grund ihrer Identität mit dem Gesamtverein von dem Verbot erfasst (§ 3 III 1 VereinsG; dazu BVerwG, NVwZ 2010 456 f.). Ein weiterer Anwendungsfall ist die grundsätzliche Ablehnung staatl. Gesetze und des staatl. Gewaltmonopols (s. BVerfGK 2, 25 f. – Kalifatstaat). Für Ausländer- und ausländische Vereine, die nicht den Schutz des Art. 9 I genießen (vgl. oben Rn. 2), haben die §§ 14 und 15 VereinsG i.d.F. des TerrorismusbekämpfungsG vom 9.1.2002 (BGBl I S. 361, 367) im Interesse der inneren Sicherheit (s. näher BT-Dr 14/7386 [neu] S. 49 ff.; zum Begriff: BVerwGE 123, 120) die Gründe für ein Vereins- und Betätigungsverbot erweitert. Zu der Frage, ob die Anwendung des Verbotsgrunds der Völkerverständigungswidrigkeit gegen die Bestimmungen der gemeinschaftsrechtl. Fernsehrichtlinie 89/552/EWG des Rates vom 3.10.1989 (ABlEG Nr. L 298 S. 23) verstößt, vgl. BVerwG, NVwZ 2013, 158 f.

Art. 9 II erfasst auch **Religions- und Weltanschauungsgemeinschaften** (einschl. Teilorganisationen; dazu BVerwG, NVwZ 2003, 991). Art. 4 I, II als allein einschlägiges spezielles Grundrecht (BVerfGE 83, 354; irrig insoweit BVerwGE 37, 364) verdrängt zwar Art. 9 I, nicht aber Art. 9 II (vgl. Planker, DÖV 1997, 102; irrig BT-Dr 14/7386 [neu] S. 50). Sowohl Vereinigungen mit Körperschaftsstatus als auch private Vereinigungen können danach verboten werden (s. BVerfGK 2, 24; BVerwG, NVwZ 2003, 987; 2006, 694 f.; OVG Bremen, NVwZ-RR 2012, 64; schon früher mittelbar BVerfGE 102, 389–391), Ausländervereine und ausländische Vereine (s. Rn. 2) im Wege der einfachrechtl. Bezugnahme auf Art. 9 II

7

in den §§ 14, 15 VereinsG (dazu BVerwG, NVwZ 2003, 987; DVBl 2005, 591). Die Unterwerfung unter das VereinsG durch das ÄnderungsG vom 4.12.2001 (BGBl I S. 3319) und die damit bewirkte Abschaffung des einfachrechtl. Religionsprivilegs (§ 2 II Nr. 3 VereinsG a.f.) sind also verfassungsgemäß. Die Verbotsmöglichkeit berücksichtigt Belange der inneren Sicherheit aus Anlass von gewalttätigem Extremismus unter dem Deckmantel der Religionsausübung (vgl. BT-Dr 14/7026 S. 6; 14/7354 S. 4). Zur Anwendung der Kriterien des Art. 9 II auf die Versagung des Körperschaftsstatus nach Art. 140/137 V 2 WRV: BVerfGE 102, 389 f. Die Herleitung der Verbotsmöglichkeit aus Art. 140 i.V.m. Art. 137 III 1 WRV – Art. 9 II als Schranke des für alle geltenden Gesetzes (so Stuhlfauth, DVBl 2009, 421) – ist deshalb nicht haltbar, weil, wenn nicht denkgesetzl., dann wenigstens rechtsförmlich die Wiederholung der nach Art. 1 III ohnehin umfassend (BVerfGE 128, 244) angeordneten Grundrechtsgeltung überflüssig (zur Wiederholungsfeindlichkeit des GG BVerfGE 102, 389; 124, 126) wäre, mithin nur einfaches Recht gemeint sein kann (s. auch Art. 140 Rn. 15).

8 Das normative *Verbot* des Art. 9 II wirkt *im Einzelfall* nicht ex lege, schon deshalb nicht, weil verfassungsunmittelbare Pflichtenregelungen dem GG grundsätzlich fremd sind und die Begründung von Pflichten deshalb im Regelfall auf die Vermittlung durch ein Gesetz angewiesen ist (vgl. allg. BVerfGE 111, 158). Erforderlich ist der die verfassungsrechtl. Schranken konkretisierend nachvollziehende **Ausspruch eines förmlichen Verbots durch die zuständige Verwaltungsbehörde** auf der Grundlage einer einfachgesetzl. Ermächtigung (BVerwGE 4, 189; 47, 351; § 3 VereinsG), verbunden mit der Anordnung der Auflösung. Im praktischen Ergebnis unterscheidet sich eine Verfügung nach § 3 I 1 VereinsG nicht von einer solchen nach § 14 I 1 VereinsG (BVerwG, NVwZ 2003, 987). Bis zu dem Ausspruch sperrt das Erfordernis des förmlichen Verbots jedes Vorgehen gegen den Verein unter Berufung auf Art. 9 II. Unzulässig sind vor allem über die Verhinderung bestimmter gesetzwidriger Handlungen hinausgehende Betätigungsverbote. Die Auflösung der Vereinigung bereits vor Bestandskraft der Verbotsverfügung und die Strafbarkeit von Verstößen gegen noch nicht unanfechtbare Vereinsverbote (§ 20 VereinsG) sind verfassungsgemäß (BVerfGE 80, 250 f., für das Organisations-, BVerfG, NVwZ 2002, 709 f.; BGHSt 42, 37, für das Betätigungsverbot; zu dessen Bestimmtheit u. Eigenschaft als allg. Gesetz i.S. des Art. 5 II BVerfGK 9, 252). Die Strafbarkeit eines Verstoßes gegen ein Betätigungsverbot (§ 20 I 1 Nr. 4 VereinsG) setzt eine im Geltungsbereich des VereinsG ausgeübte Tätigkeit voraus (Erfolgseintritt im Inland nicht ausreichend, BVerwG, NVwZ 2010, 1374 f.). Erfüllt ein Verein einen der Tatbestände des Art. 9 II, ist die zuständige Behörde auf Grund des klaren Verfassungsbefehls („sind verboten") grundsätzlich zum Verbot verpflichtet (str.). Es ist also nicht zu prüfen, ob das Verbot polit. erforderlich und zweckmäßig ist. Doch sind die Behörden nicht gehalten, gegen völlig unbedeutende und ungefährliche Vereine vorzugehen, da Art. 9 II einen nicht ganz unerheblichen Angriff und eine nicht ganz unerhebliche Gefahr für die staatl. Ordnung voraussetzt. Heranziehung von Erwägungen zur Verhältnismäßigkeit auf der Rechtsfolgenseite und Absehen von Verbotsverfügung wegen Bedeutungslosigkeit des Vereins in Ausnahmefällen auch aus polit. Oppertunität offenlassend BVerwGE 134, 307 f. Das von der Praxis anstelle des Legalitätsprinzips fast durchgehend angewandte Opportunitätsprinzip entfremdet das Verbot des Art. 9 II aber dem Staatsschutzzweck und setzt es der Gefahr des polit., vor allem des parteipolit., Missbrauchs aus. Nach dem Grundsatz der Verhältnismäßigkeit hat die Behörde im Vorfeld des Art. 9 II zunächst zu prüfen, ob ein bestimmtes rechtswidriges Verhalten – etwa konkret

gefährliche Betätigungen einzelner Mitglieder – durch Einzelmaßnahmen („mildere Mittel") unterbunden werden kann. Ist eine der drei Fallgruppen des Art. 9 II erfüllt, scheiden (jedenfalls für Deutsche) weniger einschneidende Maßnahmen (Tätigkeitsverbote o.ä.) allerdings aus, weil die Rechtsfolge in der Verfassung selbst verankert und daher nicht am Grundsatz der Verhältnismäßigkeit zu messen ist (ebenso BVerwG, NVwZ-RR 2000, 74 f.; BVerwGE 134, 307; OVG Berlin-Brandenburg, NVwZ-RR 2010, 889; allg. BVerfGE 105, 71 f.). Zu ausländerrechtl. Konsequenzen eines Verstoßes gegen das Betätigungsverbot des § 20 VereinsG vgl. BVerwGE 123, 121 ff.

Ein Verfahren nach Art. 18 braucht dem Verbot nicht vorauszugehen; ist **9** Art. 9 II erfüllt, ist hinsichtlich des Vereins für eine Grundrechtsverwirkung kein Raum.

Eine Gruppierung, die die Merkmale des Vereinsbegriffs i.S. von Art. 9 I und **10** § 2 I VereinsG nicht erfüllt, aber zu Unrecht als Verein mit einer vereinsrechtl. Verfügung belegt wird, kann diese Verfügung – beteiligungsfähig – anfechten (BVerwG, NVwZ 2011, 374). Zu den Gerichtszuständigkeiten für **Klagen gegen ein Vereinsverbot** vgl. Scheidler, NVwZ 2011, 1497 ff.

### Absatz 3: Koalitionsfreiheit

Abs. 3 behandelt besonders das **Vereinigungsrecht der „Sozialpartner"**, der Ar- **11** beitnehmer und Arbeitgeber, das sog. Koalitionsrecht. Es handelt sich, wie aus der Stellung des Abs. 3 hervorgeht, um einen Spezialfall der allg. Vereinigungsfreiheit (BVerfGE 83, 339), der sich von dieser durch die Einbeziehung eines bestimmten Vereinigungszwecks in den grundrechtl. Schutz unterscheidet (BVerfGE 84, 224) und über Abs. 1 vor allem dadurch hinausgreift, dass die Koalitionsfreiheit auch Ausländern gewährleistet ist und nach Satz 2 ausdrücklich eine umfassende Drittwirkung auf Privatrechtsbeziehungen äußert. Extern auf **europäischer Ebene** gehört nach Art. 11 EMRK zur Vereinigungsfreiheit (s. Rn. 2) auch das Recht, zum Schutz seiner Interessen Gewerkschaften zu gründen und Gewerkschaften beizutreten (zum Streikrecht vgl. ergänzend Rn. 18). Dem entspricht für den Bereich der EU Art. 12 I EUGrCH; Art. 28 EUGrCh gewährleistet Tarifvertragsfreiheit und das Recht auf kollektive Maßnahmen einschl. Streik.

### Satz 1: Koalitionsfreiheit allgemein

**Rechtsträger** der Koalitionsfreiheit ist *jedermann*, sind also nicht nur Deutsche, **12** sondern auch Ausländer, auch juristische Personen und nichtrechtsfähige Vereine einschl. ausländischer Vereinigungen mit Organisation oder Tätigkeit im Inland. Juristische Personen des öffentl. Rechts (s. Art. 19 Rn. 7 f.) sind hier (einschl. ihrer Arbeitgebervereinigungen) bei koalitionsmäßiger Betätigung in ihrer Funktion als Privatrechtssubjekte grundrechtsfähig (vgl. BVerfGE 88, 116). Im Übrigen gilt die Koalitionsfreiheit für Arbeitnehmer und Arbeitgeber aller Berufe und Wirtschaftszweige, grundsätzlich auch für Beamte (BVerfGE 19, 322; BVerwGE 103, 79), Richter (BVerfG, DB 1984, 995; am Rande BVerfGK 14, 176) und Soldaten, obwohl für Beamte und Richter angesichts der durch Art. 33 V untersagten Möglichkeit, auf die nähere Ausgestaltung ihrer Rechtsverhältnisse einzuwirken (BVerfGE 119, 264, 268; BVerwGE 69, 212 f.; 91, 203), und für Soldaten kraft aus Art. 87a abgeleiteter Pflichtenbindung (BVerfGE 57, 36) nicht viel von dem Grundsatz übrig bleibt. Zur Mitbestimmung s. vor Art. 62 Rn. 3, zum Streik von Beamten unten Rn. 18, zu der bisweilen (z.B. von BT-Dr 16/4027 S. 35) als Kompensation aufgefassten Beteiligung von Spitzenorganisationen im Gesetzgebungsverfahren §§ 118 BBG, 53 BeamtStG, zur begrenzten Effizienz Schubert, AöR 137 [2012], 110, zum Spielraum für gewerkschaftliches Auftreten von Beamten OVG Koblenz, NVwZ-RR 1999, 649; VGH Kassel, NVwZ-RR 2012, 116.

13 Der Begriff der **Koalitionen** erschließt sich aus dem historisch überkommenen, zeitgemäßer Interpretation in der sozialstaatl. Ordnung offenen Vereinigungszweck: der Wahrung und Förderung der Arbeits- und Wirtschaftsbedingungen. Danach sind Vereinigungen gemeint, die die Interessen ihrer Mitglieder als Arbeitnehmer/Arbeitgeber im Hinblick auf die Gestaltung der Löhne und Arbeitsbedingungen unter Ausschluss rein wirtsch. und rein polit. Zwecke (zur Zulässigkeit beschäftigungssichernder Tarifverträge BAGE 98, 188 f.) vertreten. In erster Linie geht es um Gewerkschaften und Arbeitgebervereinigungen. Koalitionen müssen frei gebildet, gegnerfrei (Mitbestimmung unschädlich), unabhängig und auf überbetrieblicher Grundlage organisiert sein. Mindestvoraussetzungen der **Tariffähigkeit** einer Arbeit*nehmer*vereinigung sind:
a) Satzungsgemäße Aufgabe: Wahrnehmung der Interessen der Mitglieder; Willen, Tarifverträge abzuschließen;
b) freie Bildung, Gegnerunabhängigkeit, unabhängige Organisation auf überbetrieblicher Grundlage, verbindliche Anerkennung des geltenden Tarifrechts, ferner Durchsetzungskraft gegenüber dem sozialen Gegenspieler und Vorhandensein einer leistungsfähigen Organisation

(zusammenfassend BAG, NZA 2011, 295 f.; 2011, 302 f.). Zum zusätzlichen Kriterium der Tarifzuständigkeit vgl. BAG, NZA 2006, 1228. Nicht tariffähige Koalitionen fallen ebenfalls in den Schutzbereich des Art. 9 III (BAG, NJW 2012, 3326). Auch Gewerkschaftsbeschäftigte können einen gegnerunabhängigen eigenen Verband gründen (BAGE 88, 43 ff.).

14 Als **Doppelgrundrecht** schützt die Koalitionsfreiheit zunächst das Recht des **Einzelnen**, eine Vereinigung zur Wahrung der Arbeits- und Wirtschaftsbedingungen zu gründen, ihr beizutreten, in ihr zu verbleiben, und das Recht – negative Koalitionsfreiheit –, der Vereinigung fernzubleiben oder aus ihr auszutreten (vgl. BVerfGE 73, 270; BVerfGK 10, 255). Es widerspricht nicht der negativen Koalitionsfreiheit des Außenseiters, wenn als zusätzliches Tatbestandsmerkmal für das Entstehen eines Anspruchs die Mitgliedschaft in der tarifschließenden Gewerkschaft vorgesehen ist (sog. einfache Differenzierungsklausel im Gegensatz zu der Spannenklausel, dazu Rn. 21); denn die Normsetzungsmacht beschränkt sich auf die Mitglieder, und die Vertragsbeziehungen des Arbeitgebers zu nicht oder anders organisierten Arbeitnehmern werden nicht eingeschränkt (BAGE 130, 53 ff.; BAG, NZA 2011, 922). Dieser Grundsatz gilt nicht im öffentl. Dienst (s. § 51 BHO u. Löwisch, NZA 2011, 187). Kein Verstoß gegen die negative Koalitionsfreiheit auch dann, wenn bei einem Betriebsübergang auf einen nicht tarifgebundenen Erwerber gemäß § 613 a I 2 BGB auch erst später wirksam werdende tarifvertragliche Rechte und Pflichten Inhalt des Arbeitsverhältnisses werden (BAGE 124, 131 f.; 132, 172, 175). Keine Verletzung des Austrittsrechts, wenn sich daraus negative Folgen für die Gewährung von Prozesskostenhilfe ergeben (BVerfGK 1, 316). Kein unzulässiger Zwang oder Druck auf Nicht-Organisierte, wenn bloßer Anreiz zum Beitritt erzeugt wird (BVerfGE 116, 218). Ebenfalls keine Verletzung der negativen Koalitionsfreiheit, wenn Außenseiter-Arbeitgeber mit einem Firmentarifvertrag, der den Verbandstarifvertrag in Bezug nimmt, bei Verbandsarbeitskämpfen bestreikt wird (s. BVerfGK 4, 64 ff.). Außerdem schützt das Grundrecht auch die **Koalition** selbst in ihrem *Bestand*, ihrer Organisation,

dem Verfahren ihrer Willensbildung, der Führung ihrer Geschäfte, der Mitwirkung in gewerkschaftlichen Organen, ihrer Selbstbestimmung, ihrer inneren Ordnung und ihren der Förderung der Arbeits- und Wirtschaftsbedingungen ihrer Mitglieder (nicht allg.polit. Aussagen ohne diesen Bezug) dienenden *Betätigungen* (vgl. BVerfGE 116, 219). Zur spezifisch koalitionsgemäßen Betätigung gehören die Garantie der freien Verbandsorganisation, insbes. die Autonomie bei der Gestaltung der Satzung, auch die Freiheit der Regelung der Begründung und (evtl. extrem kurzfristigen) Beendigung der Mitgliedschaft (oder Statuswechsel) in der Satzung ebenso wie die Freiheit zur konkreten Entscheidung des Verbands hierüber (s. BAGE 127, 40 f.; BAG, NZA 2011, 1380 ff., zum sog. Blitzaustritt aus dem Arbeitgeberverband u. zum „Blitzwechsel" von einer Vollmitgliedschaft in eine Mitgliedschaft ohne Tarifbindung während laufender Tarifverhandlungen). Aus § 1004 I 2 und § 823 I BGB i.V.m. Art. 9 III ergibt sich bei tarifwidrigen betrieblichen Regelungen ein Unterlassungsanspruch der Gewerkschaften gegen den Arbeitgeber (BAG, NJW 2012, 252). Jeder auch nur mittelbare Organisationszwang (z.b. durch Bevorzugung von Organisierten, Erschwerung des Verbandsaustritts im Arbeitgeberlager oder des Anschlusses an eine andere Koalition) ist verfassungswidrig. Zur Organisationsfreiheit im Einzelnen vgl. oben Rn. 3; ergänzend zur Aufrechterhaltung der Geschlossenheit der Koalition nach innen und außen einschl. verbandsinterner Sanktionen BVerfG, NZA 1993, 655, im Anschluss an BGH, NJW 1991, 485; BVerfGK 10, 168; zum Recht auf Mitgliederwerbung s. BVerfGE 93, 357 f.; BAGE 117, 142 ff.; 129, 154 f.; BAG, NJW 2012, 3327, in Rivalität zu anderen Gewerkschaften BAG, NJW 2005, 3021. Ein Gebot innerdemokratischer Ordnung kann Art. 9 III nicht entnommen werden (BAGE 117, 323; vgl. auch dazu Rn. 3). Daher auch kein Zwang zur Urabstimmung vor Streiks. Durch Art. 9 III geschützt sind die Mitwirkung an Arbeitnehmervertretungen einschl. Chancengleichheit bei der Wahl (BVerfGE 111, 301), auch die Tätigkeit der Koalitionen im Personalvertretungsrecht (BVerfGE 19, 319; 60, 169 f.); kein Recht der Gewerkschaften auf Kontrolle der Einhaltung der personalvertretungsrechtl. Bestimmungen (BVerwGE 140, 136); nicht geschützt die Tätigkeit des Personalrats selbst und seiner Mitglieder als solcher (BVerfGE 93, 69; BAGE 119, 373), auch nicht das Recht der Beamtenspitzenorganisationen auf Beteiligung an den allg. Regelungen der beamtenrechtl. Verhältnisse nach Art etwa der §§ 118 BBG, 53 BeamtStG (BVerwGE 59, 55; a.A. Umbach, ZBR 1998, 9; unklar Lose, ZBR 2012, 367 f.). Die Geltungserstreckung tariflicher Mindestarbeitsbedingungen durch RVO nach § 1 IIa Arbeitnehmer-EntsendeG a.F. vom 21.12.2007 (BGBl I S. 3140) auf anderweitig tarifgebundene Arbeitgeber kann Art. 9 III verletzen (BVerwGE 136, 63).

**Tarifautonomie:** Geschützt sind – stärker als nach früherer Auffassung – alle koalitionsspezifischen Verhaltensweisen, also auch solche, die auf andere Weise als durch den Abschluss von Tarifverträgen dem Vereinigungszweck dienen sollen (nicht nur für ihn unerlässlich sind, so aber die überholte Kernbereichslehre; vgl. BVerfGE 93, 358; 103, 304; BAGE 123, 137 f.), z.B. außergerichtl. Beratung und gerichtl. Vertretung von Mitgliedern (BVerfGE 88, 15). Der wichtigste Teil koalitionsmäßiger Betätigung ist indessen das Aushandeln von **Tarifverträgen** mit dem sozialen Gegenspieler. Zu den der autonomen Regelungsbefugnis der Koalitionen (weitgehend; s. Rn. 20) überlassenen Materien gehören insbes. das Arbeitsentgelt und die anderen materiellen Arbeitsbedingungen (BVerfGE 116, 219 m.w.N.), z.B. Arbeitszeit, Urlaub (BVerfGE 100, 282; 103, 304; BVerfGK 4, 360) und Altersgrenze (BAGE 88, 168). Die Regelungsbefugnis umfasst auch das sich an das Arbeitsverhältnis anschließende Versorgungsverhältnis (BAGE 121,

15

330; 124, 17; 127, 69; BGH, NVwZ-RR 2011, 801). Sinn der Tarifverträge ist der Ausgleich zwischen dem Interesse des (ursprünglich strukturell unterlegenen) Arbeitnehmers an möglichst günstigen Arbeitsbedingungen und dem Interesse des Arbeitgebers an einer Minimierung der dadurch verursachten Belastungen (BVerfGE 84, 229; BAGE 88, 47). Tarifnormen beruhen auf kollektiv ausgeübter Privatautonomie, ihre Geltung auf dem privatautonomen Verbandsbeitritt, mit dem sich die Koalitionsmitglieder bestehendem und künftigem Tarifrecht unterwerfen. Sie gestalten den Inhalt des Arbeitsverhältnisses wie ein Gesetz „von außen", nicht als Bestandteil des Arbeitsvertrags (BAGE 125, 188). Die **Allgemeinverbindlicherklärung** nach § 5 I TVG ist weder Rechtsnorm noch Verwaltungsakt, sondern ein Rechtsetzungsakt eigener Art zwischen autonomer Regelung und staatl. Rechtsetzung, der seine eigenständige Grundlage in Art. 9 III findet (BVerfGE 44, 340). Sie kann die Freiheit einer Arbeitgeberkoalition, ihre tarif- und sozialpolit. Vorstellungen in angestrebten Tarifverträgen zu verwirklichen, beeinträchtigen und eine Feststellungsklage vor den Verwaltungsgerichten rechtfertigen (BVerwGE 136, 83 f.; zum Rechtsschutz auch Krumm, DVBl 2011, 1010 ff.). Tarifnormen werden – anders als schuldrechtl. Vereinbarungen zwischen den Tarifvertragsparteien (§§ 133, 157 BGB) – wie Gesetze ausgelegt (BAGE 124, 119; BAG, NZA 2011, 471; 2011, 1294 f; BGH, NVwZ-RR 2011, 832) und dem Grundsatz des Vertrauensschutzes unterworfen (vgl. BGH, NVwZ-RR 2011, 804 f.). Zu Rückwirkungsgrenzen s. BAGE 110, 217; BAG, NZA 2006, 338 f., zu Art. 9 III als Grenze für Auslegungsspielraum BAGE 110, 284 ff., zu den Grenzen der gesetzl. Verweisung auf Tarifrecht BVerwG, DVBl 2001, 749. Wegen des Beurteilungs- und Ermessensspielraums der Tarifvertragsparteien unterliegen Tarifverträge keiner Billigkeitskontrolle, sondern einer gerichtl. Kontrolle im Hinblick darauf, ob sie ihren Gestaltungsspielraum überschritten haben (BAGE 108, 100). Nicht für allgemeinverbindlich erklärte tarifvertragliche Regelungen stellen keine Akte der öffentl. Gewalt dar und können daher nicht i.S. von Art. 93 I Nr. 4 a, § 90 I BVerfGG mit der Verfassungsbeschwerde angegriffen werden (BVerfGK 18, 409). Zur unionsrechtl. Bindung von Tarifverträgen vgl. EuGH, NJW 2011, 3211.

16 **Grundrechtsbindung:** Das BVerfG hat bisher offengelassen, inwieweit Tarifverträge unmittelbar an den Grundrechten zu messen sind (s. E 90, 58; BVerfG, DVBl 2008, 781). Es hat lediglich in einem Sonderfall bei Wahrnehmung einer öffentl. Aufgabe in privatrechtl. Form (Allg. Versicherungsbedingungen, die ihrerseits auf Grundentscheidungen von Tarifpartnern zurückgehen – dazu klarer BGHZ 174, 138 –) eine Anstalt des öffentl. Rechts (VBL) an die Beachtung des Gleichheitsgrundrechts gebunden (BVerfG 124, 218; BVerfGK 18, 409). Die Zivilgerichte halten die Tarifvertragsparteien zwar nicht für unmittelbar grundrechtsgebunden, verwehren ihrer Normsetzung aber eine unverhältnismäßige Beeinträchtigung der Freiheitsrechte anderer und/oder eine gleichheitswidrige Regelbildung (BGHZ 174, 140; BGH, NVwZ-RR 2011, 71; 2011, 802, in vermeintlicher Anlehnung an das BAG). Obwohl die Rspr. des BAG im Ergebnis heute (früher BAGE 111, 13 ff., u. Kommentar, Voraufl., Art. 9 Rn. 14) entsprechende Tendenzen erkennbar sind (z.B. in NZA 2011, 757), ist die Haltung der Arbeitsgerichte immer noch „im Umbruch" (Dieterich in ErfK, GG Einl. Rn. 21).

17 **Tarifeinheit:** Im Jahre 2010 hat das BAG (NZA 2010, 1071, 1075 ff.) seine bisherige Rspr. zur Auflösung einer Tarifpluralität nach dem Grundsatz der Tarifeinheit zugunsten des speziellen Tarifvertrags (u.a. BAGE 120, 16; vgl. auch BVerwGE 136, 84 f.) aufgegeben. Danach wäre es ein nicht gerechtfertigter Eingriff in die individuelle und kollektive Koalitionsfreiheit, wenn in einem Betrieb

nur ein einziger Tarifvertrag für Arbeitsverhältnisse derselben Art Geltung beanspruchen könnte.

**Streik und Aussperrung:** Zu den zur Verfolgung des Vereinigungszwecks den Koalitionen zur Auswahl überlassenen Mitteln zählen auch Arbeitskampfmaßnahmen, die auf den Abschluss von Tarifverträgen (s. Rn. 15) gerichtet sind und eine funktionierende Tarifautonomie sicherstellen. Als solche Kampfmittel hat das BVerfG – über die bisherige einfachrechtl. Zulässigkeit hinaus – verfassungsrechtl. zuerst die suspendierende Abwehraussperrung (E 84, 225), sodann den Streik (E 88, 114; BVerfGK 4, 63) anerkannt. Voraussetzungen und Umfang der Einsetzbarkeit des Mittels sind eine Frage der Ausgestaltung durch die Rechtsordnung. Die maßgebenden Grundsätze insbes. zur Kampfparität, zum Übermaßverbot und zur Staatsneutralität können auch, wie durch die Rspr. des BAG, z.T. des BVerfG, geschehen, durch gesetzesvertretendes Richterrecht (stets einfaches Recht, vgl. BVerfGK 10, 256; krit. zur Legitimation der Rspr. Höfling/ Engels, NJW 2007, 3103) entwickelt werden. Dieses Richterrecht muss ebenso wie Gesetzesrecht (z.b. § 146 SGB III, zur Aktualität: BT-Dr 14/2670) gewährleisten, dass Löhne und Arbeitsbedingungen annähernd gleichgewichtig ausgehandelt werden können (BVerfGE 84, 226 ff.; 92, 395). Dem Schutz des Art. 9 III unterfällt nicht nur ein historisch gewachsener, abschließender numerus clausus von Arbeitskampfmitteln. Einzelheiten insbes. zum Verhältnismäßigkeitsgrundsatz bei BAGE 123, 138 f.; 132, 148 ff., 153 ff. Überblick über moderne atypische Kampfmittel bei Greiner, NJW 2010, 2977 ff. Durch die Teilnahme am rechtmäßigen Arbeitskampf werden die Hauptpflichten aus dem Arbeitsverhältnis suspendiert (BAGE 115, 250); Benachteiligungsverbot wegen Streikteilnahme (§ 612 a BGB); kein Lohnanspruch bei Fernwirkungen von Kampfmaßnahmen in nicht unmittelbar kampfbetroffenen Betrieben und bei Unmöglichkeit/Unzumutbarkeit der Arbeit infolge Teilstreiks (BAGE 84, 308; s. auch BVerfGE 92, 398 ff.). Zur Verteilung des Betriebs- und Wirtschaftsrisikos bei arbeitskampfbedingten Betriebsstörungen vgl. BAG, NZA 1991, 551 f. Warnstreiks zur Unterstützung von Tarifverhandlungen sind in den Grenzen der allg. Arbeitskampfgrundsätze (insbes. ultima-ratio-Prinzip) zulässig (BAGE 58, 376 ff.), ebenfalls gewerkschaftliche Streiks, die der Unterstützung eines in einem anderen Tarifgebiet geführten Hauptarbeitskampfs dienen (Unterstützungsstreiks; BAGE 123, 136). Notdienste müssen die gebotene Vermeidung unverhältnismäßiger Gemeinschaftsschädigungen oder unverhältnismäßiger Beeinträchtigungen Dritter sicherstellen (s. BVerfGE 38, 307; BVerfG, EuGRZ 2012, 100 m.w.N.). Vom Extremfall des Art. 20 IV abgesehen, kein Recht zum polit. Streik (BAGE 62, 191), d.h. zwecks Beeinflussung polit. Entscheidungen insbes. des Gesetzgebers (vgl. auch die §§ 105, 106 StGB). Rechtswidrig ist der Massen- und Generalstreik zur Ausschaltung verfassungsmäßig bestellter oberster Staatsorgane (BGHSt 8, 105). Einseitige gesetzl. Verbote von Streiks oder Aussperrungen sind verfassungswidrig. Art. 29 V HessVerf ist daher nichtig (BAGE 33, 161 f.; 58, 138). Im Hinblick auf Art. 33 V besteht kein Streikrecht oder streikähnliches Leistungsverweigerungsrecht für *Beamte* (BVerfGE 8, 17; 44, 264; BVerwGE 73, 102; 91, 203; BVerwG, NVwZ 2012, 1483; BGHZ 70, 279), auch nicht, soweit in privatisierten Unternehmen beschäftigt (BVerwGE 103, 377), ebenso kein Recht des Beamten aus Art. 9 III auf Unterstützung des Streiks anderer Beamter (BVerwGE 73, 105; BGHZ 70, 279 ff.; dazu BVerfG, NJW 1980, 169); rechtswidrig auch der Streikaufruf eines beamteten Personalratsmitglieds an Tarifkräfte (BVerwGE 103, 75, 79). Die Entscheidung BVerfGE 88, 115 ff., hält den Einsatz von Beamten auf bestreikten Arbeitsplätzen ohne eine gesetzl. (hier nicht ausreichend: richterrechtl.) Regelung wegen der Hoheitsbefugnisse des Staates für nicht zulässig (überzeugender die früher gegenteilige fachgerichtl. Rspr.: BVerwGE 69, 210 ff.; BAGE 49, 311 ff.). Rechtmäßiger Streik von Angestellten des öffentl. Dienstes begründet keinen Amtshaftungsanspruch (OLG Hamburg, MDR 1997, 554). Krit. zur Waffengleichheit bei Arbeitskämpfen im Tarifbereich des öffentl. Dienstes Rüthers, NZA 2010, 11. Art. 11 EMRK verbürgt das Streikrecht, lässt aber Streikverbote für bestimmte Gruppen von Angehörigen des öffentl. Dienstes (z.b. solchen, die im Namen des Staates „Hoheitsgewalt ausüben", französische Fassung: „exerçant des fonctions d'autorité au nom de l'Etat"; s. ausführlich Schubert, AöR 137, 98 ff.) zu (EGMR, NZA 2010, 1424 f.). Auch unter Berücksichtigung der EMRK (u. ihrer Interpretation durch den EGMR) als Auslegungshilfe (BVerfGE 128, 367 f. m.w.N.) folgt aus ihr kein Recht beamteter Lehrer zur Teilnahme an Warnstreiks (vgl. OVG Münster, ZBR 2012, 174 ff.; OVG Lüneburg, NdsVBl 2012, 266 ff.; Lindner, DÖV 2011, 307 ff.; Hebeler, ZBR 2012, 325 ff., auch zu Art. 153 V AEUV u. Art. 6 EUV i.V.m. Art. 28 EUGrCh).

19 **Schranken:** Die Koalitionsfreiheit ist vorbehaltlos gewährleistet (zum methodischen Vorgehen bei der Prüfung von Beeinträchtigungen in solchen Fällen s. allg. vor Art. 1 Rn. 8 f.). Jedoch unterliegen auch die Koalitionen den Schranken des Art. 9 II (vgl. dazu die verfahrensrechtl. Sonderregelungen in § 16 VereinsG) und solchen zum Schutz von Gemeinwohlbelangen, denen gleichermaßen verfassungsrechtl. Rang gebührt (zu Letzteren BVerfGE 103, 306; BVerfGK 4, 360). Dergestalt kollidierende Rechtsgüter erfordern eine Abwägung im Einzelfall. Zu den Rechtsgütern mit Verfassungsrang gehören außer den Grundrechten Dritter (z.B. deren Eigentum, vgl. BAG, NJW 2009, 1994 f.; gleichfalls deren Berufsfreiheit, s. BVerfGK 4, 360; 10, 459; dort auch zur Bekämpfung der Arbeitslosigkeit, dazu BayVerfGH, NJW-RR 2008, 1403; Steiner, NZA 2005, 660; Bayreuther, NJW 2009, 2009) auch die Erschließung neuer Beschäftigungsmöglichkeiten, der Betriebsfrieden und der ungestörte Arbeitsgang (vgl. BVerfGE 93, 359), ferner die polit. Neutralitätspflicht des Staates (s. Art. 3 III 1 u. vor Art. 62 Rn. 8) und die Gefährdung des Vertrauens in die Objektivität und gemeinwohlorientierte Führung der Amtsgeschäfte (vgl. BVerfGK 10, 257: Auslegung von Unterschriftslisten einer Gewerkschaft in Polizeidienststellen; zum Polizeiuniformverbot bei koalitionspolit. Betätigung VGH Kassel, ESVGH 62, 72 ff.). Die kollidierenden Grundrechtspositionen sind in ihrer Wechselwirkung zu erfassen und so zu begrenzen, dass sie für alle Beteiligten möglichst weitgehend wirksam werden (BVerfGK 10, 168). Im Widerstreit mit der individuellen Koalitionsfreiheit kann dem Koalitionsrecht der Gewerkschaft bei der Maßregelung von Mitgliedern, die auf einer konkurrierenden Betriebsratswahlliste kandidieren, im Interesse des geschlossenen Auftretens der Vorrang zukommen (s. BVerfGE 100, 222 ff.). Grenzen für die Ausübung der in Rn. 14 beschriebenen autonomen Befugnisse (z.B. beim „Blitzaustritt" oder „Blitzwechsel") können sich aus der Funktionsfähigkeit der Tarifautonomie (Verhandlungsparität, Einhaltung der Geschäftsgrundlage, Gleichlauf von Verantwortlichkeit u. Betroffenheit) ergeben, etwa in Gestalt eines Verfahrens der Transparenz für die andere Tarifvertragspartei. Im Rahmen der gerichtl. Ausübungskontrolle kann auch zur Bestimmung der Rechtsfolgen auf die Verbotsnorm des Satzes 2 (vgl. Rn. 21) zurückgegriffen werden (s. BAGE 126, 84 ff.; 127, 43 ff.; mehr am Rande BVerfGK 18, 258 f.; krit. Willemsen/ Mehrens, NJW 2009, 1916).

20 In der Staatspraxis wichtig ist die **Konkurrenz des Normsetzungsrechts der Tarifpartner** (vgl. Rn. 15) **und der Regelungsmacht des Gesetzgebers.** Dem Gesetzge-

ber ist es im Gemeinwohlinteresse grundsätzlich nicht verwehrt, Fragen zu regeln, die Gegenstand von Tarifverträgen sein können oder sind. Art. 9 III verleiht den Tarifvertragsparteien zwar ein Normsetzungsrecht, aber kein Normsetzungsmonopol, was sich auch aus der Gesetzgebungskompetenz für das Arbeitsrecht (Art. 74 I Nr. 12) ergibt. Damit verbundene Beeinträchtigungen der Tarifautonomie sind verfassungsgemäß, wenn der Gesetzgeber mit ihnen den Schutz der Grundrechte Dritter oder anderer mit Verfassungsrang ausgestatteter Belange (s. Rn. 19) bezweckt und den Grundsatz der Verhältnismäßigkeit wahrt (BVerfGE 103, 306; BVerfGK 4, 360). Je gewichtiger der Grundrechtsschutz, gemessen an dem Zutrauen des Verfassungsgebers zu einem angemessenen Interessenausgleich durch die Tarifpartner (z.B. bei Löhnen u. anderen materiellen Arbeitsbedingungen), ist, desto schwerwiegender müssen die Gründe sein, die einen Eingriff rechtfertigen sollen (BVerfGE 94, 284 f.; 100, 283 f.). Die enge Schrankenbestimmung schließt eine **Ausgestaltungsbefugnis des Gesetzgebers** (vgl. z.T. schon Rn. 18) nicht aus, auch nicht die Befugnis, die Ergebnisse von Koalitionsvereinbarungen – wie bei der Allgemeinverbindlicherklärung von Tarifverträgen – zum Anknüpfungspunkt gesetzl. Regelungen zu nehmen (BVerfGE 116, 218) oder die Ordnungsfunktion der Tarifverträge zu unterstützen (BVerfGK 10, 459). Einer Ausgestaltung bedarf es insbes., soweit das Verhältnis der Tarifvertragsparteien zueinander berührt ist. Da beide den Schutz des Art. 9 III genießen, muss gewährleistet sein, dass die aufeinander bezogenen Grundrechtspositionen trotz ihres Gegensatzes nebeneinander bestehen können (BVerfGE 92, 394; BAGE 88, 49 f.). Nach Auffassung von BVerfGE 116, 218 f., sind vergabegesetzl. *Tariftreue*klauseln (Auftragsvergabe nur bei Entlohnung der Arbeitnehmer nach geltenden Entgelttarifen) mit Art. 9 III vereinbar, weil die negative Koalitionsfreiheit (Rn. 14) nicht berührt sei, kein faktischer Zwang oder Druck zum Beitritt ausgeübt werde und eine staatl. Normsetzung nicht intendiert sei (s. auch BayVerfGH, NJW-RR 2008, 1403, u. zur Richtlinie 96/71/EG des Europäischen Parlaments u. des Rates v. 16.12.1996 über die Entsendung von Arbeitnehmern im Rahmen der Erbringung v. Dienstleistungen – ABlEG 1997 Nr. L 18 S. 1 – EuGH, NJW 2008, 3485). Vgl. nunmehr § 97 IV 1 GWB (Tariftreue als Bestandteil der zuverlässigkeitsbegründenden Gesetzestreue; dazu Polster/Naujok, NJW 2011, 786). Eine merkwürdige „Aufforderung" an die Tarifvertragspartner zu gesetzeskonformem Handeln findet sich in § 17 I AGG. Zum unzulässigen Zwang zum Abschluss von Tarifverträgen bei AGG-Verstoß BAG, NZA-RR 2012, 104.

### Satz 2: Privatrechtsbeziehungen

Satz 2 gewährleistet die Grundsätze der Koalitionsfreiheit auch im Bereich von Privatrechtsbeziehungen, verleiht ihnen also ausdrücklich **Drittwirkung** (BVerfGE 57, 245; BAGE 104, 171; 122, 150). Er enthält ein gesetzl. Verbot i.S. des § 134 BGB. Wie ein Eingriff von außen kann auch die Wahrnehmung von Koalitionsrechten (praktische Konkordanz zwischen Abwehr- u. Betätigungsrecht) zur missbilligten Beeinträchtigung des Koalitionsrechts beim sozialen Gegenspieler führen (s. schon Rn. 14). „*Abreden*" (jedenfalls Arbeits- u. Tarifverträge, auch satzungsmäßige Vereinbarungen; Einzelheiten str., vgl. Problematisierung in der Entscheidung BAGE 127, 44 f.), die das Koalitionsrecht einschränken oder zu behindern versuchen, sind nichtig, entsprechende „*Maßnahmen*" (einseitig-privatrechtl. oder öff.-rechtl. Handlungen einschl. solcher rein tatsächlicher Natur, auch Streiks) zumindest rechtswidrig. Erfasst sind auch Abreden oder Maßnahmen, die zwar nicht die Entstehung oder den rechtl. Bestand eines Tarifvertrags betreffen, aber darauf gerichtet sind, dessen Wirkung zu vereiteln oder

21

leerlaufen zu lassen (BAGE 91, 227). *Verfassungswidrig* danach: Einstellung nach (Nicht-)Zugehörigkeit zur Gewerkschaft (BAGE 94, 174 f.) oder Weiterbeschäftigung mit Forderung von Gewerkschaftsaustritt (BAGE 88, 49) oder -nichtbeitritt, Verpflichtung der Arbeitgeberseite, in Tarifverträgen, Betriebsvereinbarungen oder schuldrechtl. die Aufrechterhaltung der Mitgliedschaft in einem bestimmten Arbeitgeberverband zu garantieren (BAGE 104, 171; 119, 278), ferner die Verpflichtung, nicht- oder andersorganisierte Arbeitnehmer nicht einzustellen oder zu entlassen, Solidaritätsbeiträge für Nichtorganisierte. Streikbruchprämien während des Arbeitskampfes sind mit Art. 9 III 2 grundsätzlich vereinbar, soweit sie unterschiedslos allen Arbeitnehmern angeboten werden (BAG, NJW 1994, 75), selektive Aussperrung nur der organisierten Arbeitnehmer ist dagegen unzulässig (BAGE 33, 203). Im Gegensatz zu sog. einfachen Differenzierungsklauseln (vgl. Rn. 14) ist die tarifvertragliche Absicherung einer Gewerkschaftsmitgliedern vorbehaltenen Leistung im Wege einer Anspruchserhöhung für den Fall einer Kompensationsleistung des Arbeitgebers an nicht oder anders organisierte Arbeitnehmer (Spannenklausel) unzulässig, weil die Tarifmacht des Art. 9 III 1 nicht dazu berechtigt, einzelvertragliche Gestaltungsmöglichkeiten mit zwingender Wirkung in die Arbeitsverhältnisse von Außenseitern hinein einzuschränken (BAG, NZA 2011, 923 ff.). Keine Behinderung i.S. von Satz 2, wenn Arbeitgeber den Gebrauch des betrieblichen E-Mail-Zugangs zwecks Kommunikation mit Betriebsexternen (einschl. Gewerkschaften) nur zu betrieblichen Zwecken gestattet (BAG, NJW 2009, 1993 f.).

**Satz 3: Verteidigungsfall und Notstände**

22 Die in den in Satz 3 erwähnten Artikeln vorgesehenen Maßnahmen für den Verteidigungsfall, den Katastrophen- und den Staatsnotstand dürfen sich *nicht gezielt* gegen Arbeitskämpfe (Streiks, Aussperrungen) richten, die zum Zweck der Einwirkung auf die Arbeitsverhältnisse geführt werden. Geschützt sind nur zulässige Arbeitskämpfe, also nicht z.B. polit. Streiks. Aus Satz 3 konnte bei seiner Entstehung gefolgert werden, dass Arbeitskämpfe mit dem GG vereinbar, nicht aber, dass sie auch grundgesetzl. gewährleistet sind (BTag, Bericht des Rechtsausschusses, zu BT-Dr IV/3494 S. 16). Die Unterscheidung ist heute durch die Rspr. des BVerfG zum verfassungsrechtl. Schutz von Arbeitskampfmaßnahmen, die auf den Abschluss von Tarifverträgen gerichtet sind (s. Rn. 18 u. Art. 28 EU-GrCh), überholt.

## Artikel 10 [Brief-, Post- und Fernmeldegeheimnis]

(1) Das Briefgeheimnis sowie das Post- und Fernmeldegeheimnis sind unverletzlich.

(2) Beschränkungen dürfen nur auf Grund eines Gesetzes angeordnet werden. Dient die Beschränkung dem Schutze der freiheitlichen demokratischen Grundordnung oder des Bestandes oder der Sicherung des Bundes oder eines Landes, so kann das Gesetz bestimmen, daß sie dem Betroffenen nicht mitgeteilt wird und daß an die Stelle des Rechtsweges die Nachprüfung durch von der Volksvertretung bestellte Organe und Hilfsorgane tritt.

| Briefgeheimnis | | Rechtfertigung von Beeinträchtigungen | |
|---|---|---|---|
| Schutzbereich | 1–4, 9 f. | gen | 11, 14 f. |
| Beeinträchtigungen | 11, 13 f. | | |

**Allgemeines:** Art. 10 schützt die private Fernkommunikation. **Brief-, Post- und** **1** **Fernmeldegeheimnis** gewährleisten insoweit die Vertraulichkeit der individuellen Kommunikation, wenn diese wegen der räumlichen Distanz zwischen den Beteiligten auf eine Übermittlung durch andere angewiesen ist und deshalb in besonderer Weise einen Zugriff Dritter und damit auch staatl. Stellen ermöglicht (BVerfGK 9, 72). Diese Gewährleistungen des internen Grundrechtsschutzes, die nach zu Recht bestrittener Ansicht Ausprägungen eines einheitlichen Grundrechts darstellen sollen (so z.b. Jarass in Ders./Pieroth, Art. 10 Rn. 1; a.A. Hermes in Dreier, Art. 10 Rn. 25), werden extern auf **europäischer Ebene** durch Art. 8 I EMRK ergänzt. Danach hat jede Person das Recht auf Achtung ihres Privatlebens und ihrer Korrespondenz, wovon nach der Rspr. des EGMR (EuGRZ 2007, 418 f.; NJW 2010, 2111) auch Telefongespräche erfasst werden (s. außerdem Meyer-Ladewig, Art. 8 Rn. 33, 92 m.w.N.). Dem entspricht für den Bereich der EU das in Art. 7 EUGrCh verbürgte Recht jeder Person auf Achtung ihrer Kommunikation.

### Absatz 1: Brief-, Post- und Fernmeldegeheimnis

Mit der **Unverletzlichkeit** der drei in Abs. 1 genannten Geheimnisse wird den **2** Grundrechtsbegünstigten (Rn. 3) die private, vor den Augen der Öffentlichkeit verborgene Kommunikation durch den Austausch von Informationen, d.h. Nachrichten, Gedanken und Meinungen, garantiert (BVerfGE 67, 171; BVerfGK 9, 72; BGHSt 29, 249; BAGE 52, 97). Das dient zugleich dem Schutz der menschlichen Würde (BVerfGE 110, 53; 115, 182) und der individuellen Entfaltung im – unantastbaren – Kernbereich privater Lebensgestaltung (BVerfGE 113, 391). Erfasst werden aber auch Kommunikationen bloß geschäftlichen oder polit. Inhalts (BVerfGE 67, 172; BVerfGK 11, 42; BFHE 194, 44). Die Grundrechtsgewährleistungen sollen den besonderen Gefahren für die Vertraulichkeit der Mitteilung begegnen, die sich aus der Einschaltung eines Übermittlers ergeben (BVerfGE 85, 396; 115, 184). Dabei handelt es sich um eine besondere Ausprägung des Schutzes der Privatsphäre (BGH, NJW 2001, 1588; s. auch zum Gesichtspunkt spezialgesetzl. Datenschutzes OVG Bremen, NJW 1995, 1771), die eine Privatheit auf Distanz garantiert (BVerfGE 115, 182; BVerfGK 9, 72) und, soweit der Schutz des Art. 10 I eingreift, dem Recht auf informationelle Selbstbestimmung (Art. 2 I i.V.m. Art. 1 I) vorgeht (BVerfGE 100, 358; 110, 53; 113, 364; 115, 188 f.; 125, 310).

**Träger der Grundrechte** des Abs. 1 ist *jedermann*, sind also alle natürlichen Per- **3** sonen, Deutsche wie Ausländer (BGHSt 20, 382) und Staatenlose, auch Strafgefangene (BVerfGE 116, 81; BVerfGK 9, 126 f.), und außerdem gemäß Art. 19 III private inländische juristische Personen (BVerfGE 100, 356; 106, 43). Mit Rücksicht auf das europäische Unionsrecht ist der Grundrechtsschutz aus Art. 10 auch auf juristische Personen des Privatrechts aus Mitgliedstaaten der EU zu erstrecken (BVerfGE 129, 94 ff.). Da Post- und Telekommunikationsdienstleistungen seit der Postreform II (vgl. Art. 87 f Rn. 1) als privatwirtsch. Tätigkeiten erbracht werden (Art. 87 f II 1) und das Wesen des Art. 10 dem nicht entgegensteht, können sich auch die Übermittler einer Post- und Fernmeldeverkehr anvertrauten Mitteilung selbst – einschl. der in der Rechtsform einer AG geführten, vom

Bund nicht beherrschten (BVerfGE 128, 244 ff.) Nachfolgeunternehmen der früheren Deutschen Bundespost (s. dazu Art. 143 b Rn. 2), die wie der Jedermann am Wettbewerb teilnehmen – gegen Eingriffe in das Post- und Fernmeldegeheimnis wehren (vgl. BVerfGE 115, 227 f.; BVerwGE 114, 189; 118, 359; OLG Zweibrücken, NJW 2005, 2626; a.A. z.B. Hermes in Dreier, Art. 10 Rn. 28; im Übrigen auch hinsichtlich der genannten Nachfolgeunternehmen teilweise str., weil Kapitalanteile daran noch beim Bund liegen). Das berechtigt sie allerdings nicht dazu, stellvertretend für den Kommunikationsteilnehmer dessen Rechte geltend zu machen (OLG Frankfurt/Main, NJW 2007, 3293). Darauf, wer Betreiber der Übertragungs- und Vermittlungseinrichtung ist, kommt es für den Schutz des Art. 10 I nicht an (BVerfGE 107, 313; OVG Münster, DVBl 2009, 528). Die öff.-rechtl. Rundfunkanstalten können sich zum Schutz der Vertraulichkeit der Informationsbeschaffung und der Redaktionsarbeit ebenfalls auf die Gewährleistung berufen (BVerfGE 107, 310).

4   Das **Briefgeheimnis** schützt den brieflichen Verkehr der Einzelnen (Absender u. Empfänger) untereinander gegen eine Kenntnisnahme der öffentl. Gewalt vom Inhalt (BVerfGE 33, 11; 67, 171) wie auch von den näheren Umständen (BVerfGE 85, 396) der brieflichen Kommunikation (BVerfG, StV 2012, 162). Erfasst wird jedoch nur der „außerpostalische", d.h. der ohne Vermittlung eines Postdienstleistungserbringers und bei von einem solchen beförderten Briefen der außerhalb seines Einwirkungsbereichs stattfindende, Briefverkehr bis zur Kenntnisnahme vom Briefinhalt durch den Empfänger (LG Krefeld, NJW 1965, 597). Anbietern von Postdienstleistungen anvertraute Briefe genießen den Schutz des Postgeheimnisses (str.; auch insoweit die Geltung des Briefgeheimnisses bejahend z.B. Gusy in v. Mangoldt/Klein/Starck, Art. 10 Rn. 29). Nach der Entscheidung BVerwGE 6, 300, sind unter *Briefen* nur verschlossene Briefe zu verstehen. Das überzeugt nicht, wenn das Postgeheimnis auch auf nicht verschlossene Sendungen erstreckt wird (vgl. Rn. 5).

5   Das **Postgeheimnis** ist mit dem Inkrafttreten der Postreform II (vgl. Art. 87 f Rn. 1) nicht gegenstandslos geworden (s. BVerwGE 113, 211; a.A. Hermes in Dreier, Art. 10 Rn. 46). Es schützt die Geheimhaltung des gesamten durch Postdienstleistungserbringer vermittelten – privaten wie beruflichen – Verkehrs von der Einlieferung der Sendung bis zu deren Ablieferung beim Empfänger gegenüber jeder staatl. Gewalt (vgl. BVerfGE 67, 171 f.; 85, 396; OLG Zweibrücken, NJW 1970, 1756). Der Schutzbereich des Grundrechts bezieht sich auf alle postrechtl. Vorgänge (BVerwGE 6, 300; 113, 210), d.h. auf *alle einem Anbieter von Postdienstleistungen anvertrauten Sendungen* und Mitteilungen wie Briefe, Pakete, Päckchen, Warenproben, Postwurfsendungen, Postanweisungen und dgl. (zu in Postfächern eingelegten Sendungen s. BVerwGE 79, 115). Dass die Sendung verschlossen ist, ist nicht entscheidend (BVerwGE 113, 210). Auch der Einzug von Nachnahme- und Zeitungsgeldern wird erfasst. Geschützt sind neben dem Inhalt der Sendung deren Absender und Empfänger und weiter etwa die Tatsache der Postbenutzung sowie Art und Weise, Zeitpunkt und Ort dieser Benutzung (BVerfGE 67, 172; OVG Koblenz, AS 16, 21). Ein Anspruch auf Postbeförderung lässt sich dem Grundrecht im Hinblick auf seinen abwehrrechtl. Charakter (vgl. nachstehend Rn. 9) nicht entnehmen.

6   Das **Fernmeldegeheimnis**, vielfach entsprechend der Terminologie des Art. 73 I Nr. 7 und des Art. 87 f auch *Telekommunikationsgeheimnis* genannt (vgl. z.B. BVerfGE 120, 306 f.; 125, 309, zum Begriff der Telekommunikation auch § 3 Nr. 22 TKG), schützt die unkörperliche Übermittlung von Informationen an individuelle Empfänger mit Hilfe des Telekommunikationsverkehrs vor einer

*Hömig*

Kenntnisnahme durch die öffentl. Gewalt (BVerfGE 120, 306 f.; 125, 309; BVerfGK 9, 72; 11, 124). Der Schutz erstreckt sich auf jede Art dieses Verkehrs (Fernsprech-, Telegramm-, Fernschreib- u. Funkverkehr; zur Informationsübermittlung unter Verwendung einer Mailbox s. BGH, NJW 1997, 1935), an dem mindestens eine Person beteiligt ist. Das Grundrecht ist offen für und anpassungsfähig an neue technische Entwicklungen (BGH, NJW 2001, 1587) und erfasst deshalb auch neuartige Übertragungstechniken wie Telefax und Internet (BVerfGE 115, 182 f.; 120, 307; BVerfGK 9, 72). Auf die konkrete Übermittlungsart (Kabel oder Funk, analoge oder digitale Vermittlung, per E-Mail oder SMS) und Ausdrucksform (Sprache, Bilder, Töne, Zeichen, andere Daten) kommt es nicht an (BVerfGE 106, 36; 115, 182 f.; 120, 307; BVerfGK 9, 72). Deshalb fällt auch die mit einem an das Internet angeschlossenen informationstechnischen System (zum Begriff des informationstechnischen Systems vgl. BVerfGE 120, 276) geführte laufende Fernkommunikation, zu der Dritte keinen autorisierten Zugang haben, in den Schutzbereich des Art. 10 I (BVerfGE 120, 307, 340 f.). Mit der Verbürgung der Unverletzlichkeit des Fernmeldegeheimnisses soll vermieden werden, dass der Meinungs- und Informationsaustausch mittels Telekommunikationsanlagen deswegen unterbleibt oder nach Form und Inhalt anders verläuft, weil die Beteiligten damit rechnen müssen, dass staatl. Stellen sich in die Kommunikation einschalten und Kenntnisse über die Kommunikationsbeziehungen oder -inhalte gewinnen (BVerfGE 129, 241; 130, 179; BVerfGK 11, 124 m.w.N.). Die am Telekommunikationsverkehr Beteiligten sollen weitestgehend so gestellt werden, wie sie bei einer Kommunikation unter Anwesenden stünden (BVerfGE 115, 182; BVerfG, RDV 2011, 186). Der Umstand, dass ein Gerät technisch geeignet ist, als Kommunikationsmittel zu dienen, und die von ihm ausgehenden technischen Signale zur Gewährleistung der Kommunikationsbereitschaft stellen allerdings noch keine Kommunikation dar (BVerfGK 9, 74). Auch die – vom Kommunikationsvorgang selbst unabhängige – Vertraulichkeit der jeweiligen Umstände der Bereitstellung von Telekommunikationsdienstleistungen wie die Zuordnung der von den Diensteanbietern vergebenen Telekommunikationsnummern zu bestimmten Anschlussinhabern wird vom Schutz des Art. 10 I nicht erfasst, und zwar auch dann nicht, wenn die Zuordnung einer Behörde mittelbar ermöglicht, die Inhalte oder Umstände konkreter Kommunikationsvorgänge zu rekonstruieren und einer bestimmten Person zuzuordnen (BVerfGE 130, 180). Ein Eingriff in das Grundrecht liegt dagegen vor, wenn staatl. Stellen sich ohne Zustimmung der Beteiligten Kenntnis von dem Inhalt oder den Umständen eines laufenden fernmeldetechnisch vermittelten Kommunikationsvorgangs verschaffen oder darauf bezogene Daten auswerten (BVerfGE 113, 365; 120, 307; 129, 241). Das Grundrecht schützt also neben dem Kommunikationsinhalt (BVerfGE 100, 358; BFHE 194, 44), dem Postgeheimnis in vielem vergleichbar, auch die Vertraulichkeit der näheren Kommunikationsumstände, insbes. dahin, ob, wann, auf welche Weise wo und wie oft zwischen welchen Personen oder Fernmeldeeinrichtungen Fernmeldeverkehr stattgefunden hat oder versucht worden ist (BVerfGE 107, 312 f.; 113, 364 f.; 115, 183; BGHSt 39, 339; BAGE 52, 97; OVG Münster, OVGE 30, 175; OVG Bremen, NJW 1995, 1770; s. auch die Definition in § 88 I TKG). Auch insoweit kann der Staat grundsätzlich keine Kenntnis beanspruchen (BVerfGK 9, 73). Die Nutzung des Kommunikationsmediums soll in allem vertraulich möglich sein (BVerfGE 100, 358; 129, 241; BVerfGK 8, 220). Geschützt sind auch die Verkehrsdaten (zum Begriff § 3 Nr. 30 TKG) im Rahmen des Telekommunikationsverkehrs, die Aufschluss über die an der Kommunikation beteiligten Personen und die Umstände der Kommunikation geben (BVerfGE 107, 313 f., 326 ff.; 115, 183 ff.; 125, 310; BVerfGK 9, 401 f.; BGH, NJW 2012, 2582 f.; zur Evaluation der Nutzung solcher Daten im Strafverfahren vgl. BT-Dr 16/8434). Dazu zählen auch dynamische Internetprotokoll-Adressen, die anders als statische eine besondere Nähe zu konkreten Telekommunikationsvorgängen aufweisen, weil ihre Identifizierung durch den Diensteanbieter eine Sichtung der entsprechenden Verkehrsdaten des betroffenen Kunden voraussetzt (BVerfGE 130, 181 f.). Verboten sind das unbefugte Eindringen in den Fernmeldeverkehr von außen und die unbefugte Aufzeichnung und Verwertung erlangter Kenntnisse wie die nicht erlaubte Weitergabe an Dritte (s. BVerfGE 85, 398). Denn die Schutzwirkung des Art. 10 erstreckt sich auch auf den Informations- und Datenverarbeitungsprozess, der sich an die zulässige Kenntnisnahme von geschützten Kommunikationsvorgängen anschließt, und den Gebrauch, der von den erlangten Kenntnissen gemacht wird (BVerfGE 100, 359; 113, 365; BFHE 194, 44 f.). Folglich liegt in der Anordnung gegenüber Kommunikationsunternehmen, Telekommunikationsdaten zu erheben, zu speichern und an staatl. Stellen zu übermitteln, jeweils ein Eingriff in das Grundrecht des Art. 10 I (BVerfGE 125, 310).

7  Der Schutzbereich des Fernmeldegeheimnisses ist unabhängig davon betroffen, ob eine Eingriffsmaßnahme technisch auf der Übertragungsstrecke oder am Endgerät der Telekommunikation ansetzt, und zwar grundsätzlich auch dann, wenn dieses ein vernetztes komplexes informationstechnisches System ist, dessen Einsatz zur Telekommunikation nur eine unter mehreren Nutzungsarten darstellt (BVerfGE 120, 307). Allerdings besteht der **Grundrechtsschutz nur**, soweit und solange Fernmeldeverkehr **im Herrschaftsbereich des** jeweiligen **Nachrichtenmittlers** stattfindet (vgl. BGHSt 42, 154). Er endet daher in dem Augenblick, in dem die Nachricht beim Empfänger angekommen und der Übertragungsvorgang damit beendet ist (BVerfGE 115, 184, 187; BVerfG, RDV 2011, 186). Nach Abschluss des Kommunikationsvorgangs im Einflussbereich des Kommunikationsteilnehmers gespeicherte Inhalte und Umstände der Telekommunikation werden deshalb nicht mehr durch Art. 10 I geschützt, soweit der Kommunikationsteilnehmer eigene Schutzvorkehrungen gegen den heimlichen Datenzugriff treffen kann (BVerfGE 120, 307 f.; BVerfG, RDV 2011, 186; VGH Kassel, NJW 2009, 2471). An der (alleinigen) Herrschaftsgewalt des Kommunikationsteilnehmers fehlt es bei auf dem Mailserver eines Internet-Providers zwischen- und endgespeicherten E-Mails, deren Sicherstellung und Beschlagnahme daher am Fernmeldegeheimnis des Art. 10 I zu messen, auf der Grundlage der §§ 94 ff. StPO aber bei Wahrung des Verhältnismäßigkeitsgrundsatzes auch im Einzelfall zulässig sind (BVerfGE 124, 43 ff., 58 ff., 66 ff.). Dagegen wird der Schutzbereich dieses Grundrechts durch den Einsatz sog. IMSI-Catcher, wie in § 100 i StPO vorgesehen, nicht berührt, weil dieser Einsatz nicht im Zusammenhang mit einem Kommunikationsvorgang steht und außerdem keinen Kommunikationsinhalt i.S. dieses Grundrechts betrifft (BVerfGK 9, 74 ff.; str.). Auch die staatl. Überwachung der Nutzung eines informationstechnischen Systems als solche oder die staatl. Durchsuchung der Speichermedien eines solchen Systems außerhalb der laufenden Telekommunikation (sog. Online-Durchsuchung; vgl. zum Begriff BVerfGE 120, 277; BGHSt 51, 211 f.) dringt nicht in den Schutzbereich des Art. 10 I ein (BVerfGE 120, 308; s. allg. auch BVerfGE 115, 199 f.). Keinen Schutz gewährt das Fernmeldegeheimnis ferner gegen eine Enttäuschung des Vertrauens der Kommunikationspartner zueinander (BVerfGE 120, 340) wie gegen die Nutzung einer von einem Kommunikationsteilnehmer einem Dritten bereitgestellten Mithöreinrichtung, weil dies nicht in den Verantwortungsbereich des Kommunikati-

onsdienstleisters fällt (BVerfGE 106, 37 f.). Einen Schutz dagegen, dass eine staatl. Stelle selbst eine Telekommunikationsbeziehung zu einem Grundrechtsträger aufnimmt, garantiert Art. 10 I daher nicht (BVerfGE 120, 341). Aus dem Grundrecht lässt sich schließlich auch kein Anspruch auf Bereitstellung fernmeldetechnischer Kommunikationswege oder auf Anschluss an ein bestimmtes Fernmeldenetz ableiten. Greift Art. 10 I wegen seiner Ausrichtung auf den Vorgang des laufenden Kommunikationsaustauschs als Schutznorm nicht ein, kommt aber je nach Art eines im Einzelfall beabsichtigten Datenzugriffs **Grundrechtsschutz durch andere Schutzrechte** in Betracht, insbes. durch das Recht auf informationelle Selbstbestimmung und durch das Recht auf Gewährleistung der Vertraulichkeit und Integrität informationstechnischer Systeme (jeweils Art. 2 I i.V.m. Art. 1 I), ggf. aber auch durch Art. 13 I (im Näheren vgl. BVerfGE 115, 183 f., 187 ff.; 120, 307 f.; BVerfG, NJW 2007, 3344; zum insoweit bestehenden „Ergänzungsverhältnis" s. auch BVerfGK 9, 77 f.).

**Der räumliche Schutzumfang** des Grundrechts ist nicht auf das Inland beschränkt. Art. 10 kann vielmehr auch dann eingreifen, wenn eine im Ausland stattfindende Telekommunikation durch Erfassung und Auswertung im Inland hinreichend mit inländischem staatl. Handeln verknüpft ist (BVerfGE 100, 313/LS 2 u. 362 ff.; allg. zur Grundrechtsgeltung bei Auslandsbezug vor Art. 1 Rn. 22). Die Vertraulichkeit im staatsintern-dienstlichen Fernmeldeverkehr wird vom Schutzzweck des Art. 10 dagegen nicht erfasst (OVG Bremen, NJW 1980, 607 m.w.N.; s. auch zum Schutz telefonischer Dienstgespräche durch das allg. Persönlichkeitsrecht BVerfG, NJW 1992, 815 f.).   **8**

Brief-, Post- und Fernmeldegeheimnis sind **klassische Abwehrrechte** (vgl. BVerfGE, 110, 52) ohne unmittelbare Drittwirkung für den Privatrechtsverkehr (BAGE 52, 97 f.; BayObLG, DVBl 1974, 598). Als wertentscheidende Grundsatznormen verpflichten sie aber den Staat zu Schutzvorkehrungen gegen Grundrechtsverletzungen durch private Dritte, soweit diese sich wie die privatrechtl. organisierten Erbringer von Post- und Telekommunikationsdienstleistungen Zugriff auf die Kommunikation verschaffen können (BVerfGE 106, 37; BVerfGK 9, 402); außerdem strahlen sie auf den Pflichtenkreis dieser Dienstleistungserbringer im Verhältnis zum Nutzer aus (s. in diesem Zusammenhang die §§ 39 ff. PostG, 88 ff. TKG; BT-Dr 14/2321 S. 31, 100). Auch im Übrigen sind die Geheimnisse des Art. 10 I in den Bereichen des einfachen Rechts in dieser objektiv wertsetzenden Bedeutung zu beachten (BGH, NJW-RR 1990, 764; vgl. für das Strafrecht die §§ 202, 206 StGB). Das gilt auch dann, wenn in einem Rechtsstreit über Kommunikationsvorgänge zu entscheiden ist, die von Art. 10 I erfasst werden (BVerfGK 9, 402).   **9**

Im Einzelfall ist **Verzicht** des Grundrechtsträgers auf die Wahrung der durch Abs. 1 geschützten Geheimnisse möglich (BVerfGE 85, 398; BVerwG, NJW 1982, 840; BGHSt 19, 278; BayObLG, DVBl 1974, 598), allerdings nur mit Wirkung für den Verzichtenden selbst, nicht auch mit Wirkung für Dritte (BVerfGE 85, 399; s. aber auch BGHSt 39, 339 ff.) und nur dann, wenn der Verzicht freiwillig ist (BVerwGE 119, 127). Eine als Verzicht zu verstehende Zustimmung des Grundrechtsträgers, die die Annahme eines Grundrechtseingriffs ausschließen kann, muss also frei von unzulässigem Druck erfolgt sein (BVerfG, StV 2012, 162 m.w.N., u.a. auf den Senatsbeschluss BVerfGE 128, 300 f.).   **10**

### Absatz 2: Beschränkungen

*Satz 1* stellt die in Abs. 1 genannten Grundrechte unter einen **allgemeinen Gesetzesvorbehalt** (zur Verwirkung dieser Grundrechte vgl. Art. 18 u. die Erläut. dort).   **11**

Von ihm kann nur Gebrauch gemacht werden durch ein Gesetz, das *in jeder Hinsicht verfassungsgemäß* ist, insbes. die Kompetenzvorschriften einhält (s. BVerfGE 113, 365 f., 367 ff.; 125, 313 ff.). Auch das Zitiergebot des Art. 19 I 2 (vgl. Art. 19 Rn. 4) ist zu beachten (BVerfGE 85, 404; 113, 365 ff.; 129, 236 ff.). In materieller Hinsicht ist der Kernbereich privater Lebensgestaltung unantastbar (s. oben Rn. 2; im Näheren vgl. BVerfGE 129, 245 ff., sowie Art. 1 Rn. 6 u. Art. 13 Rn. 16). Im Übrigen ist zu berücksichtigen, dass der Vorbehalt des Satzes 1, ähnlich wie die Befugnis zur Grundrechtseinschränkung durch allg. Gesetze nach Art. 5 II (s. dazu Art. 5 Rn. 26), keinen absoluten Vorrang zugunsten jeder Schranken setzenden Gesetzgebung begründet (BVerfGE 27, 102). Vielmehr besteht eine *Wechselwirkung* in dem Sinne, dass das einfache Gesetz zwar aus den Grundrechten aus Art. 10 I Grenzen zieht, seinerseits aber aus der Erkenntnis der grundlegenden Bedeutung dieser Rechte ausgelegt und so in seiner grundrechtsbegrenzenden Wirkung selbst wieder eingeschränkt werden muss (BVerfGE 107, 315). Die Begrenzung muss also nicht nur einem legitimen öffentl. Zweck wie der Verhütung, Aufklärung und Verfolgung schwerer Straftaten oder der Erfüllung nachrichtendienstlicher Aufgaben dienen (vgl. BVerfGE 107, 316; BVerfGK 11, 125), sondern auch *verhältnismäßig* sein (BVerfGE 67, 172 f.; 113, 382 ff.; BVerfGK 8, 220; BGHSt 29, 249 f.; 31, 298; zum methodischen Vorgehen bei der Prüfung von Grundrechtsbeeinträchtigungen allg. s. vor Art. 1 Rn. 8 f., zu den Anforderungen an eine vorsorglich anlasslose Speicherung von Telekommunikationsverkehrsdaten für einen längeren Zeitraum BVerfGE 125, 316 ff.). Darüber hinaus sind die – je nach Art und Schwere des Eingriffs unterschiedlich strengen – Erfordernisse der Normenbestimmtheit und -klarheit zu wahren (BVerfGE 110, 52 ff.; 113, 375 ff.; BVerfGK 5, 82). Dass eine Telekommunikationsüberwachung inzwischen beendet worden ist, schließt nicht notwendig das Rechtsschutzbedürfnis für eine nachträgliche gerichtl. Überprüfung einer solchen Maßnahme aus (BVerfGK 5, 81 m.w.N.; s. auch Art. 13 Rn. 14).

**12** Besondere Anforderungen gelten für die *Verarbeitung personenbezogener Daten*, die mittels **Eingriffen in das Fernmeldegeheimnis** (durch Kenntnisnahme) erlangt worden sind (zur Einbeziehung in den Schutzbereich des Grundrechts s. oben Rn. 6). Voraussetzungen und Umfang der damit verbundenen Beschränkungen, die als neue Grundrechtseingriffe zu bewerten sind (BGHSt 56, 133), müssen sich, zumal wenn diese vorsorglich anlasslos mit Wirkung für einen längeren Zeitraum erfolgen, klar und für den Einzelnen erkennbar aus dem Gesetz ergeben. Insbes. muss der Zweck, zu dem die Eingriffe vorgenommen werden dürfen, bereichsspezifisch und präzise bestimmt werden, und das erhobene Datenmaterial muss für diesen Zweck geeignet und erforderlich sein. Speicherung und Verwendung erlangter Daten sind grundsätzlich an den Zweck gebunden, den das zur Kenntnisnahme ermächtigende Gesetz festgelegt hat (*Grundsatz der Zweckbindung*). Zweckänderungen bedürfen ebenfalls einer gesetzl. Grundlage. Sie müssen durch Allgemeinbelange gerechtfertigt sein, die die grundrechtl. geschützten Interessen überwiegen. Die gewonnenen Daten müssen dahin gekennzeichnet werden, dass sie aus Eingriffen in das Fernmeldegeheimnis stammen. Auch müssen Datensicherheit und Transparenz der Datenverwendung gewährleistet sein. Den Betroffenen von Maßnahmen der Fernmeldeüberwachung ist von diesen Maßnahmen – u.U. auch erst nachträglich – Kenntnis zu geben. Art. 10 gebietet zudem bei besonders schwerwiegenden Eingriffen in die Telekommunikationsfreiheit eine vorbeugende Eingriffskontrolle durch eine unabhängige Instanz. Derartige Eingriffsmaßnahmen sind grundsätzlich unter den Vorbehalt richterl. Anordnung zu stellen. Eine Ausnahme gilt nach Satz 2 (vgl. dazu nachstehend

Rn. 14) für Maßnahmen der Nachrichtendienste; hier genügt eine *Kontrolle durch unabhängige, an keine Weisung gebundene staatliche Organe und Hilfsorgane.* Schließlich sind für Rechtverletzungen wirksame Sanktionen vorzusehen. So müssen die durch einen Eingriff erlangten Daten vernichtet werden, sobald sie für die festgelegten Zwecke oder den gerichtl. Rechtsschutz nicht mehr benötigt werden (zu alldem näher BVerfGE 100, 359 ff.; 110, 69, 70; 125, 325 ff.; BVerfGK 5, 82 f.; BGHSt 48, 247; BFHE 194, 45).

Grundlage für grundrechtsbeschränkende Maßnahmen können **nicht nur förmliche Gesetze** (so aber BVerwGE 6, 301; OLG Köln, NJW 1970, 1856) des Bundes und der Länder, sondern auch RVO sein, sofern sie auf einer ausreichenden gesetzl. Ermächtigung (vgl. Art. 80 I) beruhen (OVG Bremen, NJW 1995, 1771; s. auch BVerfGE 33, 12). Satzungen kommen als Eingriffsgrundlagen ebenfalls in Betracht, wenn sie auf ausreichend bestimmte formellgesetzl. Vorgaben gestützt werden können. *Beispiele* für Grundrechtseinschränkungen sind auf Bundesebene das G zur Beschränkung des Brief-, Post- und Fernmeldegeheimnisses (G 10) vom 26.6.2001 (BGBl I S. 1254), geändert durch G vom 7.12.2011 (BGBl I S. 2576), sowie im Blick auf das *Briefgeheimnis* die §§ 94 ff. StPO, die §§ 29 ff. StVollzG (zu § 29 III StVollzG u. der darauf gestützten generellen Überwachung des gesamten Schriftverkehrs eines Gefangenen vgl. BVerfGK 2, 79 ff.) und das G zur Überwachung strafrechtl. und anderer Verbringungsverbote vom 24.5.1961 (BGBl I S. 607; s. dazu BVerfGE 27, 102 f.), in Bezug auf das *Postgeheimnis* – außer dem auch hier einschlägigen G vom 24.5.1961 – die §§ 99 f. StPO (zur Postkontrolle im Jugendstrafvollzug s. BVerfGE 116, 80 ff., 95) und hinsichtlich des *Fermeldegeheimnisses* § 115 V TKG, die §§ 100 a, 100 b StPO (vgl. BVerfGE 107, 314 ff.; 129, 240 ff.; BVerfGK 5, 82 f.; 7, 63 f.; BFHE 194, 45 f.) und § 5 des G über das Bundesamt für Sicherheit in der Informationstechnik vom 14.8.2009 (BGBl I S. 2821). Es ist nicht schlechthin unstatthaft, den Fernsprechanschluss eines als Strafverteidiger tätigen Rechtsanwalts nach § 100 a StPO überwachen zu lassen, die von ihm geführten Gespräche aufzunehmen und deren Inhalt im Strafverfahren zu verwerten. Die Maßnahme ist aber von Verfassungs wegen zu unterlassen, wenn sie auf die Überwachung der Kommunikation mit seinem einer Katalogtat i.S. des § 100 a StPO beschuldigten Mandanten abzielt (BVerfGK 11, 43). Zur Frage der (eingeschränkten) Verwertbarkeit von Zufallsfunden, die bei einer nach diesen Vorschriften zulässigerweise durchgeführten Überwachung außerhalb des eigentlichen Überwachungszwecks angefallen sind, s. BGHSt 26, 301 ff.; 27, 356 ff.; 28, 125 ff., sowie BVerfGE 57, 219/ Sondervotum; vgl. weiter auch BVerfG, NJW 1988, 1075; BVerfGK 5, 364.

*Satz 2* ergänzt Satz 1 um die Ermächtigung, für Beschränkungen des Brief-, Post- und Fernmeldegeheimnisses, die dem Schutz der freiheitlichen demokratischen Grundordnung oder dem Bestande oder der Sicherung des Bundes oder eines Landes dienen, die Mitteilung an den Betroffenen auszuschließen und an die Stelle des Rechtswegs die Nachprüfung durch von der Volksvertretung bestellte Organe und Hilfsorgane zu setzen (zu Letzterem s. auch Art. 19 IV 3 u. die Erläut. in Art. 19 Rn. 19). Die Regelung hat danach in erster Linie einen verfahrenrechtl. Inhalt. Die Begriffe der **freiheitlichen demokratischen Grundordnung** und des **Bestandes des Bundes oder eines Landes** sind dabei wie die entsprechenden Begriffe in Art. 21 II und Art 91 I zu verstehen (vgl. dazu Art. 21 Rn. 15 u. Art. 91 Rn. 1). Mit „**Sicherung**" des Bundes oder eines Landes ist deren Sicherheit gemeint (s. BVerfGE 30, 18). Regelungen über den **Ausschluss der Mitteilung** gegenüber dem Betroffenen und über den Ausschluss des Rechtswegs sind in besonderer Weise an den rechtsstaatl. Grundsatz der Verhältnismäßigkeit (Art. 20 Rn. 13)

13

14

gebunden (BVerfGE 67, 173 ff.). Der Verzicht auf die vorherige Unterrichtung des Überwachten ist nur hinnehmbar, wenn das Gesetz wenigstens die nachträgliche Benachrichtigung vorsieht, sobald eine Gefährdung des Überwachungszwecks ausgeschlossen werden kann (BVerfGE 30, 20 ff.). Auch der **Ausschluss des Rechtswegs** ist nicht ersatzlos möglich. Vielmehr ist vom Gesetzgeber ein „Ersatzverfahren" mit einer Nachprüfung der jeweiligen Überwachungsmaßnahme zu schaffen, die materiell und verfahrensmäßig der gerichtl. Kontrolle gleichwertig, vor allem mindestens ebenso wirkungsvoll ist, auch wenn der Betroffene keine Gelegenheit hat, an der Überprüfung mitzuwirken. Das von der Volksvertretung – innerhalb oder außerhalb des Parlaments – zu bestellende (Hilfs-)Organ muss also in der Lage sein, weisungsfrei in richterl. Unabhängigkeit und für alle an der Vorbereitung, verwaltungsmäßigen Entscheidung und Durchführung der Überwachung Beteiligten verbindlich über die Zulässigkeit der Überwachung und über die Frage zu entscheiden, ob der Betroffene zu benachrichtigen ist, sowie die Überwachungsmaßnahme zu untersagen, wenn die rechtl. Voraussetzungen dafür nicht vorliegen (BVerfGE 30, 23 f., 30 f.; 67, 185; 100, 361). Werden bei der Überwachung Daten nicht nur erfasst, sondern auch weiterverwendet, muss sich die Kontrolle durch das genannte Organ auf die Erfassung und Verwertung erstrecken (BVerfGE 100, 401).

15 Art. 10 II 2 ist nach Maßgabe der Erläut. in Rn. 14 **verfassungsgemäß** (BVerfGE 30, 17 ff.; zur Gegenmeinung s. die Nachweise bei Löwer in von Münch/Kunig, Art. 10 Rn. 67, 69, sowie BVerfGE 30, 33 ff./Sondervotum). Gebrauch gemacht hat der Bundesgesetzgeber von der Ermächtigung des Satzes 2 im G 10 (vgl. Rn. 13; zur Gesetzgebungskompetenz näher Risse/Kathmann, DÖV 2012, 555 ff.). Dieses unterscheidet zwischen Maßnahmen der *personenbezogenen Einzelüberwachung* (§§ 3 ff.) und der *strategischen Kommunikationsüberwachung* (§§ 5 ff.), ermächtigt in letzterer Hinsicht den BND über den Bereich des Staats- und Verfassungsschutzes hinaus zu Eingriffsmaßnahmen insbes. bei der Bekämpfung der organisierten internationalen Kriminalität (§ 1 I Nr. 2 i.V.m. § 5 I 3 Nr. 2–7; s. dazu auch BVerwGE 130, 185 ff.) und regelt jeweils im Einzelnen die Übermittlung der erhobenen Daten an andere Stellen (§§ 4, 7, 8 V, VI) sowie das Verfahren für Anordnung, Durchführung und Kontrolle der Beschränkungsmaßnahmen (§§ 9 ff., §§ 14 ff.). Teil dieser Verfahrensbestimmungen sind die Vorschriften über die Mitteilung solcher Maßnahmen an Betroffene (§ 12), über den Ausschluss des Rechtswegs in Fällen des Art. 10 II 2 (§ 13) sowie über Zusammensetzung, Aufgaben, Befugnisse und Verfahren der an seine Stelle tretenden, aber auch schon im Vorfeld von Grundrechtsbeschränkungen tätig werdenden G 10-Kommission (§ 15 u. dazu BVerwGE 130, 195 f.; zur Kontrolle durch die Parl. Kontrollkommission vgl. § 1 II, § 14 u. die Erl. zu Art. 45 d). Zur Durchführung des Gesetzes s. BT-Dr 17/549.

## Artikel 11 [Freizügigkeit]

(1) **Alle Deutschen genießen Freizügigkeit im ganzen Bundesgebiet.**

(2) **Dieses Recht darf nur durch Gesetz oder auf Grund eines Gesetzes und nur für die Fälle eingeschränkt werden, in denen eine ausreichende Lebensgrundlage nicht vorhanden ist und der Allgemeinheit daraus besondere Lasten entstehen würden oder in denen es zur Abwehr einer drohenden Gefahr für den Bestand oder die freiheitliche demokratische Grundordnung des Bundes oder eines Landes, zur Bekämpfung von Seuchengefahr, Naturkatastrophen oder besonders**

schweren Unglücksfällen, zum Schutze der Jugend vor Verwahrlosung oder um
strafbaren Handlungen vorzubeugen, erforderlich ist.

**Allgemeines:** Art. 11 gewährleistet die Freizügigkeit im Bundesgebiet und regelt 1
die Voraussetzungen, unter denen dieses Recht eingeschränkt werden kann (zum
methodischen Vorgehen bei der Prüfung von Grundrechtsbeeinträchtigungen
allg. s. vor Art. 1 Rn. 8 f.). Extern auf **europäischer Ebene** enthält die EMRK keine vergleichbare Bestimmung. Für den Bereich der EU regelt Art. 21 EUV Freizügigkeit und Aufenthaltsfreiheit der Unionsbürger (zu diesen s. Art. 28 Rn. 6).
Dem entspricht die in Art. 45 I EUGrCh vorgesehene Gewährleistung. Sie soll die
Gleichstellung der Unionsbürger im Bereich der Freizügigkeit unabhängig von ihrer Staatsangehörigkeit bewirken (EuGHE 2002, I-6191). Das Grundrecht beschränkt sich auf die nichtwirtsch. Freizügigkeit, geht aber teilweise über die Gewährleistung des Art. 11 hinaus, da nicht nur alle Unionsbürger (nicht jedoch juristische Personen) Grundrechtsträger sind und sich die Freizügigkeit auf das Gebiet der EU bezieht, sondern weil neben der Einreise in einen anderen Mitgliedstaat und der freien Bewegung dort auch die Ausreisefreiheit aus jedem Mitgliedstaat geschützt wird.

## Absatz 1: Freizügigkeit

**Träger des Grundrechts** der Freizügigkeit sind *alle Deutschen* i.S. von Art. 116 I. 2
Begünstigt waren daher bis zur Herstellung der deutschen Einheit auch die Deutschen in der DDR, was durch die Entstehungsgeschichte des Art. 11 bestätigt
wird (BVerfGE 2, 272). Aussiedler aus Ost- und Südosteuropa, die deutsche
Volkszugehörige sind, erhalten ihre Rechtsstellung als Deutsche seit Juli 1990 im
Aufnahmeverfahren nach dem BundesvertriebenenG (nunmehr i.d.F.
v. 10.8.2007, BGBl I S. 1902, zuletzt geändert durch das G v. 23.10.2012, BGBl I
S. 2246; vgl. Art. 116 Rn. 4). Ausgenommen sind Nichtdeutsche, also Ausländer
und Staatenlose, denen bezüglich ihrer Freizügigkeit im Bundesgebiet nur der
Schutz des Art. 2 I mit der Folge stärkerer Einschränkbarkeit zuteil wird
(BVerfGE 35, 399 f.). Der Gesetzgeber ist demnach hier grundsätzlich zu Regelungen über den Aufenthalt befugt (vgl. BVerwGE 65, 190 ff.). Sofern Nichtdeutsche polit. Verfolgte sind, genießen sie außerdem Asylrecht nach Art. 16 a, das
nach § 25 I 1 AufenthG zu einer Aufenthaltserlaubnis führt, jedoch keine Freizügigkeitsgewährleistung umfasst. Mit Deutschen verheiratete Ausländer werden
über Art. 6 von der Reflexwirkung des Grundrechts der Ehegatten erfasst
(BVerfGE 35, 207 f.; BVerwGE 42, 134 ff.; 42, 142 f.; s. auch Art. 6 Rn. 9). Ausländer aus EU-Staaten genießen Niederlassungsfreiheit nach Art. 49 AEUV zur
beruflichen Betätigung. Das Grundrecht der Freizügigkeit ist seinem Wesen nach
auch auf inländische juristische Personen i.S. des Art. 19 III anwendbar.

**Freizügigkeit** bedeutet das *Recht des Zugangs und Aufenthalts*, d.h. das Recht, 3
ungehindert an jedem Ort innerhalb des Bundesgebiets Aufenthalt und Wohnsitz
zu nehmen, auch zu diesem Zweck in das Bundesgebiet einzureisen (BVerfGE 2,
273; 80, 150; 110, 190 f.; zweifelnd hinsichtlich eines weitergehenden Gewährleistungsinhalts BVerfGE 29, 194). Auch mittelbare und faktische Beeinträchtigungen können einen Eingriff in die Freizügigkeit darstellen, wenn sie in ihrer
Zielsetzung und Wirkung einem normativen und direkten Eingriff gleichkommen

(BVerfGK 17, 56). Gewährleistet ist vor allem der freie Zug von Land zu Land, von Gemeinde zu Gemeinde innerhalb des Bundesgebiets (BVerfGE 8, 97), aber auch der von Wohnung zu Wohnung innerhalb einer Gemeinde (BVerfGE 110, 191; BGH, NJW 1980, 2414 f.; BVerwG, DVBl 2008, 1509). Keine Beeinträchtigung liegt vor, wenn jedermann der Aufenthalt an einem bestimmten Ort verboten ist. Geschützt ist damit zugleich das Nicht-Wegziehen-Müssen, d.h. das Recht auf Verbleiben am Aufenthalts- oder Wohnort der eigenen Wahl (BGH, NJW 1980, 2414 f.; krit. Durner in Maunz/Dürig, Art. 11 Rn. 88 ff.); Zwangsumsiedlung oder Zwangseinweisung in eine Wohnung greifen daher in das Grundrecht ein. Bei der Verpflichtung zum Ortswechsel auf Grund von Dienstleistungspflichten ist Art. 12 I, II die speziellere Regelung.

4 Von der Gewährleistung umfasst ist also jedenfalls die **Ortswahl zwecks Wohnsitzbegründung**, ohne dass deshalb nach der bisherigen Rspr. auch der benötigte Wohnraum (vgl. BVerfGE 8, 97 f.), die Mitnahme einer Betriebsausrüstung (BGH, VerwRspr 5, 690) oder der Ort der Berufsausübung (BVerfGE 2, 152) zum Schutzbereich gehört. Es erscheint allerdings fraglich, ob die Freizügigkeit so isoliert von der Existenzgrundlage des Einzelnen gesehen werden darf. Für die wirtsch. Niederlassung als Berufsaufnahme ist aber Art. 12 lex specialis (BVerwGE 2, 152; 12, 162). Auch schützt das Grundrecht nicht vor jeglichen Nachteilen bei Wohnsitzwechsel. Leistungsansprüche (etwa auf Umzugskostenvergütung) werden ebenfalls nicht begründet. Bestimmte Fortbewegungsmittel (BVerfGE 80, 150 – Pferd) oder der Weg sind nicht erfasst. Die Zulässigkeit von Mindestaufenthaltszeiten zur Ausübung des Wahlrechts ist keine Frage des Art. 11, sondern der Allgemeinheit der Wahl (s. Art. 38 Rn. 6) und der Wahlrechtsgleichheit. Über die Ortswahl zwecks Wohnsitzbegründung hinaus dürften auch alle Ortswechsel i.S. der Verlagerung des alltäglichen Lebensschwerpunkts (zur Abgrenzung Kunig in von Münch/Kunig, Art. 11 Rn. 13 f.) zum Schutzbereich des Abs. 1 rechnen. Der Verweildauer und dem Zweck des Ortswechsels können dabei nur indizielle Wirkung zukommen. Die Freizügigkeit ist aber auch *nicht* i.S. einer *allgemeinen Bewegungsfreiheit* zu verstehen, wird also auch von deren Beschränkungen wie z.b. Regelungen im Straßenverkehr nicht berührt. Damit besteht Spezialität im Verhältnis zur allg. Handlungsfreiheit des Art. 2 I. Es ergeben sich aber grundsätzlich auch keine Überschneidungen mit dem Grundrecht der körperlich-räumlichen Bewegungsfreiheit des Art. 2 II 2. Das Grundrecht der Freizügigkeit kann überhaupt nur bei einer *nicht* festgehaltenen oder eingesperrten Person praktisch werden. Die Festnahme eines Menschen ist primär ein Eingriff in die Freiheit dieser Person, mit dem zwangsläufig die Unmöglichkeit der Ausübung anderer Grundrechte verbunden ist. Deshalb umfasst jede elementare Freiheitsentziehung bereits begriffsmäßig die mit ihr untrennbar verbundenen Beschränkungen weiterer Freiheiten, also auch der Freizügigkeit.

5 Während für alle Deutschen die Einreise (BVerfGE 110, 191 – zur Wohnsitznahme) in das Bundesgebiet (entgegen dem Wortlaut „im") und das Nicht-Ausreisen-Müssen als durch Art. 11 mit gewährleistet gelten, umfasst die Freizügigkeit i.S. des Art. 11 **nicht** auch die **Ausreisefreiheit**; diese ist grundrechtl. als Ausfluss der allg. Handlungsfreiheit durch Art. 2 I, also nur innerhalb der Schranken der verfassungsmäßigen Ordnung, geschützt (BVerfGE 6, 34 ff.; 72, 245).

**Absatz 2: Schranken**

6 Das Grundrecht des Abs. 1 steht nicht unter einem allg. Gesetzesvorbehalt, vielmehr sind gesetzl. oder auf gesetzl. Grundlage ergehende *Beschränkungen nur in den von Abs. 2 abschließend genannten Fällen zulässig*. Solche Einschränkungen

können trotz der ausschließlichen Gesetzgebungszuständigkeit des Bundes nach Art. 73 I Nr. 3 für die Rechtsmaterie der Freizügigkeit auch durch Landesgesetz erfolgen. Sie können sich auf das gesamte Bundesgebiet oder Teile von ihm beziehen. Das Gesetz muss das Zitiergebot des Art. 19 I 2 wahren. Weitere Beschränkungen erlaubt sonst – vom Fall der verfassungsimmanenten Begrenzung (vgl. vor Art. 1 Rn. 15) abgesehen – nur noch Art. 17 a II zu Verteidigungszwecken (s. dazu Art. 17 a Rn. 8).

Auf Grund von Abs. 2 hat der Gesetzgeber auch die Möglichkeit, das **Verfahren zur Einschränkung der Freizügigkeit** nach seinem Ermessen zu regeln und dabei aus zwingenden Gründen die Ausübung der Freizügigkeit bis zur endgültigen Entscheidung im Einzelfall – etwa durch ein Verbot mit Erlaubnisvorbehalt – zu suspendieren. Allerdings muss das Einschränkungsverfahren der Gefahr angepasst sein, die bekämpft werden soll (BVerfGE 2, 280). In bestimmten Situationen, z.B. bei Seuchengefahr oder in Notstandsgebieten, *kann die Freizügigkeit auch generell eingeschränkt werden* (BVerfGE 2, 275). „Einschränkung" ist nicht nur als Teilbeschränkung der Freizügigkeit zu verstehen; u.U. bedeutet sie auch volle Abweisung einzelner Berechtigter (BVerfGE 2, 284). **7**

Der Vorbehalt der **ausreichenden Lebensgrundlage** ist durch Ausfüllung des Sozialstaatsgebots weitgehend obsolet geworden. Eine Lebensgrundlage i.S. des Abs. 2 ist anzunehmen, wenn nach Beruf, Alter und Gesundheit zu erwarten ist, dass jemand seinen Lebensunterhalt selbst verdienen kann (BVerwGE 3, 135; 6, 175). Eine Beschränkung der Freizügigkeit wegen Raumnot lässt Abs. 2 nicht zu. Im SGB XII – Sozialhilfe – vom 27.12.2003 (BGBl I S. 3023) sind keine Beschränkungen der Freizügigkeit mehr vorgesehen, wohl aber waren sie in dem mit Ablauf des 31.12.2009 außer Kraft getretenen G über die Festlegung eines vorläufigen Wohnortes für Spätaussiedler i.d.F. vom 10.8.2005 (BGBl I S. 2474) enthalten. Die Verknüpfung von Hilfe zum Lebensunterhalt mit einer bestimmten Wohnsitznahme ist zulässig (BVerfGE 110, 191 ff.). Der Vorbehalt zur **Abwehr einer drohenden Gefahr für den Bestand oder die freiheitliche demokratische Grundordnung** (s. dazu Art. 21 Rn. 15) **des Bundes oder eines Landes** betrifft nur den inneren Notstand, für den Verteidigungsfall schafft Art. 17 a II Beschränkungsmöglichkeiten (vgl. Art. 17 a Rn. 8). Im Rahmen des **Seuchenvorbehalts** trifft z.B. § 19 II TierSG beschränkende Regelungen. Von den Vorbehalten „Naturkatastrophen" und „besonders schwere Unglücksfälle" hat der Gesetzgeber bisher keinen Gebrauch gemacht. Der **Jugendschutzvorbehalt** ist vor allem durch das SGB VIII – Kinder- und Jugendhilfe – i.d.F. vom 11.9.2012 (BGBl I S. 2022) konkretisiert. Der Vorbehalt zur **Vorbeugung strafbarer Handlungen** ist eng auszulegen. Die Erstreckung auf bisher nicht straffällig gewordene Personen ist str. Entscheidend soll sein, ob die Begehung von Straftaten mit hinreichender Wahrscheinlichkeit zu erwarten und eine Einschränkung der Freizügigkeit erforderlich ist, um die Begehung zu verhindern (Kunig in von Münch/Kunig, Art. 11 Rn. 27). Der Gesetzgeber hat durch Bestimmungen über Weisungen und Führungsaufsicht bei Bewährungshilfe (§ 56 c II, §§ 68 ff. StGB) von dem Vorbehalt Gebrauch gemacht. **8**

## Artikel 12 [Berufsfreiheit]

(1) Alle Deutschen haben das Recht, Beruf, Arbeitsplatz und Ausbildungsstätte frei zu wählen. Die Berufsausübung kann durch Gesetz oder auf Grund eines Gesetzes geregelt werden.

(2) Niemand darf zu einer bestimmten Arbeit gezwungen werden, außer im Rahmen einer herkömmlichen allgemeinen, für alle gleichen öffentlichen Dienstleistungspflicht.

(3) Zwangsarbeit ist nur bei einer gerichtlich angeordneten Freiheitsentziehung zulässig.

1    Allgemeines: Art. 12 I garantiert die **Berufsfreiheit als einheitliches Grundrecht** (BVerfGE 92, 151; 95, 214; BVerwG, NJW 2007, 1480; BGHSt 8, 337 f.; BAGE 64, 388; BSGE 22, 95; vgl. auch BVerwGE 91, 33), das neben der Berufswahl- und der Berufsausübungsfreiheit (s. dazu BVerfGE 7, 402; BlnVerfGH, NVwZ-RR 2002, 402) auch die Freiheit der Arbeitsplatzwahl (BGHZ 38, 16) und das Recht auf freie Wahl der Ausbildungsstätte (vgl. BVerfGE 33, 329 f.) umfasst. Die Gewährleistungen der Freiheit von Arbeitszwang und Zwangsarbeit in den Abs. 2 und 3 stehen damit in engem sachlichem Zusammenhang. Diese Regelung des internen Grundrechtsschutzes, die maßgeblich Zwangsverpflichtungen unter Herabwürdigung der menschlichen Persönlichkeit verhindern soll (BVerfGE 22, 383; 74, 116), wird extern auf **europäischer Ebene** insoweit ergänzt, als Art. 4 II EMRK jede Zwangs- oder Pflichtarbeit verbietet (dazu EGMR, NJW 2012, 3567 f.; s. auch BVerfGE 83, 128); unter bestimmten Voraussetzungen kann auch das Ergreifen eines Berufs als Teil des durch Art. 8 I EMRK garantierten Rechts auf Privatleben angesehen werden (vgl. Meyer-Ladewig, Art. 8 Rn. 31, u. ferner etwa auch BVerfGK 13, 345). Für den Bereich der EU garantiert Art. 15 I EUGrCh über das Verbot der Zwangs- und Pflichtarbeit in Art. 5 II EUGrCh hinaus (zum Verbot der Kinderarbeit s. Art. 32 I 1 EUGrCh) das Recht jeder Person, zu arbeiten und einen frei gewählten oder angenommenen Beruf auszuüben (vgl. außerdem Art. 45, 56 AEUV u. dazu EuGH, NJW 2010, 1734).

### Absatz 1: Berufsfreiheit

2    Nach *Satz 1* sind **Träger der durch Absatz 1 garantierten Rechte** ausdrücklich nur Deutsche i.S. von Art. 116, grundsätzlich also nicht auch Ausländer (BVerfGE 78, 196; BVerwGE 49, 294), für die jedoch Art. 2 I gilt (BVerfGE 78, 196 f.; 104, 346; BFHE 227, 217; BSGE 88, 238; zur Konfliktlösung beim Zusammentreffen des auf Deutsche beschränkten Rechts auf freie Wahl der Ausbildungsstätte u. des landesverfassungsrechtl. auch Ausländern garantierten Rechts auf Ausbildung vgl. OVG Magdeburg, NVwZ-RR 2012, 349). EU-Bürger sind aber ebenfalls grundrechtsfähig (s. dazu die sogleich angeführte Rspr. zur Erstreckung des Grundrechtsschutzes auf juristische Personen der EU-Raums). Inländischen juristischen Personen des Privatrechts garantiert Art. 12 I i.V.m. Art. 19 III die Freiheit, eine Erwerbszwecken dienende Tätigkeit, insbes. ein Gewerbe, zu betreiben, soweit diese Erwerbstätigkeit ihrem Wesen und ihrer Art nach in gleicher Weise von einer juristischen wie von einer natürlichen Person ausgeübt werden kann (BVerfGE 106, 298; 115, 229; BVerwGE 95, 20; 97, 23; BGHZ 124,

225; 161, 382). Das Gleiche gilt mit Rücksicht auf das europäische Unionsrecht für juristische Personen des Privatrechts aus Mitgliedstaaten der EU (BVerfGE 129, 94 ff.). Handelt es sich bei der juristischen Person um einen Verein, ist dessen Tätigkeit allerdings nur geschützt, wenn die Führung eines Geschäftsbetriebs zu seinen satzungsmäßigen Zwecken gehört (BVerfGE 97, 253); Gemeinnützigkeit des Vereins steht der Einbeziehung in den Schutzbereich des Grundrechts nicht entgegen (BVerfG, NJW 2001, 2091; BVerwGE 95, 20). **Drittwirkung** entfaltet Art. 12 I nicht unmittelbar (BVerfG, GRUR-RR 2011, 218), sondern – in seiner objektiv wertsetzenden Bedeutung für alle Bereiche des Rechts – *nur mittelbar*, und zwar insbes. über die Generalklauseln und unbestimmten Rechtsbegriffe des bürgerlichen Rechts (BVerfGE 73, 269; 89, 229 f.; 103, 100; BGHZ 142, 307; s. in diesem Zusammenhang auch BayVGH, DÖV 1992, 711 f.: keine Anwendung des Anspruchs auf Zulassung zum gewählten Studium gemäß nachstehend Rn. 10 auf nichtstaatl. Hochschulen). Die in der Vergangenheit z.T. weiterreichende Rspr. des BAG (allg. zur Position des Gerichts Dieterich in ErfK, GG Einl. Rn. 17 u. oben vor Art. 1 Rn. 6; zur Grundrechtsbindung von Tarifnormen mit Bezug auf Art. 12 I auch BAGE 88, 123 f., unter Hinweis auf die Schutzpflichtfunktion der Grundrechte) ist bei Anwendung des Art. 12 I auf Arbeitsverhältnisse i.d.R. zu Ergebnissen gelangt, die auch bei Annahme bloß mittelbarer Drittwirkung sachgerecht sind (Scholz in Maunz/Dürig, Art. 12 Rn. 80 ff.). Dies gilt z.B. für die Rspr. zu den Grenzen von Wettbewerbsverboten und Rückzahlungsklauseln im Arbeitsrecht (dazu nachstehend Rn. 20).

Art. 12 I ist die „lex specialis für das Gebiet des Berufsrechts". Dies bedeutet für 3 das **Verhältnis zu anderen Grundrechten** grundsätzlich Vorrang sowohl gegenüber Art. 2 I (BVerfGE 68, 223 f. m.w.N.; BVerwGE 96, 301; BGHZ 85, 179; speziell mit Blick auf die Vertragsfreiheit im Bereich berufl. Betätigung BVerfGE 117, 181; 128, 176 m.w.N.; BVerfG, NJW 2007, 286) als auch gegenüber Art. 12 II (BVerwGE 35, 149 f.; vgl. auch BVerfGE 22, 383; 47, 319). Zum Verhältnis zur Meinungsfreiheit s. BVerfGE 95, 181 f., und – in Bezug auf Äußerungen eines Rechtsanwalts im Rahmen seiner Berufsausübung – auch BVerfGK 13, 445 f., zur Pressefreiheit BVerfGE 77, 354, zur Freizügigkeit Erläut. in Art. 11 Rn. 3 f. Für die Abgrenzung zu Art. 14 ist wesentlich, dass das Eigentumsgrundrecht das Erworbene, das Ergebnis geleisteter Arbeit, schützt, Art. 12 I dagegen den Erwerb, die Betätigung selbst (BVerfGE 88, 377; 102, 40; BGHZ 97, 209; 151, 393 f.). Greift ein Akt der öffentl. Gewalt eher in die Freiheit der individuellen Erwerbs- und Leistungstätigkeit ein, ist deshalb der Schutzbereich des Art. 12 I berührt; begrenzt er mehr die Innehabung und Verwendung vorhandener Vermögensgüter, kommt der Schutz des Art. 14 in Betracht (BVerfGE 84, 157 m.w.N.; BVerwGE 40, 164 f.; BGHZ 132, 187; vgl. auch Art. 14 Rn. 4). Das hat Bedeutung auch insoweit, als rechtswidrige staatl. Eingriffe in die Grundrechte des Art. 12 I Entschädigungsansprüche wegen enteignungsgleichen Eingriffs (s. dazu Art. 14 Rn. 16) nicht auslösen können (BGHZ 111, 355 ff.; zur Verneinung auch eines Anspruchs wegen aufopferungsgleichen Eingriffs BGH, NJW 1994, 1468; 1994, 2230, u. dazu BVerfG, NVwZ 1998, 271). Davon zu unterscheiden ist der Fall, dass eine Einschränkung der Berufsfreiheit nur dann den Anforderungen des Verhältnismäßigkeitsgrundsatzes (vgl. nachstehend Rn. 14 ff.) genügt, wenn sie mit einer finanziellen Ausgleichsregelung verbunden ist (s. BVerfGE 97, 262 f.). Das gilt auch für die Indienstnahme Privater für öffentl. Zwecke, die – wie die Übernahme einer Pflichtverteidigung – mit Art. 12 I nur vereinbar ist, wenn der in die Pflicht Genommene eine Vergütung erhält, die dem Eintritt einer unzumutbaren wirtsch. Belastung vorbeugt und damit die

Grenze der kostenrechtl. Zumutbarkeit wahrt (BVerfGE 68, 253 ff. m.w.N.; BVerfG, NJW 2007, 3420; 2011, 3080; vgl. auch Rn. 7). Im **Verhältnis zu anderen Verfassungsnormen** ist Art. 137 I gegenüber der Freiheit, eine Tätigkeit im gewählten Beruf aufzugeben oder weiter auszuüben (s. Rn. 7), lex specialis (BVerfGE 98, 163; BVerwGE 117, 19; vgl. auch Art. 137 Rn. 2). Auch ging Art. 143 b II 1 in dem nach dieser Vorschrift übergangsweise weiter monopolisierten Bereich Art. 12 I vor (BVerfGE 108, 388 f.).

4 **Beruf** i.S. des Abs. 1 ist jede auf dauerhaften Erwerb gerichtete, wirtsch. sinnvolle, in selbständiger oder unselbständiger Stellung ausgeübte Tätigkeit, die für den Grundrechtsträger – i.S. seiner Selbstverwirklichung (vgl. auch BVerfGE 81, 254) – Lebensaufgabe ist und der Schaffung und Erhaltung einer Lebensgrundlage dient (BVerfGE 105, 265 m.w.N.; 110, 156; 111, 28; BVerwGE 91, 31; BAGE 64, 388; BayVerfGH, DVBl 2012, 907). Einer diese Merkmale erfüllenden Tätigkeit ist der Schutz des Art. 12 I nicht schon dann versagt, wenn das einfache Recht die gewerbliche Ausübung dieser Tätigkeit verbietet. Vielmehr kommt eine Begrenzung des Schutzbereichs des Grundrechts in dem Sinne, dass dessen Gewährleistung von vornherein nur erlaubte Tätigkeiten umfasst (s. BVerfGE 7, 397), allenfalls hinsichtlich solcher Betätigungen in Betracht, die schon ihrem Wesen nach als verboten anzusehen sind, weil sie auf Grund ihrer Sozial- und Gemeinschaftsschädlichkeit schlechthin nicht am Schutz des Grundrechts aus Art. 12 I teilhaben können (BVerfGE 115, 300 f.; vgl. auch BVerfGE 98, 297; BVerwGE 87, 40 f.; 96, 296 f.; 96, 308 f.). Der Begriff ist danach *weit auszulegen* (BVerfGE 7, 397; 14, 22; BVerwGE 91, 30; BSGE 71, 126). Er umfasst nicht nur alle Berufe, die sich in bestimmten, traditionell oder rechtl. fixierten „Berufsbildern" darstellen (zu den Grenzen der Berufsbildfixierung s. BVerwGE 137, 4 f.), sondern auch vom Einzelnen frei gewählte untypische, auf Grund der fortschreitenden technischen, sozialen oder wirtsch. Entwicklung neu entstandene Berufe (BVerfGE 7, 397; 119, 78; BVerwGE 122, 136; BGHZ 124, 226 f.). Eigenständig sind sie dann, wenn sich die berufliche Tätigkeit von der anderer Berufe wesensmäßig unterscheidet und die Berufträger in der sozialen Wirklichkeit als eigene Berufsgruppe in Erscheinung treten (BVerfGK 13, 360). Wichtiges Indiz dafür, dass diese Voraussetzungen vorliegen, ist das Vorhandensein einer über die Vermittlung der üblichen Branchenkenntnisse hinausgehenden Berufsausbildung, wenn eine solche auch für sich genommen nicht ausschlaggebend ist (BVerfGE 126, 136). Die Palette der Berufe, die von der Rspr. anhand dieser Maßstäbe als eigenständig anerkannt worden sind, ist breit (vgl. dazu die Aufzählung bei Kämmerer in von Münch/Kunig, Art. 12 Rn. 29; zum Betreiben von Spielbanken BVerfGE 102, 213 f.; BVerfGK 10, 529; BGHZ 165, 279; zum Beruf des Profisportlers u. Fußball„vertragsamateurs" BGHZ 142, 308; zum Veranstalten u. Vermitteln von öffentl. Glücksspielen BVerfGE 115, 300; BVerwGE 138, 203; 140, 6 f.; SachsAnhVerfG, LKV 2007, 559; s. auch BVerfGK 14, 329 f.; zum Betreiben von Krankenhäusern u. Pflegeeinrichtungen BVerfGE 82, 223; BVerfGK 12, 327; zur gewerblichen Tätigkeit des Rettungsdienstunternehmers BVerfGE 126, 136; BayVerfGH, DVBl 2012, 907). Nicht dazu gehören Betätigungen, die nur als Bestandteil eines umfassenderen Berufs oder als Erweiterung eines anderen Berufs ausgeübt werden und deren Regelung die eigentliche Berufstätigkeit als Grundlage der Lebensführung unberührt lässt (BVerfGE 68, 281; 75, 274; BVerfG, DVBl 2009, 1440). Beispiele dafür sind – über die in BVerfGE 68, 281, genannten Fälle hinaus – die Tätigkeit als Kassenzahnarzt (BVerfGE 12, 147; BVerwGE 63, 105) oder Knappschaftsarzt (BSGE 21, 112), Gründung und Leitung einer Steuerberatungsgesellschaft (BVerfGE 21, 232), die Führung von Vor-

mundschaften und Betreuungen durch einen Rechtsanwalt (BVerfGE 54, 270 f.; BVerfG, NJW 1999, 1621) und die berufliche Tätigkeit eines Rechtsanwalts bei dem Bundesgerichtshof (BVerfGK 13, 360 f.).

Seinem sachlichen Umfang nach erstreckt sich der Grundrechtsschutz auf den **Beruf in all seinen Aspekten.** Mitumfasst ist insbes. die wirtsch. Verwertung der beruflich erbrachten Leistung (BVerfGE 97, 253; BGHZ 165, 72 f., zur Veranstaltung u. Verwertung von Spielen der Fußball-Bundesliga). Das Grundrecht umschließt daher auch die Freiheit, das Entgelt für berufliche Leistungen festzusetzen und mit Dritten auszuhandeln (BVerfGE 110, 251; 117, 181; BVerfG, NZS 2008, 35). Auch eine Tätigkeit, die ursprünglich nur ausnahmsweise für eine Übergangszeit zugelassen werden sollte, dann aber lange Zeit auf Grund wiederholt erteilter Beschäftigungserlaubnisse ausgeübt worden ist, kann als Beruf in der Bedeutung des Art. 12 I anzusehen sein (BVerfGE 32, 23 ff.). Das Grundrecht entfaltet seine Schutzwirkung jedoch nur gegenüber solchen Normen oder Akten, die sich unmittelbar auf die Berufstätigkeit beziehen, also infolge ihrer Gestaltung in einem engen Zusammenhang mit der Ausübung eines Berufs stehen, oder zumindest eine **objektiv berufsregelnde Tendenz** haben (BVerfGE 97, 254; 110, 288; 113, 48; BVerwG, NJW 2007, 1480; BSGE 110, 252). Das wird etwa bei der Erhebung von Steuern und sonstigen Abgaben relevant (BVerfGE 37, 17; 111, 213 f.; 123, 139; BVerfG, DVBl 2007, 1099). Geschützt ist auch die „Unternehmerfreiheit" i.S. freier Gründung und Führung von Unternehmen (BVerfGE 50, 363; BVerwGE 71, 189). Das Recht des Unternehmers, sein Unternehmen aufzugeben, darüber zu entscheiden, welche Größenordnung es haben soll, und festzulegen, ob bestimmte Arbeiten weiter im eigenen Betrieb ausgeführt oder an Subunternehmer vergeben werden sollen, wird von dieser Freiheit ebenfalls grundsätzlich umfasst (BAGE 103, 35 f.). Art. 12 I gewährleistet auch den Schutz von Betriebs- und Geschäftsgeheimnissen (BVerfGE 115, 229 ff.). Das Grundrecht schützt dagegen nicht vor der Verbreitung zutreffender und sachlich gehaltener Informationen am Markt, die für das wettbewerbliche Verhalten der Marktteilnehmer von Bedeutung sein können, selbst wenn die Inhalte sich auf einzelne Wettbewerbspositionen nachteilig auswirken (BVerfGE 105, 265; BVerfGK 3, 343). Das Gleiche gilt für marktbezogene staatl. Informationen, sofern der damit verbundene Einfluss auf wettbewerbserhebliche Faktoren ohne Verzerrung der Marktverhältnisse nach Maßgabe der rechtl. Vorgaben für staatl. Informationshandeln erfolgt (BVerfGE 105, 268 ff.; zur Veröffentlichung von Warentests BVerwG, NJW 1996, 3161). Anders verhält es sich bei inhaltlich unzutreffenden Informationen und bei Wertungen, die auf sachfremden Erwägungen beruhen oder herabsetzend formuliert sind, wenn der Wettbewerb in seiner Funktionsweise durch sie gestört wird. Dadurch wird in das Grundrecht Art. 12 I eingegriffen (BVerfGE 105, 272 f.; BVerfG, NJW 2008, 359; näher zum staatl. Informationshandeln Art. 30 Rn. 6).

**Berufe im öffentlichen Dienst** werden vom Berufsbegriff des Art. 12 I ebenfalls erfasst (zur Zuordnung der Nebentätigkeit öffentl. Bediensteter außerhalb des öffentl. Dienstes s. BVerwGE 124, 353; BVerwG, NVwZ-RR 2011, 740). Doch ermöglicht Art. 33 insoweit in weitem Umfang Sonderregelungen (BVerfGE 96, 183; BVerwGE 91, 30; BAGE 21, 111; BSGE 20, 174; BayVerfGH 42, 140; zu Höchstaltersgrenzen für die Einstellung in Vorbereitungsdienste ohne staatl. Ausbildungsmonopol s. BVerwG, NVwZ 2010, 252). So wird die Zahl der Arbeitsplätze im Rahmen ihrer Organisationsgewalt von der zuständigen öff.-rechtl. Körperschaft bestimmt. Das danach mögliche Maß an freier Berufswahl wird durch den gleichen Zugang aller zu allen öffentl. Ämtern bei gleicher Eignung

(Art. 33 II) gewährleistet (BVerfGE 7, 398; 39, 369; zur amtsangemessenen Alimentation u. zur inhaltlichen Ausgestaltung des öff.-rechtl. Dienstverhältnisses vgl. BVerfG, NJW 2008, 640). Bei einem vom Gesetzgeber verfügten Wechsel des öffentl. Arbeitgebers – auch und gerade im Rahmen einer in Aussicht genommenen Privatisierung – sind unter dem Gesichtspunkt der freien Arbeitsplatzwahl (dazu Rn. 9) die Interessen der betroffenen Arbeitnehmer zu wahren (BVerfGE 128, 176 ff.). Für staatl. gebundene Berufe, deren Angehörige mit der Wahrnehmung bestimmter Hoheitstätigkeiten betraut sind, gilt vielfach Ähnliches. Derartige Berufe können in Anlehnung an Art. 33 umso eher eingeschränkt werden, je mehr sie einem öff.-rechtl. Dienstverhältnis angenähert sind (BVerfGE 7, 398; BVerwGE 91, 30 f.). Dazu gehören etwa die Berufe des Prüfingenieurs für Baustatik (BVerfGE 64, 82), des – nicht beamteten – Notars (BVerfG, Beschl. v. 19.6.2012 – 1 BvR 3017/09 – m.w.N.; BGHZ 64, 217; 127, 91 ff.) und des Öffentl. bestellten Vermessungsingenieurs (BVerfGE 73, 316). Auch der Zugang zu der im LuftverkehrsG geregelten Beleihung mit Flugsicherungsaufgaben wird von Art. 12 I erfasst (BVerfG, NVwZ 2007, 804). Bei der Auswahl unter mehreren Bewerbern für einen solchen Beruf muss durch die Gestaltung des Auswahlverfahrens sichergestellt sein, dass Chancengleichheit besteht und von den Bewerbern derjenige ausgewählt wird, der am ehesten den gesetzl. Anforderungen entspricht (BVerfGE 73, 296).

7   Durch die **Freiheit der Berufswahl** sollen der Berufszugang gesichert (BVerfGK 18, 495) und eine sinnvolle Berufsausübung ermöglicht werden (vgl. BVerfGE 30, 313). Geschützt ist die – von fremdem Willen unbeeinflusste (BVerwGE 2, 93) – Entscheidung des Einzelnen, auf welchem Feld er sich wie lange beruflich betätigen will (BVerfGE 84, 146; OVG Lüneburg, OVGE 50, 459), einschl. der Wahrnehmung von Chancen, die den Bewerber der erstrebten Berufsaufnahme näher bringen (BVerwGE 91, 33; 96, 141). Im Vordergrund steht danach die Entscheidung über den Eintritt in einen Beruf, z.B. der Entschluss, ein Handwerk selbständig als stehendes Gewerbe auszuüben (BVerfGE 13, 105). Vom Schutzbereich des Grundrechts miterfasst ist grundsätzlich das Recht, mehrere Berufe – auch im Verhältnis von Haupt- zu Nebenberuf (BVerfG, NJW 1999, 1622; BAGE 98, 126) – zu wählen und in ihnen nebeneinander tätig zu sein (BVerfGE 87, 316; 110, 156 f.; BVerwGE 21, 195 f.; BGHZ 97, 208; BGH, NJW 2012, 615; BAGE 22, 349). Bei der nebenamtlichen Betätigung von Beamten ist jedoch zu berücksichtigen, dass dieser durch Art. 33 V verfassungsimmanente Schranken gesetzt sind (näher BVerfGK 12, 249). Gewährleistet ist auch die Freiheit, keinen Beruf zu ergreifen (BVerfGE 58, 364; sog. *negative Berufsfreiheit*). Schließlich garantiert das Grundrecht die Freiheit des Berufswechsels (BVerfGE 43, 363; 62, 146) und die Freiheit zur Beendigung des Berufs (BVerfGE 44, 117; 84, 146; BVerwGE 96, 307; BGHZ 94, 256; 171, 78; BFHE 151, 197; BAGE 98, 189). Dies bedeutet freilich nicht, dass derjenige, der seinen Beruf aufgibt, von der Erfüllung der Pflichten freigestellt wäre, die durch die Beendigung des Berufsverhältnisses auf Grund eines verfassungsmäßigen Gesetzes entstehen (BVerfGE 39, 141). Ebenso wenig schützt Art. 12 I 1 im Grundsatz vor Konkurrenz (BVerfGE 34, 256 m.w.N.; BVerwGE 65, 173; vgl. aber auch BVerfG, NVwZ 2009, 977), i. Allg. auch nicht vor dem Wettbewerb der öffentl. Hand (BVerwGE 39, 336; BVerwG, NJW 1978, 1540). Erst recht folgt aus dem Grundrecht der freien Berufswahl *kein „Recht auf Arbeit"*, kein Anspruch gegenüber einem privaten oder öffentl. Arbeitgeber auf Einstellung (BVerwGE 8, 171 f.; BAGE 46, 223; 78, 249; BayVerfGH 13, 144). Mit Art. 12 I 1 wird also auch niemandem seitens des Staates einschränkungslos zugesichert, dass er in einem frei gewählten Beruf ei-

nen Wirkungsbereich und Verdienst findet (BAGE 16, 139; 29, 255; BFHE 153, 181; s. auch BVerwG, VerwRspr 30, 980: kein Anspruch auf Ausübung eines Gewerbes im Bereich öffentl. Einrichtungen). Desgleichen lassen sich aus Art. 12 I 1 i.d.R. keine Geldleistungsansprüche gegen den Staat (BVerwGE 96, 138), z.B. auf Subventionierung zur Sicherung der weiteren beruflichen Betätigung (BVerfGE 82, 223) oder auf finanzielle Förderung einer Umschulung (vgl. BSGE 69, 130), herleiten. Werden Private vom Staat für öffentl. Aufgaben mit Tätigkeiten in Dienst genommen, die in den beruflichen Tätigkeitsbereich der Inpflichtgenommenen fallen, haben diese allerdings – unter dem Gesichtspunkt der freien Berufsausübung (dazu sogleich Rn. 8) – Anspruch auf eine angemessene Vergütung (BVerfGE 54, 271; BVerfG, NJW 1999, 1622; s. auch Rn. 3 u. BVerfGE 68, 254 f.; 85, 334).

Satz 1 gewährleistet, obwohl dort nicht ausdrücklich erwähnt (vgl. aber Satz 2 u. **8** auch Art. 12 a VI 1 als Bestätigung), ferner die **Freiheit der Berufsausübung** (BAGE 70, 343 ff., ordnet sie wohl Satz 2 zu), die das „Wie", die Art und Weise (BAGE 113, 161), aber auch Inhalt und Umfang, beruflicher Betätigung zum Gegenstand hat (s. BVerfGE 30, 313). Das Grundrecht konkretisiert das Recht auf freie Entfaltung der Persönlichkeit im Bereich der individuellen Leistung und Existenzerhaltung und zielt auf eine möglichst selbstbestimmte berufliche Betätigung (BVerfGE 118, 15 m.w.N.). Geschützt wird die gesamte berufliche Tätigkeit, insbes. in ihren zeitlichen, örtlichen, organisatorischen und inhaltlichen Dimensionen (BVerfGK 10, 224). Im Einzelnen geht es um die Bedingungen, unter denen sich die berufliche Tätigkeit vollzieht, und die Modalitäten, in denen sie abläuft (BVerfG, DVBl 1991, 205). Art. 12 I zielt darauf ab, diese Tätigkeit möglichst unreglementiert zu lassen (BVerfGE 110, 251). Zu den von Satz 1 erfassten Betätigungen gehören etwa das Recht, Art und Qualität der am Markt angebotenen Güter und Leistungen festzulegen (BVerfGE 106, 299; 130, 141), die Möglichkeit des Einzelnen, für seine beruflichen Leistungen zu werben (BVerfGE 85, 104 m.w.N.; 95, 181; 106, 192; BVerwGE 105, 363; 124, 28; BGHZ 147, 74), die Außendarstellung zur Gewinnung von Mitarbeitern (BVerfG, DVBl 1996, 148), das Recht, für die Ausübung des Berufs ein angemessenes Entgelt zu fordern (BVerfGE 88, 159; 110, 251; 117, 181; BVerwGE 118, 238; BGHZ 157, 375), und die Freiheit, den gewählten Beruf gemeinsam mit anderen auszuüben (BVerfGE 80, 278; 108, 165; BGHZ 119, 227 f.). Ebenfalls geschützt sind das Recht des Arbeitgebers, die Arbeitsbedingungen mit seinen Arbeitnehmern im Rahmen der Gesetze frei auszuhandeln (BVerfGE 116, 221; BVerfGK 18, 257: kein Eingriff allein durch die Tarifbindung nach § 3 I TarifvertragsG), sowie das Recht und die Pflicht zur Verschwiegenheit von Rechtsanwälten (BVerfGE 110, 252; BVerwG, NJW 2012, 1242). In der bestehenden Wirtschaftsordnung umschließt Art. 12 I ferner das berufsbezogene Verhalten einzelner Personen oder Unternehmen am Markt nach den Grundsätzen des Wettbewerbs. Die Reichweite des Freiheitsschutzes wird dabei durch die rechtl. Regeln mitbestimmt, die den Wettbewerb ermöglichen und begrenzen (BVerfG, NVwZ 2012, 697). Insoweit sichert Art. 12 I die Teilhabe am Wettbewerb nach Maßgabe seiner Funktionsbedingungen (BVerfGE 115, 229; 116, 221). Die Wettbewerber haben aber keinen grundrechtl. Anspruch darauf, dass die Wettbewerbsbedingungen für sie gleich bleiben (BVerfG, DVBl 2007, 1098), insbes. keinen Anspruch auf Erfolg im Wettbewerb, auf Erhaltung des Geschäftsumfangs oder auf Sicherung künftiger Erwerbsmöglichkeiten (BVerfGE 106, 298 f., 304; BVerfGK 6, 45; BVerfG, NJW 2008, 358 f.; BSGE 110, 253). Deswegen berührt die Vergabe eines öffentl. Auftrags an einen Mitbewerber grundsätzlich nicht den Schutzbereich der Berufsfreiheit des erfolglosen Bewerbers (BVerfGE 116, 151; BVerfG, NZS 2011, 581). Auch bei der gesetzl. Begrenzung der Rechtsanwaltshonorare für Streitigkeiten mit besonders hohen Gegenstandswerten handelt es sich nicht um einen Eingriff in dieses Grundrecht oder um eine Maßnahme mit eingriffsgleicher Wirkung (BVerfGE 118, 16 ff.). Anders verhält es sich bei Abgabenlasten, die in erheblicher Weise auf die Berufsausübung zurückwirken (BVerfGE 111, 213 f.; weniger streng wohl BFHE 200, 324 f.). Die Inanspruchnahme Privater zur Erfüllung öffentl. Aufgaben betrifft ebenfalls die Berufsausübungsfreiheit (BVerfGE 114, 244; BVerfGK 15, 417). Aus dem Grundrecht können sich auch Verfahrensrechte ergeben, etwa ein Recht auf Auskunft und Information schon vor Beginn eines Verwaltungsverfahrens (BVerwGE 118, 271 ff. m.w.N.).

9 Die **Freiheit der Wahl des Arbeitsplatzes** als der Stätte, an der der gewählte Beruf ausgeübt werden soll, gilt für unselbständig wie selbständig Tätige, insbes. auch für die Angehörigen der freien Berufe (BGHZ 38, 16 f.). Die Arbeitsplatzwahl folgt der Berufswahl und konkretisiert diese. Sie bezieht sich nicht nur auf die Entscheidung für eine konkrete Beschäftigung – bei abhängig Beschäftigten einschl. der Wahl des Vertragspartners (BVerfGE 128, 176), des Orts, an dem der Beruf ausgeübt wird, und dem damit verbundenen Zutritt zum Arbeitsmarkt –, erstreckt sich vielmehr auch auf den Entschluss, den bisherigen Arbeitsplatz beizubehalten, aufzugeben (s. dazu auch Art. 12 a VI 1) oder zu wechseln (BVerfGE 84, 146; 85, 372 f.; 97, 175; BVerfG, NJW 2003, 126; BAGE 76, 166; 117, 195; 124, 54). Dagegen ist mit der Freiheit der Arbeitsplatzwahl weder ein Anspruch auf Bereitstellung eines Arbeitsplatzes eigener Wahl (vgl. auch schon oben Rn. 7: *kein Recht auf Arbeit*) noch eine Bestandsgarantie für den einmal gewählten Arbeitsplatz verbunden (BVerfGE 85, 373; 92, 150; BVerfGK 10, 15; BAGE 100, 351; 124, 54). Art. 12 I schützt auch nicht gegen die Risiken eines Arbeitsplatzwechsels (BVerfGE 98, 395). Ebenso wenig verleiht das Grundrecht unmittelbar Schutz gegen den Verlust eines Arbeitsplatzes auf Grund privater Disposition (BVerfGK 10, 15). Es garantiert im Gegenteil auch das Recht zur Kündigung von Arbeitsverträgen (BVerfGE 77, 378). Doch obliegt dem Staat insoweit eine ebenfalls aus Art. 12 I 1 folgende Schutzpflicht, der er durch die geltenden Kündigungsschutzvorschriften Rechnung getragen hat (BVerfGE 128, 176 f. m.w.N.; BAGE 83, 253; 88, 124; 100, 351; allg. zur Schutzpflichtfunktion des Grundrechts mit Blick auf privatautonome Regelungen BAGE 120, 46). Zur Ausstrahlung des Grundrechts auf die Auslegung und Anwendung dieser Vorschriften durch die Gerichte s. BAGE 103, 36.

10 Die **Freiheit der Wahl der Ausbildungsstätte** schützt den Zugang zu Einrichtungen, die ein Bewerber besucht haben muss, um nach Ablegung der nur über diese Einrichtungen erreichbaren Prüfungen Berufe ergreifen oder öffentl. Ämter bekleiden zu können, die die durch die Prüfungen erlangte Qualifikation voraussetzen (BVerwGE 91, 32 m.w.N.). Prägend für eine **Ausbildungsstätte** ist danach, dass sie – über die allg. Schulbildung hinaus – berufliche Kenntnisse und Fähigkeiten vermittelt. Diese Voraussetzungen erfüllen etwa die weiterführenden Schulen unter Ausschluss der Grund- und Hauptschulen (h.M.; vgl. OVG Koblenz, NJW 1979, 941; OVG Berlin, NVwZ-RR 2002, 577; offengelassen in BVerfGE 34, 195; s. aber auch BVerfGE 41, 261; 58, 272 f.), die Hochschulen (BVerfGE 33, 329; BVerwGE 7, 136; BayVerfGH 24, 213; BlnVerfGH, DVBl 2008, 1377) und die vom Staat auch für Berufe außerhalb des öffentl. Dienstes eingerichteten Vorbereitungsdienste (BVerwG, NJW 1978, 2258 m.w.N.; BayVerfGH 24, 157) einschl. des zweiten Ausbildungsabschnitts der Lehrer an Grund- und Hauptschulen (BVerwGE 47, 332; 64, 159; BAGE 36, 349 f.). Anders als die Berufs-

wahlfreiheit (vgl. oben Rn. 7) und das Recht auf freie Arbeitsplatzwahl (s. vorstehend Rn. 9) hat das Grundrecht auf freie Wahl der Ausbildungsstätte *nicht nur* den *Charakter eines Abwehrrechts gegen staatliche Eingriffe*, das z.b. berufslenkende Maßnahmen verbietet (BVerfGE 33, 330; vgl. auch BSGE 66, 279) oder ausschließt, dass der Zugang zu Ausbildungsstätten auf Angehörige eines Bundeslandes beschränkt bleibt (BVerfGE 33, 351 ff.; BVerwGE 6, 13 ff.; s. aber auch BVerwG, DÖV 1983, 467). Denn die freie Wahl der Ausbildungsstätte und der dort tätigen Ausbilder (dazu mit Bezug auf Universitäten u. Hochschullehrer BVerfGE 33, 329; BVerwGE 139, 218) zielt ihrer Natur nach auf *freien Zugang zu Einrichtungen*; das Freiheitsrecht wäre ohne die tatsächliche Möglichkeit, es in Anspruch zu nehmen, wertlos. Deshalb können sich, wenn der Staat Ausbildungseinrichtungen geschaffen hat, aus Art. 12 I 1 i.V.m. Art. 3 I und dem Sozialstaatsprinzip *Ansprüche auf Zulassung* zu diesen Einrichtungen ergeben. Dies gilt besonders, wo der Staat ein rechtl. oder faktisches, nicht beliebig aufgebbares Ausbildungsmonopol für sich in Anspruch genommen hat und wo die Beteiligung an staatl. Leistungen notwendige Voraussetzung für die Grundrechtsverwirklichung ist. Im Bereich der Hochschulen ist beides der Fall (vgl. weiter etwa zum Zugang zu staatl. Vorbereitungsdiensten BVerwG, NJW 1982, 785; BVerwGE 131, 247; VGH Mannheim, ESVGH 26, 211 ff.; OVG Münster, OVGE 36, 259 f.; OVG Schleswig, DÖV 1995, 202; VGH Kassel, NVwZ-RR 1997, 415). Jeder hochschulreife Staatsbürger hat daher ein Recht auf Zulassung zum Hochschulstudium seiner Wahl unter möglichster Berücksichtigung der gewählten Ausbildungsstätte (BVerfGE 33, 331 f.; 85, 53 f.; BVerwGE 42, 300; 56, 45; 139, 220 f.; BlnVerfGH, DVBl 2012, 235 f.; BayVGH, BayVBl 2012, 534; für freie Orts- u. Hochschulwahl BlnVerfGH, DVBl 2008, 1377 f.). Dieses Recht ist jedoch nur insoweit geschützt, als es auf ein Vollstudium mit berufsqualifizierendem Abschluss gerichtet ist (BVerfGE 59, 205), und steht im Übrigen unter dem *Vorbehalt des Möglichen* i.S. dessen, was der Einzelne vernünftigerweise von der Gesellschaft beanspruchen kann (BVerfGE 33, 333; 43, 314). Es ist als solches unabhängig von der Rangstelle des Bewerbers in der Masse der Mitbewerber (BVerfGE 39, 270) und garantiert auch die Ausbildung für einen weiteren Beruf in Gestalt eines gleichzeitigen oder anschließenden Zweitstudiums (BVerfGE 45, 397 f.; 62, 146; BVerfGK 7, 482; BVerwG, DVBl 1984, 482). Ein originäres Teilhaberecht auf Erhaltung bestehender oder ein Leistungsrecht auf Schaffung zusätzlicher Ausbildungsplätze gewährt Art. 12 I allerdings nicht (VGH Mannheim, ESVGH 50, 227). Ebenso wenig kann aus Art. 12 I ein Anspruch auf staatl. Ausbildungsfinanzierung oder auf die kostenlose Bereitstellung eines vollständig ausgestatteten Ausbildungsplatzes einschl. aller für ein ordnungsgemäßes Studium erforderlichen sächlichen Ausbildungsmittel hergeleitet werden (BVerwGE 102, 146; 115, 36; BSGE 66, 281; hinsichtlich Ausbildungsförderung offengelassen in BVerfGE 96, 339; s. auch BVerwG 115, 37; zur Erhebung von allg. Studienabgaben BVerfGE 112, 244 ff.; BVerwGE 134, 7 ff.). Auch die Schutzpflichtfunktion des Grundrechts ist eng begrenzt (näher dazu VGH Mannheim, NVwZ-RR 2012, 967). Zur Frage der Verbürgung einer studentischen Lernfreiheit durch Art. 12 I vgl. BVerwG, NJW 1999, 1729.

*Satz 2*: Der **Regelungsvorbehalt** des Satzes 2 bezieht sich nach ganz h.M. – entgegen dem Wortlaut der Vorschrift, aber im Hinblick auf die Charakterisierung der Berufsfreiheit als einheitliches Grundrecht (vgl. oben Rn. 1) folgerichtig – über die *Berufsausübung* hinaus auch auf die *Berufswahl* (BVerfGE 102, 213 m.w.N.; BVerwGE 124, 127; BFHE 151, 197; BAGE 64, 388; BSGE 68, 192) und auf die *Wahl von Arbeitsplatz* (BVerfGE 92, 151; BVerfG, NJW 2003, 126; BGHZ 38,

11

16 f.) *und Ausbildungsstätte* (BVerfGE 33, 336; BVerwG, NJW 1978, 2258; BVerwGE 115, 38). Er ermächtigt weder zur konstitutiven Festlegung des Inhalts dieser Grundrechte noch zu Beschränkungen, durch die von außen her über den sachlichen Gehalt des einzelnen Grundrechts verfügt wird. Vorbehalten ist vielmehr, wie sich aus dem *Begriff des „Regelns"* ergibt, die konkretisierende Grenzziehung von innen her, d.h. die nähere Bestimmung der im Wesen des jeweiligen Grundrechts selbst angelegten Grenzen (BVerfGE 7, 403 f.). „Regelungen" auf der Grundlage des Satzes 2 sind deshalb keine „Einschränkungen" i.S. des Art. 19, auch wenn sie sich im praktischen Ergebnis wie Grundrechtseingriffe auswirken und insbes. hinsichtlich des dabei zu wahrenden Verhältnismäßigkeitsgrundsatzes auch wie solche behandelt werden (vgl. nachstehend Rn. 14 ff.; zum methodischen Vorgehen bei der Prüfung von Grundrechtsbeeinträchtigungen allg. s. vor Art. 1 Rn. 8 f.). Hinsichtlich der Schranken, die solchen Regelungen gesetzt sind, bedarf es in Konsequenz dieses Begriffsverständnisses nicht des Rückgriffs auf Art. 19 II. Auch die Anwendung des Art. 19 I 2 scheidet insoweit aus (BVerfGE 64, 80 f.; BVerwGE 43, 54; BGHZ 112, 177 f.; BSGE 70, 213).

12 Von der Ermächtigung des Satzes 2, die auch für den Bereich gemeindlicher Rechtsetzung gilt (BVerwGE 90, 362 f.), kann **durch Gesetz oder auf Grund eines Gesetzes**, also auch in der Form von RVO, Gebrauch gemacht werden (s. allerdings zum Wesentlichkeitsvorbehalt nachstehend Rn. 13). Regelungen i.S. des Satzes 2 können sich weiter aus vorkonstitutionellem Verordnungs- und Gewohnheitsrecht (BVerfGE 9, 70; 9, 222; BGHZ 54, 122, bzw. BVerfGE 36, 216; BVerwGE 96, 199; BGHZ 142, 102) und – bei entsprechender gesetzl. Ermächtigung – aus dem Satzungsrecht autonomer Verbände (BVerfGE 33, 157 ff.; 60, 229 f.; 94, 390; BVerwGE 89, 33; 105, 363 f.; BGHZ 142, 102; BGHSt 30, 82; BSGE 23, 100 f.), Körperschaften, Anstalten (OVG Koblenz, AS 39, 283) und der Gemeinden (BVerfGE 98, 117; BVerwGE 90, 362 f.) ergeben. Auch durch die Rechtsfortbildung auf gesetzl. Grundlage wird dem Regelungsvorbehalt des Satzes genügt (BVerfG, NJW 2012, 995). Dagegen scheiden nachkonstitutionelles Gewohnheitsrecht (BVerfGE 22, 121; 76, 188), bloßes Richterrecht (vgl. BVerfGE 16, 219; auch BVerfGE 22, 122), verwaltungsintern wirkende allg. Verwaltungsvorschriften (BVerfGE 80, 265 f.; BVerwGE 51, 239; 75, 116 f.; BVerwG, NJW 2007, 1481) und Standesrichtlinien über die Regelung der Pflichten der Inhaber freier Berufe (s. BVerfGE 76, 184 ff.; 82, 26; BGHZ 111, 234; 119, 228) als **Regelungsformen** aus. Eine ständige Verwaltungspraxis, die sich in abstrakt-generell gefassten Vorgaben für die Handhabung einer gesetzl. Ermessensvorschrift niederschlägt, kann verfassungsrechtl. nicht anders bewertet werden (BVerfG, NVwZ 2007, 804).

13 Die beschränkende Regelung muss **in jeder Hinsicht verfassungsgemäß** (BVerfGE 15, 231; 121, 369; st. Rspr.), also z.B. durch eine Regelungskompetenz des Normgebers gedeckt sein (BVerfGE 102, 213; 121, 369; BVerfGK 14, 330; zum Erfordernis widerspruchsfreier Rechtsetzung in Bund u. Ländern vgl. BVerfGE 98, 97; 98, 118 ff.; 98, 301). Außerdem erlaubt Satz 2 Eingriffe in die Berufsfreiheit nur auf der Grundlage einer normativen Regelung, die Umfang und Grenzen des Eingriffs deutlich erkennen lässt. Dabei muss der *Gesetzgeber* selbst alle wesentlichen Entscheidungen treffen, soweit sie gesetzl. Regelung zugänglich sind (BVerfGE 82, 224; BVerfGK 12, 328; BVerwGE 96, 195; BSGE 81, 145; s. auch BVerfGE 86, 40). Bei *Rechtsverordnungen* mit berufsregelnder Tendenz wird dem in aller Regel durch Beachtung der Ermächtigungserfordernisse des Art. 80 I 2 genügt (vgl. BVerfGE 51, 173; 58, 290 f.; BVerwG, NVwZ 1995, 488; BSGE 20, 53 f.). Zusätzliche Regelungsbeschränkungen gelten für die Satzungsgewalt

autonomer Körperschaften, Anstalten und Verbände (s. auch BVerfG, DVBl 2007, 1174; BSGE 41, 194; 67, 264 ff.). So ist es Berufsverbänden prinzipiell verwehrt, durch *Satzungsrecht* Regelungen zu treffen, die die Freiheit der Berufs*wahl* und damit auch schutzwürdige Interessen von Nichtmitgliedern (Berufsanwärtern) berühren. Solche Regelungen sind, sofern sie nicht lediglich Einzelfragen fachlich-technischen Charakters betreffen, dem Gesetzgeber vorbehalten. Handelt es sich hingegen um Regelungen, die sich nur auf die Freiheit der Berufs*ausübung* beziehen, bestehen keine grundsätzlichen Bedenken dagegen, einen Berufsverband zur Normgebung zu ermächtigen. Einschneidende, das Gesamtbild der beruflichen Betätigung wesentlich prägende Vorschriften sind allerdings – zumindest in den Grundzügen – auch hier vom Gesetzgeber zu erlassen (BVerfGE 33, 160; 38, 381; BVerwGE 41, 262 f.; BayVerfGH, BayVBl 1982, 526). Auch grundlegende Entscheidungen mit Bezug auf die freie Wahl der Ausbildungsstätte sind Sache des verantwortlichen Gesetzgebers, dürfen also nicht dem Ermessen der Exekutive oder autonomer Körperschaften überlassen werden (BVerfGE 33, 345 f.; 45, 399; Einzelheiten vgl. unten Rn. 21).

Bei Eingriffen in die Gewährleistungen des Art. 12 I ist in besonderem Maße der **Verhältnismäßigkeitsgrundsatz** zu beachten. Die *Stufentheorie*, die das BVerfG im Apothekenurteil (BVerfGE 7, 405 ff.) – in einem gewissen Widerspruch zum Verständnis der Berufsfreiheit als einem einheitlichen Grundrecht (dazu s. oben Rn. 1) – für *Beschränkungen der Berufsausübungs- und der Berufswahlfreiheit* entwickelt hat, ist das Ergebnis strikter Anwendung dieses Prinzips (BVerfGE 13, 104; 46, 138). Danach ist die Regelungsbefugnis des Normgebers inhaltlich umso freier, je mehr sie auf reine Ausübungsregelungen zielt, und umso begrenzter, je mehr sie die Berufswahl berührt (BVerfGE 7, 403; BAGE 64, 388). Im Einzelnen gilt insoweit Folgendes: **14**

**Beschränkungen der Berufsausübungsfreiheit** als Gegenstand der Regelungsstufe 1 dürfen *nur im Interesse des Gemeinwohls* und nur zur Lösung solcher Sachaufgaben vorgenommen werden, die ein Tätigwerden des Normgebers überhaupt zu rechtfertigen vermögen und der Wertordnung des GG nicht widersprechen (BVerfGE 30, 316). Dabei können weithin Gesichtspunkte der Zweckmäßigkeit berücksichtigt werden (BVerfGE 78, 162). Doch muss das im Einzelfall eingesetzte Mittel geeignet und erforderlich sein, um den angestrebten Zweck zu erreichen. Es ist *geeignet*, wenn mit seiner Hilfe der gewünschte Erfolg gefördert werden kann (zur Eignung im Einzelnen vgl. BVerfGE 81, 192 m.w.N.), und *erforderlich*, wenn ein anderes, gleich wirksames, aber das Grundrecht nicht oder weniger fühlbar einschränkendes Mittel nicht gewählt werden kann (zu dem dem Gesetzgeber insoweit zustehenden Prognosespielraum s. BVerfGE 77, 106 m.w.N., u. allg. vor Art. 70 Rn. 10). Bei der Gesamtabwägung zwischen der Schwere des Eingriffs und dem Gewicht und der Dringlichkeit der ihn rechtfertigenden Gründe muss schließlich die Grenze der *Zumutbarkeit* noch gewahrt sein, die Maßnahme darf den Betroffenen also nicht übermäßig belasten (BVerfGE 83, 19 m.w.N.; 95, 183; BVerwGE 124, 29), muss vielmehr auch i.e.S. verhältnismäßig sein. Je empfindlicher die Berufsausübenden in ihrer Berufsfreiheit beeinträchtigt werden, desto stärker müssen die Interessen des Gemeinwohls sein, denen die betr. Regelung dienen soll (BVerfGE 30, 316 f.; 71, 196 f.). Dies gilt insbes. dann, wenn die Beschränkung wegen ihrer Auswirkungen einem Eingriff in die Berufswahlfreiheit nahe kommt (BVerfGE 61, 311 m.w.N.). Aber auch in Fällen, in denen die Ausübungsregelung nicht an persönliche Eigenschaften und Fähigkeiten des Betroffenen anknüpft, sondern objektive, von diesem nicht beeinflussbare Umstände maßgebend sein lässt, sind besonders strenge An- **15**

forderungen an das rechtfertigende Eingriffsinteresse zu stellen (vgl. BVerfGE 86, 38 ff.).

16 **Beispiele:** Von der Rspr. als *zulässige Berufsausübungsregelungen* anerkannt sind z.b. die Abgrenzung apothekenpflichtiger Waren (BVerfGE 9, 78 f.), die Beschränkung des Apothekenbetriebs auf nur eine Apotheke (BVerfGE 17, 241; BVerwGE 40, 164), Begrenzungen des Rechts zur Apothekenverpachtung (BVerfGE 17, 246 f.; BVerwGE 92, 182), der Ausschluss unwirtsch. Arzneimittel von der Versorgung im Rahmen der gesetzl. Krankenversicherung (BVerfG, NJW 1992, 736), Preisabschläge auf Arzneimittel zugunsten der gesetzl. Krankenkassen (BVerfGE 114, 244 ff.; BVerfG, NZS 2008, 35), die Pflicht zur Veröffentlichung der Vergütungen von Vorstandsmitgliedern gesetzl. Krankenversicherungen gemäß § 35 a VI 2 SGB IV (BVerfGK 13, 340), die Einführung des Basistarifs durch die Gesundheitsreform 2007 zur Sicherstellung eines umfassenden lebenslangen Schutzes der Mitglieder der privaten Krankenversicherung (BVerfGE 123, 238 ff.), die Auferlegung von Regulierungsverpflichtungen durch die Bundesnetzagentur (BVerfG, NVwZ 2012, 698), Werbebeschränkungen nach dem HeilmittelwerbeG (BVerfG, NJW-RR 2007, 1049 f. – Geistheiler) und für radiumhaltige Erzeugnisse (BVerfGE 9, 221 f.), Sperrgebietsverordnungen betr. Prostituierte (BVerfGK 15, 385 f.), Vorschriften über Ladenschluss (BVerfGE 13, 240 f.; 111, 32 ff.; BVerwGE 41, 275 f.; vgl. aber auch BVerfGE 59, 349 ff.; 111, 43 ff.) und Arbeitszeit (BVerfGE 22, 20; s. auch zum Nacht- u. Sonntagsbackverbot BVerfGE 87, 382, 393, u. zur Untersagung des Alkoholverkaufs während der Nachtzeit BVerfGK 18, 118 ff.; dazu auch BVerwG, BayVBl 2012, 282 ff.) sowie Regelungen über bezahlten Bildungsurlaub für Arbeitnehmer (BVerfGE 77, 332 ff.; BAGE 114, 76). Ebenfalls mit Art. 12 I vereinbar sind die Bürgenhaftung des Hauptunternehmers nach § 14 des Arbeitnehmer-EntsendeG vom 20.4.2009 (BGBl I S. 799; vgl. schon BVerfG, NZA 2007, 610 ff.), die Verpflichtung zur Ausrüstung von Droschken und Mietwagen mit kugelsicheren Trennwänden und mit Sicherheitsgurten (BVerfGE 21, 72), die Heranziehung der Banken zur Einbehaltung und Abführung der Kapitalertragsteuer (BVerfGE 22, 383 ff.), Beschränkungen des Schwerlastverkehrs in Ferienzeiten (BVerfGE 26, 263 f.), das Lokalisations- und das Sachlichkeitsgebot für Rechtsanwälte (BVerfG, NJW 1990, 1033; 1991, 2275) und deren Verpflichtung, vor Gericht die Amtstracht zu tragen (BVerfGE 28, 28, 31), die Singularzulassung der Rechtsanwälte beim BGH (BVerfGE 106, 218 ff.; BGHZ 150, 72 f.), das Verfahren ihrer Wahl (BVerfGK 13, 359 ff.; BGHZ 162, 201 ff.; BGH, NJW 2007, 1137 f.), das Verbot, mehrere Beschuldigte zu verteidigen (BVerfGE 39, 164 f.), und das Verbot einer Sozietät von Steuerberatern mit berufsfremden, keiner Standesaufsicht unterliegenden Personen (BVerfGE 60, 230 f.). Zu der durch den Grundsatz der freien Advokatur gekennzeichneten anwaltlichen Berufsausübung allg. s. BVerfGE 110, 251 f. m.w.N.; 113, 49, zu den verfassungsrechtl. Grenzen der Anwendung des Straftatbestands der Geldwäsche auf die Annahme von Honorar durch Strafverteidiger BVerfGE 110, 246 ff., zur Berücksichtigung beruflicher Belange bei der Entscheidung über die Durchsetzung der strafprozessualen Zeugnispflicht BVerfGE 10, 224. Weitere Beispiele für zulässige Berufsausübungsbeschränkungen sind die Einführung der Bevorratungspflicht für Erdölerzeugnisse (BVerfGE 30, 313 ff.), Vertriebsverbote für jugendgefährdende Schriften (BVerfGE 30, 350 f.), das Verbot der Arbeitnehmerüberlassung in Betriebe des Baugewerbes (BVerfGE 77, 102), Regelungen über Benutzungszwang (BVerwG, DÖV 1958, 127), das deutsche Reinheitsgebot für Biere, falls es Ausnahmen zulässt (BVerwGE 123, 85 ff.), sowie Regelungen über Einführung und Handha-

bung der Polizeistunde in Gastwirtschaften (BVerwGE 20, 323). Auch die Begründung von Geldleistungspflichten wie die Heranziehung von Notaren zu Beiträgen gegenüber ihrer Notarkammer kommt als zulässige Maßnahme zur Ordnung der Berufsausübung in Betracht (s. BGHZ 112, 170; vgl. aber auch zur Belastung der Arbeitgeber durch die Entgeltfortzahlung während eines Sonderurlaubs für Zwecke der Jugendarbeit BVerfGE 85, 236 f.). Die Berufsausübung an Sonn- und Feiertagen ist im Hinblick auf Art. 140/139 WRV von vornherein nur in eingeschränkter Weise gewährleistet (BVerfGE 111, 50; mehr zu Art. 12 I u. dem verfassungsrechtl. Sonn- u. Feiertagsschutz in Art. 140 Rn. 26). Zum Nichtraucherschutz in Gaststätten s. BVerfGE 121, 344 ff. *Unzulässig* ist es, die öffentl. Bestellung von Sachverständigen von der Zahl der bereits vorhandenen Sachverständigen abhängig zu machen (BVerfGE 86, 36, 41 ff.). Denkbar ist auch, dass eine ursprünglich verfassungskonforme Ausübungsregelung infolge einer Veränderung der Verhältnisse verfassungsrechtl. fragwürdig wird (zur Eigenwerbung an Taxen s. BVerwGE 124, 29 ff.); bei komplexen, in der Entwicklung begriffenen Sachverhalten tritt Verfassungswidrigkeit i.d.R. allerdings erst ein, wenn der Normgeber den ihm gebührenden Anpassungsspielraum nicht nutzt (vgl. BVerfGE 83, 19, 21 f.). Berufsausübungsregelungen, die wegen ihrer Folgen die sinnvolle Ausübung eines Berufs faktisch unmöglich machen, sind wie Eingriffe in die Freiheit der Berufswahl, d.h. nach den Grundsätzen der Rn. 17–19, zu beurteilen (BVerfGE 36, 58 f.; 61, 309; s. auch BVerfGE 38, 85 m.w.N.; BVerwGE 64, 50).

**Beschränkungen der Berufswahlfreiheit** sind nur zulässig, *soweit sie zum Schutz*   **17** *besonders wichtiger Gemeinschaftsgüter zwingend erforderlich sind*, d.h. soweit der Schutz von Gütern in Rede steht, denen bei sorgfältiger Abwägung der Vorrang vor dem Freiheitsanspruch des Einzelnen eingeräumt werden muss, und soweit dieser Schutz nicht mit weniger belastenden Mitteln gesichert werden kann. Sind diese Voraussetzungen gegeben, ist stets diejenige Regelungsstufe zu wählen, die den geringsten Eingriff in die Freiheit der Berufswahl mit sich bringt (BVerfGE 7, 405, 408; 97, 26). Dabei ist, soweit möglich, zwischen subjektiven und objektiven Voraussetzungen für den Berufszugang zu unterscheiden:

**Subjektive Zulassungsvoraussetzungen** – Gegenstand der Regelungsstufe 2 – lie-   **18** gen vor, wenn die Aufnahme einer beruflichen Tätigkeit vom Besitz persönlicher Eigenschaften, Fähigkeiten und Fertigkeiten des Berufsanwärters abhängig gemacht wird (BVerfGE 9, 345; BVerwGE 122, 137; BAGE 64, 388). Die Vereinheitlichung mehrerer Berufe zu *einem* Beruf ist entsprechend zu bewerten (BVerfGE 119, 79 f.). Regelungen mit einem solchen Inhalt können nicht nur zum Schutz absoluter, d.h. allg. anerkannter und von der jeweiligen Politik des Gemeinwesens unabhängiger Gemeinschaftswerte, sondern auch zum Schutz solcher Gemeinschaftsinteressen getroffen werden, die sich erst aus den besonderen wirtschafts-, sozial- und gesellschaftspolit. Vorstellungen und Zielen des Gesetzgebers ergeben, von diesem also erst in den Rang wichtiger Gemeinschaftsgüter erhoben werden (BVerfGE 13, 107). Vorschriften, die zum Schutz derartiger Gemeinschaftsgüter für die Berufsaufnahme eine bestimmte Vor- und Ausbildung sowie den Nachweis erworbener Fähigkeiten in Form einer Prüfung verlangen, sind grundsätzlich zulässig (vgl. BVerfGE 13, 104 ff.; BVerwG, NVwZ 1994, 1014: Befähigungsnachweis für das Handwerk; BVerfGE 25, 247: zahnärztliche Prüfung; BVerfGE 80, 23 ff.; 84, 72 f.; BVerfG, NVwZ 1992, 55; BVerwGE 94, 357: ärztliche Prüfungen; BVerfGE 84, 45: juristische Staatsexamina); doch muss auch die Gestaltung des Prüfungsablaufs geeignet, erforderlich und i.e.S. verhältnismäßig sein, um die Feststellung der beruflichen Qualifikation des Bewerbers als Prüfungszweck zu erreichen (BVerfG, DVBl 1995, 1349; BVerwGE 95, 243 f.; s. zum Prüfungsverfahren auch BVerwGE 91, 271; 92, 136 ff.; BGHZ 139, 204 f.; BFHE 196, 474 f.; speziell zur Durchführung des Prüfungsverfahrens binnen angemessener Zeit BVerfG, NVwZ 1999, 1103). Der Ausschluss von der Zulassung zu einer Wiederholungsprüfung mit dem Ziel einer Notenverbesserung ist mit Art. 12 I ebenfalls vereinbar (OVG Lüneburg, NJW 2007, 3657 f.). Weitere *Beispiele* für subjektive Zulassungsbeschränkungen, deren Verfassungsmäßigkeit bei Wahrung der genannten Verhältnismäßigkeitserfordernisse in materieller Hinsicht zu bejahen ist, sind Höchstaltersgrenzen für die Ausübung von Berufen (BVerfGK 4, 221; 10, 233 f.; BVerfG, NVwZ 2007, 804 m.w.N.; BVerfGK 13, 259 f.; BSGE 83, 141; BlnVerfGH, LVerfGE 8, 52; vgl. dazu aber auch Art. 21 I EUGrCh u. die Rspr. des EuGH zum Verbot der Altersdiskriminierung, z.B. EuGH, NJW 2010, 427 f.; ferner hier Art. 3 Rn. 25 Buchst. b), der Erlaubniszwang nach dem HeilpraktikerG (BVerfGE 78, 192; BVerwGE 94, 271 f.), das Erfordernis der Geschäfts- und Prozessfähigkeit für die forensische Tätigkeit von Rechtsanwälten (BVerfGE 37, 77) und einer Genehmigung zur Ausübung der Tätigkeit als Rechtsanwalt neben der Tätigkeit eines Beamten auf Zeit (BVerfGK 15, 394 f.), vorläufige Berufsverbote nach der Bundesrechtsanwaltsordnung (BVerfGK 44, 117; 66, 353 f.), Berufsverbote nach § 70 StGB (s. BGHSt 17, 43 f.), die von Beamtenbewerbern geforderte Gewähr der Verfassungstreue (BVerfGE 39, 370) sowie Anforderungen an die persönliche Eignung von Steuerberatern (BVerfGE 55, 196) oder an die Zuverlässigkeit von Einzelhandelsunternehmern (BVerwGE 39, 251). Der Widerruf der Zulassung zur Rechtsanwaltschaft nach § 14 II Nr. 5 BRAO ist – bei verfassungskonformer Anwendung dieser Vorschrift – ebenfalls mit Art. 12 I vereinbar (BVerfGK 10, 420; BGH, NJW 2012, 615 f.; s. auch zum Ausschluss aus der Rechtsanwaltschaft BVerfGK 13, 60 f.). Auch die *rechtliche Fixierung von Berufsbildern*, durch die der Zugang zum Beruf nur in bestimmter Weise qualifizierten Bewerbern frei gegeben wird, gehört in diesen Zusammenhang (vgl. BVerfGE 75, 264 ff. m.w.N.).

**19** **Objektive Zulassungsvoraussetzungen** – Gegenstand der Regelungsstufe 3 – sind Berufszugangsbedingungen, die mit der persönlichen Qualifikation des Berufsanwärters nichts zu tun haben und von diesem nicht beeinflusst werden können (BVerfGE 7, 406; 11, 183; BVerwGE 1, 51). Wegen der damit verbundenen Ausschlusswirkung auch für voll geeignete Bewerber kann i. Allg. nur die *Abwehr nachweisbarer oder höchstwahrscheinlicher schwerer Gefahren* für ein besonders wichtiges Gemeinschaftsgut einen solchen Eingriff in die freie Berufswahl rechtfertigen (BVerfGE 7, 408; 25, 11; BVerwGE 96, 311), sofern im Übrigen die Erfordernisse des Verhältnismäßigkeitsgrundsatzes (zu ihnen oben Rn. 15) gewahrt sind. Konkurrenzschutz zugunsten der bereits im Beruf Tätigen darf i. Allg. nicht das Ziel objektiver Zulassungsvoraussetzungen sein (BVerfGE 7, 408; 11, 188 f.; BVerwGE 79, 211 f.). Auch Gesichtspunkte der allg. wirtschafts- und verkehrspolit. Planung und Lenkung reichen als Grund für solche Beschränkungen nicht aus (BVerfGE 11, 190 f.). Dagegen gehören *beispielsweise* die Volksgesundheit (BVerfGE 7, 414; BVerwGE 65, 339; BGHZ 124, 227; vgl. auch BVerfGE 40, 222; 126, 140 f.; BayVerfGH, DVBl 2012, 909: Leben u. Gesundheit der Bürger), die Bekämpfung der Spiel- und Wettsucht (BVerfGE 115, 304), die Erhaltung einer menschenwürdigen Umwelt (BVerwGE 62, 230), die Steuerrechtspflege (BVerfGE 21, 179) wie die (Funktionsfähigkeit der) Rechtspflege schlechthin (BVerfGE 87, 321), Minderung und Behebung von Arbeitslosigkeit und Arbeitskräftemangel (BVerfGE 21, 251), die Sicherung der Volksernährung (BVerfGE 25, 16), Bestand, Funktionsfähigkeit und Wirtschaftlichkeit der Eisenbahnen

(BVerfGE 40, 218; BVerwGE 80, 273) sowie Sicherheit und Leichtigkeit des Längsverkehrs auf Binnenwasserstraßen (BGH, DÖV 1972, 648) zu den überragend wichtigen Gemeinschaftsgütern, zu deren Schutz bei schwerer Gefährdung (zum Prognosespielraum des Gesetzgebers in diesem Zusammenhang s. BVerfGE 77, 106; 126, 141, u. allg. vor Art. 70 Rn. 10) objektive Berufszugangssperren errichtet werden können. Vor diesem Hintergrund hat die Rspr. z.b. die Bedürfnisprüfung für den Personenlinienverkehr mit Kraftfahrzeugen (BVerfGE 11, 184 f.; für den Gelegenheitsverkehr mit Droschken u. Mietwagen vgl. dagegen ebd., S. 185 ff.) und die Festsetzung von Höchstzahlen für den allg. Güterfernverkehr (BVerfGE 40, 218; BVerwGE 64, 71 m.w.N.) als zulässige objektive Zulassungsvoraussetzungen anerkannt. Ebenfalls nicht zu beanstanden sind Unvereinbarkeitsvorschriften, die es Steuerbevollmächtigten (BVerfGE 21, 179) und Rechtsanwälten (BVerfGE 87, 320 ff.) im Interesse der Wahrung ihrer fachlichen Kompetenz und Integrität und zur Sicherung des Ansehens ihres Berufsstandes verbieten, gleichzeitig einen weiteren Beruf auszuüben. Zur Eingliederung privater Rettungsdienstunternehmer in die Trägerschaft eines öffentl. Rettungsdienstes s. BVerfGE 126, 139 ff., zur Verdrängung gewerblicher Rettungsdienstunternehmer durch die öffentl. Hand und von ihr beauftragte Hilfsorganisationen aber auch BayVerfGH, DVBl 2012, 909 ff. Auch die Monopolisierung bestimmter Berufe bei staatl. Einrichtungen mit der Wirkung, dass entsprechende Tätigkeiten Privater ausgeschlossen sind, kann als objektive Zugangssperre gerechtfertigt sein (vgl. zum früheren allg. Arbeitsvermittlungsmonopol der Bundesanstalt für Arbeit BSGE 70, 211 f., mit Bezug auf BVerfGE 21, 250 ff., zur Vermittlung von Führungskräften der Wirtschaft aber auch BGH, GewArch 1992, 177 f.; zum nordrh.-westf. Fährregal BGH, DÖV 1972, 647 f.; zur Monopolisierung der Abfallbeseitigung BVerwGE 62, 230). Geringere Anforderungen an einen Eingriffe in die freie Wahl untypischer Berufe wie den des Spielbankunternehmers zu stellen (BVerfGE 102, 215; s. auch BVerfGK 10, 529).

Die Erläut. in Rn. 14, 15, 17–19 gelten sinngemäß auch für **Eingriffe in die Freiheit der Arbeitsplatzwahl** (vgl. BAGE 13, 177 ff.; BGHZ 38, 16 ff.; zurückhaltend noch BVerfGE 77, 117; s. aber auch BVerfGE 84, 148). Die Lage ist hier ähnlich wie bei Regelungen der Berufsausübung, die sich auf geringfügige Eingriffe in die Berufsmodalitäten beschränken (vgl. jedoch BVerfGE 92, 151; 96, 163; BAGE 83, 253, wo an die Beschränkung der Arbeitsplatzwahl generell strengere Anforderungen gestellt werden als an die Einschränkung der Berufsausübung), aber auch nachhaltig auf das Recht der Berufswahl zurückwirken können (s. oben Rn. 15 f.). Subjektive Voraussetzungen der Arbeitsplatzwahl, die der Einzelne grundsätzlich erfüllen kann, und objektive Voraussetzungen, bei denen dies nicht der Fall ist, sind ebenfalls denkbar (zu den Letzteren vgl. BVerfGE 85, 373 f.; BAGE 117, 196 f.). Dabei ist jedoch zu berücksichtigen, dass Beschränkungen der freien Wahl des Arbeitsplatzes für den Einzelnen i.d.R. weniger einschneidend sind als Eingriffe in die Berufswahl. Deshalb können Regelungen, die sich auf die Arbeitsplatzwahl beziehen, nicht immer mit dem gleich strengen Maßstab gemessen werden, wie er für Beschränkungen der eigentlichen Berufswahl gilt (offengelassen in BVerfGE 84, 151). Im Übrigen aber bestimmen sich die Anforderungen, die im Einzelfall an eine beschränkende Regelung zu stellen sind, auch hier nach der Intensität des Eingriffs. Schwerwiegende Eingriffe lassen sich nur aus besonders wichtigen Gründen rechtfertigen. Für leichtere Eingriffe genügen dagegen Rechtfertigungsgründe von entsprechend geringerem Gewicht (BGHZ 38, 17 f.). Im Konfliktfall mit den Grundrechten anderer, insbes. solchen des Arbeitgebers, sind die gegenläufigen Grundrechtspositionen nach dem

20

Grundsatz praktischer Konkordanz (BVerfGE 93, 21) wechselseitig so zu begrenzen, dass sie für alle Beteiligten möglichst weitgehend wirksam werden (BAGE 124, 55). *Beispielsweise* folgt daraus, dass Wettbewerbsverbote, die Arbeitnehmer für die Zeit nach Beendigung ihres Beschäftigungsverhältnisses eingehen, im Hinblick auf den hohen ideellen und materiellen Wert beruflicher Fähigkeiten (BAGE 22, 137) nur zulässig sind, wenn der Begünstigte eine Karenzentschädigung zahlt, durch die der mit dem Verbot verbundene Verzicht auf die ungehinderte Nutzung beruflichen Könnens und Wissens angemessen ausgeglichen wird (BAGE 34, 224 m.w.N.; s. auch BVerfGE 81, 260 ff., zur Verfassungswidrigkeit des generellen Ausschlusses einer Karenzentschädigung durch den Gesetzgeber u. BGHZ 91, 5, 7, zu Wettbewerbsverboten zwischen einer GmbH u. ihrem Geschäftsführer). Vereinbarungen, in denen sich ein Dienst- oder Arbeitnehmer für den Fall seines vorzeitigen Ausscheidens aus dem Beschäftigungsverhältnis zur Erstattung bestimmter, von seinem Dienstherrn oder Arbeitgeber aufgewendeter Aus- oder Fortbildungskosten verpflichtet, sind demgegenüber grundsätzlich wirksam (vgl. BVerwGE 40, 239; BVerwG, VerwRspr 31, 739 ff.; NJW 1982, 1412; BAGE 104, 126; 109, 348; 118, 41; für den Fall einer gesetzl. angeordneten Erstattungspflicht auch BVerfGE 39, 141). Sie begegnen jedenfalls dann keinen Bedenken, wenn die Rückzahlungsverpflichtung als ausgewogene interessengerechte Gesamtregelung nicht gegen Treu und Glauben verstößt und deshalb für den Betroffenen zumutbar ist (s. BAGE 78, 364 f. m.w.N.; 97, 337 f.; 111, 160). Unbedenklich ist auch die einzel- oder kollektivvertragliche Vereinbarung, dass das Arbeitsverhältnis mit Vollendung des 65. Lebensjahres des Arbeitnehmers endet (BAGE 86, 105). Zu Stichtags- und Rückzahlungsklauseln zusammenfassend BAGE 124, 266 f.

21 Die Zulässigkeit von **Beschränkungen der freien Wahl der Ausbildungsstätte** bestimmt sich wegen des engen funktionalen Zusammenhangs der betroffenen Schutzgüter nach den *gleichen Grundsätzen, wie* sie (gemäß Rn. 17–19) *für Eingriffe in die Berufswahlfreiheit* gelten (vgl. BVerfGE 33, 336 ff.; BVerwGE 7, 288 f.; 10, 139; offener dagegen BVerwGE 115, 38; VGH Mannheim, VBlBW 2009, 305). Auch hier ist zwischen subjektiven Zulassungsvoraussetzungen wie der Eignung (BVerwG, DVBl 1966, 702), z.B. einer in einer zuvor absolvierten Ausbildung erreichten Mindestnote (OVG Bremen, NVwZ-RR 2010, 923 f.), und objektiven Zugangssperren zu unterscheiden. Praktische Bedeutung hat Art. 12 I 2 in diesem Zusammenhang vor allem für Zulassungsbeschränkungen infolge Erschöpfung der Ausbildungskapazitäten der Hochschulen (für Beschränkungen des Zugangs zu staatl. Vorbereitungsdiensten s. die Nachweise oben in Rn. 10 u. ferner insbes. BVerfGE 39, 371 ff.). Ein hierauf beruhender *absoluter numerus clausus* für Studienanfänger kommt einer objektiven Zulassungsvoraussetzung gleich und ist deshalb nur verfassungsgemäß,

a) wenn er dazu bestimmt ist, die als überragend wichtiges Gemeinschaftsgut anerkannte Funktionsfähigkeit der Hochschulen in Wahrnehmung ihrer Aufgaben in Forschung, Lehre und Studium zu sichern,

b) wenn er in den Grenzen des unbedingt Erforderlichen unter erschöpfender Nutzung der vorhandenen, mit öffentl. Mitteln geschaffenen Ausbildungskapazitäten angeordnet wird und

c) wenn die Auswahl der Studienbewerber und die Verteilung der Studienplätze nach sachgerechten Kriterien mit einer Chance für jeden an sich hochschulreifen Bewerber unter möglichster Berücksichtigung der individuellen Wahl des Ausbildungsorts erfolgen (BVerfGE 33, 338 ff.; 85, 54; BVerwGE 139, 220; BlnVerfGH, DVBl 2012, 236; BayVGH, BayVBl 2012, 534). Ob diese

Chance besteht, ist nach Möglichkeit (vgl. aber auch BVerwGE 139, 221 ff. m.w.N.) auf Grund einer bundesweiten Betrachtung zu beurteilen (Bay-VerfGH, BayVBl 2008, 270; zu der dafür zuständigen Stiftung für Hochschulzulassung nach dem Staatsvertrag über die Errichtung einer gemeinsamen Einrichtung für Hochschulzulassung v. 5.6.2008 [GBl BW S. 664] vgl. OVG Münster, DVBl 2011, 303). Die Art und Weise der Kapazitätsermittlung (vgl. dazu auch BVerfGE 39, 265 ff.; 43, 45 ff.; 85, 54; BVerwGE 56, 40 ff.; 70, 319 ff.; BlnVerfGH, DVBl 2012, 236), die Voraussetzungen für die Anordnung von Zulassungsbeschränkungen und Regelungen über die Auswahl der Bewerber (s. hierzu ferner insbes. BVerfGE 37, 113 ff.; 43, 317 ff.) gehören danach zum Kern des Zulassungswesens, der hinsichtlich seiner Grundzüge in den *Verantwortungsbereich des Gesetzgebers* fällt (BVerfGE 33, 340 ff., 345 ff.; BVerwGE 139, 216; vgl. auch oben Rn. 13). Dieser muss ferner bestimmen, wer für die Vergabe von Studienplätzen, die in einem Studienfach mit Zulassungsbeschränkung infolge unzureichender Kapazitätsausnutzung frei geblieben sind, zuständig und in einem Rechtsstreit zu verklagen ist (BVerfGE 39, 295). Ob das aus Art. 12 I folgende Gebot erschöpfender Kapazitätsauslastung gewahrt ist, unterliegt der verwaltungsgerichtl. Kontrolle (BVerfGE 85, 57 f.), notfalls schon im Verfahren des einstweiligen Rechtsschutzes (BlnVerfGH, DVBl 2008, 1378). Die Schaffung von Zugangsvoraussetzungen zusätzlich zur Hochschulreife ist in besonderer Weise an den Verhältnismäßigkeitsgrundsatz (Rn. 14 f.) gebunden (BayVGH, NVwZ-RR 2010, 355, mit Bezug auf einen Bachelorstudiengang). Besonderheiten gelten für Bewerber, die in Fächern mit bundesweiten Zulassungsbeschränkungen ein Zweit- oder Parallelstudium anstreben. Ihnen können, was den Zugang zu dem weiteren Studium angeht, im Interesse einer gerechten Verteilung von Lebenschancen strengere Voraussetzungen zugemutet werden als einem Bewerber, der erstmals von seinem Grundrecht Gebrauch macht (BVerfGE 45, 398; 62, 154 f.; zum Zugang zu einem Masterstudiengang nach erfolgreich abgeschlossenem Bachelorstudium s. OVG Bremen, NVwZ-RR 2010, 923; OVG Saarlouis, NVwZ-RR 2012, 237; OVG Münster, NVwZ-RR 2012, 519). Der *Ausschluss von einer Ausbildungseinrichtung* kann unter den gleichen Bedingungen vorgenommen werden, unter denen das Recht der freien Wahl der Ausbildungsstätte verfassungsrechtl. zulässig beschränkt werden kann (BVerwGE 7, 137; s. auch BVerfGE 41, 264). Zur grundsätzlichen Zulässigkeit eines *Abbaus vorhandener Ausbildungskapazitäten* vgl. OVG Berlin, NVwZ 1996, 1242; OVG Hamburg, NVwZ-RR 2000, 220, zur Einführung einer Studiengebühr für Langzeitstudierende BVerwGE 115, 32; OVG Münster, DVBl 2005, 518 ff.; s. auch OVG Münster, NWVBl 2008, 147 f.

**Absatz 2: Freiheit von Arbeitszwang**

Abs. 2 garantiert *jedermann* („Niemand darf...")‚ also über Abs. 1 hinaus auch Nichtdeutschen, wegen der personalen Ausrichtung nicht aber juristischen Personen und Personenvereinigungen, die Freiheit von Arbeitszwang als subjektives öffentl. Recht (OLG Hamburg, NJW 1969, 1780). **Arbeitszwang** bedeutet die Verpflichtung zu persönlicher Dienstleistung (BVerwGE 22, 29), *Arbeit* jede Tätigkeit, die nicht nur einen unbedeutenden Aufwand erfordert und üblicherweise dazu geeignet ist, Erwerbszwecken zu dienen (OLG Hamburg, NJW 1969, 1780). Regelungen, die die Gewährung von Sozialhilfeleistungen von der Übernahme zumutbarer Arbeit durch den Hilfesuchenden abhängig machen, sind nicht auf die *Erzwingung* einer Arbeit gerichtet (BVerwGE 11, 253; VGH Mannheim, ESVGH 32, 247 f.; OVG Berlin, OVGE Bln 16, 169). Tatbestandlich nicht

22

erfasst sind ferner die Verpflichtung von Straßenanliegern zur Gehwegreinigung und Gehwegsicherung (BVerwGE 22, 28 f.; BVerwG, NJW 1988, 2122: keine *persönliche* Dienstleistung), Schul- und Meldepflichten und die Auferlegung ehrenamtlicher Tätigkeiten (BayVGH n.f. 7, 80: keine *Arbeits*leistung), darüber hinaus, weil nicht schon jeder Zwang zu einer mit der Berufsausübung in Beziehung stehenden Tätigkeit unter den besonderen Regelungsbereich des Abs. 2 fällt (BVerfGE 47, 319; zur Betroffenheit von Abs. 1 vgl. oben Rn. 8), allg. die Indienstnahme Privater für öffentl. Aufgaben (BayVerfGH, DVBl 2012, 911), beispielsweise Mitwirkungspflichten bei der Erhebung von Steuern und Sozialversicherungsbeiträgen (BVerfGE 22, 383; BFHE 77, 410; BayVGH n.F. 16, 31), die Heranziehung zum ärztlichen Notfalldienst (BVerwGE 65, 363) und die Bevorratungspflicht für Erdölerzeugnisse (BVerfGE 30, 310 ff.). Die im JugendgerichtsG als Erziehungsmaßregel vorgesehene Weisung, Arbeitsleistungen zu erbringen, und das nach § 56 b II Nr. 3 StGB mögliche Verlangen gemeinnütziger Leistungen als Bewährungsauflage berühren nach ihrer Natur, Zielsetzung und inhaltlichen Begrenzung den Schutzbereich des Abs. 2 (u. des Abs. 3) ebenfalls nicht (BVerfGE 74, 122 f.; 83, 126 ff.). Das Gleiche gilt für die Pflicht zur periodischen Ausfüllung statistischer Erhebungsvordrucke (BVerwG, NJW 1991, 1247 f.).

23 Ausgenommen vom Verbot des Abs. 2 ist die **Inanspruchnahme im Rahmen einer herkömmlichen allgemeinen, für alle gleichen öffentlichen Dienstleistungspflicht.** Dazu gehören nur eng umgrenzte Dienstleistungspflichten von geringerer Intensität, insbes. die gemeindlichen Hand- und Spanndienste, die Deichschutz- und die Feuerwehrdienstpflicht als überkommene Pflichten, die der Erfüllung von Gemeinschaftsaufgaben durch die zeitweilige Heranziehung zu Naturalleistungen dienen (BVerfGE 22, 383; 92, 109). In diesem Zusammenhang bedeutet *Herkömmlichkeit*, dass die Heranziehung schon seit längerer Zeit anerkanntermaßen zulässig und üblich ist (BayVGH n.F. 7, 81); Änderungen der soziologischen Verhältnisse in dem maßgeblichen Gebiet sind zu berücksichtigen (BVerwGE 2, 314), eine Festschreibung des von der Dienstleistungspflicht betroffenen Personenkreises ist mit dem Begriff nicht verbunden (BVerfGE 92, 111). *Allgemein* ist die Verpflichtung, wenn es sich um Dienstleistungen handelt, die von der Allgemeinheit der Betroffenen zu leisten sind und von allen Pflichtigen ohne weiteres auch erbracht werden können (BayVGH n.F. 7, 83). *Gleichheit* der Dienstleistungspflicht schließlich verlangt gleiche Belastung für alle (BayVGH n.F. 7, 84; 14, 70 f.). Eine Rechtfertigung dafür, die Verpflichtung auf Männer bestimmter Jahrgänge zu beschränken (vgl. BVerfGE 13, 170 f., zur Feuerwehrdienstpflicht in Baden-Württemberg), lässt sich vor diesem Hintergrund Art. 12 II nicht entnehmen (BVerfGE 92, 111 f.; vgl. auch Art. 3 Rn. 12 u. – unter dem Blickwinkel der EMRK – EGMR, VBlBW 1994, 403). Zur Heranziehung im Einzelfall ist wegen des damit verbundenen Grundrechtseingriffs eine ordnungsgemäße gesetzl. Grundlage erforderlich (BVerwGE 2, 314); sie muss insbes. den Anforderungen des Verhältnismäßigkeitsgrundsatzes genügen. Für länger dauernde Dienstpflichten i.S. des *Art. 12 a geht* diese Vorschrift *als* verwendungsbereichsspezifische *Sonderregelung vor* (vgl. auch OLG Hamburg, NJW 1969, 1782).

### Absatz 3: Verbot der Zwangsarbeit

24 Zwangsarbeit ist nach Abs. 3, der zusammen mit Abs. 2 ein **einheitliches Grundrecht** bildet (str.; wie hier aber wohl BVerfGE 74, 115 ff.), grundsätzlich verboten, weil sie nur bei gerichtl. angeordneter Freiheitsentziehung (vgl. dazu Art. 104) zulässig ist. Dabei setzt Abs. 3 den Vollzug dieser Form der Freiheitsbeschränkung voraus (OLG Hamburg, NJW 1969, 1781). Außerdem muss die

Zwangsarbeit als Maßnahme im herkömmlichen Rahmen unter der öff.-rechtl. Verantwortung der Vollzugsbehörden erbracht werden und deren Aufsicht unterliegen (BVerfGE 98, 204 ff.). Geboten ist weiter die Beachtung des Grundsatzes der Verhältnismäßigkeit. Vorgaben für die Art einer Entlohnung der Pflichtarbeit von Gefangenen im Strafvollzug sind Abs. 3, auch i.V.m. Art. 1 I, nicht zu entnehmen (BVerfG, DVBl 2002, 836). Die **Abgrenzung zum Arbeitszwang** i.S. des Abs. 2 wird vielfach so vorgenommen, dass Arbeitszwang als zwangsweise Einzelheranziehung zu einer bestimmten Arbeitsleistung, Zwangsarbeit dagegen als Bereitstellung der gesamten Arbeitskraft einer Person zu gegenständlich grundsätzlich unbegrenzten Tätigkeiten verstanden wird (s. die Nachweise bei Kämmerer in von Münch/Kunig, Art. 12 Rn. 85 Fn. 782, zur Definition nach der EMRK: EGMR, NJW 2012, 3567). Mit der militärischen Dienstleistung ist keine Zwangsarbeit verbunden (BVerwGE 35, 150).

## Artikel 12 a [Dienstpflichten]

(1) Männer können vom vollendeten achtzehnten Lebensjahr an zum Dienst in den Streitkräften, im Bundesgrenzschutz oder in einem Zivilschutzverband verpflichtet werden.

(2) Wer aus Gewissensgründen den Kriegsdienst mit der Waffe verweigert, kann zu einem Ersatzdienst verpflichtet werden. Die Dauer des Ersatzdienstes darf die Dauer des Wehrdienstes nicht übersteigen. Das Nähere regelt ein Gesetz, das die Freiheit der Gewissensentscheidung nicht beeinträchtigen darf und auch eine Möglichkeit des Ersatzdienstes vorsehen muß, die in keinem Zusammenhang mit den Verbänden der Streitkräfte und des Bundesgrenzschutzes steht.

(3) Wehrpflichtige, die nicht zu einem Dienst nach Absatz 1 oder 2 herangezogen sind, können im Verteidigungsfalle durch Gesetz oder auf Grund eines Gesetzes zu zivilen Dienstleistungen für Zwecke der Verteidigung einschließlich des Schutzes der Zivilbevölkerung in Arbeitsverhältnisse verpflichtet werden; Verpflichtungen in öffentlich-rechtliche Dienstverhältnisse sind nur zur Wahrnehmung polizeilicher Aufgaben oder solcher hoheitlichen Aufgaben der öffentlichen Verwaltung, die nur in einem öffentlich-rechtlichen Dienstverhältnis erfüllt werden können, zulässig. Arbeitsverhältnisse nach Satz 1 können bei den Streitkräften, im Bereich ihrer Versorgung sowie bei der öffentlichen Verwaltung begründet werden; Verpflichtungen in Arbeitsverhältnisse im Bereiche der Versorgung der Zivilbevölkerung sind nur zulässig, um ihren lebensnotwendigen Bedarf zu decken oder ihren Schutz sicherzustellen.

(4) Kann im Verteidigungsfalle der Bedarf an zivilen Dienstleistungen im zivilen Sanitäts- und Heilwesen sowie in der ortsfesten militärischen Lazarettorganisation nicht auf freiwilliger Grundlage gedeckt werden, so können Frauen vom vollendeten achtzehnten bis zum vollendeten fünfundfünfzigsten Lebensjahr durch Gesetz oder auf Grund eines Gesetzes zu derartigen Dienstleistungen herangezogen werden. Sie dürfen auf keinen Fall zum Dienst mit der Waffe verpflichtet werden.

(5) Für die Zeit vor dem Verteidigungsfalle können Verpflichtungen nach Absatz 3 nur nach Maßgabe des Artikels 80 a Absatz 1 begründet werden. Zur Vorbereitung auf Dienstleistungen nach Absatz 3, für die besondere Kenntnisse oder Fertigkeiten erforderlich sind, kann durch Gesetz oder auf Grund eines Gesetzes

die Teilnahme an Ausbildungsveranstaltungen zur Pflicht gemacht werden. Satz 1 findet insoweit keine Anwendung.

**(6) Kann im Verteidigungsfalle der Bedarf an Arbeitskräften für die in Absatz 3 Satz 2 genannten Bereiche auf freiwilliger Grundlage nicht gedeckt werden, so kann zur Sicherung dieses Bedarfs die Freiheit der Deutschen, die Ausübung eines Berufs oder den Arbeitsplatz aufzugeben, durch Gesetz oder auf Grund eines Gesetzes eingeschränkt werden. Vor Eintritt des Verteidigungsfalles gilt Absatz 5 Satz 1 entsprechend.**

1 **Allgemeines:** Art. 12 a regelt in Abs. 1 die Wehrpflicht (zur einfachrechtl. Aktualität vgl. vorweg den Überblick in Rn. 3), ferner die letzten Endes auch verteidigungsbezogene Bundesgrenzschutz- (einfachrechtl. durch G v. 21.6.2005, BGBl I S. 1818, in „Bundespolizei" umbenannt) und die (gesetzgeberisch z.Z. nicht umgesetzte) Zivilschutzdienstpflicht, in Abs. 2 den Ersatzdienst bei Kriegsdienstverweigerung (zu seiner Aktualität s. Rn. 7) und in Abs. 3–6 sonstige Dienstpflichten im und für den Verteidigungsfall (vgl. hierzu ArbeitssicherstellungsG v. 9.7.1968, BGBl I S. 787). Auf die Grenzschutzdienstpflicht nach den §§ 48–61 BGSG a.F. kann nach Art. 3 II des BGS-NeuregelungsG vom 19.10.1994 (BGBl I S. 2978) in besonderen Sicherheitslagen nach Zustimmung durch den BTag zurückgegriffen werden. Die Wehrpflicht ist eine außerhalb eines Konkurrenzverhältnisses zu Art. 12 stehende, eigenständig verfassungsrechtl. verankerte Pflicht; die übrigen Dienstpflichten des Art. 12 a sind Spezialregelungen im Verhältnis zu Art. 12 (s. auch mit Blick auf Art. 12 II Art. 12 Rn. 23 a.E.). Zur Entstehungsgeschichte vgl. vor Art. 115 a Rn. 1. Abs. 4 Satz 2 ist durch G vom 19.12.2000 (BGBl I S. 1755) i.S. der umfassenden Zulassung von Frauen zum freiwilligen Soldatendienst geändert worden. Zur Möglichkeit der Grundrechtsbeschränkung gegenüber Soldaten und Ersatzdienstleistenden s. Art. 17 a Rn. 1 ff., zur EMRK und EUGrCh Art. 4 Rn. 2.

**Absatz 1: Wehrpflicht**

2 Die allg. Wehrpflicht ist – wie die nicht aktuelle BGS- und Zivilschutzdienstpflicht – nicht verfassungsrechtl. vorgeschrieben („können"; vgl. auch BVerfGE 48, 160). Sie entspricht allerdings – insoweit abw. von den beiden anderen Pflichten – der verfassungsrechtl. **Grundentscheidung für die militärische Verteidigung** im Rahmen bestehender Bündnisverpflichtungen. Der individuelle Anspruch des Bürgers auf staatl. Schutz und die gemeinschaftsbezogene Pflicht der Bürger, zur Sicherung der Verfassungsordnung beizutragen, entsprechen einander (BVerfGE 28, 261; 69, 21 f.; BVerwGE 122, 337). Einfaches Recht aktualisiert die im GG enthaltene Grundentscheidung (BVerfGK 3, 228). Wegen ihrer verfassungsrechtl. Verankerung ist die Wehrpflicht nicht am Grundsatz der Verhältnismäßigkeit zu messen. Sie ist – im Gegensatz zu den anderen in Abs. 3, 4 und 6 geregelten Dienstpflichten – nicht von weiteren Voraussetzungen, insbes. nicht vom Vorliegen einer bestimmten sicherheitspolit. Lage, abhängig. Die an sich für den Gesetzgeber bestehende Wahl zwischen einer Wehrpflicht- und einer Freiwilligenarmee bedarf einer staatspolit. Entscheidung (BVerfGE 105, 71 f.). Alle bisherigen Bundesregierungen haben sich bis Mitte 2010 zur Wehrpflicht bekannt (nach dem Weißbuch 2006 der BReg zur Sicherheitspolitik Deutschlands u. zur Zukunft der Bundeswehr, S. 14, 81, 83, zuletzt – im Anschluss an den Koalitionsvertrag v. 26.10.2009 – im Zusammenhang mit dem WehrrechtsänderungsG 2010 v. 31.7.2010 [BGBl I S. 1052], vgl. BT-Dr 17/1953 S. 8; 17/2174 S. 5). Als UN-, NATO-, EU- und OSZE-Mitglied ist Deutschland an in-

ternationalen Missionen zur Konfliktprävention und Krisenbewältigung beteiligt (aktuelle Übersicht in BT-Dr 16/12200 S. 11).

**Wehrstrukturreform 2010/2012:** Ab Ende 2010 (Kabinettbeschluss **3** v. 15.12.2010) hat sich ein Wandel in der fast 55-jährigen Gesetzgebungsgeschichte vollzogen. Durch Art. 1 Nr. 2 (§ 2 WPflG) des WehrrechtsänderungsG 2011 vom 28.4.2011 (BGBl I S. 678) wurde die **Wehrpflicht** (genauer: die verpflichtende Einberufung zum Grundwehrdienst, nicht die Wehrerfassung u. Wehrüberwachung) **ausgesetzt** oder suspendiert, nicht abgeschafft. Die auf die Pflicht bezogenen Vorschriften werden mit Rücksicht auf ihre weggefallene sicherheitspolit. Begründbarkeit und militärische Erforderlichkeit sowie die nicht mehr gewährleistete Wehrgerechtigkeit ab 1.7.2011 nicht mehr angewandt. Die Wehrpflicht lebt lediglich nach Feststellung des Spannungs- oder Verteidigungsfalles wieder auf (auflösende Bedingung). An ihre Stelle tritt in Friedenszeiten ein neuer freiwilliger Wehrdienst von 12 bis 23 Monaten für Frauen und Männer (§§ 54 ff. WPflG). Vgl. BT-Dr 17/4821 S. 13, 25; 17/5239; BMVg, 17. BTag, 99. Sitzung vom 24.3.2011, StenBer. S. 11343. Unabhängig von der „auflösenden Bedingung" kann der einfache Gesetzgeber auch sonst die Einberufung zum Grundwehrdienst anordnen, wenn die Lage es erfordert (s. Gramm, NZWehrR 2011, 94). Seinem Meinungswandel vorausgegangen waren entsprechende Vorschläge des Berichts der Strukturkommission der Bundeswehr vom Oktober 2010 (Weise-Kommission). Darin sind die veränderten Rahmenbedingungen für die Bundeswehr (S. 17) und die Rückwirkung auf die Existenzberechtigung der allg. Wehrpflicht (schwindende gesellsch. Akzeptanz, Wegfall einer massiven, unmittelbaren Bedrohung, S. 28) aufgezeigt. Teil der Umsetzung der Reform durch Begleitgesetzgebung und verteidigungspolit. Eckpunkte für die nächsten Jahre sind: Verkleinerung der Bundeswehr von ursprünglich 495.000 auf (2011) 200.000, demnächst 170.000 Berufs- und Zeitsoldaten sowie bis zu 15.000 freiwillig Wehrdienst Leistende, Schließung zahlreicher Standorte (zwischen 2014 u. 2016: 32) und bei den verbliebenen Reduzierung der Dienstposten um mehr als die Hälfte, parallele Verkleinerung der zivilen Wehrverwaltung, Beschränkung des BMVg auf ministerielle Kernaufgaben (vgl. BT-Dr 17/4400 S. 21; 17/8400 S. 9, 27, 67; 9340 S. 23). Die nachfolgenden Erläuterungen zur Wehrpflicht (Rn. 4 f.) behalten ihre Bedeutung für den Fall des vorstehend beschriebenen Eintritts der auflösenden Bedingung der Aussetzung.

Die allg. Wehrpflicht als Bürgerdienst (s. Rn. 2) ist **Ausdruck des allgemeinen 4 Gleichheitsgedankens**; die abgewogene Mischung aus Berufs- und Zeitsoldaten, Wehrpflichtigen und Reservisten ist gesellschaftspolit. erwünscht (keine abgeschottete Klasse). Art. 3 I i.V.m. Art. 12 a I erfordert staatsbürgerliche Pflichtengleichheit in Gestalt der „Wehrgerechtigkeit". Sie ist auf Gleichheit im Belastungserfolg, d.h. die gleichmäßige Heranziehung aller Wehrpflichtigen, angelegt. In einer etwas gewagten Analogie zur Verfehlung der gebotenen Gleichheit im Belastungserfolg durch die rechtl. Gestaltung des Steuererhebungsverfahrens (vgl. BVerfGE 110, 112 ff.) hält BVerwGE 122, 340 f., einen der Verfassungswidrigkeit der gesetzl. Besteuerungsgrundlage vergleichbaren Verstoß der rechtl. Grundlagen der Wehrpflicht (nicht erst des Vollzugs) gegen das Gebot der Wehrgerechtigkeit für denkbar, wenn rechtl. und tatsächliche Belastung (Zurückbleiben der Zahl der Einberufungen unter der Zahl der verfügbaren Wehrpflichtigen) dauerhaft erheblich auseinanderklaffen (auch für 2004 u. 2005 verneint von BVerwG, NJW 2006, 2871 f.). Entscheidend ist die Bezugsgröße der tatsächlich verfügbaren (einberufbaren) Wehrpflichtigen (sog. Innenwirkung des Gebots der Wehrgerechtigkeit), nicht die der Zahl aller Männer eines Geburtsjahrgangs (Außenwirkung), so wohl tendenziell (im Rahmen der problematisierenden Zurückhaltung der Zulässigkeitsprüfung einer Richtervorlage) BVerfGK 16, 62 ff. Notwendig ist eine hinreichend bestimmte normative Festlegung der Wehrdienstausnahmen (BVerfGE 48, 162). Eine über diese Ausnahmen hinausgehende Freistellungspraxis (etwa im Hinblick auf die aktuelle Personalbedarfslage bei reduzierter Truppenstärke) durch sog. administrative Wehrdienstausnahmen, wie sie 2000–2004 gehandhabt wurde (Übersicht in BVerwGE 122, 334 f.; s. auch Walz, NZWehrR 2004, 156), verstößt gegen die von der Verfassung gebotene umfassende und gleichmäßige Heranziehung aller Wehrpflichtigen (BVerwGE 92, 154 ff.). Durch Art. 2 des ÄnderungsG vom 27.9.2004 (BGBl I S. 2358, 2360) sind diese Ausnahmen deshalb (vgl. BT-Dr 15/3279 S. 9) in das WehrpflichtG übernommen worden (inhaltlich in einem obiter dictum von BVerwGE 122, 343 f., gleichsam vorweg für verfassungsrechtl. unbedenklich gehalten; zur Verfassungsmäßigkeit der Einberufungspraxis ab 2003 problematisierend die Eilentscheidung BVerfGK 3, 227). Zu Wehrdienstausnahmen wegen entgehender beruflicher Chancen s. BVerwG, NVwZ-RR 2007, 332. Der Wehrpflichtige selbst hat kein Recht auf Heranziehung und keinen Anspruch auf rechtmäßige Ausübung des Auswahlermessens (vgl. BVerwG, NVwZ-RR 2004, 270 m.w.N.). Der eigenen Einberufung kann die Verschonung eines anderen Wehrpflichtigen grundsätzlich nicht entgegengehalten werden (BVerwGE 122, 335, 344; ebd., S. 342, in BT-Dr 16/850 S. 32 u. bei BMVg, 16. BTag, 28. Sitzung v. 29.3.2006, StenBer. S. 2285, Zahlenmaterial zur Einberufungspraxis u. Wehrgerechtigkeit).

5 Die **Beschränkung** der Wehrpflicht **auf Männer** (nicht nur Deutsche; vgl. Art. 4 Rn. 23) ist eine von der Verfassung gewollte Ungleichbehandlung, die dem mit Art. 12 a I und IV 2 gleichrangigen Art. 3 II 1 und III 1 vorgeht (BVerfGE 12, 52 f.; 92, 112; BVerfG, NJW 2002, 1710; BVerwGE 110, 52; BVerwG, NJW 2006, 2872); es gab also (wegen konstitutioneller Beschränkung [s. allg. BVerfGE 109, 309] oder Spezialität [BVerfGE 12, 175]) nie ein Spannungsverhältnis zwischen Art. 12 a IV 2 und Art. 3 II 1, III, Art. 33 II, wie BT-Dr 14/4062 S. 17 meint. Der Beschränkung steht Gemeinschaftsrecht nicht entgegen (EuGH, NJW 2003, 1380; zur Vereinbarkeit mit Art. 14 EMRK BVerwG, NJW 2006, 2872). **Länge:** Zuletzt – kurz vor dem faktischen Ende der Wehrpflicht (vgl. Rn. 3) –: sechs Monate Grundwehrdienst (§ 5 II WPflG, s. auch Art. 4 Rn. 26). „Streitkräfte" vgl. Art. 87 a Rn. 1. „Dienst in den Streitkräften" meint nicht nur die (sicherheitspolit. in den Hintergrund getretene) unmittelbare Verteidigung der Bundesrepublik Deutschland in ihren Grenzen, sondern verstärkt Bündnisverteidigung sowie Einsatz im Rahmen von Krisenbewältigung und Konfliktverhinderung nach Vorgaben der UN (s. allg. Art. 87 a Rn. 8; ferner BVerwG, NJW 1994, 603, zur Kriegsdienstverweigerung; BVerwGE 103, 365–367, für den Berufs- u. Zeitsoldaten, offengelassen für den Wehrpflichtigen). Die Einwilligung zur Auslandsverwendung gemäß § 6 a I WPflG (zur Praxis BT-Dr 13/5441 S. 15) ist verfassungsrechtl. nicht geboten. Die seit Änderung der geostrategischen Lage 1989/90 (BVerfGE 90, 365; nüchterner BVerfGE 100, 382) geforderte Ersetzung der Wehrpflicht durch eine *allgemeine Dienstleistungspflicht* („soziales" oder „ökologisches" Pflichtjahr) würde der genannten verfassungsrechtl. Grundentscheidung widersprechen. Sie wäre keine „herkömmliche Dienstleistungspflicht" i.S. des Art. 12 II (vgl. dazu Art. 12 Rn. 23); die Beschränkung auf Männer wäre mit den für die (dann alternative) Wehrpflicht angeführten Argumenten nicht zu rechtfertigen.

Eine verfassungsrechtl. Verpflichtung zum Ausgleich für die mit dem Wehr- oder   6
Zivildienst notwendigerweise verbundenen Lasten besteht nicht (BVerwG,
NVwZ 2011, 1276, zum Studiengebührenrecht).

**Absatz 2: Ersatzdienst**

Abs. 2 sieht unter Bezugnahme auf den Inhalt des Art. 4 III einen Ersatzdienst   7
(Zivildienst) vor. Zur Wortwahl „kann" gilt das zu Abs. 1 Ausgeführte (Rn. 2)
entsprechend. Die Aussetzung der Wehrpflicht (s. Rn. 3) nimmt dem belastungs-
gleichen Pflicht-Ersatzdienst, der als eine Form der Erfüllung dieser Pflicht betrachtet (§ 3 I 1 WPflG) und durch § 1 II KDVG i.d.F. des G vom 28.4.2011
(BGBl I S. 687) für anerkannte Kriegsdienstverweigerer angeordnet wird, seine
Legitimation. Daher hat § 1 a ZDG i.d.F. des vorgenannten ÄnderungsG mit der
**Aussetzung** der Verpflichtung zur Ableistung des Zivildienstes gleichgezogen.
Außerhalb des Spannungs- oder Verteidigungsfalls läuft das gesamte ZivildienstG nunmehr seit Mai 2011 „weitgehend ins Leere" (BT-Dr 17/4803 S. 19);
die nachfolgenden Erläuterungen zum Ersatzdienst in Rn. 8 sind deshalb nur
noch für den Fall des Wiederauflebens der Wehrpflicht bedeutsam (vgl. auch
Art. 4 Rn. 21). Das zeitgleich mit dem ÄnderungsG verabschiedete Bundesfrei-
willigendienstG vom 28.4.2011 (BGBl I S. 687) zielt auf das freiwillige Engage-
ment von Frauen und Männern im sozialen, ökologischen und kulturellen Bereich, im Bereich des Sports, der Integration und des Zivil- und Katastrophen-
schutzes in Gestalt eines mindestens sechs-, höchstens 18-monatigen Dienstes
(§ 3) ab.

Im Zivildienst erfüllen anerkannte Kriegsdienstverweigerer dem Gemeinwohl   8
(dazu BVerwGE 120, 378) dienende Aufgaben (§ 1 ZDG) im sozialen Bereich,
im Bereich der erneuerbaren Energien (BT-Dr 15/4611 S. 27, 39), im Umweltschutz und in der Landschaftspflege (Übersicht in BT-Dr 13/9330 S. 24 f.;
14/4096 S. 4), aus völkerrechtl. Gründen (hoheitlicher staatl. Dienst) jedoch
nicht im internationalen Bereich (BT-Dr 13/8455 S. 6). Der Ersatzdienst hat keine eigene staatl. Aufgabe (BT-Dr 13/5497 S. 3), auch nicht die der Sicherung sozialer Dienste (vgl. BT-Dr 14/4096 S. 1). Er ist vom GG **nicht** als **alternative
Form der Wehrpflichterfüllung** gedacht, sondern Wehrpflichtigen (Oberbegriff:
BVerfGE 80, 359) vorbehalten, die den Dienst mit der Waffe aus Gewissensgründen verweigern (s. dazu Art. 4 Rn. 21–26). Grundsätzlich verlangt das GG Wehr-
dienstleistung (BVerfGE 48, 165 f.; 69, 24; zur Ablehnung einer selbständigen
Alternativpflicht auch BVerfGK 16, 64). Die polit. Realität, zunehmend auch die
einfachrechtl. Entwicklung, geht indessen von gleichrangigen Wahlmöglichkeiten
aus (Walz, NZWehrR 2009, 209, aus Anlass des ÄnderungsG v. 14.6.2009,
BGBl I S. 1229). Die Ersatzdienstpflicht muss im Verhältnis zum Wehrdienst eine
gleichermaßen aktuelle und gleichbelastende Pflicht sein, sonst wird der allg.
Gleichheitssatz (Wehrgerechtigkeit) verletzt (vgl. BVerfGE 69, 30; gegen die Umdeutung der quantitativen Dauer in qualitative Belastung aus methodischer Sicht
Rieble, NJW 2011, 822). Zur **Dauer** s. Art. 4 Rn. 26 a.E. Zur **Belastungsgleich-
heit:** BT-Dr 12/7537; 13/9330 S. 2, 4–8, dort auch allg. zur Situation des Zivil-
dienstes; zum Beförderungs- und Soldvergleich BT-Dr 13/8203 S. 28; 13/8455
S. 1 f., 10. Zur Anrechnung eines Teils des Wehrdienstes: BVerfGE 78, 370 ff.
Gegen gleiche Dauer: BT-Dr 12/6000 S. 106. Die *Einzelheiten* sind im Zivil-
dienstG i.d.F. vom 17.5.2005 (BGBl I S. 1346) geregelt, darunter in § 78 II die
Pflichtengleichheit mit dem Soldatenrecht (vgl. BVerwGE 100, 174). Anerkannte
Beschäftigungsstellen handeln, infolge Beleihung in einem verwaltungsrechtl.
Schuldverhältnis zum Bund stehend (BVerwGE 106, 274; 120, 371; BGHZ 135,

344), gegenüber dem Zivildienstleistenden (gemeinsam mit dem Bund) hoheitlich, der Zivildienstleistende selbst nach außen – nicht anders als der Soldat (BGH, NVwZ-RR 1996, 626; anders im strafrechtl. Sinne: BGH, NJW 2011, 1980) – in Wahrnehmung eines öffentl. Amtes, auch bei Tätigkeit für eine privatrechtl. organisierte anerkannte Beschäftigungsstelle i.s. des § 4 ZDG (BVerwGE 120, 377; BGHZ 118, 307 ff.; 135, 347; BGH, NJW 1997, 2109 f.; DVBl 2001, 810; s. auch Shirvani, NVwZ 2010, 283). Ärztliche Fehlbehandlung eines Zivildienstleistenden durch Vertragsärzte und Krankenhaus mit Kassenzulassung im Rahmen der gesetzlichen Heilfürsorge erfolgt nicht in Ausübung eines öffentl. Amtes (BGHZ 187, 199 f.). Der Ersatzdienst kann nicht unter Berufung auf Art. 4 I (Gewissensfreiheit) verweigert werden (BVerfGE 19, 138; 23, 132). Doch sieht § 15 a ZDG, über das verfassungsrechtl. Gebotene hinausgehend, die Möglichkeit vor, anstelle des förmlichen Zivildienstes freiwillige Arbeit in einer Kranken-, Heil- oder Pflegeanstalt zu leisten (zu den qualifizierten Voraussetzungen BVerwG, NVwZ 1995, 496). Zur zahlenmäßigen Bedeutung und disziplinarischen Behandlung von „Totalverweigerern" vgl. BT-Dr 16/12200 S. 40. Einer Mehrfachbestrafung von Personen, die auf Grund einer prinzipiellen, ein für allemal getroffenen Gewissensentscheidung auch den zivilen Ersatzdienst ablehnen, steht Art. 103 III, dem Widerruf einer Strafaussetzung wegen Dienstflucht Art. 4 III i.V.m. Art. 12 a II und dem Rechtsstaatsprinzip entgegen (BVerfGE 23, 204 ff.; 78, 391 ff.). Zu den Maßgaben des Satzes 3 s. Art. 4 Rn. 24.

### Absatz 3: Zivile Dienstleistungen

9    Abs. 3 begründet die Möglichkeit, durch Gesetz oder auf Grund eines Gesetzes **Wehrpflichtige** – das sind nach Abs. 1 Männer vom vollendeten 18. Lebensjahr bis zu den in den Wehrgesetzen festgelegten Altersgrenzen – zu **zivilen Dienstleistungen** zu verpflichten. Dies gilt, wenn sie nicht zu einem Dienst nach Abs. 1 oder 2, der also Vorrang hat, herangezogen sind; eine frühere oder künftige Heranziehung zu solchen Diensten hindert Verpflichtungen nach Abs. 3 nicht. Diese sind – mit den Ausnahmen des Abs. 5 – **auf den Verteidigungsfall** (Art. 115 a I) **beschränkt**. Sie sind nur für Zwecke der Verteidigung einschl. des Schutzes der Zivilbevölkerung zulässig, wozu (wie sich aus Satz 2 ergibt) auch die Versorgung der Streitkräfte (z.B. Rüstungsbetriebe) und der Zivilbevölkerung gehört; der Begriff ist weit auszulegen (vgl. auch Art. 17 a Rn. 8). Ein Dienstleistungsverweigerungsrecht über Art. 4 III i.V.m. Art. 12 a II hinaus besteht nicht. Gezielte Maßnahmen gegen Arbeitskämpfe sind gemäß Art. 9 III 2 unzulässig.

10   Zulässig ist eine **Verpflichtung** nur **in Arbeitsverhältnisse**, die – abgesehen davon, dass Gesetz oder Hoheitsakt den Vertragsschluss ersetzt (vgl. § 10 ArbeitssicherstellungsG – s. Rn. 1 –) – normale Arbeitsverhältnisse sind (vgl. BAGE 93, 316). Im Bereich der Polizei kann auch eine Verpflichtung in ein *öffentlich-rechtliches* Dienstverhältnis ausgesprochen werden, ebenso für andere öff.-rechtl. Aufgaben, die nur in einem öff.-rechtl. Dienstverhältnis erfüllt werden können. Dabei genügt es, dass der Gesetzgeber in pflichtgemäßem Ermessen nach dem Zweck der Dienstleistung ein praktisch zwingendes Erfordernis (ein rechtl. schlechthin zwingendes gibt es nach Art. 33 IV u. im öffentl. Dienstrecht i. Allg. nicht, worauf wohl auch BVerfGE 119, 275, anspielt; krit. zum Freiwilligkeitsdogma BVerfGE 119, 284/Sondervotum) zur Begründung eines solchen Verhältnisses erkennt (BT-Dr V/2873 S. 6).

### Absatz 4: Heranziehung von Frauen

11   *Satz 1*: Abs. 4 setzt ein grundsätzliches Verbot der zwangsweisen Heranziehung von Frauen zu Arbeits- und Dienstleistungen i.S. der Abs. 1–3 voraus. Als Aus-

nahme davon lässt Satz 1 **für den Verteidigungsfall** – nicht dagegen (bestr.) für den Spannungsfall, da Abs. 5 für Dienstleistungen von Frauen nicht gilt – zu, dass Frauen vom 18. bis zum 55. Lebensjahr zu **zivilen Dienstleistungen** im zivilen Sanitäts- und Heilwesen sowie in der ortsfesten militärischen Lazarettorganisation (d.h. nicht auf Verbandsplätzen u. in Feldlazaretten) herangezogen werden, wenn der (dann wohl erhebliche Mehr-)Bedarf nicht durch Freiwillige gedeckt werden kann. Nach der Entstehungsgeschichte der Vorschrift (vgl. BT-Dr V/2873 S. 6) und dem AusführungsG (s. Rn. 12) dürfen Frauen nur in Arbeitsverhältnisse verpflichtet werden, nicht auch in öff.-rechtl. Dienstverhältnisse.

**Waffendienst von Frauen:** Die Neufassung des *Satzes 2* (s. Rn. 1) will Frauen, die **12** nach Abs. 1 (zulässigerweise; vgl. Rn. 5) von der Wehrpflicht ausgenommen sind, den gleichen/gleichberechtigten **Zugang zum Soldatenberuf** umfassend ermöglichen, d.h. auch zum freiwilligen Waffendienst (u. dort zu den risikoreichsten Verwendungen; zur Praxis BT-Dr 16/12200 S. 34) und nicht mehr, wie nach der früheren Fassung, nur zum Sanitäts- und Militärmusikdienst. Die alte Fassung verbot nach Wortsinn („auf keinen Fall") und Entstehungsgeschichte (aufbereitet in BVerfG, NJW 1998, 57) den Waffendienst schlechthin, also auch den freiwilligen, und bezog sich trotz nicht ganz glücklicher Stellung (auch jetzt noch recht verklausuliert) nicht etwa nur auf Abs. 4 Satz 1, dessen Fallgruppen *ziviler* Dienstleistungen (s. auch § 2 Nr. 3 u. § 4 ArbeitssicherstellungsG – vgl. Rn. 1 –) einen Waffendienst von vornherein denknotwendig ausschließen (irrig daher BT-Dr 14/4062 S. 17). Nach Auffassung des verfassungsändernden Gesetzgebers entspricht die Zulassung von Frauen zum Waffendienst dem Wandel des gesellsch. Bewusstseins (Gleichberechtigung) und daneben Vorgaben von EuGH, NJW 2000, 498 (s. BT-Dr 14/4380 S. 3). Derzeit (2011) leisten ca. 18.000 Frauen Dienst in der Bundeswehr. Der Frauenanteil an den Berufs- und Zeitsoldaten beträgt 8,6 (Sanitätsdienst – 2010 –: 43,1) vH (vgl. BT-Dr 17/4400 S. 13; 17/8400 S. 25; zum freiwilligen Wehr- und Bundesfreiwilligendienst von Frauen s. Rn. 3 und 7). Umgesetzt wurde die Verfassungsänderung durch das G zur Änderung des SoldatenG vom 19.12.2000 (BGBl I S. 1815) und die SoldatenlaufbahnVO vom 19.3.2002 (BGBl I S. 1111), die die nur eingeschränkte Öffnung der Streitkräfte für Frauen rückgängig gemacht haben, ferner das Soldatinnen- und SoldatengleichstellungsG vom 27.12.2004 (BGBl I S. 3822), das u.a. eine Quotenregelung (Sanitätsdienst: 50, Truppendienst: 15 vH; allg. vgl. Art. 3 Rn. 18) und eine Gleichstellungsbeauftragte (s. Art. 3 Rn. 12) vorsieht und soldatenrechtl. erstmals Teilzeitbeschäftigung (VO vom 9.11.2005, BGBl I S. 3157) ermöglicht, schließlich das Soldatinnen- und Soldaten-GleichbehandlungsG vom 14.8.2006 (BGBl I S. 1897, 1904), das dem Allg. GleichbehandlungsG (vgl. Art. 3 Rn. 24) entspricht. Nicht erfasst von Satz 2 ist der polizei- und beamtenrechtl. geschlechtsneutral legitimierte (s. BVerwGE 56, 229) Waffendienst bei der Polizei einschl. Bundespolizei (BGS). Hinsichtlich des Festhaltens an dem schon ausgeübten Beruf vgl. Abs. 6, der auch für Frauen gilt.

### Absatz 5: Verpflichtungen vor Eintritt des Verteidigungsfalls

Abs. 5 erlaubt Dienstverpflichtungen nach Abs. 3 – nicht dagegen von Frauen **13** nach Abs. 4 – bereits vor Eintritt des Verteidigungsfalls dann, wenn der BTag den Eintritt des **Spannungsfalls** festgestellt oder der Anwendung gesetzl. Vorschriften, die solche Verpflichtungen vorsehen, besonders zugestimmt hat (Art. 80 a I 1); ein Beschluss im Rahmen eines Bündnisvertrags nach Art. 80 a III genügt dagegen nicht. Auch in normalen Zeiten können nach Satz 2 und 3 Wehrpflichtige zur Vorbereitung auf Dienstleistungen, die besondere Kenntnisse und

Fertigkeiten erfordern, zu **Ausbildungsveranstaltungen** herangezogen werden. Die Inanspruchnahme muss sich zeitlich in engen Grenzen halten (BT-Dr V/2873 S. 7). Die Vorschrift stellt eine Ausnahmeregelung dar.

#### Absatz 6: Bindung an Beruf und Arbeitsplatz

14 Abs. 6 erlaubt ein Festhalten bereits Berufstätiger an ihrem Beruf oder Arbeitsplatz in den in Abs. 3 Satz 2 genannten Bereichen, falls der Arbeitskräftebedarf auf freiwilliger Grundlage nicht gedeckt werden kann. Die Vorschrift gilt **für Männer und Frauen**, und zwar ohne Altersgrenzen, und betrifft alle Arten von Berufstätigkeiten als Selbständige wie in Arbeits- oder öff.-rechtl. Dienstverhältnissen (für Beamte – wie in den Fällen der Abs. 3 u. 4 – lex specialis zu Art. 33 V). Die Verpflichtung ist auf den Verteidigungsfall oder die Zeit nach Entscheidungen des BTags gemäß Art. 80 a I 1 beschränkt. Für die Heranziehung von Ausländern, denen das Grundrecht des Art. 12 I grundsätzlich nicht zusteht (Art. 12 Rn. 2), bedarf es der Ermächtigung nach Abs. 6 nicht (h.M.). Auf Abs. 6 stützen sich u.a. die §§ 133 c, 133 d BRRG (zu deren Fortgeltung vgl. Art. 125 b I), §§ 140, 141 BBG und §§ 57, 58 BeamtStG.

## Artikel 13 [Unverletzlichkeit der Wohnung]

(1) Die Wohnung ist unverletzlich.

(2) Durchsuchungen dürfen nur durch den Richter, bei Gefahr im Verzuge auch durch die in den Gesetzen vorgesehenen anderen Organe angeordnet und nur in der dort vorgeschriebenen Form durchgeführt werden.

(3) Begründen bestimmte Tatsachen den Verdacht, daß jemand eine durch Gesetz einzeln bestimmte besonders schwere Straftat begangen hat, so dürfen zur Verfolgung der Tat auf Grund richterlicher Anordnung technische Mittel zur akustischen Überwachung von Wohnungen, in denen der Beschuldigte sich vermutlich aufhält, eingesetzt werden, wenn die Erforschung des Sachverhalts auf andere Weise unverhältnismäßig erschwert oder aussichtslos wäre. Die Maßnahme ist zu befristen. Die Anordnung erfolgt durch einen mit drei Richtern besetzten Spruchkörper. Bei Gefahr im Verzuge kann sie auch durch einen einzelnen Richter getroffen werden.

(4) Zur Abwehr dringender Gefahren für die öffentliche Sicherheit, insbesondere einer gemeinen Gefahr oder einer Lebensgefahr, dürfen technische Mittel zur Überwachung von Wohnungen nur auf Grund richterlicher Anordnung eingesetzt werden. Bei Gefahr im Verzuge kann die Maßnahme auch durch eine andere gesetzlich bestimmte Stelle angeordnet werden; eine richterliche Entscheidung ist unverzüglich nachzuholen.

(5) Sind technische Mittel ausschließlich zum Schutze der bei einem Einsatz in Wohnungen tätigen Personen vorgesehen, kann die Maßnahme durch eine gesetzlich bestimmte Stelle angeordnet werden. Eine anderweitige Verwertung der hierbei erlangten Erkenntnisse ist nur zum Zwecke der Strafverfolgung oder der Gefahrenabwehr und nur zulässig, wenn zuvor die Rechtmäßigkeit der Maßnahme richterlich festgestellt ist; bei Gefahr im Verzuge ist die richterliche Entscheidung unverzüglich nachzuholen.

(6) Die Bundesregierung unterrichtet den Bundestag jährlich über den nach Absatz 3 sowie über den im Zuständigkeitsbereich des Bundes nach Absatz 4 und, soweit richterlich überprüfungsbedürftig, nach Absatz 5 erfolgten Einsatz techni-

scher Mittel. Ein vom Bundestag gewähltes Gremium übt auf der Grundlage dieses Berichts die parlamentarische Kontrolle aus. Die Länder gewährleisten eine gleichwertige parlamentarische Kontrolle.

(7) Eingriffe und Beschränkungen dürfen im übrigen nur zur Abwehr einer gemeinen Gefahr oder einer Lebensgefahr für einzelne Personen, auf Grund eines Gesetzes auch zur Verhütung dringender Gefahren für die öffentliche Sicherheit und Ordnung, insbesondere zur Behebung der Raumnot, zur Bekämpfung von Seuchengefahr oder zum Schutze gefährdeter Jugendlicher vorgenommen werden.

**Allgemeines:** Art. 13 garantiert die Unverletzlichkeit der **Wohnung als räumliche Sphäre der Privatheit** sowie als Mittelpunkt der menschlichen Existenz (vgl. BVerfGE 18, 131 f.), in den – abgesehen von immanenten Begrenzungen – bei Wahrung des unantastbaren Kernbereichs privater Lebensgestaltung (dazu Rn. 16, 17, 22, 24) nur unter den Voraussetzungen der Abs. 2–7 eingegriffen werden darf (BVerfGE 120, 309; zum methodischen Vorgehen bei der Prüfung von Grundrechtsbeeinträchtigungen s. vor Art. 1 Rn. 8 f.). Dieser Gewährleistung des internen Grundrechtsschutzes entsprechen extern auf **europäischer Ebene** Art. 8 EMRK (zum Schutzbereich s. EGMR, NJW 2006, 1495 f.; NVwZ 2008, 1215 f.; NJW 2010, 2109; BVerfGK 16, 80 f.) und für den Bereich der EU die Verankerung des Wohnraumschutzes in Art. 7 EUGrCh. **1**

### Absatz 1: Unverletzlichkeit der Wohnung

Das Grundrecht der Unverletzlichkeit der Wohnung gewährleistet dem Einzelnen im Hinblick auf seine Menschenwürde (BVerfGE 109, 313; RhPfVerfGH, AS 34, 192) und im Interesse der freien Entfaltung seiner Persönlichkeit gegenüber dem Staat und von ihm ermächtigten Dritten (BVerfGK 10, 410) mit der Wohnung einen „elementaren Lebensraum" (BVerfGE 51, 110; 103, 150; 115, 196; MVLVerfG, LVerfGE 11, 288) und das Recht, dort „in Ruhe gelassen zu werden" (BVerfGE 32, 75; 89, 12; BVerfGK 18, 418; vgl. auch BbgVerfG, LVerfGE 10, 202). **Sinn der Garantie** ist danach die Abschirmung der Privatsphäre in räumlicher Hinsicht (BVerfGE 97, 265), geschützt das Selbstbestimmungsrecht des Wohnrechtsinhabers (s. BVerwGE 121, 350), der vor einem ausforschenden oder die Privatsphäre anderweitig beeinträchtigenden Eindringen in den persönlichen Lebens- und Geheimbereich bewahrt werden soll, den eine Wohnung i.S. der Rn. 3 begründet (VGH Mannheim, VBlBW 2012, 390). **2**

Der **Begriff der Wohnung** ist *weit auszulegen* (BVerfGE 32, 69 ff.; BVerfGK 10, 410; 18, 418; BVerwGE 121, 348; BGHZ 31, 289). Er umfasst alle Räume, die der Berechtigte – nach außen erkennbar – der allg. Zugänglichkeit entzogen und zur Stätte seines Lebens und Wirkens gemacht hat (vgl. BGH, NJW 1997, 1019; BGHSt 50, 210 f.; VGH Mannheim, ESVGH 43, 127). Dazu rechnen außer der Wohnung i.e.S. (auch Zweit- u. Wochenendwohnungen) und den zur Wohnungseinheit gehörenden Nebenräumen (Flur, Treppen, Keller, Böden, Garagen usw.; s. BGH, NJ 2009, 515; BayVGH n.F. 9, 4; OVG Koblenz, AS 24, 307) auch unmittelbar an die Wohnräume angrenzende, als Rückzugsbereich der pri- **3** vaten Lebensgestaltung ausgewiesene befriedete Räume wie Hof, Garten oder Spielplätze (BGH, NStZ 1998, 157; BayVGH, NVwZ-RR 1994, 252; VGH Mannheim, ESVGH 43, 127; OVG Koblenz, AS 24, 307; vgl. dazu aber auch Hermes in Dreier, Art. 13 Rn. 19) und weiter z.b. auch fahrbare und schwimmende Räume, soweit sie zum Wohnen bestimmt sind (Wohnwagen, Wohnmobile, Wohnboote), Zelte (BayObLG, NJW 1999, 3205), Gast- und Hotelzimmer (BGHZ 31, 289; 44, 140; SächsVerfGH, LVerfGE 4, 382), ferner – grundsätzlich aber nur hinsichtlich des Unternehmers, nicht auch hinsichtlich seiner Arbeitnehmer (BVerfG, NVwZ 2009, 1282) – nicht allg. zugängliche Arbeits-, Betriebs- und Geschäftsräume (h.M.; s. BVerfGE 32, 68 ff.; 97, 265; BVerwGE 78, 253; BGHSt 40, 193; 44, 140; BFHE 154, 437; BAGE 19, 225; a.A. teilweise das Schrifttum) wie Werkstätten (BGHSt 44, 140), die Kanzleiräume eines Rechtsanwalts (BVerfGK 8, 352; 9, 147; 17, 556) oder eine als Vereinslokal dienende, öffentl. zugängliche Teestube (BVerwGE 121, 348), auch Bordelle (BGH, NJW 1997, 1019) und Vereinsbüros, die nicht allg. zugänglich sind (BGHSt 42, 375 f.; 44, 140). Das Gleiche gilt unter dieser Voraussetzung für Amtsräume (BVerfGK 2, 314). Auch Krankenzimmer, in denen sich ein Patient zu Rehabilitationszwecken aufhält, werden erfasst (BGHSt 50, 211 f.). *Nicht zur Wohnung* gehören dagegen Bankschließfächer (BVerfG, NJW 2003, 1032), Verkehrsmittel, die nicht dem Wohnen, sondern der Fortbewegung des Menschen dienen (BGH, NStZ 1998, 157; BGHSt 57, 76), der Besuchsraum einer Haftanstalt (BGHSt 44, 140 f.; 53, 300), Hafträume einer Justizvollzugsanstalt (BVerfG, NJW 1996, 2643) sowie Gemeinschaftsunterkünfte von Soldaten, Ersatzdienstleistenden und Polizeibeamten (BGHSt 44, 141; str., vgl. BVerwGE 133, 235). Leerstehende Räume fallen ebenfalls nicht unter den Wohnungsbegriff (BayObLG, NJW 1999, 3205). Erst recht werden unspezifische Umwelteinwirkungen auf Wohnungen vom Schutzbereich des Art. 13 nicht erfasst (BVerfGK 16, 80; VGH Mannheim, VBlBW 2012, 390). Bloße Nichtnutzung hebt den Charakter als Wohnung dagegen nicht auf, sofern sich nicht gleichzeitig die Widmung durch den Berechtigten ändert. Der die Wohnung selbst nicht innehabende Vermieter ist jedoch – anders als der Mieter – nicht Träger des Grundrechts aus Art. 13 I (BVerfG, NVwZ 2009, 1282).

4 Im **Verhältnis zu anderen Grundrechten** geht Art. 13 als Spezialregelung i.d.R. sowohl Art. 1 als auch Art. 2 I und damit auch dem allg. Persönlichkeitsrecht vor (BVerfGE 51, 105; 109, 325 f.; 113, 45; 118, 184; MVLVerfG, LVerfGE 11, 277). Dieses wird – auch in seiner Ausprägung als Recht auf informationelle Selbstbestimmung und auf Gewährleistung der Vertraulichkeit und Integrität informationstechnischer Systeme – aber dort nicht verdrängt, wo sich sein Schutzbereich mit dem eines speziellen Freiheitsrechts nur partiell überschneidet oder ein eigenständiger Freiheitsbereich mit festen Konturen entstanden ist (BVerfGE 115, 187; 120, 310 f.). Auch bleibt es bei dem Schutz durch das allg. Persönlichkeitsrecht, wenn sich eine Maßnahme im Bereich einer Wohnung gegen Personen richtet, die sich nicht auf Art. 13 I berufen können (BVerfGE 109, 326). Das Recht auf ein faires Gerichtsverfahren (dazu Art. 103 Rn. 1) und nicht das Grundrecht aus Art. 13 kann verletzt sein, wenn im Strafprozess Erkenntnisse verwertet werden, die aus einer Wohnraumüberwachung gewonnen worden sind, bei der die Sicherungen der Garantie der Unverletzlichkeit der Wohnung planmäßig oder systematisch und damit objektiv willkürlich außer Acht gelassen worden sind; nicht jede rechtswidrige Erhebung oder Erlangung solcher Erkenntnisse führt aber zu einem *Beweisverwertungsverbot* (im Einzelnen s. BVerfGE 130, 22 ff., 28 ff.). Bei bestimmten Eingriffen in den Schutzbereich des Art. 13 I,

so in Fällen einer Durchsuchung bei Trägern der Berufsfreiheit, etwa Rechtsanwälten, kann es geboten sein, die Wertungen anderer Grundrechte wie derjenigen aus Art. 12 I oder Art. 2 I i.V.m. Art. 1 I im Rahmen der Prüfung der Verhältnismäßigkeit (vgl. dazu Rn. 13) bei Art. 13 als die Eingriffsschwelle erhöhend zu berücksichtigen (BVerfG, GewArch 2007, 294 f.; BVerfGK 13, 485; 13, 519). Auch kann der Schutz der räumlichen Privatsphäre und des allg. Persönlichkeitsrechts im Einzelfall durch andere Grundrechte, wie diejenigen aus Art. 4 I und II sowie Art. 6 I und II, im gleichen Sinne ergänzt sein (BVerfGE 109, 326 f.; BVerfGK 11, 169 f.). So setzt die Einleitung eines vereinsrechtl. Ermittlungsverfahrens, in dem Wohnungen eines religiösen Vereins durchsucht werden sollen, im Hinblick auf Art. 4 I konkrete Anhaltspunkte für das Vorliegen eines aggressiv-kämpferischen, gegen die verfassungsmäßige Ordnung gerichteten Wirkens des betroffenen Vereins voraus (OVG Bremen, NordÖR 2012, 46). Im wechselseitigen Verhältnis der Wohnungseigentümer einer Wohnungseigentümergemeinschaft verstärkt Art. 13 den Schutz des einen Eigentümers aus Art. 14 I gegenüber ebenfalls auf Art. 14 I gestützten Ansprüchen der anderen Eigentümer (BVerfGK 16, 272 f. – Hausverbot). Eine Verwirkung des Grundrechts der Unverletzlichkeit der Wohnung kommt nach Art. 18 nicht in Betracht.

**Grundrechtsträger** sind Deutsche ebenso wie Ausländer und Staatenlose, soweit  5
sie Inhaber oder Bewohner eines Wohnraums sind. Auf die Art des Nutzungsverhältnisses kommt es nicht an (BVerfGE 109, 326; RhPfVerfGH, AS 34, 185); die Wohnung braucht dem Begünstigten also nicht zu gehören. Bei mehreren Bewohnern einer Wohnung steht das Grundrecht jedem von ihnen zu, bei Familien also jedem Familienmitglied (BVerfGE 109, 326). Da das Grundrecht auch korporativ betätigt werden kann, erstreckt sich sein Schutz darüber hinaus außer auf nichtrechtsfähige Personenvereinigungen gemäß Art. 19 III auch auf private inländische juristische Personen (BVerfGE 32, 72; 76, 88; 106, 43; BVerfG, NVwZ 2007, 1048; BGHSt 40, 193; einschränkend im Hinblick auf den personalen Bezug des Grundrechts Hermes in Dreier, Art. 13 Rn. 20) wie einen eingetragenen Verein (BVerfGE 44, 371; BVerwGE 121, 348). Mit Rücksicht auf das europäische Unionsrecht ist der Grundrechtsschutz aus Art. 13 auch auf juristische Personen des Privatrechts aus Mitgliedstaaten der EU zu erstrecken (BVerfGE 129, 94 ff.).

Art. 13 normiert für die öffentl. Gewalt ein grundsätzliches *Verbot des Eindrin-*  6
*gens in die Wohnung* oder des Verweilens darin gegen den Willen des Wohnungsinhabers (BVerfGE 76, 89 f.; 89, 12). Vom **Schutzbereich** des Grundrechts erfasst sind beispielsweise das Betreten und Besichtigen von Wohnungen durch einen gerichtl. bestellten Sachverständigen im Rahmen einer zivilprozessrechtl. Beweiserhebung (BVerfGE 75, 326 f.), nicht aber Erhebungen, die sich auf die Wohnverhältnisse des Auskunftspflichtigen beziehen und ohne Eindringen oder Verweilen in der Wohnung vorgenommen werden können (BVerfGE 65, 40), ebenso wenig das Mithören einer aus der Wohnung nach außen dringenden und ohne technische Hilfsmittel hörbaren Kommunikation (BVerfGE 109, 327), Beschlagnahmen in einer Wohnung als solche (BVerfG, NJW 1995, 2839) und Maßnahmen nach § 110 StPO, die nur mittelbar aus der Durchsuchung von Wohnräumen folgen (BVerfGE 113, 45). Auch Lärmbelästigungen, die von außerhalb der Wohnung in diese hineinwirken, berühren Art. 13 nicht. Geschützt ist nicht das Besitzrecht an einer Wohnung, sondern deren Privatheit (BVerfGE 89, 12; BlnVerfGH, JR 2000, 234). Art. 13 I schützt damit nicht das Interesse, eine bestimmte Wohnung zum Lebensmittelpunkt zu machen und sie dafür zu behalten (BVerfGE 89, 12). Der Entzug der Verfügungsbefugnis über eine Woh-

nung durch das Verbot, sie zu betreten, bedeutet daher keinen Eingriff in das Grundrecht (BVerfG, NJW 2008, 2493). Das Gleiche gilt für die ohne Eindringen in die Wohnung erfolgende polizeiliche Wohnungsverweisung mit vorübergehendem Rückkehrverbot (s. aber OVG Münster, NJW 2001, 2195). Der Schutz des Art. 13 I erschöpft sich nicht in der Abwehr eines körperlichen Eindringens in die Wohnung, richtet sich vielmehr auch gegen Maßnahmen, durch die staatl. Stellen sich mit besonderen Hilfsmitteln einen Einblick in Vorgänge innerhalb der Wohnung verschaffen, die der natürlichen Wahrnehmung von außen entzogen sind. Dazu gehören nicht nur die akustische oder optische Wohnraumüberwachung (BVerfGE 109, 309, 327; SächsVerfGH, LVerfGE 4, 383; JbSächsOVG 13, 54; BbgVerfG, LVerfGE 10, 190; RhPfVerfGH, AS 34, 186), sondern ebenfalls etwa die Messung elektromagnetischer Abstrahlungen, mit der die Nutzung eines informationstechnischen, auch offline arbeitenden Systems in der Wohnung überwacht werden kann (zum Begriff des informationstechnischen Systems s. BVerfGE 120, 276). Weitere Anwendungsfälle des Art. 13 I sind staatl. Maßnahmen im Zusammenhang mit dem heimlichen technischen Zugriff auf ein solches System (wie das Eindringen in eine Wohnung zum Zweck der Manipulation des Systems) oder die Infiltration des Systems, das sich in einer Wohnung befindet, um mit dessen Hilfe bestimmte Vorgänge in der Wohnung zu überwachen (BVerfGE 120, 310). Art. 13 I gewährt allerdings keinen generellen, von den Zugriffsmodalitäten unabhängigen Schutz gegen die Infiltration informationstechnischer Systeme, auch wenn sich diese in einer Wohnung befinden. Soweit die Infiltration wie bei einem Laptop allein die Verbindung des betroffenen Rechners zu einem Rechnernetzwerk ausnutzt, lässt sie die durch die Abgrenzung der Wohnung vermittelte räumliche Privatsphäre und damit den Schutzbereich des Art. 13 I unberührt. Das Gleiche gilt für die durch die Infiltration ermöglichte Erhebung von Daten, die sich im Arbeitsspeicher oder auf den Speichermedien eines informationstechnischen Systems befinden, das in einer Wohnung steht (BVerfGE 120, 310 f.). Stattdessen greift in diesen Fällen das Grundrecht auf Gewährleistung der Vertraulichkeit und Integrität derartiger Systeme ein (dazu oben Art. 1 Rn. 14). Zur Einordnung der – auf den Privatrechtsverkehr beschränkten – Nutzung von in der Wohnung angebrachten Messsystemen i.S. von § 21 d EnWG vgl. Guckelberger, DÖV 2012, 619 f.

7   Zum Schutzbereich des Art. 13 I gehört es grundsätzlich auch, dass der Wohnungsinhaber von beabsichtigten Grundrechtseingriffen informiert (s. BVerwGE 78, 253 ff.) und vor deren Durchführung angehört werden muss (BVerfGE 75, 328). Auch Verarbeitung, Verwendung und Nutzung von Daten, die beim Eindringen in eine Wohnung gewonnen worden sind, sind am Maßstab des Art. 13 zu messen (BVerfGE 109, 325 f.; MVLVerfG, LVerfGE 11, 277). Dieser enthält ein **negatorisches Grundrecht** (BVerfGE 7, 238) und soll Störungen vom privaten Leben fernhalten (BVerfGE 115, 196). Deshalb lassen sich aus Art. 13 – unbeschadet der objektiven Wertentscheidung, die darin zum Ausdruck kommt (vgl. BVerfGE 18, 132) – weder Ansprüche auf Zuteilung einer Wohnung (s. BayVerfGH 15, 51, u. auch BVerfGE 1, 104) noch eine Pflicht des Gesetzgebers zur Schaffung eines sozialen Mietrechts (OLG Schleswig, NJW 1983, 50; vgl. jedoch BVerfGE 68, 369, u. Berkemann, AK, Art. 13 Rn. 26) herleiten. Gegen die Verminderung von Wohnraum durch Abriss und Zerstörung gewährt Art. 13 I ebenfalls keinen Schutz. Die Vorschrift kommt auch nicht als Rechtfertigungsgrund für sog. Hausbesetzungen in Betracht. Privatrechtl. Mietverhältnisse werden als solche von Art. 13 I i. Allg. nicht berührt (VGH Mannheim, ESVGH 10, 70; s. auch BVerfGE 7, 238; BlnVerfGH, JR 2000, 234). Eine *mittelbare Drittwirkung*

des Grundrechts ist aber auch hier nicht ausgeschlossen (vgl. BVerfGE 89, 11 ff.).

**Verzicht** auf den Schutz des Art. 13 durch Einwilligung des Wohnungsinhabers **8** in das Betreten der Wohnung und in das Verweilen darin ist möglich. Das setzt aber voraus, dass die Einwilligung frei von jedem physischen und psychischen Zwang erteilt (BVerfG, ZIP 2008, 2029; zur durch Drohung herbeigeführten Einwilligung s. VGH Mannheim, VBlBW 2012, 144) und auch nicht erschlichen wird (zum Eintreten unter falscher Identität agierender Ermittler in eine fremde Wohnung vgl. BGH, NJW 1997, 1517). Sind diese Voraussetzungen erfüllt, fehlt es an einem Eingriff in das Grundrecht (VGH Mannheim, VBlBW 2012, 144) und damit an einer „Verletzung" der Wohnung.

**Absatz 2: Durchsuchungen**

Abs. 2 verstärkt die Garantie der Unverletzlichkeit der Wohnung dadurch, dass **9** Durchsuchungen – als aliud zu den unter Abs. 7 fallenden Eingriffen und Beschränkungen (vgl. BVerfGE 32, 73; 57, 355; OVG Koblenz, AS 30, 324; OVG Münster, OVGE 53, 110) – nur durch den Richter, bei Gefahr im Verzug auch durch die in den Gesetzen vorgesehenen Organe angeordnet und nur in der dort vorgeschriebenen Form durchgeführt werden dürfen (BVerfGE 96, 51). Fehlt es daran, ist die Durchsuchung verfassungswidrig. Kennzeichnend für den **Begriff der Durchsuchung** ist das offene, also erkennbare, ziel- und zweckgerichtete Suchen staatl. Organe nach Personen oder Sachen oder zur Ermittlung eines Sachverhalts, um etwas aufzuspüren, was der Inhaber der Wohnung von sich aus nicht offenlegen oder herausgeben will (BVerfGE 75, 327; 76, 89; BVerfGK 10, 413 f.; BVerwGE 78, 254; BFHE 154, 438). Zum Betreten der Wohnung muss demzufolge hinzutreten, dass in ihr Recherchen vorgenommen werden (s. BVerwGE 121, 349). Was in der Wohnung offen zutage liegt, ist nicht Gegenstand einer Durchsuchung. Durchsuchungen sind danach Mittel zum Auffinden und Ergreifen einer verborgenen Person, zum Auffinden, Sicherstellen oder zur Beschlagnahme einer verborgenen Sache oder zur Verfolgung von Spuren (BVerwG, NJW 2006, 2504). Behördliche Betretungs- und Besichtigungsrechte im Rahmen der Wirtschafts-, Arbeits-, Bau- und Steueraufsicht, denen eine entsprechende Zielsetzung fehlt, weil sich ihre Ausübung auf ein Betreten und das Besichtigen offenliegender Gegenstände beschränkt, fallen ebenso wenig darunter (BVerfGE 32, 72 f.; BVerwGE 37, 289; 47, 37; BVerwG, NJW 2006, 2505; BFHE 154, 438) wie die Versiegelung von Geschäftsräumen (VGH Kassel, ES-VGH 23, 241), die polizeiliche Videoüberwachung der Wohnungstür eines Tatverdächtigen (BGH, NJW 1991, 2652) oder die Aufforderung an die sich in einer Wohnung aufhaltenden Personen, bestimmte Räume zu verlassen (BVerwGE 47, 37 f.). Auch bei der akustischen Wohnraumüberwachung nach Abs. 3 handelt es sich, weil heimlich erfolgend, nicht um eine Durchsuchung. Das Gleiche gilt für das auf gerichtl. Urteil beruhende Betreten einer Wohnung, um in dieser die Gasversorgung zu sperren (BGH, NJW 2006, 3353). Dagegen liegt eine Durchsuchung z.B. vor, wenn Vollstreckungsorgane eine Wohnung betreten, um dort dem Inhaber der Wohnung ein Kind wegzunehmen, das dieser herauszugeben nicht bereit ist (BVerfG, NJW 2000, 944). Selbstverständlich gilt Abs. 2 – wie Art. 13 überhaupt (s. Rn. 3) – auch für Arbeits-, Betriebs- und Geschäftsräume, wenn diese i.S. der Vorschrift durchsucht werden (OVG Hamburg, NJW 1997, 2193). Dabei bedeutet schon das Betreten solcher Räume durch Durchsuchungsbeamte zur Vollziehung eines Durchsuchungsbefehls eine derart große Bedrohung der Unverletzlichkeit der Wohnung, dass von einem tiefgreifenden Grundrechtseingriff auszugehen ist (BVerfG, ZIP 2008, 2028).

10 Durchsuchungen setzen als Grundrechtseingriffe eine **gesetzliche Ermächtigung** voraus (BVerfGK 16, 145; AG Leipzig, NJW 1999, 2054; s. auch BVerwGE 47, 38 f.). Das kommt in Abs. 2 dadurch zum Ausdruck, dass Durchsuchungen bei Gefahr im Verzug auch durch die „in den Gesetzen" vorgesehenen anderen als richterl. Organe (dazu nachstehend Rn. 15) angeordnet werden dürfen. Die Ermächtigung kann in einem förmlichen Gesetz, aber auch, weil Abs. 2 ein solches nicht ausdrücklich verlangt (vgl. demgegenüber Art. 104 I für Beschränkungen der Freiheit der Person), in einer den Erfordernissen des Art. 80 I entsprechenden RVO oder auf hinreichend bestimmter formellgesetzl. Grundlage in satzungsrechtl. Vorschriften enthalten sein (str.; wie hier Jarass in Ders./Pieroth, Art. 13 Rn. 16; a.A. z.B. OVG Berlin, DÖV 1974, 28; Sodan in Ders., Art. 13 Rn. 8). Im Einzelfall dürfen staatl. Strafvollzugsorgane darüber hinaus in die Wohnung nur eindringen, wenn ein Handlungsanlass vorliegt, wie ihn die gesetzl. Eingriffsermächtigung umschreibt (BVerfG, NJW 2003, 1514).

11 Abs. 2 gilt *nicht nur* für *strafprozessuale, sondern auch* für *andere behördliche Durchsuchungen* wie solche im Rahmen disziplinarrechtl. Vorermittlungen (BVerfGK 8, 256; OVG Koblenz, NVwZ-RR 2007, 319). Auch Durchsuchungen zur Zwangsvollstreckung bürgerlichrechtl. Titel und im Zuge der Verwaltungsvollstreckung sind nur unter den Voraussetzungen des Art. 13 II zulässig (BVerfGE 51, 106 ff.; 57, 355; BVerwGE 28, 286 ff.). Gesetzl. Durchsuchungsregelungen, die darüber – wie vor dem Inkrafttreten des § 758 a ZPO insbes. § 758 ZPO – keine ausdrückliche Bestimmung treffen, sind deswegen nicht verfassungswidrig. Sie werden vielmehr durch Abs. 2, der **unmittelbar geltendes und anzuwendendes Recht** enthält, dahin ergänzt, dass die Durchsuchung, soweit nicht Gefahr im Verzuge ist, der Anordnung durch den Richter bedarf (BVerfGE 51, 114; 57, 355; BVerwGE 28, 290; BFHE 130, 135).

12 Dieser **Richtervorbehalt** dient dem Zweck, das Grundrecht aus Abs. 1 im Hinblick darauf verstärkt zu sichern, dass das staatl. Eindringen in eine Wohnung und deren Durchsuchung schwere Eingriffe in die persönliche Lebensphäre des Betroffenen darstellen und i.d.R. auch ohne dessen vorherige Anhörung erfolgen (BVerfGE 57, 355; 103, 151). Das GG geht davon aus, dass Richter auf Grund ihrer persönlichen und sachlichen Unabhängigkeit und ihrer strikten Unterwerfung unter das Gesetz (Art. 97) am besten geeignet sind, die Rechte und Interessen des Betroffenen zu wahren (BVerfGK 2, 156; BVerfG, NJW 2005, 276). In diesem Zusammenhang verpflichtet Art. 13 alle staatl. Organe, dafür zu sorgen, dass der Richtervorbehalt als Instrument des *vorbeugenden Grundrechtsschutzes* praktisch wirksam wird. Insoweit bestehenden Defiziten müssen die Gerichte und bei der Strafverfolgung die dafür zuständigen Behörden entgegenwirken. Zudem sind die für die Organisation der Gerichte und die Rechtsstellung der dort tätigen Ermittlungsrichter zuständigen staatl. Organe gehalten, die Voraussetzungen für eine tatsächlich *wirksame präventive richterliche Kontrolle* zu schaffen (BVerfGE 103, 152; BVerfG, NJW 2005, 1638). Dazu gehören vor allem eine ausreichende personelle und sachliche Ausstattung der Gerichte und eine effiziente Vorhaltung von Bereitschaftsdiensten. Das bedeutet jedoch nicht, dass auch zur Nachtzeit unabhängig von einem konkreten praktischen Bedarf stets ein richterl. Eil- oder Notdienst zur Verfügung stehen müsste (einen praktischen Bedarf bejahend z.b. OLG Hamm, NJW 2009, 3130). Bei Tage (vgl. § 104 III StPO) muss dagegen die Regelzuständigkeit des zuständigen Richters – innerhalb wie außerhalb der regelmäßigen Dienstzeiten – uneingeschränkt gewährleis-

tet sein (BVerfGK 2, 178; BVerfG, NJW 2005, 1638; BVerfGK 7, 395). Erforderlichenfalls ist auch sicherzustellen, dass der nichtrichterl. Dienst für den Richter erreichbar ist und eingesetzt werden kann (BVerfGK 9, 290). Der Richtervorbehalt wird aber nicht dadurch umgangen, dass ein Richter – nach eigenständiger Prüfung – antragsgemäß einen Durchsuchungsbeschluss erlässt, der ihm von einer Behörde als zu unterzeichnender Entwurf vorgelegt wurde (BVerfG, KBeschl. v. 30.1.2002 – 2 BvR 707/01 – juris).

Die mit der Einschaltung des Richters gewährleistete – im Verhältnis zu den antragstellenden Behörden eigenständige (BVerfGK 1, 131) – **Prüfung durch eine unabhängige, neutrale Instanz** (vgl. auch die Erläut. zum Richterbegriff in Art. 92 Rn. 4), die nicht zur bloßen Formsache werden darf (BVerfGK 5, 28; BVerfG, NJW 2009, 2516), erstreckt sich einmal auf das Vorliegen der *gesetzlichen Voraussetzungen* für die im Einzelfall beabsichtigte Durchsuchung, führt freilich bei Durchsuchungen zum Zweck der Zwangsvollstreckung (s. oben Rn. 11) nicht auch zur materiellrechtl. Überprüfung des Inhalts des jeweiligen vollstreckbaren Titels (BVerfGE 51, 113; 57, 355 f.; BayVGH n.F. 35, 51; VGH Mannheim, VBlBW 2000, 25). Zum anderen hat der Richter eigenverantwortlich zu prüfen, ob der – bei Anordnung wie Durchführung der Wohnungsdurchsuchung zu beachtende (BVerfGE 20, 186 f.; 42, 219 f.) – *Verhältnismäßigkeitsgrundsatz* gewahrt ist (BVerfGE 59, 97; 96, 51; BVerfG, NJW 2005, 1641; BbgVerfG, LVerfGE 13, 184). Die jeweilige Durchsuchung muss im Blick auf den mit ihr gesetzl. verfolgten Zweck Erfolg versprechend sein (BVerfGE 115, 198; BVerfGK 4, 233; 5, 352). Deshalb verlangt das Gewicht des Eingriffs als Durchsuchungsvoraussetzung Verdachtsgründe, die auf konkreten Tatsachen beruhen (BVerfGK 18, 202) und über vage Anhaltspunkte und bloße Vermutungen hinausgehen (BVerfG, NJW 2005, 1707; BVerfGK 5, 88; BFHE 211, 28). Einen erhöhten Verdachtsgrad, wie ihn die akustische Wohnraumüberwachung nach Abs. 3 voraussetzt (s. nachstehend Rn. 17), erfordert die Wohnungsdurchsuchung gemäß Abs. 2 allerdings nicht (BVerfG, NJW 2004, 3172). Es reicht aus, dass sachlich zureichende, plausible Gründe für sie vorliegen (BVerfGE 59, 97; BVerfG, GewArch 2007, 294). Dafür ist ein dem Betroffenen angelastetes Verhalten zu schildern, das die Voraussetzungen der Durchsuchungsermächtigung erfüllt (vgl. BVerfGK 18, 418). Unzulässig ist die Durchsuchung danach dann, wenn sie der Ermittlung von Tatsachen dient, die einen Verdacht erst begründen sollen; denn die Durchsuchung setzt einen solchen schon voraus (BVerfGK 11, 92; 17, 354). Die Durchsuchung muss ferner zur Erreichung des Durchsuchungszwecks erforderlich sein; dies ist nicht der Fall, wenn hierfür andere, gleich geeignete und weniger einschneidende Zwangsmittel zur Verfügung stehen (BVerfGE 96, 51; BVerfGK 15, 240). Schließlich muss sie in einem angemessenen Verhältnis zur Schwere und Stärke des Eingriffsanlasses stehen (BVerfGK 14, 87). Das setzt voraus, dass der Durchsuchung ein Vorgang zugrunde liegt, der ein hinreichendes Gewicht hat (BVerfGE 96, 51; BVerfG, NJW 2007, 1805 m.w.N.; zu behaupteten Dienstvergehen als Durchsuchungsanlass s. BVerfGK 8, 256, zur Durchsuchung aus Anlass von Ordnungswidrigkeiten BVerfG, wistra 2008, 340). Die Durchsuchung im Rahmen eines strafrechtl. Ermittlungsverfahrens bei nicht verdächtigen Personen, die keinerlei Anlass zu den Ermittlungsmaßnahmen gegeben haben, stellt erhöhte Anforderungen an die Verhältnismäßigkeitsprüfung (BVerfGK 14, 87; 15, 241). Aufgabe des Richters ist es, von vornherein schon bei Anordnung einer Durchsuchung für eine angemessene Begrenzung der Zwangsmaßnahme zu sorgen sowie Messbarkeit und Kontrollierbarkeit des Grundrechtseingriffs zu gewährleisten (BVerfGE 42, 220; 96, 51; 103, 151; Bbg-

VerfG, LVerfGE 9, 109). Erforderlich ist eine sachlich zureichend begründete (BVerfG, KBeschl. v. 12.8.2005 – 2 BvR 1404/04 – juris), konkret formulierte, formelhafte Wendungen vermeidende Anordnung, die durch hinreichende Beschreibung des Durchsuchungsgrundes (BVerfGK 11, 4) sowie der Art und des vorgestellten Inhalts der Beweismittel, nach denen gesucht werden soll (BVerfG, KBeschl. v. 7.9.2007 – 2 BvR 260/03 – juris), zugleich den Rahmen der Durchsuchung abstecken und eine Kontrolle durch den von der Maßnahme Betroffenen und ein Rechtsmittelgericht ermöglichen muss (BVerfGK 5, 352; vgl. auch BVerfGK 9, 153 f.; BVerfG, NJW 2012, 2098). Besondere Sorgfalt ist auch bei der Anordnung von Durchsuchungen in Räumen von Berufsgeheimnisträgern (§ 53 StPO) geboten (BVerfGK 13, 215 f.; 14, 87 f.; s. auch oben Rn. 4). Der Schutz der Privatsphäre, die auch von übermäßigen Maßnahmen im Rahmen einer an sich zulässigen Durchsuchung betroffen sein kann, darf nicht allein dem Ermessen der mit der Durchsuchung beauftragten Beamten überlassen bleiben (BVerfGE 42, 220; BVerfGK 14, 94). Ein auf § 102 oder § 103 StPO gestützter Durchsuchungsbefehl, der keinerlei tatsächliche Angaben über den Inhalt des Tatvorwurfs enthält und zudem weder die Art noch den denkbaren Inhalt der Beweismittel, denen die Durchsuchung gilt, erkennen lässt, wird den verfassungsrechtl. Erfordernissen jedenfalls dann nicht gerecht, wenn solche Kennzeichnungen nach dem Ergebnis der Ermittlungen ohne weiteres möglich und den Zwecken der Strafverfolgung nicht abträglich sind (BVerfGE 42, 220; 44, 371; vgl. auch BVerfG, NJW 2000, 944; 2003, 1514; NStZ-RR 2005, 204; BlnVerfGH, JR 2000, 318). Eine gattungsmäßige Bestimmung der gesuchten Gegenstände reicht auch im Fall des § 103 StPO aus (BVerfGK 1, 132 f.). Vor der Durchführung einer Durchsuchung im Rahmen der Zwangsvollstreckung ist insbes. zu prüfen, ob diese Maßnahme für den Schuldner eine unverhältnismäßige Härte bedeuten würde (BVerfGE 51, 113; 57, 356). Ein richterl. Urteil, das zur Zahlung einer Geldsumme verurteilt, genügt diesen Anforderungen nicht, weil ihm noch nichts in Richtung auf eine Durchsuchung zu entnehmen ist (s. BVerfGE 51, 111 f.). Wohl aber deckt die im Vollstreckungsverfahren ergangene richterl. Anweisung an den Gerichtsvollzieher zur Durchführung der Zwangsvollstreckung diejenigen Maßnahmen, die in ihrem Verlaufe normalerweise einzutreten pflegen, mithin auch die Durchsuchung der Wohnung des Schuldners zum Zwecke der Pfändung beweglicher Sachen (BVerfGE 16, 240 f.; vgl. auch BVerfGE 76, 91 f.; BGHZ 82, 273).

14 Der Zweck des Richtervorbehalts hat Auswirkungen auch auf den **Zeitraum, innerhalb dessen die** richterl. **Durchsuchungsanordnung vollzogen werden darf;** spätestens nach Ablauf eines halben Jahres verliert sie ihre rechtfertigende Kraft (BVerfGE 96, 52 ff.). Der Durchsuchungsbeschluss kann **ohne vorherige Anhörung des Betroffenen** ergehen, wenn die Sicherung gefährdeter Interessen einen sofortigen Zugriff erfordert (BVerfGE 51, 111; 57, 358 f.; BFHE 120, 460; BayVGH n.F. 35, 52; vgl. auch zu Art. 103 I die Erläut. in Art. 103 Rn. 11). Insbes. in diesem Fall soll die Einschaltung des Richters auch dafür sorgen, dass die Interessen der von der Durchsuchung Betroffenen angemessen berücksichtigt werden (BVerfG, NJW 2003, 2304 m.w.N.; BVerfGK 3, 60; BVerfG, NJW 2009, 2516). Die Beschwerde gegen eine richterl. Durchsuchungsanordnung darf nicht allein deswegen, weil diese inzwischen vollzogen worden ist und sich deshalb erledigt hat, unter dem **Gesichtspunkt prozessualer Überholung** als unzulässig verworfen werden (BVerfGE 96, 41; BGHZ 153, 216 f.). Vielmehr bleibt das *Rechtsschutzinteresse* des Betroffenen wegen des schwerwiegenden Eingriffs in das Grundrecht des Art. 13 I grundsätzlich bestehen (BVerfGE 115, 181;

BVerfG, NJW 1999, 273; BGHSt 44, 268), sofern dem nicht ausnahmsweise der Einwand unzulässiger Rechtsausübung entgegengehalten werden kann (s. BVerfG, NJW 2003, 1515). Die Prüfungskompetenz des Beschwerdegerichts ist allerdings im Hinblick auf die Funktion des Richtervorbehalts, einen vorbeugenden Grundrechtsschutz sicherzustellen (vgl. Rn. 12), begrenzt. Das Gericht darf seine Entscheidung bei strafprozessualen Durchsuchungsanordnungen nicht auf Gründe stützen, die dem Ermittlungsrichter nicht bekannt waren. Prüfungsmaßstab bleibt vielmehr die Sach- und Rechtslage zur Zeit des Erlasses des Durchsuchungsbeschlusses (BVerfGK 5, 88; BVerfG, NJW 2011, 291 f.). Nur ausnahmsweise kommt ein Nachbessern im Beschwerdeverfahren in Betracht (BVerfG, NJW 2004, 3171 f.; BVerfGK 5, 88 f.).

Bei **Gefahr im Verzuge** ist eine richterl. Anordnung der Wohnungsdurchsuchung **15** nicht erforderlich (Beispiel: BVerfG, NVwZ-RR 2003, 495). Es genügt in diesem Fall ausnahmsweise (BVerfGE 103, 153; BVerfGK 5, 78) die **Anordnung durch ein anderes gesetzlich ermächtigtes Organ** (vgl. dazu vor allem § 105 I StPO i.V.m. § 152 GVG, der ein schnelles, situationsgerechtes Handeln der Ermittlungsbehörden ermöglichen will; BVerfG, NJW 2005, 1638). Wegen des Ausnahmecharakters der nichtrichterl. Anordnung und wegen der grundrechtssichernden Funktion des Richtervorbehalts ist *„Gefahr im Verzug" eng auszulegen*. Sie ist immer, aber auch nur dann anzunehmen, wenn – bei Anlegung eines strengen Maßstabs – die vorherige Einholung der richterl. Anordnung den Erfolg der Durchsuchung gefährden würde, insbes. weil ein Beweismittelverlust droht (BVerfGE 51, 111; 103, 154; BVerwGE 28, 291; 132, 104). Durch organisatorische Vorkehrungen und die Art und Weise der Aufgabenerledigung ist sicherzustellen, dass in der Masse der Fälle die Regelzuständigkeit des Richters vor der Durchsuchung gewahrt bleibt (zur Einrichtung richterl. Bereitschaftsdienste s. oben Rn. 12). „Gefahr im Verzug" muss – als auf den drohenden Verlust von Beweismitteln bezogene Prognoseentscheidung (BVerfG, NJW 2003, 2305) – mit Tatsachen begründet werden, die auf den Einzelfall bezogen sind (BVerfGE 103, 155; BVerfGK 2, 256; 2, 315; BVerwGE 132, 104). Reine Spekulationen, hypothetische Erwägungen und nur auf Alltagserfahrungen gestützte, fallunabhängige Vermutungen reichen als Grundlagen einer Annahme von Gefahr im Verzuge nicht aus. Auch hat die zuständige Behörde so zügig zu arbeiten, dass sie den instanziell und funktionell zuständigen Richter möglichst noch einschalten kann (s. auch BGHSt 51, 288 f.). Sie muss im Regelfall versuchen, den Richter vor der Durchsuchung zu erreichen (BVerfGE 103, 155 f.; zu einem – nicht unproblematischen – Ausnahmefall s. BayObLG, JR 2003, 301 f.), die dieser in Eilfällen ausnahmsweise auch mündlich, etwa fernmündlich, anordnen kann (BVerfG, KBeschl. v. 23.7.2007 – 2 BvR 2267/06 – juris m.w.N.; BbgVerfG, JR 2003, 60). Selbst herbeigeführte tatsächliche Voraussetzungen können eine Gefahr im Verzug und die Eilkompetenz nicht begründen (BVerfG, NJW 2005, 1638). So dürfen Strafverfolgungsbehörden nicht so lange mit dem Antrag an den Ermittlungsrichter warten, bis die Gefahr eines Beweismittelverlusts tatsächlich eingetreten ist (BVerfGE 103, 155; BGH, StV 2012, 2). Ob im Einzelfall Gefahr im Verzug gegeben ist, unterliegt *voller gerichtlicher Kontrolle* (BVerfG, NJW 2002, 1333; 2003, 2304; BVerwGE 132, 105; BbgVerfG, JR 2003, 60), die, wenn sie wirksam sein soll, verlangt, dass der die Durchsuchung anordnende nichtrichterl. Amtswalter vor oder unmittelbar nach der Durchsuchung seine für den Eingriff bedeutsamen Erkenntnisse und Überlegungen in den Akten dokumentiert (BVerfGE 103, 156 ff.; BVerfG, NJW 2005, 1638; BVerfGK 7, 395 f.; BVerwGE 132, 105). Auch die Gerichte dürfen den nachträglichen gerichtl. Rechtsschutz nicht leer laufen lassen (BVerfG, NJW 2003, 2304). Die **gesetzliche Ermächtigung** der nichtrichterl. Organe bedarf wie die Ermächtigung zur Durchsuchung selbst (vgl. Rn. 10) nicht notwendig eines förmlichen Gesetzes. *Gesetzliche Formvorschriften* zur Durchführung der Durchsuchung sind auch hier zu beachten. Ob solche Vorschriften verfassungsrechtl. geboten sind, ist umstritten (s. die Nachweise in OVG Berlin, DÖV 1974, 28). In jedem Fall ist der Verhältnismäßigkeitsgrundsatz zu wahren (BVerfGE 20, 186 f.; BVerwGE 47, 39).

### Absatz 3: Einsatz technischer Mittel zur Strafverfolgung

16　Abs. 3 ist zusammen mit den Abs. 4–6 durch G vom 26.3.1998 (BGBl I S. 610) eingefügt worden und ermöglicht wie diese auf gesetzl. Grundlage den Einsatz technischer Mittel zur Überwachung von Wohnungen. Dabei geht es bei dem qualifizierten Gesetzesvorbehalt des Abs. 3 um den Einsatz zur **akustischen** (nicht auch optischen) **Wohnraumüberwachung** bei der Verfolgung besonders schwerer Straftaten. Die Regelung ist **verfassungsgemäß**, allerdings im Wege systematischer Interpretation dahin auszulegen, dass Ermittlungsmaßnahmen auf der Grundlage des Abs. 3 den durch Art. 13 I i.V.m. Art. 1 I und Art. 2 I geschützten **unantastbaren Kernbereich privater Lebensgestaltung wahren** müssen, also nicht in diesen Bereich eindringen dürfen (BVerfGE 109, 309 ff., 318; 113, 391; a.A. hinsichtlich der Verfassungsmäßigkeit BVerfGE 109, 382 ff./Sondervotum). Was zu dem absolut geschützten Kernbereich des Höchstpersönlichen und damit nicht zum Sozialbereich gehört, der dem staatl. Zugriff nicht in gleicher Weise versperrt ist, hängt von der Situation im Einzelfall und damit insbes. von Ort, Inhalt und Teilnehmern des in der Wohnung geführten Gesprächs ab (im Einzelnen vgl. BVerfGE 109, 318 ff., 328 f.; 130, 22; zum Selbstgespräch eines Patienten in einem Krankenzimmer s. BGHSt 50, 210 ff.). Der Gesetzgeber ist nicht verfassungsrechtl. verpflichtet, diesen Bereich positiv zu definieren; er verfügt insoweit bei der Ausgestaltung des verfassungsrechtl. gebotenen Schutzes über einen weiten Beurteilungs- und Gestaltungsspielraum, den er in § 100 c IV 1 StPO hinreichend gewahrt hat (im Näheren vgl. BVerfGK 11, 171 ff.). Eine Überwachung muss aber in jedem Fall unterbleiben, wenn Anhaltspunkte dafür bestehen, dass wegen des Eindringens in den unantastbaren Bereich die Menschenwürde der Gesprächsteilnehmer verletzt wird. Führt die Maßnahme im Übrigen unerwartet zur Erhebung von absolut geschützten Informationen, muss sie abgebrochen, entstandene Aufzeichnungen müssen gelöscht werden. Jede Verwendung derart erhobener Daten – auch als Beweismittel – ist ausgeschlossen (BVerfGE 109, 318 f., 324, 328, 329 ff.; SächsVerfGH, LVerfGE 16, 468 ff., u. dazu § 100 c V 1–3 StPO). Fehlen Anhaltspunkte für die wahrscheinliche Erfassung absolut geschützter Gespräche, dürfen Gespräche des Beschuldigten daraufhin abgehört werden, ob sie die strafrechtl. Verwertung zugängliche Informationen enthalten (BVerfGE 109, 323).

17　*Satz 1:* Voraussetzung für die Anordnung einer akustischen Wohnraumüberwachung ist, dass bestimmte Tatsachen den **Verdacht der Begehung einer Straftat** begründen, die abstrakt ausdrücklich durch Gesetz einzeln als **besonders schwer** bestimmt worden ist (sog. *Katalogtat*; s. dazu die Aufzählung in § 100 c II StPO sowie BVerfGE 109, 348 f.). Der geforderte *Tatverdacht* setzt voraus, dass auf Grund schon vorliegender Erkenntnisse eine erhöhte Wahrscheinlichkeit für die Begehung der besonders schweren Katalogstraftat besteht (BVerfGE 109, 350 f.). Die *Schwere der Straftat* bestimmt sich nach dem Rang des verletzten Rechtsguts, nach den Begehungsmerkmalen und nach den Tatfolgen. Besonders schwere Straftaten i.S. des Abs. 3 müssen den mittleren Kriminalitätsbereich deutlich überschreiten (BVerfGE 109, 344) und sich auch im konkreten Einzelfall als besonders schwer erweisen (BVerfGE 109, 346 f.; vgl. auch § 100 c I Nr. 2 StPO). Die Überwachungsmaßnahme richtet sich gegen Wohnungen (auch dritter Personen), in denen der Beschuldigte sich vermutlich, d.h. nach durch hinreichende Anhaltspunkte gestützter Vermutung, aufhält (s. näher § 100 c III StPO u. BVerfGE 109, 352 ff.), und bedarf aus den gleichen Gründen wie im Fall des Abs. 2 (vgl. insoweit Rn. 12) der richterl. Anordnung, die allerdings besonders qualifiziert ist (s. nachstehend Rn. 18). Die Anordnung außerhalb des absolut geschützten Bereichs privater Lebensgestaltung (vgl. Rn. 16) darf nur ergehen, wenn die *Erforschung des Sachverhalts* – einschl. des Aufenthaltsorts von Mittätern (s. dazu BVerfGE 109, 352), nicht dagegen des Beschuldigten selbst – auf andere Weise wegen des damit verbundenen Ermittlungsaufwands unverhältnismäßig erschwert (BVerfGE 109, 341 f.) oder mangels anderer Erfolg versprechender Ermittlungsmaßnahmen aussichtslos wäre (BVerfGE 109, 342 f.; zu beidem § 100 c I Nr. 4 StPO). Die akustische Wohnraumüberwachung zum Zweck der Strafverfolgung insbes. im Bereich der Organisierten Kriminalität unterliegt also im Hinblick auf die besondere Schwere der Grundrechtsbeeinträchtigung in dem Sinne dem Gebot der **Verhältnismäßigkeit**, dass sie nur als ultima ratio in Betracht kommt (zu den Einzelheiten vgl. BVerfGE 109, 335 ff.). Ermittlungstechnische Notwendigkeiten und die von der jeweiligen Katalogtat geschützten Rechtsgüter sind gegen das Gewicht des Eingriffs in das Grundrecht des Abs. 1 abzuwägen (BT-Dr 13/8650 S. 5). In diese Abwägung sind ggf. Grundrechte beteiligter Dritter einzubeziehen (s. BT-Dr 13/9660 S. 4).

Die *Sätze 2–4* enthalten organisatorische und verfahrensrechtl. **Vorkehrungen ge-** **18** **gen einen unverhältnismäßigen Einsatz technischer Mittel**. Die Maßnahme ist in jedem Fall – nach § 100 d I 4 StPO auf höchstens einen Monat (zum Beginn der Frist vgl. BVerfGE 109, 361) – *zu befristen*, kann allerdings nach Maßgabe des § 100 d I 5 und 6 StPO, solange die Voraussetzungen dafür weiter gegeben sind und der Verhältnismäßigkeitsgrundsatz nicht entgegensteht (BVerfGE 109, 362), um jeweils wiederum maximal einen Monat verlängert werden. Dies hat wie im Fall der erstmaligen Anordnung grundsätzlich durch einen mit drei Mitgliedern besetzten **richterlichen Spruchkörper** zu geschehen. Nur bei *Gefahr im Verzuge*, d.h. wenn die durch das Zusammentreten des Richterkollegiums entstehende Verzögerung bei Anlegung strenger Maßstäbe den Erfolg der Überwachung gefährden würde (s. Rn. 15), kann deren Anordnung auch durch einen einzelnen Richter getroffen werden (zur näheren Ausgestaltung vgl. § 100 d I 1–3 StPO i.V.m. § 74 a IV GVG). Eine Anordnung durch andere Organe wie bei der Wohnungsdurchsuchung nach Abs. 2 ist nicht zulässig. Die Regelung trägt auf diese Weise dem besonderen Gewicht des durch Abs. 3 zugelassenen Grundrechtseingriffs Rechnung (BVerfGE 109, 358). Vor der Anordnung sind die Eingriffsvoraussetzungen sorgfältig zu prüfen (BVerfGE 109, 359). Ergeht sie, ist sie nach § 34 StPO – schriftlich (§ 100 d II 1 StPO) – zu begründen (zu den Einzelheiten vgl. § 100 d II 2, III StPO u. BVerfGE 109, 359 ff.) und sind erforderlichenfalls auch Anordnungen zur begleitenden Gerichtskontrolle zu treffen (s. BVerfGE 109, 360 f.). Auch das trägt bei richtiger Handhabung zum Grundrechtsschutz bei, weil die Wohnraumüberwachung nach Maßgabe des Verhältnismäßigkeitsgrundsatzes angemessen begrenzt werden kann. Außerdem dient die Begründung der Sicherung einer späteren Gerichtskontrolle (s. dazu Rn. 20). Sind die Voraussetzungen für den Einsatz technischer Mittel entfallen, ist die Maßnahme unverzüglich zu beenden und ihr Abbruch notfalls vom Gericht anzuordnen (BVerfGE 109, 360, u. § 100 c V 6 Halbs. 2, § 100 d IV 2 StPO).

19 Wie bei Eingriffen in das Fernmeldegeheimnis (vgl. Art. 10 Rn. 12) gelten auch bei der Wohnraumüberwachung für die **Verwendung** dabei gewonnener **personenbezogener Daten** besondere Anforderungen. Solche Daten sind grundsätzlich an den Zweck und auch an das Ermittlungsverfahren gebunden, für die sie erhoben worden sind. Zweckänderungen bedürfen einer gesetzl. Grundlage und müssen durch Allgemeinbelange gerechtfertigt sein, die die durch Art. 13 grundrechtl. geschützten Interessen überwiegen. Auch müssen die gewonnenen Daten dahin gekennzeichnet sein, dass sie aus einer Maßnahme der akustischen Wohnraumüberwachung stammen (im Einzelnen vgl. BVerfGE 109, 375 ff.). Werden sie für den Erhebungszweck nicht mehr benötigt, sind sie grundsätzlich zu vernichten. Ausnahmen gelten, soweit sie zur Gewährleistung effektiven Rechtsschutzes notwendig sind (BVerfGE 109, 380 f.).

20 **Benachrichtigung und gerichtlicher Rechtsschutz:** Nach Art. 13 I i.V.m. Art. 19 IV haben die Betroffenen einen Anspruch auf *jedenfalls nachträgliche Unterrichtung* von den gegen sie durchgeführten Maßnahmen der akustischen Wohnraumüberwachung. Begrenzungen dieses Anspruchs, der den gerichtl. Rechtsschutz gegen solche Maßnahmen ermöglichen soll, sind zur Sicherung des Eingriffszwecks möglich. Eine Zurückstellung der Benachrichtigung ist aber auf das unbedingt Erforderliche zu beschränken. Zulässig ist es, erst dann zu benachrichtigen, wenn dies ohne Gefährdung des Untersuchungszwecks und ohne Gefahr für Leib und Leben von Menschen geschehen kann (im Einzelnen vgl. BVerfGE 109, 363 ff.).

### Absatz 4: Einsatz technischer Mittel zur Gefahrenabwehr

21 *Satz 1:* Abs. 4 regelt den Einsatz technischer Mittel zur **akustischen wie optischen Wohnraumüberwachung** aus präventiv-polizeilichen Gründen (BVerfGE 109, 378 f.). Die Voraussetzungen dafür sind – entsprechend den Anforderungen des Rechtsstaatsprinzips, mit dem die Vorschrift vereinbar ist (MVLVerfG, LVerfGE 11, 290) – in mehrfacher Hinsicht enger als diejenigen für Eingriffe und Beschränkungen i.S. des Abs. 7, dem Abs. 4 als Spezialregelung vorgeht (vgl. BT-Dr 13/8650 S. 5). Die Maßnahme ist auf der Grundlage einer gesetzl. Ermächtigung (z.B. §§ 20 h BKAG, 23 BWPolG) zulässig nur zur **Abwehr dringender Gefahren für die öffentliche Sicherheit, insbesondere einer gemeinen Gefahr oder Lebensgefahr.** Die Vorschrift ermöglicht keine allg. Vorsorge für die Verhütung oder Verfolgung künftiger Straftaten, weil die Begrenzung des Eingriffs auf die Abwehr *"dringender"* Gefahren neben dem Ausmaß auch die Wahrscheinlichkeit des Schadens in Bezug nimmt (BVerfGE 130, 32; s. auch MVLVerfG, LVerfGE 11, 287 f.). Danach ist unter einer solchen Gefahr eine konkrete Gefahr, also eine Sachlage oder ein Verhalten zu verstehen, auf Grund derer in absehbarer Zeit die Schädigung eines besonders hochrangigen Rechtsguts mit hinreichender Wahrscheinlichkeit zu erwarten ist (BVerfGE 109, 379; 115, 361 ff.; RhPfVerfGH, AS 34, 191; anders, für den Begriff der dringenden Gefahr in erster Linie auf das Gewicht der bedrohten Rechtsgüter u. die Gefährlichkeit der Begehungsweise abstellend, BbgVerfG, LVerfGE 10, 199 f. m.w.N.; MVLVerfG, LVerfGE 11, 285 f.). Dabei muss es sich um eine Gefahr *für die öffentliche Sicherheit* handeln; eine Gefahr nur für die öffentl. Ordnung reicht für den Grundrechtseingriff nicht aus (s. – auch zu den Begriffen – BT-Dr 13/8650 S. 5; MVLVerfG, LVerfGE 11, 285). Beispielhaft hervorgehoben sind die Gemein- und die Lebensgefahr. Eine (all-)*gemeine Gefahr* liegt vor, wenn der im Einzelfall vorhandenen Gefahr – wie bei Überschwemmungen, Explosionsunglücken, Feuer- oder Einsturzgefahren – unbestimmt viele Personen oder Sachen ausgesetzt sind (RhPfVerfGH, AS 34, 191; vgl. auch SächsVerfGH, LVerfGE 4, 383). Dem-

gegenüber reicht es für die Annahme einer *Lebensgefahr* – Abs. 7 spricht ausdrücklich von einer solchen „für einzelne Personen" – aus, dass nur eine einzige Person gefährdet ist. Dass sie Inhaberin der von dem Eingriff betroffenen Wohnung ist oder sich in dieser aufhält, ist hier wie bei Abs. 4 überhaupt nicht erforderlich. Aus der Konkretisierung des Begriffs der öffentl. Sicherheit durch die Erwähnung von Gemein- und Lebensgefahren ist zu folgern, dass auch im Übrigen nur Gefahren für entsprechend hochrangige Rechtsgüter den Einsatz technischer Mittel zu Präventionszwecken rechtfertigen können (MVLVerfG, LVerfGE 11, 284 ff.). Für die Verwertung nach Abs. 4 erlangter Informationen gelten die Ausführungen in Rn. 19 entsprechend. Zur Unterrichtung Betroffener s. MVLVerfG, LVerfGE 11, 296 ff.

Wie im Fall des Abs. 3 steht die Anordnung der Wohnraumüberwachung unter **Richtervorbehalt**; dabei reicht hier die Entscheidung durch *einen* Richter aus. Die Einschaltung des Richters soll vor allem die *Wahrung des Verhältnismäßigkeitsgrundsatzes* sichern, der auf allen Stufen eines Eingriffs strikt zu beachten ist (MVLVerfG, LVerfGE 11, 289). In den unantastbaren Kernbereich privater Lebensgestaltung (vgl. Rn. 16) darf auch im Rahmen des Abs. 4 nicht eingedrungen werden (BVerfGE 130, 35). Im Übrigen sind das Grundrecht des Abs. 1 und die Intensität des Eingriffs in dieses Grundrecht gegen das Gewicht des zu schützenden Rechtsguts und den Grad seiner Bedrohung abzuwägen. Aufgabe des Richters ist es dabei auch, die im Einzelfall getroffene – und ggf. befristete – Maßnahme unter Kontrolle zu halten (MVLVerfG, LVerfGE 11, 295 f.). 22

Nach *Satz 2* kann die Maßnahme, wenn **Gefahr im Verzuge** ist (zum Begriff vgl. Rn. 15), ausnahmsweise ohne richterl. Anordnung ergehen. Es genügt in diesem Fall die *Anordnung durch eine andere gesetzlich bestimmte Stelle* (s. dazu etwa § 20 h III 2 BKAG, § 23 II 4 i.V.m. § 22 VI BWPolG); eine richterl. Entscheidung ist *unverzüglich*, sobald es die Umstände zulassen (vgl. näher Art. 104 Rn. 10), nachzuholen. Im Übrigen gilt all das, was oben in Rn. 15 zu Abs. 2 ausgeführt ist. 23

### Absatz 5: Einsatz technischer Mittel zum Schutz verdeckt eingesetzter Personen

Abs. 5 trifft eine Sonderregelung für technische Überwachungen, die ausschließlich zum Schutz von Personen vorgesehen sind, die in Wohnungen nach den §§ 110 a ff. StPO verdeckt Ermittlungen durchführen (vgl. BT-Dr 13/8650 S. 5). Erfasst wird nur das Einbringen der technischen Mittel für diesen Zweck; das Eindringen der zu schützenden Personen in die Wohnung bestimmt sich nach Abs. 2 oder 7. Die Anordnung der Maßnahme gemäß Abs. 5, die auch hier den unantastbaren Kernbereich privater Lebensgestaltung (s. Rn. 16) zu wahren hat, kann nach *Satz 1* durch eine *gesetzlich bestimmte Stelle*, muss also nicht notwendig durch den Richter angeordnet werden. Erkenntnisse, die bei Durchführung der Überwachung angefallen sind, dürfen nach *Satz 2* anderweitig nur zum Zweck der Strafverfolgung oder der Gefahrenabwehr **verwertet** werden. Außerdem muss grundsätzlich vorher die Rechtmäßigkeit der Maßnahme richterl. festgestellt sein. Bei *Gefahr im Verzuge* bedarf es der vorherigen Feststellung nicht. Doch ist die richterl. Entscheidung über die Rechtmäßigkeit unverzüglich (vgl. Art. 104 Rn. 10) nachzuholen. 24

### Absatz 6: Parlamentarische Kontrolle des Einsatzes technischer Mittel

Abs. 6 sieht im Hinblick auf die Schwere der nach Abs. 3–5 möglichen Eingriffe in das Grundrecht der Unverletzlichkeit der Wohnung besondere und zusätzliche Instrumente zur Sicherung und Verstärkung der parl. Kontrolle vor. Nach *Satz 1* 25 hat die BReg über die dort genannten Überwachungsmaßnahmen dem BTag jährlich zu berichten. Das geschieht für den Bereich des Art. 13 III nach § 100 e StPO, der die Regelung des GG insoweit konkretisiert (vgl. BT-Dr 16/10300 S. 1), auf der Grundlage von Mitteilungen der Staatsanwaltschaften der Länder, die Angaben über Anlass, Umfang, Dauer, Ergebnis und Kosten der Maßnahmen sowie über die Benachrichtung der Beteiligten enthalten müssen (im Einzelnen s. § 100 e II StPO). Zur Berichtspraxis, die darauf gerichtet sein muss, die für eine wirksame parl. Kontrolle benötigten Informationen bereitzustellen (vgl. auch Art. 43 Rn. 4), s. etwa BT-Dr 17/10601. Satz 2 verpflichtet zur Einrichtung eines vom BTag zu wählenden **Kontrollgremiums** (vgl. dazu 14. BTag, 47. Sitzung v. 24.6.1999, StenBer. S. 3956 f. i.V.m. BT-Dr 14/1219), das auf der Grundlage des jeweiligen Berichts die parl. Kontrolle ausübt (zur Einsetzung in der 17. Wahlperiode BT-Dr 17/224). Die Kontrollbefugnis des BTagsplenums wird davon nicht berührt (BayVerfGH 55, 41), die Rechtmäßigkeitsüberprüfung durch die Gerichte nicht verdrängt (s. BT-Dr 13/8650 S. 5 f.). Das Kontrollgremium soll also auch nicht – anders als nach Art. 10 II 2 und Art. 19 IV 3 bestellte Organe – den gerichtl. Rechtsschutz ersetzen (BVerfGE 109, 373). Die Ausgestaltung der parl. Kontrolle im Zuständigkeitsbereich der Länder überlässt Satz 3 deren Regelung. Die Kontrolle muss derjenigen nach Satz 1 und 2 gleichwertig sein. Das ist der Fall, wenn das landesrechtl. Kontrollniveau im Wesentlichen dem für den Bund vorgeschriebenen entspricht (MVLVerfG, LVerfGE 11, 302). Zur Umsetzung des Satzes 3 durch die Länder im Einzelnen vgl. BT-Dr 14/3998 S. 6 und für Bayern BayVerfGH 55, 35 ff.

### Absatz 7: Eingriffe und Beschränkungen

26 Abs. 7 regelt als **Auffangtatbestand**, unter welchen Voraussetzungen das Grundrecht des Abs. 1 Eingriffen und Beschränkungen, die nicht Durchsuchungen i.S. des Abs. 2 sind (BVerfGE 32, 73; BVerwGE 28, 287; s. auch oben Rn. 9) und auch nicht unter die Spezialregelungen in den Abs. 3–5 fallen, zugänglich ist. Bei der Auslegung dieser Begriffe, die sich nicht voneinander abgrenzen lassen, ist davon auszugehen, dass das **Schutzbedürfnis des Wohnungsinhabers** bei den insgesamt der „räumlichen Privatsphäre" zuzuordnenden Räumen (vgl. oben Rn. 3) **unterschiedlich groß** ist. Die *Wohnung im engeren Sinne* gehört zur privaten Intimsphäre. Dem mit Rücksicht darauf stärkeren Bedürfnis nach Fernhaltung von Störungen entspricht es, die Begriffe „Eingriffe und Beschränkungen" insoweit streng auszulegen. Betretungs- und Nachschaurechte, wie sie Verwaltungsbehörden im Rahmen der Wirtschafts-, Arbeits- und Steueraufsicht vielfach eingeräumt sind, sind deshalb bei Wohnräumen grundsätzlich ausgeschlossen (BVerfGE 32, 75; 37, 147); ein staatl. Eindringen in diese kommt außerhalb der Abs. 2–5 nur unter den Voraussetzungen des Abs. 7 in Betracht. Das Gleiche gilt, soweit in solchen Räumen zugleich eine berufliche oder geschäftliche Tätigkeit ausgeübt wird. Bei *reinen Geschäfts- und Betriebsräumen* ist das Schutzbedürfnis dagegen geringer (BVerfG, NJW 2008, 2427), weil ihnen nach ihrer Zweckbestimmung größere Offenheit nach außen eignet und die darin vorgenommenen Tätigkeiten deswegen in besonderem Maße auch die Interessen anderer und der Allgemeinheit berühren können. Es ist deshalb folgerichtig, dass die mit dem Schutz dieser Interessen beauftragten Behörden in gewissem Rahmen diese Tätigkeiten an Ort und Stelle kontrollieren und zu diesem Zweck die Räume betreten dürfen. Betretungs- und Besichtigungsrechte für Geschäfts- und Betriebsräume sind daher nach gefestigter Rspr. nicht als Eingriffe und Beschränkungen i.S. des Abs. 7 zu qualifizieren. Sie unterliegen vielmehr *eigenen* – an Art. 2 I und dem Verhältnismäßigkeitsgrundsatz orientierten – *Maßstäben* und verstoßen dann

nicht gegen Art. 13 I, wenn eine besondere gesetzl. Vorschrift zum Betreten und Besichtigen ermächtigt, die Maßnahmen einem erlaubten Zweck dienen und für dessen Erreichung erforderlich sind, das Gesetz Zweck, Gegenstand und Umfang des Betretens und Besichtigens deutlich erkennen lässt und diese auf Zeiten beschränkt werden, in denen die Räume normalerweise für die geschäftliche oder betriebliche Nutzung zur Verfügung stehen (BVerfGE 32, 75 ff.; 97, 266; BVerfGK 10, 410 ff.; BVerwGE 78, 254 f.; BVerwG, DVBl 1996, 150; BVerwGE 121, 351 f.; BFHE 155, 7 f.; 216, 45 f.), vorausgesetzt, dass dies, wie zu ergänzen sein wird, für das Erreichen des Kontrollzwecks ausreichend ist (krit. zu dieser Rspr. z.b. Berkemann, AK, Art. 13 Rn. 109 ff., sie im Ergebnis verteidigend dagegen Cassardt in Umbach/Clemens, Art. 13 Rn. 47 f.). „Normalerweise" ist dabei nicht lediglich auf Nutzungen während der üblichen Geschäfts- und Betriebszeiten bezogen, knüpft vielmehr an die tatsächliche Nutzung an und erfasst deshalb auch Nutzungen, die im Zuge der Leistung von Überstunden oder Sonderschichten erfolgen (s. BT-Dr 7/5262 S. 36). Im Übrigen sind die genannten Voraussetzungen aber eng auszulegen (BVerfGK 10, 412). Nicht erforderlich ist jedoch, dass ein Gesetz im formellen Sinne die behördlichen Maßnahmen erlaubt. Ausreichend ist auch eine den Anforderungen des Art. 80 I 2 genügende RVO (BVerwG, DVBl 1996, 151).

**Eingriffe und Beschränkungen zur Abwehr einer gemeinen Gefahr oder einer Lebensgefahr für einzelne Personen** bedürfen keiner besonderen gesetzl. Ermächtigung, können vielmehr unmittelbar auf Abs. 7 gestützt werden (BVerfGK 16, 146; MVLVerfG, LVerfGE 11, 285; weiter offenbar auch BayVGH, NVwZ-RR 1994, 252; a.A. dagegen im Hinblick auf den allg. Gesetzesvorbehalt z.B. Jarass in Ders./Pieroth, Art. 13 Rn. 35). Dabei bedeutet *Gefahrenabwehr* den Schutz gegen eine bereits eingetretene oder unmittelbar bevorstehende konkrete Gefahr. Zu den Begriffen *„gemeine Gefahr"* und *„Lebensgefahr für einzelne Personen"* vgl. oben Rn. 21. 27

**Eingriffe und Beschränkungen zur Verhütung dringender Gefahren für die öffentliche Sicherheit und Ordnung** sind nur auf spezialgesetzl. Grundlage zulässig (BVerfGK 16, 146; OVG Koblenz, AS 30, 325). Wie im Fall des Abs. 2 (s. oben Rn. 10) kommen dafür nicht nur formelle Gesetze wie die Polizeigesetze, sondern „auf Grund" gesetzl., bei RVO an die Erfordernisse des Art. 80 I gebundener Ermächtigung auch RVO und satzungsrechtl. Regelungen in Betracht (str.; wie hier für RVO BVerwGE 37, 286, zu § 34 II GewO u. § 4 II der darauf gestützten VO über den Geschäftsbetrieb der gewerblichen Pfandleiher i.d.F. v. 1.6.1976, BGBl I S. 1334; vgl. weiter auch OVG Hamburg, GewArch 1992, 311; zu den Voraussetzungen für satzungsrechtl. Eingriffsregelungen s. BayVGH, NVwZ-RR 1994, 252; VGH Mannheim, ESVGH 43, 126 ff.; OVG Koblenz, AS 24, 307 f.). Weiterreichende gesetzl. Eingriffsermächtigungen sind im Wege verfassungskonformer Auslegung auf die Eingriffszwecke des insoweit unmittelbar anwendbaren Abs. 7 zu beschränken (BVerwGE 47, 40; BayVerfGH 59, 25 f.; BayVBl 2008, 49). Eine *dringende Gefahr* i.S. dieser Vorschrift ist gegeben, wenn eine Sachlage oder ein Verhalten bei ungehindertem Ablauf des objektiv zu erwartenden Geschehens mit hinreichender Wahrscheinlichkeit ein wichtiges Rechtsgut schädigen wird (BVerwGE 47, 40). Hieraus wie aus dem Begriff der **Gefahrenverhütung** ergibt sich, dass die dringende Gefahr für die öffentl. Sicherheit und Ordnung nicht schon eingetreten sein muss. Es genügt, dass die Grundrechtsbeschränkung dem Zweck dient, einen Zustand, der eine solche Gefahr darstellen würde, nicht eintreten zu lassen (BVerfGE 17, 251 f.; BVerwG, NJW 2006, 2505). Eine konkrete Gefahr (Rn. 21) muss demnach nicht vorliegen (OVG 28

Münster, DVBl 2008, 796). Der Begriff der *öffentlichen Sicherheit und Ordnung* ist mit dem polizeirechtl. Begriff der öffentl. Sicherheit oder Ordnung identisch (allg. M.). Als besonders wichtige Beispiele der Gefahrenverhütung im Bereich dieses Schutzgutes nennt Abs. 7 die Behebung der Raumnot i.S. von allg. Wohnungsnot (OVG Münster, DVBl 1952, 352 f.; 1953, 53; vgl. auch OVG Hamburg, NJW 1997, 2194), die Bekämpfung von Seuchengefahr (s. dazu – neben dem TierseuchenG i.d.F. v. 22.6.2004, BGBl I S. 1260 – insbes. das InfektionsschutzG v. 20.7.2000, BGBl I S. 1045) und den Schutz gefährdeter Jugendlicher (dazu vgl. das SGB VIII – Kinder- u. Jugendhilfe – i.d.F. v. 11.9.2012, BGBl I S. 2022).

29   Wie bei Durchsuchungen nach Abs. 2 (vgl. oben Rn. 13) ist auch im Rahmen des Abs. 7 der *Verhältnismäßigkeitsgrundsatz* streng zu beachten (BayVGH, BayVBl 1981, 758). Daraus ergibt sich, dass in das Grundrecht des Abs. 1 hier nur eingegriffen werden darf, wenn und soweit die Maßnahme zur Gefahrenabwehr geeignet und erforderlich ist, und im Einzelfall die rechtsstaatl. Bedeutung der Unverletzlichkeit der Wohnung mit dem öffentl. Interesse an der Wahrung von Recht und Ordnung abgewogen werden muss (BVerwGE 47, 70). Das wird i. Allg. vor Vornahme des Eingriffsakts beim Erlass der diesem vorausgehenden *Duldungsanordnung* geschehen (zu dieser s. BayVGH, DÖV 1991, 432). Eingriffe zu anderen Zwecken als denen der Gefahrenabwehr lässt Abs. 7 nicht zu (zur ausschließlich polizeirechtl. Ausrichtung der Vorschrift vgl. auch BVerfGE 75, 327).

30   **Spezielle Grundrechtsbeschränkungen** ermöglicht Art. 17 a II für das Gebiet der *Verteidigung einschließlich des Schutzes der Zivilbevölkerung* (vgl. dazu Art. 17 a Rn. 8).

## Artikel 14 [Eigentum, Erbrecht und Enteignung]

(1) Das Eigentum und das Erbrecht werden gewährleistet. Inhalt und Schranken werden durch die Gesetze bestimmt.

(2) Eigentum verpflichtet. Sein Gebrauch soll zugleich dem Wohle der Allgemeinheit dienen.

(3) Eine Enteignung ist nur zum Wohle der Allgemeinheit zulässig. Sie darf nur durch Gesetz oder auf Grund eines Gesetzes erfolgen, das Art und Ausmaß der Entschädigung regelt. Die Entschädigung ist unter gerechter Abwägung der Interessen der Allgemeinheit und der Beteiligten zu bestimmen. Wegen der Höhe der Entschädigung steht im Streitfalle der Rechtsweg vor den ordentlichen Gerichten offen.

1   **Allgemeines:** Art. 14 garantiert – neben dem Erbrecht – das Eigentum und regelt die Voraussetzungen, unter denen dieses beschränkt und entzogen werden kann. Auf der **europäischen Ebene** gewährleisten den Schutz des Eigentums Art. 1 des 1. ZP zur EMRK und für den Bereich der EU Art. 17 EUGrCh. Dabei bestehen Unterschiede etwa beim Begriff der Enteignung, den das GG in einem engeren Sinne versteht (vgl. nachstehend Rn. 13), als es bei Art. 1 des 1. ZP zur EMRK

im Rahmen des Begriffs der Eigentumsentziehung der Fall ist. In Art. 14 mit seiner freiheitsverbürgenden Eigentumsgewährleistung einerseits und der Sozialbindung sowie der Enteignungsmöglichkeit andererseits wird das Spannungsverhältnis zwischen individualrechtl. Freiheitsgarantie und ordnungspolit. Komponenten besonders deutlich. Gleichzeitig wird der dynamische Charakter der Vorschrift ersichtlich, wobei die Bestandsgarantie des Art. 14 I 1, der Regelungsauftrag des Art. 14 I 2 und die Sozialpflichtigkeit des Eigentums nach Art. 14 II in einem unlösbaren Zusammenhang stehen. Keiner dieser Faktoren darf über Gebühr verkürzt, alle müssen zu einem verhältnismäßigen Ausgleich gebracht werden (BVerfGE 50, 340). Zum methodischen Vorgehen bei der Prüfung von Grundrechtsbeeinträchtigungen allg. s. vor Art. 1 Rn. 8 f.

### Absatz 1: Eigentum und Erbrecht

Die in *Satz 1* verbürgte **Garantie des Eigentums** (E) hat eine doppelte Bedeutung (zusammenfassend: BVerfGE 68, 222 f.): Sie stellt zum einen ein elementares Grundrecht dar, zum anderen gewährleistet sie das E als Rechtsinstitut. Als **Grundrecht** kommt der E-Garantie die Aufgabe zu, dem Träger des Grundrechts (dazu nachstehend Rn. 3) einen Freiheitsraum im vermögensrechtl. Bereich zu sichern (Recht auf Nichtbeeinträchtigung) und ihm dadurch eine eigenverantwortliche Gestaltung seines Lebens zu ermöglichen (BVerfGE 50, 339; 102, 15; 123, 258). Geschützt wird der konkrete Bestand an vermögenswerten Gütern in der Hand des Eigentümers vor ungerechtfertigten Eingriffen durch die öffentl. Gewalt (BVerfGE 68, 222; 74, 281; 101, 75). Dabei muss sich der Schutz des E im sozialen Rechtsstaat auch und gerade für den sozial Schwachen durchsetzen (BVerfGE 49, 226). Denn dieser Bürger ist es, der dieses Schutzes um seiner Freiheit willen in erster Linie bedarf (BVerfGE 42, 77). Als **Rechtsinstitut** ist das Privateigentum im Wesentlichen durch die Privatnützigkeit und die grundsätzliche Verfügungsbefugnis über das E-Objekt gekennzeichnet (BVerfGE 24, 389; 68, 367; 104, 8). Ein elementarer Bestandteil der Verfügungsbefugnis ist die Freiheit, das E zu veräußern (BVerfGE 79, 290) oder Dritten zur Nutzung zu überlassen (BVerfGE 98, 35 f.). Die Institutsgarantie verbietet es, dass solche Sachbereiche der Privatrechtsordnung entzogen werden, die zum elementaren Bestand grundrechtl. geschützter Betätigung im vermögensrechtl. Bereich gehören (BVerfGE 24, 389), und verpflichtet den Staat, das E i.S. des Art. 14 normativ zu schützen. Die Schaffung von öffentl. E mit besonderer Rechtsform ist dadurch nicht grundsätzlich ausgeschlossen (BVerfGE 24, 388 ff.; s. auch Bryde in von Münch/Kunig, Art. 14 Rn. 57). Der Staat ist auch verpflichtet, das E seiner Bürger gegen ausländische Zugriffe zu schützen, ohne dass sich daraus jedoch ein konkreter Anspruch ableiten ließe (vgl. BVerfGE 53, 364 ff.). Dagegen sind vermögenswerte Rechtspositionen, die auf DDR-Recht beruhen und im Einigungsvertrag oder später anerkannt wurden, durch Art. 14 geschützt (BVerfGE 100, 33 ff.; 112, 396 – Rentenansprüche u. -anwartschaften).

**Grundrechtsträger:** Auf das Grundrecht der Eigentumsfreiheit können sich seinem Wesen nach nicht nur natürliche Personen berufen, sondern auch inländische juristische Personen des Privatrechts (BVerfGE 4, 17; 50, 321; 66, 130) und andere Personenvereinigungen sowie jetzt auch privatrechtl. juristische Personen aus Mitgliedstaaten der EU (BVerfGE 129, 94 ff.; s. Art. 19 Rn. 11), nicht jedoch andere ausländische juristische Personen (vgl. BVerfGE 21, 208 f.), deren Eigentum allerdings durch zahlreiche völkerrechtl. Verträge geschützt wird. Der Staat und die öff.-rechtl. Körperschaften und Anstalten sind grundsätzlich keine Grundrechtsträger (s. Art. 19 Rn. 7 f.). Eine Gemeinde kann sich auch außerhalb des Bereichs der Wahrnehmung öffentl. Aufgaben nicht auf das Grundrecht berufen (BVerfGE 61, 105; a.A. BayVerfGH 37, 108 – im Hinblick auf Landesverfassung). Die Kirchen genießen für ihr Vermögen außerdem den Schutz des Art. 140/138 II WRV (wobei das Verhältnis zu Art. 14 str. ist).

4 Der **Begriff des Eigentums** in Art. 14 ist nicht mit dem des bürgerlichen Rechts identisch. Er ist nicht statisch, sondern Wandlungen unterworfen. E umfasst alles, was das einfache Recht als E bestimmt (vgl. BVerfGE 58, 336). Darüber hinaus verwendet das BVerfG eine funktionale Definition, nach der Zweck und Funktion der E-Garantie unter Berücksichtigung ihrer Bedeutung im gesamten Verfassungsgefüge maßgeblich sind (BVerfGE 36, 290). Die E-Garantie soll dem Grundrechtsträger zur eigenverantwortlichen Gestaltung seines Lebens einen Freiraum im vermögensrechtl. Bereich erhalten. Damit fallen unter den Schutz des Art. 14 grundsätzlich alle vermögenswerten Rechte, die dem Berechtigten von der Rechtsordnung in der Weise zugeordnet sind, dass er die damit verbundenen Befugnisse nach eigenverantwortlicher Entscheidung zu seinem privaten Nutzen ausüben darf (BVerfGE 93, 141; 123, 258; 126, 358). **Privatrechtliche vermögenswerte Rechte** in diesem Sinne sind das Grundeigentum (ohne Nutzung des Grundwassers – BVerfGE 58, 332), sonstige dingliche Rechte, Forderungen (BVerfGE 68, 222) und Mitgliedschaftsrechte (z.B. das in einer Aktie verkörperte Anteilseigentum – BVerfGE 14, 276 f.; 100, 301; BVerfG, NJW 2007, 3265), auch die Rechte als Mitglied einer Gesamthandsgemeinschaft (BVerfGE 24, 384), ferner nach h.M. das Recht am eingerichteten und ausgeübten Gewerbebetrieb als Sach- und Rechtsgesamtheit (BGHZ 23, 162 f.; 92, 37; BVerfGE 62, 226; dagegen in BVerfGE 66, 145; 74, 148; 105, 278 offengelassen). Unzulässig ist der Eingriff in die Substanz der Sach- und Rechtsgesamtheit des Gewerbebetriebs (BVerwGE 95, 348). Nicht geschützt nach Art. 14 I sind jedoch die unternehmerische Betätigung und der Bestand des Unternehmens. Die Freiheit im wirtsch. Verkehr fällt ebenfalls nicht unter Art. 14, sie wird von Art. 2 I erfasst (BVerfGE 12, 347 f.; 14, 282 f.). Einschränkungen individueller Leistungs- und Erwerbstätigkeit sind an Art. 12 zu messen, da Art. 14 nur das Erworbene, das Ergebnis der Betätigung, nicht dagegen den Erwerb, die Betätigung selbst schützt (BVerfGE 30, 335; s. auch Art. 12 Rn. 3). Vom Schutz des Art. 14 umfasst sind auch das E der Unternehmensträger (BVerfGE 50, 341), ferner Bergbaurechte (BVerfGE 77, 136), Fischereirechte (BVerfGE 70, 199), das Eigentumsrecht an Sozialwohnungen (BVerfGE 95, 82 ff.), das Besitzrecht an der gemieteten Wohnung (BVerfGE 89, 6, da diese Mittelpunkt privater Existenz ist u. ihr Funktionen wie typischerweise dem Sacheigentum zukommen), Rückübertragungsrechte nach dem VermögensG (vgl. auch BVerfGE 95, 58; str.), das „geistige Eigentum", d.h. die Verwertungsbefugnisse i.S. des Urheberrechts (BVerfGE 31, 239; 79, 40; BVerfGK 17, 547 f.), das dem Urheberrecht verwandte Schutzrecht des ausübenden Künstlers (BVerfGE 81, 208), das schutzwürdige und rechtmäßig eingetragene Warenzeichen (BVerfGE 51, 216) sowie rechtl. gesicherte und geschützte Nutzungsmöglichkeiten (BGHZ 83, 3). Dem Schutz des E unterfallen dagegen weder das Vermögen als Ganzes (BVerfGE 4, 17; 95, 300 f.; BVerwGE 98, 291; BGHZ 83, 194 f.; BFHE 163, 174; BSGE 60, 145) noch bloße Gewinnchancen, Interessen oder Verdienstmöglichkeiten (BVerfGE 48, 296; 74, 148; 110, 290 m.w.N.; BGHZ 83, 3 f.; 132, 187). Gleiches gilt für den Widerruf der Börsenzulassung von Aktien im regulierten Markt auf Antrag des Emittenten (BVerfG, U. v. 11.7.2012 – 1 BvR 3142/07 u.a. –). Ebenso wenig ist aus Art. 14 Schutz vor Konkurrenz (BVerfGE 55, 27) oder bei Grundstücken ein Anspruch auf Einräumung gerade derjenigen Nutzungsmöglichkeit herzuleiten, die dem Ei-

gentümer den größtmöglichen wirtsch. Vorteil verspricht (BVerfGE 58, 345). Geschützt sind nur die Rechtspositionen, die einem Rechtssubjekt bereits zustehen (BVerfGE 20, 34; 95, 187 f.), so auch ein Vorkaufsrecht wenigstens dann, wenn der Vorkaufsfall eingetreten ist (BVerfGE 83, 209).

**Vermögenswerte subjektive Rechte des öffentlichen Rechts** fallen nur dann unter 5 den E-Begriff, wenn sie ihrem Inhaber eine Rechtsposition verschaffen, die der eines Eigentümers so nahe kommt, dass Art. 14 Anwendung finden muss (BVerfG i. st. Rspr. seit E 4, 240; aus neuerer Zeit BVerfG, NVwZ 2002, 197; auch BGHZ 92, 106, entgegen der weitergehenden früheren Rspr.; vgl. BGHZ 6, 278). Dies ist insbes. dann der Fall, wenn sich das Recht als Äquivalent eigener Leistung erweist (BVerfGE 48, 413; 95, 82; 97, 284). Je höher der einem Anspruch zugrunde liegende Anteil eigener Leistung ist, desto stärker tritt der verfassungsrechtl. wesentliche personale Bezug und mit ihm ein tragender Grund des E-Schutzes hervor (BVerfGE 53, 291 f.). Weiter ist von Bedeutung, ob das Recht „nach Art eines Ausschließlichkeitsrechts zugeordnet ist" (BVerfGE 69, 300; 72, 195). Dementsprechend haben das BVerfG Versicherungsrenten und Rentenanwartschaften aus den gesetzl. Rentenversicherungen (seit BVerfGE 53, 257 st. Rspr.; zuletzt E 112, 396; 116, 121 ff.; 126, 391; s. auch BSGE 60, 162) sowie Ansprüche und Anwartschaften auf Arbeitslosengeld (BVerfGE 72, 18 f.; 74, 213 ff.; 94, 258) und das BSG Kinderzuschüsse (BSGE 60, 27) dem Schutz des Art. 14 unterstellt. Geschützt ist auch der Anspruch auf Erstattung zu viel gezahlter Steuern (BVerfGE 70, 285). Soweit öff.-rechtl. Ansprüche dagegen vom Staat in Erfüllung seiner Fürsorgepflicht eingeräumt werden, ohne dass eine den E-Schutz rechtfertigende Leistung des Einzelnen hinzutritt, liegt keine dem Art. 14 unterstehende Rechtsposition vor (BVerfGE 53, 291 f.; 72, 193). Daher genießen keinen E-Schutz Hinterbliebenenrenten (BVerfGE 97, 284), Fremdrenten (BVerfGE 116, 123 f.), der beitragslose Krankenversicherungsschutz der Rentner (BVerfGE 69, 272), Ansprüche auf Subventionen (BVerfGE 88, 401 f.; 97, 83), die künftige Gewährung einer Wohnungsbauprämie (BVerfGE 48, 413), ein zinsverbilligtes Darlehen (BVerfGE 72, 193 ff.; BGHZ 92, 106 f.), das Kindergeld (BSG, NJW 1987, 463), Ermessensleistungen (BVerfGE 63, 174; 69, 301; BSGE 50, 150), Ansprüche auf Leistungen nach dem LastenausgleichsG (BVerfGE 11, 70 f.; 19, 370; 32, 128) sowie Ansprüche auf staatl. Genehmigungen (BGHZ 108, 371 – Taxikonzession). Für vermögensrechtl. Ansprüche von Angehörigen des öffentl. Dienstes, die ihre Grundlage in einem öff.-rechtl. Dienstverhältnis haben, gilt Folgendes: Soweit es sich um Beamte und Versorgungsempfänger handelt, besteht eine Sonderregelung in Art. 33 V, so dass die E-Garantie des Art. 14 auf Ansprüche dieses Personenkreises nicht anwendbar ist (BVerfGE 67, 14; 71, 271; 76, 294; BSGE 58, 6). Praktisch besteht jedoch kaum ein Unterschied, weil der Vermögensbestand der beamtenrechtl. Besoldungs- und Versorgungsansprüche durch Art. 33 V in gleicher Weise gesichert ist, wie er es durch Art. 14 sein würde (BVerfGE 16, 115; 39, 200; BSGE 55, 274). Wo Art. 33 V nicht eingreift, kommt dagegen Art. 14 zum Tragen, so bei Berufssoldaten (BVerfGE 16, 116; 65, 174; 83, 195) oder den besonderen Hochschullehrerbezügen (BVerfGE 35, 31).

Art. 14 enthält keine staatl. Geldwertgarantie (BVerfGE 97, 371; BFHE 112, 6 564) und schützt grundsätzlich auch nicht vor der **Auferlegung von Geldleistungspflichten** (BVerfGE 63, 327; 75, 154; 91, 220), solange dadurch die Vermögenswerte des Eigentümers nicht grundlegend beeinträchtigt werden oder gar ein Eingriff in die Kapitalsubstanz vorliegt (BVerfGE 22, 413; 63, 368; s. auch E 95, 301; 108, 233). Eine dogmatische Begründung für diesen – eingeschränkten –

Vermögensschutz gab das BVerfG nicht. Nun heißt es in einem Beschluss des Zweiten Senats vom 18.1.2006: „Ist es der Sinn der E-Garantie, das private Innehaben und Nutzen vermögenswerter Rechtspositionen zu schützen, greift auch ein Steuergesetz als rechtfertigungsbedürftige Inhalts- und Schrankenbestimmung (Art. 14 I 2) in den Schutzbereich der E-Garantie ein, wenn der Steuerzugriff tatbestandlich an das Innehaben von vermögenswerten Rechtspositionen anknüpft und so den privaten Nutzen der erworbenen Rechtspositionen zugunsten der Allgemeinheit einschränkt". Jedenfalls die Einkommen- und die Gewerbesteuer qualifiziert das BVerfG „als Beeinträchtigung konkreter subjektiver Rechtspositionen" (BVerfGE 115, 111 f.). Umgekehrt vermittelt Art. 14 jedoch „keinen Anspruch auf eine steuerl. Kompensation eigener Wettbewerbsnachteile durch höhere Besteuerung der Konkurrenz" (BVerfGK 11, 450).

7 *Satz 2:* Da es keinen vorgegebenen absoluten und unverrückbaren Begriff des E gibt, Inhalt und Funktion des E vielmehr der Anpassung an die gesellsch. und wirtsch. Verhältnisse fähig und bedürftig sind (BVerfGE 20, 355; 52, 30; 70, 201; BSGE 58, 15), hat die Verfassung dem Gesetzgeber die Aufgabe übertragen, **Inhalt und Schranken des Eigentums durch Gesetz zu bestimmen**, d.h. eine generelle Festlegung der mit dem E verbundenen Rechte und Pflichten gegenüber der öffentl. Gewalt, aber auch im Verhältnis zu Privatpersonen vorzunehmen (BVerfGE 52, 27 f.; 58, 144 f.; 58, 330). Weitere Möglichkeiten der E-Beschränkung eröffnen Art. 135 a und Art. 143 (dazu BVerfGE 91, 309). Zur Inhalts- und Schrankenbestimmung (die Begriffe sind als Einheit zu verstehen; vgl. BVerfGE 50, 339 f.) genügt ein materielles Gesetz, also auch eine RVO (BVerfGE 8, 79; 9, 343) oder Satzung (BGHZ 77, 183). Art. 19 I gilt für derartige Regelungen nicht (BVerfGE 20, 356; 21, 93; s. auch Art. 19 Rn. 2 u. 4). Für die Gestaltungsfreiheit des Gesetzgebers setzt die E-Gewährleistung Grenzen (BVerfGE 14, 263). Es kommt auf den Umfang der E-Befugnisse im Zeitpunkt der Gesetzesregelung, den sozialen Bezug des E-Objekts und seine Bedeutung für die Sicherung der persönlichen Freiheit des Eigentümers an (BVerfGE 31, 284; 58, 336; 70, 201). Geschützt wird allein der konkret vorhandene Bestand (BVerfGE 68, 222). Dem Gesetzgeber sind enge Grenzen gezogen, soweit es um die Funktion des E als Element der Sicherung der persönlichen Freiheit des Einzelnen geht (vgl. BVerfG, NJW 1994, 241 f. – Verpflichtung zur Veräußerung von Wohneigentum). Dagegen ist die Befugnis des Gesetzgebers umso weiter, je mehr das E-Objekt in einem sozialen Bezug und einer sozialen Funktion steht (BVerfGE 50, 340; 70, 201; 102, 17) und damit Art. 14 II zum Tragen kommt (BVerfGE 71, 246 f.; zu Steuergesetzen BVerfGE 115, 113 f.; zu Grenzen der Eigenbedarfskündigung von Wohnraum s. BVerfGE 89, 241 ff.; BVerfG, NJW 1994, 994 f.; 1994, 995 f.; zur Zwangsversteigerung BVerfG, NJW 2009, 1259 f.). Dem Gesetzgeber stellt sich daher die Aufgabe, den *Freiheitsraum des Einzelnen* im Bereich der E-Ordnung und die *Belange der Allgemeinheit* in einen gerechten Ausgleich zu bringen (BVerfGE 58, 114; 91, 308; 110, 28). Das Wohl der Allgemeinheit ist Orientierungspunkt und Grenze für die E-Beschränkung (BVerfGE 70, 111; 79, 40 f.). Dazu hat das GG selbst in Art. 14 II dem Gesetzgeber eine Richtschnur gegeben (BVerfGE 25, 117; 52, 29). Jede gesetzl. Inhalts- und Schrankenbestimmung muss sowohl die grundlegende Wertentscheidung des GG zugunsten des Privateigentums im herkömmlichen Sinne beachten als auch mit allen übrigen Verfassungsnormen in Einklang stehen, also insbes. mit dem Gleichheitssatz, dem Grundrecht auf freie Entfaltung der Persönlichkeit und den Prinzipien des Rechts- und Sozialstaats, wobei auch das Verhältnismäßigkeitsprinzip und der Vertrauensschutz zu beachten sind (BVerfGE 53, 292 f.; 70, 111; 110, 28). Ist

dies geschehen, kann auch kein Verstoß gegen Art. 19 II vorliegen (BVerfGE 58, 348). Bei Umgestaltung oder Verkürzung bestehender Rechtspositionen kann sich aus dem Verhältnismäßigkeitsgrundsatz die Notwendigkeit von Ausgleichsmaßnahmen ergeben (BVerfGE 100, 245 f.). Vorrang haben dabei Übergangsregelungen (BVerfGE 53, 351; 71, 144), Ausnahme- und Befreiungsvorschriften sowie sonstige administrative und technische Vorgaben (BVerfGE 100, 245 f.). Ist ein sachlicher Ausgleich nicht möglich, kann ein finanzieller Ausgleich oder eine Übernahme des Eigentums durch die öffentl. Hand zum Verkehrswert notwendig sein (BVerfGE 100, 245 f.). Dies ist vor allem dann der Fall, wenn eine Inhaltsbestimmung ähnlich wirkt wie eine Enteignung (vgl. BVerfGE 83, 212 f.; 100, 245 f.; BVerwGE 88, 197). Eine Aufhebung bestehender Rechte ohne Ausgleich ist aber nicht ausgeschlossen (BVerfGE 58, 339 ff. – da Investitionen sich amortisiert haben). Dagegen ist ein Ausgleich angebracht, wenn die Regelung Dritten Rechte einräumt, die mit Gewinnerzielung verbunden sind (BGHZ 145, 32 f.), oder wenn eine generell unbedenkliche Regelung in Einzelfällen gravierende Härten verursacht. Entgegen der früher vorherrschend gewesenen Ansicht stellt eine E-Bindung auch dann keinen enteignungsgleichen Eingriff dar, wenn sie unzulässig ist (BGHZ 92, 36).

Bei Bestimmung der Befugnisse der **Eigentümer von Grundstücken** wirken zivil- und öff.-rechtl. Gesetze gleichrangig zusammen (BVerfGE 58, 336). Die Rspr. stellt auf die **Situationsgebundenheit** ab. Diese äußert sich darin, dass alle Arten der Nutzung oder Benutzung der jeweiligen Lage des Grundstücks und der sich daraus im allg. Interesse ergebenden Bindungen entsprechen müssen. Dieser tatsächliche und rechtl. Zustand im Zeitpunkt der hoheitlichen Maßnahme wird vom Bestandsschutz umfasst (BVerfGE 58, 352). So schützt Art. 14 das Recht, Grundstücke im Rahmen der Gesetze zu bebauen (BVerfGE 35, 276; 104, 11 f.; BVerwGE 106, 234 f.). Bei Grundstücken, die im Naturschutzgebiet liegen, ist aber eine aus Gründen des Naturschutzes angeordnete Nutzungsbeschränkung keine Enteignung, sondern grundsätzlich nur Ausdruck ihrer Sozialbindung (BGHZ 77, 354). **8**

Auch die allg. **Zeitumstände** sind bei der Inhalts- und Schrankenbestimmung des E zu berücksichtigen. Bestimmte Maßstäbe können nicht zu jeder Zeit und in jedem Zusammenhang dasselbe Gewicht haben. Regelungen, die in Kriegs- und Notzeiten gerechtfertigt sind, können unter veränderten wirtsch. und gesellsch. Verhältnissen eine andere verfassungsrechtl. Beurteilung erfahren (BVerfGE 52, 30). Die E-Gewährleistung nach Satz 1 bedeutet daher nicht die Unantastbarkeit einer Rechtsposition für alle Zeiten. Die E-Garantie und das konkrete E sollen keine unüberwindlichen Schranken bilden, wenn **Reformen** sich als notwendig erweisen. Art. 14 hindert den Gesetzgeber nicht, bestehende Rechte inhaltlich umzuformen und unter Aufrechterhaltung des bisherigen Zuordnungsverhältnisses neue Befugnisse und Pflichten festzulegen (vgl. BVerfGE 31, 284 f.; 42, 294; 71, 144; BVerwGE 56, 198 f.). Die Fortsetzung einer E-Nutzung (insbes. bei Grundstücken), mit der umfangreiche Investitionen verbunden waren, kann nicht abrupt untersagt werden; es bedarf einer Übergangsregelung (s. BVerfGE 58, 349 f. m.w.N.). Zur Sicherung der Finanzgrundlagen der Rentenversicherungen sowie zur Entlastung der Solidargemeinschaft hat der Gesetzgeber bei Eingriffen (insbes. bei der Verkürzung von Vergünstigungen) größere Gestaltungsfreiheit (BVerfGE 58, 110 ff.; 70, 110 ff.; 74, 214); das Gleiche gilt für die Berücksichtigung familiärer Gesichtspunkte (BVerfGE 87, 41 – Kindererziehungszeiten). Dem Steuerzugriff ist durch Art. 14 I allerdings eine äußerste Grenze gesetzt: Zu- **9** mindest die erdrosselnde, konfiskatorische Steuer ist verfassungswidrig (vgl. BVerfGE 14, 241; 93,172; 95, 300; s. auch E 105, 30 ff.).

10 Die **Verwirkung** des E (Art. 18), die **Einziehung** als Nebenfolge einer strafrechtl. Verurteilung (§§ 74 ff. StGB), die **Vernichtung von Sachen**, von denen für die Allgemeinheit Gefahren ausgehen (BVerfGE 20, 356 ff.; 22, 422), etwa die Tötung seuchenverdächtiger Tiere (BVerwGE 7, 260 ff.) oder die Vernichtung infektionsverdächtiger Lebensmittel (BVerwGE 12, 96), sind vom GG ausdrücklich oder stillschweigend und entschädigungslos gestattet. Obwohl es sich hier um Fälle einer vollen Rechtsentziehung handelt, liegt insoweit nur eine Eigentumsbindung vor, die der Gesetzgeber konkretisieren kann (BVerfGE 22, 422).

11 Neben dem E gewährleistet Art. 14 I das **Erbrecht** (einschl. des Pflichtteilsrechts – BVerfGE 112, 348 ff.) als Rechtsinstitut wie als Individualrecht (BVerfGE 19, 206; 44, 17; 97, 6). Die Vorschrift überlässt es dem Gesetzgeber, Inhalt und Schranken des Erbrechts näher zu bestimmen. Dieses hat die Funktion, das Privateigentum mit dem Tod des Eigentümers nicht untergehen zu lassen, sondern seinen Fortbestand im Wege der Rechtsnachfolge zu sichern (BVerfGE 91, 358; 93, 173 f.). Grundrechtsträger sind Erblasser und Erbe (BVerfGE 91, 360; 93, 174) und wohl auch das werdende Leben (§ 1923 II BGB). Die Institutsgarantie bedeutet, dass die Abschaffung der Privaterbfolge oder die Beseitigung der Testierfreiheit „als Verfügungsbefugnis über den Tod hinaus" (BVerfG, NJW 2011, 367) eine unzulässige Antastung des Wesensgehalts des verfassungskräftig garantierten Erbrechts wäre (s. dazu BVerfGE 91, 358 f.; 99, 349 ff.; 112, 348). Der Gesetzgeber kann jedoch – in beschränktem Umfang – die Grenzen der Testierfreiheit und des Pflichtteilsrechts (BVerfGE 105, 356) weiter oder enger ziehen (BSGE 37, 202; vgl. auch BVerfGE 67, 329 ff.). Er kann im Einzelnen bestimmen, welche Ansprüche zum Vermögen des Erblassers gehören und mit seinem Tod auf den Erben übergehen (BVerwGE 35, 287). Nicht geschützt wird die Erlangung künftiger Erbpositionen (offengelassen in BVerfGE 97, 6). Erbschaftsteuer ist zulässig, soweit der Erbe nicht übermäßig belastet wird und die ihm zuwachsenden Vermögenswerte nicht grundlegend beeinträchtigt werden (s. im Einzelnen BVerfGE 93, 172 ff., u. zur aktuellen Rechtslage die Hinweise in Art. 106 Rn. 4).

### Absatz 2: Sozialbindung des Eigentums

12 Das verfassungsrechtl. Postulat einer am Gemeinwohl orientierten Nutzung des Privateigentums (BVerfGE 37, 140 f.; 38, 370; 52, 32), die sog. Sozialbindung des E, umfasst das Gebot der Rücksichtnahme auf die Belange der Allgemeinheit und der Mitbürger. Damit wird eine Grundpflicht des Eigentümers statuiert und zugleich das Sozialstaatsgebot (Art. 20 I) konkretisiert. Das Maß und der Umfang der dem E von Verfassungs wegen zugemuteten und vom Gesetzgeber gemäß Art. 14 I 2 zu realisierenden und zu aktualisierenden (vgl. BVerfGE 20, 356; 56, 260) Bindung hängen davon ab, ob und in welchem Ausmaß das E-Objekt in einem sozialen Bezug und einer sozialen Funktion steht (BVerfGE 70, 201; 101, 75 f.; 102, 17). Je stärker andere auf die Nutzung fremden E angewiesen sind, umso weiter ist der Gestaltungsbereich des Gesetzgebers. Besondere Bedeutung hat das im *Mietrecht*. Beschränkungen des Kündigungsrechts (BVerfGE 68, 369 ff.; 91, 310) oder von Mieterhöhungen (BVerfGE 71, 247; 79, 84) sowie Mietpreisbindungen (BVerfGE 87, 146) und Zweckentfremdungsverbote für Wohnraum (BVerfGE 38, 71) sind zulässige Inhalts- und Schrankenbestimmungen. Der Vermieter darf aber nicht gezwungen werden, das Mietverhältnis bis an die Grenze des wirtsch. Zusammenbruchs fortzusetzen (BVerfGE 79, 289 ff.),

und er hat das Recht, Eigenbedarf geltend zu machen (BVerfGE 81, 31 ff.; 91, 310; zur Begrenzung s. schon oben Rn. 7). Abs. 2 gewährt kein Selbsthilferecht. Hausbesetzungen und Benutzung fremder privater Gegenstände ohne gesetzl. Ermächtigung können durch Art. 14 II nicht gerechtfertigt werden. Die *Abgrenzung zwischen Inhaltsbestimmung und Sozialbindung einerseits und Enteignung andererseits* ist problematisch (dazu Rn. 13, 14 sowie Bryde in von Münch/ Kunig, Art. 14 Rn. 49 ff.). Eine Inhaltsbestimmung oder eine Sozialbindung ist gegeben bei genereller oder abstrakter Festlegung von Rechten und Pflichten durch den Gesetzgeber hinsichtlich von E i.S. des Art. 14 I 1 (BVerfGE 52, 27 f.; 58, 144 f.; 70, 200). Überschreitet der das E gestaltende Gesetzgeber die durch das GG dafür gezogenen Grenzen, ist die beabsichtigte Inhaltsbestimmung oder Sozialbindung unzulässig, verwandelt sich aber dadurch nicht in eine (entschädigungspflichtige) Enteignung (dazu insbes. nachstehend Rn. 13 u. 16).

## Absatz 3: Enteignung

*Satz 1:* Die Enteignungsermächtigung steht in einem komplementären Verhältnis zur Eigentumsgarantie des Abs. 1. Während diese für das geschützte E grundsätzlich Bestandsgarantie ist, normiert Abs. 3 die Wertgarantie, d.h. wenn ausnahmsweise der Bestand des konkreten E nicht gewährleistet werden kann, erhält der Eigentümer den Wert seines E ersetzt. Der **Enteignungsbegriff** des GG ist *weit.* Enteignung liegt nach der aktuellen Rspr. des BVerfG vor bei *vollständiger oder teilweiser Entziehung konkreter, von Art. 14 I 1 geschützter subjektiver Rechtspositionen durch den Staat zur Erfüllung öffentlicher Aufgaben* (BVerfGE 52, 27; 70, 199 f.; 102, 15; ähnlich E 104, 9 f.; 126, 359). Die gesetzl. Beseitigung eines nach Abs. 1 Satz 1 geschützten Rechts ist aber nicht in jedem Fall eine Enteignung. Der Gesetzgeber kann bei genereller Neugestaltung eines Rechtsgebiets bestehende Rechte abschaffen, ohne Übergangs- oder Entschädigungsregelungen vorzusehen, aber nur unter besonderen Voraussetzungen des öffentl. Interesses (BVerfG, NVwZ 2002, 1365). Eine Inhalts- und Schrankenbestimmung wird selbst dann nicht zur Enteignung, wenn sie in ihren Auswirkungen einer Enteignung gleichkommt (BVerfGE 100, 240) oder das E völlig entwertet (BVerfGE 102, 16). Die Enteignung muss stets von (inländischen) Staatsorganen oder von ihnen Beliehenen ausgehen (BVerfGE 14, 277; 43, 209). Der Begriff der Enteignung umfasst nach dieser Rspr. nicht nur die klassische Enteignung, d.h. die vollständige Entziehung des E an Sachen. Mit dieser Rspr. ist die lange Zeit vorherrschend gewesene Meinung überholt, dass Enteignung auch dann vorliegen könne, wenn das Vermögensrecht zwar in der Hand des bisher Berechtigten bestehen bleibt, jedoch in seinem substantiellen Gehalt gemindert oder in erheblichem Ausmaß durch Nutzungs-, Verwendungs- oder Verfügungsverbote beschränkt wird. In der Rspr. der Fachgerichte dominierten insoweit zwei Theorien – die *Zumutbarkeitstheorie* des BVerwG und die *Sonderopfer-* (oder modifizierte Einzelakt-)*Theorie* des BGH. Während das BVerwG auf die Schwere und Tragweite des Eingriffs abhob (BVerwGE 5, 145), war für den BGH entscheidend, ob der staatl. Eingriff die betroffenen Einzelnen oder Gruppen im Vergleich zu anderen ungleich traf und sie zu einem besonderen, den Übrigen nicht zugemuteten Opfer für die Allgemeinheit zwang (BGHZ 6, 280; 30, 243; 60, 130). Das BVerwG hat sich inzwischen der Definition des BVerfG angeschlossen (BVerwGE 77, 297; 84, 369).

**Beispiele** für *Enteignung* sowie *Inhalts- und Schrankenbestimmung* des E in der – entsprechend Rn. 13 teilweise überholten – Rspr.: **Enteignung:** *Beeinträchtigungen eines Gewerbebetriebs durch Bau einer U- oder S-Bahn* (BGHZ 57, 349 ff.;

13

14

83, 65 f.); *wesentliche Erschwerung der Grundstückszufahrt durch Straßenhöherlegung* (BGHZ 30, 243 ff.); Belastung eines Grundstücks mit einer *Dienstbarkeit* (BVerfGE 45, 323; 56, 260); erhebliche Beeinträchtigung der Benutzung von Wohnräumen durch *Verkehrslärm* (BGHZ 49, 148 ff.; 54, 388; 97, 116; BVerwGE 61, 303; vgl. auch § 42 BImSchG); *einzelne konkrete Bauverbote* auf Dauer (BGHZ 37, 273); *Unternehmensflurbereinigung* zum Bau einer Teststrecke (BVerfGE 74, 282). – **Inhalts- und Schrankenbestimmungen:** *Bauverpflichtungen* (BVerfGE 7, 299); *Bebauungspläne*, wenn sie nicht Nachbargrundstücke durch Änderung der Grundstückssituation unerträglich treffen (BVerwGE 47, 155); *Grundstücksveräußerungsverbote* (BVerfGE 26, 215 ff.); *generelle Bauverbote* in bestimmten örtlichen Bereichen (BVerwGE 16, 116; BGHZ 23, 30 ff.; 94, 85 f.); *generelle Veränderungssperren* bis zu vier Jahren (BGHZ 73, 174; BVerwGE 51, 135 ff.; s. auch § 18 I BauGB); Beschränkung oder Verbot *umweltbelastender Nutzung* (BGHZ 99, 269); *Immissionen* im zugelassenen Maß (BVerfGE 79, 193 ff.; BVerwGE 68, 61); Beschränkungen durch *Natur- und Landschaftsschutz* (BVerfGE 67, 89); *Auskiesungsverbot* aus Gründen des Landschaftsschutzes (BGHZ 86, 356) oder des *Wasserrechts* (BVerfGE 58, 330 ff.); Unterstellung unter *Denkmalschutz* (BVerfGE 24, 62; OVG Lüneburg, DVBl 1984, 284; einschränkend BVerfGE 100, 244 ff.; BGHZ 99, 31 ff.); *Anschluss- und Benutzungszwang* (BGHZ 40, 360; 54, 297 m.w.N.; BVerwGE 62, 226); *Verbot der Zweckentfremdung von Wohnraum* (BVerfGE 38, 370 f.; 71, 298; BVerwGE 95, 349 f.); *Mieterschutzregelungen* (BVerfGE 68, 367 ff.; 71, 249 ff.); *Ausschluss von Minderheitsaktionären* (sog. *Squeeze-out*) aus der AG (BVerfGK 11, 256; BVerfG, ZIP 2012, 1410 f.); die *erweiterte Mitbestimmung* der Arbeitnehmer (BVerfGE 50, 339 ff.); *Abgaben* – soweit nicht erdrosselnd oder konfiskatorisch – (BVerfGE 4, 17; 23, 314; 70, 230 m.w.N.; BVerwGE 6, 266 ff.); *Ausschlussfristen* bei der Geltendmachung von Ansprüchen (BVerfGE 70, 285); *Baulandumlegung* nach den §§ 45 ff. BauGB (BVerfGE 104, 9 ff.) und *Regelflurbereinigung* (BVerwGE 80, 341; BGHZ 93, 110); Beschränkung oder Verbot *umweltbelastender Nutzung* (BGHZ 99, 269); *Zustandsstörerhaftung*, insbes. bei Bodenverunreinigungen und Altlasten, auch wenn ein Handlungsstörer vorhanden ist (BVerfGE 102, 19 ff.).

15 Nach Satz 1 ist eine **Enteignung nur zum Wohle der Allgemeinheit** zulässig; sie muss daher einen konkreten Zweck verfolgen (BVerwGE 87, 246). Hieran sind strenge Anforderungen zu stellen; bloße fiskalische Gründe (Vermehrung des Staatsvermögens) reichen nicht aus (BVerfGE 24, 407; 38, 180). Allein der Gesetzgeber kann Gemeinwohlaufgaben bestimmen (BVerfGE 56, 261 f.). Die Enteignung muss ultima ratio sein (vgl. BVerfGE 24, 405) und den angestrebten Zweck erfüllen können. Sie ist nur dann zulässig, wenn es keine andere rechtl. und wirtsch. vertretbare Lösung gibt, etwa durch die Einräumung dinglicher oder obligatorischer Rechte (s. BVerfGE 24, 405). E kann nur dann im Wege der Enteignung entzogen werden, wenn es im konkreten Fall benötigt wird, um besonders schwerwiegende und dringende öffentl. Interessen zu verwirklichen (BVerfG, NVwZ 2003, 72). Die Enteignung kann auch zugunsten Privater erfolgen, wenn diesen dem Gemeinwohl dienende Aufgaben zugewiesen sind und ein Wirken zum Nutzen der Allgemeinheit sichergestellt ist (BVerfGE 74, 284 ff.). Die Enteignung für ein rechtswidriges Vorhaben dient nie dem Wohl der Allgemeinheit (BVerwGE 77, 91). Wird der Zweck der Enteignung in angemessener Zeit nicht realisiert, entfällt die legitimierende Wirkung, und der frühere Eigentümer kann Rückübertragung verlangen (BVerfGE 38, 180 f.; BVerwGE 96, 177 f.; BGHZ 76, 365 f.; näher vgl. Rn. 19).

Von der Enteignung unterscheidet der BGH den **enteignungsgleichen Eingriff** 16
durch das Merkmal der Rechtswidrigkeit. Aber nach der Rspr. des BVerfG (s.
oben Rn. 13) gilt: Fehlt eine gesetzl. Grundlage oder ist sie wegen Verfassungswidrigkeit nichtig, liegt entweder eine verfassungswidrige Eigentumsbeschrän-
kung oder eine verfassungswidrige Enteignung vor. Daraus kann aber niemals eine entschädigungspflichtige Enteignung werden. Enteignungsgleiche Eingriffe
sind in der Vergangenheit in Anlehnung an Art. 14 III entschädigt worden, wenn
sie sich für den Fall der gesetzl. Zulässigkeit nach Inhalt und Wirkung als Enteignung darstellten. Der BGH hat sogar die Fälle rechtswidrig-schuldhafter Eingriffe der öffentl. Hand mit einbezogen (vgl. BGHZ 6, 270; 32, 210 ff.; 76, 391 ff.).
Das Gleiche galt für den **enteignenden Eingriff**, der, ausgehend von einer an sich
rechtmäßigen hoheitlichen Maßnahme, bei einzelnen Betroffenen zu – meist atypischen und unvorhergesehenen – Nebenfolgen und Nachteilen führt, die die
Schwelle des enteignungsrechtl. Zumutbaren überschreiten (BGHZ 100, 144).
Das BVerfG geht demgegenüber auf Grund des in Abs. 3 normierten Vorbehalts
gesetzl. Entschädigungsregelungen davon aus, dass es Enteignungsentschädigung
allein auf gesetzl. Grundlage geben und, wenn diese fehlt, eine Klage sich nur auf
Aufhebung des Eingriffsakts richten kann (BVerfG 58, 324; s. auch E 46, 285).
Damit ist der Fortbestand des Instituts des enteignungsgleichen Eingriffs strittig
geworden. Der BGH hat nunmehr den enteignungsgleichen und den enteignenden Eingriff von der Enteignung i.S. des Art. 14 III getrennt. Beide Haftungsinsti-
tute sollen ihre Rechtsgrundlage gewohnheitsrechtl. im allg. Aufopferungsgrund-
satz der §§ 74, 75 Einl. ALR finden (BGHZ 91, 28; 100, 143 ff.; 102, 357). Ein
Entschädigungsanspruch setzt danach voraus, dass rechtswidriges hoheitliches
Handeln unmittelbar in durch Art. 14 geschützte Rechtspositionen eingreift und
dem Betroffenen ein besonderes, anderen nicht zugemutetes Opfer für die Allgemeinheit abverlangt (BGHZ 111, 355; 129, 134). Ohne gesetzl. Regelung des
Staatshaftungsrechts ist dieses richterl. Haftungsrecht wohl unentbehrlich.

*Satz 2* nennt zwei zulässige **Formen der Enteignung**: durch formelles Gesetz (*Le-* 17
*galenteignung*) und auf Grund eines Gesetzes (*Administrativenteignung*), nicht
jedoch durch einen Realakt (BVerwGE 77, 298; 84, 366; verneinend auch für
Bebauungsplan: BVerfGE 79, 191). Die Legalenteignung kommt nur in eng begrenzten Fällen in Frage (BVerfGE 24, 399 f.; 45, 331 f.; 95, 21 ff.). Bei der Administrativenteignung muss der Gesetzgeber die Enteignungsvoraussetzungen
und den Enteignungszweck konkretisiert haben (BVerfGE 74, 285). Der **Junktimklausel** des Satzes 2 mit ihrer *Verknüpfung von Enteignung und Entschädigungsregelung* kommt eine mehrfache Funktion zu. Sie dient zunächst dem Ziel,
dass der Zugriff auf die durch Art. 14 I 1 geschützten Güter in einem rechtsstaatl. geordneten Verfahren durchgeführt wird. Gleichzeitig soll der Gesetzgeber
veranlasst werden, das Gesetz daraufhin zu prüfen, ob der zu regelnde Sachverhalt einen Enteignungstatbestand i.S. des Abs. 3 darstellt. Vor allem aber auch
soll sich der Gesetzgeber schlüssig werden, *in welcher Art* (z.B. Geld, Ersatzland,
Rechte) *und welchem Ausmaß (Umfang) zu entschädigen ist* (BVerfGE 46,
286 f.). Gesetze, die darüber keine Bestimmung treffen oder keine den Erfordernissen des Satzes 3 entsprechenden Regelungen enthalten, sind in vollem Umfang
verfassungswidrig (BVerfGE 24, 418; 46, 287; 58, 319). Für Gesetze, die vor Inkrafttreten des GG verkündet worden sind, gilt die Junktimklausel nicht
(BVerfGE 46, 282 f.; dies gilt wohl auch für Recht der früheren DDR), wohl
aber das Gebot, eine Satz 3 entsprechende Entschädigung zu gewähren, so dass
vorkonstitutionelle Gesetze, die eine angemessene Entschädigung ausdrücklich
oder stillschweigend ausschließen, nichtig geworden sind (BVerfGE 4, 237). Im

Verteidigungsfall sind nach Art. 115 c II Nr. 1 vorläufige Entschädigungsregelungen zulässig.

18    *Satz 3* gebietet für die Festsetzung der **Höhe der Entschädigung** eine *Interessenabwägung*. Grundlage für die Bestimmung der Enteignungsentschädigung bilden – auf der Basis des Verkehrswerts (BGHZ 57, 368) – einerseits die Interessen der Beteiligten, andererseits die Interessen der Allgemeinheit (BGHZ 67, 192). Die Enteignungsentschädigung soll das Ergebnis eines *Interessenausgleichs* sein und nicht die einseitige Anerkennung der Interessen des Betroffenen, aber auch nicht allein die der Allgemeinheit darstellen (BVerfGE 24, 420 f.). Die Systematik des Abs. 3 Sätze 2 und 3 verbietet die Auffassung, *nur* eine Entschädigung nach dem Verkehrswert entspreche der Verfassung (BVerfGE 46, 285). Der Gesetzgeber hat auf situationsbedingte Besonderheiten des Sachverhalts und die Zeitumstände Rücksicht zu nehmen und kann je nach den Umständen vollen Ersatz, aber auch eine darunter liegende Entschädigung bestimmen (BVerfGE 24, 421). Vielfach – vor allem bei der Entschädigung für enteignete Grundstücke – wird im Hinblick auf die unterschiedliche Beschaffenheit und verschiedenartige Nutzbarkeit eine individuelle Festsetzung geboten sein, so dass das Gesetz nur abstrakte Entschädigungsmaßstäbe enthalten darf; besteht kein bedeutsamer Unterschied in den wertbestimmenden Faktoren, kann der Gesetzgeber auch einen konkreten Maßstab wählen (BVerfGE 24, 419 f.). Maßgebender **Zeitpunkt für die Berechnung** der **Entschädigung** ist grundsätzlich der Termin der Zustellung des Bescheids über die Entschädigungsfestsetzung (BGHZ 40, 87 ff.). In Zeiten schwankender Preise oder bei unrichtiger Festsetzung der Enteignungsentschädigung durch die Verwaltungsbehörde ist die letzte mündliche Verhandlung des Gerichts entscheidend (BGHZ 30, 281; BGH, DVBl 1964, 553 ff.).

19    Wird die Aufgabe, der die Enteignung dienen soll, nicht ausgeführt oder der enteignete Gegenstand dafür nicht benötigt, entfällt die Legitimation für den Zugriff auf das Privateigentum (vgl. Rn. 15 a.E.) und damit der Rechtsgrund für den E-Erwerb durch die öffentl. Hand. Der Enteignete hat mit dem Wegfall der die Enteignung legitimierenden Voraussetzungen aus Art. 14 I 1 einen Anspruch auf Rückübereignung des entzogenen Gegenstandes („**Rückenteignung**"; s. BVerfGE 38, 181, und zur dann fälligen „Entschädigung" BGHZ 76, 365). Der Rückübertragungsanspruch besteht aber nur, wenn Art. 14 im Zeitpunkt der Enteignung anwendbar war, also nicht bei Enteignungen in der DDR (BVerfGE 97, 98).

20    *Satz 4*, nach dem wegen der Höhe der Entschädigung im Streitfall der **Rechtsweg vor den ordentlichen Gerichten** offensteht, stellt nicht nur eine Rechtswegregelung, sondern *auch* eine besondere *Rechtsschutzgarantie* dar, die verhindern soll, dass die Exekutive im Streitfall endgültig über die Entschädigung befindet (BVerfGE 35, 361). Als ordentliche Gerichte sind alle Zivilgerichte anzusehen, wobei die Besetzung der Baulandkammern so lange auf keine Bedenken stößt, wie durch Vorsitz und Zahl das Übergewicht der Richter der ordentlichen Gerichtsbarkeit gewahrt bleibt (BVerfGE 4, 408). Satz 4 verbietet weder, dass dem Rechtsstreit über die Entschädigung ein unverbindliches Verwaltungsverfahren vorgeschaltet wird (BVerfGE 8, 246), noch schließt er die im deutschen Verwaltungsrecht seit langem übliche Zweispurigkeit des Enteignungsverfahrens aus. Die ordentlichen Gerichte können zwar als Vorfrage entscheiden, ob ein Tatbestand vorliegt, der eine Enteignung darstellt, jedoch ist der Betroffene nicht gehindert, Anfechtungsklage vor den Verwaltungsgerichten zu erheben, sofern nicht das einschlägige Gesetz die Zivilgerichte auch insoweit für ausschließlich zuständig erklärt hat (vgl. BVerfGE 58, 318 ff.). Die Zivilgerichte sind dann an die rechtskräftige Entscheidung der Verwaltungsgerichte mit der Feststellung

über die Rechtmäßigkeit des Enteignungsakts gebunden (s. BGHZ 86, 232; 95, 35 f.), nicht aber an die Gründe (BGHZ 20, 379). Die Regelung des Satzes 4 ist auf Ansprüche aus sog. enteignungsgleichem oder enteignendem Eingriff (vgl. oben Rn. 16) nicht analog anwendbar (BGHZ 90, 31; 91, 26 ff.; anders noch BGHZ 7, 298 f.). Sie gilt auch nicht bei gesetzl. vorgesehenen Ausgleichs- und Entschädigungsansprüchen; hier ist (vorbehaltlich abw. gesetzl. Regelung) der Verwaltungsrechtsweg einschlägig (BVerwGE 94, 6 f.).

## Artikel 15 [Sozialisierung]

**Grund und Boden, Naturschätze und Produktionsmittel können zum Zwecke der Vergesellschaftung durch ein Gesetz, das Art und Ausmaß der Entschädigung regelt, in Gemeineigentum oder in andere Formen der Gemeinwirtschaft überführt werden. Für die Entschädigung gilt Artikel 14 Absatz 3 Satz 3 und 4 entsprechend.**

Ob Art. 15, der die **Sozialisierung** bestimmter für das Wirtschaftsleben wichtiger Gegenstände regelt, ein Grundrecht darstellt, ist umstritten, wird überwiegend aber abgelehnt (vgl. Schliesky, BK, Art. 15 Rn. 4, 16). Die Aufnahme des grundlegenden sozialistischen Postulats erfolgte im ParlRat als Ergebnis eines Kompromisses aus unterschiedlichen Motiven. Da das GG wirtschaftspolit. neutral ist und keine unmittelbare Festlegung und Gewährleistung einer bestimmten Wirtschaftsordnung enthält (BVerfGE 4, 17 f.; 50, 336 f.), kann in Art. 15 weder ein Verfassungsauftrag zur Sozialisierung noch ein Gebot gesehen werden, alles zu unterlassen, was eine künftige Sozialisierung erschweren könnte; die Vorschrift stellt vielmehr eine **Ermächtigung an den Gesetzgeber** dar (Kompetenznorm ist Art. 74 I Nr. 15), dessen polit. Entscheidung es überlassen bleibt, ob und in welchem Umfang er davon Gebrauch macht (BVerfGE 12, 363 f.). Zu Sozialisierungen auf Bundesebene ist es bisher nicht gekommen (hinsichtlich der Bewertung der Verstaatlichung von Banken 2009 s. Schliesky, BK, Art. 15 Rn. 39 ff.; zur Verstaatlichung nach Art. 41 HessVerf Ders., ebd., Art. 15 Rn. 9). Extern auf **europäischer Ebene** enthalten die EMRK und für den Bereich der EU die EUGrCh keine ausdrückliche Sozialisierungsermächtigung, die über die Enteignungsregelungen des Art. 1 des 1. ZP zur EMRK und des Art. 17 I 2 EUGrCh hinausginge.

Alle Maßnahmen nach Art. 15 müssen **zum Zwecke der Vergesellschaftung** erfolgen. Einer Rechtfertigung im Einzelfall durch das Gemeinwohl wie bei Art. 14 III bedarf es nicht (str.; vgl. Bryde in von Münch/Kunig, Art. 15 Rn. 10). Erforderlich sind die Absicht, im Wege der staatl. Sozialisierungspolitik der Gemeinwirtschaft Raum zu schaffen (BVerwGE 17, 314), und die Eignung der betroffenen Wirtschaftsbereiche für diesen Zweck. Keine Vergesellschaftung sind die Umverteilung unter Privaten (wie die Bodenreform) und die Mitbestimmung (ohne Vertreter der Interessen der Allgemeinheit). Unter **Gemeinwirtschaft** (als Oberbegriff) ist ein System zu verstehen, in dem wirtsch. Tätigkeit nicht im Interesse der Unternehmenseigner mit Gewinnerzielungsabsicht, sondern im Interesse des Gemeinwohls zur optimalen Bedarfsdeckung oder zur Erreichung sonstiger gemeinnütziger Ziele betrieben wird. **Gemeineigentum** als Unterfall der Gemeinwirt-

*Antoni*

schaft entsteht, wenn bisher privates Eigentum dem Staat oder einer Körperschaft oder Anstalt des öffentl. Rechts oder einer in deren Eigentum stehenden juristischen Person bzw. einer Selbstverwaltungskörperschaft übertragen wird, die gemeinwirtsch. Ziele verfolgt. Bei **anderen Formen der Gemeinwirtschaft** wird das bisherige Privateigentum nicht übertragen, sondern durch eine wesentliche Beteiligung der öffentl. Hand ergänzt, die eine am Gemeinwohl orientierte Unternehmensführung ermöglicht. Gemeinwirtschaft kann ebenso in Genossenschaften oder ähnlichen Organisationsformen betrieben werden. Nicht gemeinwirtsch. sind auf Gewinnerzielung gerichtete staatl. Erwerbsunternehmen und Finanzmonopole. Die durch das G zur Rettung von Unternehmen zur Stabilisierung des Finanzmarktes vom 7.4.2009 (BGBl I S. 729) ermöglichte Enteignung von Anteilen an Unternehmen zur Sicherung der Finanzmarktstabilität ist damit keine Vergesellschaftung i.s. des Art. 15.

3 *Satz 1* zählt die Objekte einer möglichen Sozialisierung abschließend auf. Unter **Grund und Boden** sind Grundstücke einschl. ihrer Bestandteile und ihres Zubehörs zu verstehen. Unter **Naturschätze** fallen vor allem Wasser, Wasserkraft, Atomkraft und abbaufähige Mineralien wie Kohle, Erze, Erdöl, Steine, Sand und Erden. Mit dem Begriff **Produktionsmittel** sind nach einengender Auslegung (Schliesky, BK, Art. 15 Rn. 30) die der Gewinnung und Herstellung (einschl. der Be- u. Verarbeitung) wirtsch. Erzeugnisse dienenden Gegenstände und Rechtstitel, und zwar sowohl die der Produktion unmittelbar dienenden Betriebseinrichtungen (Gebäude, Maschinen, Werkzeuge) als auch die für die Produktion verwandten Betriebsmittel (Rohstoffe, Halbfabrikate) und schließlich die in der Produktion eingesetzten Urheberrechte, gemeint. Eine enge Auslegung des Produktionsmittelbegriffs schließt Banken, Versicherungen, Handels- und Verkehrsunternehmen von der Sozialisierung aus. Ein weites Verständnis, das grundsätzlich alle Arten von Wirtschaftsunternehmen einbezieht, erscheint jedoch sachgerechter und der Entstehungsgeschichte angemessen (vgl. Schliesky, BK, Art. 15 Rn. 30 ff.). Sinnvolles Eingrenzungskriterium ist dann eine Sozialisierungseignung, die auf die wirtsch. und gesellsch. Bedeutung abstellt.

4 Die Sozialisierung gemäß Art. 15 ist nur durch **förmliches Gesetz** möglich, also nicht wie bei der Enteignung (s. Art. 14 Rn. 17) auch auf Grund eines Gesetzes durch Verwaltungsakt. Ein die Sozialisierung anordnendes Gesetz kann alle in Satz 1 genannten Gegenstände betreffen, sich aber auch auf einzelne Gruppen derselben oder auch nur auf bestimmte Teile von Grund und Boden, auf bestimmte Arten von Naturschätzen oder Produktionsmitteln oder auf Unternehmen eines Wirtschaftszweigs von einer bestimmten Größe an beziehen. Ob Art. 19 I anwendbar ist und damit Individual-Sozialisierungsgesetze, d.h. Gesetze, die nur ein bestimmtes oder mehrere bestimmte Unternehmen gezielt herausgreifen, unzulässig sind, ist umstritten. Die Anwendung des Verbots des Einzelfallgesetzes dürfte aber nicht dem Sinn des Art. 15 entsprechen (vgl. Bryde in von Münch/Kunig, Art. 15 Rn. 20).

5 Die in Satz 1 enthaltene **Junktimklausel**, wonach das Sozialisierungsgesetz Art und Ausmaß der Entschädigung regeln muss, ist Art. 14 III 2 nachgebildet (vgl. deshalb grundsätzlich Art. 14 Rn. 17). Die Entschädigungsregelung muss im Gesetz selbst enthalten sein und darf nicht in einem späteren Gesetz nachgeschoben werden.

6 *Satz 2* verweist für die Entschädigung auf Art. 14 III 3 und 4 mit seinen Regelungen über die Entschädigungsgrundsätze und den Rechtsweg (dazu Art. 14 Rn. 18–20). Bei der Entschädigungsregelung wird die Interessenabwägung i.d.R.

zu anderen, weniger am Verkehrswert orientierten Ergebnissen kommen als bei der Individualenteignung.

## Artikel 16 [Ausbürgerung, Auslieferung]

(1) Die deutsche Staatsangehörigkeit darf nicht entzogen werden. Der Verlust der Staatsangehörigkeit darf nur auf Grund eines Gesetzes und gegen den Willen des Betroffenen nur dann eintreten, wenn der Betroffene dadurch nicht staatenlos wird.

(2) Kein Deutscher darf an das Ausland ausgeliefert werden. Durch Gesetz kann eine abweichende Regelung für Auslieferungen an einen Mitgliedstaat der Europäischen Union oder an einen internationalen Gerichtshof getroffen werden, soweit rechtsstaatliche Grundsätze gewahrt sind.

### Absatz 1: Schutz der deutschen Staatsangehörigkeit

*Satz 1* schützt jeden Inhaber der deutschen Staatsangehörigkeit (StA) mit grundrechtl. Wirkung vor einer Zwangsausbürgerung. Extern auf **europäischer Ebene** gibt es keine Verbürgungen, die dieser innerstaatl. Garantie entsprechen. Der Begriff der StA wird im GG vorausgesetzt (Art. 73 I Nr. 2, Art. 116). Zum Erwerb und zur Bedeutung der deutschen StA vgl. Art. 116 Rn. 3. Auf Deutsche ohne deutsche StA (Art. 116 I) kann Satz 1 nach BVerwGE 8, 343; 38, 224, nicht entsprechend angewandt werden. „Entziehung" der Staatsangehörigkeit heißt Aberkennung ohne oder gegen den Willen des Betroffenen durch staatl. Akt aus Gründen, die der Einzelne nicht beeinflussen kann (BVerfG, NJW 1990, 2193; NVwZ 2007, 442; BVerwGE 100, 145). Das Verbot der Entziehung (einschl. des Widerrufs) gilt nicht nur für „willkürliche" Ausbürgerung, sondern vorbehaltlich Satz 2 absolut. Auf die Motive der Entziehung kommt es grundsätzlich nicht an. Das Verbot richtet sich gegen die öffentl. Gewalt in allen ihren Erscheinungsformen. Weder dürfen Verwaltung oder Gerichte Deutsche zwangsweise ausbürgern noch darf der Gesetzgeber dies tun. Das gegen den Gesetzgeber gerichtete Verbot gilt nicht nur für Maßnahme- und Einzelfallgesetze, sondern ebenso für generelle Gesetze (differenzierend Becker in v. Mangoldt/Klein/Starck, Art. 16 Rn. 31 ff.). Auch wenn der Betroffene noch eine andere StA besitzt, darf ihm die deutsche nicht entzogen werden. Eine Rücknahme rechtswidriger, insbes. erschlichener Einbürgerungen ist, da Art. 16 I 1 nur die rechtl. einwandfrei erworbene StA schützt, grundsätzlich zulässig (BVerfGE 116, 36 ff.; s. auch VGH Mannheim, NVwZ 1990, 1199). Die Rücknahme der Einbürgerung dürfte aber dann unzulässig sein, wenn im Zeitpunkt der Einbürgerung die Tatbestandsvoraussetzungen dafür vorlagen (OVG Lüneburg, DVBl 1997, 919) oder wenn der Betroffene auf die Rechtswidrigkeit des Einbürgerungsbescheids keinen Einfluss hatte. Auch ein rückwirkender Fortfall der deutschen StA eines Kindes wegen erfolgreicher Ehelichkeitsanfechtung verstößt nicht gegen Art. 16 I 1 (VG Düsseldorf, NJW 1986, 677). Das Entziehungsverbot erstreckt sich auch auf internationale Staatsangehörigkeitsregelungen, z.B. bei etwaigen Gebietsabtretungen.

2 *Satz 2:* Das Verbot des Satzes 1, der lex specialis gegenüber Satz 2 ist, hindert nicht, bei Erfüllung bestimmter, gesetzl. festgelegter Tatbestände den **Verlust der deutschen Staatsangehörigkeit** vorzusehen, soweit nicht eine „Entziehung" vorliegt. Es muss sich dabei um vom Betroffenen selbst oder von seinem gesetzlichen Vertreter (§ 19 StAG; s. BVerfG, NVwZ 2012, 1389) willentlich gesetzte, also vermeidbare und ihrem Wesen nach auf Abkehr vom deutschen Staatsverband gerichtete Tatbestände handeln. Das ist der Fall, wenn der Betroffene oder sein Vertreter die Entlassung aus der StA beantragt (§ 17 I Nr. 1, §§ 18 f., 22–24 StAG), auf die deutsche StA verzichtet (§ 17 I Nr. 3, § 26 StAG), und ferner, wenn der Betroffene – mit der Folge des automatischen Verlusts – eine ausländische StA erwirbt (§ 17 I Nr. 2, § 25 StAG; vgl. BVerfG, NJW 1990, 2193), als Minderjähriger von einem Ausländer als Kind angenommen wird (§ 17 I Nr. 4, § 27 StAG), freiwillig Wehrdienst bei fremden Streitkräften leistet (§ 17 I Nr. 5, § 28 StAG), das Optionsrecht nach § 17 I Nr. 6, § 29 StAG ausübt oder seine StA mit der Folge der Rücknahme in rechtswidriger Weise erlangt hat (§ 17 I Nr. 7, § 35 StAG). Wo ein solcher Fall nicht gegeben ist, liegt eine nach Satz 1 verbotene Entziehung vor. Der Verlust tritt nicht ein, wenn der Betroffene dadurch gegen seinen Willen staatenlos würde, auch nicht, wenn eine fremde StA zwar rechtl. besteht, von dem fremden Staat bzw. Gebietsmachthaber aber nicht anerkannt wird (BVerwG, DÖV 1959, 866). Er darf ggf. sowohl auf Grund eines Gesetzes als auch unmittelbar durch formelles (allg.) Gesetz ausgesprochen werden. Auf den Fall der erschlichenen StA erstreckt sich das Verbot der Inkaufnahme von Staatenlosigkeit aber nicht (BVerfGE 116, 36 ff.).

**Absatz 2: Auslieferungsverbot**

3 *Satz 1:* Das **Grundrecht der Nichtauslieferung** schützt als subjektiv-öffentl. Recht (BVerfGE 113, 293 – Freiheitsrecht) alle Deutschen (Art. 116 I) vor einer Auslieferung an das Ausland (auch wenn sie zusätzlich eine andere Staatsbürgerschaft besitzen). Das Auslieferungsverbot, das alle Stellen deutscher Staatsgewalt zu beachten haben (BVerfG, EuGRZ 2009, 688), beruht seinem Grundgedanken nach auf dem Recht jedes Staatsbürgers, sich in seinem Heimatland aufhalten zu dürfen, und auf der Verpflichtung dieses Staates, seine im Staatsgebiet lebenden Bürger in jeder Weise zu schützen, insbes. sie davor zu bewahren, zwangsweise in fremde Hoheitsgewalt verbracht und dort vor Gericht gestellt zu werden (BVerfGE 29, 192 f.). Extern auf **europäischer Ebene** wird das (im GG nicht enthaltene) Verbot der Kollektivausweisung von Ausländern durch Art. 4 des 4. ZP zur EMRK garantiert, das für den Bereich der EU von Art. 19 I EUGrCh übernommen und in Art. 19 II EUGrCh ergänzt wird durch ein grundrechtl. Verbot der Abschiebung, Ausweisung und Auslieferung an einen Staat, in dem ein ernsthaftes Risiko der Todesstrafe, der Folter oder einer anderen unmenschlichen oder erniedrigenden Strafe oder Behandlung besteht. Art. 19 EUGrCh enthält ein einheitliches Grundrecht, das vor allem auf den Schutz von Ausländern gerichtet ist, ohne sich darauf zu beschränken. Damit gehen die europäischen Garantien einerseits über das auf Deutsche beschränkte Auslieferungsverbot des Art. 16 II hinaus, andererseits bleiben sie hinter dem Grundrecht des GG mit seinem generellen Verbot zurück. Durch den Regelungsvorbehalt des Art. 16 II 2 wird jedoch die praktische Bedeutung der für Deutsche umfassenderen Garantie relativiert.

4 **Auslieferung** ist das zwangsweise Verbringen einer Person in den Bereich einer ausländischen Hoheitsgewalt auf Ersuchen des ausländischen Staates (vgl. BVerfGE 10, 139; 113, 293; BGHSt 5, 396); im Verhältnis der beteiligten Staaten handelt es sich um einen völkerrechtl. Vertrag (BVerfGE 50, 248). Das Ver-

bot der Auslieferung ist nach heute h.M. in einem umfassenden Sinne zu verstehen; es beschränkt sich also nicht auf die zwischenstaatl. Rechtshilfe in Strafsachen, sondern steht der Überstellung eines Deutschen auch auf Grund anderer gerichtl. oder behördlicher Ersuchen aus dem Ausland entgegen. Aus ihm folgt u.a., dass sich die BReg jeder Mitwirkung zu enthalten hat, wenn ein Deutscher aus dem Bereich deutscher Hoheitsgewalt zwangsweise entfernt und in den Bereich einer nichtdeutschen Hoheitsgewalt überführt wird (s. BVerfGE 10, 139). Auch eine vorläufige Auslieferung (mit der Zusicherung der Rückführung durch den ausländischen Staat) ist mit dem Auslieferungsverbot nicht vereinbar (differenziert a.A. BGHSt 5, 396; 12, 262). Im Falle der *Durchlieferung* eines Deutschen ist weder seine Weitergabe an den Bestimmungsstaat noch seine Rückführung an den übergebenden Staat zulässig (BVerfGE 10, 139 f.). Die Auslieferung setzt allerdings die uneingeschränkte Gewalt über die auszuliefernde Person voraus; daran fehlt es bei grenzabfertigender Tätigkeit von deutschen Beamten auf ausländischem Hoheitsgebiet. Demgegenüber ist umstritten (vgl. v. Arnauld in von Münch/Kunig, Art. 16 Rn. 36), ob das Auslieferungsverbot nach seinem Inhalt und Zweck der *Rücklieferung* eines Deutschen, der vom ausländischen Staat an die Bundesrepublik Deutschland nur vorläufig, d.h. unter der Bedingung späterer Rücklieferung, ausgeliefert worden ist, entgegensteht. Nach Ansicht des BVerfG (E 29, 194 – entgegen E 10, 139; BGHSt 22, 58) ist die Rücklieferung zulässig; denn hier büßt der Betroffene in der Gesamtbetrachtung und damit im Ergebnis nichts von seinem Schutzanspruch gegen seinen Heimatstaat ein. Keine Auslieferung ist die Herausgabe eines Kindes an den im Ausland lebenden Elternteil (BVerfG, NJW 1996, 3145). Art. 16 II 1 schloss schon auf Grund seines Wortlauts („an das Ausland") eine *Zulieferung an deutsche Gerichte* außerhalb des Geltungsbereichs des GG nach dem Krieg der innerdeutsche Rechts- und Amtshilfe in Strafsachen nicht aus (BVerfGE 4, 304 f., für das damals nicht zur Bundesrepublik gehörende Saargebiet; dazu auch BVerfGE 37, 65 f.).

Aus Abs. 2 ergibt sich, dass bei einer Auslieferung die **Eigenschaft des Verfolgten** **als Nichtdeutscher** eindeutig feststehen muss (BVerfGE 17, 227). Im Zweifelsfall muss die Auslieferung unterbleiben (BVerwG, DVBl 1963, 147). Ihre Bewilligung durch die BReg ist ein anfechtbarer Verwaltungsakt (OVG Münster, OVGE 19, 3 ff.). 5

*Satz 2* wurde durch G vom 29.11.2000 (BGBl I S. 1833) angefügt. Danach kann durch Gesetz der **Auslieferungsschutz eingeschränkt** werden bei Auslieferung an andere Mitgliedstaaten der EU und bei Überstellung Deutscher an einen internationalen Gerichtshof. Voraussetzung ist, dass rechtsstaatl. Grundsätze bei dem Verfahren im Ausland gewahrt werden, d.h. dass dort ein im Wesentlichen vergleichbarer Schutz besteht (BVerfGE 113, 293; BT-Dr 14/2668 S. 5; zum methodischen Vorgehen bei der Prüfung von Grundrechtsbeeinträchtigungen allg. s. im Übrigen vor Art. 1 Rn. 8 f.). Davon kann bei Mitgliedstaaten der EU ausgegangen werden (BT-Dr 14/4419 S. 3). Eine Auslieferung an den (ständigen) Internationalen Strafgerichtshof ist durch Gesetz (BGBl 2002 I S. 2144) vorgesehen, für andere Internationale Strafgerichtshöfe (wie den für das ehemalige Jugoslawien – BGBl 1995 I S. 485) fehlt es bisher an der Erfüllung des Zitiergebots (Art. 19 I 2). Bei konkreten Auslieferungen sind im Einzelfall neben dem Verhältnismäßigkeitsgrundsatz insbes. die Grundrechte des Betroffenen zu beachten (BVerfG 113, 303 f.). Wenn wesentliche Teile des Handlungs- und Erfolgsorts in Deutschland liegen, überwiegt i.d.R. der Auslieferungsschutz (BVerfGE 113, 302 ff.). Dem wurde das Europäische HaftbefehlsG zunächst nicht gerecht (BVerfGE 113, 292 ff.; zur Neufassung vgl. jetzt das G v. 20.7.2006, BGBl I S. 1721). Für eine 6

Auslieferung zum Zweck der Strafvollstreckung dürfte nach dem Grundsatz der Verhältnismäßigkeit kein Bedürfnis bestehen, soweit Übereinkommen die Vollstreckung im Inland ermöglichen (BT-Dr 14/2668 S. 5).

## Artikel 16 a [Asylrecht]

(1) Politisch Verfolgte genießen Asylrecht.

(2) Auf Absatz 1 kann sich nicht berufen, wer aus einem Mitgliedstaat der Europäischen Gemeinschaften oder aus einem anderen Drittstaat einreist, in dem die Anwendung des Abkommens über die Rechtsstellung der Flüchtlinge und der Konvention zum Schutze der Menschenrechte und Grundfreiheiten sichergestellt ist. Die Staaten außerhalb der Europäischen Gemeinschaften, auf die die Voraussetzungen des Satzes 1 zutreffen, werden durch Gesetz, das der Zustimmung des Bundesrates bedarf, bestimmt. In den Fällen des Satzes 1 können aufenthaltsbeendende Maßnahmen unabhängig von einem hiergegen eingelegten Rechtsbehelf vollzogen werden.

(3) Durch Gesetz, das der Zustimmung des Bundesrates bedarf, können Staaten bestimmt werden, bei denen auf Grund der Rechtslage, der Rechtsanwendung und der allgemeinen politischen Verhältnisse gewährleistet erscheint, daß dort weder politische Verfolgung noch unmenschliche oder erniedrigende Bestrafung oder Behandlung stattfindet. Es wird vermutet, daß ein Ausländer aus einem solchen Staat nicht verfolgt wird, solange er nicht Tatsachen vorträgt, die die Annahme begründen, daß er entgegen dieser Vermutung politisch verfolgt wird.

(4) Die Vollziehung aufenthaltsbeendender Maßnahmen wird in den Fällen des Absatzes 3 und in anderen Fällen, die offensichtlich unbegründet sind oder als offensichtlich unbegründet gelten, durch das Gericht nur ausgesetzt, wenn ernstliche Zweifel an der Rechtmäßigkeit der Maßnahme bestehen; der Prüfungsumfang kann eingeschränkt werden und verspätetes Vorbringen unberücksichtigt bleiben. Das Nähere ist durch Gesetz zu bestimmen.

(5) Die Absätze 1 bis 4 stehen völkerrechtlichen Verträgen von Mitgliedstaaten der Europäischen Gemeinschaften untereinander und mit dritten Staaten nicht entgegen, die unter Beachtung der Verpflichtungen aus dem Abkommen über die Rechtsstellung der Flüchtlinge und der Konvention zum Schutze der Menschenrechte und Grundfreiheiten, deren Anwendung in den Vertragsstaaten sichergestellt sein muß, Zuständigkeitsregelungen für die Prüfung von Asylbegehren einschließlich der gegenseitigen Anerkennung von Asylentscheidungen treffen.

1 **Allgemeines:** Art. 16 a ist im Zusammenhang mit der Aufhebung des Art. 16 II 2 a.F. durch G vom 28.6.1993 (BGBl I S. 1002) in das GG eingefügt worden. Ziel der Neuregelung des Asylrechts war, in bestimmten Fällen eine Berufung auf das Asylgrundrecht auszuschließen und das Asylverfahren einschl. des gerichtl. Verfahrens zu beschleunigen (vgl. BT-Dr 12/4152 S. 3). Die Verfassungsmäßigkeit der Vorschrift ist, vor allem hinsichtlich ihres Abs. 4, umstritten, aber vom

BVerfG bejaht worden (E 94, 102 ff.; 94, 148; 94, 189 f., 195, 199 f.; s. aber auch abw. Meinung BVerfGE 94, 157 ff.; 94, 223 ff.). Extern auf **europäischer Ebene** sieht die EMRK ein dem Asylgrundrecht entsprechendes Recht nicht vor. Für den Bereich der EU gewährt dagegen Art. 18 EUGrCh ein „Recht auf Asyl" „nach Maßgabe" der Genfer Flüchtlingskonvention (Abkommen über die Rechtsstellung der Flüchtlinge vom 28.7.1951, BGBl 1953 II S. 560) und des Protokolls dazu vom 31.1.1967 (BGBl 1969 II S. 1294). Diese Regelungen sind echte Rechtsquellen. Zudem stützte das Präsidium des Europäischen Konvents die Gewährleistung auf Art. 63 EGV. Damit kann das Asylrecht gesetzl. ausgestaltet werden. Soweit der Unionsgesetzgeber nicht tätig wird, haben die Mitgliedstaaten entsprechende Rechte. Schließlich gilt Art. 18 EUGrCh nach Maßgabe der EU-Verträge. Die Gewährleistung des Asylrechts dürfte ein einklagbares Recht enthalten (was aber bei der Genfer Flüchtlingskonvention umstritten ist; dafür Masing in Dreier, Art. 16 a Rn. 16; a.A. Randelzhofer in Maunz/Dürig, Art. 16 a II Rn. 18). Zum methodischen Vorgehen bei der Prüfung von Grundrechtsbeeinträchtigungen allg. s. vor Art. 1 Rn. 8 f.

### Absatz 1: Asylgrundrecht

Abs. 1 enthält ein subjektiv-öffentl. **Recht politisch Verfolgter auf Asylgewährung**, an das alle staatl. Gewalt gebunden ist. Es geht über die vom Völkerrecht gewährte Rechtsstellung hinaus, unterliegt also insbes. nicht den dort bestehenden Schranken (vgl. BVerfGE 54, 356; 56, 235; 74, 57; BVerwGE 49, 203). Das Grundrecht auf Asyl geht davon aus, dass auf Grund der Achtung der Menschenwürde kein Staat das Recht hat, Leib, Leben oder persönliche Freiheit des Einzelnen aus Gründen zu gefährden, die allein in dessen polit. oder religiöser Überzeugung bzw. in für ihn unbeeinflussbaren Merkmalen liegen, die sein Anderssein prägen (BVerfGE 76, 157 f.; 94, 103). Es ist das einzige Grundrecht, das ausschließlich Nichtdeutsche, d.h. Ausländer und Staatenlose, schützt (BVerfGE 76, 157; BVerwG, NVwZ 1987, 60), und gegenüber dem Aufenthaltsrecht nach einfachem Ausländerrecht nicht subsidiär (BVerwGE 75, 306 f.). Der Schutzanspruch entsteht aber erst, wenn der polit. Verfolgte das Staatsgebiet der Bundesrepublik Deutschland erreicht hat (BVerwGE 69, 323 f.). Für Deutsche, die vor polit. Verfolgung Schutz suchen, bietet Art. 11 einen grundrechtl. Anspruch auf freien Zuzug in das Bundesgebiet (BVerfGE 2, 273), wo sie vor einer Auslieferung an das Ausland nach Maßgabe des Art. 16 II geschützt sind. Zur Rechtslage von Flüchtlingen und Vertriebenen deutscher Volkszugehörigkeit s. Art. 116 I und die Erläut. dazu in Art. 116 Rn. 1 ff.

Der **Begriff des politisch Verfolgten** ist weit auszulegen. Insbes. setzt er nicht die Begehung einer polit. Straftat voraus (BVerfGE 9, 180; BVerwGE 49, 202; 67, 184 ff.). Der Verfolgte braucht sich überhaupt nicht polit. betätigt zu haben. Andererseits muss nicht jeder polit. Straftäter ein polit. Verfolgter sein (BVerfGE 80, 337 f.). Asylrechtl. Schutz genießt jeder, der in seinem Heimatland (u. nicht nur in einem Teil von diesem – BVerfGE 81, 65; BVerwGE 67, 314; 68, 173) für seine Person aus polit. Gründen der Verfolgung durch staatl. oder staatsähnliche Organisationen (BVerfG, NVwZ 2000, 1166) mit Gefahr für Leib oder Leben oder Beschränkungen seiner persönlichen Freiheit ausgesetzt wäre oder – allg. gesagt – wer im Falle der Rückkehr (Auslieferung) in seinen Herkunftsstaat, dessen Staatsangehörigkeit er besitzt (BVerwGE 67, 106), polit. Repressalien zu erwarten hätte (BVerfGE 54, 357 m.w.N.). Voraussetzung staatl. Verfolgung ist grundsätzlich die effektive Gebietshoheit des Staates; daran fehlt es regelmäßig in Bürgerkriegsgebieten (BVerfGE 80, 340; BVerwGE 95, 44). Eine die Anerken-

2

3

nung als Asylberechtigter ausschließende inländische Fluchtalternative setzt voraus, dass der von *regionaler Verfolgung* Betroffene dort vor polit. Verfolgung hinreichend sicher ist und ihm dort auch keine anderen asylerheblichen Nachteile drohen (BVerfGE 80, 342 ff.; 81, 65 f.; 94, 135; s. auch differenzierend BVerwGE 101, 141 f.; 105, 207 ff.; 108, 90). Unter *Verfolgung* wird jede Maßnahme zu verstehen sein, die entweder durch kein Gesetz erlaubt ist oder deren gesetzl. Grundlage mit den rechtsstaatl. Grundsätzen und der Wertordnung des GG im Widerspruch steht (vgl. auch BGHSt 6, 166; 14, 104; BVerwGE 62, 124 f.). Bereits die ernsthafte Drohung mit einem Übel stellt eine drohende Gefahr einer (polit.) Verfolgung dar (BVerfG, InfAuslR 1992, 295 f.). Eine Verfolgung ist dann *politisch*, wenn sie dem Einzelnen in Anknüpfung an seine polit. Überzeugung, seine religiöse Grundentscheidung oder an für ihn unverfügbare Merkmale, die sein Anderssein prägen, gezielt Rechtsverletzungen zufügt (BVerfGE 80, 315). Eine Verfolgungsmaßnahme verliert ihre Asylerheblichkeit nicht dadurch, dass der Verfolger auch noch asylneutrale Zwecke verfolgt (BVerfGE 80, 348; 81, 149 f.). Da Voraussetzungen und Umfang des polit. Asyls wesentlich vom obersten Verfassungsprinzip der Unverletzlichkeit der Menschenwürde bestimmt sind, können Eingriffe in die Rechte der freien Religionsausübung und der ungehinderten beruflichen und wirtsch. Betätigung ein Asylrecht nur dann begründen, wenn sie nach ihrer Intensität und Schwere die Menschenwürde verletzen und über das hinausgehen, was die Bewohner des Heimatstaats auf Grund des dort herrschenden Systems allg. hinzunehmen haben (BVerfGE 54, 357). Die Verfolgung kann sich auch nur pauschal *gegen Gruppen* von Menschen richten, die durch gemeinsame Merkmale wie Rasse, Nationalität, Religion oder polit. Überzeugung verbunden sind (s. BVerwGE 55, 82; 67, 184; 74, 31). Aber auch dann muss die konkrete Gefahr für den einzelnen Asylsuchenden – zumindest durch eine bestimmte „Verfolgungsdichte" für die Gruppe (BVerwG, NVwZ 1995, 175 f.) – bewiesen sein (BVerfGE 70, 232 ff.; 80, 324). Die Gefahr einer polit. Verfolgung kann sich auch aus gegen Dritte gerichteten Maßnahmen ergeben, wenn der Asylbewerber mit ihnen das Verfolgungsmerkmal teilt (BVerfGE 83, 231). Auch Verfolgungsmaßnahmen von nichtstaatl. Seite sind als polit. Verfolgung anzusehen, wenn der Staat zur Schutzgewährung entweder nicht bereit ist oder wenn er sich nicht in der Lage sieht, die verfügbaren Mittel einzusetzen (BVerfGE 80, 336, abw. von E 54, 358 f.; BVerwGE 67, 318; 72, 269). Eine solche Garantenstellung entfällt, wenn die Schutzgewährung die Möglichkeiten des Staates übersteigt (BVerfGE 80, 336; BVerwGE 70, 236 f.; 72, 271 f.; zum Wechsel des Zuständigkeitssubjekts bei Bürgerkrieg vgl. BVerfG, NVwZ 2000, 1166, gegen BVerwGE 101, 332; 105, 310). Grundsätzlich setzt Art. 16 a I kausalen Zusammenhang zwischen Verfolgung und Flucht voraus (BVerfGE 74, 51; BVerwGE 81, 46). Verfolgter kann aber auch jemand sein, für den erst während seines Aufenthalts in der Bundesrepublik Deutschland durch Änderung des polit. Regimes im Heimatland (objektive Nachfluchtgründe – BVerfGE 74, 64 f.) oder durch eigenes Handeln (subjektive Nachfluchtgründe) die Tatsachen entstehen, die eine polit.Verfolgung in seinem Heimatland befürchten lassen. Bei subjektiven Nachfluchtgründen ist aber ein besonders strenger Maßstab anzulegen (a.A. v. Arnauld in von Münch/Kunig, Art. 16 a Rn. 23 m.w.N.). Eine Asylberechtigung kann nur angenommen werden, wenn die selbst geschaffenen Nachfluchtgründe sich als Ausdruck und Fortführung einer schon im Heimatstaat betätigten Überzeugung darstellen (BVerfGE 74, 64 ff.; 94, 145; BVerwGE 77, 261). Ein Anspruch auf Anerkennung als Asylberechtigter besteht nur so lange, wie der mit dem Asylrecht bezweckte Schutz nicht bereits in einem anderen Staat gefunden worden ist (BVerwGE 69, 289 ff.). Familienangehörige haben Asylanspruch nur, wenn sie selbst von der Verfolgung mitbetroffen sind (s. aber auch Art. 6 Rn. 9). Der Schutzbereich des Art. 16 a ist durch einen *Terrorismusvorbehalt* begrenzt. Danach liegt es außerhalb des Asylrechts, wenn für terroristische Aktivitäten ein neuer Kampfplatz gesucht wird (BVerfGE 81, 152 f.). Asylrecht kann nicht beanspruchen, wer terroristische Aktivitäten oder deren Unterstützung von Deutschland aus fortsetzen oder beginnen will (vgl. BVerwGE 109, 16 ff.). Grund für die Begrenzung ist, dass derartige Betätigungen von der von Deutschland mitgetragenen Völkerrechtsordnung grundsätzlich missbilligt werden (s. auch Art. 26). Demzufolge gilt der Vorbehalt ebenso bei Verbrechen gegen die Menschlichkeit (BVerwGE 139, 292 f.).

Die Voraussetzungen für die grundrechtl. Gewährleistung des Art. 16 a I decken   **4**
sich mit denen, die nach dem AsylverfahrensG i.d.F. vom 2.9.2008 (BGBl I S. 1798), zuletzt geändert durch G vom 17.12.2008 (BGBl I S. 2586), für die Anerkennung als Asylberechtigter maßgeblich sind (zu § 28 AuslG a.F. vgl. BVerfGE 54, 355). Seitdem die **Genfer Flüchtlingskonvention** und das Protokoll dazu (zu beiden s. oben Rn. 1) von der Bundesrepublik Deutschland ohne Begrenzung auf einen Stichtag anzuwenden sind, besteht im Ergebnis kein wesentlicher Unterschied zwischen Flüchtlingen i.S. der Konvention und sonstigen Asylberechtigten (vgl. BVerfGE 54, 356; auch BVerwGE 49, 48). Allerdings ist die Versagung der Anerkennung als polit. Flüchtling nach der Genfer Konvention für die Frage der Asylgewährung an polit. Verfolgte nicht präjudiziell (BVerfGE 9, 181). Auch die positive Entscheidung eines anderen Vertragsstaats der Genfer Konvention erzeugt für die Bundesrepublik Deutschland keine Bindungswirkung i.S. einer Anerkennung, zumal im Auslieferungsverfahren die Frage der drohenden polit. Verfolgung erneut am Maßstab des Art. 16 a I sachlich zu prüfen ist (s. BVerfGE 63, 206). Eine solche Entscheidung stellt allerdings ein gewichtiges, im Verfahren nicht zu übergehendes Indiz für eine polit. Verfolgung dar (BVerfGE 52, 399, 405 f.).

Wer nach einer **Auslieferung** wirksamen Schutz vor polit. Verfolgung durch den   **5**
**Grundsatz der Spezialität** (Verfolgung nur der Taten, für die die Auslieferung bewilligt ist) genießt, kann kein polit. Asyl verlangen. Zwar steht das Asylrecht auch der Auslieferung wegen einer rein kriminellen Straftat entgegen, wenn zu besorgen ist, dass über diese Bestrafung hinaus aus polit. Gründen Gefahr für Leib oder Leben oder für die persönliche Freiheit des Auszuliefernden besteht (BVerfGE 15, 251). Doch ist bei einer vertraglichen Zusicherung durch den ausländischen Staat, sich über die bezeichnete Bestrafung hinausgehender Maßnahmen zu enthalten, die Spezialität der Strafverfolgung als Garantie gegen eine polit. Verfolgung anzusehen, wenn kein gegenteiliges Verhalten des Vertragsstaats zu befürchten ist (vgl. BVerfGE 38, 402 f.; 60, 358 f.).

Auch für **Inhalt und Umfang des zu gewährenden Asyls** gilt, dass sie wesentlich   **6**
bestimmt werden von der Unverletzlichkeit der Menschenwürde, die die Verankerung eines weitreichenden Asylanspruchs im GG entscheidend beeinflusst hat (BVerfGE 54, 357). Konkret bedeutet nach dem BVerwG das Grundrecht auf Asyl Schutz vor polit. Verfolgung durch das Verbot der Zurückweisung an der Grenze und das Verbot der Abschiebung in einen Verfolgerstaat; zugleich enthalte es einen Auftrag an den Gesetzgeber, das weitere Schicksal der Asylberechtigten entsprechend der humanitären Zielsetzung des Grundrechts zu regeln (BVerwGE 49, 202). Diesem Auftrag ist mit der Übernahme der Genfer Konvention (s. Rn. 1 u. 4) und durch das Ausländerrecht entsprochen worden. Nach § 25 I AufenthG ist asylberechtigten Ausländern grundsätzlich eine Aufenthalts-

erlaubnis zu erteilen. Dieses *Aufenthaltsrecht* im Bundesgebiet ist ebenfalls Teil der grundrechtl. Gewährleistung (BVerfGE 49, 183 f.; BVerwGE 62, 206). Auch das vorläufige Bleiberecht des Asylbewerbers für die Dauer des Asylverfahrens folgt – im Wege der Vorwirkung des Asylrechts – aus Art. 16 a I (BVerfGE 80, 73; BVerwGE 62, 206). Es tritt nur dort zurück, wo ein eindeutig aussichtsloser Asylantrag vorliegt (BVerfGE 56, 236 f.; 94, 191). Aufenthaltsbeschränkung, Untersagung der Erwerbstätigkeit und Unterbringung in Gemeinschaftsunterkünften sind bei Asylbewerbern zulässig (BVerfG, NVwZ 1983, 603 f.; NJW 1984, 558; BVerwGE 64, 288), ebenso die Einschränkung der laufenden Geldleistungen der Hilfe zum Lebensunterhalt auf das zum Lebensunterhalt Unerlässliche (BVerwGE 71, 141) und der Ausschluss vom Bezug von Kinder- (BSG, NVwZ 1983, 246) oder Erziehungsgeld (BSGE 70, 199). Das Asylrecht besteht nur so lange, wie die polit. Verfolgung andauert. Erlöschen, Rücknahme und Widerruf der Anerkennung als Asylberechtigter (§§ 72 f. AsylVfG) sind zulässig. Die Verhältnisse müssen sich entscheidungserheblich verändert haben, Änderung der Erkenntnislage oder andere Würdigung reicht nicht (BVerwGE 112, 82 ff.).

7 **Grenzen des Asylrechts** sind – außer in den Abs. 2–4 – im Ausländerrecht gezogen, das unter bestimmten Voraussetzungen die Abschiebung eines polit. Verfolgten in einen Verfolgerstaat zulässt. Die entsprechende Regelung in § 14 I 2 AuslG a.F. ist vom BVerwG (E 49, 208 f.) ebenso für verfassungsgemäß angesehen worden wie die Ausweisung eines Asylberechtigten zur Abwehr von ihm ausgehender Gefahren für die öffentl. Sicherheit oder Ordnung, wenn neben einem schwerwiegenden Ausweisungsanlass Anhaltspunkte für in Zukunft drohende neue Verfehlungen bestehen (BVerwGE 81, 156 f.; 106, 357 ff.; 109, 3 ff.). Im Übrigen ist das Asylrecht für denjenigen Grundrechtsinhaber, der die Asylberechtigung zum Kampf gegen die freiheitliche demokratische Grundordnung missbraucht, nach Art. 18 verwirkbar.

8 Das Asylrecht bedarf geeigneter **Organisationsformen und Verfahrensregelungen** (BVerfGE 60, 295) sowie einer grundrechtskonformen Anwendung des Verfahrensrechts, weil anders die materielle Asylrechtsverbürgung nicht wirksam in Anspruch genommen und verwirklicht werden kann (BVerfGE 56, 236; 94, 199 ff. m.w.N.). Das schließt aber nicht aus, dass dem Asylbewerber Mitwirkungspflichten auferlegt werden (§ 10 AsylVfG), deren Nichtbefolgung das Asylverfahren beendet (BVerfG, DVBl 1994, 632). Maßgebend für die Feststellung von Verfolgungsgründen ist der Zeitpunkt der letzten gerichtl. Tatsachenentscheidung (BVerfGE 54, 359 f.).

### Absatz 2: Sichere Drittstaaten

9 Im Unterschied zum früheren Recht des Art. 16 II 2 a.F. **begrenzt** Art. 16 a II ff. nunmehr in Anknüpfung an die Schutzbedürftigkeit des Asylbegehrenden den **Schutzumfang** des Asylrechts. So wird durch Abs. 2 Satz 1 bei – nach dem 30.6.1993 erfolgter (BVerfG, NVwZ 1994, 162) – Einreise aus einem sicheren Drittstaat die Berufung auf das Asylgrundrecht ausgeschlossen. In ihrem Herkunftsland polit. Verfolgte haben keinen grundrechtl. Anspruch auf Schutz in der Bundesrepublik Deutschland mehr, wenn sie über einen (nicht nur, wie der Wortlaut nahe legt, „aus" einem) sicheren Drittstaat einreisen, da sie dort Asyl beantragen können. Die Feststellung der Einreise aus einem solchen Staat reicht aus (BVerfGE 94, 94 f.; BVerwGE 100, 25 ff.). Bei Einreise über einen sicheren Drittstaat besteht in der Bundesrepublik Deutschland auch kein Anspruch auf Prüfung der vorgebrachten Asylgründe. Da alle an Deutschland grenzenden Staaten sichere Drittstaaten sind, ist ein auf dem Landweg einreisender Ausländer

von der Berufung auf Art. 16 a I ausgeschlossen, auch wenn sein Reiseweg nicht im Einzelnen bekannt ist (BVerfGE 94, 93 ff.). Nicht ausreichend ist bei Einreise per Schiff oder Flugzeug der Zwischenaufenthalt in einem Drittstaat, wenn der Asylbewerber dort den Transitbereich nicht verlassen hat (BVerfGE 94, 131). Bei der Möglichkeit, **Schutz im Drittstaat** zu erhalten, sind zwei Gruppen sicherer Drittstaaten zu unterscheiden: Die Sicherheit der Mitgliedstaaten der EU wird durch die Verfassung fingiert (BVerfGE 90, 50). Die Sicherheit eines Drittstaats außerhalb der EU ist gegeben, wenn die Anwendung der Genfer Flüchtlingskonvention (vgl. Rn. 1 u. 4) und der EMRK (dazu s. vor Art. 1 Rn. 2) – insbes. durch deren gesetzl. Umsetzung (vgl. BayVGH, DVBl 1994, 64) – in allen Teilen sichergestellt ist. Dabei muss der Ausländer die Möglichkeit haben, ein Schutzgesuch anzubringen, über das dann nach einem Prüfungsverfahren entschieden wird (BVerfGE 94, 91). Eine Sicherstellung der Anwendung liegt i.d.R. nicht vor, wenn Gruppen von Personen von vornherein nicht als Flüchtlinge in Betracht gezogen werden (BVerfGE 94, 89 ff.). Voraussetzung sind der förmliche Beitritt des Drittstaats zu beiden Konventionen und deren tatsächliche Einhaltung in allen Teilen (BVerfGE 94, 90 ff.). In jedem Fall muss es ein Verfahren zur Feststellung der Flüchtlingseigenschaft geben, das auch für aus der Bundesrepublik Zurückgewiesene oder Zurückgeschobene zugänglich ist. Weiterhin müssen der Grundsatz der Nichtzurückweisung von Flüchtlingen (Art. 33 I Genfer Flüchtlingskonvention) beachtet und Lebensunterhalt gewährt werden. Der einfache (Bundes-)Gesetzgeber hat nach Prüfung der Rechtslage in materieller und verfahrensmäßiger Hinsicht und unter Berücksichtigung der Praxis in dem betr. Staat – mit Zustimmung des BRats – die Feststellung zu treffen, dass die Voraussetzungen des Satzes 1 vorliegen (dabei hat er einen weiten Spielraum – BVerfGE 94, 93). Dies ist im AsylverfahrensG nach Maßgabe seines § 26 a und der dazugehörigen Anlage I geschehen. Sichere Drittstaaten können auch solche sein, die ihrerseits Drittstaatenregelungen vorsehen, solange nicht die Gefahr der Abschiebung in den Verfolgerstaat besteht (BVerfGE 94, 92 f.; das BVerfG verlangt vom Viertstaat aber nur einen den Konventionen entsprechenden Schutz u. nicht die Rechtsbindung an diese – E 94, 111 ff.). Wird ein sicherer Drittstaat Mitglied der EU, gilt allein Art. 16 a II 1 (BVerfGE 94, 59). Satz 1 schließt nicht aus, durch völkerrechtl. Vereinbarungen (etwa zur Lastenteilung) die Zuständigkeit der Bundesrepublik Deutschland für die Durchführung des Asylverfahrens auch für aus sicheren Drittstaaten eingereiste Asylbewerber zu begründen. Der einzelne Asylbewerber kann jedoch daraus keinen Anspruch ableiten (ebenso BT-Dr 12/4152 S. 4).

Im Hinblick auf den Ausschluss der Berufung auf das Asylgrundrecht (s. vorstehend Rn. 9) kann in den Fällen des Abs. 2 für den Ausländer auch **kein vorläufiges Bleiberecht** entstehen. Die Betroffenen können an der Grenze zurückgewiesen oder unverzüglich in den sicheren Drittstaat zurückgebracht werden. Auch sonstige Abschiebungsschutzregelungen entfallen grundsätzlich (BVerfGE 94, 95). Das gilt auch dann, wenn der Ausländer nicht in den sicheren Drittstaat zurückgeführt werden kann oder soll (BVerfGE 94, 87). Ausnahmen gelten bei drohender Todesstrafe, drohenden Verbrechen, Änderung der für die Einstufung als sicherer Drittstaat maßgeblichen Verhältnisse, drohender polit. Verfolgung oder menschenunwürdiger Behandlung durch den Drittstaat sowie bei offensichtlich konventionswidriger Schutzverweigerung des Drittstaats (BVerfGE 94, 99 f.). Nach Satz 3 sind **aufenthaltsbeendende Maßnahmen** hier unabhängig von dagegen eingelegten Rechtsbehelfen vollziehbar (vgl. dazu § 34 a II AsylVfG u. BVerfGE 94, 100 ff.). Die Möglichkeit, Rechtsbehelfe vom Ausland her vor deutschen Behörden und Gerichten zu verfolgen, bleibt unbenommen. Da die Eigen-

10

schaft als „sicherer Drittstaat" nach Abs. 2 anders als die Einordnung als „sicheres Herkunftsland" gemäß Abs. 3 nicht als widerlegbare Vermutung (s. Rn. 12) ausgestaltet ist, kommt allerdings in Betracht, Art. 16 a II mit Rücksicht auf die verfassungsrechtl. gebotene Gewährleistung eines wirksamen Rechtsschutzes (Art. 19 IV) *verfassungskonform* dahin *auszulegen*, dass die gerichtl. Aussetzung des Vollzugs der Abschiebung im Einzelfall unter engen Voraussetzungen möglich sein muss, wenn gesetzl. als sichere Drittstaaten festgestellte Staaten den in Satz 1 bezeichneten Konventionen nicht vollständig nachkommen (vgl. BVerfGE 94, 102; BVerfG, Beil. 2/93 zu NVwZ 10/93 S. 11: Griechenland; VG Regensburg, ebd., S. 13: Tschechische Republik). Ab Anfang September 2009 (zuerst BVerfG, NVwZ 2009, 1281; weiter etwa BVerfGK 18, 139) untersagte das BVerfG im Wege des Erlasses einstweiliger Anordnungen mehrfach vorläufig die Abschiebung von Asylbewerbern nach Griechenland (vgl. Weinzierl, ZAR 2010, 260 ff. m.w.N.; zur Lage in Griechenland auch EGMR, NVwZ 2011, 415 ff., 2012, 1233). Entscheidungen in der Hauptsache sind nicht ergangen; inzwischen macht die Bundesrepublik Deutschland in diesen Fällen von ihrem Selbsteintrittsrecht Gebrauch und führt die Asylverfahren in Deutschland durch. (Das BMI hat am 19.1.2011 entschieden, für ein Jahr keine diesbezüglichen Überstellungen nach Griechenland mehr vorzunehmen, u. diese Entscheidung bisher zweimal – aktuell am 14.12.2012 bis zum 12.1.2014 – verlängert.)

### Absatz 3: Sichere Herkunftsländer

11 Abs. 3 gibt die Möglichkeit, durch Gesetz mit Zustimmung des BRats **verfolgungsfreie Herkunftsländer** zu bestimmen. Die Vorschrift nennt in Satz 1 die wichtigsten derjenigen Kriterien, aus denen auf Verfolgungsfreiheit geschlossen wird (Rechtslage, Rechtsanwendung, allg. polit. Verhältnisse). Daneben sind auch andere Kriterien heranziehbar, zu denen etwa die Anerkennungsquote für Asylberechtigte aus dem jeweiligen Herkunftsland gehören kann (BT-Dr 12/4152 S. 4). Freiheit vor polit. Verfolgung und unmenschlicher oder erniedrigender Bestrafung oder Behandlung muss grundsätzlich landesweit gewährleistet sein (BVerfGE 94, 135). Abs. 3 lässt es auch nicht zu, einen Staat für bestimmte Gruppen für verfolgungsfrei zu erklären. Dass der Herkunftsstaat die Todesstrafe kennt, steht der Einstufung als „sicher"nicht grundsätzlich entgegen (BVerfGE 94, 137 f.). Der Gesetzgeber hat bei der Tatsachenfeststellung und der darauf beruhenden Bewertung einen Ermessensspielraum (BVerfGE 94, 144; krit. abw. Meinung S. 157 ff., 164). Bei Staaten mit erst kurzer demokratischer Tradition sind besondere Sorgfalt und umfassende Würdigung geboten (BVerfGE 94, 159, abw. Meinung; sehr weitgehend E 94, 144). Von der Möglichkeit des Abs. 3 hat der Gesetzgeber nach Maßgabe des § 29 a AsylVfG und der dazugehörigen Anlage II Gebrauch gemacht (Zweifel bei Ghana BVerfGE 94, 161 ff., abw. Meinung; anders E 94, 116).

12 Die gesetzl. Bestimmung eines Staats als sicherer Herkunftsstaat begründet lediglich eine **widerlegbare Vermutung** (dazu BVerfGE 94, 147): Der Asylbewerber kann geltend machen, entgegen der Regelvermutung ausnahmsweise doch polit. verfolgt zu sein. Eine dahin gehende Prüfung findet jedoch nur statt, wenn der Ausländer erhebliche Tatsachen substantiiert vorträgt (BVerfGE 94, 51, 100). Dabei muss er tatsächlich die Möglichkeit haben, die Vermutung, er werde nicht verfolgt, für sich zu widerlegen (BVerfGE 89, 104; 94, 154 f.). Dafür reicht ein schlüssiger und substantieller Tatsachenvortrag aus (BVerfGE 94, 147). Die Vermutung bezieht sich nicht auf sonstige rechtl. relevante Verfolgung, das Vorliegen anderer Abschiebungshindernisse (vgl. § 31 III AsylVfG i.V.m. § 60 II-VII

AufenthG) ist zu prüfen (BVerfGE 94, 146). Sichere Herkunftsländer müssen nicht sichere Drittstaaten i.S. des Abs. 2 sein; umgekehrt gilt das Gleiche. Weitere Rechtsfolgen ergeben sich aus Abs. 4.

## Absatz 4: Beschränkung des Rechtsschutzes

Abs. 4 normiert für bestimmte Fälle qualifizierte Anforderungen an die Ausset-  13
zung der **Vollziehung aufenthaltsbeendender Maßnahmen** und ermächtigt den Gesetzgeber, in Bezug auf solche Maßnahmen sowohl den Prüfungsumfang als auch die Berücksichtigung verspäteten Vorbringens im gerichtl. Verfahren einzuschränken (BVerfGE 94, 192). Aufenthaltsbeendende Maßnahmen sind nicht nur solche, die nach Einreise den Aufenthalt beenden, sondern auch Maßnahmen, die einen tatsächlich im Gebiet der Bundesrepublik Deutschland befindlichen Ausländer an einer Einreise im Rechtssinne und einer Aufenthaltsbegründung hindern sollen (BVerfGE 94, 192). Nur wenn ernstliche Zweifel an der Rechtmäßigkeit der aufenthaltsbeendenden Maßnahme bestehen, kann im Wege des vorläufigen Rechtsschutzes die Vollziehung ausgesetzt werden (BVerfGE 94, 167). Die Regelung zielt darauf ab, die nach der bisherigen Rspr. des BVerfG geltenden hohen Prüfungsmaßstäbe für die Rechtmäßigkeit der Ablehnung eines Asylantrags als offensichtlich unbegründet (vgl. BVerfG, InfAuslR 1993, 196) zurückzunehmen. Das BVerfG hält aber weiter an der Pflicht zur sorgfältigen Prüfung des Vorbringens des Asylbewerbers fest (BVerfGE 94, 167 f.; BVerfG, Beil. 2/93 zu NVwZ 10/93 S. 1 u. 2). Der Begriff der **ernstlichen Zweifel** ist im Zusammenhang mit der Gesamtregelung des Art. 16 a zu bestimmen (BVerfGE 94, 193). Ernstliche Zweifel liegen vor, wenn erhebliche Gründe dafür sprechen, dass die Maßnahme einer rechtl. Prüfung nicht standhält. Abs. 4 gilt für die Fälle des Abs. 3, wenn die mit der gesetzl. Bestimmung eines sicheren Herkunftsstaats verbundene Vermutung (s. vorstehend Rn. 12) nicht widerlegt wird, und ebenso für alle Asylanträge, die aus anderen Gründen offensichtlich unbegründet sind oder als solches gelten (BVerfGE 94, 191). Die Regelung enthält eine **verfahrensrechtliche Begrenzung des Schutzbereichs der Asylgewährleistung,** die nach Satz 2 der Gesetzgeber zu konkretisieren hat (BT-Dr 12/4152 S. 4). In den §§ 36 f. i.V.m. § 30 AsylVfG ist dies geschehen. Die damit verbundene erhebliche Einschränkung des Eilrechtsschutzes ist nur dann verfassungsrechtl. noch vertretbar, wenn der Asylsuchende trotz der kurzen Fristen tatsächlich noch die Möglichkeit hat, gerichtl. Rechtsschutz (einschl. des Zugangs zu Sprachmittler u. rechtl. Beistand) in Anspruch zu nehmen, und wenn sein Vorbringen vor Gericht im Einzelnen gewürdigt wird (BVerfGE 89, 104; 94, 154; 94, 192). Dennoch darf der Asylsuchende nach Ansicht des BVerfG vor der Entscheidung des BVerfG abgeschoben werden (E 94, 212 ff.; a.A. abw. Meinung S. 230 ff.). Nach Auffassung des BVerfG ist das Flughafenverfahren (§ 18 a AsylVfG) verfassungsgemäß (BVerfGE 94, 195 ff.), einschl. der Dreitagefrist für Anträge auf vorläufigen Rechtsschutz (§ 18 a IV 1 AsylVfG; wenn auf Verlangen eine viertägige Nachfrist für die Begründung eingeräumt wird) und der Vollziehung der Einreiseverweigerung vor Vorliegen der gerichtl. Begründung (BVerfGE 94, 210 ff.; a.A. abw. Meinung S. 223 ff.).

## Absatz 5: Abweichende Regelungen durch völkerrechtliche Verträge

Der Vorbehalt des Abs. 5 ist lex specialis zu Art. 24 I und gestattet von den  14
Abs. 1–4 abw. Regelungen in völkerrechtl. Verträgen (BVerfGE 94, 86). Die Vorschrift ermöglichte damit die Ratifikation des Schengener Übereinkommens (s. dazu G v. 15.7.1993, BGBl II S. 1010) und des Dubliner Asylrechtsübereinkommens (vgl. G v. 27.6.1994, BGBl II S. 791) mit allen Rechten und Pflichten.

*Antoni*                                                                  251

Entsprechende Verträge können darüber hinaus mit allen Staaten geschlossen werden, in denen die Anwendung der Genfer Flüchtlingskonvention und der EMRK (zu beiden s. die Hinweise oben in Rn. 1, 4 u. 9) sichergestellt ist.

## Artikel 17 [Petitionsrecht]

**Jedermann hat das Recht, sich einzeln oder in Gemeinschaft mit anderen schriftlich mit Bitten oder Beschwerden an die zuständigen Stellen und an die Volksvertretung zu wenden.**

1 Art. 17 gewährleistet innerstaatl. das in Art. 17 a I ausdrücklich so genannte Petitionsrecht als Grundrecht (vgl. BayVerfGH 30, 184 f.). Extern auf **europäischer Ebene** enthält die EMRK keine vergleichbare Regelung. Dagegen garantiert Art. 24 II, III i.V.m. Art. 227 f. AEUV in Angelegenheiten der EU jedem Unionsbürger das Petitionsrecht zum Europäischen Parlament und das Beschwerderecht zum Europäischen Bürgerbeauftragten. Entsprechende Gewährleistungen enthalten Art. 43 und 44 EUGrCh für den gesamten Bereich der EU mit Ausnahme der Rechtsprechungstätigkeit des EuGH.

2 Seinem **Inhalt** nach eröffnet Art. 17 die Möglichkeit, menschliche Sorgen und Nöte auch außerhalb förmlicher Verwaltungs-, Rechtsbehelfs- und Gerichtsverfahren, ggf. auch nach deren bestands- oder rechtskräftigem Abschluss, z.B. durch Dienstaufsichtsbeschwerden (BFHE 82, 379) oder Gegenvorstellungen (BVerfGE 55, 5; BVerwGE 93, 9; BVerwG, DÖV 1994, 916 f.), zur Kenntnis staatl. Stellen zu bringen (vgl. BVerwGE 103, 89; BayVerfGH, BayVBl 2000, 176). Als soziales Frühwarnsystem dient das Grundrecht der Rückkoppelung von Parlamenten, Regierungen und Verwaltungen zu den Bedürfnissen und Problemlagen der Bürger (zu weiteren Funktionen s. BremStGHE 6, 19) und deren Teilhabe an der polit. Willensbildung (VG Leipzig, SächsVBl 2004, 246). Das Petitionsrecht ist vor allem durch seinen (in Rn. 7 behandelten) leistungsrechtl. Gehalt geprägt (zur abwehrrechtl. Komponente vgl. Krings, BlnK, Art. 17 Rn. 60 ff.). Es kann *einzeln, aber auch in Gemeinschaft mit anderen*, durch sog. Sammelpetitionen (zu Begriff u. Abgrenzung von Mehrfach- u. Massenpetitionen s. Brocker in Epping/Hillgruber, Art. 17 Rn. 5 f., zu sog. öffentl. Petitionen BVerfG, NVwZ-RR 2012, 1), ausgeübt werden.

3 **Grundrechtsträger** ist jedermann. Auf die Staatsangehörigkeit kommt es ebenso wenig an wie auf den Aufenthaltsort. Deshalb sind z.B. auch im Ausland lebende Ausländer, deren Petition sich gegen Maßnahmen einer deutschen Behörde richtet, petitionsberechtigt (OVG Münster, NJW 1979, 281; s. auch BVerwG, NJW 1981, 700; restriktiver aber Stettner, BK, Art. 17 Rn. 62). Das Gleiche trifft für Staatenlose zu. Geschäfts- und Prozessfähigkeit i.S. des Zivil- und Prozessrechts sind nicht erforderlich. Es genügt, dass der Petent seine Gedanken in Form einer Petition verständlich zum Ausdruck bringen kann (OVG Berlin, DVBl 1976, 262). Für private inländische juristische Personen gilt das Grundrecht gemäß Art. 19 III, für juristische Personen aus dem EU-Raum kraft der unionsrechtl. gebotenen Anwendungserweiterung des deutschen Grundrechtsschutzes (BVerfGE 129, 94 ff.). Auch polit. Parteien können es in Anspruch nehmen (NWVerfGH,

DÖV 2003, 31), ebenso Personen, die sich zum Staat in einem Sonderrechtsverhältnis befinden (vgl. Rn. 8 u. Art. 17 a).

Gewährleistet sind als Petitionen **Bitten und Beschwerden.** Durch Bitten werden 4 Wünsche für die Zukunft geäußert, durch Beschwerden in der Vergangenheit eingetretene Mängel mit dem Ziel ihrer Beseitigung gerügt (s. auch Nr. 2.1 der Grundsätze des BT-Petitionsausschusses über die Behandlung von Bitten u. Beschwerden, BT-Dr 17/9900 S. 93). Wesentlich ist der Petition ein bestimmtes Begehren (BVerwG, NJW 1976, 638; vgl. auch BVerfGE 2, 299), das nicht nur eigene, sondern auch fremde, etwa die Allgemeinheit betr., Anliegen zum Gegenstand haben kann (s. VG Neustadt/Weinstraße, LKRZ 2012, 275: keine eigene rechtl. Betroffenheit notwendig). Bloße Mitteilungen oder Datenübermittlungen (BVerwGE 128, 300), Hinweise, Belehrungen, Vorwürfe oder Anerkennungen fallen nicht unter Art. 17. Das Gleiche gilt im Hinblick auf die Funktion des Petitionsrechts, Anrufungsbegehren außerhalb förmlicher Verfahren zu ermöglichen (s. oben Rn. 2), für die normalen Rechtsbehelfe im Verwaltungs- und für Klagen und Anträge im gerichtl. Verfahren (zu Letzterem vgl. BVerfGE 13, 150). Nicht vom Petitionsbegriff erfasst sind schließlich Stimmabgaben im Rahmen einer Volksbefragung, weil Art. 17 nicht auch Ausübung von Staatsgewalt im status activus gewährleistet (BVerfGE 8, 115; s. auch BVerfGE 8, 45 f.). Zum Verhältnis zur Meinungsfreiheit vgl. BVerfG, NJW 1991, 1477; s. auch nachstehend Rn. 6.

**Petitionsadressaten** sind als Teil der – deutschen – öffentl. Gewalt *„die zuständi-* 5 *gen Stellen"* und, d.h. parallel und nicht alternativ, *„die Volksvertretung"* (zum Verhältnis des BT-Petitionsausschusses zu Beauftragten der BReg s. BT-Dr 15/5109 S. 3 f., 9, 10 f.). Damit ist der Adressatenkreis so weit gezogen, dass er sämtliche Einrichtungen des Bundes und der Länder umfasst, gleichgültig, ob sie der gesetzgebenden, vollziehenden oder rechtsprechenden Gewalt (in letzterer Hinsicht vgl. BVerfGE 55, 5; BVerwGE 93, 9; BVerwG, DÖV 1994, 916 f.) und im Bereich der Exekutive der unmittelbaren oder mittelbaren (z.B. kommunalen) Verwaltung (BremStGHE 6, 24) oder den Eingriffs-, Leistungs- oder Fiskalverwaltung angehören (OVG Münster, NJW 1979, 281). Das BVerfG ist allerdings außerhalb eines zulässigen verfassungsgerichtl. Verfahrens nicht zuständige Stelle für Petitionen, die sich in der Geltendmachung von Fremd- oder Allgemeininteressen erschöpfen (BVerfG, NVwZ 2002, 1499; entsprechend für die Fachgerichte Krings, BlnK, Art. 17 Rn. 49). *Volksvertretungen* sind die – für die Petitionsbehandlung mit besonderen Rechten ausgestatteten (s. dazu Graf Vitzthum/März, JZ 1985, 814 ff., sowie die Erläut. in Art. 45 c Rn. 3) – Parlamente des Bundes und der Länder (vgl. BremStGHE 6, 19), nicht aber ihre einzelnen Mitglieder (BayVerfGH 20, 139; a.A. OLG Düsseldorf, NVwZ 1983, 502) oder Fraktionen und auch nicht BRat und BPräs (OLG Nürnberg, MDR 1993, 795). Das schließt nicht aus, dass über die an den BTag gerichteten Petitionen nicht dessen Plenum, sondern nur der nach Art. 45 c bestellte Petitionsausschuss entscheidet (s. aber Art. 45 c Rn. 1). Denn aus Art. 17 folgt nicht, dass sich mit der Petition stets das gesamte Plenum befassen muss. Eine Delegation an Ausschüsse der Volksvertretung zur Behandlung, aber auch zur Erledigung von Petitionen ist also zulässig (OVG Lüneburg, NdsVBl 2008, 138; vgl. auch VG Neustadt/Weinstraße, LKRZ 2012, 277). Ob die kommunalen Vertretungskörperschaften – obwohl Teil der Exekutive (s. Art. 28 Rn. 5) – wenigstens im Verständnis des Art. 17 zu den Volksvertretungen rechnen, ist umstritten (bejahend vor allem OVG Münster, NJW 1979, 281 f.; verneinend etwa OVG Lüneburg, OVGE 23, 407; BayObLG, NJW 1981, 1109; offengelassen in BVerwG, NJW 1981, 700). Auf jeden Fall sind sie im Rahmen der ihnen zugewiesenen Sachaufgaben zuständige Stellen i.S. des Art. 17 (BayObLG, NJW 1981, 1109). Die *Zuständigkeit* des angegangenen Petitionsadressaten *im Einzelfall* bestimmt sich danach, wer nach dem maßgeblichen (verfassungs- u. einfachrechtl.) Organisationsrecht örtlich, sachlich und funktionell befugt ist, über das Petitionsanliegen zu entscheiden. Der *Zugang* zum zuständigen Adressaten darf nicht vereitelt, behindert (BVerfGK 9, 258) oder unzumutbar erschwert werden (etwa durch aufenthaltsbeendende Maßnahmen gegenüber einem Ausländer; vgl. OVG Lüneburg, NdsVBl 2003, 271). Ein Monopol im Verhältnis der Petitionsadressaten zueinander ist dem GG fremd (BT-Dr 16/6785 S. 3).

6  Zu den **Voraussetzungen für die Zulässigkeit einer Petition** i.S. des Art. 17 gehört, dass diese schriftlich abgefasst ist. Erforderlich ist grundsätzlich eigenhändige Unterzeichnung durch Namensunterschrift oder mittels notariell beglaubigten Handzeichens (str.). Deshalb kann eine Petition – mit den in Rn. 7 genannten Rechtsfolgen – derzeit zwar per Telefax, i. Allg. aber nicht durch E-Mail eingelegt werden (Letzteres str.; vgl. von Coelln in Stern/Becker, Art. 17 Rn. 10; zur Praxis des BTags s. Nr. 4 I der in Rn. 4 erwähnten Grundsätze). Zulässig dagegen die in fremder Sprache abgefasste Petition. Anonyme und pseudonyme Eingaben sind unbeachtlich, weil nicht als Petition anzusehen (eher a.A. Krings in BlnK, Art. 17 Rn. 41; vgl. aber auch § 8 des G über den Wehrbeauftragten des Deutschen BTages i.d.F. v. 16.6.1982, BGBl S. 677). Das Gleiche gilt für querulatorische Eingaben (LG Stuttgart (NJW 1994, 1077). Nach h.M. ist eine Petition ferner unzulässig, wenn sie etwas gesetzl. Verbotenes fordert (insoweit a.A. – Petition unbegründet – Stein, AK, Art. 17 Rn 26) oder einen beleidigenden, herausfordernden oder erpresserischen Inhalt hat (BVerfGE 2, 229; BVerwGE 103, 89; BayVerfGH 20, 139; krit. u. differenzierend insoweit Stettner, BK, Art. 17 Rn. 75 ff.). Dass der Inhalt einer Petition, der gegen Rechtsvorschriften verstößt und damit gemäß Art. 5 II nicht von der Meinungsfreiheit geschützt ist, allein deshalb rechtmäßig wird, weil er in eine Petition eingeht, kann Art. 17 nicht entnommen werden (BVerfGK 9, 258). Auch die Zuständigkeit des Petitionsadressaten rechnet zu den Zulässigkeitsvoraussetzungen (BVerfGE 2, 229). Die angegangene Stelle kann bei Unzuständigkeit nicht über die Petition entscheiden. Sie ist jedoch verpflichtet, die Eingabe an das zuständige Organ weiterzuleiten (OVG Lüneburg, OVGE 23, 408; OLG Düsseldorf, NVwZ 1983, 502). Eine eigene Beschwer des Petenten muss nicht vorliegen. Es genügt, dass er für einen anderen oder für Gemeinwohlbelange eintreten will (OLG Düsseldorf, NJW 1972, 651). Auch an Fristen ist er nicht gebunden.

7  Art. 17 begründet keine allg. Auskunftspflicht des Staates (OVG Münster, OVGE 18, 222; 19, 17; VGH Kassel, ESVGH 12/I, 71; einfachrechtl. vgl. jetzt aber z.B. das InformationsfreiheitsG v. 5.9.2005, BGBl I S. 2722, u. dazu BVerwG, DVBl 2012, 180 ff.). Auch ein Recht, in Dienstgebäuden des Staates für bestimmte Anliegen Unterschriftenaktionen durchzuführen, lässt sich aus dem Grundrecht nicht herleiten (BAGE 113, 237). Im Petitionsverfahren selbst, für das Kosten nicht erhoben werden dürfen, gibt es dem Petenten **keinen Anspruch auf eine bestimmte Sachentscheidung** (BVerfG, NJW 1992, 3033; BVerfGK 7, 135; BVerwG, NJW 1976, 638; 1991, 937; BayVerfGH 35, 9), z.B. auf Aussetzung einer Abschiebung als Ausländer (OVG Lüneburg, NdsVBl 2003, 271), oder auf einen bestimmten Ablauf des Verfahrens etwa unter Gewährung von Akteneinsicht (OVG Berlin, DVBl 2001, 314) oder auf eine Entscheidung in öffentl. Sitzung (OVG Lüneburg, NdsVBl 2008, 138). Der Petent kann nur verlangen, dass seine Eingabe von der zuständigen Stelle entgegengenommen und

sachlich geprüft wird (BVerfGE 2, 230; 13, 90; BVerfGK 7, 134; BVerwGE 103, 89; BayVerfGH 39, 51; OVG Bremen, JZ 1990, 965 f.; *Petitionsbehandlungsspruch*). Außerdem hat er, sofern ihm in der gleichen Sache nicht schon früher von derselben Stelle ein ordnungsgemäßer Bescheid erteilt worden ist (BVerfGE 2, 231 f.; BayVerfGH 32, 10 f.; OVG Münster, NWVBl 1993, 296), im Umfang seines Petitionsanspruchs ein einklagbares **Recht auf Beantwortung der Petition** (BVerwG, NJW 1976, 638; BremStGHE 6, 20) binnen angemessener Frist (*Petitionsbescheidungsanspruch*). Die schriftlich zu erteilende Antwort darf sich nicht auf eine bloße Empfangsbestätigung beschränken, muss vielmehr Angaben über die entscheidende Stelle und über die Art der Petitionserledigung (dazu s. auch § 112 III GOBT), bei Parlamentspetitionen auch über das Datum des die Erledigung aussprechenden Parlamentsbeschlusses enthalten (BVerfGE 2, 230; BVerfG, NJW 1992, 3033; BVerfGK 9, 258; BVerwG, NJW 1976, 638; BayVerfGH 29, 42; OVG Lüneburg, NVwZ-RR 2008, 746); zur Bekanntgabe der Entscheidung auf sog. Massenpetitionen (vgl. Rn. 2) s. Schick, Petitionen, 3. Aufl. 1996, S. 106 f. Einen Anspruch auf eine bestimmte Sachaufklärung, Beweiserhebungen und eine Auseinandersetzung des Petitionsadressaten mit den Argumenten des Petenten gibt Art. 17 jedoch nicht (BVerfG, KBeschl. v. 26.3.2007 – 1 BvR 138/07 – juris; BayVerfGH, BayVBl 2000, 176). Auch eine besondere Begründung i.s. einer Mitteilung der für die Entscheidung der zuständigen Stelle inhaltlich maßgebenden Gründe verlangt das Petitionsgrundrecht nicht (BVerfGE 2, 230; BVerfG, NJW 1992, 3033; BVerwG, NJW 1991, 937; BayVerfGH 29, 42; str., vgl. die Nachweise in OVG Bremen, JZ 1990, 966). Es steht einer dahin gehenden einfach- oder landesverfassungsrechtl. Regelung aber auch nicht entgegen. Petitionsbescheide sind – ebenso wie interne Stellungnahmen, die der Petitionsadressat von anderen staatl. Stellen eingeholt hat – keine Verwaltungsakte (BVerwGE 80, 364; BayVerfGH 10, 25). Doch ist für die **prozessuale Verfolgung des Petitionsrechts** mit seinem vorstehend umschriebenen Inhalt – auch bei Parlamentspetitionen – die allg. Leistungsklage im Verwaltungsrechtsweg gegeben (OVG Hamburg, DVBl 1967, 86; OVG Berlin, DVBl 1976, 261 f.; OVG Bremen, JZ 1990, 965; zum Verwaltungsrechtsweg auch BVerfG, NVwZ 1989, 953; NVwZ-RR 2012, 1). Wie diese hat auch die Petition selbst keine aufschiebende Wirkung (BayVerfGH 32, 11). Einen mit der Verfassungsbeschwerde unmittelbar einforderbaren Anspruch darauf, dass die BReg einer Beschlussempfehlung des BTages (s. Art. 45 c Rn. 1) folgt, garantiert Art. 17 nicht (BVerfGK 7, 134 f.).

Die Möglichkeit, das Petitionsrecht einzuschränken, sieht ausdrücklich nur **8** Art. 17 a I – für Sammelpetitionen der Angehörigen der Streitkräfte und des Ersatzdienstes – vor (vgl. insoweit Art. 17 a Rn. 4). Art. 17 selbst garantiert das Petitionsrecht vorbehaltlos. Auch auf die Schranken des Art. 2 I und des Art. 5 II kann nicht zurückgegriffen werden. Doch sind weitere **Beeinträchtigungen des Grundrechts** deshalb nicht ausgeschlossen. Sie erfolgen hinsichtlich seiner leistungsrechtl. Komponenten (dazu oben Rn. 2 u. 7) im Wege der Ausgestaltung (von Coelln in Stern/Becker, Art. 17 Rn. 30) und sind im Übrigen **gerechtfertigt**, wenn und soweit der Schutz kollidierender Grundrechte Dritter oder die Wahrung anderer mit Verfassungsrang ausgestatteter Rechtswerte Begrenzungen erfordern (s. BVerfGE 49, 55 ff., u. zum methodischen Vorgehen bei der Prüfung von Grundrechtsbeeinträchtigungen allg. vor Art. 1 Rn. 8 f.). Das kann der Fall sein bei der Kollision mit dem *allgemeinen Persönlichkeitsrecht*, das auch den Schutz der persönlichen Ehre umfasst (vgl. Art. 1 Rn. 11 u. 13). Welche der widerstreitenden Grundrechtspositionen den Vorrang genießt, muss im Wege einer alle Umstände des Einzelfalls berücksichtigenden Abwägung festgestellt werden, bei der sowohl Sinn und Zweck des Petitionsrechts als auch die Bedeutung des verfassungsrechtl. Persönlichkeits- und Ehrenschutzes zu beachten sind (BVerfG, NJW 1991, 1476). Verleumdungen, böswillige Verdrehungen der Wahrheit und grobe Ehrverletzungen finden in Art. 17 keine Rechtfertigung (OLG Düsseldorf, NJW 1972, 651; s. auch BVerfG, NJW 1991, 1476 m.w.N., u. oben Rn. 6). Für *Beamte* ergeben sich Ausübungsschranken aus ihrer besonderen Rechtsbeziehung zu ihrem Dienstherrn (Art. 33 IV u. V). Dazu rechnet vor allem die Einhaltung des Dienstwegs bei Petitionen, die nicht nur persönliche, sondern dienstliche Angelegenheiten betreffen. Der direkte Weg in die Öffentlichkeit ist dem Bediensteten danach grundsätzlich verschlossen (BT-Dr 16/6785 S. 7). Für Petitionen gegenüber zuständigen Stellen im Exekutivbereich gilt diese Bindung ausnahmslos. Auch bei Petitionen an die zuständige Volksvertretung ist sie grundsätzlich zu beachten, sofern nicht im Einzelfall besonders schwerwiegende Beanstandungen vorgebracht werden und verwaltungsinterne Abhilfe nicht erwartet werden kann. *Untersuchungs- und Strafgefangene* schließlich müssen – vorausgesetzt, dass der Kerngehalt des Grundrechts unangetastet bleibt – diejenigen Beschränkungen hinnehmen, die sich aus dem Haftzweck zwingend ergeben. Sie können deshalb keine Kontaktaufnahme zu Mitgefangenen zum Zwecke der Abfassung einer gemeinschaftlichen Petition verlangen, sofern und solange solche Kontakte mit dem Haftzweck unvereinbar sind (zur sog. Kontaktsperre vgl. die §§ 31 ff. EGGVG). Auch der Anspruch auf sofortige Weiterleitung einer Petition ist nicht absolut geschützt. Vielmehr kann auch insoweit eine Güterabwägung im Interesse überragender Gemeinschaftswerte zu vorübergehenden Beschränkungen der Grundrechtsausübung führen (BVerfGE 49, 57 f.). Eine allg. Begrenzung des Petitionsrechts ergibt sich aus der bundesstaatl. Ordnung (BremStGHE 6, 20).

## Artikel 17 a [Grundrechtseinschränkungen für Verteidigung und Ersatzdienst]

(1) Gesetze über Wehrdienst und Ersatzdienst können bestimmen, daß für die Angehörigen der Streitkräfte und des Ersatzdienstes während der Zeit des Wehr- oder Ersatzdienstes das Grundrecht, seine Meinung in Wort, Schrift und Bild frei zu äußern und zu verbreiten (Artikel 5 Abs. 1 Satz 1 erster Halbsatz), das Grundrecht der Versammlungsfreiheit (Artikel 8) und das Petitionsrecht (Artikel 17), soweit es das Recht gewährt, Bitten oder Beschwerden in Gemeinschaft mit anderen vorzubringen, eingeschränkt werden.

(2) Gesetze, die der Verteidigung einschließlich des Schutzes der Zivilbevölkerung dienen, können bestimmen, daß die Grundrechte der Freizügigkeit (Artikel 11) und der Unverletzlichkeit der Wohnung (Artikel 13) eingeschränkt werden.

1 **Allgemeines:** Art. 17 a gewährt **kein selbständiges Grundrecht** (BVerfGE 44, 205), enthält vielmehr für die in Abs. 1 und 2 abschließend aufgeführten Grundrechte (BVerwGE 127, 324) spezielle – einerseits personal, andererseits gegenständlich begrenzte – **Gesetzesvorbehalte**, die neben die für diese Grundrechte ohnehin geltenden Schrankenvorbehalte treten (vgl. BVerwGE 83, 62) und, indem sie darüber hinausgehende Grundrechtsbeschränkungen ermöglichen (BVerwGE 132, 183), den Gesetzgeber in die Lage versetzen sollen, die im Interesse des Verteidigungs- und des Ersatzdienstwesens notwendigen Regelungen zu treffen. *„Gesetze"* im Verständnis sowohl des Abs. 1 als auch des Abs. 2 sind

nicht nur Gesetze im formellen Sinne, sondern auch RVO auf der Grundlage einer Art. 80 I genügenden Ermächtigung (h.M.).

**Absatz 1: Maßnahmen gegen Angehörige der Streitkräfte und des Ersatzdienstes**

**Sinn und Zweck** des Abs. 1 ist es, eine an den spezifischen Erfordernissen des 2
Wehr- und des Ersatzdienstes ausgerichtete Ausgestaltung des Wehr- und des Ersatzdienstverhältnisses zu ermöglichen (vgl. BVerfGE 44, 202 f.). Soweit auf die Angehörigen der Streitkräfte bezogen, dient die Vorschrift damit zugleich dem Ziel, die Funktionsfähigkeit und Wirksamkeit der Bundeswehr zu gewährleisten (BVerfGE 28, 291; 44, 202; BVerwGE 76, 271; 86, 325; 113, 49).

**Gesetze über Wehrdienst und Ersatzdienst** sind alle Gesetze, die das Dienstver- 3
hältnis in den Streitkräften und im Rahmen des Ersatzdienstes regeln. *Angehöriger der Streitkräfte* ist, wer auf Grund freiwilliger Verpflichtung oder zur Erfüllung seiner Wehrpflicht Dienst in der Bundeswehr leistet (s. § 1 I 1 SG). Dabei ist zu berücksichtigen, dass seit dem 1.7.2011 Wehrpflicht nur noch in Zeiten des Spannungs- (Art. 80 a) oder Verteidigungsfalls (Art. 115 a I) besteht (§ 2 Satz 1, §§ 3–53 WPflG; vgl. auch Art. 12 a Rn. 3). Dem entsprechend ist *Angehöriger des Ersatzdienstes*, wer in diesen Fällen als anerkannter Kriegsdienstverweigerer statt des Wehrdienstes Zivildienst außerhalb der Bundeswehr als Ersatzdienst nach Art. 12 a II zu leisten hat (§ 1 II KDVG, § 1 a II ZDG). Grundrechtsbeschränkungen gegenüber diesem Personenkreis sind auf der Grundlage des Art. 17 a I *nur für die Zeit des Wehr- oder Ersatzdienstes* möglich. Die Vorschrift bezieht sich deshalb lediglich auf aktive Soldaten und aktive Ersatzdienstleistende. Nicht erfasst sind also Reservisten der Bundeswehr, soweit sie nicht zu Wehrübungen herangezogen werden; für sie gelten ausschließlich die allg. Grundrechtsschranken (BVerwGE 43, 22 f.). Erst recht betrifft Art. 17 a I nicht Zivilbedienstete der Bundeswehr und Angehörige der Bundeswehrverwaltung.

**Abs. 1** hat auch im Blick auf Art. 5 abschließenden Charakter, ermächtigt inso- 4
weit also nur zur Einschränkung der **Meinungsäußerungsfreiheit** und lässt die anderen Gewährleistungen dieser Vorschrift, insbes. die Informationsfreiheit (dazu BVerwG, NVwZ-RR 2004, 762; Truppendienstgericht Süd, NVwZ-RR 2006, 128), unberührt. Auch für Grundrechtsbeschränkungen, die über Art. 17 a I hinausgehen und etwa aus der Natur der Sache oder aus dem Wehrdienstverhältnis als solchem hergeleitet werden, ist verfassungsrechtl. kein Raum (BVerwGE 132, 183). Auf der Grundlage dieser Vorschrift sind z.B. die §§ 7, 8, 10 I, II, VI (s. BVerfGK 11, 84 f.; BVerwGE 128, 323 f.; 132, 181 ff.), § 12 (vgl. BVerwGE 113, 49), § 15 I, II (s. BVerfGE 28, 291 ff.; 44, 202; BVerwGE 73, 237 f.), § 17 I und II (vgl. BVerfGK 11, 84 f.; BVerwGE 103, 84) und § 50 I SG (s. BVerfG, NVwZ 1994, 477) sowie § 29 ZDG ergangen. In Bezug auf die **Versammlungsfreiheit**, die für Versammlungen unter freiem Himmel bereits unter dem allg. Gesetzesvorbehalt des Art. 8 II steht (vgl. dazu Art. 8 Rn. 13 ff.), liegt die Bedeutung des Art. 17 a I in der Möglichkeit, Versammlungen in geschlossenen Räumen oder die Teilnahme an solchen Versammlungen zu beschränken. Von dieser Möglichkeit ist bisher kein Gebrauch gemacht worden. Das **Petitionsrecht** schließlich ist nur hinsichtlich der Befugnis, (Sammel-)Petitionen „in Gemeinschaft mit anderen" – auch Nichtsoldaten – einzureichen, beschränkbar (im Übrigen s. Art. 17 Rn. 8). Entsprechende Regelungen enthalten § 34 SG i.V.m. § 1 IV WBO (dazu auch BT-Dr 16/6785 S. 8) sowie § 41 III ZDG. Grundrechtsbegrenzende Bestimmungen wie diese sind **nur zulässig, wenn** und soweit sie der Zweck der aufgabengerechten Ausgestaltung des Wehr- oder Ersatzdienstverhältnisses erfordert. Dieser Zweck rechtfertigt grundsätzlich Beschränkungen, die

über diejenigen für nicht in einem Pflichtenverhältnis stehende Personen hinausgehen (vgl. BVerfG, NJW 1992, 2751). Der besondere Wertgehalt des Grundrechts, das eingeschränkt werden soll, ist aber bei der im Rahmen der Verhältnismäßigkeitsprüfung gebotenen Abwägung auch im Rahmen des Art. 17 a I zu beachten (BVerwGE 43, 55; 83, 63; 86, 326). Auch sein Wesensgehalt darf nicht angetastet werden (Art. 19 II).

5 Abs. 1 hat den **Zitierzwang nach Art. 19 I 2** gegenüber dem früheren Recht nicht erweitert. Deshalb bedarf es z.b. bei einer Beschränkung des Grundrechts der freien Meinungsäußerung keiner Zitierung des Art. 5, soweit sich die begrenzende Regelung inhaltlich als „allg. Gesetz" i.S. von Art. 5 II darstellt (BVerfG, NVwZ 1994, 477). Dass die Beschränkung formal auf Art. 17 a I gestützt ist, ändert daran nichts (BVerfGE 28, 291 f.; 44, 201 f.).

6 Rn. 4 gilt hinsichtlich der materiellen Anforderungen, die an Grundrechtseingriffe des Gesetzgebers im Anwendungsbereich des Art. 17 a I zu stellen sind, für beschränkende **Anordnungen im Rahmen des Gesetzesvollzugs** entsprechend. Zulässig ist es z.b., den Soldaten der Bundeswehr zu verbieten, innerhalb dienstlicher Anlagen an ihren Privatwagen Anti-Atomkraft-Aufkleber zu führen. Ein solches Verbot ist im Interesse der Funktionsfähigkeit der Bundeswehr erforderlich und stellt deshalb eine nicht zu beanstandende Einschränkung des Grundrechts auf freie Meinungsäußerung dar (BVerwGE 73, 237 ff.).

7 Grundrechte, die in Abs. 1 nicht genannt sind, sind nach Maßgabe der für sie geltenden **allgemeinen Gesetzes- und Schrankenvorbehalte**, einschl. desjenigen des Abs. 2, auch für Soldaten und Ersatzdienstleistende einschränkbar. Zur Beschränkung des Rechts auf informationelle Selbstbestimmung (dazu Art. 1 Rn. 14) vgl. BVerwG, NVwZ-RR 2004, 48.

**Absatz 2: Maßnahmen gegen jedermann**

8 Abs. 2 erweitert die nach Art. 11 und 13 bestehenden Möglichkeiten zur Beschränkung des Freizügigkeitsgrundrechts und des Rechts der Unverletzlichkeit der Wohnung für **Gesetze, die der Verteidigung einschließlich des Schutzes der Zivilbevölkerung dienen.** Dieser Begriff ist weit auszulegen (allg. M.). Er umfasst alle Regelungen, die im Hinblick auf die Sondersituation eines gegen die Bundesrepublik Deutschland gerichteten militärischen Angriffs unter Verteidigungsgesichtspunkten und zum Schutz der Zivilbevölkerung notwendig sind. Solche Regelungen können nicht erst im (und beschränkt auf den) Spannungs- und Verteidigungsfall, sondern auch schon im Frieden erlassen werden. Sie können Freizügigkeit und Wohnungsgrundrecht *gegenüber jedermann* einschränken, brauchen sich also nicht – wie Regelungen auf der Grundlage des Abs. 1 (vgl. dazu oben Rn. 3) – auf Maßnahmen gegen Angehörige der Streitkräfte und des Ersatzdienstes zu beschränken. Der Gesetzgeber hat von der Ermächtigung des Abs. 2 in Bezug auf Art. 11 z.B. in § 18 SG und § 31 ZDG, hinsichtlich Art. 13 u.a. in § 44 IV WPflG und § 23 a ZDG Gebrauch gemacht.

## Artikel 18 [Grundrechtsverwirkung]

Wer die Freiheit der Meinungsäußerung, insbesondere die Pressefreiheit (Artikel 5 Absatz 1), die Lehrfreiheit (Artikel 5 Absatz 3), die Versammlungsfreiheit (Artikel 8), die Vereinigungsfreiheit (Artikel 9), das Brief-, Post- und Fernmeldegeheimnis (Artikel 10), das Eigentum (Artikel 14) oder das Asylrecht (Artikel 16 a) zum Kampfe gegen die freiheitliche demokratische Grundordnung mißbraucht, verwirkt diese Grundrechte. Die Verwirkung und ihr Ausmaß werden durch das Bundesverfassungsgericht ausgesprochen.

Art. 18 regelt die Verwirkung von Grundrechten und ist zusammen mit Art. 9 II und Art. 21 II (vgl. auch Art. 10 II 2) als Verfassungsschutzbestimmung **Ausdruck des Willens zur Selbstverteidigung der freiheitlichen Demokratie** gegenüber ihren Gegnern und damit Ausprägung des dem GG eigenen Wesenszugs der „streitbaren Demokratie" (BVerfGE 25, 100; 80, 253 m.w.N.). Die Vorschrift enthält kein Grundrecht, statuiert vielmehr für die in ihr genannten Grundrechte eine Schranke (Wernicke, BK, Art. 18 Erl. 1). Während durch Art. 9 II und Art. 21 II Gefahren begegnet werden soll, die vom *verbandsmäßigen Wirken* mit verfassungsfeindlicher Grundtendenz ausgehen, dient Art. 18 primär der Abwehr von Gefahren, die der freiheitlichen demokratischen Grundordnung durch *individuelle verfassungsfeindliche Tätigkeit* drohen. Extern auf **europäischer Ebene** enthält weder die EMRK noch die EUGrCh eine entsprechende Regelung. Art. 17 EMRK und der ihm entsprechende Art. 54 EUGrCh normieren lediglich ein Verbot des Missbrauchs von Grundrechten, wenn beabsichtigt wird, diese ganz oder teilweise zu beseitigen. Dies bedarf der gesetzlichen Konkretisierung und führt nur zu einer zeitlichen, nicht aber zu einer dauerhaften Verwirkung. 1

Als **handelnde Grundrechtsträger** kommen – je nach Grundrecht – Deutsche (mit Ausnahme des Art. 16 a) wie Nichtdeutsche (mit Ausnahme der Art. 8 u. 9) in Betracht. Soweit sie grundrechtsfähig sind, können auch inländische juristische Personen (Art. 19 III) die von ihnen missbrauchten Grundrechte verwirken (vgl. § 39 II BVerfGG). Für Parteien geht Art. 21 II vor (BVerfGE 25, 59 f.). Bei Vereinigungen werden i.d.R. auch die Voraussetzungen für Maßnahmen nach Art. 9 II gegeben sein (s. Krebs in von Münch/Kunig, Art. 18 Rn. 22). 2

*Verwirkbar* sind nur die in Satz 1 ausdrücklich aufgeführten Grundrechte (BVerfGE 10, 123; 25, 97). Der Katalog ist abschließend (BVerfGE 63, 306). Der **Grundrechtsmissbrauch** besteht im Gebrauch dieser Grundrechte zum *Kampf gegen die freiheitliche demokratische Grundordnung*, also in einer vorsätzlichen Tätigkeit (i.S. eines natürlichen Handlungswillens; auf Zurechnungsfähigkeit u. Unrechtsbewusstsein kommt es nicht an), die die Beseitigung oder die Beeinträchtigung dieser Ordnung *in der Bundesrepublik Deutschland* zum Ziel hat. Der Begriff der freiheitlichen demokratischen Grundordnung ist derselbe wie in Art. 21 II (vgl. dazu Art. 21 Rn. 15). Voraussetzung für eine Verwirkung ist die *fortgesetzte staatsfeindliche politische Betätigung*. Dabei kommt es entscheidend auf die Gefährlichkeit des Grundrechtsträgers für die Zukunft an. Die im Zeitpunkt der Antragstellung bestehende Gefahr für die freiheitliche demokratische Grundordnung muss während des Verfahrens fortbestehen (BVerfGE 38, 24 f.). 3

**Verwirkung:** Mit dem Ausspruch der Verwirkung verliert der Betroffene nicht das Grundrecht als solches, sondern bloß dessen verfassungsrechtl. Gewährleistung, d.h. das Recht, sich auf das Grundrecht zu berufen. Nicht nur das missbrauchte Grundrecht, sondern auch die übrigen verwirkungsfähigen Grundrechte können für verwirkt erklärt werden (vgl. Krebs in von Münch/Kunig, Art. 18 Rn. 16 ff.). 4

Die Verwirkung muss und kann nur das **Bundesverfassungsgericht** aussprechen, das darüber in einem besonderen, in den §§ 36 ff. BVerfGG geregelten Verfahren zu entscheiden hat (antragsberechtigt sind BTag, BReg und LReg). Die Entscheidung muss bestimmen, welche Grundrechte verwirkt sind; sie kann die Verwirkungsdauer befristen; außerdem können dem Betroffenen konkrete Beschränkun- 5 gen auferlegt sowie staatsbürgerliche Rechte aberkannt werden (§ 39 I u. II BVerfGG). Die Zulässigkeit der Aberkennung des aktiven und des passiven Wahlrechts sowie der Fähigkeit zur Bekleidung öffentl. Ämter nach § 39 II BVerfGG ist mit dem Wortlaut des Art. 18 nicht vereinbar (a.A. u.a. Dürig/Klein in Maunz/Dürig, Art. 18 Rn. 31 ff.). Schon wegen der erforderlichen Bestimmung des Ausmaßes der Verwirkung hat der Ausspruch konstitutive Bedeutung mit ex-nunc-Wirkung (BGHZ 12, 200). Die fehlende gesetzl. Ausgestaltung des exekutiven Vollzugs der Verwirkungsentscheidung wirft insbes. hinsichtlich der Frage der Geltung des Gesetzesvorbehalts grundlegende Probleme auf (dazu Krebs in von Münch/Kunig, Art. 18 Rn. 19). Wenn man davon ausgeht, dass der Gesetzesvorbehalt insoweit nicht greift, kann das BVerfG eigene Anordnungen treffen, mit denen das Ausmaß der Verwirkung konkretisiert wird.

6    **Verhältnis zu anderen Staatsschutzregelungen:** Aus dem Verfassungsrang der Vorschrift mit dem Entscheidungsmonopol des BVerfG folgt, dass gesetzl. Bestimmungen über den gleichen Tatbestand mit gleichen oder gleichartigen Rechtsfolgen unzulässig sind. Das Monopol des BVerfG darf nicht dadurch gegenstandslos gemacht werden, dass Gesetzgeber oder Rspr. (durch Auslegung) Tatbestände schaffen, deren Rechtsfolgen der Verwirkung von Grundrechten gleichkommen (BVerfGE 63, 306 f.; s. auch E 10, 123). Andererseits können Staat und Verfassung außer durch die (präventive) Grundrechtsverwirkung mit Rücksicht auf die unterschiedliche Zielsetzung auch straf- oder berufsrechtl. (durch repressive Verbote u. Zulassungsvoraussetzungen) geschützt werden, soweit dies nicht faktisch zu einer Grundrechtsverwirkung führt (BVerfGE 63, 307). So ist ein durch Strafgerichte im Zusammenhang mit einer strafbaren Handlung ausgesprochenes Berufsverbot mit Art. 18 vereinbar (BVerfGE 25, 95 ff.).

7    Die **praktische Bedeutung** der Grundrechtsverwirkung ist gering; bisher ist eine solche viermal beantragt, aber noch nie ausgesprochen worden (vgl. BVerfGE 11, 282 f.; 38, 23 ff.).

## Artikel 19 [Einschränkung von Grundrechten, Rechtsweg]

(1) Soweit nach diesem Grundgesetz ein Grundrecht durch Gesetz oder auf Grund eines Gesetzes eingeschränkt werden kann, muß das Gesetz allgemein und nicht nur für den Einzelfall gelten. Außerdem muß das Gesetz das Grundrecht unter Angabe des Artikels nennen.

(2) In keinem Falle darf ein Grundrecht in seinem Wesensgehalt angetastet werden.

(3) Die Grundrechte gelten auch für inländische juristische Personen, soweit sie ihrem Wesen nach auf diese anwendbar sind.

(4) Wird jemand durch die öffentliche Gewalt in seinen Rechten verletzt, so steht ihm der Rechtsweg offen. Soweit eine andere Zuständigkeit nicht begründet ist, ist der ordentliche Rechtsweg gegeben. Artikel 10 Abs. 2 Satz 2 bleibt unberührt.

**Allgemeines:** Art. 19 umfasst in den Abs. 1–3 mehrere Bestimmungen, die – ohne 1
selbst materiellen Grundrechtscharakter zu haben – dem **Schutz der Grundrechte**
dienen. Während sich das Verbot des grundrechtseinschränkenden Einzelfallgesetzes und das Zitiergebot des Abs. 1 generell, die Wesensgehaltssperre des
Abs. 2 vorzugsweise an den Gesetzgeber richten, erweitert Abs. 3 den Kreis der
begünstigten Grundrechtsträger um die inländischen juristischen Personen. Die
Rechtsschutzgarantie des Abs. 4 gewährleistet als Grundrecht die gerichtl. Überprüfbarkeit aller hoheitlichen Akte der Exekutive (zum methodischen Vorgehen
bei der Prüfung von Grundrechtsbeeinträchtigungen allg. s. vor Art. 1 Rn. 8 f.).
Wie Art. 1 III, Art. 20 III, Art. 79 III und Art. 81 IV ist auch Art. 19 dazu bestimmt, den Grundrechten im Rechtsleben zur durchgreifenden Wirksamkeit zu
verhelfen. Extern auf **europäischer Ebene** werden der *Gesetzesvorbehalt* (Unionsrecht oder nationales Recht) und die *Wesensgehaltsgarantie* für den Bereich der
EU inhaltsgleich durch Art. 52 I EUGrCh gewährleistet, ein Zitiergebot besteht
aber nicht. Auch europäische Grundrechte der EMRK und der EUGrCh stehen
teilweise *juristischen Personen* zu, wenn dies bei den einzelnen Rechten explizit
erklärt wird. Der EuGH hat diese Grundrechtsgeltung durch seine Rspr. erweitert. Eine generelle Regelung wie in Art. 19 III fehlt jedoch. Zur Sicherung der
Rechtsweggarantie in Europa s. Rn. 12.

### Absatz 1: Gesetzesvorbehalte, Zitiergebot

In Abs. 1 wird der die Grundrechte des GG (nicht der Landesverfassungen) be- 2
schränkende Gesetzgeber bestimmten Bindungen unterworfen. Diese gelten allerdings *nur für solche Grundrechte, die vom Grundgesetz unter einen ausdrücklichen Gesetzesvorbehalt gestellt sind*, d.h. deren Beschränkung oder Einschränkung durch formelles Gesetz oder auf Grund eines Gesetzes von der Verfassung
selbst vorgesehen ist (BVerfGE 83, 154). Die Frage, ob zu den Grundrechten i.S.
dieser Vorschrift über die Art. 1–17 hinaus auch die justiziellen Grundrechte
(Verfahrensgarantien) in den Art. 101, 103 und 104 gehören – von BVerfGE 21,
373; 61, 104 f., im formellen Sinne verneint, vom Schrifttum verschiedentlich bejaht (vgl. Denninger, AK, Art. 19 I Rn. 5) –, verliert in diesem Zusammenhang
insofern an praktischer Bedeutung, als Art. 101 und 103 keine Beschränkungs-
vorbehalte enthalten und Art. 104 I nur eine spezielle Form des Gesetzesvorbehalts zum Grundrecht der Freiheit der Person (Art. 2 II 2 u. 3) darstellt (s. auch
Art. 104 Rn. 2). Ausdrückliche Gesetzesvorbehalte finden sich vor allem in Art. 2
II 3, Art. 6 III, Art. 8 II, Art. 10 II, Art. 11 II, Art. 13 VII und Art. 16 I 2. *Keine*
Gesetzesvorbehalte im hier maßgeblichen Sinne enthalten dagegen insbes. Art. 2 I
(Schrankentrias der allg. Handlungsfreiheit), Art. 5 II (allg. Gesetze als Schranken der Grundrechte aus Art. 5 I), Art. 12 I 2 (gesetzl. Regelung der Berufsausübung), Art. 14 I 2 (Inhalts- u. Schrankenbestimmung beim Eigentum u. Erb-
recht), Art. 14 II 2 (Enteignungsgesetze) und Art. 15 Satz 1 (Vergesellschaftung
durch Gesetz). Ebenso wenig gehört ein zu einem Grundrecht vorgesehenes Ausführungsgesetz – z.B. Art. 4 III 2 – zu den Beschränkungsvorbehalten i.S. von
Abs. 1. Auch Gesetze, die nur bereits in den Grundrechten selbst enthaltene
Schranken verdeutlichen, fallen nicht unter Abs. 1.

*Satz 1:* Von **grundrechtseinschränkenden Gesetzen** i.S. der Rn. 2 verlangt Satz 1, 3
dass sie allg. gelten und **nicht nur einen Einzelfall** regeln. Zu dieser Konkretisie-

rung des allg. Gleichheitssatzes hat das BVerfG geklärt, dass sog. Maßnahmegesetze (zum Begriff vgl. vor Art. 70 Rn. 11) als solche weder unzulässig sind noch strengeren verfassungsrechtl. Anforderungen unterliegen als andere Gesetze (BVerfGE 10, 108). Verboten dagegen sind Einzelfallgesetze (Individualgesetze), diese aber auch nur, wenn sie die Einschränkung von Grundrechten zum Gegenstand haben, nicht dagegen außerhalb dieses Bereichs (BVerfGE 25, 398 f.). Zur Vermeidung einer Einzelfallregelung müssen die gesetzl. Tatbestandsmerkmale so abstrakt gefasst sein, dass sie nicht bloß im Fall einer bestimmten Person erfüllt sind, dass vor allem nicht nur ein einmaliger Eintritt der vorgesehenen Rechtsfolge möglich ist (BVerfGE 13, 229; 99, 400). Ob der Sache nach eine Norm ein Individualgesetz oder einen allg. Rechtssatz darstellt, ist zunächst durch Auslegung ihres Inhalts zu ermitteln. Auf die subjektive Vorstellung des Gesetzgebers kommt es dabei nicht an. Auch ein sog. getarntes Individualgesetz fällt unter das Verbot. Davon kann aber nur gesprochen werden, wenn der Gesetzgeber ausschließlich einen bestimmten Einzelfall oder eine bestimmte Gruppe von Einzelfällen regeln will und zur Verdeckung dieser Absicht generell formulierte Tatbestandsmerkmale so in einer Norm zusammenfasst, dass diese nur auf die konkreten Sachverhalte Anwendung finden kann, die dem Gesetzgeber vorschwebten und auf die die Vorschrift zugeschnitten ist (BVerfGE 10, 244; 24, 52). Demgegenüber verlangt das Gebot des Satzes 1, dass sich auf Grund der abstrakten Fassung des gesetzl. Tatbestands tatsächlich nicht genau übersehen lässt, auf wie viele und welche Fälle das Gesetz in der Zukunft Anwendung findet (BVerfGE 36, 401; 121, 49). Ein unzulässiges Einzelfallgesetz ist verfassungswidrig und damit nichtig. Da ein solches Gesetz nicht zur verfassungsmäßigen Ordnung i.S. von Art. 2 I gehört, verstößt es zugleich gegen dieses Grundrecht (vgl. BVerfGE 36, 400). Die Enteignung durch Gesetz nach Art. 14 III 2 kann zwar auf einen geschlossenen Adressatenkreis gerichtet und damit ein Einzelfallgesetz sein. Insofern ist Art. 14 III 2 aber lex specialis (krit. dazu Remmert in Maunz/Dürig, Art. 19 I Rn. 24 f.).

4   *Satz 2* enthält das **Zitiergebot**, das der Gesetzgeber bei der Schaffung grundrechtseinschränkender Gesetzesbestimmungen i.S. der Rn. 2 durch Nennung des eingeschränkten Grundrechts mit Angabe des Artikels, ggf. auch des Absatzes, zu beachten hat (BVerfGE 64, 79 f.; 113, 366). Das BVerfG hat dazu jedoch wiederholt die Notwendigkeit einer engen Auslegung dieser Formvorschrift betont, um sie nicht zu einer leeren Förmlichkeit erstarren zu lassen und den die verfassungsmäßige Ordnung konkretisierenden Gesetzgeber in seiner Arbeit nicht unnötig zu behindern (BVerfGE 35, 188; 64, 79 f.). Zu dieser engen Auslegung gehört, dass das Zitiergebot nur für förmliche, d.h. im formellen Gesetzgebungsverfahren vom Parlament verabschiedete Gesetze gilt und dass es nicht eingreift bei solchen (nachkonstitutionellen) Gesetzen, die lediglich bereits geltende Grundrechtsbeschränkungen unverändert oder nur mit geringen Abweichungen wiederholen oder auf sie verweisen (BVerfGE 61, 113; 64, 79); denn die Vorschrift soll allein verhindern, dass neue, dem bisherigen Recht fremde Möglichkeiten des Eingriffs in Grundrechte geschaffen werden, ohne dass der Gesetzgeber sich darüber Rechenschaft ablegt und dies ausdrücklich zu erkennen gibt (Warn- u. Besinnungsfunktion, BVerfGE 64, 79 f.; s. auch E 5, 16). Daraus folgt schließlich sogar, dass Gesetze, bei denen eine weitergehende Einschränkung des Grundrechts der persönlichen Freiheit offenkundig ist – wie bei der Schaffung neuer Straftatbestände mit der Androhung von Freiheitsstrafen oder bei der Erweiterung der Haftgründe im Strafprozessrecht –, nicht der besonderen Hervorhebung der Grundrechtsbeschränkung durch ein entsprechendes Zitat im Ände-

rungsgesetz bedürfen (BVerfGE 35, 189). Im Übrigen betrifft das Zitiergebot nur Gesetze, die darauf abzielen, ein Grundrecht über die in ihm selbst angelegten Grenzen hinaus einzuschränken (BVerfGE 28, 46). Es gilt deshalb ausschließlich für solche Grundrechtsbeschränkungen, zu denen der Gesetzgeber im GG ausdrücklich ermächtigt ist, nicht dagegen für Regelungen in Ausführung der im GG enthaltenen Regelungsaufträge, Inhaltsbestimmungen oder Schrankenziehungen durch den Gesetzgeber (BVerfGE 64, 80). Vom Zitiergebot nicht betroffen ist daher die Begrenzung derjenigen Grundrechte, die von vornherein mit Schranken versehen sind wie die allg. Handlungsfreiheit des Art. 2 I (BVerfGE 10, 99). Nicht zitierpflichtig sind ferner Einschränkungen der Meinungs- und Informationsfreiheit einschl. der Presse- und Rundfunkfreiheit (Art. 5 I), weil diese Grundrechte nach Art. 5 II nur im Rahmen der allg. Gesetze und der anderen dort genannten Schutzbestimmungen garantiert sind (BVerfGE 33, 77 f.). Das gilt auch dann, wenn ein freiheitsbeschränkendes Gesetz für Wehr- und Ersatzdienstleistende sich formal auf Art. 17 a stützt (BVerfGE 28, 291 f.; 44, 201 f.). Desgleichen fallen Regelungen, die auf der Grundlage des Art. 12 I 2 die Berufsfreiheit konkretisieren, nicht unter das Zitiergebot (BVerfGE 13, 122 f.; 64, 80 f.; vgl. auch Art. 12 Rn. 11). Schließlich sind Bestimmungen über Inhalt und Schranken des Eigentums und des Erbrechts (Art. 14 I 2) ebenso wenig zitierpflichtig wie Enteignungsgesetze i.S. von Art. 14 III 2 (BVerfGE 24, 396 f.) oder vorkonstitutionelle Gesetze (BVerfGE 5, 16; 28, 46). Wo das Zitiergebot gilt, haben Verstöße dagegen die Nichtigkeit des Einschränkungsgesetzes zur Folge (BVerfGE 5, 15 f.; 113, 367 – für Gesetze ab dem 27.7.2005). Wird ein Gesetz, das einen dem Art. 19 I 2 entsprechenden Hinweis auf eine zitierpflichtige Grundrechtseinschränkung enthält, **geändert**, muss auch das Änderungsgesetz ebenfalls einen solchen Hinweis enthalten, wenn es deutlich weitergehende Eingriffe erlaubt (BVerfGE 113, 366 f. – soweit das Gesetz nach dem 27.7.2005 beschlossen wurde).

### Absatz 2: Wesensgehaltsgarantie

Die Wesensgehaltsgarantie des Abs. 2 stellt eine **absolute Eingriffsgrenze** für den  5
Gesetzgeber, aber auch – im Hinblick auf Abs. 1 Satz 1 („auf Grund eines Gesetzes") – für Verwaltung und Gerichte dar, soweit das Gesetz auslegungsfähig ist oder der Exekutive einen entsprechenden Ermessensspielraum belässt. Unmittelbar soll diese Sperre nur für die Fälle gelten, in denen der Gesetzgeber von seiner Ermächtigung zu Grundrechtseinschränkungen nach Abs. 1 Gebrauch macht (BVerfGE 31, 69, zu Art. 6 I; vgl. auch E 13, 122, zu Art. 12 I; anders E 58, 348). Sowohl der allg. gehaltene Wortlaut („In keinem Falle") als auch der Schutzzweck der Vorschrift – sie schützt vor einer Beseitigung der Substanz der Grundrechte und verbietet damit ihre prinzipielle Preisgabe (BVerfGE 30, 24) – sprecht aber dafür, sie auf alle Eingriffsfälle zu erstrecken, also auch dann anzuwenden, wenn diese nicht auf der Befugnis des Gesetzgebers zur Schrankenbestimmung einzelner Grundrechte beruhen (Remmert in Maunz/Dürig, Art. 19 II Rn. 21 ff.; s. auch BVerwGE 47, 357; a.A. für Art. 12 BVerfGE 13, 122; 64, 80 f.). Auch dort, wo vorbehaltlos garantierte Grundrechte zugunsten anderer verfassungsgeschützter Rechtsgüter auf Grund einer Güterabwägung zurückgedrängt werden, dürfte deshalb die Wesensgehaltsgrenze zu achten sein.

Die genaue **Bestimmung des Wesensgehalts** von Grundrechten stellt sich naturge-  6
mäß als schwierig dar. Nach der Rspr. des BVerfG muss der unantastbare Wesensgehalt für jedes Grundrecht aus seiner besonderen Bedeutung im Gesamtsystem der Grundrechte ermittelt werden (BVerfGE 22, 219; 109, 156). Für die Frage, ob eine Grundrechtseinschränkung den Wesensgehalt des betr. Grundrechts

„antastet", soll außer dem zu regelnden Lebensverhältnis, der tatsächlich getroffenen Regelung und den gesellsch. Anschauungen das rechtl. geläuterte Urteil über die Bedeutung maßgebend sein, die das Grundrecht nach der getroffenen Einschränkung für das soziale Leben im Ganzen noch besitzt (BVerfGE 2, 285). Andererseits darf die Wesensgehaltsgrenze nicht durch Abwägungen i.s. der Verhältnismäßigkeit relativiert werden, da es sich dabei um eine absolute (letzte) Grenze handelt (BVerfGE 16, 201). Deshalb muss unter dem Wesensgehalt eines Grundrechts dessen absolut feststehender Kern verstanden werden; dieser wiederum ist beschränkt auf diejenigen Eigenschaften, die – ausgehend von der Definition der betr. Freiheitsgarantie – die Natur und die Grundsubstanz des Grundrechts ausmachen. Mindestens umfasst der Wesensgehalt den Gehalt des Grundrechts, der die notwendige Folgerung aus dem Gebot staatl. Achtung der Menschenwürde (Art. 1 I) darstellt (vgl. BVerwGE 47, 357, wonach der Wesensgehalt sich hierauf beschränkt). Schließlich ist umstritten, ob Abs. 2 das Grundrecht als Individualrecht (subjektiv-öffentl. Recht) oder als normativen Teil der Verfassung, d.h. die abstrakte (objektive) Freiheitsgarantie als solche, schützt (s. dazu Krebs in von Münch/Kunig, Art. 19 Rn. 23 ff.). Auf jeden Fall muss die Substanz des Grundrechts als Institut, also seine objektive Funktion für die Gesamtheit der Grundrechtsträger, erhalten werden (keine prinzipielle Preisgabe; vgl. BVerfGE 30, 24). Da die Grundrechte vorrangig Individualrechte gewährleisten, erstreckt sich die Wesensgehaltsgarantie auch auf die Grundrechte als subjektive Rechte. Diese Schutzfunktion übernimmt vor allem der Verhältnismäßigkeitsgrundsatz bzw. der Grundsatz des Übermaßverbots (s. BVerfGE 58, 348, vor Art. 1 Rn. 14 u. Art. 20 Rn. 13). Bei der lebenslangen Freiheitsstrafe soll sich die Frage der Vereinbarkeit mit der Wesensgehaltssperre deshalb nicht stellen, weil aus der Entstehungsgeschichte des GG zwar nicht ohne weiteres die verfassungsrechtl. Billigung dieser althergebrachten Strafe, wohl aber ihre Verträglichkeit speziell mit Art. 2 II 2 und Art. 19 II hergeleitet werden kann (BVerfGE 45, 270; 72, 113 f.).

### Absatz 3: Juristische Personen als Grundrechtsträger

7 Während die Grundrechtsträgerschaft sonst im Grundsatz allen natürlichen Personen zusteht, wird in Abs. 3 die Möglichkeit der Grundrechtsträgerschaft auch *inländischen juristischen Personen* zuerkannt. Inländisch ist eine juristische Person dann, wenn sie ihren Sitz in Deutschland hat (vgl. BVerfG, NJW 2002, 1485). Auch beendete Gesellschaften haben als Beteiligte in einem gerichtl. Verfahren noch Grundrechtsfähigkeit (BVerfGE 98, 116).Voraussetzung ist, dass die Bildung und Betätigung einer juristischen Person Ausdruck der freien Entfaltung der privaten natürlichen Personen – ist (BVerfGE 21, 369; 75, 196; 121, 56 f. – Parteien). Dabei stellt Abs. 3 auf die Eigenart des Grundrechts und nicht auf den Zweck der juristischen Person ab (BVerfGE 95, 35). Dort, wo der Grundrechtsschutz an Eigenschaften, Äußerungsformen oder Beziehungen anknüpft, die nur natürlichen Personen wesenseigen sind, kommt eine Erstreckung auf juristische Personen nicht in Betracht (BVerfGE 95, 242; 106, 42). Das genannte Erfordernis führt zu einer grundsätzlichen Unterscheidung zwischen den juristischen Personen des privaten und denen des öffentl. Rechts. Während die Voraussetzung der wesensmäßigen Anwendbarkeit von Grundrechten bei **juristischen Personen des Privatrechts** weitgehend erfüllt sein wird, gelten die Grundrechte für *juristische Personen des öffentlichen Rechts grundsätzlich nicht, soweit diese öffentliche Aufgaben wahrnehmen* (BVerfGE 75, 196 m.w.N.); denn staatl. Organisationen sind grundsätzlich nicht Ausdruck der Ausübung grundrechtl. Freiheiten. Dabei handelt es sich bei dem Umstand, dass eine Tätigkeit zur Erfüllung einer

öffentl. Aufgabe erbracht wird, um das eigentlich entscheidende Kriterium für den grundsätzlichen Ausschluss der Grundrechtsträgerschaft. Darum kommt es auf die Frage, ob eine solche Aufgabe in öff.-rechtl. oder privatrechtl. (Organisations-)Formen – etwa durch eine juristische Person des Privatrechts, deren alleiniger Inhaber eine Körperschaft des öffentl. Rechts ist – durchgeführt wird, für die Grundrechtsgeltung nicht an (BVerfGE 45, 78 ff.; 68, 208 f.; 70, 15 ff.). Dies gilt auch bei gemischt-wirtsch. Unternehmen, wenn der Staat einen beherrschenden wirtsch. Einfluss ausübt (s. BVerfG, NJW 1990, 1783; BVerfGK 15, 488 f.; Bln-VerfGH, DÖV 2005, 517).

Allerdings ist auch einer **juristischen Person des öffentlichen Rechts** in folgenden **8** Fällen *ausnahmsweise Grundrechtsfähigkeit* (u. damit auch die Möglichkeit zur Erhebung einer Verfassungsbeschwerde – BVerfGE 74, 318) zuzuerkennen: a) Die justiziellen Grundrechte des Art. 101 I 2 (Recht auf den gesetzl. Richter) und des Art. 103 I (Anspruch auf rechtl. Gehör vor Gericht) stehen jedem zu, der an einem gerichtl. Verfahren als Partei oder in ähnlicher Stellung beteiligt ist (BVerfGE 18, 447; 68, 205 ff. m.w.N.; 75, 200); das kann auch eine juristische Person des öffentl. Rechts sein (s. auch Art. 101 Rn. 3 u. Art. 103 Rn. 4). b) Grundrechtsschutz genießt eine juristische Person des öffentl. Rechts auch bei der Wahrnehmung öffentl. Aufgaben dann, wenn sie ausnahmsweise dem durch das Grundrecht geschützten Lebensbereich unmittelbar zuzuordnen ist (BVerfGE 31, 332; 62, 369 f.), nämlich den Bürgern zur Verwirklichung ihrer Grundrechte dient und als eigenständige, vom Staat unabhängige oder jedenfalls distanzierte Einrichtung Bestand hat (BVerfGE 45, 97; 75, 197). Das trifft für Einrichtungen der Kunst im Hinblick auf Art. 5 III 1, für die Universitäten und Fakultäten (BVerfGE 15, 261 f.) in Bezug auf das Grundrecht der Wissenschaftsfreiheit (Art. 5 III 1) und für die Rundfunkanstalten hinsichtlich des Grundrechts der Freiheit der Berichterstattung (Art. 5 I 2) zu (BVerfGE 61, 102 m.w.N.; 74, 317 f.), ebenso für das damit im funktionellen Zusammenhang stehende Fernmeldegeheimnis (BVerfGE 107, 310), jedoch nicht bezüglich Art. 3 I oder Art. 14 I (BVerfGE 78, 102). Entsprechendes gilt für die Kirchen und sonstigen Religionsgesellschaften sowie ihre Untergliederungen auch in der Form von Körperschaften des öffentl. Rechts insbes. in Bezug auf das Grundrecht der Glaubens-, Bekenntnis- und Religionsausübungsfreiheit (Art. 4 I u. II), da sie in ihrem Eigenbereich weder staatl. Aufgaben wahrnehmen noch staatl. Gewalt ausüben (BVerfGE 42, 321 ff.; 70, 161; 102, 387). Auch bei einer Personalvertretung, die Rechte von Beschäftigten gegenüber dem Staat als Dienstherrn zu wahren hat, kann sich die Frage nach ihrer Grundrechtsfähigkeit stellen (vgl. BVerfGE 51, 87). Nimmt eine öff.-rechtl. Körperschaft (z.B. als Berufsverband) allein die gewerblichen Interessen ihrer Mitglieder wahr, ist sie insoweit grundrechtsfähig (BVerfGE 70, 20; 72, 200; ähnlich BGHZ 84, 267). Die Grundrechtssubjektivität ist jedoch stets durch die Kompetenz begrenzt (BVerwGE 59, 240). Nicht als in dieser Art eigenständige, vom Staat distanzierte Einrichtungen sind dagegen – trotz Selbstverwaltungsrecht – die Gemeinden anzusehen, die grundsätzlich auch dann nicht grundrechtsfähig sind, wenn sie nicht in Erfüllung öffentl. Aufgaben tätig werden (BVerfGE 61, 103 ff. m.w.N.; a.A. BayVerfGH 37, 101). Das Gleiche gilt für Sparkassen (BVerfGE 75, 197), Landesversicherungsanstalten (BVerfGE 21, 377) und gesetzl. Krankenkassen (BVerfGE 39, 314; 113, 227; BVerfG, NVwZ 2005, 572 ff.). Auch der Umstand, dass eine juristische Person des öffentl. Rechts Aufgaben im Interesse der Allgemeinheit wahrnimmt, macht sie nicht zum grundrechtsgeschützten Sachwalter des einzelnen Bürgers bei der Wahrnehmung seiner Grundrechte (BVerfGE 68, 207; 75, 196).

9 Während der Staat und seine Verwaltungsträger für eine Grundrechtsträgerschaft regelmäßig ausscheiden, wird der **Begriff der juristischen Person im Bereich der privatrechtlichen Personenvereinigungen** vom BVerfG weit ausgelegt. Das bedeutet, dass *auch nichtsrechtsfähige Vereinigungen*, soweit sie auf Grund ihrer Organisationsstruktur zu eigener Willensbildung und eigenständigem Handeln fähig sind, als Grundrechtsträger in Frage kommen (vgl. BVerfGE 10, 99). Das ist in der Rspr. des BVerfG besonders für die Handelsgesellschaften OHG und KG (vgl. BVerfGE 4, 12, 17; 42, 219; 102, 212 f.), ferner in Bezug auf Art. 3 I für die nichtrechtsfähigen polit. Parteien (BVerfGE 3, 391 f.; 6, 276 f.) und Gesellschaften bürgerlichen Rechts (BVerfG, DVBl 2003, 130) anerkannt. Mit Recht bejahen die Entscheidungen BVerfGE 70, 138, 160, und BVerwGE 40, 348 f., auch die Grundrechtsfähigkeit von *Stiftungen*.

10 Soweit danach juristische Personen und andere rechtl. Personengesamtheiten grundrechtsfähig sein können, kommen dafür alle **Grundrechte** in Betracht, *die auch kollektiv betätigt werden können* (BVerfGE 42, 219) und *für eine voll wirksame korporative Ausübung der dem Vereinigungszweck dienenden Tätigkeiten erforderlich sind*. Dazu zählen namentlich Art. 2 I (BVerfGE 50, 319) und Art. 3 I (BVerfGE 19, 215; 53, 345), Art. 4 I und II (BVerfGE 53, 387; 105, 292 f.), Art. 5 I (BVerfGE 21, 277 f.), Art. 5 III, Art. 7 IV (BVerwGE 40, 348 f.), Art. 8, 9 I (BVerfGE 13, 175; BVerwGE 54, 219), Art. 9 III, Art. 10 I, Art. 11 I (vgl. Art. 11 Rn. 2), Art. 12 I (BVerfGE 21, 266; 65, 210; zur Abgrenzung: E 95, 94), Art. 13 (BVerfGE 42, 219), Art. 14 (BVerfGE 4, 17; 53, 345), Art. 17, 19 IV (s. Rn. 13). Dagegen ist eine Reihe von Grundrechten wegen ihres ausschließlichen Bezugs zum Menschen als Individuum nicht auf rechtl. verselbständigte Personenvereinigungen übertragbar. Dazu gehören: Art. 1 I (Menschenwürde), Art. 2 II (Leben u. körperliche Unversehrtheit; Freiheit der Person – BVerwGE 54, 220), Art. 3 II (Gleichberechtigung der Geschlechter), Art. 4 III (Kriegsdienstverweigerung), Art. 6 (Ehe u. Familie – BVerfGE 13, 297 f.; vgl. auch HessStGH, NJW 1980, 2405), Art. 12 III (Zwangsarbeit), Art. 16 (Staatsangehörigkeit, Auslieferung), Art. 16 a (Asyl).

11 Im Hinblick auf den Wortlaut von Abs. 3 hatte es das BVerfG bisher generell abgelehnt, auch **ausländischen juristischen Personen** des Privatrechts – die Auslandseigenschaft bestimmt sich nach ihrem Sitz (d.h. dem tatsächlichen Verwaltungsmittelpunkt) – die Grundrechtsträgerschaft zuzubilligen (BVerfGE 21, 208 f.; 100, 364). Dem wurde in der Literatur nicht überall gefolgt (vgl. Hendrichs in von Münch, GG-Kommentar, Bd. 1, 3. Aufl. 1985, Art. 19 Rn. 31 ff.; für zumindest entsprechende Anwendung auf ausländische juristische Personen Degenhart, EuGRZ 1981, 161). Bei juristischen Personen anderer Mitgliedstaaten der EU war jedenfalls das unionsrechtl. Diskriminierungsverbot der Art. 18 AEUV zu beachten (gleichgerichteter Schutz der Interessen wie bei inländischen juristischen Personen; Sodan in Ders., Art. 19 Rn. 18). Nunmehr hat das BVerfG Art. 19 III unter Berücksichtigung von Art. 26 II und Art. 18 AEUV „unionsrechtskonform" ausgelegt und die Grundrechtsberechtigung auf juristische Personen aus Mitgliedstaaten der EU ausgedehnt (BVerfGE 129, 94 ff.). Generell ist es nicht ausgeschlossen, dass etwa ein aus Art. 14 abgeleiteter Entschädigungsanspruch mangels unterschiedlicher Behandlung des Grundstückseigentums bei inländischen und ausländischen juristischen Personen durch den Gesetzgeber *einfachrechtlich* auch ausländischen Gesellschaften zusteht (BGHZ 76, 383 ff.; dazu Krebs in von Münch/Kunig, Art. 19 Rn. 35). Im Übrigen kommt im Gerichtsverfahren ausländischen juristischen Personen der Schutz der justiziellen Grundrechte (Art. 19 IV 1, Art. 101 I 2, Art. 103 I) wie jeder Partei zugute (BVerfGE 21, 373; 64, 11; s.

auch oben Rn. 8). Auch können sie auf Grund bilateraler völkerrechtl. Verträge einen Anspruch auf Gleichbehandlung mit inländischen juristischen Personen haben (vgl. in letzterer Hinsicht BGHZ 76, 396; offengelassen von BVerfG, NVwZ 2008, 671; s. auch dazu Krebs in von Münch/Kunig, Art. 19 Rn. 36 ff.).

## Absatz 4: Rechtsweggarantie

**Allgemeines:** Als wesentliche rechtsstaatl. Verbürgung gewährleistet das *formel-* **12** *le Hauptgrundrecht"* des Art. 19 IV jedermann den **lückenlosen gerichtlichen Rechtsschutz** gegen behauptete rechtswidrige Eingriffe der öffentl. Gewalt in seine Rechte (vgl. BVerfGE 22, 110; 58, 40; 103, 156) und garantiert damit mittelbar auch den Bestand der Rechtsordnung insgesamt. Die überragende Bedeutung, die dieser Grundsatznorm für die gesamte Rechtsordnung im Verfassungsgefüge des GG zukommt, muss auch bei der Übertragung von Hoheitsrechten auf zwischenstaatl. Einrichtungen beachtet werden (BVerfGE 58, 40). Eine solche Übertragung ist deshalb nur bei grundsätzlicher Gewährleistung eines anderweitigen Rechtsschutzes – wie dem durch den EuGH – zulässig (BVerfGE 58, 41 ff.). Auf **europäischer Ebene** garantiert Art. 13 EMRK einen wirksamen Grundrechtsschutz durch die Möglichkeit, bei Verletzung von Grundrechten der EMRK „wirksame Beschwerde" bei einer nationalen Instanz einzulegen. Für den Bereich der EU geht Art. 47 EUGrCh darüber hinaus, indem – wie in Art. 19 IV und in Übereinstimmung mit der Rspr. des EuGH – bei jeder Rechtsverletzung der Weg zu einem Gericht grundrechtl. gewährleistet wird (s. dazu EuGH, BayVBl 2007, 589).

*Satz 1:* **Grundrechtsträger** kann jede natürliche oder juristische Person sein (vgl. **13** BVerfGE 35, 401; 65, 90; 67, 58; 78, 99 – auch Ausländer). Eine Körperschaft des öffentl. Rechts kann sich jedoch nicht auf Art. 19 IV berufen, wenn sie in ihrer Eigenschaft als Träger von Hoheitsrechten einem anderen Hoheitsträger gegenübertritt, da in diesem Fall das von Art. 19 IV vorausgesetzte Über-Unterordnungsverhältnis fehlt (s. BFHE 62, 115). Das gilt aber nicht für Kirchen mit dem Status einer Körperschaft des öffentl. Rechts.

**„Öffentliche Gewalt"** i.S. des Satzes 1 sind nur Akte der durch das GG gebunde- **14** nen deutschen öffentl. Gewalt (vgl. BVerfGE 1, 10 f.; 58, 27; 63, 375). Die Vorschrift begründet weder eine subsidiäre Gerichtsbarkeit noch eine Auffangzuständigkeit deutscher Gerichte für Akte ausländischer Staaten oder supranationaler Organisationen gegenüber Einwohnern der Bundesrepublik Deutschland (s. BVerfGE 58, 29 f.; 73, 372 f.), wohl aber eine Zuständigkeit für die Anerkennung und Vollstreckung ausländischer Hoheitsakte (BVerfGE 59, 282 f.; 63, 375 ff.; BSGE 61, 133). Erfasst werden grundsätzlich *alle Akte der Exekutive* (BVerfGE 10, 267; BVerwGE 82, 275) einschl. der Akte der Staatsanwaltschaft (BVerfGE 103, 156) und der Rechtspfleger (BVerfGE 101, 407), der Justizverwaltungsakte (BVerfGE 28, 14 f.; dazu gehören auch Akte, die auf Grund ausdrücklich normierten Richtervorbehalts außerhalb der spruchrichterl. Tätigkeit ergehen – BVerfGE 104, 231 ff.; 107, 406) und der Normsetzung durch die Exekutive (BVerwGE 80, 361; 111, 282). Eingeschlossen sind damit prinzipiell auch *Maßnahmen in Sonderrechtsverhältnissen* (vgl. dazu vor Art. 1 Rn. 16) und *Regierungsakte* (mit Ausnahme von solchen, die rein staatspolit. Natur sind und in Ausübung polit. Ermessens ergehen – s. BVerwGE 15, 65 f.; OVG Münster, DVBl 1967, 52). Nicht abschließend geklärt ist die Anwendbarkeit des Art. 19 IV auf *Gnadenakte*. Für eine generelle gerichtl. Überprüfbarkeit spricht, dass auch hier verletzbare Rechtsbindungen – z.B. nach Art. 3 – bestehen (vgl. Hess-StGH, NJW 1974, 792, u. Art. 60 Rn. 2, Art. 93 Rn. 26). Das BVerfG hat eine

Klagemöglichkeit bisher allerdings nur beim Widerruf von Gnadenerweisen anerkannt (BVerfGE 30, 111), nicht dagegen auch bei der Ablehnung von Gnadengesuchen (s. BVerfGE 25, 358 ff.; a.a. die vier dissentierenden Richter ebd., S. 363 ff.). Für die Verwaltung lässt sich aus der Rechtsweggarantie auch die grundsätzliche *Verpflichtung zur Begründung* der von ihr erlassenen Maßnahmen herleiten (BVerfGE 50, 290). *Nicht* zur öffentl. Gewalt i.S. des Art. 19 IV 1 gehören die *Rechtsprechung* (BVerfGE 15, 280; 22, 110; 107, 404; 112, 208) und nach Ansicht des BVerfG die *Gesetzgebung* (BVerfGE 24, 49 ff.; 45, 334; BAGE 64, 326; a.a. BGHZ 22, 33), bei der es auch in aller Regel an einer unmittelbaren Rechtsverletzung fehlen wird. Dagegen kann gegen die Tätigkeit parl. Untersuchungsausschüsse Rechtsschutz nach Abs. 4 in Anspruch genommen werden (BVerfGE 77, 52); zur prozessualen Verfolgung des Petitionsrechts vgl. Art. 17 Rn. 7. Maßnahmen im *innerkirchlichen Bereich* erfolgen nicht in Ausübung öffentl. (staatl.) Gewalt (BVerwG, NJW 1981, 1972; BVerwGE 66, 272; s. weiter auch Art. 140 Rn. 11, 18). Die *Wahlprüfung* im Bunde ist der Rechtsschutzgarantie des Art. 19 IV durch Art. 41 entzogen (vgl. Art. 41 Rn. 1).

**15** Art. 19 IV 1 setzt voraus, dass jemand die **Verletzung von eigenen Rechten** behauptet (vgl. BVerfGE 27, 305; 31, 39; 51, 185). Gewährleistet werden damit nicht Popularklageverfahren (BVerfGE 13, 151) oder Verbandsklagen (s. BVerwGE 101, 81 ff.). Das GG steht jedoch ihrer Einführung durch den Gesetzgeber nicht entgegen. Zu den dem Einzelnen gewährten Rechtspositionen (dazu Krebs in von Münch/Kunig, Art. 19 Rn. 64 ff.) gehören nicht nur Grundrechte, sondern alle subjektiv-öffentl. Rechte (BVerfGE 60, 266; BVerwGE 77, 279 f.). Rechte i.S. des Art. 19 IV 1 ergeben sich also aus Verfassungsrecht, förmlichen Gesetzen, RVO, autonomen Satzungen und Gewohnheitsrecht, nicht aber aus allg. Verwaltungsvorschriften und sonstigen internen Verwaltungsanweisungen (BVerfGE 78, 226 f.). Erfasst ist auch der Anspruch auf fehlerfreie Ermessensausübung (BVerfGE 27, 305; 96, 115). Nicht ausreichend ist hingegen die Verletzung bloßer wirtsch. Interessen oder der Verstoß gegen Rechtssätze, die nur im Allgemeininteresse ergangen sind und nicht zur Einräumung subjektiver Rechtspositionen geführt haben (vgl. BVerfGE 31, 39 f.; 83, 194; 113, 310). Eine *Rechtsverletzung* – möglich durch Handeln oder Unterlassen (s. BVerfGE 46, 177 f.; 93, 13 f.) – liegt vor, wenn ein der Befriedigung der Interessen des Betroffenen dienender zwingender Rechtssatz zu seinem Nachteil nicht oder nicht richtig angewandt worden ist (BVerwGE 6, 169 f.). Bei der Annahme einer Rechtsverletzung ist die Rspr. großzügig (vgl. etwa BVerfGE 9, 198; 27, 305 ff.). Sofern es möglich ist, die Zulassung eines Rechtsmittels zu erstreiten, verbietet Art. 19 IV eine Auslegung und Anwendung der betr. Rechtsnormen, die die Beschreitung des eröffneten Rechtswegs in einer unzumutbaren, aus Sachgründen nicht mehr zu rechtfertigenden Weise erschwert (BVerfG, NVwZ 2011, 547; vgl. auch BVerfGE 78, 98 f.; 125, 137; BVerfGK 5, 373).

**16** **Rechtsweg** i.S. des Art. 19 IV 1 ist der Weg *zu den Gerichten* als staatl. Institutionen (BVerfGE 4, 94; zum Gerichtsbegriff s. Art. 92 Rn. 5). Garantiert wird nicht nur die formale Möglichkeit, Gerichte anzurufen, sondern auch der Anspruch auf *tatsächlich wirksame gerichtliche Kontrolle* (BVerfGE 60, 294 ff.; 107, 405; 112, 207). Der Rechtsweg darf weder ausgeschlossen noch in unzumutbarer, aus Sachgründen nicht gerechtfertigter Weise erschwert werden (BVerfGE 40, 274 f.; 57, 21; 104, 231). Daher sind auch klare Rechtswegvorschriften geboten (vgl. BVerfGE 54, 292; 57, 22; 95, 333), und das einem gerichtl. Verfahren vorgeschaltete Verwaltungsverfahren muss dementsprechend ausgestaltet sein (BVerfGE 61, 110). Gewährleistet ist der Anspruch auf vollständige – auch die Beurteilungsgrundlagen umfassende – Nachprüfung der angefochtenen Maßnahme in rechtl. und tatsächlicher Hinsicht (BVerfGE 103, 156) durch ein Gericht (s. BVerfGE 28, 15 f.; 51, 312; 78, 226; 96, 40; BVerfG, wistra 2006, 61 – auch nach Erledigung der Angelegenheit; zur notwendigen Ausdehnung gerichtl. Kontrolle bei Prüfungen vgl. BVerfGE 84, 49 ff.; 84, 77 ff.). Dazu muss das Gericht über hinreichende Prüfungs- und Entscheidungsbefugnisse verfügen (BVerfGE 61, 82). Die Bindung der Gerichte an tatsächliche oder rechtl. Beurteilungen des Einzelfalls durch Dritte ist grundsätzlich ausgeschlossen, nicht aber die Bindung an Entscheidungen anderer Gerichte (auch des EuGH – BVerfGE 73, 373). Die in Art. 19 IV garantierte Wirksamkeit gerichtl. Rechtsschutzes darf der Gesetzgeber nicht durch die Gewährung behördlicher Letztentscheidungsbefugnisse für ganze Rechtsgebiete oder Sachbereiche aufgeben. Die Freistellung der Rechtsanwendung vor gerichtl. Kontrolle bedarf stets eines hinreichend gewichtigen, am Grundsatz eines wirksamen Rechtsschutzes ausgerichteten Sachgrundes. Nehmen Gerichte eine gesetzl. nicht vorgesehene Bindung an behördliche Entscheidungen an, verstößt dies gegen Art. 19 IV (BVerfGE 129, 22 f.; BVerfG, DVBl 2012, 231). Rechtsschutz ist innerhalb einer den Umständen des Falles entsprechenden *angemessenen Zeit* zu gewähren (BVerfGE 55, 369; 60, 269; 93, 13; BVerfG, NVwZ-RR 2011, 306; s. dazu jetzt auch das G über den Rechtsschutz bei überlangen Gerichtsverfahren u. strafrechtl. Ermittlungsverfahren v. 24.11.2011, BGBl I S. 2302). Bei der verfassungsrechtl. Beurteilung der Frage, ab wann ein Verfahren unverhältnismäßig lange dauert, sind sämtliche Umstände des Einzelfalles zu berücksichtigen, insbes. die Natur des Verfahrens und die Bedeutung der Sache für die Parteien, die Auswirkungen einer langen Verfahrensdauer für die Beteiligten, die Schwierigkeit der Sachmaterie, das den Beteiligten zuzurechnende Verhalten, insbes. Verfahrensverzögerungen durch sie, sowie die gerichtl. nicht zu beeinflussende Tätigkeit Dritter, vor allem der Sachverständigen (BVerfGK 17, 515; vgl. auch BVerfG, NJW 2001, 215). Dagegen kann sich der Staat nicht auf Umstände berufen, die in seinem Verantwortungsbereich liegen (BVerfG, NVwZ 2004, 335; BVerfGK 17, 515). Prozesskostenhilfe darf zwar von den Erfolgsaussichten in der Hauptsache abhängig gemacht werden, doch dürfen die Anforderungen dabei nicht zu hoch angesetzt werden (BVerfG, DVBl 2001, 1749 f.) *Vorläufiger Rechtsschutz* ist durch Art. 19 IV 1 geboten, wenn ohne ihn schwere und unzumutbare, anders nicht abwendbare Nachteile entstünden, zu deren nachträglicher Beseitigung die Entscheidung in der Hauptsache nicht mehr in der Lage wäre (BVerfGE 35, 401 f.; 46, 179; 93, 13 f.; abw. Meinung BVerfGE 93, 36 f.). Dies gilt auch für Vornahmesachen (BVerfGE 93, 13 f.). Der Rechtsschutz ist umso stärker, je gewichtiger die Belastung ist und je mehr die Verwaltungsmaßnahme Unabänderliches bewirkt (BVerfGE 69, 228 f. – sofortiger Vollzug einer Ausweisung). Nur überwiegende öffentl. Belange können es in Ausnahmefällen rechtfertigen, dass der Rechtsschutzanspruch des Bürgers hinter im Interesse der Allgemeinheit unaufschiebbaren Maßnahmen einstweilen zurücktritt (BVerfGE 51, 284 f.; 79, 75; 93, 13 f., 15). Eine Entscheidung in angemessener Zeit ist ganz besonders für wirksamen gerichtl. Rechtsschutz im Eilverfahren geboten, um irreparable Nachteile zu verhindern (s. BVerfGE 65, 70; 93, 13; BVerfG, NVwZ-RR 2010, 29; NVwZ 2011, 36). Weil wirksamer Rechtsschutz oft von der Schnelligkeit gerichtl. Entscheidungen abhängt, ist es mit Art. 19 IV grundsätzlich zu vereinbaren, wenn Gerichte im Verfahren nach § 80 V VwGO die Rechtmäßigkeit der zugrunde liegenden Verfügung nur summarisch prüfen und bei offenem Ergebnis die Entscheidung nach einer Interessenabwägung treffen (BVerfGK 14, 4). Je schwerwiegender die zu erwartende Beeinträchtigung durch die jeweilige Anordnung ausfällt, desto eher kann jedoch verlangt werden, dass das Gericht eine über die summarische Prüfung hinausgehende Kontrolle durchführt (BVerfGE 69, 363). Die aufschiebende Wirkung von Rechtsbehelfen ist nicht schlechthin gewährleistet (BVerfGE 35, 402; 69, 227 f.; BVerfGK 16, 346 m.w.N.). Für *Asylangelegenheiten* wird der Rechtsschutz durch Art. 16 a II und IV modifiziert und beschränkt (BVerfGE 94, 104).

17  Die nähere normative **Ausgestaltung des Rechtswegs** hat der Gesetzgeber vorzunehmen (vgl. BVerfGE 60, 268; BVerwGE 57, 273 ff.). Art. 19 IV 1 gewährleistet *keinen Instanzenzug* (BVerfGE 11, 233; 112, 207; BVerfG, NVwZ 2011, 547). Ist aber eine weitere Instanz eröffnet, garantiert die Regelung dem Bürger in diesem Rahmen die Effektivität des Rechtsschutzes i.s. eines Anspruchs auf eine wirksame gerichtl. Kontrolle (BVerfG, NVwZ 2010, 1483). Werden Gerichte außerhalb der streitentscheidenden Rechtsprechungspraxis tätig, dann ist ihre Entscheidung aber ein Akt der Exekutive, so dass die Rechsweggarantie gelten muss (BVerfGE 116, 10). Art. 19 IV gebietet auch nicht, dass der Gesetzgeber den jeweils bestmöglichen Rechtsschutz gewährt (BVerfGE 70, 56 – Bebauungsplan durch Gesetz; abw. Meinung ebd., S. 61 f.). Er verlangt auch nicht ein dem Verwaltungsgerichtsverfahren vorgeschaltetes Widerspruchsverfahren (BVerfGE 69, 48). Ist aber ein Rechtszug geschaffen worden, darf der Zugang zu den einzelnen Instanzen nicht unzumutbar erschwert werden (BVerfGE 41, 26; 78, 18; 93, 13). Formale Zugangsvoraussetzungen wie Vertretungs- und Fristenregelungen sind zulässig (BVerfGE 9, 199 f.). Jedoch verlangt die Rechtsschutzgarantie des Art. 19 IV 1, dass nicht durch zu enge Auslegung von *Fristenregelungen* der Zugang zu den Gerichten abgeschnitten wird (BVerfGE 41, 326 f.; 44, 350 f.; 74, 234). Dies gilt insbes. bei Anträgen auf Wiedereinsetzung in den vorigen Stand (s. BVerfGE 50, 3; 77, 284 ff.; BVerfG, NJW 2002, 3693). Art. 19 IV erweitert auch einen an nicht gegebenen, in seiner Ausgestaltung aber unvollständig gebliebenen Rechtsweg (BVerwG, DVBl 1983, 943; BGHZ 34, 249; BFHE 55, 227).

18  *Satz 2:* Art. 19 IV 1 sichert – anders als die Sonderregelungen in Art. 14 III 4 und Art. 34 Satz 3 – keinen bestimmten Rechtsweg (BVerfGE 31, 368). Als **Auffangtatbestand** (BVerfGE 57, 21) sieht aber Satz 2 die Zuständigkeit der ordentlichen Gerichte vor, soweit nicht andere Zuständigkeiten begründet sind.

19  *Satz 3* wurde im Rahmen der Notstandsverfassung durch G vom 24.6.1968 (BGBl I S. 709) eingefügt und verweist auf Art. 10 II 2. Danach kann der Rechtsweg für Maßnahmen, die im Rahmen der Überwachung des Brief-, Post- und Fernmeldeverkehrs erfolgen und dem Schutz der freiheitlichen demokratischen Grundordnung oder dem Bestand oder der Sicherung des Bundes oder eines Landes dienen, durch ein gleichwertiges Kontrollverfahren ersetzt werden (vgl. dazu Art. 10 Rn. 14). Trotz dagegen geäußerter Bedenken, insbes. des Einwands, dass diese Ermächtigung gegen die Wesensgehaltsgarantie des Art. 19 II und gegen die materiellen Schranken der Verfassungsrevision nach Art. 79 III verstoße (s. etwa Häberle, JZ 1971, 145 ff., u. die abw. Meinung in BVerfGE 30, 33 ff.), ist die Regelung nach Ansicht des BVerfG **verfassungskonform** (BVerfGE 30, 17 ff.).

## II. Der Bund und die Länder

**Vorbemerkungen**

1  Abschnitt II behandelt **nicht nur** – wie die Überschrift nahelegt – die in einem Bundesstaat bedeutsamen **Fragen der wechselseitigen Rechte und Pflichten von**

Bund und Ländern, sondern umfasst zusätzlich ein Konglomerat verschiedener materieller und organisationsrechtl. Bestimmungen. Der Abschnitt enthält zunächst *Vorschriften über den Bund*, seine Staatsform (Art. 20), seine Hauptstadt, seine Farben (Art. 22) und seine Stellung in der Völkergemeinschaft (Art. 24–26), sodann *Regelungen von gemeinsamer Bedeutung für Bund und Länder* (Art. 20 a, 21, 33–35) und *Vorschriften über das Bund/Länder-Verhältnis.* Das Verhältnis des Bundes zu den Ländern wird vor allem in Art. 28 I (Normativbestimmungen für die Länderverfassungen), Art. 30 (Verteilung der Aufgaben u. Befugnisse zwischen Bund u. Ländern), Art. 31 (Vorrang des Bundesrechts vor dem Landesrecht), Art. 32 (Auswärtige Beziehungen) und Art. 37 (Bundeszwang) behandelt. Weitere wichtige Vorschriften über das Bund/Länder-Verhältnis finden sich außerhalb des Abschnitts in den Art. 50 f. (Beteiligung der Länder an der Gesetzgebung u. Verwaltung des Bundes durch den BRat), Art. 70–74 und 105 (Abgrenzung der Gesetzgebungszuständigkeiten zwischen Bund u. Ländern), Art. 83–91 (Abgrenzung der Verwaltungszuständigkeiten), Art. 91 a–91 e (Gemeinschaftsaufgaben von Bund u. Ländern), Art. 92–96, 98–100 (Zuständigkeitsabgrenzung in der Gerichtsbarkeit) und Art. 104 a-109 (Finanzwesen).

Im GG fehlen, wie in den meisten Verfassungen, Regelungen des polit. **Verhält- 2 nisses zwischen Staat und gesellschaftlichen Mächten.** Von diesen ist lediglich den Parteien in sehr allg. Form ein Mitwirkungsrecht bei der polit. Willensbildung gewährleistet (Art. 21), sonst aber auch ihr polit. Verhältnis zum Staat ungeregelt geblieben. Eingehender sind die Beziehungen zwischen Staat und Religionsgemeinschaften durch Art. 140 geordnet. Für alle übrigen gesellsch. Organisationen verbürgt das GG (Art. 9) nur die freie Verbandsbildung; ihre polit. Einflussmöglichkeiten überlässt es dem freien Spiel der Kräfte auf der Grundlage und in den Schranken des nach Art. 5 *für alle* gegebenen Rechtes zur polit. Meinungs- und Willensäußerung. Für die Abgrenzung von Staat und gesellsch. Organisationen ist außerdem das als Verfassungsgewohnheitsrecht anzusehende *Gewaltmonopol des Staates* sowie das strafrechtsbewehrte Verbot der Nötigung von Verfassungsorganen (§§ 105 f. StGB) von Bedeutung (vgl. dazu auch BGHSt 23, 57).

## Artikel 20 [Verfassungsgrundsätze, Widerstandsrecht]

(1) Die Bundesrepublik Deutschland ist ein demokratischer und sozialer Bundesstaat.

(2) Alle Staatsgewalt geht vom Volke aus. Sie wird vom Volke in Wahlen und Abstimmungen und durch besondere Organe der Gesetzgebung, der vollziehenden Gewalt und der Rechtsprechung ausgeübt.

(3) Die Gesetzgebung ist an die verfassungsmäßige Ordnung, die vollziehende Gewalt und die Rechtsprechung sind an Gesetz und Recht gebunden.

(4) Gegen jeden, der es unternimmt, diese Ordnung zu beseitigen, haben alle Deutschen das Recht zum Widerstand, wenn andere Abhilfe nicht möglich ist.

**Allgemeines:** Art. 20 legt den **Namen des** im GG verfassten **deutschen Staates 1 und** die **Grundelemente der staatlichen Ordnung** fest. Die in ihm enthaltenen Staatsstrukturprinzipien stehen grundsätzlich im Verhältnis der Gleichrangigkeit zueinander und sind nach Art. 79 III auch jeder Grundgesetzänderung entzogen. Art. 20, insbes. dessen Demokratiegebot, bezieht sich nur auf die staatl., nicht auf die gesellsch. Ordnung und nur auf die Bundesrepublik Deutschland als Gesamtstaat; die staatl. Grundordnung der Länder ist bundesrechtl. in Art. 28 I vorgezeichnet. Staatsakte, die gegen die Prinzipien des Art. 20 verstoßen, stellen zugleich einen Verstoß gegen Art. 2 I dar, da sie – als nicht zur verfassungsmäßigen Ordnung gehörend – die freie Entfaltung der Persönlichkeit nicht wirksam beschränken können (vgl. BVerfGE 6, 41; 20, 154 f.).

## Absatz 1: Staatsname und Staatsform

2 Mit den Worten *„Bundesrepublik Deutschland"* wird der **Name** des deutschen Staatswesens bestimmt und nach herrschender, im Hinblick auf Art. 79 III aber nicht unzweifelhafter Meinung zugleich auch die republikanische Staatsform verankert. Der Begriff **„Republik"** hat im modernen, auch dem GG zugrunde liegenden Sprachgebrauch nur noch die Bedeutung von Nicht-Monarchie. Darin eingeschlossen ist aber zugleich die Absage an Staatsformen, die von einer der Verfassung übergeordneten Verleihung von Herrschaftsbefugnissen ausgehen. In der Republik erhält die Staatsgewalt ihre Legitimation ausschließlich aus dem Berufungsakt des Volkes.

3 Das Wort „demokratisch" legt die Art der Republik, die sehr verschiedene Formen annehmen kann, näher fest und bedeutet, dass die Staatsgewalt der Bundesrepublik Deutschland nicht in der Hand eines Einzelnen, einer Gruppe, einer oder mehrerer Parteien oder sonstiger Verbände, eines Standes, Berufs, einer Klasse, Religionsgemeinschaft, Nationalität oder Rasse, sondern beim Gesamtvolk liegen soll. Damit verlangt das Demokratieprinzip Legitimation der Staatsgewalt durch das Volk (BVerfGE 93, 66 f.; 107, 87), d.h. eine ununterbrochene Legitimationskette vom Volk zu den staatl. Organen (personelle Legitimation; BVerfGE 9, 281 f.; 93, 67 f.; 111, 217 f.). Die materielle Legitimation wird durch grundsätzliche Weisungsgebundenheit der Verwaltung gegenüber der – dem Parlament verantwortlichen – Regierung hergestellt. Im Übrigen ist der Begriff der **Demokratie** in Abs. 1 ein entwicklungsoffenes Prinzip (BVerfGE 107, 91), als Typus *allgemein* und in einer gewissen offenen Distanz zu den konkreten Erscheinungsformen der Demokratie zu verstehen, die gerade das GG verwirklicht hat. Dies vor allem deswegen, weil Art. 79 III sonst dem Verfassungsgesetzgeber allzu viel entziehen würde, was wegen der stetigen Entwicklung, in der sich die polit. Verhältnisse jedes Staates befinden, zu seiner Verfügung bleiben muss. Dennoch kann der Demokratiebegriff des Art. 20 I anhand der weiteren konkreten Ausgestaltung, die er durch das GG erhalten hat, ermittelt werden (Hesse, Rn. 124). Dabei ist jedoch zwischen unabdingbaren Merkmalen, deren Bestand durch Art. 79 III gesichert ist, und solchen zu unterscheiden, die nicht schlechthin unverzichtbar für eine Demokratie wären. Da ein Staat von der Größe der Bundesrepublik in unmittelbarer Demokratie nicht regierbar ist, enthält Abs. 1, wie dann auch Abs. 2 Satz 2 bestätigt, praktisch auch eine Entscheidung für die *mittelbare Demokratie* mit der Folge, dass zum wesentlichen Inhalt des grundgesetzl. Demokratiegebots vor allem das Bestehen einer *Volksvertretung* gehört, die über umfassende Gesetzgebungsrechte verfügt, die demokratisch legitimierte Regierung (BVerfGE 93, 67 f.; 107, 87) kontrolliert und vom Volke in *demokratischen*, d.h. allg., gleichen, freien und geheimen *Wahlen* (mit echten Wahlmöglichkeiten) periodisch gewählt wird (vgl. dazu BVerfGE 1, 33; 85, 158; 112, 136 f.; 123, 340; zur Öffentlichkeit der Wahl s. auch BVerfGE 123, 68 ff.; ferner Art. 38 Rn. 17). Weitere Wesensmerkmale der Demokratie sind das *Gleichheitsprinzip* (alle Staatsangehörigen müssen die gleichen staatsbürgerlichen Rechte besitzen; BVerfG, U. v. 25.7.2012 – 2 BvF 3/11 u.a. –), das *Mehrheitsprinzip*

(BVerfGE 29, 165: die maßgebenden polit. Entscheidungen müssen von der Mehrheit des Volkes bzw. der Volksvertretung getragen sein) als Gegensatz zu jeder Form von „Minderheitsherrschaft" sowie die Öffentlichkeit der Beratungs- und Entscheidungsprozesse (BVerfGE 70, 358; 103, 63 ff.; 118, 235 m.w.N.). Zur Demokratie gehört auch ein gewisser *Minderheitenschutz.* Konkrete Minderheitsschutzerfordernisse lassen sich aus Art. 20 I allerdings nur wenige ableiten, z.b. das Verbot eines minderheitsausschaltenden Parlamentswahlrechts (Gründungsfreiheit u. Chancengleichheit für polit. Gruppierungen: BVerfGE 6, 280 f.; 44, 145) und ein Recht auf Minderheitsgehör in der Volksvertretung. Als Demokratie i.S. des Abs. 1 ist, wie sich insbes. auch aus Art. 18 und 21 ergibt, eine *freiheitliche Demokratie* zu verstehen, in der das Volk auch tatsächlich die Grundrichtung der staatl. Willensbildung frei und maßgeblich bestimmt, keine „gelenkte" Demokratie oder bloße Scheindemokratie. Zur freiheitlichen Demokratie gehören auch die Möglichkeit freier polit. Meinungs- und Willensbildung mit den entsprechenden Rechtsgewährleistungen (Meinungs- u. Pressefreiheit, Versammlungs- u. Vereinigungsfreiheit) und eine von mehr als unvermeidbaren staatl. Einflüssen freie Willensbildung vom Volke zu den Staatsorganen hin (BVerfGE 20, 97), ferner die Möglichkeit polit. Opposition (BVerfGE 1, 178; 2, 13) einschl. des Rechts, ihre Standpunkte in die parl. Arbeit einzubringen (BVerfGE 70, 363; 123, 341 ff.), und die Chance des Machtwechsels. Dass die Bundesrepublik eine „Parteiendemokratie", d.h. eine Demokratie mit frei gebildeten Parteien, sein soll, ergibt sich nicht aus Art. 20, sondern erst aus Art. 21. Das Demokratieprinzip hindert nicht an einer Mitgliedschaft der Bundesrepublik Deutschland in einer supranationalen zwischenstaatl. Gemeinschaft, wenn eine vom Volk ausgehende Legitimation und Einflussnahme auch innerhalb des Staatenverbunds gewährleistet ist (BVerfGE 89, 184; vgl. auch Art. 38 Rn. 3). Deshalb müssen hinsichtlich der **Europäischen Union** sowohl Art und Umfang der Übertragung von Hoheitsrechten auf sie als auch die organisatorische und verfahrensrechtl. Ausgestaltung der autonom handelnden Unionsgewalt demokratischen Grundsätzen entsprechen. Weder darf die europäische Integration zu einer Aushöhlung des demokratischen Herrschaftssystems in Deutschland führen noch darf die supranationale öffentl. Gewalt für sich genommen grundlegende demokratische Anforderungen verfehlen (BVerfGE 123, 356).

**Sozialstaat:** Die Sozialstaatsklausel des GG kennzeichnet den Wandel vom liberalen zum sozialen Rechtsstaat. Sie ist vor allem *Schutzprinzip für die wirtschaftlich Schwachen* (BSGE 10, 100) und *verpflichtet den Staat, auch diesen Freiheit von Not, ein menschenwürdiges Dasein und eine angemessene Beteiligung am allgemeinen Wohlstand zu gewähren.* Im Übrigen ist die Reichweite des Sozialstaatsbegriffs noch unklar. Nach der Entscheidung BVerfGE 22, 204, zielt die Sozialstaatsklausel überhaupt auf eine gerechte und ausgeglichene Gestaltung der gesellsch. Verhältnisse (s. auch BVerfGE 35, 235 f.; 94, 263; 110, 445). Schon in dieser Definition verliert der Sozialstaatsbegriff an Konturen, vor allem in seinem Verhältnis zu Art. 3 I. Leitgedanken wie Ausgleich sozialer Gegensätze und Konflikte, Gesellschaftsgestaltung, Daseinsvorsorge, Fortschritt, Wirtschafts- und Wohlstandswachstum, Staatsplanung usw., die ihm häufig zugeschrieben werden, sind mehr als polit. Ziele und Maximen denn als rechtl. fassbare Begriffsmerkmale des Sozialstaats und justiziable Forderungen des Sozialstaatsgebots anzusehen. Sicher ist das Sozialstaatsprinzip nicht auf eine Beseitigung jedweder Ungleichheiten in den sozialen Verhältnissen, auf eine allfällige „Gleichmacherei" gerichtet. Es enthält auch keine Verpflichtung zur allg. Besitzstandswahrung sozialer Rechte (BSGE 15, 76). Hauptsächliches Ziel der Sozialstaatsklausel sind

4

die Bewältigung sozialer Notlagen (vgl. BVerfGE 100, 284) und der Ausgleich von Beeinträchtigungen (BVerfGE 102, 298), wie sie z.b. durch Krankheit, Alter, Invalidität, Arbeitslosigkeit und sonstige benachteiligenden Lebensumstände herbeigeführt werden (s. auch BVerfGE 22, 204; 100, 284; 102, 298). Besondere, bereits konkretisierte Ausprägungen des Sozialstaatsgedankens sind die Sozial- (BVerfGE 28, 348), Unfall- (BVerfGE 45, 386) und Krankenversicherung sowie Krankenversorgung (BVerfGE 57, 99; 113, 100 f.; 115, 43 f.), die Pflegeversicherung (BVerfGE 103, 221), die Fürsorge für Hilfsbedürftige (BVerfGE 40, 133; 43, 19; 100, 284), die Kriegsopferversorgung und Kriegslastenverteilung (BVerfGE 11, 56; 27, 283), die Sozialbindung des Eigentums (Art. 14 II) und die Ermächtigung zu einer Gesetzgebung gegen den Missbrauch wirtsch. Machtstellung (Art. 74 I Nr. 16). In enger Zusammenhang des Sozialstaatsgebots besteht vor allem mit Art. 1, 3, 6 und 9 III. Die **Sozialstaatsklausel** ist unmittelbar geltendes Recht, aber in hohem Maße der konkreten Ausgestaltung bedürftig (BVerfGE 5, 198; 10, 370 f.). Sie **richtet sich in erster Linie an den Gesetzgeber**, der im Einzelnen zu bestimmen hat, was sozialstaatl. geboten ist (BVerfGE 1, 105; 22, 104; 94, 263), und dabei über einen weiten Gestaltungsspielraum verfügt (BVerfGE 70, 288; 106, 209; 123, 356). Doch haben auch Regierung, Verwaltung und Rspr. bei ihrer Tätigkeit das Sozialstaatsprinzip, insbes. als verbindliche Auslegungsregel (so im Rahmen des Art. 3 I; vgl. BVerfGE 36, 249 f.; 45, 387; 113, 108 f.), zu beachten. Das Sozialstaatsprinzip kann auch die Beschränkung von Grundrechten durch Gesetze legitimieren (s. BVerfGE 52, 298; 65, 193). *Unmittelbare Rechtsansprüche* lassen sich aus der Sozialstaatsklausel nur ausnahmsweise ableiten (BVerfGE 1, 105), z.B. i.V.m. Art. 1 I ein Anspruch auf Gewährleistung eines menschenwürdigen Existenzminimums des Einzelnen (vgl. Art. 1 Rn. 8; zur existenzsichernden Sozialhilfe schon BVerfGE 82, 85; BVerwGE 1, 159; 52, 346). Dieses hat der Gesetzgeber hinsichtlich der notwendigen Aufwendungen näher zu bestimmen (BVerfGE 125, 222 ff.). Zur Verwirklichung des Sozialstaatsgebots kann der Staat auch die Hilfe privater Organisationen einschalten (BVerfGE 22, 204). Extern auf **europäischer Ebene** soll die „soziale Sicherheit" für den Bereich der EU durch Art. 64 I EUGrCh gewährleistet werden, der das Unionsziel des „sozialen Schutzes" (Art. 2 III EUV) konkretisiert und sich auf Art. 12 ESC bzw. Nr. 10 der Gemeinschaftscharta der sozialen Grundrechte der Arbeitnehmer vom 9.12.1989 stützt, aber über diese hinausgeht. Die Sicherung des Zugangs zu Leistungen der sozialen Sicherheit (einschl. der sozialen Dienste) enthält wohl aber nur einen Grundsatz und damit kein unmittelbar einklagbares Recht. Namentlich die Existenzsicherung des Einzelnen als Staatsaufgabe muss weiterhin primär in der Kompetenz der Mitgliedstaaten verbleiben (BVerfGE 123, 363).

5  Für eine bestimmte **Wirtschaftsordnung** hat sich das GG nach Meinung des BVerfG nicht entschieden (a.M. Nipperdey in Bettermann/Nipperdey, Die Grundrechte IV/2, 1962, S. 908 f.). Der Gesetzgeber kann daher die ihm jeweils sachgemäß erscheinende Wirtschaftspolitik verfolgen, sofern er dabei das GG beachtet (BVerfGE 4, 17 f.; 7, 400; 50, 336 ff.), das allerdings in seinen Grundrechten (Art. 2 I, Art. 9, 12, 14) auch dem Wirtschaftsleben und der Unternehmerinitiative wesentliche Freiheitsräume sichert (BVerfGE 29, 266 f.; 50, 366) und jedenfalls einer umfassenden zentralen Planwirtschaft entgegensteht.

6  Aus der Bestimmung, dass die Bundesrepublik Deutschland ein **Bundesstaat** ist, folgt einmal, dass sie kein bloßer Staatenbund der Länder ist, sondern selbst Staatscharakter besitzt, zum anderen ergibt sich daraus, dass *auch die Länder* als Glieder der Bundesrepublik *Staaten* sind, und zwar Staaten mit eigener, nicht

vom Bund abgeleiteter, sondern von ihm anerkannter staatl. Hoheitsmacht (BVerfGE 1, 34) und Verfassungsautonomie (BVerfGE 102, 234; 103, 349 f.; zu Letzterer vgl. auch Art. 28 Rn. 2 u. 4). Die vom GG verfasste Staatsgewalt ist demgemäß zwischen dem „Bundesrepublik" oder „Bund" genannten Gesamtstaat und den „Länder" genannten Gliedstaaten aufgeteilt, der **Staat des Grundgesetzes** somit ein „**zweigliedriger**", kein aus der Bundesrepublik als Gesamtstaat, dem Bund als Zentralstaat und den Ländern als Gliedstaat bestehender „dreigliedriger" Bundesstaat (BVerfGE 13, 77 f.). Im Näheren ergibt sich die Aufteilung der staatl. Aufgaben und Befugnisse zwischen Bund und Ländern aus den Art. 30, 70 ff., 83 ff., 92 ff. und 105 ff. (s. dazu BVerfGE 103, 349 ff.). Vereinzelt bestehen auch stillschweigend mitgeschriebene Zuständigkeiten des Bundes (vgl. dazu Art. 30 Rn. 3–5, vor Art. 70 Rn. 3 u. vor Art. 83 Rn. 5). Die **Vermutung der Zuständigkeit spricht** nach Art. 30 **für die Länder** (näher Art. 30 Rn. 1, 3). Die Bundeszuständigkeiten bedürfen eines besonderen Nachweises. In der Verfassungswirklichkeit liegt das Schwergewicht der Gesetzgebung beim Bund, das Schwergewicht der Verwaltung und Gerichtsbarkeit bei den Ländern. Dabei ist besonders zu vermerken, dass die Verwaltungsbehörden und Gerichte der Länder in großem Umfange auch Bundesrecht anzuwenden haben. Da die strikte Trennung der Kompetenzräume, wie sie das GG grundsätzlich vorschreibt, nicht überall den praktischen Bedürfnissen entspricht, sehen die Art. 91 a und 91 b seit 1969 auch sog. Gemeinschaftsaufgaben von Bund und Ländern vor, die 2006 im Zuge der **Föderalismusreform I** (s. Einführung Rn. 6) modifiziert (vgl. auch vor Art. 91 a Rn. 1), 2009 durch die **Föderalismusreform II** (s. Einführung Rn. 7) um die Art. 91 c, 91 d erweitert (vgl. wiederum vor Art. 91 a Rn. 1) und inzwischen durch Art. 91 e komplettiert worden sind. Die dem Bund und den Ländern vom GG übertragenen Zuständigkeiten sind unverzichtbar (BVerfGE 1, 35; 32, 156; 41, 311; 55, 301; s. auch Art. 30 Rn. 7). Zwischen Bund und Ländern besteht, wie sich besonders aus Art. 28 III (Verfassungsgewährleistung), Art. 31 (Grundsatz des Vorrangs des Bundesrechts), Art. 37 (Bundeszwang) und Art. 84, 85 (Bundesaufsicht beim Gesetzesvollzug) ergibt, ein **Über- und Unterordnungsverhältnis** (BVerfGE 1, 51; 13, 78), das jedoch nur so weit reicht, wie das GG es vorsieht, und sein Gegengewicht in der Mitwirkung des BRats an der Gesetzgebung und Verwaltung des Bundes (Art. 50) findet. Wo keine Überordnung des Bundes vorgeschrieben ist, sind Bund und Länder gleichgestellt. Trotz des weitreichenden Über- und Unterordnungsverhältnisses sind Rechtsstreitigkeiten sowie Verträge zwischen Bund und einzelnen, mehreren oder allen Ländern nicht ausgeschlossen. Solche Verträge sind Staatsverträge im bundesstaatl. Sinne, nicht solche des Völkerrechts, da das Verhältnis zwischen Bund und Ländern durch die bundesstaatl. Ordnung und nicht völkerrechtl. geregelt ist (BVerfGE 1, 51 f.; 34, 231 f.). Gleiches gilt für das Verhältnis zwischen den Ländern. Im bundesstaatl. Gefüge stehen alle Länder einzeln und gleichberechtigt nebeneinander; kein Land kann durch andere Länder überstimmt werden; alle Länder haben den gleichen Status und Anspruch auf gleiche Behandlung durch den Bund (BVerfGE 1, 315; 39, 119; 101, 227). Zu den Rechtsbeziehungen zwischen Bund und Ländern und den Ländern untereinander gehört auch die Pflicht des Bundes und seiner Gliedstaaten zu „landes- und bundesfreundlichem Verhalten", zur **Bundestreue**, d.h. zum Zusammenwirken, zur gegenseitigen Rücksichtnahme und Unterstützung (BVerfGE 12, 254 ff.; 95, 266; 104, 271). Daraus ergeben sich materielle Pflichten wie die zur gegenseitigen Zusammenarbeit (Information, Abstimmung, Mitwirkung – BVerfGE 43, 348 f.; 73, 197; 104, 241), eine Pflicht der finanzstärkeren Länder, den schwächeren in gewissen Grenzen Hilfe zu leisten (BVerfGE 1, 131; vgl. auch E 86, 264 f., Art. 107 Rn. 14 u. zu – von Bund u. Ländern gemeinsam aufzubringenden – Konsolidierungshilfen für besonders notleidende Länder Art. 143 d II), und eine Rücksichtspflicht der Länder bei Gesetzesregelungen (BVerfGE 92, 230; 104, 269 f.), deren Auswirkungen über die Landesgrenzen hinausreichen (BVerfGE 4, 140), das Verbot missbräuchlicher Kompetenzausübung (BVerfGE 104, 270; 106, 27; 110, 52; BVerwGE 111, 240) sowie prozedurale Pflichten einschl. des Stils der Verhandlungen (BVerfGE 12, 255; 86, 211 f.; 103, 88). S. weiter BVerfGE 6, 262; 8, 138 f.; 21, 326; 92, 234 ff.; 104, 248. Rechtsfolgen einer Verletzung der Bundestreue können die Unbeachtlichkeit der verfassungswidrigen Maßnahmen sowie eine Schadensersatzpflicht (BVerwGE 128, 99) sein, nicht aber finanzielle Haftung (BVerfGE 116, 240 f.) oder ein Recht zu entsprechenden Gegenmaßnahmen (BVerfGE 8, 140). Kommt ein Land seiner Pflicht zur Bundestreue nicht nach, kann es notfalls durch Bundeszwang (Art. 37) zur Pflichterfüllung angehalten werden (vgl. Art. 37 Rn. 3). Die bundesstaatl. Ordnung des GG schließt auch Verträge (Staatsverträge, Verwaltungsverträge) zwischen den Ländern nicht aus, nach h.M. und Praxis auch nicht gemeinschaftliche Einrichtungen der Länder, sofern sie sich auf Landesangelegenheiten beschränken (BVerwGE 22, 306 ff.; 23, 197). Den einzelnen Ländern wird durch Art. 20 I weder ein Daseinsrecht noch, wie sich vor allem aus Art. 29 ergibt, der vorhandene Gebietsstand verbürgt. Das GG gebot auch nicht, die Länder nach dem Beitritt der DDR in bestimmte Besitzstände wiedereinzuweisen (BVerfGE 95, 264 f.). Die **Bundesstaatlichkeit** der Bundesrepublik dient nicht mehr nur der Wahrung stammesmäßiger, kultureller, sozialer und wirtsch. Besonderheiten, sondern hat zunehmend auch **Bedeutung für die Aufteilung der Staatsgewalt** („horizontale Gewaltenteilung") **und den parteipolitischen Machtausgleich** gewonnen.

7  Die Entscheidung des GG für einen bundesstaatl. Aufbau muss auch **Verfassungswirklichkeit** sein und bleiben. Von den drei Kriterien der Staatlichkeit – Staatsgewalt, Staatsgebiet, Staatsvolk – ist das Letztere bei den Ländern infolge Fehlens von Landesstaatsangehörigkeitsgesetzen nur undeutlich ausgeprägt. Man hat jedoch, wie auch in den LTagswahlgesetzen geschehen, als Staatsvolk der einzelnen Länder diejenigen Deutschen (Art. 116 I) anzusehen, die in dem betr. Lande sesshaft sind. Art. 20 I verbietet es auch, die Staatlichkeit der Länder durch Kompetenzentzug auszuhöhlen (vgl. dazu Art. 79 III u. Art. 79 Rn. 4). In neuerer Zeit wurde die Staatlichkeit der Länder zunehmend durch Kompetenzübertragungen auf die europäischen Einrichtungen in Frage gestellt. Das ist inzwischen aber durch die Kompetenzverschiebungen zugunsten der Länder, die durch die **Föderalismusreform I** (s. Rn. 6) vorgenommen worden sind, ausgeglichen worden.

### Absatz 2: Staatsgewalt

8  *Satz 1* formuliert das Grundprinzip der demokratischen Staatsform, die sog. Volkssouveränität, das *Letztbestimmungsrecht des Volkes über den Staatswillen.* Mit „alle Staatsgewalt" ist die gesamte staatl. Herrschaftsmacht als höchste Gewalt im Staatsgebiet gemeint, d.h. alles amtliche Handeln mit Entscheidungscharakter einschl. des behördeninternen Handelns, das die Voraussetzungen für die Wahrnehmung der Amtsaufgaben schafft (BVerfGE 93, 68); nicht aber nur vorbereitende und konsultative Tätigkeiten (BVerfGE 83, 73 f.). Unter **Volk** ist das *Staatsvolk, die Gesamtheit der in der Bundesrepublik Deutschland sesshaften oder sich zu ihr bekennenden deutschen Staatsbürger unter Einschluss der Deut-*

*schen ohne deutsche Staatsangehörigkeit* (Art. 116 I) zu verstehen, nicht die jeweilige Bewohnerschaft des Bundesgebiets. So auch Präambel, Art. 1 II, Art. 56 und 64 II, Art. 146 und vor allem BVerfGE 83, 51; 83, 71. Der Grundsatz der Volkssouveränität fordert, dass das Volk einen effektiven Einfluss auf die Ausübung der Staatsgewalt durch die Organe der Gesetzgebung, der vollziehenden Gewalt und der Rspr. hat (BVerfGE 83, 71 f.).

*Satz 2* enthält die organisationsrechtl. Folgerung aus dem Prinzip der Volkssouveränität. „Volk" ist hier im Gegensatz zu Satz 1 die Aktivbürgerschaft, d.h. der *wahl- und abstimmungsberechtigte Teil des Volkes* im oben unter Satz 1 definierten Sinne. So auch BVerfGE 13, 95, und 83, 50 f. „*Wahlen*" sind die Wahlen zum BTag, den Landesparlamenten und Kommunalvertretungen (vgl. BVerfGE 18, 154), „*Abstimmungen*" die in Art. 29 und 118 vorgesehenen Volksbegehren und Volksentscheide und nur diese. Auch konsultative Volksbefragungen sind im Hinblick auf etwaige die Entschließungsfreiheit der zuständigen Verfassungsorgane beeinträchtigende Wirkungen unzulässig. Die Länder haben allerdings die Möglichkeit, weitergehende Plebiszite einzuführen (s. auch Art. 28 Rn. 4). Abgesehen von den beiden genannten Formen der Volkswillensbildung wird die Staatsgewalt durch **besondere Organe** der Gesetzgebung (auf Bundesebene hauptsächlich BTag u. BRat), der vollziehenden Gewalt (BPräs, BReg u. Verwaltungsbehörden) und der Rspr. (Gerichte) ausgeübt. Praktisch liegt darin die Grundentscheidung der Verfassung für eine *mittelbare Demokratie*, während die Entscheidung für den spezifisch repräsentativen Charakter der Demokratie erst aus Art. 38 I 2 zu folgern ist. Zugleich bekennt sich das GG mit Satz 2 zum Prinzip der staatl. *Gewaltenteilung* (Näheres dazu vor Art. 38 Rn. 1).

9

### Absatz 3: Rechtsstaat

Abs. 3 bindet die gesetzgebende Gewalt an die verfassungsmäßige Ordnung, die vollziehende Gewalt und Rspr. an Gesetz und Recht. Die damit verfügte **Unterwerfung der gesamten Staatsgewalt unter das Recht** ist der **Kern des Rechtsstaatsprinzips**. Dieses Prinzip als „eines der elementaren Prinzipien des GG" (BVerfGE 20, 331) hat in diesem in mehreren Vorschriften eine nähere Konkretisierung erfahren. Zu seinen Erscheinungsformen und Ausstrahlungen gehören vor allem die Grundrechtsbindung der drei Gewalten (Art. 1 III), eine unabhängige Justiz (Art. 97 I), der Gerichtsschutz gegen Rechtsverletzungen durch die öffentl. Gewalt (Art. 19 IV), die Gewährleistung des gesetzl. Richters (Art. 101 I 2) und die Verfassungsgerichtsbarkeit (Art. 93). Nach der Rspr. des BVerfG sind Bestandteil und Ausprägungen des Rechtsstaatsprinzips aber auch bestimmte Verfassungsgebote, die jedoch teils ihre eigenen Rechtsgrundlagen in der Verfassung haben, teils als bloße Verzweigungen des Rechtsstaatsprinzips in Art. 20 nicht miterfasst sind, also auch nicht der Unabänderlichkeitsgarantie des Art. 79 III unterliegen (vgl. dazu Art. 79 Rn. 4; BVerfGE 30, 34 f.). Dazu gehören die Grundsätze der *materiellen Gerechtigkeit* (BVerfGE 7, 196; 20, 331; 25, 290), der *Rechtssicherheit* (BVerfGE 2, 403; 30, 386; 103, 287; zu den sich daraus und aus dem Grundsatz des Vertrauensschutzes ergebenden Grenzen für rückwirkende Gesetze s. vor Art. 70 Rn. 13 u. BVerfGE 105, 57; 109, 122; BVerfG, Beschl. v. 10.10.2012 – 1 BvL 6/07 –), der *Rechtsklarheit* und *Bestimmtheit*, der *Verhältnismäßigkeit* (BVerfGE 30, 316; 63, 115; 92, 327) und das Erfordernis eines *rechtsstaatlichen Gerichtsverfahrens* (BVerfGE 86, 317; 93, 107).

10

Die Gewährleistung der **Rechtssicherheit** steht im Spannungsverhältnis zum Grundsatz der materiellen Gerechtigkeit. Die Auflösung dieses Spannungsverhältnisses ist i.d.R. Aufgabe des Gesetzgebers (BVerfGE 3, 237 f.; 15, 319 f.; 35,

11

47). Das BVerfG hat fast immer Entscheidungen des Gesetzgebers zugunsten der Rechtssicherheit anerkannt. Zulässig sind prozessuale Fristen (BVerfGE 60, 269) ebenso wie die Rechtskraft von Urteilen (BVerfGE 22, 329; 47, 161) und die Bestandskraft von Verwaltungsakten (BVerfGE 20, 236; 27, 305 f.; 60, 270) unabhängig von der Rechtmäßigkeit der Entscheidung. Die behördliche Nachprüfung eines Verwaltungsakts muss aus Gründen der Rechtssicherheit i. Allg. innerhalb von vier Jahren abgewickelt sein (BSGE 72, 276 ff).

12 Als Ausprägungen der Rechtssicherheit haben die Gebote der **Rechtsklarheit** und der ausreichenden **Bestimmtheit** aller Rechtsvorschriften (BVerfGE 49, 181; 62, 183; 80, 107 f.) in der Praxis besondere Bedeutung. Der Bestimmtheitsgrundsatz verlangt, dass das Handeln des Staates messbar und in gewissem Ausmaß für den Staatsbürger voraussehbar und berechenbar ist (BVerfGE 56, 12; 108, 75; 110, 53 f.; BVerwGE 100, 236 f.; 113, 375). Rechtsvorschriften sind so genau zu fassen, „wie dies nach der Eigenart der zu ordnenden Lebenssachverhalte und mit Rücksicht auf den Normzweck möglich ist" (BVerfGE 49, 181; 87, 263; 102, 337). Verweisungen auf andere Normen sind aber grundsätzlich zulässig (BVerfGE 78, 35 f.; st. Rspr.), auch wenn diese nicht mehr gelten (BVerfGE 8, 302), ebenso die Verweisung auf ausländisches Recht (BVerfGE 67, 363). Der Verweisungsinhalt muss aber hinreichend bestimmt und die Inhaltsfeststellung mit zumutbarem Aufwand möglich sein (vgl. BVerfGE 120, 318; s. auch vor Art. 70 Rn. 9 u. Art. 82 Rn. 7). Unbestimmte, auslegungsbedürftige Rechtsbegriffe sind ebenfalls unbedenklich (BVerfGE 78, 212; 80, 108; 103, 33), ebenso Generalklauseln (BVerfGE 8, 326; 13, 161; 56, 12). Nur die äußeren Grenzen des Spielraums müssen abgesteckt sein, damit eine richterl. Überprüfung der Einhaltung der Grenzen möglich ist (BVerfGE 6, 42; 20, 158; 110, 54 f.). Das Bestimmtheitsgebot ist verletzt, wenn eine willkürliche Handhabung möglich wird (BVerfGE 80, 161; BVerwGE 105, 147). Eine unzureichend bestimmte Norm kann nicht durch verfassungskonforme Auslegung aufrechterhalten werden (BVerfGE 107, 128), sie ist unwirksam (unklare u. unbestimmte Gesetze können im Extremfall deswegen nichtig sein: BVerfGE 1, 45; 86, 311; 93, 238). Realakte der Verwaltung, die Grundrechte beeinträchtigen (zu Überwachungsmaßnahmen vgl. BVerfGE 113, 376), unterliegen besonderen Bestimmtheitsanforderungen. Bestimmt muss auch die Ermächtigung der Exekutive zum Erlass von Verwaltungsakten sein (BVerfGE 56, 12; st. Rspr.). Für Verwaltungsakte selbst gilt das Gleiche (BVerwG, DVBl 1996, 1062); sie können „erst dann gegenüber dem Bürger Rechtswirkungen entfalten ..., wenn sie ihm persönlich oder in ordnungsgemäßer Form öffentl. bekannt gemacht worden sind" (BVerfGE 84, 159).

13 Dem Grundsatz der **Verhältnismäßigkeit** von Mittel und Zweck kommt eine „die individuelle Rechts- und Freiheitssphäre verteidigende Funktion zu" (BVerfGE 81, 338). Er ergibt sich aus dem Wesen der Grundrechte, die als Ausdruck des allg. Freiheitsanspruchs des Bürgers vom Staat nur so weit beschränkt werden dürfen, wie es zum Schutze öffentl. Interessen unerlässlich ist (BVerfGE 19, 348 f.; 77, 334; 113, 162). Daher bildet der Grundsatz der Verhältnismäßigkeit bei Abwehrrechten eine Grenze für die Beschränkung von Grundrechten auf Grund von Gesetzesvorbehalten oder kollidierendem Verfassungsrecht (s. vor Art. 1 Rn. 15). Drei Teilgebote prägen den Grundsatz (BVerfGE 65, 54; 70, 286; 104, 347 ff.; BVerwGE 109, 191): das Gebot der *Geeignetheit*, das der *Erforderlichkeit* und das der *Angemessenheit*. Das Gebot der **Geeignetheit** verlangt den Einsatz solcher Mittel, mit denen der gewünschte legitime Zweck erreicht (BVerfGE 67, 175; 96, 23; 103, 307) und der Erfolg gefördert werden kann (BVerfGE 30, 316; 67, 173; 96, 23). Das verwendete Mittel muss nicht das best-

mögliche oder geeignetste sein und nicht in jedem Einzelfall zum Tragen kommen (BVerfGE 67, 175). Grundsätzlich steht Gesetzgeber und Verwaltung ein weiter Prognosespielraum zu (BVerfGE 102, 218; 110, 194; 113, 252). Nach dem Gebot der **Erforderlichkeit** darf keine Maßnahme über das zur Verfolgung ihres Zwecks notwendige Maß hinausgehen (BVerfGE 115, 197 f. m.w.N.). Es ist verletzt, wenn das Ziel der Maßnahme auch durch ein anderes, gleich wirksames Mittel erreicht werden kann, das das betroffene Grundrecht nicht oder weniger einschränkt (BVerfGE 53, 145 f.; 68, 219; 92, 273) und zudem Dritte nicht stärker belastet (BVerfGE 109, 86; das alternative Mittel darf auch nicht zu einer unangemessen höheren finanziellen Belastung des Staats führen; vgl. BVerfGE 77, 110 f.; 81, 193). Das Gebot der **Angemessenheit**, auch als Verhältnismäßigkeit i.e.s., Übermaßverbot (BVerfGE 67, 178; 90, 173; 105, 36; 113, 260) oder Zumutbarkeit bezeichnet, verlangt, dass der Eingriff in angemessenem Verhältnis zu Gewicht und Bedeutung des Grundrechts (BVerfGE 67, 173) und zu den der Allgemeinheit daraus erwachsenden Vorteilen (BVerfGE 76, 51) steht (s. BVerfGE 65, 54; 83, 19; 102, 20). Notwendig ist danach eine Güterabwägung (BVerfGE 92, 327; 120, 241), bei der den gesetzgeberischen Wertentscheidungen erhebliches Gewicht zukommt (BVerfGE 92, 350 ff./Sondervotum). Der **Spielraum des Gesetz- oder Verordnungsgebers** (BVerfGE 53, 145) kann bei der Einschätzung der Auswirkungen einer neuen Regelung beträchtlich sein (BVerfGE 50, 332 f.; 62, 50; 90, 173; besonders bei der Geeignetheit u. Erforderlichkeit – BVerfGE 102, 218; 104, 347 f.; 105, 36). Es ist auf die Beurteilung abzustellen, die dem Normgeber möglich war (BVerfGE 25, 17). Stellt sich die Beurteilung als unzutreffend heraus, muss die Entscheidung für die Zukunft korrigiert werden (BVerfGE 25, 13; 50, 335; 57, 162; 95, 314 f.); dabei besteht i. Allg. ein Anpassungszeitraum (BVerfGE 83, 21 f; 95, 314 f.; s. auch vor Art. 70 Rn. 10). Der Spielraum ist weiter, wenn nur vergleichsweise milde in ein Grundrecht eingegriffen wird oder der personale Bezug zurücktritt bzw. der soziale Bezug hoch ist (BVerfGE 53, 145; 87, 383; 94, 326); dann reduziert sich die Prüfung auf die Frage, ob die Regelung offensichtlich ungeeignet ist (BVerfGE 47, 117; 65, 126). Bei der Beurteilung kommt es grundsätzlich auf den Normalfall an, eine atypische Belastung im Einzelfall ist hinzunehmen. Wird aber eine Gruppe typischerweise sehr viel härter betroffen, kann der Grundsatz der Verhältnismäßigkeit eine Sonderregelung verlangen (zu Art. 12 I BVerfGE 30, 327; 68, 173; BVerwG, DVBl 2001, 743).

Die **Rechtsbindung des Gesetzgebers** (BVerfGE 103, 353 – auch der Länder) an 14 die verfassungsmäßige Ordnung erstreckt sich auf den Gesamtinhalt des GG einschl. im Einzelfall geltendem Verfassungsgewohnheitsrecht. Sogar für den Verfassungsgesetzgeber ergeben sich nach Art. 79 III Rechtsbindungen aus dem GG. Nach Meinung des BVerfG ist der Gesetzgeber und auch der Verfassungsgesetzgeber darüber hinaus an einen Grundbestand überpositiven Rechts gebunden (vgl. BVerfGE 1, 61; 3, 230 f.; aber auch E 10, 81), eine Auffassung, die das Gericht jedoch sehr im Unbestimmten gelassen hat, die im Hinblick auf die mangelnde Fassbarkeit eines „Naturrechts", vorstaatl. Rechtsgrundsätze u. dgl. Bedenken unterliegt und daher noch immer umstritten ist (wie das BVerfG auch BGHSt 2, 237 ff.; s. auch Präambel Rn. 2). Die Bindung an die verfassungsmäßige Ordnung gilt nicht nur bei Erlass von Gesetzen, sondern umfasst auch die Verpflichtung, dass Gesetze in Übereinstimmung mit dem GG bleiben (BVerfGE 88, 310). Folge der in Abs. 3 festgelegten Rechtsbindung des Gesetzgebers ist, dass verfassungswidrige Gesetze i.d.R. nichtig sind, jedenfalls auf Dauer keinen Bestand haben können.

15  Die *Bindung der vollziehenden Gewalt und Rechtsprechung* an „Gesetz und
Recht" erstreckt sich auf Rechtsnormen jeder Art, auch das unmittelbar anwendbare EU-Recht (vgl. BVerfGE 74, 248 f.) und ungeschriebenes Recht (Gewohnheitsrecht, allg. Rechtsgrundsätze). In seiner Anwendung auf die *vollziehende
Gewalt* legt Abs. 3 den **Grundsatz der Gesetzmäßigkeit der Verwaltung** fest. Danach erfordert jeder Verwaltungseingriff in die Rechtssphäre des Einzelnen eine
hinreichend bestimmte gesetzl. Grundlage (BVerfGE 8, 325 f.) und ein mit den
Gesetzen übereinstimmendes Vorgehen (faires Verfahren – BVerfGE 109, 34;
110, 342). Rechtswidrige Maßnahmen der vollziehenden Gewalt sind nach
Art. 19 IV gerichtl. angreifbar und im Fall des dagegen gerichteten Vorgehens
außer Kraft zu setzen. Abs. 3 besagt aber nicht, dass jedes Handeln der Exekutive einer gesetzl. Ermächtigung bedarf. Die *Rechtsbindung der rechtsprechenden
Gewalt* deckt sich mit der Gesetzesbindung der Richter nach Art. 97 I. Dazu im
Einzelnen Art. 97 Rn. 8. In Abs. 3 wurzelt ferner der sog. **Vorrang des Gesetzes**
vor allen anderen Staatswillensäußerungen (dazu näher vor Art. 70 Rn. 8). Aus
Abs. 3, aber auch aus Erwägungen des Demokratieprinzips leitet das BVerfG
schließlich den **Grundsatz des allgemeinen Gesetzesvorbehalts** ab, dem zufolge
der Gesetzgeber in allen wichtigen Lebensbereichen, insbes. solchen, die die
Grundrechte der Bürger berühren, die grundlegenden und wesentlichen staatl.
Entscheidungen selbst zu treffen hat (vgl. BVerfGE 85, 403 f.; 95, 307 f.; 98,
251 f.). Näheres dazu vor Art. 70 Rn. 7.

### Absatz 4: Widerstandsrecht

16  Abs. 4, eingeführt im Rahmen der Notstandsgesetzgebung 1968 (BGBl I S. 709),
gewährleistet ein Widerstandsrecht gegen Versuche, die in den vorausgehenden
Abs. 1–3 umrissene *Verfassungsordnung* zu beseitigen, wenn andere Abhilfe
nicht möglich ist. Die Zweckmäßigkeit einer solchen Regelung ist im Hinblick
auf die polit. Wirklichkeit revolutionärer Situationen und die mangelnde Kon-
kretheit des Rechts problematisch (vgl. Hesse, Rn. 760). Das subjektive Recht
des Widerstands steht allen Deutschen (Art. 116 I zu), nicht dagegen auch Ausländern. Auf das Widerstandsrecht können sich nicht nur Staatsbürger, sondern
auch Inhaber öffentl. Ämter in dieser Eigenschaft berufen (str.; a.A. Jarass in
Ders./Pieroth, Art. 20 Rn. 131). Voraussetzung berechtigter Widerstandsleistung
ist ein Vorhaben, die Verfassungsordnung, soweit sie durch Art. 79 III für unabänderlich erklärt ist, insgesamt zu *beseitigen*, also der Ansatz zum echten Umsturz, nicht die bloße Beeinträchtigung der staatl. Ordnung, nicht die begrenzte
Verfassungsverletzung. Der Begriff *„unternimmt"* ist i.S. des Hochverratstatbe-
stands (§ 81 I StGB) zu verstehen, umfasst also bereits den Versuch des Umstur-
zes, nicht dagegen bloße Vorbereitungshandlungen, wie sie z.B. nach Art. 9 II
und Art. 21 II genügen. Abs. 4 findet Anwendung, wenn der Umsturz von staatl.
Seite, aber auch dann, wenn er von gesellsch. Kräften ausgeht. Der *Widerstand*
kann individuell oder kollektiv, aktiv oder passiv und auch durch Gewaltanwendung geleistet werden. Er ist an gesetzl. Schranken nicht gebunden, darf aber
nicht exzessiv sein. Letzte Voraussetzung des Widerstandsrechts ist der Umstand,
dass *andere Abhilfe nicht möglich* ist, also von der staatl. Gewalt kein wirksamer
Widerstand gegen die Beseitigung der Verfassungsordnung mehr zu erwarten ist.
Das Widerstandsrecht ist also ein subsidiäres Ausnahmerecht, das als ultima ratio von vornherein nur dann in Betracht kommt, wenn alle von der Rechtsordnung zur Verfügung gestellten Rechtsbehelfe so wenig Aussicht auf wirksame
Abhilfe bieten, dass die Ausübung des Widerstandes das letzte Mittel zur Erhaltung oder Wiederherstellung des Rechts ist (BVerfGE 123, 333; BVerfG, U.
v. 12.9.2012 – 2 BvR 1390/12 u.a. –; vgl. auch schon BVerfGE 5, 377). Die Vor-

aussetzungen des Widerstands müssen objektiv vorgelegen haben. Bloße subjektive Annahmen der Widerstandleistenden genügen nicht. Liegen die Voraussetzungen des Widerstands objektiv vor, wird auch gesetzwidriges Abwehrverhalten rechtmäßig. Ob Abs. 4 an der Unabänderlichkeitsgarantie des Art. 79 III teilnimmt, ist umstritten, aber mit der h.M. wohl zu verneinen, da es sich hier nicht um einen der „Grundsätze" des Art. 20 handelt. Das Widerstandsrecht ist ein grundrechtsähnliches Recht (Art. 93 I Nr. 4 a). Außerhalb des Art. 20 IV gibt es kein polit. Widerstandsrecht.

## Artikel 20 a [Schutz der natürlichen Lebensgrundlagen und der Tiere]

**Der Staat schützt auch in Verantwortung für die künftigen Generationen die natürlichen Lebensgrundlagen und die Tiere im Rahmen der verfassungsmäßigen Ordnung durch die Gesetzgebung und nach Maßgabe von Gesetz und Recht durch die vollziehende Gewalt und die Rechtsprechung.**

Art. 20 a ist nach mehr als 20jähriger verfassungspolit. Debatte (vgl. zum Ziel **1** der Schaffung eines „Rechts auf menschenwürdige Umwelt" schon das erste Umweltprogramm der BReg von 1971 [BT-Dr VI/2710 S. 9]) durch G vom 27.10.1994 (BGBl I S. 3146) um des Schutzes der natürlichen Lebensgrundlagen willen in das GG eingefügt worden. Durch G vom 26.7.2002 (BGBl I S. 2862) ist die Vorschrift – wiederum nach lange geführter öffentl. Diskussion – im Anschluss an das Schächturteil des BVerfG (BVerfGE 104, 337) auf den Schutz der Tiere ausgedehnt worden. Zu den entsprechenden Zielsetzungen auf **europäischer Ebene** s. Art. 11, 13 AEUV, 37 EUGrCh.

**Gegenstand** der Regelung ist der Schutz der die biologisch-psychische Umwelt **2** des Menschen betr. natürlichen Lebensgrundlagen und der Tiere durch den Staat. Zu den vom – *weit auszulegenden* – Begriff der „**natürlichen Lebensgrundlagen**" erfassten **Schutzgütern** gehören im Einzelnen (u. jedenfalls) Wasser (vgl. OVG Münster, NVwZ-RR 2009, 237, u. zum Grundwasser BVerfGE 102, 18), Boden, Luft (zur Reduktion des Treibhausgasausstoßes s. BVerfGE 118, 110 f.), das Klima (vgl. zum Klimaschutz BVerwGE 125, 71), die Erhaltung der biologischen Vielfalt und die Sicherung eines artgerechten Lebens bedrohter Tier- und Pflanzenarten (BVerfGE 128, 37; s. insoweit auch BVerfG, NVwZ 1997, 159, u. zum Artenschutz BVerwG, NJW 1996, 1163), die Landschaft und ihre jeweiligen Wechselbeziehungen (OVG Lüneburg, NdsVBl 1997, 41; vgl. auch BT-Beschl. v. 30.6.1994 [zu BR-Dr 742/94]). Die menschliche Gesundheit wird durch Art. 20 a nur geschützt, wenn sie gerade durch Schädigungen der natürlichen Lebensgrundlagen gefährdet wird (VGH Mannheim, NuR 2005, 38; a.A. mit Blick auf gesundheitsschädliche Einwirkungen von elektromagnetischen Strahlen OLG München, BayVBl 2010, 731). Ebenfalls nicht von den natürlichen Lebensgrundlagen umfasst ist der **Tierschutz** i.S. der Vermeidung von Schmerzen und Leiden für das einzelne Tier (BT-Dr 14/9090 S. 2). Dieser sog. ethische Tierschutz, der nicht nur die Tierwelt als solche, sondern auch das einzelne Tier im Blick hat (BayVGH n.F. 62, 327), ist deshalb im Interesse seiner Stärkung (BVerfGE 127, 328; BVerfGK 10, 71) neben den natürlichen Lebensgrundlagen als weiteres Schutzziel besonders genannt (BT-Dr 14/8860 S. 1); dabei meint „Tiere" alle Arten von Tieren als je eigene Lebewesen (BVerfGE 127, 328). Auch der Tierschutzbegriff ist nicht zu eng zu verstehen; die Vorschrift rechtfertigt deshalb z.B. auch Regelungen, die eine artgerechte Fütterung von Tieren verlangen (BVerwG,

NVwZ-RR 2012, 102). Da Art. 20 a den nach ihm gebotenen Umweltschutz – anders als der Gesetzesvorschlag in der BT-Dr 11/7423 – nicht auf die natürlichen Lebensgrundlagen „des Menschen" beschränkt, dient die Schutzgewährleistung zwar auch und in erster Linie, aber *nicht ausschließlich* den *Interessen des Menschen.* Die Umwelt genießt den Schutz des Art. 20 a vielmehr – wie die Tiere (s. BT-Dr 14/3165) – auch um ihrer selbst willen (str.; wie hier etwa Murswiek in Sachs, Art. 20 a Rn. 22 ff.; a.A. die wohl h.M.; vgl. z.B. BayVGH n.F. 62, 328; Scholz in Maunz/Dürig, Art. 20 a Rn. 39; zur Entstehungsgeschichte BT-Dr 12/6000 S. 65 f.). Dass die Vorschrift den Staat zum Umwelt- und Tierschutz ausdrücklich *„auch in Verantwortung für die künftigen Generationen"* verpflichtet (zur Bindung an das Nachhaltigkeitsprinzip s. auch BVerfGE 118, 110) und insoweit das Prinzip der Generationengerechtigkeit verbürgt, steht dieser Annahme nicht entgegen. Im Gegenteil: Indem die Wendung, im Hinblick auf die Langzeit- und Nachweltverantwortung des Staates den dynamischen, in die Zukunft gerichteten Gehalt der Regelung betonend (dazu vgl. BT-Dr 12/6000 S. 67), mit den künftigen Generationen ausdrücklich „auch" den Menschen in den Blick nimmt, bringt sie zugleich zum Ausdruck, dass die Schutzpflicht in der jeweils erreichten Gegenwart wegen des insoweit fehlenden alleinigen Bezugs auf den Menschen nicht nur anthropozentrisch, sondern auch öko- und pathozentrisch zu verstehen ist. Geboten ist Gefahrenabwehr ebenso wie Risikovorsorge (BVerfGE 128, 37). Art. 20 a dient in diesem Sinne auch dem Schutz der Artenvielfalt.

3 Die Schutznorm des Art. 20 a ist *nicht* als („soziales") *Grundrecht*, sondern, wie auch ihr Standort unmittelbar anschließend an Art. 20 verdeutlicht, als – lediglich objektivrechtl. wirkende, insoweit jedoch zu fortdauernder Beachtung und Wahrung des Umwelt- und Tierschutzauftrags verpflichtende – **Staatszielbestimmung** ausgestaltet (vgl. BVerfGE 102, 365; 104, 246; 127, 48; BVerwG, NVwZ 1997, 1215; DVBl 1998, 586; BFHE 181, 250 f.; zum Tierschutz auch BT-Dr 15/723 S. 15). Umwelt- und Tierschutz werden damit zu einer fundamentalen Staatsaufgabe (so – für den Umweltschutz – BVerwG, DVBl 2006, 781). Einen subjektivrechtl. Anspruchstatbestand enthält die Regelung dagegen nicht (BVerfG, NVwZ 2001, 1149; BVerfGK 16, 377; BVerwG, NJW 1995, 2649; NVwZ 1998, 1081). Es ist deshalb nicht möglich, allein auf Grund des Art. 20 a bestimmte Umweltentscheidungen oder tierschutzrechtl. Regelungen einzuklagen (BVerwGE 105, 81) oder aus der Gewährleistung konkrete Leistungsansprüche abzuleiten (BT-Dr 12/6000 S. 67; 15/5405 S. 9). Auch die Annahme subjektiver Abwehrrechte ist ausgeschlossen (BVerwG, NdsVBl 2007, 193). Vgl. jedoch nachstehend Rn. 8 zur Verstärkung der Wirkkraft von Grundrechten im Einzelfall.

4 **Adressat der Schutzpflicht,** die Art. 20 a mit Verfassungsverbindlichkeit, d.h. prinzipiell ohne das Erfordernis ergänzender einfachgesetzl. Umsetzung, begründet (vgl. jedoch nachstehend Rn. 5), ist unmittelbar nur der (deutsche) *Staat*, nicht also auch der einzelne Bürger (s. insoweit aber auch Rn. 7). Dies ergibt sich ohne weiteres aus dem Wortlaut der Vorschrift und wird dadurch bestätigt, dass Überlegungen, die ökologische Inpflichtnahme des Staates um eine ökologische Inpflichtnahme des Einzelnen zu ergänzen, 1994 in der Gemeinsamen Verfassungskommission von BTag und BRat (vgl. Einführung Rn. 5), auf deren Vorschlag Art. 20 a in seiner ursprünglichen Fassung zurückgeht, keine Unterstützung gefunden haben (s. BT-Dr 12/6000 S. 68). Dabei meint Staat vornehmlich den Bund und die Länder und diese unter Einschluss der Gemeinden und Gemeindeverbände; verpflichtet ist darüber hinaus aber letztlich jeder deutsche Trä-

ger öffentl. Gewalt ohne Rücksicht auf die jeweilige Handlungsform. Virulent wird die Schutzpflichtnorm innerhalb der jeweils anderweitig begründeten Kompetenzen. Als gegen den Staat gerichtete Zielbestimmung (oben Rn. 3 f.) verpflichtet 5 Art. 20 a den **Staat in allen seinen Erscheinungsformen** in allerdings unterschiedlicher Intensität (vgl. BT-Dr 15/723 S. 15, 17). In erster Linie angesprochen ist die – materiell zu verstehende – **Gesetzgebung** (dazu wie zum Folgenden s. BVerwG, NJW 1995, 2649; DVBl 2006, 781; weiter etwa BFHE 181, 520; zum Tierschutz auch BT-Dr 14/3165 S. 5; 14/8860 S. 3), die die natürlichen Lebensgrundlagen und die Tiere „im Rahmen der verfassungsmäßigen Ordnung" zu schützen und dabei auch Maßstäbe für die ausführende Exekutive wie für die Judikative zu setzen hat. Insoweit enthält Art. 20 a einen *Wahrungs-, Konkretisierungs-, Handlungs- und Gestaltungsauftrag* an den Normgeber. Dieser hat sich auf dem Gebiet des Umweltschutzes selbst aller ungerechtfertigten nachteiligen Eingriffe in die natürlichen Lebensgrundlagen zu enthalten, diese im Gegenteil (z.b. durch Maßnahmen zum sparsamen Umgang mit endlichen Umweltressourcen) zu schonen und – auch vorsorgend (vgl. BVerwG, NVwZ 1998, 952 f.) und mit Wirkung selbst über die nationalen Grenzen der Bundesrepublik Deutschland hinaus – möglichst positiv zu fördern (zum Gestaltungsauftrag des Gesetzgebers s. auch OVG Münster, OVGE 51, 110), Eingriffen Dritter entgegenzutreten und im Übrigen den Schutz der Umwelt im Rahmen des jeweiligen Regelungskonzepts zumindest als schützenswerten Belang zu berücksichtigen, was voraussetzt, dass jedes umweltrelevante Vorhaben auf seine Umweltverträglichkeit überprüft wird (vgl. dazu das G über die Umweltverträglichkeitsprüfung i.d.F. vom 24.2.2010, BGBl I S. 94). Erforderlichenfalls sind Kompensationsmaßnahmen vorzusehen. Vielfach Entsprechendes gilt für den Schutz der Tiere, denen als Mitgeschöpfen des Menschen von Staats wegen nicht ohne vernünftigen Grund Schmerzen, Leiden oder Schäden zugefügt werden dürfen und die auch gegenüber Beeinträchtigungen dieser Art durch Dritte geschützt werden müssen (s. § 1 des TierschutzG i.d.F. v. 18.5.2006, BGBl I S. 1206; BVerfGE 119, 83; VGH Mannheim, ESVGH 51, 56; BayVGH n.F. 62, 327 f.). Das kann und muss jeweils nicht einseitig, ohne Rücksicht auf andere, u.U. auch kollidierende – öffentl. oder private – Belange geschehen (BT-Dr 15/723 S. 15, 17: kein unbegrenzter Tierschutz; zum Taubenfütterungsverbot in Städten vgl. VGH Kassel, ESVGH 58, 239). Art. 20 a gibt kein bestimmtes Niveau für den Schutz der natürlichen Lebensgrundlagen und der Tiere und auch keine konkreten Mittel zur Erreichung dieser Schutzziele vor (zu Letzterem s. BVerwG, NVwZ-RR 2002, 217 m.w.N.; BFHE 181, 519 f.). Die Vorschrift geht vielmehr, wie die Bindung des Normgebers an den *Rahmen der* – begrifflich wie in Art. 20 III zu verstehenden (BT-Dr 12/6633 S. 6), also nur Grundsätze und Rechtsgüter mit Verfassungsrang umfassenden (vgl. Art. 20 Rn. 14) – *verfassungsmäßigen Ordnung* zeigt, von der prinzipiellen Gleichordnung der beiden Staatsziele mit den anderen in Betracht kommenden Verfassungsrechtsgütern aus. Im Kollisionsfall, so auch bei Eingriffen in vorbehaltlos garantierte Grundrechte (s. mit Blick auf Art. 5 III 1 BT-Dr 15/723 S. 16; BVerfGE 128, 41 f.; BVerfG, NVwZ 2000, 910; VG Bremen, DVBl 2010, 1045), sind deshalb diese Verfassungsrechtsgüter im Rahmen des weiten Gestaltungsspielraums, den der Gesetzgeber auch im Anwendungsbereich der Staatszielbestimmung hat (BVerfGE 118, 110; 127, 328; BVerfGK 11, 457; BVerwG, NVwZ-RR 2002, 217; BFHE 181, 251), mit dem konkret berührten Einzelschutzgut des Art. 20 a in einen verhältnismäßigen, schonenden Ausgleich zu bringen (BT-Dr 12/6000 S. 67 f.; 15/5405 S. 9; 16/10469 S. 80, 81).

Das kann zur Beschränkung auch solcher Grundrechte führen (s. auch BVerwG, NJW 1996, 1163). Umgekehrt können diese bei der Abwägung im Einzelfall die Belange des Umwelt- und des Tierschutzes zurückdrängen (BVerfGE 127, 328). In letzterer Hinsicht bleibt etwa die Berechtigung des Gesetzgebers unberührt, Maßnahmen zur Förderung einer gemeinwohlverträglichen Jagd und Hege anzuordnen (BVerwG, NVwZ 2006, 93; vgl. auch zum Schutz der natürlichen Lebensgrundlagen vor einem Ungleichgewicht des Wirkungsgefüges der Natur in Form von Überpopulationen BayVGH n.F. 62, 329). Auch die Regelung in § 4 a II Nr. 2 Halbs. 2 Altern. 2 TierschutzG über das Schächten zur Befriedigung religiöser Bedürfnisse beim Verzehr geschlachteter Tiere kann und muss nach Erweiterung der Staatszielbestimmung auf den Tierschutz weiter so ausgelegt werden, dass muslimische Metzger eine Ausnahmegenehmigung für das Schächten erhalten können (BVerwGE 127, 186 f.; VGH Kassel, ESVGH 55, 134 ff., in Auseinandersetzung mit BVerfGE 104, 345 ff.; s. auch Tierschutzbericht 2007 der BReg, BT-Dr 16/5044 S. 16 f.; str.); nicht unbedenklich deshalb die vom BRat mit dem Ziel einer Änderung dieser Regelung vorgelegten Gesetzentwürfe BT-Dr 16/6233 und BT-Dr 17/1226 (so mit Recht auch die BReg ebd., S. 8 bzw. S. 8 f.). Zu verfahrensrechtl. Vorkehrungen zur Absicherung des Tierschutzes in Erfüllung des Verfassungsauftrags aus Art. 20 a vgl. BVerfGE 127, 328 f. – Anhörung der Tierschutzkommission; zur Vereinbarkeit der Erhebung einer Jagdsteuer mit dieser Schutznorm HessStGH, NVwZ 2001, 671.

6   Die vollziehende Gewalt (vgl. dazu Art. 1 Rn. 23) – einschl. derjenigen der Gemeinden (BVerwG, DVBl 2006, 781; VGH Mannheim, VBlBW 2004, 320) – hat am Schutz der natürlichen Lebensgrundlagen und der Tiere „nach Maßgabe von Gesetz und Recht" mitzuwirken. Kompetenziell oder sonst gesetzl. nicht gedeckte Eingriffe in die Einzelschutzgüter des Art. 20 a sind der Exekutive danach verwehrt (s. VGH Mannheim, VBlBW 2004, 340). Die Regelung ermächtigt daher beispielsweise nicht die Gemeinden, Aufgaben des Umweltschutzes losgelöst von ihrem Kompetenzbereich an sich zu ziehen (BVerwG, DVBl 2006, 781). Durch die – an sich schon aus Art. 20 III folgende – Bindung an Gesetz und Recht wird außerdem (u. vor allem) sichergestellt, dass sich die vollziehende Gewalt auch schutzgutfördernd, wie bei der Sanierung eingetretener Umweltschäden oder bei der Schaffung tiergerechter Unterbringungs- und Transportmöglichkeiten, nur im Einklang mit der geltenden Rechtsordnung betätigen darf. Aktives Handeln im gesetzesfreien Raum – auch international im Hinblick auf die globale Dimension insbes. des Umweltschutzes – ist danach ebenso möglich (u. je nach Sachlage geboten) wie die Aktivierung der Schutzgüter im Rahmen der Auslegung und Anwendung von Rechtsnormen. Das Letztere kommt insbes. bei der Ausfüllung von Generalklauseln, bei der Konkretisierung unbestimmter Rechtsbegriffe und bei der Betätigung von Ermessen, auch im Rahmen planerischer Entscheidungen, in Betracht (vgl. BVerwG, NVwZ 1998, 1081; DVBl 2006, 781; BT-Dr 16/10469 S. 82). Art. 20 a ist insoweit vor allem *Auslegungs-*, im Konflikt der natürlichen Lebensgrundlagen und des Tierschutzes mit anderen Belangen (s. dazu auch oben Rn. 5) darüber hinaus *Abwägungshilfe* für die vollziehende Gewalt (VGH Mannheim, NVwZ-RR 2003, 104; zur Bauleitplanung vgl. auch OVG Münster, NWVBl 1998, 405). Ein Vorrang der in Art. 20 a genannten Schutzgüter i.S. einer bestimmten Vorzugswürdigkeit lässt sich der Vorschrift in diesem Zusammenhang nicht entnehmen (BVerwG, NVwZ-RR 2003, 171; OVG Lüneburg, NdsVBl 2006, 223). So entfaltet der Schutz der natürlichen Lebensgrundlagen im Rahmen denkmalrechtl. Abwägung kein solches Gewicht, dass eine Photovoltaikanlage auf einem denkmalgeschützten Gebäude grundsätzlich genehmigt wer-

den müsste (OVG Koblenz, AS 40, 196; s. aber auch VGH Mannheim, DVBl 2011, 1422).

Das in Rn. 6 Ausgeführte gilt für den Schutz der natürlichen Lebensgrundlagen und der Tiere durch die **Rechtsprechung** weitgehend entsprechend. Die Befürchtung, dass die Führungsrolle des Gesetzgebers auf dem Gebiet des Umweltschutzes durch die rechtsprechende Gewalt in Frage gestellt und zugunsten einer Dominanz judikativer Gestaltungsmacht zurückgedrängt werden könnte (vgl. dazu auch BT-Dr 12/6000 S. 68), ist deshalb nicht gerechtfertigt. Für den Tierschutz gilt nichts anderes. Art. 20 a ermächtigt den Richter nicht zu einer Rechtsanwendung, die die Staatsziele Umwelt- und Tierschutz contra legem umsetzt (s. BFHE 184, 231). Als *Auslegungshilfe* (dazu VGH Mannheim, NVwZ-RR 2003, 104) wirkt die Staatszielbestimmung allerdings über die Auslegung der Gesetze auch in den Bereich der richterl. Rechtsfortbildung (vgl. dazu allg. Art. 97 Rn. 8 f.) hinein. Betroffen ist die gesamte Rechtsordnung unter Einschluss des GG selbst. In Bezug auf dieses hat Art. 20 a Bedeutung für die verfassungskonforme Auslegung unterverfassungsgesetzl. Rechtsnormen (s. BVerwG, DVBl 1998, 586 f.) und bei der Beschränkung grundrechtl. Gewährleistungen als *Abwägungshilfe* im Rahmen des Verhältnismäßigkeitsgrundsatzes (BVerwG, NVwZ 2009, 649; 2009, 1444; vgl. auch BVerfGE 110, 166; 117, 138). Soweit die Schutzgüter der Vorschrift im Einzelfall eine Konkretisierung einfachgesetzl. Generalklauseln bewirken, kann dies schließlich mittelbar dazu führen, dass Schutzpflichten, die Art. 20 a unmittelbar nur für den Staat begründet (s. oben Rn. 4), auf den privaten Einzelnen erstreckt werden. Zur Zulassung der umweltschutzrechtl. Verbandsklage zwingt Art. 20 a nicht (s. BVerfG, NVwZ 2001, 1149; BVerwGE 101, 83; BVerwG, DVBl 1998, 586).

Die **Beachtung und Einhaltung** des Art. 20 a kann *verfassungsgerichtlich* nicht selbständig eingeklagt werden. Das Schutzgebot zugunsten des Umweltschutzes kann allerdings im Einzelfall die Wirkkraft von schutzgebotsnahen Grundrechten wie dem des Art. 2 II 1 verstärken und über sie den Maßstab der verfassungsgerichtl. Prüfung im Rahmen einer Verfassungsbeschwerde verschärfen (noch zögernd BVerfGK 16, 377). Art. 20 a gehört nicht zu der in Art. 20 IV in Bezug genommenen Verfassungs-"Ordnung", zu deren Verteidigung das dort gewährleistete *Widerstandsrecht* wahrgenommen werden kann. Auch von der *„Ewigkeitsgarantie"* des Art. 79 III wird Art. 20 a nicht erfasst.

## Artikel 21 [Parteien]

(1) Die Parteien wirken bei der politischen Willensbildung des Volkes mit. Ihre Gründung ist frei. Ihre innere Ordnung muß demokratischen Grundsätzen entsprechen. Sie müssen über die Herkunft und Verwendung ihrer Mittel sowie über ihr Vermögen öffentlich Rechenschaft geben.

(2) Parteien, die nach ihren Zielen und nach dem Verhalten ihrer Anhänger darauf ausgehen, die freiheitliche demokratische Grundordnung zu beeinträchtigen oder zu beseitigen oder den Bestand der Bundesrepublik Deutschland zu gefährden, sind verfassungswidrig. Über die Frage der Verfassungswidrigkeit entscheidet das Bundesverfassungsgericht.

(3) Das Nähere regeln Bundesgesetze.

1  **Allgemeines:** Art. 21 zählt zu den grundlegenden, für die demokratische Staatsform der Bundesrepublik Deutschland wichtigsten Bestimmungen des GG, gehört aber nicht zu den nach Art. 79 III unabänderlichen Verfassungsnormen. Die Vorschrift betrifft nur **deutsche Parteien** mit Sitz im Geltungsbereich des GG. Sie gilt nicht nur innerhalb der Verfassungsordnung des Bundes als Gesamtstaat, sondern unmittelbar auch für die **Länder** und ist Bestandteil der Landesverfassungen (BVerfGE 66, 114; 120, 104 m.w.N.). Art. 21 ist mit Ausnahme des Abs. 1 Satz 4 **unmittelbar anwendbares Recht**, obwohl Abs. 3 eine nähere Regelung durch Bundesgesetze vorsieht. Das trifft auch für Abs. 1 Satz 3 jedenfalls insoweit zu, als er die Organisation einer Partei in grundsätzlicher Abweichung von demokratischen Prinzipien verbietet (BVerfGE 2, 13 f.; 5, 111). Die EU hat nach geltendem Vertragsrecht keine Zuständigkeit zur Regelung des Rechts der polit. Parteien (BVerfGE 104, 218).

2  **Verhältnis zu anderen Vorschriften:** Parteien sind zwar begrifflich *Vereine* i.S. des *Art. 9. Art. 21* ist jedoch *lex specialis* (BVerfGE 12, 304). Sein Abs. 2 schließt auch eine subsidiäre Anwendung des Art. 9 II aus, dessen Verbotstatbestände – einschl. strafrechtswidriger Zielsetzung – für Parteien nicht in Betracht kommen (BVerfGE 17, 166 m.w.N.). Art. 9 II ist nur auf Nebenorganisationen der Parteien, insbes. Tarnorganisationen, anzuwenden (BVerfGE 5, 392; 12, 304). Speziellere Norm als besondere Ausprägung der Parteienfreiheit ist ebenso Art. 21 I gegenüber Art. 9 I (BVerfGE 25, 78). Die Auslegung des Art. 9 durch Rspr. und Schrifttum kann gleichwohl weitgehend auch für das Parteienrecht herangezogen werden. Zum Verhältnis des Art. 21 zu Art. 38 I 2 vgl. Art. 38 Rn. 22. Zum Spannungsverhältnis zwischen Parteiverbot und polit. Meinungsfreiheit s. unten Rn. 16. Zur Einschränkung der den Parteien durch Art. 21 II gewährten polit. Betätigungsfreiheit durch die Pflicht zur Verfassungstreue vgl. Art. 33 Rn. 6.

3  Art. 21 legalisiert den modernen demokratischen Parteienstaat. Er erkennt die Parteien als verfassungsrechtl. notwendig für die polit. Willensbildung des Volkes an und hebt sie in den **Rang verfassungsrechtlicher Institutionen** (BVerfGE 73, 85; 107, 358; st. Rspr.). Parteien sind jedoch *weder Teile der Staatsorganisation noch formierte Staatsorgane oder Körperschaften des öffentlichen Rechts* (BVerfGE 20, 100 f.; 52, 85). Ihre Bezeichnung als „Verfassungsorgane" ist i.S. von Faktoren eines verfassungsrechtl. geordneten Funktionssystems der polit. Willensbildung zu verstehen (BVerfGE 73, 85 m.w.N.). Die Demokratie benötigt Parteien, um die Wähler zu polit. aktionsfähigen Gruppen zusammenzuschließen und ihnen so Einfluss auf das staatl. Geschehen einzuräumen (BVerfGE 107, 358 f.; 121, 53 f.). Auf Grund ihrer verfassungsrechtl. gesicherten Vermittlungsfunktion zwischen Staat und Gesellschaft wirken sie in den Bereich der Staatlichkeit hinein, ohne ihm anzugehören (BVerfGE 121, 53 m.w.N.). Die Garantie einer grundsätzlich staatsfreien und offenen Meinungs- und Willensbildung vom Volk zu den Staatsorganen wehrt jede staatl.-institutionelle Verfestigung der Parteien ab und verbietet ihre Einfügung in den Bereich der organisierten Staatlichkeit (BVerfGE 107, 361; 121, 54).

### Absatz 1: Rechtsstellung der Parteien

4  **Parteien** sind Vereinigungen, deren Zweck es ist, i.S. bestimmter polit. Ziele an der *Vertretung des Volkes in den Parlamenten* (BTag oder LTage) mitzuwirken. Eine den Parteibegriff verfassungskonform konkretisierende Legaldefinition mit Mindestforderungen an Dauerhaftigkeit, Mitgliederzahl, Organisation und Widerhall in der Öffentlichkeit enthält § 2 I 1 PartG, der im Lichte des Art. 21 I auszulegen und anzuwenden ist (BVerfGE 89, 269 f. m.w.N.; 111, 409). Als

„Vereinigungen" kommen allein körperschaftliche Personenverbindungen – praktisch nur rechtsfähige und nichtrechtsfähige Vereine – in Betracht, nicht unorganisierte Gesinnungsgemeinschaften oder Parteibündnisse (Wahlbündnisse, Listenverbindungen, Fraktionsgemeinschaften, „Blöcke", „Fronten" usw.). Der Parteibegriff setzt den ernsthaften Willen voraus, an parl. Wahlen in Bund oder Ländern teilzunehmen (BVerfGE 103, 170; st. Rspr.). Notwendig ist – im Unterschied zu Interessenverbänden aller Art – die Teilnahme mit *eigenen Wahlvorschlägen* (BVerfGE 24, 265, u. § 2 II PartG). Bisherige oder zu erwartende Wahlerfolge sind nicht erforderlich (BVerfGE 89, 271 f.). Der Gesetzgeber darf jedoch bei der Zulassung neuer Parteien zur Wahl den Nachweis ernsthaften polit. Wollens fordern und insoweit eine Prüfung vor dem Bundeswahlausschuss vorsehen, während er bei bereits parl. vertretenen Parteien allein ihre früheren Wahlerfolge ausreichen lässt (BVerfGE 89, 301 m.w.N.). Die Ernsthaftigkeit der Zielsetzung parl. Vertretung und damit der Beteiligung an Wahlen auf Bundes- und Landesebene ist anhand äußerer Merkmale zu ermitteln. Umfang, Festigkeit und Arbeitsfähigkeit der Organisation sowie Mitgliederzahl und Auftreten in der Öffentlichkeit sind dabei besonders aussagekräftig (BVerfGE 91, 270 f. m.w.N.). Insgesamt müssen die tatsächlichen Verhältnisse einer Vereinigung – auch die Dauer ihres Bestehens – den Schluss ermöglichen, dass sie ihre erklärte Absicht, an der polit. Willensbildung und Vertretung des Volkes in den Parlamenten mitzuwirken, ernsthaft verfolgt (BVerfGE 91, 270 f.; 91, 288). Eine lückenlose Teilnahme an BTags- und LTagswahlen verlangt der Parteibegriff nicht (BVerfGE 89, 271). Eine Partei kann ihre polit. Tätigkeit auch auf ein einzelnes Land beschränken (BVerfGE 111, 409 f.). *Keine Parteien* i.S. von Art. 21 I und § 2 I PartG sind: „Rathausparteien" und kommunale Wählervereinigungen (BVerfGE 6, 372 f.; 69, 110 m.w.N.), nur für einzelne Parlamentswahlen gebildete Wählervereinigungen, Vereinigungen, die nur bestimmte polit. Einzelinteressen verfolgen oder nur für oder gegen ein bestimmtes Vorhaben bzw. bestimmte polit. oder gesetzgeberische Maßnahmen eintreten (BlnVerfGH, NVwZ-RR 2001, 6), Ausländerparteien und Exterritorialparteien mit Sitz oder Geschäftsleitung außerhalb des Geltungsbereichs des GG (§ 2 III PartG) sowie Vereinigungen, die von einer dahinter stehenden Organisation als deren „verlängerter Arm" beherrscht und gelenkt werden (BVerfGE 74, 50 f.; 79, 385). Die Parteieigenschaft polit. Organisationen setzt nicht deren Verfassungsmäßigkeit voraus. Wäre diese Merkmal des Parteibegriffs, bedürfte es keines konstitutiven Verbotsverfahrens nach Abs. 2 Satz 2 (BVerfGE 47, 223). Parteien umfassen ihre sämtlichen Untergliederungen (Teilorganisationen), *nicht* aber ihre *Nebenorganisationen* (BVerfGE 5, 392) und *rechtlich* auch nicht ihre *Fraktionen*. Diese gehören vielmehr als ständige Gliederungen des Parlaments im Gegensatz zu den polit. Parteien zur „organisierten Staatlichkeit" (BVerfGE 70, 350 f.; 80, 231 m.w.N.).

### Satz 1: Gewährleistungen

Satz 1 garantiert den **Parteien** die **Mitwirkung bei der politischen Willensbildung** 5
**des Volkes.** Darin besteht ihre in der modernen Massendemokratie unverzichtbare polit. Tätigkeit. Der Willensbildungsprozess in der parl. Demokratie eines Großflächenstaates setzt Parteien voraus. In ihnen schließen sich Staatsbürger mit dem Ziel der Beteiligung an Wahlen zu einer handlungsfähigen Organisation zusammen. Bei der Ausübung der vom Volke ausgehenden Staatsgewalt in Wahlen und Abstimmungen und auch zwischen den Wahlgängen kann sich der polit. Volkswille vermittels der Parteien als „Handlungseinheiten" wirksam artikulieren (BVerfGE 60, 66; 107, 358 f.). Die Parteien sind Mittler bei der polit. Willensbildung des Volkes. Sie sammeln die auf Erlangung der polit. Macht und ihre

Ausübung gerichteten Meinungen, Interessen und Bestrebungen, suchen sie auszugleichen, vorzuformen und zu bündeln und bei der staatl. Willensbildung
wirksam zum Tragen zu bringen (BVerfGE 73, 85 m.w.N.; 85, 284 ff.). Wahlen
könnten ohne Parteien nicht durchgeführt werden. Diese stellen Kandidaten auf
und veranstalten Wahlkämpfe. Für die Zusammenarbeit gewählter Kandidaten
als Abgeordnete in Fraktionen bilden sie den Rahmen (BVerfGE 104, 19).

6   Satz 1 verbürgt i.V.m. Satz 2 institutionell die **Existenz der Parteien als frei aus
    dem Volk heraus gebildeter, frei miteinander konkurrierender und aus eigener
    Kraft wirkender Gruppen von Bürgern**, die sich **außerhalb der organisierten
    Staatlichkeit** zusammengeschlossen haben, um mit eigenen Zielvorstellungen und
    Programmen auf die polit. Willensbildung Einfluss zu nehmen (BVerfGE 20,
    101; 73, 85; st. Rspr.). Jede organisatorische Eingliederung der Parteien in den
    Staatsapparat, jede sonstige Verschmelzung von Parteien und Staat sowie eine
    staatl. Daseinsvorsorge für Parteien schließen Satz 1 und 2 verfassungskräftig aus
    (BVerfGE 85, 287 ff. m.w.N.). Gegen das Gebot der Staatsfreiheit der Parteien
    verstößt namentlich eine völlige oder auch nur überwiegende Staatsfinanzierung
    ihrer Gesamttätigkeit (BVerfGE 85, 287 f. m.w.N.; näher zur Parteienfinanzie-
    rung nachstehend Rn. 10). Als Organisationen aus dem Volk und Handlungsein-
    heiten von Bürgern (BVerfGE 60, 66 f.; 85, 284) im Gefüge der polit. Willensbil-
    dung sind Parteien vornehmlich dem Volk zugeordnet. Öffentl. Gewalt – etwa i.
    S. von Art. 93 I Nr. 4 a – üben sie nicht aus. Da sie dem gesellsch.-polit. Bereich
    angehören (BVerfGE 85, 287), sind sie als privatrechtl. Personenvereinigungen
    zu gründen. Ihre alltägliche Rechtsstellung bestimmt das Privatrecht. Parteien
    sind unabhängig von ihrer Rechtsfähigkeit (BVerfGE 3, 391) Träger aller Grund-
    rechte, die gemäß Art. 19 III ihrem Wesen nach auf sie anwendbar sind, und
    können deren Verletzung mit der Verfassungsbeschwerde abwehren (BVerfGE
    121, 56 m.w.N.). Grundrechte, die ihnen unabhängig von ihrem besonderen ver-
    fassungsrechtl. Status wie jedermann zustehen (Art. 19 III), gehören nicht zu der
    durch Art. 21 geschützten Rechtsstellung (BVerfGE 84, 299). Werden Parteien
    durch Maßnahmen anderer Verfassungsorgane des Bundes in ihrem verfassungs-
    rechtl. Status nach Art. 21 betroffen, steht nur der Weg des Organstreits (Art. 93
    I Nr. 1) zur Verfügung (BVerfGE 121, 57 m.w.N.).

7   Zu der den Parteien durch Satz 1 gewährleisteten **Mitwirkung bei der politischen
    Willensbildung des Volkes** zählt in erster Linie die Beteiligung an den BTags-,
    LTags- und Kommunalwahlen. Den Wählern ist es vorbehalten, über den Wert
    des Programms einer Partei und über ihre Beteiligung an der Bildung des Staats-
    willens zu entscheiden (BVerfGE 89, 270 m.w.N.). Aber auch zwischen den
    Wahlen verbürgt Satz 1 den Parteien die Teilnahme an der allg. polit. Meinungs-
    und Willensbildung (BVerfGE 85, 284 ff. m.w.N.). Die Parteien setzen sich in-
    nerhalb und außerhalb der Parlamente polit. auseinander. Sie wirken in die
    staatl. Institutionen hinein, nehmen vor allem Einfluss auf die Entscheidungen
    und Maßnahmen von Parlamenten und Regierungen (BVerfGE 121, 54 f.
    m.w.N.; vgl. dazu auch § 1 II PartG). Parteien entscheiden über die Besetzung
    der obersten Staatsämter. Dabei kommt es zu personellen Überschneidungen
    zwischen Partei und Staatsorganen. Polit. Programme und die wechselseitige
    Auseinandersetzung der Parteien sowie das von ihnen beeinflusste Verhalten der
    Staatsorgane sind Gegenstand der öffentl. Meinungsbildung und wirken auf die
    polit. Willensbildung des Volkes ein (BVerfGE 121, 55 m.w.N.). Satz 1 gewähr-
    leistet den Parteien nur ein Recht der *Mitwirkung*. Ein *Monopol*, die polit. Wil-
    lensbildung des Volkes zu beeinflussen und vorzuformen, kommt ihnen *nicht* zu
    (BVerfGE 52, 83; 85, 284). Ebenso wenig gibt es einen originären, nicht durch

den Gleichheitssatz vermittelten verfassungsrechtl. Anspruch der Parteien auf Zugang zu den Rundfunkanstalten, namentlich auf Einräumung von Sendezeiten zur Wahlwerbung (BVerfGE 47, 237; BVerfG, NJW 1994, 40; BVerwGE 87, 272 ff.). Der Gesetzgeber darf den Parteien die unmittelbare oder mittelbare Beteiligung an privaten Rundfunkunternehmen untersagen, soweit sie dadurch bestimmenden Einfluss auf Programmgestaltung oder Programminhalte nehmen können. Ein absolutes Verbot für Parteien, sich an privaten Rundfunkveranstaltern zu beteiligen, verstößt jedoch gegen Art. 5 I 2 i.V.m. Art. 21 (BVerfGE 121, 50 ff.).

Drei Verfassungsgebote sind von grundlegender Bedeutung für die Existenz und 8 die Mitwirkung der Parteien an der polit. Willensbildung: das Mehrparteienprinzip, die Parteienfreiheit (s. unten Rn. 9) und die Chancengleichheit. Nach dem **Mehrparteienprinzip** müssen jederzeit mehrere unabhängige (nicht durch „Blockpolitik", „Nationale Fronten" oder dgl. gebundene) Parteien bestehen können. Es kommt in Satz 1 („Die Parteien...") und Satz 2 zum Ausdruck und ist eines der Wesensmerkmale der freiheitlichen Demokratie (BVerfGE 5, 231 f.; 6, 280). Das **Gebot der Chancengleichheit (Wettbewerbsgleichheit) der Parteien** folgt aus Art. 3 I, Art. 21 I und Art. 38 (BVerfGE 104, 19 f.; 114, 115). Es sichert den in der Freiheit der Parteigründung, der verfassungsrechtl. Aufgabe der Parteien und im Mehrparteiensystem angelegten freien Wettbewerb der Parteien um den Zuspruch der Bürger (BVerfGE 82, 337 m.w.N.; 111, 398). Die Chancengleichheit hängt eng mit den Geboten der Allgemeinheit und der Gleichheit der Wahl (Art. 38 I 1) zusammen (BVerfGE 120, 105). Wie diese fordert sie strenge und formale Gleichbehandlung (BVerfGE 104, 20 m.w.N.; 111, 398; st. Rspr.). Zwischen Parteien darf nur ausnahmsweise, aus besonderen zwingenden Gründen und in engen Grenzen, differenziert werden (BVerfGE 78, 358; 82, 337 f.; 124, 20; st. Rspr.). Der Staat darf die Wettbewerbslage nicht verfälschen (BVerfGE 111, 398; 121, 123 m.w.N.). Sachgegebene Chancenunterschiede zwischen den Parteien muss er nicht ausgleichen. Er darf sie aber auch nicht verschärfen (BVerfGE 85, 297; 111, 105; st. Rspr.). Das Gebot der Chancengleichheit beherrscht den gesamten Sachbereich der Wahlen (BVerfGE 111, 104). Jeder Partei und ihren Wahlbewerbern müssen grundsätzlich die gleichen Möglichkeiten im gesamten Wahlverfahren und damit gleiche Chancen bei der Verteilung der Sitze eingeräumt werden (BVerfGE 124, 20 m.w.N.; 129, 319). Dies gilt namentlich für die Wahlgesetzgebung (BVerfGE 82, 337 f. m.w.N.; 95, 354), die Vorbereitung und Durchführung der einzelnen Wahlen (BVerfGE 121, 121 m.w.N.), den Wahlkampf (BVerfGE 21, 200; 82, 337), insbes. die Wahlwerbung (BVerfGE 69, 268 m.w.N.) einschl. der Beteiligung an Rundfunkwahlsendungen (BVerfGE 20, 116; 69, 268 m.w.N.; 82, 59; BVerfG, NJW 1994, 40), und die Erstattung von Wahlkampfkosten (BVerfGE 73, 95 m.w.N.). Chancengleichheit deckt sich insoweit weitgehend mit Wahlgleichheit (BVerfGE 95, 417; 124, 19 f.; s. Art. 38 Rn. 10). Um zu gewährleisten, dass sich nur ernsthafte polit. Vereinigungen und keine Zufallsbildungen von kurzer Lebensdauer um die Stimmen der Wähler bewerben, darf der Gesetzgeber aber bei der Zulassung zur Wahl an parl. nicht vertretene polit. Vereinigungen Anforderungen stellen, denen parl. bereits vertretene Parteien nicht (erneut) unterworfen werden (BVerfGE 89, 300 f. m.w.N.). Das Gebot der Chancengleichheit erfasst auch das gesamte Vorfeld der Wahlen (BVerfGE 104, 19 f. m.w.N.; 111, 382) sowie die Teilnahme am ständigen Prozess der polit. Meinungs- und Willensbildung (BVerfGE 69, 107 m.w.N.), die staatl. Parteienfinanzierung (BVerfGE 121, 121 m.w.N.), den zwischenparteilichen Wettbewerb um die Finanzierung mit privaten Fremdmitteln (BVerfGE 69,

106 m.w.N.; 73, 89), die Besteuerung polit. Parteien und die steuerl. Begünstigung von Beiträgen und Spenden (BVerfGE 121, 121 m.w.N.). Das Gebot der Chancengleichheit ist nicht nur objektives Recht. Die **Parteien** haben vielmehr auch einen **grundrechtlichen Anspruch aus Art. 3 in Verbindung mit Art. 21 I** (BVerfGE 73, 65 f. m.w.N.; 111, 104). Dieser Gleichbehandlungsanspruch erstreckt sich auf die Überlassung gemeindlicher Räume und die Verschaffung des Zugangs zu gemeindlichen Einrichtungen (BVerfGK 10, 364; BVerwG, NJW 1990, 135). Für die *Fraktionen* gelten *eigene*, dem Abgeordneten- und Parlamentsrecht zugehörige Gleichheitsregeln (BVerfGE 70, 362 f.; 80, 231, jeweils m.w.N.; 112, 136 f.).

**Satz 2: Parteienfreiheit**

9 Satz 2 schützt die **Parteigründungsfreiheit**. Sie umfasst das Sichzusammenfinden und Verständigen auf eine gemeinsame Programmatik, die Wahl der Organisations- und Rechtsform. Die Gründung von Parteien darf weder zahlenmäßig begrenzt noch von einer Erlaubnis abhängig gemacht werden. Anmeldepflicht ohne staatl. Untersagungsrecht und Registrierung ohne konstitutiven Charakter sind zulässig. Satz 2 deckt auch die Gründung verfassungswidriger Parteien. Die dem BVerfG vorbehaltene Entscheidung über die Verfassungswidrigkeit (Abs. 2 Satz 2) kann erst gegen eine existent gewordene Partei ergehen. Satz 2 gewährleistet nicht nur die ungehinderte Parteigründung, sondern – ebenso wie Art. 9 I die Vereinsfreiheit schlechthin – eine **umfassende Parteienfreiheit**. Sie umfasst die Organisations- und Programmfreiheit (BVerfGE 111, 409). Jede Partei kann grundsätzlich Art und Umfang ihrer Organisation selbst bestimmen und ihre Parteisatzung sowie ihr Programm frei gestalten (BVerfGE 104, 19). Die Betätigungsfreiheit schließt außer der Organisations- und Willensbildungsfreiheit (BVerfGE 73, 86 f.; 85, 287) insbes. folgende Rechte ein: freie Zweckwahl und polit. Richtungsbestimmung (BVerfGE 111, 409), freie Parteibetätigung in den Schranken der allg. Gesetze und Freiheit von besonderer Staatsaufsicht (z.B. Mitglieder-, Versammlungs-, sonstige Parteitätigkeitsüberwachung). Satz 2 garantiert auch das Recht freier Einnahmen- und Ausgabenwirtschaft, untersagt jedoch nicht eine auf das Demokratieprinzip gegründete gesetzl. Begrenzung der Wahlkampfkosten. Die Parteien können in den durch Art. 21 und verfassungsmäßige Gesetze gezogenen Schranken frei von staatl. Kontrolle über ihre Einnahmen und ihr Vermögen verfügen (BVerfGE 84, 300). Dieser Gewährleistungsbereich wurde nicht davon berührt, dass Vermögen von in der DDR wirkenden Parteien aus der Zeit vor dem 7.10.1989 unter treuhänderische Verwaltung gestellt wurde (BVerfGE 84, 300 f.). Das Vermögen einer „Staatspartei" der DDR, deren Stellung gerade auf der Umkehrung der Prinzipien der Staatsfreiheit und Chancengleichheit beruhte, steht außerhalb der Gewährleistung des Abs. 1, soweit es nicht nach den in einer freiheitlichen Demokratie für den Vermögenserwerb aller Parteien geltenden materiell-rechtsstaatl. Grundsätzen erworben wurde (BVerfGE 84, 300). Unvereinbar mit der Parteifreiheit ist ein Parteiaufnahmezwang, der auch aus Satz 3 („demokratische Grundsätze") nicht gefolgert werden kann (BGHZ 101, 201 ff.). Vereinsrechtl. Disziplinarmaßnahmen der Parteien wie der Parteiausschluss wegen Verstoßes gegen die Parteiordnung unterliegen der Kontrolle staatl. Gerichte in den durch die Vereinsautonomie bestimmten Grenzen (BGH, NJW 1994, 2611 m.w.N.). Die Parteifreiheit (Satz 2) ist – ebenso wie die Vereinsfreiheit – zugleich Grundsatz des objektiven Rechts und – auf Deutsche beschränktes – subjektives Recht (Grundrecht) des Einzelnen sowie der Parteien selbst. Gewährleistet ist auch die *negative Parteienfreiheit* (Recht auf Fernbleiben von u. Ausscheiden aus einer Partei, Selbstauflösungsrecht der Par-

teien). Im Übrigen gelten die Ausführungen zur Vereinsfreiheit (Art. 9 Rn. 3) größtenteils entsprechend.

Entschließt sich der Gesetzgeber zur **Parteienfinanzierung**, muss er den Geboten der Staatsfreiheit und Chancengleichheit Rechnung tragen (BVerfGE 73, 95; 85, 287 ff.; 111, 382). Die staatl. Parteienfinanzierung ist zwar von Verfassungs wegen nicht auf die Erstattung der notwendigen Kosten eines angemessenen Wahlkampfs begrenzt (BVerfGE 85, 286, entgegen BVerfGE 20, 113 ff.). Denn die den Parteien in Art. 21 I 1 aufgegebene Mitwirkung bei der polit. Willensbildung des Volkes beschränkt sich nicht auf die unmittelbare Wahlvorbereitung (BVerfGE 85, 286). Das Gebot der Staatsfreiheit der Parteien erlaubt jedoch nur eine Teilfinanzierung ihrer allg. Tätigkeit aus öffentl. Mitteln (BVerfGE 85, 287; 104, 299). Parteien müssen polit., organisatorisch und wirtsch. auf die Bürger angewiesen bleiben. Staatl. Zuwendungen dürfen sie nicht der Notwendigkeit entheben, sich um die finanzielle Unterstützung durch ihre Mitglieder und ihnen nahestehende Bürger zu bemühen. Das Risiko des Fehlschlagens solcher Bemühungen darf ihnen der Staat nicht abnehmen (BVerfGE 85, 287 m.w.N.; 111, 408). Die Art der staatl. Finanzierung muss die gesellsch. Verwurzelung der Parteien festigen (BVerfGE 104, 299). Der Gesamtumfang unmittelbarer staatl. Zuwendungen an eine Partei darf deshalb die Summe ihrer selbst erwirtschafteten Einnahmen nicht überschreiten (BVerfGE 85, 289 f.). Der Staat darf den Parteien auch nicht mehr zuwenden als das, was sie unter Beachtung des Gebots sparsamer Verwendung öffentl. Mittel zur Erfüllung ihrer Aufgaben unabweisbar benötigen und selbst nicht aufbringen können (BVerfGE 85, 290 f.). In den Verteilungsmaßstab muss der Erfolg, den eine Partei beim Wähler, bei der Summe der Mitgliedsbeiträge und bei dem Umfang der von ihr eingeworbenen Spenden erzielt, zu einem jeweils ins Gewicht fallenden, im Einzelnen vom Gesetzgeber zu bestimmenden Anteil eingehen (BVerfGE 85, 292). Eine erfolgsunabhängige Basisfinanzierung der Parteien verletzt das Gebot der Staatsfreiheit (BVerfGE 85, 294 f.). Unterschiede polit. Parteien in Größe, Leistungsfähigkeit und Zielsetzung muss der Staat nicht ausgleichen, um allen dieselbe Ausgangslage im polit. Wettbewerb zu verschaffen. Die staatl. Teilfinanzierung darf die Parteien nicht ohne Rücksicht auf ihre Bedeutung und ihr personelles, ideelles und materielles Potential in den Stand setzen, im Vorfeld von Wahlen den gleichen Aufwand zu treiben (BVerfGE 104, 300 m.w.N.). Der Gesetzgeber kann Zuwendungen an eine Partei ebenso wie die Erstattung ihrer Wahlkampfkosten an die Bedingung knüpfen, dass sie einen die Ernsthaftigkeit ihres Bemühens um einen Wahlerfolg und damit um die Verwirklichung eines polit. Programms belegenden Mindestanteil an Stimmen erreicht (BVerfGE 111, 412 m.w.N.). Dieser muss allerdings erheblich unter der Grenze von 5 vH liegen (BVerfGE 85, 293 f.; 111, 407). Das Recht der Parteienfinanzierung darf das Entstehen neuer Parteien nicht über Gebühr erschweren und die Betätigung kleiner Parteien nicht unangemessen beeinträchtigen (BVerfGE 111, 398 ff.).Vorteile der im Parlament vertretenen Parteien können dadurch ausgeglichen werden, dass dem Kriterium des Wahlerfolgs bei Parteien, die einerseits den zu fordernden Mindeststimmenanteil erlangt, andererseits aber kein Mandat errungen haben, ein relativ größeres Gewicht für die Verteilung der insgesamt an die Parteien auszuschüttenden Mittel zuerkannt wird (BVerfGE 85, 294). Die Zuschussfähigkeit üblicherweise ehrenamtl. erbrachter Leistungen von Parteimitgliedern darf der Gesetzgeber ausschließen (BVerfGE 104, 301). Beiträge und Spenden an Parteien dürfen steuerl. begünstigt werden, soweit dadurch die vorgegebene Wettbewerbslage nicht in einer ins Gewicht fallenden Weise verändert wird (BVerfGE 121, 123 m.w.N.). Diese Grenze ist nicht

10

überschritten, wenn die Mehrzahl der Steuerpflichtigen die steuerl. Begünstigung in gleicher Weise nutzen kann (BVerfGE 52, 91; 85, 313 ff.). Parteispenden, die von Körperschaften geleistet werden, dürfen mit Blick auf die gebotene gleiche Teilhabe der Bürger an der polit. Willensbildung steuerl. nicht begünstigt werden. Denn den hinter den Körperschaften stehenden natürlichen Personen darf keine vom Staat geförderte zusätzliche Möglichkeit der Einflussnahme auf die polit. Willensbildung verschafft werden, die anderen Bürgern nicht offensteht (BVerfGE 85, 315).

### Satz 3: Demokratische Grundsätze

11 Die in Satz 3 als Organisationsvorgaben genannten „demokratischen Grundsätze" sind nicht i.S. staatl. Maßstäbe, sondern vereinstypisch und in einer dem Wesen der Parteien angepassten Bedeutung zu verstehen. Satz 3 untersagt das diktatorischen Parteien eigene „Führerprinzip" und gebietet eine Willensbildung „von unten nach oben", von der Mitgliederbasis zur Führungsspitze hin. Es genügt wie bei allen modernen Massenorganisationen eine mittelbare Demokratie, in der die Mitgliederrechte auf den höheren Organisationsstufen durch Vertreterversammlungen ausgeübt werden. Die innere Organisation der Parteien muss folgende **Mindestforderungen** erfüllen: Stellung der Mitglieder- oder Vertreterversammlung als oberstes Parteiorgan mit der Zuständigkeit für die Grundentscheidungen des Parteilebens (Satzung, Programm, Auflösung usw.), regelmäßig wiederkehrende Wahl der Parteivorstände und übrigen Parteiorgane durch die Mitglieder- oder Vertreterversammlung und Verantwortlichkeit der Organe dieser gegenüber, Kollegialform der Parteiführung, Mehrheitsentscheidung in sämtlichen Parteiorganen, gleiches Stimmrecht sowie angemessene Meinungs- und Entscheidungsfreiheit aller Mitglieder, ausreichender Schutz vor Missbrauch der Verbandsgewalt und gebietliche Aufgliederung der Partei mit selbständigen Zuständigkeiten der nachgeordneten Organisationen. Die den Parteien aufgegebene Gliederung in Gebietsverbände (§ 7 I PartG) ist um der effektiven Teilhabe ihrer Mitglieder willen erforderlich. Größe und Umfang der Parteigliederungen bestimmt die Parteisatzung. Parteien müssen sich bei ihrer gebietlichen Gliederung nicht an Grenzen der BTagswahlkreise orientieren (BVerfGE 104, 22). Der sog. „demokratische Zentralismus" kommunistischer Parteien lässt sich mit Satz 3 nicht vereinbaren. Satzungsbestimmungen, die gegen diese zwingende Vorschrift verstoßen, und auf solcher Grundlage gefasste Beschlüsse sind nichtig (BVerfGE 2, 71). Da die Aufstellung von Bewerbern für Wahlen zu Volksvertretungen die Nahtstelle zwischen der weitgehend autonom zu gestaltenden inneren Ordnung der jeweiligen Partei und der Vorbereitung demokratischer Wahlen bildet, muss sie den Mindestanforderungen an eine demokratische Kandidatenaufstellung genügen (BVerfGE 89, 252 ff.). Namentlich muss jedes wahlberechtigte Parteimitglied auf der untersten Gebietsstufe der Parteiorganisation die rechtl. Möglichkeit haben, auf die Auswahl der Kandidaten zumindest mittelbar durch die Wahl von Vertretern Einfluss zu nehmen (BVerfGE 89, 252 f.). Bei der Wahl der Kandidaten in einer Mitglieder- oder Vertreterversammlung müssen die grundlegenden Verfahrensregeln eingehalten werden, ohne deren Wahrung ein Kandidatenvorschlag nicht Grundlage eines demokratischen Wahlvorgangs sein kann (BVerfGE 89, 252 ff.).

### Satz 4: Finanzrechenschaft

12 Die mit Satz 4 geforderte **öffentliche Rechenschaftslegung über die Einnahmen** der jeweiligen Partei soll die mit größeren Zuwendungen verbundene Gefahr der Einflussnahme auf Parteien durchschaubar machen. Große Parteispenden sollen

nicht anonym bleiben, um zu verhindern, dass die polit. Willensbildung auf diese Weise unerkannt mittelbar beeinflusst wird. Die Rechenschaftspflicht besteht nicht gegenüber dem Staat, sondern gegenüber der Öffentlichkeit. Diese muss durch Publikationen unterrichtet werden. Eine bloße Rechnungslegung in einer Mitgliederversammlung der Partei oder dgl. genügt auch dann nicht, wenn jedermann Zutritt hat. Alle Wähler sollen Kenntnis über die Herkunft der Mittel der Parteien erhalten, um beurteilen zu können, welche Gruppen, Verbände oder Privatpersonen durch Geldzuwendungen auf die Parteien polit. einzuwirken versuchen (BVerfGE 85, 319 m.w.N.). Eine Verflechtung polit. und wirtsch. Interessen soll für jeden Bürger ersichtlich werden (BVerfGE 111, 83 m.w.N.). Die Rechenschaftspflicht der Parteien erstreckt sich nach Satz 4 auch auf die **Verwendung ihrer Mittel**, also namentlich ihre *Ausgaben*, und auf ihr **Vermögen** (s. dazu § 24 PartG). Diese umfassende Offenlegung der Parteifinanzen dient der Offenheit der Wahlentscheidung und kann sich auf den Wahlerfolg der einzelnen Partei auswirken. Das Transparenz- und Publizitätsgebot sichert die Chancengleichheit der Parteien (BVerfGE 20, 106; 111, 83). Es schützt zugleich deren innere Ordnung gegen undemokratische Einflüsse (BVerfGE 85, 319; 111, 83). Die gesetzl. Publizitätsgrenze für Parteispenden ist so festzusetzen, dass sämtliche finanziellen Zuwendungen und geldwerten Leistungen, die ihrer Höhe nach für die innerparteiliche Willensbildung ins Gewicht fallen können, zu veröffentlichen sind (BVerfGE 85, 320 ff.; 111, 84). Einfluss auf die innerparteiliche polit. Willensbildung kann auch durch Zuwendungen von Geld oder geldwerten Leistungen an Inhaber eines polit. Mandats ausgeübt werden, da Mandatsträger auf allen polit. Ebenen an der Willensbildung ihrer Parteien maßgeblich beteiligt sind. Um eine Umgehung des Satzes 4 zu verhindern, sind deshalb auch Spenden an Abg. offenzulegen, wenn sie eine entsprechende Höhe erreichen (BVerfGE 85, 325 f.). Der Gesetzgeber darf die Rechenschaftslegung mit der staatl. Parteienfinanzierung verknüpfen (BVerfGE 85, 319) und bei Verletzung von Mitwirkungspflichten das Nichtentstehen von Ansprüchen oder Sanktionen vorsehen (BVerfGE 111, 99). Von dem Gebot der Rechenschaftslegung in Satz 4 abgesehen, überlässt es das GG der Verantwortung der Parteien, sachwidriger Einflussnahme zu widerstehen (BVerfGE 73, 83; 85, 326). Der Staat darf jedoch die Entstehung solcher Gefahrenlagen durch eine steuerl. Begünstigung von Parteispenden nicht fördern (BVerfGE 73, 83). Die Änderung des ParteienG (vgl. Rn. 23) durch G vom 28.6.2002 (BGBl I S. 2268) hat Konsequenzen aus dem zuvor bekannt gewordenen Parteispendenskandal gezogen und die Transparenz der Parteifinanzen verbessert.

### Absatz 2: Verfassungswidrige Parteien

Abs. 2 schützt ebenso wie Art. 9 II und Art. 18 die freiheitliche Ordnung und den Bestand des Verfassungsstaates gegen den sie gefährdenden Missbrauch von Freiheitsrechten. Er erklärt Parteien mit den dort bezeichneten Bestrebungen für **verfassungswidrig** und ermöglicht, sie aus dem polit. Leben auszuschalten. Zugleich gewährt er ihnen wegen ihrer Sonderstellung im Verfassungsleben im Vergleich zu Art. 9 II formell und materiell eine erhöhte Schutz- und Bestandsgarantie, das „**Parteienprivileg**" (BVerfGE 47, 139 m.w.N.; 107, 362). Satz 1 gesteht den Parteien einen weiter gezogenen Betätigungsraum als gewöhnlichen Vereinen zu. Satz 2 entzieht die Befugnis, eine Partei für verfassungswidrig zu erklären, anders als Art. 9 II der Exekutive und behält sie ausschließlich dem BVerfG vor. Das europäische Gemeinschaftsrecht enthält nichts dazu, ob und unter welchen Voraussetzungen ein Mitgliedstaat der EU eine polit. Partei verbieten kann (BVerfGE 104, 218).

13

### Satz 1: Tatbestände der Verfassungswidrigkeit

14 Satz 1 enthält einen **Bestrebungstatbestand** mit ausgeprägtem **Präventivcharak-ter**. Er soll Gefahren für Verfassung und Staat rechtzeitig begegnen, mit deren Eintreten nach der bisher sichtbar gewordenen allg. Haltung einer Partei nachweisbar gerechnet werden muss (BVerfGE 5, 142; 9, 165). Das Einschreiten gegen eine Partei setzt nach Satz 1 weder einen Umsturzversuch noch geplante Gewalt voraus. Es genügt bereits die Verfolgung bestimmter demokratiewidriger oder gegen den Staatsbestand gerichteter Ziele. Die Tatbestandsmerkmale des Satzes 1 sind wegen seiner weitgespannten Grundanlage restriktiv auszulegen.

15 Zweierlei Bestrebungen einer Partei rechtfertigen alternativ die Annahme ihrer Verfassungswidrigkeit: solche gegen die freiheitliche demokratische Grundordnung und solche gegen den Bestand des Staates. Die **freiheitliche demokratische Grundordnung** umfasst die für einen freiheitlichen demokratischen Verfassungsstaat wesensnotwendigen fundamentalen liberalen und demokratischen Elemente der verfassungsmäßigen Ordnung. Der Begriff lässt sich näher definieren als eine jegliche Gewalt- und Willkürherrschaft ausschließende „rechtsstaatl. Herrschaftsordnung auf der Grundlage der Selbstbestimmung des Volkes nach dem Willen der jeweiligen Mehrheit und der Freiheit und Gleichheit", zu deren „grundlegenden Prinzipien mindestens zu rechnen" sind: „die Achtung vor den im GG konkretisierten Menschenrechten, vor allem vor dem Recht der Persönlichkeit auf Leben und freie Entfaltung, die Volkssouveränität, die Gewaltenteilung, die Verantwortlichkeit der Regierung, die Gesetzmäßigkeit der Verwaltung, die Unabhängigkeit der Gerichte, das Mehrparteienprinzip und die Chancengleichheit für alle polit. Parteien mit dem Recht auf verfassungsmäßige Bildung und Ausübung einer Opposition" (BVerfGE 2, 12 f.; 5, 140). Der „**Bestand der Bundesrepublik Deutschland**" ist gefährdet, wenn ihre staatl. Existenz, ihre völkerrechtl. Unabhängigkeit oder ihre gebietliche Unversehrtheit bedroht wird.

16 Mit dem Tatbestandsmerkmal „**darauf ausgehen**" umschreibt Satz 1 eine aggressive, „aktiv kämpferische" Haltung der Partei gegenüber den geschützten Rechtsgütern (BVerfGE 5, 141). Es genügt nicht, dass eine Partei Anschauungen und Thesen vertritt, die oberste Verfassungswerte in Zweifel ziehen, nicht anerkennen, ablehnen oder ihnen andere entgegensetzen (BVerfGE 5, 141). Vielmehr muss eine **wesentliche Beeinträchtigung der Grundordnung oder eine ernsthafte Gefährdung des Staatsbestandes geplant** sein (BVerfGE 5, 141). Die reine polit. Meinungsäußerung ist als solche unschädlich. Erst mit dem Übergang vom bloßen Bekennen zum Bekämpfen wird die kritische Grenze überschritten. So erfüllt etwa eine systematische, den Umsturz allg. vorbereitende Schulungs- und Propagandaarbeit das Merkmal des „Daraufausgehens" (BVerfGE 5, 208 ff.). Die Bestrebungen der Partei müssen sich nicht bereits zu konkreten Aktionen gegen den Staat oder die Verfassung verdichtet haben (BVerfGE 5, 141 ff.). Ebenso wenig muss die Tätigkeit der Partei schon eine unmittelbare Gefahr für Grundordnung oder Staatsbestand herbeigeführt haben. Ohne Bedeutung ist auch, ob und wann sich die verfassungswidrigen Ziele verwirklichen lassen (BVerfGE 5, 143 f.) und ob sie auf legalem oder illegalem Wege erreicht werden sollen (BVerfGE 5, 335 f.).

17 „**Ziele**" und „**Verhalten der Anhänger**" sind in Satz 1 vorwiegend beispielhaft als Erkenntnismittel für verfassungsfeindliche Bestrebungen genannt. Zu beurteilen ist die Verfassungswidrigkeit einer Partei nach ihrem *gesamten Verhalten*. Ihre Zielsetzungen werden i.d.R. aus dem Parteiprogramm, sonstigen parteiamtlichen Erklärungen, Reden führender Funktionäre, dem in der Partei verwendeten Schulungs- und Propagandamaterial sowie den von ihr herausgegebenen oder beein-

flussten Zeitungen oder Zeitschriften hervorgehen. Das Verhalten der Parteiorgane und der Anhänger kann ebenfalls Schlüsse auf die Zielsetzung einer Partei ermöglichen (BVerfGE 5, 144). Maßgebend ist nur das, was ihr *zugerechnet* werden kann. Denn verfassungswidrig müssen die Bestrebungen der Partei selbst sein. „Entgleisungen" einzelner Mitglieder oder Anhänger oder von Gruppen innerhalb der Partei oder in ihrem Umfeld rechtfertigen noch nicht deren Ausschaltung aus dem polit. Leben. Die Partei selbst muss nachweislich von einer verfassungswidrigen Grundtendenz beherrscht werden (BVerfGE 5, 143; 25, 56 f.; BVerwGE 114, 265; 137, 297). Rechtserheblich sind freilich auch geheime Zielsetzungen, sofern sie bewiesen werden können (BVerfGE 5, 144).

Parteien, die den Tatbestand des Satzes 1 erfüllen, „**sind verfassungswidrig**" im materiellen Sinne, d.h. von der Verfassung missbilligt und nicht gewollt. Die formelle Verfassungswidrigkeit mit der Verbotsfolge tritt erst durch die Feststellung des BVerfG ein. 18

### Satz 2: Entscheidung des Bundesverfassungsgerichts

Über die Verfassungswidrigkeit einer Partei entscheidet nach Satz 2 allein das BVerfG. Bevor es die Verfassungswidrigkeit nicht förmlich festgestellt hat, kann niemand sie rechtl. geltend machen. Seine Entscheidung hat insoweit konstitutive Wirkung (BVerfGE 39, 357 f. m.w.N.; 107, 362). Das **Entscheidungsmonopol des Bundesverfassungsgerichts** schließt jedes administrative und gesetzgeberische Einschreiten gegen den Bestand und die polit. Aktivitäten einer nicht verbotenen Partei aus, mag sie sich auch noch so verfassungsfeindlich verhalten (BVerfGE 107, 362 m.w.N.; 111, 410; 120, 109). Die davon ausgehende Gefahr nimmt das GG um der polit. Freiheit willen in Kauf (BVerfGE 47, 228). Die Partei kann polit. bekämpft werden. Sie und ihre Funktionäre, Mitglieder und Anhänger dürfen aber in ihrer polit. Tätigkeit nicht behindert werden, soweit sie sich allg. erlaubter Mittel bedienen (BVerfGE 47, 139 m.w.N.; 69, 268 f.). Funktionäre, Mitglieder und Anhänger einer nicht verbotenen polit. Partei dürfen deren Ziele einer breiten Öffentlichkeit vermitteln, insbes. auf offenen Parteiveranstaltungen im Namen ihrer Partei für eine bestimmte Beantwortung polit. Fragen werben (BVerfGE 69, 268 f.; BVerfG, NVwZ 2002, 713 f.). Ein Versammlungsverbot kann nicht darauf gestützt werden, die zu erwartenden, von einer Partei typischerweise vertretenen Inhalte der Versammlung widersprächen der freiheitlich demokratischen Grundordnung (BVerfG, NJW 2001, 2077). Wegen eines in Verfolgung der Ziele einer Partei begangenen Verstoßes gegen die allg. Strafgesetze können Funktionäre, Mitglieder und Anhänger aber bestraft werden, ohne dass das BVerfG die Verfassungswidrigkeit der Partei festgestellt hat (BVerfGE 47, 139 m.w.N.). Zulässig und von der polit. Verantwortung der BReg gefordert ist deren jährlich dem BTag und der Öffentlichkeit vorgelegter Bericht über die Entwicklung verfassungsfeindlicher Kräfte, Gruppen und Parteien (BVerfGE 39, 360). Gegen faktische Nachteile, die einer Partei daraus oder aus publizierten Berichten des Verfassungsschutzes bei der Gewinnung von Mitgliedern und Anhängern entstehen, gewährt Art. 21 keinen Schutz (BVerfGE 39, 360; 40, 293; zur Einschränkung der polit. Betätigungsfreiheit durch die Verfassungstreuepflicht s. Art. 33 Rn. 6). Ebenso darf die BReg in Beantwortung einer parl. Anfrage ihre – rechtl. unverbindliche – Einschätzung der Ziele und Bestrebungen einer Partei als verfassungswidrig zum Ausdruck bringen und belegen (BVerfGE 57, 7 f.). Auch ohne die Feststellung ihrer Verfassungswidrigkeit durch das BVerfG darf die Überzeugung gewonnen und vertreten werden, eine Partei verfolge verfassungsfeindliche Ziele (BVerwGE 110, 130 f.). Die Beobachtung einer Partei durch ein 19

Amt für Verfassungsschutz bei tatsächlichen Anhaltspunkten für verfassungsfeindliche Bestrebungen ist zulässig. Um feststellen zu können, ob verfassungsfeindliche Betätigungen zu einer Gefahr für die freiheitliche demokratische Grundordnung werden, muss dieses Vorfeld notwendig beobachtet werden (BVerwGE 110, 131 ff.; 137, 282). Negative Werturteile der Staatsorgane über Ziele und Betätigung nicht verbotener Parteien dürfen freilich nicht auf sachfremden Erwägungen beruhen und die Chancengleichheit nicht willkürlich beeinträchtigen (BVerfGE 40, 293; 57, 7; BVerfG, Beschl. v. 20.2.2013 – 2 BvE 11/12 –).

20 Das **Parteiverbotsverfahren** vor dem BVerfG bietet die rechtsstaatl. gebotenen Garantien gegen einen Missbrauch (BVerfGE 5, 139; 107, 364 f.). Es ist in den §§ 43 ff. BVerfGG näher geregelt. Den Antrag auf Entscheidung des BVerfG können der BTag, der BRat oder die BReg stellen (§ 43 I BVerfGG), eine LReg nur gegen eine Partei, deren Organisation sich auf das Gebiet des betr. Landes beschränkt (§ 43 II BVerfGG). Damit ist die Antragsberechtigung abschließend geregelt. Dass eine Partei das BVerfG zur Feststellung ihrer Verfassungsmäßigkeit anrufen kann, ist gesetzl. nicht vorgesehen; eine verfassungsrechtl. nicht hinnehmbare Rechtsschutzlücke kann darin nicht gesehen werden (BVerfG, Beschl. v. 20.2.2013 – 2 BvE 11/2 –). Die antragsberechtigten Verfassungsorgane haben nach pflichtgemäßem Ermessen zu prüfen und zu entscheiden, ob sie ein Verbotsverfahren in Gang setzen wollen oder ob eine von ihnen für verfassungswidrig gehaltene Partei im Wege der polit. Auseinandersetzung in ihre Schranken verwiesen werden soll (BVerfGE 40, 291 f.; str.). Auch mit der Wahl der argumentativen polit. Auseinandersetzung erfüllen sie i.d.R. ihren Auftrag zur Wahrung und Verteidigung der freiheitlich demokratischen Grundordnung (BVerfGE 40, 292). Eine polit. Partei hat auch auf Grund des Abs. 1 keinen Anspruch, durch Akteneinsicht und Anhörung an dem Verfahren der Willensbildung antragsbefugter Verfassungsorgane bereits im Vorfeld eines möglichen Verbotsverfahrens beteiligt zu werden (BVerfGE 103, 43). Für das Parteiverbotsverfahren gelten die rechtsstaatl. Verfahrensgrundsätze. Die Partei hat Anspruch auf ein faires Verfahren. Dieses Recht kann ein Entzug von Daten und Arbeitsmitteln ihrer Bevollmächtigten ebenso wie eine Aufdeckung der Prozessstrategie beeinträchtigen (BVerfGE 104, 50). § 15 IV 1 BVerfGG verlangt eine qualifizierte Mehrheit von sechs Richtern für jede nachteilige Entscheidung gegenüber der polit. Partei, ohne zwischen Prozess- und Sachentscheidung zu unterscheiden (BVerfGE 107, 356 ff.). Auf polit. Vereinigungen, die nicht Parteien sind, findet das Verbotsverfahren vor dem BVerfG keine Anwendung (BVerfGE 91, 283). Für ein Verbot solcher Vereinigungen ist die Exekutive zuständig (Art. 9 II, §§ 3 ff. VereinsG; näher Art. 9 Rn. 6, 8).

21 **Urteilswirkungen:** Das einem Verbotsantrag stattgebende Urteil des BVerfG stellt die Verfassungswidrigkeit der Partei fest, löst diese auf und zieht i.d.R. das Parteivermögen ein. Die Auflösung erstreckt sich auf sämtliche satzungsmäßigen Organisationen der Partei. Unberührt bleiben dagegen die nicht zu ihr gehörigen, wenn auch von ihr abhängigen Organisationen, vor allem die sog. Tarnorganisationen. Diese genießen nicht den Schutz des Parteienprivilegs. Sie fallen, soweit sie die verfassungsmäßige Ordnung verletzen, unter Art. 9 II (BVerfGE 5, 392). Mit der Verkündung des Urteils erlöschen auch die Mandate der Abg. einer für verfassungswidrig erklärten Partei (BVerfGE 5, 392; § 46 I Nr. 5 BWahlG). Deren durch Abs. 2 Satz 2 bezweckte wirksame Ausschaltung aus dem Prozess der polit. Willensbildung würde nicht erreicht, wenn ihre Abg. die verfassungsfeindlichen Ziele weiter verfolgen könnten (BVerfGE 2, 72 ff.). Ihr Mandat verlieren

Abg. im BTag, in den LTagen (BVerfGE 2, 76) und gemäß § 22 II Nr. 5 des EuropawahlG im Europäischen Parlament (BVerfGE 104, 219). Die Gebietskörperschaften sind in erster Linie Träger von Verwaltungsaufgaben. Wird eine Partei vom BVerfG für verfassungswidrig erklärt und aufgelöst, ist das Parteienprivileg auch für später gegründete Ersatzorganisationen der verbotenen Partei verbraucht (BVerfGE 16, 5 f. m.w.N.).

### Absatz 3: Gesetzesregelung

Abs. 3 enthält nicht nur Regelungsaufträge für die in den vorstehenden Absätzen   **22**
bezeichneten Sachbereiche, sondern auch eine **Ermächtigung zur rechtlichen Ordnung der Gesamtmaterie des Parteiwesens** einschl. der Parteienfinanzierung (BVerfGE 24, 353). Reichweite und Grenzen der Gesetzgebungskompetenz nach Abs. 3 folgen aus dem weiten Umfang der in Abs. 1 und 2 enthaltenen Grundlagen des Parteienrechts (BVerfGE 121, 47). Die Gesetzgebungsbefugnis umfasst insbes. die Konkretisierung des Parteibegriffs, die Regelung der Rechtsstellung der Parteien im Rechtsverkehr und im gerichtl. Verfahren, ihrer inneren Ordnung und Rechnungslegungspflicht sowie das Verfahren und den Vollzug eines Parteiverbots (BVerfGE 121, 47). Die Gesetzgebungskompetenz erstreckt sich darauf, die Rolle der Parteien in ihrer Vermittlungsfunktion zwischen Volk und Staatsorganen auszugestalten (BVerfGE 121, 47). Reines Parteienrecht der Länder ist ausgeschlossen. Parteien betr. landesgesetzl. Vorschriften des Wahl- oder Rundfunkrechts sind jedoch zulässig (BVerfGE 3, 404). Die ausschließliche Kompetenz des Bundes zur Regelung der Wahlkampfkostenerstattung ergibt sich aus Art. 21 III und für die Wahlen zum BTag auch aus Art. 38 III (BVerfGE 41, 425). Sie umfasst die Befugnis, die Länder in diesem Bereich zur Gesetzgebung zu ermächtigen (Art. 71; BVerfGE 24, 354).

Regelungen nach Abs. 3 sind das **Parteiengesetz** i.d.F. vom 31.1.1994 (BGBl I   **23**
S. 149) und § 13 Nr. 2 sowie die §§ 43–47 BVerfGG.

## Artikel 22 [Hauptstadt, Bundesfarben]

(1) **Die Hauptstadt der Bundesrepublik Deutschland ist Berlin. Die Repräsentation des Gesamtstaates in der Hauptstadt ist Aufgabe des Bundes. Das Nähere wird durch Bundesgesetz geregelt.**

(2) **Die Bundesflagge ist schwarz-rot-gold.**

**Allgemeines:** Art. 22 enthält die einzige, wenn auch nicht abschließende Regelung des GG über **Staatssymbole**. Abs. 1 wurde im Rahmen der *Föderalismusreform I* (vgl. Einführung Rn. 6) eingefügt, um die Bedeutung Berlins für Deutschland und seinen Status als Hauptstadt zu unterstreichen und zugleich die besondere, nicht zuletzt finanzielle Verantwortung des Bundes für Berlin sichtbar zu machen.   **1**

### Absatz 1: Hauptstadtregelung

*Satz 1* kommt nur deklaratorische Bedeutung zu, da schon in Art. 2 I EV geregelt   **2**
ist, dass Berlin die **Hauptstadt** der Bundesrepublik Deutschland ist. Im Hinblick auf die aus Satz 2 folgenden Konsequenzen ist die Deklaration des Satzes 1 freilich mehr als ein Akt reiner Staatssymbolik. Zur Frage des Sitzes von BReg und BTag vgl. den Berlin/Bonn-Beschluss des BTags vom 20.6.1991 (BT-Dr 12/815)

und das Berlin/Bonn-G vom 26.4.1994 (BGBl I S. 918), zur geschichtlichen Entwicklung der Hauptstadtfrage Wieland in Dreier, Art. 22 Rn. 1 ff.

3 *Satz 2:* Zum Wesensmerkmal einer Hauptstadt gehört, dass sie primär Stätte gesamtstaatl. Repräsentation ist. Dazu zählt zum einen die polit. Repräsentation, vor allem in Gestalt der Verfassungsorgane (insbes. BPräs, BReg, BTag u. BRat). Zum anderen stellt sich die gesamtstaatl. Repräsentation in einem Staat, der sich i.S. einer Staatszielbestimmung auch als Kulturstaat versteht (vgl. BVerfGE 36, 331; 111, 353; Art. 35 I 3 EV), vor allem in Zeugnissen seiner Kultur dar. Zwar ist die Kulturförderung in erster Linie Sache der Länder, jedoch steht dem Bund – gerade bei der Förderung von herausragenden kulturellen Projekten in der Hauptstadt – die ungeschriebene Zuständigkeit aus der Natur der Sache zu (dazu allg. Art. 30 Rn. 3 u. 5), so wie er sie auch in der Vergangenheit in Anspruch genommen hat. Insofern enthält die Regelung des Satzes 2 nur eine kompetenzrechtl. Klarstellung (so auch BT-Dr 16/8688 S. 17). „**Repräsentation des Gesamtstaates**" ist ein *unbestimmter Rechtsbegriff*, der im Bereich der Kultur durch förderungspolit. Grundsatzentscheidungen ausgefüllt wird. Die Förderung bestimmter Projekte oder gar einklagbare Ansprüche sind daraus nicht ableitbar (s. Heck in von Münch/Kunig, Art. 22 Rn. 15). Andererseits steht es nicht im freien Ermessen des Bundes, ob und was er aus Gründen der gesamtstaatl. Repräsentation kulturpolit. fördert. Vielmehr wird in der Bestimmung des Satzes 2 ein *Verfassungsauftrag* gesehen werden können, der den Bund im Rahmen der finanziell Möglichen in die Pflicht nimmt. Der Zuständigkeit aus Abs. 1 folgt nach Art. 104 a I, Art. 106 VIII die Ausgabenlast.

4 Die **kulturelle Förderung** im Rahmen der gesamtstaatl. Repräsentation **in der Hauptstadt** wird in dreierlei Weise wahrgenommen: a) durch die Trägerschaft eigener kultureller Bundesinstitutionen (u.a. Deutsches Historisches Museum, vgl. vor Art. 70 Rn. 3; Jüdisches Museum; gemäß G vom 1.5.2005, BGBl I S. 1218, Akademie der Künste; Kulturveranstaltungen des Bundes in Berlin GmbH), b) durch die Mitfinanzierung gemeinsamer Bund/Länder-Einrichtungen (z.B. Stiftung Preußischer Kulturbesitz; zu ihr s. auch Art. 135 Rn. 3, 5), c) durch die Mitfinanzierung von Einrichtungen des Landes Berlin, die (auch) der gesamtstaatl. Repräsentation dienen. Dies sind vor allem Museen und Gedenkstätten (z.B. Neue Wache; Gedenkstätte Deutscher Widerstand; Topographie des Terrors; Holocaust-Denkmal). Zum Umfang der Kulturausgaben des Bundes in Berlin in den Jahren 2001–2007 BT-Dr 16/9193 S. 5.

5 Der Vertrag über die aus der Hauptstadtfunktion Berlins abgeleitete Kulturfinanzierung und die Abgeltung von Sonderbelastungen der Bundeshauptstadt vom 30.11.2007 (*Hauptstadtfinanzierungsvertrag 2007*), der auch die Einrichtung eines Hauptstadtkulturfonds regelt, enthält – neben den Verpflichtungen auf gesetzl. Grundlage – den größten Teil der finanziellen Verpflichtungen des Bundes zur Förderung hauptstadtbedingter kultureller Aufgaben. Er basiert außer auf Art. 22 I 2 auch auf Art. 106 VIII (BT-Dr 16/8688 S. 16 f.), wonach der Bund dem Land Berlin einen Ausgleich für die Mehrbelastungen gewährt, die aus der Rolle der Stadt als Sitz von Verfassungsorganen, als Sitz des diplomatischen Corps und der Vertretungen der Länder, aber auch als Sitz von Parteien, Organisationen sowie zahlreicher Bundesverbände auch in kultureller Hinsicht erwachsen (vgl. BT-Dr 15/5278 S. 8). Ein weitergehender Anspruch Berlins aus Art. 107 II 3 zur Behebung seiner (auch hauptstadtbedingten) Finanznotlage besteht nicht (BVerfGE 116, 377).

6 Satz 2 („in" der Hauptstadt) bedeutet freilich – gerade in einem föderal verfassten Staat – nicht, dass die **Repräsentation des Gesamtstaats** nicht auch *außerhalb*

*Domgörgen*

*der Hauptstadt* stattfindet. Die Bundeszuständigkeit dafür folgt jedoch aus der Natur der Sache (vgl. dazu auch Art. 30 Rn. 3, 5). Inbes. in der früheren Hauptstadt und jetzigen *Bundesstadt Bonn* finden sich Einrichtungen, die seit ihrer Gründung der gesamtstaatl. Repräsentation dienen (z.b. Kunst- u. Ausstellungshalle der Bundesrepublik Deutschland; Haus der Geschichte der Bundesrepublik Deutschland; Deutsche Welle als Auslandsrundfunkanstalt des Bundes). Der gesamstaatl. Repräsentation verpflichtet sind auch Einrichtungen *in anderen Orten*, z.b. in Frankfurt (Deutsche Nationalbibliothek), Nürnberg (Germanisches Nationalmuseum) oder die Mitfinanzierung kultureller Veranstaltungen (etwa der Bayreuther Festspiele); die Zulässigkeit solcher Formen von Mischverwaltung/-finanzierung ist str. (vgl. einerseits Sannwald in Schmidt-Bleibtreu/ Hofmann/Hopfauf, Art. 22 Rn. 19, andererseits Huber in Sachs, Art. 22 Rn. 2 f.). Gesamtstaatl. Repräsentation findet schließlich auch *im Ausland* statt (z.b. Goethe-Institute; Villa Massimo in Rom).

Die Regelung des *Satzes 3* ist vor dem Hintergrund einer jahrzehntelangen Staatspraxis zu sehen, die der Bund bei der Repräsentation des Gesamtstaats geprägt hat. Schon jetzt bestehen verschiedene Gesetze, die einzelne Aufgaben und Verpflichtungen enthalten. Insofern ist die Regelung durch nur *ein* **Bundesgesetz** nicht zwingend, es können auch mehrere sein. Durch Satz 3 sind auch nicht *vertragliche Vereinbarungen* ausgeschlossen, die sich in der Vergangenheit als flexibles Instrument zum Ausgleich der jeweils beteiligten Interessen erwiesen und die Möglichkeit einer Befassung des BTags nicht ausgeschlossen haben (s. Busse, DÖV 2006, 640). Im Streit um Bundesergänzungszuweisungen (Art. 107 II 3) zur Sanierung des Berliner Landeshaushalts spielte Art. 22 keine Rolle (vgl. BVerfGE 116, 375). **7**

### Absatz 2: Bundesfarben und andere Staatssymbole

Abs. 2 spricht zwar nur von der *Bundesflagge*, erstreckt sich jedoch ganz allg. auf die **Bundesfarben** und gilt für alle Farbsymbole des Bundes auf Flaggen, Fahnen, Standarten, Wimpeln, Wappen, Ordensbändern usw. Darüber hinaus setzt Abs. 2 das Recht des Staates voraus, sich zu seiner Selbstdarstellung solcher Symbole wie der Bundesflagge zu bedienen, die die Identifikation des Staates mit seinen Bürgern fördern sollen und für die freiheitliche demokratische Grundordnung stehen (BVerfGE 81, 293; zum historischen Hintergrund der Farben der Bundesflagge vgl. Wieland in Dreier, Art. 22 Rn. 1 ff.). **8**

Die **Gesetzgebung** über das Führen der Bundesflagge und der übrigen Bundessymbole steht kraft Natur der Sache dem Bund zu (vgl. BVerfGE 3, 422). Die *staatsinternen Anordnungen* hierzu trifft nach Herkommen der BPräs. Er hat grundsätzlich (im kooperativen Miteinander mit der BReg) eine ungeschriebene **Symbolkompetenz,** soweit sie nicht der BTag an sich zieht (s. Butzer in Schmidt-Bleibtreu/Hofmann/Hopfauf, Art. 60 Rn. 61 ff.; krit. Wieland in Dreier, Art. 22 Rn. 36 f.). Die in Art. 22 festgelegte Flagge soll auch die der Schifffahrt sein (vgl. das G über das Flaggenrecht der Seeschiffe u. die Flaggenführung der Binnenschiffe i.d.F. v. 26.10.1994, BGBl I S. 3140). Die Bundesflagge, die Standarte des BPräs und die Dienstflagge der Bundesbehörden sind in der Anordnung des BPräs über die deutschen Flaggen vom 13.11.1996 (BGBl S. 1729) näher festgelegt. Durch Anordnung des BPräs vom 25.5.1956 (BGBl I S. 447) ist eine besondere Dienstflagge für die Seestreitkräfte der Bundeswehr, durch Anordnung des BPräs vom 18.9.1964 (BGBl I S. 817) sind die Truppenfahnen eingeführt worden. Das Bundeswappen und der Bundesadler sind geregelt durch Bek. des BPräs vom 20.1.1950 (BGBl S. 26), die Dienstsiegel durch Erlass des BPräs vom selben **9**

Tage (ebd.), geändert durch Erlass vom 28.8.1957 (BGBl I S. 1328), die Amts-schilder der Bundesbehörden durch Erlass des BMI vom 25.9.1951 (BGBl I S. 927). Als Wappen und Siegel sind die des Weimarer Staates übernommen worden.

10 **Zeigen der Bundesfarben:** Länder und Kommunen sind nach der gegenwärtigen Rechtslage nicht verpflichtet, überhaupt oder bei bestimmten Anlässen neben ihren eigenen Symbolen die Bundesflagge oder Bundesfarben zu zeigen. Im Übrigen ist das Zeigen der Bundesfarben allg. erlaubt („Jedermann-Recht"; vgl. Herzog in Maunz/Dürig, Art. 22 Rn. 22).

11 **Andere Staatssymbole** als die Bundesfarben (z.B. Nationalhymne, Orden, Uniformen, Dienstkleidung, Amtstracht der Richter) sind grundgesetzl. nicht vorbestimmt. Als *National-/Staatsfeiertag* ist gesetzl. der 3.10. festgelegt (Art. 2 II EV), zuvor war es der 17.6. (G vom 4.8.1953, BGBl I S. 778). Kraft seiner Symbolkompetenz (s. Rn. 9) kann der BPräs nationale *Gedenktage oder Erinnerungsstätten* bestimmen (so den 27.1., Jahrestag der Befreiung des KZ Auschwitz, zum Gedenken an die Opfer des Nationalsozialismus durch Proklamation v. 3.1.1996, BGBl I S. 17) und *Staatsakte oder Staatsbegräbnisse* anordnen (Anordnung v. 2.6.1966, BGBl I S. 337). Durch Briefwechsel zwischen BPräs und BKanzler vom 29.4./2.5.1952 (vgl. Bulletin 1952, 537), nach der Wiedervereinigung erneuert am 19./23.8.1991 (s. BGBl I S. 2135), ist die dritte Strophe des Deutschlandlieds als *Nationalhymne* bestätigt worden. Der BPräs ist auch Inhaber der *Ehrenhoheit*, d.h. der Befugnis, für den Bund Orden, Ehrenzeichen und Ehrentitel zu stiften, zu genehmigen, anzuerkennen und zu verleihen, geregelt im G über Titel, Orden und Ehrenzeichen vom 26.7.1957 (BGBl I S. 844) nebst Ordensstatut und Durchführungsbestimmungen (Einzelheiten bei Spath, Das Bundespräsidialamt, 5. Aufl. 1993, S. 132 ff., 144 ff.). Die bislang h.M., nach der Ordensverleihung und -genehmigung gerichtl. Kontrolle entzogen sein sollen, erscheint überholt (s. OVG Münster, NVwZ-RR 1999, 313).

12 Der **strafrechtliche Schutz** der Bundesfarben und anderer Staatssymbole (§ 90 a I Nr. 2 StGB) macht in Abwägung mit der Kunst- (BVerfGE 81, 293; 81, 308) bzw. Meinungsfreiheit (BVerfG, NJW 2009, 908) ggf. eine werkgerechte und kontextbezogene Interpretation der Grundrechtsbetätigung erforderlich. Dabei ist zu berücksichtigen, dass die staatl. Symbole nur insoweit verfassungsrechtl. Schutz genießen, als sie im jeweiligen Kontext versinnbildlichen, was die Bundesrepublik Deutschland grundlegend prägt (BVerfG, NJW 2009, 908; krit. dagegen Heck in von Münch/Kunig, Art. 22 Rn. 2, wonach Art. 22 II kein Rechtsgut von Verfassungsrang enthalte).

## Artikel 23 [Entwicklung der Europäischen Union]

(1) Zur Verwirklichung eines vereinten Europas wirkt die Bundesrepublik Deutschland bei der Entwicklung der Europäischen Union mit, die demokratischen, rechtsstaatlichen, sozialen und föderativen Grundsätzen und dem Grundsatz der Subsidiarität verpflichtet ist und einen diesem Grundgesetz im wesentlichen vergleichbaren Grundrechtsschutz gewährleistet. Der Bund kann hierzu durch Gesetz mit Zustimmung des Bundesrates Hoheitsrechte übertragen. Für die Begründung der Europäischen Union sowie für Änderungen ihrer vertraglichen Grundlagen und vergleichbare Regelungen, durch die dieses Grundgesetz seinem Inhalt nach geändert oder ergänzt wird oder solche Änderungen oder Ergänzungen ermöglicht werden, gilt Art. 79 Abs. 2 und 3.

(1 a) Der Bundestag und der Bundesrat haben das Recht, wegen Verstoßes eines Gesetzgebungsakts der Europäischen Union gegen das Subsidiaritätsprinzip vor dem Gerichtshof der Europäischen Union Klage zu erheben. Der Bundestag ist hierzu auf Antrag eines Viertels seiner Mitglieder verpflichtet. Durch Gesetz, das der Zustimmung des Bundesrates bedarf, können für die Wahrnehmung der Rechte, die dem Bundestag und dem Bundesrat in den vertraglichen Grundlagen der Europäischen Union eingeräumt sind, Ausnahmen von Artikel 42 Abs. 2 Satz 1 und Artikel 52 Abs. 3 Satz 1 zugelassen werden.

(2) In Angelegenheiten der Europäischen Union wirken der Bundestag und durch den Bundesrat die Länder mit. Die Bundesregierung hat den Bundestag und den Bundesrat umfassend und zum frühestmöglichen Zeitpunkt zu unterrichten.

(3) Die Bundesregierung gibt dem Bundestag Gelegenheit zur Stellungnahme vor ihrer Mitwirkung an Rechtsetzungsakten der Europäischen Union. Die Bundesregierung berücksichtigt die Stellungnahmen des Bundestages bei den Verhandlungen. Das Nähere regelt ein Gesetz.

(4) Der Bundesrat ist an der Willensbildung des Bundes zu beteiligen, soweit er an einer entsprechenden innerstaatlichen Maßnahme mitzuwirken hätte oder soweit die Länder innerstaatlich zuständig wären.

(5) Soweit in einem Bereich ausschließlicher Zuständigkeiten des Bundes Interessen der Länder berührt sind oder soweit im übrigen der Bund das Recht zur Gesetzgebung hat, berücksichtigt die Bundesregierung die Stellungnahme des Bundesrates. Wenn im Schwerpunkt Gesetzgebungsbefugnisse der Länder, die Einrichtung ihrer Behörden oder ihre Verwaltungsverfahren betroffen sind, ist bei der Willensbildung des Bundes insoweit die Auffassung des Bundesrates maßgeblich zu berücksichtigen; dabei ist die gesamtstaatliche Verantwortung des Bundes zu wahren. In Angelegenheiten, die zu Ausgabenerhöhungen oder Einnahmeminderungen für den Bund führen können, ist die Zustimmung der Bundesregierung erforderlich.

(6) Wenn im Schwerpunkt ausschließliche Gesetzgebungsbefugnisse der Länder auf den Gebieten der schulischen Bildung, der Kultur oder des Rundfunks betroffen sind, wird die Wahrnehmung der Rechte, die der Bundesrepublik Deutschland als Mitgliedstaat der Europäischen Union zustehen, vom Bund auf einen vom Bundesrat benannten Vertreter der Länder übertragen. Die Wahrnehmung der Rechte erfolgt unter Beteiligung und in Abstimmung mit der Bundesregierung; dabei ist die gesamtstaatliche Verantwortung des Bundes zu wahren.

(7) Das Nähere zu den Absätzen 4 bis 6 regelt ein Gesetz, das der Zustimmung des Bundesrates bedarf.

**Allgemeines:** Art. 23 I, II-VII ist 1992 im Zusammenhang mit der Ratifizierung des Vertrages von Maastricht über die Europäische Union vom 7.2.1992, jetzt i.d.F. des Vertrags von Lissabon vom 13.12.2007 (BGBl 2008 II S. 1039), in das GG eingefügt worden, um für das staatspolit. wie verfassungsrechtl. besonders bedeutsame Ziel der europäischen Integration eine tragfähige Grundlage zu schaffen (zum früheren Inhalt des Art. 23 s. Einführung Rn. 1 u. Präambel Rn. 5). Art. 23 ist lex specialis zu Art. 24 I. Auf andere zwischenstaatl. Einrichtungen und zu anderen Zwecken kann der Bund nach Art. 24 I ohne ausdrückliche inhaltliche Begrenzungen und durch einfaches Gesetz, im Regelfall ohne Zustimmung des BRats, Hoheitsrechte übertragen (s. nachstehend Rn. 15 u. Art. 24 Rn. 2). Demgegenüber enthält Art. 23 I inhaltliche und formelle Kriterien für die Entwicklung der EU und die ihr dienende Übertragung von Hoheitsrechten.

1

Abs. 1 a ist im Zusammenhang mit der Ratifizierung des Vertrags von Lissabon durch G vom 8.10.2008 (BGBl I S. 1926) in die Vorschrift aufgenommen worden. Die Abs. 2–7 regeln die Mitwirkung von BTag und BRat (u. über den Letzteren zugleich die der Länder) in Angelegenheiten der EU.

**Absatz 1: Staatsziel vereintes Europa, Struktur der Europäischen Union, Übertragung von Hoheitsrechten**

2 *Satz 1* bestimmt als *Staatsziel* die **Verwirklichung eines vereinten Europas** (BVerfGE 123, 348). Dieser Integrationsauftrag ist nunmehr ausdrücklich die europapolit. Zielsetzung, der die Staatspraxis zu Art. 24 zwar schon lange gefolgt war, die aber im Text des GG bisher nur in der Präambel (s. dort Rn. 3) einen Niederschlag gefunden hatte. Das langfristige Ziel der Verwirklichung eines vereinten Europas verfolgt Deutschland durch die Entwicklung der EU, deren fortschreitender Ausbau – in den unter dem GG zu beachtenden Grenzen (s. unten Rn. 4) – damit Verfassungsauftrag ist (Uerpmann/Wittzack in von Münch/Kunig, Art. 23 Rn. 10, 14). Die Verpflichtung zur Mitwirkung an der Integration ist umfassend, an alle deutschen staatl. Stellen gerichtet und erstreckt sich z.b. auch auf die innerstaatl. Umsetzung und Anwendung von EU-Recht. Das BVerfG führt dazu den Begriff der Europarechtsfreundlichkeit des GG ein (BVerfGE 123, 347).

3 Der **Integrationsauftrag** – und damit der Anwendungsbereich des Art. 23 – ist nicht ausschließlich auf die Rechtsperson der EU bezogen. Soweit völkerrechtl. Verträge in einem Ergänzungs- oder sonstigen besonderen Näheverhältnis zu den vertraglichen Grundlagen der EU (Vertrag von Lissabon, Rn. 1) stehen, sind auch sie Angelegenheiten der EU (BVerfG, U. v. 19.6.2012 – 2 BvE 4/11 –; s. auch Rn. 20). Dies gilt namentlich für Einrichtungen wie den Europäischen Stabilitätsmechanismus (ESM, BGBl 2012 II S. 983) oder den Fiskalvertrag (Vertrag über Stabilität, Koordinierung u. Steuerung in der Wirtschafts- u. Währungsunion, BGBl 2012 II S. 1008), die der Verfolgung des Integrationsziels dienen, ohne dass sie in den unmittelbaren Normzusammenhang des Vertrags von Lissabon integriert sind. Ob ein Vertrag in einem Ergänzungs- oder sonstigen besonderen Näheverhältnis zu den vertraglichen Grundlagen der EU steht, ist einer Gesamtbetrachtung der Umstände und Regelungsinhalte, -ziele und -wirkungen zu entnehmen (BVerfG, U. v. 19.6.2012 – 2 BvE 4/11 –).

4 Dem Integrationsauftrag sind unter der Geltung des GG aber **Grenzen** gesetzt. Dies folgt – auch auf Grund besonderer Anordnung in Art. 23 I 3 – schon aus Art. 79 III. Das BVerfG sieht die EU als qualitativ über eine zwischenstaatl. Einrichtung hinausgehend, aber nicht als Staat, sondern als *Staatenverbund* (BVerfGE 89, 184, 188, 190; 123, 348). Die Finalität des Integrationsprozesses kann folglich nicht den Verzicht auf die eigene staatl. Identität Deutschlands durch Eintritt in einen Bundesstaat oder die Einräumung der Kompetenz-Kompetenz an die EU umfassen (BVerfGE 123, 349, 353). Das auch in Art. 5 I 1 und II EUV bekräftigte Prinzip der begrenzten Einzelermächtigung ist deshalb auch verfassungsrechtl. unverzichtbar (BVerfGE 123, 350). Weitere Grenzen ergeben sich aus den für die EU postulierten Strukturvorgaben von Abs. 1 Satz 1 (s. unten Rn. 9–13). Auch dem Demokratieprinzip (Art. 20 I, II) entnimmt das BVerfG Begrenzungen des Integrationsauftrags. Den souveränen demokratischen Mitgliedstaaten muss ausreichender Raum zur Gestaltung der wirtsch., kulturellen und sozialen Lebensverhältnisse bleiben (BVerfGE 123, 357 f.). Damit müssen insbes. die Bereiche Straf- und Strafverfahrensrecht, polizeiliches und militärisches Gewaltmonopol, Einnahmen und Ausgaben der öffentl. Hand, sozialstaatl. Gestal-

tung der Lebensverhältnisse und kulturelle Grundentscheidungen (etwa im Familienrecht, Schul- u. Bildungssystem, Umgang mit religiösen Gemeinschaften) weitgehend der demokratischen Selbstgestaltungsfähigkeit der Mitgliedstaaten überlassen bleiben (BVerfGE 123, 359 ff.) Zwar lassen sich diese „sensiblen Gebiete" (Jarass in Ders./Pieroth, Art. 23 Rn. 39) weder der Summe noch der Art nach von vornherein bestimmen (BVerfGE 123, 357); sie dürften der (weiteren) Vergemeinschaftung aber nur (noch) in engen Grenzen zugänglich sein. Insgesamt wahrt der Vertrag von Lissabon die aufgezeigten Grenzen (BVerfGE 123, 370 ff., 406 ff.; ebenso für den Vertrag von Maastricht BVerfGE 89, 186, 190 f., 207 ff.).

Im Zusammenhang mit der Bewältigung der **europäischen Schuldenkrise** und den   **5** solidarischen Hilfsmaßnahmen der Euro-Staaten („Euro-Rettung") stellt sich die Frage nach den verfassungsrechtl. Grenzen für die finanzielle Mitwirkung Deutschlands. Diese gewinnt das BVerfG wiederum aus dem Demokratieprinzip (Art. 20 I, II; BVerfGE 129, 177; 130, 343; BVerfG, U. v. 12.9.2012 – 2 BvR 1390/12 u.a. –). Der BTag darf sich seiner Budgetverantwortung nicht dadurch begeben, dass er einem nicht begrenzten Bürgschafts- und Leistungsautomatismus zustimmt, der seiner Kontrolle dann entzogen ist. Damit ist die Zustimmung zu dauerhaften völkerrechtl. Haftungsübernahmen für die Willensentscheidung fremder Staaten – auch durch Gesetz – ausgeschlossen. Vielmehr bedarf jede größere Hilfsmaßnahme der Zustimmung des BTages im Einzelnen (BVerfGE 129, 179 ff.). Zu den daraus folgenden Beteiligungsrechten des BTags s. Rn. 21 f. Dem Tätigwerden der Europäischen Zentralbank (EZB) sieht das BVerfG durch deren Verpflichtung auf das vorrangige Ziel der Preisstabilität (Art. 127 I AEUV) und insbes. das Verbot der monetären Haushaltsfinanzierung (Art. 123 I AEUV) strenge Grenzen gesetzt (BVerfGE 129, 181; BVerfG, U. v. 12.9.2012 – 2 BvR 1390/12 u.a. –). Der Charakter der Währungsunion als Stabilitätsgemeinschaft ist Teil des geltenden Integrationsprogramms und verfassungsrechtl. Anforderung (vgl. auch Art. 88; BVerfGE 89, 205; 129, 181 f.; BVerfG, U. v. 12.9.2012 – 2 BvR 1390/12 u.a. –). Umgekehrt ist mit dem Abschluss des auf die Bewältigung der Ursachen der Schuldenkrise zielenden Fiskalvertrags (s. oben Rn. 3) keine Beeinträchtigung der Budgethoheit des BTags verbunden, da der EU keine „durchgreifenden" Befugnisse zu konkreten Vorgaben für die nationalen Haushalte eingeräumt werden (BVerfG, U. v. 12.9.2012 – 2 BvR 1390/12 u.a. –). Das BVerfG ist zudem gehalten, den Einschätzungs- und Gestaltungsspielraum des Gesetzgebers zu respektieren (BVerfGE 129, 182; BVerfG, U. v. 12.9.2012 – 2 BvR 1390/12 u.a. –).

Mit dem Integrationsauftrag des GG korrespondiert die **Integrationsverantwor-**   **6** **tung** der beteiligten nationalen Verfassungsorgane (BVerfGE 123, 351). Dies sind insbes. BReg, BTag und BRat. Dabei kommt der Wahrung des demokratischen Herrschaftssystems in Deutschland besondere Bedeutung zu (BVerfGE 123, 364 ff., 370 ff.). Nach im Einzelnen str. Auffassung des BVerfG (E 123, 356 ff.; s. zu den unterschiedlichen Stimmen in der Literatur z.B. Classen, JZ 2009, 881; Gärditz/Hillgruber, JZ 2009, 872; v. Bogdandy, NJW 2010, 1) sind die demokratischen Grundsätze i.S. des Art. 23 I nur gewahrt, wenn den gesetzgebenden Körperschaften BTag und BRat die entscheidende Mitwirkung bei allen im Vertrag von Lissabon angelegten, ohne Vertragsänderung möglichen Kompetenzergänzungen und Übergängen von Einstimmigkeits- zu Mehrheitsentscheidungen eingeräumt wird. Die Wahrnehmung der Integrationsverantwortung ist eine Obliegenheit von BTag und BRat. Deshalb sind jeweils Gesetze nach Satz 2 des Art. 23 I, ggf. auch nach Satz 3 (vgl. dazu unten Rn. 16), erforderlich, wenn das vereinfachte Vertragsänderungsverfahren (Art. 48 VI EUV; s. BVerfGE 123, 385 ff.), die entsprechenden sachbereichsspezifischen Vertragsänderungsverfahren (im Einzelnen aufgeführt in BVerfGE 123, 387) oder die Vertragsabrundungsklausel in Art. 352 AEUV angewendet werden sollen. Das Gleiche gilt für die sog. allg. Brückenverfahren (Art. 48 VII EUV), mit denen der Übergang von Einstimmigkeits- zu Mehrheitsentscheidungen und von besonderen zum allg. Gesetzgebungsverfahren ermöglicht wird (BVerfGE 123, 388 f.). Das den Parlamenten in Art. 48 VII (3) EUV und Art. 81 III (3) AEUV eingeräumte Ablehnungsrecht ist kein ausreichendes Äquivalent für ein Gesetz nach Art. 23 I (BVerfGE 123, 391). Bei den besonderen Brückenklauseln bedarf es zwar keines Gesetzes nach Art. 23 I 2, erforderlich ist aber ein Beschluss des BTags, bei Betroffenheit von Gesetzgebungskompetenzen der Länder oder seiner Zustimmungsrechte auch des BRats (BVerfGE 123, 391 f.).

7   Zur Umsetzung der Anforderungen des BVerfG ist das **Integrationsverantwortungsgesetz** (IntVG) vom 22.9.2009 (BGBl I S. 3022) ergangen (zu dessen Einzelbestimmungen ausführlich Hölscheidt/Menzenbach/Schröder, ZParl 2009, 758 ff.). § 1 IntVG greift den Begriff der Integrationsverantwortung auf, die „insbes." nach den nachfolgenden Vorschriften wahrgenommen wird. Die §§ 2–10 IntVG enthalten die den Anforderungen des BVerfG entsprechenden Verfahrensbestimmungen (s. dazu auch BVerfG, NJW 2009, 3779). Vereinfachte Vertragsänderungen nach Art. 48 VI EUV und sachbereichsspezifische Vertragsänderungen (Art. 218 VIII AEUV – Beitritt der EU zur EMRK, Art. 311 III AEUV – Eigenmittel der EU, Art. 25 II AEUV – Rechte der Unionsbürger, Art. 223 I AEUV – Wahlverfahren zum Europäischen Parlament, Art. 262 AEUV – Schaffung europäischer Rechtstitel) bedürfen schon nach europäischem Primärrecht der Zustimmung aller Mitgliedstaaten nach deren jeweiligen verfassungsrechtl. Vorschriften. Gemäß § 2 und § 3 I, II IntVG ist hierfür für die Bundesrepublik Deutschland jeweils ein Gesetz nach Art. 23 I erforderlich. Ob es nach Satz 3 der Zweidrittelmehrheit bedarf, hängt davon ab, ob die betr. Vertragsänderung das GG seinem Inhalt nach ändert (vgl. unten Rn. 16). In den genannten Fällen ist nicht bereits die Zustimmung des deutschen Vertreters im Rat der EU an das Vorliegen des Gesetzes gebunden, es ist erst für die nachträgliche Ratifizierung erforderlich. In den Fällen des Art. 42 II EUV (Einführung einer gemeinsamen Verteidigung der EU) darf der deutsche Vertreter im Rat hingegen einem Beschlussvorschlag nur zustimmen oder sich enthalten, wenn der BTag zuvor einen zustimmenden Beschluss gefasst hat, den die BReg beantragen kann. Die deutsche Zustimmung zu dem Ratsbeschluss erfolgt dann wiederum durch ein Gesetz gemäß Art. 23 I (§ 3 III IntVG, zweistufiges Verfahren). § 4 IntVG zufolge darf der deutsche Vertreter im Rat der EU seine Zustimmung zu den betr. Unionsrechtsakten (allg. Brückenklausel in Art. 48 VII EUV u. spezielle Brückenklausel zum Familienrecht in Art. 81 III AEUV: Übergang zur qualifizierten Mehrheit bzw. vom besonderen zum allg. Gesetzgebungsverfahren) erst nach dem Inkrafttreten des erforderlichen Gesetzes nach Art. 23 I erklären. Soweit auch seine Enthaltung im Rat der EU das Zustandekommen des Rechtsakts bewirken kann, ist der deutsche Ratsvertreter ohne ein solches Gesetz zur Ablehnung verpflichtet. Bei den besonderen Brückenklauseln (Art. 31 III EUV, Art. 153 II [4], Art. 192 II [2], Art. 312 II [2], Art. 333 I, II AEUV) ist nach den §§ 5, 6 IntVG im Regelfall nur ein schlichter Parlamentsbeschluss des BTages für die Zustimmung im Rat erforderlich. Fehlt dieser Beschluss, muss der deutsche Ratsvertreter den Beschlussvorschlag im Rat ablehnen. Besteht keine Gesetzgebungszuständigkeit des Bundes oder haben die Länder gemäß Art. 72 II das Recht zur Gesetzgebung

oder ein Abweichungsrecht (Art. 72 III, Art. 84 I 2) oder bedürfte ein Bundesgesetz entsprechenden Inhalts der Zustimmung des BRats, ist zusätzlich zu dem BTagsbeschluss auch ein Beschluss des BRats erforderlich (§ 5 II IntVG). Dieser nimmt dabei – der Funktionszuweisung in Art. 50 folgend (s. Art. 50 Rn. 5) – auch Rechte wahr, die an Gesetzgebungskompetenzen der einzelnen Länder anknüpfen. Solche Beschlüsse des BRats werden voraussichtlich nur selten erforderlich werden, da die betr. Materien ganz überwiegend in die – konkurrierenden – Gesetzgebungszuständigkeiten des Bundes fallen. Bei Inanspruchnahme der in § 7 IntVG angesprochenen Kompetenzerweiterungsklauseln (Art. 83 I, Art. 86 IV AEUV – Tatbestände schwerer grenzüberschreitender Kriminalität, Befugnis der Europäischen Staatsanwaltschaft – u. Art. 308 III AEUV – Europäische Investitionsbank) darf der deutsche Vertreter im Rat der EU nur zustimmen oder sich der Stimme enthalten, wenn zuvor ein Gesetz nach Art. 23 I in Kraft getreten ist. Das Gleiche gilt für Rechtsakte, die (jedenfalls auch) auf die Flexibilitätsklausel des Art. 352 AEUV gestützt sind (§ 8 IntVG). Diese Bestimmung ist die praktisch bedeutsamste des IntegrationsverantwortungsG; die Vorgängerregelung des Art. 308 EGV ist in weit über 200 Fällen in Anspruch genommen worden. Im Rahmen des sog. Notbremsemechanismus der Art. 48 II AEUV (soziale Sicherheit u. Arbeitnehmerfreizügigkeit), Art. 82 III (1 Satz 1) und Art. 83 III (1 Satz 1) AEUV (Strafrecht) muss der deutsche Vertreter auf Beschluss des BTags den Europäischen Rat befassen. Unter den Voraussetzungen des § 5 II IntVG muss dies auch auf Beschluss des BRats geschehen (§ 9 IntVG). Ein Beschluss des BTags oder des BRats gemäß § 9 IntVG verpflichtet den deutschen Ratsvertreter lediglich zur Befassung des Europäischen Rats; in dessen Beratungen und Entscheidungen ist der Ratsvertreter dann aber inhaltlich nicht gebunden. Die BReg kann auch ohne einen Beschluss von BTag oder BRat aus eigenem Antrieb von dem Notbremsemechanismus Gebrauch machen (BT-Dr 16/13923 S. 10). Das primärrechtl. vorgesehene Ablehnungsrecht bei allg. Brückenklauseln (Art. 48 VII EUV; vgl. auch Art. 81 III [3] AEUV) kommt dem BTag (bei ausschließlicher Gesetzgebungszuständigkeit des Bundes) und dem BTag oder dem BRat (in allen anderen Fällen) direkt gegenüber der EU zu (§ 10 IntVG). Es steht in einer inhaltlichen Konkurrenz zu dem in § 4 IntVG statuierten Erfordernis eines Gesetzes nach Art. 23 I. Faktisch widersprüchlich wirkende Konstellationen können sich ergeben, wenn weder BTag noch BRat von ihrem Ablehnungsrecht Gebrauch machen, später das gemäß § 4 IntVG erforderliche Gesetz nach Art. 23 I jedoch nicht zustande kommt. Da dieses Gesetz innerstaatl. Natur und an die BReg gerichtet ist, während das Ablehnungsrecht europarechtl. Charakter hat, stehen die §§ 4 und 10 IntVG aber nicht in einem verfassungs- und europarechtl. relevanten (potentiell) widersprüchlichen Verhältnis. Regelungen zur Subsidiaritätsrüge gemäß Art. 6 des zu Art. 5 III (2) EUV vereinbarten Protokolls über die Anwendung der Grundsätze der Subsidiarität und der Verhältnismäßigkeit und zur Subsidiaritätsklage nach Art. 8 dieses Protokolls (s. dazu auch Rn. 19) sind in den §§ 11 und 12 IntVG enthalten. Zur Wahrnehmung dieser Rechte hat die BReg BTag und BRat umfassend zu unterrichten (§ 13 IntVG).

Ein **Austritt Deutschlands** aus der EU (Art. 50 EUV) wäre mit dem Staatsziel der Verwirklichung eines vereinten Europas nur vereinbar, wenn sich die EU als dauerhaft ungeeignet zur Verfolgung des Integrationsziels i.S. des Art. 23 erwiese (Hillgruber in Schmidt-Bleibtreu/Hofmann/Hopfauf, Art. 23 Rn. 7). Die Rückabwicklung einzelner Integrationsschritte steht jedoch im weiten Gestaltungsspielraum von BReg und Gesetzgeber (Schorkopf, BK, Art. 23 Rn. 33), solange die 8

Ausrichtung auf das Integrationsziel insgesamt nicht in Frage steht (a.A. wohl Pernice in Dreier, Art. 23 Rn. 46).

9 In einer – unmittelbar nur die zuständigen Verfassungsorgane der Bundesrepublik Deutschland verpflichtenden – **Struktursicherungsklausel** (BT-Dr 12/3896 S. 17) werden wesentliche Eigenschaften (Grundsätze) der EU festgelegt, deren Schaffung und Wahrung zugleich absolute Schranken der Integrationsgewalt darstellen (verbindliche Strukturvorgaben; BVerfGE 123, 363 ff.). Die genannten **Grundsätze** knüpfen an Art. 79 III und damit auch an Art. 20 an (vgl. auch BT-Dr 12/3338 S. 4 u. 6), ferner an die Prinzipien, die für Art. 24 in der Rspr. des BVerfG entwickelt worden sind (im Einzelnen s. dazu die Erläut. in Art. 20 Rn. 3 f., 6, 8 ff., Art. 24 Rn. 4 u. Art. 79 Rn. 4; vgl. auch BVerfGE 89, 182).

10 Den **demokratischen Grundsätzen** kommt eine herausgehobene Bedeutung zu. Das gilt sowohl für die Wahrung des demokratischen Herrschaftssystems in Deutschland als auch für die Hoheitsausübung der EU selbst (BVerfGE 123, 364 ff., 370 ff.). Dabei kann aber weder dem Demokratieprinzip i. Allg. noch Art. 23 I 1 ein allumfassender Parlamentsvorbehalt entnommen werden (BVerfG, U. v. 19.6.2012 – 2 BvE 4/11 –). Im Vergleich zu anderen Bereichen der auswärtigen Gewalt kommt dem BTag aber eine stärkere Einbindung durch weitreichende Informations- und Mitwirkungsrechte zu (s. Abs. 3). Insgesamt tragen die nationalen Parlamente durch ihr demokratisches Legitimationspotenzial zur demokratischen Struktur der EU selbst bei (vgl. auch Art. 12 EUV; BVerfG, U. v. 19.6.2012 – 2 BvE 4/11 –). Demgegenüber sieht das BVerfG im *Europäischen Parlament nur ein ergänzendes und abstützendes Element der demokratischen Legitimation* (BVerfGE 89, 184; 123, 373 ff.). Zudem repräsentiert es nicht das europäische Volk, sondern die in ihren Staaten organisierten Völker Europas (BVerfGE 123, 375). Deshalb ist auch der ungleiche Erfolgswert der Stimmen der Unionsbürger aus den verschiedenen Mitgliedstaaten bei den Wahlen zum Europäischen Parlament hinnehmbar (BVerfGE 123, 371). Zu den aus dem Demokratiegrundsatz des Art. 23 I 1 folgenden Konsequenzen für die Wahrnehmung der Integrationsverantwortung s. oben Rn. 6, 7.

11 **Rechtsstaatliche Grundsätze** (vgl. auch Art. 2 EUV) verlangen von der EU die Beachtung elementarer Regeln wie der Gliederung der Gewalten (freilich nicht zwingend entlang dem klassischen Gewaltenteilungsschema, Jarass in Ders./ Pieroth, Art. 23 Rn. 16), Gesetzesbindung der Verwaltung und Rspr., Bindung der Sekundärrechtsetzung an das Primärrecht und ausreichender Rechtsschutz (zum Grundrechtsschutz s. auch unten Rn. 13). **Sozialen Grundsätzen** genügt die EU u.a. durch ihre Kompetenzen in den Bereichen Arbeitsrecht, soziale Sicherung, Aus- und Fortbildung, Mitbestimmung, Ziel eines hohen Beschäftigungsniveaus und Antidiskriminierungsinitiativen (BVerfGE 123, 427 ff.). Bei der Umsetzung dieser Zielvorgaben besteht ein weiter Gestaltungsspielraum (Scholz in Maunz/Dürig, Art. 23 Rn. 79).

12 Die Verpflichtungen auf **föderative Grundsätze** und den Grundsatz der Subsidiarität stehen in einem inhaltlichen Zusammenhang. Mit föderativen Grundsätzen ist (in einer für das GG bewusst neuen Terminologie) die nicht-zentralistische Organisation eines vereinten Europas angesprochen (vgl. Scholz in Maunz/Dürig, Art. 23 Rn. 95), woraus auch eine Verpflichtung der EU zur Achtung innerstaatl. föderativer Strukturen abzuleiten ist (Schorkopf, BK, Art. 23 Rn. 57, s. auch Art. 4 II EUV). Demgegenüber fordert der Grundsatz der Subsidiarität (vgl. auch BVerfGE 89, 210 ff.) einen grundsätzlichen Vorrang der jeweils unteren Ebene in Europa bei der Wahrnehmung öffentl. Aufgaben, meint also insbes. auch die kommunale Selbstverwaltung i.S. des Art. 28 II (s. BT-Dr 12/3896 S. 17). Der

EU-Vertrag enthält den Gedanken der Subsidiarität in Art. 5 I 2 und III (vgl. dazu auch das in Rn. 7 u. Art. 28 Rn. 8 genannte Protokoll über die Anwendung der Grundsätze der Subsidiarität u. der Verhältnismäßigkeit). Ob die Verpflichtung der EU auf den Grundsatz der Subsidiarität in diesem Sinne aber praktisch noch gegeben ist, wird inzwischen – auch angesichts der restriktiven Rspr. des EuGH (s. EuGHE 2001, I-1453, I-7079) – krit. diskutiert (Albin, NVwZ 2006, 629 ff.).

Schließlich verlangt die Struktursicherungsklausel einen dem GG im wesentlichen **13** vergleichbaren **Grundrechtsschutz** gegenüber Akten der EU (s. dazu auch Art. 24 Rn. 4, Art. 93 Rn. 25, Art. 100 Rn. 5) Damit greift das GG den Gedanken der „Solange II-Entscheidung" des BVerfG (E 73, 340) auf, indem nur ein im Wesentlichen vergleichbarer Schutz verlangt wird: Solange ein solcher durch die EU-Organe generell gewährleistet ist, übt das BVerfG seine Gerichtsbarkeit nicht mehr aus und prüft EU-Rechtsakte nicht am Maßstab der Grundrechte des GG (BVerfGE 89, 174 f.; 102, 163 f.). Gleiches gilt für Richtlinien und innerstaatl. Rechtsvorschriften, die Richtlinien umsetzen, soweit das Unionsrecht zwingende Vorgaben macht (BVerfGE 118, 95). Das BVerfG sieht sich insoweit in einem „Kooperationsverhältnis" mit dem EuGH (BVerfGE 89, 175, dazu ausführlich F. Kirchhof, NJW 2011, 3681).

*Satz 2:* Zum Zweck der Mitwirkung an der so beschriebenen EU kann der Bund **14** auf diese gemäß Satz 2 **Hoheitsrechte übertragen.** Der Begriff entspricht dem in Art. 24 I (s. auch dort Rn. 2): Der EU wird das Recht eingeräumt, im innerstaatl. Bereich öffentl. Gewalt auszuüben, sei es auf den Gebieten der Rechtsetzung, Vollziehung oder Rspr. (Streinz in Sachs, Art. 23 Rn. 55). Damit nimmt die Bundesrepublik Deutschland ihren ausschließlichen Herrschaftsanspruch innerhalb ihres staatl. Herrschaftsbereichs zurück und gibt Raum für die unmittelbare Geltung und Anwendung von Recht aus anderer Quelle (BVerfGE 37, 280; 73, 374; Schorkopf, BK, Art. 23 Rn. 66). Wesensmerkmal der Übertragung von Hoheitsrechten ist also die Eröffnung des Durchgriffs (Pernice in Dreier, Art. 23 Rn. 81) durch unmittelbare Geltung und Anwendung von EU-Recht im innerstaatl. Bereich (BVerfGE 37, 280; 73, 374). Darüber hinaus sieht das BVerfG neuerdings in „jede(r) Zuweisung von Aufgaben und Befugnissen an die EU und/oder ihre Organe … in der Sache eine Übertragung von Hoheitsrechten, und zwar auch dann, wenn die Organe für die Erledigung der Aufgabe ‚nur' im Wege der Organleihe in Anspruch genommen und mit Befugnissen ausgestattet werden" (BVerfG, U. v. 19.6.2012 – 2 BvE 4/11 –). Zu anderen Fällen der Übertragung von Hoheitsrechten vgl. auch Schorkopf, BK, Art. 23 Rn. 65). Ebenso wie im Rahmen des Art. 24 (s. dort Rn. 2) kann der Bund auch Hoheitsrechte der Länder übertragen (Scholz in Maunz/Dürig, Art. 23 Rn. 64; vgl. auch Abs. 6, der diese Möglichkeit voraussetzt).

Die Übertragung erfolgt durch **förmliches Bundesgesetz,** das zugleich Gesetz **15** nach Art. 59 II 1 ist und immer der **Zustimmung des Bundesrates** bedarf. Damit wird auch für das Gesetzgebungsverfahren der höheren Qualität der EU (vgl. oben Rn. 1) Rechnung getragen. Die Zustimmungsbedürftigkeit der Übertragungsgesetze nach Art. 23 I (abweichend von Art. 24 I) dient außerdem gemeinsam mit den Beteiligungsrechten des BRates gemäß Abs. 4–7 der Kompensation der mit dem Integrationsprozess unvermeidlich einhergehenden Kompetenzverluste der Länder.

Das Verhältnis des Satzes 2 zu *Satz 3* ist zweifelhaft. Satz 3 unterwirft die Gründung der EU, Änderungen ihrer vertraglichen Grundlagen und vergleichbare Regelungen mit (wenigstens potentiell) verfassungsänderndem Inhalt den Schranken **16** des Art. 79 II und III. Fraglich ist, ob damit alle Hoheitsrechtsübertragungen auf die EU an Zweidrittelmehrheiten gebunden sind (so wohl Classen in v. Mangoldt/Klein/Starck, Art. 23 Rn. 19) oder nur solche von „Verfassungsrelevanz" (Scholz in Maunz/Dürig, Art. 23 Rn. 117 f.; möglicherweise auch BVerfGE 123, 391). Daran soll es fehlen, wenn es sich um vertragsausfüllende oder vertragsimmanente Hoheitsrechtsübertragungen handelt („vom bestehenden Vertragswerk umfasst", Scholz in Maunz/Dürig, Art. 23 Rn. 119). In der Staatspraxis wurden die Gesetze zu den Verträgen von Maastricht, Amsterdam und Nizza, zum VVE (BT-Dr 15/4900) und zum Vertrag von Lissabon (oben Rn. 1) mit **Zweidrittelmehrheiten** in BTag und BRat ratifiziert, ebenso der ESM-Vertrag und der Fiskalvertrag (vgl. oben Rn. 3). Bei den „vergleichbaren Regelungen" ist insbes. an die sog. Evolutivklauseln der Verträge (auch vereinfachte Vertragsänderungen, Brückenklauseln; s. auch oben Rn. 6, 7) gedacht (vgl. BT-Dr 12/3896 S. 18 f. mit Beispielen). Die Verweisung auf Art. 79 III stellt, zusätzlich zu der Struktursicherungsklausel des Satzes 1, klar, dass Art. 79 III als materielle Änderungsschranke auch unter dem Blickwinkel der EU und ihrer Fortentwicklung maßgeblich bleibt. Die Nichterwähnung des Art. 79 I bedeutet vor allem, dass die Schaffung von Recht der EU, das – in den Grenzen des Art. 79 III – mit Vorschriften des GG kollidiert, nicht dem Textänderungsgebot des Art. 79 I 1 unterliegt (s. auch BT-Dr 12/3338 S. 7 u. 12/3896 S. 18).

17   Die Frage, ob die Grenzen des Integrationsauftrags (s. oben Rn. 4) einschließl. der materiellen Änderungsschranken des Art. 79 III (vgl. oben Rn. 16) eingehalten werden, prüft das BVerfG im Rahmen der **Identitätskontrolle** (unantastbarer Kerngehalt der Verfassungsidentität; BVerfGE 89, 188; 113, 295 f.; 123, 353 ff.) Der betreffende Integrationsakt wäre im Fall eines Verstoßes innerstaatl. unwirksam (Streinz in Sachs, Art. 23 Rn. 96). Prüfungsmaßstab sind stets die in Art. 23 I 1 und Art. 79 III genannten Grundsätze, nicht deren konkrete Verwirklichung im GG (Jarass in Ders./Pieroth, Art. 23 Rn. 41). Zu möglichen Klagearten s. Art. 93 Rn. 2.

18   Neben der Identitätskontrolle behält sich das BVerfG die **Ultra-vires-Kontrolle** vor (BVerfGE 123, 353). Dabei geht es um die Prüfung, ob der EU-Hoheitsakt im Rahmen der der EU eingeräumten Hoheitsrechte geblieben ist. Ist dieser Rahmen überschritten („ausbrechender Rechtsakt") so ist der EU-Hoheitsakt vom Zustimmungsgesetz nicht gedeckt, so dass er in Deutschland nicht angewandt oder vollzogen werden darf (BVerfGE 123, 353 f.). Bei der Ultra-vires-Prüfung ist aber zu beachten, dass die Auslegung des Unionsrechts auf den EuGH übertragen ist (BVerfGE 75, 234; 126, 304). Das schließt den effet-utile-Grundsatz ebenso wie die implied-powers-Regel ein (BVerfGE 123, 351 f.) Damit setzt die Ultra-vires-Kontrolle durch das BVerfG voraus, dass der EuGH Gelegenheit zur Entscheidung der Rechtsfrage hatte, ggf. nach einer Vorlage des BVerfG gemäß Art. 267 AEUV (BVerfGE 126, 304). Darüber hinaus beschränkt sich das BVerfG auf eine *Evidenzkontrolle* (BVerfGE 126, 307), wonach nur offenkundig rechtswidrige, über den Einzelfall hinaus bedeutsame gewichtige Verschiebungen im Kompetenzgefüge oder zwingend belastende Grundrechtsbeeinträchtigungen auslösende Akte erfasst werden (BVerfGE 126, 304; ähnlich schon BVerfGE 123, 399 f.), die innerstaatl. nicht, z.B. durch Entschädigung, ausgeglichen werden können (BVerfGE 126, 307). S. zu prozessualen Fragen Art. 93 Rn. 2.

### Absatz 1 a: Subsidiaritätsklage

19   Abs. 1 a regelt die Bedingungen, unter denen Bundestag und Bundesrat von ihrem Recht auf Klageerhebung vor dem EuGH wegen Verletzung des Subsidiari-

tätsprinzips (Art. 8 des in Rn. 7 genannten Protokolls über die Anwendung der Grundsätze der Subsidiarität u. der Verhältnismäßigkeit) Gebrauch machen können. Für den BTag ist zwingend vorgeschrieben, dass ein Antrag eines Viertels der Mitglieder des BTags für die Klageerhebung ausreicht (Satz 2). Damit ist das Quorum an das für Normenkontrollanträge (Art. 93 I Nr. 2) und das für die Einsetzung eines Untersuchungsausschusses (Art. 44 I 1) maßgebliche Quorum angeglichen (BT-Dr 16/8488 S. 4). Für die Beschlussfassung des BRats ist keine Abweichung vom Mehrheitsprinzip (Art. 52 III 1) vorgeschrieben (aber möglich; s. sogleich im Text). Die Einzelheiten der Klageerhebung sind in § 12 IntVG geregelt. Danach ist die abw. Auffassung eines Viertels (anderer) Mitglieder des BTages, die die Klage nicht stützen, auf deren Antrag in der Klageschrift deutlich zu machen (§ 12 I 2 IntVG). Die BReg hat die Klage an den EuGH zu übermitteln; das klagende Organ führt den Prozess, das jeweils andere hat ein Recht zur Stellungnahme (§ 12 III-V IntVG). Satz 3 ermöglicht weitere minderheitenschützende Abweichungen von den Regeln über die für eine Beschlussfassung von BTag und BRat notwendigen Mehrheiten (Art. 42 II 1 bzw. Art. 52 III 1) für die Wahrnehmung von Rechten, die diesen im EU-Vertrag und im Vertrag über die Arbeitsweise der EU eingeräumt sind. Das hierfür erforderliche Gesetz ist zustimmungsbedürftig, und zwar selbst dann, wenn es nur das Verfahren im BTag betrifft (BT-Dr 16/8488 S. 4). Es kann vorsehen, dass die abweichende Regelung auf die Geschäftsordnung des jeweiligen Organs delegiert wird (so z.B. § 12 II IntVG für den Subsidiaritätsklagebeschluss des BRats).

### Absatz 2: Mitwirkung von Bundestag und Bundesrat

Abs. 2 regelt die Mitwirkung von BTag und BRat an Angelegenheiten der EU   **20** und bringt damit zum Ausdruck, dass diese Angelegenheiten – auch nach einer „Übertragung" i.S. von Abs. 1 Satz 2 – nicht allein Sache der BReg sind. Die Vorschrift knüpft an die frühere Staatspraxis in EG-Angelegenheiten an, die bereits durch eine nicht unerhebliche Mitwirkung von BTag und BRat geprägt war, und ersetzt die Regelungen, die insoweit – eher unvollkommen – unterhalb der Verfassungsebene gegolten hatten. Wie in der Grundsatzregelung des Art. 50 bedeutet die Mitwirkung des BRats zugleich (u. abschließend) die der Länder. Die in Satz 1 statuierte Mitwirkung, deren Einzelheiten in Abs. 3 (BTag) und in den Abs. 4–7 (BRat) geregelt sind, setzt eine ihr dienende Information gemäß Satz 2 voraus (BVerfG, U. v. 12.9.2012 – 2 BvR 1390/12 u.a. –). „**Angelegenheiten der Europäischen Union**" ist weit zu verstehen (BVerfG, U. v. 19.6.2012 – 2 BvE 4/11 –) und geht damit über die von Abs. 3 und Abs. 4–6 ausdrücklich erfassten Bereiche hinaus. Das gilt namentlich für völkerrechtl. Verträge, die in einem Ergänzungs- oder sonstigen besonderen Näheverhältnis zum Recht der EU stehen; denn die Vorschrift zielt auf eine umfassende parl. Beteiligung an dem dynamischen Integrationsprozess (BVerfG, U. v. 19.6.2012 – 2 BvE 4/11 –). Deshalb hat die Unterrichtung zu einem Zeitpunkt zu erfolgen, der es dem Parlament erlaubt, effektiven Einfluss auf die Willensbildung der BReg zu nehmen. BTag und BRat dürfen nicht in eine bloß nachvollziehende Rolle geraten. Ihre Grenzen findet die Unterrichtungspflicht erst beim Kernbereich der exekutiven Eigenverantwortung der BReg, der aber spätestens dann wieder verlassen ist, wenn die BReg mit (Teil-)Ergebnissen ihrer Willensbildung an die Öffentlichkeit oder in den Abstimmungsprozess mit Dritten tritt (BVerfG, U. v. 19.6.2012 – 2 BvE 4/11 –). Die Einzelheiten der Unterrichtungspflicht regelt das Gesetz über die Zusammenarbeit von Bundesregierung und Deutschem Bundestag in Angelegenheiten der EU (EUZBBG) vom 12.3.1993 (BGBl I S. 311) in § 3 für Vorhaben i. Allg. und in § 8 für Vorhaben der Außen-, Sicherheits- und Verteidigungspolitik. Ob letztere Angelegenheiten der EU i.S. des Abs. 2 sind, lässt das BVerfG offen (U. v. 19.6.2012 – 2 BvE 4/11 –). Die Unterrichtungspflicht beschränkt sich nicht auf die bloße Weiterleitung von Unterlagen (§§ 4–6 EUZBBG), sondern umfasst auch eine Aufbereitung (Berichtsbogen) sowie bei Gesetzgebungsakten der EU und im Bereich der Außen-, Sicherheits- und Verteidigungspolitik eine Bewertung der Vorhaben (§§ 7, 8 EUZBBG). Die Länder sind über den BRat nach dem Gesetz über die Zusammenarbeit von Bund und Ländern in Angelegenheiten der Europäischen Union (EUZBLG) vom 12.3.1993 (BGBl I S. 313) in ähnlichem Umfang zu informieren (s. unten Rn. 23).

**Absatz 3: Stellungnahme des Bundestags**

21 Abs. 3 betrifft die verfassungsrechtl. wichtigste Form der Mitwirkung des BTags nach Abs. 2, nämlich die Abgabe von Stellungnahmen vor Rechtsetzungsakten der Europäischen Union. Rechtsetzungsakte sind insbes. VO, Richtlinien und Beschlüsse (Art. 288 AEUV) einschl. delegierter Rechtsetzungsakte (Art. 290 AEUV) und Durchführungsrechtsakte (Art. 291 AEUV). Über die in Abs. 3 angesprochene Möglichkeit zur Stellungnahme bei Rechtsetzungsakten hinaus sieht § 9 I EUZBBG auch Stellungnahmen zu sonstigen Vorhaben der EU vor. Die BReg ist verpflichtet, die Stellungnahmen umfassend und rechtzeitig einzuholen und sie bei ihrem eigenen Verhalten in der EU zu berücksichtigen, d.h. sie in ihre Entscheidungsfindung einzubeziehen und sich mit ihnen auseinanderzusetzen. Einzelheiten regelt auf der Grundlage des Abs. 3 das Gesetz über die Zusammenarbeit von Bundesregierung und Deutschem Bundestag in Angelegenheiten der EU (s. Rn. 20). Daneben ist das IntegrationsverantwortungsG zu beachten (vgl. oben Rn. 7). Das ZusammenarbeitsG hat auch die früher in einer Vereinbarung von BReg und BTag geregelten Materien aufgenommen, da das BVerfG die nicht eindeutige Rechtsnatur dieser Vereinbarung beanstandet hatte (BVerfGE 123, 433 f.). Es bestimmt in § 9 II, dass die BReg die Stellungnahme des BTags ihren Verhandlungen „zugrunde legt". Damit soll dem Begriff „berücksichtigen" ein über den allg. Sprachgebrauch hinausgehender Inhalt i.S. polit. Bindung gegeben werden (eingehend dazu BT-Dr 12/3896 S. 19). Mit der h.M. ist § 9 II EUZBBG hingegen restriktiv auszulegen (Scholz in Maunz/Dürig, Art. 23 Rn. 158; Streinz in Sachs, Art. 23 Rn. 114; Jarass in Ders./Pieroth, Art. 23 Rn. 53). Bei Stellungnahmen zu Rechtsetzungsakten legt die BReg im Rat der EU einen Parlamentsvorbehalt ein, wenn wesentliche Belange des BTagsbeschlusses nicht durchsetzbar sind. Sie bemüht sich dann um Herstellung des Einvernehmens mit dem BTag, kann aber aus wichtigen außen- oder integrationspolit. Gründen im Rat eine abw. Entscheidung treffen (§ 9 IV EUZBBG). Vor einer abschließenden Entscheidung im Rat über Beitritte zur EU oder Vertragsänderungen soll die BReg das Einvernehmen mit dem BTag herstellen. Ihr Abweichungsrecht aus wichtigen außen- oder integrationspolit. Gründen bleibt aber auch hier unberührt (§ 10 II EUZBBG). Zur Ausschussarbeit vgl. Art. 45 und die §§ 93 ff. GOBT. In der Praxis macht der BTag von der Möglichkeit zur Stellungnahme nicht sehr häufig Gebrauch. Seine Beteiligung basiert faktisch auch stark auf dem mündlichen Meinungsaustausch zwischen Vertretern der BReg und den Abg. in den Ausschüssen des BTags.

22 Zur Bewältigung der **europäischen Schuldenkrise** sind auf gesonderter vertraglicher Grundlage *intergouvernementale Einrichtungen* zur Unterstützung hoch verschuldeter Euro-Staaten geschaffen worden (Europäische Finanzstabilisierungsfazilität EFSF u. Europäischer Stabilitätsmechanismus ESM; s. oben Rn. 3). Sie sind Angelegenheiten der EU gemäß Abs. 2 (vgl. oben Rn. 3, 20; BVerfG, U.

v. 19.6.2012 – 2 BvE 4/11 –). Da die haushaltspolit. Gesamtverantwortung des BTags auch im intergouvernementalen und unionalen Bereich eine eigenverantwortliche Entscheidung des BTags über Ausgaben für solidarische Hilfsmaßnahmen größeren Umfangs verlangt (BVerfGE 129, 178 f.), sehen die Ausführungsgesetze (G zur Übernahme von Gewährleistungen im Rahmen eines europäischen Stabilisierungsmechanismus v. 22.5.2010, BGBl I S. 627; ESM-FinanzierungsG v. 13.9.2012, BGBl I S. 1918) vor, dass der BTag umfassend zu unterrichten ist (s. auch BVerfG, U. v. 12.9.2012 – 2 BvR 1390/12 u.a. –) und die Gewährung von Hilfen, ihr Umfang und die seitens der Empfängerländer einzuhaltenden Bedingungen im Einzelnen der Zustimmung des BTags bedürfen (§ 3 StabMechG; § 4 ESMFinG). Die Durchführung überwacht der Haushaltsausschuss des BTags, dessen Zustimmung vor bestimmten Entscheidungen und Maßnahmen einzuholen ist (§ 4 StabMechG; § 5 ESMFinG). Insgesamt muss sichergestellt sein, dass der BTag einen bestimmenden Einfluss ausüben und seine haushaltspolit. Gesamtverantwortung wie auch die Integrationsverantwortung wahrnehmen kann (BVerfGE 129, 186; BVerfG, U. v. 12.9.2012 – 2 BvR 1390/12 u.a. –).

**Absatz 4: Beteiligung des Bundesrats**

Abs. 4 regelt die grundsätzliche Beteiligung des BRats an der Willensbildung des Bundes in Angelegenheiten der EU (zu den Einzelheiten s. die folgenden Absätze). Seine Unterrichtungsrechte ähneln denen des BTags (vgl. Anlage zu § 9 des in Rn. 20 erwähnten EUZBLG). § 11 EUZBLG nimmt die Gemeinsame Außen- und Sicherheitspolitik aus. Die Mitwirkung des BRats ist nicht auf Rechtsetzungsakte beschränkt, sondern unter zwei alternativen Voraussetzungen geboten: einmal, soweit der BRat an einer entsprechenden innerstaatl. Maßnahme (also nicht nur Rechtsetzungsakt; vgl. BT-Dr 12/3896 S. 20) mitzuwirken hätte (s. dazu Art. 50), und zum anderen, soweit die Länder innerstaatl. zuständig wären (vgl. dazu Art. 30). Die Formulierung verdeutlicht den Ausgleichscharakter der BRatsrechte aus Art. 23 (zum Ausgleichsgedanken s. schon oben Rn. 15), ohne dass sich daraus eine Einschränkung ergibt. Zum Verhältnis von Abs. 4 und dem „Lindauer Abkommen" (Art. 32 Rn. 6) vgl. Scholz in Maunz/Dürig, Art. 23 Rn. 183. | 23

**Absatz 5: Berücksichtigung der Stellungnahmen des Bundesrats**

Abs. 5 differenziert das Gewicht der BRatsstellungnahmen: Satz 1 ordnet für den Regelfall ebenso wie Abs. 3 die Berücksichtigung der Stellungnahme an (zum Begriff s. oben Rn. 21). Ihrer bedarf es schon dann, wenn – wegen ausschließlicher Zuständigkeit des Bundes – keine Gesetzgebungsbefugnisse der Länder betroffen, aber deren Interessen (lediglich) berührt sind. Berücksichtigung findet ferner statt, soweit im Übrigen der Bund das Recht zur (konkurrierenden) Gesetzgebung hat. Der Bund muss von diesem Recht noch nicht Gebrauch gemacht haben; das Vorliegen der Voraussetzungen des Art. 72 II reicht aus (BT-Dr 12/3896 S. 20). Satz 2 regelt die maßgebliche Berücksichtigung der Stellungnahme des BRats und meint damit eine Steigerung, die dem BRat – im Rahmen der Wahrung der gesamtstaatl. Verantwortung des Bundes – den letztlich ausschlaggebenden Einfluss sichert (vgl. BT-Dr 12/3338 S. 8 u. Scholz in Maunz/Dürig, Art. 23 Rn. 169: „Letztentscheidungsrecht"). Voraussetzung für diese Mitwirkungsform ist, dass entweder Gesetzgebungsbefugnisse der Länder (also auch solche im Rahmen der konkurrierenden Gesetzgebung, soweit nicht Art. 72 II für den Bund greift, nicht jedoch Abweichungsrechte gemäß Art. 72 III; s. Nr. III 2 [3] der Anlage zu § 9 EUZBLG) oder die Einrichtung der Landesbehörden (vgl. dazu die Erläut. in Art. 84 Rn. 3) oder das Verwaltungsverfahren der Landesbehörden (s. | 24 hierzu Art. 84 Rn. 4 f.) im Schwerpunkt betroffen sind (zu diesem Begriff vgl. Nr. III. 2 [4] der Anlage zu § 9 EUZBLG: Bei qualitativer Betrachtungsweise steht die betr. Materie im Mittelpunkt des Vorhabens oder ist ganz überwiegend Regelungsgegenstand). Soweit bei der betr. Angelegenheit keine dieser Voraussetzungen erfüllt wird, ist die generelle Regelung des Satzes 1 anzuwenden. Satz 3 schließlich trifft für Angelegenheiten der EU eine dem Art. 113 I 1 und 2 entsprechende Regelung (zu den Einzelheiten s. deshalb Art. 113 Rn. 2 f.). Das Erfordernis der Zustimmung der Bundesregierung tritt neben die Mitwirkungsbefugnisse des BRats. Dieser macht von seinem Recht zur Stellungnahme in der Praxis häufiger Gebrauch als der BTag.

### Absatz 6: Wahrnehmung von Rechten durch die Länder

25 Abs. 6 regelt die Mitwirkung des BRats und damit der Länder an der Wahrnehmung der Rechte, die Deutschland als Mitgliedsland der EU zustehen. Gemeint ist damit vornehmlich die Verhandlungsführung im EU-Rat (Scholz in Maunz/ Dürig, Art. 23 Rn. 176). Erheblich über die sonstige Staatspraxis (vgl. dazu die Erläut. in Art. 32 Rn. 6) hinausgehend, bestimmt Satz 1 i.d.F. der Föderalismusreform I (s. Einführung Rn. 6), dass diese Wahrnehmung vom Bund auf einen vom BRat benannten Vertreter der Länder (im Ministerrang, § 6 II 2 EUZBLG) übertragen werden muss, wenn im Schwerpunkt (vgl. dazu den Hinweis oben in Rn. 24) ausschließliche Gesetzgebungsbefugnisse der Länder auf den Gebieten der schulischen Bildung, der Kultur oder des Rundfunks betroffen sind. Eingegrenzt wird die Wahrnehmung durch die in Satz 2 vorgesehene Beteiligung der BReg und die mit dieser vorzunehmende Abstimmung. Wie in Abs. 5 Satz 2 ist außerdem die gesamtstaatl. Verantwortung des Bundes zu wahren. Zum Status der Vertreter der Länder s. § 45 i GOBR und Scholz in Maunz/Dürig, Art. 23 Rn. 177 ff., zur Beteiligung von Ländervertretern außerhalb des Anwendungsbereichs von Abs. 6 nachstehend Rn. 26.

### Absatz 7: Zusammenarbeitsgesetz

26 Einzelheiten zu den Abs. 4–6 regelt gemäß Abs. 7 das Gesetz über die Zusammenarbeit von Bund und Ländern in Angelegenheiten der EU (EUZBLG) vom 12.3.1993 (BGBl I S. 313) mit Anlage. Daneben ist das IntegrationsverantwortungsG (s. oben Rn. 7) zu beachten. Nach § 2 EUZBLG und Nr. II der Anlage zu § 9 EUZBLG sind die Länder ähnlich umfassend zu unterrichten wie der BTag (dazu oben Rn. 20). Der BRat hat Gelegenheit zur Stellungnahme zu allen Vorhaben der EU (§ 3 EUZBLG); Vertreter der Länder werden an den regierungsinternen Beratungen zur Festlegung der Verhandlungsposition zu einem Vorhaben beteiligt, soweit der BRat innerstaatl. mitzuwirken hätte oder die Länder innerstaatl. zuständig wären (§ 4 EUZBLG u. Nr. III der Anlage zu § 9 EUZBLG). Im Regelfall ist die Stellungnahme des BRats zu berücksichtigen (§ 5 I EUZBLG; zum Begriff des Berücksichtigens vgl. oben Rn. 21). § 5 II EUZBLG sieht für den Fall, dass die Stellungnahme des BRats maßgeblich zu berücksichtigen ist (s. dazu oben Rn. 24), ein besonderes Konfliktregelungsverfahren vor, wenn diese Stellungnahme mit der Auffassung der BReg nicht übereinstimmt. Danach ist in erneuten Beratungen der BReg mit Vertretern der Länder Einvernehmen anzustreben. Kommt dieses nicht zustande und beharrt der BRat in einem mit Zweidrittelmehrheit gefassten Beschluss auf seiner Auffassung, ist diese maßgebend. Streitfälle sind in der Praxis relativ selten. Zu einem „Beharrungsbeschluss" gemäß § 5 II EUZBLG ist es bislang nicht gekommen. Ferner werden nach § 6 I EUZBLG über Art. 23 VI hinaus zu den Verhandlungen in den zuständigen Gremien der EU Vertreter der Länder hinzugezogen, soweit das möglich ist. § 6 II

EUZBLG regelt die Einzelheiten bei Übertragung der Verhandlungsführung im Rat der EU auf einen Vertreter der Länder (vgl. oben Rn. 25). Darüber hinaus werden in § 7 EUZBLG die Beteiligung der Länder an Verfahren vor dem EuGH und in § 8 EUZBLG die Länderbüros in Brüssel behandelt. Weitere Einzelheiten bleiben nach § 9 EUZBLG einer Vereinbarung zwischen den Ländern und dem Bund vorbehalten (s. dazu die Vereinbarung zwischen der BReg u. den Regierungen der Länder zur Regelung weiterer Einzelheiten der Zusammenarbeit von Bund u. Ländern in Angelegenheiten der EU [§ 9 Satz 2 EUZBLG] v. 10.6.2010; eine weitere Bund/Länder-Vereinbarung hat die Unterrichtung des BRats im Rahmen des StabilitätsmechanismusG [vgl. oben Rn. 22] zum Gegenstand). § 10 EUZBLG regelt den Schutz der Interessen der Gemeinden und Gemeindeverbände. Nach § 11 EUZBLG ist der Bereich der Gemeinsamen Außen- und Verteidigungspolitik aus dem Anwendungsbereich des Gesetzes ausgenommen (s. auch oben Rn. 23). Es gilt aber gemäß § 12 EUZBLG auch für sog. Gemischte Vorhaben (Beschlüsse des Rates u. der im Rat vereinigten Vertreter der Regierungen der Mitgliedstaaten). § 14 EUZBLG betrifft den Ausschuss der Regionen.

## Artikel 24  [Zwischenstaatliche Einrichtungen]

(1) Der Bund kann durch Gesetz Hoheitsrechte auf zwischenstaatliche Einrichtungen übertragen.

(1 a) Soweit die Länder für die Ausübung der staatlichen Befugnisse und die Erfüllung der staatlichen Aufgaben zuständig sind, können sie mit Zustimmung der Bundesregierung Hoheitsrechte auf grenznachbarschaftliche Einrichtungen übertragen.

(2) Der Bund kann sich zur Wahrung des Friedens einem System gegenseitiger kollektiver Sicherheit einordnen; er wird hierbei in die Beschränkungen seiner Hoheitsrechte einwilligen, die eine friedliche und dauerhafte Ordnung in Europa und zwischen den Völkern der Welt herbeiführen und sichern.

(3) Zur Regelung zwischenstaatlicher Streitigkeiten wird der Bund Vereinbarungen über eine allgemeine, umfassende, obligatorische, internationale Schiedsgerichtsbarkeit beitreten.

Allgemeines: Öffnung der deutschen Staatlichkeit für eine „supranationale" Ordnung, insbes. in Europa. Die volle verfassungsrechtl. Tragweite dieser Staatszielbestimmung und Ermächtigungsnorm (Verfassungsentscheidung für die internationale Zusammenarbeit; BVerfGE 58, 41; 111, 318) wurde mit Ausbau der EG deutlich, zuletzt mit der Einheitlichen Europäischen Akte vom 28.2.1986 (BGBl II S. 1102). Für den anschließenden Integrationsschritt zur EU – beginnend mit dem Vertrag von Maastricht (s. Art. 23 Rn. 1) – wurde die Sonderregelung des Art. 23 geschaffen. Damit verbleibt für Art. 24 als Anwendungsbereich die Zeit vor der EU und der Raum außerhalb und neben der EU. Abs. 2 und 3 lassen sich als Unterfälle der in Abs. 1 zugelassenen Aufgabe von Hoheitsrechten verstehen. Diese drei Absätze bilden zusammen eine innere Einheit (anders Randelzhofer in Maunz/Dürig, Art. 24 I Rn. 2). Gemeinsam ist ihnen, dass die Aufgabe von Hoheitsrechten überall nur eines einfachen formellen Gesetzes bedarf, also anders als im Normalfall des Art. 79 II (vgl. auch Art. 59 Rn. 9) keine verfassungsändernden Mehrheiten erfordert. Ein Sonderfall ist Abs. 1 a, der auch den Ländern „Übertragungsbefugnisse" einräumt.

## Absatz 1: Übertragung von Hoheitsrechten

2 Abs. 1 ermöglicht die **Übertragung von Hoheitsrechten** durch förmliches einfaches Gesetz, und zwar im Regelfall, nämlich wenn ein völkerrechtl. Vertrag vorausgeht, durch Vertragsgesetz. Dieses erfüllt dann zugleich die Funktion des Gesetzes nach Art. 24 I als auch die des Gesetzes nach Art. 59 II. Das Erfordernis der Zustimmung des BRats ist nach allg. Regeln zu ermitteln (Randelzhofer in Maunz/Dürig, Art. 24 I Rn. 66; Hillgruber in Schmidt-Bleibtreu/Hofmann/Hopfauf, Art. 24 Rn. 17). Übertragen kann (mit Ausnahme des Anwendungsbereichs des Abs. 1 a) nur der Bund (u. zwar nach h.M. auch Hoheitsrechte der Länder) und nur auf **zwischenstaatliche Einrichtungen,** denen Deutschland als gleichberechtigtes Mitglied angehört (Randelzhofer in Maunz/Dürig, Art. 24 I Rn. 49; Jarass in Ders./Pieroth, Art. 24 Rn. 7), nicht auf andere Staaten (BVerfGE 68, 94; str.). Diese Einrichtungen entstehen durch Verträge zwischen Völkerrechtssubjekten. Praktisch geworden ist Abs. 1 insbes. in den Fällen der EG, der NATO (BVerfGE 68, 93; 77, 232; str.), von Eurocontrol (BVerfGE 58, 31; 59, 86 f.) und des Internationalen Strafgerichtshofs (BGBl 2000 II S. 1394; s. auch Art. 96 Rn. 8), dessen Urteile dem Bürger gegenüber unmittelbar wirksame Hoheitsakte darstellen (Hillgruber in Schmidt-Bleibtreu/Hofmann/Hopfauf, Art. 24 Rn. 23). Keine Fälle von Art. 24 I sind die UN und die frühere WEU, bei denen es nicht zu „Übertragungen" gekommen ist (str.). Zu weiteren Fällen vgl. Classen in v. Mangoldt/Klein/Starck, Art. 24 Rn. 59–64. Art. 24 ermächtigt *nicht nur zur* eigentlichen *Übertragung* von Hoheitsrechten, sondern öffnet die innerstaatl. Rechtsordnung auch derart, dass der ausschließliche Herrschaftsanspruch der Bundesrepublik Deutschland im Geltungsbereich des GG zurückgenommen und der unmittelbaren Geltung und Anwendbarkeit eines Rechts aus anderen Quellen Raum gelassen wird (BVerfGE 37, 280). Die Übertragung kann widerruflich oder unwiderruflich sein. Charakteristikum der Verträge nach Art. 24 I ist, dass der zwischenstaatl. Einrichtung die Befugnis zum unmittelbaren Durchgriff auf Einzelne – sei es durch Einzelfallentscheidung, Normerlass oder schlicht-hoheitliches Handeln – eingeräumt wird. Nach BVerfGE 68, 93 f., muss die Durchgriffsbefugnis aber nicht notwendig vorhanden sein. Ein besonderes Gesetz für einzelne Vollzugsschritte beim Aufbau der zwischenstaatl. Einrichtung ist dort entbehrlich, wo bereits der Gründungsvertrag, dem durch Gesetz zugestimmt war, den künftigen Vollzugsablauf bestimmt normiert hat (BVerfGE 68, 98; str.).

3 Das auf Grund der Übertragung erlassene **Recht der zwischenstaatlichen Organisation** ist weder Bestandteil der innerstaatl. Rechtsordnung noch Völkerrecht, sondern eigenständiges autonomes Recht einer zwischenstaatl. Einrichtung (so für das europäische Gemeinschaftsrecht z.B. BVerfGE 37, 277 f.). Über das Verhältnis zum innerstaatl. deutschen Recht, insbes. einen *Anwendungsvorrang,* entscheiden der der Übertragung zugrunde liegende Vertrag und das dazu ergangene Zustimmungsgesetz (BVerfGE 73, 375; 123, 402).

4 Art. 24 lässt die **Übertragung** von Hoheitsrechten und ihre anschließende Wahrnehmung durch zwischenstaatl. Einrichtungen **nicht schrankenlos** zu. Die durch Art. 79 III gesetzten Grenzen sind zu berücksichtigen (BVerfGE 37, 279: „die Grundstruktur der Verfassung, auf die ihre Identität beruht"; S. 296: „mit den elementaren Grundsätzen des GG u. seiner Wertordnung im Einklang", „Schutz des Kernbestandes der Grundrechte"; zum „Hausgut der Länder" vgl. Vogel, FS Zeidler, 1987, 106; Ress, EuGRZ 1986, 555). Das mit dem Vertragsgesetz (s. Rn. 2) akzeptierte Integrationsprogramm des Vertrages muss hinreichend bestimmt sein (BVerfGE 58, 37; 68, 98 f.; 77, 231 f.; 89, 187 ff.; 104, 209 f.); eine „Generalermächtigung" der zwischenstaatl. Einrichtung wäre mit dem Demo-

kratieprinzip nicht vereinbar (BVerfGE 89, 187 i.V.m. 182 – Maastricht). Ebenso zu beachten ist Art. 19 IV; eine Übertragung von Hoheitsrechten bei gleichzeitigem Ausschluss von Rechtsschutz nach deutschem Prozessrecht ist deshalb nur bei grundsätzlicher Gewährleistung eines anderweitigen effektiven (zwischenstaatl.) Rechtsschutzes zulässig (BVerfGE 58, 40 ff.). Die Einzelheiten sind im Wesentlichen im Zusammenhang mit dem *Schutz von Grundrechten* gegenüber Rechtsakten der EU entwickelt worden und teilweise str. (s. Art. 23 Rn. 13). Allg. lässt sich danach jedenfalls für den Grundrechtsbereich sagen, dass die zwischenstaatl. Einrichtung Individualrechtsschutz durch ein unabhängiges Gericht mit angemessener Prüfungs-, Entscheidungs- und Sanktionierungskompetenz gewährleisten muss (BVerfGE 73, 376). Grundsätzlich bleibt es bei dem Grundrechtegewährleistungsauftrag des BVerfG, das diesen aber in einem „Kooperationsverhältnis" (dazu F. Kirchhof, NJW 2011, 3681) mit dem ggf. bestehenden zwischenstaatl. Gericht wahrnimmt, das den Rechtsschutz im Einzelfall gewährleistet, während „das BVerfG sich deshalb auf die generelle Gewährleistung des unabdingbaren Grundrechtsstandards beschränken kann" (BVerfGE 89, 175). Fehlt es an einem solchen (zwischenstaatl.) Rechtsschutz, bleibt es bei der Gewährleistung durch deutsche Gerichte (BVerfG, DÖV 1992, 1010 a.E.; vgl. auch Art. 93 Rn. 25). Unstreitig überprüfungsfähig ist deutsches ausführendes Recht (BVerfGE 30, 310). Die Überschreitung der bei der Übertragung zu beachtenden Schranken hat bei strukturellen Defekten der zwischenstaatl. Organisation die Unwirksamkeit des Zustimmungsgesetzes und damit der Übertragung zur Folge (Jarass in Ders./Pieroth, Art. 24 Rn. 12).

### Absatz 1 a: Grenznachbarschaftliche Einrichtungen

Abs. 1 a wurde im Zusammenhang mit Art. 23 n.F. durch G vom 21.12.1992 (BGBl I S. 2086) in das GG eingefügt, ist aber nicht auf das Gebiet von Mitgliedstaaten der EU beschränkt. Die Länder haben danach, ähnlich wie vorher gemäß Abs. 1 nur der Bund, die **Befugnis zur Übertragung von Hoheitsrechten**, freilich nur **auf grenznachbarschaftliche Einrichtungen**, nicht aber auf (benachbarte) Staaten. Dies sind insbes. grenzüberschreitende Regionalzusammenschlüsse, darüber hinaus aber auch Einrichtungen mit einem geringeren Maß an Institutionalisierung und – vor allem – einem räumlich und fachlich begrenzten Aufgabenkreis (vgl. BT-Dr 12/338 S. 10; Randelzhofer in Maunz/Dürig, Art. 24 I Rn. 196; Hillgruber in Schmidt-Bleibtreu/Hofmann/Hopfauf, Art. 24 Rn. 27). **Voraussetzung** für die Hoheitsrechtsübertragung ist, dass die Länder hinsichtlich des Übertragungsgegenstands für die Ausübung der staatl. Befugnisse und die Erfüllung der staatl. Aufgaben zuständig sind (s. dazu Art. 30) und die BReg zuvor zustimmt (vgl. hierzu die Erläut. in Art. 32 Rn. 4). Die zur Übertragung vielfach erforderlichen Vereinbarungen mit auswärtigen Staaten (wenn der Partner nicht eine den deutschen Ländern vergleichbare Institution im Nachbarland ist) sind nicht an die Schranken des Art. 32 III gebunden; insbes. reichen Zuständigkeiten der Länder zur *Verwaltung* aus. Dabei kann es sich um mit Eingriffskompetenzen verbundene *Befugnisse* oder darüber hinausgehende bloße *Aufgaben* handeln.

### Absatz 2: Systeme gegenseitiger kollektiver Sicherheit

Abs. 2 behandelt die Einordnung der Bundesrepublik in ein „System gegenseitiger kollektiver Sicherheit". Der Begriff ist weit und i.S. des Völkerrechts auszulegen (Tomuschat, BK, Art. 24 Rn. 136; Rojahn in von Münch/Kunig, Art. 24 Rn. 96 ff.). Kennzeichnend ist, dass durch ein friedensicherndes Regelwerk und den Aufbau einer eigenen Organisation für jedes Mitglied ein Status völkerrechtl.

Gebundenheit begründet wird, der wechselseitig zur Wahrung des Friedens verpflichtet und Sicherheit gewährt. Ob das System dabei ausschließlich oder vornehmlich *unter den Mitgliedstaaten Frieden garantieren* oder bei Angriffen von außen (auch durch Terrororganisationen) zum kollektiven Beistand verpflichten soll, ist unerheblich (BVerfGE 90, 349). *Auch Bündnisse kollektiver Selbstverteidigung* können Systeme gegenseitiger kollektiver Sicherheit sein, wenn und soweit sie strikt auf die Friedenswahrung verpflichtet sind (BVerfGE 90, 349; 118, 271). Neben universalen Schutzsystemen („zwischen den Völkern der Welt"), d.h. den UN (BVerfGE 90, 349 f.), kommen auch regionale Bündnisse („in Europa") in Betracht, z.B. die NATO (soweit nicht schon eine Übertragung i.S. von Abs. 1 erfolgt ist) und die frühere WEU (BVerfGE 90, 350), nach Frowein, Verhandlungen des 60. Deutschen Juristentages 1994, Bd. II/1, S. Q 27 f., auch die OSZE. „*Gegenseitigkeit*" verlangt nicht völlige Gleichheit der einzelnen Beiträge, aber gleichberechtigte und gleichverpflichtende Einordnung und Garantien.

7 Zur Friedenswahrung darf die Bundesrepublik Deutschland in eine „**Beschränkung**" ihrer Hoheitsrechte einwilligen, indem sie sich an Entscheidungen einer internationalen Organisation bindet, ohne dieser damit schon i.S. des Abs. 1 Hoheitsrechte zu *übertragen* (BVerfGE 90, 346). Die Einordnung und Beschränkung erfolgen i.d.R. durch einfache Gesetze, i. Allg. Vertragsgesetze. Dabei bedarf eine Fortentwicklung des Sicherheitssystems unterhalb der Schwelle der Vertragsänderung keiner gesonderten Zustimmung des BTags (BVerfGE 104, 206 ff.). Hat der Gesetzgeber der Einordnung in ein System gegenseitiger kollektiver Sicherheit zugestimmt, umfasst diese Zustimmung auch die Eingliederung von Streitkräften in integrierte Verbände des Systems oder eine Beteiligung von Soldaten an militärischen Aktionen des Systems unter dessen militärischem Kommando, soweit Eingliederung oder Beteiligung in Gründungsvertrag oder Satzung, die der Zustimmung unterlegen haben, bereits angelegt sind. Die darin liegende Einwilligung in die Beschränkung von Hoheitsrechten erfasst auch die Beteiligung deutscher Soldaten an militärischen Unternehmungen auf der Grundlage des Zusammenwirkens von Sicherheitssystemen in deren jeweiligem Rahmen, wenn sich Deutschland mit gesetzl. Zustimmung diesen Systemen eingeordnet hat (BVerfGE 90, 351). Die Ermächtigung des Abs. 2 befugt den Bund nicht nur zum Eintritt in das System gegenseitiger kollektiver Sicherheit und zur Einwilligung in damit verbundene Beschränkungen seiner Hoheitsrechte. Sie bietet vielmehr auch die verfassungsrechtl. Grundlage für die Übernahme der mit der Zugehörigkeit zu einem solchen System typischerweise verbundenen Aufgaben und damit auch für eine **Verwendung der Bundeswehr** zu Einsätzen, die im Rahmen und nach den Regeln dieses Systems stattfinden (BVerfGE 90, 345). Näher dazu Art. 87 a Rn. 8 f.

### Absatz 3: Internationale Schiedsgerichtsbarkeit

8 Abs. 3 behandelt die **Regelung zwischenstaatlicher Streitigkeiten**, also solcher unter Völkerrechtssubjekten, nicht Streitigkeiten Privater mit internationalem Bezug. Unter „*internationaler Schiedsgerichtsbarkeit*" ist auch die eigentlich internationale Gerichtsbarkeit zu verstehen, so dass als Träger der hier angesprochenen Streiterledigung nicht nur der Ständige Schiedshof, sondern auch der Internationale Gerichtshof, beide in Den Haag, in Betracht kämen. Abs. 3 erklärt programmatisch die Bereitschaft der Bundesrepublik und verpflichtet ihre Organe, sich einer denkbar weitgehenden internationalen Schiedsgerichtsbarkeit zu unterwerfen, falls eine solche zustande kommt: einer Schiedsgerichtsbarkeit, die *allgemein* (nicht regional oder anderweitig teilnahmebeschränkt), *umfassend* (nicht

sachlich begrenzt) und *obligatorisch* (Einlassungszwang) ist. Da kaum Aussicht auf das Zustandekommen so weitgreifender Vereinbarungen zwischen den Staaten der Welt besteht, ist die praktische Bedeutung des Abs. 3 gering. Wenn weniger weitgreifende Schiedsgerichtsvereinbarungen in Frage stehen, sind die zuständigen Bundesorgane in ihrer Entscheidung verfassungsrechtl. nicht gebunden.

## Artikel 25  [Allgemeine Regeln des Völkerrechts]

Die allgemeinen Regeln des Völkerrechtes sind Bestandteil des Bundesrechtes. Sie gehen den Gesetzen vor und erzeugen Rechte und Pflichten unmittelbar für die Bewohner des Bundesgebietes.

**Allgemeines:** Art. 25 übernimmt das allg. Völkerrecht mit seinem jeweiligen Inhalt in die innerstaatl. Rechtsordnung, verleiht ihm den Vorrang vor den einfachen Gesetzen und stattet es, soweit norminhaltlich in Betracht kommend, mit unmittelbarer Geltung für den Einzelnen aus.   1

### Satz 1: Allgemeine Regeln des Völkerrechts

„Allg. Regeln des Völkerrechts" i.S. des Satzes 1 sind a) das *universell geltende*   2 *Völkergewohnheitsrecht* (BVerfGE 96, 86), d.h. diejenigen Regeln, die von der weit überwiegenden Mehrheit der Staaten, insbes. auch von den in der Welt maßgebenden Mächten, jedoch im Gegensatz zur Praxis des Art. 4 WRV nicht notwendigerweise auch von der Bundesrepublik Deutschland als verpflichtend anerkannt werden (BVerfGE 15, 34; 16, 33). Nicht darunter fallen nur regional oder sonst innerhalb bestimmter Staatengruppen anerkannte Völkerrechtsregeln (BVerfGE 95, 129). Völkerrechtl. Verträge können allg. Regeln des Völkerrechts enthalten, soweit sie völkerrechtl. Gewohnheitsrecht verkörpern (BVerfGE 15, 32 ff.; 16, 33; 23, 317; 31, 177). Art. 25 verwehrt es Deutschland nicht, einer Regel des Völkergewohnheitsrechts von ihrer Entstehung an zu widersprechen (sog. persistent objection). Sie wird dann nicht Teil des Bundesrechts (Hillgruber in Schmidt-Bleibtreu/Hofmann/Hopfauf, Art. 25 Rn. 8). Hinzu kommen b) die *allgemein anerkannten Rechtsgrundsätze des Völkerrechts*, also den wichtigsten innerstaatl. Rechtsordnungen gemeinsame, auf den völkerrechtl. Verkehr übertragbare Prinzipien, die ebenfalls Teil der allg. Regeln i.S. von Satz 1 sind (BVerfGE 96, 86). Da das Völkergewohnheitsrecht großenteils aus abdingbaren Normen besteht, können auch solche völkerrechtl. Verträge in innerstaatl. Recht übernommen werden, die von nicht zwingendem allg. Völkerrecht abweichen (BVerfGE 18, 448). Beispiele für allg. Regeln des Völkerrechts sind die Staatenimmunität (Herdegen in Maunz/Dürig, Art. 25 Rn. 25), die diplomatische Immunität (BVerfGE 96, 85), das völkerrechtl. Gewaltverbot (Herdegen in Maunz/Dürig, Art. 25 Rn. 26) oder die Beachtung elementarer Menschenrechte (Herdegen, a.a.O., Art. 25 Rn. 28), welche jedoch weder durch die Todesstrafe (BVerfGE 18, 118; vgl. aber EGMR, EuGRZ 1989, 314) noch durch die Verhängung einer lebenslangen Freiheitsstrafe ohne die Möglichkeit einer Strafaussetzung (BVerfGE 113, 162) verletzt werden. Unzulässig ist aber eine Auslieferung/Abschiebung in Staaten, bei denen die Missachtung gewohnheitsrechtl. geltender Menschenrechtsstandards absehbar ist (BVerfGE 63, 337 f.; 108, 136). Keinen Verstoß gegen Art. 25 stellt die Stationierung von Kernwaffen dar (BVerfGE 66, 65). Eine allg. Regel des Völkerrechts, die es einem Staat erlauben würde, zivilrechtl. Zahlungsansprüche Privater wegen Staatsnotstands zu verweigern, besteht nicht (BVerfGE 118, 134). Aus dem in den Bedingungen einer Staatsanleihe erklärten Verzicht auf Staatenimmunität folgt jedoch kein Verzicht auf die diplomatische Immunität z.b. von Botschaftskonten (BVerfGE 117, 148).

### Satz 2: Vorrang, unmittelbare Geltung

3 Die allg. Regeln des Völkerrechts haben **Vorrang vor den einfachen Bundesgesetzen und allem Landesrecht** (BVerfGE 1, 233), nicht jedoch vor dem GG (BVerfGE 6, 363). Das macht es auch unmöglich, die Anwendbarkeit allg., zwingenden Völkerrechts durch einen späteren Akt einfacher staatl. Rechtsetzung auszuschließen. Die allg. Regeln des Völkerrechts sind bei der Auslegung nationalen Rechts zu beachten (BVerfGE 75, 18 f.; 109, 52). Militärische Befehle, die allg. Regeln des Völkerrechts missachten, sind rechtswidrig (Hillgruber in Schmidt-Bleibtreu/Hofmann/Hopfauf, Art. 25 Rn. 15). Ob sie – außer in Evidenzfällen und bei auf Straftaten gerichteten Befehlen (§ 11 II SG, z.b. schwere Verstöße gegen das Kriegsvölkerrecht, §§ 8–12 VStGB) auch unverbindlich sind, ist str. (für Unverbindlichkeit BVerwGE 127, 316 ff.). Die aus Art. 25 folgende *Völkerrechtsfreundlichkeit* des GG entfaltet ihre Wirkung allerdings nur im Rahmen des demokratischen und rechtsstaatl. Systems des GG (BVerfGE 111, 318) – keine „blinde" Unterwerfung unter jede beliebige Norm des Völkerrechts (BVerfGE 112, 25).

4 Die allg. Regeln des Völkerrechts **berechtigen und verpflichten typischerweise nur** die **Staaten** und **internationale Organisationen** (Völkerrechtssubjekte). Dass sie als solche auch Private mit Rechten und Pflichten ausstatten, ist die Ausnahme (BVerfGE 46, 362), aber im Vordringen begriffen (vgl. die Beispiele bei Herdegen in Maunz/Dürig, Art. 25 Rn. 48). In diesen Fällen ergibt sich die Geltung für die Einzelperson schon aus Satz 1 (BVerfGE 15, 33). Zweifelhaft ist, ob sich aus Satz 2 Halbs. 2 ableiten lässt, dass an sich staatsgerichtete Regeln des Völkerrechts innerstaatl. zu Berechtigungen und Verpflichtungen von Einzelpersonen führen, also den Adressaten wechseln (offengelassen in BVerfGE 46, 363). Dafür spricht, dass dieser Teil der Vorschrift sonst keinen eigenständigen Bedeutungsgehalt hätte. Für einen **Adressatenwechsel** kommen aber nur solche Völkerrechtsregeln in Betracht, die ihrem Inhalt nach individualschützend oder -verpflichtend konzipiert sind (s. Herdegen in Maunz/Dürig, Art. 25 Rn. 50; z.b. Schutzbestimmungen des humanitären Völkerrechts, fremdenrechtl. Regeln). Bei Verpflichtungen, insbes. mit Strafbewehrung, zieht der Bestimmtheitsgrundsatz enge Grenzen. *„Bewohner des Bundesgebietes"* sind alle (natürlichen u. juristischen) Personen im Bundesgebiet, auch Ausländer, für die deutsches Recht gilt.

5 Wegen der Schwierigkeiten, die mit der Feststellung des einschlägigen Völkerrechts häufig verbunden sind, haben die Gerichte, wenn in einem Verfahren **Zweifel** entstehen, **ob** eine Regel des Völkerrechts **Bestandteil des Bundesrechts** ist oder ob sie unmittelbar Rechte und Pflichten für den Einzelnen erzeugt, nach Art. 100 II die Entscheidung des BVerfG einzuholen (näher dazu Art. 100 Rn. 14–16). Bei Eindeutigkeit ist es den Fachgerichten aber nicht verwehrt, die Regel selbst auszulegen und anzuwenden – kein Völkerrechtsmonopol des BVerfG (BVerfGK 13, 251 f.; BVerfG, NJW 2012, 293).

## Artikel 26 [Friedenssicherung]

(1) Handlungen, die geeignet sind und in der Absicht vorgenommen werden, das friedliche Zusammenleben der Völker zu stören, insbesondere die Führung eines

Angriffskrieges vorzubereiten, sind verfassungswidrig. Sie sind unter Strafe zu stellen.

(2) Zur Kriegführung bestimmte Waffen dürfen nur mit Genehmigung der Bundesregierung hergestellt, befördert und in Verkehr gebracht werden. Das Nähere regelt ein Bundesgesetz.

**Allgemeines:** Art. 26 ist normativer Ausdruck der **Friedensbereitschaft der Bun-** 1 **desrepublik Deutschland**, steht im Zusammenhang mit der Präambel, Art. 9 II, Art. 24 und 25 und bildet eine Ergänzung zu den Art. 87 a, 115 a ff., die nur Regelungen für einen Verteidigungs- oder Spannungsfall treffen (vgl. BVerfGE 69, 21 f.). Er ist Programmsatz und Rechtsnorm zugleich, die auf die Verhinderung militärischer Gewaltanwendung jeder Art zwischen den Völkern unmittelbar durch die Verfassung (BVerwGE 139, 293) zielt. Ausgangspunkt sind die völkerrechtl. Begriffe: Gebot des Friedens, Ausschluss von Androhung und Anwendung bewaffneter Gewalt. Insbes. zur völkerrechtl. Situation s. Hernekamp in von Münch/Kunig, Art. 26 Rn. 3 ff.

## Absatz 1: Verbot friedenstörender Handlungen

Wie „die Führung eines Angriffskrieges vorzubereiten" werden auch alle anderen 2 *Handlungen* von Staatsorganen oder Privatpersonen erfasst, die sowohl „geeignet" sind als auch „in der Absicht" (auch dolus eventualis; str., vgl. Jarass in Ders./Pieroth, Art. 26 Rn. 4) vorgenommen werden, **das friedliche Zusammenleben der Völker zu stören.** Der Begriff des Störens ist eng auszulegen und wie in den §§ 80, 80 a StGB wohl auf Kriegsgefahr erzeugende Handlungen eines gewissen Gewichts (Hartwig in Umbach/Clemens, Art. 26 Rn. 23; BVerwG, BayVBl 1982, 571 f.) zu beschränken (str.). Es werden aber auch Beihilfehandlungen erfasst (BVerwGE 139, 293). Für den Begriff des Angriffskriegs kann die Definition of Aggression (Resolution 3314 der UN-Generalversammlung v. 14.12.1974) zugrunde gelegt werden (Fink in v. Mangoldt/Klein/Starck, Art. 26 Rn. 34). Abwehr- und Schutzmaßnahmen (kollektive u. individuelle Selbstverteidigung, Art. 51 UN-Charta) oder die *Beteiligung an einem internationalen „Crisis Management"* (kollektive Zwangsmaßnahmen des UN-Sicherheitsrats, Kap. VII UN-Charta) sind innerstaatl. – ebenso wie schon völkerrechtl. – zulässig. Str. ist die Beteiligung an einer nicht durch den UN-Sicherheitsrat mandatierten *humanitären Intervention*, da deren völkerrechtl. Zulässigkeit unsicher ist (dazu Fink in v. Mangoldt/Klein/Starck, Art. 26 Rn. 26). Verfassungsrechtl. erlaubt sind Verteidigungsbündnisse, insbes. Bündnisse i.S. des Art. 24 II, einschl. der Lagerung chemischer Waffen im Bundesgebiet (BVerfGE 77, 233 f.). Für die Beurteilung einzelner Handlungen wird im Zweifel auf die völkerrechtl. Betrachtung abzustellen sein.

Aus *Satz 1* ergibt sich die Rechtsfolge der **Verfassungswidrigkeit** und damit 3 Rechtsunwirksamkeit. Sie tritt vor allem ein, wenn Staatsorgane, etwa durch Rechtsetzung oder Verwaltungshandeln, Abs. 1 verletzen. Hinzutreten können Sanktionen gegen die Staatsorganträger, z.B. Dienststrafverfahren gegen Beamte oder die Präsidentenanklage nach Art. 61. *Satz 2* sieht für Handlungen von Einzelpersonen die **Strafbarkeit** vor. Der Gesetzgebungsauftrag ist seit 1968 durch die §§ 80, 80 a StGB erfüllt (ob vollständig, ist str.). Vgl. auch Art. 96 V und die Erläut. dazu. Völkerrechtl. werden Aggressionsverbrechen durch den Internationalen Strafgerichtshof geahndet (dazu u. zum Verhältnis zu Art. 26 I Krieger, DÖV 2012, 449 ff.).

**Absatz 2: Kriegswaffenkontrolle**

4 Abs. 2 regelt zum Zweck der Friedenssicherung die Kontrolle von Kriegswaffen, und zwar i.s. eines Verbots mit Erlaubnis- bzw. Befreiungsvorbehalt für die Herstellung, Beförderung und das Inverkehrbringen (nicht Forschung u. Entwicklung; Jarass in Ders./Pieroth, Art. 26 Rn. 9) von Waffen, die zum Kriegführen (nicht nur geeignet, sondern auch) bestimmt sind (str. ist, ob auch sog. dual-use-Artikel erfasst sind). Der **Gesetzgebungsauftrag** in Satz 2 ist wahrgenommen insbes. durch das G über die Kontrolle von Kriegswaffen i.d.F. vom 22.11.1990 (BGBl I S. 2506), das die Waffen nach Satz 1 enumerativ bestimmt und die Voraussetzungen für eine Genehmigung festlegt (vgl. auch BVerwGE 61, 30). Das Wort „Bundesregierung" zwingt nicht zu Kollegialentscheidungen (str.); § 11 des Gesetzes sieht dementsprechend Delegationen vor. Für Entscheidungsleitlinien s. „Polit. Grundsätze der BReg für den Export von Kriegswaffen und sonstigen Rüstungsgütern" vom 19.1.2000 (BAnz S. 1299 f.) einschl. des Gemeinsamen Standpunkts 2008/944 GASP des Rates betr. Gemeinsame Regeln für die Kontrolle der Ausfuhr von Militärtechnologie und Militärgütern vom 8.12.2008 (ABlEU Nr. L S. 335/99).

## Artikel 27 [Handelsflotte]

**Alle deutschen Kauffahrteischiffe bilden eine einheitliche Handelsflotte.**

1 Traditionelle Bestimmung (gleich lautend Art. 81 WRV) mit bundesstaatl. und völkerrechtl. Regelungsgehalt. „**Kauffahrteischiffe**" sind die zum Erwerb durch die Seefahrt bestimmten Schiffe (Handels-, Fischerei- u. Servicefahrzeuge; Wolfrum, BK, Art. 27 Rn. 2).

2 **Bundesstaatliche Bedeutung:** Keine Kompetenznorm im Bund/Länder-Verhältnis (s. dazu Art. 74 I Nr. 21), aber wegen der *Einheitlichkeit* der Handelsflotte Sperre für gesetzgeberische Aktivitäten der Länder (Hillgruber in Schmidt-Bleibtreu/Hofmann/Hopfauf, Art. 27 Rn. 3).

3 **Völkerrechtliche Bedeutung:** Zwischenstaatl. gewährt der Bund allen Schiffen der Handelsflotte, gleichgültig in welchem Bundesland sie beheimatet sind, *einheitlichen* Schutz. Sie müssen dazu **deutsch** sein, d.h. im völkerrechtl. Sinne eine echte Verbindung (genuine link) zu Deutschland als Flaggenstaat haben (Wolfrum, BK, Art. 27 Rn. 3). Die Schiffe fahren unter der Bundesflagge (zum FlaggenrechtsG s. Art. 22 Rn. 9), nicht unter den Flaggen der Bundesländer. Der Schutz gilt nicht für Schiffe unter einer anderen Flagge („Billigflagge" oder sonstige Fälle einer „Ausflaggung"), wohl aber für deutsche Seeschiffe i.S. des „ZweitregisterG" vom 23.3.1989 (BGBl I S. 550; Koenig in v. Mangoldt/Klein/Starck, Art. 27 Rn. 9; a.A. Pernice in Dreier, Art. 27 Rn. 12). Die Einrichtung des Zweitregisters ist mit den Grundrechten deutscher Seeleute vereinbar (BVerfGE 92, 42 f.). Die Entscheidung BVerfGE 92, 43, lässt es offen, ob die Erhaltung einer deutschen Handelsflotte durch Art. 27 den Rang eines verfassungsrechtl. geschützten Gutes erhalten hat.

## Artikel 28 [Landesverfassungen, Selbstverwaltung der Gemeinden]

(1) Die verfassungsmäßige Ordnung in den Ländern muß den Grundsätzen des republikanischen, demokratischen und sozialen Rechtsstaates im Sinne dieses

Grundgesetzes entsprechen. In den Ländern, Kreisen und Gemeinden muß das Volk eine Vertretung haben, die aus allgemeinen, unmittelbaren, freien, gleichen und geheimen Wahlen hervorgegangen ist. Bei Wahlen in Kreisen und Gemeinden sind auch Personen, die die Staatsangehörigkeit eines Mitgliedstaates der Europäischen Gemeinschaft besitzen, nach Maßgabe von Recht der Europäischen Gemeinschaft wahlberechtigt und wählbar. In Gemeinden kann an die Stelle einer gewählten Körperschaft die Gemeindeversammlung treten.

(2) Den Gemeinden muß das Recht gewährleistet sein, alle Angelegenheiten der örtlichen Gemeinschaft im Rahmen der Gesetze in eigener Verantwortung zu regeln. Auch die Gemeindeverbände haben im Rahmen ihres gesetzlichen Aufgabenbereiches nach Maßgabe der Gesetze das Recht der Selbstverwaltung. Die Gewährleistung der Selbstverwaltung umfaßt auch die Grundlagen der finanziellen Eigenverantwortung; zu diesen Grundlagen gehört eine den Gemeinden mit Hebesatzrecht zustehende wirtschaftskraftbezogene Steuerquelle.

(3) Der Bund gewährleistet, daß die verfassungsmäßige Ordnung der Länder den Grundrechten und den Bestimmungen der Absätze 1 und 2 entspricht.

**Allgemeines:** Art. 28 enthält eine wichtige **Ausprägung des Bundesstaatsprinzips** und regelt im Rahmen des Bund/Länder-Verhältnisses mit den für die Länder bestimmenden Bundesfundamentalnormen (Abs. 1 Satz 1 u. 2) auch die Stellung der Gemeinden und Gemeindeverbände (GV; zum Begriff s. Rn. 18) im Staatsaufbau der Bundesrepublik Deutschland. 1

### Absatz 1: Verfassungsordnung der Länder

Abs. 1 setzt mit der verpflichtenden Bezugnahme auf die *Grundsätze des republikanischen, demokratischen und sozialen Rechtsstaats* – für das Funktionieren des Bundesstaates unverzichtbare – **Normativbestimmungen für die Verfassungsordnung der Länder,** die nicht in den Ländern, sondern für diese gelten und den Bund gegenüber zu einer bestimmten Gestaltung des Landesverfassungsrechts verpflichten (BVerfGE 1, 236; 6, 111; 22, 204). Grundsätzlich sind die Länder, deren Staatsqualität (dazu schon Art. 20 Rn. 6) in Abs. 1 vorausgesetzt und anerkannt wird (BremStGHE 6, 215), in der Ausgestaltung ihrer Verfassungen allerdings frei (BVerfGE 98, 157). Die Verfassungsräume des Bundes und der Länder stehen prinzipiell selbständig nebeneinander (BVerfGE 96, 242; 103, 350; ThürVerfGH, LVerfGE 9, 429). Entsprechendes gilt für die Verfassungsgerichtsbarkeiten des Bundes und der Länder (BVerfGE 96, 242; BVerfGK 8, 171; 13, 198) mit der Folge, dass vom Landesgesetzgeber in eigener Kompetenz erlassene Gesetze allein von den Landesverfassungsgerichten auf ihre Vereinbarkeit mit der Landesverfassung überprüft werden (BVerfGK 17, 131 m.w.N.). Das GG will, was diese Bereiche angeht, nicht Konformität oder Uniformität, sondern nur ein *Mindestmaß an Homogenität* (BVerfGE 83, 58 m.w.N.; BlnVerfGH, NVwZ 2002, 596; SächsVerfGH, NJW 1996, 1737). Dies wird insbes. durch die Bindung der Länder an die Grundsätze der in Abs. 1 genannten Staatsstruktur- und Staatszielbestimmungen, nicht dagegen auch an deren konkrete Ausgestaltung (BayVerfGH 52, 138; BlnVerfGH, NVwZ 2002, 596), gesichert (vgl. BVerfGE 90, 84 f., u. auch BVerfGE 24, 390). Daneben wirken aber auch andere Regelungen des GG – als sog. *Bestandteilsnormen* – unmittelbar in das Verfassungsrecht der Länder hinein (BVerfGE 103, 352 ff.; ablehnend Tettinger/Schwarz in v. Mangoldt/Klein/Starck, Art. 28 Rn. 32), z.B. Art. 5 I (BVerfGE 13, 80; ThürVerfGH, LVerfGE 8, 349), Art. 21 (BVerfGE 60, 61 m.w.N.; 120, 104; NWVerfGH, OVGE 44, 304; DVBl 1999, 1271), Art. 25, Art. 33 IV 2

(BremStGHE 7, 37), Art. 34 (zu diesem vgl. BVerfGE 61, 174, 199 ff.) und Art. 48 (BVerfGE 98, 158, 160; BVerwG, BayVBl 2011, 510; BAGE 77, 187; BayVerfGH 58, 128; s. aber auch ThürVerfGH, LVerfGE 9, 432 f.) oder die Kompetenzverteilung zwischen Bund und Ländern (Letzteres str.; vgl. auch BVerfGE 103, 355 ff.). Sichtbar wird darin, dass sich das in den Ländern geltende Verfassungsrecht nicht allein aus deren Verfassungsurkunden ergibt (s. BVerfGE 1, 232; 27, 55).

3   Landesverfassungsrecht, das den Vorschriften des Abs. 1 widerspricht, ist nichtig. Dies ergibt sich mangels einer denselben Adressaten betr., einerseits bundes-, andererseits landesrechtl. Regelung nicht aus Art. 31 (so aber insbes. Stern, BK, Art. 28 Rn. 16), sondern unmittelbar aus Art. 28 I (vgl. BVerfGE 36, 362).

4   *Satz 1* bindet die verfassungsmäßige Ordnung in den Ländern an die Grundsätze des republikanischen, demokratischen und sozialen Rechtsstaats i.S. des GG. **„Verfassungsmäßige Ordnung"** meint über das konstitutionelle Normengefüge hinaus auch die konkrete Verfassungswirklichkeit (str.). Die in Satz 1 genannten **Grundsätze** entsprechen denen des Art. 20 I und sind wie diese auszulegen (vgl. deshalb Art. 20 Rn. 2–4 u. 10–15). Da sie nur als Grundsätze maßgeblich sind, ist für die Länder nicht jede Einzelausprägung bindend (BremStGHE 3, 23; Bln-VerfGH, NVwZ-RR 2010, 171; s. auch BVerfGE 40, 319; enger hinsichtlich des Rechtsstaatsprinzips möglicherweise BVerwGE 110, 268 f.). Die Bestimmung der Regeln, nach denen sich die Bildung der Landesverfassungsorgane, ihre Funktionen und ihre Kompetenzen bemessen, ist prinzipiell Sache der Länder (vgl. BVerfGE 1, 34). Sie haben bei ihrer eigenen Staatsorganisation im Hinblick auf die ihnen insoweit zukommende Autonomie eine Vielzahl von Gestaltungsmöglichkeiten (BVerfGK 13, 198). Freie Wahl ist ihnen vor allem bei der Gestaltung ihres Regierungssystems gelassen. Satz 1 fordert nicht, das parl. Regierungssystem in einem Bundesland im Einzelnen so auszugestalten, wie dies im GG geschehen ist (BVerfGE 9, 281; 27, 56), etwa wie die Bundesverfassung von einer Ministerklage Abstand zu nehmen (s. BVerfGE 36, 362). Selbst ein Absehen von diesem System zugunsten einer Präsidialdemokratie wäre möglich (ebenso Herdegen, HStR VI, § 129 Rn. 34; anders wohl BayVerfGH 59, 183; vgl. auch BVerwGE 109, 262 f.; BremStGHE 5, 25; HbgVerfG, LVerfGE 15, 237). Den Ländern steht es auch frei, ihre Parlamente als Teilzeitparlamente einzurichten (BremStGH, LVerfGE 15, 174) und ihnen ein Selbstauflösungsrecht einzuräumen (BVerfGE 36, 361; BlnVerfGH, LVerfGE 12, 82). Zulässig sind weiter ein – den Erfordernissen des Demokratieprinzips entsprechendes – Zweikammersystem, Bestimmungen darüber, unter welchen Voraussetzungen und mit welchen Inhalten Volksbegehren und Volksentscheid als für den Bund grundsätzlich ausgeschlossene Formen unmittelbarer Demokratie möglich sind (BVerfGE 60, 208; BlnVerfGH, NVwZ-RR 2010, 171; s. auch HbgVerfG, LVerfGE 15, 237), sowie Regelungen, die den Gemeinden, über die Gewährleistungen des GG hinaus (dazu vgl. Art. 19 Rn. 7 f.), Grundrechtsfähigkeit verleihen (BayVerfGH 37, 107). Die Länder sind auch nicht verpflichtet, die Gewährleistung des Eigentums als Grundrecht oder Institutsgarantie in ihre Verfassungen aufzunehmen (BVerfGE 103, 349). Eine Landesverfassungsbeschwerde verlangt Art. 28 I ebenfalls nicht (BWStGH, ESVGH 51, 7 f.). Nicht einmal eine eigene Landesverfassungsgerichtsbarkeit ist nach dieser Vorschrift geboten, wenngleich mit dem Ziel einer zusätzlichen Effektuierung insbes. des Grundrechtsschutzes (Art. 142 Rn. 1) ganz überwiegend geschaffen. Unverzichtbar sind dagegen z.B. die republikanische Staatsform, der Grundsatz der Gewaltenteilung als Leitprinzip (BVerfGE 2, 319; RhPfVerfGH, AS 31, 95), Volkssouveränität und demokratische Legitimation

der Staatsgewalt (NWVerfGH, DÖV 2009, 677), das demokratische Mehrheitsprinzip (NWVerfGH, NWVBl 2009, 306), die Beschränkung des Wahlrechts zu
den Landesparlamenten auf Deutsche (BVerfGE 83, 71, 76), der auch für diese
Parlamente geltende Schutz der Freiheit der Mandatsbewerbung und -ausübung
(BGHZ 94, 250; BAGE 77, 187), der Anspruch auf eine angemessene Abgeord-
netenentschädigung gemäß Art. 48 III (BayVerfGH 58, 128), ein Verfahren zur
Prüfung der Parlamentswahlen der Länder (BVerfGE 103, 134; zum Wahlprüfungsrecht insoweit auch BVerwG, NVwZ-RR 2012, 1119), das Verbot, parl.
Gesetzgebung vollständig durch eine plebiszitäre Gesetzgebung zu ersetzen
(BremStGHE 6, 216), die Maßgeblichkeit des Parlamentsvorbehalts auch für die
Setzung von Landesrecht (BVerfGE 41, 266; 90, 85; BVerwGE 57, 137) und das
auch für dieses verbindliche Erfordernis der Publikation von Rechtsnormen in ei-
ner Weise, die die Kenntnisnahme von geltendem Recht durch die Normadressaten ermöglicht (BVerfGE 90, 85). Zwischen Wahl und Konstituierung einer
Volksvertretung dürfen grundsätzlich höchstens drei Monate liegen
(NWVerfGH, OVGE 51, 315 ff.). Zur Begrenzung der Mitbestimmung im öffentl. Dienst durch das Demokratieprinzip s. ThürVerfGH, LVerfGE 15, 431 f.

*Satz 2* macht die **Wahlrechtsgrundsätze** des Art. 38 I 1 (zu ihnen s. Art. 38 Rn. 5–     5
16) auch für die Wahlen zu den Volksvertretungen in den Gebietskörperschaften
der Länder, Kreise und Gemeinden verbindlich (zu den Bezirksversammlungen in
Hamburg vgl. BVerfGK 13, 195; HbgVerfG, LVerfGE 8, 238; 12, 180). Dadurch wird sichergestellt, dass die Grundentscheidungen der Verfassung für die
Prinzipien der Volkssouveränität und der Demokratie und für ein demokratisches Wahlverfahren – im Interesse der Einheit der Rechtsordnung – nicht nur
auf Bundes- und Landesebene zu beachten sind, sondern auch in den Untergli-
derungen der Länder, den Gemeinden und GV, gelten (BVerfGE 83, 53; BVerfG,
LKV 2002, 572; BVerwGE 104, 329 f.). Satz 2 schreibt zwingend vor, dass jeder
Wahlberechtigte seine Stimme bei der Wahl soll abgeben können (BVerfGE 13,
18). Auch verlangt er Systemtreue innerhalb des vom Land festgelegten Wahlsystems (BVerwGE 118, 347 f.). Gemeinsame Wahllisten mehrerer Parteien und die
Verbindung der Wahllisten einzelner Parteien sind bei den Wahlen zu den Volksvertretungen unzulässig (VGH Kassel, ESVGH 58, 241 ff.). Im Übrigen sind die
*Länder* bei der Gestaltung des Wahlrechts für die genannten Gebietskörperschaften aber weitgehend frei (BVerfGE 4, 44 f.; BVerfGK 5, 103; BVerwGE 104,
329; zur Wahlkreiseinteilung in Baden-Württemberg s. BWStGH, VBlBW 2007,
371 ff.). Sie haben im Rahmen ihrer Bindung an die Grundsätze des Art. 28 im
staatsorganisatorischen Bereich Autonomie (BVerfGK 13, 195; LVerfG Schles.-
Holst., NordÖR 2010, 392). Ein bestimmtes Wahlsystem ist ihnen nicht vorgeschrieben (vgl. BVerfGE 6, 111; 120, 103; BVerfG, NVwZ-RR 2012, 3;
BVerwGE 118, 347). Auch sind die Länder prinzipiell nicht verpflichtet, ihr
Wahlrecht nach dem Bundeswahlrecht auszurichten (BVerfGE 4, 44 f.; Bbg-
VerfG, LVerfGE 11, 155). Neu gegenüber der Weimarer Reichsverfassung ist,
dass auch für die *Kreise*, d.h. die eine Stufe über den Gemeinden stehenden Gebietskörperschaften, unmittelbare Wahlen gefordert werden. Für die *Gemeinden*
folgt aus den Prinzipien der Volkssouveränität und der Demokratie, dass die Gemeindevertretung, auch wenn sie kein Parlament, sondern als Organ einer kommunalen Selbstverwaltungskörperschaft – neben der Kommunalverwaltung i.e.S.
– Teil der Exekutive ist (BVerfGE 78, 348; 120, 112; BVerwGE 90, 362; Bbg-
VerfG, LKV 2009, 27), die Gemeindebürger repräsentiert und Gemeinderatsaus-
schüsse entsprechend dem Stärkeverhältnis der Fraktionen im Rat besetzt sein
müssen (BVerwGE 119, 307; zum Recht auf Chancengleichheit für kommunale

Wählervereinigungen s. BVerfGE 99, 79 ff.). Das dient vornehmlich dem Minderheitenschutz (VGH Kassel, ESVGH 58, 244) und sichert die Erfolgswertgleichheit der bei der Wahl abgegebenen gültigen Wählerstimmen und die gleiche Repräsentation der Wähler durch die gewählten Mandatsträger (BVerwG, NVwZ 2010, 836). Der Grundsatz der Spiegelbildlichkeit gilt nach Art. 28 I 2 aber nur für die Besetzung der aus der Gemeindevertretung abgeleiteten Gremien und nicht auch für die Bildung reiner Exekutivorgane (BVerwGE 137, 25 f.). Im Gefolge kommunaler Neugliederungsmaßnahmen sind Übergangsregelungen möglich, die für einen nicht zu langen Zeitraum die Repräsentation der Bevölkerung auch in anderer Weise als durch eine allg. und unmittelbar gewählte Volksvertretung gewährleisten können (BVerwG, DVBl 1973, 891). Eine Direktwahl von Bürgermeistern verlangt das GG nicht (BVerwGE 118, 104; NWVerfGH, NVwZ 2009, 1097). Stets ist auch bei kommunalen Wahlen von Amtsträgern strikte Neutralität zu wahren (OVG Lüneburg, NdsVBl 2008, 207 f.). **Volk** i.S. des Satzes 2 ist wie in Art. 20 II (vgl. Art. 20 Rn. 8) die Gesamtheit der im jeweiligen Wahlgebiet ansässigen deutschen Staatsbürger (s. auch BVerfGE 107, 87; BayVGH, BayVBl 2012, 303) einschl. der Deutschen ohne deutsche Staatsangehörigkeit (Art. 116 I). Das schließt die Gewährung eines Wahlrechts an Ausländer nach geltender Verfassungsrechtslage aus. Vorbehaltlich der Sonderregelung in Satz 3 (dazu nachstehend Rn. 6) gilt dies auch für den kommunalen Bereich (BVerfGE 83, 50 ff.; 83, 71; BremStGHE 5, 47 f.). Ein Kommunalwahlrecht für Ausländer, die nicht Angehörige eines Mitgliedstaats der EU sind, könnte deshalb allenfalls im Wege einer GG-Änderung eingeführt werden (vgl. auch BT-Dr 16/4666 S. 2; 17/1047 S. 2; 17/1150 S. 3). Für die Handwerkskammern gilt Satz 2 nicht (VGH Mannheim, ESVGH 48, 125). Er garantiert die genannten Wahlrechtsgrundsätze auf der Ebene der Länder und Gemeinden im Übrigen nur als objektivrechtl. Prinzipien (BVerfGE 15, 190) und vermittelt deshalb dem Einzelnen insoweit *keine mit der Verfassungsbeschwerde rügefähige subjektive Rechtsposition* (BVerfGE 99, 8; BVerfGK 13, 199 f.; 16, 32; s. auch Art. 93 Rn. 30).

6   *Satz 3* öffnet das GG für die Einführung eines **Kommunalwahlrechts für Staatsangehörige von Mitgliedstaaten der Europäischen Gemeinschaft,** jetzt der EU (sog. Unionsbürger; zum Status der Unionsbürgerschaft vgl. BVerfGE 113, 298). Nach Maßgabe von – hierfür konstitutivem (VG Ansbach, NVwZ 1999, 325) – EU-Recht kann danach Personen, die nach dem für sie geltenden innerstaatl. Recht die Staatsangehörigkeit eines anderen Mitgliedstaats der EU besitzen, bei Wahlen zu den Vertretungskörperschaften der Kreise und Gemeinden – über Satz 2 hinaus und damit den Begriff „Volk" i.S. dieser Bestimmung (s. dazu vorstehend Rn. 5) im Ergebnis erweiternd – das aktive und das passive Wahlrecht eingeräumt werden. In Art. 19 I EGV und der vom Rat der EG beschlossenen Richtlinie 94/80/EG vom 19.12.1994 (ABlEG Nr. L 368 S. 38) ist von dieser – dem Ziel einer Förderung des europäischen Integrationsprozesses dienenden (vgl. auch BVerfGE 83, 59; BT-Dr 16/4666 S. 2) und mit Art. 79 III vereinbaren (HbgVerfG, NVwZ-RR 2010, 131) – „Öffnungsklausel" (Scholz in Maunz/Dürig, Art. 28 Rn. 41 b) Gebrauch gemacht worden (s. jetzt auch Art. 20 II 2 Buchst. b AEUV). Die innerstaatl. Umsetzung dieser Regelungen, nach denen das Kommunalwahlrecht von EU-Ausländern deren *Wohnsitz* in der Bundesrepublik Deutschland voraussetzt, ist im Kommunalrecht der Länder erfolgt (vgl. z.B. die §§ 9 f., 23 LKrO BW u. die §§ 12–14, 28, § 46 I, § 69 I GemO BW). Soweit dieses Unionsbürgern das passive Wahlrecht z.B. für das Amt des (Ober-)Bürgermeisters und des Landrats vorenthält, ist das mit EU-Recht und Satz 3 vereinbar

(VG Ansbach, NVwZ 1999, 325 ff.; s. auch BayVerfGH 50, 103 f.). Dasselbe ist nach h.M. für Regelungen des Landesrechts (etwa Art. 72 I 2 BWVerf) anzunehmen, welche die Teilnahme von Unionsbürgern an kommunalen Abstimmungen (Plebisziten) über Sachfragen erlauben (vgl. Dreier in Ders., Art. 28 Rn. 81; a.A. Voraufl., Art. 28 Rn. 6, u. weiter etwa Scholz in Maunz/Dürig, Art. 28 Rn. 41 f). Für das Wahlrecht zu den Landesparlamenten – auch der Stadtstaaten – ist die Vorschrift ohne aktuelle Bedeutung (vgl. BT-Dr 12/3338 S. 11, 12 f., 15; 12/3896 S. 21 u. auch – zum Begriff der „lokalen Gebietskörperschaften der Grundstufe" – Anhang zur Richtlinie 94/80/EG; hinsichtlich der Stadtstaaten allerdings str.; zur Einbeziehung der Wahlen zu den Bezirksversammlungen in Hamburg HbgVerfG, NVwZ-RR 2010, 130 f.). Nicht unter Satz 3 fällt auch die Wahrnehmung von Unterrichtungs-, Vorschlags- und Anhörungsrechten durch sog. Ausländerbeiräte (zu deren Funktion u. Tätigkeit s. BayVGH, BayVBl 2012, 303 f.). Durch sie wird keine Staatsgewalt ausgeübt (vgl. BVerfG, NVwZ 1998, 52). Zum Kommunalwahlrecht für Ausländer, die nicht EU-Ausländer sind, s. vorstehend Rn. 5.

Nach *Satz 4* kann in Gemeinden, abw. von Satz 2, an die Stelle einer gewählten 7 Körperschaft die **Gemeindeversammlung** treten, die aus den Bürgerinnen und Bürgern der Gemeinde besteht. Die Regelung, eines der seltenen plebiszitären Elemente im GG, ist seit der kommunalen Gebietsreform in den Ländern ohne große praktische Bedeutung (Ausnahme: § 54 GemO Schl.-Holst.).

### Absatz 2: Kommunale Selbstverwaltung

*Satz 1* garantiert die kommunale Selbstverwaltung als dezentrales Gliederungs- 8 und Organisationsprinzip. Auf **europäischer Ebene** wird dieses Prinzip vor allem im Vertrag über die Europäische Union (EUV) anerkannt (auf Europaratsebene s. außerdem die Europäische Charta der kommunalen Selbstverwaltung v. 15.10.1985, BGBl 1987 II S. 65). Nach Art. 4 II 1 EUV hat die Union die nationale Identität ihrer Mitgliedstaaten zu achten, die in deren grundlegenden polit. und verfassungsmäßigen Strukturen einschl. der regionalen und *lokalen Selbstverwaltung* zum Ausdruck kommt (vgl. dazu auch die Präambel zur EU-GrCh). Art. 5 EUV bindet die Union und ihre Organe bei der Ausübung ihrer Zuständigkeiten an die Grundsätze der Subsidiarität und der Verhältnismäßigkeit (zur Achtung des Subsidiaritätprinzips s. auch die Präambel zur EUGrCh u. zur Anwendung der Grundsätze das zu Art. 5 III [2] EUV vereinbarte Protokoll über die Anwendung der Grundsätze der Subsidiarität und der Verhältnismäßigkeit). Art. 300 AEUV sieht außerdem vor, dass das Europäische Parlament, der Rat und die Kommission von einem *Ausschuss der Regionen* unterstützt werden, dem – an Weisungen nicht gebundene – Vertreter der regionalen und lokalen Gebietskörperschaften angehören (zu Einzelheiten vgl. Art. 305–307 AEUV). Diese Regelungen stehen im Kontext der Verpflichtung der Bundesrepublik Deutschland auf den Grundsatz der Subsidiarität in Art. 23 I 1 (dazu s. Art. 23 Rn. 12) und § 10 des G über die Zusammenarbeit von Bund und Ländern in Angelegenheiten der EU vom 12.3.1993 (BGBl I S. 313) i.d.F. des G vom 22.9.2009 (BGBl I S. 3031), der die nach diesem Gesetz zuständigen Organe i.S. einer Bemühenspflicht dazu anhält, bei Vorhaben der EU das Recht der Gemeinden (u. der GV) zur Regelung der Angelegenheiten der örtlichen Gemeinschaft (zu diesen vgl. nachstehend Rn. 11) zu wahren und ihre Belange zu schützen. Art. 28 II selbst enthält keinen grenzüberschreitenden Außenbezug, etwa in dem Sinne, dass auch ausländische Gemeinden Rechte aus der kommunalen Selbstverwaltungsgarantie herleiten können (OVG Saarlouis, AS 27, 66). S. auch Rn. 17.

9 Gewährleistet wird die kommunale Selbstverwaltung als Strukturprinzip des Verwaltungsaufbaus in den Ländern (MVLVerfG, NordÖR 2011, 538) durch Satz 1 den **Gemeinden**, die dort als Rechtssubjekte vorausgesetzt werden und als juristische Personen des öffentl. Rechts Rechtssubjekte auch sind. Sie bilden die unterste Stufe in der Hierarchie der öffentl. Gebietskörperschaften und bestehen nicht – als gewissermaßen dritte Säule – neben dem Bund und den Ländern, sind vielmehr als wesentlicher Bestandteil der staatl. Gesamtorganisation (BVerfGE 107, 11) – auch hinsichtlich ihres Gebiets (BVerfG, DVBl 1995, 287 f.) – mit eigenen Rechten ausgestattete (BVerfGE 107, 11), dem Gemeinwohl verpflichtete (BVerfGE 110, 401) Glieder des jeweiligen Sitzlandes (BVerfGE 86, 215). Weil auf diese Weise in den staatl. Aufbau integriert (BVerfGE 83, 54), sind die Gemeinden i.S. des Art. 19 IV und zahlreicher anderer Rechtsvorschriften – als Teil der Exekutive – Träger öffentl. Gewalt (BVerfGE 73, 191), die in mittelbarer Staatsverwaltung ausgeübt wird. Von daher scheidet die Berufung auf Grundrechte weitgehend aus (vgl. Art. 19 Rn. 7 f., Art. 93 Rn. 28). Untergliederungen wie Stadt- und Ortsteile sind keine Gemeinden (SaarlVerfGH, NVwZ 1994, 481). In Berlin sind nur die Einheitsgemeinde Berlin, nicht aber deren Bezirke Träger der aus Art. 28 II 1 fließenden Rechte (BlnVerfGH, LVerfGE 1, 37; 6, 41); Gleiches gilt für Hamburg und seine Bezirke. Auch den Organen einer Gemeinde kommt die Selbstverwaltungsgarantie nicht zu (VGH Mannheim, ESVGH 62, 207). Gewährleistet wird in Abs. 2 die Einrichtung der kommunalen Selbstverwaltung als solche, der Bestand der Gemeinden als Institution (zur Bedeutung der Vorschrift als institutionellen Garantie s. Rn. 10), nicht dagegen grundsätzlich deren Schutz vor Auflösungen, Gemeindezusammenschlüssen, Eingemeindungen und sonstigen Gebietsänderungen (BVerfGE 50, 50; 86, 107; ThürVerfGH, NVwZ-RR 1999, 56) und auch nicht die Existenz der vorhandenen Selbstverwaltungsrechte im Einzelnen (BVerfGE 1, 175, 178; 22, 205). Die Vorschrift enthält also prinzipiell *keine Status-quo-Garantie* (s. BVerfGE 78, 340) und gibt grundsätzlich auch keinen Anspruch auf Ausweitung des Gemeindegebiets (SaarlVerfGH, AS 24, 7).

10 Art. 28 II 1 gewährt mit der kommunalen Selbstverwaltung weder den Gemeinden noch ihren Bürgern ein Grundrecht (BVerfG, NVwZ 2001, 67) oder ein grundrechtsgleiches Recht. Die Regelung enthält vielmehr eine – funktionell allerdings abwehrrechtl. geprägte, gegen den Staat gerichtete (s. auch Rn. 13 u. 15) – **institutionelle Garantie** (BVerfGE 83, 381; NWVerfGH, NVwZ 2003, 204; MVLVerfG, LVerfGE 18, 372; krit. zur Annahme einer solchen Garantie Ehlers, DVBl 2000, 1304), die ihrem Wesen und ihrer Intention nach Aktivierung der Gemeindebürger für ihre eigenen Angelegenheiten bedeutet (vgl. BVerfGE 11, 275 f.) und damit ein Stück Demokratie durch Beteiligung der Staatsbürger (zum Erfordernis der demokratischen Legitimation s. BVerfGE 107, 87) an der – verstärkt sachbezogenen – Gestaltung ihres engeren Lebenskreises zu sichern versucht. Die Garantie, die der Ausgestaltung durch den Gesetzgeber bedarf (BVerfGE 79, 143; MVLVerfG, LVerfGE 18, 372), wirkt als staatsorganisatorisches Aufgabenverteilungsprinzip (BVerfGE 79, 150 ff.; NWVerfGH, OVGE 43, 220; RhPfVerfGH, DÖV 2000, 683), das den prinzipiellen Vorrang einer dezentralen, nämlich gemeindlichen, vor einer zentral und damit staatl. determinierten Aufgabenwahrnehmung zum Gegenstand hat (BVerfGE 83, 382). Ergänzt und teilweise erweitert wird die – als Mindestgarantie zu verstehende – Gewährleistung in den Verfassungen der Länder.

11 Das Recht der Selbstverwaltung beschränkt sich auf **Angelegenheiten der örtlichen Gemeinschaft**, erstreckt sich dabei aber – anders als die funktionale Selbst-

verwaltung von Anstalten und anderen Körperschaften des öffentl. Rechts (BVerwGE 120, 261) – grundsätzlich auf *alle* örtlichen – im Verantwortungsbereich der öffentl. Hand wahrzunehmenden – Angelegenheiten (*Grundsatz der Allzuständigkeit*; vgl. BVerfGE 107, 11 m.w.N.; BayVerfGH 47, 172; RhPfVerfGH, NVwZ 2001, 914). Diese Zuweisung erfolgt unmittelbar durch die Verfassung. Art. 28 II 1 gibt den Gemeinden nämlich das **Zugriffsrecht** auf alle Aufgaben der örtlichen Gemeinschaft, die nicht durch Gesetz bereits anderen Trägern öffentl. Verwaltung übertragen sind (BVerfGE 79, 146 f.; 107, 12; 119, 354; BVerwGE 87, 230). Angelegenheiten des örtlichen Wirkungskreises sind diejenigen Bedürfnisse und Interessen, die in der örtlichen Gemeinschaft wurzeln oder auf sie einen spezifischen Bezug haben (BVerfGE 79, 151; BVerwGE 87, 231 f.; 92, 62; NWVerfGH, OVGE 42, 272; SächsVerfGH, SächsVBl 1994, 282; SachsAnhVerfG, LVerfGE 9, 386; RhPfVerfGH, DÖV 2000, 682), weil sie speziell dort der Befriedigung zum Nutzen der Gemeindeeinwohner dienen. Überwiegend handelt es sich um Aufgaben der kommunalen Daseinsvorsorge. Das Schwergewicht liegt dabei auf den Gebieten des Bauwesens, des örtlichen Verkehrs (s. BVerwG, NVwZ-RR 2000, 254 m.w.N.), der Straßenreinigung, der kommunalen Wasser- und Energieversorgung (vgl. dazu auch BVerfG, NJW 1990, 1783; BVerwGE 98, 275; 122, 354; BGHZ 132, 217 f.; 163, 302; MVLVerfG, LVerfGE 10, 323), der Abwasser- (BVerfGE 110, 383, 401) und Abfallbeseitigung, des Sparkassen- (s. BVerfG, NVwZ 1995, 371 m.w.N.; SächsVerfGH, LKV 2001, 217) und des Krankenhauswesens (vgl. BVerfGE 83, 381 ff.), der Totenbestattung (BayVerfGH, NVwZ-RR 2012, 51), der Erwachsenenbildung und der Vorhaltung von Musikschulen (BVerwGE 104, 66; zur Schulträgerschaft in Bezug auf öffentl. Schulen allg. s. Art. 7 Rn. 6), Theatern, Museen, örtlichen Archiven und Sportanlagen (zu Letzteren vgl. BGHZ 128, 398). Auch die privatrechtl. Vermögenssorge wird umfasst (BGHZ 144, 74). Die Entscheidung darüber, ob und inwieweit diese Aufgaben durch die Gemeinde selbst oder unter deren fortbestehender Verantwortung durch Private oder gemischtwirtsch. Unternehmen wahrgenommen werden, ist ebenfalls Teil der kommunalen Selbstverwaltung. Darüber hinausgehende wirtsch. Betätigung von Gemeinden wird vom Schutzgehalt des Art. 28 II 1 dagegen nur insoweit umfasst, als sie durch ein öffentl. Interesse gerechtfertigt ist (RhPfVerfGH, DÖV 2000, 682 f.). Von öffentl. Aufgaben gelöste, erwerbswirtsch.-fiskalische Aktivitäten, bei denen das kommunale Gewinnstreben Selbstzweck ist, genießen daher nicht den Schutz der Selbstverwaltungsgarantie (BVerfGE 61, 107; RhPfVerfGH, DÖV 2000, 683). Auch im Verhältnis zu privaten Dritten, denen die Gemeinde als Hoheitsträger gegenübertritt, ist die Gewährleistung kommunaler Selbstverwaltung ohne Bedeutung. Art. 28 II 1 ermächtigt nicht zu Eingriffen in die Grundrechte dieser Dritten. Zur Frage einer Insolvenzfähigkeit der Gemeinden s. BT-Dr 16/5032 S. 25 f.

Kennzeichnend für die den Gemeinden nach Maßgabe des Art. 28 II 1 gewährleisteten Aufgaben ist weiter, dass sie von der örtlichen Gemeinschaft – als freiwillige, je nach Bedeutung für das Gemeinwohl auch wieder aufgebbare Aufgaben (näher dazu z.B. Schoch, DVBl 2009, 1533 ff.; a.A. BVerwG, DVBl 2009, 1382 ff.; s. auch Katz, NVwZ 2010, 407 ff.) oder als Pflichtaufgaben (vgl. RhPfVerfGH, NVwZ 2001, 914) – im Rahmen der in den Rn. 13 f. genannten Gemeindehoheiten eigenverantwortlich und selbständig gegenüber Staat und Gemeindebürgern bewältigt werden können (*Grundsatz der Eigenverantwortlichkeit*; s. BVerfGE 50, 201; 110, 399 f.; 119, 362; BayVerfGH, NVwZ-RR 2012, 51). **Selbstverwaltung** meint danach die grundsätzlich selbständige, weisungsfreie

12

Verwaltung im eigenen Wirkungskreis durch eigene, selbstbestimmte Organe in eigenem Namen und eigener Verantwortung, allerdings unter der – grundsätzlich auf die Rechtsaufsicht beschränkten – **Aufsicht des Staates** als verfassungsrechtl. gebotenem Korrelat (BT-Dr 16/5032 S. 25; zu Letzterem BVerfGE 78, 341; BVerwG, DVBl 1993, 209; BVerwGE 138, 97 f.); nicht erfasst wird die Erledigung staatl. Auftragsangelegenheiten (vgl. BVerfGE 8, 134), die den Gemeinden vom Staat im übertragenen Wirkungskreis (BVerfGE 78, 348) – als Aufgaben der *Fremdverwaltung* – zur Erfüllung nach Weisung zugewiesen werden (s. BVerfGE 78, 341; BSGE 102, 161) und deshalb auch der Fachaufsicht unterliegen. Es fehlt diesen Aufgaben der für die Gewährleistung des Art. 28 II 1 relevante örtliche Charakter (vgl. BVerfGE 110, 400).

13 **Wesentliche Bestandteile der kommunalen Selbstverwaltungsbefugnis**, die den Gemeinden materielle Rechtspositionen gegenüber dem Staat vermittelt (BVerwG, NVwZ 2000, 675; ThürVerfGH, LVerfGE 15, 487), sind die Gebiets-, Organisations-, Personal-, Rechtsetzungs-, Planungs-, Haushalts- und Finanzhoheit der Gemeinden (s. auch BVerfGE 52, 117). **Gebietshoheit** ist die Befugnis, im Gemeindegebiet Hoheitsgewalt auszuüben. Die **Organisationshoheit** als Recht der Gemeinde zur Organisation ihrer Verwaltung, zur Einrichtung von Behörden und zur Schaffung öffentl. Einrichtungen für ihre Einwohner (ThürVerfGH, LVerfGE 4, 435; 15, 487) gibt den Kommunen – auch im übertragenen Wirkungskreis (BVerfG, NVwZ 2001, 317) – die Befugnis, im Rahmen der Entscheidung des Gesetzgebers über die äußeren Grundbedingungen der Gemeindeverwaltung (vgl. BVerfGE 107, 13; 119) die für die Wahrnehmung ihrer Aufgaben notwendigen Abläufe und Entscheidungszuständigkeiten festzulegen (BVerfGE 91, 236; 119, 362, 373; BVerwG, SächsVBl 2005, 251 f.; NWVBl 2007, 53; SachsAnhVerfG, LVerfGE 7, 293 f.; NWVerfGH, OVGE 53, 223 m.w.N.), ihre innere Verwaltungsorganisation nach eigenem Ermessen zu ordnen (BVerfG, DÖV 1987, 342; BayVerfGH 47, 172; BbgVerfG, LKV 2011, 412; NdsStGHE 3, 107; NWVerfGH, OVGE 48, 299), aber auch als Ausprägung der sog. Kooperationsfreiheit (BVerfGE 119, 362; OLG Naumburg, LKV 2006, 383 f.) für einzelne Aufgaben zusammen mit anderen Verwaltungsträgern gemeinsame Handlungsinstrumente zu schaffen (BVerfG, DÖV 1987, 342; BVerwGE 122, 355; 140, 250; BbgVerfG, LVerfGE 7, 85; MVLVerfG, LVerfGE 10, 323 f.; OVG Münster, OVGE 53, 184). Dies bedeutet allerdings nicht, dass jede staatl. Vorgabe für die Organisation der Gemeinde einer besonderen Rechtfertigung bedürfte (BbgVerfG, LVerfGE 15, 121). Ausreichend, aber auch erforderlich ist vielmehr, dass der Gemeinde bei der Ausgestaltung ihrer Organisation hinreichend Raum bleibt. Unzulässig ist es, die eigenständige organisatorische Gestaltungsfähigkeit der Gemeinden gesetzl. so zu beschneiden, dass sie im Ergebnis vollständig beseitigt ist (SächsVerfGH, SächsVBl 2005, 194; ähnlich BVerwGE 123, 163). Sind diese Grenzen beachtet, findet eine Kontrolle, ob die vom Gesetzgeber getroffenen Organisationsentscheidungen auf ausreichend gewichtigen Zielsetzungen beruhen, durch das BVerfG nicht statt (BVerfG, NVwZ 2001, 317).

14 Die **Personalhoheit** umfasst vor allem das Recht, als Dienstherr und Arbeitgeber die Gemeindebediensteten frei auszuwählen, anzustellen, zu befördern und zu entlassen (s. BVerfGE 17, 182; 119, 362; BVerwG, ThürVBl 1996, 280; BAGE 76, 132; SächsVerfGH, SächsVBl 1994, 283; NWVerfGH, OVGE 53, 223; ThürVerfGH, LVerfGE 15, 487). Die **Rechtsetzungshoheit** als die Befugnis, im Rahmen der Gemeindeautonomie und begrenzt auf das Gemeindegebiet (BVerwGE 137, 99) die eigenen Angelegenheiten auch rechtssatzmäßig zu regeln, wird insbes. durch den Erlass von Satzungen ausgeübt (SachsAnhVerfG, LKV

2002, 329 f.; Schles.-HolstVerfG, NVwZ-RR 2012, 914), der zwar keiner an Art. 80 I 2 gebundenen Ermächtigung (vgl. BVerfGE 21, 62 f.; 32, 361; BVerwGE 90, 361), gleichwohl aber bei Eingriffen in den Grundrechtsbereich einer hinreichend bestimmten Gesetzesgrundlage bedarf (s. BVerfG, NVwZ 1997, 574). Satzungsrechtl. geregelt ist z.b. die Benutzung öffentl. Einrichtungen der Gemeinden (vgl. BayVerfGH, NVwZ-RR 2012, 51). Die Anordnung eines Anschluss- und Benutzungszwangs wird dagegen von der gemeindlichen Rechtsetzungshoheit nicht erfasst (BVerwG, SächsVBl 2005, 251; DVBl 2006, 781). Kraft der **Planungshoheit** (zur Reichweite vgl. auch NWVerfGH, OVGE 45, 294; 46, 303) haben die Gemeinden das Recht und die Pflicht, vorausschauend die für ihre weitere Entwicklung maßgeblichen Entscheidungen zu treffen, z.B. die Art und Weise der Bodennutzung in ihrem Gebiet zu regeln (BVerfGE 76, 117 ff.; BVerwGE 112, 291; BbgVerfG, DVBl 2000, 1441; RhPfVerfGH, NVwZ 2006, 207; zur Bauleitplanung s. auch NWVerfGH, DVBl 2009, 1305) oder zur Verbesserung der örtlichen Wirtschaftsstruktur und zur Schaffung oder Erhaltung von Arbeitsplätzen die Ansiedlung und Erweiterung gewerblicher Betriebe zu fördern (BVerwGE 84, 239; zur Förderung von Wirtschaft u. Umwelt sowie zur Energieversorgung vgl. auch BVerfG, BayVBl 2002, 20). Bei Eingriffen in diesen Bereich, z.B. im Rahmen einer überörtlichen Planung (s. NWVerfGH, NVwZ 2003, 202 f.; zur Beeinträchtigung durch Planfeststellungsbeschlüsse BVerwG, ThürVBl 1997, 274; NuR 1999, 631), ist der Verhältnismäßigkeitsgrundsatz zu beachten (BVerfGE 103, 366 f.; BVerfGE 118, 185; vgl. auch nachstehend Rn. 16). Dabei kommt es auf die konkreten Gegebenheiten an (BVerwG, NVwZ 2006, 1056) und sind die Gemeinden vorher zu hören (BVerfG, DÖV 1999, 338; NWVerfGH, NVwZ 2003, 204). Die **Haushaltshoheit** garantiert die freie Entscheidung über die Aufstellung des Haushalts (BVerfGE 119, 362). Die **Finanzhoheit** ist, obwohl schon von Satz 1 des Art. 28 II erfasst (BT-Dr 12/6000 S. 48; VGH Mannheim, VBlBW 2010, 439), in dessen Satz 3 noch zusätzlich hervorgehoben (s. dazu nachstehend Rn. 20).

Unter den Gewährleistungsbereich des Art. 28 II 1 fallen auch das Recht der Gemeinden zum Führen des **eigenen Namens** (BVerfGE 59, 226) und ihr – nicht durch Art. 14 geschütztes (BVerfGE 61, 100 ff.) – Eigentum insoweit, als es Gegenstand und Grundlage kommunaler Betätigung ist (BVerwGE 97, 151). Zum Selbstverwaltungsrecht gehört weiter, dass die Funktionsfähigkeit der Gemeindeorgane gewährleistet sein muss (BayVerfGH 50, 203) und die Gemeinden ein Abwehrrecht gegenüber erheblichen Beeiträchtigungen ihrer Einrichtungen haben (BVerwG, NVwZ 2000, 676). Ferner ist den Gemeinden garantiert, dass **Bestands- und Gebietsänderungen** (dazu schon oben Rn. 9) – ebenso wie die Einbeziehung in Verwaltungsgemeinschaften (BVerfGE 107, 16, 24 f.) – nur aus Gründen des öffentl. Wohls und erst nach vorheriger Anhörung der betroffenen Gebietskörperschaften, nicht auch ihrer Bürger (ThürVerfGH, LVerfGE 5, 411), vorgenommen werden dürfen (dazu u. zu den insoweit geltenden Maßgaben BVerfGE 86, 107 ff. m.w.N.; NdsStGHE 2, 145 ff.; BayVerfGH, BayVBl 2000, 79; SächsVerfGH, SächsVBl 2008, 174; SachsAnhVerfG, NVwZ-RR 2012, 4; zu Anhörungen im Rahmen der Länderneugliederung s. Art. 29 VII 3 u. VIII 2). Ein **Anhörungsrecht** der Gemeinden in allen sie berührenden Angelegenheiten besteht jedoch nicht (vgl. BVerwGE 97, 211 f.; ThürVerfGH, LVerfGE 4, 436). Auch gibt ihnen Art. 28 II 1 kein allg. polit. Mandat (BVerfGE 79, 147; BVerwGE 87, 231; BayVerfGH 50, 219). Verschlossen ist ihnen deshalb z.B. eine Betätigung auf dem Gebiet der überörtlich wirkenden verteidigungsbezogenen Politik (s. zur Durchführung von Volksbefragungen in Rüstungssachen BVerfGE 8, 134, zur

15

Erklärung des Gebiets einer Gemeinde zur „atomwaffenfreien Zone" BVerwGE 87, 228 ff.). Zu Auslandskontakten vgl. Art. 32 Rn. 8. Auch die Wahlkreiseinteilung für die BTagswahlen gehört nicht zu den Angelegenheiten, die die Gemeinden eigenverantwortlich regeln können (BVerfG, BayVBl 2002, 19 f.). Das Recht kommunaler Wählergruppen (Rathausparteien, Wählervereinigungen) auf chancengleiche Teilnahme an den Kommunalwahlen, das BVerfGE 11, 273 ff.; 11, 361; 12, 25, ebenfalls aus Art. 28 II ableiten (ebenso HessStGH, DÖV 1995, 599), ergibt sich schon aus den, wie oben in Rn. 5 erwähnt, auch für solche Wahlen geltenden Grundsätzen der allg. und der gleichen Wahl.

16 Das Recht der Selbstverwaltung ist den Gemeinden ausdrücklich nur „im Rahmen der Gesetze" gewährleistet. Es steht demzufolge unter einem *allgemeinen Gesetzesvorbehalt*, der zur näheren Ausgestaltung der kommunalen Selbstverwaltung durch Regelungen über die Art und Weise der Erledigung der örtlichen Angelegenheiten, durch Entzug und Schmälerung kommunaler Aufgaben (vgl. BVerfGE 79, 143; BVerwG, NVwZ-RR 2000, 254), aber auch durch die den Entscheidungs- und Finanzspielraum in anderen Bereichen beschränkende Übertragung neuer Aufgaben (s. BVerfGE 119, 354 m.w.N.; NWVerfGH, OVGE 45, 304) ermächtigt. Aufgabenkreis und Organisationsbefugnisse, die den Gemeinden zustehen, werden also durch die Vorgaben des Gesetzgebers bestimmt (BVerfGE 107, 12; 119, 362 f.). Diesem kommt dabei ein *weiter Einschätzungs- und Beurteilungsspielraum* zu (BVerfGE 107, 14; 110, 400 f.; BayVerfGH 50, 203). Seine Gestaltungsfreiheit ist jedoch insofern begrenzt, als die gemeindliche Selbstverwaltung in ihrem Kernbestand und Wesensgehalt unangetastet bleiben muss (BVerfGE 56, 312; 107, 12; BVerwGE 77, 58 f.; BayVerfGH 47, 172 f.; MVLVerfG, LKV 2006, 462; NWVerfGH, DVBl 2012, 29). Was zu diesem Bereich des kommunalen Existenzminimums in Bezug auf die jeweils betroffene Gemeindehoheit (s. vorstehend Rn. 13 f.) gehört, ist für diese je gesondert (mit Blick auf die Organisationshoheit vgl. BVerfGE 91, 238 f.; zur Personalhoheit NWVerfGH, OVGE 48, 304 ff.; zur Planungshoheit NWVerfGH, NVwZ 2003, 202 f., DVBl 2012, 29; oben Rn. 14; zur Finanzhoheit BVerwGE 138, 95 ff.) unter Berücksichtigung vor allem der geschichtlichen Entwicklung und der verschiedenen historischen und regionalen Erscheinungsformen der Selbstverwaltung zu bestimmen (BVerfGE 26, 238; 59, 226; 76, 118; RhPfVerfGH, NVwZ 1993, 160). Eine vernünftige Fortentwicklung des überkommenen Systems wird dadurch nicht ausgeschlossen (BVerfGE 52, 117; 125, 167 f.). Der Entzug von Aufgaben mit relevantem örtlichem Charakter kommt aber nur aus Gründen des Gemeinwohls, und zwar insbes. dann in Betracht, wenn anders die ordnungsgemäße Aufgabenerfüllung nicht sichergestellt werden kann (BVerfGE 79, 153; 107, 13; BVerwG, NVwZ-RR 2000, 254; SachsAnhVerfG, LVerfGE 7, 316). Stets, also auch bei Regelungen des Gesetzgebers, die nicht den Kernbereich der kommunalen Selbstverwaltung betreffen, sind der Verhältnismäßigkeitsgrundsatz (str.), das aus dem Rechtsstaatsprinzip abzuleitende Willkürverbot (BVerfGE 56, 313; BVerwGE 77, 59; 87, 135; BayVerfGH 45, 162; BbgVerfG, DVBl 1998, 1292; NWVerfGH, NWVBl 2002, 103 m.w.N.) und der Bestimmtheitsgrundsatz (BVerwG, NVwZ-RR 2000, 254) zu beachten. Das Gleiche gilt für die rechtsstaatl. Grundsätze des Vertrauensschutzes und der Rechtssicherheit (RhPfVerfGH, DVBl 2007, 1176). Der Gesetzgeber muss auch den prinzipiellen Vorrang einer dezentralen vor einer zentralen und damit staatl. determinierten Aufgabenwahrnehmung berücksichtigen (BVerfGE 107, 13 f.; 119, 363). Die Verwaltungszuständigkeiten von Bund, Ländern und Gemeinden nach den Art. 83 ff. müssen eingehalten werden (BVerfGE 119, 363 f.). *Gesetze* i.S. des Art. 28 II 1

sind nicht nur förmliche Gesetze, sondern auch entsprechend Art. 80 I 2 erlassene RVO (BVerfGE 107, 15 m.w.N.; RhPfVerfGH, NVwZ 1993, 161) und andere untergesetzl. Rechtsnormen (BVerfGE 76, 117), soweit diese auf einer verfassungskonformen, ihrerseits u.a. mit der Selbstverwaltungsgarantie vereinbaren gesetzl. Ermächtigung beruhen (s. NWVerfGH, OVGE 46, 304; DVBl 2012, 29). Da Gemeindeangelegenheiten grundsätzlich zur Gesetzgebungsbefugnis der Länder gehören (vgl. auch Art. 70 Rn. 2), sind dem Bund Eingriffe in die kommunale Selbstverwaltung nur ausnahmsweise auf der Grundlage solcher Kompetenznormen gestattet, deren Ausnutzung ihn zu einer Beschränkung der Gemeindeselbstverwaltung befähigt (BVerfGE 56, 310; s. jetzt auch Art. 84 I 7 u. Art. 85 I 2). Auch im Verhältnis zu Kreisen und anderen GV werden die Gemeinden durch Art. 28 II 1 geschützt (vgl. BVerfGE 79, 150; BVerwGE 67, 321; 98, 276 f.).

Unter den Gesetzesvorbehalt des Satzes 1 fällt auch das **europäische Unionsrecht**, 17 allerdings mit der Maßgabe, dass dieses wegen des Anwendungsvorrangs, das ihm zukommt (näher dazu BVerfGE 126, 301 ff.), nicht den Begrenzungen unterliegt, die (gemäß vorstehend Rn. 16) für den nationalen Gesetzgeber gelten. Die kommunale Selbstverwaltung ist in diesem Sinne *nicht europafest* (str.; vgl. RhPfVerfGH, NVwZ 2006, 208; s. aber auch Art. 23 I 1 sowie oben in Rn. 8).

Nach *Satz 2* haben nach Maßgabe der Gesetze, im Rahmen ihres gesetzl. Aufga- 18 benbereichs, auch die **Gemeindeverbände** das *Recht der Selbstverwaltung*. GV sind diejenigen zwischen Gemeinden und Land angesiedelten kommunalen Zusammenschlüsse, die zur Wahrnehmung von Selbstverwaltungsaufgaben gebildete Gebietskörperschaften sind oder diesen nach dem Gewicht ihrer Selbstverwaltungsaufgaben nahe kommen (BVerfGE 52, 109; BVerwGE 140, 249; zum Begriff des GV s. auch SächsVerfGH, LVerfGE 9, 316; NWVerfGH, NVwZ-RR 2001, 617 f.), beispielsweise Kreise (dazu MVLVerfG, NordÖR 2011, 538 f.; Schles.-HolstVerfG, NVwZ-RR 2012, 914), sowie Samt- und Verbandsgemeinden, Kommunal-, Landschafts-, Umlandverbände und Verwaltungsgemeinschaften, diese allerdings nur, soweit sie die genannte Aufgabenstruktur haben (vgl. näher BVerfGE 107, 17 f.). Gemeindliche Zweckverbände stellen dagegen keine GV dar (BVerwG, BayVBl 2012, 733).

Geschützt ist auch hier – mit grundsätzlich gleicher Rechtsqualität wie bei den 19 Gemeinden (MVLVerfG, LVerfGE 18, 373; Schles.-HolstVerfG, NVwZ-RR 2012, 916) – die Selbstverwaltung als Institution (vgl. BVerfGE 83, 383; BSGE 102, 161 f.), nicht dagegen z.B. die Existenz des einzelnen Landkreises (näher dazu u. zu den Voraussetzungen u. Grenzen einer Auflösung von GV u. von Änderungen ihres Gebietsbestands SächsVerfGH, LVerfGE 5, 318 ff.; NVwZ 2009, 40; MVLVerfG, NordÖR 2011, 538). Allzuständigkeit wie den Gemeinden ist den GV allerdings nicht garantiert (BVerfGE 79, 150 f.; BayVerfGH 47, 17; BbgVerfG, LVerfGE 2, 101). Anders als bei den Gemeinden beschreibt die Verfassung die **Aufgaben der Gemeindeverbände** nicht selbst, sondern überantwortet dies dem **Gesetzgeber** (BVerfGE 119, 352 f. m.w.N.). Die GV sind danach auf eine gesetzl. Aufgabenausstattung angewiesen. Diese darf sich aber nicht auf die Zuweisung von staatl. Angelegenheiten des übertragenen Wirkungskreises beschränken, die nach Weisung zu erledigen sind (s. Rn. 12), muss vielmehr einen Mindestbestand an Aufgaben umfassen, die von den GV *als Selbstverwaltungsaufgaben* unter voller Ausschöpfung der auch ihnen gewährten Eigenverantwortlichkeit im eigenen Wirkungskreis wahrgenommen werden können (BVerfGE 83, 383; 119, 353; BVerwGE 67, 324; MVLVerG, LVerfGE 18, 373). Dieser Aufgabenbestand, bei dessen Bestimmung das BVerfG offenbar davon ausgeht, dass es wegen der Notwendigkeit der Aufgabenzuweisung durch den Gesetzgeber anders als bei den Gemeinden freiwillige Selbstverwaltungsaufgaben von Verfassungs wegen nicht gibt (vgl. BVerfGE 119, 355), muss für sich und im Vergleich zu zugewiesenen staatl. Aufgaben ein Gewicht haben, das der institutionellen Garantie der GV als Selbstverwaltungskörperschaften gerecht wird (BVerfGE 119, 353). Gleichwohl ist der Gesetzgeber im Rahmen des ihm verliehenen Gestaltungsspielraums nicht verfassungsrechtl. gehindert, zugewiesene Aufgaben wieder zu entziehen, solange den GV der genannte Mindestbestand an – überörtlichen – kommunalen Aufgaben des eigenen Wirkungskreises verbleibt (BVerfGK 10, 372). Ein Eingriff in die Selbstverwaltungsgarantie der GV liegt darin im Regelfall nicht. Diese haben i. Allg. keinen Abwehranspruch gegen Veränderungen ihres gesetzl. Aufgabenbestands (BVerfGE 119, 354 f.). Ihre Aufgaben sind – insbes. bei den Kreisen – u.a. durch eine Ergänzungs- und Ausgleichsfunktion gekennzeichnet (s. BVerfGE 58, 196, aber auch BVerfGE 79, 152). Ergänzende Funktionen sind dort wahrzunehmen, wo die Gemeinden allein zur zureichenden Aufgabenbewältigung nicht in der Lage sind und ihnen deshalb Aufgaben auch mit relevantem örtlichem Charakter entzogen werden dürfen (BVerfGE 79, 153; BVerwG, NVwZ 1998, 64). Demgegenüber geht es bei der Ausgleichsfunktion darum, zugunsten der Bewohner des jeweiligen GV Unterschiede im örtlichen Leistungsangebot auszugleichen (näher OVG Schleswig, DVBl 1995, 473; vgl. auch BVerwGE 101, 102 ff.). Hier wie dort ist die Gewährung finanzieller Zuschüsse zulässig. Ergänzungs- und Ausgleichsaufgaben, die den Kreisen auch durch eine Generalklausel zugewiesen werden können, dürfen jedoch nur so lange wahrgenommen werden, wie die vorrangig zuständigen Gemeinden zur sachgerechten eigenen Aufgabenerledigung außerstande sind (BVerwG, NVwZ 1998, 64).

20 *Satz 3 Halbsatz 1* dient dem Ziel, die kommunale Selbstverwaltung von den finanziellen Grundlagen her zu stärken (vgl. BVerwGE 106, 287), und stellt klar (BVerfGE 125, 160; NdsStGH, LVerfGE 18, 416), dass die Gewährleistung der Selbstverwaltung als deren Voraussetzung auch die **Grundlagen der finanziellen Eigenverantwortung** umfasst. Mit der damit verbürgten **Finanzhoheit** (s. dazu auch Rn. 14) sind den Gemeinden und, wie sich aus der Stellung der Regelung im Anschluss an Satz 2 ergibt, auch den GV (vgl. auch BVerwGE 127, 158, sowie BT-Dr 12/6000 S. 47 zu einer früher diskutierten Fassung der Vorschrift) Befugnis und Spielraum zu einer *eigenverantwortlichen Einnahmen- und Ausgabenwirtschaft* im Rahmen eines gesetzl. geordneten Haushaltswesens garantiert (s. BVerfGE 26, 244; 125, 159; BVerfGK 10, 369; BVerwGE 104, 65 f.; BayVerfGH 45, 43; NdsStGHE 3, 156; speziell in Bezug auf die GV BSGE 102, 162; NWVerfGH, OVGE 43, 257; 50, 308). Zur Finanzhoheit gehört u.a. die Steuer- und Abgabenhoheit, die den Kommunen erlaubt, ihre Einwohner aus eigenem Recht zu den aus der Aufgabenerfüllung resultierenden Lasten heranzuziehen (Schles.-HolstVerfG, NVwZ-RR 2012, 914). Finanzzuweisungen und die Beteiligung an den Landessteuern dürfen nicht die einzigen kommunalen Einnahmequellen sein. Den Kommunen sind damit eigene Finanzierungsquellen, auch in der Form eigenverantwortlich auszuschöpfender Steuerquellen, gesichert (BVerfGE 125, 159; VGH Mannheim, VBlBW 2010, 439). Eine bestimmte Ausgestaltung des kommunalen Einnahmesystems gewährleistet Satz 3 jedoch nicht (VGH Mannheim, wie vor). Die Gemeinden haben vielmehr das Recht, grundsätzlich selbst darüber zu entscheiden, für welche zulässigen Zwecke welche Mittel in welcher Höhe verwendet werden (ThürVerfGH, LVerfGE 15, 485; OVG Bautzen, SächsVBl 2010, 243). Allerdings besteht die kommunale Finanzhoheit nicht darin, dass die Gemeinde nach Belieben frei schalten kann, sondern darin,

dass sie verantwortlich disponiert und bei ihren Maßnahmen auch ihre Stellung innerhalb der Selbstverwaltung des modernen Verwaltungsstaats und die sich daraus ergebende Notwendigkeit des Finanzausgleichs in Betracht zieht (BVerfGE 23, 371; BVerwGE 138, 94). Das stellt sicher, dass den Kommunen das eigene Wirtschaften mit Einnahmen und Ausgaben nicht aus der Hand genommen wird (BVerfG, LKV 1994, 145; DÖV 1999, 337; VGH Mannheim, NVwZ-RR 2006, 417; VGH Kassel, ESVGH 61, 178; vgl. auch BbgVerfG, LVerfGE 9, 134), schützt aber weder gegen die Auferlegung kostenträchtiger Aufgaben durch die Länder (s. BVerfG, DÖV 1987, 342; LKV 1994, 145; BVerwG, NVwZ 1998, 185; NWVerfGH, NWVBl 2002, 103; zu dem für den Bund geltenden Aufgabenübertragungsverbot nach Art. 84 I 7 u. Art. 85 I 2 vgl. Art. 84 Rn. 13 u. Art. 85 Rn. 2) noch gegen den Entzug einzelner Einnahmen (BVerfG, DÖV 1999, 337; BVerwGE 140, 38 f.).

Doch setzt Halbs. 1 in dem Umfang, in dem der Bestand der kommunalen Selbstverwaltung als Institution davon abhängig ist, auch eine angemessene und gesicherte, aufgabenadäquate Finanzausstattung der Gemeinden und Gemeindeverbände voraus (s. BVerwGE 106, 287; 127, 157; SachsAnhVerfG, LVerfGE 10, 463; ThürVerfGH, LVerfGE 15, 485; VGH Kassel, ESVGH 47, 170; ferner Art. 106 V-VIII; zuletzt offengelassen in BVerfGE 119, 361; BVerfGK 10, 369 f.; vgl. auch zur Rechtslage nach Landesverfassungsrecht Art. 49 I Schles.-Holst-Verf; BayVerfGH, BayVBl 2008, 175 ff.; MVLVerfG, LVerfGE 14, 301 f.; NVwZ-RR 2012, 378 m.w.N.; NdsStGH, NdsVBl 2008, 154 ff.; NWVerfGH, DVBl 2012, 838 m.w.N.; RhPfVerfGH, NVwZ 2012, 1035; SachsAnhVerfG, LVerfGE 9, 389; LKV 2002, 329 f.; für einen einzelgemeindebezogenen, allerdings an Maßgaben gebundenen Leistungsanspruch Nierhaus, LKV 2005, 1, im Anschluss an BbgVerfG, LVerfGE 10, 240). Danach müssen die ihnen zur Verfügung stehenden Finanzmittel ausreichen, um ihnen die Erfüllung aller zugewiesenen und im Rahmen der kommunalen Selbstverwaltung auch die Erfüllung selbst gewählter Aufgaben zu ermöglichen (BVerwGE 140, 39; MVLVerfG, NordÖR 2012, 230; 2012, 236). Davon gehen auch die mit den Durchgriffsverboten in Art. 84 I 7 (Art. 84 Rn. 13) und Art. 85 I 2 (Art. 85 Rn. 2) sachlich verzahnten Regelungen über das sog. *Konnexitätsprinzip in den Landesverfassungen* aus, die – mit Unterschieden in den Einzelheiten – im Interesse einer Stärkung der Finanzhoheit der Gemeinden und GV (BayVerfGH, BayVBl 2007, 364 ff.) und mit dem Ziel einer „Schärfung des Kostenbewusstseins" (NWVerfGH, OVGE 53, 230) vorsehen, dass bei der auf Landesrecht beruhenden Übertragung, Erweiterung oder Umwandlung öffentl. Aufgaben zu Lasten der Kommunen und GV (BbgVerfG, NVwZ-RR 2009, 185; NWVerfGH, DVBl 2010, 1562; HessStGH, NVwZ-RR 2012, 625 f.) Bestimmungen über die Kostendeckung zu treffen und Mehrbelastungen im gemeindlichen Bereich finanziell auszugleichen sind (vgl. z.B. Art. 71 III 2-4 BWVerf). Dem jeweils zuständigen Land als Ausstattungspflichtigem (ThürVerfGH, LVerfGE 16, 620 f.; s. auch BVerfGE 86, 219) kommt hinsichtlich Art und Umfang der Finanzausstattung freilich ein Gestaltungsermessen zu (NWVerfGH, NVwZ-RR 1999, 82; SachsAnhVerfG, LKV 2002, 330; vgl. auch zum Vorbehalt der finanziellen Leistungsfähigkeit des Landes BbgVerfG, LVerfGE 10, 240; NdsStGH, NdsVBl 2008, 155 ff.; MVLVerfG, LKV 2006, 463), das aber nicht unbegrenzt ist, vielmehr neben dem Kernbestand und Wesensgehalt der Selbstverwaltungsgarantie (s. oben Rn. 16) vor allem das Willkürverbot beachten muss (NWVerfGH, NVwZ-RR 2003, 612). Eine Finanzausstattungsgarantie des Bundes enthält Halbs. 1 nicht (BT-Dr 12/6000 S. 48); der Bund berücksichtigt die Belange der Gemeinden durch die Ausgestaltung der

21

grundgesetzl. Finanzverfassung (ThürVerfGH, LVerfGE 16, 621). Halbs. 1 verlangt auch nicht, dass den Gemeinden und GV ein eigenes, voll bedarfsdeckendes Steuererhebungsrecht eingeräumt wird (vgl. auch BVerwGE 106, 286 f.). Es reicht vielmehr aus, wenn die kommunalen Selbstverwaltungskörperschaften sich die zur Wahrnehmung ihrer Aufgaben benötigten Mittel zumindest teilweise selbst verschaffen können (NWVerfGH, OVGE 46, 257).

22 *Halbsatz 2* stellt dies für die *Gemeinden* in der Weise sicher, dass er ihnen eine mit eigenem **Hebesatzrecht** verbundene wirtschaftskraftbezogene Steuerquelle garantiert (s. dazu Art. 106 VI 2 u. die Erläut. in Art. 106 Rn. 22), die neben die anderen Finanzierungsquellen des Art. 106 V-VIII tritt und mit ihnen zu den Grundlagen der finanziellen Eigenverantwortung der Gemeinden gehört (Thür-VerfGH, ThürVBl 2012, 56). Dadurch soll die kommunale Finanzautonomie durch den Bestand der Gewerbeertragsteuer oder einer anderen an der Wirtschaftskraft orientierten Steuer gewährleistet werden (BVerfGE 120, 26). Eine institutionelle Garantie der Grund- oder der Gewerbesteuer ist damit aber nicht verbunden. Halbs. 2 garantiert – über den Gehalt des Art. 106 II 2 hinaus – lediglich, dass die wirtschaftskraftbezogene Gewerbesteuer nicht abgeschafft wird, ohne dass die Gemeinden an ihrer Stelle eine andere wirtschaftskraftbezogene Steuerquelle mit Hebesatzrecht erhalten (BVerfGE 125, 161; BVerwGE 138, 95). Auch das Hebesatzrecht ist den Gemeinden nicht einschränkungslos gesichert; insbes. ist Halbs. 2 weder nach Wortlaut, Sinn und Zweck der Regelung noch vor dem historischen Hintergrund zu entnehmen, dass die Gemeinden frei bleiben müssten, auf die Erhebung der Gewerbesteuer ganz zu verzichten (BVerfGE 125, 162 ff.). Gesetzl. Einschränkungen des Hebesatzrechts müssen aber den Anforderungen des Verhältnismäßigkeitsgrundsatzes genügen (BVerfGE 125, 168). Bei der Festlegung eines Mindesthebesatzes von 200 vH für die Gewerbesteuer durch § 16 IV 2 des GewerbesteuerG i.d.F. des G vom 23.12.2003 (BGBl I S. 2922) ist dies der Fall (BVerfGE 125, 168 ff.). Zur Eigenfinanzierung der *Kreise* trägt vor allem die Kreisumlage bei (OVG Schleswig, DVBl 1995, 470 f.; krit. zu dieser Entscheidung Knemeyer, NVwZ 1996, 29; vgl. auch BbgVerfG, LVerfGE 9, 134 f.; OVG Frankfurt/Oder, NVwZ-RR 1998, 57).

### Absatz 3: Gewährleistung durch den Bund

23 Abs. 3 gibt dem Bund das Recht und die Pflicht, sicherzustellen, dass die **verfassungsmäßige Ordnung der Länder** (dazu s. oben Rn. 4) mit den Grundrechten des GG und den in Abs. 1 und 2 enthaltenen Vorschriften übereinstimmt. Dafür stehen ihm insbes. die Rechte aus Art. 35 II 1, Art. 37, 84 III, IV, Art. 85 IV, Art. 87 a IV, Art. 91 und Art. 93 I Nr. 2, 3 zur Verfügung. Eine Bundeskommunalaufsicht besteht nicht (BVerfGE 8, 137). Bei Verstößen des Landesgesetzgebers gegen die Grundsätze des Art. 28 I 1 kann auch die LReg das BVerfG anrufen (BVerfGE 9, 277). Subjektivrechtl. Ansprüche Dritter sind mit der **Einstandspflicht des Bundes** nach Abs. 3 nicht verbunden (BVerwG, NJW 1977, 118 f.). Auch kann die Verletzung des Art. 28 nicht mit der Verfassungsbeschwerde geltend gemacht werden (vgl. Art. 93 Rn. 30 a.E.). Gemeinden und GV können jedoch ihr Recht auf Selbstverwaltung, das keine Grundrechtsqualität hat (s. oben Rn. 10), gegen gesetzl. Eingriffe durch die kommunale Verfassungsbeschwerde nach Art. 93 I Nr. 4 b verteidigen (zu Einzelheiten vgl. Art. 93 Rn. 32 f.).

## Artikel 29 [Neugliederung des Bundesgebiets]

(1) Das Bundesgebiet kann neu gegliedert werden, um zu gewährleisten, daß die Länder nach Größe und Leistungsfähigkeit die ihnen obliegenden Aufgaben wirksam erfüllen können. Dabei sind die landsmannschaftliche Verbundenheit, die geschichtlichen und kulturellen Zusammenhänge, die wirtschaftliche Zweckmäßigkeit sowie die Erfordernisse der Raumordnung und der Landesplanung zu berücksichtigen.

(2) Maßnahmen zur Neugliederung des Bundesgebietes ergehen durch Bundesgesetz, das der Bestätigung durch Volksentscheid bedarf. Die betroffenen Länder sind zu hören.

(3) Der Volksentscheid findet in den Ländern statt, aus deren Gebieten oder Gebietsteilen ein neues oder neu umgrenztes Land gebildet werden soll (betroffene Länder). Abzustimmen ist über die Frage, ob die betroffenen Länder wie bisher bestehenbleiben sollen oder ob das neue oder neu umgrenzte Land gebildet werden soll. Der Volksentscheid für die Bildung eines neuen oder neu umgrenzten Landes kommt zustande, wenn in dessen künftigem Gebiet und insgesamt in den Gebieten oder Gebietsteilen eines betroffenen Landes, deren Landeszugehörigkeit im gleichen Sinne geändert werden soll, jeweils eine Mehrheit der Änderung zustimmt. Er kommt nicht zustande, wenn im Gebiet eines der betroffenen Länder eine Mehrheit die Änderung ablehnt; die Ablehnung ist jedoch unbeachtlich, wenn in einem Gebietsteil, dessen Zugehörigkeit zu dem betroffenen Land geändert werden soll, eine Mehrheit von zwei Dritteln der Änderung zustimmt, es sei denn, daß im Gesamtgebiet des betroffenen Landes eine Mehrheit von zwei Dritteln die Änderung ablehnt.

(4) Wird in einem zusammenhängenden, abgegrenzten Siedlungs- und Wirtschaftsraum, dessen Teile in mehreren Ländern liegen und der mindestens eine Million Einwohner hat, von einem Zehntel der in ihm zum Bundestag Wahlberechtigten durch Volksbegehren gefordert, daß für diesen Raum eine einheitliche Landeszugehörigkeit herbeigeführt werde, so ist durch Bundesgesetz innerhalb von zwei Jahren entweder zu bestimmen, ob die Landeszugehörigkeit gemäß Absatz 2 geändert wird, oder daß in den betroffenen Ländern eine Volksbefragung stattfindet.

(5) Die Volksbefragung ist darauf gerichtet festzustellen, ob eine in dem Gesetz vorzuschlagende Änderung der Landeszugehörigkeit Zustimmung findet. Das Gesetz kann verschiedene, jedoch nicht mehr als zwei Vorschläge der Volksbefragung vorlegen. Stimmt eine Mehrheit einer vorgeschlagenen Änderung der Landeszugehörigkeit zu, so ist durch Bundesgesetz innerhalb von zwei Jahren zu bestimmen, ob die Landeszugehörigkeit gemäß Absatz 2 geändert wird. Findet ein der Volksbefragung vorgelegter Vorschlag eine den Maßgaben des Absatzes 3 Satz 3 und 4 entsprechende Zustimmung, so ist innerhalb von zwei Jahren nach der Durchführung der Volksbefragung ein Bundesgesetz zur Bildung des vorgeschlagenen Landes zu erlassen, das der Bestätigung durch Volksentscheid nicht mehr bedarf.

(6) Mehrheit im Volksentscheid und in der Volksbefragung ist die Mehrheit der abgegebenen Stimmen, wenn sie mindestens ein Viertel der zum Bundestag Wahlberechtigten umfaßt. Im übrigen wird das Nähere über Volksentscheid, Volksbegehren und Volksbefragung durch ein Bundesgesetz geregelt; dieses kann auch vorsehen, daß Volksbegehren innerhalb eines Zeitraumes von fünf Jahren nicht wiederholt werden können.

(7) Sonstige Änderungen des Gebietsbestandes der Länder können durch Staatsverträge der beteiligten Länder oder durch Bundesgesetz mit Zustimmung des Bundesrates erfolgen, wenn das Gebiet, dessen Landeszugehörigkeit geändert werden soll, nicht mehr als 50 000 Einwohner hat. Das Nähere regelt ein Bundesgesetz, das der Zustimmung des Bundesrates und der Mehrheit der Mitglieder des Bundestages bedarf. Es muß die Anhörung der betroffenen Gemeinden und Kreise vorsehen.

(8) Die Länder können eine Neugliederung für das jeweils von ihnen umfaßte Gebiet oder für Teilgebiete abweichend von den Vorschriften der Absätze 2 bis 7 durch Staatsvertrag regeln. Die betroffenen Gemeinden und Kreise sind zu hören. Der Staatsvertrag bedarf der Bestätigung durch Volksentscheid in jedem beteiligten Land. Betrifft der Staatsvertrag Teilgebiete der Länder, kann die Bestätigung auf Volksentscheide in diesen Teilgebieten beschränkt werden; Satz 5 zweiter Halbsatz findet keine Anwendung. Bei einem Volksentscheid entscheidet die Mehrheit der abgegebenen Stimmen, wenn sie mindestens ein Viertel der zum Bundestag Wahlberechtigten umfaßt; das Nähere regelt ein Bundesgesetz. Der Staatsvertrag bedarf der Zustimmung des Bundestages.

1 **Allgemeines:** Art. 29 regelt die Neugliederung des Bundesgebiets. Eine ungelöste Neugliederungsproblematik bestand bereits im Deutschen Reich, dessen zunächst 26, später 17 Gliedstaaten vielfach auf dynastische Zufallsbildungen zurückgingen. Art. 18 WRV sah eine (Neu-)Gliederung vor, die das Missverhältnis zwischen Preußen – zwei Drittel des Reichsgebiets – und den kleinen Ländern hätte beseitigen können, aber nicht verwirklicht wurde. Nach 1945 lösten die Besatzungsmächte Preußen auf (KontrollratsG Nr. 46 v. 25.2.1947) und bildeten in den Grenzen ihrer Besatzungszonen neue Länder aus Teilen Preußens und anderen Ländern oder Teilen von diesen. Damit wurden z.T. historische Zusammenhänge gestört und wiederum Zufallsgrenzen gezogen, ohne aber durchgängig leistungsstarke Länder zu schaffen. In jüngerer Zeit wurde das Thema erneut im Rahmen der Föderalismusreform II (vgl. Einführung Rn. 7) diskutiert, ohne dass jedoch Änderungen vorgeschlagen wurden.

2 Art. 29 ist **mehrfach geändert** worden (1969, 1976, 1994). Er sah in der ursprünglichen Fassung eine Verpflichtung des Bundes zur Neugliederung des gesamten Bundesgebiets vor. Dazu kam es nicht. Eine Wiederherstellung kleinerer historischer Länder, für die sich z.T. erfolgreiche Volksbegehren und -entscheide aussprachen, hätte den materiellen Zielen der Neugliederung widersprochen. Eine Zusammenfassung größerer Gebiete, die eine Sachverständigenkommission (sog. Ernst-Kommission) dem BMI 1973 empfohlen hatte, fand zu wenig Widerhall. Insgesamt haben die nach 1945 geschaffenen Länder in den Jahrzehnten seither eine beachtliche staatl. und polit. Identität gewonnen, so dass sogar eine ersatzlose Aufhebung des Art. 29 diskutiert wurde. Stattdessen ist er 1976 neu gefasst und modifiziert worden: *Aus der Verpflichtung des Bundes wurde eine Ermächtigung:* „kann" (BVerfGE 49, 13; 49, 17), die freilich bisher keine praktische Bedeutung entfaltet hat. Bedeutsam für die Struktur des Bundesstaates ist, dass die Neugliederungskompetenz (von Abs. 8 u. Art. 118 a abgesehen) dem Bund zukommt und so eine Beschränkung des Selbstbestimmungsrechts der Länder erkennbar wird (Pieroth in Jarass/Pieroth, Art. 29 Rn. 1). Zur Geschichte der Neugliederungsdiskussion und zu den früheren Fassungen vgl. Dietlein, BK, Art. 29 Rn. 1–21; für eine Neugliederung im Raum Berlin/Brandenburg abw. von Art. 29 (Vereinbarung der beteiligten Länder) s. Art. 5 EV und, seit 1994, Art. 118 a.

## Absatz 1: Bundesgebiet, Richtbegriffe für Neugliederung

**Bundesgebiet:** Umfasst heute, nach den Beitritten des Saarlandes und der DDR    3
(Art. 23 a.F.), alle in der Präambel aufgezählten Länder (s. auch Präambel Rn. 5).
Bundesgebiet und Gebiet der Länder stimmen überein (h.M.). Der territoriale Be-
stand der Länder bemisst sich grundsätzlich nach der Rechtslage 1949 (BVerfGE
4, 288). Anders Baden-Württemberg (gebildet nach Art. 118), Berlin (Art. 1 II
EV) und die ostdeutschen Länder (DDR-LändereinführungsG v. 22.7.1990, GBl
I S. 955) sowie das ebenfalls nach Art. 23 a.f. beigetretene Saarland (dazu vgl.
Präambel Rn. 4). Zum Bundesgebiet gehören die Küstengewässer, nicht jedoch
weitere Seegebiete wie Fischereizone, Festlandsockel und Wirtschaftszone (Dietlein, BK, Art. 29 Rn. 30). Eine etwaige **Neugliederung** hat ausschließlich im Interesse und zum Wohl des Ganzen zu erfolgen; sie dient weder dem Interesse der
bestehenden noch zur Wahrung der Interessen ehemaliger Länder (BVerfG, zuletzt E 49, 13; vgl. auch E 49, 20). Abs. 1 enthält die **Richtbegriffe** für die Neugliederung, wobei Satz 2 nur ihre „Berücksichtigung" verlangt. „Erfordernisse
der Raumordnung" und der „Landesplanung" sind 1976 eingefügt worden anstelle des früheren, als zu unbestimmt empfundenen Richtbegriffs „soziales Gefüge". Im Einzelnen s. Maunz/Herzog/Scholz in Maunz/Dürig, Art. 29 Rn. 22 ff.

## Absatz 2: Neugliederung durch Bundesgesetz

Abs. 2 sieht in Anknüpfung an Abs. 1 a.F. als Regelverfahren für die Neugliede-    4
rung ein **Bundesgesetz** vor, das der **Bestätigung durch Volksentscheid**, nicht aber
der Zustimmung des BRats bedarf. Die betroffenen Länder sind – über die übliche BRatsbeteiligung hinaus – frühzeitig zu hören (LReg u. LTag; Maunz/Herzog
in Maunz/Dürig, Art. 29 Rn. 53 f.). Bei Volksentscheiden kommt es ausschließlich auf den Willen der unmittelbar betroffenen Bevölkerung an. Bundesweite
Volksabstimmungen sieht Art. 29 nicht mehr vor (anders noch Abs. 4 a.F.).

## Absätze 3 bis 6: Weitere Verfahrensregelungen

*Absatz 3* regelt den **Volksentscheid**, der nur in den betroffenen Ländern stattfin-    5
det. Art. 29 a.F. hatte die Möglichkeit auch eines Volksentscheids im *gesamten*
Bundesgebiet vorgesehen. Die Abstimmungsfrage ist so zu fassen, dass nur über
die beiden Möglichkeiten „Beibehaltung des bisherigen Zustands" oder „Bildung
des neuen bzw. neu umgrenzten Landes" entschieden werden kann. Dabei trifft
Abs. 3 eine sehr ausdifferenzierte Regelung, unter welchen Umständen der bestä-
tigende Volksentscheid zustande kommt. Letztlich können sich Beharrungskräfte
leichter durchsetzen als der Wille zur Veränderung. Denn mit Zweidrittelmehrheit in einem der betroffenen Länder kann jede Änderung der Ländergliederung
verhindert werden. Allerdings öffnet *Absatz 4* ein Ventil für spontane Neugliede-
rungswünsche. Er erlaubt unter den dort genannten engen Voraussetzungen
(zum Begriff des zusammenhängenden, abgegrenzten Siedlungs- u. Wirtschafts-
raums s. BVerfGE 96, 149 f.: kein abgegrenzter Raum bei umfangreichen Pend-
lerbewegungen zum Umland) ein **Volksbegehren**, das im Erfolgsfall (Unterstützung durch ein Zehntel der zum BTag Wahlberechtigten eines Gebiets, für das
eine Änderung der Landeszugehörigkeit gefordert wird) entweder zu einem Bundesgesetz nach Abs. 2 führt, mit dem dem Änderungswunsch Rechnung getragen
wird (das aber dem Volksentscheid unterliegt), oder ein Bundesgesetz zur Folge
hat, das eine Volksbefragung in den betroffenen Ländern anordnet. Nach *Absatz
5* führt die **Volksbefragung** bei Erfolg (Mehrheit für eine vorgeschlagene Änderung) wiederum zum Tätigwerden des Bundesgesetzgebers, der in seiner Entscheidung zwar frei ist, sie aber dem Volksentscheid unterwerfen muss. Auf den
Volksentscheid wird nur dann verzichtet, wenn bereits die Volksbefragung ein-

deutige Mehrheiten i.S. des Abs. 3 erbracht hatte und der Gesetzgeber sich an das Ergebnis hält. Zum Begriff der Mehrheit vgl. *Absatz 6 Satz 1.* Das nach Abs. 6 Satz 2 vorgesehene G über das Verfahren bei Volksentscheid, Volksbegehren und Volksbefragung ist unter dem 30.7.1979 ergangen (BGBl I S. 1317).

### Absatz 7: Sonstige Gebietsänderungen

6 Sonstige Änderungen des Gebietsbestands (nicht bloße Markierungsberichtigungen) der Länder sind in einem vereinfachten Verfahren zulässig, wenn das betroffene Gebiet nicht mehr als 50 000 Einwohner hat, und zwar entweder durch **Staatsvertrag** der beteiligten Länder **oder** durch **Bundesgesetz**, das im Unterschied zum Gesetz nach Abs. 2 der Zustimmung des BRats bedarf. Das in Satz 2 und 3 genannte G über das Verfahren bei sonstigen Änderungen des Gebietsbestandes der Länder ist ebenso wie das Gesetz nach Abs. 6 unter dem 30.7.1979 ergangen (BGBl I S. 1325). Die Anhörung der betroffenen kommunalen Gebietskörperschaften ist zwingend vorgesehen. Die Staatsverträge der Länder sind im BGBl bekannt zu machen. Eine Zusammenstellung von Staatsverträgen der Länder über Gebietsänderungen findet sich bei Kunig in von Münch/Kunig, Art. 29 nach Rn. 60 (S. 1942 f.). Zu einer bundesgesetzl. Gebietsänderung ist es dagegen noch nicht gekommen. Jedoch bedeutet „oder durch Bundesgesetz" keine rechtl. Subsidiarität (str.; wie hier Erbguth in Sachs, Art. 29 Rn. 64; anders Sannwald in Schmidt-Bleibtreu/Hofmann/Hopfauf, Art. 29 Rn. 63).

### Absatz 8: Neugliederung durch die Länder

7 Abs. 8 ist 1994 (BGBl I S. 3146) angefügt worden, um – in Anlehnung an die Art. 118, 118 a und über die nur für (kleine) „Gebietsänderungen" vorgesehene Regelung in Abs. 7 hinaus – auch regelrechte Neugliederungen durch **Vereinbarung der betroffenen Länder** zu ermöglichen, nachdem es zu bundesgesetzl. Neugliederungen nach Abs. 1–6 nicht gekommen war. Dabei handelt es sich im Unterschied zu den Sonderbestimmungen für den „Südweststaat" sowie für Berlin und Brandenburg um generelle Regelungen, die zugleich der Systematik des Art. 29 folgen (zum Verhältnis zu Art. 118 a s. dort). So wird ebenso wie in Abs. 7 der Begriff „Staatsvertrag" (Zustandekommen nach Landesverfassungsrecht) verwendet. Satz 1 bestimmt, dass zwar nicht die Verfahrensregelungen der Abs. 2–7, wohl aber die Richtbegriffe des Abs. 1 gelten. Die vertragliche Neugliederung kann – ebenso wie die bundesgesetzl. nach Abs. 1–6 – ganze Länder oder Teilgebiete umfassen. Die betroffenen *Gemeinden und Kreise* haben nach Satz 2, ebenso wie nach Abs. 7 Satz 3, ein *Anhörungsrecht.* Der Staatsvertrag bedarf nach Satz 3 der Bestätigung durch Volksentscheid, ähnlich wie dies die Abs. 2 und 3 für Bundesgesetze zur Neugliederung vorsehen. Das in Satz 5 vorgeschriebene Quorum und die Bestimmung über die notwendige Mehrheit entsprechen der Regelung in Abs. 6 Satz 1. Schließlich soll das Nähere über den Volksentscheid in einem (im BRat zustimmungsfreien) Bundesgesetz geregelt werden, wie dies auch Abs. 6 Satz 2 vorsieht; dieses Gesetzes bedarf es allerdings nach Satz 4 Halbs. 2 nicht, soweit es nur um Teilgebiete von Ländern geht. Das Gesetz ist noch nicht ergangen. Eine gewisse Verbindung zu dem nach Abs. 2 zuständigen Bundesgesetzgeber wird durch Satz 6 hergestellt, wonach der Staatsvertrag der beteiligten Länder der Zustimmung des BTags (schlichter Parlamentsbeschl.) bedarf.

8 Käme es zu einer Neugliederung, wären **Fragen der Vermögensnachfolge** in dem einschlägigen Bundesgesetz oder Staatsvertrag zu regeln; Art. 135 gilt nicht (s. Art. 135 Rn. 1).

## Artikel 30 [Zuständigkeitsverteilung zwischen Bund und Ländern]

Die Ausübung der staatlichen Befugnisse und die Erfüllung der staatlichen Aufgaben ist Sache der Länder, soweit dieses Grundgesetz keine andere Regelung trifft oder zuläßt.

Art. 30 enthält die **Grundregel für die Zuständigkeitsverteilung zwischen Bund** 1 **und Ländern.** Er ordnet als Fundamentalnorm die Ausübung der staatl. Befugnisse und die Erfüllung der staatl. Aufgaben den Ländern zu, soweit das GG nichts anderes bestimmt oder zulässt, enthält damit ein Element funktionaler Gewaltenteilung (BVerfGE 108, 181) und hat für die bundesstaatl. Struktur der Bundesrepublik Deutschland, die eine lückenlose Kompetenzverteilung verlangt, zentrale Bedeutung (BVerfGE 12, 244; 61, 205). Erfasst wird, vorbehaltlich der Sonderregelung in Art. 32 (a.A. Fassbender, DÖV 2011, 715 ff.), die gesamte staatl. Tätigkeit. Die Vorschrift gilt also grundsätzlich für alle staatl. Gewalten i.S. des Art. 1 III (zur rechtsprechenden Gewalt s. BGHSt 46, 241 f.) und versteht unter staatl. **Aufgaben** umfassend die Sach- und Tätigkeitsbereiche, die vom Staat gegenüber dem Bürger in dessen Interesse und zum Wohl des Ganzen zu erledigen sind (vgl. auch BVerfGE 12, 243; 30, 311 f.). Staatl. **Befugnisse** sind demgegenüber die Funktionen und Regelungsmittel, die es dem Staat und seinen Funktionsträgern ermöglichen, die ihnen zugewiesenen Aufgaben effizient zu erfüllen (zu den Begriffen „Aufgaben" u. „Befugnisse" vgl. auch SachsAnhVerfG, NVwZ-RR 1999, 395; 1999, 465).

Die Grundentscheidung, die das GG in Art. 30 trifft, wird in Art. 70 I für den 2 Bereich der Gesetzgebung und in Art. 83 für den verwaltungsmäßigen Vollzug des Bundesrechts wiederholt, bestätigt und z.T. variiert (zu Art. 70 I s. BVerfGE 109, 211; BayVerfGH 28, 65, zu Art. 83 BVerfGE 108, 178 f.; OVG Lüneburg, OVGE 28, 431). Auch Art. 92, der die rechtsprechende Gewalt des Bundes auf die im GG vorgesehenen Bundesgerichte beschränkt (vgl. Art. 92 Rn. 1 u. 6), kann als Bekräftigung des Art. 30 verstanden werden (s. BVerfGE 8, 176; BVerwGE 22, 307). **Doppelzuständigkeiten sowohl des Bundes als auch der Länder** für ein und denselben Gegenstand kommen grundsätzlich (Ausnahmen vor allem: Art. 72 III, Art. 84 I 2; s. auch zur Möglichkeit paralleler Kompetenzen im Bereich des staatsleitenden Informationshandelns der Regierungen von Bund u. Ländern BVerfGE 105, 271 f.; 105, 307) nicht in Betracht (vgl. BVerfGE 61, 204; 67, 321; 106, 114). Das BbgVerfG, DVBl 1999, 710, verneint deshalb ein Recht des LTags, sich im Rahmen einer Entschließung mit Themen zu befassen, die in die ausschließliche Gesetzgebungs- und Exekutivzuständigkeit des Bundes fallen (krit. dazu Menzel, DVBl 1999, 1385). Die Verbandskompetenz im *Verhältnis der Länder untereinander* wird in Art. 30 nicht geregelt, aber stillschweigend vorausgesetzt.

Art. 30 begründet eine durch Nachweis einer Bundeskompetenz widerlegbare 3 **Vermutung für die Zuständigkeit der Länder** (BVerfGE 42, 28; BVerwGE 85, 342; BVerwG, NJW 1991, 1772; OLG Frankfurt/Main, DVBl 1998, 354; krit. insoweit etwa Erbguth in Sachs, Art. 30 Rn. 7 ff.). Für jedes *Handeln des Bundes*, sei es rechtsetzender, vollziehender oder rechtsprechender Art, bedarf es deshalb jeweils eines *besonderen verfassungsrechtlichen Titels* (vgl. BVerfGE 12, 229; 42, 28). Er kann sich aus dem *geschriebenen Recht*, insbes. aus den Kompetenzbestimmungen der Art. 73 ff. (105), 87 ff. (108, 120 a) und 93 ff., für die Gesetzgebung und Verwaltung aber auch stillschweigend (gegen den Begriff der ungeschriebenen Bundeskompetenzen mit Recht Bothe, AK, Art. 30 Rn. 13) *aus der*

*Natur der Sache* (BVerfGE 11, 98 f.; 26, 257; 41, 312) oder *kraft Sachzusammenhangs* mit einer ausdrücklich zugewiesenen Regelungsmaterie (BVerfGE 98, 299; 106, 115; 110, 48) ergeben (BVerwGE 100, 70; vgl. auch BGHZ 141, 56 f.; eher zurückhaltend Erbguth in Sachs, Art. 30 Rn. 39). Näher zu den zuletzt angeführten Kompetenztiteln, die durch die Neuerungen der *Föderalismusreform I* (s. Einführung Rn. 6) nicht berührt worden sind (BT-Dr 16/330 S. 8; 16/3910 S. 3), s. vor Art. 70 Rn. 3 sowie nachstehend Rn. 4 und 5. *Annexkompetenzen* haben daneben keine selbständige Bedeutung; sie führen zu einer Erweiterung anderweitig begründeter – ausdrücklicher (vgl. etwa BVerfGE 8, 149; 22, 210; 77, 299; 88, 331) oder stillschweigend mitgeschriebener (s. BVerfG, NJW 1996, 2497 f.) – Zuständigkeiten über deren eigentlichen Gegenstandsbereich hinaus und verweisen insoweit letztlich auf die vorstehend genannten Kompetenzgrundlagen (vgl. BVerfGE 109, 215). Bei gleicher Eignung von Regelungen zur Erfüllung der Zielvorgaben des GG gebührt grundsätzlich den Ländern der Vorrang (BVerfGE 106, 149). Im Übrigen folgt aus Art. 30 auch, dass die Länder selbst über den Vollzug ihrer Gesetze bestimmen (BVerfGE 63, 40; BVerwGE 114, 238).

4 Hinsichtlich der **verwaltenden Staatstätigkeit** gilt Art. 30 sowohl für die gesetzesakzessorische als auch für die gesetzesfreie, nicht an gesetzl. Vorgaben gebundene Erfüllung öffentl. Aufgaben (BVerfGE 12, 246; 22, 217; BVerwGE 75, 298; 102, 125) ohne Rücksicht darauf, ob Mittel des öffentl. oder des privaten Rechts verwendet werden (BVerfGE 12, 244; OLG Frankfurt/Main, DVBl 1998, 354). Bei der Bestimmung von Verwaltungszuständigkeiten durch den Bundesgesetzgeber sind die rechtsstaatl. Grundsätze der Normenklarheit und Widerspruchsfreiheit zu beachten, damit die Länder vor einem Eindringen des Bundes in den ihnen vorbehaltenen Bereich der Verwaltung geschützt bleiben und der Grundsatz des Art. 30 nicht ausgehöhlt wird (BVerfGE 108, 181 f.). Die Annahme einer *stillschweigend zugelassenen Verwaltungskompetenz des Bundes* kommt nur ausnahmsweise in Betracht (BVerfGE 108, 182) und setzt voraus, dass Verwaltungsaufgaben zu bewältigen sind, die – z.B. wegen ihres überregionalen Charakters – wirksam, d.h. sachgerecht und notfalls auch mit der gebotenen Eile, nur durch den Bund erledigt werden können, so dass der Gesetzeszweck durch das Verwaltungshandeln eines Landes allein nicht erreicht werden kann (s. BVerfGE 11, 17; 22, 216; BVerwGE 80, 302; 98, 23). Davon kann bei der Wahrnehmung internationaler Aufgaben regelmäßig ausgegangen werden (dazu u. zu weiteren Beispielen BVerfGE 22, 217, sowie nachstehend Rn. 5). Zu den Voraussetzungen für den Erlass überregionaler Verwaltungsakte des Bundes im Rahmen der Ausführung des Bundesrechts vgl. Art. 83 Rn. 2.

5 Die Wahrnehmung von **Förderungsaufgaben** durch Hingabe von Haushaltsgeldern fällt – als Teil und Annex der verwaltenden Staatstätigkeit – ebenfalls unter Art. 30 (vgl. BVerfGE 22, 216; BVerwGE 90, 123, 125; BT-Dr 12/534 S. 3). Auch für ein Tätigwerden auf diesem Gebiet benötigt der Bund deshalb eine entsprechende Kompetenzzuweisung. Sie bestimmt sich gemäß Art. 104 a I grundsätzlich danach, ob der Bund für die zu fördernde Aufgabe eine ausdrückliche oder durch das GG stillschweigend zugelassene Verwaltungszuständigkeit besitzt (s. Art. 104 a Rn. 2). Die in letzterer Hinsicht bestehenden Kompetenzen sind 1971 in dem von einer Bund/Länder-Kommission erarbeiteten Entwurf einer Verwaltungsvereinbarung über die Finanzierung öffentl. Aufgaben von Bund und Ländern (sog. *Flurbereinigungsabkommen*; mit seinem wesentlichen Inhalt abgedruckt bei Maunz in Ders./Dürig, Art. 104 a Rn. 16) klargestellt worden. Obwohl von den Ländern in der Folge nicht unterzeichnet (im Schrifttum (z.B.

von Köstlin, Die Kulturhoheit des Bundes, 1989, S. 59 f.) als zu weitgehend kritisiert, ist der Entwurf im Kern unverändert Grundlage für die Förderungspraxis des Bundes (vgl. – mit Blick auf die Sportförderung – BT-Dr 16/3750 S. 14; s. auch Mahrenholz, DVBl 2002, 859); nur die Kompetenz zur Förderung von Maßnahmen zur Überwindung der deutschen Teilung ist nach einer Übergangszeit im Anschluss an die Wiedervereinigung (vgl. dazu Art. 35 VII EV) gegenstandslos geworden. Danach kann der Bund nach der Natur der Sache oder kraft Sachzusammenhangs (BT-Dr V/2861 S. 23) Aufgaben in folgenden Bereichen finanzieren:

a) Wahrnehmung der Befugnisse und Verpflichtungen, die im bundesstaatl. Gesamtverband ihrem Wesen nach dem Bund eigentümlich sind (**gesamtstaatliche Repräsentation**);

b) Förderung von bundeswichtigen **Auslandsbeziehungen**, insbes. zu nichtstaatl. internationalen und ausländischen Organisationen und Einrichtungen (Auslandsbeziehungen);

c) Vorhaben der **wissenschaftlichen Großforschung** vornehmlich im Bereich der Kern-, Weltraum-, Luftfahrt- und Meeresforschung sowie auf dem Gebiet der Datenverarbeitung. Zur Großforschung gehören Vorhaben, die wegen ihrer besonderen wissenschaftlichen Bedeutung und ihres außerordentlichen finanziellen Aufwands sinnvollerweise nur vom Gesamtstaat gefördert werden können (**Großforschung**);

d) Maßnahmen der **Wirtschaftsförderung**, die sich auf das Wirtschaftsgebiet des Bundes als Ganzes beziehen und ihrer Art nach nicht durch ein Land allein wirksam wahrgenommen werden können;

e) Förderung zentraler Einrichtungen und Veranstaltungen nichtstaatl. Organisationen im Bereich der Gesetzgebungszuständigkeit des Bundes, die für das Bundesgebiet als Ganzes von Bedeutung sind und deren Bestrebungen ihrer Art nach nicht durch ein Land allein wirksam gefördert werden können (**nichtstaatliche zentrale Einrichtungen**);

f) Maßnahmen, die zur sachgemäßen Erfüllung von Aufgaben der Bundesbehörden notwendig sind (**ressortzugehörige Funktionen**).

Problematisch ist weniger die Anerkennung dieser Zuständigkeiten dem Grunde nach (s. zu ihnen, soweit von kultureller Bedeutung, auch Art. 91 b Rn. 1) als vielmehr da und dort ihre – in der Vergangenheit zuweilen ausdehnend ausgeübte – Handhabung durch den Bund (vgl. auch Brockmeyer in FS F. Klein, 1994, 643 ff.). In Zeiten knapper Kassen scheint diese Handhabung allerdings zurückhaltender geworden zu sein (s. BT-Dr 14/1859 S. 11). Gleichwohl sind die *Aktivitäten des Bundes* etwa *auf dem Gebiet der Kultur*, die Förderungsmaßnahmen der Länder – ggf. für ein und dasselbe Vorhaben – auf der Grundlage der diesen zugewiesenen Kompetenzen nicht ausschließen (vgl. BVerwGE 81, 314), nach wie vor beträchtlich (s., auch zur Förderung durch die 2002 gegründete Kulturstiftung des Bundes, BT-Dr 15/2523, u. zu den Kulturausgaben des Bundes in den Jahren 2001–2010 insgesamt BT-Dr 16/9193 S. 2 f.; 16/13348 S. 1–3; 17/5699 S. 3 ff.). Das kommt auch in der Einrichtung eines Beauftragten der BReg für Kultur und Medien („Kulturstaatsminister") zum Ausdruck, der unmittelbar der BKanzlerin zugeordnet ist (Organisationserlass des BKanzlers v. 27.10.1998, BGBl I S. 3288). Zur gesamtstaatl Repräsentation in der Hauptstadt und zur Kulturförderung dort vgl. Art. 22 I 2 nebst den Erläut. dazu in Art. 22 Rn. 3 ff., zur Höhe der Hauptstadtkulturförderung BT-Dr 16/13346 S. 5. Eine Ergänzung des GG um ein Staatsziel „Kultur" (s. z.B. BT-Dr 15/5560 S. 2, 12; 16/387; 17/10644 S. 2 f.) würde an der bestehenden Kompetenzlage nichts ändern (BT-Dr 15/5560 S. 9; 16/387 S. 3). Diese ist auch, soweit es um die gemeinsame Kulturförderung durch den Bund und die Länder geht, durch die *Föderalismusreform I* nicht berührt worden (BT-Dr 16/813 S. 19 zu Art. 109 b I; vgl. auch schon Rn. 3). U.a. auf die Befugnis zur Förderung nichtstaatl. zentraler Einrichtungen ist der Vertrag zwischen der Bundesrepublik Deutschland und dem Zentralrat der Juden in Deutschland vom 27.1.2003 (BGBl I S. 1598) gestützt (s. BT-Dr 15/879 S. 13).

6   Nicht um Verwaltungstätigkeit, sondern um die Wahrnehmung einer *Regierungs*aufgabe handelt es sich beim **Informationshandeln der Regierungen im Rahmen der** diesen verfassungsunmittelbar zugewiesenen **Staatsleitung.** Für eine **Zuständigkeit der Bundesregierung** gibt es insoweit im GG zwar keine ausdrücklichen Bestimmungen. Das GG geht aber i.S. von Art. 30 stillschweigend von entsprechenden Kompetenzen aus, so etwa in den Normen über die Bildung und Aufgaben der BReg (Art. 62 ff.) oder über deren Pflicht, den BTag und seine Ausschüsse zu unterrichten, etwa dem BTag auf Fragen Rede und Antwort zu stehen und seinen Abg. die zur Ausübung ihres Mandats erforderlichen Informationen zu verschaffen (vgl. dazu Art. 43 Rn. 3 f. m.w.N.). Gegenständlich ist die BReg überall dort zur Informationsarbeit berechtigt, wo ihr gesamtstaatl. die Verantwortung für die Staatsleitung zukommt und diese Aufgabe mit Hilfe von Informationen erfüllt werden kann. Anhaltspunkte für eine solche Verantwortung lassen sich etwa aus sonstigen Kompetenzvorschriften, z.B. denen über die Gesetzgebung, gewinnen. Der Bund ist zur Staatsleitung insbes. berechtigt, wenn Vorgänge wie die immer wieder auftretenden Krisen im Agrar- und Lebensmittelbereich oder das Aufkommen neuer religiöser und weltanschaulicher, von der Bevölkerung als gefährlich empfundener Bewegungen („Jugendsekten", „Jugendreligionen" u. dgl.) wegen ihres Auslandsbezugs oder ihrer länderübergreifenden Bedeutung überregionalen Charakter haben und eine bundesweite Informationsarbeit der Regierung die Effektivität der Problembewältigung fördert (zum Ganzen s. BVerfGE 105, 268 ff.; 105, 301 ff.; BVerfG, DVBl 2010, 1369, u. aus europäischer Perspektive EGMR, NVwZ 2010, 180 f.).

7   Vereinbarungen, die nicht wie die in Rn. 5 angeführte auf Kompetenzabgrenzung und –bestätigung im Wege der Verfassungsauslegung (dazu BT-Dr V/2861 S. 23), sondern auf Kompetenzverschiebung gerichtet sind, sind unzulässig (BVerfGE 41, 311; 63, 39; 108, 182; BVerwGE 102, 124; BGHSt 46, 244). Der Bund kann deshalb nach dem insoweit bestehenden Delegationsverbot eine Gesetzgebungszuständigkeit, die ihm das GG nicht gewährt, auch nicht durch Zustimmung der Länder gewinnen (BVerfGE 1, 35). Gleiches gilt – auch in umgekehrter Richtung – für Kompetenzen im Exekutiv- und im Jurisdiktionsbereich. Die **Durchführung von Landesgesetzen durch Bundesbehörden** ist demnach mit Art. 30 ebenfalls nicht vereinbar (BVerfGE 12, 221; 21, 325 ff.; BVerwG, BayVBl 1990, 250); sie ist ausschließlich Sache der Länder (OVG Münster, NWVBl 2006, 22; zur Erledigung von Verwaltungsaufgaben der Länder durch Einrichtungen des Bundes im Wege der sog. *Organleihe* vgl. aber BVerwG, NJW 1976, 1469, u. vor Art. 83 Rn. 9). Eine Beschränkung der Bundesgerichte auf die Entscheidung über Bundesrecht lässt sich Art. 30 allerdings nicht entnehmen (BAGE 4, 346 ff.). Zur Rückwirkung des in dieser Vorschrift niedergelegten Grundsatzes auf die Befugnis des BTags, Untersuchungsausschüsse einzusetzen, s. BVerfGE 77, 44.

## Artikel 31 [Vorrang des Bundesrechts]

Bundesrecht bricht Landesrecht.

Traditionelle Bestimmung (vgl. Art. 13 WRV) und – trotz geringer praktischer 1
Bedeutung (s. unten Rn. 2) – Grundsatznorm bundesstaatl. Ordnung. „Kollisionsnorm", die voraussetzt, dass derselbe Gegenstand, dieselbe Rechtsfrage geregelt sind, und zwar im Übrigen rechtsgültig (BVerfGE 26, 135), insbes. unter Beachtung der grundgesetzl. Kompetenzordnung (BVerwG, NVwZ 2011, 753).

Bundesrecht ist jede von einem Bundesorgan erlassene Norm (BVerfGE 18, 414): 2
Verfassung, Gesetz, RVO, ferner Bundesgewohnheitsrecht, Völkerrecht nach
Maßgabe des Art. 25 und „fortgeltendes" Bundesrecht (Art. 123 ff.), nicht jedoch
allg. Verwaltungsvorschriften (h.M.). Auch früheres DDR-Recht, das nach Art. 9
II-IV EV als Bundesrecht fortgilt, gehört dazu. Kein Bundesrecht sind Tarifverträge (h.M.), es sei denn, dass sie bundesrechtl. für allgemeinverbindlich erklärt
worden sind (§ 5 TarifvertragsG; vgl. BVerwGE 80, 357 f.; Bernhardt/Sacksofs-
ky, BK, Art. 31 Rn. 42). Keine Anwendung findet Art. 31 auf Landesgesetze, die
unter die Abweichungsrechte nach Art. 72 III und Art. 84 I 2 fallen. Solche Landesgesetze genießen für das Gebiet des betr. Landes und die Dauer ihrer Geltung
gegenüber kollidierendem Bundesrecht *Anwendungsvorrang*, ohne dass Letzteres
gebrochen wird (BT-Dr 16/813 S. 11 f.; s. auch Art. 72 Rn. 4, Art. 84 Rn. 7). Keine Anwendung von Art. 31 auch auf Landesgesetze nach Art. 125 a. **Landesrecht**
ist das von Landesorganen gesetzte Recht (einschl. Satzungen z.b. der Gemeinden u. Gemeindeverbände, Landesgewohnheitsrecht, Observanzen). Die Kompetenzregelungen der Art. 71 ff. verhindern für das einfache Recht i.d.R., dass es
zur Kollision kommt, schränken somit die praktische Bedeutung der Bestimmung
ein. Zur Vermeidung von Konflikten zwischen Bundes-und Landesrecht ist zudem ggf. eine verfassungskonforme Auslegung nötig (BVerfGE 121, 349). Anwendung findet Art. 31 insbes in den seltenen Fällen von „Doppelkompetenzen"
(vgl. Dreier in Ders., Art. 31 Rn. 60 f.) und für das Verhältnis von einfachem
Bundesrecht zu Landesverfassungsrecht, da Letzteres von den Kompetenzvorschriften der Bundesverfassung nicht sachgerecht erfasst werden kann (s. Dreier
in Ders., Art. 31 Rn. 29, 50). „Bricht" (vgl. BVerfGE 36, 365): *Entgegenstehendes* – inhaltlich widersprechendes – *Landesrecht ist nichtig* (vgl. BVerfGE 51,
96), *sein Erlass unzulässig*. Die Bestimmung bedeutet also nach „rückwärts"
Aufhebung, nach „vorwärts" eine Sperre. Das „gebrochene" Landesrecht lebt
nach Außerkrafttreten des Bundesrechts nicht wieder auf. Recht im Gebiet der
ehemaligen DDR kann nach Maßgabe des Art. 143 III von Bestimmungen des
GG abweichen.

Ob **inhaltsgleiches Landesrecht**, das sachlich mit einfachem Bundesrecht überein- 3
stimmt, ebenfalls unwirksam ist, ist bestr. (vgl. zum Streitstand Gubelt in von
Münch/Kunig, Art. 31 Rn. 23). Das BVerfG hat die Frage in dem Urteil BVerfGE
40, 327, offengelassen, in dem Beschluss BVerfGE 36, 366 ff., aber entschieden,
dass mit dem GG inhaltsgleiche Vorschriften des Landesverfassungsrechts rechtswirksam bleiben, also neben den GG-Normen „parallel" laufen (str.). Für *landesrechtliche Grundrechte* sieht Art. 142 eine Sonderregelung vor. Sie bleiben
Prüfungsmaßstab für die Landesverfassungsgerichte (s. Art. 142 Rn. 3).

**Unberührt** von Art. 31 bleibt der Fall, dass die Bundesnorm im Einzelfall abw. 4
Landesrecht zulässt, z.b. als lex specialis oder auf Grund einer Öffnungsklausel.

Zur **verfassungsgerichtlichen Klärung** von Kollisionsfragen vgl. insbes. Art. 93 I 5
Nr. 2 (dazu Art. 93 Rn. 11–15) und Art. 100 I (dazu Art. 100 Rn. 2–13).

## Artikel 32 [Auswärtige Beziehungen]

(1) Die Pflege der Beziehungen zu auswärtigen Staaten ist Sache des Bundes.

(2) Vor dem Abschlusse eines Vertrages, der die besonderen Verhältnisse eines Landes berührt, ist das Land rechtzeitig zu hören.

(3) Soweit die Länder für die Gesetzgebung zuständig sind, können sie mit Zustimmung der Bundesregierung mit auswärtigen Staaten Verträge abschließen.

### Absatz 1: Pflege der Beziehungen zu auswärtigen Staaten

1 Abs. 1 ist, als lex specialis gegenüber Art. 30, die grundsätzliche Bestimmung über die Verteilung der Verbandskompetenz zwischen Bund und Ländern für die Pflege der Beziehungen zu auswärtigen Staaten (vgl. daneben Art. 73 I Nr. 1, Art. 87 I 1, ferner Art. 59, der die Organkompetenz innerhalb des Bundes regelt). Ihm gehen ihrerseits Art. 23, 24 als leges speciales vor. Die **Pflege der Beziehungen** zu auswärtigen Staaten (s. auch Art. 59 I 2) umfasst nicht nur den Abschluss völkerrechtl. Verträge und andere völkerrechtsförmliche Handlungen (vgl. dazu unten Rn. 7), sondern *alle Maßnahmen, die im Bereich der auswärtigen Angelegenheiten* (in Wahrnehmung sowohl der Interessen des Bundes als auch der Interessen der Länder) *erforderlich werden* (s. zur Vielfalt einschlägiger Maßnahmen Rojahn in von Münch/Kunig, Art. 32 Rn. 14-28, zu Auslieferungen BVerfGE 113, 311 f.). Dieser umfassenden Bundeskompetenz entsprechend liegt die gesamte diplomatische und konsularische Vertretung ausschließlich in der Hand des Bundes. Zur Pflege der Beziehungen zu „**auswärtigen Staaten**" gehört auch die zu den zwischenstaatl. Einrichtungen (vgl. Art. 24 Rn. 2) und anderen anerkannten Völkerrechtssubjekten, ebenso die Entwicklungshilfe. Nicht unter den Begriff „auswärtige Staaten" fällt, wie schon unter der Weimarer Reichsverfassung anerkannt war, der Heilige Stuhl (h.M.). Länderkonkordate bedürfen daher nicht der Zustimmung der BReg nach Abs. 3 (BVerfGE 6, 362).

### Absatz 2: Länderanhörung

2 Abs. 2 bindet den *Bund* über die allg. Rechtspflicht zu länderfreundlichem Verhalten (er muss die Interessen der Länder berücksichtigen, darf insbes. seine Zuständigkeit nicht zur Zurückdrängung der Länderkompetenzen in Anspruch nehmen) hinaus. Er *muss ein Land, dessen „besondere Verhältnisse" durch Vertragsschluss „berührt" werden, vorher anhören.* Die **besonderen Verhältnisse eines Landes** werden dann berührt, wenn ein Vertrag die Regelung vorwiegend örtlicher und regionaler Verhältnisse beabsichtigt oder sonst einem Lande eigentümliche Gegebenheiten betrifft. „**Vorherige Anhörung**": Dem Land muss so rechtzeitig Gelegenheit zur Äußerung gegeben werden, dass seine Stellungnahme, ohne Bindungswirkung zu entfalten, in die Meinungsbildung einfließen kann. Umstritten ist, ob es bei *gebietsändernden Verträgen* des Bundes über Art. 32 und 59 hinaus einer Zustimmung des betroffenen Landes bedarf (so Nettesheim in Maunz/Dürig, Art. 32 Rn. 90; dagegen Rojahn in von Münch/Kunig, Art. 32 Rn. 31). Der Staatscharakter der Länder (s. Art. 20 Rn. 6) spricht sehr für diese Notwendigkeit (vgl. Stern, Bd. I, S. 249).

### Absatz 3: Verträge der Länder, Gegenstände, Zustimmung der Bundesregierung

3 **Verträge,** die von den **Ländern** gemäß Abs. 3 abgeschlossen werden, haben Rechtswirkungen nur für das betr. Land, nicht für den Bund. Die Zuständigkeit der Länder ergibt sich aus den Gesetzgebungskatalogen i.V.m. Art. 70. Möglich ist aber auch ein Handeln der Ländergesamtheit im Rahmen der Ländergesetzge-

bungsbefugnisse in Angelegenheiten von bundesweiter Bedeutung (z.b. Recht-schreibreform; BVerfGE 98, 249). Im Bereich der konkurrierenden Gesetzge-bungszuständigkeit dürfen die Länder Verträge also nur schließen, soweit der Bund von seiner Zuständigkeit noch nicht durch Gesetzgebung oder Vertrags-schluss Gebrauch gemacht hat. Soweit Abweichungsrechte der Länder (Art. 72 III, Art. 84 I 2) bestehen, ist deren Zuständigkeit zur Gesetzgebung jedoch gege-ben, der Abschluss von Länderverträgen mithin möglich.

Die **Zustimmung der Bundesregierung** muss grundsätzlich vor Abschluss des Vertrags vorliegen; eine nachträglich erteilte Genehmigung kann aber den Man-gel heilen. Ein ohne Zustimmung der BReg geschlossener Vertrag eines Landes ist regelmäßig auch völkerrechtl. unwirksam (Art. 46 Wiener Vertragsrechtskon-vention: „offenkundiger Mangel"; str.; Überblick bei Streinz in Sachs, Art. 32 Rn. 63; wie hier Nettesheim in Maunz/Dürig, Art. 32 Rn. 133). Die Zustimmung der BReg steht in deren polit. Ermessen. Vertragspartner können ausländische Staaten, ihrerseits völkerrechtl. handlungsfähige Glieder anderer Bundesstaaten und auch zwischenstaatl. Organisationen sein.    4

Liegen die Voraussetzungen des Abs. 3 vor, können die Länder auch **Verwal-tungsabkommen** schließen (BVerfGE 2, 369 f.; Nettesheim in Maunz/Dürig, Art. 32 Rn. 117).    5

Bei **Vertragsschlüssen** ist zwischen *Abschlusskompetenz und Transformations-bzw. Vollzugsbefehlskompetenz* zu unterscheiden. Der Bund kann gemäß Abs. 1 auf allen Gebieten völkerrechtl. Verträge schließen (Abschlusskompetenz, str.; vgl. Jarass in Ders./Pieroth, Art. 32 Rn. 8). Auch die Abschlusskompetenz der Länder nach Abs. 3 schließt eine Abschlusskompetenz des Bundes (selbst bei aus-schließlicher Landesgesetzgebungskompetenz) nicht aus (str.; wie hier u. zum Streitstand in dieser „ins Herz des Verhältnisses von Zentralstaat u. Gliedstaa-ten" – Nettesheim in Maunz/Dürig, Art. 32 Rn. 60 – führenden Frage Rojahn in von Münch/Kunig, Art. 32 Rn. 41 ff.). Dem Bund fehlen aber außerhalb seiner Gesetzgebungszuständigkeiten regelmäßig die innerstaatl. Ausführungsbefugnisse (Transformations- bzw. Vollzugsbefehlskompetenz; str., vgl. Hillgruber in Schmidt-Bleibtreu/Hofmann/Hopfauf, Art. 32 Rn. 18; Nettesheim in Maunz/Dürig, Art. 32 Rn. 71). Die praktische Bedeutung beider Streitfragen ist wesent-lich gemildert durch das sog. **Lindauer Abkommen** vom 14.11.1957 zwischen Bund und Ländern (BT-Dr 7/5924 S. 236, abgedruckt z.B. auch bei Nettesheim in Maunz/Dürig, Art. 32 Rn. 72), durch die Arbeit der darauf beruhenden Stän-digen Vertragskommission der Länder sowie ergänzende Absprachen zwischen Bund und Ländern. Die Verständigung umfasst einerseits die Beteiligung der Länder (u.U. schon bei den Verhandlungen sowie Einverständniserfordernisse), andererseits die Klarstellung, welche Verträge der Bund unbeanstandet schließen kann.    6

Für die sehr vielfältigen **nichtvertraglichen Auslandskontakte der Länder** lässt Art. 32 nach dem Wortlaut des Abs. 1 nur einen engen Spielraum. Vgl. dazu Ro-jahn in von Münch/Kunig, Art. 32 Rn. 56 ff.; zu den Länderbüros in Brüssel s. Art. 23 VII und § 8 EUZBLG. Derartige Kontakte sind aber, schon wegen der Überschneidungen mit landespolit. Aufgaben, nicht schlechthin unzulässig und ständige, vom Bund nicht nur geduldete, sondern aktiv unterstützte Staatspraxis aller Länder (zu eng daher Pernice in Dreier, Art. 32 Rn. 38). Allerdings verlangt die Staatspraxis enge Abstimmung mit dem Bund, der Kontakte im Einzelfall un-tersagen kann, wenn sie ihm nach seiner Auffassung die Wahrnehmung seiner Befugnis nach Abs. 1 erschweren würden. Somit ist eine „Nebenaußenpolitik" der Länder unzulässig.    7

**8** Auslandskontakte der Gemeinden/Gemeindeverbände (G/GV) werden in Art. 32 nicht geregelt. G/GV sind keine Völkerrechtssubjekte. Sie unterliegen also nicht den Einschränkungen des Abs. 3, wenn sie Verträge mit G/GV in anderen Staaten schließen. Derartige Verträge (Hauptbeispiele: Städtepartnerschaften, Lösung lokaler grenzüberschreitender Probleme) oder andere Kontakte bemessen sich nicht nach Völkerrecht, sondern, sofern sie überhaupt rechtl. Charakter besitzen, nach innerstaatl. Privat- oder Verwaltungsrecht. Die G/GV handeln auch bei ihren Auslandskontakten auf der Grundlage von Art. 28 II, sie müssen also die danach geltenden Schranken einhalten, sich insbes. auf die Regelung von *„Angelegenheiten der örtlichen Gemeinschaft"*, des „örtlichen Wirkungsbereichs", beschränken (s. Art. 28 Rn. 11). Der Grundsatz der Bundestreue (Erläut. in Art. 20 Rn. 4) kann im Einzelfall auch eine Abstimmung mit der BReg erfordern. Vergleichbare Grundsätze gelten für die Hochschulkooperation (Pernice in Dreier, Art. 32 Rn. 30). Die gesamte verfassungsrechtl. Beurteilung der Auslandskontakte von Selbstverwaltungskörperschaften ist auch wegen der Vielfalt der Erscheinungsformen schwierig (Überblick bei Rojahn in von Münch/Kunig, Art. 32 Rn. 66). Jedenfalls obliegt es der Staatsaufsicht (Kommunalaufsicht) der Länder, über die (verfassungs-)rechtl. Grenzen solcher Betätigung (einschl. der Beachtung der Bundestreue) zu wachen (Rojahn in von Münch/Kunig, Art. 32 Rn. 68).

## Artikel 33 [Gleichstellung als Staatsbürger, Öffentlicher Dienst]

(1) Jeder Deutsche hat in jedem Lande die gleichen staatsbürgerlichen Rechte und Pflichten.

(2) Jeder Deutsche hat nach seiner Eignung, Befähigung und fachlichen Leistung gleichen Zugang zu jedem öffentlichen Amte.

(3) Der Genuß bürgerlicher und staatsbürgerlicher Rechte, die Zulassung zu öffentlichen Ämtern sowie die im öffentlichen Dienste erworbenen Rechte sind unabhängig von dem religiösen Bekenntnis. Niemandem darf aus seiner Zugehörigkeit oder Nichtzugehörigkeit zu einem Bekenntnisse oder einer Weltanschauung ein Nachteil erwachsen.

(4) Die Ausübung hoheitsrechtlicher Befugnisse ist als ständige Aufgabe in der Regel Angehörigen des öffentlichen Dienstes zu übertragen, die in einem öffentlich-rechtlichen Dienst- und Treueverhältnis stehen.

(5) Das Recht des öffentlichen Dienstes ist unter Berücksichtigung der hergebrachten Grundsätze des Berufsbeamtentums zu regeln und fortzuentwickeln.

**1** **Allgemeines:** Art. 33 fasst Normen über staatsbürgerliche Rechte und Vorschriften über den öffentl. Dienst in Bund und Ländern zusammen. Er enthält teils grundrechtsähnliche Individualrechte, teils institutionelle Garantien (Abs. 5 beides) und Weisungen an den Gesetzgeber (s. auch BVerfGE 130, 292). Die grundrechtsähnlichen Rechte können nach Art. 93 I Nr. 4 a auch mit der Verfassungsbeschwerde verteidigt werden, soweit sie – bei Beamten – durch Maßnahmen betroffen werden, die die persönliche Rechtsstellung gegenüber dem Staat berühren (vgl. BVerfGE 106, 231 f.; 107, 236 f. m.w.N.). Für ihre Beeinträchtigung gelten die allg. Regeln (s. vor Art. 1 Rn. 8 f.). Früher wurden auf Art. 33 IV gestützte Klagen für unzulässig gehalten, weil der Vorschrift nur eine objektiv-rechtl. Bedeutung zukomme (s. BVerfGE 6, 385; BVerfG, NVwZ 1988, 523; vgl. auch BVerwG, NVwZ-RR 2001, 254). Heute wird darauf abgestellt, dass ein Beschwerdeführer in seinem Grundrecht aus Art. 2 I berührt sein kann, soweit Art. 33 IV dem Schutz des von hoheitlicher Aufgabenwahrnehmung in seinen Grundrechten betroffenen Bürgers dient (BVerfGE 130, 109). Durch die **Föderalismusreform I** (s. Einführung Rn. 6) ist am Ende von Abs. 5 der Zusatz „und fortzuentwickeln" angefügt worden; zu dessen Bedeutung vgl. Rn. 17. Zur gleichzeitig geänderten Gesetzgebungskompetenz s. Art. 74 Rn. 27.

### Absatz 1: Staatsbürgerliche Rechte und Pflichten

Abs. 1 lehnt sich nahezu wörtlich an Art. 110 II WRV an. Er enthält ein den **2** **Art. 3 I konkretisierendes Gebot** an die Länder, alle Deutschen (Art. 116 I) in ihren staatsbürgerlichen Rechten und Pflichten *im jeweiligen Land* (nicht: in allen Ländern) gleich zu behandeln, und ein Verbot, den eigenen Landesangehörigen eine bevorzugte Stellung einzuräumen. Unter staatsbürgerlichen Rechten und Pflichten ist nicht nur der Inbegriff der polit. Mitwirkungsrechte, sondern die gesamte Rechtsstellung des Staatsbürgers in seinem Verhältnis zum Staat zu verstehen, also z.B. auch beim Zugang zu staatl. Ämtern und Ausbildungsstätten. Untersagt ist die Anknüpfung an dauerhafte personale Bindungen an ein Land (Sachs, HStR VIII, § 182 Rn. 113). Es muss sich um länderübergreifende (nicht landesspezifische) Rechtspositionen handeln (z.b. Hochschulzugang mit Gebührenpflicht nur für Auswärtige; vgl. OVG Hamburg, DVBl 2006, 718). Eine sich aus der Natur der Sache ergebende Anknüpfung bestimmter Rechte und Pflichten an die Sesshaftigkeit im Lande (z.b. bei Zuerkennung des Wahlrechts zu den Landtagen) wird durch Abs. 1 nicht ausgeschlossen (BVerfG, NVwZ 1993, 56). Die Garantie des gleichen Genusses von Rechten gewährt keinen Anspruch auf Einräumung irgendwelcher Rechte oder auf Ausschluss anderer von diesen (BVerfG, NVwZ 1998, 53). Zu „Landeskinderklauseln" s. Art. 3 Rn. 9, zu „Einheimischenmodellen" Art. 3 Rn. 22. Zum Ermessen bei der Stellenbesetzung mit Beförderungs- oder Versetzungsbewerbern vgl. BVerfGK 10, 357 f.; BAGE 121, 77, 79; ähnlich für einheimische und auswärtige Notarbewerber BVerfGK 5, 212 ff.; BGH, NJW-RR 2012, 54.

### Absatz 2: Zugang zu öffentlichen Ämtern

Abs. 2 entspricht Art. 128 I WRV. Er dient zum einen dem öffentl. Interesse an **3** der bestmöglichen Besetzung der Stellen des öffentl. Dienstes, dessen fachliches Niveau und rechtl. Integrität gewährleistet werden sollen. Zum anderen trägt er dem berechtigten Interesse des Bewerbers an seinem beruflichen Fortkommen durch ein Recht auf ermessens- u. beurteilungsfehlerfreie Einbeziehung in die Bewerberauswahl Rechnung (BVerfG, NVwZ 2008, 69; NJW 2008, 909; BAG, NZA 2007, 1450). Abs. 2 knüpft das Einstellung (i.w.S.; s. Rn. 4) von Bewerbern um ein öffentl. Amt an eine „Positivliste" (BVerwGE 81, 24) von zulässigen Auswahlkriterien, verkörpert maßgeblich das Leistungsprinzip (vgl. BVerfGE 56, 163; 117, 382, u. Rn. 19 Buchst. t) und zielt ab auf Chancengleichheit im öffentl. Dienst. **„Jeder Deutsche":** EU-Erweiterung durch § 7 I Nr. 1 BBG und § 7 I Nr. 1

BeamtStG; für Notare s. EuGH, NJW 2011, 2941; BVerfG, Beschl. vom 19.6.2012 – 1 BvR 3017/09 –. Der weit auszulegende Begriff „öffentliches Amt" umfasst alle beruflich oder ehrenamtlich wahrgenommenen Funktionsbereiche in Staat, Gemeinden und sonstigen Körperschaften, Anstalten oder Stiftungen des öffentl. Rechts sowie öffentl. Betrieben in privater Rechtsform mit Ausnahme der durch öffentl. Wahlen besetzten Ämter (Abg., volksgewählte Bürgermeister usw.; vgl. auch Laubinger, ZBR 2010, 289 f.; hier gilt der spezielle Grundsatz der Wahlgleichheit; s. BGHSt 49, 288 f.) und der sonstigen polit. Ämter (BPräs, Regierungsmitglieder – vgl. dazu Art. 64 Rn. 2 –, Parl. Staatssekretäre usw.); entgegen BayVGH, DVBl 2000, 927, und wohl auch BT-Dr 14/5679 S. 27 gilt er auch für Frauen- oder Gleichstellungsbeauftragte (ebenso einfachrechtl. BAGE 90, 177 ff.). Erfasst sind auch die Arbeitnehmer des öffentl. Dienstes, nicht dagegen staatl. gebundene Berufe. Für die Auswahl von Notarbewerbern ist Art. 12 I „i.V.m." Art. 33 II einschlägig (s. auch Art. 12 Rn. 6); infolgedessen haben die erforderliche gesetzl. Regelung (vgl. § 6 BNotO) und ihre Konkretisierung (z.b. Beurteilungspraxis) wegen der Nähe zum öffentl. Dienst zur Wahrung der Chancengleichheit die Anlehnung an die Kriterien des Art. 33 II zu beachten (s. BVerfGE 110, 321 f., 332 f.; BVerfGK 15, 365; vgl. auch BGHZ 174, 282, u. Rn. 8; unausgesprochen BGH, NJW 2012, 2974). Zur Anlehnung an Art. 33 II in Auswahlgrundsätzen für Bezirksschornsteinfegermeister BayVGH, NVwZ-RR 2012, 394. Kein öffentl. Amt bekleidet der Insolvenzverwalter (BVerfGE 116, 13). Neuerdings wird Art. 33 II stärker bei der freien Wahl des Arbeitsplatzes im öffentl. Dienst ergänzend zu Art. 12 I herangezogen (BVerfGE 95, 213; 96, 197; BVerfGK 10, 359; BAGE 91, 353; 101, 160 f.); zu Art. 12 I bei öffentl.-rechtl. Ausbildungsverhältnissen s. BVerwGE 131, 247.

4 Abs. 2 fordert zunächst einen **gleichen Zugang** zu den öffentl. Ämtern, und zwar sowohl bei der Einstellung wie auch bei späterer Beförderung. Er gewährt diese Gleichheit jedoch nur unter der Voraussetzung und im Rahmen der im öffentl. Interesse erforderlichen Qualifikationen für die Ausübung öffentl. Ämter und nennt als solche **Eignung, Befähigung und fachliche Leistung**, die in Bezug zu dem Anforderungsprofil des jeweiligen Dienstpostens gesetzt werden. Bei der Übertragung öffentl. Ämter darf *nur* auf die drei in Abs. 2 genannten Kriterien abgestellt werden (s. allerdings nachstehend Rn. 7), und diese müssen gleichmäßig gehandhabt werden. *Nicht* berücksichtigt werden dürfen vor allem die in Art. 3 III 1 aufgeführten Gruppenzugehörigkeiten, aber auch nicht persönliche Beziehungen (dazu OVG Berlin, NVwZ 1996, 500) und Parteizugehörigkeiten (Letztere selten so aktenkundig wie in VGH Mannheim, ESVGH 47, 11 f., u. OVG Lüneburg, NVwZ 1996, 502; zum Einfluss der Parteien auf die Besetzung der *obersten* Staatsämter vgl. BVerfGE 121, 54). Abs. 2 enthält in Übereinstimmung mit Abs. 3 und 5 ein klares **Verbot der Ämterpatronage**, der Günstlingswirtschaft sowie des konfessionellen, partei- und verbandspolit. und auch des feministischen Proporzes (dazu ausführlich Art. 3 Rn. 18); s. auch – jedoch nach und nach frauenfreundlich geändert – die §§ 9, 22 BBG, 9 BeamtStG, 3, 33 I 3 BLV. Patronage erzeugt anpassungfähige und willfährige statt innerlich unabhängige Beamte (ausführlich BVerwGE 129, 295; vgl. auch BVerfGE 121, 221, 226 f.; zur Auswirkung auf die Gewaltenteilung s. Sachs in Ders., Art. 20 Rn. 92). Die Begriffe Eignung, Befähigung und fachliche Leistung sind nicht scharf voneinander zu trennen, sondern gehen ineinander über. **Eignung** erfasst insbes. Persönlichkeit und charakterliche Eigenschaften (dazu BGH, NJW 2009, 2829), die für ein bestimmtes Amt von Bedeutung sind (§ 2 II BLV). Sie wird in einem prognostischen Urteil über die Persönlichkeit des Bewerbers festgestellt

*Bergmann*

(BVerfGE 39, 353; 92, 151, 155; 108, 296; auch zur Befähigung u. fachlichen Leistung vgl. BVerfGE 110, 322). Es ist ein logischer Fehlschluss, für die Prognose eines Eignungsmangels im Hinblick auf künftiges Verhalten des Bewerbers eine konkrete Gefahr und einen stärkeren Grundrechtsschutz zu verlangen als für das Verhalten des Beamten „im Dienst" (so aber BVerfGE 108, 296, 303, 307; tendenzieller Widerspruch zur Rspr. zur Verfassungstreue – BVerfG, DVBl 2008, 908 –, zur Zusammenarbeit mit dem Ministerium für Staatssicherheit – z.b. BVerfGK 9, 435 f. – u. zur sicherheitsmäßigen Prognose – BVerwGE 130, 296 –). Vielmehr ist die durch Abs. 5 einschl. seines Freiraums für die Grundrechtsausübung abgedeckte *Pflichtenerfüllung* (s. Rn. 20) selbstverständliches Bezugsobjekt der Eignungsfeststellung (s. BVerwGE 116, 359; 138, 106). Diese ist ihrerseits Bestandteil einer verfassungsimmanenten (nicht bloß einfachrechtl.; so wohl BVerfGE 108, 295), von polizeirechtl. Gefahrenmaßstäben (vgl. allg. auch BVerfGE 115, 377/Sondervotum) losgelösten subjektiven Zulassungsvoraussetzung ohne weiteren Rechtfertigungsbedarf und kann selbst keine Beschränkung eines Grundrechts sein (im Ergebnis ebenso BVerfGE 108, 321 f., 326 f./Sondervotum). Die Ablehnung einer landesrechtl. vorgesehenen (prognostischen) Pflicht zu einem die religiöse Neutralität wahrenden äußeren Erscheinungsbild für einen unterrichtenden Referendar durch BVerwGE 131, 251 (zu Art. 12 I; insoweit in BVerfGK 7, 322, aus Gründen der materiellen Subsidiarität nicht behandelt), beruht auf einer nach den Maßstäben von BVerfGE 119, 274 ff., unzulässigen verfassungskonformen Auslegung. Zur verwaltungsgerichtl. Überprüfung des dem Dienstherrn vorbehaltenen Aktes wertender Erkenntnis s. BVerwGE 124, 358; 128, 336 ff. **Befähigung** umfasst die Fähigkeiten, Kenntnisse, Fertigkeiten und sonstigen für die dienstliche Verwendung wesentlichen Eigenschaften (§ 2 III BLV), während **fachliche Leistung** insbes. nach den Arbeitsergebnissen, der praktischen Arbeitsweise, dem Arbeitsverhalten und – in Vorgesetztenfunktionen – nach der Führungskompetenz zu beurteilen ist (§ 2 IV BLV). Eine (vorzugsweise aktuelle, vgl. BVerfGE 110, 332; BVerwGE 138, 74; s. auch BVerfGK 14, 457 f.; BVerfG, NVwZ 2012, 369 f., u. die §§ 21 BBG, 33 I BLV) dienstliche **Beurteilung** ist vorrangige Grundlage für am Leistungsprinzip i.S. des Art. 33 II orientierte Entscheidungen über Verwendung und Fortkommen, weil und soweit sie maßgebliche und zuverlässige Aussagen zu den genannten drei Kriterien enthält (vgl. BVerwGE 124, 103; 138, 116; für Angestellte BAGE 121, 105). Zum Erfordernis einer belastbaren Tatsachengrundlage BVerwG, ZBR 2012, 32, zur Problematik einer „Vor-Auswahl" BVerwGE, 141, 275 ff. Einzelheiten für den Bundesbereich in den §§ 48–50 BLV. Zum Unterschied in der Bestandskraftfähigkeit bei Beamten und Soldaten BVerwGE 136, 123, zum Vorbehalt des Gesetzes im Beurteilungsrecht von Soldaten BVerwGE 134, 64 ff. Nicht hinreichend differenzierte Beurteilungsmaßstäbe können nach Maßgabe von Rn. 8 zu einer rechtsfehlerhaften Entscheidung führen (BVerfGK 1, 297 f.). Zum Vergleich der Beurteilungen von Bewerbern aus unterschiedlichen Statusämtern s. BVerfGK 10, 478 f.; 18, 428, zum arbeitsrechtl. Anspruch auf Entfernung einer Beurteilung aus der Personalakte BAGE 128, 305 ff. Hat der Dienstherr im Hinblick auf das Anforderungsprofil (zu dessen Festlegung BVerfG, NVwZ 2011, 746 f.; zur Abgrenzung des konstitutiven vom beschreibenden Anforderungsprofil vgl. VGH Mannheim, NVwZ-RR 2011, 20 m.w.N.) des zu besetzenden Amts die Qualifikation nach vollständiger Auswertung des leistungsbezogenen Informationspotentials mit der anderer Bewerber verglichen und nach einer wertenden Abwägung zugeordnet und stellen sich danach die Leistungen mehrerer Beamter im Wesentlichen gleich dar, kann er die Bestenauslese nach weiteren sachgerechten sog. *Hilfskriterien* (beiläufig erwähnt in § 33 I 2 BLV; s. BVerfGK 18, 428 [„weitere Hilfsmittel"]; vgl. OVG Lüneburg, NVwZ-RR 2007, 541) vornehmen. Von vornherein nicht heranziehbar sind die in Art. 3 III 1 und Art. 33 III genannten Merkmale (s. BVerwGE 81, 24, 26; überflüssigerweise einfachrechtl. auch die in § 9 Satz 1 BBG, § 9 BeamtStG genannten zusätzlichen Kriterien des § 1 AGG; dazu Art. 3 Rn. 24); schon deshalb sind Frauenquoten, d.h. „Geschlechtspatronage" (Isensee), entgegen § 8 BGleiG unzulässig (näher Art. 3 Rn. 18). Nachrangig verwertbar sind dagegen Merkmale wie vorletzte Beurteilung, Beförderungs- und allg. Dienstalter (zu ihm als Hauptkriterium OVG Koblenz, NVwZ-RR 2008, 805) sowie Schwerbehinderteneigenschaft (vgl. dazu Rn. 7). Unzulässig ist Auswahl nach Kinderzahl (OVG Münster, ZBR 1999, 387 f.) und Bereitschaft zu Teilzeitbeschäftigung (BVerwGE 82, 204; 110, 368). Zur Relevanz von Verwendungsvorschlägen im Soldatenrecht BVerwGE 133, 13. Die Regelung der Laufbahnprüfungen bedarf in ihren wesentlichen Teilen eines Gesetzes oder einer Rechtsverordnung (BVerwGE 98, 327). Zur gerichtl. Kontrolle dienstlicher Beurteilungen s. BVerfG, DVBl 2002, 1204; ZBR 2003, 34; BVerwGE 124, 358; 128, 337; BVerwG, NVwZ 2009, 1315, zum Recht des Arbeitgebers, während der kündigungsschutzrechtl. Wartezeit die fortdauernde Eignung von neu eingestellten Arbeitnehmern zu überprüfen, BVerfGK 8, 248, zur Gewichtung des von der Bestenauslese abw. Votums des Schulträgers OVG Münster, DVBl 2008, 1328, zu einem Beförderungsranglistensystem auf der Grundlage gebündelter Dienstposten BVerwGE 140, 91, zur besetzbaren Planstelle als Voraussetzung für eine Beförderung und zur mangelnden Bindung des Haushaltsgesetzgebers durch Art. 33 II VGH Mannheim, NVwZ-RR 2011, 776 f., zur Leistungsfeindlichkeit eines Mindestalters und einer Mindestverweildauer beim Laufbahnaufstieg BVerwG, NVwZ 2013, 82.

5 **Gesundheitliche Eignung** liegt vor, wenn der Bewerber dem angestrebten Amt in körperlicher und psychischer Hinsicht gewachsen ist und die Möglichkeit künftiger Erkrankungen oder der Eintritt dauernder Dienstunfähigkeit vor Erreichen der Altersgrenze mit einem hohen Grad an Wahrscheinlichkeit ausgeschlossen werden kann (BVerwGE 14, 496 ff.; OVG Münster, NVwZ-RR 2010, 808; s. auch Rn. 7).

6 Zur „Eignung" gehört auch die **Verfassungstreue**, d.h. der öffentl. Bedienstete muss jederzeit bereit sein, für die freiheitliche demokratische Grundordnung einzutreten. Die polit. Treuepflicht gilt für *jedes Beamten*verhältnis, unabhängig von der wahrgenommenen Funktion (BVerfGE 39, 351 f., 355; vgl. auch § 60 I 3 BBG, § 33 I 3 BeamtStG), ferner für Soldaten (BVerwGE 119, 214 ff.; 123, 347; BVerwG, NVwZ-RR 2009, 431 ; s. § 8 SG) sowie für Berufs- und ehrenamtliche Richter (vgl. BVerfGK 13, 535 ff.; § 9 Nr. 2 DRiG; Art. 92 i.V.m. Art. 20). Diese st. Rspr. wird fehlinterpretiert, wenn ihr ein Differenzierungsgebot nach den Anforderungen des Amtes oder eine eingeschränkt prognostische Prüfung bei der Berufung in das Beamtenverhältnis auf Probe im Anschluss an den Vorbereitungsdienst entnommen wird (so aber VGH Mannheim, NVwZ-RR 2008, 151 f.). Gegen die Treuepflicht verstoßen das Eintreten für die Ziele einer verfassungsfeindlichen Partei, die für den eigenen Staat schädliche Zusammenarbeit eines Bundesbeamten mit dem Geheimdienst eines fremden Staates (BVerwGE 103, 126 f.; 113, 124), u.U. auch die Beziehung zu einer verfassungsfeindlichen (Pseudo-)Religion/Weltanschauung (s. Bek. der Bayerischen Staatsregierung v. 29.10.1996, AllMBl S. 699). Auch ohne die Feststellung ihrer Verfassungswidrigkeit darf die Überzeugung vertreten werden, eine Partei verfolge verfassungsfeindliche Ziele (BVerwGE 137, 281). Für *Arbeitnehmer* gilt die sog. Funktions-

theorie, wonach das Maß der Loyalitätsverpflichtung von der jeweils ausgeübten Tätigkeit abhängt, dem Lehrer (auch) im Angestelltenverhältnis also z.b. eine gesteigerte polit. Treuepflicht abverlangt wird, dem Hausmeister dagegen nicht (zur sog. einfachen Treuepflicht zusammenfassend BAG, NZA-RR 2012, 45). Der EGMR hat die deutsche Auffassung zur Entlassung von Beamten mangels Verfassungstreue insofern korrigiert, als er in jedem Einzelfall im Rahmen von Art. 10 I und Art. 11 EMRK ein angemessenes Verhältnis der Sanktion zu dem verfolgten legitimen Ziel verlangt (NJW 1996, 377 f.; ähnlich NJW 2012, 1198 m.w.N.). Die danach erschwerte *Entlassung* hindert nicht die Ablehnung einer *Ernennung* wegen begründeter Zweifel an der Verfassungstreue (OVG Koblenz, DÖD 1998, 146). Zum Ermessensspielraum bei der Verhältnismäßigkeitsprüfung und zur Notwendigkeit in einer demokratischen Gesellschaft (Art. 10 II EMRK) s. BVerfG, DVBl 2008, 910, zur Praxis der heutigen Individualprüfung BT-Dr 13/4330; 13/5186, zur bayerischen Praxis BayVGH, BayVBl 1997, 692. Abgewandelt sind die Grundsätze zur Verfassungstreue auch bei der Feststellung der **Eignung nach dem Einigungsvertrag** (vgl. dort Art. 20 I i.V.m. Anlage I) anzuwenden. Auch hier gehören zur Eignung die Fähigkeit und die innere Bereitschaft, die dienstlichen Aufgaben nach den Grundsätzen der Verfassung wahrzunehmen, insbes. die Freiheitsrechte der Bürger zu wahren und rechtsstaatl. Regeln einzuhalten („demokratische Zuverlässigkeit"). Bei der in Rn. 4 erwähnten Prognose sind Verhalten und Einstellung in der Vergangenheit eine wesentliche Erkenntnisquelle. Positionen in Staat und Partei können Anhaltspunkte für einen über die seinerzeit erwartete Loyalität und Kooperation hinausgehenden, besonders hohen Identifikationsgrad mit dem Herrschaftssystem der DDR sein, machen aber eine Würdigung des gesamten Verhaltens einschl. der Entwicklung nach dem Beitritt nicht entbehrlich (BVerfGE 92, 154 ff.; st. Rspr.; funktions- u. positionsbezogen konkretisiert in BVerfGE 96, 165 ff.; 96, 183 ff.; 96, 199 ff.; 96, 213 ff.; s. auch BVerfGK 9, 435). Grundsätzlich sind zwar Fragen des öffentl. Arbeitgebers nach einer Zusammenarbeit mit dem Ministerium für Staatssicherheit zulässig, Sanktionen für die Falschbeantwortung unterliegen aber dem Übermaßverbot (BVerfGE 96, 186 ff.; BVerfG, NZA 1998, 589; ähnlich BAG, NZA 1998, 475 f.; DB 2001, 981, u. – im Verbeamtungsfall – BlnVerfGH, NZA 1998, 593; enger für Soldaten BVerwG, ZBR 1998, 240 f.). EGMR, NJW 2002, 3088 f., hat die deutsche Rspr. im Hinblick auf Art. 10 II und 11 II EMRK nicht beanstandet. Zum Sonderfall der Übernahme in ein Richterverhältnis vgl. BVerfG, NJW 1998, 2590; 1998, 2592, zum Beschäftigungsverbot für ehemalige Stasi-Mitarbeiter in der Behörde des Bundesbeauftragten für die Stasi-Unterlagen § 37 a Stasi-Unterlagen-G.

**Einschränkungen** des im Interesse der Leistungsfähigkeit der öffentl. Verwaltung 7 vorbehaltlos gewährleisteten Rechts sind in seltenen Ausnahmefällen denkbar, wenn gewichtige personalwirtsch. Gründe zur Abwendung einer unmittelbar drohenden Beeinträchtigung der Funktionsfähigkeit der Verwaltung den Interessen eines Bewerbers an seinem beruflichen Fortkommen vorgehen (vgl. BVerwGE 122, 239; 124, 102; BAG, NZA 2005, 1187; allgemeiner auf Belange von Verfassungsrang abstellend BVerfGK 12, 268; 12, 287; BVerwGE 132, 113; OVG Münster, NVwZ-RR 2011, 241). Die Güterabwägung hat der Gesetzgeber zu treffen (BVerwGE 140, 347 f.; 142, 62 ff., zu Höchstaltersgrenzen), auch im Wege der Konkretisierung des *Sozialstaatsprinzips* (s. BVerfG, NVwZ 1997, 55; zu Art. 33 V u. Sozialstaatsprinzip vgl. Rn. 19 Buchst. a a.E. u. BVerfGE 119, 266 f.). Modifikationen oder Durchbrechungen in diesem Sinne bestehen z.B. zugunsten von **Behinderten**: Spezieller Bewerbungsverfahrensanspruch nach § 82

Satz 2, § 68 I SGB IX, Benachteiligungsverbot mit Entschädigungsanspruch nach § 7 I, § 15 II 1, § 24 Nr. 1 AGG; kein Anspruch auf Befreiung von bestimmten Qualifikationsmerkmalen (s. BVerwGE 139, 137 ff.); vgl. auch § 9 I 2 BBG. Schutzvorschriften enthalten lediglich Benachteiligungsverbote, Regelungen über Bevorzugung im Rahmen von Beförderungsentscheidungen fehlen (BVerwGE 140, 88; s. auch OVG Lüneburg, ZBR 2011, 263 ff.; VGH Kassel, ZBR, 2011, 48). Zur Modifikation für Personalratsmitglieder vgl. BVerwGE 126, 335, 339. Weitere Beispiele: Altersgrenze für Bewerber (BVerwGE 133, 145; BVerwG, ZBR 2011, 347 f.; VG Karlsruhe, NZWehrR 2011, 81), Erfordernis einer hinreichenden Restdienstzeit (BVerwGE 138, 74 f.), bevorzugte Einstellung von gedienten Bewerbern nach § 11 a Arbeitsplatzschutz$G$ (s. BT-Dr 13/11361), Ausgleich schwangerschafts- und mutterschaftsbedingter Ausbildungsverzögerungen durch § 125 b I BRRG unter Heranziehung des Schutzauftrags des Art. 6 IV (dazu BVerfG, NJW 1997, 54 f.), ferner (weniger wirkungsvoll) der landsmannschaftliche Grundsatz des Art. 36. Art. 33 II gilt uneingeschränkt nur für typische Laufbahnbewerber (einschl. sog. polit. Beamter u. Soldaten, vgl. BVerwGE 128, 333 f.; BVerwGE 128, 237: „auch u. besonders bei der Übertragung von Ämtern mit Führungsfunktionen"; s. auch Herrmann, VerwArch 2010, 387; Lindner, ZBR 2011, 155), deshalb nur eingeschränkt für kommunale Wahlbeamte (OVG Frankfurt/Oder, LKV 1997, 173; OVG Berlin-Brandenburg, LKV 2008, 522; zu strukturellen Unterschieden zum Lebenszeitbeamten vgl. BVerfGK 4, 197 f.), ähnlich für Personalentscheidungen kommunaler Räte im Falle von Laufbahnbeamten – Abstriche bei Anforderungen an die Begründung – (OVG Münster, NVwZ-RR 2002, 292); nach OVG Schleswig, NJW 2001, 3496 f. (s. auch VG Schleswig, NJW 2002, 2659), prinzipielle Geltung auch für die Wahl zum Bundesrichter (sehr str.; vgl. auch Art. 95 Rn. 5). Zur Geltung des Art. 33 II für Abgeordnetenmitarbeiter und ihre Karriere v. Arnim, DÖV 2011, 348, zur Konkurrenz von Angestellten und Beamten im Beförderungsfall BVerfG, NVwZ 2012, 370: grundsätzlich ohne Bezug zum Leistungsprinzip, jedoch u.U. wegen Art. 33 IV Pflicht zur Verbeamtung; s. auch OVG Magdeburg, ZBR 2012, 64; Übertragung der Grundsätze auf das Verhältnis von Berufssoldaten und zivilen Seiteneinsteigern in der Entscheidung BVerwGE 136, 390. Dem Dienstherrn steht es kraft seiner Organisationsgewalt frei, eine offene Stelle ohne unbeschränkte Ausschreibung im Wege der Umsetzung oder Versetzung zu besetzen. Ohne Öffnung der Stelle für Beförderungsbewerber (in diesem Fall für beide Bewerberkategorien Bestenauslese, vgl. BVerfGK 12, 107) ist eine solche Maßnahme nicht an Art. 33 II auszurichten (s. BVerwGE 122, 240; BAG, NZA 2007, 1450; OVG Lüneburg, ZBR 2012, 349; OVG Bautzen, NVwZ 2012, 482). Zu Besonderheiten des Soldatenrechts s. BVerwGE 136, 206 ff. Die in der Sache ähnliche konkrete Aufgabenzuweisung an einen Richter durch das Gerichtspräsidium (insoweit dem Dienstherrn des Beamtenrechts vergleichbar) fällt nach BVerfG, NJW 2008, 909, ebenfalls aus dem Schutzbereich des Art. 33 II heraus. Zu Besonderheiten der nebenamtlichen Betrauung als Richter bei einem Gericht für besondere Sachgebiete (Art. 101 II) vgl. OVG Hamburg, NVwZ-RR 2011, 650 f.

8 **Wechselbeziehung zwischen materiellem und formellem Recht:** Aus Art. 33 II ist kein Rechtsanspruch auf Übertragung bestimmter Ämter (vgl. BVerfGE 39, 354; 108, 295; BVerwG, ZBR 1994, 52 m.w.N.; zur Zulässigkeit einer Einstellungszusage BVerfGK 13, 528) oder Schaffung und Besetzung eines Dienstpostens abzuleiten, wohl aber auf Grund der Verfahrensabhängigkeit des grundrechtsgleichen Rechts ein Anspruch des Bewerbers auf ermessens- und beurteilungsfehler-

freie Entscheidung im sog. **Konkurrentenstreit** und in diesem Zusammenhang –
i.V.m. Art. 19 IV – ein sog. **Bewerbungsverfahrensanspruch** (BVerfGK 9, 6). Der
Anspruch besteht bei der Besetzung von Eingangsämtern sowie im Rahmen
von Beförderungs- und Laufbahnaufstiegsverfahren (BVerfG, NVwZ 2009,
389 m.w.N.). Gerügt werden kann ein Fehler in der Qualifikationsbeurteilung
des Beamten usw. (s. Rn. 4), in derjenigen des erfolgreichen Bewerbers oder im
Leistungsvergleich zwischen den Bewerbern; dies gilt auch dann, wenn die Auswahlentscheidung auf einem Umstand beruht, der Bestandteil des Anforderungsprofils (z.b. starre Festlegung auf Frauen oder Männer oder ähnlich sachfremde
Kriterien) war (BVerfG, NVwZ 2008, 69 f.). Der Dienstherr hat *vor* der Besetzung einer Beförderungsstelle den unterlegenen Bewerber von Amts wegen vom
Ausgang des Auswahlverfahrens zu informieren, damit dieser vor der Schaffung
vollendeter Tatsachen (z.b. Aushändigung der Ernennungsurkunde ohne Warte-
frist) tatsächlich wirksamen Rechtsschutz (praktisch nur nach § 123 I 1 VwGO)
in Anspruch nehmen kann (BVerfG, NJW 1990, 501; BVerfGK 12, 209;
BVerfG, NVwZ 2009, 1430), und außerdem die wesentlichen Auswahlerwägun-
gen schriftlich niederzulegen (dazu BVerfGK 11, 402 f.; BVerwGE 133, 14 f.;
136, 39; BAG, NZA 2011, 519; zu Besonderheiten im Soldatenrecht BVerwGE
136, 210). Rechtsschutz im Eilverfahren erschöpft sich nicht in der bloßen Möglichkeit der Anrufung der Gerichte, sondern muss zu einer wirksamen Kontrolle
in tatsächlicher und rechtl. Hinsicht führen (BVerfGK 1, 205; 1, 296 f. m.w.N.;
5, 242; BVerwG, NVwZ-RR 2012, 242). Er darf nach Prüfungsmaßstab, -um-
fang und -tiefe nicht hinter einem Hauptsacheverfahren zurückbleiben und sich
nicht in einer summarischen Prüfung erschöpfen. Bei einer erfolgreichen einstweiligen Anordnung wird dem Dienstherrn die Ernennung des ausgewählten Bewerbers untersagt. Er ist gehalten, das Auswahlverfahren zu wiederholen und eine neue Auwahlentscheidung zu treffen. Eine erfolgreiche Klage hebt die Ernennung mit Wirkung für die Zukunft auf. In diesem Fall steht der Grundsatz der
Ämterstabilität der Aufhebung der Ernennung durch Anfechtungsklage nicht entgegen (zum Ganzen ausführlich BVerwGE 138, 109 ff., z.T. unter Aufgabe – dazu Mundig, DVBl 2011, 1515 ff. – der bisherigen Rspr.; vgl. zum Soldatenrecht
BVerwGE 139, 13, 17). Die Qualifizierung der Auswahlentscheidung als einheitlicher, rechtl. untrennbarer Akt durch das BVerwG ist obergerichtl. als „missverständlich" beurteilt worden. Keinen Verwaltungsakt stelle in einem ersten Stadium der Auswahlvermerk des Dienstherrn dar, sondern erst – zweites Stadium –
die schriftliche Mitteilung des Auswahlergebnisses an die unterlegenen Bewerber.
Das dritte Stadium bestehe in der durch Aushändigung der Urkunde bewirkten
Ernennung (Verwaltungsakt mit Drittwirkung). Das Rechtsschutzziel des unterlegenen Bewerbers sei im zweiten Stadium mit der Anfechtungs- und gleichzeitig
der Verpflichtungsklage in Gestalt der Bescheidungsklage (§ 113 V 2 VwGO) zu
verwirklichen, vorläufiger Rechtsschutz nach § 123 VwGO (VGH Kassel,
NVwZ-RR 2012, 151 f.; s. auch OVG Lüneburg, DVBl 2011, 872). Zur Situation des vorzeitig zu Unrecht ernannten Beamten vgl. Hermann, NJW 2011, 655.
*Nach* der Stellenbesetzung besteht für den übergangenen Beamten kein Eilrechtsschutz, jedoch im Falle einer Entscheidung ohne Abwarten eines Rechtsbehelfs
einschl. Verfassungsbeschwerde – unter Hinwegsetzung über eine einstweilige
Anordnung oder ohne rechtzeitige Information des unterlegenen Bewerbers über
den Ausgang des Besetzungsverfahrens – ausnahmsweise Rechtsschutz in der
Hauptsache (BVerfG, NVwZ 2008, 70 f.). Einstellungs- und Beförderungsbewer-
bern steht – unabhängig von einem Amtshaftungsanspruch – ein Schadensersatzanspruch unmittelbar aus Art. 33 II zu, wenn der Dienstherr den Bewerbungsver-

fahrensanspruch schuldhaft verletzt hat (BVerwGE 136, 143 ff.). Zum vergleichbaren Verfahrensanspruch von Notarbewerbern BVerfGE 110, 319 f.; BVerfGK
7, 462; BGHZ 160, 193; 165, 144. Der Bewerbungsverfahrenanspruch hindert
nicht, ein eingeleitetes Bewerbungs- und Auswahlverfahren aus sachlichen und
dokumentierten Gründen jederzeit abzubrechen (BVerfG, NVwZ-RR 2009, 345;
NVwZ 2012, 367 f.; BVerwG, NVwZ 2011, 1528 f.; BAG, NZA 2011, 518).

### Absatz 3: Religiöses Bekenntnis und Weltanschauung

9 Abs. 3 stellt einen **besonderen Gleichheitssatz** dar. Das hier Ausgesprochene –
Unabhängigkeit des Zugangs zu öffentl. Ämtern und des Genusses staatsbürgerlicher und sonstiger Rechte von religiöser und weltanschaulicher Überzeugung –
ist schon in Art. 4 I, II angelegt und in den nebeneinander anwendbaren
Art. 3 III 1 und Art. 33 II enthalten (vgl. BVerwGE 116, 360). Die ersten zwei
Fallgruppen von Satz 1 werden in Art. 140/136 II WRV deklaratorisch wiederholt (s. Erläut. dort Rn. 5). Abs. 3 verbietet vor allem wie schon Abs. 2 konfes-
sionelle Patronage und konfessionellen Proporz im öffentl. Dienst, bei der Leh-
rerauswahl u.a. die Rücksichtnahme auf die bekenntnismäßige Zusammensetzung der Schülerschaft einer öffentl. Gemeinschaftsschule (BVerwGE 81, 24 f.).
Nur bei konfessionsgebundenen Ämtern (z.b. Lehrer an Bekenntnisschulen, Reli-
gionslehrer, Militärpfarrer, Anstaltsgeistliche, Theologieprofessoren an staatl.
Hochschulen) darf (u. muss u.U.) unter den Gesichtspunkten der Eignung und
Befähigung (Abs. 2) und der Übereinstimmung mit den Glaubenssätzen der Religionsgemeinschaften (vgl. Art. 140 i.V.m. Art. 137 III WRV, dort Rn. 8 u.
14 a.E.) auch konfessionell differenziert werden (BVerfGE 39, 368; BVerwGE
17, 270; 19, 260; 81, 25; s. auch Art. 7 Rn. 13). Für Militärpfarrer zu Unrecht
a.A. Korioth, HGr IV, § 97 Rn. 75. Eine staatl. Hochschule darf auch die nicht
mehr fortbestehende Bekenntnistreue (Lossagung vom Christentum) eines Theologieprofessors zum Anlass für die Zuweisung eines anderen, nicht ausbildungs-
und prüfungsrelevanten Faches nehmen (vgl. BVerfGE 122, 113, 119; vorausgehend BVerwGE 124, 313). Religiöses Bekenntnis ist nicht nur die Zugehörigkeit
zu einer „organisierten" Religionsgemeinschaft, sondern jedes, auch das individuell besondere Bekenntnis (BVerfGE 79, 75; undeutlich BVerwGE 112, 319;
121, 21). Das Verbot, die Zulassung zu öffentl. Ämtern aus gegen Art. 4 I und II
verstoßenden Gründen zu verwehren, schließt die Begründung von glaubensfrei-
heitsrelevanten Dienstpflichten nicht aus (s. BVerfGE 108, 298). Zu den Begriffen Religion und Weltanschauung vgl. Art. 4 Rn. 4, zum Zusammenhang von
Religionsmitgliedschaft und Treuepflicht oben Rn. 6.

### Absatz 4: Funktionsvorbehalt

10 Abs. 4 weist die **Ausübung hoheitsrechtlicher Befugnisse** als ständige Aufgabe
i.d.R. den Angehörigen eines öff.-rechtl. Dienst- und Treueverhältnisses, d.h. den
*Berufsbeamten* (einschl. der Richter), zu. Den ostdeutschen Ländern ist eine entsprechende Verpflichtung („so bald wie möglich") durch Art. 20 II 1 EV (s. auch
Art. 143 II) auferlegt worden (dazu BVerwGE 101, 120). Den Gegensatz bilden
die Arbeitnehmer (Angestellte u. Arbeiter) des öffentl. Dienstes, die nicht in gleichem Maße in einem besonders engen und nach beiden Seiten besonders verpflichtenden Dienstverhältnis stehen (zu strukturellen Unterschieden vgl.
BVerfG, NVwZ-RR 2008, 507; s. auch BVerwGE 122, 70). Der sog. Funktionsvorbehalt des Art. 33 IV will die Kontinuität hoheitlicher Funktionen des Staates
namentlich in Krisenzeiten sichern. Dabei kommt der Richtigkeitsgewähr von
Entscheidungen durch dafür kraft (typischerweise) eigenständiger Ausbildung
und Erprobung qualifizierte (vgl. auch Thiele, Der Staat 2010, 283), daneben

loyale und gesetzestreue Bedienstete (BVerfGE 9, 284; 119, 260 f.; 130, 111 f.) besondere Bedeutung zu. Zur Zulässigkeit der individuellen Berufung auf Art. 33 IV s. Rn. 1.

**Hoheitsrechtliche Befugnisse** werden unstreitig ausgeübt, wenn die öffentl. Gewalt durch Befehl oder Zwang unmittelbar beschränkend auf grundrechtl. geschützte Freiheiten einwirkt (BVerfGE 130, 113 m.w.N.), außerdem – das ist streitig –, wenn es auf die rechtsstaatl. Bindung sozialstaatl. Verwaltung ankommt (vgl. Badura in Maunz/Dürig, Art. 33 Rn. 56; ähnlich StGH Bremen, LVerfGE 13, 232; BayVGH, ZBR 1994, 352). Von der Definierbarkeit eines Kernbereichs gehen (zu Unrecht) § 5 BBG, § 3 II BeamtStG aus; s. auch die Abgrenzung in Art. 87 f II (dazu BVerfGE 108, 183). Zum Status von Lehrern und Hochschullehrern vgl. Rn. 16. Zur Hoheitsnatur von Aufsichtsbefugnissen OVG Magdeburg, ZBR 2012, 63, zur Notwendigkeit des Beamtenstatus von Staatssekretären Herrmann, VerwArch 2010, 388 ff., zur Rechtslage bei Abteilungsleitern in einem Landesministerium BVerfG, NVwZ 2012, 370. **11**

Die Übertragung als **ständige Aufgabe** grenzt sich entstehungsgeschichtlich ab von künftig wegfallenden Hoheitsaufgaben. Es kommt auf die Dauerhaftigkeit der Aufgabenübertragung, nicht auf die Frequenz der Befugnisausübung an (BVerfGE 130, 113 f.; anders Kommentar, Voraufl., Art. 33 Rn. 9). **12**

Der Zusatz „**in der Regel**" ermöglicht Ausnahmen vom Funktionsvorbehalt. Jedoch darf die institutionelle Sicherung eines Mindesteinsatzbereichs für das Berufsbeamtentum nicht unterlaufen werden: weder in quantitativer Hinsicht durch Umkehrung von Ausnahme und Regel (Problem: fehlender verfassungsrechtl. Bezugsrahmen für Zahlenvergleich) noch in qualitativer Betrachtungsweise durch Vernachlässigung des Sicherungszwecks (Rn. 10) des Funktionsvorbehalts (vgl. BVerfGE 130, 114 f.; großzügiger Voraufl., Art. 33 Rn. 9, unter Hinweis auf mangelnde Eindeutigkeit des Wortsinns). **13**

Die Verwaltung in den westdeutschen Bundesländern beschäftigt, wie die Entscheidungen BVerfGE 28, 198; 44, 262, schon in den 1970er Jahren bemerkt haben, in weitem Umfang Beamte auf Positionen, die von Angestellten wahrgenommen werden könnten. Umgekehrt ist heute in den **ostdeutschen Bundesländern** und Berlin die Verbeamtung statistisch eine Seltenheit. Angesichts dieses Befunds stellt sich die Frage nach einem besonderen sachlichen Grund für **Ausnahmen** von der „Regel"-Vorgabe des Abs. 4. Das BVerfG nimmt hier den Grundsatz der Verhältnismäßigkeit zu Hilfe: Je intensiver eine bestimmte Tätigkeit Grundrechte berühre, desto weniger seien Einbußen an institutioneller Absicherung qualifizierter und gesetzestreuer Aufgabenwahrnehmung hinnehmbar; das Gericht verwirft das Motiv rein fiskalischer Gesichtspunkte (dazu schon BVerfGE 110, 200 f., 207), ohne wirtsch. Gründe im Rahmen einer Abwägung ganz auszuschließen (BVerfGE 130, 116 f.). **14**

Im Rahmen des Regel-Ausnahme-Verhältnisses (s. Rn. 14) ist Abs. 4 grundsätzlich kein Hindernis für eine **Privatisierung** von Staatsaufgaben. Von der Aufgabenprivatisierung (Entstaatlichung öffentl. Aufgaben u. Wahrnehung durch Private in der Form des Privatrechts; s. auch Art. 90 Rn. 6) zu unterscheiden ist die funktionale Privatisierung. Sie umfasst neben dem Fall des Verwaltungshelfers (z.B. Abschleppunternehmer) vor allem den Fall der **Beleihung** (ausführlich Thiele, Der Staat 2010, 287 ff.; Klemt, VerwArch 2010, 118 ff.): die Übertragung von Hoheitsaufgaben auf Private, die diese Aufgaben in den Formen des öffentl. Rechts wahrnehmen. Diese Übertragung ist wegen der Abweichung vom Regelbild der Verfassungsordnung, auch wegen der „Wesentlichkeit" einzelner Moda- **15** litäten der Beleihung, nur durch Gesetz möglich (BVerwGE 137, 382 ff.; im Ergebnis ähnlich NdsStGH, LVerfGE 19, 375 ff.). Die konkrete Ausgestaltung muss in ausreichender Weise eine gesetzesgebundene, demokratisch verantworteter Steuerung (vgl. vor Art. 62 Rn. 3) unterliegende Aufgabenerledigung sicherstellen (ausführlich BVerfGE 130, 122 ff., zum Maßregelvollzug; zur sog. Organisationsprivatisierung s. auch Art. 89 Rn. 7, Art. 90 Rn. 6). Zur Beleihung der Verbände oder Ersatzkassen s. BVerfGE 106, 305. Art. 87 d I 1 und 2 ermöglicht die Übertragung von hoheitlichen Aufgaben der Luftverkehrsverwaltung auf Privatrechtssubjekte (näher dazu Art. 87 d Rn. 3, 5). Dadurch wird Art. 33 IV auf der Ebene der Verfassung „bereichsspezifisch" verdrängt (vgl. BT-Dr 12/1800 S. 3 f.; 12/2450 S. 4). Art. 143 b III lässt trotz Privatisierung der Bundespost den Status der Beamten, die bei aus ihr hervorgegangenen Aktiengesellschaften beschäftigt sind, und ihre Bindung an den Dienstherrn Bund unverändert (BVerfG, NVwZ 2003, 74; BVerwGE 103, 377; 111, 232; 132, 308 f.; s. auch BGHSt 49, 218, u. Art. 143 b Rn. 6–8; entsprechende Sonderregelung für Beamte der früheren Bundeseisenbahnen in Art. 143 a I 3; dazu BVerwGE 123, 109; 133, 306, u. Art. 143 a Rn. 4. § 63 II–IV BPolG lässt die Betrauung von nebenamtlichen Hilfspolizeibeamten mit bestimmten Aufgaben und Befugnissen zu.

16 Mit Abs. 5 gemeinsam enthält Abs. 4 die **institutionelle Garantie des Berufsbeamtentums**, um im polit. Kräftespiel mit einem besonderen Dienst- und Treueverhältnis eine rechtsstaatl., gesetzestreue, unparteiische, stabile und effektive Verwaltung zu sichern. Eine Abschaffung der Garantie (gefordert in den Entwürfen BR-Dr 298/96 u. BT-Dr 13/4730; vgl. auch BT-Dr 13/9622) ist nicht aktuell (s. Neufassung des Abs. 5 u. BT-Dr 16/813 S. 10). Die populäre Forderung, das Beamtentum auf „Kernaufgaben" (etwa Polizei, Feuerwehr, Strafvollzug, Finanzen, Justiz) zu begrenzen (vgl. Überlegungen von Länderseite in der in Einführung Rn. 6 erwähnten Föderalismuskommission I, Zur Sache 1/2005 S. 217), übersieht, dass oft andere Verfassungsbestimmungen just auf den „Kern" hinweisen, so Art. 7 I für die Lehrer (zur schulischen Einschränkung des Erziehungsrechts der Eltern u. zur Vorentscheidung über Lebenschancen s. BVerfGE 108, 314, 324 f., 329/Sondervotum) und Art. 12 I für die Hochschullehrer (zu Rückwirkungen von berufsbezogenen Leistungsanforderungen in Studien- u. Prüfungsordnungen auf die Gestaltung von Lehrveranstaltungen vgl. Thieme, DÖV 2000, 502 f.; BVerwG, DÖV 2006, 519; im Ansatz BVerfGE 111, 280/Sondervotum). S. auch Art. 137 Rn. 4 a.E. Gegen schwerpunktmäßig hoheitlich geprägte Aufgaben des Lehrers ohne nähere Begründung beiläufig BVerfGE 119, 267; Bezugnahme in BVerfGE 130, 116 (gegen die unnötige Festlegung mit Recht Thiele, Der Staat 2010, 286 f., 292 f.). Zum hoheitlichen Handeln bei Versetzungen und Abiturprüfungen OVG Lüneburg, NdsVBl 2012, 270. Ein anderes obiter dictum des BVerfG (E 130, 297 f.; wohl auch VG Düsseldorf, ZBR 2011, 178) geht – ebenfalls begründungslos – offenbar von der Freiheit aus, Neueinstellungen von Hochschullehrern im Beamten- *oder* Angestelltenverhältnis vorzunehmen. Vgl. dagegen die Anerkennung der unmittelbaren Mitwirkung am Zustandekommen von Verwaltungsakten und damit hoheitlicher Tätigkeit im Falle eines Hochschullehrers in dem Beschluss BVerfGK 15, 595 f. Zur Funktion der Hochschule als Ausbildungsstätte s. BVerfGE 122, 117; 126, 25.

### Absatz 5: Grundsätze des Berufsbeamtentums

17 Abs. 5 ist durch die Föderalismusreform I (s. Rn. 1) in der Sache nicht verändert worden. Tendenzen aus Kreisen der Länder (Zur Sache 1/2005 S. 243) und der Wissenschaft (ebd., S. 247 f.), ihn ersatzlos zu streichen (vgl. auch Rn. 16), haben

sich nicht durchgesetzt. Der Gesetzgeber (zur ausschließlichen u. konkurrierenden Gesetzgebungskompetenz des Bundes s. Art. 73 I Nr. 8, Art. 74 I Nr. 27 n.f.) wird beauftragt, die Rechtsverhältnisse der in Abs. 4 genannten, in einem öff.-rechtl. Dienst- und Treueverhältnis stehenden Personen nach wie vor **unter Berücksichtigung der hergebrachten Grundsätze** (hG) des Berufsbeamtentums zu **regeln** und – das ist neu seit 2006 (vgl. Rn. 1) – **fortzuentwickeln.** Die tatbestandliche Erweiterung ist, gemessen an dem Ziel, die Modernisierung und Anpassung des öffentl. Dienstrechts an sich ändernde Rahmenbedingungen zu ermöglichen (BT-Dr 16/813 S. 10) und sich dabei von den Fesseln der bisherigen Rspr. zu befreien (Koch, DVBl 2008, 808), **ohne praktische Bedeutung.** Es ist zwischenzeitlich geklärt, dass die Reform „nichts Greifbares geändert hat" (BVerwGE 129, 281; schärfer Dorf, DÖV 2009, 16: Belanglosigkeit). Der Kompromisscharakter der Formulierung (BVerwGE 129, 282) bezieht den Fortentwicklungsauftrag auf das Recht des öffentl. Dienstes, nicht aber auf den hierfür geltenden Maßstab (BVerfGE 119, 272 f.; 121, 205). Der Bezug auf die hG ist der grundlegende Irrtum des VG Kassel, ZBR 2011, 388. Die Rückwirkung des fortzuentwickelnden Rechts auf die hG (so Battis, BundesbeamtenG, 4. Aufl. 2009, Einl. Rn. 7) ist nicht plausibel. Die Fortentwicklung des Rechts(gebiets) ist als Teil des „Regelns" eine selbstverständliche Daueraufgabe des Gesetzgebers sowie der rechtsfortbildenden Rspr. des BVerfG und der Revisionsgerichte (s. statt aller BVerfGE 128, 210; BVerfG, NJW 2012, 670; BGHZ 179, 38 f.). Erhalten geblieben ist die Pflicht zur Berücksichtigung der hG und damit der Grundstrukturen des Leitbilds des deutschen Berufsbeamtentums (vgl. BVerfGE 119, 272 f.; 121, 205; stärker für Möglichkeit des Wandels BVerfGE 119, 290 f./Sondervotum; für „Entwicklungsoffenheit" auch BVerfGE 117, 394/Sondervotum).

Mit „öffentlichem Dienst" ist nur der in einem öff.-rechtl. Dienst- und Treueverhältnis geleistete Dienst i.S. des Abs. 4 gemeint. Abs. 5 betrifft daher nur Berufs*beamte* und Berufs*richter* (zu hG des richterl. Amtsrechts BVerfGE 56, 162; BVerfGK 8, 399; BVerwGE 124, 354 f.), nicht auch *Soldaten* (BVerfGE 31, 221; BVerwGE 89, 197; hier Kernbestand des Besoldungs- u. Versorgungsanspruchs ergebnisgleich durch Art. 14 gesichert, BVerfGE 44, 281; 76, 294; BVerwGE 93, 73; Pflichtenabsicherung nicht etwa nur einfachrechtl. – so wohl BVerwGE 84, 199 f., u. BVerwG, NVwZ-RR 2004, 48 –, sondern durch Art. 87 a, BVerfGE 57, 36; speziell zur soldatengesetzl. Ausfüllung des Art. 17 a als Schranke der freien Meinungsäußerung u. zur Wahrung der Funktionsfähigkeit der Bundeswehr vgl. BVerfGK 11, 84 f.; BVerwGE 132, 183; in diesem Zusammenhang zu Art. 10 EMRK: EGMR, NVwZ-RR 2011, 734; Verkennung der Rspr. durch BVerwGE 127, 362 ff.; sehr weit BVerwG, NVwZ 1996, 474), *Zivildienstleistende* (falsche Analogie in BVerwG, NJW 1996, 2320) und nichtbeamtete Angehörige des öffentl. Dienstes (BVerfGE 3, 186), wohl aber mit funktionsspezifischen Einschränkungen die Beamten auf Zeit (kommunale Wahlbeamte: BVerfG, NVwZ 1994, 473; BVerfGK 1, 259; s. auch Rn. 7), Probe und Widerruf (zu Letzteren BVerwG, NVwZ 2004, 348; allg. zu Nicht-Lebenszeitbeamten: BVerfGE 44, 262 f.; BVerfGK, NVwZ-RR 2008, 506). Wegen der besonders ausgeprägten Nähe zum öffentl. Dienst sind für Notare Art. 12 I zurückdrängende Sonderregelungen (dazu auch oben Art. 12 Rn. 6) in Anlehnung an beamtenrechtl. Grundsätze gemäß Abs. 5 möglich (BVerfG, Beschl. v. 19.6.2012 – 1 BvR 3017/09 –; BVerfGK 15, 261). Der kirchliche Dienst (vgl. Art. 140 Rn. 18) ist (vom gesamten Art. 33) nicht erfasst (BVerfGK 14, 488 f. m.w.N.; BGHSt 37, 192 f.; OVG Münster, DÖV 1998, 393). Der Verfassungsauftrag geht nicht dahin, die hG des Berufsbeamtentums (nicht: des Beamten*rechts*) unbesehen in neu-

**18**

es Recht umzusetzen (Versteinerung), sondern verlangt verbal nur, sie zu berücksichtigen (s. schon Rn. 17). Art. 33 V schützt nur einen **Kernbestand** von Strukturprinzipien, die allg. oder doch ganz überwiegend und während eines längeren, traditionsbildenden Zeitraums, mindestens unter der Weimarer Reichsverfassung, als verbindlich anerkannt und gewahrt worden sind (BVerfGE 117, 344 f.; 121, 219; BVerfGK 10, 541). Mit dieser Formel des BVerfG werden die „wohlerworbenen Rechte" des Art. 129 I 2 WRV (etwa auf Besoldung oder Versorgung in bestimmter Höhe) ausgegrenzt (BVerfGK 8, 236), ebenso Regelungen „an der Peripherie" des Beamtentums ohne Grundsatzcharakter (im Einzelnen in Beispielen der Rn. 19 vermerkt). Innerhalb des Kernbereichs sind hG angesichts ihrer wesensprägenden Bedeutung zu **beachten**, nicht nur zu berücksichtigen (BVerfGE 71, 268). Auch bei hG verbleibt grundsätzlich Gestaltungsraum des Gesetzgebers, um das Beamtenrecht den Erfordernissen des freiheitlichen und demokratischen Staates sowie seiner fortschreitenden Entwicklung anpassen zu können. Die für den Kerngehalt der beamtenrechtl. Grundsätze geltende Beachtensregel verbietet jedoch eine Fortentwicklung durch tiefgreifende strukturelle Veränderungen (BVerfGE 119, 262; 121, 220).

19   **Im Einzelnen** stellt sich die Qualifizierung als hG des Berufsbeamtentums wie folgt dar:

a) **Alimentationsprinzip:** zu beachtender hG. Die Sicherung der lebenslangen amtsangemessenen (notwendigerweise abgestuften) Besoldung und Versorgung des Beamten und seiner Familie, d.h. die Gewährung eines Lebensunterhalts (Nettoeinkommens), der (das) dem Dienstrang, der mit dem Amt verbundenen Verantwortung, den allg. wirtsch. und finanziellen Verhältnissen und dem allg. Lebensstandard (Befriedigung eines Minimums an Lebenskomfort oberhalb der Grundbedürfnisse) entspricht, gewährleistet durch die wirtsch. Sicherheit die Unabhängigkeit des Beamten im Rahmen der in Rn. 16 beschriebenen Funktion im Interesse des Gemeinwohls. Der Kernbestand des Anspruchs ist als durch Dienstleistung erworbenes Recht durch Art. 33 V ebenso gesichert wie das Eigentum durch Art. 14 (vgl. BVerfGE 114, 287 ff.; 119, 269; 121, 221). Im Rahmen der Alimentationspflicht hat der Gesetzgeber die Attraktivität des Beamtenverhältnisses für überdurchschnittlich qualifizierte Kräfte, das Ansehen des Amtes in den Augen der Gesellschaft, die vom Amtsinhaber geforderte Ausbildung und seine Beanspruchung zu berücksichtigen (BVerfGE 130, 292 m.w.N.). Der Ehegatte des Beamten hat nach dessen Tod einen originären, nicht einen kraft Erb- oder Unterhaltsrechts derivativer Versorgungsanspruch gegen den Dienstherrn (BVerfGE 39, 202; BVerfGK 13, 42). Vererblich sind die die Regelalimentation ergänzenden und wie diese in einem Gegenseitigkeitsverhältnis mit der vom Beamten geschuldeten Dienstleistung stehenden Ansprüche (BVerwGE 137, 34). Beamten in *eingetragener Lebenspartnerschaft* steht Familienzuschlag der Stufe 1 nach § 40 I Nr. 1 BBesG zu (BVerwG, NVwZ 2011, 499, unter Aufgabe seiner bisherigen Rspr.; nunmehr unter Berufung auf Art. 3 I ausdrücklich auch BVerfG, Beschl. v. 19.6.2012 – 2 BvR 1397/09 –; vgl. auch BVerwG, NVwZ-RR 2011, 206 – Auslandszuschlag u. die Beihilferecht betr. Vorlagebeschlüsse des BVerwG an den EuGH v. 28.10.2010 NVwZ 2011, 876, sowie 2 C 23.09 und 2 C 53.09 – jeweils juris). Geschützt ist die Amtsangemessenheit der Bezüge in ihrer Gesamtheit, nicht der einzelne Besoldungsbestandteil (BVerfG, Beschl. v. 19.6.2012 – 2 BvR 1397/09 – m.w.N.). Grundsätzlich keine Anrechnung privatwirtsch. Einkünfte auf die Alimentation (BVerfGE 83, 106; 119, 217 f.), jedoch Vorteilsausgleich möglich (BVerfGK 13, 42 ff.; BVerwGE 133, 27; BVerwG, NVwZ-RR 2012, 210). Besoldung und Versorgung sind kein Entgelt für bestimmte Dienstleistungen (etwa proportional zur geleisteten Arbeitszeit, s. BVerfGE 121, 261; BVerfG, NVwZ 2008, 668), vielmehr Gegenleistung (durchaus wirtsch. Gegenwert, BVerfGE 105, 124, u. nicht völlig losgelöst von der effektiven Dienstleistung, BVerwGE 104, 234; enger BVerwGE 137, 145, jedoch nicht i.s. eines Synallagma, BVerwGE 122, 65) des Dienstherrn dafür, dass sich der Beamte mit seiner ganzen Persönlichkeit ihm zur Verfügung stellt und seine Dienstpflicht erfüllt (BVerfGE 39, 200 f.; 114, 298; 121, 261). Bei der Konkretisierung der Alimentationspflicht (Maßstabsbegriff) besteht ein weiter Gestaltungsspielraum (Anpassungspflicht nach § 14 I BBesG, § 70 I BeamtVG), auch im Hinblick auf Systemwechsel bei der Ämterbewertung, gekoppelt mit prozeduralen Anforderungen in Form von Begründungs-, Überprüfungs- und Beobachtungspflichten des Gesetzgebers (BVerfGE 130, 294, 301 f.). Die Länge der aktiven Dienstzeit und das zuletzt bezogene Diensteinkommen müssen sich in der Höhe des aus dem zuletzt bekleideten Amt bezogenen Ruhegehalts widerspiegeln (BVerfGK 17, 443 f.; BVerwGE 141, 217 f.). Kein Anspruch auf unveränderte Erhaltung der Bemessungsgrundlage und unverminderte Höhe der Bezüge sowie des gleichbleibenden und abschlagfreien Höchstversorgungssatzes (BVerfGE 76, 295; 114, 288 f.; BVerfGK 12, 198). Keine Verpflichtung zu strikter Parallelität von Besoldungs- und Versorgungsentwicklung (BVerfGE 114, 281 f.). Trotz grundlegender Systemunterschiede von Beamtenversorgung und Rentenversicherung (vgl. BVerfGE 97, 271; 105, 114 ff.; BVerfGK 8, 236 f.; OVG Saarlouis NVwZ-RR 2008, 718) ist es wegen der Bedeutung des Einkommens der Arbeitnehmer in der Bemessung der Amtsangemessenheit der Alimentation zulässig, Einschnitte in das System der Rentenversicherung systemkonform auf die Beamtenbesoldung und -versorgung zu übertragen. Eine strikte Parallelität zu den Tarifergebnissen (z.B. beim Hinausschieben von Anpassungsterminen) ist nicht gefordert (BVerfGE 114, 292 ff.; BVerfGK 12, 205 f.; BVerwG, NVwZ 2010, 140; OVG Koblenz, NVwZ 2008, 97 f.). Für den Bereich des Beamtenrechts stellt die Garantie der hG – insbes. das Alimentationsprinzip – eine spezielle Konkretisierung der Sozialstaatsklausel des GG dar (BVerfGK 13, 285). Nicht verfassungsrechtl. erfasst ("Peripherie" ohne Grundsatzcharakter oder/u. fehlenden traditionsbildenden Zeitraum i.S. der Rn. 18) u.a.: Altersteilzeitzuschlag (BVerwG, DÖV 2002, 781), freie Heilfürsorge (BVerwG, NVwZ-RR 2004, 508), Jubiläumszuwendung, Ministerialzulage, Ortszulagen (BVerfGE 117, 348), Polizeizulage (BVerwG, ZBR 2012, 92), Reise- und Umzugskosten, Trennungsgeld, Sonderzuwendung (BVerwGE 131, 26), Urlaubsgeld (VG Stuttgart, NVwZ 2006, 486). Keine Vorwirkung des Alimentationsprinzips auf ein dem Beamtenverhältnis vorgelagertes Angestelltenverhältnis (BVerfGK 13, 529). Zur Zulässigkeit von Ruhensregelungen BVerwGE 141, 212 ff.

b) Angemessener **Altersaufbau** in den einzelnen Laufbahnen: kein hG, auch wenn personalpolit. erwünscht (BVerwGE 122, 153; OVG Koblenz, NVwZ-RR 2008, 805; a.A. BVerfGE 119, 283/Sondervotum; undeutlich BVerwGE 133, 148, 150). Zum Beförderungshindernis in der Freistellungsphase der Altersteilzeit OVG Lüneburg, NVwZ-RR 2012, 77, zur ausgewogenen Altersstruktur als legitimes Ziel der Beschäftigungs- und Arbeitnehmerpolitik und zur (Regel-)Altersgrenze unionsrechtl. EuGH, EuGRZ, 2011, 491, zur gemeinschaftsrechtl. Zulässigkeit des Beförderungsverbots vor Erreichen der Altersgrenze VGH Kassel, NVwZ-RR 2011, 652.

c) Recht am **Amt** im funktionellen Sinne, d.h. ein Recht auf unveränderte und ungeschmälerte Ausübung der einmal übertragenen dienstlichen Aufgaben, gehört nicht zu den hG (auch nicht bei Ortswechsel, jedoch im Einzelfall Eingreifen der Fürsorgepflicht), BVerfGE 106, 28; BVerfG, NVwZ 2008, 548; vgl. auch BVerwGE 128, 332.

d) Recht auf angemessene **Amtsbezeichnung:** hG (vgl. BVerfGE 38, 12 f.).

e) **Amtsverschwiegenheit,** einfachrechtl. §§ 67 BBG, 37 BeamtStG, hG (vgl. BVerwGE 66, 41 f.).

f) **Arbeitszeit:** kein hG bezüglich wöchentliche Länge, weil kein traditionsbildender Zeitraum i.S. der Rn. 18, vielmehr Organisationsermessen des Dienstherrn im Rahmen der Pflicht des Beamten zum Einsatz der vollen Arbeitskraft; allerdings durch Fürsorgepflicht Schutz vor übermäßiger Belastung; kein Eingriff in die Alimentation durch (mittelbare) Besoldungskürzung bei Arbeitszeitverlängerung (BVerfGK 13, 244 f. m.w.N.; vgl. auch BVerfGK 7, 402 f.; BVerwGE 117, 225; BayVerfGH 48, 97 f.). Zur unionsrechtl. Begrenzung von Mehrarbeit s. BVerwGE 140, 357.

g) **Beihilfe und freie Heilfürsorge:** Das System der gegenwärtigen Beihilfegewährung (Mischung aus Eigenvorsorge u. staatl. Unterstützung gerade in Form von Beihilfen) ist kein hG (es fehlt schon an dem traditionsbildenden Zeitraum i.S. der Rn. 18; s. BVerfGE 12, 259; 13, 281 f.; 16, 446 m.w.N.), auch nicht – entgegen einer verbreiteten Meinung (u.a. BVerwGE 131, 238, mit einer irrigen, weil die Existenz eines Rechtsanspruchs vernachlässigenden historischen Herleitung, die von BVerwGE 131, 25; 132, 304; BVerwG, NVwZ 2009, 1038, abzuweichen scheint) – in Form eines beihilferechtl. Kernbereichs des hG „Fürsorgepflicht". Die krankheitsbezogenen Aufwendungen im Mischsystem sind vielmehr ein Berechnungsfaktor, den der Gesetzgeber bei der Festsetzung der amtsangemessenen Bezüge berücksichtigen muss (ohne Pflicht zur lückenlosen Erstattung oder Versicherungsmöglichkeit, BVerfG, NVwZ-RR 2012, 50). Da bereits das Beihilfesystem nicht verfassungsrechtl. verankert ist, kann dies auch nicht für einen hierzu komplementär ausgestalteten, spezifischen Alimentations- oder „Fürsorge"anteil gelten (vgl. dazu BVerfGK 12, 259 ff., 261). Zum Vorbehalt des Gesetzes BVerwGE 131, 235; 137, 33; BVerwG, ZBR 2011, 200, zum übergangslosen Weitergelten von Verwaltungsvorschriften und deren Auslegung wie Rechtsnormen zusammenfassend BVerwG, NVwZ 2012, 146. Keine Kompensation von Unteralimentation durch Nichtanwendung belastender Beihilferegelungen, sondern Erfordernis besonderer Feststellungsklage (BVerwG, NVwZ 2010, 1507 f.). Zur Vererblichkeit BVerwGE 137, 34 ff. (Aufgabe der bisherigen Rspr.).

h) **Beitragsfreiheit/Vorsorgefreiheit:** bisher vom BVerfG offengelassen, ob Beitragsfreiheit der Beamtenversorgung (BVerfGK 12, 202 f.) und Freiheit in der Wahl der Krankheitsvorsorge (NZS 2002, 88; BVerfGK 13, 284 m.w.N.) zu den hG gehören. Keine verfassungsrechtl. Vorgaben dazu, in welcher Weise ein Ruhegehaltsteil für die Krankenvorsorge zu verwenden ist (BVerfGK 13, 588).

i) Amtsangemessenheit der **Beschäftigung:** Nach diesem hG können Inhaber eines Amts im statusrechtl. Sinne vom Dienstherrn die Übertragung von Funktionsämtern (einem abstrakt-funktionellen u. einem konkret-funktionellen Amt) verlangen, deren Wertigkeit ihrem Amt im statusrechtl. Sinne entspricht (BVerwGE 132, 33; 132, 43; OVG Berlin-Brandenburg, NVwZ-RR 2012, 284). Keine Verletzung des Grundsatzes im Falle des Ausschlusses von der Theologenausbildung wegen Mangels der Bekenntnistreue (BVerfGE 122, 119), auch nicht bei Dienstherrenwechsel nach § 128 II–IV BRRG (BVerwGE 135, 288; OVG Münster, ZBR 2011, 56).

j) **Disziplinarrecht:** hG (vgl. BVerfGE 7, 144; BVerfGK 13, 211; BVerwGE 103, 79; BAG, NJW 2002, 3654). Disziplinarische Aberkennung des Ruhegehalts begrenzt Schutz der Versorgungsansprüche (BVerfGK 12, 370).

k) Voller persönlicher **Einsatz** (früher: volle Hingabe): zur entsprechenden Pflicht vgl. § 61 I 1 BBG, § 34 Satz 1 BeamtStG. Zu den Grenzen eines erhöhten Arbeitseinsatzes im Richterrecht BVerfG, NJW 2012, 2336, zur Dienstleistungspflicht als hG OVG Koblenz, ZBR 2011, 278, zu ihrer Beachtlichkeit bei rechtswidriger Teilzeitanordnung BVerwGE 137, 145 f., zur Begrenzung auf die Arbeitszeit VGH Mannheim, NVwZ-RR 2012, 118.

l) **Fürsorgepflicht:** s. Treuepflicht. Im Allg. keine weitergehenden Ansprüche als abschließende Regelung im Gesetz (BVerwG, NVwZ-RR 2012, 207; BayVerfGH, NVwZ-RR 2011, 795, zu Reisekosten); Ausnahme bei unerträglicher Belastung der amtsangemessenen Lebensführung (im Ergebnis BVerwG, NVwZ-RR 2011, 326, für das Beihilferecht). Zur oft missbräuchlichen Inanspruchnahme des Art. 33 V (Verwechslung der einfachrechtl. wichtigen Pflicht, §§ 78 BBG, 45 BeamtStG, mit verfassungsrechtl. Vorgaben, z.B. in BVerwGE 133, 70) vgl. unter „Beihilfe". Keine allg. Belehrungspflicht (OVG Lüneburg, ZBR 2011, 349 f.).

m) **Gehorsam, Folgepflicht,** vgl. auch § 62 I 2, II BBG, § 35 Satz 2 BeamtStG, hG wie Weisungsbefugnis und -gebundenheit. Die Weisungsgebundenheit des Beamten ist das notwendige Korrelat der demokratischen personellen und sachlich-inhaltlichen Legitimation (s. BVerfGE 130, 124 ff., u. vor Art. 62 Rn. 3). Pflicht grundsätzlich auch gegenüber (nicht evident) rechts- und verfassungswidrigen Weisungen (BVerfGE 9, 286; BVerfG, ZBR 1995, 71 f.; NJW 2003, 1505; im Soldatenrecht BVerwGE 129, 195; zum Unterschied von Soldaten- u. Beamtenrecht Pieroth, NVwZ 2011, 708). Keine Befolgungspflicht außerhalb des Anwendungsbereichs der Weisungsbefugnis (BVerwGE 132, 46 f.).

n) **Gesetz** (Vorbehalt des G.): Zwingende und abschließende Regelung der Beamtenpflichten und -rechte sowie der Beendigung des Dienstverhältnisses durch Gesetz (BVerwGE 91, 203). S. auch Art. 9 Rn. 12. Zu Absprachen bei Hochschullehrern vgl. BVerfGK 9, 5; kein öffentl.-rechtl. Vertrag über gesetzl. nicht zustehende Versorgungsansprüche (s. BVerfGK 10, 542). Zur Regelung der Besoldung und Versorgung durch Gesetz BVerfGE 8, 18 f.; 8, 35; 81, 386; BVerwG, NVwZ 1998, 77, und § 2 I BBesG, § 3 I BeamtVG.

o) **Hauptberuflichkeit:** prägendes Strukturelement des Berufsbeamtentums, Beachtungspflicht. S. auch unter „Teilzeit". Vgl. BVerfGE 70, 267; 71, 59 f.; BVerfGK 10, 539; BVerwGE 125, 31; 132, 246. Zur Teilzeit als Hauptberuf BVerwGE 124, 237. Grundsatz verbietet nicht, Teilzeitbeschäftigte im Verhältnis zu Vollzeitbeschäftigten gleich zu behandeln (BVerfGE 121, 263). Zur Mehrarbeitsvergütung vgl. BVerwG, NVwZ 2011, 299.

p) **Hierarchisches Prinzip:** entsprechend gegliederte Dienstbehörden in Personalangelegenheiten der Beamten, BVerfGE 9, 287; 93, 73. Vgl. auch BVerfGK 18, 506, und vor Art. 62 Rn. 3.

p1) Von hG des **Hochschullehrerbeamtenrechts** (z.B. in BVerfGE 35, 146 f.; 43, 277, 287; 52, 331) ist in der jüngeren Rspr. des BVerfG wohl weniger die

Rede, weil bei spezifisch wissenschaftsrelevanten Aspekten staatl. Einwirkung Art. 5 III als Prüfungsmaßstab genannt wird (BVerfGE 122, 106; 126, 28). Zum Alimentationsanspruch bei Leistungszulagen BVerfGE 130, 296 f.

q) **Koalitionsrecht:** vgl. einfachrechtl. §§ 116 BBG, 52 BeamtStG; im Übrigen zu Mitbestimmung, mangelnder Tarifautonomie und – hG (BVerfGE 44, 264) – **Streikverbot** s. Art. 9 Rn. 12 und 18.

r) **Laufbahngrundsatz:** BVerfGE 71, 268; 107, 273; BAG, NZA 2002, 273. Ergänzend § 16 I, §§ 18 BBG, 6 ff. BLV.

s) **Lebenszeitprinzip** in Form der lebenszeitigen Anstellung und lebenslangen Übertragung aller einer Laufbahn zugeordneten Ämter gehört zu den hergebrachten, zu beachtenden Strukturprinzipien des Berufsbeamtentums. Es gewährleistet die Unabhängigkeit des Beamten für seine in Rn. 16 beschriebene Funktion (BVerfGE 121, 220 ff.). Zulässige Fortentwicklung (Rn. 18) erlaubt die Führungserprobung (Führungsamt im Beamtenverhältnis auf Probe, § 6 III Nr. 2 BBG, § 4 III Buchst. b BeamtStG; dazu BVerfGE 121, 228; BVerwGE 128, 236 ff.), nicht aber die Übertragung von Führungspositionen im Beamtenverhältnis auf Zeit (§§ 12 b BRRG a.F., 4 II Buchst. b BeamtStG; dazu BVerfGE 121, 224 ff.; vorausgehend BVerwGE 129, 285 ff.). Im letztgenannten Fall ist die gleichwohl erfolgte Berufung in ein Beamtenverhältnis auf Zeit wirksam (BVerwGE 136, 4). Sachlich begründbare Beamte auf Zeit (u.a. kommunale Wahlbeamte, s. auch Rn. 7) und sog. polit. Beamte (§§ 54 BBG, 30 BeamtStG) müssen besondere Ausnahmen sein (BVerfGE 121, 222 f., 232). Versorgung entsprechend der Besoldung aus dem zuletzt bekleideten Amt (BVerfGE 117, 382; BVerfGK 8, 235; BVerwGE 122, 304). Eine gesetzl. Höchstaltersgrenze für Bewerber ist im Lebenszeitprinzip angelegt (BVerwGE 122, 153; 133, 145; 142, 62; OVG Koblenz, ZBR 2011, 422 ff.). Zur unionsrechtl. Problematik der Altersgrenze für die zwangsweise Versetzung in den Ruhestand EuGH, NVwZ 2011, 1249; aus nationaler Sicht BGHZ 185, 34 m.w.N. Reaktivierungsanspruch nach wiedererlangter Dienstfähigkeit ist kein hG (BVerwG, NVwZ-RR 2009, 29). Zum Gestaltungsspielraum bei der Festsetzung unterschiedlicher Altersgrenzen BVerfGK 13, 579.

t) **Leistungsprinzip:** Prinzip der Bestenauslese (s. Rn. 4 u. BVerfGE 56, 163; 76, 322–325; 117, 355, 382). Art. 33 V ergänzt den für die Auswahlentscheidungen geltenden Art. 33 II vor allem durch eine bewahrende, auf den Schutz der erdienten Statusrechte (Absicherung des Beförderungserfolgs) ausgerichtete Komponente (BVerfGE 121, 226). HG ist auch Versorgung aus dem letzten Amt (BVerfGE 61, 58, 61 f.; 117, 381), allerdings auch darin die Widerspiegelung der Zahl der Dienstjahre (BVerfGK 17, 443 – Versorgungsabschlag). Zu den Grenzen leistungsdifferenzierender Besoldungselemente BVerfGE 130, 297 ff.

u) **Nebentätigkeit:** Verpflichtung, dem Dienstherrn volle Arbeitskraft zur Verfügung zu stellen und sich dem Hauptamt mit voller Hingabe zu widmen, ist hG. Daher Einschränkung von Nebentätigkeiten im Interesse der pflichtgemäßen und vollwertigen Diensterfüllung sowie der Vermeidung von Interessenkonflikten zulässig (BVerfGK 10, 63; 10, 193 f.; 12, 250). Kein hG des Richteramtsrechts, dem zufolge Nebentätigkeit anzeigefrei ist (BVerfGK 14, 171).

v) **Richteramtsrecht:** sachliche und persönliche Unabhängigkeit hG (BVerfGK 8, 399; BVerfG, NJW 2008, 910; BVerfGK 14, 172 ; BGH, NJW 2005,

906); prozessual inkonsequent BVerfGE 107, 274. Näher dazu Art. 97 Rn. 2 ff.

w) **Teilzeit:** Voraussetzungslose und unbefristete Antragsteilzeit (§§ 91–92 BBG) noch zulässig, nicht aber Einstellungszwangsteilzeit auf der Grundlage des § 44 a BRRG a.F., heute § 43 BeamtStG, auch nicht über das Sozialstaatsprinzip (Steuerung der Arbeitslosigkeit), weil Absenkung der Besoldung unter amtsangemessenes Niveau (Teilalimentation) nur im Einverständnis möglich (BVerfGE 119, 259 ff., 266, 270 f.). An Abweichung vom Leitbild des Vollzeitbeamten kann Besoldungs- und Versorgungsgesetzgeber anknüpfen, jedoch endet Gestaltungsfreiheit dort, wo sich Regelungen in unverhältnismäßiger Weise benachteiligend für Beamte eines Geschlechts auswirken (BVerfGE 121, 261 f.). Zu geschlechtsspezifischer Diskriminierung von teilzeitbeschäftigten Frauen s. Art. 3 Rn. 10 Buchst. c; vgl. auch oben Buchst. o unter „Hauptberuflichkeit". Zur Teilzeit als Hauptberuf BVerwGE 124, 237. Zur Beachtlichkeit des Antrags auf Rückkehr zur Vollzeitbeschäftigung s. BVerwGE 132, 247 ff.; BVerwG, NVwZ 2011, 890, zur Unbeachtlichkeit der Teilzeitanordnung in Ernennungsurkunde BVerwGE 137, 143 ff. Dogmatische Kritik an der neueren Rspr. bei Wißmann, ZBR 2011, 186 ff. Zum europarechtl. Gebot strikt zeitanteiliger Abgeltung von Teilzeitarbeit BVerwGE 136, 170.

x) **Treuepflicht:** gegenseitig (BVerfGE 81, 363 ff.; 99, 300 ff.; BVerwG, NVwZ-RR 2009, 249; BVerwGE 140, 358). Treuepflicht des Staates: einfachrechtl. §§ 78 BBG, 45 BeamtStG: Fürsorge, Schutz, loyale Behandlung, Förderung, Rücksichtnahme (vgl. BVerfGE 43, 163; BVerfGK 5, 253; BVerwGE 99, 59; BVerwG, ZBR 1998, 244). Im Anwendungsbereich ausdrücklicher gesetzl. Normierungen nur ausnahmsweise Herleitung weiterer Rechte und Pflichten unter Hinweis auf Treue- und Fürsorgepflicht zulässig (BVerwG, NVwZ 2009, 1315). Zum Zusammenhang von Treue und Streikverbot beiläufig BVerfGE 130, 298, zur Ableitung einer Ablieferungspflicht aus dem (Dienst- u.) Treueverhältnis BVerwG, ZBR 2011, 33, zum Verhältnis von gegenseitiger Rücksichtnahme und rückwirkender Besoldungserhöhung BVerfG, Beschl. vom 19.6.2012 – 2 BvR 1397/09 –.

x1) Polit. **Treuepflicht, Verfassungstreue:** BVerfGE 39, 347 f.; 119, 264; BVerfG, DVBl 2008, 907. Einzelheiten in Rn. 6.

y) **Uneigennützigkeit:** Pflicht zu entsprechender Amtsführung unter Zurückstellung eigener Interessen (vgl. auch §§ 71 BBG, 42 BeamtStG), BVerfGE 115, 391; 119, 264; BAG, NJW 2005, 1598.

z) **Unparteilichkeit, politische Zurückhaltung:** BVerfG, NJW 1983, 2691. Neutralität an Schaltstelle zwischen Politik und Verwaltung von besonderer Bedeutung (BVerfGE 121, 231). Einfachrechtl. § 60 II BBG, § 33 II BeamtStG. Zum Uniformverbot für Polizisten bei gewerkschaftlicher Betätigung VGH Kassel, NVwZ-RR 2012, 116.

Der Beamte und der Richter genießen auch als Staatsdiener trotz ihrer besonderen Pflichtenstellung **Grundrechtsschutz** (zu den Soldaten s. Rn. 18). Art. 33 V ermöglicht jedoch in dem Sinne eine Begrenzung, dass die für die Erhaltung eines intakten Beamten- und Richtertums unerlässlich (zum Begriff allg. BVerwGE 130, 204) zu fordernden Pflichten die Wahrnehmung von Grundrechten allg. oder im Hinblick auf ein konkretes Amt einschränken (BVerfGE 39, 366 f.; BVerfG, NJW 1989, 93; BVerfGK 10, 62; 12, 249 f.; BVerwGE 100, 175 f.; 103, 79; 116, 364). Zur Vorwirkung von Grundrechten auf die Eignungsprüfung (s. Rn. 4, im Übrigen Art. 4 Rn. 7 u. 20) vgl. BVerfGE 108, 296. Diese Entschei-

20

dung (ebenso BVerfG, NJW 2005, 1345) scheint den gleichen Ausgangspunkt wie hier zu haben, verlässt ihn aber einmal durch die Aussage, ein Eignungsmangel (Art. 33 II) müsse sich vor dem einschlägigen, isoliert zu prüfenden Grundrecht rechtfertigen, sodann durch die Forderung (anders noch BVerfG, NVwZ 2003, 74, u. später BVerfG, Beschl. v. 19.6.2012 – 1 BvR 3017/09 –; BVerfG, NVwZ 2008, 416, zur Tragfähigkeit von Generalklauseln) nach einem *parlamentarischen Gesetzesvorbehalt* für die Begründung von konkreten Dienstpflichten im Zusammenhang mit der Religions- oder Gewissensfreiheit (verallgemeinernd BVerfG, NVwZ 2008, 549, für den Fall des Aufeinandertreffens konkurrierender Grundrechte). Dabei werden die den Grundrechtsschutz überlagernde Bedeutung des Art. 33 V und das Gewicht vorhandener gesetzl. Pflichten verkannt. Ausschließlich dienstliche Obliegenheiten betr. organisatorische Maßnahmen berühren i.d.R. nicht das allg. Persönlichkeitsrecht (BVerwG, NVwZ 2002, 610, für das Soldatenrecht). Zu Art. 3 II s. dort Rn. 12 und 18, zu Art. 3 III BVerfGE 121, 262 f., zu Art. 4 dort Rn. 7 und 16. Der allg. rechtsstaatl. Vertrauensschutz hat in Art. 33 V seine besondere Ausprägung erhalten. Er gewährleistet Rechtssicherheit hinsichtlich der durch Art. 33 V geschützten Güter und will insbes. verhindern, dass versorgungsberechtigte Beamte in ihrem schutzwürdigen Vertrauen, im Alter amtsangemessen versorgt zu sein, enttäuscht werden (BVerfGE 76, 347; BVerfG, Beschl. v. 2.5.2012 – 2 BvL 5/10 –; BVerwG, ZBR 2011, 256 f.). Art. 33 V ist für vermögensrechtl. Ansprüche lex specialis zu Art. 14 I (BVerfGK 10, 542; BVerfG, NVwZ-RR 2012, 49; BVerwGE 141, 216 f.), für Soldaten s. jedoch Rn. 18. Bei wirtsch. Betrachtungsweise ist der für Renten- und Versorgungsanwartschaften nach Art. 14 und 33 V rechtl. unterschiedlich gewährte Schutz im Ergebnis vergleichbar (BVerfGE 105, 124 f., 131). Zu den Grenzen der Meinungsfreiheit eines französischen Professors und Holocaust-Leugners EGMR, NJW 2012, 1198 m.w.N.

## Artikel 34 [Haftung bei Amtspflichtverletzung]

**Verletzt jemand in Ausübung eines ihm anvertrauten öffentlichen Amtes die ihm einem Dritten gegenüber obliegende Amtspflicht, so trifft die Verantwortlichkeit grundsätzlich den Staat oder die Körperschaft, in deren Dienst er steht. Bei Vorsatz oder grober Fahrlässigkeit bleibt der Rückgriff vorbehalten. Für den Anspruch auf Schadensersatz und für den Rückgriff darf der ordentliche Rechtsweg nicht ausgeschlossen werden.**

1 Art. 34 regelt für Bund, Länder und Gemeinden sowie für alle sonstigen öffentl. Rechtssubjekte bundeseinheitlich die **Haftung für pflichtwidriges Hoheitshandeln** ihrer Amtsträger. Er ist „**Institutsgarantie der Staatshaftung**" (vgl. BVerfGE 61, 199) und modifiziert die einfachrechtl. Haftung des Amtsträgers. Mit der Anknüpfung an den Staat und die anderen öff.-rechtl. Haftungsträger (s. Rn. 6) wird dem Geschädigten ein zahlungskräftiger Schuldner garantiert und zugleich auch die Effizienz der Verwaltung erhöht, indem dem Amtsträger ein Teil der Haftung abgenommen wird. Die Amtshaftung setzt voraus: Handeln in Ausübung eines öffentl. Amtes, Verletzung einer Amtspflicht gegenüber einem Dritten, schuldhaftes Handeln hinsichtlich der Amtspflichtverletzung und einen daraus ursächlich folgenden Schaden. Auf Ausübung kirchlicher Gewalt ist die Vorschrift nur insoweit anzuwenden, wie *Kirchen* vom Staat verliehene Befugnisse wahrnehmen (vgl. dazu Erläut. in Art. 140 Rn. 11, 18). Der Verfassungsartikel

begründet nach h.M. (a.A. Stern, Bd. III/1, S. 378) selbst keine unmittelbare Haftung des öffentl. Haftungsträgers, sondern verlagert nur die nach einfachem Recht entstandenen Ansprüche auf die maßgebliche Körperschaft (BGHZ 108, 232). Für die Ansprüche nach einfachem Recht ist § 839 BGB maßgebend. Danach haftet ein Beamter für jede schuldhafte Verletzung einer ihm gegenüber einem Dritten obliegenden Amtspflicht. Bei Amtspflichtverletzungen ist § 839 BGB gegenüber den allg. Bestimmungen der §§ 823, 826 BGB lex specialis. Neben Ansprüche aus Art. 34, § 839 BGB können Schadensersatzansprüche aus verwaltungsrechtl. Verträgen und vertragsähnlichen öff.-rechtl. Sonderrechtsverhältnissen treten (s. BGHZ 29, 310; 43, 178 ff.), wie etwa dem Beamtenverhältnis (BVerwGE 25, 138; BGHZ 43, 183), der Verwahrung (BGHZ 1, 369; 34, 349) und der Anstaltsbenutzung (BGHZ 21, 214; 61, 7). 1981 war ein Gesetz erlassen worden, in dem eine unmittelbare Haftung des Staates für Amtspflichtverletzungen begründet wurde. Dieses StaatshaftungsG wurde jedoch vom BVerfG wegen damals fehlender Gesetzgebungskompetenz des Bundes für nichtig erklärt (BVerfGE 61, 149). Die Haftung des Staates beruht demnach weiterhin auf § 839 BGB und Art. 34, bis der Bund von seiner 1994 neu geschaffenen Kompetenz in Art. 74 I Nr. 25 Gebrauch macht. In den ostdeutschen Bundesländern ist dagegen auch das fortgeltende DDR-StaatshaftungsG anzuwenden. Die Überleitung der Haftung auf den Staat usw. erfolgt nur „grundsätzlich". Dies bietet Raum für sachlich begründete Einschränkungen durch Bundes- oder Landesrecht (vgl. BVerfGE 61, 199; BGHZ 76, 379), nicht aber durch Satzung (BGHZ 61, 14). In welchem Umfang Einschränkungen zulässig sind, ist in der Literatur str. (s. Gurlit in von Münch/Kunig, Art. 34 Rn. 31 ff.; zum Spielraum des Gesetzgebers bei der näheren Festlegung von Amtspflichten vgl. nachstehend Rn. 3).

Für **Handeln von Organen der Europäischen Union** gilt nicht Art. 34, sondern die vergleichbare Regelung in Art. 340 II AEUV. Darüber hinaus ergibt sich aus primärem EU-Recht die Verpflichtung, bei **Verstoß nationaler Stellen gegen EU-Recht** unter bestimmten Voraussetzungen Betroffenen Schadensersatz zu leisten (EuGHE 1991, I-5403; 1993, I-6926; 1994, I-3347; 1996, I-1131; 2003, I-10239; EuGH, DVBl 2006, 1105). Eine (nationale) Haftungsbeschränkung auf Vorsatz oder grobe Fahrlässigkeit ist unzulässig, wenn ein offensichtlicher Verstoß gegen Gemeinschaftsrecht vorliegt (EuGH, DVBl 2006, 1105). Da diese Verpflichtung Art. 34 (u. konkretisierendes einfaches Recht) nur teilweise abdeckt, ergibt sich neben Art. 34 i.V.m. § 839 BGB ein eigener Haftungsanspruch aus EU-Recht (BGHZ 134, 36; 146, 158, 163). **2**

Der **Gesetzgeber** hat einen erheblichen **Spielraum** bei der Festlegung, ob und wem gegenüber (vgl. BGH, DVBl 1996, 1129) und bei welchen Interessen (s. BGHZ 39, 363 ff.; 100, 317; 106, 331 f.) eine Amtspflicht besteht, die eine Amtshaftung auslösen kann. Der Landesgesetzgeber kann aber bundesgesetzl. Amtspflichten nicht einschränken. Dies gilt genauso für Kommunen in Bezug auf Bundes- und Landesrecht; sie müssen beim Satzungserlass selbst Amtspflichten beachten, z.B. bei einem Bebauungsplan bezüglich gesunder Wohn- und Arbeitsverhältnisse (BGHZ 117, 363; 140, 382 f.; 142, 263 ff.). Die bisher vertretene Ansicht, dass dem Gesetzgeber keine **Amtspflichten zum Schutze Dritter** obliegen (BGHZ 56, 46, 87, 335; 102, 365 f.), ist hinsichtlich der Umsetzung von EU-Recht nicht mehr haltbar (s. Rn. 2). Da EU-Recht auch subjektive Rechte sichern will (vgl. EuGHE 1999, I-3140; BGHZ 134, 33 f. – für unmittelbare Anwendung des EU-Rechts), müssen zumindest bei der Ausführung von EU-Recht durch EU-rechtskonforme Auslegung Amtspflichten zum Schutze Dritter anerkannt wer- **3** den. Dies gilt auch für letztinstanzliche Entscheidungen von Gerichten beim Verstoß gegen Gemeinschaftsrecht (EuGHE 2003, I-10239).

4   *Satz 1:* Die Amtshaftung tritt nur für einen Schaden ein, der in **Ausübung eines öffentlichen Amtes** entstanden ist. Das Handeln des Amtsträgers wird danach nur dann von Art. 34 erfasst, wenn es als öff.-rechtl. zu qualifizieren ist (BGHZ 110, 255). Es muss dafür ein äußerer und innerer Zusammenhang mit der Erfüllung einer öffentl. Aufgabe bestehen (BGHZ 108, 232; 153, 272 ff.). Ob bei der Erfüllung von Verkehrssicherungspflichten ein solcher Zusammenhang angenommen werden kann, ist str. (grundsätzlich verneinend die st. Rspr. des BGH seit BGHZ 9, 373 ff.). Für fiskalische Tätigkeiten gilt Art. 34 jedenfalls nicht (BGHZ 110, 254). Der Schaden muss „in Ausübung" der öffentl. Gewalt und damit nicht nur gelegentlich dienstlicher Verrichtungen eingetreten sein (s. BGHZ 69, 132). Weiterhin wird die kausale Verursachung des Schadens vorausgesetzt. Besteht die Amtspflichtverletzung in einem Unterlassen, kann diese Voraussetzung nur bejaht werden, wenn der Schadenseintritt bei pflichtgemäßem Handeln „mit an Sicherheit grenzender Wahrscheinlichkeit vermieden worden" wäre (BGH, NVwZ 1994, 825). Das Wort „jemand" in Satz 1 bedeutet, dass die handelnde Person nicht „Beamter" sein muss. Der Begriff ist weit gefasst, Art. 34 gilt für jeden Amtsträger, insbes. auch für Angestellte und Beliehene (vgl. BGHZ 118, 308 f.; BGH, NJW 2003, 1308 – auch Bedienstete von Kirchen; s. aber oben Rn. 1). Damit wird der Anwendungsbereich der einfachrechtl. Amtshaftung nach § 839 BGB von Verfassungs wegen erweitert. Erfasst werden auch Sachverständige im Genehmigungsverfahren (vgl. BGHZ 122, 87) sowie Minister, Bürgermeister, Abg. und Kollegialorgane (wie Parlamente).

5   Der Amtsträger muss eine **Amtspflicht** verletzt haben. Amtspflichten ergeben sich aus Gesetzen und anderen Rechtsnormen, vor allem aus den Beamtengesetzen, aber auch aus Dienst- und Verwaltungsvorschriften. Ebenso können allg. Rechtsgrundsätze, z.B. das Verhältnismäßigkeitsprinzip, Amtspflichten begründen (BGHZ 137, 346 – konsequentes Verhalten). Voraussetzung der Staatshaftung ist, dass es sich um eine Amtspflicht einem *Dritten gegenüber* handelt (BGHZ 93, 87). Es kommt darauf an, ob die Amtspflicht dem Amtsträger im Interesse einzelner Personen auferlegt worden ist und diese geschützt werden sollen (BGHZ 110, 8 f.; 134, 277 ff.; 142, 272). Die Verletzung einer bloßen Amtspflicht gegenüber dem Staat oder der öffentl. Körperschaft genügt nicht. Wenn der Zweck der Amtspflicht lediglich die Aufrechterhaltung der öffentl. Ordnung oder das Interesse des Dienstherrn an einer ordnungsgemäßen Amtsführung des Amtsträgers ist, besteht sie nicht einem Dritten gegenüber (BGHZ 26, 232). Das Gleiche gilt für verfassungsrechtl. Pflichten des förmlichen Gesetzgebers (vgl. BGHZ 56, 46; 102, 365 f.). Legislatives Unrecht ist aber dann relevant, wenn es um Umsetzung des Rechts der EU geht, das bestimmte Ansprüche Dritter schützt (EuGH, EuZW 1999, 635; s. auch oben Rn. 3). Die Rspr. legt den Begriff des Dritten tendenziell weit, nämlich dahin aus, dass darunter jede natürliche oder juristische Person verstanden wird, deren Interessen die verletzte Amtspflicht zumindest auch wahrnehmen soll (BGHZ 63, 35; 146, 368 – „besondere Beziehung"; BGHZ 116, 315 – auch gegenüber einem Amtsträger als Privatperson u. Trägern der Selbstverwaltung; BGH, NJW 2003, 1318 f.). In Betracht kommen Amtspflichten zu rechtmäßigem Verhalten, zur Beachtung der Zuständigkeitsordnung, zu fehlerfreier Ermessensausübung, zur Ausübung von Aufsicht, zur Beachtung des Übermaßverbots, zu zügiger Sachentscheidung, zu Amtsverschwiegenheit und richtiger Auskunft (BGH, NVwZ 2002, 374). Die Amtspflichtverletzung muss **schuldhaft** sein (Vorsatz oder Fahrlässigkeit), spezielle ge-

setzl. Regelungen können dieses Erfordernis jedoch ausschließen (was Art. 34 zulässt). Die Schuld braucht sich nur auf die Amtspflichtverletzung, nicht auf die Schadenszufügung zu erstrecken (vgl. BGHZ 30, 374; 34, 375). Zwischen der Amtspflichtverletzung und dem Schaden muss ein adäquater Kausalzusammenhang bestehen.

Die **Verantwortlichkeit** trifft den Staat (Bund oder Länder), die Körperschaft 6 (Gemeinden, sonstige öffentl. Körperschaften), Anstalt oder Stiftung des öffentl. Rechts, in deren Dienst der Amtsträger steht (BGHZ 108, 232). Letzteres bedeutet nach der Rspr. in aller Regel, dass haftet, wer den Amtsträger angestellt hat (Anstellungstheorie; vgl. BGHZ 91, 251). Fehlt ein öff.-rechtl. Anstellungsverhältnis (z.B. Schiedsmann, Kfz-Sachverständiger) oder ist ein Amtsträger von zwei öffentl. Rechtsträgern angestellt, haftet die Körperschaft, die dem Amtsträger das Amt anvertraut hat, bei dessen Ausübung er fehlsam gehandelt hat (BGHZ 49, 116; 99, 330 f.; 143, 26). Für *richterliche Entscheidungstätigkeit* besteht eine Haftungseinschränkung gemäß § 839 BGB. Diese gilt jedoch nicht für offensichtliche Verstöße höchster nationaler Gerichte gegen Recht der EU (EuGH, NVwZ 2004, 79). Die *Amtshaftung entfällt* bei Notaren (§ 19 BNotO; BGH, NVwZ 2002, 373), öffentl. Gebührenbeamten (s. § 5 Nr. 1 des G über die Haftung des Reichs für seine Beamten [RHBG] v. 22.5.1910, RGBl S. 798) und Amtswaltern des Auswärtigen Dienstes (§ 5 Nr. 2 RHBG).

Aus dem Vorstehenden ergibt sich für Amtshaftungsansprüche nach Art. 34 7 Satz 1 folgende **Prüfungsreihenfolge:**

a) Handeln eines „Jemand" (Rn. 4),
b) Vorliegen „eines öffentl. Amtes" (Rn. 4),
c) Verletzung einer „Amtspflicht" (Rn. 1, 5),
d) Verursachung eines Schadens durch Ausüben des Amtes (Rn. 1, 4),
e) Kausalität zwischen Amtspflichtverletzung und Schaden (Rn. 1, 4),
f) schuldhafte Verursachung des Schadens (Rn. 1, 5),
g) kein Haftungsausschluss, keine Haftungsbeschränkung durch Gesetz (Rn. 1, 2, 6).

Nach *Satz 2* ist der **Rückgriff** gegen den schädigenden Amtsträger vorbehalten, 8 d.h. die Verfassung schreibt ihn nicht bindend vor. Im Beamtenrecht ist er in § 75 BBG und § 49 BeamtStG geregelt. Nach Art. 34 darf er aber im Falle hoheitlicher Tätigkeit nur bei Vorsatz und grober Fahrlässigkeit, also nicht bei leichter Fahrlässigkeit, vorgesehen werden. Diese Rückgriffsbeschränkung gilt nicht für Beliehene (BVerwGE 137, 380 ff.) und für als Verwaltungshelfer herangezogene selbständige private Unternehmer (BGHZ 161, 13 f.). Bei privatrechtl. erwerbswirtsch. Staatstätigkeit ist ein Rückgriff nach der Verfassung unbeschränkt zulässig.

*Satz 3* legt die **Zuständigkeit der ordentlichen Gerichte** (Zivilgerichte) für die 9 Geltendmachung von Schadensersatzansprüchen (u. vorbereitenden Auskunftsansprüchen – BGHZ 78, 276 ff.) gegen den Staat und von Rückgriffsansprüchen gegen den Amtsträger, und zwar auch für Nichtbeamte, mit Verfassungskraft fest. Einfachrechtl. ist dies durch § 40 II VwGO geregelt. Sachlich zuständig ist das Landgericht (§ 71 II Nr. 2 GVG). Mit der Amtshaftung konkurrierende Ersatzansprüche können nach Maßgabe des einfachen Rechts vor anderen Gerichten geltend gemacht werden. Das ordentliche Gericht ist nicht befugt, Verwaltungsakte aufzuheben (BGHZ 4, 77; st. Rspr.), es ist an Entscheidungen der Verwaltungsgerichte über das Vorliegen einer Amtspflichtverletzung gebunden

(BVerwGE 9, 196; BGHZ 9, 329; 15, 17). Art. 34 Satz 3 bezieht sich nur auf Geldforderungen.

## Artikel 35 [Rechts- und Amtshilfe, Hilfe in besonderen Gefahrenlagen]

(1) Alle Behörden des Bundes und der Länder leisten sich gegenseitig Rechts- und Amtshilfe.

(2) Zur Aufrechterhaltung oder Wiederherstellung der öffentlichen Sicherheit oder Ordnung kann ein Land in Fällen von besonderer Bedeutung Kräfte und Einrichtungen des Bundesgrenzschutzes zur Unterstützung seiner Polizei anfordern, wenn die Polizei ohne diese Unterstützung eine Aufgabe nicht oder nur unter erheblichen Schwierigkeiten erfüllen könnte. Zur Hilfe bei einer Naturkatastrophe oder bei einem besonders schweren Unglücksfall kann ein Land Polizeikräfte anderer Länder, Kräfte und Einrichtungen anderer Verwaltungen sowie des Bundesgrenzschutzes und der Streitkräfte anfordern.

(3) Gefährdet die Naturkatastrophe oder der Unglücksfall das Gebiet mehr als eines Landes, so kann die Bundesregierung, soweit es zur wirksamen Bekämpfung erforderlich ist, den Landesregierungen die Weisung erteilen, Polizeikräfte anderen Ländern zur Verfügung zu stellen, sowie Einheiten des Bundesgrenzschutzes und der Streitkräfte zur Unterstützung der Polizeikräfte einsetzen. Maßnahmen der Bundesregierung nach Satz 1 sind jederzeit auf Verlangen des Bundesrates, im übrigen unverzüglich nach Beendigung der Gefahr aufzuheben.

1 **Allgemeines:** Art. 35 regelt allg. (Abs. 1) und besondere (Abs. 2 u. 3) **Pflichten zwischenbehördlichen Beistands.** Dabei ist die Vorschrift des Abs. 1 über Rechts- und Amtshilfe notwendige Folge der sowohl horizontalen als auch vertikalen Gewaltentrennung mit Ausübung der Staatsgewalt durch verschiedene, auch unterschiedlichen Ebenen angehörende Einrichtungen (vgl. BVerfGE 7, 190; 31, 46; BVerwGE 38, 340). Die Vorschrift ist **Ausdruck der Einheit des Staatsorganismus** (BVerfGE 7, 190; s. auch BVerwGE 79, 342; HbgVerfG, LVerfGE 3, 210), indem sie – unter Wahrung vorrangiger rechtsstaatl. Sicherungen (vgl. nachstehend Rn. 4) – sämtliche Institutionen des Staates dem gemeinsamen Ganzen verbindet (s. auch BAGE 9, 327). Entsprechendes gilt für die Abs. 2 und 3, die in Konkretisierung des im bundesstaatl. Gesamtverband bestehenden Treueverhältnisses spezielle Hilfe- und Unterstützungspflichten im Bereich der öffentl. Sicherheit und Ordnung begründen (vgl. BVerwG, DÖV 1973, 491, unter Hinweis auf BVerfGE 31, 355). Soweit der Bund Ausführungsgesetze erlässt, die das Nähere über den Einsatz seiner den Ländern zu deren Unterstützung zur Verfügung gestellten Kräfte und über das Zusammenwirken mit den beteiligten Ländern bestimmen, ergibt sich das Recht zur Gesetzgebung dafür unmittelbar aus Art. 35 II und III (so zu Art. 35 II 2 u. III 1 in Bezug auf den Einsatz der Streitkräfte BVerfGE 115, 141; insoweit jetzt a.A. für Regelungen zur Aufrechterhaltung von Sicherheit u. Ordnung im Luftverkehr i.S. von Art. 73 I Nr. 6 BVerfG, Beschl. v. 3.7.2012 – 2 PBvU 1/11 –; dazu krit. Ladiges, NVwZ 2012, 1225). Rechte des Einzelnen lassen sich aus Art. 35 nicht herleiten (s. BFHE 96, 456).

### Absatz 1: Rechts- und Amtshilfe

2 Abs. 1 behandelt die Rechts- und Amtshilfe zwischen Bundes- und Bundes-, Bundes- und Landes- sowie zwischen Landes- und Landesbehörden, bei den Letzteren auch innerhalb desselben Landes und immer einschl. der Gemeinden (s., auch

zu abw. Auffassungen, Erbguth in Sachs, Art. 35 Rn. 5). **Rechtshilfe** ist wie **Amtshilfe** ergänzende Hilfe, der Beistand nämlich, den eine staatl. Einrichtung einer anderen auf deren – besonderes oder generelles – Ersuchen leistet, um dieser die Durchführung der ihr obliegenden öffentl. Aufgaben zu ermöglichen oder zu erleichtern (BVerfG, NVwZ 2011, 1255; BGHZ 34, 187; BAGE 9, 326; OVG Koblenz, AS 15, 31 f.; zur Einordnung sog. Spontanhilfe vgl. von Danwitz in v. Mangoldt/Klein/Starck, Art. 35 Rn. 17). Daraus ergibt sich, dass die Hilfe im Einzelfall auf bestimmte Teilakte eines Gerichts- oder Verwaltungsverfahrens begrenzt ist und nicht mit einer vollständigen Übernahme von Justiz- bzw. Verwaltungsaufgaben einhergehen kann. Sie beschränkt sich also auf ein punktuelles Zusammenwirken mit Ausnahmecharakter (BVerfG, NVwZ 2011, 1255). *Behörden* i.S. des Art. 35 I sind nicht nur Verwaltungsbehörden einschl. solcher von Einrichtungen der mittelbaren Staatsverwaltung (s. BVerwGE 38, 340; BremStGHE 3, 94), und zwar auch dann, wenn diese die ihnen übertragenen Aufgaben in den Formen des Privatrechts erfüllen (BFHE 94, 560). Unter den Behördenbegriff der Vorschrift fallen vielmehr auch die Gerichte (vgl. BVerfGE 31, 46; OVG Lüneburg, DÖV 1999, 566), ebenso parl. Untersuchungsausschüsse (BVerfG, NVwZ 1994, 55; BVerwGE 109, 268; HbgVerfG, LVerfGE 3, 204; OLG Stuttgart, NJW 1996, 1908; s. auch Art. 44 III u. Art. 44 Rn. 10 zur Rechts- u. Amtshilfepflicht ihnen gegenüber), nicht dagegen die Parlamente, ebenso wenig Parteien (BVerwGE 32, 336), öff.-rechtl. Rundfunkanstalten sowie Einrichtungen der Kirchen (BVerwG, DÖV 1972, 721). Zur Amtshilfe durch die Streitkräfte der Bundeswehr vgl. Art. 87 a Rn. 7. Ist die um Amtshilfe ersuchte Stelle ein Gericht und die begehrte Maßnahme eine richterl., der rechtsprechenden Gewalt (dazu Art. 92 Rn. 2) vorbehaltene Tätigkeit, wird von Rechtshilfe (OVG Lüneburg, DÖV 1999, 566), sonst von Amtshilfe gesprochen (s. auch die Zuordnungen in Art. 44 III u. § 27 BVerfGG). Weder Rechts- noch Amtshilfe liegt vor, wenn einer Behörde im Über- und Unterordnungsverhältnis Weisungsbefugnisse gegenüber einer anderen Behörde zustehen. Dies ist auch bei der sog. **Organleihe** der Fall (vgl. vor Art. 83 Rn. 9), die sich von der Amts- und Rechtshilfe weiter dadurch unterscheidet, dass sie sich nicht auf Aushilfe im Einzelfall beschränkt, sondern die Übernahme eines ganzen Aufgabenbereiches umfasst, der von der entliehenen Einrichtung für die entleihende erledigt wird (BVerfGE 63, 32). Bei Ausübung parl. Kontrolle geht es ebenfalls nicht um die Inanspruchnahme von Amtshilfe (BVerfGE 67, 128 f.).

**Gegenstand der Rechts- und Amtshilfe** kann jede Art von gerichtl. oder behördlichem Beistand sein. In Betracht kommen z.B. die Vernehmung von Zeugen (BVerfGE 7, 190) und Beschuldigten (BVerfGE 31, 46), die Einnahme eines Augenscheins (BGH, NJW 1990, 2937), die Erteilung von Auskünften, die Übermittlung von Abschriften, Akten (BVerwGE 109, 268; HbgVerfG, LVerfGE 3, 202 ff.; OLG Stuttgart, NJW 1996, 1908) und Aktenauszügen, die Gewährung von Akteneinsicht (BGH, NJW 1952, 305; BAGE 9, 326) sowie die Überlassung von Räumlichkeiten und technischen Hilfsmitteln (BFHE 82, 266). Ein allg. oder bereichsbezogenes Kontrollrecht des Bundes gegenüber den Ländern lässt sich aus Art. 35 I nicht herleiten (vgl. BVerfGE 127, 204). **3**

Die näheren Einzelheiten über **Voraussetzungen sowie Umfang und Grenzen der Rechts- und Amtshilfe** ergeben sich nicht aus Abs. 1 (BVerwGE 38, 340; 50, 310). Die Bestimmung hat insoweit nur den Charakter einer *Rahmenvorschrift* (OLG Düsseldorf, NJW 1957, 1037), der der Ausfüllung durch den einfachen Gesetzgeber bedarf. Entsprechende Regelungen enthalten für die Rechtshilfe vor allem die §§ 156 ff. GVG (dazu BGH, NJW 1990, 2936 f.) und für die Amtshilfe **4** die §§ 4 ff. VwVfG (OLG Stuttgart, NJW 1996, 1908). Nach den zuletzt genannten – besonders aussagekräftigen – Vorschriften kommt ergänzende Hilfe, die vom Bürger nicht beansprucht werden kann, insbes. in Betracht, wenn die ersuchende Behörde aus rechtl. Gründen (z.B. Fehlen der örtlichen Zuständigkeit; vgl. BGHZ 54, 163) oder tatsächlich (z.b. Fehlen der erforderlichen Dienstkräfte; s. auch BGH, NJW 1990, 2936) an der Vornahme der Amtshandlung gehindert ist, wenn sie zur Durchführung ihrer Aufgaben Tatsachenkenntnisse oder Beweismittel benötigt, über die die ersuchte Behörde verfügt, oder wenn sie die Amtshandlung nur mit wesentlich größerem Aufwand vornehmen könnte als die ersuchte Behörde. Diese ist **zur Hilfeleistung grundsätzlich verpflichtet.** Die erbetene Hilfeleistung kann jedoch abgelehnt werden, wenn sie durch eine andere Behörde wesentlich einfacher oder mit wesentlich geringerem Aufwand erbracht werden kann, wenn sie von der ersuchten Behörde nur mit unverhältnismäßig großem Aufwand geleistet werden könnte und wenn durch die Vornahme der Amtshandlung die Erfüllung eigener Aufgaben der ersuchten Behörde ernstlich gefährdet würde (allg. zu den Grenzen der Hilfe HbgVerfG, LVerfGE 3, 207). Verboten ist die Hilfeleistung, wenn durch die Erledigung des Hilfeersuchens dem Wohl des Bundes oder eines Landes erhebliche Nachteile bereitet würden und wenn *die ersuchte Behörde zur Hilfe aus rechtlichen Gründen nicht in der Lage* ist. Letzteres ist insbes. dann der Fall, wenn die um Hilfe angegangene Behörde nicht über die Befugnisse verfügt, die zur Vornahme der von ihr erbetenen Amtshandlung notwendig sind (vgl. auch OLG Düsseldorf, NJW 1957, 1037). Ein Regelungsdefizit, das insoweit für originäre Grundrechtseingriffe besteht, wird also durch Art. 35 I nicht ausgeglichen. Ebenso wenig bietet diese Vorschrift (i.V.m. dem Verhältnismäßigkeitsgrundsatz; s. BVerfGE 27, 352) i. Allg. schon die notwendige Grundlage für die *Weitergabe personenbezogener Daten*, die von der ersuchten Behörde im Rahmen ihres Aufgabenbestandes und mit den ihr zugewiesenen Befugnissen rechtmäßig erhoben worden sind (vgl. auch BVerwGE 119, 134). Angesichts der Gefahren der automatisierten Datenverarbeitung ist ein amtshilfefester Schutz gegen Zweckentfremdung durch Weitergabe- und Verwertungsverbote erforderlich (BVerfGE 65, 46; 84, 280). Für die Übermittlung personenbezogener Daten an die ersuchende Behörde und die Weiterverwertung durch diese bedarf es deshalb im Hinblick auf das Recht des Einzelnen auf informationelle Selbstbestimmung (dazu Art. 1 Rn. 14) grundsätzlich einer spezialgesetzl., die genannten Maßnahmen begrenzender Ermächtigung (s. BVerfGE 65, 43 ff.; 100, 389; BVerwG, NJW 1988, 1863; DVBl 2005, 1325; BayVerfGH 38, 80 f., aber auch BayVerfGH 40, 11; 42, 27, u. – in einem Rechtshilfefall – OLG Köln, NJW 1994, 1076). Dies gilt jedenfalls dann, wenn es sich um unter dem Aspekt des Persönlichkeitsschutzes ins Gewicht fallende Daten handelt und wenn sich bei deren Weitergabe ihr Verwendungszweck ändert (ähnlich Isensee, HStR VI, § 126 Rn. 232 m.w.N.). In den Einzelheiten ist vieles streitig (vgl. auch zum Datenschutz im Tätigkeitsbereich parl. Untersuchungsausschüsse HbgVerfG, LVerfGE 3, 194), freilich inzwischen einfachrechtl. – insbes. in den Datenschutzgesetzen des Bundes und der Länder – weitgehend grundrechtsfreundlich normiert. Wird Rechts- und Amtshilfe geleistet, ist die ersuchende Stelle nach VG München, NVwZ-RR 2000, 742, der ersuchten Behörde gegenüber grundsätzlich zum **Kostenersatz** verpflichtet; maßgebend sind die Vorschriften des einfachen Rechts (weiter zu den Kosten der Amtshilfe von Danwitz in v. Mangoldt/Klein/Starck, Art. 35 Rn. 31 f.).

## Absatz 2: Hilfe in besonderen Gefahrenlagen

Abs. 2 betrifft Beistandspflichten zur **Bekämpfung von Gefahren für die öffentli-** **5**
**che Sicherheit oder Ordnung** im Bereich der Länder. Dieser Begriff, in Satz 1 umfassend i.s. des allg. Polizeirechts verwendet (RhPfVerfGH, DVBl 2007, 571),
schließt an sich auch Naturkatastrophen und Unglücksfälle in der Bedeutung des
Satzes 2 ein. Satz 2 reicht jedoch insofern weiter, als er das personelle und sächliche Hilfspotential nicht auf den – einfachrechtl. seit dem Inkrafttreten des G vom
21.6.2005 (BGBl I S. 1818) Bundespolizei genannten – BGS beschränkt, und geht
deshalb als lex specialis vor.

*Satz 1* dient der – bei Einführung der Regelung hinsichtlich ihrer Notwendigkeit **6**
umstritten gewesenen (vgl. 6. BTag, 195. Sitzung v. 22.6.1972, StenBer.
S. 11430 f.) – verfassungsrechtl. Absicherung des in § 11 I Nr. 1 BPolG geregelten
Einsatzes des BGS (der Bundespolizei). Ein solcher Einsatz kann nur auf Anforderung eines Landes erfolgen, gibt also dem Bund insoweit kein eigenes Initiativrecht. Voraussetzung ist ferner, dass die Bereitstellung der Bundespolizei in Fällen von besonderer Bedeutung (Beispiel: Großdemonstrationen) zur **Aufrechter-**
**haltung oder Wiederherstellung der öffentlichen Sicherheit oder Ordnung** notwendig ist, weil die Polizei des anfordernden Landes ohne Unterstützung durch
die Bundespolizei eine ihr obliegende Aufgabe nicht oder nur unter erheblichen
Schwierigkeiten erfüllen könnte. Das Anforderungsbegehren, über das grundsätzlich das BMI zu entscheiden hat (§ 11 III BPolG), kann sich auf **Kräfte** (Bedienstete) und/oder **Einrichtungen** (alle sächlichen Mittel, z.B. Gerätschaften u. Gebäude) **des Bundesgrenzschutzes** (der Bundespolizei) beziehen. Ihm ist zu entsprechen, sofern nicht eine Verwendung der Bundespolizei für Bundesaufgaben
(so § 11 IV 1 BPolG) oder zur Gewährleistung der öffentl. Sicherheit oder Ordnung in einem anderen Land dringender ist. Im Rahmen ihres Einsatzes sind der
Bundespolizei sowohl technische, nichthoheitliche Hilfeleistungen als auch hoheitliche Tätigkeiten gestattet. Da sich ihr Auftrag darauf beschränkt, die Polizei
des anfordernden Landes bei der Wahrnehmung einer Landesaufgabe zu unterstützen, unterliegt sie dabei den fachlichen Weisungen dieses Landes (§ 11 II 2
BPolG). Auch die Befugnisse der Bundespolizei richten sich nach dem Recht des
Landes, in dem sie verwendet wird (§ 11 II 1 BPolG). Dieses trägt auch die Kosten, die der Bundespolizei durch den Einsatz entstehen.

Dass Satz 1 im Unterschied zu Satz 2 nur die Inanspruchnahme des BGS (der **7**
Bundespolizei) regelt, bedeutet nicht, dass die Länder gehindert wären, ihre Polizeikräfte oder **Kräfte und Einrichtungen anderer Verwaltungen** nach Maßgabe
des Landesverfassungsrechts oder des einfachen Landesrechts einem anderen
Land auf dessen Anforderung hin freiwillig zur Verfügung zu stellen (vgl. BRat,
383. Sitzung v. 7.7.1972, StenBer. S. 597). Entsprechendes gilt für die Überlassung von Kräften und Einrichtungen anderer Bundesverwaltungen i.S. des Satzes
2 (dazu nachstehend Rn. 8). Einer freiwilligen Bereitstellung auch der Streitkräfte
steht jedoch Art. 87 a II entgegen, soweit sie auf Tätigkeiten gerichtet ist, die unter den Einsatzbegriff dieser Vorschrift (s. dazu Art. 87 a Rn. 7) fallen.

*Satz 2* regelt mit der **Hilfe bei Naturkatastrophen und besonders schweren Un-** **8**
**glücksfällen** Fälle der sog. *Katastrophenhilfe*, die als Sonderfälle des Satzes 1 angesehen werden können. Das Anforderungsrecht der Länder reicht dabei weiter.
Es ist nicht nur auf Kräfte und Einrichtungen des BGS (der Bundespolizei) beschränkt, erstreckt sich vielmehr auch auf die Polizeikräfte anderer Länder sowie
auf Kräfte und Einrichtungen anderer Verwaltungen und der Streitkräfte. Die
Auswahl unter diesen Hilfskräften trifft das anfordernde Land nach pflichtgemäßem Ermessen. **Naturkatastrophen** sind Ereignisse, die ihre Ursachen in einem

Naturgeschehen haben (z.B. Erdbeben, Großbrände, Überschwemmungen). **Unglücksfälle** beruhen dagegen auf technischen Unzulänglichkeiten oder menschlichem Fehlverhalten, das absichtlich herbeigeführte Schadensereignisse einschließt (BVerfGE 115, 143 f.; BVerfG, Beschl. v. 3.7.2012 – 2 PBvU 1/11 –). Unglücksfälle sind *besonders schwer*, wenn sie ein ungewöhnlich großes Ausmaß haben und – wie ein schweres Flugzeug- oder Eisenbahnunglück, ein Stromausfall mit Auswirkungen auf lebenswichtige Bereiche der Daseinsvorsorge oder der Unfall in einem Kernkraftwerk – wegen ihrer Bedeutung in besonderer Weise die Öffentlichkeit berühren (BVerfGE 115, 143). Sie allein als „Ereignisse von katastrophischen Dimensionen" oder „ungewöhnliche Ausnahmesituationen" von anderer als der in Art. 87 a IV geregelten Art zu kennzeichnen (so BVerfG, Beschl. v. 3.7.2012 – 2 PBvU 1/11 –), ist wegen mangelnder Klarheit und Bestimmbarkeit dieser Umschreibungen wenig hilfreich (zutreffend BVerfG, Beschl. v. 3.7.2012 – 2 PBvU 1/11 –/Sondervotum; krit. auch Ladiges, NVwZ 2012, 1227). Zutreffend aber ist, dass Gefahren für Menschen und Sachen, die aus oder von einer demonstrierenden Menschenmenge drohen, nicht von Art. 35 II 2 erfasst werden (BVerfG, Beschl. v. 3.7.2012 – 2 PBvU 1/11 –). Für die Annahme eines besonders schweren Unglücksfalls reicht es im Übrigen – wie im Fall der Naturkatastrophe – aus, dass der Eintritt dieses Ereignisses mit an Sicherheit grenzender Wahrscheinlichkeit zu erwarten ist (BVerfGE 115, 144 ff.; BVerfG, Beschl. v. 3.7.2012 – 2 PBvU 1/11 –). Mit **„anderen Verwaltungen"**, deren Kräfte und Einrichtungen (dazu oben Rn. 6) angefordert werden können, sind neben den Verwaltungen des Bundes und anderer Länder auch diejenigen der Gemeinden und sonstiger innerstaatl. Körperschaften gemeint. Auf Seiten des Bundes kommt etwa die Wasser- und Schifffahrtsverwaltung in Betracht. Das durch G vom 27.4.2004 (BGBl I S. 630) geschaffene Bundesamt für Bevölkerungsschutz und Katastrophenhilfe ist in Bezug auf diese Hilfe vor allem mit Informations- und Koordinierungsaufgaben des Bundes befasst (vgl. BT-Dr 15/2286 S. 6 f.).

9 Über das Anforderungsbegehren entscheidet grundsätzlich das für die angeforderten Kräfte und Einrichtungen zuständige Ministerium, so bei Anforderung des BGS das BMI (§ 11 III BPolG), bei Anforderung der Streitkräfte das BMVg; eine Zustimmung des BTags wie bei Auslandsverwendungen der Bundeswehr (s. Art. 87 a Rn. 9 f.) ist im letzteren Fall verfassungsrechtl. nicht geboten (BVerfGE 126, 71). Hinsichtlich der Verpflichtung der angegangenen Stellen, den Anforderungen grundsätzlich nachzukommen (vgl. dazu auch BVerwG, DÖV 1973, 491), hinsichtlich der im Rahmen der Hilfeleistung möglichen Tätigkeiten und hinsichtlich der Bindung der zur Verfügung gestellten Hilfskräfte an die fachlichen Weisungen und an das Befugnisrecht des Einsatzlandes gelten die Erläut. in Rn. 6 entsprechend. Das Gleiche gilt für die Frage der Kostentragung. Verweigert ein Land die von ihm verlangte Hilfe ohne rechtfertigenden Grund, kann es von der BReg, soweit diese nicht nach Art. 93 I Nr. 3 vorgeht, im Wege des Bundeszwangs (Art. 37) zur Erfüllung seiner Verpflichtungen angehalten werden. In Bezug auf die Streitkräfte, deren Einsatz eine Ausnahme von dem Verteidigungsvorbehalt des Art. 87 a II darstellt (BVerfGE 115, 140 f., 142), bleibt die Befehls- und Kommandogewalt nach Art. 65 a unberührt. Unabhängig davon unterliegen aber auch sie den fachlichen Weisungen des Landes, dessen Aufgaben sie bei der Hilfeleistung nach Satz 2 zu erfüllen haben. Spezifisch militärische Waffen, die den Polizeikräften der Länder für die Erledigung ihrer Aufgaben originär nicht zur Verfügung stehen, dürfen die Streitkräfte bei ihrem Einsatz nicht verwenden (BVerfGE 115, 146 ff.; a.A. – mit die vorerwähnte Entscheidung unterstützender Kritik von Ladiges, NVwZ 2012, 1226 – BVerfG, Beschl. v. 3.7.2012 – 2 PBvU

1/11 –, wiewohl nur unter – schwer bestimmbaren – engen Voraussetzungen, die sicherstellen sollen, dass nicht die strikten Begrenzungen unterlaufen werden, die einem bewaffneten Einsatz der Streitkräfte im Innern durch Art. 87 a IV gesetzt sind). Zulässig ist dagegen die Inanspruchnahme hoheitlicher Zwangsbefugnisse wie die Absicherung betroffener Objekte, Verkehrsumleitungen oder allg. Sicherungsmaßnahmen (BT-Dr 16/1416 S. 3).

## Absatz 3: Überregionaler Katastrophenfall

*Satz 1* sieht besondere Weisungs- und Einsatzrechte der Bundesregierung – das **10** ist das Kabinettskollegium i.S. des Art. 62 (BVerfGE 115, 149), dessen Beschlusszuständigkeit auch für Eilfälle nicht auf einen einzelnen BMinister wie den BMVg delegiert oder vom Gesetzgeber durch eine abw. Regelung ersetzt werden kann (BVerfG, Beschl. v. 3.7.2012 – 2 PBvU 1/11 –) – für den Fall vor, dass eine Naturkatastrophe oder ein besonders schwerer Unglücksfall (dazu Rn. 8) das Gebiet mehr als eines Landes gefährdet (**überregionaler Katastrophenfall**). Außer der Überregionalität der Gefährdung setzt die Inanspruchnahme dieser Befugnisse voraus, dass das Eingreifen des Bundes zur wirksamen Gefahrenbekämpfung erforderlich ist. Das drückt die Subsidiarität der Bundesintervention im Verhältnis zu den Ländern aus (BVerfG, Beschl. v. 3.7.2012 – 2 PBvU 1/11 –). Bei der Gefahrenbekämpfung selbst handelt es sich wie in den Fällen des Abs. 2 (vgl. vorstehend Rn. 6 u. 9) um eine Landesaufgabe. Die Befugnisse der auf Weisung der BReg zur Verfügung gestellten Polizeikräfte anderer Länder und der von der BReg eingesetzten Einheiten des BGS (der Bundespolizei) und der Streitkräfte richten sich deshalb nach dem Recht desjenigen Landes, in dem diese Hilfskräfte verwendet werden (vgl. für die Bundespolizei § 11 II 1 i.V.m. I Nr. 2 BPolG). Zulässig ist auch hier eine Verwendung nicht nur zu bloß technischer Hilfe, sondern auch zur Wahrnehmung hoheitlicher Aufgaben (s. oben Rn. 6 u. 9). Den Streitkräften, bei deren Einsatz nach Satz 1 es sich um eine weitere Ausnahme i.S. des Art. 87 a II handelt (BVerfGE 115, 140 f., 142), ist die Verwendung spezifisch militärischer Waffen aber wiederum nicht erlaubt (BVerfGE 115, 150 ff.; a.A. unter den in Rn. 9 genannten engen Voraussetzungen auch hier BVerfG, Beschl. v. 3.7.2012 – 2 PBvU 1/11 –).

Mittels des **Weisungsrechts nach Satz 1 Altern. 1** können die Regierungen nicht **11** gefährdeter Bundesländer verpflichtet werden, ihre Polizeikräfte den von der überregionalen Gefahrenlage betroffenen Ländern zur Verfügung zu stellen. Darüber hinaus können diese Länder angehalten werden, die landesfremden Polizeikräfte anzunehmen und zur Gefahrenbekämpfung einzusetzen. Dagegen hat die BReg nicht das Recht, diesen Polizeikräften und den eigenen Kräften der gefährdeten Länder konkrete Einsatzweisungen für die Gefahrenbekämpfung „vor Ort" zu erteilen. Pflichtverletzungen der Länder berechtigen den Bund, nach Art. 37 oder Art. 93 I Nr. 3 vorzugehen.

Am weitesten reichen die Befugnisse der BReg, wenn sie (nach Entscheidung des **12** Regierungskollegiums; vgl. oben Rn. 10 u. auch § 11 III 1 BPolG) von den **Einsatzmöglichkeiten nach Satz 1 Altern. 2** Gebrauch macht. Die Einheiten des BGS (der Bundespolizei) und der Streitkräfte, die nach dieser Regelung zur Gefahrenbekämpfung verwendet werden, unterstehen nämlich auch während eines solchen Einsatzes dem Weisungsrecht des zuständigen BMinisters. Dieses Weisungsrecht schließt die Befugnis zur Erteilung fachlicher Weisungen ein (s. § 11 II 2 BPolG). Bei der Ausübung dieser Befugnis ist freilich zu berücksichtigen, dass BGS (Bundespolizei) und Streitkräfte nur *„zur Unterstützung der Polizeikräfte"* gefährdeter Länder eingesetzt werden können. Hieraus wird zu folgern sein, dass der Einsatz der Hilfskräfte des Bundes nicht ohne Rücksichtnahme auf die Vorstellungen der zuständigen Landesbehörden erfolgen und (durch Weisungen) gesteuert werden kann, sondern mit den von den Ländern vorgesehenen Maßnahmen abgestimmt werden muss. Das Weisungsrecht des Bundes wird sich deshalb in erster Linie auf die Wahrnehmung von Koordinierungsfunktionen beziehen und im Übrigen dann zum Zuge kommen, wenn die zuständigen Landesstellen ausfallen oder ihre Aufgaben nicht hinreichend wahrnehmen.

13 *Satz 2:* Maßnahmen, die die BReg nach Satz 1 getroffen hat, sind **aufzuheben, wenn es der Bundesrat verlangt oder wenn die Gefahr beseitigt ist.** Dem Aufhebungsverlangen des BRats ist nach dem eindeutigen Wortlaut der Vorschrift auch dann nachzukommen, wenn die Gefahrensituation noch nicht beendet ist. Die BReg hat jedoch beim Fortbestehen der Gefahr erneut die Befugnisse nach Satz 1, wenn sich die Gefahrenlage seit dem Beschluss des BRats verschärft hat. Eine Mitwirkung des BTags, insbes. seine vorherige Zustimmung zur Verwendung der Streitkräfte nach Satz 1, ist im GG nicht vorgesehen (vgl. BVerfGE 126, 70 f.).

## Artikel 36 [Landsmannschaftlicher Grundsatz]

(1) Bei den obersten Bundesbehörden sind Beamte aus allen Ländern in angemessenem Verhältnis zu verwenden. Die bei den übrigen Bundesbehörden beschäftigten Personen sollen in der Regel aus dem Lande genommen werden, in dem sie tätig sind.

(2) Die Wehrgesetze haben auch die Gliederung des Bundes in Länder und ihre besonderen landsmannschaftlichen Verhältnisse zu berücksichtigen.

1 **Allgemeines:** Art. 36 fordert für die vollziehende Gewalt des Bundes einen personellen Proporz mit dem Ziel bundesstaatl. Ausgewogenheit. Der **landsmannschaftliche Proporz** ist verhältnismäßig kategorisch bei obersten Bundesbehörden (Abs. 1 Satz 1: angemessen), recht milde im Wehrbereich (Abs. 2: „auch", „zu berücksichtigen") und als Soll-Vorschrift mit Sitzlandvorbehalt bei den „übrigen Bundesbehörden" (Abs. 1 Satz 2: „i.d.R.") ausgestaltet. Bewusst (vgl. BT-Dr 12/6000 S. 43) nicht in der Verfassung geregelt ist die ausgeglichene Verteilung von Bundesbehörden im Bundesgebiet (dazu einigungsmotiviert: Vorschlag der Unabhängigen Föderalismuskommission v. 27.5.1992, BT-Dr 12/2853 [neu]; 13/3557 – Umsetzungsstand: BT-Dr 14/5886 – u. hauptstadtbezogen: Berlin/Bonn-G v. 26.4.1994, BGBl I S. 918; Übersicht über sog. Ausgleichsverlagerungen in BT-Dr 14/4412; zur Präsenz in den ostdeutschen Ländern: BMI-Rundschreiben v. 10.12.1997, GMBl 1998 S. 2; Ost/West-Statistik: BT-Dr 13/9736; 13/9988 S. 6; 14/499; zum Streit über die Verlagerung des Bundeskriminalamtes: Entschließung BR-Dr 103/04 und BRat, 796. Sitzung v. 13.2.2004, StenBer. S. 17 ff.). Die Hauptstadtfestschreibung in Art. 22 I 1 ist de jure unabhängig von dem Standort der/aller Bundesministerien.

### Absatz 1: Bundesbehörden

2 Abs. 1 befasst sich mit dem Proporz bei Bundesbehörden **außerhalb der Bundeswehrverwaltung.**

3 *Satz 1* betrifft das Personal der **obersten Bundesbehörden** und davon nur die *Beamten* (nicht: Angestellte u. Arbeiter). Die bundesstaatl. Ausgewogenheit der Rekrutierung dient nicht nur den Interessen der Länder an angemessener Vertre-

tung, sondern auch denen des Bundes an einer die örtlichen Verhältnisse kennenden und für die Belange *aller* Gliedstaaten auch stammesmäßig aufgeschlossenen Zentralbürokratie. Oberste Bundesbehörden sind alle Bundesbehörden, die keiner anderen Bundesbehörde nachgeordnet sind, also Bundespräsidialamt, BKanzleramt, BMinisterien, Bundesrechnungshof und Bundesbank, nach der Staatspraxis auch alle anderen Bundeszentralbehörden und die obersten Bundesgerichte im Verfahren nach Art. 95 II (dazu VG Schleswig, NJW 2002, 2659). „Beamte aus allen Ländern" sind auch Beamtenbewerber. Für regionale Zurechnung ist u.a. Verbundenheit durch Wohnsitzdauer und Ausbildungsschwerpunkt Indiz; für Flüchtlinge, Vertriebene und Aussiedler ist das Aufnahmeland Anknüpfungspunkt. Das *„angemessene Verhältnis"* bestimmt sich nach dem Einwohneranteil. Angemessenheit bedeutet keinen spiegelbildlichen Proporz, sondern nur eine hinreichende Annäherung (allg. BVerfGE 72, 417 f.; 86, 215).

Die obersten Bundesbehörden erfassen die Landeszugehörigkeit ihrer Bediensteten, auch – über den Anwendungsbereich des Art. 36 I 1 hinaus – der Angestellten in den Funktionsebenen des gehobenen und des höheren Dienstes (vgl. BMI-Rundschreiben v. 1.6.2001, GMBl S. 394). Das Verfassungsgebot setzt eine entsprechend große Zahl von **Bewerbern** aus jedem Land voraus (Unausgewogenheit insoweit trotz bundesweiter Ausschreibung eher ein Ergebnis mangelnder Attraktivität der Hauptstadt bzw. von Ballungsräumen), ferner deren Eignung i.S. des Art. 33 II. Das vorgenannte Rundschreiben geht von einem gleichen Geltungsrang von Art. 36 I 1 und Art. 33 II mit der Notwendigkeit einer Herstellung von praktischer Konkordanz aus. Das ist insoweit eine akademische Frage, als das Ermessen bei der Angemessenheitsgrenze (s. Rn. 3) und (oft) der Zuordnung zu einem Land weniger den Rang des Art. 36 I 1 als die Geltung des Proporzes selbst im Einzelfall relativiert. Nach einer Bund/Länder-Vereinbarung vom 25.8.1954 (GMBl S. 414) erfragt der BMI jährlich bei den obersten Bundesbehörden den Bedarf an Landesbeamten des höheren und des gehobenen Dienstes und teilt ihn den Ländern mit dem Ziel der Benennung geeigneter Bewerber mit (im Beitrittsgebiet erst seit 1997: BT-Dr 13/1963 S. 8).

*Satz 2* legt für die bei den **übrigen Bundesbehörden** Beschäftigten – Beamte, Angestellte, Arbeiter – das Sitzland- oder *Heimatprinzip* fest. Davon kann, dem in der Normstruktur einer Sollvorschrift angelegten Spielraum (allg. BVerwGE 138, 204) entsprechend, abgewichen werden, wenn besondere Gründe entgegenstehen (z.B. bei Einstellung von Spezialisten). Die Vorschrift kann nicht ausdehnend auf die Landesverwaltung angewandt und dort Bewerbern aus anderen Bundesländern entgegengehalten werden (BVerwGE 68, 113).

### Absatz 2: Bundeswehr

Abs. 2 enthält nur einen **Programmsatz** (allg. zum einfachen Recht: BVerfGE 114, 275; BVerwGE 117, 311 f.) **für den Gesetzgeber** („Verfassungserwartung"), keinesfalls – schon wegen des Wortes „auch" – eine institutionelle Garantie (so aber Spranger, RiA 1998, 164). Er schreibt seit 1956 eine bundesstaatl. Ausrichtung und eine landsmannschaftliche Klausel für die Wehrgesetze vor. *„Berücksichtigen"* bedeutet hier (vgl. allg. BVerfGE 86, 218–220) einen weiten Gestaltungsspielraum des Gesetzgebers. Bundeswehr und Bundeswehrverwaltung befinden sich seit 2010 in einer tiefgreifenden, gesetzgeberisch noch nicht abgeschlossenen Umorganisation, die durch Stichworte wie Suspendierung der Wehrpflicht, Reduzierung der Personalstärke und Schließung von Standorten (näher Art. 12 a Rn. 3) gekennzeichnet ist. Frühere Hinweise auf die einschlägigen „Wehrgesetze" (s. Kommentar, Voraufl., Art. 36 Rn. 6) sind überholt. Die Umorganisation von

*Bergmann*

einer Wehrpflicht- in eine Freiwilligenarmee vollzieht sich u.a. in einer Übertragung von Aufgaben der Bundeswehrverwaltung auf neue Behörden der Personalmanagementorganisation der Bundeswehr. Durch das WehrverwaltungsaufgabenübertragungsG vom 21.7.2012 (BGBl I S. 1590) sind ab 1.12.2012 das militärische und das zivile Personalmanagement verschränkt und dem neu errichteten Bundesamt für das Personalmanagement der Bundeswehr auch die Aufgaben und Befugnisse auf dem Gebiet des Wehrersatzwesens übertragen worden, die bisher dem Bundesamt für Wehrverwaltung und den vier Wehrbereichsverwaltungen mit ihren drei Außenstellen zugewiesen waren (§ 1). Ferner werden in § 2 die in Rechtsvorschriften des Bundes den Kreiswehrersatzämtern zugeordneten Aufgaben und Befugnisse den Karrierecentern der Bundeswehr übertragen (vgl. im Einzelnen BT-Dr 17/9792 S. 9, 12, 15 f.).

## Artikel 37 [Bundeszwang]

**(1) Wenn ein Land die ihm nach dem Grundgesetze oder einem anderen Bundesgesetze obliegenden Bundespflichten nicht erfüllt, kann die Bundesregierung mit Zustimmung des Bundesrates die notwendigen Maßnahmen treffen, um das Land im Wege des Bundeszwanges zur Erfüllung seiner Pflichten anzuhalten.**

**(2) Zur Durchführung des Bundeszwanges hat die Bundesregierung oder ihr Beauftragter das Weisungsrecht gegenüber allen Ländern und ihren Behörden.**

1 **Allgemeines:** Die Regelung über den *Bundeszwang* in Art. 37 dient der *Wahrung der Gesamtverfassung* (BVerfGE 13, 79), insbes. dem Schutz der bundesstaatl. Ordnung, nicht aber Interessen des Einzelnen (BVerwG, NJW 1977, 118). Mit Hilfe des Bundeszwangs soll sichergestellt werden können, dass die Länder die Pflichten erfüllen, die ihnen infolge ihrer Einordnung in den bundesstaatl. Gesamtverband obliegen. Dies gilt allg., nicht nur im Bereich der Ausführung des Bundesrechts durch die Länder, wo der Bundeszwang Vollstreckungsmaßnahme am Ende eines bundesaufsichtlichen Verfahrens nach Art. 84 III-V oder Art. 85 III und IV sein kann (vgl. Art. 84 Rn. 22, Art. 85 Rn. 14). Die Regelung hat *bisher keine praktische Bedeutung* erlangt.

2 Außer nach Art. 37 kann die BReg auch nach Art. 93 I Nr. 2 oder 3 vorgehen. Welches dieser Instrumente sie sich bedient, steht in ihrem verfassungsgerichtl. nicht überprüfbaren Ermessen (BVerfGE 7, 372). Im Zusammenhang mit Mängelrügen i.S. des Art. 84 IV ist jedoch die Sperre zu berücksichtigen, die diese Vorschrift der unmittelbaren Anrufung des BVerfG setzt (vgl. Art. 84 Rn. 22).

### Absatz 1: Der Bundeszwang im Einzelnen

3 **Voraussetzung für Anordnung und Durchführung des Bundeszwangs** ist, *dass ein Land Bundespflichten nicht erfüllt*, die ihre Grundlage im GG oder in einem anderen Bundesgesetz, z.B. in § 31 BVerfGG (vgl. Bothe, AK, Art. 37 Rn. 14), haben. Dazu gehören im Hinblick auf die Funktion des Art. 37 (s. oben Rn. 1) nur Pflichten gegenüber dem Bund oder gegenüber anderen Ländern, die sich aus der Stellung des Landes als Gliedstaat im Rahmen des bundesstaatl. Prinzips ergeben (im Verhältnis zum Bund z.B. die Pflicht, dessen Weisungen nach Art. 84 V u. Art. 85 III nachzukommen), nicht also solche, die auf Privatrecht beruhen oder dem Land als Fiskus obliegen. Auch die Nichterfüllung föderaler Verpflichtungen, die wie die Pflicht zur Bundestreue (dazu vgl. Art. 20 Rn. 6) nicht ausdrücklich normiert sind, kann den Bundeszwang auslösen. Unter *Bundesgesetzen* ist

wie im VIII. Abschnitt (s. dazu vor Art. 83 Rn. 2) das gesamte Bundesrecht zu verstehen.

Nur *Pflichtwidrigkeiten oberster Landesorgane* können zur Anwendung des 4 Bundeszwangs führen. Pflichtverletzungen nachgeordneter Organe genügen nicht, es sei denn, dass das zuständige oberste Landesorgan sie ausdrücklich billigt oder auch nur duldet und nicht für Abhilfe sorgt.

Die Feststellung, dass die Voraussetzungen des Bundeszwangs vorliegen, und die 5 Entscheidung, ob der Bundeszwang angewendet werden soll, trifft die **Bundesregierung als Kollegium** i.S. des Art. 62, Letzteres nach ihrem verfassungsgerichtl. nicht überprüfbaren Ermessen (BVerfGE 7, 372). Entscheidet sie sich für die Durchführung des Bundeszwangs, muss sie gleichzeitig die zur Beseitigung der Pflichtwidrigkeit notwendigen Maßnahmen beschließen. Diese müssen am Grundsatz der Verhältnismäßigkeit ausgerichtet sein und sind – anders als die Feststellung, dass ein Fall des Bundeszwangs gegeben ist (vgl. von Danwitz in v. Mangoldt/Klein/Starck, Art. 37 Rn. 32) – an die *Zustimmung des Bundesrates* gebunden, deren Erteilung im Verfahren der Mängelrüge nach Art. 84 IV mit der Feststellung des BRats zusammenfallen kann, dass das betr. Land bei der Ausführung des Bundesrechts geltendes Recht verletzt hat. Der BRat kann die einmal erteilte Zustimmung später zurücknehmen.

Die **Maßnahmen des Bundeszwangs** sind im GG nicht ausdrücklich festgelegt. In 6 Betracht kommen vor allem polit., finanzieller oder wirtsch. Druck mit dem Ziel der Durchsetzung der gliedstaatl. nicht erfüllten Bundespflicht, z.B. die Einstellung von Finanzzuweisungen des Bundes, die vorübergehende Nichterfüllung sonstiger Bundesaufgaben gegenüber dem Land, die Ersatzvornahme unterlassener Handlungen durch Bundesorgane oder durch Dritte, die Einsetzung eines Bundeskommissars mit allg. oder spezieller Vollmacht (etwa als Sparkommissar bei extrem verschwenderischer Haushaltspolitik eines Landes) und die zeitweilige treuhänderische Übernahme administrativer oder legislativer Funktionen des Landes durch den Bund (allg. M.). Auch die Auszahlung von Zuwendungen, die ein Land unter Verstoß gegen Bundespflichten an seine Bediensteten leistet, kann nach BVerfGE 3, 57, im Wege des Bundeszwangs untersagt werden. Nicht zulässig sind reine Strafsanktionen.

**Adressat** der in Ausübung von Bundeszwang ergehenden Maßnahmen ist das 7 Landesorgan, das die zu beseitigende Pflichtverletzung begangen hat. Dies wird i.d.R. die für das Verhalten des Landes verantwortliche LReg sein. Denkbar und zulässig sind aber auch Maßnahmen gegenüber Parlament und Bevölkerung des pflichtwidrig handelnden Landes (in letzterer Hinsicht bestr.; a.A. etwa Gubelt in von Münch/Kunig, Art. 37 Rn. 19).

### Absatz 2: Weisungsrecht der Bundesregierung

Das der BReg und ihrem Beauftragten in Abs. 2 eingeräumte Weisungsrecht be- 8 steht **gegenüber allen Ländern**, beschränkt sich also nicht auf das durch den Bundeszwang betroffene Land und kann unmittelbar auch gegenüber den nachgeordneten Behörden des jeweiligen Landes ausgeübt werden. Es gestattet *sowohl Einzelweisungen als auch allgemeine Weisungen*. Da es selbst nicht zu den Maßnahmen i.S. des Abs. 1 gehört, ist seine Inanspruchnahme nicht an die Zustimmung des BRats gebunden (str.; wie hier Gubelt in von Münch/Kunig, Art. 37 Rn. 21).

# III. Der Bundestag

## Vorbemerkungen

1   Die Verfassungsorganisation des Bundes ist dem **Gewaltenteilungsprinzip** nachgebildet (Art. 20 II 2): Die *Gesetzgebung (Legislative)* obliegt dem BTag. Die *vollziehende Gewalt (Exekutive)* üben BPräs, BReg und Verwaltung aus. Die *rechtsprechende Gewalt (Judikative)* ist den Gerichten übertragen (Art. 92). Das Organisations- und Funktionsprinzip der Gewaltenteilung ist nirgends rein verwirklicht. Es bestehen zahlreiche, z.t. weitreichende Ausnahmen: Der BTag greift mit seinem Haushalts-, Kreditbewilligungs- und Vertragszustimmungsrecht (Art. 110 II 1, Art. 115 I, Art. 59 II 1) sowie seinem Entscheidungsrecht über Krieg und Frieden (Art. 115 a I 1, Art. 115 l III) in den Sachbereich der Exekutive ein. Die Zuständigkeit des BRats erstreckt sich auf Gesetzgebung und Verwaltung (Art. 50). Der BReg sind durch das Recht der Gesetzesinitiative (Art. 76 I), die Notwendigkeit ihrer Zustimmung zu ausgabeerhöhenden oder einnahmemindernden Gesetzen (Art. 113 I) und das ihr in weitem Umfang zustehende Rechtsverordnungsrecht (Art. 80) wichtige Funktionen auf dem Gebiet der Rechtsetzung übertragen. Die Wahl des BKanzlers durch den BTag und die mit dem parl. Regierungssystem verbundene Abhängigkeit der Regierung vom Vertrauen des BTags (Art. 63, 67, 68), die Vereinbarkeit von Parlaments- und Regierungszugehörigkeit sowie die Beteiligung des BTags an der Wahl des BPräs (Art. 54 III) verschränken die prinzipiell selbständigen Gewalten weiter miteinander. Die Rspr. ist freilich von den beiden übrigen Gewalten personell und organisatorisch getrennt (Art. 94 I 3, Art. 97, 98). Über die personelle Zusammensetzung des BVerfG und der obersten Gerichtshöfe des Bundes entscheiden jedoch BTag, BRat und Minister des Bundes und der Länder (Art. 94 I 2, Art. 95 II). Das GG selbst überträgt auch bestimmte Rechtsentscheidungen auf andere Verfassungsorgane (vgl. etwa Art. 41 I, Art. 84 IV 1, Art. 129 I 2). Es fordert keine absolute Trennung von Verwaltung und Rspr., sondern lässt insoweit ebenfalls gewisse Überschneidungen zu (BVerfGE 4, 346 f.; 76, 106 m.w.N.). Insbes. ist die Abgrenzung der Rspr. im materiellen Sinne (vgl. dazu Art. 92 Rn. 2), die nach Art. 20 II 2, Art. 92 den Richtern vorbehalten ist, gegenüber der rechtsanwendenden Verwaltung dem Gesetzgeber verfassungsrechtl. nicht völlig unveränderbar vorgegeben (BVerfGE 22, 73 ff.; 76, 106 m.w.N.). Insgesamt ist die Verfassungsorganisation des Bundes weniger auf eine strenge Gewaltentrennung – insbes. in den Funktionen – als vielmehr auf eine **Gewaltenhemmung** angelegt, d.h. auf eine *gegenseitige Kontrolle, Begrenzung und ausgeglichene Verteilung der Gewichte der drei ineinander greifenden Gewalten zwecks Mäßigung der Staatsmacht* (BVerfGE 95, 15 m.w.N.; 124, 120). Staatl. Entscheidungen sollen zudem die Organe treffen, die dafür nach ihrer Organisation, Zusammensetzung, Funktion und Verfahrensweise am besten geeignet erscheinen (BVerfGE 98, 252 m.w.N.). Die im GG vorgenommene Verteilung der Gewichte zwischen den drei Gewalten muss gewahrt bleiben. Keiner Gewalt dürfen die ihr von der Verfassung zugewiesenen typischen Aufgaben und die zu deren Erfüllung erforderlichen Zuständigkeiten und Befugnisse entzogen werden (BVerfGE 124, 120 m.w.N.). Der Kernbereich der einzelnen Gewalten ist unveränderbar (BVerfGE 95, 15 m.w.N.). Die Verfassungswirklichkeit der Bundesrepublik Deutschland wird im polit. Führungsbereich auch nicht von einem Gegensatz der staatl. Gewalten bestimmt, sondern von dem Widerstreit zwischen Regierung und der sie polit. tragenden Parlamentsmehrheit auf der einen und der BTagsopposition auf der anderen Seite. Die Interessenübereinstimmung zwischen BReg

und Mehrheitsfraktionen im BTag schwächt das Spannungsverhältnis zwischen Parlament und Regierung weitgehend ab. Polit. Machtverteilung im Gesamtstaat bewirken der föderative Aufbau der Bundesrepublik Deutschland und die damit verbundene vertikale Gewaltenteilung zwischen Bund und Ländern. Dies trifft vor allem dann zu, wenn sich in den Ländern andere parteipolit. Mehrheiten bilden als im Bund.

Das GG kennt **nur** die (in Rn. 1) genannten **drei Gewalten**. Es gibt namentlich **2** weder eine eigene Militärgewalt noch eine besondere auswärtige Gewalt noch eine Planungsgewalt. Die Bundeswehr zählt zur vollziehenden Gewalt (vgl. Art. 1 Rn. 23 u. Art. 87 a Rn. 1). Die auswärtigen Angelegenheiten nimmt ebenfalls vorbehaltlich gewisser Ausnahmen (z.B. Art. 59 II u. bei Angelegenheiten der EU Art. 23 II-V) die Exekutive wahr (BVerfGE 90, 357 ff. m.w.N.). Die zentrale Planung ist eine aus der Staatsleitung folgende Aufgabe der Regierung mit Einwirkungsmöglichkeiten des Parlaments durch Gesetzgebung, Haushaltsfeststellung und Kontrollbefugnisse.

Alle Organe des Staates repräsentieren das Volk (BVerfGE 44, 315) und besitzen **3** **demokratische Legitimation** (BVerfGE 83, 71 ff. m.w.N.). Sofern das GG im Einzelfall nichts anderes bestimmt, stehen die obersten Staatsorgane sämtlich im Verhältnis rechtl. *Gleichordnung* zueinander. Es gibt weder eine Rangfolge noch die Suprematie eines einzelnen Verfassungsorgans, auch nicht des Parlaments (BVerfGE 49, 124 ff.; 68, 87). Die einzelnen Staatsorgane trifft freilich eine – dem Gebot bundesfreundlichen Verhaltens im Verhältnis von Bund und Ländern (s. Art. 20 Rn. 6) ähnliche – *Verfassungspflicht zur gegenseitigen Rücksichtnahme und zum kooperativen Verhalten* bei der Inanspruchnahme ihrer verfassungsrechtl. Kompetenzen. Diese „**Organtreue**" (vgl. dazu BVerfGE 90, 337 m.w.N.), in deren Sinne namentlich wechselbezügliche Kompetenzen wahrzunehmen sind (s. BVerfGE 89, 190 ff.; 97, 374 f.), schränkt aber die Entscheidungsfreiheit des jeweiligen Organs in der Sache nicht ein.

Der **Bundestag** ist die *Volksvertretung des Bundes*, das Kernstück der repräsenta- **4** tiven Demokratie des GG. Er besteht aus den als Vertreter des ganzen Volkes gewählten Abg. Ihr durch Art. 38 I 2 gewährleisteter repräsentativer Status ist Grundlage seiner repräsentativen Stellung (BVerfGE 130, 342 m.w.N.). Als „besonderes Organ" (Art. 20 II 2) i.S. der Gesamtheit seiner Mitglieder übt der BTag die vom Volk ausgehende Staatsgewalt aus (BVerfGE 92, 135 m.w.N.; 130, 342). Er repräsentiert das Bundesvolk in seiner Gesamtheit und steht als *unitarisches Verfassungsorgan* im Gegensatz zum föderativen BRat (BVerfGE 121, 305). Der BTag bildet allein das Parlament des Bundes. Seine unmittelbare Wahl durch das Volk verkörpert sinnfälligst das demokratische Prinzip im Aufbau der Verfassungsorgane. Ungeachtet seiner hochgradigen demokratischen Legitimation ist der BTag weder allen anderen Verfassungsorganen übergeordnet noch mit universeller, in grundlegenden polit. Fragen monopolistischer Entscheidungsmacht ausgestattet, sondern wie sämtliche Verfassungsorgane auf die ihm vom GG eingeräumten Zuständigkeiten beschränkt (BVerfGE 68, 86 f. m.w.N.). Zu seinen Gunsten besteht keine allg. Zuständigkeitsvermutung. Streitige Kompetenzfragen im Verhältnis der Verfassungsorgane untereinander sind vielmehr nach dem Gesamtzusammenhang der gewaltenteilenden Kompetenzordnung des GG zu beurteilen (BVerfGE 77, 44; 95, 15 ff.). Diese überträgt weitreichende – gerade auch polit. – Entscheidungen anderen obersten Staatsorganen. So verhält es sich etwa bei der polit. Richtlinienbestimmung durch den BKanzler (Art. 65 Satz 1), der Auflösung des BTags (Art. 68), der Erklärung des Gesetzgebungsnotstands (Art. 81) sowie wichtigen außenpolit. Entscheidungen, z.B. über die Aufnahme und den Abbruch diplomatischer Beziehungen (vgl. BVerfGE 49, 124 f.). Dem BTag obliegen hauptsächlich die Gesetzgebung (Art. 76 ff.), die Kanzlerwahl (Art. 63), die Mitwirkung an der Wahl des BPräs (Art. 54), aus dem Exekutivbereich die Feststellung des Haushaltsplans (Art. 110 II 1), die Kreditbewilligung (Art. 115 I), die Zustimmung zu bestimmten Staatsverträgen (Art. 59 II), die Feststellung des Verteidigungsfalls und der Friedensschluss (Art. 115 a I 1, Art. 115 l III). Jeder Einsatz bewaffneter Streitkräfte im Ausland bedarf der konstitutiven, grundsätzlich vorherigen Zustimmung des BTags (BVerfGE 90, 381 ff.; 121, 153 ff.; st. Rspr.; s. auch Art. 59 Rn. 5, Art. 87 a Rn. 9 f.). Zu seinen **Hauptaufgaben** gehört außerdem die Kontrolle der Regierung (Art. 43–45 d) einschl. der parl. Rechnungskontrolle (Art. 114 I). Befugnisse im Bereich der Exekutive – auch solche der Mitwirkung – hat der BTag nur, soweit sie ihm ausdrücklich zugewiesen sind (BVerfGE 1, 394; 68, 86 f.). Er kann sie sich nicht selbst verschaffen, indem er Exekutivakte in Gesetzesform erlässt (vgl. auch Art. 84 Rn. 17). Im Zweifel fällt eine Staatsaufgabe der Exekutive zu. So sind Akte der auswärtigen Gewalt, die der Tatbestand des Art. 59 II 1 nicht erfasst, grundsätzlich dem Kompetenzbereich der BReg zugeordnet (BVerfGE 90, 358). Sie muss auch nicht stets die Form eines parl. Zustimmung bedürftigen Vertrags wählen, wenn ihr Handeln im völkerrechtl. Verkehr die außenpolit. Beziehungen der Bundesrepublik Deutschland regelt oder Gegenstände der Bundesgesetzgebung betrifft (BVerfGE 90, 358 m.w.N.). Der BTag kann nicht selbst regieren und verwalten (BVerfGE 1, 394; s. auch E 68, 89). Er hat insoweit keine Entscheidungsbefugnisse, sondern nur Kontrollrechte und vielfältige polit. Einwirkungsmöglichkeiten (BVerfGE 90, 364 f.). Er kann von seinen Haushaltskompetenzen Gebrauch machen und äußerstenfalls durch die Wahl eines neuen BKanzlers die bisherige Regierung stürzen (BVerfGE 49, 125; 68, 89). Die parl. Kontrolle erstreckt sich auf die gesamte Tätigkeit der BReg und Bundesverwaltung (BVerfGE 77, 43 m.w.N.; zur parl. Kontrolle der Nachrichtendienste jetzt Art. 45 d). Eines ihrer wichtigsten Instrumente ist das Haushaltsbewilligungsrecht (BVerfGE 91, 202; 130, 342 ff.). Aus Art. 38 I 2 und Art. 20 II 2 folgt ein Frage- und Informationsrecht des BTags gegenüber der BReg, an dem die einzelnen Abg. und die Fraktionen nach Maßgabe der Geschäftsordnung des BTags teilhaben und dem grundsätzlich eine Antwortpflicht der BReg korrespondiert (BVerfGE 105, 306). Der parl. Informationsanspruch wird durch die verfassungsrechtl. Verteilung der Staatsfunktionen auf BTag und BReg begrenzt (BVerfGE 124, 120 f. m.w.N.; näher Art. 43 Rn. 4). Er kann sich nicht auf Gegenstände erstrecken, die keinen Bezug zum Verantwortungsbereich der BReg haben, und wird zudem durch den Kernbereich exekutiver Eigenverantwortung eingeschränkt (BVerfGE 110, 214 ff.; 124, 120 ff.). Dieser schließt einen auch von parl. Untersuchungsausschüssen nicht ausforschbaren Initiativ-, Beratungs- und Handlungsbereich der Regierung ein (BVerfGE 67, 139; 110, 214 ff.; 124, 120). Dazu zählt die noch nicht abgeschlossene Willensbildung der BReg, die sich vornehmlich in ressortübergreifenden und -internen Abstimmungsprozessen vollzieht, wie Erörterungen im Kabinett und die Vorbereitung von Kabinetts- und Ressortentscheidungen (BVerfGE 110, 214; 124, 120; BVerfG, U. v. 19.6.2012 – 2 BvE 4/11 –). Der umfassenden Kontrollbefugnis des BTags, die vor allem in Art. 45 b und Art. 45 d I Ausdruck gefunden hat, unterliegen i.d.R. nur abgeschlossene Vorgänge, nicht laufende Verhandlungen und Entscheidungsvorbereitungen (BVerfGE 67, 139; 124, 121). Soweit der Kernbereich exekutiver Eigenverantwortung nicht betroffen ist, kann der BTag grundlegende Fragen auch selbst entscheiden. Dies gilt vor allem, aber nicht allein für den Haushalt (BVerfGE 95,

16). Auf Grund der Initiative und Vorbereitung der Regierung und Verwaltung darf der BTag durch Gesetz auch im Bereich staatl. Planung einen Plan beschließen, wenn dieser sich der Sache nach für eine gesetzl. Regelung eignet und sonstige verfassungsrechtl. Hindernisse nicht entgegenstehen (BVerfGE 95, 16). In der Staatspraxis übt die Regierungskontrolle infolge der engen Interessenverflechtung von Regierung und Parlamentsmehrheit vorwiegend die Opposition aus (BVerfGE 49, 85 f.). Eine durch diese veranlasste öffentl. Auseinandersetzung mit der Politik der BReg kann die Wahlentscheidung der Bürger maßgeblich beeinflussen.

Der BTag kann die ihm zustehenden **Kontrollrechte im Organstreit** nach Art. 93    **5** I Nr. 1 (§§ 63, 64 I BVerfGG u. Art. 93 Rn. 6–10) vor dem BVerfG geltend machen (BVerfGE 67, 123 f.; 68, 72 f.). Er kann auf seine Kompetenzen nicht zugunsten eines Ausschusses oder der Regierung verzichten, sofern das GG dies nicht zulässt (BVerfGE 1, 379 f.).

Die verfassungsrechtl. nicht festgelegte Zahl der Abg. des BTags wird durch Gesetz    **6** (Wahlgesetz) bestimmt (zur gesetzl. Mitgliederzahl vgl. Art. 121 Rn. 2). Um eine stabile parl. Grundlage der Staatswillensbildung, insbes. auch der Regierungstätigkeit, zu sichern, kann der BTag nur in zwei Fällen zur Überwindung einer lediglich negativ einigen Parlamentsmehrheit aufgelöst werden (Art. 63 IV u. Art. 68). Ein Selbstauflösungsrecht steht ihm nicht zu (Art. 39 Rn. 2). Die Rechte des BTags und seiner Mitglieder regelt das GG nach dem Vorbild des herkömmlichen Parlamentsrechts, insbes. den **Grundsätzen der repräsentativen Demokratie.** Es sieht vor allem eine umfassende, rechtl. nicht beschränkbare Entscheidungsfreiheit der Volksvertretung und ihrer Mitglieder vor.

## Artikel 38 [Wahl des Deutschen Bundestages]

**(1) Die Abgeordneten des Deutschen Bundestages werden in allgemeiner, unmittelbarer, freier, gleicher und geheimer Wahl gewählt. Sie sind Vertreter des ganzen Volkes, an Aufträge und Weisungen nicht gebunden und nur ihrem Gewissen unterworfen.**

**(2) Wahlberechtigt ist, wer das achtzehnte Lebensjahr vollendet hat; wählbar ist, wer das Alter erreicht hat, mit dem die Volljährigkeit eintritt.**

**(3) Das Nähere bestimmt ein Bundesgesetz.**

**Allgemeines:** Art. 38 bekennt sich zum parl. System, das andere Artikel im Einzelnen ausformen. Er regelt in wesentlichen Grundzügen die Wahl des BTags und    **1** den Status seiner Abg. Die Wahl des BTags ist die wichtigste Form der polit. Willensbildung des Volkes auf der Bundesebene. Sie ist die Quelle der Staatsgewalt, die mit der periodisch wiederholten Wahl (Art. 39 I) immer wieder neu vom Volk ausgeht (Art. 20 II). Auf diesem Grundvorgang des Verfassungslebens baut alle andere Staatsgewalt auf (vgl. Art. 54 I u. III, Art. 63, 94 I 2, Art. 95 II). Das Wahlrecht ist wesentlicher Bestandteil des Demokratieprinzips, das zu den unveränderbaren Grundsätzen des deutschen Verfassungsrechts gehört (BVerfGE 123, 341). Seine Ausübung ist aktive Teilhabe an der Staatsgewalt (BVerfGE 122, 307 m.w.N.). Der Gleichheit aller Staatsbürger in der freien Ausübung ihres Wahlrechts entspricht im Parlament das freie Mandat der gewählten Abg. (BVerfGE 102, 237 ff.; 112, 134). Ihr Status als Vertreter des ganzen Volkes bildet die Grundlage der repräsentativen Stellung des BTags (BVerfGE 80, 217), der als Ganzes i.S. der Gesamtheit seiner Mitglieder die ihm von der Verfassung zugewiesenen Aufgaben und Befugnisse wahrnimmt (BVerfGE 90, 343; 92, 135; 130, 342). Als Organ der Gesetzgebung, das zugleich den BKanzler wählt und die BReg kontrolliert, übt der BTag die vom Volk ausgehende Staatsgewalt aus (Art. 20 II 1 u. 2). Art. 38 legt neben den wichtigsten Erfordernissen der Wahlberechtigung und Wählbarkeit nur die allg. demokratischen **Wahlrechtsgrundlagen** fest. Die Gestaltung des Wahlrechts, namentlich die Auswahl des Wahlsystems, bleibt der Regelung des einfachen Gesetzgebers überlassen (BVerfGE 122, 314 m.w.N.; s. dazu unten Rn. 30). Die Vorschrift erfasst unmittelbar nur die Wahlen zum BTag. Auf LTags- oder Kommunalwahlen ist sie auch nicht entsprechend anwendbar (BVerfGE 6, 384; 99, 7). Die Länder gewährleisten die Wahlrechtsgrundsätze bei polit. Wahlen in ihren selbständigen Verfassungsräumen (Art. 28 Rn. 2) allein und abschließend (BVerfGE 99, 11 f.; BVerfG, NVwZ-RR 2012, 2 f.).

2    Art. 38 I und II gewährleistet den wahlberechtigten Deutschen das grundrechtsgleiche (Art. 93 I Nr. 4 a) **Recht, an der Wahl der Abgeordneten des Bundestages teilzunehmen** (BVerfGE 47, 269; 89, 171; 123, 330). Die Vorschrift verbürgt nicht nur die Möglichkeit der Teilnahme an der Wahl und die Einhaltung der in Abs. 1 Satz 1 vorgegebenen Wahlrechtsgrundsätze bei der Wahl. Die Gewährleistung erstreckt sich vielmehr auch auf den *grundlegenden demokratischen Gehalt des Wahlrechts, an der Legitimation der Staatsgewalt durch das Volk auf Bundesebene mitzuwirken und auf die Ausübung dieser Staatsgewalt Einfluss zu nehmen* (BVerfGE 89, 171 f.; 97, 368; 123, 330). Das Wahlrecht begründet einen Anspruch auf demokratische Selbstbestimmung, auf freie und gleiche Teilhabe an der in Deutschland ausgeübten Staatsgewalt sowie auf die Einhaltung des Demokratiegebots einschl. der Achtung der verfassungsgebenden Gewalt des Volkes (BVerfGE 123, 340; 129, 177).

3    Art. 38 schließt es deshalb *im Anwendungsbereich des Art. 23* aus, durch Verlagerung von Aufgaben und Befugnissen des BTags die durch dessen Wahl bewirkte Legitimation der Staatsgewalt und die Einflussnahme der Bürger auf deren Ausübung so zu entwerten, dass der in Art. 79 III i.V.m. Art. 20 I und II für unantastbar erklärte Gehalt des demokratischen Prinzips verletzt wird (BVerfGE 89, 172; 97, 368 f.; 123, 330; 129, 170). Das *Demokratieprinzip*, nach dem die Wahrnehmung staatl. Aufgaben und die Ausübung staatl. Befugnisse sich auf das Staatsvolk zurückführen lassen und grundsätzlich ihm gegenüber verantwortet werden müssen (BVerfGE 83, 71 ff.), steht zwar einer **Mitgliedschaft der Bundesrepublik Deutschland in einer supranational organisierten zwischenstaatlichen Gemeinschaft** nicht entgegen (BVerfGE 89, 184). Eine vom Volk ausgehende Legitimation und Einflussnahme muss jedoch auch innerhalb des Staatenverbunds gesichert sein. Vermitteln die Staatsvölker über die nationale Parlamente demokratische Legitimation, wie es gegenwärtig bei der *Europäischen Union* der Fall ist, setzt das demokratische Prinzip einer Ausdehnung der Aufgaben und Befugnisse des Staatenverbunds Grenzen (BVerfGE 97, 369). Das Wahlrecht wird entleert, wenn die Rechte der Volksvertretung wesentlich geschmälert werden, so dass ein Substanzverlust ihrer demokratischen Gestaltungsmacht eintritt (BVerfGE 123, 341; 129, 170). Die Wahl der Abg. des BTags durch das Volk erfüllt nur dann ihre verfassungsrechtl. Funktion, wenn von das Volk repräsentierende BTag und die von ihm getragene BReg gestaltenden Einfluss auf die polit. Entwicklung in Deutschland behalten (BVerfGE 89, 207; 123, 356). Das gilt vor allem für die Strafrechtspflege, das Gewaltmonopol polizeilich nach innen und militärisch nach außen, die Entscheidung über Einnahmen und Ausgaben der öf-

fentl. Hand, die sozialstaatl. Gestaltung von Lebensverhältnissen sowie kulturell besonders bedeutsame Entscheidungen im Schul- und Bildungssystem (BVerfGE 123, 359 ff.). Art. 38 schützt mit der Gewährleistung wirksamer Volksherrschaft die wahlberechtigten Bürger vor weitreichenden oder gar umfassenden Verlagerungen von Kompetenzen des BTags auf supranationale Einrichtungen (BVerfGE 89, 172; 123, 330). Die parl. Repräsentation des Volkswillens, die auf die Verwirklichung des polit. Willens der Bürger gerichtet ist, darf auf diese Weise weder rechtl. noch praktisch unmöglich gemacht werden (BVerfGE 129, 170). Die Ausübung von Hoheitsrechten darf der BTag deshalb nicht derart übertragen, dass daraus eigenständig weitere Zuständigkeiten der EU begründet werden können. Eine Entäußerung der Kompetenz-Kompetenz zugunsten der EU oder im Zusammenhang mit ihr geschaffener Einrichtungen verletzt Art. 38 (BVerfGE 89, 187 f., 192, 199; 123, 349). Auch Blankettermächtigungen zur Ausübung öffentl. Gewalt sind unzulässig (BVerfGE 89, 183 f., 187; 123, 351). Die europäische Integration kann weiterhin nur nach dem Prinzip der begrenzten Einzelermächtigung erfolgen. Das Zustimmungsgesetz zu einem völkerrechtl. Vertrag und die innerstaatl. Begleitgesetzgebung müssen sicherstellen, dass die EU und im Zusammenhang mit ihr geschaffene Einrichtungen sich nicht der Kompetenz-Kompetenz bemächtigen oder sonstwie die integrationsfeste Verfassungsidentität des GG verletzen kann. Um die Integrationsverantwortung des BTags bei der Übertragung von Kompetenzen auf die EU (BVerfGE 123, 356 ff.; s. auch Art. 23 Rn. 6 f.) zu wahren, muss der deutsche Gesetzgeber ggf. wirksame Vorkehrungen für verfassungsrechtl. Grenzfälle treffen (BVerfGE 123, 353; BVerfG, U. v. 12.9.2012 – 2 BvR 1390/12 u.a. –). Nicht entäußerbar ist insbes. die Haushaltsautonomie des BTags als grundlegender Teil der demokratischen Selbstgestaltungsfähigkeit (BVerfGE 123, 361 f.). Das Budgetrecht stellt ein zentrales Element der demokratischen Willensbildung dar (BVerfGE 70, 355 f.; 79, 329; 129, 177). Es dient umfassender parl. Regierungskontrolle (BWStGH, ESVGH 62, 13). Der Haushaltsplan aktualisiert zudem den tragenden Grundsatz der Gleichheit der Bürger bei der Auferlegung öffentl. Lasten als wesentliche Ausprägung rechtsstaatl. Demokratie (BVerfGE 55, 302 f.; 129, 177). Der BTag muss dem Volk gegenüber verantwortlich über Einnahmen und Ausgaben entscheiden, auch bei internationalen und europäischen Verbindlichkeiten (BVerfGE 129, 177; 130, 344; BVerfG, U. v. 19.6.2012 – 2 BvE 4/11 –). Seine gewählten Abg. müssen als Repräsentanten des Volkes auch in einem System intergouvernementalen Regierens die Kontrolle über grundlegende haushaltspolit. Entscheidungen behalten. Der Haushaltsgesetzgeber hat seine Entscheidungen über Einnahmen und Ausgaben frei von Fremdbestimmung seitens der Organe und anderer Mitgliedstaaten der EU zu treffen (BVerfGE 129, 177). Er darf seine Budgetverantwortung nicht durch unbestimmte haushaltspolit. Ermächtigungen auf andere Akteure übertragen und sich insbes. auch durch Gesetz keinen finanzwirksamen Mechanismen ausliefern, die zu unüberschaubaren haushaltsbedeutsamen Belastungen ohne vorherige konstitutive Zustimmung führen können (BVerfGE 129, 179 f.; BVerfG, U. v. 12.9.2012 – 2 BvR 1390/12 u.a. –). Einem intergouvernemental oder supranational vereinbarten, nicht an strikte Vorgaben gebundenen und in seinen Auswirkungen unbegrenzten Bürgschafts- oder Leistungsautomatismus, der nach Ingangsetzen seiner Kontrolle und Einwirkung entzogen ist, darf der BTag nicht zustimmen (BVerfGE 129, 180; BVerfG, U. v. 12.9.2012 – 2 BvR 1390/12 u.a. –). Unzulässig ist namentlich eine dauerhafte völkervertragsrechtl. Haftungsübernahme für Willensentscheidungen anderer Staaten, vor allem wenn sie mit schwer kalkulierbaren Folgewirkungen verbunden ist (BVerfGE

129, 180). Jede ausgabenwirksame solidarische Hilfsmaßnahme des Bundes größeren Umfangs im internationalen oder unionalen Bereich muss der BTag im Einzelnen bewilligen (BVerfGE 129, 180; BVerfG, U. v. 12.9.2012 – 2 BvR 1390/12 u.a. –). Auf die Art und Weise des Umgangs mit den zur Verfügung gestellten Mitteln muss überdies hinreichender parl. Einfluss bestehen (BVerfGE 129, 180 f.; BVerfG, U. v. 12.9.2012 – 2 BvR 1390/12 u.a. –). Die europäischen Verträge setzen die nationale Haushaltsautonomie als nicht entäußerbare Kompetenz der mitgliedstaatl. Parlamente voraus (BVerfGE 129, 181). Ihre strikte Beachtung gewährleistet eine hinreichende demokratische Legitimation der Handlungen der Organe der EU in und für Deutschland (BVerfGE 89, 199 ff.; 129, 181). Die vertragliche Konzeption der Währungsunion als Stabilitätsgemeinschaft ist wesentliche Grundlage für die Beteiligung der Bundesrepublik Deutschland und Gegenstand des deutschen Zustimmungsgesetzes (BVerfGE 89, 205; 97, 369, 373; 129, 181 f.; BVerfG, U. v. 12.9.2012 – 2 BvR 1390/12 u.a. –). Zu den zentralen Vorschriften zur Ausgestaltung der Währungsunion, die unionsrechtl. die verfassungsrechtl. Anforderungen des Demokratiegebots sichern, zählen die Regelungen über die Wahrung der Währungsstabilität, das Verbot des unmittelbaren Erwerbs von Schuldtiteln öffentl. Einrichtungen durch die EZB, das Verbot der Haftungsübernahme (Bail-out-Klausel) und die Stabilitätskriterien für eine tragfähige Haushaltswirtschaft (BVerfGE 129, 181; BVerfG, U. v. 12.9.2012 – 2 BvR 1390/12 u.a. –). Insbes. die Unabhängigkeit der EZB, die Priorität der Geldwertstabilität und das Verbot monetärer Haushaltsfinanzierung durch die EZB sichern unionsrechtl. die haushaltspolit. Gesamtverantwortung des BTags und die Anforderungen aus Art. 20 I und II i.V.m. Art. 79 III (BVerfGE 129, 181 f.; BVerfG, U. v. 12.9.2012 – 2 BvR 1390/12 u.a. –). Wenn sich die Währungsunion in ihrer ursprünglichen Struktur nicht verwirklichen oder weiterführen lässt, muss der demokratisch legitimierte Gesetzgeber darüber befinden, wie etwaigen Schwächen der Währungsunion durch eine Änderung des Unionsrechts entgegengewirkt werden soll (BVerfGE 129, U. v. 12.9.2012 – 2 BvR 1390/12 u.a. – m.w.N.). Der BTag kann seine haushaltspolit. Gesamtverantwortung und Kontrollfunktion nicht ohne die für eine Abschätzung der wesentlichen Grundlagen und Konsequenzen seiner Entscheidungen benötigten Informationen wahrnehmen. Das Demokratieprinzip gebietet daher seine ausreichenden Informationen durch die BReg. Dieser parl. Unterrichtungsanspruch ist in seinem Kern auch in Art 79 III verankert. Er besteht nicht nur im nationalen Haushaltsrecht (Art. 114), sondern auch in Angelegenheiten der EU (BVerfG, U. v. 12.9.2012 – 2 BvR 1390/12 u.a. –). Aus Art. 38 kann *nicht* abgeleitet werden, wie der *institutionelle Rahmen der Europäischen Union* auszugestalten ist (BVerfGE 89, 179). Art. 38 I gewährt auch kein subjektives Recht, sich bei der Ausübung des aktiven oder passiven Kommunalwahlrechts mit einer wahlrechtl. „Konkurrentenklage" gegen nichtdeutsche Wahlberechtigte oder Wahlbewerber aus anderen EU-Mitgliedstaaten zu wehren (BVerfGE 89, 180).

### Absatz 1: Wahlrechtsgrundsätze, Abgeordnetenstatus

4  *Satz 1* regelt die für die BTagswahl maßgeblichen Wahlrechtsgrundsätze. **Wahl** ist eine Abstimmung, durch die eine oder mehrere Personen aus einem größeren Personenkreis ausgelesen werden (BVerfGE 47, 276). Eine solche Auslesemöglichkeit muss bei jeder Wahl gegeben sein. Zu wählen sind nach Satz 1 die Abg., also Personen, nicht Parteien (BVerfGE 95, 349). Auch bei der Listenwahl können nur Bewerbermehrheiten gewählt werden, nicht Listen als solche. Sämtliche Abg. bedürfen der Legitimation durch Volkswahl. Eine Zuwahl durch das Parlament ist ebenso unzulässig wie eine Berufung von Abg. durch andere Staatsorga-

ne oder Parteien. Die Wahlvorbereitung liegt freilich vor allem in der Hand der
polit. Parteien. Diese reichen insbes. in erster Linie die Kandidatenvorschläge für
die BTagswahlen ein. Durch die Auswahl der Kandidaten bestimmen sie weitgehend die personelle Zusammensetzung des Parlaments. Sie unterliegen darum
auch den sich aus Satz 1 ergebenden Bindungen. Dazu gehört namentlich die Einhaltung des Kernbestands an Verfahrensgrundsätzen, ohne den ein Kandidatenvorschlag nicht Grundlage einer demokratischen Wahl sein kann (BVerfGE 89,
252 f.).

Satz 1 bezieht sich nur auf die Abg. und die Wahl des BTags. Die darin genann-     5
ten fünf **Wahlrechtsgrundsätze** sind mit den nach Art. 28 I 2 verbindlichen Wahlrechtsgrundsätzen auf Landesebene inhaltlich identisch (BVerfGE 120, 102). Sie
gelten als *allgemeine Verfassungsprinzipien* noch über den Regelungsbereich des
Art. 28 I 2 hinaus für alle sonstigen Wahlen zu Volksvertretungen sowie für polit. Abstimmungen und Volksentscheide (BVerfGE 60, 167 m.w.N.). Die Beachtung aller fünf Wahlrechtsgrundsätze kann der Bürger nach Art. 93 I Nr. 4 a
i.V.m. Art. 38 I 1 im Wege der Verfassungsbeschwerde aber nur bei polit. Wahlen auf Bundesebene einfordern (BVerfGE 99, 7 ff.). Die Wahlrechtsgrundsätze
gelten für Wähler, Wahlbewerber, Parteien und andere Wahlvorschlagsträger.
Ihr Anwendungsbereich umfasst den gesamten Vorgang der Wahl, insbes. die
Wahlberechtigung, das sog. passive Wahlrecht (Wählbarkeit u. Wahlwerbung),
das Wahlvorschlagsrecht, das Wahlverfahren, die Stimmabgabe und Stimmenverwertung (BVerfGE 60, 167 m.w.N.; 71, 94). Die einzelnen Verfassungsgebote
sind im Zusammenhang mit den übrigen Wahlrechtsgrundsätzen (BVerfGE 21,
206) und mit Blick auf das jeweilige Wahlsystem (BVerfGE 95, 353 f.) auszulegen. Die *Gebote der Allgemeinheit und der Gleichheit der Wahl* stellen *spezielle
Ausprägungen des allgemeinen Gleichheitssatzes* dar. Auf Art. 3 I kann im Anwendungsbereich dieser speziellen wahlrechtl. Gleichheitssätze nicht zurückgegriffen werden (BVerfGE 99, 10; vgl. auch Art. 3 Rn. 10 Buchst. r). *Allgemeinheit und Gleichheit der Wahl sind im Unterschied zum allgemeinen Gleichheitssatz streng formal zu verstehen* (BVerfGE 95, 417; st. Rspr.). Jeder soll sein aktives und passives Wahlrecht in formal möglichst gleicher Weise wahrnehmen
können (BVerfGE 71, 94; st. Rspr.).

**Allgemeine Wahl:** Das Wahlrecht muss allen Staatsbürgern (BVerfGE 83, 50 f.)     6
gleichermaßen zustehen. Ein Ausschluss bestimmter Bevölkerungsgruppen von
der Ausübung des Wahlrechts aus polit., wirtsch. oder sozialen Gründen ist unzulässig (BVerfGE 58, 205 m.w.N.). Die Teilnahme an der Wahl darf nicht von
besonderen, nicht von jedermann erfüllbaren Voraussetzungen (z.B. Vermögen,
Einkommen, Steuerentrichtung, Bildung, Lebensstellung) abhängig gemacht werden. Jeder Wahlberechtigte muss sein Wahlrecht in möglichst gleicher Weise ausüben können (BVerfGE 71, 94 m.w.N.). Der Gesetzgeber ist jedoch nicht zur
Einführung aller erdenklichen Wahlerleichterungen verpflichtet, wie etwa der
Briefwahl (BVerfGE 15, 167). Die Allgemeinheit der Wahl darf nur aus zwingenden Gründen eingeschränkt werden (BVerfGE 36, 141). Zulässig sind die Forderung eines bestimmten Wahlalters (BVerfGE 36, 142; 42, 341), die Beschränkung des Wahlrechts auf Personen, die im Wahlgebiet sesshaft sind (BVerfGE
58, 205 m.w.N.), der Ausschluss von Geisteskranken und Geistesschwachen sowie die Aberkennung des Wahlrechts oder der Wählbarkeit durch straf- oder
verfassungsgerichtl. Urteil (BVerfGE 36, 141 f.). Das Gebot der allg. Wahl gilt
auch für das passive Wahlrecht (BVerfGE 60, 167 m.w.N.), d.h. Wählbarkeit
und Wahlwerbungsrecht. Durch einfaches Gesetz kann die Wählbarkeit nicht auf
zwei oder drei Wahlperioden beschränkt werden, wie Art. 137 I bestätigt

(BVerfGE 48, 82). Das Gebot der allg. Wahl erstreckt sich auf die Wahlvorbereitungen, insbes. das Wahlvorschlagsrecht (BVerfGE 60, 167 f.; 71, 94). Unzulässig sind sachliche Zulassungsbeschränkungen durch Geldkautionen oder überspannte Unterschriftserfordernisse, zulässig dagegen gesetzl. Vorkehrungen gegen übermäßige Stimmenzersplitterung und zur Ausschaltung völlig aussichtsloser Wahlvorschläge (BVerfGE 38, 277 f.; 60, 168 m.w.N.). Die Teilnahme an der Wahl muss allen Parteien offenstehen (BVerfGE 3, 31). Das Gebot der allg. (sowie der freien u. gleichen) Wahl fordert auch die Zulassung genügend unterstützter parteifreier Wahlvorschläge (BVerfGE 13, 13 f.; 41, 417).

7   **Unmittelbare Wahl:** Die Wähler müssen die Abg. selbst auswählen. Zwischen sie und die Bestimmung der Abg. darf kein fremder Wille (z.b. Wahlmänner, Volksvertretungen nachgeordneter Gebietskörperschaften) treten (BVerfGE 7, 68 f.; 47, 279 f.). Vom Beginn der Stimmabgabe an darf das Wahlergebnis nur noch von der Entscheidung der Wähler selbst abhängen (BVerfGE 7, 84 f.). Das Gebot der unmittelbaren Wahl schließt eine bloße Parteienwahl aus (BVerfGE 95, 349; 97, 323). Es fordert ein Wahlverfahren, in dem der Wähler vor dem Wahlakt erkennen kann, welche Personen sich um ein Mandat bewerben und wie sich die eigene Stimmabgabe auf Erfolg oder Misserfolg der Bewerber auswirken kann; jede Stimme muss bestimmten oder bestimmbaren Wahlbewerbern zugerechnet werden (BVerfGE 121, 307 m.w.N.). Das gilt auch für die Berufung von Ersatzmännern (BVerfGE 97, 326 f.). Zulässig ist die Listenwahl mit den Wählern bekannten, im Voraus unabänderlich festgelegten Bewerbern (BVerfGE 47, 281 m.w.N.; 122, 314). Die Parteien dürfen nach dem Ausscheiden von Abg. nicht die Ersatzmänner frei bestimmen, die Reihenfolge der Listenanwärter ändern oder bei Erschöpfung der Liste von sich aus Ersatzleute nachschieben (BVerfGE 7, 85 f.; 47, 280). Nachfolgen ohne Nachwahl dürfen nur Ersatzleute, die als solche bereits am Wahltag mit gewählt worden sind (BVerfGE 97, 323 ff.). Zulässig sind mehrfache Stimmenauswertung bei sog. mehrgleisiger Wahl und Stimmenübertragung, die der Wähler selbst vornimmt (Alternativ- oder Hilfsstimmgebung) oder die sich kraft Gesetzes vollzieht (z.B. Reststimmenübertragung, Stimmenverrechnung über Listenverbindungen usw.). Das Gebot der unmittelbaren Wahl hindert nicht, durch Wahlgesetz allg. sachliche Voraussetzungen für die Übernahme des Abgeordnetenmandats zu fordern (z.B. Mindestalter, Geschäftsfähigkeit, Wohnsitz, Staatsangehörigkeit). Dazu gehört auch die Fortdauer der Parteizugehörigkeit eines für eine Partei aufgestellten Bewerbers (BVerfGE 7, 72 f.).

8   **Freie Wahl:** Der Wähler muss in einem *freien, offenen Prozess der Meinungsbildung* zu seiner Wahlentscheidung finden und diese unverfälscht zum Ausdruck bringen können (BVerfGE 79, 165 f. m.w.N.). Er muss gegen Zwang, Druck und alle seine freie Willensentscheidung ernstlich beeinträchtigenden Beeinflussungen von staatl. oder nichtstaatl. Seite geschützt sein (BVerfGE 66, 380 m.w.N.). Die Gestaltung des Wahlverfahrens darf die Entschließungsfreiheit des Wählers nicht in einer innerhalb des gewählten Wahlsystems vermeidbaren Weise verengen (BVerfGE 95, 350). Gesetzl. Wahlpflicht ist zulässig (h.M.). Die Wahlfreiheit umfasst ein *freies Wahlvorschlagsrecht für alle Wahlberechtigten* (BVerfGE 89, 251 m.w.N.). Ein Parteienmonopol für Wahlvorschläge ist verfassungswidrig (BVerfGE 41, 417), und zwar selbst bei der Listenwahl (a.A. BVerfGE 5, 82). Gegen das Gebot der freien Wahl verstößt nicht nur die „Einheitsliste" einer, mehrerer oder aller Parteien, sondern jede über rein formelle Zulassungsbedingungen hinausgehende materielle Beschränkung des Wahlvorschlagsrechts auf bestimmte Parteien. Die Wahlfreiheit verlangt die Beteiligung der Mitglieder von

Parteien und Wählergruppen bei der *Kandidatenaufstellung*. Die Auswahl der Kandidaten darf weder rechtl. noch tatsächlich allein den Führungsgremien überlassen werden (BVerfGE 47, 282). Jedes wahlberechtigte Parteimitglied muss die rechtl. Möglichkeit haben, zumindest mittelbar durch die Wahl von Vertretern auf die Auswahl der Kandidaten Einfluss zu nehmen (BVerfGE 89, 252 f.). Auch der Nachweis einer demokratischen Grundsätzen genügenden Kandidatenaufstellung gehört zu den unabdingbaren Voraussetzungen einer freien Wahl (BVerfGE 47, 283; 89, 251 ff.). Zulässig unter dem Blickwinkel der freien Wahl sind: Listenwahl (BVerfGE 47, 283; 122, 314), Zulassung oder Verbot von Listenverbindungen und gemeinsamen Wahlvorschlägen mehrerer Parteien oder Wählergruppen sowie zwischenparteiliche Wahlabsprachen über die Aussparung von Wahlkreisen. Eine Auswahlmöglichkeit unter verschiedenen Listen oder Wahlvorschlägen muss stets gewahrt bleiben (BVerfGE 47, 282). Der Wähler muss sich mit den Wahlvorschlägen rechtzeitig vertraut machen können (BVerfGE 79, 165 f.). Diese müssen ihm in einer Weise zugänglich gemacht werden, die seine klare und verlässliche Information gewährleistet (BVerfGE 79, 166). Unstatthaft ist ein gesetzl. Zwang, zur Vermeidung erheblicher Wahlnachteile in allen Wahlkreisen Bewerber aufzustellen (BayVerfGH 3, 125 ff.; BWStGH, ESVGH 11/II, 28). Das Gebot der freien Wahl fordert *freie Wählbarkeit* (BVerfGE 25, 63), ungehinderte Wahlwerbung und Wahlannahme (s. dazu Art. 48 I, II u. die Erläut. daselbst) sowie einen Wahlkampf, in dem neben anderen Freiheitsrechten vor allem die ungehinderte öffentl. Meinungsäußerung gesichert ist (BVerfGE 44, 139 ff.). Negativ schlägt es sich in einem allg. Verbot rechtswidriger Wahlbeeinflussung (BVerfGE 103, 132 f.; 122, 315) nieder, das einen wesentlichen Bestandteil des materiellen Wahlprüfungsrechts bildet (zum Verbot staatl. Einflussnahme auf die Wahlen vgl. insbes. vor Art. 62 Rn. 8 f.). Im Gegensatz zu öff.-rechtl. Fernseh- und Rundfunkanstalten trifft die privat betriebene Presse keine Neutralitätspflicht im Wahlwettbewerb der polit. Parteien (BVerfGE 42, 62; 48, 277 f.).

**Gleiche Wahl:** Alle Wahlberechtigten müssen das aktive und passive Wahlrecht **9** in formal möglichst gleicher Weise ausüben können (BVerfGE 93, 376 m.w.N.; 124, 18). Die Gleichbehandlung aller Staatsbürger bei der Ausübung des Wahlrechts ist eine der wesentlichen Grundlagen der Staatsordnung (BVerfGE 121, 295 f.); sie sichert die vom Demokratieprinzip vorausgesetzte Egalität der Staatsbürger (BVerfGE 120, 102; 124, 18 m.w.N.). *Jede gültig abgegebene Wählerstimme* muss im Rahmen des Wahlsystems den gleichen Zählwert und die gleiche rechtl. Erfolgschance und damit den *gleichen Einfluss auf das Wahlergebnis* haben (BVerfGE 120, 102; 121, 122; 124, 18; st. Rspr.). Das Gebot der Wahlgleichheit wirkt sich auf die Mehrheits- und die Verhältniswahl unterschiedlich aus. Da bei der Mehrheitswahl allein die Stimmenmehrheit zur Mandatsvergabe an den Mehrheitskandidaten führt, fordert die Wahlgleichheit über den gleichen Zählwert aller Stimmen hinaus nur, dass alle Wähler auf der Grundlage möglichst gleich großer Wahlkreise mit annähernd gleichem Stimmgewicht am Wahlvorgang teilnehmen können (BVerfGE 95, 353; 121, 295 f.; 124, 18). Bei der Verhältniswahl muss zudem jeder Wähler mit seiner Stimme den gleichen Einfluss auf die Zusammensetzung der Vertretung haben. Zur Zählwertgleichheit tritt hier die Erfolgswertgleichheit hinzu (BVerfGE 121, 296; 124, 18; 129, 318).

Abweichungen der Wahlrechtsgestaltung von der gebotenen *formalen Gleichheit* **10** (dazu s. oben Rn. 5) sind nur in engen Grenzen zulässig und müssen stets durch zwingende Gründe gerechtfertigt sein (BVerfGE 120, 106 f. m.w.N.), die zumindest durch die Verfassung legitimiert sind und der Wahlgleichheit die Waage halten können (BVerfGE 124, 19; 129, 320; BVerfG, U. v. 25.7.2012 – 2 BvF 3/11 u.a. –). Hierzu zählen vor allem die Verwirklichung der mit der Parlamentswahl verfolgten Ziele, insbes. die Sicherung des Charakters der Wahl und der Funktionsfähigkeit des zu wählenden Parlaments (BVerfGE 124, 19; 129, 320 f.). Der Gesetzgeber muss eine die Gleichheit der Wahl berührende Wahlrechtsnorm überprüfen und ggf. ändern, wenn deren verfassungsrechtl. Rechtfertigung durch neue Entwicklungen in Frage gestellt wird (BVerfGE 120, 108 m.w.N; 129, 321 f.). Größte praktische Bedeutung hat die *Wahlgleichheit der Parteien*. Diesen steht als wichtigster Bestandteil ihres allg. Rechts auf *Chancengleichheit* (s. Art. 21 Rn. 8) ein grundrechtl. Anspruch auf strikte und formale Gleichbehandlung im Sachbereich der Wahlen zu (BVerfGE 95, 354; 120, 105; st. Rspr.). Für Einschränkungen der Wahlrechtsgleicheit und der Chancengleichheit der polit. Parteien gelten verfassungsrechtl. die gleichen strengen Maßstäbe (BVerfGE 111, 105; 124, 20; 129, 320).

11 Zur Abwehr parl. Parteizersplitterung sind die Stimmenverwertung einschränkende **Sperrklauseln** *(Prozentklauseln)* im Verhältniswahlrecht statthaft, wenn durch den Einzug von Splitterparteien gewichtige Störungen für die Aufgabenerfüllung der Volksvertretung hinreichend wahrscheinlich zu erwarten sind (BVerfGE 120, 114; 129, 323). Dies beurteilt sich nach den konkreten Funktionen des zu wählenden Organs (BVerfGE 120, 112; 129, 321). Sperrklauseln dürfen in aller Regel nicht mit mehr als 5 vH der abgegebenen Stimmen bemessen werden (BVerfGE 95, 419; st. Rspr.). Maßgeblich für ihre Zulässigkeit sind die aktuellen Verhältnisse. Veränderten Umständen muss der Wahlgesetzgeber Rechnung tragen (BVerfGE 120, 108; 129, 321 f.). Das Quorum von 5 vH der im Wahlgebiet abgegebenen gültigen Zweitstimmen, das eine Partei erreichen muss, um bei der Verteilung der BTagssitze auf die Landeslisten berücksichtigt zu werden, wird durch das verfassungslegitime Ziel gerechtfertigt, die Handlungs- und Entscheidungsfähigkeit des Parlaments zu sichern (BVerfGE 82, 338; 120, 111; BVerfG, U. vom 25.7.2012 – 2 BvF 3/11 u.a. –). Die Grundmandatsklausel des BundeswahlG, nach der eine Partei, die mindestens drei Direktmandate errungen hat, auch dann entsprechend ihrem gesamten Zweitstimmenanteil im BTag vertreten ist, wenn dieser Anteil unter der prozentualen Sperrklausel liegt, greift zwar in die Wahlrechtsgleichheit und die Chancengleichheit der polit. Parteien ein. Als Ausgleich zwischen der mit der Sperrklausel angestrebten Sicherung der Funktionsfähigkeit des Parlaments und einer effektiven parl. Repräsentanz des Wählerwillens stellt sie gleichwohl eine noch zulässige Differenzierung dar (BVerfGE 95, 420 ff.; str.).

12 Wahl- und Chancengleichheit verletzt ein Wahlgesetz, das Parteien ermöglicht, ihre Landeslisten zu verbinden, um als bloße Zählgemeinschaft die prozentuale Sperrklausel zu überwinden. Eine solche Listenverbindung gewichtet – anders als eine von Parteien gemeinsam aufgestellte Liste (Listenvereinigung) – den Erfolg von Wählerstimmen ohne zwingenden Grund ungleich (BVerfGE 82, 345 ff.). Der Gesetzgeber muss die **Wahlkreiseinteilung** regelmäßig überprüfen und erforderlichenfalls korrigieren (BVerfGE 130, 227 m.w.N.). Die gleiche Größe der Wahlkreise muss nicht nur zwischen den Ländern, sondern auch im Vergleich aller Wahlkreise untereinander gewährleistet sein (BVerfGE 16, 140; 130, 226; BVerfG, NVwZ 2002, 72). Jeder Wahlkreis muss möglichst die gleiche Zahl an Wahlberechtigten umfassen (BVerfGE 130, 230). Dies lässt sich zwar bei der Wahlkreiseinteilung lediglich näherungsweise verwirklichen. Dem Gesetzgeber steht auch ein gewisser Gestaltungs- und Beurteilungsspielraum zu (BVerfGE 95, 364; 130, 228 f.). Ein auf die deutsche Wohnbevölkerung abstellender Wahl-

kreiszuschnitt beeinträchtigt die Wahlrechtsgleichheit aber nur dann nicht, solange sich der Anteil der Minderjährigen an der deutschen Bevölkerung regional bloß unerheblich unterscheidet. Weichen Bevölkerungszahl und Zahl der Wahlberechtigten erheblich voneinander ab, kann eine Änderung der Wahlkreiseinteilung geboten sein (BVerfGE 130, 230 f.). Wahlkreise mit annähernd gleich großen Zahlen an Wahlberechtigten sind auch erforderlich, um die Zahl von **Überhangmandaten** möglichst gering zu halten (BVerfGE 16, 139 f.; 130, 226). Die deutsche Wohnbevölkerung als Bemessungsgrundlage für den Wahlkreiszuschnitt begünstigt bei einem überdurchschnittlichen Anteil von Kindern und Jugendlichen in den Wahlkreisen eines Landes das Entstehen solcher Mandate, weil bei einer geringeren Zahl Wahlberechtigter im Wahlkreis ein Mandat mit einer vergleichsweise kleineren absoluten Stimmzahl errungen werden kann. Häuft sich dies in einem Land, gewinnen Direktmandate gegenüber dem Zweitstimmenergebnis insgesamt an Gewicht. Überhangmandate können deshalb zunehmen (BVerfGE 130, 226). Proporzüberschießende Überhangmandate ohne Vergabe von Ausgleichsmandaten beeinträchtigen jedoch den gleichen Erfolgswert jeder Stimme (BVerfGE 95, 358 ff.). Ihre Zahl darf den Grundcharakter der BTagswahl als Verhältniswahl nicht aufheben (BVerfGE 95, 361, 365 f.; BVerfG, U. v. 25.7.2012 – 2 BvF 3/11 u.a. –). Fallen bei der mit der Personenwahl verbundenen Verhältniswahl ausgleichslose Überhangmandate im Umfang von mehr als etwa einer halben Fraktionsstärke an, sind die Gleichheit der Wahl und die Chancengleichheit der Parteien verletzt. Daraus folgt eine verfassungsrechtl. Höchstgrenze von etwa 15 Überhangmandaten (BVerfG, U. v. 25.7.2012 – 2 BvF 3/11 u.a. –). Auf der Grundlage dieser verfassungsrichterl. Normkonkretisierung muss der Gesetzgeber das Wahlrecht zur Wahrung der Wahlrechtsgleichheit und der Chancengleichheit der Parteien um Vorkehrungen gegen ein zu erwartendes Überhandnehmen ausgleichsloser Überhangmandate ergänzen (BVerfG, U. v. 25.7.2012 – 2 BvF 3/11 u.a. –).

Die Wahlrechtsgleichheit und die Chancengleichheit der Parteien werden auch **13** verletzt, wenn bei der Verteilung der Mandate auf die Parteien entsprechend dem Verhältnis der Summen der Wählerstimmen ein Zuwachs an Zweitstimmen zu einem Verlust an Sitzen der Landeslisten oder ein Verlust an Zweitstimmen zu einem Zuwachs an Sitzen der Landeslisten führen kann (sog. **negatives Stimmgewicht**: BVerfGE 121, 298 ff.; BVerfG, U. vom 25.7.2012 – 2 BvF 3/11 u.a. –). Solche widersinnigen Wirkungszusammenhänge zwischen Stimmabgabe und Stimmerfolg verstoßen zudem gegen die Unmittelbarkeit der Wahl, weil für den Wähler nicht mehr erkennbar ist, wie sich seine Stimmabgabe auf den Erfolg oder Misserfolg der Wahlbewerber auswirken kann (BVerfGE 121, 307; BVerfG, U. vom 25.7.2012 – 2 BvF 3/11 u.a. –). Ein Sitzverteilungsverfahren, das derartige Effekte nicht nur in seltenen und unvermeidbaren Ausnahmefällen herbeiführt, ist mit der Verfassung unvereinbar (BVerfGE 121, 301, 308; BVerfG, U. vom 25.7.2012 – 2 BvF 3/11 u.a. –). Ländersitzkontingente nach der Wählerzahl ermöglichen den Effekt des negativen Stimmgewichts, weil die auf ein Land entfallende Zahl von Sitzen an die jeweilige Wahlbeteiligung anknüpft. Da eine Veränderung der Zweitstimmenzahl mit einer entsprechenden Veränderung der Wählerzahl einhergehen kann und dadurch eine Sitzverschiebung zwischen den Ländern bewirkt wird, können abgegebene Zweitstimmen für Landeslisten einer Partei insofern negativ wirken, als diese Partei in einem anderen Land Mandate verliert oder eine andere Partei Mandate gewinnt. Umgekehrt kann die Nichtabgabe einer Wählerstimme der zu unterstützenden Partei dienlich sein (BVerfG, U. v. 25.7.2012 – 2 BvF 3/11 u.a. –). Der Gesetzgeber kann diesen Effekt des negativen Stimmgewichts bei der Sitzzuteilung unterbinden, indem er zur Bemessung der Ländersitzkontingente statt der Wählerzahl eine vom Wahlverhalten der Wahlberechtigten nicht beeinflusste, vor der Stimmabgabe feststehende Größe wie die Zahl der Bevölkerung oder der Wahlberechtigten heranzieht (BVerfG, U. v. 25.7.2012 – 2 BvF 3/11 u.a. –).

14 Die Vergabe von Zusatzmandaten, um Rundungsverluste bei der Sitzzuteilung auf Landesebene bei einer bundesweiten Verrechnung auszugleichen (sog. **Reststimmenverwertung**), verletzt ebenfalls die Wahlrechtsgleichheit und die Chancengleichheit der Parteien, wenn sie einseitig nur die Abrundungsverluste der Landeslisten einer Partei berücksichtigt und deren Aufrundungsgewinne außer Betracht lässt (BVerfG, U. v. 25.7.2012 – 2 BvF 3/11 u.a. –).

15 Bei der Sitzverteilung ist das die größeren Parteien begünstigende *d'Hondtsche Höchstzahlverfahren* ebenso zulässig wie das *System Hare/Niemeyer* (BVerfGE 79, 170 f.; BVerfG, NVwZ-RR 1995, 214). Das Gebot der Wahlgleichheit erstreckt sich auf das **Wahlvorschlagsrecht** und die Einreichung von Wahlvorschlägen. Es untersagt nicht, neuen Parteien und Wählergruppen zum Nachweis ausreichender Unterstützung in der Bevölkerung die Beibringung einer angemessenen Zahl von Wählerunterschriften (Unterschriftenquoren) aufzuerlegen (BVerfGE 41, 421; st. Rspr.). Unterschriftenquorum und Sperrklausel schließen sich nicht gegenseitig aus (BVerfGE 6, 98 f.). Die Wahlgleichheit bezieht sich auch auf das **passive Wahlrecht** (BVerfGE 63, 242; 93, 376), also die Wählbarkeit und das Wahlbewerbungsrecht, sowie auf die Annahme und Ausübung eines errungenen Mandats (BVerfGE 93, 377 m.w.N.). Alle Staatsbürger müssen die gleiche Chance haben, Mitglied des Parlaments zu werden (BVerfGE 40, 318). Das gilt auch für *parteilose Bewerber* (BVerfGE 41, 413 ff.). Ein Ausschluss unabhängiger Bewerber von der Wahlkampfkostenerstattung ist mit der gebotenen Chancengleichheit aller Wahlbewerber nicht vereinbar (BVerfGE 41, 412 f.). In unterschiedlichen Erfolgschancen der Bewerber auf starren Listen liegt aber kein Verstoß gegen die Wahlrechtsgleichheit (BVerfGE 41, 417). Das Gebot der Gleichheit im Bereich der polit. Willensbildung erstreckt sich auch auf das *Vorfeld der Wahlen* (BVerfGE 69, 107 m.w.N.), die Wahlvorbereitung, die Parteienfinanzierung, insbes. die steuerl. Berücksichtigung von Beiträgen und Spenden, und die Besteuerung polit. Parteien und konkurrierender Gruppen oder Personen (BVerfGE 121, 121 m.w.N.). Schließlich verlangt die Wahlgleichheit eine gleichmäßige Behandlung aller Wahlbeteiligten durch die Wahlbehörden und die öffentl. Gewalt im *Wahlkampf* (BVerfGE 62, 243 f.), insbes. eine strikte Neutralität der Regierung (s. dazu vor Art. 62 Rn. 8).

16 **Geheime Wahl:** Jeder muss sein Wahlrecht so ausüben können, dass andere Personen keine Kenntnis von seiner Wahlabsicht und Wahlentscheidung erhalten, also davon, wie er wählen will, wählt oder gewählt hat (BVerfGE 124, 25). Das Gebot des Geheimschutzes ist die wichtigste institutionelle Sicherung der Wahlfreiheit (BVerfGE 99, 13; 124, 25). Es beschränkt sich nicht auf die Stimmabgabe, sondern umfasst auch die Wahlvorbereitung. Wahlberechtigte dürfen nicht gezwungen werden, ihr Verhältnis zu einer Partei und ihre beabsichtigte Wahlentscheidung mehr als für eine ordnungsgemäße Wahldurchführung erforderlich zu offenbaren (BVerfGE 12, 35 f.). Einschränkungen des Wahlgeheimnisses bei der Abgabe und Prüfung von Wahlvorschlägen müssen sich auf das notwendige Maß beschränken (BVerfGE 5, 82; 12, 139). Auch übermäßig hohe Unterschriftserfordernisse für Wahlvorschläge oder eine geheimnisgefährdende Wahlbezirkseinteilung können gegen das Gebot der geheimen Wahl verstoßen. Der Wähler selbst muss den gesetzl. Vorschriften entsprechend geheim wählen. Er

darf aber außerhalb der Wahlhandlung seine Wahlentscheidung preisgeben. Vorbehaltlich seines Aussageverweigerungsrechts kann der Wähler auch als Zeuge im Strafprozess und im Wahlprüfungsverfahren über seine Stimmabgabe vernommen werden (str.; vgl. BGHZ 29, 384 ff.). Die Briefwahl und die Wahl mittels Vertrauenspersonen verstoßen in ihrer gegenwärtigen bundesgesetzl. Ausgestaltung nicht gegen das Gebot der geheimen Wahl (BVerfGE 59, 125 ff.).

**Öffentlichkeit der Wahl:** Die verfassungsrechtl. Grundentscheidungen für parl. **17** Demokratie, Republik und Rechtsstaat (Art. 38 I i.V.m. Art. 20 I u. II) gebieten, dass alle wesentlichen Schritte der Wahl öffentl. überprüfbar sind, soweit andere verfassungsrechtl. Belange keine Ausnahme rechtfertigen (BVerfGE 123, 70). Die Beachtung der Wahlrechtsgrundsätze und das Vertrauen der Bürger darauf sind Grundvoraussetzungen funktionsfähiger Demokratie. Die demokratische Legitimität der Wahl verlangt Kontrollierbarkeit des Wahlvorgangs, damit Manipulation ausgeschlossen oder korrigiert und unberechtigter Verdacht widerlegt werden kann (BVerfGE 123, 68 f.). Der Wähler muss zuverlässig nachvollziehen können, ob seine Stimme unverfälscht erfasst und in die Ermittlung des Wahlergebnisses einbezogen wird und wie die insgesamt abgegebenen Stimmen zugeordnet und gezählt werden. Die Öffentlichkeit der Wahl sichert die ordnungsgemäße Durchführung und die Nachvollziehbarkeit der Wahlvorgänge. Sie schafft eine wesentliche Grundlage für begründetes Vertrauen der Bürger in den korrekten Ablauf der Wahl (BVerfGE 121, 291). Die gebotene öffentl. Kontrolle umfasst das Wahlvorschlagsverfahren, die Wahlhandlung – für die Stimmabgabe durchbrochen durch das Wahlgeheimnis – und die Ermittlung des Wahlergebnisses (BVerfGE 121, 291 ff.; 123, 68; 130, 223). Werden elektronische Wahlgeräte verwendet, muss der Bürger die wesentlichen Schritte der Wahlhandlung und der Ergebnisermittlung zuverlässig und ohne besondere Sachkenntnis überprüfen können (BVerfGE 123, 71).

*Satz 2* stellt mit seinem **Bekenntnis zum freien Mandat** die wichtigste Veranke- **18** rung der repräsentativen Demokratie im GG dar. Er betrifft zwar unmittelbar nur die *Abgeordneten des Bundestages*, wirkt sich aber auch auf die Rechtsstellung der BTagsfraktionen und das gesamte Parlaments aus. Die staatsorganisatorische Regelung bestimmt die Rechte und Pflichten des Abg. nach den Erfordernissen demokratischer Repräsentation (BVerfGE 118, 327 f.). Der vom Vertrauen der Wähler berufene Mandatsträger ist Inhaber eines öffentl. Amtes und, gemeinsam mit der Gesamtheit der Mitglieder des Parlaments (BVerfGE 56, 405), Vertreter des ganzen Volkes (BVerfGE 112, 134). Er hat einen repräsentativen Status inne, übt sein Mandat unabhängig, frei von jeder Bindung an Aufträge und Weisungen, aus und ist nur seinem Gewissen unterworfen. Satz 2 schützt nicht nur den Bestand, sondern auch die tatsächliche Ausübung des Mandats (BVerfGE 118, 324 m.w.N.). Er gewährleistet das Recht der Abg. auf gleiche Teilhabe am Prozess der parl. Willensbildung (BVerfGE 112, 133 m.w.N.). Im Einzelnen bedeutet das freie Mandat:

Abg. sind **Vertreter des ganzen Volkes,** nicht eines Landes, eines Wahlkreises, ei- **19** ner Partei oder sonstigen Bevölkerungsgruppe. Oberste Richtschnur ihrer Mandatsausübung hat das Wohl des Gesamtvolks zu sein. Rechte und Pflichten des Abg. dienen der Erfüllung des Gemeinwohlauftrags des BTags. Das freie Mandat ist ein zwar in der Gesellschaft verwurzeltes, aber innerhalb der Staatsorganisation wahrgenommenes Amt (BVerfGE 112, 134; 118, 328).

Abg. sind **an Aufträge und Weisungen nicht gebunden,** sondern **nur ihrem Ge- 20 wissen unterworfen.** Sie haben das zu tun, was ihrer Überzeugung nach dem Wohl von Volk und Staat am besten dient. Sämtliche Weisungen und Aufträge an Abg. sind nicht nur ohne rechtl. bindende Kraft und damit nichtig, sondern überhaupt unzulässig. Satz 2 verbietet jedes imperative Mandat. Die volle und unverzichtbare rechtl. Entscheidungsfreiheit der Abg. gilt allg., nicht nur für „Gewissensfragen". Sie erstreckt sich auf das Verhältnis der Abg. zu ihrer Partei und zur Fraktion. Die polit. Einbindung des Abg. in Partei und Fraktion ist verfassungsrechtl. erlaubt und gewollt (BVerfGE 112, 135). Art. 21 I weist den Parteien eine besondere Funktion bei der polit. Willensbildung zu. In der Parteiendemokratie sind die von Abg. in Ausübung ihres freien Mandats gebildeten Fraktionen (BVerfGE 80, 220; 93, 203) für die parl. Arbeit unverzichtbar (BVerfGE 112, 135). Die Fraktionen nehmen unabdingbare Koordinierungsaufgaben wahr. Sie bündeln die Vielfalt der Meinungen zur polit. Stimme und spitzen Themen auf polit. Entscheidbarkeit hin zu. Der einzelne Abg. bedarf ihrer Unterstützung, wenn er im Parlament polit. Einfluss von Gewicht ausüben, wenn er gestalten will (BVerfGE 102, 239 f.; 112, 135; 114, 150). Eine gewisse Bindekraft der Fraktionen im Verhältnis zum einzelnen Abg. ist daher in einer repräsentativen Demokratie zulässig und notwendig (BVerfGE 10, 14; 118, 329). Die Freiheit des Mandats fordert aber, dass der Abg. seine Gewissensentscheidung im Konfliktfall auch gegen seine Fraktion behaupten kann (BVerfGE 118, 329). Parteien und Fraktionen können Abg. nicht zu einer bestimmten Ausübung ihres Mandats verpflichten oder gar zwingen. Der förmliche *Fraktionszwang*, d.h. die Verpflichtung der Abg., nach Mehrheitsbeschlüssen der Fraktion zu stimmen, und das Androhen oder Verhängen von Sanktionen bei Zuwiderhandlungen sind verfassungswidrig (BVerfGE 10, 14; 44, 318). Statthaft ist die Übung einer Fraktionsdisziplin nach Maßgabe empfehlender Fraktionsbeschlüsse unter Wahrung letztlicher Entscheidungfreiheit der Abg. Ebenfalls zulässig sind der Fraktionsausschluss (BlnVerfGH, NVwZ-RR 2006, 441 ff.) und der Parteiausschluss nach § 10 PartG (BGH, MDR 1994, 951 f.). Aus der Freiheit ihres Mandats folgt das Recht der Abg., sich auch in anderer Weise als in Fraktionen zu gemeinsamer Arbeit zusammenzuschließen (BVerfGE 84, 322). Die Freiheit des Mandats ist nicht schrankenlos gewährleistet. Andere Rechtsgüter mit Verfassungsrang – wie die Repräsentations- und Funktionsfähigkeit des Parlaments – können sie begrenzen (BVerfGE 118, 324 m.w.N.). Die durch Wahl erworbene Legitimation des Abg., das Volk im BTag zu vertreten, lässt aber nur ausnahmsweise und unter besonderen Vorkehrungen zum Schutz des Abg.-Status eine Kollegialenquete zu, mit der der BTag zur Wahrung seiner Integrität und polit. Vertrauenswürdigkeit in der Wahl vorausgegangenes Verhalten von Abg. untersucht (BVerfGE 94, 366 ff.; 99, 32 ff.).

21 Abg. können weder von der Wählerschaft noch von der Partei aus ihrem Amt abberufen werden. **Austritt, Ausschluss und sonstiges Ausscheiden aus der Fraktion oder Partei** sowie Übertritt zu einer anderen Partei lassen das Mandat unberührt (BVerfGE 2, 74). Daran kann ein einfaches Gesetz nichts ändern (h.M.). Verpflichtungen von Abg., beim Ausscheiden aus der Partei oder der Fraktion oder beim Eintritt sonstiger Umstände das Mandat niederzulegen („Rücktrittsreverse"), sind verfassungswidrig und nichtig. Gleiches gilt für sog. Blankoverzichte und die Vereinbarung von Vertragsstrafen für den Austrittsfall (BVerfGE 2, 74). Verfassungswidrig ist auch die von einer Partei beschlossene „*Rotation*" ihrer Abg. während der Wahlperiode, da sie dem Abg. keine freie Entscheidung über sein Mandat belässt (a.A. NdsStGHE 3, 60). Zum Mandatsverlust durch Parteiverbot vgl. Art. 21 Rn. 21. Zur vorzeitigen Beendigung des Mandats durch Auflösung des BTags: BVerfGE 114, 148 ff.

*Silberkuhl*

Art. 38 I 2 wird durch Art. 21 nicht eingeschränkt (BVerfGE 76, 341). Soweit er **22** überhaupt mit dem Parteienartikel kollidiert, geht er als **Spezialnorm des Parlamentsrechts** dem allg. gehaltenen Art. 21 I 1 vor (a.M. BVerfGE 41, 416: Abwägung im Einzelfall). Freilich begründet die Doppelstellung des Abg. als Vertreter des ganzen Volkes und zugleich – in aller Regel – als Repräsentant einer polit. Partei oder Wählergemeinschaft ein unverkennbares *Spannungsverhältnis*, das durch die weitgehende tatsächliche Abhängigkeit der Abg. von ihren Parteien noch verschärft wird (vgl. auch BVerfGE 40, 313). Der Verfassungsgeber hat sich jedoch gegen eine bloße Parteienwahl zugunsten der Wahl rechtl. unabhängiger Abg. entschieden (BVerfGE 95, 349). Sein Verbot des parteiimperativen Mandats wehrt den radikal zu Ende gedachten Parteienstaat verfassungskräftig ab (BVerfGE 11, 273; 95, 349). Mit Blick auf Art. 21 I 4 gebietet Art. 38 I 2 zur Gewährleistung der Unabhängigkeit der Abg. auch, ihnen zugewendete Spenden von Geld oder geldwerten Leistungen offenzulegen, wenn diese als Parteispenden wegen ihrer Höhe zu veröffentlichen wären (BVerfGE 85, 325).

Aus der Auftrags- und Weisungsfreiheit der Abg. (oben Rn. 18, 20) folgt eine **23** volle rechtl. Unabhängigkeit der Fraktionen gegenüber ihren Parteien. Denn die im AbgeordnetenG und in der GOBT geregelte **Rechtsstellung der Fraktionen** als Zusammenschlüsse von Abg. (§ 45 I AbgG) leitet sich aus Art. 38 I 2 ab (BVerfGE 93, 203 f.). Sie sind rechtsfähige Vereinigungen von Abg. im BTag (§ 46 I AbgG; vgl. ergänzend Art. 40 Rn. 2), die nach den Grundsätzen der parl. Demokratie an der Erfüllung seiner Aufgaben mitwirken (§ 47 I, § 48 I AbgG). Parteien können ihre Fraktionen nicht durch Parteibeschlüsse oder Vereinbarungen verpflichten, sondern auch ihnen gegenüber nur Empfehlungen, Bitten oder Erwartungen zum Ausdruck bringen. Entsprechende Folgen hat Art. 38 I 2 für die **Rechtsstellung des Gesamtparlaments** gegenüber außerparl. Gruppen und dem Volk. Eine Entscheidung der Wähler für eine bestimmte, aus dem Wahlprogramm der Mehrheitsparteien ersichtliche Richtung hindert das Parlament rechtl. nicht daran, eine andere Politik einzuschlagen.

Das in Art. 38 I 2 verankerte Prinzip der repräsentativen Demokratie gewährleis- **24** tet jedem Abg. nicht nur die Freiheit in der Ausübung seines Mandates, sondern auch die **Gleichheit im Status** als Vertreter des ganzen Volkes (BVerfGE 102, 237 ff.; 112, 133; 130, 352). Dies entspricht der durch Art. 38 I 1 garantierten Wahlrechtsgleichheit. Sie wirkt auf der zweiten Stufe der Entfaltung demokratischer Willensbildung im Status und in der Tätigkeit des Abg. fort (BVerfGE 102, 237 ff.; 112, 134; 130, 352). Zum Status des Abg. gehört daher das Recht auf gleiche Teilhabe am Prozess der parl. Willensbildung (BVerfGE 112, 134; 123, 342 m.w.N.). Der BTag nimmt seine Repräsentationsfunktion grundsätzlich in seiner Gesamtheit durch die Mitwirkung aller seiner Mitglieder wahr, nicht durch einzelne Abg., eine Gruppe von Abg. oder die parl. Mehrheit. Dies setzt gleiche Mitwirkungsbefugnisse aller Abg. voraus (BVerfGE 44, 316; 56, 405; 130, 342). Alle Abg. haben die gleichen Rechte und Pflichten (BVerfGE 80, 218 m.w.N.; 130, 342). Sie müssen in Statusfragen formal gleich behandelt werden (BVerfGE 102, 239). Differenzierungen bedürfen stets eines besonderen Rechtfertigungsgrundes (BVerfGE 96, 278), der durch die Verfassung legitimiert ist und der Gleichheit der Abg. die Waage halten kann (BVerfGE 130, 352). Die hohen Anforderungen an einen solchen Grund entsprechen denen, die an Differenzierungen innerhalb der Wahlrechtsgleichheit zu stellen sind (BVerfGE 130, 352 m.w.N.). Eine Beschränkung der Statusrechte und die damit verbundene Ungleichbehandlung darf überdies nicht weiter reichen als es unbedingt erforderlich ist (BVerfGE 94, 369; 130, 353). Aus dem Recht der Abg. auf gleiche Teilhabe am Prozess der parl. Willensbildung folgt das Gebot der Gleichbehandlung der Fraktionen (BVerfGE 93, 204; 112, 133 ff.). Auf der Gleichheit der einzelnen Abg. aufbauend sind sie insbes. bei der Besetzung der Ausschüsse oder anderer Untergremien entsprechend ihrer Stärke zu berücksichtigen (BVerfGE 130, 354 m.w.N.).

25 **Abgeordnetenrechte im Einzelnen:** Jeder einzelne Abg. ist gleichermaßen berufen, an der Arbeit des BTags, seinen Verhandlungen und Entscheidungen teilzunehmen (BVerfGE 102, 237; 112, 134; 130, 342). Sein Recht auf Mitwirkung besteht unmittelbar nur gegenüber dem BTag (BVerfGE 92, 135). Es umfasst vor allem ein *selbständiges Rederecht*, das *Stimmrecht*, die Befugnis, sich an der Ausübung des *Frage- und Informationsrechts* des BTags (dazu s. Art. 43 Rn. 3 f.) sowie an den von ihm vorzunehmenden *Wahlen* zu beteiligen und *parlamentarische Initiativen* zu ergreifen, und das Recht, sich mit anderen Abg. zu einer *Fraktion zusammenzuschließen* (BVerfGE 80, 218; 130, 342; jeweils m.w.N.) oder sich in anderer Weise als in Fraktionen zu gemeinsamer Arbeit zusammenzufinden (BVerfGE 84, 322). Das Mitwirkungsrecht des einzelnen Abg. erstreckt sich auf die Erfüllung sämtlicher Aufgaben des BTags im Bereich der Gesetzgebung, des Haushaltsplans, der Kreations-, Informations- und Kontrollrechte sowie auf die Erörterung anstehender Probleme in öffentl. Debatte (BVerfGE 80, 218). Der repräsentative Status des Abg. umfasst nicht nur das Recht, im BTag abzustimmen, sondern auch das Recht, zu beraten. Grundlage einer sinnvollen Beratung muss eine hinreichende Information des Abg. über den Beratungsgegenstand sein (BVerfGE 70, 355; 125, 123). Abg. müssen insbes. die Möglichkeit haben, Anträge und Stellungnahmen im Gesetzgebungsverfahren vor dem Gesetzesbeschluss zu erörtern, Meinungen zu vertreten, Regelungsalternativen vorzustellen und hierfür eine Mehrheit im Parlament zu suchen (BVerfGE 120, 75; 125, 123). Im Bereich des Budgetrechts und der haushaltspolit. Gesamtverantwortung stehen auch dem einzelnen Abg. weitreichende Informations- und Kontrollrechte zu. Dazu zählen das Recht auf Informationen, die eine sachverständige Beurteilung des Haushaltsplans ermöglichen, das Recht auf eigenständige Beurteilung des Haushaltsentwurfs der BReg und hierzu eingebrachter Änderungsanträge sowie das Recht auf Kontrolle grundlegender haushaltspolit. Entscheidungen (BVerfGE 130, 355 m.w.N.). Jeder Abg. soll seine Vorstellungen über die Verwendungsmöglichkeiten der Haushaltsmittel darlegen und dadurch die Entscheidung über den Haushaltsplan beeinflussen können (BVerfGE 45, 38; 70, 356; 130, 347). Die Ausübung der Rechte des Abg. unterliegt den vom Parlament kraft seiner Autonomie (Art. 40 I 2) verfassungskonform gesetzten Schranken (BVerfGE 80, 218 f.; 84, 321; 130, 348 ff.). Die Autonomie umfasst die allg. Befugnis des Parlaments, seine inneren Angelegenheiten im Rahmen der verfassungsmäßigen Ordnung selbst zu regeln und sich so zu organisieren, dass es seine Aufgaben sachgerecht erfüllen kann (BVerfGE 102, 235 f.; 130, 348 m.w.N.). Richtmaß für die Selbstorganisationsbefugnis und Geschäftsordnungsautonomie des Parlaments ist das Prinzip der Beteiligung aller Abg. an den Entscheidungen des BTags; davon müssen Ausgestaltung und Beschränkung der Abgeordnetenrechte ausgehen (BVerfGE 80, 219; 130, 350). Einschränkungen, die die Funktionsfähigkeit des Parlaments fordert, sind nur im unbedingt erforderlichen Ausmaß zulässig (BVerfGE 130, 353). Das gilt insbes. für die Mitwirkung in den Ausschüssen des BTags (BVerfGE 112, 133 ff.; 130, 353). Einem Abg. darf nicht ohne gewichtige, an der Funktionstüchtigkeit der Volksvertretung orientierte Gründe jede Mitwirkung in den Ausschüssen versagt werden (BVerfGE 80, 221 ff.). Eine Übertragung von Entscheidungsbefugnissen auf einen Ausschuss

kann Abg. nur zum Schutz von Rechtsgütern mit Verfassungsrang und unter strikter Wahrung des Verhältnismäßigkeitsgebots von der Mitwirkung in der parl. Entscheidungsfindung ausschließen (BVerfGE 130, 350). Die Befugnis zur Selbstorganisation erlaubt es nicht, Abg. Rechte vollständig zu entziehen (BVerfGE 44, 316; 84, 321 f.; 130, 350). Das gilt auch für das Rederecht des einzelnen Abg., das zu seinen aus Art 38 I 2 abzuleitenden verfassungsmäßigen Rechten gehört (BVerfGE 96, 284 m.w.N.). Das Parlament muss Forum für Rede und Gegenrede sein (BVerfGE 10, 13; 84, 329). Das Rederecht des einzelnen Abg. muss zwar i.d.R. hinter der Entscheidung seiner Fraktion zurückstehen, wer für sie sprechen und damit auch den Standpunkt anderer Abg. zum Ausdruck bringen soll (BVerfGE 80, 228). Ein Abg., der eine von der Fraktionsmehrheit abweichende Meinung vertritt, kann sich aber auch gegen den Willen seiner Fraktion zu Wort melden und es erhalten, um seinen Debattenbeitrag zu leisten (BVerfGE 10, 15 f.).

Die Festsetzung einer Fraktionsmindeststärke und die unterschiedliche **Behand-** 26
**lung von Fraktionen und anderen Zusammenschlüssen** durch die GOBT sind zur Gewährleistung der Funktionsfähigkeit des Parlaments gerechtfertigt (BVerfGE 96, 278 f.). Räumt der BTag im Rahmen seiner Geschäftsordnungsautonomie einer Gruppe von Abg. einen besonderen Status ein, muss er deren Befugnisse so ausgestalten, dass sie diese in der von der Verfassung vorgegebenen Weise auszuüben vermag. Das gilt sowohl für die Verteilung von Ausschusssitzen als auch für eine angemessene Ausstattung mit sachlichen und persönlichen Mitteln (BVerfGE 84, 322 ff.). Zu den Mitwirkungsrechten (namentlich Redezeit, Stimmrecht u. Ausschussmitgliedschaft) fraktionsloser Abg. vgl. BVerfGE 96, 278 ff., zur Besetzung des Vermittlungsausschusses BVerfGE 112, 133 ff., zur Aufhebung der Immunität Art. 46 Rn. 6 ff.

Der **Anspruch** der Abg. **auf Entschädigung** (Art. 48 III 1) trägt ihrem verfas- 27
sungsrechtl. Status Rechnung. Er soll es ihnen ermöglichen, ihre Befugnisse und Pflichten frei von wirtsch. Zwängen und Abhängigkeiten auszuüben. Die Diäten sollen Unabhängigkeit und Entschließungsfreiheit der Abg. auch gegenüber ihrer Fraktion und Partei sichern (BVerfGE 102, 238 ff.). S. dazu Erläut. in Art. 48 Rn. 7. Zur Offenlegung der Nebeneinkünfte von Abg.: BVerfGE 118, 323 ff.; vgl. auch hier Art. 48 Rn. 4.

Der einzelne Abg. kann die mit seinem verfassungsrechtl. Status verbundenen 28
Rechte im eigenen Namen im **Organstreitverfahren** vor dem BVerfG verfolgen (BVerfGE 118, 317 m.w.N.). S. auch Art. 93 Rn. 7. Er kann im Organstreit aber ausschließlich Rechte geltend machen, die sich aus seiner organschaftlichen Stellung i.S. des Art. 38 I 2 ergeben (BVerfGE 118, 320). Dagegen ist er nicht befugt, im Wege der Prozessstandschaft Rechte des BTags geltend zu machen (BVerfGE 90, 343). Kann ein Abg. die Verletzung eines Rechts, das sich aus seinem Status ergibt, in keinem anderen Verfahren vor dem BVerfG geltend machen, ist die Verfassungsbeschwerde statthaft (BVerfGE 108, 267).

### Absatz 2: Wahl- und Wählbarkeitsalter

Abs. 2 bestimmt nur das **Mindestalter für das aktive und das passive Wahlrecht.** 29
Die Altersgrenze ist nicht an den Wahlrechtsgrundsätzen des Abs. 1 Satz 1 zu messen, weil Abs. 2 sie auf gleicher Rangebene wie diese regelt (BVerfGE 122, 309). Der Gesetzgeber kann innerhalb der durch das Gebot der allg. Wahl gezogenen Grenzen (vgl. oben Rn. 6) weitere Wahlrechts- und Wählbarkeitsvoraussetzungen festlegen (s. dazu die §§ 12–15 BWahlG). Dass nur Deutsche i.S. des Art. 116 I wahlberechtigt und wählbar sein können, folgt aus Art. 20 II

(BVerfGE 83, 50 ff.). Für das Kommunalwahlrecht gewährt Art. 38 kein subjektives Recht, bei der Ausübung des aktiven oder passiven Wahlrechts nichtdeutsche Wahlberechtigte oder Wahlbewerber durch eine „wahlrechtl. Konkurrentenklage" abzuwehren (BVerfGE 89, 180). S. auch oben Rn. 3 a.E. und zum Kommunalwahlrecht von EU-Ausländern Art. 28 Rn. 6.

### Absatz 3: Nähere gesetzliche Regelung

30 Abs. 3 ermächtigt in erster Linie zum Erlass eines BundeswahlG, aber auch zur Regelung der Rechtsverhältnisse der Abg. Von der letztgenannten Ermächtigung hat der Gesetzgeber mit dem **Abgeordnetengesetz** i.d.F. vom 21.2.1996 (BGBl I S. 326) Gebrauch gemacht. Die Ermächtigung zum Erlass eines BundeswahlG beschränkt sich nicht auf die in Art. 38 I und II angesprochenen Punkte. Sie umfasst die Gesamtmaterie des BTagswahlrechts einschl. der Zahl der Abg., des Wahlsystems, des Wahlverfahrens und des Wahlkampfs. Die Regelungskompetenz für die Wahlkampfkostenerstattung ergibt sich aus Art. 21 III und Art. 38 III (BVerfGE 41, 425; abw. BVerfGE 20, 115; 24, 353 f.: nur Art. 21 III). Dem Gesetzgeber kommt bei der Ausführung des Regelungsauftrags nach Abs. 3 im Rahmen der Wahlrechtsgebote des Abs. 1 ein weiter Gestaltungsspielraum zu (BVerfGE 95, 349 m.w.N.; BVerfG, U. v. 25.7.2012 – 2 BvF 3/11 u.a. –). Er kann sich für die Mehrheitswahl, die Verhältniswahl oder für eine Verbindung der beiden Grundwahlsysteme entscheiden (BVerfGE 120, 103; 121, 296 m.w.N.; BVerfG, U. v. 25.7.2012 – 2 BvF 3/11 u.a. –). Keinem der beiden Wahlsysteme kommt unter dem Gesichtspunkt der repräsentativen Demokratie (Art. 20 II 2, Art. 38 I 2) ein Vorrang zu (BVerfGE 95, 352 f.; BVerfG, U. v. 25.7.2012 – 2 BvF 3/11 u.a. –). Das ausgewählte Wahlsystem muss der Gesetzgeber aber folgerichtig gestalten (BVerfGE 95, 354; 120, 103). Das Bundesstaatsprinzip (Art. 20 I) erlaubt ihm, sich bei der Ausgestaltung des Wahlrechts an dem gliedstaatl. Aufbau der Bundesrepublik Deutschland zu orientieren (BVerfGE 95, 350; 121, 303; BVerfG, U. v. 25.7.2012 – 2 BvF 3/11 u.a. –).

31 Das derzeit geltende **Bundeswahlgesetz** i.d.F. vom 23.7.1993 (BGBl I S. 1288), das im Hinblick auf das BVerfG-U. vom 25.7.2012 – 2 BvF 3/11 u.a. – geändert werden muss, verbindet Elemente der Mehrheitswahl (Wahl in den Wahlkreisen) mit solchen der Verhältniswahl (Wahl nach Landeslisten), sieht aber im Gesamtergebnis eine Verhältniswahl vor (BVerfGE 95, 354 ff.; 121, 296 m.w.N.; BVerfG, U. v. 25.7.2012 – 2 BvF 3/11 u.a. –). Es ist kein Zustimmungsgesetz (s. Art. 84 Rn. 5 a.E.).

## Artikel 39 [Wahlperiode, Zusammentritt und Einberufung des Bundestags]

(1) Der Bundestag wird vorbehaltlich der nachfolgenden Bestimmungen auf vier Jahre gewählt. Seine Wahlperiode endet mit dem Zusammentritt eines neuen Bundestages. Die Neuwahl findet frühestens sechsundvierzig, spätestens achtundvierzig Monate nach Beginn der Wahlperiode statt. Im Falle einer Auflösung des Bundestages findet die Neuwahl innerhalb von sechzig Tagen statt.

(2) Der Bundestag tritt spätestens am dreißigsten Tage nach der Wahl zusammen.

(3) Der Bundestag bestimmt den Schluß und den Wiederbeginn seiner Sitzungen. Der Präsident des Bundestages kann ihn früher einberufen. Er ist hierzu ver-

pflichtet, wenn ein Drittel der Mitglieder, der Bundespräsident oder der Bundeskanzler es verlangen.

**Allgemeines:** Art. 39 bestimmt mit der Festlegung der Dauer der Wahlperiode sowie der Einzelheiten zur Neuwahl des BTags und zum Zusammentritt des neu gewählten Parlaments den zeitlichen Rahmen für die Tätigkeit des sich regelmäßig erneuernden BTags (Abs. 1 und 2) und trifft außerdem Regelungen über die Einberufung zu seinen Sitzungen (Abs. 3).

**Absatz 1: Wahlperiode**

*Satz 1:* Abs. 1 regelt mit Rücksicht auf die Notwendigkeit einer zeitabschnittsweisen Erneuerung der demokratischen Legitimation des Parlaments durch seine Wähler (s. BVerfGE 62, 32; MVLVerfG, NVwZ 2008, 1346) Dauer und Ende der Wahlperiode des BTags und bestimmt außerdem den zeitlichen Rahmen, innerhalb dessen die Neuwahl des BTags stattfinden muss. Die **Dauer der Wahlperiode** beträgt nach Satz 1 regelmäßig vier Jahre. Sie bringt nicht nur zum Ausdruck, in welchen Abständen die demokratische Legitimation der Volksvertretung durch die Wähler erneuert werden muss. Die zeitliche Festlegung der Wahlperiode auf vier Jahre soll dem BTag auch die wirksame und kontinuierliche Erfüllung seiner Aufgaben ermöglichen (BVerfGE 114, 146 f.). In beiden Hinsichten stellt Satz 1 eine ausgewogene und angemessene Regelung dar, ohne dass dies bedeuten kann, dass eine generelle Verlängerung auf fünf Jahre verfassungsrechtl. bedenklich wäre (vgl. BVerfGE 1, 33). Bei einer Neuwahl im 48. Monat der Wahlperiode des amtierenden BTags (s. Satz 3) kann sich die Wahlperiode seines Nachfolgers – je nach dem Zeitpunkt seines Zusammentritts – auf bis zu 49 Monate *verlängern* (vgl. BT-Dr 13/9393 S. 4). Eine während des Verteidigungsfalls ablaufende Wahlperiode endet sechs Monate nach Beendigung des Verteidigungsfalls (Art. 115 h I 1). *Kürzer* als vier Jahre ist die Wahlperiode, weil es ein Selbstauflösungsrecht des BTags im Interesse einer Sicherung seiner Stabilität nach wie vor nicht gibt (zu den Beratungen in der Gemeinsamen Verfassungskommission von BTag u. BRat [s. Einführung Rn. 5] vgl. insoweit BT-Dr 12/6000 S. 86 ff.), nur bei *vorzeitiger Auflösung des Bundestags* nach Art. 63 IV 3 und Art. 68. Außerdem kann die Wahlperiode sich dadurch verkürzen, dass für die Neuwahl im Rahmen des Satzes 3 ein früher Termin festgesetzt wird und, ggf. zusätzlich, der neue BTag die Dreißigtagefrist des Abs. 2 nicht voll ausschöpft (s. auch nachstehend Rn. 5). Ebenso wenig wie die *laufende* Wahlperiode außerhalb des in der Verfassung vorgesehenen Verfahrens *verlängert* werden darf (vgl. BVerfGE 1, 33, u. auch BT-Dr 13/9393 S. 4), darf sie entgegen den Bestimmungen des GG *verkürzt* werden (BVerfGE 62, 32). Im einen wie im anderen Fall bedarf es also eines verfassungsändernden Gesetzes. Auch ein solches Gesetz ist jedoch nicht unbeschränkt möglich: Jedenfalls die Verlängerung der laufenden Wahlperiode kommt nur ausnahmsweise, beim Vorliegen zwingender Gründe (s. BayVerfGH 12, 44: „in einer besonderen Zwangslage"), und auch dann nur für einen angemessen begrenzten Zeitraum in Betracht (gegen jede derartige Verlängerung z.B. Achterberg/Schulte in v. Mangoldt/Klein/Starck, Art. 39 Rn. 4; vgl. auch BayVerfGH 11, 9). Im Regelfall wird sich deshalb eine Verlängerung, wegen des Eingriffs in den verfassungsrechtl. gewährleisteten Status der betroffenen Abgeordneten (s. dazu BVerfGE 62, 32 f.; BVerfGK 18, 422), aber auch eine Verkürzung frühestens in der folgenden Wahlperiode auswirken können. Das sog. *Rotationsprinzip* lässt die Dauer der Wahlperiode unberührt (vgl. aber Nds-StGHE 3, 60 ff.).

*Hömig* 397

**3** *Satz 2:* Während der **Beginn der Wahlperiode** durch den erstmaligen Zusammentritt des neugewählten BTags, d.h. durch den Beginn seiner ersten nach Maßgabe des Abs. 2 ordnungsgemäß einberufenen Sitzung, bestimmt wird, fällt das in Satz 2 geregelte **Ende der Wahlperiode** mit dem ersten Zusammentritt des nächsten BTags zusammen. Diese Verklammerung gewährleistet ein nahtloses Aneinanderschließen der Wahlperioden und schließt so sog. parlamentslose Zeiten aus. Dies gilt auch bei vorzeitiger Auflösung des BTags. Auch hier endet die Wahlperiode erst mit dem Zusammentritt des neuen BTags, nicht also schon mit der Auflösung selbst (vgl. BVerfGE 62, 33). Die Bundesrepublik Deutschland hat damit ein *dauernd handlungsfähiges Parlament.*

**4** Mit dem Ende der Wahlperiode erlöschen nicht nur die bisherigen Abgeordnetenmandate (**personelle Diskontinuität**) und alle vom bisherigen BTag eingerichteten nicht obligatorischen Gremien wie die nicht im GG ausdrücklich genannten Ausschüsse (**institutionelle Diskontinuität**). Es gelten vielmehr auch alle dem BTag unterbreiteten und noch nicht abschließend behandelten Vorlagen – ausgenommen Petitionen (dazu auch Art. 45 c Rn. 2) und Vorlagen, die keiner Beschlussfassung bedürfen – am Ende der Wahlperiode als erledigt (**sachliche Diskontinuität**; dazu u. zum Folgenden näher Hömig/Stoltenberg, DÖV 1973, 689 ff.). Zumindest der zuletzt genannte Grundsatz, der nur für den BTag und nicht auch für die kontinuierlichen Verfassungsorgane BReg und BRat gilt (wie hier hinsichtlich der BReg auch BVerfGE 91, 167; wegen des BRats vgl. auch vor Art. 50 Rn. 7), wird heute überwiegend als Verfassungsgewohnheitsrecht angesehen (s. ergänzend § 125 GOBT). Angelegenheiten, die den BTag am Ende der Wahlperiode noch nicht erreicht haben, unterliegen dagegen nicht der Diskontinuität (vgl. auch Art. 76 Rn. 10 u. 14). Auch Gegenstände, die im BTag abschließend behandelt sind, aber noch der Behandlung durch andere Bundesorgane bedürfen, können von diesen nach dem Ende der Wahlperiode des BTags weiterberaten werden (s. auch – mit Bezug auf den BRat – Art. 78 Rn. 2); ein Gesetzesvorhaben verfällt dem Diskontinuitätsprinzip jedoch dann, wenn sich der BTag nach Art. 77 II 5 oder IV noch einmal damit befassen müsste. Auf den Fortbestand wirksam vorgenommener Rechtshandlungen des BTags hat die Diskontinuität keinen Einfluss (BVerfGE 79, 327). Auch kann das BVerfG nach Ablauf der Wahlperiode beim Vorliegen eines öffentl. Interesses im Verfahren der Wahlprüfungsbeschwerde noch über die Verfassungsgemäßheit von Wahlrechtsnormen und die Anwendung des geltenden Wahlrechts bei der zurückliegenden BT-Wahl entscheiden (BVerfGE 122, 306; vgl. auch Art. 41 Rn. 9 a.E.).

**5** In den *Sätzen 3 und 4* werden die Fristen für die **Neuwahl des Bundestags** bestimmt. Danach wird ein neuer BTag im Regelfall frühestens 46, spätestens 48 Monate nach Beginn der Wahlperiode seines Vorgängers gewählt. Durch diese Fristen wird gewährleistet, dass Wahlen zum Deutschen BTag grundsätzlich außerhalb der Hauptferienzeiten in den Monaten September bis November stattfinden können (vgl. BT-Dr 13/9393 S. 4). Anderes kann gelten, wenn der BTag vorzeitig aufgelöst wird. In diesem Fall gilt die strikte zeitliche Vorgabe des Satzes 4, die im wahlvorbereitenden Verfahren einzuhalten ist (BVerfGE 114, 117). Die Fristen der Sätze 3 und 4 sind auch für den BPräs bindend, der nach § 16 BWahlG – mit Gegenzeichnung gemäß Art. 58 (s. dazu auch BVerfGE 62, 33) – den Neuwahltermin festlegt (zuletzt für die BTagswahl 2013 geschehen mit Anordnung v. 8.2.2013, BGBl I S. 165). Die – nach Art. 93 I Nr. 1 anfechtbare – *Anordnung der Neuwahl* ist staatsorganisatorischer Akt mit Verfassungsfunktion (BVerfGE 62, 31; 114, 146; BayVerfGH 27, 124 f.; RhPfVerfGH, AS 18, 367). Für die Berechnung der *Neuwahlfristen* gelten bei normalem Ende der

Wahlperiode § 187 I, § 188 II BGB, bei Neuwahl nach Auflösung des BTags § 187 I, § 188 I BGB. Eine vor Fristbeginn durchgeführte Wahl ist ungültig, eine verspätet vorgenommene Wahl jedoch im Interesse der Fortführung des Verfassungsprozesses trotz Rechtsverletzung gültig und allenfalls in besonders gelagerten Fällen im Wahlprüfungsverfahren (Art. 41) mit Erfolg anfechtbar. Beim Vorliegen gewichtiger Gründe (z.b. Naturkatastrophen, wahlbehindernde Streiks) ist eine *Verlegung des Wahltags* innerhalb der Wahlterminsfristen zulässig (noch weitergehend RhPfVerfGH, AS 18, 367 ff.). BTags-, LTags- oder Kommunalwahlen auf den gleichen Tag zu legen, begegnet aus der Sicht des GG keinen Bedenken (OVG Lüneburg, OVGE 35, 420 ff.). Gleiches gilt für die Wahlen zum Europäischen Parlament und für die Zusammenlegung einer BTagswahl mit einem nach Landesrecht möglichen Volksentscheid. Im Verteidigungsfall findet keine Neuwahl statt (vgl. schon oben Rn. 1).

**Absatz 2: Zusammentritt des neugewählten Bundestags**

Abs. 2 regelt den – für den Beginn der Wahlperiode maßgeblichen (s. oben Rn. 3) – erstmaligen Zusammentritt des neugewählten BTags und setzt, damit sich die neue Wählerentscheidung möglichst rasch auswirken kann, hierfür eine *Frist von 30 Tagen nach der Wahl* (s. dazu auch NWVerfGH, DÖV 2009, 678). Diese Frist, deren Berechnung sich nach § 187 I, § 188 I BGB richtet, gilt auch dann, wenn die Wahlperiode des alten BTags bis dahin noch keine vier Jahre gedauert hat. Die Einberufung zu der innerhalb der Frist gelegenen ersten BTagssitzung obliegt dem bisherigen BTPräs (§ 1 I GOBT).

**6**

**Absatz 3: Einberufung der Bundestagssitzungen**

Abs. 3 behandelt Schluss und Wiederbeginn der BTagssitzungen. Über beides bestimmt nach Satz 1 kraft seines **Selbstversammlungsrechts** der BTag selbst. Nach Satz 2 kann jedoch der **Bundestagspräsident** den BTag früher einberufen, als es dieser – nach Maßgabe des Art. 42 II 1 – beschlossen hat. In bestimmten Fällen, z.B. bei Beschlussunfähigkeit des Parlaments, ist der BTPräs auch zur selbständigen Einberufung ermächtigt (zu den Einzelheiten s. § 20 V, § 21 I u. III GOBT). Zur Einberufung verpflichtet ist er nach Satz 3 nur, wenn diese von einem Drittel der BTagsmitglieder, vom BPräs (z.B. im Hinblick auf seine Rechte nach Art. 63 u. 68) oder vom BKanzler verlangt wird. Die Einberufungspflicht, der unverzüglich, d.h. ohne schuldhaftes Zögern (vgl. § 121 I 1 BGB), zu entsprechen ist, besteht auch dann, wenn die Einberufung nicht den Wünschen (der Mehrheit der Mitglieder) des BTags entspricht. Die von den nach Satz 3 Berechtigten begehrte *Tagesordnung* ist für den BTag nicht verbindlich (s. § 20 III 2 GOBT). Im Allg. wird die Tagesordnung im Ältestenrat vereinbart, vom BTPräs bekannt gegeben und vom Plenum bei Sitzungsbeginn – i.d.R. stillschweigend – „festgestellt" (§ 20 GOBT). Ein bestimmter Ort ist für die Sitzungen des BTags weder im GG noch in der GOBT festgelegt. Üblicherweise finden sie in der Hauptstadt (Art. 22 I 1), dem Sitz des Deutschen BTages (§ 2 I des Berlin/Bonn-G v. 26.4.1994, BGBl I S. 918), und dort im Reichstagsgebäude statt.

**7**

## Artikel 40 [Präsident, Geschäftsordnung]

(1) Der Bundestag wählt seinen Präsidenten, dessen Stellvertreter und die Schriftführer. Er gibt sich eine Geschäftsordnung.

(2) Der Präsident übt das Hausrecht und die Polizeigewalt im Gebäude des Bundestages aus. Ohne seine Genehmigung darf in den Räumen des Bundestages keine Durchsuchung oder Beschlagnahme stattfinden.

**Absatz 1: Parlamentsautonomie**

1 Abs. 1 ermächtigt den BTag zur Selbstbestimmung seiner Organisation und seines Verfahrens (sog. Parlamentsautonomie); s. auch Art. 39 III, Art. 41 I, Art. 46 II-IV. Er schließt damit auch eine allg. Gesetzesregelung dieses Sachbereichs weitgehend aus. Vgl. zu Ausnahmen Rn. 3.

**Satz 1: Organisation des Bundestags**

2 Satz 1 nennt als traditionelle **Organe des Bundestags**, die dieser aus seiner Mitte wählt, den Präsidenten, dessen Stellvertreter und die Schriftführer. Weitere Organe/Unterorgane werden im GG aufgeführt oder doch vorausgesetzt, in Gesetzen oder auch nur in der GOBT (vgl. nachstehend Rn. 3) vorgesehen. Nach deutschem Parlamentsbrauch (nicht Verfassungsgewohnheitsrecht) werden der **Präsident** aus der größten Fraktion, die Stellvertreter (**Vizepräsidenten**) unter Berücksichtigung der Fraktionsstärken gewählt. Jeder Fraktion steht jedoch mindestens ein Vizepräsident zu (§ 2 II GOBT). Abwahl des Präsidenten ist entgegen vielfach vertretener Meinung nach allg. demokratischen Grundsätzen durch Mehrheitsbeschluss des BTags möglich (wie hier Pieroth in Jarass/Pieroth, Art. 40 Rn. 1; Versteyl in von Münch/Kunig, Art. 40 Rn. 4; Brocker, BK, Art. 40 Rn. 116). Zur Wahl und zu den Aufgaben des Präsidenten und der Vizepräsidenten s. die §§ 2, 7 GOBT, zu dem aus ihnen gebildeten **Präsidium** § 5 GOBT. Der BTPräs vertritt den BTag nach außen, auch in Verfassungs- und Rechtsstreitigkeiten, führt (unterstützt durch die umfangreiche **Bundestagsverwaltung**) die Verwaltungsgeschäfte, leitet die Verhandlungen und wahrt die Ordnung im Hause (zur „Ordnungs- oder Disziplinargewalt" vgl. BVerfGE 60, 379). Der amtierende Präsident und zwei der Schriftführer bilden den **Sitzungsvorstand** (§ 8 GOBT). In umfassender Weise bei der „Führung der Geschäfte" unterstützt wird der BTPräs durch den **Ältestenrat** (§ 6 GOBT; zu den Aufgaben des Ältestenrats s. auch BVerfGE 96, 280). Eine zentrale Aufgabe bei der inhaltlichen Vorbereitung der BTagssitzungen kommt den (überwiegend nach dem Ressortzuschnitt der BReg gebildeten) **Ausschüssen** zu, deren Existenz in Art. 42 III und Art. 43 vorausgesetzt wird. Einige Ausschüsse sind bereits vom GG (Art. 45, 45 a, 45 c) oder durch Gesetz vorgesehen (vgl. Art. 45 a Rn. 1); die Gesamtzahl der ständigen Ausschüsse beträgt in der 17. Wahlperiode 22. Ausschüsse können **Unterausschüsse** einsetzen (§ 55 GOBT). Zu Aufgaben und Verfahren der Ausschüsse insgesamt s. die §§ 54 ff. GOBT. Ältestenrat und Ausschüsse sind im Verhältnis der Fraktionsstärken zusammenzusetzen; dieses Verhältnis gilt auch für die Verteilung der Ausschussvorsitze, die Wahl der Schriftführer und andere Wahlen im BTag (§§ 3, 12, 57 GOBT). Der insoweit geltende Grundsatz der Spiegelbildlichkeit kann mit dem Prinzip der Abbildung der parl. Mehrheitsverhältnisse (Art. 42 II 1) in einem Ausschuss in Konflikt geraten. Im Rahmen der Parlamentsautonomie hat der BTag dann einen schonenden Ausgleich zu finden (BVerfGE 112, 136, 140, 147 f., zur Zusammensetzung des VermA; vgl. auch Art. 77 Rn. 8; BVerfGE 130, 354 f.). Ausschüsse müssen nicht so groß sein, dass jede Fraktion wenigstens einen Sitz hat (BVerfGE 96, 281 f.). Ein fraktionsloser Abg. muss in wenigstens einem Ausschuss mitwirken (nicht mitstimmen; BVerfGE 80, 224) können. Die Ausschüsse können keine weiteren Befugnisse haben als der BTag im Ganzen und grundsätzlich auch nicht – abgesehen vor allem von Europaangelegenheiten gemäß Art. 45 und den §§ 93, 93 a GOBT – anstelle

des Plenums Entscheidungen treffen. Der BTag, der nur als Ganzer das Volk repräsentiert (BVerfGE 44, 316; 56, 405), ist – abgesehen von der ausdrücklichen Ausnahme in Art. 45 – nur in engen Grenzen befugt, ihm zustehende Entscheidungsrechte durch Gesetz oder seine GO auf ein Untergremium zu übertragen. Aus der Wahlrechtsgleichheit (Art. 38 Rn. 9 ff.) und der aus dieser folgenden Gleichheit des Mandats ergibt sich, dass die Delegation von Entscheidungsbefugnissen auf Untergremien nur zulässig ist, wenn besondere sachliche Gründe von gleichem verfassungsrechtl. Gewicht wie der Gleichheit der Abg. dies rechtfertigen und der Grundsatz der Verhältnismäßigkeit gewahrt ist (BVerfGE 130, 350, 353; BVerfG, Beschl. v. 19.6.2012 – 2 BvC 2/10 –). Zu § 6 BVerfGG s. Art. 94 Rn. 3. Weitere Organe: **Untersuchungsausschüsse** (Art. 44, 45 a), **Enquete-Kommissionen** (denen auch Nicht-Abg. angehören können; § 56 GOBT) und **Wehrbeauftragter** (Art. 45 b); zum Parl. Kontrollgremium vgl. Art. 45 d und die Erläut. dort. Eine besondere Rechtsstellung nehmen die aus den Abg. der einzelnen Parteien bestehenden **Fraktionen** (§§ 45 ff. AbgG, 10 ff. GOBT) ein, die wesentliche Vorarbeiten für den BTag und – durch ihre Arbeitsgruppen oder -kreise – für die BTagsausschüsse leisten. Sie sind keine Parteigremien, sondern – als rechtsfähige Vereinigungen (§ 46 I AbgG) – von den Abg. gebildete Gliederungen des Parlaments und damit Teile der Staatsorganisation (BVerfG i. st. Rspr. seit E 1, 223, 229; weiter etwa E 43, 147), weshalb sie auch staatl. Zuschüsse außerhalb der Parteienfinanzierung erhalten (§ 50 AbgG; BVerfGE 62, 201 f.) Sie sind jedoch – anders als die Ausschüsse – keine Organe/Unterorgane des BTags, da ihr Handeln nicht dem BTag als Ganzem zugerechnet werden kann, sondern selbständige Parlamentsgliederungen eigener Art (zum Ganzen, insbes. zur Rechtsstellung fraktionsloser Abg. u. einzelner Abg. gegenüber Fraktionen u. BTagsorganen, s. Art. 38 Rn. 23 f.). **Gruppen** von Abg., die nicht Fraktionsstärke erreichen (§ 10 IV GOBT), haben ebenfalls einige Mitwirkungsrechte (BVerfGE 84, 322 ff.; 96, 278 ff.).

### Satz 2: Geschäftsordnung

Die Geschäftsordnung des BTags i.d.F. vom 2.7.1980 (BGBl I S. 1237) schafft **3** durch die Regelung vor allem von Organisation und Geschäftsgang des BTags die Voraussetzungen für dessen Funktionsfähigkeit (s. BVerfGE 96, 278). Ihre Einordnung in die Normenhierarchie ist str. (vgl. Versteyl in von Münch/Kunig, Art. 40 Rn. 17). Sie weist Elemente autonomer Satzungen auf (so die Zuordnung in BVerfGE 1, 148; offen in BVerfGE 70, 324 ff.), steht dem Verfassungs- und Gesetzesrecht jedoch rangmäßig nach (BVerfGE 1, 148; a.A. zum Verhältnis zu Gesetzen u. RVO z.B. Magiera in Sachs, Art. 40 Rn. 26). Die GOBT berechtigt und verpflichtet nur die Mitglieder des BTags; Drittwirkung entfaltet sie nur, wo sie allgemeingültig erlassene Vorschriften aufgreift (z.B. Art. 40 II, Art. 43). Die GOBT gilt nur für die Wahlperiode *des* BTags, der sie beschlossen hat, wird jedoch in der Praxis jeweils vom neuen BTag übernommen. Die Folgen der Verletzung von Geschäftsordnungsvorschriften sind str. (s. Versteyl in von Münch/Kunig, Art. 40 Rn. 18). Nach h.M. bleibt die Gültigkeit geschäftsordnungswidrig gefasster Beschlüsse unberührt (Kretschmer in Schmidt-Bleibtreu/Hofmannn/Hopfauf, Art. 40 Rn. 35 m.w.N.). Mit Zweidrittelmehrheit kann der BTag von seiner Geschäftsordnung abweichen (§ 126 GOBT). Diese kann *alle Fragen der Organisation, des Geschäftsgangs und der Disziplin* des BTags regeln, die herkömmlich der Parlamentsautonomie zuzurechnen sind. Satz 2 schließt nicht aus, dass einzelne parl. Einrichtungen und Verfahrensweisen auch durch Gesetz geregelt werden, wenn ein gewichtiger sachlicher Grund vorliegt (BVerfGE 70, 361; 130, 349 f.). Der Kernbestand des inneren Parlamentsrechts muss jedoch zur

Wahrung der Autonomie des BTages der GOBT überlassen bleiben. Verletzungen der GOBT können im Organstreit vor dem BVerfG gerügt werden (BVerfGE 62, 32; 70, 350; nach Versteyl in von Münch/Kunig, Art. 40 Rn. 18, kommen auch Normenkontrollverfahren in Betracht).

**Absatz 2: Rechte des Präsidenten**

4 Das **Hausrecht** (Hausordnung des Deutschen BTages i.d.F. v. 25.11.2004, BGBl I S. 3386) ist Ausfluss des Eigentums und fiskalischer Natur, die **Polizeigewalt** Ausübung von Hoheitsrechten. In der praktischen Handhabung sind die Grenzen beider Befugnisse fließend. Ein Anspruch auf Nutzung des Parlamentsgebäudes für Kunstaktionen besteht nicht (BVerfGK 5, 226 f.). Im Bereich der Gebäude des BTags obliegt dem BTPräs neben der Sitzungspolizei im Plenum die gesamte polizeiliche Gefahrenabwehr unter Ausschluss der Zuständigkeit der örtlichen Polizeibehörde, die aber zur Amtshilfe verpflichtet bleibt (Art. 35 I). Zur Ausübung der Polizeigewalt kann der BTPräs eigenes Personal oder örtliches Polizeipersonal in Anspruch nehmen. Er ist dabei an allg. verwaltungsverfahrens- und ordnungsrechtl. Regeln gebunden (VG Berlin, NJW 2002, 1064 f.). Neben Durchsuchungen und Beschlagnahmen sind auch Festnahmen, Verhaftungen und andere Polizeimaßnahmen an die Genehmigung des BTPräs gebunden, über die dieser nach pflichtgemäßem Ermessen, insbes. unter Berücksichtigung des Abg.status und willkürfrei, zu entscheiden hat (BVerfGE 108, 273, 276). Genehmigung bedeutet hier vorherige Zustimmung. *„Räume des Bundestages"* sind alle Räumlichkeiten, die der BTag in Berlin für die BTagsarbeit bestimmt hat. Vgl. ferner G über befriedete Bezirke für Verfassungsorgane des Bundes vom 8.12.2008 (BGBl I S. 2366).

## Artikel 41 [Wahlprüfung]

(1) Die Wahlprüfung ist Sache des Bundestages. Er entscheidet auch, ob ein Abgeordneter des Bundestages die Mitgliedschaft verloren hat.

(2) Gegen die Entscheidung des Bundestages ist die Beschwerde an das Bundesverfassungsgericht zulässig.

(3) Das Nähere regelt ein Bundesgesetz.

1 **Allgemeines:** Art. 41 überträgt die **Wahlprüfung** (WPr) dem Parlament, gegen dessen Entscheidung das BVerfG angerufen werden kann. Er gilt nur **für die Wahlen zum Bundestag** (BVerfGE 34, 94). Die Regelung trägt den Besonderheiten des Wahlverfahrens Rechnung. Eine BTagswahl lässt sich gleichzeitig und termingerecht nur durchführen, wenn die Rechtskontrolle der Fülle von Einzelentscheidungen zahlreicher Wahlorgane während des Wahlablaufs möglichst begrenzt, gebündelt und einem nach der Wahl stattfindenden Verfahren vorbehalten wird (BVerfGE 14, 155), in dem die ordnungsgemäße Zusammensetzung des Parlaments schnell und verbindlich geklärt wird (BVerfGE 85, 159). Gegenüber der Notwendigkeit, die Stimmen einer Vielzahl von Bürgern in einer einheitlichen, wirksamen Wahlentscheidung zusammenzufassen, muss die Verfolgung subjektiver Rechte des Einzelnen zurücktreten (BVerfGE 34, 203 m.w.N.). Entscheidungen und Maßnahmen, die sich unmittelbar auf das Wahlverfahren beziehen, können nur im WPr-Verfahren und mit den dort vorgesehenen Rechtsbehelfen angefochten werden (BVerfGE 74, 101; 83, 157 f.; st. Rspr.). Art. 41 entzieht die Korrektur von Wahlfehlern einschl. solcher, die eine Verletzung subjektiver

Rechte enthalten, dem Rechtsweg des Art. 19 IV (BVerfGE 66, 234 m.w.N.). Stattdessen ist gegen die Entscheidung des BTags nach Art. 41 II die Beschwerde zum BVerfG statthaft. Die Sonderregelung des WPr-Verfahrens schließt auch den Rechtsbehelf der Verfassungsbeschwerde aus (BVerfGE 66, 234 m.w.N.; 83, 157 f.). Zwar kann bei BTagswahlen eine Verletzung aller fünf Wahlrechtsgrundsätze des Art. 38 I 1 mit der Verfassungsbeschwerde gerügt werden (BVerGE 99, 7). Statthaft sind insbes. unmittelbar gegen Wahlrechtsvorschriften gerichtete Verfassungsbeschwerden (BVerfGE 82, 336). Gleiches gilt für Verfassungsbeschwerden gegen im Zusammenhang mit BTagswahlen getroffene Entscheidungen und Maßnahmen, die sich nicht unmittelbar auf das Wahlverfahren beziehen (BVerfG, NVwZ 1988, 818). Gegen wahlorganisatorische Entscheidungen und Maßnahmen kann das BVerfG aber grundsätzlich erst nach der WPr durch den BTag angerufen werden (BVerfGE 14, 155; 28, 219; BVerfGK 16, 149 f.). Verfassungsbeschwerden sind insoweit selbst im Vorfeld der Wahl unstatthaft (BVerfG, NJW 2005, 2982). Ebenfalls unzulässig ist eine in das einstweilige Anordnungsverfahren vorverlegte WPr-Beschwerde (BVerfG, NJW 2005, 2982; BVerfGK 16, 152 m.w.N.). Eine vorverlegte WPr durch das BVerfG ist nicht vorgesehen (BVerfGE 63, 76; zur ausnahmsweisen Gewährung von Rechtsschutz vor Durchführung der Wahl vgl. BVerfGE 82, 325, 336). Allein gegen die Nichtanerkennung als wahlvorschlagsberechtigte Partei lässt nunmehr die durch G vom 11.7.2012 (BGBl I S. 1478) in Art. 93 I neu eingefügte Nr. 4 c die Beschwerde zum BVerfG zu (**Parteianerkennungsbeschwerde**; s. Art. 93 Rn. 34). Der Ausschluss der Verfassungsbeschwerde gegen alle anderen wahlorganisatorischen Entscheidungen ist unbedenklich, weil das BVerfG auch in dem Verfahren nach Art. 41 II die Grundrechte schützen kann. Es prüft nicht nur nach, ob die Wahlvorschriften richtig angewandt worden sind, sondern auch, ob sie mit der Verfassung in Einklang stehen (BVerfGE 121, 295; 123, 68), insbes. Grundrechte der aktiv und passiv Wahlberechtigten nicht verletzen (BVerfGE 16, 135 f.; 21, 204). Grundrechtsverstöße stellt es fest und zieht aus ihnen, soweit sie sich auf die Mandatsverteilung ausgewirkt haben, Folgerungen für die Gültigkeit der Wahl (BVerfGE 34, 94 f.).

### Absatz 1: Entscheidung des Bundestages

Abs. 1 unterscheidet zwischen der WPr im engeren, eigentlichen Sinne (Satz 1) und der WPr im weiteren Sinne, die auch die Entscheidung über den Verlust der Mitgliedschaft im BTag umfasst (Satz 2). 2

*Satz 1:* Gegenstand der „**Wahlprüfung**" ist die Gültigkeit der Wahlen. Zu prüfen sind alle für den Erwerb einer Mitgliedschaft im BTag relevanten Vorgänge. Wahlfehler können Wahlbehörden und amtliche Wahlorgane, insbes. Wahlleiter und Wahlausschüsse, begehen, aber auch Dritte, die Aufgaben bei der Organisation einer Wahl wahrnehmen und dabei wahlgesetzl. Anforderungen genügen müssen (BVerfGE 89, 251 ff.) oder als Private durch Zwang oder Druck die Wählerwillensbildung beeinflussen (BVerfGE 103, 135). Der WPr unterliegt alles, was in rechtswidriger Weise verfälschend auf den wirklichen Wählerwillen eingewirkt haben kann. Dazu zählt auch das Verhalten von Wählern, Wahlbewerbern und Parteien. Rechtsverletzungen, die keine Gefahr der Verfälschung des demokratischen Charakters der Wahl begründen, scheiden als Wahlfehler aus (BVerfGE 89, 253). Verstöße allein gegen das autonome Satzungsrecht der Parteien sind für die WPr unerheblich. Die demokratische Grundlage der BTagswahl wird nicht schon dadurch verfälscht, dass eine Partei bei der Kandidatenaufstellung ihre Satzungsvorschriften nicht einhält. Die Verfahrensweise der Par- 3 teien zur Aufstellung ihrer Wahlbewerber ist bei der WPr ausschließlich an den wahlrechtl. Anforderungen zu messen (BVerfGE 89, 255). Hierzu gehört die Einhaltung eines Kernbestands an Verfahrensgrundsätzen, ohne die ein Kandidatenvorschlag nicht Grundlage einer demokratischen Wahl sein kann (BVerfGE 89, 252 ff.).

**4** Ziel der WPr ist die Feststellung, ob und inwieweit die Wahl rechtsbeständig oder ungültig ist. **Ungültigkeit** bedeutet herkömmlicherweise nicht ihre Nichtigkeit, sondern ihre Aufhebbarkeit und Aufhebung ex nunc. Ungültig – teilungültig – ist eine Wahl auch dann, wenn der Wahlakt der Wähler Rechtsbestand behält und nur die Wahlergebnisfeststellung aufzuheben ist oder der Mandatserwerb fehlerhaft war. Die Gültigkeit einer Wahl wird allein durch *Gesetzwidrigkeiten* (Rechtsnormverletzungen, „Unregelmäßigkeiten", Wahlfehler) im Wahlablauf in Frage gestellt. WPr ist **Rechtskontrolle**, und zwar eine besondere Form der Verfassungskontrolle („Verfassung" hier im materiellen Sinne verstanden). Der Sache nach handelt es sich um Rspr. Die WPr, einschl. des Beschwerdeverfahrens vor dem BVerfG, dient vornehmlich der *Gewährleistung des objektiven Rechts und öffentlichen Interesses* (BVerfGE 79, 48; 89, 299 m.w.N.). Sie ist dazu bestimmt, eine *gesetzmäßige Bildung der Volksvertretung sicherzustellen* (BVerfGE 40, 29; 79, 173; st. Rspr.). Eine Verletzung subjektiver Rechte bei der Wahl führt nicht zu einem Eingriff der WPr-Instanzen in den Bestand der Wahl, sofern sie die gesetzmäßige Zusammensetzung des BTags nicht berührt. Wahlfehler sind von Verfassungs wegen nur zu korrigieren, wenn und soweit sie die konkrete Mandatsverteilung beeinflusst haben können („Erheblichkeitsgrundsatz"; BVerfGE 85, 158 f.; st. Rspr.). Eine solche Möglichkeit darf nicht nur theoretisch bestehen (BVerfG, Beschl. v. 4.7.2012 – 2 BvC 1/11 u.a. –). Sie muss nach allg. Lebenserfahrung konkret und nicht ganz fernliegend sein (BVerfGE 89, 273 m.w.N.; 121, 310). Die Notwendigkeit größtmöglichen Bestandsschutzes einer gewählten Volksvertretung als funktionsfähiges Organ zwingt dazu, Wahlfehler, die zur Ungültigkeit der Wahl führen, **eng und strikt** zu **begrenzen** (BVerfGE 89, 253; 103, 134 f.). Das trifft insbes. für Wahlfehler zu, die Dritte begehen können (BVerfGE 103, 135). Die WPr-Instanzen dürfen in den Bestand der Wahl nicht weiter eingreifen, als es zur Korrektur eines fehlerhaften Wahlergebnisses und der daraus resultierenden unrichtigen Mandatsverteilung erforderlich ist (**Gebot des geringstmöglichen Eingriffs**; BVerfGE 121, 311; 129, 344). Kann ein Wahlfehler rechnerisch berichtigt werden, ist die Wahl nicht zu wiederholen (BVerfGE 34, 102; 121, 311). Ist eine Wahlwiederholung unumgänglich, darf sie nur in dem vom mandatsrelevanten Wahlfehler betroffenen Stimmbezirk, Wahlkreis oder Land stattfinden. Insgesamt kann eine Wahl nur dann für ungültig erklärt werden, wenn ein Wahlfehler derart gewichtig ist, dass ein Fortbestand der in dieser Weise gewählten Volksvertretung unerträglich erscheint (BVerfGE 103, 134; 121, 311 f.; 129, 344). Der BTag prüft im Wahleinspruchsverfahren in ständiger Praxis nicht die Verfassungsmäßigkeit der angewandten Wahlrechtsnormen. Er ist dazu auch nicht verpflichtet; er ist nicht zur Vorlage an das BVerfG (Art. 100 I) berechtigt ist (BVerfGE 121, 290; s. auch Art. 100 Rn. 3). Das BVerfG überprüft als Beschwerdeinstanz (Abs. 2) auch das Wahlgesetz auf seine Verfassungsmäßigkeit (BVerfGE 121, 295) und die Wahlordnung auf ihre Gesetzmäßigkeit (BVerfGE 34, 95 m.w.N.). Der BTag weist den Einspruch zurück, wenn der geltend gemachte Mangel keinen Einfluss auf das Wahlergebnis gehabt hat (§ 19 I 2 WPrüfG). Wurden bei der Vorbereitung oder Durchführung der Wahl Rechte einer einsprechenden Person oder einer Gruppe einsprechender Personen verletzt, stellt der BTag die Rechtsverletzung fest, wenn er wegen fehlender Mandatsrelevanz die Wahl nicht für ungültig erklärt (§ 1 II 2 WPrüfG). Ebenso trägt das BVerfG bei einer nicht mandatsrelevanten Rechtsverletzung dem subjektiven Wahlrechtsschutz Rechnung (§ 48 III BVerfGG). Die WPr obliegt dem **Bundestag.** Nach der in Art. 41 angelegten Zweistufigkeit 5 des WPr-Verfahrens soll zunächst das Parlament selbst über seine eigene Legitimation und diejenige seiner Mitglieder befinden. Der BTag trifft eine Rechtsentscheidung, aber nicht als Gericht in Ausübung echter Rechtsprechungsfunktionen i.S. des Art. 92, sondern als *politische Körperschaft.* Eine Ablehnung des BTags ebenso wie die einzelner Abg. wegen Besorgnis der Befangenheit und dgl. im WPr-Verfahren ist unstatthaft (BVerfGE 46, 198). Die eigentliche Rspr. beginnt erst nach Erhebung der Beschwerde beim BVerfG gemäß Abs. 2.

Das **Wahlprüfungsverfahren** hat *Ausschließlichkeitscharakter.* Es verdrängt die 6 allg. Rechtsbehelfe (BVerfGE 34, 94 f.). Für sämtliche Streitigkeiten, bei denen es um den Rechtsbestand, d.h. die Gültigkeit oder Ungültigkeit einer Wahl zum BTag – auch einzelner ihrer Verfahrensbestandteile –, geht, sind allein die beiden Wahlprüfungsorgane (BTag, BVerfG) zuständig. Kein anderes Verfahren kann in den Rechtsbestand einer Wahl eingreifen, sie ganz oder teilweise – etwa einzelne Entscheidungen und Maßnahmen des Wahlverfahrens – aufheben (BVerfGE 83, 157 f. m.w.N.). Das gilt auch für Verwaltungsstreitverfahren über Wählerrechte. Die WPr erfasst den Streit um das aktive Wahlrecht einer Person. Die Berechtigung zur Teilnahme an der Wahl überprüft das BVerfG im WPr-Verfahren (BVerfGE 40, 30 ff.). Einer Anfechtung außerhalb der WPr entzogen ist auch die Festlegung des Wahltags (BVerfG, NVwZ 1994, 894). Gegen die Ablehnung der Eintragung in die Wählerverzeichnisse *künftiger* BTagswahlen ist der Verwaltungsrechtsweg eröffnet (BVerwGE 51, 71 ff.). *Politische Parteien* können eine Verletzung ihres verfassungsrechtl. Status durch die rechtl. Gestaltung des Wahlverfahrens im Wege der Organklage gegen BTag und BRat geltend machen (BVerfGE 82, 335; 82, 363 ff.).

Das Verfahren im BTag regelt das **Wahlprüfungsgesetz** (WPrüfG). Eine WPr fin- 7 det nicht von Amts wegen, sondern nur dann statt, wenn Einspruch gegen die Gültigkeit einer Wahl erhoben wird (§ 2 I WPrüfG: *Anfechtungsprinzip* statt Offizialprinzip). Der Umfang der WPr richtet sich nach dem Einspruch, der den Anfechtungsgegenstand bestimmt (BVerfGE 40, 30; 89, 304 f.). Die im öffentl. Interesse an der alsbaldigen rechtsverbindlichen Klärung der ordnungsgemäßen Zusammensetzung des BTags gebotene Begründung des Einspruchs (§ 2 III WPrüfG) muss substantiiert einen Tatbestand darlegen, der sich als beachtlicher Wahlfehler darstellt (BVerfGE 85, 159; st. Rspr.). Eine erstmals mit der WPr-Beschwerde erhobene konkrete Rüge ist unzulässig (BVerfGE 79, 50 m.w.N.). Der Gefahr, dass die Aufdeckung erheblicher Wahlfehler an der Unkenntnis einzelner Wahlberechtigter oder deren Unvermögen zur substantiierten Tatsachenbehauptung scheitert, begegnet das amtliche Einspruchsrecht der in § 2 II WPrüfG bezeichneten Personen, die über bessere Informationsquellen und Ermittlungsmöglichkeiten verfügen (BVerfGE 89, 308 f. m.w.N.). Die Entscheidung des BTags bereitet der WPr-Ausschuss in einem prozessähnlich ausgestalteten Verfahren vor. Sie wird durch Plenarbeschluss getroffen.

*Satz 2* betrifft die Entscheidung über den **Verlust der Mitgliedschaft im Bundes-** 8 **tag.** Erfasst wird nur der Fall, dass ein rechtswirksam gewählter Abg. *nachträg-lich* sein Mandat verloren hat. Ursprüngliche Ungültigkeit des Mandatserwerbs fällt bereits unter Satz 1, selbst wenn ihr Grund in der Person des Gewählten liegt. Satz 2 meint einen Mitgliedschaftsverlust **aus Rechtsgründen.** Er ermächtigt nicht zu ermessensmäßiger Mandatsaberkennung. Die gesamte Entscheidungsmacht über Entstehen und Erlöschen von Parlamentsmandaten ist den WPr-Instanzen übertragen. Die Verfassungsbeschwerde ist auch in Mandatsverlustfällen nicht gegeben (BVerfGE 6, 447 f.), ebenso wenig der Organstreit nach Art. 93 I Nr. 1.

### Absatz 2: Beschwerde an das Bundesverfassungsgericht

9 Mit der nach Abs. 2 zulässigen Beschwerde kann das BVerfG nicht unmittelbar, sondern erst nach Durchführung der WPr durch den BTag angerufen werden (BVerfGE 79, 173 m.w.N.). Das im BVerfGG (§ 13 Nr. 3, § 48) näher geregelte Beschwerdeverfahren ist ein eigenständiges, nicht auf die Verfassungsmäßigkeit der Wahl beschränktes Verfahren (BVerfGE 89, 249). **Beschwerdefähig sind nur die Schlussentscheidungen des BTags.** Beschwerde gegen den Beschluss des BTags über die Gültigkeit der Wahl kann eine wahlberechtigte Person oder eine Gruppe wahlberechtigter Personen nur erheben, wenn ihr Einspruch vom BTag verworfen wurde. Die Beschwerde eines Wahlberechtigten, der keinen Einspruch eingelegt hat, ist unstatthaft (BVerfGE 79, 173). Der bisher erforderlich gewesene Beitritt weiterer 100 Wahlberechtigter zur Beschwerde ist entfallen. **Verfahrensbeteiligte** sind der oder die Beschwerdeführer und der BTag. Die zweimonatige Beschwerdefrist (§ 48 I BVerfGG) kann nicht verlängert werden (BVerfGE 58, 172 m.w.N.). Sie ist eine Ausschlussfrist, bei deren Versäumung wegen des primär objektivrechtl. Charakters der WPr-Beschwerde und des öffentl. Interesses an einer alsbaldigen Klärung der Gültigkeit oder Ungültigkeit der Wahl eine Wiedereinsetzung in den vorigen Stand ausscheidet (BVerfGE 21, 361; BVerfG, Beschl. v. 18.10.2011 – 2 BvC 11/10 –). Die Beschwerde muss innerhalb der **Zweimonatsfrist** begründet werden. Eine Bezugnahme auf Schriftsätze im Verfahren vor dem BTag ist unstatthaft (BVerfGE 21, 361). Erforderlich ist die hinreichend substantiierte und aus sich heraus verständliche Darlegung eines Sachverhalts, der erkennen lässt, worin ein Wahlfehler liegen soll (BVerfGE 58, 175 f.; 122, 308; st. Rspr.). Die bloße Andeutung der Möglichkeit von Wahlfehlern oder die Äußerung einer nicht belegten Vermutung genügen nicht (BVerfGE 40, 31 f.; 122, 309 m.w.N.). Der Amtsermittlungsgrundsatz befreit den Beschwerdeführer auch dann nicht davon, die Gründe der WPr-Beschwerde substantiiert darzulegen, wenn dies im Einzelfall insbes. im tatsächlichen Bereich schwierig ist (BVerfGE 40, 32; 122, 309 m.w.N.). Die Beschwerde bringt die WPr nur in dem Umfang zum BVerfG, in dem diese durch einen substantiiert begründeten Einspruch vor dem BTag wirksam eingeleitet worden ist. Mit der Beschwerde können keine neuen Anfechtungsgründe geltend gemacht werden (BVerfGE 79, 165 m.w.N.). Rügen, die nicht schon Gegenstand der WPr vor dem BTag waren, sind im gerichtl. Verfahren materiell präkludiert. Das BVerfG überprüft den angefochtenen Beschluss des BTags in formeller und materieller Hinsicht (BVerfGE 97, 321 f.). Im Beschwerdeverfahren sind jedoch nur wesentliche Mängel im Verfahren des BTags beachtlich, wenn sie dessen Entscheidung die Grundlage entziehen (BVerfGE 89, 249; 89, 299). Die Kontrolle des BVerfG beschränkt sich nicht auf Verfassungsverletzungen. Sie erstreckt sich auf die Übereinstimmung mit sämtlichen einschlägigen Rechtsvorschriften (BVerfGE 97, 321 f.). Erweist sich bei Prüfung der Beschwerde einer wahlberechtigten Person oder einer Gruppe wahlberechtigter Personen, dass deren Rechte bei der Vorbereitung oder Durchführung der Wahl verletzt wurden, stellt das BVerfG diese Verletzung fest, wenn es nicht die Wahl für ungültig erklärt (§ 48 III BVerfGG). Eine Beschwerde erledigt sich mit der Auflösung des BTags, gegen dessen Wahl sie sich richtet, und der Konstitution eines neuen BTags, weil eine Beschwerdeentscheidung sich auf die Zusammensetzung des Parlaments nicht mehr auswir-

ken kann (BVerfGE 22, 280 f.; 34, 203). Das BVerfG kann aber auch nach Ablauf einer Wahlperiode oder nach Auflösung des BTags über die mit einer zulässigen Beschwerde gerügte Verfassungswidrigkeit von Wahlrechtsnormen und die Anwendung des geltenden Wahlrechts entscheiden, um eine grundsätzlich bedeutsame wahlrechtl. Zweifelsfrage im öffentl. Interesse zu klären (BVerfGE 122, 306). Gleiches gilt, wenn eine Beschwerde zurückgenommen wird (BVerfGE 89, 299). Ein öffentl. Interesse an einer Sachentscheidung nach Ablauf der Wahlperiode besteht nicht, soweit eine Beschwerde von Anfang an unzulässig war. Es entfällt auch dann, wenn das BVerfG die aufgeworfenen Fragen bereits anderweitig geklärt hat (BVerfGE 122, 307).

**Absatz 3: Nähere gesetzliche Regelung**

**Wahlprüfungsgesetz** vom 12.3.1951 (BGBl I S. 166) und **Bundesverfassungsgerichtsgesetz** i.d.F. vom 11.8.1993 (BGBl I S. 1473). Das WahlprüfungsG bestimmt nur das WPr-Verfahren. Welche Wahlfehler Folgen für die Gültigkeit einer Wahl haben und welcher Art diese sind, namentlich wann und inwieweit Wahlen aufzuheben sind, ist bundesgesetzl. nicht geregelt. Das sog. materielle Wahlprüfungsrecht ist der Spruchpraxis der WPr-Organe zu entnehmen (BVerfGE 103, 125 ff.).   **10**

## Artikel 42 [Öffentliche Sitzungen, Beschlussfassung, Berichte]

(1) Der Bundestag verhandelt öffentlich. Auf Antrag eines Zehntels seiner Mitglieder oder auf Antrag der Bundesregierung kann mit Zweidrittelmehrheit die Öffentlichkeit ausgeschlossen werden. Über den Antrag wird in nichtöffentlicher Sitzung entschieden.

(2) Zu einem Beschlusse des Bundestages ist die Mehrheit der abgegebenen Stimmen erforderlich, soweit dieses Grundgesetz nichts anderes bestimmt. Für die vom Bundestage vorzunehmenden Wahlen kann die Geschäftsordnung Ausnahmen zulassen.

(3) Wahrheitsgetreue Berichte über die öffentlichen Sitzungen des Bundestages und seiner Ausschüsse bleiben von jeder Verantwortlichkeit frei.

**Absatz 1: Öffentlichkeit der Verhandlungen**

Die Öffentlichkeit der Verhandlungen des BTages ist ein wesentliches Element   **1** des demokratischen Parlamentarismus (BVerfGE 84, 329; 125, 123 f.). Sie ermöglicht die öffentl. Beobachtung der parl. Tätigkeit, insbes. des Gesetzgebungsverfahrens, und dient damit der effektiven Verantwortlichkeit des Parlaments gegenüber dem Wähler (BVerfGE 125, 124). Das gilt auch und gerade im Kontext der europäischen Integration (BVerfG, U. v. 19.6.2012 – BvE 4/11 –). Art. 42 I 1 steht einer Kompromissfindung im (nicht öffentl. tagenden) Vermittlungsausschuss entgegen, die Regelungsgegenstände einbezieht, die vorher im Gesetzgebungsverfahren nicht erkennbar geworden sind (BVerfGE 120, 74 f.; 125, 124; näher dazu Art. 77 Rn. 10). Mit dem Gebot der Öffentlichkeit der Verhandlungen vereinbar ist die nunmehr auch in der GOBT verankerte (verbreitete) Praxis, Reden unmittelbar zu Protokoll zu geben (§ 78 IV GOBT; BT-Dr 16/13492), da sowohl die Tatsache der Einreichung der Rede als auch ihr Text öffentl. gemacht werden (krit. dazu Bauer, Der Staat 2010, 587 ff.). Art. 42 I 1 bezieht sich nur auf das BT-Plenum. Für Untersuchungsausschüsse gilt grundsätzlich Öffentlichkeit gemäß Art. 44 I, während für die anderen Ausschüsse und BTagsorgane das

GG keine Regelungen trifft (zum Parl. Kontrollgremium s. Art. 45 d Rn. 5). Ausschusssitzungen sind vorbehaltlich gesetzl. Sonderbestimmungen (z.b. § 8 WPrüfG) grundsätzlich nicht öffentl. (§ 69 I 1 GOBT); zu den Ausnahmen gehören die sog. erweiterte öffentl. Ausschussberatung und öffentl. Anhörungen; vgl. §§ 69 a, 70 GOBT. Während Anhörungen eine große praktische Rolle spielen, kommen erweiterte öffentl. Ausschussberatungen so gut wie nie vor, obwohl § 69 a GOBT als „Soll-Vorschrift" ausgestaltet ist. „Öffentlich" bedeutet Zugang für jedermann nach Maßgabe der räumlichen Möglichkeiten. „Verhandeln" umfasst Aussprachen und Abstimmungen (BVerfGE 89, 303). Gemeint sind die Abstimmungen als Vorgang. Nicht ausgeschlossen durch Satz 1 werden also geheime Wahlen (s. § 49 GOBT) oder geheime Abstimmungen in Sachfragen, die allerdings die GOBT nicht kennt (vgl. Rn. 2) und die dem parl. Gewohnheitsrecht widersprechen (str.; s. Pieroth in Jarass/Pieroth, Art. 42 Rn. 1). Zum „Zehntel seiner Mitglieder" vgl. Art. 121 Rn. 1. „Bundesregierung" ist hier das Regierungskollegium. „Zweidrittelmehrheit" ist nach ganz h.M. wie in Abs. 2 Satz 1 die der Abstimmenden. Der Beschluss bedarf keiner Begründung.

### Absatz 2: Mehrheitsprinzip und Beschlussfassung

2 Der BTag entscheidet grundsätzlich nach dem Mehrheitsprinzip (zu den Grenzen BVerfGE 105, 222 ff.). Für Beschlüsse des BTags (dazu gehören auch Entschließungen u. „schlichte" Beschlüsse; anders z.b. Versteyl in von Münch/Kunig, Art. 42 Rn. 20) ist regelmäßig die einfache oder relative **Mehrheit der abgegebenen Stimmen** erforderlich (mehr Ja- als Nein-Stimmen). Stimmengleichheit bedeutet also Ablehnung. Enthaltungen gelten als nicht abgegebene Stimmen, ebenso ungültige Stimmen. Abstimmungsformen nach den §§ 48, 51, 52 GOBT: Handzeichen, Aufstehen oder Sitzenbleiben, „Hammelsprung", namentliche Abstimmung. **Ausnahmen** vom Grundsatz der einfachen Mehrheit: (Absolute) Mehrheit der Mitglieder („Kanzlermehrheit") und Zweidrittelmehrheit der Mitglieder (vgl. Art. 121 Rn. 1) sowie Zweidrittelmehrheit der Abstimmenden (außer Abs. 1 Satz 2: Art. 80 a I 2 sowie, i.V.m. der Mehrheit der Mitglieder, Art. 77 IV 2 u. Art. 115 a I 2). Weitere Ausnahmen kann die GOBT nach Satz 2 für die vom BTag vorzunehmenden Wahlen (Personalentscheidungen) anordnen; zweifelhaft daher die Regelungen in § 80 II 1, § 81 I, § 84 Buchst. b, § 126 GOBT, die Zweidrittelmehrheiten der Anwesenden bei bestimmten Abstimmungen verlangen. Die Regelung der Beschlussfähigkeit ist der GOBT überlassen. Nach deren § 45 I ist der BTag beschlussfähig, wenn mehr als die Hälfte der Abg. (d.i. der gesetzl. Mitgliederzahl) im Sitzungssaal anwesend ist. Von gewissen Ausnahmefällen abgesehen gilt der BTag als beschlussfähig, solange nicht das Gegenteil ausdrücklich festgestellt ist (s. dazu auch BVerfGE 44, 308). Die Beschlüsse des BTags sind mit der Ergebnisverkündung rechtswirksam und grundsätzlich **unverrückbar** (Ritzel/Bücker/Schreiner, Handbuch für die Parl. Praxis, Stand: Dezember 2008, § 48 GOBT Anm. III b). Einer Mitteilung nach außen bedürfen Beschlüsse des BTags nur, wenn es besonders vorgeschrieben ist (z.B. in § 13 III WPrüfG).

### Absatz 3: Parlamentsberichte

3 Die für jedermann geltende **Verantwortlichkeitsfreiheit** für Parlamentsberichte dient der Sicherung einer uneingeschränkten Öffentlichkeit der Parlamentsverhandlungen. Geschützt sind *Berichte*, also Tatsachenmitteilungen, nicht auch Meinungsäußerungen, Werturteile und Schlussfolgerungen, auch abgekürzte Berichte, es sei denn, dass sie durch Auslassungen irreführen und dadurch nicht mehr wahrheitsgetreu sind. Abs. 3 schützt vor der gesamten öffentl. Strafgewalt (s. dazu Art. 46 Rn. 7), aber auch vor zivil- und presserechtl. Klagen.

## Artikel 43 [Zitier-, Zutritts- und Anhörungsrecht]

(1) Der Bundestag und seine Ausschüsse können die Anwesenheit jedes Mitgliedes der Bundesregierung verlangen.

(2) Die Mitglieder des Bundesrates und der Bundesregierung sowie ihre Beauftragten haben zu allen Sitzungen des Bundestages und seiner Ausschüsse Zutritt. Sie müssen jederzeit gehört werden.

**Allgemeines:** Art. 43 betrifft das Zitierrecht des BTags gegenüber der BReg (Abs. 1) und das Recht von BRat und BReg auf Zutritt zum und auf Anhörung im BTag (Abs. 2). Die Regelung ist mit diesem Inhalt **Ausfluss** und Ausdruck **des** durch Kontrolle, Kooperation und föderalistische Querbezüge geprägten **parlamentarischen Regierungssystems** (vgl. auch mit Bezug auf das – nachstehend in Rn. 4 behandelte – Institut der Kleinen Anfrage BVerfG, NJW 1996, 2085). 1

### Absatz 1: Zitier- und Fragerecht

Abs. 1 regelt im Dienste der Informations-, Kontroll- und Untersuchungsaufgaben des BTages (BVerfGE 130, 351) unmittelbar nur das Recht, die Anwesenheit jedes Mitglieds der BReg (BKanzler u. alle BMinister), nicht auch anderer Personen, z.B. Parl. Staatssekretäre, zu verlangen (**Zitierrecht**). Inhaber dieses Rechts sind der BTag (s. auch § 42 GOBT), – alle – seine Ausschüsse (§ 68 GOBT) einschl. ihrer Unterausschüsse (§ 55 GOBT) sowie, weil aus Mitgliedern des BTags und des BRats zusammengesetzt, Vermittlungsausschuss (Art. 77 II) und Gemeinsamer Aussschuss (Art. 53 a). Nicht berechtigt sind andere BTagsorgane (für gemischte, auch mit Nichtparlamentariern besetzte Ausschüsse u. Enquete-Kommissionen teilweise str.; vgl. Magiera in Sachs, Art. 43 Rn. 3), Fraktionen sowie Minderheiten von Abg. und auch nicht der einzelne Abg. Die Inanspruchnahme des Zitierrechts setzt einen Mehrheitsbeschluss des jeweiligen Gremiums (Art. 42 II 1, §§ 74, 48 II 1 GOBT) voraus (OVG Münster, OVGE 31, 16). 2

Zusammen mit dem Recht des Anwesenheitsverlangens, dem der Zitierte außer im Fall der Erkrankung oder entgegenstehender höherer Gewalt Folge zu leisten hat, haben BTag und dessen Ausschüsse auch ein **Fragerecht** gegenüber dem zitierten Regierungsmitglied. Dem liegt der im Kern in Art. 79 III i.V.m. Art. 20 I und II verankerte Anspruch des BTages auf Unterrichtung zugrunde (BVerfG, U. v. 12.9.2012 – 2 BvR 1390/12 u.a. –). Der Zitierte ist – im Rahmen seiner Zuständigkeit (str.) – nicht nur zum Erscheinen, sondern – bezogen auf die Beratungsgegenstände der jeweiligen BTagssitzung – auch *zur Beantwortung der* ihm *gestellten Fragen grundsätzlich verpflichtet* (s. auch BVerwGE 73, 10). Die Antwort muss der Wahrheit entsprechen und prinzipiell vollständig sein (vgl. Sachs-AnhVerfG, NVwZ 2000, 672 f.; ThürVerfGH, DVBl 2009, 246; HbgVerfG, NordÖR 2011, 78). Das bedeutet aber nicht, dass über alles Auskunft gegeben werden muss. Dem Fragerecht und der Antwortpflicht sind vielmehr in unterschiedlicher Weise **Grenzen** gesetzt (zum Folgenden s. auch Art. 44 Rn. 7 Buchst. b-e). Sie ergeben sich einmal aus staatl. Geheimhaltungsinteressen und hier vor allem aus dem Prinzip der Gewaltenteilung (BVerfGE 67, 139; 106, 60; 110, 215; SächsVerfGH, NVwZ-RR 2008, 590; allg. zum Gewaltenteilungsgrundsatz vor Art. 38 Rn. 1). Dieses sichert der BReg im Interesse ihrer Funktions- und Arbeitsfähigkeit (s. NWVerfGH, OVGE 43, 279 f.; BayVerfGH, BayVBl 2011, 664; HbgVerfG, NordÖR 2011, 78) einen „Kernbereich exekutiver Eigenverantwortung", der einen durch parl. Kontrollrechte grundsätzlich nicht ausforschbaren Initiativ-, Beratungs- und Handlungsbereich einschließt 3

(BVerfGE 67, 139; NWVerfGH, DVBl 2008, 1381; näher zu dem geschützten Kernbereich BVerfGE 110, 214 ff.; BVerfG, U. v. 19.6.2012 – 2 BvE 4/11 –; BVerwG, DVBl 2012, 183; BremStGH, DVBl 1989, 456 ff.; NdsStGH, NVwZ 1996, 1208; BbgVerfG, NVwZ-RR 1998, 211; SachsAnhVerfG, NVwZ 2000, 672; SächsVerfGH, NVwZ-RR 2008, 590; ThürVerfGH, DVBl 2009, 247 ff.; BayVerfGH, BayVBl 2011, 663; gegen einen Kernbereichsschutz der Regierung Leisner in Sodan, Art. 43 Rn. 3). Die Information darf nicht zu einem Mitregieren Dritter bei Entscheidungen führen, die in der alleinigen Kompetenz der BReg liegen (BVerfGE 124, 120 f.; BayVerfGH, BayVBl 2011, 664). Fragen, die sich nach der gebotenen konkreten, in funktionsverträglicher Weise vorzunehmenden (BVerfGE 100, 219) Einzelfallbetrachtung auf diesen Kernbereich beziehen, braucht die BReg in aller Regel nicht zu beantworten. Das Gleiche gilt, wenn nach dem Ergebnis der notwendigen Interessenabwägung das Wohl des Bundes oder eines Landes in anderer Hinsicht dem parl. Auskunftsverlangen vorgeht (im Einzelnen BVerfGE 101, 127 ff.) und weniger weitgehende Vorkehrungen zum Schutz des Gemeinwohls (zu ihnen vgl. a.E. der Rn.) nicht ausreichen. Das Fragerecht des BTags und seiner Ausschüsse wird zum anderen durch die Grundrechte privater Dritter beschränkt (NWVerfGH, DVBl 2008, 1381 f.), soweit solche durch die konkrete Fragestellung berührt werden. Im Einzelfall sind, soweit nicht der unantastbare Bereich privater Lebensgestaltung von Personen betroffen ist, in den nie eingegriffen werden darf, die in Rede stehenden Einzelinteressen (etwa das allg. Persönlichkeitsrecht einschl. des Rechts auf informationelle Selbstbestimmung, ferner Betriebs- u. Geschäftsgeheimnisse – zum Begriff s. BVerfGE 115, 230 f. –, aber auch die Religionsfreiheit) nach Maßgabe des Verhältnismäßigkeitsgrundsatzes gegen das Informationsinteresse des Parlaments abzuwägen (HbgVerfG, LVerfGE 3, 210; BayVerfGH 59, 182 f.; NWVerfGH, DVBl 2008, 1382). Vom Ergebnis dieser Abwägung hängt es ab, ob und inwieweit die BReg von der erbetenen Antwort absehen darf. Dabei ist ggf. – je nach Fragegegenstand und Sachlage – auch zu erwägen, ob die Antwort in vertraulicher Sitzung (BVerfGE 67, 137; 76, 389; NWVerfGH, DVBl 2008, 1383 f.; vgl. dazu auch die §§ 7, 2 a der als Anlage 3 zur GOBT erlassenen Geheimschutzordnung des BTages sowie BT-Dr 15/2637 S. 2), gegenüber einem besonders geeigneten Gremium (BVerfGE 70, 359) oder in Teilen (Namen!) anonymisiert (s. FG Hamburg, NVwZ 1986, 600) erteilt werden kann. Wird eine Frage nicht oder nur eingeschränkt beantwortet, ist dies von der BReg zu begründen (BVerfGE 124, 193; BayVerfGH 59, 179; HbgVerfG, NordÖR 2011, 78). Stets bleibt die Antwort Fremdinformation durch die BReg; ein Recht auf Selbstinformation im Wege der Aktenvorlage oder Akteneinsicht gibt Art. 43 I nicht (zur Aktenvorlage gegenüber parl. Untersuchungsausschüssen u. dem Petitionsausschuss vgl. aber Art. 44 Rn. 6 u. Art. 45 c Rn. 3).

4 Aus Art. 43 I lässt sich **kein allgemeines Frage- und Interpellationsrecht** des BTags und seiner Mitglieder herleiten. Die auf Bundesebene – anders als in einigen Ländern (s. dazu die Hinweise in BayVerfGH 54, 67, sowie zur Rechtslage in Hamburg HbgVerfG, NordÖR 2011, 77 f., in Niedersachsen NdsStGH, NordÖR 2012, 536 ff., in Schleswig-Holstein BVerfGE 110, 214 ff., u. in Thüringen ThürVerfGH, ThürVBl 2003, 178 ff.; DVBl 2009, 245 ff.) – ausdrücklich nur geschäftsordnungsmäßig vorgesehenen *Fragerechte mehrerer oder einzelner Abgeordneter* (Große u. Kleine Anfragen sowie Einzelfragen nach den §§ 100 ff. GOBT) beruhen nicht auf dem Zitierrecht des Abs. 1 (NWVerfGH, OVGE 43, 275 f.; OVG Münster, OVGE 31, 16). Sie haben ihre verfassungsrechtl. Grundlage vielmehr in Art. 38 I 2 und Art. 20 II 2 (BVerfGE 70, 355; 80, 217 f.; 124,

188 m.w.N.; vgl. auch NWVerfGH, OVGE 43, 276 f.; SächsVerfGH, SächsVBl 1995, 228; SachsAnhVerfG, NVwZ 2000, 672; SaarlVerfGH, NVwZ-RR 2003, 82; BayVerfGH 59, 178, u. die Erläut. in Art. 38 Rn. 18) und sind „Teil des Frage- und Interpellationsrechts des Parlaments", das den Abg. zu den zur Ausübung ihres Mandats erforderlichen Informationen verhelfen, mithin den sachlichen Aufgaben der Abg. dienen soll (BVerfGE 57, 5; ThürVerfGH, DVBl 2009, 246) und auch den Fraktionen als Zusammenschlüssen von BT-Abg. zusteht (BVerfGE 124, 188). Diesem – vor allem als Minderheitenrecht praktisch bedeutsamen – Informationsrecht, das wie das Fragerecht nach Abs. 1 auf Fremdinformation beschränkt ist und deshalb ebenfalls kein Recht auf Aktenvorlage und -einsicht umfasst, korrespondiert, weil anders die Funktionsfähigkeit des parl. Systems nicht zu gewährleisten ist (BVerfG, NJW 1996, 2085), grundsätzlich eine **Pflicht zur Beantwortung** durch die BReg binnen angemessener Frist (BVerfGE 57, 5; s. auch BVerfGE 80, 218 m.w.N.; 92, 136; BbgVerfG, LKV 2001, 168; HbgVerfG, LVerfGE 14, 227, 228; BayVerfGH, BayVBl 2011, 663), die i. Allg. eine Antwortverweigerung oder inhaltsleere, formelhafte (HbgVerfG, LVerfGE 14, 227; NordÖR 2011, 79; BayVerfGH, BayVBl 2011, 664), nur mit pauschalen Hinweisen versehene (BVerfGE 124, 189 f.) Antworten ausschließt. Informationsrecht und Antwortpflicht sind jedoch auch hier nicht unbegrenzt (vgl. BVerfGE 70, 355: „grundsätzlich", sowie NWVerfGH, OVGE 43, 279 ff.). Vielmehr sind mit Bezug auf den einzelnen Abg. und seine Fraktion ebenfalls die Beschränkungen zu beachten, denen das mit dem Zitierrecht des Abs. 1 verbundene Fragerecht des BTags und seiner Ausschüsse nach den Erläut. in Rn. 3 unterliegt (BayVerfGH 59, 178 ff.; s. auch BVerfG, ThürVBl 1995, 84: „sachlich eingegrenzte Informationsverlangen", sowie BT-Dr 13/6149 S. 8; zu geheimhaltungsbedürftigen Gegenständen BT-Dr 16/532 S. 4). Außerdem sind die genannten Anfragen, auch solche mit Prognosecharakter (ThürVerfGH, DVBl 2009, 246), nur zulässig, soweit sie sich auf Bereiche beziehen, für die die BReg unmittelbar oder mittelbar verantwortlich ist (BVerfGE 124, 189, 196; Beschl. des 13. BTags v. 1.10.1997, StenBer. S. 17508, i.V.m. BT-Dr 13/6149 S. 3; eingehend zur Verantwortlichkeit aus der Sicht des Landesverfassungsrechts BayVerfGH 59, 178 ff.; vgl. auch zur Organ- u. Verbandskompetenz BbgVerfG, LKV 2001, 167 f.; SaarlVerfGH, NVwZ-RR 2003, 82). Das ist auch dann der Fall, wenn sich eine Anfrage auf öffentl. Unternehmen bezieht, die im Verantwortungs- und Einwirkungsbereich der BReg privatrechtl. organisiert sind (NWVerfGH, DVBl 2008, 1381). Dagegen fehlt es an dem notwendigen Verantwortungszusammenhang, wenn die gestellten Fragen ausschließlich private Angelegenheiten eines Kabinettsmitglieds zum Gegenstand haben (s. BT-Dr 15/3642 S. 6). Auch auf Fragen, die einen Missbrauch des Fragerechts darstellen, muss eine Antwort nicht gegeben werden (BayVerfGH 54, 75; MVLVerfG, NJW 2003, 817; HbgVerfG, LVerfGE 14, 229). Fragen, die laufende Gerichtsverfahren betreffen, sind, wenn überhaupt, mit Zurückhaltung zu beantworten. Zu Begrenzungen hinsichtlich des Umfangs der Befragung (zum Umfang s. etwa die Angaben in BT-Dr 15/5181 S. 2) und der Antwortpflicht vgl. BayVerfGH 54, 75 ff.; 59, 182 f., zur Beachtung und Handhabung der für die Beantwortung parl. Anfragen vorgesehenen Fristen BT-Dr 15/5181 S. 2 f. Durch die Einsetzung eines parl. Untersuchungsausschusses, durch das Parl. Kontrollgremium nach Art. 45 d und durch die Befassung des Ältestenrats des BTags (Art. 40 Rn. 2) mit Angelegenheiten, die Gegenstand parl. Fragen sind, wird das Fragerecht der Mitglieder des BTags und der Parlamentsfraktionen nicht verdrängt (BVerfGE 124, 190 ff.).

**Absatz 2: Zutritts- und Anhörungsrecht**

5 *Satz 1* garantiert den Mitgliedern des BRats (vgl. dazu Art. 51 Rn. 1) und der BReg (s. Art. 62 u. Erläut. dazu) sowie ihren Beauftragten das **Recht** des jederzeitigen **Zutritts** zu den Sitzungen des BTags(plenums) und seiner Ausschüsse. Dabei sind mit „*Sitzungen*" nur die nach außen gerichteten Zusammenkünfte und Beratungen gemeint; interne Besprechungen werden also nicht erfasst (vgl. auch Art. 53 Rn. 2). Das Zutrittsrecht gilt für *alle* Ausschüsse, also auch für Untersuchungsausschüsse und den auf gesetzl. Grundlage eingerichteten Wahlprüfungsausschuss (hinsichtlich dieser Ausschüsse nur mit Einschränkungen gleicher Auffassung z.B. Schröder, BK, Art. 43 Rn. 73 ff., 76 ff.), nicht jedoch für das Parl. Kontrollgremium nach Art. 45 d (BT-Dr 16/12412 S. 6). Geheimsitzungen sind von der Zutrittsberechtigung zu Plenum und Ausschüssen nicht ausgenommen (s. auch BVerfGE 74, 8 f., allerdings mit der Maßgabe, dass nur *ein* Mitglied oder Beauftragter des BRates u. der BReg zugangsberechtigt sein soll). *Beauftragte* des BRats können neben den Mitgliedern einer LReg, die nicht auch Mitglied des BRats sind, vor allem Ministerialbeamte der Länder, Beauftragte der BReg neben Parl. Staatssekretären (vgl. § 14 II 1 GOBReg) beamtete Staatssekretäre und andere Bedienstete der Bundesressorts sein. Die Zutrittsberechtigten unterliegen der allg. Ordnungsgewalt des BTPräs (Art. 40 II 1) und des Ausschussvorsitzenden.

6 Mit *Satz 2* wird den Vertretern von BRat und BReg ein Recht auf Gehör eingeräumt. Mit diesem **Anhörungsrecht** ist zwar ein auf Meinungsäußerungen beschränktes Rederecht (vgl. auch § 44 mit § 43 GOBT), nicht aber ein Mitgestaltungsrecht, insbes. kein Antragsrecht verbunden. Mitgeschützt ist das Recht, zu allen dem BTag zugegangenen Gesetzesvorlagen Stellung zu nehmen, auch und vor allem zu solchen, die gemäß Art. 76 I beim BTag aus dessen Mitte (dazu Art. 76 Rn. 2) eingebracht worden sind (vgl. BVerwG, NuR 2009, 483). Die **Redebefugnis** ist zeitlich unbeschränkbar („*jederzeit*"; s. BVerfGE 96, 286) und gibt dem Berechtigten das Recht, auch außerhalb der Tagesordnung und nach Schluss der Beratung (BVerfGE 10, 17), nicht jedoch während des Redebeitrags eines Abg. oder während einer Abstimmung, das Wort zu ergreifen. Im Übrigen wird das Rederecht durch die GOBT näher ausgestaltet (SächsVerfGH, NVwZ-RR 2011, 130 ff.). Äußerste Grenze für die Ausübung dieses Rechts ist das Missbrauchsverbot (BVerfGE 10, 18). Eine Anrechnung der Redezeit der Mitglieder oder Beauftragten der BReg auf die Redezeiten der Mehrheitsfraktion(en) ist unzulässig (BVerfGE 10, 18 ff.). Die Mitglieder des BRats und ihre Beauftragten sind nicht darauf beschränkt, im BTag und in seinen Ausschüssen entsprechend § 33 GOBR nur die Auffassung des BRats zur Geltung zu bringen. Sie können vielmehr dort auch die Meinung ihres Landes vertreten (a.A. Leisner in Sodan, Art. 43 Rn. 8). Denn bei dem Rederecht handelt es sich nicht um eine dem BRat als Verfassungsorgan insgesamt zustehende Befugnis, sondern um ein Individualrecht der einzelnen BRatsmitglieder (BVerfGE 125, 129) und ihrer Beauftragten. Die Inanspruchnahme dieses Rechts setzt einen besonderen Auftrag durch den BRat nicht voraus. Anders ist es nur im Fall des § 33 GOBR, nach dem der BRat seine Mitglieder beauftragen kann, seine Beschlüsse im BTag und in dessen Ausschüssen zu vertreten (BVerfGE 125, 129).

## Artikel 44 [Untersuchungsausschüsse]

(1) Der Bundestag hat das Recht und auf Antrag eines Viertels seiner Mitglieder die Pflicht, einen Untersuchungsausschuß einzusetzen, der in öffentlicher Ver-

handlung die erforderlichen Beweise erhebt. Die Öffentlichkeit kann ausgeschlossen werden.

(2) Auf Beweiserhebungen finden die Vorschriften über den Strafprozeß sinngemäß Anwendung. Das Brief-, Post- und Fernmeldegeheimnis bleibt unberührt.

(3) Gerichte und Verwaltungsbehörden sind zur Rechts- und Amtshilfe verpflichtet.

(4) Die Beschlüsse der Untersuchungsausschüsse sind der richterlichen Erörterung entzogen. In der Würdigung und Beurteilung des der Untersuchung zugrunde liegenden Sachverhaltes sind die Gerichte frei.

**Allgemeines:** Bei den in Art. 44 geregelten Untersuchungsausschüssen (UA) handelt es sich um eine traditionelle, zum Kern der Parlamentsautonomie gehörende (BVerfGE 102, 236), der Öffentlichkeit polit. Herrschaft dienende (BVerfGE 118, 353) Einrichtung zur Regierungskontrolle und zur Information der Volksvertretung überhaupt. Ursprünglich vor allem ein Instrument des Parlaments zur Aufdeckung von Missständen in Regierung und Verwaltung, sind die UA im parl. Regierungssystem (s. vor Art. 62 Rn. 3) **mehr und mehr** zu einer **Stätte der Auseinandersetzung zwischen Opposition und Regierungsmehrheit** geworden. Wegen des Übergewichts der Mehrheit, vor allem mangels eines gegen die Mehrheit früher nicht durchsetzbaren Beweisantragsrechts der Minderheit ist die Arbeit vieler UA ohne vollen Aufklärungserfolg geblieben. Der UA ist wie alle anderen Ausschüsse ein **Hilfsorgan des Bundestags**, das dessen auch nach der UA-Einsetzung fortbestehendes Untersuchungsrecht ausübt, mit besonderen Rechten ausgestattet und deswegen im Organstreitverfahren nach § 63 BVerfGG – wie auch die Einsetzungsminderheit (s. Rn. 5) – parteifähig ist (vgl. BVerfGE 105, 219 f. m.w.N.; 113, 120 f.; 117, 367; 124, 106 f., sowie Art. 93 Rn. 7). Das parl. Fragerecht (zu ihm Art. 43 Rn. 3 f.) wird durch die Einsetzung eines UA nicht verdrängt (BVerfGE 124, 192). Die BReg kann aber in ihrer Antwort auf die Aufklärung des Sachverhalts im UA verweisen. Die **Enquete-Kommissionen** des § 56 GOBT sind weder UA noch überhaupt Ausschüsse im parlamentsrechtl. Sinne (zu Aufgabe u. Befugnissen s. Absprache des BTagspräsidiums, BT-Dr 13/4477 S. 6). Ihre verfassungsrechtl. und einfachgesetzl. Absicherung ist mehrfach gescheitert (vgl. BT-Dr 12/6000 S. 92). 1

**Absatz 1: Einsetzung der Untersuchungsausschüsse**

**Zweck:** Die Einsetzung von UA nach Art. 44 kann der Regierungs- und Behördenkontrolle im Bund, der Beschaffung von Gesetzgebungsmaterial und jedem anderen im Aufgabenbereich des BTags liegenden Informationszweck einschl. der Wahrung des Ansehens des BTags (dazu BVerfGE 94, 367) dienen. Gegenstand sind auch interne parl. Vorgänge (im Rahmen des Schutzes von Fraktions- u. Oppositionsrechten); vgl. RhPfVerfGH, DVBl 2010, 1504 ff. Art. 44 und Ausführungsgesetz (Rn. 4) sind so auszulegen, dass sie eine wirksame parl. Kontrolle gewährleisten (BVerfGE 124, 114 m.w.N.). Im vorgegebenen Rahmen kann ein UA seine Ermittlungen auch auf private Lebensbereiche erstrecken, wenn das im *öffentlichen Interesse* liegt (s. dazu BVerfGE 77, 43 ff.; ähnlich BayVerfGH, NVwZ 2002, 715 m.w.N.; BWStGH, ESVGH 58, 34; BT-Dr 14/5790 S. 14). Auch „Justizenqueten" sind zulässig, soweit sie die richterl. Unabhängigkeit unberührt lassen. Zu Untersuchungen in Verteidigungsfragen vgl. Art. 45 a II und III. 2

**Aufgaben:** Die UA können nur Tatsachen feststellen und werten sowie Empfehlungen aussprechen, nicht aber mit eigenen Entscheidungen in staatl. oder priva- 3 te Verhältnisse eingreifen. Lediglich zur Durchführung ihrer Untersuchungen ist den UA eine gewisse behördliche Stellung nach Maßgabe der Abs. 2 und 3 eingeräumt. Das Untersuchungsverfahren ist begrenzt auf die verfassungsmäßige Zuständigkeit des BTags (§ 1 III PUAG; zum Gesetz s. näher Rn. 4), erfasst also Landesangelegenheiten nur ausnahmsweise, soweit sie – etwa im Fall des Informationsaustauschs – als Beweismaterial für das bundesrelevante Untersuchungsergebnis ohne Bewertung landesbehördlichen Handelns bedeutsam sind (vgl. BT-Dr 13/10800 S. 48; für den umgekehrten Fall Land/Bund s. BVerwGE 109, 266 f.). Zur Bindung an Grundrechte s. Rn. 7.

4 Das **Verfahren** der UA ist in Art. 44 nur mit wenigen Vorgaben geregelt. Ausführungsgesetz ist das **Untersuchungsausschussgesetz** (PUAG) vom 19.6.2001 (BGBl I S. 1142). Es sieht aus rechtsstaatl. Gründen mit Blick auf alle an einer Untersuchung Beteiligten oder von ihr Betroffenen sowie im Verhältnis zwischen Parlament und Regierung, aber auch zur Sicherung der verfassungsrechtl. verankerten Minderheitsrechte eine ausdrückliche gesetzl. Regelung, eine späte Kodifizierung aus einem Guss, über die Einsetzung und das Verfahren der UA vor (vgl. BT-Dr 14/5790 S. 11). Die Verfahrensherrschaft liegt in den Händen der Ausschussmehrheit (Art. 42 II, § 9 IV PUAG). Jedoch ist Art. 44 I 1 minderheitsschützend und damit auch auf einen Ausgleich des durchgängigen Spannungsverhältnisses zwischen Mehrheitsprinzip und qualifiziertem Minderheitsrecht angelegt (s. BVerfGE 105, 222 f.). Für die Teilnahme der Mitglieder und Beauftragten der BReg und des BRats gilt Art. 43 (problematisch, wenn selbst später als Zeuge vorgesehen; vgl. BT-Dr 13/10800 S. 49); zur Teilnahme des Bundesrechnungshofs s. BT-Dr 13/10900 S. 32, 37.

5 Die **Einsetzung** eines UA bedarf eines Plenarbeschlusses des BTags. Der Beschluss hat Stärke und Zusammensetzung des Ausschusses (vgl. § 4 PUAG) und für diesen bindend den Gegenstand der Untersuchung zu bestimmen (§§ 3, 4 PUAG). Der Gegenstand muss hinreichend konkretisiert sein und die Aufklärung im öffentl. Interesse (s. Rn. 2) liegen. Dem Einsetzungsantrag einer qualifizierten Minderheit (25 vH-Quorum, Bezugspunkt: gesetzl. Mitgliederzahl, vgl. Pestalozza, LKV 2008, 51; BWStGH, ESVGH 58, 17 f., u. Art. 121 Rn. 2) ist unverzüglich stattzugeben, es sei denn, dass er verfassungswidrig ist (dazu BWStGH, ESVGH 58, 23). Bei Rechtsmängeln, die nur einzelne Punkte betreffen, ist Teilstattgabe geboten (§ 2 III PUAG). Der Untersuchungsgegenstand eines Minderheitsantrags darf gegen den Willen der Minderheit nicht verändert werden (§ 2 II, § 3 PUAG); zulässig sind allenfalls eine klarere Fassung und die Einbeziehung von Zusatzfragen zwecks Gewinnung eines wirklichkeitsgetreuen Bildes des Untersuchungsgegenstands (BVerfGE 49, 86 ff.). Die §§ 5–9 PUAG treffen Regelungen über die Benennung der UA-Mitglieder durch die Fraktionen, den Vorsitz, die Einberufung der Sitzungen und die Beschlussfähigkeit. Die in Art. 44 I 1 und 2 angesprochene Öffentlichkeit wird in den §§ 12–14 PUAG konkretisiert. Dem Prinzip kommt im demokratischen Parlamentarismus (s. schon Rn. 1) ein besonderer Stellenwert zu (s. BVerfGE 124, 126).

### Absatz 2: Beweiserhebungen

6 *Satz 1*: Die **Vorschriften über Beweiserhebungen im Strafprozess** (StPO u. GVG) sind sinngemäß anzuwenden. Orientierungspunkt ist mithin die Aufklärung eines Sachverhalts zu polit. Zwecken und nicht zur Prüfung der Schuld oder Unschuld einer individuellen Person (kein Beschuldigter; vgl. BVerfGE 93, 205). Die Vorschriften i.S. des Abs. 2 Satz 1 werden in den §§ 10 ff. PUAG konkretisiert. Vorgesehen ist darin die Möglichkeit einer „Untersuchung" durch einen unabhängi-

gen, mit Zweidrittelmehrheit zu wählenden *Ermittlungsbeauftragten* (§ 10 PUAG), der die Vorarbeit der Beschaffung und Sichtung des Beweismaterials sowie der Aufbereitung der zu beurteilenden Sachverhalte in tatsächlicher und rechtl. Hinsicht leisten soll (Vorermittlung mit anschließendem Bericht einschl. Verfahrensvorschlag; Erfahrungsbericht über das erstmals 2007 praktizierte Verfahren bei Hoppe, ZParl 2008, 477 ff.). Bedenken wegen der Unmittelbarkeit der Beweisaufnahme (Schneider, NJW 2001, 2608; 2002, 1328) greifen im Hinblick auf die Relativierung des Grundsatzes im Wege der entsprechenden Anwendung und die weitgehende Aussparung des Außenverhältnisses zum Bürger nicht durch. Die Übertragung unterstützender Hilfstätigkeit an einen externen Dritten ist durch gesetzl. Beleihung (s. Art. 33 Rn. 15) gerechtfertigt. Hervorzuheben sind weiter die – von der Zustimmung der Betroffenen abhängige – Zulässigkeit von Fernsehübertragungen bei Zeugenvernehmungen (§ 13 I PUAG) und Regelungen über Geheimschutz und Amtsverschwiegenheit (§§ 15 f. PUAG). Für Zulässigkeit der Einholung von Rechtsgutachten nach Landesrecht HessStGH, DVBl 2012, 171 f.; a.A. Brocker, DVBl 2012, 174. Dem UA stehen Zeugen (§§ 48 ff. StPO), Urkunden und andere Schriftstücke (§§ 249 ff. StPO) sowie Sachverständige und Augenschein (§§ 72 ff. StPO) zur Verfügung. Zur Beweiserhebung gemäß Abs. 1 Satz 1 gehört über die Beweisaufnahme i.e.S. (§ 244 I StPO) hinaus der gesamte Vorgang der Beweisverschaffung, -sicherung und -auswertung, außer der Vernehmung also bereits die Ladung von Zeugen, außer der Durchsicht und Auswertung der Dokumente auch schon deren Anforderung. Für die Beweiserhebung bedarf es eines förmlichen Beweisbeschlusses (§ 17 I PUAG) mit genauer Angabe der Beweismittel und Beweistatsachen. Das Beweisziel muss erkennbar, die jeweilige Beweismittel müssen abgrenzbar sein (vgl. zum Ganzen BVerfGE 124, 115). „Die Einsetzungsminderheit muss im Rahmen des Untersuchungsauftrags und innerhalb des Mehrheitsprinzips über die Beweiserhebung mitbestimmen können. Der Umfang dieses Mitgestaltungsanspruchs kann zwar nicht weiter reichen als derjenige der Mehrheit, ist diesem aber grundsätzlich vom Gewicht her gleich zu erachten. Mehrheit und qualifizierte Minderheit müssen beide ihre Vorstellungen von einer sachgemäßen Aufklärung angemessen durchsetzen können" (BVerfGE 105, 223). Der Mitgestaltungsanspruch der qualifizierten Minderheit hindert den einfachen Gesetzgeber nicht, von einer Regelung über die Erzwingung der Gegenüberstellung von Zeugen gegen den Willen der Mehrheit abzusehen (BGHSt 55, 261 ff.). Das Recht der qualifizierten Minderheit auf angemessene Berücksichtigung ihrer Beweisanträge (auch im Rahmen einer Mehrheitsenquete) wird in § 17 II und III PUAG im Einzelnen gewährleistet (zum geminderten Schutz einer „einfachen" Minderheit BGH, NStZ-RR 2009, 356). Zum Anspruch der Minderheit, die Beweisaufnahme bis zur Auflösung des BTags fortzusetzen, vgl. BVerfGE 113, 126 f. Bei der **Zeugen**vernehmung (§ 24 PUAG) wird auf die Möglichkeit der Vereidigung verzichtet (für Unzulässigkeit unter Hinweis auf § 162 II StGB n.F. HessStGH, LKRZ 2012, 17 f.; a.A. Brocker, JZ 2011, 718 ff., u. DVBl 2012, 175 f.). BReg und Bundesbehörden sind in einem dem Untersuchungszweck weitestmöglich gerecht werdenden Umfang zur **Aktenvorlage** (§ 18 PUAG; Anspruch hat nach BVerfGE 67, 134, Verfassungsrang), zur Auskunft von Regierungsmitgliedern und zur Erteilung von Aussagegenehmigungen (§ 23 PUAG) verpflichtet.

Die **verfassungsrechtlichen Begrenzungen** des Beweiserhebungsrechts ergeben sich aus    7

a) dem im Einsetzungsbeschluss zu bestimmenden *Untersuchungsauftrag* (§ 17 I i.V.m. § 1 II, § 3 PUAG; Prüfungsrecht der BReg, ob Beweiserhebung den Auftrag betrifft);

b) dem im Gewaltenteilungsgrundsatz enthaltenen *Kernbereich exekutiver Eigenverantwortung* mit einem grundsätzlich nicht ausforschbaren Initiativ-, Beratungs- und Handlungsbereich; dazu gehört die Willensbildung der Regierung (Erörterungen im Kabinett u. Vorbereitung von Kabinetts- sowie Ressortentscheidungen); Kontrollkompetenz bezieht sich i.d.R. nur auf abgeschlossene Vorgänge, nicht auf laufende Verhandlungen und Entscheidungsvorbereitungen; einem auch danach noch bestehenden Geheimhaltungsinteresse kann der Grundsatz der Wirksamkeit parl. Kontrolle (s. Rn. 2) entgegengehalten werden; erforderlich ist eine Abwägung der gegenläufigen Belange im Einzelfall; die Schutzwürdigkeit von Information aus der Vorbereitungsphase wächst mit der Nähe zu der gubernativen Entscheidung; umgekehrt kommt dem parl. Informationsinteresse ein besonders hohes Gewicht zu, wenn es um die Aufdeckung möglicher Rechtsverstöße und vergleichbarer Missstände geht;

c) dem *Wohl des Bundes* oder eines Landes (Staatswohl), das durch die Aktenvorlage und die Erteilung der Aussagegenehmigung gefährdet werden kann (analog §§ 96, 54 I StPO i.V.m. § 68 I BBG, § 37 IV BeamtStG; § 7 I BMinG, § 44 d III AbgG; Hinweis auf allein verfassungsrechtl. Grenzen in § 18 I, § 23 II i.V.m. § 18 I PUAG); da das Staatswohl BTag und BReg gemeinsam anvertraut, der UA nicht als Außenstehender anzusehen ist und das PUAG einen eigenen Geheimschutz vorsieht (§ 14 I Nr. 4, §§ 15–16, 18 II), wird nach der Rspr. nur in sehr seltenen Fällen die Verweigerung der Aktenvorlage und eine Beschränkung der Aussagegenehmigung wegen drohender Gefährdung des Staatswohls (einschl. der Kontakte zu ausländischen Geheimdiensten) in Betracht kommen;

d) der Beachtung der *Grundrechte* durch den UA (Art. 1 III); die sinngemäß anzuwendenden StPO-Bestimmungen stellen grundsätzlich eine ausreichende Grundlage für der Beweiserhebung verbundene Grundrechtseingriffe dar; die fallbezogene Anwendung des Grundsatzes der Verhältnismäßigkeit spielt hauptsächlich eine Rolle bei der Einschränkung des allg. Persönlichkeitsrechts einschl. des Rechts auf informationelle Selbstbestimmung; Beweiserhebungsrecht und Datenschutz stehen sich grundsätzlich gleichrangig gegenüber und müssen im Einzelfall so zugeordnet werden, dass beide so weit wie möglich ihre Wirkungen entfalten; zur Beachtung des Art. 10 s. Rn. 9;

e) dem Gesichtspunkt des *Rechtsmissbrauchs* (z.B. Zurückweisung von Beweisanträgen die offensichtlich der Verzögerung dienen); vgl. auch HessStGH, DVBl 2012, 170).

Vgl. zum Ganzen zusammenfassend BVerfGE 124, 118 ff. m.w.N. Zulässig ist die Heranziehung von Material nach § 22 des Stasi-Unterlagen-G i.d.F. vom 18.2.2007 (BGBl I S. 162; zu einschränkend interpretiert durch LG Kiel, NJW 1996, 1976, u. BT-Dr 14/5555 S. 42 f.), unzulässig die Beiziehung von Protokollen der Parl. Kontrollkommission (str.; s. BT-Dr 13/10800 S. 34 f.).

8 Der UA kann Ordnungsgelder verhängen und – das weicht vom Ausgangspunkt von BVerfGE 77, 55, ab – die Durchsicht und Prüfung der Beweiserheblichkeit von (auch zwangsweise erlangten) Beweismitteln selbst vornehmen (§ 30 II PUAG). **Zwangsmaßnahmen** wie Beschlagnahme, Durchsuchung und Erzwingungshaft bedürfen – wie früher (vgl. BVerfGE 76, 385, 388 ff.; 77, 51 f.) – richterl. Entscheidung (§ 29 II 2, § 27 II PUAG) unter Beachtung des Verhältnis-

mäßigkeitsgrundsatzes (s. BVerfG, NVwZ 2002, 1500, in einem Landesrechtsfall). Dafür und für **Rechtsstreitigkeiten** ist die Regelzuständigkeit des BGH (Ermittlungsrichter) gegeben, soweit nicht – wie in § 2 III 2, § 18 III, § 36 II PUAG und ohnehin in Art. 93, § 13 BVerfGG vorgesehen – die Zuständigkeit des BVerfG bestimmt ist (§ 36 I, III PUAG). Der BGH ist danach nicht für Verfassungsfragen zuständig, sondern für die Überprüfung der Ausschussarbeit im Einzelnen in Gestalt der Ordnung des Untersuchungsverfahrens i.e.S. Der verfassungsrechtl. Charakter einer im Organstreitverfahren zu klärenden Frage wie der nach Umfang und Inhalt der Rechte der Einsetzungsminderheit wird nicht dadurch berührt, dass gleichzeitig eine PUAG-Norm betroffen ist (BVerfGE 113, 123; 124, 104). Vgl. auch nachfolgend Rn. 10. Bedenklich ist die gängige Vorabbewertung der Beweisaufnahme durch UA-Mitglieder (s. Schaefer, NJW 1998, 434); ein Zurückhaltungsgebot findet sich nur für Ermittlungsbeauftragte in § 10 III 1 PUAG. Großzügiger BGHSt 55, 266, im Hinblick auf Presseerklärungen und andere Öffentlichkeitsarbeit durch die Ausschussminderheit.

Das **Brief-, Post- und Fernmeldegeheimnis** (Art. 10) bleibt nach *Satz 2* „unberührt", d.h. wird in seiner Geltung nicht beeinträchtigt (BVerwG, NJW 1990, 135) oder in Frage gestellt (BVerfGE 115, 63). Der UA wird also insoweit nicht mit den Zwangsmitteln der StPO (§§ 99 ff.) ausgestattet (Einschränkung von Satz 1, keine Beschlagnahme von Postsendungen, kein Abhören von Telefonaten). Das BVerfG (BVerfGE 124, 127 f.) verwehrt dem UA aber mit Recht nicht jeden Zugriff auf Akten schon dann, wenn sich darin Ergebnisse vorangegangener Eingriffe in das Grundrecht aus Art. 10 finden. Ohne sich festzulegen, hält es – im Gegensatz zum strafprozessualen Beweisverwertungsverbot – eine Kenntnisnahme und Verwertung von Informationen für sinnvoll, wenn sie der Aufdeckung von Rechtsverstößen als Ziel des UA dienen.

### Absatz 3: Rechts- und Amtshilfe

§ 18 IV 1 PUAG betont insbes. die Verpflichtung zur Vorlage sächlicher Beweismittel. Abs. 3 hat nur klarstellende Bedeutung. Denn UA haben im Rahmen der Beweiserhebung wie die Gerichte die Stellung von Behörden i.S. des Art. 35 I (BVerfG, NVwZ 1994, 55; BVerwGE 109, 268; s. auch Art. 35 Rn. 2). Sie können Einsicht in staatsanwalthaftliche Ermittlungsakten verlangen (KG, NStZ 1993, 403). Laufende Hauptverhandlung kann Aktenversendung entgegenstehen (OLG Stuttgart, NJW 1996, 1976). Die Auffassung von BGHSt 46, 262 f., der Rechtsweg nach den §§ 23 ff. EGGVG sei gegeben, ist durch die gesetzl. Bestimmung der Zuständigkeit des BGH-Ermittlungsrichters (§ 18 IV 2 PUAG) überholt. Zur Amtshilfe von UA für Gerichte vgl. BT-Dr 13/10900 S. 37 f., zum Informationsaustausch mit LTags-UA BT-Dr 13/10800 S. 30 f.

### Absatz 4: Untersuchungsausschüsse und Gerichte

In Abs. 4 hat der Rechtsgedanke der Parlamentsautonomie einen besonderen Ausdruck gefunden (BVerfGE 99, 341). Ausschuss- und Gerichtsuntersuchungen in derselben Sache sind möglich. UA und Gerichte sind in der Ermittlung und Beurteilung der Sachverhalte voneinander unabhängig. Aus Gründen der Gewaltentrennung dürfen die UA jedoch keine strafrechtl. „Vorverurteilungen" vornehmen (zu öffentl. Vorverurteilungen ausführlich BT-Dr 10/4608). Abschlussberichte von UA sind richterl. Erörterung grundsätzlich entzogen. Zu beachten ist, dass vom Abschlussbericht potentiell Betroffene zu den einschlägigen Entwurfspassagen anzuhören und ihre Stellungnahmen im Bericht wiederzugeben sind (§ 32 PUAG). BVerfG, NVwZ 1993, 357, hält (nach altem Recht; vgl. jetzt § 36

**9**

**10**

**11**

PUAG) fachgerichtl. Rechtsschutz bei gewichtigen Grundrechtsverletzungen immerhin für möglich (wie OVG Hamburg, NVwZ 1987, 610 f.).

## Artikel 45 [Ausschuss „Europäische Union"]

**Der Bundestag bestellt einen Ausschuß für die Angelegenheiten der Europäischen Union. Er kann ihn ermächtigen, die Rechte des Bundestages gemäß Artikel 23 gegenüber der Bundesregierung wahrzunehmen. Er kann ihn auch ermächtigen, die Rechte wahrzunehmen, die dem Bundestag in den vertraglichen Grundlagen der Europäischen Union eingeräumt sind.**

Art. 45 mit dem jetzigen Regelungsgehalt der Sätze 1 und 2 ist im Zusammenhang mit Art. 23 durch G vom 21.12.1992 (BGBl I S. 2086) in das GG eingefügt, Satz 3 im Zuge der Ratifizierung des Vertrags von Lissabon durch G vom 8.10.2008 (BGBl I S. 1926, vgl. auch Art. 23 Rn. 1) angefügt worden. *Satz 1* schafft die verfassungsrechtl. Verpflichtung, für die Angelegenheiten der EU (zu diesem Begriff s. Art. 23 Rn. 20) einen besonderen BTagsausschuss zu bestellen, um die Rolle des BTags im europäischen Integrationsprozess beim Vollzug des Art. 23 Ia-III zu stärken. Es handelt sich um den vierten im GG geforderten Ausschuss (zu den anderen vgl. die Kommentierung in Art. 45 a Rn. 1 u. Art. 45 c Rn. 1). Er unterscheidet sich von allen übrigen BTagsausschüssen, auch dem früheren EG-Ausschuss, durch die Regelung in *Satz 2 und 3*: Der BTag kann den Ausschuss ermächtigen, ihm als Verfassungsorgan zustehende Rechte wahrzunehmen, die sonst nur der Vollversammlung zustünden („Rechtsstellung kraft Delegation"; Scholz in Maunz/Dürig, Art. 45 Rn. 6). In Satz 2 geht es dabei um die dem BTag gemäß Art. 23 II und III gegenüber der BReg zustehenden Rechte, also um die Rechte zur Mitwirkung und Stellungnahme (s. dazu Art. 23 Rn. 20 f.). Darin liegt eine gewisse Parallele zu der – noch weitergehenden – Regelung für die Europakammer des BRats (s. dazu Art. 52 Rn. 7). Möglich sind die Ermächtigung des EU-Ausschusses durch BTagsbeschluss im Einzelfall (§ 93 b II 1 GOBT) oder die Wahrnehmung der Generalermächtigung des § 93 b II 2 GOBT, die allerdings voraussetzt, dass kein anderer an der Beratung der betr. Vorlage beteiligter Ausschuss widerspricht. Von beiden Varianten ist in der Vergangenheit kaum Gebrauch gemacht worden. Zum Verfahren im Einzelnen: §§ 93, 93 a, 93 b GOBT; zur Begründung vgl. BT-Dr 13/89 S. 4 ff. Satz 3 erweitert die Möglichkeit der Ermächtigung des EU-Ausschusses auf Rechte, die dem BTag unmittelbar gegenüber der EU zustehen. Gemeint sind damit nach derzeitigem Stand insbes. die Subsidiaritätsrüge (Art. 6 des zu Art. 5 III [2] EUV vereinbarten Protokolls über die Anwendung der Grundsätze des Subsidiarität und der Verhältnismäßigkeit; zur Zuständigkeit des Ausschusses s. § 93 c GOBT), die Subsidiaritätsklage (Art. 8 dieses Protokolls; zur Zuständigkeit des Ausschusses vgl. § 93 d I, IV GOBT) und die Ablehnungsrechte nach Art. 48 VII (3) EUV und Art. 81 III (3) AEUV (s. dazu Art. 23 Rn. 7, 19).

## Artikel 45 a [Ausschüsse für Auswärtiges und für Verteidigung]

**(1) Der Bundestag bestellt einen Ausschuß für auswärtige Angelegenheiten und einen Ausschuß für Verteidigung.**

(2) Der Ausschuß für Verteidigung hat auch die Rechte eines Untersuchungsausschusses. Auf Antrag eines Viertels seiner Mitglieder hat er die Pflicht, eine Angelegenheit zum Gegenstand seiner Untersuchung zu machen.

(3) Artikel 44 Abs. 1 findet auf dem Gebiet der Verteidigung keine Anwendung.

**Absatz 1: Ausschüsse für Auswärtiges und für Verteidigung**

Im Rahmen seiner Geschäftsordnungsautonomie (Art. 40 I 2, § 54 I 1 GOBT)   1
liegt es grundsätzlich in der Hand des BTags, welche **Ausschüsse** er bilden will.
Von deren Existenz *im Allgemeinen* geht das GG in Art. 42 III, Art. 43 und
Art. 46 I aus. Einfachgesetzl. Vorgaben sind selten (z.b. für den Wahlprüfungsausschuss gemäß § 3 WPrüfG). Art. 45 a I schreibt zur Verstärkung der parl.
Kontrolle die Bestellung je eines Ausschusses für auswärtige Angelegenheiten und
für Verteidigung vor und nennt mit diesen zwei der zusammen mit dem Ausschuss für die Angelegenheiten der EU (Art. 45) und dem Petitionsausschuss
(Art. 45 c) insgesamt vier vom GG selbst geforderten Ausschüsse (Pflichtaus-
schüsse; vgl. § 54 II GOBT; s. als weitere Pflichteinrichtung außerdem das Parl.
Kontrollgremium gemäß Art. 45 d). Diese Verstärkung im Bereich der Verteidi-
gungs- und der insoweit mitbetroffenen Außenpolitik hängt mit dem einschlägigen „konstitutiven Parlamentsvorbehalt" und der hier durchgehenden parl. Be-
gleitung des Handelns der BReg zusammen (BVerfGE 90, 383, 385; hier – S. 388
– u. in BVerfGE 121, 167, Betonung der Vorbereitung des Beschlusses über den
Streitkräfteeinsatz in den zuständigen Ausschüssen; vgl. auch vor Art. 62 Rn. 3 u.
Art. 65 a Rn. 6). **Auswärtige Angelegenheiten** (s. Art. 73 I Nr. 1) sind solche, die
mit Ausnahme der in Art. 45 geregelten für das Verhältnis der Bundesrepublik
Deutschland zu anderen Staaten oder zwischenstaatl. Einrichtungen, insbes. für
die Gestaltung der Außenpolitik, Bedeutung haben, auch Kontakte wirtsch. und
kultureller Art (BVerfGE 100, 368 f.; 110, 67; BGHSt 53, 132), nicht aber innerstaatl. Maßnahmen zum Schutz der auswärtigen Beziehungen oder mit Auswirkungen auf diese (BVerwGE 131, 338). Mit **Verteidigung** ist in Art. 45 a nur die
militärische Verteidigung i.S. der Abwehr eines bewaffneten Angriffs (BVerfGE
67, 179) einschl. ihrer administrativen Organisation gemeint, nicht auch der
nicht beim BMVg, sondern beim BMI ressortierende Zivilschutz (s. die abw.
„einschl." -Fassung von Art. 17 a II, Art. 73 I Nr. 1 u. Art. 87 b II 1). Beide Ausschüsse haben nicht mehr Rechte, als im Aufgabenbereich des BTags liegen. Zum
Kernbereich exekutiver Eigenverantwortung vgl. Art. 43 Rn. 3, Art. 44 Rn. 7
Buchst. b, speziell außenpolit.: BVerfGE 90, 389 f. Zu den Konsequenzen daraus
für die parl. Fragerechte s. Art. 43 Rn. 3 f., für das Akteneinsichtsrecht der Abg.
BbgVerfG, NVwZ-RR 1998, 211.

**Absatz 2: Untersuchungsrecht des Verteidigungsausschusses**

Abs. 2 gibt dem Verteidigungsausschuss (VA) die Rechte eines Untersuchungs-   2
ausschusses (UA), die durch förmliche Konstituierung – auch ohne Mehrheitsentscheidung auf Grund eines Antrags einer qualifizierten Minderheit – aktiviert
werden. Der VA führt seine Untersuchungen, weil er **Untersuchungsausschuss
kraft „Gesetzes"** ist, in Abweichung der sonst für UA geltenden Regel aus
eigenem Entschluss (Beispiel: BT-Dr 13/11005 S. 12). Die Bestellung des VA
durch den BTag ersetzt die sonst durch Einsetzungsbeschluss erfolgende Aufgabenübertragung. Damit ist „sichergestellt, dass sämtliche Vorgänge des Verteidi-
gungswesens jederzeit und auf alleinige parl. Initiative vom VA untersucht werden können" (BVerfGE 90, 385). Das Untersuchungsrecht des VA unterliegt im
Prinzip den gleichen Schranken, die den übrigen UA durch Art. 44 gezogen sind

(vgl. dort Rn. 2 f., 5 ff.). § 34 PUAG (s. allg. Art. 44 Rn. 4) enthält eine Ausführungsbestimmung zu Art. 45 a II. Danach gelten für das Verfahren die Vorschriften des PUAG unmittelbar, für Einsetzung und Untersuchungsauftrag (§§ 1–3 PUAG) dagegen entsprechend (d.h. u.a. keine Untersuchung im Auftrag des Plenums). Den Vorsitz führt der Vorsitzende des VA. Zur Durchführung der Untersuchung kann ein Unterausschuss eingesetzt werden, in den auch stellvertretende Mitglieder des VA entsandt werden können. Der VA bleibt, auch soweit er *für den Bundestag* die Rechte eines UA ausübt, *Hilfsorgan* des Parlaments (BVerfGE 77, 41; allg. zum Bezug auf die Effektivität vgl. BVerfGE 106, 270/Sondervotum). Eine Berichtspflicht gegenüber dem Plenum besteht nach § 34 IV 2 PUAG; eine Aussprache darf sich nur auf den veröffentlichten Bericht beziehen.

**Absatz 3: Ausschluss besonderer Untersuchungsausschüsse**

3 Da bereits der VA die Rechte eines UA hat, ist das allg. Recht des BTags, UA zu bilden, **für das Gebiet der Verteidigung** ausdrücklich ausgeschlossen. Die Vorschrift monopolisiert den VA als Hilfsorgan gegenüber anderen UA, nicht aber gegenüber dem Organ BTag, dessen Aufgaben er, legitimiert durch seine Bestellung (BVerfGE 77, 41), ausübt, jedoch nicht verdrängt. Ausgeschlossen ist aber auch die Anwendung des Art. 44 I 2. Die Sitzungen des VA als UA sind nach § 69 I GOBT vertraulich und nicht, wie in dem durch Abs. 3 ausgeschalteten Art. 44 I i.V.m. § 13 I 1 PUAG für die Beweiserhebung in UA vorgeschrieben, öffentl. (lückenhafte Verweisungstechnik des § 34 IV 1 PUAG).

## Artikel 45 b [Wehrbeauftragter des Bundestages]

**Zum Schutz der Grundrechte und als Hilfsorgan des Bundestages bei der Ausübung der parlamentarischen Kontrolle wird ein Wehrbeauftragter des Bundestages berufen. Das Nähere regelt ein Bundesgesetz.**

1 Art. 45 b legt die Grundlagen für die Einrichtung eines **Wehrbeauftragten des Bundestages** (WB) und ist – zusammen mit anderen Vorschriften der Wehrverfassung – Ausdruck eines ausgeprägten Systems parl. Kontrolle der Streitkräfte und des Regierungshandelns im militärischen Bereich (BVerfGE 90, 384 f.). Die in *Satz 1* vorgesehene Berufung eines WB ist verfassungsrechtl. geboten, liegt also nicht im Ermessen des BTags, dessen Unterorgan der WB ist. Als Aufgaben obliegen diesem einerseits der **Schutz der Grundrechte** der Soldaten und andererseits die **Ausübung parlamentarischer Kontrolle** über die Streitkräfte (vgl. dazu auch den Erlass Truppe u. WB, BT-Dr 17/8400 S. 54). Während er in der zuletzt genannten Funktion, insoweit in Satz 1 als Hilfsorgan des BTags bezeichnet, weitgehend dem BTag und dem Verteidigungsausschuss (Art. 45 a) untergeordnet ist, hat der WB als besonderer Wahrer der Soldatengrundrechte eine insgesamt selbständigere Stellung (zum Theorienstreit um die verfassungsrechtl. Stellung des WB s. Hernekamp in von Münch/Kunig, Art. 45 b Rn. 5 f.). Die Möglichkeit für Soldaten, Eingaben nach Maßgabe der im Rahmen des Art. 17 a I ergangenen Regelungen (vgl. Art. 17 a Rn. 4) an Petitionsadressaten i.S. des Art. 17 (dazu s. Art. 17 Rn. 5) zu richten, wird durch Satz 1 nicht eingeschränkt (so auch BT-Dr II/2150 S. 3; zur Zusammenarbeit zwischen dem Petitionsausschuss des BTags u. dem WB vgl. die Verfahrensgrundsätze in BT-Dr 17/8400 S. 53). Im Verhältnis zum Verteidigungsausschuss, der die Parlamentskontrolle über die Streitkräfte unter allg. und hauptsächlich polit. Gesichtspunkten ausübt, ist die Tätigkeit des

WB vor allem auf das Gebiet der inneren Truppenführung gerichtet und dient hier in erster Linie der Kontrolle von Einzelfällen (s. auch nachstehend Rn. 2).

*Satz 2* begründet eine ausschließliche Gesetzgebungskompetenz des Bundes. Die **2** darin vorbehaltene **nähere Regelung** ist im G über den Wehrbeauftragten des Deutschen BTages i.d.F. vom 16.6.1982 (BGBl I S. 677) getroffen worden, das die Zuständigkeiten des WB abschließend regelt (BVerwGE 46, 70). Danach steht der WB, der auch weiblichen Geschlechts sein kann und vom BTag in geheimer Wahl auf fünf Jahre gewählt wird (§§ 13, 14), in einem besonderen, keinen Beamtenstatus vermittelnden öff.-rechtl. Amtsverhältnis (§ 15 I). Tätig wird der WB entweder auf Weisung des BTags oder des Verteidigungsausschusses zur Prüfung bestimmter Vorgänge (§ 1 II) oder aus eigener Initiative, wenn ihm, z.b. auf Grund von Eingaben der Soldaten (§ 7), Umstände bekannt werden, die auf eine Verletzung der Grundrechte der Soldaten oder der Grundsätze über die innere Führung schließen lassen (§ 1 III). Zur Wahrnehmung seiner Aufgaben stehen ihm organisatorisch ein eigenes Amt (s. dazu den Organisationsplan BT-Dr 17/8400 S. 78) und funktionell umfassende Kontroll- und Ermittlungsbefugnisse zu (im Einzelnen s. § 3). Ein Recht zur Entscheidung von Einzelfällen oder zur Erteilung von Weisungen an Bundeswehrstellen hat der WB jedoch – wie das Parlament – nicht. Über seine Tätigkeit hat er dem BTag für jedes Kalenderjahr einen schriftlichen Gesamtbericht zu erstatten (§ 2 I; vgl. etwa den Jahresbericht 2011, BT-Dr 17/8400). Ergänzende Regelungen, insbes. über die parl. Behandlung der dem BTag vorgelegten Berichte, enthalten die §§ 113 ff. GOBT.

## Artikel 45 c [Petitionsausschuss]

**(1) Der Bundestag bestellt einen Petitionsausschuß, dem die Behandlung der nach Artikel 17 an den Bundestag gerichteten Bitten und Beschwerden obliegt.**

**(2) Die Befugnisse des Ausschusses zur Überprüfung von Beschwerden regelt ein Bundesgesetz.**

### Absatz 1: Behandlung von Bitten und Beschwerden

Abs. 1 **verpflichtet** den BTag, zur Behandlung von an ihn gerichteten Bitten und **1** Beschwerden (zu diesen Begriffen s. Art. 17 Rn. 4) einen Petitionsausschuss (PA) zu bestellen. Dieser gehört damit neben den Ausschüssen nach Art. 45 und Art. 45 a zu den ständigen Ausschüssen des BTags (zu Stärke u. Zusammensetzung vgl. die §§ 12, 54 II, § 57 GOBT, zum verwaltungsmäßigen Background BT-Dr 17/9900 S. 819). Der PA wird nicht aus eigenem Entschluss, sondern nur auf eine Petition hin tätig (kein Selbstbefassungsrecht; Brocker in Epping/Hillgruber, Art. 45 c Rn. 5.1) und ist innerhalb des BTags, soweit es sich nicht um Eingaben von Soldaten handelt (s. insoweit § 108 I 2 GOBT u. Art. 45 b Rn. 1), für die Behandlung von Petitionen ausschließlich zuständig. Er kann aber Befugnisse auf eines oder mehrere seiner Mitglieder übertragen (§ 111 GOBT). Die **Behandlung im Einzelnen** einschl. der Vorbereitung durch den Ausschussdienst ist in den §§ 108 ff. GOBT und in den (Verfahrens-)Grundsätzen des PA über die Behandlung von Bitten und Beschwerden (BT-Dr 17/9900 S. 93) geregelt. Danach ist eine abschließende Behandlung durch den Ausschuss selbst, obwohl zulässig (vgl. Art. 17 Rn. 5; str., s. Krings, BlnK, Art. 45 c Rn. 17 ff.), nicht vorgesehen. Vielmehr entscheidet der BTag als Plenum auf der Grundlage von Beschlussempfehlungen des PA, denen eine Vorprüfung in einer Zentralstelle des BTags, einem administrativen Hilfsdienst als Teil der BT-Verwaltung, vorausgeht (zur Zulässigkeit u. ihren Voraussetzungen vgl. BVerfG, ZParl 1982, 21 f.), i. Allg. summarisch über die in Sammelübersichten – eher kursorisch (krit. dazu Röper, NVwZ 2002, 54) – zusammengestellten Petitionen. Die Art der endgültigen Erledigung hängt vom Ergebnis der Petitionsüberprüfung ab (zu den hauptsächlichen Erledigungsformen s. die vorbezeichneten Grundsätze in Nr. 7.14.1-7.14.7). Am weitesten geht die Überweisung einer Petition an die BReg „zur Berücksichtigung", „weil das Anliegen des Petenten begründet und Abhilfe notwendig ist". Auch diese Art der Erledigung hat jedoch nur die Bedeutung einer polit. Empfehlung. Rechtl. gebunden wird die Exekutive durch einen dahin gehenden Beschluss nicht (vgl. BayVerfGH 30, 186 f.). Weder Art. 17 (s. auch BayVerfGH, BayVBl 2007, 558) noch Art. 45 c gibt dem Parlament die Befugnis, der Exekutive Weisungen zu erteilen. Dieser verpflichtet sie nur zur Zusammenarbeit mit dem BTag (BVerfGE 67, 129), nicht aber auch dazu, dessen Vorstellungen inhaltlich zu folgen. Auch der Petent selbst hat aus Art. 17 keinen Anspruch auf Befolgung der Petition (BVerfGK 7, 134 f.).

2 Petitionen, die am Ende einer Wahlperiode noch nicht abschließend behandelt worden sind, unterliegen nicht dem **Grundsatz der sachlichen Diskontinuität** (s. auch Art. 39 Rn. 4). Sie sind deshalb vom PA des neugewählten BTags weiterzubehandeln (§ 125 Satz 2 GOBT).

**Absatz 2: Sonderbefugnisse zur Überprüfung von Beschwerden**

3 Abs. 2 ermächtigt den Bundesgesetzgeber, dem PA für die Überprüfung von *Beschwerden* besondere Kontroll- und Ermittlungsbefugnisse einzuräumen. Für die Behandlung von *Bitten* bleibt es bei den allg., schon aus Art. 17 folgenden Befugnissen des PA: dem Recht, von der Exekutive die für die sachgerechte Petitionsbearbeitung notwendigen Auskünfte und Stellungnahmen zu verlangen (*Petitionsinformierungsrecht;* näher dazu BVerwG, DVBl 2012, 183; BremStGHE 6, 20 ff.; zu Umfang u. Grenzen s. auch BT-Dr 13/6149 S. 3), und dem Recht, Petitionen mit einer bestimmten Empfehlung (s. auch oben Rn. 1) anderen Stellen (vornehmlich der Exekutive) zu überweisen (*Petitionsüberweisungsrecht;* dazu BVerfGK 7, 135). Das auf der Grundlage der ausschließlichen Gesetzgebungsbefugnis nach Abs. 2 ergangene G über die Befugnisse des PA des Deutschen BTages vom 19.7.1975 (BGBl I S. 1921) erweitert diese Befugnisse mit dem Ziel, Parlamentsbeschwerden effektiver überprüfen zu können, um speziell hierfür geeignete **Sachaufklärungsinstrumente**. Es gibt dem PA Ansprüche gegen die BReg, Bundesbehörden sowie die bundesunmittelbaren Körperschaften, Anstalten und Stiftungen des öffentl. Rechts auf Aktenvorlage, Auskunft und Zutritt zu ihren Einrichtungen (§§ 1–3) und weiter das Recht, Petenten, Zeugen und Sachverständige zu hören (§ 4). Diese Rechte, bei deren Ausübung ggf. auf Gewährleistungen zum Schutz privater Einzelner Rücksicht zu nehmen ist (zum Konflikt von Aktenvorlage u. Grundrecht auf informationelle Selbstbestimmung s. OVG Münster, OVGE 40, 132 ff., u. weiter auch Art. 43 Rn. 3, Art. 44 Rn. 7 Buchst. d), werden in der Praxis offenbar nur zurückhaltend wahrgenommen (vgl. zur Praxis des PA zuletzt BT-Dr 17/9900 S. 9 unter 1.4). Über Zwangsbefugnisse zu ihrer Durchsetzung verfügt der PA nicht. Auch Rechte zum Eingriff in den Gang der Behördentätigkeit stehen ihm nicht zu.

*Hömig*

## Artikel 45 d  [Parlamentarisches Kontrollgremium]

(1) Der Bundestag bestellt ein Gremium zur Kontrolle der nachrichtendienstlichen Tätigkeit des Bundes.

(2) Das Nähere regelt ein Bundesgesetz.

**Allgemeines:** Art. 45 d, der als einzige Vorschrift des GG mit einer vom Gesetzge-  1
ber selbst beschlossenen Überschrift versehen ist, dient der Sicherung und Stärkung der **parlamentarischen Kontrolle der Nachrichtendienste** im Hinblick darauf, dass deren Aktivitäten und Bedeutung seit den Anschlägen vom 11.9.2001 in den USA beträchtlich zugenommen haben (BT-Dr 16/12412 S. 4). Die durch G vom 17.7.2009 (BGBl I S. 1977) in das GG eingefügte Vorschrift verankert zu diesem Zweck in Abs. 1 das bis dahin nur einfachrechtl. (vgl. G v. 11.4.1978, BGBl I S. 453) geregelte Parl. Kontrollgremium (PKGr) in der Verfassung, trägt damit auch der Sonderrolle Rechnung, die der parl. Kontrolle der Nachrichtendienste infolge der dabei geforderten größeren Vertraulichkeitsgewähr innerhalb des Gesamtsystems parl. Exekutivkontrolle zukommt (s. BT-Dr 16/12412 S. 4 u. auch BVerfGE 130, 359), und schafft mit der Ermächtigung in Abs. 2 Grundlage und Voraussetzung dafür, dass die Befugnisse dieses Gremiums gegenüber der BReg deutlich verbessert und effektiver gestaltet werden konnten. Die Regelung hat insofern eine Lücke geschlossen, als weder Öffentlichkeit noch das Parlamentsplenum von geheimen Vorgängen die Kenntnis erlangen kann, die dem ständigen Gremium verschafft werden müssen (vgl. BVerfGE 124, 190 f.).

### Absatz 1: Parlamentarisches Kontrollgremium

Abs. 1 **verpflichtet** den BTag, zur Kontrolle der nachrichtendienstlichen Tätigkeit  2
des Bundes ein parl. Gremium als mit eigenen Rechten ausgestattetes Hilfsorgan des Parlaments (BT-Dr 16/12412 S. 5) einzurichten, das dem BTag kontinuierlich und umfassend nachrichtendienstliche Informationen verschaffen soll (s. BVerfGE 124, 190). Die Vorschrift enthält insoweit eine Existenzgarantie für das Gremium. Mit **nachrichtendienstlicher Tätigkeit** (der Exekutive) des Bundes ist die Beschaffung, Auswertung und Verarbeitung all der Informationen durch das Bundesamt für Verfassungsschutz (vgl. Art. 87 Rn. 7), den Militärischen Abschirmdienst und den Bundesnachrichtendienst (zu beiden s. Art. 87 Rn. 8) gemeint, die zur Wahrung der inneren und äußeren Sicherheit der Bundesrepublik Deutschland und zur Verteidigung ihrer freiheitlichen demokratischen Grundordnung notwendig sind (vgl. § 1 I PKGrG) und im Wege der Vorfeldermittlung (zu ihr s. auch BVerfGE 125, 332) gewonnen werden; darunter fallen insbes. auch das verdeckte Sammeln solcher Informationen und der Einsatz nachrichtendienstlicher Mittel, die in erheblichem Maße in die Grundrechte der Bürger eingreifen können (BT-Dr 16/12412 S. 4).

Die Bezeichnung des Kontrollorgans als „Gremium" und nicht als „Ausschuss"  3
ist bewusst gewählt. Dadurch soll zum Ausdruck gebracht werden, dass es sich bei dem PKGr nicht um einen Ausschuss i.S. des Kap. VII der GOBT handelt – das Gremium gibt sich gemäß § 3 I 2 PKGrG eine eigene Geschäftsordnung – und der BTag im Interesse der Effektivität der parl. Kontrolle der Nachrichtendienste bei der Bestellung und Beschickung der Einrichtung über größere organisatorische Freiheiten verfügt. Infolgedessen finden die allg. Regeln für BT-Ausschüsse (Mitgliederzahl, Sitzverteilung, Zutrittsrechte usw.) auf das PKGr keine Anwendung (BT-Dr 16/12412 S. 5). Es gelten vielmehr die im KontrollgremiumG (vgl. Rn. 5) festgelegten Regelungen. Damit soll auch der Tatsache Rech-

nung getragen werden, dass eine wirksame Kontrolle der überwiegend geheim agierenden Nachrichtendienste nur funktionieren kann, wenn sichergestellt ist, dass Einzelheiten über ihre Arbeitsweise sowie über ihre Mitarbeiter und Informanten vertraulich behandelt werden und nicht in die Öffentlichkeit gelangen (s. BT-Dr 16/12412 S. 5 mit Hinweis auf BVerfGE 70, 364).

4 Die **Rechte des Bundestages**, seiner Ausschüsse und der G 10-Kommission (zu ihr vgl. Art. 10 Rn. 15) werden durch das PKGr und seine Kontrolltätigkeit nicht berührt (§ 1 II PKGrG). Dieses ist danach ein zusätzliches, im Hinblick auf die Nichtöffentlichkeit seiner Beratungen (vgl. Rn. 5) besonders effektives Instrument parl. Kontrolle der BReg, das parl. Informationsrechte anderer Art nicht verdrängt (BVerfGE 124, 190; s. auch Art. 43 Rn. 4). Nach wie vor ist deshalb z.b. die Einsetzung von Untersuchungsausschüssen durch den BTag auch zu Themen möglich, die in den Zuständigkeitsbereich des PKGr fallen.

### Absatz 2: Arbeitsweise und Kontrollbefugnisse

5 Abs. 2 ermächtigt den Bundesgesetzgeber, im Einzelnen die Arbeitsweise und Befugnisse des PKGr festzulegen. Das ist im **Kontrollgremiumgesetz** (PKGrG) vom 29.7.2009 (BGBl I S. 2346) geschehen, welches das in Rn. 1 genannte Gesetz von 1978 unter prinzipieller Wahrung seiner bisherigen Strukturen (BT-Dr 16/12411 S. 7) abgelöst hat. Danach werden die Mitglieder des Gremiums, das nicht dem Grundsatz der institutionellen Diskontinuität (Art. 39 Rn. 4) unterliegt (vgl. § 3 III), vom BTag gewählt, der auch die Zahl der Mitglieder bestimmt (im Einzelnen § 2; s. auch Mehde in Epping/Hillgruber, Art. 45 d Rn. 14 ff.). Die BReg hat das PKGr, dessen Beratungen geheim sind (§ 10 I; vgl. dazu auch BVerfGE 124, 191), über die Tätigkeit der Nachrichtendienste umfassend zu unterrichten (§ 4 I; zu den Grenzen s. § 6 im Verständnis der Entscheidung BVerfGE 124, 191). Das Instrumentarium zur Wahrnehmung der dem Gremium obliegenden Kontrollaufgaben umfasst vor allem das Recht, Akten- und Datenherausgabe zu verlangen, Zutritt zu den Behörden der Dienste zu nehmen, deren Beschäftigte zu befragen, schriftliche Auskünfte einzuholen (§ 5 I, II), und die Möglichkeit, Sachverständige mit Untersuchungen im Rahmen der Aufgabenstellung des PKGr zu beauftragen (§ 7 I). Die Inanspruchnahme dieser Befugnisse führt nicht dazu, dass das Gremium an den exekutiven Entscheidungen der Nachrichtendienste mitwirkt (vgl. BT-Dr 16/12411 S. 9); die polit. Verantwortung der BReg für die Tätigkeit dieser Dienste bleibt deshalb unberührt (§ 4 II). Mindestens zweimal während einer Wahlperiode hat das PKGr dem BTag über seine Kontrolltätigkeit zu berichten (§ 13; s. dazu etwa den Bericht BT-Dr 17/8247). Über Streitigkeiten zwischen dem Gremium und der BReg entscheidet das BVerfG im Organstreit (§§ 14 PKGrG, 66 a BVerfGG; vgl. auch Art. 93 Rn. 7).

## Artikel 46 [Indemnität und Immunität der Bundestagsabgeordneten]

(1) Ein Abgeordneter darf zu keiner Zeit wegen seiner Abstimmung oder wegen einer Äußerung, die er im Bundestage oder in einem seiner Ausschüsse getan hat, gerichtlich oder dienstlich verfolgt oder sonst außerhalb des Bundestages zur Verantwortung gezogen werden. Dies gilt nicht für verleumderische Beleidigungen.

(2) Wegen einer mit Strafe bedrohten Handlung darf ein Abgeordneter nur mit Genehmigung des Bundestages zur Verantwortung gezogen oder verhaftet wer-

den, es sei denn, daß er bei Begehung der Tat oder im Laufe des folgenden Tages festgenommen wird.

(3) Die Genehmigung des Bundestages ist ferner bei jeder anderen Beschränkung der persönlichen Freiheit eines Abgeordneten oder zur Einleitung eines Verfahrens gegen einen Abgeordneten gemäß Artikel 18 erforderlich.

(4) Jedes Strafverfahren und jedes Verfahren gemäß Artikel 18 gegen einen Abgeordneten, jede Haft und jede sonstige Beschränkung seiner persönlichen Freiheit sind auf Verlangen des Bundestages auszusetzen.

**Allgemeines:** Art. 46 schafft mit der Indemnität in Abs. 1 und der Immunität der BT-Abg. in Abs. 2–4 verfahrensrechtl. **Sicherungen für die parlamentarische Arbeit des Bundestags und seiner Mitglieder,** die ihre Rechtfertigung vor allem im Repräsentationsprinzip finden (so zur Immunität gemäß Abs. 2 BVerfGE 104, 329 f.). Im Vordergrund steht das Ziel, die Arbeits- und Funktionsfähigkeit des BTags zu erhalten (s. BVerfGE 104, 332; NWVerfGH, NVwZ-RR 2006, 1 f.). Zu diesem Zweck schützt Abs. 1 die parl. Rede- und Handlungsfreiheit der Abg. (vgl. BVerfGE 60, 380; BremStGHE 1, 157), während die Abs. 2–4 ihnen einen zeitlich begrenzten Schutz vor Strafverfolgung und jeder anderen Beschränkung ihrer persönlichen Freiheit gewähren. Funktionell ergänzt wird der persönliche Schutz des Abg. aus Art. 46 durch Art. 40 II 2 (BVerfGE 108, 274). Zur Indemnität und Immunität der Mitglieder des Gemeinsamen Ausschusses s. Art. 53 a Rn. 2, zur einfachrechtl. angeordneten entsprechenden Geltung des Art. 46 für die Mitglieder der BVersammlung Art. 54 Rn. 8, zur analogen Anwendung der Abs. 2–4 (nicht auch des Abs. 1) auf den BPräs Art. 60 IV mit Erläut. in Art. 60 Rn. 4. Den Mitgliedern der LTage werden Indemnität und Immunität in den Landesverfassungen garantiert (vgl. z.B. Art. 37 f. BWVerf). Die Mitglieder eines Gemeinderats genießen weder Indemnität noch Immunität (OVG Koblenz, NVwZ 1996, 1134). 1

**Absatz 1: Indemnität**

Abs. 1 regelt mit der Indemnität die rechtl. Verantwortungsfreiheit der Abg. für ihr parl. Handeln (s. auch § 36 StGB). Das in dieser Vorschrift garantierte Vorrecht kommt den **Abgeordneten** nur in ihrer Eigenschaft als Mitglied des BTags zu. Regierungsmitglieder, Mitglieder des BRats und vom BTag in Hearings zu Rate gezogene Sachverständige (vgl. insoweit BGH, NJW 1981, 2117 f.) und andere dort äußerungsberechtigte Nichtmitglieder werden vom Indemnitätsschutz nicht erfasst. Für Regierungsmitglieder gilt dies auch dann, wenn sie gleichzeitig BT-Abg. sind, sofern sie nicht als Abg., sondern in ihrer Funktion als Minister tätig werden (OVG Münster, DVBl 1967, 53). 2

Seinem **Gegenstande** nach bezieht sich der Indemnitätsschutz auf *Abstimmungen und Äußerungen* im BTag und in dessen Ausschüssen. Abstimmungen sind Entscheidungen über Personal- und Sachfragen. „Äußerungen" ist weit auszulegen und umfasst schriftliche oder mündliche, auch konkludente Willenskundgaben, Tatsachenbehauptungen ebenso wie Meinungsäußerungen (VG Weimar, ThürVBl 2010, 263 f.), sofern es sich um Bekundungen handelt, die der Abg. in Ausübung seines Parlamentsmandats im Plenum, in Ausschüssen und anderen Unterorganen des BTags (dazu Art. 40 Rn. 2) oder auch in den dort gebildeten Fraktionen (s. BremStGHE 1, 154 ff.), in Enquete-Kommissionen und gemischten Gremien (z.T. str.; vgl. Magiera, BK, Art. 46 Rn. 63 f.) abgibt. Ausgenommen sind nach Satz 2 (u. § 36 Satz 2 StGB) Verleumdungen (§ 187 StGB). Das Gleiche gilt für Tätlichkeiten (BVerwGE 83, 16) und für Äußerungen des Abg. in Partei- 3 gremien, auf Partei- (s. auch BGH, NJW 1982, 2246) und Wahlveranstaltungen, gegenüber der Presse (BGHZ 75, 386; BremStGHE 1, 158), in Rundfunk und Fernsehen oder sonst außerhalb des BTags. Keinen Schutz genießt ein Abg. daher auch dann, wenn er eine schriftliche Parlamentsanfrage, die als solche von Art. 46 I erfasst wird (VG Weimar, ThürVBl 2010, 264), vor ihrer Beantwortung zur Veröffentlichung an die Presse weiterleitet (BGHZ 75, 387 ff.).

4 **Verboten** ist nach Abs. 1 jedes Zurverantwortungziehen außerhalb des BTags. Ausgeschlossen sind deshalb alle gegen den Abg. gerichteten außerparl. Sanktionen von hoher Hand, insbes. jede gerichtl., auch zivil- und ehrengerichtl. Verfolgung (BremStGHE 1, 151), aber auch alle disziplinarrechtl. oder sonstigen, z.b. polizeilichen, Hoheitsmaßnahmen (VG Weimar, ThürVBl 2010, 264). Strafrechtl. bildet Abs. 1 nur einen persönlichen Strafausschließungsgrund, so dass bei Rechtswidrigkeit einer durch die Vorschrift geschützten Äußerung Notwehr in Betracht kommt. Nicht untersagt sind nach wohl h.M. Sanktionen im privat-gesellsch. Bereich (vgl. VG Weimar, ThürVBl 2010, 264: Umbach in Ders./Clemens, Art. 46 Rn. 39; a.A. z.B. Achterberg/Schulte in v. Mangoldt/Klein/Starck, Art. 46 Rn. 24). Demzufolge ist die verfassungsrechtl. Zulässigkeit von Ordnungsmaßnahmen einer Partei gegenüber einem ihr zugehörigen Abg. nicht nach Abs. 1, sondern nach Art. 38 I 2 zu beurteilen (zu den Voraussetzungen des Parteiausschlusses s. auch § 10 IV PartG). Das Gleiche gilt für Sanktionen, die ein Abg. von Seiten seiner Fraktion und damit nicht außerhalb, sondern innerhalb des BTags (s. Art. 40 Rn. 2) erleidet. Als Parlamentsinterna statthaft sind schließlich Ordnungsmaßnahmen des BTPräs (vgl. BVerfGE 60, 381 ff.; Sächs-VerfGH, NVwZ-RR 2011, 130) und der Vorsitzenden der BT-Ausschüsse (allg. zur parl. Ordnungsgewalt BremStGHE 1, 157).

5 Die Indemnität gilt **zeitlich unbeschränkt** („zu keiner Zeit"), also auch nach dem Ausscheiden des Abg. aus dem BTag (ebenso BVerwGE 83, 15 f.). Sie kann weder vom BTag aufgehoben werden noch kann der einzelne Abg. auf sie verzichten.

### Absatz 2: Immunität

6 Wie die Indemnität (dazu s. oben Rn. 2) kommt auch die durch Abs. 2 (u. die Abs. 3 u. 4) als Verfolgungsfreiheit gewährte Immunität nur den **Abgeordneten** des BTags zu (zu den Mitgliedern der LTage vgl. oben Rn. 1), und zwar auch hinsichtlich solcher Verhaltensweisen, die vor dem Mandatserwerb liegen (sog. mitgebrachte Verfahren). Keine Rolle spielt, in welcher Funktion der Mandatsträger tätig geworden ist. In ihrer Wirkung ist die Immunität – anders als die Indemnität (s. Rn. 5) – auf die **Dauer** der Mitgliedschaft im BTag beschränkt (OVG Berlin-Brandenburg, LKV 2011, 569), für die Immunität als ein in erster Linie ihm als Ganzem zugedachtes Recht (BVerfGE 104, 325; OVG Berlin-Brandenburg, LKV 2011, 568; vgl. auch BGHSt 20, 249) auch aufheben kann. Der Abg. selbst kann im Hinblick auf den Zweck der Immunität, die Arbeits- und Funktionsfähigkeit des BTags zu sichern (s. Rn. 1), nicht darauf verzichten (BVerfGE 104, 327). Er hat auch keinen Anspruch auf Aufhebung oder Aufrechterhaltung seiner Immunität. Allerdings kann er nach Abs. 2 i.V.m. Art. 38 I 2 verlangen, dass sich der BTag bei der Entscheidung über die Aufhebung der Immunität nicht – den repräsentativen Status des Abg. grob verkennend – von sachfremden, willkürlichen Motiven leiten lässt (BVerfGE 104, 325 ff.; 108, 276; vgl. auch NWVerfGH, NVwZ-RR 2006, 1).

7 Seinem **Schutzbereich** nach erstreckt sich Abs. 2 auf Strafverfolgungen gegen den Abg. („wegen einer mit Strafe bedrohten Handlung ... zur Verantwortung gezo-

gen") und auf ihn betr. Verhaftungen. Mit Strafen sind nicht nur Kriminalstrafen einschl. der Maßregeln der Besserung und Sicherung, sondern auch Disziplinarstrafen (a.A. BVerwGE 83, 3 ff.) sowie Strafen von Ehren- und Berufsgerichten öff.-rechtl. Charakters gemeint, nicht dagegen Geldbußen nach Ordnungswidrigkeitenrecht (str.; a.A. z.B. Magiera, BK, Art. 46 Rn. 87; wie hier dagegen OLG Köln, NJW 1988, 1606; OLG Düsseldorf, NJW 1989, 2207, u. Rundschreiben des BMI v. 10.1.1983, GMBl S. 38). Ebenfalls nicht unter Abs. 2 fallen Zivilrechtsstreitigkeiten einschl. – vorbehaltlich des Abs. 3 – ziviler Zwangsvollstreckung (vgl. auch BGHZ 75, 385 f.), Verwaltungszwang und nach der Praxis des BTags weiter die Entgegennahme von Anzeigen, Unfallaufnahmen, Blutproben, die Verwarnung und Erhebung von Verwarnungsgeld nach Ordnungswidrigkeitenrecht, Quarantänemaßnahmen und die polizeiliche Ingewahrsamnahme. Zur Behandlung von Privatklagen sowie dazu, dass der Privatkläger kein Recht darauf hat, dass der BTag über den Antrag des Strafgerichts auf Aufhebung der Immunität eines BT-Abg. entscheidet, s. OVG Berlin-Brandenburg, LKV 2011, 567 ff. Wie sich aus den Worten *„zur Verantwortung ziehen"* ergibt, gewährt Abs. 2 nicht nur Schutz vor der Verhängung strafrechtl. Sanktionen, sondern auch schon vor Untersuchungshandlungen gegen den Abg. zur Aufklärung einer mit Strafe bedrohten Handlung, also insbes. auch vor staatsanwaltschaftlicher und polizeilicher Ermittlung, mit Durchsuchungen und Beschlagnahmen, aber auch vor Überwachungsmaßnahmen nach § 100 a StPO, nicht dagegen vor Maßnahmen nach dem G 10. Ebenfalls nicht ausgeschlossen sind die Entgegennahme von Anzeigen sowie staatsanwaltschaftliche Vorermittlungen, die klären sollen, ob Aufhebung der Immunität (vgl. Rn. 8) zu beantragen ist. Unter *„Verhaftung"* ist im Hinblick auf Abs. 3 im Wesentlichen nur die Untersuchungshaft zu verstehen. Da in seiner Geltung auf Abg. beschränkt (s. oben Rn. 6), sind Maßnahmen gegen tatbeteiligte Dritte und Untersuchungshandlungen, von denen der Abg. betroffen wird, die sich aber gegen eine andere Person richten, in den Schutzbereich des Abs. 2 nicht einbezogen.

Unter Abs. 2 fallende Maßnahmen dürfen, soweit der Abg. nicht in flagranti, **8** d.h. bei Begehung der Tat, frühestens mit Beginn eines strafbaren Versuchs, oder im Laufe des folgendes Tages, festgenommen wird, **nur mit Genehmigung des Bundestags** vorgenommen werden. Genehmigung, bei der es sich um keinen Verwaltungsakt handelt (OVG Berlin-Brandenburg, LKV 2011, 567), bedeutet vorherige Zustimmung. Sie beseitigt für den von ihr erfassten geschichtlichen Vorgang (BGHSt 15, 275) das Verfahrenshindernis der Immunität (vgl. BVerfGE 104, 326; BGHSt 20, 249; BayVerfGH 11, 154) und wird von der zuständigen Stelle (Staatsanwaltschaft, Gericht usw.) eingeholt. Der Genehmigungsvorbehalt gilt unabhängig davon, ob die behördliche Maßnahme korrekt oder rechtswidrig ist (BVerfGE 104, 329). Im Allg. werden Ermittlungsverfahren in Strafsachen, die keine Beleidigungen polit. Charakters zum Gegenstand haben, vom BTag generell im Voraus genehmigt; der Genehmigung im Einzelfall bedarf es jedoch weiterhin u.a. für die Anklageerhebung, für den Antrag auf Erlass eines Strafbefehls oder einer Strafverfügung und für freiheitsentziehende und -beschränkende Maßnahmen im Ermittlungsverfahren (s. den in Anlage 6 zur GOBT a.E. wiedergegebenen Beschl. betr. Aufhebung der Immunität von Mitgliedern des BTages, den dieser jeweils zu Beginn einer neuen Wahlperiode übernimmt, u. dazu auch Hömig, ZRP 2012, 110 f.). Die Entscheidung über die Genehmigung trifft der BTag im Rahmen der Parlamentsautonomie grundsätzlich in eigener Verantwortung (BVerfGE 104, 332; NWVerfGH, NVwZ-RR 2006, 1; OVG Berlin-Brandenburg, LKV 2011, 568). Dabei sind die Interessen des Parlaments an ungestörter Mitarbeit seiner Mitglieder gegen die Interessen der Rechtspflege abzuwägen (s. BVerfGE 104, 332). Darüber hinaus ist auf die mandatsbedingten Mitwirkungsrechte des betroffenen Abg. Bedacht zu nehmen (BVerfGE 104, 329 f.). Vorrangige Berücksichtigung können dessen Interessen allerdings nicht beanspruchen (BVerfGE 104, 332). Der BTag ist deshalb auch nicht verpflichtet, im Rahmen der Abwägung, bei der ihm ein weiter Entscheidungsspielraum zukommt (BVerfGE 104, 332; NWVerfGH, NVwZ-RR 2006, 2; OVG Berlin-Brandenburg, LKV 2011, 568), die Schlüssigkeit des gegen den Abg. erhobenen Tatvorwurfs und die Verhältnismäßigkeit der Ermittlungsmaßnahme zu prüfen (BVerfGE 104, 333). Nur Willkür ist ihm untersagt (vgl. Rn. 6). Diese kann auch in der Genehmigung einer Strafverfolgungsmaßnahme liegen, die zweifelsfrei aus sachfremden, insbes. polit. Motiven durchgeführt wird (BVerfGE 104, 333 f.). Gültigkeit hat die Entscheidung des BTags jeweils nur für die Dauer der laufenden Wahlperiode. Im Einzelnen s. zur Behandlung von Immunitätsangelegenheiten im BTag § 107 GOBT, Anlage 6 zur GOBT und Nr. 191–192 a RiStBV. Solange die Immunität dauert, ruht die Strafverfolgungsverjährung (zu den Einzelheiten vgl. § 78 b II StGB u. auch BGHSt 20, 250 f.). Genehmigungspflichtige Maßnahmen, die ohne Genehmigung des BTags vorgenommen werden, sind rechtswidrig (BGHSt 32, 350; 36, 295).

9 Ein allg. Grundsatz des Inhalts, dass Maßnahmen anderer staatl. Organe gegen Mitglieder des BTags nur zulässig sind, wenn sie zuvor vom Parlament genehmigt wurden, lässt sich weder Abs. 2 noch Abs. 3 entnehmen (BVerwGE 137, 307).

**Absatz 3: Andere Beschränkungen der persönlichen Freiheit**

10 Abs. 3 erstreckt das Genehmigungserfordernis des Abs. 2 auf *andere Beschränkungen der persönlichen Freiheit* des Abg. Gemeint sind damit Beschränkungen der körperlichen Bewegungsfreiheit, erfasst werden deshalb z.B. Straf- und Polizeihaft, Ordnungs-, Zwangs- und Beugehaft, Zwangsvorführung, einstweilige Unterbringung, Aufenthaltsbeschränkungen u.ä., nicht dagegen Ladung und Vernehmung des Abg. als Zeuge sowie Durchsuchungen und Beschlagnahmen bei Ermittlungen gegen Dritte, auch nicht Überwachungsmaßnahmen nach dem G 10 (zu ihm s. Art. 10 Rn. 13). Genehmigungsbedürftig ist jedoch kraft ausdrücklicher Regelung die Einleitung eines gegen einen Abg. gerichteten *Verfahrens nach Art. 18*, nicht dagegen der Wegfall eines Abgeordnetenmandats als Folge einer Feststellung nach Art. 21 II (BVerfGE 2, 75).

**Absatz 4: Aussetzungsverlangen des Bundestags**

11 Abs. 4 regelt für den Anwendungsbereich der Abs. 2 und 3 das sog. **Reklamationsrecht** des BTags und betrifft vor allem Fälle der Festnahme auf frischer Tat sowie Fälle, in denen der BTag nach diesen Vorschriften eine Genehmigung erteilt hat, die wegen neuer Gesichtspunkte rückgängig gemacht werden soll (vgl. BayVerfGH 11, 155). Dieses Recht steht allein dem BTag zu. Ebenso wie der Genehmigungsvorbehalt nach Abs. 2 (dazu s. Rn. 6) dient es jedoch nicht nur dem BTag selbst, sondern insofern auch seinen Mitgliedern, als diesen durch Abs. 4 i.V.m. Art. 38 I 2 gegenüber dem BTag das Recht garantiert ist, über das Aussetzungsverlangen im Einzelfall willkürfrei zu entscheiden (BVerGE 104, 331). Der BTag kann seine Befugnis aus Abs. 4 in jedem Stadium des Verfahrens geltend machen (BT-Dr 13/9045 S. 2). Ihre Inanspruchnahme führt zur (Wieder-)Herstellung des Immunitätsschutzes.

## Artikel 47 [Zeugnisverweigerungsrecht der Bundestagsabgeordneten]

Die Abgeordneten sind berechtigt, über Personen, die ihnen in ihrer Eigenschaft als Abgeordnete oder denen sie in dieser Eigenschaft Tatsachen anvertraut haben, sowie über diese Tatsachen selbst das Zeugnis zu verweigern. Soweit dieses Zeugnisverweigerungsrecht reicht, ist die Beschlagnahme von Schriftstücken unzulässig.

**Allgemeine Bedeutung**: Das Zeugnisverweigerungsrecht und das Beschlagnahmeverbot, das Art. 47 regelt, schützen gegen hoheitliche Maßnahmen (BVerwGE 121, 123), durch die das für die Wahrnehmung der Aufgaben der Abg. des BTags unverzichtbare Vertrauensverhältnis zwischen ihnen und ihren Wählern beeinträchtigt werden könnte (zur einfachrechtl. angeordneten entsprechenden Geltung der Vorschrift für Mitglieder der BVersammlung s. Art. 54 Rn. 8). Es handelt sich also um Ausprägungen des verfassungsrechtl. Status des Abg. aus Art. 38 I 2 (BVerfGE 108, 266, 269), die das freie Mandat stärken (BVerfGE 108, 269). Auch die ungestörte parl. Arbeit und die Repräsentationsmächtigkeit der Volksvertretung nehmen am Quellenschutz des Art. 47 teil (BVerfGE 108, 269; zum Verhältnis von Art. 47 zur Genehmigungsentscheidung des BTPräs nach Art. 40 II 2 vgl. BVerfGE 108, 273 ff.). Die aus der Schutznorm folgenden Individualrechte kann der einzelne Abg. mit der Verfassungsbeschwerde geltend machen, wenn dafür kein anderes Verfahren vor dem BVerfG zur Verfügung steht (BVerfGE 108, 267 f.). Art. 47 gilt nicht für Maßnahmen im Rahmen eines gegen den Abg. selbst gerichteten Strafverfahrens, setzt vielmehr die Zeugenstellung des Abg. (u. seiner Mitarbeiter; s. Rn. 2 f.) voraus. **1**

Mit dem – in § 53 I Nr. 4 StPO deklaratorisch wiederholten – **Zeugnisverweigerungsrecht** nach *Satz 1* soll der Informationsfluss zu und von den Abg. gesichert werden. Tatsachen sind Abg. oder von ihnen nur dann *anvertraut*, wenn sie im Hinblick auf die Abg.-Eigenschaft mitgeteilt werden. Aus dem Recht zur Zeugnisverweigerung, das nur dem Abg. selbst und im Interesse einer möglichst effektiven Wahrung von Vertraulichkeit akzessorisch auch seinen Hilfspersonen zusteht (zu Letzteren vgl. § 53 a StPO), folgt keine Pflicht, insbes. keine Verpflichtung der Kontaktperson gegenüber, das Zeugnis tatsächlich auch zu verweigern. Der Abg. ist also nicht gehindert, über geschützte Vorgänge freiwillig auszusagen (BVerfGE 108, 269). Genereller Verzicht auf die Wahrnehmung des Verweigerungsrechts wird allerdings überwiegend für unzulässig gehalten. Dieses Recht bezieht sich auf Personen und Tatsachen, gilt für Gerichts- und Verwaltungsverfahren und dauert über die Beendigung der Mitgliedschaft im BTag hinaus fort, der das Zeugnisverweigerungsrecht auch nicht aufheben kann (zur Genehmigungsbefugnis nach Art. 40 II 2 s. Rn. 1). **2**

Das **Beschlagnahmeverbot** nach *Satz 2* soll verhindern, dass das Zeugnisverweigerungsrecht des Satzes 1 durch hoheitlichen Zugriff auf Schriftstücke umgangen wird (vergleichbar BVerfGE 20, 188; 32, 384 f.). Von daher wird ein Verbot nicht auf Schriftstücke im dienstlichen Gewahrsam des Abg. und seiner Mitarbeiter (vgl. Rn. 2 u., auf den funktionellen Herrschaftsbereich des Abg. abstellend, BVerfGE 108, 269 f.) beschränkt werden können, sondern auch auf Schriftstücke im Drittbesitz erstreckt werden müssen (str.; anders z.B. Klein in Ders./Dürig, Art. 47 Rn. 33; enger auch BVerfGE 108, 269 f., u. § 97 IV StPO). Wie die nach Satz 2 verbotene Beschlagnahme ist auch die ihr dienende Durchsuchung unzulässig, ebenso jeder behördliche oder gerichtl. Herausgabezwang. Gegen eine un- **3** befugte Entwendung von Schriftstücken des Abg. durch Privatpersonen bietet die Vorschrift dagegen keinen Schutz (BVerwGE 121, 123).

## Artikel 48 [Wahlvorbereitung, Behinderungsverbot, vermögensrechtliche Ansprüche]

(1) Wer sich um einen Sitz im Bundestage bewirbt, hat Anspruch auf den zur Vorbereitung seiner Wahl erforderlichen Urlaub.

(2) Niemand darf gehindert werden, das Amt eines Abgeordneten zu übernehmen und auszuüben. Eine Kündigung oder Entlassung aus diesem Grunde ist unzulässig.

(3) Die Abgeordneten haben Anspruch auf eine angemessene, ihre Unabhängigkeit sichernde Entschädigung. Sie haben das Recht der freien Benutzung aller staatlichen Verkehrsmittel. Das Nähere regelt ein Bundesgesetz.

1 **Allgemeines:** Art. 48 will durch ergänzende (BVerfGE 118, 334) **Vorkehrungen zum Schutz des passiven Wahlrechts** (Abs. 1 u. 2; vgl. BVerfGE 98, 160) **und der freien Mandatsausübung** (Abs. 2 u. 3) sicherstellen, dass von der verfassungsrechtl. verbürgten allg. Wählbarkeit zum BTag (Art. 38 Rn. 6) auch tatsächlich Gebrauch gemacht werden kann und Vertretern aller Bevölkerungsschichten der Weg in den BTag offensteht. Die Vorschrift, die insoweit der Ausführung des Art. 38 I dient, gebietet jedoch nicht, das Abg.-Mandat als öffentl. Amt (BVerfGE 118, 338) von allen Verpflichtungen freizuhalten, die in tatsächlicher Hinsicht Angehörige verschiedener Berufsgruppen unterschiedlich belasten können, und will auch nicht einen repräsentativen Querschnitt aller Berufe im Parlament gewährleisten. Der BTag ist kein ständisches Abbild der Bevölkerung (BVerfGE 118, 333).

### Absatz 1: Wahlvorbereitungsurlaub

2 Abs. 1 garantiert **Bewerbern um ein Bundestagsmandat** den für die Wahlvorbereitung notwendigen Urlaub. Die Vorschrift gilt für Wahlkreis- wie für Listenkandidaten. „Bewerbung" setzt das ernsthafte Bestreben voraus, Abg. des BTages zu werden. Falls der einzelne Bewerber nicht bereits in einen eingereichten Wahlvorschlag aufgenommen ist, muss er, um als ernstlicher Bewerber angesehen werden zu können, vom Wahlvorschlagsberechtigten wenigstens für die Aufnahme aufgestellt sein. Ob der Wahlbewerber im öffentl. Dienst oder in einem privaten Arbeitsverhältnis beschäftigt ist, macht keinen Unterschied. Vorausgesetzt wird jedoch das Bestehen eines „urlaubsfähigen" Beschäftigungsverhältnisses. Mangels eines solchen können sich Untersuchungshäftlinge und Strafgefangene (BVerfG, NVwZ 1982, 96) nicht auf Abs. 1 berufen. Der **Urlaubsanspruch**, der je nach Beschäftigungsverhältnis öffentl.- oder privatrechtl. Natur ist, entbindet nicht von der Stellung eines Urlaubsantrags (s. auch § 3 Satz 1 AbgG); eigenmächtiges Fernbleiben von der Arbeitsstelle wird demnach nicht geschützt. Für den Urlaubsumfang kommt es auf die Inanspruchnahme des Bewerbers, nicht auf die Interessen seines Dienst- oder Arbeitgebers an. § 3 Satz 1 AbgG sieht für die letzten zwei Monate vor dem Wahltag einen Anspruch auf Urlaub von bis zu zwei Monaten vor. Dass während des Urlaubs die Bezüge fortgezahlt werden, verlangt Abs. 1 nicht (so auch § 3 Satz 2 AbgG; aber str.). Bei Urlaubsverweigerung muss im einschlägigen Rechtsweg geklagt werden.

**Absatz 2: Behinderungsverbot**

Nach *Satz 1* ist jede – unmittelbare oder mittelbare, von staatl. oder privater Sei-      3
te kommende – **Behinderung der Übernahme und Ausübung des Abgeordneten-
amtes verboten.** Nachteile dürfen auch dann nicht in Aussicht gestellt oder ange-
droht werden, wenn infolge der Wahrnehmung des Mandats eine vertraglich
übernommene Leistung nicht erbracht werden kann. Rechtsgeschäfte, die dagegen verstoßen, sind nach § 134 BGB nichtig (BGHZ 43, 387). Geschützt ist auch
schon die Bewerbung um ein Abg.-Amt (vgl. § 2 I AbgG; s. auch VGH Mannheim, VBlBW 1998, 428), wobei es nicht darauf ankommt, ob der Bewerber in
wirtsch. abhängiger Stellung tätig ist (BGHZ 43, 388). Unzulässig sind allerdings
nur Maßnahmen, die – z.B. mittels wirtsch., beruflichen, gesellsch., etwa von
Parteien ausgehenden Zwangs oder Drucks (vgl. BGHZ 43, 387) – die Übernahme oder Ausübung des Abg.-Mandats erschweren oder unmöglich machen *sollen*, nicht aber auch Regelungen, die in eine ganz andere Richtung zielen und unvermeidlich die nur tatsächliche Wirkung einer Beeinträchtigung der freien Man-
datswahrnehmung haben (BVerfGE 42, 329; BVerwGE 76, 170; 86, 216; BGHZ
94, 251). Satz 1 befreit deshalb weder von der beamtenrechtl. Pflicht zur Dienstleistung ohne polit. Betätigung während des Dienstes noch begründet er ein
Recht des Beamten, während der Dienstzeit Einrichtungen des Dienstherrn zur
Ausübung seines Wahlbewerbungsrechts in Anspruch zu nehmen (BVerwG,
NVwZ 1999, 424). Auch eine Beurlaubung ohne Bezüge sowie Gehalts- oder
Lohnkürzungen wegen Ausfalls geschuldeter Arbeit sind nicht verboten (s.
BVerwGE 86, 216 f.). Das Gleiche gilt für Diätenkürzungen, die für den Fall eines Doppelmandats im BTag und einem anderen parl. Gremium vorgesehen sind
(BVerfGE 4, 155; 42, 327). Dass Zeiten der Mitgliedschaft im BTag keinen Ver-
sicherungsschutz in der Arbeitslosenversicherung begründen oder aufrechterhalten, steht mit dem Behinderungsverbot ebenfalls im Einklang (BSG, MDR 1990,
472). Auch einer straf- oder disziplinarrechtl. Verfolgung steht Satz 1 nicht entgegen (BVerfGE 42, 328; BVerwGE 86, 118; zu beachten aber Art. 46 II). Zulässig wäre auch ein Verbot gleichzeitiger Mitgliedschaft im BTag und in einem
LTag (BVerfGE 42, 327). **Einschränkungen des Behinderungsverbots** sind allerdings immer nur möglich, soweit die Verfassung – wie in Art. 38 I 2 oder
Art. 137 I – eine Begrenzung oder Ausnahme zulässt (BVerfGE 42, 326; 118,
334; s. auch BGHZ 72, 75; HbgVerfG, LVerfGE 8, 245).

Unzulässig wäre danach ein generelles Verbot, neben der Tätigkeit als Parlamen-      4
tarier einen weiteren (vgl. Rn. 7) Beruf auszuüben. Das GG lässt, wie u.a. aus
Abs. 2 zu schließen ist, die Betätigung in einem solchen Beruf zu (BVerfGE 118,
323). Allerdings verlangt die in Art. 38 I begründete Pflichtenstellung jedes Abg.,
dass er in einer Weise und einem Umfang an den parl. Aufgaben teilnimmt, die
deren Erfüllung gewährleisten (BVerfGE 118, 325). Abs. 2 hindert den BTag deshalb nicht, die Rechte und Pflichten der BT-Abg. in einer Weise zu regeln, die im
Hinblick auf eine **Berufsausübung neben dem Mandat** belastende Auswirkungen
haben und damit das Interesse an der Übernahme eines Mandats vermindern
kann (BVerfGE 118, 334). Verfassungsrechtl. unbedenklich ist die Regelung in
§ 44 a I 1 AbgG, nach der die Ausübung des Mandats im Mittelpunkt der Tätigkeit eines BT-Abg. steht (im Einzelnen BVerfGE 118, 323 ff.; enger ebd.,
S. 338 ff., 350 ff., dissentierenden Richter, im Wege verfassungskonformer
Auslegung von einem bloßen polit. Programmsatz ohne rechtl. Konsequenzen
ausgehen). Gleiches gilt für die Transparenzregelungen in § 44 a IV und § 44 b
AbgG i.V.m. den §§ 1, 3, 8 der als Anlage 1 zur GOBT erlassenen Verhaltensregeln und den Ausführungsbestimmungen des BTPräs dazu (BGBl 2006 I S. 10),

nach denen die BT-Abg. verpflichtet sind, Angaben über Tätigkeiten „neben dem Mandat" zu machen, die auf Interessenverflechtungen und wirtsch. Abhängigkeiten hindeuten können und zu veröffentlichen sind. Diese sanktionsbewehrte Verpflichtung, der auch rechtsanwaltlich tätige Abg. trotz der für sie geltenden Verschwiegenheitspflicht nachzukommen haben (BVerwGE 125, 83 ff.), entspricht einem Grundanliegen der demokratischen Willensbildung (BVerfGE 118, 352 ff.). Die genannten Regeln finden daher im Rahmen der nach Art. 38 I 2 gebotenen Abwägung ihre grundsätzliche Rechtfertigung darin, dass die Repräsentations- und Funktionsfähigkeit des BTages und die Letztentscheidungskompetenz des auf Informationen angewiesenen Wählers gegenüber dem Privatinteresse des Abg. an informationeller Abschirmung seiner neben dem Mandat ausgeübten mandatserheblichen Tätigkeiten einschl. der dabei erzielten Einkünfte vorrangig sind (BVerfGE 118, 354 ff., 373 f., 374 ff.; a.A. ebd., S. 378 ff., abw. Meinung).

5 Der in *Satz 2* garantierte **Kündigungs- und Entlassungsschutz** ist eine besondere Ausprägung des Behinderungsverbots nach Satz 1 und bedeutet, dass ein Dienst- oder Arbeitsverhältnis wegen Übernahme oder Ausübung eines Abg.-Mandats nicht gegen den Willen des Wahlbewerbers oder Abg. aufgelöst werden darf. Kündigungen aus anderen Gründen bleiben nach Maßgabe der allg. Vorschriften möglich (BAGE 77, 188). § 2 III AbgG enthält aber z.t. noch weitergehende Sicherungen (zu den Gründen dafür s. BT-Dr 7/5531 S. 13). Ob Satz 2 auch für nicht abhängig Beschäftigte gilt, ist umstritten (bejahend z.b. Klein in Maunz/Dürig, Art. 48 Rn. 8; andererseits s. aber – wenn auch nicht direkt zu Satz 2 – BGHZ 94, 252 ff.).

6 Einfachrechtl. gilt Art. 48 II entsprechend für die Mitglieder der BVersammlung (s. Art. 54 Rn. 8).

### Absatz 3: Vermögensrechtliche Ansprüche

7 *Satz 1* sichert den Abg. des BTags im Interesse ihrer Unabhängigkeit und Entscheidungsfreiheit, also im Intereresse der Freiheit ihres Mandats, einen **Anspruch auf angemessene**, der Bedeutung des Abg.-Mandats entsprechende **Entschädigung**. Ursprünglich dazu bestimmt, den Abg. den mit ihrem Amt verbundenen besonderen Aufwand auszugleichen (bloße „Aufwandsentschädigung"), hat sich das Recht auf Entschädigung im Laufe der Zeit, im Gleichklang mit der Entwicklung des Abg. vom ehrenamtlich tätigen, von Haus aus wirtsch. unabhängigen Honoratioren-Abg. zum auf materielle Existenzsicherung angewiesenen „Berufspolitiker" mit full-time-job (dazu näher BVerfGE 4, 149 ff.; 32, 164; 40, 311 ff.), zu einem *Entgelt für die im Parlament geleisteten Dienste*, zur Alimentation des Abg. und seiner Familie mit dem Charakter von Einkommen, gewandelt (BVerfGE 40, 314, 328; ThürVerfGH, LVerfGE 9, 435 f.; näher zu dieser Entwicklung BVerfGE 118, 341 ff.). Die Ausgestaltung dieser aus der Staatskasse zu gewährenden Alimentation hat das BVerfG sehr großzügig umschrieben: Sie ist so festzusetzen, dass sie ohne Rücksicht auf sonst etwa bezogenes Berufseinkommen eine Lebensführung gestattet, die der Bedeutung des Abg.-Amtes entspricht („Vollalimentation"), und im Hinblick auf den formalisierten Gleichheitssatz für alle Abg. (Mandatsgleichheit) grundsätzlich gleich zu bemessen (BVerfGE 40, 315 f., 317 f.; vgl. auch BVerfGE 102, 237 ff.; 118, 327 f.). Die Zahl der Funktionsstellen, für deren Innehabung neben der eigentlichen Entschädigung noch Zulagen gewährt werden, ist deshalb auf wenige polit. besonders herausgehobene parl. Funktionen (Parlamentspräsident u. -vizepräsident, Fraktionsvorsitzende) zu beschränken (BVerfGE 102, 241; krit. dazu Welti, DÖV 2001, 707 ff.; zur Rechtslage nach bremischem u. hamburgischem Verfassungsrecht s. auch

BremStGHE 7, 98 ff.; HbgVerfG, NJW 1998, 1055 ff.). Eine insgesamt so weitgehende finanzielle Absicherung des Abg.-Status ist verfassungsrechtl. schwerlich
geboten (vgl. auch BVerfGE 40, 338 f./Sondervotum, u. insbes. die gegen die Annahme einer Vollalimentation gerichteten Ausführungen in BVerfGE 76, 341 f.).
Konsequent aber ist, die Alimentation, die als „Annex" auch eine begrenzte Al-
ters- und Hinterbliebenenversorgung einschließen kann (BVerfGE 40, 311; Thür-
VerfGH, LVerfGE 9, 447; BayVerfGH 58, 128; a.A. für Krankheitskosten
BVerwG, NVwZ 1998, 502), nicht aber auch eine Einbeziehung in die Arbeitslosenversicherung verlangt (BSG, MDR 1990, 472), als Einkommen der Besteuerung zu unterwerfen und nur die Entschädigung für wirklich entstandenen, sachlich angemessenen, mandatsbedingten besonderen Aufwand weiterhin steuerfrei
zu lassen (BVerfGE 40, 328; zu der dem Abg. außerdem gewährten steuerfreien
Kostenpauschale s. BVerfGK 17, 439 f.; BFH, NJW 2009, 941 ff.). Bezüge aus
anderen öffentl. Kassen sind anzurechnen (BVerfGE 76, 343). Dass der Abg. eine
nach diesen Grundsätzen bemessene Entschädigung erhält, sagt nichts darüber
aus, in welchem Umfang er sich parl. zu betätigen hat. Regelungen, die das Recht
auf Abg.-Entschädigung berühren, kann der Abg. im Organstreit (Art. 93 I Nr. 1;
vgl. Art. 93 Rn. 6 ff.) angreifen (BVerfGE 64, 312 ff. m.w.N.; für den Fall eines
Streits über die Entschädigungshöhe s. BVerwG, NJW 1985, 2344).

*Satz 2:* Das **Recht auf freie** – durch die Abg.-Tätigkeit bedingte (str.) – **Verkehrs-**   8
**mittelbenutzung** ist ausdrücklich auf staatl. Verkehrsmittel beschränkt. Dazu gehören auch die Verkehrsmittel der Deutschen Bahn AG; deren private Rechtsform schließt wegen des weiter bestehenden Bundeseinflusses ihre Einordnung
als staatl. Verkehrsmittel nicht aus (s. auch § 16 I 1 AbgG). Nicht einbezogen
sind dagegen Verkehrsmittel anderer privater und kommunaler Betriebe. Vgl. im
Übrigen auch § 17 III und IV AbgG.

Dass nach *Satz 3* das Nähere durch Bundesgesetz zu regeln ist, bedeutet einer-   9
seits, dass das Parlament, dem ein weiter Gestaltungsspielraum zukommt
(BVerfGE 76, 342), bei der finanziellen Ausstattung seiner Mitglieder in eigener
Sache entscheiden muss (vgl. dazu ThürVerfGH, LVerfGE 9, 434), sichert (u.
verlangt i.V.m. dem Demokratie- u. dem Rechtsstaatsprinzip) aber andererseits,
dass die Entscheidungsfindung insgesamt unter den Augen der Öffentlichkeit
stattfindet (sog. Transparenzgebot) und damit deren Kontrolle unterliegt
(BVerfGE 40, 327; NWVerfGH, DÖV 1995, 864; ThürVerfGH, LVerfGE 9,
434 f.). Im **Abgeordnetengesetz** i.d.F. vom 21.2.1996 (BGBl I S. 326) sind die
Einzelheiten der Abg.-Entschädigung im Anschluss an die Rspr. des BVerfG (s.
dazu oben Rn. 7) in den §§ 11 ff. bestimmt. Über *Erhöhungen* der Entschädigung
entscheidet der BTag zu Beginn der jeweiligen Wahlperiode innerhalb des ersten
Halbjahrs nach der konstituierenden Sitzung auf der Grundlage eines Gesetzesvorschlags des BTPräs (§ 30 i.V.m. § 11 I 1 AbgG).

## Artikel 49 (aufgehoben)

# IV. Der Bundesrat

## Vorbemerkungen

Der BRat, den der IV. Abschnitt behandelt, ist unter den **Verfassungsorganen**   1
(vor Art. 38 Rn. 3) das **föderative** Organ. Ein solches wird dem Charakter
Deutschlands als Bundesstaat gerecht und ergänzt die eigenen Kompetenzen der

Länder (Art. 20 Rn. 6). Die meisten anderen Bundesstaaten kennen ebenfalls ein föderatives Organ, allerdings i.d.R. als *„Senatslösung"*, also als Körperschaft aus direkt oder mittelbar gewählten Vertretern der Einzelstaaten. Im Unterschied dazu folgt Deutschland seit 1871 dem *„Bundesratsprinzip"*. Der BRat setzt sich danach aus **Mitgliedern der Landesregierungen** zusammen, ist also eine kollegiale Körperschaft von Regierungsvertretern. Insoweit bestehen gewisse Parallelen zum Rat der EU.

2 Die **dogmatische Einordnung** des BRats bereitet wegen seiner eigentümlichen Konstruktion bisweilen Schwierigkeiten (die allerdings nur z.T. praktische Relevanz haben; vgl. im Einzelnen Reuter, Art. 50 GG Rn. 21). Nach einer nicht vollständig klaren Aussage des BVerfG ist der BRat „nicht eine zweite Kammer eines einheitlichen Gesetzgebungsorgans, die gleichwertig mit der ersten Kammer entscheidend am Gesetzgebungsverfahren beteiligt wäre" (BVerfGE 37, 380). Gleichwohl ist unbestritten, dass er „Kammer des Parlaments" i.S. der Protokolle Nr. 1 und 2 zum Lissabon-Vertrag (dazu Art. 23 Rn. 1) ist. Im nationalen Gesetzgebungsverfahren beschränkt sich seine Rolle jedoch auf die in Art. 50 erwähnte Qualität der *Mitwirkung*. In der polit. besonders bedeutsamen Frage seines Einflusses auf das Zustandekommen von Zustimmungsgesetzen (s. zu diesen Art. 77 Rn. 1) ist ihm aber die Gleichgewichtigkeit mit dem BTag nicht abzusprechen (Maunz/Scholz in Maunz/Dürig, Art. 50 Rn. 16).

3 Die Befugnisse des BRates im Gesetzgebungsverfahren standen im Mittelpunkt der Diskussionen um die **Föderalismusreform I** (vgl. Einführung Rn. 6). Unter dem Leitgedanken der Entflechtung staatl. Zuständigkeiten und Entscheidungsprozesse wurden der Anteil zustimmungsbedürftiger Bundesgesetze um etwa ein Fünftel zurückgeführt (nunmehr gut 42 vH; s. Risse in Härtel, § 44 Rn. 39) und dafür die gesetzgeberischen Gestaltungsmöglichkeiten des Landesgesetzgebers gestärkt. Diesen Zielen dienten vor allem die Änderungen in Art. 84 I (vgl. dort Rn. 2; s. aber auch Art. 104 a IV u. die Erläut. dazu in Art. 104 a Rn. 10 ff.) und in den Art. 72–74. Die Reform hat das Gewicht des BRats im Gesetzgebungsprozess reduziert, zugleich aber seine Rolle geschärft, da die Zustimmungsbedürftigkeit jetzt vor allem an die Folgen der Bundesgesetzgebung für die Landeshaushalte anknüpft (vgl. die Neufassung des Art. 104 a IV).

4 Als Verfassungsorgan steht der BRat selbständig neben dem BTag; auch seine Aufgaben sind z.T. völlig unabhängig von denen des BTags (vgl. insbes. Art. 50 Rn. 3). Diese Singularität nimmt ihm nicht die Eigenschaft einer der „für die Bundesgesetzgebung zuständigen Körperschaften" (Art. 59 II 1; s. ferner Art. 55 I, Art. 122), so dass ihm auch bei der internationalen Zusammenarbeit der Parlamente ein angemessenes Mitwirkungsrecht – neben dem BTag oder zusammen mit diesem – zukommt. Die **demokratische Legitimation** des BRats ist zwar nicht unmittelbar gegeben, aber durch die Volkswahl auf der Landesebene vermittelt (LTag u. von dessen Vertrauen abhängige LReg oder auch ein präsidialdemokratisches System). Der BRat ist kein Gemeinschaftsorgan der Länder zur Wahrnehmung von Länderzuständigkeiten (vgl. dazu Rn. 8), vielmehr **Bundesorgan** mit Bundesverantwortung: mit der Pflicht, den Notwendigkeiten des Gesamtstaates Rechnung zu tragen, und der besonderen Aufgabe, Bundes- und Länderinteressen in möglichste Übereinstimmung zu bringen. Dabei sollen die Länder ihre Gesichtspunkte, ihre Sachkenntnisse und Verwaltungserfahrung zur Geltung bringen, vor allem auch ihre Erfahrungen mit dem Vollzug der Bundesgesetze und der EU-Rechtsakte durch Länderbehörden, um dadurch an der polit. Willensbildung des Bundes mitzuwirken.

Da der BRat ein polit. Verfassungsorgan ist, in dem polit. Willensbildung statt-   **5**
findet, sind **parteipolitische Einflüsse** auf den BRat und seine Entscheidungen
nach Art. 21 I 1 legitim und in der Staatspraxis deutlich zu beobachten. Es sind
auch keine verfassungsrechtl. Bedenken dagegen zu erheben, dass sich die Oppositionsparteien des BTags der Einflussmöglichkeiten bedienen, die sich ihnen – je
nach den Mehrheitsverhältnissen – im BRat eröffnen. Dem BRat obliegt keine
Pflicht zur Anpassung an die von BReg und BTag betriebene Politik. Lediglich
die Grenze der „Verfassungsorgantreue" (s. vor Art. 38 Rn. 3) ist zu beachten.
Die für den Fall von Meinungsverschiedenheiten zwischen den Verfassungsorganen vorgesehene Form demokratischer Konfliktlösung ist der Kompromiss, für
den das GG gerade bei der Bundesgesetzgebung Vorsorge getroffen hat (Vermittlungsverfahren nach Art. 77; vgl. dort Rn. 7 ff.).

Obwohl die parteipolit. Kräfte im BRat im Laufe der Zeit deutlicher hervorgetre-   **6**
ten sind und sich insbes. die Einteilung in SPD- und Unions-geführte Länder (A-
u. B-Länder im polit. Sprachgebrauch) etabliert hat, kann ein Vergleich mit der
anderen Struktur und Arbeitsweise des BTags auch heute nicht gezogen werden.
Der BRat ist nach wie vor ein **Zentrum eigenständiger, föderativ orientierter politischer Macht**, in dem das Bund/Länder-Verhältnis (gerade in finanzieller Hinsicht), aber auch Interessenunterschiede, z.b. zwischen armen und reichen, ost-
und westdeutschen, großen und kleinen Ländern, eine Rolle spielen. Das polit.
Gewicht des BRats war im Hinblick auf den von Anfang an unerwartet hohen
Anteil der Zustimmungsgesetze an der Bundesgesetzgebung (vgl. dazu Art. 50
Rn. 2) stets bedeutend und ist es auch nach der Föderalismusreform I (s. oben
Rn. 3) geblieben.

Der BRat ist ein **ständiges, keiner periodischen Erneuerung unterliegendes Verfassungsorgan**, für das der Diskontinuitätsgrundsatz des BTags (Art. 39 Rn. 4)   **7**
nicht gilt. Die Zusammensetzung des BRats ändert sich kontinuierlich mit der
der LReg (s. dazu im Einzelnen Art. 51 Rn. 1). Er eignet sich deshalb als „Legali-
tätsreserve" für den Fall von krisenhaften Entwicklungen im parl. Bereich; vgl.
z.B. Art. 81.

Nicht im GG geregelt ist die **Kooperation der Länder** außerhalb des BRats, auch   **8**
wenn sie institutionell verfestigt erfolgt: Dies gilt etwa für die Ministerpräsiden-
ten-Konferenz (MPK), für die zahlreichen Fachministerkonferenzen, wie z.B. die
Kultusministerkonferenz, aber auch für die Kontakte dieser Gremien mit der
BReg. Einer Erhebung der MPK zufolge bestehen mehrere Hundert derartige Ar-
beitskreise u.ä. Dafür und für die gesamte *„dritte Ebene"* des Föderalismus (neben den eigenen Zuständigkeiten gemäß Art. 30 u. der Mitwirkung im BRat) gelten die Prinzipien des Vertragsrechts, also insbes. das Gleichheits- und das Einstimmigkeitsprinzip (Letzteres wird in der jüngeren Praxis zunehmend relativiert). Die MPK und generell auch die Fachministerkonferenzen folgen der Regel,
dass im BRatsverfahren befindliche Gegenstände auf der Konferenzebene nicht
mehr beraten werden. Dennoch ergeben sich in der Praxis durchaus Überschneidungen zwischen der dritten und der BRatsebene: So beschäftigen sich vielfach
die (Gremien der) Fachkonferenzen bereits mit den Materien späterer Gesetzgebungsverfahren, bevor diese formell eingeleitet werden. Im Extremfall kann dies
zu der frühzeitigen Bildung von einheitlichen „Länderfronten" und zu einer Aushöhlung der Meinungsbildung im BRat und seinen Ausschüssen führen; vgl. zu
einer solchen „Vorkoordinierung" Reuter, Art. 50 GG Rn. 59; Maunz/Scholz in
Maunz/Dürig, Art. 50 Rn. 11.

## Artikel 50 [Aufgaben des Bundesrates]

Durch den Bundesrat wirken die Länder bei der Gesetzgebung und Verwaltung des Bundes und in Angelegenheiten der Europäischen Union mit.

1 Art. 50 enthält nur eine allg., grundsätzliche Umschreibung der **Aufgaben des Bundesrats** (BVerfGE 1, 311; 8, 120). Dessen Zuständigkeiten im Einzelnen bedürfen stets einer besonderen Rechtsgrundlage (Überblick s. unten Rn. 2–5). Diese kann sich aus dem GG und dem einfachen Recht ergeben (BVerfGE 1, 311; in letzterer Hinsicht a.A. Pieroth in Jarass/Pieroth, Art. 50 Rn. 2; Korioth in v. Mangoldt/Klein/Starck, Art. 50 Rn. 25). Fälle dieser Art sind z.b. die Mitwirkung des BRats bei der Besetzung von Gremien (s. z.B. § 5 BNetzAG). Die Formulierung „die Länder" ändert nichts an der Qualifizierung des BRats als Bundesorgan (vor Art. 50 Rn. 4). Sie verdeutlicht, dass die „Mitwirkung" grundsätzlich im BRat (BVerfGE 94, 311) und vermittelt durch diesen (BVerfGE 106, 330) zu erfolgen hat, auch wenn GG und andere Normen in Einzelfällen „den" Ländern unmittelbare Einflussnahmen auf den Bund ermöglichen (dazu Schöbener, BK, Art. 50 Rn. 34 ff.).

2 **Mitwirkung bei der Gesetzgebung:** Der BRat ist reguläres Gesetzgebungsorgan; vgl. die Formulierungen in Art. 59 II 1 und Art. 122 I. Seine Beteiligung an der Bundesgesetzgebung umfasst folgende Elemente:

a) Mitwirkung bei der *Einbringung von Gesetzesvorlagen* (Art. 76):

aa) Einbringung eigener Gesetzesvorlagen (Art. 76 I): Das Initiativrecht des BRats hat gegenüber der Anfangszeit der Bundesrepublik deutlich an Gewicht gewonnen. Die Entwürfe (Gesetzesanträge) werden von einzelnen oder mehreren Ländern ausgearbeitet, dann in den Ausschüssen beraten und schließlich vom Plenum beschlossen.

bb) Recht auf Stellungnahme zu den Vorlagen der BReg (Art. 76 II, Art. 110 III; sog. erster Durchgang): Der BRat berät alle Gesetzentwürfe der BReg in diesem Durchgang in den Ausschüssen und im Plenum. Bei inhaltlichen Differenzen, die keineswegs immer hochpolit. Natur sind, sondern oft eher technische Fragen wie z.b. die Vollzugspraktikabilität betreffen, macht er von seinem Stellungnahmerecht qualitativ und quantitativ umfassend Gebrauch, i.d.R. durch ausformulierte Änderungsanträge.

cc) Kein entsprechendes Beteiligungsrecht kommt dem BRat bei Initiativen „aus der Mitte des BTags" zu (vgl. Art. 76, insbes. Erläut. dort in Rn. 6).

b) Zu *Gesetzesbeschlüssen des Bundestags* (gleichgültig, ob sie auf Entwürfe der BReg, des BRats selbst oder auf BTagsinitiativen zurückgehen):

aa) In allen Fällen hat der BRat ein Recht auf *Anrufung des Vermittlungsausschusses* (Art. 77 II).

bb) Im Anschluss an ein Vermittlungsverfahren kann der BRat *Einspruch* gegen die Gesetze einlegen, die seiner Zustimmung nicht bedürfen („Einspruchsgesetze"; vgl. Art. 77 III u. IV sowie die Erläut. dazu).

cc) Bestimmte – die Interessen der Länder stark berührende – Gesetze kommen nur mit *Zustimmung des Bundesrates* zustande („Zustimmungsgesetze"); zum Näheren vgl. Art. 78 Rn. 4. Ziel der *Föderalismusreform I* (s. Einführung Rn. 6) war die Reduzierung des Anteils der Zustimmungsgesetze auf 30–35 vH (s. auch BT-Dr 16/813 S. 14 f.). Nach dem Inkrafttreten der Reform ist der Anteil der Zustimmungsgesetze auf gut 42 vH zurückgegangen (Stand Februar 2012, Handbuch des BRates 2011/2012,

S. 303; Risse in Härtel, § 44 Rn. 39). Dies kommt den (allerdings nicht spezifizierten) Vorstellungen im ParlRat – etwa 10 vH Zustimmungsgesetze – jedenfalls näher als die 53,1 vH der Staatspraxis von 1949-2006 (vgl. dazu Handbuch des BRates 2011/2012, S. 303).

c) Der BRat kann in *Entschließungen* seine polit. Vorstellungen formulieren und dabei Appelle an die anderen Verfassungsorgane richten; er macht davon regen Gebrauch. Dies kann entweder zusammen mit anderen Beschlüssen oder aber in eigenständigen Beschlüssen geschehen, die (ähnlich wie im Falle von Buchst. a Doppelbuchst. aa) als Entwürfe von einzelnen Ländern eingebracht und anschließend in den Ausschüssen beraten werden. Das Recht zu Entschließungen wird im GG – ebenso wie im Fall des BTags – nicht ausdrücklich geregelt, lässt sich aber aus Art. 50 ableiten (vgl. dazu Reuter, Art. 50 GG Rn. 249).

d) Im *Gesetzgebungsnotstand* (Art. 81) kommen dem BRat zusätzliche Befugnisse zu.

e) *Mittelbar* ist der BRat an der Gesetzgebung ferner dadurch beteiligt, dass ein Drittel der Mitglieder des Gemeinsamen Ausschusses (Art. 53 a) und die Hälfte der Mitglieder des Vermittlungsausschusses (Art. 77 II) vom BRat bestellt werden, nämlich je Land ein Mitglied. Die Staatspraxis kennt weitere gemeinsame Gremien von BTag und BRat, die für bestimmte Aufgaben ad hoc gebildet werden (z.b. Gemeinsame Verfassungskommission, Föderalismuskommissionen I u. II).

f) Die Mitglieder des BRats haben ein Zutrittsrecht zu den *Sitzungen des Bundestags* und seiner Ausschüsse (vgl. im Einzelnen Erläut. zu Art. 43 II).

Die **Mitwirkung bei der Verwaltung** ist sehr vielgestaltig und umfasst auch Regierungsfunktionen und überhaupt die gesamte vollziehende Gewalt. Im Einzelnen: 3

a) In zahlreichen Fällen Zustimmungsrecht zum Erlass von RVO und allg. Verwaltungsvorschriften der BReg (Art. 80 II, Art. 84 II, Art. 85 II, Art. 108 VII, Art. 119). Die Zustimmung zu einer RVO als Ganzer wird selten verweigert, sehr häufig erklärt der BRat seine Zustimmung aber mit der Maßgabe, dass die BReg bestimmte Änderungen am Text der RVO vornimmt. Die BReg muss dann entweder die Haltung des BRats akzeptieren oder auf die RVO verzichten. Sie kann dem BRat die RVO freilich auch erneut zur Zustimmung vorlegen. Für allg. Verwaltungsvorschriften trifft das Gleiche zu. Das GG sieht in diesen Fällen (anders als bei Gesetzen) kein Vermittlungsverfahren vor. Das gilt auch für RVO, die sowohl der Zustimmung des BTags als auch der des BRats bedürfen (z.b. § 67 KrWG).

b) Der BRat kann seit 1994 für RVO, die seiner Zustimmung bedürfen, Vorlagen erarbeiten (wie im Verfahren nach Rn. 2 Buchst. a Doppelbuchst. aa) und der BReg zuleiten (Art. 80 III). Auch dieses Initiativrecht gewinnt an Bedeutung.

c) Mitwirkung in Ausnahmesituationen: bei der Bundesaufsicht (Art. 84 III, IV), beim Bundeszwang (Art. 37 I), beim Polizei- und Streitkräfteeinsatz im inneren Notstand (Art. 91 II 2, Art. 87 a IV 2) sowie im Verteidigungsfall (Abschnitt Xa, dort auch in mittelbarer Form: Beteiligung des BRats am Gemeinsamen Ausschuss).

d) In weiteren Fällen schreibt das GG die Mitwirkung des BRats zwar nicht ausdrücklich vor, erlaubt aber die Zuweisung weiterer Verwaltungszuständigkeiten durch einfaches Bundesgesetz (BVerfGE 1, 311). Zu den Zuständigkeiten des BRats als Rechtsnachfolger früherer föderativer Organe vgl. Schöbener, BK, Art. 50 Rn. 12 f.

Der Mitwirkung des BRats an der Ausübung der vollziehenden Gewalt entspricht es, dass er „von der BReg über die Führung der Geschäfte auf dem laufenden zu halten" ist (s. Art. 53 Rn. 4). Dennoch bleibt die Mitwirkung des BRats bei der Verwaltung, insgesamt gesehen, an Bedeutung hinter der bei der Gesetzgebung zurück.

4 *Über die Bereiche der Gesetzgebung und der Verwaltung hinaus* wirkt der BRat nach ausdrücklicher Bestimmung des GG z.b. an der Wahl der Richter des BVerfG mit: Er wählt die Hälfte der Richter (Art. 94 I 2). Zu anderen Befugnissen, die weder zur Gesetzgebung noch zur Verwaltung gezählt werden können, vgl. Reuter, Art. 50 GG Rn. 243–247, sowie insbes. Art. 56 I, Art. 57, 61, 93 I.

5 **Mitwirkung in Angelegenheiten der Europäischen Union:** Im Zusammenhang mit der Einfügung des Art. 23 n.F. durch G vom 21.12.1992 (BGBl I S. 2086) und seiner Änderung durch G vom 8.10.2008 (BGBl I S. 1926) ist die Mitwirkungsbefugnis des BRats ausdrücklich auf Angelegenheiten der EU erstreckt worden (vgl. Art. 23 I, Ia, II, IV-VII). Bereits vorher hatte sich in EG-Angelegenheiten eine wachsende Mitwirkung des BRats entwickelt, die aber nur auf der GOBR, der Praxis der Bundesorgane und z.T. auf einfacher Gesetzgebung beruhte. Nunmehr ist durch Art. 23 II, Art. 50 klargestellt, dass der BRat verfassungsrechtl. zur Wahrnehmung der Mitwirkungsmöglichkeiten der Länder in EU-Angelegenheiten legitimiert ist. Diese sind durch die Begleitgesetze zum Vertrag von Lissabon (BGBl 2009 I S. 3022, 3026, 3031) in der Folge des hierzu ergangenen Urteils des BVerfG (E 123, 267) deutlich ausgeweitet worden (vgl. im Einzelnen Art. 23 Rn. 6 f., 15 f., 20, 23 ff.). In der Praxis des BRats nimmt die Befassung mit EU-Sachen einen breiten Raum ein. Im Einzelnen ergeben sich vor allem folgende Mitwirkungsrechte, die unter dem Gesichtspunkt der Integrationsverantwortung der Gesetzgebungsorgane des Bundes den Charakter von Pflichtaufgaben haben (BVerfGE 123, 356 ff.; s. oben Art. 23 Rn. 6):

a) Mitwahrnehmung der Integrationsverantwortung (gemeinsam mit dem BTag) für die nach dem Vertrag von Lissabon vorgesehenen Verfahren zur Vertragsänderung und zur Änderung der Einzelheiten der Gesetzgebungsverfahren der EU (IntegrationsverantwortungsG v. 22.9.2009, BGBl I S. 3022; vgl. im Einzelnen Art. 23 Rn. 6 f., 23 ff.).

b) Subsidiaritätsklage vor dem EuGH (Art. 23 Ia; dazu Art. 23 Rn. 19).

c) Unterrichtung „umfassend und zum frühest möglichen Zeitpunkt" durch die BReg in allen Angelegenheiten der EU (Art. 23 II; s. Art. 23 Rn. 20, 23, 26).

d) Gelegenheit zur Stellungnahme zu Vorhaben der EU und Berücksichtigung der Stellungnahmen durch die BReg, und zwar
aa) „maßgeblich" im Falle von Art. 23 V 2 (vgl. Art. 23 Rn. 24),
bb) ohne diese Qualifizierung im Falle von Art. 23 V 1 (s. Art. 23 Rn. 24).

e) Wahrnehmung der Rechte Deutschlands als Mitgliedstaat der EU durch einen vom BRat benannten Vertreter der Länder im Falle von Art. 23 VI (s. Art. 23 Rn. 25). Zur Hinzuziehung von Ländervertretern in anderen Fällen vgl. Art. 23 Rn. 26.

## Artikel 51 [Zusammensetzung des Bundesrates, Stimmen]

(1) Der Bundesrat besteht aus Mitgliedern der Regierungen der Länder, die sie bestellen und abberufen. Sie können durch andere Mitglieder ihrer Regierungen vertreten werden.

(2) Jedes Land hat mindestens drei Stimmen, Länder mit mehr als zwei Millionen Einwohnern haben vier, Länder mit mehr als sechs Millionen Einwohnern fünf, Länder mit mehr als sieben Millionen Einwohnern sechs Stimmen.

(3) Jedes Land kann so viele Mitglieder entsenden, wie es Stimmen hat. Die Stimmen eines Landes können nur einheitlich und nur durch anwesende Mitglieder oder deren Vertreter abgegeben werden.

### Absatz 1: Mitglieder

Der BRat ist ein Kollegialorgan (BVerfGE 106, 330), dessen Mitglieder (u. deren 1 Vertreter) den LReg (Kabinetten) angehören müssen. Das Landesverfassungsrecht bestimmt, ob hierfür nur der Regierungschef und die Minister (Senatoren) oder auch (alle oder einige) Staatssekretäre in Betracht kommen. Die von einem Land bestellten Mitglieder sind untereinander im BRat gleichgestellt, insbes. spielt eine etwaige Richtlinienkompetenz des Ministerpräsidenten keine Rolle (BVerfGE 106, 334). Die Geschäftsordnung (§ 46) und die Praxis des BRats stellen zudem Mitglieder und Stellvertreter (Satz 2) gleich. In der Staatspraxis sind alle Kabinettsmitglieder zumindest Stellvertreter. Nur in die Ausschüsse können nach Art. 52 IV auch Beamte entsandt werden. **Bestellung und Abberufung** der Mitglieder durch Beschluss der einzelnen LReg. Die Bestellung ist auf die Person zu richten. Daher Beendigung der Mitgliedschaft bei Ausscheiden aus der LReg, aber Fortbestand bei bloßem Ressortwechsel. Gleichzeitige Mitgliedschaft im BRat und im BTag sind nach h.M. (z.B. Jekewitz, AK, Art. 51 Rn. 6; a.A. Krebs in von Münch/Kunig, Art. 51 Rn. 10) und Staatspraxis (§ 2 GOBR) miteinander unvereinbar, da jeweils beide Organe einen eigenen Willen gegengewichtig zur Wirkung bringen sollen. Das gilt ebenso für die stellv. Mitglieder des BRats. Die Mitglieder des BRats besitzen Rederecht im BTag (Art. 43 II), verfügen aber weder über Indemnitäts- oder Immunitätsrechte nach dem Vorbild des Art. 46 noch über ein Zeugnisverweigerungsrecht entsprechend Art. 47. Sie sind jedoch wie die Abg. des BTags Organträger mit eigener verfassungsrechtl. Stellung.

### Absatz 2: Stimmen

Gegenwärtige **Stimmenverteilung**: Bremen, Hamburg, Mecklenburg-Vorpommern, Saarland 3, Berlin, Brandenburg, Rheinland-Pfalz, Sachsen, Sachsen-Anhalt, Schleswig-Holstein, Thüringen 4, Hessen 5, Baden-Württemberg, Bayern, Niedersachsen, Nordrhein-Westfalen 6, also insgesamt 69 Stimmen. Die jetzige Fassung des Abs. 2 ist im Zusammenhang mit dem Einigungsvertrag formuliert worden. Sie belässt im Ergebnis den 4 größten Ländern (24 Stimmen) eine Sperrminorität von mehr als einem Drittel der Stimmen. Zur Entstehungsgeschichte vgl. Reuter, Art. 51 GG Rn. 33 ff. Zur Stimmberechnung im Einzelnen s. § 27 GOBR. Der **Begriff „Einwohner"** erfasst die gesamte Wohnbevölkerung, nicht nur die Deutschen (h.M.; vgl. z.B. Bauer in Dreier, Art. 51 Rn. 21; a.A. Maunz/Scholz in Maunz/Dürig, Art. 51 Rn. 3).

### Absatz 3: Stimmabgabe

*Satz 1* ergänzt Abs. 1; denn er besagt nur etwas über die Zahl der Kabinettsmitglieder, die zu Mitgliedern des BRats (u. nicht, wie die Übrigen, zu „bloßen" 3

Stellvertretern) bestellt werden, enthält hingegen keine zahlenmäßige Begrenzung für die Teilnahme an den BRatssitzungen. *Satz 2* – „anwesende" – bestimmt, dass die Länder durch ihre anwesenden Mitglieder vertreten werden (BVerfGE 106, 330), und setzt in der Praxis den Aufenthalt eines Abstimmungsberechtigten im Sitzungssaal voraus. Er schließt Umlaufverfahren aus und verdeutlicht im Übrigen das BRatsprinzip, in deutlichem Kontrast zur Unabhängigkeit der Abg. des BTags gemäß Art. 38 I 2: **einheitliche Stimmabgabe des Landes.** In der Praxis erfolgt sie durch den „Stimmführer", der Mitglied oder Stellvertreter sein kann. Voraussetzung für die Stimmführerschaft ist, dass nicht ein anderes anwesendes Mitglied des Landes abw. abstimmt (BVerfGE 106, 330 f.). Uneinheitlich abgegebene Stimmen eines Landes sind insgesamt ungültig. Unklarheiten im Abstimmungsverhalten eines Landes hat der BRPräs im Rahmen einer unparteiischen Sitzungsleitung aufzuklären. Wenn aber erkennbar ist, dass ein einheitlicher Landeswille nicht besteht, entfällt das Recht zur Nachfrage (BVerfGE 106, 334). Die Stimmen werden nach den (mehr oder weniger konkretisierten) Weisungen der betr. LReg abgegeben. Diese kann dabei frei von bindenden Beschlüssen anderer Verfassungsorgane ihres Landes, insbes. des LTags, entscheiden (BVerfGE 8, 120 f.). An der Entscheidungsfreiheit der LReg kann durch Landesrecht nichts geändert werden (BWStGH, ESVGH 36, 163; sehr zweifelhaft daher Art. 34 a II BWVerf, der die LReg bei Vorhaben, die Gesetzgebungszuständigkeiten der Länder wesentlich berühren, u. bei der Übertragung von Hoheitsrechten der Länder auf die EU an die Zustimmung des LTags binden will). Die (i.d.R. zeitlich später ansetzende) allg. Regierungskontrolle der LTage auch in BRatsangelegenheiten bleibt dagegen unberührt. Für die BRatsmitglieder instruktionsfreie Ausnahmefälle: Art. 53 a I 3 (Gemeinsamer Ausschuss), Art. 77 II 3 (Vermittlungsausschuss). Die Instruktionen der LReg sind nur im Innenverhältnis rechtserheblich, eine weisungswidrige Stimmabgabe ist trotzdem gültig und kann nicht rückgängig gemacht werden. Das Abstimmungsverhalten von Koalitionsregierungen ist regelmäßig im Koalitionsvertrag geregelt (üblicherweise Enthaltung bei Uneinigkeit der Koalitionspartner).

## Artikel 52 [Bundesratspräsident, Geschäftsgang]

(1) Der Bundesrat wählt seinen Präsidenten auf ein Jahr.

(2) Der Präsident beruft den Bundesrat ein. Er hat ihn einzuberufen, wenn die Vertreter von mindestens zwei Ländern oder die Bundesregierung es verlangen.

(3) Der Bundesrat faßt seine Beschlüsse mit mindestens der Mehrheit seiner Stimmen. Er gibt sich eine Geschäftsordnung. Er verhandelt öffentlich. Die Öffentlichkeit kann ausgeschlossen werden.

(3 a) Für Angelegenheiten der Europäischen Union kann der Bundesrat eine Europakammer bilden, deren Beschlüsse als Beschlüsse des Bundesrates gelten; die Anzahl der einheitlich abzugebenden Stimmen der Länder bestimmt sich nach Artikel 51 Abs. 2.

(4) Den Ausschüssen des Bundesrates können andere Mitglieder oder Beauftragte der Regierungen der Länder angehören.

1  **Allgemeines: Organisation und Geschäftsgang des Bundesrats** sind gemäß Art. 52 weitgehend parl. gestaltet.

**Absatz 1: Bundesratspräsident**

Als selbstverständlich unterstellt § 5 I GOBR, dass der Präsident des BRats schon 2
von Verfassungs wegen nur aus der Mitte des BRats gewählt werden kann. In
der Staatspraxis werden Ministerpräsidenten gewählt, und zwar nach einer Vereinbarung der Länder (Königsteiner Abkommen v. 30.8.1950; Einbeziehung der
ostdeutschen Länder durch MPK-Beschluss v. 20./21.12.1990) so, dass sie sich in
der Reihenfolge der Einwohnerzahlen ihrer Länder (nach dem Stand von 1990;
Zusatzvereinbarung im Ständigen Beirat des BRats v. 7.3.2001) jährlich ablösen.
Das Präsidentenamt endet vorzeitig, wenn der amtierende Ministerpräsident aus
der LReg und damit aus dem BRat ausscheidet, nicht dagegen, wenn er als einfacher Minister in der LReg verbleibt. **Befugnisse** des BRPräs: Abs. 2 Satz 1 (Eine-
rufung), § 6 GOBR (Vertretung in allen Angelegenheiten des BRats, Hausrecht),
§ 20 I GOBR (Leitung der Sitzungen des BRats, allerdings mit großzügiger Ver-
tretungsregelung); vgl. ferner Art. 57. Der BRPräs hat die Sitzungen unparteiisch
zu leiten, sein Verhalten unterliegt der verfassungsgerichtl. Überprüfung. Ihm
steht aber eine Einschätzungsprärogative zu (BVerfGE 106, 332). Nach § 5
GOBR wählt der BRat zwei Vizepräsidenten, die den BRPräs im Falle seiner Verhinderung oder bei vorzeitiger Amtserledigung nach Maßgabe ihrer Reihenfolge
vertreten, ihn beraten und unterstützen (§ 7 GOBR). Zusammen bilden BRPräs
und die Vizepräsidenten das Präsidium (§ 8 I GOBR), dem nur geringe tatsächliche Bedeutung zukommt (Entscheidung in gewissen inneren Angelegenheiten des
BRats, § 8 II GOBR). Weitere Organe (Unterorgane) des BRats: Ständiger Beirat,
bestehend aus den Bevollmächtigten der Länder beim Bund (von großer praktischer Bedeutung, tagt wöchentlich u. nimmt u.a. ähnliche Aufgaben wie der Ältestenrat des BTags wahr; s. auch Art. 53 Rn. 4), Schriftführer, Sekretariat
(BRatsverwaltung) und – als dessen Leitung – Direktor und Stellv. Direktor
(§§ 9, 10, 14 GOBR); im GG genannt werden nur die Europakammer (Abs. 3 a)
und die Ausschüsse (Abs. 4).

**Absatz 2: Einberufung des Bundesrats**

Das Recht zur Einberufung des BRats liegt ausschließlich beim BRPräs. Er 3
nimmt es nach pflichtgemäßem Ermessen wahr (Pieroth in Jarass/Pieroth, Art. 52
Rn. 2) und legt so auch Einzelheiten (z.b. Sitzungszeitpunkt) fest. Pflicht zur Einberufung in den Fällen des Satzes 2, nach § 15 I GOBR aber auch schon, wenn
nur *ein* Land es verlangt. Die Zulässigkeit der dort vorgenommenen Erweiterung
der Einberufungspflicht ist str. Dass die Erweiterung mit Sinn und Zweck des
Satzes 2 vereinbar erscheint, spricht gegen ihre Verfassungswidrigkeit (vgl. Schöbener, BK, Art. 52 Rn. 62; a.M. Maunz in Ders./Dürig, Art. 52 Rn. 18). Mit
„Bundesregierung" ist in Satz 2 das Kabinett gemeint, nicht der einzelne Minister. In der Praxis tritt der BRat in Abständen von drei Wochen zusammen, da er
anders seine zum wesentlichen Teil fristgebundenen Befugnisse im Gesetzge-
bungsbereich unter Wahrung der Sitzungsökonomie nicht wahrnehmen kann (s.
Art. 50 Rn. 2 Buchst. a Doppelbuchst. bb, Buchst. b Doppelbuchst. aa, bb).

**Absatz 3: Beschlüsse, Geschäftsordnung, Gebot der Öffentlichkeit**

Die für **Beschlüsse** (einschl. **Wahlen**) des BRats erforderliche Stimmenmehrheit 4
ist die Mehrheit aller im BRat vertretenen Stimmen, bei z.Z. 69 Stimmen (vgl.
Art. 51 Rn. 2) also eine Zahl von mindestens 35. Stimmenthaltung (nur en bloc;
Art. 51 III 2) ist möglich und wird in Koalitionsvereinbarungen regelmäßig für
den Fall der Nichteinigung in der LReg vorgesehen. Sie wirkt – wegen der geforderten absoluten Mehrheit – wie die ausdrückliche Ablehnung des jeweiligen Antrags. Bemühungen, dies im Rahmen der Föderalismusreformen I und II zu än-

dern (s. Föderalismuskommission II, Dr 151) blieben erfolglos. Qualifizierte Mehrheiten: Art. 23 I 3, Art. 61 I 3, Art. 79 II; s. auch Art. 77 IV 2. Beschlussfähigkeit: § 28 GOBR (ebenfalls Mehrheit der im BRat vertretenen Stimmen). Abstimmungsregeln: §§ 29 ff. GOBR. Die Beschlüsse des BRats werden mit dem Ende der Sitzung wirksam (§ 32 GOBR).

5 Die **Geschäftsordnung** des BRates i.d.F. vom 26.11.1993 (BGBl I S. 2007) ist rechtl. ebenso einzuordnen und zu beurteilen wie die des BTags (s. Erläut. in Art. 40 Rn. 3), gilt aber, anders als diese, wegen der Kontinuität des BRats (vor Art. 50 Rn. 7) auf Dauer. Abweichungen sind nach einstimmigem Beschluss zulässig (§ 48 GOBR).

6 Das **Gebot der Öffentlichkeit** gilt nur für die Vollsitzungen des BRats. Zu den Begriffen „öffentl." und „verhandeln" s. die Erläut. in Art. 42 Rn. 1, zum Ausschluss der Öffentlichkeit § 17 GOBR.

### Absatz 3 a: Europakammer

7 Abs. 3 a, 1992 im Zusammenhang mit Art. 23 n.F. eingefügt, soll dazu dienen, die Rolle des BRats in Angelegenheiten der EU institutionell zu stärken (im Einzelnen s. auch §§ 45 b ff. GOBR). Die Europakammer ist, trotz teilweise paralleler Zielsetzung, anders als der Ausschuss des BTags für die Angelegenheiten der EU (zu ihm vgl. Art. 45) **kein Ausschuss**, sondern ein dem BRatsplenum angenähertes Organ: Ihre Beschlüsse gelten von vornherein als Beschlüsse des BRats. Deshalb sind fast alle der im BRatsplenum gültigen Voraussetzungen für eine Beschlussfassung maßgebend: Die Stimmenverteilung richtet sich nach Art. 51 II, und die Stimmen sind gemäß Halbs. 2 wie nach Art. 51 III 2 einheitlich abzugeben. Nur das Erfordernis der Anwesenheit des abstimmenden Mitglieds (Art. 51 III 2) gilt nach dem durch die *Föderalismusreform I* (s. Einführung Rn. 6) neu gefassten Halbs. 2 nicht, so dass nunmehr auch Beschlüsse im schriftlichen Umlauf(Umfrage)verfahren möglich sind (vgl. § 45 i GOBR). Durch das im Zuge des Vertrags von Lissabon (BGBl 2008 II S. 1039) geschaffene Recht der nationalen Parlamente, Subsidiaritätsrüge gemäß Art. 12 Buchst. b EUV zu erheben (s. auch Art. 23 Ia 1 u. dazu Art. 23 Rn. 19), hat die Europakammer zuletzt erheblich an Bedeutung gewonnen (vgl. z.B. Beschlüsse im Umfrageverfahren BR-Dr 800/11 [Beschl.] [2], 820/11 [Beschl.] [2]). Nach § 45 e GOBR werden die Sitzungen der Europakammer (wie die des Plenums) durch die Ausschüsse des BRates vorbereitet.

### Absatz 4: Ausschüsse

8 Genau wie der BTag kann auch der BRat nach seinem Ermessen Ausschüsse bilden. Näheres s. die §§ 11 f. und 36 ff. GOBR. Darüber hinaus kann der BRat – allein oder auch gemeinsam mit dem BTag – Enquete-Kommissionen einsetzen, vgl. die Verfassungsreform-Kommission des BRats (Abschlussbericht BR-Dr 360/92), die Gemeinsame Verfassungskommission (Abschlussbericht BT-Dr 12/6000 = BR-Dr 800/93) und die Föderalismuskommissionen I (Dokumentation der Kommission, Zur Sache 1/2005) und II (Schlussbericht: Die gemeinsame Kommission von BTag u. BRat zur Modernisierung der Bund-Länder-Finanzbeziehungen, hrsg. v. BTag u. BRat, 2010). Str. ist, ob der BRat Untersuchungsausschüsse einsetzen kann (bejahend Robbers in Sachs, Art. 52 Rn. 18; verneinend Korioth in v. Mangoldt/Klein/Starck, Art. 52 Rn. 25). In die Ausschüsse entsendet jedes Land Vertreter, die nicht Mitglied des BRats oder Stellvertreter zu sein brauchen, sondern auch „Beauftragte" der jeweiligen LReg sein können. In der Praxis werden Kabinettsmitglieder zu Ausschussmitgliedern (u. möglicherweise

auch zu Stellvertretern) bestellt und außerdem Beauftragte, d.h. Beamte, zu – u.U. weiteren – Stellvertretern. Die meisten Ausschusssitzungen finden auf dieser Ebene statt. Jedes Land hat eine Stimme (dazu BVerfGE 112, 142 f.); Beschlüsse kommen mit *einfacher Mehrheit* zustande (§ 42 III GOBR; vgl. auch Art. 42 Rn. 2). Die Ausschüsse haben die Beschlüsse des BRats vorzubereiten und hierfür – i.d.R. exakt ausgearbeitete – Empfehlungen auszusprechen (§§ 25, 26 III, § 39 I GOBR). Die **Ausschusssitzungen** sind *nicht öffentlich* (§ 37 II GOBR).

## Artikel 53 [Teilnahme der Mitglieder der Bundesregierung]

**Die Mitglieder der Bundesregierung haben das Recht und auf Verlangen die Pflicht, an den Verhandlungen des Bundesrates und seiner Ausschüsse teilzunehmen. Sie müssen jederzeit gehört werden. Der Bundesrat ist von der Bundesregierung über die Führung der Geschäfte auf dem laufenden zu halten.**

Art. 53 regelt die Teilnahme der Mitglieder der BReg an den Verhandlungen des BRats und seiner Ausschüsse. Die Vorschrift weist einige Parallelen zu den in Art. 43 getroffenen Regelungen auf, hat jedoch nichts mit parl. Verantwortlichkeit zu tun, sondern dient der gegenseitigen **Information von Bundesrat und Bundesregierung**, was Satz 3 für einen wichtigen Fall ausdrücklich ausgestaltet. | 1

*Satz 1:* **Recht und Pflicht der Teilnahme** an den Verhandlungen des BRats bestehen nur für die Mitglieder der BReg; zur Teilnahme von Staatssekretären und anderen Beauftragten der BReg vgl. § 18 GOBR. Zu den Verhandlungen der Ausschüsse erscheinen i.d.R. Beamte (§§ 40 GOBR, 33 I GGO). Das Recht des Anwesenheitsverlangens steht nur dem BRat und seinen Ausschüssen zu, nicht auch den einzelnen Mitgliedern und LReg. *„Verhandlungen"* bedeutet nach zutreffender Auffassung (Jekewitz, AK, Art. 53 Rn. 1) im Ergebnis das Gleiche wie „Sitzungen" in Art. 43 II 1 (vgl. dazu Art. 43 Rn. 5), nämlich Sitzungen im förmlichen Sinne (auch nichtöffentl.), nicht aber interne Besprechungen. Satz 1 gilt also nicht für die länderinterne Vorbesprechung vor jeder BRatssitzung und auch nicht für Gremien wie das Präsidium oder den Ständigen Beirat (zu Letzterem s. jedoch die Sonderregelung in § 9 III 2 GOBR für den dort genannten BMinister); so die Praxis (vgl. Reuter, Art. 53 GG Rn. 10 ff.; Schöbener, BK, Art. 53 Rn. 12). Erfasst werden neben dem Plenum und den Ausschüssen auch die Europakammer sowie, zugleich aus Art. 43 II 1, der Vermittlungsausschuss. | 2

*Satz 2:* Mit dem in Satz 1 geregelten Teilnahme- bzw. Zutrittsrecht der Mitglieder der BReg ist nach Satz 2 ein **Rederecht** verbunden. Es gilt „jederzeit", also auch außerhalb der Tagesordnung. | 3

*Satz 3* begründet eine **Pflicht der Bundesregierung zur laufenden Unterrichtung des Bundesrats** über die (wichtigeren) Regierungsgeschäfte. Diese Unterrichtung erfolgt ohne vorgeschriebene Förmlichkeit auf verschiedene Weise. Praktisch wichtigstes Forum hierfür ist der Ständige Beirat (§ 9 GOBR) mit der regelmäßigen Unterrichtung der Länderbevollmächtigten über die Beratungen und Beschlüsse der BReg nach den Kabinettsitzungen durch einen Staatsminister des BKanzleramts (s. dazu Herzog in BRat, Vierzig Jahre BRat, 1989, S. 176). Zu polit. Schwerpunkten übermittelt die BReg dem BRat schriftlich, in Ausschüssen auch mündlich, Berichte. Vom BTag verlangte Berichte werden regelmäßig auch dem BRat zugeleitet. In den Ausschüssen geben die Beauftragten der BReg zu den jeweiligen Tagesordnungspunkten Auskünfte (§ 40 II GOBR), was seitens der Ausschüsse des BRats auch erwartet wird. Im Plenum kommt i.V.m. Satz 1 und 2 | 4 ein Fragerecht des BRats hinzu. Ein Fragerecht einzelner Länder wird vom BRat bejaht (vgl. § 19 GOBR u. Reuter, Art. 53 GG Rn. 37) und nunmehr von der BReg nicht mehr bestritten (s. BRat, 758. Sitzung v. 21.12.2000, StenBer. S. 631 A; 800. Sitzung v. 11.6.2004, StenBer. S. 259 A; 802. Sitzung v. 9.7.2004, Sten-Ber. S. 326 B; anders in der Vergangenheit, z.b. 328. Sitzung v. 4.10.1968, Sten-Ber. S. 212). Für die Antwortgabe der BReg gelten etwa dieselben Grundsätze wie im BTag (vgl. die Erläut. in Art. 43 Rn. 3 f.).

## IVa. Gemeinsamer Ausschuß

### Vorbemerkungen

Dem aus einem einzigen Artikel bestehenden Abschnitt IVa liegt der Gedanke zugrunde, im Verteidigungsfall auch bei Verhinderung des BTags die Staatsführung nicht ganz der Exekutive zu überantworten, sondern die Befugnisse von BTag und BRat durch eine Art Einkammer-**Notparlament** wahrnehmen zu lassen. Der Gemeinsame Ausschuss besteht schon in Friedenszeiten, besitzt dann aber nur Selbstorganisations- und Informationsrechte. Erst wenn im Verteidigungsfall der BTag ausfällt, wachsen ihm seine eigentlichen (erheblichen) Entscheidungsbefugnisse zu.

## Artikel 53 a [Mitglieder und Verfahren des Gemeinsamen Ausschusses]

**(1)** Der Gemeinsame Ausschuß besteht zu zwei Dritteln aus Abgeordneten des Bundestages, zu einem Drittel aus Mitgliedern des Bundesrates. Die Abgeordneten werden vom Bundestage entsprechend dem Stärkeverhältnis der Fraktionen bestimmt; sie dürfen nicht der Bundesregierung angehören. Jedes Land wird durch ein von ihm bestelltes Mitglied des Bundesrates vertreten; diese Mitglieder sind nicht an Weisungen gebunden. Die Bildung des Gemeinsamen Ausschusses und sein Verfahren werden durch eine Geschäftsordnung geregelt, die vom Bundestage zu beschließen ist und der Zustimmung des Bundesrates bedarf.

**(2)** Die Bundesregierung hat den Gemeinsamen Ausschuß über ihre Planungen für den Verteidigungsfall zu unterrichten. Die Rechte des Bundestages und seiner Ausschüsse nach Artikel 43 Abs. 1 bleiben unberührt.

1 **Allgemeines:** Der Gemeinsame Ausschuss (GA) ist weder Teil des BTags noch Teil des BRats, sondern ein **selbständiges Verfassungsorgan**, das im Verteidigungsfall unter bestimmten Voraussetzungen (Art. 115 a II, Art. 115 e I) den größten Teil der Funktionen von BTag und BRat einheitlich wahrnimmt; Ausnahmen: Art. 115 e II. Art. 53 a ist mit Art. 79 III vereinbar, weil dessen Ziel, demokratische und föderale Strukturprinzipien zu sichern, mit der Konstruktion des GA noch eher erreichbar erscheint, als dies bei einer Bewältigung von Notstandssituationen allein durch die Exekutive möglich wäre. Auch schreibt Art. 79 III keine bestimmte Form der Länderbeteiligung an der Gesetzgebung fest.

### Absatz 1: Zusammensetzung, Geschäftsordnung des Gemeinsamen Ausschusses

2 *Sätze 1–3:* Die **Zahl der Mitglieder** des GA richtet sich nach der Zahl der Bundesländer (Satz 3 Halbs. 1). Den z.Z. 16 Ländervertretern stehen somit 32 *Abgeordnete des Bundestags* gegenüber. Diese werden vom BTag durch Beschluss im Stärkeverhältnis der Fraktionen (§§ 12, 57 GOBT; Berechnung i.d.R. nach Sainte

Laguë/Schepers) bestimmt. Die Berücksichtigung allein der – in Satz 2 (u. nur hier) ausdrücklich genannten – Fraktionen ist nach der Rspr. des BVerfG (BVerfGE 84, 336; 96, 281) zulässig (Vorrang des Fraktionsprinzips gegenüber dem Prinzip der proportionalen Zusammensetzung), da die Fraktionen die wesentlichen polit. Kräfte im Parlament sind (BVerfGE 130, 354; a.A. BVerfGE 84, 339 ff./abw. Meinung; Krebs in von Münch/Kunig, Art. 53 a Rn. 10). Die BTags-bank im GA muss dem Grundsatz der Spiegelbildlichkeit entsprechend ein die Stärkeverhältnisse der Fraktionen widerspiegelndes verkleinertes Abbild des Plenums darstellen (BVerfGE 112, 133, zum VermA; s. auch BVerfGE 130, 354). Abweichungen zur Wahrung des Mehrheitsprinzips (Abbildung einer „Regierungsmehrheit") sind in engen Grenzen zulässig (BVerfGE 112, 141; 130, 355). Der BTag kann die von ihm bestellten Mitglieder jederzeit nach Ermessen auswechseln (§ 2 I GOGA). Neben dem BKanzler und den BMinistern können, da zum Regierungsbereich gehörig, auch Parl. Staatssekretäre nicht in den GA entsandt werden. Die dem GA angehörenden *Mitglieder des Bundesrats* sind von den einzelnen Ländern (LReg) zu bestellen. Dabei darf es sich i.s. der Funktionsfähigkeit des GA auch um stellv. Mitglieder des BRats handeln (§ 4 GOGA), zumal generell die Mitglieder und stellv. Mitglieder des BRats praktisch gleichgestellt sind (Art. 51 Rn. 1); ebenso Herzog/Klein in Maunz/Dürig, Art. 53 a Rn. 28. Diese sind im Hinblick auf die Funktionen des GA und die Gleichstellung aller seiner Mitglieder nicht an Weisungen gebunden. Deshalb ist ihnen – über den Wortlaut hinaus – auch Indemnität und Immunität zuzugestehen (Krebs in von Münch/Kunig, Art. 53 a Rn. 16). Die LReg kann ihren Vertreter jedoch jederzeit auswechseln (§ 4 I GOGA).

Die nach *Satz 4* beschlossene **Geschäftsordnung** für den GA vom 23.7.1969 **3** (BGBl I S. 1102) regelt u.a. Zusammensetzung (einschl. der Stellvertretung), Vorsitz, Präsenzpflicht, Einberufung und Verfahren des GA. Vorsitzender des GA ist der BTPräs. Die Beratungen des GA sind nicht öffentlich. Der GA fasst seine Beschlüsse nicht getrennt nach BTags- und BRatsmitgliedern, sondern einheitlich auf der Grundlage gleichen Stimmrechts aller Mitglieder und, soweit das GG nichts anderes bestimmt, mit der Mehrheit der abgegebenen Stimmen (s. dazu § 13 GOGA u. die Erläut. in Art. 42 Rn. 2).

### Absatz 2: Unterrichtung des Gemeinsamen Ausschusses

Die in Abs. 2 geregelte **Informationspflicht der Bundesregierung** soll den GA in **4** die Lage versetzen, im Verteidigungsfall mit Sachverstand schnelle Entscheidungen zu treffen. Sie gilt schon in Friedenszeiten, wird aber faktisch nicht mehr wahrgenommen; die letzte Sitzung fand am 11.2.1993 statt. Weitere Rechte hat der GA vor Eintritt des Verteidigungsfalls nicht, inbes. steht ihm kein Einspruchsrecht gegen Planungen der Regierung zu. Neben den ausdrücklich bestätigten Rechten des BTags nach Art. 43 I gelten auch die des BRats nach Art. 53 fort.

# V. Der Bundespräsident

## Vorbemerkungen

Der BPräs ist der höchste Repräsentant, das **Staatsoberhaupt** der Bundesrepublik **1** Deutschland. Nach den Erfahrungen der Weimarer Republik (s. dazu Jekewitz, AK, vor Art. 54 Rn. 5 ff.) hat der Verfassungsgeber die Befugnisse des BPräs erheblich eingeschränkt gegenüber Kompetenzen und Stellung, die der Reichspräsident nach der Weimarer Reichsverfassung besaß (z.B. Volkswahl, Kanzlerbestimmung, Recht der Parlamentsauflösung, Notverordnungsrecht, Oberbefehl über die Streitkräfte). Jedoch wäre es falsch, das Amt des BPräs nur aus dem Vergleich mit dem des Reichspräsidenten zu gewichten. Es hat durch das GG eine neue Ausgestaltung erfahren und durch mehr als 60 Jahre Staatspraxis seinen eigenständigen Charakter im Blick auf die anderen Verfassungsorgane gewonnen (vgl. dazu Stern, Bd. II, S. 198).

2 Der Stellung als Staatsoberhaupt entsprechend liegt der Schwerpunkt der **Befugnisse** des BPräs in den *repräsentativen, staatsverkörpernden Funktionen* und *außerordentlichen Kompetenzen in Krisenlagen*, während die Regierungsgeschäfte generell und die normale, vor allem die laufende polit. Staatsleitung der BReg übertragen sind. Die Zuständigkeiten des BPräs sind an verschiedenen Stellen des GG aufgeführt, können sich aber auch stillschweigend aus der Verfassung ergeben (z.B. für den Bereich der Ehrenhoheit u. der Staatssymbole; s. dazu Art. 22 Rn. 9 u. 11) oder durch einfaches Gesetz begründet werden (vgl. z.B. die §§ 16 BWahlG, 18 VII PartG). Wichtigste Aufgaben und Rechte des BPräs: Art. 63 I (Wahlvorschlag für den BKanzler), Art. 63 II und IV, Art. 64 I (Ernennung des BKanzlers u. der BMinister), Art. 60 I (Ernennung der Bundesbeamten, Bundesrichter, Offiziere usw.), Art. 60 II (Ausübung des Begnadigungsrechtes für den Bund), Art. 59 I (völkerrechtl. Vertretung), Art. 63 IV, Art. 68 I (Auflösung des BTags in Sonderfällen), Art. 81 (Erklärung des Gesetzgebungsnotstands), Art. 82 I (Ausfertigung u. Verkündung der Bundesgesetze). Die h.M. sieht den BPräs als Teil der vollziehenden Gewalt, jedoch ist damit seine Stellung im Verfassungsgefüge nur unvollkommen beschrieben (s. Fink in v. Mangoldt/Klein/Starck, Art. 54 Rn. 11; Fritz, BK, Art. 54 Rn. 32 ff.). Seine Anordnungen und Verfügungen bedürfen zu ihrer Gültigkeit der Gegenzeichnung durch den BKanzler oder den zuständigen BMinister (Art. 58), die dadurch die polit. Verantwortung gegenüber dem BTag übernehmen.

3 Als Staatsoberhaupt ist der BPräs **Symbol der staatlichen Einheit,** Verkörperung demokratischer Beständigkeit und Hüter des polit. Grundkonsenses. Neben dieser Repräsentations- und Integrationsfunktion kommt ihm die wichtige Rolle einer Legitimitätsreserve zu (s. Art. 63 IV 3, Art. 68 I 1, Art. 81 I 1). Der BPräs wirkt in seinem Amt mehr durch seine Persönlichkeit und durch eigene konzeptionelle Kraft als durch formale Befugnisse. Er ist weder pouvoir neutre noch Staatsnotar. Zur Unabhängigkeit und Neutralität seines Amtes gehört, dass er sich aus tagespolit. Streitfragen weithin heraushält. Umso größer kann sein wegweisendes öffentl. Wort, das Mahnen, Warnen und Ermuntern einschließt, aber auch sein Rat abseits aller Publizität sein, z.B. in Gesprächen mit BKanzler und Oppositionsführer, Partei- und Wirtschaftsvertretern, Repräsentanten wichtiger gesellsch. Gruppen (vgl. Herzog in Maunz/Dürig, Art. 54 Rn. 93 ff.).

4 Der BPräs ist **Verfassungsorgan,** nicht Beamter. Er kann während der Dauer seiner Amtszeit nicht aus polit. oder sonstigen Gründen abgewählt, sondern nur bei vorsätzlicher Gesetzesverletzung vom BVerfG seines Amtes für verlustig erklärt werden (Art. 61). Zur Durchführung seiner Aufgaben steht dem BPräs das *Bundespräsidialamt* (oberste Bundesbehörde) zur Verfügung (s. im Einzelnen Spath, Das Bundespräsidialamt, 5. Aufl. 1993, S. 39 ff.). Um dem BPräs die volle und sachgemäße Ausübung seiner Rechte zu ermöglichen, hat ihn der BKanzler laufend über seine Politik und die Geschäftsführung der BReg zu unterrichten; außerdem nimmt der Chef des Bundespräsidialamts regelmäßig an den Sitzungen des Bundeskabinetts teil (§§ 5, 23 I GOBReg).

## Artikel 54 [Wahl des Bundespräsidenten, Amtsdauer]

(1) Der Bundespräsident wird ohne Aussprache von der Bundesversammlung gewählt. Wählbar ist jeder Deutsche, der das Wahlrecht zum Bundestage besitzt und das vierzigste Lebensjahr vollendet hat.

(2) Das Amt des Bundespräsidenten dauert fünf Jahre. Anschließende Wiederwahl ist nur einmal zulässig.

(3) Die Bundesversammlung besteht aus den Mitgliedern des Bundestages und einer gleichen Anzahl von Mitgliedern, die von den Volksvertretungen der Länder nach den Grundsätzen der Verhältniswahl gewählt werden.

(4) Die Bundesversammlung tritt spätestens dreißig Tage vor Ablauf der Amtszeit des Bundespräsidenten, bei vorzeitiger Beendigung spätestens dreißig Tage nach diesem Zeitpunkt zusammen. Sie wird von dem Präsidenten des Bundestages einberufen.

(5) Nach Ablauf der Wahlperiode beginnt die Frist des Absatzes 4 Satz 1 mit dem ersten Zusammentritt des Bundestages.

(6) Gewählt ist, wer die Stimmen der Mehrheit der Mitglieder der Bundesversammlung erhält. Wird diese Mehrheit in zwei Wahlgängen von keinem Bewerber erreicht, so ist gewählt, wer in einem weiteren Wahlgang die meisten Stimmen auf sich vereinigt.

(7) Das Nähere regelt ein Bundesgesetz.

### Absatz 1: Wahl und Wählbarkeit

*Satz 1:* Der BPräs wird von einem besonderen Wahlkörper (Bundesversammlung) **1**
gewählt, der unitarische und föderative Elemente in sich vereinigt. Die **Bundesversammlung** ist Verfassungsorgan. Das Nähere ergibt sich aus dem in Rn. 9 vermerkten Gesetz (BPräsWG). Um nicht die Autorität des künftigen Präsidenten durch Diskussionen über seine Person zu gefährden, erfolgt die Wahl ohne Aussprache. Dies vermag freilich eine vorherige öffentl. Diskussion oder einen „Präsidentenwahlkampf" nicht auszuschließen. Von einer Direktwahl des BPräs durch das Volk hat der Verfassungsgeber – nicht zuletzt im Blick auf die Kompetenzausstattung des Amtes – bewusst abgesehen. Insgesamt geht es den Bestimmungen über die Wahl des BPräs darum, diesem – entsprechend seiner Bedeutung im Staatsgefüge – eine eigenständige demokratische Legitimation zu vermitteln, die ihm gegenüber den anderen Staatsorganen Selbststand verschafft (NWVerfGH, NVwZ 2009, 1098).

Voraussetzungen für die **Wählbarkeit** sind nach *Satz 2:* a) Deutscheneigenschaft **2**
(Art. 116 I), b) Wahlberechtigung zum BTag (§§ 12 f. BWahlG), c) Vollendung des 40. Lebensjahres. Darüber hinausgehende Anforderungen sind unzulässig. Mitgliedschaft in einer Volksvertretung, einer Regierung, Beamteneigenschaft, Parteizugehörigkeit stehen der Wahl ebenso wenig entgegen wie etwa die Zugehörigkeit zum BVerfG (vgl. BVerfGE 89, 362); s. aber auch Art. 55.

### Absatz 2: Amtsdauer und Wiederwahl

Die **Amtsdauer** beträgt fünf Jahre. Sie übersteigt also die Wahlperiode des BTags **3**
um ein Jahr. Damit sollen Auswirkungen des BTags-Wahlkampfs und der Regierungsbildung auf die Wahl des BPräs vermieden und eine gewisse Kontinuität in der Staatsleitung sichergestellt werden. Die Amtszeit beginnt mit Annahme der Wahl, jedoch nicht vor Ablauf der Amtsperiode des Vorgängers (§ 10 BPräsWG), auch nicht im Falle des vorzeitigen Rücktritts (BVerfGE 128, 281:

keine Rückwirkung); die Vereidigung ist nicht Voraussetzung des Amtserwerbs, sondern erste Amtspflicht. Die Amtszeit endet außer durch Zeitablauf durch Tod, Rücktritt (s. sogleich Rn. 4), Wählbarkeitsverlust, Amtsverlust durch Spruch des BVerfG (Art. 61 II) oder Übernahme unvereinbarer Ämter; im Verteidigungsfall gilt Art. 115 h I 2. Zur Vermeidung eines zu nachhaltigen Präsidenteneinflusses – wenig einleuchtend im Hinblick auf seine beschränkten Befugnisse – lässt das GG eine anschließende **Wiederwahl** nur einmal zu. Nach der – nicht unbedingt vollen – Amtszeit eines anderen BPräs ist eine weitere Wiederwahl zulässig (h.M.; vgl. v. Arnauld in von Münch/Kunig, Art. 54 Rn. 18).

4 Der **(vorzeitige) Rücktritt** des BPräs ist – wie auch sonst bei öffentl. Ämtern – eine zulässige Form der Amtsbeendigung (s. Fritz, BK, Art. 54 Rn. 163). Er ist zwar weder im GG noch einfachgesetzl. geregelt, wird aber als Möglichkeit in § 51 BVerfGG erwähnt. Nähere Anforderungen an den Rücktritt eines BPräs können nur aus allg. (bürgerlich-)rechtl. Grundsätzen hergeleitet werden. Danach ist der Rücktritt des BPräs eine einseitige formlose empfangsbedürftige Willenserklärung. Es gelten die Grundsätze der Eindeutigkeit und Endgültigkeit dieser Gestaltungserklärung. Adressat der Rücktrittserklärung ist der BTPräs als derjenige, der das (nichtständige) Wahlorgan Bundesversammlung einberuft, diese leitet und nach der Wahl die Annahmeerklärung des gewählten Kandidaten entgegennimmt (wie hier v. Arnauld in von Münch/Kunig, Art. 54 Rn. 17 m.w.N.; a.a., aber nicht überzeugend: Schaefer, DÖV 2012, 420: der BRPräs wegen seiner Vertreterfunktion). Davon zu unterscheiden ist die fakultative Unterrichtung anderer Verfassungsorgane aus Gründen des Interorganrespekts (vgl. Butzer in Schmidt-Bleibtreu/Hofmann/Hopfauf, Art. 54 Rn. 94). Eine bloße Erklärung vor der Presse ist rechtl. irrelevant. Begründen muss der BPräs seinen Rücktritt nicht. Bisher hat es drei Rücktritte eines BPräs gegeben, jeweils aus unterschiedlichen Gründen: BPräs Lübke im Oktober 1968 mit Wirkung zum 30.6.1969 (um die BPräs-Wahl zeitlich von der nächsten BT-Wahl zu entzerren), BPräs Köhler am 31.5.2010 (unter Berufung auf fehlenden Respekt für sein Amt bei krit. Äußerungen), BPräs Wulff am 17.2.2012 (wegen allg. Ansehensverlusts u. bevorstehender staatsanwaltlicher Ermittlungen betr. Vorgänge vor seiner Amtszeit als BPräs).

### Absatz 3: Bundesversammlung

5 Die Bundesversammlung (BVersammlung) besteht hälftig aus den normalerweise 598 Mitgliedern des BTags (vgl. § 1 I 1 BWahlG) und einer gleichen Anzahl von Mitgliedern, die von den Volksvertretungen der Länder gewählt werden, i.d.R. also aus 1 196 Mitgliedern. Die Zahl der von den einzelnen Ländern zu wählenden Vertreter stellt die BReg nach Maßgabe der letzten amtlichen Bevölkerungszahlen – ohne Berücksichtigung von Ausländern – fest und macht sie im BGBl bekannt (§ 2 I BPräsWG; s. zuletzt Bek. v. 22.2.2012, BGBl I S. 203). „Mitglieder des BTags" bedeutet die gesetzl. Mitgliederzahl (Art. 121 i.V.m. § 1 I 1 BWahlG) z.Z. der Feststellung der BReg einschl. etwaiger Überhangmandate, so dass die **Zahl der Mitglieder des Bundestags** variabel ist und infolgedessen auch die der Ländervertreter anwachsen kann. Der Wegfall eines Überhangmandats im Zeitraum zwischen Feststellung der Zahl der Ländervertreter und Wahltag führt nicht zu einer verfassungswidrigen „Überzahl" der Ländervertreter (a.A. Fischer, NVwZ 2005, 416 f.; vgl. auch Butzer in Schmidt-Bleibtreu/Hofmann/Hopfauf, Art. 54 Rn. 63), weil der Regelungsauftrag des Abs. 7 zwanglos eine Auslegung von § 2 I 1, 2 BPräsWG dahin gehend ermöglicht, dass *nach dem Feststellungszeitpunkt eintretende Veränderungen der Bemessungsmaßstäbe* (auf

der BTags- wie auf der Länderseite) *unberücksichtigt* bleiben sollen; alles andere wäre unpraktikabel. Die Ländervertreter brauchen nicht Mitglieder der betr. Landesparlamente zu sein. Ihre Wahl ist nach den Grundsätzen der Verhältniswahl vorzunehmen. Zu Einzelheiten der Vertreterwahl einschl. Wahlprüfung vgl. § 2 II und die §§ 3–6 BPräsWG.

**Absatz 4: Zusammentritt**

Abs. 4, der den Zusammentritt der BVersammlung regelt, will sicherstellen, dass eine Unterbrechung in der Besetzung des Präsidentenamtes nicht oder doch nur kurze Zeit eintritt. Eine Fristüberschreitung hat keinen Einfluss auf die Gültigkeit der Wahl. Die Einberufung der BVersammlung, also auch die Bestimmung von Zeit und Ort ihres Zusammentritts, ist Sache des BTPräs, der hierüber aus eigenem, durch das GG zugebilligtem Recht nach *seinem* Ermessen entscheidet und durch etwaige Beschlüsse des BTags nicht gebunden ist.   **6**

**Absatz 5: Fristbeginn**

Abs. 5 ist durch die 1976 erfolgte Neufassung des Art. 39 I 2 gegenstandslos geworden, da es keine parlamentslose Zeit mehr gibt (vgl. Art. 39 Rn. 3).   **7**

**Absatz 6: Wahlablauf**

Der Ablauf der Wahl richtet sich nach Abs. 6. Für die ersten beiden Wahlgänge ist im Interesse einer möglichst breiten Unterstützung die absolute Mehrheit der gesetzl. Mitgliederzahl erforderlich (Art. 121), für den etwaigen dritten Wahlgang genügt die relative Mehrheit. Gemäß § 9 BPräsWG kann jedes Mitglied der BVersammlung Wahlvorschläge einreichen. Die Wahlhandlung ist vom BTPräs zu leiten, dem auch die gesamte übrige Geschäfts- und Sitzungsleitung der BVersammlung obliegt (§ 8 BPräsWG) und das Hausrecht sowie die Ordnungs- und Polizeigewalt zustehen. Auf den Geschäftsgang findet die GOBT (s. dazu Art. 40 Rn. 3) sinngemäße Anwendung, sofern sich die BVersammlung – wie bisher – keine eigene Geschäftsordnung gibt (§ 8 Satz 2 BPräsWG). Ein Mitglied der BVersammlung hat weder aus Art. 54 i.V.m. § 8 Satz 2 BPräsWG noch aus Art. 38 i.V.m. Art. 20 I, II einen Anspruch darauf, als „Wahlbeobachter" an der Auszählung der Stimmen und der Ermittlung des Wahlergebnisses teilzunehmen (BVerfGE 130, 370 f.). Die Mitglieder der BVersammlung sind an Aufträge und Weisungen nicht gebunden (vgl. Erläut. in Art. 38 Rn. 20) und genießen die Rechte der Art. 46, 47 und 48 II (§ 7 BPräsWG); für Immunitätsangelegenheiten ist der Bundestag zuständig. Die Wahl ist geheim (§ 9 III 1 BPräsWG). Die Verfassungsbeschwerde eines Bürgers, mit der dieser die Aufhebung einer BPräs-Wahl begehrt, ist mangels Beschwerdebefugnis unzulässig (BVerfG, KBeschl. v. 22.5.2010 – 2 BvR 1783/09 – juris). Wahlverstöße können nur im Rahmen eines Organstreitverfahrens festgestellt werden (Butzer in Schmidt-Bleibtreu/Hofmann/Hopfauf, Art. 54 Rn. 87).   **8**

**Absatz 7: Nähere gesetzliche Regelung**

G über die Wahl des Bundespräsidenten durch die BVersammlung vom 25.4.1959 (BGBl I S. 230), zuletzt geändert durch G vom 12.7.2007 (BGBl I S. 1326). Die dem BPräs *während seiner Amtszeit* zustehenden **Bezüge** sind – erstaunlicherweise – weder im GG noch in einem entsprechenden Gesetz (s. dagegen § 11 BMinG, § 11 AbgG) gesondert geregelt, sondern ergeben sich lediglich aus dem jährlichen Haushaltsgesetz; das ist reformbedürftig. *Nach dem Ende der Amtszeit* bezieht der ehemalige BPräs als „nachwirkende Bezüge" den sog. „**Ehrensold**" (der Begriff erscheint antiquiert u. soll deshalb nach den Vorstellungen   **9** des BT-Haushaltsausschusses künftig durch den Begriff „Altersbezüge" ersetzt werden); Rechtsgrundlage ist das G über die Ruhebezüge des BPräs (BPräsRuhebezG) vom 17.6.1953 (BGBl I S. 160). Der „Ehrensold" betrug ursprünglich 50 vH der aktiven Amtsbezüge und wurde 1959 auf deren vollen Betrag erhöht. Daneben erhält der BPräs – auf der Grundlage des alljährlichen Haushaltsgesetzes – weitere, die Ruhebezüge im Volumen noch übertreffende Nebenleistungen in Gestalt der dauerhaften Bereitstellung von Büro, Dienstwagen und Personal. Diese Alimentierungsregelung ist aus Anlass des Rücktritts von BPräs Wulff verfassungspolit. vielfach in Frage gestellt worden (vgl. von Arnim, NVwZ 2012, 478; Degenhart, ZRP 2012, 74; Schaefer, DÖV 2012, 420) und soll nach den Beratungen im BT-Haushaltsausschuss am 8.11.2012 für zukünftige BPräs eingeschränkt werden.

## Artikel 55 [Unvereinbarkeiten]

**(1) Der Bundespräsident darf weder der Regierung noch einer gesetzgebenden Körperschaft des Bundes oder eines Landes angehören.**

**(2) Der Bundespräsident darf kein anderes besoldetes Amt, kein Gewerbe und keinen Beruf ausüben und weder der Leitung noch dem Aufsichtsrate eines auf Erwerb gerichteten Unternehmens angehören.**

1 **Allgemeines:** Die Unvereinbarkeiten des Art. 55 sind z.T. Ausfluss der Gewaltenteilung, vor allem aber dienen sie der **Sicherung unabhängiger** und unbeeinträchtigter **Ausübung des Präsidentenamtes** sowie der Vermeidung von Interessenkonflikten.

### Absatz 1: Politische Unvereinbarkeiten

2 **Ausgeschlossen** ist vor allem eine Personalunion von Präsidenten- und Kanzleramt. Die genauen rechtl. Auswirkungen von Abs. 1 sind umstritten. Die Norm ist allerdings **nicht** schon „im Vorgriff" auf den Kandidaten für das Amt zu erstrecken (BVerfGE 89, 362; 128, 281). Ein unvereinbares Amt oder Mandat braucht nicht vor der Wahl zum BPräs niedergelegt zu werden; die Annahme der Wahl durch einen Abg. des BTags oder BMinister ist daher rechtswirksam. Da die Unvereinbarkeit erst mit dem Amtsantritt des BPräs wirksam wird (ausführlich dazu Hömig, DÖV 1974, 798), braucht der Gewählte auch nach der Wahl sein Amt oder Mandat nicht sofort niederzulegen, obwohl dies grundsätzlich wünschenswert ist (zur bisherigen Praxis s. z.B. Fink in v. Mangoldt/Klein/Starck, Art. 55 Rn. 10 f.). Ist dies auch bei Amtsantritt noch nicht erfolgt, liegt es beim Wortlaut des Abs. 1 am nächsten, dass der Erwerb des Präsidentenamtes (§ 10 BPräsWG) kraft Gesetzes zum Verlust der Mitgliedschaft in den genannten Organen führt (str.; vgl. Nierhaus in Sachs, Art. 55 Rn. 6). Amts- und Mandatsaufgabe haben dann nur noch deklaratorische Bedeutung. **Nicht verboten** ist die Mitgliedschaft in einer polit. Partei, üblich aber, dem Sinne des Amtes entsprechend, ein Ruhenlassen der Mitgliedschaft, erst recht die Aufgabe von Parteiämtern. Art. 55 entfaltet **keine Nachwirkungen** für den ausgeschiedenen Amtsinhaber; berufliche und polit. Zurückhaltung ist vielmehr eine Frage des polit. Stils (Nierhaus in Sachs, Art. 55 Rn. 5 m.w.N.).

3 Die Aufzählung der polit. Unvereinbarkeiten in Abs. 1 ist **nicht erschöpfend.** Nach h.M. ist auch die Mitgliedschaft in Gemeinderäten und Kreistagen sowie in den Vertreterversammlungen berufsständischer und sozialversicherungsrechtl.

Selbstverwaltungsträger mit dem Präsidentenamt nicht vereinbar (a.A. Fritz, BK, Art. 55 Rn. 23).

**Absatz 2: Sonstige Unvereinbarkeiten**

Unzulässig ist hier nur die *Ausübung* eines besoldeten Amtes, Gewerbes oder Be-  4
rufs, nicht das bloße Innehaben eines Amtes oder Betriebs und die bloße Zugehörigkeit zu einem Beruf, bei Vorständen und Aufsichtsräten von Erwerbsunternehmen allerdings auch schon die Zugehörigkeit. „Amt" ist ein öffentl. Amt. Unter
„Gewerbe" ist jede selbständige, dauerhaft auf Gewinnerzielung gerichtete Tätigkeit zu verstehen. Zum Begriff des Berufes vgl. die Erläut. in Art. 12 Rn. 4.

## Artikel 56 [Amtseid]

**Der Bundespräsident leistet bei seinem Amtsantritt vor den versammelten Mit-
gliedern des Bundestages und des Bundesrates folgenden Eid:**

**„Ich schwöre, daß ich meine Kraft dem Wohle des deutschen Volkes widmen,
seinen Nutzen mehren, Schaden von ihm wenden, das Grundgesetz und die Gesetze des Bundes wahren und verteidigen, meine Pflichten gewissenhaft erfüllen
und Gerechtigkeit gegen jedermann üben werde. So wahr mir Gott helfe."**

**Der Eid kann auch ohne religiöse Beteuerung geleistet werden.**

Zur Leistung des in Art. 56 formulierten Eids ist der BPräs auf Grund seines Amtes verpflichtet. Die Vereidigung erfolgt nicht vor der BVersammlung (Art. 54),
sondern vor den versammelten Mitgliedern des BTags und BRats und wird vom
BTPräs vorgenommen (§ 11 BPräsWG). Die Eidesformel ist unabänderlich
(h.M.; vgl. Fink in v. Mangoldt/Klein/Starck, Art. 56 Rn. 19). Ohne religiöse Beteuerung – in der Staatspraxis noch ohne Beispiel – kommt ihr nur die Bedeutung
eines rein weltlichen Gelöbnisses (BVerfGE 33, 27) und einer ethischen Selbstverpflichtung zu. Sie bekräftigt nur Pflichten, die ohnehin als selbstverständlich mit
dem Präsidentenamt und überhaupt jedem staatl.-polit. Führungsamt verbunden
anzusehen sind, begründet hingegen keine zusätzlichen Befugnisse. Die Eidesleistung ist keine rechtl. Voraussetzung des Amtserwerbs. Amtshandlungen des un-
vereidigten BPräs sind deshalb rechtswirksam (zu den Folgen unterbliebener oder
fehlerhafter Eidesleistung vgl. Haensle, JURA 2009, 670 ff.). Ob unmittelbare
Wiederwahl eine neue Vereidigung erforderlich macht, ist str. Dagegen spricht
der Wortlaut des Art. 56 („bei seinem Amtsantritt"). Dementsprechend lässt
auch die Staatspraxis die erstmalige Vereidigung genügen (krit. dazu v. Arnauld
in von Münch/Kunig, Art. 56 Rn. 8). Im Fall der Vertretung (Art. 57) hat der
BRPräs keinen Eid nach Art. 56 zu leisten, da er nicht selbst BPräs wird, sondern
nur vorübergehend dessen Befugnisse wahrnimmt (so auch Staatspraxis u. h.M.;
s. Fink in v. Mangoldt/Klein/Starck, Art. 56 Rn. 14 f.).

## Artikel 57 [Vertretung]

**Die Befugnisse des Bundespräsidenten werden im Falle seiner Verhinderung oder
bei vorzeitiger Erledigung des Amtes durch den Präsidenten des Bundesrates
wahrgenommen.**

1   Der BPräs wird durch den jeweils amtierenden **Bundesratspräsidenten** vertreten,
und zwar ohne Rücksicht darauf, ob dieser die Wählbarkeitsvoraussetzungen des
Art. 54 I 2 (dazu Art. 54 Rn. 2) erfüllt, und ohne Geltung der Unvereinbarkeits-
regelungen des Art. 55 für ihn. Die Vertretung gilt sowohl bei **Verhinderung** (z.b.
Krankheit, Auslandsaufenthalt, Freiheitsverlust, Befangenheit) als auch bei **vorzeitiger Amtserledigung** (z.b. Rücktritt, Tod, Amtsverlust durch Erklärung des
BVerfG gemäß Art. 61 II 1), und zwar ohne zeitliche Beschränkung. Er übt das
Amt hinsichtlich aller Befugnisse des BPräs aus (a.A. Schaefer, DÖV 2012, 424;
dessen Argument, der BRPräs verfüge als Ministerpräsident über eine schwäche-
re, nur landesverfassungsrechtl. begründete demokratische Legitimation, überzeugt wenig, weil Art. 55 den BRPräs hinreichend u. ohne Einschränkungen legitimiert; s. auch unten Rn. 2). Eine Verhinderung liegt immer dann vor, wenn der
Amtsträger zum maßgeblichen Zeitpunkt tatsächlich oder rechtl. gehindert ist,
seine Amtsbefugnis auszuüben (vgl. BVerwG, LKV 2009, 523). Ob dies der Fall
ist, entscheidet i.d.R. der BPräs (bei einem Aufenthalt im Ausland z.b. kann er
im Hinblick auf die modernen Kommunikationsmittel einen Teil seiner Aufgaben
von dort aus wahrnehmen), u.U. aber auch der BRPräs (z.b. bei Entführung, Ko-
ma des BPräs). Im Streitfall kann das BVerfG nach Art. 93 I Nr. 1 angerufen werden. Der BRPräs führt während der Verhinderung des BPräs nicht die Bezeichnung „BPräs", sondern handelt „für den BPräs" (so zur Unterzeichnung von Gesetzen BVerwG, LKV 2009, 523). Er wird für die Zeit, in welcher er die Befugnisse des BPräs wahrnimmt, im BRat durch einen von dessen beiden Vizepräsidenten vertreten (§ 7 I 2 GOBR). Auf diesen geht auch die Stellvertretung des
BPräs über, wenn der BRPräs seinerseits verhindert ist; insoweit gilt derselbe Begriff der Verhinderung wie beim BPräs (vgl. BVerwG, LKV 2009, 523).

2   Der BRPräs übt die Vertreterbefugnisse – ohne besonderen Bestellungsakt oder
gar Vereidigung – unmittelbar kraft GG, nicht im Auftrag des BPräs aus und ist
daher in seiner Amtsführung unabhängig und **an Weisungen des verhinderten
Präsidenten nicht gebunden** (h.M.; vgl. Meiertöns/Ehrhardt, JURA 2011, 170).
Das schließt Rücksichtnahme aus Loyalität und Verfassungsorgantreue (s. dazu
vor Art. 38 Rn. 3) nicht aus. Art. 61 ist auf den Vertreter nicht anwendbar (str.;
s. Meiertöns/Ehrhardt, JURA 2011, 169).


## Artikel 58  [Gegenzeichnung]

**Anordnungen und Verfügungen des Bundespräsidenten bedürfen zu ihrer Gültig-
keit der Gegenzeichnung durch den Bundeskanzler oder durch den zuständigen
Bundesminister. Dies gilt nicht für die Ernennung und Entlassung des Bundeskanzlers, die Auflösung des Bundestages gemäß Artikel 63 und das Ersuchen gemäß Artikel 69 Absatz 3.**

1   Mit dem Erfordernis der in Art. 58 geregelten Gegenzeichnung will das GG die
**Einheitlichkeit der Staatsleitung** so weit sichern, dass der BPräs jedenfalls nicht
aktiv in Gegensatz zur Politik der Regierung treten kann. Da der BPräs zwar für
seine Amtshandlungen voll verantwortlich ist, aber keiner Kontrolle durch das
Parlament unterliegt, soll die Gegenzeichnung zugleich die parl. Verantwortung
eines Regierungsmitglieds für die Handlungen des BPräs begründen.

2   *Satz 1:* Unter „**Anordnungen und Verfügungen**" sind alle in amtlicher Eigenschaft getroffenen, nach außen wirkenden, schriftförmigen Entscheidungen des
BPräs zu verstehen. Sie können nur nach formeller Gegenzeichnung rechtswirk-

sam werden. In Ausnahmefällen kann auf das Erfordernis der Schriftform und der formellen Gegenzeichnung verzichtet werden. Mit der Gegenzeichnung billigt die Regierung den betr. Präsidialakt und übernimmt für ihn die parl. Verantwortung sowie die sonstige polit. und rechtl. Mitverantwortung. Die Verantwortlichkeit des BPräs nach Art. 61 bleibt unberührt.

In seinem **sonstigen Amtsverhalten**, etwa bei Führung seines Briefwechsels, bei    3
Gestaltung seiner Reden und Gespräche, seiner Besuche, Einladungen und Empfänge ist der BPräs frei (Nettesheim, HStR III, § 62 Rn. 32; str.), in Einzelfällen, besonders auf dem Felde der auswärtigen Angelegenheiten, jedoch u.U. aus Gründen der Verfassungsorgantreue (s. dazu vor Art. 38 Rn. 3) zur Abstimmung mit der Regierung verpflichtet. Zur Praxis vgl. BPräs Carstens, Bulletin 1983, 942 f.

Die **Gegenzeichnung** hat nicht beliebig alternativ durch BKanzler oder BMinister    4
zu erfolgen, sondern in Angelegenheiten, die die Richtlinien der Politik oder seinen sonstigen Amtsbereich betreffen, durch den BKanzler, im Übrigen durch den oder, wenn die Zuständigkeit mehrerer Ressorts berührt wird, durch die zuständigen BMinister. Doch ist wohl anzunehmen, dass der BKanzler als Hauptverantwortungsträger gegenüber dem BTag, auch wenn er regelwidrig zeichnet, stets wirksam gegenzeichnet. Für die „Vollziehung" von Gesetzen verlangt § 29 GOBReg (mit nur interner Wirkung) die Gegenzeichnung des BKanzlers *und* des zuständigen BMinisters. Im Verhinderungsfalle zeichnet für den BKanzler sein Stellvertreter (Art. 69 I), für den zuständigen BMinister ein anderer BMinister, nicht der Staatssekretär (§ 14 GOBReg).

*Satz 2:* **Nicht gegenzeichnungsbedürftig** sind neben den im Text genannten Fällen    5
dem Sinne oder Wesen nach das Verlangen der Einberufung des BTags (Art. 39 III 3), der Kanzlervorschlag (Art. 63 I, Art. 115 h II 1), der eigene Rücktritt, die Anrufung des BVerfG nach Art. 93 I Nr. 1 und auch die Ablehnung von Amtshandlungen (z.B. die Ablehnung eines Gnadenerweises nach Art. 60 II).

## Artikel 59 [Völkerrechtliche Vertretung und Verträge]

(1) Der Bundespräsident vertritt den Bund völkerrechtlich. Er schließt im Namen des Bundes die Verträge mit auswärtigen Staaten. Er beglaubigt und empfängt die Gesandten.

(2) Verträge, welche die politischen Beziehungen des Bundes regeln oder sich auf Gegenstände der Bundesgesetzgebung beziehen, bedürfen der Zustimmung oder der Mitwirkung der jeweils für die Bundesgesetzgebung zuständigen Körperschaften in der Form eines Bundesgesetzes. Für Verwaltungsabkommen gelten die Vorschriften über die Bundesverwaltung entsprechend.

**Allgemeines:** Art. 59 regelt nur **Organzuständigkeiten innerhalb des Bundes.** Die    1
völkerrechtl. Kompetenzen des Bundes im Verhältnis zu den Ländern ergeben sich aus Art. 32. Die Vertretungsmacht des Bundes ist danach umfassend, insbes. nicht auf den Umfang seiner Gesetzgebungszuständigkeiten beschränkt.

### Absatz 1: Völkerrechtliche Vertretung

*Satz 1:* Der BPräs hat als Staatsoberhaupt de jure allein (vorbehaltlich Art. 58)    2
das Recht, im **völkerrechtlichen Verkehr** namens der Bundesrepublik Deutschland rechtswirksam zu handeln, insbes. bindende Erklärungen (z.B. Neutralitätserklärungen, Anerkennung von Staaten u. Regierungen, Aufnahme u. Abbruch

diplomatischer Beziehungen) abzugeben und entgegenzunehmen sowie vor allem Verträge zu schließen. Dabei beschränkt sich diese Kompetenz auf die nach außen gerichtete Ratifizierung, während die innerstaatl. Willensbildung, d.h. die Entscheidung über den Inhalt dieser Erklärungen bzw. Verträge, bei der BReg, insbes. beim die Richtlinien der Außenpolitik bestimmenden BKanzler oder beim Außenminister liegt. In der Staatspraxis ist der BPräs angesichts des erheblich gestiegenen Umfangs des völkerrechtl. Verkehrs schon aus Gründen der Arbeitsbelastung gar nicht in der Lage, alle völkerrechtl. Akte selbst vorzunehmen oder für sie verantwortlich zu zeichnen (vgl. Streinz in Sachs, Art. 59 Rn. 12). Deshalb werden die Vertretungsbefugnisse gemäß Art. 59 I in weitem Umfang durch die BReg, insbes. den Außenminister, wahrgenommen, wobei neben ausdrücklichen auch stillschweigende Bevollmächtigungen zulässig sind (s. auch BVerfGE 68, 82 f.). Völkerrechtl. Erklärungen über das Bestehen des Verteidigungsfalls kann der BPräs nach Art. 115 a V nur mit Zustimmung des BTags bzw. des Gemeinsamen Ausschusses abgeben. Das Vertretungsrecht des BPräs stellt allerdings *keine bloße Erklärungskompetenz* dar. Da er kein Vollzugsorgan der Regierung ist, kommt ihm zumindest ein negativ wirksames außenpolit. Mitwirkungsrecht zu, das ihm einen u.U. nicht unerheblichen Einfluss auf die Außenpolitik ermöglicht. Dabei ist allerdings im Hinblick auf die Verpflichtung zur Organtreue (vgl. dazu vor Art. 38 Rn. 3) von einer grundsätzlichen Kooperationspflicht des BPräs auszugehen, die es ihm verbietet, die Außenpolitik der Regierung nach seinem Ermessen zu durchkreuzen, ihn aber nicht hindert, seine Mitwirkung zu versagen, wenn dem Staat ein ernstlicher Schaden droht (s. auch den Eideswortlaut in Art. 56).

3 *Satz 2:* Das **Recht der Vertragsschließung** erstreckt sich entgegen dem missverständlichen Wortlaut („Staaten") auf Verträge *mit allen anerkannten Völkerrechtssubjekten*, also z.B. auch auf solche mit zwischenstaatl. und supranationalen Organisationen (UN, EU usw.), ferner auf alle Arten von Verträgen einschl. solcher rechtsetzenden Inhalts und des Beitritts zu multilateralen Verträgen. *Keine* „Verträge mit auswärtigen Staaten" i.S. des Satzes 2: Abkommen mit ausländischen Körperschaften des öffentl. Rechts, die ausschließlich staatl. Recht unterstehen (BVerfGE 2, 374 f.), Konkordate (BVerfGE 6, 362) sowie frühere Verträge mit der DDR (str.; wie hier Hömig, JZ 1973, 203 ff.; vgl. auch BVerfGE 36, 13; 82, 320). Dem BPräs steht der entscheidende, rechtsbindungerzeugende Akt der Vertragsschließung, die **Ratifikation**, zu. Die Führung der Vertragsverhandlungen und die Unterzeichnung von Verträgen dagegen obliegen Vertretern der Bundesrepublik, die vom BPräs hierzu bevollmächtigt werden. Mit der Ratifikation wird der Vertrag dem Vertragspartner gegenüber bestätigt und endgültig geschlossen. Die völkerrechtl. Wirksamkeit jedoch tritt erst durch Austausch oder Hinterlegung der Ratifikationsurkunden oder zu einem noch späteren, für das Inkrafttreten vereinbarten Zeitpunkt ein. Der BPräs kann sein Ratifikationsrecht in minder wichtigen Angelegenheiten auf Bevollmächtigte übertragen, die dann auch zum endgültigen Vertragsabschluss berechtigt sind.

4 *Satz 3:* „**Gesandte**" sind alle bei den Staatsoberhäuptern beglaubigten *diplomatischen Vertreter*, d.h. i.d.R. die Missionschefs, nicht auch die bei den Außenministern akkreditierten Geschäftsträger, sonstige Angehörige des diplomatischen Dienstes und die konsularischen Vertreter. „**Beglaubigung**" ist die förmliche Erklärung, dass eine bestimmte Person ermächtigt ist, die Bundesrepublik Deutschland beim Empfangsstaat oder bei internationalen Organisationen völkerrechtl. zu vertreten. „**Empfang**" ist die Entgegennahme des Beglaubigungsschreibens

fremder diplomatischer Vertreter (Akkreditierung). Auch die Erteilung des dem Empfang üblicherweise vorausgehenden Agréments ist Sache des BPräs.

**Absatz 2: Beteiligung der Gesetzgebungskörperschaften**

Abs. 2 will die gesetzgebenden Körperschaften in die wichtigsten rechtsverpflich-  5
tenden Entscheidungen der Außenpolitik einschalten und sicherstellen, dass ihre legislatorische Entschließungsfreiheit nicht durch die von der Exekutive abgeschlossenen internationalen Verträge beeinträchtigt wird (vgl. BVerfGE 90, 357). Insoweit überträgt Abs. 2 einen Teil der grundsätzlich bei der Exekutive (BPräs, BReg) liegenden **auswärtigen Gewalt"** (s. vor Art. 38 Rn. 2) an die Legislative (BVerfGE 1, 369; 68, 85). Abs. 2 gilt für alle „Verträge mit auswärtigen Staaten" i.S. des Abs. 1 Satz 2, jedoch nur für Verträge, die im Namen der Bundesrepublik Deutschland geschlossen werden, nicht auch für solche der Länder nach Art. 32 III (BVerfGE 2, 371). Einseitige völkerrechtl. Erklärungen, z.B. Vorbehalte, Vertragskündigungen, Anerkennung von Staaten und Regierungen, Aufnahme und Abbruch diplomatischer Beziehungen und sonstiges nichtvertragliches Handeln im Völkerrechtsverkehr sind zustimmungsfrei, ebenso rechtserhebliches Handeln der BReg im Rahmen bestehender Verträge, durch das für die Bundesrepublik u.U. neue völkerrechtl. Rechte und Pflichten entstehen (BVerfGE 90, 363). Daher ist auch für Rüstungsmaßnahmen auf Grund von NATO-Beschlüssen, z.B. die Stationierung von Mittelstreckenwaffen, nur das Einverständnis der Regierung erforderlich (BVerfGE 68, 1). Auch das neue Strategiekonzept der NATO 1999 (Erweiterung auf Krisenreaktionskräfte außerhalb des Bündnisgebiets) stellte keine Vertragsänderung dar und bedurfte daher nicht der Zustimmung des BTags (BVerfGE 104, 207 ff.). Der Beitritt zu multilateralen Pakten hingegen dürfte zustimmungspflichtig sein. Die Beteiligung der Bundeswehr an Friedensmissionen der UN unterliegt nicht Abs. 2, jedoch folgt das Erfordernis einer Zustimmung des BTags vor dem Hintergrund der deutschen Verfassungstradition seit 1918 aus dem für den Einsatz bewaffneter Streitkräfte geltenden konstitutiven Parlamentsvorbehalt (BVerfGE 90, 357 ff., 381 ff.; 104, 208; 118, 258 f.; 121, 154 f.; s. auch Art 87 a Rn. 9 f.; dort auch näher zum ParlamentsbeteiligungsG v. 18.3.2005, BGBl I S. 775).

**Satz 1: Staatsverträge**

**Politische Verträge** sind alle Verträge von außenpolit. Bedeutung, d.h. Verträge,  6
die „wesentlich und unmittelbar den Bestand des Staates oder dessen Stellung und Gewicht innerhalb der Staatengemeinschaft oder die Ordnung der Staatengemeinschaft betreffen" (BVerfGE 1, 382; 90, 359), nicht dagegen Verträge, die nur sekundäre Auswirkungen auf die polit. Beziehungen zu auswärtigen Mächten haben. Als polit. Verträge kommen in Betracht vor allem Friedens-, Neutralitäts-, Bündnisverträge, Sicherheitspakte, Nichtangriffs- und Abrüstungsverträge, Gebietsänderungsverträge, Verträge nach Art. 23 I und Art. 24 I, Wirtschafts- und Zollunionen, auch die sog. Ostverträge (vgl. BVerfGE 40, 164; 43, 208 f.). Keine polit. Verträge sind bloße Wirtschafts- und Kulturabkommen, es sei denn, dass sie, wie z.B. grundsätzlich die „klassischen" Handelsverträge, die den Wirtschaftsverkehr zweier Staaten möglichst umfassend regeln, bedeutsam auch für die polit. Beziehungen der Bundesrepublik sind. Ob dies zutrifft, ist eine Frage des Einzelfalles. Art. 59 II 1 schließt polit. Geheimverträge aus; sie sind allenfalls in Gestalt eines Austausches rechtsunverbindlicher Absichtserklärungen möglich.

Auf **Gegenstände der Bundesgesetzgebung** beziehen sich alle Verträge, die zu ih-  7
rer innerstaatl. Durchführung ein Bundesgesetz (d.h. ein formelles Bundesgesetz, infolgedessen z.B. auch Haushalts- oder Kreditermächtigungsgesetz) erfordern,

also nicht durch bloße Ausübung bereits vorhandener Regierungs- und Verwaltungszuständigkeiten vollziehbar sind (vgl. BVerfGE 1, 389 f.). Es ist möglich, dass ein Vertrag sowohl die polit. Beziehungen des Bundes regelt wie auch Gegenstände der Bundesgesetzgebung betrifft („Mischverträge").

8   Für die Frage der **Zustimmungs- und Mitwirkungsbedürftigkeit** kommt es ausschließlich auf den sachlichen Inhalt, nicht auf die äußere Form des Abkommens an. Auch bloße Regierungsabkommen (Verträge, in deren Rubrum als vertragschließende Parteien die Regierungen der beteiligten Staaten erscheinen) können zustimmungspflichtig sein. Zustimmungspflichtig sind auch *Änderungen von Verträgen*, zumindest dann, wenn zustimmungsbedürftige Regelungen abgeändert werden sollen (zu Anwendungsfragen in der Praxis s. Plate, DÖV 2011, 608), ferner Verträge, die die Bundesrepublik Deutschland verpflichten, Rechtsvorschriften bestimmten Inhalts zu erlassen oder nicht zu erlassen, und nach überwiegender Meinung und Praxis auch Verträge, die einen bereits durch Gesetz festgelegten Rechtszustand bekräftigen, der nunmehr völkerrechtl. gebunden wird (*„Parallelabkommen"*), ebenfalls Verträge, die zu ihrer Durchführung einer Verordnung bedürfen, die nicht ohne Mitwirkung einer Gesetzgebungskörperschaft ergehen kann (BVerfGE 1, 390).

9   Die **Zustimmung** oder Mitwirkung der Gesetzgebungskörperschaften muss der Ratifikation (dazu oben Rn. 3) vorausgehen. „**Mitwirkung**" ist die Beteiligung des BRats, wenn für die entsprechende innerstaatl. Regelung ein Einspruchsgesetz (Art. 77 Rn. 1) genügen würde; dies gilt grundsätzlich auch bei polit. Verträgen (a.M. F. Klein, JZ 1971, 752: generelle Zustimmungsbedürftigkeit). Die Zustimmung und Mitwirkung hat zwingend in der **Form eines Bundesgesetzes** zu erfolgen, ist aber ihrem Inhalt und Wesen nach Beteiligung an einem Regierungsakt (BVerfGE 1, 395). Die parl. **Beteiligungs- und Unterrichtungsrechte** bei völkerrechtl. Verträgen in einem Ergänzungs- und besonderen Näheverhältnis zum Recht der EU sind durch die Entscheidungen des BVerfG zur sog. Eurokrise mit Blick auf die Budgetverantwortung des BTags gestärkt worden (BVerfGE 129, 177 ff.; BVerfG, U. v. 19.6.2012 – 2 BvE 4/11 – u. v. 12.9.2012 – 2 BvR 1390/12 u.a. –; s. auch Art. 23 Rn. 5, Art. 38 Rn. 3; Art. 110 Rn. 2); die Entwicklung scheint noch nicht abgeschlossen. Im Übrigen weist das Verfahren folgende Besonderheiten auf: Initiativrecht nur der BReg (s. Art. 76 Rn. 2), keine Abänderungsanträge, sondern nur Möglichkeit der Billigung oder Ablehnung des Vertrags im Ganzen. Die Gesetzgebungskörperschaften können jedoch auf Vorbehaltserklärungen der Regierung bei endgültigem Vertragsabschluss dringen; in dem vorgenannten Urteil vom 12.9.2012 hat das BVerfG – soweit ersichtlich, erstmals – die Ratifikation eines Vertrags davon abhängig gemacht, dass zugleich durch einen solchen *völkerrechtlich verbindlichen Vorbehalt* eine bestimmte Vertragsauslegung sichergestellt wird. Bloße Entschließungen der Gesetzgebungskörperschaften zum Inhalt eines Vertrags vermögen weder völkerrechtl. noch innerstaatl. verbindliche Rechtswirkungen zu erzeugen. Steht ein Vertrag mit geltendem Verfassungsrecht im Widerspruch, bedarf die Zustimmung der Form und des Verfahrens eines verfassungsändernden Gesetzes (BVerfGE 36, 14). Das Vertragsgesetz ermächtigt den BPräs zur Ratifikation, ohne ihn rechtl. dazu zu verpflichten (str.), und **transformiert** den Vertrag, soweit er normativen Inhalt hat, nach der innerstaatl. Verkündung seines Wortlauts und seines völkerrechtl. Zustandekommens zum Zeitpunkt seines völkerrechtl. Inkrafttretens in innerstaatl. Recht mit der Geltungskraft eines Bundesgesetzes (BVerfGE 1, 410 f.; 42, 284; 63, 354). Ein ohne die erforderliche Zustimmung ratifizierter Vertrag ist innerstaatl. rechtsunwirksam. Ob er völkerrechtl. bindet, ist umstritten und allenfalls

dann zu verneinen, wenn der Mangel offenkundig ist. Die Zustimmung der Gesetzgebungskörperschaften hindert nach h.M. und Praxis die Exekutive nicht daran, einen Vertrag später aus eigener Machtvollkommenheit zu kündigen.

Bei Verträgen über Gegenstände der ausschließlichen Landesgesetzgebung steht 10
die *Transformationskompetenz* den *Ländern* zu, die darüber frei entscheiden und zu einer Transformation aus Gründen der Bundestreue (vgl. Art. 20 Rn. 6) allenfalls dann verpflichtet sind, wenn sie dem Vertrag vor seinem Abschluss zugestimmt haben. Dementsprechend auch die Staatspraxis nach dem *Lindauer Abkommen* vom 14.11.1957 (s. Art. 32 Rn. 6), wonach die BReg in einschlägigen Fällen das Einverständnis der Länder einholt, bevor der Vertrag verbindlich wird.

Vertragsgesetze stehen im **Rang unter der Verfassung**; sie sind daher ggf. nach 11
Art. 93 I Nr. 2, Art. 100 I und, wenn sie unmittelbar geltendes Recht schaffen, auch im Rahmen einer Verfassungsbeschwerde auf ihre Verfassungsmäßigkeit zu prüfen. Vgl. dazu die Erläut. in Art. 93 Rn. 13 und 25, Art. 100 Rn. 4. Vertragsgesetze haben auch im Übrigen keinen höheren Rang als andere Bundesgesetze. Das gilt namentlich für die durch einfaches Bundesgesetz in das nationale Recht transformierte **Europäische Menschenrechtskonvention**. Art. 59 II i.V.m. Art. 1 II bilden die Grundlage für die verfassungsrechtl. Pflicht der deutschen Gerichte einschl. des BVerfG (s. dazu Hömig, NdsVBl 2011, 126), bei der Anwendung der deutschen Grundrechte die EMRK in ihrer konkreten Ausgestaltung durch die Rspr. des EGMR als Auslegungshilfe heranzuziehen (BVerfGE 74, 370; 111, 317, 329; 128, 367 f.; BVerfGK 10, 239); dasselbe gilt für Entscheidungen des Internationalen Gerichtshofs zum Wiener Übereinkommen über konsularische Beziehungen (BVerfGK 9, 189, 191; 17, 397 f.).

### Satz 2: Verwaltungsabkommen

Verwaltungsabkommen sind im Gegensatz zu den sonst in Art. 59 in Rede stehenden Staatsverträgen Verträge, die sich materiell nur auf Verwaltungstätigkeiten der Behörden beziehen und Regelungen enthalten, die die Verwaltung innerstaatl. aus eigener Machtvollkommenheit **ohne Einschaltung des Gesetzgebers** treffen könnte. Dabei wird unterschieden zwischen *Regierungsabkommen* und bloßen *Ressortabkommen*. Regierungsabkommen werden von der Regierung, Ressortabkommen von den Fachministern geschlossen. Für beide wird gewohnheitsrechtl. eine generelle Abschlussermächtigung durch den BPräs angenommen. Die Formulierung, dass für Verwaltungsabkommen die Vorschriften über die Bundesverwaltung gelten, ist als Verweisung auf die Vorschriften des VIII. Abschnitts des GG im Ganzen zu verstehen. Der Bund ist für den Abschluss von Verwaltungsabkommen in Angelegenheiten der bundeseigenen Verwaltung (Art. 87 ff.) sowie dort zuständig, wo er allg. Verwaltungsvorschriften erlassen kann. Von Bedeutung sind hier vor allem Art. 84 II und Art. 85 II 1 (Zustimmung des BRats). Im Übrigen fällt der Abschluss von Verwaltungsabkommen in die Zuständigkeit der Länder. 12

## Artikel 60 [Ernennungsrecht, Gnadenrecht, Immunität]

(1) Der Bundespräsident ernennt und entläßt die Bundesrichter, die Bundesbeamten, die Offiziere und Unteroffiziere, soweit gesetzlich nichts anderes bestimmt ist.

(2) Er übt im Einzelfalle für den Bund das Begnadigungsrecht aus.

(3) Er kann diese Befugnisse auf andere Behörden übertragen.

(4) Die Absätze 2 bis 4 des Artikels 46 finden auf den Bundespräsidenten entsprechende Anwendung.

## Absatz 1: Ernennungs- und Entlassungsrecht

1 Art. 60 I regelt die Ernennung und die Entlassung der Bundesrichter und -beamten sowie der Offiziere und Unteroffiziere. **Ernennung** ist die Berufung in ein öff.-rechtl. Dienstverhältnis oder Amt, also auch eine Beförderung (str.), **Entlassung** die Beendigung eines öff.-rechtl. Dienstverhältnisses, auch die Versetzung in den Ruhestand, nicht jedoch in ein anderes Amt. *Bundesrichter* sind nach h.M. alle Richter im Bundesdienst (s. Art. 92–96). Wesentlich für den Begriff des *Bundesbeamten* ist, dass der Bedienstete in einem öff.-rechtl. Dienst- und Treueverhältnis zu seinem Dienstherrn steht (vgl. § 4 BBG); Angestellte fallen nicht unter Art. 60, auch wenn sie vergleichbare Funktionen ausüben. Weitere Ernennungs- und Berufungsbefugnisse sind einfachgesetzl. geregelt (Nachweise bei Butzer in Schmidt-Bleibtreu/Hofmann/Hopfauf, Art. 60 Rn. 19; str. ist die Befugnis zur Entlassung bei Vorstandsmitgliedern der Bundesbank, s. Prahl, VR 2011, 109 ff.). Der BPräs hat bei allen Ernennungen und Entlassungen die hierfür erforderlichen *rechtlichen Voraussetzungen zu prüfen* und bei ihrem Fehlen den Vorschlag abzulehnen. Das BVerwG gesteht dem BPräs hierfür – insbes. bei Versetzungen in den einstweiligen Ruhestand – ein weitgehendes materielles Prüfungsrecht zu (vgl. BVerwGE 19, 335 f.; 23, 298). Bei der Ernennung von Bundesrichtern ist das Prüfungs- und Ablehnungsrecht des BPräs allerdings stark eingeschränkt, weil diese i.d.R. ihre Legitimation durch einen Wahlakt erhalten (s. Art. 94 I, Art. 95 II). Ablehnende Entschließungen des BPräs bedürfen keiner Gegenzeichnung (vgl. Art. 58 Rn. 5). Das Ernennungs- und Entlassungsrecht des BPräs ist durch einen Gesetzesvorbehalt (s. z.B. § 129 I 2 BBG) eingeschränkt. Zu den verfassungspolit. Bedenken hiergegen, die BReg könne sich mit Hilfe der BTags-Mehrheit von der präsidentiellen Kontrolle weitgehend freizeichnen, vgl. Herzog in Maunz/Dürig, Art. 60 Rn. 20.

## Absatz 2: Begnadigungsrecht

2 Das in Abs. 2 dem BPräs zugewiesene, in dessen Ermessen stehende Begnadigungsrecht als die „Befugnis, im Einzelfall eine rechtskräftig erkannte Strafe ganz oder teilweise zu erlassen, sie umzuwandeln oder ihre Vollstreckung auszusetzen" (BVerfGE 25, 358), beschränkt sich auf **Bundessachen**, d.h. vor allem auf die früher erstinstanzlich durch den BGH und jetzt nach Art. 96 V und den §§ 120, 142 a GVG, 452 StPO auf Grund Anklageerhebung durch den Generalbundesanwalt in Organleihe von den OLG entschiedenen (vgl. Art. 96 Rn. 8) Strafsachen (insbes. Staatsschutz- u. terroristische Delikte), auf die Entscheidungen der Disziplinar- und Ehrengerichte des Bundes und der Wehrdienstgerichte sowie auf die Aberkennung von Grundrechten gemäß Art. 18 durch das BVerfG. In der Staatspraxis dominieren zahlenmäßig die Disziplinar-Gnadenentscheidungen (zur Statistik s. Butzer in Schmidt-Bleibtreu/Hofmann/Hopfauf, Art. 60 Rn. 52). Jenseits von Abs. 2 steht das Begnadigungsrecht den Ländern zu. Der BPräs kann nur **Einzelbegnadigungen** in rechtskräftigen Sachen aussprechen. Amnestien, d.h. Massenbegnadigungen durch Regelung der Straffolgen „einer unübersehbaren und unbestimmten, nach Typen gekennzeichneten Zahl von Straftaten" (BVerfGE 2, 222), und die Niederschlagung schwebender Verfahren (Abolition) bedürfen eines Gesetzes (Bundeszuständigkeit auch für die von Ländergerichten ausgesprochenen Strafen nach Art. 74 I Nr. 1). Durch die Begnadi-

gung erfolgt keine Aufhebung der gerichtl. bzw. behördlichen Entscheidung, sondern nur eine Änderung ihrer Rechtsfolge; der Schuldspruch bleibt bestehen (Pernice in Dreier, Art. 60 Rn. 25). Zu Umfang und Ausübung des Gnadenrechts s. die Anordnung des BPräs vom 3.11.1970 (BGBl I S. 1513). Die Staatspraxis verfährt nach der Prüfformel, ob der Gesuchsteller „gnadenbedürftig" und „gnadenwürdig" ist (vgl. Pieper in FS Herzog, 2009, S. 355 ff., 364). Auch eine Begnadigung bedarf – anders als deren Ablehnung (s. Art. 58 Rn. 5) – der Gegenzeichnung nach Art. 58 (dementsprechend die Staatspraxis; a.M. Stern, Bd. II, S. 265). (Positive wie negative) Gnadenentscheidungen unterliegen nach überwiegender Rspr. keiner gerichtl. Nachprüfung (BVerfGE 25, 362; 66, 363; BVerfG, NJW 2001, 3771; BVerwGE 14, 73; BVerwG, NJW 1983, 188), wohl aber der Widerruf eines Gnadenerweises (BVerfGE 30, 111). Vorzugswürdig wäre eine gerichtl. Kontrolle mit einem eingeschränkten, dem Wesen des Gnadenrechts Rechnung tragenden Prüfmaßstab (Menschenwürde, Willkürverbot); gerichtsfreie Hoheitsakte sollte es nach heutigem Verfassungsverständnis nicht mehr geben (s. Hömig, DVBl 2007, 1328 f., 1331, dort auch zu Verfahrensgarantien im Gnadenverfahren). Vgl. auch Art. 19 Rn. 14. Die komplexe Rechtslage hinsichtlich der Justiziabilität von Gnadenentscheidungen macht von Verfassungs wegen eine Rechtsbehelfsbelehrung erforderlich (BVerfG, NJW 2013, 40).

### Absatz 3: Übertragung von Befugnissen

Zur Übertragung des Ernennungs- und Entlassungsrechts nach Abs. 3 vgl. für Bundesrichter und Bundesbeamte Anordnung des BPräs vom 14.7.1975 (BGBl I S. 1915), zuletzt geändert durch Anordnung vom 29.6.2004 (BGBl I S. 1286), für Soldaten Anordnung des BPräs vom 10.7.1969 (BGBl I S. 775), zuletzt geändert durch Anordnung vom 17.3.1972 (BGBl I S. 499), zur Übertragung des Gnadenrechts Anordnung des BPräs vom 5.10.1965 (BGBl I S. 1573), geändert durch Anordnung vom 3.11.1970 (BGBl I S. 1513). **3**

### Absatz 4: Immunität

Abs. 4 ordnet die entsprechende Anwendung des für BT-Abg. geltenden Art. 46 II-IV (vgl. insoweit die Erläut. in Art. 46 Rn. 6 ff.) an. Hömig (ZRP 2012, 110) zeigt – anlässlich des ersten Immunitätsfalls eines BPräs (Wulff) – auf, dass diese Verweisung verfassungsrechtl. und -polit. Schwächen aufweist: Die in der GOBT geregelte, auf die Mitglieder des eigenen Kollegialorgans zugeschnittene grundsätzliche Vorabzustimmung des BTags, die nur die vorherige staatsanwaltschaftliche Mitteilung an den BTPräs voraussetzt, dürfte in der Tat keine verfahrensrechtl. angemessene Immunitätsregelung für das Staatsoberhaupt sein. Ein Indemnitätsrecht ähnlich dem Art. 46 I steht dem BPräs nicht zu. **4**

## Artikel 61 [Anklage vor dem Bundesverfassungsgericht]

(1) Der Bundestag oder der Bundesrat können den Bundespräsidenten wegen vorsätzlicher Verletzung des Grundgesetzes oder eines anderen Bundesgesetzes vor dem Bundesverfassungsgericht anklagen. Der Antrag auf Erhebung der Anklage muß von mindestens einem Viertel der Mitglieder des Bundestages oder einem Viertel der Stimmen des Bundesrates gestellt werden. Der Beschluß auf Erhebung der Anklage bedarf der Mehrheit von zwei Dritteln der Mitglieder des Bundestages oder von zwei Dritteln der Stimmen des Bundesrates. Die Anklage wird von einem Beauftragten der anklagenden Körperschaft vertreten.

**(2)** Stellt das Bundesverfassungsgericht fest, daß der Bundespräsident einer vorsätzlichen Verletzung des Grundgesetzes oder eines anderen Bundesgesetzes schuldig ist, so kann es ihn des Amtes für verlustig erklären. Durch einstweilige Anordnung kann es nach der Erhebung der Anklage bestimmen, daß er an der Ausübung seines Amtes verhindert ist.

1 **Allgemeines:** Auch wenn Art. 61 mit der Regelung über die BPräs-Anklage stark strafprozessuale Elemente enthält, handelt es sich doch um ein **verfassungsgerichtliches Verfahren.** Die Bestimmung ist das singuläre Kontrollmittel gegenüber dem Verfassungsorgan BPräs (Wiemers, VR 2012, 223); sie hat bisher *noch keine praktische Bedeutung erlangt.*

**Absatz 1: Anklage**

2 Die Anklage setzt eine **vorsätzliche Rechtsverletzung** voraus, die der BPräs in Ausübung amtlicher Funktion begangen hat (str., die Gegenansicht verkennt, dass für Verfehlungen außerhalb des Amts – nach Aufhebung der Immunität – Strafverfolgung u. Zivilrechtsweg eröffnet sind; wie hier v. Arnauld in von Münch/Kunig, Art. 61 Rn. 7). Die Rechtsverletzung muss von polit. Erheblichkeit sein (str.). Die ministerielle Gegenzeichnung schließt eine Anklage nicht aus. Näheres über das Verfahren: §§ 49 ff. BVerfGG.

**Absatz 2: Entscheidung des Gerichts**

3 Gemäß § 53 BVerfGG kann dem BPräs durch einstweilige Anordnung die Ausübung seines Amtes untersagt werden. Das der Anklage stattgebende Urteil lautet auf Feststellung der Rechtsverletzung. Das BVerfG kann aber den BPräs auch mit Zweidrittelmehrheit seines Amtes für verlustig erklären (§ 15 IV 1, § 56 II BVerfGG), insbes. dann, wenn er durch den ihm zuzurechnenden Rechtsverstoß staatspolit. untragbar geworden ist (Nierhaus in Sachs, Art. 61 Rn. 14). Tut es das nicht, so ist dem BPräs überlassen, selbst die notwendigen Folgerungen zu ziehen. Erklärt das BVerfG den BPräs für schuldig, hat es auch darüber zu entscheiden, ob und in welcher Höhe ihm Ruhebezüge zu gewähren sind (§ 5 BPräs-RuhebezG; vgl. Art. 54 Rn. 9).

# VI. Die Bundesregierung

**Vorbemerkungen**

1 Die Regierungsgewalt (**Staatsleitung**) ist nach dem GG aufgeteilt zwischen BPräs und BReg. Dabei besitzt der BPräs vorwiegend repräsentative Funktionen und außerordentliche Befugnisse in Krisenlagen (s. vor Art. 54 Rn. 2), während die substantielle und dauernde polit. Staatsleitung im Gegensatz zur Weimarer Reichsverfassung jetzt *eindeutig* auf die BReg verlagert ist. Dem entsprechen auch die Zuständigkeitsvermutungen im Verhältnis beider Verfassungsorgane. Die vielfach vertretene Theorie einer zwischen Parlament und Regierung aufgeteilten Staatsleitung hat die Bestimmung des obersten Staatswillens oder Staatswohls (dazu BVerfGE 67, 136) im Auge und verkennt den eigentlichen Begriff der Staatsleitung als einer umfassenden, initiativpflichtigen, jederzeit handlungsbereiten (zur Außen- u. Sicherheitspolitik BVerfGE 118, 259) und kontinuierlichen Führungstätigkeit.

2 Obwohl zur „vollziehenden Gewalt" gehörig (Art. 20 II 2), hat die BReg keineswegs nur den Auftrag, den Willen anderer Verfassungsorgane, insbes. – dies die Funktion der Verwaltung (BVerfGE 83, 72) – den des Gesetzgebers, zu vollzie-

hen. Ihre wichtigste Aufgabe ist vielmehr polit. Gestaltung, d.h. der gesamten Staatstätigkeit polit. Ziele zu weisen und eine bestimmte Richtung zu geben (BVerfGE 9, 281). Sie hat unbeschadet der Rechte anderer Verfassungsorgane bei der obersten Staatswillensbildung eine **politische Führungsaufgabe**, zu der vor allem das Ergreifen von Initiativen, das Steuern der Entwicklung und die **Planung** in allen Bereichen des staatl. Lebens gehören (BVerfGE 95, 16), daneben die nicht unwichtige, ggf. Zuständigkeiten anderer Staatsorgane übergreifende **Informationskompetenz** (vgl. BVerfGE 105, 268, 271; 105, 301, 307; s. auch nachstehend Rn. 9). Neben ihren staatsleitenden Befugnissen besitzt die BReg noch umfassende, zumeist auf die einzelnen Minister verlagerte Verwaltungszuständigkeiten einschl. Fachaufsicht, wobei die Grenzen zwischen Regierung und Verwaltung – deutlich unterschieden in den Entscheidungen BVerfGE 30, 28; 95, 16; BVerwG, NVwZ 1994, 163 (vgl. auch § 14 I u. III GOBReg, § 3 I u. II, § 6 II GGO) – flüssig sind. Trotz der möglichen Überschneidungen in Randbereichen entspricht ein bereichsspezifischer, je eigenständig zu bestimmender Rechtsbegriff der Verwaltung, der Regierungshandeln einschließen kann (so BVerwG, DVBl 2012, 177; 2012, 181), nicht dem Bild der Verfassung (s. auch Art. 65 Rn. 5 a.E.). Die BReg verfügt über das außerordentlich wichtige und eng mit ihrer polit. Führungs- und Gestaltungsaufgabe zusammenhängende Recht der Gesetzesinitiative (Art. 76 I), die ausschließliche haushaltsgesetzl. Initiativkompetenz (vgl. BVerfGE 119, 120 f.), die Möglichkeiten delegierter Rechtsetzung (vor allem Art. 80, wenngleich die Regelungskompetenz hier beim parl. Gesetzgeber verbleibt; s. BVerfGE 114, 232), den wesentlichen Teil der Organisationsgewalt im Bereich der Exekutive (vgl. Art. 65 Rn. 1 u. 4) und zahlreiche andere Befugnisse (z.b. im Zusammenhang mit Art. 68 u. 81), die ihr theoretisch eine starke, in praxi aber nicht selten durch Vorentscheidungen in Koalitionsrunden, Runden Tischen, „Bündnissen" (z.B. für Arbeit), „Räten" (z.B. Nationaler Ethikrat, Zuwanderungsrat) o.ä. gebremste Stellung im Verfassungsleben verleihen. Die letztgenannten Beispiele dokumentieren freilich auch eine Verschiebung der parl. Verantwortung vom Parlament zu den Parteien (zu deren Staatsnähe u. Einfluss auf die Bildung des Staatswillens s. BVerfGE 121, 53 ff.).

Das Verhältnis der BReg zum BTag ist durch das **parlamentarische Regierungssystem** bestimmt. Danach ist die BReg in ihrem Bestand vom Vertrauen des Parlaments abhängig. Eine besondere Intensivierung hat das parl. System im GG dadurch erfahren, dass der BTag durch sein Recht der Kanzlerwahl und -abwahl (Art. 63, 67) schon die Regierungs*bildung* praktisch allein bestimmt, eine Abschwächung insofern, als der amtierende Regierungschef nur durch Wahl eines neuen BKanzlers gestürzt und der einzelne Minister vom Parlament überhaupt nicht zum Rücktritt gezwungen werden kann. Einen wesentlichen Teil der parl. Regierungssystems bildet ferner die Verantwortlichkeit der Regierung vor dem Parlament und in engem Zusammenhang mit ihr das dem BTag zustehende Recht der Regierungskontrolle (vor Art. 38 Rn. 4). Ein echter Interessengegensatz besteht nur zwischen regierender Mehrheit und oppositioneller Minderheit (vgl. BVerfGE 70, 363; BayVerfGH, NVwZ 2002, 716). Die parl. Verantwortlichkeit äußert sich in einer Rechenschafts- und Einstandspflicht der BReg für ihre Amtsführung und in belastenden Reaktionen des BTags bis hin zur Abwahl des BKanzlers (Art. 67; dazu BVerfGE 68, 72, 104 f.; 89, 191). Die staatl. Gewährleistungsverantwortung für die Aufgabenerfüllung schließt (auch) für das Parlament eine entsprechende Beobachtungspflicht ein, an der es nicht gehindert sein darf (daher keine Flucht aus der staatl. Verantwortung im Falle der Beleihung Privater, BVerfGE 130, 123; zum Zusammenhang von Aufgabenübertragung u.

**3**

Verantwortung BVerwGE 136, 47). Sachverantwortung kann die Regierung nur übernehmen, wenn Amtsträger nicht an Willensentschließungen einer externen Stelle gebunden werden und wenn grundsätzlich die Letztentscheidung des Verwaltungsträgers gesichert ist (BVerfGE 93, 67–74, insbes. zur Mitbestimmung im öffentl. Dienst; s. § 104 Satz 3 BundespersonalvertretungsG; vgl. auch BVerfGE 107, 84 f.; BVerfGK 18, 506; BVerwGE 121, 50; 124, 44; 136, 36). Sog. *ministerial-* oder sonstige „parlaments*freie*" *Räume* in der Regierungsverantwortlichkeit sind ohne Verfassungsänderung nur in engen Grenzen zulässig (BVerfGE 9, 282). Die Regierungskontrolle des Parlaments schien infolge der weitreichenden Interessenidentität von Regierung und Parlamentsmehrheit (dadurch Lockerung der Gewaltenteilung; Parlamentsmehrheit vor allem Garant statt Kontrolleur der Regierung), des gewachsenen Umfangs der Regierungsgeschäfte, der weitgehenden Möglichkeiten der Regierung im Rahmen unmittelbarer Handlungsinitiative und Gesetzesanwendung (BVerfGE 67, 130) und ihres Informationsvorsprungs eine Zeitlang stark an Wirksamkeit verloren zu haben (beiläufig zum Machtzuwachs wohl auch BVerfGE 110, 221). In neuerer Zeit ist aber in Gestalt der europapolit. Mitwirkungsrechte des BTags nach Maßgabe des Art. 23 II, III (BVerfGE 89, 191), des wehrverfassungsrechtl. Parlamentsvorbehalts in der Verteidigungspolitik und der verteidigungsbezogenen Außenpolitik (bis hin zur Entscheidung des Parlaments über die konkrete Verwendung der Streitkräfte; BVerfGE 90, 381 ff., 385; 100, 269; 108, 42 f.; vgl. Art. 65 a Rn. 6 u. Art. 87 a Rn. 8 ff.; kaum modifiziert durch BVerfGE 104, 206 f., 210; 118, 258; das Urteil BVerfGE 121, 155 ff., 163 ff., hat die Begriffe „Einsatz bewaffneter Streitkräfte" u. „Einbeziehung in bewaffnete Unternehmungen" näher präzisiert; zur Wirksamkeit des Mitentscheidungsrechts des BTags im Zusammenhang mit dem Vertrag von Lissabon auch BVerfGE 123, 432 ff.) und der (abzulehnenden) Theorie von der Unterstellung der Organisationsgewalt unter einen Gesetzesvorbehalt (dazu Art. 62 Rn. 2) eine gegenläufige Entwicklung festzustellen. Zudem wird neuerdings der verfassungsrechtl. Grundsatz einer *wirksamen* parl. Kontrolle stärker betont (s. BVerfGE 124, 114; vgl. in diesem Zusammenhang auch Art. 45 d u. die Erläut. dort).

4  Ungeachtet ihrer Abhängigkeit vom BTag ist die BReg *kein Vollzugsausschuss des Parlaments*, sondern ein selbständiges, institutionell, funktionell und personell demokratisch legitimiertes **Verfassungsorgan** mit eigener Entscheidungsgewalt nicht nur in polit. weniger bedeutsamen Angelegenheiten (BVerfGE 68, 88 f., 109; zur Legitimationskette zusammenfassend BVerfGE 107, 87; 130, 123; in dem Urteil BVerfGE 108, 310, missverständliche Hervorhebung der Legitimation des Gesetzgebers), das seine Rechte nicht vom BTag, sondern unmittelbar aus dem GG ableitet (vgl. BVerfGE 114, 154). Die BReg steht daher zum Parlament nicht im Verhältnis rechtl. Unterordnung (keine „Rechtsaufsicht"; BVerfGE 68, 72). Der BTag kann die BReg kritisieren, anregen, „ersuchen", „auffordern", Erwartungen aussprechen, sie aber nicht anweisen. Infolgedessen können die sog. schlichten Parlamentsbeschlüsse zwar polit. auf die Regierung einwirken, sie rechtl. aber nicht verpflichten (s. auch BVerwGE 12, 20; landesrechtl. ThürVerfGH, DVBl 2011, 352, auch ablehnend zum Rechtsaufsichts-Argument). Auf keinen Fall kann das Parlament „mitregieren" (BVerfGE 110, 214) oder Regierungsakte aufheben. Eine über Art. 43 I hinausgehende Berichtspflicht der BReg gegenüber dem BTag besteht nur insoweit, als sie das Gesetz vorschreibt oder sie zur Ausübung der parl. Regierungskontrolle unentbehrlich ist (zu Letzterem SächsVerfGH, NVwZ-RR 2008, 591 f.); zum Informationsrecht des Abg. vgl. Art. 43 Rn. 4.

Zum **Bundesrat** steht die BReg in keinem ihren Beziehungen zum BTag vergleich- 5
baren Abhängigkeitsverhältnis. Sie ist ihm über Rücksichtnahmepflichten aus
dem Prinzip der Organtreue (s. BVerfGE 119, 125, u. vor Art. 38 Rn. 3) hinaus
nicht verantwortlich (vgl. in diesem Zusammenhang die in Art. 36 Rn. 1 angeführte Entschließung). Der dem Art. 43 I entsprechende Art. 53 dient lediglich
der Information des BRats. S. jedoch jetzt die europapolit. Beteiligungsrechte des
BRats gemäß Art. 23 Ia, II, IV-VI und das G über die Zusammenarbeit von Bund
und Ländern in Angelegenheiten der EU vom 12.3.1993 (BGBl I S. 313; dazu
Art. 23 Rn. 19 f., 23–26).

Innerhalb der BReg ist die **Stellung des Bundeskanzlers** vor allem durch Art. 63, 6
64 I, Art. 65 Satz 1 und Art. 67 stark herausgehoben und im Gegensatz zur Weimarer Reichsverfassung auch gegenüber Parlament und BPräs sehr gefestigt
(„Kanzlerdemokratie").

Zur jederzeitigen Handlungsfähigkeit der BReg (s. Rn. 1) gehört die **Kontinuität** 7
**des Regierungshandelns** über das Ende von Wahlperioden hinaus (vgl. allg. zur
Diskontinuität im Bereich des BTags Art. 39 Rn. 4 u. zur lediglich personellen
Diskontinuität im Bereich der BReg Art. 69 Rn. 2). Deshalb bedürfen eingebrachte Gesetzentwürfe der alten BReg keiner Neuverabschiedung durch die Nachfol-
gerin, deshalb bleiben frühere organisatorische Rechtsakte, Geschäftsverteilungs-
pläne u.ä. als ein „gewachsener Regierungskörper" (Busse, DÖV 1999, 314, mit
Überblick über die Staatspraxis) bis zu einer Änderung wirksam, deshalb haben
auch z.b. Stellungnahmen gegenüber dem BVerfG (§§ 77, 94 BVerfGG, § 35
GGO) noch nach Jahren Bestand.

Auch in der parl. Parteiendemokratie (vgl. BVerfGE 112, 135) ist die Regierung 8
nicht Instrument der Mehrheitsparteien, sondern Staatsorgan und daher der allg.
staatl. Pflicht zur **Nichteinmischung und Neutralität in der parteipolitischen Auseinandersetzung** unterworfen, auch wenn sich „Willensbildung des Volkes und
Willensbildung in den Staatsorganen ... in vielfältiger und tagtäglicher, von den
Parteien mitgeformter Wechselwirkung" vollziehen (BVerfGE 85, 285). Die
BReg darf ihre Politik verfolgen und sich an *sachlichen* Auseinandersetzungen
über anstehende polit. Fragen beteiligen, insbes. der Öffentlichkeit ihre Politik,
ihre Maßnahmen und Vorhaben sowie die künftig zu lösenden Fragen darlegen
und erläutern, jedoch weder durch Einsatz staatl. Möglichkeiten die Regierungs-
parteien unterstützen noch die Oppositionsparteien *als solche* bekämpfen und
auch keine Sympathiewerbung mit öffentl. Mitteln für sich und ihre Mitglieder
betreiben. Äußerste Zurückhaltung hat die Regierung vor allem in Wahlzeiten zu
üben. Wahlkämpfe zu führen, ist Sache der Parteien und nicht Sache der Regierung, die daher weder ihre eigene Wiederwahl betreiben noch zugunsten oder zu
Lasten wahlwerbender Parteien in den Wahlkampf eingreifen darf (zur Wahlwerbung durch Amtsträger BVerwG, NVwZ 1999, 424; zur kommunalen Ebene
BVerwGE 118, 106 ff.; RhPfVerfGH, NVwZ 2002, 79; OVG Greifswald, DÖV
2008, 828).

Das Gebot der Zurückhaltung und Unparteilichkeit gilt auch für die **Öffentlich-** 9
**keitsarbeit der Regierung.** Sie darf in Wahlzeiten zwar in sachgemäßer Begrenzung fortgeführt, aber nicht zur Wahlpropaganda für die Regierung und Regie-
rungsparteien ausgeweitet werden. Es ist der BReg daher untersagt, die Öffentlichkeit vor der Wahl mit regierungswerbenden Anzeigen und regierungswerben-
dem Informationsmaterial zu überschwemmen, ebenso, solches Material den hinter ihr stehenden Parteien zu Wahlzwecken zur Verfügung zu stellen. Zulässig jedoch ist, dass sich Regierungsmitglieder über die sachliche Bedeutung einer anstehenden Wahl äußern und zu möglichst hoher Wahlbeteiligung auffordern, zu-

lässig auch die Beteiligung von Regierungsmitgliedern am Wahlkampf in nicht-amtlicher Eigenschaft, also als Staatsbürger und Parteiangehörige (BVerfGE 44, 147 ff.; 63, 243 f.; zur Staatspraxis vgl. BT-Dr 14/5402). Die BReg darf auch, als Organ der Staatsleitung (s. Rn. 1 u. 2) in Ausübung spezifischer Regierungsfunktionen (nicht als Verwaltungsorgan), inhaltlich zutreffende *Empfehlungen oder Warnungen* in sachlicher Form aussprechen, wenn etwa Gefahren auf dem Gebiet des Verbraucherschutzes oder des Aufkommens neuer, als gefährlich empfundener Glaubensrichtungen oder Weltanschauungen ("Jugendsekten") dazu Anlass geben (vgl. BVerfGE 105, 268 ff.; 105, 301 ff.; BVerfG, NJW 2002, 3459; allgemeiner BVerfGE 113, 78; BVerwGE 131, 174, 176; BVerwG, NVwZ 2011, 882; RhPfVerfGH, DÖV 2008, 343; s. auch hier Art. 30 Rn. 6). Zu dem auf der bisherigen Linie liegenden Beschluss BVerfG, NJW 2011, 512, fundamentalkrit. Schoch, NVwZ 2011, 193 ff.; NJW 2012, 2846. Zur Zulässigkeit der Warnung vor Sekten nach Art. 9 II EMRK vgl. EGMR, NJW 2010, 179 ff. Führt das staatl. *Informationshandeln* zu Beeinträchtigungen, die einem Grundrechtseingriff gleichkommen, bedürfen sie der Rechtfertigung (s. BVerfGE 113, 78). Nur soweit die Informationstätigkeit zu lediglich mittelbar-faktischer Beeinträchtigung von Grundrechten führt, verlangt der Vorbehalt des Gesetzes dafür keine über die Aufgabe der Staatsleitung hinausgehende besondere Ermächtigung durch den Gesetzgeber. Anders dann, wenn das hoheitliche Handeln sich als funktionales Äquivalent für eine staatl. Maßnahme darstellt, die als Grundrechtseingriff im herkömmlichen Sinne zu qualifizieren ist (zielgerichtet auf einen nachteiligen Effekt bei einem Betroffenen; vgl. den Fall der Veröffentlichung eines Prüfberichts in der Entscheidung BayVGH, DVBl 2012, 385 f.). Daher besteht das Erfordernis einer gesetzl. Grundlage für die staatl. Herausgabe von Schutzerklärungen zum Zwecke des Abbruchs von Geschäftsbeziehungen (vgl. BVerwG, DVBl 2006, 389). Zur kompetenziellen Bedeutung informalen Handelns s. BVerfGE 104, 275 f., 283/Sondervotum; 105, 270 f.; 105, 308. Auf Bundesebene gilt für die Zuständigkeit Art. 65. Im Rahmen ihres Verantwortungsbereichs können auch die LReg unmittelbar von Verfassungs wegen zum Informationshandeln ermächtigt sein (klarstellend BVerfGE 105, 271 f.; 105, 307). Zum Begriff der Öffentlichkeitsarbeit in der Bundeswehr vgl. BVerwGE 127, 14.

## Artikel 62 [Zusammensetzung der Bundesregierung]

**Die Bundesregierung besteht aus dem Bundeskanzler und aus den Bundesministern.**

1 Der **Bundeskanzler,** der nach Art. 62 zusammen mit den BMinistern die BReg bildet, ist nicht Vorgesetzter der BMinister, aber auch nicht nur primus inter pares, sondern echter Regierungschef. Er allein wird vom BTag gewählt und abgewählt (Art. 63, 67), während die BMinister auf seinen Vorschlag vom BPräs ernannt und entlassen werden (Art. 64). Außerdem bestimmt der BKanzler die Richtlinien der Politik und leitet er die Geschäfte der BReg (Art. 65). Er ist der leitende Staatsmann der Bundesrepublik Deutschland und Hauptträger der Regierungsverantwortung gegenüber dem BTag.

2 Weiter gehören zur BReg sämtliche **Bundesminister.** Kein BMinister, der nicht Kabinettsmitglied ist. Abgesehen von ihrer Funktion als Mitglied der BReg sind die BMinister in aller Regel Chefs bestimmter Regierungs- und Verwaltungsbereiche (Ressorts). Doch ist auch die Berufung von BMinistern mit nichtministeri-

ellem Geschäftsbereich („Sonderaufgaben") oder überhaupt ohne Geschäftsbereich zulässig. Art. 65 Satz 2 steht dem, da er nur den Normalfall des Ressortministers im Auge hat, nicht entgegen. Zahl und Geschäftsbereiche der BMinister sind durch das GG nicht festgelegt (wenn auch z.t. vorausgesetzt, nicht: „gewährleistet"; s. Art. 65 a, 96 II 4, Art. 108 III 2, Art. 112, 114 I), sondern werden vom BKanzler bestimmt (vgl. auch § 9 Satz 1 GOBReg). Der einfache Gesetzgeber kann weder Zahl noch Geschäftsbereiche der BMinister bestimmen, weil der für die gegenteilige Auffassung vom NWVerfGH, OVGE 47, 283 ff., aus der Wesentlichkeitstheorie (s. vor Art. 70 Rn. 7) abgeleitete und auf die Organisationsgewalt (vgl. Art. 65 Rn. 1) übertragene Gesetzesvorbehalt für alle verfassungsrechtl. legitimierten (s. vor Art. 62 Rn. 4), sich grundsätzlich gleichberechtigt und selbständig gegenüberstehenden und sich wechselseitig begrenzenden Staatsfunktionen sinnentleert ist und eine Durchbrechung der Gewaltenteilung i.S. der Einwirkung des Parlaments auf die Regierung der Rechtfertigung durch die Verfassung bedarf (Vorbehalt der Verfassung; dazu Isensee, JZ 1999, 1114 ff.). Amtsträger ohne BMinisterrang, z.B. Staatsminister, Parl. Staatssekretäre (vgl. G v. 24.7.1974, BGBl I S. 1538), Beauftragte, Staatsräte, Generalbevollmächtigte, Bundeskommissare, können nicht Mitglieder der BReg sein. Vertreten werden die BMinister in der Regierung durch einen anderen Minister, bei Erklärungen vor dem BTag, BRat und in den Sitzungen der BReg durch den Parl. Staatssekretär, als Behördenleiter (§ 6 GGO) durch den beamteten Staatssekretär und in Sonderfällen durch den Parl. Staatssekretär (§ 14 GOBReg).

BKanzler und BMinister sind keine Beamte (zum Unterschied: BVerfGE 76, 344; **3** BVerwG, NVwZ-RR 2011, 776), sondern stehen als Verfassungsorganträger in einem **besonderen öffentlich-rechtlichen Amtsverhältnis** zum Bund. Ihre Rechtsverhältnisse sind durch das BundesministerG i.d.F. vom 27.7.1971 (BGBl I S. 1166) näher geregelt, insbes. Beginn und Ende des Amtes, Unvereinbarkeiten, Amtsbezüge, Versorgung. Zum Schutz der (verbleibenden) Privatsphäre eines Regierungsamtsträgers vgl. BVerwGE 116, 112. Eine staatsgerichtl. Kanzler- und Ministeranklage gibt es im Gegensatz zur Weimarer Reichsverfassung nicht mehr, nach § 8 BMinG auch kein Disziplinarverfahren, u.a. deshalb ebenso keine Beurlaubung.

Die BReg (Kabinett) ist nicht nur eine Versammlung von Kanzler und Ressort- **4** chefs, sondern als Kollegium (vgl. BVerfGE 91, 166; 100, 259; 115, 149) ein **Verfassungsorgan** (s. mit Einzelheiten vor Art. 62 Rn. 4) und polit. Führungsgremium. Die Beschlussfähigkeit ergibt sich aus § 24 I GOBReg; zum Kollegialprinzip s. Art. 65 Rn. 5.

Gerichtl. und außergerichtl. wird die BReg i.d.R. durch den jeweils zuständigen **5** Fachminister **vertreten**. Vgl. auch BVerfGE 67, 126 f.; 90, 338.

## Artikel 63 [Wahl des Bundeskanzlers]

(1) Der Bundeskanzler wird auf Vorschlag des Bundespräsidenten vom Bundestage ohne Aussprache gewählt.

(2) Gewählt ist, wer die Stimmen der Mehrheit der Mitglieder des Bundestages auf sich vereinigt. Der Gewählte ist vom Bundespräsidenten zu ernennen.

(3) Wird der Vorgeschlagene nicht gewählt, so kann der Bundestag binnen vierzehn Tagen nach dem Wahlgange mit mehr als der Hälfte seiner Mitglieder einen Bundeskanzler wählen.

(4) Kommt eine Wahl innerhalb dieser Frist nicht zustande, so findet unverzüglich ein neuer Wahlgang statt, in dem gewählt ist, wer die meisten Stimmen erhält. Vereinigt der Gewählte die Stimmen der Mehrheit der Mitglieder des Bundestages auf sich, so muß der Bundespräsident ihn binnen sieben Tagen nach der Wahl ernennen. Erreicht der Gewählte diese Mehrheit nicht, so hat der Bundespräsident binnen sieben Tagen entweder ihn zu ernennen oder den Bundestag aufzulösen.

1 **Allgemeines:** Art. 63 regelt die Wahl des BKanzlers und gilt **für jede Neuwahl** mit Ausnahme der in Art. 67 I 1 und Art. 68 I 2 genannten Sonderfälle. Ziel des in der Vorschrift niedergelegten Wahlmodus ist es, die Herbeiführung einer parl. verankerten, handlungsfähigen BReg zu ermöglichen (NWVerfGH, NVwZ 2009, 1098).

**Absatz 1: Vorschlag des Bundespräsidenten**

2 Der BKanzler wird vom BTag gewählt, und zwar von jedem BTag neu (vgl. Art. 69 II). Er braucht dem BTag nicht anzugehören (Beispiel: BKanzler Kiesinger), muss aber, wie auch aus Art. 54 I 2 zu entnehmen ist, wenigstens Deutscher sein und das Wahlrecht zum BTag besitzen. Das Fehlen der Wählbarkeitsvoraussetzungen macht die Wahl ungültig, nicht aber Amtshandlungen unwirksam (BremStGH, NVwZ 1994, 998, für LMinister). Die **Initiative für die Kanzlerwahl** liegt zunächst beim *Bundespräsidenten*, der zu einem Vorschlag nicht nur ermächtigt, sondern auch verpflichtet ist. Rechtl. ist der BPräs in der Auswahl des Kanzlerkandidaten frei. Vor allem kein Zwang, den Führer der stärksten Partei oder Fraktion zu nominieren. Praktisch sind dem Vorschlagsrecht des BPräs jedoch enge Grenzen gesetzt. Der Vorschlag muss dem Wahlergebnis und den sonstigen polit. Gegebenheiten entsprechen, wenn der BPräs nicht Gefahr laufen will, durch Ablehnung seines Vorschlags Ansehenseinbußen zu erleiden. Vorherige Fühlungnahmen mit den Partei- bzw. Fraktionsführern sind daher unentbehrlich. In aller Regel – nur in den Jahren 1957–61 kam die damalige Regierung Adenauer ohne Koalitionspartner aus – gehen der Kanzlerwahl Verhandlungen zwischen den Parteien und Fraktionen voraus, die in förmliche und detaillierte **Koalitionsvereinbarungen** (Koalitionsverträge) über die Zusammensetzung der künftigen Regierung, die einzuschlagende Regierungspolitik (Regierungsprogramm) und das Verfahren der Zusammenarbeit der Koalitionspartner einmünden (vgl. für die 16. u. 17. BTagswahlperiode die Vereinbarungen v. 18.11.2005 u. 26.10.2009). Diese Vereinbarungen werden durch die Mitwirkungskompetenz des Art. 21 I 1 und das Interesse an stabilen Regierungsfunktionen (ohne „wechselnde Mehrheiten") legitimiert. Es handelt sich um übereinstimmende polit. Absichtserklärungen (so auch Leisner, NJW 2010, 824 f., dort auch zu ihrer Eigenschaft als Instrument der Parteiendemokratie u. zum Unterschied von Richtlinien der Politik), die auf Treu und Glauben abgegeben werden und ohne Rechtsverletzung zurückgezogen werden können. Schon mangels Rechtsverbindlichkeit können sie (den BPräs bei Ausübung seines Vorschlagsrechts u. später) den BKanzler nicht verpflichten, wohl aber unter dem Druck des Endes der Koalition polit. empfindlich einengen (keine Mehrheitssuche bei der Opposition gegen den Koalitionspartner).

3 Der Vorschlag des BPräs bedarf keiner Gegenzeichnung (s. Art. 58 Rn. 5). Er wird dem BTPräs übermittelt und von diesem vor dem Wahlakt verlesen. „Ohne Aussprache": vgl. Art. 54 Rn. 1. Geheime Wahl: § 4 Satz 1, § 49 GOBT. Beispiele aus der Staatspraxis: 16. BTag, 3. Sitzung vom 22.11.2005, StenBer. S. 65 f.; 17. BTag, 2. Sitzung vom 28.10.2009, StenBer. S. 19 f.

## Absatz 2: Erster Wahlgang

Im ersten Wahlgang kann nur über den Vorschlag des BPräs abgestimmt werden. **4** Zur Wahl erforderlich ist die **absolute Mehrheit der gesetzlichen Mitgliederzahl**, also sämtlicher Mitglieder des BTags (Art. 121). Damit soll zunächst auf die Bildung einer Mehrheitsregierung hingewirkt werden. Wird der vorgeschlagene Bewerber nicht gewählt, ist das Vorschlagsrecht des BPräs verbraucht. Wird er gewählt und hat er die Wahl angenommen, hat ihn der BPräs unverzüglich, spätestens nach sieben Tagen (vgl. Abs. 4 Satz 2), durch Aushändigung der Ernennungsurkunde (§ 2 BMinG) zu *ernennen*. Die Urkunde bedarf keiner Gegenzeichnung (Art. 58 Satz 2). Über die vollzogene Ernennung unterrichtet der BPräs den BTPräs. Dieser verliest die Unterrichtung im BTag vor der Vereidigung des BKanzlers (Art. 64 II). Der BPräs ist verpflichtet, die Ernennung vorzunehmen, es sei denn, dass Bedenken gegen die Rechtswirksamkeit, insbes. die Verfassungsmäßigkeit, der Wahl bestehen. Offene Wahl dürfte deren Rechtswirksamkeit nicht in Frage stellen, da die Geheimwahl nicht verfassungsrechtl., sondern nur durch die GOBT vorgeschrieben ist. Aus Gründen in der Person darf die Ernennung des Gewählten nur verweigert werden, wenn ihm die Wahlberechtigung zum BTag fehlt. Wird der Gewählte nicht spätestens nach sieben Tagen ernannt, kann der BTag Klage beim BVerfG nach Art. 93 I Nr. 1 erheben; s. auch Art. 61. Bisher sind alle BKanzler im ersten Wahlgang gewählt worden.

## Absatz 3: Weitere Wahlgänge

Nach Abs. 3 darf erst verfahren werden, wenn die Wahl nach Abs. 2 zu keinem **5** positiven Ergebnis geführt hat. Das *Vorschlagsrecht geht nunmehr auf den Bundestag über*, aus dessen Mitte die neuen Wahlvorschläge zu machen sind (vgl. § 4 Satz 2 GOBT). Innerhalb der 14-Tage-Frist können beliebig viele Wahlgänge stattfinden. Der BTag kann die Frist aber auch ungenutzt verstreichen lassen. Auch in der zweiten Phase ist zur Wahl des BKanzlers die **absolute Mehrheit der gesetzlichen Mitgliederzahl** des BTags (s. Rn. 4) erforderlich. Für die Ernennung gilt das in Rn. 4 Gesagte entsprechend.

## Absatz 4: Letztmögliches Wahlstadium

Letztmögliches Wahlstadium nach erfolglosem Ablauf der zweiten Phase, in dem **6** als Notlösung zur Wahl des BKanzlers die **relative Mehrheit** genügt. Erreicht der Gewählte nur diese, hat der BPräs ein befristetes Wahlrecht zwischen *Ernennung* des BKanzlers (u. damit Freigabe des Wegs zur Bildung einer rechtl. mit uneingeschränkten Befugnissen ausgestatteten Minderheitsregierung; zu Maßnahmen des Erhalts der Handlungsfähigkeit vgl. BVerfGE 114, 151) und *Auflösung des Bundestags*. Nach Ablauf der Wahlfrist bleibt nur die Pflicht zur Ernennung. Die Auflösung ist eine empfangsbedürftige Willenserklärung des BPräs, die mit dem Empfang durch den BTag rechtswirksam wird. Sie bedarf keiner Gegenzeichnung (Art. 58 Satz 2). Die Auflösung kommt neben dem Losentscheid auch dann in Betracht, wenn eine Stimmengleichheit mehrerer Bewerber nicht zu beseitigen ist. Für die Ernennung eines Gewählten gilt, abgesehen vom Wegfall der Ernennungspflicht bei BTagsauflösung, das in Rn. 4 Gesagte entsprechend. S. auch für das letzte Wahlstadium § 4 GOBT. Sondervorschrift für Wahl der Bundesverfassungsrichter während der Auflösung: § 5 II BVerfGG.

## Artikel 64 [Ernennung und Entlassung der Bundesminister, Eid]

(1) Die Bundesminister werden auf Vorschlag des Bundeskanzlers vom Bundespräsidenten ernannt und entlassen.

(2) Der Bundeskanzler und die Bundesminister leisten bei der Amtsübernahme vor dem Bundestage den in Artikel 56 vorgesehenen Eid.

1 **Allgemeines:** Art. 64 regelt in Abs. 1 die Ernennung und Entlassung der BMinister und verpflichtet diese und den BKanzler in Abs. 2 zur Leistung eines Amtseids.

### Absatz 1: Ernennung und Entlassung der Bundesminister

2 **Ernennung:** Die BMinister werden anders als der BKanzler nicht vom BTag gewählt, sondern auf Vorschlag des BKanzlers – im Anschluss an seine eigene Wahl (Art. 63) – vom BPräs ernannt. Das Vorschlagsrecht des BKanzlers ist der personelle Teil seiner Organisationsgewalt (s. Art. 65 Rn. 1). Anders als in einer Reihe von Ländern bedarf die Ministerernennung auch keiner Bestätigung durch das Parlament. Der Kanzler ist rechtl. in der Auswahl der Minister frei (keine generellen Eignungskriterien, sondern „individuelle Prüfung"; vgl. BVerfG, NVwZ 1997, 1207), was jedoch nicht verhindern kann, dass er – meist schon vor seiner Wahl – von der eigenen Fraktion oder Partei, bei Bildung einer Koalitionsregierung vor allem durch Koalitionsverhandlungen weitgehend festgelegt wird (s. Ossenbühl, BayVBl 2000, 162). Im Jahre 1993 hatte BKanzler Kohl Veranlassung, in einem Brief an den Vorsitzenden des Koalitionspartners (Text: 12. BTag, 130. Sitzung v. 13.1.1993, StenBer. S. 11242) auf sein „nicht zur Disposition einzelner Parteien oder Fraktionen" stehendes Vorschlagsrecht nach Art. 64 I hinzuweisen. Der BKanzler kann seine Minister mangels einer Unvereinbarkeitsregelung zwischen Ministeramt und Parlamentsmitgliedschaft (s. Erläut. zu Art. 66) dem BTag entnehmen, braucht es aber nicht. Doch ist der parl. Minister die Regel und die theoretisch mögliche Bildung von Fachkabinetten – etwa ähnlich der amerikanischen Staatspraxis – infolge tief eingewurzelter Gewohnheiten kaum noch denkbar. Parteipolit. gesehen gestattet das GG die Bildung einer Einparteienregierung, einer Mehrparteienregierung und auch die Bildung einer Allparteienregierung. (Das GG gewährleistet die Möglichkeit einer Opposition – vgl. Art. 20 Rn. 3 –, verlangt aber nicht ihr Vorhandensein.) Der BKanzler kann selbst ein oder mehrere Ressorts in Personalunion übernehmen oder bestimmte Ressortaufgaben – entweder durch organisatorische Integration in das BKanzleramt (so die Aufsicht über den BND; § 1 I 1, § 12 BNDG) oder durch Bildung einer eigenen Behörde in seinem Geschäftsbereich (so z.B. für Kulturpolitik des Bundes, Medien; zur Konstruktion als oberste Bundesbehörde s. BT-Dr 14/1013 S. 1 f.; ferner das Presse- u. Informationsamt der BReg) – selbst wahrnehmen. Zur Zuständigkeit von BKanzler und Außenminister für die Europapolitik vgl. auch Art. 15 II EUV einerseits, Art. 16 II, VI EUV i.V.m. Art. 236 Buchst. a AEUV andererseits. Ohne Vorschlag des BKanzlers kann kein BMinister rechtswirksam ernannt werden. Der BPräs darf und muss einen Vorschlag ablehnen, wenn ihm Rechtsgründe entgegenstehen, z.B. der Vorgeschlagene nicht Deutscher, nicht zum BTag wahlberechtigt oder Mitglied einer LReg ist (§ 4 BMinG). Er kann einen Ministerkandidaten aber auch aus zwingenden Gründen des Staatswohls wegen mangelnder Verfassungstreue (zu deren Beachtlichkeit: BVerfGE 33, 31) oder sonstiger schwerwiegender Bedenken ablehnen (str.). Ein darüber hinausgehendes Mitspracherecht bei der Kabinettsbildung steht dem BPräs wohl *nicht* zu. Die Ernennung erfolgt durch Aushändigung einer vom

BPräs vollzogenen und vom BKanzler gegengezeichneten Urkunde, die auch den dem Minister übertragenen Geschäftszweig angibt (§ 2 III BMinG). Eine Ernennung nach Abs. 1 ist auch erforderlich, wenn ein Minister ein anderes Ressort übernehmen soll (aus der Praxis: 5. BTag, 70. Sitzung v. 8.11.1966, StenBer. S. 3304). Zur Rechtsstellung des Ministers s. Art. 62 Rn. 3.

**Entlassung:** Ein BMinister kann auf Vorschlag des BKanzlers vom BPräs jederzeit **3** (BVerwGE 141, 218) fristlos und ohne Begründung entlassen werden. Vor allem auf Grund *dieser* Regelung gewinnt der Kanzler gegenüber seinen Ministern, die somit ständig von seinem Vertrauen abhängig sind, eine überlegene Machtstellung. Diesem Umstand (s. auch Art. 69 II) trägt die Versorgung (Mindestruhegehalt nach zwei Jahren, überdurchschnittliche Steigerungsraten) Rechnung (vgl. BVerfGE 76, 344; BVerwGE 141, 218). Dem Vorschlag des Kanzlers, einen Minister zu entlassen, muss der BPräs stattgeben. Der BTag kann im Gegensatz zum Rechtszustand unter der Weimarer Reichsverfassung (Art. 54) die Entlassung eines Ministers nicht mehr durch Misstrauensvotum erzwingen, sondern ihn nur tadeln und den Wunsch zum Ausdruck bringen, dass er zurücktreten oder entlassen werden möge (s. auch Art. 67 Rn. 2). Unberührt von alledem bleibt das Recht der BMinister, jederzeit und ohne Begründung selbst ihre Entlassung zu verlangen („Rücktritt"; vgl. Art. 68 Rn. 2. Dem Verlangen muss, wenn der Minister darauf besteht, in jedem Falle stattgegeben werden, wenn auch nicht notwendigerweise sofort. Ein „Rücktrittsangebot" stellt die Entlassung in das Ermessen des vorschlagsberechtigten BKanzlers. Einzelheiten zur Entlassung: §§ 9 und 10 BMinG.

### Absatz 2: Eid

Die vom BPräs mitgeteilte Ernennung der BMinister gibt der BTPräs vor der Ei- **4** desleistung (die des BKanzlers ist schon vorher erfolgt; s. Art. 63 Rn. 4) im BTag bekannt. BKanzler und BMinister sind verfassungsrechtl. zur Leistung des Eides verpflichtet. Der Eid dokumentiert die Identifizierung des Gewählten mit den in der Verfassung niedergelegten Wertungen (BVerfGE 33, 31; 79, 77). BVerwG, NJW 1991, 1771, zieht Gemeinwohlverpflichtung in Eidesformel als Stütze für Äußerung der BReg in der Öffentlichkeit heran. Die Eidesleistung ist jedoch keine Voraussetzung rechtswirksamen Amtserwerbs und rechtswirksamer Amtsausübung (Ausnahme: § 2 II BMinG). „Bei der Amtsübernahme": Verzögerung (z.B. durch Parlamentsferien) möglich. Beispiele für Eidesleistung aus der Staatspraxis: 16. BTag, 3. Sitzung vom 22.11.2005, StenBer. S. 67–69; 17. BTag, 2. Sitzung vom 28.10.2009, StenBer. S. 21 f. Vgl. auch die Erläut. zu Art. 56.

### Artikel 65 [Aufgabenverteilung in der Bundesregierung]

Der Bundeskanzler bestimmt die Richtlinien der Politik und trägt dafür die Verantwortung. Innerhalb dieser Richtlinien leitet jeder Bundesminister seinen Geschäftsbereich selbständig und unter eigener Verantwortung. Über Meinungsverschiedenheiten zwischen den Bundesministern entscheidet die Bundesregierung. Der Bundeskanzler leitet ihre Geschäfte nach einer von der Bundesregierung beschlossenen und vom Bundespräsidenten genehmigten Geschäftsordnung.

**Allgemeines:** Art. 65 regelt die generelle Zuständigkeitsverteilung innerhalb der **1** BReg, und zwar ähnlich wie unter der Weimarer Reichsverfassung nach einem **Gemisch von drei Prinzipien:** dem **Kanzlerprinzip,** dem **Ressortprinzip** und dem

**Kollegialprinzip.** Dabei ist das den Vorrang des Regierungschefs verfolgende Kanzlerprinzip stärker als in der Weimarer Reichsverfassung betont und am ausdehnungsfähigsten. Im Übrigen hängt das Zusammenspiel der drei Prinzipien wesentlich von den beteiligten Persönlichkeiten und den koalitionspolit. Machtverhältnissen ab. Den Grundsätzen des Art. 65 unterliegt auch die Aufteilung der exekutiven **Organisationsgewalt.** Diese äußert sich typischerweise in Organisationserlassen des BKanzlers gemäß § 9 GOBReg, z.b. grundlegend denen zur Neuordnung der Struktur der BReg vom 27.10.1998 (BGBl I S. 3288), 22.10.2002 (BGBl I S. 4206) und 22.11.2005 (BGBl I S. 3197) oder punktuell dem aus Anlass der Neubestimmung der Zuständigkeit des Beauftragten der BReg für die ostdeutschen Bundesländer vom 28.10.2009 (BGBl I S. 3704). Teil der Organisationsgewalt ist die Bestimmung des Sitzes eines Verfassungsorgans; dem entsprechend hat die BReg (3.6.1992) – wie zuvor BTag (20.6.1991) und später BRat (5.7.1991 sowie 27.9.1996) – über ihren künftigen Sitz durch Beschluss entschieden. Eines Gesetzes, wie es in Gestalt des Berlin/Bonn-G vom 26.4.1994 (BGBl I S. 918) vorliegt, hätte es insoweit nicht bedurft (offengelassen in BVerfGE 87, 112); jedoch wurde es zur rechtl. Verfestigung als zweckmäßig angesehen. Auf die Organisationsgewalt des BKanzlers und den Kernbereich des Selbstorganisationsrechts der BReg wurde in § 4 des Gesetzes Rücksicht genommen (vgl. BT-Dr 12/6614 S. 12). Vergleichbare Rücksichtnahme geht dem BundesgleichstellungsG (s. Art. 3 Rn. 11) ab, wenn es sich in § 1 II mit dem sprachlichen Ausdruck von Verwaltungsvorschriften des Bundes und im dienstlichen Schriftverkehr sowie in § 2 Satz 2 mit einem „Leitprinzip in allen Aufgabenbereichen der Dienststelle sowie auch bei der Zusammenarbeit von Dienststellen" beschäftigt und damit ungewöhnlich krass in die Organisations- und Geschäftsleitungsgewalt der BReg (zu allg. Verwaltungsvorschriften s. Art. 84 Rn. 15 ff.) eingreift. Vergleichbares gilt für die Pflicht zur Bestellung eines Behindertenbeauftragten der BReg in § 14 des BehindertengleichstellungsG vom 27.4.2002 (BGBl I S. 1467, 1468).

### Satz 1: Kanzlerprinzip

2 Das Kanzlerprinzip kommt vor allem darin zum Durchbruch, dass der BKanzler, nicht wie im sog. Kabinettssystem das Regierungskollegium, die **Richtlinien der Politik** bestimmt, d.h. die grundsätzlichen und richtungweisenden Entscheidungen über die Führung der Regierungsgeschäfte trifft. Die Richtlinien der Politik binden nach h.M. nur die BMinister. Da die BReg in gewisser Hinsicht polit. Führungsorgan des Gesamtstaates ist (vgl. vor Art. 62 Rn. 2), haben sie aber auch eine über den Regierungsapparat hinausreichende Bedeutung (s. dazu BVerfGE 49, 124 f.). Doch sind BTag, BPräs und BRat innerhalb ihres Kompetenzbereichs formell nicht den Richtlinien des BKanzlers unterworfen (zur mangelnden „Vorfestlegung" von Abg. vgl. BayVerfGH, NJW 2005, 3700). Allerdings „drückt" eine entschlossene Regierungspolitik auch auf die übrigen Verfassungsorgane. Der BKanzler ist bei Aufstellung und Handhabung der polit. Richtlinien frei und *rechtlich* weder an Weisungen noch an die Zustimmung anderer Verfassungsorgane, von Fraktionen oder Parteien gebunden. Die Richtlinienbefugnis des Kanzlers ist unverzichtbar und auch durch Koalitionsvereinbarungen rechtswirksam nicht einschränkbar. *Tatsächlich* kann der BKanzler jedoch nicht umhin, bei Festlegung und Handhabung seiner Richtlinien die polit. Grundsätze der ihn tragenden Mehrheitsfraktion(en) zu berücksichtigen (vgl. vor Art. 62 Rn. 2) und bekannten Einstellungen anderer Verfassungsorgane, insbes. des BTags, ggf. aber auch des BRats und des BPräs, Rechnung zu tragen. Die polit. Richtlinien des BKanzlers finden Ausdruck in der Regierungserklärung, die die BReg nach ihrer Bildung im BTag abzugeben hat (z.B. 17. BTag, 3. Sitzung

v. 10.11.2009, StenBer. S. 29 ff.) und später in Zwischenbilanzen o.ä. zu erneuern pflegt. Sie sind an keine besondere Form gebunden, müssen sich auch nicht ausdrücklich als Richtlinien bezeichnen, jedoch als solche hinreichend erkennbar sein. Die Richtlinien sind keine Rechtssätze, müssen sich vielmehr ihrerseits im Rahmen des geltenden Rechts bewegen. Inhaltlich tragen sie i. Allg. generellen Charakter; sie können sich mit Angelegenheiten mit „Richtlinienbedeutung", d.h. praktisch allen Fragen von besonderem polit. Gewicht, befassen, sich aber auch zu bindenden Vorgaben in Einzelfällen verdichten. An sich ziehen kann der BKanzler fremde Regierungszuständigkeiten auf Grund seiner Richtlinienbefugnis jedoch nicht. Die Richtlinien der Politik sind jederzeit änderbar. Näheres über die Richtlinienbefugnis des Kanzlers enthalten die §§ 1, 3, 4 und 12 GOBReg. In der Praxis nimmt der BKanzler nur selten Bezug auf seine Richtlinienbefugnis (so aber BKanzler Adenauer 1955 in einem Schreiben an BMinister von Brentano). Meist regeln sich die Dinge in anderer Form (s. auch die §§ 15, 17 GOBReg, § 19 I, § 22 II, IV GGO). Wichtiger als die formellen Befugnisse ist die Stärke der Persönlichkeit des BKanzlers, seine Führungskraft. Zur „Verantwortung" des Kanzlers vor dem BTag vgl. vor Art. 62 Rn. 3 sowie Art. 67 und die Erläut. dort in Rn. 3.

Abgesehen von der Richtlinienbefugnis findet das Kanzlerprinzip Ausdruck vor 3 allem noch darin, dass der Kanzler die Geschäfte der BReg leitet (Art. 65 Satz 4), den Vorsitz im Kabinett führt (§ 22 I GOBReg) und die alleinige Befugnis zur laufenden Unterrichtung des BPräs und zum persönlichen Vortrag bei ihm hat (§ 5 GOBReg).

### Satz 2: Ressortprinzip

Nach dem Ressortprinzip obliegt den BMinistern die polit. **Leitung und Verwal-** 4 **tung der einzelnen Geschäftsbereiche der Regierung.** Sie haben insoweit innerhalb der vom Kanzler bestimmten Richtlinien der Politik einen selbständigen Aufgaben- und Verantwortungsbereich. Neben den Richtlinien der Politik sind für den BMinister auch noch die Beschlüsse des Kabinetts in der BReg als Kollegium zustehenden Angelegenheiten (also nicht im Fall des Art. 112; s. dort Rn. 4) verbindlich (vgl. BayVerfGH, NJW 2005, 3701, für den Landesbereich). Abgesehen davon können Kanzler und Kabinett jedoch nicht in die Zuständigkeiten eines Ministers eingreifen, insbes. nicht seine Befugnisse an sich ziehen und an seiner Stelle ausüben, ihm keine Weisungen erteilen und vor allem keine Weisungen unmittelbar in die Ressorts hinein geben (s. dazu auch RhPfVerfGH, AS 19, 123). Art. 65 Satz 2 schließt auch die Unterstellung eines BMinisters mit Geschäftsbereich unter den BKanzler oder einen anderen BMinister aus. Ob sich aus dem Ressortprinzip eine Verpflichtung des BKanzlers ergibt, den zuständigen BMinister in allen sein Ressort betr. Angelegenheiten zu beteiligen, ist umstritten, aber wohl zu bejahen. Einzelheiten über die Stellung der BMinister innerhalb der BReg: §§ 9 ff. GOBReg einschl. der Regelungen über ihre Vertretung in Regierungs- (§ 14 I GOBReg), Parlaments- (§ 14 II GOBReg) und Verwaltungsaufgaben (§ 14 I GOBReg, § 6 II GGO; dazu BGH, DtZ 1997, 362, u. vor Art. 62 Rn. 2). Zu den Befugnissen des jeweiligen Ressortministers gehört auch das Organisationsrecht im eigenen Geschäftsbereich einschl. der Personalhoheit (dazu BVerfGE 9, 283; s. aber auch Rn. 5). Kraft Personal- u. Organisationsgewalt legt der Minister in Umsetzung gesetzl. u. polit. Ziele die Aufgaben der Verwaltung fest, bestimmt er ihre Prioritäten und verteilt er sie auf die einzelnen Organisationseinheiten. Gleichzeitig stellt er ihre Erfüllung durch bestmöglichen Einsatz von Personal und der zur Verfügung stehenden Sachmittel sicher (BVerwG,

DVBl 2004, 1376). Die Organisationsgewalt ermächtigt das Ressort, die im Haushaltsplan ausgewiesenen Mittel nach organisations- u. verwaltungspolit. Bedürfnissen (freilich nach Maßgabe von Art. 33 II; dazu BVerwG, DVBl 2005, 458) zu bewirtschaften. Bestandteil der Organisationsgewalt (s. auch Art. 86 Rn. 5) ist die Standortwahl für nachgeordnete Behörden (BMI, BRat, 796. Sitzung v. 13.2.2004, StenBer. S. 22). Die Selbständigkeit und Verantwortlichkeit der BMinister bestehen zunächst dem BKanzler gegenüber. Sie haben aber auch eine dem BTag zugewandte Seite. Insoweit ist die Verantwortlichkeit vor allem in Art. 43 I angesprochen. Der Minister muss sich Mängel in seinem Geschäftsbereich polit. anrechnen lassen und für sie einstehen. Zu den gegen einen BMinister möglichen Reaktionen des BTags vgl. Art. 67 Rn. 2.

### Satz 3: Kollegialprinzip

5 Nicht nur bei Meinungsverschiedenheiten zwischen BMinistern, sondern auch über die Geschäftsordnung der BReg (Satz 4) und zahlreiche andere Angelegenheiten hat zufolge des Kollegialprinzips die **Bundesregierung als Kollegium** zu entscheiden. Grundsätzlich ist überall, wo im GG oder in einem Bundesgesetz die BReg genannt wird, von der Legaldefinition des Art. 62, also davon auszugehen, dass das Kollegium gemeint ist (BVerfGE 26, 395 f.; BVerfG, Beschl. v. 3.12.2012 – 2 PBvU 1/11 –; s. auch Art. 65 a Rn. 5). Doch gilt das nicht ausnahmslos (vgl. z.B. Art. 84 Rn. 23, Art. 85 Rn. 14, Art. 86 Rn. 4). Eine internrechtl. Erweiterung der Kollegialzuständigkeiten enthalten die §§ 15, 18 GOBReg, die alle Angelegenheiten von allg. polit., wirtsch., sozialer, finanzieller oder kultureller Bedeutung sowie wichtige Personalsachen der Beratung und Beschlussfassung des Kabinetts unterstellen. Beispiel für polit. Bedeutung: zu BR-Dr 672/98. Es handelt sich hier um schon von Verfassungs wegen ressortübergreifende Fragen (dazu BVerwG, NVwZ 2009, 253, für Landesrecht); in Personalsachen Kabinettbefassung im Hinblick auf Art. 60 I und ressortübergreifende Organisationsfragen (s. § 20 GGO) mit Art. 65 Satz 2 vereinbar, weil das Initiativrecht für Anstellung und Beförderung sowie das Verbot des Aufzwingens unerwünschter Beamter die Personalgewalt des Fachressorts aufrechterhalten (vgl. OVG Lüneburg, NVwZ-RR 2003, 879; offengelassen von VGH Mannheim, ESVGH 47, 9). Gegen Einflussnahme anderer Ressorts auf Personalentscheidungen: OVG Münster, DÖD 1993, 92. Neben die Eigenverantwortung des Fachministers in Personalangelegenheiten kann bei Maßnahmen mit finanziellen Auswirkungen die Haushaltsverantwortung des BMF treten (BVerwG, Buchholz 232 § 15 BBG Nr. 11 S. 7; OVG Koblenz, NVwZ 2008, 106 f.). Die BReg fasst ihre Beschlüsse – i.d.R. in gemeinschaftlicher Sitzung (§ 20 GOBReg) – mit Stimmenmehrheit; bei Stimmengleichheit entscheidet der Vorsitzende (§ 24 II GOBReg). Der BKanzler kann also in Kollegialsachen theoretisch überstimmt werden, hat aber mit Ausnahme der dem Kollegium durch Verfassung oder Gesetz zugewiesenen Kompetenzen in Fällen von besonderer polit. Bedeutung für die Regierungspolitik u.U. die Möglichkeit, von seiner Richtlinienbefugnis (Rn. 2) Gebrauch zu machen (str.; zum Verhältnis von Richtlinien- u. Kollegialkompetenz im Fall der landesrechtl. Weisung an BRatsmitglieder vgl. BVerfGE 106, 334). In der Praxis spielen förmliche Abstimmungen des Kabinetts kaum eine Rolle; Meinungsverschiedenheiten zwischen den Ressorts werden vorher bereinigt (§§ 16, 17 GOBReg, 22 IV GGO). Ein gewisses Widerspruchsrecht gegen Mehrheitsbeschlüsse der BReg haben in Finanzfragen der BMF und in Rechtsfragen (antizipierte Verfassungskontrolle) der BMI und der BMJ (§ 26 GOBReg), ein Initiativrecht in Frauenfragen das dafür zuständige Ressort (§ 15 a GOBReg). Interna der Willensbildung des Kabinetts gehören zum Kernbereich exekutivischer Eigenver-

antwortung (besonders hohe Schutzwürdigkeit der Vertraulichkeit der Erörterungen; näher Art. 44 Rn. 7 Buchst. b; vgl. auch § 22 III 1 GOBReg; BVerfGK 8, 258; BVerwGE 128, 140; SächsVerfGH, NVwZ-RR 2008, 590; BWStGH, ESVGH 58, 24). Die Einbeziehung gesetzesvorbereitender Tätigkeit eines Ressorts in einen Informationszugangsanspruch ist entgegen der Auffassung des BVerwG (DVBl 2012, 176 ff.) bei verfassungskonformer Auslegung des § 1 Satz 1 IFG schon deshalb abzulehnen, weil dieser Teil des Regierungshandelns wesentlicher Bestandteil der Gesetzesinitiative des Kollegialorgans Bundesregierung (Art. 76 I), nicht des Fachressorts (s. auch Art. 76 Rn. 2), ist und somit zum genannten Kernbereich gehört. Zutreffend ist, dass Regierungstätigkeit nicht pauschal vom Anwendungsbereich des InformationsfreiheitsG (Art. 17 Rn. 7) ausgenommen ist (BVerwG, NVwZ 2011, 881).

**Kabinettausschüsse** sind z.Z. – neben dem Bundessicherheitsrat (mit eigener interner – unveröffentlichter – Geschäftsordnung vom 27.1.1959, vgl. näher Glawe, DVBl 2012, 330 ff.) – für die Neuen Länder, für Wirtschaft und für Afghanistan eingerichtet (Kabinettbeschl. v. 16.12.2009, BAnz v. 19.1.2010 S. 167; zur Staatspraxis Busse, DÖV 1999, 320 ff., u. BlnK, Art. 62 Rn. 21). Für den Geschäftsablauf bestehen Rahmenregelungen vom 24.2.1993 (GMBl S. 181). Die Ausschüsse können koordinierend nur Entscheidungen der BReg vorbereiten, nicht selbst treffen (etwa im Bereich des Art. 26 II, s. Kirchner, DVBl 2012, 357 f.), und sind allein deshalb nicht Gegenstand des parl. Fragerechts (BT-Dr 14/1013 S. 3).   6

## Satz 4: Geschäftsordnung

Der BKanzler leitet die Geschäfte der BReg nach einer von dieser beschlossenen und vom BPräs genehmigten Geschäftsordnung. Die Ermächtigung zum Geschäftsordnungserlass schließt eine gesetzl. Regelung der Regierungsgeschäftsführung aus. Die Geschäftsordnung der BReg vom 11.5.1951 (GMBl S. 137) besteht aus polit. z.T. sehr wichtigen Rechtsnormen besonderer Art, die die Beziehungen der Mitglieder der BReg untereinander regeln, und nichtrechtssatzmäßigen Geschäftsregeln. BVerwG 93, 206 f., nimmt mittelbare Geltung auch für Beamte als Teilnehmer an Kabinettsitzungen an. Die **Rechtsnatur** der Geschäftsordnung ist str. (offengelassen in BVerwGE 89, 125; in BVerwGE 125, 28, auch die der GGO), Anlehnung an die GOBT (vgl. Art. 40 Rn. 3) möglich, aber wegen anderer Schutzrichtung (BVerfGE 70, 360 f.) nicht zwingend. Nach der GOBReg führt der BKanzler den Vorsitz in den Kabinettsitzungen, an denen gemäß § 23 I GOBReg neben den BMinistern u.a. auch der Parl. Staatssekretär beim BKanzler und der Chef des Bundespräsidialamts regelmäßig teilnehmen. Beschlüsse im Umlaufverfahren entsprechend der früheren Staatspraxis hat BVerfGE 91, 166, beanstandet, solange sie nicht materiell der BReg durch die Erfordernisse Information, Quorum und Majorität zugerechnet werden können (großzügiger BVerwGE 89, 124 ff.). Wegen des Genehmigungsrechts des BPräs kann von der GOBReg nicht, jedenfalls aber nicht in beliebigem Umfang, durch Kabinettbeschluss abgewichen werden (s. VGH Mannheim, ESVGH 47, 9). Sie unterliegt nicht dem Grundsatz der (für die BReg ohnehin nicht passenden; vgl. vor Art 62 Rn. 7) Diskontinuität (BVerfGE 91, 167; eher a.A. BVerwGE 89, 125). Zur Bedeutung der Staatspraxis bei der Auslegung von Geschäftsordnungen s. BVerfGE 106, 342/Sondervotum.   7

## Artikel 65 a  [Befehls- und Kommandogewalt über die Streitkräfte]

Der Bundesminister für Verteidigung hat die Befehls- und Kommandogewalt über die Streitkräfte.

1  Das GG kennt im Gegensatz zum Verfassungsrecht der konstitutionellen deutschen Monarchie und auch zu Art. 47 WRV *keinen Oberbefehl des Staatsoberhaupts über die Streitkräfte* mehr. Es hat den Begriff des Oberbefehls im herkömmlichen Sinne, der eine Zusammenfassung verschiedenartiger höchster Rechte auf militärischem Gebiet darstellte und von der monarchischen Staatsform her auch rechtl. schwer fassbare irrationale Elemente enthielt, überhaupt fallen gelassen. Die früher im militärischen Oberbefehl enthaltenen Rechte sind auf Staatsoberhaupt und Regierung verteilt worden, und zwar nach den Grundsätzen, die auch sonst für die Aufteilung der vollziehenden Gewalt zwischen Präsidenten und Regierung maßgebend sind, d.h. derart, dass die mehr repräsentativen (Orden, Ehrenzeichen, Uniformen) und einzelne besonders herausgehobene Befugnisse, insbes. das Ernennungsrecht nach Art. 60 I, dem Staatsoberhaupt übertragen sind, das Schwergewicht der Führungskompetenzen jedoch bei der BReg liegt. Der tiefere Grund für die Neuverteilung der Zuständigkeiten war die bewusste **Beseitigung der** überkommenen staatsrechtl. **Sonderstellung der bewaffneten Macht,** die früher vor allem in gewissen unmittelbaren Beziehungen zum Staatsoberhaupt als dem Träger des Oberbefehls Ausdruck gefunden hatte. Das GG behandelt nunmehr die *Streitkräfte wie alle anderen Zweige der vollziehenden Gewalt* und unterwirft sie grundsätzlich den allg. Regeln, die für diese gelten (s. Art. 1 Rn. 20 ff.), unterstellt sie vor allem vorbehaltlos der in erster Linie (vgl. vor Art. 62 Rn. 2) in der BReg verkörperten polit. Führung des Staates und damit auch in vollem Umfange der parl. Verantwortlichkeit und Kontrolle. Anlass für diese Gleichstellung sind neben gewissen polit.-historischen Erfahrungen der Weimarer Zeit (s. BVerwGE 127, 7) auch die Notwendigkeiten moderner Kriegführung gewesen, die im Verteidigungsfall die Zusammenfassung aller Machtbefugnisse, der militärischen wie der zivilen, in einer Hand, nämlich in der der Regierung, fordern.

2  Die **Befehls- und Kommandogewalt** (BK-Gewalt) über die Streitkräfte ist der Kern der ehemals im Oberbefehl zusammengefassten Rechte. Gemeint ist die *oberste* BK-Gewalt. Sie erstreckt sich nur auf die Streitkräfte, nicht auch auf die Bundeswehrverwaltung (Art. 87 b; vgl. zur Kritik an nicht immer konsequenter Praxis Eichen, NZWehrR 2011, 235 ff.; zum Trennungsgebot Pieroth, NVwZ 2011, 788), deren Ressortchef der BMVg im Rahmen des Art. 65 Satz 2 ist (s. auch Art. 87 b Rn. 2), und die Truppendienstgerichte (Art. 96 Rn. 7). Die BK-Gewalt liegt unbeschadet der Richtlinienbefugnis des Kanzlers (Art. 65) beim **Bundesminister** *„für"* (so der Verfassungstext, in der Realität: „der") **Verteidigung;** er kann Antragsgegner einer Organstreitigkeit sein (§ 63 BVerfGG; dazu BVerfGE 90, 338). Mit Verkündung des **Verteidigungsfalls** geht die BK-Gewalt auf den **Bundeskanzler** über (Art. 115 b).

3  Bei der BK-Gewalt handelt es sich um eine **untrennbare Einheit.** Der Ausdruck will nicht besagen, dass es neben der Befehlsgewalt noch eine vielleicht nur von Offizieren ausübbare Kommandogewalt gibt, sondern im Gegenteil klarstellen, dass keine der Befehlsgewalt (zum Befehlsbegriff BVerwGE 129, 186 m.w.N.; ebd., S. 188 ff. auch zum Verhältnis von Befehl u. Gehorsam; s. auch BVerwGE 132, 4) des BMVg entzogene Kommandogewalt besteht. Der BMVg ist also in allen militärischen Befehlsangelegenheiten höchste Instanz, in der die damit ver-

bundenen Befehls- und Kommandobefugnisse ihre Spitze finden (BVerwGE 132, 122). Die BK-Gewalt des BMVg über die Streitkräfte *unterscheidet sich ihrem Wesen nach nicht vom Weisungsrecht irgendeines anderen Ministers* über seinen Geschäftsbereich und vom BMVg-Weisungsrecht im nichtmilitärischen Bereich seiner eigenen Ressortleitung, wenn sie auch im Einzelnen straffer geregelt werden kann (Beispiele: Organisationsentscheidungen, Umsetzung militär- u. sicherheitspolit. Vorstellungen; vgl. BVerwGE 123, 168, 171; s. auch Art. 12 a Rn. 2). Die einfachrechtl. geringfügig unterschiedliche Ausgestaltung der Modalitäten der Gehorsamspflicht im Soldaten- und Beamtenrecht (dazu Pieroth, NVwZ 2011, 708; F. Kirchhof, HStR IV, § 84 Rn. 70) ändert an dem Befund nichts. Daher erweisen sich viele in Literatur u. Rspr. erörterten Fragen als Scheinprobleme:

a) An den BMVg sind die gleichen Ernennungsanforderungen wie an jeden anderen BMinister zu stellen (vgl. Art. 64 Rn. 2, Art. 33 Rn. 3). Weder ist früherer eigener Wehrdienst erforderlich noch ehemalige Kriegsdienstverweigerung hinderlich, erst recht nicht die Eigenschaft als (nicht wehrpflichtige) Frau von Bedeutung.

b) Der BMVg darf nach Art. 66 nicht gleichzeitig aktiver Soldat sein. Für beamtete Staatssekretäre (als Vertreter des Ministers im Ressort) gilt die Vorschrift nicht (a.A. Gramm, NZWehrR 2011, 97 f.), sondern allg. Beamten- oder Soldatenrecht: § 31 I Nr. 2 BBG, §§ 5 BBesG, 46 IIIa SG; allg. Herrmann, VerwArch 2010, 379.

c) Für die Vertretung des BMVg gelten die §§ 14 GOBReg, 6, 17, 18 GGO. Die Ausübung der BK-Gewalt nur durch den Minister persönlich und seine Vertretung allein durch den Staatssekretär (so BVerwGE 127, 24; 127, 205 f.) sind im Hinblick auf Art. 65 Satz 4 (Geschäftsordnungsvorbehalt) nicht zwingend. Vielmehr entspricht es allg. Grundsätzen, dass der Leiter der obersten Dienstbehörde seine Aufgaben nicht nur persönlich, sondern auch durch damit kraft interner Organisations- und Geschäftsverteilungsregelungen betraute Beschäftigte wahrnehmen kann (BVerwGE 139, 38 m.w.N.).

Kaum jemand käme allein wegen der ebenfalls im GG erwähnten besonderen Aufgaben des BMF (Art. 108 III, Art. 112 Satz 1) oder gar des BMJ in Art. 96 II Satz 4 auf den Gedanken, dieser Umstand hätte Rückwirkungen z.B. auf die Qualifikation oder die Vertretung. Differenzierungen zwischen der Stellung als höchster militärischer Vorgesetzter und derjenigen als Mitglied der BReg (BVerwGE 73, 10 f.; BVerwG, ZBR 1998, 243; s. auch BVerwGE 119, 342) sind insoweit problematisch. Die BK-Gewalt umfasst kein besonderes Militärverordnungsrecht mehr; die Rechtsetzung auf dem Gebiet des Wehrwesens regelt sich vielmehr nach den allg. Verfassungsbestimmungen, das Verordnungsrecht in Sonderheit nach Art. 80. Ebenso wenig umfasst die BK-Gewalt ein besonderes, aus den allg. Verfassungsbestimmungen herausfallendes internationales Vertragsschließungsrecht, noch weniger irgendeine Form der Gerichtsherrlichkeit (vgl. dazu Art. 96 II u. III). Die militärische Führungsspitze der Bundeswehr war bisher mit dem Generalinspekteur als Hauptabteilungsleiter und den Inspekteuren der Waffengattungen als Abteilungsleitern in das Verteidigungsministerium eingegliedert. Nunmehr ist der Generalinspekteur Disziplinarvorgesetzter, und die Inspekteure sind aus dem Ministerium ausgegliedert. S. zur bisherigen Organisation den Art. 12 a Rn. 3 genannten Bericht, S. 30, 56, zur Reform ebd., S. 31, 60 und zur umgesetzten Reform BT-Dr 17/9340 S. 25; Dreist, NZWehrR 2012, 136 ff. sowie Homburg, BWV 2012, 12 ff. Der BMVg hat seinen ersten Dienstsitz in Bonn, einen zweiten in Berlin (s. BT-Dr 13/5303 S. 27 f.).

**4** Entgegen der Entscheidung BVerwGE 127, 366, besteht **kein Spannungsverhältnis der Befehls- und Kommandogewalt zu Grundrechtspositionen** von Soldaten, anders als im Falle der Funktionsfähigkeit der Bundeswehr (Art. 87 a). Das Verhältnis ist ebenso spannungsirrelevant wie das ministerielle/beamtenrechtl. Weisungsrecht (dort hergebrachter Grundsatz; s. Art. 33 Rn. 19 Buchst. m) als solches. Die BK-Gewalt erfordert sicherzustellen, dass der BMVg diese dank der Gehorsamspflicht der Soldaten (§ 11 I 1 u. 2 SG) auch rechtl. und tatsächlich wirksam ausüben kann (BVerwGE 129, 195).

**5** Zum Einsatz der Streitkräfte im Falle des überregionalen Katastrophennotstands nach Art. 35 III 1 ist nur die BReg als Kollegialorgan ermächtigt (vgl. Art. 35 Rn. 10).

**6** **Wehrverfassungsrechtlicher Parlamentsvorbehalt:** s. allg. vor Art. 62 Rn. 3. Ungeachtet der Kommandostruktur ist die Bundeswehr wegen der Verantwortung für den bewaffneten Außeneinsatz ein „Parlamentsheer" (BVerfGE 121, 161). Die von BVerfGE 90, 389, dem Gesetzgeber überlassene nähere Ausgestaltung von Form und Ausmaß der parl. Mitwirkung beim Einsatz bewaffneter Streitkräfte im Ausland ist durch das ParlamentsbeteiligungsG vom 18.3.2005 (BGBl I S. 775) erfolgt. § 3 regelt Einzelheiten des Zustimmungsantrags (keine Änderungsbefugnis des BTags); die §§ 4, 7 sehen ein vereinfachtes Verfahren bei Einsätzen von geringer Intensität und Tragweite oder bei Verlängerung des Einsatzes vor, § 8 einen Widerruf der Zustimmung (Rückholrecht) und § 6 eine Unterrichtungspflicht der BReg. Zur Staatspraxis Dreist, NZWehrR 2008, 257. Weiteres in Art. 87 a Rn. 10.

**7** Zu verfassungsrechtl. Vorgaben für die **Verteidigungspolitik** vgl. BVerfGE 66, 60 f.

## Artikel 66 [Unvereinbarkeiten]

**Der Bundeskanzler und die Bundesminister dürfen kein anderes besoldetes Amt, kein Gewerbe und keinen Beruf ausüben und weder der Leitung noch ohne Zustimmung des Bundestages dem Aufsichtsrate eines auf Erwerb gerichteten Unternehmens angehören.**

Art. 66 will die von fremden Pflichten und Interessen **unbeeinträchtigte Ausübung der höchsten Regierungsämter** gewährleisten. Er entspricht der für den BPräs in Art. 55 II getroffenen Regelung mit der Ausnahme, dass Zugehörigkeit zum Aufsichtsrat eines Erwerbsunternehmens mit Zustimmung des BTags möglich ist (dazu Beispiele: BT-Dr 13/9702; 14/4912; 14/5271). Vgl. daher auch die dort. Erläut. Das BundesministerG (s. Art. 62 Rn. 3) verbietet in § 4 ausdrücklich nochmals die Mitgliedschaft in einer LReg, trifft in § 5 zusätzliche Beschränkungen und rechnet – seit 1997 – in § 14 VI Erwerbseinkünfte aus privater Berufstätigkeit auf das nach Ausscheiden aus dem Regierungsamt zu zahlende Übergangsgeld an. Zulässig sind trotz Gewaltenverschränkung und gewandelter Diätenfunktion (BVerfGE 40, 314 ff.; vgl. auch Art. 48 Rn. 7) nach wie vor die gleichzeitige Mitgliedschaft eines BMinisters im BTag (s. BVerfGE 118, 337; ferner Umkehrschluss aus Art. 53 a I 2 Halbs. 2; vgl. die vor Art. 62 Rn. 3 skizzierten Überlegungen zur Gewaltenteilung), in einem LTag (beidemal traditioneller Bestandteil des parl. Regierungssystems; HessStGH, ESVGH 27, 201; a.A. von Münch, NJW 1998, 34 f.) sowie in einer Gemeindevertretung. Art. 66 unterbindet nur die Fortführung einer Praxis oder eines Unternehmens, nicht deren „Innehabung" einschl. Namensfortführung mit Hinweis auf ruhende Zulassung (BGH, NJW 1997, 3240), auch nicht die Verpachtung (5. BTag, 72. Sitzung v. 11.11.1966, StenBer. S. 3393 f.). Er lässt Bereicherungsansprüche eines BMinisters in Gestalt einer fiktiven Lizenzgebühr unberührt (BGHZ 169, 344). Zur Staatspraxis bei der rückwirkenden (Datum der Ministerernennung) Niederlegung von Aufsichtsratsmandaten s. BT-Dr 14/1013 S. 2.

## Artikel 67  [Misstrauensvotum]

**(1) Der Bundestag kann dem Bundeskanzler das Mißtrauen nur dadurch aussprechen, daß er mit der Mehrheit seiner Mitglieder einen Nachfolger wählt und den Bundespräsidenten ersucht, den Bundeskanzler zu entlassen. Der Bundespräsident muß dem Ersuchen entsprechen und den Gewählten ernennen.**

**(2) Zwischen dem Antrage und der Wahl müssen achtundvierzig Stunden liegen.**

**Allgemeines:** Das in Art. 67 geregelte Misstrauensvotum mit der Folge des Regierungssturzes ist notwendiger Bestandteil des parl. Regierungssystems, nach dem der **Bestand der Regierung vom Vertrauen des Parlaments abhängig** ist, und die durchgreifendste Maßnahme, mit der das Parlament sein Recht der Regierungskontrolle geltend machen kann. Im Interesse möglichster Regierungsstabilität (vgl. BVerfGE 120, 111) schränkt das GG die sonst weitgehend üblichen Möglichkeiten des Misstrauensvotums in zweierlei Hinsicht ein: **1**

a) Es erlaubt ein Misstrauensvotum nur gegen den BKanzler, nicht auch – wie noch Art. 54 WRV – gegen einzelne Minister; damit soll die Erosion einer Regierung durch Ministerrücktritte so weit wie möglich vermieden werden.

b) Es lässt als einzige Form des Misstrauensvotums die Neuwahl eines BKanzlers zu; auf diese Weise soll eine „lähmende Dissonanz" (BVerfGE 112, 141) zwischen Parlament und Regierung wie zur Zeit der Präsidialkabinette der Weimarer Republik (Regierung ohne parl. Mehrheit) vermieden werden; also keine Möglichkeit des Regierungssturzes durch Mehrheiten, die sich nur in der Opposition und Negation einig sind (sog. „konstruktives" oder „positives" Misstrauensvotum).

Das **allein gegen den Bundeskanzler zulässige konstruktive Misstrauensvotum** ist jedoch nur bedingt geeignet, stabile Regierungen zu gewährleisten, da die meisten parl. Regierungen ihr vorzeitiges Ende durch Auseinanderfallen der sie tragenden Koalitionen, Parteispaltung, Parteiaustritte oder den Verfall der Autorität des Regierungschefs finden. Dagegen kann Art. 67 keinen Schutz bieten. Von den bisher eingebrachten Misstrauensanträgen hatte der von 1972 gegen BKanzler Brandt keinen Erfolg, während der von 1982 gegen BKanzler Schmidt zum Sturz seiner Regierung führte.

### Absatz 1: Form des Misstrauensvotums

Das **Misstrauen** i.S. des Art. 67 **kann nur dem Bundeskanzler ausgesprochen werden**, nicht einzelnen BMinistern, auch nicht der Regierung im Ganzen. Doch führt die Entlassung des Kanzlers automatisch zur Amtsbeendigung der Regierung insgesamt (Art. 69 II, § 9 BMinG). Missbilligung bestimmten Verhaltens einzelner Minister durch den BTag (z.B. BT-Dr 8/2855) ist zulässig, ein Misstrauensbeschluss an sich auch, jedoch ohne Rechtsfolgen, d.h. ohne Zwang des Ministers zum Rücktritt und ohne Zwang des Kanzlers und BPräs, den Minister zu entlassen. Gleiches gilt für parl. Aufforderungen zum Rücktritt oder zur Ent- **2** lassung eines BMinisters (so – erfolglos – gegen den BMF als „Amtsenthebung" beantragt: BT-Dr 13/7787, ebenso gegen den BMI: BT-Dr 10/333 u. gegen den BMU: BT-Dr 14/5573).

3 **Einzige Form des Misstrauensvotums mit der Folge des Regierungssturzes ist die Wahl eines neuen Bundeskanzlers.** Damit sind nur solche Mehrheiten des BTags in die Lage versetzt, eine Regierung zu Fall zu bringen, die sich nicht nur in der Ablehnung der alten Regierung, sondern auch positiv über die Wahl eines neuen Kanzlers und damit praktisch über eine neue Regierung einig sind. Das konstruktive Misstrauensvotum ist eine dem Landesverfassungsrecht entnommene Neuschöpfung, die den Grundsatz, dass die Regierung vom Vertrauen des Parlaments abhängig ist, einschränkt. Es versagt allen anderen gegen die Regierung gerichteten Beschlüssen des Parlaments (Ablehnung von Gesetzesvorlagen u. Regierungsanträgen, Streichung von Haushaltsposten, Missbilligung von Regierungsmaßnahmen, Verweigerung eines Vertrauensvotums usw.) Rechtswirkungen auf den Bestand der Regierung. Selbst eine generelle Missbilligung der Regierungspolitik, ein ausdrücklich ausgesprochenes Misstrauensvotum gegen den BKanzler und eine Rücktrittsaufforderung des BTags – Beschlüsse, die allerdings schon in ihrer Zulässigkeit bestritten sind – haben Rechtsfolgen nur, wenn die Wahl eines neuen Kanzlers hinzutritt. Kommt diese nicht zustande, bleibt die Regierung – ggf. als Minderheitsregierung – mit allen Rechten im Amt. Für die Weiterentwicklung der Vertrauenskrise zwischen Parlament und Regierung sind u.U. die Art. 68 und 81 von Bedeutung. Zur geschäftsordnungsmäßigen Behandlung von Misstrauensanträgen im BTag vgl. § 97 GOBT. Die Vorschriften des Art. 63 finden, da Art. 67 eine eigene Grundlage für die Wahl eines neuen Kanzlers darstellt, keine Anwendung. Nach § 97 II 1 GOBT ist die Wahl mit verdeckten Stimmzetteln, also geheim, durchzuführen.

4 Die Nachfolgerwahl erfordert die Stimmen der **Mehrheit der Mitglieder des Bundestages** (Art. 121). Dazu muss noch das Ersuchen an den BPräs treten, den alten Kanzler zu entlassen. Eine Rücktrittserklärung des abgewählten Kanzlers ist nicht erforderlich. Der BPräs ist verpflichtet, dem Ersuchen des BTags zu entsprechen und den neuen BKanzler zu ernennen. Ein Weigerungsrecht hat der BPräs nur, wenn die Neuwahl des Kanzlers wegen schwerer Rechtsverstöße unwirksam ist. Ernennung des neuen und Entlassung des alten BKanzlers bedürfen keiner Gegenzeichnung (Art. 58 Satz 2). Das Amtsverhältnis des alten Kanzlers endet mit der Entlassung durch Aushändigung der Entlassungsurkunde oder amtliche Veröffentlichung (§ 10 Satz 2 BMinG), das des neuen beginnt mit Aushändigung der Ernennungsurkunde oder, falls der Eid vorher geleistet worden ist, mit der Vereidigung (§ 2 II BMinG). Tritt der Kanzler noch vor Beschluss des Misstrauensvotums zurück (zum Begriff des Rücktritts s. Art. 68 Rn. 2), ist Neuwahl des BKanzlers nach Art. 63 erforderlich.

### Absatz 2: Zwischenfrist

5 Die Zwischenfrist des Abs. 2 soll Übereilungen und Beschlüsse von Zufallsmehrheiten verhindern.

## Artikel 68 [Vertrauensfrage]

**(1) Findet ein Antrag des Bundeskanzlers, ihm das Vertrauen auszusprechen, nicht die Zustimmung der Mehrheit der Mitglieder des Bundestages, so kann der Bundespräsident auf Vorschlag des Bundeskanzlers binnen einundzwanzig Ta-**

gen den Bundestag auflösen. Das Recht zur Auflösung erlischt, sobald der Bundestag mit der Mehrheit seiner Mitglieder einen anderen Bundeskanzler wählt. (2) Zwischen dem Antrage und der Abstimmung müssen achtundvierzig Stunden liegen.

**Allgemeines:** Art. 68 sieht für den Fall fehlender, ungenügender oder unsicherer 1 parl. Unterstützung der BReg vor, den BTag zu einer eindeutigen Stellungnahme (insofern stabilisierende Funktion; vgl. BVerfGE 112, 141) zu zwingen und dann ggf. weitere verfassungsrechtl. Maßnahmen einzuleiten. Er lässt neben der echten (Rn. 2) auch die auflösungsgerichtete oder unechte Vertrauensfrage (Rn. 3) zu.

**Absatz 1: Vertrauensverweigerung**

*Satz 1* gibt dem BKanzler die Möglichkeit, im BTag für sich die **Vertrauensfrage** 2 zu stellen. Er kann sie auch mit einer Gesetzesvorlage verbinden (Art. 81 I 2). Die Vertrauensfrage kann schriftlich oder mündlich gestellt werden. Ob ein Vertrauensantrag auch von anderer Seite gestellt werden oder der BTag den BKanzler wenigstens zur Stellung eines solchen auffordern kann (Beispiel: BT-Dr 13/7786 u. 13/8613), ist umstritten. Jedenfalls aber steht es im freien Ermessen des Kanzlers, ob und wann *er* einen Vertrauensantrag stellen will. Gezwungen werden kann er dazu nicht (so auch die Staatspraxis – Verhalten des BKanzlers Erhard – nach dem Vertrauensfragebeschluss des BTags v. 8.11.1966, StenBer. S. 3280 ff.). Ebenso sicher ist, dass nur ein vom BKanzler gestellter Vertrauensantrag die Folgen des Art. 68 nach sich zieht. Mit dem Vertrauensbeschluss wird rechtl. kein Werturteil über den BKanzler abgegeben, sondern nur darüber entschieden, ob er weiterregieren soll. Ein erfolgreicher Vertrauensantrag wird die polit. Stellung des BKanzlers regelmäßig stärken. **Findet der Kanzler nicht die Zustimmung** der absoluten Mehrheit des BTags (Art. 121), kann der BPräs auf Vorschlag des BKanzlers den **Bundestag** binnen 21 Tagen nach Verkündung des Abstimmungsergebnisses **auflösen**. Zu „Fernwirkungen" einer bevorstehenden Auflösung auf das Terminierungsprogramm eines Untersuchungsausschusses vgl. BVerfGE 113, 126 f. Ob der BPräs dem Auflösungsvorschlag stattgeben will, liegt, wenn der Vorschlag mit der Verfassung in Einklang steht, in seinem Ermessen. Zur Auflösung des BTags s. Art. 63 Rn. 6; im Fall des Art. 68 jedoch Gegenzeichnung erforderlich (Art. 58). Der BKanzler kann aber, wenn er nicht die erforderliche Mehrheit im BTag gefunden hat, auch **„zurücktreten"** (d.h. die – in seinem Fall ungeschriebene, aber als selbstverständlich anzusehende – Bitte um Entlassung an den BPräs richten, der dem Verlangen nachzukommen hat) oder mit oder ohne Kabinettsänderung als Minderheitskanzler mit wechselnden Mehrheiten **weiterregieren**. Vgl. außerdem Art. 81, wonach der BPräs, wenn er den BTag nicht auflösen will, der BReg mit Zustimmung des BRats die Möglichkeit verschaffen kann, Gesetze auch gegen den Willen des BTags zu erzwingen.

Art. 68 kann, wie 1972, 1982 und 2005 geschehen, auch mit dem vorgefassten 3 Ziel einer Auflösung des BTags zwecks **Herbeiführung von Neuwahlen** angewandt werden, wenn der BKanzler keine Mehrheit im BTag hat oder sich einer stetigen parl. Unterstützung für die Wahlperiode nicht mehr sicher sein kann, also wenn nur Neuwahlen wieder stabile Verhältnisse schaffen können (Dokumentation zum Verfahren 2005 bei Feldkamp, ZParl 2006, 19 ff.). Diese unechte, auflösungsgerichtete Vertrauensfrage ist gerechtfertigt, wenn die Handlungsfähigkeit einer parl. verankerten BReg verloren gegangen ist. Ob die dahin gehende Einschätzung des BKanzlers berechtigt ist, prüft das BVerfG in Anbetracht der Vorbefassung durch drei Verfassungsorgane nur eingeschränkt nach (vgl. zur

BTagsauflösung 2005: BVerfGE 114, 159 ff.; ähnlich schon für die Vertrauensfrage 1982: BVerfGE 62, 42 ff.). Das Unbehagen, das Instrument des Art. 68 auch für den genannten Zweck einsetzen zu können, hat mehrfach zu Vorschlägen geführt, nach denen sich das Parlament mit qualifizierter Mehrheit soll selbst auflösen können. Die Vorschläge (s. etwa Busse, ZRP 2005, 259 f.; auch Pieper, ZParl 2007, 287 ff.) sind aber bisher nicht realisiert worden (vgl. auch Art. 39 Rn. 2). Das ungeschriebene Tatbestandsmerkmal „Krisensituation" (BVerfGE 62, 44) gilt (etwa über das Homogenitätsgebot des Art. 28 I 1) nicht für das Selbstauflösungsrecht nach den Landesverfassungen (s. BlnVerfGH, NVwZ 2002, 595 f.).

4 Im November 2001 stellte BKanzler Schröder erstmals seit 1949 die **Vertrauensfrage, verknüpft mit einem Sachantrag** (zum Einsatz deutscher Streitkräfte; vgl. BT-Dr 14/7440), um sich der Gefolgschaft des Koalitionspartners zu vergewissern (Dokumentation bei Feldkamp, ZParl 2002, 5). Die Verbindung der Vertrauensfrage nicht nur mit einer Getzesvorlage (s. Rn. 2), sondern auch mit einer anderen Sachentscheidung ist zulässig (vgl. auch Klein, BK, Art. 81 Rn. 47). Das Aussprechen des Vertrauens und uno actu die Zustimmung zur Sachfrage (so in 14. BTag, 202. Sitzung v. 16.11.2001, StenBer. S. 19893) kann, was die geschäftsordnungsmäßige Verknüpfung angeht, vom BKanzler nicht erzwungen, vom BTag aber „einvernehmlich" praktiziert werden.

5 *Satz 2* behält dem BTag in der Spannungslage die **Möglichkeit parlamentarischer Krisenlösung durch die Wahl eines anderen Bundeskanzlers** vor. Er beschränkt damit das Auflösungsrecht des BPräs nach Satz 1, das mit der Wahl des anderen Kanzlers erlischt. Das Erlöschen tritt erst mit der vollendeten Wahl ein, da erst dann die parl. Krisenlösung gesichert ist. Die Kanzlerneuwahl nach Satz 2 kann nur binnen 21 Tagen nach Ablehnung des Vertrauensantrags (vgl. § 98 II GOBT) und nur so lange stattfinden, wie der BPräs die Auflösung noch nicht ausgesprochen hat. Die Auflösung kann noch während der laufenden Neuwahlabstimmung übermittelt werden. Die Vorschriften der Art. 63 und 67 finden, da Satz 2 eine eigene Rechtsgrundlage für die Kanzlerneuwahl darstellt, keine Anwendung. Nach Ablauf der 21-Tage-Frist ist eine Abwahl des BKanzlers nur noch nach Art. 67 möglich. Tritt der Kanzler noch vor einer Kanzlerneuwahl nach Satz 2 zurück, kommt Art. 63 zum Zuge. Auch bei einer Wahl nach Satz 2 muss der BPräs entsprechend Art. 67 I 2 den alten BKanzler entlassen und den neugewählten ernennen.

### Absatz 2: Zwischenfrist

6 Abs. 2 will wie Art. 67 II Übereilungen und Beschlüsse von Zufallsmehrheiten verhindern. Die Abstimmung ist im Gegensatz zu der über einen Misstrauensantrag (§ 97 II 1 GOBT) offen.

## Artikel 69 [Stellvertreter des Bundeskanzlers, Amtsdauer]

(1) Der Bundeskanzler ernennt einen Bundesminister zu seinem Stellvertreter.

(2) Das Amt des Bundeskanzlers oder eines Bundesministers endigt in jedem Falle mit dem Zusammentritt eines neuen Bundestages, das Amt eines Bundesministers auch mit jeder anderen Erledigung des Amtes des Bundeskanzlers.

(3) Auf Ersuchen des Bundespräsidenten ist der Bundeskanzler, auf Ersuchen des Bundeskanzlers oder des Bundespräsidenten ein Bundesminister verpflichtet, die Geschäfte bis zur Ernennung seines Nachfolgers weiterzuführen.

### Absatz 1: Bundeskanzlerstellvertreter

Seinen Stellvertreter (Stellv.) bestimmt der BKanzler nach Abs. 1 allein ohne Beteiligung des BPräs. Zur **Bestellung** eines Stellv., die keiner besonderen Formbindung unterliegt, ist der Kanzler im Interesse jederzeitiger Handlungsfähigkeit der BReg verpflichtet. Er kann jeden BMinister zum Stellv. bestimmen. Bei der Auswahl ist der BKanzler meist durch Koalititonsvereinbarungen faktisch gebunden. Der Stellv. führt inoffiziell die Bezeichnung „*Vizekanzler*" und bekleidet ein in der Staatspraxis eher blasses Amt. Immerhin hat der Vizekanzler im November 2007 und November 2009 jeweils einen zusätzlichen Staatssekretär zur Erledigung von Aufgaben der „Regierungskoordination" berufen. Beim Übergang der Vizekanzlerschaft auf den BMinister für Wirtschaft und Technologie im Mai 2011 wurde dieses Verfahren nicht fortgesetzt. Nach § 8 GOBReg vertritt der Stellv. den Kanzler, wenn dieser allg. verhindert ist (z.b. bei schwerer Erkrankung), in seinem gesamten Geschäftsbereich, außerdem im Kabinettvorsitz (§ 22 I GOBReg, nur dort auch Regelung der Stellv.-Vertretung). Er hat dann auch die Richtlinienbefugnis des Art. 65 Satz 1, aber keine Befugnis zur Änderung der Kabinettzusammensetzung. Meist lässt sich der BKanzler jedoch unter Vorbehalt der wichtigsten Kanzlerrechte, also nur teilweise, vertreten. Er kann seinem Stellv. für die Ausübung der Kanzlerrechte Weisungen erteilen. Die Feststellung des Vertretungsfalls obliegt dem BKanzler, wenn dieser dazu nicht mehr in der Lage ist, wohl dem Vizekanzler. Auch in der Vertretungszeit ist ein Misstrauensvotum (Art. 67) nur gegen den Kanzler zulässig, ebenso eine Vertrauensfrage (Art. 68) nur für den BKanzler. Keine Stellvertretung mehr nach Erledigung des Kanzleramts durch Tod usw.; hier wegen Abs. 2 nur Berufung in die Kanzleramtsführung nach Abs. 3 möglich.

### Absatz 2: Amtsende der Bundesregierung

Das Amt des BKanzlers endet, abgesehen von den allg. **Beendigungsgründen** (Tod usw.) und der Entlassung nach Rücktritt (zum Begriff vgl. Art. 68 Rn. 2; s. auch § 9 II 2 BMinG u. Habeler, DVBl 2011, 329) oder gemäß Art. 67 I 1 oder Art. 68 I 2, auch mit dem Zusammentritt eines neuen BTags (vgl. Art. 39 II); insoweit gilt personelle Diskontinuität. Die Zeit bis zur Neuwahl eines BKanzlers (Art. 63) ist ggf. nach Art. 69 III zu überbrücken. Das Amt der BMinister endet, abgesehen von den allg. Beendigungsgründen und der Entlassung nach Rücktritt (anders als für den Kanzler ist dieser Fall in § 9 II 2 BMinG geregelt) oder gemäß Art. 64 I, mit jedweder Erledigung des Amts des BKanzlers, insbes. ebenfalls mit dem Zusammentritt des neuen BTags. Das polit. Schicksal der Minister ist also ganz an das des Kanzlers gebunden. S. auch die §§ 9 f. BMinG. Die Aushändigung von Entlassungsurkunden nach § 10 BMinG hat in den Fällen des Abs. 2 nur feststellende Bedeutung.

### Absatz 3: Weiterführung der Geschäfte

Grundlage der Regelung in Abs. 3 über die Weiterführung der Geschäfte des jeweiligen Regierungsamts ist, dass der Staat, um handlungsfähig zu bleiben, jederzeit eine Regierung haben muss. Die Fortführung der Regierungsgeschäfte kommt nicht automatisch in Gang, sondern bedarf eines **Weiterführungsersuchens**. Ein Ersuchen an den BKanzler kann nur vom BPräs, ein Ersuchen an Minister vom BKanzler und wohl nur, wenn kein Kanzler vorhanden ist (so nach dem unmittelbar wirksamen Rücktritt 1974) oder der Kanzler passiv bleibt, auch vom BPräs ausgehen. Die Stellung von Weiterführungsersuchen steht im Ermessen des Ermächtigten, das jedoch durch die Pflicht zur Sicherung der Regierungskontinuität weitgehend gebunden ist. Ist – wie 1982 – bereits ein neuer BKanzler gewählt (vgl. Art. 67 I 1, Art. 68 I 2), kommt eine Weiterführung durch den alten Kanzler in aller Regel nicht mehr in Betracht. Kann der bisherige BKanzler aus irgendwelchen Gründen nicht mehr beauftragt werden, braucht das Weiterführungsersuchen nicht unbedingt an seinen bisherigen Stellv. gerichtet zu werden. Das Ersuchen des BPräs bedarf keiner Gegenzeichnung (Art. 58 Satz 2). Der Ersuchte ist zur Weiterführung der Geschäfte verpflichtet, es sei denn, die Weiterführung ist aus besonderem Grunde nicht zumutbar (Ausnahmen str.). Geschäftsführende Regierungen und Regierungsmitglieder haben – von einigen wenigen Ausnahmen (Art. 68, 81) abgesehen – die gleichen **Rechte und Pflichten** wie normale (vgl. schon StGH, RGZ 112, Anh. S. 6). Keine Beschränkung auf „laufende Geschäfte". Zurückhaltung bei polit. Entscheidungen von größerer Tragweite entspricht aber dem Herkommen. Es können auch neue geschäftsführende BMinister ernannt werden.

## VII. Die Gesetzgebung des Bundes

### Vorbemerkungen

1 Der VII. Abschnitt enthält Vorschriften über die **Gesetzgebungszuständigkeiten** von Bund und Ländern (Art. 70–74) sowie über das **Gesetzgebungsverfahren** (Art. 76–82). Die Verteilung der Gesetzgebungszuständigkeiten hat durch die **Föderalismusreform I** (s. Einführung Rn. 6) die bisher tiefgreifendsten Änderungen seit dem Inkrafttreten des GG erfahren. Schwerpunkte waren insoweit:

a) **Neuordnung der konkurrierenden Gesetzgebung** durch Verlagerung einer Reihe von ihr bislang unterliegenden Materien auf die Länder (vgl. Art. 74 Rn. 1, Art. 74 a), Einräumung von Abweichungsbefugnissen der Länder bei bestimmten Materien (s. Art. 72 Rn. 4) und Beschränkung des Anwendungsbereichs der Erforderlichkeitsklausel des Art. 72 II auf die übrigen Materien (vgl. Art. 72 Rn. 3);

b) **Abschaffung der** – früher in Art. 75 geregelten – **Rahmengesetzgebung** des Bundes unter Aufteilung der ihr unterliegenden Materien zwischen Bund und Ländern (s. Art. 73 Rn. 1, Art. 75).

2 Der **Gesetzgebungskatalog der Art. 73 f.** ist **nicht vollständig.** Das GG enthält an zahlreichen anderen Stellen weitere Regelungen über die Gesetzgebungsbefugnis des Bundes (vgl. etwa Art. 21 III, Art. 38 III, Art. 104 II 1, Art. 105; s. auch Art. 73 Rn. 2). Das GG unterscheidet zwischen ordentlichem (Art. 76–80) und außerordentlichem Gesetzgebungsverfahren im Gesetzgebungsnotstand (Art. 81). Für das Gesetzgebungsverfahren im Verteidigungsfall gelten die besonderen Bestimmungen des Art. 115 d.

3 Neben den geschriebenen sind auch **ungeschriebene** (besser: stillschweigend mitgeschriebene) **Gesetzgebungszuständigkeiten** des Bundes anerkannt (vgl. auch Art. 30 Rn. 3), deren Umfang allerdings umstritten ist. Eine *Bundeszuständigkeit kraft Sachzusammenhangs* bzw. eine *Annexkompetenz* (zur begrifflichen Unterscheidung s. Jarass, NVwZ 2000, 1089 f., sowie auch hier Art. 30 Rn. 3) wird dann bejaht, wenn eine dem Bund ausdrücklich zugewiesene Materie verständigerweise nicht geregelt werden kann, ohne dass zugleich eine nicht ausdrücklich zugewiesene Materie mitgeregelt wird, wenn also ein Übergreifen in nicht aus-

drücklich zugewiesene Materien unerlässliche Voraussetzung ist für die Regelung einer der Bundesgesetzgebung zugewiesenen Materie (vgl. BVerfGE 3, 421; 98, 299; 106, 115). Die Gesetzgebungskompetenz des Bundes für ein bestimmtes Sachgebiet erstreckt sich danach auch auf die entsprechenden spezial-polizeilichen Regelungen (BVerfGE 3, 433). Eine *Kompetenz aus der Natur der Sache* wird angenommen, „wenn gewisse Sachgebiete, weil sie ihrer Natur nach eine eigenste, der partikularen Gesetzgebungszuständigkeit a priori entrückte Angelegenheit des Bundes darstellen, vom Bund und nur von ihm geregelt werden können" (BVerfGE 26, 257; s. auch BVerfGE 84, 148). Darunter fallen insbes. die nationale oder gesamtstaatl. Repräsentation (z.b. G über Titel, Orden u. Ehrenzeichen v. 26.7.1957, BGBl I S. 844; G zur Errichtung einer Stiftung „Haus der Geschichte der Bundesrepublik Deutschland" v. 28.2.1990, BGBl I S. 294, u. G zur Errichtung einer Stiftung „Deutsches Historisches Museum" v. 21.12.2008, BGBl I S. 2891; vgl. auch die Regelung über den Tag der Deutschen Einheit in Art. 2 II EV, Deutsche-Welle-G i.d.F. v. 11.1.2005, BGBl I S. 90, Art. 22 I 2 u. dazu Art. 22 Rn. 3 ff.), die Einsetzung von Gremien zur Beratung der Gesetzgebungsorgane des Bundes (s. EthikratG v. 16.7.2007, BGBl I S. 1385) sowie die Bewahrung deutschen Kulturgutes im Ausland (z. B. § 96 BVFG).

Der Gesetzgeber darf eine Regelung auf eine **Kombination mehrerer Gesetzgebungstitel** stützen, selbst wenn diese Titel unterschiedlichen Arten der Bundesgesetzgebung zugeordnet sind (BVerfGE 3, 420 ff.). Dementsprechend können die einzelnen Vorschriften eines Gesetzes auf verschiedenen Kompetenztiteln beruhen (*„Mosaiktheorie"*; vgl. z.B. Art. 74 Rn. 24). Soweit für eine Regelung mehrere Kompetenztitel mit unterschiedlichen Rechtsfolgen (z.B. Abweichungsbefugnis der Länder) in Betracht kommen, besteht ein Wahlrecht des Bundesgesetzgebers (s. Degenhart, NVwZ 2007, 1210).    **4**

Die Art. 70 ff. begründen **keine Verpflichtung**, Gesetze zu erlassen, und **kein subjektives Recht** hierauf. Ebenso wenig stehen sie der ersatzlosen Aufhebung eines bestehenden Gesetzes entgegen. Eine Verpflichtung zur Gesetzgebung kann sich aber aus Kompetenzbestimmungen außerhalb des Abschnitts VII (s. vorstehend Rn. 2 – z.B. Art. 21 III, Art. 38 III), aus Gesetzgebungsaufträgen (z.B. Art 6 V) und Grundrechten sowie aus der Pflicht zur Umsetzung von EU-Recht ergeben.    **5**

Die Gesetzgebung von Bund und Ländern wird vielfach durch unmittelbar geltendes (Verordnungen, Art. 288 II AEUV) oder noch der Umsetzung bedürftiges (Richtlinien, Art. 288 III AEUV) **Recht der Europäischen Union** überlagert. Dies gilt vor allem in den Bereichen Arbeitnehmer-, Niederlassungs- und Dienstleistungsfreiheit, Kapital- und Zahlungsverkehr, Handelspolitik, Währungspolitik, Wettbewerbsordnung und Landwirtschaft einschl. Fischerei. Dabei kann eine Notifizierungspflicht gegenüber der EU mit einer Stillhaltefrist des nationalen Gesetzgebers bestehen (BVerfGE 127, 322 f.). Die Zuständigkeit für die **Umsetzung** von EU-Recht richtet sich nach den innerstaatl. Gesetzgebungszuständigkeiten. Zum Vollzug des europäischen Rechts s. vor Art. 83 Rn. 2. Zur Bindung an Völker-/Völkervertragsrecht (z.B. EMRK) vgl. Art. 25, 59 II sowie BVerfGE 111, 316 ff.; 128, 367 ff.; Payandeh, DÖV 2011, 382.    **6**

Der primär aus Art. 20 III hergeleitete **Vorbehalt des Gesetzes** (s. dazu BVerfGE 40, 248 f., u. Art. 20 Rn. 15) hat im Laufe der Zeit in Rspr. und Lehre eine bemerkenswerte Wandlung durchlaufen. Diente er ursprünglich nur dem Schutz des Bürgers vor Eingriffen in Freiheit und Eigentum mit der Folge, dass der Verwaltung Eingriffe insoweit nur durch Gesetz oder auf Grund eines Gesetzes gestattet waren, so erfuhr er allmählich eine Ausweitung vom Gesetzes- zum Parlamentsvorbehalt (vgl. BVerfGE 108, 311; 111, 217). Danach ist der Gesetzgeber    **7** verpflichtet – losgelöst vom Merkmal des „Eingriffs" –, bei der Ordnung eines Lebensbereichs, zumal im Bereich der Grundrechtsausübung, soweit diese staatl. Regelung zugänglich ist, alle wesentlichen Entscheidungen selbst zu treffen (*„Wesentlichkeitstheorie"*; s. BVerfGE 83, 142, 152; 95, 307 f.). Inwieweit danach staatl. Handeln einer Rechtsgrundlage in Gestalt eines förmlichen Gesetzes bedarf, lässt sich nur im Blick auf den jeweiligen Sachbereich und die Intensität der geplanten oder getroffenen Regelung ermitteln (BVerfGE 49, 126 f.; 58, 268 ff.; 98, 252). Insbes. im Schulrecht hat diese Rspr. zu einer starken „Verrechtlichung" und zu einer – freilich nicht ohne Kritik gebliebenen (vgl. etwa Stern, Bd. I, S. 811 ff. m.w.N.) – deutlichen Einschränkung des Spielraums der Exekutive geführt (BVerfGE 108, 312 f.; s. auch Art. 7 Rn. 5). Inzwischen warnt das BVerfG in seiner Entscheidung zur Rechtschreibreform selbst vor der Gefahr eines Gewaltenmonismus in Form eines zu umfassenden Parlamentsvorbehalts (BVerfGE 98, 252; vgl. dazu auch BVerfG, NVwZ-RR 2001, 313). Für den militärischen Einsatz von Streitkräften bedarf es zwar keines Gesetzes, jedoch ist dem GG das Prinzip eines konstitutiven Parlamentsvorbehaltes zu entnehmen (BVerfGE 90, 383 ff.; s. Art. 59 Rn. 5 u. Art. 87 a Rn. 9 f.).

8 Der in Art. 20 III angelegte **Vorrang des Gesetzes** besagt, dass der in Gesetzesform geäußerte Staatswille rechtl. jeder anderen staatl. Willensäußerung vorgeht (BVerfGE 8, 169; 40, 297). Da der Gesetzgeber jedoch den Anwendungsbereich seiner Vorschriften begrenzen kann, sind gesetzl. Bestimmungen möglich, nach denen durch RVO oder allg. Verwaltungsvorschrift eine vom Gesetz abw. Regelung getroffen werden kann (s. auch Art. 80 Rn. 2). Die Grenze der Befugnis des Gesetzgebers, seinen Vorschriften Subsidiarität gegenüber bestimmten staatl. Willensäußerungen niedrigeren Ranges beizulegen, ist dort zu ziehen, wo sich dadurch innerhalb des Staatsgefüges eine Gewichtsverschiebung zwischen gesetzgebender Gewalt und Verwaltung ergäbe (vgl. BVerfGE 8, 170 f.).

9 Das – den Vorbehalt des Gesetzes ergänzende und konkretisierende (BVerwGE 116, 349) – rechtsstaatl. Gebot hinreichender **Bestimmtheit der Gesetze** verwehrt dem Gesetzgeber nicht die Verwendung von unbestimmten Rechtsbegriffen oder von Generalklauseln (vgl. BVerfGE 56, 12 f.). Vor allem im Steuerrecht ist dies unverzichtbar, um den besonderen Umständen des Einzelfalls Rechnung tragen zu können (BVerfGE 48, 222). Zulässig ist auch, dass ein Gesetz die Tatbestände nicht selber festlegt, sondern auf andere – ggf. auch landesrechtl. (s. BVerfGE 60, 155, 161) – Normen verweist. Allerdings muss ein solches Gesetz aus Gründen der Rechtsstaatlichkeit und Rechtssicherheit für den Betroffenen klar erkennen lassen, welche Vorschriften im Einzelnen gelten sollen (vgl. auch Art. 20 Rn. 12); die in Bezug genommenen Regelungen müssen überdies ordnungsgemäß verkündet worden sein (s. BVerfGE 26, 365 ff.; 47, 311 f.; näher dazu Art. 82 Rn. 7). Bei der Verweisung auf nichtstaatl. – zumeist technische – Regelwerke ist nur die sog. statische, nicht die dynamische Verweisung („in der jeweils geltenden Fassung") zulässig, soweit dadurch vollziehende Gewalt und Rspr. gebunden werden sollen (vgl. im Einzelnen Marburger, Die Regeln der Technik im Recht, 1979, S. 379 ff., 408 ff.); eine dynamische Verweisung hierauf schränkt dagegen die Auslegung und Anwendung unbestimmter Rechtsbegriffe im Gesetz oder in einer RVO durch die Rspr. nicht ein (s. BVerfGE 129, 21). In Bezug genommene außerrechtl. Regelwerke müssen verlässlich und in zumutbarer Weise zugänglich sein (BVerwG, NVwZ 2010, 1568). Eine dynamische Verweisung auf Bundes- oder Landesrecht ist nicht schlechthin ausgeschlossen (BVerfGE 67, 363; BVerwG, NVwZ 2008, 338). Zur Verweisung auf Verwaltungsvorschriften vgl. BVerwG, DVBl 2010, 122 f., auf Tarifverträge BVerfGE 64, 214 f.; 73, 272; 78,

36. Verweist der Landesgesetzgeber auf Bundesrecht, findet dieses nicht als Bundesrecht, sondern als Landesrecht Anwendung (BVerwG, DVBl 2009, 1122 f.).

Bei Ungewissheit über die künftigen Auswirkungen eines Gesetzes kommt dem **10** Gesetzgeber eine Einschätzungsprärogative zu. Er kann aber verpflichtet sein, die weitere Entwicklung zu beobachten und das von ihm erlassene Gesetz zu überprüfen und ggf. zu revidieren. **Einschätzungs- und Prognosespielraum** sowie Verpflichtung zur weiteren Beobachtung hängen insbes. ab von der Eigenart des in Rede stehenden Sachbereichs, den Möglichkeiten, sich ein hinreichend sicheres Urteil zu bilden, und der Bedeutung der auf dem Spiel stehenden Rechtsgüter (zu Einzelheiten vgl. BVerfGE 50, 332 f.; 94, 143 f.; 106, 152; 110, 157 f.).

Gesetze enthalten grundsätzlich generelle und abstrakte Regelungen. Doch ist der **11** Gesetzgeber auch befugt, konkrete situationsgebundene Sachverhalte zu regeln, z.b. die Krisenlage eines Wirtschaftszweiges zu beheben (BVerfGE 25, 23) oder ein Wahlgesetz für eine bestimmte BTagswahl zu erlassen, das dann freilich immer noch für eine unbestimmte Vielzahl von Personen, Rechten und Handlungen gilt. **Maßnahmegesetze** dieser Art sind als solche weder unzulässig noch unterliegen sie einer strengeren verfassungsrechtl. Prüfung als andere Gesetze (BVerfG i. st. Rspr.; z.B. E 25, 396). Der Gesetzgeber ist aber auch nicht gehindert, echte **Einzelfallgesetze** (Individualgesetze) zu erlassen, die sich tatsächlich nur auf eine bestimmte Person oder auf einen einzigen Fall beziehen, wenn sachliche Gründe für eine solche Regelung bestehen (BVerfGE 85, 374). Art. 19 I 1, wonach „das Gesetz allg. und nicht nur für den Einzelfall gelten" muss, bezieht sich nur auf grundrechtseinschränkende Gesetze (s. Art. 19 Rn. 3). Verfassungswidrig ist ein Einzelfallgesetz jedoch dann, wenn der Gesetzgeber die Gesetzesform zu sachfremden Zwecken missbraucht und damit in Funktionen eingreift, die die Verfassung der vollziehenden Gewalt oder den Gerichten vorbehalten hat (vgl. BVerfGE 25, 398).

Die **Auslegung von Gesetzen** erfolgt aus dem Wortlaut der Norm (*grammatische* **12** *Auslegung*), aus ihrem Zusammenhang (*systematische Auslegung*), aus ihrem Zweck (*teleologische Auslegung*) und aus den Gesetzesmaterialien sowie der Entstehungsgeschichte (*historische Auslegung*). Um den objektivierten Willen des Gesetzgebers zu erfassen, sind alle diese Auslegungsmethoden erlaubt. Sie schließen einander nicht aus, sondern ergänzen sich gegenseitig (BVerfGE 11, 130). Systematische und teleologische Auslegung stehen zur grammatischen Auslegung im Verhältnis gegenseitiger Ergänzung (BVerfGE 35, 279; 48, 256). Nicht maßgebend ist die subjektive Vorstellung der am Gesetzgebungsverfahren beteiligten Organe oder einzelner ihrer Mitglieder. Der Entstehungsgeschichte einer Vorschrift kommt für die Auslegung nur insofern Bedeutung zu, als sie die Richtigkeit einer nach den anderen Methoden ermittelten Auslegung bestätigt oder Zweifel behebt, die auf Grund der anderen Methoden nicht ausgeräumt werden können (BVerfGE 1, 127; 8, 307; 10, 244; 11, 130 f.). Die Gesetzesmaterialien können nur insoweit herangezogen werden, als sie auf den objektiven Gesetzesinhalt schließen lassen. Der Wille des Gesetzgebers kann nur insoweit berücksichtigt werden, als er in dem Gesetz selbst einen hinreichend klaren Ausdruck gefunden hat (BVerfGE 13, 268; 54, 298 f.; 62, 45). Darüber hinaus kann eine sich an Vorstellungen des Gesetzgebers orientierende **Staatspraxis** für die Auslegung bedeutsam sein, wenn die Norm entsprechend offen gefasst ist (vgl. BVerfGE 62, 49), ferner bei Zweifeln über den Sinn einer Norm (BVerfGE 91, 172).

Das GG verbietet nicht schlechthin – außer im Strafrecht (vgl. Art. 103 II) – eine **13** **Rückwirkung von** (belastenden) **Gesetzen**. Hier ist zu unterscheiden zwischen echter Rückwirkung (der Zweite Senat des BVerfG spricht alternativ von „Rückbewirkung von Rechtsfolgen"; s. BVerfGE 127, 16 f.; 127, 47), die dann vorliegt, wenn ein Gesetz nachträglich ändernd in abgewickelte, der Vergangenheit angehörende Tatbestände eingreift (BVerfGE 11, 145; 95, 86), und unechter Rückwirkung (der Zweite Senat des BVerfG verwendet dafür auch den Begriff der „tatbestandlichen Rückanknüpfung"; vgl. BVerfGE 127, 17; 127, 47), bei der auf noch nicht abgewickelte Sachverhalte und Rechtsbeziehungen für die Zukunft eingewirkt wird (BVerfGE 11, 145 f.; 95, 86). *Echte Rückwirkung* ist grundsätzlich verboten. Das ergibt sich aus dem dem Rechtsstaatsprinzip immanenten Gebot der Rechtssicherheit, die für den Bürger in erster Linie Vertrauensschutz bedeutet (BVerfG i. st. Rspr.; z.B. BVerfGE 25, 403 f.). Dabei kommt es freilich nicht auf die subjektiven Vorstellungen des einzelnen Betroffenen, sondern auf eine objektive Betrachtung an (s. BVerfGE 32, 123). Das Rückwirkungsverbot kann aus zwingenden Gründen des gemeinen Wohls oder wegen eines nicht (mehr) vorhandenen schutzbedürftigen Vertrauens des Einzelnen durchbrochen werden (BVerfGE 72, 258; 97, 79 f.). Nach der überwiegend zum Steuerrecht entwickelten Rspr. des BVerfG (dazu zuletzt BVerfG, Beschl. v. 10.10.2012 – 1 BvL 6/07 –) besteht kein Vertrauensschutz, wenn der Bürger in dem Zeitpunkt, auf den der Eintritt der Rechtsfolge vom Gesetz zurückbezogen wird, mit dieser Regelung rechnen musste (Beispiel: BVerwG, U. v. 24.1.2011 – 8 C 36.09 – juris). Nicht schutzwürdig ist ferner das Vertrauen, wenn das geltende Recht unklar und verworren ist (vgl. BVerfGE 88, 404). Dies berechtigt den Gesetzgeber, die Rechtslage rückwirkend zu klären (zur rückwirkenden gesetzl. Behebung einer durch Rspr.-Änderung entstandenen erheblichen Rechtsunsicherheit s. BVerfGE 72, 325 ff.). Der Bürger kann sich auch nicht auf den durch eine ungültige Norm erzeugten Rechtsschein verlassen. Insofern ist der Gesetzgeber befugt, eine nichtige Bestimmung rückwirkend durch eine rechtl. nicht zu beanstandende Norm zu ersetzen. Das Vertrauen in den Bestand des geltenden Rechts ist erst von dem Zeitpunkt ab nicht mehr schutzwürdig, in dem der BTag ein in die Vergangenheit zurückwirkendes Gesetz beschlossen hat (vgl. zum Ganzen BVerfGE 30, 286 ff.; 72, 260 f.). Im Falle alsbaldiger Behebung von Missständen bei gesetzl. Subventionstatbeständen soll hingegen das Vertrauen ab dem Bekanntwerden der beabsichtigten Gesetzesänderung nicht mehr schutzwürdig sein (so BVerfGE 97, 81 ff.). Da in den Fällen der *unechten Rückwirkung* primär nur der Schutz des Vertrauens in die Zukunft zu bewerten ist, unterliegt der Gesetzgeber hier weniger strengen Bindungen. Zwar gehört es auch dann zum Vertrauensschutz, dass – insbes. im Steuerrecht – die Verlässlichkeit des jeweils geltenden Rechts die Voraussehbarkeit der rechtl. Folgen menschlichen Handelns und damit die eigenverantwortliche Lebensgestaltung gewährleistet (BVerfGE 13, 223 f.). Doch hat der Gesetzgeber bei belastenden Gesetzen mit unechter Rückwirkung das Vertrauen des Einzelnen auf einen Fortbestand einer bestehenden Regelung abzuwägen mit der Bedeutung des gesetzgeberischen Anliegens für das Wohl der Allgemeinheit (BVerfGE 59, 164 ff.; 63, 175; 88, 406 f.; st. Rspr.). Dabei ist die bloße Enttäuschung von Hoffnungen unerheblich; denn der Vertrauensschutz geht nicht so weit, jegliche Enttäuschung zu ersparen (BVerfGE 75, 280). Nur wenn die Abwägung ergibt, dass das Vertrauen des Einzelnen den Vorrang verdient, ist auch die unechte Rückwirkung unzulässig.

14  Auch dann, wenn der Eingriff in geschützte Rechtspositionen an sich verfassungsrechtl. zulässig ist, kann sich im Hinblick auf den rechtsstaatl. Grundsatz der Verhältnismäßigkeit (dazu allg. Art. 20 Rn. 13) unter dem Gesichtspunkt des Vertrauensschutzes (BVerfGE 76, 359) die Notwendigkeit ergeben, für die Betroffenen durch eine angemessene **Übergangsregelung** einen schonenden Über-

gang vorzusehen (BVerfGE 43, 288; BVerfG, Beschl. v. 4.5.2012 – 1 BvR 367/12 –; vgl. auch Art. 14 Rn. 7, 9 u. 13, Art. 82 Rn. 12). Der Gesetzgeber hat insoweit einen breiten Gestaltungsspielraum (BVerfG, Beschl. v. 4.5.2012 – 1 BvR 367/12 –), weil ihm zwischen der sofortigen, übergangslosen Inkraftsetzung des neuen Rechts und dem ungeschmälerten Fortbestand der nach altem Recht begründeten Rechtspositionen vielfältige Regelungsmöglichkeiten offenstehen. Dementsprechend prüft das BVerfG in solchen Fällen nur, ob der Gesetzgeber bei einer Gesamtabwägung zwischen der Schwere des in Rede stehenden Eingriffs – einschl. seiner Auswirkungen auf schützenswerte Gemeinschaftsgüter (s. BVerfGE 21, 183; 68, 286) – und dem Gewicht und der Dringlichkeit der ihn rechtfertigenden Gründe unter Berücksichtigung aller Umstände – etwa der Zeitdauer, des Ausmaßes und der wirtsch. Bedeutung einer bisher innegehabten Berechtigung (vgl. BVerfGE 68, 287) und des Alters des Betroffenen (BVerfGE 21, 183) – für diesen die Grenze der Zumutbarkeit überschritten ist (BVerfGE 43, 288 f.; 67, 15 f.; 76, 359 f.).

**Prüfungshinweise:** Ob ein Gesetz den Kompetenzvorschriften des GG entspre- **15** chendes Bundes- oder Landesrecht ist, erschließt sich nur in einer mehrstufigen Prüfung, der das nachfolgende Prüfungsschema als Richtschnur zugrundegelegt werden kann. Dieses kann grundsätzlich auch bei der Prüfung untergesetzl. Vorschriften wie RVO, Satzungen, allg. Verwaltungsvorschriften unter Berücksichtigung der für diese geltenden Besonderheiten verwendet werden. Das Schema berücksichtigt nicht Sonderfälle, bei denen es sich um sog. vorkonstitutionelles Recht (dazu Art. 123–125) oder um Recht der DDR handelt (dazu Art. 123 Rn. 1). Ergänzend sind ggf. die Übergangsbestimmungen in Art. 125 a, 125 b, 125 c zu prüfen. Im Näheren ist bei der Gesetzesprüfung wie folgt vorzugehen:

a) Sofern es sich um **Bundesrecht** handelt:

aa) Hat der Bund für den Gegenstand nach Art. 73, 105 I oder einer GG-Vorschrift, die ausdrücklich eine Regelung durch Bundesgesetz vorsieht (z.B. Art. 4 III 2, 21 III), die Befugnis zur *ausschließlichen Gesetzgebung*?

bb) Wenn nein, besteht eine ausschließliche Gesetzgebungskompetenz aus der Natur der Sache oder kraft Sachzusammenhangs (s. oben Rn. 3 sowie Art. 30 Rn. 3)?

cc) Ist auch dies zu verneinen, unterliegt der Gegenstand der *konkurrierenden Gesetzgebung* von Bund und Ländern nach Art. 74 oder Art. 105 II? Wenn ja, sind folgende Alternativen zu prüfen:

aaa) Ist eine der in Art. 72 II genannten Materien betroffen? Wenn ja, ist ein Bundesgesetz nach dieser Vorschrift *erforderlich*?

bbb) Ist eine der in Art. 72 III 1 genannten Materien betroffen? Wenn ja, besteht nach dieser Vorschrift eine Abweichungsbefugnis der Länder und muss der Bund deshalb eine Karenzzeit nach Art. 72 III 2 wahren (vgl. Art. 72 Rn. 4)?

dd) Besteht unter keinem der vorgenannten Aspekte eine Gesetzgebungsbefugnis des Bundes, ist schließlich die übergangsweise Fortgeltung alten Bundesrechts nach Art. 125 a I und II oder Art. 125 b II 1 sowie die Befugnis des Bundes zur Änderung alten Bundesrechts nach Art. 125 a II 1 (dazu Art. 125 a Rn. 4) zu prüfen.

b) Sofern es sich um **Landesrecht** handelt:

aa) Unterliegt der Gegenstand des Gesetzes der ausschließlichen Gesetzgebung der Länder, weil weder eine Materie der ausschließlichen Bundesgesetzgebung noch eine solche der konkurrierenden Gesetzgebung betroffen ist (Art. 70) und auch eine Gesetzgebungskompetenz des Bundes aus der Natur der Sache oder kraft Sachzusammenhangs (s. oben Rn. 3 sowie Art. 30 Rn. 3) nicht besteht?

bb) Hat der Bund im Bereich seiner ausschließlichen Gesetzgebung (vorstehend Buchst. a Doppelbuchst. aa) die Länder entsprechend Art. 71 ausdrücklich zur Gesetzgebung ermächtigt?

cc) Betrifft der Gegenstand des Gesetzes eine Materie, die nach Art. 74 und Art. 105 II der konkurrierenden Gesetzgebung unterliegt? Wenn ja, sind folgende Alternativen zu prüfen:

aaa) Hat der Bund für den betreffenden Gegenstand von seiner Gesetzgebungszuständigkeit Gebrauch gemacht (Art. 72 I)?

    (i)   Wenn ja, besteht nach Art. 72 III eine Abweichungsbefugnis der Länder?

    (ii)  Hat der Bund die Länder ermächtigt, eine bundesgesetzl. Regelung im Bereich der konkurrierenden Gesetzgebung durch Landesrecht zu ersetzen, für die eine Erforderlichkeit nach Art. 72 II nicht mehr besteht (Art. 72 IV)?

bbb) Ersetzt das Landesrecht Bundesrecht entsprechend Art. 125 a II 2 (vgl. Art. 125 a Rn. 4 f.)?

dd) Besteht unter keinem der vorgenannten Aspekte eine Gesetzgebungsbefugnis der Länder, ist schließlich eine übergangsweise Fortgeltung alten Landesrechts nach Art. 125 a III 1 zu prüfen.

## Artikel 70 [Zuständigkeitsverteilung zwischen Bund und Ländern]

**(1)** Die Länder haben das Recht der Gesetzgebung, soweit dieses Grundgesetz nicht dem Bunde Gesetzgebungsbefugnisse verleiht.

**(2)** Die Abgrenzung der Zuständigkeit zwischen Bund und Ländern bemißt sich nach den Vorschriften dieses Grundgesetzes über die ausschließliche und die konkurrierende Gesetzgebung.

### Absatz 1: Grundsatz der Länderzuständigkeit

1 Art. 70 grenzt – als Konkretisierung des Art. 30 – die Gesetzgebungstätigkeit zwischen Bund und Ländern ab. Dabei geht das GG vom **Grundsatz der Länderzuständigkeit** aus; der *Bund* hat gemäß Abs. 1 *Gesetzgebungsbefugnisse nur, soweit das Grundgesetz sie ihm verleiht* (s. auch Art. 30 Rn. 3). Dies ist in erster Linie in den Befugniskatalogen der Art. 73 ff. geschehen. Jedoch sind – in engem Rahmen – auch ungeschriebene Gesetzgebungskompetenzen anerkannt (vgl. vor Art. 70 Rn. 3). Bei Zweifeln über die Zuständigkeit spricht keine Vermutung zugunsten einer Bundeskompetenz. Die Systematik des GG verlangt vielmehr eine strikte Interpretation der Art. 73 ff. (BVerfG i. st. Rspr.; z.B. E 61, 174). Allerdings kommt bei der Ermittlung des Umfangs einer Kompetenznorm auch den Auslegungsmerkmalen des „Traditionellen" und „Herkömmlichen" entsprechend der bisherigen Staatspraxis wesentliche Bedeutung zu (BVerfGE 41, 220; 65, 39; 97, 219). Art. 70 I gilt – trotz seiner systematischen Stellung im VII. Abschnitt – als Grundregel der bundesstaatl. Verfassung für *jede* Art von Gesetzgebung, also auch für das Gebiet des Steuerrechts; für Steuern s. Art. 105, für nichtsteuerl. Abgaben gelten die Art. 70 ff. (Art. 105 Rn. 2). Die Gesetzgebungszuständigkeiten von Bund und Ländern werden nicht durch den Grundsatz der Bundestreue

(vgl. Art. 20 Rn. 6) begrenzt. Jedoch ergibt sich daraus eine Ausübungsschranke (BVerfGE 4, 115, 140) bei Gestaltungsfreiheit für den eigenen Kompetenzbereich im Übrigen (BVerwG, NdsVBl 2007, 124). Ein Verzicht der Länder auf ihre Kompetenzen ist – auch etwa über den BRat – nicht möglich. Denn Kompetenzverschiebungen sind selbst mit Zustimmung der Beteiligten nicht zulässig (vgl. BVerfGE 4, 139; 32, 156; 55, 301, sowie Art. 30 Rn. 7).

Entgegen dem Anschein, den die Formulierung des Abs. 1 erweckt, liegt das **2** Schwergewicht der **Gesetzgebung in der Praxis** beim Bund. Materien der Landesgesetzgebung von Gewicht sind traditionell das Kindergarten-, das Schul- und das Hochschulwesen, das Polizei- und Ordnungsrecht, das Presse- und das Rundfunkrecht, das Kommunalwesen sowie das Straßen- und Wegerecht. Durch die **Föderalismusreform I** (vgl. Einführung Rn. 6) sind hinzugekommen u.a. der Strafvollzug, das Versammlungsrecht, mehrere Teilbereiche des bisherigen Rechts der Wirtschaft wie insbes. Ladenschluss- und Gaststättenrecht, die Besoldung und Versorgung sowie das Laufbahnrecht der Landesbeamten. Ferner sind mit dem Wegfall der Rahmengesetzgebung des Bundes für die allg. Grundsätze des Hochschulwesens die Zuständigkeiten der Länder in diesem Bereich weiter gestärkt worden. Verblieben sind dem Bund hier noch die Zuständigkeiten für die Hochschulzulassung und für Hochschulabschlüsse (Art. 74 Abs. 1 Nr. 33). Allerdings gilt auf Grund der früheren Kompetenzvorschriften erlassenes Bundesrecht nach den Art. 125 a ff. bis zur Ersetzung durch Landesrecht fort.

### Absatz 2: Zuständigkeitsabgrenzung

Art. 70 II geht davon aus, dass es – neben der Grundsatzgesetzgebungskompe- **3** tenz nach Art. 109 IV (s. Art. 109 Rn. 14 f.) – nur **zwei Arten der Gesetzgebung des Bundes** gibt, nämlich die *ausschließliche* und die *konkurrierende* (BVerfGE 1, 35; BVerwGE 3, 339 f.). Berührt eine Materie mehrere Sachgebiete, die einerseits der Gesetzgebung des Bundes, andererseits derjenigen der Länder unterliegen, sind der Bund und die Länder auf ihre jeweiligen Gesetzgebungszuständigkeiten beschränkt; eine Doppelzuständigkeit, auf deren Grundlage Bund und Länder ein und denselben Gegenstand in unterschiedlicher Weise regeln könnten, ist dem System der verfassungsrechtl. Kompetenznormen fremd und mit der in Art. 70 II zum Ausdruck kommenden Abgrenzungsfunktion grundsätzlich nicht vereinbar (BVerfGE 36, 202 f.; 61, 204; 67, 321); Ausnahmen: Art. 72 III, Art. 84 I 2 (dazu auch Art. 30 Rn. 2). Für die kompetenzrechtl. Zuordnung kommt es in erster Linie auf den funktionalen Zusammenhang, auf den Hauptzweck der Regelung und auf die Materie an, in die die Norm eingreift (HessStGH, DÖV 1982, 321 f.). Entscheidend ist nicht der gewählte Anknüpfungspunkt, sondern der Gegenstand des Gesetzes (BVerfGE 58, 145; 68, 327 f.). Hat der Verfassungsgeber eine normativ ausgeformte Materie vorgefunden und sie als solche gleichsam nachvollziehend benannt, so ist davon auszugehen, dass die einfachgesetzl. Ausformung i.d.R den Zuweisungsgehalt auch der Kompetenznorm bestimmt (BVerfGE 109, 218). Die bundesgesetzl. Kompetenzordnung und das Rechtsstaatsprinzip verpflichten alle rechtsetzenden Organe von Bund und Ländern, ihre Regelungen jeweils so aufeinander abzustimmen, dass den Normadressaten nicht gegenläufige Vorschriften erreichen, die die Rechtsordnung widersprüchlich machen (BVerfGE 98, 97; 98, 118 f.; 98, 301).

## Artikel 71 [Ausschließliche Gesetzgebung des Bundes]

Im Bereiche der ausschließlichen Gesetzgebung des Bundes haben die Länder die Befugnis zur Gesetzgebung nur, wenn und soweit sie hierzu in einem Bundesgesetze ausdrücklich ermächtigt werden.

Art. 71 enthält eine **Legaldefinition der ausschließlichen Gesetzgebungszuständigkeit des Bundes.** Bei dem ermächtigenden Gesetz des Bundes muss es sich genauso um ein formelles Gesetz handeln wie bei dem auf Grund der Ermächtigung erlassenen Gesetz des Landes, das nicht Bundes-, sondern Landesrecht ist (BVerfGE 18, 415). Die Vorschrift hat *kaum praktische Bedeutung* erlangt, da eine Ermächtigung der Länder im Hinblick auf den Sinn der ausschließlichen Gesetzgebungsbefugnis des Bundes nur die Ausnahme sein kann, etwa um regionale Besonderheiten zu regeln. Von der Möglichkeit des Art. 71 ist bisher nur wenig Gebrauch gemacht worden (z.B. in § 2 IV BPolG; dazu BayVerfGH 56, 45; s. auch Uhle in Maunz/Dürig, Art. 71 Rn. 59 f.). Durch eine Ermächtigung nach Art. 71 werden die Länder nur berechtigt, nicht verpflichtet. Ein ohne Ermächtigung auf dem Gebiet der ausschließlichen Gesetzgebung des Bundes erlassenes Landesgesetz ist nichtig. Unzulässig ist auch eine Beeinträchtigung der Zuständigkeit der Bundesorgane (insbes. BTag u. BReg) zur ausschließlichen Bewältigung ihrer Sachaufgaben dadurch, dass die Länder mittels einer Volksbefragung polit. Druck auf den verfassungsmäßig gebildeten Bundesstaatswillen ausüben (vgl. BVerfGE 8, 117 f. – Volksbefragung zur atomaren Bewaffnung). Der Bundesgesetzgeber kann die Ermächtigung jederzeit einschränken, aufheben oder durch eine eigene bundesgesetzl. Regelung der Materie erlöschen lassen, was zur Nichtigkeit nicht mehr durch eine Ermächtigung gedeckter Landesgesetze führt.

## Artikel 72 [Konkurrierende Gesetzgebung]

(1) Im Bereich der konkurrierenden Gesetzgebung haben die Länder die Befugnis zur Gesetzgebung, solange und soweit der Bund von seiner Gesetzgebungszuständigkeit nicht durch Gesetz Gebrauch gemacht hat.

(2) Auf den Gebieten des Artikels 74 Abs. 1 Nr. 4, 7, 11, 13, 15, 19 a, 20, 22, 25 und 26 hat der Bund das Gesetzgebungsrecht, wenn und soweit die Herstellung gleichwertiger Lebensverhältnisse im Bundesgebiet oder die Wahrung der Rechts- oder Wirtschaftseinheit im gesamtstaatlichen Interesse eine bundesgesetzliche Regelung erforderlich macht.

(3) Hat der Bund von seiner Gesetzgebungszuständigkeit Gebrauch gemacht, können die Länder durch Gesetz hiervon abweichende Regelungen treffen über:

1. das Jagdwesen (ohne das Recht der Jagdscheine);
2. den Naturschutz und die Landschaftspflege (ohne die allgemeinen Grundsätze des Naturschutzes, das Recht des Artenschutzes oder des Meeresnaturschutzes);
3. die Bodenverteilung;
4. die Raumordnung;
5. den Wasserhaushalt (ohne stoff- oder anlagenbezogene Regelungen);
6. die Hochschulzulassung und die Hochschulabschlüsse.

Bundesgesetze auf diesen Gebieten treten frühestens sechs Monate nach ihrer Verkündung in Kraft, soweit nicht mit Zustimmung des Bundesrates anderes bestimmt ist. Auf den Gebieten des Satzes 1 geht im Verhältnis von Bundes- und Landesrecht das jeweils spätere Gesetz vor.

(4) Durch Bundesgesetz kann bestimmt werden, daß eine bundesgesetzliche Regelung, für die eine Erforderlichkeit im Sinne des Absatzes 2 nicht mehr besteht, durch Landesrecht ersetzt werden kann.

Allgemeines: Art. 72 ist durch die GG-Novelle vom 27.10.1994 (BGBl I S. 3146)   **1** und im Rahmen der Föderalismusreform I (vgl. Einführung Rn. 6) grundlegend umgestaltet worden. Die weitgehende Inanspruchnahme der konkurrierenden Gesetzgebungsbefugnis durch den Bund, unterstützt durch die Rspr. des BVerfG mit ihrer Reduzierung der früheren Bedürfnisklausel des Art. 72 II in seiner bis zum 15.11.1994 geltenden Fassung auf eine im Wesentlichen polit. Ermessensentscheidung (s. dazu die Nachweise in Art. 93 Rn. 16), hatte im Laufe der Jahrzehnte zu einer Umkehrung des Grundgedankens des Art. 72 geführt. Um einerseits die Befugnisse des Bundes zur Gesetzgebung für solche Materien zu stärken, bei denen das gesamtstaatl. Interesse an einer bundesgesetzl. Regelung allg. anerkannt ist, sind diese Materien nunmehr aus der Geltung der früheren Bedürfnisklausel des Art. 72 II in seiner bis zum 15.11.1994 gültig gewesenen Fassung ausgenommen worden. Um andererseits legislative Spielräume der Landesgesetzgeber wiederherzustellen bzw. zu erweitern, sind zum einen die in Abs. 2 aufgeführten Materien einer wesentlich erweiterten und verschärften Erfordernisklausel für eine Inanspruchnahme durch den Bund unterworfen worden; zum anderen ist für die in Abs. 3 aufgeführten, früher zur Rahmengesetzgebung gehörigen Materien die Befugnis der Landesgesetzgeber eingeführt worden, von Bundesrecht abw. Regelungen zu treffen. Art. 72 enthält eine **dreifache Einschränkung:** Nach Abs. 1 sind die Länder – erstens – zur Gesetzgebung grundsätzlich nur befugt, solange und soweit der Bund von seinem Gesetzgebungsrecht keinen Gebrauch gemacht hat; nach Abs. 2 kann – zweitens – der Bund auf den dort genannten Gebieten nur legiferieren, wenn und soweit eine bundesgesetzl. Regelung erforderlich ist; nach Abs. 3 können – drittens – die Länder in dort aufgeführten Materien von Bundesrecht abw. Regelungen treffen. Im Übrigen wird, wenn der Bund zulässigerweise von seinem Recht zur Gesetzgebung Gebrauch gemacht hat, aus der Konkurrenz zwischen Landes- und Bundesgesetzgebung ein Vorrang zugunsten des Bundesrechts (vgl. dazu Art. 31 Rn. 2). Bei Fortfall der Erforderlichkeit einer bundesgesetzl. Regelung kann der Bund durch Gesetz die Grundzuständigkeit der Länder gemäß Art. 70 wieder eröffnen (Abs. 4). Zur konkurrierenden Gesetzgebung im Bereich der Steuern s. Art. 105 II sowie Art. 105 Rn. 1 und 9 f.

### Absatz 1: Sperrwirkung

Die Gesetzgebungsbefugnis der Länder besteht, solange und soweit der Bund   **2** nicht die gleiche Materie gesetzl. geregelt hat. Hat der Bundesgesetzgeber den Sachbereich erschöpfend geregelt, sind die Länder – abgesehen von den Fällen des Abs. 3 – von der Gesetzgebung ausgeschlossen (BVerfGE 32, 327; 37, 198 f.). Abs. 1 enthält eine zeitliche ("solange") und eine inhaltliche ("soweit") Sperrwirkung. Im Gegensatz zur früheren Rechtslage, die auch die Einleitung eines Gesetzgebungsverfahrens genügen ließ (vgl. BVerfGE 34, 28 f.), tritt nach Abs. 1 in der geltenden Fassung die **zeitliche Sperrwirkung** erst mit dem Abschluss der Bundesgesetzgebung ein. Dabei ist die Verkündung im BGBl maßgebend, nicht der parl. Gesetzesbeschluss (dazu s. Art. 77 Rn. 5) oder die Ausfertigung durch den BPräs (h.M.; vgl. Oeter in v. Mangoldt/Klein/Starck, Art. 72 Rn. 64; a.A.

Sannwald in Schmidt-Bleibtreu/Hofmann/Hopfauf, Art. 72 Rn. 17). Der Grundsatz des bundesfreundlichen Verhaltens (vgl. dazu Art. 20 Rn. 6) steht jedoch Landesrecht entgegen, durch das Tatsachen geschaffen werden sollen, die durch ein im Gesetzgebungsverfahren befindliches Bundesgesetz nicht mehr rückgängig gemacht werden können; ebenso wenig kann in dieser Weise eine vorgesehene RVO des Bundes „unterlaufen" werden, obwohl eine bloße RVO-Ermächtigung grundsätzlich keine Sperrwirkung für die Länder entfaltet (s. aber Degenhart in Sachs, Art. 72 Rn. 26; Böhm, DÖV 1998, 234 ff.). Für die **inhaltliche Sperrwirkung** muss eine Gesamtwürdigung des betr. Normenkomplexes Anhaltspunkte dafür ergeben, dass der Bundesgesetzgeber die Materie erschöpfend, d.h. abschließend, geregelt hat (BVerfGE 113, 372). Ein bloßes Sperrgesetz ohne eigene inhaltliche Regelung vermag die Länder von ihrem Gesetzgebungsrecht nicht auszuschließen (BVerfGE 5, 25; 34, 28). Umgekehrt darf sich der Landesgesetzgeber nicht in Widerspruch setzen zu dem aus dem Gesamtinhalt einer sachlichen Regelung erkennbaren Willen des Bundesgesetzgebers, eine bestimmte Frage überhaupt nicht zu regeln oder ein Landesgesetz nicht zuzulassen (BVerfGE 32, 327; 98, 300). Die Länder sind auch nicht berechtigt, Entscheidungen des Bundesgesetzgebers „nachzubessern", wenn sie eine – abschließende – Regelung für unzureichend und damit reformbedürftig halten (BVerfGE 36, 211 f.; 102, 115). Bei Ausführung von Bundesrecht durch die Länder nach den Art. 83, 84 verbleibt im Zweifel die Kompetenz zur Regelung von Verwaltungsgebühren bei den Ländern, wenn das Bundesrecht nicht eindeutig umfassend und abschließend ausgestaltet ist (BVerwGE 109, 279; 126, 225); beschränkt sich das Bundesrecht darauf, die Erhebung kostendeckender Gebühren vorzuschreiben, obliegt die Regelung der kostenpflichtigen Tatbestände und der Bemessung der Gebühren dem Landesgesetzgeber (BVerwG, NVwZ-RR 2008, 387). Zum Verhältnis zu landesrechtl. Regelungen über die Gefahrenabwehr BVerfGK 18, 118 f. Beispiele für erschöpfende Regelungen durch Bundesgesetz bei Pieroth in Jarass/Pieroth, Art. 72 Rn. 8 f. Trotz umfassender und erschöpfender Regelung eines Gegenstands der konkurrierenden Gesetzgebungskompetenz durch den Bund sind landesrechtl. Regelungen insoweit zulässig, als das Bundesrecht Vorbehalte zugunsten der Landesgesetzgebung enthält und damit insoweit von vornherein keine inhaltliche Sperrwirkung erzeugt (BVerfGE 83, 30); davon zu unterscheiden ist die Wiedereröffnung der Länderzuständigkeit nach Abs. 4 (dazu unten Rn. 5).

### Absatz 2: Erforderlichkeitsklausel

3 Abs. 2 enthält nicht mehr wie früher eine Bedürfnis-, sondern eine – strengere – Erforderlichkeitsklausel. Ihr Geltungsbereich ist seit dem Inkrafttreten der Föderalismusreform I (s. oben Rn. 1) **auf** die in der Vorschrift **enumerativ aufgeführten Materien** des Art. 74 I Nr. 4, 7, 11, 13, 15, 19 a, 20, 22, 25 und 26 **beschränkt** (zu deren Inhalt vgl. die Erläut. zu Art. 74). Ausgenommen sind die nicht aufgeführten Sachgebiete, bei denen damit das gesamtstaatl. Interesse an einer bundesgesetzl. Regelung anerkannt ist. Der Erforderlichkeitsklausel ausdrücklich nicht unterworfen sind ferner die in Abs. 3 Satz 1 aufgeführten, einer Abweichungsgesetzgebung der Länder unterliegenden Materien. Auf Grund des in seinem Wortlaut („wenn … die Voraussetzungen des Art. 72 II vorliegen") nach der Änderung von Art. 72 II nicht mehr ganz klaren (nicht geänderten) Art. 105 II gilt die Erforderlichkeitsklausel auch für die konkurrierende Steuergesetzgebung, soweit es um die Regelung solcher Steuern geht, an deren Aufkommen der Bund nicht beteiligt ist (s. BVerfGE 112, 221); die erste Variante des Art. 105 II (zu ihr vgl. BVerfGE 112, 221 f.) wird dagegen wie bisher von Art. 72 II nicht erfasst (s. Art. 105 Rn. 9). Die Voraussetzungen für eine Inanspruchnah-

me der konkurrierenden Gesetzgebungskompetenz sind in unbestimmten Rechtsbegriffen normiert, hinsichtlich deren Vorliegens der Bundesgesetzgeber eine Einschätzungsprärogative (BVerfGE 111, 255; 128, 34), aber auch eine Begründungs- und Darlegungspflicht hat. Seine Einschätzung kann verfassungsgerichtl. auf ihre methodischen Grundlagen und ihre Schlüssigkeit hin überprüft werden, ihr müssen Sachverhaltsannahmen zugrunde liegen, die sorgfältig ermittelt sind oder sich jedenfalls im Rahmen der gerichtl. Prüfung bestätigen lassen (BVerfGE 106, 150 ff.; 111, 255). Es kommen zwei Alternativen in Betracht, die Anlass und Umfang der Regelung begrenzen („wenn u. soweit"). Während die Wahrung der Einheitlichkeit der Lebensverhältnisse über ein Land hinaus nach Art. 72 II Nr. 3 in der früheren Fassung der Bedürfnisklausel praktisch nur durch Bundesgesetz sichergestellt werden konnte, ist die **Herstellung gleichwertiger Lebensverhältnisse** häufig auch durch unterschiedliche Regelungen der Länder möglich. Der Bundesgesetzgeber darf erst dann tätig werden, wenn sich die Lebensverhältnisse in den Ländern in erheblicher, das bundesstaatl. Sozialgefüge beeinträchtigender Weise auseinanderentwickelt haben oder sich eine solche Entwicklung konkret abzeichnet (BVerfGE 106, 144; 112, 244). Da der Verfassungsgesetzgeber durch die Formulierung der 1. Altern. bewusst der innerstaatl. Vielfalt und auch föderativer Wettbewerbsfähigkeit mehr Raum geben wollte (vgl. Scholz, ZG 1994, 12), wird diese Altern. künftig wohl eher selten für ein Bundesgesetz in Anspruch genommen werden können. Größere Bedeutung kommt der Altern. **Wahrung der Rechts- oder Wirtschaftseinheit** im gesamtstaatl. Interesse zu. *Rechtseinheit* bedeutet das Gelten gleicher Rechtsnormen für den gleichen Sachverhalt im ganzen Bundesgebiet, d.h. die Regelung von Lebens- und Rechtsverhältnissen, die regelmäßig über die Grenzen eines Bundeslandes hinausweisen und nicht primär von den örtlichen oder regionalen Besonderheiten eines Landes geprägt sind. Dabei ist zu berücksichtigen, dass die Art. 70 ff. prinzipiell von einer Rechtsvielfalt ausgehen. Einheitliche Rechtsregeln können auf den Gebieten des Art. 74 aber erforderlich werden, wenn die unterschiedliche rechtl. Behandlung desselben Lebenssachverhalts u.U. erhebliche Rechtsunsicherheiten und damit unzumutbare Behinderungen für den länderübergreifenden Rechtsverkehr erzeugen kann (BVerfGE 106, 146; 111, 254). *Wirtschaftseinheit* bedeutet, dass gleiche Voraussetzungen und Bedingungen, insbes. einheitliche rechtl. Rahmenbedingungen, für die wirtsch. Betätigung im ganzen Bundesgebiet bestehen sollen. Bundesgesetze zur Wahrung der Wirtschaftseinheit sind dann zulässig, wenn Landesregelungen oder das Untätigbleiben der Länder erhebliche Nachteile für die Gesamtwirtschaft mit sich bringen. Erfordernisse der Wirtschaftseinheit i.S. des Abs. 2 können die Inanspruchnahme der Bundeskompetenz für alle in Art. 74 I genannten Gebiete rechtfertigen (BVerfGE 106, 146 f.; 111, 254; 112, 248 f.). Damit sind auch künftig bundesgesetzl. Regelungen auf den Gebieten der beruflichen Bildung (etwa zur Sicherstellung der Einheitlichkeit der Ausbildung oder gleicher Zugangsmöglichkeiten zu Berufen oder Gewerben in allen Ländern) und des Umweltschutzes (z.B. Festlegung einheitlicher Standards) möglich. Zur Wahrung der Rechts- oder Wirtschaftseinheit gehört nicht nur das Bewahren oder Festigen von Vorhandenem, sondern auch das Bewirken von Neuem. Das **gesamtstaatliche Interesse**, das sich nur auf die Altern. „Wahrung der Rechts- oder Wirtschaftseinheit" bezieht (h.M.; vgl. Oeter in v. Mangoldt/Klein/Starck, Art. 72 Rn. 103 ff.; a.A. Sannwald in Schmidt-Bleibtreu/Hofmann/Hopfauf, Art. 72 Rn. 63), ist dann zu bejahen, wenn es darum geht, die Ordnungs-, Befriedungs- und Steuerungsfunktion des Rechts zu gewährleisten oder die Handlungsfähigkeit des Gesamtstaats zu erhalten. Regelungen zur Wahrung der

Rechtseinheit liegen insbes. dann im gesamtstaatl. Interesse, wenn es andernfalls zu einer Zersplitterung rechtl. Regelungszusammenhänge käme, die es dem Bürger erschwerten, sich in zumutbarer Weise an dem jeweils zu beachtenden Recht zu orientieren. *Erforderlich* ist eine bundesgesetzl. Regelung nur dann, wenn ohne sie die Wahrung der vom Verfassungsgesetzgeber anerkannten Zielsetzung – Herstellung gleichwertiger Lebensverhältnisse bzw. Wahrung der Rechts- oder Wirtschaftseinheit im gesamtstaatl. Interesse – nicht oder nicht hinlänglich erreicht werden kann; bei gleicher Eignung von Regelungen zur Erfüllung der grundgesetzl. Zielvorgaben besteht grundsätzlich Vorrang der Landesgesetzgeber (BVerfGE 106, 149). Eine bundesgesetzl. Regelung ist nicht bereits dann zur Umsetzung europäischen Rechts erforderlich, wenn dieses so detaillierte Vorschriften enthält, dass dem Gesetzgeber kein Gestaltungsspielraum verbleibt (so aber Frenz, NVwZ 2006, 745). Die entsprechende Umsetzungspflicht bindet auch die Länder; diese haben auf Grund des Grundsatzes der Bundestreue (s. Art. 20 Rn. 6) alles zu unterlassen, was die Bundespflicht zur Umsetzung von EU-Recht erschwert oder unmöglich macht. Bei Meinungsverschiedenheiten, ob ein Gesetz den Voraussetzungen des Abs. 2 entspricht oder nicht mehr entspricht, kann auf Antrag des BRats, einer LReg oder der Volksvertretung eines Landes nach Art. 93 I Nr. 2 a, II das BVerfG angerufen werden (s. dazu Art. 93 Rn. 16, 36 f.).

### Absatz 3: Abweichungsbefugnis der Länder

4 Abs. 3 eröffnet den Ländern die Möglichkeit, bei den in *Satz 1* enumerativ aufgeführten, früher der Rahmengesetzgebung unterliegenden Materien von insoweit ergangenen Bundesgesetzen (einschl. darauf beruhender RVO) abw. Regelungen zu treffen. Es handelt sich um eine **Ausnahme von dem Grundsatz des Art. 31**, nach dem kompetenzgemäß erlassenes Bundesrecht Landesrecht bricht (s. auch Art. 31 Rn. 2). Damit entscheidet nicht mehr der Bundesgesetzgeber abschließend über die Verbindlichkeit seiner Regelungen, sondern diese stehen grundsätzlich zur Disposition durch die Länder. Lediglich für bestimmte Teile der genannten Materien ist eine Abweichung der Länder ausgeschlossen, um bundesweit einheitliche Regelungen des Bundes zu ermöglichen (**abweichungsfeste Kerne**; vgl. – auch zum Folgenden – BT-Dr 16/813 S. 11). Dies gilt nach *Nr. 1* für das *Recht der Jagdscheine*. Nach *Nr. 2* sind die *allgemeinen Grundsätze des Naturschutzes* ausgenommen, so dass der Bund etwa bundesweit verbindliche Regelungen über den Erhalt der biologischen Vielfalt, zur Sicherung der Funktionsfähigkeit des Naturhaushalts sowie insbes. allg. Voraussetzungen für die Festlegung von Schutzgebieten treffen kann. Im BundesnaturschutzG (s. Art. 74 Rn. 29) sind die dem entsprechenden abweichungsfesten allg. Grundsätze einfachrechtl. konkretisiert. Abweichungsfest sind ferner der *Artenschutz* (dieser umfasst nicht den jagdrechtl. Artenschutz) und der *Meeresnaturschutz* (einschl. maritimer Arten- u. Gebietsschutz sowie naturschutzfachliche Bewertung bei der Realisierung von Vorhaben im maritimen Bereich). Nach *Nr. 5* sind ausgenommen *stoff- oder anlagenbezogene Regelungen des Wasserhaushalts*. Darunter fallen alle Regelungen, deren Gegenstand stoffliche oder von Anlagen ausgehende Einwirkungen auf den Wasserhaushalt betreffen, z.B. das Einbringen und Einleiten von Stoffen. Soweit die Länder zulässigerweise von Bundesgesetzen abw. Regelungen treffen können, bleiben sie gleichwohl an verfassungs-, völker- und europarechtl. Vorgaben (insbes. Aarhus-Konvention; vgl. UmweltinformationsG; FFH-RiLi u. dazu das BundesnaturschutzG) in gleicher Weise gebunden wie der Bund. Abweichungen hiervon durch die Länder verletzen deren Verpflichtung zu bundesfreundlichem Verhalten (Schulze-Fielitz, NVwZ 2007, 254; s. auch Rn. 3). Zu den Zeitpunkten, ab denen die Länder abweichen können, vgl. Art. 125 b Rn. 2. Die

durch die Abweichungsbefugnis bewirkte Öffnung zugunsten der Landesgesetzgebung wird ergänzt durch die in *Satz 2* vorgesehene **Karenzzeit** von sechs Monaten bis zum Inkrafttreten von Bundesgesetzen auf diesen Gebieten, die den Ländern die Möglichkeit gibt, durch davon abw. und dem Bundesrecht vorgehende Regelungen für ihren Wirkungsbereich ihren eigenen Vorstellungen entsprechende Konzeptionen durchzusetzen (Beispiel: Art. 4 des G v. 10.5.2007, BGBl I S. 666; dazu BT-Dr 16/3806 S. 31). Die Karenzzeit kann durch Bundesgesetz mit Zustimmung des Bundesrates abgekürzt oder vermieden werden. Sie gilt nicht hinsichtlich der abweichungsfesten Kerne, weil hier eine Abweichung durch die Länder ausgeschlossen ist. Nach *Satz 3* geht in den Bereichen, in denen die Länder abw. Regelungen treffen können, das jeweils spätere Gesetz vor, wobei es jeweils darauf ankommt, ob das ganze Gesetz oder nur Einzelregelungen betroffen sind. Dies gilt auch für spätere Novellierungen, so dass sich die in einem Land bestehende Rechtslage u.U. nur aus einem komplizierten „Patchwork" aus Bundes- und Landesrecht erschließen lässt. Geht ein Landesgesetz vor, führt dies nicht zum Außerkrafttreten oder zur Unwirksamkeit des betr. Bundesrechts, sondern es tritt lediglich ein **Anwendungsvorrang** des Landesgesetzes ein, und auch dies nur für das betr. Land. Abw. Landesgesetze werden im BGBl (Beispiele: 2008 I S. 1008; 2009 I S. 500; 2010 I S. 275 ff.) und bei juris dokumentiert.

**Absatz 4: Wiedereröffnung der Länderzuständigkeit**

Nach Abs. 4 kann die Grundzuständigkeit der Länder gemäß Art. 70 wieder eröffnet werden, wenn die in Abs. 2 genannten Voraussetzungen für bestimmte bundesgesetzl. Regelungen nicht mehr vorliegen. Für die auf der Grundlage des Art. 72 II in der bis zum 15.11.1994 gültigen Fassung erlassenen Gesetze vgl. Art. 125 a II. Aus Gründen der Rechtssicherheit und der Vermeidung von Konflikten obliegt es dem Bundesgesetzgeber, die *Entscheidung zur Freigabe* nach Abs. 4 zu treffen. Dabei steht ihm ein *breiter politischer Ermessensspielraum* zu. Von der Möglichkeit des Abs. 4 ist bisher kein Gebrauch gemacht worden. Beim Scheitern einer Gesetzesvorlage nach Abs. 4 kann die Freigabe durch das BVerfG im Verfahren nach Art. 93 II erfolgen (s. dazu Art. 93 Rn. 36 f.).

5

**Artikel 73 [Gebiete der ausschließlichen Gesetzgebung des Bundes]**

(1) Der Bund hat die ausschließliche Gesetzgebung über:

1. die auswärtigen Angelegenheiten sowie die Verteidigung einschließlich des Schutzes der Zivilbevölkerung;
2. die Staatsangehörigkeit im Bunde;
3. die Freizügigkeit, das Paßwesen, das Melde- und Ausweiswesen, die Ein- und Auswanderung und die Auslieferung;
4. das Währungs-, Geld- und Münzwesen, Maße und Gewichte sowie die Zeitbestimmung;
5. die Einheit des Zoll- und Handelsgebietes, die Handels- und Schiffahrtsverträge, die Freizügigkeit des Warenverkehrs und den Waren- und Zahlungsverkehr mit dem Auslande einschließlich des Zoll- und Grenzschutzes;
5a. den Schutz deutschen Kulturgutes gegen Abwanderung ins Ausland;
6. den Luftverkehr;
6a. den Verkehr von Eisenbahnen, die ganz oder mehrheitlich im Eigentum des Bundes stehen (Eisenbahnen des Bundes), den Bau, die Unterhaltung und das

Betreiben von Schienenwegen der Eisenbahnen des Bundes sowie die Erhebung von Entgelten für die Benutzung dieser Schienenwege;

7. das Postwesen und die Telekommunikation;

8. die Rechtsverhältnisse der im Dienste des Bundes und der bundesunmittelbaren Körperschaften des öffentlichen Rechtes stehenden Personen;

9. den gewerblichen Rechtsschutz, das Urheberrecht und das Verlagsrecht;

9a. die Abwehr von Gefahren des internationalen Terrorismus durch das Bundeskriminalpolizeiamt in Fällen, in denen eine länderübergreifende Gefahr vorliegt, die Zuständigkeit einer Landespolizeibehörde nicht erkennbar ist oder die oberste Landesbehörde um eine Übernahme ersucht;

10. die Zusammenarbeit des Bundes und der Länder

a) in der Kriminalpolizei,

b) zum Schutze der freiheitlichen demokratischen Grundordnung, des Bestandes und der Sicherheit des Bundes oder eines Landes (Verfassungsschutz) und

c) zum Schutze gegen Bestrebungen im Bundesgebiet, die durch Anwendung von Gewalt oder darauf gerichtete Vorbereitungshandlungen auswärtige Belange der Bundesrepublik Deutschland gefährden,

sowie die Einrichtung eines Bundeskriminalpolizeiamtes und die internationale Verbrechensbekämpfung;

11. die Statistik für Bundeszwecke;

12. das Waffen- und das Sprengstoffrecht;

13. die Versorgung der Kriegsbeschädigten und Kriegshinterbliebenen und die Fürsorge für die ehemaligen Kriegsgefangenen;

14. die Erzeugung und Nutzung der Kernenergie zu friedlichen Zwecken, die Errichtung und den Betrieb von Anlagen, die diesen Zwecken dienen, den Schutz gegen Gefahren, die bei Freiwerden von Kernenergie oder durch ionisierende Strahlen entstehen, und die Beseitigung radioaktiver Stoffe.

(2) Gesetze nach Absatz 1 Nr. 9 a bedürfen der Zustimmung des Bundesrates.

## Absatz 1: Materien ausschließlicher Bundesgesetzgebung

1 Abs. 1 bestimmt in einem umfangreichen Kompetenzkatalog die Gegenstände, die der ausschließlichen Gesetzgebung des Bundes unterliegen. Dieser Katalog ist im Zuge der Föderalismusreform I (vgl. Einführung Rn. 6) durch die Überführung von früher zur konkurrierenden oder der (abgeschafften) Rahmengesetzgebung gehörenden Materien in die ausschließliche Gesetzgebung ausgeweitet worden. Neu hinzugekommen sind danach

a) das Melde- und Ausweiswesen (Abs. 1 Nr. 3 – früher Art. 75 I Nr. 5);

b) der Schutz deutschen Kulturguts gegen Abwanderung ins Ausland (Abs. 1 Nr. 5 a – früher Art. 75 I Nr. 6);

c) das Waffen- und das Sprengstoffrecht (Abs. 1 Nr. 12 – früher Art. 74 I Nr. 4 a);

d) die Versorgung der Kriegsbeschädigten und Kriegshinterbliebenen sowie die Fürsorge für die ehemaligen Kriegsgefangenen (Abs. 1 Nr. 13 – früher Art. 74 I Nr. 10);

e) die friedliche Nutzung der Kernenergie (Abs. 1 Nr. 14 – früher Art. 74 I Nr. 11 a).

Außerdem ist in Abs. 1 Nr. 9 a ein neuer Kompetenztitel für die Abwehr bestimmter Gefahren des internationalen Terrorismus geschaffen worden.

Die Aufzählung der Gebiete, deren gesetzl. Regelung nach Abs. 1 dem Bund vor- **2** behalten ist, ist **nicht erschöpfend** (vgl. Art. 105 I, Art. 143 a I 1 u. Art. 143 b I 2). Zum Bereich der ausschließlichen Gesetzgebung gehören auch alle diejenigen Fälle, in denen das GG an anderer Stelle eine Regelung durch Bundesgesetz ankündigt oder vorschreibt. Das ist z.b. der Fall in Art. 4 III, Art. 16 a II, III, Art. 21 III, Art. 23 I, Ia, III, VII, Art. 24 I, Art. 26 II, Art. 29 II, IV-VIII, Art. 38 III, Art. 41 III, Art. 48 III, Art. 54 VII, Art. 87 I und III, Art. 93 II und III, Art. 94 II, Art. 95 III, Art. 96 II, Art. 98 I, Art. 106 IV und V, Art. 106 a, 106 b, 107, 108 I, II, IV-VI, Art. 109 IV, V, Art. 114 II, Art. 115 I, II, Art. 118, 131, 134 IV und Art. 135 IV-VI. Ausschließliche Gesetzgebungsbefugnisse des Bundes bestehen ferner in den Fällen, in denen das GG dem Bund Aufgaben und Befugnisse zuweist, ohne dass ausdrücklich eine entsprechende Gesetzgebungszuständigkeit begründet wird. Beispiele dafür sind Art. 35 II 2 und III (BVerfGE 115, 141) sowie Art. 91 I, II 1, Art. 115 f I Nr. 1. Schließlich zählen hierzu die Gesetzgebungskompetenzen des Bundes aus der Natur der Sache und kraft Sachzusammenhangs (s. vor Art. 70 Rn. 3).

*Nr. 1:* **Auswärtige Angelegenheiten** sind die Beziehungen, die sich aus der Stel- **3** lung der Bundesrepublik Deutschland als Völkerrechtssubjekt zu anderen Staaten (BVerfGE 33, 60), jedoch auch zu nichtstaatl. Völkerrechtssubjekten (z.b. internationalen Organisationen) ergeben. In den Bereich der auswärtigen Angelegenheiten, zu denen auch die Entwicklungshilfe zählt, fällt z.b. das KonsularG vom 11.9.1974 (BGBl I S. 2317). Die Zuständigkeit für auswärtige Angelegenheiten umfasst auch die Kompetenz zur Errichtung eines Bundesnachrichtendienstes, soweit dieser im Ausland oder in Richtung Ausland tätig wird (vgl. BVerfGE 100, 314, 339, 368 ff.). Die Formulierung „**Verteidigung einschließlich des Schutzes der Zivilbevölkerung**" beruht auf dem 17. ÄnderungsG vom 24.6.1968 (BGBl I S. 709), durch das das ursprünglich in Art. 73 Nr. 1 verankerte Wehrpflicht eine gesonderte Regelung in Art. 12 a erfahren hat. Art. 12 a, 73 I Nr. 1 und Art. 87 a enthalten die verfassungsrechtl. Grundentscheidung für die militärische Landesverteidigung (BVerfGE 28, 261; 32, 46; 48, 159 f.; 69, 21). *Verteidigung* umfasst den gesamten militärischen Bereich einschl. Bündnis- (UN, NATO, EU; s. Art. 24 Rn. 6) und Haftungs- (vgl. auch Art. 74 Rn. 8) fragen, insbes. alles, was der Abwehr eines gewaltsamen Angriffs auf die Bundesrepublik Deutschland dient (s. Art. 87 a Rn. 3, 6), sowie die gesamte Gesetzgebung über die Bundeswehr. Vgl. SoldatenG i.d.F. vom 30.5.2005 (BGBl I S. 1482), WehrpflichtG i.d.F. vom 15.8.2011 (BGBl I S. 1730), KriegsdienstverweigerungsG vom 9.8.2003 (BGBl I S. 1593) und ZivildienstG i.d.F. vom 17.5.2005 (BGBl I S. 1346). *Schutz der Zivilbevölkerung* (zum Begriff vgl. Art. 12 a Rn. 9 u. Art. 17 a Rn. 8) betrifft Gefahrenlagen bei einem gewaltsamen Angriff auf die Bundesrepublik Deutschland, insbes. im Spannungs- (Art. 80 a) und Verteidigungsfall (Art. 115 a), und umfasst alle, auch vorbeugende und vorbereitende Schutzmaßnahmen; s. insbes. Zivilschutz- und KatastrophenhilfeG vom 25.3.1997 (BGBl I S. 726) und BundesleistungsG i.d.F. vom 27.9.1961 (BGBl I S. 1769).

*Nr. 2:* Die **Staatsangehörigkeit im Bunde** ist hier lediglich als Gegensatz zur **4** Staatsangehörigkeit in den Ländern zu verstehen, die in deren Regelungskompetenz fällt, und betrifft *Erwerb und Verlust* der deutschen Staatsangehörigkeit sowie den Status von Deutschen i.S. von Art. 116. Bei der materiellrechtl. Ausgestaltung sind in erster Linie Art. 16 und Art. 116 zu beachten; nicht mit erfasst sind die aus der deutschen Staatsangehörigkeit folgenden *Rechte und Pflichten* (s. Heintzen in v. Mangoldt/Klein/Starck, Art. 73 Rn. 26). Vgl. insbes. StaatsangehörigkeitsG i.d.F. des G zur Reform des Staatsangehörigkeitsrechts vom 15.7.1999 (BGBl I S. 1618) sowie die Erläut. zu Art. 16 und Art. 116.

5 **Nr. 3:** Die **Freizügigkeit** (s. dazu Erläut. zu Art. 11) umfasst auch die Ausreisefreiheit. Das **Passwesen** betrifft die Ausgabe und den Entzug von Pässen, d.h. amtlichen Ausweisen zur Identifizierung und Legitimation von natürlichen Personen gegenüber staatl. Behörden, insbes. beim Grenzübertritt und im Ausland, sowie gegenüber Privaten (vgl. PassG v. 19.4.1986, BGBl I S. 537). Darunter fällt auch die Anordnung einer Passpflicht bei der Aus- und Einreise und beim Aufenthalt von Ausländern im Inland. Es besteht ein enger Zusammenhang mit der Materie **Ausweiswesen.** Dieses betrifft amtliche Ausweise zur Identifizierung und Legitimation von natürlichen Personen, die nicht zum Grenzübertritt benötigt werden, dafür allerdings anerkannt werden können, insbes. Personalausweise (s. PersonalausweisG v. 18.6.2009, BGBl I S. 1346). Umfasst ist auch die Regelung von Rechtsfolgen auf Grund eines Unvermögens, sich durch einen Pass oder Personalausweis auszuweisen. Ein Zusammenhang besteht ferner mit der ausschließlichen Zuständigkeit für das **Meldewesen.** Darunter fallen Meldepflichten natürlicher Personen bei der Begründung oder Aufgabe eines Wohnsitzes oder gewöhnlichen Aufenthalts sowie die entsprechenden Reglungen über Speicherung und Weitergabe personenbezogener Daten. Auch das Meldewesen in Bezug auf Ausländer fällt darunter, so dass dafür nicht mehr auf Art. 74 I Nr. 4 abzustellen ist. Unter **Einwanderung** ist der auf Daueraufenthalt gerichtete Zuzug von Ausländern zu verstehen, wobei für die Stellung von Ausländern nach erfolgter Einwanderung Art. 74 I Nr. 4 einschlägig ist, unter **Auswanderung** das – ebenfalls dauerhafte – Verlassen des Bundesgebiets. Die **Auslieferung** (vgl. insoweit auch das G über die internationale Rechtshilfe in Strafsachen i.d.F. v. 27.6.1994, BGBl I S. 1537) kann sich im Hinblick auf das Verbot des Art. 16 II nur auf Ausländer, die Auslieferung eines Deutschen im Rahmen der EU oder an einen internationalen Strafgerichtshof (BVerfGE 113, 296; s. Art. 16 Rn. 6) und auf die Rücklieferung von Deutschen nach Deutschland beziehen.

6 **Nr. 4:** Das **Währungswesen** ist der Oberbegriff, der auch das **Geld- und Münzwesen** umschließt. Dabei umfasst das Währungs- und Geldwesen nicht nur die besondere institutionelle Ordnung der Geldrechnung und der in ihr gültigen Zahlungsmittel, sondern auch die tragenden Grundsätze der Währungspolitik (BVerfGE 4, 73; vgl. insoweit auch Art. 88, durch den die Bundesbank als eine „Währungs- u. Notenbank" eine verfassungsrechtl. Verankerung erfahren hat). Zur Überlagerung durch EU-Recht s. vor Art. 70 Rn. 6. In dem zweiten Themenbereich umfasst der Oberbegriff **Maße** auch den Begriff **Gewichte,** die **Zeitbestimmung** u.a. die gesetzl. Zeit und die Sommerzeit; s. Einheiten- und ZeitG i.d.F. vom 22.2.1985 (BGBl I S. 408), geändert durch G vom 3.7.2008 (BGBl I S. 1185), und EichG i.d.F. vom 23.3.1992 (BGBl I S. 711).

7 **Nr. 5:** Die **Einheit des Zoll- und Handelsgebietes** umfasst das gesamte Zollwesen; der Bund hat die ausschließliche Zuständigkeit zur Regelung, ob und welche Abgaben vom Warenverkehr über die Hoheitsgrenzen oder von der räumlichen Bewegung von Waren innerhalb des Hoheitsgebietes erhoben werden dürfen (BVerfGE 8, 268). Unter **Handels- und Schifffahrtsverträge** fallen Außenhandelsregelungen (z.B. Vorschriften über Ein- u. Ausfuhrbedingungen, den Zahlungsverkehr u. die Meistbegünstigung) sowie Abkommen über die Hochseeschifffahrt. Nicht erfasst wird die Schifffahrt als Verkehrsträger, ebenso wenig das Recht der Hafengebühren (BVerfGE 91, 220). Der Bereich „**Waren- und Zahlungsverkehr mit dem Ausland**" ist insbes. im AußenwirtschaftsG i.d.F. vom 27.5.2009 (BGBl I S. 1150) geregelt. Dem Bund steht die ausschließliche Kompe-

tenz für alle Wareneinfuhr- und -ausfuhrverbote – auch aus polizeilichen Gründen – zu (BVerfGE 33, 63 f. – Filmeinfuhrverbote; 110, 176 – Einfuhr gefährlicher Hunde). Zur Überlagerung durch EU-Recht s. vor Art. 70 Rn. 6. Das Sachgebiet Zoll- und Grenzschutz ist – trotz der Formulierung „einschl." – ein eigenständiger Bereich und umfasst den grenzüberschreitenden Verkehr von Personen, Waren, Gütern und Dienstleistungen, die Sicherung der Grenzen des Bundes (einschl. Flughäfen u. Grenzbahnhöfe; vgl. auch BVerfGE 97, 214) sowie die Kontrolle im grenznahen Bereich (s. BayVerfGH 56, 44 ff.; SächsVerfGH, LVerfGE 14, 359; a.A. MVLVerfG, LVerfGE 10, 346) einschl. der Gefahrenabwehr sowie der Einrichtung und Aufgaben entsprechender Sonderpolizeien des Bundes; vgl. insbes. ZollverwaltungsG vom 21.12.1992 (BGBl I S. 2125) und BundespolizeiG vom 19.10.1994 (BGBl I S. 2979). Nr. 5 ermöglicht jedoch nicht die Errichtung einer allg., mit den Landespolizeien konkurrierenden Bundespolizei (BVerfGE 97, 218). Zu den Aufgaben der Bundespolizei im Einzelnen vgl. Art. 87 Rn. 5.

*Nr. 5 a:* Der **Schutz deutschen Kulturgutes gegen Abwanderung in das Ausland** 8 umfasst insbes. Ausfuhr- und Verbringungsverbote einschl. Genehmigungsvorbehalten für Kunstwerke und andere Kulturgüter wie z.b. Bibliotheks- und Archivgut, deren Abwanderung einen wesentlichen Verlust für den deutschen Kulturbesitz bedeuten würde. Mit dem entsprechenden, noch auf der Rahmenkompetenz nach Art. 75 I Nr. 6 a.F. beruhenden (s. dazu Art. 125 b Rn. 2) G i.d.F. vom 8.7.1999 (BGBl I S. 1754) hat der Bund seine Kompetenz nicht voll ausgeschöpft, da zwar privater, nach § 18 öffentl. Kulturbesitz jedoch nur z.T. erfasst ist. Für zwischenstaatl. Ansprüche vgl. KulturgüterrückgabeG vom 18.5.2007 (BGBl I S. 757).

*Nr. 6:* Der Begriff „**Luftverkehr**" ist weit auszulegen und umfasst alle mit dem 9 Luftfahrtwesen unmittelbar zusammenhängenden Tätigkeiten und Anlagen, also nicht nur den Flugverkehr und die Luftfahrzeuge, sondern auch die Flughäfen (HessStGH, DÖV 1982, 321) und die Luftaufsicht; ferner Vorkehrungen gegen spezifische Gefahren des Luftverkehrs und die Abwehr solcher Gefahren (vgl. dazu § 5 LuftSiG u. die §§ 4, 4 a BPolG; BVerfG, Beschl. v. 3.7.2012 – 2 PBvU 1/11 – , sowie Art. 35 Rn. 1; BVerwGE 95, 190 ff. - Luftsicherheitsgebühr). Zum Luftverkehr gehört auch die Raumfahrt (str.), jedoch fällt die kommerzielle Nutzung des Weltraums primär unter Art. 74 I Nr. 11 (s. Art. 74 Rn. 10). Auf Grund der Nr. 6 sind insbes. erlassen worden das LuftverkehrsG i.d.F. vom 10.5.2007 (BGBl I S. 698) und das LuftsicherheitsG vom 11.1.2005 (BGBl I S. 78; s. dazu allerdings BVerfGE 115, 141). Zur Luftverkehrsverwaltung vgl. Art. 87 d und die Erläut. dort.

*Nr. 6 a:* **Eisenbahnen des Bundes**, die nach Art. 87 e III 1 als *Wirtschaftsunter-* 10 *nehmen in privatrechtlicher Form* geführt werden (näher dazu Art. 87 e Rn. 6), sind nach der Legaldefinition der Nr. 6 a Eisenbahnen, die ganz oder mehrheitlich im – zivilrechtl. – Eigentum des Bundes stehen. Der Begriff „Eisenbahn" umfasst das Gesamtsystem „Rad/Schiene" mit den Teilbereichen Transport und Fahrwegbetrieb; er ist enger als der Begriff „Schienenbahn" in Art. 74 I Nr. 23 und umfasst nicht Magnetschwebebahnen (BT-Dr 12/4610 S. 5 f.; 12/5015 S. 5 f.; s. auch Art. 74 Rn. 23). Die ausschließliche Gesetzgebungskompetenz ist außerdem auf „Eisenbahnen des Bundes" beschränkt. Ausdrücklich einbezogen sind Bau, Unterhaltung und Betrieb, d.h. die Infrastruktur, der Schienenwege einschl. der Planfeststellung für kreuzungsbeteiligte Straßenstücke (BVerfGE 26, 388) sowie die Erhebung von Entgelten für ihre Benutzung. Erfasst sind ferner Dienstleistungen, Netzzugang, Regulierung des Wettbewerbs sowie die Gefahrenabwehr im Bereich der Eisenbahnen des Bundes insbes. durch die Bundespolizei (BVerfGE 97, 221 ff.; vgl. zu Letzterem § 3 BPolG u. Art. 87 Rn. 5). Zu den auf der Grundlage der Nr. 6 a (u. des Art. 74 I Nr. 23) ergangenen Gesetzen s. die in dem EisenbahnneuordnungsG vom 27.12.1993 (BGBl I S. 2378) enthaltenen Gesetze.

**11**  *Nr. 7:* Das **Postwesen** umfasst die herkömmlichen Zweige der Post, d.h. Beförderung von Briefsendungen, Paketen, Büchern, Katalogen, Zeitungen und Zeitschriften sowie die Postbank (s. dazu PostG v. 22.12.1997, BGBl I S. 3294, sowie Post- u. TelekommunikationssicherstellungsG v. 24.3.2011, BGBl I S. 506). Ebenso wie dem Postwesen kommt der **Telekommunikation** der gleiche Bedeutungsinhalt zu wie in Art. 87 f; er umfasst Technik, Infrastrukturen, Dienstleistungen sowie die Regulierung des Wettbewerbs im Bereich der Informationsübermittlung durch technische Einrichtungen. Erfasst werden auch der sendetechnische Bereich des Rundfunks, nicht jedoch die sog. Studiotechnik (BVerfGE 12, 225 ff.) und die Rundfunkgebühren (BVerfGE 90, 105), ferner nicht Regelungen, die auf die übermittelten Inhalte oder die Art der Nutzung der Telekommunikation und deren Überwachung ausgerichtet sind und etwa eine Telekommunikationsüberwachung zum Zwecke der Erlangung von Informationen für Aufgaben der Strafverfolgung oder Gefahrenabwehr vorsehen (BVerfGE 113, 368; 130, 185 f.); vgl. TelekommunikationsG vom 22.6.2004 (BGBl I S. 1190).

**12**  *Nr. 8* betrifft das Dienstrecht der **Beamten und nichtbeamteten Bediensteten des Bundes.** Der Begriff „Rechtsverhältnisse" ist weit auszulegen und umfasst u.a. Laufbahnen, Besoldung und Versorgung, das Recht der Personalvertretungen im öffentl. Dienst (BVerfGE 7, 127) und das Disziplinarwesen. Nicht zu Nr. 8, sondern zu Nr. 1 gehört das Dienstrecht der Berufssoldaten (BVerfGE 62, 367), während das Recht der Bundesrichter Art. 98 I unterliegt. Neben den Bediensteten der bundesunmittelbaren Körperschaften (dazu gehören nicht die Kirchen) sind auch die der sonstigen juristischen Personen des öffentl. Rechts einschl. der Anstalten und Stiftungen des Bundes miterfasst. Für Beamte von Bahn und Post gelten seit deren Privatisierung Art. 143 a und Art. 143 b (s. die Erläut. dort). Zur Überlagerung durch EU-Recht vgl. vor Art. 70 Rn. 6 sowie BVerwGE 136, 168 f. Auf Grund der Nr. 8 sind insbes. erlassen worden das BundesbeamtenG vom 5.2.2009 (BGBl I S. 160), das BundespolizeibeamtenG vom 3.6.1976 (BGBl I S. 1357), das BundespersonalvertretungsG vom 15.3.1974 (BGBl I S. 693), das BundesbesoldungsG i.d.F. vom 19.6.2009 (BGBl I S. 1434), das BeamtenversorgungsG i.d.F. vom 24.2.2010 (BGBl I S. 150), das VersorgungsrücklageG i.d.F. v. 27.3.2007 (BGBl I S. 482), das BundesministerG i.d.F. vom 27.7.1971 (BGBl I S. 1166) und das G über die Rechtsverhältnisse der Parl. Staatssekretäre vom 24.7.1974 (BGBl I S. 1538).

**13**  *Nr. 9* betrifft Regelungen zum Schutz des geistigen Eigentums einschl. Computerprogramme und biotechnischer Verfahren. Zum **gewerblichen Rechtsschutz** gehören das Patent-, Gebrauchsmuster-, Geschmacksmuster-, Warenzeichen- und Wettbewerbsrecht. Das **Urheberrecht** befasst sich mit dem Schutz u.a. von Werken der Literatur, Musik, bildenden Kunst, Fotografie, von Werken wissenschaftlicher Art und von darbietender Kunst (vgl. UrheberrechtsG v. 9.9.1965, BGBl I S. 1273). Zum **Verlagsrecht** s. G über das Verlagsrecht i.d.F. des G vom 22.3.2002 (BGBl I S. 1155). Das Pflichtexemplarwesen unterfällt nicht dem Urheber- und Verlagsrecht in Nr. 9, sondern der Länderkompetenz nach Art. 70 (BVerfGE 58, 145 f.).

**14**  *Nr. 9 a* sieht die ausschließliche Gesetzgebungszuständigkeit des Bundes für Regelungen zur **Abwehr von Gefahren des internationalen Terrorismus** durch das Bundeskriminalpolizeiamt (BKA) *im Inland* vor. Das BKA ist danach nicht mehr auf nur koordinierende und informierende Tätigkeiten beschränkt, kann vielmehr mit der unmittelbaren Kompetenz zur Gefahrenabwehr betraut und mit der gesamten Breite entsprechender präventiver und repressiver polizeilicher Befugnisse ausgestattet werden (vgl. das G v. 25.12.2008, BGBl I S. 3083). Zu terrorismusqualifizierenden Merkmalen s. EU-Rahmenbeschluss vom 13.6.2002 (ABlEG Nr. L 164 S. 3) und § 129 a II StGB. Um *internationalen Terrorismus* handelt es sich, wenn ein grenzüberschreitender Bezug vorliegt, insbes. Täter oder Hintermänner in mehreren Staaten oder in einem anderen Staat gegen die dortigen polit., verfassungsrechtl., wirtsch. oder sozialen Grundstrukturen oder gegen eine internationale Organisation operieren (vgl. auch Uhle, DÖV 2010, 989 ff.). Ein Tätigwerden des BKA im Inland kommt in drei Fällen in Betracht: wenn nicht nur ein Land betroffen ist und demzufolge eine länderübergreifende Gefahr vorliegt; wenn eine Zuständigkeit einer Landespolizeibehörde auf Grund sachlicher Anhaltspunkte für mögliche Straftaten in einem bestimmten Land (noch) nicht erkennbar ist; und wenn eine oberste Landesbehörde um das Tätigwerden des BKA ersucht. In allen drei Fällen sind gegenseitige Informationspflichten für die Gefahrenabwehr durch das BKA und die Landesbehörden essentiell (s. BT-Dr 16/8688 S. 6). Nr. 9 a ist zugleich, zusammen mit Art. 87 I 2, Grundlage für die Begründung der entsprechenden Verwaltungskompetenz (vergleichbar Nr. 10 Buchst. b u. c für das Bundesamt für Verfassungsschutz; vgl. auch Art. 87 Rn. 7). Unberührt bleiben die auf Nr. 1 und 10 beruhenden Aufgaben des BKA im Rahmen der internationalen Verbrechensbekämpfung sowie die Gesetzgebungskompetenzen und Zuständigkeiten der Länder auf dem Gebiet der Gefahrenabwehr (s. BT-Dr 16/813 S. 12).

*Nr. 10:* Die Befugnis zur Gesetzgebung über die Zusammenarbeit des Bundes **15** und der Länder in der **Kriminalpolizei** nach Buchst. a sowie die Einrichtung eines Bundeskriminalpolizeiamtes ist in engem Zusammenhang mit der Verwaltungskompetenz nach Art. 87 I 2 zu sehen (vgl. zu dieser Art. 87 Rn. 7). Soweit der Bund auf dem Gebiet der Kriminalpolizei und des polizeilichen Auskunfts- und Nachrichtenwesens eine Zentralstelle einrichten darf, ist diese – neben der Koordinierung und dem Vorhalten von Einrichtungen des Nachrichtenwesens, der Kriminaltechnik usw. – auf kriminalpolizeiliche Aufgaben beschränkt, die eine zentrale Verbrechensbekämpfung erforderlich machen (s. insbes. die §§ 2–6 des BundeskriminalamtG v. 7.7.1997, BGBl I S. 1650). Buchst. b definiert – in Anlehnung an Art. 10 II 2 – den Begriff des **Verfassungsschutzes** und stellt klar, dass dieser auch den Schutz der (äußeren u. inneren) Sicherheit des Bundes oder eines Landes umfasst. Zum Begriff *„freiheitliche demokratische Grundordnung"* vgl. Art. 21 Rn. 15. **Gewalttätige Bestrebungen, die auswärtige Belange der Bundesrepublik Deutschland gefährden** (Buchst. c), müssen nicht schon die innere Sicherheit beeinträchtigen. Sie können sich auch auf Staaten beziehen, zu denen keine diplomatischen Beziehungen bestehen, und von auswärtigen Staaten sowie von Einzelnen und Gruppierungen im In- und Ausland ausgehen. Es kommt nicht darauf an, ob die Gefährdung auf Ausländer oder Deutsche zurückgeht. Primärer Regelungsgegenstand von Art. 73 I Nr. 10 ist die Zusammenarbeit von Bund und Ländern. Nicht verdrängt, sondern umgekehrt impliziert werden damit eigene Zuständigkeiten der Länder, etwa auch für verfassungsfeindliche Bestrebungen gegen den Bund oder über den Bereich eines Landes hinaus (OVG Münster, Beschl. v. 22.5.2001 – 5 A 2055/97 –). **Internationale Verbrechensbekämpfung** erfasst nicht nur grenzüberschreitende Straftaten, sondern allg. die internationale Zusammenarbeit im Bereich der Verbrechensbekämpfung. Gesetze nach Art. 73 I Nr. 10, Art. 87 I 2 fallen nicht unter Art. 84 I; sie regeln nicht das

*Schnapauff* 501

Verfahren der landeseigenen Verwaltung i.S. dieser Vorschrift (vgl. Art. 84 Rn. 4), sondern die Zusammenarbeit von Bundes- und Landesbehörden (s. Wertthebach/Droste, BK, Art. 73 Nr. 10 Rn. 128 m.w.N.), s. BundesverfassungsschutzG vom 20.12.1990 (BGBl I S. 2954).

**16** *Nr. 11:* Unter **Statistik für Bundeszwecke** sind diejenigen Statistiken zu verstehen, die der Bewältigung einer Bundesaufgabe dienen (BVerfGE 8, 119; 65, 39). Dabei kann es sich um Zahlenmaterial für die Vorbereitung von Bundesgesetzen oder von Maßnahmen der Exekutive handeln. Auf der Grundlage der Nr. 11 sind u.a. das BundesstatistikG vom 22.1.1987 (BGBl I S. 462) – neben zahlreichen Gesetzen über Einzelstatistiken – und das ZensusG 2011 vom 8.7.2009 (BGBl I S. 1781) erlassen worden (zu den grundrechtl. Beschränkungen des Gesetzgebers durch das Recht auf informationelle Selbstbestimmung vgl. Art. 1 Rn. 14). Nr. 11 ermächtigt auch zu Vorschriften, durch die die Länder verpflichtet werden, dem Bund ihr Zahlenmaterial zur Verfügung zu stellen, soweit dies zur Erfüllung einer Bundesaufgabe erforderlich ist.

**17** Nach *Nr. 12* kann der Bund nicht nur den gewerblichen, sondern auch den sicherheitsrechtl. Teil des **Waffen- und** des **Sprengstoffrechts** regeln (vgl. WaffenG v. 11.10.2002, BGBl I S. 3970, u. SprengstoffG i.d.F. v. 10.9.2002, BGBl I S. 3518). Für *Kriegswaffen* beruht die (ausschließliche) Gesetzgebungskompetenz des Bundes auf Art. 26 II.

**18** *Nr. 13:* Zur **Versorgung der Kriegsbeschädigten und Kriegshinterbliebenen** s. BundesversorgungsG i.d.F. vom 22.1.1982 (BGBl I S. 21), zur **Fürsorge für die Kriegsgefangenen** HeimkehrerentschädigungsG v. 10.12.2007 (BGBl I S. 2830).

**19** *Nr. 14:* Unter **Erzeugung und Nutzung der Kernenergie** fallen alle Maßnahmen und Handlungen in Bezug auf radioaktive Stoffe, die von ihnen ausgehende Strahlung und durch sie freigesetzte Partikel; **friedliche Zwecke** sind solche im Bereich der Wissenschaft, der Medizin, der gewerblichen Wirtschaft, soweit sie mit Art. 26 und den völkerrechtl. und völkervertragsrechtl. Bindungen und Beschränkungen Deutschlands (u.a. UN-Charta; Protokoll Nr. III über die Rüstungskontrolle v. 23.10.1954, BGBl 1955 II S. 266; Vertrag über die Nichtverbreitung von Kernwaffen v. 1.7.1968, BGBl 1974 II S. 786) vereinbar sind. Durch Nr. 14 wird klargestellt, dass Erzeugung und friedliche Nutzung der Kernenergie mit dem GG vereinbar sind; dies kann nicht auf Grund anderer Verfassungsbestimmungen grundsätzlich in Frage gestellt werden. Zur Grundsatzentscheidung für oder gegen ihre Nutzung ist der Gesetzgeber berufen (BVerfGE 53, 56). Im zuletzt durch G vom 24.2.2012 (BGBl I S. 212) geänderten AtomG hat der Bundesgesetzgeber inzwischen den Atomausstieg geregelt. **Errichtung und Betrieb von Anlagen** umfassen insbes. die Genehmigungen für Einrichtungen zur Herstellung und Aufbereitung von Kernbrennstoffen und für Kernkraftwerke sowie deren Überwachung. **Schutz gegen Gefahren** betrifft den Strahlenschutz beim Umgang mit radioaktiven Stoffen einschl. solcher zu medizinischen Zwecken sowie den Strahlenschutz hinsichtlich der Radioaktivität in der Umwelt (dazu StrahlenschutzvorsorgeG v. 19.12.1986, BGBl I S. 2610), **Beseitigung radioaktiver Stoffe** deren Verwertung, ihre Zwischen- und Endlagerung sowie die Genehmigung, die Errichtung und den Betrieb entsprechender Einrichtungen. Hiervon zu unterscheiden sind allg. Regelungen über Errichtung, Betrieb und Nutzung von Einrichtungen (z.B. Verkehrswegen, Häfen), die *auch* für den Transport von radioaktiven Stoffen genutzt werden (a. A. Schwarz, DÖV 2012, 458 ff.).

## Absatz 2: Zustimmungsbedürftigkeit

Abs. 2 bindet Gesetze nach Abs. 1 Nr. 9 a im Hinblick auf die Länderinteressen **20** auf dem Gebiet der Gefahrenabwehr an die Zustimmung des BRats.

## Artikel 74 [Gebiete der konkurrierenden Gesetzgebung]

(1) Die konkurrierende Gesetzgebung erstreckt sich auf folgende Gebiete:

1. das bürgerliche Recht, das Strafrecht, die Gerichtsverfassung, das gerichtliche Verfahren (ohne das Recht des Untersuchungshaftvollzugs), die Rechtsanwaltschaft, das Notariat und die Rechtsberatung;
2. das Personenstandswesen;
3. das Vereinsrecht;
4. das Aufenthalts- und Niederlassungsrecht der Ausländer;
5. (aufgehoben)
6. die Angelegenheiten der Flüchtlinge und Vertriebenen;
7. die öffentliche Fürsorge (ohne das Heimrecht);
8. (aufgehoben)
9. die Kriegsschäden und die Wiedergutmachung;
10. die Kriegsgräber und Gräber anderer Opfer des Krieges und Opfer von Gewaltherrschaft;
11. das Recht der Wirtschaft (Bergbau, Industrie, Energiewirtschaft, Handwerk, Gewerbe, Handel, Bank- und Börsenwesen, privatrechtliches Versicherungswesen) ohne das Recht des Ladenschlusses, der Gaststätten, der Spielhallen, der Schaustellung von Personen, der Messen, der Ausstellungen und der Märkte;
12. das Arbeitsrecht einschließlich der Betriebsverfassung, des Arbeitsschutzes und der Arbeitsvermittlung sowie die Sozialversicherung einschließlich der Arbeitslosenversicherung;
13. die Regelung der Ausbildungsbeihilfen und die Förderung der wissenschaftlichen Forschung;
14. das Recht der Enteignung, soweit sie auf den Sachgebieten der Artikel 73 und 74 in Betracht kommt;
15. die Überführung von Grund und Boden, von Naturschätzen und Produktionsmitteln in Gemeineigentum oder in andere Formen der Gemeinwirtschaft;
16. die Verhütung des Mißbrauchs wirtschaftlicher Machtstellung;
17. die Förderung der land- und forstwirtschaftlichen Erzeugung (ohne das Recht der Flurbereinigung), die Sicherung der Ernährung, die Ein- und Ausfuhr land- und forstwirtschaftlicher Erzeugnisse, die Hochsee- und Küstenfischerei und den Küstenschutz;
18. den städtebaulichen Grundstücksverkehr, das Bodenrecht (ohne das Recht der Erschließungsbeiträge) und das Wohngeldrecht, das Altschuldenhilferecht, das Wohnungsbauprämienrecht, das Bergarbeiterwohnungsbaurecht und das Bergmannssiedlungsrecht;
19. Maßnahmen gegen gemeingefährliche oder übertragbare Krankheiten bei Menschen und Tieren, Zulassung zu ärztlichen und anderen Heilberufen und zum Heilgewerbe, sowie das Recht des Apothekenwesens, der Arzneien, der Medizinprodukte, der Heilmittel, der Betäubungsmittel und der Gifte;

19a. die wirtschaftliche Sicherung der Krankenhäuser und die Regelung der Krankenhauspflegesätze;

20. das Recht der Lebensmittel einschließlich der ihrer Gewinnung dienenden Tiere, das Recht der Genussmittel, Bedarfsgegenstände und Futtermittel sowie den Schutz beim Verkehr mit land- und forstwirtschaftlichem Saat- und Pflanzgut, den Schutz der Pflanzen gegen Krankheiten und Schädlinge sowie den Tierschutz;

21. die Hochsee- und Küstenschiffahrt sowie die Seezeichen, die Binnenschifffahrt, den Wetterdienst, die Seewasserstraßen und die dem allgemeinen Verkehr dienenden Binnenwasserstraßen;

22. den Straßenverkehr, das Kraftfahrwesen, den Bau und die Unterhaltung von Landstraßen für den Fernverkehr sowie die Erhebung und Verteilung von Gebühren oder Entgelten für die Benutzung öffentlicher Straßen mit Fahrzeugen;

23. die Schienenbahnen, die nicht Eisenbahnen des Bundes sind, mit Ausnahme der Bergbahnen;

24. die Abfallwirtschaft, die Luftreinhaltung und die Lärmbekämpfung (ohne Schutz vor verhaltensbezogenem Lärm);

25. die Staatshaftung;

26. die medizinisch unterstützte Erzeugung menschlichen Lebens, die Untersuchung und die künstliche Veränderung von Erbinformationen sowie Regelungen zur Transplantation von Organen, Geweben und Zellen;

27. die Statusrechte und -pflichten der Beamten der Länder, Gemeinden und anderen Körperschaften des öffentlichen Rechts sowie der Richter in den Ländern mit Ausnahme der Laufbahnen, Besoldung und Versorgung;

28. das Jagdwesen;

29. den Naturschutz und die Landschaftspflege;

30. die Bodenverteilung;

31. die Raumordnung;

32. den Wasserhaushalt;

33. die Hochschulzulassung und die Hochschulabschlüsse.

(2) Gesetze nach Absatz 1 Nr. 25 und 27 bedürfen der Zustimmung des Bundesrates.

### Absatz 1: Gesetzgebungsgegenstände

1 Art. 74 I bestimmt in einem umfangreichen, jedoch nicht abschließenden (vgl. vor Art. 70 Rn. 2) Kompetenzkatalog Gegenstände, die der konkurrierenden Gesetzgebung unterliegen. Dieser Katalog ist im Zuge der **Föderalismusreform I** (s. Einführung Rn. 6) einerseits durch die Überführung von Materien in die ausschließliche Gesetzgebung des Bundes und durch die Verlagerung von Zuständigkeiten auf die Länder reduziert, andererseits durch die Abschaffung der Rahmengesetzgebung und die Überführung einiger ihr früher zugewiesener Gegenstände in die konkurrierende Gesetzgebung ausgeweitet worden. *Nicht mehr der konkurrierenden Gesetzgebung, sondern* der alleinigen *Gesetzgebungszuständigkeit der Länder* unterliegen danach

a) der Strafvollzug (einschl. Vollzug der Untersuchungshaft u. des Maßregelvollzugs – früher Teilbereiche aus Abs. 1 Nr. 1);

b) das Versammlungsrecht (früher Teilbereich aus Abs. 1 Nr. 3). Nach der Änderung von Abs. 1 Nr. 3 ist für das G über befriedete Bezirke für Verfassungsorgane des Bundes vom 8.12.2008 (BGBl I S. 2366) eine Bundeskompetenz aus der Natur der Sache anzunehmen (vgl. BT-Dr 16/813 S. 12);

c)  das Heimrecht (früher Teilbereich aus Abs. 1 Nr. 7);
d)  das Ladenschlussrecht (dazu BVerfGE 125, 41), das Gaststättenrecht, Spiel-
    hallen, Schaustellung von Personen, Messen, Ausstellungen und Märkte (frü-
    her Teilbereiche aus Abs. 1 Nr. 11);
e)  die (landwirtsch.) Flurbereinigung, Teile des Wohnungswesens, der land-
    wirtsch. Grundstücksverkehr, das landwirtsch. Pachtwesen, Teile des Sied-
    lungs- und Heimstättenwesens (früher Teilbereiche aus Abs. 1 Nr. 17 u. 18);
f)  der Schutz vor verhaltensbezogenem Lärm (früher Teilbereich aus Abs. 1
    Nr. 24).

In die *ausschließliche Gesetzgebung des Bundes* sind überführt worden (s. auch
Art. 73 Rn. 1)

g)  das Waffen- und das Sprengstoffrecht (früher Abs. 1 Nr. 4 a, jetzt Art. 73 I
    Nr. 12);
h)  die Versorgung der Kriegsbeschädigten und Kriegshinterbliebenen sowie die
    Fürsorge für ehemalige Kriegsgefangene (früher Abs. 1 Nr. 10, jetzt Art. 73 I
    Nr. 13);
i)  die friedliche Nutzung der Kernenergie (früher Abs. 1 Nr. 11 a, jetzt Art. 73 I
    Nr. 14).

Aus der früheren Rahmengesetzgebung in die *konkurrierende Gesetzgebung* (ohne Bindung des Bundes an die Erforderlichkeitsklausel des Art. 72 II, aber weitgehend mit Abweichungsmöglichkeit der Länder nach Art. 72 III) überführt worden sind

j)  die Statusrechte der Landesbeamten und Landesrichter mit Ausnahme der
    Laufbahnen, Besoldung und Versorgung (Abs. 1 Nr. 27 – früher Teilbereiche
    aus Art. 75 I Nr. 1, Art. 98 III 2; keine Abweichungsmöglichkeit der Länder
    nach Art. 72 III);
k)  das Jagdwesen (Abs. 1 Nr. 28 – früher Art. 75 I Nr. 3);
l)  Naturschutz und Landschaftspflege (Abs. 1 Nr. 29 – früher Art. 75 I Nr. 3);
m)  Bodenverteilung, Raumordnung und Wasserhaushalt (Abs. 1 Nr. 30–32 –
    früher Art. 75 I Nr. 4);
n)  Hochschulzulassung und Hochschulabschlüsse (Abs. 1 Nr. 33 – früher Teil-
    bereiche aus Art. 75 I Nr. 1 a).

Zur Rechtsentwicklung in den Ländern in den genannten Bereichen vgl. u.a. BT-
Dr 16/8688 S. 9 f.; BVerfGE 122, 343 ff., betr. BayVersammlungsG v. 22.7.2008
(GVBl S. 421).

**Nr. 1:** Das **bürgerliche Recht** umfasst alle Normen, die herkömmlicherweise dem    2
Zivilrecht zugerechnet werden (BVerfGE 11, 199). Das ist nicht das gesamte Privatrecht, sondern es sind die Teilgebiete auszuklammern, die in anderen Zuständigkeitsnormen als eigenes Sachgebiet genannt sind (vgl. Art. 73 I Nr. 9, Art. 74 I
Nr. 11 u. 12; s. auch Art. 74 I Nr. 25). Der Begriff des **Strafrechts** ist weit zu fassen und bezieht sich auf die Gesamtheit der Rechtsnormen, die für eine rechtswidrige Tat eine Strafe, Buße oder Maßregel der Besserung und Sicherung festsetzen (BVerfGE 109, 212 f.). Darunter fällt sowohl das echte Kriminalstrafrecht
als auch das Ordnungswidrigkeitenrecht (BVerfGE 27, 32 f.; 31, 144; 45, 288 f.).
Der Bundesgesetzgeber kann jeden Tatbestand erfassen, der nach seinem Ermessen als strafwürdig zu erachten ist, und zwar auch auf Gebieten, die ihm sonst
nicht zur Gesetzgebung zugewiesen sind (BVerfGE 23, 124). Er kann auch Vorschriften des Landesrechts mit strafrechtl. Sanktionen des Bundesrechts versehen
(BVerfGE 110, 174). Während die *Verhütung* von Straftaten der Gefahrenabwehr nach Landesrecht zuzuordnen ist (Ausnahmen: Art. 73 I Nr. 9 a sowie die-

jenigen Materien, bei denen die Gesetzgebungskompetenz des Bundes die bereichsspezifische Gefahrenabwehr einschließt, wie Art. 73 I Nr. 1 [Feldjäger], Nr. 5 [Zoll u. Grenzschutz], Nr. 6 [Luftverkehr], Nr. 6 a [Eisenbahnen des Bundes]), unterliegt die *Verfolgung* von Straftaten der konkurrierenden Gesetzgebung nach Nr. 1 (BVerfGE 113, 368, 370). Dies gilt auch für nachträgliche, *repressive oder präventive* staatl. Reaktionen auf Straftaten, die an die Straftat anknüpfen, ausschließlich für Straftäter gelten und ihre sachliche Rechtfertigung auch aus der Anlasstat beziehen (BVerfGE 109, 190 LS 1 Buchst. a, 212). Auch die Beweissicherung für *künftige* Strafverfahren fällt unter Nr. 1 (BVerfGE 103, 21, 30 f.). Die Regelung der Verjährung für Pressedelikte gehörte nach Ansicht des BVerfG weder zum Strafrecht noch zum gerichtl. Verfahren, sondern zur Rahmenkompetenz nach Art. 75 I Nr. 2 (BVerfGE 7, 40). Nach deren Aufhebung unterliegt sie, ebenso wie die Regelung von Pressedelikten selbst, Nr. 1. Die **Gerichtsverfassung** betrifft die (äußere) Organisation der Rspr., d.h. Aufbau und Stellung der Gerichte und der ihnen zugeordneten Einrichtungen wie Staatsanwaltschaft (BVerfGE 56, 118 f.) und Gerichtsvollzieher (BVerwGE 65, 263 f.), das **gerichtliche Verfahren,** die verfahrensmäßige Ordnung und Behandlung von Rechtsstreitigkeiten, d.h. das Prozessrecht. Das Letztere umfasst auch das strafprozessuale Aussageverweigerungsrecht von Angehörigen der Presse (BVerfGE 36, 203) sowie die Zuständigkeiten der obersten Bundesgerichte bezüglich des Umfangs des revisiblen Rechts auch insofern, als es sich um die Anwendung von Landesrecht handelt (BVerfGE 10, 285). Ausdrücklich ausgenommen aus dem gerichtl. Verfahren ist das Recht des Untersuchungshaftvollzugs, d.h. nicht nur für den Strafvollzug, sondern auch für den Vollzug der Untersuchungshaft besteht die ausschließliche Gesetzgebungszuständigkeit der Länder. Zum verwaltungsgerichtl. Verfahren gehört auch das Vorverfahren nach den §§ 68 ff. VwGO, nicht jedoch generell das Verwaltungsverfahrensrecht. Nicht unter Nr. 1, sondern in die Zuständigkeit der Länder fällt die ärztliche Standesgerichtsbarkeit (BVerfGE 4, 74). Auf Grund seiner Zuständigkeit für die **Rechtsanwaltschaft,** das **Notariat** und die **Rechtsberatung** kann der Bund nicht nur die Zulassung zu diesen Berufen, sondern auch die Berufsausübung einschl. des Gebührenwesens regeln (BVerfGE 17, 292; 47, 313); vgl. Bundesrechtsanwaltsordnung vom 1.8.1959 (BGBl I S. 565); Bundesnotarordnung i.d.F. vom 24.2.1961 (BGBl I S. 97) sowie Art. 138. „Rechtsberatung" ist die Erbringung von Rechtsdienstleistungen, d.h. jede Tätigkeit in fremden Angelegenheiten, die eine rechtl. Prüfung des Einzelfalls erfordert; vgl. die §§ 1, 2 RechtsdienstleistungsG vom 12.12.2007 (BGBl I S. 2840).

3   *Nr. 2:* Zum **Personenstandswesen** gehören die Beurkundung des Personenstands gemäß dem PersonenstandsG vom 19.2.2007 (BGBl I S. 122) und das TranssexuellenG vom 10.9.1980 (BGBl I S. 1654). S. auch LebenspartnerschaftsG vom 16.2.2001 (BGBl I S. 266).

4   *Nr. 3:* **Vereinsrecht** ist hier das öffentl. Recht staatl. Eingriffe in die Vereinsfreiheit in Abgrenzung zum zivilrechtl. Binnenrecht der Vereine gemäß Nr. 1 („bürgerliches Recht"); vgl. Art. 9 und VereinsG vom 5.8.1964 (BGBl I S. 593). Darunter fallen auch Vereinigungen nach Art. 9 III, also Arbeitgeberverbände und Gewerkschaften, während für die polit. Parteien Art. 21 III gilt.

5   *Nr. 4:* **Aufenthalt der Ausländer** betrifft Einreise, Verweilen einschl. des Wohnsitznehmens und Ausreise, **Niederlassung** die Begründung einer beruflichen Tätigkeit an einem bestimmten Ort (vgl. insbes. AufenthaltsG i.d.F. v. 25.2.2008, BGBl I S. 162). Für das Meldewesen für Ausländer ist Art. 73 I Nr. 3 nach dessen

Neufassung einschlägig. Die aufenthaltsrechtl. Vorschriften des AsylverfahrensG (§§ 55 ff.) i.d.F. vom 2.9.2008 (BGBl I S. 1798) beruhen auf Nr. 4.

*Nr. 6:* Die Begriffe **Flüchtlinge und Vertriebene** werden auch in Art. 116 I, Art. 119 Satz 1 und Art. 131 Satz 1, 2 verwandt. Darunter fielen zunächst insbes. Personen, die als Folge der Ereignisse des 2. Weltkriegs sowie später des Ost-West-Gegensatzes durch Flucht, Ausweisung oder Vertreibung ihren Wohnsitz verloren oder aufgegeben und Aufnahme im Bundesgebiet gefunden haben (vgl. insbes. BundesvertriebenenG i.d.F. v. 10.8.2007, BGBl I S. 1902). Auf Grund der Entwicklung werden darunter aber inzwischen – noch über den etwas engeren Flüchtlingsbegriff der Genfer Konvention („wer aus begründeter Furcht vor Verfolgung wegen seiner Rasse, Religion, Nationalität oder Zugehörigkeit zu einer bestimmten sozialen Gruppe oder wegen seiner polit. Überzeugung seinen Aufenthaltsstaat verlassen hat") hinaus – allg. Personen zu verstehen sein, die ihr Herkunftsland verlassen mussten oder es nicht freiwillig, sondern aus Sorge um die eigene Zukunft oder die der Angehörigen und Nachkommen verlassen haben; darunter fallen z.B. auch Aussiedler und Evakuierte (s. Oeter in v. Mangoldt/Klein/Starck, Art. 74 Rn. 50 f.; §§ 1 ff. BVFG; G über die Rechtsstellung heimatloser Ausländer v. 25.4.1951, BGBl I S. 269; AsylverfahrensG; §§ 22 ff. AufenthG [vgl. Rn. 5]). **Angelegenheiten** (der Flüchtlinge u. Vertriebenen) sind insbes. der Status sowie Eingliederung und Förderung dieser Personen.

*Nr. 7:* Der Begriff **öffentliche Fürsorge** ist weit auszulegen. Er umfasst – über Hilfen zum Lebensunterhalt und zur Sicherung eines menschenwürdigen Existenzminimums (Sozialhilfe) hinaus – öffentl. Hilfen und Maßnahmen zur Überwindung eingetretener oder zur Abwehr drohender wirtsch., körperlicher, geistiger oder seelischer Notlagen und Gefahren, ohne dass eine konkrete Gefährdung oder Bedürftigkeit vorzuliegen braucht (vgl. BVerfGE 88, 329 f.; 97, 341; 108, 214). Es unterliegt dem Gestaltungsspielraum des Gesetzgebers, ob und inwieweit er entsprechende Hilfen vorsehen will; auf Erforderlichkeit kommt es nur im Rahmen von Art. 72 II an (a.A. Ewer, NJW 2012, 2252; s. auch Rixen, DVBl 2012, 1394 f., 1398 ff.). Nicht unter Nr. 7 fallen Hilfeleistungen, die anderen Sachgebieten zugeordnet sind (vgl. Art. 73 I Nr. 13, Art. 74 I Nr. 6, 9 u. 12). Nr. 7 schließt auch Zwangsmaßnahmen gegenüber Hilfebedürftigen oder Dritten wie die Unterbringung in einer Anstalt ein; ebenso Finanzierungsregelungen (BVerfGE 106, 135). S. insbes. SGB XII – Sozialhilfe – vom 27.12.2003 (BGBl I S. 3023), SGB VIII – Kinder- und Jugendhilfe – i.d.F. vom 11.9.2012 (BGBl I S. 2022) und JugendschutzG vom 23.7.2002 (BGBl I S. 2730); vgl. auch BVerwGE 19, 96 f.; 23, 113. Ausdrücklich ausgenommen von der Kompetenz nach Nr. 7 ist das Heimrecht (s. auch Rn. 1); die entsprechenden zivilrechtl. Regelungen fallen unter Nr. 1 (vgl. auch BT-Dr 16/8688 S. 11).

*Nr. 9:* Bei **Kriegsschäden** handelt es sich um durch Kriegseinwirkung insbes. im 1. und 2. Weltkrieg entstandene *Sach*schäden. Durch den Einsatz der Bundeswehr auf Grund ihrer neuen Aufgaben im Rahmen von NATO- und EU-Einsätzen verursachte Personen- und Sachschäden fallen unter Art. 73 I Nr. 1. Unter **Wiedergutmachung** ist der finanzielle Ausgleich für durch nationalsozialistische Verfolgungsmaßnahmen oder SED-Unrecht (Degenhart in Sachs, Art. 74 Rn. 42; a.A. Oeter in v. Mangoldt/Klein/Starck, Art. 74 Rn. 69) verursachte Schäden zu verstehen. Zur Lastenteilung zwischen Bund und Ländern für Kriegsschäden vgl. Art. 120 und die Erläut. dort. Aus der umfangreichen Wiedergutmachungsgesetzgebung s. insbes. BundesentschädigungsG i.d.F. des G vom 29.6.1956 (BGBl I S. 559) und die §§ 16 ff. Strafrechtl. RehabilitierungsG i.d.F. v. 17.12.1999 (BGBl I S. 2664).

*Schnapauff*

**9** *Nr. 10:* S. GräberG i.d.F. vom 16.1.2012 (BGBl I S. 98).

**10** Der Begriff **Recht der Wirtschaft** i.S. der *Nr. 11* ist ebenso wie die in dem Klammerzusatz beispielhaft genannten Bereiche weit auszulegen (vgl. BVerfGE 55, 308 f.; 68, 330). Er ermöglicht nicht nur das Wirtschaftsleben und die wirtsch. Betätigung als solche regelnde Normen, sondern gibt auch die Zuständigkeit, Fragen des Verbraucherschutzes zu regeln (BVerfGE 26, 254; BVerwG, NVwZ 2010, 1157) oder ordnend und lenkend in das Wirtschaftsleben einzugreifen (BVerfGE 4, 13), z.B. – in Zeiten von Wirtschafts- und Finanzkrisen besonders wichtig – in Form von Konjunkturlenkungsmaßnahmen (s. BVerfGE 29, 409) oder durch Auferlegung von nichtsteuerl. Sonderabgaben (vgl. dazu Art. 105 Rn. 2 ff. u. BVerwG, ZUM 2009, 495). Nr. 11 verleiht auch die Befugnis, Berufe in der Wirtschaft rechtl. zu ordnen, Berufsbilder zu fixieren und den Inhalt der beruflichen Tätigkeit sowie die Voraussetzungen für die Berufsausübung (Ausbildung, Prüfungen, Gebührenwesen bei Freiberuflern) zu normieren (s. BVerfGE 21, 180; 68, 331). Umfasst ist auch die Befugnis, die Organisation von Wirtschaftsvereinigungen, auch soweit sie landesunmittelbare juristische Personen des öffentl. Rechts sind, zu regeln und sie zur Wahrnehmung wirtschaftsverwaltungsrechtl. Aufgaben und zur Beitragserhebung zu ermächtigen (vgl. BVerwGE 135, 104 – IHK); ferner Rahmenbedingungen und Pflichten von Unternehmen, die Satelliten betreiben oder nutzen (s. SatellitendatensicherheitsG v. 23.11.2007, BGBl I S. 2590; dazu BT-Dr 16/4763 S. 16). Regelungen des privatrechtl. Versicherungswesens können auch Versicherungspflichten (z.B. für Kraftfahrzeuge oder als private Pflege-Pflichtversicherung) begründen (BVerfGE 103, 218 f.) oder Versicherungstarife vorschreiben (BVerfGE 123, 235 f.). Nach Nr. 11 wurden Gesetze z.B. über Bodenschätze (etwa BundesbergG v. 13.8.1980, BGBl I S. 1310) und auf dem Energiesektor (z.B. EnergiewirtschaftsG v. 7.7.2005, BGBl I S. 1970; Erneuerbare-Energien-WärmeG v. 7.8.2008, BGBl I S. 1658; Erneuerbare-Energien-G v. 25.10.2008, BGBl I S. 2074) erlassen. Unter Nr. 11 fallen auch Regelungen über Sportwetten (BVerfGE 115, 304; s. auch BVerwGE 126, 149, 154; 138, 204); jedoch ist dieser Bereich nach Art. 70 I, Art. 72 I weitgehend landesrechtl. geregelt (s. Glücksspielstaatsvertrag u. die entsprechenden Landesgesetze). Nicht mehr erfasst wird seit dem Inkrafttreten der Föderalismusreform I das Recht des Ladenschlusses, der Gaststätten (etwa Rauchverbote in der Gastronomie; dazu BVerfGE 121, 347 f.), der Spielhallen (dazu ThürVerfGH, ThürVBl 2009, 54ff.), der Schaustellung von Personen, der Messen, der Ausstellungen und der Märkte (vgl. oben Rn. 1).

**11** *Nr. 12:* Das **Arbeitsrecht** umfasst nicht nur das privatrechtl. Arbeitsvertragsrecht, sondern auch das öffentl. Arbeitsrecht, zu dem etwa Regelungen der Arbeitszeit und die Errichtung von Arbeitnehmerkammern (vgl. BVerfGE 38, 299; bisher nur landesrechtl. – Bremen, Saarland – geregelt) gehören. Nr. 12 gilt grundsätzlich auch für das Recht der Arbeitnehmer im öffentl. Dienst; nur soweit Besonderheiten des öffentl. Dienstes eine Rolle spielen (z.B. Amtsverschwiegenheit, Nebentätigkeit), gehen Art. 73 I Nr. 8 bzw. Art. 74 I Nr. 27 vor (vgl. BVerwGE 18, 138; BAGE 3, 248 ff.; ferner BVerfGE 51, 55 f.). Die wesentlichen Gesetze auf dem Gebiet des Arbeitsrechts und des Arbeitsschutzes sind das TarifvertragsG i.d.F. vom 25.8.1969 (BGBl I S. 1323), das KündigungsschutzG i.d.F. vom 25.8.1969 (BGBl I S. 1317), das BetriebsverfassungsG i.d.F. vom 25.9.2001 (BGBl I S. 2518), das Europäische BetriebsräteG i.d.F. vom 7.12.2011 (BGBl I S. 2650), das MitbestimmungsG vom 4.5.1976 (BGBl I S. 1153), das Teilzeit- und BefristungsG vom 21.12.2000 (BGBl I S. 1966), das ArbeitsschutzG vom 7.8.1996 (BGBl I S. 1246) und das JugendarbeitsschutzG vom 12.4.1976 (BGBl I

S. 965). Zur Arbeitnehmerweiterbildung s. die §§ 77 ff. SGB III sowie BVerfGE 77, 328, zu Sonderurlaub BVerfGE 85, 234. Unter Nr. 12 fällt auch das Arbeitsrecht der Bediensteten der Hochschulen, soweit sie nicht verbeamtet, sondern Angestellte oder Arbeiter sind (vgl. WissenschaftszeitvertragsG v. 12.4.2007, BGBl I S. 506). Zur Überlagerung durch EU-Recht s. vor Art. 70 Rn. 6. Die Kompetenz zur Regelung der **Sozialversicherung** ist nicht auf die klassischen Sozialversicherungszweige (Krankheit, Alter, Arbeitslosigkeit, Invalidität u. Unfall) beschränkt. Sozialversicherung ist vielmehr ein verfassungsrechtl. Gattungsbegriff, der alles umfasst, was sich der Sache nach als Sozialversicherung darstellt. Dies ermöglicht auch die Einbeziehung neuer Lebenssachverhalte, wenn die neuen Sozialleistungen in ihren wesentlichen Strukturelementen dem Bild entsprechen, das durch die klassische Sozialversicherung geprägt ist (selbständige Anstalten oder Körperschaften des öffentl. Rechts als Träger, Aufbringung der Mittel durch Beiträge von Beteiligten – BVerfGE 11, 111 f.); vgl. z.b. die Künstlersozialversicherung (BVerfGE 75, 148 f.) und die soziale Pflegeversicherung (BVerfGE 103, 215). Der Bundesgesetzgeber hat das in etwa 800 Gesetzen und VO enthaltene Sozialrecht weitgehend in einem einheitlichen Sozialgesetzbuch (SGB) zusammengefasst; vgl. SGB I – Allg. Teil – vom 11.12.1975 (BGBl I S. 3015), SGB II – Grundsicherung für Arbeitsuchende – vom i.d.F vom 13.5.2011 (BGBl I S. 850), SGB III – Arbeitsförderung – vom 24.3.1997 (BGBl I S. 594; zur Konkursausfallgeld-Umlage vgl. BVerfGE 89, 144), SGB IV – Gemeinsame Vorschriften für die Sozialversicherung – i.d.F. vom 12.11.2009 (BGBl I S. 3710), SGB V – Gesetzl. Krankenversicherung – vom 20.12.1988 (BGBl I S. 2477), SGB VI – Gesetzl. Rentenversicherung – i.d.F. vom 19.2.2002 (BGBl I S. 754), SGB VII – Gesetzl. Unfallversicherung – vom 7.8.1996 (BGBl I S. 1254) und SGB XI – Soziale Pflegeversicherung – vom 26.5.1994 (BGBl I S. 1014).

*Nr. 13:* Der Begriff **Ausbildungsbeihilfen** umfasst nur die individuelle, nicht auch die institutionelle Ausbildungsförderung (Förderung von Einrichtungen u. Veranstaltungen). Mit dem BundesausbildungsförderungsG i.d.F. vom 7.12.2010 (BGBl I S. 1952), das als Geldleistungsgesetz i.S. von Art. 104 a III anzusehen ist, hat der Gesetzgeber eine umfassende Regelung der individuellen Ausbildungshilfen im Schul- und Hochschulbereich getroffen. **Förderung der wissenschaftlichen Forschung** (zum Begriff vgl. BVerfGE 35, 113; 47, 367; 90, 12) betrifft sowohl einzelne Forscher als auch Hochschul- und Forschungseinrichtungen. **12**

*Nr. 14:* Das **Recht der Enteignung** geht von demselben Enteignungsbegriff aus wie Art. 14 III und umfasst nicht nur das Verfahrensrecht, sondern auch das materielle Enteignungsrecht. Einschlägige Regelungen sind meist Bestandteil von Fachgesetzen auf den Gebieten der Art. 73 und Art. 74 wie dem Baugesetzbuch i.d.F. vom 23.9.2004 (BGBl I S. 2414; §§ 85 ff.), dem BundesfernstraßenG i.d.F. vom 28.6.2007 (BGBl I S. 1206; §§ 19 f.), dem LuftverkehrsG i.d.F. vom 10.5.2007 (BGBl I S. 698; § 28) und dem BundeswasserstraßenG i.d.F. vom 23.5.2007 (BGBl I S. 962; § 44). **13**

*Nr. 15:* Der Inhalt der die **Sozialisierung** betr. Zuständigkeitsnorm deckt sich begrifflich mit Art. 15. Der Bundesgesetzgeber hat bisher keine entsprechenden Regelungen getroffen. **14**

*Nr. 16:* Regelungen zur **Verhütung des Missbrauchs wirtschaftlicher Machtstellung** enthält insbes. das G gegen Wettbewerbsbeschränkungen i.d.F. vom 15.7.2005 (BGBl I S. 2114). Zur Überlagerung durch EU-Recht s. vor Art. 70 Rn. 6. **15**

**16**  *Nr. 17* verleiht dem Bundesgesetzgeber eine weitgehende Befugnis zur Sicherung und Förderung des **Ernährungswesens.** Hierzu gehören auch Regelungen über landwirtsch. Sachverständige. Auch marktbeeinflussende (Ausgleichs-)Abgaben, die wirtschaftslenkenden Charakter haben und dem Ertragsausgleich innerhalb der privaten Wirtschaft dienen, können auf Nr. 17 gestützt werden; sie stellen keine Steuer dar (vgl. BVerfGE 18, 328 f.; 37, 17). Das Recht der landwirtsch. Flurbereinigung unterliegt nicht mehr der konkurrierenden, sondern der ausschließlichen Gesetzgebung der Länder (s. auch Rn. 17). Die Kompetenz für den **Küstenschutz** ermöglicht umfassende Schutzmaßnahmen zur Erhaltung des Festlands gegenüber dem Meer (vgl. auch Art. 91 a Rn. 4). Nach Nr. 17 sind z.b. erlassen worden das MarktstrukturG i.d.F. vom 26.9.1990 (BGBl I S. 2134), das FleischG vom 9.4.2008 (BGBl I S. 714) und das SeefischereiG i.d.F. vom 6.7.1998 (BGBl I S. 1791). Zur Überlagerung durch EU-Recht s. vor Art. 70 Rn. 6.

**17**  Die in *Nr. 18* genannten Materien stehen selbständig und gleichgewichtig nebeneinander (BVerfGE 3, 414). Zum **städtebaulichen Grundstücksverkehr** gehören Bestimmungen über eine Genehmigungspflicht für Eigentums- und sonstige Rechtsänderungen an Grundstücken im Zusammenhang mit der baulichen Ordnung (BVerfGE 3, 429) oder ein städtebauliches Vorkaufsrecht. Zum **Bodenrecht** zählen Vorschriften, die den Grund und Boden unmittelbar zum Gegenstand rechtl. Ordnung haben, also die rechtl. Beziehungen des Menschen zum Grund und Boden, insbes. deren Nutzbarkeit, regeln. Es umfasst z.B. die Bauleitplanung für die bauliche und sonstige Nutzung von Grundstücken (§ 1 I BauGB), die Baulandumlegung, die Zusammenlegung von Grundstücken, den Bodenverkehr und das Erschließungsrecht (vgl. BVerfGE 3, 424, 429; 33, 286 f.; 34, 144; s. auch BVerwGE 140, 215, zum Erschließungskosten-Vertrag). Da in Nr. 17 das Recht der Flurbereinigung lediglich im Hinblick auf die „Förderung der land- und forstwirtsch. Erzeugung" aus der konkurrierenden Gesetzgebung ausgenommen worden ist (u. daher der landwirtsch. Grundstücksverkehr der ausschließlichen Gesetzgebung der Länder unterliegt; BT-Dr. 16/813 S. 13), fällt unter „Bodenrecht" nach Nr. 18 auch die Einführung einer über die herkömmliche Baulandumlegung (§§ 45 ff. BauGB) hinausgehenden Bereinigung und Neuordnung von Bodenflächen, etwa Gewerbe-, Industrie- und Verkehrsflächen. Dagegen steht dem Bund keine Gesetzgebungszuständigkeit für die Materie „Baurecht" insgesamt zu. Insbes. fallen das Bauordnungsrecht (vgl. BVerfGE 3, 415; 40, 265 f.; zur Abgrenzung vom Bodenrecht BVerwGE 129, 320 ff.) als selbständige Rechtsmaterie und das Recht der Erschließungsbeiträge in die Kompetenz der Länder. Zum „Bodenrecht" hat der Bund – unter Zusammenfassung der vorher im BundesbauG und dem StädtebauförderungsG geregelten Materien – insbes. das Baugesetzbuch i.d.F. vom 23.9.2004 (BGBl I S. 2414) und ferner das Bundes-BodenschutzG vom 17.3.1998 (BGBl I S. 502; s. dazu Oeter in v. Mangoldt/Klein/Starck, Art. 74 Rn. 130; BVerwG, NVwZ 2006, 928) erlassen. Auf das **Wohngeldrecht,** das **Wohnungsbauprämienrecht,** das **Bergarbeiterwohnungsbaurecht** und das **Bergmannssiedlungsrecht** beschränken sich nunmehr die Bundeszuständigkeiten zur Förderung des Wohnungswesens. Zur einschlägigen Gesetzgebung s. insbes. WohngeldG vom 24.9.2008 (BGBl I S. 1856), Wohnungsbau-PrämienG i.d.F. vom 30.10.1997 (BGBl I S. 2678), G zur Förderung des Bergarbeiterwohnungsbaues im Kohlenbergbau i.d.F. vom 25.7.1997 (BGBl I S. 1942), Gesetze über Bergmannssiedlungen vom 10.3.1930 (RGBl I S. 32) und 2.5.1934 (RGBl I S. 354); Übergangsregelungen im Hinblick auf den Wegfall der Bundeskompetenz für die soziale Wohnraumförderung treffen die Art. 6–9 und 11 des

Föderalismusreform-BegleitG vom 5.9.2006 (BGBl I S. 2098). **Altschuldenhilfe** betrifft Hilfen für Wohnungsunternehmen und private Vermieter von Wohnraum in den ostdeutschen Bundesländern zur Verbesserung der Kredit- und Investitionsfähigkeit (vgl. dazu Altschuldenhilfe-G v. 23.6.1993, BGBl I S. 944).

*Nr.* 19 zählt enumerativ und spezifisch einige Gebiete auf, bei denen der Bund **18** für den Bereich des Gesundheitswesens normierungsbefugt ist (BVerfGE 102, 37). In der Zusammenschau mit anderen Kompetenznormen (insbes. Nr. 11 – privatrechtl. Versicherungswesen einschl. privater Krankenkassen –, s. Rn. 10; Nr. 12 – Sozialversicherung –, vgl. Rn. 11; Nr. 19 a, s. Rn. 19) ergeben sich dennoch weitreichende Regelungsbefugnisse des Bundes für das Gesundheitswesen. So ist nicht Nr. 19 Grundlage für Regelungen des Bundes zum Schutz vor den gesundheitlichen Gefahren des Rauchens, sondern diese basieren u.a. auf Nr. 20 (Warnhinweise auf Zigarettenpackungen gemäß § 7 TabakproduktVO v. 20.11.2002, BGBl I S. 4434) oder der Regelungskompetenz des Bundes für Behörden und Einrichtungen insbes. des Verkehrs (s. G zum Schutz vor den Gefahren des Passivrauchens v. 20.7.2007, BGBl I S. 1595). Andererseits unterliegen wichtige Materien (Kammerwesen, Fortbildung) der ausschließlichen Regelung durch die Länder. Nach BVerfGE 33, 155, gehört auch die Qualifikation zum *Facharzt* nach Erteilung der Approbation dazu. Im Zuge der Weiterentwicklung des Gesundheitswesens ist jedoch die Qualifikation zum Facharzt Voraussetzung für die Zulassung als Vertragsarzt der gesetzl. Krankenversicherung (§ 73 Ia 2–5 SGB V) und damit zu einem ärztlichen Beruf (vgl. sogleich im Text der Rn.) geworden. Von der Kompetenz, **Maßnahmen gegen gemeingefährliche und übertragbare Krankheiten** bei Menschen und Tieren zu erlassen, hat der Bund Gebrauch gemacht u.a. durch das InfektionsschutzG vom 20.7.2000 (BGBl I S. 1045) und das TierseuchenG i.d.F. vom 22.6.2004 (BGBl I S. 1260). Der Schwerpunkt liegt hier bei übertragbaren, d.h. Infektionskrankheiten. Darum handelt es sich vielfach auch bei „gemeingefährlichen" Krankheiten. Darunter fallen jedoch auch Krankheiten, die sonst eine erhebliche Bedrohung für eine Vielzahl von Menschen oder Tieren bilden, wie etwa Krebs, Alkohol-, Drogensucht, so dass etwa präventive Maßnahmen dagegen ebenfalls von Nr. 19 erfasst sind. Der Begriff **Zulassung zu ärztlichen und anderen Heilberufen** umfasst u.a. die Vorschriften, die sich auf Erteilung, Zurücknahme und Verlust der Approbation bzw. Zulassung oder auf die Befugnis zur Ausübung des Berufs erstrecken (BVerfG i. st. Rspr.; z.B. BVerfGE 33, 154 f.); s. dazu Bundesärzteordnung i.d.F. v. 16.4.1987 (BGBl I S. 1218) und Bundes-Tierärzteordnung i.d.F. v. 20.11.1981 (BGBl I S. 1193). Dazu zählen auch ausbildungs- und prüfungsrechtl. Regelungen im Rahmen der ärztlichen Approbation als Voraussetzung für die Zulassung zu ärztlichen Heilberufen (BVerwGE 61, 174). **Ärztliche Berufe** i.S. der Nr. 19 sind die Berufe des Arztes, Zahnarztes und Tierarztes (BVerfGE 33, 153). Der Begriff **andere Heilberufe** ist weit auszulegen und umfasst nicht nur die Heilung von Krankheiten, sondern auch die helfende Behandlung oder Betreuung von Menschen mit gesundheitlichen Problemen durch pflegende oder lindernde Maßnahmen. Dazu gehören neben dem Beruf des Heilpraktikers (auch bei kosmetischer Zielsetzung; BVerwG, NVwZ-RR 2007, 686) u.a. die Berufe der Krankenschwester, des Krankenpflegers, der Hebamme, des Masseurs, des Krankengymnasten, des pharmazeutisch-technischen Assistenten, des Beschäftigungs- und Arbeitstherapeuten, des Logopäden, des Rettungsassistenten, des Orthopisten und des Altenpflegers (vgl. BVerfGE 106, 107 f., 118 f.). Zum Recht der Heilberufe s. u.a. die vorstehend schon erwähnte Bundesärzteordnung, ferner HeilpraktikerG vom 17.2.1939 (RGBl I S. 251; vgl. dazu BVerwGE 134, 346 f.) und KrankenpflegeG vom 16.7.2003 (BGBl I S. 1442). Zur Regelung der ärztlichen Gebühren s. Rn. 10. Regelungen über die Berufsgerichtsbarkeit für die Angehörigen der Heilberufe fallen in die Gesetzgebungszuständigkeit der Länder (BVerfGE 4, 83). Nach Nr. 19 besteht eine umfassende, nicht auf die Zulassung, den Verkehr oder heilende Aspekte beschränkte Regelungskompetenz für das **Apothekenwesen** (BT-Dr 16/813 S. 13) und für **Arzneien** (Produkte, die die normalen physiologischen Funktionen verändern sollen; vgl. BVerwG, Buchholz 418.710 LFGB Nr. 4 S. 19 f.), **Medizinprodukte** (zum Begriff vgl. Richtlinie Nr. 93/42/EWG des Rates v. 14.6.1993 über Medizinprodukte, ABlEG Nr. L 169 S. 1; dazu MedizinprodukteG i.d.F. v. 7. 8.2002, BGBl I S. 3146), **Heilmittel** (medizinische Dienstleistungen von Gesundheitsfachberufen), **Betäubungsmittel und Gifte.** Darunter fallen auch Mittel für Dopingzwecke im Sport, nicht aber Pflegemittel (BVerwG, NVwZ-RR 2007, 772 ff.). S. dazu ArzneimittelG i.d.F. vom 12.12.2005 (BGBl I S. 3394), BetäubungsmittelG i.d.F. vom 1.3.1994 (BGBl I S. 358) und ChemikalienG i.d.F. vom 2.7.2008 (BGBl I S. 1146).

19   *Nr. 19 a:* Die **wirtschaftliche Sicherung der Krankenhäuser** stellt nur einen Ausschnitt aus dem Krankenhauswesen insgesamt dar (s. BVerfGE 83, 379) und ermöglicht neben Regelungen über die Finanzierung von Investitionen, die Unterhaltung und Finanzhilfen des Bundes (gestützt auf Art. 104 b) auch Regelungen über die Personalstruktur, die Klasseneinteilung und die ausdrücklich genannten **Krankenhauspflegesätze,** nicht jedoch über die Krankenhausplanung und -organisation (BVerfGE 83, 380). Auch Einschränkungen des Liquidationsrechts der Krankenhauschefärzte sind, soweit sie sich im Bereich des Zumutbaren bewegen, zulässig (vgl. BVerfGE 52, 336 ff.). Unter Krankenhäusern sind sowohl öffentl. (auch z.B. kommunale) als auch private Häuser zu verstehen. Zu Nr. 19 a vgl. KrankenhausfinanzierungsG i.d.F. vom 10.4.1991 (BGBl I S. 886).

20   *Nr. 20:* Die Kompetenz für das **Recht der Lebensmittel einschließlich der ihrer Gewinnung dienenden Tiere** erstreckt sich auf das gesamte diesbezügliche Recht, nicht nur wie früher auf den „Schutz beim Verkehr" damit, womit etwa Hausschlachtungen nicht erfasst waren. Einbezogen ist nunmehr z.B. auch die Regelung der amtlichen Untersuchung von Tieren in zeitlichem Abstand vor der Schlachtung, also der eigentlichen Lebensmittelgewinnung (BT-Dr 16/813 S. 13). Unter Nr. 20 fällt auch umfassend das **Recht der Genussmittel, Bedarfsgegenstände und Futtermittel;** es erstreckt sich über Schutzaspekte hinaus z.B. auf Produktion, Grenzwerte und Kontrollen (vgl. u.a. Lebensmittel- und Futtermittelgesetzbuch i.d.F. v. 22.8.2011, BGBl I S. 1770). Zum Verhältnis zu landesrechtl. Regelungen über die Gefahrenabwehr BVerfGK 18, 118 f. Der Begriff „Bedarfsgegenstände" ist weit auszulegen und kann, nachdem die Beschränkung auf den „Schutz beim Verkehr" entfallen ist, nicht mehr auf Gegenstände begrenzt werden, mit denen Menschen in Berührung kommen und die Einfluss auf deren Gesundheit haben können. Erfasst sind alle Gegenstände für den (allg.) Lebensbedarf über § 2 VI LFGB hinaus; vgl. u.a. HandelsklassenG i.d.F. vom 23.11.1972 (BGBl I S. 2201), Wasch- und ReinigungsmittelG vom 29.4.2007 (BGBl I S. 600), zu den Bereichen **Schutz beim Verkehr mit land- und fortwirtschaftlichen Saat- und Pflanzgut** sowie **Pflanzenschutz** SaatgutverkehrsG i.d.F. vom 16.7.2004 (BGBl I S. 1673) und PflanzenschutzG vom 6.2.2012 (BGBl I S. 148; dazu BVerwG, NVwZ-RR 2010, 97). Die Kompetenz für den **Tierschutz** steht im Zusammenhang mit Art. 20 a und beruht auf der Grundkonzeption eines ethisch ausgerichteten Tierschutzes i.S. einer Mitverantwortung des Menschen für das seiner Obhut anheimgegebene Lebewesen (BVerfGE 48, 389; 104, 347). Der Begriff des Tierschutzes ist weit auszulegen. Er bezieht sich insbes. auf die Haltung,

Pflege, Unterbringung, Beförderung und Zucht von Tieren, auf Versuche an lebenden Tieren und auf das Schlachten von Tieren (BVerfGE 110, 171); s. dazu TierschutzG i.d.F. vom 18.5.2006 (BGBl I S. 1206) und TierzuchtG vom 21.12.2006 (BGBl I S. 3294).

*Nr. 21* dient dem Zweck, die einheitliche Regelung von Angelegenheiten der **Schifffahrt** sowie der **Schifffahrtswege** im Interesse eines ordnungsmäßigen Schiffsverkehrs zu ermöglichen (BVerfGE 15, 18). Mitumfasst sind strompolizeiliche Regelungen; wasserwirtsch. Aspekte unterliegen dagegen Nr. 32 (Abweichungsbefugnis der Länder nach Art. 72 III 1 Nr. 5). Bundeswasserstraßen, die Binnenwasserstraßen sind, und dem allg. Verkehr dienende Binnenwasserstraßen sind begrifflich nicht dasselbe (BVerfGE 15, 8; zur Verwaltungskompetenz hinsichtlich der Bundeswasserstraßen vgl. Art. 89). Häfen, Hafenanlagen, Zuflüsse, Schleusen usw. an Binnen- und Seewasserstraßen fallen unter Nr. 21 nur, soweit sie Bestandteil der Binnen- oder Seewasserstraße sind oder im Eigentum des Bundes stehen. S. u.a. SeeaufgabenG i.d.F. vom 26.7.2002 (BGBl I S. 2876), BinnenschiffahrtsaufgabenG i.d.F. vom 5.7.2001 (BGBl I S. 2026), G über das Seelotswesen i.d.F vom 13.9.1984 (BGBl I S. 1213), BundeswasserstraßenG i.d.F. vom 23.5.2007 (BGBl I S. 962). Zum **Wetterdienst** G über den Deutschen Wetterdienst vom 10.9.1998 (BGBl I S. 2871). {21}

*Nr. 22:* Das **Straßenverkehrsrecht** ist in seiner Zielrichtung, einen optimalen Ablauf des Verkehrs zu gewährleisten, auch sachlich begrenztes Ordnungsrecht, für das dem Bund – abw. vom sonstigen (Polizei-)Ordnungsrecht – die konkurrierende Gesetzgebungskompetenz zusteht, so dass er auch Regelungen über verkehrsbeeinträchtigende Werbung (BVerfGE 40, 380 f.) und über das Parken von Fahrzeugen („Laterngarage") treffen kann (BVerfGE 67, 314). Auf dem Gebiet des Straßen- und Wegerechts ist der Bund gemäß Nr. 22 beschränkt auf Regelungen über **Bau und Unterhaltung von Landstraßen für den Fernverkehr** (identisch mit Bundesfernstraßen; s. zur Verwaltungskompetenz Art. 90). Dagegen sind die Länder etwa für Regelungen über „öffentl. Eigentum" an Straßen und die Haftung für dessen Beschädigung zuständig (vgl. BVerfGE 42, 28 ff.). Die **Erhebung und Verteilung von Gebühren** für die **Benutzung** öffentlicher Straßen umfasst insbes. Park-, Straßen-, Brücken- und Tunnelbenutzungsgebühren, wobei kein neuer Gebührenbegriff eingeführt, sondern an den allg. Gebührenbegriff angeknüpft wird (s. BVerfGE 50, 226). Neben öff.-rechtl. Gebühren (vgl. insbes. AutobahnmautG für schwere Nutzfahrzeuge i.d.F. v. 2.12.2004, BGBl I S. 3122) können ausdrücklich auch privatrechtl. **Entgelte** (bei privatrechtl. Organisationsform oder Nutzungsverhältnis) vorgesehen werden. Zu Nr. 22 s. u.a. StraßenverkehrsG i.d.F. vom 5.3.2003 (BGBl I S. 310), PersonenbeförderungsG i.d.F. vom 8.8.1990 (BGBl I S. 1690), GüterkraftverkehrsG vom 22.6.1998 (BGBl I S. 1485), G über die Errichtung eines Kraftfahrt-Bundesamtes vom 4.8.1951 (BGBl I S. 488), BundesfernstraßenG i.d.F. vom 28.6.2007 (BGBl I S. 1206) und BundesfernstraßenmautG vom 12.7.2011 (BGBl I S. 1378). {22}

*Nr. 23* korrespondiert mit Art. 73 I Nr. 6 a und umfasst für **Schienenbahnen, die nicht Eisenbahnen des Bundes sind,** Verkehr, Wettbewerb und Erhebung von Benutzungsentgelten sowie Bau, Unterhaltung und Betrieb der Schienenwege (BT-Dr 12/4610 S. 6; 12/5015 S. 6). **Schienenbahnen** sind – über Eisenbahnen hinaus – alle spurgebundenen Verkehrssysteme, sofern deren Spur noch als Schiene bezeichnet werden kann, z.B. Straßen-, Magnetschwebe- und Zahnradbahnen (vgl. u.a. EisenbahnneuordnungsG vom 27.12.1993, BGBl I S. 2378, Allg. MagnetschwebebahnG v. 19.7.1996, BGBl I S. 1019). Regelungen über **Bergbahnen** {23}

(Seilbahnen, Lifte) fallen in die Zuständigkeit der Länder (vgl. BVerfGE 56, 263).

24 *Nr. 24* enthält den Kernbereich der Regelungskompetenzen des Bundes für den **Umweltschutz.** Weitere Anknüpfungspunkte sind – neben Art. 73 I Nr. 14 – insbes. Art. 74 I Nr. 1 (z.B. UmwelthaftungsG v. 10.12.1990, BGBl I S. 2634), 11, 17, 18, 20, 22 und 28–32. Eine umfassende Bundeszuständigkeit für das Umweltrecht besteht jedoch nicht. In diesen Bereichen stützen sich Bundesgesetze vielfach auf eine Kombination unterschiedlicher Gesetzgebungstitel (vgl. vor Art. 70 Rn. 4), insbes. das Bundes-ImmissionsschutzG i.d.F. vom 26.9.2002 (BGBl I S. 3830) und das UmweltschadensG vom 10.5.2007 (BGBl I S. 666; dazu BT-Dr 16/3806, S. 14 f.). Angesichts der bewussten gesetzgeberischen Entscheidungen im Rahmen der Föderalismusreform I (s. dazu Einführung Rn. 6) ist Zurückerhaltung gegenüber einer erweiternden Auslegung geboten; es kommt im Wesentlichen nur eine Erweiterung auf Grund Sachzusammenhangs oder einer Annexkompetenz in Betracht (s. dazu vor Art. 70 Rn. 3). Der Begriff **Abfallwirtschaft** umfasst sowohl die Abfallvermeidung als auch alle Phasen der Abfallentsorgung sowie alle damit zusammenhängenden Tätigkeiten und Maßnahmen, insbes. die Einsammlung, Beförderung, Lagerung, Behandlung, Verwertung und Beseitigung von Abfällen (BT-Dr 16/813 S. 13; BVerfGE 98, 120; BVerwG, DVBl 1991, 400); vgl. KreislaufwirtschaftsG vom 24.2.2012 (BGBl I S. 212); bereichsspezifisch z.B. ElektroG vom 16.3.2005 (BGBl I S. 762). Zu **Luftreinhaltung und Lärmbekämpfung** s. Bundes-ImmissionsschutzG i.d.F. vom 26.9.2002 (BGBl I S. 3830). Die Regelungskompetenz für die Luftreinhaltung ist wesentliche, wenngleich ebenfalls nicht umfassende Grundlage für den **Klimaschutz** (OVG Berlin-Brandenburg, NVwZ-RR 2012, 218); weitere Anknüpfungspunkte dafür insbes. in Nr. 11, ferner Art. 73 I Nr. 6 a, Art. 74 I Nr. 17, 20, 21, 22, 23, 29 (vgl. z.B. Erneuerbare-Energien-G, Erneuerbare-Energien-WärmeG; dazu Rn. 10). Zur *Lärmbekämpfung* ist auf Grund des Bundes-ImmissionsschutzG u.a. eine umfassende Regelung des Verkehrslärms erfolgt (s. Verkehrslärmschutz-VO v. 12.6.1990, BGBl I S. 1036); ferner G zum Schutz gegen Fluglärm i.d.F. vom 31.10.2007 (BGBl S. 2550; vgl. aber BVerfG, NVwZ 2011, 992). Ausgenommen ist der „Schutz vor verhaltensbezogenem Lärm". Danach unterliegt der Schutz vor Lärm von Sportanlagen oder anderen Einrichtungen, die der Freizeitgestaltung dienen oder eine soziale Zweckbestimmung haben wie Kindergärten, Jugendheime, Spielplätze, Sportstätten- und Stadien, Theater, Veranstaltungs-, Aufführungs- und Festplätze, Hotels und Gaststätten der ausschließlichen Gesetzgebung der Länder. Unter Nr. 24 fallen demgegenüber – an den Anlagenbetreiber gerichtete – Regelungen zu anlagenbezogenem Lärm, auch soweit er durch die bestimmungsgemäße Nutzung der Anlage verursacht wird (s. Hansmann, NVwZ 2007, 19; Kiefer, DÖV 2011, 515). Regelungen nach Nr. 24 unterliegen weder der Erforderlichkeitsklausel des Art. 72 II noch besteht eine Abweichungsbefugnis der Länder nach Art. 72 III.

25 *Nr. 25:* Regelungen zur **Staatshaftung** betreffen den Ausgleich von durch hoheitliches Unrecht verursachten Schäden. Erfasst werden die Haftung für legislatives Unrecht, enteignende und enteignungsgleiche Eingriffe sowie Ansprüche aus Gefährdungshaftung, Aufopferung und Folgenbeseitigung (vgl. Degenhart in Sachs, Art. 74 Rn. 106 f.). Von der Kompetenz gemäß Nr. 25 hat der Bund bisher keinen Gebrauch gemacht (zur Fortgeltung des DDR-StaatshaftungsG s. Art. 34 Rn. 1 sowie SachsAnh G v. 1.1.1997, GVBl 1997, 2).

26 Nach *Nr. 26* unterliegen die Fortpflanzungsmedizin, die Gentechnologie sowie die Transplantationsmedizin und -technik nunmehr weitgehend der konkurrie-

*Schnapauff*

renden Gesetzgebung. **Medizinisch unterstützte Erzeugung menschlichen Lebens** umfasst alle Bereiche der modernen Fortpflanzungsmedizin für den Menschen einschl. in-vitro-Fertilisation, medizinisch unterstützter natürlicher Befruchtung, wie z.b. nach einer Hormonbehandlung, usw. (vgl. BT-Dr 16/813 S. 14). Das auf Art. 74 I Nr. 1 und Nr. 19 a.f. gestützte EmbryonenschutzG vom 13.12.1990 (BGBl I S. 2746) beschränkt sich noch vornehmlich auf Regelungen, gegen mögliche Missbräuche neuer Fortpflanzungstechniken insbes. durch strafrechtl. Verbote Vorsorge zu treffen. **Untersuchung und künstliche Veränderung von Erbinformationen** erfasst die gesamte **Gentechnologie**, d.h. Anlagen und Verfahren zur Untersuchung und künstlichen Veränderung von Erbinformationen bei Menschen, Tieren und Pflanzen sowie Freisetzung und Inverkehrbringen gentechnisch veränderter Organismen oder Produkte, die solche enthalten oder daraus bestehen (BVerfGE 128, 33 f.; s. GendiagnostikG v. 31.7.2009, BGBl I S. 2529, GentechnikG i.d.F. v. 16.12.1993, BGBl I S. 2066, StammzellG v. 28.6.2002, BGBl I S. 2277, u. PräimplantationsdiagnostikG v. 21.11.2011, BGBl I S. 2228). **Transplantation von Organen, Geweben und Zellen** bezieht sich auf die gesamte entsprechende Medizin und Technik bei Menschen, Tieren und Pflanzen einschl. Bluttransfusion (vgl. TransplantationsG i.d.F. v. 4.9.2007, BGBl I S. 2206; TransfusionsG i.d.F. v. 28.8.2007, BGBl I S. 2169).

*Nr. 27:* In Bezug auf das Recht der **Beamten der Länder, Gemeinden und anderen auf Grund Landesrechts errichteten Körperschaften des öffentlichen Rechts** sowie der Richter in den Ländern unterliegt der konkurrierenden Gesetzgebung lediglich die Befugnis zur Regelung der **Statusrechte und -pflichten.** Dazu gehören (vgl. BT-Dr 16/813 S. 14)    **27**

a) Arten, Wesen, Voraussetzungen, Entstehen und Beendigung des Dienstverhältnisses, Amt im statusrechtl. Sinn (BVerwG, NVwZ-RR 2008, 268 f.), Rechtsform der Begründung, Nichtigkeits- und Rücknahmegründe;

b) Abordnung und Versetzung zwischen den Ländern sowie zwischen Bund und Ländern;

c) Voraussetzungen und Formen der Beendigung des Dienstverhältnisses (vor allem Tod, Entlassung, Verlust der Beamten- u. Richterrechte, Entfernung aus dem Dienst nach dem Disziplinarrecht);

d) statusprägende Pflichten und Folgen der Nichterfüllung;

e) wesentliche Rechte (z.B. Schutz bei der amtlichen Tätigkeit u. in der Stellung als Beamter im Rahmen der Fürsorgepflicht);

f) Diensherrenfähigkeit;

g) Spannungs- und Verteidigungsfall;

h) Verwendungen im Ausland.

Nicht erfasst sind nicht-statusberührende Regelungen, z.B. betr. Dienstzeiten, Urlaub. Ausdrücklich ausgenommen sind ferner die Laufbahnen einschl. des Zugangs zur Laufbahn sowie Besoldung und Versorgung (früher Art. 74 a), wobei die Länder jedoch weiterhin nach dem Grundsatz der Bundestreue auf die Besoldungsverhältnisse in Bund und Ländern Rücksicht nehmen müssen (BVerfGE 4, 140). Unter Nr. 27 fallen die Statusrechte und -pflichten nicht nur der Bediensteten der Verwaltungen, sondern auch des wissenschaftlichen Personals der Hochschulen (Hochschullehrer, Assistenten, wissenschaftliche Mitarbeiter), soweit sie verbeamtet sind (zu Angestellten u. Arbeitern vgl. Rn. 11). Zur Geltung von Art. 72 III s. Art. 72 Rn. 4. Auf Grund von Nr. 27 ist ergangen das BeamtenstatusG vom 17.6.2008 (BGBl I S. 1010).

**28**     *Nr. 28:* Das **Jagdwesen** umfasst das gesamte das Aufsuchen, Nachstellen, Fangen, Erlegen und Aneignen von Wild betr. Recht (u.a. jagdbare Tiere, Jagd- u. Schonzeiten, erlaubte Jagdmethoden, Jagdbezirke, Jagdausübungsrecht, Jägerprüfung). Zum Wild gehören auch Vögel, die Fischerei fällt dagegen unter Nr. 17. Das (noch auf Art. 75 I Nr. 3 a.F. u. z.T. auf Art. 74 I Nr. 1 gestützte) BundesjagdG i.d.F. vom 29.9.1976 (BGBl I S. 2849) findet heute seine Grundlage vollständig in Nr. 28, schöpft diese allerdings nicht aus. Zur Geltung von Art. 72 III s. Art. 72 Rn. 4.

**29**     *Nr. 29:* Zu **Naturschutz und Landschaftspflege** vgl. BundesnaturschutzG vom 29.7.2009 (BGBl I S. 2542) und BundeswaldG vom 2.5.1975 (BGBl I S. 1037), das in Teilen auf Art. 74 I Nr. 17 beruht. Wie sich aus Art. 72 III Nr. 2 ergibt, umfasst Nr. 29 auch den Arten- und den Meeresnaturschutz. Zur Geltung von Art. 72 III s. Art. 72 Rn. 4.

**30**     *Nr. 30:* Von der früheren Rahmenkompetenz (s. Rn. 1) zur Regelung der **Bodenverteilung** im Rahmen einer Bodenreform zur gleichmäßigeren Verteilung der Eigentumsrechte hat der Bund bisher keinen Gebrauch gemacht (vgl. auch Art. 74 I Nr. 15 u. 18). Zur Geltung von Art. 72 III s. Art. 72 Rn. 4.

**31**     *Nr. 31:* **Raumordnung** ist die übergeordnete, vielfältige Fachplanungen zusammenfassende und aufeinander abstimmende überörtliche Planung und Ordnung des Raumes (zum Begriff BVerwG, NVwZ 2012, 316) *im Bereich eines Landes.* Die Raumplanung für den *Gesamtstaat,* die die länderübergreifenden Zusammenhänge betrifft, z.b. in der deutschen ausschließlichen Wirtschaftszone, unterliegt dagegen allein der Vollkompetenz des Bundes aus der Natur der Sache (BVerfGE 3, 425; 15, 16). Diese bereits im Hinblick auf die frühere Rahmenkompetenz nach Art. 75 I Nr. 4 umstrittene (vgl. Kunig in von Münch/Kunig, Art. 74 Rn. 122; Oeter in v. Mangoldt/Klein/Starck, Art. 74 Rn. 190; Ritter, DÖV 2009, 425 f.) Kompetenzverteilung zwischen Bund und Ländern erscheint nunmehr zwingend, weil andernfalls auf Grund der Abweichungsbefugnis der Länder nach Art. 72 III (s. Art. 72 Rn. 4) einander widersprechende Vorgaben für die Raumplanung des Bundes (auch im Verhältnis zu Nachbarstaaten) und der Länder möglich wären (zur Begrenzung durch den Grundsatz der Widerspruchsfreiheit vgl. Art. 70 Rn. 3). Schwierigkeiten bereitet auch die Einordnung der Raumordnungsklauseln in verschiedenen Fachplanungsgesetzen (z.B. § 1 IV BauGB, § 37 II FlurbG, § 6 II LuftVG). Wenn Kompetenzgrundlage dafür Nr. 31 wäre, hätte dies die Abweichungsbefugnis der Länder nach Art. 72 III 1 Nr. 4 und damit einander widersprechende Vorgaben hinsichtlich der Berücksichtigung der Ziele oder Erfordernisse der Raumordnung zur Folge. Zutreffender erscheint daher, die Grundlage für die Raumordnungsklauseln in der Regelungskompetenz für die jeweilige Fachplanung zu sehen. Zu Nr. 31 s. RaumordnungsG vom 22.12.2008 (BGBl I S. 2986).

**32**     *Nr. 32:* Der Begriff **Wasserhaushalt** entspricht dem der „Wasserwirtschaft" (Art. 89 III; s. dort Rn. 10). Unter Nr. 32 fallen daher alle Vorschriften über Einwirkungen auf Oberflächen- und Grundwasser sowie die haushälterische Bewirtschaftung des in der Natur vorhandenen Wassers nach Menge und Güte (BVerfGE 15, 15; 58, 62; 58, 340 ff.). Auf Nr. 32 beruhen das WasserhaushaltsG vom 31.7.2009 (BGBl I S. 2585) und das AbwasserabgabenG i.d.F. vom 18.1.2005 (BGBl I S. 114). Zur Geltung von Art. 72 III s. Art. 72 Rn. 4.

**33**     *Nr. 33:* Die Kompetenz für die **Hochschulzulassung** ermöglicht insbes. die Regelung von Eingangsvoraussetzungen für die Hochschulausbildung, von Vorgaben für die Ermittlung und Ausschöpfung der vorhandenen Ausbildungskapazitäten der Hochschulen sowie für die Vergabe der Studienplätze und Auswahlverfahren (z.B. für bundesweit oder nicht bundesweit zulassungsbeschränkte Studiengänge); s. die §§ 27 ff. HochschulrahmenG i.d.F. vom 19.1.1999 (BGBl I S. 18) sowie Staatsvertrag der Länder über die Errichtung einer gemeinsamen Einrichtung für Hochschulzulassung vom 5.6.2008 (GVBl für das Land Hessen 2009, 709). Auf Grund der Kompetenz für die **Hochschulabschlüsse** können, insbes. im Interesse der Gleichwertigkeit einander entsprechender Studienleistungen und -abschlüsse, die Arten der Hochschulabschlüsse, Voraussetzungen, Anforderungen und Verfahren für ihren Erwerb sowie Regelstudienzeiten geregelt werden (vgl. BT-Dr 16/813 S. 14; s. z.b. die §§ 3 ff. BundesärzteO i.d.F. v. 16.4.1987, BGBl I S. 1218). Zur Geltung von Art. 72 III vgl. Art. 72 Rn. 4.

**Absatz 2: Zustimmungsbedürftigkeit**

Insbes. im Hinblick auf die finanziellen Auswirkungen für die Länder unterwirft    34
Abs. 2 Gesetze nach Abs. 1 Nr. 25 (Staatshaftung) dem Erfordernis der Zustimmung des BRats. Aus dem gleichen Grund, vor allem aber wegen der Rückwirkungen auf die Personalhoheit der Länder sind darüber hinaus auch Gesetze nach Abs. 1 Nr. 27 (Statusrechte u. -pflichten der Landesbeamten u. -richter) zustimmungsbedürftig.

## Artikel 74 a  [Besoldung und Versorgung im öffentlichen Dienst] (aufgehoben)

Seit der Aufhebung von Art. 74 a durch die **Föderalismusreform I** (vgl. Einführung Rn. 6) unterliegen **Besoldung und Versorgung der Landesbeamten und Landesrichter** der ausschließlichen Gesetzgebung der Länder.

## Artikel 75  [Rahmenvorschriften des Bundes] (aufgehoben)

Die früher in Art. 75 geregelte Rahmengesetzgebung des Bundes ist durch die **Föderalismusreform I** (s. Einführung Rn. 6) abgeschafft worden. Die von ihr erfassten Materien sind teilweise in die ausschließliche Gesetzgebung des Bundes oder in die konkurrierende Gesetzgebung überführt worden (vgl. dazu Art. 73 Rn. 1 u. Art. 74 Rn. 1). Im Übrigen unterliegen sie nunmehr der (ausschließlichen) Gesetzgebungszuständigkeit der Länder. Dies betrifft

a) die allg. Grundsätze des Hochschulwesens (früher Art. 75 I Nr. 1 a), abgesehen von Hochschulzulassung und Hochschulabschlüssen (Art. 74 Nr. 33);
b) das Dienstrecht der Landesbeamten und Landesrichter, insbes. Laufbahnen, Besoldung und Versorgung (früher Art. 75 I 1 Nr. 1), mit Ausnahme der Statusrechte (Art. 74 I Nr. 27);
c) die allg. Rechtsverhältnisse der Presse (früher Art. 75 I 1 Nr. 2).

## Artikel 76  [Einbringung von Gesetzesvorlagen des Bundes]

(1) Gesetzesvorlagen werden beim Bundestage durch die Bundesregierung, aus der Mitte des Bundestages oder durch den Bundesrat eingebracht.

(2) Vorlagen der Bundesregierung sind zunächst dem Bundesrat zuzuleiten. Der Bundesrat ist berechtigt, innerhalb von sechs Wochen zu diesen Vorlagen Stellung zu nehmen. Verlangt er aus wichtigem Grunde, insbesondere mit Rücksicht auf den Umfang einer Vorlage, eine Fristverlängerung, so beträgt die Frist neun Wochen. Die Bundesregierung kann eine Vorlage, die sie bei der Zuleitung an den Bundesrat ausnahmsweise als besonders eilbedürftig bezeichnet hat, nach drei Wochen oder, wenn der Bundesrat ein Verlangen nach Satz 3 geäußert hat, nach sechs Wochen dem Bundestag zuleiten, auch wenn die Stellungnahme des Bundesrates noch nicht bei ihr eingegangen ist; sie hat die Stellungnahme des Bundesrates unverzüglich nach Eingang dem Bundestag nachzureichen. Bei Vorlagen zur Änderung dieses Grundgesetzes und zur Übertragung von Hoheitsrechten nach Artikel 23 oder Artikel 24 beträgt die Frist zur Stellungnahme neun Wochen; Satz 4 findet keine Anwendung.

(3) Vorlagen des Bundesrates sind dem Bundestag durch die Bundesregierung innerhalb von sechs Wochen zuzuleiten. Sie soll hierbei ihre Auffassung darlegen. Verlangt sie aus wichtigem Grunde, insbesondere mit Rücksicht auf den Umfang einer Vorlage, eine Fristverlängerung, so beträgt die Frist neun Wochen. Wenn der Bundesrat eine Vorlage ausnahmsweise als besonders eilbedürftig bezeichnet hat, beträgt die Frist drei Wochen oder, wenn die Bundesregierung ein Verlangen nach Satz 3 geäußert hat, sechs Wochen. Bei Vorlagen zur Änderung dieses Grundgesetzes und zur Übertragung von Hoheitsrechten nach Artikel 23 oder Artikel 24 beträgt die Frist neun Wochen; Satz 4 findet keine Anwendung. Der Bundestag hat über die Vorlagen in angemessener Frist zu beraten und Beschluß zu fassen.

1 **Allgemeines:** Art. 76 befasst sich mit der Einbringung von Gesetzentwürfen beim BTag als dem ersten Teil des äußeren, die Transparenz der Entscheidungen des Gesetzgebers sichernden (BVerfG, U. v. 18.7.2012 – 1 BvL 10/10 u.a. –) Verfahrens der **Bundesgesetzgebung** (zu den weiteren Bestandteilen dieses Verfahrens s. BVerfGE 34, 22). Mit der Einbringung werden geplante Gesetzesänderungen öffentl., was in Fällen unechter Rückwirkung solcher Änderungen (dazu vor Art. 70 Rn. 13) das Vertrauen in die Fortgeltung des bis dahin bestehenden Rechts zerstören kann (BVerfGE 127, 50 ff.; BVerfG, Beschl. v. 10.10.2012 – 1 BvL 6/07 –). Im Einzelnen bestimmt Art. 76 die zur Gesetzesinitiative Berechtigten sowie den Adressaten solcher Initiativen (Abs. 1); außerdem werden für Vorlagen der BReg (Abs. 2) und des BRats (Abs. 3) jeweils die **Verfahrensschritte bis zur Zuleitung an den Bundestag** festgelegt. Stets geht es im Gesetzgebungsverfahren darum, die demokratische Legitimation der zu treffenden Regelungen sicherzustellen und zugleich die Balance zwischen den am Verfahren beteiligten Gesetzgebungsorganen und wegen der Einbindung des BRats auch zwischen Bund und Ländern zu wahren. Sie sind daher von strenger Förmlichkeit geprägt und stehen nicht zur Disposition der beteiligten Organe oder ihrer Mitglieder (BVerfGE 120, 78). Nicht verfassungsrechtl. geregelt sind die Vorbereitung und Erstellung der Gesetzesvorlagen (vgl. zur Beteiligung betroffener Bevölkerungskreise BT-Dr 17/1344 S. 2 u. allg. zu Vorlagen der BReg insbes. § 15 I Buchst. a, § 16 III, § 26 II GOBReg, §§ 40 ff. GGO sowie § 4 I Nr. 1, 2, 5, II des G zur Einsetzung eines Nationalen Normenkontrollrates v. 14.8.2006, BGBl I S. 1866, zu Vorlagen des BTags § 76 GOBT). Das sog. Gesetzgebungsoutsourcing unter Heranziehung Externer, insbes. von Rechtsanwälten, ist deshalb verfassungsrechtl. unbedenklich, sofern die Entscheidungsfreiheit von Initiativberechtigtem und Gesetzgeber gewahrt bleibt. Dass Gesetzentwürfe stets zu begründen sind, folgt ebenfalls nicht

aus dem GG (s. BVerfG, U. v. 18.7.2012 – 1 BvL 10/10 u.a. –; aber auch BVerfGE 75, 268; str.), sondern aus den Geschäftsordnungen der Gesetzesinitianten (vgl. § 42 I, §§ 43 GGO, § 76 II, § 96 III 1 GOBT, §§ 24, 26 III 2 GOBR). Doch können sich für den Gesetzgeber je nach Gesetzgebungsgegenstand besondere Transparenzpflichten ergeben (s. für die Ermittlung des Umfangs des Anspruchs auf Sicherung des menschenwürdigen Existenzminimums BVerfGE 125, 225, aber auch BVerfG, U. v. 18.7.2012 – 1 BvL 10/10 u.a. –). Art. 76 betrifft nur das Verfahren der formellen Gesetzgebung, und zwar auch dann, wenn der parl. Gesetzgeber Verordnungsrecht ändert (BVerfGE 114, 238). Für den originären Erlass von RVO des Bundes gilt dagegen ausschließlich Art. 80, nach dessen Abs. 3 bei RVO, die der Zustimmung des BRats bedürfen, neben dem jeweiligen Ermächtigungsadressaten auch der BRat ein Initiativrecht hat (dazu s. Art. 80 Rn. 11).

### Absatz 1: Adressat und Träger des Gesetzesinitiativrechts

**Adressat** sämtlicher Gesetzesvorlagen (Gesetzentwürfe) im Bereich der Bundesgesetzgebung ist der BTag (BVerfGE 1, 152), konkret: dessen Plenum (BVerfGE 1, 154), als das eigentliche Gesetzgebungsorgan des Bundes. **Träger des Gesetzesinitiativrechts** sind die BReg, Mitglieder des BTags und der BRat. Diese Aufzählung ist abschließend. Eine Gesetzesinitiative durch Volksbegehren kennt das GG nicht (ebenso Schmidt-Jortzig/Schürmann, BK, Art. 76 Rn. 121 f.). Auch der Vermittlungsausschuss hat kein Initiativrecht (BVerfGE 72, 189; 101, 306; zu seinen dementsprechend begrenzten Befugnissen s. Art. 77 Rn. 10); er wird nur tätig, wenn er nach der Verabschiedung eines Gesetzentwurfs durch den BTag (Art. 77 I) von einem der in Art. 76 I genannten Initiativberechtigten angerufen wird (BVerfGE 120, 74). *Vorlagen der Bundesregierung*, des, gemessen an der Zahl der Initiativen, häufigsten Gesetzesinitianten des Bundes, müssen vom Kabinett als Kollegium beschlossen werden (OLG Köln, NJW 1977, 1464; vgl. auch § 15 I Buchst. a GOBReg). Das setzt voraus, dass alle Regierungsmitglieder von der zu verabschiedenden Vorlage Kenntnis haben, an der Verabschiedung selbst oder durch einen Vertreter teilnehmen können und dass der Beschluss mit Mehrheit gefasst wird (s. BVerfGE 91, 166). Für *Gesetzesvorlagen aus der Mitte des Bundestags*, die anders als Initiativen von BReg und BRat (vgl. dazu nachstehend Rn. 6 ff. u. 11 ff.) ohne Umwege direkt beim BTag eingebracht werden, steht das Initiativrecht nicht dem BTag als solchem, auch nicht seinen Ausschüssen und einzelnen – insbes. fraktionslosen – Abg. (Letzteres str.), sondern den Abg. in einer zahlenmäßig bestimmten Gruppierung zu (BVerfGE 1, 153). Die nähere Ausgestaltung hierzu ist der GOBT überlassen (s. auch BVerfGE 80, 219), nach der Gesetzentwürfe aus der Mitte des BTags von einer Fraktion oder von 5 vH seiner Mitglieder unterzeichnet sein müssen (§ 76 I i.V.m. § 75 I Buchst. a). Diese Regelung begegnet verfassungsrechtl. keinen Bedenken (str.; wie hier Mann in Sachs, Art. 76 Rn. 10; vgl. auch BVerfGE 1, 153; 130, 349). *Gesetzesinitiativen des Bundesrats* setzen nach vorbereitender Beratung in den BR-Ausschüssen (zum Verfahren dort s. die §§ 36 ff. GOBR) einen Beschluss i.S. des Art. 52 III 1 voraus. Ein Initiativrecht einzelner Länder (LReg) oder gar einzelner LMinister gibt es nicht. Die drei in Art. 76 I genannten Initianten können ihre Befugnis unabhängig voneinander ausüben. Auch mehrere Gesetzesvorschläge gleichen Inhalts, etwa aus der Mitte des BTags (z.B. von den die BReg tragenden Fraktionen) und von Seiten der BReg, sind deshalb möglich (vgl. dazu auch nachstehend Rn. 6). Unzulässig sind dagegen Initiativen, die sich in *einer* gemeinsamen Vorlage mehrerer Initiativberechtigter niederschlagen. Für Vertragsgesetze in der Bedeutung des Art. 59 II 1 (str.; s. die Nachweise in der Entscheidung BVerfGE 68, 66, u.

die Beispiele aus der Staatspraxis bei Masing in v. Mangoldt/Klein/Starck, Art. 76 Rn. 46 Fn. 33) und für Haushaltsgesetze (vgl. Art. 110 III u. Art. 110 Rn. 7) hat allein die BReg das Initiativrecht. Auch dem BTag (seinen Mitgliedern) ist damit insoweit eine Initiative verwehrt. Er hat auch für Entscheidungen über den militärischen Einsatz der Streitkräfte trotz des insoweit geltenden wehrverfassungsrechtl. Parlamentsvorbehalts (s. Art. 59 Rn. 5, vor Art. 70 Rn. 7 u. Art. 87 a Rn. 9 f.) keine Initiativbefugnis (BVerfGE 90, 389).

3 Art. 76 selbst sagt zum **Inhalt von Gesetzesvorlagen** nichts aus. Eine solche Vorlage (§ 75 I Buchst. a GOBT) setzt aber „als der urkundlich festgelegte Entwurf des Gesetzes" im Hinblick auf Demokratie- und Rechtsstaatsprinzip einen verständlichen, schriftlich fixierten, auf ein Erst- oder Änderungsgesetz gerichteten und endgültig gemeinten beschlussreifen Textvorschlag voraus (SächsVerfGH, SächsVBl 2011, 186, 187), der sich als Gegenstand eines Gesetzesbeschlusses des BTages (Art. 77 I 1) eignet. Die Vorlage muss also auch vollständig sein und darf, was den angestrebten Regelungsinhalt angeht, keine Lücken aufweisen (zur Frage ihrer Begründung vgl. oben Rn. 1). Ob ein Gesetzesvorschlag auf den Weg der Bundesgesetzgebung gebracht wird, liegt, soweit nicht ausnahmsweise eine Pflicht zur Rechtsetzung besteht, im polit., rechtl. nicht gebundenen *Ermessen* der Initiativberechtigten. **Beschränkungen des Initiativrechts** können sich nur aus anderen Vorschriften des GG ergeben (BVerfGE 1, 153; vgl. auch Art. 94 Rn. 6 dazu, dass weder die Rechtskraft normverwerfender verfassungsgerichtl. Entscheidungen noch § 31 BVerfGG für den Gesetzgeber ein absolutes Normwiederholungsverbot begründet). Der Zwang, eine Gesetzesvorlage mit einem Deckungsvorschlag zu verbinden, ist eine sachliche Beschränkung, die das GG nicht zulässt (BVerfGE 1, 158 ff.). Dagegen ist es im Hinblick auf die Aufspaltungsbefugnis des BTags grundsätzlich erlaubt, dass (schon) der Träger des Initiativrechts eine Regelungsmaterie auf mehrere Gesetzesvorhaben verteilt, also z.B. Vorschriften, die der Zustimmung des BRats bedürfen, und Bestimmungen, die zustimmungsfrei ergehen können, trennt (s. Art. 78 Rn. 6). Unbedenklich ist auch, dass ein Initiativberechtigter sich verpflichtet, von seinem Recht einen bestimmten Gebrauch zu machen, wenn er nur bezüglich des Inhalts des Gesetzesvorschlags die Schranken der Verfassung beachtet und nicht versucht, zugleich andere Staatsorgane zu binden (BVerfGE 1, 366; OVG Münster, NJW 1994, 472). Ebenso wie entsprechende Verpflichtungen der BReg im Rahmen völkerrechtl. Verträge (vgl. BVerfGE 1, 366; zur Rechtfertigung der beitrittsbedingten GG-Änderungen gemäß Art. 4 EV durch Art. 23 Satz 2 a.F. s. BVerfGE 82, 320 f.) sind deshalb z.B. Absprachen zwischen den Regierungen des Bundes und der Länder möglich, bei Ausübung ihres Initiativrechts gemeinsam vereinbarte Ziele zu verfolgen, etwa auf dem Gebiet der Beamtenbesoldung eine stabilitätskonforme Entwicklung der Personalkosten im öffentl. Dienst zu gewährleisten. Auch Vereinbarungen über den Inhalt eines Gesetzes, die ein Initiativberechtigter mit Privaten im Rahmen sog. paktierter Gesetzgebung trifft (Beispiele: Vereinbarung der BReg mit vier großen Energieversorgungsunternehmen über die geordnete Beendigung der Nutzung der Kernenergie in Deutschland v. 14.6.2000 [NVwZ-Beil. IV zu Heft 10/2000] u. dazu BVerfGE 104, 268; ferner die zur vorübergehenden Laufzeitverlängerung für Atomkraftwerke führenden Vereinbarungen der BReg mit den Atomkraftwerksbetreibern v. 2010/2011), sind verfassungsrechtl. nicht zu beanstanden, wenn die Gesetzgebungsorgane – BTag und BRat – in ihrer Letztentscheidung rechtl. frei bleiben, die Vereinbarungen also insoweit letztlich unverbindlich sind. Wegen der Notwendigkeit freier Abstimmung und des weiten Spielraums parl. Ermessens kann der Gesetzgeber durch Verfas-

sung oder Gesetz wohl zum Erlass bestimmter Gesetze, aber nicht zum Erlass von Gesetzen eines ganz bestimmten Inhalts verpflichtet werden (BVerfGE 6, 265). Beteiligungsvorbehalte nach Art der §§ 118 BBG, 53 BeamtStG sind ebenfalls zulässig (OVG Münster NJW 1994, 472), wenn die Entschließungsfreiheit des Initianten nicht eingeschränkt wird (s. auch BVerwGE 59, 48). Entschließungen des BTags oder BRats, durch die die BReg aufgefordert wird, zu bestimmten Themen einen Gesetzentwurf vorzulegen, sind nicht bindend.

Mit seiner Vorlage gibt der Träger des Initiativrechts den Anstoß zum Gesetzgebungsverfahren. Er kann entsprechend dem **Wesen der Gesetzesinitiative** verlangen, dass das Gesetzgebungsorgan sich mit seinem Vorschlag befasst (BVerfGE 1, 153; 2, 173; 84, 329; BbgVerfG, NVwZ-RR 2001, 491; für BTagsinitiativen a.a. Hartmann, ZG 2008, 47 ff.). Daher ist das Initiativrecht erst dann voll zum Zuge gekommen, wenn das Plenum des BTags über die Vorlage öffentl. (vgl. BVerfGE 84, 329; 112, 366) beraten und – i.d.R. auf der Grundlage entsprechender Empfehlungen der zuvor mit der Vorlage befassten Ausschüsse – durch Annahme oder Ablehnung Beschluss gefasst hat (s. für BRatsvorlagen auch Abs. 3 Satz 6 u. dazu nachstehend Rn. 15). Um dies zu ermöglichen, sind die Ausschüsse verpflichtet, dem Plenum über die ihnen überwiesenen Vorlagen binnen angemessener Frist zu berichten (BVerfGE 1, 154); eine abschließende Beratung der Vorlagen durch die Ausschüsse selbst ist also ausgeschlossen (vgl. BVerfGE 44, 317). **Umgestaltungen** und Erweiterungen **von Gesetzentwürfen in den Bundestagsausschüssen** sind möglich, dürfen aber nicht so weit gehen, dass sie einem im GG nicht vorgesehenen Initiativrecht (s. Rn. 2) gleichkommen (vgl. BGH, VIZ 2004, 129; NdsStGHE 2, 138). Die Grenze zur Unzulässigkeit ist deshalb überschritten, wenn zwischen vom Ausschuss beschlossenen Änderungen oder Ergänzungen und dem ursprünglichen Gesetzesantrag kein erkennbarer rechtl. Zusammenhang mehr besteht, die Regelungsidee des Initianten also nicht mehr gewahrt ist (BGH, VIZ 2004, 129; s. auch zur entsprechenden Problematik bei der Änderung von Gesetzesbeschlüssen durch den Vermittlungsausschuss Art. 77 Rn. 10).

Eine **Rücknahme von Gesetzesvorschlägen** durch den Initianten als Ausfluss des Initiativrechts ist bis zur Schlussabstimmung in der dritten Lesung des BTags (vgl. Art. 77 Rn. 4) zulässig. Es wird Abg. des BTages, die das notwendige Quorum erreichen, aber nicht verwehrt werden können, sich einen zurückgezogenen Gesetzentwurf in dem Verfahrensstand zu eigen zu machen und den weiteren Beratungen zugrunde zu legen, in dem er sich im Zeitpunkt der Rücknahme befindet (so Masing in v. Mangoldt/Klein/Starck, Art. 76 Rn. 74).

### Absatz 2: Verfahren bei Vorlagen der Bundesregierung

*Satz 1:* Gesetzesvorlagen der BReg (zum Aufbau dieser Vorlagen s. die §§ 42 ff. GGO) sind nach Verabschiedung im Kabinett – dieses wird bei der Beschlussfassung wie das federführende BMinisterium bei der Vorbereitung der Vorlagen im Rahmen der Gesetzgebung tätig (BVerwG, NuR 2009, 483) – nicht unmittelbar dem BTag, sondern **zunächst** dem **Bundesrat** zuzuleiten (anders für als dringlich erklärte Vorlagen im Verteidigungsfall Art. 115 d II 1). Die Einschaltung des BRats schon in diesem sog. *ersten Durchgang* stellt sicher, dass der BTag durch die Stellungnahme des BRats (nachfolgend Rn. 7) frühzeitig über die Vorstellungen der Länder unterrichtet wird, deren Berücksichtigung in der parl. Beratung in aller Regel den zweiten Durchgang beim BRat (Art. 77) erleichtert wird (vgl. auch BT-Dr 12/6000 S. 36). Werden Gesetzentwürfe, die in den BMinisterien erarbeitet wurden, beim BTag nicht von der BReg, sondern wegen des damit ver-

4

5

6

bundenen Zeitgewinns aus der Mitte des Parlaments eingebracht, entfällt die Beteiligung des BRats im ersten Durchgang und bleiben allein die Möglichkeit der BRatsmitwirkung nach Maßgabe des Art. 43 II (s. Art. 43 Rn. 6), die Möglichkeit informeller Einflussnahme und schließlich die Mitwirkung im zweiten Durchgang. Da dies praktisch wie funktional keinen vollwertigen Ersatz für den ersten Durchgang darstellt (str.), wird das genannte Verfahren von vielen (vgl. die Nachweise bei Bryde in von Münch/Kunig, Art. 76 Rn. 21 Fn. 99) für unzulässig gehalten (anders wohl BVerfGE 30, 253, 261). Jedenfalls seit der Geltung der Neuregelungen in den Sätzen 3 und 5 (s. dazu nachstehend Rn. 7), durch die die Stellung des BRats bei der Beratung von Gesetzesvorlagen der BReg gestärkt werden sollte, wäre eine „Umgehung" des ersten BRatsdurchgangs in der Tat nicht unproblematisch. Dem sollte, sofern die zeitlichen Gegebenheiten dies zulassen, in der Weise Rechnung getragen werden, dass von den Bundesressorts vorbereitete Gesetzentwürfe, sofern sie beim BTag aus dessen Mitte eingebracht werden, von der BReg zeitgleich im Wege des Abs. 2. Paralleleinbringung auch auf den Weg des Abs. 2 gebracht und in den Parlamentsberatungen mit dem BTag schon vorliegenden Entwürfen zusammengeführt werden, wie dies in der Praxis auch vielfach geschieht (vgl. auch Mann in Sachs, Art. 76 Rn. 24 ff.).

7  *Sätze 2–5:* Das **Recht des Bundesrats**, nach vorbereitender Beratung in den Ausschüssen (zum Verfahren dort s. die §§ 36 ff. GOBR) zu den Vorlagen der BReg **Stellung zu nehmen**, dient in erster Linie dem Ziel, den Sachverstand und die Erfahrung der Länder im Bereich der Gesetzesvollziehung für die Bundesgesetzgebung fruchtbar zu machen. Das nicht auf föderale Belange beschränkte Äußerungsrecht ist fristgebunden. Dadurch soll verhindert werden, dass die Länder bei ihnen unerwünschten Initiativen das Gesetzgebungsverfahren aufhalten. Die **Äußerungsfrist** beträgt nach Satz 2 im Regelfall sechs Wochen. Der BRat kann jedoch nach Satz 3 aus wichtigem Grund, insbes. wegen des Umfangs einer Vorlage, aber auch im Hinblick auf ihre polit. Bedeutung und/oder die Schwierigkeit der zu regelnden Materie, eine *Fristverlängerung* verlangen; macht er – durch Plenarbeschluss gemäß Art. 52 III 1 – von dieser Möglichkeit Gebrauch, was erst nach Zuleitung der Vorlage geschehen kann und spätestens vor Ablauf der Sechswochenfrist geschehen muss, beträgt die Äußerungsfrist neun Wochen. Die gleiche Frist gilt gemäß Satz 5 für Vorlagen, die eine Änderung des GG oder die Übertragung von Hoheitsrechten nach Art. 23 oder 24 zum Gegenstand haben, und zwar im Hinblick auf die Tragweite solcher Vorhaben ohne dass es eines Verlängerungsverlangens des BRats bedarf. Über die genannten Fristen hinaus ist eine Verlängerung auch einvernehmlich nicht möglich (vgl. auch Rn. 1). Allerdings lässt eine Überschreitung der maßgeblichen Frist das wirksame Zustandekommen des vom BTag im weiteren Gesetzgebungsverfahren beschlossenen Gesetzes mangels einer entsprechenden Sanktionsnorm unberührt; ob unter Evidenzgesichtspunkten (vgl. dazu BVerfGE 34, 25; 91, 175; 120, 79) anderes angenommen werden muss, erscheint fraglich. Eine *Verkürzung* der vorangeführten Fristen, die gewahrt sind, wenn die Stellungnahme der BReg vor Fristablauf zugeht, ist dadurch erreichbar, dass sich der BRat im Einzelfall – regelmäßig auf Bitten der BReg – für die Abgabe seiner Stellungnahme mit einem kürzeren als dem in den Sätzen 2, 3 und 5 vorgesehenen Zeitraum begnügt oder dass die BReg eine Vorlage, die nicht Gegenstände i.S. des Satzes 5 betrifft, auf der Grundlage eines entsprechenden Kabinettsbeschlusses nach Satz 4 bei der Zuleitung an den BRat ausnahmsweise als *besonders eilbedürftig* bezeichnet (z.B. BT-Dr 15/1518 S. 3). Im zuletzt genannten Fall, der voraussetzt, dass die BReg die besondere Eilbedürftigkeit begründet, ist Zuleitung an den BTag schon nach drei

oder, wenn der BRat Verlängerung nach Satz 3 verlangt hat, nach (Ablauf der Normalfrist von) sechs Wochen möglich, auch wenn der BRat innerhalb der für ihn maßgeblichen Frist noch nicht Stellung genommen hat; eine später eingehende Stellungnahme ist dem BTag gemäß Satz 4 Halbs. 2 unverzüglich, d.h. ohne schuldhaftes Zögern (s. § 121 I 1 BGB), nachzureichen (vgl. z.b. BT-Dr 15/1665; 16/12225). Auch Beratung und Verabschiedung der Vorlage durch den BTag können schon vor Eingang einer Stellungnahme des BRats erfolgen.

Der BRat ist zur Abgabe einer Stellungnahme **nicht verpflichtet**. Äußert er sich, **8** was einen Beschluss nach Art. 52 III 1 erfordert, kann er der Vorlage des von der BReg beschlossenen Entwurfs an den BTag widersprechen, dem Gesetzentwurf inhaltlich zustimmen, ihn inhaltlich ablehnen (zu Letzterem s. z.b. BR-Dr 500/89 [Beschl.]), aber auch Änderungen dazu vorschlagen. Möglich ist auch die Feststellung, dass das beabsichtigte Gesetz nach Auffassung des BRats seiner Zustimmung bedarf. Es handelt sich dabei aber um keine Maßnahme i.s. von § 64 BVerfGG, die Rechte des BTags im Gesetzgebungsverfahren verletzen oder unmittelbar gefährden könnte (vgl. BVerfGE 3, 17 f.). Bindungen für das weitere Gesetzgebungsverfahren entstehen durch eine Stellungnahme weder für den BRat selbst noch für die anderen an der Gesetzgebung beteiligten Bundesorgane. Ohne weiteres zulässig ist es, eine bereits abgegebene Stellungnahme nachträglich zu berichtigen (z.b. BT-Dr 17/2057 zu BT-Dr 17/1940).

Abs. 2 regelt nicht, wie ggf. die vom BRat beschlossene Stellungnahme verfah- **9** rensmäßig weiter zu behandeln ist. Nach § 53 I GGO arbeitet das federführende BMinisterium erforderlichenfalls zu der Stellungnahme eine **Gegenäußerung** aus, die dem BKanzleramt als Kabinettvorlage zugesandt, von **der Bundesregierung** beschlossen und gemäß § 28 I GOBReg vom BKanzler – zusammen mit dem Gesetzentwurf, seiner Begründung und der Stellungnahme des BRats – dem BTPräs übermittelt wird. Ist der Gesetzentwurf mit Stellungnahme dem BTag schon zugeleitet worden, kann die Gegenäußerung auch nachgereicht werden (vgl. z.b. BT-Dr 17/1803 zu BT-Dr 17/1720). Ebenfalls möglich ist es, eine Gegenäußerung zu berichtigen (s. BT-Dr 10/3477 zu BT-Dr 10/3437; vgl. auch BT-Dr 17/2057 zu BT-Dr 17/1940). Eine Änderung des Gesetzentwurfs selbst ist dagegen unzulässig.

Gesetzesvorlagen der BReg, die vor dem Ende einer Wahlperiode des BTags zwar **10** noch das Verfahren nach Abs. 2 durchlaufen haben, beim BTag jedoch nicht mehr eingebracht worden sind, unterfallen nicht dem **Grundsatz der sachlichen Diskontinuität**. Sie können deshalb ohne nochmalige Beteiligung des BRats dem neu gewählten BTag zugeleitet werden (vgl. auch Art. 39 Rn. 4). Dies gilt selbst dann, wenn der BRat seine Stellungnahme vor dem Tag der BTagswahl, also zu einem Zeitpunkt beschlossen hat, in dem ihm die konkret-personelle Zusammensetzung des neuen Parlaments noch nicht bekannt sein konnte (str.; zum Streitstand s. Schmidt-Jortzig/Schürmann, BK, Art. 76 Rn. 205 ff.).

### Absatz 3: Verfahren bei Vorlagen des Bundesrats

*Satz 1:* Wie Vorlagen der BReg (zu ihnen s. vorstehend Rn. 6–10) können auch **11** Gesetzesvorschläge des BRats beim BTag nicht direkt eingebracht werden. Sie sind vielmehr **zunächst** an die **Bundesregierung** zu richten und von dieser fristgebunden an den BTag weiterzuleiten. Sinn auch dieser Regelung ist es, Verzögerungen, die die Effektivität des Initiativrechts beeinträchtigen könnten, zu vermeiden. Die **Frist zur Weiterleitung und Äußerung** (zur Letzteren s. nachstehend Rn. 12) beträgt entsprechend Abs. 2 Satz 2 im Normalfall sechs Wochen. Sie beginnt mit dem Eingang der Vorlage bei der BReg zu laufen.

**12** *Satz 2:* Die BReg ist nicht strikt und ausnahmslos verpflichtet, zu Gesetzesvorlagen des BRats eine Stellungnahme abzugeben. Satz 2 ist nur als Soll-Vorschrift ausgestaltet. Demzufolge braucht die **Bundesregierung nur im Regelfall Stellung zu nehmen.** Notwendig für die Abgabe der Stellungnahme – wie für den Verzicht auf sie – ist ein Beschluss des Kabinettskollegiums (vgl. § 57 GGO). Bei der Erarbeitung der Stellungnahme wird das federführende BMinisterium wie die BReg bei diesem Beschluss im Rahmen der Gesetzgebung tätig (s. BVerwG, NuR 2009, 483). Die Möglichkeit einer Replik auf die Stellungnahme der BReg ist für den BRat nicht vorgesehen. Einwände kann er aber nach Art. 43 II vorbringen.

**13** Die in den *Sätzen 3–5* enthaltene **Regelung differenzierter Zuleitungsfristen** entspricht derjenigen über die Bemessung, Verlängerung und Verkürzung der Äußerungsfristen für Vorlagen der BReg nach Abs. 2 Sätze 3–5 (vgl. dazu oben Rn. 7). Nicht ausdrücklich geregelt, weil selbstverständlich ist, dass die BReg eine Stellungnahme zu einer vom BRat nach Satz 4 als besonders eilbedürftig bezeichneten Vorlage an den BTag nachreichen kann, wenn es ihr nicht gelingt, sie innerhalb der in diesem Fall maßgeblichen kürzeren Frist zu beschließen. Auch sonst sind Fristüberschreitungen, auch bei Zuleitung einer BRatsvorlage selbst, unschädlich; wie bei Regierungsvorlagen (dazu s. oben Rn. 7) beeinträchtigen sie das wirksame Zustandekommen des vom BTag im weiteren Gesetzgebungsverfahren beschlossenen Gesetzes nicht. Nach § 57 III GGO sind die Bundesressorts bei nicht fristgerechtem Ergehen einer umfassenden Stellungnahme verpflichtet, sich spätestens bis zum Beginn der Beratungen über die Gesetzesvorlage in den Ausschüssen des BTages auf eine abschließende Äußerung der BReg zu einigen. Die BReg ist auch nicht gehindert, mit Abgabe einer ersten Stellungnahme dem BTag eine *weitere Stellungnahme* zuzuleiten, solange das betr. Gesetzesvorhaben vom Gesetzgeber noch nicht abschließend beraten worden ist (vgl. dazu als Beispiel BT-Dr 14/6279 [neu]).

**14** BRatsvorlagen, die am Ende einer Wahlperiode den BTag nicht mehr erreicht haben, aber noch bis zur BReg gelangt sind, können von dieser, sofern sie vom BRat nicht zurückgenommen werden (vgl. oben Rn. 5), dem neu gewählten BTag zugeleitet werden, ohne dass das Verfahren nach Abs. 3 wiederholt zu werden braucht. Der **Grundsatz der sachlichen Diskontinuität** führt auch hier nicht zu einer Erledigung der Initiative (für Regierungsvorlagen s. oben Rn. 10).

**15** *Satz 6:* Die Regelung über die **Pflicht des Bundestages zur Beratung und Beschlussfassung** bekräftigt für BRatsvorlagen, was sich schon aus dem Wesen des Initiativrechts nach Art. 76 ergibt (vgl. oben Rn. 4; wie hier auch BT-Dr 12/6000 S. 37). Ein Umkehrschluss dahin, dass die anderen nach Abs. 4 Initiativberechtigten (zu ihnen s. Rn. 2), für die eine solche Pflicht nicht ausdrücklich normiert ist, eine entsprechende Behandlung ihrer Vorlagen nicht verlangen können, kann daraus nicht gezogen werden. Welche Frist i.S. des Satzes 6 angemessen ist, bestimmt sich nach dem jeweiligen Beratungsgegenstand; eine feste Zeitspanne gibt die Vorschrift nicht vor (s. aber die Jahresfrist des Art. 93 II 3 Altern. 2 im Zusammenhang mit dem dort geregelten Kompetenzfreigabeverfahren). Eindeutig verfassungswidrig wäre es jedoch, Vorlagen, die wie diejenigen des BRats dem BTag zugegangen sind, ohne Auseinandersetzung mit ihnen bis zum Ende der Legislaturperiode einfach liegen zu lassen.

## Artikel 77 [Weiteres Verfahren der Bundesgesetzgebung]

(1) Die Bundesgesetze werden vom Bundestage beschlossen. Sie sind nach ihrer Annahme durch den Präsidenten des Bundestages unverzüglich dem Bundesrate zuzuleiten.

(2) Der Bundesrat kann binnen drei Wochen nach Eingang des Gesetzesbeschlusses verlangen, daß ein aus Mitgliedern des Bundestages und des Bundesrates für die gemeinsame Beratung von Vorlagen gebildeter Ausschuß einberufen wird. Die Zusammensetzung und das Verfahren dieses Ausschusses regelt eine Geschäftsordnung, die vom Bundestag beschlossen wird und der Zustimmung des Bundesrates bedarf. Die in diesen Ausschuß entsandten Mitglieder des Bundesrates sind nicht an Weisungen gebunden. Ist zu einem Gesetze die Zustimmung des Bundesrates erforderlich, so können auch der Bundestag und die Bundesregierung die Einberufung verlangen. Schlägt der Ausschuß eine Änderung des Gesetzesbeschlusses vor, so hat der Bundestag erneut Beschluß zu fassen.

(2 a) Soweit zu einem Gesetz die Zustimmung des Bundesrates erforderlich ist, hat der Bundesrat, wenn ein Verlangen nach Absatz 2 Satz 1 nicht gestellt oder das Vermittlungsverfahren ohne einen Vorschlag zur Änderung des Gesetzesbeschlusses beendet ist, in angemessener Frist über die Zustimmung Beschluß zu fassen.

(3) Soweit zu einem Gesetze die Zustimmung des Bundesrates nicht erforderlich ist, kann der Bundesrat, wenn das Verfahren nach Absatz 2 beendigt ist, gegen ein vom Bundestage beschlossenes Gesetz binnen zwei Wochen Einspruch einlegen. Die Einspruchsfrist beginnt im Falle des Absatzes 2 letzter Satz mit dem Eingange des vom Bundestage erneut gefaßten Beschlusses, in allen anderen Fällen mit dem Eingange der Mitteilung des Vorsitzenden des in Absatz 2 vorgesehenen Ausschusses, daß das Verfahren vor dem Ausschusse abgeschlossen ist.

(4) Wird der Einspruch mit der Mehrheit der Stimmen des Bundesrates beschlossen, so kann er durch Beschluß der Mehrheit der Mitglieder des Bundestages zurückgewiesen werden. Hat der Bundesrat den Einspruch mit einer Mehrheit von mindestens zwei Dritteln seiner Stimmen beschlossen, so bedarf die Zurückweisung durch den Bundestag einer Mehrheit von zwei Dritteln, mindestens der Mehrheit der Mitglieder des Bundestages.

**Allgemeines:** Art. 77 regelt im Anschluss an Art. 76 die weiteren Abschnitte im  1
(äußeren) Verfahren der Bundesgesetzgebung bis zum Zustandekommen der Gesetze, insbes. das **Zusammenwirken von Bundestag und Bundesrat**, und unterscheidet in letzterer Hinsicht zwischen Gesetzen, zu deren Zustandekommen die Zustimmung des BRats erforderlich ist (*Zustimmungsgesetze*), und Gesetzen, denen gegenüber die BRat nur das Recht zum Einspruch hat (*Einspruchsgesetze*). Die Regelung ist wie die Einrichtung des Vermittlungsausschusses gemäß Abs. 2 Ausdruck der bundesstaatl. Ausgestaltung des Gesetzgebungsverfahrens auf der Ebene des Bundes (vgl. BVerfGE 120, 73 f.), das die demokratische Legitimation der zu treffenden Entscheidungen sicherstellen und die Balance zwischen den am Verfahren beteiligten Verfassungsorganen und wegen der Einbindung des BRats auch zwischen Bund und Ländern wahren soll (BVerfGE 120, 78).

### Absatz 1: Gesetzesbeschluss, Zuleitung an den Bundesrat

Nach *Satz 1* werden die Bundesgesetze vom **Bundestag**, dem *eigentlichen Gesetz-*  2
*geber*, beschlossen. Ihm kommt danach auf Bundesebene die entscheidende Funktion im Gesetzgebungsverfahren zu (BVerfGE 125, 123). Der BRat wirkt

bei der Gesetzgebung – in unterschiedlicher Weise (dazu s. Art. 78 Rn. 1) – lediglich mit (Art. 50; zu den Einzelheiten der Mitwirkungbefugnis vgl. BVerfGE 37, 380 f., u. Art. 50 Rn. 2).

3 Satz 1 bestimmt, dass **nur das Plenum des Bundestags** (BVerfGE 1, 154), nicht also etwa einer seiner mit dem Gesetzgebungsvorhaben befassten Ausschüsse, über Gesetzesvorlagen beschließen kann (vgl. BVerfGE 44, 317). Dadurch wird sichergestellt, dass gesetzl. Regelungen aus einem Verfahren hervorgehen, das sich durch Transparenz auszeichnet, die Beteiligung der parl. Opposition gewährleistet und auch den Betroffenen und der interessierten Öffentlichkeit Gelegenheit bietet, von dem Vorhaben Kenntnis zu erlangen, sich dazu eine eigene Auffassung zu bilden und diese ggf. gegenüber den Gesetzgebungsorganen zur Geltung zu bringen (s. BVerfGE 95, 307 f.). Jedenfalls ab dem Zeitpunkt des Gesetzesbeschlusses müssen die Betroffenen auch damit rechnen, dass die beschlossene Regelung verkündet und in Kraft treten wird, weshalb es ihnen von diesem Zeitpunkt an zuzumuten ist, ihr Verhalten auf die beschlossene Gesetzeslage einzurichten (zur Konsequenz für die Rückwirkung von Gesetzen vgl. BVerfG, Beschl. v. 10.10.2012 – 1 BvL 6/07 –).

4 Dass nur das BTagsplenum Gesetzesbeschlüsse fassen darf, sagt nichts darüber aus, ob eine erste Lesung eines Gesetzentwurfs stattgefunden haben muss (BVerfGE 1, 152). Eine **Beratung der Gesetzentwürfe in drei Lesungen** ist weder im GG ausdrücklich vorgeschrieben noch ist sie Gewohnheitsrecht noch gehört sie zu den unabdingbaren Grundsätzen der demokratischen rechtsstaatl. Ordnung (BVerfGE 1, 151; 29, 234; SaarlVerfGH, NVwZ-RR 2006, 666). Das GG überlässt die Ausgestaltung des Verfahrens insoweit allein der autonomen Satzungsgewalt des BTags (BVerfGE 1, 151; BVerfG, NJW 2007, 355 m.w.N.; auch BVerfGE 36, 330 m.w.N.). Nach der Regelung in § 78 I GOBT werden Gesetzentwürfe in drei Lesungen (zu deren Bedeutung u. Verlauf vgl. die §§ 79 ff. GOBT sowie Masing in v. Mangoldt/Klein/Starck, Art. 77 Rn. 25 ff.), Verträge i.S. des Art. 59 II 1 grundsätzlich in zwei Beratungen behandelt (für Nachtragshaushaltsvorlagen s. die Sonderregelung in § 95 I 6 GOBT). Dabei entspricht eine öffentl. Behandlung des kompletten Gesetzentwurfs schon in erster Lesung am ehesten den Geboten der Öffentlichkeit und der Transparenz des Gesetzgebungsverfahrens. Für das Wirksamwerden eines Gesetzes kommt es allerdings zunächst nur auf den nach der parl. Beratung gefassten Gesetzesbeschluss (nachstehend Rn. 5) an (BVerfG, NJW 2007, 355). Auch die Entscheidung, welche Verbände und Sachverständigen bei einem nicht in der Verfassung vorgeschriebenen *Anhörungsverfahren* zu Wort kommen sollen (dazu vgl. § 70 GOBT), ist prinzipiell dem Ermessen der Gesetzgebungsorgane und ihrer Ausschüsse überlassen (BVerfGE 36, 330; s. auch SaarlVerfGH, AS 21, 292). Lesung und – abschließende – Beschlussfassung über den einzelnen Gesetzentwurf (zur Letzteren vgl. sogleich Rn. 5) sind integrale Bestandteile des Gesetzgebungsverfahrens, die gegenüber dem Bürger keine unmittelbare Außenwirkung haben (BVerfGE 112, 367). Die Dauer dieses Verfahrens ist – wie der zeitliche Abstand zwischen mehreren Lesungen (SaarlVerfGH, DÖV 2006, 429; s. auch BVerfGE 30, 253 f., 261) – verfassungsrechtl. ebenfalls nicht festgelegt (vgl. aber die – disponible – Regelung in § 78 V GOBT u. z.B. § 2 II des StabilisierungsmechanismusG i.d.F. des G v. 9.10.2011, BGBl I S. 1992); das ermöglicht im Bedarfsfall die Verabschiedung eines Gesetzes binnen weniger Tage (vgl. dazu z.B. das am 28.9.1977 aus der Mitte des BTages eingebrachte [BT-Dr 8/935] sog. KontaktsperreG v. 30.9.1977, BGBl I S. 1877, u. das am 14.10.2008 auf dieselbe Weise vorgelegte [BT-Dr 16/10600] FinanzmarktstabilisierungsG v. 17.10.2008, BGBl S. 1982). Allein der

Umstand, dass dabei ggf. im Plenum und in den Ausschüssen in großer Eile beraten werden muss, begründet noch keinen Verfassungsverstoß (BVerfGE 29, 233; 123, 234). Doch dürfen durch die Entscheidung im Eilverfahren Information und Entscheidungswissen der verantwortlichen Entscheidungsträger nicht leiden.

Für den **Gesetzesbeschluss** des BTags, d.h. die Schlussabstimmung über den Gesetzesvorschlag (§ 86 GOBT), genügt im Regelfall die (relative) Mehrheit der abgegebenen Stimmen (Art. 42 II; s. dazu u. zur Beschlussfähigkeit gemäß § 45 GOBT auch Art. 42 Rn. 2); eine Mindestzahl von Abg. ist für die Anwesenheit im Sitzungssaal verfassungsrechtl. nicht vorgeschrieben (s. BVerfGE 44, 314 ff.). Eine qualifizierte Mehrheit ist außer bei GG-Änderungen (Art. 79 II, auch i.V.m. Art. 23 I 3) nur in den Fällen des Art. 29 VII 2 und des Art. 87 III 2 erforderlich (vgl. außerdem Art. 115 II 6 u. dazu Art. 115 Rn. 7). Mit dem Gesetzesbeschluss, dessen Wirksamkeit nur bei schwerwiegenden, zur Nichtigkeit führenden Entscheidungsfehlern verneint (s. OVG Münster, NWVBl 2006, 52) und, von der völkerrechtl. vereinbarten Preisgabe von Kernbestandteilen der polit. Selbstbestimmung des BTages abgesehen, nicht unter Berufung auf das Recht des Einzelnen auf Mitwirkung an der demokratischen Selbstherrschaft des Volkes (Art. 38 I) in Frage gestellt (BVerfGE 129, 168 ff.) werden kann, wird der Gesetzesinhalt festgestellt (SächsVerfGH, SächsVBl 2011, 187) und bestimmt, dass der festgestellte Text Gesetz sein soll. Diese Anordnung, die nicht identisch ist mit der sog. *Sanktion* des konstitutionellen Verfassungsrechts (vgl. Bryde in von Münch/ Kunig, Art. 77 Rn. 5 m.w.N.), steht allerdings unter dem Vorbehalt, dass das vom BTag beschlossene Gesetz gemäß Art. 78 zustande kommt und nach Art. 82 I ausgefertigt und verkündet wird. Für den Gesetzgebungsnotstand gilt die Sonderregelung des Art. 81.

*Satz 2*: Nach der Gesetzesannahme ist der BTPräs verpflichtet, das **Gesetz unverzüglich**, d.h. ohne schuldhaftes Zögern (vgl. § 121 I 1 BGB), **dem Bundesrat zuzuleiten** (zur praktischen Gestaltung im Hinblick auf den Sitzungsrhythmus des BRats s. Dietlein in Epping/Hillgruber, Art. 77 Rn. 17.1), damit dieser nach vorbereitender Beratung in den Ausschüssen (zum Verfahren dort vgl. die §§ 36 ff. GOBR) über den weiteren Fortgang des Gesetzgebungsverfahrens entscheidet (zu den insoweit in Betracht kommenden Möglichkeiten s. Art. 78 Rn. 1). Mit Rücksicht auf den **Grundsatz der Unverrückbarkeit** des Gesetzesbeschlusses (vgl. dazu mit Bezug auf den BTag allg. Art. 42 Rn. 2) kann der BTag das Gesetz im laufenden Gesetzgebungsverfahren nicht mehr inhaltlich ändern (BVerfGE 119, 133), sofern er nicht nach Abs. 2 Satz 5 oder Art. 113 II erneut Beschluss fassen muss (s. auch BbgVerfG, LKV 2000, 71). Nur die – im BGBl vorzunehmende – **Berichtigung von** Druckfehlern und anderen **offenbaren Unrichtigkeiten**, z.B. der versehentlich falschen Angabe des Datums des Inkrafttretens eines Gesetzes (BayObLG 1999, 159) oder dessen irrtümlich unvollständig gebliebener Ausfertigung und Verkündung (OVG Münster, NWVBl 2006, 54), ist noch möglich (BVerfGE 119, 133; im Einzelnen vgl. § 122 III GOBT, § 61 II, III GGO; zur praktischen Bedeutung s. die Angaben in BT-Dr 17/1320 S. 3). Ein neuer Gesetzgebungsgang zur Berichtigung solcher bloß technischer Mängel, bei denen der materielle Gehalt der maßgeblichen Regelung und mit ihm seine Identität gewahrt bleiben müssen, wäre im Hinblick auf die Arbeitsbelastung der gesetzgebenden Körperschaften und die Erfordernisse einer funktionsfähigen Gesetzgebung unangemessen und unverhältnismäßig (BVerfGE 48, 18 f.). Ob eine offenbare Unrichtigkeit vorliegt, ist anhand des Normtexts, aber auch unter Berücksichtigung des Sinnzusammenhangs und der Materialien des Gesetzes zu bestimmen (BVerfGE 105, 335).

*Hömig*       527

**Absatz 2: Vermittlungsverfahren**

7 Abs. 2 regelt zusammen mit der Gemeinsamen **Geschäftsordnung** des BTages und des BRates für den Vermittlungsausschuss vom 19.4.1951 (BGBl II S. 103) das sog. Vermittlungsverfahren. Es soll bei Meinungsverschiedenheiten über den Inhalt eines noch nicht zustande gekommenen Bundesgesetzes im Laufe des Gesetzgebungsverfahrens verhindern, dass vorschnell ein Gesetzgebungsorgan einseitig seinen Willen durchsetzt oder die Gesetzgebung zum Stillstand kommt (zum Zweck des Vermittlungsverfahrens s. auch BVerfGE 72, 188; 112, 137 f., 143; 119, 133).

8 *Sätze 1–4:* Ort des Vermittlungsverfahrens ist der in der Geschäftsordnung (Rn. 7) sog. **Vermittlungsausschuss** (VermA). Dieser ist im Verfahren der Bundesgesetzgebung kein Entscheidungsorgan (s. auch BVerfGE 112, 144) und hat kein Gesetzesinitiativrecht (vgl. Art. 76 Rn. 2), sondern gibt Empfehlungen für die Entscheidungen der Gesetzgebungsorgane BTag und BRat mit dem Ziel der Vermittlung zwischen den zuvor parl. beratenen Regelungsalternativen (BVerfGE 101, 306; 125, 122). Der Ausschuss hat mithin nur eine den Kompromiss vorbereitende, ihn in gemeinsamer Beratung von BTag und BRat (Satz 1) aushandelnde und faktisch gestaltende Kompetenz mit dem Auftrag, auf der Grundlage des Gesetzesbeschlusses des BTags (Art. 77 I) und des bisherigen Gesetzgebungsverfahrens Änderungsvorschläge zu erarbeiten, die sich sowohl im Rahmen der parl. Zielsetzung des Gesetzgebungsverfahrens bewegen als auch die jedenfalls im Ansatz sichtbar gewordenen polit. Meinungsverschiedenheiten zwischen BTag und BRat ausgleichen (BVerfGE 120, 74; 125, 122; BFHE 122, 540 f. m.w.N.). Entsprechend dieser Funktion ist der VermA als ständiges und gemeinsames, in gewissem Umfang verselbständigtes Unterorgan von BTag und BRat, in dem beide Verfassungsorgane repräsentiert werden (BVerfGE 112, 137 ff.), *paritätisch besetzt*. Dabei werden die besonderen Funktionsbedingungen des VermA durch die Personalisierung des Gremiums unterstrichen (BVerfGE 112, 143 f.). Nach § 1 GOVermA gehören ihm 32 Mitglieder an, die je zur Hälfte nach Maßgabe der jeweiligen Geschäftsordnung vom BTag und vom BRat entsandt werden. Bei der Wahl der Vertreter des BTags, die nach Art. 42 II mit der Mehrheit der abgegebenen Stimmen erfolgt, ist der *Grundsatz der Spiegelbildlichkeit* von Parlament und Ausschüssen zu beachten (s. BVerfGE 96, 282; 106, 262; 112, 133), der allerdings nicht uneingeschränkt gilt und im Konfliktfall mit dem Prinzip stabiler parl. Mehrheitsbildung in Einklang gebracht werden muss (BVerfGE 112, 140 ff.); das Zählsystem ist möglichst so zu wählen, dass die BTagsbank des VermA als verkleinertes Abbild des ganzen BTages (BVerfGE 112, 138) die Mehrheitsverhältnisse in dessen Plenum wiedergibt (BVerfGE 96, 283). Die dem BRat zustehenden Sitze werden unabhängig vom unterschiedlichen Stimmgewicht der Länder (Art. 51 II) mit je einem Vertreter jedes Landes besetzt (BVerfGE 112, 138, 142). Dabei sind die vom BRat entsandten Mitglieder wie die Vertreter des BTags (Art. 38 I 2) nicht an Weisungen gebunden. Dadurch werden Kompromisse erleichtert und Verzögerungen durch das Einholen von Instruktionen vermieden. Der Kompromissfindung dient auch der Umstand, dass die Beratungen des VermA (dazu näher Masing in v. Mangoldt/Klein/Starck, Art. 77 Rn. 89 ff.) nichtöffentlich und damit vertraulich sind (vgl. BVerfGE 96, 264; 101, 306; 125, 124). Der Vorsitz im VermA wechselt vierteljährlich zwischen einem Mitglied des BTags und einem Mitglied des BRats, die jeweils vom Ausschuss gewählt werden (§ 2 GOVermA). Gemäß § 8 GOVermA fasst der VermA, der zur Vorbereitung seiner Vorschläge Unterausschüsse einsetzen kann

($ 9 GOVermA), seine Beschlüsse mit der Mehrheit der Stimmen seiner anwesenden Mitglieder.

Das **Recht zur Anrufung des Vermittlungsausschusses** steht bei Einspruchsgesetzen nur dem BRat, bei Zustimmungsgesetzen (dazu s. Art. 78 Rn. 1 u. 4) BRat, BTag und BReg zu. Es kann im Laufe eines Gesetzgebungsverfahrens von jedem anrufungsberechtigten Organ nur einmal ausgeübt werden. Dem BRat ist die Anrufung nach Satz 1 nur binnen drei Wochen nach Eingang des Gesetzesbeschlusses des BTags möglich. Diese Frist, die auf Ersuchen des BTages verkürzt werden kann, gilt als *Ausschlussfrist* entgegen dem Wortlaut der Regelung im Hinblick auf den Zweck der Vermittlung, möglichst zu einer Einigung zu gelangen, nur bei Einspruchs-, nicht also auch bei Zustimmungsgesetzen (str.; a.A. etwa Masing in v. Mangoldt/Klein/Starck, Art. 77 Rn. 77 f.). Aus diesem Grund sind auch Anrufungsbegehren des BTags und der BReg gemäß Satz 4 an die Frist des Satzes 1 nicht gebunden. Entsprechend dem Grundgedanken des Abs. 2 a wird jedoch verlangt werden müssen, dass die Anrufung bei Zustimmungsgesetzen von dem berechtigten Organ binnen angemessener Frist beschlossen wird. Da die Anrufung durch BTag und BReg verhindern soll, dass ein Zustimmungsgesetz wegen Nichterteilung der BRatszustimmung nicht zustande kommt, setzt ein Antrag dieser Verfassungsorgane voraus, dass der BRat entweder die Zustimmung zum Gesetz ausdrücklich verweigert oder durch sein Verhalten zu erkennen gegeben hat, dass er nicht zustimmt.

Hinsichtlich des **Anrufungsziels** ist zu unterscheiden: Die Aufhebung des vom BTag beschlossenen Gesetzes kann, von der Interessenrichtung der beteiligten Verfassungsorgane her gesehen, nur vom BRat angestrebt werden. Dagegen kann jedes der anrufungsberechtigten Organe verlangen, einzelne Gesetzesbestimmungen zu ändern, das Gesetz umzugestalten oder es inhaltlich zu ergänzen. Voraussetzung dafür ist, dass zwischen der jeweils begehrten Änderung und dem Gegenstand des Gesetzes ein hinreichender rechtl. Zusammenhang besteht (vgl. BVerfG, ZMR 1984, 272; BVerfGE 72, 190 f.; 78, 271; BGHZ 92, 103). Bei der Beurteilung, ob dies der Fall ist, werden die Maßstäbe im Hinblick auf den Kompromissfindungsauftrag des VermA (s. Rn. 7) nicht zu eng gesetzt werden dürfen; diesem kommt deshalb im Rahmen seines Auftrags ein diesem Rechnung tragender Vermittlungsspielraum zu. Das Gesetzgebungsverfahren in der parl. Demokratie darf allerdings im Zuge der Vermittlung nicht verkürzt werden, Gesetzgebungsentscheidungen müssen der parl. Öffentlichkeit vorbehalten bleiben, Verantwortlichkeiten dürfen nicht verfälscht werden (BVerfGE 101, 306 f.). Der VermA darf nicht zum „Nebengesetzgeber" (BFHE 196, 239), zum originären Ideengeber, werden. Deshalb darf er eine Änderung, Ergänzung oder Streichung der vom BTag beschlossenen Vorschriften nur vorschlagen, wenn und soweit der Vorschlag im Rahmen des Anrufungsbegehrens und des ihm zugrunde liegenden Gesetzgebungsverfahrens im BTag verbleibt. Damit dies gewährleistet ist, sollte der Vermittlungsauftrag möglichst präzise gefasst werden. Seine im Hinblick auf Stellung und Funktion des VermA gebotene (BVerfGE 101, 306) **gegenständliche Begrenzung** kann sich aber auch aus den Anträgen und Stellungnahmen in der parl. Debatte, aus Beschlussempfehlungen und Entschließungen und aus den Kontroversen zwischen BTag und BRat im Laufe des Gesetzgebungsverfahrens ergeben (zum Ganzen vgl. BVerfGE 101, 307 f.; 120, 75 f.; BFHE 195, 203; 196, 238 f.; 215, 497). Gegenstand der Vermittlung können danach nur Regelungsthemen sein, die zumindest dem Grunde nach im bisherigen Gesetzgebungsverfahren im vorbezeichneten Rahmen sichtbar geworden sind, also nicht erst nach der letzten Lesung des BTags in das Gesetzgebungsverfahren eingebracht wurden

(BVerfGE 120, 75). Eine Erweiterung der Vermittlungsthemen allein durch das Anrufungsbegehren ist danach ausgeschlossen. Gesetze, die unter evidentem Verstoß gegen diese Grundsätze zustande gekommen sind, sind ungültig (BVerfGE 125, 132). Ziel der Anrufung des VermA kann auch sein, die vom BTag in *einem* Gesetz geregelte Materie auf mehrere Gesetze zu verteilen (s. BT-Dr VI/2708). Eine *Begründung des Vermittlungsantrags*, der bis zum Abschluss des Verfahrens im VermA zurückgenommen werden kann (vgl. aus der Praxis z.b. BR-Dr 288/81 [Beschl.] u. dazu BRat, 502. Sitzung v. 10.7.1981, StenBer. S. 255 ff.), ist nicht erforderlich (BVerfGE 101, 306), aber möglich und zur Verdeutlichung des Vermittlungsauftrags u.U. auch hilfreich. Während der BRat seine Anträge im Einzelnen zu begründen pflegt (s. etwa BT-Dr 17/1950: 17/2582), sehen BTag und BReg davon im Regelfall ab (Ausnahme z.b.: BR-Dr 539/78).

11 Eine **Frist**, binnen welcher der VermA über zu ihm gelangte Anrufungsbegehren beraten und Beschluss fassen muss, sieht weder Art. 77 noch die GOVermA vor. Der VermA nimmt sich in der Staatspraxis diejenige Zeit, die er für erforderlich hält, um das Ziel der Vermittlung zu erreichen (vgl. zum ZuwanderungsG v. 30.7.2004, BGBl I S. 1950, einerseits BT-Dr 15/1365 v. 3.7.2003 u. andererseits BT-Dr 15/3479 v. 30.6.2004). Allerdings wird auch hier zu verlangen sein (vgl. Rn. 9), dass Beratung und Entscheidung des Ausschusses binnen angemessener, d.h. vom Vermittlungsgegenstand sowie seiner Bedeutung und Schwierigkeit abhängender, Frist erfolgen. Das bloße „Parken" einer Vermittlungsvorlage im VermA, ohne dass auch nur der Versuch einer Einigung über das Vorhaben unternommen wird, dürfte danach nicht zulässig sein. Vorlagen, die am Ende einer BT-Wahlperiode noch im Ausschuss anhängig sind, verfallen dem Grundsatz der **sachlichen Diskontinuität** (dazu s. Art. 39 Rn. 4).

12 *Satz 5*: Eine **erneute Beschlussfassung durch den Bundestag** ist erforderlich, wenn der VermA zu einem Einigungsvorschlag auf Änderung, Ergänzung oder Aufhebung des vom BTag beschlossenen Gesetzes gelangt. Dieser stimmt – in einer einzigen Beratung, die alsbald stattzufinden hat – nur über den Einigungsvorschlag ab, zu dem vor der Abstimmung Erklärungen abgegeben werden können (§ 10 GOVermA). Der BTag kann die Empfehlung nur annehmen oder ablehnen. Eine Änderung des Vorschlags ist dagegen nicht mehr möglich (BVerfGE 112, 139). Wird das Gesetz entsprechend dem Änderungsvorschlag des VermA beschlossen, ist der Beschluss nach Abs. 1 Satz 2 dem BRat zuzuleiten, damit dieser über sein weiteres Verhalten befinden kann; wenn der BTag einen auf Aufhebung des Gesetzes gerichteten Einigungsvorschlag annimmt, ist das Verfahren dagegen mit der erneuten Beschlussfassung des BTags beendet und das betr. Gesetz endgültig nicht zustande gekommen. Lehnt der BTag den Vermittlungsvorschlag auf Änderung oder Aufhebung ab, hat der BRat über den ursprünglichen Gesetzesbeschluss zu entscheiden. Das Gleiche gilt, wenn der VermA das Gesetz bestätigt (§ 11 GOVermA) oder sein Verfahren ohne Einigungsvorschlag abschließt (§ 12 GOVermA). In diesen Fällen wird der BTag mit der Sache nicht mehr befasst (missverständlich BVerfGE 112, 144).

### Absatz 2 a: Frist für Bundesratszustimmung

13 Abs. 2 a steht im Zusammenhang mit der Verpflichtung des BTags nach Art. 76 III 6, über Gesetzesvorlagen des BRats in angemessener Frist zu beraten und Beschluss zu fassen (s. dazu Art. 76 Rn. 15). Die Vorschrift zielt insoweit auf „Waffengleichheit" (BT-Dr 12/6000 S. 38) und verpflichtet deshalb den **Bundesrat**, über die **Zustimmung zu einem zustimmungsbedürftigen Bundesgesetz** (vgl. dazu die Aufzählung in Art. 78 Rn. 4) binnen angemessener Frist zu befinden. Aus-

drücklich gilt die Regelung nur für den Fall, dass der BRat davon absieht, nach Abs. 2 Satz 1 den VermA anzurufen, oder dass dieser das bei ihm durchgeführte Verfahren ohne einen Vorschlag zur Änderung des Gesetzesbeschlusses beendet, d.h. mit einem auf Bestätigung des Gesetzes gerichteten Einigungsvorschlag oder ganz ohne Einigungsvorschlag abgeschlossen hat (zu diesen beiden Möglichkeiten des Vermittlungsverfahrens s. vorstehend Rn. 12). Eine dem Abs. 2 a entsprechende Verpflichtung trifft den BRat aber auch dann, wenn der BTag zu einem Zustimmungsgesetz nach Abs. 2 Satz 5 einen Beschluss gefasst hat, der eine neuerliche Entscheidung des BRats erfordert (vgl. auch dazu oben Rn. 12).

### Absatz 3: Einspruch des Bundesrats

Dem in *Satz 1* vorgesehenen Einspruch des BRats, der eines Beschlusses mit mindestens einfacher Mehrheit (Art. 52 III 1 GG) bedarf, unterliegen nur Gesetze, die nicht an dessen Zustimmung gebunden sind. Der BRat hat aber das Recht, einem nach seiner Meinung zustimmungsbedürftigen Gesetz die Zustimmung zu versagen und gleichzeitig für den Fall, dass das Gesetz nicht zustimmungspflichtig sein sollte, vorsorglich Einspruch dagegen einzulegen (BVerfGE 37, 396; zur Staatspraxis s. etwa BT-Dr 8/4411 u. 8/4412). Gegen BTagsbeschlüsse, die nicht Gesetzesbeschlüsse sind, ist eine Einspruchsmöglichkeit nicht gegeben. Der Einspruch bezieht sich auf das Gesetz als gesetzgebungstechnische Einheit, kann also nicht auf einzelne Vorschriften beschränkt werden, und hat, weil nach Abs. 4 überstimmbar, **zunächst nur** die **Wirkung eines aufschiebenden Vetos.** Der BRat kann mit seiner Hilfe das Zustandekommen von Gesetzen hemmen, im Falle der Zurückweisung des Einspruchs durch den BTag (dazu Rn. 16 f.) letztlich aber nicht verhindern (BVerfGE 8, 296). Der Einspruch kann erst nach Abschluss des Vermittlungsverfahrens nach Abs. 2 erhoben werden (vgl. BVerfGE 1, 79; 112, 139 f.). Er muss als solcher eindeutig erkennbar sein (BVerfGE 37, 396, unter Hinweis auf § 30 I GOBR), kann (s. BT-Dr 15/2269), muss aber nicht begründet werden (vgl. BT-Dr 16/13363), wird beim BTPräs eingelegt und kann bis zur Beschlussfassung des BTags nach Abs. 4 zurückgenommen werden (zur Möglichkeit der Einspruchsrücknahme s. Art. 78). **14**

*Satz 2:* Die **Zweiwochenfrist,** innerhalb welcher ein Einspruch nur erhoben werden kann, beginnt im Fall des Abs. 2 Satz 5 mit dem Eingang des vom BTag erneut gefassten Beschlusses, in den Fällen der §§ 11 und 12 GOVermA (s. dazu oben Rn. 12) mit dem Eingang der Mitteilung des Vorsitzenden des VermA, dass das Verfahren vor diesem Ausschuss abgeschlossen ist. **15**

### Absatz 4: Zurückweisung des Einspruchs

Abs. 4 regelt die Zurückweisung eines vom BRat nach Abs. 3 eingelegten Einspruchs durch den BTag. Eine **Frist,** innerhalb welcher dieser über den Einspruch entscheiden muss, sieht Abs. 4 – anders als Abs. 3 Satz 2 für seine Einlegung (vgl. Rn. 15) – nicht vor. Auch der GOBT ist eine solche Frist nicht zu entnehmen. Das ist insoweit stimmig, als die Initiative für das weitere Schicksal des Gesetzes wieder beim BTag dem Verfassungsorgan liegt, das den Gesetzesbeschluss gefasst hat (s. Rn. 2). Das Fehlen einer ausdrücklichen Frist darf vom BTag jedoch nicht zu sachfremden Zwecken missbraucht werden (vgl. auch Lang, ZRP 2006, 17 f.). Wird – wie im Regelfall üblich – im BTag der **Antrag auf Zurückweisung** des Einspruchs alsbald nach dessen Einlegung gestellt, wird darüber nach § 91 GOBT ohne Begründung und Aussprache abgestimmt. Vor der Abstimmung können lediglich Erklärungen abgegeben werden. **16**

**17** Nach den *Sätzen 1 und 2* ist für die Zurückweisung eines Einspruchs je nach der Mehrheit, mit der dieser vom BRat beschlossen worden ist, eine **verschieden qualifizierte Bundestagsmehrheit** erforderlich. Hat der BRat seinen Beschluss mit einfacher Mehrheit gefasst (vgl. Rn. 14), bedarf es zur Zurückweisung der Mehrheit der Mitglieder des BTags i.S. des Art. 121. Hat er den Einspruch mit einer Mehrheit von mindestens zwei Dritteln seiner Stimmen beschlossen, ist für die Überstimmung durch den BTag die Zweidrittelmehrheit der Abstimmenden notwendig, die zumindest die Mehrheit der gesetzl. Mitgliederzahl nach Art. 121 erreichen muss. Wird die im konkreten Fall erforderliche BTagsmehrheit erzielt, ist das Gesetz mit der Zurückweisung des Einspruchs zustande gekommen (Art. 78). Ein nochmaliger Einspruch ist nicht möglich. Findet der Antrag auf Zurückweisung des Einspruchs nicht die notwendige Mehrheit, ist das Gesetzgebungsvorhaben gescheitert. Der BTag hat im Einspruchsstadium nicht mehr die Möglichkeit, das Gesetz den Wünschen des BRats anzupassen und diesen so zur Rücknahme seines Einspruchs zu bewegen.

## Artikel 78 [Zustandekommen der Bundesgesetze]

**Ein vom Bundestage beschlossenes Gesetz kommt zustande, wenn der Bundesrat zustimmt, den Antrag gemäß Artikel 77 Absatz 2 nicht stellt, innerhalb der Frist des Artikels 77 Absatz 3 keinen Einspruch einlegt oder ihn zurücknimmt oder wenn der Einspruch vom Bundestage überstimmt wird.**

**1** Art. 78 bestimmt die **Voraussetzungen für das Zustandekommen der Bundesgesetze** und stellt dafür insbes. auf die Art des Verhaltens des BRats im Zuge seiner Mitwirkung an der Bundesgesetzgebung ab. Das Zustandekommen, das ebenso wie der konkrete Gesetzesinhalt bleibt (BVerfG, Beschl. v. 4.5.2012 – 1 BvR 367/12 –), gestaltet sich unterschiedlich je nachdem, ob es sich im konkreten Fall um ein Zustimmungs- oder um ein Einspruchsgesetz handelt (zur Terminologie s. Art. 77 Rn. 1). Bei *Zustimmungsgesetzen* kann sich der BRat zwischen Zustimmung, Anrufung des Vermittlungsausschusses und Versagung der Zustimmung entscheiden. Bei *Einspruchsgesetzen* hat er zunächst nur die Wahl, ob er den Vermittlungsausschuss anrufen will oder nicht. Bei Zustimmungsgesetzen sind also die verfassungsrechtl. Möglichkeiten des BRats, auf das Zustandekommen der Gesetze einzuwirken, weit stärker als bei Einspruchsgesetzen (BVerfGE 8, 296; vgl. auch vor Art. 50 Rn. 2).

**2** Der stärkere Einfluss des BRats im Fall bestehender **Zustimmungsbefugnis** erklärt sich daraus, dass es sich bei dieser um ein **echtes Mitentscheidungsrecht** handelt, das dem BRat die Möglichkeit zu gleichberechtigter Einflussnahme auf den Gesetzesinhalt eröffnet. Ohne positives, nach Maßgabe der Rn. 7 zustimmendes Votum des BRats kommt ein *Zustimmungsgesetz* nicht zustande. Es bedarf hier also stets eines aktiven Handelns des BRats. Die Möglichkeit, diesem eine Frist zur Erklärung zu setzen, nach deren Ablauf seine Zustimmung fingiert werden könnte, ist im GG nicht vorgesehen. Bei einem *Einspruchsgesetz* führt dagegen auch bloße Untätigkeit des BRats, nämlich das Verstreichenlassen der Frist zur Anrufung des Vermittlungsausschusses (vgl. Art. 77 Rn. 9), zum Zustandekommen des Gesetzes. Das Gleiche gilt dann, wenn (nach Durchführung eines Vermittlungsverfahrens) der BRat auf die Einlegung eines Einspruchs verzichtet oder ihn zurücknimmt (s. dazu auch Art. 77 Rn. 14) oder wenn der BTag einen vom BRat erhobenen Einspruch nach Art. 77 IV überstimmt (vgl. hierzu

Art. 77 Rn. 17). Da der **Grundsatz der sachlichen Diskontinuität** nicht für den BRat gilt (s. auch vor Art. 50 Rn. 7), kann dieser die für das Zustandekommen des Gesetzes notwendigen Entscheidungen auch nach dem Ende der Wahlperiode des BTags treffen (vgl. Art. 39 Rn. 4).

Die in Rn. 1 und 2 aufgezeigten Unterschiede lassen erkennen, welch große Be- **3** deutung die grundgesetzl. **Zustimmungsvorbehalte zugunsten des Bundesrats** auch für die Verfassungspraxis haben. Diese Vorbehalte sollen verhindern, dass der Bund ggf. auch gegen den Willen der BRatsmehrheit Maßnahmen durchsetzt, die das föderative System im Wege der einfachen Gesetzgebung zum Nachteil der Länder verschieben (BVerfGE 55, 319; 105, 331; 126, 104; s. aber auch Art. 87 b Rn. 6). Nach dem GG sind solche Vorbehalte die *Ausnahme* (BVerfGE 105, 339). Auch und gerade für die BRatszustimmung zu Gesetzen des Bundes gilt das Enumerationsprinzip (BVerfGE 1, 79). Solche Gesetze sind zustimmungsbedürftig nur in Fällen, in denen die föderale Ordnung und der *Interessenbereich der Länder besonders stark berührt* werden (BVerfGE 1, 79; 37, 381; 126, 106, 111). Trotz dieser Beschränkung, die die Annahme eines allg. Kontrollrechts des BRats (BVerfGE 37, 381) und eine erweiternde Auslegung von Zustimmungserfordernissen ausschließt (vgl. BVerfGE 126, 106), führten die Zustimmungsbefugnisse des BRats bei unterschiedlichen polit. Mehrheitsverhältnissen in Bund und Ländern immer wieder zu Verzögerungen, gar zur Verhinderung wichtiger Gesetzesvorhaben des Bundes oder aber zu Kompromissen, die als unbefriedigend empfunden wurden. Der Anteil der zustimmungspflichtigen Bundesgesetze stieg vor allem im Anwendungsbereich des Art. 84 I erheblich an (so BT-Dr 16/813 S. 8). Um die Handlungs- und Entscheidungsfähigkeit des Bundes auf dem Gebiet der Gesetzgebung zu verbessern (s. BT-Dr 16/813 S. 1, 7, 14 f.), sind deshalb im Zuge der **Föderalismusreform I** (vgl. Einführung Rn. 6) die *Zustimmungsrechte des Bundesrates neu geordnet* worden. Der verfassungsändernde Gesetzgeber hat dies mit der Erwartung verbunden, dass durch die Änderung des Art. 84 I (zu deren Inhalt vgl. Art. 84 Rn. 2) die Quote der zustimmungsbedürftigen Bundesgesetze von bisher 53,1 vH (Handbuch des BRates 2005/2006, S. 301; BT-Dr 16/813 S. 14 f. ging sogar von bis zu 60 vH aus) deutlich reduziert werden wird (BT-Dr 16/813 S. 14 f.). Diese Erwartung hat sich in dem Sinne erfüllt, dass der Anteil dieser Gesetze an der Bundesgesetzgebung inzwischen auf gut 42 vH zurückgegangen ist (vgl. vor Art. 50 Rn. 3, Art. 50 Rn. 2 Buchst. b Doppelbuchst. cc, Art. 84 Rn. 2).

**Im Einzelnen** bedürfen der **Zustimmung des Bundesrates** nunmehr GG-Änderun- **4** gen (Art. 79 II, auch i.V.m. Art. 23 I 3), Bundesgesetze, die sich i.S. von Art. 23 I 2, Ia 3 und VII auf Angelegenheiten der EU beziehen, Gesetze des Bundes, die den Gebietsbestand (Art. 29 VII) oder – in der Praxis besonders bedeutsam (vgl. auch BVerfGE 61, 206) – die Verwaltungs-, Organisations- und Verfahrenshoheit der Länder betreffen (Art. 73 II i.V.m. I Nr. 9 a, Art. 84 I 3, 6 i.V.m. 5 u. V 1, Art. 85 I 1, Art. 87 III 2, Art. 87 b I 3 u. II, Art. 87 c, 87 d II, Art. 91 a II, Art. 91 c IV 2, Art. 91 e III, Art. 108 II 2, IV 1 u. V 2, Art. 120 a I 1) oder die Finanz- und Haushaltswirtschaft der Länder und Gemeinden berühren (Art. 74 II i.V.m. I Nr. 25 u. 27, Art. 91 a II, Art. 104 a IV, V 2 u. VI 4, Art. 104 b II 1, Art. 105 III, Art. 106 III 3, IV 2, V 2 u. VI 5, Art. 106 a Satz 2, Art. 106 b Satz 2, Art. 107 I 2 u. 4, Art. 109 IV u. V 3, Art. 109 a Satz 1, Art. 143 c IV, Art. 143 d II 3 u. 5, III 2), sowie Bundesgesetze, die Sonderregelungen für den Verteidigungsfall vorsehen oder die Rückkehr zur Normallage nach dessen Beendigung regeln (Art. 115 c I 2 u. III, Art. 115 k III 2, Art. 115 l I 1). Art. 72 III 2 steht im Zusammenhang mit der Befugnis der Länder, von Bundesgesetzen nach Art. 72 III 1

Nr. 1–6 abw. Regelungen zu treffen, und sichert das sofortige Inkrafttreten solcher Bundesgesetze, wenn der BRat zustimmt. Die Zustimmungsvorbehalte in Art. 87 e V, Art. 87 f I, Art. 143 a I 2, III 3 und Art. 143 b II 3 tragen, im Detail nicht immer ganz einsichtig (s. Art. 87 e Rn. 12), dem besonderen Interesse auch der Länder am Funktionieren der Dienstleistungsbereiche von Bahn und Post Rechnung (vgl. auch Art. 87 e Rn. 12 f. u. Art. 87 f Rn. 4). Weitere Fälle sind in Art. 16 a II 2 und III 1, Art. 81 II und III, Art. 87 b I 4, Art. 96 V sowie in Art. 134 IV und Art. 135 V i.V.m. Art. 135 a geregelt. Darüber hinaus hat das BVerfG die Zustimmung des BRats zu Bundesgesetzen für notwendig erachtet, durch die das Erfordernis der BRatszustimmung zu RVO nach Art. 80 II ausgeschlossen werden soll (BVerfGE 28, 76 ff.; dazu auch Art. 80 Rn. 9). Die Annahme einer Zustimmungsbefugnis des BRats kraft Natur der Sache wäre dagegen mit dem Ausnahmecharakter der Zustimmungsrechte der Länderkammer nicht vereinbar.

5 Die *Zustimmung des Bundesrats bezieht sich* nach der Rspr. des BVerfG grundsätzlich (zu Ausnahmen vgl. Art. 84 Rn. 8 u. Art. 87 b Rn. 6) *auf das Gesetz als gesetzgebungstechnische Einheit,* d.h. auf alle Normen des Gesetzes, nicht nur auf die, die seine Zustimmungsbedürftigkeit ausgelöst haben (BVerfGE 55, 319, 326 f. m.w.N.; a.A. Trute in v. Mangoldt/Klein/Starck, Art. 84 Rn. 45 ff.; s. im Hinblick auf die Gegenmeinung auch BVerfGE 105, 339). Der BRat übernimmt durch seine Zustimmung die Verantwortung für das Gesetz als Ganzes (BVerfGE 24, 197). Daraus folgt jedoch nicht, dass auch jedes **Änderungsgesetz zu einem Zustimmungsgesetz** nur mit Zustimmung des BRats ergehen kann (BVerfGE 39, 33; 48, 178; vgl. auch schon BVerwGE 28, 43 f.). Änderungsgesetze sind an die Zustimmung des BRats vielmehr nur dann gebunden, wenn sie ihrerseits einen zustimmungspflichtigen Inhalt haben und damit zu einer neuen Gewichtsverschiebung im föderativen System des GG führen (s. BVerfGE 37, 380 ff.; 48, 178). Dies ist der Fall, wenn das Änderungsgesetz zustimmungsbedürftige Vorschriften des Ursprungsgesetzes ändert oder neue Bestimmungen enthält, die das Zustimmungserfordernis auslösen (BVerfGE 37, 382 f.).

6 Der BTag ist nicht gehindert, in Ausübung seiner gesetzgeberischen Freiheit ein Gesetzesvorhaben in mehreren Gesetzen zu regeln (BVerfGE 24, 199; 39, 35). Er kann deshalb auch eine Regelungsmaterie in der Weise aufspalten, dass er die Bestimmungen, die keinen zustimmungsbedürftigen Inhalt haben, in ein Einspruchsgesetz und diejenigen Vorschriften, die das Zustimmungsrecht des BRats auslösen, in ein gesondertes Zustimmungsgesetz aufnimmt (BVerfGE 24, 199; 37, 382; 77, 102 f.; BVerwGE 28, 43). Das kann vorbereitend im Wege einer sog. aktiven Aufspaltung schon bei der Gesetzesinitiative (vgl. Art. 76 Rn. 2 f.), aber auch reaktiv in der Weise geschehen, dass ein ursprünglich einheitlicher Regelungskomplex erst während des Gesetzgebungsverfahrens, beispielsweise im Vermittlungsausschuss (s. Art. 77 Rn. 10), auf zwei Gesetze aufgeteilt wird (BVerfGE 105, 338). Im einen wie im anderen Fall wird weder das Recht der Länder, an der Gesetzgebung des Bundes mitzuwirken (Art. 50), eingeschränkt noch kommt es zu einer Verschiebung der Gewichte, die BTag und BRat bei der Gesetzgebung zukommen (BVerfGE 105, 338 m.w.N.). Die Aufteilung entspricht im Gegenteil gerade der verfassungsrechtl. Kompetenzverteilung zwischen dem Bund und den Ländern (BVerfGE 105, 339 f.). Ob der **Aufspaltungsbefugnis** des BTags im Einzelfall verfassungsrechtl. Grenzen gesetzt sind und wo diese ggf. liegen, hat das BVerfG bisher offengelassen (vgl. BVerfGE 105, 340). Am ehesten dürfte das Willkürverbot des Art. 20 III (BVerfGE 56, 313; 89, 141) als Grenze in Betracht kommen (vgl. BVerfGE 37, 412/Sondervotum; s. auch BVerfGE 77,

103; 114, 230) und eine Grenzüberschreitung dann anzunehmen sein, wenn der Zweck des nicht zustimmungsgebundenen Gesetzes ohne Aufnahme der zustimmungsbegründenden Vorschriften in dieselbe gesetzgebungstechnische Einheit schlechterdings nicht erreicht werden kann (vgl. auch BVerfGE 105, 341: „Gesetzestorso").

Liegt ein Zustimmungsgesetz vor, muss die **Abstimmung des Bundesrats** zweifelsfrei ergeben, ob er – mit mindestens der Mehrheit seiner Stimmen (Art. 52 III 1; BVerfGE 8, 297; 28, 79 f.), also mit absoluter Mehrheit – zugestimmt hat (BVerfGE 37, 396). Grundsätzlich muss die Zustimmung deshalb ausdrücklich erklärt werden (BVerfGE 8, 296; 28, 79). Ausnahmsweise kann sie beim Fehlen eines dahin gehenden ausdrücklichen Beschlusses aber auch dann angenommen werden, wenn besondere Umstände bei der Beratung und Beschlussfassung eindeutig erkennen lassen, dass der BRat mit der Vorlage einverstanden war und das Zustandekommen des Gesetzes gewollt hat (BVerfGE 8, 297; 28, 80; a.A. Jekewitz, AK, Art. 78 Rn. 5). Dagegen ist es mit Rücksicht auf den **Grundsatz der Unverrückbarkeit** (vgl. dazu mit Bezug auf den BTag Art. 42 Rn. 2) ausgeschlossen, die Entscheidung, einem zustimmungspflichtigen Gesetz die Zustimmung zu versagen, im Blick auf spätere, in anderem Zusammenhang abgegebene Erklärungen des BRats umzudeuten und die von Verfassungs wegen mit der Verweigerung der Zustimmung verbundene Auswirkung auf das Zustandekommen des Gesetzes rückgängig zu machen (BVerfGE 55, 327 f.). Unklarheiten beim Abstimmungsvorgang sind so aufzuklären, dass der Wille des BRats zurechenbar festgestellt werden kann (BVerfGE 106, 332).

Die **Eingangsformel** vor dem Gesetzesinhalt lautet bei normalen (nicht GG-ändernden oder der Mehrheit der Mitglieder des BTags bedürfenden) Zustimmungsgesetzen: „Der BTag hat mit Zustimmung des BRates das folgende Gesetz beschlossen:", bei Einspruchsgesetzen: „Der BTag hat das folgende Gesetz beschlossen:". Im letzteren Fall wird die Mitwirkung des BRats in der **Schlussformel** „Die verfassungsmäßigen Rechte des BRates sind gewahrt." zum Ausdruck gebracht (vgl. § 58 II 3 Nr. 1 GGO). Hat der BRat einem zustimmungsbedürftigen Gesetz tatsächlich zugestimmt, ist es unschädlich, wenn die für Einspruchsgesetze übliche Formel gewählt wurde (BVerfGE 9, 315 f.). Da Eingangs- und Schlussformel nicht zum Gesetzesinhalt gehören, unterliegen sie nicht der Beschlussfassung durch die gesetzgebenden Körperschaften. Auch der Vermittlungsausschuss hat insoweit keine Entscheidungskompetenz. Er kann bei **Streit über die Zustimmungsbedürftigkeit** eines Gesetzes zwar versuchen, diesem Streit durch Änderungsvorschläge zum Inhalt des Gesetzes die Grundlage zu entziehen, nicht aber vermittelnd über die Rechtsfrage selbst befinden. Dagegen haben der BPräs und die nach Art. 58 i.V.m. § 29 GOBReg gegenzeichnenden Mitglieder der BReg vor der Gesetzesausfertigung zu prüfen, ob das ihnen vorgelegte Gesetz der Zustimmung des BRats bedurfte (s. auch Art. 82 Rn. 3). Bejahen sie dies in einem Fall, in dem der BRat nicht zugestimmt hat, darf das Gesetz nicht ausgefertigt und verkündet werden (vgl. aus der Staatspraxis die Unterrichtung durch den BPräs in BT-Dr 7/5856). Wird ein solches Gesetz ausgefertigt und verkündet, weil BPräs und BReg anders als der BRat die Frage der Zustimmungsbedürftigkeit verneinen, hat über sein verfassungsmäßiges Zustandekommen ggf. das BVerfG zu entscheiden. Gelangt dieses zu der Erkenntnis, dass es der Zustimmung des BRats bedurft hätte, ist nach der Rspr. des BVerfG *das gesamte Gesetz* und nicht nur die einzelne, die Zustimmungsbedürftigkeit begründende Vorschrift mit dem GG unvereinbar und im Regelfall *nichtig* (BVerfGE 55, 327; a.A. ebd., S. 333 ff., 341 ff./Sondervoten; s. auch BVerfGE 105, 339).

*Hömig*

**9**  Das Zustandekommen allein führt noch nicht zur **Wirksamkeit des Gesetzes.** Notwendig sind vielmehr weiter Ausfertigung und Verkündung durch den BPräs nach Art. 82 I (s. dort Rn. 2 ff.) und das Inkrafttreten des zustande gekommenen Gesetzes (vgl. dazu Art. 82 Rn. 10).

**10**  Für den **Gesetzgebungsnotstand** trifft Art. 81 eine Sonderregelung.

## Artikel 79  [Änderung des Grundgesetzes]

(1) Das Grundgesetz kann nur durch ein Gesetz geändert werden, das den Wortlaut des Grundgesetzes ausdrücklich ändert oder ergänzt. Bei völkerrechtlichen Verträgen, die eine Friedensregelung, die Vorbereitung einer Friedensregelung oder den Abbau einer besatzungsrechtlichen Ordnung zum Gegenstand haben oder der Verteidigung der Bundesrepublik zu dienen bestimmt sind, genügt zur Klarstellung, daß die Bestimmungen des Grundgesetzes dem Abschluß und dem Inkraftsetzen der Verträge nicht entgegenstehen, eine Ergänzung des Wortlautes des Grundgesetzes, die sich auf diese Klarstellung beschränkt.

(2) Ein solches Gesetz bedarf der Zustimmung von zwei Dritteln der Mitglieder des Bundestages und zwei Dritteln der Stimmen des Bundesrates.

(3) Eine Änderung dieses Grundgesetzes, durch welche die Gliederung des Bundes in Länder, die grundsätzliche Mitwirkung der Länder bei der Gesetzgebung oder die in den Artikeln 1 und 20 niedergelegten Grundsätze berührt werden, ist unzulässig.

### Absatz 1: Gebot der Textänderung

**1**  *Satz 1* statuiert den **Grundsatz „Keine Verfassungsänderung ohne Verfassungstextänderung"**, wobei jede Änderung des GG eines formellen Gesetzes bedarf; eine RVO oder ein Gesetz nach Art. 81 IV (Gesetzgebungsnotstand) oder des Gemeinsamen Ausschusses (vgl. Art. 115 e II) scheiden aus. Mit dieser Regelung hat das GG in bewusster Abkehr von der Praxis der Weimarer Zeit im Interesse der Rechtssicherheit und der Rechtsklarheit die sog. *Verfassungsdurchbrechung* in Form einzelner mit verfassungsändernder Mehrheit beschlossener Gesetze *verboten* und den Vorrang des geschriebenen Verfassungsrechts gesichert (BVerfGE 62, 82/Sondervotum). Von der Verfassungsdurchbrechung zu unterscheiden ist der *Verfassungswandel*, der – insbes. angesichts der Weite und Offenheit vieler Verfassungsbestimmungen – die Konkretisierung und Fortentwicklung von Verfassungsnormen durch von allg. Rechtsüberzeugung getragene Verfassungspraxis betrifft (s. etwa die Entwicklung von Inhalt u. Tragweite der Eigentumsgarantie sowie der Inhalts- u. Schrankenbestimmung i.S. des Art. 14) und möglich bleibt; ebenso die Entstehung von *Verfassungsgewohnheitsrecht* (vgl. Stern, Bd. I, S. 109 f. m.w.N.). Die Übertragung von Hoheitsrechten auf die EU und Änderungen ihrer Vertragsgrundlagen, die mit Vorschriften des GG kollidieren, unterliegen nicht dem Textänderungsgebot des Art. 79 I 1 (s. dazu Art. 23 Rn. 16); Gleiches gilt für die Übertragung von Hoheitsrechten gemäß Art. 24 I (vgl. auch BVerfGE 58, 36; 68, 96).

**2**  *Satz 2* stellt eine **Ausnahme** vom Grundsatz des Satzes 1 dar und ist eng auszulegen (BVerfGE 41, 174); er gibt die Möglichkeit, *bei bestimmten völkerrechtlichen Verträgen* durch eine Ergänzung des Wortlauts des GG klarzustellen, dass die Bestimmungen der Verfassung dem Abschluss und dem Inkraftsetzen der Verträge nicht entgegenstehen. Die „Klarstellung" – auch als „authentische Interpretation" des Gesetzgebers selbst bezeichnet – ermöglicht auch etwaige in den genannten völkerrechtl. Verträgen enthaltene materielle Änderungen oder Ergänzungen des GG, ohne dass der Wortlaut der von den Änderungen betroffenen Einzelvorschriften geändert oder ergänzt wird. Die 1954 in das GG eingefügte Ausnahmeregelung hat überwiegend kritische Beurteilung erfahren (vgl. Bryde in von Münch/Kunig, Art. 79 Rn. 16 ff.). Von der Möglichkeit der Klarstellung ist in der Staatspraxis bisher nur anlässlich der Ratifizierung der EVG-Verträge durch die Einfügung des früheren Art. 142 a Gebrauch gemacht worden, der nach dem Scheitern der Verträge wieder aufgehoben worden ist.

### Absatz 2: Zweidrittelmehrheit

GG-Änderungen bedürfen einer **qualifizierten Mehrheit von zwei Dritteln** der Mitglieder des BTags (Art. 121) und zwei Dritteln der Stimmen des BRats (Art. 51 II u. III). 3

### Absatz 3: Materielle Änderungsschranken

Abs. 3 versieht die dort genannten Grundsätze mit einer "Ewigkeitsgarantie", um zu verhindern, dass die geltende Verfassungsordnung in ihrer Substanz, in ihren Grundlagen durch GG-änderndes Gesetz beseitigt und zur Legalisierung eines totalitären Regimes missbraucht werden kann. „Berührt" entspricht „in seinem Wesensgehalt angetastet" in Art. 19 II (BVerfGE 30, 24). Die **Gliederung des Bundes in Länder** wird nicht berührt durch eine Änderung des Bestands und der Anzahl der Länder (vgl. Art. 29). Die Länder sind aber gegen den Verlust eines Essentiale ihrer Staatlichkeit (Art. 20 Rn. 6) geschützt. Nicht geschützt ist der Umfang bestehender Zuständigkeiten, jedoch muss den Ländern ein Kern eigener Aufgaben als „Hausgut" verbleiben (BVerfGE 87, 196), wozu u.a. die freie Bestimmung der Organisation einschl. der in der Landesverfassung enthaltenen organisatorischen Grundentscheidungen sowie die Garantie der verfassungskräftigen Zuweisung eines angemessenen Anteils am Gesamtsteueraufkommen im Bundesstaat gehören (BVerfGE 34, 19 f.). Die Garantie der **grundsätzlichen Mitwirkung** der Länder **an der Gesetzgebung** schließt Änderungen des Zusammenwirkens von BTag und BRat, etwa der Unterscheidung zwischen Einspruchs- und Zustimmungsgesetzen (s. dazu Art. 77 Rn. 1, Art. 78 Rn. 1) und der Anwendungsfälle dafür nicht aus. Durch die **in Art. 1 und 20 niedergelegten Grundsätze** sind nicht die einzelnen Grundrechte und auch nicht ihr Wesensgehalt i.S. von Art. 19 II (BVerfGE 109, 310 f.) geschützt, wohl aber ihr vom Grundsatz der Menschenwürde umfasster Kerngehalt (BVerfGE 84, 121; 94, 34; 102, 392). Die Rspr. des BVerfG bestimmt dabei den „Menschenwürde"-Bereich des Art. 1 sehr eng (BVerfGE 30, 26: Überschreitung nur bei einer Behandlung des Menschen durch die öffentl. Hand, die eine Verachtung des Werts, der dem Menschen kraft seines Personseins zukommt, zum Ausdruck bringt; weiter zum Begriff der Menschenwürde Art. 1 Rn. 4). Da das Asylrecht nicht zum Gewährleistungsinhalt von Art. 1 I gehört, könnte es als solches aufgehoben (vgl. BVerfGE 94, 103 f.) und in eine Einrichtungsgarantie umgewandelt werden. Zur Auslieferung eines Deutschen im Rahmen der EU oder an einen internationalen Strafgerichtshof vgl. BVerfGE 113, 296, und Art. 16 Rn. 6. Das Änderungsverbot hinsichtlich der durch Art. 20 garantierten Grundsätze ist eng auszulegen und bezieht sich auf das demokratische Prinzip, den Grundsatz der Gewaltenteilung, grundlegende Elemente des Rechts- und des Sozialstaatsprinzips wie Bindung der Gesetzgebung an die verfassungsmäßige Ordnung sowie der vollziehenden Gewalt und der Rspr. an Gesetz und Recht, Grundsatz der materialen Gerechtigkeit, Rechtsgleichheit und Willkürverbot (BVerfGE 3, 232; 23, 106 f.; 84, 121), nicht jedoch 4 auf einzelne Ausprägungen des Demokratie- und des Rechtsstaatsprinzips wie Verbot rückwirkender belastender Gesetze, Grundsatz der Verhältnismäßigkeit oder Prinzip eines möglichst lückenlosen Rechtsschutzes. Im Hinblick auf das Demokratieprinzip gewährleistet Abs. 3 Strukturen und Verfahren, die den demokratischen Prozess offenhalten und dabei etwa auch die haushaltspolit. Gesamtverantwortung des Parlaments sichern (BVerfG, U. v. 12.9.2012 – 2 BvR 1390/12 u.a. –). Das GG ist auf *Öffnung* der staatl. Herrschaftsordnung *für das friedliche Zusammenwirken der Nationen und die europäische Integration* gerichtet und erlaubt die Übertragung von Hoheitsrechten auf die EU unter der Bedingung, dass dabei die souveräne Verfassungsstaatlichkeit auf der Grundlage eines Integrationsprogramms nach dem Prinzip der begrenzten Einzelermächtigung und unter Achtung der verfassungsrechtl. Identität der Mitgliedstaaten gewahrt bleibt und diese zugleich ihre Fähigkeit zu selbstverantwortlicher polit. und sozialer Gestaltung der Lebensverhältnisse nicht verlieren (BVerfGE 89, 182 ff.; 123, 347). Insgesamt darf Abs. 3 nicht so verstanden werden, dass der Gesetzgeber gehindert ist, durch verfassungsänderndes Gesetz auch elementare Verfassungsgrundsätze systemimmanent zu modifizieren (s. BVerfGE 30, 24 f.; 84, 121; 94, 34; 109, 310).

5 Die Frage, ob Abs. 3 selbst durch den Verfassungsgesetzgeber geändert (oder aufgehoben) werden kann, wird von der h.M. verneint (vgl. Bryde in von Münch/Kunig, Art. 79 Rn. 28; für die verfassungsgebende Gewalt offengelassen in BVerfGE 123, 343). Für die **Unabänderlichkeit des Art. 79 III** spricht vor allem die Normlogik, dass außer den für unantastbar erklärten anderen Verfassungssätzen auch der Verfassungssatz selbst, der die Unantastbarkeit ausspricht, unabänderlich sein muss. Etwas anderes gilt nur für den Fall des Außerkrafttretens des GG schlechthin, insbes. gemäß Art. 146 (s. auch die Erläut. dort).

## Artikel 80 [Erlass von Rechtsverordnungen]

(1) Durch Gesetz können die Bundesregierung, ein Bundesminister oder die Landesregierungen ermächtigt werden, Rechtsverordnungen zu erlassen. Dabei müssen Inhalt, Zweck und Ausmaß der erteilten Ermächtigung im Gesetze bestimmt werden. Die Rechtsgrundlage ist in der Verordnung anzugeben. Ist durch Gesetz vorgesehen, daß eine Ermächtigung weiter übertragen werden kann, so bedarf es zur Übertragung der Ermächtigung einer Rechtsverordnung.

(2) Der Zustimmung des Bundesrates bedürfen, vorbehaltlich anderweitiger bundesgesetzlicher Regelung, Rechtsverordnungen der Bundesregierung oder eines Bundesministers über Grundsätze und Gebühren für die Benutzung der Einrichtungen des Postwesens und der Telekommunikation, über die Grundsätze der Erhebung des Entgelts für die Benutzung der Einrichtungen der Eisenbahnen des Bundes, über den Bau und Betrieb der Eisenbahnen, sowie Rechtsverordnungen auf Grund von Bundesgesetzen, die der Zustimmung des Bundesrates bedürfen oder die von den Ländern im Auftrage des Bundes oder als eigene Angelegenheit ausgeführt werden.

(3) Der Bundesrat kann der Bundesregierung Vorlagen für den Erlaß von Rechtsverordnungen zuleiten, die seiner Zustimmung bedürfen.

(4) Soweit durch Bundesgesetz oder auf Grund von Bundesgesetzen Landesregierungen ermächtigt werden, Rechtsverordnungen zu erlassen, sind die Länder zu einer Regelung auch durch Gesetz befugt.

**Allgemeines:** Art. 80 hat einerseits den Sinn, durch die Möglichkeit der Übertra-   **1**
gung rechtsetzender Gewalt auf die Exekutive eine *Entlastung des Gesetzgebers* –
insbes. bei Erlass von Detailregelungen – herbeizuführen; sie kann zur Folge haben, dass Voraussetzung für die Ausführung des Gesetzes der vorherige Erlass
der RVO ist (Beispiel: § 7 VI BKAG; dazu BVerwGE 137, 116 f.). Andererseits
will die Vorschrift angesichts historischer Erfahrungen einer Selbstentmachtung
des Parlaments vorbeugen und der Rechtsetzung durch die Exekutive *Grenzen
ziehen.* Soweit nicht besondere Parlamentsvorbehalte entgegenstehen, schließt die
Gesetzgebungskompetenz für das Gesetz, das die RVO-Ermächtigung enthält, in
den Grenzen des Art. 80 I die partielle Übertragung der Normsetzungsbefugnis
auf den Verordnungsgeber ein (BVerfGE 101, 31). Art. 80 gilt weder für allg.
*Verwaltungsvorschriften* (s. Art 84 Rn. 15) noch für den Erlass autonomer *Satzungen* (BVerfGE 32, 361; 33, 157 f.; 97, 343) noch für *Allgemeinverbindlicher-
klärungen von Tarifverträgen* (BVerfGE 44, 349; 55, 20; BVerwGE 136, 82).
Zur Abgrenzung von Allgemeinverfügungen nach § 35 Satz 2 VwVfG vgl.
BVerfGE 106, 307.

In der **Normenhierarchie** stehen die RVO im Range unter dem Gesetz (Vorrang   **2**
des Gesetzes; vgl. vor Art. 70 Rn. 8). Streitig ist, ob auf Grund besonderer Ermächtigung des Gesetzgebers formelle Gesetze durch RVO geändert oder ergänzt
werden können (bejahend BVerfG, NJW 1998, 670). Dem Erlass solcher RVO
steht insbes. Art. 129 III nicht entgegen, der lediglich eine Spezialnorm für vorkonstitutionelle Ermächtigungen darstellt (s. Art. 129 Rn. 6) und deshalb auf
nachkonstitutionelles Recht nicht angewendet werden kann. Auch die Staatspraxis hält Ermächtigungen zum Erlass von *gesetzesändernden* und *gesetzesergän-
zenden Rechtsverordnungen* für zulässig (vgl. z.B. § 1 II des G über die Kontrolle
von Kriegswaffen i.d.F. v. 22.11.1990, BGBl I S. 2506), wobei freilich an die
Konkretisierung solcher Ermächtigungen nach Art. 80 I 2 besonders strenge Anforderungen zu stellen sind. Zulässig und in der Praxis nicht ganz selten ist umgekehrt auch, dass der BTag eine RVO der BReg oder eines BMinisters durch
Gesetz ändert (zu den damit verbundenen Problemen s. Jekewitz, NVwZ 1994,
957 ff.). Das BVerfG macht die Zulässigkeit allerdings davon abhängig, dass der
Gesetzgeber die Norm einheitlich als RVO qualifiziert, es sich um eine Anpassung im sachlichen Zusammenhang mit anderen gesetzgeberischen Maßnahmen
handelt und die Grenzen der Ermächtigungsgrundlage (Art. 80 I 2) gewahrt werden. Der Gesetzgeber ist dabei an das Verfahren nach den Art. 76 ff. gebunden;
die Zustimmungsbedürftigkeit richtet sich nach dem für förmliche Gesetze geltenden Maßstab, nicht nach Art. 80 II. Von der Änderung einer RVO zu unterscheiden ist die Verleihung der Gesetzeskraft einzelner Regelungen durch den
Gesetzgeber (Beispiel: BVerwG, Buchholz 451.61 KWG Nr. 29 S. 100). Nach
Änderung durch den Gesetzgeber kann die RVO ohne (klarstellende) „Entsteine-
rungsklausel" (vgl. dazu Jekewitz, NVwZ 1994, 958) wieder durch den Verordnungsgeber geändert werden (BVerfGE 114, 238 ff.; 114, 312). RVO des Bundes
muss grundsätzlich ein bundesweit einheitliches Regelungsprinzip zugrunde liegen (BVerwG 129, 122). Wie der Gesetzgeber kann auch der Verordnungsgeber
verpflichtet sein, die weitere Entwicklung zu beobachten und die RVO zu überprüfen und ggf. zu revidieren (BVerfG, KBeschl. v. 29.3.2004 – 1 BvR 492/04 –
juris).

**Ausfertigung, Verkündung und Inkrafttreten** von RVO sind in Art. 82 I 2 und II   **3**
geregelt (s. dazu Art. 82 Rn. 9 u. 14 f.). Hinsichtlich RVO im Verteidigungsfall
vgl. Art. 115 k I, II. Zur Überlagerung durch EU-Recht und einer eventuellen Notifizierungspflicht s. vor Art. 70 Rn. 6.

**4** **Gerichtliche Kontrolle:** RVO unterliegen als Exekutivrecht nicht der Verwerfungsbefugnis des BVerfG (s. Art. 100 Rn. 1, 4), sondern dem uneingeschränkten richterl. Prüfungsrecht der allg. zuständigen Gerichte. Diese nehmen für sich in Anspruch, dem Verordnungsgeber innerhalb seines Gestaltungs- und Bewertungsspielraums (vgl. unten Rn. 6) zukommende Prognoseentscheidungen anhand der der Prognose zugrunde gelegten tatsächlichen Annahmen zu überprüfen (vgl. BVerwG, U. v. 29.10.2009 – 3 C 26.08 – juris).

**Absatz 1: Verordnungsermächtigung**

**5** Nach Satz 1 kommen als Ermächtigte in Betracht nur die BReg, ein BMinister oder die LReg; nur ausnahmsweise zulässig sind Überschneidungen von Ermächtigungen, die sich an Verordnungsgeber sowohl auf der Bundes- als auch auf der Landesebene richten (vgl. BVerwGE 131, 150 f.). Generell zulässig ist dagegen die Ermächtigung mehrerer BMinister oder die Bindung eines ermächtigten BMinisters an die Zustimmung eines anderen BMinisters, nicht jedoch die Erteilung einer Ermächtigung an den Leiter einer Bundesoberbehörde (BVerfGE 8, 163) oder an einen Landesminister (s. dazu Rn. 8). BReg ist das aus dem BKanzler und den BMinistern bestehende Kollegium (BVerfGE 91, 165 f.; 115, 149). Bei dem in der Praxis nicht seltenen Umlaufverfahren zum Beschluss von RVO der BReg (vgl. § 20 II GOBReg) ist es nicht zulässig, die Zustimmung der Mitglieder des Bundeskabinetts zu unterstellen oder zu fingieren; vielmehr muss mindestens die Hälfte der Mitglieder der BReg persönlich an dem Umlaufverfahren – dokumentiert durch eine schriftliche Äußerung – teilnehmen, als Mindestfrist für das Verfahren sind drei Tage ausreichend (s. BVerfGE 91, 173 f.). **Bundesminister** ist der jeweilige Amtsinhaber, nicht das Ministerium als Behörde (a.A. jedoch Handbuch der Rechtsförmlichkeit, hrsg. v. BMJ, 3. Aufl. 2008, Rn. 383 ff.). Dies folgt aus dem eindeutigen Wortlaut von Art. 80 I 1 und entspricht der parl. Verantwortlichkeit des Ministers. Zur Zuständigkeit nach Änderung der Geschäftsverteilung durch Organisationserlass des BKanzlers vgl. § 1 I ZuständigkeitsanpassungG vom 16.8.2002 (BGBl I S. 3165). Was **Landesregierung** i.S. von Art. 80 I 1 ist, bestimmt das Landesverfassungsrecht; nur wenn danach unter „LReg" auch der zuständige Minister verstanden werden kann, kann die durch Bundesgesetz der LReg erteilte Ermächtigung unmittelbar von dem Minister ausgeübt werden (BVerfGE 11, 86). RVO von Landesorganen, die auf einer bundesgesetzl. Ermächtigung gemäß Art. 80 I 1, IV beruhen, sind Landesrecht (BVerfGE 18, 407). Unzulässig im Hinblick auf das föderative Prinzip dürfte es sein, die von einer LReg zu erlassende RVO an die Zustimmung eines BMinisters (oder der BReg) zu binden. Ob eine Ermächtigung gleichzeitig eine Verpflichtung zum Erlass der RVO darstellt, hängt vom Einzelfall ab; dies ist zu bejahen, wenn eine gesetzl. Regelung ohne Durchführungsverordnung nicht praktiziert werden kann und wenn das Untätigbleiben des Verordnungsgebers einen Verstoß gegen den Gleichheitssatz darstellen würde (BVerfGE 13, 254; 16, 338) oder in Anbetracht des Zwecks der Ermächtigung schlechterdings unvertretbar und unverhältnismäßig wäre (BVerwGE 130, 64). Der Gesetzgeber darf das Gebrauchmachen von der Ermächtigung nicht allein der polit. Entscheidung des Verordnungsgebers anheimstellen (BVerfGE 78, 272). RVO unterliegen nicht der personalvertretungsrechtl. Mitbestimmung (BVerwG, NVwZ 2008, 801).

**6** Nach dem **Konkretisierungsgebot** des *Satzes 2* muss der Gesetzgeber die für die Ordnung eines Lebensbereichs entscheidenden Vorschriften selbst erlassen. Insbes. muss er festlegen, welche Fragen durch die RVO geregelt werden sollen (*Inhalt*); gleichzeitig muss er die Grenzen einer solchen Regelung festsetzen (*Aus-*

*maß*) und angeben, welchem Ziel sie dienen soll (*Zweck*); vgl. BVerfGE 23, 72. Nach der st. Rspr. des BVerfG ist dem Konkretisierungsgebot nicht genügt, wenn nicht mehr vorauszusehen ist, in welchen Fällen und mit welcher Tendenz von der Ermächtigung Gebrauch gemacht werden wird und welchen Inhalt die zu erlassende RVO haben kann (s. etwa BVerfGE 19, 361; 42, 200; 45, 163 f., betr. Rückwirkung). Dabei braucht der Gesetzgeber allerdings Inhalt, Zweck und Ausmaß der Ermächtigung *nicht ausdrücklich* im Text des Gesetzes zu bestimmen. Vielmehr gelten auch für die Interpretation von Ermächtigungsnormen die allg. Auslegungsgrundsätze (vgl. dazu vor Art. 70 Rn. 12). Dementsprechend können der Sinnzusammenhang der Norm mit anderen Vorschriften und das Ziel, das die gesetzl. Regelung insgesamt verfolgt, berücksichtigt werden. Auch die Entstehungsgeschichte kann − vor allem zur Bestätigung des Ergebnisses der Auslegung − herangezogen werden (BVerfG i. st. Rspr.; s. z.B. E 19, 362; 80, 20 f.). Insgesamt sind die Anforderungen der Rspr. an die hinreichende Bestimmtheit der Ermächtigung nicht allzu hoch. Allerdings werden umso strengere Maßstäbe anzulegen sein, je mehr der Regelungsbereich Eingriffe in grundrechtl. geschützte Positionen zulässt (vgl. BVerfGE 41, 266; 58, 277 f.; 62, 210) oder grundlegende Entscheidungen i.S. der Wesentlichkeitstheorie (s. vor Art. 70 Rn. 7) erfordert (BVerwG, NVwZ 2008, 1381). Zur hinreichenden Bestimmtheit von Gebührentatbeständen in einer RVO vgl. BVerwG, NVwZ-RR 2010, 148. Innerhalb des gesetzl. Rahmens hat der Verordnungsgeber Gestaltungs- und Bewertungsspielräume, die sonst dem parl. Gesetzgeber zustehen (BVerfG, SozSich 2001, 31 f.; BVerwG, NVwZ 2007, 958). Art. 80 I 2 ist auf vorkonstitutionelle Ermächtigungen, deren Bestand sich nach Art. 129 richtet, nicht anwendbar (BVerfGE 2, 326 ff.; 78, 197; s. auch Art. 129 Rn. 2). Dem Bestimmtheitsgebot hinsichtlich der RVO selbst genügt eine sog. statische Verweisung auf nicht vom Verordnungsgeber erlassene Vorschriften oder Regelungen, dagegen kann bei einer dynamischen Verweisung (zum Begriff vgl. vor Art. 70 Rn. 9) dem Verordnungsgeber ein hinreichender Einfluss auf die künftige Fortentwicklung verwehrt sein.

Nach *Satz 3* ist die **Rechtsgrundlage** in der RVO anzugeben, um die Vereinbarkeit mit der Ermächtigungsgrundlage verständlich und kontrollierbar zu machen; bei mehreren Ermächtigungsgrundlagen müssen diese vollständig zitiert werden (BVerfGE 24, 196; 101, 42 f.). Dagegen muss bei einer auf mehrere Einzelermächtigungen gestützten Sammelverordnung nicht zu jeder Bestimmung die jeweilige Ermächtigungsgrundlage angegeben werden (BVerfGE 20, 292). Ein Wegfall der Ermächtigung lässt die Wirksamkeit der auf ihrer Grundlage erlassenen RVO grundsätzlich unberührt (BVerfGE 78, 198; vgl. auch Art. 129 Rn. 8). **7**

*Satz 4:* Eine **Subdelegation** ist nur unter zwei Voraussetzungen zulässig: Sie muss im Gesetz zugelassen sein, ferner darf die Übertragung nur in der Form einer RVO vorgenommen werden. Der Kreis der Subdelegatare ist nicht wie in Satz 1 beschränkt. In der Praxis richten sich Subdelegationen häufig an Bundesoberbehörden bzw. an Landesminister (vgl. auch BVerfGE 38, 147 f.). Eine Subdelegation an Private ist unzulässig (VG Potsdam, NVwZ-RR 2012, 660). **8**

### Absatz 2: Zustimmungsbedürftige Rechtsverordnungen

Nach Abs. 2 bedürfen drei Gruppen von RVO der **Zustimmung des Bundesrats,** wenn bundesgesetzl. nichts anderes angeordnet ist: **9**

a) die sog. Verkehrsverordnungen (aus dem Bereich von Eisenbahn u. Post);
b) RVO auf Grund von Zustimmungsgesetzen;

c)  RVO auf Grund von zustimmungsfreien Gesetzen, die von den Ländern aus-
    geführt werden.

Da die Zahl der Zustimmungsgesetze einen erheblichen Umfang angenommen
hat (s. Art. 50 Rn. 2 Buchst. b Doppelbuchst. cc) und die Bundesgesetze grundsätzlich durch die Länder ausgeführt werden (vgl. Art. 83 Rn. 1), unterliegt nach
dieser Bestimmung die große Mehrzahl der RVO des Bundes der Zustimmung
des BRats. Eine ohne diese Zustimmung erlassene RVO ist unwirksam (zur Möglichkeit, die Zustimmung mit Maßgabevorbehalten zu erteilen, s. Art. 50 Rn. 3
Buchst. a). Bei RVO auf Grund eines Zustimmungsgesetzes ergibt sich die Zustimmungsbedürftigkeit ohne Rücksicht darauf, ob die Ermächtigung und die
mit ihr zusammenhängenden Normen die Zustimmungsbedürftigkeit des Gesetzes ausgelöst haben; dies folgt daraus, dass in Abs. 2 die Bundesgesetze als gesetzgebungstechnische Einheiten gemeint sind (BVerfGE 24, 197). Soll bei einer
RVO die Zustimmung des BRats ausgeschlossen werden, kann dies nur durch
ein Zustimmungsgesetz geschehen (BVerfGE 28, 77). Hingegen ist die Aufhebung einer Zustimmungsverordnung i.S. des Abs. 2 ohne Zustimmung des BRats
möglich, weil insoweit nur der alte Rechtszustand hergestellt wird.

10  Zulässig ist es auch, eine RVO an die **Zustimmung des Bundestags** – nicht jedoch an die eines Ausschusses (vgl. BVerfGE 4, 203) – zu binden (BVerfGE 8,
319; 24, 199). Entsprechende Ermächtigungen zum Erlass von „Zustimmungs-
verordnungen" sind jedenfalls für solche Sachbereiche mit dem GG vereinbar,
für die ein legitimes Interesse der Legislative anerkannt werden muss, zwar einerseits die Rechtsetzung auf die Exekutive zu delegieren, sich aber andererseits –
wegen der Bedeutung der zu treffenden Regelungen – entscheidenden Einfluss
auf Erlass und Inhalt der RVO vorzubehalten. Das ist bei Sachbereichen wie dem
Umwelt- und Technikrecht vielfach der Fall (s. z.B. § 3 I 4, 5 UVPG, § 48 b
BImSchG). Auch Ermächtigungen dieser Art müssen den Anforderungen von
Abs. 1 Satz 2 entsprechen. Die Bestimmtheit der Ermächtigung muss sich unabhängig von den Voraussetzungen ergeben, unter denen die RVO der Zustimmung des BTags bedürfen (BVerfGE 8, 321 ff.).

**Absatz 3: Initiativrecht des Bundesrats**

11  Für RVO, die seiner Zustimmung bedürfen, kann der BRat die Initiative ergreifen und der BReg Vorlagen für ihren Erlass zuleiten. Damit soll dem BRat ermöglicht werden, die ihm von der Verfassung zugewiesene Funktion der Mitwirkung an der Rechtsetzungstätigkeit des Bundes wirkungsvoller wahrzunehmen
(vgl. BT-Dr 12/6633 S. 11). Es bleibt jedoch dem Ermessen der BReg (bzw. des
zuständigen BMinisters) überlassen, ob sie (er) die Initiative des BRats aufgreifen
will.

**Absatz 4: Gesetzgebungsbefugnis der Länderparlamente**

12  Anstelle der in RVO-Ermächtigungen genannten LReg können nach Abs. 4 auch
die Länderparlamente den betr. Bereich durch förmliches Gesetz regeln, wobei
sie an den durch die RVO-Ermächtigung gezogenen Rahmen gebunden sind. Die
Ermächtigung der LReg kann auch auf einer RVO nach Abs. 1 Satz 4 beruhen.
Abs. 4 schließt die Befugnis des Landesgesetzgebers ein, eine RVO der LReg zu
ändern, zu ersetzen oder aufzuheben. Aus Gründen kompenzieller Rechtsklarheit empfiehlt sich, in dem verordnungsvertretenden Landesgesetz die zugrunde
liegende RVO-Ermächtigung anzuführen.

## Artikel 80 a  [Anwendung von Rechtsvorschriften im Spannungsfall]

(1) Ist in diesem Grundgesetz oder in einem Bundesgesetz über die Verteidigung einschließlich des Schutzes der Zivilbevölkerung bestimmt, daß Rechtsvorschriften nur nach Maßgabe dieses Artikels angewandt werden dürfen, so ist die Anwendung außer im Verteidigungsfalle nur zulässig, wenn der Bundestag den Eintritt des Spannungsfalles festgestellt oder wenn er der Anwendung besonders zugestimmt hat. Die Feststellung des Spannungsfalles und die besondere Zustimmung in den Fällen des Artikels 12 a Abs. 5 Satz 1 und Abs. 6 Satz 2 bedürfen einer Mehrheit von zwei Dritteln der abgegebenen Stimmen.

(2) Maßnahmen auf Grund von Rechtsvorschriften nach Absatz 1 sind aufzuheben, wenn der Bundestag es verlangt.

(3) Abweichend von Absatz 1 ist die Anwendung solcher Rechtsvorschriften auch auf der Grundlage und nach Maßgabe eines Beschlusses, der von einem internationalen Organ im Rahmen eines Bündnisvertrages mit Zustimmung der Bundesregierung gefaßt wird. Maßnahmen nach diesem Absatz sind aufzuheben, wenn der Bundestag es mit der Mehrheit seiner Mitglieder verlangt.

**Allgemeines:** Art. 80 a enthält Sondervorschriften für den **Spannungsfall**, einen    1
Zustand erhöhter internationaler Spannungen, der einem möglichen Verteidigungsfall unmittelbar vorausgeht und deshalb eine erhöhte Verteidigungsbereitschaft erfordert. Damit bezieht sich Art. 80 a nur auf den äußeren Notstand. Die systematische Stellung der Vorschrift im VII. Abschnitt – und nicht etwa im Abschnitt Xa – beruht auf ihrer Bedeutung für die Gesetzgebung (Anwendung von Rechtsvorschriften). Die Vorschrift enthält zwar keine Regelung über die Bekanntmachung des Beschlusses des BTags nach Abs. 1 bzw. des Beschlusses des internationalen Organs samt Zustimmung der BReg nach Abs. 3; dennoch wird man eine Bekanntmachung dieser Beschlüsse – als Teil des Gesetzgebungsverfahrens – entsprechend Art. 82 für erforderlich halten müssen. Ist eine Verkündung im BGBl nicht oder nicht rechtzeitig möglich, sind auch erleichterte Publikationsformen (Rundfunk, Presse, Aushang) nach dem G über vereinfachte Verkündungen und Bekanntgaben vom 18.7.1975 (BGBl I S. 1919) zulässig.

### Absatz 1: Feststellung des Spannungsfalls

Das GG will Vorsorge treffen, dass **Maßnahmen zur Herstellung erhöhter Verteidigungsbereitschaft**, die einen besonders einschneidenden Charakter besitzen und    2
u.U. geeignet sind, bestehende internationale Spannungen zu erhöhen, nur bei wirklich akuter Gefahr ausgelöst werden. Es stellt sie deshalb unter Parlamentsvorbehalt (vgl. BVerfGE 121, 153 f.). Außerdem bestimmt es selbst (Art. 12 a V u. VI) oder es gestattet dem einfachen Gesetzgeber, in Bundesgesetzen über die Verteidigung und den Schutz der Zivilbevölkerung zu bestimmen, dass *Rechtsvorschriften nur nach Maßgabe des Art. 80 a angewandt werden dürfen*. Abs. 1 lässt die Anwendung der ihm unterstellten Rechtsvorschriften nur zu:

a)   im Verteidigungsfall (vgl. Art. 115 a),
b)   wenn der BTag den Eintritt des Spannungsfalles festgestellt hat,
c)   wenn der BTag der Anwendung besonders zugestimmt hat.

Auf dieser Grundlage kann der Gesetzgeber Rechtsvorschriften aus dem Sachbereich der Verteidigung und des Schutzes der Zivilbevölkerung mit einer „Sperre" versehen und damit die Entscheidungsgewalt der Exekutive im Ernstfall der **Kontrolle des Bundestags** unterwerfen. Doch soll eine solche Sperre die Ausnahme bilden; dem Ermessen des Gesetzgebers bleibt es überlassen, ob er Maßnahmen in Spannungszeiten auch unabhängig von der Zustimmung des BTages treffen lassen will. Eine gesetzl. Bestimmung nach Abs. 1 enthält z.b. § 2 I WirtschSiG. Die Entsperrung kann nur auf einem der o.g. drei Wege erfolgen. Die Feststellung des Spannungsfalls, mit der der BTag den gesperrten Maßnahmen einheitlich und allg. zustimmt, ist vom BTag mit Zweidrittelmehrheit der abgegebenen Stimmen zu treffen, wobei im Gegensatz zur Feststellung des Verteidigungsfalles nach Art. 115 a I eine Mitwirkung des BRats nicht vorgesehen ist. Die „besondere Zustimmung" bedarf mit Ausnahme der in Satz 2 angeführten Fälle, in denen eine Zweidrittelmehrheit der abgegebenen Stimmen erforderlich ist, nur einfacher Mehrheit.

### Absatz 2: Aufhebungsverlangen des Bundestags

3 Ebenso wie z.b. in Art. 87 a IV 2 ist ein zwingendes Aufhebungsverlangen des BTags gegenüber Maßnahmen vorgesehen, die nach Abs. 1 ergangen sind. Dies gilt auch für solche Maßnahmen, deren Anwendung der BTag vorher ausdrücklich zugestimmt hat.

### Absatz 3: Bündnisklausel

4 Die „*NATO-Klausel*" des Abs. 3 enthält Sonderbestimmungen für den Fall, dass auf Grund einschlägiger Bündnisverträge Maßnahmen in Spannungszeiten von einem internationalen Organ beschlossen werden können. Durch die **Freistellung von** einem **Zustimmungsvorbehalt des Bundestags** für derartige Maßnahmen soll der Spielraum für eine internationale Zusammenarbeit vergrößert und zugleich verhindert werden, dass Zweifel an der Bündnistreue der Bundesrepublik aufkommen. In Frage kommen vor allem Mobilmachungsmaßnahmen, deren Anwendung vom NATO-Rat beschlossen wird und die keinen zeitlichen Aufschub dulden; dagegen betrifft die Bündnisklausel des Abs. 3 nicht den Streitkräfteeinsatz im Bündnisfall (BVerfGE 90, 386). Die Wendung „nach Maßgabe eines Beschlusses" soll sicherstellen, dass nur solche Maßnahmen ohne Mitwirkung des BTags ergriffen werden, die der Beschluss des internationalen Organs ausdrücklich vorsieht. Ferner setzt die innerstaatl. Anerkennung eines solchen Beschlusses die Zustimmung der BReg voraus. Der nach Abs. 3 eröffnete Spielraum wird allerdings in zweierlei Hinsicht wieder eingeschränkt; einmal durch ausdrückliche Verfassungsbestimmungen (Art. 12 a V 1 u. VI 2), die einen Zustimmungsvorbehalt des BTags nach Abs. 1 für bestimmte Maßnahmen zwingend vorsehen, zum anderen dadurch, dass der BTag nach Satz 2 die **Aufhebung der Maßnahmen** – wenn auch nur mit der Mehrheit seiner Mitglieder (Art. 121) – verlangen kann. Beide Einschränkungen bewirken, dass die BReg bei ihrer Zustimmung zum Beschluss des internationalen Organs Vorbehalte anmelden muss.

## Artikel 81  [Gesetzgebungsnotstand]

(1) Wird im Falle des Artikels 68 der Bundestag nicht aufgelöst, so kann der Bundespräsident auf Antrag der Bundesregierung mit Zustimmung des Bundesrates für eine Gesetzesvorlage den Gesetzgebungsnotstand erklären, wenn der Bundestag sie ablehnt, obwohl die Bundesregierung sie als dringlich bezeichnet hat. Das gleiche gilt, wenn eine Gesetzesvorlage abgelehnt worden ist, obwohl der Bundeskanzler mit ihr den Antrag des Artikels 68 verbunden hatte.

(2) Lehnt der Bundestag die Gesetzesvorlage nach Erklärung des Gesetzgebungsnotstandes erneut ab oder nimmt er sie in einer für die Bundesregierung als un-

annehmbar bezeichneten Fassung an, so gilt das Gesetz als zustande gekommen, soweit der Bundesrat ihm zustimmt. Das gleiche gilt, wenn die Vorlage vom Bundestage nicht innerhalb von vier Wochen nach der erneuten Einbringung verabschiedet wird.

(3) Während der Amtszeit eines Bundeskanzlers kann auch jede andere vom Bundestage abgelehnte Gesetzesvorlage innerhalb einer Frist von sechs Monaten nach der ersten Erklärung des Gesetzgebungsnotstandes gemäß Absatz 1 und 2 verabschiedet werden. Nach Ablauf der Frist ist während der Amtszeit des gleichen Bundeskanzlers eine weitere Erklärung des Gesetzgebungsnotstandes unzulässig.

(4) Das Grundgesetz darf durch ein Gesetz, das nach Absatz 2 zustande kommt, weder geändert, noch ganz oder teilweise außer Kraft oder außer Anwendung gesetzt werden.

**Allgemeines:** Der bisher nicht praktisch gewordene Art. 81 schafft für den besonderen Fall einer **politischen Krise**, in der der BKanzler nicht (mehr) die Mehrheit im BTag auf sich zu vereinigen vermag (BVerfGE 114, 151), und der **Lahmlegung der Gesetzgebungsarbeit durch eine nur negative Parlamentsmehrheit** einen anderen, zweiten Weg für die Verabschiedung von Gesetzen. Er ist also zugeschnitten auf einen Konflikt zwischen BKanzler bzw. BReg und BTag, nicht auf Fälle von allg. Staatszwangslagen wie etwa bei innerem Notstand (vgl. Art. 91) oder im Verteidigungsfall (s. hierzu Art. 115 d). Art 81 bildet zusammen mit den Art. 63, 67 und 68 ein System der gegenseitigen Gewaltenhemmung (BVerfGE 62, 74/Sondervotum). Die Initiative für die Erklärung des Gesetzgebungsnotstands muss von der BReg ausgehen, der BPräs hat insoweit kein eigenes Gestaltungsrecht; es können keine Grundrechte suspendiert werden, und die allg. Zuständigkeitsverteilung des GG bleibt gewahrt. 1

### Absatz 1: Voraussetzungen

Die Erklärung des Gesetzgebungsnotstands kann unter zwei verschiedenen Voraussetzungen zustande kommen: Ein Antrag des BKanzlers, ihm das Vertrauen auszusprechen, findet nicht die erforderliche Mehrheit, und der BPräs löst daraufhin den BTag nicht auf, entweder weil der BKanzler die Auflösung nicht beantragt oder der BPräs sie ablehnt *(Satz 1)*. Oder der BKanzler verbindet mit einer Gesetzesvorlage die Vertrauensfrage, und die Vorlage wird trotzdem abgelehnt *(Satz 2)*. Im letzteren Falle ist es nicht notwendig, dass der BTag ausdrücklich das Vertrauensvotum ablehnt, es genügt, dass er die Gesetzesvorlage ablehnt, auch wenn er formal das Vertrauen ausspricht. Beide Tatbestände haben das gemeinsame Merkmal, dass der **Bundestag eine Gesetzesvorlage ablehnt.** Der Ablehnung sind eine für die BReg unannehmbare Abänderung oder die Nichtbehandlung innerhalb einer angemessenen Frist (etwa einer Vierwochenfrist vergleichbar Abs. 2 Satz 2) gleichzuerachten. Bei der Entscheidung über die **Erklärung des Gesetzgebungsnotstandes** steht dem BPräs ein selbständiger Beurteilungs- und Handlungsspielraum zu (vgl. BVerfGE 62, 35). Lehnt er den Antrag der BReg ab – dies kann ausdrücklich oder durch konkludentes Handeln bzw. Untätigbleiben geschehen –, bleibt dieser nur übrig, auf die Vorlage zu verzichten oder ihren Rücktritt zu erklären. 2

### Absatz 2: Verfahren

Nach Erklärung des Gesetzgebungsnotstands muss die BReg die gemäß Abs. 1 abgelehnte Gesetzesvorlage noch einmal im BTag einbringen. Lehnt der BTag 3 abermals ab oder nimmt er die Vorlage in einer für die BReg als unannehmbar bezeichneten Fassung an – dies festzustellen ist eine Ermessensentscheidung der BReg – (Fall des Satzes 1) oder verabschiedet er die Vorlage nicht innerhalb von vier Wochen (Fall des Satzes 2), gilt das **Gesetz als zustande gekommen, soweit der Bundesrat ihm zustimmt.** Formal besteht die Mitwirkung des BRats nur in der Form des Zustimmens oder Ablehnens, ein Vermittlungsverfahren zwischen ihm und der BReg nach dem Muster des Art. 77 gibt es nicht. Doch werden BReg und BRat bei Nichtübereinstimmung eine polit. Lösung (durch Verhandlungen, Einsetzen eines gemeinsamen Ausschusses usw.) anstreben, um zu einem Kompromiss zu gelangen. Das nach Abs. 2 zustande gekommene Gesetz ist Gesetz im formellen Sinne, es unterliegt der Änderung im normalen Gesetzgebungsverfahren.

**Absatz 3: Sechsmonatsfrist**

4 Nach Erklärung des ersten Gesetzgebungsnotstands können **innerhalb der nächsten sechs Monate weitere Gesetzesvorlagen** im Verfahren des Art. 81 verabschiedet werden, wobei Ausfertigung und Verkündung nicht mehr in diesen Zeitraum fallen müssen. Die Möglichkeit zur Anwendung des Art. 81 endet außer durch Ablauf der Sechsmonatsfrist durch Wahl eines neuen BKanzlers, durch Rücktritt des BKanzlers oder dadurch, dass der BTag dem BKanzler wieder das Vertrauen ausspricht.

**Absatz 4: Unantastbarkeit des Grundgesetzes**

5 Das GG ist im Gesetzgebungsnotstand unantastbar. Zu den in Abs. 4 genannten Fällen gehört auch die GG-Ergänzung.

## Artikel 82 [Ausfertigung, Verkündung und Inkrafttreten von Bundesrecht]

(1) Die nach den Vorschriften dieses Grundgesetzes zustande gekommenen Gesetze werden vom Bundespräsidenten nach Gegenzeichnung ausgefertigt und im Bundesgesetzblatte verkündet. Rechtsverordnungen werden von der Stelle, die sie erläßt, ausgefertigt und vorbehaltlich anderweitiger gesetzlicher Regelung im Bundesgesetzblatte verkündet.

(2) Jedes Gesetz und jede Rechtsverordnung soll den Tag des Inkrafttretens bestimmen. Fehlt eine solche Bestimmung, so treten sie mit dem vierzehnten Tage nach Ablauf des Tages in Kraft, an dem das Bundesgesetzblatt ausgegeben worden ist.

1 **Allgemeines:** Art. 82 regelt die Ausfertigung und Verkündung (Abs. 1) sowie das Inkrafttreten (Abs. 2) von *Gesetzen und Rechtsverordnungen des Bundes* (zur Verkündung der Gesetze im Verteidigungsfall vgl. Art. 115 d III). Auf Satzungen des Bundesrechts findet die Vorschrift keine Anwendung; dass auch sie auszufertigen und bekannt zu machen sind, folgt aus dem Rechtsstaatsprinzip (s. – für Bebauungspläne – BVerwG, NVwZ 1990, 258). Allg. Verwaltungsvorschriften des Bundes fallen ebenfalls nicht unter Art. 82 (vgl. BVerwGE 38, 146; zur Frage des Zugangs zu ihnen im Rahmen eines Verwaltungsverfahrens s. Art. 84 Rn. 18). Das Gleiche gilt für die Allgemeinverbindlicherklärung von Tarifverträgen (BVerfGE 44, 350; BAGE 27, 91 f.), die nach § 5 VII des TarifvertragsG i.d.F. vom 25.8.1969 (BGBl I S. 1323) öffentl. Bekanntmachung bedarf. Auch für

Normsetzungsverfahren im Bereich der Länder beansprucht Art. 82 keine unmittelbare Geltung (vgl. BVerwGE 88, 208; BGHZ 126, 19). Zu der der Verkündung von Rechtsnormen vergleichbaren Veröffentlichung gerichtl. Entscheidungen s. BVerwGE 104, 108 ff.

## Absatz 1: Ausfertigung und Verkündung von Bundesrecht

Nach der Kompetenzzuweisungsnorm des *Satzes 1* obliegen die Ausfertigung und 2 die Verkündung von **Bundesgesetzen** dem BPräs (a.A. hinsichtlich der Verkündung Maurer, BK, Art. 82 Rn. 94 f.; wie hier aber BVerfGE 1, 412). Beide schließen das Verfahren der Bundesgesetzgebung ab. Sie sind nicht bloße Zutat, sondern – wie die Lesung und die Beschlussfassung eines Gesetzes (BVerfGE 112, 367) – integrierender Bestandteil des Rechtsetzungsakts selbst (so zur Gesetzesverkündung BVerfGE 7, 337; 42, 283; BVerwGE 126, 394; zur Ausfertigung VGH Kassel, ESVGH 62, 93; vgl. auch BGHZ 76, 390) und müssen im Regelfall, vorbehaltlich des Ergebnisses der Verfassungsmäßigkeitsprüfung durch den BPräs (dazu s. Rn. 3), unverzüglich nach dem Zustandekommen des Gesetzes (Art. 78) vorgenommen werden, dürfen also nicht schuldhaft verzögert werden (vgl. § 121 I 2 BGB). Die **Ausfertigung** wird in der Schlussformel des jeweiligen Bundesgesetzes mit den Worten dokumentiert: „Das vorstehende Gesetz wird hiermit ausgefertigt." Sie bedeutet Herstellung und Unterzeichnung der Originalurkunde des Gesetzes unter Angabe des Datums, nach dem das Gesetz später zitiert wird. Die Unterzeichnung muss die vollständige Unterschrift des BPräs ausweisen. Mit ihr wird bestätigt, dass der Gesetzestext mit dem vom Gesetzgeber beschlossenen Gesetzesinhalt übereinstimmt (*Authentizitätsfunktion*) und das Gesetzgebungsverfahren, beginnend mit der Gesetzesinitiative und endend mit dem Zustandekommen des Gesetzes nach Art. 78, im Einklang mit den Vorschriften des GG – einschl. dessen Kompetenznormen (s. dazu auch nachstehend Rn. 5) – ordnungsgemäß, also auch unter Berücksichtigung etwaiger Zustimmungsrechte des BRats, verlaufen ist (*Legalitätsfunktion*; zu beidem vgl. BGHZ 126, 19 m.w.N., zu weiteren Funktionen Schoch, ZG 2008, 215). Ist zweifelhaft, ob der BPräs oder wegen dessen Verhinderung sein Vertreter auszufertigen hat (zur Vertretung durch den BRPräs s. Art. 57 sowie Guckelberger, NVwZ 2007, 407 ff.), ist für die Frage der Verhinderung auf den Zeitpunkt der Ausfertigung abzustellen (BVerwG, LKV 2009, 522).

Neben dem hinsichtlich des ordnungsgemäßen Zustandekommens nahezu unbe- 3 strittenen, nach dem insoweit nicht auf die Elemente des Art. 78 beschränkten Verfassungstext ernsthaft auch nicht bezweifelbaren *formellen* **Prüfungsrecht des Bundespräsidenten** hat dieser, ungeachtet des insoweit weniger eindeutigen Wortlauts von Art. 82 (a.A. wohl Meyer, JZ 2011, 602), nach Staatspraxis (vgl. dazu die Übersicht bei Rau, DVBl 2004, 3 f.) und – insbes. wegen Art. 1 III und Art. 20 III zutreffender – h.L. (ebenso offenbar BVerfGE 34, 22 f.; s. jetzt auch BVerfG, Beschl. v. 4.5.2012 – 1 BvR 367/12 –) auch ein *materielles* Kontrollrecht, die Befugnis nämlich, das ihm zugeleitete Gesetz auf seine inhaltliche Übereinstimmung mit dem GG zu überprüfen. Diesem präventiven – gegenüber einer verfassungsrechtl. Prüfung durch das BVerfG nur vorläufigen (so mit Bezug auf Gesetze zu völkerrechtl. Verträgen BVerfGE 1, 413) – Prüfungsrecht entspricht die **Verpflichtung des Bundespräsidenten**, von der Ausfertigung des – ganzen – Gesetzes abzusehen, wenn für ihn „offenkundig und zweifelsfrei" ist (so im Wesentlichen auch die Praxis der BPräs; s. Carstens, Bulletin 1981, 545; Bulletin 1983, 943; v. Weizsäcker, Bulletin 1991, 46; Rau, ZAR 2002, 210; DVBl 2004, 2 ff.; Köhler, Pressemitteilung des Bundespräsidialamts v. 12.1.2005;

gegen das Evidenzkriterium dagegen Schoch, JURA 2007, 360 f.), dass es nicht verfassungsmäßig zustande gekommen ist (vgl. auch Art. 78 Rn. 8; gegen eine Beschränkung auf eine Evidenzkontrolle in diesem Fall z.b. Lutze, NVwZ 2003, 323) und/oder – ggf. auch nur mit einem Teil seiner Regelungen – inhaltlich mit dem GG nicht im Einklang steht (zur Handhabung des Prüfungsrechts in der Praxis s. Pieper, Gedächtnisschrift Beckmann, 2007, 306 ff.). Bestehen solche schwerwiegenden Zweifel nicht und ist der BPräs deshalb von der Verfassungswidrigkeit des ihm vorliegenden Gesetzes nicht überzeugt, muss er dieses ausfertigen. Die gleichen Prüfungsbefugnisse haben nach h.M. der BKanzler und die BMinister im Rahmen der **Gegenzeichnung** nach Art. 58 i.V.m. § 29 GOBReg (vgl. Maurer, BK, Art. 82 Rn. 61), die in angemessener Frist vorzunehmen ist. Lehnen die zur Gegenzeichnung Befugten diese ab, werden sie davon absehen dürfen, das vom BTag beschlossene Gesetz – wiederum als Einheit – dem BPräs zur Ausfertigung zuzuleiten; im Fall der sog. Platow-Amnestie ist die Vorlage denn auch unterblieben und der Gesetzesbeschluss des BTags durch § 29 des StraffreiheitsG vom 17.7.1954 (BGBl I S. 203) aufgehoben worden. Gegen die Verweigerung der Ausfertigung und die Ablehnung der Gegenzeichnung – Folge ist jeweils, dass das betr. Gesetz nicht verkündet werden und deshalb nicht in Geltung treten kann – kann im Organstreitverfahren nach Art. 93 I Nr. 1 vorgegangen werden.

4  Eine Kompetenz des BPräs, ihm zur Ausfertigung vorliegende Bundesgesetze auch auf ihre **Vereinbarkeit mit europäischem Unionsrecht** zu überprüfen, lässt sich aus Art. 82 und sonstigem innerstaatl. Verfassungsrecht nicht begründen (h.M.; vgl. Maurer, BK, Art. 82 Rn. 53 f. m.w.N.). Einer entsprechenden Befugnis und Verpflichtung steht insbes. der Wortlaut des Art. 82 entgegen. Zur Frage einer originären Prüfungskompetenz kraft Unionsrechts s. Neumann, DVBl 2007, 1338 ff.

5  **Im Zeitpunkt der Ausfertigung** muss für das Gesetz innerstaatl. eine **ausreichende Kompetenzgrundlage** vorhanden sein. Ist die als Ermächtigung gedachte Zuständigkeitsnorm zu diesem Zeitpunkt noch nicht in Kraft getreten, ist das gleichwohl ausgefertigte Gesetz nichtig (BVerfGE 34, 21 ff.). Eine Ausnahme hiervon gilt nur dann, wenn zwischen kompetenzbegründender Verfassungsänderung und dem auf diese gestützten Gesetz ein innerer, von den gesetzgebenden Körperschaften gesehener und gewollter Zusammenhang bestanden hat. In diesem Fall genügt es, dass die verfassungsrechtl. Zuständigkeitsregelung wenigstens in Geltung gestanden hat, als das darauf beruhende Gesetz *verkündet* worden ist (BVerfGE 32, 199; 34, 24 f.).

6  **Verkündung** ist – als ein für alle Normsetzungsakte geltendes rechtsstaatl. Erfordernis, das dem Bürger die Kenntnisnahme von den ihn betr. gesetzl. Vorschriften ermöglicht (BVerfGE 44, 350; BSGE 81, 90) – die amtliche Bekanntgabe des Gesetzeswortlauts in dem dafür vorgeschriebenen amtlichen Blatt (BVerwG, DVBl 1964, 828). Sie ist Geltungsbedingung (BVerfGE 65, 291), lässt also das Gesetz rechtl. erst existent werden (BVerfGE 63, 353; 72, 241; 127, 47; BVerwGE 126, 394; BSGE 71, 206), und erfolgt bei Bundesgesetzen – nach Maßgabe von § 2 II Nr. 1 des G über die Errichtung des Bundesamts für Justiz vom 17.12.2006 (BGBl I S. 3171) und der §§ 58 ff. GGO unter technischer Assistenz der BReg (vgl. auch BayObLG, NJW 1999, 159) – *durch Abdruck im Bundesgesetzblatt und durch dessen Ausgabe* (BVerfGE 87, 60; BFHE 198, 477). Im Text der Schlussformel des jeweiligen Gesetzes wird sie im Anschluss an die Ausfertigung (s. oben Rn. 2) mit den Worten angeordnet: „Es (das voranstehende Gesetz) ist im Bundesgesetzblatt zu verkünden." Um eine empfangsbedürftige Er-

klärung handelt es sich bei der Verkündung nicht; die Verkündung durch Ausgabe des BGBl, in dessen Teil I Gesetze und RVO des Bundes und in dessen Teil II völkerrechtl. Vereinbarungen veröffentlicht werden, braucht mithin niemandem „zuzugehen". Es genügt, dass sich der Staat durch das zuständige Verfassungsorgan der hoheitlichen Erklärung, die in der Verkündung liegt, so entäußert, dass sie in der von der Verfassung vorgeschriebenen Form nach außen dringt. Das Gesetz ist deshalb in dem Augenblick verkündet, in dem das erste Stück der Nummer des Gesetzblatts, in der es abgedruckt ist, in Übereinstimmung mit dem Willen und der Weisung des für die Verkündung zuständigen Organs aus dessen Verfügungsmacht in die Öffentlichkeit gelangt, d.h. beim zuständigen Postamt eingeliefert worden ist (zu weiteren Einzelheiten BVerfGE 16, 18 ff.; s. auch BVerfGE 87, 60; 127, 47; BVerwGE 25, 107 f.; BVerwG, LKV 2009, 522; BFHE 198, 477; BSGE 67, 92 f.; krit. etwa Ramsauer, AK, Art. 82 Rn. 28). Das hat binnen angemessener Frist zu geschehen. Fraglich ist, ob eine Gesetzesverkündung allein in elektronischer Form ohne Änderung des Art. 82 I eingeführt werden könnte (zur elektronischen Verkündung von RVO vgl. nachstehend Rn. 9).

**Grundsätzlich** ist der **gesamte Gesetzesinhalt** im BGBl **zu verkünden** (vgl. Hess- 7 StGH, ESVGH 40, 7). Die Rspr. hat jedoch *Ausnahmen* zugelassen, sofern das Verkündungsverfahren vom zuständigen Normgeber so ausgestaltet wird, dass es seine rechtsstaatl. Funktion erfüllen kann, der Öffentlichkeit die verlässliche Kenntnisnahme vom geltenden Recht zu ermöglichen (s. BVerfGE 65, 291; 90, 85). So kann bei *Haushaltsgesetzen* von einer Publizierung der gesetzl. festgestellten Einzelpläne im BGBl abgesehen werden. Ihre ausreichende Verkündung liegt darin, dass HaushaltsG und Gesamtplan auf die Einzelpläne Bezug nehmen und diese der Öffentlichkeit außerhalb des Verkündungsblatts zugänglich sind (BVerfGE 20, 93). Auch für andere gesetzl. *Verweisungen* verlangt Art. 82 I 1 nicht, dass das Verweisungsobjekt im BGBl mitverkündet wird (str.). Notwendig ist allerdings, dass das verweisende Gesetz klar erkennen lässt, welche Vorschriften im Einzelnen gelten sollen (vgl. vor Art. 70 Rn. 9 u. ferner BVerfGE 8, 302; 22, 346). Ist dies der Fall, ist dem Verkündungserfordernis auch dann genügt, wenn die in Bezug genommenen Regelungen in einem anderen allg. zugänglichen, für amtliche Anordnungen geeigneten Publikationsorgan (BVerwG, DVBl 1962, 138; s. auch – „ordnungsgemäße Veröffentlichung" – BVerfG, NVwZ-RR 1992, 521), z.B. im BAnz (BVerfGE 22, 346 f.) oder in einem Ministerialblatt (vgl. BVerwGE 55, 256, 264), veröffentlicht worden sind. Das Gleiche gilt, wenn der Adressat der gesetzl. Regelung in dieser im Wege der sog. Ersatzbekanntmachung darauf hingewiesen wird, wo er das Verweisungsobjekt einsehen (s. dazu auch OVG Lüneburg, NVwZ 1983, 480) oder beziehen (BFHE 171, 90) kann (näher Hömig, DVBl 1979, 307 ff.). Praktische Bedeutung hat dies vor allem für die Verweisung auf Landschaftskarten (hierzu BVerwGE 17, 192 ff.; 19, 7 ff.; 26, 129 ff.), Pläne und Zeichnungen (vgl. BVerwGE 126, 392) sowie auf Regeln nichtstaatl. Gremien (Beispiel: DIN-Normen; s. dazu OVG Münster, NVwZ-RR 2007, 191).

Im Gegensatz zur neuen Verabschiedung des ganzen Inhalts eines schon bisher 8 geltenden und nur z.T. geänderten Gesetzes durch den Gesetzgeber selbst und zur Verkündung des derart neu gesetzten Rechts (BVerfGE 8, 213 f.; 10, 191 f.) ist die **Bekanntmachung des amtlichen Wortlauts eines Gesetzes** durch einen BMinister kein konstitutiver gesetzgeberischer Akt (BayObLG, NJW 1999, 159). Sie dient nur der deklaratorischen Klarstellung des Gesetzestextes (BVerfGE 14, 250), an den der Gesetzgeber bei späteren Gesetzesänderungen anknüpft (BVerwG, NJW 1999, 1730). Die einem BMinister zur Bekanntmachung eines geänderten Gesetzes erteilte Erlaubnis begründet daher keinerlei Rechtsetzungsbefugnis; ihre Inanspruchnahme führt nicht zu einer Änderung der Rechtslage und ist nur zulässig, weil und soweit die im Interesse der Rechtssicherheit gebotene Klarstellung des Gesetzestextes den rechtserheblichen Inhalt des Gesetzes und mit ihm seine Identität nicht berührt (BVerfGE 18, 391; 42, 289). Wegen der Gefahr der Grenzüberschreitung verwendet die Praxis inzwischen nur noch die deklaratorische Feststellung des Gesetzestextes zu einem bestimmten Stichtag; früher üblich gewesene zusätzliche Ermächtigungen, etwa zur Korrektur offenbarer Unrichtigkeiten oder zur Beseitigung von Unstimmigkeiten des Gesetzeswortlauts, sind dagegen rechtsförmlich nicht mehr erwünscht (vgl. im Näheren Handbuch der Rechtsförmlichkeit, hrsg. v. BMJ, 3. Aufl. 2008, Rn. 696 ff.). Die Berichtigung von Druckfehlern und offenbaren Unrichtigkeiten nach § 61 GGO (s. Art. 77 Rn. 6) bleibt davon unberührt (Handbuch der Rechtsförmlichkeit, wie vor, Rn. 705).

9 *Satz 2:* Für **Rechtsverordnungen des Bundes** gelten die Erläut. in Rn. 2–8 sinngemäß mit der Maßgabe, dass RVO *von der zu ihrem Erlass ermächtigten Stelle ausgefertigt und verkündet* werden (zur Ausfertigung näher OVG Bautzen, JbSächsOVG 9, 206 f.; zu den vor Ausfertigung u. Verkündung zu treffenden Feststellungen zum vorschriftsmäßigen Zustandekommen von RegierungsVO BVerfGE 91, 170 f.) und ihre Verkündung im BGBl unter dem Vorbehalt einer anderweitigen gesetzl. Regelung steht. Um Zweifel an ihrer Gültigkeit auszuschließen, sind RVO im Regelfall erst auszufertigen, nachdem die ermächtigende Gesetzesbestimmung in Kraft getreten ist (§ 66 I GGO; BayVerfGH 35, 65 m.w.N.; s. aber auch BVerfGE 3, 259 f.; BGHZ 43, 273; BSGE 86, 20; offengelassen in BVerfGE 2, 257). Von dem Vorbehalt zugunsten abw. Regelung der Verkündungsform für RVO hat der Bundesgesetzgeber vereinzelt in Sachgesetzen (vgl. z.B. § 7 V BImSchG) und allg. in dem G über die Verkündung von RVO vom 30.1.1950 (BGBl S. 23) Gebrauch gemacht. Nach diesem Gesetz werden RVO des Bundes im BGBl oder im BAnz verkündet (dazu BVerwGE 25, 106; BSGE 34, 118). Gemäß § 86 I und II TierSG kann die Verkündung der dort genannten RVO auch im elektronischen Bundesanzeiger – mit nachrichtlichem Hinweis im BGBl – vorgenommen werden. Sonderregelungen gelten für Eisenbahntarife und andere vom Bundesverkehrsministerium festgesetzte oder genehmigte Verkehrstarife. Zur ministeriellen Bekanntmachungsbefugnis bei RVO s. auch BVerfGE 17, 368 f.; 22, 14; 23, 285 f.

**Absatz 2: Inkrafttreten von Bundesrecht**

10 *Satz 1:* Abs. 2 regelt das Inkrafttreten von Gesetzen und RVO des Bundes und betrifft damit die **zeitliche Wirkung des Bundesrechts**. Das Inkrafttreten ist nicht mehr Teil des Rechtsetzungsverfahrens (BVerfGE 110, 386), gehört vielmehr, was zunächst das Inkrafttreten der **Bundesgesetze** angeht, zum Gesetzesinhalt, hat daher materielle Bedeutung und kann, soweit nicht Satz 2 eingreift, nur durch den Gesetzgeber selbst bestimmt (BVerfGE 42, 283; 87, 60), also nicht auf die Exekutive oder andere Organe übertragen werden (BVerfGE 45, 326). Das verkündete, aber noch nicht in Kraft getretene Gesetz ist zwar rechtl. existent, übt jedoch noch keine Rechtswirkungen aus. Erst sein Inkrafttreten, das durch den Erlass einer einstweiligen Anordnung nach § 32 BVerfGG nur unter erschwerten Voraussetzungen vorläufig verhindert werden darf (im Einzelnen s. BVerfGE 112, 292; 122, 361 f.; BVerfG, Beschl. v. 4.5.2012 – 1 BvR 367/12 –), verhilft der Geltungsanordnung des Gesetzes zur Wirksamkeit und bestimmt den zeitlichen Geltungsbereich seiner Vorschriften, d.h. den Zeitpunkt, von dem an

die Rechtsfolgen des Gesetzes für die Normadressaten eintreten und seine Bestimmungen von den Behörden und Gerichten anzuwenden sind (BVerfGE 42, 283). Ein nachträgliches Aussetzen des Gesetzes und seiner Wirkungen allein durch die Exekutive ist, sofern dieses zu einem solchen Vorgehen nicht ermächtigt (vgl. BVerfGE 30, 332), unzulässig und wirkungslos; erforderlich ist dafür vielmehr ein neuerliches Tätigwerden des Gesetzgebers.

Nach dem **Prinzip der formellen Gesetzesverkündung** ist für das Inkrafttreten eines Gesetzes nicht mehr erforderlich, dass das Gesetz tatsächlich allg. bekannt geworden ist. Es genügt, dass es in einer Weise der Öffentlichkeit zugänglich ist, die es dem Adressaten gestattet, sich Kenntnis vom Inhalt des Gesetzes zu verschaffen (BVerfGE 16, 16 f.; BSGE 67, 92). Diese Möglichkeit ist im Augenblick der Ausgabe des BGBl (dazu oben Rn. 6) gegeben. Dabei ist, wenn das Inkrafttreten an die Verkündung des Gesetzes anknüpft oder sich hilfsweise nach Satz 2 bestimmt (vgl. Rn. 15), für die *Feststellung des Inkrafttretenszeitpunkts* i. Allg. von dem Ausgabedatum auszugehen, das – obwohl durch Abs. 2 nicht geboten (BVerwG, VerwRspr 24, 211) – im Kopf der maßgeblichen Nummer des BGBl angegeben ist. Dieses Datum, das als Tag der Verkündung gilt, hat die Vermutung der Richtigkeit für sich (BVerfGE 81, 83; OVG Münster, OVGE 22, 47). Wird Unrichtigkeit geltend gemacht, muss sie nachgewiesen werden (BVerfGE 81, 83). Bloße Zweifel oder Bedenken gegen die Richtigkeit der Angaben im Gesetzblatt genügen nicht (BVerfGE 16, 17; BVerwG, LKV 2009, 524). **11**

Satz 1 gibt dem Gesetzgeber (in Form einer Soll-Vorschrift) auf, den **Tag des Inkrafttretens** zu bestimmen (BVerfGE 42, 283). Dies gilt auch für die Fälle, in denen sich der Zeitpunkt des Inkrafttretens unmittelbar aus dem GG selbst ergibt (s. Art. 72 III 2, Art. 84 I 3). Durch die Regelung soll sichergestellt werden, dass über den Zeitpunkt der Normverbindlichkeit Klarheit herrscht. Sie dient den rechtsstaatl. Geboten der Rechtssicherheit und Rechtsklarheit über die zeitliche Geltung des Rechts (BVerfGE 42, 285 m.w.N.). Die Bestimmung des Zeitpunkts für das Inkrafttreten eines Gesetzes bedarf daher im Regelfall keiner besonderen Rechtfertigung. Doch sind dem Gesetzgeber auch insoweit äußerste Grenzen gesetzt. Sie können sich aus der Verpflichtung zur Erfüllung eines Verfassungsauftrags oder zur Bereinigung einer verfassungswidrigen Rechtslage ergeben. In besonderen Situationen kann ferner die Notwendigkeit bestehen, die generelle Durchsetzung einer belastenden Regelung durch Gewährung einer Übergangszeit abzumildern (vgl. vor Art. 70 Rn. 14). Darüber hinaus gilt auch für die Anordnung des Inkrafttretens eines Gesetzes der allg. Gleichheitssatz des Art. 3 I (BVerfGE 47, 93 f. m.w.N.). Zum rückwirkenden Inkrafttreten, das nicht an Art. 82 II zu messen ist, s. vor Art. 70 Rn. 13. **12**

Der Gesetzgeber kann für das Inkrafttreten einen *bestimmten Kalendertag* festlegen. Tut er dies, tritt das Gesetz am angegebenen Tag um 0.00 Uhr in Kraft. Notwendig ist die Angabe eines konkreten Tages aber nicht (s. auch nachstehend Rn. 15). Denn weder der Wortlaut noch der Sinn des Satzes 1 fordern, dass der maßgebliche Zeitpunkt des Inkrafttretens unter allen Umständen wörtlich und unter genauer Bezeichnung eines Termins im Gesetz angeführt wird (BVerfGE 42, 285). Deshalb kann der Gesetzgeber das Inkrafttreten auch vom Eintritt eines *bestimmten zukünftigen Ereignisses* abhängig machen (BGHZ 64, 45), sofern dieses unter Anwendung der allg. Auslegungsgrundsätze hinreichend klar bestimmbar ist (BFHE 198, 477). Das geschieht etwa dann, wenn sich das Inkrafttreten nach der Verkündung des Gesetzes richtet (BFHE 198, 477). Weiter kommt es für das Inkrafttreten von Zustimmungsgesetzen zu völkerrechtl. Verträgen (Art. 59 II 1) regelmäßig noch darauf an, dass der Vertrag selbst verbind- **13** lich wird (BVerfGE 42, 284; zu den Voraussetzungen der innerstaatl. Anwendung völkerrechtl. Verträge allg. BVerfGE 63, 354, u. Art. 59 Rn. 9). Aber auch sonst kann das Wirksamwerden der Geltungsanordnung des Gesetzes vom Vorliegen bestimmter Voraussetzungen abhängig gemacht werden, wenn das mit dem Gesetz verfolgte rechtl. und soziale Ziel anders nicht sachgerecht verwirklicht werden kann. Die Rechtmäßigkeit eines solchen Verfahrens wird auch nicht dadurch in Frage gestellt, dass an Maßnahmen Dritter angeknüpft wird (BVerfGE 42, 284). Ausgeschlossen ist jedoch, die Bestimmung des Inkrafttretens der freien, rechtl. nicht vorgeprägten Entscheidung der Exekutive zu überlassen (vgl. BVerfGE 42, 282; 45, 326).

14  Für **Rechtsverordnungen des Bundes** gelten die Ausführungen in Rn. 10–13 entsprechend.

15  *Satz 2:* Fehlt eine Regelung über den Tag des Inkrafttretens, beeinträchtigt dies die Rechtsgültigkeit des Gesetzes oder der RVO nicht. Das Inkrafttreten richtet sich in diesem Fall nach Satz 2, sofern nicht andere Bestimmungen des GG vorgehen (vgl. Art. 72 III 2, Art. 84 I 3). Die **praktische Bedeutung** der Vorschrift ist **gering**, weil i. Allg. ausdrücklich ein bestimmter oder bestimmbarer Inkrafttretenszeitpunkt festgelegt wird. Obwohl Satz 2 auch für RVO nur auf die Ausgabe des BGBl (dazu s. oben Rn. 6 u. 11) abstellt, kann für die Vierzehntageregel der Regelung auch an die Ausgabe derjenigen Verkündungsblätter angeknüpft werden, die auf der Grundlage des Vorbehalts nach Abs. 1 durch den Gesetzgeber als anderweitiges Publikationsorgan bestimmt worden sind (so auch § 3 I des in Rn. 9 genannten G v. 30.1.1950).

## VIII. Die Ausführung der Bundesgesetze und die Bundesverwaltung

### Vorbemerkungen

1  Der – inzwischen in ganz Deutschland vorbehaltlos geltende (für die Zeit bis zum 31.12.1995 s. Art. 143 II) – VIII. Abschnitt regelt im Wesentlichen **drei Komplexe**: a) Die Art. 83–86 enthalten allg. Grundsätze über die Zuständigkeitsverteilung zwischen Bund und Ländern für den Vollzug der Bundesgesetze und über die Art und Weise dieses Vollzugs je nachdem, ob er von den Ländern als eigene Angelegenheit (Art. 84) oder im Auftrag des Bundes (Art. 85) durchgeführt oder vom Bund in eigener, sei es bundesunmittelbarer, sei es bundesmittelbarer, Verwaltung (Art. 86) wahrgenommen wird (vgl. auch BVerfGE 63, 40). Die „Verwaltungsordnung" (BVerfGE 119, 364) nach diesen Vorschriften (u. nach Art. 30) ist eine wichtige Ausformung des bundesstaatl. Prinzips mit der Folge, dass der Gesetzgeber auch bei der Bestimmung von Verwaltungszuständigkeiten für den Gesetzesvollzug die rechtsstaatl. Grundsätze der Normenklarheit und Widerspruchsfreiheit zu beachten hat (BVerfGE 108, 181; 119, 366; BVerfG, EuGRZ 2007, 351; s. auch Art. 30 Rn. 4). Darüber hinaus fordern die Art. 83 ff. auch im Hinblick auf das Demokratieprinzip eine klare, die Verwaltung für den Bürger „greifbar" machende Zuordnung von Verwaltungszuständigkeiten (BVerfGE 119, 354). Es handelt sich bei diesen Vorschriften um grundsätzlich nicht abdingbares Recht (BVerfGE 119, 364). b) In den Art. 87–90 werden diejenigen Verwaltungsaufgaben bestimmt, für deren Erledigung Bundeseigen- oder Bundesauftragsverwaltung – grundsätzlich abschließend (BVerfGE 108, 182) – entweder obligatorisch vorgeschrieben oder fakultativ zugelassen ist (BVerfGE 63, 40); außerdem trifft das GG in diesem Zusammenhang in Art. 87 a die

Grundregel über Aufstellung und Einsatz der Streitkräfte. c) Art. 91 schließlich behandelt die polizeiliche Gefahrenabwehr im Fall des sog. inneren Notstands. Ergänzt und z.T. modifiziert werden die Regelungen des VIII. Abschnitts für den Bereich der Finanzverwaltung durch Art. 108, dessen Abs. 1–5 und 7 gegenüber den Art. 83 ff. die spezielleren Vorschriften enthalten (BVerfGE 106, 20), und für die Durchführung des Lastenausgleichs durch Art. 120 a. Art. 115 c III gestattet abw. Bestimmungen für den Verteidigungsfall.

Unter „Bundesgesetzen" versteht der VIII. Abschnitt *das gesamte* – auch unge-   **2** schriebene – *Bundesrecht*, also nicht nur Bundesgesetze im formellen Sinne (vgl. auch Art. 123 Rn. 2 i.V.m. Art. 124 u. 125). *Rechtsvorschriften*, die *von zwischenstaatlichen Einrichtungen* i.S. des Art. 24 und des Art. 23 erlassen werden, gehören, weil nicht Bestandteil der innerstaatl. Rechtsordnung (s. Art. 24 Rn. 3), nicht dazu. Für *unmittelbar* verbindliche und *ausführungsfähige Regelungen* dieser Art wie insbes. *EU-Verordnungen* (Art. 288 II AEUV) fehlt im GG, abgesehen von der Sondervorschrift des Art. 108 I 1 für Abgaben im Rahmen der EG, eine ausdrückliche Bestimmung über die innerstaatl. Vollzugszuständigkeit. Insoweit ist, soweit das zwischenstaatl. Recht innerstaatl. zu vollziehen ist, zu unterscheiden: Wäre für den Erlass entsprechender Regelungen innerstaatl. der Bund zuständig, richtet sich die Kompetenz für den innerstaatl. Vollzug des zwischenstaatl. Rechts nach den analog anzuwendenden Art. 83 ff. Fehlt es innerstaatl. an einer Regelungsbefugnis des Bundes für die zwischenstaatl. normierte Materie, obliegt der Vollzug des zwischenstaatl. Rechts gemäß Art. 30 den Ländern (vgl. BVerfGE 109, 6 f.; BVerwGE 102, 125; 116, 239; s. auch BayVGH n.F. 59, 116; im Einzelnen str.). Bedarf das zwischenstaatl. Recht, wie das bei *Richtlinien der Europäischen Union* grundsätzlich der Fall ist (Art. 288 III AEUV), noch der innerstaatl. *Umsetzung*, bestimmen sich die Zuständigkeiten für die normative Umsetzung wie für den Vollzug des umsetzungsbedürftigen zwischenstaatl. Rechts und des dieses umsetzenden innerstaatl. Rechts nach den allg. Grundsätzen; für die Auführung des derart „gemischten" Rechts gelten deshalb die Art. 83 ff. und Art. 30 unmittelbar. Zum Ganzen vgl. auch Erläut. in Art. 104 a Rn. 4.

„Ausführung" (des Bundesrechts) bedeutet *verwaltungsmäßige* Ausführung   **3** (BVerfGE 11, 15; 108, 179; BFHE 94, 275), d.i. – beim Gesetzesvollzug – die Umsetzung (BVerwGE 129, 204; 136, 59) des Norminhalts in die Lebenswirklichkeit, die Verwirklichung des jeweiligen gesetzl. Regelungsziels durch Maßnahmen der vollziehenden Gewalt, z.B. durch den Erlass von Verwaltungsakten (s. auch BVerfGE 104, 275/Sondervotum). Davon zu unterscheiden ist die Bindung der Exekutive an ein Gesetz, d.h. die Verpflichtung, sich dem Gesetz entsprechend zu verhalten, das Gesetz zu beachten. Sie hat mit der Kompetenz zum behördlich-administrativen Gesetzesvollzug nichts zu tun (BVerwGE 29, 58; vgl. auch BVerfGE 6, 329; 8, 131; 21, 327). Auch die staatsleitende Regierungstätigkeit gehört nicht hierher (BVerfGE 105, 271; 105, 307). Zur Durchführung von Maßnahmen, die auf der Grundlage des Art. 91 a zu Gemeinschaftsaufgaben bestimmt werden, s. Art. 91 a Rn. 7.

Im VIII. Abschnitt nicht geregelt ist die **Ausführung des Landesrechts**. Sie ist ge-   **4** mäß Art. 30 Sache der Länder (BVerfGE 21, 325; 63, 40; BVerwGE 114, 238). Der Bund ist deshalb vom Vollzug landesrechtl. Vorschriften ausgeschlossen (vgl. Art. 30 Rn. 7), indessen gehalten, diese Vorschriften (ebenso wie Bundesrecht) nicht nur bei seiner nichthoheitlichen, sondern auch bei seiner hoheitlichen Tätigkeit zu beachten, sofern nicht Bundesrecht im Rahmen der Kompetenzordnung des GG eine andere Regelung trifft (BVerwGE 82, 21) oder die Abwägung im Einzelfall ergibt, dass die Belange des Bundes im Hinblick auf das Wohl der Allgemeinheit ganz oder teilweise den Interessen vorgehen müssen, die das Landesrecht verfolgt (BVerwGE 29, 56 ff.; 82, 270; 114, 238 f.).

5  Soweit der VIII. Abschnitt Regelungen für die „**Bundesverwaltung**" trifft, gilt er sowohl für die gesetzesakzessorische als auch für die nicht gesetzesausführende Verwaltung (vgl. BVerfGE 12, 247; BVerwGE 13, 273). Die in den Art. 87–90 aufgeführten Sachbereiche bundeseigener Verwaltung werden zu einem nicht unerheblichen Teil „gesetzesfrei" verwaltet (BVerfGE 12, 247). Die insoweit bestehenden ausdrücklichen Verwaltungszuständigkeiten des Bundes werden durch die gemäß Art. 30 stillschweigend zugelassenen Bundesverwaltungskompetenzen (dazu Art. 30 Rn. 3–5) ergänzt, die überwiegend ebenfalls „gesetzesfrei" wahrgenommen werden und in der Staatspraxis eine nicht unbeträchtliche Rolle spielen, auch wenn sie nur ausnahmsweise in Betracht kommen (vgl. Art. 30 Rn. 4) und auch tatsächlich nichts daran ändern, dass das *Schwergewicht der Verwaltung bei den Ländern* liegt. Eingeschlossen in den jeweiligen Kompetenztitel sind Befugnisse zur Planung und Öffentlichkeitsarbeit, die auch der Verwaltung zukommen können (für die Regierung s. vor Art. 38 Rn. 2 u. vor Art. 62 Rn. 9), sowie zur Vornahme von Hilfstätigkeiten, die der Erfüllung von Bundesverwaltungsaufgaben dienen. Äußerste Grenze jeder Verwaltungsbefugnis des Bundes sind seine Gesetzgebungszuständigkeiten (BVerfGE 15, 16; 78, 386; BVerwGE 87, 184). Die *Ministerialstufe* der Bundesverwaltung ist nicht Regelungsgegenstand des VIII. Abschnitts (zur Befugnis zum Erlass überregionaler Verwaltungsakte s. jedoch Art. 83 Rn. 2); für die Errichtung der Ministerien als oberste Bundesbehörden gelten vor allem Art. 64 und Art. 65.

6  Die Art. 83 ff. enthalten **keine abschließenden Regelungen über die Verwaltungsorganisation** im Bereich der bundeseigenen Verwaltung. Die zuständigen Bundesorgane haben hier einen weiten Gestaltungsspielraum (BVerfGE 97, 224: „Organisationsermessen des Bundes"). Lediglich soweit das GG ausdrückliche Schranken für die organisatorische Ausgestaltung der Verwaltung errichtet, ist dieser Spielraum begrenzt (BVerfGE 63, 34; 97, 217; vgl. auch Art. 86 Rn. 6). Zur Erfüllung von Verwaltungsaufgaben in Privatrechtsform s. BVerwG, NVwZ 1990, 754; Bull, AK, vor Art. 83 Rn. 32, 61 ff.

7  Der VIII. Abschnitt geht im Interesse einer klaren Zuordnung der Verwaltungszuständigkeiten (näher dazu BVerfGE 119, 366) grundsätzlich von der **Unterscheidung zwischen Bundes- und Landesverwaltung** aus. Beide – die Verwaltung der Länder einschl. derjenigen der Gemeinden – sind organisatorisch und funktionell i.S. von sich geschlossenen Einheiten prinzipiell voneinander getrennt und können selbst mit Zustimmung der Beteiligten nur in den vom GG vorgesehenen Fällen zusammengeführt werden. Zugewiesene Zuständigkeiten sind vom zuständigen Verwaltungsträger mit eigenem Personal, eigenen Sachmitteln und eigener Organisation eigenverantwortlich, nach seinen eigenen Vorstellungen, wahrzunehmen (BVerfGE 108, 182; 119, 364, 367, 372 f., 375). Eine Verbundverwaltung zwischen Bund und Ländern als eigenen Verwaltungstyp kennt das GG nicht (s. BVerfGE 104, 247). Die Verwaltungsbereiche von Bund und Ländern sind aber nicht starr voneinander geschieden (vgl. insbes. die Einwirkungsbefugnisse des Bundes nach Art. 84 u. 85, aber auch Art. 91 a u. Art. 91 b). Ein Zusammenwirken dieser Ebenen bei der Verwaltung ist vielmehr in vielfältiger Form vorgesehen (BVerfG, EuGRZ 2007, 352; BVerfGK 14, 414 m.w.N.; s. auch Art. 91 d). Damit wird dem Bedürfnis der öffentl. Gewalt, in ihrem Bestreben nach angemessenen Antworten auf neue staatl. Herausforderungen nicht durch eine zu strikte Trennung der Verwaltungsräume gebunden zu werden,

Rechnung getragen (BVerfGE 119, 365). Allerdings ist von den zuständigen Organen bei der organisatorischen Ausgestaltung des Zusammenwirkens von Bund und Ländern zu berücksichtigen, dass das GG bestimmte Arten der Verwaltung normiert. Weisungs- und Mitentscheidungsbefugnisse, die von den im GG für den jeweiligen Sachbereich vorgegebenen Verwaltungstypen abweichen, sind daher unzulässig (BVerfGK 14, 414).

Das hat praktische Bedeutung u.a. für die Reichweite des aus dem Regelungssystem insbes. der Art. 83 ff. abgeleiteten **Verbots der sog. Mischverwaltung** (Überblick über die Rspr. des BVerfG bei Cornils, ZG 2008, 185 ff.). Das GG schließt eine solche Verwaltung aus, soweit sie nicht – wie in Art. 91 e I (vgl. dort Rn. 1) – ausdrücklich zugelassen ist (BVerfGE 108, 182 m.w.N.). Allerdings hat nicht schon die Zuordnung zum Begriff der Mischverwaltung verfassungsrechtl. Konsequenzen; vielmehr sind die jeweiligen Kompetenzvorschriften im Einzelnen zu würdigen (BVerfGE 127, 191). Für die rechtl. Beurteilung eines Zusammenwirkens von Bundes- und Landesbehörden kommt es nämlich nur darauf an, ob ihm zwingende Kompetenz- oder Organisationsnormen oder sonstige Vorschriften entgegenstehen (BVerfGK 11, 195 f.). Dabei ist entscheidend darauf abzustellen, dass das Mischverwaltungsverbot funktional den Schutz der Länder und ihrer Verwaltungen zum Gegenstand hat: Dem Bund soll es verwehrt sein, dort, wo ihm das GG keine besondere Sachkompetenz (dazu s. Art. 85 Rn. 6) eingeräumt hat, durch Mitplanungs-, Mitverwaltungs- und Mitentscheidungsbefugnisse gleich welcher Art (zum Zusammenwirken von Bundes- u. Kommunalbehörden in Arbeitsgemeinschaften auf dem Gebiet der Grundsicherung für Arbeitsuchende vor der Neuregelung in Art. 91 e vgl. BVerfGE 119, 367 ff.) im Aufgabenbereich der Länder auf deren Entscheidungen bestimmenden Einfluss zu nehmen (s. BVerfGE 39, 120; 119, 365; BVerfG, EuGRZ 2007, 352). Anders als Bestimmungen, die ein Einvernehmen und damit völlige Willensübereinstimmung (BVerwGE 11, 200) zwischen beiden Ebenen verlangen (vgl. etwa Art. 89 III), ermöglichen Benehmensregelungen eine solche Einflussnahme nicht, weil es an dem die Mischverwaltung kennzeichnenden Element gemeinsamer Wahrnehmung von Verwaltungsaufgaben (dazu BVerfGE 127, 191 f.) fehlt. Durch solche Regelungen werden die Landesbehörden lediglich verpflichtet, vor der Vornahme der maßgeblichen Verwaltungshandlung Behörden des Bundes anzuhören (s. BVerwGE 92, 262; 114, 235). Unbedenklich ist es auch, wenn einzelne Vorschriften eines Bundesgesetzes von Bundes-, andere dagegen von Landesbehörden ausgeführt werden, sofern dabei die von den Ländern wahrzunehmenden Aufgaben frei von mitentscheidender Einwirkung des Bundes erledigt werden können. Erst recht stellt es mit Rücksicht auf das genannte Schutzziel des Mischverwaltungsverbots, die Länder und ihre Verwaltungen vor nicht gerechtfertigter Bundesingerenz zu bewahren, keinen Fall unzulässiger Mischverwaltung dar, wenn der Bund in seinen Gesetzen im Wege der Selbstbeschränkung vorsieht, dass Verwaltungsentscheidungen seiner Behörden an die Zustimmung, das Einvernehmen oder vergleichbare Mitentscheidungsrechte von Landesbehörden gebunden sein sollen. Dass an den Grundsatzentscheidungen des auf Bundesebene gebildeten Lenkungsausschusses nach § 4 I 2, III FMStFG auch ein auf Vorschlag der Länder berufenes Mitglied mitwirkt, ist deshalb unter dem Gesichtspunkt der Mischverwaltung selbst dann nicht zu beanstanden, wenn in dem mit diesem Gesetz erstrebten Stabilisierung des Finanzmarkts keine Bund und Ländern gemeinsam obliegende Aufgabe gesehen werden kann (problematisierend Engels, NWVBl 2010, 297).

**8**

**9** Einen Sonderfall des Zusammenwirkens von Bund und Ländern stellt das hergebrachte Rechtsinstitut (BVerfGE 32, 154) der sog. **Organleihe** dar. Es ist, insbes. im Bereich der Verwaltung von praktischer Bedeutung (vgl. etwa das Verwaltungsabkommen über die Wahrnehmung bestimmter Aufgaben nach dem Energiewirtschaftsgesetz zwischen der Bundesrepublik Deutschland u. der Freien Hansestadt Bremen v. 25.10./3.11.2005, ABl der Freien Hansestadt Bremen S. 873), dadurch gekennzeichnet, dass das Organ eines Rechtsträgers beauftragt wird, im Außenverhältnis Aufgaben eines anderen Rechtsträgers wahrzunehmen. Das entliehene Organ wird als Organ des Entleihers tätig, dessen (Fach-)Aufsicht und Weisungen es unterliegt und dem die von ihm getroffenen Maßnahmen – z.b. mit der Folge der Kostentragung und der Haftung für Amtspflichtverletzungen – zugerechnet werden (BVerfGE 63, 31; BVerwG, NJW 1976, 1469; BFHE 94, 286 f.). Eine Zuständigkeitsübertragung findet deshalb nicht statt. Trotzdem müssen entsprechende Regelungen die Ausnahme bleiben (BVerfGE 63, 41). Denn Kompetenzzuweisungen der Verfassung begründen für den zuständigen Rechtsträger i.d.R. auch die Verpflichtung zur Aufgabenerfüllung durch *eigene* Einrichtungen (BVerfGE 63, 36, 41; s. auch oben Rn. 7). Die Zuhilfenahme fremder Einrichtungen im Wege der Organleihe kommt daher nur für eng umgrenzte Aufgabenfelder (vgl. dazu das vorgenannte Verwaltungsabkommen) und nur beim Vorliegen besonderer sachlicher Gründe in Betracht (BVerfGE 63, 41, 43; 119, 367, 370; gänzlich ablehnend z.b. Groß, BlnK, Art. 83 Rn. 32). Außerdem bedarf es der Zustimmung des für das entliehene Organ zuständigen Rechtsträgers. Sie muss nicht notwendig im Rahmen einer förmlichen Vereinbarung erklärt werden. Bei gesetzl. Inanspruchnahme einer Landesbehörde durch den Bund reicht es deshalb z.b. aus, dass das diese Behörde tragende Land der gesetzl. Regelung im BRat zustimmt (BVerfGE 63, 43 f.).

## Artikel 83 [Regelzuständigkeit für den Vollzug des Bundesrechts]

**Die Länder führen die Bundesgesetze als eigene Angelegenheit aus, soweit dieses Grundgesetz nichts anderes bestimmt oder zuläßt.**

**1** **Bedeutung:** Art. 83 trifft die *Grundentscheidung für den Vollzug des Bundesrechts* zugunsten einer dezentralen, orts- und bürgernahen Aufgabenerledigung und dient im Interesse dieses Regelungszieles dazu, die Länder vor einem Eindringen in den grundsätzlich ihnen vorbehaltenen Bereich der Verwaltung zu schützen (BVerfGE 119, 364). Den Ländern ist danach entsprechend der verfassungsrechtl. festgelegten bundesstaatl. Ordnung als Regel (BVerfGE 114, 223) die Ausführung des Bundesrechts als eigene Angelegenheit in grundsätzlich eigener Verantwortung übertragen. Aus dieser primären Aufgabenzuweisung folgt, dass der Bund durch seine Gesetze die Länder mit Verwaltungsaufgaben belasten kann (BVerfGE 126, 105). Das GG hat es dem Bundesgesetzgeber nicht freigestellt, ob und in welcher Weise er die Länder am Vollzug der Bundesgesetze (zum Begriff vgl. vor Art. 83 Rn. 2) beteiligt. Die Länder haben vielmehr, soweit die Verfassung nichts anderes bestimmt oder zulässt, die umfassende Verwaltungszuständigkeit (BVerfGE 55, 318; 75, 150) und damit die administrative **Wahrnehmungskompetenz** nach außen (zum Begriff näher Art. 85 Rn. 6). Mit diesem Inhalt enthält Art. 83 wie Art. 30 (s. dort Rn. 3) eine widerlegbare **Zuständigkeitsvermutung zugunsten der Länder** (BVerfGE 11, 15; 108, 179; BVerwG, BayVBl 1990, 250; BSGE 1, 25). In diese Vermutung eingeschlossen ist die *Vermutung* *für den Verwaltungstyp der Ausführung als eigene Angelegenheit der Länder.* Nur wenn und soweit das GG etwas anderes vorsieht oder erlaubt, kann Bundesrecht, abw. von Art. 83, in Bundesauftrags- oder Bundeseigenverwaltung ausgeführt werden (vgl. BVerfGE 114, 223).

**Abweichungen von der Regelzuständigkeit** des Art. 83 bestehen zunächst dort, **2** wo das GG einen anderen Verwaltungstyp ausdrücklich anordnet (vgl. z.B. Art. 87 I 1 u. II, Art. 87 b I 1, Art. 87 d I, Art. 87 e I 1, Art. 87 f II 2 u. III, Art. 88, 89 II 1, Art. 90 II, Art. 108 I u. III). Sie sind ferner in den Fällen möglich, in denen das GG den Bund zu abw. Regelung ermächtigt (s. auch BVerwG, BayVBl 1990, 250). Eine solche Ermächtigung kann nicht nur ausdrücklich (vgl. dazu insbes. Art. 87 III, Art. 87 b I 3 u. II 1, Art. 87 c, 87 d II, Art. 87 e II, Art. 89 II 2–4, Art. 90 III, Art. 120 a I), sondern auch stillschweigend erteilt sein (s. näher Art. 30 Rn. 3–5). Der Bund ist deshalb auch befugt, auf Gebieten, die in den Art. 87 ff. nicht der bundeseigenen Verwaltung überwiesen sind, auf Grund entsprechender bundesgesetzl. Regelung durch seine obersten Behörden (Ministerien) *überregionale Verwaltungsakte* zu erlassen, wenn dies für eine reibungslose und vollständige Ausführung des Bundesrechts, insbes. zur Gewährleistung einer einheitlichen Verwaltungspraxis, notwendig ist (BVerfGE 11, 17 f.; 22, 216 f.; s. auch BVerwGE 80, 302 f.; OVG Berlin, OVGE Bln 24, 33 f.). Dies ist insbes. dann der Fall, wenn es für die zu erledigende Verwaltungsaufgabe an einem örtlichen Bezug zu irgendeinem Land fehlt. Entsprechendes gilt für andere zentrale Verwaltungsaufgaben des Bundes, die wie die Verwaltung des Finanzmarktstabilisierungsfonds (vgl. dazu § 4 FMStFG) einem BMinisterium zugewiesen sind.

Aus Art. 83 ergibt sich auch, dass die **Länder** im Rahmen ihrer Zuständigkeit **zur** **3** eigenverantwortlichen **Ausführung des Bundesrechts** nicht nur berechtigt, sondern auch **verpflichtet** sind (BVerfGE 108, 179 m.w.N.; BSGE 88, 155; OVG Lüneburg, OVGE 24, 463). Sie sind von Verfassungs wegen gehalten, ihre Verwaltung nach Art, Umfang und Leistungsvermögen entsprechend den Anforderungen sachgerechter Erledigung des sich aus der Bundesgesetzgebung ergebenden Aufgabenbestands einzurichten (BVerfGE 55, 318; BVerwG, NJW 2000, 3151), und haben keinen Anspruch darauf, vom Vollzug von Gesetzen, soweit dieser Landesaufgabe ist, verschont zu bleiben (BVerfGE 104, 248). Wenn die effektive Durchführung eines Bundesgesetzes eine ressortübergreifende Behördenzuständigkeit erfordert, kann der Bundesgesetzgeber den Ländern aufgeben, die fachlich geeigneten Behörden heranzuziehen. Über die Frage, wie die Länder die damit angesprochenen Behörden organisieren, ist damit aber nichts gesagt. Es liegt vielmehr in der Organisationshoheit der Länder, ob sie das Bundesgesetz im Rahmen der staatsunmittelbaren Verwaltung ausführen oder die Möglichkeit wahrnehmen, mit dem Gesetzesvollzug eine öff.-rechtl. Körperschaft zu beauftragen (BVerwG, NJW 2000, 3151). Soweit die Ausführung des Bundesrechts vom Erlass ergänzenden Landesrechts (z.B. zur Festlegung der für die Ausführung zuständigen Landesbehörden) abhängt, sind die Länder auch dazu verpflichtet (wie hier Groß, BlnK, Art. 83 Rn. 24). „**Eigene Angelegenheit**" i.S. des Art. 83 ist auch das, was nach einem Bundesgesetz den Gemeinden, Gemeindeverbänden oder Planungsverbänden an Ausführung obliegt. Denn nach dem GG sind diese öff.-rechtl. Träger von Zuständigkeiten ausschließlich dem Verfassungsbereich der Länder zugeordnet (s. BVerfGE 83, 375, u. Art. 28 Rn. 9). Diese haben im Wege der Aufsicht die Kompetenz, Verantwortung und Pflicht, sicherzustellen, dass jene Träger ihre Maßnahmen zur Ausführung der Gesetze in Bindung an das Gesetz, d.h. auf der Grundlage und im Rahmen der Gesetze, treffen (BVerfGE 39, 109). Seit dem Inkrafttreten der *Föderalismusreform I* (vgl. Ein-

*Hömig* 557

führung Rn. 6) dürfen den Gemeinden und Gemeindeverbänden Aufgaben durch Bundesgesetz allerdings nicht mehr übertragen werden (s. Art. 84 I 7, Art. 85 I 2 u. für früher erlassenes Bundesrecht mit gegenteiligem Inhalt Art. 125 a I sowie die Erläut. in Art. 125 a Rn. 2 f.).

4 Die Länder sind in ihrer Verwaltungshoheit grundsätzlich auf ihr eigenes Gebiet beschränkt (BFHE 91, 297). Es liegt aber im Wesen der landeseigenen Ausführung des Bundesrechts, dass der zum Vollzug eines Bundesgesetzes ergangene *Verwaltungsakt eines Landes prinzipiell im ganzen Bundesgebiet Geltung* hat (BVerfGE 11, 19; BVerwGE 22, 307). Anderes gilt, wenn ein auf Landesrecht beruhender Verwaltungsakt inhaltlich auf das Gebiet des betr. Bundeslandes begrenzt ist und für eine weitergehende Geltung der Anerkennung durch die anderen Länder bedarf (vgl. für Schulabschlüsse BayVGH n.F 59, 38). Zur Fortgeltung von Verwaltungsakten der DDR s. Art. 19 Satz 1 EV und BVerwGE 105, 259 ff.

## Artikel 84 [Landeseigener Vollzug des Bundesrechts]

(1) Führen die Länder die Bundesgesetze als eigene Angelegenheit aus, so regeln sie die Einrichtung der Behörden und das Verwaltungsverfahren. Wenn Bundesgesetze etwas anderes bestimmen, können die Länder davon abweichende Regelungen treffen. Hat ein Land eine abweichende Regelung nach Satz 2 getroffen, treten in diesem Land hierauf bezogene spätere bundesgesetzliche Regelungen der Einrichtung der Behörden und des Verwaltungsverfahrens frühestens sechs Monate nach ihrer Verkündung in Kraft, soweit nicht mit Zustimmung des Bundesrates anderes bestimmt ist. Artikel 72 Abs. 3 Satz 3 gilt entsprechend. In Ausnahmefällen kann der Bund wegen eines besonderen Bedürfnisses nach bundeseinheitlicher Regelung das Verwaltungsverfahren ohne Abweichungsmöglichkeit für die Länder regeln. Diese Gesetze bedürfen der Zustimmung des Bundesrates. Durch Bundesgesetz dürfen Gemeinden und Gemeindeverbänden Aufgaben nicht übertragen werden.

(2) Die Bundesregierung kann mit Zustimmung des Bundesrates allgemeine Verwaltungsvorschriften erlassen.

(3) Die Bundesregierung übt die Aufsicht darüber aus, daß die Länder die Bundesgesetze dem geltenden Rechte gemäß ausführen. Die Bundesregierung kann zu diesem Zwecke Beauftragte zu den obersten Landesbehörden entsenden, mit deren Zustimmung und, falls diese Zustimmung versagt wird, mit Zustimmung des Bundesrates auch zu den nachgeordneten Behörden.

(4) Werden Mängel, die die Bundesregierung bei der Ausführung der Bundesgesetze in den Ländern festgestellt hat, nicht beseitigt, so beschließt auf Antrag der Bundesregierung oder des Landes der Bundesrat, ob das Land das Recht verletzt hat. Gegen den Beschluß des Bundesrates kann das Bundesverfassungsgericht angerufen werden.

(5) Der Bundesregierung kann durch Bundesgesetz, das der Zustimmung des Bundesrates bedarf, zurAusführung von Bundesgesetzen die Befugnis verliehen werden, für besondere Fälle Einzelweisungen zu erteilen. Sie sind, außer wenn die Bundesregierung den Fall für dringlich erachtet, an die obersten Landesbehörden zu richten.

**Allgemeines:** Art. 84 bestimmt den **organisatorischen und verfahrensmäßigen** 1
**Rahmen für** den in Art. 83 geregelten Normalfall des **landeseigenen Vollzugs des**
**Bundesrechts.** Dabei ist zwischen der Einrichtung der Vollzugsbehörden sowie
dem von ihnen zu beachtenden Verfahren (Abs. 1) einerseits und den weiteren
der Effektuierung des Gesetzesvollzugs dienenden Durchsetzungsmitteln (Abs. 2–
5) andererseits zu unterscheiden. Abs. 1 sieht für den ersten Bereich Regelungskompetenzen sowohl des Bundes als auch der Länder vor (näher nachstehend
Rn. 3 ff.), die Abs. 2–4 regeln dagegen Befugnisse der BReg, mit Hilfe derer diese
formell-bindend **Einfluss auf eine einheitliche Durchführung des Bundesrechts**
nehmen kann (s. SächsVerfGH, JbSächsOVG 3, 101). Hier wie hinsichtlich der
Ausnahmeregelung in Abs. 1 Satz 5 beruht Art. 84 (wie Art. 85 oder Art. 108 V
2 u. VII) auf der Erkenntnis, dass die Erreichung der materiellen Regelungsziele
eines Gesetzes von einem Mindestmaß an einheitlichem Gesetzesvollzug abhängen kann (für den Erlass allg. Verwaltungsvorschriften nach Abs. 2 vgl. BVerfGE
11, 18). Die Vorschrift vermittelt deshalb zwischen der Gesetzgebungskompetenz
des Bundes und der Verwaltungszuständigkeit der Länder, indem sie dem Bund
Einflussmöglichkeiten auf die Anwendung des Bundesrechts einräumt. Der Bund
soll die Möglichkeit haben, auf eine einheitliche Geltung der von ihm gesetzten
Rechtsvorschriften hinzuwirken (BVerfGE 127, 203; zur ratio des Art. 84 s. auch
BVerfGE 22, 210).

Abs. 1 ist durch die **Föderalismusreform I** (vgl. Einführung Rn. 6) neu gefasst 2
worden. Während der bis zu deren Inkrafttreten gültig gewesenen Fassung
alle nach Art. 83 zu vollziehenden Bundesgesetze der *Zustimmung des Bundesra-*
*tes* bedurften, wenn sie Regelungen über die Einrichtung der Landesbehörden
oder deren Verwaltungsverfahren (zu diesen Begriffen s. sogleich Rn. 3 f.) enthielten, ist die BRatszustimmung nach der Neufassung nur noch erforderlich,
wenn der Bundesgesetzgeber für die Länder das Verwaltungsverfahren regelt und
ausnahmsweise, etwa um einen Regelungswettbewerb unter den Ländern mit der
Tendenz einer Unterschreitung leistungsnotwendiger Mindeststandards zu verhindern, bestimmt, dass die Länder von den insoweit bundesrechtl. geregelten
Vorgaben nicht abweichen dürfen, sowie er, nachdem ein Land Abw. in Bezug auf die Behördeneinrichtung und/oder das Verwaltungsverfahren normiert
hat, insoweit eine spätere Regelung trifft, die früher als sechs Monate nach ihrer
Verkündung in Kraft treten soll. Das Ziel, durch diese Änderungen die Quote
der zustimmungspflichtigen Bundesgesetze von über 50 vH deutlich zu verrin-
gern (vgl. BT-Dr 16/813 S. 14 f.; s. auch Art. 50 Rn. 2 Buchst. b Doppelbuchst.
cc), ist insofern erreicht worden, als angenommen werden kann, dass der Anteil
dieser Gesetze an der Bundesgesetzgebung sich nach zwischenzeitlichem Rückgang auf etwa 39 vH (vgl. Kommentar, Voraufl., Art. 84 Rn. 2) jetzt bei gut 42
vH eingependelt hat (s. vor Art. 50 Rn. 3, Art. 50 Rn. 2 Buchst. b Doppelbuchst.
cc, Art. 78 Rn. 3).

### Absatz 1: Einrichtung der Behörden, Verwaltungsverfahren

*Satz 1:* Die **Zuständigkeit der Länder** – nicht der LReg oder einzelner Landesmi- 3
nisterien (BVerfGE 88, 332) – für den Vollzug des Bundesrechts als eigene Angelegenheit (Landeseigenverwaltung) schließt nach Satz 1 die Befugnis zur Regelung der Behördeneinrichtung und des Verwaltungsverfahrens (Landesorganisati-
onsgewalt; vgl. BT-Dr 16/813 S. 8) ein (NWVerfGH, OVGE 53, 225). Mitumfasst ist insoweit die Gesetzgebungskompetenz für die Erhebung von Verwaltungsgebühren (BVerwG, NVwZ 2000, 874 m.w.N.; BVerwGE 126, 225 f.). Die
Länder sind auch, weil Satz 1 deren Vollzugsrecht als Regel voraussetzt, grund-

sätzlich nicht nur befugt, die Gesetze selbst – durch eigene Behörden – auszuführen, sondern auch berechtigt, innerhalb des jeweiligen materiellrechtl. Rahmens über die Art und Weise der Gesetzesausführung selbst zu befinden; ihnen steht nicht nur die Wahrnehmungs-, sondern auch die Sachkompetenz zu (BVerfGE 126, 101; zu den damit verbundenen Befugnissen s. Art. 85 Rn. 6). Solange der Bund nicht seinerseits regelnd tätig wird (vgl. dazu nachstehend Rn. 6), haben die Länder danach im Rahmen ihrer Organisationsgewalt die Freiheit, nach Maßgabe des jeweils geltenden Landes(verfassungs)rechts im Wettbewerb untereinander die Behördenorganisation und das Verwaltungsverfahren nach ihren Vorstellungen zu gestalten. Unter „**Einrichtung der Behörden**" ist die Schaffung amtlicher Stellen im weitesten Sinne zu verstehen (zum Behördenbegriff allg. s. BVerfGE 10, 48). Darunter fallen Verwaltungseinheiten sowohl der unmittelbaren als auch der mittelbaren Landesverwaltung (BVerfGE 114, 223 f. m.w.N.). *Behörden* i.S. der Vorschrift sind deshalb – als im Verhältnis zum Bund interne Gliederungen der Länder (BVerwG, DÖV 1996, 210) – auch die Gemeinden und Gemeindeverbände (BVerfGE 77, 299; BVerwGE 40, 281 f.; 99, 131; BSGE 102, 156; vgl. dazu allerdings auch nachstehend Rn. 13) und ebenso landesunmittelbare beliehene Unternehmer (BSG, wie vor; zu weiteren Formen der Vollzugsprivatisierung s. Lindner, NVwZ 2005, 908). Zur *Einrichtung* der Behörden rechnen die Schaffung neuer (BVerfGE 126, 99) und die Umgestaltung bestehender Behörden, die Festlegung des behördlichen Aufgabenkreises (BVerfGE 75, 150; 77, 299; 105, 331; BAGE 118, 300; BSGE 102, 157; SachsAnhVerfG, NVwZ-RR 1999, 394) einschl. der Benennung bestimmter für die Durchführung des Gesetzes zuständiger Landesbehörden (BVerwG, DÖV 1982, 826; BVerwGE 142, 200; vgl. auch BVerfGE 4, 14; 88, 332; BWStGH, ESVGH 44, 4) sowie die Festlegung ihres Sitzes. Erfasst werden darüber hinaus die Regelung der Rechtsstellung der Behörden im Verhältnis zu anderen Behörden, insbes. ihrer Aufsichtsverhältnisse, ihre Ausstattung mit Personal und Sachmitteln und Maßnahmen der Ausgestaltung und inneren Organisation der Behörden (BSGE 88, 156; 102, 157), etwa Regelungen, die das innere Gefüge der Landesbehörden, wie deren kollegiale oder hierarchische Struktur, die Bildung von Ausschüssen (BT-Dr 9/1922 S. 30) oder die Mitwirkung ehrenamtlich tätiger Bürger, betreffen. *Keine* Einrichtungsregelungen sind dagegen Bestimmungen, die lediglich abstrakte Behördenumschreibungen verwenden (s. BVerfGE 126, 99). Das Gleiche gilt für Regelungen, durch der bestehende Aufgabenbestand einer Behörde nur quantitativ ausgeweitet oder gar reduziert wird (BSGE 102, 157; vgl. auch Rn. 12).

4    Regelungen über das „**Verwaltungsverfahren**" bestimmen die Art und Weise sowie die Form, in der die Landesbehörden tätig werden sollen, das „Wie" ihres Verwaltungshandelns (BVerfGE 55, 319; 75, 150; 105, 331; BSGE 102, 158). Die Frage, welche Vorschriften im Einzelnen nach Art und Inhalt dem Verwaltungsverfahren zuzuordnen sind, lässt sich nach der – noch zur früheren Fassung des Art. 84 I entwickelten – Auffassung des BVerfG nicht ein für allemal abschließend beantworten, weil diese Norm nicht auf einen bestimmten, zeitlich fixierten Stand staatsrechtl. Praxis und dogmatischer Erkenntnis abhebe, ihre Auslegung vielmehr dem Wandel in der Abgrenzung zwischen Verwaltungsverfahrensrecht und materiellem Verwaltungsrecht offenbleiben müsse, der sich aus der Veränderung der Staatsaufgaben im Bereich der Verwaltung und der erforderlichen Mittel zu ihrer Bewältigung unabweislich ergeben könne (BVerfGE 55, 320). Diese Rspr. trägt schwerlich dazu bei, die für Kompetenzregelungen notwendige Klarheit (dazu noch BVerfGE 37, 381) zu sichern (krit. auch Vogel in Benda/Maihofer/Vogel, Handbuch des Verfassungsrechts der Bundesrepublik

Deutschland, 1. Aufl. 1983, S. 842, mit Hinweis auf BVerfGE 55, 335 ff., 341/ Sondervoten). Sie gewinnt indessen dadurch wieder griffigere Konturen, dass das Gericht die Vorschriften über das Verwaltungsverfahren verallgemeinernd wenigstens dahin charakterisiert, dass sie „die Tätigkeit der Verwaltungsbehörden im Blick auf die Art und Weise der Ausführung des Gesetzes einschl. ihrer Handlungsformen, die Form der behördlichen Willensbildung, die Art der Prüfung und Vorbereitung der Entscheidung, deren Zustandekommen und Durchsetzung sowie verwaltungsinterne Mitwirkungs- und Kontrollvorgänge in ihrem Ablauf regeln" (BVerfGE 55, 320 f.; 75, 152; 114, 224; vgl. auch BVerwGE 126, 5 f.; BSGE 102, 158).

**Beispiele:** *Verfahrensrechtliche Bedeutung* haben danach z.b. Regelungen, die für   5
die Verwaltung die Handlungsform der Vereinbarung unter Ausschluss anderer für die Erreichung einer bestimmten Rechtsfolge geeigneter Mittel festlegen (BVerfGE 114, 224, 227 f.), Vorschriften über die Form der Zustellung von Verwaltungsakten (BVerfGE 8, 294) und der Verkündung von Ortsrecht (BVerfGE 65, 289), Regelungen darüber, dass eine Verwaltungsentscheidung bestimmten Formerfordernissen genügen, beispielsweise einem Muster entsprechen oder in einer bestimmten Sprache abgefasst sein muss (BVerfGE 24, 195), Vorschriften über die Art und Weise der Führung von Registern und Verzeichnissen, in die behördliche Vorgänge einzutragen sind (BVerfGE 24, 195), Bestimmungen über die Erhebung von Verwaltungsgebühren (BVerfGE 26, 298 ff.; BVerwG, NJW 2000, 3150; BVerwGE 126, 225 f.; zur Kompetenz der Länder für solche Bestimmungen vgl. Art. 72 Rn. 2) sowie Offenbarungs- und Verwertungsverbote, die der Landesverwaltung mit verfahrensgestaltender Verbindlichkeit auferlegt werden (BVerfGE 55, 323; s. demgegenüber BVerfGE 14, 220 f., zur materiellrechtl. Qualifizierung von Schweigepflichten der bei einer Landesbehörde tätigen Amtswalter). Auch das Recht, nachgeordneten Behörden durch höhere Behörden fachliche Weisungen zu erteilen, rechnet zum Verwaltungsverfahren (BVerfGE 76, 76). Dass sich eine Regelung rechtsgewährend oder pflichtenbegründend an den Einzelnen wendet, schließt nicht aus, dass dieselbe Norm gleichzeitig einen verwaltungsverfahrensrechtl. Inhalt hat. Eine solche „Doppelgesichtigkeit" liegt vor, wenn die den Bürger betr. materiellrechtl. Vorschrift zugleich die zwangsläufige Festlegung eines korrespondierenden verfahrensmäßigen Verhaltens der Verwaltung bewirkt (BVerfGE 55, 321; 75, 152). Das ist z.B. bei Regelungen über die Stellung eines Antrags oder bei Vorschriften der Fall, die den Einzelnen verpflichten, der zuständigen Landesbehörde bestimmte Unterlagen vorzulegen, wenn dadurch gleichzeitig Beginn und Ablauf des Verwaltungshandelns verbindlich vorgeschrieben werden (vgl. BVerfGE 37, 385 ff.; 55, 321 ff.). Teilweise krit. zu der diesen Beispielen zugrunde liegenden Rspr. Bull, AK, Art. 84 Rn. 16 ff. *Keinen verfahrensregelnden Inhalt,* sondern materiellrechtl. Bedeutung haben dagegen Vorschriften, durch die – wie bei der Einräumung von Auskunfts- und Akteneinsichtsrechten zugunsten anderer Behörden – lediglich die schon nach Art. 35 I bestehende Pflicht zur Amtshilfe konkretisiert wird (BVerfGE 10, 49; s. auch zum von einem anhängigen Verwaltungsverfahren unabhängigen Anspruch auf Informationszugang nach dem InformationsfreiheitsG NW BVerwG, NWVBl 2008, 60), Bestimmungen über das gerichtl. Verfahren (BVerfGE 14, 219; 105, 334; s. auch BVerfGE 11, 198 f.), Vorschriften, durch die Regelungen mit verwaltungsverfahrensrechtl. Inhalt aufgehoben werden (BVerfGE 14, 219 f., unter Hinweis auf BVerfGE 10, 49; vgl. auch BVerfGE 114, 228), oder Bestimmungen über die Berechnung (BVerfGE 37, 395), die Verjährung und das Erlöschen von Leistungsansprüchen (BSGE 40, 13). Regelungen über das Verfahren bei Volksent-

scheiden, Volksbegehren und Volksbefragungen nach Art. 29 VI betreffen ebenso wie Vorschriften des Bundesrechts über Vorbereitung und Durchführung von BTagswahlen einen Selbstorganisationsakt des Bundes (zu BTagswahlen s. Schreiber, DVBl 2007, 809 f.) und fallen deshalb nicht unter Art. 83, folglich auch nicht unter Art. 84 I (BT-Dr 8/1646 S. 25; 9/1913 S. 27 m.w.N.). Wie Bundesgesetze, die auf den Gebieten des Art. 73 I Nr. 10 die Zusammenarbeit des Bundes und der Länder regeln (vgl. Art. 73 Rn. 15 u. BT-Dr 13/5890 S. 8), haben sie infolgedessen keinen verwaltungsverfahrensrechtl. Inhalt, wie ihn Satz 2 i.V.m. Satz 1 voraussetzt.

6 Nach *Satz 2* kann auch der **Bundesgesetzgeber** für die Fälle des Art. 83 Regelungen über die Behördeneinrichtung und das Verwaltungsverfahren i.S. der Rn. 3–5 treffen („etwas anderes bestimmen"). Die Gesetzgebungskompetenz dafür ergibt sich nicht aus den dem Bund (insbes. in den Art. 73 f.) zugewiesenen Sachkompetenzen, sondern seit der Föderalismusreform I (Rn. 2) aus Art. 84 I 2 selbst (ebenso z.b. Kahl, NVwZ 2008, 711; s. auch BSGE 102, 154, sowie mit Bezug auf die Länder oben Rn. 3; anders für Art. 84 I a.F. BVerwGE 92, 260; vgl. auch BVerfGE 22, 181 LS 2: „im Rahmen seiner materiellen Gesetzgebungszuständigkeit"; offengelassen dagegen in BVerfGE 26, 383 f.). Soweit für das Gesetzgebungsrecht des Bundes nach Art. 72 II die Erforderlichkeitsklausel gilt (s. dazu Art. 72 Rn. 3), genügt das Vorliegen der Erforderlichkeit in materiellrechtl. Hinsicht; die Einrichtungs- und Verfahrensregelungen selbst sind nicht ihrerseits an dieses Erfordernis – oder an ein Bedürfnis nach bundesrechtl. Regelung – gebunden (str.; a.A. Erbslöh, NVwZ 2007, 157). Der Bund kann mit dieser Maßgabe beispielsweise kraft seiner Regelungsbefugnis für das Verwaltungsverfahren Landesbehörden durch Bundesgesetz an ein Zusammenwirken mit Bundesbehörden binden (vgl. BVerfGE 1, 79, zu Art. 108 III 2 a.F. = Art. 108 V 2 n.F.). Möglich ist es auch, die Landesexekutive nach Art. 80 I i.V.m. Art. 84 I 2 durch Gesetz zum Erlass verwaltungsverfahrensregelnder RVO zu ermächtigen (s. BVerfGE 37, 379; 55, 325 f.). Dabei sind die rechtsstaatl. Grundsätze der Normenklarheit und Widerspruchsfreiheit zu beachten (vgl. Art. 30 Rn. 4). Die **Zustimmung des Bundesrates** ist dagegen zu derartigen Regelungen – anders als bis zum Inkrafttreten der Föderalismusreform I (vgl. Rn. 2) – **nicht erforderlich** (BT-Dr 16/813 S. 15), wenn nicht außerdem nach Satz 5 das Abweichungsrecht der Länder ausgeschlossen wird (s. dazu Rn. 10). Das gilt auch dann, wenn der Bundesgesetzgeber von den Ländern zu beachtende Verfahrensvorschriften ändert, die gemäß Art. 84 I a.F. zustimmungspflichtig waren (BVerfGE 128, 35).

7 Das vom Bundesgesetzgeber nach Satz 2 gesetzte Organisations- und Verfahrensrecht findet nur Anwendung, wenn, soweit und solange die **Länder** von der ihnen in Satz 2 – als Ausnahme von der Sperrwirkung des Art. 70 I und dem Grundsatz des Art. 31 – eingeräumten **Abweichungsbefugnis** keinen Gebrauch machen, durch Landesgesetz (vgl. BT-Dr 16/813 S. 15; weiter gehend Dittmann in Sachs, Art. 84 Rn. 16) von den organisations- und verfahrensrechtl. Bestimmungen des Bundesrechts (nicht dagegen vom Gesetzesinhalt im Übrigen; ebenso Hermes in Dreier, Art. 84 Rn. 55) *abweichende*, d.h. im Regelfall inhaltlich und formell andere (BSGE 102, 157), *Regelungen* zu treffen. Denn diesen kommt, sobald sie in Kraft sind, so lange **Anwendungsvorrang** vor früher erlassenem Bundesrecht zu (BT-Dr 16/813 S. 11 f.; wegen der Abweichung von bundesrechtl. Vorschriften, die auf Grund von Art. 84 I a.F. ergangen sind, s. die Übergangsbestimmung des Art. 125 b II u. die Erläut. dazu in Art. 125 b Rn. 3), wie der Bund nicht seinerseits wiederum eine andersartige Regelung trifft (vgl. dazu Rn. 8). Die Befugnis zur abw. Landesgesetzgebung, die den Vollzug des materiellen Bundesrechts

nicht behindern oder gar unmöglich machen darf, schließt die Möglichkeit ein, mit dem Bundesrecht inhaltsgleiches Landesrecht zu erlassen (str.); ist dies für den Bund absehbar, kann er darauf verzichten, für Regelungen über das Verwaltungsverfahren nach Satz 5 (nachstehend Rn. 10) das formelle Abweichungsrecht der Länder auszuschließen. Das hat Bedeutung für die Umsetzung bindender Verfahrensvorgaben durch EU- und Völkerrecht, das dem nationalen Gesetzgeber keinen Ausgestaltungsspielraum belässt. Bei „doppelgesichtigen" Vorschriften des Bundesrechts mit sowohl materiellem als auch verwaltungsverfahrensrechtl. Inhalt (s. oben Rn. 5) kommt abw. Landesrecht nur in Betracht, wenn die Länder gemäß Art. 72 III 1 auch von den materiellrechtl. Normen abweichen können (Kahl, NVwZ 2008, 714; vgl. auch BR-Dr 651/06 S. 12), es sei denn, dass eine Abweichung allein vom verfahrensrechtl. Teil möglich ist (dazu Risse, FS H.P. Schneider, 2008, 275). Für den Verteidigungsfall kann das formelle Abweichungsrecht nach Maßgabe des Art. 115 c III eingeschränkt werden (s. Art. 115 c Rn. 4). Bisher ist von der Möglichkeit der Abweichung nach Satz 2 eher zurückhaltend Gebrauch gemacht worden (vgl. die im Interesse der Rechtsklarheit unverzichtbaren Hinweise etwa in BGBl 2009 I S. 463, 744; 2011 I S. 32, 63 f., 846, 2062; 2012 I S. 1022, 2726).

Nach *Satz 3* treten bundesgesetzl. Regelungen mit organisations- und/oder verwaltungsverfahrensrechtl. Inhalt, die erlassen werden, nachdem ein Land von der Abweichungsbefugnis nach Satz 2 Gebrauch gemacht hat, in diesem Land im Regelfall nicht sofort, sondern frühestens sechs Monate nach ihrer Verkündung in Kraft. Daraus wird deutlich, dass **Bund und Länder** in Bezug auf die Einrichtung der Landesbehörden und deren Verfahren in einen wechselseitigen **Regelungswettlauf** eintreten können (sog. Ping-Pong-Effekt). Kommt es dazu, soll das Land, das schon einmal vom Bundesrecht abgewichen ist, auf Grund von Satz 3 zur Vermeidung weiterer kurzfristig wechselnder Rechtsbefehle an den Bürger die Gelegenheit erhalten, rechtzeitig zu entscheiden, ob und in welchem Umfang es vom Bundesrecht abw. Landesrecht beibehalten oder neu erlassen will (BT-Dr 16/813 S. 15; 16/2069 S. 42). Der Bund kann allerdings ein früheres Inkrafttreten anordnen, also die Karenzzeit des Satzes 3 verkürzen oder ausschließen, bedarf dafür aber der **Zustimmung des Bundesrates**, die sich wegen der punktuellen Bedeutung des Regelungsgegenstands, abw. von dem sonst geltenden Grundsatz (zu ihm s. Art. 78 Rn. 5), ausdrücklich („soweit") nicht auf das Gesetz als Ganzes bezieht. Gedacht ist bei der Vorverlegung des Inkrafttretenszeitpunkts an Eilfälle, z.B. wenn vom Bundesgesetzgeber europarechtl. Umsetzungsfristen zu beachten sind (BT-Dr 16/813 S. 15). Satz 3 gilt nicht für den Fall, dass der Bund erstmals von seinem Recht nach Satz 2 Gebrauch macht, Regelungen i.S. des Satzes 1 zu treffen. Auf der Grundlage des Art. 82 II 1 kann auch ein späteres Inkrafttreten festgelegt werden; der BRat muss dem nach dem Sinngehalt des Satzes 3 nicht zustimmen (im Ergebnis ebenso Dittmann in Sachs, Art. 84 Rn. 14).

Durch die **Bezugnahme auf Art. 72 III 3** stellt *Satz 4* sicher, dass beim – ggf. mehrfachen – Tätigwerden sowohl des Bundes- als auch des Landesgesetzgebers im Verhältnis von Bundes- und Landesrecht hinsichtlich der Regelungen über die Behördeneinrichtung und/oder das Verwaltungsverfahren, teilweise abw. von Art. 70 I und Art. 31, das jeweils spätere Gesetz dem früheren Gesetz vorgeht (föderale lex posterior-Regel). Späteres Landesrecht setzt danach früheres Bundesrecht nicht außer Kraft, hat vielmehr diesem gegenüber *nur Anwendungsvorrang* (näher dazu s. BT-Dr 16/813 S. 11 f., 15 u. auch Art. 72 Rn. 4). Umgekehrt gilt das Gleiche.

**10** *Sätze 5 und 6:* Die Möglichkeit, nach Satz 2 von bundesrechtl. Vorschriften mit verwaltungsverfahrensrechtl. Inhalt durch Landesgesetz abzuweichen, besteht gemäß Satz 5 nicht, wenn der Bund – zufolge Satz 6 mit **Zustimmung des Bundesrates** – wegen eines besonderen Bedürfnisses nach bundeseinheitlicher Regelung das Verwaltungsverfahren – für das Gesetz als Ganzes oder nur hinsichtlich einzelner Teile – **ohne Abweichungsmöglichkeit für die Länder** regelt. Notwendig ist hierfür nach Satz 6 ein „Gesetz" (RVO wohl nicht ausreichend; so auch Hermes in Dreier, Art. 84 Rn. 62), das die Abweichungsbefugnis der Länder ausdrücklich sperrt. Derartige Regelungen, die für die Behördeneinrichtung nicht getroffen werden können (BT-Dr 16/813 S. 15), sollen **nur ausnahmsweise** ergehen (zur rechtsförmlichen Handhabung im einschlägigen Bundesgesetz vgl. BR-Dr 651/06 S. 10 f.). Sie sind entbehrlich, wenn Bestimmungen verwaltungsverfahrensrechtl. Inhalts durch EU-Recht oder Völkerrecht bindend vorgegeben sind und ein nationaler Umsetzungsspielraum nicht besteht (BR-Dr 651/06 S. 11; s. auch oben Rn. 7). Für das Umweltverfahrensrecht ist der verfassungsändernde Gesetzgeber davon ausgegangen, dass im Regelfall ein **besonderes Bedürfnis** nach bundeseinheitlicher Regelung ohne Abweichungsmöglichkeit für die Länder gegeben ist und entsprechende Vorschriften des Bundesrechts deshalb einen Ausnahmefall i.S. von Art. 84 I 5 darstellen (vgl. BT-Dr 16/813 S. 15; 16/2052 S. 2; BR-Dr 462/06 [Beschl.] S. 3; zur Gesetzgebungspraxis s. etwa die §§ 24 a UVPG, 73 BImSchG u. dazu BT-Dr 16/3311 S. 14 ff.). Im Übrigen lassen sich den Gesetzesmaterialien kaum Anhaltspunkte dafür entnehmen, wann ausnahmsweise ein besonderes Bedürfnis nach bundeseinheitlicher Regelung ohne Abweichungsmöglichkeit angenommen werden kann. Ausschlaggebend dafür muss sein, dass das in dem betr. Bundesgesetz enthaltene materielle Recht im Hinblick auf das Gesetzgebungsziel zwingend auf einen bundeseinheitlichen Vollzug angewiesen ist, der ohne eine Regelung nach Satz 5 gefährdet wäre (so im Prinzip für das Verfahrensrecht im BauGB BT-Dr 16/2069 S. 4 f.; vgl. auch BVerfGE 111, 251 f., zum Vorliegen eines Ausnahmefalls nach Art. 75 II a.F.). Den Bund trifft insoweit die Last besonderer Darlegung und Substantiierung. Gegen die Annahme, dem Bund hinsichtlich des Vorliegens eines solchen Bedürfnisses i.S. der früheren Bedürfnisklausel nach Art. 72 II a.F. (s. dazu die Nachweise in Art. 93 Rn. 16) einen verfassungsgerichtl. nur begrenzt überprüfbaren Beurteilungsspielraum zuzugestehen (so Pieroth in Jarass/Pieroth, Art. 84 Rn. 11 m.w.N.), spricht, dass Satz 5 ein *besonderes* Bedürfnis verlangt und von der Regelung nur in Ausnahmefällen Gebrauch gemacht werden darf (im Ergebnis wie hier, aber insgesamt skeptisch Dittmann in Sachs, Art. 84 Rn. 21).

**11** Da der Bund die Abweichungsmöglichkeit für die Länder nach Satz 5 regelmäßig nur dann ausschließen wird, wenn er eine bundeseinheitliche Regelung auch des Verwaltungsverfahrens im Hinblick auf den materiellen Gesetzesinhalt für unverzichtbar hält (s. auch Rn. 10), wird dem BRat – ähnlich wie nach früherem Recht (vgl. dazu BVerfGE 37, 381) – das Recht zugestanden werden müssen, Gesetzen i.S. von Satz 5 und 6 die Zustimmung auch dann zu versagen, wenn er zwar mit den verfahrensrechtl. Regelungen und dem Ausschluss der Abweichungsmöglichkeit für die Länder, nicht aber mit dem materiellen Inhalt des Gesetzes einverstanden ist (so auch Risse, FS H.P. Schneider, 2008, 278; a.A. Henneke in Schmidt-Bleibtreu/Hofmann/Hopfauf, Art. 84 Rn. 6). Damit wird den Ländern in den Ausnahmefällen des Satzes 5 über den BRat eine verstärkte Einflussnahme auf den materiellrechtl. Teil des Gesetzes ermöglicht (s. zur früheren Rechtslage BVerfGE 55, 319). Der **Bundestag** kann dem aber dadurch vorbeugen, dass er in Ausübung seiner **Aufspaltungsbefugnis** (dazu allg. Art. 78 Rn. 6) die materiellrechtl. Vorschriften in ein Gesetz aufnimmt, gegen das dem BRat nur das Recht des Einspruchs zusteht, und die Regelungen über das Verwaltungsverfahren ohne Abweichungsmöglichkeit für die Länder in einem anderen, zustimmungsbedürftigen Gesetz beschließt (vgl. BVerfGE 37, 382).

Für **Änderungsgesetze** zu Gesetzen, die gemäß Art. 84 I 5 und 6 mit Zustimmung **12** des BRats ergangen sind, gelten prinzipiell die allg. Grundsätze (s. dazu Art. 78 Rn. 5). Sie haben einen zustimmungsbedürftigen Inhalt auch dann, wenn sie sich auf materiellrechtl. Regelungen beschränken, in diesem Bereich jedoch Neuerungen in Kraft setzen, die den nicht ausdrücklich geänderten Vorschriften des Ursprungsgesetzes über das Verfahren der Landesverwaltung ohne die Möglichkeit der Abweichung für die Länder eine wesentlich andere Bedeutung und Tragweite verleihen (vgl. BVerfGE 37, 383; Hermes in Dreier, Art. 84 Rn. 70). Dies ist der Fall, wenn die Regelung materiellrechtl. Fragen in Verbindung mit den früher abweichungsfest erlassenen bundesrechtl. Vorschriften über das Verwaltungsverfahren zum Nachteil der Länder zu einer neuerlichen „Systemverschiebung" im föderativen Gefüge führt (vgl. auch BVerfGE 48, 180 f.). Die bloße Zunahme des Geschäftsanfalls bei den Landesbehörden reicht dafür allerdings nicht aus (s. BVerfGE 37, 389). Auch lösen Vorschriften, die, für sich gesehen, einen zustimmungspflichtigen Inhalt haben, nicht die Zustimmungsbedürftigkeit nach Art. 84 I 6 aus, wenn sie keinen neuen Einbruch in die Verwaltungszuständigkeit der Länder darstellen, sondern z.b. eine schon bestehende und von den Ländern ohne Abweichungsmöglichkeit zu beachtende Verfahrensregelung nur wiederholen oder konkretisieren (vgl. BVerfGE 114, 224, 231; s. auch BVerfGE 126, 103). Erst recht ist die Zustimmung des BRats nicht geboten, wenn das Änderungsgesetz Regelungen des Bundesgesetzgebers über den Ausschluss der Abweichungsmöglichkeit für die Länder aufhebt und diesen damit ein Vorgehen nach der für den Regelfall geltenden Vorschrift des Satzes 2 ermöglicht.

*Satz 7* enthält für Bundesgesetze nach Satz 2 eine Ausnahme von Satz 1, soweit **13** dieser die Einrichtung der (Landes-)Behörden betrifft. Für bundesrechtl. Regelungen des Verwaltungsverfahrens (vorstehend Rn. 4) gilt die Ausnahmebestimmung also nicht. Da zu den Behörden der Länder auch die **Gemeinden und Gemeindeverbände** (GV) gehören (s. oben Rn. 3) und „Einrichtung der Behörden" die Bestimmung des behördlichen Aufgabenkreises mit umfasst (ebenfalls Rn. 3), war es bis zum Inkrafttreten der Föderalismusreform I (vgl. oben Rn. 2) – wenn auch nur unter erschwerenden Voraussetzungen – zulässig, den Gemeinden und GV unmittelbar durch Bundesgesetz Aufgaben zu übertragen und damit ihren Aufgabenkreis zu verändern (s. BVerfGE 22, 210; 77, 299; 119, 359; BVerwG, DÖV 1982, 826; BWStGH, DÖV 1999, 688; BbgVerfG, DVBl 2003, 941). Das **Verbot des Durchgriffs auf den kommunalen Aufgabenbestand** nach Satz 7 – eine wichtige, vor allem der Stärkung der Kommunen und des Rechts der kommunalen Selbstverwaltung (Art. 28 II), aber auch der Rücksichtnahme auf die Organisationsgewalt der Länder dienende Neuerung dieser Reform – schließt dies nunmehr aus. Aufgabenzuweisungen des Bundesrechts aus der Zeit vor der Föderalismusreform I gelten allerdings, sofern sie nicht, was jederzeit möglich ist, durch Bundesgesetz ggf. auch ohne Zustimmung des BRats aufgehoben werden, nach der Überleitungsvorschrift des Art. 125 a I bis zum Erlass ersetzenden Landesrechts fort (vgl. dazu Art. 125 a Rn. 2 f.). Qualitativ neue Aufgaben können aber – nach Maßgabe des Landesverfassungsrechts – auf kommunale Einrichtungen nur mehr durch Landesrecht übertragen werden (BT-Dr 16/813 S. 15; 16/5032 S. 2; 16/10173 S. 16; BSGE 102, 156). Geschieht dies, hat dies hinsichtlich der mit der Aufgabenwahrnehmung verbundenen Kosten zugunsten der betroffenen

Gemeinden und GV die Anwendung der – im Fall des Bundesdurchgriffs nicht einschlägig gewesenen – landesverfassungsrechtl. Konnexitätsregeln (zu ihnen s. Art. 28 Rn. 21) zur Folge. Unzulässige Aufgabenübertragungen durch Bundesrecht können die betroffenen kommunalen Gebietskörperschaften mit der Kommunal-Verfassungsbeschwerde abwehren (Art. 93 Rn. 33).

14 Unter „Aufgaben" i.S. des Satzes 7 sind die administrativen Tätigkeiten zu verstehen, die im Rahmen der verwaltungsmäßigen Ausführung des Bundesrechts gegenüber dem Bürger (vgl. dazu vor Art. 83 Rn. 3) vorgenommen werden müssen, damit das vom jeweiligen Gesetz verfolgte Regelungsziel erreicht wird (s. auch zum Begriff der staatl. Aufgaben Art. 30 Rn. 1). Die bloße Auferlegung gesetzl. Pflichten, die die Gemeinden ohne Außenbezug zum Bürger zu erfüllen haben, fällt deshalb nicht unter das Durchgriffsverbot (str.; zutreffend Kahl, LKV 2011, 441 f.). Dieses erfasst als absolutes Verbot (BVerfGE 119, 359) auch die Aufgabenübertragung unmittelbar durch RVO des Bundes und lässt Ausnahmen grundsätzlich nicht zu. Die – unmittelbar wirkende, also keiner landesrechtl. Umsetzung bedürfende (str.) – quantitative Erweiterung bereits bestehender kommunaler Aufgaben durch Änderung von nach Art. 125 a I 1 fortgeltendem Recht fällt aber nicht unter Satz 7 (oben Rn. 3, 12; Maiwald in Schmidt-Bleibtreu/Hofmann/Hopfauf, Art. 125 a Rn. 3, 6; BT-Dr 16/3971 S. 7 f.; 16/3989 S. 2; 16/8688 S. 18; s. auch BT-Dr 16/10173 S. 10 f., unklar, wenn nicht irrig ebd., S. 16), sofern die für die erstmalige Aufgabenzuweisung erforderlich gewesenen Voraussetzungen weiterhin gegeben sind (a.A. Henneke in Schmidt-Bleibtreu/Hofmann/Hopfauf, Art. 84 Rn. 26 ff.) und die quantitative Ausdehnung nicht wie i.d.R. die Umwandlung einer Ermessens- in eine Pflichtleistung – insbes. im Hinblick auf die damit verbundenen Mehrkosten – einer qualitativen Neuübertragung von Aufgaben gleichkommt (vgl. auch BVerfGE 111, 29 ff.; 111, 268 f.; BT-Dr 16/2069 S. 4; a.A. Engelken, BayVBl 2011, 70 ff. m.w.N.). Auch Aufgaben, die die Gemeinden nicht auf Grund bundesgesetzl. Zuweisung, sondern – wie im Fall des Art. 91 e II – auf der Grundlage ausdrücklicher verfassungsrechtl. Ermächtigung oder verfassungsunmittelbar zufolge der kommunalen Selbstverwaltungsgarantie des Art. 28 II 1 wahrnehmen (müssen), werden vom Aufgabenübertragungsverbot nicht erfasst (BT-Dr 16/2069 S. 13). Schließlich ist die Vorschrift nicht für Regelungen einschlägig, die den Gemeinden Aufgaben zur Vorbereitung und Durchführung von BTagswahlen übertragen; da Art. 84 I insoweit nicht gilt (s. oben Rn. 5), kommt in diesem Fall auch die Verbotsnorm des Satzes 7 nicht zum Tragen.

## Absatz 2: Allgemeine Verwaltungsvorschriften

15 **Begriff und Wesen:** Abs. 2 ermächtigt die BReg, als Handlungsanleitungen für den Vollzug des Bundesrechts gemäß Art. 83 allg. Verwaltungsvorschriften zu erlassen. Bei diesen handelt es sich um generelle und für eine abstrakte Vielzahl von Sachverhalten des Verwaltungsgeschehens geltende Regelungen (BVerfGE 100, 258) zur Gesetzesauslegung, Ermessensausübung u.ä., die die einheitliche Ausführung des Bundesrechts durch die landeseigene Verwaltung gewährleisten sollen (vgl. BVerfGE 11, 18; 129, 21; VGH Mannheim, ESVGH 34, 138; s. auch schon oben Rn. 1). Sie sind nicht auf unmittelbare Rechtswirkung nach außen gerichtet (BVerfGE 100, 258), wenden sich also i. Allg. nicht rechtssatzmäßig (BVerwG, DVBl 2007, 639) an den Bürger (vgl. auch Art. 93 Rn. 25), sondern prinzipiell nur instruktionell an Behörden und deren Amtswalter (BVerfGE 1, 83; HessStGH, ESVGH 20, 220), erzeugen im Regelfall nur verwaltungsinterne Verbindlichkeit (BVerfGE 11, 100; BGHZ 116, 151; BayVerfGH, NVwZ 1994,

995; s. auch BVerfGE 78, 227; BVerfG, DVBl 2009, 1239) und haben Außenwirkung gegenüber dem Bürger erst dann, wenn eine Verwaltungsbehörde – vor allem bei der Anwendung ermessenslenkender Verwaltungsvorschriften – im Einzelfall nach ihnen verfährt (BVerfGE 2, 242 f.; 100, 259; vgl. auch die Hinweise zur Selbstbindung der Verwaltung durch Erlass u. Anwendung allg. Verwaltungsvorschriften in Art. 3 Rn. 4). Ausnahmsweise wirken aber auch allg. Verwaltungsvorschriften unmittelbar, ohne einen derartigen „Umsetzungsakt", nach außen (sehr str.). Dies wird – bei entsprechender gesetzl. Ermächtigung – insbes. von sog. normkonkretisierenden Verwaltungsvorschriften angenommen (zu ihnen s. BVerwGE 72, 121 f.; 72, 320 f.; 94, 337; 107, 340 ff.; 110, 218 f.; BVerwG, BayVBl 2008, 152).

Allg. Verwaltungsvorschriften, die der Bund für den landeseigenen Vollzug des **16** Bundesrechts erlässt, sind, sofern die Beschränkungen des Abs. 2 beachtet werden (VGH Mannheim, VBlBW 2009, 194), für die Länder *verbindlich* und begrenzen deren Recht, selbst solche Regelungen zu treffen (BVerfGE 76, 76; BVerwGE 70, 131; s. auch BFHE 147, 431). Abs. 2 schützt die Länder gegen die damit eröffneten Ingerenzen dadurch, dass er den Erlass solcher Verwaltungsvorschriften an die **Zustimmung des Bundesrats** bindet und außerdem der **Bundesregierung als Kollegium** vorbehält (BFHE 237, 405; zu den Sicherungen in letzterer Hinsicht vgl. BVerfGE 91, 166). Auch wenn der BRat der einfachgesetzl. Ermächtigung zum Erlass allg. Verwaltungsvorschriften zugestimmt hat, kann von der Ermächtigung selbst nur mit Zustimmung des BRats Gebrauch gemacht werden. Der langjährigen, durch die Rspr. des BVerfG (E 26, 395 ff.; 28, 78; s. auch BVerwG, NJW 1972, 1773) gedeckten Staatspraxis, mit Zustimmung des BRats (!) allg. Verwaltungsvorschriften unterhalb der Kabinettsebene auch durch einen einzelnen oder durch mehrere BMinister zu erlassen, wenn ein Bundesgesetz dazu mit Zustimmung des BRats ermächtigte, hat das BVerfG durch die – zu Art. 85 II 1 ergangene, aber auf Art. 84 II übertragbare – Entscheidung BVerfGE 100, 259 ff., die Grundlage entzogen (krit. dazu Bleibaum, DVBl 1999, 1265; zweifelnd Tschentscher, JZ 1999, 995 f.; zustimmend jedoch VGH Mannheim, VBlBW 2009, 194). Nicht an die Zustimmung des BRats gebunden ist die Aufhebung einer mit dessen Zustimmung erlassenen Verwaltungsvorschrift, weil damit nur der ursprüngliche Rechtszustand wieder herbeigeführt wird (vgl. für Aufhebungsgesetze BVerfGE 14, 219; s. auch Art. 108 Rn. 13). Bloße Empfehlungen des Bundes für den Vollzug des Bundesrechts durch die Länder unterliegen nicht den Bindungen des Abs. 2.

Die Befugnis zum Erlass allg. Verwaltungsvorschriften ist der Exekutive im Rah- **17** men ihrer Organisations- und Geschäftsleitungsgewalt inhärent (BVerfGE 26, 396; 100, 261; 126, 102; BVerwGE 67, 229). Diese (Verwaltungs-)Befugnis gesetzl. durch **Zustimmungs- oder Einvernehmensvorbehalte zugunsten des Bundestags** einzuschränken, wäre mit dem Grundsatz der Gewaltenteilung (s. dazu vor Art. 38 Rn. 1) nicht vereinbar (Hömig, DVBl 1976, 860 ff.). Zulässig sind dagegen Regelungen, die die BReg oder den ermächtigten Einzelminister verpflichten, vor dem Erlass von Verwaltungsvorschriften das Parlament oder andere (auch nichtstaatl.) Stellen anzuhören.

Eine Verpflichtung zur **Veröffentlichung** allg. Verwaltungsvorschriften besteht **18** grundsätzlich nicht. Doch kann im Rahmen eines Verwaltungsverfahrens regelmäßig auch Auskunft über die für die behördliche Entscheidung maßgeblichen Verwaltungsvorschriften verlangt werden. Außerdem wird eine Publikation für diejenigen Verwaltungsvorschriften verlangt, denen gegenüber Dritten unmittelbare Außenwirkung zukommt (vgl. dazu oben in Rn. 15). Weiteres zu diesem

Fragenkreis insbes. in BVerfGE 40, 252 f.; BVerwGE 61, 16 ff.; 61, 41 ff.; 69, 279 ff.; 104, 224; 122, 268 ff.

**Absatz 3: Bundesaufsicht**

19 *Satz 1:* Die in Abs. 3 (u. Abs. 4) geregelte Aufsicht des Bundes über den landeseigenen Vollzug des Bundesrechts beschränkt sich – anders als die Bundesaufsicht im Rahmen der Bundesauftragsverwaltung (Art. 85 IV 1) – auf die **Rechtmäßigkeit der Ausführung** (bloße Rechts-, keine Fachaufsicht). Sie ist, um der Autorität der Bundesgesetze willen eingerichtet (BVerwG, NJW 1977, 118), abhängige, weil auf die verwaltungsmäßige Ausführung des Bundesrechts gerichtete Aufsicht. Eine selbständige, vom Gesetzesvollzug unabhängige Bundesaufsicht kennt das GG nicht (BSGE 102, 159 f.). Ihre Funktion ist jedoch teilweise (vgl. auch Art. 37 sowie BVerwG, NJW 1977, 118) dadurch ersetzt, dass die BReg nach Art. 93 I Nr. 3 das BVerfG anrufen kann, um eine Entscheidung darüber zu erreichen, ob ein Land sich außerhalb der Ausführung von Bundesgesetzen dem GG gemäß verhalten hat (BVerfGE 8, 131 f.; s. auch BVerfGE 6, 329 f.). BReg und BMinister handeln bei der Wahrnehmung der Aufsicht nicht als Verfassungsorgane oder als Teile eines solchen, sondern als Verwaltungsbehörden (BVerfGE 84, 298), unterliegen dabei aber der parl. Kontrolle durch den BTag, z.B. im Wege einer von ihm beschlossenen Untersuchung nach Art. 44.

20 **Maßstab der Rechtmäßigkeitskontrolle** ist das gesamte Bundesrecht einschl. des GG selbst, soweit es für die Länder Pflichten begründet, die bei der Ausführung des Bundesrechts zu beachten sind. Hierzu rechnen etwa die Pflicht zur Bundestreue oder die aus Art. 84 II folgende Verpflichtung, nach dieser Vorschrift erlassene allg. Verwaltungsvorschriften des Bundes zu befolgen (in letzterer Hinsicht bestr.; wie hier im Ergebnis z.B. F. Kirchhof in Maunz/Dürig, Art. 84 Rn. 205). Auch völker- und unionsrechtl. Regelungen können den Kontrollmaßstab bilden (BSGE 102, 160). Darüber hinaus wird sich die Bundesaufsicht aber auch auf die Einhaltung landesrechtl. Vorschriften erstrecken müssen, soweit diese – wie beispielsweise die Verwaltungsverfahrensgesetze der Länder – beim Vollzug des Bundesrechts anzuwenden sind. Die Aufsicht bezieht sich auf das „Ob" und „Wie" des Gesetzesvollzugs durch die Länder und ist unabhängig davon, in welchen Rechts- und Handlungsformen der Vollzug stattfindet (BSGE 102, 160).

21 *Satz 2:* Die **Mittel**, deren sich die BReg bedienen darf, um sich von der rechtmäßigen Durchführung des Bundesrechts zu überzeugen, sind in Satz 2 nicht erschöpfend aufgezählt. Neben der Möglichkeit der Entsendung von Beauftragten steht der BReg als milderes Mittel auch das Recht zu, von den LReg Unterrichtung und Auskunft zu verlangen, Untersuchungen durchzuführen sowie, falls es Anhaltspunkte für einen Rechtsverstoß gibt, Aktenvorlage zu fordern und, unbeschadet der Einsichtnahme durch Beauftragte vor Ort, Akteneinsicht zu nehmen (vgl. BVerfGE 127, 221; BSGE 102, 160). Aus Art. 84 III ergibt sich darüber hinaus die Befugnis der BReg bzw. des zuständigen BMinisters, den Ländern im Zusammenhang mit dem von ihnen wahrzunehmenden Vollzug des Bundesrechts die Rechtsauffassung des Bundes mitzuteilen (BVerwGE 3, 104; BVerwG, DÖV 1957, 263). Die von der BReg entsandten *Beauftragten* sind darauf beschränkt, zu beobachten und sich zu unterrichten, haben insoweit jedoch umfassende Befugnisse. Anordnungs- und Weisungsrechte stehen ihnen nicht zu. Adressaten des Informationsbegehrens des Bundes sind die **obersten Landesbehörden**, die in der bundesstaatl. Ordnung des GG üblicherweise den Informationsfluss von den Ländern zum Bund vermitteln (BVerfGE 127, 199).

## Absatz 4: Mängelrüge

Abs. 4 regelt das Verfahren der sog. Mängelrüge. Stellt die BReg selbst oder **22** durch einen nach Abs. 3 Satz 2 entsandten Beauftragten **Mängel bei der Ausführung des Bundesrechts** fest, kann sie Beseitigung dieser Mängel verlangen. Kommt das Land einem solchen Verlangen, das nur von der BReg als Kollegium (Art. 62) gestellt werden kann, nicht nach, weil es den behaupteten Mangel bestreitet oder ihn zwar einräumt, aber untätig bleibt, entscheidet auf Antrag der BRat, ob das Land sich rechtswidrig verhalten hat. Antragsberechtigt ist sowohl die BReg als auch das gerügte Land. Der Beschluss des BRats, dass das geltende Recht verletzt worden ist, ist notwendige Voraussetzung für die Anwendung des Bundeszwangs (Art. 37) im Rahmen des Art. 84 (allg. M.; s. Pieroth in Jarass/Pieroth, Art. 84 Rn. 20). Auch der Weg, gemäß Art. 93 I Nr. 3 unmittelbar das BVerfG anzurufen, ist der BReg versperrt, wenn Mängel bei der verwaltungsmäßigen Ausführung des Bundesrechts gerügt werden. Denn auch insoweit ist nach Abs. 4 der BRat zwischengeschaltet (BVerfGE 6, 329; 8, 130 f.; vgl. auch BVerfGE 7, 372). Der Geltendmachung von Schadensersatzansprüchen des Bundes gegen ein Land nach Art. 104 a V 1 Halbs. 2 (s. dazu Art. 104 a Rn. 15) steht Abs. 4 nicht entgegen (BSGE 105, 103 f.).

## Absatz 5: Einzelweisungen

Abs. 5 eröffnet die Möglichkeit, die Ausführung des Bundesrechts durch Einzel- **23** weisungen der BReg zu steuern. Unter diesen sind Anordnungen nicht gegenüber dem Bürger (BVerfGE 49, 49), sondern im Innenverhältnis des Bundes zu dem betr. Land (BVerwGE 42, 284) zu verstehen, die – für dieses verbindlich – aus gegebenem Anlass eine bestimmte Einzelfrage des Gesetzesvollzugs regeln (zum Begriff der Weisung allg. s. Art. 85 Rn. 6). „**Bundesregierung**" meint hier auch den einzelnen BMinister (str.; offengelassen in BVerfGE 26, 396). Die Befugnis zur Erteilung von Einzelweisungen muss deshalb nicht notwendig der BReg als Kollegium, sie kann vielmehr auch dem zuständigen BMinister verliehen werden (BVerwGE 42, 283; vgl. auch BVerfGE 49, 49), nicht aber nachgeordneten Bundesbehörden. In jedem Fall bedarf es zur Verleihung einer ausdrücklichen – an die **Zustimmung des Bundesrats** gebundenen – bundesgesetzl. Ermächtigung, die das Einzelweisungsrecht außerdem nur **für besondere Fälle** vorsehen darf (s. z.B. § 15 IV 4 WPflG, § 29 AWG). Die Inanspruchnahme dieses Rechts gewährt dem Bund die stärkste Form der rechtsverbindlichen Einflussnahme auf den landeseigenen Vollzug des Bundesrechts; im Einzelnen gilt dabei all das, was das BVerfG zum Weisungsrecht nach Art. 85 III klargestellt hat (dazu Art. 85 Rn. 6 ff.). Mildere Einwirkungsformen wie **Zustimmungs-, Einvernehmens- oder Anhörungsrechte** lässt Abs. 5 ebenfalls zu. Die obersten Landesbehörden, d.h. die Ministerien der Länder, an die Einzelweisungen außer bei Dringlichkeit zu richten sind (zur informationsvermittelnden Funktion dieser Behörden im bundesstaatl Gefüge vgl. oben Rn. 21), können deshalb durch zustimmungsbedürftiges Bundesgesetz für besondere Fälle der Gesetzesausführung auch an die Zustimmung des zuständigen BMinisters oder an das Einvernehmen mit ihm gebunden werden (BVerwGE 42, 284; 67, 175 f.). Eine solche Regelung verstößt nicht gegen das Verbot der sog. Mischverwaltung (dazu s. vor Art. 83 Rn. 8), weil Abs. 5 eine Ausnahme von diesem Grundsatz darstellt (BVerwGE 42, 282).

## Artikel 85 [Bundesauftragsverwaltung]

(1) Führen die Länder die Bundesgesetze im Auftrage des Bundes aus, so bleibt die Einrichtung der Behörden Angelegenheit der Länder, soweit nicht Bundesgesetze mit Zustimmung des Bundesrates etwas anderes bestimmen. Durch Bundesgesetz dürfen Gemeinden und Gemeindeverbänden Aufgaben nicht übertragen werden.

(2) Die Bundesregierung kann mit Zustimmung des Bundesrates allgemeine Verwaltungsvorschriften erlassen. Sie kann die einheitliche Ausbildung der Beamten und Angestellten regeln. Die Leiter der Mittelbehörden sind mit ihrem Einvernehmen zu bestellen.

(3) Die Landesbehörden unterstehen den Weisungen der zuständigen obersten Bundesbehörden. Die Weisungen sind, außer wenn die Bundesregierung es für dringlich erachtet, an die obersten Landesbehörden zu richten. Der Vollzug der Weisung ist durch die obersten Landesbehörden sicherzustellen.

(4) Die Bundesaufsicht erstreckt sich auf Gesetzmäßigkeit und Zweckmäßigkeit der Ausführung. Die Bundesregierung kann zu diesem Zwecke Bericht und Vorlage der Akten verlangen und Beauftragte zu allen Behörden entsenden.

1 **Allgemeines:** Art. 85 bestimmt die wesentlichen derjenigen Rechte, die es dem **Bund** ermöglichen sollen, im Wege der Gesetzgebung (Abs. 1) und der Verwaltung (Abs. 2–4) formell-bindend **Einfluss auf Inhalt und Verfahren der Bundesauftragsverwaltung** zu nehmen. Bei dieser handelt es sich, weil die beauftragte Verwaltung die ihr zugewiesenen Aufgaben als eigene Aufgaben wahrnimmt (BVerfGE 63, 42; BVerwGE 87, 338), nicht um eine gemeinsame Verwaltung durch Bund und Länder, sondern um eine besondere Form der *Landes*verwaltung mit, verglichen mit Art. 84, *stärkeren Einwirkungsmöglichkeiten des Bundes* (vgl. insbes. Abs. 3 u. 4 sowie BVerfGE 81, 331 f.; 104, 264; BVerfGK 14, 412; BVerwGE 100, 58; BGHZ 16, 97, 99 f.; BAGE 13, 51 f.; BbgVerfG, LVerfGE 7, 157) und dessen daraus folgender Verpflichtung, die sich aus dem Auftragshandeln ergebenden (Zweck-)Ausgaben zu tragen (s. Art. 104 a II u. die Erläut. dazu). Die Rechte, die Art. 85 dem Bund insoweit im Einzelnen gibt, gelten trotz des Wortlauts dieser Vorschrift nicht nur in den Fällen, in denen die Länder „Bundesgesetze", abw. von der Regel des Art. 83, im Auftrag des Bundes „ausführen", sondern auch dann, wenn sie – wie z.B. im Rahmen des Art. 90 II (vgl. Art. 90 Rn. 5) – im Wege nicht gesetzesakzessorischer Bundesauftragsverwaltung tätig werden (teilweise a.A. Hermes in Dreier, Art. 85 Rn. 16). Die Aufzählung der Gebiete, für die dieser Verwaltungstyp entweder zwingend vorgeschrieben ist (Art. 90 II, Art. 104 a III 2, Art. 108 III 1) oder vom Bund – fakultativ – eingeführt werden kann (Art. 87 b II 1, Art. 87 c, 87 d II, Art. 89 III 3 u. 4, Art. 120 a I 1), ist abschließend. Eine Ausdehnung auf andere Bereiche ist deshalb nur durch Verfassungsänderung möglich.

### Absatz 1: Einrichtung der Behörden

2 *Sätze 1 und 2:* Wie im Fall des landeseigenen Vollzugs des Bundesrechts ist nach Satz 1, der dem Schutz der Verwaltungshoheit der Länder dient (BVerfGE 126, 98), die **Einrichtung der Behörden** (dazu Art. 84 Rn. 3 u. BVerfGE 126, 99 f.) im Rahmen ihrer Organisationsgewalt (BVerwGE 120, 97) Sache der Länder. Der Bund kann jedoch mit Zustimmung des BRats durch Gesetz auch selbst Einrichtungsregelungen treffen, d.h. sie erstmals erlassen oder schon erlassene ändern; die Befugnis, von solchen Regelungen durch Landesgesetz abzuweichen, steht

den Ländern – anders als im Fall des Art. 84 I 2 – nicht zu. Satz 2, der durch die *Föderalismusreform I* (vgl. Einführung Rn. 6) angefügt worden ist, entspricht dem Durchgriffsverbot des Art. 84 I 7 und schließt wie dieser die **Übertragung von Aufgaben auf Gemeinden und Gemeindeverbände** durch Bundesgesetz aus (ergänzend s. Art. 84 Rn. 13 f., die Übergangsregelung in Art. 125 a I u. die Erläut. dazu in Art. 125 a Rn. 2 f.). **Ändert** der Bund eine im Bundesgesetz geregelte Aufgabe, die unter eine von ihm schon erlassene Einrichtungsregelung fällt, löst dies das Erfordernis der BRatszustimmung nur aus, wenn damit eine neue „Systemverschiebung" zum Nachteil der Länder verbunden ist (vgl. Art. 78 Rn. 3 u. 5), weil die bisherige Aufgabe durch die Änderung qualitativ so umgestaltet wird, dass dies der Übertragung einer neuen Aufgabe gleichkommt (s. Art. 87 b Rn. 10; Art. 87 c Rn. 3; Art. 87 d Rn. 8; Engelken, BayVBl 2011, 69 Fn. 22). Keinen Zustimmungstatbestand stellt es dar, wenn eine Einrichtungsregelung aufgehoben wird und damit die Länder wieder frei sind, über die Behördenorganisation selbst zu entscheiden.

Auch das **Verwaltungsverfahren** (dazu Art. 84 Rn. 4 f.) für die Bundesauftrags-　3
verwaltung unterliegt der Organisationsgewalt der Länder, kann jedoch wie die Behördeneinrichtung zum Gegenstand bundesgesetzl. Regelung gemacht werden. Dass Art. 85 I das Verwaltungsverfahren anders als Art. 84 I nicht nennt, steht dem nicht entgegen (BVerfGE 26, 385). Es bedeutet allein, dass bundesrechtl. Vorschriften mit verwaltungsverfahrensrechtl. Inhalt im Anwendungsbereich des Art. 85 nicht der Zustimmung des BRats bedürfen (im Ergebnis wie hier BVerfGE 126, 100 ff.; a.A. z.B. Haratsch in Sodan, Art. 85 Rn. 6). Von einem Redaktionsversehen (so u.a. Dittmann in Sachs, Art. 85 Rn. 10 f.) kann insoweit nicht ausgegangen werden, zumal der verfassungsändernde Gesetzgeber keinen Anlass gesehen hat, Satz 1 im Zuge der Föderalismusreform I (vgl. oben Rn. 2) zu ändern (so jetzt auch BVerfGE 126, 103). Systematische oder teleologische Gründe sprechen ebenfalls nicht für eine Zustimmungsbefugnis des BRats auch hinsichtlich des Verwaltungsverfahrens (im Einzelnen BVerfGE 126, 101). Auch für eine Abweichungsgesetzgebung der Länder ist deshalb hier anders als nach Art. 84 I 2 (s. Art. 84 Rn. 7) kein Raum.

### Absatz 2: Allgemeine Verwaltungsvorschriften, Ausbildung der Beamten und Angestellten

Für den in *Satz 1* geregelten Erlass **allgemeiner Verwaltungsvorschriften** gilt　4
rechtl. das Gleiche wie im Fall des Art. 84 II (vgl. deshalb Art. 84 Rn. 15–18).

Die *Sätze 2 und 3* geben der BReg die Möglichkeit, durch Ausbildungsregelungen　5
und Mitentscheidungsrechte bei der Personalbestellung Einfluss auf die Rekrutierung der Bediensteten der im Bundesauftrag handelnden Landesverwaltung zu nehmen. Umstritten ist, welcher Rechtsform Regelungen über die **Ausbildung der Beamten und Angestellten** der Länder bedürfen. Nach h.M. reichen allg. Verwaltungsvorschriften aus (vgl., selbst teilweise a.A., Lerche in Maunz/Dürig, Art. 85 Rn. 47). Dem ist schon im Hinblick auf den von Art. 108 II 2 abw. Wortlaut des Satzes 2 mit der Maßgabe beizupflichten, dass zum Erlass solcher Regelungen die Zustimmung des BRats nicht erforderlich ist. **Mittelbehörden** i.S. des Satzes 2, auf deren Leiter sich die genannten Mitentscheidungsrechte beziehen, sind Landesbehörden, die weder oberste oder obere noch untere Verwaltungsbehörden sind. Die **Leiter** dieser Behörden stehen in einem Dienstverhältnis nur zu dem betr. Land (BAGE 13, 51). Des **Einvernehmens mit der Bundesregierung** bei ihrer Bestellung bedarf es nur, wenn zur Wahrnehmung der Bundesauftragsangelegen-

heiten eine Sonderverwaltung eingerichtet worden ist, nicht also bei Aufgabenerledigung durch die allg. Landesverwaltung.

**Absatz 3: Weisungen**

6   *Satz 1:* Das den obersten Bundesbehörden in Abs. 3 – verfassungsunmittelbar – eingeräumte **Weisungsrecht** als das Recht, einseitig für den Verwaltungsvollzug im Innenverhältnis von Weisungsgeber und Weisungsadressat ohne Außenwirkung (BVerwG, NVwZ 2007, 838) verbindliche Anordnungen zu treffen, dient im Verhältnis zu den Ländern der Verwaltungssteuerung und der Verlagerung von Sachkompetenz (BVerfGE 81, 336), die auf Länderseite dadurch eingeschränkt ist, dass sich die Bundesaufsicht im Rahmen des Art. 85 sowohl auf die Gesetzmäßigkeit als auch auf die Zweckmäßigkeit der Gesetzesausführung bezieht (s. Rn. 14) und die Landesbehörde auf ganzer Linie den Weisungen der zuständigen obersten Bundesbehörde unterliegt (BVerwG, NVwZ 2009, 600). Unentziehbar steht den Ländern nur die sog. **Wahrnehmungskompetenz** zu: Das gesetzesvollziehende rechtsverbindliche Verwaltungshandeln gegenüber Dritten und die Verantwortlichkeit nach außen, insbes. der Erlass von Verwaltungsakten und der Abschluss öff.-rechtl. Vereinbarungen, bleiben stets Landesangelegenheit; ein Eintrittsrecht des Bundes mit der Möglichkeit der Ersatzvornahme durch diesen sieht Art. 85 insoweit nicht vor. Dagegen kann der Bund im Innenverhältnis die Sachbeurteilung und Sachentscheidung, die sog. **Sachkompetenz**, durch Ausübung seines Weisungsrechts mit Bindungswirkung gegenüber den Ländern jederzeit an sich ziehen. Solange er dies nicht getan hat, ist diese Kompetenz inhaltlich uneingeschränkt Landeskompetenz (s. BVerfGE 81, 332). Es handelt sich aus Bundessicht um eine „Reservezuständigkeit", die der ausdrücklichen oder konkludenten – deutlich erkennbaren – Aktualisierung durch den Bund bedarf. Hat er die Sachentscheidungsbefugnis auf sich übergeleitet, darf er alle Aktivitäten entfalten, die er für eine effektive und sachgerechte Vorbereitung und Ausübung seines Direktions- und Weisungsrechts für erforderlich hält, soweit er dadurch die Wahrnehmungskompetenz der Länder nicht verletzt. Dazu rechnet nicht nur die Befugnis, sich ungehindert die nötigen Informationen zu beschaffen. Dazu können vielmehr auch unmittelbare Kontakte nach außen zu Dritten, einschl. etwaiger informaler Absprachen, gehören. Die Länder brauchen an solchen Aktivitäten nicht mitzuwirken. Doch ist es dem Bund verwehrt, im Bereich solchen informalen Verwaltungshandelns gleichsam eine „Schattenverwaltung" neben der Verwaltung der Länder zu etablieren (BVerfGE 104, 265 ff.).

7   Ob diese Kompetenzlage notwendig zu der Annahme zwingt, dass die **Länder im Konflikt mit dem Bund** zwar die verfassungswidrige Inanspruchnahme des Weisungsrechts durch diesen rügen, vorbehaltlich des Überschreitens äußerster Grenzen jedoch nicht geltend machen können, die Weisungsbefugnis werde vom Bund inhaltlich rechtswidrig ausgeübt (so BVerfGE 81, 332 ff.; 84, 31; 102, 172; BVerwG, LKV 2012, 25), erscheint zweifelhaft (zur Kritik s. z.B. Lange, Das Weisungsrecht des Bundes in der atomrechtl. Auftragsverwaltung, 1990, insbes. S. 139 ff.; vgl. auch – Überprüfung der inhaltlichen Rechtmäßigkeit von Weisungen im Bund/Länder-Streit vor dem BVerfG – BVerwG, NVwZ 1998, 500 f.). Jedenfalls kann aus dieser – allein die Abwehrposition der Länder betr. – Rspr. nicht gefolgert werden, dass der Bund *befugt* ist, **inhaltlich rechtswidrige Weisungen** zu erteilen. Das Gegenteil ergibt sich unmittelbar daraus, dass dieser nach Abs. 4 Satz 1 die Rechtmäßigkeit der Bundesauftragsverwaltung zu gewährleisten hat, im Übrigen aus der Bindung an Gesetz und Recht gemäß Art. 20 III. Zur

Haftung für rechtswidrige Weisungen im Bund/Länder-Verhältnis wie im Verhältnis zu Dritten s. Janz, JURA 2004, 231 ff.

Inhaltlich können sich die Weisungen des Bundes auf alle Aufgaben beziehen, die **8** von den Ländern im Auftrag des Bundes wahrzunehmen sind; erfasst wird die gesamte Verwaltungstätigkeit des betr. Landes (BVerfGE 102, 172). **Gegenstand einer Weisung** kann also sowohl eine nach außen hin zu treffende verfahrensabschließende Entscheidung wie auch das ihrer Vorbereitung dienende Verwaltungshandeln einschl. Sachverhaltsermittlung und -beurteilung sein. Auch die Festlegung auf eine bestimmte Gesetzesauslegung ist möglich (BVerfGE 81, 335; 84, 31). Dabei ist der Bund nicht auf die Abgabe von Einzelweisungen beschränkt (zu diesen s. Art. 84 Rn. 23). Neben ihnen kommen vielmehr, wie sich insbes. aus dem von Art. 84 V abw. Wortlaut und aus der Entstehungsgeschichte des Art. 85 III ergibt, **auch allgemeine Weisungen** in Betracht (bestr.; anders die h.M.; wie hier aber im Ergebnis z.B. BGHZ 16, 97; vgl. auch BVerwGE 72, 320 f., sowie – zur Auffassung der BReg – BT-Dr 14/6716 S. 3). Sie unterscheiden sich von allg. Verwaltungsvorschriften vor allem dadurch, dass sie einen konkret-generellen Sachverhalt betreffen und insoweit – im Bereich der gesetzesausführenden Bundesauftragsverwaltung – nur einzelne für den Gesetzesvollzug wesentliche Fragen, nicht also abstrakt die Ausführung des Gesetzes als Ganzes oder die Durchführung in sich geschlossener Gesetzesmaterien zum Gegenstand haben. Bei Überschneidungen hat die einschlägige Verwaltungsvorschrift Vorrang, weil sie gemäß Art. 85 II 1 nur mit Zustimmung des BRats ergehen konnte und von daher angenommen werden kann, dass sie die Länderinteressen hinreichend berücksichtigt.

Aus der Steuerungs- und Verlagerungsfunktion der Weisung (vgl. oben Rn. 6) **9** folgt das **Gebot der Weisungsklarheit**. Die Weisung hat die jeweiligen Verantwortungsbereiche klar voneinander abzugrenzen. Die angewiesene Behörde muss erkennen können, dass ihr gegenüber eine Weisung erteilt worden ist und welche Vorgaben für welches Verwaltungshandeln die Weisung enthält. Dies schließt die Verwendung von Begriffen, deren Konkretisierung ein Werturteil erfordert, nicht aus (BVerfGE 81, 336 f.).

Bei Ausübung seiner Weisungskompetenz wie im Vorfeld der dafür notwendigen **10** Informationsbeschaffung unterliegt der Bund der **Pflicht zu länderfreundlichem Verhalten** (BVerfGE 81, 337; 104, 269 f.). Er muss dem Land vor dem Erlass einer Weisung grundsätzlich Gelegenheit zur Stellungnahme geben, den Standpunkt des Landes in Erwägung ziehen und diesem auch zu erkennen geben, dass der Erlass einer Weisung erwogen wird. Eine Ausnahme hiervon kommt nur bei Eilbedürftigkeit in Betracht (vgl. BVerfGE 81, 337 f.). Ergebnis dieser Kontakte kann sein, dass sich die beabsichtigte Weisung am Ende erübrigt (s. BVerfGE 104, 270).

**Oberste Bundesbehörden** i.S. des Satzes 1 sind alle Bundesbehörden, die keiner **11** anderen Bundesbehörde nachgeordnet sind. Auch wenn dieser Begriff über den Kreis der BMinisterien hinausgeht (vgl. Art. 36 Rn. 3), steht die in Abs. 3 geregelte Weisungsbefugnis in aller Regel nur den BMinisterien zu.

Die *Sätze 2 und 3* regeln, wem gegenüber die Weisungen zu erlassen sind und **12** wer für deren Vollzug die Verantwortung trägt. **Weisungsadressaten** sind danach, außer bei Dringlichkeit, die obersten Landesbehörden, d.h. die zuständigen Ministerien der Länder, als diejenigen Institutionen, die in der bundesstaatl. Ordnung üblicherweise die Nahtstelle zwischen dem Bund und den Ländern bilden (vgl. BVerfGE 127, 199). Ob Dringlichkeit vorliegt, braucht nicht notwendig von der **Bundesregierung** als Kollegium entschieden zu werden (a.A. die h.M.; s. z.B. Lerche in Maunz/Dürig, Art. 85 Rn. 63). Wenn Art. 84 V unter BReg auch den einzelnen BMinister versteht (vgl. Art. 84 Rn. 23), kann für Art. 85 III nichts anderes gelten. Jedenfalls durch mit Zustimmung des BRats ergehendes Gesetz kann die Kompetenz zur Entscheidung über die Dringlichkeit einer Weisung auf den zuständigen BMinister übertragen werden. Die mittleren und unteren Landesbehörden sind für den **Vollzug der Weisungen** nur den obersten Landesbehörden verantwortlich. Zwangsmittel, Dienststrafverfahren usw., die zur Durchsetzung der Weisungen notwendig werden, sind – vorbehaltlich des Art. 37 (dazu nachstehend Rn. 14) – Sache der Länder. Zu Haftungsfragen s. den Hinweis in Rn. 7.

13    Art. 85 III gibt wie Art. 84 V (vgl. hierzu Art. 84 Rn. 23) auch die Möglichkeit, die obersten Landesbehörden durch Bundesgesetz zu verpflichten, vor dem Erlass einer bestimmten Verwaltungsmaßnahme die **Zustimmung der zuständigen obersten Bundesbehörde** einzuholen oder das Einvernehmen mit ihr herzustellen. Ob solche Regelungen an die Zustimmung des BRats gebunden sind, könnte zweifelhaft sein. Gegen eine Zustimmungsbedürftigkeit spricht vor allem, dass die Weisungsbefugnis des Bundes, die auch die genannten Mitentscheidungsrechte als minder starke Form einer Bundesingerenz legitimiert, hier anders als im Fall des Art. 84 V nicht der Verleihung durch ein Zustimmungsgesetz bedarf.

**Absatz 4: Bundesaufsicht**

14    Abs. 4 regelt die Aufsicht des Bundes über die Länder im Bereich der Bundesauftragsverwaltung, soweit sie von diesen eigenverantwortlich ausgeübt wird, und bezieht die – die Verwaltungstätigkeit der Länder beobachtende – Aufsicht, soweit es um den Gesetzesvollzug geht, nicht nur wie Art. 84 III 1 auf seine **Rechtmäßigkeit**. Gegenstand der Kontrolle sind vielmehr im Hinblick auf die dem Bund zugängliche Sachkompetenz (s. dazu oben Rn. 6) **auch Zweckmäßigkeitsfragen**. Die Aufsicht ist also nicht nur Rechts-, sondern auch Fachaufsicht. Die **Aufsichtsmittel** des Bundes gehen ebenfalls weiter als im Fall des Art. 84. Das Recht, *Bericht und Vorlage der Akten* zu verlangen, wird durch die Möglichkeit, auf die Sachverhaltsermittlung und -beurteilung im Wege der Weisung Einfluss zu nehmen (vgl. oben Rn. 8), komplettiert und effektuiert. Zur *Entsendung von Beauftragten* zu nachgeordneten Landesbehörden ist anders als nach Art. 84 III 2 weder das Einverständnis der zuständigen obersten Landesbehörde noch die Zustimmung des BRats erforderlich. Träger der Aufsichtsrechte nach Abs. 4 ist die **Bundesregierung**, worunter hier, zumal wegen des Zusammenhangs der Regelung mit der Weisungsbefugnis nach Abs. 3, auch der einzelne BMinister zu verstehen ist (str.; in BVerfGE 26, 396, offengelassen). Beide handeln bei der Wahrnehmung der Aufsicht nicht als Verfassungsorgane oder als Teile eines solchen, sondern als Verwaltungsbehörden (BVerfGE 84, 298), unterliegen dabei aber der parl. Kontrolle durch den BTag, z.B. im Wege einer von ihm beschlossenen Untersuchung nach Art. 44. Über Meinungsverschiedenheiten bei der Ausübung der Bundesaufsicht entscheidet nach Art. 93 I Nr. 3 das BVerfG (zum Fehlen eines Eintrittsrechts des Bundes s. oben Rn. 6). Die BReg kann daneben zur Durchsetzung ihrer Weisungen nach Art. 37 vorgehen (allg. M.; vgl. Bull, AK, Art. 85 Rn. 28). Einen Anspruch Dritter auf aufsichtliches Einschreiten der BReg begründet Abs. 4 nicht.

15    Nach Auffassung des BGH erwächst den zuständigen Bundesorganen aus den Aufsichtsbefugnissen des Bundes unter besonderen Umständen aber eine dem

Bürger gegenüber zu erfüllende Amtspflicht zum Tätigwerden (NJW 1956, 1028; vgl. ferner BGHZ 16, 98; ablehnend wohl BVerwG, DVBl 1970, 579 f.).

## Artikel 86 [Bundeseigene Verwaltung]

**Führt der Bund die Gesetze durch bundeseigene Verwaltung oder durch bundesunmittelbare Körperschaften oder Anstalten des öffentlichen Rechtes aus, so erläßt die Bundesregierung, soweit nicht das Gesetz Besonderes vorschreibt, die allgemeinen Verwaltungsvorschriften. Sie regelt, soweit das Gesetz nichts anderes bestimmt, die Einrichtung der Behörden.**

Art. 86 regelt einen Teil der Befugnisse der BReg, die formell-bindend den **ein-**  1
**heitlichen Vollzug des Bundesrechts** in den Fällen sichern sollen, in denen, abw.
von dem Grundsatz des Art. 83, nach dem GG die **Ausführungszuständigkeit des**
**Bundes** gegeben ist, die Länder vom Gesetzesvollzug also grundsätzlich ausgeschlossen sind (BVerfGE 63, 40; BSGE 59, 125). Die Vorschrift erstreckt sich darüber hinaus auch auf die nicht gesetzesakzessorische, an gesetzl. Vorgaben nicht gebundene Verwaltung des Bundes (vgl. auch BVerfGE 22, 216 f.; 39, 108 f., ferner vor Art. 83 Rn. 5; a.A. für Art. 86 Burgi in v. Mangoldt/Klein/Starck, Art. 86 Rn. 39 f.). In beiden Hinsichten setzt Art. 86 eine anderweitig begründete Verwaltungskompetenz des Bundes voraus, sei es, dass diese bereits im GG zwingend vorgeschrieben (Art. 87 I 1 u. II, Art. 87 a I 1, Art. 87 b I 1, Art. 87 d I, Art. 87 e I 1, Art. 87 f II 2 u. III, Art. 88, 89 II 1, Art. 108 I, Art. 114 II, Art. 130 I 1, Art. 143 a II), sei es, dass sie dort fakultativ zugelassen (Art. 87 I 2 u. III, Art. 87 b I 3 u. II 1, Art. 87 e II, Art. 89 II 2, Art. 90 III, Art. 108 IV 1, Art. 120 a I 1) und von der Ermächtigung zur Einrichtung von Bundeseigenverwaltung in der erforderlichen Weise Gebrauch gemacht worden ist. Für die Kompetenzbereiche außerhalb des VIII. Abschnitts gelten teilweise Besonderheiten. Wie im Fall des Art. 85 (vgl. dort Rn. 1) setzt eine Ausweitung des Verwaltungstyps auf andere Aufgabenfelder eine Änderung des GG voraus.

**„Bundeseigene Verwaltung"** ist die Verwaltung durch eigene, rechtl. unselbstän-  2
dige, also unmittelbar der Bundesrepublik Deutschland zugeordnete, zentrale oder nachgeordnete Behörden des Bundes *(unmittelbare Bundesverwaltung)*. Im weiteren Sinne rechnet dazu aber auch die Verwaltung durch rechtl. selbständige, vom Bund als Rechtsperson getrennte Einrichtungen (vgl. BVerfGE 63, 36; BFHE 69, 621 f.; BSGE 59, 125) wie die Verwaltung durch bundesunmittelbare, d.h. (nur) unter Bundesaufsicht stehende (BVerfGE 11, 108), Körperschaften oder Anstalten des öffentl. Rechts *(mittelbare Bundesverwaltung)*. Die Aufzählung ist nicht vollständig. Art. 86 gilt auch für die mittelbare Bundesverwaltung durch Stiftungen des öffentl. Rechts oder durch beliehene Unternehmer als weiteren juristischen Personen (BVerwG, VerwRspr 28, 219; gegen die Einbeziehung beliehener Unternehmer in den Anwendungsbereich des Art. 86 Burgi in v. Mangoldt/Klein/Starck, Art. 86 Rn. 55 f.); in letzterer Hinsicht s. das G zur Übertragung von Verwaltungsaufgaben auf dem Gebiet der Raumfahrt i.d.F. vom 22.8.1998 (BGBl I S. 2510). Die Zuordnung einer Verwaltungsmaterie zur „bundeseigenen Verwaltung" schließt die Aufgabenerledigung in den Formen mittelbarer Bundesverwaltung nicht schlechthin aus (vgl. Art. 87 Rn. 3, Art. 87 b Rn. 3, Art. 87 d Rn. 3; str.; a.A. z.B. Hermes in Dreier, Art. 86 Rn. 23, 25). Das Gleiche gilt für die Privatisierung einzelner Bundesverwaltungen (s. zur Privatisierung der Flugsicherung Art. 87 d Rn. 3 ff., der Bundeswasserstraßenverwal-

tung Art. 89 Rn. 7 u. der Bundesfernstraßenverwaltung Art. 90 Rn. 7). Dagegen kommt unmittelbare Verwaltung durch Bundesbehörden nicht in Betracht, soweit das GG mittelbare Verwaltung vorschreibt (so zu Art. 87 II 1 BVerfGE 63, 36).

3 Bundeseigene Verwaltung verlangt in der unmittelbaren wie in der mittelbaren Variante hinsichtlich der Erfüllung der jeweils zugewiesenen Aufgaben ein **Mindestmaß an Direktionsmacht des Bundes.** Durch den dazu erforderlichen Einfluss des Bundes auf die Verwaltungstätigkeit ist sicherzustellen, dass die Rechtmäßigkeit der Aufgabenerledigung gewahrt wird und die Aufgabenerledigung in der Sache gesteuert werden kann. Dem dienen die Fach- und die Rechtsaufsicht durch die jeweilige Verwaltungsspitze des Bundes mit den damit verbundenen Weisungsrechten (zur Einzelweisungsbefugnis des Ministers s. nachstehend Rn. 5) und der parl. Verantwortlichkeit des zuständigen BMinisters. Der Aufgabenprivatisierung im Bereich der Bundeseigenverwaltung sind damit ebenso wie der Schaffung sog. ministerialfreier Räume verfassungsrechtl. Grenzen gesetzt (vgl. zu Letzterem vor Art. 62 Rn. 3 mit Hinweis auf BVerfGE 9, 282). Zu dem in Art. 87 d I 1 jetzt erstmals ohne weitere Etikettierung verwendeten Begriff der „Bundesverwaltung" s. dort Rn. 3.

4 Unter **Bundesregierung** versteht Art. 86 sowohl das Kollegialorgan i.S. des Art. 62 als auch, sofern das Gesetz (s. Rn. 6) dies bestimmt, den zuständigen einzelnen BMinister (str.; wie hier BVerwGE 36, 333 f.; BVerwG, NJW 1979, 280; NVwZ 1985, 498; offengelassen in BVerfGE 26, 396).

5 Von den **Befugnissen,** die **der Bundesregierung** für den Bereich der Bundesverwaltung zustehen, ist in Art. 86 ausdrücklich nur erwähnt das Recht, allg. Verwaltungsvorschriften zu erlassen (dazu allg. BVerfGE 26, 395 ff., sowie Art. 84 Rn. 15 u. 18, zur Unzulässigkeit parl. Zustimmungs- u. Einvernehmensvorbehalte auch Art. 84 Rn. 17), und die Befugnis zur Einrichtung der (Bundes-)Behörden (zum Begriff Behördeneinrichtung s. Art. 84 Rn. 3), Letzteres mit der Folge, dass der Bund diese Behörden zur Sicherung ihrer Arbeits- und Funktionsfähigkeit hinreichend mit finanziellen Mitteln ausstatten muss (BVerwG, DVBl 2012, 355). Weder beim Erlass allg. Verwaltungsvorschriften noch bei der Regelung der Behördeneinrichtung ist die BReg an die Zustimmung des BRats gebunden, sofern nicht im Einzelfall nach Satz 1 oder Satz 2 durch Bundesgesetz Abweichendes bestimmt ist (zur Kompetenz des Bundesgesetzgebers hierfür vgl. BVerwGE 114, 238). Obwohl in Art. 86 dazu nicht besonders ermächtigt, kann die BReg auch das Verwaltungsverfahren der Bundesbehörden regeln, soweit bundesgesetzl. Regelungen dem nicht entgegenstehen (zum Begriff Verwaltungsverfahren s. Art. 84 Rn. 4). Dazu kommt das im Hinblick auf Art. 65 Satz 2 selbstverständliche Recht jedes BMinisters, im Rahmen der Gesetze und vorrangiger Verwaltungsvorschriften gegenüber den Behörden und Bediensteten seines Geschäftsbereichs Einzelweisungen (zum Begriff s. Art. 84 Rn. 23) und allg. Weisungen (dazu Art. 85 Rn. 8) zu erteilen (vgl. auch BVerwGE 46, 57; BVerwG, NVwZ 1985, 498). Bei der Wahrnehmung der Aufsicht über die Tätigkeit dieser Behörden handelt der Minister wie bei der Ausübung ihm selbst zugewiesener Verwaltungszuständigkeiten nicht als Verfassungsorgan oder als Teil eines solchen, sondern als Verwaltungsbehörde (s. BVerfGE 84, 298).

6 Ein **Tätigwerden des Gesetzgebers** zur Regelung von Behördeneinrichtung und Verfahren im Rahmen der Bundesverwaltung ist nur dort erforderlich, wo es das GG ausdrücklich vorschreibt (vgl. Art. 108 I 2) oder der Vorbehalt des Gesetzes (dazu s. vor Art. 70 Rn. 7) dazu zwingt (vgl. auch NWVerfGH, NJW 1999, 1245; OVG Koblenz, AS 10, 355). Dass der Bundesgesetzgeber zu solchen Rege-

lungen *befugt* ist, unterliegt keinem Zweifel (so in Bezug auf das Verwaltungsverfahren BVerfGE 26, 369; s. auch BVerfGE 31, 117). Auch die Vorbehalte zugunsten einer gesetzl. Regelung in Satz 1 und Satz 2 gehen davon aus. Aus der
Tatsache, dass Organisation und Verfahren von Bundesverwaltungsbehörden immer wieder durch Gesetze oder RVO geordnet worden sind, lässt sich jedoch
nicht ableiten, dass ein Tätigwerden des Gesetzgebers verfassungsrechtl. ausnahmslos geboten ist (BVerfGE 8, 167; 40, 250; BVerwG, DÖV 1972, 130;
BGH, NJW 1983, 521; BayVerfGH 40, 11). Vgl. allg. auch vor Art. 83 Rn. 6 zur
Gestaltungsfreiheit der zuständigen Bundesorgane im Bereich der Verwaltungsorganisation.

## Artikel 87 [Gegenstände der Bundesverwaltung]

(1) In bundeseigener Verwaltung mit eigenem Verwaltungsunterbau werden geführt der Auswärtige Dienst, die Bundesfinanzverwaltung und nach Maßgabe
des Artikels 89 die Verwaltung der Bundeswasserstraßen und der Schiffahrt.
Durch Bundesgesetz können Bundesgrenzschutzbehörden, Zentralstellen für das
polizeiliche Auskunfts- und Nachrichtenwesen, für die Kriminalpolizei und zur
Sammlung von Unterlagen für Zwecke des Verfassungsschutzes und des Schutzes
gegen Bestrebungen im Bundesgebiet, die durch Anwendung von Gewalt oder
darauf gerichtete Vorbereitungshandlungen auswärtige Belange der Bundesrepublik Deutschland gefährden, eingerichtet werden.

(2) Als bundesunmittelbare Körperschaften des öffentlichen Rechtes werden diejenigen sozialen Versicherungsträger geführt, deren Zuständigkeitsbereich sich
über das Gebiet eines Landes hinaus erstreckt. Soziale Versicherungsträger, deren
Zuständigkeitsbereich sich über das Gebiet eines Landes, aber nicht über mehr
als drei Länder hinaus erstreckt, werden abweichend von Satz 1 als landesunmittelbare Körperschaften des öffentlichen Rechtes geführt, wenn das aufsichtsführende Land durch die beteiligten Länder bestimmt ist.

(3) Außerdem können für Angelegenheiten, für die dem Bunde die Gesetzgebung
zusteht, selbständige Bundesoberbehörden und neue bundesunmittelbare Körperschaften und Anstalten des öffentlichen Rechtes durch Bundesgesetz errichtet
werden. Erwachsen dem Bunde auf Gebieten, für die ihm die Gesetzgebung zusteht, neue Aufgaben, so können bei dringendem Bedarf bundeseigene Mittel-
und Unterbehörden mit Zustimmung des Bundesrates und der Mehrheit der Mitglieder des Bundestages errichtet werden.

**Allgemeines:** Art. 87 regelt in Abs. 1 Satz 1 und Abs. 2 Satz 1 Fälle der obligatori-   1
schen, in Abs. 1 Satz 2 und Abs. 3 Fälle der fakultativen Bundesverwaltung
(BGHZ 141, 56; zu Abs. 1 Satz 2 auch BVerwGE 111, 194, zu Abs. 3 Satz 1
BVerfGE 104, 247). Daneben behandelt Abs. 2 Satz 1 einen Fall der mittelbaren
Landesverwaltung.

### Absatz 1: Bereiche bundeseigener Verwaltung

*Satz 1:* Abs. 1 nennt Verwaltungsbereiche, die in Abgrenzung zur Zuständigkeit   2
der Länder bundeseigener Verwaltung offenstehen (BVerwG, VerwRspr 28,
220). Seit der Neuordnung der verfassungsrechtl. Grundlagen der Eisenbahnen
des Bundes insbes. in Art. 87 e und für das Postwesen und die Telekommunikation vornehmlich in Art. 87 f (s. dazu jeweils die Erläut. dort) ist ausschließlich in
Satz 1 nur noch die Verwaltungskompetenz für den **Auswärtigen Dienst** geregelt.

Sie erstreckt sich auf alle Aufgaben, die wie etwa die Auswärtige Kultur- und Bildungspolitik (zu ihr vgl. den Bericht BT-Dr 17/970) im Bereich der auswärtigen Angelegenheiten verwaltungsmäßig zu erledigen sind. Wie bei der Gesetzgebung (s. Art. 73 Rn. 3, auch BT-Dr 17/11981) gehört dazu auch die Entwicklungshilfe, und zwar auch insoweit, als sie vom Bundesgebiet aus betrieben wird. Satz 1 fordert nämlich weder eine ressortmäßige Zuordnung zum Auswärtigen Amt noch einen Behördensitz im Ausland (vgl. auch BVerfGE 100, 368 f.). Der Begriff des Auswärtigen Dienstes, von dem das G über den Auswärtigen Dienst vom 30.8.1990 (BGBl I S. 1842) ausgeht (Auswärtiges Amt als Zentrale mit den in § 3 I des Gesetzes genannten Auslandsvertretungen), ist also enger als der verfassungsrechtl. Kompetenzbegriff. Zur **Bundesfinanzverwaltung** vgl. Erläut. zu Art. 108, zur **Verwaltung der Bundeswasserstraßen und der Schifffahrt** Erläut. zu Art. 89.

3 Satz 1 gestattet für die in Rn. 2 bezeichneten Verwaltungszweige – auch soweit sie, nicht an gesetzl. Vorgaben gebunden, gesetzesfrei tätig werden (vgl. schon vor Art. 83 Rn. 5) – **bundeseigene Verwaltung mit eigenem Verwaltungsunterbau** und ermöglicht damit insoweit einen *mehrstufigen Verwaltungsaufbau*. Dass die Regelung neben der „bundeseigenen Verwaltung" nicht wie Art. 86 Satz 1 auch die Verwaltung „durch bundesunmittelbare Körperschaften oder Anstalten des öffentl. Rechts" erwähnt, bedeutet nicht, dass die hier angesprochenen Verwaltungsbereiche nur in unmittelbarer Bundesverwaltung wahrgenommen werden dürfen (anders Ibler in Maunz/Dürig, Art. 87 Rn. 49 ff., u. die wohl h.M.). *Auch Formen mittelbarer Bundesverwaltung* sind zulässig, wenn sie auf Teilgebiete des jeweiligen Verwaltungszweigs beschränkt bleiben (so im Zusammenhang mit der damaligen Neufassung des Art. 87 d I ausdrücklich auch BT-Dr 12/1800 S. 3, 4 u. 12/2450 S. 4) und der Bund sich – z.B. durch Maßnahmen der Fachaufsicht – ausreichenden Einfluss sichert (s. zur Aufgabenerledigung durch beliehene Unternehmer BVerwG, VerwRspr 28, 220 f.). Dies hat praktische Bedeutung u.a. für die in der Auswärtigen Kultur- und Bildungspolitik tätigen Mittlerorganisationen, die überwiegend als rechtl. selbständige Einrichtungen des privaten Rechts geführt werden (vgl. BT-Dr 17/970 S. 38 ff.) und als solche der mittelbaren Verwaltung angehören (zu den Mittlerorganisationen des Auswärtigen Dienstes s. Burgi in v. Mangoldt/Klein/Starck, Art. 87 Rn. 23 f.).

4 Der Bund ist zur Wahrnehmung der in Satz 1 genannten Aufgaben **nicht nur berechtigt, sondern grundsätzlich auch verpflichtet**. Den Ländern ist eine Verwaltungstätigkeit in eigener Zuständigkeit und Verantwortung hier nur gestattet, soweit sie das GG (wie in Art. 89 II 3 u. 4) ausdrücklich zulässt (vgl. auch BFHE 94, 274). Zur Aufgabenerledigung im Wege der Organleihe s. vor Art. 83 Rn. 9.

5 *Satz 2* ermächtigt zunächst zur **Einrichtung von Bundesgrenzschutzbehörden** durch einfaches, nicht an die Zustimmung des BRats gebundenes Bundesgesetz. Die Regelung begründet für diese Materie die ausschließliche Gesetzgebungszuständigkeit des Bundes und schafft mit ihr zugleicht die Grundlage für seine – fakultative – Verwaltungskompetenz für den *Grenzschutz*. Diese umfasst einerseits die polizeiliche Überwachung der Bundesaußengrenzen und das anschließenden Hinterlandes einschl. der Abwehr von Gefahren für diese Grenzen und andererseits die Kontrolle des grenzüberschreitenden Verkehrs, auch soweit dieser auf Flughäfen und den Grenzbahnhöfen stattfindet (s. BVerfGE 97, 214), nicht dagegen die Unterbringung von auf dem Luftweg einreisenden Asylbewerbern auf dem Flughafengelände (BGHZ 141, 55 f.). Weitere polizeiliche Aufgaben für den – einfachrechtl. seit dem Inkrafttreten des G vom 21.6.2005 (BGBl I S. 1818) Bundespolizei genannten – BGS sieht das GG in Art. 35 II, III, Art. 91 I, II 1 und

Art. 115 f I Nr. 1 vor (vgl. die Erläut. dort). Soweit diese verfassungsrechtl. Aufgaben tragen, hat sich der BGS von einer reinen Grenzpolizei zu einer *multifunktional einsetzbaren Polizei des Bundes* gewandelt (BVerfGE 97, 215; vgl. aber nachstehend Rn. 6). Zusätzliche Aufgaben dürfen dem BGS (der Bundespolizei) nur zugewiesen werden, wenn es sich dabei um Aufgaben handelt, die – auf der Grundlage einer schon bestehenden Verwaltungskompetenz des Bundes – nicht einem *bestimmten* Verwaltungsträger vorbehalten sind. Außerdem darf die Bundespolizei durch die Zuweisung das Gepräge einer Sonderpolizei zur Sicherung der Bundesgrenzen und zur Abwehr bestimmter, das Gebiet oder die Kräfte eines Landes überschreitender Gefahrenlagen nicht verlieren (BVerfGE 97, 217 f.). Diese Voraussetzungen sind bei der Übertragung der Aufgaben der Bahnpolizei (§ 3 BPolG) und des Schutzes der Flughäfen vor Angriffen auf die Sicherheit des Luftverkehrs (§ 4 BPolG) eingehalten worden. Für diese Aufgaben besitzt der Bund seit jeher Verwaltungskompetenzen, die sich heute aus Art. 87 e I 1 und Art. 87 d I ergeben und die Aufgabenwahrnehmung durch einen bestimmten Verwaltungsträger nicht verlangen (im Einzelnen s. BVerfGE 97, 218 ff., 225 ff.; krit. dazu Hermes in Dreier, Art. 87 Rn. 42). Die Verwendung des BGS (der Bundespolizei) im Ausland (vgl. hierzu § 8 BPolG u. BT-Dr 15/5923) unterliegt – anders als der militärische Einsatz der Streitkräfte (s. dazu Art. 87 a Rn. 8-10) – verfassungsrechtl. keinen besonderen Bindungen (vgl. auch BT-Dr 17/586 S. 3 f.; zur Verwendung der Bundespolizei an den Außengrenzen der EU s. Mrozek, DÖV 2010, 886 ff., 891 f.). Die Bundesverwaltungskompetenz für den Bundesgrenzschutz wird in **unmittelbarer Bundesverwaltung** (vgl. Art. 86 Rn. 2) mit vor- und nachgeordneten Behörden wahrgenommen. *Bundesgrenzschutz(Bundespolizei)behörden* sind in diesem Rahmen seit der Reform vom 26.2.2008 (BGBl I S. 215) das Bundespolizeipräsidium als Oberbehörde, die Bundespolizeidirektionen als Unterbehörden und die Bundespolizeiakademie (§ 57 II BPolG); dass danach der Oberbehörde Unterbehörden unterstehen, ist unbedenklich, weil die Kompetenz dafür in Satz 2 und nicht in der Ermächtigung des Abs. 3 Satz 1 mit den ihr zufolge für Bundesoberbehörden geltenden Begrenzungen (s. unten Rn. 13) gründet.

Die einfachrechtl. **Änderung der Bezeichnung „Bundesgrenzschutz"** in „Bundespolizei" (vgl. vorstehend Rn. 5) ist **nicht unproblematisch**, weil sie die Gefahr in sich birgt, dass die räumlich-gegenständlichen Begrenzungen, die mit dem Begriff des BGS verbunden sind (auch dazu oben Rn. 5), im Laufe der Zeit in Vergessenheit geraten, die Zuständigkeiten des BGS ausgeweitet werden und aus diesem eine bundesweit agierende Bundespolizei wird. Das ließe sich verfassungsrechtl. nicht rechtfertigen, weil der einfache Gesetzgeber nicht über Beschränkungen verfügen kann, die sich aus Begriffen der Verfassung ergeben. 6

Für die weiteren in Satz 2 genannten Aufgaben, für deren Übernahme in – wiederum fakultative – Bundesverwaltung es ebenfalls eines – nicht von der BRatszustimmung abhängigen (vgl. auch Art. 73 Rn. 15) – Bundesgesetzes bedarf, folgt aus der Beschränkung des Bundes auf die **Errichtung von Zentralstellen**, dass Mittel- und Unterbehörden ausgeschlossen sind. Zentralstellen sind der Ministerialstufe angenäherte Behörden der **unmittelbaren Bundesverwaltung**, die keinen eigenen Verwaltungsunterbau haben und in bestimmten Verwaltungsbereichen – der Mischverwaltung (s. vor Art. 83 Rn. 8) zumindest ähnlich – mit der Koordinierung des Handelns von Bund und Ländern betraut sind (vgl. auch BVerfGE 110, 51). Mit dem *Bundeskriminalamt* (s. dazu BundeskriminalamtG v. 7.7.1997, BGBl I S. 1650) und dem – von polizeilichen Dienststellen getrennt zu führenden (vgl. auch BVerfGE 97, 217) – *Bundesamt für Verfassungsschutz* 7

(s. dazu BundesverfassungsschutzG v. 20.12.1990, BGBl I S. 2954, 2970) sind zwei derartige – für das gesamte Bundesgebiet zuständige – Zentralstellen geschaffen worden. Sie sind Instrumente zur Erfüllung des grundgesetzl. Auftrags, Beeinträchtigungen der Grundlagen einer freiheitlichen demokratischen Ordnung mit den Mitteln des Rechtsstaats abzuwehren (vgl. BVerfGE 111, 158; zum Verfassungsschutz s. auch BVerfGE 120, 319 f.; BVerwGE 110, 132 f.; 137, 282, 305). Konkret besteht ihre Aufgabe darin, auf den ihnen anvertrauten Gebieten der inneren Sicherheit (§§ 2 ff. BKAG, insbes. § 3 BVerfSchG) die – über die Gewährung von Amtshilfe (Art. 35 I) hinausgehende – Zusammenarbeit zwischen Bund und Ländern zu koordinieren (zur Zusammenarbeit auf dem Gebiet des Verfassungsschutzes vgl. BVerwGE 69, 53 ff.) und auch mit den entsprechenden Stellen des Auslands zu kooperieren. Daneben besitzen sie nach Maßgabe der sie betr. Bundesgesetze eigene – vom Begriff der Zentralstelle mitumfasste (Risse/Kathmann, DÖV 2012, 557) – Vollzugskompetenzen mit Außenbezug, soweit es sich um Aufgaben mit zentraler Ausrichtung handelt. So obliegen dem Bundeskriminalamt bestimmte polizeiliche Aufgaben auf dem Gebiet der Strafverfolgung (§ 4 BKAG) und seit dem Inkrafttreten des G vom 25.12.2008 (BGBl I S. 3083) auch die Aufgabe der Abwehr von Gefahren des internationalen Terrorismus (§ 4 a BKAG). Die verfassungsrechtl. Grundlagen für entsprechende Zuständigkeits- und Befugnisregelungen bieten nicht nur Satz 2, sondern auch, im Zusammenspiel mit diesem, Art. 73 I Nr. 10 (zum daraus abgeleiteten verfassungsrechtl. Rang der Tätigkeit des Bundesamtes für Verfassungsschutz s. BVerwGE 137, 305) sowie seit der Föderalismusreform I (zur ihr s. Einführung Rn. 6) hinsichtlich des Bundeskriminalamts Art. 73 I Nr. 9 a (vgl. auch Art. 73 Rn. 14). Sind sowohl die Voraussetzungen des Satzes 2 als auch die des Art. 87 III 1 (s. dazu Rn. 12 ff.) erfüllt, kann statt einer Zentralstelle auch eine selbständige Bundesoberhörde geschaffen werden (BVerfGE 110, 50 ff.).

**8**  Nicht unter Art. 87 I 2 fallen der für die Sammlung von Informationen im Bereich der Außen- und Sicherheitspolitik zuständige **Bundesnachrichtendienst** (BND; vgl. § 1 BNDG) und der für den Geschäftsbereich des BMVg errichtete, der Sicherung der Einsatzbereitschaft der Bundeswehr dienende **Militärische Abschirmdienst** (MAD; s. MAD-G v. 20.12.1990, BGBl I S. 2954, 2977, i.V.m. BT-Dr 11/4306 S. 66 zu § 1). Für sie ergibt sich die Verwaltungskompetenz des Bundes aus Art. 87 III 1 i.V.m. Art. 73 I Nr. 1 bzw. aus Art. 87 a I 1. Sie erstreckt sich jedoch nicht auf die Verhütung, Verhinderung oder Verfolgung strafbarer Handlungen (so – für den BND – BVerfGE 100, 370). Zur Befugnis des BND, zur Früherkennung bestimmter aus dem Ausland drohender schwerer Gefahren für die Bundesrepublik Deutschland und zur Unterrichtung der BReg den Fernmeldeverkehr zu überwachen, aufzuzeichnen und auszuwerten sowie dabei erlangte personenbezogene Daten anderer Behörden zu übermitteln, s. BVerfGE 100, 366 ff. Die parl. Kontrolle der Nachrichtendienste obliegt dem Parl. Kontrollgremium gemäß Art. 45 d (vgl. die Erläut. dort).

### Absatz 2: Überregionale soziale Versicherungsträger

**9**  Abs. 2 regelt als **Kompetenz- und Organisationsnorm** (BVerfGE 21, 371; 63, 35) die Verwaltungszuständigkeiten für länderübergreifende soziale Versicherungsträger, und zwar auch insoweit, als diese nicht gesetzesakzessorisch tätig werden. Dabei ist zwischen obligatorischer mittelbarer Bundesverwaltung (s. zu diesem Begriff Art. 86 Rn. 2) gemäß Satz 1 (vgl. auch BVerfGE 63, 36) und fakultativer mittelbarer Landesverwaltung in den Fällen des Satzes 2 zu unterscheiden. Hier wie dort liegt der Vorschrift der Sozialversicherungsbegriff des Art. 74 I Nr. 12

(dazu Art. 74 Rn. 11) zugrunde (s. BVerfGE 63, 35; 114, 223; BSGE 81, 282). Eine verfassungsrechtl. Garantie der Sozialversicherung und des insoweit bestehenden Systems ist der Regelung nicht zu entnehmen (BVerfGE 39, 315; 113, 201). Auch ist die Organisation der Sozialversicherung im Rahmen der Maßgaben der Sätze 1 und 2 grundgesetzl. nicht vorgeschrieben (vgl. BVerfGE 89, 377; 113, 201). Rechte, die mit der Verfassungsbeschwerde geltend gemacht werden könnten, werden den Sozialversicherungsträgern durch Abs. 2 nicht vermittelt (BVerfG, NVwZ-RR 2001, 93).

*Satz 1* bestimmt, dass soziale Versicherungsträger, deren Zuständigkeitsbereich  **10** sich über das Gebiet eines Landes hinaus erstreckt, grundsätzlich in mittelbarer Bundesverwaltung als **bundesunmittelbare Körperschaften des öffentlichen Rechts** geführt werden. Die Aufsicht des Bundes über die Tätigkeit solcher Versicherungsträger ist danach die Regel (so BT-Dr 12/6000 S. 42; 12/8165 S. 28). Erfasst werden nicht nur beim Inkrafttreten des GG schon vorhandene, sondern auch neue Sozialversicherungsträger (BVerfGE 11, 123). Der Begriff der *Körperschaft des öffentlichen Rechts* umfasst nach h.M. alle juristischen Personen des öffentl. Rechts (s. auch Pieroth in Jarass/Pieroth, Art. 87 Rn. 10), insbes. auch Anstalten (vgl. BVerfGE 11, 113). Die Bundesagentur für Arbeit, entgegen § 367 I SGB III nicht Körperschaft, sondern Anstalt des öffentl. Rechts (s. allerdings BVerfGE 119, 369 f.), fällt deshalb, soweit sie sozialversicherungsrechtl. Aufgaben wahrnimmt, ebenfalls unter Art. 87 II 1 (vgl. auch für die frühere Bundesanstalt für Arbeitslosenvermittlung u. Arbeitslosenversicherung BayVerfGH, VerwRspr 20, 770 f.). Für die Frage der *Bundesunmittelbarkeit* kommt es allein auf den räumlichen Zuständigkeitsbereich (s. dazu BSGE 1, 32 f.) des einzelnen Versicherungsträgers an (BSGE 24, 173). Zulässig sind einstufiger wie mehrstufiger Aufbau. Sozialversicherungsträger i.s. des Satzes 1 können daher einen eigenen Verwaltungsunterbau haben, wie dies bei der Bundesagentur für Arbeit gemäß § 367 II SGB III der Fall ist.

*Satz 2* eröffnet den Ländern die Möglichkeit, die Aufgaben von sozialen Versi-  **11** cherungsträgern, die zwar für das Gebiet von mehr als einem Bundesland, aber für nicht mehr als drei Länder zuständig sind, abw. von Satz 1 **landesunmittelbaren Körperschaften des öffentlichen Rechts** zuzuordnen, die in mittelbarer Landesverwaltung tätig werden. Für die Begriffe der Körperschaft des öffentl. Rechts und der Landesunmittelbarkeit gilt sinngemäß das, was in Rn. 10 zu den entsprechenden Begriffen des Satzes 1 ausgeführt ist. Außer der genannten räumlichen Beschränkung ihres Zuständigkeitsbereichs setzt ein die Grenzen eines Landes überschreitendes Tätigwerden von Sozialversicherungsträgern des Landesrechts voraus, dass die beteiligten Länder für die betr. Körperschaft einvernehmlich das aufsichtsführende Land bestimmen. Vgl. dazu den Staatsvertrag über die Bestimmung aufsichtsführender Länder nach Art. 87 II 2 GG für die Bundesrepublik Deutschland von 1996 (GOVBl NW S. 566) und Sachs in Ders., Art. 87 Rn. 59 a.

### Absatz 3: Fakultative Kompetenzerweiterungen

Abs. 3 als Kompetenznorm (BVerfGE 14, 210 ff.; BVerfGK 14, 412) gibt dem  **12** **Bund** die Möglichkeit, dort, wo für den Vollzug des Bundesrechts nach Art. 83 an sich die Länder zuständig wären, **durch Gesetz oder auf Grund eines Gesetzes eigene Verwaltungszuständigkeiten zu begründen** (s. auch BVerfGE 14, 210 f.; 104, 247; 110, 49). Bis dahin bestehende Verwaltungskompetenzen der Länder werden dadurch beendet (BVerfGE 104, 247). Die Vorschrift bezieht sich außer auf die Behördenerrichtung selbst auch auf die Aufgabenübertragung auf schon bestehende, auf der Grundlage des Abs. 3 geschaffene Verwaltungseinrichtungen des Bundes (teilweise a.A. BayVGH n.F. 23, 138), ist aber nicht einschlägig, wenn dieser – wie in den Fällen des Art. 87 I 1 – eine obligatorische Verwaltungskompetenz besitzt (OVG Koblenz, AS 10, 355). Insoweit können deshalb auf der Grundlage des Art. 86 Satz 2 Bundesbehörden durch bloßen Organisationsakt errichtet oder mit neuen Aufgaben versehen werden, sofern nicht im Einzelfall aus anderen Gründen eine gesetzl. Regelung notwendig ist (vgl. Art. 86 Rn. 6). Dies gilt auch für Bundesoberbehörden, weil Art. 86 Satz 2 den Begriff der Behörde in umfassendem Sinne versteht.

13 *Satz 1* ermächtigt zur Errichtung von selbständigen Bundesoberbehörden und von Einrichtungen der mittelbaren Bundesverwaltung (zur Letzteren s. Art. 86 Rn. 2). **Selbständige Bundesoberbehörden** als *Einrichtungen der unmittelbaren Bundesverwaltung*, die der Bund zur Sicherung ihrer Arbeits- und Funktionsfähigkeit hinreichend mit finanziellen Mitteln ausstatten muss (BVerwG, DVBl 2012, 355), unterscheiden sich einerseits von den obersten Bundesbehörden, andererseits von den „eigenen Verwaltungsunterbau" (Art. 87 I, Art. 87 b I u. II) und den „bundeseigenen Mittel- und Unterbehörden" (Art. 87 III 2). Während diese in ihrer Zuständigkeit regional beschränkt sind (BVerfGE 14, 210), können selbständige Bundesoberbehörden nur für Aufgaben eingerichtet werden, die der Sache nach für das ganze Bundesgebiet von einer Oberbehörde ohne Mittel- und Unterbau und ohne Inanspruchnahme von Verwaltungsbehörden der Länder – außer für reine Amtshilfe – wahrgenommen werden können (BVerfGE 14, 210 f.; 110, 49; BVerfGK 14, 413), mithin zur zentralen Erledigung geeignet sind (BVerwGE 124, 68). Der örtliche Zuständigkeitsbereich einer selbständigen Bundesoberbehörde, die anders als die Einrichtungen der mittelbaren Bundesverwaltung (vgl. dazu Rn. 14 ff.) keine eigene Rechtsfähigkeit besitzt (s. Art. 86 Rn. 2), deckt sich also mit dem Bundesgebiet. Für die ihr übertragenen Aufgaben kann sie nur die einzige Behörde im Bundesgebiet sein (BVerwGE 35, 145). Art. 87 III 1 schließt jedoch eine Aufgabenteilung zwischen Bund und Ländern nicht aus (BVerwGE 124, 68). Ebenfalls zulässig ist es, dass eine Bundesoberbehörde ihre Aufgaben in Zusammenarbeit mit einer anderen Bundesoberbehörde oder einer bundesunmittelbaren Körperschaft oder Anstalt des öffentl. Rechts oder in Anlehnung an eine solche auf der Ebene der Gleichordnung erfüllt (BVerfGE 14, 211). Auch Weisungsbefugnisse gegenüber einer anderen Bundesbehörde oder der Standortbezug der zu erfüllenden behördlichen Aufgabe stehen der Charakterisierung einer Behörde als Bundesoberbehörde begrifflich nicht notwendig entgegen (BVerfGE 110, 50; BVerwG, DVBl 2006, 1525). Kooperationen sind schließlich auch mit Landesbehörden nicht ausgeschlossen, wenn die Grenzen eingehalten werden, die allg. für das Zusammenwirken von Bund und Ländern bei der Verwaltung gelten (BVerfGK 11, 197; 14, 414; im Einzelnen zu diesen Grenzen vor Art. 83 Rn. 7 f.).

14 Entsprechendes gilt für **Einrichtungen der mittelbaren Bundesverwaltung** i.S. des Satzes 1. Im Übrigen aber, hinsichtlich der inneren Organisation und des Verfahrens dieser Einrichtungen wie grundsätzlich auch hinsichtlich der Ausgestaltung der ministeriellen Aufsicht, hat der Gesetzgeber große Gestaltungsfreiheit (vgl. BVerfGE 37, 24, 26; ferner BVerwG, BayVBl 1979, 313). Zur Staatspraxis s. etwa die Gesetze über die Bundesanstalt für Finanzdienstleistungsaufsicht vom 22.4.2002 (BGBl I S. 1310), die Bundesanstalt für Immobilienaufgaben vom 9.12.2004 (BGBl I S. 3235) und die Deutsche Nationalbibliothek vom 22.6.2006 (BGBl I S. 1338). Vgl. allg. auch vor Art. 83 Rn. 6.

15 Über die in Rn. 13 und 14 genannten Beschränkungen hinaus wird die Verwaltungsinitiative des Bundes nach Satz 1 – außer durch das Missbrauchsverbot (vgl.

*Hömig*

BVerfGE 14, 215; 110, 52) – generell dadurch begrenzt, dass Verwaltungsträger i.S. dieser Vorschrift nur für Angelegenheiten errichtet werden können, für die eine **Gesetzgebungsbefugnis des Bundes** besteht (s. auch BVerfGE 14, 210). Gleichgültig ist, ob es sich dabei um eine ausschließliche oder um eine konkurrierende Gesetzgebungskompetenz handelt. *Erforderlichkeit* i.S. des Art. 72 II muss für die Begründung der Verwaltungszuständigkeit als solche auch dann nicht vorliegen, wenn der Bund für die Sachregelung lediglich eine konkurrierende Gesetzgebungsbefugnis besitzt (vgl. BVerfGE 14, 213 f.; s. auch Art. 84 Rn. 6). Auch auf ein Bedürfnis im Verständnis des Satzes 2 kommt es nicht an.

Gesetze, die die Errichtung zentraler Verwaltungsträger i.S. des Satzes 1 oder die    **16** Erweiterung ihrer Aufgaben zum Gegenstand haben, sind **nicht** an die **Zustimmung des Bundesrats** gebunden (vgl. auch BVerfGE 14, 210 f.). Die Entscheidung des Verfassungsgebers, hier anders als im Fall des Satzes 2 (s. dazu nachstehend Rn. 18) auf das Erfordernis der BRatszustimmung zu verzichten, gründet in der Absicht, zugunsten des Bundes einen gewissen Ausgleich für die weitgehende Kompetenzvermutung des Art. 83 (vgl. dort Rn. 1) zu schaffen (s. auch BT-Dr 12/6000 S. 42 f.). Die Kommission Verfassungsreform des BRats hat sich 1992 mit ihrem Vorschlag, Gesetze nach Art. 87 III 1 de lege ferenda an die Zustimmung des BRats zu binden (BR-Dr 360/92 S. 15), nicht durchsetzen können. Dabei ist es bis heute geblieben.

*Satz 2* erstreckt die Möglichkeit, durch Bundesgesetz neue Verwaltungskompe-    **17** tenzen des Bundes zu begründen, auf die **Errichtung von bundeseigenen Mittel- und Unterbehörden.** Darunter sind Behörden des Bundes zu verstehen, die mit regional begrenzter Zuständigkeit (BVerfGE 10, 48) einer obersten oder oberen Bundesbehörde bzw. einer Bundesmittelbehörde nachgeordnet sind. Auch die Errichtung solcher Behörden kommt – wie die Erweiterung ihres Aufgabenkreises – nur auf Gebieten in Betracht, für die dem *Bund die Gesetzgebung zusteht.* Die Erläut. in Rn. 15 gelten insoweit mit der Maßgabe entsprechend, dass hier für die Verwaltungsinitiative des Bundes nach der ausdrücklichen Regelung in Satz 2 ein *Bedürfnis* i.S. eines dringenden Bedarfs vorliegen muss (BVerfGE 14, 214), dem zufolge ohne die Existenz von Mittel- oder Unterbehörden des Bundes dessen Gesetze nicht effizient vollzogen werden können. Außerdem können solche Behörden nur für *Aufgaben* (zum Aufgabenbegriff s. Art. 30 Rn. 1 u. Art. 84 Rn. 14) eingesetzt werden, die *dem Bund neu erwachsen.* Dazu gehören entgegen einer vielfach vertretenen Auffassung (vgl. VG Düsseldorf, NVwZ 1993, 504; Ibler in Maunz/Dürig, Art. 87 Rn. 274) nicht nur Aufgaben, die bis zum Tätigwerden des Bundesgesetzgebers weder vom Bund noch von den Ländern wahrgenommen wurden, sondern auch solche, die bisher vom Bund in anderer Organisationsform oder von den Ländern erfüllt wurden, sofern auf Grund neuer Gesichtspunkte die Übernahme in die Zuständigkeit bundeseigener Mittel- und/oder Unterbehörden dringend erforderlich erscheint (s. auch BT-Dr 14/8007 [neu] S. 22).

Bundesgesetze, durch die bundeseigene Mittel- und Unterbehörden eingerichtet    **18** oder diesen neue Aufgaben übertragen werden, bedürfen der **Zustimmung des Bundesrats und der Mehrheit der Mitglieder des Bundestags** (Art. 121). Der insoweit bestehende Unterschied zur Regelung des Satzes 1 (s. oben Rn. 16) beruht darauf, dass Gesetze, die auf der Grundlage des Satzes 2 ergehen, wegen der damit verbundenen Regionalisierung der bundeseigenen Verwaltung in erheblich stärkerem Umfang in die Verwaltungszuständigkeit der Länder eingreifen als Gesetze, die eine lediglich zentrale Verwaltungskompetenz des Bundes begründen (vgl. BVerfGE 14, 211). Werden die einer Mittel- oder Unterbehörde zugewiese-

nen Aufgaben durch ein Änderungsgesetz erweitert, führt dies zur Zustimmungsbedürftigkeit dieses Gesetzes nur, wenn jene Aufgaben durch die Erweiterung eine wesentlich andere Bedeutung und Tragweite erfahren (BVerfGK 4, 359, mit
Hinweis auf BVerfGE 48, 180). Welcher Kategorie *Außenstellen* von Verwaltungseinrichtungen i.s. des Satzes 1 zuzuordnen sind, lässt sich nicht generell beantworten. Entscheidend ist die organisatorische Ausgestaltung im Einzelfall (s.
auch VG Düsseldorf, NVwZ 1993, 504). Für die Außenstellen des heutigen Bundesamts für Güterfernverkehr hat das BVerwG festgestellt, dass sie im Verhältnis
zur Zentrale keine untergeordneten Dienststellen sind, also keinen eigenständigen Unterbau darstellen, wie ihn Satz 2 voraussetzt (BVerwGE 10, 163); im Ergebnis ebenso haben der VGH Mannheim, VBlBW 1994, 108, und das VG
Frankfurt/Main, NVwZ 1993, 810, für die Außenstellen des Bundesamts für
Migration und Flüchtlinge entschieden.

## Artikel 87 a  [Aufstellung und Befugnisse der Streitkräfte]

(1) Der Bund stellt Streitkräfte zur Verteidigung auf. Ihre zahlenmäßige Stärke
und die Grundzüge ihrer Organisation müssen sich aus dem Haushaltsplan ergeben.

(2) Außer zur Verteidigung dürfen die Streitkräfte nur eingesetzt werden, soweit
dieses Grundgesetz es ausdrücklich zuläßt.

(3) Die Streitkräfte haben im Verteidigungsfalle und im Spannungsfalle die Befugnis, zivile Objekte zu schützen und Aufgaben der Verkehrsregelung wahrzunehmen, soweit dies zur Erfüllung ihres Verteidigungsauftrages erforderlich ist.
Außerdem kann den Streitkräften im Verteidigungsfalle und im Spannungsfalle
der Schutz ziviler Objekte auch zur Unterstützung polizeilicher Maßnahmen
übertragen werden; die Streitkräfte wirken dabei mit den zuständigen Behörden
zusammen.

(4) Zur Abwehr einer drohenden Gefahr für den Bestand oder die freiheitliche
demokratische Grundordnung des Bundes oder eines Landes kann die Bundesregierung, wenn die Voraussetzungen des Artikels 91 Abs. 2 vorliegen und die Polizeikräfte sowie der Bundesgrenzschutz nicht ausreichen, Streitkräfte zur Unterstützung der Polizei und des Bundesgrenzschutzes beim Schutze von zivilen Ob-
jekten und bei der Bekämpfung organisierter und militärisch bewaffneter Aufständischer einsetzen. Der Einsatz von Streitkräften ist einzustellen, wenn der
Bundestag oder der Bundesrat es verlangen.

1  Allgemeines: Art. 87 a ist die verfassungsrechtl. **Grundsatznorm für den militärischen Bereich.** Abs. 1 enthält einen Verfassungsauftrag (OVG Greifswald, U.
v. 22.3.2012 – 5 K 6/10 – juris), begründet in dessen Rahmen die Kompetenz des
Bundes zur Aufstellung von Streitkräften, dem die Gewaltmonopol des Staates
unterfallen (BT-Dr 15/5824 S. 5), und trifft spezielle Vorkehrungen zur Sicherung der – im GG umfassend angelegten (vgl. BVerfGE 90, 384 f.) – parl. Kontrolle über die Bundeswehr als Parlamentsheer (BVerfGE 108, 44). Abs. 2 beschränkt den Einsatz der Streitkräfte – vorbehaltlich abw. grundgesetzl. Ermächtigung und der Verwendungsmöglichkeiten im Rahmen des Art. 24 II (s. nachstehend Rn. 8–10) – auf Verteidigungszwecke. Die Abs. 3 und 4 schließlich regeln
besondere Befugnisse der Streitkräfte im Verteidigungs- und im Spannungsfall
sowie den Streitkräfteeinsatz im Fall des inneren Notstands (zur Geltung des

grundrechtl. Gesetzesvorbehalts im Kontext der jeweiligen Einsatzzwecke s. Baldus in v. Mangoldt/Klein/Starck, Art. 87 a Rn. 86 ff., speziell zur Geltungsreichweite der Grundrechte bei der deutschen Staatsgewalt zuzurechnenden Auslandseinsätzen BVerfGE 31, 77; 100, 362 f.; VG Köln, JZ 2012, 368). Durchweg ist unter **Streitkräften** der zum militärischen Einsatz bestimmte, militärisch organisierte und an das Befehlsprinzip gebundene Teil der vollziehenden Staatsgewalt der Bundesrepublik Deutschland zu verstehen (zur Binnengliederung der Streitkräfte vgl. Nr. 103 der Zentralen Dienstvorschrift 1/50), also die – alle deutschen Soldaten umfassende – Bundeswehr unter Ausschluss der Bundeswehrverwaltung (s. auch Art. 87 b Rn. 2). Ebenfalls nicht unter den Streitkräftebegriff fallen danach die für die Angehörigen der Streitkräfte zuständigen Gerichte (vgl. dazu Art. 96 Rn. 3–5, 7), die Militärseelsorge (Art. 140 Rn. 27) und die im Bundesgebiet stationierten ausländischen Streitkräfte.

### Absatz 1: Aufstellung der Streitkräfte

*Satz 1:* Für die Gesamtaufgabe „**Verteidigungswesen**" (zum Begriff der Verteidigung s. nachstehend Rn. 3) ist, soweit es sich um die Bundeswehr und ihre Ausrüstung handelt, uneingeschränkt und allein der Bund zuständig (BVerfGE 8, 116; BbgVerfG, DÖV 1999, 387). Satz 1, der den Bund zur **Aufstellung der Streitkräfte** berechtigt und – i.S. eines Verfassungsauftrags (BVerfGE 28, 47) – auch verpflichtet (vgl. BVerwGE 63, 38; 63, 101), ist Teil und Ausdruck dieser Aufgabenzuweisung. Als Zuständigkeitsnorm ist die Vorschrift außerdem Grundlage dafür, Verteidigungsgesetze, soweit sie die Streitkräfte betreffen, in bundeseigener Verwaltung auszuführen (ebenso BVerwGE 84, 250; zur Landesverteidigung als Verwaltungsaufgabe des Bundes ferner BVerwGE 111, 195; zur Verwaltungskompetenz für den MAD vgl. auch Art. 87 Rn. 8). Recht und Pflicht der Bundeswehr, sich selbst, d.h. ihr Material und Personal, zu schützen, beruhen als Annex ebenfalls auf Art. 87 a I (s. BT-Dr 16/12004 S. 2).

Die **Aufstellung** der Streitkräfte erfolgt „**zur Verteidigung**". Die von der Verfassung gewollte Aufgabe der Bundeswehr besteht danach primär darin, im Verteidigungsfall (Art. 115 a I 1) die äußere Sicherheit der Bundesrepublik Deutschland zu garantieren und deren polit. Handlungsfreiheit in Zeiten polit. Krisen und im Frieden zu gewährleisten (BVerwGE 103, 363). Die h.M. versteht den **Verteidigungsbegriff** jedoch in einem weiteren, auch die Bündnisverteidigung im Rahmen der NATO und die kollektive Selbstverteidigung nach Art. 51 der UN-Charta umfassenden Sinne (vgl. BVerwGE 127, 10 f.; 127, 312; Pieroth in Jarass/Pieroth, Art. 87 a Rn. 9 m.w.N.; s. auch Art. 73 Rn. 3). Das BVerfG sieht die verfassungsrechtl. Grundlage für Maßnahmen der zuletzt genannten Art dagegen in Art. 24 II (vgl. BVerfGE 90, 346 ff.; 123, 360, u. nachstehend Rn. 8). Von daher spricht nach wie vor mehr für die – engere – Auffassung, dass die Streitkräfte, wenn dies derzeit in der Realität auch in den Hintergrund tritt (zum Wandel der Streitkräfte von der klassischen Landesverteidigungs- zur weltweit agierenden Einsatzarmee s. das Weißbuch 2006 der BReg zur Sicherheitspolitik Deutschlands u. zur Zukunft der Bundeswehr), verfassungsrechtl. in erster Linie der **Abwehr** vom Ausland her geführter **bewaffneter Angriffe** auf die Bundesrepublik Deutschland dienen sollen (vgl. BVerfGE 48, 160; BVerwGE 83, 65), um deren staatl. Existenz zu sichern (BVerfGE 28, 260; 69, 22 f.; s. auch BVerwGE 127, 10 f.; 127, 311 f.). Der Angriff muss einem anderen Staat zumindest mittelbar zugerechnet werden können. Vom Verteidigungsbegriff und -auftrag mit umfasst sind – im Hinblick auf die bestehende staatl. Schutzpflicht aus Art. 2 II 1 und wegen der zu ihrer Erfüllung notwendigen militärischen Mittel – aber auch der unilaterale Schutz und die unilaterale Rettung deutscher Staatsangehöriger durch die Bundeswehr im Ausland, die dort in Lebensgefahr geraten sind und auf andere Weise als durch diese Form der Personalverteidigung Hilfe nicht erhalten können (str.; vgl. jedoch BT-Dr 13/7265 S. 2: staatl. Nothilfe; weiter dazu u. zur Beteiligung des BTags BT-Dr 13/7233; 13. BTag, 166. Sitzung v. 20.3.1997, Sten-Ber. S. 14969 ff.). Zur Verteidigung gehören schließlich die für den jeweiligen Einsatz notwendigen Vorbereitungsmaßnahmen, nicht aber Maßnahmen der Terrorismusbekämpfung, die ohne Verbindung zu auswärtigen Staaten und ohne militärisches oder militärähnliches Gepräge im Innern der Bundesrepublik wirksam werden (str; s. auch den Hinweis in BT-Dr 16/7738, S. 4, auf Art. 51 der UN-Charta).

4 Mit Art. 87 a I 1 und den anderen nachträglich in das GG eingefügten wehrverfassungsrechtl. Vorschriften hat der Verfassungsgesetzgeber eine **verfassungsrechtliche Grundentscheidung für eine wirksame militärische Landesverteidigung** getroffen. Einrichtung und Funktionsfähigkeit der Bundeswehr, die dem BMVg untersteht (Art. 65 a; für den Verteidigungsfall s. Art. 115 b), haben danach verfassungsrechtl. Rang (BVerfGE 69, 21; BVerfGK 3, 229; 11, 86; BVerwGE 83, 192; a.A. BVerfGE 69, 57 ff./Sondervotum). Die Bundeswehr kann deshalb ohne Verfassungsänderung nicht abgeschafft werden. Welche Maßnahmen im Übrigen zur Sicherung einer funktionsfähigen Verteidigung notwendig sind (zu Übungen vgl. BVerwGE 112, 292), haben der Gesetzgeber und die anderen für das Verteidigungswesen zuständigen Bundesorgane in eigener Verantwortung nach weitgehend polit. Erwägungen zu bestimmen (BVerfGE 48, 160; 105, 73; BVerwGE 97, 209; zum ursprünglich als Truppenübungsplatz in Aussicht genommenen sog. Bombodrom Wittstock s. auch OVG Berlin-Brandenburg, U. v. 27.3.2009 – 2 B 8/08 – juris). Dies gilt auch für die Entscheidung, die militärische Landesverteidigung ganz oder zeitweise statt auf der Grundlage der allg. Wehrpflicht durch eine Freiwilligenarmee sicherzustellen (vgl. jetzt für die außerhalb des Spannungs- und Verteidigungsfalls liegenden Zeiten § 2 Satz 3 WPflG u. die den freiwilligen Wehrdienst regelnden §§ 54 ff. WPflG), sofern die Funktionsfähigkeit der Verteidigung erhalten bleibt (BVerfGE 48, 160; 105, 72). Unverzichtbar aber ist, das innere Gefüge der Streitkräfte so zu ordnen und sie personell und materiell so auszustatten, dass sie ihren von der Verfassung gewollten militärischen Aufgaben gewachsen sind (vgl. BVerfGE 28, 47; BVerwGE 73, 184; 103, 276; s. auch BVerwGE 76, 339). Auch darf die Bundeswehr nicht derart mit Bereichen privatwirtsch. Betätigung verzahnt werden, dass sie in einer ihre Funktionsfähigkeit beeinträchtigenden Weise in Abhängigkeiten von bundeswehrexternen unternehmerischen Entscheidungen, den Gesetzen des Marktes oder des Arbeitskampfrechts gerät (BT-Dr 14/5892 S. 3). Rüstungsbeschränkungen und Abrüstungsvereinbarungen stellen die Funktionsfähigkeit der Bundeswehr nicht in einem mit Art. 87 a I 1 unvereinbaren Maße in Frage.

5 *Satz 2:* Die besonderen Anforderungen an den Militärhaushalt verlangen, dass die Streitkräfteplanung einschl. der Personalentwicklung und der Organisation parl. vorgezeichnet wird (BVerfGE 90, 385; BVerwGE 132, 116 f.). Art. 87 a I 2 verpflichtet deshalb den Haushaltsgesetzgeber, die **zahlenmäßige Stärke der Streitkräfte** und die **Grundzüge ihrer Organisation im Haushaltsplan** (HPl) auszuweisen (vgl. z.B. Haushaltsrechnung u. Vermögensverwaltung des Bundes für das Haushaltsjahr 2008, S. 1023 ff.). Das hat zunächst haushaltsverfassungsrechtl., den Art. 110 konkretisierende und ergänzende, aber auch organisationsrechtl. Bedeutung. Darüber hinaus dient die Vorschrift der *parlamentarischen Kontrolle über die Streitkräfte* (BVerwGE 15, 65). Sie begründet eine Grundsatz-

verantwortlichkeit des BTags für die Streitkräfte als Parlamentsheer, auf dessen Umfang und Aufbau er steuernd soll Einfluss nehmen können (BVerwGE 132, 116 f.). Überschreitungen der im HPl festgelegten Personalstärke sind unzulässig, ebenso Unterschreitungen, wenn durch sie die Funktionsfähigkeit der Bundeswehr (s. Rn. 4) gefährdet wird. Der Verpflichtung, die zahlenmäßige Stärke der Streitkräfte im HPl auszuweisen, wurde während des Bestehens der Wehrpflicht auch dadurch Rechnung getragen, dass in ihm die Zahl der Stellen für Wehrpflichtige angegeben wurde (BVerwGE 122, 341). Im Verteidigungsfall können diese aber unabhängig von einer Haushaltsermächtigung einberufen werden; für die Verabschiedung des HPl gilt dann das vereinfachte Verfahren nach Art. 115 d II (vgl. Art. 115 d Rn. 2).

**Absatz 2: Streitkräfteeinsatz zur Verteidigung und zu anderen Zwecken**

Abs. 2 beschränkt die Streitkräfte im Einklang mit dem in Abs. 1 Satz 1 genannten Aufstellungszweck und mit dem bereits in Art. 26 niedergelegten Verbot des Angriffskriegs – im Innern wie außerhalb des Bundesgebiets (in letzterer Hinsicht str.) – grundsätzlich auf den **Einsatz „zur Verteidigung"** (zum Begriff der Verteidigung s. deshalb oben Rn. 3). Die Regelung, der über ihren objektiven Aussagegehalt hinaus kompetenzschützende Wirkung zugunsten des BTags nicht zukommt (BVerfGE 126, 74 ff.; vgl. aber nachstehend Rn. 9 f. zum wehrverfassungsrechtl. Parlamentsvorbehalt), enthält ein striktes Verbot anderweitiger Verwendung, soweit Ausnahmen vom GG nicht ausdrücklich zugelassen worden sind (BVerfGK 12, 271; zu den Ausnahmen s. unten Rn. 8). Die Zulässigkeit eines gegen einen von außen kommenden Angriff gerichteten Verteidigungseinsatzes beurteilt sich mit Bezug auf den Angreifer außer nach den grundrechtsspezifisch und situationsangemessen zu handhabenden Grundrechten (vgl. hinsichtlich Art. 2 II 1 mit Blick auf die eigene Zivilbevölkerung BVerfGE 77, 221, u. allg. BVerfGE 92, 41 f., vor Art. 1 Rn. 22 sowie oben den Hinweis in Rn. 1) nach Kriegsvölkerrecht, das, soweit es sich um allg. Regeln des Völkerrechts handelt, die innerstaatl. Organe nach Maßgabe des Art. 25 (dazu BVerfGE 100, 363) als Bundesrecht – mit Vorrang vor einfachen Gesetzen (BVerfGE 111, 318) – bindet; nach diesen Regeln dürfen Kriegshandlungen allein militärische Ziele haben und darf die Zivilbevölkerung des für den Angriff verantwortlichen Staates nur im Einklang mit dem Verhältnismäßigkeitsprinzip als nicht beabsichtigte, sondern nur in Kauf genommene Nebenfolge (sog. Kollateralschaden) in Mitleidenschaft gezogen werden (zu den Einzelheiten s. Bothe in Graf Vitzthum, Völkerrecht, 5. Aufl. 2010, S. 698 ff.).

Ein **Einsatz zu anderen Zwecken** muss kraft des Vorbehalts in Abs. 2 *im Grundgesetz ausdrücklich zugelassen* sein. Durch diese Regelung soll verhindert werden, dass für die Verwendung der Streitkräfte als Mittel der vollziehenden Gewalt ungeschriebene Zuständigkeiten aus der Natur der Sache abgeleitet werden (BT-Dr V/2873 S. 13). Maßgeblich für die Auslegung und Anwendung des Art. 87 a II ist daher das Ziel, die Möglichkeiten für einen Einsatz der Streitkräfte insbes. im Innern durch das *Gebot strikter Texttreue* zu begrenzen (BVerfGE 90, 356 f.; 115, 142; BVerfG, Beschl. v. 3.7.2012 – 2 PBvU 1/11 –; BVerwGE 127, 11). „**Einsatz**" meint insoweit jede andere als militärische Verwendung der Streitkräfte als Mittel der vollziehenden Gewalt (BT-Dr V/2873 S. 13; 15/3892 S. 2; BVerwGE 127, 12 f.), sofern dabei *hoheitliche Aufgaben* unter Inanspruchnahme von öff.-rechtl. Zwangs- und Eingriffsbefugnissen wahrgenommen werden (BT-Dr 16/7427 S. 3; BVerfG, Beschl. v. 3.7.2012 – 2 PBvU 1/11 –; BVerwGE 132, 118 f.), die nicht notwendig eine Bewaffnung des Hoheitsträgers

6

7

voraussetzen (keine Festlegung zum Begriffsinhalt in BVerfGE 90, 355). Ebenfalls erfasst sind deshalb z.b. Absperrungsmaßnahmen, wenn sie nicht nur Repräsentationszwecken dienen, sondern erforderlichenfalls mit Gewalt durchgesetzt werden sollen. Nicht unter den Einsatzbegriff fällt wegen ihrer Herauslösung aus den Befehlsstrukturen der Streitkräfte die Verwendung von Soldaten beim Bundesnachrichtendienst (BVerwGE 132, 120 f.). Vor allem aber gilt Art. 87 a II nicht für **schlichte Hoheitstätigkeiten und rein unterstützende technische Hilfeleistungen,** etwa humanitäre Hilfsaktionen bei Unfällen (außerhalb des Anwendungsbereichs des Art. 35 II 2 oder III), die Opfersuche aus der Luft mit Wärmebildkameras oder die Verwendung der Streitkräfte als Erntehelfer oder bei Aktionen des Umweltschutzes. Soweit solche unterhalb der Schwelle des Art. 87 a II bleibenden Hilfeleistungen von staatl. Stellen (des Bundes u. der Länder einschl. der Gemeinden) in Anspruch genommen werden, findet auch auf die Streitkräfte die Amtshilfenorm des Art. 35 I Anwendung (BVerfG, Beschl. v. 3.7.2012 – 2 PBvU 1/11 –; zur Bedeutung in der Staatspraxis vgl. etwa BT-Dr 17/2846 m.w.N.); im Übrigen tritt Art. 35 I hinter Art. 87 a II als die lex specialis zurück. Rechtsgrundlage für entsprechende nichtmilitärische Verwendungen im Ausland ist Art. 32 I.

8  **Ausnahmen** vom Verteidigungsvorbehalt des Art. 87 a II enthalten – mit Bezug auf den Einsatz im Inneren der Bundesrepublik Deutschland – **Art. 35 II 2, III** (BVerfGE 115, 140 f., 142) sowie **Art. 87 a III, IV** (BVerwGE 127, 11 f.; zu den zuletzt genannten Vorschriften s. nachstehend Rn. 11 ff.). Diese Aufzählung ist abschließend; eine Erweiterung der Ausnahmen würde deshalb eine Verfassungsänderung voraussetzen (BVerfGE 126, 73). Doch bietet **Art. 24 II,** der von Anfang an im GG enthalten war und dessen Ermächtigungsrahmen durch Art. 87 a II nicht eingeschränkt werden sollte (vgl. BVerfGE 121, 157), die verfassungsrechtl. Grundlage für die – in der Verfassungswirklichkeit inzwischen klar dominierende – *Verwendung der Bundeswehr zu Auslandseinsätzen,* die *im Rahmen* und nach den Regeln *eines* von der Bundesrepublik Deutschland als Mitglied mitgetragenen *Systems gegenseitiger kollektiver Sicherheit* stattfinden (BVerfGE 90, 345; 118, 246; 121, 156; s. auch Art. 24 Rn. 7). Die NATO, aber auch die UN bilden jeweils ein solches System (BVerfGE 90, 349 ff.; 104, 195; 121, 156; BVerwGE 103, 363 f.). Darüber hinaus ist die Bundeswehr auf der Grundlage des Art. 23 I in die Gemeinsame Sicherheits- und Verteidigungspolitik der EU (Art. 42 EUV) eingebunden (zu den Grenzen eines europäischen Streitkräfteeinsatzes vgl. aber BVerfGE 123, 360 f., 423 ff.). Zulässig sind deshalb nicht nur die kollektive Selbstverteidigung nach Art. 51 der UN-Charta und die **Erfüllung von Bündnispflichten,** die sich aus der Beteiligung der Bundesrepublik Deutschland an Verteidigungsbündnissen wie der NATO ergeben (s. BVerfGE 90, 350 f., u. zum Bündnisfall BVerfGE 118, 263; BT-Dr 17/38, 17/110; zur Überlassung von Grundstücken an die Streitkräfte der Verbündeten auch BVerwGE 111, 195). Verfassungsrechtl. unbedenklich ist vielmehr auch die **Mitwirkung** der Bundeswehr **an friedensichernden und friedenschaffenden Operationen der Vereinten Nationen** nach den Art. 42 f. der UN-Charta (BVerfGE 90, 351 ff.; BVerwGE 103, 363 f.; BT-Dr 17/39; 17/111 [neu]). Dabei können von den Streitkräften, ein entsprechendes Mandat vorausgesetzt, nach dessen Vorgaben i.V.m. dem UN-Seerechtsübereinkommen vom 10.12.1982 (BGBl 1994 II S. 1799; dazu näher BT-Dr 16/9286) – unilateral oder im Rahmen einer EU-Mission nach Art. 42 I 3, Art. 43 EUV – auch Aufgaben wahrgenommen werden, die wie die friedenerhaltende oder –stiftende *Bekämpfung der Piraterie auf Hoher See* innerstaatl. in erster Linie polizeirechtl. geprägt sind (vgl. BT-Dr 16/11337 S 2.; 17/3691 S. 2;

VG Köln, JZ 2012, 368; Epping in Ders./Hillgruber, Art. 87 a Rn. 19.2, 29.3; str.).

Die Einordnung Deutschlands in ein System gegenseitiger kollektiver Sicherheit **9** bedarf jedoch nach Art. 24 II i.V.m. Art. 59 II 1 der Zustimmung des Gesetzgebers (BVerfGE 118, 258 m.w.N.; BVerwGE 103, 364; zur Anpassung solcher Systeme durch die BReg an sich wandelnde weltpolit. Rahmenbedingungen s. BVerfGE 118, 259 ff.; 121, 158 ff.; 126, 71 f.). Auch für den konkreten Einsatz bewaffneter Streitkräfte bei Kriegshandlungen oder kriegsähnlichen Operationen im Rahmen entsprechender multilateraler Aktionen ist ebenso wie für substantielle Änderungen der Einsatzbedingungen kraft des (nur) für Auslandseinsätze geltenden – vom BVerfG im Zweifel parlamentsfreundlich auszulegenden (BVerfGE 121, 162) – konstitutiven wehrverfassungsrechtl. **Parlamentsvorbehalts** (vgl. auch Art. 59 Rn. 5) die *Zustimmung des Bundestags* erforderlich (BVerfGE 90, 381 ff.; 108, 42 f.; 126, 69 ff.; generell u. in den Einzelheiten im Schrifttum z.T. str.), die diesem ein wirksames Mitentscheidungsrecht, allerdings keine Initiativbefugnis in Angelegenheiten der auswärtigen Gewalt sichert (BVerfGE 90, 389; 121, 154). Ein solcher Einsatz ist anzunehmen, wenn nach dem jeweiligen Einsatzzusammenhang und den einzelnen tatsächlichen und rechtl. Umständen die Einbeziehung deutscher Soldaten in bewaffnete Auseinandersetzungen konkret zu erwarten ist und deutsche Soldaten deshalb bereits in bewaffnete Unternehmungen einbezogen sind (BVerfGE 121, 163 ff.). Ein Anhaltspunkt für die drohende Einbeziehung in bewaffnete Auseinandersetzungen besteht, wenn deutsche Soldaten im Ausland Waffen mit sich führen und ermächtigt sind, von diesen – nicht nur zur Selbstverteidigung – Gebrauch zu machen (BVerfGE 121, 167 f.). Ob dies der Fall ist, ist verfassungsgerichtl. voll überprüfbar; ein nicht oder nur beschränkt überprüfbarer Einschätzungs- oder Prognosespielraum kommt der BReg nicht zu (BVerfGE 121, 168 f.). Über die Zustimmung entscheidet der BTag durch förmlichen Beschluss nach Art. 42 II 1 mit einfacher Mehrheit (BVerfGE 90, 388). Die Zustimmung ist von der BReg grundsätzlich vor dem jeweiligen – operativ vor ihr zu führenden – Einsatz und nur bei Gefahr im Verzug im Interesse der Wehr- und Bündnisfähigkeit der Bundesrepublik nachträglich einzuholen. Wird sie im letzteren Fall verweigert, sind die Streitkräfte, nach allem ein *Parlamentsheer* (BVerfGE 123, 360, 422), von der BReg i.d.R. entsprechend dem Parlamentsverlangen zurückzurufen (BVerfGE 90, 388; 121, 154). Eine *erneute Zustimmung* des BTages ist dann herbeizuführen, wenn nach Zustimmungserteilung evident tatsächliche oder rechtl. Umstände wegfallen, die der schon ergangene Zustimmungsbeschluss als notwendige Bedingungen für den gebilligten Bundeswehreinsatz genannt hat. Auch ein ausdrücklicher Vorbehalt im Zustimmungsbeschluss dahin ist möglich, dass der BTag mit dem Streitkräfteeinsatz neu befasst werden muss, wenn solche Änderungen eintreten (BVerfGE 124, 276 f.). *Zustimmungsfrei* sind Maßnahmen, die – wie z.B. die Entsendung sog. Vorauskommandos – nur der Vorbereitung eines Einsatzes dienen. Das Gleiche gilt für die Verwendung von Personal der Bundeswehr für Hilfsdienste und Hilfeleistungen im Ausland, sofern die Soldaten dabei nicht in bewaffnete, kriegerisch oder kriegsähnlich verlaufende Unternehmungen einbezogen werden (BVerfGE 90, 388; s. dazu mit Blick auf den Einsatzbegriff auch oben Rn. 7).

Die **Einzelheiten der parlamentarischen Mitwirkung an der Entscheidung über** **10** **den Einsatz bewaffneter Streitkräfte im Ausland** in den Fällen der Rn. 9 einschl. des bei der Mitwirkung zu beobachtenden Verfahrens zu regeln, ist Sache des Bundesgesetzgebers (vgl. BVerfGE 90, 389). Er hat die entsprechenden Regelungen in dem ParlamentsbeteiligungsG vom 18.3.2005 (BGBl I S. 775) getroffen (s. dazu auch Art. 65 a Rn. 6), das den Auslandseinsatz (zum Einsatzbegriff vgl. § 2 u. vorstehend Rn. 7) unter den Vorbehalt der Zustimmung des BTages stellt (§ 1 II). Voraussetzung ist ein Antrag der BReg (§ 3 I), der die Einzelheiten des Einsatzes angeben muss (dazu § 3 II). Für Auslandseinsätze von geringerer Intensität und Tragweite wie für die Verlängerung schon genehmigter Einsätze sehen die §§ 4 und 7 ein vereinfachtes Zustimmungsverfahren ohne Befassung des BTagsplenums vor (s. dazu auch § 96 a II GOBT). Die Zustimmung zu Einsätzen bei Gefahr im Verzug, die keinen Aufschub dulden (vgl. dazu BT-Dr 15/2742 S. 6), ist unverzüglich nachzuholen (§ 5 III 1). Der BTag kann die einmal erteilte Zustimmung in Wahrnehmung seiner polit. Verantwortung jederzeit widerrufen (§ 8); das kommt etwa dann in Betracht, wenn zweifelhaft ist, ob die Umstände, an die er seine Zustimmung geknüpft hat, tatsächlich und rechtl. noch fortbestehen (BVerfGE 124, 277). Der BRat wird beim Einsatz bewaffneter Streitkräfte nicht beteiligt.

**Absatz 3: Streitkräfteeinsatz zum Objektschutz und zur Verkehrsregelung**

11 Abs. 3 regelt für den Verteidigungsfall (Art. 115 a) und für den Spannungsfall (Art. 80 a I), also für den Fall des **äußeren Notstands**, zwei **Möglichkeiten des Streitkräfteeinsatzes** gegenüber **Nichtkombattanten im Innern**: einmal den Einsatz zum Schutz ziviler Objekte und zur Verkehrsregelung, soweit die Wahrnehmung dieser Aufgaben zur Erfüllung des Verteidigungsauftrags erforderlich ist (Satz 1), zum anderen die Verwendung zur Unterstützung polizeilicher Maßnahmen beim Schutz beliebiger anderer ziviler Objekte (Satz 2). Während die Befugnis der Streitkräfte nach Satz 1 mit der Feststellung des Verteidigungs- bzw. Spannungsfalles entsteht, bedarf es für die Verwendung nach Satz 2 eines besonderen Übertragungsakts (vgl. nachstehend Rn. 13). Der Zustimmung des BTags zum konkreten Einsatz der Bundeswehr bedarf es nicht (BVerfGE 126, 70 ff.).

12 *Satz 1:* Der Schutz militärischer Objekte gegen Angriffe fremder Streitkräfte oder ziviler Störer ist ebenso wie die Abwehr militärischer Aktionen gegen zivile Objekte Teil des Verteidigungsauftrags der Streitkräfte. Nur für den **Schutz ziviler Objekte gegenüber Störungen von ziviler Seite** bedurfte es deshalb im Lichte des Abs. 2 einer besonderen verfassungsrechtl. Ermächtigung. Sie ist in Satz 1 mit der Maßgabe enthalten, dass der Objektschutz zur Erfüllung des Verteidigungsauftrags erforderlich sein muss. Schutzgegenstand sind demzufolge *nur verteidigungswichtige Objekte*, z.B. zivile Fernmeldezentralen oder Rüstungsbetriebe. Zweifelhaft ist, nach welchen Regeln sich die Befugnisse der Streitkräfte bei der Durchführung des Objektschutzes bestimmen (zum Streitstand s. Hernekamp in von Münch/Kunig, Art. 87 a Rn. 20). Wortlaut, Sinngehalt und systematischer Stellung der Vorschrift dürfte es am ehesten entsprechen, die Rechtsgrundlage dafür – unter prinzipieller Bejahung der Bindung an den Verhältnismäßigkeitsgrundsatz – in Satz 1 selbst zu erblicken (vgl. näher Ipsen, BK, Art. 87 a Rn. 71 ff.). Auch die in dieser Vorschrift weiter geregelte Befugnis, **Aufgaben der Verkehrsregelung** wahrzunehmen, steht unter dem Vorbehalt, dass die in Betracht kommenden Maßnahmen zur Erfüllung des Verteidigungsauftrags notwendig sind. Die Befugnis dient dem Zweck, die Bewegungsfreiheit der Streitkräfte zu gewährleisten. Deshalb können sich Verkehrsregelungen i.S. des Satzes 1 – über die unmittelbare Sicherung von Verkehrsbewegungen militärischer Verbände hinaus – z.B. auch auf das Freihalten potentieller Verkehrswege erstrecken. Die Interessen der Zivilbevölkerung am Bestand und Funktionieren eines zu ihrer Versorgung bestimmten Verkehrs sind nach Maßgabe des Verhältnis-

mäßigkeitsgrundsatzes zu berücksichtigen. Die Rechtsgrundlagen für Einzelmaßnahmen sind dem Polizei- und dem Straßenverkehrsrecht zu entnehmen.

*Satz 2:* Der **unterstützende Objektschutz** i.s. des Satzes 2 ist nicht davon abhängig, dass er für die Erfüllung des Verteidigungsauftrags erforderlich ist. Die Schutzaufgabe bezieht sich deshalb hier auf *andere als verteidigungswichtige zivile Objekte.* Sie ist polizeilicher Natur und kann den Streitkräften nur unter Mitwirkung des jeweiligen Trägers der Polizeigewalt übertragen werden. Einer Regelung durch Gesetz oder Verwaltungsabkommen bedarf es dazu nicht (str.; wie hier Heun in Dreier, Art. 87 a Rn. 26). Auch die Wahrnehmung der Aufgabe selbst erfordert ein Zusammenwirken mit den zivilen Polizeibehörden. Sie hat im Rahmen der generellen Leitungs- und Koordinierungsbefugnis der für die Aufrechterhaltung der öffentl. Sicherheit oder Ordnung verantwortlichen zivilen polizeilichen Führung in der Weise zu erfolgen, dass der Einsatz der Streitkräfte den Zielen und Maßnahmen der Polizeibehörden eingeordnet wird. Diese haben jedoch keine Weisungsgewalt gegenüber den Streitkräften. Die Art und Weise der Durchführung des Schutzauftrags und die Erteilung der konkreten Einsatzbefehle bleiben vielmehr Aufgabe der Streitkräfte und ihrer Führung. 13

### Absatz 4: Streitkräfteeinsatz im inneren Notstand

*Satz 1:* Abs. 4 regelt den **Einsatz** der Streitkräfte **im Fall des inneren Notstands** (dazu s. Erläut. zu Art. 91). Er ist nach Satz 1 nur unter den Voraussetzungen des Art. 91 II zulässig und – als äußerstes Mittel – ferner davon abhängig, dass die Polizeikräfte der Länder und des Bundes zur Bekämpfung der dem Bestand oder der freiheitlichen demokratischen Grundordnung des Bundes oder eines Landes (zu diesen Merkmalen vgl. Art. 91 Rn. 1) drohenden Gefahr nicht ausreichen. 14

Die **Entscheidung über den Einsatz** der Streitkräfte trifft die BReg als Kollegium (Art. 62) durch Kabinettbeschluss (§ 15 I Buchst. e, § 20 GOBReg). Die Wahrnehmung der mit der Durchführung des Einsatzes verbundenen zentralen Aufgaben obliegt dagegen den zuständigen BMinistern (BMI, BMVg), die hierbei an den von der BReg gesetzten Rahmen gebunden sind. Eine Mitwirkung von BTag und BRat ist nicht vorgesehen (hinsichtlich des BTags ebenso BVerfGE 126, 70, 72 f.; s. aber Abs. 4 Satz 2 u. dazu Rn. 18). 15

**Einsatzziel** ist die Unterstützung der Polizeikräfte des Bundes und der Länder beim **Schutz ziviler Objekte** und bei der Bekämpfung organisierter und bewaffneter Aufständischer. In sächlicher Hinsicht bezieht sich die Verwendung auf den Schutz solcher Gegenstände, deren Funktionsfähigkeit für den Bestand des Staates und seine Bürger wesentlich ist (Beispiele: Versorgungsanlagen, Post- u. Telekommunikationseinrichtungen). Der Einsatz der Streitkräfte zur **Bekämpfung von Aufständischen** dient der Abwehr innerer Unruhen, die von nichtstaatl. Angreifern ausgehen (BVerfG, Beschl. v. 3.7.2012 – 2 PBvU 1/11 –), und setzt voraus, dass diese organisiert sind, d.h. über eine organisatorisch verfestigte Gliederung und Führungsstruktur verfügen. Außerdem müssen sie militärisch bewaffnet sein, nämlich Kampfmittel besitzen (u. einsetzen wollen), die üblicherweise zur Ausstattung der Streitkräfte gehören. Art. 87 IV entfaltet insoweit grundsätzlich eine Sperrwirkung für den Einsatz der Streitkräfte nach anderen Bestimmungen, insbes. nach Art. 35 II 2 und III (BVerfG, Beschl. v. 3.7.2012 – 2 PBvU 1/11 –). 16

**„Zur Unterstützung der Polizei und des Bundesgrenzschutzes"** bedeutet, dass der Einsatz sich dem Einsatzplan der Polizei anzupassen hat. Nicht berührt wird die Befehls- und Kommandogewalt über die eingesetzten Streitkräfte (Art. 65 a). Welche Konsequenzen sich daraus für das *Befugnisrecht der Streitkräfte* im inne 17 ren Notstand ergeben, ob m.a.W. für die Durchführung des Einsatzes militärische Grundsätze und Regeln gelten (vgl. vor allem Ipsen, BK, Art. 87 a Rn. 174 ff.) oder ob sich die Befugnisse der Streitkräfte nach polizeirechtl. Vorschriften bestimmen (so z.b. Depenheuer in Maunz/Dürig, Art. 87 a Rn. 178), ist, insbes. für die Bekämpfung von Aufständischen, umstritten. Nach der Entstehungsgeschichte des Art. 87 a IV ist in letzterer Hinsicht auch der Einsatz militärischer Waffen erlaubt (BVerfGE 115, 148, unter Hinweis auf BT-Dr V/2873 S. 2; ebenso BVerfG, Beschl. v. 3.7.2012 – 2 PBvU 1/11 –). Unbeschadet dessen sind die Streitkräfte im Fall des Abs. 4 wie bei jedem anderen Einsatz im Innern der Bundesrepublik Deutschland an die rechtsstaatl. Grundsätze der Verhältnismäßigkeit und des Übermaßverbots gebunden (s. auch zu Abs. 3 Satz 1 oben Rn. 12).

18 Nach *Satz 2* ist ein Streitkräfteeinsatz i.s. des Satzes 1 einzustellen, wenn BTag oder BRat es verlangen. Ein derartiges **Einstellungsverlangen** ist zwingend. Ein erneuter Einsatz nach Einstellung auf Grund eines solchen Verlangens setzt eine wesentlich veränderte Sachlage voraus.

## Artikel 87 b [Bundeswehr- und Verteidigungsverwaltung]

(1) Die Bundeswehrverwaltung wird in bundeseigener Verwaltung mit eigenem Verwaltungsunterbau geführt. Sie dient den Aufgaben des Personalwesens und der unmittelbaren Deckung des Sachbedarfs der Streitkräfte. Aufgaben der Beschädigtenversorgung und des Bauwesens können der Bundeswehrverwaltung nur durch Bundesgesetz, das der Zustimmung des Bundesrates bedarf, übertragen werden. Der Zustimmung des Bundesrates bedürfen ferner Gesetze, soweit sie die Bundeswehrverwaltung zu Eingriffen in Rechte Dritter ermächtigen; das gilt nicht für Gesetze auf dem Gebiete des Personalwesens.

(2) Im übrigen können Bundesgesetze, die der Verteidigung einschließlich des Wehrersatzwesens und des Schutzes der Zivilbevölkerung dienen, mit Zustimmung des Bundesrates bestimmen, daß sie ganz oder teilweise in bundeseigener Verwaltung mit eigenem Verwaltungsunterbau oder von den Ländern im Auftrage des Bundes ausgeführt werden. Werden solche Gesetze von den Ländern im Auftrage des Bundes ausgeführt, so können sie mit Zustimmung des Bundesrates bestimmen, daß die der Bundesregierung und den zuständigen obersten Bundesbehörden auf Grund des Artikels 85 zustehenden Befugnisse ganz oder teilweise Bundesoberbehörden übertragen werden; dabei kann bestimmt werden, daß diese Behörden beim Erlaß allgemeiner Verwaltungsvorschriften gemäß Artikel 85 Abs. 2 Satz 1 nicht der Zustimmung des Bundesrates bedürfen.

1 **Allgemeines:** Art. 87 b modifiziert den Grundsatz der Länderexekutive nach Art. 83 (BVerfGE 48, 178) und regelt in Abs. 1 Satz 1 und 2 die obligatorische und in Satz 3 und 4 die fakultative **Bundeswehrverwaltung.** Dem schließt sich in Abs. 2 für die **sonstige Verteidigungsverwaltung** die Ermächtigung an, diesen Verwaltungsbereich fakultativ in Bundeseigen- oder Bundesauftragsverwaltung zu führen.

### Absatz 1: Bundeswehrverwaltung

2 Die Bundeswehrverwaltung ist entsprechend dem in Art. 87 b verankerten Gebot der Trennung von zivilem und militärischem Bereich im Innern (zur Unterscheidung beider Bereiche auch BVerwGE 130, 179) nicht Teil oder Annex der Streit-

kräfte, sondern ein eigenständiger, mit den Streitkräften allerdings aufs engste verbundener Bereich der *zivilen Verwaltung* (BGHZ 64, 206 f.; BSGE 71, 66), der mit diesen zusammen „die Bundeswehr" bildet (BVerwGE 130, 169) und in der Zusammenarbeit mit ihnen unter dem gemeinsamen Dach des BMVg als oberster Leitungsebene zur Funktionsfähigkeit dieser Bundeswehr beiträgt (BVerwGE 103, 296; s. auch zur dienenden Rolle der Bundeswehrverwaltung BVerwGE 130, 177). Organisationsverfassungsrechtl. steht die Bundeswehrverwaltung, die der Entlastung der Streitkräfte von administrativen Aufgaben durch ziviles Personal dienen soll, den in Art. 87 I aufgeführten „ursprünglichen" Bundesverwaltungen gleich (OVG Koblenz, AS 10, 355).

*Sätze 1 und 2:* Die Bundeswehrverwaltung wird nach Satz 1 bundesunmittelbar 3 in **bundeseigener Verwaltung mit eigenem** – nicht notwendig mehrstufigem – **Verwaltungsunterbau** geführt (zum Begriff der bundeseigenen Verwaltung s. Art. 86 Rn. 2), ist nach fachlichen (territoriale Wehrverwaltung u. Rüstungsbereich) und hierarchischen Gesichtspunkten gegliedert (BVerwGE 130, 167) und dient gemäß Satz 2 originär – den **Aufgaben des Personalwesens und der unmittelbaren Deckung des Sachbedarfs der Streitkräfte**. Dazu rechnen insbes. die Verwaltung der Personalangelegenheiten der Streitkräfte einschl. Besoldung und Versorgung, das Gebührnis-, Haushalts-, Kassen- und Rechnungswesen, die Unterkunfts- und Liegenschaftsverwaltung für die Streitkräfte sowie sonstige unmittelbar auf die Bundeswehr bezogene Aufgaben auf dem Gebiet der Bereitstellung von Dienstleistungen und Material für den Unterhalt der Streitkräfte wie die Versorgung mit Waffen und Geräten im In- und Ausland (vgl. auch BVerwG, NVwZ-RR 1997, 351, sowie zur Übertragung von Aufgaben der Wehrbereichsverwaltung auf neue Behörden der Personalmanagementorganisation der Bundeswehr WehrverwaltungsaufgabenübertragungsG v. 21.7.2012, BGBl I S. 1590, u. näher dazu Art. 36 Rn. 6). Einrichtung und Betrieb von Bundeswehrhochschulen gehören, soweit sie der Ausbildung des Personals für die Bundeswehr und ihre Verwaltung dienen, zum Personalwesen (str.). Dagegen fällt die Rüstungsforschung unter die Sachbedarfsdeckung. Teilbereiche der genannten Aufgabenfelder können im Rahmen der Bundeswehrverwaltung auch in den Organisationsformen des Art. 87 III wahrgenommen werden, wie dies mit dem durch das vorgenannte Gesetz geschaffenen Bundesamt für das Personalmanagement der Bundeswehr geschehen ist; Art. 87 III wird durch Art. 87 b I nicht als Spezialnorm verdrängt (s. auch zum Verhältnis von Art. 87 c zu Art. 87 III die Erläut. in Art. 87 c Rn. 1). Ebenfalls zulässig ist es, einzelne Aufgaben der Sachbedarfsdeckung, ohne dass diese ihren Charakter einer im Allgemeininteresse liegenden staatl. Aufgabe dadurch verliert (OLG Düsseldorf, ZfBR 2003, 606), in Teilbereichen privaten Dritten zu überlassen, sofern Einsatzbereitschaft und Funktionsfähigkeit der Bundeswehr darunter nicht leiden und die Bundeswehrverwaltung den Bedarfsdeckungsprozess unmittelbar steuert und kontrolliert, also die unmittelbare Verantwortung für die Bedarfsdeckung behält (BT-Dr 14/5892 S. 3; 15/5824 S. 8; vgl. auch OLG Düsseldorf, ZfBR 2003, 607, 608). Unter dieser Voraussetzung ist schließlich auch eine Organisationsprivatisierung in der Weise möglich, dass die Bedarfsdeckung vom Bund in gesellschaftsrechtl. Formen wahrgenommen wird.

Die Regelung in Satz 1 und 2 schließt **Teilzuständigkeiten militärischer Dienst-** 4 **stellen**, z.B. für die militärische Logistik sowie für Personalplanung und -führung, nicht aus, soweit die Einsatzbereitschaft der Streitkräfte die Erfüllung solcher Aufgaben im Rahmen der militärischen Führung zwingend erfordert (vgl. BT-Dr 9/964 S. 16 f.). Ähnlich verhält es sich mit dem abwehrenden Brandschutz für Bundeswehreinrichtungen. Er ist Aufgabe der Länder(feuerwehren), soweit nicht seine Wahrnehmung durch die Bundeswehr selbst zur Erfüllung des Verteidigungsauftrags konkret geboten ist und deshalb eine Verwaltungskompetenz kraft Sachzusammenhangs angenommen werden kann (BVerwG, NVwZ-RR 1997, 350 ff.). Wegen der bindenden Funktionsverknüpfung mit der Bundeswehrverwaltung des Satzes 1 dürfte es unzulässig sein, Aufgaben aus dem Aufgabenbestand nach Satz 2 Bundesverwaltungen außerhalb der Bundeswehrverwaltung zuzuordnen.

5 *Satz 3* trifft für die **Aufgaben der Beschädigtenversorgung und des Bauwesens** eine Sonderregelung. Sie können, obwohl zum Personalwesen und zur unmittelbaren Deckung des Sachbedarfs der Streitkräfte gehörend, von der Bundeswehrverwaltung – fakultativ – nur wahrgenommen werden, wenn und soweit sie ihr durch Bundesgesetz mit Zustimmung des BRats übertragen werden. Diese Ausgrenzung trägt besonderen Länderinteressen Rechnung. Einerseits sollte die Möglichkeit erhalten bleiben, die Beschädigtenversorgung wie die Kriegsopferversorgung in Landesverwaltung durchzuführen (s. dazu jetzt § 88 I SVG: Bundesauftragsverwaltung, soweit nicht ausnahmsweise Vollzug durch Behörden der Bundeswehrverwaltung, u. BSGE 102, 151). Andererseits sollte durch den Zustimmungsvorbehalt zugunsten des BRats verhindert werden, dass ohne Mitwirkung der Länder in der mittleren und unteren Instanz eine besondere Bundeswehrbauverwaltung errichtet wird (wegen der Einzelheiten vgl. Jess, BK, Art. 87 b Erl. II 2 b).

6 *Satz 4:* Soweit Bundesgesetze die Bundeswehrverwaltung außerhalb des Personalwesens zu **Eingriffen in Rechte Dritter** ermächtigen – Angehörige der Bundeswehr sind nicht Dritte i.s. dieser Bestimmung –, sind sie gemäß Satz 4 an die *Zustimmung des Bundesrates* gebunden. Dieses Zustimmungserfordernis, das sich, abw. von dem im Übrigen geltenden Grundsatz (vgl. Art. 78 Rn. 5), nicht auf das Gesetz als Ganzes, sondern nur auf die einzelne Eingriffsnorm bezieht („soweit"), ist insofern ungewöhnlich, als es an das materielle Kriterium des Eingriffs i.S. des rechtsstaatl. Gesetzesvorbehalts anknüpft. Es geht hier also nicht um den Schutz der Länder im föderativen Gefüge, dem sonst die Zustimmungsvorbehalte für den BRat dienen (s. Art. 78 Rn. 3). Die Vorschrift ist letztlich nur als Kompromisslösung vor dem Hintergrund des ursprünglichen Verlangens der Länder verständlich, die gesamte Bundesgesetzgebung im Bereich der Bundeswehrverwaltung unter den Vorbehalt der BRatszustimmung zu stellen (vgl. dazu Jess, BK, Art. 87 b Erl. II 2 c).

## Absatz 2: Sonstige Verteidigungsverwaltung

7 *Satz 1:* Abs. 2 gibt die Ermächtigung, für den Vollzug von **Bundesgesetzen, die der Verteidigung einschließlich des Wehrersatzwesens und des Schutzes der Zivilbevölkerung dienen**, vom Regelfall des Art. 83 abw. Ausführungszuständigkeiten und Verwaltungstypen zu bestimmen (vgl. BVerfGE 48, 178 f.). Wie sich aus den Worten „Im Übrigen" ergibt, sind mit diesen Gesetzen die nicht schon unter Abs. 1 fallenden Verteidigungsgesetze gemeint (s. auch BVerfGE 48, 178). Sie können nach Satz 1 mit Zustimmung des BRats vorsehen, dass sie ganz oder teilweise in *bundeseigener Verwaltung mit eigenem Verwaltungsunterbau* oder von den Ländern in *Bundesauftragsverwaltung* ausgeführt werden. Unberührt bleiben die Möglichkeit des Vollzugs durch oberste Bundesbehörden (zu den Voraussetzungen dafür s. allg. Art. 83 Rn. 2) und die Ausführung durch Bundesoberbehörden und Einrichtungen der mittelbaren Bundesverwaltung nach Art. 87 III 1 (Letzteres str.; wie hier OVG Hamburg, DVBl 1981, 49). Nur Art. 87 III 2

wird durch Art. 87 b II 1 verdrängt. Für die Einrichtung eines eigenes Verwaltungsunterbaus i.S. dieser Vorschrift bedarf es deshalb nicht der qualifizierten BTagsmehrheit nach Art. 87 III 2.

Ob und inwieweit von der Ermächtigung des Satzes 1 Gebrauch gemacht werden **8** soll, haben die Gesetzgebungsorgane im Einzelfall nach ihrem Ermessen zu entscheiden (BVerfGE 48, 178 f.). Die Möglichkeit, den Gesetzesvollzug zwischen Bund und Ländern aufzuteilen (**„ganz oder teilweise"**), setzt eine Trennbarkeit des Regelungsgegenstandes nach Materien voraus. Die Schaffung einer *Mischverwaltung* in der Form eines von Landes- zu Bundesbehörden reichenden Instanzenzuges gestattet die Vorschrift nicht (s. BT-Dr II/2150 S. 4).

Entschließt sich der Bundesgesetzgeber zur Durchführung eines Verteidigungsgesetzes in bundeseigener Verwaltung, kann er den Vollzug **auch Behörden der** **9** **Bundeswehrverwaltung** übertragen. Entsprechende Regelungen (vgl. z.B. § 14 I WPflG) sind zulässig, weil die Legaldefinition des Abs. 1 (Personalwesen u. unmittelbare Deckung des Sachbedarfs der Streitkräfte) nicht die Bedeutung hat, die Aufgaben der Bundeswehrverwaltung abschließend zu bestimmen. Sinn der Vorschrift ist es vielmehr nur, den originären Tätigkeitsbereich (BVerfGE 48, 178) festzulegen, auf den sich die Entscheidung zugunsten der bundeseigenen Verwaltung in Abs. 1 Satz 1 und die weiteren Regelungen dieses Absatzes beziehen. Soweit Verteidigungsgesetze in Bundesauftragsverwaltung ausgeführt werden, gelten die allg. Regeln des Art. 85, ggf. mit Modifikationen auf der Grundlage des Satzes 2 (s. dazu Rn. 10).

Durch Regelungen i.S. des Satzes 1 wird der Gesetzesvollzug, abw. von der Regel **10** des Art. 83, einer Zuständigkeit zugeführt, die die Mitwirkung der Länder entweder ganz ausschließt oder die Verwaltung der Länder doch weitgehenden Aufsichts- und Weisungsrechten des Bundes (vgl. Art. 85 III, IV, Art. 87 b II 2) unterwirft (BVerwG, NVwZ 1995, 992). Ein derart prinzipieller und weitreichender Eingriff in den Grundsatz der Länderexekutive ist im föderativen Gefüge des GG ohne die Zustimmung der Länder schlechthin unzulässig. Die **Zustimmung des** **Bundesrats** ist deshalb nicht nur für die erstmalige Anordnung von Bundeseigen- oder Bundesauftragsverwaltung erforderlich. Zustimmungsbedürftig sind vielmehr auch *Änderungsgesetze*, durch die eine bereits mit Zustimmung des BRats in die Bundeseigenverwaltung überführte Verwaltungsaufgabe so verändert oder erweitert wird, dass dies angesichts des Grundsatzes des Art. 83 einer neuen Übertragung von Ausführungszuständigkeiten auf den Bund gleichkommt. Ein solcher Fall ist anzunehmen, wenn die Änderung materiellrechtl. Normen eine grundlegende Umgestaltung der Rechtsqualität der dem Bund durch früheres Gesetz übertragenen Aufgabe bewirkt und dadurch der Bestimmung über die Verwaltungszuständigkeit des Bundes inhaltlich eine wesentlich andere Bedeutung und Tragweite verleiht, die von der früher erteilten BRatszustimmung ersichtlich nicht mehr umfasst wird (BVerfGE 48, 179 f.; s. auch zu Art. 87 d II BVerfGE 126, 103 ff.). Das Gleiche gilt für materiellrechtl. Änderungen mit entsprechenden Konsequenzen im Bereich der früher mit Zustimmung des BRats begründeten Bundesauftragsverwaltung. *Nicht zustimmungsbedürftig* sind dagegen Gesetze, durch die nach Satz 1 geschaffene Ausführungszuständigkeiten rückgängig gemacht werden und die Regelzuständigkeit der Länder nach Art. 83 wiederhergestellt wird (vgl. auch Art. 87 d Rn. 8 zu Art. 87 d II).

Nach *Satz 2* ist die Zustimmung des BRats ferner erforderlich, wenn in Verteidi- **11** gungsgesetzen, die in Bundesauftragsverwaltung ausgeführt werden, die der BReg und den zuständigen obersten Bundesbehörden **nach Art. 85 zustehenden** **Befugnisse ganz oder teilweise** – bestehenden oder neu zu schaffenden – **Bundes-**

**oberbehörden übertragen** (vgl. dazu § 4 II ZSKG) und diese Behörden für den Erlass allg. Verwaltungsvorschriften von dem Zustimmungserfordernis des Art. 85 II 1 freigestellt werden. Diese Regelung ist an die des Art. 120 a angelehnt, mit dieser aber nicht voll identisch. So bestimmt Art. 120 a I 2 selbst, dass allg. Verwaltungsvorschriften des Bundesausgleichsamts nicht der Zustimmung des BRats bedürfen, während entsprechende Regelungen zugunsten der nach Art. 87 b II 2 in Betracht kommenden Bundesoberbehörden von den gesetzgebenden Körperschaften erst noch getroffen werden müssen.

## Artikel 87 c [Kernenergieverwaltung]

**Gesetze, die auf Grund des Artikels 73 Abs. 1 Nr. 14 ergehen, können mit Zustimmung des Bundesrates bestimmen, daß sie von den Ländern im Auftrage des Bundes ausgeführt werden.**

1 Art. 87 c behandelt die Ausführung von Bundesgesetzen, die auf der Grundlage des Art. 73 I Nr. 14 ergehen, also den seit dem Wirksamwerden der *Föderalismusreform I* (s. Einführung Rn. 6) zur ausschließlichen Gesetzgebung des Bundes gehörenden Gesamtbereich des (zivilen) Kernenergierechts betreffen. Für solche Gesetze – einschl. aufgrund ergangener RVO – gelten zunächst die **allgemeinen Grundsätze und Regeln**; sie werden, soweit eine andere Bestimmung nicht getroffen ist, nach Art. 83 in landeseigener Verwaltung vollzogen. Aufgaben der Kernenergieverwaltung – dazu gehören auch die Regelungen über den Rückzug aus der Nutzung der Kernenergie entsprechend dem G vom 24.2.2012 (BGBl I S. 212; vgl. dazu auch Art. 73 Rn. 19) – können nach Maßgabe des Art. 87 III aber auch in – fakultativer – Bundesverwaltung durch zentrale und dezentrale Verwaltungseinrichtungen i.S. dieser Kompetenznorm wahrgenommen werden (BVerfGE 104, 247; BVerwG, DVBl 2006, 1525; anders z.B. Hermes in Dreier, Art. 87 c Rn. 20). Art. 87 c stellt nach Wortlaut, Regelungsgehalt und Entstehungsgeschichte keine abschließende Spezialregelung dar, die in ihrem Anwendungsbereich Art. 87 III verdrängen und die danach mögliche Begründung von Verwaltungskompetenzen des Bundes für das Gebiet des Kernenergierechts ausschließen würde (so zu Art. 87 III 1 zutreffend BVerfGK 14, 411 f.). Wie die §§ 22 ff. AtG, § 11 StrVG und das G über die Errichtung eines Bundesamtes für Strahlenschutz vom 9.10.1989 (BGBl I S. 1830) zeigen, macht der Bund von dieser Möglichkeit – vor allem auf zentraler Ebene – auch in nicht unbeträchtlichem Umfang Gebrauch. Ausnahmsweise zulässig ist weiter der Gesetzesvollzug durch oberste Bundesbehörden, sofern die dafür in der Rspr. entwickelten Voraussetzungen (s. dazu Art. 83 Rn. 2) vorliegen. Auch im Übrigen sind auf dem Gebiet des Kernenergierechts stillschweigend mitgeschriebene Verwaltungskompetenzen des Bundes (zu ihnen vgl. allg. Art. 30 Rn. 3 ff.) nicht von vornherein auszuschließen. Dagegen ist es dem Bund verwehrt, neben der Verwaltung der Länder dadurch eine Art „Schattenverwaltung" zu etablieren, dass er für alle Länder den Gesetzesvollzug über den Einzelfall hinaus generell durch Kontakte nach außen zu den Betroffenen reguliert (BVerfGE 104, 266).

2 Art. 87 c räumt dem Bund zusätzlich die **Option zur Einführung der** – fakultativen – **Bundesauftragsverwaltung** ein (BVerfGK 14, 412), die auch – für Teilbereiche – mit den Vollzugsformen nach Rn. 1 kombiniert werden kann. In § 24 I 1 AtG und § 10 I 1 StrVG hat er von dieser – an inhaltliche Voraussetzungen nicht gebundenen – Ermächtigung Gebrauch gemacht. Von den weitreichenden Ein-

wirkungsbefugnissen, die der Bund insoweit zufolge des Art. 85 auf den in der Wahrnehmungskompetenz der Länder verbleibenden Gesetzesvollzug hat (vgl. BVerfGK 14, 412), ist das Weisungsrecht nach Abs. 3 dieser Vorschrift (dazu Art. 85 Rn. 6 ff.) in der Praxis besonders bedeutsam geworden (vgl. BVerfGE 81, 310; 84, 25, u. Zieger/Bischof, BK, Art. 87 c Rn. 180 ff.). Zu allg. Verwaltungsvorschriften und anderen – vom Bund auch im Konsens mit den betroffenen Ländern geschaffenen – Regelwerken im Atomrecht s. BVerfGE 100, 259; von Danwitz, DÖV 2001, 355 ff.; Isensee in FS Bethge, 2009, S. 362 ff.

Mit Rücksicht auf die in Rn. 2 angesprochenen Einwirkungsrechte sind Bundesgesetze, die für den Vollzug des Kernenergierechts des Bundes erstmals, ggf. auch im Wege der Gesetzesänderung, die Bundesauftragsverwaltung anordnen, an die **Zustimmung des Bundesrats** gebunden (vgl. auch zu Art. 87 b II 1 BVerfGE 48, 179). Das Gleiche gilt für Bundesgesetze, die die Einrichtung der Landesbehörden in diesem Verwaltungsbereich regeln (Art. 85 I u. dazu Art. 85 Rn. 2). *Änderungsgesetze* sind darüber hinaus – wie im Fall des Art. 87 b II 1 (s. dazu Art. 87 b Rn. 10) – dann zustimmungspflichtig, wenn sie eine schon in die Bundesauftragsverwaltung überführte Verwaltungsaufgabe derart umgestalten, dass dies der Zuweisung einer neuen Aufgabe in das System des Art. 85 gleichkommt (vgl. auch zu Art. 87 d II BVerfGE 126, 103 ff.). Daran fehlt es, wenn sich ein Änderungsgesetz auf Regelungen beschränkt, die die bereits bestehende Bundesauftragsverwaltung qualitativ nicht verändern, ihr also keine wesentlich andere Bedeutung und Tragweite verleihen. Ausschließlich quantitative Erweiterungen von in Bundesauftragsverwaltung wahrzunehmenden Aufgaben lösen deshalb, wie dies im Schrifttum z.T. für die Verlängerung der Laufzeiten für Atomkraftwerke durch das Elfte G zur Änderung des Atomgesetzes vom 8.12.2010 (BGBl I S. 1814) angenommen wurde (s. etwa Scholz/Moench, ZG 2011, 37 ff.; Schwarz, BayVBl 2013, 66 f.), das Zustimmungserfordernis nicht neu aus (so auch BT-Dr 17/3052 S. 9). Erst recht bedarf es der Zustimmung des BRats nicht, wenn die zunächst angeordnete Bundesauftragsverwaltung (ganz oder teilweise) aufgehoben oder im Umfang eingeschränkt und stattdessen eine Vollzugszuständigkeit herbeigeführt wird, deren Begründung eine BRatszustimmung nicht erfordert (vgl. auch Art. 87 d Rn. 8 zu Art. 87 d II; grundsätzlich a.A. Horn in v. Mangoldt/Klein/Starck, Art. 87 c Rn. 44 ff.).

## Artikel 87 d [Luftverkehrsverwaltung]

**(1) Die Luftverkehrsverwaltung wird in Bundesverwaltung geführt. Aufgaben der Flugsicherung können auch durch ausländische Flugsicherungsorganisationen wahrgenommen werden, die nach Recht der Europäischen Gemeinschaft zugelassen sind. Das Nähere regelt ein Bundesgesetz.**

**(2) Durch Bundesgesetz, das der Zustimmung des Bundesrates bedarf, können Aufgaben der Luftverkehrsverwaltung den Ländern als Auftragsverwaltung übertragen werden.**

**Allgemeines:** Art. 87 d betrifft – als Ausnahme gegenüber Art. 83 (BVerwGE 129, 206) – die **Kompetenzen für die Luftverkehrsverwaltung.** *„Luftverkehrsverwaltung"* bezeichnet in der ursprünglichen Bedeutung dieses Begriffs die Gesamtheit der hoheitlichen Ordnungs- und Steuerungsaufgaben (so für die Eisenbahnverkehrsverwaltung auch BVerfGE 97, 222) im Bereich der Luftfahrt (s. auch BVerwGE 95, 191: „das gesamte Luftfahrtwesen"). Sie ist grundsätzlich auch weiterhin hoheitlich zu führen (BT-Dr 16/13105 S. 6). Zur Luftverkehrsverwaltung zählt beispielsweise, wie Abs. 1 Satz 2 zu entnehmen ist, die Flugsicherung. Auf der Ebene des Bundes (vgl. Rn. 3 f.) gehört zu ihr außerdem der Schutz der Flughäfen vor Angriffen auf die Sicherheit des Luftverkehrs durch die Bundespolizei (s. Art. 87 Rn. 5). Nicht erfasst werden die Raumfahrt, der Bau, Ausbau und der Betrieb von Zivilflughäfen und ebenfalls nicht der Luftverkehrs*betrieb* oder die den Länderpolizeien obliegende Abwehr terroristischer Flugzeugangriffe (vgl. BVerfGE 115, 141; weitergehend aber wohl BVerfG, Beschl. v. 3.7.2012 – 2 PBvU 1/11 –). Denn der Teilbegriff *„Luftverkehr"* ist auf Aufgaben der Flugaufsicht beschränkt, insoweit aber – wie der wort- und inhaltsgleiche Begriff in Art. 73 I Nr. 6 (s. dazu Art. 73 Rn. 9) – weit auszulegen (allg. M.; näher zum Begriff Remmert in Epping/Hillgruber, Art. 87 d Rn. 1).

2   Die Regelung über die Verteilung der Verwaltungskompetenzen auf dem Gebiet der Luftverkehrsverwaltung war mehrfach **Gegenstand verfassungsändernder Gesetze**. In das GG eingefügt wurde die Vorschrift durch G vom 6.2.1961 (BGBl I S. 65), das die Luftverkehrsverwaltung in Art. 87 d I der *bundeseigenen Verwaltung* zuordnete (zum Verständnis dieser Regelung vgl. zuletzt Kommentar, 4. Aufl., Art. 87 d Rn. 1). Der auf diesen Inhalt beschränkten Regelung wurde, nachdem die seinerzeit beabsichtigte sog. Organisationsprivatisierung der Flugsicherung (BT-Dr 15/5824 S. 5; zum Begriff der Organisationsprivatisierung s. Art. 89 Rn. 7 u. Art. 90 Rn. 6) durch das am 31.5.1990 beschlossene ÄnderungsG zum LuftverkehrsG an der Weigerung des BPräs gescheitert war, das ÄnderungsG auszufertigen (Bulletin 1991 S. 46), durch G vom 14.7.1992 (BGBl I S. 1254) erstmals ein Satz 2 angefügt. Danach sollte über die öff.-rechtl. oder privat-rechtl. Organisationsform der Luftverkehrsverwaltung durch Bundesgesetz entschieden werden können. Von der damit ausdrücklich eröffneten Möglichkeit, die Luftverkehrsverwaltung auch Privatrechtssubjekten anzuvertrauen (vgl. dazu u. zum Inhalt des Satzes 2 a.F. im Einzelnen Kommentar, 8. Aufl., Art. 87 d Rn. 2) ist durch das Zehnte G zur Änderung des LuftverkehrsG vom 23.7.1992 (BGBl I S. 1370) Gebrauch gemacht worden, in dessen Vollzug für die Wahrnehmung der Flugsicherung die Deutsche Flugsicherung GmbH gegründet worden ist. Der nächste Schritt, die Aufgabe der Flugsicherung einer beliehenen Flugsicherungsorganisation ohne hinreichenden Bundeseinfluss und mit der Möglichkeit einer Verlagerung des Sitzes der Organisation ins Ausland zu übertragen, ist wiederum vom BPräs gestoppt worden, der das dazu erlassene Flugsicherungsgesetz (BR-Dr 274/06) mit Recht ebenfalls nicht ausgefertigt hat (s. hierzu Kommentar, 8. Aufl., Art. 87 d Rn. 3). Daraufhin hat der verfassungsändernde Gesetzgeber Art. 87 d I durch G vom 29.7.2009 (BGBl I S. 2247) die **geltende Fassung** gegeben. Durch sie sollten die verfassungsrechtl. Voraussetzungen für eine europarechtskonforme Ausgestaltung der Luftverkehrsverwaltung einschl. der deutschen Beteiligung an der Herstellung eines einheitlichen europäischen Luftraums geschaffen und die Wahrnehmung von Aufgaben der Flugsicherung (zu ihnen vgl. BVerwG, NVwZ 2010, 519) auch durch ausländische Flugsicherungsorganisationen ermöglicht werden (BT-Dr 16/13105 S. 1; 16/13217 S. 1).

### Absatz 1: Luftverkehrsverwaltung als Bundesverwaltung

3   *Satz 1* ordnet die Luftverkehrsverwaltung der – obligatorischen – **Bundesverwaltung** zu. Diese bildet, weil der Luftverkehr im Kern vom Bund zu verwalten ist (str.), die *Regel*, ist indes partiell auflösend bedingt, weil von ihr nach Maßgabe des Abs. 2 abgewichen werden kann (s. auch BVerfGE 97, 226). Bemerkenswert ist, dass in Satz 1 absichtsvoll nicht mehr – wie bisher – von „bundeseigener"

Verwaltung die Rede ist. Dadurch soll ein Zweifaches zum Ausdruck gebracht werden: a) Luftverkehrsverwaltung kann einmal in *unmittelbarer Bundesverwaltung* durch Behörden (einschl. eigenem Verwaltungsunterbau) und Personal des Bundes und in *mittelbarer Bundesverwaltung* (einschl. privater Beliehener wie der als Flugsicherungsorganisation weiterbestehenden Deutsche Flugsicherung GmbH; zu ihr vgl. auch Remmert in Epping/Hillgruber, Art. 87 d Rn. 6 f.) geführt werden (BT-Dr 16/13105 S. 6; 16/13107 S. 9, 12). Nach hier vertretener Ansicht hat sich insoweit inhaltlich an der Verfassungsrechtslage nach Satz 2 a.F. nichts geändert, weil auch sie Luftverkehrsverwaltung in unmittelbarer und mittelbarer Bundesverwaltung als bundeseigene Verwaltung im engeren und weiteren Sinne (s. Art. 86 Rn. 2) zuließ und mit der Letzteren auch die Möglichkeit eröffnete, auf bundesgesetzl. Grundlage Aufgaben der Luftverkehrsverwaltung in privater Rechtsform, durch vom Bund getragene und über ausreichende – externe oder interne – Kontroll- und Ingerenzrechte beherrschte (s. Art. 86 Rn. 3) juristische Personen des Privatrechts, wahrzunehmen (vgl. Kommentar, 8. Aufl., Art. 87 d Rn. 2). b) Neu sind dagegen die vom verfassungsändernden Gesetzgeber außerdem gewollte Öffnung der Luftverkehrsverwaltung für EU-Recht und damit die **Schaffung einer Bundesverwaltung unter Berücksichtigung vorrangigen Europarechts** (BT-Dr 16/13107 S. 1). Diese Variante luftverkehrsrechtl. Bundesverwaltung hat Bedeutung vor allem im Bereich der Flugsicherung für die Single European Sky (SES)-VO des Europäischen Parlaments und des Rates (Nachweise: Windthorst in Sachs, Art. 87 d Rn. 4 ff.), deren Ziel es ist, die bisherige Fragmentierung des europäischen Luftraums durch nationale Grenzen zu beseitigen und die sichere und effiziente Erbringung von Flugsicherungsdiensten entsprechend den betrieblichen Anforderungen über bestehende Grenzen hinweg zu gewährleisten (BT-Dr 16/13105 S. 6).

In der Zuordnung zur Bundesverwaltung, die die gesetzesfreie Verwaltung ein- 4 schließt (vgl. auch vor Art. 83 Rn. 5), kommt auch zum Ausdruck, dass das Luftfahrtwesen insgesamt – prinzipiell – eine überörtliche, die **Grenzen** der Bundesländer und der Bundesrepublik Deutschland **überschreitende Aufgabe** darstellt (s. auch BVerwGE 95, 191). Art. 87 d I schafft die Voraussetzungen dafür, dass diese Aufgabe auch künftig effizient bewältigt werden kann. Dazu sehen die in Rn. 3 genannten SES-VO für den Bereich der *Flugsicherung* eine funktionale Trennung von Aufsichts- und Regulierungsaufgaben einerseits und operativen Durchführungsaufgaben andererseits vor (vgl. BT-Dr 16/11608 S. 1, 13). Die Ersteren können auch weiterhin als **Hoheitsaufgaben des Bundes** wahrgenommen werden, während die operativen technischen Dienstleistungen (Kommunikations-, Navigations-, Überwachungs- u. Flugberatungsdienste) der Flugsicherung als Durchführungsaufgaben fortan nicht mehr als Teil der hoheitlichen Luftverkehrsverwaltung zu führen sind (BT-Dr 16/13105 S. 6), sondern als **privatwirtschaftliche Dienstleistungen** von Flugsicherungsorganisationen als Wirtschaftsunternehmen im Rahmen ihrer marktwirtsch. Betätigung erbracht werden können (BT-Dr 16/13107 S. 9).

*Satz 2* ist von vornherein auf den Teilbereich der Flugsicherung beschränkt und 5 schafft i.S. einer Öffnungsklausel die Möglichkeit (keine Verpflichtung), Flugsicherungsaufgaben in Deutschland, z.B. im Rahmen eines einheitlichen europäischen Luftraums (BT-Dr 16/13105 S. 6), durch **ausländische Flugsicherungsorganisationen** wahrnehmen zu lassen. Das schließt, sofern hinreichend wirksame Ingerenzrechte des Bundes gegeben sind, die Beleihung mit der Durchführung bestimmter Hoheitsaufgaben ein (s. auch Rn. 6 a.E.), betrifft z.B. die konkrete Betrauung mit Flugsicherungsaufgaben auf Regionalflughäfen (vgl. BT-Dr

*Hömig* 599

16/13107 S. 13) und soll auch dort praktischen Bedürfnissen Rechnung tragen helfen, wo auf die Inanspruchnahme von Flugsicherungsdiensten aus einem angrenzenden Staat im Luftraum über deutschem Hoheitsgebiet nicht verzichtet werden kann (BT-Dr 16/13105 S. 6, 7 f.). Voraussetzung für eine Tätigkeit ausländischer Flugsicherungsorganisationen in diesem Rahmen ist, dass diese nach EU-Recht zertifiziert sind.

6 *Satz 3* gibt dem Bundesgesetzgeber die ausschließliche Kompetenz zur **näheren gesetzlichen Regelung.** Sie erlaubt sowohl Modifikationen des Grundsatzes hoheitlicher Aufgabenwahrnehmung gemäß Satz 1 als auch die Normierung der Voraussetzungen für ein Tätigwerden ausländischer Flugsicherungsorganisationen nach Satz 2 (BT-Dr 16/12105 S. 7; näher zu den in Betracht kommenden Regelungsmaterien Windthorst in Sachs, Art. 87 d Rn. 28). In beiden Fällen ist eine **Zustimmung des Bundesrats** zur Rechtsetzung durch den Bundesgesetzgeber **nicht erforderlich.** Auf der Grundlage des Satzes 3 sind das G über die Errichtung des Bundesaufsichtsamtes für Flugsicherung (BAFG) vom 29.7.2009 (BGBl I S. 2424) und das G zur Änderung luftverkehrsrechtl. Vorschriften vom 24.8.2009 (BGBl I S. 2942) ergangen. Nach § 1 BAFG obliegt die Aufsicht über die operative Wahrnehmung der in Rn. 4 erwähnten, im Einklang mit EU-Recht privatwirtsch. zu erbringenden technischen Flugsicherungsdienste dem nach Satz 1 als Bundesoberhörde errichteten Bundesamt für Flugsicherung, das der Rechts- und Fachaufsicht des für den Verkehr zuständigen BMinisteriums untersteht. Dass diese Dienste keine hoheitliche Aufgabe des Bundes darstellen, wird durch das G vom 24.8.2009 in § 27 c II Satz 3 i.V.m. Satz 1 Nr. 2–5 LuftVG innerstaatl. klargestellt (BT-Dr 16/13107 S. 11); außerdem sind durch § 31 f LuftVG die Voraussetzungen dafür geschaffen worden, dass auch Flugsicherungsorganisationen mit Sitz oder Niederlassung im Ausland mit der Wahrnehmung einzelner Flugsicherungsaufgaben in Deutschland beauftragt (beliehen) werden können (dazu näher BT-Dr 16/13107 S. 13 f.).

### Absatz 2: Luftverkehrsverwaltung als Auftragsverwaltung

7 Nach Abs. 2 können (Ermessen) einzelne Aufgaben der Luftverkehrsverwaltung (s. BVerwGE 95, 192), abw. von Abs. 1, durch Bundesgesetz oder nach Art. 80 I hinreichend ermächtigte RVO den Ländern zur – fakultativen – **Bundesauftragsverwaltung** übertragen werden. Eine solche Aufgabenübertragung liegt vor, wenn den Ländern Aufgaben zugewiesen werden, die ihnen vorher nicht oblagen. Aufgabenbezogene Regelungen, die – wie die Wiederholung oder Konkretisierung bereits früher erfolgter Aufgabenzuweisungen im Rahmen der gesetzl. Neuregelung einer Materie – den Aufgabenbestand der Länder gegenüber dem bisherigen Rechtszustand nicht vergrößern, stellen keine Aufgabenübertragung im von Abs. 2 gemeinten konstitutiven Sinne dar (BVerfGE 126, 103 f.; vgl. auch nachstehend Rn. 8). Für die Übertragung kommen nur Aufgaben der Hoheitsverwaltung in Betracht. Der Bundesgesetzgeber kann sich, wenn er die Ermächtigung des Abs. 2 nutzt, für einen von Land zu Land unterschiedlichen Verwaltungsvollzug entscheiden (BVerfGE 97, 227). Er kann auch Regelungen über die Aufgabenübertragung und solche mit materiellrechtl. Inhalt in voneinander getrennten, selbständigen Gesetzen treffen (zur Aufspaltungsbefugnis des BTags s. Art. 78 Rn. 6). Ein Nebeneinander von Bundesverwaltung gemäß Abs. 1 und Bundesauftragsverwaltung nach Abs. 2 stellt keine unzulässige Mischverwaltung dar (vgl. BVerfGE 97, 227). Von den Möglichkeiten des Abs. 2 ist nach Maßgabe des LuftverkehrsG i.d.F. des G vom 24.8.2009 (Rn. 6) Gebrauch gemacht worden (s. insbes. § 31 II des Gesetzes u. zu § 10 I u. II BVerwGE 58,

347; 75, 217 f.; HessStGH, ESVGH 32, 28). Soweit danach Bundesauftragsverwaltung besteht, gelten die allg. Regeln des Art. 85 (BVerwGE 58, 347). Bundesgesetze i.S. des Abs. 2 bedürfen – anders als solche nach Abs. 1 Satz 3 (dazu oben Rn. 6) – der **Zustimmung des Bundesrats.** Dem liegt die für die Zustimmungsvorbehalte zugunsten des BRats generell geltende Erwägung zugrunde, dass von der Verfassung zugelassene einfachgesetzl. Systemverschiebungen im föderalen Gefüge, die die primären verfassungsrechtl. Kompetenzzuordnungen zu Lasten der Länder verändern, an das Einvernehmen der Ländervertretung gebunden sein sollen (BVerfGE 126, 104; vgl. auch Art. 87 b Rn. 10). Abs. 2 dient also dem Schutz der Länder vor einer von der grundgesetzl. Primärverteilung der Zuständigkeiten abw. Belastung mit Verwaltungsaufgaben (BVerfGE 126, 106). Ob *Änderungsgesetze* zu einem mit Zustimmung des BRats ergangenen aufgabenübertragenden Gesetz i.S. des Abs. 2 ihrerseits zustimmungspflichtig sind, hängt danach zunächst von Zuschnitt und Weite der schon erfolgten Aufgabenübertragung sowie davon ab, ob sie, gemessen daran, die Übertragung einer neuen Aufgabe zum Gegenstand haben oder die den Ländern bereits zugewiesene Aufgabe nur ausgestalten (BVerfGE 126, 104). Im ersten Fall ist erneut die Zustimmung des BRats erforderlich, in zweiten Fall lediglich dann, wenn die Änderungen in der Ausgestaltung der übertragenen Aufgabe dieser einen neuen Inhalt und eine wesentlich andere Bedeutung und Tragweite verleihen (BVerfGE 126, 104 f.) mit der Folge, dass auch insoweit von der Übertragung einer neuen Aufgabe ausgegangen werden muss (s. BVerfGE 126, 108). Dagegen löst eine Gesetzesänderung, die ohne inhaltliche Veränderung der aufgabenübertragenden Norm lediglich zu einer quantitativen Erhöhung der Vollzugslasten der Länder führt, ohne dass dies die Wahrnehmung der schon übertragenen Aufgabe strukturell oder in anderer Weise schwerwiegend verändert, noch keine Zustimmungsbedürftigkeit nach Abs. 2 aus (BVerfGE 126, 105 f.). Erst recht bedarf es nach Sinn und Zweck dieser Vorschrift nicht der Zustimmung des BRats, wenn durch ein Änderungsgesetz Aufgaben der Luftverkehrsverwaltung – ganz oder teilweise (BVerfGE 97, 226) – von den Ländern auf den Bund zurückübertragen werden (BVerfGE 97, 226 f.; 126, 110; insoweit wohl a.A. Uerpmann-Wittzack in von Münch/Kunig, Art. 87 d Rn. 20). Durch ein solches Gesetz wird keine Übertragung i.S. des Abs. 2 vorgenommen, sondern lediglich eine solche Übertragung – im Umfang der Aufhebung – zurückgenommen und insoweit die Regelzuständigkeit nach Abs. 1 (wieder)begründet.

## Artikel 87 e [Eisenbahnverkehrsverwaltung, Eisenbahnen des Bundes]

(1) Die Eisenbahnverkehrsverwaltung für Eisenbahnen des Bundes wird in bundeseigener Verwaltung geführt. Durch Bundesgesetz können Aufgaben der Eisenbahnverkehrsverwaltung den Ländern als eigene Angelegenheit übertragen werden.

(2) Der Bund nimmt die über den Bereich der Eisenbahnen des Bundes hinausgehenden Aufgaben der Eisenbahnverkehrsverwaltung wahr, die ihm durch Bundesgesetz übertragen werden.

(3) Eisenbahnen des Bundes werden als Wirtschaftsunternehmen in privat-rechtlicher Form geführt. Diese stehen im Eigentum des Bundes, soweit die Tätigkeit des Wirtschaftsunternehmens den Bau, die Unterhaltung und das Betreiben von Schienenwegen umfaßt. Die Veräußerung von Anteilen des Bundes an den Unter-

nehmen nach Satz 2 erfolgt auf Grund eines Gesetzes; die Mehrheit der Anteile an diesen Unternehmen verbleibt beim Bund. Das Nähere wird durch Bundesgesetz geregelt.

(4) Der Bund gewährleistet, daß dem Wohl der Allgemeinheit, insbesondere den Verkehrsbedürfnissen, beim Ausbau und Erhalt des Schienennetzes der Eisenbahnen des Bundes sowie bei deren Verkehrsangeboten auf diesem Schienennetz, soweit diese nicht den Schienenpersonennahverkehr betreffen, Rechnung getragen wird. Das Nähere wird durch Bundesgesetz geregelt.

(5) Gesetze auf Grund der Absätze 1 bis 4 bedürfen der Zustimmung des Bundesrates. Der Zustimmung des Bundesrates bedürfen ferner Gesetze, die die Auflösung, die Verschmelzung und die Aufspaltung von Eisenbahnunternehmen des Bundes, die Übertragung von Schienenwegen der Eisenbahnen des Bundes an Dritte sowie die Stillegung von Schienenwegen der Eisenbahnen des Bundes regeln oder Auswirkungen auf den Schienenpersonennahverkehr haben.

1 **Allgemeines:** Art. 87 e ist im Zuge der Neuordnung des Eisenbahnwesens durch G vom 20.12.1993 (BGBl I S. 2089) in das GG eingefügt worden. Die Vorschrift hat – zusammen mit Art. 143 a – als Zentralnorm des Eisenbahnverfassungsrechts die verfassungsrechtl. Grundlagen für die 1993 beschlossene *Strukturreform der Bundeseisenbahnen* geschaffen, durch welche für diese hoheitliche Verwaltung (dazu nachfolgend Rn. 2 ff.) und Wirtschaftätigkeit (vgl. Rn. 6 ff.) voneinander getrennt worden sind und die Letztere privatrechtl. organisiert worden ist (BGHSt 49, 216); zu weiteren Einzelheiten dieser Reform s. das EisenbahnneuordnungsG vom 27.12.1993 (BGBl I S. 2378) und auch BVerfGE 129, 356 ff.

**Absatz 1: Eisenbahnverkehrsverwaltung für Eisenbahnen des Bundes**

2 Abs. 1 regelt die Eisenbahnverkehrsverwaltung für die **Eisenbahnen des Bundes**. Dieser Begriff ist mit dem in Art. 73 I Nr. 6 a definierten identisch (vgl. deshalb Art. 73 Rn. 10). Unter die Vorschrift fallen also lediglich *Eisenbahnen*, nicht dagegen z.B. Magnetschwebebahnen (dazu s. das Allg. MagnetschwebebahnG v. 19.7.1996, BGBl I S. 1019) und Bergbahnen (vgl. auch § 1 II AEG), und Eisenbahnen mit den Teilbereichen Transport und Fahrwegbetrieb nur, wenn und solange sie ganz oder mehrheitlich im – zivilrechtl. – *Eigentum des Bundes* oder eines mehrheitlich dem Bund gehörenden Unternehmens stehen (s. auch § 2 VI AEG).

3 *Satz 1* ordnet die **Eisenbahnverkehrsverwaltung** für die Eisenbahnen des Bundes der – in erster Linie unmittelbaren – *Bundeseigenverwaltung* zu (näher zu diesem Begriff Art. 86 Rn. 2, Art. 87 Rn. 3 u. auch Art. 87 d Rn. 3). Diese ist obligatorisch und, wie sich aus dem Vergleich mit Satz 2 ergibt, die Regel, indessen nach Maßgabe dieser Vorschrift auflösend bedingt. Unberührt bleibt aber die Befugnis, nach Art. 87 III 1 durch Bundesgesetz selbständige Bundesoberbehörden sowie bundesunmittelbare Körperschaften und Anstalten des öffentl. Rechts zu errichten (vgl. OVG Magdeburg, LKV 2013, 90). Gegenständlich reicht die Eisenbahnverkehrsverwaltung weniger weit als die Verwaltung der früheren „Bundeseisenbahnen": Während die Verwaltungskompetenz für die Letzteren (Art. 87 I 1 a.F. u. dazu BVerfGE 129, 356) auch das Recht und die Pflicht des Bundes umfaßte, den (Personen- u. Güter-)Verkehr der Deutschen Bundesbahn und der Deutschen Reichsbahn selbst zu betreiben und sein Funktionieren durch Infrastrukturmaßnahmen, nämlich Bau, Unterhaltung und Betrieb der Schienenwege, sicherzustellen, klammert Art. 87 e das Erbringen von Eisenbahnverkehrsleistungen und das Betreiben der Eisenbahninfrastruktur („Fahrweg" einschl. der Bahn-

*Hömig*

höfe) aus dem Bereich der Eisenbahnverkehrsverwaltung aus und beschränkt diesen auf die *Wahrnehmung hoheitlicher Aufgaben* (BT-Dr 12/4610 S. 6 f.). Insoweit ist der Begriff der Eisenbahnverkehrsverwaltung jedoch umfassend. Er bezieht sich auf alle hoheitlichen Ordnungs- und Steuerungsaufgaben, die das Eisenbahnwesen einschl. des Baus und des Betriebs der Eisenbahnen betreffen
(BVerfGE 97, 222). Im Anwendungsbereich des Satzes 1 geht es dabei vornehmlich um die Wahrnehmung von Aufsichts- und Genehmigungsbefugnissen in Bezug auf diejenigen Unternehmen, die nach Abs. 3 als im Eigentum des Bundes
stehende Wirtschaftsunternehmen in privater Rechtsform für den Eisenbahnverkehr und die Eisenbahninfrastruktur zuständig sind (s. dazu auch BVerwG,
NVwZ 1995, 380, u. zur Eisenbahnaufsicht BGHSt 56, 106). Die Einzelheiten
ergeben sich insoweit vor allem aus dem G über die Eisenbahnverkehrsverwaltung des Bundes vom 27.12.1993 (BGBl I S. 2378, 2394; zur Planfeststellung für
Schienenwege der Eisenbahnen des Bundes vgl. BVerwG, NVwZ 2000, 674;
2001, 89), deren Aufgaben außer von dem für Verkehr zuständigen BMinisterium in erster Linie von dem als Bundesoberbehörde errichteten *Eisenbahn-Bun-
desamt* wahrgenommen werden. Art. 87 e I 1 sichert darüber hinaus auch den
Fortbestand der Verwaltungskompetenz des Bundes für die *Bahnpolizei*
(BVerfGE 97, 222 ff.; s. auch Art. 87 Rn. 5). Zur Vollziehung von *Landes*recht
befugt die Regelung nicht (OVG Münster, NWVBl 2006, 23; vgl. auch Art. 30
Rn. 7).

*Satz 2* eröffnet die Möglichkeit, durch Bundesgesetz vom Grundsatz des Satzes 1   **4**
abzuweichen und jedenfalls für einzelne Aufgaben der Eisenbahnverkehrsverwaltung im Verständnis dieser Vorschrift die – hier fakultative – **landeseigene Verwaltung** i.S. des Art. 83 zu begründen („als eigene Angelegenheit"; zum Erfordernis der BRatszustimmung s. unten Rn. 12). Der Bundesgesetzgeber hat von
dieser Möglichkeit im RegionalisierungsG und im Allg. EisenbahnG, beide vom
27.12.1993 (BGBl I S. 2378, 2395 bzw. 2396), Gebrauch gemacht und den Ländern darin mit Wirkung vom 1.1.1996 im Zuge des Übergangs der Aufgaben-
und Finanzverantwortung für den Schienenpersonennahverkehr (zum Begriff
s. § 2 V AEG) der früheren Bundeseisenbahnen vom Bund auf die Länder (vgl.
dazu nachstehend Rn. 11) Aufsichts- und Genehmigungsbefugnisse hinsichtlich
dieses Verkehrsbereichs übertragen.

### Absatz 2: Erweiterung der Eisenbahnverkehrsverwaltung des Bundes

Abs. 2 gestattet es dem Bundesgesetzgeber, mit Zustimmung des BRats (vgl.   **5**
Rn. 12) dem Bund – fakultativ – Aufgaben der Eisenbahnverkehrsverwaltung
auch für **Eisenbahnen** zu übertragen, die **nicht** – zumindest mehrheitlich – **im Eigentum des Bundes** stehen (*nichtbundeseigene Eisenbahnen*). Dies gilt unabhängig davon, ob diese Eisenbahnen ihren Sitz in der Bundesrepublik Deutschland
oder im Ausland haben. Auch bei der erweiterten Eisenbahnverkehrsverwaltung
handelt es sich wie bei der Verwaltung nach Abs. 1 Satz 1 (s. oben Rn. 3) in erster Linie um einen Fall der unmittelbaren Bundeseigenverwaltung (str.).

### Absatz 3: Eisenbahnen des Bundes als Wirtschaftsunternehmen

*Satz 1:* Mit Abs. 3 ist die Grundlage dafür geschaffen, dass die Eisenbahnen des   **6**
Bundes in Bezug auf die von ihnen zu erbringende Verkehrsleistung wie hinsichtlich des dafür notwendigen Infrastrukturprogramms (vgl. dazu schon oben
Rn. 3) nicht mehr, wie dies früher bei den Bundeseisenbahnen der Fall war
(ebenfalls Rn. 3), in Behördenform zu führen sind, sondern als **Wirtschaftsunternehmen in privatrechtlicher Organisationsform** mit weitreichender Autonomie
geführt werden. Die insoweit in Satz 1 getroffene Festlegung, die keine Vorgaben

*Hömig*      603

für eine bestimmte Privatrechtsform enthält und auch die Zahl der Unternehmen nicht vorschreibt, gilt also in gleicher Weise für *Eisenbahnverkehrsunternehmen* wie für *Unternehmen, die eine Eisenbahninfrastruktur betreiben* (BVerwGE 140, 365), und ist nach dem Willen des verfassungsändernden Gesetzgebers obligatorisch (BT-Dr 12/4610 S. 7: „Organisationsform verfassungsrechtl. ... festzuschreiben"). Die Führung der Eisenbahnunternehmen des Bundes als Verwaltungsaufgabe in Behördenform ist damit von Verfassungs wegen ausgeschlossen; eine Rückkehr zu öff.-rechtl. Organisationsformen würde eine neuerliche Verfassungsänderung voraussetzen. Die Entscheidung für eine Führung als – auch im Verhältnis zueinander dauerhaft verselbständigte (BGH, NJW 2012, 1084) – *Wirtschafts*unternehmen schließt – unbeschadet des Gemeinwohlauftrags des Bundes nach Abs. 4 (s. dazu nachstehend Rn. 9 f.) und ungeachtet der monopolartigen Stellung der DB Netz AG im Bereich der Eisenbahninfrastruktur (dazu BGHSt 56, 103) – die Entscheidung für eine nach den Grundsätzen der Marktwirtschaftlichkeit auf Gewinnerzielung gerichtete Unternehmensführung ein. Mit dieser kommerziellen Ausrichtung und der damit verbundenen Garantie einer unternehmerischen Selbstbestimmung wäre es unvereinbar, wirtsch. Entscheidungen der Eisenbahnunternehmen unter eine parl. Kontrolle des BTages zu stellen (BVerfGE 129, 368). Da Abs. 3 Satz 1 anders als Art. 87 f II 1 keine Regelung im Blick auf mögliche Wettbewerber (z.b. Eisenbahnen Privater, der Länder oder der Gemeinden) trifft, fehlen Vorgaben für einen Wettbewerb mit solchen Anbietern.

7 *Satz 2* geht wie *Satz 3* auf das im Laufe der Beratungen der Bahnreform (vgl. oben Rn. 1) geäußerte Verlangen des BRats zurück, das Eigentum an den Schienenwegen der Eisenbahnen des Bundes (zum Begriff der Schienenwege s. Windthorst in Sachs, Art. 87 e Rn. 51) nicht auf die Eisenbahnunternehmen zu übertragen, sondern unmittelbar beim Bund zu belassen (BVerfGE 129, 357, 369; BGHSt 52, 293; BT-Dr 12/5015 S. 11). Satz 2 bekräftigt vor diesem Hintergrund das **Eigentum des Bundes** an den gemäß Satz 1 gebildeten Wirtschaftsunternehmen, soweit deren Tätigkeit den **Bau,** die **Unterhaltung** und das **Betreiben von Schienenwegen** umfasst (näher zur Eisenbahninfrastruktur BGHSt 56, 100). Bedeutsamer noch ist die Regelung in Satz 3, die den Eigentumsbestand des Bundes an solchen Unternehmen in der Weise sichert, dass sie die Veräußerung von Unternehmensanteilen des Bundes an die Ermächtigung durch – zustimmungsbedürftiges (Rn. 12) – Bundesgesetz bindet (Halbs. 1) und gegenständlich auf Veräußerungen von weniger als 50 vH der Anteile beschränkt (so zutreffend auch § 2 III DBGrG). Die **Mehrheitsbeteiligung des Bundes** an den Unternehmen und damit seine eigentums- und gesellschaftsrechtl. Verfügungsbefugnis über diese sind danach durch Halbs. 2 verfassungsrechtl. festgeschrieben. Im Hinblick auf diesen Staatsvorbehalt, der einem vollständigen Rückzug des Bundes aus dem Eisenbahnwesen vorbeugen soll (BGHSt 52, 293), bleiben Infrastrukturunternehmen der genannten Art von Verfassungs wegen stets Eisenbahnen des Bundes; einer Kapitalprivatisierung dieser Unternehmen über die Grenze des Satzes 3 Halbs. 2 hinaus ist damit eine unüberwindbare Grenze gesetzt (ähnlich BVerwGE 140, 365 f.). Das bedeutet zugleich, dass die der Eisenbahninfrastruktur dienenden Wirtschaftsunternehmen (Rn. 6) unmittelbar grundrechtsgebunden sind und sich selbst auch nicht auf Grundrechte berufen können (BVerfGE 128, 244 ff.; BVerwGE 113, 211; a.A. z.B. Windthorst in Sachs, Art. 87 e Rn. 49). Für Unternehmen, die **Eisenbahn*verkehr*sleistungen** erbringen, also den Transport mit Eisenbahnen betreiben, gilt Satz 3 Halbs. 2 nicht; solche Unternehmen können deshalb, vorbehaltlich der Beschränkungen, die sich aus dem Gemeinwohl-

auftrag des Abs. 4 ergeben (vgl. dazu nachstehend Rn. 9 f.), ihre Eigenschaft als Eisenbahnen des Bundes verlieren, wenn der Bund seine Anteile an ihnen im Umfang von mindestens 50 vH veräußert, wofür es keines Gesetzes bedarf. Insoweit ist also eine totale Entstaatlichung dieses Verkehrssektors möglich. Eine Verpflichtung dazu besteht aber nicht. Sobald der Bund seinen beherrschenden Einfluss auf ein Unternehmen i.s. von Satz 3 aufgibt, kann dieses eigene Grundrechte geltend machen und ist seinerseits nicht mehr direkt an die Grundrechte gebunden (vgl. BVerfGE 115, 227 f.).

*Satz 4:* **Das Nähere** zu den Sätzen 1–3 ist in dem Deutsche Bahn-GründungsG    **8** vom 27.12.1993 (BGBl I S. 2378, 2386) geregelt. Nach dessen § 1 war der unternehmerische Bereich des aus der Zusammenführung der Sondervermögen „Deutsche Bundesbahn" und „Deutsche Reichsbahn" entstandenen Sondervermögens *„Bundeseisenbahnvermögen"* (§ 3 I Nr. 1 i.V.m. § 1 des BundeseisenbahnneugliederungsG v. 27.12.1993, BGBl I S. 2378) aus diesem auszugliedern und in eine unter der Firma „Deutsche Bahn AG" (DBAG) zu führende *Aktiengesellschaft* umzuwandeln (zur vermögensrechtl. Seite dieses Vorgangs vgl. BVerfGE 129, 357 f.). Dies ist Anfang 1994 geschehen. Dabei waren intern mindestens die Bereiche „Personennahverkehr", „Personenfernverkehr", „Güterverkehr" und „Fahrweg" organisatorisch und rechnerisch voneinander zu trennen (§ 25 Satz 1 DBGrG; zur Haftung von Eisenbahnverkehrs- u. Eisenbahninfrastrukturunternehmen gegenüber dem Eisenbahnnutzer BGH, NJW 2012, 1084). Zum 1.1.1999 sind aus diesen Bereichen gemäß § 2 I DBGrG eigenständige Aktiengesellschaften gebildet worden (s. BVerfGE 129, 358 f.; BGHSt 49, 220). Heute umfasst die DBAG als Konzern für die weiter aufgefächerten Aufgabenfelder eine Vielzahl von Tochterunternehmen. Die wichtigsten sind die DB Regio AG und die DB Fernverkehr AG im Bereich Personenverkehr, die DB Schenker Rail GmbH im Bereich Güterverkehr sowie die DB Netz AG im Bereich Eisenbahninfrastruktur.

### Absatz 4: Gemeinwohlauftrag des Bundes

Abs. 4 regelt in *Satz 1* den Gemeinwohlauftrag des Bundes *für seine Eisenbahnen*    **9** (u. nur für diese; dazu BT-Dr 17/393 S. 1). Die Regelung unterstreicht, dass unbeschadet der privatrechtl. Organisation dieser Eisenbahnen der Bund als staatl. Aufgabenträger den Belangen des Gemeinwohls insofern i.S. eines Staatsziels mit verfassungsrechtl. Verbindlichkeit verpflichtet bleibt, als es um den Bau und Erhalt des Schienennetzes der Eisenbahnen des Bundes (**Infrastrukturverantwortung des Bundes**) und um diesen Verkehrsangebote auf diesem Schienennetz außerhalb des Schienenpersonennahverkehrs (**Verkehrssicherstellungsauftrag des Bundes**) geht (s. dazu auch BT-Dr 12/5015 S. 11). Jedenfalls hinsichtlich der insoweit zu gewährleistenden Grundversorgung handelt es sich beim Eisenbahnwesen nach wie vor um eine öffentl. Aufgabe (weiter zu dieser Frage BGHSt 49, 220 ff.; vgl. auch BGHSt 56, 101), für die der Bund die Verwaltungszuständigkeit hat. Die Eisenbahninfrastrukturunternehmen des Bundes unterliegen zwar als Wirtschaftsunternehmen (Rn. 6) selbst nicht unmittelbar dem Gemeinwohlauftrag aus Abs. 4 Satz 1 (s. auch OLG Stuttgart, DVBl 2011, 442), bleiben aber im Hinblick auf die ihnen gegenüber wahrzunehmende Gemeinwohlverantwortung des Bundes grundsätzlich verpflichtet, ihre – nicht nach § 11 AEG stillgelegten – Strecken in einem betriebssicheren Zustand für den Eisenbahnverkehr vorzuhalten und nicht betriebssichere Strecken wieder in einen betriebssicheren Zustand zu versetzen (BVerwGE 129, 383 ff.; BGHSt 56, 100 f., 105). Der Umfang der Verpflichtung hängt maßgeblich vom jeweiligen Verkehrsbedürfnis, also von der Nachfrage, ab (vgl. BT-Dr 14/6498 S. 4 f.; 17/393 S. 1 f.). Bahnhofsgebäude, die für den Eisenbahnverkehr des Bundes nicht mehr erforderlich sind, können vom zuständigen Eisenbahninfrastrukturunternehmen an Dritte verkauft werden, wenn dies unter dem Gesichtspunkt der Unternehmenswirtschaftlichkeit notwendig oder sinnvoll erscheint (str.). Da sich die Regelung des Abs. 4 auf die Eisenbahnen des Bundes beschränkt, fehlt auch eine Regulierungsermächtigung in Bezug auf den Eisenbahnsektor als Ganzes (s. auch oben Rn. 6). Subjektive Rechte des Einzelnen werden durch Abs. 4 nicht begründet. Auch eine zeitliche Befristung lässt sich der Vorschrift nicht entnehmen. Diese schließt eine Veräußerung von Anteilen des Bundes an seinen Eisenbahnunternehmen (vgl. oben Rn. 7) aus, wenn sie zu einer die Eisenbahnverkehrsbedürfnisse der Allgemeinheit berührenden Beeinträchtigung des Schienen- und Verkehrsangebots führt (hinsichtlich der Verkehrsunternehmen str.). Zur finanziellen Seite des Infrastrukturauftrags s. BT-Dr 14/242 S. 1 f.; 15/2323 S. 6 f.; 15/4621 S. 5 ff., 16/1810 S. 2, zu den finanziellen Leistungen des Bundes für das Eisenbahnwesen insgesamt BT-Dr 14/6483 S. 2 f.

10 Im Einzelnen ist die **Konkretisierung des Gemeinwohlauftrags** nach *Satz 2* vor allem Sache des an die Zustimmung des BRats gebundenen (Rn. 12) einfachen (Bundes-)Gesetzgebers, dem ein erheblicher Gestaltungsspielraum eröffnet ist; ihren Niederschlag gefunden hat sie insbes. im BundesschienenwegeausbauG vom 15.11.1993 (BGBl I S. 1874; vgl. auch BT-Dr 13/6929 S. 4; 13/11468 S. 4 f.; 14/3682 S. 7, 25 f.; 14/4048 S. 5; 15/285 S. 2; 16/840 S. 3). Darüber hinausgehende Beteiligungsrechte des BTages an unternehmerischen Einzelentscheidungen der Eisenbahnunternehmen des Bundes lassen sich Art. 87 e IV nicht entnehmen (BVerfGE 129, 368). Fraglich ist, ob die am 1.1.2009 in Kraft getretene Leistungs- und Finanzierungsvereinbarung zwischen Bund und DBAG, die jenen bis 2013 in Milliardenhöhe zu jährlichen Zahlungen für Ersatzinvestitionen in Schienennetz, Bahnhöfe und Energieanlagen verpflichtet, den Anforderungen des Gesetzesvorbehalts des Satzes 2 genügt.

11 Dass Abs. 4 die den **Schienenpersonennahverkehr** betr. *Verkehrsangebote* der Eisenbahnen des Bundes vom Gemeinwohlauftrag zu Lasten des Bundes ausnimmt, hängt damit zusammen, dass zum 1.1.1996 die Länder für den Schienenpersonennahverkehr der früheren Bundeseisenbahnen zuständig wurden (vgl. Art. 143 a Rn. 6). Unter Personennahverkehr ist die Beförderung von Nutzern des Stadt-, Vorort- und Regionalverkehrs zu verstehen (s. § 2 V AEG); die Eisenbahninfrastruktur, also insbes. der Ausbau des Schienennetzes, gehört nicht dazu. Nicht ganz eindeutig ist, ob sich die Aufhebung der Bundeskompetenz, wie sie für die damit verbundenen Aufgaben bis zum Inkrafttreten der Bahnreform bestand (vgl. oben Rn. 3) und gemäß Art. 143 a III 1 bis zum 31.12.1995 aufrechterhalten wurde, als Voraussetzung für den nach Art. 30 eintretenden Zuständigkeitswechsel (Art. 106 a Rn. 1) schon aus Art. 87 e und hier vor allem aus Abs. 4 ergibt oder ob sie unmittelbar der als Übergangsvorschrift gedachten Regelung des Art. 143 a III 1 entnommen werden muss. Die Zuständigkeit der Länder, die sich seit dem Wirksamwerden der Kompetenzänderung auf den gesamten öffentl. Personennahverkehr erstreckt (s. auch Art. 106 a), schließt es nicht aus, die im Rahmen des Schienenpersonennahverkehrs geschuldete Verkehrsleistung auf vertraglicher Grundlage durch die DBAG (zu ihr vgl. oben Rn. 8) erbringen zu lassen („Bestellerprinzip"). Nicht erfasst von dem Zuständigkeitsübergang ist die Verantwortung für den Ausbau und den Erhalt des *Schienennetzes* der Eisenbahnen des Bundes. Entsprechend seiner Infrastrukturverantwortung nach Abs. 4 verbleibt sie beim Bund unabhängig davon, ob die Schienenwe-

*Hömig*

ge vom Personennah-, Personenfern- oder Güterverkehr genutzt werden. Der Bund hat dieser Verantwortung im Hinblick auf die Länderzuständigkeit für den Schienenpersonennahverkehr länderfreundlich nachzukommen.

**Absatz 5: Zustimmung des Bundesrats**

*Satz 1* bindet, nicht immer ganz einsichtig, alle **Gesetze im Sinne der Absätze 1** **12** **bis 4** an die Zustimmung des BRats. Für das Zustimmungserfordernis nach *Absatz 1 Satz 2*, das Funke, VerwArch 2012, 297, zu Unrecht verneint, gelten die für Art. 87 d II maßgebenden Grundsätze entsprechend (s. deshalb Art. 87 d Rn. 8); dass es dort um die Übertragung von Bundesaufgaben in Auftragsverwaltung, hier dagegen um die Übernahme solcher Aufgaben in die landeseigene Verwaltung geht, macht für die Zustimmungsbedürftigkeit keinen Unterschied. In Bezug auf *Absatz 2* lässt Abs. 5 Satz 1 außer Betracht, dass Art. 89 II 2, an dem sich Abs. 2 sonst orientiert (vgl. auch BT-Dr 12/4610 S. 6), für die auf seiner Grundlage mögliche Aufgabenübertragung die Zustimmung des BRats nicht verlangt (s. Art. 89 Rn. 8). Auch wenn es sich hier – anders als in den Fällen der Art. 87 b II 1, Art. 87 c und Art. 87 d II – um die Verlagerung von Verwaltungszuständigkeiten von den Ländern auf den Bund handelt, richtet sich die Erforderlichkeit der BRatszustimmung sinngemäß nach den für diese Vorschriften geltenden (in Art. 87 b Rn. 10, Art. 87 c Rn. 3 u. Art. 87 d Rn. 8 dargestellten) Grundsätzen. Das Zustimmungserfordernis hinsichtlich der Bundesgesetze nach den *Absätzen 3 und 4* trägt dem besonderen Interesse der Länder an einem gesicherten Fortbestand der Verantwortung des Bundes für die Eisenbahninfrastruktur Rechnung (BT-Dr 12/6280 S. 8).

Dasselbe Interesse steht auch hinter den Zustimmungsvorbehalten des *Satzes 2*. **13** Zu den wichtigsten der dort genannten Regelungsgegenstände vgl. ergänzend § 2 II DBGrG, § 26 des BundeseisenbahnneugliederungsG (s. Rn. 8) und § 11 AEG.

## Artikel 87 f [Postwesen und Telekommunikation]

**(1)** Nach Maßgabe eines Bundesgesetzes, das der Zustimmung des Bundesrates bedarf, gewährleistet der Bund im Bereich des Postwesens und der Telekommunikation flächendeckend angemessene und ausreichende Dienstleistungen.

**(2)** Dienstleistungen im Sinne des Absatzes 1 werden als privatwirtschaftliche Tätigkeiten durch die aus dem Sondervermögen Deutsche Bundespost hervorgegangenen Unternehmen und durch andere private Anbieter erbracht. Hoheitsaufgaben im Bereich des Postwesens und der Telekommunikation werden in bundeseigener Verwaltung ausgeführt.

**(3)** Unbeschadet des Absatzes 2 Satz 2 führt der Bund in der Rechtsform einer bundesunmittelbaren Anstalt des öffentlichen Rechts einzelne Aufgaben in bezug auf die aus dem Sondervermögen Deutsche Bundespost hervorgegangenen Unternehmen nach Maßgabe eines Bundesgesetzes aus.

**Allgemeines:** Art. 87 f ist im Rahmen der **Neuordnung des Postwesens und der** **1** **Telekommunikation** durch G vom 30.8.1994 (BGBl I S. 2245) in das GG eingefügt worden. Die Vorschrift bildet – zusammen mit Art. 143 b – die verfassungsrechtl. Grundlage für die im Einzelnen im PostneuordnungsG vom 14.9.1994 (BGBl I S. 2325) geregelte sog. *Postreform II* (zur Postreform I s. G v. 8.6.1989, BGBl I S. 1026, u. BVerfGE 108, 171). Zu den internationalen, insbes. europarechtl., Hintergründen dieser Reform vgl. etwa BT-Dr 14/2321 S. 14 f., 18 f.

**Absatz 1: Infrastruktursicherungsauftrag des Bundes**

2 Abs. 1 knüpft, systematisch etwas unglücklich platziert, an die Entscheidung des Verfassungsgesetzgebers in Abs. 2 Satz 1 i.V.m. Art. 143 b I 1 an, die Erbringung von Dienstleistungen im Bereich des Postwesens und der Telekommunikation den aus dem früheren Sondervermögen Deutsche Bundespost als Unternehmen privater Rechtsform hervorgegangenen Unternehmen und anderen privaten Anbietern vorzubehalten (näher dazu nachstehend Rn. 5 u. Art. 143 b Rn. 2). Er begründet im Hinblick auf diese Entscheidung und die mit ihr verbundenen marktwirtsch. Risiken die verfassungsrechtl. **Pflicht des Bundes**, in Wahrnehmung einer *hoheitlichen Aufgabe* (BT-Dr 12/8060 S. 181; Vergabeüberwachungsausschuss des Bundes, NVwZ 1999, 1151) zu gewährleisten, dass solche Dienstleistungen flächendeckend sowohl angemessen als auch ausreichend erbracht werden (zur Reichweite der Regelung im Einzelnen s. sogleich Rn. 3). Den Bund trifft danach für die genannten Bereiche *nicht mehr* die *Erfüllungsverantwortlichkeit*, wohl aber weiterhin eine *Gewährleistungs-* und im Zusammenhang damit eine *Kontroll- und Regulierungsverantwortlichkeit* (BVerwGE 121, 196 ff.; sog. **Universaldienstgewährleistung**). Dabei werden die Begriffe „Postwesen" und „Telekommunikation" im gleichen Sinne verwendet wie in Art. 73 I Nr. 7 (vgl. deshalb Art. 73 Rn. 11, zum Begriff Telekommunikation auch BVerfGE 108, 183, u. § 3 Nr. 22 TKG).

3 Ziel der in Abs. 1 zum Ausdruck kommenden Wertentscheidung (BVerfG, NJW 2000, 799) ist es, *flächendeckend*, d.h. i.s. der Herstellung einheitlicher Lebensverhältnisse (BVerwG, DVBl 2001, 1373) für das gesamte Gebiet der Bundesrepublik Deutschland, eine **Grund- oder Mindestversorgung** mit Post- und Telekommunikationsdienstleistungen (BT-Dr 12/7269 S. 4, 10) sicherzustellen. Den auf diesen Gebieten tätig werdenden Wettbewerbern (s. Rn. 5) ist ein fairer, offener, chancengleicher und funktionsfähiger Wettbewerb zu ermöglichen, in dessen Konsequenz die Versorgung der Bevölkerung mit diesen Leistungen dauerhaft gewährleistet ist. Dabei müssen die zu erbringenden Leistungen *„angemessen"*, d.h. qualitativ-angemessen (nicht notwendigerweise optimal) beschaffen und für den Kunden erschwinglich, sowie hinsichtlich ihrer Menge (quantitativ-)*„ausreichend"* sein (vgl. BT-Dr 12/7269 S. 10; 12/8108 S. 6). Ist dies nicht oder nicht in dem verfassungsrechtl. gebotenen Ausmaß gesichert – was angemessen und ausreichend ist, hängt vom Stand der Technik ab und unterliegt dem zeitlichen Wandel (OVG Münster, NVwZ 2013, 88) –, ist der Bund nach Abs. 1 zum regulierenden Eingreifen verpflichtet (BVerfGE 108, 393 f.; s. auch BVerwGE 117, 100 f.; 121, 197 f.). Ohne Regulierung ist ein auf Chancengleichheit ausgerichteter, funktionsfähiger Wettbewerb auf den Märkten des Art. 87 f nicht zu erreichen (zu weiteren Regulierungszielen im Bereich der Telekommunikation BVerwGE 140, 232). Der marktwirtsch. Wettbewerb ist danach nicht völlig freigegeben, sondern eingebettet in das Gewährleistungsregime der Abs. 1 (BVerwG, NVwZ 2007, 1327), das verhindern soll, dass es bei und nach der Privatisierung und Liberalisierung des Post- und Telekommunikationswesens zu einer Unterversorgung der Bevölkerung mit den entsprechenden Dienstleistungen kommt (BVerfGE 130, 72). Als *Staatszielbestimmung*, die für die Empfänger solcher Leistungen keine subjektiven Rechte begründet (OVG Münster, NVwZ 2013, 88), verhindert die Vorschrift damit im sozialstaatl. Interesse der Bevölkerung, dass sich der Staat, der die Leistungen wegen Abs. 2 Satz 1 nicht selbst erbringen darf, ganz aus den Bereichen von Post und Telekommunikation zurückzieht, denen für die Volkswirtschaft eine herausgehobene Bedeutung zukommt (so für die Telekommunikation BVerfG, NJW 2001, 2961; 2003, 198). Im Einzelnen ist die

Gewährleistungspflicht **nach Maßgabe bundesgesetzlicher Regelung**, d.h. auf der Grundlage entsprechender Regulierungsgesetze und RVO und nicht mit fiskalischen Mitteln (vgl. dazu BT-Dr 12/7269 S. 10), zu erfüllen. Adressat des Gewährleistungsauftrags ist also primär der Bundesgesetzgeber (BVerwGE 121, 200), dem insoweit eine gegenüber Art. 73 I Nr. 7 spezielle ausschließliche Regelungszuständigkeit zugewiesen ist und der bei der Wahl der die Grundversorgung sichernden Maßnahmen einen weiten Einschätzungsspielraum hat (BVerwG, NVwZ 2007, 1327). Die einschlägigen gesetzl. Vorschriften, durch die der Infrastrukturauftrag des Bundes konkretisiert wird (OVG Berlin-Brandenburg, NVwZ-RR 2011, 589), sind im PostG vom 22.12.1997 (BGBl I S. 3294), im TelekommunikationsG vom 22.6.2004 (BGBl I S. 1190), vor allem in den Vorschriften über die Pflicht zur Erbringung sog. Universaldienstleistungen (s. die §§ 11 ff. PostG mit Post-UniversaldienstleistungsVO v. 15.12.1999, BGBl I S. 2418, u. die §§ 78 ff. TKG), und auch – für Notsituationen sowie Anlässe mit Auslandsbezug – im Post- und TelekommunikationssicherstellungsG vom 24.3.2011 (BGBl I S. 506, 941) enthalten. Zur Sicherung der Grundversorgung im Bereich des Postwesens vgl. auch Vergabeüberwachungsausschuss des Bundes, NVwZ 1999, 1151, zur Benutzung öffentl. Verkehrsflächen und privater Grundstücke in Ausführung des Auftrags aus Art. 87 f im Bereich der Telekommunikation BVerfG, NJW 1999, 1952; 2000, 798; 2003, 198; BGHZ 145, 25 ff.; 159, 178.

**Bundesgesetze i.S. des Abs. 1 sind an die Zustimmung des Bundesrats gebunden.**    4
Begründet wurde die Schaffung dieses Zustimmungsvorbehalts mit dem „Anliegen der Länder nach erweiterter Einflussnahme" in dem hier berührten „wichtigen Sektor der Infrastruktur" (BT-Dr 12/6717 S. 4).

### Absatz 2: Private Dienstleistungen und Hoheitsaufgaben

*Satz 1* enthält – zusammen mit Art. 143 b I 1 – die eigentliche Weichenstellung    5
im Zuge der Postreform II und das *Kernstück der neuen Post- und Telekommunikationsverfassung.* Danach werden die Dienstleistungen im Bereich des Postwesens und der Telekommunikation nicht mehr, wie dies früher nach Art. 87 I 1 a.F. im Rahmen der Aufgabenerledigung durch die Deutsche Bundespost der Fall war (vgl. BVerfGE 108, 170 f.), durch in Behördenform geführte Unternehmen, sondern in Konsequenz der vom Verfassungsgesetzgeber gewollten Aufgabenprivatisierung als **privatwirtschaftliche Tätigkeiten** durch private, mit weitreichender Autonomie ausgestattete Anbieter erbracht. Dies ist als Verbot staatl. Betätigung in den Formen des Verwaltungsrechts zu verstehen. Post- und Telekommunikations*dienstleistungen* als Tätigkeiten zur Befriedigung postalischer und telekommunikativer Bedürfnisse sind nicht mehr Gegenstand einer Verwaltungsaufgabe (BT-Dr 12/6717 S. 3). Eine Übernahme in staatl. Regie kommt danach auch dann nicht in Betracht, wenn die zur Erbringung der privatisierten Dienstleistungen allein befugten **privaten Anbieter** diese Leistungen nur unzureichend erbringen. Zu den privaten Anbietern, die – allerdings im Rahmen der Bindungen, die sich aus Abs. 1 ergeben können (BVerfGE 108, 393) – im freien, fairen und chancengleichen Wettbewerb zueinander stehen (s. auch BVerfG, NJW 2001, 2961; BVerwGE 114, 168 f., 180, 191; 118, 359; BGHZ 149, 218) und mit dem von ihnen angebotenen Wirtschaftsgut am Markt Gewinne erzielen wollen, rechnen einmal die auf der Grundlage des Art. 143 b I 1 in Unternehmen privater Rechtsform umgewandelten Unternehmen des vormaligen Sondervermögens Deutsche Bundespost (vgl. dazu näher Art. 143 b Rn. 2), zum anderen aber auch jeder andere private Dienstleistungserbringer als Wettbewerber, und zwar

auch soweit er neue, zum Zeitpunkt der Privatisierung noch nicht erbrachte Dienstleistungen am Markt anbietet (BVerwGE 119, 302 f.). Da keines der Nachfolgeunternehmen der Deutschen Bundespost noch unter beherrschendem staatl. Einfluss steht, sind alle Erbringer von Dienstleistungen i.s. des Art. 87 f grundrechtsfähig und nicht ihrerseits unmittelbar an die Grundrechte gebunden (s. BVerfGE 115, 227 f.; 128, 244 ff., u. auch hier Art. 10 Rn. 3 m.w.N.). Ob auch die Gemeinden Dienstleistungserbringer sein können, ist – für den Bereich der Telekommunikation – umstritten (vgl. BGHZ 156, 390 f.; Gersdorf in v. Mangoldt/Klein/Starck, Art. 87 f Rn. 65 m.w.N.) und jedenfalls dann zu vernei-nen, wenn die Dienstleistungen nicht in privatrechtl. Organisationsform und nicht privatwirtsch. erbracht werden.

6  *Satz 2*: Die **Hoheitsaufgaben** auf dem Gebiet des Postwesens und der Telekom-munikation, die nach Ausgliederung der Dienstleistungen i.s. des Abs. 1 in den Bereich privatwirtsch. Tätigkeiten verbleiben, sind wie bisher Verwaltungsaufga-ben des Bundes und werden von diesem in **bundeseigener Verwaltung** (näher zu diesem Begriff Art. 86 Rn. 2) wahrgenommen. Diese ist obligatorisch und kann jedenfalls hinsichtlich einzelner Aufgaben auch in mittelbarer Bundesverwaltung geführt werden (vgl. Art. 87 Rn. 3, Art. 87 d Rn. 3 u. zur Bedeutung des „Unbe-schadet des" in Art. 87 f III BT-Dr 12/8108 S. 6; a.A. in letzterer Hinsicht etwa Wieland in Dreier, Art. 87 f Rn. 26). Sie erstreckt sich z.b. auf die Regulierung (BVerwGE 121, 197) zum Zweck der infrastrukturellen Sicherung i.s. des Abs. 1, auf Fragen der Standardisierung und Normierung, auf die Funkfrequenz-verwaltung, auf die Erteilung von Genehmigungen für Funkanlagen (zur gerichtl. Kontrolldichte bei der telekommuikationsrechtl. Marktregulierung s. BVerfG, DVBl 2012, 231 ff.) und auf die Vorsorge für den Krisen- und Katastrophenfall (BVerfGE 108, 183; BT-Dr 12/6717 S. 4). Auf dieser Grundlage ist die Bundes-netzagentur für Elektrizität, Gas, Telekommunikation, Post und Eisenbahnen, ei-ne Bundesoberbehörde, als *Regulierungsbehörde* errichtet worden (vgl. die §§ 116 f., 120 ff. TKG i.V.m. § 1 BNetzAG, § 44 PostG; zur Handhabung des Petitionsrechts in Bezug auf diese Behörde s. Schefold, NVwZ 2002, 1086). Grundsätzlich keine Zuständigkeit hat der Bund auch unter der Geltung des Art. 87 f für die Veranstaltung von *Rundfunksendungen*. Denn nur die fernmel-detechnische, nicht aber auch die programminhaltliche Seite des Rundfunks fällt unter die Telekommunikationskompetenz des Bundes. Ein Tätigwerden auch in letzterer Hinsicht ist deshalb, abgesehen von dem Sendebetrieb der auf der Grundlage des Kompetenztitels „auswärtige Angelegenheiten" (vgl. dazu Art. 73 Rn. 3, Art. 87 Rn. 2) errichteten Rundfunkanstalt des Bundesrechts Deutsche Welle (Rechtsgrundlage: Deutsche-Welle-G i.d.F. v. 11.1.2005, BGBl I S. 90), ausschließlich Sache der Länder (so zur früheren Rechtslage BVerfGE 12, 243 ff.; OVG Berlin, OVGE Bln 20, 214; s. auch BVerfGE 108, 183; BVerwGE 104, 175). Das Gleiche gilt für Fragen der inhaltlichen Nutzung von Rundfunkfre-quenzen (OVG Bremen, DVBl 2000, 136).

### Absatz 3: Mittelbare Bundesverwaltung

7  Abs. 3 erweitert die Verwaltungskompetenzen, die der Bund im Bereich des Post-wesens und der Telekommunikation nach Abs. 2 Satz 2 hat, für **Aufgaben in Be-zug auf die Unternehmen, die** im Vollzug des Art. 143 b I 1 **aus dem Sonderver-mögen Deutsche Bundespost hervorgegangen sind**. Diese Aufgaben sind nach Maßgabe eines Bundesgesetzes (zur Gesetzgebungszuständigkeit s. oben Rn. 3), das nicht der Zustimmung des BRats bedarf, in der Rechtsform einer bundesun-mittelbaren Anstalt des öffentl. Rechts, also in mittelbarer Bundesverwaltung

(vgl. Art. 86 Rn. 2), auszuführen. Auf der Grundlage dieser Regelung ist durch das G über die Errichtung einer *Bundesanstalt für Post und Telekommunikation Deutsche Bundespost* vom 14.9.1994 (BGBl I S. 2325) eine Anstalt gleichen Namens geschaffen worden. Ihre Aufgaben sind in § 3 dieses Gesetzes i.d.F von Art. 2 des G vom 21.11.2012 (BGBl I S. 2299) geregelt (s. dazu auch BT-Dr 16/13824 S. 2). Die Ausführung postalischer Tätigkeiten ist der Anstalt im Hinblick auf Abs. 2 Satz 1 nicht gestattet (vgl. auch BT-Dr 12/6717 S. 4).

## Artikel 88 [Bundesbank, Europäische Zentralbank]

**Der Bund errichtet eine Währungs- und Notenbank als Bundesbank. Ihre Aufgaben und Befugnisse können im Rahmen der Europäischen Union der Europäischen Zentralbank übertragen werden, die unabhängig ist und dem vorrangigen Ziel der Sicherung der Preisstabilität verpflichtet.**

Art. 88 enthält in *Satz 1* einen **Verfassungsauftrag**, eine Währungs- und Notenbank als **Bundesbank zu errichten** (BVerwGE 41, 349). Diesem – seit der Ergänzung des Art. 88 durch G vom 21.12.1992 (BGBl I S. 2086) nach Maßgabe des Satzes 2 modifizierten – Auftrag ist der Bundesgesetzgeber als Adressat der Verpflichtung mit dem G über die Deutsche Bundesbank i.d.F. vom 22.10.1992 (BGBl I S. 1782) nachgekommen. Aus dem Verfassungsauftrag ist seitdem eine institutionelle *Bestandsgarantie* geworden, die der BBank auch einen Mindestbestand ihrer verfassungsrechtl. Aufgaben (Rn. 2) sichert (str.). 1

Die **Aufgaben der Deutschen Bundesbank** (BBank) haben sich seit dem Wirksamwerden der Europäischen Währungsunion am 1.1.1999 (vgl. nachstehend Rn. 6) grundlegend gewandelt (zum vorherigen Aufgabenbestand s. zuletzt die 5. Aufl. des Kommentars in Art. 88 Rn. 2). Geld- und Währungspolitik sind im Rahmen des Europäischen Systems der Zentralbanken (ESZB; vgl. Rn. 6) seitdem in erster Linie Aufgabe der Europäischen Zentralbank (EZB; s. Rn. 6). Nach § 3 BBankG ist die BBank als **Zentralbank der Bundesrepublik Deutschland** integraler Bestandteil dieses Systems. Sie nimmt über die Mitgliedschaft ihres Präsidenten in den Organen der EZB Einfluss auf deren Entscheidungen und wirkt auch sonst an der Erfüllung der Aufgaben des ESZB, insbes. an der Umsetzung der geld- und währungspolit. Beschlüsse der EZB, mit (näher Heun, JZ 1998, 867, 869). In diesem Rahmen trägt sie dazu bei, die Währung und Preisstabilität zu sichern. Darüber hinaus sorgt die BBank für die bankmäßige Abwicklung des Zahlungsverkehrs im Inland und mit dem Ausland (vgl. dazu auch BVerfGE 14, 217). Vorbehaltlich der Befugnisse der EZB hat die BBank ferner das Recht zur Ausgabe von Banknoten (§ 14 BBankG). Nach § 12 Satz 2 BBankG unterstützt sie, soweit das unter Wahrung ihrer Aufgabe als Bestandteil des ESZB möglich ist, die allg. Wirtschaftspolitik der BReg (s. auch BT-Dr 17/1368 S. 1 ff.). Außerdem führt die BBank über die im BBankG geregelten Aufgaben hinaus und außerhalb des ESZB die ihr sonst durch Rechtsvorschriften übertragenen Aufgaben durch (im Einzelnen vgl. BT-Dr 16/608 S. 2; zur Beteiligung an der Bankenaufsicht durch die Bundesanstalt für Finanzdienstleistungsaufsicht s. ferner das KreditwesenG i.d.F. v. 9.9.1998, BGBl I S. 2776, BT-Dr 17/1118 u. BVerfGE 14, 215 ff.). 2

Die Stellung eines Verfassungsorgans hat die BBank – hervorgegangen aus der Bank deutscher Länder, mit der die Landeszentralbanken und die Berliner Zentralbank verschmolzen worden waren (§ 1 BBankG a.F.) – nicht. Sie ist vielmehr als „bundesunmittelbare juristische Person des öffentl. Rechts" errichtet worden 3

(§ 2 Satz 1 BBankG) und damit Teil der obligatorischen mittelbaren Bundesverwaltung mit besonderer Stellung (aber keine Parteifähigkeit im Organstreit; s. Art. 93 Rn. 7). **Organ der Bundesbank**, mangels mitgliedschaftlicher Ausgestaltung eine Anstalt des öffentl. Rechts, ist seit der Neuorganisation durch G vom 23.3.2002 (BGBl I S. 1159), durch das die Struktur der BBank an die Erfordernisse des ESZB angepasst worden ist (BT-Dr 16/608 S. 1 f.), der Vorstand, der seit dem 20.7.2007 (G v. 16.7.2007, BGBl I S. 1382) aus dem Präsidenten, dem Vizepräsidenten und vier weiteren Mitgliedern besteht (§ 7 BBankG). Die BBank unterhält nach § 8 BBankG für den Bereich der dort genannten Länder neun Hauptverwaltungen mit jeweils einem Beirat (§ 9 BBankG). Die Bildung von Filialen ist möglich; sie unterstehen der zuständigen Hauptverwaltung (§ 10 BBankG). Der Vorstand hat die Stellung einer obersten Bundesbehörde, die Hauptverwaltungen und Filialen haben die von (nachgeordneten) Bundesbehörden (§ 29 I BBankG). Weil Art. 88 Satz 1 als lex specialis Art. 87 vorgeht, konnte diese Organisationsstruktur, die innerhalb der Bundeseinrichtung BBank föderative Elemente erkennen lässt, geschaffen werden, ohne dass dafür die besonderen Voraussetzungen des Art. 87 III 2 vorliegen mussten (vgl. zur früheren Organisationsform BVerfGE 14, 215).

4   Die BBank unterliegt als Währungs- und Notenbank nicht der parl. Kontrolle. Sie ist bei Ausübung ihrer Befugnisse nach dem BBankG von Weisungen der BReg unabhängig (§ 12 Satz 1 BBankG) und untersteht insoweit auch keiner ministeriellen Fach- oder Dienstaufsicht (BVerwGE 41, 354). Diese **Unabhängigkeit der Bundesbank** ist mit dem GG vereinbar. Ob sie verfassungsrechtl. geboten ist, ist umstritten. Das BVerwG hat die Frage in Übereinstimmung mit der h.M. (vgl. die Nachweise bei Pieroth in Jarass/Pieroth, Art. 88 Rn. 3) verneint (BVerwGE 41, 354 ff.; s. aber auch BVerfGE 62, 183). Seit Anfügung des Satzes 2, der für die EZB Unabhängigkeit verlangt (vgl. dazu nachstehend Rn. 6), spricht wohl mehr dafür, diese auch für die BBank als von Verfassungs wegen gefordert anzusehen (so etwa Herdegen in Maunz/Dürig, Art. 88 Rn. 2, 55). Dazu tritt die europarechtl. Absicherung durch Art. 130 AEUV.

5   Wie gegenüber Art. 87 (s. oben Rn. 3) hat Art. 88 Satz 1 Vorrang auch vor Art. 80 I 1 (BVerwGE 41, 349 ff.). Der Bundesgesetzgeber ist deshalb durch diese Vorschrift nicht gehindert, der BBank die **Befugnis zur Rechtsetzung** zu übertragen. Ein originäres Rechtsetzungsrecht ist der BBank dagegen nicht verliehen (BVerwGE 41, 351). Die umstrittene Frage, welche Qualität von ihr erlassene Rechtsnormen haben (RVO, autonome Satzungen oder Rechtssätze eigener Art), hat seit dem Übergang der wichtigsten Regelungsbefugnisse auf die EZB an praktischer Bedeutung verloren.

6   *Satz 2* enthält die Ermächtigung für die Übertragung derjenigen Aufgaben und Befugnisse der BBank, die im Rahmen der EU, mithin auf dem Wege des Art. 23 I 3 (vgl. dazu Art. 23 Rn. 16), auf die **Europäische Zentralbank** übergegangen sind (s. Rn. 2), die als Teil der seit dem 1.1.1999 bestehenden, inzwischen 17 Mitgliedstaaten der EU umfassenden **Europäischen Währungsunion** durch den Vertrag von Maastricht über die EU vom 7.2.1992 (vgl. BGBl II S. 1253) geschaffen worden ist. Diese Ermächtigung, die auch die verfassungsrechtl. Grundlage für den mit der Begründung der Währungsunion verbundenen Umtausch der Deutschen Mark in eine einheitliche europäische Währung, den Euro, darstellt (s. BVerfGE 97, 372), setzt eine EZB voraus, die – entsprechend Art. 130, 282 III 3 AEUV – ihren Aufgaben, Befugnissen und Pflichten in *Unabhängigkeit* nachkommen kann (zur Vereinbarkeit der damit verbundenen Modifikation des Demokratieprinzips mit Art. 79 III vgl. BVerfGE 89, 208) und vorrangig dem Ziel

der *Sicherung der Preisstabilität* verpflichtet ist (Art. 127 I 2, Art. 282 II 1 AEUV; s. auch BVerfGE 97, 372, 375). Beachtung der Unabhängigkeit und das vorrangige Ziel der Preisstabilität sind dauerhaft geltende Verfassungsanforderungen der deutschen Beteiligung an der Währungsunion (BVerfG, U. v. 12.9.2012 – 2 BvR 1390/12 u.a. –). Darauf hinzuwirken, dass die EZB diesen Anforderungen genügt, ist von daher Verfassungspflicht der zuständigen Organe der Bundesrepublik Deutschland, insbes. der BBank im Rahmen des zusammen mit der EZB errichteten, aus dieser und den nationalen Zentralbanken bestehenden ESZB. Darüber hinaus hat Satz 2 aber auch innerhalb der EU insofern Bedeutung, als die Gemeinschaftsorgane nach dem für die Mitgliedstaaten der EU geltenden Grundsatz der loyalen Zusammenarbeit gehalten sind, das Verfassungsrecht der Mitgliedstaaten so weit wie irgend möglich zu achten (vgl. BVerfGE 89, 201 f.). Die Aufgaben und Befugnisse der EZB sind im Einzelnen in den Art. 127 ff., 282 AEUV und der Satzung des ESZB und der EZB geregelt (vgl. dazu Heun, JZ 1998, 869 ff.; zum Verbot monetärer Haushaltsfinanzierung durch die EZB als wesentlichem Element zur unionsrechtl. Sicherung der verfassungsrechtl. Anforderungen des Demokratiegebots s. BVerfG, U. v. 12.9.2012 – 2 BvR 1390/12 u.a. –).

Satz 2 hat als **staatsorganisatorische Bestimmung** objektivrechtl. Bedeutung. Ob die Regelung auch dem Ziel des subjektiven Eigentumsschutzes dient, ist verfassungsgerichtl. noch nicht entschieden (BVerfGE 129, 173 m.w.N.), indessen wohl zu verneinen (vgl. auch zur Reichweite des Art. 14 die Erl. dort in Rn. 6). Eine Überprüfung im Verfassungsbeschwerdeverfahren unter diesem Gesichtspunkt kommt allenfalls in Grenzfällen einer evidenten Minderung des Geldwerts durch Maßnahmen der öffentl. Gewalt in Betracht (BVerfGE 129, 174).     7

## Artikel 89 [Bundeswasserstraßen, Schifffahrtsverwaltung]

(1) Der Bund ist Eigentümer der bisherigen Reichswasserstraßen.

(2) Der Bund verwaltet die Bundeswasserstraßen durch eigene Behörden. Er nimmt die über den Bereich eines Landes hinausgehenden staatlichen Aufgaben der Binnenschiffahrt und die Aufgaben der Seeschiffahrt wahr, die ihm durch Gesetz übertragen werden. Er kann die Verwaltung von Bundeswasserstraßen, soweit sie im Gebiete eines Landes liegen, diesem Lande auf Antrag als Auftragsverwaltung übertragen. Berührt eine Wasserstraße das Gebiet mehrerer Länder, so kann der Bund das Land beauftragen, für das die beteiligten Länder es beantragen.

(3) Bei der Verwaltung, dem Ausbau und dem Neubau von Wasserstraßen sind die Bedürfnisse der Landeskultur und der Wasserwirtschaft im Einvernehmen mit den Ländern zu wahren.

**Allgemeines:** Art. 89 regelt in Abs. 1 (allein) das Eigentum an den früheren Reichswasserstraßen und trifft in den Abs. 2 und 3 – insoweit in Ergänzung des mit seinen organisationrechtl. Grundentscheidungen auch hier maßgeblichen Art. 87 I 1 – Bestimmungen über die Verwaltung der Bundeswasserstraßen sowie über die Verwaltung der Binnen- und der Seeschifffahrt. Die Regelung steht im sachlichen Zusammenhang mit der konkurrierenden Gesetzgebungskompetenz des Bundes nach Art. 74 I Nr. 21 für das Wasserwege- und Schifffahrtswesen (vgl. BVerfGE 15, 7 ff.). Abs. 1 geht Art. 134 I als Sonderregelung vor.     1

## Absatz 1: Eigentum des Bundes an Reichswasserstraßen

2 Nach Abs. 1 hat der Bund als Gebietskörperschaft des öffentl. Rechts das bürgerlichrechtl. (vgl. z.b. BGHZ 47, 119; 67, 154; OVG Münster, OVGE 36, 5) Eigentum an den Wasserstraßen erworben, die bisher, d.h. im Zeitpunkt des Zusammenbruchs des Deutschen Reichs am 8.5.1945 (BVerwGE 9, 53, 57; BGHZ 47, 119 f.; 67, 154; str.), als Binnen- oder Seewasserstraßen (zu den Letzteren BVerwGE 87, 174; BGHZ 108, 114 ff.) auf dem Gebiet der 1949 entstandenen Bundesrepublik Deutschland **Reichswasserstraßen** waren. Dazu gehören – unter Einschluss der Anlagen zur Erhaltung des Fahrwassers an den Seeküsten und auf den Meeresinseln sowie der Seezeichen, der Schutz- und Sicherheitshäfen und des für die Verwaltung erforderlichen Zubehörs – vor allem diejenigen dem allg. Verkehr dienenden Wasserstraßen, die entsprechend dem Auftrag des Art. 97 I WRV durch das G über den Staatsvertrag, betr. den Übergang der Wasserstraßen von den Ländern auf das Reich, vom 29.7.1921 (RGBl S. 961) und verschiedene Nachträge in das Eigentum des Reichs überführt worden waren (s. auch BVerfGE 15, 7; BGHZ 107, 344; VGH Mannheim, ESVGH 7, 64). Darüber hinaus fallen unter den Begriff der „bisherigen Reichswasserstraßen" aber auch solche Gewässer, die bis 1945 auf andere Weise – unabhängig von der Eigentumslage – rechtswirksam Reichswasserstraßen geworden waren (BVerwGE 9, 57 f.). Der **Eigentumsübergang auf den Bund** erfolgte unmittelbar kraft Verfassungsrechts mit Wirkung vom 24.5.1949 als dem Tag des Inkrafttretens des GG (vgl. § 1 I 1 des G über die vermögensrechtl. Verhältnisse der Bundeswasserstraßen v. 21.5.1951, BGBl I S. 352) und soll den Bund befähigen, die ihm nach Abs. 2 obliegenden Verwaltungsaufgaben zu erfüllen (BGHZ 180, 381 m.w.N.). Aus Abs. 1 selbst ergeben sich jedoch unmittelbar weder Verwaltungs- noch Gesetzgebungsbefugnisse.

3 Abs. 1 schließt nicht aus, dass der Bund sein **Eigentum** an Bundeswasserstraßen – etwa aus Anlass einer Privatisierung (dazu s. Rn. 7) – **an Private veräußert.** Das gilt für frühere Reichswasserstraßen ebenso wie für Wasserstraßen, die im Zuge der Wiedervereinigung Bundeswasserstraßen und Eigentum des Bundes geworden sind (vgl. nachstehend Rn. 4), und für alle anderen nach 1949 entstandenen Bundeswasserstraßen. Geschützt wird das Eigentum des Bundes nicht durch Art. 14 (s. Art. 19 Rn. 8), sondern, soweit Art. 89 I greift, unmittelbar durch diese Regelung selbst. Als Eigentümer i.S. des BGB (Rn. 2) unterliegt der Bund aber grundsätzlich den gleichen gesetzl. Beschränkungen wie jeder andere Gewässereigentümer. Diese ergeben sich insbes. aus der öff.-rechtl. Benutzungsordnung, zu der auch die Regelungen der Landeswassergesetze gehören (BGHZ 180, 380).

## Absatz 2: Verwaltung der Bundeswasserstraßen und der Schifffahrt

4 Nach *Satz 1,* der nur eine Kompetenzentscheidung für das Bund/Länder-Verhältnis trifft und keine Grundlage für die Erteilung oder Versagung von Erlaubnissen oder Genehmigungen von Anlagen an Bundeswasserstraßen enthält (BVerfGE 21, 322), verwaltet der Bund die **Bundeswasserstraßen** in ihrer Funktion als Wasserverkehrswege (vgl. auch Rn. 5) **regelmäßig** obligatorisch (BVerfGE 97, 227) durch eigene Behörden, und zwar gemäß Art. 87 I 1 in **bundeseigener Verwaltung** mit eigenem Verwaltungsunterbau (zur Möglichkeit einer auch mittelbaren Bundesverwaltung s. Art. 87 Rn. 3). **Bundeswasserstraßen** i.S. dieser Regelung sind außer den nach Abs. 1 im Eigentum des Bundes stehenden früheren Reichswasserstraßen auch neu geschaffene Bundeswasserstraßen (vgl. auch BVerfGE 15, 7 ff.). Unter diesen Begriff fallen vor allem die Binnenwasserstraßen des Bundes, die dem allg. Verkehr dienen – das sind die in der Anlage 1 zum Wa-

StrG aufgeführten Wasserstraßen (§ 1 I Nr. 1 WaStrG; VG Oldenburg, NJW 1989, 2490) – und die Seewasserstraßen (§ 1 I Nr. 2, II WaStrG). Wasserstraßen in Berlin und der ehemaligen DDR sind nach Maßgabe der VO vom 13.11.1990 (BGBl I S. 2524) Bundeswasserstraßen geworden. Für Erweiterungen des Gewässerbetts solcher Straßen gilt § 3 WaStrG (eingehend dazu BGHZ 110, 150 ff.).

Die **Bundeswasserstraßenverwaltung**, die sowohl die gesetzesvollziehende als auch die „gesetzesfreie" Verwaltung umfasst (BVerfGE 21, 320, 322), erstreckt sich nicht auf die wasserhaushaltsrechtl. und die wasserwirtsch. Funktionen der Bundeswasserstraßen (vgl. BVerfGE 15, 10; BVerwGE 87, 184; OVG Münster, NWVBl 2012, 394). Sie ist *reine Verkehrswegverwaltung* (BVerfGE 21, 321, 324 f., 326; OVG Münster, NWVBl 2012, 394) und erfasst alle Verwaltungstätigkeiten, die mit dieser Funktion zusammenhängen. Zu ihren **Gegenständen** gehören vor allem die Unterhaltung, aber auch der Aus- und Neubau der Bundeswasserstraßen einschl. deren Planung (s. die §§ 7 ff., 12 ff. WaStrG u. dazu OVG Magdeburg, NVwZ-RR 2012, 511). Neben der vermögensrechtl. Verwaltung, der Wahrnehmung der Rechte und Pflichten aus der Eigentümerstellung des Bundes (s. dazu auch die in Art. 90 Rn. 5 angeführte Rspr. zu Art. 90 II), stehen diesem in Bezug auf diese Wasserstraßen an Hoheitsrechten diejenigen Befugnisse zu, die bereits das Reich unter der Geltung der Weimarer Reichsverfassung inne hatte, nämlich insbes. die Enteignungsbefugnis, die Tarifhoheit sowie die Strom- und die Schifffahrtspolizei (vgl. Art. 97 V WRV u. zur Reichweite der schifffahrtspolizeilichen Aufgaben BVerwGE 87, 183 ff.; BT-Dr 14/7985 S. 2). Die übrigen Hoheitsrechte an den Bundeswasserstraßen sind den Ländern verblieben. Die Bilgenölentsorgung auf diesen Straßen ist Abfallentsorgung und keine schifffahrtspolizeiliche Aufgabe. Sie obliegt deshalb den Ländern und nicht dem Bund (BVerwGE 110, 12 ff.). 5

Zuständig für die Verwaltung der Bundeswasserstraßen sind aktuell (zu Reformüberlegungen eingehend u. krit. Pechstein, DÖV 2013, 85 ff.) die Behörden der **Wasser- und Schifffahrtsverwaltung des Bundes** (§ 45 I WaStrG). Dies sind neben dem für den Verkehr zuständigen BMinisterium als oberster Bundesbehörde zwei Bundesanstalten und das Bundesamt für Seeschifffahrt und Hydrographie als Oberbehörden, die Wasser- und Schifffahrtsdirektionen als Mittel- sowie die Wasser- und Schifffahrtsämter als Unterbehörden. 6

Zur Wahrnehmung der Aufgaben der Bundeswasserstraßenverwaltung ist der **Bund**, solange nicht von den Möglichkeiten nach Satz 3 oder 4 Gebrauch gemacht wird, **nicht nur berechtigt, sondern auch verpflichtet**. Eine **Privatisierung** der Wasserstraßenverwaltung dergestalt, dass der Bund diese Aufgaben völlig aus seinem Einwirkungs- und Verantwortungsbereich entlässt und auf Private überträgt (sog. *Aufgabenprivatisierung*), wäre daher unzulässig. Nicht ausgeschlossen ist es dagegen, im Wege der sog. *Organisationsprivatisierung* Aufgaben der bundeseigenen Verwaltung im engeren Sinne durch private Rechtsträger, also in Bundeseigenverwaltung im weiteren Sinne, wahrnehmen zu lassen, sofern insbes. sichergestellt ist, dass der Bund diesen Rechtsträgern gegenüber über ausreichende – externe oder interne – Kontroll- und Ingerenzrechte verfügt (vgl. auch Art. 86 Rn. 3, Art. 87 Rn. 3, Art. 87 d Rn. 3, Art. 90 Rn. 6 u. im Kontext des Art. 33 IV Art. 33 Rn. 15; str.; a.A. die wohl h.M., z.B. Gröpl in Maunz/Dürig, Art. 89 Rn. 91, u. zuletzt Pechstein, DÖV 2013, 86 f., 93). Erst recht unbedenklich sind Privatisierungsmodelle, die die Bundeseigenverwaltung als solche einschl. der dazu gehörigen Entscheidungs- und Durchsetzungsrechte beim Bund belassen und nur die Erledigung von Verwaltungsaufgaben auf Private übertragen 7 (sog. *Erfüllungsprivatisierung*; teilweise ebenfalls str.; im Näheren s. Gröpl, ebd., Art. 89 Rn. 92 ff.).

8 *Satz 2* gestattet es, durch einfaches, nicht an die Zustimmung des BRats gebundenes Bundesgesetz die Verwaltungskompetenz des Bundes i.s. des Satzes 1 (vgl. BGHZ 161, 231) – fakultativ (BVerwG, NuR 2011, 721) – auf **überregionale**, über den Bereich eines Landes hinausgehende, **Aufgaben der Binnenschifffahrt und** auf – nicht gleichermaßen begrenzte – **Aufgaben der Seeschifffahrt** zu erstrecken. *Binnenschifffahrt* ist die Schifffahrt auf den Binnenwasserstraßen, auch soweit diese nicht Bundeswasserstraßen sind, *Seeschifffahrt* die Schifffahrt auf den Seewasserstraßen und auf Hoher See. In beiden Hinsichten geht es um die Verwaltung des auf diesen Straßen stattfindenden Wasser*verkehrs*. Erfasst werden alle mit diesem Verkehr zusammenhängenden hoheitlichen Aufgaben, insbes. solche der Gefahrenabwehr (s. dazu auch BVerwG, NuR 2011, 721), nicht aber das Betreiben der Schifffahrt selbst. Der Bundesgesetzgeber hat von der Ermächtigung des Satzes 2 vor allem durch das BinnenschiffahrtsaufgabenG i.d.F. vom 5.7.2001 (BGBl I S. 2026) und das SeeaufgabenG i.d.F. vom 26.7.2002 (BGBl I S. 2876) Gebrauch gemacht, in denen die jeweiligen Bundesaufgaben im Einzelnen bestimmt sind (zur Aufgabenübertragung durch das SeeaufgabenG vgl. auch BGHZ 161, 231). Beide Gesetze sehen für die Aufgabenerfüllung im Wesentlichen die Zuständigkeit der Wasser- und Schifffahrtsverwaltung des Bundes (dazu s. oben Rn. 5) vor. Doch werden schifffahrtspolizeiliche Aufgaben in großem Umfang auf der Grundlage von Verwaltungsvereinbarungen im Wege der Organleihe (vgl. hierzu allg. vor Art. 83 Rn. 9) von den Wasserschutzpolizeien der Länder wahrgenommen (s. Hoog in von Münch/Kunig, 4./5. Aufl. 2003, Art. 89 Rn. 28, 31).

9 Unter den Voraussetzungen der *Sätze 3 und 4* kann der Bund nach pflichtgemäßem Ermessen vom Regelfall der bundeseigenen Verwaltung nach Satz 1 abweichen und die **Verwaltung von Bundeswasserstraßen**, auch bloß einzelner Streckenabschnitte und/oder Verwaltungsbereiche, fakultativ einem Land **als Auftragsverwaltung** übertragen. Ein Gesetz ist dafür, sofern nicht der Vorbehalt des Gesetzes aus anderen Gründen eingreift, nicht erforderlich. Vielmehr reicht für die Übertragung neben der diese initiierenden Antragstellung von Länderseite ein Organisationsakt der BReg aus (str.; wie hier z.B. Sachs in Ders., Art. 89 Rn. 26). Nach erfolgter Übertragung gelten die allg. Regeln des Art. 85 mit der Besonderheit, dass im Fall des Art. 89 II 4 das beauftragte Land Staatsgewalt auch in den anderen beteiligten Ländern ausübt (Haratsch in Sodan, Art. 89 Rn. 7). Rückübertragung in Bundeseigenverwaltung unter den für die Übertragung selbst geltenden Voraussetzungen ist möglich (Einzelheiten str.). Auch im Rahmen der Bundesauftragsverwaltung nach Satz 3 oder 4 kommt eine **Privatisierung** nach Maßgabe der für die Bundeseigenverwaltung geltenden Grundsätze (s. oben Rn. 7) in Betracht; die Letztverantwortung von Bund und Ländern beim Zusammenwirken nach Art. 85 muss also gewahrt bleiben.

### Absatz 3: Wahrung von Landeskultur und Wasserwirtschaft

10 Abs. 3 regelt einen Fall zulässiger Mischverwaltung (BVerwGE 116, 287; allg. zu dieser vor Art. 83 Rn. 8). Eine Bundeswasserstraße ist immer zugleich einerseits Verkehrsweg und andererseits Wasserspender und Vorfluter. I.d.R. werden deshalb die Wasserwegeverwaltung des Bundes (s. Rn. 5) und die Wasserwirtschaftsverwaltung eines Landes an Bundeswasserstraßen derart ineinander greifen, dass jede von ihnen bei ihren Maßnahmen auf die Belange der anderen Verwaltung Rücksicht nehmen muss (**Pflicht zur gegenseitigen Rücksichtnahme** als

besondere Ausprägung des Prinzips der Bundestreue). Für die Bundeswasserstraßenverwaltung ist dies, soweit es die Verwaltung einschl. des Aus- und Neu-
baus der Wasserwege betrifft, durch Abs. 3 ausdrücklich klargestellt (BVerfGE
21, 320). Danach hat der Bund bei der Erfüllung dieser Aufgaben – i.s. länderfreundlichen Verhaltens (vgl. BVerwGE 116, 187) – die Bedürfnisse sowohl der
Landeskultur als auch der Wasserwirtschaft im Einvernehmen (zum Begriff vor
Art. 83 Rn. 8) mit den Ländern zu wahren, d.h. seine Maßnahmen in Abstimmung mit den betroffenen Ländern so vorzunehmen, dass sie sich dort auf Landeskultur und Wasserwirtschaft nicht mehr als allenfalls unbedeutend nachteilig
auswirken. Unter **Landeskultur** ist dabei die geordnete Bewirtschaftung vorhandener Flächen zum Zwecke der Land- und Forstwirtschaft zu verstehen. Nicht
mit erfasst wird die Vollzugshoheit der Länder im Bereich des Natur- und Landschaftsschutzes (BVerwGE 116, 181 f.). **Wasserwirtschaft** meint demgegenüber
die rechtl. Ordnung des Wasserhaushalts nach den Regeln einer haushälterischen
Bewirtschaftung, die dazu dient, den Wasserhaushalt vor schädlichen Einflüssen
zu schützen (BVerfGE 15, 15; 58, 340 f.; BVerwGE 116, 178). Auch der Hoch-
wasserschutz gehört dazu (BT-Dr 15/909 S. 2).

## Artikel 90 [Bundesstraßen des Fernverkehrs]

(1) Der Bund ist Eigentümer der bisherigen Reichsautobahnen und Reichsstraßen.

(2) Die Länder oder die nach Landesrecht zuständigen Selbstverwaltungskörperschaften verwalten die Bundesautobahnen und sonstigen Bundesstraßen des
Fernverkehrs im Auftrage des Bundes.

(3) Auf Antrag eines Landes kann der Bund Bundesautobahnen und sonstige
Bundesstraßen des Fernverkehrs, soweit sie im Gebiet dieses Landes liegen, in
bundeseigene Verwaltung übernehmen.

**Allgemeines:** Art. 90 regelt in Abs. 1 (allein) das Eigentum an den früheren   1
Reichsautobahnen und Reichsstraßen und ordnet in den Abs. 2 und 3 die Verwaltung der Bundesstraßen des Fernverkehrs. Zur konkurrierenden Gesetzgebung des Bundes für das Fernstraßenwesen vgl. Art. 74 I Nr. 22. Art. 89 I geht
Art. 134 I als Sonderregelung vor.

### Absatz 1: Eigentum des Bundes an Reichsstraßen

Durch Abs. 1 ist das privatrechtl. Eigentum des Bundes als Gebietskörperschaft   2
des öffentl. Rechts an den 1949 auf dem Gebiet der Bundesrepublik Deutschland
gelegenen früheren („bisherigen") **Reichsautobahnen** (vgl. dazu das G über die
Errichtung eines Unternehmens „Reichsautobahnen" v. 27.6.1933 i.d.F. des G
v. 29.5.1941, RGBl I S. 313) und **Reichsstraßen** (s. hierzu das G über die einstweilige Neuregelung des Straßenwesens u. der Straßenverwaltung v. 26.3.1934,
RGBl I S. 243) begründet worden. Zu den Letzteren gehören diejenigen Straßen,
die in das Reichsstraßenverzeichnis (vgl. die §§ 2, 3 der VO v. 7.12.1934, RGBl I
S. 1237) eingetragen waren, aber auch solche, die als Reichsstraßen zwar gebaut,
jedoch nicht mehr in dieses Verzeichnis aufgenommen worden waren. Der **Eigentumsübergang auf den Bund** erfolgte wie bei den Reichswasserstraßen nach
Art. 89 I unmittelbar kraft Verfassungsrechts mit Wirkung vom 24.5.1949 (s. die
§§ 1 u. 3 des G über die vermögensrechtl. Verhältnisse der Bundesautobahnen u.
sonstigen Bundesstraßen des Fernverkehrs v. 2.3.1951, BGBl I S. 157). Nicht

übergegangen sind nach h.M. diejenigen im Zuge von Reichsstraßen gelegenen Ortsdurchfahrten, für die die Straßenbaulast nicht vom Reich zu tragen war (so auch § 7 des vorbezeichneten Bundesgesetzes; für generelle Einbeziehung der Ortsdurchfahrten dagegen Ibler in v. Mangoldt/Klein/Starck, Art. 90 Rn. 10 ff.). Auch die Eigentumsverhältnisse an den im Straßenkörper verlegten Versorgungsleitungen haben sich durch den Übergang der bisherigen Reichsstraßen auf den Bund nicht geändert (BGHZ 37, 359 f.; 51, 321; 165, 189 f.).

3  Abs. 1 schließt nicht aus, dass der Bund sein **Eigentum** an Bundesfernstraßen – etwa aus Anlass einer Privatisierung (dazu s. Rn. 6 f.) – **an Private veräußert**. Das gilt für frühere Reichsautobahnen und Reichsstraßen ebenso wie für Fernverkehrsstraßen, die im Zuge der Wiedervereinigung Bundesfernstraßen und Eigentum des Bundes geworden sind (vgl. nachstehend Rn. 4), und für alle anderen nach 1949 entstandenen Bundesfernstraßen. Geschützt wird das Eigentum des Bundes nicht durch Art. 14 (s. Art. 19 Rn. 8), sondern, soweit Art. 90 I greift, unmittelbar durch diese Regelung selbst.

### Absatz 2: Bundesfernstraßenverwaltung als Bundesauftragsverwaltung

4  Abs. 2 regelt die Verwaltung der Bundesautobahnen und der sonstigen **Bundesstraßen des Fernverkehrs**. Dieses sind zunächst die nach Abs. 1 Bundeseigentum gewordenen Straßen. Andere Straßen, die zur Bewältigung eines erhebliche Strecken beanspruchenden, weiträumigen Verkehrs bestimmt sind (vgl. dazu die Definitionen in § 1 I u. III StrG), erhalten die Eigenschaft einer Bundesfernstraße nach § 2 FStrG durch Widmung, die von der obersten Landesstraßenbaubehörde nach vorheriger Einverständniserklärung des für den Verkehr zuständigen BMinisters ausgesprochen wird. Zu den Straßenbestandteilen im Einzelnen s. § 1 IV FStrG. Autobahnen und Fernverkehrsstraßen in der früheren DDR sind nach Maßgabe der Anlage I Kap. XI Sachgebiet F Abschnitt III Nr. 1 EV Bundesautobahnen und Bundesfernstraßen geworden.

5  Die **Verwaltung der Bundesfernstraßen** erfolgt **im Normalfall** unmittelbar kraft Verfassungsrechts obligatorisch (BVerfGE 97, 227) in **Bundesauftragsverwaltung** durch die Länder oder die nach Landesrecht zuständigen Selbstverwaltungskörperschaften. Es gelten die allg. Regeln des Art. 85, doch ist die Bundesfernstraßenverwaltung vielfach durch ein einvernehmliches Zusammenwirken der zuständigen Behörden von Bund und Ländern gekennzeichnet (s. Gröpl in Maunz/Dürig, Art. 90 Rn. 71). Soweit die Bundesauftragsverwaltung – durch das jeweilige Land (vgl. BGH, NJW 1952, 617, hinsichtlich der Gemeinden u. Gemeindeverbände jetzt auch Art. 85 I 2) – Selbstverwaltungskörperschaften übertragen ist (zum Begriff s. Gröpl, ebd., Art. 90 Rn. 41), werden diese nicht in eigenen Angelegenheiten, sondern im übertragenen Wirkungskreis tätig. Sie unterstehen deshalb insoweit der Fachaufsicht und den Weisungen der zuständigen Bundes- und Landesbehörden; dabei sind Weisungen des Bundes über die oberste Landesbehörde an die betr. Selbstverwaltungskörperschaft zu richten. Ihrem **Gegenstand** nach bezieht sich die Auftragsverwaltung auf die – sowohl gesetzesakzessorische als auch gesetzesfreie – Fernstraßenverwaltung in ihrem gesamten Umfang. Sie erfasst mithin außer der Hoheitsverwaltung auch die sog. Vermögensverwaltung der Bundesfernstraßen (BVerfGE 102, 173; s. auch zu Art. 89 dort Rn. 5) und mit dieser insbes. auch diejenigen Verwaltungsaufgaben, die der Erfüllung der Straßenbaulast (Bau u. Unterhaltung der Straßen) dienen (BVerwGE 52, 229; 52, 241; 62, 344). Weiter rechnen danach zur Bundesstraßenverwaltung die Planung des Neu- und Umbaus von Bundesfernstraßen, Maßnahmen in Bezug auf den Rechtsstatus (Widmung, Umwidmung, Einziehung), die Benutzung und den

Schutz solcher Straßen, die Behördenorganisation und die Straßenaufsicht, nicht dagegen die Abstufung einer Bundes- zu einer Landesstraße (BVerfGE 102, 173). In dem durch Art. 90 II gezogenen Rahmen erfüllen die Länder oder die nach Landesrecht zuständigen Selbstverwaltungskörperschaften zwar Bundesaufgaben; sie tun dies aber – dem Wesen der Auftragsverwaltung entsprechend (vgl. Art. 85 Rn. 1) – aus eigener und selbständiger Verwaltungskompetenz (BVerwGE 52, 229; 120, 96 f.). Für die Verletzung der Verkehrssicherungspflicht für Bundesstraßen haftet i.d.R. nur das Land, nicht der Bund (BGHZ 16, 95). Zur Klagebefugnis für Ansprüche auf Aufwendungsersatz, die im Rahmen der fernstraßenrechtl. Auftragsverwaltung gegen Dritte entstanden sind, s. BVerwG, NVwZ 1983, 471.

Zur Wahrnehmung der Aufgaben der Bundesfernstraßenverwaltung sind die **6** Länder, solange nicht von der Möglichkeit der Begründung von Bundeseigenverwaltung nach Abs. 3 Gebrauch gemacht wird, **nicht nur berechtigt, sondern auch verpflichtet.** Eine **Privatisierung** der Straßenverwaltung dergestalt, dass die Länder diese Aufgaben völlig aus ihrem Einwirkungs- und Verantwortungsbereich entlassen und auf Private übertragen (sog. *Aufgabenprivatisierung*), wäre daher unzulässig. Nicht ausgeschlossen ist es dagegen, im Wege der sog. *Organisationsprivatisierung* Aufgaben der Bundesauftragsverwaltung durch private Rechtsträger wahrnehmen zu lassen, sofern insbes. sichergestellt ist, dass die Länder diesen Rechtsträgern gegenüber über ausreichende – externe oder interne – Kontroll- und Ingerenzrechte verfügen (vgl. auch im Kontext des Art. 33 IV Art. 33 Rn. 15) und der Bund seine Aufsichtsbefugnisse nach Art. 85 IV ungeschmälert ausüben kann (str.; a.A. die wohl h.M., z.B. Gröpl in Maunz/Dürig, Art. 90 Rn. 78). Erst recht unbedenklich sind Privatisierungsmodelle, die die Bundesfernstraßenverwaltung im Auftrag des Bundes als solche einschl. der dazu gehörigen Entscheidungs- und Durchsetzungsrechte bei den Ländern belassen und nur die Erledigung von Verwaltungsaufgaben ganz oder teilweise auf Private übertragen (sog. *Erfüllungsprivatisierung*; teilweise ebenfalls str.; im Näheren s. Gröpl, ebd., Art. 90 Rn. 79 ff.). Das Letztere ist auf der Grundlage des FernstraßenbauprivatfinanzierungsG i.d.F. vom 6.1.2006 (BGBl I S. 49) geschehen, das den Bau, die Erhaltung, den Betrieb und die Finanzierung von Bundesfernstraßen „zur Ausführung" durch Private zum Gegenstand hat (dazu BT-Dr 12/6884 S. 5) und diese zur Mautgebührenerhebung berechtigt.

**Absatz 3: Bundesfernstraßenverwaltung als Bundeseigenverwaltung**

Abs. 3 gibt die Möglichkeit, **auf Antrag eines Landes** Bundesfernstraßen, die im **7** Gebiet dieses Landes liegen, in Abweichung vom Regelfall des Abs. 2 – fakultativ – ganz oder teilweise, also auch hinsichtlich einzelner Streckenabschnitte und/oder Verwaltungsbereiche, in **bundeseigene Verwaltung** zu übernehmen (zu diesem Begriff s. Art. 86 Rn. 2). Wie in den Fällen des Art. 89 II 3 und 4 (vgl. Art. 89 Rn. 9) dürfte für eine solche – im pflichtgemäßen Ermessen des Übernehmers stehende – Entscheidung neben die Übernahme initiierenden Antragstellung des betr. Landes ein Organisationsakt der BReg ausreichen (a.A. z.B. Hermes in Dreier, Art. 90 Rn. 28; wie hier dagegen wohl Ibler in v. Mangoldt/Klein/Starck, Art. 90 Rn. 79). Nach erfolgter Übernahme gelten die allg. Regeln des Art. 86. Rückübertragung in Bundesauftragsverwaltung unter den für die Übernahme durch den Bund geltenden Voraussetzungen ist möglich. Auch im Rahmen der Bundeseigenverwaltung nach Abs. 3 kommt eine **Privatisierung** der Fernstraßenverwaltung nach Maßgabe der für die Bundesauftragsverwaltung geltenden Grundsätze (s. oben Rn. 6) in Betracht; die Letztverantwortung des Bundes muss also gewahrt bleiben. Die nach dem AutobahnmautG für schwere Nutzfahrzeuge i.d.F. vom 2.12.2004 (BGBl I S. 3122) für die Benutzung der Bundesautobahnen durch solche Fahrzeuge anfallende Maut wird nach § 4 I dieses Gesetzes vom Bundesamt für Güterverkehr mit der Maßgabe erhoben, dass entweder die Errichtung und der Betrieb eines Systems zur Mauterhebung auf einen Privaten übertragen werden können oder dieser beauftragt werden kann, an der Erhebung mitzuwirken (§ 4 II). Für Nebenbetriebe an den Bundesautobahnen vgl. auch § 15 FStrG.

8  Außerhalb der Ermächtigung des Abs. 3 ist für Verwaltungszuständigkeiten des Bundes im Bereich der Bundesfernstraßenverwaltung grundsätzlich kein Raum. Kompetenzen aus der Natur der Sache (s. dazu Art. 30 Rn. 3, Art. 83 Rn. 2) sind aber auch hier nicht ausgeschlossen (so BVerwGE 62, 344 f., für die Planung u. Linienführung der Bundesfernstraßen nach § 16 I FStrG).

## Artikel 91 [Innerer Notstand]

(1) Zur Abwehr einer drohenden Gefahr für den Bestand oder die freiheitliche demokratische Grundordnung des Bundes oder eines Landes kann ein Land Polizeikräfte anderer Länder sowie Kräfte und Einrichtungen anderer Verwaltungen und des Bundesgrenzschutzes anfordern.

(2) Ist das Land, in dem die Gefahr droht, nicht selbst zur Bekämpfung der Gefahr bereit oder in der Lage, so kann die Bundesregierung die Polizei in diesem Lande und die Polizeikräfte anderer Länder ihren Weisungen unterstellen sowie Einheiten des Bundesgrenzschutzes einsetzen. Die Anordnung ist nach Beseitigung der Gefahr, im übrigen jederzeit auf Verlangen des Bundesrates aufzuheben. Erstreckt sich die Gefahr auf das Gebiet mehr als eines Landes, so kann die Bundesregierung, soweit es zur wirksamen Bekämpfung erforderlich ist, den Landesregierungen Weisungen erteilen; Satz 1 und Satz 2 bleiben unberührt.

1  Allgemeines: Art. 91 ist eine der Vorschriften, in denen sich die wehrhafte Demokratie des GG konkretisiert (vgl. BVerfGE 39, 349). Er trifft Vorkehrungen für den Fall des inneren Notstands, d.h. zur Abwehr von Gefahren, die dem Bestand oder der freiheitlichen demokratischen Grundordnung des Bundes oder eines Landes drohen und nicht mindestens mittelbar einem auswärtigen Staat zugerechnet werden können. Geschützt werden damit Verfassungsgüter von hohem Rang und Gewicht (vgl. BVerfGE 115, 346). Im Verhältnis zu Art. 35 I, II 1 geht Art. 91 als lex specialis vor, im Verhältnis zu Art. 35 II 2, III besteht dagegen im Hinblick auf die unterschiedlichen Gefahrenlagen Alternativität (Haratsch in Sodan, Art. 91 Rn. 2). Zum Bestand des Bundes i.S. des Art. 91 gehören dessen staatl. Existenz, territoriale Integrität und Handlungsfreiheit nach innen und außen, zum Bestand der Länder insbes. deren Zugehörigkeit zum Bund und ihre – nach Maßgabe des Art. 79 III unantastbare – Selbständigkeit im föderativen Gefüge. Hinsichtlich des Begriffs der freiheitlichen demokratischen Grundordnung kann auf die Rspr. des BVerfG zu Art. 21 II (dazu Art. 21 Rn. 15) zurückgegriffen werden. Voraussetzung für ein Tätigwerden nach Art. 91 ist, dass eines dieser – abschließend aufgeführten – Schutzgüter im polizeirechtl. Sinne konkret gefährdet ist. In den Einzelheiten ist vieles umstritten (s. etwa Evers, BK, Art. 91 Rn. 17 ff., 21 ff., 25 ff.).

**Absatz 1: Hilfeersuchen der Länder**

Die Abwehr von Gefahren i.S. des Abs. 1 ist – wie die Gewährleistung der öf- **2**
fentl. Sicherheit oder Ordnung allg. – grundsätzlich Aufgabe der Länder. Abs. 1
betrifft, wie sich aus dem Vergleich mit Abs. 2 Satz 3 ergibt, den **Fall des regionalen inneren Notstands**, in dem *ein* Land von einer solchen Gefahr bedroht wird,
und eröffnet hierfür die Möglichkeit föderativen Beistands. Zur Bewältigung der
durch die Gefahr verursachten Notlage kann das betroffene Land die **Hilfe anderer Länder** und die **Unterstützung durch den Bund**, insbes. deren Polizeikräfte, in
Anspruch nehmen. In welcher Reihenfolge es vorgeht, steht grundsätzlich in seinem – pflichtgemäßen – Ermessen. Das nach Landesrecht zuständige Organ ist
zur Anforderung als solcher aber nicht nur berechtigt, sondern auch verpflichtet,
wenn die eigenen Polizei- und Verwaltungskräfte zur Bewältigung der Gefahrenlage nicht ausreichen. Dem entspricht die Pflicht des Ersuchten, Hilfskräfte zu
entsenden, sofern diese nicht dringender für eigene Zwecke (vgl. § 11 IV 1
BPolG) oder zur Bekämpfung noch größerer Gefahren in einem anderen Land
benötigt werden. Verweigert ein Land die Hilfe ohne rechtfertigenden Grund,
kann es wie im Fall des Art. 35 II 2 (s. dazu Art. 35 Rn. 9) von der BReg nach
Art. 37 zur Pflichterfüllung angehalten werden. Alternativ kann die BReg nach
Art. 93 I Nr. 3 oder Art. 91 II 1 vorgehen, dessen Voraussetzungen in einem solchen Fall regelmäßig ebenfalls gegeben sein werden. Entsprechendes gilt im **Fall
des überregionalen inneren Notstands** (zum Begriff vgl. nachstehend Rn. 11),
wenn das Hilfeersuchen von mehreren gefahrbedrohten Ländern ausgesprochen
wird.

Zu den Begriffen „**Kräfte und Einrichtungen**" sowie „**andere Verwaltungen**" vgl. **3**
Art. 35 Rn. 6 und 8. Ein Einsatz der Streitkräfte i.S. des Art. 87 a II (vgl. Art. 87 a
Rn. 7) ist, da in Art. 87 a IV (mit beschränkenden Maßgaben) nur für den Fall
des Art. 91 II vorgesehen, im Rahmen des Art. 91 I nicht erlaubt. Zulässig ist
aber auch hier die Heranziehung zu bloß technischen Hilfeleistungen. Im Übrigen bleibt Art. 87 a III unberührt, wenn neben der Gefahrenlage i.S. des Art. 91 I
auch der Verteidigungs- oder Spannungsfall gegeben ist.

Die landesfremden Kräfte üben im Fall des Abs. 1 die **Hoheitsgewalt des anfor-** **4**
**dernden Landes** aus. Sie unterliegen deshalb den fachlichen Weisungen dieses
Landes (vgl. § 11 II 2 BPolG). Auch ihre Befugnisse richten sich nach dem Recht
des Landes, in dem sie verwendet werden (s. § 11 II 1 BPolG). Die Kosten der
Hilfeleistung fallen grundsätzlich dem anfordernden Land zur Last.

**Absatz 2: Weisungs- und Einsatzrechte des Bundes**

Abs. 2 begründet für den Fall, dass das von einer Gefahr i.S. des Abs. 1 betroffe- **5**
ne Land zur Bekämpfung der Gefahr nicht bereit oder in der Lage ist, **besondere
Weisungs- und Einsatzzuständigkeiten des Bundes**, die sich aus dessen Funktion
als Wahrer der Gesamtverfassung erklären (vgl. BVerfGE 13, 79). Dabei ist zwischen dem regionalen (Satz 1; zum Begriff s. oben Rn. 2) und dem überregionalen
Notstand (Satz 3) zu unterscheiden. Die Regelung ist gegenüber Abs. 1 subsidiär
(allg. M.; vgl. etwa Windthorst in Sachs, Art. 91 Rn. 32).

*Satz 1:* **Fehlende Bereitschaft zur Gefahrenbekämpfung** ist nicht nur anzuneh- **6**
men, wenn das zum Handeln verpflichtete Land sich weigert, tätig zu werden,
sondern auch dann, wenn es zwar guten Willens ist, aber zu lange zögert oder
unzweckmäßig reagiert. **Zur Bekämpfung nicht in der Lage** ist das Land, wenn
es die Gefahr auch mit fremder Hilfe nach Abs. 1, einschl. der Hilfe des Bundes,
nicht meistern kann.

**7** Liegen die Voraussetzungen des Satzes 1 im Fall des regionalen Notstands vor, kann die BReg die Polizei des betroffenen Landes und, wenn die Gefahr damit allein nicht wirksam bekämpft werden kann, die Polizeikräfte anderer Länder ihren Weisungen unterstellen sowie den – einfachrechtl. seit dem Inkrafttreten des G vom 21.6.2005 (BGBl I S. 1818) Bundespolizei genannten – BGS einsetzen. Über die Inanspruchnahme dieser Befugnisse und über die Reihenfolge des Vorgehens entscheidet die **Bundesregierung als Kollegium** (Art. 62) nach pflichtgemäßem Ermessen. Die Weisungsunterstellung bedarf wie der Einsatz der Bundespolizei keiner förmlichen Bekanntmachung (a.A. hinsichtlich der Weisungsunterstellung Windthorst in Sachs, Art. 91 Rn. 42). Mit der Durchführung der von der BReg beschlossenen Maßnahme kann der zuständige Ressortminister beauftragt werden.

**8** Hat die BReg die Polizeikräfte der Länder ihren Weisungen unterstellt, gilt für die unterstellten Kräfte Bundesrecht, hilfsweise das für diese maßgebliche Landesrecht. Im Übrigen ist umstritten, welche Konsequenzen sich aus der Unterstellung ergeben. Überwiegend wird angenommen, dass mit Inanspruchnahme der Weisungsgewalt durch den Bund eine Art modifizierter Auftragsverwaltung entsteht (so etwa Maunz in Ders./Dürig, Art. 91 Rn. 35; s. auch Windthorst in Sachs, Art. 91 Rn. 45). Eine Besonderheit gegenüber der „normalen" Auftragsverwaltung besteht vor allem darin, dass die **Weisungen des Bundes** stets unmittelbar an die Polizeikräfte „vor Ort" gerichtet werden können, mag es im Einzelfall auch zweckmäßig sein, den Weg über die obersten Landesbehörden zu gehen und sich den eingespielten Instanzenzug der Länder zunutze zu machen. Die Länder sind verpflichtet, diese Weisungen zu dulden und ihre Befolgung sicherzustellen. Verletzen sie diese Pflicht, kann der Bund nach Art. 37 oder Art. 93 I Nr. 3 vorgehen. Für die Kosten des Einsatzes auch der unterstellten Polizeikräfte hat das gefährdete Land aufzukommen.

**9** Der **Einsatz des Bundesgrenzschutzes** (der Bundespolizei) erfolgt im Rahmen des Satzes 1 – anders als nach Art. 35 III 1 (vgl. dazu Art. 35 Rn. 12) – nicht nur zur Unterstützung von Landes(polizei)kräften. Die Bundespolizei nimmt die Aufgabe, Gefahren von der Allgemeinheit oder dem Einzelnen abzuwehren (so § 7 I BPolG), vielmehr als *Bundesaufgabe* wahr. Sie unterliegt deshalb der Weisungsgewalt des Bundes. Ihre Befugnisse richten sich nach den §§ 14 ff. BPolG. Die Einsatzkosten trägt der Bund.

**10** *Satz 2:* Die Entscheidung über die Inanspruchnahme der Weisungs- und Einsatzbefugnisse durch die BReg ist **rückgängig zu machen, wenn die Gefahr beseitigt ist oder der Bundesrat es verlangt.** Dieses Aufhebungsverlangen setzt nach dem eindeutigen Wortlaut der Vorschrift nicht voraus, dass die Gefahrensituation beendet ist. Die BReg hat jedoch beim Fortbestehen der Gefahr erneut die Rechte nach Satz 1 (und ggf. Satz 3), wenn sich die Gefahrenlage seit dem Beschluss des BRats verschärft hat.

**11** *Satz 3* erweitert die Befugnisse der BReg für den **Fall des überregionalen,** das Gebiet mehrerer Länder betr. **inneren Notstands** um das **Recht, den Landesregierungen Weisungen zu erteilen.** Diese Weisungen können sich an einzelne oder an alle LReg – auch an solche nicht gefahrbedrohter Länder – richten. Anders als im Fall des Art. 37 wird eine Pflichtverletzung des Landes nicht vorausgesetzt. Die BReg darf von ihrem Weisungsrecht jedoch nur insoweit Gebrauch machen, als dies zur wirksamen Bekämpfung der Gefahr erforderlich ist. Ihre Weisungen dürfen sich nur auf die unmittelbare Beseitigung der Gefahr beziehen, nicht auf sonstige Maßnahmen, etwa das Verhalten der Länder bei Abstimmungen im BRat gemäß Satz 2. Zulässig sind dagegen Anweisungen, sonstige Hilfskräfte, mit Ausnahme der Streitkräfte auch solche des Bundes, anzufordern. Unberührt bleibt schließlich das Recht der BReg, auch im Fall des überregionalen Notstandes sich die Polizeikräfte der Länder zu unterstellen und den BGS (die Bundespolizei) einzusetzen. Wie die Anordnung dieser Maßnahmen so steht auch die Entscheidung, die Rechte aus Satz 3 in Anspruch zu nehmen, unter dem Aufhebungsvorbehalt des Satzes 2.

## VIIIa. Gemeinschaftsaufgaben

### Vorbemerkungen

Abschnitt VIIIa ist als ein wesentlicher Baustein durch die Finanzreform 1969 (21. G zur Änderung des GG v. 12.5.1969, BGBl I S. 359) in das GG eingefügt worden. Durch die Föderalismusreform I (s. Einführung Rn. 6) sind die Gemeinschaftsaufgaben (GA) überarbeitet und gestrafft worden (vgl. dazu auch Art. 91 b Rn. 1), im Zuge der Föderalismusreform II (s. Einführung Rn. 7) und der Arbeitsmarktreform sind neue Zusammenarbeitsformen hinzugekommen (vgl. Art. 91c-91 e). Die **systematische Bedeutung** des Abschnitts liegt darin, dass er das bis 1969 für die Aufgaben- und Lastenabgrenzung zwischen Bund und Ländern ausschließlich geltende *strenge Trennsystem durch Formen der Mitwirkung und Mitfinanzierung von Länderaufgaben* ergänzt (dazu auch Erläut. zu Art. 104 a III u. Art. 104 b). Nach Art. 30 und insbes. den Art. 70 ff., 83 ff. und 92–96 i.V.m. Art. 104 a sind Aufgaben und Finanzierungslasten zwischen Bund und Ländern so voneinander getrennt, dass keine Ebene Aufgaben der anderen ganz oder z.T. wahrnehmen oder finanzieren kann. Koordination und Zusammenarbeit von Bund und Ländern auf der Basis getrennter Zuständigkeiten bleiben davon unberührt. Die GA bringen von diesem Trennsystem insofern eine Abweichung, als der Bund in den im Folgenden erörterten Grenzen an der Wahrnehmung von Länderaufgaben beteiligt ist und diese mitfinanziert.

1

**Entstehung der Gemeinschaftsaufgaben:** Die GA i.S. der Art. 91 a und 91 b geben der bis zu deren Inkrafttreten üblichen Staatspraxis die notwendige Rechtsgrundlage. Ohne klare verfassungsrechtl. Grundlage hat der Bund sehr früh im Bereich der jetzigen GA Aufgaben der Länder mitfinanziert. Neben regionalen Förderungsprogrammen im Bereich der Wirtschaftsstruktur gab es eine intensive Mitwirkung des Bundes bei der Agrarstrukturverbesserung (Grüner Plan) sowie im früheren Hochschulbau (Mitfinanzierungsabkommen v. 4.6.1964, GMBl S. 315, u. 8.2.1968, GMBl S. 98). U.a. durch Art. 91 a und Art. 91 b ist die weitgehend unkoordinierte, unübersichtliche und die Eigenstaatlichkeit der Länder nicht immer genügend achtende Praxis geordnet und auf eine verfassungsrechtl. Grundlage gestellt worden. Dabei war die Einsicht maßgebend, dass ein reines Aufgabentrennsystem für die Bedürfnisse eines modernen Staatswesens mit einer weitgehend überregionalen und immer mehr auch internationalen Verflechtung der Lebensverhältnisse, deren Gleichwertigkeit es herbeizuführen gilt (vgl. Art. 72 II; s. auch mit aktuellem Wortlaut Art. 106 III 4 Nr. 2), nicht ausreicht. Der Verfassungsgesetzgeber hat einer Generalklausel die Enumeration bestimmter GA vorgezogen, um eine klare Aufgabenabgrenzung in der Verfassung selbst zu erreichen und im Interesse der Länder einer Ausuferung vorzubeugen. Damit ist allerdings die Gefahr einer Sinnentleerung der Vorschriften im Laufe der Zeit gegeben. Der verfassungsändernde Gesetzgeber hat das Finanzierungsinstrument der GA auch im Rahmen der beiden *Föderalismusreformen* (vgl. oben Rn. 1) trotz

2

der Änderungen nicht grundsätzlich in Frage gestellt (s. BT-Dr 16/813 S. 15 zu Nr. 12), die obigen grundsätzlichen Überlegungen gelten fort.

## Artikel 91 a  [Mitwirkung des Bundes bei Länderaufgaben]

(1) Der Bund wirkt auf folgenden Gebieten bei der Erfüllung von Aufgaben der Länder mit, wenn diese Aufgaben für die Gesamtheit bedeutsam sind und die Mitwirkung des Bundes zur Verbesserung der Lebensverhältnisse erforderlich ist (Gemeinschaftsaufgaben):

1. Verbesserung der regionalen Wirtschaftsstruktur,
2. Verbesserung der Agrarstruktur und des Küstenschutzes.

(2) Durch Bundesgesetz mit Zustimmung des Bundesrates werden die Gemeinschaftsaufgaben sowie Einzelheiten der Koordinierung näher bestimmt.

(3) Der Bund trägt in den Fällen des Absatzes 1 Nr. 1 die Hälfte der Ausgaben in jedem Land. In den Fällen des Absatzes 1 Nr. 2 trägt der Bund mindestens die Hälfte; die Beteiligung ist für alle Länder einheitlich festzusetzen. Das Nähere regelt das Gesetz. Die Bereitstellung der Mittel bleibt der Feststellung in den Haushaltsplänen des Bundes und der Länder vorbehalten.

1 **Allgemeines:** Art. 91 a enthält **die** beiden umfassenden Mitwirkungsbereiche **des** Bundes bei der Verbesserung der regionalen Wirtschafts- und Agrarstruktur und dem Küstenschutz. Die früher in dieser Bestimmung noch enthaltene Gemeinschaftsaufgabe (GA) „Ausbau und Neubau von Hochschulen einschl. der Hochschulkliniken" ist wegen Aufgabenerfüllung entfallen (vgl. dazu auch Art. 125 c I). Beide Bereiche sind von erheblicher Bedeutung, auch wegen ihrer förderpolit. Verzahnung mit den Strukturfonds der EU (Europäischer Fonds für regionale Entwicklung [EFRE] u. Europäischer Ausrichtungs- und Garantiefonds für Landwirtschaft [EAGFL-A]).

### Absatz 1: Wesen der Gemeinschaftsaufgaben

2 Die Abschnittüberschrift und der Klammerzusatz in Art. 91 a legen den in der verfassungsrechtl. Diskussion vielfältig verwendeten Begriff für die in Art. 91 a und 91 b geregelte Zusammenarbeit von Bund und Ländern fest. Nach dem klaren Wortlaut „Aufgaben der Länder" gehören die **Gemeinschaftsaufgaben** zum **Kompetenzbereich der Länder.** Es handelt sich nicht um Bundesaufgaben, so dass der Bund auf diesen Gebieten nicht allein tätig werden kann. Auch Aufgaben aus dem Kompetenzbereich des Bundes können nicht GA werden. Das gilt auch für ungeschriebene Zuständigkeiten des Bundes aus der Natur der Sache oder kraft Sachzusammenhangs (vgl. Art. 30 Rn. 3–5). Die GA beschneiden aber auch nicht die Bundesaufgaben. Der Bund kann, auf seine Gesetzgebungskompetenzen z.B. nach Art. 74 gestützt, gemäß Art. 87 III Bundesbehörden, Körperschaften oder Anstalten des öffentl. Rechts unter den dort bestimmten einschränkenden Voraussetzungen gründen (näher dazu Art. 87 Rn. 12–18) und diesen Einrichtungen Aufgaben aus dem Bereich der GA übertragen. Er hat sie dann nach Art. 104 a I allein zu finanzieren. Ferner kann er im Rahmen seiner Gesetzeskompetenzen auch andere den Sachbereich der GA betr. Regelungen treffen, z.B. Geldleistungsgesetze nach Art. 104 a III oder im Bereich der Steuern (vgl. InvestitionszulagenG 2010 v. 7.12.2008, BGBl I S. 2350). Das **Zusammenwirken von Bund und Ländern** nach Art. 91 a steht nicht in deren Belieben. Die Worte „wirkt ... mit" drücken aus, dass es ein **Verfassungsauftrag** ist, die Aufgaben zu

koordinieren und auszuführen, wenn die Bedingungen des Abs. 1 erfüllt sind. Dabei gibt es angesichts der unbestimmten Rechtsbegriffe „für die Gesamtheit bedeutsam" und „Verbesserung der Lebensverhältnisse" erhebliche Beurteilungsspielräume (s. BVerfGE 1, 172; 39, 115; 72, 399; st. Rspr.). Hinsichtlich des Finanzaufwands sind untere Grenzen schwer bestimmbar. Die Elemente des Begriffs GA „für die Gesamtheit bedeutsam" und „für die Verbesserung der Lebensverhältnisse erforderlich" müssen kumulativ gegeben sein. **Für die Gesamtheit bedeutsam** sind nur Aufgaben mit länderübergreifenden Bezügen. Danach sind Aufgaben mit rein regionalem Bezug auszuscheiden. „**Zur Verbesserung der Lebensverhältnisse erforderlich**" bedeutet die Notwendigkeit, die zusammengefasste Kraft von Bund und Ländern auf der Grundlage einer gesamtstaatl. Koordinierung und Finanzierung einzusetzen. Die Bereiche der GA sind in Art. 91 a abschließend festgelegt, d.h. hier nicht genannte Aufgaben aus dem Kompetenzbereich der Länder können nicht als GA i.S. dieser Bestimmung erfüllt werden, es sei denn nach einer entsprechenden Änderung der Verfassung.

### Nr. 1: Verbesserung der regionalen Wirtschaftsstruktur

Unter die GA „Verbesserung der regionalen Wirtschaftsstruktur" fallen Maßnahmen, die, auf ein bestimmtes Gebiet bezogen, das Ziel haben, die strukturellen Bedingungen für die Wirtschaftsentwicklung in diesem Gebiet zu verbessern, um Ungleichheiten besonders in der wirtsch. Leistungskraft der Regionen und damit Ungleichheiten in den Lebensbedingungen durch Industrie- und Infrastrukturförderung auszugleichen. Insbes. in den ostdeutschen Ländern und Berlin, die beide vollständig zum Fördergebiet dieser GA gehören, stellt diese immer noch das zentrale Element der Investitionsförderung dar. Von der regionalen Wirtschaftsförderung, die als Länderaufgabe zur GA werden kann, ist die *sektorale* Wirtschaftsförderung zu unterscheiden. Bei dieser handelt es sich um Förderungsmaßnahmen für einen bestimmten Wirtschaftszweig (Bergbau, Luftfahrtindustrie, erneuerbare Energien usw.). Soweit solche Förderungsmaßnahmen für die Wirtschaft des Bundesgebiets als Ganzes von Bedeutung sind und von einem Land allein nicht wirksam wahrgenommen werden können, ist der Bund aus der Natur der Sache zuständig (vgl. Art. 30 Rn. 5 Buchst. d). Für diese „ungeschriebene Kompetenz" des Bundes kommt Art. 91 a nicht in Betracht. Der Bund erfüllt sie selbständig, allerdings häufig in Absprache und in Abstimmung mit den für korrespondierende regionale Aufgaben zuständigen Ländern. Über das Verhältnis der Nr. 1 zu den Maßnahmen nach Art. 104 b vgl. dort Rn. 6. Durch G über die GA „Verbesserung der regionalen Wirtschaftsstruktur" hat der Gesetzgeber den Anwendungsbereich der GA näher bestimmt (s. Rn. 5).

### Nr. 2: Verbesserung der Agrarstruktur und des Küstenschutzes

Der Begriff **Agrarstruktur** in der Bedeutung der GA „Verbesserung der Agrarstruktur und des Küstenschutzes" ist i.S. der herkömmlichen Staatspraxis zu verstehen. Er umfasst auch die Forstwirtschaft und Teile der Fischwirtschaft. Zur Agrarstrukturverbesserung gehören Maßnahmen zur Verbesserung der Produktions- und Arbeitsbedingungen in der Land- und Forstwirtschaft, wasserwirtsch. und kulturbautechnische Maßnahmen sowie Maßnahmen zur Verbesserung der Marktstruktur in der Land-, Fisch- und Forstwirtschaft. Bewirtschaftung und Pflege von Pflanzen und Tieren sind nicht Agrarstrukturverbesserung und somit nicht GA. Art. 91 a erstreckt sich auch nicht auf Naturschutz und Landschaftspflege. Maßnahmen, deren Ziel die Agrarstrukturverbesserung ist, können aber im Rahmen der GA nach Maßgabe des Naturschutzes und der Landschaftspflege gestaltet werden. Die dadurch entstehenden Mehrkosten sind Kosten der GA.

3

4

**Küstenschutz** ist kraft ausdrücklicher Regelung GA. Die Aufgabe umfasst Maßnahmen an Deichen und Küstenschutzwerken, z.B. Neuanlagen, Verstärkungen und Erhöhungen von Deichen an den Festlandküsten, auf den Inseln und an den tidebeeinflussten Wasserläufen. Sie dient sowohl dem Schutz des landwirtsch. genutzten Hinterlandes als auch dem sonst wirtsch. genutzten Gebiet sowie dem Schutz von Menschen und Tieren in gefährdeten Gebieten. Der verfassungsrechtl. Begriff Küstenschutz ist nach dem herkömmlichen Verständnis als Schutz von Hinterland zu verstehen und demgemäß nicht auf Sicherungsmaßnahmen für einzelne Objekte anzuwenden. Für den Schutz von gewerblichen Anlagen kommen Finanzhilfen nach Art. 104b in Betracht.

### Absatz 2: Nähere Bestimmung der Gemeinschaftsaufgaben

5 Die nähere Bestimmung der GA muss nicht in einem einzigen Gesetz erfolgen. Wegen der Verschiedenheit der Sachgebiete hatte der Gesetzgeber entsprechend der bisherigen Fassung des Abs. 1 **mehrere Gesetze** erlassen, die in ihrer Anlage und den Grundregeln gleich sind: G über die GA *„Verbesserung der regionalen Wirtschaftsstruktur"* (GRWG) vom 6.10.1969 (BGBl I S. 1861) und G über die GA *„Verbesserung der Agrarstruktur und des Küstenschutzes"* (GAKG) i.d.F. vom 21.7.1988 (BGBl I S. 1055). Die nähere Bestimmung der GA muss sich im Rahmen der Begriffe des Abs. 1 halten. Die Konkretisierung geschieht in Form einer Aufzählung von Maßnahmen, die alle von den in Abs. 1 genannten Begriffen gedeckt sein müssen. Diese Konkretisierung ist von entscheidender Bedeutung, weil sie festlegt, welche Aufgaben von Bund und Ländern gemeinsam koordiniert und finanziert werden. Vor allem wegen der Finanzlastverteilung muss eine trennscharfe Regelung angestrebt werden. Die Vielzahl der unbestimmten Rechtsbegriffe (vgl. z.B. § 1 I GRWG) erschwert allerdings die notwendige klare Grenzziehung. Europarechtl. veranlasste Maßnahmen sind jedenfalls insoweit nicht als GA durchführbar und finanzierbar, als das Gemeinschaftsrecht dem Grunde und der Höhe nach bestimmte oder bestimmbare Leistungsansprüche gewährt (BVerfGE 116, 310). Maßnahmen, die nicht als GA bestimmt werden, bleiben, auch wenn sie unter Abs. 1 subsumiert werden könnten, Länderaufgabe. Sie werden von den Ländern allein geplant, durchgeführt und finanziert. Die Zustimmung des BRats zu den GA-Gesetzen ist wegen deren Auswirkungen auf die Aufgaben- und Finanzlastverteilung unentbehrlich.

6 *Satz 1:* Das nach Abs. 2 gebotene Gesetz bestimmt auch die **Einzelheiten der Koordinierung** und die Gestaltung der Zusammenarbeit von Bund und Ländern sowie der Länder untereinander bei der Verwirklichung der GA. Bund und Länder bilden danach einen Koordinierungsausschuss. Sorgfältig ausgewogen ist die Regelung zur Entscheidungsfindung: Jedes Land hat eine Stimme, die Stimmenzahl des Bundes entspricht der aller Länder, beträgt also 16. Entscheidungen fallen mit den Stimmen des Bundes und der Mehrheit der Länder. Damit sind auch Entscheidungen gegen einzelne Länder möglich. Die Autonomie der Länder ist ein tragendes Element der föderalen Ordnung des GG. Die Bindung eines Landes an Mehrheitsentscheidungen, zumindest wenn die gegen den Willen des Landes zustande gekommene Entscheidung die Länder zu einem bestimmten Verhalten verpflichten soll, schränkt die Autonomie des überstimmten Landes ein. Ohne eine hinreichend deutliche verfassungsrechtl. Basis ist eine solche Bindung, die mit dem Wesen einer Mehrheitsentscheidung verbunden ist, schwerlich möglich. Der frühere Abs. 3 („gemeinsame Rahmenplanung") war eine solche Grundlage für Mehrheitsentscheidungen. Im Hinblick auf die Zielsetzung der Föderalismusreform I, den Regelungsspielraum für die Ausführungsgesetzgebung zu erweitern

(BT-Dr 16/813 S. 15), wird jedoch eine entsprechende Rechtsgrundlage auch in der Formulierung „Einzelheiten der Koordinierung" zu sehen sein. Die inhaltliche Verknüpfung mit Regelungen des europäischen Rechts zeigt sich an der Vorgabe des § 4 II GAKG, wonach sich der beschlossene Koordinierungsrahmen an den geltenden Regelungen für Beihilfen mit regionaler Zielsetzung der europäischen Kommission (EFRE) auszurichten hat.

Da die Mitwirkung des Bundes an den Länderaufgaben in Art. 91 a sich in dem 7 dort vorgesehenen Maße erschöpft, bleibt die **Durchführung der Maßnahmen Länderaufgabe.** Art. 83 sagt darüber nichts aus, weil es sich bei den GA-Gesetzen um solche der verfassungsrechtl. zugelassenen Mischverwaltung handelt und nicht um solche, die von den Ländern im Rahmen getrennter Verwaltungsräume ausgeführt werden. Das Recht der Länder, Maßnahmen, die nach Abs. 1 GA sein könnten, es nach der näheren Bestimmung der Gesetze nach Abs. 2 aber nicht geworden sind, allein durchzuführen, bleibt erhalten. Die Länder müssen diese Maßnahmen dann allein finanzieren. Auch im Bereich der Maßnahmen, die das Gesetz nach Abs. 2 als GA vorsieht, können die Länder selbständig tätig werden, indem sie über den in der Koordinierung festgelegten Umfang hinaus Investitionen tätigen. Die Ausgaben müssen sie auch dabei allein tragen. Nach h.M. dürfen sie aber den Zielen der GA nicht entgegenwirken. Danach wäre es nicht zulässig, wenn bei der regionalen Wirtschaftsförderung die Entwicklung eines Gebiets im Rahmen der GA durch Anbieten von höheren Investitionsanreizen durch ein Land in einem Nachbargebiet unterlaufen würde, das nicht zur Förderung vorgesehen ist. Inwieweit die Gemeinden bei ihrer Industriesiedlungspolitik diesen Bindungen unterworfen sind, ist str. Da ihr Selbstverwaltungsrecht nur im Rahmen der Gesetze ausgeübt werden kann (dazu näher Art. 28 Rn. 16), wird man annehmen müssen, dass auch sie den von Bund und Ländern verfolgten Zielen der GA nicht entgegenwirken dürfen.

### Absatz 4: Gemeinsame Finanzierung

*Sätze 1–3:* Die Vorschrift über die gemeinsame Finanzierung enthält das zweite 8 Wesenselement der GA. Der **Bund** ist an der Finanzierung der im Rahmen der Koordinierung als GA vorgesehenen Maßnahmen nur **anteilig** und nur in der Höhe der dort in Aussicht genommenen Ausgaben **beteiligt.** Vorauszahlungen auf nicht geplante Ausgaben (etwa bei Baupreissteigerungen) sind nicht zulässig. Nach den einschlägigen Gesetzen (vgl. Rn. 5) erstattet der Bund nach Ausführung der Vorhaben den Ländern den verfassungsrechtl. bzw. gesetzl. vorgesehenen Anteil an den Kosten. Er leistet nach Fortschritt der Maßnahmen Vorauszahlungen an die Länder, die somit nicht in Vorlage zu treten brauchen. Die *Länder* haben, soweit der BTag Mittel im Haushaltsplan bewilligt hat (s. Satz 4), einen *Rechtsanspruch* auf anteilige Erstattung der gemäß der Koordinierung gemachten Ausgaben. Der Erstattungsanspruch beschränkt sich auf die Zweckausgaben. Gemäß Art. 104 a V tragen die Länder die Verwaltungskosten selbst (vgl. dazu Art. 104 a Rn. 14). Für die Verbesserung der regionalen Wirtschaftsstruktur legt die Verfassung den Mitfinanzierungsanteil des Bundes auf 50 vH fest. Er ist damit der Veränderung durch den einfachen Gesetzgeber entzogen. Für die Agrarstrukturverbesserung und den Küstenschutz ist zur Entlastung der steuerschwachen Agrarländer eine Mindestbeteiligung von 50 vH vorgesehen. Nach § 10 des entsprechenden Ausführungsgesetzes (s. Rn. 5) beträgt die Kostenbeteiligung des Bundes bei der Agrarstruktur 60 vH (nach § 10 I Nr. 3 sogar 80 vH) und beim Küstenschutz 70 vH. Der Beteiligungssatz des Bundes ist entsprechend der verfassungsrechtl. Vorgabe in allen Ländern gleich. Die Regelung hat keine auf die Finanzstärke eines einzelnen Landes bezogene Finanzausgleichswirkung, sondern dient der föderalen Gleichbehandlung.

**9** *Satz 4:* Die in Art. 91 a vorgesehene Koordinierung ist eine Tätigkeit der Exekutive. Nur sie ist an die Ergebnisse der Koordinierung gebunden. Nach ausdrücklicher Regelung in Abs. 3 hängt die Durchführung davon ab, dass die Parlamente des Bundes und der Länder die dafür erforderlichen Mittel bewilligen. **Die Haushaltshoheit des Bundestags wie auch der Landesparlamente bleibt** damit **erhalten.** Den Parlamenten steht es frei, die jeweiligen Ansätze der Koordinierung in die Haushaltspläne aufzunehmen, sie zu kürzen oder sie nicht zu berücksichtigen. Nahezu jede von den Koordinierungsergebnissen abw. Entscheidung eines Parlaments zwingt dazu, die Abstimmung zu erneuern. Da die Haushaltsentscheidungen der Parlamente aber frühestens erst kurz vor Jahresschluss fallen, sind neue Ergebnisse vor Beginn des Ausführungsjahres kaum möglich; das gilt besonders, wenn berücksichtigt wird, dass auch die neue Koordinierung von einem Parlament verworfen werden kann. Dies und die Tatsache, dass die Parlamente sich den in u.U. schwierigen Verhandlungen nach Kompromissen zustande gekommenen Koordinierungsergebnissen von 16 Ländern und dem Bund gegenübersehen, veranlasst sie, ihre Haushaltshoheit restriktiv zu nutzen, um die als weitgehend notwendig anerkannte Bund/Länder-Koordinierung überhaupt zu ermöglichen. Hier, wie auch bei anderen mittelfristigen Planungen der Exekutive, kann eine ernste Beeinträchtigung der Stellung der Parlamente gesehen werden. Sie kann weitgehend vermieden werden, wenn, wie das in der Staatspraxis z.t. geschieht, die Parlamente in den Koordinierungsprozess eingeschaltet werden. Die Haushaltsordnungen der Länder sehen in der gegenwärtigen Fassung vor, dass die LReg den Parlamenten ihre Anmeldungen zum Rahmenplan nach bisherigem Recht so rechtzeitig vorlegen, dass eine Sachberatung erfolgen kann (vgl. z.B. § 10 III der nordrh.-westf. Landeshaushaltsordnung i.d.F. v. 26.4.1999, GVBl S. 158). Auch die Fachausschüsse des BTags erörtern die Entwürfe des gemeinsamen Koordinierungsrahmens mit den zuständigen BMinistern. Nach § 6 III GRWG unterrichtet der Vorsitzende des Koordinierungsausschusses den BTag über Durchführung und Stand der GA. Bei der GA Agrarstruktur und Küstenschutz unterrichten die Landesregierungen BTag und BRat.

## Artikel 91 b [Zusammenwirken bei Forschung, Wissenschaft, Bildungswesen]

**(1)** Bund und Länder können auf Grund von Vereinbarungen in Fällen überregionaler Bedeutung zusammenwirken bei der Förderung von:
1. Einrichtungen und Vorhaben der wissenschaftlichen Forschung außerhalb von Hochschulen;
2. Vorhaben der Wissenschaft und Forschung an Hochschulen;
3. Forschungsbauten an Hochschulen einschließlich Großgeräten.

Vereinbarungen nach Satz 1 Nr. 2 bedürfen der Zustimmung aller Länder.

**(2)** Bund und Länder können auf Grund von Vereinbarungen zur Feststellung der Leistungsfähigkeit des Bildungswesens im internationalen Vergleich und bei diesbezüglichen Berichten und Empfehlungen zusammenwirken.

**(3)** Die Kostentragung wird in der Vereinbarung geregelt.

**Allgemeines:** Eine GA, die deutlich offener und flexibler angelegt ist als die in   1
Art. 91 a geregelte, ist die in Art. 91 b vorgesehene Zusammenarbeit von Bund
und Ländern auf den für die Zukunft eines modernen Staatswesens existentiell
wichtigen Gebieten der Forschungs- und Wissenschaftsförderung und der Beobachtung und Feststellung der Leistungsfähigkeit des Bildungswesens. Die geltende Fassung der Vorschrift beruht auf der **Föderalismusreform I** (vgl. Einführung
Rn. 6). Nach Aufhebung der GA Hochschulbau (vgl. Art. 125 c Rn. 2), die auf
eine Förderung von Bauinvestitionen angelegt war, ist nunmehr eine verstärkte
projektbezogene Förderung von Vorhaben der Wissenschaft und der Forschung
sowie von Forschungsbauten an Hochschulen einschl. Großgeräten möglich. Im
Bereich der Bildungspolitik kann der Bund mitwirken bei der Feststellung der
Leistungsfähigkeit des Bildungswesens im internationalen Vergleich. Die verfassungsrechtl. Bedeutung des Artikels wird deutlich im Vergleich mit der vor seinem Inkrafttreten gegebenen Kompetenzlage des Bundes. Wie sonst gelten auch
hier die Art. 30 und 70, aus denen sich ergibt, dass das **Schwergewicht der Kul-
turkompetenzen bei den Ländern** liegt, weil das GG nur in geringer Weise zugunsten des Bundes eine „andere Regelung trifft oder zulässt" (Art. 30; s. auch
Art. 70 I u. BVerfGE 37, 322). Im Bereich der Verwaltung hat der Bund auf dem
Gebiet der Bildung Kompetenzen nur aus der Natur der Sache, so für das Personal eigener Organisationen wie Bundeswehr (z.b. Bundeswehrhochschule) und
Bundesverwaltung oder für die Förderung zentraler Organisationen nichtstaatl.
Art (vgl. auch Art. 30 Rn. 3–5). Die Forschungsförderung im Bereich der Exekutive ist nach Art. 30 ebenfalls weitgehend Ländersache mit Ausnahme der Förderung der Großforschung, der Ressortforschung im Bereich der Bundeszuständigkeiten und der Förderung der Industrieforschung, Letztere, soweit sie als gesamtstaatl. Wirtschaftsförderung aus der Natur der Sache vom Bund zu betreiben ist.
Ferner ist die Förderung zentraler Einrichtungen nichtstaatl. Art unter bestimmten Voraussetzungen eine ungeschriebene Bundeszuständigkeit aus der Natur der
Sache (s. zu dieser Aufzählung Erläut. in Art. 30 Rn. 5). Die breite Förderung
von universitärer und außeruniversitärer Forschung im übrigen Bereich war bis
zur Schaffung des Art. 91 b mangels Kompetenzgrundlage für den Bund nach
Art. 30 Ländersache. Im Bereich der Gesetzgebung sind die eigenen Kompetenzen des Bundes klar umgrenzt: Art. 73 I Nr. 1 (Auslandsarbeit) und 5 a, Art. 74 I
Nr. 13 und 33. Die Gesetzgebungsfunktion ist aber streng von der Verwaltungszuständigkeit und damit von der Finanzierungskompetenz zu trennen. Diese liegt
nach Maßgabe von Art. 30, 83 i.V.m. Art. 104 a I bei den für die Ausführung der
Gesetze zuständigen Ländern.

**Art. 91 b gibt dem Bund** sowohl in der Forschungsförderung als auch im Bil-   2
dungsbereich deshalb **zusätzliche Rechte.** Auf dem Gebiet der Forschungsförderung ist das insoweit der Fall, als der Bund Forschung, die überwiegend im Kompetenzbereich der Länder liegt, auf Grund von Verwaltungsvereinbarungen zusammen mit den Ländern oder allein finanzieren kann. Das gilt auch für die Förderung der Wissenschaft an Hochschulen. Wo der Bund keine Kompetenzen im
Bildungsbereich hat (z.B. Schulen im primären u. sekundären Bereich) und dort,
wo er nur beschränkte Gesetzgebungskompetenzen besitzt (etwa im Hochschulbereich), kann er mit den Ländern zur Feststellung der Leistungsfähigkeit im Bil-
dungswesen auf Grund von Verwaltungsvereinbarungen zusammenwirken. Ohne
Art. 91 b wäre das nach Art. 104 a I nicht zulässig.

**Absatz 1: Zusammenwirken bei der Förderung von Wissenschaft und Forschung**

3 Die Neufassung des Art. 91 b, die dieser durch die Föderalismusreform I (vgl. oben Rn. 1) erhalten hat, verändert die Möglichkeiten des Zusammenwirkens von Bund und Ländern in Fällen überregionaler Bedeutung nicht. Abs. 1 erlaubt dem Bund, wie die alte Fassung, an solchen Einrichtungen und Vorhaben der Wissenschaft und Forschung fördernd mitzuwirken, für die sonst die Länder allein zuständig sind. Darüber hinaus können auf der Grundlage des Abs. 1 aber auch die Länder bei der Förderung von Einrichtungen und Vorhaben im Kompetenzbereich des Bundes mitwirken. Wie bei Art. 91 a findet eine **Kooperation von Bund und Ländern** statt; insofern ist Art. 91 b GA i.S. der Überschrift des VIIIa. Abschnitts. Die Modalitäten sind jedoch sehr verschieden. Bei Art. 91 a wirkt der Bund bei Länderaufgaben mit, während Art. 91 b auch Kompetenzen des Bundes in das Zusammenwirken einbezieht, so dass auch Bundesaufgaben beim Abschluss von entsprechenden Vereinbarungen dem mitwirkenden Einfluss der Länder unterliegen. Art. 91 b sieht im Gegensatz zu Art. 91 a nur ein fakultatives Zusammenwirken vor. Das nähere Verfahren ist nicht gesetzl. zu regeln, angesichts sich häufig ändernder Projekte wäre dies zu formal, sondern unterliegt der freien Gestaltung in Form der „Vereinbarung". **Vereinbarungen** können ihrem Wesen nach auch mit einzelnen oder einer Gruppe von Ländern geschlossen werden. Art. 91 b I 2 verlangt sogar, bezogen auf Vorhaben der Wissenschaft und Forschung an Hochschulen, im Hinblick auf die Erstverantwortung der Länder für dieses Sachgebiet Einstimmigkeit. Im Übrigen heißt es in der Begründung zur GG-Änderung dazu lediglich: „Vereinbarungen nach Art. 91 b sind grundsätzlich solche zwischen Bund und allen Ländern; sie können auf Seiten der Länder nur mit einer Mehrheit von mindestens 13 Stimmen abgeschlossen werden" (BT-Dr 16/813 S. 16). Vereinbarungen i.S. des Art. 91 b sind in der Staatspraxis Verwaltungsvereinbarungen. Darin können Beschlussgremien als ständige Einrichtungen vorgesehen werden, die Beschlüsse mit bindender Wirkung für die Vereinbarungsparteien fassen. Mehrheitsbeschlüsse mit Bindungswirkung für die Minderheit sind jedoch durch das Wort „Zusammenwirken" in Art. 91 b nicht gedeckt (vgl. auch Art. 91 a Rn. 6). Die Bindungswirkung erfasst, soweit sie besteht, nur die Exekutive. Bei der Forschungs- und Wissenschaftsförderung und beim Forschungsbau wird die Kompetenz der Parlamente, abgesehen vom Haushaltsplan, nicht berührt.

4 Die Neufassung des Art. 91 b erlaubt dem Bund auch – wie die alte Fassung –, sich an solchen Einrichtungen und Vorhaben der wissenschaftlichen Forschung zu beteiligen, für die sonst die Länder allein zuständig sind. Umgekehrt können auf der Grundlage des Art. 91 b auch die Länder bei der Förderung von Einrichtungen und Vorhaben im Kompetenzbereich des Bundes mitwirken. Damit wird eine breite und koordinierte Zusammenarbeit beider staatl. Ebenen auf dem Gebiet von Wissenschaft und Forschung möglich; der Bereich der Bildung bleibt ausgespart. Die Neufassung unterscheidet in Nr. 1 die Forschungsförderung **außerhalb** von Hochschulen und in Nr. 2 die Förderung von Wissenschaft und Forschung **an Hochschulen**. In beiden Gebieten müssen die Fälle **überregionale Bedeutung** haben. Dies ist der Fall, wenn das betr. Projekt von gesamtstaatl. Belang ist oder aber Bedeutung für mehrere Länder hat. Der Begriff „Förderung der wissenschaftlichen Forschung" in *Nr. 1* ist weit zu verstehen (BT-Dr 16/813 S. 17). Er ist nicht auf bestimmte Förderarten beschränkt und umfasst institutionelle Förderung und Projektförderung. Nach Nr. 1 können **Einrichtungen und Vorhaben** der wissenschaftlichen Forschung gefördert werden. Als Einrichtungen gelten dauerhafte organisatorische Einheiten mit ihrer sächlichen und personellen Aus-

stattung, wie z.B. Forschungsinstitute oder die Max-Planck-Gesellschaft. Unter den Begriff „Vorhaben" fallen abgegrenzte Sachaufgaben mit konkreten wissenschaftlichen Zielen. Auch bei solchen projektorientierten Vorhaben schließt die Förderung sächliche und personelle Kosten ein. In der Praxis dürfte es schwierig sein, eine klare Trennung der beiden Felder zu treffen. In *Nr. 2* sind dagegen ausschließlich **Vorhaben der Wissenschaft und Forschung** genannt. Einrichtungen sind in diesem Bereich nicht aufgeführt. Sie können somit auch nicht gefördert werden. Auf die Abgrenzungsschwierigkeiten wurde bereit hingewiesen. Außerdem fehlt in Nr. 2 das Adjektiv „wissenschaftlich" bei der Forschung an Hochschulen. Daraus ergibt sich aber kein Unterschied zu Nr. 1, da die Forschung an Hochschulen aus der Natur der Sache wissenschaftliche Forschung ist. In Nr. 2 ist die Förderung von „Vorhaben der Wissenschaft an Hochschulen" ein in der Verfassung gänzlich neuer Tatbestand der Finanzierung von Länderaufgaben durch den Bund. Er umfasst bei vorliegender überregionaler Bedeutung das gesamte wissenschaftliche Tätigkeitsfeld der Hochschulen einschl. der Lehre, also auch die Finanzierung von Hochschullehrern, aber auch sächliche Mittel. Eine Einschränkung liegt in dem Begriff „Vorhaben" der Wissenschaft. Eine Begrenzung gegenüber Einrichtungen wird mit ausreichender Trennschärfe, wie gesagt, jedoch kaum zu erreichen sein.

Art 91 b I Nr. 3 führt die schon vor der Neufassung mögliche Förderung von **Forschungsbauten und Großgeräten** an Hochschulen fort. Die Erwähnung von Baumaßnahmen und Großgeräten nur in *Nr. 3* bedeutet nicht, dass solche Maßnahmen im Bereich der Nr. 1 nicht möglich wären (vgl. BT-Dr 16/813 S. 17 zu Nr. 13). Die Förderung von Baumaßnahmen und Großgeräten an Hochschulen nach Nr. 3 ist allerdings auf *Forschungsbauten* beschränkt. Eine breite Mitfinanzierung von umfassenden Baumaßnahmen an Hochschulen durch den Bund ist eben nicht mehr möglich. Um eine Zersplitterung in kleinere Investitionsvorhaben zu vermeiden, sollen Orientierungsgrößen bzw. Bagatellgrenzen für die Förderung festgelegt werden. Bezogen auf Forschungsvorhaben liegt die Grenze bei 5 Mio Euro. Die Beschränkung im Wortlaut auf Forschungsbauten „an Hochschulen" wirft Abgrenzungsfragen auf. Bei der engen Verknüpfung von Forschung und Lehre an den Hochschulen wird es auf kaum lösbare Schwierigkeiten stoßen, eine Trennung von Forschungsbauten von Bauten der Lehre vorzunehmen. Ein großer Teil der universitären Bauten trägt beide Merkmale. 5

Die Frage, ob der **Bund für bestimmte Forschungsbereiche** eine **eigene Zuständigkeit** aus der Natur der Sache hat (z.B. für die Großforschung; s. dazu Art. 30 Rn. 5 Buchst. c), ist mit Art. 91 b nicht bedeutungslos geworden, weil im Falle einer eigenen Kompetenz die Möglichkeit der Förderung durch den Bund nicht vom Abschluss einer Vereinbarung mit den Ländern abhängt. 6

Auf der Grundlage des Art 91 b haben Bund und Länder ein Verwaltungsabkommen über die Einrichtung einer Gemeinsamen Wissenschaftskonferenz (GWK-Abkommen vom 11.9.2007, BAnz S. 7787) und eine Ausführungsvereinbarung über die gemeinsame Förderung von Forschungsbauten an Hochschulen einschl. Großgeräten nach Art. 3 Abs. 2 GWK-Abkommen vom 21.5.2007 (BAnz S. 5863), zuletzt geändert durch Abkommen vom 11.9.2007 (BAnz S. 7787), geschlossen. Die Vereinbarungen enthalten die detaillierten Regelungen des Zusammenwirkens von Bund und Ländern auf dem Gebiet der Forschungsförderung und der Förderung der Forschungsbauten bzw. Großgeräte. In den Bereich des Art. 91 b I fallen auch die Verwaltungvereinbarung des Bundes und der Länder über den Hochschulpakt 2020 zur Erweiterung des Studienangebots vom 20.8.2007 (BAnz S. 7480) und auch die Bund/Länder-Vereinbarung über die Ex- 7 zellenzinitiative des Bundes und der Länder zur Förderung von Wissenschaft und Forschung an deutschen Hochschulen vom 18.7.2005 mit einer Laufzeit bis 2011, nunmehr verlängert bis zum Jahr 2017 durch Vereinbarung (Exzellenzvereinbarung II) vom 24.6.2009 (BAnz S. 2416).

**Absatz 2: Feststellung der Leistungsfähigkeit des Bildungswesens**

8 Die Regelung in Abs. 2 über das Zusammenwirken von Bund und Ländern auf Grund von Verwaltungsvereinbarungen zur Feststellung der Leistungsfähigkeit des Bildungswesens im internationalen Vergleich und bei diesbezüglichen Berichten und Empfehlungen tritt an die Stelle der Bestimmungen über die Bildungsplanung in Art. 91 b a.F. Der Bund musste entgegen seinen Absichten im Zuge der Föderalismusreform I und der angestrebten Bund/Länder-Entflechtung wegen des Widerstandes der Länder seine früheren Kompetenzen im Bereich der Bildung, die sich über die Bildungsplanung auf die Sachbereiche Bildungsgesamtplan und Bildungsbudget erstreckten, deutlich zurückschneiden. Verblieben ist nur der internationale Vergleich des Bildungswesens. Für die Regelungsform der Vereinbarungen gilt das Gleiche wie für die Vereinbarungen nach Abs. 1 (s. dazu Rn. 3). Die neue GA (vgl. zu ihr das **Verwaltungsabkommen über das Zusammenwirken von Bund und Ländern gemäß Art. 91 b II GG** [Feststellung der Leistungsfähigkeit des Bildungswesens im internationalen Vergleich] v. 21.5.2007, BAnz S. 5861) hat drei Elemente: gemeinsame Feststellung der Leistungsfähigkeit und gemeinsame Berichterstattung darüber (Veröffentlichung) sowie die Möglichkeit der Abgabe von gemeinsamen Empfehlungen (s. BT-Dr 16/813 S. 17). Ziel derartiger gemeinsamer Bildungsberichterstattung ist die Schaffung von Grundinformationen (einschl. Finanz- u. Strukturdaten) für die Gewährleistung der internationalen Gleichwertigkeit und Wettbewerbsfähigkeit des deutschen Bildungswesens. Für Folgerungen aus diesem Zusammenwirken sind (vgl. BT-Dr 16/813 S. 17) nur noch die Länder zuständig, soweit nicht der Bund konkrete Zuständigkeiten hat (außerschulische berufliche Bildung u. Weiterbildung, Hochschulzulassung u. Hochschulabschlüsse). Die früheren (damals nicht ausgenutzten) Möglichkeiten einer Bildungsplanung sind entfallen.

**Absatz 3: Kostentragung**

9 In der neuen Regelung des Abs. 3 ist nicht mehr, wie in Art. 91 b Satz 2 a.F., von der Aufteilung der Kosten die Rede, was eine volle Übernahme der Kosten durch den Bund ausschloss. Das Wort „Kostentragung" ermöglicht nunmehr auch eine Vereinbarung, nach der der Bund die volle Kostenlast trägt.

## Artikel 91 c [Zusammenwirken bei der Informationstechnik]

(1) Bund und Länder können bei der Planung, der Errichtung und dem Betrieb der für ihre Aufgabenerfüllung benötigten informationstechnischen Systeme zusammenwirken.

(2) Bund und Länder können auf Grund von Vereinbarungen die für die Kommunikation zwischen ihren informationstechnischen Systemen notwendigen Standards und Sicherheitsanforderungen festlegen. Vereinbarungen über die Grundlagen der Zusammenarbeit nach Satz 1 können für einzelne nach Inhalt und Ausmaß bestimmte Aufgaben vorsehen, dass nähere Regelungen bei Zustimmung einer in der Vereinbarung zu bestimmenden qualifizierten Mehrheit für Bund und Länder in Kraft treten. Sie bedürfen der Zustimmung des Bundestages

und der Volksvertretungen der beteiligten Länder; das Recht zur Kündigung dieser Vereinbarungen kann nicht ausgeschlossen werden. Die Vereinbarungen regeln auch die Kostentragung.

(3) Die Länder können darüber hinaus den gemeinschaftlichen Betrieb informationstechnischer Systeme sowie die Errichtung von dazu bestimmten Einrichtungen vereinbaren.

(4) Der Bund errichtet zur Verbindung der informationstechnischen Netze des Bundes und der Länder ein Verbindungsnetz. Das Nähere zur Errichtung und zum Betrieb des Verbindungsnetzes regelt ein Bundesgesetz mit Zustimmung des Bundesrates.

**Allgemeines:** Art. 91 c ist eingefügt worden durch G vom 29.7.2009 (BGBl I   **1** S. 2248) und setzt weitere Ergebnisse der **Föderalismusreform II** (zu ihr s. Einführung Rn. 7) um. Die Vorschrift erweitert den Bereich der GA um die für die Verwaltungen von Bund und Ländern gleichermaßen wichtige Zukunftsaufgabe der Informationstechnik. Im Unterschied zur Zielsetzung der Föderalismusreform I (vgl. Einführung Rn. 6), Mischfinanzierungstatbestände abzubauen, wird für diese Aufgabe eine neue **Mischfinanzierung** eingeführt. Angesichts der im Grundsatz getrennten Verwaltungszweige des Bundes und der Länder eröffnet die neue Bestimmung umfassend die Möglichkeit, bei der Entwicklung informationstechnischer Systeme zusammenzuarbeiten, gemeinsame Standards dieser Systeme **staatsvertraglich** und ggf. auch mehrheitlich festzulegen und zu einer jeweils auszuhandelnden Kostenbeteiligung zu kommen (vgl. Vertrag zur Ausführung von Art. 91 c GG vom Oktober/November 2009, BGBl 2010 I S. 663, in Kraft seit 1.4.2011). Zugleich erhält der Bund eine neue Gesetzgebungskompetenz. Durch das G über die Verbindung der informationstechnischen Netze des Bundes und der Länder (IT-NetzG) vom 10.8.2009 (BGBl I S. 2706) hat er hiervon Gebrauch gemacht.

### Absatz 1: Zusammenarbeitsermächtigung

Abs. 1 schafft die **Rechtsgrundlage für die Zusammenarbeit**. Die Vorschrift ist   **2** weit gefasst, weil noch nicht abgeschätzt werden kann, welche zukünftigen Entwicklungen der Informationstechnik eine Zusammenarbeit erforderlich machen. Der Begriff „informationstechnische Systeme" ist nicht näher definiert, dürfte sich aber im Sinne weiter Auslegung auf die gesamte Informationstechnik beziehen (s. auch BVerfGE 120, 276). Zusammenwirken meint das tatsächliche und rechtl. Zusammenwirken (vgl. BT-Dr 16/12410 S. 9). Die Bestimmung eröffnet Kooperationsmöglichkeiten für Bund und alle oder auch einzelne Länder einschl. ihrer Kommunen und für alle oder einzelne Länder untereinander.

### Absatz 2: Vereinbarungen über die Grundlagen der Zusammenarbeit

*Satz 1* schafft die Möglichkeit, zum Zwecke **gemeinsamer Standardsetzung** beim   **3** Informationsaustausch vertragliche Vereinbarungen des Bundes und der Länder in der Rechtsform eines Staatsvertrags abzuschließen. Zweck der Zusammenarbeit ist die Sicherstellung eines effizienten, sicheren und schnellen Datenaustauschs. Die Vereinbarung soll zum Ziel haben, die für die Kommunikation der informationstechnischen Systeme erforderlichen Standards in einem festzulegenden und möglichst schnellen Verfahren zu regeln, und zwar unabhängig davon, ob Bundes- oder Landesgesetze ausgeführt werden. Deshalb werden in dem Staatsvertrag die Details zur Arbeitsweise eines IT-Planungsrats festgelegt, der dann Näheres zur Errichtung informationstechnischer Netze, insbes. zur Verbindung der Netze von Bund und Ländern und zum Verfahren der Festlegung von IT-Standards und IT-Sicherheitsanforderungen, bestimmen wird. Es bleibt in der Entscheidung des jeweiligen Verwaltungsträgers, welche technischen Mittel er für die Aufgabenerfüllung einsetzt. Die sog. Interoperabilitätsstandards betreffen vorrangig Datenformate und Verfahren zur Datenübertragung (vgl. BT-Dr 16/12410 S. 9). Zugleich eröffnet *Satz 2* die Möglichkeit auf Verfassungsebene, in den Verträgen eine Abweichung vom Einstimmigkeitsprinzip vorzusehen (näher auch dazu BT-Dr 16/12410 S. 9). Durch die Ermöglichung von Mehrheitsentscheidungen soll die Dauer der Entscheidungsfindung deutlich verkürzt werden. Damit sind Standardsetzungen zukünftig auch gegen den Willen einzelner Beteiligter möglich. Die Frage der verfassungsrechtl. Zulässigkeit einer solchen Regelung stellt sich hier nicht, weil der Verfassungsgesetzgeber selbst eine solche Regelung zugelassen hat. Im Gegenzug ist nach *Satz 3* Halbs. 2 das Recht der Kündigung der nach Halbs. 1 an die Zustimmung des BTags und der Parlamente der beteiligten Länder gebundenen Vereinbarungen unabdingbar vorgesehen worden. Zur Vereinbarung über die Kostentragung gemäß *Satz 4* s. schon oben Rn. 1. Durch Staatsvertrag vom Oktober/November 2009, in Kraft seit 1.4.2011, „über die Errichtung des IT-Planungsrats und über die Grundlagen der Zusammenarbeit beim Einsatz der Informationstechnologie in den Verwaltungen von Bund und Ländern – Vertrag zur Ausführung von Art. 91c" (vgl. auch oben Rn. 1) haben beide Seiten von der Ermächtigung des Abs. 3 Gebrauch gemacht (s. G v. 27.5.2010, BGBl I S. 662).

### Absatz 3: Weitere Formen der Zusammenarbeit unter den Ländern

4  Abs. 3 ermächtigt die Länder zu weiteren Formen der Zusammenarbeit. Unbeschadet ihrer sonstigen Zuständigkeiten ist es allen oder mehreren Ländern möglich, informationstechnische Systeme gemeinsam zu betreiben und zu finanzieren und hierfür gemeinsame Institutionen zu errichten. Dies können auch Organisationsformen des öffentl. Rechts ohne Gebietshoheit sein. Die Länder können diesen in den Grenzen des jeweiligen Landesverfassungsrechts auch Aufgaben oder Aufgabenteile aus ihrem Zuständigkeitsbereich zuweisen (vgl. BT-Dr 16/12410 S. 9).

### Absatz 4: Verbindungsnetz für die informationstechnischen Systeme

5  Abs. 4 enthält für den Bund eine neue und ausschließliche Gesetzgebungskompetenz. Der Bund hat die Aufgabe, mit dem zu errichtenden Verbindungsnetz eine sichere Plattform für den bund/länderübergreifenden Datenaustausch einschl. der Verbindung der deutschen Netze mit denen der EU zu errichten. Im Hinblick auf die fortbestehenden Verwaltungskompetenzen der Länder bei ihren Landesnetzen werden die Details durch Bundesgesetz festgelegt, das der **Zustimmung des Bundesrates** bedarf. Die Kosten für die Errichtung und den Betrieb des Verbindungsnetzes trägt gemäß Art. 104 a I der Bund, die Anschlusskosten trägt die jeweils zuständige Gebietskörperschaft (vgl. BT-Dr 16/12410 S. 9 f.). Die Ausführungsregeln hierzu enthalten die §§ 3 ff. IT-NetzG (vgl. Rn. 1).

## Artikel 91 d [Zusammenarbeit bei der Evaluierung der Verwaltungen]

Bund und Länder können zur Feststellung und Förderung der Leistungsfähigkeit ihrer Verwaltungen Vergleichsstudien durchführen und die Ergebnisse veröffentlichen.

Art. 91 d ist durch G vom 29.7.2009 (BGBl I S. 2248) eingefügt worden und setzt ein Ergebnis der **Föderalismusreform II** (zu ihr s. Einführung Rn. 7) um. Die Regelung hat wohl eher deklaratorischen Charakter; denn auch ohne eine solche wären auf Basis der jeweiligen Sachkompetenzen Vergleichsstudien zulässig, die veröffentlicht werden könnten. Unter dem Stichwort **Verwaltungs-Benchmarking** soll zwischen Bundes- und Landesverwaltungen ein Leistungsvergleich – durch die neue Regelung auf Verfassungsebene legitimiert – ermöglicht werden. Die Teilnahme an den Studien ist freiwillig; nehmen allerdings nicht ausreichend Interessierte teil, wird dies die Aussagekraft solcher Untersuchungen entsprechend mindern (vgl. auch Kemmler, DÖV 2009, 550). Die Veröffentlichung der Ergebnisse ist fakultativ, nicht zwingend. Sinnvollerweise, wenngleich nicht geregelt, werden die näheren Details einschl. der Kostentragung durch eine Verwaltungsvereinbarung zwischen den Beteiligten bestimmt. Mangels näherer Regelung wäre eine Kostenteilung nach dem anteiligen Aufwand durchzuführen. Gegenstand der Vereinbarung können weiter insbes. die generelle oder einzelfallbezogene Beauftragung einer entsprechend qualifizierten Einrichtung, die Bestimmung des Gegenstandes und der Methoden der Vergleichsstudien, die teilnehmenden Verwaltungen sowie die Art und Weise der Veröffentlichung der Ergebnisse sein (vgl. BT-Dr 16/12410 S. 10). Ob und inwieweit es bei Bundes- und Landesverwaltungen zu solchen freiwilligen Kooperationen kommt wie bislang auf kommunaler Ebene (s. dazu die Kommunale Gemeinschaftsstelle für Verwaltungsmanagement), bleibt abzuwarten.

## Artikel 91 e [Zusammenwirken bei der Grundsicherung für Arbeitsuchende]

(1) Bei der Ausführung von Bundesgesetzen auf dem Gebiet der Grundsicherung für Arbeitsuchende wirken Bund und Länder oder die nach Landesrecht zuständigen Gemeinden und Gemeindeverbände in der Regel in gemeinsamen Einrichtungen zusammen.

(2) Der Bund kann zulassen, dass eine begrenzte Anzahl von Gemeinden und Gemeindeverbänden auf ihren Antrag und mit Zustimmung der obersten Landesbehörde die Aufgaben nach Absatz 1 allein wahrnimmt. Die notwendigen Ausgaben einschließlich der Verwaltungsausgaben trägt der Bund, soweit die Aufgaben bei einer Ausführung von Gesetzen nach Absatz 1 vom Bund wahrzunehmen sind.

(3) Das Nähere regelt ein Bundesgesetz, das der Zustimmung des Bundesrates bedarf.

**Allgemeines:** Art. 91 e lässt sich nicht den typischen Gemeinschaftsaufgaben bzw. **1** den anderen Zusammenarbeitsformen bei der Informationstechnologie oder bei staatl. Vergleichsstudien zuordnen. Dort bleiben die Aufgabenzuordnung und Verwaltungsstrukturen im Grunde unangetastet; hier hingegen wird eine echte „Mischverwaltung" beider staatl. Ebenen geregelt. Art. 91 e ist die maßgebende **Sonder-Verfassungsnorm** für das verwaltungsmäßige Zusammenwirken von Bund, Ländern und sogar Kommunen auf dem Gebiet der Grundsicherung für Arbeitsuchende, dessen Einzelheiten im Zweiten Buch Sozialgesetzbuch (SGB II) geregelt sind. Seit 2003 sind die bis dahin getrennten steuerfinanzierten Fürsorgesysteme Arbeitslosenhilfe und Sozialhilfe zusammengeführt und im SGB II aufgegangen. Ziel des neuen Systems sind die Beschleunigung der Arbeitsvermittlung, eine effizientere Ausgestaltung der Verfahren und das Erbringen sämtlicher Leistungen „aus einer Hand". Die Bundesagentur für Arbeit ist zuständig für die Arbeitsvermittlung und das Arbeitslosengeld, die kreisfreien Städte und Kreise für Leistungen für Unterkunft und Heizung und weitere Betreuungsleistungen. Beide Ebenen sind über § 44 b SGB II in „Arbeitsgemeinschaften" zusammengefasst. Im Dezember 2007 hat das BVerfG diese gesetzl. Regelung für verfassungswidrig erklärt und dem Gesetzgeber eine Frist zur Neuregelung bis zum 31.12.2010 gesetzt (BVerGE 119, 331). Die vorhandenen Kompetenzregeln ließen die bereits realisierte Konstruktion nicht zu. Die Verwaltung des Bundes und die Verwaltung der Länder, zu denen auch die Kommunen gehören (vg. Art. 28 Rn. 9), sind organisatorisch und funktionell im Sinne von in sich geschlossenen Einheiten prinzipiell voneinander getrennt. Bund und Länder dürfen von dieser „Verwaltungsordnung", auch nicht mit Zustimmung der Beteiligten, abweichen (BVerfGE 119, 365; s. auch vor Art. 83 Rn. 7). Das in § 44 b SGB II Geregelte überschreite die Grenze des verfassungsrechtlich Zulässigen in Ansehung der in Frage kommenden Verfassungsnormen. Die neue Bestimmung des Art. 91 e knüpft an die durch die Organisationsreform geschaffene Verwaltungsstruktur unmittelbar an und legalisiert sie verfassungsrechtl.

### Absatz 1: Zusammenwirken in gemeinsamen Einrichtungen

2 Abs. 1 gibt vor, dass die staatl. Ebenen im Bereich der Grundsicherung für Arbeitsuchende „zusammenwirken". Es handelt sich nicht um eine Ermessensnorm, sondern um eine auf diesem Sachgebiet bestehende **Verpflichtung**. Ein getrenntes Verwaltungshandeln ist nicht möglich. Die Regelung erstreckt sich auf Bund und Länder, es können aber auch der Bund und die nach Landesrecht zuständigen Gemeinden und Gemeindeverbände zusammenwirken. Damit wird eine unmittelbare Zusammenarbeit zwischen der Bundes- und der kommunalen Ebene zugelassen – ein Novum auf Verfassungsebene; derartige unmittelbare Beziehungen von Bund und Kommunen gibt es im Bereich der Finanzverfassung sonst nur nach Art. 106 VIII. Bundesgesetzl. konkretisiert wird der Begriff der Grundsicherung in § 1 SGB II. Sie soll erwerbsfähige Hilfebedürftige bei der Aufnahme oder Beibehaltung einer Erwerbstätigkeit unterstützen und zugleich den Lebensunterhalt sichern, soweit sie ihn nicht auf andere Weise bestreiten können (§ 1 I 2 SGB II). Die maßgeblichen organisationsrechtl. Regelungen (Zuständigkeit, Verfahrensvorschriften, Bildung der Arbeitsgemeinschaften, Verfahren bei Streitschlichtung) sind in den §§ 36 ff. SGB II, die wichtigen und regelmäßig zu aktualisierenden Regelungen zur Kostentragungslast zwischen Bund und Ländern in den §§ 46 ff. SGB II enthalten. Damit im direkten Zusammenhang steht das eigenständig verankerte Prüfungsrecht des Bundesrechnungshofs nach § 46 I 2 SGB II. Die in Abs. 1 verankerte Zusammenarbeitsform stellt den „Regelfall" dar; aus ihr kann zwar kein absoluter quantitativer Gehalt abgeleitet werden, aber doch die Vorgabe, dass *überwiegend* in gemeinsamen Einrichtungen gearbeitet wird.

### Absatz 2: Aufgabenübertragung auf Gemeinden

3 Abs. 2 regelt die Ausnahme von Abs. 1. Nach *Satz 1* kann durch den Bund eine begrenzte Anzahl von Gemeinden und Gemeindeverbänden auf Antrag (sog. Option) und mit Zustimmung der obersten Landesbehörde zur alleinigen Wahrnehmung der Aufgaben nach Abs. 1 zugelassen werden. Durch Zulassung der kommunalen Träger zur Leistungserbringung treten diese als „**Optionskommunen**" in die Rechte und Pflichten der Bundesagentur für Arbeit ein. Die Zulassung ist zeitlich begrenzt und widerrufbar (vgl. § 6 a V, VI SGB II). Abs. 2 enthält für den

Bereich der Grundsicherung für Arbeitsuchende eine Ausnahme vom Verbot einer Aufgabenübertragung auf die Gemeinden und Gemeindeverbände nach Art. 84 I 7 und Art. 85 I 2 (s. BT-Dr 17/1554 S. 4) und zugleich eine *Sonderregelung zur Aufgabenwahrnehmung für eine andere Körperschaft*, für die es in der Verfassung kein Vorbild gibt. Zur begrenzten Anzahl der Kommunen gibt der Verfassungstext keinen Anhalt. Die Gesetzesbegründung sagt dazu aus: „Nach dem Regel-Ausnahme-Verhältnis zwischen der Aufgabenwahrnehmung in gemeinsamen Einrichtungen und Optionskommunen soll die Zahl letzterer, bezogen auf das gesamte Bundesgebiet, in einem Bundesgesetz nach Abs. 3 auf höchstens ein Viertel der Aufgabenträger festgelegt werden" (BT-Dr 17/1554 S. 4). Derzeit sind dies 110 Optionskommunen (zugelassene kommunale Träger).

Die **Kostentragungsregel** ist in *Satz 2* enthalten. Danach trägt der Bund die Ausgaben, also die Zweckkosten einschl. der Verwaltungskosten im notwendigen Umfang. Verwaltungsverantwortung und Finanzierungslast fallen damit auseinander, die Optionskommunen handeln, die Kostenfolgen treffen den Bund. Der in Art. 104 a I enthaltene Konnexitätsgrundsatz, nach dem der Verwaltungsträger auch die Kosten trägt (s. hier Art. 104 a Rn. 2), gilt auf Grund dieser verfassungsrechtl. Sonderregel nicht. Der Bund trägt die notwendigen Kosten insoweit, als sie auch bei einer originären Aufgabenwahrnehmung durch ihn anfallen würden. Auch hierzu ist die nähere Ausgestaltung der Kostenfolgen bundesgesetzl. zu regeln (vgl. dazu die §§ 46 ff. SGB II).

### Absatz 3: Nähere gesetzliche Regelung

Abs. 3 bestimmt, dass das Nähere mit *Zustimmung des Bundesrats* durch Bundesgesetz zu regeln ist. Angesprochen ist damit eine **Vielzahl von Einzelfragen**. Bezogen auf Abs. 1 sind dies u.a. Regelungen zu den Themen Organisation, Behördeneinrichtung, Verwaltungsverfahren, Wahrnehmung von Dienstherrenbefugnissen, Übergang und Rechtsstellung des Personals sowie Personalvertretung, Aufsicht, Zielvereinbarungen, Mittelbewirtschaftung, Finanzkontrolle, Rechnungsprüfung und Leistungsbewertung. Hinsichtlich Abs. 2 fallen insbes. hierunter Anzahl der Optionskommunen, Personal und Kostentragung, Aufsicht und wiederum Zielvereinbarungen, Mittelbewirtschaftung und Zielkontrolle, Rechnungsprüfung und Leistungsbewertung. Auch hier ist die Aufzählung nicht abschließend. Zum Spannungsverhältnis zwischen einer eigenverantwortlichen Aufgabenwahrnehmung und einer Aufgabenwahrnehmung durch „Option" führt die Gesetzesbegründung aus, es sei vorgesehen, dass sich die Aufsicht über die Aufgabenwahrnehmung „an der bei der Gesetzesausführung durch die Länder als eigene Angelegenheit geltenden Zuständigkeitsverteilung orientiert und durch ein einheitliches und transparentes Steuerungssystem durch Zielvereinbarungen zwischen Bund und Ländern sowie entsprechende Zielvereinbarungen zwischen den jeweiligen Ländern und Optionskommunen ergänzt wird" (BT-Dr 17/1554 S. 5). Des Weiteren ist vorgesehen, dass der Bund die Finanzkontrolle ausübt und das Prüfungsrecht des Bundesrechnungshofs in der bisher geregelten Form aufrechterhalten bleibt. Die Begründung zur Verfassungsänderung enthält auch die durchaus gegenläufige Aussage, dass einerseits zwingende Vorgaben des GG einzuhalten seien, andererseits aber berücksichtigt werden müsse, dass jetzt eine Mischverwaltung der Regelfall und die Aufgabenwahrnehmung durch Kommunen der Ausnahmefall sei (BT-Dr 17/1554 S. 5). In dem G zur Weiterentwicklung der Organisation der Grundsicherung für Arbeitssuchende vom 3.8.2010 (BGBl I S. 1112) sind die Vorgaben des verfassungsändernden Gesetzgebers insbes. durch Änderung des SGB II umgesetzt worden.

4

5

# IX. Die Rechtsprechung

## Vorbemerkungen

1 Der IX. Abschnitt des GG enthält die **verfassungsrechtlichen Grundlagen für die Organisation der Gerichtsbarkeit** und die Rechtsstellung der Richter sowie grundrechtsähnliche Regelungen für das Verhältnis des Einzelnen zur rechtsprechenden Gewalt. Behandelt wird *nur* die *staatliche Gerichtsbarkeit* (vgl. auch Art. 92 Rn. 5). Soweit er deren Bestand und Wirksamkeit sichert, bildet der Abschnitt zusammen mit dem Rechtsstaatsprinzip (dazu allg. Art. 20 Rn. 10 ff.) auch die Grundlage für die staatl. **Justizgewährungspflicht.** Der Staat ist danach verpflichtet, für eine funktionsfähige Rechtspflege zu sorgen. Er hat Gerichte einzurichten, die in richterl. Unabhängigkeit alle auf sie zukommenden Aufgaben in der richtigen Besetzung und mit der gebotenen Sorgfalt bewältigen können. Dazu gehört nicht zuletzt im Hinblick auf das Recht des Rechtsuchenden auf eine zügige gerichtl. Entscheidung (s. dazu auch Art. 6 I 1 EMRK u. EGMR, NJW 2012, 2332) die erforderliche Ausstattung mit personellen und sächlichen Mitteln (BVerfGE 36, 275; BVerfG, NJW 2000, 797; BayVerfGH 38, 99 f., 102). Aus dieser Verpflichtung, die den Ermessensspielraum des Gesetzgebers bei Maßnahmen der Gerichtsorganisation (s. dazu BayVerfGH, NJW 2005, 3705) begrenzt, lassen sich entsprechende Ansprüche des Einzelnen gegen den Staat nicht ableiten. Auch dem Richter steht ein solcher Anspruch nicht zu (BGH, DRiZ 2011, 66).

2 Doch sichert der ebenfalls vor allem im Rechtsstaatsprinzip wurzelnde allg. **Justizgewährungsanspruch** (zu ihm vgl. auch BVerfGE 85, 345 f.; BVerfG, BayVBl 2002, 598 m.w.N.; BVerwGE 116, 88) dem Bürger über Art. 19 IV hinaus zum Schutz anderweitig eingeräumter subjektiver Rechte (BVerfGE 116, 150) den Zugang zu den Gerichten, das Offenstehen des Rechtswegs, die Prüfung des Streitbegehrens in einem förmlichen Verfahren sowie eine verbindliche gerichtl. Entscheidung (BVerfGE 107, 401; BVerfG, NZS 2007, 488) und damit – wie Art. 19 IV – die Effektivität des Rechtsschutzes (BVerfGK 10, 278 m.w.N.). Nicht gewährleistet ist aber ein unbegrenzter, „immerwährender" Rechtsweg. Der allg. Justizgewährungsanspruch verlangt also auch keinen Instanzenzug (BVerfGE 107, 401 f.), wohl aber Rechtsschutz gegen die Verletzung des Anspruchs auf rechtl. Gehör jedenfalls im Wege einer Selbstkontrolle durch den iudex a quo, sofern auf diese Weise der Gehörsmangel effektiv beseitigt werden kann (BVerfGE 107, 410 ff.; BVerfGK 10, 400; BVerfG, 2007, 2243; zur Umsetzung dieser Anforderungen in das geltende Recht s. Art. 103 Rn. 9 f.). Im Übrigen hat der Gesetzgeber bei der Ausgestaltung des effektiven Rechtsschutzes einen Einschätzungs- und Gestaltungsspielraum, der es ihm etwa gestattet, für ein Rechtsschutzbegehren besondere formelle Voraussetzungen vorzusehen, z.B. durch verfahrensbeschleunigende Vorschriften, vor allem auch durch Form- und Fristerfordernisse für Rechtsmittel, Vorkehrungen dagegen zu treffen, dass Verfahren unangemessen lange dauern (BVerfGE 93,107 f.).

3 **Rechtsprechung** i.S. des IX. Abschnitts ist die autoritative, in einem geregelten Verfahren ergehende verbindliche Entscheidung von Rechtsfällen anhand vorgegebener Rechtsnormen durch an diese grundsätzlich gebundene (vgl. Art. 97 I sowie Art. 97 Rn. 8), besonders qualifizierte, am Entscheidungsgegenstand unbeteiligte staatl. Stellen (zum Begriffsmerkmal der Entscheidung s. BVerfGE 7, 188 f.; BFHE 236, 96, zur Ausübung richterl. Tätigkeit durch nichtbeteiligte Dritte BVerfGE 103, 140 m.w.N.; BVerwGE 78, 219; vgl. auch Art. 92 Rn. 2–4). Sie

steht im Mittelpunkt der „Rechtspflege", die auch nicht eigentlich rechtsprechen-de Funktionen der Gerichte wie vor allem Teile der freiwilligen Gerichtsbarkeit und die Justizverwaltung (zu dieser s. NWVerfGH, NJW 1999, 1246; Bln-VerfGH, JR 2000, 280) sowie die Tätigkeiten der Staatsanwaltschaften (zu Ein-stellungsverfügungen vgl. BVerfG, NJW 2002, 815), Notare, Rechtsanwälte (s. BVerfGE 16, 216: der Anwalt als Organ der Rechtspflege), des nichtrichterl. Jus-tizpersonals und der Gerichtsvollzieher umfasst. Dem Gewaltenteilungsprinzip (Art. 20 II 2) gemäß ist die Rspr. im Dreiklang der Staatsgewalten als eigenstän-dige Staatsfunktion (NWVerfGH, NJW 1999, 1247; BFHE 232, 131) durch „be-sondere", von den Organen der Gesetzgebung und der vollziehenden Gewalt ver-schiedene Organe des Staates auszuüben, die als Gerichte mit Richtern besetzt sind (näher Art. 92 Rn. 4), das geltende Recht letztverantwortlich und verbind-lich auszulegen haben (BVerfGE 126, 392 m.w.N.; BFHE 232, 131) und zusam-men die „rechtsprechende Gewalt" bilden. Diese hat im Zuge einer möglichst weitgehenden Verwirklichung der Idee des Rechtsstaats durch die GG eine bis dahin unbekannte Ausdehnung ihrer Zuständigkeiten erfahren und ist dadurch als „Dritte Gewalt" den übrigen Staatsgewalten nicht nur rechtlich, sondern bis zu einem gewissen Grade auch politisch gleichgestellt worden. Durch eine umfas-sende Verwaltungsgerichtsbarkeit (§ 40 VwGO) und hinzukommende Spezialge-richtsbarkeiten ist die gesamte Verwaltung, durch die Verfassungsgerichtsbarkeit außerdem ein erheblicher Teil des Verfassungslebens richterl. Kontrolle unter-stellt worden. Der gegenwärtige Zustand entspricht so in organisatorischer und verfahrensmäßiger Hinsicht nahezu allen Anforderungen des Rechtsstaatsgedan-kens, ist aber in bestimmten Punkten rechtspolit. umstritten, insbes. unter dem Gesichtspunkt sich partiell vollziehender Machtverlagerungen von der gesetzge-benden und der vollziehenden auf die rechtsprechende Gewalt („Justizstaat", „oligarchischer Richterstaat") und wegen der Vielzahl der zur Verfügung stehen-den Rechtszüge („Rechtswegestaat").

**Organisatorische Gliederung:** Die rechtsprechende Gewalt ist durch das GG in    4
zweifacher Weise gegliedert, einmal föderal durch die Teilung in Bundes- und Ländergerichte und zum zweiten fachlich durch die Aufspaltung in verschiedene, abgesehen von der Verfassungsgerichtsbarkeit gleichberechtigte Gerichtsbarkeits-zweige (Zivil- u. Strafgerichtsbarkeit als Kernbereiche der ordentlichen Gerichts-barkeit, ferner Verwaltungs-, Finanz-, Arbeits- u. Sozialgerichtsbarkeit; zur Gleichwertigkeit vgl. BVerfGE 12, 333). Die bundesstaatl. Aufteilung wird ins-bes. durch die – umfassende – Bundesgesetzgebung nach Art. 74 I Nr. 1 und die Rspr. der obersten Bundesgerichtshöfe (Art. 95 I) gemildert, die fachliche vor al-lem durch die Zuständigkeiten des BVerfG und des Gemeinsamen Senats dieser Gerichtshöfe (Art. 95 III) eingeschränkt.

## Artikel 92 [Organe der rechtsprechenden Gewalt]

**Die rechtsprechende Gewalt ist den Richtern anvertraut; sie wird durch das Bun-desverfassungsgericht, durch die in diesem Grundgesetze vorgesehenen Bundes-gerichte und durch die Gerichte der Länder ausgeübt.**

**Allgemeine Bedeutung:** Art. 92 konkretisiert einerseits den Gewaltenteilungs-    1
grundsatz des Art. 20 II 2, indem er die rechtsprechende Gewalt als dritte Ge-walt, prinzipiell von den beiden anderen Staatsgewalten, der Gesetzgebung (dazu BVerfGE 4, 234) und der Exekutive (s. BVerfGE 10, 216), getrennt, den Rich-

tern anvertraut (vgl. BVerfGE 22, 76, u. vor Art. 92 Rn. 3), und bekräftigt anderseits im Rahmen des föderalen Aufbaus des Gerichtswesens (BVerwGE 131, 281) die Kompetenzvermutung des Art. 30 zugunsten der Länder, soweit er den Bund auf die im GG vorgesehenen Bundesgerichte beschränkt (s. auch schon Art. 30 Rn. 2), die grundsätzlich in Ausübung von Bundesstaatsgewalt tätig werden (BlnVerfGH, LVerfGE 17, 70). Darüber hinaus enthält die Vorschrift zusammen mit den Art. 97 und 98 die verfassungsrechtl. Grundlagen für den Status des Richters. Insoweit dient die Regelung auch der Verwirklichung des Rechtsstaatsprinzips. Subjektive Rechte gewährt sie allerdings nicht.

2 **Rechtsprechende Gewalt** i.S. des Art. 92 ist der Inbegriff der vom Staat auf dem Gebiet der Rspr. in Anspruch genommenen Hoheitsrechte. Die von ihr ausgeübte Tätigkeit (Rspr.) ist Rechtsanwendung (vor Art. 92 Rn. 3), das verbindliche Entscheiden von Rechtsfragen, die von den Beteiligten nicht oder nicht einvernehmlich aus einer Vorschrift beantwortet werden können (BFH, NJW 2012, 704), nicht – davon losgelöste, von den spezifischen Bindungen der Rspr. freigestellte – Sozialgestaltung. Gestalterische Kraft kommt der Rspr. allerdings insoweit zu, als sie Akte anderer Hoheitsträger aufheben oder für unwirksam erklären kann. Was im Einzelnen Rechtsprechungsaufgaben sind, ist nicht immer eindeutig bestimmt. Schon das GG weist – z.B. in Art. 41 I, Art. 84 IV 1 und Art. 129 I 2 – einzelne Rechtsentscheidungen anderen Staatsorganen zu (vgl. auch vor Art. 38 Rn. 1). Auch unabhängig davon gibt es Rechtsstreitigkeiten, die von Verwaltungsbehörden entschieden werden (BVerfGE 22, 76). Ob die Wahrnehmung einer Aufgabe als „Rspr." i.S. des GG anzusehen ist, hängt wesentlich von verfassungsrechtl. Vorgaben sowie von traditionellen oder durch den Gesetzgeber vorgenommenen Qualifizierungen ab (BVerfGE 64, 179; 76, 106; 103, 136 f.). Allein aus der Besetzung eines staatl. Gremiums mit unabhängigen Richtern auf die Ausübung rechtsprechender Gewalt zu schließen, entspräche nicht Sinn und Zweck des IX. Abschnitts des GG. Der Begriff der rechtsprechenden Gewalt ist vielmehr maßgeblich von der konkreten sachlichen Tätigkeit her, also *materiell*, bestimmt. Rspr. in diesem Sinn liegt vor, wenn bestimmte hoheitsrechtl. Befugnisse bereits durch die Verfassung Richtern zugewiesen sind (s. z.B. Art. 13 II, III u. IV, Art. 21 II 2, Art. 104 II) oder es sich von der Sache her um einen traditionellen Kernbereich der Rspr. handelt. Daneben ist rechtsprechende Gewalt auch dann gegeben, wenn der Gesetzgeber für einen Sachbereich, der nicht schon materiell Rspr. ist, eine Ausgestaltung wählt, die bei *funktioneller* Betrachtung nur der rechtsprechenden Gewalt zukommen kann. In dieser Hinsicht ist Rspr. anzunehmen, wenn der Gesetzgeber ein gerichtsförmiges Verfahren hoheitlicher Streitbeilegung vorsieht und den dort zu treffenden Entscheidungen eine Rechtswirkung verleiht, die nur unabhängige Gerichte herbeiführen können (BVerfGE 103, 137). Zu den wesentlichen Begriffsmerkmalen der Rspr. in diesem Sinne gehört das Element der Entscheidung, der letztverbindlichen, der Rechtskraft fähigen Feststellung und des Ausspruchs dessen, was im konkreten Fall rechtens ist (BVerfGE 7, 188 f.; 31, 46). Kennzeichen rechtsprechender Tätigkeit ist daher typischerweise die letztverbindliche Klärung der Rechtslage in einem Streitfall im Rahmen besonders geregelter Verfahren mit dem verfassungsrechtl. geschützten Anspruch auf rechtl. Gehör (BVerfGE 103, 137 f.; BVerfGK 4, 6). Die Entscheidung ergeht nur auf Antrag und muss nach Antragstellung auch gefällt werden, wenn die Beteiligten darauf nicht verzichten (Pflicht zur Entscheidung; vgl. BVerfGE 84, 227).

3 Nach diesen Grundsätzen sind der *rechtsprechenden Gewalt* neben den den Gerichten durch das GG selbst zugewiesenen Aufgaben (s. dazu auch die Aufzäh-

lung in BVerfGE 22, 77) insbes. die traditionellen Kernbereiche der Rspr. wie bürgerliche Rechtspflege und Strafgerichtsbarkeit vorbehalten (BVerfGE 22, 77 f.; 27, 28). Zu jenen gehören etwa gerichtl. Rechtsstreitigkeiten vermögensrechtl. Art (BVerfGE 22, 78), zu diesen vor allem die Verhängung von Freiheits- und Geldstrafen als Sühne für kriminelles Unrecht (BVerfGE 22, 80 f.; 22, 130). Parl. Untersuchungsausschüsse üben *keine rechtsprechende Gewalt* aus (BVerfGE 77, 42). Das Gleiche gilt für die technischen Mitglieder des Deutschen Patent- und Markenamts (BVerfGK 1, 56). Auch bei Einstellungsverfügungen der Staatsanwaltschaft handelt es sich nicht um rechtsprechende Gewalt (BVerfG, NJW 2002, 815; BlnVerfGH, NJW 2004, 2729). Ihrem Wesen nach nicht zur Rspr. gehören weiter z.b. die Entscheidung der Vollzugsbehörde über die Gewährung von Hafturlaub (BVerfGE 64, 278), die Ahndung von Ordnungswidrigkeiten (BVerfGE 27, 28; 27, 40 ff.), die Verhängung von Disziplinarstrafen (BVerfGE 22, 317), die Erledigung behördlicher Amtshilfeersuchen durch die Gerichte (BVerfGE 7, 188 f.) und die Entscheidung von Verwaltungsbehörden über die Gewährung oder Nichtgewährung staatl. Leistungen (BVerfGE 12, 274). Auch die Wahrnehmung der Aufgaben eines Güterichters nach § 278 V ZPO ist, obwohl richterl. Tätigkeit, mangels Entscheidungsbefugnis nicht Rspr. i.S. des Art. 92. Bei der gerichtl. Entscheidung über die Vorauswahl (BVerfGK 4, 7) und über die Bestellung (BVerfGE 116, 10 f.) von Insolvenzverwaltern handelt es sich ebenfalls um keinen Rechtsprechungsakt. Zur Prüfung der Gültigkeit der Wahl zum Hessischen LTag nach dem WahlprüfungsG vom 5.8.1948 (GVBl S. 93) vgl. BVerfGE 103, 138 ff., zur Justizverwaltung und weiteren nicht rechtsprechenden Funktionen bereits vor Art. 92 Rn. 3, zur Tätigkeit von Rechtspflegern nachstehend Rn. 4.

**Richter** i.S. des Art. 92 (wie des gesamten IX. Abschnitts) sind besondere staatl. 4 Amtsträger, die als unbeteiligte Dritte, sachlich unabhängig und nur dem Gesetz verpflichtet, auf dem für sie einschlägigen Gebiet Rechtsfälle zu entscheiden haben (vgl. BVerfGE 103, 140; BVerwGE 99, 378 f.; RhPfVerfGH, NVwZ-RR 2004, 236; s. auch vor Art. 92 Rn. 3). Art. 92 setzt ferner als Normalfall den unversetzbaren und unabsetzbaren (BVerfGK 10, 359) und daher gemäß Art. 97 II in seiner persönlichen Unabhängigkeit gesicherten Richter voraus (BVerfGE 14, 163; 87, 85). Keine Richter sind deshalb z.b. die Rechtspfleger (BVerfGE 101, 405; BVerwGE 125, 368 f.). Richter können grundsätzlich Berufs- oder ehrenamtliche Richter sein (vgl. BVerfGE 27, 319 f.; 42, 208 f.; 54, 166 f.), von denen die Letzteren im Spruchkörper prinzipiell auch die Mehrheit bilden können (BVerfGE 27, 319 f.). Als Berufsrichter, d.h. als hauptberuflich in einem Dienstverhältnis zum Bund oder zu einem Land stehende Richter (BVerfGE 26, 200), bilden sie – unbeschadet der Geltung des Art. 33 V auch für sie (Art. 33 Rn. 18) – eine besondere Gruppe des öffentl. Dienstes (arg. Art. 98; s. auch zur besonderen Verantwortung des Richters BVerwGE 78, 219). Ihre Rechtsstellung im Einzelnen ist insbes. im Deutschen RichterG i.d.F. vom 19.4.1972 (BGBl I S. 713) geregelt (vgl. auch Art. 98 Rn. 1). Von Verfassungs wegen müssen diese Richter im Hinblick auf die andernfalls nicht ernst zu nehmende Bindung an Gesetz und Recht (Art. 20 III, Art. 97 I) eine *juristische Vorbildung* haben. Deren Ausgestaltung ist aber weitgehend Sache des einfachen Gesetzgebers. In den §§ 5 ff. DRiG ist dazu bestimmt, dass die Befähigung zum Richteramt ein rechtswissenschaftliches Universitätsstudium mit der ersten Prüfung (universitäre Schwerpunktbereichsprüfung) und einen anschließend zu absolvierenden zweijährigen Vorbereitungsdienst mit der zweiten Staatsprüfung (staatl. Pflichtfachprüfung) voraussetzt. Berufsrichter sind nach § 28 I DRiG grundsätzlich Richter auf Lebenszeit.

Hinsichtlich ihrer Berufung enthalten Art. 94 I und Art. 95 II Sonderregelungen für die Mitglieder des BVerfG und die Richter der obersten Bundesgerichte; zur Anstellung der Landesrichter s. Art. 98 IV und die Erläut. dazu in Art. 98 Rn. 5. Soweit verfassungsrechtl. Vorgaben wie diese fehlen, regelt der Gesetzgeber das Verfahren der Richterbestellung nach seinem Ermessen. Er kann deshalb hier z.b. auch die Berufung von Richtern durch Justizorgane zulassen.

5 Art. 92 fordert, dass die rechtsprechende Gewalt durch **staatliche Gerichte** (BVerfGE 26, 194; 27, 320), d.h. durch besondere, von den Organen der übrigen Staatsgewalten organisatorisch getrennte (vgl. BVerfGE 4, 346; 27, 321; 54, 166), mit Richtern besetzte Einrichtungen, ausgeübt wird (s. auch schon vor Art. 92 Rn. 3). Anderen Stellen darf eine Angelegenheit, die im eigentlichen Sinne Rspr. ist (vgl. dazu ebenfalls vor Art. 92 Rn. 3 u. oben Rn. 2 f.), nicht zugewiesen werden (BVerfGE 103, 136). *Gericht* i.S. des GG ist ein Spruchorgan (Einzelrichter, Kammer, Senat) nur, wenn seine Bindung an den Staat – wie bei den Anwaltsgerichtshöfen (s. BVerfGK 8, 284) – auch in personeller Hinsicht hinreichend gewährleistet ist (BVerfGK 13, 537). Staatl. Gerichtsbarkeit muss nicht nur auf staatl. Gesetz beruhen (zum *institutionellen Gesetzesvorbehalt* für die Errichtung u. Aufhebung von Gerichten vgl. BVerfGE 2, 316 ff.; 24, 167) und der Erfüllung staatl. Aufgaben dienen; das Organ, das sie wahrnimmt, muss auch personell, in Bezug auf die Bestellung seiner Mitglieder, vom Staat entscheidend bestimmt sein (BVerfGE 27, 320; 27, 361 f.; 48, 315). Dabei ist von der zuständigen Stelle sicherzustellen, dass auch zu ehrenamtlichen Richtern nur Personen ernannt werden, die nach ihrem Persönlichkeitsbild und ihrer fachlichen Befähigung – einschl. ihrer Einstellung zu den Grundentscheidungen des GG – die Gewähr dafür bieten, dass sie die ihnen von Verfassungs und Gesetzes wegen obliegenden richterl. Pflichten jederzeit uneingeschränkt erfüllen werden (BVerfGE 48, 321; BVerfGK 13, 536 ff.). Darüber hinaus kann von einem Gericht nur gesprochen werden, wenn alle seine Mitglieder Richter sind und die Berufsrichter – von aus zwingenden Gründen wie der Nachwuchsausbildung gebotenen Ausnahmen abgesehen – neben der für alle Richter erforderlichen sachlichen Unabhängigkeit (Art. 97 I) auch die persönliche Unabhängigkeit des Art. 97 II genießen (BVerfGE 4, 345 f.; 14, 163; 48, 323; BGHZ 95, 25 f.; s. auch vorstehend Rn. 4). Der Gerichtscharakter eines Spruchkörpers ist deshalb nicht mehr gewahrt, wenn diesem Personen angehören, die die gleiche Materie weisungsgebunden im Rahmen der vollziehenden Gewalt zu bearbeiten haben (vgl. BVerfGE 4, 346 f.; BVerwGE 44, 99; s. auch BVerfGE 54, 171 f.). Mit Rücksicht darauf ist in § 4 I DRiG vorbeugend bestimmt, dass ein Richter Aufgaben der rechtsprechenden und der vollziehenden – wie auch der gesetzgebenden – Gewalt nicht zugleich wahrnehmen darf (zur Verfassungsmäßigkeit dieser Regelung vgl. BVerwGE 25, 218 ff.; 41, 198, zur Wahrnehmung von Ehrenämtern bei Wahlen u. Abstimmungen BVerwG, NJW 2002, 2264). Auch sonst darf niemand Richter in eigener Sache sein (BVerfGE 103, 139 f.). Bei dem bremischen Wahlprüfungsgericht handelt es sich nicht um ein Gericht i.S. des Art. 92 (BremStGH, LVerfGE 19, 163).

6 Nähere Regelungen zu den in Art. 92 genannten **Bundesgerichten** enthalten für das BVerfG, das im Hinblick auf seine besondere Stellung (dazu Art. 93 Rn. 2) hier an erster Stelle genannt wird, die Art. 93 f., für die obersten Gerichtshöfe des Bundes Art. 95 und für die sonstigen Bundesgerichte Art. 96. Der Kreis der Bundesgerichte, deren Errichtung allein Sache des Bundes ist, ist in diesen Regelungen abschließend bestimmt (BVerfGE 8, 176; 10, 213; 26, 192; BVerwGE 32, 23; s. auch Art. 30 Rn. 2 u. oben Rn. 1). Im Übrigen liegt die Rspr. deshalb bei

den **Gerichten der Länder,** die im Regelfall Landesstaatsgewalt ausüben (BVerfGE 96, 366; BlnVerfGH, LVerfGE 17, 70), indessen je nach der ihnen gegebenen Zuständigkeit sowohl Bundes- als auch Landesrecht durchzusetzen haben und deren Entscheidungen Wirkung grundsätzlich für das ganze Bundesgebiet zukommt. Die Organisation der Ländergerichte ist gemäß Art. 30, 92 prinzipiell Aufgabe der Länder (zur Errichtung gemeinsamer Gerichte mehrerer Länder vgl. BlnVerfGH, LVerfGE 17, 69 ff.). Doch hat der Bund auf Grund seiner Gesetzgebungszuständigkeiten nach Art. 74 I Nr. 1, insbes. der Kompetenz zur Regelung der Gerichtsverfassung, die – tatsächlich weitgehend genutzte – Möglichkeit, auch auf die Gerichtsorganisation im Bereich der Länder Einfluss zu nehmen (s. BVerfGE 24, 166 f.; BlnVerfGH, LVerfGE 17, 71). Diese Kompetenznorm erstreckt sich allerdings nicht auf die *Verfassungsgerichtsbarkeit.* In der Ordnung der – in Art. 100 I und III vorausgesetzten – landeseigenen Verfassungsgerichtsbarkeit sind die Länder deshalb grundsätzlich frei (im Einzelnen vgl. BVerfGE 96, 368 f.). Art. 92 verlangt nicht, dass die Gerichte der Länder durchweg als unmittelbare staatl. Einrichtungen errichtet werden. Staatl. Gerichtsbarkeit kann deshalb auf der Grundlage einer entsprechenden landesrechtl. Regelung auch durch Gemeindegerichte und von sonstigen Körperschaften des öffentl. Rechts getragene Gerichte (z.B. Berufsgerichte) ausgeübt werden, sofern dies im Hinblick auf die tatsächlichen und rechtl. Besonderheiten des konkret in Rede stehenden Aufgabenbereichs sachgerecht erscheint und der Charakter als staatl. Gericht gewahrt bleibt (BVerfGE 10, 214 f.; 18, 253; 26, 194 f.). Wie vor allem Art. 95 entnommen werden kann, sind Instanzenzüge von Landes- zu Bundesgerichten zulässig; es besteht also keine dem Mischverwaltungsverbot (s. vor Art. 83 Rn. 8 u. hier insbes. Art. 87 b Rn. 8) entsprechende Sperre.

Dass der IX. Abschnitt (s. vor Art. 92 Rn. 1) und damit auch Art. 92 nur von der **7** staatl. Gerichtsbarkeit handelt, bedeutet mangels eines damit verbundenen strikten, Ausnahmen nicht zulassenden Rechtsprechungsmonopols des Staates **kein Verbot nichtstaatlicher Gerichte.** Die private Schiedsgerichtsbarkeit nach der ZPO ist deshalb mit Art. 92 vereinbar (BGHZ 65, 61). Das Gleiche gilt für die Tätigkeit der Partei- und anderer Vereinsgerichte (vgl. dazu BVerfG, NJW 1988, 3260; BGHZ 75, 158; 106, 67), sofern es nicht um Kernbereiche materieller Rechtsprechungsaufgaben geht. Zulässig ist auch eine auf betriebliche Ordnungsfunktionen und deren Notwendigkeiten beschränkte Betriebsgerichtsbarkeit (s. BAGE 20, 84). Zur Kirchengerichtsbarkeit vgl. Art. 140 Rn. 11.

## Artikel 93 [Stellung und Zuständigkeiten des Bundesverfassungsgerichts]

(1) Das Bundesverfassungsgericht entscheidet:
1. über die Auslegung dieses Grundgesetzes aus Anlaß von Streitigkeiten über den Umfang der Rechte und Pflichten eines obersten Bundesorgans oder anderer Beteiligter, die durch dieses Grundgesetz oder in der Geschäftsordnung eines obersten Bundesorgans mit eigenen Rechten ausgestattet sind;
2. bei Meinungsverschiedenheiten oder Zweifeln über die förmliche und sachliche Vereinbarkeit von Bundesrecht oder Landesrecht mit diesem Grundgesetze oder die Vereinbarkeit von Landesrecht mit sonstigem Bundesrechte auf Antrag der Bundesregierung, einer Landesregierung oder eines Viertels der Mitglieder des Bundestages;

2a. bei Meinungsverschiedenheiten, ob ein Gesetz den Voraussetzungen des Artikels 72 Abs. 2 entspricht, auf Antrag des Bundesrates, einer Landesregierung oder der Volksvertretung eines Landes;

3. bei Meinungsverschiedenheiten über Rechte und Pflichten des Bundes und der Länder, insbesondere bei der Ausführung von Bundesrecht durch die Länder und bei der Ausübung der Bundesaufsicht;

4. in anderen öffentlich-rechtlichen Streitigkeiten zwischen dem Bunde und den Ländern, zwischen verschiedenen Ländern oder innerhalb eines Landes, soweit nicht ein anderer Rechtsweg gegeben ist;

4a. über Verfassungsbeschwerden, die von jedermann mit der Behauptung erhoben werden können, durch die öffentliche Gewalt in einem seiner Grundrechte oder in einem seiner in Artikel 20 Abs. 4, 33, 38, 101, 103 und 104 enthaltenen Rechte verletzt zu sein;

4b. über Verfassungsbeschwerden von Gemeinden und Gemeindeverbänden wegen Verletzung des Rechts auf Selbstverwaltung nach Artikel 28 durch ein Gesetz, bei Landesgesetzen jedoch nur, soweit nicht Beschwerde beim Landesverfassungsgericht erhoben werden kann;

4c. über Beschwerden von Vereinigungen gegen ihre Nichtanerkennung als Partei für die Wahl zum Bundestag;

5. in den übrigen in diesem Grundgesetze vorgesehenen Fällen.

(2) Das Bundesverfassungsgericht entscheidet außerdem auf Antrag des Bundesrates, einer Landesregierung oder der Volksvertretung eines Landes, ob im Falle des Artikels 72 Abs. 4 die Erforderlichkeit für eine bundesgesetzliche Regelung nach Artikel 72 Abs. 2 nicht mehr besteht oder Bundesrecht in den Fällen des Artikels 125 a Abs. 2 Satz 1 nicht mehr erlassen werden könnte. Die Feststellung, dass die Erforderlichkeit entfallen ist oder Bundesrecht nicht mehr erlassen werden könnte, ersetzt ein Bundesgesetz nach Artikel 72 Abs. 4 oder nach Artikel 125 a Abs. 2 Satz 2. Der Antrag nach Satz 1 ist nur zulässig, wenn eine Gesetzesvorlage nach Artikel 72 Abs. 4 oder nach Art. 125 a Abs. 2 Satz 2 im Bundestag abgelehnt oder über sie nicht innerhalb eines Jahres beraten und Beschluss gefasst oder wenn eine entsprechende Gesetzesvorlage im Bundesrat abgelehnt worden ist.

(3) Das Bundesverfassungsgericht wird ferner in den ihm sonst durch Bundesgesetz zugewiesenen Fällen tätig.

1 **Allgemeines:** Art. 93 ist dem äußeren Anschein nach nur Zuständigkeitsnorm, prägt aber zusammen mit den anderen das BVerfG betr. Verfassungsnormen, insbes. Art. 94, maßgeblich auch **Stellung und Bedeutung** dieses Gerichts. Das BVerfG ist danach i.S. des Art. 92 und des ganzen IX. Abschnitts ein Gericht (BVerfGE 104, 196; 114, 160; Art. 92 rechnet es ausdrücklich zur rechtsprechenden Gewalt), und zwar, wie es in § 1 I BVerfGG ausgedrückt ist, ein selbständiger und unabhängiger *Gerichtshof des Bundes*, gleichzeitig aber auch wie insbes. BTag, BRat, BPräs und BReg ein – diesen ebenbürtiges – *Bundesverfassungsorgan* (BVerfGE 40, 360; 65, 154; 114, 160) mit Geschäftsordnungsautonomie (vgl. die Geschäftsordnung des BVerfG v. 15.12.1986, BGBl I S. 2529), eigenständiger, keinem BMinister unterstellter Verwaltung, Personalhoheit und dem Recht, über den Voranschlag des eigenen, nicht bloß als ein Kapitel im Einzelplan eines BMinisters ausgewiesenen Haushalts für den Haushaltsplan des Bundes selbst zu befinden (s. § 28 III BHO, § 1 II GOBVerfG). Als Gericht entscheidet es grundsätzlich nur auf Antrag über ihm unterbreitete Rechtsstreitigkeiten (Ausnahme: Möglichkeit des Erlasses einer einstweiligen Anordnung von Amts

wegen bei zu erwartendem oder schon anhängigem verfassungsrechtl. Hauptsacheverfahren, BVerfGE 42, 119 f.); das BVerfG hat also im Regelfall *kein Initiativrecht*. Dabei ergeben sich seine Zuständigkeiten nicht aus einer verfassungsgerichtl. Generalklausel (BVerfGE 1, 408; 3, 376). Sie sind vielmehr nach dem Enumerationsprinzip im GG und auf der Grundlage des Abs. 3 durch Bundesgesetz einzeln und erschöpfend geregelt (vgl. BVerfGE 13, 96; 13, 176 f.). Eine Ausdehnung dieser Kompetenzen im Wege der Analogie ist – auch beim Vorliegen eines noch so dringenden rechtspolit. Bedürfnisses (BVerfGE 22, 298) – unzulässig (BVerfGE 2, 346; 21, 53 f.). Dagegen kann das Gericht bei lückenhafter Regelung seines Verfahrens auf zweckentsprechende allg. Grundsätze des Prozessrechts zurückgreifen (BVerfGE 33, 204; 50, 384; 51, 407). Die unangemessene Dauer eines Verfahrens vor dem BVerfG kann seit dem Inkrafttreten des G über den Rechtsschutz bei überlangen Gerichtsverfahren und strafrechtl. Ermittlungsverfahren vom 24.11.2011 (BGBl I S. 2302) nach den §§ 97 a ff. BVerfGG mit Verzögerungsrüge und –beschwerde gerügt werden; im Fall des Erfolgs erhält der Beschwerdeführer Entschädigung oder Wiedergutmachung auf andere Weise.

**Aufgabe** des BVerfG ist es, (Verfassungs-)Rspr. zu üben, d.h. im Einzelfall autoritativ (s. auch Art. 94 Rn. 6) den Inhalt des GG festzustellen und dessen Beachtung durch die betroffenen anderen Staatsorgane zu sichern. Das gilt auch, soweit es um die europäische Integration und deren Fortentwicklung geht. Dabei wacht das BVerfG nicht nur über die Einhaltung der Verfassung durch die deutschen Staatsorgane bei der Übertragung von Hoheitsrechten auf die EU (s. BVerfGE 123, 329, 370 ff.). Wenn Rechtsschutz auf Unionsebene (vgl. dazu Art. 263, 267 I Buchst. b AEUV) nicht zu erlangen ist, prüft das deutsche Verfassungsgericht vielmehr nach dessen vielfach kritisierter Ansicht auch, ob **Rechtsakte der europäischen Organe** und Einrichtungen sich unter Wahrung des unionsrechtl. Subsidiaritätsprinzips (Art. 5 I 2, III EUV) in den Grenzen der ihnen im Wege der begrenzten Einzelermächtigung eingeräumten Hoheitsrechte halten (BVerfGE 89, 188 m.w.N.; 123, 353 f.; 126, 302; sog. *Kompetenz- oder Ultravires-Kontrolle*; zu ihr s. ergänzend Art. 23 Rn. 18). Diese Prüfung, die bei Beachtung des in Art. 100 I zum Ausdruck gebrachten Rechtsgedankens innerstaatl. allein dem BVerfG obliegt (BVerfGE 123, 354), ist zurückhaltend und europarechtsfreundlich vorzunehmen (BVerfGE 123, 354; 126, 303, 309). Die Feststellung, dass die den EU-Organen und -Einrichtungen gesetzten Grenzen überschritten sind, weil sie Kompetenzen im Wege der unionsrechtl. nicht gedeckten Kompetenzausweitung wahrgenommen haben, setzt deshalb voraus, dass das kompetenzwidrige Handeln der Unionsgewalt offensichtlich ist und der angegriffene Akt im Kompetenzgefüge zu einer strukturell bedeutsamen Verschiebung zu Lasten der Mitgliedstaaten führt (BVerfGE 126, 304, 309; ablehnend in letzterer Hinsicht Sondervotum, ebd., S. 322 ff.). Prüfungsgegenstand ist nach der Rspr. des BVerfG ferner, ob durch das Handeln europäischer Organe der unantastbare und deshalb auf die EU nicht übertragbare Kerngehalt der Verfassungsidentität des GG nach Art. 23 I 3 i.V.m. Art. 79 III und Art. 1, 20 verletzt wird (BVerfGE 123, 354; 126, 302; sog. *Identitätskontrolle*; vgl. auch Art. 23 Rn. 17); im Vordergrund steht insoweit vor allem die Verpflichtung zur Wahrung des Demokratieprinzips (BVerfGE 89, 207 ff.; 123, 356 ff.). Für die Ultra-Vires-Kontrolle und die Identitäts-Prüfung („Reservekompetenz"; BVerfGE 123, 401), die dazu führen können, dass Unionsrecht für unanwendbar erklärt wird (BVerfGE 126, 302), kommen nach dem im Schrifttum (etwa von Hillgruber in Ders./Goos, Verfassungsprozessrecht, 3. Aufl. 2011, Rn. 978 ff.) z.T. ebenfalls kritisierten Verständnis des BVerfG sowohl der Organstreit (unten Rn. 6 ff.), die abstrakte (nachstehend Rn. 11 ff.) und die konkrete (Art. 100 Rn. 2 ff.) Normenkontrolle, der Bund/Länder-Streit (nachfolgend Rn. 17 ff.) sowie die Individual-Verfassungsbeschwerde (VB; unten Rn. 22 ff.) in Betracht, solange der Gesetzgeber, wie dies auch nach Verabschiedung der Begleitgesetze zum Lissabon-Vertrag noch der Fall ist (s. BGBl 2009 I S. 3022, 3026, 3031), für die Abwehr kompetenzüberschreitender und identitätsverletzender Unionsrechtsakte nicht ein spezielles verfassungsgerichtl. Verfahren geschaffen hat (BVerfGE 123, 354 f.). Vor der Feststellung der Unanwendbarkeit eines EU-Akts durch das BVerfG ist dem EuGH im Rahmen eines Vorabentscheidungsverfahrens nach Art. 267 AEUV Gelegenheit zur Vertragsauslegung und zur Entscheidung über die Gültigkeit und Auslegung der fraglichen Maßnahme zu geben, soweit dieser die aufgeworfene Frage noch nicht geklärt hat (BVerfGE 126, 304). Zum – weit zurückgenommenen – verfassungsgerichtl. Grundrechtsschutz gegenüber Regelungen des *sekundären* Unionsrechts (sog. *Grundrechtskontrolle*) s. nachstehend Rn. 25 und Art. 100 Rn. 5.

3   Dass sich das BVerfG im Zusammenhang mit seiner Aufgabe als Wahrer des GG unter Berufung auf Art. 93 als (obersten) „Hüter der Verfassung" bezeichnet (z.B. in BVerfGE 40, 93; 119, 258), besagt nicht, dass es nicht auch selbst den Bindungen des GG unterliegt (arg. Art. 20 III, Art. 97 I). Ihm obliegt allerdings die letztverbindliche Interpretation dieser Verfassung. Die Beurteilung bloßer Zweckmäßigkeitsfragen, auch solcher der „richtigen" Betätigung polit. Ermessens, ist dem BVerfG verwehrt (BVerfGE 1, 32; 40, 178; 50, 47). Unbeschadet der polit. Bedeutung, die Verfassungsstreitigkeiten nicht selten zukommt – die Denkschrift des Gerichts vom 27.6.1952 (JöR n.F. 6 [1957], 145) spricht von „polit. Recht" –, hat das BVerfG auch hier nur nach Rechtsgrundsätzen und nicht unter dem Einfluss ausschließlich polit. Gesichtspunkte zu entscheiden. In diesem Sinne steht hinter dem vom BVerfG entwickelten Grundsatz des sog. *judicial self-restraint* das Verbot, durch Verfassungsrechtsprechung „Politik zu treiben", d.h. in den von der Verfassung geschaffenen und begrenzten Raum freier polit. Gestaltung einzugreifen (vgl. BVerfGE 36, 14). Auch im Verhältnis zu den allg. zuständigen Gerichten hat das BVerfG nur die Einhaltung des GG zu sichern. Die Herbeiführung einer in jeder Hinsicht „richtigen" Rechtsfindung ist nicht seine Aufgabe. Deshalb werden die Auslegung und Anwendung des sog. einfachen Rechts durch diese Gerichte im Rahmen der VB (s. Rn. 22 ff.) vom BVerfG – abgesehen von Verstößen gegen das Willkürverbot – nur daraufhin überprüft, ob die angegriffenen Entscheidungen Auslegungsfehler enthalten, die auf einer grundlegend unrichtigen Anschauung von der Bedeutung des betroffenen Grundrechts, insbes. vom Umfang seines Schutzbereichs, beruhen und auch in ihrer materiellen Bedeutung für den konkreten Rechtsfall von einigem Gewicht sind (BVerfGE 18, 92 f., 96; 85, 257 f.; sog. Heck'sche Formel).

4   Die dem BVerfG vom GG zugewiesene Stellung und die Erfüllung seiner Aufgaben dürfen auch im **Verteidigungsfall** nicht beeinträchtigt werden (Art. 115 g Satz 1).

### Absatz 1: Grundgesetzliche Zuständigkeiten des Bundesverfassungsgerichts

5   Abs. 1 regelt die wichtigsten der dem BVerfG **unmittelbar durch das GG** selbst zugewiesenen Rechtsprechungszuständigkeiten (ergänzend s. zu Abs. 2 Rn. 36 f. u. zu den auf einfachrechtl. Zuweisung beruhenden Zuständigkeiten gemäß Abs. 3 Rn. 38) und bestimmt für sie **unterschiedliche Verfahrensarten**.

**Nr. 1: Organstreitigkeiten**

Nach Nr. 1 (§ 13 Nr. 5 BVerfGG) obliegt dem BVerfG die Entscheidung sog. Organstreitigkeiten, d.h. von Verfassungsstreitigkeiten, die das organschaftliche Verhältnis zwischen Rechtsträgern des Bundes im Kompetenzkonflikt zwischen ihnen betreffen. Das Verfahren, das in den §§ 63–67 BVerfGG näher geregelt ist, setzt danach innerhalb der (Ausschluss-)Frist des § 64 III BVerfGG (BVerfGE 45, 30; 99, 366; 114, 118), in die Wiedereinsetzung in den vorigen Stand nicht gewährt werden kann (BVerfGE 27, 297; 129, 370 f.), die Stellung eines gemäß § 23 I, § 64 II BVerfGG begründeten **Antrags** (§ 63 BVerfGG) durch einen parteifähigen (Rn. 7) Verfahrensbeteiligten voraus. Der Organstreit dient maßgeblich der gegenseitigen Abgrenzung der Kompetenzen von Verfassungsorganen und ihren Teilen in einem Verfassungsrechtsverhältnis, nicht der davon losgelösten Kontrolle der objektiven Verfassungsmäßigkeit eines bestimmten Organhandelns (BVerfGE 104, 193 f.; 118, 257; s. auch BVerfGE 126, 68: Organstreit keine objektive Beanstandungsklage) und schon gar nicht der Klärung einfachrechtl. Fragen (BVerfGE 118, 319). Im Bereich der Normgebung ist nur der Normsetzungsakt als Vorgang der Kompetenzausübung und nicht, wie z.B. im Verfassungsbeschwerdeverfahren, die Norm selbst Verfahrensgegenstand (vgl. BVerfGE 20, 129). Vorliegen müssen wirkliche Streitigkeiten über die Vereinbarkeit des angegriffenen Verhaltens mit dem GG und seinen für die Entscheidung des Kompetenzstreits maßgeblichen Befugnisregeln. Bloße Meinungsverschiedenheiten ohne praktische Relevanz reichen nicht aus (vgl. BVerfGE 2, 155 f.). **Streitgegenstand** ist nach dem Wortlaut des Art. 93 I Nr. 1 an sich nur die Auslegung des GG. Die §§ 64, 67 BVerfGG haben dem Organstreit jedoch – verfassungsrechtl. unbedenklich, weil jedenfalls durch Art. 93 III gedeckt (BVerfGE 1, 231 f.) – den Charakter eines *kontradiktorischen Streitverfahrens* gegeben, in dem Antragsteller und Antragsgegner (§ 63 BVerfGG) aus Anlass bestimmter – rechtserheblicher (BVerfGE 96, 277; 103, 86) – Maßnahmen oder, beim Bestehen entsprechender verfassungsrechtl. Handlungspflichten (BVerfGE 103, 86; 104, 324), Unterlassungen eines von ihnen über konkrete (eigene), rechtl. wie tatsächlich in Betracht kommende (s. BVerfGE 112, 365 f.) Rechte und Pflichten streiten, die sich aus einem zwischen ihnen bestehenden verfassungsrechtl. Rechtsverhältnis ergeben (vgl. BVerfGE 20, 23 f. m.w.N.; 84, 297; 126, 67 f.). Ein Verfassungsrechtsverhältnis liegt vor, wenn auf beiden Seiten des Streits Verfassungsorgane oder Teile von ihnen stehen und im Verhältnis zueinander um verfassungsrechtl. Positionen streiten (BVerfGE 118, 318; ebd., S. 322, auch zum richtigen Antragsgegner). Auch der Erlass einer einstweiligen Anordnung kann im Organstreitverfahren beantragt werden (BVerfGE 106, 260 m.w.N.; zu den – strengen – Anforderungen im Einzelnen BVerfGE 113, 119 ff.; 118, 122 f.).

**Parteifähig** sind im Organstreit zunächst – über § 63 BVerfGG hinaus – als *oberste Bundesorgane* BPräs, BTag, BRat, BReg, BVersammlung und der Gemeinsame Ausschuss. Als *„andere Beteiligte"*, die *durch das Grundgesetz* mit eigenen Rechten ausgestattet sind, besitzen Parteifähigkeit weiter z.B. der BTPräs (BVerfGE 60, 379), die im GG vorgesehenen BTagsausschüsse (Art. 44–45 a, 45 c; s. etwa BVerfGE 105, 220; 113, 120 f.), das Parl. Kontrollgremium nach Art. 45 d, Minderheiten des BTags i.S. von Art. 39 III 3, Art. 42 I 2, Art. 44 I 1 und Art. 61 I 2 (vgl. BVerfGE 2, 162; 67, 126; 113, 120), der einzelne Abg. zur Verteidigung seines verfassungsrechtl. Status und der damit verbundenen Rechte (BVerfGE 90, 342; 94, 362; 114, 146, sowie Art. 38 Rn. 28), nicht dagegen zur Abwehr von nicht amtsbezogenen Grundrechtsverletzungen (s. BVerfG, EuGRZ 1998, 454 f.; ob Ausnahmen denkbar sind, ist noch offen; BVerfGE 118,

6

7

320 m.w.N.), der BRPräs, die Europakammer des BRats (Art. 52 IIIa), BRatsmitglieder (str.), der BKanzler, einzelne BMinister (vgl. für den BMF BVerfGE 45, 28, für den BMVg BVerfGE 90, 338) und, da zufolge des Art. 21 zu notwendigen Bestandteilen des Verfassungsaufbaus geworden (BVerfGE 4, 30), die polit. Parteien, wenn und soweit sie um Rechte kämpfen, die sich aus ihrer besonderen verfassungsrechtl. Stellung ergeben (BVerfGE 74, 48 f.; 84, 298 f.; st. Rspr.; krit. z.T. die Literatur, s. Morlok in Dreier, Art. 21 Rn. 24, 48 m.w.N.), *nicht dagegen* bloße Wählervereinigungen (BVerfGE 74, 101). *Durch die Geschäftsordnung eines obersten Bundesorgans* mit eigenen Rechten versehen und aus diesem Grund als „andere Beteiligte" organstreitfähig sind die im GG nicht genannten Ausschüsse des BTags und die Ausschüsse des BRats, ferner andere ständige Gliederungen dieser Organe wie z.b. die im BTag gebildeten Fraktionen (BVerfGE 67, 124; 90, 336, 343 f.; 105, 220), die, beschränkt auf den innerparl. Raum (BVerfGE 100, 270; 124, 187), im Wege der Prozessstandschaft auch Rechte des BTags geltend machen können (BVerfGE 103, 86; 108, 42; BVerfG, U. v. 19.6.2012 – 2 BvE 4/11 –; st. Rspr.), und nach § 10 IV GOBT anerkannte Gruppen (BVerfGE 84, 318), *nicht dagegen* solche Gruppierungen von Abg., die sich wie Abstimmungsmehr- und -minderheiten nur von Fall zu Fall zusammenfinden (BVerfGE 2, 159 ff.). Ebenfalls nicht parteifähig sind der Wehrbeauftragte des BTags (Art. 45 b), das BVerfG, die BBank (Art. 88), der Bundesrechnungshof (Art. 114; str.), der Bundeswahlleiter und der von ihm berufene Bundeswahlausschuss (BVerfGK 16, 83), Landesverfassungsgerichte (BVerfG, LKV 1996, 333), Gemeinden und Gemeindeverbände (BVerfGE 22, 244), andere Körperschaften des öffentl. Rechts, Kirchen, Gewerkschaften, Wirtschaftsverbände (vgl. BVerfGE 1, 227), aber auch das Volk und der Einzelne als Aktivbürger (BVerfGE 13, 85, 95 f.). Teile eines parteifähigen Organs wie der BT- und der BRPräs – der einzelne Abg. ist nicht Organteil des BTags (BVerfGE 123, 337) – können die Rechte „ihres" Organs grundsätzlich (zu den Ausnahmen s. z.B. BVerfGE 70, 354) auch dann geltend machen, wenn dieses selbst die angegriffene Maßnahme oder Unterlassung gebilligt hat (BVerfGE 1, 359; 45, 29). Die insoweit zulässige Prozessstandschaft dient dem Minderheitenschutz (BVerfGE 129, 123). Maßgeblich für die Parteifähigkeit sind i. Allg. die Verhältnisse im Zeitpunkt der Antragstellung; späterer Wegfall der Abgeordneteneigenschaft lässt deshalb die Parteifähigkeit von Abg. unberührt (BVerfGE 108, 270 f.).

8 Neben der Parteifähigkeit muss nach Maßgabe des § 64 I BVerfGG **aktive und passive Sachlegitimation** im konkreten Rechtsstreit bestehen. Der Antragsteller muss substantiiert geltend machen können, dass er oder das Organ, dem er angehört (vgl. dazu auch Rn. 7), durch die angegriffene Maßnahme (zum Begriff vgl. BVerfGE 73, 65 m.w.N.; 80, 209; 118, 317 f.) oder Unterlassung in ihm zur ausschließlich eigenen Wahrnehmung oder zur Mitwirkung übertragenen Rechten (BVerfGE 126, 68) und Pflichten verletzt oder unmittelbar gefährdet ist. Außerdem ist das Vorliegen eines **Rechtsschutzbedürfnisses** des antragstellenden Organs oder Organteils Voraussetzung für die erstrebte Sachentscheidung (BVerfGE 68, 77; 119, 307 f.). Es fehlt nicht deshalb, weil der Antragsteller polit.-parl. Handlungsmöglichkeiten nicht ergriffen hat (BVerfGE 90, 339; 104, 198), wohl aber dann, wenn diesem ein einfacherer Weg zur Verfügung steht, sein mit dem Organstreitverfahren erstrebtes rechtl. Ziel zu erreichen (s. BVerfGE 68, 78).

9 Unter „**Grundgesetz**" als dem *Prüfungsmaßstab* im Organstreitverfahren ist zunächst das GG im formellen Sinne einschl. der dieses prägenden allg. Rechtsgrundsätze wie Demokratieprinzip (s. dazu Art. 20 Rn. 3), Sozialstaatsprinzip

(vgl. Art. 20 Rn. 4), Rechtsstaatsprinzip (dazu Art. 20 Rn. 10–15), Gewaltenteilung (s. vor allem vor Art. 38 Rn. 1) usw. zu verstehen. Erfasst wird aber auch ungeschriebenes (Bundes-)Verfassungsrecht (BVerfGE 6, 328), insbes. Verfassungsgewohnheitsrecht, nicht aber einfaches Gesetzesrecht (BVerfG, U. v. 19.6.2012 – 2 BvE 4/11 – m.w.N.), auch nicht das Geschäftsordnungsrecht der obersten Bundesorgane mit seinen für das Verfassungsleben unverzichtbaren Regeln.

Inhalt der Entscheidung im Organstreitverfahren ist nach § 67 Satz 1 BVerfGG  **10** ggf. die Feststellung, dass das angegriffene Handeln oder Unterlassen gegen das GG verstößt. Es wird also weder die verfassungswidrige Maßnahme aufgehoben oder für verfassungswidrig erklärt noch der Verfahrensgegner zu einer Unterlassung oder einem verfassungsgemäßen Tun verurteilt.

### Nr. 2: Abstrakte Normenkontrolle

Die in Nr. 2 (§ 13 Nr. 6 BVerfGG) geregelte abstrakte Normenkontrolle (zum  **11** Verfahren im Einzelnen s. die §§ 76–79 BVerfGG) wird anders als die durch Verfassungsbeschwerde (Nr. 4 a u. 4 b) ausgelöste Normprüfung und anders auch als die Gesetzesprüfung auf Richtervorlage im Zuge eines Gerichtsverfahrens (Art. 100 I) unabhängig von einem bestimmten Rechtsstreit durchgeführt. Sie gewährleistet in Zweifelsfragen die Klärung der verfassungsrechtl. Lage und dient damit dem Rechtsfrieden, weil sie Rechtssicherheit und –gewissheit schafft (BVerfGE 119, 258). **Verfahrensvoraussetzung** sind gemäß Nr. 2 irgendwo – z.B. in der Regierung des Bundes oder eines Landes, einem Parlament, im Verhältnis zwischen Verfassungsorganen, zwischen Bund und Ländern, aber auch im Schrifttum – entstandene, konkret bedeutsame (vgl. BVerfGE 12, 221) Meinungsverschiedenheiten oder Zweifel über die GG-Konformität von Bundes- oder Landesrecht oder über die Vereinbarkeit von Landesrecht mit sonstigem Bundesrecht. Darüber hinaus muss ein besonderes objektives Interesse an der Klarstellung der Geltung des zur verfassungsgerichtl. Überprüfung gestellten Rechts gegeben sein (s. BVerfGE 106, 250 f.; 113, 193; 119, 409 f.). Ein solches Interesse liegt im Fall des § 76 I Nr. 1 BVerfGG (Ziel: Normverwerfung) schon dann vor, wenn der Antragsteller (vgl. Rn. 12) von der Unvereinbarkeit der betroffenen Normen mit höherrangigem Bundesrecht überzeugt ist; demgegenüber kann ein besonderer Anlass für die in § 76 I Nr. 2 BVerfGG geregelte Normbestätigung erst dann bestehen, wenn die fragliche Vorschrift von den zuständigen Stellen wegen Unvereinbarkeit mit dem GG oder sonstigem Bundesrecht nicht angewandt, nicht vollzogen oder in sonst relevanter Weise missachtet wird (BVerfGE 96, 137 f.). **Verfahrensgegenstand** ist jeweils die Frage der förmlichen und/oder sachlichen Vereinbarkeit von Bundes- und Landesrecht mit höherrangigem *Bundes*recht (vgl. BVerfGE 1, 414; 96, 138) und damit die Frage der Ungültigkeit oder Gültigkeit der betr. Norm (BVerfGE 68, 351). Dabei bedeutet *förmliche Vereinbarkeit* das rechtswirksame, insbes. kompetenzwahrende Zustandekommen der zu beurteilenden Regelung (s. BVerfGE 8, 75; 8, 110), *sachliche Vereinbarkeit* die inhaltliche Widerspruchsfreiheit im Vergleich mit der höheren Norm. Im Verhältnis zu anderen Verfahren ist die abstrakte Normenkontrolle nicht subsidiär (BVerfGE 8, 110; 20, 95; vgl. auch nachstehend Rn. 17 a.E.).

Das BVerfG wird nicht von Amts wegen, sondern **nur auf Antrag** tätig (BVerfGE  **12** 1, 196). Dieser unterliegt den Formerfordernissen des § 23 I BVerfGG und ist nicht fristgebunden (BVerfGE 119, 116). Er ist im Hinblick auf die im Einzelnen vorgebrachten Rügen auszulegen (BVerfGE 119, 408 m.w.N). *Antragsberechtigt* sind gemäß Nr. 2 die BReg (Art. 62), jede LReg – jeweils nach vorherigem Kabinettbeschluss – sowie, ohne Rücksicht auf Partei- oder Fraktionszugehörigkeit (BVerfGE 21, 53), seit dem Inkrafttreten des ÄnderungsG vom 8.10.2008 (BGBl I S. 1926), durch welches das bisherige Quorum von einem Drittel zum besseren Minderheitenschutz an dasjenige in Art. 23 Ia Satz 2 angeglichen worden ist (BT-Dr 16/48488 S. 4 f.), ein Viertel der (gesetzl.) Mitglieder des BTags. Die Aufzählung ist abschließend, doch sind bei der Überprüfung von Bundesgesetzen neben Nr. 2 auch Nr. 2 a und die darin enthaltenen – z.T. weitergehenden – Antragsrechte zu berücksichtigen (s. dazu nachstehend Rn. 16). Eine Erweiterung der Antragsberechtigung im Wege der Auslegung oder Analogie kommt nicht in Betracht (BVerfGE 21, 53; 68, 349). Die Einzelheiten zur Zulässigkeit des Antrags regelt § 76 I BVerfGG (zu dessen Verfassungsmäßigkeit vgl. BVerfGE 96, 137). Der Ablauf der Wahlperiode des BTags berührt die Zulässigkeit eines von dessen Mitgliedern zuvor wirksam gestellten Normenkontrollantrags nicht (BVerfGE 79, 327; 119, 116). Auch ist die abstrakte Normenkontrolle gegenüber der Möglichkeit des Antragstellers, einen legislativen Akt anzustreben, nicht subsidiär (BVerfGE 116, 375). Eine Rücknahme des Antrags, dem lediglich Anstoßwirkung zukommt (BVerfGE 1, 219), ist möglich, führt aber bei fortbestehendem öffentl. Interesse an einer Klärung der aufgetretenen Zweifel nicht zu einer Einstellung des Verfahrens (BVerfGE 8, 184; 25, 309). Das Verfahren der abstrakten Normenkontrolle ist ein *objektives Verfahren*, dient nicht dem Schutz des Antragstellers, sondern unabhängig davon dem Rechtsfrieden und der Rechtssicherheit und damit öffentl. Interessen. Es kann daher ohne die Behauptung subjektiver Rechtsbeeinträchtigung in Gang gesetzt werden (BVerfGE 2, 311; 20, 95; 103, 124; ThürVerfGH, LVerfGE 9, 427). Einen Antragsgegner gibt es im Verfahren nach Nr. 2 nicht (BVerfGE 1, 220). Doch haben die nach § 77 BVerfGG zu beteiligenden Bundes- und Landesorgane das Recht zur Stellungnahme.

13 **Antragsgegenstand:** Zu den im Wege der abstrakten Normenkontrolle überprüfbaren Rechtsnormen gehören alle Vorschriften des Bundes- und des Landesrechts. Auf Entstehungszeitpunkt (vgl. BVerfGE 2, 131; 103, 124, zur Überprüfbarkeit vorkonstitutionellen Rechts), Rang (s. BVerfGE 2, 312 f.; 101, 30; 114, 311, zur Überprüfbarkeit von RVO, BVerfGE 103, 124, zur Überprüfbarkeit von Landesverfassungsrecht), Form und Inhalt kommt es nicht an. Überprüfbar ist deshalb auch Recht der DDR, das gemäß Art. 9 EV fortgilt. Im Hinblick auf die Möglichkeit „verfassungswidrigen Verfassungsrechts" kommen als Prüfungsgegenstand aus dem Bereich des Bundesrechts auch Einzelbestimmungen des GG selbst in Betracht (vgl. BVerfGE 30, 17 ff.; 34, 19 ff.; 84, 118 ff., u. auch nachstehend Rn. 14). Ebenfalls überprüfbar sind bloß formelle Gesetze (BVerfGE 1, 410; 4, 162) wie Haushaltsgesetze (BVerfGE 20, 89; 119, 117) und ggf. Vertragsgesetze nach Art. 59 II 1 (BVerfGE 6, 294 f.; 12, 288) oder Zustimmungsgesetze zu Staatsverträgen zwischen den Ländern (BVerfGE 12, 220). Zur Kompetenz- und Identitätskontrolle gegenüber Rechtsakten der EU schon oben Rn. 2. Normenkontrollfähig sind nur bereits erlassene, nicht notwendigerweise auch schon in Kraft getretene (s. Art. 82 Rn. 10) Normen (BVerfGE 1, 406; 10, 54). Bei Zustimmungsgesetzen zu Verträgen mit auswärtigen Staaten darf die Normenkontrolle im Hinblick auf die mit der Ratifikation eintretende völkerrechtl. Bindung (vgl. Art. 59 Rn. 3) allerdings schon einsetzen, wenn sich BTag und BRat abschließend mit dem Gesetz befasst haben, also nur noch dessen Ausfertigung und Verkündung fehlen (BVerfGE 1, 413; s. auch BVerfGE 36, 15). Darüber hinaus gibt es aber keine vorbeugende Normenkontrolle (BVerfGE 1, 408). Außer Kraft getretene Normen sind so lange überprüfbar, wie sie noch Rechts-

wirkungen nach außen entfalten (BVerfGE 5, 28; zu Haushaltsgesetzen vgl. BVerfGE 20, 93 f.). *Nicht der abstrakten Normenkontrolle unterliegen* Völkerrecht (wohl aber allg. Völkerrechtsregeln i.S. des Art. 25), allg. Verwaltungsvorschriften (zu ihnen s. insbes. Art. 84 Rn. 15) und Tarifverträge. Für die Überprüfung von abgeleitetem Recht der EU gelten die für VB nach Nr. 4 a und für Vorlagen nach Art. 100 I entwickelten Grundsätze (vgl. dazu nachstehend Rn. 25 sowie Art. 100 Rn. 5).

**Prüfungsmaßstab** im Normenkontrollverfahren sind für das *Bundesrecht* das GG (dazu oben Rn. 9) und, insbes. soweit es um die Gültigkeit einzelner GG-Normen geht (s. vorstehend Rn. 13), ggf. auch Regelungen und Grundsätze des überpositiven Rechts (zu deren Geltung vgl. BVerfGE 1, 61; 34, 287, aber auch Art. 20 Rn. 14). Bei der Überprüfung von untergesetzl. Bundesrecht ist – im Rahmen einer Vorfragenprüfung – Prüfungsmaßstab auch das gesamte höherrangige einfache Bundesrecht, weil andernfalls nicht festgestellt werden könnte, dass für die Prüfung der Vereinbarkeit mit dem GG ein gültiger Gegenstand existiert (BVerfGE 101, 30 f.; 127, 318 f.; s. auch BVerfGE 8, 61; 106, 12). Völkerrechtl. Verträge kommen dagegen – ebenso wie das Recht der EU (BVerfGE 114, 220) – als selbständiger Prüfungsmaßstab nicht in Betracht (BVerfGE 92, 392). Für *Landesrecht* ist Maßstab das gesamte Bundesrecht, nicht aber auch Landesverfassungsrecht (BVerfGE 2, 336) oder vorrangiges einfaches Landesrecht (BVerfGE 96, 138).

**Inhalt der Entscheidung** ist im Normenkontrollverfahren bei Unvereinbarkeit der überprüften Norm deren Nichtigerklärung (§ 78 BVerfGG), u.U. aber auch nur der Ausspruch, dass die Norm mit höherrangigem Recht unvereinbar ist (vgl. § 31 II 3 BVerfGG). Nichtig- und Unvereinbarerklärung können auf andere, aus denselben Gründen verfassungswidrige Normen erstreckt werden (§ 78 Satz 2 BVerfGG). Zur Gesetzeskraft s. Art. 94 Rn. 6.

### Nr. 2 a: Erforderlichkeitsprüfung in den Bereichen des Art. 72 Abs. 2

Nr. 2 a (§ 13 Nr. 6 a BVerfGG), als Variante von Nr. 2 (s. BT-Dr 13/7673 S. 6) eine eigenständige (BVerfGE 106, 142), besondere Form der abstrakten Normenkontrolle (in BT-Dr 15/1686 als bundesstaatl. Normenkontrolle bezeichnet), steht im Zusammenhang mit der Änderung des Art. 72 II durch G vom 27.10.1994 (BGBl I S. 3146). Die Vorschrift soll – wie die ihrer Durchführung dienenden Regelungen in § 76 II, § 77 Nr. 2 und den §§ 78 f. BVerfGG – sicherstellen, dass mit Blick auf die in Art. 72 II errichtete Schranke der Erforderlichkeit einer bundesgesetzl. Regelung (vgl. dazu Art. 72 Rn. 3) – weitergehend, als das im Hinblick auf die vorherige Bedürfnisklausel der Fall war (s. dazu BVerfGE 13, 233 f.; 65, 63; 78, 270) – auf **Antrag** verfassungsgerichtl. überprüft werden kann, ob die Voraussetzungen für das Tätigwerden des Bundesgesetzgebers in den – im Zuge der Föderalismusreform I (vgl. Einführung Rn. 6) reduzierten – Bereichen der konkurrierenden Gesetzgebung nach Art. 74 I Nr. 4, 7, 11, 13, 15, 19 a, 20, 22, 25 und 26 (zu Art. 105 II Altern. 2 s. Art. 105 Rn. 9) vorgelegen haben (eingehend zur Rechtslage nach Art. 72 II u. Art. 93 I Nr. 2 a BVerfGE 106, 135 ff.). Eine Anrufung des BVerfG kommt in Betracht, wenn irgendwo (vgl. vorstehend Rn. 11) Meinungsverschiedenheiten darüber bestehen, ob ein nach dem 15.11.1994 erlassenes einschlägiges Gesetz den Voraussetzungen des Art. 72 II entspricht. **Prüfungsgegenstand** ist das hinsichtlich seiner Gültigkeit in Zweifel gezogene Bundesgesetz, **Prüfungsmaßstab** die Erforderlichkeitsklausel des Art. 72 II mit ihren nach wie vor überwiegend unbestimmten Rechtsbegriffen (zu ihnen s. BVerfGE 106, 143 ff.), bei deren Handhabung dem Bundesgesetzgeber ein Einschätzungs- und Prognosespielraum zukommt (vgl. BVerfGE 106, 150 ff.). Die verfassungsgerichtl. Prüfung bezieht (u. beschränkt) sich sowohl darauf, ob das zur Prüfung gestellte Gesetz zur Herstellung gleichwertiger Lebensverhältnisse im Bundesgebiet oder zur Wahrung der Rechts- oder Wirtschaftseinheit im gesamtstaatl. Interesse *geeignet*, als auch darauf, ob es ggf. zur Erreichung eines dieser Ziele *erforderlich* ist. Eine darüber hinausgehende Prüfungskompetenz, etwa in Richtung auf eine Überprüfung der Grundrechtskonformität des betr. Bundesgesetzes, kommt dem BVerfG im Rahmen des Verfahrens nach Nr. 2 a nicht zu (BVerfGE 106, 14 2; BT-Dr 15/1686 S. 3). **Antragsberechtigt** sind der BRat, – wie schon nach Nr. 2 – jede LReg und, bei Verabschiedung der Nr. 2 a ein verfassungsrechtl. Novum, die Volksvertretung eines Landes (näher zur Antragstellung § 23 I, § 76 II BVerfGG, keine Fristbindung). BReg und ein Viertel der Mitglieder des BTags (s. oben Rn. 12) können das Fehlen der Voraussetzungen des Art. 72 II nur, die LReg können es auch im Verfahren nach Nr. 2 (vorstehend Rn. 11 ff.) geltend machen. **Inhalt der Entscheidung** ist bei Missachtung des Art. 72 II die Nichtigerklärung des Gesetzes in dem Umfang, in dem die Voraussetzungen für die Inanspruchnahme des Gesetzgebungsrechts durch den Bund nicht gegeben waren (vgl. § 78 Satz 1 BVerfGG). Die Nichtigerklärung kann auf andere, aus denselben Gründen verfassungswidrige Normen erstreckt werden (§ 78 Satz 2 BVerfGG). Zur Gesetzeskraft s. Art. 94 Rn. 6.

### Nr. 3: Bund/Länder-Streitigkeiten

17   Nr. 3 (§ 13 Nr. Nr. 7 BVertGG) ermöglicht auf **Antrag** (§ 68 BVerfGG), der gemäß § 69 und § 64 III BVerfGG fristgebunden ist (zur Fristberechnung näher BVerfGE 116, 300 ff.) und formell den Anforderungen des § 23 I genügen muss, die Ausräumung von Meinungsverschiedenheiten im Bund/Länder-Verhältnis in einem – wie im Fall der Nr. 1 – *kontradiktorischen Verfahren* (BVerfGE 20, 23 f.; 129, 122). Mit Meinungsverschiedenheiten sind verfassungsrechtl. Streitigkeiten gemeint, die, wie die §§ 69, 64 BVerfGG verdeutlichen, durch Maßnahmen (dazu BVerfGE 109, 10) oder Unterlassungen des einen Teils ausgelöst werden und geeignet erscheinen, Rechte oder Pflichten der anderen Seite zu beeinträchtigen (vgl. BVerfGE 13, 72 f.; 81, 329; 104, 245). **Streitgegenstand** im Verbandsstreit (BVerfGE 129, 115, 122) des Bund/Länder-Konflikts sind danach die im Einzelfall streitig gewordenen grundgesetzl. Rechte und Pflichten des Bundes und des ihm gegenüberstehenden Landes im Rahmen des beide Teile umschließenden materiellen Verfassungsrechtsverhältnisses (s. BVerfGE 41, 303; 95, 261 f.; 109, 5). Mit den wechselseitigen Beziehungen bei der Ausführung von Bundesrecht durch die Länder (Art. 83 ff.) und bei der Ausübung der Bundesaufsicht (insbes. Art. 84 III u. IV, Art. 85 IV) nennt die Nr. 3 ein besonders wichtiges Beispiel für ein solches Rechtsverhältnis (vgl. auch BVerfGE 6, 330; zu der insoweit geltenden Frist s. § 70 BVerfGG). Ein weiterer Anwendungsfall ist das verfassungsrechtl. Grundverhältnis zwischen Bund und Ländern aus Art. 104 a VI bei der Zuordnung von Finanzlasten, die ihren Ursprung in Maßnahmen der EU haben (BVerfGE 116, 298). Auch über Rechte und Pflichten, die in ungeschriebenem Verfassungsrecht gründen, kann nach Nr. 3 gestritten werden (BVerfGE 8, 128 ff.). Solche Rechtspositionen können sich jedoch nicht aus den Grundrechten, aus Art. 20 oder allein aus dem – akzessorischen – Grundsatz bundesfreundlichen Verhaltens ergeben, weil diese nicht i.S. der Nr. 3 das Bund/Länder-Verhältnis prägen (BVerfGE 104, 245 ff.). Nr. 3 steht beim Streit über die Verfassungsmäßigkeit von Gesetzen selbständig neben dem Verfahren nach Nr. 2 (BVerfGE 1, 30; 7, 310 f.; 20, 95; vgl. auch vorstehend Rn. 11 a.E.).

**Parteien** sind im Bund/Länder-Streit der Bund und das beteiligte Land oder meh- 18
rere Länder, die nach § 68 BVerfGG durch die jeweilige Regierung vertreten werden. Die Regelung ist abschließend, lässt also eine Antragstellung durch andere
Organe nicht zu (BVerfGE 129, 124, 115, 118 ff.), und ist mit diesem Inhalt verfassungsgemäß, weil durch Art. 94 II 1 gedeckt (BVerfGE, 129, 116 ff.). Voraussetzung für die Geltendmachung von Rechten ist ein von der antragsberechtigten
Regierung gefasster Kollegialbeschluss (BVerfGE 6, 323; 129, 116). Die zur
Nachprüfung gestellte Maßnahme oder Unterlassung muss rechtserheblich sein
oder sich zumindest zu einem die Rechtsstellung des Antragstellers – ggf. auch
nur mittelbar oder faktisch – beeinträchtigenden, rechtserheblichen Verhalten
verdichten können (BVerfGE 13, 125; 60, 380 f.; 116, 298 f.). Eine vorherige
Anrufung des BRats nach Art. 84 IV ist nur für die Rüge von Mängeln bei der
verwaltungsmäßigen Ausführung von Bundesgesetzen erforderlich (s. Art. 84
Rn. 22 u. die dort angeführte Rspr.).

**Prüfungsmaßstab** ist im Bund/Länder-Streit das GG mit seinen das Bund/Länder- 19
Verhältnis betr. Vorschriften (insbes. Kompetenznormen) und Grundsätzen. Dazu gehören alle Regelungen und Prinzipien, aus denen i.S. der Rn. 17 föderale
Rechte und Pflichten erwachsen können. Der **Inhalt der Entscheidung** entspricht
gemäß § 69 i.V.m. § 67 BVerfGG dem der Entscheidung im Organstreit (dazu s.
oben Rn. 10).

### Nr. 4: Andere öffentlich-rechtliche Streitigkeiten zwischen Bund und Ländern, zwischen den Ländern oder innerhalb eines Landes

Nr. 4 (§ 13 Nr. 8 BVerfGG) regelt weitere Entscheidungszuständigkeiten des 20
BVerfG für Streitigkeiten zwischen Bund und Ländern und gibt ihm darüber hinaus auch Kompetenzen für den Länderbereich. *„Andere öffentlich-rechtliche
Streitigkeiten"* ist als Ergänzung zu den Bund/Länder-Streitigkeiten der Nr. 3 gedacht. Da über Streitigkeiten nichtverfassungsrechtl. Art *zwischen Bund und
Ländern* ebenso wie *zwischen verschiedenen Ländern* in Einklang mit der Subsi-
diaritätsklausel der Nr. 4 grundsätzlich (vgl. § 39 II 1 SGG) das BVerwG entscheidet (§ 40 I 1, § 50 I Nr. 1 VwGO), also hier ebenfalls **nur Verfassungsstreitigkeiten** übrig bleiben (a.A. für den Bund/Länder-Streit Wieland in Dreier,
Art. 93 Rn. 71; zur Abgrenzung von verwaltungsrechtl. Streitigkeiten nichtverfassungsrechtl. Art s. BVerwGE 109, 259 ff.), ist der Anwendungsbereich der Regelung stark eingeschränkt (vgl. auch BVerfGE 42, 112 ff.). Als Verfassungsstreitigkeiten in diesem Sinne sind allerdings auch Streitigkeiten zwischen dem Bund
und den in Art. 44 EV genannten Ländern über Rechte anzusehen, die zugunsten
der DDR oder zugunsten dieser Länder im Einigungsvertrag begründet worden
sind (s. BVerfGE 94, 310; 95, 266). Unter *„Streitigkeiten innerhalb eines Landes"* sind nach der Entstehungsgeschichte und im Hinblick auf § 40 I VwGO
ebenfalls nur Verfassungsstreitigkeiten zu verstehen (BVerfGE 27, 16 f.; 27,
245 ff.), als welche praktisch nur Organstreitigkeiten nach Art der Nr. 1 in Betracht kommen (vgl. § 71 I Nr. 3 BVerfGG u. BVerfGE 60, 199 f.). Dass die Verletzung von GG-Normen gerügt wird, steht der Annahme einer landesinternen
Verfassungsstreitigkeit nicht entgegen (BVerfGE 66, 114). Die Zuständigkeit des
BVerfG ist auch hier eine nur subsidiäre. Subsidiarität besteht insbes. im Verhältnis zu den Landesverfassungsgerichten (s. BVerfGE 60, 205 f.; 66, 115; 75, 39),
die über die ihnen zugewiesenen Aufgaben endgültig, ohne Kontrolle durch das
BVerfG, entscheiden (vgl. BVerfGE 96, 242 ff.); der Grundsatz der perpetuatio
fori gilt insoweit nicht (BVerfGE 102, 251). Subsidiarität besteht aber auch
dann, wenn wie nach Art. 99 eine vorbehaltlose Zuständigkeit des BVerfG selbst

begründet ist (BVerfGE 1, 218). Da Nr. 4 eine lückenlose gerichtl. Kontrolle *aller* verfassungsrechtl. Streitigkeiten innerhalb eines Landes gewährleisten will (BVerfGE 92, 134), ist das BVerfG auch dann zuständig, wenn der Kreis der **Antragsberechtigten** (dazu für Nr. 4 generell § 71 BVerfGG) nach Landesrecht für das dort vorgesehene Verfahren enger ist als nach der für das Verfahren nach Nr. 4 maßgeblichen Vorschrift des § 71 I Nr. 3 BVerfGG (BVerfGE 4, 377; 102, 250). Die Antragsbefugnis ist in diesem Fall nur gegeben, wenn der Antragsteller schlüssig behauptet, dass er und der Antragsgegner an einem – auf Landesverfassungsrecht beruhenden – verfassungsrechtl. Rechtsverhältnis unmittelbar beteiligt sind und der Antragsgegner hieraus erwachsende *eigene* verfassungsmäßige Rechte und Zuständigkeiten des Antragstellers durch die angegriffene Maßnahme oder Unterlassung verletzt oder unmittelbar gefährdet (BVerfGE 88, 67 f. m.w.N.; 102, 231 f.).

21 **Prüfungsmaßstab** ist im Fall der Nr. 4, soweit es um Streitigkeiten im Bund/Länder-Verhältnis und zwischen den Ländern geht, das GG einschl. ungeschriebener Rechtssätze des Bundesverfassungsrechts wie, für Auseinandersetzungen zwischen den Ländern bedeutsam, der clausula rebus sic stantibus (s. BVerfGE 34, 231; 42, 358). Verfassungsstreitigkeiten innerhalb eines Landes sind nach dem einschlägigen Landesverfassungsrecht zu beurteilen (s. zum Binnenlandstreit nach Art. 99 BVerfGE 103, 345, 351 ff.). Zum **Inhalt der Entscheidung** vgl. im Einzelnen § 72 BVerfGG.

### Nr. 4 a: Individual-Verfassungsbeschwerde

22 Als Grundlage für die **Verfassungsbeschwerde** ist Nr. 4 a (§ 13 Nr. 8 a BVerfGG) die praktisch bedeutsamste unter den für das BVerfG geltenden Zuständigkeitsnormen; 96,5 vH der zum BVerfG gelangenden Verfahren entfallen auf VB (BVerfG, Jahresstatistik 2012, S. 1). Die VB ist dabei kein zusätzlicher Rechtsbehelf zum fachgerichtl. Verfahren, sondern ein **außerordentlicher Rechtsbehelf** (BVerfGE 49, 258; 115, 92), mit dem der Einzelne außerhalb des fachgerichtl. Instanzenzugs Eingriffe der öffentl. Gewalt in seine Grundrechte und ihnen in Nr. 4 a gleichgestellte – grundrechtsgleiche – Rechte abwehren (BVerfGE 83, 13; 107, 413), d.h. die Aufhebung der als verfassungswidrig erkannten Hoheitsakte erreichen kann (BVerfGE 96, 370). Die VB dient danach als „Grundrechtsklage des Bürgers" (Dreier; zur Berechtigtenstellung im Einzelnen nachstehend Rn. 28) primär dem verfassungsgerichtl. Individualrechtsschutz, hat allerdings auch die **Aufgabe**, das objektive Verfassungsrecht zu wahren sowie seiner Auslegung und Fortbildung zu dienen (BVerfGE 98, 243 m.w.N.; dort auch zu den Grenzen der Rücknahme einer VB). Sie ist jedoch kein Mittel zur Austragung von Meinungsverschiedenheiten zwischen Staatsorganen (BVerfGE 15, 302). Parlamentsabgeordnete sind deshalb auf den Organstreit verwiesen, und zwar auch dann, wenn sie mit Bezug auf ihr Amt Grundrechtsverstöße geltend machen (BVerfGK 18, 421 f.; s. auch oben Rn. 7). Popularklagen sind im Hinblick auf das Erfordernis der gegenwärtigen und unmittelbaren Selbstbetroffenheit des Einzelnen (s. dazu nachstehend Rn. 29) ausgeschlossen (vgl. BVerfGE 79, 14). Der Inhalt der Nr. 4 a, die in verfahrensrechtl. Hinsicht durch die §§ 90 ff. BVerfGG ergänzt wird, deckt sich mit Abs. 1 des § 90 BVerfGG, dessen Abs. 2 einen Unterfall der Subsidiarität der VB regelt, indem er auf Grund der Ermächtigung in Art. 94 II 2 vorschreibt, dass die VB in zulässiger Weise grundsätzlich erst nach Erschöpfung des (fachgerichtl.) Rechtswegs und nur ausnahmsweise sofort erhoben werden kann (näher zur Subsidiarität Art. 94 Rn. 7 u. die dort zitierte Rspr.). Ist ein Ausnahmefall in Bezug auf eine Rechtsnorm (dazu s. nachstehend Rn. 25) gegeben,

wird die dagegen gerichtete VB im Gegensatz zu der Behörden- und Gerichtsent-scheidungen betr. Urteils-VB als Rechtssatz-VB bezeichnet. Suspensiveffekt hat die VB nicht (deshalb keine Hemmung der Rechtskraft bei fachgerichtl. Letztent-scheidungen; s. BVerfGE 94, 213; 107, 413); das BVerfG kann aber nach § 32 BVerfGG (einstweilige Anordnungen) vorläufige Regelungen treffen, durch die der Eintritt vollendeter Tatsachen verhindert werden kann (vgl. BVerfGE 35, 262). Zur Befugnis der Länder, gegen Entscheidungen ihrer Gerichte die **Verfas-sungsbeschwerde zu einem Landesverfassungsgericht** zuzulassen, s. BVerfGE 96, 371 ff.

**Gegenstand der Verfassungsbeschwerde** sind Maßnahmen, beim Bestehen verfas-sungsrechtl. Handlungs- und Schutzpflichten (s. dazu mit Blick auf den Gesetzge-ber BVerfGE 56, 70 ff.) auch Unterlassungen (§ 95 I 1 BVerfGG) der **öffentlichen Gewalt.** Darunter ist nach der Rspr. des BVerfG nicht allein die deutsche Staats-gewalt zu verstehen (anders noch BVerfGE 58, 27 m.w.N.). Vielmehr rechnen danach zur öffentl. Gewalt i.S. der Nr. 4 a auch Akte von solchen Organisatio-nen, denen die Bundesrepublik Deutschland Hoheitsgewalt mit Wirkung für ihr Staatsgebiet übertragen hat. Damit sind alle *internationalen Organisationen* i.S. des Art. 23 I und des Art. 24 I einbezogen, denen Hoheitsrechte der Bundesrepu-blik übertragen worden sind und deren Rechtsakte in die innerstaatl. Rechtsord-nung hineinwirken, dabei Durchgriffswirkung auf den Einzelnen haben und da-durch unmittelbar Rechte von Grundrechtsträgern in Deutschland betreffen kön-nen (BVerfGE 89, 174 f.; BVerfG, NJW 2001, 2705; BVerfGK 8, 18; 8, 63). Auch derartige Rechtsakte, zu denen Entscheidungen des Internationalen Wäh-rungsfonds sowie Entscheidungen des Europäischen Patentamts über die Ableh-nung einer Einstellung als Beschäftigter dieser Behörde oder über den Zugang zu einem behördeninternen E-Mail-System – anders als Entscheidungen der Be-schwerdekammern dieses Amts (BVerfGK 17, 271; offengelassen in der Entschei-dung BVerfGK 16, 514) – nicht gehören (BVerfGK 8, 63 f.; 8, 269 f.; 8, 329 ff.), können deshalb grundsätzlich Gegenstand von VB sein (vgl. jedoch nachstehend Rn. 25). Nicht angreifbar sind dagegen Akte ausländischer öffentl. Gewalt (BVerfGE 1, 11; BVerfGK 15, 575). *Deutsche* „öffentl. Gewalt" ist die des Bun-des, der Länder, der Gemeinden und sonstiger Körperschaften sowie Anstalten und Stiftungen des öffentl. Rechts, m.a.W. die nach außen in Erscheinung treten-de unmittelbare oder mittelbare Staatsgewalt (vgl. BVerfG, NJW 1988, 2360). Durch die Mitwirkung der BReg an Beschlüssen von Gremien der EU wie an der Entstehung sekundären EU-Rechts wird der Einzelne nicht unmittelbar be-schwert (BVerfGE 129 174 f. m.w.N.). Die privatrechtl. handelnde Exekutive tritt dem Betroffenen nicht als Träger öffentl. Gewalt gegenüber (BVerfGE 96, 180, mit Bezug auf eine Kündigungserklärung). Gegen Satzungsbestimmungen der Versorgungsanstalt des Bundes und der Länder kann deshalb ebenfalls nicht mit der VB vorgegangen werden (BVerfG, NJW 2000, 3341 f.; BetrAV 2007, 576 m.w.N.). Kirchliche Maßnahmen ergehen, auch wenn sie von Religionsge-sellschaften mit dem Status von Körperschaften des öffentl. Rechts erlassen wer-den, grundsätzlich nicht in Ausübung öffentl. Gewalt i.S. der Nr. 4 a und können deshalb, soweit nicht ausnahmsweise die Inanspruchnahme vom Staat verliehe-ner Rechte wie des Besteuerungsrechts der Kirchen in Rede steht, i. Allg. nicht mit der VB angegriffen werden (näher dazu Art. 140 Rn. 11, 18). Auch die Ent-scheidungen polit. Parteien und ihrer Repräsentanten können, weil keine Maß-nahmen der öffentl. Gewalt (s. Art. 21 Rn. 6), nicht unmittelbar Gegenstand ei-ner VB sein (BVerfG, NJW 1988, 2360). Das Gleiche gilt für Tarifverträge (str.); zu Prozessvergleichen vgl. nachstehend Rn. 27.

**24** **Die angreifbaren Maßnahmen im Einzelnen:** Mit Ausnahme der Entscheidungen des BVerfG selbst (BVerfGE 1, 90; 7, 18), einschl. derjenigen der Kammern i.S. des § 15 a BVerfGG (vgl. BVerfGE 18, 440 f.; 19, 90), unterliegen grundsätzlich alle grundrechtsrelevanten Akte der gemäß Art. 1 III grundrechtsgebundenen Staatsgewalt der VB.

**25** Zu den Maßnahmen der **Gesetzgebung** rechnen Gesetze jedweder Art, im Hinblick auf Art. 38 I auch Wahlrechtsvorschriften (BVerfGE 3, 23; 82, 336; BVerfGK 16, 153), soweit sie nicht im Rahmen des Wahlprüfungsverfahrens angegriffen werden müssen (s. BVerfGE 123, 68; BVerfGK 16, 151; vgl. auch zu Entscheidungen u. Maßnahmen, die sich unmittelbar auf das Wahlverfahren beziehen, nachstehend Rn. 26). Vertragsgesetze nach Art. 59 II 1 (BVerfGE 24, 53; 84, 113; 112, 366 f.) und Zustimmungsgesetze (-beschlüsse) zu Staatsverträgen zwischen den Ländern (vgl. BVerfGE 37, 112 f.) gehören – wie im Fall der abstrakten Normenkontrolle und mit den für diese geltenden Maßgaben (s. dazu oben Rn. 13) – ebenfalls dazu, nicht aber schon die Terminierung für ihre abschließende parl. Beratung (BVerfGE 112, 366 f.). Mit der VB angreifbar sind weiter RVO (BVerfGE 3, 171) und autonome Satzungen öffentl. Körperschaften (BVerfGE 1, 95), nicht jedoch, weil i. Allg. kein objektives, für den Einzelnen verbindliches Recht schaffend (s. Art. 84 Rn. 15), allg. Verwaltungsvorschriften (BVerfGE 18, 15 m.w.N.; BVerfG, EuGRZ 2007, 742). Noch nicht in Kraft gesetztes Recht kann nur ausnahmsweise und unter besonders engen Voraussetzungen mit der VB angegriffen werden (im Näheren vgl. BVerfGE 11, 342; BVerfG, Beschl. v. 4.5.2012 – 1 BvR 367/12 –; zu Vertragsgesetzen auch BVerfGE 24, 53 f.). Außer Kraft getretene Gesetze bleiben dagegen so lange Gegenstand einer VB, wie die während ihrer Geltung eingetretenen Grundrechtsverletzungen noch nicht beseitigt sind (BVerfGE 2, 242; st. Rspr.). Unzulässig sind – bei unverändertem Sachverhalt – VB gegen vom BVerfG bereits für gültig erklärte Gesetze (BVerfGE 1, 90). Gegenüber *Akten internationaler Organisationen*, denen die Bundesrepublik nach Art. 23 I, Art. 24 I Hoheitsrechte übertragen hat (vgl. Rn. 23), verlangt das GG nicht notwendig Grundrechtsschutz gerade durch das BVerfG. Solange dieser Schutz auf der internationalen Ebene im Wesentlichen gleichwertig gewährleistet ist, ein strukturelles Grundrechtsdefizit also insoweit nicht besteht, kann das BVerfG davon absehen, seine Gerichtsbarkeit auszuüben (BVerfGE 73, 376, 387; BVerfG, NJW 2001, 2706; NVwZ 2010, 642). VB gegen Regelungen des sekundären EU-Rechts, das als Rechtsgrundlage für ein Verhalten deutscher Behörden und Gerichte im Hoheitsbereich der Bundesrepublik Deutschland in Anspruch genommen wird, sind deshalb nur zulässig, wenn der Beschwerdeführer im Einzelnen darlegt, dass die gegenwärtige Rechtsentwicklung zum Grundrechtsschutz im europäischen Unionsrecht, insbes. die Rspr. des EuGH und jetzt die Europäische Grundrechte-Charta, den jeweils als unabdingbar gebotenen Grundrechtsschutz gegenüber der Hoheitsgewalt der EU generell nicht gewährleistet (BVerfGE 121, 15; 123, 335; BVerfGK 11, 274; zur Zulässigkeit von Vorlagen nach Art. 100 I s. schon BVerfGE 102, 161; vgl. auch Art. 23 Rn. 13 u. Art. 24 Rn. 4). Tatsächlich übt das BVerfG insoweit seine Gerichtsbarkeit derzeit nicht mehr aus (s. BVerfGE 129, 199). Das Gleiche gilt für deutsche Hoheitsakte, die auf Grund sekundären EU-Rechts zu dessen Durchführung ergehen (BVerfGE 102, 163), soweit sie durch das Unionsrecht zwingend vorgegeben sind, der nationalen Rechtsetzung also einen Umsetzungsspielraum nicht belassen (BVerfGE 121, 15; BVerfG, EuGRZ 2007, 350; BVerfGK 11, 274; s. auch Art. 100 Rn. 5). Den verfassungsgerichtl. Rechtsschutz auf die Mitwirkung der BReg beim Erlass sekundären EU-Rechts vorzuverlagern, besteht kein Anlass

(BVerfG, NVwZ-RR 2004, 209). Zum Schutz gegen kompetenzüberschreitende oder identitätsverletzende Unionsrechtsakte vgl. aber oben Rn. 2.

**Maßnahmen der vollziehenden Gewalt** sind verfassungsbeschwerdefähig, wenn **26** sie eine hoheitliche, Verbindlichkeit beanspruchende Sachentscheidung mit unmittelbarer Außenwirkung enthalten (BVerfGE 16, 93; 33, 20 f.). Fiskalakte, umsetzungsbedürftige Beschlüsse von Fachministerkonferenzen der Länder (BVerfGK 8, 60), unverbindliche Meinungsäußerungen (BVerfGE 2, 244), z.b. formlose Rechtsauskünfte einer Behörde (BVerfGE 29, 309; BVerfG, NJW 2007, 3200), sowie verwaltungsinterne Weisungen und Vorgänge (BVerfGE 7, 62; 20, 172; 35, 372) erfüllen diese Voraussetzungen nicht. Das Gleiche gilt regelmäßig, wie in Rn. 25 schon erwähnt, für allg. Verwaltungsvorschriften. Gegen die Ablehnung eines Gnadengesuchs kann nach dem aktuellen Stand der verfassungsgerichtl. Rspr. mit der VB ebenfalls nicht vorgegangen werden (vgl. BVerfG, NJW 2001, 3771; s. auch Art. 19 Rn. 14). Diese Rspr. überzeugt allerdings nicht und sollte geändert werden (vgl. Art. 60 Rn. 2). Unmittelbar das Wahlverfahren betr. Entscheidungen und Maßnahmen sind nur mit den in den Wahlvorschriften vorgesehenen Rechtsbehelfen und im Wahlprüfungsverfahren angreifbar (s. Art. 41 Rn. 1, 6 u. BVerfGE 74, 101 m.w.N.; BVerfGK 16, 153; zu im Wahlverfahren angewandten gesetzl. Vorschriften vgl. die Hinweise oben in Rn. 25). Wie Maßnahmen der Gesetzgebung sind auch Verwaltungsmaßnahmen im Hinblick auf das Erfordernis der Erschöpfung des Rechtswegs (oben Rn. 22) in aller Regel nicht unmittelbar und allein, sondern nur mittelbar und im Zusammenhang mit der im Rechtsweg ergangenen Gerichtsentscheidung Gegenstand der VB (s. BVerfGE 58, 104 f.).

Im Bereich der **Rechtsprechung** kann, von der in Rn. 24 genannten Ausnahme **27** abgesehen, gegen die Entscheidungen aller Gerichte VB erhoben werden, also auch gegen Entscheidungen der Landesverfassungsgerichte (BVerfGE 42, 323; 85, 157) und besonderer Wahlprüfungsgerichte der Länder (BVerfGE 34, 94 f.). Die VB gegen Entscheidungen der Landesverfassungsgerichte, die die bei ihnen angegriffenen Maßnahmen allein am Maßstab der jeweiligen Landesverfassung überprüfen und nicht in größere Abhängigkeit von der Bundesverfassungsgerichtsbarkeit gebracht werden dürfen, als es nach Bundesverfassungsrecht unvermeidbar ist (BVerfGK 8, 171), setzt freilich voraus, dass im Ausgangsverfahren nicht *in der Sache* abschließend durch das Landesverfassungsgericht zu entscheiden war und der Beschwerdeführer den gerügten Verfassungsverstoß deshalb gegenüber dem BVerfG geltend machen kann (BVerfGE 96, 242; BVerfG, NVwZ 2004, 980). Verfassungsbeschwerdefähig sind i.d.R. nur gerichtl. *End*entscheidungen, Zwischenentscheidungen ausnahmsweise dann, wenn sie über eine für das weitere Verfahren wesentliche Rechtsfrage entscheiden und in weiteren Instanzen nicht oder nicht mehr vollständig nachgeprüft und korrigiert werden können (BVerfGE 24, 61 m.w.N.; 119, 294; BVerfGK 15, 183 f.). Ein Prozessvergleich kann mit der VB nicht angegriffen werden, weil sein Abschluss und Inhalt durch Parteivereinbarung und nicht durch eine Handlung des Gerichts bestimmt werden. Es fehlt deshalb an einem Akt öffentl. Gewalt (BVerfG, KBeschl. v. 26.10.2006 – 1 BvR 2591/06 – juris). Dagegen kann auch die Versagung einstweiligen Rechtsschutzes grundsätzlich Gegenstand einer VB sein (BVerfGE 69, 339 f. m.w.N.). Allerdings kann im Einzelfall im Hinblick auf den Grundsatz der Subsidiarität der VB (dazu allg. Art. 94 Rn. 7) auch die Erschöpfung des Rechtswegs in der Hauptsache geboten sein, wenn nach der Art der gerügten Grundrechtsverletzung das Hauptsacheverfahren die Möglichkeit bietet, der verfassungsrechtl. Beschwer abzuhelfen, und dieser Weg dem Beschwerdeführer zumutbar ist (BVerfGE 80, 45 m.w.N.; BVerfG, NJW 1992, 1676). Diese Beschwer muss in der Entscheidung selbst, sie kann nicht allein in deren Begründung liegen (BVerfGE 8, 222).

28 **Verfassungsbeschwerdeberechtigt** ist *„jedermann"*, d.h. jeder, der Träger von Grundrechten und grundrechtsgleichen Rechten, also grundrechtsfähig, ist (BVerfG, NVwZ 2010, 374; vgl. dazu auch vor Art. 1 Rn. 11). Dazu gehören Deutsche (Art. 116 I) ebenso wie – in Bezug auf Jedermann-Grundrechte – Ausländer (vgl. BVerfGE 35, 399) und Staatenlose (zu den Deutschen-Grundrechten s. BVerfGE 104, 346), ferner gemäß Art. 19 III inländische juristische Personen des Privatrechts, wenn ihre Bildung und Betätigung Ausdruck der freien Entfaltung der natürlichen Personen ist (BVerfG, NVwZ 2010, 374 m.w.N.), also nicht, wenn sie von der öffentl. Hand dominiert werden. Das Gleiche gilt mit Rücksicht auf das europäische Unionsrecht für derartige juristische Personen aus Mitgliedstaaten der EU (BVerfGE 129, 94 ff.). Juristische Personen privaten Rechts mit Sitz in anderen ausländischen Staaten können sich jedenfalls auf Prozessgrundrechte berufen (BVerfGE 12, 8; 18, 447). Selbst nichtrechtsfähige Vereine (BVerfGE 6, 277; 24, 243), handelsrechtl. Personengesellschaften (BVerfGE 4, 12) und Gesellschaften bürgerlichen Rechts (BVerfG, NJW 2002, 3533) sind rügeberechtigt, soweit ihnen das betr. Grundrecht oder grundrechtsgleiche Recht zusteht. Juristische Personen des öffentl. Rechts können VB nur insoweit erheben, als sie – ausnahmsweise – Grundrechtsfähigkeit haben (vgl. dazu Art. 19 Rn. 7 f. u. die dort angeführte Rspr.). Für Gemeinden und Gemeindeverbände gilt darüber hinaus die Sonderregelung der Nr. 4 b (s. nachstehend Rn. 32 f.). Zur Grundrechtsfähigkeit und zum Beschwerderecht der Religions- und Weltanschauungsgemeinschaften vgl. Art. 4 Rn. 11, Art. 19 Rn. 8 und Art. 140 Rn. 13. Streitigkeiten zwischen Staatsorganen, zumeist Kompetenzkonflikte, sind in den dafür vorgesehenen Organstreitverfahren auszutragen (BVerfG, NVwZ 1994, 57). Auch für einzelne Abg. und die polit. Parteien entfällt das Recht der VB, soweit ihnen der Weg des Organstreits offensteht, also wenn es um die Verteidigung ihres verfassungsrechtl. Status gegen ein Verfassungsorgan geht (s. oben Rn. 7); im Übrigen können die Parteien aber alle Grundrechte, die ihrem Wesen nach auf sie anwendbar sind, mit der VB verteidigen (BVerfGE 121, 57, u. oben Art. 21 Rn. 6). Auch die Mitglieder kommunaler Vertretungskörperschaften sind beschwerdefähig (vgl. BVerfG, NVwZ 1994, 56 f.), sofern ihre Rügen nicht nur ihre Stellung als Inhaber eines öffentl. Amtes betreffen (BVerfG, NVwZ-RR 2012, 2).

29 Zur Zulässigkeit einer VB gehört, dass der Beschwerdeführer **beschwerdebefugt** ist, nämlich geltend machen kann, durch die angegriffene Maßnahme selbst, gegenwärtig und unmittelbar in einem der in Nr. 4 a genannten Rechte verletzt, d.h. rechtl. betroffen zu sein (vgl. BVerfGE 40, 156; 70, 50; 97, 164). Der Beschwerdeführer muss also die Verletzung eigener Rechte rügen (deshalb keine gewillkürte Prozessstandschaft; s. BVerfGE 72, 131). Selbstbetroffenheit ist immer gegeben, wenn der Beschwerdeführer Adressat der angegriffenen Maßnahme ist (BVerfGE 102, 206 f.). Die bloße Reflexwirkung einer Regelung reicht für die Annahme einer Beschwerdebefugnis aber nicht aus (BVerfGE 6, 278). Das Gleiche gilt für eine nur mittelbare oder lediglich faktische Betroffenheit des Bürgers (BVerfGE 30, 123; 96, 237). Gegenwärtig ist der Beschwerdeführer betroffen, wenn er schon oder immer noch durch den angegriffenen Hoheitsakt belastet ist (im Einzelnen vgl. BVerfGE 102, 207). Doch können u.U. schon Grundrechtsgefährdungen die Beschwerdebefugnis begründen (s. BVerfGE 66, 58 m.w.N.). Das Erfordernis des unmittelbaren Betroffenseins ist bei Verwaltungs- und Gerichts-

entscheidungen regelmäßig gegeben, deshalb vor allem für Gesetze bedeutsam und hier erfüllt, wenn es zur Verwirklichung des Gesetzesbefehls gegenüber dem Bürger keiner weiteren Umsetzung, insbes. keines Vollzugsakts durch die Exekutive, mehr bedarf (BVerfGE 68, 325 m.w.N.; 74, 74; vgl. auch zu den Ausnahmen vom Erfordernis eines vorherigen Vollzugsakts BVerfGE 75, 263; 81, 82 f.). Erlangt der Betroffene vom Vollzugsakt keine Kenntnis, reicht die Darlegung aus, dass er mit einiger Wahrscheinlichkeit durch Maßnahmen, die auf dem angegriffenen Gesetz beruhen, in seinen Grundrechten berührt wird (BVerfGE 100, 354). Die Möglichkeit der Verletzung eines Grundrechts oder grundrechtsgleichen Rechts ist vom Beschwerdeführer innerhalb der Fristen nach § 93 I und III substantiiert geltend zu machen (s. auch Art. 94 Rn. 5).

**Prüfungsmaßstab** sind bei der VB die in den Art. 1–19 enthaltenen Grundrechte    30
und die in Nr. 4 a besonders aufgeführten Rechte aus anderen Teilen des GG (zu Art. 38 I 1 vgl. BVerfGE 99, 7; BVerfGK 16, 32, zu Art. 146 dort Rn. 4). Normen des objektiven Verfassungsrechts gehören in diesen Zusammenhang nur, wenn und soweit sie dem Einzelnen zugleich ein in Nr. 4 a genanntes subjektives Verfassungsrecht garantieren (BVerfGE 45, 74 f.). Gegenüber normabhängigen Akten der öffentl. Gewalt kann über das Auffanggrundrecht des Art. 2 I (s. Art. 2 Rn. 3) mit der VB die verfassungsmäßige Ordnung schlechthin verteidigt, mithin auch zur Prüfung gestellt werden, ob die den angegriffenen Akt stützende Norm den Kompetenzvorschriften des GG entspricht (BVerfGE 80, 152 m.w.N.). Die Verfassungsmäßigkeitsprüfung ist auf die Frage der Vereinbarkeit mit den nach Nr. 4 a rügefähigen Rechten beschränkt, deren Verletzung der Beschwerdeführer in zulässiger Weise geltend gemacht hat (a.A. in st. Rspr. der Zweite Senat des BVerfG: bei Zulässigkeit einer VB Überprüfbarkeit des angegriffenen Hoheitsakts unter jedem in Betracht kommenden verfassungsrechtl. Gesichtspunkt; vgl. z.B. BVerfGE 42, 325 f.; 71, 204; 102, 384). Es ist auch – insbes. gegenüber gerichtl. Entscheidungen – nicht Aufgabe des BVerfG, eine allg. Rechtmäßigkeitskontrolle zu üben. Zu prüfen ist vielmehr allein, ob Verfassungsrecht verletzt ist (BVerfGE 29, 163; 42, 148 f.; s. auch oben Rn. 3 a.E.). Verstöße gegen (Art. 2 I i.V.m.) Landes(verfassungs)recht (BVerfGE 41, 118; 64, 317 f.; BVerfG, NVwZ 2002, 73), Recht der EU (BVerfGE 31, 174 f.; 82, 191; 110, 154 f.) einschl. der Europäischen Grundrechte-Charta, die Europäische Sozialcharta (BVerfGE 85, 112) und die Menschenrechtserklärung der UN (BVerfGE 41, 106; BVerfG, DVBl 1991, 1139) können mit der VB nicht unmittelbar gerügt werden. Das Gleiche gilt für Verletzungen der EMRK (BVerfGE 41, 149; 96, 170; 111, 317) und von Art. 25 (BVerfGE 18, 451). Es kann jedoch, gestützt auf das einschlägige Grundrecht, geltend gemacht werden, staatl. Organe hätten eine Entscheidung des EMGR – und damit mittelbar die ihr zugrunde liegende und als Auslegungshilfe heranzuziehende EMRK-Norm – missachtet oder nicht hinreichend berücksichtigt (BVerfGE 111, 329 f.; Hömig, NdsVBl 2011, 128); ebenso, eine einfachrechtl. Vorschrift stehe zu einer allg. Regel des Völkerrechts i.S. dieser Vorschrift in Widerspruch und werde von ihr verdrängt (BVerfGE 23, 300; BVerfGK 9, 200). Auf eine Verletzung des Art. 28 kann eine VB dagegen nicht gestützt werden (BVerfG, NVwZ 1994, 893; vgl. auch Art. 28 Rn. 23). Dies gilt auch insoweit, als ein Verstoß gegen die Wahlrechtsgrundsätze des Art. 28 I 2 geltend gemacht wird (s. Art. 28 Rn. 5 a.E.).

Der **Inhalt der Entscheidung** richtet sich im Fall der Nr. 4 a nach § 95 BVerfGG.    31
Nach Abs. 1 dieser Vorschrift ist bei erfolgreicher VB festzustellen, welche Vorschrift des GG durch welche Handlung oder Unterlassung verletzt worden ist. Verfassungswidrige Entscheidungen sind gemäß § 95 II aufzuheben, und zwar

grundsätzlich unter Zurückverweisung der Sache an das Fachgericht (BVerfGE 107, 414). Verfassungswidrige Gesetze schließlich sind nach § 95 III für nichtig zu erklären, sofern – wie inbes. bei Verstößen gegen Art. 3 I (vgl. BVerfGE 28, 242 f.; 61, 68) – nicht nur die Feststellung der Unvereinbarkeit mit dem entgegenstehenden Verfassungsrecht in Betracht kommt. § 78 Satz 2 BVerfGG ist entsprechend anzuwenden (BVerfGE 98, 401; 110, 174; st. Rspr). Zur Gesetzeskraft der Entscheidung s. Art. 94 Rn. 6.

### Nr. 4 b: Kommunal-Verfassungsbeschwerde

**32** Die Nr. 4 b (§ 13 Nr. 8 a BVerfGG) gibt den Gemeinden und Gemeindeverbänden mit der Kommunal-VB als einem eigenständigen verfassungsprozessualen Rechtsbehelf – gewissermaßen als Ausgleich dafür, daß die Beschwerdeberechtigten i. Allg. keine Grundrechtsfähigkeit besitzen (Art. 19 Rn. 7 f., Art. 28 Rn. 10; s. auch BVerfGE 71, 35 f.) – ein besonderes VB-Recht, das nach Maßgabe der §§ 91 ff. BVerfGG ermöglichen soll, **Eingriffe** des Gesetzgebers **in das Recht auf Selbstverwaltung** nach Art. 28 II abzuwehren. Rechtsbehelfe zu den Verfassungsgerichten der Länder haben, soweit es um den Schutz vor landesrechtl. Eingriffen geht, in dem Umfang Vorrang, in dem der Zugang zu den Landesverfassungsgerichten eröffnet ist (§ 91 Satz 2 BVerfGG; BVerfG, NVwZ 1994, 58 f.; NVwZ-RR 1999, 353; vgl. auch BVerfGE 76, 117; 79, 141; 107, 9 ff.). Eine Würdigung der vom Landesverfassungsgericht getroffenen Entscheidung ist dem BVerfG grundsätzlich verwehrt (BVerfG, KBeschl. v. 25.6.2007 – 2 BvR 635/07 – juris). Soweit gegen untergesetzl. Rechtsnormen wie durch § 47 VwGO ein verwaltungsgerichtl. Rechtsweg eröffnet ist, geht i.d.R. auch dieser der Kommunal-VB gemäß § 90 Abs. 2 Satz 1 BVerfGG vor (BVerfGE 76, 114 f.). **Beschwerdegegenstand,** d.h. „Gesetz" i.S. der Nr. 4 b, sind alle Rechtsvorschriften des Bundes- und des Landesrechts mit Außenwirkung gegenüber den Kommunen, also auch RVO (BVerfGE 71, 34; 110, 383) und anderes Recht im Rang unter dem Gesetz (BVerfGE 76, 114), nicht allerdings Satzungsrecht der betr. kommunalen Gebietskörperschaft selbst und nach h.M. auch nicht Gewohnheitsrecht (a.M. in letzterer Hinsicht Stern, BK, Art. 93 Rn. 806; offengelassen in BVerfG, DÖV 1987, 343). Sekundäres EU-Recht fällt ebenfalls nicht darunter. „Gesetz" bedeutet gesetztes Recht; gegen Unterlassungen des Gesetzgebers kann deshalb mit der Kommunal-VB nicht vorgegangen werden (str.). Da Art. 28 II die kommunale Selbstverwaltung nur im Rahmen der Gesetze gewährleistet (s. Art. 28 Rn. 16 ff.), muss es sich bei der angegriffenen Norm um eine Vorschrift handeln, die in den Kernbestand bzw. Wesensgehalt der kommunalen Selbstverwaltung eingreift. Keine VB nach Nr. 4 b ist gegen Einzelakte der Exekutive, z.B. im Rahmen der Staatsaufsicht, gegeben (vgl. auch NWVerfGH, DÖV 1994, 957 f.). Auch gegen Gerichtsentscheidungen ist sie unzulässig (BVerfG, NVwZ 1994, 58; BVerfGK 3, 221). Die Auslegung einer gesetzl. Vorschrift durch ein Gericht kann deshalb ebenfalls nicht Verfahrensgegenstand sein (BVerfG, NVwZ-RR 1999, 417). **Verfassungsbeschwerdeberechtigt** sind alle Gemeinden und Gemeindeverbände (zu den Letzeren s. Art. 28 Rn. 18), nicht dagegen gemeindliche Untergliederungen wie Stadtteile, Ortsteile und dgl. (SaarlVerfGH, NVwZ 1994, 481). Gemeinden können sich gegen eine Eingemeindung auch noch nach deren Vollzug wenden (vgl. BVerfGE 3, 279). Stadtstaaten sind beschwerdebefugt nur insoweit, als sie nicht staatl. Hoheitsmacht ausüben. Auf andere Verwaltungseinrichtungen mit dem Recht zur Selbstverwaltung ist Nr. 4 b nicht anwendbar (BVerfG, NVwZ-RR 2001, 93). Erst recht können nicht Bürger der betr. Gebietskörperschaft Kommunal-VB erheben. Wie bei der Individual-VB (oben Rn. 29) hängt auch bei der Kommunal-VB die **Beschwerdebefugnis** davon ab, dass der Beschwerdeführer geltend machen kann, durch die angegriffene Maßnahme selbst, gegenwärtig und unmittelbar in dem ihm garantierten Rechtskreis verletzt zu sein (s. BVerfGE 71, 34; 107, 8). Eine Verletzung von Rechten aus Art. 28 II muss nach dem vom Beschwerdeführer substantiiert geltend zu machenden Vorbringen (vgl. BVerfGK 10, 368 f.) grundsätzlich möglich sein (BVerfG, BayVBl 2002, 19). Das Erfordernis des unmittelbaren Betroffenseins ist jedoch bei Kommunal-VB in einer den Besonderheiten dieses Rechtsbehelfs Rechnung tragenden Weise zu handhaben (dazu BVerfGE 71, 34 ff.). Es behält aber insofern Bedeutung, als es der Kommune verwehrt, ein Gesetz anzugreifen, das, um vollziehbar zu sein, noch der Konkretisierung durch eine RVO bedarf (BVerfGE 71, 113; NWVerfGH, DÖV 2003, 414; ThürVerfGH, LVerfGE 15, 481).

**Prüfungsmaßstab** ist bei der Kommunal-VB das Recht der kommunalen Selbstverwaltung (BVerfGK 10, 368; dazu Art. 28 Rn. 8 ff.), praktisch allerdings nur insoweit, als es um deren Kernbestand oder Wesensgehalt geht (s. vorstehend Rn. 32). Auf andere Verfassungsnormen als Art. 28 II kann die Prüfung nicht beliebig ausgedehnt werden (BVerfGE 119, 356). Sie können nur insoweit einbezogen werden, als sie ihrem Inhalt nach prägend auf das verfassungsrechtl. Bild der Selbstverwaltung einwirken (vgl. BVerfGE 71, 37; 91, 242; ThürVerfGH, LVerfGE 15, 481, 492). Dazu gehören insbes. die Art. 30, 70 ff. (BVerfGE 56, 310) und 106 VI 2 (BVerfGE 125, 158), ferner das Willkürverbot, das als Ausfluss des Rechtsstaatsprinzips Geltung auch für die Beziehungen innerhalb des hoheitlichen Staatsaufbaus beansprucht (BVerfG, NVwZ 2005, 83). Dagegen kann die Rüge einer Verletzung von Art. 84 I oder von Vorschriften über die Gesetzgebung des Bundes nur in dem Rahmen erhoben werden, den der Garantiegehalt des Art. 28 II eröffnet, d.h. die Gewährleistung der kommunalen Selbstverwaltung konkretisiert; sie ist akzessorisch (BVerfGE 119, 357). Rügefähig sind demnach seit der Föderalismusreform I (s. Einführung Rn. 6) auch Verstöße gegen das Aufgabenübertragungsverbot des Art. 84 I 7 (vgl. auch BVerfGE 119, 359; für Art. 84 I a.F. str.). Für den **Inhalt der Entscheidung** gilt auch hier § 95 BVerfGG mit den zu dieser Vorschrift entwickelten Maßgaben (s. deshalb oben Rn. 31).

### Nr. 4 c: Parteianerkennungsbeschwerde

Die durch G vom 11.7.2012 (BGBl I S. 1478) neu in Art. 93 eingefügte Nr. 4 c eröffnet erstmals die Möglichkeit, die Feststellung des Bundeswahlausschusses nach § 18 IV BWahlG über die Nichtanerkennung einer Vereinigung als Partei, die an der BTagswahl teilnehmen will, mit der Beschwerde zum BVerfG anzugreifen. Daran knüpft § 18 IVa 1 BWahlG an. **Beschwerdeberechtigt** sind Vereinigungen und Parteien, denen die Anerkennung als wahlvorschlagsberechtigte Partei nach § 18 IV 1 Nr. 1 oder 2 BWahlG (vgl. BT-Dr. 17/9391 S. 6, 8) versagt wurde (§ 96 a I BVerfGG). Die Beschwerde ist antragsabhängig, binnen einer **Frist** von vier Tagen nach Bekanntgabe der Entscheidung in der Sitzung des Bundeswahlausschusses nach § 18 IV 2 BWahlG zu erheben (s. auch § 18 IVa I BWahlG) und entsprechend § 23 I 2 BVerfGG zu begründen (§ 96 a II BVerfGG). Dem Bundeswahlausschuss ist im Verfahren vor dem BVerfG, das wegen der im Wahlrecht geltenden Fristen zügig vonstatten gehen muss und deshalb ohne mündliche Verhandlung durchgeführt werden kann (§ 96 c BVerfGG), Gelegenheit zur Äußerung zu geben (§ 96 b BVerfGG); die Möglichkeit einer einstweiligen Anordnung nach § 32 BVerfGG ist ausgeschlossen (§ 96 a III BVerfGG). **Inhalt der Entscheidung**, deren Begründung der Beschwerdeführerin

33

34

und dem Bundeswahlausschuss ggf. auch erst nach Bekanntgabe der Entscheidung übermittelt werden kann (§ 96 d BVerfGG), ist, wenn die Beschwerde Erfolg hat, die Anerkennung der Beschwerdeführerin als Partei mit dem Recht, Wahlvorschläge zur BTagswahl einzureichen.

### Nr. 5: Übrige im Grundgesetz vorgesehene Fälle

35 Die i.S. der Nr. 5 „übrigen" Zuständigkeiten des BVerfG sind – außer in Abs. 2 – in Art. 18 Satz 2, Art. 21 II 2, Art. 41 II, Art. 61, 84 IV 2, Art. 98 II und V 3, Art. 99, 100 und 126 vorgesehen.

### Absatz 2: Weitere grundgesetzliche Entscheidungszuständigkeiten des Bundesverfassungsgerichts

36 Die Vorschrift über das **Kompetenzfreigabeverfahren** in Abs. 2 (§ 13 Nr. 6 b BVerfGG) beruht auf der *Föderalismusreform I* (s. oben Rn. 16). Die systematisch verunglückte, weil nicht in Abs. 1 vor die Regelung zu den „übrigen" im GG vorgesehenen Fällen (Nr. 5) eingestellte, Bestimmung regelt eine spezielle, gegenüber Abs. 1 Nr. 3 vorrangige Bund/Länder-Streitigkeit (so jedenfalls BT-Dr 16/814 S. 13) und betrifft nach *Satz 1* Fälle, in denen streitig ist, ob für ein auf dem Gebiet der konkurrierenden Gesetzgebung unter den Voraussetzungen des Art. 72 II erlassenes Gesetz die **Erforderlichkeit für eine bundesgesetzliche Regelung** nach dieser Vorschrift noch besteht oder ob **Bundesrecht, das nach Art. 72 II** in der bis zum 15.11.1994 gültig gewesenen Fassung gesetzt worden ist, wegen Änderung dieser Bestimmung **nicht mehr erlassen** werden könnte. Von der Antwort auf diese Fragen hängt ab, ob nach Art. 72 IV oder Art. 125 a II 2 durch Bundesgesetz bestimmt werden kann, dass das jeweilige Bundesrecht durch Landesrecht ersetzt werden kann. **Prüfungsgegenstand** sind allein jene für ein Tätigwerden der Bundesgesetzgebung vorgreifliche Rechtsfragen. **Prüfungsmaßstab** ist jeweils die Erforderlichkeitsklausel des Art. 72 II, und zwar in beiden Fällen negativ, im Fall des Art. 72 IV in dem Sinne, ob die Voraussetzungen der Klausel nicht mehr vorliegen, im Fall des Art. 125 a II 1 in dem Sinne, dass wegen Fehlens der Voraussetzungen des Art. 72 II in den seit dem 15.11.1994 in Kraft getretenen Fassungen – die Beschränkung auf die Fassung von 1994 in BT-Dr 16/813 S. 17 f. findet im Verfassungswortlaut keine Stütze – Bundesrecht mit dem früher beschlossenen Inhalt nicht mehr erlassen werden könnte. Wie im Fall des Abs. 1 Nr. 2 a (vgl. dazu oben Rn. 16) steht dem BVerfG eine weitergehende Prüfungskompetenz nicht zu. Die Entscheidung ergeht auf **Antrag**. Antragsberechtigt sind nach dem Muster des Abs. 1 Nr. 2 a der BRat, jede LReg und der Volksvertretung eines Landes.

37 Ein von diesen Organen gestellter **Antrag** ist gemäß *Satz 3* **nur zulässig**, wenn eine Vorlage zum Erlass eines Bundesgesetzes nach Art. 72 IV oder Art. 125 a II 2 im BTag abgelehnt oder über sie dort nicht innerhalb eines Jahres beraten und Beschluss gefasst oder wenn eine entsprechende Gesetzesvorlage im BRat abgelehnt worden ist. Dass diese Voraussetzungen vorliegen, muss sich aus der Antragsbegründung (§ 23 I 2 BVerfGG) ergeben (§ 97 I BVerfGG). Nicht erforderlich ist, dass der Antragsteller Urheber der gescheiterten oder liegengelassenen Gesetzesvorlage war (BT-Dr 16/813 S. 18). **Inhalt der Entscheidung** des BVerfG ist, wenn der Antrag Erfolg hat, nach *Satz 2* die Feststellung, dass im Fall des Art. 72 IV die Erforderlichkeit für eine bundesgesetzl. Regelung nicht mehr besteht und im Fall des Art. 125 a II 1 Bundesrecht nicht mehr erlassen werden könnte. Die Feststellung ersetzt zugleich ein Bundesgesetz i.S. von Art. 72 IV oder Art. 125 a II 2 mit der Ermächtigung, das nicht mehr mögliche Bundesrecht durch Landesrecht zu ersetzen. Diese **Entscheidungswirkung** der positiven Geset-

zeskraft ist im Hinblick auf den Gewaltenteilungsgrundsatz (s. dazu vor Art. 38 Rn. 1) nicht zuletzt deshalb mindestens ungewöhnlich, weil durch sie das Entscheidungsermessen überspielt wird, das Art. 72 IV und Art. 125 a II 2 dem Bundesgesetzgeber grundsätzlich einräumen (krit. z.b. auch Klein/Schneider, DVBl 2006, 1555 f.; Nierhaus/Rademacher, LKV 2006, 392). Abgesehen davon wird hier von Verfassungs wegen dem BVerfG ausdrücklich die – ansonsten vielfach behauptete und kritisierte – Rolle eines „Ersatzgesetzgebers" zuerkannt.

### Absatz 3: Einfachgesetzliche Zuständigkeiten des Bundesverfassungsgerichts

Von der **Ermächtigung** in Abs. 3, dem BVerfG auf der Grundlage der darin begründeten ausschließlichen Gesetzgebungskompetenz weitere Zuständigkeiten durch Bundesgesetz zuzuweisen, ist vor allem in § 16 III WPrüfG, § 105 BVerfGG, § 26 III EuropawahlG, § 32 III, IV, § 33 II PartG, § 50 III VwGO (dazu BVerfGE 109, 8 ff.), § 39 II SGG, § 18 III und § 36 II PUAG (dazu § 13 Nr. 11 a, § 82 a BVerfGG u. BVerfGE 124, 104) Gebrauch gemacht worden.

**38**

## Artikel 94 [Organisation und Verfahren des Bundesverfassungsgerichts]

(1) Das Bundesverfassungsgericht besteht aus Bundesrichtern und anderen Mitgliedern. Die Mitglieder des Bundesverfassungsgerichtes werden je zur Hälfte vom Bundestage und vom Bundesrate gewählt. Sie dürfen weder dem Bundestage, dem Bundesrate, der Bundesregierung noch entsprechenden Organen eines Landes angehören.

(2) Ein Bundesgesetz regelt seine Verfassung und das Verfahren und bestimmt, in welchen Fällen seine Entscheidungen Gesetzeskraft haben. Es kann für Verfassungsbeschwerden die vorherige Erschöpfung des Rechtsweges zur Voraussetzung machen und ein besonderes Annahmeverfahren vorsehen.

**Allgemeines:** Art. 94 regelt in Abs. 1 die Zusammensetzung, in Abs. 2 Verfassung und Verfahren des BVerfG. Die Vorschrift ergänzt Art. 93 und schafft zusammen mit dem nach Abs. 2 Satz 1 ergangenen G über das BVerfG (s. Rn. 5) die Grundlagen für die Handlungs- und Entscheidungsfähigkeit dieses Gerichts.

**1**

### Absatz 1: Zusammensetzung

Nach *Satz 1* besteht das BVerfG aus Bundesrichtern und anderen Mitgliedern. Ihre jeweilige Zahl ist durch das GG selbst nicht vorgegeben (s. aber nachstehend Rn. 5). **Bundesrichter** sind an sich die hauptamtlichen Richter der in Art. 95 und 96 genannten Bundesgerichte (vgl. auch Art. 60 Rn. 1). § 2 III BVerfGG beschränkt jedoch im Interesse einer möglichst optimalen Fachkompetenz des BVerfG den Kreis der dorthin wählbaren Bundesrichter zulässigerweise auf die Richter der obersten Bundesgerichtshöfe i.S. des Art. 95 I. Wie die **anderen Mitglieder** des BVerfG müssen sie nach § 3 I BVerfGG das 40. Lebensjahr vollendet haben, zum BTag wählbar sein (dazu s. § 15 BWahlG) und nach § 3 II BVerfGG grundsätzlich die Befähigung zum Richteramt besitzen (vgl. dazu die §§ 5 ff. DRiG u. Art. 92 Rn. 4).

**2**

*Satz 2* bestimmt die für die Wahl der Bundesverfassungsrichter zuständigen Organe, die zur Vornahme der Wahl nach den dafür geltenden Vorschriften verpflichtet sind. Alle Mitglieder des BVerfG werden danach von polit. Körperschaften, und zwar aus demokratiestaatl., die besondere Legitimation der Bun-

**3**

desverfassungsrichter betonenden, und föderalen Erwägungen je zur Hälfte von BTag und BRat, mit – verfassungsrechtl. nicht gebotener (BVerfG, NVwZ 1999, S. 640) – Zweidrittelmehrheit gewählt (§§ 5 ff. BVerfGG). Dabei gilt das Erfordernis der paritätisch abgeleiteten Zusammensetzung für das BVerfG als Ganzes, nicht also für den einzelnen, jeweils tätig werdenden Spruchkörper (BVerfGE 19, 91; vgl. aber § 5 I 1 BVerfGG). Der Präsident des BVerfG und sein Stellvertreter werden im Wechsel von BTag und BRat gewählt (§ 9 BVerfGG). In der Praxis wählen außerdem der BTag je Spruchkörper zwei Mitglieder aus dem Kreis der Bundesrichter (zu deren Wahl s. BVerfGE 65, 155 f.) und zwei andere Mitglieder, der BRat die übrigen Mitglieder (s. dazu auch Rn. 5). Entgegen einer im Schrifttum weit verbreiteten Auffassung (s. Pieroth in Jarass/Pieroth, Art. 94 Rn. 1 m.w.N.) bestehen keine verfassungsrechtl. Bedenken dagegen, dass die **Wahl der** vom BTag zu berufenden **Verfassungsrichter** nicht vom BTagsplenum, sondern von dem in § 6 BVerfGG vorgesehenen Wahlausschuss vorgenommen wird; die Übertragung der Wahl auf den Ausschuss, dessen Zusammensetzung dem Grundsatz der Spiegelbildlichkeit entspricht, findet in dem gesetzgeberischen Ziel ihre Rechtfertigung, das Ansehen des Gerichts und das Vertrauen in seine Unabhängigkeit zu festigen und damit seine Funktionsfähigkeit zu sichern (BVerfG, Beschl. v. 19.6.2012 – 2 BvC 2/10 –). Verzögert sich die Wahl eines Bundesverfassungsrichters um zwei Monate oder mehr, hat das Gericht nach Maßgabe des § 7 a BVerfGG ein eigenes Vorschlagsrecht. Wegen der Ernennung gewählter Richter durch den BPräs und zur Frage eines diesem zustehenden Prüfungs- und Ablehnungsrechts vgl. Art. 60 Rn. 1.

4 Die in *Satz 3* aufgeführten **Unvereinbarkeiten** dienen der Unabhängigkeit des BVerfG und seiner Richter. Sie haben nach § 3 III 2 BVerfGG zur Folge, dass die Gewählten mit ihrer Ernennung zum Richter des BVerfG aus den genannten Organen ausscheiden. Mit der richterl. Tätigkeit ist nach § 3 IV BVerfGG als andere berufliche Tätigkeit nur die eines Lehrers des Rechts an einer deutschen Hochschule vereinbar. Die **Amtszeit der Richter** dauert zwölf Jahre, längstens bis zum Ende des Monats, in dem der Richter das 68. Lebensjahr vollendet. Nach Ablauf der Amtszeit führen die Richter ihre Amtsgeschäfte bis zur Ernennung des Nachfolgers fort. Eine Wiederwahl ist ausgeschlossen (§ 4 BVerfGG). Nach sechsjähriger Tätigkeit als Verfassungsrichter und Vollendung des 65. Lebensjahres ist der Richter auf seinen Antrag in den Ruhestand zu versetzen (§ 98 III BVerfGG). In § 12 BVerfGG ist außerdem das Recht auf jederzeitige Entlassung geregelt.

### Absatz 2: Verfassung und Verfahren

5 *Satz 1* gibt dem Bund das Recht der ausschließlichen Gesetzgebung für die Bundesverfassungsgerichtsbarkeit (BVerfGE 96, 368). Im G über das BVerfG i.d.F. vom 11.8.1993 (BGBl I S. 1473) hat er davon Gebrauch gemacht. Danach ist Karlsruhe **Sitz** des Gerichts (§ 1 II BVerfGG). Hinsichtlich seiner **Verfassung** ist in § 2 BVerfGG bestimmt, dass das BVerfG aus zwei *Senaten* mit je acht Richtern besteht, von denen jeweils mindestens drei Bundesrichter sein müssen. Jeder Senat ist „Das BVerfG" (BVerfGE 1, 29; 2, 95), das Gericht selbst also ein Zwillingsgericht. Die Zuständigkeiten der Senate richten sich nach § 14 BVerfGG i.V.m. dem Beschluss des Plenums des BVerfG vom 15.11.1993 (BGBl I S. 2492), zuletzt geändert durch Beschluss vom 5.12.2012 (BGBl 2013 I S. 80). Innerhalb der Senate werden von diesen *Kammern* eingerichtet, der jeweils drei Richter angehören (§ 15 a BVerfGG). Das **Verfahren** des Gerichts wird von den Grundsätzen der Entscheidung auf Grund mündlicher Verhandlung (§ 25 I BVerfGG) und der Amtsermittlung (§§ 26 ff. BVerfGG) geprägt und ist für die verschiedenen

Verfahrensarten z.T. abw. geregelt (s. vor allem die §§ 36 ff. BVerfGG). In der Praxis sind Entscheidungen nach mündlicher Verhandlung aber die Ausnahme. Die Ermächtigung zur Regelung des Verfahrens verschafft dem Bundesgesetzgeber auch die Befugnis zur Festlegung der jeweiligen Sachentscheidungsvoraussetzungen (BVerfGE 129, 116). So kann er die Zulässigkeit von Verfassungsbeschwerden (VB) von Mindesterfordernissen einer Begründung (§§ 92, 23 I 2 Halbs. 1 BVerfGG) und von der Einhaltung einer Einlegungs- und Begründungsfrist (§ 93 BVerfGG) abhängig machen. Von einigen Ausnahmen abgesehen (§ 15 IV 1 BVerfGG) entscheiden die Senate des BVerfG mit einfacher Mehrheit der mitwirkenden Richter (§ 15 IV 2 BVerfGG); bei Stimmengleichheit kann ein Verstoß gegen das GG oder sonstiges Bundesrecht nicht festgestellt werden (§ 15 IV 3 BVerfGG). Will ein Senat in einer Rechtsfrage von der in einer Entscheidung des anderen Senats enthaltenen – nach Ansicht jenes Senats für diese Entscheidung tragenden (BVerGE 96, 403 ff.; vgl. aber auch BVerfGE 96, 409 ff.) – Rechtsauffassung abweichen, muss er zuvor, wenn der andere Senat an dieser Auffassung festhält, das Plenum aller Richter des BVerfG anrufen (§ 16 BVerfGG).

Den **Senatsentscheidungen** des BVerfG kommt gleich denen anderer Gerichte sowohl formelle als auch materielle *Rechtskraft* zu (BVerfGE 4, 38 f.; 33, 203; 104, 196); formelle Rechtskraft bedeutet Unanfechtbarkeit der Entscheidung, materielle Rechtskraft inhaltliche Bindung an den Entscheidungsinhalt inter pares in Bezug auf denselben Verfahrensgegenstand. Infolgedessen kann eine Gerichtsentscheidung, die das BVerfG für verfassungswidrig erklärt und aufgehoben hat, nicht in einer erneuten fachgerichtl. Entscheidung für rechtmäßig erklärt werden (BVerfGK 8, 212). Die genannten verfassungsgerichtl. Entscheidungen entfalten darüber hinaus nach § 31 I BVerfGG für die Verfassungsorgane des Bundes und der Länder – einschl. ihrer im Verfassungsprozess parteifähigen Teile (BVerfGE 104, 197) – und für alle Gerichte und Behörden eine über den Einzelfall hinausgehende, die Rechtskraft in subjektiver Hinsicht erweiternde *Bindungswirkung* insofern, als die sich aus dem Tenor und den tragenden Gründen der Entscheidung ergebenden Grundsätze für die Auslegung der Verfassung in allen künftigen Fällen beachtet werden müssen (BVerfGE 40, 93 m.w.N.; enger z.B. BGHZ 13, 277; zu den Entscheidungen der Kammern s. Rn. 8). *Gesetzeskraft*, d.h. Inter omnes-Verbindlichkeit für jedermann, insbes. für nicht am Verfahren beteiligte private Dritte, haben die Senatsentscheidungen des BVerfG in den Fällen des Art. 93 I Nr. 2 und 2 a, des Art. 100 I und II und des Art. 126, im VB-Verfahren, wenn das Gericht ein Gesetz als mit dem GG vereinbar oder unvereinbar oder für nichtig erklärt (§ 31 II 1, 2 BVerfGG), und nach der Entscheidung BVerfGE 3, 34, überhaupt immer dann, wenn eine Norm für nichtig erklärt wird, also z.B. auch bei Ungültigkeitsklärungen im Wahlprüfungsverfahren. Ausnahmen bestehen hinsichtlich der Bindungswirkung für das BVerfG selbst (vgl. BVerfGE 78, 328; 104, 197; 128, 364 f.), unter bestimmten Voraussetzungen aber auch für den Gesetzgeber: Er ist weder durch die Rechtskraft normverwerfender verfassungsgerichtl. Entscheidungen noch durch § 31 BVerfGG gehindert, eine inhaltsgleiche oder -ähnliche Neuregelung zu beschließen (BVerfGE 77, 103 f.; str.), sofern sich die maßgeblichen Verhältnisse seit Erlass der für verfassungswidrig erklärten Norm geändert haben oder der Gesetzgeber für sein Vorgehen andere triftige, auch verfassungsrechtl. schlagkräftige Gründe anführen kann (vgl. BVerfGE 96, 263). Zur Veröffentlichung der Senatsentscheidungen mit Gesetzeskraft s. § 31 II 3 und 4 BVerfGG, zu ihrer Vollstreckung § 35 BVerfGG.

6

**7** Von der Ermächtigung des *Satzes 2*, für VB die vorherige Erschöpfung des Rechtswegs vorzuschreiben und ein besonderes Annahmeverfahren vorzusehen, ist in § 90 II und in den §§ 93 a ff. BVerfGG Gebrauch gemacht worden. Das Gebot der **Erschöpfung der Rechtswegs** i.e.S. ist i.d.R. nicht gewahrt, wenn im fachgerichtl. Verfahren ein an sich gegebenes Rechtsmittel aus prozessualen Gründen erfolglos geblieben ist (BVerfGE 74, 114; BVerfGK 1, 223). Darüber hinaus ist in Art. 94 II 2 der allg. – auch für VB gegen Entscheidungen eines Landesverfassungsgerichts geltende (BVerfG, NVwZ 1993, 1080 f.) – Grundsatz der materiellen **Subsidiarität der Verfassungsbeschwerde** verankert (BVerfGE 49, 258; 112, 60). Danach ist jeder Beschwerdeführer gehalten, alle ihm zur Verfügung stehenden – zumutbaren (BVerfGE 85, 86) – prozessualen Möglichkeiten zu ergreifen, um mit ihrer Hilfe ohne Inanspruchnahme des BVerfG eine Korrektur der geltend gemachten Verfassungsverletzung zu erwirken oder den Eintritt einer Grundrechtsverletzung von vornherein zu verhindern (BVerfGE 81, 27; 110, 12; 115, 91 f.). Die VB soll letzter, nur auf den Schutz der Grundrechte und der diesen gleichgestellten Rechte beschränkter verfassungsrechtl. Rechtsbehelf sein, der nur dann eröffnet sein soll, wenn die sonstigen Möglichkeiten zur allg. richterl. Nachprüfung bis zur letzten Instanz hin erschöpft sind (BVerfG, NVwZ 2002, 848). Das bedeutet allerdings grundsätzlich nicht, dass der Beschwerdeführer von Beginn eines von ihm geführten fachgerichtl. Verfahrens an verfassungsrechtl. Erwägungen und Bedenken vortragen muss (BVerfGE 112, 61 f.). Etwas anderes kann aber gelten, falls bei verständiger Einschätzung der Rechtslage und der jeweiligen verfahrensrechtl. Situation ein Begehren nur Aussicht auf Erfolg haben kann, wenn verfassungsrechtl. Gesichtspunkte in das fachgerichtl. Verfahren eingeführt werden. Das ist insbes. der Fall, soweit der Ausgang des Verfahrens von der Verfassungswidrigkeit einer Norm abhängt, eine bestimmte Normauslegung angestrebt wird, die ohne verfassungsrechtl. Erwägungen nicht begründbar ist, oder der Antrag auf Zulassung eines Rechtsmittels oder das Rechtsmittel selbst auf die Verletzung von Verfassungsrecht zu stützen ist (BVerfG 112, 62 f.). Auch die Gewährleistungen der EMRK und die dazu ergangene Rspr. des EGMR können es erfordern, im Zusammenhang damit auftretende Fragen vor Inanspruchnahme des BVerfG den zuständigen Fachgerichten zu unterbreiten (BVerfG, KBeschl. v. 13.6.2006 – 1 BvR 2622/05 – juris, im Anschluss an BVerfGE 111, 316 f.). Zu den vor Anrufung des BVerfG zu ergreifenden Möglichkeiten gehören außerdem bei Angriffen gegen Rechtsverordnungen und Satzungen die Inanspruchnahme des jeweils in Betracht kommenden fachgerichtl. Rechtsschutzes (näher BVerfGE 115, 92 ff.; BVerfG, NVwZ 1998, 170) und bei Maßnahmen der personenbezogenen Einzelüberwachung nach dem G 10 (s. dazu Art. 10 Rn. 13) die vorherige Anrufung der nach § 15 dieses Gesetzes gebildeten G 10-Kommission (BVerfG, NVwZ 1994, 367). Im Verfahren des vorläufigen Rechtsschutzes ergangene Entscheidungen sind trotz Erschöpfung des Rechtswegs im Eilverfahren in zulässiger Weise nicht mit der VB angreifbar, wenn das Hauptsacheverfahren genügend Möglichkeiten bietet, der geltend gemachten Grundrechtsverletzung abzuhelfen, und wenn die Durchführung dieses Verfahrens für den Betroffenen zumutbar ist (BVerfGE 86, 22; 104, 70 f.; vgl. auch Art. 93 Rn. 27). Zur Bedeutung des Subsidiaritätsprinzips für die Aufgabenverteilung zwischen dem BVerfG und den Fachgerichten s. BVerfGE 55, 247; 86, 386 ff.; 107, 414; ThürVerfGH, ThürVBl 2012, 33.

**8** Entscheidungen im – verfassungsgemäßen (BVerfG, NJW 1997, 2229; 1998, 3484) – **Annahmeverfahren** trifft nach Maßgabe des § 93 b BVerfGG die nach § 15 a BVerfGG gebildete zuständige Kammer, im Übrigen der Senat (zu den

*Hömig*

Voraussetzungen einer Annahme vgl. § 93 a II BVerfGG u. BVerfGE 90, 24 ff.; 96, 245 ff.; 107, 414 f.). Nichtannahmebeschlüsse – die der Kammern setzen Einstimmigkeit voraus (§ 93 d III 1 BVerfGG) – enthalten keine Entscheidung zur Sache. Deshalb kommt ihnen zwar formelle, aber keine materielle Rechtskraft und auch keine Bindungswirkung i.s. des § 31 I BVerfGG zu (BlnVerfGH, NJW 1999, 48). Anders verhält es sich bei stattgebenden Kammerbeschlüssen nach § 93 c BVerfGG, die allerdings den Beschränkungen des Abs. 1 Satz 3 dieser Vorschrift unterliegen (zur Reichweite des § 93 c I 3 BVerfGG – keine Geltung für RVO u. Satzungen – s. jetzt BVerfGK 11, 341). Näher zum Kammerverfahren Hömig in FS Driehaus, 2005, 463 ff.

## Artikel 95 [Oberste Gerichtshöfe des Bundes]

(1) Für die Gebiete der ordentlichen, der Verwaltungs-, der Finanz-, der Arbeits- und der Sozialgerichtsbarkeit errichtet der Bund als oberste Gerichtshöfe den Bundesgerichtshof, das Bundesverwaltungsgericht, den Bundesfinanzhof, das Bundesarbeitsgericht und das Bundessozialgericht.

(2) Über die Berufung der Richter dieser Gerichte entscheidet der für das jeweilige Sachgebiet zuständige Bundesminister gemeinsam mit einem Richterwahlausschuß, der aus den für das jeweilige Sachgebiet zuständigen Ministern der Länder und einer gleichen Anzahl von Mitgliedern besteht, die vom Bundestage gewählt werden.

(3) Zur Wahrung der Einheitlichkeit der Rechtsprechung ist ein Gemeinsamer Senat der in Absatz 1 genannten Gerichte zu bilden. Das Nähere regelt ein Bundesgesetz.

**Allgemeines:** Art. 95 enthält Regelungen für die zentrale – obligatorische – **bundeseigene Gerichtsbarkeit.** Die Vorschrift befasst sich in Abs. 1 mit der Einrichtung der obersten Stufe der zu dieser Gerichtsbarkeit gehörenden Gerichtszweige, in Abs. 2 mit der Berufung der dieser Stufe angehörenden Richter und in Abs. 3 mit den Vorkehrungen zur Wahrung einer einheitlichen Rechtsprechung der Fachgerichte.

### Absatz 1: Zweige der obersten Bundesgerichtsbarkeit

Abs. 1 verpflichtet den Bund, für die Gebiete der ordentlichen, der Verwaltungs-, der Finanz-, der Arbeits- und der Sozialgerichtsbarkeit oberste Gerichtshöfe einzurichten, deren Aufgabe es ist, in ihrem jeweiligen Zuständigkeitsbereich Grundsatzfragen des Bundesrechts zu entscheiden, dieses fortzuentwickeln sowie die Einheitlichkeit und Widerspruchsfreiheit der Rspr. und die Gleichförmigkeit der Anwendung des Bundesrechts zu gewährleisten (BVerwGE 131, 281; BFHE 232, 131; BSGE 89, 268). Nichtanwendungserlasse der Exekutive, durch die nachgeordnete Dienststellen angewiesen werden, aus höchstrichterl. Entscheidungen mit von der Exekutive missbilligtem Ergebnis über den entschiedenen Einzelfall hinaus keine Konsequenzen zu ziehen, stehen insbes. mit dem zuletzt genannten Ziel nicht in Einklang (krit. auch mit Blick auf die insoweit besonders aktive Finanzverwaltung BFHE 232, 132 f.). Die Aufteilung in die Gerichtsbarkeitszweige des Art. 95 I bezweckt, durch Spezialisierung jeweils eine qualitativ möglichst hochstehende Rspr. zu sichern, und schließt die **verfassungsrechtliche Existenzgarantie zugunsten der** den Gerichtsbarkeitszweigen zugeordneten **fünf obersten Bundesgerichte** ein (BT-Dr 15/5823 S. 9). Ohne Verfassungsänderung

1

2

unzulässig wäre deshalb die Errichtung eines diese Gerichte verdrängenden Einheitsgerichts. Dagegen dürfte eine bloß verwaltungsmäßig-organisatorische Zusammenlegung mehrerer oberster Bundesgerichte keinen Bedenken begegnen, wenn dabei die Trennung der Gerichtsbarkeiten nach Funktionen erhalten bleibt (str.). Diese Trennung bedeutet allerdings nicht, dass Rechtsstreitigkeiten eines bestimmten Sachgebiets *ausnahmslos* nur dem dafür an sich zuständigen Gerichtsbarkeitszweig zugewiesen werden dürfen (vgl. zur Zuweisung öff.-rechtl. Streitigkeiten an die ordentlichen Gerichte BVerfGE 4, 398 f.; BGHZ 38, 211). Der jeweilige Kernbereich sachlicher Zuständigkeiten muss jedoch gewahrt bleiben (anders wohl BVerwGE 1, 24 f.). Innerhalb dieser Grenzen ist die nähere Abgrenzung der Gerichtsbarkeitszweige Sache des Gesetzgebers (s. auch BVerfGE 8, 177).

3   Zu Existenz und Errichtung letztinstanzlich entscheidender oberster Landesgerichte trifft Abs. 1 keine Aussage (vgl. BVerfGE 6, 51 f.). Auch Vorgaben für Aufbau und Gliederung der **Ländergerichte** lassen sich der Vorschrift nicht entnehmen (str.; tendenziell a.A. BT-Dr 15/5823 S. 9; weitere Nachweise in BT-Dr 15/4108 S. 6; 16/1034 S. 6). Für diese Gerichte können deshalb Zuständigkeit und Zuordnung der Rechtsmaterien zu bestimmten Gerichtsbarkeiten abw. geregelt werden. Unbedenklich wäre deshalb eine Zusammenfassung der in Abs. 1 genannten Gerichtsbarkeiten auf Landesebene (str.). Auch der Einführung einer – weithin – einheitlichen Verfahrensordnung z.b. für die Verwaltungs-, Finanz- und Sozialgerichtsbarkeit stünde Abs. 1 nicht entgegen.

4   In dem Begriff „oberste **Gerichtshöfe**" kommt zum Ausdruck, dass den aufgeführten Gerichtshöfen andere Gerichte nicht übergeordnet werden dürfen, auch nicht – außer in Verfassungsfragen – das BVerfG. Weiter wird damit gesagt, dass die obersten Bundesgerichtshöfe grundsätzlich als höchste Rechtsmittelgerichte innerhalb „ihres" Gerichtszweigs gedacht sind. Dies schließt aber nicht aus, ihnen für die Kontrolle der Anwendung von Bundesrecht (s. Art. 99) in begrenztem Umfang aus sachlichen Gründen, etwa zur Überprüfung von Verwaltungsakten oberster Bundesbehörden, die von überregionaler oder allg. grundsätzlicher Bedeutung sind, oder im Interesse einer raschen endgültigen Streitklärung, auch erstinstanzliche Zuständigkeiten einzuräumen (vgl. BVerfGE 92, 410; BVerwGE 120, 93 f.; s. auch dazu, dass Art. 95 I keine Rechtsmittelzüge gewährleistet, BVerfGE 42, 248; 54, 291). Die Zuweisung solcher Zuständigkeiten darf allerdings quantitativ und qualitativ nach ihrem Anteil an der gesamten Geschäftslast des jeweiligen Gerichts keine solche Größenordnung erreichen, dass nicht mehr von einer ausnahmsweisen Zuständigkeit gesprochen werden kann. Sie darf auch nicht dazu führen, dass den Gerichten der Länder in wesentlichen Rechtsmaterien, zumal solchen mit raumbedeutsamem Inhalt, praktisch keine substantiellen Zuständigkeiten mehr verbleiben (BVerwGE 131, 281). Oberster Gerichtshof ist für die ordentliche Gerichtsbarkeit, d.h. die Zivil- und die Strafgerichtsbarkeit, der *Bundesgerichtshof* in Karlsruhe (§§ 12, 123 ff. GVG) mit einem Strafsenat in Leipzig, für die Verwaltungsgerichtsbarkeit das *Bundesverwaltungsgericht* in Leipzig (§§ 2, 10 f., 49 f. VwGO), für die Finanzgerichtsbarkeit der *Bundesfinanzhof* in München (§§ 2, 10 f., 36 FGO), für die Arbeitsgerichtsbarkeit das *Bundesarbeitsgericht* in Erfurt (§§ 1, 40 ff. ArbGG) und für die Sozialgerichtsbarkeit das *Bundessozialgericht* in Kassel (§§ 2, 38 ff. SGG). Die fünf Gerichtszweige sind gleichwertig und auch gleichrangig (BVerfGE 12, 333, 337), die Mitglieder ihrer obersten Gerichte deshalb gleich zu besolden (zur Richterbesoldung allg. BVerfGE 12, 333; 55, 388 ff.). Da die Aufzählung in Abs. 1 abschließend

ist, können andere als die dort genannten Bundesgerichte nicht als oberste Gerichtshöfe des Bundes eingerichtet werden (s. auch Art. 92 Rn. 6).

### Absatz 2: Berufung der Bundesrichter

Über die Berufung der Richter der in Abs. 1 genannten obersten Bundesgerichtshöfe entscheidet nach Abs. 2 – hinsichtlich der Berufsrichter, nicht auch in Bezug auf ehrenamtliche Richter (BVerfGE 26, 201; BGHZ 33, 382; a.A. Voßkuhle in v. Mangoldt/Klein/Starck, Art. 95 Rn. 32) – in einem mehrstufigen Verfahren der auf Grund gesetzl. Regelung oder nach Maßgabe regierungsinterner Geschäftsverteilung für den jeweiligen Gerichtsbarkeitszweig zuständige BMinister gemeinsam mit einem Richterwahlausschuss. Kooptation durch die Richterschaft ist damit ausgeschlossen. **Zuständiger Bundesminister** ist für die Berufung der Richter am BAG und am BSG der BMinister für Arbeit und Soziales (vgl. § 42 I 2 ArbGG, § 38 II 4 SGG), im Übrigen der BMJ (für den BGH s. § 125 I GVG). Verfassungsrechtl. sind diese Zuständigkeiten nicht vorgegeben; zulässig wäre deshalb auch ein für alle Sachgebiete zuständiger Rechtspflegeminister. Der **Richterwahlausschuss**, ein polit. Organ, dessen Einschaltung der verstärkten demokratischen und zusätzlich auch einer bundesstaatl. Legitimierung der zu berufenden Bundesrichter dient (VG Schleswig, NJW 2002, 2659), besteht aus den jeweils sachlich zuständigen Landesministern und einer gleichen Anzahl anderer Mitglieder, die der BTag wählt. Näheres zu diesem Ausschuss und zur Wahl der Richter der obersten Bundesgerichtshöfe durch ihn regeln das RichterwahlG vom 25.8.1950 (BGBl S. 368) und das Deutsche RichterG (zu ihm vgl. Art. 92 Rn. 4). Vor der Wahl, der nach dem RichterwahlG die Prüfung durch den Ausschuss vorausgehen muss, ob der für das Richteramt Vorgeschlagene die sachlichen und persönlichen Voraussetzungen für dieses Amt erfüllt, ist nach § 55 DRiG der Präsidialrat des betr. obersten Gerichtshofs zu beteiligen. Er gibt gemäß § 57 I 1 DRiG eine schriftlich begründete Stellungnahme über die persönliche und fachliche Eignung des Bewerbers ab, die sich nach Art. 33 II richtet (s. BVerfG, NW 1998, 2591; BVerwGE 99, 377; 102, 171; OVG Schleswig, NJW 2001, 3496 ff.; Beschl. der Präsidenten der fünf obersten Bundesgerichte v. 18./19.6.2002, AuR 2002, 256; vgl. aber auch BVerfGE 24, 275 f.), allerdings nicht nur personenbezogen rein dienstlich-fachlich zu verstehen, sondern auch unter Berücksichtigung der besonderen Aufgabenstellung der obersten Bundesgerichtshöfe und des darauf bezogenen Anforderungsprofils zu beurteilen ist (VG Schleswig, NJW 2002, 2659). Für den Richterwahlausschuss bindend ist diese Stellungnahme nicht (VG Schleswig, NJW 2001, 3209; 2002, 2659). Er kann also auch einen Bundesrichter wählen, den der Präsidialrat für nicht geeignet gehalten hat, vorausgesetzt, dass der mit einem weiten Ermessens-, Beurteilungs- und Prognosespielraum ausgestattete Richterwahlausschuss (BVerwGE 105, 92) selbst das Vorliegen der Voraussetzungen für das zu besetzende Richteramt bejaht. Die Wahl durch diesen Ausschuss, für die die einfache Mehrheit genügt, ist bloß mitwirkende Richterwahl, weil der – wiederum an Art. 33 II gebundene – zuständige BMinister die Berufung ihm ungeeignet erscheinender Richter verhindern kann (s. BVerfGE 24, 275; BVerwGE 70, 274; VG Schleswig, NJW 2002, 2660; zur Letztverantwortung des zuständigen Ministers auch BVerfG, NJW 1998, 2592; OVG Schleswig, NJW 2001, 3496 f.). Wahl und Berufung sind im Verwaltungsrechtsweg anfechtbar (vgl. BVerfGE 24, 275 ff.; BVerwGE 70, 275; 105, 91 ff.; VG Schleswig, NJW 2001, 3206 ff.). Wegen der Ernennung berufener Richter – nur solche kommen zufolge des Abs. 2 für eine Ernennung in Betracht – durch den BPräs und wegen des diesem zustehenden Prüfungs- und Ablehnungsrechts, das vor dem Hintergrund des Wahlverfahrens nach Art. 95 II bei Bundesrichtern kaum

5

praktisch werden dürfte, s. Art. 60 Rn. 1. Verfahrensmängel bei der Richterwahl führen nicht zur Unwirksamkeit der Ernennung der gewählten Richter (BGH, NJW 2004, 3784). Auch die fehlerhafte Auswahl der Mitglieder des Richterwahlausschusses hat nicht zur Folge, dass von diesem gewählte und dann ernannte Berufsrichter nicht gesetzl. Richter sein können und der Spruchkörper, dem sie angehören, nicht ordnungsgemäß besetzt ist (BGH, NJW 2005, 2317). Die Richter der in Art. 96 I-IV genannten Bundesgerichte werden vom BMJ ausgewählt; zu ihrer Ernennung vgl. ebenfalls Art. 60 Rn. 1.

**Absatz 3: Gemeinsamer Senat**

6   Der Verpflichtung nach Abs. 3, zur **Wahrung der Einheitlichkeit der Rechtsprechung** (nach der Entscheidung BFHE 232, 131, ein Verfassungsauftrag) einen Gemeinsamen Senat (GemS) der in Abs. 1 genannten Gerichte zu bilden, ist der Bundesgesetzgeber durch den Erlass des G zur Wahrung der Einheitlichkeit der Rspr. der obersten Gerichtshöfe des Bundes vom 19.6.1968 (BGBl I S. 661) nachgekommen. Gemeint ist nur die Einheitlichkeit im Verhältnis dieser Gerichtshöfe zueinander, nicht auch diejenige innerhalb eines obersten Bundesgerichtshofs, die durch den dort jeweils bestehenden Großen Senat, beim Bundesgerichtshof ggf. auch durch den dort gebildeten Vereinigten Großen Senat, gesichert werden soll. Der GemS entscheidet – auf entsprechende Vorlage –, wenn ein oberster Gerichtshof in einer Rechtsfrage entscheidungstragend (vgl. BGHZ 91, 114) von der Entscheidung eines anderen obersten Gerichtshofs oder des GemS abweichen will. Dieser hat seinen Sitz in Karlsruhe und besteht aus den Präsidenten der obersten Gerichtshöfe sowie aus den Vorsitzenden und je einem weiteren Richter der beteiligten Senate. Der GemS entscheidet nur über die Rechtsfrage. Seine Entscheidung ist in der anhängigen Sache für das vorlegende Gericht bindend, aber, da nur Zwischenentscheidung, nicht unmittelbar selbst, sondern nur mittelbar über die Entscheidung dieses Gerichts mit der Verfassungsbeschwerde angreifbar.

## Artikel 96 [Weitere Bundesgerichte]

(1) Der Bund kann für Angelegenheiten des gewerblichen Rechtsschutzes ein Bundesgericht errichten.

(2) Der Bund kann Wehrstrafgerichte für die Streitkräfte als Bundesgerichte errichten. Sie können die Strafgerichtsbarkeit nur im Verteidigungsfalle sowie über Angehörige der Streitkräfte ausüben, die in das Ausland entsandt oder an Bord von Kriegsschiffen eingeschifft sind. Das Nähere regelt ein Bundesgesetz. Diese Gerichte gehören zum Geschäftsbereich des Bundesjustizministers. Ihre hauptamtlichen Richter müssen die Befähigung zum Richteramt haben.

(3) Oberster Gerichtshof für die in Absatz 1 und 2 genannten Gerichte ist der Bundesgerichtshof.

(4) Der Bund kann für Personen, die zu ihm in einem öffentlich-rechtlichen Dienstverhältnis stehen, Bundesgerichte zur Entscheidung in Disziplinarverfahren und Beschwerdeverfahren errichten.

(5) Für Strafverfahren auf den folgenden Gebieten kann ein Bundesgesetz mit Zustimmung des Bundesrates vorsehen, dass Gerichte der Länder Gerichtsbarkeit des Bundes ausüben:

1. Völkermord;
2. völkerstrafrechtliche Verbrechen gegen die Menschlichkeit;
3. Kriegsverbrechen;
4. andere Handlungen, die geeignet sind und in der Absicht vorgenommen werden, das friedliche Zusammenleben der Völker zu stören (Artikel 26 Abs. 1);
5. Staatsschutz.

**Allgemeines:** Art. 96 ergänzt die **verfassungsrechtlichen Vorgaben für die Gerichtsbarkeit des Bundes.** Die Vorschrift befasst sich in den Abs. 1–4 mit der Schaffung fakultativer Bundesgerichte, die neben die obligatorischen obersten Bundesgerichtshöfe i.S. des Art. 95 I treten (zur Gerichtshierarchie s. Art. 96 III u. dazu nachstehend Rn. 6), und regelt in Abs. 5 einen Fall gerichtlicher Organleihe.    1

### Absatz 1: Bundesgericht für gewerblichen Rechtsschutz

Abs. 1 ermächtigt den Bund, für Angelegenheiten des gewerblichen Rechtsschutzes (vgl. dazu BT-Dr III/1748 S. 3 i.V.m. den Erläut. in Art. 73 Rn. 13) ein – erstinstanzliches – Bundesgericht zu errichten. Veranlasst durch die Entscheidung BVerwGE 8, 350, sollte durch die Regelung die Möglichkeit eröffnet werden, die früheren Beschwerde- und Nichtigkeitssenate des Deutschen Patentamts aus der Organisation dieser Behörde zu lösen und in Erfüllung der Forderungen des Gebots des effektiven Rechtsschutzes, des Art. 20 II 2 und des Art. 92 in ein selbständiges Bundesgericht einzubringen (s. BT-Dr III/1748 S. 2 f.). Von dieser Möglichkeit ist nach Maßgabe der §§ 65 ff. PatG mit der Errichtung des **Bundespatentgerichts** in München Gebrauch gemacht worden.    2

### Absatz 2: Wehrstrafgerichte

Die Ermächtigung des Abs. 2, Wehrstrafgerichte als Bundesgerichte einzurichten, gilt nur für die Strafgerichtsbarkeit und insoweit auch nur für die Angehörigen der Streitkräfte. Nicht erfasst wird deshalb die Wehrdisziplinargerichtsbarkeit, die unter Abs. 4 fällt (s. nachstehend Rn. 8). Die Wehrstrafgerichte können die **Strafgerichtsbarkeit** einschl. der Gerichtsbarkeit über nichtdienstliche Straftaten und Ordnungswidrigkeiten (Letzteres str.; vgl. z.B. Meyer in von Münch/Kunig, Art. 96 Rn. 7) nur im Verteidigungsfall (Art. 115 a) umfassend, im Frieden dagegen bloß über solche Angehörige der Streitkräfte ausüben, die – etwa im Rahmen von friedensichernden oder -schaffenden Aktionen der UN (s. Art. 87 a Rn. 7) – ins Ausland entsandt oder an Bord von Kriegsschiffen eingeschifft, also von einer jederzeit erreichbaren innerdeutschen Gerichtsbarkeit abgeschnitten sind und beim Fehlen für sie zuständiger deutscher Wehrstrafgerichte vielfach ausländischer Gerichtsbarkeit unterliegen würden. Zum Begriff **„Angehörige der Streitkräfte"** s. die Erläut. in Art. 17 a Rn. 3 i.V.m. Art. 87 a Rn. 1. Darüber hinaus erscheint es vertretbar, im Verteidigungsfall auch Kriegsgefangene der Wehrstrafgerichtsbarkeit zu unterstellen, soweit es sich bei ihnen um Angehörige ausländischer Streitkräfte handelt (a.A. z.B. Wassermann, AK, Art. 96 Rn. 20). Auf Zivilpersonen, die nicht Angehörige der Streitkräfte sind, kann die Wehrstrafgerichtsbarkeit ohne Rücksicht auf die Staatsangehörigkeit nicht erstreckt werden.    3

Die Zuordnung der Wehrstrafgerichte zum **Geschäftsbereich des Bundesjustizministers** ist als besondere rechtsstaatl. Vorkehrung zu verstehen und enthält damit zugleich eine institutionelle Garantie des Amts dieses Ministers (NWVerfGH, NJW 1999, 1246). Nach Satz 5 müssen die hauptamtlichen Richter der Wehrstrafgerichte die **Befähigung zum Richteramt** haben (dazu s. die §§ 5 ff. DRiG u. Art. 92 Rn. 4). Der Regelung ist außerdem zu entnehmen, dass bei der Entschei-    4 dung im Einzelfall mindestens der Vorsitzende zum Richteramt befähigt sein muss. Rein militärisch besetzte Standgerichte sind damit ausgeschlossen (vgl. BT-Dr II/2150 S. 5 zu Art. 96 a).

5 Wehrstrafgerichte sind bisher nicht eingerichtet worden. Ebenso ist eine **Regelung des Näheren** nach Satz 3 bislang unterblieben. Das WehrstrafG i.d.F. vom 24.5.1974 (BGBl I S. 1213) enthält ausschließlich materielles (Wehr-)Strafrecht. Zuständig sind deshalb auch für straf- und ordnungswidrige Handlungen von Angehörigen der Streitkräfte die allg. dafür eingerichteten Gerichte. Zum Gerichtsstand bei besonderer Auslandsverwendung der Bundeswehr s. das G vom 21.1.2013 (BGBl I S. 89).

**Absatz 3: Zuständigkeiten des Bundesgerichtshofs**

6 Aus Gründen des Herkommens und wegen des engen sachlichen Zusammenhangs mit den den ordentlichen Gerichten zugewiesenen bürgerlichen Rechtsstreitigkeiten ist in Abs. 3 für die Angelegenheiten des gewerblichen Rechtsschutzes (Abs. 1) der BGH als **oberster Gerichtshof** bestimmt worden (vgl. BT-Dr III/1748 S. 3). Die Entscheidung, in welchen Fällen konkret der BGH angerufen werden kann, ist dem Gesetzgeber überlassen (s. dazu im Einzelnen die §§ 100 ff., 110 ff., 122 PatG). Auch für die Wehrstrafgerichtsbarkeit (Abs. 2) ist der BGH – in Friedens- wie in Kriegszeiten – als oberster Bundesgerichtshof letzte Instanz.

**Absatz 4: Bundesdisziplinar- und -beschwerdegerichte**

7 Die Ermächtigung in Abs. 4, Bundesgerichte für Disziplinar- und Beschwerdeverfahren zu errichten, gilt für **Bundesbedienstete**, soweit sie zum Bund in einem öff.-rechtl. Dienstverhältnis stehen. Dazu gehören außer den Bundesbeamten, Bundesrichtern und Soldaten (zu den Letzteren s. BVerwGE 93, 287 f.) z.B. auch Grenzschutz- und Ersatzdienstpflichtige (Art. 12 a I u. II). **Disziplinarverfahren** sind Verfahren zur Ahndung von Verstößen des Bediensteten gegen seine Pflichten aus dem Dienstverhältnis, **Beschwerdeverfahren** Verfahren zur Geltendmachung von Ansprüchen des Bediensteten aus dem Dienstverhältnis gegen seinen Dienstherrn. Der Ausdruck „errichten" schließt nicht aus, Funktionen nach Abs. 4 auf bereits bestehende Bundesgerichte zu übertragen (BT-Dr V/3515 S. 9). Für Disziplinarverfahren gegen Bundesbeamte ist seit der Verlagerung der gerichtl. Disziplinarverfahren in die allg. Verwaltungsgerichtsbarkeit (dazu BT-Dr 14/4695 S. 33 f.) durch das BundesdisziplinarG (BDG) vom 9.7.2001 (BGBl I S. 1510) das BVerwG als Revisionsgericht in Leipzig (s. die §§ 69 f. BDG u. die VO vom 24.6.2002, BGBl I S. 2371) eingerichtet. Außerdem sind Bundesgerichte im Verständnis des Art. 96 IV für die Richter im Bundesdienst das Dienstgericht des Bundes als besonderer Senat des BGH (vgl. die §§ 61 ff. DRiG) und für die Soldaten die Truppendienstgerichte als verfassungsgemäße Sondergerichte i.S. des Art. 101 II (BVerwGE 93, 287 ff.; 132, 102) sowie das BVerwG mit seinen Wehrdienstsenaten (s. die §§ 68 ff. WDO, 17 ff. WBO), die ihren Sitz ebenfalls in Leipzig haben (vgl. auch dazu die VO v. 24.6.2002). Soweit der BMJ bei der Bestimmung der bei den Wehrdienstsenaten tätigen Richter (§ 80 II WDO) auf Grund einer regierungsinternen Vereinbarung an die Zustimmung des BMVg gebunden ist, ist dies im Hinblick auf dessen Betroffenheit von der Rspr. dieser Senate zumindest verfassungspolit. bedenklich.

**Absatz 5: Organleihe von Ländergerichten**

8 Abs. 5 regelt einen Fall der Organleihe auf dem Gebiet der Strafrechtspflege (vgl. BGHSt 46, 244; allg. zur Organleihe vor Art. 83 Rn. 9), in dem **Bundeszustän-**

digkeiten durch **Gerichte der Länder** wahrgenommen werden (§ 120 VI GVG). Die Vorschrift war ursprünglich (vgl. G v. 26.8.1969, BGBl I S. 1357) auf die Gebiete des Art. 26 I und des Staatsschutzes beschränkt und stand im Zusammenhang mit der durch G vom 8.9.1969 (BGBl I S. 1582) bewirkten Übertragung der erstinstanzlichen Zuständigkeit für Friedensverrats- und Staatsschutzsachen vom BGH auf die Oberlandesgerichte (zu deren Zuständigkeit s. § 120 I, II GVG). Durch Abs. 5 sollte sichergestellt werden, dass auch für die danach von Ländergerichten zu behandelnden Strafsachen die staatsanwaltschaftliche Zuständigkeit des Generalbundesanwalts (§ 142 a GVG) und das Begnadigungsrecht des Bundes (Art. 60 II) beibehalten werden konnten (im Einzelnen vgl. BT-Dr V/4085 u. V/4254). Die aktuelle Fassung der Vorschrift, durch die sich an diesen Zielsetzungen nichts geändert hat, beruht auf G vom 26.7.2002 (BGBl I S. 2863) und dient der Absicherung der innerstaatl. Umsetzung des Völkerstrafgesetzbuchs (VStGB) vom 26.6.2002 (BGBl I S. 2254), das seinerseits das materielle Strafrecht der Bundesrepublik Deutschland an das Römische Statut des Internationalen Strafgerichtshofs vom 17.7.1998 (BGBl 2000 II S. 1394) angepasst hat (BT-Dr 14/8524). Der in Nr. 1 aufgeführte Tatbestand des *Völkermords* (§ 6 VStGB) war schon nach alter Fassung – über Art. 26 I – von Abs. 5 erfasst. Darüber hinaus bezieht sich der Regelungsbereich der Norm in Nr. 2 und 3 auf *Verbrechen gegen die Menschlichkeit* (§ 7 VStGB) und auf *Kriegsverbrechen* (§§ 8 ff. VStGB); näher dazu BT-Dr 14/8994 S. 6. Die Regelung des Art. 26 I zum Schutz des *friedlichen Zusammenlebens der Völker*, auf die Abs. 5 schon früher verwies, bleibt nach Maßgabe der Nr. 4 als Auffangtatbestand (BT-Dr 14/8994 S. 6) erhalten. Unverändert gilt Abs. 5 – jetzt gemäß Nr. 5 – außerdem für das Gebiet des *Staatsschutzes*. Die nähere Konkretisierung dieses Begriffs und die Abgrenzung der Zuständigkeiten von Bund und Ländern auf diesem Gebiet obliegen dem Bundesgesetzgeber. Er verfügt dabei aber nicht über einen unbegrenzten Gestaltungsspielraum, darf vielmehr nur solche Straftaten der Strafverfolgung durch den Bund unterstellen, die das staatl. Gefüge länderübergreifender Weise treffen und die Rechtsgüter des Gesamtstaats derart stark beeinträchtigen, dass ihre Ahndung durch die Landesjustiz der Bedeutung des jeweiligen Angriffs auf die bundesstaatl. Gesamtordnung nicht gerecht würde (BGHSt 46, 243). Zum Verhältnis der deutschen und der internationalen Strafgerichtsbarkeit im Fall des § 153 f II 1 Nr. 4 StPO i.V.m. den §§ 6–14 VStGB s. BVerfGK 18, 357 ff.

## Artikel 97 [Richterliche Unabhängigkeit]

(1) Die Richter sind unabhängig und nur dem Gesetze unterworfen.

(2) Die hauptamtlich und planmäßig endgültig angestellten Richter können wider ihren Willen nur kraft richterlicher Entscheidung und nur aus Gründen und unter den Formen, welche die Gesetze bestimmen, vor Ablauf ihrer Amtszeit entlassen oder dauernd oder zeitweise ihres Amtes enthoben oder an eine andere Stelle oder in den Ruhestand versetzt werden. Die Gesetzgebung kann Altersgrenzen festsetzen, bei deren Erreichung auf Lebenszeit angestellte Richter in den Ruhestand treten. Bei Veränderung der Einrichtung der Gerichte oder ihrer Bezirke können Richter an ein anderes Gericht versetzt oder aus dem Amte entfernt werden, jedoch nur unter Belassung des vollen Gehaltes.

**Allgemeines:** Art. 97 bestimmt zusammen mit Art. 92 und Art. 98 den Status des Richters. Mit dessen Unabhängigkeit in sachlicher (Abs. 1) und persönlicher **1**

(Abs. 2) Hinsicht sichert die Vorschrift im Interesse der rechtsuchenden Einzelnen als Element der staatl. Justizgewährungspflicht (zu ihr s. vor Art. 92 Rn. 1) zugleich die *Unabhängigkeit der Rechtspflege von den anderen Staatsgewalten* (vgl. dazu aber auch nachstehend Rn. 5 a.E.) und mit ihr einen der fundamentalen Grundsätze des Staatsaufbaus der Bundesrepublik Deutschland (s. BVerfGE 2, 319 f.). Sie enthält damit im Hinblick auf die rechtsprechende Gewalt auch eine Konkretisierung des Gewaltenteilungsgrundsatzes gemäß Art. 20 II 2 (BVerfGE 122, 282/Sondervotum; BVerwGE 78, 219) und des Demokratieprinzips nach Art. 20 I (BVerfGE 122, wie vor). Art. 97 schützt die richterl. Unabhängigkeit weder als Grundrecht noch als grundrechtsgleiches Recht (BVerfGE 27, 217; 48, 263; 107, 274; BVerwGE 78, 220; BGHZ 67, 187; BGH, NJW 2002, 360; BGHSt 47, 111: kein persönliches Standesprivileg). Doch zählt sie zu den i.S. des Art. 33 V hergebrachten Grundsätzen des richterl. Amtsrechts (BVerfGE 55, 391 f.; BVerfGK 8, 399; Art. 33 Rn. 19 Buchst. v), die dem Richter grundrechtsähnliche Individualrechte verleihen (vgl. BVerfG, NJW 1996, 2150; BGH, DVBl 2005, 311). Verfahrensbeteiligte können Verletzungen der richterl. Unabhängigkeit, die einfachrechtl. durch die §§ 1 GVG, 25, 30 ff. DRiG, 1 VwGO, 1 FGO und 1 SGG bekräftigt wird, mit der Rüge eines Verstoßes gegen Art. 101 I 2 geltend machen. Extern auf **europäischer Ebene** wird die Unabhängigkeit der Gerichte durch Art. 6 I EMRK und für den Bereich der EU durch Art. 47 Satz 2 EUGrCh garantiert (s. auch Art. 101 Rn. 1).

**Absatz 1: Sachliche Unabhängigkeit**

2 Abs. 1 gewährleistet **Richtern** (zum Begriff s. Art. 92 Rn. 4) im ersten Satzteil die sachliche Unabhängigkeit (nachstehend Rn. 3 ff.) und bindet sie und ihre Tätigkeit im zweiten Satzteil ausschließlich an das Gesetz (nachfolgend Rn. 8). Art. 20 III ergänzt die Gesetzesbindung darüber hinaus um die – im Konfliktfall vorrangige – Bindung an das „Recht" (BVerfGE 34, 286; 82, 12; Hirsch, JZ 2007, 854). Art. 97 I ist eine **Grundnorm der Verfassung**, wesentlicher Bestandteil sowohl der „verfassungsmäßigen Ordnung" (z.B. Art. 9 II) wie der „freiheitlichen demokratischen Grundordnung" (z.B. Art. 18, 21 II) und als eine der Säulen des Gewaltenteilungsprinzips (vgl. schon Art. 92 Rn. 1 u. oben Rn. 1) über Art. 20 II 2 durch Art. 79 III auch vor einer Verfassungsänderung geschützt (str.). Sie gilt für Bundes- und Landesrichter und erfasst Berufsrichter, auch den Gürichter nach § 278 V ZPO, ebenso wie ehrenamtliche Richter (BVerfGE 26, 201; in letzterer Hinsicht auch BVerfGE 4, 344; 18, 254; BAGE 40, 85), nicht jedoch Rechtspfleger (BVerfGE 56, 127; 101, 405; BVerwGE 125, 368 f.; str.) und Staatsanwälte.

3 Mit **Unabhängigkeit** meint Abs. 1, wie sich aus der im Zusammenhang damit ausgesprochenen Bindung an das Gesetz und aus dem Vergleich mit Abs. 2 ergibt, die *sachliche* Unabhängigkeit des Richters als Freiheit von äußeren Einflüssen sowohl für die von ihm zu treffende Entscheidung als auch für den Entscheidungsprozess (BVerfG, NJW 2012, 2336). Sie dient danach dem Schutz der *richterlichen Tätigkeit*, wozu die freiwillige Gerichtsbarkeit (s. auch vor Art. 92 Rn. 3), nicht aber die Richtern übertragenen – weisungsgebundenen – Justizverwaltungsgeschäfte gehören (vgl. BVerfGE 38, 152 f.), und erstreckt sich über den eigentlichen Rechtsspruch – einschl. seiner Gründe und der Festsetzung des Streitwerts – hinaus auf alle Maßnahmen, die der Rechtsfindung nur mittelbar dienen, sie vorbereiten oder ihr nachfolgen (BGHZ 42, 169; 176, 166 ff.; 181, 274; BGHSt 47, 110). Erfasst werden alle richterl. Handlungen, die in einem konkreten Verfahren mit der Aufgabe des Richters, Recht zu finden und den

Rechtsfrieden zu sichern, im Zusammenhang stehen (BGH, DRiZ 2012, 170). Beispiele dafür sind die Geschäftsverteilung durch die Gerichtspräsidien (dazu s. BVerfG, NJW 2008, 910; BGHZ 46, 148 f.; 112, 201; BVerwGE 78, 213), die Bestimmung der Reihenfolge bei der Bearbeitung anhängiger Verfahren (BGH, NJW-RR 2007, 282), Akten- und Literaturstudium, die Setzung von Fristen, Güteverhandlungen, die Terminsbestimmung (vgl. BVerfG, NZA 1998, 446; BVerwGE 46, 70 f.; BGH, NJW-RR 2002, 575), Beweisbeschlüsse und -aufnahmen (BGHZ 87, 388 f.), die Aufnahme des Protokolls, Protokoll- und Urteilsberichtigungen (BGHSt 47, 110), sitzungspolizeiliche Maßnahmen (BGHZ 67, 188 f.) und die Fertigung von Entscheidungsentwürfen. Auch die Mitwirkung an einem gerichtl. Vergleich wird erfasst (BGHZ 47, 287).

Sachliche Unabhängigkeit bedeutet in erster Linie **Weisungsfreiheit** (BVerfGE 36, 4 185; 60, 214; BVerfGK 8, 399; BGHZ 57, 348; 90, 43; BT-Dr 15/5823 S. 1), weil der Richter aus der sonst vom demokratischen Prinzip grundsätzlich geforderten Einbindung in Weisungsstränge herausgelöst wird. Ausgeschlossen ist aber prinzipiell auch jede andere – vermeidbare – Form der Einflussnahme auf die Rechtsstellung des Richters (BVerwG, DVBl 2006, 1191), sind Bitten, Anregungen oder Empfehlungen und vor allem jede Art von Druck auf die richterl. Tätigkeit, z.B. durch fallbezogene Vorhaltungen oder Maßregelungen, aber auch durch Maßnahmen der Budgetierung von Mittelzuweisungen (s. BVerfGE 12, 88; 55, 389; BGHZ 90, 46 f.; 176, 165 f., u. auch nachfolgend Rn. 5, zur Bereitstellung eines hinreichend ausgestatteten richterl. Arbeitsplatzes BGH, DRiZ 2011, 66). Allg. zur Diskussion, (auch) in der Justiz sog. neue Steuerungsmodelle einzuführen, BT-Dr 15/5823 S. 3 ff. Auch das Beratungsgeheimnis gemäß § 43 DRiG ist nach der deutschen Rechtstradition Bestandteil der richterl. Unabhängigkeit (BVerwGE 128, 137 m.w.N.).

Abgewehrt werden sollen durch Abs. 1 Eingriffe in die Tätigkeit des Richters vor 5 allem von Seiten der Legislative und der vollziehenden Gewalt (BVerfGE 12, 71; 38, 21). Dem **Gesetzgeber** ist es verwehrt, Regelungen zu erlassen, die der Exekutive Entscheidungsbefugnisse einräumen, die zur Erhaltung der Funktionsfähigkeit der Gerichte nicht erforderlich sind (BVerfGE 26, 93 f.; OVG Münster, NVwZ-RR 2006, 564). Ermessensregelungen zu Lasten des Richters sind möglichst zu vermeiden (BVerwG, DVBl 2006, 1191 f.). Unzulässig wäre auch ein Einzelfallgesetz, durch das auf den Ausgang eines konkreten gerichtl. Verfahrens eingewirkt werden soll, unbedenklich ist dagegen die Bindung der Gerichte an vorgreifliche bestandskräftige Entscheidungen nichtrichterl. Kompetenzträger (BGHZ 95, 218). Str. ist, ob der Gesetzgeber Leistungszulagen für Richter einführen darf. Der **Exekutive** verbietet Art. 97 I jeden vermeidbaren Einfluss auf die Rechtsstellung der Richter (BVerfGE 26, 93; 38, 21). Ihr sind deshalb *Maßnahmen der Dienstaufsicht* nur in geringem, im Wesentlichen auf die äußere Ordnung richterl. Tätigkeit beschränktem, also nicht deren Kernbereich betr. Umfang erlaubt (s. dazu § 26 DRiG u. weiter etwa BGHZ 67, 186 ff.; 93, 244; 181, 273 f.; BVerwGE 124, 355; zum Vorhalt unangemessen langer Entscheidungsabsetzungsfristen BGH, NJW 2012, 939 f. m.w.N.; zu richterl. Erledigungszahlen als Gegenstand der Dienstaufsicht Wittreck, NJW 2012, 3289 ff.). Die eigentliche Rechtsfindung wird danach, von krassen Fällen abgesehen, durch die Dienstaufsicht nicht betroffen (zur Grenzziehung im Einzelnen vgl. die Beispiele bei Papier, NJW 2001, 1092 f.). Nach – freilich angreifbarer (s. schon Geiger, in: FS für H. Schäfer, 1975, S. 85, u. jetzt auch BVerfG, NJW 2012, 2336) – Auffassung sowohl des BVerwG als auch des BGH sollen Richter im Hinblick auf ihre sachliche Unabhängigkeit grundsätzlich nicht an bestimmte Arbeitszeiten gebunden sein (BVerwGE 78, 213; BGHZ 113, 40 f.; BGHSt 47, 111; vgl. dazu auch BT-Dr 15/5823 S. 2 f.; anders – auf den unterschiedlichen Rechtsstatus abstellend – für die Tätigkeit von Rechtspflegern BVerwGE 125, 368 f.). Jedenfalls wird die richterl. Unabhängigkeit durch eine dienstinterne Regelung beeinträchtigt, die dem Richter den jederzeitigen Zugang zu seinem Dienstzimmer verwehrt (Hess. Dienstgerichtshof für Richter bei dem OLG Frankfurt/Main, NJW 2001, 2640; a.A. die Vorinstanz, NJW 2001, 978), sofern die Maßnahme nicht durch die Notwendigkeit eines geregelten und finanzierbaren Dienstbetriebs gerechtfertigt ist (BGH, NJW 2003, 282). Unzumutbare Arbeitsbedingungen richten sich nicht gegen einen bestimmten Richter oder eine bestimmte Richtergruppe (BGH, DVBl 2005, 311). Eine Verantwortlichkeit des Richters gegenüber anderen Staatsorganen kommt grundsätzlich nicht in Betracht (s. aber z.B. Art. 98 II u. V 1, § 339 StGB). Die vor allem von Richterseite mit dem Ziel einer Stärkung der institutionellen Unabhängigkeit der Justiz geforderten Selbstverwaltungsmodelle, nach denen die derzeit von der Exekutive wahrgenommenen Aufgaben in Haushalts- und Personalangelegenheiten der Justiz von justizeigenen, unabhängigen Selbstverwaltungsgremien erfüllt werden sollen, denen in unterschiedlicher Zusammensetzung vor allem Vertreter der Gerichtsbarkeiten und Staatsanwaltschaften angehören sollen (zum Zweisäulenmodell des Deutschen Richterbunds vgl. den Entwurf eines LandesjustizselbstverwaltungsG [Stand: 1.2.2010], zur Position der Neuen Richtervereinigung den Entwurf eines G zur Herstellung der institutionellen Unabhängigkeit der Justiz in: Cebulla/Kannenberg, Selbstverwaltung der Judikative, 2012, S. 61 ff.), sind nicht von Verfassungs wegen geboten, setzen vielmehr selbst eine Änderung des GG voraus (s. BT-Dr 17/1097 S. 2, u. den bei Cebulla/Kannenberg, wie vor, S. 33 ff., abgedruckten Änderungsentwurf; für Regelungen auf der Ebene des Bundes auch Weber-Grellet, DRiZ 2012, 3).

6 Mit den herkömmlichen Einschränkungen wie der Bindung der Vorinstanzen an die Rechtsbeurteilung von Berufungs- und Revisionsgerichten im jeweiligen Verfahren (z.B. § 563 II ZPO, § 130 III, § 144 VI VwGO), der Bindung an Rechtsweg- und Zuständigkeitsentscheidungen anderer Gerichte (etwa nach den §§ 17 a GVG, 11 ZPO, 83 VwGO) oder der Bindung an rechtskräftige fachgerichtl. (z.B. §§ 322, 325 ZPO) oder verfassungsgerichtl. Entscheidungen (§ 31 BVerfGG) besteht **auch innerhalb der Gerichtsbarkeit** Entscheidungsfreiheit (vgl. BVerfGE 87, 278; zu eng BVerfGE 12, 71; 31, 140; 38, 21). Ein Gericht braucht bei der Auslegung und Anwendung einer Norm auch einer vorherrschenden Auffassung nicht zu folgen. Es ist selbst dann nicht gehindert, eine eigene Rechtsauffassung zu vertreten und seiner Entscheidung zugrunde zu legen, wenn alle anderen Gerichte – auch die im Rechtszug vorgeordneten – den gegenteiligen Standpunkt einnehmen. Die Rechtspflege ist wegen der Unabhängigkeit der Richter konstitutionell uneinheitlich (BVerfGE 87, 278; BVerfGK 2, 307; s. auch Art. 3 Rn. 4). Es gibt auch keinen Anspruch auf Fortführung einer als nicht mehr richtig erkannten Rspr., und zwar unabhängig davon, ob sich eine Änderung der bisherigen Rspr. für das geltend gemachte Rechtsschutzanliegen nachteilig auswirkt; selbst eine ständige Rspr. kann geändert werden, sofern dies nicht willkürlich geschieht (vgl. BVerfG, NVwZ 2005, 82) und sich im Rahmen einer vorhersehbaren Entwicklung hält (BVerfGE 122, 277 f.; BVerfGK 18, 434). Auch im Innenverhältnis eines Spruchkörpers ist Art. 97 I zu beachten (BVerfG, NJW 1996, 2150 f.). Dienstliche Beurteilungen sind nicht ausgeschlossen, soweit sie sich auf die Bewertung der richterl. Fähigkeiten des Beurteilten beschränken und auf Anweisungen verzichten, wie der Richter in Zukunft verfahren oder entscheiden soll

(BVerfG, DRiZ 1975, 284; BGHZ 57, 348 f.; 181, 273 f.; VGH Mannheim, NVwZ-RR 2005, 587). Aus dem Rechtsstaatsgrundsatz und dem Gebot des effektiven Rechtsschutzes ist zu folgern, dass Einrichtung und Vollzug gerichtl. Eil- und Bereitschaftsdienste, die die im Prinzip jederzeitige Durchsetzung des Rechts sicherstellen sollen, ebenfalls nicht gegen die richterl. Unabhängigkeit verstoßen. Das Gleiche gilt im Hinblick auf die Funktionsfähigkeit der rechtsprechenden Gewalt für den Fall, dass im Kollegialgericht ein Richter von den anderen Richtern überstimmt wird. Zur Beschränkung der sachlichen Unabhängigkeit durch den Gewaltenteilungsgrundsatz, das Rechtsstaatsprinzip und außenpolit. Rücksichten s. BVerfG, DRiZ 1979, 219.

Das GG, neben Art. 97 I vor allem Art. 20 II 2, gewährleistet die sachliche Unab-   **7**
hängigkeit der Richter auch gegenüber **Beeinträchtigungen von nichtstaatlicher Seite** (Parteien, sonstige Verfahrensbeteiligte, Verbände, Kirchen, Presse usw.). Das Verhältnis der Gewährleistung insbes. zur Meinungs- und Pressefreiheit ist im Rahmen des Art. 5 II und der danach gebotenen Güterabwägung (s. Art. 5 Rn. 26) allg. nur schwer zu bestimmen. Tatsache ist, dass die richterl. Unabhängigkeit im Vorfeld von Verfahren mit großem Öffentlichkeitsinteresse und/oder polit. Brisanz vielfach nur ungenügend geschützt ist, weil Vorkehrungen wie der Ausschluss der Öffentlichkeit für gerichtl. Verhandlungen (§§ 171 a ff. GVG) oder sitzungspolizeiliche Maßnahmen (§§ 176 ff. GVG) für einen wirksamen Schutz nicht wirklich ausreichen. Das kann für den betroffenen Richter unabhängig von der von ihm zu erwartenden inneren Unabhängigkeit und Widerstandskraft im Einzelfall zu erheblichen, vor allem psychischen, Belastungen führen. Sachliche, nicht verletzende Kritik an *gefällten* Entscheidungen kann dagegen der Funktionsfähigkeit der Rechtspflege dienen (näher vgl. BVerwGE 104, 109). Sie unterliegt keinen besonderen Schranken; Art und Inhalt sind überwiegend eine Frage des guten Geschmacks und des Stils. Druck auf künftige Rspr. – auch in schwebenden Verfahren – und Androhung von Nachteilen für den Fall nicht genehmer Entscheidungen sind aber untersagt (s. auch § 105 I Nr. 3 StGB). Dies gilt auch und vor allem für **Kritik durch staatliche Organe**. Auch wenn sie als Mittel zur Erreichung einer gewaltengeteilten Machtbalance verfassungsrechtl. grundsätzlich legitimiert werden kann (vgl. dazu Mishra, ZRP 1998, 404), sollten sich jedenfalls Funktionsträger, die auf die Beförderung der betroffenen Richter Einfluss haben oder die Dienstaufsicht über sie ausüben, einer „Urteilsschelte", die als Druckausübung und Versuch der Einwirkung auf künftige Entscheidungsfindung missverstanden werden könnte, besser enthalten. Das Verhältnis des BVerfG und seiner Richter zu anderen Verfassungsorganen wird vor allem durch den Grundsatz der Verfassungsorgantreue (s. dazu vor Art. 38 Rn. 3) bestimmt, der für die Kritik an den Entscheidungen dieses Gerichts aber allenfalls eine äußerste Grenze bilden kann.

Gegenstück der sachlichen Unabhängigkeit der Richter ist deren – schon in   **8**
Art. 20 III vorgegebene und um die Verpflichtung auf das „Recht" erweiterte (vgl. Rn. 2) – **Bindung an das Gesetz**, d.h. die Verpflichtung auf das Gesetz und das Recht als den alleinigen Grund richterl. Erkenntnis. „*Gesetz*" in diesem Sinne ist jede Rechtsnorm, schließt also – außer dem GG selbst und förmlichem Gesetzesrecht – auch das von der Exekutive ordnungsgemäß gesetzte Verordnungsrecht (BVerfGE 18, 59; 19, 31), ferner autonome Satzungen (BVerfGE 78, 227), die allg. Regeln des Völkerrechts (Art. 25), unmittelbar verbindliches EU-Recht, Staatsverträge normativen Inhalts, für allgemeinverbindlich erklärte Tarifverträge sowie – dies ist str. – Gewohnheitsrecht (BVerfGE 78, 227) und allg. Rechtsgrundsätze ein (s. auch zur Geltung überpositiven Rechts BVerfGE 34, 287, u.

Art. 20 Rn. 14). Keine Bindungswirkung für den Richter entfalten dagegen i.d.R. allg. Verwaltungsvorschriften (BVerfGE 78, 227; BVerfG, DVBl 2009, 1239; zum Begriff vgl. Art. 84 Rn. 15) und gerichtl. Entscheidungen (BVerfGE 83, 227; s. auch schon oben Rn. 6). Sittliche Normen kommen als Vorgabe richterl. Entscheidungen nur dort in Betracht, wo das Gesetz – wie in Art. 2 I oder § 138 BGB – auf sie verweist. Das Gleiche gilt für sog. Technische Regeln, soweit diese durch normative Verweisung zum Inhalt gesetzl. Regelung gemacht worden sind. Die Gesetzesbindung des Richters ist eine *unbedingte.* Der Richter, der verpflichtet ist, jeden zu ihm gelangten Rechtsstreit zu entscheiden (vgl. BVerfGE 84, 226 f.), mithin den Verfahrensbeteiligten das Recht nicht verweigern darf, hat ein – verfassungskonformes – Gesetz anzuwenden, auch wenn er es nicht billigt. Er darf sich nicht aus der Rolle des Normanwenders in die einer normsetzenden Instanz begeben (BVerfGE 96, 394; 113, 103; BVerfG, NJW 2000, 3636; HFR 2012, 546), sich also nicht gegen das Gesetz auflehnen, nicht Entscheidungen des Gesetzgebers korrigieren (BVerfGE 92, 13) und sie nicht auf Grund eigener rechts- oder sozialpolit. Vorstellungen durch judikative Lösungen ersetzen (BVerfGE 82, 12; 122, 283/Sondervotum; BVerwG, DÖV 1993, 307; BVerwGE 122, 133; BAGE 97, 301, 316), insbes. nicht sein Verständnis von Zweckmäßigkeit und Gerechtigkeit an die Stelle desjenigen des Gesetzgebers setzen (BVerfG, HFR 2012, 546; s. auch BVerfGE 3, 182; BVerwGE 74, 266). Erst recht ist es ihm nicht erlaubt, das Ergebnis einer Rechtsbeurteilung mit der Begründung beiseite zu schieben, dass Vernunft, private Moralvorstellungen, religiöses Gebot oder sein – nicht rechtl. vorgeformtes – Gewissen eine andere Wertung verlangten. Keine Bindungswirkung kommt ungültigen Rechtsnormen zu. Der Richter darf sie nicht anwenden. Er hat deshalb die Rechtsgültigkeit der jeweils einschlägigen Regelung zu prüfen, ist allerdings, was die Verwerfung förmlichen, für nicht verfassungskonform gehaltenen Gesetzesrechts angeht, nach Maßgabe des Art. 100 I eingeschränkt (näher Art. 100 Rn. 1). Zu Vorlagen an den EuGH vgl. Art. 101 Rn. 10 f.

9 Gesetzesunterworfenheit bedeutet nicht Bindung an das Gesetz als nicht mehr fortbildungsfähige Norm. Rechtsfindung vollzieht sich in weitem Maße in der Konkretisierung abstrakter geschriebener Normen. Art. 97 I hindert daher nicht, gesetztes Recht i.s. seiner Weiterentwicklung durch – erforderlichenfalls auch verfassungskonforme (Nachweise dazu vgl. Art. 100 Rn. 6) – **Auslegung** fortzubilden (BGHZ 3, 315; BVerfG, NJW 2000, 3636); eine bestimmte Auslegungsmethode (s. vor Art. 70 Rn. 12) schreibt das GG dafür nicht vor (BVerfGE 88, 166 f.). Bindung des Richters an das Gesetz bedeutet nicht Bindung an dessen Buchstaben mit dem Zwang zur wörtlichen Auslegung, sondern Gebundenheit an Sinn und Zweck des Gesetzes. Ein enger, wertungsfreier Gesetzespositivismus wäre mit Art. 20 III („Gesetz *und Recht*") nicht vereinbar (BVerfGE 3, 232; 34, 286); sind mehrere Deutungen einer Norm möglich, verdient diejenige den Vorzug, die den Wertentscheidungen des GG entspricht (BVerfGK 3, 351). Nimmt ein Gericht im Verwaltungsrechtsstreit ein behördliches Letztentscheidungsrecht an, das mangels gesetzl. Grundlage und/oder auf Grund fehlerhafter Auslegung nicht besteht, und unterlässt es deshalb die vollständige Überprüfung der angefochtenen Behördenentscheidung auf ihre Gesetzmäßigkeit, steht dies im Widerspruch zur Gesetzesbindung der Gerichte (BVerfG, DVBl 2012, 231). Bindenden Vorgaben des europäischen Rechts ist bei der Auslegung ebenfalls Rechnung zu tragen. Auch die rechtsschöpferische Lückenfüllung im Wege der *Analogie* (vgl. BVerfGE 25, 183; 82, 11) oder der – im modernen Staat geradezu unentbehrlichen (BVerfGE 65, 190) – *richterlichen Rechtsfortbildung* (dazu BVerfGE 34,

286 ff.; 65, 190 f.; 88, 167) ist dem Richter nicht grundsätzlich verwehrt (zu den verfassungsrechtl. Grenzen s. allg. BVerfGE 82, 11 f.; 111, 82; BVerfG, NJW 2009, 500; zum strafrechtl. Analogieverbot außerdem Art. 103 II u. die Erläut. dazu in Art. 103 Rn. 15). Angesichts des beschleunigten Wandels der gesellsch. Verhältnisse, der unaufhaltsamen technischen und naturwissenschaftlichen Entwicklungen und der begrenzten Reaktionsmöglichkeiten des Gesetzgebers sowie der offenen Formulierung immer zahlreicher werdender Rechtsnormen gehört die – in den Grenzen von Art. 1 III und Art. 20 III vorzunehmende – Anpassung des geltenden Rechts an dadurch bedingte Veränderungen im Gegenteil zu den Aufgaben der Dritten Gewalt (BVerfGE 96, 394; 128, 210; BVerfGK 9, 87). Vorschriften wie § 132 IV GVG oder § 11 IV VwGO setzen die Fortbildung des Rechts als richterl. Aufgabe denn auch ausdrücklich voraus (vgl. auch BVerfG, U. v. 11.7.2012 – 1 BvR 3142/07 u.a. –; BVerwGE 104, 109; BSGE 2, 168). Richterl. Rechtsfortbildung darf aber nicht dazu führen, dass der Richter seine eigene materielle Gerechtigkeitsvorstellung an die Stelle derjenigen des Gesetzgebers setzt (BVerfGE 128, 210; BVerfG, NJW 2012, 670 m.w.N.; vgl. auch schon oben Rn. 8). Der Richter darf sich nicht dem vom Gesetzgeber festgelegten Sinn und Zweck des Gesetzes entziehen. Er muss die gesetzgeberische Grundentscheidung respektieren und mit Hilfe der anerkannten Methoden der Gesetzesauslegung den Willen des Gesetzgebers unter gewandelten Bedingungen möglichst zuverlässig zur Geltung bringen (BVerfG, HFR 2012, 546). Zur Willkürgrenze von Rspr.-Änderungen s. oben Rn. 6.

**Absatz 2: Persönliche Unabhängigkeit**

Abs. 2 garantiert in *Satz 1* den **hauptamtlich und planmäßig endgültig angestellten Richtern** zur institutionellen Sicherung ihrer sachlichen Unabhängigkeit (Abs. 1) auch die persönliche Unabhängigkeit (BVerfGE 14, 162; 87, 85; BVerfGK 10, 359). Diese schützt den Richter vor persönlichen Sanktionen für missliebige Entscheidungen, ist allerdings nicht uneingeschränkt gewährleistet; die verfassungsrechtl. Garantie steht vielmehr unter dem Vorbehalt richterl. Entscheidung, die hinsichtlich Form und Grund einer gesetzl. Grundlage bedarf (BVerfG, NJW 1996, 2150). Hauptamtlich und planmäßig endgültig angestellt sind die für die Dauer ihrer Amtszeit mit ihrem Hauptamt in eine Planstelle eingewiesenen Richter (vgl. BVerfGE 4, 345). Die Regelung gilt danach nur für Berufsrichter, denen sie grundsätzlich die Ausübung ihres Amtes in der ihnen zugewiesenen Planstelle garantiert (BGHZ 174, 219), betrifft jedoch alle Gerichtsbarkeitszweige (BVerfGE 4, 345). Richter auf Probe (BVerwGE 102, 84) und Richter kraft Auftrags werden nicht erfasst (zu ehrenamtlichen Richtern s. nachstehend Rn. 11). Eine Anstellung auf Lebenszeit verlangt Abs. 2 nicht (BVerfGE 14, 70 f.). Die Bestellung auf Zeit nach Maßgabe gesetzl. Regelung ist also grundsätzlich zulässig (BVerfGE 18, 255; 42, 210), obwohl sie vom Ansatz her Gefahren für die richterl. Unabhängigkeit in sich birgt. Mit Recht ist deshalb in § 28 I DRiG als Grundsatz bestimmt, dass bei einem Gericht als Berufsrichter (§ 2 DRiG) nur Richter auf Lebenszeit tätig werden dürfen. Die Verwendung anderer als hauptamtlich und planmäßig endgültig angestellter Richter ist nur in den Grenzen gestattet, die sich aus der Notwendigkeit der Heranbildung des Richternachwuchses, aus dem Interesse an der Sicherung einer geordneten Rechtspflege (BGHZ 174, 220) oder aus anderen zwingenden Gründen ergeben (BVerfGE 4, 345; 14, 70; 14, 162; BVerwGE 102, 8 f.; BGHZ 130, 307 ff.; BAGE 123, 56; zur Sondersituation nach der Wiedervereinigung s. BVerfG, NJW 1998, 1053). Die Heranziehung von Probrichtern kommt deshalb nur ausnahmsweise in Betracht. Soweit ein solcher Richter die Voraussetzungen für eine Ernennung auf

10

Lebenszeit erfüllt und daher ernennungsreif ist, entfällt die Erforderlichkeit, das Richterverhältnis auf Probe zur Nachwuchsheranbildung aufrechtzuerhalten (BVerfGK 10, 359).

11 Satz 1 schützt nicht nur gegen die unfreiwillige **Entlassung, Amtsenthebung, Versetzung, Abordnung und Zurruhesetzung** im förmlich-dienstrechtl. Sinne (zur Entfernung aus dem Dienst wegen schwerstwiegender Verletzung von Richterpflichten vgl. BGH, NJW 2002, 834); mit Versetzung an eine andere Stelle ist dabei die Versetzung in ein anderes Amt, nicht ein bloßer Ortswechsel gemeint (BGHZ 93, 101 f.; BayVGH, NZS 1995, 332). Verboten ist vielmehr auch jede andere Maßnahme, die materiell einer Entlassung, dauernden oder zeitweisen Amtsenthebung oder Versetzung in den Ruhestand gleichkommt, durch die also faktisch dasselbe wie durch eine der in Art. 97 II 1 genannten förmlichen Maßnahmen erreicht wird (BVerfGE 17, 259; BVerfG, NJW 2008, 910). Das ist etwa der Fall, wenn ein Richter gegen seinen Willen von der richterl. Tätigkeit (dazu s. oben Rn. 3) ausgeschlossen (BVerfGE 17, 259; BVerfG, NJW 2012, 2335), wenn er vom Präsidium seines Gerichts als für dessen Rspr. untragbar, völlig ungeeignet oder unzumutbar qualifiziert und deshalb durch entsprechende Gestaltung der Geschäftsverteilung von der Rspr. ferngehalten (BVerfGE 17, 260, 262; BVerfG, NJW 2008, 910) oder wenn er, vergleichbar einer Versetzung, aus seinem Amt in eine andere Stelle verdrängt wird (BGHZ 67, 164). Vom Schutzbereich erfasst sind weiter die Nichtigerklärung und Rücknahme der Richterernennung (vgl. die §§ 18 f. DRiG), Regelungen in Geschäftsverteilungsplänen, soweit sie die richterl. Tätigkeit wegen fehlender Eignung einschränken (BVerfGE 17, 260), oder die Übertragung eines weiteren Richteramts, wenn dieses den Richter mit mehr als der Hälfte seiner Arbeitskraft in Anspruch nimmt (BGHZ 67, 164). Versetzungen, Beförderungen und Abordnungen auf Antrag oder mit Einverständnis des Richters berühren dagegen dessen persönliche Unabhängigkeit nicht (zu § 37 DRiG s. BGHSt 53, 101). Auch eine Regelung, die die Genehmigung einer Teilzeitbeschäftigung aus familiären Gründen von der Zustimmung des Richters abhängig macht, mit Beginn oder bei Änderung der Teilzeitbeschäftigung und beim Übergang zur Vollzeitbeschäftigung auch bei einem anderen als dem bisherigen Gericht derselben Gerichtsbarkeit verwendet zu werden, ist mit Abs. 2 vereinbar, sofern sie unumgänglich ist, eine geordnete Rechtspflege zu sichern (BGHZ 174, 218 ff.). Ebenfalls unbedenklich ist es, wenn Richterämter mit höherem Endgrundgehalt erst nach vorheriger erfolgreicher Erprobung ("Drittes Staatsexamen") übertragen werden (BVerfG, KBeschl. v. 22.6.2006 – 2 BvR 957/05 – juris; BGHZ 162, 339 ff.; OLG Hamm, NJW 2005, 76). Erst recht ist der Entzug von Verwaltungsaufgaben, die dem Richter zusätzlich zur richterl. Tätigkeit übertragen waren, mit Art. 97 II 1 vereinbar (BVerfGE 38, 152 f.). Dagegen kommt Abs. 2 Satz 1, obwohl vom Wortlaut her nicht unmittelbar einschlägig, in eingeschränktem Umfang auch den nicht hauptamtlich und planmäßig endgültig angestellten Richtern zugute. So ist den ehrenamtlichen Richtern durch die Vorschrift als Minimum persönlicher Unabhängigkeit garantiert, dass sie vor Ablauf ihrer Amtszeit nur unter den gesetzl. bestimmten Voraussetzungen und gegen ihren Willen nur kraft richterl. Entscheidung abberufen werden können (BVerfGE 27, 322; 87, 85 m.w.N.; s. auch § 44 II DRiG).

12 Von der Ermächtigung des *Satzes 2*, für den Eintritt der Richter auf Lebenszeit in den Ruhestand **Altersgrenzen** festzusetzen, ist in § 48 DRiG Gebrauch gemacht worden. Nach dessen Abs. 1 treten die Richter im Bundesdienst i.d.R. mit dem Ende des Monats in den Ruhestand, in dem sie das 67. Lebensjahr vollenden (Regelaltersgrenze; zum gleitenden Übergang für nach dem 31.12.1946 geborene

Lebenszeitrichter s. § 48 III 2 DRiG). Die frühere Altersgrenze von 68 Jahren gilt nur noch für die Richter des BVerfG (vgl. Art. 94 Rn. 4). Für Richter im Landesdienst ist in § 76 I DRiG lediglich bestimmt, dass sie nach Erreichen der Altersgrenze in den Ruhestand treten (Regelaltersgrenze).

Die Regelung in *Satz 3*, die Versetzung von Richtern an ein anderes Gericht oder ihre Entfernung aus dem Amt bei – dem Gesetzesvorbehalt unterliegenden (BVerfGE 2, 319; 24, 166) – **Änderungen der Gerichtsorganisation** nur unter Belassung des vollen Gehalts zuzulassen (im Einzelnen s. die §§ 32 f. DRiG; Beispiele für eine Veränderung der Einrichtung der Gerichte: Auflösung des Bundesdisziplinargerichts zum 31.12.2003, vgl. BGH, NVwZ-RR 2004, 467, sowie Errichtung gemeinsamer Obergerichte für die Länder Berlin u. Brandenburg, s. BVerfGK 8, 399 f.), verdeutlicht, dass die richterl. Unabhängigkeit der Stütze auch durch eine angemessene Besoldung bedarf (vgl. BVerfGE 26, 156; weiter zu diesem Themenkreis BVerfGE 12, 88; s. auch BVerfGK 13, 539). Solange die Besoldung den Anforderungen des Alimentationsprinzips (dazu vgl. Art. 33 Rn. 19 Buchst. a) genügt, ist diese Unabhängigkeit allerdings nicht gefährdet (BVerfGE 107, 275). Maßnahmen auf der Grundlage des Satzes 3, der anders als Satz 1 eine richterl. Entscheidung nicht verlangt (s. auch § 30 II i.V.m. I Nr. 4 DRiG), und des Art. 98 II und V 1 schränken die persönliche Unabhängigkeit in zulässiger Weise ein (zu Satz 3 vgl. BVerfGE 2, 320). **13**

## Artikel 98 [Rechtsstellung der Richter, Richteranklage]

(1) Die Rechtsstellung der Bundesrichter ist durch besonderes Bundesgesetz zu regeln.

(2) Wenn ein Bundesrichter im Amte oder außerhalb des Amtes gegen die Grundsätze des Grundgesetzes oder gegen die verfassungsmäßige Ordnung eines Landes verstößt, so kann das Bundesverfassungsgericht mit Zweidrittelmehrheit auf Antrag des Bundestages anordnen, daß der Richter in ein anderes Amt oder in den Ruhestand zu versetzen ist. Im Falle eines vorsätzlichen Verstoßes kann auf Entlassung erkannt werden.

(3) Die Rechtsstellung der Richter in den Ländern ist durch besondere Landesgesetze zu regeln, soweit Artikel 74 Abs. 1 Nr. 27 nichts anderes bestimmt.

(4) Die Länder können bestimmen, daß über die Anstellung der Richter in den Ländern der Landesjustizminister gemeinsam mit einem Richterwahlausschuß entscheidet.

(5) Die Länder können für Landesrichter eine Absatz 2 entsprechende Regelung treffen. Geltendes Landesverfassungsrecht bleibt unberührt. Die Entscheidung über eine Richteranklage steht dem Bundesverfassungsgericht zu.

**Allgemeines:** Art. 98 ergänzt die Regelungen in Art. 92 und Art. 97 über den Status des Richters (zum Begriff des Richters s. Art. 92 Rn. 4). Der Vorschrift liegt die Absicht zugrunde, diesen Status eigenständig, losgelöst vom allg. Beamtenrecht, zu ordnen und den Richtern in Bund (Abs. 1 u. 2) und Ländern (Abs. 3–5) eine *besondere Rechtsstellung* zu verleihen (vgl. BVerfGE 32, 213). In Ausführung dieses Verfassungsauftrags sind das Deutsche RichterG i.d.F. vom 19.4.1972 (BGBl I S. 713) und die Richtergesetze der Länder ergangen (s. auch Art. 92 Rn. 4), die freilich, Sachzwängen folgend, die Rechtsverhältnisse der Richter weitgehend in Anlehnung an diejenigen der Beamten regeln und z.T. – **1**

zulässigerweise (BVerwGE 67, 230) – auch ausdrücklich auf das Beamtenrecht Bezug nehmen (vgl. insbes. die §§ 46, 71 DRiG).

### Absatz 1: Besonderes Gesetz für Bundesrichter

2 Abs. 1 verpflichtet den Bund zur Regelung der **Rechtsstellung**, d.h. des Dienstrechts, der Bundesrichter durch besonderes Bundesgesetz. Die Regelung begründet für diesen Bereich eine ausschließliche Gesetzgebungskompetenz des Bundes, die Art. 73 I Nr. 8 vorgeht (s. auch Art. 73 Rn. 12). **Bundesrichter** sind alle Berufsrichter des Bundes mit Ausnahme der Bundesverfassungsrichter, die auf der Grundlage des Art. 94 II 1 einem besonderen Dienstverhältnis unterliegen. Zu den von Abs. 1 erfassten Materien gehören auch das Recht der richterl. Amtsbezeichnungen (BVerfGE 38, 8 ff.) und die Richterbesoldung (offengelassen in BVerfGE 32, 212 f.; 55, 385; ablehnend noch BVerfGE 26, 154 f.). Dass die Rechtsstellung durch „**besonderes Bundesgesetz**" zu regeln ist, betont den eigenständigen Status der Richter, die keine Beamten sind, bedeutet aber nicht, dass es für jede Detailregelung eines förmlichen Bundesgesetzes bedarf (str.). Einzelheiten der richterl. Rechtsstellung können deshalb nach Maßgabe des Art. 80 auch durch RVO festgelegt werden (wie hier z.B. Hillgruber in Maunz/Dürig, Art. 98 Rn. 22).

### Absatz 2: Bundesrichteranklage

3 Um die **Verfassungstreue** der Bundesrichter (zum Begriff vgl. Rn. 2) sicherzustellen, sieht Abs. 2 die Möglichkeit der Richteranklage beim BVerfG vor. Voraussetzung dafür ist ein – schuldhafter (str.), bei angestrebter Entlassung aus dem Amt gemäß Satz 2 vorsätzlicher – Verstoß des Richters gegen die verfassungsrechtl. Grundlagen in Bund und Ländern. Die Begriffe „**Grundsätze**" (des GG) und „**verfassungsmäßige Ordnung**" (eines Landes) meinen in Bezug auf diese Grundlagen das Gleiche. Da sie im Interesse der richterl. Unabhängigkeit eng auszulegen sind, beschränken sie sich im Wesentlichen auf die *freiheitliche demokratische Grundordnung*, wie sie das GG an anderer Stelle versteht (s. insbes. Art. 21 II u. die Erläut. dazu in Art. 21 Rn. 15). Die – bisher nicht praktisch gewordene – Regelung gilt für alle Richter im Bundesdienst, für die Richter des BVerfG mit der verfahrensrechtl. Maßgabe des § 105 BVerfGG (BVerfGE 46, 41 f.). Das BVerfG kann der Richteranklage – mit den Entscheidungsvarianten: Versetzung in ein anderes Amt, Versetzung in den Ruhestand und Entlassung – nur mit Zweidrittelmehrheit stattgeben. Wird diese nicht erreicht, ergeht Freispruch. Einzelheiten zum Verfahren, das keinen straf- oder disziplinarrechtl. Charakter hat, sondern dem Verfassungsschutz dient (vgl. BVerfGE 28, 48), enthalten die §§ 58 ff. BVerfGG.

### Absatz 3: Besondere Gesetze für Landesrichter

4 Abs. 3 verpflichtet die Länder, im Rahmen ihrer Zuständigkeit die **Rechtsstellung** ihrer Richter ebenfalls durch besondere Gesetze zu regeln. „Richter" sind auch hier nur die Berufsrichter. Für Staatsanwälte gilt die Regelung nicht (BVerfGE 32, 216 f.). Für die Statusrechte und -pflichten der Landesrichter besteht das Recht zur konkurrierenden Gesetzgebung nach Art. 74 I Nr. 27 (s. dazu im Einzelnen Art. 74 Rn. 27); im Übrigen sind die Länder für die Regelung der Rechtsverhältnisse ihrer Richter ausschließlich zuständig. Wegen der Rahmenvorschriften in den §§ 1–45 a, 71–84 DRiG, die auf der Grundlage des durch die *Föderalismusreform I* (vgl. Einführung Rn. 6) aufgehobenen früheren Satzes 2 erlassen worden sind, s. die Übergangsregelung in Art. 125 a I und die Erläut. dazu in Art. 125 a Rn. 2 f.

## Absatz 4: Richterwahlausschüsse in den Ländern

Abs. 4 ermächtigt die Länder unmittelbar von Bundesverfassungs wegen zur Ein-  5
richtung von Richterwahlausschüssen (vgl. BVerfGE 24, 274: „Möglichkeit"),
die über die Anstellung der Landesrichter gemeinsam mit dem Landesjustizminister entscheiden (BVerwGE 105, 92 f.). Die Länder sind frei, ob sie von dieser Ermächtigung Gebrauch machen wollen (BFH, BFH/NV 1998, 609). Auch der
Bundesgesetzgeber kann sie zu einem Tätigwerden nicht zwingen, ihnen ein solches aber auch nicht untersagen. Tatsächlich haben nicht alle Länder Richter-
wahlausschüsse eingerichtet. Dort, wo ein solcher Ausschuss besteht, entscheidet
über seine **Zusammensetzung** der Landesgesetzgeber. Dem Ausschuss können außer Mitgliedern des jeweiligen Landesparlaments insbes. auch Richter (BVerwGE
70, 272 ff.) und Vertreter der Rechtsanwaltschaft angehören (s. auch BVerfGE
24, 268 i.V.m. 274, 276; OVG Koblenz, NVwZ 2008, 100), die sämtlich vom
Landesparlament zu wählen sind. Im Übrigen gelten die Vorgaben des Art. 98
IV. Danach entscheiden Landesjustizminister und Richterwahlausschuss unabhängig voneinander und gleichberechtigt (OVG Frankfurt/Oder, DRiZ 2004,
175; s. dazu auch Art. 95 Rn. 5 zu Art. 95 II). **Landesjustizminister** ist – unabhängig von seiner Bezeichnung – der für den jeweiligen Gerichtszweig funktionell
zuständige Landesminister (BFH, BFH/NV 1998, 609; d.i. für die Angelegenheiten der ordentlichen Gerichtsbarkeit nach NWVerfGH, NJW 1999, 1247, der
Justizminister i.e.S.). Eine Richterwahl ohne Beteiligung des Landesjustizminis-
ters wäre unzulässig; im Hinblick darauf, dass diesem – ungeachtet seiner gleich-
berechtigten Stellung – die Letztverantwortung für die Anstellung verbleiben
muss (BVerfG, NJW 1998, 2592; OVG Hamburg, NordÖR 2013, 24; vgl. auch
NWVerfGH, OVGE 47, 292), lässt sie sich auch nicht auf ein bloßes Vorschlagsrecht gegenüber einem zur Richterwahl letztverantwortlich befugten LTagsple-
num reduzieren (a.A. OVG Schleswig, DÖV 1999, 390; s. auch BVerwGE 105,
92 f.: mitbestimmende Beteiligung). **Anstellung** ist nicht nur die erstmalige Ernennung zum Richter, umfasst vielmehr auch die Berufung in das Richterverhältnis auf Lebenszeit (BVerfGE 24, 268 i.V.m. 274; BGHZ 85, 323) und die Beförderung der Richter (BVerwGE 70, 274; str.). Der Richterwahlausschuss ist bei all
diesen Entscheidungen ebenso wie der Landesjustizminister an Art. 33 II gebunden (OVG Frankfurt/Oder, DRiZ 2004, 176 f.; OVG Hamburg, NordÖR 2013,
22; vgl. auch Art. 95 Rn. 5), doch sind ihm dabei Ermessens-, Beurteilungs- und
Prognosespielräume eröffnet, die eine originäre und von den Gerichten nicht er-
setzbare Entscheidungskompetenz begründen (BVerwGE 105, 92). Verfahrensmängel bei der Richterwahl führen nicht zur Unwirksamkeit der Ernennung der
gewählten Richter (BGH, NJW 2004, 3784). Auch die fehlerhafte Auswahl der
richterl. Mitglieder eines Richterwahlausschusses hat nicht zur Folge, dass von
diesem gewählte und dann ernannte Berufsrichter nicht gesetzl. Richter sein können und der Spruchkörper, dem sie angehören, nicht ordnungsgemäß besetzt ist
(BGH, NJW 2005, 2317).

### Absatz 5: Landesrichteranklage

*Satz 1* ermächtigt die Länder zur Einführung der Richteranklage gegen Landes-  6
richter nach Maßgabe der Regelung in Abs. 2. Nach *Satz 2* geht diese Ermächtigung, auf der z.B. Art. 66 II BWVerf beruht, (fort)geltendes vorkonstitutionelles
Landesverfassungsrecht vor. In jedem Fall hat gemäß *Satz 3* das BVerfG über die
Richteranklage zu entscheiden (s. auch § 62 BVerfGG).

## Artikel 99 [Bundesgerichtsleihe für Landesrechtssachen]

**Dem Bundesverfassungsgerichte kann durch Landesgesetz die Entscheidung von Verfassungsstreitigkeiten innerhalb eines Landes, den in Artikel 95 Abs. 1 genannten obersten Gerichtshöfen für den letzten Rechtszug die Entscheidung in solchen Sachen zugewiesen werden, bei denen es sich um die Anwendung von Landesrecht handelt.**

1 Art. 99 ermöglicht die Einsparung von Landesgerichten durch die **Übertragung von Landesrechtszuständigkeiten auf Bundesgerichte** (für die Verfassungsgerichtsbarkeit s. BVerfGE 1, 218). Für die Übertragung bedarf es, soweit sie nicht bereits in der Landesverfassung vorgenommen worden ist, eines förmlichen Landesgesetzes (BVerfGE 10, 292 ff.; vgl. aber auch nachstehend Rn. 3). Eine Mitwirkung von Bundesorganen ist nicht erforderlich. Mit dieser Maßgabe regelt die Vorschrift einen weiteren (s. Art. 96 Rn. 8) Fall justizieller Organleihe (vgl. auch zu Halbs. 1 BVerfGE 27, 244; 103, 344 f.; 120, 101: „Verfassungsgericht für das Land"; allg. zum Rechtsinstitut der Organleihe vor Art. 83 Rn. 9).

2 *Halbsatz 1* ermächtigt dazu, dem BVerfG die Entscheidung über **Verfassungsstreitigkeiten innerhalb eines Landes** zuzuweisen. Das Gericht hat im Fall der Kompetenzübertragung die Stellung eines *Landesverfassungsgerichts*; Prüfungsmaßstab ist die einschlägige Landesverfassung mit den in sie hineinwirkenden Vorschriften des GG (BVerfGE 120, 101). Seit dem 1.5.2008 ist diese Ermächtigung **ohne praktische Bedeutung** (zum Regelungsinhalt des Halbs. 1 s. deshalb Kommentar, 8. Aufl., Art. 99 Rn. 2). Seit diesem Zeitpunkt ist die Übertragung landesverfassungsrechtl. Streitigkeiten auf das BVerfG in Art. 42, 44 Schles.-HolstVerf a.f. als bis dahin einzigem Anwendungsfall des Art. 99 Halbs. 1 entfallen, weil Schleswig-Holstein jetzt ein eigenes Landesverfassungsgericht hat (vgl. Art. 59 c Schles.-HolstVerf n.F., §§ 1, 57 LandesverfassungsgerichtsG v. 10.1.2008, GVOBl S. 25). Auch die durch die Rezeptionsklausel des Art. 2 a Schles.-HolstVerf n.F. (Bundesgrundrechte sind gleichzeitig Landesgrundrechte) mit Wirkung vom 11.4.2008 (G v. 18.3.2008, GVBl S. 149) neu geschaffenen Landesgrundrechte können danach mangels landesrechtl. Zuweisungsnorm nicht mit der Individual-Verfassungsbeschwerde beim BVerfG geltend gemacht werden, obwohl Schleswig-Holstein auch nach der neuen Rechtslage (zur alten s. BVerfG, NJW 2000, 1104) eine Individual-Verfassungsbeschwerde zum Verfassungsgericht des Landes nicht kennt. Es bleibt deshalb insoweit nur die Möglichkeit, das BVerfG als *Bundes*verfassungsgericht mit der Behauptung anzurufen, der angegriffene Hoheitsakt der Landesstaatsgewalt verstoße gegen das mit dem fraglichen Landesgrundrecht inhaltsgleiche Bundesgrundrecht. Auf den Fall, dass alle Richter eines Landesverfassungsgerichts nach Ablehnung im Verfahren vor diesem Gericht ausfallen oder dessen Entscheidungszuständigkeit sonst in Frage steht, ist Art. 99 Halbs. 1 weder direkt noch analog anzuwenden (BayVerfGH 53, 22; 53, 28 f.).

3 *Halbsatz 2* gestattet, **andere Landesrechtssachen**, d.h. Streitigkeiten über die Anwendung von Landesrecht, die keine Verfassungsstreitigkeiten sind, durch ausdrückliche (BVerwG, NVwZ 2012, 515) landesgesetzl. Regelung auf die in Art. 95 I genannten obersten Bundesgerichtshöfe (zu ihnen s. Art. 95 Rn. 4) zu übertragen. Die Befugnis des Bundesgesetzgebers, auf der Grundlage des Art. 74 I Nr. 1 die Revisionszuständigkeit von Bundesgerichten auch für Landesrecht zu begründen (vgl. z.B. § 127 Nr. 2 BRRG), wird dadurch nicht eingeschränkt (BVerfGE 10, 292 ff.). Wie im Fall des Halbs. 1 richten sich Verfahren und Be-

setzung des zuständigen Bundesgerichts nach Bundesrecht (vgl. BGHZ 16, 159). Praktische Bedeutung hat Art. 99 Halbs. 2 u.a. für Verfahren nach § 327 des schleswig-holsteinischen LandesverwaltungsG i.d.F. vom 2.6.1992 (GVOBl S. 243), § 48 des Rundfunkstaatsvertrags der Länder vom 31.8.1991 (GBl BW S. 745) und § 13 des Rundfunkbeitragsstaatsvertrags der Länder vom 15./17./21.12.2010 (GBl BW 2011 S. 478).

## Artikel 100 [Richtervorlagen zum Bundesverfassungsgericht]

(1) Hält ein Gericht ein Gesetz, auf dessen Gültigkeit es bei der Entscheidung ankommt, für verfassungswidrig, so ist das Verfahren auszusetzen und, wenn es sich um die Verletzung der Verfassung eines Landes handelt, die Entscheidung des für Verfassungsstreitigkeiten zuständigen Gerichtes des Landes, wenn es sich um die Verletzung dieses Grundgesetzes handelt, die Entscheidung des Bundesverfassungsgerichtes einzuholen. Dies gilt auch, wenn es sich um die Verletzung dieses Grundgesetzes durch Landesrecht oder um die Unvereinbarkeit eines Landesgesetzes mit einem Bundesgesetze handelt.

(2) Ist in einem Rechtsstreit zweifelhaft, ob eine Regel des Völkerrechtes Bestandteil des Bundesrechtes ist und ob sie unmittelbar Rechte und Pflichten für den Einzelnen erzeugt (Artikel 25), so hat das Gericht die Entscheidung des Bundesverfassungsgerichtes einzuholen.

(3) Will das Verfassungsgericht eines Landes bei der Auslegung des Grundgesetzes von einer Entscheidung des Bundesverfassungsgerichtes oder des Verfassungsgerichtes eines anderen Landes abweichen, so hat das Verfassungsgericht die Entscheidung des Bundesverfassungsgerichtes einzuholen.

**Allgemeines:** Art. 100 regelt die Zuständigkeit des BVerfG zur Klärung vorgreif- 1 licher verfassungsrechtl. Fragen aus Anlass konkreter fachgerichtl. Verfahren. Die Regelung dient für derartige Verfahren der Sicherung der maßgeblichen Entscheidungsgrundlagen (vgl. Abs. 1 u. 2 zu Abs. 1 BVerfGE 42, 49; 67, 33) und, insbes. soweit es um die Frage der Verfassungsmäßigkeit des im Fachgerichtsrechtsstreit anzuwendenden Rechts geht, der Wahrung der Autorität des unter der Geltung des GG tätig gewordenen parl. Gesetzgebers im Verhältnis zur Rspr. und will Rechtsunsicherheit und Rechtszersplitterung verhindern (s. Abs. 1 u. BVerfGE 90, 275; 118, 234; 130, 41 f.; BVerwGE 117, 320). Darüber hinaus soll Art. 100 die Rechtsprechungseinheit auf dem Gebiet des Bundesverfassungsrechts gewährleisten (vgl. Abs. 3 u. auch BVerfGE 54, 51; 63, 141). Vor allem Abs. 1 setzt voraus, dass die allg. zuständigen Gerichte bei der Ermittlung des im Einzelfall entscheidungserheblichen Rechts nach Maßgabe des Art. 20 III und des Art. 97 I frei und in diesem Zusammenhang sowohl berechtigt als auch verpflichtet sind, die Rechtsgültigkeit der nach ihrer Ansicht einschlägigen Rechtsvorschriften zu prüfen (**richterliches Prüfungsrecht**; näher dazu BVerfGE 1, 197 f.; 31, 174; s. auch Art. 97 Rn. 8). Nur die *Verwerfungsbefugnis*, also das Recht, die Unanwendbarkeit einer Norm auszusprechen, nicht dagegen auch die Befugnis, deren Verfassungsmäßigkeit zu bejahen (BVerfGE 1, 188 f.), wird, soweit Art. 100 reicht, beim BVerfG bzw. – nach ggf. ergänzender Maßgabe des Landesverfassungsrechts (BVerfGE 4, 188 f.) – beim zuständigen Landesverfassungsgericht konzentriert. Auch Vorlagen an ein höheres Gericht der jeweiligen Fachgerichtsbarkeit zur Entscheidung über die Gültigkeit der für verfassungswidrig erachteten Regelung sind danach unzulässig (BVerfGE 22, 316; 121, 238;

BVerwGE 85, 337). Greift das verfassungsgerichtl. Entscheidungsmonopol nicht ein, bleibt es dagegen auch hinsichtlich der Verwerfung einer Norm oder der Feststellung ihrer Unanwendbarkeit bei der Zuständigkeit des Fachgerichts (vgl. BVerfGE 10, 127 f.; 31, 174 f.). Dies hat Bedeutung z.B. für die richterl. Kontrolle von Rechtsetzungsakten der Exekutive (s. BVerfGE 1, 292; BVerwGE 102, 117; vgl. auch nachstehend Rn. 4), aber auch für die Frage, ob eine gesetzl. Vorschrift infolge späterer Gesetzgebung ungültig geworden ist (lex posterior derogat legi priori; s. auch nachfolgend Rn. 13).

### Absatz 1: Konkrete Normenkontrolle

2 *Satz 1:* Abs. 1 (§ 13 Nr. 11 BVerfGG) behandelt die – im Gegensatz zur abstrakten (s. dazu Art. 93 Rn. 11–15) – konkrete, nämlich durch die Gesetzesprüfung im Rahmen eines konkreten Fachgerichtsverfahrens ausgelöste Normenkontrolle. Dabei ist **Verfahrensgegenstand** in den Fällen des Satzes 1 die Frage der Vereinbarkeit entweder von Bundes- und Landesgesetzen mit dem GG oder von Landesgesetzen mit der betr. Landesverfassung. Unvereinbarkeit kann sich aus förmlichen oder aus sachlichen Gründen ergeben (vgl. Art. 93 Rn. 11). Auf Kirchengesetze bezieht sich die Regelung nicht (BVerwG, DÖV 2001, 473).

3 Das einfachrechtl. in den §§ 80–82 BVerfGG geregelte und danach nicht fristgebundene Verfahren der konkreten Normenkontrolle – wie das Verfahren der abstrakten Normenkontrolle (vgl. Art. 93 Rn. 12) ein *objektives Verfahren* (BVerfGE 20, 351) – kann nur von staatl. Gerichten in einem bei ihnen anhängigen Verfahren, nicht dagegen von den Beteiligten dieses (fachgerichtl.) Verfahrens in Gang gebracht werden. Andere Staatsorgane sind ebenfalls weder **vorlageberechtigt** noch vorlagepflichtig. So kommt eine Vorlage von Wahlrechtsnormen im Rahmen des Wahleinspruchsverfahren nach dem WahlprüfungsG (s. Art. 41 Rn. 10) durch den BTag oder dessen Ausschuss für Wahlprüfung, Immunität und Geschäftsordnung – auch im Wege der Analogie – nicht in Betracht, die in diesem Verfahren auch nicht verpflichtet sind, die Verfassungsmäßigkeit dieser Normen zu überprüfen (BVerfGE 121, 290 f.). Anderes gilt für die Exekutive und ihre Amtswalter. Sie sind zufolge des Art. 20 III stets gehalten, die Gültigkeit von Rechtsvorschriften vor deren Anwendung zu prüfen. Die Befugnis, die überprüfte Rechtsnorm bei Annahme von deren Verfassungswidrigkeit zu verwerfen, d.h. auf Dauer unangewendet zu lassen, kommt der vollziehenden Gewalt im Fall des Art. 100 I allerdings nicht zu; Amtswalter und Exekutivspitze sind vielmehr auf das Verfahren einerseits nach den §§ 63 BBG, 36 BeamtStG und andererseits nach Art. 93 I Nr. 2, ggf. auch nach Art. 93 I Nr. 2 a, verwiesen (str.; wie hier z.B. Starck in v. Mangoldt/Klein/Starck, Art. 1 Rn. 233; vgl. aber auch BVerfGE 12, 185 f.). Vorlageberechtigte *Gerichte* (zum Gerichtsbegriff vgl. Art. 92 Rn. 5 u. BVerfGE 30, 171 f.; BGHZ 139, 26) sind die Gerichte aller Gerichtszweige und aller Instanzen. Ferner gehören von öffentl. Körperschaften getragene Berufs-, Standes- und Ehrengerichte, bei angenommener Verletzung des GG auch die Landesverfassungsgerichte dazu (BVerfGE 69, 117 f.; BlnVerfGH, LVerfGE 9, 49; ThürVerfGH, ThürVBl 1999, 61), nicht jedoch private Schieds- sowie intra-Kirchengerichte. Bei kollegialen Spruchkörpern muss i.d.R. das Gericht in voller Besetzung das BVerfG anrufen (BVerfGE 34, 57 m.w.N.; 114, 315; BVerfG, NVwZ 2005, 801). Ein einzelner Richter kann dies nur dann, wenn er die anstehende Entscheidung allein zu treffen hat (BVerfGE 54, 163 f.; 98, 152 f.; BVerfGK 18, 221). Vorlegen darf immer nur ein Richter (deshalb *„Richtervorlage"*), nicht auch der voller sachlicher Unabhängigkeit entbehrende Rechtspfleger

(BVerfGE 61, 77) und nur der unabhängige, nicht auch der weisungsgebundene justizverwaltende Richter (BVerfGE 20, 311 f.).

**Vorlagegegenstand:** Zu den im Zwischenverfahren (BVerfGE 29, 326) der konkreten Normenkontrolle überprüfbaren Rechtsnormen rechnen *nur formelle Gesetze* (seit BVerfGE 1, 201; st. Rspr.; BFHE 236, 372), auch Zustimmungsgesetze zu Staatsverträgen zwischen den Ländern (BVerfGE 63, 140) und der Zustimmungsbeschluss des Bayerischen LTags zu einem solchen Vertrag (BVerfGE 37, 197), bei Überprüfung durch das BVerfG ferner Vertragsgesetze nach Art. *59* II 1 (BVerfGE 95, 44 m.w.N.) und im Gesetzgebungsnotstand nach Art. 81 erlassene Gesetze (BVerfGE 1, 201). Im Hinblick auf die Möglichkeit verfassungswidrigen Verfassungsrechts kommen als Prüfungsgegenstand insoweit auch Einzelbestimmungen des GG i.V.m. Art. 79 in Betracht (s. BVerfGE 3, 230; 94, 33 f.; 94, 102 ff., u. auch nachstehend Rn. 11; für ursprüngliches Verfassungsrecht a.A. Pieroth in Jarass/Pieroth, Art. 100 Rn. 7 a). Auch auf ein nur mittelbar anzuwendendes Gesetz kann sich die konkrete Normenprüfung erstrecken (BVerfGE 2, 345). Immer aber muss das zur Prüfung vorgelegte Gesetz schon in Kraft getreten sein (BVerfGE 42, 281). Auch nach seinem Außerkrafttreten bleibt es Gegenstand des Normenkontrollverfahrens, wenn sich das Ausgangsverfahren dadurch nicht erledigt hat, das Gesetz also noch entscheidungserheblich ist (BVerfGE 47, 64; zum Erfordernis der Entscheidungserheblichkeit vgl. nachstehend Rn. 7). Maßgebend für die Entscheidung des BVerfG ist die nach dessen Auffassung zutreffende Interpretation der zur Nachprüfung gestellten Norm (BVerfGE 50, 152 f. m.w.N.; a.A. Meyer in von Münch/Kunig, Art. 100 Rn. 30). *Nicht vorlagefähig* sind RVO (anders fortgeltende vorkonstitutionelle VO mit gesetzesvertretendem Inhalt; s. BVerfGE 52, 16; BVerwGE 118, 326), Satzungen und andere Regelungen im Rang unter dem Gesetz. Sie auf ihre Gültigkeit zu überprüfen und ggf. zu verwerfen, d.h. sie nicht anzuwenden, ist Sache jedes Richters (BVerfGE 48, 44 f.; 114, 239 f.; 114, 310 f., 313; BVerwGE 117, 320; BGHZ 157, 300; BSGE 89, 268; vgl. auch oben Rn. 1). Das Gleiche gilt für sog. vorkonstitutionelle Gesetze, d.h. für Gesetze, die vor Inkrafttreten des GG (dazu Art. 145 Rn. 1) oder bei Landesgesetzen vor Inkrafttreten der Landesverfassung verkündet worden sind (BVerfGE 2, 128 ff.; st. Rspr.), und für Gesetze der ehemaligen DDR (BVerfG, DtZ 1994, 148 f.), sofern nicht der zuständige (Bundes- oder Landes-)Gesetzgeber sie nach dem Inkrafttreten des GG – insbes. im Zusammenhang mit Gesetzesänderungen – bestätigend in seinen Willen aufgenommen hat (BVerfGE 66, 254 m.w.N.; 70, 129). Bei DDR-Gesetzen, die nach Art. 9 II i.V.m. Anlage II EV in Kraft geblieben sind, fehlt es an Letzterem (BVerfGE 97, 122 ff.). Auch Landesgesetze i.S. des Art. 80 IV (s. Sieckmann in v. Mangoldt/Klein/Starck, Art. 100 Rn. 25), die Neubekanntmachung des Wortlauts eines Gesetzes (vgl. Art. 82 Rn. 8 u. BVerfGE 18, 391; anders die Neuverkündung vorkonstitutioneller Gesetze, BVerfGE 11, 132), spezifisch haushaltsrechtl. Regelungen (BVerfGE 38, 125), Völkerrecht (mit Ausnahme der nach Art. 25 als Bundesrecht inkorporierten allg. Völkerrechtsregeln), allg. Verwaltungsvorschriften, deren Wirkungskreis sich in aller Regel auf den Binnenbereich der Exekutive beschränkt (s. Art. 84 Rn. 15), sog. schlichte Parlamentsbeschlüsse (ThürVerfGH, DVBl 2011, 352; vgl. auch vor Art. 62 Rn. 4) und Tarifverträge können nicht Gegenstand einer konkreten Normenkontrolle sein. Bloßes Unterlassen des Gesetzgebers rechtfertigt eine solche regelmäßig ebenfalls nicht.

Über die **Anwendbarkeit sekundären EU-Rechts,** das als Rechtsgrundlage für ein Verhalten deutscher Gerichte und Behörden in Anspruch genommen wird, übt das BVerfG seine Gerichtsbarkeit nicht mehr aus, es überprüft mithin dieses

Recht nicht am Maßstab des GG, solange die EU, insbes. die Rspr. des EuGH und jetzt die Europäische Grundrechte-Charta, einen wirksamen Schutz der Grundrechte gegenüber der Hoheitsgewalt der EU generell gewährleistet, der dem vom GG als unabdingbar gebotenen Grundrechtsschutz im Wesentlichen gleich zu achten ist, zumal den Wesensgehalt der Grundrechte generell verbürgt (BVerfGE 73, 387; 102, 161; vgl. auch BVerwGE 124, 56 f.). Das gilt auf der Grundlage von Art. 23 I nicht nur für Verordnungen der EU (Art. 288 II AEUV), sondern auch für Richtlinien nach Art. 288 III AEUV und an die Bundesrepublik gerichtete Beschlüsse der Kommission nach Art. 288 IV AEUV (BVerfGE 129, 199). Auch eine innerstaatl. Rechtsvorschrift, die eine Richtlinie der EU oder einen solchen Beschluss der Kommission in deutsches Recht umsetzt, wird nicht an den Grundrechten des GG gemessen, soweit das Unionsrecht dem deutschen Normgeber keinen Umsetzungsspielraum lässt, sondern zwingende Vorgaben macht (BVerfGE 118, 95 ff.; 129, 199; s. auch Art. 93 Rn. 25). Zum Schutz gegen kompetenzüberschreitende oder identitätsverletzende Unionsrechtsakte vgl. Art. 93 Rn. 2.

6   Voraussetzung für die Zulässigkeit der Vorlage ist, dass ein Fachgericht das im anhängigen Verfahren anzuwendende Gesetz für verfassungswidrig hält. Das Gericht muss also auf Grund sorgfältiger Prüfung (zu den Einzelheiten s. BVerfGK 8, 24; 8, 33; je m.w.N.) von der Verfassungswidrigkeit der Norm überzeugt sein und dies nachvollziehbar und erschöpfend darlegen (BVerfG, Beschl. v. 4.6.2012 – 2 BvL 9/08 u.a. –; BVerfGK 15, 4; 18, 314 m.w.N.). Es hat sich dabei mit der Rechtslage auseinanderzusetzen und die in Literatur und Rspr. entwickelten Rechtsauffassungen zu berücksichtigen, die für die Auslegung der in Frage stehenden Norm von Bedeutung sind (BVerfGE 78, 172). Zweifel an der Verfassungsmäßigkeit oder bloße Bedenken reichen nicht aus (BVerfGE 80, 59 m.w.N.; 86, 57). Ein Gericht hat sich deshalb bei solchen Zweifeln eine eigene Überzeugung zu bilden und die maßgebliche Rechtsnorm entweder im Einklang mit der Gesetzesbindung des Richters (Art. 20 III, Art. 97 I) anzuwenden oder die Entscheidung des BVerfG einzuholen (BVerfGE 121, 240). Ist eine verfassungskonforme Auslegung möglich (zu deren Grenzen vgl. BVerfGE 90, 275; BVerwGE 105, 23), hat das Gericht diese zu wählen und darf nicht vorlegen (BVerfGE 22, 377; 78, 24; BAG, NJW 2012, 874 m.w.N.; s. auch zum Fall der verfassungskonformen Auslegung von Landesrecht in der Revisionsinstanz BVerwGE 100, 170 ff.). Das gilt auch dann, wenn das im Instanzenzug übergeordnete Gericht eine Auslegung vornimmt, die das nachgeordnete Gericht für verfassungswidrig hält. Allein dieser Umstand rechtfertigt eine Vorlage nicht; denn die Normenkontrolle dient nicht dazu, Meinungsverschiedenheiten zwischen Gerichten desselben Rechtszugs zu klären (BVerfGE 7, 196 m.w.N.). Dagegen ist es für die Zulässigkeit einer Vorlage ohne Bedeutung, dass im Fall der Unvereinbarkeit einer Norm mit dem GG das BVerfG ihre weitere Anwendung anordnen kann (BVerfGE 130, 42 m.w.N.).

7   Die Gültigkeit der für verfassungswidrig gehaltenen Norm muss weiter für den Ausgang des Rechtsstreits **entscheidungserheblich** sein (BVerfGE 58, 317 f.). Auch die Entscheidungserheblichkeit ist vom vorlegenden Gericht eingehend und sorgsam zu prüfen (näher BVerfGE 127, 355 f.; BVerfGK 8, 24; 8, 33; je m.w.N.). Sie ist zu bejahen, wenn die *End*entscheidung des Gerichts (zu Ausnahmen vgl. BVerfGE 63, 21 f.) vom Bestand des Gesetzes abhängig ist (BVerfGE 79, 243 m.w.N.). Dagegen fehlt es an der Entscheidungserheblichkeit, wenn die auf das Gesetz gestützte Maßnahme unabhängig von dessen Gültigkeit rechtswidrig ist (BVerwGE 132, 38). Die Vorlage muss hinreichend deutlich erkennen

lassen, dass das vorlegende Gericht in der maßgeblichen Entscheidung – ggf. nach Durchführung einer Beweisaufnahme (BVerfGE 11, 334; 64, 254; zu Ausnahmen s. BVerfGE 47, 157; 79, 265 f.), in welcher der für die Beurteilung der Entscheidungserheblichkeit relevante Sachverhalt vollständig aufzuklären ist (BVerfGK 18, 232) – bei Gültigkeit der Regelung zu einem anderen Ergebnis kommen würde als im Fall ihrer Ungültigkeit und wie es dieses Ergebnis begründen würde (BVerfGE 98, 199 m.w.N.; 105, 67; BFHE 165, 176; BAGE 69, 245; s. auch § 80 II 1 BVerfGG u. zu den Begründungserfordernissen i.s. dieser gegenüber § 23 I 2 BVerfGG vorrangigen Vorschrift im Einzelnen BVerfGE 92, 312; 121, 237 f.; BVerfGK 16, 62). Sie muss sich dabei unter Berücksichtigung der in Literatur und Rspr. entwickelten Rechtsauffassungen eingehend mit der Rechtslage auseinandersetzen (BVerfG, Beschl. v. 2.5.2012 – 1 BvL 20/09 – m.w.N.). Insoweit gilt ein strenger Maßstab (BVerfGK 8, 71; BFHE 223, 42 f.). Allerdings reicht es, wenn das vorlegende Gericht davon überzeugt ist, dass die zur Prüfung gestellte Norm Art. 3 I oder einen speziellen Gleichheitssatz verletzt, für die Darlegung der Entscheidungserheblichkeit aus, dass die Verfassungswidrigerklärung der Norm im Hinblick auf die in diesem Fall regelmäßig gegebene Möglichkeit des Gesetzgebers, den Gleichheitsverstoß auf verschiedenen Wegen zu heilen, dem Kläger des Ausgangsverfahrens die Chance offenhält, eine für ihn günstige gesetzl. Neuregelung zu erreichen (BVerfGE 121, 115 m.w.N.). Maßgebend für die Frage der Entscheidungserheblichkeit ist grundsätzlich die Rechtsauffassung des vorlegenden Gerichts; nur ausnahmsweise, wenn diese Auffassung offensichtlich unhaltbar ist („Extrem- oder Evidenzkontrolle"; BVerfGK 8, 71) oder von der Beurteilung verfassungsrechtl. Vorfragen abhängt, prüft und entscheidet das BVerfG die Entscheidungserheblichkeit selbst (BVerfGE 69, 159; 86, 56; 88, 194).

Wenn feststeht, dass ein Gesetz **EU-Recht** widerspricht und deshalb wegen dessen Anwendungsvorrangs nicht angewandt werden darf (zum Rechtsgrund dieses Vorrangs aus innerstaatl. Sicht vgl. Art. 24 Rn. 3), ist das Gesetz nicht mehr entscheidungserheblich i.S. des Art. 100 I 1 (BVerfGE 85, 203 ff.; 106, 295). Ist nicht nur die unions-, sondern auch die verfassungsrechtl. Rechtslage str., gibt es aber aus der Sicht des deutschen Verfassungsrechts keine feste Rangfolge unter den vom Fachgericht ggf. einzuleitenden Zwischenverfahren nach Art. 267 AEUV und Art. 100 I. Deshalb darf das Fachgericht, das sowohl europa- als auch verfassungsrechtl. Zweifel hat, nach eigenen Zweckmäßigkeitsgesichtspunkten entscheiden, welches Zwischenverfahren es zunächst einleitet (BVerfGE 116, 214 f.; 129, 203). Aus dem Erfordernis der Entscheidungerheblichkeit folgt dagegen die Pflicht des Fachgerichts, die **Verbindlichkeit unionsrechtlicher Vorgaben für den deutschen Gesetzgeber** zu klären (BVerfGE 129, 199 f.). Solange und soweit das BVerfG seine Prüfung von EU-Recht und von zwingendes Unionsrecht umsetzendem nationalem Recht am Maßstab des GG zurücknimmt (vgl. Rn. 5), ist die Frage der Verfassungsmäßigkeit eines vom Fachgericht für verfassungswidrig gehaltenen nationalen Gesetzes nicht entscheidungserheblich, wenn dieses Unionsrecht ohne Umsetzungsspielraum umsetzt. Das Fachgericht hat daher vor einer Vorlage nach Art. 100 I 1 zu eruieren, ob Recht der EU dem nationalen Gesetzgeber einen die verfassungsgerichtl. Prüfung ermöglichenden Spielraum belässt (BVerfGE 129, 198 f.), und, falls es dies bejaht, die Gründe für diese Einschätzung hinreichend deutlich darzulegen (BVerfGE 129, 204 f.; zur Intensität der diesbezüglichen verfassungsgerichtl. Kontrolle ebd., S. 203 f.). Besteht Unklarheit darüber, ob und inwieweit ein Umsetzungsspielraum besteht, sind auch Fachgerichte, die nicht letztinstanzlich zuständig sind, verpflichtet, im

8

Vorabentscheidungsverfahren nach Art. 267 II AEUV – das BVerfG nennt fälschlicherweise Abs. 1 – eine Entscheidung des EuGH über die Auslegung des EU-Rechts, aber auch über die Gültigkeit und Auslegung der Handlung eines Unionsorgans, wie über die Frage der Bindung an einen Beschluss der EU-Kommission nach Art. 288 IV AEUV, herbeizuführen (BVerfGE 129, 200 f.).

9 Hält das Fachgericht die Voraussetzungen für die Anrufung des BVerfG für gegeben, ist es zur Vorlage nicht nur berechtigt, sondern auch verpflichtet (**Vorlagepflicht**; dazu BVerfGE 130, 41). Es muss von sich aus durch Beschluss das bei ihm anhängige Verfahren aussetzen und die Sache dem BVerfG zur Entscheidung über die Vorlagefrage vorlegen. Ein Antrag der Prozessbeteiligten ist nicht erforderlich (vgl. auch § 80 III BVerfGG). Auch kann der Vorlagebeschluss von diesen nicht angefochten werden; das Gleiche gilt für die Entscheidung, die Vorlage abzulehnen (OLG Düsseldorf, NJW 1993, 411). Die Pflicht zur Vorlage besteht unabhängig davon, ob das BVerfG bereits von anderen Gerichten angerufen worden ist (sog. *Mehrfachvorlagen*). Keine Vorlagepflicht allerdings dann, wenn der Gesetzgeber einen ihm vom BVerfG erteilten Auftrag, ein verfassungswidriges Gesetz durch eine verfassungsgemäße Neuregelung zu ersetzen, nicht termingerecht erfüllt und deshalb eine vom BVerfG nach § 35 BVerfGG getroffene Vollstreckungsanordnung zu vollziehen ist (s. BVerwGE 121, 97 f.). Im Interesse eines effektiven Rechtsschutzes besteht die Vorlagepflicht auch nicht im *Verfahren des einstweiligen Rechtsschutzes*, es sei denn, es kommt vor dem Fachgericht nicht zu einer Entscheidung in der Hauptsache oder diese wird in jenem Verfahren ausnahmsweise vorweggenommen (BVerfGE 63, 141; 86, 389; BFHE 204, 41; in den Einzelheiten str.). Wird das Ausgangsverfahren nach Anrufung des BVerfG beendet, ist die Vorlage unzulässig geworden (BVerfGE 29, 326; BVerfGK 18, 291). Zur Frage der Aufhebung von Vorlagebeschlüssen vgl. BVerfG, NVwZ 1995, 158.

10 Hat das BVerfG die Zulässigkeit einer Vorlage verneint, kann das vorlegende Gericht die für entscheidungserheblich gehaltene Frage nach Behebung der Zulässigkeitsmängel dem BVerfG erneut zur Entscheidung vorliegen (BVerfGK 5, 100 f.). Auch wenn die Vereinbarkeit einer Norm mit dem GG schon in einer früheren Entscheidung des BVerfG bejaht worden ist, kommt eine **erneute Vorlage** in Betracht. Deren Zulässigkeit setzt aber voraus, dass tatsächliche oder rechtl. Veränderungen eingetreten sind, die die Grundlage der früheren Entscheidung berühren und deren Überprüfung nahelegen. Dabei sind an die Begründung der neuen Vorlage gesteigerte Anforderungen zu stellen (BVerfGE 105, 70 m.w.N.; 120, 23; BVerfGK 3, 293). Entsprechendes gilt für Entscheidungen der Landesverfassungsgerichte zur Vereinbarkeit von Landesrecht mit der jeweiligen Landesverfassung.

11 **Prüfungsmaßstab** im Verfahren der konkreten Normenkontrolle sind für *Bundes- und Landesgesetze* das GG (dazu vgl. Art. 93 Rn. 9) und, insbes. soweit es um die Gültigkeit einzelner GG-Bestimmungen geht (s. oben Rn. 4), ggf. auch Regelungen und Grundsätze des überpositiven Rechts (zu deren Geltung vgl. BVerfGE 1, 61; 34, 287, aber auch Art. 20 Rn. 14). Für *Landesgesetze* ist Prüfungsmaßstab außerdem die einschlägige Landesverfassung, über deren Einhaltung die Landesverfassungsgerichte entscheiden. Das BVerfG prüft die in zulässiger Weise vorgelegte Norm unter allen denkbaren verfassungsrechtl. Gesichtspunkten, also nicht nur unter dem vom vorlegenden Gericht gewählten Blickwinkel (BVerfGE 67, 11). Vorschriften des EU-Rechts kommen im Verfahren der konkreten Normenkontrolle – wie bei der abstrakten Normenkontrolle und der Verfassungsbeschwerde (s. dazu Art. 93 Rn. 14, 30) – als Maßstabsnormen nicht

in Betracht. Die Nichtanwendbarkeit damit unvereinbaren innerstaatl. Rechts festzustellen, ist Sache der Fachgerichte (BVerfGE 114, 220).

**Inhalt der Entscheidung:** In Verfahren vor dem BVerfG entscheidet dieses nach § 81 BVerfGG nur über die Frage der Verfassungsmäßigkeit des zur Prüfung vorgelegten Gesetzes. Wird Verfassungskonformität festgestellt, bezieht sich der Ausspruch des BVerfG auf alle Bestimmungen der Verfassung, auch wenn sich die Gründe seiner Entscheidung nur zu einzelnen dieser Bestimmungen verhalten (BVerfG, NJW 2000, 3269). Bei Verfassungswidrigkeit der überprüften Norm wird diese für nichtig erklärt (§ 82 I i.V.m. § 78 Satz 1 BVerfGG), sofern – wie insbes. bei Verstößen gegen Art. 3 I, die auf verschiedene Weise behoben werden können – nicht nur die Feststellung der Unvereinbarkeit mit dem entgegenstehenden Verfassungsrecht in Betracht kommt (BVerfGE 115, 393; 121, 373). § 78 Satz 2 BVerfGG ist entsprechend anzuwenden (§ 82 I BVerfGG). Zur Gesetzeskraft der Entscheidung s. Art. 94 Rn. 6. **12**

*Satz 2* erweitert die Normenkontrollbefugnis des BVerfG nach Satz 1 in zweifacher Weise: Zum einen werden die am Maßstab des GG **überprüfbaren Rechtsnormen** auf „Landesrecht", d.h. – über die schon von Satz 1 erfassten Landesgesetze hinaus – auf Regelungen des Landesverfassungsrechts, nicht aber auch auf Verordnungsrecht der Länder ausgedehnt. Zum anderen wird der **Prüfungsmaßstab** für Landesgesetze auf (einfache) „Bundesgesetze" erstreckt, wozu förmliche Bundesgesetze, einschl. Zustimmungsgesetzen zu völkerrechtl. Verträgen (BVerwGE 110, 365 f.), und RVO des Bundes gehören (BVerfGE 1, 292; BAGE 74, 225). In Betracht kommen aber nur von einem Bundesorgan erlassene Rechtssätze (vgl. BVerfGE 18, 414), die gegenüber dem mit ihm als unvereinbar erachteten Landesrecht die lex prior darstellen. Nicht unter Satz 2 fällt daher die Frage, ob ein Landesgesetz mit *später erlassenem* Bundesrecht unvereinbar ist. Darüber entscheiden die Fachgerichte in eigener Zuständigkeit (BVerfGE 10, 128; 65, 373; BVerwGE 126, 2; s. auch oben Rn. 1 a.E.). **13**

### Absatz 2: Völkerrechtsfeststellung

Das in Abs. 2 (§ 13 Nr. 12, §§ 83 f. BVerfGG) geregelte **Verfahren der völkerrechtlichen Normenverifikation** (BVerfGE 23, 318) zielt darauf ab, die aus der Eingliederung der allg. Regeln des Völkerrechts in das Bundesrecht nach Art. 25 sich ergebenden Gefahren für die Autorität des Gesetzgebers und für die Rechtssicherheit zu begrenzen (BVerfGE 23, 317). Darüber hinaus soll im Interesse der staatenübergreifenden Einheitlichkeit und Verlässlichkeit der allg. Völkerrechtsregeln eine divergierende Handhabung dieser Rechtssätze in Deutschland verhindert und der Gefahr ihrer Verletzung durch deutsche Gerichte vorgebeugt werden (BVerfGE 96, 77 f.; 109, 49 f.; BVerfGK 13, 250). Das diesen Zwecken verpflichtete objektive Zwischenverfahren (BVerfGE 14, 533; BVerfG, NJW 2012, 294) entspricht der Regelung in Abs. 1 – Aussetzung des Ausgangsverfahrens durch das Fachgericht und Einholung der Entscheidung des dafür allein zuständigen BVerfG (s. BVerfGE 109, 48 f.) – und dient der Klärung, a) ob und mit welchem Inhalt (BVerfGE 92, 316: Umfang u. Tragweite) eine Regel des Völkerrechts Bestandteil des Bundesrechts ist, also überhaupt existiert und ggf. als *allgemeine* Regel des Völkerrechts mit universeller Geltung (BVerfGK 9, 214) Beachtung verlangt, und b) ob eine solche Regel unmittelbar Rechte und Pflichten für den Einzelnen erzeugt (zu beiden näher Art. 25 Rn. 2 u. 4). Das bedeutet, dass das Verfahren nach Art. 100 II auch die Auslegung und Konkretisierung allg. Regeln des Völkerrechts zum Gegenstand haben kann (BVerfGK 13, 250). Existenz und Tragweite allg. Völkerrechtsregeln werden vom BVerfG ermittelt, **14** indem es die einschlägige Staatenpraxis heranzieht (BVerfGE 109, 54). Sind die insoweit notwendigen Feststellungen vom BVerfG getroffen, ist es Aufgabe des Ausgangsgerichts, die festgestellte allg. Völkerrechtsregel in dem vor ihm fortzusetzenden Verfahren auf den konkreten Fall anzuwenden. Das Verfahren nach Abs. 2 dient also nur der Normenverifikation, nicht der Normenkontrolle. Es besteht daher kein allg. Völkerrechtsmonopol des BVerfG (BVerfGK 13, 250 ff.; 14, 533; BVerfG, NJW 2012, 294).

15 **Verfahrensvoraussetzung** ist, dass in einem Rechtsstreit (zum Begriff s. BVerfGE 75, 11) das zuständige Fachgericht hinsichtlich der genannten Fragen oder auch nur einer von ihnen (vgl. BVerfGE 46, 362 f.) auf *ernst zu nehmende Zweifel* gestoßen ist. Das bedeutet zum einen, dass bei einer Unschlüssigkeit oder Zwiespältigkeit in der richterl. Entscheidungsbildung, die auch nach Aufbietung aller dem Gericht zur Verfügung stehenden Mittel keiner Klärung zugeführt werden konnte, eine Pflicht zur Vorlage besteht (s. Maunz in Ders./Dürig, Art. 100 Rn. 45). Zum anderen muss das Gericht aber nicht selbst zweifeln (BVerfGE 109, 49 m.w.N.; BVerfG, NJW 2012, 295). Es reicht vielmehr aus, wenn es bei Prüfung des bei ihm anhängigen Falles auf ernst zu nehmende Zweifel Dritter, z.B. auf abw. Meinungen von Verfassungsorganen, anderen hohen – auch ausländischen oder internationalen – Gerichten oder im völkerrechtl. Schrifttum (BVerfGE 23, 319; BVerfGK 7, 312; BVerwGE 131, 342), stößt (BVerfGE 64, 14; 96, 77; BVerfGK 9, 214 f.). Beim Fehlen von Zweifeln entscheidet das zuständige Fachgericht selbst. Das Gleiche gilt für die Frage, ob und inwieweit das deutsche Recht inkorporiertem Völkerrecht weichen muss. Bei vorhandenen Zweifeln setzt die Zulässigkeit der Vorlage weiter voraus, dass die Zweifel *entscheidungserheblich*, d.h. zur Erledigung des Ausgangsrechtsstreits klärungsbedürftig sind (BVerfGE 75, 12 m.w.N.; 100, 211 f.; 109, 49, 51). Das muss das vorlegende Gericht hinreichend darlegen (BVerfGE 118, 133 m.w.N.; BVerfG, NJW 2012, 294 ff.). Auch im Übrigen gelten insoweit dieselben Zulässigkeitsvoraussetzungen wie für Vorlagen nach Abs. 1 (vgl. deshalb oben Rn. 6). Das zuständige Gericht kann vom BVerfG nicht zur Vorlage angehalten werden (BVerfGK 1, 39). Das Vorlageverfahren als Zwischenverfahren (s. Rn. 14) steht jedoch mit dem fachgerichtl. Hauptsacheverfahren insoweit in einer wechselseitigen Beziehung, als es vom Verlauf des Ausgangsverfahrens abhängig ist. Entfällt nachträglich die Entscheidungserheblichkeit der Vorlagefrage, kann das vorlegende Gericht den Vorlagebeschluss aufheben; das Verfahren vor dem BVerfG ist damit erledigt (BVerfGE 117, 358 f.). Zum **Entscheidungsinhalt** bei Nichterledigung vgl. § 83 I BVerfGG, zur Gesetzeskraft der Entscheidung Art. 94 Rn. 6.

16 Die Auslegung völkerrechtl. Regeln, die **keine allgemeinen Regeln des Völkerrechts** sind, damit auch die Auslegung und Anwendung des Völkervertragsrechts sind Sache der Fachgerichte (BVerfGE 118, 135 m.w.N.; BVerfG, NJW 2012, 294). Die verfassungsgerichtl. Nachprüfung ihrer Entscheidungen folgt insoweit den allg. Maßstäben für die Kontrolle von Gerichtsentscheidungen (BVerfGE 94, 328; zu diesen Maßstäben vgl. Art. 93 Rn. 3 a.E.).

## Absatz 3: Einheitliche Grundgesetzrechtsprechung

17 Um sicherzustellen, dass in den Entscheidungen der Verfassungsgerichte von Bund und Ländern das GG einheitlich ausgelegt wird (BVerfGE 3, 265; 96, 360), verpflichtet Abs. 3 (§ 13 Nr. 13 BVerfGG) die Landesverfassungsgerichte (Verfassungs- u. Staatsgerichtshöfe) zur **Divergenzvorlage** an das BVerfG, wenn sie bei der Auslegung des GG, vor allem soweit diese für die Auslegung und Anwendung von Landesverfassungsrecht als dem landesverfassungsgerichtl. Prüfungs-

und Entscheidungsmaßstab vorgreiflich ist (s. BlnVerfGH, LVerfGE 1, 51; 1, 181), von einer Entscheidung des BVerfG oder des Verfassungsgerichts eines anderen Landes abweichen wollen (zum Begriff der Abweichung vgl. ThürVerfGH, ThürVBl 1999, 61; zur Erweiterung u. Ergänzung einer Vorlagefrage BVerfGE 96, 359 ff.). Stattdessen kann aber wahlweise nach Abs. 1 vorgelegt werden, wenn die Voraussetzungen hierfür ebenfalls gegeben sind (BVerfGE 36, 356). **Verfahrensvoraussetzung** ist auch im Fall des Abs. 3, dass die Entscheidung des BVerfG oder des anderen Landesverfassungsgerichts für die Entscheidung des vorlegenden Gerichts erheblich ist (BVerfGE 36, 356; 96, 359). Diese Voraussetzung, deren Vorhandensein in der Vorlage ebenso wie die Rechtsauffassung des vorlegenden Landesverfassungsgerichts darzulegen ist (§ 85 I BVerfGG), ist nicht mehr erfüllt, wenn sich nach der Vorlage der Rechtsstreit vor diesem Gericht erledigt (BVerfGE 13, 166 f.). Unter **„Grundgesetz"** ist das gesamte Verfassungsrecht des Bundes zu verstehen (s. ThürVerfGH, ThürVBl 1999, 61, u. Art. 93 Rn. 9), über dessen Auslegung das BVerfG im – objektiven – Zwischenverfahren des Abs. 3 verbindlich entscheidet. Durch Bezugnahme des Landesverfassungsrechts auf das GG, insbes. seine Grundrechte, inkorporiertes Verfassungsrecht des Bundes rechnet nicht dazu, weil es durch die Inkorporation den Charakter von Landesverfassungsrecht erlangt hat. **„Entscheidung"** des BVerfG ist nicht nur die Entscheidungsformel, sind vielmehr auch und maßgeblich die sie tragenden Entscheidungsgründe, aus denen die zur Bindung der Landesverfassungsgerichte (§ 31 I BVerfGG) führende GG-Auslegung ersichtlich ist (BVerfGE 3, 264 f.). Zum **Entscheidungsinhalt** vgl. § 85 III BVerfGG, zur Tenorierung bei zulässiger Vorlage BVerfGE 18, 408; 36, 343.

Die Rspr. der **obersten Bundesgerichtshöfe** (Art. 95) zum GG ist nicht in einer **18** dem Abs. 3 entsprechenden Weise gebunden, jedoch einfachgesetzl. durch § 31 I BVerfGG und auch durch das G zur Wahrung der Einheitlichkeit der Rspr. der obersten Gerichtshöfe des Bundes vom 19.6.1968 (s. dazu Art. 95 Rn. 6) eingeschränkt.

## Artikel 101 [Ausnahmegerichte, gesetzlicher Richter, Sondergerichte]

**(1) Ausnahmegerichte sind unzulässig. Niemand darf seinem gesetzlichen Richter entzogen werden.**

**(2) Gerichte für besondere Sachgebiete können nur durch Gesetz errichtet werden.**

**Allgemeines:** Im Mittelpunkt der Bestimmungen des Art. 101 steht die **Gewähr-** **1** **leistung des gesetzlichen Richters** in Abs. 1 Satz 2, die durch die Regelungen in Abs. 1 Satz 1 und Abs. 2 zusätzlich gestützt wird. Dies wird insbes. daraus ersichtlich, dass ein Verstoß gegen diese Regelungen immer auch eine Verletzung des Abs. 1 Satz 2 nach sich zieht (s. BVerfGE 22, 48; 27, 364). Art. 101 enthält insoweit ein einheitliches grundrechtsgleiches Recht auf den gesetzl. Richter (häufig auch als Prozessgrundrecht bezeichnet) und dient mit dessen Ausprägungen insgesamt der **Sicherung der Rechtsstaatlichkeit im gerichtlichen Verfahren**

(vgl. BVerfGE 40, 361; 82, 194; 107, 402 f.; zu Abs. 1 Satz 2 s. auch BVerfGK 7, 379). Auf **europäischer Ebene** gibt es keine Verbürgungen, die diesen innerstaatl. Garantien voll entsprechen (vgl. aber als externe Ergänzungen die Gewährleistung des Rechts auf ein unabhängiges, unparteiisches, auf Gesetz beruhendes Gericht u. auf ein faires Verfahren durch Art. 6 I EMRK – dazu EGMR, EuGRZ 2008, 276; NJW 2011, 3704 ff. – sowie Art. 47 Satz 2 EUGrCh).

## Absatz 1: Ausnahmegerichte, gesetzlicher Richter

2 Nach *Satz 1* sind Ausnahmegerichte unzulässig, Eingriffe demnach nicht rechtfertigungsfähig. **Ausnahmegerichte** sind – staatl. (BGHZ 29, 354) – Gerichte (i.S. von Art. 92 Rn. 5), die, abw. von einer gesetzl. Zuständigkeit, besonders gebildet und ad hoc mit der Entscheidung einzelner konkreter oder individuell bestimmter Fälle betraut werden (BVerfGE 10, 212 m.w.N.; BVerwGE 93, 287). Das Verbot ihrer Errichtung ergibt sich auch aus Satz 2 (s. auch oben Rn. 1). Satz 1 soll einer Umgehung des dort niedergelegten Gebots entgegenwirken, niemand seinem gesetzl. Richter zu entziehen (BVerfGE 4, 416).

3 *Satz 2:* Dieses Gebot hat nicht nur die Bedeutung einer objektivrechtl. Verfassungsnorm (s. BVerfGE 21, 373; 40, 360 f.; 82, 296). Aus ihm folgt vielmehr für **jeden**, der nach Maßgabe der einschlägigen Prozessordnung als Partei, Angeklagter, Neben- und Privatkläger, Haupt- und Nebenintervenient oder Beigeladener an einem Verfahren vor einem deutschen Gericht beteiligt ist („niemand darf"), auch das subjektive – grundrechtsgleiche (Art. 93 I Nr. 4 a; vgl. auch Rn. 1) – **Recht auf den gesetzlichen Richter** (BVerfGE 18, 447; 82, 194; BVerfG, NJW 2005, 2690). Dieses Recht soll – im Zusammenspiel insbes. mit Art. 103 I – gewährleisten, dass richterl. Entscheidungen willkürfrei durch eine nach objektiven Kriterien bestimmte Instanz auf einer hinreichend gesicherten Tatsachengrundlage und auf Grund einer unvoreingenommenen rechtl. Würdigung unter Einbeziehung des Vortrags der Parteien ergehen (BVerfGE 107, 403; BT-Dr 16/7216 S. 16). Auch der Staat und andere juristische Personen des öffentl. Rechts, inländische wie ausländische (BVerfGE 18, 447; BVerfGK 1, 37 f. m.w.N.), können als Parteien eines Gerichtsverfahrens die Verletzung des Art. 101 I 2 geltend machen (BVerfGE 6, 49; 21, 373 m.w.N.; s. auch Art. 19 Rn. 8, 11). Den ggf. betroffenen Richtern gewährt Satz 2 jedoch kein subjektives Recht auf Entscheidung eines nach den maßgeblichen Regelungen (dazu vgl. nachstehend Rn. 5) in ihre Zuständigkeit fallenden Rechtsstreits (s. BVerfGE 15, 301; OVG Hamburg, NJW 1987, 1217; OVG Koblenz, AS 35, 318).

4 Die Garantie des Satzes 2 gilt im Zuständigkeitsbereich staatl. Gerichte (s. Art. 92 Rn. 5) für **alle gerichtlichen Verfahren** (BVerfGE 40, 360; 82, 296: Verfassungsgerichtsverfahren; BVerwG, NVwZ-RR 2007, 114; BVerwGE 132, 100: wehrdienstgerichtl. Verfahren; BVerfGE 21, 144: freiwillige Gerichtsbarkeit; BVerfGK 10, 145: Adhäsionsverfahren nach den §§ 403 ff. StPO; BVerfGE 40, 315: ehrengericht. Verfahren für Rechtsanwälte; zu Gerichtsvorlagen an den EuGH vgl. nachstehend Rn. 11), für alle Arten von Richtern (zum Untersuchungsrichter vgl. BVerfGE 25, 346 f.) einschl. der ehrenamtlichen Richter (BVerfGE 91, 117; BVerfG, NZA 1998, 445; BVerwGE 88, 163; BGHZ 127, 329; BAGE 84, 193; s. zu ihnen aber auch BVerwG, ThürVBl 1999, 281; NVwZ-RR 2000, 646; BFHE 194, 350 f.) und Schöffen (BVerfGE 31, 183) sowie für jede richterl. Tätigkeit (zur Anberaumung von Verhandlungsterminen vgl. BVerfGE 4, 417; BVerfG, NVwZ-RR 2005, 828; zum gesetzl. Richter für Entscheidungen über Ablehnungsgesuche BGHSt 44, 27 ff.), selbst wenn sie nicht zur Rspr. i.S. des Art. 92 rechnet, deshalb auch für den Güterichter nach § 278 V

ZPO. Einen Anspruch auf einen gesetzl. Berichterstatter gibt Art. 101 I 2 allerdings nicht (BVerwG, NVwZ 2000, 916; s. auch BVerfGE 95, 331; Thür-VerfGH, NVwZ 2007, 951). Fraglich ist, ob die Regelung, wie die Kammerentscheidung BVerfG, WM 2008, 135, annimmt, auf den Rechtspfleger angewandt werden kann (vgl. BVerfGE 56, 127; 101, 405, u. Art. 97 Rn. 2). Zu verneinen ist dies jedenfalls für Justizverwaltungstätigkeiten von Richtern und für die Tätigkeit parl. Untersuchungsausschüsse (BVerfGE 77, 42).

Satz 2 dient der **Abwehr der Gefahr,** dass die rechtsprechenden Organe durch eine Manipulation bei der Auswahl der im Einzelfall zur Entscheidung berufenen Richter (im Einzelnen vgl. Rn. 7 ff.) **sachfremden Einflüssen** auf den Inhalt der von ihnen zu treffenden Entscheidung ausgesetzt werden könnten (BVerfGE 95, 327 m.w.N.; BVerfG, NJW 2005, 2689; BVerfGK 11, 71; BVerwG, NVwZ 1988, 725; BGHSt 26, 211; BFHE 168, 510; BAGE 106, 276; ThürVerfGH, NVwZ 2007, 951). Damit sollen die Unabhängigkeit der Rspr. gewahrt und das Vertrauen der Rechtsuchenden und der Öffentlichkeit in die Unparteilichkeit und Sachlichkeit der Gerichte gesichert werden (BVerfGE 95, 327; BVerfGK 15, 112). Mit Rücksicht darauf hat die Garantie des **gesetzlichen Richters** einen sowohl formellen als auch materiellen Gewährleistungsgehalt. In *formeller* Hinsicht verlangt Satz 2 mit einer auch leistungsrechtl. Komponente, dass der gesetzl. Richter sich im Einzelfall möglichst eindeutig aus einer allg. Norm ergibt (BVerfGE 63, 79; BVerfGK 7, 379 m.w.N.; BGHSt 38, 65; BAGE 84, 193). Gesetzl. Richter ist insofern der in Bezug auf die fundamentalen Zuständigkeitsregeln (BVerfG, NVwZ 1993, 1080) durch Gesetz (jede Rechtsnorm; zu RVO s. BVerfGE 27, 34 f.) und ergänzend durch die – schriftlich abzufassenden – Geschäftsverteilungs- und Mitwirkungspläne der Gerichte (vgl. die §§ 21 e, 21 g GVG; BVerfGE 89, 36; BVerfG, Beschl. v. 20.6.2012 – 2 BvR 1048/11 –; BVerfG, NJW 2005, 2541; BVerwGE 50, 16; BGHSt 49, 133; BAGE 81, 282; ThürVerfGH, NVwZ 2007, 951; aber auch BGHZ 126, 77) zur Entscheidung der gerichtsanhängigen und künftig anhängig werdenden Rechtsfälle bestimmte Richter (BAG, NJW 2007, 3147). Bestimmt sein, und zwar *von vornherein generell-abstrakt so eindeutig wie möglich bestimmt* sein müssen nicht nur der Rechtsweg und das Gericht als organisatorische Einheit, sondern auch das erkennende Gericht als Spruchkörper und der oder die in diesem für die jeweilige Streitsache zur Entscheidung berufene(n) Richter (BVerfGE 95, 328 ff.; BVerfG, NJW 2004, 3482; BVerfGK 15, 543; BGH, NJW 2009, 1351; BayVerfGH, NJW 2005, 3709; OVG Berlin, OVGE Bln 23, 101 f.; gegen ein Höchstmaß an Vorherbestimmtheit bei der Zusammensetzung der Richterbank noch BGHZ 126, 82; s. auch die Kritik von Classen in v. Mangoldt/Klein/Starck, Art. 101 Rn. 15, 51). Letzteres hat praktische Bedeutung vor allem für übersetzte gerichtl. Spruchkörper (vgl. BVerfGE 95, 322). Art. 101 I 2 schließt aber die Verwendung unbestimmter Begriffe bei der Festlegung des gesetzl. Richters dort, wo derartige Begriffe unvermeidbar sind, nicht aus (BVerfGE 95, 331 f.; BFH, NJW 1998, 335 f.; BAG, NJW 2010, 2299). Eine sich aus der Sache ergebende und unvermeidbare Ungewissheit darüber, wer den Rechtsstreit entscheiden wird, ist hinzunehmen. Dies betrifft insbes. die Fälle des Ausscheidens, der Krankheit, der Verhinderung, des Urlaubs oder des Wechsels eines Richters oder mehrerer Richter (BVerfGE 18, 349; BVerfGK 3, 330; 9, 184 f.).

In *materieller* Hinsicht wird durch Satz 2 garantiert, dass die richterl. Tätigkeit durch Richter ausgeübt wird, die den Anforderungen des GG an einen Richter (s. dazu Art. 92 Rn. 4) entsprechen (BVerfGE 10, 213; 82, 298; BVerfG, DVBl 1991, 1139; DtZ 1992, 281; BGH, NJW 2005, 2317). Der Rechtsuchende kann

5

6

darüber hinaus verlangen, im Einzelfall vor einem Richter zu stehen, der als **nichtbeteiligter Dritter** unabhängig und unparteilich ist und die Gewähr für Neutralität und Distanz gegenüber den Verfahrensbeteiligten bietet (BVerfGE 60, 214; BVerfGK 11, 440; 15, 112 f.; BGH, StV 2012, 205; BayVerfGH, BayVBl 2010, 734). Gefordert sind deshalb auch Regelungen über den gesetzl. Ausschluss oder die Möglichkeit der Ablehnung solcher Richter, von denen angenommen werden muss, dass sie diese Erwartung im Einzelfall nicht erfüllen (BVerfGK 10, 145 m.w.N.; 12, 143; BVerfG, WM 2008, 135; weiter s. sogleich Rn. 7).

7 Art. 101 I 2 schützt gemäß Art. 1 III gegen Fehlverhalten des Gesetzgebers ebenso wie gegen Maßnahmen der vollziehenden Gewalt oder innerhalb der Justiz selbst (vgl. BVerfGE 10, 213; 118, 239; BVerfGK 5, 235). Der **Gesetzgeber,** dem es obliegt, das Recht auf den gesetzl. Richter näher auszugestalten, hat als wichtigste von ihm geforderte Leistung eine im Voraus (BVerfGK 5, 279) möglichst klare und eindeutige (BVerfGE 109, 189), abstrakt-generelle Zuständigkeitsordnung zu schaffen, die das Wesentliche über den gesetzl. Richter entsprechend den Anforderungen gemäß Rn. 5 und 6 bestimmt (BVerfGK 15, 104). Jede sachwidrige Einflussnahme auf die rechtsprechende Tätigkeit von innen und außen soll dadurch verhindert werden (BVerfGK 15, 112). Doch darf ein Gesetz, mit dem das zuständige Gericht bezeichnet wird, durchaus auslegungsfähige Rechtsbegriffe verwenden (s. schon Rn. 5), sofern es unzulässigen Einflüssen auf den Richter generell vorbeugen kann. Insbes. muss es die Gewähr bieten, dass die konkrete gerichtl. Entscheidung nicht durch eine gezielte Auswahl der Richter beeinflusst werden kann. Dagegen wird nicht dadurch verstoßen, dass der Gesetzgeber mit § 354 Ia StPO im Strafverfahren den Revisionsgerichten die Möglichkeit eingeräumt hat, abschließend über strafrechtl. Rechtsfolgen zu befinden (BVerfGE 118, 239 ff.; BVerfG, NStZ 2007, 710). Im Näheren hat der Gesetzgeber Vorsorge dafür zu treffen, dass ein zuständiges Gericht nicht im Einzelfall mit Richtern besetzt ist, die dem zur Entscheidung anstehenden Rechtsstreit nicht mit der erforderlichen professionellen Distanz eines Unbeteiligten und Neutralen gegenüberstehen (BVerfGK 8, 381 f.; 10, 145; 11, 440); er muss deshalb Regelungen vorsehen, die Richter, die nicht die Gewähr der Unparteilichkeit bieten, vom Verfahren ausschließen und/oder es dem Rechtsuchenden ermöglichen, die Ablehnung wegen Befangenheit geltend zu machen (BVerfGE 30, 153; BVerfGK 5, 279 f.; 7, 336; vgl. auch schon Rn. 6). Die in den §§ 21 a ff. GVG geregelte richterl. Selbstverwaltung dient ebenfalls der Sicherung des gesetzl. Richters (BVerfGK 1, 56). Unzulässig ist es, Zuständigkeiten, die die Verfassung den Richtern vorbehält, Verwaltungsbehörden zuzuweisen (BVerfGE 22, 73), zulässig dagegen die Vorüberprüfung von Verfassungsbeschwerden durch nichtrichterl. Amtsträger des BVerfG nach Maßgabe des § 60 II Buchst. a und des § 61 GOBVerfG (Hömig, ZRP 2012, 58 f.). Eine „bewegliche", d.h. nicht vom Gesetzgeber selbst abschließend getroffene Regelung über die Zuständigkeit von Gerichten, wie sie beispielsweise § 24 I Nr. 3 GVG enthält, ist nach Auffassung des BVerfG ebenfalls unbedenklich, soweit dabei unter justizmäßigen Gesichtspunkten generalisiert und sachfremden Einflüssen auf das Verfahren vorgebeugt wird (BVerfGE 9, 226 f.; s. auch BVerfGE 20, 344; 22, 259; krit. z.B. Kunig in von Münch/Kunig, Art. 101 Rn. 28). Auch § 33 b II JGG ist, soweit er der großen Jugendstrafkammer die Möglichkeit eröffnet, mit zwei statt – regulär – drei Berufsrichtern zu verhandeln, nicht zu beanstanden (BVerfG, Beschl. v. 20.6.2012 – 2 BvR 1048/11 –). Vorschriften, auf deren Grundlage ein Gericht ein anderes mit Bindungswirkung für zuständig erklärt, begegnen gleichfalls kei-

nen Bedenken (BVerfGE 6, 52). § 153 f II 1 Nr. 4 StPO, der die Staatsanwalt-schaft ermächtigt, im Fall der Zuständigkeit eines internationalen Gerichtshofs von der Verfolgung der dort genannten Straftaten abzusehen, berührt schon nicht den Schutzbereich des Art. 101 I 2 (BVerfGK 18, 357). Das Gleiche gilt für Regelungen über die Wahl unter mehreren Gerichtsständen (§ 35 ZPO) und über die Möglichkeit von Gerichtsstands- und Schiedsgerichtsvereinbarungen (§§ 38, 1025 ff. ZPO), weil damit nur der Privatautonomie Raum gegeben wird (Maunz in Ders./Dürig, Art. 101 Rn. 22). Der Gesetzgeber ist nach Art. 101 I 2 auch nicht gehalten, gegen jede gerichtl. Entscheidung einen Instanzenzug zu eröffnen (BAG, NJW 2009, 936).

Das Gebot des Satzes 2 ist entstehungsgeschichtlich zwar in erster Linie gegen die **Exekutive** gerichtet (BVerfGE 3, 364; 4, 416; 22, 73), hat insoweit heute aber praktisch eher geringe Bedeutung. Zulässig ist es, auf der Grundlage einer ausreichenden gesetzl. Ermächtigung im Verordnungswege Gerichtsgrenzen zu ändern oder örtliche Zuständigkeiten bei *einem* Gericht zu konzentrieren (vgl. BVerfGE 2, 326; 27, 34 ff.; weiter auch BVerfG, NVwZ 1993, 1080; NVwZ-RR 2006, 667). Unbedenklich ist ferner die Auflösung von Spruchkörpern durch die vollziehende Gewalt, wenn es sich dabei um eine sachlich gerechtfertigte, auf dauerhafte Umstände gegründete Maßnahme handelt (BVerfGE 1, 440). Bedenklich ist dagegen die Verhängung einer Kriminalstrafe durch eine Verwaltungsbehörde (BVerfGE 23, 73) und ferner, eine frei gewordene Richterstelle in angemessener Zeit nicht wiederzubesetzen (BVerfG, NJW 1983, 1541; BVerwG, NJW 1986, 1367; BGHZ 95, 248; BFHE 190, 55; BSG, NJW 2007, 2718), nicht unproblematisch auch, auf das Gesuch eines Richters, ihn nach Erreichen der gesetzl. Voraussetzungen vorzeitig aus dem Richterdienst zu entlassen, nicht zu reagieren und damit die Ernennung eines Nachfolgers zu verzögern. Im Übrigen bedeuten die Ernennung und Beförderung von Richtern aber keine Verletzung des Art. 101 I 2, wenn sie nicht mit dem Ziel der Einwirkung auf bestimmte Gerichtsverfahren erfolgen. [8]

Eine unzulässige Entziehung des gesetzl. Richters durch die **Judikative** liegt vor bei der bewussten oder sonst schlechterdings nicht zu rechtfertigenden Nichtbeachtung von Regelungen, die der Bestimmung des gesetzl. Richters dienen (BVerfGE 95, 327 f., 329 f.; BVerfG, NJW 1998, 2963; BVerfGK 7, 336 f.). Die Garantie des Art. 101 I 2 wird aber nicht schon durch den bloßen *error in procedendo* berührt (BVerfGE 29, 48 m.w.N.; BVerfG, NJW 1991, 3270; BVerfGK 5, 280; BAGE 68, 254; vgl. auch zu Fehlern bei der Wahl u. Heranziehung ehrenamtlicher Richter BVerfG, NVwZ 1989, 141; BGHSt 26, 211; BFHE 168, 511; 194, 350 f.; BAG, NJW 2010, 2299). Die Grenze zum nicht mehr Hinnehmbaren ist erst überschritten, wenn die konkret ergangene Entscheidung bei verständiger Würdigung der das GG beherrschenden Gedanken nicht mehr verständlich erscheint und offensichtlich unhaltbar, also wegen grober Missachtung oder grober Fehlanwendung des Gesetzesrechts willkürlich ist (BVerfGE 82, 194, 197; 87, 284 f.; BVerfGK 3, 298; BAGE 88, 355; BFHE 190, 56; BlnVerfGH, NVwZ 1999, 133) oder wenn Bedeutung und Tragweite des Art. 101 I 2 grundlegend verkannt werden (BVerfGE 87, 285; BVerfG, NVwZ 2005, 1307; BVerfGK 5, 235 f.). Dies kann jeweils nur angesichts der Umstände des Einzelfalls beurteilt werden (BVerfGK 17, 239 m.w.N.). Im Einzelnen ist ein Verstoß gegen die Garantie des gesetzl. Richters anzunehmen bei formeller Justizverweigerung, bei willkürlicher *Auslegung und Anwendung einer Zuständigkeitsnorm* (BVerfGE 3, 364; BVerfGK 4, 344; 7, 10; 8, 382; BGHSt 38, 212; 40, 122; BayVerfGH, BayVBl 2008, 106; s. auch zur Verweisung an ein in Wirklichkeit unzuständiges [9]

Gericht OLG Brandenburg, NJW 2004, 780, u. zum Unterbleiben einer gebotenen Zurückverweisung vom Revisions- an das Tatsachengericht BVerfGE 54, 115 f.; BVerfGK 2, 209; 6, 288) oder entsprechender *Nichtzulassung eines Rechtsmittels* (BVerfG, FamRZ 2003, 589; BVerfGK 17, 529; BVerfG, NJW 2012, 1715; BGH, NJW 2011, 1516; BAG, NJW 2011, 3533; BlnVerfGH, NJW 2008, 3420; BayVerfGH, BayVBl 2010, 699) wie überhaupt bei – objektiv, Verschulden also nicht voraussetzender (BGHSt 42, 208) – *willkürlicher Verletzung* von dem Gericht obliegenden Pflichten (BVerfG, NJW 2002, 814; BGHSt 52, 30, zur Aussetzung oder Unterbrechung eines gerichtl. Verfahrens; krit. zur Willkürformel Classen in v. Mangoldt/Klein/Starck, Art. 101 Rn. 31 f.). Die Mitwirkung des im Einzelfall – kraft Gesetzes oder kraft Ablehnung – von der Ausübung des Richteramts *ausgeschlossenen Richters* verstößt, weil Satz 2 auch den unparteilichen Richter gewährleistet (s. oben Rn. 6), ebenfalls gegen diese Vorschrift (BVerfGE 63, 79 f.; zur Entscheidung über mehrere gleichzeitig angebrachte Ablehnungsgesuche, die auf gleiche oder im Wesentlichen ähnliche Gründe gestützt sind u. alle Richter eines Spruchkörpers betreffen, s. BVerfGK 3, 165). Das Gleiche gilt, wenn ein *Ablehnungsgesuch willkürlich zurückgewiesen* (BVerfGK 9, 284; BVerfG, NJW 2008, 3348; 2012, 3228) oder in Verkennung des Gewährleistungsgehalts des Art. 101 I 2 unter Mitwirkung des abgelehnten Richters grob fehlerhaft als unzulässig verworfen wird (BVerfGK 5, 280 ff.; 7, 337 ff.; 11, 73 f.; BGHSt 50, 219 f., zum Verfahren nach – dem eng auszulegenden – § 26 a StPO; entsprechend für den Zivilprozess BVerfG, NJW 2007, 3772 f.; BVerfGK 11, 442 f., u. für das Verwaltungsstreitverfahren BVerfGK 13, 75 ff.; BVerfG, NJW 2011, 2193). Überhaupt ist die Garantie des gesetzl. Richters verletzt, wenn ein Gericht in einer vom Gesetz nicht gedeckten Besetzung entscheidet (BSG, NJW 2011, 107), so wenn ein Richter an einer Gerichtsentscheidung mitwirkt, der aus dem Richteramt ausgeschieden ist (BAGE 101, 150 f.). Auch das Kollegium, das in einer originären Einzelrichtersache in voller Besetzung und ohne Übertragung durch den Einzelrichter entscheidet, ist nicht der gesetzl. Richter (BVerfGK 15, 544). Das Gleiche gilt umgekehrt für den Einzelrichter, der den Rechtsstreit entscheidet, ohne dass ihm dieser zuvor durch Beschluss des Kollegiums übertragen worden ist (OVG Frankfurt/Oder, NVwZ-RR 2001, 202). Ebenfalls mit Art. 101 I 2 nicht zu vereinbaren ist es, wenn ein Gericht auf Grund eines nachgereichten Schriftsatzes über die Wiedereröffnung der mündlichen Verhandlung entscheidet und die zur Mitwirkung berufenen ehrenamtlichen Richter an dieser Entscheidung nicht beteiligt werden (BGH, NJW 2008, 581). Dagegen berührt es nicht die Garantie des gesetzl. Richters, wenn an der Verkündung eines Urteils Richter mitwirken, die an der dem Urteil zugrunde liegenden mündlichen Verhandlung und an der Urteilsberatung nicht beteiligt waren (s. auch – zur einfachrechtl. Rechtslage – BVerwGE 50, 79; BGHZ 61, 370). Der Wechsel eines beisitzenden Richters zwischen dem Hinweis nach § 522 II 2 ZPO und der Zurückweisung der Berufung gemäß § 522 II 1 ZPO verstößt ebenfalls nicht gegen Satz 2 (BVerfGK 3, 330 f.; zur Aussetzung der Hauptverhandlung in einem Strafprozess mit anschließendem Schöffenwechsel BGH, NJW 2007, 3365). Mit Art. 101 I 2 unvereinbar sind dagegen *Geschäftsverteilungs- und Mitwirkungsregelungen* der Gerichte (vgl. oben Rn. 5), wenn sie den oder die zur Entscheidung berufenen Richter nicht im Voraus so genau wie möglich bestimmen (BVerfGE 95, 329 ff.; BVerfG, NJW 2005, 2689; BGH, NJW 2009, 1351; StV 2012, 205; BAGE 88, 354 f.; BFHE 187, 414 f.; OVG Berlin, OVGE Bln 23, 101). Änderungen solcher Regelungen, deren Verfassungsmäßigkeit vom BVerfG voll, also nicht bloß auf Willkür, überprüft wird (BVerfG, NJW 2005,

2690; BGH, NJW 2009, 1351) und deren Nichtbeachtung ebenfalls gegen die Garantie des gesetzl. Richters verstoßen kann (BVerfGK 5, 235 ff.), sind auch für schon anhängige Verfahren möglich, wenn die Neuregelung durch Präsidiumsbeschluss generell gefasst wird, also außer anhängigen Sachen auch eine Vielzahl künftiger, gleichartiger Fälle erfasst und nicht aus sachwidrigen Gründen vorgenommen wird (BVerfG, NJW 2005, 2690 m.w.N.; 2006, 2686; BGH, NJW 2009, 1352; BGHSt 53, 272). Selbst eine Änderung allein für anhängige Verfahren ist zulässig, wenn nur so dem verfassungsrechtl. Gebot der Verfahrensbeschleunigung genügt werden kann und die Gründe dokumentiert werden, die die damit verbundene Umverteilung erfordern und rechtfertigen (BVerfGK 15, 253; BGHSt 53, 272). Unbedenklich ist es ferner, wenn im Zivilprozess das Berufungsgericht in Anwendung des § 538 I, II Nr. 1 ZPO eine eigene Sachentscheidung trifft, ohne darüber zu befinden, ob das Vordergericht einen Ablehnungsantrag unter Mitwirkung des abgelehnten Richters zu Recht als unzulässig verworfen hat (BGH, NJW 2008, 1672). Die Bestimmung des zuständigen Richters durch die Gerichte selbst kann ebenfalls zulässig sein (zu § 36 I Nr. 3 ZPO vgl. BVerfG, NJW 2009, 907 f.); so kann auch die Festlegung der Richterbank in das Ermessen des Gerichts gestellt werden, wo dies aus Gründen einer geordneten Rechtspflege unvermeidbar ist (BVerfGK 10, 480). Die Besetzung eines Spruchkörpers mit mehr als der gesetzl. vorgeschriebenen Zahl an Richtern (dazu s. BVerfGE 95, 322) und die vorübergehende Übertragung der Vorsitzendenfunktion in mehr als einem Spruchkörper sind unbedenklich, wenn vorab hinreichend verlässlich bestimmt ist, in welcher Zusammensetzung der jeweilige Spruchkörper welche Verfahren entscheidet, und im letzteren Fall die kollegiale Zusammenarbeit in den beiden Spruchkörpern außerdem gewährleistet, dass der Vorsitzende durch die Doppelbelastung nicht in der amtsgerechten Wahrnehmung seiner jeweiligen Vorsitzendenfunktionen beeinträchtigt wird (im Ergebnis wie hier BVerfG, NJW 2012, 2335 ff.; BGH, StV 2012, 209; 2012, 272 f.; a.A. auf Grund einer eher selbstverliebten, von wenig Richterethos getragenen Einschätzung BGH, StV 2012, 206 ff.). Art. 101 I 2 verlangt auch nicht, dass ein Gericht einstweiligen Rechtsschutz gewährt, bis ein anderes Gericht seine Entscheidung in einem anderen Verfahren getroffen hat (BVerfG, NVwZ 2005, 79).

Der Wahrung des gesetzl. Richters innerhalb der Justiz dient auch die in den Gesetzen bereichsspezifisch geregelte **Verpflichtung der Gerichte zur Vorlage** einer bei ihnen anhängigen Sache **an ein anderes Gericht** (BVerfGE 76, 96; 87, 285; 96, 77; BlnVerfGH, JR 2001, 408), damit dieses über vorgreifliche Fragen entscheidet, die für den Ausgang des Verfahrens vor dem vorlagepflichtigen Gericht erheblich sind (BVerwG, SächsVBl 2013, 17). Als anderes Gericht in diesem Sinne kommen neben dem BVerfG (Art. 100; zu Art. 100 I vgl. BVerfGE 117, 356; 130, 41, zu Art. 100 II BVerfGE 109, 48 f. m.w.N.; BVerfGK 9, 213; 14, 529, zu Art. 100 III BVerfGE 13, 143) und den obersten Gerichtshöfen des Bundes (BVerfGE 101, 359) etwa auch der Große Senat eines dieser Gerichtshöfe (BVerfGE 19, 43; BVerfGK 2, 220; BVerfG, NJW 2012, 444), deren Gemeinsamer Senat (Art. 95 III; dazu BVerfG, NJW 1992, 2078; BVerfGK 7, 464 f.) und der EuGH (BVerfGE 75, 233 f.; 126, 315; BVerfGK 3, 364; BVerwGE 106, 333) in Betracht. Unterbleibt eine Vorlage, gelten für die verfassungsrechtl. Beurteilung dieser Unterlassung grundsätzlich die allg., am Willkürverbot orientierten Maßstäbe (BVerfGE 117, 356; zur vielfältigen Verneinung von Vorlagepflichten nach Art. 100 II s. aber BVerfGE 109, 23 f.; 109, 49 f.). **10**

Im Prinzip trifft dies auch auf die – für die Vertretbarkeitskontrolle allein maßgebliche (BVerfG, NJW 2011, 1131; NVwZ 2012, 298; Britz, NJW 2012, 1314) **11**

– Handhabung der **Vorlagepflicht gegenüber dem Gerichtshof der Europäischen Union** gemäß Art. 267 III AEUV in Hauptsacheverfahren zu (vgl. BVerfGE 126, 315 f.; 128, 187; BVerfGK 13, 512; 14, 233; gegen den Prüfungsmaßstab der Willkür gerade hier aber Roth, NVwZ 2009, 349 ff. m.w.N; Haensle, DVBl 2011, 817 ff.; zu Verfahren des einstweiligen Rechtsschutzes s. BVerfGK 10, 53 m.w.N.). Unterlässt es ein deutsches Gericht in willkürlicher Weise, wegen einer für den bei ihm anhängigen Rechtsstreit entscheidungserheblichen europarechtl. Frage (zur Zuständigkeit für die Beurteilung der Entscheidungserheblichkeit vgl. BVerfGE 82, 194) ein Vorabentscheidungsverfahren zum EuGH herbeizuführen, obwohl es unionsrechtl. dazu verpflichtet ist, werden die Rechtsschutzsuchenden des Ausgangsverfahrens ihrem gesetzl. Richter entzogen (BVerfG, NJW 2012, 599 m.w.N.). In seiner Rspr. hat das BVerfG den Willkürmaßstab für solche Verfahren durch die Bildung von Fallgruppen verfeinert (BVerfGK 10, 29; 17, 112 m.w.N.; BayVerfGH, BayVBl 2012, 532), die allerdings keinen abschließenden Charakter haben (BVerfG, NVwZ 2012, 298). Die Nichtbeachtung der Vorlagepflicht, deren lückenlose Nachprüfung durch das BVerfG auch unionsrechtl. nicht geboten ist (BVerfGE 126, 316; str.; vgl. jedoch EuGH, NJW 1983, 1258), verstößt danach gegen Art. 101 I 2 inbes. dann, wenn das letztinstanzliche Hauptsachegericht seine Vorlagepflicht *grundsätzlich verkannt* hat, wenn es *bewusst* von der Rspr. des EuGH *abgewichen* ist, wenn dieser die *entscheidungserhebliche* unionsrechtl. *Frage noch nicht* oder *möglicherweise noch* nicht vollständig *beantwortet* hat oder wenn eine Fortentwicklung der EuGH-Rspr. nicht nur als eine entfernte Möglichkeit erscheint, sofern das nationale Gericht letzter Instanz den ihm in solchen Fällen zukommenden Beurteilungsspielraum in unvertretbarer Weise überschritten hat (im Näheren s. BVerfGE 126, 316 f.; 128, 187 f. m.w.N.; 129, 106 f.; BayVerfGH, NVwZ-RR 2011, 713). In diesem Zusammenhang ist auch zu prüfen, ob sich das Fachgericht hinsichtlich des Unionsrechts ausreichend kundig gemacht hat (BVerfGK 8, 405). Dabei umfasst der Begriff des Unionsrechts nicht nur geschriebenes und ungeschriebenes Recht in seiner Auslegung durch den EuGH, sondern auch die in dessen Rspr. für das Unionsrecht entwickelten Auslegungsmethoden und -grundsätze (BVerfG, NJW 2001, 1268; VR 2012, 26). Sieht das nationale letztinstanzliche Gericht von einer Vorlage ab, hat es die dafür maßgebenden Gründe anzugeben, damit dem BVerfG eine Kontrolle am Maßstab des Art. 101 I 2 möglich ist (BVerfGK 16, 336 f.; 17, 544; BVerfG, NJW 2011, 1132). Die Beachtung der Vorlagepflicht entsprechend diesen Grundsätzen ist insbes. deshalb von weichenstellender Bedeutung, weil allein durch sie sichergestellt werden kann, dass der Bürger auch in den Fällen – durch den EuGH – Grundrechtsschutz erhält, in denen dieser im Hinblick auf die Grundrechtssicherungen des europäischen Gemeinschaftrechts nach Maßgabe von Art. 93 Rn. 25 und Art. 100 Rn. 5 nicht (mehr) durch das BVerfG selbst gewährt wird (vgl. dazu BVerfG, NJW 2001, 1268). Die Möglichkeit, dass eine Vorlageverpflichtung besteht, wirkt sich auch auf die Entscheidung über die Zulassung von Rechtsmitteln aus (s. BVerfGK 13, 425; 14, 151). Die Vorlagepflicht trifft hier das Gericht, das als Letztes über die Rechtsmittelzulassung entscheidet. Es ist insoweit letztinstanzliches Gericht i.S. von Art. 267 III AEUV (BVerfG, NVwZ 2012. 427). Zur Vorlagepflicht der Fachgerichte nach Art. 267 II AEUV im Fall der Unklarheit über den Grad der Verbindlichkeit sekundären EU-Rechts im Rahmen konkreter Normenkontrollen vgl. Art. 100 Rn. 8.

12    Ob **Verstöße gegen Art. 101 I 2** wie Verletzungen des Anspruchs auf rechtl. Gehör vor Anrufung des BVerfG im fachgerichtl. Ausgangsverfahren in (analoger)

Anwendung der auf dem AnhörungsrügenG (s. Art. 103 Rn. 10) beruhenden Regelungen geltend gemacht werden können (u. müssen), ist str. (vgl. dazu die Nachweise in BVerfGK 15, 593), im Hinblick auf die Beschränkung der Entscheidung BVerfGE 109, 395, auf Aussagen zu Art. 103 I (BVerfGE 13, 512 f.; BFHE 217, 231 f. m.w.N.; BVerwG, NJW 2009, 458; BGH, JR 2009, 119; s. auch vor Art. 92 Rn. 2 sowie BT-Dr 15/3706 S. 14) aber richtigerweise zu verneinen. Solche Verstöße sind deshalb unmittelbar mit der **Verfassungsbeschwerde** zu rügen. Erfolg hat diese aber nur, wenn die Verletzung des Rechts auf den gesetzl. Richter für die angegriffene Entscheidung ursächlich war. Daran fehlt es, wenn diese ohne den Verfassungsverstoß genauso ausgefallen wäre (BVerfGE 96, 86; BVerfGK 13, 314). Dagegen ist ein zur Aufhebung der Entscheidung führender Zusammenhang bei Verletzung wesentlicher Verfahrensvorschriften gegeben, wenn es möglich ist, dass die Verletzung den Entscheidungsinhalt beeinflusst hat (BVerfG, NVwZ 2012, 300).

**Absatz 2: Sondergerichte**

Anders als Ausnahmegerichte (dazu oben Rn. 2) können – anstelle der normalen Gerichte der Zivil-, Straf- und Verwaltungsgerichtsbarkeit – **Gerichte für besondere Sachgebiete** errichtet werden, sofern dies durch formelles Gesetz und in der Weise geschieht, dass die gerichtl. Zuständigkeit für das jeweilige Sachgebiet – sachlich, aber auch örtlich – im Voraus abstrakt und generell bestimmt wird (vgl. BVerfGE 10, 212 f.). Darüber hinaus unterliegen dem **Gesetzesvorbehalt** auch Regelungen über Instanzenzüge, über die Zusammensetzung von Spruchkörpern, über die Auswahl und Ernennung der Richter und über die Dauer ihrer Amtszeit (BVerfGE 18, 257; 22, 47 f.; 27, 362 f.). Für bestimmte Personengruppen allein, ohne Verknüpfung mit einem besonderen Sachgebiet, dürfen Sondergerichte nicht geschaffen werden (BVerfGE 26, 192). Ebenfalls unzulässig ist es, den im GG abschließend festgelegten Kreis der Bundesgerichte (s. dazu Art. 30 Rn. 2, Art. 92 Rn. 1 u. 6) durch die Einrichtung von Sondergerichten des Bundes zu erweitern (BVerfGE 26, 192; BVerwGE 32, 23). Abs. 2 gestattet danach nur die Errichtung von Sondergerichten der Länder (vgl. BVerfGE 10, 213). Besondere Gerichte in diesem Sinne sind z.B. Friedens- (BVerfGE 10, 212 f.), Berufs- (BVerfGE 18, 257; 22, 47), Ehren- (BVerfGE 26, 192 f.), Richterdienst- (BVerfGE 48, 324) und Disziplinargerichte für Beamte (BVerfGE 26, 193) und Soldaten (BVerwGE 93, 287), weiter Schifffahrts- (§ 14 GVG), Flurbereinigungs- und Jugendgerichte (BayObLG, JR 1975, 203), aber auch die im Bereich der Länder eingerichteten Gerichte der Finanz-, Arbeits- und Sozialgerichtsbarkeit (a.A. Schulze-Fielitz in Dreier, Art. 101 Rn. 25). 13

## Artikel 102 [Abschaffung der Todesstrafe]

**Die Todesstrafe ist abgeschafft.**

Art. 102 **untersagt** mit der **Todesstrafe** die Tötung eines Menschen als Sanktion des Strafrechts für begangenes Unrecht. Dies ist Ausdruck des Bekenntnisses des GG zum grundsätzlichen Wert des menschlichen Lebens und zu einer Staatsauffassung, die sich in betonten Gegensatz zu den Praktiken der NS-Zeit stellt (BVerfGE 39, 36 f.; vgl. auch BGHSt 41, 329). Die Vorschrift garantiert allerdings – anders als Art. 2 II 1 mit der hier einschlägigen Gewährleistung des Rechts auf Leben – kein Grundrecht (a.A. etwa Scholz in Maunz/Dürig, Art. 102 Rn. 5 u.ö.) und, wie Art. 93 I Nr. 4 a entnommen werden kann, auch kein grund- 1 rechtsgleiches Recht. Sie enthält vielmehr nur objektives, aber auch in dieser Gestalt unmittelbar geltendes, freilich bloß die *deutsche* Staatsgewalt verpflichtendes Recht. **Verboten** sind nicht nur das Verhängen und das Vollstrecken der Todesstrafe (vgl. dazu auch auf europäischer Ebene Art. 2 II EUGrCh), sondern bereits das Androhen dieser Strafe durch den Gesetzgeber (s. BVerfGE 18, 116). Erfasst wird nur die repressive Tötung, nicht also der präventive, der Gefahrenabwehr dienende polizeiliche Todesschuss („finaler Rettungsschuss"; Sodan in Ders., Art. 102 Rn. 2). Nicht untersagt ist auch die mit Art. 16 a vereinbare Auslieferung eines ausländischen Straftäters wegen einer Tat, die in dem um Auslieferung ersuchenden Staat mit der Todesstrafe bedroht ist (str.; wie hier BVerfGE 18, 116 ff.; offengelassen in BVerfGE 60, 354; a.A. z.B. Kunig in von Münch/Kunig, Art. 102 Rn. 13, der seine Auffassung jedoch maßgeblich auf Art. 1 I u. Art. 2 II 1 stützt). Auch der Ausweisung und Abschiebung eines Ausländers steht Art. 102 nicht schlechthin entgegen (a.A. mit Rücksicht auf den Grundsatz der Verhältnismäßigkeit BayObLG, DVBl 1964, 591). *Einfachrechtlich* ist die Auslieferung wegen einer mit der Todesstrafe bedrohten Straftat nach § 8 des G über die internationale Rechtshilfe in Strafsachen i.d.F. vom 27.6.1994 (BGBl I S. 1537) allerdings nur dann erlaubt, wenn der um die Auslieferung ersuchende Staat zusichert, daß die Todesstrafe nicht verhängt oder vollstreckt werden wird (zu Sinn u. Zweck dieser Regelung vgl. BGHSt 34, 263 f.). Gleiches gilt für die Abschiebung ausreisepflichtiger Ausländer. Eine im Ausland drohende Verhängung oder Vollstreckung der Todesstrafe ist aber auch schon im Rahmen des Ausweisungsermessens der Ausländerbehörde zu berücksichtigen (BVerwGE 78, 290 ff.).

2 Ob im Wege einer **Änderung des Art. 102** die Todesstrafe wieder eingeführt werden könnte, ist str. Art. 79 III i.V.m. Art. 1 I stünde dem wohl nicht schlechthin entgegen (offengelassen in BVerfGE 94, 138; a.A. dagegen BGHSt 41, 325). Insbes. für Kriegs- oder Bürgerkriegssituationen könnte eine Wiedereinführung in Betracht kommen. De lege lata ist jedoch die lebenslange Freiheitsstrafe die nachhaltigste Reaktion des Staates auf kriminelles Unrecht des Einzelnen (s. auch BayVerfGH 18, 151).

## Artikel 103 [Rechtliches Gehör, Strafrechtsbegrenzungen]

(1) Vor Gericht hat jedermann Anspruch auf rechtliches Gehör.

(2) Eine Tat kann nur bestraft werden, wenn die Strafbarkeit gesetzlich bestimmt war, bevor die Tat begangen wurde.

(3) Niemand darf wegen derselben Tat auf Grund der allgemeinen Strafgesetze mehrmals bestraft werden.

1 **Allgemeines:** Art. 103 garantiert in Abs. 1 für gerichtliche Verfahren jedermann **rechtliches Gehör,** begründet in Abs. 2 für das **Strafrecht** besondere Bestimmtheitserfordernisse und verbietet in Abs. 3 die Mehrfachbestrafung. Diesen inter-

nen Gewährleistungen teilweise entsprechende Regelungen enthalten extern auf europäischer Ebene Art. 6 I, Art. 7 I EMRK und Art. 4 des – von Deutschland allerdings nicht ratifizierten (BVerfG, NJW 2012, 1203) – Protokolls Nr. 7 zur EMRK, von denen Art. 6 I EMRK mit der Garantie eines fairen Verfahrens auch die Gewährung rechtl. Gehörs verlangt (EGMR, EuGRZ 1992, 194; 1993, 457; Weiteres bei Meyer-Ladewig, Art. 6 Rn. 101 ff.; vgl. auch BVerfGE 107, 408 f., u. mit Blick auf § 329 I 1 StPO BVerfG, KBeschl. v. 27.12.2006 – 2 BvR 535/04 – juris), sowie für den Bereich der EU Art. 47 Satz 2, Art. 49 I und Art. 50 EU-GrCh; in letzterer Hinsicht (Verbot der Doppelbestrafung) s. EuGH, NJW 2009, 3150 f., sowie BVerfG, NJW 2012, 1203 ff.

Die Gewährleistungen des Art. 103 dienen wie Art. 101 (s. dort Rn. 1) der **Sicherung der Rechtsstaatlichkeit im gerichtlichen Verfahren** (vgl. auch zu Abs. 1 BVerfGE 74, 224; 86, 144; 107, 407; BGHZ 118, 321, zu Abs. 2 BVerfGE 78, 382; 95, 130), stehen insbes. im Zusammenhang mit den Geboten des effektiven Rechtsschutzes und des fairen Verfahrens (BVerfG, NJW 2001, 2531; s. auch Rn. 5) und enthalten sowohl Normen des objektiven Rechts (ebenso zu Abs. 1 BVerfGE 70, 188; 107, 408; BVerfGK 10, 9; 10, 399) als auch grundrechtsgleiche (Art. 93 I Nr. 4 a), vom BVerfG vielfach direkt als Grundrechte bezeichnete (vgl. zu Abs. 1 z.B. BVerfGE 19, 99; 60, 249; 64, 144; BVerfG, NVwZ-RR 2002, 803: „Prozessgrundrecht") Rechte, die vom Begünstigten mit der Verfassungsbeschwerde (dazu Art. 93 Rn. 22 ff.) verteidigt werden können. In Pflicht genommen werden vor allem Legislative und Judikative. Jene hat die Gewährung rechtl. Gehörs näher auszugestalten (s. nachstehend Rn. 9), diese das Recht auf Gehör im Gerichtsverfahren zu wahren (im Einzelnen dazu vor allem Rn. 6 ff.). **2**

**Absatz 1: Anspruch auf rechtliches Gehör**

Die Gewährleistung des rechtl. Gehörs nach Abs. 1 erzeugt Bindungen **nur für das gerichtliche Verfahren** (BVerfGE 27, 103; BGHSt 23, 55; BayVerfGH 29, 42; VGH Kassel, ESVGH 43, 258), nicht also für das Gesetzgebungsverfahren (dazu vgl. BVerfGE 36, 330), das Verfahren vor dem Rechtspfleger (BVerfGE 101, 404 f.) und das Verwaltungsverfahren (BVerfGE 122, 199; BVerfG, NJW 1993, 583; OVG Berlin, OVGE Bln 25, 185; schief deshalb OVG Saarlouis, NVwZ-RR 2012, 614); die Möglichkeit, auch vor dem Rechtspfleger und im Verwaltungsverfahren zu Wort zu kommen, garantiert jedoch das im Rechtsstaatsprinzip i.V.m. den Freiheitsrechten und Art. 1 I verwurzelte Recht auf ein faires Verfahren (BVerfGE 130, 25; s. auch BVerwGE 113, 161, u. die einfachrechtl. Regelungen etwa in § 28 VwVfG). Art. 103 I schützt auch nur das rechtl. Gehör vor staatl. Gerichten (i.S. von Art. 92 Rn. 5), nicht dagegen vor privaten Schiedsgerichten (vgl. aber BGH, NJW 1992, 2299), Vereins- (BGHZ 29, 355) und Kirchengerichten. Im staatl. Bereich gilt Abs. 1 aber für alle Zweige der Gerichtsbarkeit, für alle Instanzen (mit der Maßgabe, dass ein Verstoß ggf. in der höheren Instanz oder im Rahmen eines Anhörungsrügeverfahrens nach dem AnhörungsrügenG geheilt werden kann; s. Rn. 9 f.) und grundsätzlich – unabhängig davon, ob der Untersuchungsgrundsatz maßgeblich ist oder nicht (vgl. BVerfGE 79, 61; BVerfG, NJW 1995, 317) – für alle gerichtl. Verfahren. Im Einzelnen erfasst werden demnach Verfahren vor den Verfassungsgerichten (zu Verfahren vor den Landesverfassungsgerichten BVerfGE 60, 210 ff.), Verfahren der freiwilligen Gerichtsbarkeit (BVerfGE 92, 183; BVerfGK 1, 191; BlnVerfGH, JR 2002, 99), Auslieferungsverfahren (BVerfGE 109, 37 f.; 109, 63 f.), Disziplinarverfahren (BVerwGE 125, 30 f.), Wehrbeschwerdeverfahren (BVerwG, NVwZ-RR 2007, 114; BVerwGE 139, 16), Verfahren über die Anordnung der Untersu- **3** chungshaft (BVerfG, NJW 1994, 3219 f.), Ermittlungs- (BVerfG, NJW 1994, 3220), Bußgeld- (BVerfGK 13, 225 ff.), Arrest- (BVerfGK 3, 205; 7, 205) und Klageerzwingungsverfahren nach § 172 II, III StPO (BVerfG, NJW 1993, 383; NStZ 2007, 273; BVerfGK 18, 83), weiter Verfahren auf Aussetzung einer Restfreiheitsstrafe zur Bewährung (BVerfGE 19, 201), selbständige Beweisverfahren (OLG Stuttgart, NZBau 2010, 317), Zwangsversteigerungs- (BVerfGE 42, 86 f.), Beschwerde- (BVerfGE 19, 51), Prozesskostenhilfe- (BVerfGE 20, 282; 29, 345 ff.) und Wiederaufnahmeverfahren (BlnVerfGH, JR 2002, 101). Auch in Verfahren über die Gewährung vorläufigen Rechtsschutzes (VGH Mannheim, VBlBW 1999, 266) und bei der Selbstablehnung eines Richters (BVerfGE 89, 36 f.; BGH, NJW 1995, 403; str.) ist den Beteiligten rechtl. Gehör zu gewähren. Zum in camera-Verfahren nach § 99 II VwGO s. BVerfGE 115, 239 ff.; BVerwG, NVwZ 2004, 486. Im Strafprozess ist ein derartiges Verfahren ausgeschlossen (BVerfGK 10, 9; 12, 116).

4 Der Anspruch auf rechtl. Gehör vor Gericht wird durch Abs. 1 – ggf. über die rechtl. Ausgestaltung in den Verfahrensordnungen hinaus (vgl. BVerfGE 60, 14; 61, 41) – *jedermann* eingeräumt. Begünstigt werden danach *alle am gerichtlichen Verfahren Beteiligten*, die Parteien ebenso wie Haupt- und Nebenintervenienten im Zivilprozess, Beigeladene (BVerwGE 139, 16; BFHE 188, 274), der Beschuldigte, Angeklagte und Nebenkläger im Strafprozess (BVerfGE 14, 323) und darüber hinaus jeder sonst Beteiligte, dem gegenüber sich eine gerichtl. Entscheidung materiellrechtl. auswirkt und der von ihr in seinen Rechten unmittelbar betroffen wird (BVerfGE 89, 390 f.; 101, 404). Dazu gehören im Adoptionsverfahren auch die Kinder des Annehmenden (BVerfG, NJW 2009, 139). Darauf, ob es sich bei dem Beteiligten um eine natürliche oder juristische Person handelt oder ob er rechtsfähig ist, kommt es nicht an (s. einerseits BVerfGE 64, 11, andererseits Art. 19 Rn. 9 m.w.N.). Der Staat, seine Behörden (für Staatsanwaltschaften vgl. aber Nolte in v. Mangoldt/Klein/Starck, Art. 103 Rn. 25), die Gemeinden, Gemeindeverbände und sonstige juristische Personen des öffentl. Rechts sind ebenfalls anspruchsberechtigt (s. Art. 19 Rn. 8). Das Gleiche gilt für Ausländer (BVerfGE 18, 403; BGHSt 11, 292), Staatenlose und ausländische juristische Personen (BVerfGE 12, 8; 64, 11). Im Prozesskostenhilfeverfahren ist der Gegner des Antragstellers hinsichtlich dessen persönlicher und wirtsch. Verhältnisse *nicht* Verfahrensbeteiligter und deshalb insoweit nicht anhörungsberechtigt (BVerfG, NJW 1991, 2078). Das Gleiche gilt für Zeugen und Sachverständige. Art. 103 I hat auch nicht zum Ziel, jeden an einem Gerichtsverfahren zu beteiligen, dessen Interessen durch die dort zu treffende Entscheidung berührt werden können (BVerfGK 9, 428, zu § 65 VwGO).

5 Das **Recht auf rechtliches Gehör** vor Gericht soll – im Zusammenspiel insbes. mit Art. 101 I 2 – gewährleisten, dass richterl. Entscheidungen willkürfrei durch eine nach objektiven Kriterien bestimmte Instanz auf einer hinreichend gesicherten Tatsachengrundlage und auf Grund einer unvoreingenommenen rechtl. Würdigung unter Einbeziehung des Vortrags der Parteien ergehen (BVerfGE 107, 403). Der Schutzbereich des grundrechtsgleichen Rechts ist dabei auf das vom Gericht einzuhaltende Verfahren, nicht aber auf die Richtigkeit der Entscheidung in der Sache ausgerichtet (vgl. BVerfGK 11, 206), obwohl die Anhörung der Beteiligten Voraussetzung einer richtigen Entscheidung ist (BVerfGE 9, 95; BVerfG, NJW 2011, 1275). Insbes. soll durch Art. 103 I sichergestellt werden, dass die vom Fachgericht zu treffende Entscheidung frei von Verfahrensfehlern ergeht, die auf mangelnder Kenntnisnahme oder Erwägung des Sachvortrags der Prozessbeteiligten beruhen (BVerfGE 65, 307; BVerfGK 11, 206; st. Rspr.; näher

s. Rn. 6 ff.). Die Gewährleistung rechtl. Gehörs, von BVerfGE 55, 6, als „das prozessuale Urrecht des Menschen" bezeichnet (ebenso BVerfGK 7, 210; 10, 9), steht insoweit in einem funktionalen **Zusammenhang mit der Rechtsschutzgarantie** (vgl. BVerfGE 81, 129; 119, 295; BVerfGK 10, 399). Diese sichert den Zugang zum Verfahren, während Art. 103 I auf einen angemessenen Ablauf des Verfahrens zielt: Wer bei Gericht formell ankommt, soll auch substantiell ankommen, also wirklich gehört werden (BVerfGE 107, 409; BVerfGK 10, 399; 11, 16). Verwehrt ist es danach den Gerichten, mit dem Menschen „kurzen Prozess" zu machen (BVerfGK 7, 339). Sie haben vielmehr bei der Verfahrensleitung und -gestaltung stets darauf zu achten, dass der Anspruch der Beteiligten auf rechtl. Gehör – effektiv (BVerfGK 7, 266) – gewahrt wird (BayVerfGH 57, 28).

„**Rechtliches Gehör**" sichert die Subjektstellung des Einzelnen im gerichtl. Ver- **6** fahren durch das Recht auf Information, Äußerung und Berücksichtigung (BVerfGE 107, 409; BVerfGK 3, 204; 6, 383; 10, 9; BGH, NJW 2004, 2021; BAG, NJW 2012, 1615). Der Einzelne soll nicht nur Objekt der richterl. Entscheidung sein (BVerfGE 9, 95; 107, 409), sondern als Subjekt des jeweiligen Verfahrens (s. Rn. 3) dessen Gang und die Förderung der Entscheidungsgrundlagen (dazu in tatsächlicher Hinsicht BVerfGK 13, 350) selbst beeinflussen können. Das setzt voraus, dass er weiß, worauf es tatsächlich und rechtl. in diesem Verfahren ankommt. Art. 103 I garantiert den Verfahrensbeteiligten deshalb vorgreiflich für alles weitere ein grundsätzliches **Recht auf Information** (dazu u. zum Folgenden auch BGH, NJW 2013, 389). Das bedeutet zwar nicht, dass für die Gerichte eine allg. Frage- und Aufklärungspflicht besteht (BVerfGE 84, 190; BVerfGK 7, 354; 12, 353). Doch dürfen die Verfahrensbeteiligten über den Verfahrensstoff nicht im Unklaren gelassen werden (BVerfGE 89, 35). Auf gerichtskundige Tatsachen, die zur Grundlage der Entscheidungsfindung gemacht werden sollen, müssen die Gerichte deshalb hinweisen (BAGE 126, 350 m.w.N.). Für allg.kundige Tatsachen reicht es dagegen aus, dass die Beteiligten des Verfahrens von der Einbeziehung dieser auch ihnen bekannten Tatsachen in das Verfahren wissen und auch deren Entscheidungserheblichkeit kennen (vgl. BVerfGE 10, 183 f.; 48, 209; BVerfG, NJW 2007, 208; BVerwGE 67, 84). Auch die Information über entscheidungserhebliche Beweismittel gehört – insbes. im Strafprozess – zum Anspruch auf Gehör vor Gericht (BVerfGK 7, 211; 10, 10; 12, 116). Die Möglichkeit der Akteneinsicht wird durch das Recht auf rechtl. Gehör ebenfalls garantiert (BVerfGE 18, 405 f.; 63, 59 f.; BVerfG, NVwZ 2010, 955). In rechtl. Hinsicht bestehen ebenfalls Informationspflichten. Art. 103 I verpflichtet die Gerichte allerdings grundsätzlich nicht zum *Rechtsgespräch* oder dazu, dass sie ihre Rechtsauffassung vor dem Ergehen einer Entscheidung den Beteiligten mitteilen (BVerfGE 31, 370; 84, 190; 98, 263; BVerfGK 1, 2; BlnVerfGH, JR 2003, 154; RhPfVerfGH, AS 29, 92; ThürVerfGH, ThürVBl 2012, 32). Da das Gehörsrecht auch sog. *Überraschungsentscheidungen* verbietet (BVerfGE 34, 8; 107, 410; je m.w.N.; BVerwG, NJW 1988, 275; BFH, NJW 2001, 3144), ist aber auf entscheidungserhebliche rechtl. Gesichtspunkte dann hinzuweisen, wenn mit ihnen auch ein gewissenhafter und kundiger Prozessbeteiligter selbst unter Berücksichtigung der Vielzahl vertretbarer Rechtsauffassungen nicht zu rechnen braucht (s. BVerfGE 86, 144 f.; 98, 263; BVerfGK 9, 302; BVerwGE 95, 241; BGH, NJW 2008, 1743; BAGE 118, 250, u. auch BFHE 162, 201 f.; zur Verpflichtung, auf die beabsichtigte Vorlage an eine höheres Gericht hinzuweisen, vgl. in diesem Zusammenhang BGHZ 156, 281 ff.) und ohne einen solchen Hinweis, der den Verfahrenbeteiligten gezielt und konkret über die Rechtsauffassung des Gerichts ins Bild setzen muss (ThürVerfGH, ThürVBl 2012, 32), das schutzwürdige prozes-

suale Vertrauen des Betroffenen gravierend enttäuscht würde. Erklärt der Berichterstatter des Kollegialgerichts durch Berichterstatterschreiben auch im Namen der für die Entscheidung zuständigen Richterkollegen, die ihm vorliegende
Klage werde Erfolg haben, und weist der Spruchkörper später nach dem Wechsel
des Berichterstatters die Klage ohne entsprechenden vorherigen Hinweis ab, ist
eine unzulässige Überraschungsentscheidung gegeben (BFHE 223, 310 f.). Will
ein Amtsgericht nach § 495 a ZPO im schriftlichen Verfahren entscheiden, ist es
verpflichtet, dies anzuordnen und den Parteien seine Absicht und den Zeitpunkt
zu offenbaren, bis zu dem sie ihr Vorbringen in den Prozess einführen und ggf.
gemäß Satz 2 dieser Vorschrift mündliche Verhandlung beantragen können
(BVerfG, NJW-RR 1994, 255; 2009, 562). Wird ein solcher Antrag gestellt und
vom Gericht ohne Durchführung der gesetzl. vorgesehenen mündlichen Verhandlung entschieden, werden Bedeutung und Tragweite des Rechts auf Gehör grundlegend verkannt (BVerfG, NJW 2012, 2263). Rechtsmittelführern ist vom
Rechtsmittelgericht rechtl. Gehör zu gewähren, bevor es die Zulassung des erstrebten Rechtsmittels mit der Begründung ablehnt, die angefochtene Entscheidung erweise sich aus anderen als den von der Vorinstanz angenommenen Gründen als richtig (BVerfG, NordÖR 2011, 227; BVerwG, NVwZ-RR 2004, 543).
Im strafprozessualen Revisionsverfahren besteht eine Hinweispflicht grundsätzlich auch dann, wenn das Revisionsgericht eine Entscheidung nach § 354 Ia 1
StPO beabsichtigt; dem Angeklagten sind die für ein solches Vorgehen sprechenden Gründe mitzuteilen (BVerfGE 118, 235 f.).

7    Als Gewährleistung des **Rechts auf Äußerung** verlangt Art. 103 I weiter, dass jeder Verfahrensbeteiligte die Gelegenheit erhält, im Verfahren – nicht notwendig
in mündlicher Verhandlung (BVerfGE 112, 206 m.w.N.; BVerfG, NJW 2005,
1486; BVerfGK 9, 27; BVerwGE 116, 124 f.; BFHE 166, 416 f.; BayVerfGH,
BayVBl 2008, 546; BlnVerfGH, JR 2000, 280 f.; vgl. aber auch vorstehend Rn. 6
sowie Art. 6 I 1 EMRK; BVerfGK 17, 85, u. OVG Bremen, NordÖR 2012, 109)
– bezüglich desselben Umstands einmal (BVerfG, NJW 2007, 3487) zu Wort zu
kommen, insbes. sich – innerhalb angemessener Frist (BVerfGE 49, 215 f.; 94,
207 f.; BVerfGK 15, 124 f.) und unter voller Ausschöpfung derselben (s.
BVerfGE 74, 224) – zu dem der erstrebten gerichtl. Entscheidung zugrunde liegenden Sachverhalt und zur Rechtslage vor Erlass der Entscheidung zu äußern,
Anträge zu stellen (vgl. BVerfGE 67, 155; 86, 144; BVerfGK 9, 302; BAGE 51,
104; BAG, NJW 2010, 2299; BlnVerfGH, JR 2002, 99) und damit das Gericht
in seiner Willensbildung zu beeinflussen (BVerfG, NJW 1992, 2075). Der Tatsachenvortrag eines Verfahrensbeteiligten, den das Gericht zu berücksichtigen beabsichtigt, muss den anderen Verfahrensbeteiligten vor der Entscheidung durch
Übersendung der betr. Schriftsätze zur Kenntnis gebracht worden sein, und die
Letzteren müssen die Möglichkeit zur Äußerung gehabt haben (BVerfGK 67, 99).
Wird mündlich verhandelt, sind die Beteiligten ordnungsgemäß zu laden (Bay-
VerfGH, BayVBl 2002, 222; 2007, 527) und umfasst das Recht auf Gehör auch
den Anspruch, sich in der mündlichen Verhandlung – allerdings nicht immer persönlich (Anwaltsprozess!) – zu äußern (BVerwGE 22, 273; BVerwG, NVwZ
1989, 858; BFHE 196, 54 f.). In familiengerichtl. Verfahren kann es geboten
sein, zur Wahrung der Interessen des betroffenen Kindes einen Verfahrenspfleger
zu bestellen (BVerfGE 99, 162 f.; BVerfGK 8, 415 f.). *Präklusionsvorschriften*,
die der Verfahrensbeschleunigung dienen, schließt Abs. 1 nicht generell aus
(BVerfGE 81, 273; BVerfGK 1, 90; BVerwG, DÖV 1984, 467). Sie haben aber
strengen Ausnahmecharakter (BlnVerfGH, JR 2009, 326). Ihre Auslegung und
Anwendung durch die Fachgerichte unterliegen deshalb einer verschärften Ver-

fassungsgerichtskontrolle (BVerfG, NJW 2001, 1565 m.w.N.; BGH, NJW 2005, 2624; SächsVerfGH, LVerfGE 8, 307).

Dem Recht auf Äußerung und Stellungnahme entsprechen das **Recht auf Beach-** **8** **tung** und die damit korrespondierende Pflicht des Gerichts, Anträge und entscheidungserhebliche (BVerwG, DVBl 2010, 576) Ausführungen der Prozessbeteiligten zur Kenntnis zu nehmen und bei seiner Entscheidung in Erwägung zu ziehen (BVerfGE 66, 263; 79, 61; 83, 35; st. Rspr.; BGHZ 86, 222). Erwägen bedeutet dabei die Verpflichtung, Vorbringen der Beteiligten in tatsächlicher und rechtl. Hinsicht auf seine Erheblichkeit und Richtigkeit zu überprüfen (BayVerfGH, BayVBl 2006, 14). Grundlage der gerichtl. Entscheidung können nur Tatsachen, Äußerungen und Beweisergebnisse sein, zu denen sich die Prozessbeteiligten äußern konnten (BVerfGE 46, 73; BVerfGK 7, 441; BVerwG, NWVBl 2012, 16; BGH, NJW 2012, 2354; BayVerfGH, BayVBl 2010, 733; zu gerichtl. Sachverständigengutachten u. zur Anhörung gerichtl. Sachverständiger s. BVerfG, NJW 1998, 2273 f.; 2009, 1586; 2012, 1347; BlnVerfGH, JR 2000, 494). Überspannt ein Gericht die Anforderungen an die Substantiierung des Parteivorbringens und sieht es deshalb davon ab, angebotene Beweise zu erheben, verletzt es den Anspruch auf rechtl. Gehör (BGH, NJW 2012, 3035). Kann von einem Verfahrensbeteiligten nach Durchführung einer Beweisaufnahme eine umfassende sofortige Stellungnahme zum Beweisergebnis nicht erwartet werden, weil er verständigerweise Zeit braucht, um – in Kenntnis der Sitzungsniederschrift – angemessen vorzutragen, kann Art. 103 I die Vertagung oder die Gewährung einer Schriftsatzfrist gebieten (BGH, NJW 2011, 3040). Für das Gericht erwächst aus Art. 103 I auch die Pflicht, vor dem Erlass seiner Entscheidung zu prüfen, ob dem Verfahrensbeteiligten rechtl. Gehör tatsächlich gewährt wurde (BVerfGE 36, 88; BVerfGK 18, 288). Insbes. dann, wenn dem Gebot des Art. 103 I durch die Übersendung von Schriftsätzen genügt werden soll, hat das Gericht – etwa durch förmliche Zustellung oder Beifügen einer rückgabepflichtigen Empfangsbescheinigung – zu überwachen, ob die Beteiligten in ihren Besitz gelangt sind (BVerfGK 7, 441 m.w.N.). Ggf. muss der Richter abwarten, bis eine gesetzl. oder eine von ihm bestimmte Äußerungsfrist abgelaufen ist (BVerfGE 64, 227; 67, 201 f.; BFHE 188, 274; vgl. auch BayVerfGH, BayVBl 2006, 14), selbst wenn die Sache schon vorher entscheidungsreif erscheint (BVerfG, NJW 2009, 3780). Ein wegen Verhinderung des Prozessbevollmächtigten gestellter Terminsverlegungsantrag darf nicht so spät abgelehnt werden, dass die rechtzeitige Bestellung eines anderen Bevollmächtigten nicht mehr möglich ist (OVG Bautzen, NVwZ-RR 2004, 4). Ob nach Eingang nachgereichter Schriftsätze die mündliche Verhandlung wiederzueröffnen ist, hat das Gericht ggf. unter Mitwirkung der ehrenamtlichen Richter zu entscheiden (BAGE 129, 90 ff.). Art. 103 I bezweckt durch diese Verfahrensgarantien die Vermeidung von Verfahrensfehlern, die ihre Ursache in unterlassener Kenntnisnahme und Nichtbeachtung des Sachvortrags der Parteien haben (BVerfG, NVwZ 1995, 1097 m.w.N.; BlnVerfGH, JR 2003, 155). Deshalb kann die Nichtzulassung der Revision im fachgerichtl. Verfahren den Anspruch auf rechtl. Gehör nur verletzen, wenn auf die Zulassungsentscheidung bezogener Beteiligtenvortrag verfahrensfehlerhaft übergangen worden ist (BGH, NJW 2011, 1516). Bei Versäumung gesetzl., den Zugang zum Gericht betr. Fristen, die mindestens drei Tage betragen müssen (BVerfGE 36, 302 f.), dient das Rechtsinstitut der *Wiedereinsetzung in den vorigen Stand* der Wahrung auch des Anspruchs auf rechtl. Gehör (Einzelheiten s. BVerfGE 54, 84 m.w.N.; weiter auch BVerfG, NJW 1991, 2208; 1997, 1771; BGHZ 105, 118; BGH, NJW 2007, 1456; BlnVerfGH, JR 2001, 102); bei der Auslegung und Anwendung der hierfür geltenden Vorschriften dürfen deshalb die Anforderungen zur Erlangung der Wiedereinsetzung nicht überspannt werden (BVerfGE 40, 99). Das Gleiche gilt für die Versäumung gerichtl. Termine, wenn sie zur Verwerfung von Rechtsbehelfen oder sonstigen Rechtsverlusten der Betroffenen führt (Bln-VerfGH, JR 2002, 12 m.w.N.). Erhebliches Vorbringen und erhebliche *Beweisanträge* hat das Gericht nach Maßgabe des Prozessrechts und der Grundsätze rechtsstaatl. Verfahrensgestaltung zu berücksichtigen (BVerfGE 79, 62; BVerfGK 7, 488; BVerfG, NJW-RR 2012, 395; BVerwG, BayVBl 2009, 120). Geschieht dies nicht, ist Art. 103 I verletzt, wenn die Nichtberücksichtigung im Prozessrecht keine Stütze findet (BVerfGE 105, 311; st. Rspr.; zu den Ausnahmen von dem Grundsatz, erheblichen Beweisangeboten nachzukommen, vgl. BVerfG, WM 2009, 672; 2012, 493). Lehnt ein Gericht einen Beweisantrag ab, weil es die benannte Beweistatsache als wahr unterstellt, muss das Vorbringen der Entscheidung ohne jede inhaltliche Einschränkung zugrunde gelegt werden (BVerwGE 77, 155; VGH Mannheim, VBlBW 2012, 197). Allein das Vorbringen, die richterl. Tatsachenfeststellungen seien falsch oder der Richter habe einem tatsächlichen Umstand nicht die richtige Bedeutung für weitere tatsächliche oder rechtl. Folgerungen beigemessen, begründet aber grundsätzlich keinen Verstoß gegen Art. 103 I (BVerfGE 22, 273; BVerfGK 10, 543 f.; BAG, NJW 2009, 543). Nach dem Schutzgehalt dieser Vorschrift wird von ihr auch der Gedanke der Prozessökonomie nicht erfasst (BVerfGE 9, 430). Ein Recht auf ein bestimmtes Beweismittel lässt sich Art. 103 I ebenfalls nicht entnehmen (BVerfG, NJW 2001, 1853). Die Gerichte sind auch nicht gehalten, sich in den Gründen ihrer Entscheidungen mit jedem einzelnen, womöglich gar abwegigen (s. BVerfG, NJW 1996, 2785), Vorbringen der Prozessbeteiligten ausdrücklich zu befassen (BVerfGE 79, 61; 86, 146; BVerwG, LKV 2004, 28), namentlich nicht bei letztinstanzlichen, mit ordentlichen Rechtsmitteln nicht mehr anfechtbaren Entscheidungen (BVerfG, NJW 1995, 2912), die regelmäßig überhaupt keiner Begründung bedürfen (BVerfG, NJW 1999, 208 m.w.N.). Grundsätzlich ist davon auszugehen, dass ein Gericht das von ihm entgegengenommene Vorbringen der Beteiligten auch zur Kenntnis genommen und in Erwägung gezogen hat. Anderes gilt aber dann, wenn im Einzelfall besondere Umstände vorliegen, die deutlich machen, dass dieser Pflicht in der einen oder anderen Hinsicht nicht entsprochen worden ist (BVerfGE 96, 216 f. m.w.N.; BayVerfGH, BayVBl 2012, 533). Auch ist ein Gehörsverstoß dann anzunehmen, wenn die wesentlichen der Rechtsverfolgung und -verteidigung dienenden Tatsachen- und Rechtsausführungen in zu begründenden Entscheidungen nicht verarbeitet worden sind, obwohl sie ausreichend substantiiert und nach dem Rechtsstandpunkt des Gerichts auch nicht unerheblich waren (BVerfGE 47, 189; 86, 146; BVerfG, NJW 1989, 3008; Bln-VerfGH, NVwZ-RR 2005, 74).

9 Die **nähere Ausgestaltung** des rechtl. Gehörs durch den Gesetzgeber ist den einzelnen Verfahrensordnungen überlassen (BVerfGE 18, 405; 74, 5; 119, 296; BVerfGK 3, 276; BayVerfGH 57, 27; BayVBl 2007, 527). Eine bestimmte Form der Gehörsgewährung ist von Art. 103 I nicht verbürgt; dem Gesetzgeber kommt insoweit ein Gestaltungsspielraum zu (BVerfG, NJW 2007, 3487). Da die fachgerichtl. Verfahrensordnungen auch über das von Verfassungs wegen gebotene Maß an Rechtsgehör hinausgehen können (BVerfGE 60, 310; BVerfG, NJW 2012, 1347), führt auch nicht jeder Verstoß gegen das einschlägige Verfahrensrecht notwendig zu einer Verletzung des verfassungsrechtl. Anspruchs auf rechtl. Gehör (s. dazu – u. zu den Ausnahmen – BVerfG, NJW 1996, 45 m.w.N.; 2007, 2241). Das kann aber nicht dahin verstanden werden, dass dieser Anspruch nur

nach Maßgabe des jeweiligen Prozessrechts besteht (so aber – zumindest missverständlich – OVG Bautzen, SächsVBl 2007, 70); dieses muss das verfassungsrechtl. Mindestmaß an rechtl. Gehör (dazu oben Rn. 6 ff.) wahren (näher hierzu für bürgerlichrechtl. Streitigkeiten BVerfGE 74, 233; 119, 296; BVerfGK 11, 17). Einen Schutz dagegen, dass das Gericht das Vorbringen eines Beteiligten aus Gründen des materiellen oder formellen Rechts ganz oder teilweise unberücksichtigt lässt, gewährt Art. 103 I nicht (BVerfGE 69, 148 f. m.w.N.; BlnVerfGH, JR 2002, 101). Die Ablehnung von *Prozesskostenhilfe* wegen Fehlens der gesetzl. Voraussetzungen ist keine Verweigerung des rechtl. Gehörs (BVerfG 7, 55 f.). Gewährung rechtl. Gehörs durch Vermittlung eines Rechtsanwalts in Verfahren ohne Anwaltszwang verlangt Abs. 1 nicht (BVerfGE 38, 118; BVerwGE 51, 112; krit. dazu Pieroth in Jarass/Pieroth, Art. 103 Rn. 34). Auch gibt die Vorschrift dem der deutschen Sprache nicht oder nicht hinreichend mächtigen Verfahrensbeteiligten keinen Anspruch auf Hinzuziehung eines Dolmetschers (BVerfGE 64, 144 f.; vgl. aber auch BVerfGE 40, 99; 86, 280 f.; BVerwG, NVwZ 1983, 668; BlnVerfGH, JR 2001, 102). Ebenso wenig lässt sich Abs. 1 ein Anspruch auf *Anhörung Dritter* entnehmen (BVerfG, NVwZ 1995, 157). Erst recht verpflichtet er die Gerichte nicht, der Rechtsansicht der Parteien in der Sache zu folgen (BVerfGE 87, 33 m.w.N., BVerfGK 11, 206; BAG, NJW 2013, 414). Art. 103 I selbst verlangt auch *keinen Rechtsmittelzug* (BVerfGE 34, 6; 74, 377; BGH, NJW 1995, 403; BGHZ 163, 41). Allerdings muss die Rechtsordnung im Hinblick auf den allg. Justizgewährungsanspruch vorsehen, dass Verstöße gegen die Gewährleistung rechtl. Gehörs im fachgerichtl. Verfahren korrigiert werden können (vgl. vor Art. 92 Rn. 2). Hat das maßgebliche Verfahrensrecht einen Rechtsmittelzug eröffnet, kann ein dem Verfahren der unteren Instanz anhaftender **Gehörsmangel**, für dessen Annahme es auf ein Verschulden des Gerichts nicht ankommt (BVerfGE 11, 220; 53, 223), in der höheren Instanz **geheilt** werden, wenn das rechtl. Gehör dort gewährt wird und das Gericht höherer Instanz in der Lage ist, das nunmehr zur Kenntnis genommene Vorbringen zu berücksichtigen (BVerfGE 22, 286 f.; 76, 394; BVerfG, NVwZ 2009, 581; BGHZ 156, 283 m.w.N.; zur Heilung im Anhörungsrügeverfahren s. nachstehend Rn. 10). Die *Rechtsmittelgerichte* sind verpflichtet, Verletzungen des Anspruchs auf rechtl. Gehör durch die Vorinstanz zu beseitigen (BVerfGE 49, 257; BVerfG, NJW 1988, 1774; NStZ-RR 2004, 373). Wird ein Gehörsverstoß durch das Berufungsgericht behauptet, stellt die Nichtzulassungsbeschwerde zum Revisionsgericht für die Gehörsrüge zureichendes Rechtsmittel dar (so auch für den Zivilprozess BVerfGK 11, 393 f.; 13, 498; 18, 304 f.). Dass die Entscheidung über die Nichtzulassungsbeschwerde im Fall der Zurückweisung begründet wird, ist nicht von Verfassungs wegen geboten (BVerfGK 18, 304 f.).

Soweit ein Rechtsmittel oder ein anderer Rechtsbehelf nicht oder nicht mehr gegeben ist, steht zur Heilung von Verletzungen des Art. 103 I (u. anderer denselben Streitgegenstand betr., mit ihnen eine prozessuale Einheit bildender Verfassungsverstöße; s. BVerfG, NJW 2005, 3059 f.; NStZ-RR 2008, 28; BlnVerfGH, JR 2009, 369; noch darüber hinausgehend BVerfG, NVwZ 2002, 848; BVerfGK 5, 339) die – auf alle ernsthaft in Betracht kommenden Gehörsverstöße zu erstreckende (BVerfG, NJW 2007, 3054) – **Anhörungsrüge zum iudex a quo** nach § 321 a ZPO und den entsprechenden oder vergleichbaren Regelungen in den anderen Verfahrensordnungen zur Verfügung (vgl. BVerfG, NJW 2009, 1585; NVwZ 2009, 581), die mit dem AnhörungsrügenG vom 9.12.2004 (BGBl I S. 3220) geschaffen worden sind. Die in der Rspr. vorher – teilweise außerhalb des geschriebenen Rechts – entwickelten außerordentlichen Rechtsbehelfe (zu ih- **10** nen s. die 7. Aufl. des Kommentars, Art. 103 Rn. 5) sollten gleichermaßen den Weg dafür ebnen, Verstöße gegen Art. 103 I möglichst schon im fachgerichtl. Verfahren auszuräumen. Diese Rspr. wurde jedoch den verfassungsrechtl. Anforderungen an die Rechtsmittelklarheit (zur Rechtsklarheit allg. vgl. Art. 20 Rn. 12) nicht gerecht. Danach müssen die Rechtsbehelfe in der geschriebenen Rechtsordnung geregelt werden und in ihren Voraussetzungen für den Bürger erkennbar sein (BVerfGE 107, 416; 122, 200; BVerfG, NJW 2007, 2539; BVerwG, NVwZ-RR 2007, 113 f.). Das AnhörungsrügenG hat daraus mit Blick auf Art. 103 I die notwendigen Konsequenzen gezogen (BVerfGE 119, 297; BVerfGK 11, 17; BVerwG, NVwZ-RR 2007, 114; BAGE 115, 331). Die Anwendung dieses Gesetzes hat allerdings zu neuen Schwierigkeiten geführt. So ist zwar grundsätzlich richtig, dass eine Anhörungsrüge gegen einen Beschluss, mit dem eine Nichtzulassungsbeschwerde vom Revisionsgericht verworfen oder zurückgewiesen wurde, unzulässig ist, wenn sie sich nicht gegen eine neue und eigenständige Verletzung des rechtl. Gehörs durch diesen Beschluss richtet, sondern sich darauf beschränkt, einen bereits mit der Nichtzulassungsbeschwerde gerügten Gehörsverstoß (erneut) geltend zu machen (BGH, NJW 2008, 923 f.; BVerwG, NJW 2009, 457). Dabei ist aber zu berücksichtigen, dass eine solche neue, eigenständige Verletzung des Art. 103 I, die mit der Verfassungsbeschwerde gerügt werden kann (s. nachstehend Rn. 12), gegeben ist, wenn bei der Verwerfung oder Zurückweisung der Anhörungsrüge Bedeutung oder Tragweite des Anspruchs auf rechtl. Gehör grundlegend verkannt und damit der Zugang zum Anhörungsrügenverfahren in verfassungswidriger Weise versperrt wurde (vgl. BVerfGE 119, 295; BVerfGK 10, 400; 13, 498). Das ist beispielsweise der Fall, wenn die Anhörungsrüge gegen eine Zwischenentscheidung auch dann als unstatthaft angesehen wird, wenn im Zwischenverfahren über eine Frage abschließend und mit Bindungswirkung für das weitere Verfahren befunden wird und diese Entscheidung später nicht mehr im Rahmen einer Inzidentprüfung korrigiert werden kann (BVerfGE 119, 299; BVerfGK 15, 20; 17, 299). Es trifft danach die Auffassung, die Verwerfung oder Zurückweisung einer Anhörungsrüge schaffe für den Betroffenen keine eigenständige Beschwer (so BVerfG, NStZ-RR 2007, 381 f.; s. auch BGH, NJW 2008, 2127; BayVerfGH, BayVBl 2007, 757), in dieser Allgemeinheit nicht zu. Richtig ist es dagegen, einen versehentlich noch als Gegenvorstellung bezeichneten Rechtsbehelf, soweit mit ihm die Verletzung rechtl. Gehörs geltend gemacht wird, als Anhörungsrüge i.S. des AnhörungsrügenG zu behandeln (BVerfGK 13, 475 f.; BbgVerfG, LKV 2007, 176 f.). Eine weitere Instanz wird durch den außerordentlichen Rechtsbehelf der Anhörungsrüge nicht eröffnet (BVerfGK 18, 306). Auch setzt die Heilung des Gehörsverstoßes voraus, dass das über die Anhörungsrüge entscheidende Gericht auf das zuvor übergangene Vorbringen des Rügeführers eingeht (vgl. BVerfG, NVwZ-RR 2011, 461) und damit dem gerügten Gehörsverstoß abhelfen kann (BVerfGK 15, 120).

11   Der Anspruch auf Gewährung rechtl. Gehörs ist **vorbehaltlos** garantiert. Doch schließt das **Beschränkungen** der Gewährleistung bei der Ausgestaltung des rechtl. Gehörs (vgl. Rn. 9) nicht aus, wenn dies durch sachliche Gründe gerechtfertigt werden kann (BVerfGE 81, 129; zum methodischen Vorgehen bei der Prüfung von Grundrechtsbeschränkungen allg. s. vor Art. 1 Rn. 8 f.). Das ist z.B. der Fall, wenn erst durch eine Einschränkung des von Art. 103 I mit umfassten Rechts auf Einsicht in dem Gericht vorliegende Akten (vgl. oben Rn. 6) effektiver Rechtsschutz erreicht werden kann (BVerfGE 101, 106, 129 f.). Art. 103 I steht auch nicht der Vornahme von Maßnahmen – etwa der Anordnung eines Arrests

(BVerfGE 7, 99), einer Entscheidung im Verfahren des einstweiligen Rechtsschutzes (BVerfGE 9, 97; 70, 188 f.), der Durchführung einer Durchsuchung (BVerfGE 49, 342; 57, 358 f.; s. auch zu Art. 13 II die Erläut. in Art. 13 Rn. 14) oder Beschlagnahme (BVerfGE 18, 404) oder der Anordnung von Untersuchungshaft (BVerfGE 9, 96 ff.) – *ohne vorherige Anhörung* des Betroffenen entgegen, wenn diese sich im Einzelfall mit Rücksicht darauf unabweisbar verbietet, dass sonst der mit der jeweiligen Maßnahme verfolgte Zweck der Sicherung gefährdeter schutzwürdiger privater oder öffentl. Interessen nicht realisiert werden kann. Der Betroffene ist hier aber *wenigstens nachträglich zu hören* (BVerfGK 3, 204; BVerfG, NJW 2006, 1048). Bestehen staatl. Geheimhaltungsinteressen, die ein vorläufiges Zurückhalten von Informationen im gerichtl. Ermittlungsverfahren erfordern, haben die Strafverfolgungsbehörden diese Bedürfnisse mit dem Recht des Beschuldigten auf Information abzuwägen und – z.b. durch Gewährung teilweiser Akteneinsicht – zu einem Ausgleich zu bringen. Das öffentl. Interesse, weiter im Verborgenen zu ermitteln, kann gebieten, eine Entscheidung über die Rechtmäßigkeit von Ermittlungsmaßnahmen für einen angemessenen Zeitraum zurückzustellen, bis dem Rechtsschutzsuchenden Akteneinsicht gewährt werden kann; ein entsprechendes Zuwarten ist ihm zuzumuten (BVerfG, KBeschl. v. 27.12.2006 – 2 BvR 1288/05 – juris). Verfahren in Abwesenheit eines Beteiligten sind durch Art. 103 I ebenfalls nicht schlechthin ausgeschlossen (vgl. BVerfGE 41, 249).

Die Verletzung des Art. 103 I kann durch **Verfassungsbeschwerde** (s. oben Rn. 2) **12** aus Subsidiaritätsgründen mit Aussicht auf Erfolg nur gerügt werden, wenn der Beschwerdeführer die Möglichkeiten, die das Prozessrecht zur Erlangung rechtl. Gehörs im fachgerichtl. Verfahren vorsieht, ausgeschöpft, beispielsweise Anhörungsrüge (zu ihr vgl. Rn. 10) erhoben hat (BVerfGE 74, 225 m.w.N.; BVerfGK 17, 485; s. auch Art. 94 Rn. 7). Erforderlich ist weiter, dass die angegriffene Gerichtsentscheidung auf der geltend gemachten Gehörsverletzung **beruht**. Dies ist anzunehmen, wenn nicht ausgeschlossen werden kann, dass die Anhörung des Beteiligten zu einer anderen, ihm günstigeren Entscheidung geführt hätte (BVerfGE 13, 145; 55, 99; BVerfGK 15, 119). Es genügt also die Möglichkeit einer solchen Entscheidung (BGH, NJW 2012, 2354).

### Absatz 2: Strafrechtsbestimmtheit

Abs. 2 gewährleistet als Abwehrrecht (BVerfGE 109, 217) **jedem, der von staatli-** **13** **chen Sanktionen betroffen sein kann,** dass eine von ihm verübte Tat (zu diesem Begriff s. BVerfG, NJW 1994, 2412 f.; 1995, 248 f.) nach deutschem Recht (vgl. OLG Stuttgart, NJW 2005, 1525) durch den Staat nur bestraft werden kann, wenn die Strafbarkeit gesetzl. bestimmt war, bevor die Tat begangen wurde (ebenso einfachrechtl. § 1 StGB). Dagegen regelt die Vorschrift nicht, welches Verhalten für strafbar erklärt werden darf (BVerfG, NJW 1994, 2412). Mit „Bestrafung" und „Strafbarkeit" sind – materiell – nicht nur Kriminalstrafen, sondern alle staatl. Maßnahmen gemeint, die eine missbilligende hoheitliche Reaktion auf ein rechtswidriges, schuldhaftes Verhalten enthalten und wegen dieses Verhaltens ein Übel verhängen, das dem Schuldausgleich dient (BVerfGE 42, 262 f. m.w.N.; 117, 110) und infolgedessen wie eine Strafe wirkt (BVerfGE 110, 13 f. m.w.N.). Abs. 2 gilt deshalb außer für Kriminalstrafen (BVerfGE 9, 144; zur sog. Vermögensstrafe vgl. BVerfGE 105, 135) auch für Maßnahmen des Jugendstrafrechts (BVerfGK 4, 265) und für die Ahndung von Ordnungswidrigkeiten (BVerfGE 87, 411; st. Rspr.; BGHSt 57, 197; OLG Bamberg, NJW 2008, 599 f.) einschl. der Einziehung von Gegenständen als Nebenfolge (BVerfG, NJW

1993, 321). Berufs-, ehrengerichtl. und staatl. Disziplinarstrafen (BVerfGE 33, 164; 45, 351; 60, 233 f.; BVerwGE 93, 273 f.; 127, 299; zum Disziplinararrest im Strafvollzug s. BayVerfGH, BayVBl 2011, 563) werden gleichfalls erfasst. *Nicht* unter Abs. 2 fallen dagegen Verwirkungstatbestände (BVerfGE 27, 237), Vorschriften über Ausnahmen vom strafrechtl. Verfolgungszwang (BVerfGE 90, 191 f.) und über die Beweisverwertung (BVerfGK 4, 111), ferner Beugestrafen, Behandlungsmaßnahmen beim Vollzug einer Freiheitsstrafe (BVerfGE 64, 280), die Aussetzung einer solchen Strafe (BVerfGE 117, 110 f.) und die Unterbringung nach dem TherapieunterbringungsG (OLG Saarbrücken, StV 2012, 32 f.). Auch Maßregeln der Besserung und Sicherung i.S. der §§ 61 ff. StGB wie die Führungsaufsicht berühren Abs. 2 nicht (BVerfGK 8, 194; BGHSt 24, 106; 50, 185); das gilt trotz der Rspr. des EGMR zu Art. 7 I EMRK (vgl. insbes. EGMR, EuGRZ 2010, 40) auch für die Regelung einer nicht der Vergeltung zurückliegender Rechtsgutverletzungen, sondern im Sicherheitsinteresse der Allgemeinheit der Verhinderung künftiger Straftaten dienenden Sicherungsverwahrung, sofern diese entsprechend dem für sie maßgebenden verfassungsrechtl. Abstandsgebot im Verhältnis zum Vollzug der Strafsanktion ausgestaltet ist (BVerfGE 109, 176 ff.; 128, 374 ff., 392 f.; BVerfG, Beschl. v. 20.6.2012 – 2 BvR 1048/11 –). Ebenfalls nicht betroffen sind die Auferlegung von Verfahrenskosten (BVerfGK 8, 298), Ordnungsstrafen im zivilgerichtl. Verfahren (BVerfGE 84, 87 ff.) und andere belastende Maßnahmen der öffentl. Gewalt außerhalb des Bereichs des Strafrechts (s. BVerfGE 7, 95; 109, 175 f.), etwa im Verwaltungsverfahren (BGHSt 49, 66; zur Anordnung verwaltungsrechtl. Zwangsgelder mit Beugecharakter vgl. auch BVerfGK 7, 400, zur bloßen Anknüpfung einer belastenden Maßnahme an ein rechtswidriges Verhalten BVerfGK 15, 381). Auch auf das Strafverfahrensrecht bezieht sich Abs. 2 grundsätzlich nicht (BVerfGE 112, 315; BVerfGK 7, 64). Bei der Auslieferung in einen fremden Staat zum Zweck der Strafverfolgung dort handelt es sich nicht um einen Akt der eigenen Strafrechtspflege, sondern um Rechtshilfe, durch die eine Strafverfolgung im Ausland unterstützt werden soll (BVerfGK 17, 185; s. auch BVerfGE 109, 37; 109, 63; OLG Stuttgart, NJW 2005, 1525).

14 Aus dem Gebot, dass die Strafbarkeit „gesetzl. *bestimmt*" sein muss, folgt, dass der Gesetzgeber verpflichtet ist, wesentliche Fragen der Strafwürdigkeit oder Straffreiheit im demokratisch-parl. Willensbildungsprozess zu klären und die Voraussetzungen der Strafbarkeit formellgesetzl. so konkret zu umschreiben, dass Anwendungsbereich und Tragweite der Straftatbestände sich aus dem Wortlaut ergeben oder sich jedenfalls – mit Hilfe der üblichen Auslegungsmethoden (BVerfGE 85, 73; 126, 195; näher zu diesen Regeln vor Art. 70 Rn. 12 u. auch BVerfGK 11, 349) – durch Auslegung ermitteln lassen (BVerfGE 81, 309; 92, 12; 105, 153; BGHSt 42, 83; BVerwGE 142, 89; mehr zur Auslegung nachstehend Rn. 15). Das in Abs. 2 insoweit enthaltene besondere **Gebot der Gesetzesbestimmtheit**, das gewährleisten soll, dass jedermann vorhersehen und sich eigenverantwortlich darauf einrichten kann, welches Verhalten verboten und mit Strafe oder Geldbuße bedroht ist (BVerfGE 75, 341; 87, 224; BayObLG, NVwZ 1994, 829; OLG Stuttgart, NStZ 2012, 454), hat freiheitsgewährleistende Funktion (BVerfGK 17, 291) und gilt sowohl für den Straftatbestand (Tatbestandsbestimmtheit – *nullum crimen sine lege*) als auch für die Strafandrohung (*nulla poena sine lege*) mit Blick auf Art und Maß der Bestrafung (vgl. BVerfGE 25, 285; 45, 371; 105, 153), die durch den parl. Gesetzgeber normativ bestimmt sein müssen (BVerfGK 9, 170; 9, 421). Dieser übernimmt mit der Entscheidung über strafwürdiges Verhalten die demokratisch legitimierte Verantwortung für eine

Form hoheitlichen Handelns, die zu den intensivsten Eingriffen in die Freiheit des Einzelnen führt (BVerfGE 126, 194). Strafschärfende Vorschriften, also auch Strafzumessungsregeln, sind ebenfalls an Abs. 2 zu messen (BVerfGK 14, 182). Der Grundsatz, dass jede Strafe Schuld voraussetzt (*nulla poena sine culpa*), ist dagegen nicht unmittelbar Ausfluss des Abs. 2, findet seine verfassungsrechtl. Grundlage vielmehr in erster Linie im Rechtsstaatsprinzip (s. aber auch zur Verknüpfung beider BVerfGE 105, 154 f.; 109, 171 f.) sowie in Art. 1 I und Art. 2 I (BVerfGE 95, 130 f.; 110, 13; 130, 26; BVerfGK 4, 256 f.; 13, 208; vgl. auch zur Unschuldsvermutung BVerfGE 82, 114; BVerfGK 9, 423 f.). Je schwerer die angedrohte Strafe ist, umso präziser müssen die Strafbarkeitsvoraussetzungen, aber auch der Strafrahmen bestimmt sein, für dessen abschließende Ausfüllung durch den Richter der Gesetzgeber die maßgeblichen Wertungskriterien festlegen muss (BVerfGE 26, 43; 105, 155 f.; 126, 196). Die Anforderungen an die Gesetzesbestimmtheit dürfen allerdings auch nicht überspannt werden (BVerfGE 14, 251; 48, 56). Der Gesetzgeber ist nicht gezwungen, alle Straf- und Ordnungswidrigkeitstatbestände nur mit deskriptiven, exakt erfassbaren Tatbestandsmerkmalen zu umschreiben (BVerfGK 15, 199). Generalklauseln oder unbestimmte, wertausfüllungsbedürftige Begriffe, die in besonderem Maße richterl. Deutung erfordern, sind ihm auch im Straf- und Ordnungswidrigkeitenrecht nicht von vornherein verfassungsrechtl. verwehrt (s. näher BVerfGE 96, 97 f. m.w.N.; BVerfGK 6, 286; BGHSt 37, 273; 42, 83); in noch weit stärkerem Maße gilt dies für disziplinäre und standesrechtl. Maßnahmen (BVerfGE 66, 355 m.w.N.), zumal die Beurteilung der Frage, ob der Tatbestand einer einschlägigen Norm i.S. des Art. 103 II gesetzl. bestimmt ist, auch davon abhängen kann, an welchen Adressatenkreis sich die Norm wendet (BVerfGK 17, 292). Unbedenklich sind entsprechende Regelungen jedenfalls dann, wenn sich mit Hilfe der üblichen Auslegungsmethoden, insbes. durch Heranziehung anderer Vorschriften desselben Gesetzes, durch Berücksichtigung des Normzusammenhangs oder auf Grund einer gefestigten Rspr. eine zuverlässige Grundlage für die Auslegung und Anwendung der betr. Norm gewinnen lässt (BVerfGE 45, 371 f.; BVerwG, NVwZ-RR 2012, 831). Selbst Blankettstraf- und -bußgeldtatbestände, die erst durch verwaltungsrechtl. Vorschriften ausgefüllt werden, sind zulässig, sofern sich die Voraussetzungen der Strafbarkeit oder Ordnungswidrigkeit sowie Art und Maß der Sanktion aus einer – ggf. auch in einem anderen Normenwerk enthaltenen – formellgesetzl. Regelung hinreichend deutlich ablesen lassen (BVerfGE 75, 342; BVerfGK 11, 350; 18, 489; BGHSt 37, 272; BVerwGE 142, 86; vgl. auch nachstehend Rn. 16 zu den an RVO-Ermächtigungen zu stellenden Anforderungen). Dazu gehört, dass die Blankettnorm die Regelungen, die zu ihrer Ausfüllung in Betracht kommen und die durch sie bewehrt werden, sowie deren möglichen Inhalt und Gegenstand genügend deutlich bezeichnet und abgrenzt (BVerfGK 11, 350). Darüber hinaus muss auch ein die gesetzl. Regelung ausfüllender Verwaltungsakt in seinem konkreten Regelungsgehalt hinreichend bestimmt sein (BVerfGK 12, 338; BVerfG, NVwZ 2012, 505). In Grenzfällen muss aus der Sicht des Normadressaten wenigstens das Risiko einer Bestrafung erkennbar sein (BVerfGK 14, 181). Vor dem Inhalt und dem Regelungsgehalt eines Strafgesetzes schützt Abs. 2 den Normbetroffenen nicht (BVerfGE 47, 123 f.; BVerfG, NJW 2006, 2685; BVerfGK 9, 47).

Auch bei der **Auslegung und Anwendung von Straftatbeständen** ist Art. 103 II   **15**
Rechnung zu tragen. Geboten ist eine Auslegung, die das strafrechtl. vorwerfbare Verhalten vorhersehbar macht und nicht im Ungewissen lässt (BGHSt 50, 114 f.). Unklarheiten über den Anwendungsbereich von Strafnormen sind von

der Rspr. der Strafgerichte durch Präzisierung und Konkretisierung im Wege der Auslegung möglichst auszuräumen (Präzisierungsgebot; vgl. zur Eingrenzung des § 266 I StGB BVerfGE 126, 198). Der Wortlaut einer Strafbestimmung bildet dabei die äußerste Grenze zulässiger Interpretation (BVerfGE 92, 12; 105, 157; BVerfGK 8, 50; BVerwGE 142, 86). Die Gerichte müssen in Fällen, die vom Wortlaut einer Strafnorm nicht mehr gedeckt sind, zum Freispruch gelangen und dürfen nicht korrigierend eingreifen (BVerfGE 126, 197; 130, 43; BVerfGK 13, 549). Unzulässig ist jede Rechtsanwendung, die – tatbestandsausweitend – über den Inhalt einer gesetzl. Sanktionsnorm hinausgeht (BVerfGE 126, 197). Entsprechendes gilt für die tatbestandseinschränkende Auslegung von Vorschriften, die die Strafbarkeit ausschließen (BVerfGK 18, 488 f.). Auch eine Verurteilung, die auf objektiv unhaltbarer, die Grenzen üblicher Auslegung überschreitender und daher willkürlicher Interpretation des geschriebenen Strafrechts beruht, ist mit Abs. 2 nicht vereinbar (zu dessen Bedeutung bei gewandeltem Sprachgebrauch vgl. BVerfGK 16, 194 f.). Die Regelung enthält insoweit eine spezielle Ausgestaltung des Willkürverbots für die Strafgerichtsbarkeit (BVerfGE 64, 394; BVerfG, NJW 2000, 3637). Die Auslegung und Anwendung einer Strafvorschrift hält weiter auch dann verfassungsrechtl. Anforderungen nicht stand, wenn die Gerichte mit ihr das gesetzgeberische Ziel der Norm in einem wesentlichen Punkt verfehlen oder verfälschen, an die Stelle der gesetzl. Regelung inhaltlich eine andere setzen oder den Regelungsgehalt erstmals schaffen (BVerfGE 78, 24; BVerfGK 13, 346 f.; weiter zur Begrenzung der Auslegung durch Art. 103 II BVerfGE 47, 124; 126, 198; BVerfG, DVBl 2002, 1628 m.w.N.; BGH, NJW 2005, 3225). Verboten sind Strafbegründung und -verschärfung im Wege der Analogie (BVerfGE 92, 12; BVerfG, NJW 2003, 1030; BVerfGK 14, 15; BGHSt 57, 197; BlnVerfGH, JR 2007, 414; zum Analogiebegriff s. BVerfG, NJW 1995, 3051; BVerfGK 4, 265; 8, 161, zur Anwendung auf das Disziplinarrecht BVerfGE 116, 82 f. m.w.N.) oder durch Rückgriff auf die Natur der Sache und durch Heranziehung vorgeblich gewohnheitsrechtl. Grundsätze (vgl. BVerfGE 25, 285; 64, 393; 92, 12). Eine weite Normauslegung ist aber nicht generell ausgeschlossen (BVerfGK 2, 175; zur sog. Zweite-Reihe-Rspr. des BGH zu § 240 StGB s. BVerfGK 18, 369 ff.). Zur Kontrolldichte bei der verfassungsgerichtl. Überprüfung, ob die Strafgerichte den aus Art. 103 II folgenden Vorgaben gerecht geworden sind, vgl. BVerfGE 126, 199; BVerfG, StraFo 2012, 497. Nicht Aufgabe des BVerfG ist es jedoch, seine Auffassung von der zutreffenden Auslegung des einfachen (Straf-)Rechts an die Stelle derjenigen der Strafgerichte zu setzen (BVerfGK 2, 175; BVerfG, NJW 2009, 2805).

16 Mit dem Postulat, dass die Strafbarkeit „*gesetzlich* bestimmt" sein muss (Gesetzlichkeitsprinzip), will Abs. 2 sicherstellen, dass über die Straf- oder Ahndbarkeit im Voraus nur der *Gesetzgeber* und nicht andere Gewalten, etwa die Gerichte (BVerfG, StV 2012, 646), entscheiden (vgl. BVerfGE 87, 224; 92, 12; 105, 153). Insoweit enthält Art. 103 II einen strengen – speziell für das Strafrecht geltenden – **Gesetzesvorbehalt**, der es der rechtsprechenden und der vollziehenden Gewalt als Handlungsbegrenzung verwehrt, die normativen Voraussetzungen einer Bestrafung oder der Auferlegung einer Geldbuße selbst festzulegen (BVerfGE 71, 114; 78, 382; 85, 73; BayObLG, NVwZ 1994, 829). Die Gerichte dürfen den Gesetzgeber auch nicht korrigieren (BVerfGE 105, 153). Der Gesetzesvorbehalt, der nichts darüber aussagt, was bestraft werden darf (BVerfG, NJW 1994, 2412 f.), bedeutet allerdings nicht, dass als *Gesetze* im Verständnis des Abs. 2 nur Gesetze im formellen Sinne in Betracht kommen können. RVO auf der Grundlage von Ermächtigungen, die den Anforderungen des Art. 80 I 2 genügen,

reichen aus, wenn der Rahmen für Strafbarkeit sowie Art und Maß der Strafe schon im ermächtigenden Gesetz hinreichend bestimmt ist und die RVO ihn lediglich ausfüllen (s. BVerfGE 75, 342; BVerfG, NJW 1996, 1810); das gilt insbes. – auch in Anbetracht des Art. 104 I 1 – für Strafvorschriften, die eine Freiheitsstrafe androhen (BVerfG, NVwZ 2009, 239 f.). Diese Anforderungen lassen sich sinngemäß auf den Fall übertragen, dass im förmlichen Blankettgesetz auf Satzungen (BVerfGE 32, 362; BVerfG, NVwZ 1990, 751; BGHSt 42, 84; OVG Hamburg, GewArch 1994, 283) oder Vorschriften des europäischen Unionsrechts (BVerfGK 17, 293) verwiesen wird. Altrechtl. Strafbestimmungen, die nach den Art. 123 ff. weitergelten, stehen mit dem Gesetzesvorbehalt des Abs. 2 ebenfalls im Einklang (vgl. BVerfGE 22, 12 f.; 33, 219 f.).

Da nach Abs. 2 eine Tat nur bestraft werden kann, wenn die Strafbarkeit gesetzl. bestimmt war, *bevor* die Tat begangen wurde, ist der Gesetzgeber verfassungsrechtl. gehindert, mit Rückwirkung auf den Zeitpunkt der Tatbegehung *neue Straftatbestände* zu schaffen oder gesetzl. bereits vorgesehene Strafen nach Art und Maß zu verschärfen (**strafrechtliches Rückwirkungsverbot**; vgl. BVerfGE 7, 119; 81, 135 m.w.N.). Für den Bürger begründet Art. 103 II, der insoweit nach der Entscheidung BVerfGE 109, 171 f., anders als das aus Art. 2 I i.V.m. Art. 20 III folgende allg. Vertrauensschutzgebot (zu ihm s. vor Art. 70 Rn. 13), einer Abwägung nicht zugänglich ist, das Vertrauen darauf, dass der Staat nur ein solches Verhalten als strafbare Handlung verfolgt, für das der Gesetzgeber die Strafbarkeit und das Strafmaß im Zeitpunkt einer Tat gesetzl. bestimmt hat (BVerfGE 95, 131; 109, 172). Auch im Zeitpunkt der Begehung der Straftat geltende gesetzl. Rechtfertigungsgründe dürfen deshalb nicht rückwirkend gestrichen werden (BVerfGE 95, 131 f.; 109, 172). Dass eine Tat nach ihrer Begehung vorübergehend nicht mit Strafe oder Geldbuße bedroht war, hindert nicht deren Verhängung, wenn die Sanktion zum Tatzeitpunkt gesetzl. vorgesehen war (BVerfGE 81, 235; BVerfG, DVBl 2008, 1441). Gleichfalls nicht ausgeschlossen soll es nach der – von der h.M. (vgl. etwa Kunig in von Münch/Kunig, Art. 103 Rn. 32; s. auch BGHSt 39, 357; 40, 118) unterstützten – Rspr. des BVerfG sein, Verjährungsfristen nachträglich mit Wirkung für eine in der Vergangenheit begangene Straftat zu verlängern oder aufzuheben (BVerfGE 25, 287; BVerfG, NJW 1995, 1145; BVerfGK 2, 161; vgl. allerdings auch BVerfG, NJW 1992, 223); das Gleiche gilt für die Anordnung des Ruhens der Verjährung auch für Taten, die vor dem Inkrafttreten des Gesetzes begangen worden sind, sofern ihre Verfolgung vor diesem Zeitpunkt nicht bereits verjährt gewesen ist (BVerfG, NJW 2000, 1555 m.w.N.). Überhaupt geht die Rspr. davon aus, dass die *rückwirkende Verschärfung von Verfahrensvoraussetzungen*, beispielsweise die Umgestaltung eines Antragsdelikts in ein Offizialdelikt, von Art. 103 II nicht erfasst wird (s. BGHSt 46, 317 f.). Zu den Voraussetzungen einer Anwendung des Art. 103 II auf die Änderung einer früheren, dem Angeklagten günstigeren Rspr. vgl. BVerfGK 18, 435 m.w.N.

Aus diesem verfassungsrechtl. Befund folgt, dass **Funktionsträger der ehemaligen DDR** für ihr früheres „Amts"verhalten strafrechtl. prinzipiell nur auf der Grundlage des zur Tatzeit gültig gewesenen materiellen DDR-Rechts zur Verantwortung gezogen werden konnten (s. auch BVerfG, DtZ 1992, 216; BGHSt 40, 116; 41, 319 f., 327 f.), dies allerdings mit der – durch Abs. 2 nicht ausgeschlossenen (BVerfGE 95, 137) – Maßgabe, dass milderes Strafrecht der Bundesrepublik Deutschland vorging (BGHSt 39, 6 ff.). Eine Ausnahme von der insoweit zugunsten des Betroffenen eingeschränkten Maßgeblichkeit des DDR-Rechts bestand jedoch dann, wenn für eine Tat, wie dies bei Spionagetätigkeiten im Dienst der

17

18

DDR der Fall war (vgl. BVerfGE 92, 323 ff.), schon vor der Vereinigung der beiden deutschen Staaten allein das Strafrecht der Bundesrepublik gegolten hatte (BGHSt 39, 268 f.; zum Ganzen s. auch Art. 315 EGStGB u. BGH, DtZ 1992, 63). Auch waren in der DDR normierte Rechtfertigungsgründe, die – wie die Anordnung des Schusswaffengebrauchs zur Verhinderung der Flucht über die innerdeutsche Grenze – gegen elementare Gebote der Gerechtigkeit und gegen völkerrechtl. anerkannte Menschenrechte verstießen, vom Rückwirkungsverbot des Art. 103 II ausgenommen (BVerfGE 95, 133 ff.; BGHSt 41, 111 f.; 45, 304 f.). Vgl. auch zur nachträglichen Bewertung der dienstlichen Tätigkeit von Richtern und Staatsanwälten der DDR als Rechtsbeugung BVerfG, NJW 1998, 2585 f.

### Absatz 3: Verbot der Mehrfachbestrafung

19 Durch das in Abs. 3 verankerte Verbot der Mehrfachbestrafung („ne bis in idem"), für dessen Verständnis die Entstehungsgeschichte der Vorschrift maßgebliche Bedeutung hat (s. BVerfGE 3, 252), soll der Bürger davor geschützt werden, wegen einer Tat, derentwegen er schon zur Verantwortung gezogen wurde, nochmals in einem neuen Verfahren verfolgt zu werden (BGHSt 43, 255). Das Verbot gilt für **jedermann** („niemand"), soweit er strafmündig ist. Unter „**allgemeinen Strafgesetzen**", auf deren Grundlage eine Mehrfachbestrafung untersagt ist, sind nur die Kriminalstrafgesetze zu verstehen (BVerfGE 26, 203 f.; 43, 105), nicht dagegen Disziplinargesetze (BVerfGE 21, 383 ff.; 21, 401 ff.; BVerwGE 83, 16 f.) und andere berufsrechtl. Sanktionsregelungen (BVerfGE 66, 357), Vorschriften des Ordnungs- und des Polizeistrafrechts (BVerfGE 27, 185; 43, 105), Bestimmungen über die Anwendung von Beugemitteln (BVerfGE 43, 105) und schon gar nicht Regelungen über die Verhängung von Vereinsstrafen. Maßnahmen und Sanktionen, die auf der Grundlage solcher Normen nichtstrafrechtl. Charakters ergehen, stehen deshalb der Bestrafung auf Grund eines allg. Strafgesetzes nicht entgegen (vgl. aber BVerfGE 21, 388, zur Notwendigkeit, eine disziplinare Arreststrafe auf eine vom Strafgericht für tatangemessen gehaltene weitere Freiheitsstrafe anzurechnen). Die Verhängung und Vollstreckung einer Maßregel der Besserung und Sicherung (§ 61 StGB) neben oder nach der Verurteilung zu einer Kriminalstrafe schließt Abs. 3 ebenfalls nicht aus (BVerfG, NStZ-RR 1996, 122; BGHSt 52, 210). Deshalb fällt etwa eine im Verhältnis zur Strafsanktion das verfassungsrechtl. Abstandsgebot wahrende Sicherungsverwahrung nicht unter die Vorschrift (BVerfGE 128, 392 f.; s. auch oben Rn. 13). Durch die Ablehnung der Aussetzung einer Freiheitsstrafe wird Art. 103 III ebenfalls nicht betroffen (BVerfGE 117, 115). Das Gleiche gilt für den Widerruf einer im Gnadenweg zur Bewährung bewilligten Strafaussetzung (BayVerfGH 21, 13). Erst recht wird die Vorschrift durch eine Verurteilung zur Zahlung einer Geldentschädigung wegen Verletzung des allg. Persönlichkeitsrechts nicht berührt (BVerfGK 8, 181; BGHZ 160, 302 f.).

20 Untersagt ist eine Mehrfachbestrafung nur wegen „**derselben Tat**". Dieser Begriff stellt auf einen nach natürlicher Auffassung zu beurteilenden einheitlichen Lebensvorgang ab und umfasst den durch die zugelassene Anklage bezeichneten geschichtlichen, d.h. zeitlich und sachverhaltlich begrenzten Vorgang sowie das gesamte mit ihm eine natürliche Einheit bildende Verhalten des Angeklagten (vgl. BVerfGE 23, 202; 56, 28; BGHSt 43, 255; BGH, NJW 2001, 2644 m.w.N.). Ein durch den Rechtsbegriff der Tateinheit (§ 52 StGB) zusammengefasster Sachverhalt bildet nicht notwendig und immer auch *eine* (dieselbe) Tat i.S. des Art. 103 III (BVerfGE 56, 29 ff.; BVerfG, NJW 2004, 279), auch wenn die Annahme einer solchen Tat i.d.R. gerechtfertigt sein wird (BVerfGK 5, 8; 7, 418; KG, NStZ-RR

2012, 156). Ob sie tatsächlich vorliegt, wird vom BVerfG voll nachgeprüft (BVerfGK 7, 419). Abs. 3 schließt wegen derselben Tat nicht nur die **mehrmalige Bestrafung**, sondern ebenso die nochmalige Einleitung eines Strafverfahrens aus (Grundsatz der Einmaligkeit der Strafverfolgung; BGHSt 38, 57 m.w.N.) und kommt deshalb sowohl dem – ggf. auch durch ein ausländisches Gericht (OLG Köln, NJW 2008, 3302) – rechtskräftig Freigesprochenen als auch demjenigen zugute, gegen den schon einmal ein Ermittlungsverfahren durchgeführt wurde, das rechtskräftig nicht zur Eröffnung des Hauptverfahrens geführt hat (BVerfGE 12, 66; BVerfGK 4, 50 f.; BGHSt 5, 328). Im Strafprozess schafft das Prozessgrundrecht des Abs. 3 ein die Einstellung des neuerlichen Strafverfahrens wegen Strafklageverbrauchs gebietendes Verfahrenshindernis (BVerfGK 13, 11). Eine Verurteilung im ordentlichen Strafverfahren wegen einer bereits von einem Strafbefehl erfassten Tat hindert die Vorschrift allerdings nicht, wenn die Bestrafung unter einem nicht schon im Strafbefehl gewürdigten rechtl. Gesichtspunkt erfolgt, der eine erhöhte Strafbarkeit begründet (BVerfGE 3, 251 ff.; BGHSt 3, 14 f.), und wenn dieser Gesichtspunkt im Strafbefehlsverfahren wegen dessen summarischen Charakters unberücksichtigt geblieben ist (s. BVerfGE 65, 384 f.; dort S. 380 ff. auch einschränkend dazu, dass anderes gilt, wenn der Umstand, der zur Bestrafung des Täters wegen eines schwereren Vergehens führen würde, erst nach dem rechtskräftigen Abschluss des Strafbefehlsverfahrens eingetreten ist). Das Wiederaufnahmerecht wird so, wie es in den §§ 359 ff. StPO niedergelegt ist, durch Abs. 3 nicht berührt; zulässig ist daher auch die Wiederaufnahme des Verfahrens *zuungunsten* des Angeklagten nach § 362 StPO, der freilich eine Wiederaufnahme wegen im eigentlichen Sinne neuer Tatbestandsatsachen nicht vorsieht (vgl. BVerfGE 65, 382). Nicht ausgeschlossen ist es auch, früher begangene Straftaten, die zu einer Verurteilung geführt haben, bei der Verurteilung wegen einer neuen strafbaren Handlung straferhöhend zu berücksichtigen (BGHSt 43, 108).

Das Verbot der Mehrfachbestrafung gilt **nur bei** einer **Erstverurteilung durch Gerichte der Bundesrepublik Deutschland** (BVerfGE 75, 15 f.; BVerfG, NJW 2012, 1203). Urteile ausländischer Gerichte (BGHSt 53, 207; BayObLG, NJW 1997, 335) einschl. solcher der früheren Besatzungsgerichte (BGHSt 6, 177) und Urteile von Gerichten der DDR (vgl. BVerfGE 12, 66 f.) stehen deshalb einem neuen Strafverfahren in der Bundesrepublik Deutschland grundsätzlich nicht entgegen. Zwischenstaatl. hat sich ein Grundsatz „ne bis in idem" mit grenzüberschreitender Wirkung nicht als allg. Regel des Völkerrechts i.S. von Art. 25 entwickelt (BVerfGK 13, 13 ff.; BVerfG, NJW 2012, 1203). Soweit der Grundsatz auf völkervertragsrechtl. Grundlage auch für Straftaten gilt, die in verschiedenen Staaten verübt werden (s. für den Bereich der EU Art. 50 EUGrCh), hat er für die Bundesrepublik Deutschland keinen Verfassungsrang. **21**

## Artikel 104 [Sicherungen gegen Freiheitsbeschränkungen]

(1) Die Freiheit der Person kann nur auf Grund eines förmlichen Gesetzes und nur unter Beachtung der darin vorgeschriebenen Formen beschränkt werden. Festgehaltene Personen dürfen weder seelisch noch körperlich mißhandelt werden.

(2) Über die Zulässigkeit und Fortdauer einer Freiheitsentziehung hat nur der Richter zu entscheiden. Bei jeder nicht auf richterlicher Anordnung beruhenden Freiheitsentziehung ist unverzüglich eine richterliche Entscheidung herbeizufüh-

ren. Die Polizei darf aus eigener Machtvollkommenheit niemanden länger als bis zum Ende des Tages nach dem Ergreifen in eigenem Gewahrsam halten. Das Nähere ist gesetzlich zu regeln.

(3) Jeder wegen des Verdachtes einer strafbaren Handlung vorläufig Festgenommene ist spätestens am Tage nach der Festnahme dem Richter vorzuführen, der ihm die Gründe der Festnahme mitzuteilen, ihn zu vernehmen und ihm Gelegenheit zu Einwendungen zu geben hat. Der Richter hat unverzüglich entweder einen mit Gründen versehenen schriftlichen Haftbefehl zu erlassen oder die Freilassung anzuordnen.

(4) Von jeder richterlichen Entscheidung über die Anordnung oder Fortdauer einer Freiheitsentziehung ist unverzüglich ein Angehöriger des Festgehaltenen oder eine Person seines Vertrauens zu benachrichtigen.

| Schutz gegen Freiheitsbeschränkungen (Abs. 1) | | Schutz gegen Freiheitsentziehungen (Abs. 2–4) | |
|---|---|---|---|
| Schutzbereich | 1–5 | Schutzbereiche | 1 f., 6 f., 13 f. |
| Beeinträchtigungen und ihre Rechtfertigung | 2–5 | Beeinträchtigungen und ihre Rechtfertigung | 8–13 |

1 **Allgemeines:** Art. 104 begründet **besondere Sicherungen zum Schutz der persönlichen Freiheit** (zu den besonderen Verfahrensgarantien in Abs. 2–4 vgl. auch BGH, NJW 2011, 3580). Diesen innerstaatl. Gewährleistungen entsprechen z.T. extern auf **europäischer Ebene** Art. 3 (mit Hinweisen nachstehend in Rn. 5) und 5 EMRK (s. dazu EGMR, NJW 2007, 3699 f.; EuGRZ 2008, 586 f.; 2010, 34 f.; Meyer-Ladewig, Art. 5 Rn. 6 ff.) sowie für den Bereich der EU die Regelungen in Art. 4 und 6 EUGrCh.

2 Art. 104 steht in unlösbarem **Zusammenhang mit der materiellen Garantie der Freiheit der Person** in Art. 2 II 2 (BVerfGE 105, 247 m.w.N.; BVerfG, NVwZ 2011, 1255), unterstreicht den hohen Rang dieses Grundrechts (BVerfGE 128, 372), ergänzt es i.S. einer Grundrechtssicherung durch Verfahren durch insbes. formelle Gewährleistungen und verstärkt in diesem Zusammenhang den schon in Art. 2 II 3 enthaltenen Gesetzesvorbehalt (vgl. BVerfGE 65, 321 f.; 105, 247; BVerfG, NJW 2010, 670). Die Regelung enthält objektives Verfassungsrecht (s. zu Art. 104 IV BVerfGE 16, 122), gewährt aber auch – natürlichen, nicht dagegen juristischen Personen – grundrechtsgleiche Rechte (vgl. Art. 93 I Nr. 4 a), deren Verletzung mit der Verfassungsbeschwerde (dazu Art. 93 Rn. 22 ff.) gerügt werden kann. Auf die Geschäftsfähigkeit des Betroffenen kommt es nicht an (BVerfGE 10, 309; 58, 224). Verpflichtet wird aus Art. 104 die öffentl. Gewalt in allen ihren Erscheinungsformen (zur Strafgerichtsbarkeit s. BVerfGE 14, 186).

**Absatz 1: Schutz gegen Freiheitsbeschränkungen**

3 *Satz 1:* Die Freiheit der Person darf nur aus besonders gewichtigen Gründen und unter strengen formellen Voraussetzungen eingeschränkt werden (BVerfGK 1, 149 f.). Die Letzteren werden verfassungsrechtl. in Satz 1 vorgegeben. Unter **Freiheit der Person** ist dabei wie in Art. 2 II 2 die körperliche Fortbewegungsfreiheit im Rahmen der allg. Rechtsordnung (vgl. die Erläut. in Art. 2 Rn. 13; BVerfGK 18, 132 m.w.N.; BGH, NStZ-RR 2012, 115), unter **Freiheitsbeschränkung** jede ohne oder gegen den Willen des Betroffenen erfolgende Beeinträchtigung dieser Freiheit zu verstehen, indem dieser – wie bei der polizeirechtl. Sistierung zum Zweck der Personenfeststellung (VGH Mannheim, NVwZ-RR 2011, 233) oder beim polizeilichen Unterbindungsgewahrsam (VG Hannover, NVwZ-RR 2012,

926 – daran gehindert wird, einen Ort aufzusuchen oder sich dort aufzuhalten, der ihm an sich (tatsächlich u. rechtl.) zugänglich wäre (näher zum Begriff der Freiheitsbeschränkung BVerfGE 94, 198; 105, 248; BVerfG, DVBl 2011, 625; BayVGH, BayVBl 2006, 671; OVG Lüneburg, NVwZ-RR 2007, 103; OVG Münster, NWVBl 2007, 305). An einer solchen Beeinträchtigung fehlt es bei Anordnung einer Fahrtenbuchauflage nach Straßenverkehrsrecht (BVerwGE 18, 110). Auch Auslieferungsersuchen der Bundesrepublik Deutschland an andere Staaten stellen keine Freiheitsbeschränkung dar (BVerfGE 57, 23 f.). Dass Eingriffe in die Freiheit der Person (dazu s. Art. 2 Rn. 13) nur auf gesetzl. Grundlage möglich sind, ergibt sich schon aus dem Rechtsstaatsprinzip (vgl. zum Vorbehalt des Gesetzes Art. 20 Rn. 15 u. vor Art. 70 Rn. 7) und außerdem aus Art. 2 II 3. Art. 104 I nimmt den in dieser Vorschrift enthaltenen Gesetzesvorbehalt wieder auf und bekräftigt ihn durch das **Erfordernis eines „förmlichen"** Gesetzes (BVerfGE 29, 195; 105, 247; BGHZ 145, 304; s. auch Rn. 2), das wie dasjenige nach Art. 103 II hinreichend bestimmt sein (BVerfGE 78, 383; BVerfG, InfAuslR 2009, 204; BGHZ 176, 84) und eine Regelung über die Grundzüge der Eingriffsvoraussetzungen enthalten muss (BGHZ 145, 304; vgl. auch BVerfGE 109, 188). Freiheitsbeschränkungen sind danach in berechenbarer, messbarer und kontrollierbarer Weise zu regeln (BVerfG, Beschl. v. 20.6.2012 – 2 BvR 1048/11 –; BGH, NJW 2010, 1544). Auch in zeitlicher Hinsicht ist das Gebot strikter Gesetzesbindung zu beachten (BVerfGK 11, 213 f.). Für den Jugendstrafvollzug gelten besondere verfassungsrechtl. Anforderungen (im Einzelnen BVerfGE 116, 81 ff.). Freiheitsbeschränkende Maßnahmen können ihre materiellgesetzl. (BVerfGE 2, 119; 29, 195) Grundlage in Bundes- und Landesgesetzen (BVerfGE 105, 247), z.B. in den Unterbringungsgesetzen der Länder (BGH, NJW 2012, 1448 f.), unter den in Art. 103 Rn. 14 genannten, hier ebenfalls geltenden Voraussetzungen (s. auch BVerfGE 96, 97) auch in Blankettstrafgesetzen (BVerfGE 78, 383 m.w.N.), nicht dagegen in RVO (BVerfGE 14, 186 f.), Satzungen, Gewohnheitsrecht, richterl. Rechtsfortbildung oder der analogen Anwendung nicht unmittelbar einschlägiger materiellrechtl. Rechtsnormen (BVerfGE 29, 195 f.; 116, 82 ff.; BVerfGK 11, 213; BGHZ 176, 84) finden (kein Verbot jedoch für die analoge Anwendung von Verfahrensvorschriften; BVerfGE 83, 31 f.). Deshalb kein Wiederaufleben eines gegenstandslos gewordenen Haftbefehls im Wege der bloßen Wiedereinsetzung in den vorigen Stand (BVerfGK 6, 124). Spezifizierungen eines im förmlichen Gesetz bereits hinreichend bestimmten Tatbestands darf der Verordnungsgeber allerdings auch hier vornehmen (vgl. – mit Bezug auf Blankettstrafgesetze – BVerfGE 75, 342; ferner auch BVerfG, NJW 1998, 670). Nach den Art. 123 ff. fortgeltende gesetzesvertretende VO sind den förmlichen Gesetzen i.S. des Art. 104 I 1 gleichzuerachten (BVerfGE 22, 12 f.).

Art. 104 I 1 verstärkt (vgl. Rn. 2) den Gesetzesvorbehalt des Art. 2 II 3 insbes. **4** dadurch, dass er die **Beachtung der** in dem freiheitsbeschränkenden Gesetz für die Beschränkung **vorgeschriebenen Formen** (z.B. Antragserfordernisse, Fristbestimmungen oder Anhörungspflichten; zu Letzteren s. BVerfGE 58, 220 f.; BVerfGK 9, 137, 138 f.; 11, 331; OLG München, BayVBl 2007, 30) zum Verfassungsgebot erhebt (BVerfGE 105, 247; BVerfG, NJW 1995, 3047). Verstöße gegen einschlägige Formvorschriften stellen daher stets auch eine Verletzung der Freiheit der Person dar (BVerfGE 58, 220; 65, 321 f.; BVerfGK 6, 299; RhPf-VerfGH, NJW 2006, 3342). Diese Vorschriften können ihre freiheitsichernde Funktion nur erfüllen, wenn sie beachtet werden, bevor die Freiheitsbeschränkung angeordnet wird. Nachträgliche Heilung mit rückwirkend rechtfertigender Wirkung ist deshalb grundsätzlich ausgeschlossen (vgl. BVerfGE 58, 222 f.;

BVerfGK 13, 404 f. m.w.N.; 18, 134). Inhalt und Reichweite der Formvorschriften eines freiheitsbeschränkenden Gesetzes sind auch bei dessen *Auslegung* und Anwendung zu beachten. Diese sind so vorzunehmen, dass die Formvorschriften eine der Bedeutung des Grundrechts angemessene Wirkung entfalten können (BVerfGE 105, 247 m.w.N.; BVerfGK 12, 52; näher zu den Anforderungen u. Grenzen der durch Art. 104 I gebotenen Auslegung BVerfGK 11, 330; s. auch die Erläut. in Art. 103 Rn. 15). Zu den bedeutsamsten Verfahrensvorschriften, deren Beachtung Art. 104 I 1 fordert, gehören die mündliche Anhörung des Betroffenen vor der Entscheidung über die Freiheitsbeschränkung (BVerfGK 13, 404; 15, 149) und das in § 116 IV StPO zum Ausdruck kommende Gebot, die Aussetzung des Vollzugs eines Haftbefehls durch den Richter nur dann zu widerrufen, wenn sich die Umstände im Vergleich zu der Beurteilungsgrundlage zur Zeit der Gewährung der Verschonung verändert haben (BVerfGK 6, 299; 12, 52; BVerfG, wistra 2012, 431). Zu § 137 I 1 StPO vgl. RhPfVerfGH, NJW 2006, 3343, zur Bedeutung des Art. 104 I 1 auch für vorläufige Entscheidungen über freiheitsbeschränkende Maßnahmen BVerfG, KBeschl. vom 1.4.2008 – 2 BvR 1925/04 – juris.

5  Das in *Satz 2* niedergelegte **Misshandlungsverbot** (BVerfGE 33, 10) enthält materielle Begrenzungen für die Durchführung einer staatlicherseits bereits ins Werk gesetzten Freiheitsbeschränkung. Die Regelung konkretisiert in ihrem Anwendungsbereich das in Art. 1 I verankerte Gebot der Achtung der Menschenwürde (vgl. auch BVerfGE 2, 119; OLG Frankfurt/Main, NJW 2013, 79). Untersagt sind vor allem zielgerichtete Beeinträchtigungen der körperlichen Gesundheit oder des körperlichen oder seelischen Normalbefindens sowie jede entehrende und entwürdigende Behandlung, also insbes. die Folter (BVerfGE 2, 119; BVerfGK 4, 285; OLG Frankfurt/Main, NJW 2007, 2495; LG Frankfurt/Main, NJW 2005, 693; s. auch die Ausformung des Schutzbereichs in § 136 a StPO u. zum Folterverbot nach Art. 3 EMRK EGMR, EuGRZ 2007, 157 ff.; NVwZ 2011, 414 ff.; NJW 2012, 2174). Isolierhaft ist grundsätzlich zulässig, desgleichen die Kontaktsperre nach § 31 EGGVG (BVerfGE 49, 64), lebenslange Freiheitsstrafe (vgl. BVerfGE 64, 270 f.) und Zwangsernährung (a.A. in letzterer Hinsicht Podlech, AK, Art. 104 Rn. 46). Auch Maßnahmen, die darauf gerichtet sind, Ausbruchsversuche eines Inhaftierten zu unterbinden, werden durch Satz 2 nicht ausgeschlossen, sofern sie für den Betroffenen nicht entwürdigend sind.

### Absatz 2: Schutz gegen Freiheitsentziehungen

6  *Satz 1:* Abs. 2 ergänzt (wie Abs. 3 u. 4) Abs. 1 um **zusätzliche**, neben das Erfordernis einer formellgesetzl. Eingriffsgrundlage (dazu BVerfG, DtZ 1995, 436) tretende verfahrensrechtl. **Anforderungen an Freiheitsentziehungen** als Spezialfall (Freiheitsentziehung als „stärkste Form der Freiheitsbeschränkung"; BVerwGE 62, 327; vgl. auch BVerfGE 10, 323) der in der zuletzt angeführten Vorschrift behandelten Freiheitsbeschränkungen. Im Hinblick auf den strikten Gesetzesvorbehalt des Abs. 1 Satz 1 (s. dazu oben Rn. 3) muss eine Freiheitsentziehung zu jedem Zeitpunkt ihrer Dauer von der gesetzl. Ermächtigung gedeckt sein (BVerfGK 11, 214). Aus dem Umstand, dass die Freiheit der Person nur aus besonders gewichtigen Gründen und unter strengen formellen Voraussetzungen eingeschränkt werden darf, ergeben sich für die Strafgerichte auch *Mindesterfordernisse für eine zuverlässige Wahrheitserforschung*, die nicht nur im strafprozessualen Haupt-, sondern auch im Vollstreckungsverfahren, z.B. bei der Entscheidung über die Aussetzung einer Freiheitsstrafe zur Bewährung, zu beachten sind (BVerfG, NJW 2012, 516 f.). Aber auch sonst müssen Entscheidungen, die den

Entzug der persönlichen Freiheit betreffen, auf zureichender richterl. Sachaufklärung beruhen und eine in tatsächlicher Hinsicht genügende Grundlage haben, die der Bedeutung der Freiheitsgarantie entspricht (BVerfGE 117, 102, 105; BVerfGK 7, 100; 15, 397 f.). Das gerichtl. Verfahren muss darauf angelegt sein, dem Betroffenen vor dem Freiheitsentzug die rechtsstaatl. Sicherungen zu gewähren, die mit einem justizförmigen Verfahren verbunden sind. Die Eilbedürftigkeit einer Entscheidung kann eine Vereinfachung und Verkürzung des Verfahrens rechtfertigen, darf aber die unabhängige, auf Grund der Justizförmigkeit des Verfahrens besonders verlässliche Entscheidungsfindung nicht gefährden (BVerfGE 83, 32; BVerfGK 7, 99; BVerfG, InfAuslR 2012, 187). Das setzt entsprechende Bemühungen und Vorkehrungen voraus (BVerfGE 105, 251) und gilt auch dann, wenn die nachträgliche Feststellung der Rechtswidrigkeit einer freiheitsentziehenden Maßnahme in Rede steht (BVerfGK 7, 100; 18, 71). Zur Überprüfung der Fortdauer solcher Maßnahmen und der dabei gebotenen Hinzuziehung von hinreichend erfahrenen Sachverständigen vgl. etwa BVerfGE 109, 162 ff.; 117, 105 f.; BVerfGK 15, 295.

Unter „Freiheitsentziehung" ist der völlige Entzug, die Aufhebung der tatsächlich **7** und rechtl. gegebenen körperlichen Bewegungsfreiheit nach jeder Richtung i.S. der ohne oder gegen den Willen des Betroffenen erfolgenden, über eine bloß kurzfristige Einschränkung hinausgehenden *Einschließung auf engem Raum* wie der Einschluss in Zellen (BVerfG, DVBl 2011, 625) zu verstehen (vgl. auch § 415 II FamFG u. BVerfGE 94, 198; 105, 248; BVerwGE 62, 327 f.; BGHZ 145, 303). Eine Freiheitsentziehung ist aber nicht nur anzunehmen, wenn der Betroffene eingeschlossen ist und mit äußeren Zwangsmitteln festgehalten wird. Sie ist vielmehr auch dann gegeben, wenn dieser am Verlassen eines bestimmten Orts durch psychischen Zwang gehindert wird (BVerfG, NStZ 1999, 570). Vom Begriff erfasst sind neben den strafrechtl. Freiheitsstrafen (BVerfGE 14, 162; 14, 186) z.B. die – strikt an den Verhältnismäßigkeitsgrundsatz gebundene – Sicherungsverwahrung (BVerfGE 128, 372; 129, 45) und andere mit dem Entzug der Bewegungsfreiheit verbundene Maßregeln der Besserung und Sicherung (BVerfGE 91, 27 f.; 130, 389) einschl. der sog. Organisationshaft (BVerfG, NJW 2006, 427, 428 f.). Als Freiheitsentziehung anzusehen sind ferner die Ingewahrsamnahme nach Polizeirecht (VGH Mannheim, ESVGH 61, 201), die Unterbringung in einer kinder- und jugendpsychiatrischen Anstalt gemäß § 1631 b BGB (BVerfGK 11, 323), in einem psychiatrischen Krankenhaus nach § 63 StGB (BVerfGK 15, 289, 294 f.) oder nach den Unterbringungsgesetzen der Länder (s. BVerfGE 58, 220 ff.; VG Stuttgart, U. v. 25.7.2007 – 2 K 2805/07 – juris), desgleichen im Hinblick auf die Ausstrahlungswirkung des Abs. 2 in das Privatrecht hinein die Unterbringung des Betreuten durch den Betreuer nach § 1906 BGB (vgl. BVerfGE 10, 309 ff.; 74, 242; BGHZ 145, 303), außerdem die Anordnung einer Beugehaft gemäß § 70 II StPO (BGH, NStZ-RR 2012, 115 m.w.N.) oder einer mehrtägigen stationären Untersuchung nach § 81 a StPO (BVerfG, NJW 2004, 3697), die Untersuchungshaft nach den §§ 112 ff. StPO (BVerfGK 10, 548 ff.), die Ersatzzwangshaft in der Verwaltungsvollstreckung (BayVGH n.F. 35, 36), die Abschiebungshaft nach dem Ausländerrecht (BVerfGK 11, 213) sowie disziplinarrechtl. Arreststrafen (BVerfGE 22, 317; BGHSt 34, 368). *Nicht* unter den Begriff der Freiheitsentziehung fallen dagegen Freiheitsbeschränkungen wie gesundheitspolizeiliche Absperrmaßnahmen, Aufenthaltsgebote und -verbote, die Begrenzung des Aufenthalts von Asylsuchenden während des Flughafenverfahrens nach § 18 a AsylVfG auf die für ihre Unterbringung vorgesehenen Räumlichkeiten im Transitbereich des Flughafens (BVerfGE 94, 198; anders

OLG München, NVwZ-RR 2006, 729, für das zeitlich nicht begrenzte Festhalten eines nicht einreiseberechtigten Ausländers im Transitbereich außerhalb dieses Verfahrens) und die bloße Abschiebung (ohne Abschiebungshaft) eines Ausländers (vgl. BVerwGE 62, 329). Das Gleiche gilt für Zwangsvorführungen von Angeklagten, Zeugen, Schul- und Wehrpflichtigen (BVerwGE 82, 245), Ausländern zur Durchsetzung der Pflicht zum persönlichen Erscheinen bei der zuständigen Behörde (OVG Münster, NWVBl 2007, 305) oder von Geschlechtskranken (BGHZ 82, 265 ff.) und andere Formen des unmittelbaren Zwangs. Die Anordnung eines Arrests als Disziplinarmaßnahme im Rahmen des Vollzugs einer strafrechtl. Freiheitsstrafe ändert – ebenso wie der Einschluss in einem enger begrenzten Teil der Unterbringungseinrichtung im Rahmen des Maßregelvollzugs (BVerfGE 130, 111) – nur die Art und Weise dieses Vollzugs und fällt deshalb ebenfalls nicht unter Satz 1 (BVerfG, NJW 1994, 1339).

8    Satz 1 macht jede Freiheitsentziehung im vorerörterten Sinne vom Ergehen einer richterl. Entscheidung abhängig. Auch Freiheitsentziehungen von nur kurzer Dauer sind von diesem Grundsatz nicht ausgenommen (BVerfG, KBeschl. v. 1.4.2008 – 2 BvR 1925/04 – juris). Vorkonstitutionelle Freiheitsentziehungen sind allerdings – auch im Rahmen eines Schadensersatzprozesses – nicht am Maßstab des Satzes 1 zu messen (BVerfGK 3, 283). Der **Richtervorbehalt** dient mit der Einschaltung eines unabhängigen Richters der verstärkten Sicherung des Grundrechts aus Art. 2 II 2 (BVerfGE 105, 248; BVerfG, NVwZ 2008, 305) und der Justizgewährung im Hinblick auf den schwerwiegenden Eingriff in dieses Grundrecht (OVG Berlin-Brandenburg, NJW 2009, 2696). Er steht nicht zur Disposition des Gesetzgebers (BVerfGE 10, 323; BVerfG, NJW 2006, 428; BVerfGK 7, 98). Dieser ist aber nicht gehindert, den Richtervorbehalt umfassender anzuordnen, als dies Abs. 2 vorschreibt (OVG Münster, NWVBl 2007, 305). Der verfassungsrechtl. Vorbehalt verlangt eine vom gesetzl. Richter i.S. des Art. 101 I 2 (zu ihm s. Art. 101 Rn. 3–11; zum Begriff des Richters Art. 92 Rn. 4) getroffene Entscheidung (BVerfGE 14, 162). Diese ist also dem im konkreten Verfahren zuständigen Richter anvertraut (BVerfGK 15, 400). Das gerichtl. Verfahren muss darauf angelegt sein, den Betroffenen vor dem Freiheitsentzug all die rechtsstaatl. Sicherungen zu gewähren, die mit einem justizförmigen Verfahren verbunden sind. Die Eilbedürftigkeit einer solchen Entscheidung kann eine Vereinfachung und Verkürzung des gerichtl. Verfahrens rechtfertigen, darf aber die unabhängige, auf Grund der Justizförmigkeit des Verfahrens besonders verlässliche Entscheidungsfindung nicht gefährden (BVerfGK 7, 99; BVerfG, NVwZ 2008, 305). Dass die Freiheitsentziehung immer nur vom Richter selbst angeordnet werden kann, wird allerdings, wie Satz 2–4 und Abs. 3 zeigen, in Art. 104 nicht gesagt. Denkbar ist auch, dass dem Richter die Aufgabe vorbehalten ist, die von einer Verwaltungsbehörde getroffene Anordnung vor deren Vollzug zu bestätigen (vgl. OVG Bremen, NVwZ-RR 2004, 658). Auch dann wird nicht allein die Rechtmäßigkeit der Entscheidung der Exekutive geprüft, sondern über die Freiheitsentziehung selbst entschieden (s. VGH Mannheim, ESVGH 61, 201 f.). Im Übrigen haben die Organe der vollziehenden Gewalt nur ein Recht zur vorläufigen Freiheitsentziehung in den Fällen, in denen der mit der Freiheitsentziehung verfolgte verfassungsrechtl. zulässige Zweck nicht erreichbar wäre, wenn der Festnahme die richterl. Entscheidung vorausgehen müsste (BVerfGE 22, 317; 105, 248 f.; BVerfG, NVwZ 2009, 1033). Die vorgängige Entscheidung des Richters hat danach den Vorrang (BVerfGE 105, 248; VGH Mannheim, DÖV 2005, 167; OLG München, NVwZ-RR 2006, 153; s. auch zu Art. 13 II die Erläut. in Art. 13 Rn. 15). Alle staatl. Organe sind verpflichtet, dafür zu sorgen,

dass der Richtervorbehalt als Grundrechtssicherung praktisch wirksam wird (BVerfGK 5, 67 f.; BVerfG, NVwZ 2009, 1033; zur auch von Art. 104 II geforderten Effektivität des Rechtsschutzes näher BVerfGK 7, 99 f., 104 ff.). Das schließt die Verfassungspflicht ein, zur Tageszeit (auch an Sonn- u. Feiertagen; vgl. OVG Bremen, NVwZ-RR 2012, 273) die Erreichbarkeit eines zuständigen Richters zu gewährleisten und ihm auch insoweit eine sachangemessene Wahrnehmung seiner richterl. Aufgaben zu ermöglichen (BVerfGE 105, 248; BVerfGK 7, 98); für das Einschalten des Richters dürften tagsüber grundsätzlich zwei bis drei Stunden genügen (VG Stuttgart, U. v. 25.7.2007 – 2 K 2805/07 – juris). Ein richterl. Bereitschaftsdienst zur Nachtzeit ist demgegenüber erst dann gefordert, wenn dafür ein praktischer Bedarf besteht, der, z.b. weil im Zusammenhang mit einer Sitzblockade mit Masseningewahrsamnahmen in der Nacht gerechnet werden muss, über den Ausnahmefall hinausgeht (BVerfGK 7, 98). Richterl. Entscheidung ist auch die Entscheidung des Verwaltungsrichters (vgl. z.B. § 16 I 1 VwVG). Überwiegend hat die Gesetzgebung die richterl. Entscheidung über Freiheitsentziehungen jedoch den ordentlichen Gerichten zugewiesen. Das gilt auch für die Verfahren nach den §§ 415 ff. FamFG.

Mit dem – konstitutiven – **Entscheid über die Freiheitsentziehung**, für die 9 Art. 104 selbst dem Richter keine zeitliche Grenze vorgibt (vgl. BayVerfGH, NVwZ 1991, 669), übernimmt dieser die volle Verantwortung für den Freiheitsentzug (BVerfGE 10, 310; OVG Bremen, NVwZ-RR 2004, 659; OLG München, NVwZ-RR 2006, 154). Die Entscheidung darf nicht vom Richter nicht steueroder kontrollierbaren Dritten überantwortet oder allein von deren Urteil abhängig gemacht werden (BVerfG, KBeschl. v. 14.12.2011 – 2 BvR 68/11 – juris). Die ihr vorgelagerte Prüfung des Richters erstreckt sich einmal darauf, ob die anderweitig in einer materiellen Rechtsnorm geregelten, in Satz 1 vorausgesetzten (BVerfGE 10, 310) *gesetzlichen Erfordernisse* für die Anordnung der Freiheitsentziehung erfüllt sind, und hat zum anderen bei der gebotenen Abwägung sicherzustellen, dass die im Einzelfall vorgesehene Maßnahme den Anforderungen des *Verhältnismäßigkeitsgrundsatzes* genügt (BVerfGE 29, 316; 117, 97 ff.; BayVerfGH, NVwZ 1991, 667; BayVGH n.F. 35, 36 f.; OVG Bremen, NVwZ-RR 2004, 659; vgl. auch zu Art. 13 II die Erläut. in Art. 13 Rn. 13 u. zur Bedeutung des Verhältnismäßigkeitsgrundsatzes die Nachweise in Art. 2 Rn. 14). Der mit der Freiheitsentziehung verfolgte Zweck muss mit deren Dauer in Beziehung gesetzt werden (BVerfGE 70, 311 f.). Dabei sind die Verhältnismäßigkeitsanforderungen umso strenger, je länger der Freiheitsentzug dauert (BVerfGE 70, 315). Erreicht wird die Verhältnismäßigkeit vor allem durch verfahrensrechtl. Sicherungen (so für die Sicherungsverwahrung BVerfGK 5, 68). Der Anordnung der Freiheitsentziehung steht die Verlängerung dieser Maßnahme gleich.

*Satz 2:* Beruht die Freiheitsentziehung ausnahmsweise (s. vorstehend Rn. 8) nicht 10 auf richterl. Anordnung, ist die richterl. Entscheidung über Zulässigkeit und Fortdauer der Maßnahme (VGH Mannheim, ESVGH 62, 148) nach Satz 2 nachträglich, und zwar unverzüglich, herbeizuführen. Davon abgesehen werden darf nur, wenn auf der Grundlage einer Prognosebeurteilung, an die strenge Anforderungen zu stellen sind, anzunehmen ist, dass die richterl. Entscheidung erst nach Wegfall des Grundes der Ingewahrsamnahme getroffen werden kann und infolgedessen die Freiheitsentziehung über den durch diesen Grund gerechtfertigten Zeitraum hinaus fortdauern würde (vgl. BVerfGE 105, 251; VGH Mannheim, DÖV 2005, 167; OLG München, NVwZ-RR 2006, 154). **„Unverzüglich"** i.S. von Satz 2, der auch dann zu beachten ist, wenn Abs. 3 Satz 1 zur Anwendung kommt (BVerfG, KBeschl. v. 4.9.2009 – 2 BvR 2520/07 – juris; VG Stuttgart,

U .v. 25.7.2007 – 2 K 2805/07 – juris), meint nicht wie in § 121 I 1 BGB „ohne schuldhaftes Zögern", ist vielmehr dahin auszulegen, dass die richterl. Entscheidung ohne jede nicht durch sachliche (tatsächliche oder rechtl.) Gründe gerechtfertigte Verzögerung nachgeholt werden muss (BVerfGE 105, 249; BVerfGK 7, 99; BVerfG, NVwZ 2009, 1033; BVerwGE 45, 63; OLG Köln 2009, 2689 f.). Die Verzögerung muss bei Anlegung eines objektiven Maßstabs sachlich zwingend geboten sein (OLG Rostock, NVwZ-RR 2008, 176). Nicht vermeidbar und damit gerechtfertigt, indessen von den an der freiheitsentziehenden Maßnahme beteiligten staatl. Organen zu dokumentieren (BVerfG, NVwZ 2007, 1045) sind z.b. Verzögerungen, die durch die Länge des Weges, Schwierigkeiten beim Transport, die notwendige Registrierung und Protokollierung, ein renitentes Verhalten des Festgenommen oder vergleichbare Umstände bedingt sind (BVerfG, NVwZ 2009, 1033). Dagegen kann die Unmöglichkeit, einen Richter zu erreichen, angesichts der staatl. Pflicht, der Bedeutung des Richtervorbehalts durch geeignete organisatorische Maßnahmen Rechnung zu tragen (vgl. dazu Rn. 8, zur Pflicht, für die Durchführung einer unverzüglichen richterl. Anhörung erforderlichenfalls einen Dolmetscher zur Verfügung zu stellen, auch BVerfG, NVwZ 2007, 1045), nicht ohne weiteres als unvermeidbares Hindernis für die unverzügliche Nachholung der richterl. Entscheidung angesehen werden (BVerfGE 105, 249; BVerfGK 7, 99; VGH Mannheim, DÖV 2005, 167). Die Notwendigkeit einer solchen Entscheidung entfällt auch nicht deshalb, weil der Betroffene vor deren Ergehen entlassen worden ist. Im Hinblick auf die Schwere des mit einer Freiheitsentziehung verbundenen Grundrechtseingriffs kommt vielmehr auch bei sog. prozessualer Überholung noch eine – auf die Feststellung der Rechtswidrigkeit der Maßnahme gerichtete – gerichtl. Entscheidung in Betracht (zu den Einzelheiten BVerfGE 104, 233 ff. m.w.N.). Aus den Sätzen 2 und 3 folgt im Übrigen die allg. zu beachtende **Eilbedürftigkeit** des richterl. Verfahrens, weil jede richterl. Sachaufklärung zeitlich durch das Erfordernis der unverzüglichen Entscheidung beschränkt und der Inhaftierung ohne richterl. Entscheidung mit dem Ende des dem Ergreifen folgenden Tages eine äußerste Grenze gesetzt ist (BVerfGK 7, 106; zu Letzterem s. sogleich Rn. 11). Ein Verstoß gegen das Gebot der unverzüglichen Herbeiführung einer richterl. Entscheidung hat die Rechtswidrigkeit der Freiheitsentziehung zur Folge (VGH Mannheim, ESVGH 61, 202).

**11** *Satz 3* setzt dem Festhalten einer Person ohne richterl. Entscheidung eine **äußerste zeitliche Grenze** (BVerfGE 105, 249; SächsVerfGH, JbSächsOVG 4, 65), indem er bestimmt, dass die Polizei aus eigener Machtvollkommenheit, d.h. von sich aus, niemanden länger als bis zum Ende des Tages (24 Uhr) nach dem Ergreifen in eigenem Gewahrsam halten darf. *„Polizei"* sind alle Behörden der allg. Gefahrenabwehr, nicht nur die der Vollzugspolizei (str.; wie hier z.B. Dürig in Maunz/Dürig, Art. 104 Rn. 40; weiter – für den Einbezug aller Ordnungsbehörden – Kunig in von Münch/Kunig, Art. 104 Rn. 24). Das Zeitmaß des Satzes 2 wird von Satz 3 nicht berührt (BVerfGE 105, 249; BVerfG, KBeschl. v. 4.9.2009 – 2 BvR 2520/07 – juris; vgl. aber BVerwGE 45, 64, unter Berufung auf BVerfGE 10, 321). Auch die Polizei hat deshalb unter den Voraussetzungen des Satzes 2 unverzüglich eine richterl. Entscheidung über die Freiheitsentziehung herbeizuführen. Ist dies innerhalb der Frist des Satzes 3 nicht möglich, ist der in Gewahrsam Genommene freizulassen (zur Dauer eines Polizeigewahrsams nach Art. 5 I 2 Buchst. b EMRK s. EGMR, EuGRZ 2005, 477 ff.). Satz 3 bildet selbst keine Rechtsgrundlage für polizeiliche Freiheitsentziehungen, setzt vielmehr eine anderweitige gesetzl. Ermächtigung hierfür voraus. Sonderregelungen gelten für polizeiliche Festnahmen im Rahmen der Strafverfolgung (Abs. 3) und für den Verteidigungsfall (Art. 115 c II Nr. 2).

Die **nähere gesetzliche Regelung**, zu der *Satz 4* ermächtigt, findet sich außer in den einschlägigen Vorschriften der StPO und der ZPO vor allem in den §§ 415 ff. FamFG, darüber hinaus in Landesgesetzen, insbes. in den Polizei- und den Unterbringungsgesetzen der Länder. Soweit Bestimmungen über das Verfahren, in dem der Richter über die Zulässigkeit des Gewahrsams entscheidet, fehlen, sind die §§ 415 ff. FamFG entsprechend anzuwenden (vgl. zur früheren Rechtslage BVerfGE 83, 31 f.; BVerwGE 1, 233; BGHZ 5, 51). Ziel jeder einschlägigen Verfahrensregelung und ihrer Anwendung muss es sein, dem Betroffenen vor dem Freiheitsentzug alle rechtsstaatl. Sicherungen zu gewähren, die mit einem justizförmigen Verfahren verbunden sind (BVerfGE 83, 32).

**Absatz 3: Richtervorführung**

*Satz 1* regelt die Richtervorführung des **wegen des Verdachts einer strafbaren Handlung vorläufig Festgenommenen**. Die Freiheitsentziehung wird in diesem Fall unzulässig, wenn der vorläufig Festgenommene nicht spätestens am Tag nach der Festnahme dem Richter vorgeführt wird (BVerfG, KBeschl. v. 4.9.2009 – 2 BvR 2520/07 – juris; s. aber – Modifikation zugunsten von „unverzüglich" i.S. von Abs. 2 Satz 2 – VG Köln, JZ 2012, 368; die Modifikation ablehnend Walter/Ungern-Sternberg, DÖV 2012, 865 ff.). Die in Satz 1 vorgeschriebene Anhörung muss vor der richterl. Entscheidung stattfinden (s. auch § 128 StPO) und geht insoweit über die Gewährleistung des rechtl. Gehörs durch Art. 103 I hinaus, als sie die *persönliche Anwesenheit* des Festgenommenen vor dem Pflicht nach Abs. 2 Satz 2, die richterl. Entscheidung unverzüglich herbeizuführen, bleibt unberührt (vgl. Rn. 10; s. auch BVerfGE 10, 321 f.). Die Entscheidung des Richters kann nach *Satz 2* nur im Erlass eines Haftbefehls (vgl. die §§ 114 ff. StPO) oder in der Freilassung des vorläufig Festgenommenen bestehen. Art. 115 c II Nr. 2 enthält für den Verteidigungsfall eine von Satz 1 abw. Sonderregelung.

**Absatz 4: Benachrichtigungspflicht**

Um zu verhindern, dass die öffentl. Gewalt jemanden spurlos verschwinden lässt, bestimmt Abs. 4, dass von jeder richterl. Entscheidung über die Anordnung oder Fortdauer einer Freiheitsentziehung unverzüglich (dazu s. BVerfGE 38, 34, u. oben Rn. 10) eine dem Betroffenen nahe stehende Person zu benachrichtigen ist (vgl. einfachrechtl. auch § 114 c StPO u. § 432 FamFG). Richterl. Entscheidung in diesem Sinne ist auch eine Rechtsmittelentscheidung mit entsprechendem Inhalt (BVerfGE 16, 123). Die Benachrichtigung ist **von Amts wegen** vorzunehmen und von dem Richter zu veranlassen, der die Haft oder deren Fortdauer anordnet (BVerfGE 16, 123). Durchgeführt werden kann die Benachrichtigung jedoch auch von einer beteiligten Behörde wie der Staatsanwaltschaft (BVerfGE 38, 34). Der Richter hat auch über die Auswahl der zu benachrichtigenden Person zu bestimmen. **Angehörige** sind jedenfalls die in § 52 I StPO aufgeführten Personen, **Vertrauenspersonen** im Übrigen insbes. der Wahl-, u.U. aber auch der Pflichtverteidiger (s. BVerfGE 16, 123 f.; 38, 34), weiter Freunde oder sonst nahe stehende Personen. Auf die Benachrichtigung hat der Festgenommene (BVerfGE 16, 122), nicht dagegen die Angehörige oder sonst zu Benachrichtigende (vgl. BVerwG, DVBl 1984, 1080), einen **Anspruch**. Dieser führt allerdings nicht notwendig dazu, dass der Richter auch verpflichtet wäre, gerade die von dem Festgehaltenen benannte Person über die Festnahme zu unterrichten. Der Anspruch ist verzichtbar (s. aber Schulze-Fielitz in Dreier, Art. 104 Rn. 58), auch der Verzicht jedoch für den Richter nicht unbedingt bindend. Ob die Benachrichtigung auch gegen

12

13

14

den Willen des Betroffenen vorzunehmen ist, ist bestr., aber, weil auch im öffentl. Interesse liegend, im Grundsatz wohl zu bejahen. Bei nichtrichterl. Freiheitsentziehung ist nach Abs. 2 Satz 2 und 3 sowie Abs. 3 zu verfahren.

# X. Das Finanzwesen

## Vorbemerkungen

1 **Inhalt:** Das GG behandelt das Finanzwesen in einem besonderen Abschnitt, der ganz wesentlich durch das 20. und 21. G zur Änderung des GG vom 12.5.1969 (BGBl I S. 357 u. 359) – Haushaltsreform und Finanzreformgesetz – geprägt worden ist und erneut weitreichende Änderungen durch die *Föderalismusreformen I und II* (vgl. dazu Einführung Rn. 6 f.) erfahren hat. Lag der Schwerpunkt der Finanzreform auf der klaren Kompetenzzuordnung zwischen Bund und Ländern, stand die Föderalismusreform I unter dem Zeichen eines Abbaus von Mischfinanzierungen und einer Stärkung der Länderkompetenzen. Angestrebtes Ziel der Föderalismusreform II soll im Schwerpunkt eine Verbesserung der Haushaltsdisziplin von Bund und Ländern durch neu gefasste Haushaltsregeln sein. Nach Abgrenzung der Finanzhoheit zwischen Bund, Ländern und Gemeinden (Art. 104a-109) enthält der X. Abschnitt im zweiten Teil allg. Grundsätze der Haushaltswirtschaft des Bundes (Art. 110–115). Zur Abgrenzung der Finanzhoheit von Bund und Ländern gehören die Regeln über die Finanzlastverteilung (Art. 104 a u. 104 b), die Steuergesetzgebungszuständigkeiten (Art. 105), die Kompetenzen zur Verwaltung der Steuern (Art. 108), die Verteilung des Steueraufkommens zwischen Bund, Ländern und Gemeinden (vertikaler Finanzausgleich; Art. 106) und unter den Ländern (horizontaler Finanzausgleich; Art. 107) sowie die Abgrenzung der Haushaltshoheit zwischen Bund und Ländern einschl. der besonderen Regeln zur Begrenzung der Staatsverschuldung (Art. 109, 109 a u. 115).

2 **Allgemeine Bedeutung:** Die verfassungsrechtl. Regeln zu den Staatsfinanzen haben in einem modernen Staatswesen wegen der zunehmenden Bedeutung der öffentl. Haushalte für die Funktion der Gesamtwirtschaft ein besonderes Gewicht. Das gilt auch, weil sie Grundlage für die Aufrechterhaltung eines sozialstaatl. Leistungsgefüges sind. Ferner haben sie eine hervorragende Bedeutung im bundesstaatl. System (BVerfGE 55, 300 f.; 72, 330; 105, 194). Für dessen Bestand ist eine verfassungsrechtl. gesicherte Balance zwischen den Trägern der im föderalistischen System auf zwei Staatsebenen verteilten Macht notwendig. Da für die Entfaltung der polit. Macht die freie und unabhängige Verfügung über ausreichende Finanzmittel unerlässliche Voraussetzung ist, kommt es für das Funktionieren des föderalistischen Systems auf die Regeln an, die eine Verteilung der staatl. Einnahmen auf Bund und Länder so gewährleisten, dass keine Ebene von der anderen finanziell abhängig ist. Darüber hinaus ist für die Erhaltung des Eigengewichts von Bund und Ländern und für ein ausgewogenes Verhältnis der beiden Ebenen zueinander erforderlich, dass im Prinzip die Zuweisung von staatl. Aufgaben an Bund und Länder durch die Verfassung klar geregelt ist. Zu dieser Aufgabentrennung gehören eine klare Trennung der finanziellen Lasten sowie klare Regeln zur Verschuldung und zur Schuldenbegrenzung. In Deutschland werden diese Regeln zunehmend ausdifferenziert und detailliert. Für Deutschland als Mitgliedstaat der EU treten deren Regeln zur Wirtschafts- und Währungsunion, insbes. Art. 126 AEUV, hinzu. Zur Ordnungsfunktion der Finanzverfassung vgl. BVerfGE 72, 383 ff.; 86, 214; s. auch BVerfGE 113, 147.

## Artikel 104 a [Verteilung der Ausgabenlast auf Bund und Länder]

(1) Der Bund und die Länder tragen gesondert die Ausgaben, die sich aus der Wahrnehmung ihrer Aufgaben ergeben, soweit dieses Grundgesetz nichts anderes bestimmt.

(2) Handeln die Länder im Auftrage des Bundes, trägt der Bund die sich daraus ergebenden Ausgaben.

(3) Bundesgesetze, die Geldleistungen gewähren und von den Ländern ausgeführt werden, können bestimmen, daß die Geldleistungen ganz oder zum Teil vom Bund getragen werden. Bestimmt das Gesetz, daß der Bund die Hälfte der Ausgaben oder mehr trägt, wird es im Auftrage des Bundes durchgeführt.

(4) Bundesgesetze, die Pflichten der Länder zur Erbringung von Geldleistungen, geldwerten Sachleistungen oder vergleichbaren Dienstleistungen gegenüber Dritten begründen und von den Ländern als eigene Angelegenheit oder nach Absatz 3 Satz 2 im Auftrag des Bundes ausgeführt werden, bedürfen der Zustimmung des Bundesrates, wenn daraus entstehende Ausgaben von den Ländern zu tragen sind.

(5) Der Bund und die Länder tragen die bei ihren Behörden entstehenden Verwaltungsausgaben und haften im Verhältnis zueinander für eine ordnungsgemäße Verwaltung. Das Nähere bestimmt ein Bundesgesetz, das der Zustimmung des Bundesrates bedarf.

(6) Bund und Länder tragen nach der innerstaatlichen Zuständigkeits- und Aufgabenverteilung die Lasten einer Verletzung von supranationalen oder völkerrechtlichen Verpflichtungen Deutschlands. In Fällen länderübergreifender Finanzkorrekturen der Europäischen Union tragen Bund und Länder diese Lasten im Verhältnis 15 zu 85. Die Ländergesamtheit trägt in diesen Fällen solidarisch 35 vom Hundert der Gesamtlasten entsprechend einem allgemeinen Schlüssel; 50 vom Hundert der Gesamtlasten tragen die Länder, die die Lasten verursacht haben, anteilig entsprechend der Höhe der erhaltenen Mittel. Das Nähere regelt ein Bundesgesetz, das der Zustimmung des Bundesrates bedarf.

**Allgemeines:** Art. 104 a ist die zentrale Vorschrift zur Verteilung der Finanzlasten 1
zwischen Bund und Ländern. Seine aktuelle Fassung verdankt er der **Föderalismusreform I** (vgl. Einführung Rn. 6). Diese hat die Gruppe der Gesetze, die der Zustimmung des BRates bedürfen, weil sie Lasten der Länder begründen, in Abs. 4 erweitert. Der Bereich der Finanzhilfen in Abs. 4 a.F. ist aus Art. 104 a herausgenommen und in Art 104 b verselbständigt worden. Ferner ist Art. 104 a ein neuer Abs. 6 angefügt worden, der die Verteilung der Lasten aus supranationalen und völkerrechtl. Verpflichtungen erstmals klar regelt.

### Absatz 1: Konnexitätsgrundsatz

Für die in der Staatspraxis sich ständig stellende entscheidende Frage, wer, Bund 2
oder Länder, eine Staatsaufgabe zu finanzieren hat, gibt Abs. 1 eine im Prinzip einfache und klare Antwort, indem er festlegt, dass derjenige, der nach der verfassungsrechtl. Verteilung der Aufgaben zwischen Bund und Ländern eine Aufgabe wahrzunehmen hat, die sich daraus ergebenden Ausgaben aus seinen Haushaltsmitteln zu finanzieren hat (sog. *Konnexitätsgrundsatz*). Die Ausgabenverantwortung folgt der Aufgabenverantwortung. Die Kommunen sind Glieder des betr. Landes; ihre Aufgaben und Ausgaben werden denen ihres Landes zugerechnet (s. BVerfGE 86, 215). Es kommt nicht darauf an, wer eine Ausgabe veran-

lasst oder das Gesetz erlassen hat. Das sog. Veranlassungsprinzip findet, seit Art. 104 a I in Kraft ist, in der Verfassung keine Stütze mehr (vgl. dazu BVerfGE 26, 390). Der Bund hat nicht generell die Lasten der Bundesgesetze zu tragen, sondern nur dann, wenn er sie selbst auszuführen hat (Art. 86) oder wenn ihm das GG die Finanzlast in besonderen Regelungen auferlegt (s. Abs. 2 u. 3). Andernfalls haben die Länder die Lasten der Bundesgesetze zu tragen (vgl. Art. 83 i.V.m. Abs. 1). Der Konnexitätsgrundsatz gilt **für alle Arten staatlicher Tätigkeit**. Das Schwergewicht der Ausgabenlast liegt in der – gesetzesausführenden und gesetzesfreien – Verwaltung. Darüber hinaus gilt der Konnexitätsgrundsatz aber auch für die sich aus der Gesetzgebungsarbeit und der Rspr. ergebenden Ausgaben. Wie die Aufgaben auf Bund und Länder aufgeteilt sind, ergibt sich zunächst aus Art. 30 und Art. 83. Es sind damit in aller Regel die Länder, die die Bundesgesetze ausführen. Vorschriften des GG, die dem Bund ausdrücklich Zuständigkeiten zuweisen, sind auf dem Gebiet der Verwaltung insbes. in den Art. 87, 87 b, 87 d I, 87 e I 1 und II, Art. 87 f II 2 und III, Art. 88, 89 II 1 und 2 enthalten. Darüber hinaus kann der Bund nach Art. 87 III für sich Zuständigkeiten begründen (s. Art. 87 Rn. 12–17), für die er dann die volle Finanzlast trägt. Letzteres gilt auch für Verwaltungszuständigkeiten des Bundes aus der Natur der Sache oder kraft Sachzusammenhangs (s. Art. 30 Rn. 3–5), die echte Verwaltungskompetenzen sind und demgemäß dem Abs. 1 unterliegen. Dieser enthält eine **Finanzlasttrennung** auch in dem Sinne, dass der Bund keine Länderaufgaben und die Länder keine Bundesaufgaben finanzieren dürfen (Ausnahmen: Art. 91 a–91 d sowie Abs. 3, Art. 104 b u. 120). Für die Frage, ob ein Land Aufgaben eines anderen Landes finanzieren darf, gibt Abs. 1 hingegen keinen Aufschluss.

3   Eine Sonderstellung nimmt das **ERP-Sondervermögen** ein (s. dazu G v. 31.1.1950 betr. das Abkommen über Wirtsch. Zusammenarbeit zwischen den Vereinigten Staaten von Amerika u. der Bundesrepublik Deutschland v. 15.12.1949, BGBl 1950 S. 9; G über die Verwaltung des ERP-Sondervermögens v. 26.6.2007, BGBl I S. 1160). Obwohl in der Zweckbestimmung für dieses Sondervermögen auch Aufgaben aus dem Kompetenzbereich der Länder enthalten sind, rechtfertigen es der völkerrechtl. Entstehungsgrund seiner Stiftung durch einen ausländischen Staat und die damit verknüpfte Verpflichtung, das Vermögen durch den Bund zu verwalten, dass diese Verwaltung auch innerstaatl. im Verhältnis zu den Ländern durch den Bund geführt und finanziert wird.

4   Es ist umstritten, ob Abs. 1 auch für **Ausgaben** gilt, die **auf Grund von EU-Normen** vom Mitgliedstaat selbst zu leisten sind. Für Richtlinien der EU, die nationaler Transformationsbestimmungen bedürfen (Art. 288 III AEUV), ergeben sich deswegen keine Schwierigkeiten, weil nationale Gesetze den Regeln der Art. 83 ff. und 104 a unterliegen. Bei EU-VO, die innerstaatl. unmittelbare Rechtswirkung haben (Art. 288 II AEUV), muss nach geltendem Verfassungsrecht an Art. 30 angeknüpft werden. Auch die Ausführung von EU-Normen ist zweifellos eine staatl. Aufgabe i.S. von Art. 30 (zum Aufgabenbegriff s. dort Rn. 1). Das ergibt sich aus Art. 30 i.V.m. Art. 23. Da die Art. 23 und 24 die Möglichkeit eröffnen, dass die EU innerstaatl. bindende Rechtsnormen erlässt, die von Behörden innerhalb der Bundesrepublik auszuführen sind, umfasst Art. 30 („Die Ausübung der staatl. Befugnisse u. die Erfüllung der staatl. Aufgaben") auch diese Aufgabe. Sie obliegt danach grundsätzlich den Ländern (im Einzelnen vgl. vor Art. 83 Rn. 2), und zwar mit den Folgen, die sich aus Abs. 1 notwendig ergeben. Dieser bietet jedoch keine Grundlage für Haftungsansprüche im Bund/Länder-Verhältnis, wenn Bund und Länder, legitimiert durch Art. 23, in-

nerstaatl. bei der Durchführung des Gemeinschaftsrechts zusammenwirken (insoweit zur Thematik sog. Anlastungen BVerfGE 116, 310 ff.). Zu EU-VO, die Geldleistungen gewähren, s. Rn. 12.

**Absatz 2: Kostenlast bei Auftragsverwaltung**

Die sich aus Abs. 2 ergebende Kostenlast des Bundes beschränkt sich auf die **Zweckausgaben.** Das ergibt sich aus Abs. 5. Zur Abgrenzung der Zweckausgaben von Verwaltungsausgaben vgl. Rn. 14. Auch bei der Bundesauftragsverwaltung (Art. 85) ist die Verwaltung Länderaufgabe. Die Kostenlast des Bundes rechtfertigt sich aber aus den besonderen Ingerenzrechten des Bundes nach Art. 85. Bundesauftragsverwaltung gibt es nur in den im GG ausdrücklich aufgeführten Fällen (vgl. Art. 85 Rn. 1).

5

**Absatz 3: Geldleistungsgesetze**

Abs. 3 handelt von **Geldleistungsgesetzen** (GLG) des Bundes. Gemeint sind formelle Gesetze. Im Gesetz müssen alle wesentlichen Merkmale der Geldleistungen (GL), vor allem die Höhe und die den Umfang der Ausgaben bestimmenden Momente, enthalten sein. Der Gesetzgeber selbst muss die für die Entscheidung nach Satz 1 erheblichen Fakten nennen. Weitere Einzelheiten können auch in RVO geregelt sein. GLG sind Gesetze, die für einen fest umgrenzten Kreis von Empfängern beim Vorliegen bestimmter, im Gesetz festgelegter Voraussetzungen einmalige oder laufende Zuwendungen aus öffentl. Mitteln vorsehen. „Gewähren" bedeutet, die Leistung muss freiwillig vorgesehen werden. Leistungen, die der Staat auf Grund bestehender Verpflichtungen erbringen muss, wie z.B. Enteignungsentschädigungen, Schadensersatz, Aufwendungserstattungen oder Leistungen, die in einem Austauschverhältnis zu anderen Leistungen stehen, unterliegen nicht Abs. 3. Auch Darlehen können GL sein. *Empfänger der Geldleistungen* müssen *Dritte* sein. Gesetze, die sich auf Leistungen an *Länder oder Gemeinden* beschränken, sind ihrem Wesen nach Finanzausgleich und allein nach Art. 106 und Art. 107 zu beurteilen. Anders, wenn Länder und Gemeinden zusammen mit Dritten, für die in erster Linie Leistungen vorgesehen sind, wie diese bedacht werden (vgl. dazu aber Art. 104 b). Für die Anwendung des Abs. 3 ist das Bestehen eines Rechtsanspruchs nicht Voraussetzung. Es genügt, wenn der Staat bindend einen Geldbetrag für GL bereithält, der nach dem Haushaltsplan begrenzt sein kann. Ein freies Ermessen, ob überhaupt Leistungen gewährt werden, hindert allerdings die Anwendung von Abs. 3 (s. auch BT-Dr 16/813 S. 18 zu Nr. 16 Buchst. b). Es muss sich um **Gesetze** handeln, **die von den Ländern ausgeführt werden.** Dabei kommt nur die Ausführung als eigene Angelegenheit i.S. von Art. 83 in Betracht; denn für die Auftragsverwaltung gilt Abs. 2. Gesetze, die der Durchführung des Lastenausgleichs dienen, fallen unter die lex specialis der Art. 120, 120 a (vgl. dazu die Erläut. dort).

6

Es ist str., ob es mit Abs. 3 vereinbar ist, Regelungen als steuerrechtl. zu behandeln, die **Zuschüsse** an Dritte **aus dem Aufkommen der Einkommen- oder Körperschaftsteuer** vorsehen, und zwar auch an solche Begünstigte, gegen die ein Steueranspruch, der ermäßigt werden könnte, gar nicht besteht, z.B. BergmannsprämienG i.d.F. vom 12.5.1969 (BGBl I S. 434), InvestitionszulagenG 2010 i.d.F. des G vom 22.12.2009 (BGBl I S. 3950) und Fünftes VermögensbildungsG i.d.F. vom 4.3.1994 (BGBl I S. 406). Diese und entsprechende Regelungen, insbes. Vorschriften über Leistungen an Begünstigte, gegen die nach dem Steuerrecht ein ausreichender Steueranspruch nicht besteht, gehören nicht dem Steuerrecht an. Auch Bestimmungen, die vorsehen, dass die oben genannten Leistungen aus dem Aufkommen der Einkommen- oder Körperschaftsteuer zu entnehmen sind, sind

7

nicht steuerrechtl. Natur. Der in der Diskussion verwendete Begriff „Negativ-steuer" ist irreführend. Nach dem verfassungsrechtl. maßgebenden Steuerbegriff (s. dazu Art. 105 Rn. 1) sind St „*Geldleistungen*, die ... von einem öff.-rechtl. Gemeinwesen zur Erzielung von Einnahmen ... *auferlegt* werden". Die oben beschriebenen Leistungen unterliegen den Regelungen des Abs. 3. Sie müssen nach Art. 110 im Haushaltsplan als Ausgaben veranschlagt werden (vgl. BVerfGE 91, 201 f.) und dürfen nicht zu einer Verkürzung der Steuermasse mit Wirung für den Finanzausgleich führen. Andernfalls käme es im Falle der Einkommensteuer unter anderen Wirkungen im Finanzausgleich zu einer unzulässigen Lastenbeteiligung der Gemeinden (s. Art. 106 Rn. 17). Auch die Frage, ob eine Auftragsverwaltung in Betracht kommt, richtet sich ausschließlich nach Abs. 3 Satz 2. Bei dem von den Familienkassen ausgezahlten Kindergeld ist hingegen eine Zuordnung schwieriger. Das Kindergeld hat neben seiner Bestimmung als staatl. Sozialleistung zusätzlich die Funktion, die Minderung der Leistungsfähigkeit von Steuerpflichtigen durch den Unterhalt ihrer Kinder auszugleichen (BVerGE 108, 54 f. m.w.N.). Ihm kommt steuerl. Ausgleichsfunktion zu; deshalb sind auch die Familienkassen Finanzbehörden (§ 5 I Nr. 11 FVG). Soweit das ausgezahlte Kindergeld eine Steuervergütung auf die Einkommensteuer darstellt, ist es kein Geldleistungsgesetz nach Abs. 3.

8 *Satz 1:* Wenn die erörterten Voraussetzungen für ein GLG erfüllt sind, steht es im freien Ermessen des Gesetzgebers, welche **Quote** er **für die Kostenlast des Bundes und der Länder** festsetzen will. Die Quote muss für alle Länder gleich sein. Ansonsten wäre nicht erkennbar, welche Kostenquote gilt. Unterschiedliche, auf einzelne Länder bezogene Quoten mit dem Ziel einer Berücksichtigung unterschiedlicher Länderbelastungen unterliegen zudem den speziellen Regeln des Finanzausgleichs nach Art. 107. Wegen der in Satz 2 an eine bestimmte Quote geknüpften Rechtsfolge kann die vom Bund übernommene Last nicht in Form eines festen Geldbetrags ausgedrückt werden, weil auch dann eine Quote nicht erkennbar ist und nicht in jedem Zeitpunkt feststeht, ob das Gesetz in Bundesauftragsverwaltung auszuführen ist. Auch die gleichmäßige Beteiligung des Bundes an den Leistungen in allen Ländern könnte nicht durchlaufend gesetzl. gewährleistet und mit besonderen Ermittlungen und Berechnungen nur nachträglich – und dann nur durchschnittlich etwa für ein Haushaltsjahr – gesichert werden. Eine solche Berechnung könnte nicht erfassen, dass sich je nach Schwankung des Ausgabenvolumens des GLG die Quote der Beteiligung von Bund und Ländern und damit möglicherweise die Art der Verwaltung des Gesetzes im Laufe der Zeit ändern. Eine nachträgliche Feststellung wäre zudem nutzlos.

9 *Satz 2* sieht vor, dass die Länder das Gesetz in **Bundesauftragsverwaltung** ausführen, wenn der Bund die Hälfte der Ausgaben oder mehr trägt. In Art. 104 a II ist die Finanzlastregelung Rechtsfolge der anderweitig im GG angeordneten Auftragsverwaltung (s. Rn. 5). In Abs. 3 ist es umgekehrt. Hier ist die Bundesauftragsverwaltung Rechtsfolge der Finanzlastregelung. In Abs. 2 ist dem Bund die volle Kostenlast zugewiesen, in Abs. 3 Satz 2 ist Auftragsverwaltung vorgesehen mit einer hälftigen oder höheren Kostenlast des Bundes. Abs. 3 Satz 2 ist gegenüber Abs. 2 lex specialis. Bei einem Gesetz, in dem ein Teil der Vorschriften GL, andere aber Sachleistungen (vgl. Rn. 10 u. 13) vorsehen, findet Bundesauftragsverwaltung nur hinsichtlich der GL statt. Die Auftragsverwaltung tritt automatisch ein.

**Absatz 4: Geldleistungen, geldwerte Sachleistungen oder vergleichbare Dienstleistungen, Zustimmung des Bundesrats**

Abs. 4, durch die Föderalismusreform I (Rn. 1) neu geschaffen, regelt die **Zustimmungsbedürftigkeit** von Bundesgesetzen, die die Länder zu Geldleistungen, geldwerten Sachleistungen oder vergleichbaren Dienstleistungen gegenüber Dritten verpflichten und von den Ländern als eigene Angelegenheit i.S. des Art. 83 oder nach Abs. 3 Satz 2 im Auftrag des Bundes ausgeführt werden. Er *erweitert* den Schutz der finanziellen Länderinteressen und dehnt ihn um einen weiteren Tatbestand aus. Nach der Neufassung sind Gesetze über Geldleistungen, deren Kosten die Länder ganz oder z.T. tragen und zu deren Erbringung die Länder Dritten gegenüber verpflichtet sind, unabhängig von einer Quote zustimmungspflichtig sind. Eine ganz wesentliche Neuerung ist ferner, dass darüber hinaus nach Abs. 4 die Zustimmungsbedürftigkeit ausgedehnt wird auf von den Ländern auszuführende Gesetze, die eine Pflicht der Länder begründen, **geldwerte Sachleistungen oder vergleichbare Dienstleistungen** gegenüber Dritten zu erbringen (s. dazu nachstehend Rn. 13). **10**

Im Näheren gilt für **Geldleistungsgesetze** Folgendes: Wenn ein solches Gesetz keine Regelung über die Verteilung der Lasten vorsieht, ergibt sich eine volle Kostenlast der Länder, geregelt in Art. 83 i.V.m. Art. 104 a I. Auch für diesen Fall ist – unabhängig von der tatsächlichen Belastung der Länder – die **Zustimmung des Bundesrats** erforderlich (Heintzen in von Münch/Kunig, Art. 104 a Rn. 50; Siekmann in Sachs, Art. 104 a Rn. 36 m.w.N.). Ebenso bedürfen Änderungen von GLG, deren Kosten die Länder ganz oder z.T. tragen, der Zustimmung des BRats, wenn die Kostenlast der Länder ausgeweitet oder umgestaltet wird, z.B. durch Erhöhung der Quote oder durch Vergrößerung oder Änderung des Empfängerkreises oder durch Anhebung der Leistungen. Nur eindeutige Senkungen der Kostenlast sind zustimmungsfrei. Nach der Entscheidung BVerfGE 37, 363, entfällt das Zustimmungserfordernis, wenn durch die Änderung schutzbedürftige Interessen der Länder nicht berührt werden. Entsprechendes gilt für Gesetze, die zur **Erbringung von geldwerten Sachleistungen oder vergleichbaren Dienstleistungen** verpflichten, d.h. die Zustimmungspflichtigkeit wird nicht nur beim Ersterlass eines entsprechenden Gesetzes ausgelöst, sondern auch bei der Änderung bestehender Gesetze, wenn die darin vorgesehenen Leistungen ausgeweitet werden sollen oder sonst die Belastung der Länder erhöht werden soll. Werden hingegen in anderen Gesetzen Regelungen geschaffen oder geändert, die sich lediglich mittelbar auf die Höhe von Geldleistungen bzw. geldwerten Sachleistungen auswirken können, wird das andere Gesetz nicht nach Abs. 4 zustimmungspflichtig. **11**

Da für **EU-Verordnungen**, die GL vorsehen und ohne Mitwirkung des BRats unmittelbare Geltung haben, Abs. 1 mit der Folge gilt, dass die Länder die Kosten tragen müssen, kann sich die Schutzfunktion des Abs. 4 hier nicht direkt auswirken. Auch wenn das finanzpolit. unbefriedigend sein mag, kann ein anderes Ergebnis nicht gegen den klaren Wortlaut der Verfassungsbestimmungen durch Umdeutung herbeigeführt werden. Es fehlt an einem Geldleistungsgesetz, da EU-VO kein „Bundesgesetz" sind (im Einzelnen Siekmann in Sachs, Art. 104 a Rn. 35). Ggf. muss die Lösung des Problems durch den vertikalen Finanzausgleich oder dadurch erreicht werden, dass ein auf Abs. 3 Satz 1 gestütztes Bundesgesetz, in das die Kosten der EU-VO – sei es auch nur deklaratorisch – aufgenommen werden, die Kostenlast abw. regelt. **12**

Die Formulierung „**Erbringung von ... geldwerten Sachleistungen oder vergleichbaren Dienstleistungen**" in einem Gesetz, das wegen des Vorliegens dieser Merk- **13** male von der Zustimmung des BRats abhängig ist, eröffnet wegen der Unschärfe der Begriffe ein neues Feld für Auseinandersetzungen im Gesetzgebungsverfahren. Für Gesetze, die geldwerte Sachleistungen oder vergleichbare Dienstleistungen gewähren, gilt, was in Rn. 6 für GLG ausgeführt ist, entsprechend. Die Wendung „Pflichten der Länder zur Erbringung" lässt nicht zwingend darauf schließen, dass hier, anders als bei den GL, ein Rechtsanspruch des Dritten gegeben sein muss. Entsprechend dem Zweck der Regelung ist maßgebend, dass den Ländern für keine der drei Leistungen wesentliche Spielräume zur landeseigenen Bestimmung eingeräumt sind. Es muss sich um **Sachleistungen** handeln, die einem Dritten unmittelbar geldwerte Vorteile gewähren. Das Merkmal „geldwert" gibt kaum Anlass zu Meinungsverschiedenheiten. Sachleistung ist z.b. die Gewährung von Verbrauchs- und Gebrauchsgegenständen. Zu den Sachleistungen zählen etwa auch die Schaffung und Unterhaltung von Aufnahmeeinrichtungen für Asylbewerber oder die Schaffung von Tagesbetreuungsplätzen für Kinder mit Räumlichkeiten und Ausstattung (vgl. BT-Dr 16/813 S. 18 zu Nr. 16 Buchst. b). **Vergleichbare Dienstleistungen** sind z.b. im Gesetz vorgesehene Betreuungs- und Erziehungsleistungen im Jugendwesen sowie Schuldner- und Rechtsberatung. Zu den geldwerten Sach- und den vergleichbaren Dienstleistungen gehört dagegen nicht der Aufwand für den schlichten Verwaltungsvollzug, der letztlich im Interesse des Staates am Vollzug der Gesetze liegt, wie z.b. Genehmigungen, Erlaubnisse oder ähnliche Vollzugsakte der Verwaltung (s. BT-Dr 16/813 S. 18 zu Nr. 16 Buchst. b).

### Absatz 5: Verwaltungskostenlast und Haftung

14 In Abs. 5 wird der Konnexitätsgrundsatz des Abs. 1 bestätigt. Wer nach der verfassungsrechtl. Aufgabenverteilung die Verwaltung wahrzunehmen hat, muss auch die **Verwaltungskosten** (VK) tragen. Durch eine Vereinbarung, nach der z.b. die Länder im Wege der Organleihe (s. vor Art. 83 Rn. 9) Verwaltungsaufgaben des Bundes ausführen (etwa Bauaufgaben des Bundes, ausgeführt von der Finanzbauverwaltung der Länder, Verwaltung der Kfz-Steuer durch die Länder für eine Übergangsfrist), kann allerdings eine Erstattung von VK an die Länder vorgesehen werden (vgl. FinanzanpassungsG vom 30.8.1971, BGBl I S. 1426, zuletzt geändert durch Art. V § 6 des G v. 23.5.1975, BGBl I S. 1173). In der Praxis ist die **Abgrenzung von** VK und **Zweckausgaben** schwierig. Typische VK sind die Kosten, die durch die Verwaltungstätigkeit an sich entstehen wie Personalkosten, Kosten von Verwaltungsgebäuden und deren Ausstattung sowie Gerät und Material.

15 Die in Satz 1 Halbs. 2 enthaltene Regelung über die **Haftung** für eine ordnungsgemäße Verwaltung hat unmittelbar Wirkung auch ohne das in Satz 2 vorgesehene Gesetz (BVerfGE 116, 317 ff.). Wegen nicht überbrückbarer Meinungsunterschiede zwischen Bund und Ländern ist das ausführende Bundesgesetz trotz mehrerer Versuche bislang nicht zustande gekommen. Die Regelung begründet unabhängig davon eine Haftung, ob Bund oder Länder die handelnden Bediensteten in Regress nehmen können. Die Vorschrift erfasst an sich nicht nur die Verletzung national gesetzten Rechts; denn ordnungsgemäße Verwaltung umfasst alle Bund und Ländern obliegenden staatl. Aufgaben, zu denen auch der Vollzug des europäischen Gemeinschaftsrechts gehört (BVerfGE 116, 313). Satz 1 Halbs. 2 galt deshalb auch für Anlastungen finanzieller Beträge, die von der Kommission der EG im Agrarbereich wegen gemeinschaftsrechtswidrigen Gesetzesvollzugs zu Lasten der Bundesrepublik Deutschland vorgenommen wurden (BVerfGE 116, 313 ff.). Die Haftung setzt nach der Rspr. des BVerfG eine nicht ordnungsgemä-

ße Verwaltungstätigkeit voraus, die außer bei einem Lenkungsversagen von Regierung oder Parlament (!) im Hinblick auf die Verwaltungstätigkeit auch dann vorliegt, wenn einzelne Verwaltungshandlungen fehlerhaft vorgenommen wurden (BVerfGE 127, 204). Dabei kann der Gesetzgeber eine verschuldensunabhängige Haftung begründen; zugleich kann dem Gesetzgebungsauftrag eine Beschränkung auf evidente oder grobe Rechtsverstöße nicht entnommen werden. Auch Teilausführungsregelungen in bereichsbezogenen Gesetzen sind möglich (BVerfGE 127, 205). Der Begriff „haften" ist nach dem Urteil BVerfGE 116, 322, dahingehend zu deuten, dass er die durch eine nicht ordnungsmäßige Verwaltung entstandenen Finanzlasten **rein objektiv, von Verschuldenselementen vollständig gelöst,** zuordne (BVerfGE 116, 322). Nach dem Grundsatzurteil des 11. Senats des BVerwG vom 18.5.1994 (BVerwGE 96, 45) ist die Haftungsregelung des Art. 104 a V 1 Halbs. 2 in ihrem Kernbereich eine schon vor Erlass eines Ausführungsgesetzes unmittelbar anwendbare Anspruchsgrundlage. Der unmittelbar anwendbare Kernbereich erfasse jedenfalls vorsätzlich und grob fahrlässig begangene Pflichtverletzungen. Dieser Grundsatzentscheidung haben sich der 2. (NVwZ 1995, 991 f.) und der 7. Senat des BVerwG (BVerwGE 100, 60) auch im Hinblick auf den Haftungsmaßstab angeschlossen. In diesem Rahmen haften die Länder gegenüber dem Bund auch für ihre Gemeinden, die ihnen insoweit zugerechnet werden. Dagegen ist nach der Entscheidung BVerwGE 104, 29 ff., des 4. Senats des BVerwG eine sich unmittelbar aus Art. 104 a V 1 Halbs. 2 ergebende Haftung lediglich bei Vorsatz gegeben. Damit ist die unmittelbare Wirkung der Vorschrift auf einen *„Haftungskernbereich"* beschränkt (Kernbereichstheorie). Von der unmittelbaren Wirkung der Verfassungsnorm sind Pflichtverletzungen erfasst, die ein Bediensteter in Ausübung eines ihm anvertrauten öffentl. Amtes begeht.

### Absatz 6: EU-Zahlungsverpflichtungen, Kostenlast Bund/Länder

Abs. 6 enthält eine besondere Lastenverteilungsregel für den Fall der **Verletzung europäischer und völkerrechtlicher Verpflichtungen.** Das LastentragungsG (LastG) vom 5.9.2006 (BGBl I S. 2098) regelt die Einzelheiten. Vor allem die folgenden Fälle sind wichtig: a) Verurteilungen der Bundesrepublik Deutschland durch den EGMR. b) Durch den EuGH nach Art. 260 AEUV verhängte Zwangsgelder oder Pauschalbeträge wegen der Verletzung von Verpflichtungen aus den die EU betr. Verträgen durch die Bundesrepublik Deutschland. Ein Anwendungsfall ist die Unterlassung der Umsetzung von EU-Richtlinien in nationales Recht. c) Wenn ein Mitgliedstaat der EU die Durchführung von EU-finanzierten Maßnahmen nicht in Übereinstimmung mit den gemeinschaftsrechtl. Regelungen vorgenommen hat, kann die Europäische Kommission unabhängig vom Verschulden der verwaltenden Stelle des Mitgliedstaats bestimmte von dieser Stelle verausgabte Beträge von der Gemeinschaftsfinanzierung ausschließen (Finanzkorrekturen; § 2 LastG). Diese Beträge werden dem Mitgliedstaat angelastet. Er hat sie zu erstatten oder auszugleichen. Zu weiteren Einzelheiten s. Begründung zum LastG (BT-Dr 16/814 S. 22 zu § 2). 16

Für diese und andere Fälle regelt Abs. 6, der durch die Föderalismusreform I (s. Rn. 1) angefügt worden ist, die **Verteilung der Finanzlast auf Bund und Länder.** Nach *Satz 1* richtet sich die Lastenverteilung grundsätzlich nach der innerstaatl. Zuständigkeits- und Aufgabenverteilung zwischen Bund und Ländern (Art. 30, 70 ff., 83 ff., 92 ff.); § 1 LastG. Auf der Ebene der Länder ist das Land betroffen, in dessen Verantwortungsbereich die Pflichtverletzung stattgefunden hat. Das entspricht weitgehend der Rechtslage, die sich aus Abs. 1 ergibt. *Satz 2* 17 regelt den Sonderfall der **länderübergreifenden Finanzkorrekturen der Europäischen Union.** Dabei handelt es sich um Fälle, in denen die Europäische Kommission auf Grund konkret festgestellter Mängel im Verwaltungs- und Kontrollsystem einzelner Länder annimmt, dass gleichartige Mängel auch bei anderen Ländern vorliegen. Gelingt diesen Ländern der Nachweis gemeinschaftskonformer Mittelverwaltung nicht, kann die Kommission feststellen, dass auch in diesen Ländern die EU-Mittel nicht ordnungsgemäß verausgabt worden sind. EU-Normen sind dazu für die verschiedenen Sachbereiche gesondert ergangen. Für den Agrarbereich z.b. finden sich die gegenwärtig geltenden Bestimmungen in der VO (EG) Nr. 1290/2005 des Rates v. 21.6.2005 (ABlEG Nr. L 209 S. 1), zuletzt geändert am 15.2.2012 (ABlEG Nr. L 44 S. 1). Für die beschriebenen Fälle teilt Satz 2 die Lasten zwischen Bund und Ländern im Verhältnis 15 vH Bund zu 85 vH Länder. Der Länderanteil an der Gesamtlast wird nach *Satz 3* zu 35 vH auf alle Länder und zu 50 vH auf die Länder, die die Lasten verursacht haben, nach Maßgabe der Höhe der von den einzelnen Ländern erhaltenen Mittel aufgeteilt (im Einzelnen s. dazu § 2 LastG). Der auf alle Länder entfallende Anteil von 35 vH der Gesamtlast wird nach dem sog. Königsteiner Schlüssel (zwei Drittel Steueraufkommen, ein Drittel Bevölkerungszahl) unter den Ländern aufgeteilt (vgl. § 2 LastG). Das gemäß *Satz 4* Nähere ist mit Zustimmung des BRats im oben (Rn. 16) zitierten LastentragungsG geregelt worden.

## Artikel 104 b  [Finanzhilfen des Bundes an die Länder]

(1) Der Bund kann, soweit dieses Grundgesetz ihm Gesetzgebungsbefugnisse verleiht, den Ländern Finanzhilfen für besonders bedeutsame Investitionen der Länder und der Gemeinden (Gemeindeverbände) gewähren, die

1. zur Abwehr einer Störung des gesamtwirtschaftlichen Gleichgewichts oder
2. zum Ausgleich unterschiedlicher Wirtschaftskraft im Bundesgebiet oder
3. zur Förderung des wirtschaftlichen Wachstums

erforderlich sind. Abweichend von Satz 1 kann der Bund im Falle von Naturkatastrophen oder außergewöhnlichen Notsituationen, die sich der Kontrolle des Staates entziehen und die staatliche Finanzlage erheblich beeinträchtigen, auch ohne Gesetzgebungsbefugnisse Finanzhilfen gewähren.

(2) Das Nähere, insbesondere die Arten der zu fördernden Investitionen, wird durch Bundesgesetz, das der Zustimmung des Bundesrates bedarf, oder auf Grund des Bundeshaushaltsgesetzes durch Verwaltungsvereinbarung geregelt. Die Mittel sind befristet zu gewähren und hinsichtlich ihrer Verwendung in regelmäßigen Zeitabständen zu überprüfen. Die Finanzhilfen sind im Zeitablauf mit fallenden Jahresbeträgen zu gestalten.

(3) Bundestag, Bundesregierung und Bundesrat sind auf Verlangen über die Durchführung der Maßnahmen und die erzielten Verbesserungen zu unterrichten.

1    **Allgemeines:** Die durch die **Föderalismusreform I** (vgl. Einführung Rn. 6) 2006 in dieser Form neu eingefügte Vorschrift enthält die maßgebliche Förderkompetenz des Bundes, die er wirtschafts- oder strukturbezogen zugunsten einzelner oder auch aller Länder ausüben kann. Im Vergleich zur Vorläuferregelung des Art. 104 a IV ist sie stärker ausgerichtet auf eine zeitliche Begrenzung solcher Hilfen und eine stärkere Erfolgskontrolle. Nach der Wertung des BVerfG

(BVerfGE 127, 194) schaffen Finanzleistungen aus dem Bundeshaushalt an die Länder für Landesaufgaben, zu denen auch die Förderung von Investitionen der Gemeinden und Gemeindeverbände gehört, die Gefahr von Abhängigkeiten der Länder vom Bund. „Sie gefährden damit die verfassungsrechtl. garantierte Eigenständigkeit der Länder, denen das GG die volle Sach- und Finanzverantwortung für die ihnen obliegenden Aufgaben eingeräumt hat. In einem System, das darauf angelegt ist, eine der Aufgabenverteilung gerecht werdende Finanzausstattung der Länder zu erreichen, dürfen deshalb nach dem bundesstaatl. Grundverhältnis zwischen Bund und Ländern Bundeszuschüsse in Form von Finanzhilfen für Landesaufgaben nur eine Ausnahme sein (BVerfGE 39, 108)". Frühere Finanzhilfen (FH) des Bundes sind über Jahrzehnte gewährt worden, eine zeitbezogene Überprüfung und Wirksamkeitsprüfung gab es in der jetzt vorgesehenen Form nicht. Art. 104 b ist durch die **Föderalismusreform II** (s. Einführung Rn. 7) im Jahr 2009 wegen der zuvor sehr eng gefassten Fördervoraussetzungen erneut geändert worden (BT-Dr 16/12410).

**Absatz 1: Grundsätze für die Gewährung der Finanzhilfen**

*Satz 1:* Die Gewährung von FH an die Länder für Investitionsausgaben der Länder und Gemeinden ist die Ausnahme von dem in Art. 104 a I festgelegten Konnexitätsprinzip, nach dem Bund und Länder jeweils nur ihre eigenen Aufgaben finanzieren können. Der durch die Föderalismusreform I (vgl. Rn. 1) aufgenommene Zusatz „soweit dieses Grundgesetz [dem Bund] **Gesetzgebungsbefugnisse** verleiht" stellt eine zusätzliche Einschränkung dar und bedeutet, dass dieser FH nur auf Sachgebieten gewähren kann, für die er die Gesetzgebungskompetenz hat. Zu den allg. Zulässigkeitsvoraussetzungen einer Gewährung von FH tritt die **Sachgesetzgebungskompetenz** hinzu. Die Gesetzgebungszuständigkeiten des Bundes richten sich insoweit nach den allg. Grundsätzen. Neben den im GG ausdrücklich geregelten Kompetenzen der ausschließlichen (insbes. Art. 73) und der konkurrierenden (vor allem Art. 74) Bundesgesetzgebung kommen auch stillschweigend mitgeschriebene Zuständigkeiten des Bundes aus der Natur der Sache oder kraft Sachzusammenhangs in Betracht (zu ihnen s. Art. 30 Rn. 3 u. vor Art. 70 Rn. 3). Die in Art. 72 III aufgezählten Sachgebiete gehören zur konkurrierenden Gesetzgebungsbefugnis des Bundes (vgl. Art. 74 I Nr. 28–33). Die danach nicht erfassten Bereiche unterliegen der ausschließlichen Gesetzgebung der Länder. Sie sind durch die Änderung des Art. 74 im Zuge der Föderalismusreform I erweitert worden (s. Art. 74 Rn. 1). Das kann in diesem Zusammenhang bedeutsam sein: z.B. ausschließliche Zuständigkeit der Länder für Heimrecht, Messen, Ausstellungen und Märkte, ferner Flurbereinigung, das Siedlungs- und Heimstättenwesen, im Wohnungswesen das soziale Wohnraumförderung sowie die Lärmbekämpfung beim Schutz vor verhaltensbezogenem Lärm (vgl. Art. 74 I Nr. 7, 11, 17, 18 u. 24 sowie die Begründung dazu, BT-Dr 16/813 S. 12 f.). Aus dem Bereich der herkömmlichen ausschließlichen Gesetzgebungskompetenzen der Länder ist insbes. das **Schulwesen** zu erwähnen. Dem Bund ist hier eine Investitionsförderung verwehrt. Deshalb bezieht sich § 3 I 1 Nr. 1 ZukunftsinvestitionsG vom 2.3.2009 (BGBl I S. 416), eines der großen Finanzhilfegesetze für den Bereich der Schulinvestitionsförderung, auf die energetische Sanierung; Dafür stehen dem Bund Gesetzgebungskompetenzen nach Art. 74 I Nr. 11 und 24 zu. Der Übergang der Wohnraumförderung in die ausschließliche Gesetzgebung der Länder schließt nach Abs. 1 diesen Bereich, der früher eines der Hauptanwendungsgebiete der Förderung des wirtsch. Wachstums (s. nachstehend Rn. 7) war, nunmehr von Verfassungs wegen vom Einsatz der FH des Bundes aus.

**3** Die FH können nur für **Investitionen** gewährt werden. Im Sinne des Art. 104b I sind das dauerhafte, langlebige Anlagegüter (Sachinvestitionen). Darlehen sind keine Investitionen i.S. des Abs. 1. Eine weitere Einschränkung ergibt sich aus den Worten „besonders bedeutsame Investitionen". Die Auslegung des unscharfen Begriffs führt zu Unsicherheiten. Die Investitionen müssen hinsichtlich ihres Ausmaßes, ihrer gesamtstaatl. Wirkung und ihrer Größenordnung besonderes Gewicht haben. Es kommt nicht allein auf die einzelne Investition an, sondern auch auf die Summe einer Vielzahl von Investitionen (vgl. dazu auch BVerfGE 39, 114 f.). Nach dem eindeutigen Wortlaut kann der Bund die FH, auch soweit sie für Investitionen der Gemeinden bestimmt sind, nur an die Länder geben (s. dazu BVerfGE 39, 122; 41, 313). Es ist nicht notwendig, dass die Länder oder die Gemeinden die Investitionen selbst vornehmen. Mit den FH können auch Investitionen Dritter gefördert werden (wie z.b. in der Vergangenheit im Wohnungsbau), wenn nur die Aufgabenkompetenz für die staatl. Förderung bei den Ländern oder Gemeinden liegt. Eine unmittelbare Förderung privater Investitionen durch den Bund ist nicht nach Abs. 1, sondern nur zulässig, wenn der Bund dafür eine eigene Kompetenz hat.

**4** Der Bund kann beim Vorliegen der vorstehend genannten Voraussetzungen seine FH nicht beliebig, sondern nur zu **drei bestimmten Zwecken** und nur mit den sich daraus ergebenden Einschränkungen gewähren. Die drei in Abs. 1 genannten Zwecke (Nr. 1: „zur Abwehr einer Störung des gesamtwirtsch. Gleichgewichts"; Nr. 2: „zum Ausgleich unterschiedlicher Wirtschaftskraft im Bundesgebiet"; Nr. 3: „zur Förderung des wirtsch. Wachstums") sind als unbestimmte Rechtsbegriffe formuliert. Ihre Abgrenzung bereitet in der Praxis insbes. hinsichtlich der Varianten 2 und 3 Schwierigkeiten. Da die Gewährung von FH an die Länder eine Durchbrechung des Konnexitätsprinzips und damit eine Einwirkung in den Aufgabenbereich der Länder bedeutet (BVerfGE 39, 108), müssen die Begriffe im Interesse der Wahrung der Eigenstaatlichkeit der Länder so interpretiert werden, dass sich für ihre Anwendung durch den Bund Grenzen ergeben. Das BVerfG prüft, „ob der Bundesgesetzgeber oder die Beteiligten an Verwaltungsvereinbarungen diese Begriffe im Prinzip zutreffend ausgelegt und sich in dem dadurch bezeichneten Rahmen gehalten haben" (a.a.O.). Die eher restriktive Auslegung dieser Begriffe liegt auch deswegen nahe, weil FH wegen der durch sie bewirkten Verschränkung von Aufgaben- und Ausgabenzuständigkeiten und der Verengung der Spielräume für eigenverantwortliche Aufgabenwahrnehmung die Ausnahme bleiben müssen (BVerfGE 127, 197).

**5** Die erste Variante „**Abwehr einer Störung des gesamtwirtschaftlichen Gleichgewichts**" weist gegenüber den folgenden beiden Varianten Besonderheiten auf. FH können gewährt werden, wenn die Störung des gesamtwirtsch. Gleichgewichts unmittelbar droht oder bereits eingetreten ist (zum Begriff „gesamtwirtsch. Gleichgewicht" vgl. die Erläut. in Art. 109 Rn. 7). Da das Instrument zur Abwehr einer Störung des gesamtwirtsch. Gleichgewichts in Abs. 1 nur die **Förderung von Investitionen** ist, kann der Einsatz des Instruments nur bei einer solchen Störung in Betracht kommen, bei der die Anhebung des Investitionsniveaus eine konjunkturpolit. geeignete Maßnahme ist. Bei einer Übernachfrage im Bausektor wäre die Anwendung von Abs. 1 in diesem Bereich bereits verfassungsrechtl. unzulässig. Aus Ziel und Zweck der ersten Variante, zur konjunkturellen Belebung das Investitionsniveau der öffentl. Hand zu heben, ergibt sich, dass im Interesse einer möglichst breiten Wirkung hinsichtlich der Investitionsarten und Investitionsbereiche nur Grenzen bestehen, die sich aus Abs. 1 ergeben (vgl. dazu Rn. 2 u. 3). Da über 80 vH der Investitionsausgaben der öffentl. Hand im Aufgabenbereich der Länder und Gemeinden liegen, kann der Bund hier seine sonst bestehenden Finanzierungskompetenzgrenzen unter den Bedingungen dieser Vorschrift überspringen, um eine effektive Konjunkturpolitik zu betreiben. Die erste Variante umfasste nach Einfügung des Satzteils „soweit dieses Grundgesetz..." in Abs. 1 nicht mehr Investitionen im Bildungsbereich (Schulen usw.), schloss aber auch sonstige Anwendungsbereiche für mögliche konjunkturfördernde Investitionen (s. Rn. 2) aus. Die Restriktionen dieses Satzteils sind auf die erste Variante sind durch Abs. 1 letzter Satz, eingefügt 2009, entschärft worden. Aus dem Zweck dieser Variante, Konjunkturstörungen zu bekämpfen, und aus dem Gesichtspunkt, dass diese FH immerhin Auswirkungen auf die Länderhoheit haben, folgt andererseits notwendig die Beschränkung, dass sie nur vorübergehend, und zwar verhältnismäßig kurzfristig, angewendet werden kann (s. dazu auch BVerfGE 39, 112: „Sie greift nur in bestimmten konjunkturpolit. Krisensituationen ein..."). Zur Befristung der FH allg. vgl. Abs. 2. Anwendungsfall dieser Variante ist das in Rn. 2 angeführte ZukunftsinvestitionsG mit einem Fördervolumen von 10 Mrd. Euro für die Jahre 2009–2011.

Die zweite Variante des Abs. 1 zielt auf den **Ausgleich unterschiedlicher Wirt- 6 schaftskraft** im Bundesgebiet. Damit können nur Unterschiede in der Wirtschaftskraft regionaler Räume gemeint sein. Bei dieser Variante müssen die FH also in begrenzten Regionen mit dem Ziel eingesetzt werden, deren Wirtschaftskraft der der anderen Regionen des Bundesgebietes anzunähern. Anwendungsfälle sind das InvestitionsförderungsG Aufbau Ost vom 23.6.1993 (BGBl I S. 944), geändert durch Art. 2 des SolidarpaktfortführungsG vom 20.12.2001 (BGBl I S. 3955), die FH an die ostdeutschen Länder in Höhe von jährlich 6,6 Mrd. DM vorsah, und das G über FH des Bundes nach Art. 104 a [a.F.] an die Länder Bremen, Hamburg, Mecklenburg-Vorpommern, Niedersachsen sowie Schleswig-Holstein für Seehäfen vom 20.12.2001 (BGBl I S. 3955). Die Gemeinschaftsaufgabe „Verbesserung der regionalen Wirtschaftsstruktur" (Art. 91 a I Nr. 1) verfolgt für das ganze Bundesgebiet das gleiche Ziel. Da die von Art. 91 a erfassten Maßnahmen nach den dort vorgesehenen Regeln koordiniert und finanziert werden müssen, können die gleichen Maßnahmen nicht nach Art. 104 b gefördert werden. Für die von Art. 91 a erfassten Maßnahmen ist Art. 91 a also gegenüber Art. 104 b lex specialis. Dieser Grundsatz greift jedoch gegenüber der ersten Variante nicht durch, weil sie aus den in Rn. 5 genannten Gründen auch in dieser Hinsicht kompetenzübergreifend ist.

Die dritte Variante „Förderung des wirtschaftlichen Wachstums" erweckt den 7 Anschein, als ermögliche sie wie die erste Variante die Förderung jeder Art von Investitionen; denn nahezu jede Investition weitet das Wachstum aus. Bei diesem Verständnis der dritten Variante hätte die erste jedoch ihren Sinn verloren. Sie muss also einschränkend dahin verstanden werden, dass es nicht auf einen unmittelbar additiven Wachstumseffekt wie in der ersten Variante ankommt, sondern auf eine strukturelle Wirkung als *Basis für eine Wirtschaftsentwicklung*. In diesem Sinne handelt es sich hier wie bei der zweiten Variante um FH, die eine mittelbare Wirkung auf die Wirtschaftsentwicklung haben. Sie zielen auf Infrastrukturmaßnahmen, soweit diese für das Wirtschaftswachstum Voraussetzung sind (s. dazu BVerfGE 39, 112). Während aber die zweite Variante auf Regionen begrenzt ist, ist die dritte auf das ganze Bundesgebiet gerichtet. Zum Verhältnis zu Art. 91 a gilt für die dritte Variante das Gleiche wie für die zweite Variante (vgl. deshalb Rn. 6). Ein Anwendungsfall ist das KinderbetreuungsfinanzierungsG vom 18.12.2007 (BGBl I S. 3022) i.V.m. der Bund/Länder-Vereinbarung

*Kienemund*

mit Wirkung ab 1.1.2008 für die Jahre 2008–2013 und einem Fördervolumen von 4 Mrd. Euro.

8 Aus den Zielen der zweiten und dritten Variante und daraus, dass diese neben der ersten Variante eine eigenständige Bedeutung haben, muss abgeleitet werden, dass sie nicht wie die erste Variante der Förderung aller denkbaren Investitionen dienen, sondern nur solcher, die geeignet sind, die *strukturellen Bedingungen für die Wirtschaftsentwicklung von Regionen* (zweite Variante) *oder des gesamten Wirtschaftsgebiets* (dritte Variante) – s. dazu BVerfGE 39, 112 – *zu verbessern.* Es muss ein enger Bezug zur Wirtschaftsförderung bestehen. Zu Beispielen für die Anwendung von Art. 104 b vgl. BVerfGE 39, 114. Theater, Schulen und etwa Natur- und Landschaftspflege sind Investitionsbereiche, die von der Zielsetzung des Abs. 1 Varianten 2 und 3 nicht gedeckt werden. Die auf Art. 104 a IV a.F. gestützte, von Bund und Ländern am 12.5.2003 unterzeichnete Verwaltungsvereinbarung Investitionsprogramm „Zukunft Bildung und Betreuung" zur Förderung von Ganztagsschulen dürfte mangels eines ausreichend direkten Bezugs zum Ausgleich unterschiedlicher Wirtschaftskraft oder zum wirtsch. Wachstum trotz des verbalen Hinweises auf eine „gesamtwirtsch. Dimension" in der Präambel nicht einer „im Prinzip zutreffenden" Auslegung der Begriffe des Art. 104 b entsprechen (s. BVerfGE 39, 108, zu Art. 104 IV a.F.). Sie ist rein bildungspolit. geprägt. Die extensive Wahrnehmung der Förderkompetenz des Bundes hat im Zuge der Föderalismusreform I zum einschränkenden Zusatz einer Förderung nur im Rahmen seiner Gesetzgebungskompetenzen (oben Rn. 2) geführt.

9 Aus den Worten „Der **Bund** ... kann den Ländern Finanzhilfen ... gewähren" muss geschlossen werden, dass er **nur einen Anteil der Investitionsfinanzierung** übernehmen kann. Er kann weder die Investitionen der Länder oder Gemeinden selbst noch staatl. Zuwendungen der Länder an Dritte für deren Investitionen voll finanzieren. Immer verbleibt den Ländern ein Teil der sich aus ihrer Kompetenz ergebenden Finanzlast (s. BVerfGE 39, 116).

10 *Satz 2* ist durch die Föderalismusreform II (s. Rn. 1) neu hinzugekommen. Die schwierige Wirtschaftslage 2008/2009 veranlasste den Bund zur Gewährung umfassender Finanzhilfen nach dem ZukunftsinvestitionsG vom 2.3.2009 (BGBl I S. 416, 428). Hierbei stellte sich die Notwendigkeit eigener Sachgesetzgebungskompetenzen des Bundes als eine zu weitreichende Restriktion heraus, die das Ziel, auch durch Finanzhilfen eine Störung des gesamtwirtsch. Gleichgewichts abzuwehren, unterlief (vgl. auch BT-Dr 16/12410 S. 10). Dem trägt die neue Verfassungsregelung Rechnung. Danach ist, wenn eine **Naturkatastrophe** (zum Begriff s. Art. 35 Rn. 8 u. nachstehend Art. 109 Rn. 10) oder eine (andere) außergewöhnliche **Notsituation** vorliegt, die sich – jeweils für sich betrachtet – der Kontrolle des Staates entzieht und zugleich die staatl. Finanzlage einnahme- oder ausgabeseitig erheblich beeinträchtigt, eine breit gefächerte Gewährung von Bundeshilfen möglich, ohne dass Satz 1 Nr. 1–3 zusätzlich herangezogen werden muss. Die Neuregelung kommt also nicht nur beim Fehlen von Gesetzgebungsbefugnissen des Bundes, sondern auch dann zum Zuge, wenn die Voraussetzungen des Satzes 1 Nr. 1–3 nicht gegeben sind.

## Absatz 2: Bestimmung des Näheren, Befristung, Überprüfung, fallende Jahresbeträge

11 Die FH können nach *Satz 1* **auf Grund eines Gesetzes oder einer Verwaltungsvereinbarung** gewährt werden. Auch eine Kombination von beiden ist möglich und entspricht der Staatspraxis. Das Gesetz bedarf der Zustimmung des BRats. Die Verwaltungsvereinbarung muss mit allen gleichermaßen betroffenen Ländern

schriftlich abgeschlossen werden (Einstimmigkeitsprinzip); vgl. BVerfGE 41, 308 f., aber auch BVerfGE 39, 121, zu Einzelprojekten einzelner Länder. Im Gesetz oder in der Verwaltungsvereinbarung muss alles Wesentliche für die FH enthalten sein (s. BVerfGE 39, 116; 41, 306). Dazu gehören neben der Bestimmung der Arten der zu fördernden Investitionen (genereller Verwendungszweck; BVerfGE 39, 115; 86, 286) die Festlegung der Höhe des Bundesanteils und die Verteilung der Bundesmittel unter den Ländern. Zu weiteren Punkten hinsichtlich des notwendigen Inhalts vgl. Rn. 13. Der Bund kann bei der Auswahl der Einzelprojekte nicht mitwirken. Er kann nur Projekte von der Förderung ausschließen, wenn sie ihrer Art nach nicht der im Bundesgesetz oder in der Verwaltungsvereinbarung festgelegten Zweckbindung der FH entsprechen oder gänzlich ungeeignet sind, zur Verwirklichung der mit den Bundeszuschüssen angestrebten Ziele des Art. 104 b I beizutragen (BVerfGE 39, 118; 41, 313, zu dem insoweit inhaltsgleichen Art. 104 a IV a.F.). Ansonsten liegt die Auswahlentscheidung für die einzelnen Projekte bei den Ländern. Gesetze nach Art. 104 b werden von den Ländern gemäß Art. 83 als eigene Angelegenheit ausgeführt (BVerfGE 127, 203). Der Bund darf die FH nicht von Dotationsauflagen finanzieller oder sachlicher Art abhängig machen (BVerfGE 39, 115). Andererseits entspricht es dem Zweck des Abs. 1 als gesamtstaatl. Steuerungsinstrument, dass der für die sachgerechte Handhabung verantwortliche Bund für einen der jeweiligen Lage angepassten Einsatz des Instruments Sorge trägt und demgemäß die Arten der Investitionen festlegt. Ein Verzicht darauf und z.B. eine pauschale FH für Gemeindeinvestitionen schlechthin wären nicht verfassungsgemäß.

Der Bund hat mit den westdeutschen Ländern am 19.9.1986 eine sog. **Grundvereinbarung** als Rahmenregelung für künftige Verwaltungsvereinbarungen nach Art. 104 a IV a.F. geschlossen (MinBlFin 1986 S. 238). In ihr sind beim Abschluss von Verwaltungsvereinbarungen nach Satz 1 immer wiederkehrende Fragen geregelt. In der Staatspraxis wird bei FH-Regelungen zur Schließung von Regelungslücken auf die Grundvereinbarung verwiesen. **12**

*Satz 2* ist im Zuge der Föderalismusreform I (vgl. oben Rn. 1) in die Bestimmung über FH des Bundes neu eingefügt worden. Er steht in inhaltlichem Zusammenhang mit Satz 1 und enthält demgemäß weitere Vorschriften über den Regelungsgegenstand des notwendigen Bundesgesetzes oder der Verwaltungsvereinbarung. Seitdem können **Finanzhilfen nur noch befristet gewährt** werden. Die Pflicht zu regelmäßiger Überprüfung der Verwendung der Mittel und auch das Unterrichtungsrecht gemäß Art. 104 b Abs. 3 zielen vornehmlich auf eine erneute und ggf. wiederholte Beschäftigung mit der Frage, ob die verfassungsrechtl. Voraussetzungen der jeweiligen Finanzhilfe noch vorliegen und ob, auch wenn das der Fall ist, der polit. Wille gebildet werden kann, sie abzuschaffen oder zu reduzieren. In diesem Zusammenhang können Fragen der gesamtwirtsch. Effizienz sowie einer zielgenauen Auswahl der Förderbereiche von Interesse sein. Dagegen hat die Frage der zweckgemäßen Verausgabung von Mitteln für konkrete Einzelprojekte insoweit eine untergeordnete Bedeutung (BVerfGE 127, 193). Die Norm kann ihrem Ziel, die Mischfinanzierung einzuschränken, nur gerecht werden, wenn „Befristung" im Sinne einer eindeutigen Definition der zeitlichen Geltungsdauer (Enddatum oder Zahl der Jahre) im Gesetz oder in der Verwaltungsvereinbarung verstanden wird. Das Nähere zur regelmäßigen Verwendungsprüfung ist ebenfalls im Gesetz oder in der Verwaltungsvereinbarung zu bestimmen. Die Pflicht zur Überprüfung trifft diejenigen Organe, die über die Gewährung der Finanzhilfe entschieden haben. Das ist bei der Gewährung von FH durch ein Leistungsgesetz der Gesetzgeber. Im Fall einer Verwaltungsvereinbarung ist jedenfalls die **13**

BReg zur Überprüfung verpflichtet. Die Überprüfung richtet sich auf das Fortbestehen der verfassungsrechtl. und finanzpolit. Rechtfertigung des Finanzierungsinstruments und mündet ein in eine - überwiegend von polit. Wertungen geprägte – Entscheidung des Gesetzgebers bzw. der BReg (BVerfGE 127, 198). Das gilt auch für die Gestaltung der **Finanzhilfen mit fallenden Jahresbeträgen** entsprechend *Satz 3*. Auch hier kann das verfolgte Ziel, die Mischfinanzierung einzudämmen, nur erreicht werden, wenn die Degression der FH innerhalb des begrenzten Zeitraums nicht nur formal, sondern substantiell wirksam beziffert wird. Nach der Wertung des BVerfG ist es bei einer gesetzl. Regelung von FH auf der Basis des Art. 104 a V zulässig, der Bundesverwaltung die Befugnis einzuräumen, zum Zwecke der Feststellung des Vorliegens der Voraussetzungen eines Haftungsanspruchs und unter der Voraussetzung, dass auf Grund konkreter Tatsachen ein solcher Anspruch möglich erscheint, bei den Landesverwaltungen Berichte anzufordern, Akten beizuziehen und Unterlagen einzusehen; dazu kann die Bundesverwaltung – wenn entsprechende Hinweise vorliegen – sich unmittelbar an nachgeordnete Behörden auch der Länder und Kommunalverwaltungen wenden und örtliche Erhebungen durchführen (BVerfGE 127, 205).

### Absatz 3: Unterrichtung von Bundestag, Bundesregierung und Bundesrat

14 In dem ebenfalls auf die Föderalismusreform I (Rn. 1) beruhenden neuen Abs. 3 wird die Pflicht begründet, **auf Verlangen** des BTags, der BReg und des BRats **über die Durchführung der getroffenen Maßnahmen und die erzielten Verbesserungen** zu unterrichten. Die drei Verfassungsorgane können getrennt je für sich die Unterrichtung verlangen. Adressat des Unterrichtungsverlangens können nur die mit der Gestaltung und Durchführung der Bundesgesetze oder der Verwaltungsvereinbarungen befassten Stellen sein. Das sind die für die Ausführung zuständigen BMinister und die LReg. Die Unterrichtung im Sinne des Art. 104 b III besteht darin, dass der Verpflichtete Informationen zusammenstellt und berichtsmäßig zusammenfasst. Die Bundesorgane informieren sich nicht durch Ermittlungen selbst, vielmehr sind sie nach dem Wortlaut der Vorschrift zu unterrichten. Adressat der Unterrichtungspflicht ist – neben der Bundesverwaltung – das jeweilige Land. Adressat der Regelung können weder nachgeordnete Stellen der unmittelbaren Landesverwaltung noch Gemeinden oder Gemeindeverbände sein, sondern nur die obersten Landesbehörden (BVerfGE 127, 200).

## Artikel 105 [Zuständigkeitsverteilung in der Steuergesetzgebung]

(1) Der Bund hat die ausschließliche Gesetzgebung über die Zölle und Finanzmonopole.

(2) Der Bund hat die konkurrierende Gesetzgebung über die übrigen Steuern, wenn ihm das Aufkommen dieser Steuern ganz oder zum Teil zusteht oder die Voraussetzungen des Artikels 72 Abs. 2 vorliegen.

(2 a) Die Länder haben die Befugnis zur Gesetzgebung über die örtlichen Verbrauch- und Aufwandsteuern, solange und soweit sie nicht bundesgesetzlich geregelten Steuern gleichartig sind. Sie haben die Befugnis zur Bestimmung des Steuersatzes bei der Grunderwerbsteuer.

(3) Bundesgesetze über Steuern, deren Aufkommen den Ländern oder den Gemeinden (Gemeindeverbänden) ganz oder zum Teil zufließt, bedürfen der Zustimmung des Bundesrates.

**Allgemeines:** Art 105 begründet Gesetzgebungskompetenzen für Steuern (St). Er **1** umfasst, mit Ausnahme der Regelung über die Hebesätze in Art. 106 VI 2, das gesamte materielle Steuerrecht einschl. der Vorschriften in der Abgabenordnung über das Steuerschuldrecht. Der **Begriff Steuer** ist in der Verfassung nicht definiert. Es entspricht der ganz überwiegenden Auffassung, dass zur Auslegung dieses Begriffs auf das Steuerrecht zurückzugreifen ist (BVerfG i. st. Rspr.; vgl. BVerfGE 93, 346 m.w.N.). In § 3 AO ist der Begriff wie folgt definiert: „St sind Geldleistungen, die nicht eine Gegenleistung für eine besondere Leistung darstellen und von einem öff.-rechtl. Gemeinwesen zur Erzielung von Einnahmen allen auferlegt werden, bei denen der Tatbestand zutrifft, an den das Gesetz die Leistungspflicht knüpft; die Erzielung von Einnahmen kann Nebenzweck sein. Zölle und Abschöpfungen sind St i.S. dieses Gesetzes." St sind danach *Geldleistungen*; Sach- und Dienstleistungen unterliegen nicht Art. 105. Öffentl. Gemeinwesen sind Bund, Länder und Gemeinden. Die Geldleistung muss *hoheitlich* auferlegt sein. Freiwillige oder vertragliche Leistungen sind niemals St. Zum Steuerbegriff gehört der Zweck, *Einnahmen zu erzielen.* Die Einnahme muss endgültig sein (BVerfGE 67, 281 ff.). Ein rückzahlbarer Konjunkturzuschlag ist keine St (BVerfGE 29, 409). Die Einnahmeerzielung muss nicht Hauptzweck sein. St können auch anderen Zwecken dienen wie Wirtschaftslenkung, Konjunktursteuerung oder Sozialgestaltung (BVerfGE 85, 244; 93, 148; 110, 292 f. m.w.N.). Die Steuergesetzgebungskompetenz deckt auch die anderen Sachzwecke. St sind Geldleistungen, die nicht eine Gegenleistung für eine besondere Leistung darstellen. Deswegen gehören Gebühren und Beiträge nicht zu den St. Für sie sind die Gesetzgebungskompetenzen aus den allg. Regeln der Art. 70 ff. herzuleiten (BVerfGE 108, 13; 108, 212; 113, 145). **Gebühren** sind Gegenleistungen für Verwaltungshandeln (s. BVerfGE 50, 226; vgl. auch E 93, 345; 108, 13; 110, 388; 113, 126 ff.). **Beiträge** gelten die Nutznießung an und Vorteile aus öffentl. Einrichtungen ab (s. auch BVerfGE 7, 254; 20, 269; 110, 388; 113, 126). Die Bindung einer St für bestimmte Zwecke steht dem Steuercharakter nicht entgegen (BVerfGE 49, 353). Sie darf aber nicht untauglich für diesen Zweck sein (BVerwGE 66, 144).

**Keine Steuern** sind auch die sog. **Sonderabgaben.** Sie sind als nichtsteuerl. Abga- **2** ben in der Rspr. des BVerfG als ausnahmsweise zulässige Abgaben anerkannt und haben in der Praxis erhebliche Bedeutung erlangt. Das GG regelt in der Finanzverfassung (FV) die bundesstaatl. Verteilung der Gesetzgebungs-, Ertrags- und Verwaltungskompetenzen im Wesentlichen für die St sowie für die Zölle und Finanzmonopole. Damit ist aber die Erhebung nichtsteuerl. Abgaben nicht generell ausgeschlossen; denn das GG enthält keinen abschließenden Kanon zulässiger Abgabetypen (BVerfGE 108, 215; 110, 387; 113, 146; st. Rspr.). Für öffentl. Abgaben, die keine St sind, sind die allg. Sachgesetzgebungskompetenzen der Art. 70 ff. maßgebend (BVerfGE 4, 13; 108, 212; 110, 387; 113, 145; st. Rspr.; für Gebühren u. Beiträge s. schon Rn. 1). Die geltenden Grundsätze der FV einschl. ihrer Verteilungsregeln und der sich daraus auch ergebende Schutz der Bürger gingen jedoch verloren, wenn außerhalb dieser Regeln auf der Grundlage der allg. Sachgesetzgebungskompetenzen beliebig nichtsteuerl. Abgaben erhoben werden könnten (BVerfGE 123, 141; BVerfG, Beschl. v. 6.11.2012 – 2 BvL 51/06 u.a. – m.w.N.). Das BVerfG nennt mit Rücksicht auf die Begrenzungs- und Schutzfunktion der FV drei grundlegende Prinzipien, die die Auferlegung nichtsteuerl. Abgaben begrenzen: a) Sie bedürfen über die Einnahmeerzielung hinaus einer besonderen sachlichen Rechtfertigung und müssen sich von den voraussetzungslos auferlegten und geschuldeten St deutlich unterscheiden. b) Die Belastungsgleichheit der Abgabepflichtigen erfordert für die weitere Belastung der Einzelnen eine besondere Rechtfertigung aus Sachgründen. c) Der Verfassungsgrundsatz der Vollständigkeit des Haushaltsplans ist durch Einnahmen und Ausgaben außerhalb des Budgets berührt, weil nur die Vollständigkeit des Budgets gewährleistet, dass das Parlament einen vollen Überblick über die den Bürgern auferlegte Abgabenlast erhält (BVerfGE 108, 215; 110, 388; 113, 147; 124, 365). Auch deshalb unterliegen Sonderabgaben engen Grenzen und müssen seltene Ausnahmen bleiben (BVerfGE 82, 181; 91, 203 f.; 92, 113; 98, 100; 110, 388; 124, 366; st. Rspr.).

3 Die **besonderen Zulässigkeitsvoraussetzungen für Sonderabgaben** mit Finanzierungszweck sind nach der st. Rspr. des BVerfG die folgenden (Zusammenfassung in BVerfG, NVwZ 2012, 1537): Abgabepflichtig kann nur eine in der Rechts- oder Sozialordnung bereits bestehende, von der Allgemeinheit durch gemeinsame Interessen oder besondere gemeinsame Gegebenheiten abgrenzbare Gruppe sein (*homogene Gruppe*). Die Erhebung der Abgabe setzt ferner eine spezifische Beziehung zwischen dem Kreis der Abgabepflichtigen und dem mit der Abgabenerhebung verfolgten Zweck voraus. Aus dieser *Sachnähe zum Erhebungszweck* muss eine *besondere Verantwortung der Gruppe für die* Erfüllung der mit der Abgabe *zu finanzierenden Aufgabe* entspringen. Weiter muss die Abgabe im Interesse der Abgabepflichtigen, also *gruppennützig, verwendet* werden (BVerfGE 55, 307; 82, 180 f.; 108, 218; 110, 389; 113, 150; st. Rspr.). Zwischen der spezifischen Beziehung oder auch Sachnähe der Abgabepflichtigen zum Zweck der Abgabenerhebung, einer daraus ableitbaren Finanzierungsverantwortung und der gruppennützigen Verwendung des Abgabenaufkommens besteht eine besonders enge Verbindung. Sind Sachnähe zum Zweck der Abgabe und Finanzierungsverantwortung der belasteten Gruppe der Abgabepflichtigen gegeben, wirkt die zweckentsprechende Verwendung des Abgabenaufkommens zugleich gruppennützig, entlastet die Gesamtgruppe der Abgabenschuldner nämlich von einer ihrem Verantwortungsbereich zuzurechnenden Aufgabe. Der Gesetzgeber ist schließlich gehalten, in angemessenen Zeitabständen zu überprüfen, ob seine ursprüngliche Entscheidung für den Einsatz des gesetzgeberischen Mittels „Sonderabgabe" aufrechtzuerhalten oder ob sie wegen veränderter Umstände, insbes. wegen Wegfalls des Finanzierungszwecks oder wegen Zielerreichung, zu ändern oder aufzuheben ist (BVerfGE 124, 366 m.w.N.). Die Sonderabgabe ist also *grundsätzlich temporär* (BVerfGE 82, 181; 108, 218; 110, 389). Darüber hinaus fordert das BVerfG seit der Entscheidung BVerfGE 108, 219, für „haushaltsflüchtige" Sonderabgaben eine hinreichende Information über Bestand und Entwicklung der verschiedenen Sonderabgaben in Form einer vollständigen *Dokumentation* der Sonderabgaben als Gebot wirksamer parl. Legitimation und Kontrolle von Planung und Entscheidung über die finanzielle Inanspruchnahme der Bürger für öffentl. Aufgaben. Diese Dokumentation, die alle Sonderabgaben im Bereich des jeweiligen Gesetzgebers nach Art und Umfang sowie nach deren Verhältnis zu den St enthält, ist als Anlage dem jeweiligen Haushaltsplan beizufügen. Die Dokumentationspflicht gilt zwingend für die Haushaltspläne nach dem 31.12. 2003 (BVerfGE 108, 218 f., 232; 110, 389; 113, 147). Alle diese Kriterien gelten gleichermaßen für Bund und Länder (BVerfGE 92, 115 f.; 108, 217).

4 **Einzelne Abgaben:** *Sozialversicherungsbeiträge* sind keine Sonderabgaben i.S. dieser Rspr. Zu dem bei der Erhebung von Sonderabgaben typischerweise drohenden Konflikt mit den Regelungen der FV kann es hier nicht kommen. Die Finanzmasse der Sozialversicherung ist tatsächlich und rechtl. von den allg. Staatsfinanzen getrennt (BVerfGE 75, 147 f.). Die *Investitionshilfeabgabe* nach dem In-

vestitionshilfeG vom 20.12.1982 (BGBl I S. 1857) war weder eine St noch erfüllte sie die Kriterien einer Sonderabgabe (BVerfGE 67, 256). Von den Sonderabgaben mit Finanzierungsfunktion sind jene Abgaben zu unterscheiden, deren Zweck nicht die Finanzierung einer besonderen Aufgabe ist, sondern der Ausgleich einer Belastung, die sich aus einer primär zu erfüllenden öff.-rechtl. Pflicht ergibt. Die Abgabe gleicht hier den Vorteil aus, der durch die Nichterfüllung einer öff.-recht. Handlungspflicht entsteht (vgl. BVerfGK 15, 173 - hamburgische *Stellplatz-Ausgleichsabgabe*). Die *Fehlbelegungsabgabe* nach dem G über den Abbau der Fehlsubventionierung im Wohnungswesen i.d.F. vom 13.9.2001 (BGBl I S. 2414), zuletzt geändert durch Art. 8 des Föderalismus-BegleitG vom 5.9.2006 (BGBl I S. 2098, 2100), ist deshalb gleichfalls keine Sonderabgabe. Sie ist keine Geldleistung, die ohne Gegenleistung der öffentl. Hand zu erbringen ist, sondern Ausgleich für die im sozialen Wohnungsbau gewährten Vergünstigungen (BVerfGE 78, 266). Die *Wasserentnahmeentgelte* in Baden-Württemberg und Hessen sind anders als St ebenfalls gegenleistungsabhängig (BVerfGE 93, 346). Das BVerwG sieht die *Ausgleichsabgabe* nach dem *Naturschutz*G von Baden-Württemberg als verfassungsrechtl. zulässige Sonderabgabe an (BVerwGE 74, 308). Gleichfalls mit den finanzverfassungsrechtl. Anforderungen an Sonderabgaben mit Finanzierungsfunktion vereinbar sind die *Umlage zur Finanzierung der Bundesanstalt für Finanzdienstleistungsaufsicht* in den Aufsichtsbereichen Kredit- und Finanzdienstleistungswesen sowie Wertpapierhandel (BVerfGE 124, 235) und die *Jahresbeiträge nach dem Einlagensicherungs- und Anlegerentschädigungsgesetz* (BVerfGE 124, 348). Die Ausgleichsabgabe nach § 8 VerstromungsG (*Kohlepfennig*) ist dagegen nicht als Sonderabgabe zu rechtfertigen und damit nicht mit dem GG vereinbar (BVerfGE 91, 201 ff.). Das Gleiche trifft für die Abgabe zu, die nach dem *Absatzfondsgesetz* von Unternehmen der Land- und Ernahrungswirtschaft erhoben wurde (BVerfGE 122, 335). Die Sonderabgabe zur Finanzierung der *Holzabsatzförderung* ist keine zulässige Sonderabgabe, weil es an einem hinreichenden rechtfertigenden Zusammenhang von Gesetzeszweck, Sachnähe, Gruppenhomogenität und Finanzierungsverantwortung fehlt (BVerfGE 123, 143). Die *Beiträge an den „Solidarfonds Abfallrückführung"* nach dem AbfallverbringungsG vom 30.9.1994 (BGBl I S. 2771) waren (vgl. das G zur Auflösung u. Abwicklung der Anstalt Solidarfonds Abfallrückführung v. 26.10.2005, BGBl I S. 3010) ebenfalls keine zulässigen Sonderabgaben (BVerfGE 113, 146, 150). Zur *Insolvenzsicherungsabgabe* s. BVerfG, NVwZ 2012, 1537 f.

Eine besondere Gruppe innerhalb der Sonderabgaben bilden die **Ausgleichs-Finanzierungsabgaben**. Sie dienen nicht in erster Linie der Mittelbeschaffung, sondern sollen Belastungen oder Vorteile innerhalb eines bestimmten Erwerbs- oder Wirtschaftszweigs ausgleichen (vgl. z.B. BVerfGE 8, 316 f.; 17, 292; 18, 287; 18, 328). Das BVerfG lässt hier von dem von ihm selbst aufgestellten strengen Kriterien für Sonderabgaben Ausnahmen zu, ohne diese näher zu definieren (BVerfGE 67, 278). Nach den bisher entschiedenen Einzelfällen sollen sie ungleichmäßige öffentl. Lasten ausgleichen (BVerfGE 13, 170 f. – *Feuerwehrabgabe*; s. dazu aber auch BVerfGE 92, 113 ff.), ein bestimmtes Verhalten von Personen bewirken (BVerfGE 57, 153 – *Schwerbehindertenabgabe*) oder der wirtschaftspolit. Globalsteuerung dienen (BVerfGE 29, 402 – *Konjunkturzuschlag*). In der Entscheidung BVerfGE 108, 220, zur Begründung einer Pflicht zur Zahlung einer Umlage für die Erstattung der Ausbildungsvergütung (*Altenpflegeumlage*) ist in diesem Zusammenhang von einer „Ausgleichsabgabe eigener Art" die Rede. **5**

6 Die Begrenzung und Schutzfunktion der FV begründet nicht nur für den Abga-
bentyp der Sonderabgaben verbindliche Vorgaben, sondern auch für die **Gebühren** als Erscheinungsform der nichtsteuerl. Abgaben (BVerfGE 93, 343 f.; 108,
17; BVerfG, Beschl. v. 6.11.2012 – 2 BvL 51/06 u.a. –; zum Gebührenbegriff
oben Rn. 1). Sie können durch ihre konkrete Ausgestaltung, insbes. ihre Bemessung, mit der Schutzfunktion der bundesstaatl. FV kollidieren (BVerfGE 93, 347;
97, 343, 108, 17). Die Bemessung der Gebühr ist verfassungsrechtl. gerechtfertigt, wenn ihre Höhe durch zulässige Gebührenzwecke legitimiert ist. Die sachliche Rechtfertigung der Gebühr und ihrer Höhe kann sich jedenfalls aus den Ge-
bührenzwecken der Kostendeckung, des Vorteilsausgleichs, der Verhaltenslen-
kung sowie aus sozialen Zwecken ergeben (näher zu diesen Zwecken BVerfGE
108, 18). Die verfassungsrechtl. Kontrolle der gesetzgeberischen Gebührenbe-
messung, die ihrerseits komplexe Kalkulationen, Bewertungen, Einschätzungen
und Prognosen voraussetzt, darf dabei nicht überspannt werden. Eine Gebühren-
bemessung ist jedoch dann sachlich nicht gerechtfertigt, wenn sie in einem gro-
ben Missverhältnis zu dem verfolgten Gebührenzweck steht (BVerfG, Beschl.
v. 6.11.2012 – 2 BvL 51/06 u.a. –; BVerfG, NVwZ 2010, 831 m.w.N.).

7 Eine **Besteuerung hoheitlicher Tätigkeit** ist nicht zulässig. Das folgt aus dem Lastenverteilungsgrundsatz des Art. 104 a I, wonach – ohne ausdrückliche verfassungsrechtl. Ausnahmeregelung – keine Ebene sich ihre Aufgaben von der anderen Ebene finanzieren lassen darf. Wenn z.B. der Bund im Rahmen staatsrechtl.
Beziehungen den Ländern keine Mittel für den Naturschutz zweckgebunden gewähren darf, kann er erst recht nicht durch Belastung seiner hoheitlichen Tätigkeit mit Abgaben zugunsten des Naturschutzes auf Grund eines Ländergesetzes
dazu gezwungen werden.

### Absatz 1: Ausschließliche Gesetzgebung des Bundes

8 Art. 105 überträgt die **Gesetzgebungskompetenz über Steuern und Finanzmonopole** weitgehend auf den Bund. Dabei sieht Abs. 1 eine ausschließliche Bundeskompetenz für die Zölle und Finanzmonopole vor. Er verwehrt damit den Ländern jegliche Gesetzgebungszuständigkeit auf dem Gebiet der Zölle und Finanzmonopole (s. auch Art. 73 I Nr. 5). **Zölle** sind Abgaben auf die Warenbewegung
über eine Zollgrenze (vgl. BVerfGE 8, 269). **Finanzmonopole** sind solche Monopole, deren vorwiegender Zweck die Erzielung von Einnahmen ist. Nach Beendigung des Zündwarenmonopols (16.1.1983) ist als letztes Finanzmonopol der
staatl. An- und Weiterverkauf von im deutschen Monopolgebiet hergestelltem
Ethylalkohol verblieben. Dieses Monopol bedarf regelmäßiger Zuschüsse aus
dem Bundeshaushalt. „Über die übrigen Steuern" hat der Bund die konkurrierende Gesetzgebung (s. dazu Rn. 9 u. 10).

### Absatz 2: Konkurrierende Gesetzgebung des Bundes

9 Der Umfang der konkurrierenden Gesetzgebung auf dem Gebiet der St bestimmt
sich nach Abs. 2 i.V.m. Art. 72 II. Die Änderungen des Art. 72 II durch die **Föderalismusreform I** (vgl. Einführung Rn. 6) bewirken für die konkurrierende Steuergesetzgebungskompetenz des Bundes nach Abs. 2 keine Änderung der vor der
Reform bestehenden Rechtslage (zu ihr s. BVerfGE 112, 221 f.). Für St, deren
Aufkommen dem Bund ganz oder z.T. zusteht, hat der Bund nach wie vor ohne
weitere Voraussetzungen das Gesetzgebungsrecht. Für St, an deren Aufkommen
der Bund nicht beteiligt ist, hat er dieses Recht dagegen nur, wenn die Voraussetzungen des Art. 72 II Halbs. 2 gegeben, also die Voraussetzungen der Erforderlichkeitsklausel erfüllt sind. Erforderlich i.S. des Art. 72 II ist eine bundesgesetzl.
Regelung nur insoweit, als ohne sie die dort genannten und vom Gesetzgeber für

sein Tätigwerden im konkret zu regelnden Bereich in Anspruch genommenen Zielvorgaben nicht oder nicht hinlänglich verwirklicht werden. Der Bund hat kein Recht zur Gesetzgebung, wenn landesrechtl. Regelungen zum Schutz der in Art. 72 II genannten gesamtstaatl. Rechtsgüter ausreichen; dabei genügt allerdings nicht jede theoretische Handlungsmöglichkeit der Länder, gleich lautende Ländergesetze zu erlassen (BVerfGE 125, 154). Die Verteilung der Steuerkompetenzen schafft in dem geschlossenen Wirtschaftsgebiet der Bundesrepublik die steuerl. Rechts- und Wirtschaftseinheit und verhindert unterschiedliche Wettbewerbsbedingungen durch regional verschiedene Steuerregelungen.

Die Folgen der Ausübung der konkurrierenden Gesetzgebung durch den Bund ergeben sich aus Art. 72 I. Hat der Bund einen Steuergegenstand geregelt, sind die Länder insoweit von der Steuergesetzgebung ausgeschlossen. Für den Ausschluss kommt es darauf an, ob eine **Landessteuer gleichartig** ist. Nach der Rspr. des BVerfG ist auf den Vergleich der steuerbegründenden Tatbestände abzustellen. Es sind einzubeziehen Steuergegenstand, Steuermaßstab, Art der Erhebung und die wirtsch. Auswirkungen. Besonderes Gewicht hat die Frage, ob die zu vergleichenden St dieselbe Quelle wirtsch. Leistungsfähigkeit ausschöpfen (BVerfGE 49, 355). Die Beurteilung kann im Einzelfall sehr schwierig sein (vgl. dazu BVerfGE 7, 260; 13, 193; 16, 75 f.; 40, 62 ff.). Die weitgehende Fassung des Art. 105 „die übrigen Steuern" bedeutet nicht, dass der Bund ein uneingeschränktes **Steuerfindungsrecht** hat. Neue St können geschaffen werden, sofern sich diese unter eine der in Art. 106 aufgeführten Steuerarten einordnen lassen. Das gilt für den Bund und, soweit ihre Gesetzgebungszuständigkeit über St reicht, auch für die Länder. Ein von den Voraussetzungen des Art. 106 gelöstes uneingeschränktes Steuerfindungsrecht würde die im GG festgelegte Finanzordnung hinsichtlich der Verteilung der Ertragshoheit und des Finanzaufkommens zwischen Bund und Ländern beeinträchtigen; denn mangels einer Zuordnung der Ertragshoheit zwischen Bund und Ländern bei neuen St könnte diese Zuordnung nur außerhalb der Verfassung durch den einfachen Gesetzgeber erfolgen. Zur Bedeutung der Finanzordnung des GG als „abschließende Regelung" s. BVerfGE 67, 285 ff.; 105, 103 f.

### Absatz 2 a: Örtliche Verbrauch- und Aufwandsteuern

*Satz 1* begründet in Bezug auf örtliche Verbrauch- und Aufwandsteuern eine **ausschließliche Gesetzgebungskompetenz für die Länder.** Die Steuerarten sind im GG selbst nicht definiert; insoweit sind die Grundsätze der Rspr. heranzuziehen. Danach sind **Verbrauchsteuern** i.d.R. Warensteuern, die den Verbrauch vertretbarer, regelmäßig zum baldigen Verzehr oder kurzfristigen Verbrauch bestimmter Güter des ständigen Bedarfs belasten. Sie sind dadurch gekennzeichnet, dass sie an das Verbringen des Verbrauchsguts in den allg. Wirtschaftsverkehr anknüpfen und deshalb regelmäßig bei dem dieses Gut anbietenden Unternehmer erhoben werden, gleichwohl aber auf Abwälzung auf den Verbraucher angelegt sind (s. BVerfGE 98, 123 f. m.w.N.). Die rechtl. Gewähr, dass er den von ihm entrichteten Betrag immer von demjenigen erhält, der nach der Konzeption des Gesetzgebers letztlich die St tragen soll, muss dem Steuerschuldner nicht geboten werden (vgl. BVerfGE 14, 96; 27, 384; 31, 20). Der Begriff der Verbrauchsteuer i.S. des traditionellen deutschen Steuerrechts umfasst nicht nur St auf Güter des „letzten" Verbrauchs, d.h. die Belastung des Verbrauchs im privaten Haushalt, sondern betrifft auch den produktiven Bereich. Es gibt keinen Rechtssatz, der das Anknüpfen einer Verbrauchsteuer an ein Produktionsmittel verbietet (BVerfGE 110, 296 m.w.N.). Mit einer **Aufwandsteuer** soll die in der Einkommensverwen-

10

11

dung für den persönlichen Lebensbedarf zum Ausdruck kommende wirtsch. Leistungsfähigkeit abgeschöpft werden (BVerfGE 49, 354; 114, 334 m.w.N.; BVerwGE 135, 371). Die dem gemeindlichen Satzungsgeber zugewachsene Besteuerungsgewalt eröffnet diesem einen weit reichenden Spielraum zur Ausgestaltung, Veränderung oder auch Fortentwicklung der St. Derartige steuerrechtl. Regelungen sind unter dem Blickwinkel der grundgesetzl. Zuständigkeitsverteilung so lange verfassungsrechtl. nicht zu beanstanden, wie sie die herkömmlichen, die jeweilige St kennzeichnenden Merkmale wahren (BVerfG, NVwZ 2001, 1264).

12 Abs. 2 a betrifft nur **örtliche Steuern**, d.h. nur solche, die einen örtlichen Bezug haben und in ihrer Wirkung auf das Gemeindegebiet beschränkt (örtlich radizierbar) sind (BVerfGE 16, 327; 40, 61; BVerwGE 58, 237 f.). Die Länder können nach Satz 1 Halbs. 2 keine örtlichen St einführen, die bundesgesetzl. geregelten gleichartig sind. Nach der Rspr. des BVerfG (E 40, 61 ff.; 69, 183) hat hier der Begriff „gleichartig" eine andere Bedeutung als im Rahmen des Abs. 2 (s. Rn. 10). Das BVerfG hat aber anerkannt, dass die herkömmlichen, am 1.1.1970 bestehenden örtlichen Verbrauch- und Aufwandsteuern der Gemeinden mit Art. 105 vereinbar sind (vgl. BVerfG, DVBl 1998, 706): z.b. *Getränkesteuer* (BVerfGE 44, 216; 69, 183), *Vergnügungsteuer* (BVerfGE 42, 41; 123, 20 ff.), *Hundesteuer* sowie *Jagd- und Fischereisteuer*. Steuergut der Vergnügungsteuer in der Form der Spielautomatensteuer ist der vom einzelnen Spieler für das Spielvergnügen erbrachte Aufwand als Indiz seiner wirtsch. Leistungsfähigkeit (BVerwGE 110, 240). Zu den die Vergnügungsteuer als Aufwandsteuer kennzeichnenden Merkmalen gehört, dass sie auf den Benutzer der Veranstaltung abwälzbar sein muss. Die Überwälzbarkeit einer St bedeutet jedoch nicht, dass dem Steuerschuldner die rechtl. Gewähr geboten wird, er werde den als St gezahlten Geldbetrag – etwa wie einen durchlaufenden Posten – von der vom Steuergesetz der Idee nach als Steuerträger gemeinten Person auch ersetzt erhalten. Die Steuerüberwälzung ist ein wirtsch. Vorgang; das Gesetz überlässt es dem Steuerschuldner, den Steuerbetrag in die Kalkulation einzubeziehen und die Wirtschaftlichkeit seines Unternehmens auch dann zu wahren (BVerfG, NVwZ 2001, 1264). Eine solche St weist auch nicht die abstrakten Merkmale einer Umsatzsteuer auf, weil sie keine allg. St ist, nicht auf jeder Produktions- und Vertriebsstufe erhoben wird und sich nicht auf den bei jedem Umsatz erzielten Mehrwert, sondern auf den Bruttobetrag aller Einnahmen bezieht (BFHE 229, 429; OVG Schleswig, NVwZ 2012, 772). Nach der Rspr. des BVerfG (BVerfGE 65, 349; BVerfG, NVwZ 1996, 57; BVerfGK 17, 48) ist auch eine *Zweitwohnungsteuer* nach Abs. 2 a zulässig (s. aber BVerwG, NJW 1980, 799). Art. 105 IIa verlangt für die nicht herkömmlichen örtlichen St, dass der steuerbegründende Tatbestand nicht denselben Belastungsgrund erfasst wie eine Bundessteuer, sich also in Gegenstand, Bemessungsgrundlage, Erhebungstechnik und wirtsch. Auswirkung von der Bundessteuer unterscheidet (BVerfGE 65, 351). Ein nach Art. 105 IIa 1 besteuerbarer Aufwand für eine Zweitwohnung liegt nur dann vor, wenn der Steuerpflichtige die weitere Wohnung innehat. Dies setzt voraus, dass er für eine gewisse Dauer rechtl. gesichert über deren Nutzung verfügen kann. Die rein tatsächliche Möglichkeit der Nutzung genügt nicht (BVerwG, NVwZ 2009, 1173). Die Besteuerung ausschließlich auswärtiger Zweitwohnungsinhaber ohne hinreichenden sachlichen Grund ist mit Art. 3 I nicht vereinbar (BVerfGE 65, 354 ff.). Zur Zweitwohnungsteuer von Verheirateten s. BVerfGE 114, 316. Die Erhebung einer St auf Übernachtungen in Beherbergungsbetrieben (*Übernachtungssteuer*) ist, soweit diese für privat veranlasste entgeltliche und nicht für beruflich zwingend erforderliche Übernachtungern erhoben wird, als örtliche Aufwandsteuer

zu qualifizieren (BVerwG, NVwZ 2012, 1409). Die *Verpackungsteuer* der Stadt Kassel war eine örtliche Verbrauchsteuer, die auch in ihrer Lenkungswirkung von Abs. 2 a gedeckt war. Sie lief allerdings in der Ausgestaltung ihrer Lenkungswirkung den bundesrechtl. Vorgaben des Abfallrechts zuwider (BVerfGE 98, 123 f.).

*Satz 2*, der durch die *Föderalismusreform I* (vgl. Rn. 9) angefügt worden ist, ge-  **13**
währt den Ländern die **Gesetzgebungskompetenz für die Festlegung des Steuersatzes bei der Grunderwerbsteuer.** Wie bei der Regelung in Satz 1 handelt es sich auch bei der neuen Bestimmung um die Begründung einer ausschließlichen Gesetzgebungsbefugnis der Länder. Das ergibt sich aus Art. 125 a I.

### Absatz 3: Zustimmung des Bundesrats

Abs. 3 gibt den Ländern, denen keine wesentliche Steuergesetzgebungskompetenz  **14**
mehr zusteht, zur Wahrung des bundesstaatl. Gleichgewichts einen Ausgleich, indem er die Zustimmung des BRats für Gesetze über solche St vorsieht, die den Ländern i.S. des Art. 106 ganz oder z.T. zufließen. Zur Abgrenzung von Gesetzen über St gemäß Art. 105 von anderen Gesetzen vgl. BVerfGE 14,. 220. Gesetze, die keine Steuergesetze sind, sich aber mittelbar auf das Steueraufkommen auswirken (z.B bei Leistungsänderungen im Sozialrecht), werden nicht über Abs. 3 zustimmungspflichtig.

## Artikel 106 [Verteilung der Steuerertragshoheit]

(1) Der Ertrag der Finanzmonopole und das Aufkommen der folgenden Steuern stehen dem Bund zu:

1. die Zölle,
2. die Verbrauchsteuern, soweit sie nicht nach Absatz 2 den Ländern, nach Absatz 3 Bund und Ländern gemeinsam oder nach Absatz 6 den Gemeinden zustehen,
3. die Straßengüterverkehrsteuer, die Kraftfahrzeugsteuer und sonstige auf motorisierte Verkehrsmittel bezogene Verkehrsteuern,
4. die Kapitalverkehrsteuern, die Versicherungsteuer und die Wechselsteuer,
5. die einmaligen Vermögensabgaben und die zur Durchführung des Lastenausgleichs erhobenen Ausgleichsabgaben,
6. die Ergänzungsabgabe zur Einkommensteuer und zur Körperschaftsteuer,
7. Abgaben im Rahmen der Europäischen Gemeinschaften.

(2) Das Aufkommen der folgenden Steuern steht den Ländern zu:

1. die Vermögensteuer,
2. die Erbschaftsteuer,
3. die Verkehrsteuern, soweit sie nicht nach Absatz 1 dem Bund oder nach Absatz 3 Bund und Ländern gemeinsam zustehen,
4. die Biersteuer,
5. die Abgabe von Spielbanken.

(3) Das Aufkommen der Einkommensteuer, der Körperschaftsteuer und der Umsatzsteuer steht dem Bund und den Ländern gemeinsam zu (Gemeinschaftsteuern), soweit das Aufkommen der Einkommensteuer nicht nach Absatz 5 und das Aufkommen der Umsatzsteuer nicht nach Absatz 5 a den Gemeinden zugewiesen wird. Am Aufkommen der Einkommensteuer und der Körperschaftsteuer sind der Bund und die Länder je zur Hälfte beteiligt. Die Anteile von Bund und Län-

*Kienemund*  747

dern an der Umsatzsteuer werden durch Bundesgesetz, das der Zustimmung des Bundesrates bedarf, festgesetzt. Bei der Festsetzung ist von folgenden Grundsätzen auszugehen:

1. Im Rahmen der laufenden Einnahmen haben der Bund und die Länder gleichmäßig Anspruch auf Deckung ihrer notwendigen Ausgaben. Dabei ist der Umfang der Ausgaben unter Berücksichtigung einer mehrjährigen Finanzplanung zu ermitteln.

2. Die Deckungsbedürfnisse des Bundes und der Länder sind so aufeinander abzustimmen, daß ein billiger Ausgleich erzielt, eine Überbelastung der Steuerpflichtigen vermieden und die Einheitlichkeit der Lebensverhältnisse im Bundesgebiet gewahrt wird.

Zusätzlich werden in die Festsetzung der Anteile von Bund und Ländern an der Umsatzsteuer Steuermindereinnahmen einbezogen, die den Ländern ab 1. Januar 1996 aus der Berücksichtigung von Kindern im Einkommensteuerrecht entstehen. Das Nähere bestimmt das Bundesgesetz nach Satz 3.

(4) Die Anteile von Bund und Ländern an der Umsatzsteuer sind neu festzusetzen, wenn sich das Verhältnis zwischen den Einnahmen und Ausgaben des Bundes und der Länder wesentlich anders entwickelt; Steuermindereinnahmen, die nach Absatz 3 Satz 5 in die Festsetzung der Umsatzsteueranteile zusätzlich einbezogen werden, bleiben hierbei unberücksichtigt. Werden den Ländern durch Bundesgesetz zusätzliche Ausgaben auferlegt oder Einnahmen entzogen, so kann die Mehrbelastung durch Bundesgesetz, das der Zustimmung des Bundesrates bedarf, auch mit Finanzzuweisungen des Bundes ausgeglichen werden, wenn sie auf einen kurzen Zeitraum begrenzt ist. In dem Gesetz sind die Grundsätze für die Bemessung dieser Finanzzuweisungen und für ihre Verteilung auf die Länder zu bestimmen.

(5) Die Gemeinden erhalten einen Anteil an dem Aufkommen der Einkommensteuer, der von den Ländern an ihre Gemeinden auf der Grundlage der Einkommensteuerleistungen ihrer Einwohner weiterzuleiten ist. Das Nähere bestimmt ein Bundesgesetz, das der Zustimmung des Bundesrates bedarf. Es kann bestimmen, daß die Gemeinden Hebesätze für den Gemeindeanteil festsetzen.

(5 a) Die Gemeinden erhalten ab dem 1. Januar 1998 einen Anteil an dem Aufkommen der Umsatzsteuer. Er wird von den Ländern auf der Grundlage eines orts- und wirtschaftsbezogenen Schlüssels an ihre Gemeinden weitergeleitet. Das Nähere wird durch ein Bundesgesetz, das der Zustimmung des Bundesrates bedarf, bestimmt.

(6) Das Aufkommen der Grundsteuer und Gewerbesteuer steht den Gemeinden, das Aufkommen der örtlichen Verbrauch- und Aufwandsteuern steht den Gemeinden oder nach Maßgabe der Landesgesetzgebung den Gemeindeverbänden zu. Den Gemeinden ist das Recht einzuräumen, die Hebesätze der Grundsteuer und Gewerbesteuer im Rahmen der Gesetze festzusetzen. Bestehen in einem Land keine Gemeinden, so steht das Aufkommen der Grundsteuer und Gewerbesteuer sowie der örtlichen Verbrauch- und Aufwandsteuern dem Land zu. Bund und Länder können durch eine Umlage an dem Aufkommen der Gewerbesteuer beteiligt werden. Das Nähere über die Umlage bestimmt ein Bundesgesetz, das der Zustimmung des Bundesrates bedarf. Nach Maßgabe der Landesgesetzgebung können die Grundsteuer und Gewerbesteuer sowie der Gesamtanteil vom Aufkommen der Einkommensteuer und der Umsatzsteuer als Bemessungsgrundlagen für Umlagen zugrunde gelegt werden.

*Kienemund*

**(7)** Von dem Länderanteil am Gesamtaufkommen der Gemeinschaftsteuern fließt den Gemeinden und Gemeindeverbänden insgesamt ein von der Landesgesetzgebung zu bestimmender Hundertsatz zu. Im übrigen bestimmt die Landesgesetzgebung, ob und inwieweit das Aufkommen der Landessteuern den Gemeinden (Gemeindeverbänden) zufließt.

**(8)** Veranlaßt der Bund in einzelnen Ländern oder Gemeinden (Gemeindeverbänden) besondere Einrichtungen, die diesen Ländern oder Gemeinden (Gemeindeverbänden) unmittelbar Mehrausgaben oder Mindereinnahmen (Sonderbelastungen) verursachen, gewährt der Bund den erforderlichen Ausgleich, wenn und soweit den Ländern oder Gemeinden (Gemeindeverbänden) nicht zugemutet werden kann, die Sonderbelastungen zu tragen. Entschädigungsleistungen Dritter und finanzielle Vorteile, die diesen Ländern oder Gemeinden (Gemeindeverbänden) als Folge der Einrichtungen erwachsen, werden bei dem Ausgleich berücksichtigt.

**(9)** Als Einnahmen und Ausgaben der Länder im Sinne dieses Artikels gelten auch die Einnahmen und Ausgaben der Gemeinden (Gemeindeverbände).

**Allgemeines:** Art. 106 regelt, wie das Aufkommen der Steuern (St) zwischen   1
Bund, Ländern und Gemeinden zu verteilen ist, das auf Grund der nach Art. 105 erlassenen Steuergesetze vereinnahmt wird (Ertragshoheit). Die **Aufteilung der Ertragshoheit** weicht von der der Gesetzgebungskompetenzen ab. Bei der Steuerverteilung sind zwei Verteilungsvorgänge zu unterscheiden: die Verteilung des Steueraufkommens zwischen Bund, Ländern und Gemeinden (*vertikaler Finanzausgleich*) und die Verteilung der danach allen Ländern und allen Gemeinden zustehenden St unter den einzelnen Ländern und Gemeinden (*horizontaler Finanzausgleich*). Art. 106 enthält die Regeln über den **vertikalen Finanzausgleich** (FA). Da die Möglichkeit, nach freiem Ermessen über ausreichende Finanzmittel zu verfügen, die entscheidende Voraussetzung für unabhängige polit. Machtentfaltung ist, hat Art. 106 *im föderalistischen System eine grundlegende Bedeutung* (vgl. BVerfGE 55, 274; 86, 214; 108, 15). Er befasst sich jedoch nur mit der Verteilung der *Steuern*. Dazu gehören die UMTS-Versteigerungserlöse nicht (BVerfGE 105, 193). Für andere Abgaben (s. dazu Art. 105 Rn. 1–6) sieht das GG keine ausdrücklichen Regelungen vor. Die Ertragshoheit hierfür muss aus dem Wesen der Abgaben abgeleitet werden. Diese Abgaben stehen in aller Regel zu einem bestimmten Verwaltungshandeln in einem Verhältnis, das vereinfacht als Ausgleich für einen Vorteil angesehen werden kann. Demgemäß stehen **Gebühren und Beiträge** immer der Ebene zu, deren Behörden die entsprechende Verwaltungskompetenz und damit die Finanzlast haben (BVerfGE 105, 193). Der Bund kann im Rahmen seiner Gesetzgebungsbefugnis zwar eine Gebührenpflicht festsetzen (vgl. Art. 74 I Nr. 22), die Gebühr steht ihm aber nur dann zu, wenn er auch die Verwaltungskompetenz und damit die Finanzlast hat (Art. 86 i.V.m. Art. 104 a I); andernfalls und vor allem, wenn die Länder selbst die Gesetze erlassen, gebührt sie den Ländern. Entsprechendes gilt für andere Abgaben.

Der vertikale FA kann nach zwei unterschiedlichen Ordnungsprinzipien gestaltet   2
werden, und zwar nach dem Trenn- oder nach dem Verbundsystem. Nach dem **Trennsystem** werden einzelne Steuerarten (z.B. Zölle, Vermögensteuer) oder artbestimmte Gruppen von St (etwa Verbrauchsteuern) mit ihrem *ganzen* Aufkommen entweder dem Bund, den Ländern oder den Gemeinden zugewiesen. Nach dem **Verbundsystem** bilden einzelne oder mehrere St eine Steuermasse, die Bund und Ländern oder Bund, Ländern und Gemeinden gemeinsam zusteht und nach

bestimmten Regeln unter ihnen aufgeteilt wird. Das GG hat ein Mischsystem gewählt. *In Abs. 1, 2 und 6 ist das Trennsystem und in Abs. 3 und 5 das Verbundsystem verwirklicht.* Abs. 1 zählt die Bundessteuern, Abs. 2 die Landessteuern und Abs. 6 die Gemeindesteuern auf. Die im Rahmen des Steuerfindungsrechts (vgl. die Erläut. in Art. 105 Rn. 10) *neu eingeführten Steuern* sind den St zuzuordnen, denen sie gleichartig sind i.s. des Begriffs der Gleichartigkeit, der bei der Gesetzgebungskompetenz maßgebend ist (s. die Erläut. in Art. 105 Rn. 10 u. BVerfGE 40, 62). Die Aufzählung der St in Art. 106 bedeutet keine Gewähr für den Bestand der vorhandenen St. Der Gesetzgeber kann vorhandene St wieder abschaffen (vgl. Straßengüterverkehrsteuer 1972, Börsenumsatzsteuer 1990, Gesellschaftsteuer 1991 abgeschafft).

### Absatz 1: Bundessteuern

3 Abs. 1 enthält die Bundessteuern. Zu den Finanzmonopolen und Zöllen vgl. Art. 105 Rn. 8. Auf Grund des Beschlusses des Rats der EG vom 21.4.1970 (BGBl II S. 1261) steht die Ertragshoheit für die **Zölle** in Nr. 1 in voller Höhe der EU zu. Die Einschränkungen hinsichtlich der **Verbrauchsteuern** in Nr. 2 bedeuten, daß nach Abs. 2 Nr. 5 die Biersteuer den Ländern, nach Abs. 3 die als Verbrauchsteuer geltende Einfuhrumsatzsteuer Bund und Ländern und schließlich die örtlichen Verbrauchsteuern nach Abs. 6 den Gemeinden zustehen. Die **Straßengüterverkehrsteuer** in Nr. 3 gibt es gegenwärtig nicht (s. oben Rn. 2). Um eine Weiterentwicklung der Besteuerung des Verkehrswesens zu ermöglichen, ist die Ertragshoheit für die Kfz-Steuer durch G vom 19.3.2009 (BGBl I S. 606) mit Wirkung ab 1.7.2009 auf den Bund übertragen worden. Die Energiesteuer auf Kraftstoffe ist eine Bundessteuer, die **Kraftfahrzeugsteuer** (zur Rechtsnatur vgl. BFHE 110, 213) stand hingegen vorher mit der Folge des Art. 105 III den Ländern zu. Im Rahmen der Neuordnung ist außerdem die Besteuerungskompetenz des Bundes auf sonstige Verkehrsteuern, die sich auf motorisierte Verkehrsmittel beziehen, erweitert worden. Die neu geschaffene Kompetenz ist nicht auf motorisierte Verkehrsmittel des Straßenverkehrs beschränkt, sondern erfasst auch die anderen Verkehrsträger (z.B. Luftverkehr). **Kapitalverkehrsteuern** nach Nr. 4 sind die *Börsenumsatzsteuer* und die *Gesellschaftsteuer*, die beide z.Z. nicht erhoben werden (s. oben Rn. 2). Die **einmaligen Vermögensabgaben** nach Nr. 5 umfassen die nach dem LastenausgleichsG erhobenen, aber auch ggf. neu einzuführende Vermögensabgaben. Die **Ergänzungsabgabe** gemäß Nr. 6 wurde zweimal erhoben: erstmals durch G vom 21.12.1967 (BGBl I S. 1254), aufgehoben durch G vom 5.8.1974 (BGBl I S. 1769), und dann als sog. Solidaritätszuschlag befristet für ein Jahr durch G vom 24.6.1991 (BGBl I S. 1318). Der *Solidaritätszuschlag* wird seit 1.1.1995 wieder erhoben (vgl. SolidaritätszuschlagsG 1995 i.d.F. v. 15.10.2002, BGBl I S. 4130; dazu s. BVerfGK 18, 26; BFHE 234, 251 ff.). Die Ergänzungsabgabe kann eingeführt werden, wenn sie zur Deckung eines zusätzlichen Finanzbedarfs des Bundes erforderlich ist. Sie kann akzessorisch zur Einkommensteuer und zur Körperschaftsteuer als reine Bundessteuer erhoben werden. Das betr. Gesetz bedarf nicht der Zustimmung des BRats. Wegen der engen Beziehung zur Einkommensteuer und zur Körperschaftsteuer, die Bund und Ländern gemeinsam zustehen, unterliegt die Einführung der Ergänzungsabgabe bestimmten Einschränkungen. Die gleiche Beteiligung von Bund und Ländern an der Einkommensteuer und der Körperschaftsteuer darf nicht ausgehöhlt werden. Die Ergänzungsabgabe ist deswegen in der Höhe begrenzt (geringer Prozentsatz von der Einkommensteuer u. Körperschaftsteuer). Es ist von Verfassungs wegen nicht geboten, eine solche Abgabe von vornherein zu befristen oder sie nur für einen ganz kurzen Zeitraum zu erheben (BVerfGE 32,

340). Die Nr. 7 umfasst auch **Abgaben im Rahmen der Europäischen Gemein-schaften**, die nicht St sind, z.B. *Zuckerproduktionsabgabe* oder andere Markt-ordnungsabgaben. Auch diese Abgaben stehen voll der EU zu (vgl. Beschluss des Rats der EG v. 21.4.1970, BGBl II S. 1261). Nach Art. 7 I i.V.m. II EV gilt Abs. 1 – ebenso wie Abs. 2 – uneingeschränkt auch in den ostdeutschen Bundesländern.

**Absatz 2: Ländersteuern**

Abs. 2 führt die Ländersteuern auf. Die derzeit nicht erhobene **Vermögensteuer**   **4**
in Nr. 1 war eine auf das Vermögen, d.h. das bewertbare Eigentum des Steuer-pflichtigen, erhobene St. 1995 hat das BVerfG entschieden, dass die unterschied-liche steuerl. Belastung von Grundbesitz und sonstigem Vermögen mit Vermö-gensteuer nicht mit dem allg. Gleichheitssatz des Art. 3 Abs. 1 vereinbar sei (BVerfGE 93, 121). Im Anschluss daran wurde eine Vermögensteuer seit 1997 nicht mehr erhoben. Die **Erbschaftsteuer** in Nr. 2 umfasst die Erbschaft im zivil-rechtl. Sinne, aber auch Vermächtnisse. Unstreitig gehört dazu auch die **Schen-kungsteuer** im Erbschaftsteuer- und SchenkungsteuerG i.d.F. vom 27.2.1997 (BGBl I S. 378; zur Frage der Verfassungsmäßigkeit vgl. BFHE 238, 244 ff.). Nach Nr. 3 stehen die **Verkehrsteuern** mit den folgenden Einschränkungen den Ländern zu: Während Abs. 1 Nr. 4 einige Verkehrsteuern dem Bund zuweist, steht der **Umsatzsteuer**, die mit Ausnahme der Einfuhrumsatzsteuer (s. oben Rn. 3) als Verkehrsteuer gilt, nach Abs. 3 Bund und Ländern gemeinsam zu. An-dere unter die Nr. 3 fallende Verkehrsteuern sind die *Grunderwerb-*, die *Feuer-schutz-*, die *Rennwett-* und die *Lotteriesteuer*. Die **Biersteuer** in Nr. 4 ist als ein-zige überörtliche Verbrauchsteuer eine Ländersteuer. Die **Spielbankabgabe** nach Nr. 5 wird auf Grund des G vom 14.7.1933 (RGBl I S. 480) und der VO über öffentl. Spielbanken vom 27.7.1938 (RGBl I S. 955) nach vertraglicher Vereinba-rung mit dem Abgabepflichtigen erhoben.

Von der in den Abs. 1 und 2 vorgenommenen Steuerverteilung können Bund und   **5**
Länder – auch einvernehmlich – nicht abweichen. Die Zuweisung von ganzen St oder Anteilen von St an die andere Ebene ist unzulässig. Nach der Rspr. des BVerfG schließt die Ordnungsfunktion der Finanzverfassung es aus, ihre Rege-lung – sei es insgesamt, sei es in Teilen – als Recht von minderer Geltungskraft anzusehen, das etwa bis zur Willkürgrenze abweichenden Kompromissen und Handhabungen zugänglich ist, sofern nur ein vertretbares Ergebnis erreicht wird. Das GG hat auch in diesem Bereich, der nicht das Verhältnis des Bürgers zum Staat, sondern das Verhältnis zwischen Bund und Ländern sowie der Länder un-tereinander betrifft, rechtl. Positionen, Verfahrensregeln und Handlungsrahmen festgelegt, die Verbindlichkeit beanspruchen (BVerGE 72, 388 f.).

**Absatz 3: Gemeinschaftsteuern**

In Abs. 3 ist das **Verbundsystem** (s. oben Rn. 2) geregelt. Ihm unterliegen mit der   **6**
Einkommen-, Körperschaft- und Umsatzsteuer (Gemeinschaftsteuern) die ertrag-reichsten Steuern (BVerfGE 116, 378). Die Bedeutung dieser Vorschrift zeigt sich darin, dass die Gemeinschaftsteuern etwa 70 vH des gesamten Steueraufkom-mens ausmachen. Die Frage, in welchem rechtl. Verhältnis Bund und Länder bei ihrer gemeinsamen Ertragshoheit stehen, ob sie Teilgläubiger sind (vgl. BFHE 76, 678) oder ob eine Gläubigergemeinschaft zur gesamten Hand besteht, hat ihre praktische Bedeutung im wichtigsten Problembereich, dem der Aufrechnung, seit Einführung des § 226 IV AO verloren. Die Beurteilung des Anteils der EU an der Umsatzsteuer ist umstritten. In der Staatspraxis wird der der EU auf Grund des in Rn. 3 erwähnten Beschlusses des Rats der EG zustehende Teil der Umsatzsteu-er allein aus dem Anteil des Bundes an der Umsatzsteuer geleistet (s. Stellungnah-

me des BRats zum Entwurf des späteren G v. 4.12.1970, BGBl II S. 1261, zu BT-Dr VI/880). Ob die Bundesrepublik Deutschland der EG vor Inkrafttreten des neuen Art. 23 I allein auf Grund des Art. 24 I eine echte Ertragshoheit an der Umsatzsteuer einräumen konnte, ist zweifelhaft. Nach der Entscheidung BVerfGE 73, 375 f., berechtigte Art. 24 nicht dazu, „die Identität der geltenden Verfassungsordnung der Bundesrepublik Deutschland durch Einbruch in ihr Grundgefüge, in die sie konstituierenden Strukturen, aufzugeben". Die Regelungen der Verfassung über die Verteilung der St gehören zum „Kernbereich der bundesstaatl. Struktur" (BVerfGE 55, 301; 72, 388; 86, 214; 105, 194; vgl. auch E 108, 15). Ohne Verfassungsänderung konnte eine Ertragshoheit der EG an der Umsatzsteuer danach nicht begründet werden. Die nach dem Eigenmittelbeschluss über die Schaffung eigener Einnahmen der EG (Beschl. 88/376/EWG, Euratom des Rats v. 24.6.1988 über das System der Eigenmittel der Gemeinschaften, ABlEG Nr. L 185 S. 24) zu bemessenden Abführungen an die EU sind hinsichtlich des Teils, der nach dem Bruttosozialprodukt des Mitgliedstaates zu bemessen ist, ohnehin keine quotalen Anteile an der nationalen Umsatzsteuer.

7  Die **Aufteilung der Einkommen- und Körperschaftsteuer auf Bund und Länder je zur Hälfte** bildet zusammen mit Abs. 1 und 2 eine verfassungsrechtl. garantierte Basissteuerausstattung von Bund und Ländern. Die in Satz 1 Halbs. 2 zugunsten der Gemeinden vorgenommene Einschränkung hinsichtlich der Einkommensteuer bedeutet, dass der Gemeindeanteil zu Lasten von Bund und Ländern vorweg abzuziehen ist. Er beträgt nach § 1 des GemeindefinanzreformG i.d.F. vom 10.3.2009 (BGBl I S. 502) 15 vH, so dass dem Bund und den Ländern je 42,5 vH am Aufkommen der veranlagten Einkommensteuer und der Lohnsteuer zustehen. Die Körperschaftsteuer wird voll je zur Hälfte auf Bund und Länder verteilt.

8  Durch ÄnderungsG vom 20.10.1997 (BGBl I S. 2470) sind, neben anderen Änderungen (s. dazu Rn. 21 u. 22), in Abs. 3 Satz 1 hinter den Worten „Abs. 5" die Worte „und das Aufkommen der Umsatzsteuer nicht nach Abs. 5a" eingefügt worden. Wie der Einkommensteuer sind damit die **Gemeinden auch an** der **Umsatzsteuer beteiligt.** Ebenso wie bei der Beteiligung der Gemeinden an der Einkommensteuer bedeutet diese Regelung, dass der Gemeindeanteil zu Lasten von Bund und Ländern vorweg abzuziehen ist. Näheres dazu in Rn. 21 zu Abs. 5 a.

9  Anders als alle übrigen Steuerverteilungsregelungen ist die **Umsatzsteuerverteilung** nicht mit Verfassungskraft geregelt, weil man sonst, um einer Verschiebung des Einnahmebedarfs zwischen Bund und Ländern gerecht zu werden, jeweils die Verfassung ändern müsste. Die Anteile von Bund und Ländern werden deswegen nach Abs. 3 Satz 3 **durch Bundesgesetz**, das der **Zustimmung des Bundesrats** bedarf, festgesetzt. Die Vorschrift bedeutet, dass eine andere als die gesetzl. Verteilungsregel nach Abs. 3 nicht zulässig ist und dass fortdauernd eine gesetzl. Regelung über die Verteilung der Umsatzsteuer bestehen muss. Ein ungeregelter Zustand wäre ein Verfassungsverstoß.

10  Für die **Festsetzung der Anteile von Bund und Ländern an der Umsatzsteuer** stellt Abs. 3 Satz 4 Nr. 1 und 2 **Grundsätze** in Form unbestimmter Rechtsbegriffe auf. Das BVerfG (E 101, 158) hat in einer grundlegenden Entscheidung zu den beweglichen Teilen der in den Art. 106 und 107 enthaltenen Regelungen über die Verteilung des Finanzaufkommens im Bundesstaat erkannt, dass der Gesetzgeber verpflichtet ist, das verfassungsrechtl. nur in unbestimmten Begriffen festgelegte Steuerverteilungs- und Ausgleichssystem durch allg., ihn selbst **bindende Maßstäbe** gesetzl. zu konkretisieren und zu ergänzen. Das danach gebotene MaßstäbeG muss in zeitlichem Abstand von seiner konkreten Anwendung im Finanzaus-

gleichsgesetz (FAG) beschlossen werden, so dass die Maßstäbe gebildet sind, bevor deren spätere Wirkungen konkret bekannt sind. Durch die auf langfristige Geltung angelegte, fortschreibungsfähige Maßstabbildung soll der Gesetzgeber sicherstellen, dass Bund und Länder die verfassungsrechtl. vorgegebenen Ausgangstatbestände in gleicher Weise interpretieren, ihnen gemeinsam dieselben Indikatoren zugrunde legen und damit ein Vergleich der Deckungsbedürfnisse ermöglicht wird (BVerfGE 101, 215, 217 f., 226). Diese Pflicht, Maßstäbe festzulegen, bezieht sich auf Art. 106 III, IV und Art. 107 I 2 Halbs. 2, II 2. Zu in diesem Zusammenhang Art. 107 berührenden Fragen wird auf die dortigen Erläut. hingewiesen. Das G über verfassungskonkretisierende allg. Maßstäbe für die Verteilung des Umsatzsteueraufkommens, für den Finanzausgleich unter den Ländern sowie für die Gewährung von Bundesergänzungszuweisungen (MaßstäbeG) vom 9.9.2001 (BGBl I S. 2302) ist mit Wirkung vom 13.9.2001 erlassen und zuletzt durch Art. 8 des G vom 29.5.2009 (BGBl I S. 1170) geändert worden. Krit. zu der Entscheidung des BVerfG Hidien, BK, Art. 106 Rn. 130 ff.; s. auch Becker, NJW 2000, 3742 m.w.N.

Die **Kernaussage** des Abs. 3 Satz 4 enthält *Nr. 1* Satz 1. Der darin niedergelegte **11** Grundsatz besagt zunächst, dass generell die Aufgaben keiner Seite gegenüber denen der anderen Seite als vorrangig anzusehen sind. Ferner enthält der Grundsatz die praktische Aussage, dass die Einnahmemasse so auf Bund und Länder verteilt werden muss, dass beide Seiten ihre **notwendigen Ausgaben** zu gleichen Quoten **aus laufenden Einnahmen decken** können (**Deckungsquoten**), d.h. bei beiden muss das Verhältnis der laufenden Einnahmen zu den Krediteinnahmen gleich sein. Damit erhält bereits die vertikale Steueraufteilung, bezogen auf die Ländergesamtheit, ausgaben- und bedarfsorientierten Charakter (BVerfGE 72, 348). Dass es sich in Nr. 1 um eine Gegenüberstellung von notwendigen Ausgaben und laufenden Einnahmen ohne Kredite handelt, ergibt Abs. 4 Satz 1, der die Revisionsklausel enthält. Würden die Kredite zu den Einnahmen i.S. der Abs. 3 und 4 gerechnet, könnte sich das Verhältnis zwischen Einnahmen und Ausgaben nicht ändern. Es wäre gemäß Art. 110 I 2 immer 1:1.

Die **Deckungsquotenberechnung** bereitet in den Bund/Länder-Verhandlungen **12** größte Schwierigkeiten. Die Begriffe „laufende Einnahmen" und „notwendige Ausgaben" sowie die Worte „Berücksichtigung einer mehrjährigen Finanzplanung" sind umstritten. Das MaßstäbeG (s. Rn. 10) soll die in Art. 106 III 4 Nr. 1 und 2 verfassungsrechtl. vorgegebenen Grundsätze inhaltlich verdeutlichen, insbes. den Tatbestand der „**laufenden Einnahmen**" von sonstigen Einnahmen abgrenzen und so bestimmen und berechenbar formen, dass daraus Verteilungsschlüssel abgeleitet werden können (BVerfGE 101, 215 f.). Das hat unter Berücksichtigung von Sinn und Funktion des Art. 106 zu geschehen. Es geht um die auf Dauer angelegte Verteilung der vorhandenen Einnahmemasse mit dem Zweck und Ziel, die beiden Staatsebenen kontinuierlich in den Stand zu versetzen, ihre Staatsaufgaben zu erfüllen. Zu den laufenden Einnahmen müssen danach alle kontinuierlich wiederkehrenden Einnahmen mit Ausnahme der Kredite gezählt werden. Das sind nicht nur St, sondern auch alle anderen Einnahmen, die nicht ohne jede Stetigkeit einmalig sind. Str. ist, ob auch Gebühren dazu gehören. Dazu wird die wohl nicht tragfähige Auffassung vertreten, Gebühren könnten wegen des Kostendeckungsprinzips nicht berücksichtigt werden. Meinungsverschiedenheiten bestehen auch hinsichtlich der Einnahmen der Länder aus Art. 91 a, 91 b und 104 b, der Behandlung der Einnahmen der EU (z.B. Zölle) und der Einnahmen aus Bundesbankgewinnen, der Behandlung der Sondervermögen des Bundes, in der Vergangenheit insbes. Bundespost und Bundesbahn, und entsprechender Einrichtungen auf Länderseite. Weitere Schwierigkeiten ergeben sich daraus, dass das Beteiligungsverhältnis für die Zukunft festgesetzt wird und demgemäß eine Einigung über die Schätzung der künftigen Einnahmeentwicklung erzielt werden muss. Letztlich werden diese Fragen im Rahmen des polit. Einigungsprozesses zu entscheiden sein (vgl. auch „Verteilung der Umsatzsteuer", Schriftenreihe des BMF, Heft 30/1981, Tz. 127 ff.

13   Auf der Ausgabenseite bietet der Begriff **„notwendige Ausgaben"** Probleme für die Auslegung. Auch diesen Begriff soll das MaßstäbeG (vgl. Rn. 10) so bestimmen und berechenbar formen, dass daraus Verteilungsschlüssel abgeleitet werden können. Die „notwendigen" müssen von den sonstigen Ausgaben unterschieden werden können. Der Gesetzgeber muss also in einer Erforderlichkeits- und Dringlichkeitsbewertung von Ausgabestrukturen der Haushaltswirtschaft von Bund und Ländern eine Grenze der Finanzierbarkeit vorgeben (BVerfGE 101, 215 f., 220, 227). Die Entstehungsgeschichte gibt für die Unterscheidung keine Anhaltspunkte. Das Wort *„notwendige"* soll offenbar einschränkend wirken und verhindern, dass eine Ebene durch eine völlig unbegrenzte Ausgabenpolitik der anderen Ebene gezwungen ist, zugunsten dieser auf Einnahmemittel zu verzichten. Es fragt sich aber, was notwendige Ausgaben sind. Sicher ist es zu eng, nur die Ausgaben als notwendig anzusehen, zu deren Vollzug eine Rechtspflicht besteht. Es ist jedoch ebenfalls problematisch, die Ansätze der Haushaltspläne beider Ebenen als notwendige Ausgaben gelten zu lassen; denn die Inhaber der Haushaltshoheit, der BTag auf der einen und die Länderparlamente auf der anderen Seite, sind hier praktisch Konkurrenten bei der Verteilung der Umsatzsteuermasse (s. dazu BVerfGE 101, 219). Das BVerfG misst Nr. 1 Satz 2 eine tragende Bedeutung zu. Danach stützt sich der Umfang der notwendigen Ausgaben auf eine mehrjährige Finanzplanung, die u.a. sicherstellt, dass Bund und Länder die Entwicklung der notwendigen Ausgaben und laufenden Einnahmen aufeinander abstimmen und fortschreiben. Eine derartige Finanzplanung von Bund und Ländern, die im Hinblick auf die begrenzte Finanzmasse die Aufgaben des Bundes und der Länder koordinieren und somit Daten für die Mittelverteilung liefern könnte, gibt es nicht; sie wird bei der gegensätzlichen Interessenlage von Bund und Ländern wohl auch nicht zu erreichen sein. Das MaßstäbeG (s. oben Rn. 10) hat eine Konkretisierung der Begriffe „notwendige Ausgaben" und „laufende Einnahmen" nicht vorgenommen. Mangels anderer objektiver Daten wurden bisher die Haushaltsansätze und Finanzplanungen beider Ebenen zugrunde gelegt. Nach der Entscheidung BVerfGE 101, 219, genügt das den oben dargelegten Erfordernissen nicht. Das Aushandeln eines polit. Kompromisses bei der Festsetzung des Beteiligungsverhältnisses an der Umsatzsteuer in der bisherigen Staatspraxis soll danach nur noch in den Grenzen festgelegter Kriterien und Verfahrensregelungen erfolgen (BVerfGE 101, 227).

14   Die Erfüllung der in *Nr. 2* enthaltenen Grundsätze kann nur auf der Grundlage offen ausgewiesener, von Bund und Ländern einheitlich angewandter und den Anforderungen des Art. 106 III 4 Nr. 1 genügender gesetzl. Vorgaben für die Berechnung der Deckungsquoten gewährleistet werden (BVerfGE 101, 228).

15   In der Praxis ist sowohl vor der Finanzreform 1969 (vgl. vor Art. 91 a Rn. 1) das Beteiligungsverhältnis an der Einkommen- und Körperschaftsteuer wie auch nach der Finanzreform das **Beteiligungsverhältnis** an der Umsatzsteuer stets **nur befristet festgesetzt** worden. Derzeit reicht die Befristung bis zum 31.12.2019 (vgl. § 20 FAG u. zu diesem Gesetz Rn. 17). Das Beteiligungsverhältnis ist nach der geltenden Fassung des § 1 FAG nicht mehr in Form einer einfachen Quote geregelt, sondern mittlerweile ausdifferenziert und kompliziert. Die Zulässigkeit

einer Befristung ist umstritten. Dagegen wird eingewandt, es sei im Falle einer Befristung nicht gewährleistet, dass nach Ablauf der Frist ein neues Gesetz in Kraft sei. Damit sei die Möglichkeit gegeben, dass ein ungeregelter Zustand eintrete. Die Befristung, die das bewirke, sei somit unzulässig. Diese Schlussfolgerung ist nicht zwingend. Richtig ist allerdings, dass der Zustand ohne ein geregeltes Beteiligungsverhältnis verfassungswidrig ist (s. oben Rn. 9). Die Folge davon ist aber nur, dass der Gesetzgeber, wie auch in anderen Fällen, die verfassungsrechtl. Pflicht hat, diesen Zustand zu beenden. Der Schlussfolgerung, die Befristung sei verfassungsrechtl. unzulässig, fehlt nicht nur die zwingende Logik, sie führt auch zu schwerwiegenden Nachteilen, die letztlich ebenfalls einen nicht verfassungsgemäßen Zustand darstellen, nämlich dann, wenn das unbefristete Beteiligungsverhältnis nicht mehr dem Abs. 3 Satz 4 Nr. 1 und 2 entspricht und eine Neufestsetzung nach Abs. 4 Satz 1 scheitert (vgl. Rn. 10 u. 18). Die Nachteile stellen sich wie folgt dar: Ein Abschluss der sehr schwierigen Umsatzsteuerverhandlungen war in der Praxis in den meisten Fällen (mit Ausnahme des gegenwärtig gültigen Beteiligungsverhältnisses; s. § 1 FAG) allein dadurch in vertretbarer Frist erreichbar, dass eine Festlegung nur für eine begrenzte Zeit getroffen werden musste. Eine unbefristete Festsetzung der Umsatzsteueranteile führt unausweichlich in das Dilemma, dass die Seite, die später eine Änderung des unbefristet geltenden Beteiligungsverhältnisses zu ihren Gunsten fordern müsste, der anderen Seite, die vom Fortbestehen des geltenden Beteiligungsverhältnisses Vorteile hätte und demgemäß zu einer Änderung nicht bereit wäre, nahezu ausgeliefert wäre. Der praktische und sachliche Zwang, der im Falle einer Befristung für beide Verhandlungspartner entsteht, wenn für den Anschlusszeitraum kein Beteiligungsverhältnis besteht, gibt eine wesentlich stärkere Position. Das hat die bisherige Praxis ganz überwiegend bewiesen. Bis zur gesetzl. Festlegung eines neuen Beteiligungsverhältnisses müssen beide Seiten, wie das in der Vergangenheit geschehen ist, als gemeinsam über das Umsatzsteueraufkommen Verfügungsberechtigte eine vorübergehende praktische Lösung nach der sich aus der Bundestreue ergebenden Pflicht treffen (vgl. Siekmann in Sachs, Art. 106 Rn. 15; Heun in Dreier, Art. 106 Rn. 27; Pieroth in Jarass/Pieroth, Art. 106 Rn. 8; a.A. Maunz in Ders./Dürig, Art. 106 Rn. 41).

Durch G vom 3.11.1995 (BGBl I S. 1492) sind an Abs. 3 die Sätze 5 und 6 angefügt worden. Damit soll erreicht werden, dass die bisherige Verteilung der **Lasten des Familienlastenausgleichs** (Kindergeld u. Steuerfreibeträge) zwischen Bund und Ländern trotz der Umstellung des Modus der Kindergeldzahlungen gemäß dem JahressteuerG 1996 vom 11.10.1995 (BGBl I S. 1250) aufrechterhalten werden kann. Aus den §§ 62–78 EinkommensteuerG und § 5 I Nr. 11 und III FVG, jeweils i.d.F. des JahressteuerG 1996, ergibt sich, dass das Kindergeld nicht mehr aus dem allg. Haushalt des Bundes von diesem allein gezahlt wird, sondern ganz – soweit möglich unter Anrechnung auf die Einkommen- bzw. Lohnsteuerschuld der Empfänger – aus dem Aufkommen der Einkommen- bzw. Lohnsteuer entnommen wird; zu der damit verbundenen Problematik vgl. Art. 104 a Rn. 7. Durch diese Regelung wird bewirkt, dass das Aufkommen der Einkommensteuer i.S. des Art. 106 III, wie vorher schon durch die Einräumung von Kinderfreibeträgen im Einkommensteuerrecht, weiter verringert wird. Das würde zu einer Belastung von Ländern und Gemeinden nach Maßgabe ihrer Beteiligung in Höhe von 57,5 vH an dieser Steuer (vgl. oben Rn. 7) führen, weil sie auf diese Weise die Last aus dem Kindergeld mittragen würden, die vorher allein beim Bund lag. Der Bund würde entsprechend entlastet. Vor der beschriebenen Umstellung tru-

**16**

gen der Bund 74 vH und die Länder und Gemeinden 26 vH der Lasten aus dem gesamten Kinderlastenausgleich (Kindergeld u. Steuerfreibeträge).

17 Die an Abs. 3 angefügten Sätze sollen sicherstellen, dass diese **Lastenverteilung aufrechterhalten** wird. Auch ohne die Neuregelung wäre die tatsächliche Lastenveränderung durch die Umstellung der Kindergeldzahlung in einer Deckungsquotenberechnung (s. Rn. 11 f.) gemäß Abs. 3 und 4 zu berücksichtigen gewesen (so auch BVerfGE 101, 228). Ziel dieser Regelung aber ist es, die Mehrbelastung der Länder unabhängig vom Ergebnis einer Deckungsquotenberechnung vorab unmittelbar durch eine Erhöhung ihres Anteils am Aufkommen der Umsatzsteuer auszugleichen. Ein derartiger Sinn lässt sich aus der Formulierung der Verfassungsänderung jedoch nicht zwingend ableiten. Gleichwohl sieht § 1 I FAG eine Erhöhung des Anteils der Länder an der Umsatzsteuer vor, zunächst um 5,5 vH und dann ansteigend wegen der Erhöhung der Belastung der Länder im Bereich des Familienlastenausgleichs. Dabei ist ausdrücklich der Lastenschlüssel für den Kinderlastenausgleich von 74 vH für den Bund und 26 vH für die Länder (einschl. Gemeinden) festgelegt. Dieser Schlüssel soll auch für die weitere Entwicklung der Lasten des Familienlastenausgleichs maßgebend sein. Das FAG in der aktuellen Fassung sieht des Weiteren u.a. Vorabausgleiche zugunsten des Bundes für die Belastungen auf Grund der Senkung des Beitragssatzes zur Arbeitslosenversicherung und zur Finanzierung eines zusätzlichen Bundeszuschusses zur gesetzl. Rentenversicherung vor (FinanzausgleichsG v. 20.12.2001, BGBl I S. 3955, 3956, zuletzt geändert durch Art. 3 des G v. 29.6.2012, BGBl I S. 1424). Die Zulässigkeit solcher Vorabausgleiche ist angesichts der Regelung des Art. 106 III 4 zweifelhaft (vgl. BVerfGE 101, 228).

### Absatz 4: Neufestsetzung des Beteiligungsverhältnisses

18 *Satz 1* enthält eine **Revisionsklausel**, die eine Verpflichtung zur Neufestsetzung begründet, wenn, kurz gesagt, die Deckungsquoten des Bundes und der Länder sich *wesentlich anders entwickeln*. Wesentlich ist sicher schon ein halbes Prozent des Umsatzsteueraufkommens. „Entwickelt" stellt nicht nur auf die Vergangenheit, sondern auch auf die Zukunft ab. Abs. 4 ist nur auf die Festsetzung eines neuen Beteiligungsverhältnisses in der Zukunft gerichtet (BVerfGE 105, 195). Eine **Pflicht zur Neufestsetzung** ist außer im Fall des Abs. 4 auch dann gegeben, wenn ein befristetes Beteiligungsverhältnis ausläuft (vgl. oben Rn. 15). Diese Neufestsetzung muss im Gegensatz zu der nach Abs. 4 Satz 1 aber nicht notwendig ein anderes Beteiligungsverhältnis festlegen. Wenn das ausgelaufene noch den Grundsätzen der Nr. 1 und 2 des Abs. 3 Satz 4 entspricht, kann es mit der gleichen Quote „neu festgesetzt" werden. Da diese Grundsätze allg. *Leitsätze* für die Verteilung der Umsatzsteuer enthalten, sind sie *bei jeder Neufestsetzung zu beachten*, insbes. auch dann, wenn die Regelung des Beteiligungsverhältnisses wegen Ablaufs der Gültigkeitsfrist neu zu treffen ist. Für diesen Fall kommt es nicht darauf an, ob sich die Deckungsquoten während der Gültigkeitsdauer der ausgelaufenen Beteiligungsregelung wesentlich anders entwickelt haben. Wenn die Festsetzung einer anderen Quote davon abhängig wäre, dass die Deckungsquoten sich während der Gültigkeitsdauer der ausgelaufenen Beteiligungsregelung geändert haben, könnte ein im Wege des Kompromisses zustande gekommenes Beteiligungsverhältnis, das nicht den Grundsätzen des Abs. 3 entspricht, nicht mehr korrigiert werden. Die Wirksamkeit des Abs. 3 Satz 4 Nr. 1 und 2 würde damit weitgehend aufgehoben. Auch für Abs. 4 gelten die Grundsätze der Entscheidung BVerfGE 101, 158. Halbs. 2 von Satz 1 ist durch das G vom 3.11.1995 (s. Rn. 16) eingefügt worden. Er bedeutet, dass eine andere Entwick-

lung der Steuermindereinnahmen, die den Ländern ab 1.1.1996 aus der Berücksichtigung von Kindern im Einkommensteuerrecht entstehen, bereits nach Abs. 3 Satz 5 und 6 berücksichtigt wird (vgl. auch Rn. 17).

In *Satz 2* wird die Möglichkeit eingeräumt, an Stelle der Neufestsetzung des Be-   **19** teiligungsverhältnisses **Finanzzuweisungen an die Länder** zu zahlen, wenn diesen durch Bundesgesetze entweder neue Ausgaben auferlegt oder Einnahmen entzogen werden. Diese Möglichkeit besteht aber nur, wenn die *Mehrbelastung* der Länder durch Bundesgesetze *kurzfristig* ist (z.b. bei Volkszählungen). Sie hat den Sinn, im Fall solcher Belastungen der Länder eine Änderung des Beteiligungsverhältnisses für kurze Zeit zu vermeiden. Der Gesetzgeber hat unter den gegebenen Voraussetzungen eine Wahlmöglichkeit. Aus dem Sinnzusammenhang der Vorschrift ergibt sich aber, dass die Finanzzuweisungen nur dann zu zahlen sind, wenn die Belastung der Länder so hoch ist, dass sie eine Änderung des Beteiligungsverhältnisses rechtfertigen würde. Die Finanzzuweisungen werden auf Grund eines Bundesgesetzes, das der Zustimmung des BRats bedarf, geleistet. Das Gesetz muss die Höhe der Finanzzuweisungen berechenbar bestimmen. Das gilt auch für die Verteilung auf die Länder. Auch hier sollte das MaßstäbeG (s. Rn. 10) Regelungen treffen.

### Absatz 5: Einkommensteueranteil der Gemeinden

Die Abs. 5–7 befassen sich mit der **Finanzausstattung der Gemeinden**. In diesen   **20** Regelungen wird dem Bund bei grundsätzlicher Aufrechterhaltung der Länderkompetenz für den Gemeindefinanzausgleich (BVerfGE 86, 218 f.; vgl. aber E 101, 230) eine Mitverantwortung für die Gemeindefinanzen auferlegt. Nach Abs. 5 erhalten die Gemeinden einen **Anteil am Aufkommen der Einkommensteuer**. Es ist umstritten, ob es sich um eine Mitertragshoheit der Gemeinden oder um eine Finanzzuweisung handelt. Die Frage hat angesichts der Regelung des § 226 IV AO kaum praktische Bedeutung. In der Betrauung der Länder mit der Weiterleitung des Gemeindeanteils an die Gemeinden in Abs. 5 Satz 1 kommt die Verantwortung der Länder für die Finanzausstattung der Gemeinden zum Ausdruck. Die Formulierung „auf der Grundlage der Einkommensteuerleistungen ihrer Einwohner" räumt dem Gesetzgeber (vgl. Satz 2) die Möglichkeit ein, den Gemeindeanteil nicht exakt nach dem örtlichen Aufkommen in den Gemeinden auf die Gemeinden zu verteilen, sondern auf dieser Grundlage Modifikationen vorzusehen. Die auf Grund von Abs. 5 Satz 2 ergangene Regelung in § 1 GemeindefinanzreformG sieht eine Beteiligung der Gemeinden an der Lohnsteuer und der veranlagten Einkommensteuer in Höhe von 15 vH vor (s. oben Rn. 7). Die §§ 2–4 dieses Gesetzes i.d.F. vom 10.3.2009 (BGBl I S. 502) enthalten Regelungen über den Verteilungsschlüssel unter den Gemeinden. Von der Möglichkeit, den Gemeinden das Recht einzuräumen, für den Einkommensteueranteil Hebesätze festzusetzen, ist bisher kein Gebrauch gemacht worden.

### Absatz 5 a: Umsatzsteueranteil der Gemeinden

Abs. 5 a ist durch das G vom 20.10.1997 (vgl. Rn. 8) eingefügt worden. Damit   **21** wird die **Beteiligung** der Gemeinden **an der Umsatzsteuer** zwingend vorgeschrieben. Sie soll die Einnahmeausfälle der Gemeinden ersetzen, die der im G zur Fortsetzung der Unternehmenssteuerreform vom 29.10.1997 (BGBl I S. 2590) in Art. 4 (Änderung des GewerbesteuerG) vorgesehene Wegfall der Gewerbekapitalsteuer verursacht hat. Die Weiterleitung des Gemeindeanteils an die Gemeinden durch die Länder berücksichtigt wie beim Einkommensteueranteil der Gemeinden, dass das GG die Gemeinden grundsätzlich als Teil der Länder in einem zweigliedrigen Staatsaufbau (s. Art. 20 Rn. 6) versteht. Um eine ähnliche Streuung des Umsatzsteueranteils auf die einzelnen Gemeinden zu bewirken, wie sie durch das örtliche Aufkommen der Gewerbekapitalsteuer gegeben war, und dadurch das finanzielle Interesse der Gemeinden an der Ansiedlung und Pflege von Gewerbebetrieben auf ihrem Gebiet zu erhalten, wird im GG ein orts- und wirtschaftsbezogener Schlüssel vorgegeben, der allerdings einen Beurteilungsspielraum offenlässt. Auf Grund von Abs. 5 a Satz 3 weist § 1 FAG den Gemeinden 2,2 vH vom Aufkommen der Umsatzsteuer zu. Die näheren Regelungen über die Verteilung dieses Anteils auf die einzelnen Gemeinden nach Maßgabe des Abs. 5 a Satz 2 sind in den §§ 5 a ff. GemeindefinanzreformG (Rn. 7) enthalten.

**Absatz 6: Aufkommen der Grundsteuer und der Gewerbesteuer**

22 Die Sätze 1–3 und 6 sind durch das G vom 20.10.1997 (s. Rn. 8) insofern geändert worden, als jeweils das Wort „Realsteuern" durch die Worte „**Grundsteuer und Gewerbesteuer**" ersetzt worden ist. Diese St stehen den Gemeinden zu (zur Verfassungsmäßigkeit der Gewerbesteuer s. die Hinweise in der Entscheidung BFH, DB 2012, 2529). Die Änderung räumt Zweifel daran aus, ob die Gewerbesteuer nach Wegfall der Gewerbekapitalsteuer noch eine den Gemeinden zustehende Realsteuer (Objektsteuer) ist (vgl. dazu BVerfGE 13, 345; 21, 63). Die Gewerbesteuer ist nunmehr unabhängig von ihrem Charakter eine Gemeindesteuer. Die ausdrückliche Aufnahme des Wortes „Gewerbesteuer" in *Satz 1* bedeutet indes nicht eine institutionelle Garantie dieser St (dazu auch Art. 28 Rn. 22), weil Satz 1 allein die Ertragshoheit regelt. Die Änderungen in Satz 2 und 3 sind Folgeänderungen. Abs. 6 enthält keine bindende Regelung über die Verteilung der Grundsteuer und der Gewerbesteuer unter den Gemeinden. Neben diesen beiden St stehen den Gemeinden auch die **örtlichen Verbrauch- und Aufwandsteuern** zu (s. dazu Art. 105 Rn. 11). Diese können nach Maßgabe von Landesgesetzen ganz oder z.T. auch den Gemeindeverbänden zugewiesen werden. Mit *Satz 2* wird festgelegt, dass die Gemeinden das Recht eingeräumt werden muss, im Rahmen der Gesetze Hebesätze festzusetzen. Die Regelung garantiert den Gemeinden weder eine bestimmte Höhe des Steueraufkommens noch die Gewerbesteuer als solche. Garantiert ist hingegen die Zuweisung des tatsächlich angefallenen Ertrages (BVerwGE 140, 40). § 16 IV 2 des GewerbesteuerG enthält zur Vermeidung von Steueroasen einen Mindesthebesatz von 200 vH. Der Gesetzgeber will hierdurch verhindern, dass sich einzelne Gemeinden durch Verzicht auf die Festlegung eines Hebesatzes und den damit verbundenen vollständigen Verzicht auf die Steuererhebung übermäßige Standortvorteile verschaffen, damit über Landesgrenzen hinweg rein steuermotivierte Wanderungsbewegungen auslösen und auf diese Weise – auch angesichts der angespannten Situation der öffentl. Haushalte – schädigende Wirkungen für die betroffenen anderen Gemeinden sowie für Bund und Länder auslösen (BVerfGE 125, 156). Die sog. **Hebesatzgarantie** besteht gegenüber Bund und Ländern. Die Gesetzgebungskompetenz für die Grund- und die Gewerbesteuer ist nach Art. 105 II eine konkurrierende, die der Bund für beide St ausgeübt hat. Er hat also die Verpflichtung, das Hebesatzrecht einzuräumen, was auch geschehen ist. *Satz 4* wiederum, der eine Beteiligung von Bund und Ländern am Aufkommen der Gewerbesteuer durch eine **Umlage** vorsieht, ist im Zusammenhang mit der Finanzreform 1969 (vgl. vor Art. 91 a Rn. 1) zu sehen. Da die Gewerbesteuer Ursache für unerwünschte Finanzkraftunterschiede in den Gemeinden war, wurde diesen eine andere Steuerquelle, die Einkommensteuerbeteiligung, im Austausch gegen einen Teil (Umlage) der Gewerbesteuer zugewiesen. Zur Umlageberechnung s. § 6 GemeindefinanzreformG i.d.F. vom 10.3.2009 (BGBl I S. 502). Die Ertragshoheit für die Gewerbesteuer bleibt bei den Gemeinden. Das hat die Bedeutung, dass sie gemäß Art. 108 IV 2 von den Gemeinden

verwaltet werden kann (BVerwG, DVBl 1983, 137). *Satz 6 ist die Grundlage für landesgesetzl. geregelte Umlagen*, insbes. zugunsten von Gemeindeverbänden (z.b. Kreisumlage). Nach der Einführung der Beteiligung der Gemeinden an der Umsatzsteuer (vgl. Rn. 21) kann zusätzlich das Aufkommen aus der Umsatzsteuer bei der Umlage berücksichtigt werden.

### Absatz 7: Beteiligung der Gemeinden am Ländersteueraufkommen

*Satz 1 verpflichtet die Länder, den Gemeinden und Gemeindeverbänden einen* in seiner Höhe in das Ermessen der Länder gestellten *Anteil an ihrem Aufkommensanteil an den Gemeinschaftsteuern* (Einkommen- u. Körperschaftsteuer, Umsatzsteuer) *zuzuweisen*. Der der Bemessung zugrunde liegende Gesamtsteuerbetrag darf nicht um die nach Art. 107 II zu leistenden Ausgleichsbeträge gekürzt werden; denn diese sind nicht aus einer bestimmten St, sondern aus der allg. Finanzmasse des ausgleichspflichtigen Landes zu zahlen. Die Landesgesetze regeln in Prozenten unterschiedlich hohe Zuweisungen an die Gemeinden. Neben diesen obligatorischen Abführungen an die Gemeinden und Gemeindeverbände sieht *Satz 2* landesgesetzl. zu regelnde *fakultative Zuweisungen aus dem Aufkommen der Landessteuern an die Gemeinden und Gemeindeverbände* vor. Der Gemeindefinanzausgleich ist im Übrigen Ländersache, d.h. die Länder können weitergehende oder andere fakultative Leistungen an die Gemeinden vorsehen. 23

### Absatz 8: Ausgleich von Sonderbelastungen

Das Wesen des in Abs. 1–7 geregelten Finanzausgleichs ist es, auf der Grundlage der generellen Aufgabenverteilung die gesamten Steuermittel unter den beiden Staatsebenen und den Gemeinden zur Deckung ihres allg. Finanzbedarfs aufzuteilen. Dieses Ausgleichssystem soll Bund, Länder und Gemeinden in den Stand setzen, die ihnen allg. zugewiesenen Aufgaben zu erfüllen. Abs. 8 hat dagegen die **Funktion**, untypische Lasten, die auf Veranlassung des Bundes nur einzelne Länder oder Gemeinden treffen, insoweit auszugleichen, als der allg. Finanzausgleich dazu nicht geeignet ist. Es handelt sich um einen *Ausgleich von Sonderbelastungen einzelner Länder oder Gemeinden* (Gemeindeverbände), d.h. Lasten, die die betroffene Körperschaft im Verhältnis zu anderen ungleich treffen. Der Vergleich mit dem Sonderopfer nach der Sonderopfertheorie im Enteignungsrecht (s. dazu Art. 14 Rn. 13) liegt hier nahe. 24

Die Sonderbelastung muss durch **besondere Einrichtungen** veranlasst sein. Einrichtungen sind körperliche Anlagen wie Gebäude, technische Vorrichtungen u.ä., aber auch Organisationen, Behörden, Institute usw. Es ist str., ob nur Einrichtungen anderer Träger im Länder- und Gemeindebereich erfasst werden oder ob auch Bundeseinrichtungen darunter fallen. Obwohl der Wortlaut „Veranlasst der Bund ... Einrichtungen" nach dem Sprachgebrauch darauf hindeutet, dass Bundeseinrichtungen nicht gemeint sind, ergibt sich aus dem weiteren Text des Satzes 1, nach dem auch Mindereinnahmen ausgleichsfähig sind, zwingend, dass *auch Bundeseinrichtungen* erfasst sind. Andernfalls könnte einer der wichtigsten Fälle von Mindereinnahmen, der der Grundsteuermindereinnahmen, nicht subsumiert werden, der aber nach der Entstehungsgeschichte des Abs. 8 ohne Zweifel mit abgedeckt sein sollte. Grundsteuermindereinnahmen entstehen typischerweise durch Bundeseinrichtungen, ohne dass irgendwelche vom Bund veranlasste *Länder- oder Gemeindeeinrichtungen* vorhanden sind (Bundeswehreinrichtungen). Es ist ferner davon auszugehen, dass es Bundeseinrichtungen als sog. Primäreinrichtungen gibt, die Sekundäreinrichtungen im Länder- oder Gemeindebereich veranlassen. Die Länder- oder Gemeindeeinrichtung ist dann Einrichtung i.S. des Abs. 8 Satz 1. Es muss sich um *besondere* Einrichtungen handeln, die ein- 25 zelne Länder oder Gemeinden im Verhältnis zu anderen ungleich treffen. Die Einrichtung muss nicht ihrer Natur nach besonders sein. Es genügt, wenn sie nach Anzahl oder Größe „besonders" im Vergleich zu der anderer Länder oder Gemeinden ist. Danach können auch Mehrbelastungen durch Schulbau u.ä. in Betracht kommen.

26 Die Einrichtung muss **vom Bund veranlasst** sein. Die Wortwahl des Abs. 8 schließt eine schlichte Verursachung i.s. der conditio sine qua non aus. Veranlasst hat der Bund nur etwas, zu dessen Entstehung er *in dominierender Rolle den entscheidenden Anstoß* gegeben hat. Es genügt nicht die Feststellung, dass ohne seine Mitwirkung die Einrichtung nicht entstanden wäre. Finanzhilfen nach Art. 104 b sind niemals Veranlassung i.s. des Abs. 8, weil die Entscheidung über die Auswahl von Investitionsprojekten Ländersache ist (vgl. dazu Art. 104 b Rn. 11). Auch die Mitwirkung des Bundes im Rahmen des Art. 91 a kann nicht zu Ausgleichsansprüchen führen, weil auch hier die Länder die entscheidende Rolle bei der Projektauswahl spielen. Im Übrigen ist Art. 91 a gegenüber Abs. 8 lex specialis. Er regelt die Kostenlast abschließend, und zwar auch unter dem Gesichtspunkt der Ausgewogenheit von Einflussmöglichkeiten bei der Koordinierung i.s. von Art. 91 a II und der Kostenlast.

27 Ausgleichspflichtig sind durch Einrichtungen verursachte **Mehrausgaben oder Mindereinnahmen** („Sonderbelastungen"). Aus der Funktion, die Abs. 8 im System des Finanzausgleichs hat, und aus dem Wort „Sonderbelastungen" ergibt sich, dass nur solche Belastungen ausgleichsfähig sind, die typischerweise im Finanzausgleichssystem, zu dem auch der Gemeindefinanzausgleich gehört, nicht geregelt sind. Danach beschränkt sich der Ausgleich *im Wesentlichen* auf *einmalig auftretende Investitionslasten*. Laufende Ausgaben, besonders soweit sie aus einer vom Bund veranlassten Zunahme der Einwohnerzahl herrühren, sind i.d.R. nicht zu ersetzen, weil sie durch den Finanzausgleich erfasst werden können. Bei Mindereinnahmen handelt es sich um ausgleichsfähige laufende Belastungen (vgl. dazu die Grundsätze des BMF für die Gewährung von Ausgleichsleistungen des Bundes an Gemeinden nach Art. 106 Abs. 8 GG als Folge von Grundsteuermindereinnahmen v. 4.12.1996, GMBl 1997 S. 26). Nach dem Wortlaut des Abs. 8 ist die Ausgleichspflicht von der Schaffung konkreter Einrichtungen abhängig. Mithin ist die Schaffung körperlicher Anlagen zu fordern, zu denen Gebäude, technische Vorrichtungen, aber auch Organisationen, besondere Behörden, Institute usw. gehören können. Nach Sinn und Zweck der Vorschrift wird eine Ausgleichspflicht für den Fall des Abzugs von militärischen Einrichtungen nicht in Betracht kommen. Art. 106 VIII ist eine den Lastenverteilungsgrundsatz des Art. 104 a I durchbrechende Sondervorschrift (s. Siekmann in Sachs, 4. Aufl. 2007, Art. 106 Rn. 47), die eng auszulegen ist.

28 Die Mehrbelastung muss **unmittelbar verursacht**, d.h. direkte, unausweichliche Folge der Einrichtung sein. Das Ausbleiben von Industrieansiedlungen wegen einer Bundeswehrgarnison und die dadurch ausfallenden Gewerbesteuereinnahmen sind nur mittelbare Folgen (vgl. dazu auch BVerwG, DVBl 1994, 864). Eine Minderung von Grundsteuereinnahmen durch Bewertungsabschläge, die nach § 82 BewG z.B. wegen des Lärms von Truppenübungsplätzen vom Finanzamt gewährt werden, gilt nach den in Rn. 27 angeführten Grundsätzen des BMF als unmittelbar verursacht (s. dort Nr. 3.5).

29 Selbst wenn alle Voraussetzungen vorliegen, wird ein Ausgleich nur gewährt, wenn die Mehrbelastung **nicht zumutbar** ist. Hieraus ergibt sich, dass Abs. 8 keine schlichte Finanzlastverschiebung auf den Bund i.S. des Veranlassungsprinzips vornimmt. Er geht vielmehr davon aus, dass Länder und Gemeinden *grundsätz-*

*lich* auch vom Bund veranlasste Mehrbelastungen tragen. Der Bund tritt nur ein, wenn die Belastung insbes. wegen ihrer Höhe für die betroffene Gebietskörperschaft nicht zumutbar ist. Die Entscheidung über die Zumutbarkeit kann nur im Einzelfall getroffen werden. Abs. 8 gewährt bei Vorliegen aller Voraussetzungen einen *Rechtsanspruch*. Entschädigungen Dritter und aus den Einrichtungen erwachsene Vorteile sind von Ausgleichsleistungen abzusetzen.

## Artikel 106 a [Finanzbetrag zum öffentlichen Personennahverkehr]

Den Ländern steht ab 1. Januar 1996 für den öffentlichen Personennahverkehr ein Betrag aus dem Steueraufkommen des Bundes zu. Das Nähere regelt ein Bundesgesetz, das der Zustimmung des Bundesrates bedarf. Der Betrag nach Satz 1 bleibt bei der Bemessung der Finanzkraft nach Artikel 107 Abs. 2 unberücksichtigt.

Art. 106 a ist im Zusammenhang mit der **Neuordnung der Aufgaben der „Bundeseisenbahnen"** i.S. des Art. 87 I 1 a.F. durch G vom 20.12.1993 (BGBl I S. 2089) entstanden. Im Zuge dieser Neuordnung ist die Zuständigkeit des Bundes für die Erfüllung der Aufgaben im Bereich des Schienenpersonennahverkehrs der bisherigen Bundeseisenbahnen aufgehoben und infolgedessen nach Art. 30 diejenige der Länder begründet worden (s. Art. 87 e Rn. 11). Das bedeutet, das Recht und die Pflicht, den Personennahverkehr der früheren Bundeseisenbahnen zu betreiben, sind – zufolge des Art. 143 a III 1 seit dem 1.1.1996 – Sache der Länder. Die Unterhaltung und das Betreiben der Schienenwege bleiben dagegen gemäß Art. 87 e IV Sache des Bundes (vgl. auch dazu Art. 87 e Rn. 11). In Art. 87 e I 2 ist darüber hinaus die Möglichkeit eröffnet worden, durch Bundesgesetz Aufgaben der Eisenbahnverkehrsverwaltung den Ländern als eigene Angelegenheit zu übertragen. Das G zur Regionalisierung des öffentl. Personennahverkehrs und das Allg. EisenbahnG, beide vom 27.12.1993 (BGBl I S. 2378, 2395 bzw. 2396), haben auf der Grundlage dieser Vorschrift den Ländern die Aufgaben der Eisenbahnverkehrsverwaltung für den Schienenpersonennahverkehr der Eisenbahnen des Bundes als eigene Angelegenheit übertragen (s. auch Art. 87 e Rn. 4). 1

*Sätze 1 und 2*: Gemäß Art. 104 a I haben die Länder die **Kosten des** ihnen – als Ganzes – obliegenden **öffentlichen Personennahverkehrs** zu tragen. Art. 106 a weist ihnen zum Ausgleich dieser Kosten einen „Betrag" aus dem Steueraufkommen des Bundes zu. Die Höhe und die Verteilung des Betrags werden in § 5 des G zur Regionalisierung des öffentl. Personennahverkehrs (Rn. 1) geregelt. Im Allg. steht für den Ausgleich solcher Lastenumschichtungen vom Bund auf die Länder im System des Finanzausgleichs Art. 106 III und IV in Form einer entsprechenden Neuverteilung der Umsatzsteuer zwischen Bund und Ländern zur Verfügung. Ein höherer Umsatzsteueranteil der Ländergesamtheit hätte jedoch nach der Verteilungsregel des Art. 107 I 4 (vgl. Art. 107 Rn. 5) den einzelnen Ländern nicht die Beträge garantiert, die sie ab 1996 für die übernommene Aufgabe aufwenden mussten und in der Zukunft weiterhin aufwenden müssen. Ihr Bedarf deckt sich nicht mit dem Ergebnis der Umsatzsteuerverteilung, das im Übrigen auch noch im horizontalen Finanzausgleich nach Art. 107 II bei der Ermittlung der Finanzkraft der Länder anzurechnen wäre (s. Art. 107 Rn. 6). Art. 106 a und das darin vorgesehene Bundesgesetz sollen deshalb außerhalb der sonst gültigen Verteilungsregelung eine bedarfsgerechte Streuung der für den öffentl. Per- 2 sonennahverkehr zur Verfügung stehenden Bundesmittel ermöglichen. Das Problem des auf die einzelnen Länder bezogenen bedarfsgerechten Ausgleichs besteht allg. in den Anwendungsfällen des Art. 106 IV 1. Art. 106 a ist eine an sich systemfremde Ausnahmeregel. Dies gilt auch insoweit, als Art. 106 a, beschränkt auf eine konkrete Staatsaufgabe, den Konnexitätsgrundsatz des Art. 104 a I durchbricht und die volle Finanzierung einer Landesaufgabe aus Bundesmitteln ermöglicht.

3 Trotz seiner Stellung im GG im Zuge der Vorschriften über den Finanzausgleich ist Art. 106 a **keine Regelung über die Steuerverteilung**. Den Ländern wird nicht eine bestimmte Steuer oder der Anteil an einer bestimmten Steuer unter Einräumung der Teilertragshoheit zugewiesen. Art. 106 a begründet nur eine Zahlungspflicht des Bundes aus seinem ihm zustehenden Steueraufkommen. Deswegen schafft er auch nicht eine neue Gemeinschaftsteuer mit der Folge des Art. 105 III; denn darum kann es sich nur handeln, wenn eine konkrete Steuer i.S. des Art. 106 betroffen ist. Art. 105 III knüpft an ein konkretes Einzelgesetz über eine Steuer an, an deren spezifischem Aufkommen die Länder beteiligt sind. Der „Betrag" ist demgegenüber aus dem Gesamtsteueraufkommen des Bundes zu zahlen; dazu gehören reine Bundessteuern (Art. 106 I) wie auch Anteile an den Gemeinschaftsteuern (Art. 106 III). Das Gesamtsteueraufkommen wird nicht zur Gemeinschaftsteuer.

4 Angesichts der ursprünglichen Forderung des BRats, die Länder an der Mineralölsteuer zu beteiligen (vgl. Stellungnahme des BRats BT-Dr 12/5015 S. 11 f.), sind die Worte **„aus dem Steueraufkommen des Bundes"** als Ergebnis der konträren Beratungen und rechtl. weitgehend bedeutungslose Kompromissformel zu verstehen. Die Wirkung dieser Worte beschränkt sich darauf, dass der „Betrag" das Steueraufkommen des Bundes verkürzt und demgemäß bei der Deckungsquotenberechnung nach Art. 106 III (vgl. Art. 106 Rn. 11 ff.) von den Einnahmen abzusetzen ist.

5 Der **Betrag** ist für eine bestimmte Staatsaufgabe der Länder zu zahlen. Er ist **zweckgebunden** und unterscheidet sich daher auch insofern von den Regelungen der Steuerverteilung und des Finanzausgleichs, als diese zweckfreie Mittel gewähren (vgl. Art. 106 u. Art. 107). Die Zweckbindung erstreckt sich auf den „öffentl. Personennahverkehr" und geht damit über den Schienenpersonennahverkehr der früheren Bundeseisenbahnen hinaus. Die in Art. 106 a vorgesehenen Leistungen sind keine Finanzhilfen, wie sie in Art. 104 b geregelt sind. Sie sind keine „Kann-Leistungen" und nicht auf Investitionen, auch nicht zwingend auf Beiträge oder Hilfen zur Finanzierung, beschränkt (s. Art. 104 b Rn. 11). Ferner hat der Bund auch keine Prüfungsrechte hinsichtlich der Verwendung der Mittel, wie sie nach Art. 104 b in beschränktem Maße gegeben sind (BVerfGE 39, 118; vgl. aber auch BVerfGE 127, 204).

6 *Satz 3* soll sicherstellen, dass die Länder die nach dem Ausgabebedarf im Bereich des öffentl. Personennahverkehrs auf sie entfallenden **Anteile** des in Satz 1 genannten Betrags **ungeschmälert** behalten können. Nach Art. 107 II wären generell alle vom Volumen her relevanten Einnahmen der Länder, und zwar auch nichtsteuerl. Einnahmen, bei der Bemessung ihrer Finanzkraft im Rahmen des horizontalen Finanzausgleichs einzubeziehen (BVerfGE 72, 400, 414). Im Fall der Beträge nach Satz 1 i.V.m. § 5 des RegionalisierungsG (vgl. Rn. 1 u. 2) hätte das eine Vergrößerung der für den horizontalen Finanzausgleich maßgeblichen Finanzkraft zur Folge mit dem Ergebnis, dass die Ausgleichspflicht und die Ausgleichsberechtigung der Länder verändert werden können. Satz 3 schließt diese Wirkung aus.

## Artikel 106 b [Kompensationsregelung zur Kraftfahrzeugsteuer]

Den Ländern steht ab dem 1. Juli 2009 infolge der Übertragung der Kraftfahrzeugsteuer auf den Bund ein Betrag aus dem Steueraufkommen des Bundes zu. Das Nähere regelt ein Bundesgesetz, das der Zustimmung des Bundesrates bedarf.

Mit Wirkung ab dem 1.7.2009 ist durch G vom 19.3.2009 (BGBl I S. 606) die Ertragskompetenz für die **Kraftfahrzeugsteuer** auf den Bund übergegangen (vgl. Art. 106 Rn. 3). Dies führt zu entsprechenden Mehreinnahmen beim Bund und entsprechenden Mindereinnahmen bei den Ländern. Als **Kompensation für die Übertragung der Ertragshoheit** erhalten die Länder ab dem 1.7.2009 einen jährlichen Festbetrag aus dem Steueraufkommen des Bundes. Die näheren Einzelheiten sind nach Satz 2 durch Bundesgesetz geregelt (s. G zur Regelung der finanziellen Kompensation zugunsten der Länder infolge der Übertragung der Ertragshoheit der Kraftfahrzeugsteuer auf den Bund v. 29.5.2009, BGBl I S. 1170). In diesem Gesetz (vgl. § 2) wird insbes. eine „länderscharfe" Zurechnung der Kompensationszahlungen nach Art. 106 b sichergestellt. Wie Art. 106 a stellt Art. 106 b keine Steuerverteilungsregelung dar (vgl. Art. 106 a Rn. 3). Es handelt sich vielmehr um eine weitere Sonderausgleichsregelung für eine einzelne Kompetenzverlagerung. Derartige Sonderregelungen sind geeignet, die „normalen" Regeln der Finanzverteilung und des Finanzausgleichs zu unterlaufen.

## Artikel 107 [Finanzausgleich unter den Ländern]

(1) Das Aufkommen der Landessteuern und der Länderanteil am Aufkommen der Einkommensteuer und der Körperschaftsteuer stehen den einzelnen Ländern insoweit zu, als die Steuern von den Finanzbehörden in ihrem Gebiet vereinnahmt werden (örtliches Aufkommen). Durch Bundesgesetz, das der Zustimmung des Bundesrates bedarf, sind für die Körperschaftsteuer und die Lohnsteuer nähere Bestimmungen über die Abgrenzung sowie über Art und Umfang der Zerlegung des örtlichen Aufkommens zu treffen. Das Gesetz kann auch Bestimmungen über die Abgrenzung und Zerlegung des örtlichen Aufkommens anderer Steuern treffen. Der Länderanteil am Aufkommen der Umsatzsteuer steht den einzelnen Ländern nach Maßgabe ihrer Einwohnerzahl zu; für einen Teil, höchstens jedoch für ein Viertel dieses Länderanteils, können durch Bundesgesetz, das der Zustimmung des Bundesrates bedarf, Ergänzungsanteile für die Länder vorgesehen werden, deren Einnahmen aus den Landessteuern, aus der Einkommensteuer und der Körperschaftsteuer und nach Artikel 106 b je Einwohner unter dem Durchschnitt der Länder liegen; bei der Grunderwerbsteuer ist die Steuerkraft einzubeziehen.

(2) Durch das Gesetz ist sicherzustellen, daß die unterschiedliche Finanzkraft der Länder angemessen ausgeglichen wird; hierbei sind die Finanzkraft und der Finanzbedarf der Gemeinden (Gemeindeverbände) zu berücksichtigen. Die Voraussetzungen für die Ausgleichsansprüche der ausgleichsberechtigten Länder und für die Ausgleichsverbindlichkeiten der ausgleichspflichtigen Länder sowie die Maßstäbe für die Höhe der Ausgleichsleistungen sind in dem Gesetz zu bestimmen. Es kann auch bestimmen, daß der Bund aus seinen Mitteln leistungsschwachen Ländern Zuweisungen zur ergänzenden Deckung ihres allgemeinen Finanzbedarfs (Ergänzungszuweisungen) gewährt.

**1** **Allgemeines:** Während Art. 106 die Verteilung der Steuern (St) zwischen Bund, Ländern und Gemeinden regelt, enthält Art. 107 **Regeln über die Verteilung der Steuern unter den einzelnen Ländern (horizontaler Finanzausgleich).** Es geht um die Verteilung der St und Anteile an St, die den Ländern (der Ländergesamtheit) nach Art. 106 II und III zustehen. Wie Art. 106 hat auch Art. 107 eine tragende Funktion im bundesstaatl. Gefüge (BVerfGE 86, 214 f.; 105, 193 f.). Er hat die Aufgabe, die einzelnen Länder so mit Finanzmitteln auszustatten, dass sie in der Lage sind, die ihnen übertragenen Aufgaben annähernd gleichmäßig und mit gesicherten Finanzmitteln in polit. Unabhängigkeit zu erfüllen.

### Absatz 1: Steuerverteilung unter den Ländern

**2** Abs. 1 enthält eine Kombination aus zwei möglichen Regelungsmethoden. Für die *Landessteuern* und die Anteile an der *Einkommen- und der Körperschaftsteuer* gilt das Prinzip der **Verteilung nach dem örtlichen Aufkommen** der St (Satz 1) und für die *Umsatzsteuer* ein pauschaliertes Bedarfssystem, nämlich im Wesentlichen die **Verteilung nach der Einwohnerzahl** (Satz 4). Die Wahl der Verteilungsmethode hat für die Länder erhebliche praktische Bedeutung. Das Prinzip des örtlichen Aufkommens begünstigt die wirtsch. starken Länder, da die Wirtschaftskraft sich unmittelbar in der Steuerkraft niederschlägt. Entsprechend sind die wirtsch. schwachen Länder durch dieses System benachteiligt. Demgegenüber hat die Verteilung von St nach der Einwohnerzahl eine ausgleichende Wirkung unter den Ländern.

**3** Das **Prinzip des örtlichen Aufkommens** bedeutet nach *Satz 1*, dass den Ländern das Steueraufkommen insoweit zusteht, „als die St von den Finanzbehörden in ihrem Gebiet vereinnahmt werden". Es berücksichtigt das Erwirtschaften von St im eigenen Bereich (BVerfGE 116, 379). Diesem Prinzip unterliegen die *Landessteuern*. Das sind St, die nach Art. 106 den Ländern zustehen. Auch der Anteil der Länder an der Gewerbesteuerumlage (s. Art. 106 Rn. 22) folgt diesem Verteilungsprinzip. Ferner werden die *Anteile der Länder an der Einkommen- und Körperschaftsteuer* nach dem örtlichen Aufkommen verteilt. Für den Gemeindeanteil an der Einkommensteuer gilt Art. 106 V, für den Anteil an der Umsatzsteuer Art. 106 Va. Verteilt wird das vereinnahmte Aufkommen. Vereinnahmt ist ein Steuerbetrag nicht mit der Festsetzung der St oder mit der Verbuchung des Steuerbetrags, sondern dann, wenn er in die Verfügungsmacht der Finanzbehörden übergegangen ist. Es muss sich um eine endgültige Verfügungsmacht handeln. St, die wegen fehlerhafter Festsetzung zurückzuzahlen sind, gelten nicht als vereinnahmt. Finanzbehörden i.S. des Art. 107 sind sowohl Landes- wie auch Bundesfinanzbehörden. Bundesfinanzbehörden erheben die Biersteuer, die eine Landessteuer ist. Soweit die Gemeindebehörden gemäß Art. 108 IV 2 St erheben, sind sie nicht Finanzbehörden i.S. des Art. 107. Auf die Gemeindesteuern findet Art. 107 keine Anwendung. Die Worte „in ihrem Gebiet" beziehen sich nicht auf das Gebiet der Finanzbehörden, sondern auf das der Länder. Die örtliche Zuständigkeit der Finanzbehörden ergibt sich aus dem allg. Steuerrecht (vgl. BVerfGE 72, 391). Die beschriebene Verteilungsregel bewirkt, dass die in den Grenzen der Länder erhobenen St unmittelbar den Ländern zustehen.

**4** *Sätze 2 und 3:* Seit der Finanzreform 1969 (vgl. vor Art. 91 a Rn. 1) ist in Art. 107 I *bindend* vorgeschrieben, dass das **Aufkommen der Lohnsteuer und der Körperschaftsteuer zerlegt und abgegrenzt** wird. Das Schwergewicht liegt auf der Zerlegung. Die Gründe für die Vorschrift hinsichtlich der Zerlegung liegen darin, dass die rein formelle Durchführung des Prinzips des örtlichen Aufkommens zu unsachgerechten, dem Sinn des Prinzips widersprechenden Ergebnissen führt. So wird bei der Körperschaftsteuer die gesamte St am Sitz eines Unternehmens gezahlt, obwohl sie möglicherweise in zahlreichen Betriebsstätten des Bundesgebiets erwirtschaftet wurde. Dadurch wird das Sitzland den Betriebsstättenländern gegenüber bevorzugt. Ähnlich ist es bei der Lohnsteuer, die für die Arbeitnehmer aller im Bundesgebiet verstreuten Betriebsstätten eines Unternehmens an dessen Sitz gezahlt wird. Die Zerlegung dient der Korrektur derartiger Verzerrungen. Das ZerlegungsG (ZerlG) vom 6.8.1998 (BGBl I S. 1998), zuletzt geändert durch Art. 7 des G vom 7.12.2011 (BGBl I S. 2592), regelt die Zerlegung neu. Danach werden die Körperschaftsteuer wie bisher nach dem Betriebsstättenprinzip (§§ 2–6 ZerlG) und die Lohnsteuer nach dem Prinzip des Wohnsitzes der Arbeitnehmer (§ 7 ZerlG) zerlegt (vgl. BVerfGE 72, 391 ff.). Außerdem enthält das Gesetz Regelungen über die Zerlegung des Zinsabschlags (§ 8). Für andere St ist die Zerlegung nach Art. 107 I 3 fakultativ. Die Zerlegung wird durch Bundesgesetz mit Zustimmung des BRats so geregelt, dass jedes Land berechenbare Ansprüche auf die Zerlegungsbeträge geltend machen kann. Andere Formen der Zerlegung als durch Bundesgesetz (z.b. durch Vereinbarungen unter den Ländern) sind wegen der Ausschließlichkeit der Regelung in Art. 107 nicht zulässig.

*Satz 4:* Abw. vom Prinzip des örtlichen Aufkommens wird das **Aufkommen der** 5 **Umsatzsteuer nach der Einwohnerzahl unter den Ländern aufgeteilt.** Damit wird ein abstrakter Bedarfsmaßstab in die Verteilung eingefügt (BVerfGE 72, 384; 101, 221; 116, 379). Bis zu einem Viertel des Aufkommens der Umsatzsteuer können jedoch durch Bundesgesetz mit Zustimmung des BRats Ergänzungsanteile für die Länder vorgesehen werden, deren Einnahmen aus den Landessteuern und Gemeinschaftsteuern mit Ausnahme der Umsatzsteuer unter dem Durchschnitt der Länder liegen. Entschließt sich der Gesetzgeber, von dieser Ermächtigung Gebrauch zu machen, steht erst nach Zuteilung solcher Ergänzungsanteile die eigene Finanzausstattung der einzelnen Länder fest (BVerfGE 116, 379 m.w.N.). Die gesetzl. Regelung findet sich in § 2 FAG (zum FAG s. Art. 106 Rn. 17). Durch die sich auf die Kompensationszahlungen nach Art. 106 b beziehende Einfügung in Satz 4 Halbs. 2 (G v. 19.3.2009, BGBl I S. 606) wird sichergestellt, dass der das Kraftfahrzeugsteueraufkommen ersetzende Betrag – vormals eine Landessteuer – ebenfalls bei der Verteilung des Länderanteils an der Umsatzsteuer berücksichtigt wird. Die auf der Föderalismusreform I (vgl. Einführung Rn. 6) beruhende weitere Ergänzung des Satzes 4 um Halbs. 3, nach der bei der Grunderwerbsteuer die Steuerkraft einzubeziehen ist, ist eine Folgeänderung der Übertragung der Steuersatzautonomie bei der Grunderwerbsteuer auf die Länder in Art. 105 IIa 2 (vgl. BT-Dr 16/813 S. 20 zu Nr. 19). Bei der Berechnung der Ergänzungsanteile wird hinsichtlich der Grunderwerbsteuer nicht das tatsächliche Aufkommen, das von der Höhe des Steuersatzes in einem Land abhängt, berücksichtigt, sondern die Steuerkraftzahl, mit der die sich durch unterschiedliche Steuersätze in den einzelnen Ländern ergebenden Aufkommensunterschiede bereinigt werden (s. dazu die in Art. 17 des Föderalismusreform-BegleitG v. 5.9.2006, BGBl I S. 2098, enthaltene Änderung des § 7 I 2 FAG). Andernfalls würden z.b. niedrige Steuersätze bei der Grunderwerbsteuer in einem Land bei der Errechnung der Ergänzungsanteile zu Unrecht durch höhere Umsatzsteueranteile zugunsten dieses Landes auf Kosten der anderen Länder wieder ausgeglichen.

### Absatz 2: Finanzausgleich zwischen den Ländern

Die *Sätze 1 und 2* machen dem Bundesgesetzgeber die Regelung eines Finanzaus- 6 gleichs (FA) unter den Ländern zur Pflicht. Der **Ausgleich** besteht darin, dass *leis-*

*tungsstarke Länder* von ihrer Finanzkraft (Steuereinnahmen u. andere laufende Einnahmen) *an leistungsschwache Länder abzugeben haben*, und führt zu einer Korrektur der Ergebnisse der primären St-Verteilung des Abs. 1, soweit diese auch unter Berücksichtigung der Eigenstaatlichkeit der Länder aus dem bundesstaatl. Gedanken der Solidargemeinschaft heraus unangemessen sind (BVerfGE 116, 380 m.w.N.). Die in der Entscheidung BVerfGE 101, 158, enthaltenen Grundsätze über die Maßstäbegesetzgebung hinsichtlich unbestimmer Rechtsbegriffe im GG gelten auch im Bereich des FA unter den Ländern. Das MaßstäbeG (s. Art. 106 Rn. 10) hat den **Begriff der Finanzkraft** (FK) nach der Wertung des BVerfG finanzwirtsch. handhabbar, nachvollziehbar und überprüfbar näher auszugestalten und abzugrenzen. Dabei muss der Gesetzgeber verlässliche, das Volumen der FK zuverlässig erfassende Tatbestände bilden, die für Bund und Länder verständlich und nachvollziehbar sind (BVerfGE 101, 223, 228). In dieser Regelung für den FA zwischen den Ländern verwirklicht sich ein bündisches Prinzip des Einstehens füreinander (BVerfGE 72, 386; 86, 214). Die Zugehörigkeit der Länder zu der ausgleichspflichtigen oder der ausgleichsberechtigten Gruppe kann wohl nur am Maßstab der durchschnittlichen FK aller Länder ermittelt werden. Zur Einbeziehung der FK der Gemeinden vgl. Rn. 10. Das G über den FA zwischen Bund und Ländern berücksichtigte ursprünglich (s. BGBl 1969 I S. 1432) bei der Ermittlung der FK nur die Steuereinnahmen (§§ 6 u. 7) und auch diese nicht vollständig. Nach der Entscheidung BVerfGE 72, 399 f., ist es verfassungsrechtl. nicht zu beanstanden, wenn der Finanzausgleichsgesetzgeber die **Steuerkraft** als Indikator für die FK heranzieht, solange die Steuerkraft die FK der einzelnen Länder widerspiegelt. Es müssen aber dann grundsätzlich alle St einbezogen werden. Wenn die Einnahmen ihrem Volumen nach nicht ausgleichsrelevant sind, wenn sie in allen Ländern verhältnismäßig gleich anfallen oder wenn der Aufwand für die Ermittlung der auszugleichenden Einnahmen zu dem möglichen Ausgleichseffekt außer Verhältnis steht, können sie außer Ansatz bleiben (BVerfGE 86, 216; 101, 223). Auch **andere Einnahmen** als St, die vom Volumen her bedeutsam sind, müssen nach den genannten Grundsätzen einbezogen werden (BVerfGE 72, 400). Danach sind die Einnahmen der Länder aus der Grunderwerbsteuer, der Feuerschutzsteuer und der Spielbankabgabe bei der Berechnung der FK in Rechnung zu stellen. Das gilt auch für die Erträge aus der bergrechtl. Förderabgabe nach § 31 BBergG i.V.m. den auf § 32 BBergG beruhenden VO der LReg (BVerfGE 72, 410 ff.). Zinsen können unter den derzeit gegebenen Umständen bei der Berechnung der FK außer Ansatz bleiben (BVerfGE 72, 413).

7 FK ist allein das Finanzaufkommen und nicht die Relation von Aufkommen und besonderen Ausgabelasten. Im Unterschied zu früher (BVerfGE 72, 413 f.) berücksichtigt der bundesstaatl. Finanzausgleich keine Hafenlasten mehr. An die Stelle der Berücksichtigung dieser Sonderlast ist die **Gewährung von Finanzhilfen für Küstenländer** getreten (vgl. Art. 9 des SolidarpaktfortführungsG v. 20.12.2001, BGBl I S. 3955). Im Übrigen müssen Sonderbedarfe einzelner Länder unberücksichtigt bleiben (BVerfGE 72, 400 ff.; 86, 249; s. aber auch E 101, 229).

8 Bei der Ermittlung der durchschnittlichen FK der Länder, bezogen auf den Einwohner (**Ausgleichsmesszahl**), ist die Einwohnerzahl der Bezugspunkt für den Vergleich der Fähigkeit der Länder, ihre Aufgaben zu erfüllen (BVerfGE 101, 223). Die strukturelle Eigenart der Stadtstaaten Bremen und Hamburg kann nach objektivierbaren Indikatoren in Form einer besonderen Einwohnerwertung berücksichtigt werden (BVerfGE 86, 239; vgl. aber E 101, 231).

*Kienemund*

Die FK ist „angemessen" auszugleichen. Ein voller Ausgleich, der einer Nivellie-  9
rung der FK aller Länder gleichkäme, ist nicht vorgesehen. Er wäre verfassungsrechtl. als Verstoß gegen das Bundesstaatsprinzip auch nicht zulässig (vgl.
BVerfGE 1, 131; 72, 398; 101, 221; 116, 380). Art. 107 II fordert eine entsprechend ihren Aufgaben hinreichende Annäherung der FK der Länder (BVerfGE
86, 215). Damit wäre es unvereinbar, die FK-Reihenfolge unter den ausgleichspflichtigen Ländern zu ändern oder die Reihenfolge der Länder ins Gegenteil zu
verkehren (BVerfGE 116, 380). Auch die Ausformung des Begriffs „angemessen"
muss Gegenstand des MaßstäbeG sein (s. Art. 106 Rn. 10). Das G über den FA
muss auf dieser Grundlage die Voraussetzungen für Ausgleichsansprüche und
Ausgleichsverpflichtungen sowie die Maßstäbe für die Höhe der Ausgleichsleistungen so genau bestimmen, dass jedes Land in der Lage ist, die genaue Höhe
seines Ausgleichsanspruchs bzw. seiner Ausgleichsverpflichtung festzustellen. Für
die Leistungen müssen Ansprüche begründet werden, die keinerlei Ermessensentscheidung unterliegen. Die Regelung des Art. 107 ist erschöpfend. Neben dem
dort vorgesehenen Ausgleich sind z.b. vertragliche Abmachungen über Ausgleichsleistungen unter den Ländern nicht zulässig.

Beim Ausgleich sind die Finanzkraft und der Finanzbedarf der Gemeinden und  10
Gemeindeverbände zu berücksichtigen. Die Gemeinden werden hinsichtlich ihrer
Aufgaben wie auch ihrer FK den Ländern zugerechnet. Der Begriff der FK der
Gemeinden bestimmt sich wie der der Länder (vgl. Rn. 6 u. BVerfGE 101, 229).
Er umfasst neben den St auch Einnahmen aus nichtsteuerl. Abgaben, z.b. auch
Einnahmen aus wirtsch. Tätigkeit. Nicht ausgleichsrelevante Einnahmen können
unberücksichtigt bleiben. Bei Einnahmen aus Quellen, über deren Nutzung die
Gemeinden selbstverantwortlich entscheiden, kommt u.U. ein Ansatz von Soll-
einkommen in Betracht (BVerfGE 86, 216 f.). Das Wort „berücksichtigen" be-
deutet im Systemzusammenhang, dass die Einnahmen der Gemeinden nicht voll
in deren FK einbezogen werden müssen (BVerfGE 86, 220; 101, 230). Bei der
Ermittlung der FK der Gemeinden ist es ebenfalls Aufgabe des Gesetzgebers, allg.
Maßstäbe auszuformen (BVerfGE 101, 229).

Nach diesen Grundsätzen können die örtlichen Verbrauch- und Aufwandsteuern  11
als nicht ausgleichsrelevant außer Ansatz bleiben (BVerfGE 86, 225). Die Kon-
zessionsabgaben waren bisher nicht ausgleichsfähig, weil sie – nach einer inzwischen allerdings geänderten Rechtslage – nicht in allen Gemeinden erhoben werden konnten (BVerfGE 86, 225 ff.). Die Berechnung der Grund- und Gewerbesteuereinnahmen der Gemeinden auf der Grundlage eines normierten Hebesatzes
auf die Hälfte ist zulässig. Durch die Normierung werden nicht sachgerechte
Auswirkungen unterschiedlicher Hebesätze der Gemeinden beim Ausgleich vermieden. Die Kürzung auf die Hälfte der Grund- und Gewerbesteuereinnahmen
ist gerechtfertigt, weil die Besteuerungsobjekte spezifische Lasten bei den Gemeinden verursachen (BVerfGE 86, 230 ff.). Auch die hälftige Kürzung des Gemeindeanteils an der Einkommensteuer ist als pauschale Berücksichtigung des
gemeindlichen Finanzbedarfs gerechtfertigt (a.a.O., S. 232; vgl. aber BVerfGE
101, 230).

*Satz 3* gibt dem Bund die Möglichkeit („kann"), in dem G über den FA leistungs-  12
schwachen Ländern aus eigenen Mitteln Bundesergänzungszuweisungen (BEZ)
zu gewähren. Sie bilden einen abschließenden Bestandteil des mehrstufigen Systems der Verteilung des Finanzaufkommens im Bundesstaat, das insgesamt darauf abzielt, Bund und Ländern die Erfüllung ihrer verfassungsrechtl. Aufgaben
in staatl. Eigenständigkeit und Eigenverantwortung finanziell zu ermöglichen
(BVerfGE 116, 377 f.). Durch die BEZ sollen ergänzende Korrekturen vorge-

nommen werden, wenn nach dem vertikalen (Art. 106) und dem horizontalen (Art. 107 II 1) FA die Finanzausstattung einzelner Länder noch änderungsbedürftig erscheint. Das begrenzt ihren Umfang im Verhältnis zum horizontalen FA (BVerfGE 72, 403; 86, 261; 101, 232; 116, 378). Je größer der Abstand der Finanzausstattung der finanzschwachen Länder zum Länderdurchschnitt ist, umso mehr wird die Gewährung von BEZ praktisch zur Pflicht (BVerfGE 72, 403). Leistungsschwäche bezeichnet hier eine Relation zwischen Finanzaufkommen und Ausgabelasten der Länder (BVerfGE 116, 380). Dabei sind „Ausgabelasten" notwendig als Annex der „Aufgabenlasten" gedacht (vgl. auch Art. 104 a I). Danach ist Leistungsschwäche die mangelnde Fähigkeit eines Landes, mit den nach dem horizontalen FA vorhandenen Mitteln die von der Verfassung zugewiesenen Aufgaben wahrzunehmen (BVerfGE 116, 384). Der Bund kann BEZ gewähren, um die FK der leistungsschwachen Länder allg. anzuheben. In diesem Fall können Empfänger nur solche *Länder* sein, *die* im horizontalen FA *ausgleichsberechtigt sind*. Allerdings dürfen die BEZ die FK der Empfängerländer nicht über den Länderdurchschnitt hinaus erhöhen (BVerfGE 72, 400; 101, 224, 234). Auf Grund des Solidarpakts II (BT-Dr 14/6577, Ziff. II) gewährt der Bund den ostdeutschen Ländern Sonderbedarfs-BEZ zur Deckung von teilungsbedingten Sonderlasten in Höhe von insgesamt rund 105 Milliarden Euro für die Jahre 2005–2019. Sie sind im Einzelnen in § 11 III FAG mit fallender Tendenz geregelt. Auch diese Regelung tritt gemäß § 20 FAG Ende 2019 außer Kraft.

13   Der Gesetzgeber kann bei den BEZ aber auch **Sonderlasten einzelner Länder** berücksichtigen (BVerfGE 116, 380). Dabei sind als Sonderlasten nur solche Ausgaben anzuerkennen, die nicht in ähnlicher Höhe oder überhaupt nicht in allen Ländern zu leisten sind, sondern nur in einem Land oder einer Gruppe von Ländern anfallen und nicht auf den vorangegangenen Stufen des FA zu berücksichtigen waren (BVerfGE 116, 384). In diesem Fall können die Zuweisungen auch solchen Ländern gewährt werden, deren FK nach Durchführung des Länderfinanzausgleichs den Länderdurchschnitt überschreitet. Das muss nach dem BVerfG jedoch die Ausnahme bleiben. Die Sonderlasten müssen benannt und begründet werden. In jedem Fall muss das föderative Gebot der Gleichbehandlung aller Länder beachtet werden (BVerfGE 72, 405; 101, 225, 234 f.; 116, 381). Auch Lasten aus einer Haushaltsnotsituation können berücksichtigungsfähiger Sonderbedarf sein (vgl. dazu Rn. 14). Im Rahmen der normalen Funktion der BEZ (s. oben Rn. 12) können sie aber der Sache und dem Umfang nach nur Hilfen zur Selbsthilfe sein (BVerfGE 86, 261). „Zur Deckung ihres allg. Finanzbedarfs" bedeutet, dass die Mittel zweckfrei wie echte Steueranteile gewährt werden müssen.

14   Wenn im Fall einer **extremen Haushaltsnotlage**, aus der sich ein Land aus eigener Kraft nicht mehr befreien kann, Hilfe zur Selbsthilfe nicht mehr ausreicht, sondern eine Sanierung des Haushalts des betr. Landes notwendig wird, begründet das bundesstaatl. Prinzip eine *Beistandspflicht*, die BEZ über das normale Maß hinaus allein oder neben anderen Maßnahmen im Rahmen eines Konzepts zur Haushaltssanierung des Landes einschließt. Sanierungshilfen des Bundes in Gestalt von BEZ sind verfassungsrechtl. aber, weil an sich Fremdkörper innerhalb des geltenden bundesstaatl. FA, als *ultima ratio* nur zulässig, dann aber auch geboten, wenn die Haushaltsnotlage eines Landes relativ – im Verhältnis zu den übrigen Ländern – als *extrem* zu werten ist und absolut – nach dem Maßstab der dem Land verfassungsrechtl. zugewiesenen Aufgaben – ein so extremes Ausmaß erreicht hat, dass ein bundesstaatl. Notstand i.S. einer nicht ohne fremde Hilfe abzuwehrenden Existenzbedrohung des Landes als verfassungsgerecht hand-

lungsfähigen Trägers staatl. Aufgaben eingetreten ist (vgl. auch BremStGH, Nds-VBl 2012, 112 f.). Das setzt voraus, dass das Land alle ihm verfügbaren Möglichkeiten der Abhilfe (etwa Sparmöglichkeiten oder die Veräußerung von Immobilien) erschöpft hat und auch andere Handlungsinstrumente wie ein Vorgehen nach Art. 91 a, 91 b, 104 b oder Art. 106 VIII nicht in Betracht kommen, so dass sich eine Bundeshilfe als einzig verbliebener Ausweg darstellt (BVerfGE 116, 386 ff.). Auch kann die Gewährung der BEZ daran gebunden werden, dass das Land, welches das Vorliegen eines Sanierungsfalls darlegen und begründen muss (BVerfGE 116, 390 ff.), sich zu Aufstellung und Durchführung eines Sanierungsprogramms verpflichtet (BVerfGE 86, 258; 101, 235). Die Verpflichtung stellt keine vom Bund verordnete Zweckbindung der BEZ dar (Rn. 13). Die grundsätzliche Beistandspflicht der bundesstaatl. Gemeinschaft obliegt nicht dem Bund allein, sondern auch den anderen Ländern. Mehrbelastungen des Bundes durch erhöhte BEZ können also gemäß Art. 106 III 4 und IV geltend gemacht werden. Vor diesem Hintergrund hat der maßstabgebende Gesetzgeber nachvollziehbare und widerspruchsfreie Regelungen der hier und in Rn. 13 behandelten Fragen vorzusehen. Dabei ist zu berücksichtigen, dass bei den BEZ eine eigenständige, vom horizontalen FA (Art. 107 II 1) abgehobene Bestimmung der Leistungsschwäche Voraussetzung ist (BVerfGE 101, 233 f.; 116, 380 ff.). Der durch die Föderalismusreform II (vgl. dazu Einführung Rn. 7) neu aufgenommene Art. 109 a enthält die maßgebenden Regelungen hierzu (s. die Erläut. dort).

## Artikel 108 [Finanzverwaltung, Finanzgerichtsbarkeit]

(1) Zölle, Finanzmonopole, die bundesgesetzlich geregelten Verbrauchsteuern einschließlich der Einfuhrumsatzsteuer, die Kraftfahrzeugsteuer und sonstige auf motorisierte Verkehrsmittel bezogene Verkehrsteuern ab dem 1. Juli 2009 sowie die Abgaben im Rahmen der Europäischen Gemeinschaften werden durch Bundesfinanzbehörden verwaltet. Der Aufbau dieser Behörden wird durch Bundesgesetz geregelt. Soweit Mittelbehörden eingerichtet sind, werden deren Leiter im Benehmen mit den Landesregierungen bestellt.

(2) Die übrigen Steuern werden durch Landesfinanzbehörden verwaltet. Der Aufbau dieser Behörden und die einheitliche Ausbildung der Beamten können durch Bundesgesetz mit Zustimmung des Bundesrates geregelt werden. Soweit Mittelbehörden eingerichtet sind, werden deren Leiter im Einvernehmen mit der Bundesregierung bestellt.

(3) Verwalten die Landesfinanzbehörden Steuern, die ganz oder zum Teil dem Bund zufließen, so werden sie im Auftrage des Bundes tätig. Artikel 85 Abs. 3 und 4 gilt mit der Maßgabe, daß an die Stelle der Bundesregierung der Bundesminister der Finanzen tritt.

(4) Durch Bundesgesetz, das der Zustimmung des Bundesrates bedarf, kann bei der Verwaltung von Steuern ein Zusammenwirken von Bundes- und Landesfinanzbehörden sowie für Steuern, die unter Absatz 1 fallen, die Verwaltung durch Landesfinanzbehörden und für andere Steuern die Verwaltung durch Bundesfinanzbehörden vorgesehen werden, wenn und soweit dadurch der Vollzug der Steuergesetze erheblich verbessert oder erleichtert wird. Für die den Gemeinden (Gemeindeverbänden) allein zufließenden Steuern kann die den Landesfinanzbehörden zustehende Verwaltung durch die Länder ganz oder zum Teil den Gemeinden (Gemeindeverbänden) übertragen werden.

*Kienemund*

(5) Das von den Bundesfinanzbehörden anzuwendende Verfahren wird durch Bundesgesetz geregelt. Das von den Landesfinanzbehörden und in den Fällen des Absatzes 4 Satz 2 von den Gemeinden (Gemeindeverbänden) anzuwendende Verfahren kann durch Bundesgesetz mit Zustimmung des Bundesrates geregelt werden.

(6) Die Finanzgerichtsbarkeit wird durch Bundesgesetz einheitlich geregelt.

(7) Die Bundesregierung kann allgemeine Verwaltungsvorschriften erlassen, und zwar mit Zustimmung des Bundesrates, soweit die Verwaltung den Landesfinanzbehörden oder Gemeinden (Gemeindeverbänden) obliegt.

1 **Allgemeines:** Art. 108 regelt, abgesehen von Abs. 6, der die Finanzgerichtsbarkeit betrifft, die Zuständigkeiten auf dem Gebiet der Finanzverwaltung. Er sieht zwei **getrennte Verwaltungen** vor: einerseits – in Ergänzung des Art. 87 I 1 – eine **Bundesfinanzverwaltung** (Abs. 1), andererseits eine **Landesfinanzverwaltung**, die als Eigen- (Abs. 2) oder Auftragsverwaltung (Abs. 3) wahrzunehmen ist. Wie bei der Gesetzgebung und bei der Ertragshoheit sind auch hier die Zuständigkeiten zwischen Bund und Ländern verteilt. Aus dem Wortlaut des Art. 108 muss geschlossen werden, dass für die **Verwaltung von Steuern** (St) eine **besondere Behördenorganisation** bestehen muss, die nicht mit anderen Behörden vermischt und deren besonderer Charakter nicht durch Übertragung fremder Aufgaben beeinträchtigt werden darf, die aber durch Verschränkungen auf der Grundlage von Zusammenwirkungsermächtigungen innerhalb der Finanzverwaltung effizient gestaltet werden kann (Abs. 4, 5 u. 7). Ferner ergibt sich aus Art. 108, dass St nur von Finanzbehörden i.S. des Art. 108 verwaltet werden dürfen (dazu näher Maunz in Ders./Dürig, Art. 108 Rn. 14 u. 15; Seer, BK, Art. 108 Rn. 84).

**Absatz 1: Bundesfinanzverwaltung**

2 *Satz 1* führt enumerativ die St auf, die von Bundesfinanzbehörden zu verwalten sind. Zu den Zöllen, Finanzmonopolen und Verbrauchsteuern vgl. Art. 105 Rn. 8 und 11. Wie in Art. 106 I wird auch hier die Einfuhrumsatzsteuer als Verbrauchsteuer behandelt und zur Verwaltung den Bundesfinanzbehörden zugewiesen. Die Verwaltungskompetenz des Bundes für die Kfz-Steuer und die sonstigen verkehrsmittelbezogenen St wurde durch G vom 19.3.2009 (BGBl I S. 606) ab dem 1.7.2009 neu begründet. Derzeit erheben aber noch die Länder die Kfz-Steuer im Wege einer zeitlich begrenzten Organleihe für den Bund (§ 18 a FVG; s. Rn. 3; zur Organleihe allg. vor Art. 83 Rn. 9). Auch die Abgaben im Rahmen der EU gehören zur Verwaltungskompetenz des Bundes, weil sie erhebungstechnisch mit den vorgenannten St eine Gruppe bilden. Durch das Wort „Bundesfinanzbehörden" ist zwingend angeordnet, dass die **Finanzverwaltung** eine **unmittelbare Staatsverwaltung** ist.

3 *Sätze 2 und 3:* Der **Aufbau der Behörden** (s. dazu unten Rn. 6) muss durch Bundesgesetz geregelt werden. Der Bund kann seine Organisationsgewalt insoweit nicht durch allg. Verwaltungsvorschriften ausüben (BVerfGE 8, 166). Die Regelung enthält also einen Gesetzesvorbehalt. Darüber hinaus drückt sie eine Verpflichtung für den Bundesgesetzgeber aus. Durch G vom 26.11.2001 (BGBl I S. 3219) sind Satz 3 und Abs. 2 Satz 3 neu gefasst worden. Danach ist anders als nach früherem Recht, das nach allg. Auffassung einen **dreistufigen Aufbau der Finanzbehörden** mit Mittelbehörden zwingend vorschrieb, die Einrichtung der Mittelbehörden nunmehr fakultativ. Wird auf deren Einrichtung verzichtet, gehen ihre Aufgaben und die ihres Leiters, soweit es sich um Bundesaufgaben handelt, auf die oberste Finanzbehörde des Bundes und, soweit es um Landesaufga-

ben geht, auf die entsprechende Behörde des Landes über; s. § 2 a des auf Grund des Abs. 1 Satz 2 ergangenen FinanzverwaltungsG (FVG) i.d.F. vom 4.4. 2008 (BGBl I S. 846, zuletzt geändert durch Art. 17 des G vom 8.12.2010 (BGBl I S. 1768). Das FVG sieht im Grundsatz nach wie vor einen dreistufigen Behördenaufbau vor: BMinister der Finanzen als oberste Bundesbehörde, soweit eingerichtet Bundesfinanzdirektionen und das Zollkriminalamt als „Mittelbehörden" und als örtliche Behörden vor allem die Hauptzollämter mit ihren Dienststellen. Daneben bestehen im Bereich der Steuerverwaltung nach Art. 108 als Bundesoberbehörden die Bundesmonopolverwaltung für Branntwein, das Bundeszentralamt für Steuern und das Bundesamt für zentrale Dienste und offene Vermögensfragen.

Die **Leiter der Mittelbehörden** werden, falls solche eingerichtet sind, im Benehmen mit den LReg bestellt. „*Im Benehmen*" bedeutet Anhören, aber alleinige Entscheidung durch den Bund (vgl. auch vor Art. 83 Rn. 8). Es genügt, das Benehmen mit dem Land herzustellen, in dessen Gebiet der Oberfinanzdirektionsbezirk ganz oder z.T. liegt (§ 9 FVG). Das Benehmen bezieht sich nur auf das Bestellen, nicht auf andere beamtenrechtl. Akte. **4**

### Absatz 2: Landesfinanzverwaltung

*Satz 1:* Die Landesfinanzbehörden verwalten alle St, die nicht in Abs. 1 Satz 1 aufgeführt sind. Dazu gehört auch die Umsatzsteuer, die nach Art. 106 II Nr. 4 als Verkehrsteuer gilt (vgl. Art. 106 Rn. 4). Auch die landesgesetzl. geregelten St fallen unter Abs. 2 Satz 1. Die Länder sind nach Art. 108 verpflichtet, Landesfinanzbehörden einzurichten, und zwar solche der **unmittelbaren Staatsverwaltung** („Landesfinanzbehörden"). Das oben in Rn. 2 zu Abs. 1 Satz 1 Gesagte gilt auch hier. **5**

*Satz 2* räumt dem Bund eine fakultative Gesetzgebungskompetenz für den **Aufbau der Behörden** und die einheitliche Ausbildung der Beamten ein, die nicht von den Voraussetzungen des Art. 72 II abhängig ist und bei Inanspruchnahme Landesrecht verdrängt. „Aufbau der Behörden" bedeutet zunächst das Gleiche wie Einrichtung der Behörden in Art. 84 I, Art. 85 I und Art. 86 (vgl. dazu Art. 84 Rn. 3). Außerdem gehört der **Stufenaufbau** der Landesfinanzverwaltung dazu. Er kann nach Satz 3 dreistufig sein (s. dazu Rn. 3). Das u.a. auf Grund von Abs. 2 Satz 2 ergangene FVG (vgl. Rn. 3) sieht daher für die Landesfinanzbehörden vor: Ministerialinstanz als oberste Landesfinanzbehörde, i.d.R. Oberfinanzdirektion als Mittelbehörde und als örtliche Behörden die Finanzämter. Die einheitliche **Ausbildung der Länderbeamten** ist der fakultativen Regelungskompetenz des Bundes im Interesse der Gleichmäßigkeit der Besteuerung unterworfen. **6**

*Satz 3:* Die **Leiter der Mittelbehörden** der Länderfinanzverwaltung können, falls solche eingerichtet sind, nur *im Einvernehmen* mit der BReg bestellt werden, d.h. es ist die Zustimmung der BReg erforderlich. Dem trägt die Regelung in § 9 a FVG Rechnung. **7**

### Absatz 3: Bundesauftragsverwaltung

Abs. 3 knüpft die darin vorgesehene Bundesauftragsverwaltung an die **Ertragshoheit des Bundes**. Auch wenn dem Bund bei einigen St nur ein Teil der St zufließt (Umsatzsteuer, Einkommen- u. Körperschaftsteuer), wird die gesamte St von den Ländern im Auftrag des Bundes verwaltet. Die Auftragsverwaltung ist in Art. 85 geregelt. Abs. 3 Satz 2 bedeutet keine Einschränkung der Anwendbarkeit des Art. 85 auf dessen Abs. 3 und 4, sondern nur eine Modifikation dieser Absätze. Art. 85 weicht – von Art. 108 III 2 abgesehen – in drei Punkten vom Wortlaut **8**

*Kienemund* 771

des Art. 108 ab: a) Nach Art. 85 kann das Verwaltungsverfahren durch Gesetz ohne Zustimmung des BRats geregelt werden (vgl. Art. 85 Rn. 3); anders Art. 108 V 2. b) Art. 85 II 2 ermöglicht die Regelung der einheitlichen Ausbildung der Beamten und Angestellten ohne Gesetz (s. Art. 85 Rn. 5); anders Art. 108 II. c) Die Regelungsbefugnis für die Ausbildung erstreckt sich in Art. 85 anders als bei Art. 108 II auch auf die Angestellten. Es kann nicht angenommen werden, dass im Fall der Bundesauftragsverwaltung nach Art. 108 III Art. 85 voll gelten und somit die Bestimmungen des Art. 108 II und V 2 verdrängen soll. Die Auftragsverwaltung ist gekennzeichnet durch Weisungsrecht (Art. 85 III; vgl. auch nachstehend Rn. 9) und Zweckmäßigkeitsaufsicht (Art. 85 IV); s. dazu im Einzelnen die Erläut. in Art. 85 Rn. 6 ff.

### Absatz 4: Zusammenwirken und Aufgabenverlagerung zwischen Bund und Ländern

9 *Satz 1* sieht die Möglichkeit vor, die in Abs. 1 und 2 vorgeschriebene **Kompetenzabgrenzung** in zweierlei Weise zu **ändern.** Es handelt sich bei dieser „Kooperationsermächtigung" (BVerfGE 106, 21) um eine Ermächtigung zu lediglich punktuellen Änderungen. Eine wesentliche Umgestaltung der Kompetenzen wäre durch Abs. 4 nicht gedeckt. Der Begriff punktuell ist auslegungsfähig. Sicher wird der Grundsatz, wonach die nicht in Art. 108 I genannten „übrigen" St von den Ländern verwaltet werden, nicht in sein Gegenteil verkehrt werden dürfen. Es muss für den in Art. 108 II geregelten Grundsatz einer Verwaltung der St durch die Landesfinanzbehörden ein überwiegender Anwendungsbereich verbleiben. Deshalb wäre es nicht möglich, über Art. 108 IV den Art. 108 III aus den Angeln zu heben und für die gesamten Gemeinschaftssteuern die Bundesfinanzverwaltung einzuführen (vgl. Brockmeyer in: Schmidt-Bleibtreu/Hofmann/Hopfauf, Art. 108 Rn. 16; Schlette in v. Mangoldt/Klein/Starck, Art. 108 Rn. 89). Angesichts des Wortlauts der Bestimmung ist jedoch die Verlagerung der Verwaltungskompetenz bei einer einzelnen St durch Bundesgesetz – wie bei der Versicherung- und Feuerschutzsteuer gemäß Art. 6 Nr. 1 Buchst. b, Art. 13 IV des BegleitG zur zweiten Föderalismusreform vom 10.8.2009 (BGBl I S. 2702) mit Wirkung vom 1.7.2010 geschehen – zulässig (str.; s. Seer, BK, Art. 108 Rn. 73). Eine der in Betracht kommenden Möglichkeiten ist es, das Zusammenwirken von Bundes- und Länderfinanzbehörden vorzusehen, d.h. für eine an sich allein in der Zuständigkeit einer Ebene liegende Aufgabe kann die verwaltungsmäßige *Mitwirkung der anderen Ebene* angeordnet werden. Anwendungsfälle sind die §§ 18–21 a FVG i.d.F. von Art. 12 des Föderalismusreform-BegleitG vom 5.9. 2006 (BGBl I S. 2098, 2101) und von Art. 6 des G zur Neuregelung der Kraftfahrzeugsteuer und Änderung anderer Gesetze vom 29.5.2009 (BGBl I S. 1170, 1174). Sie enthalten Bestimmungen über Betriebsprüfungen (§ 19), bundeseinheitliche Programme für die automatische Datenverarbeitung (§ 20) und über allg. fachliche Weisungen des Bundes (§ 21 a; zu dieser Problematik s. Art. 85 Rn. 6 ff.). Die andere Möglichkeit des Abs. 4 Satz 1 ist, *Aufgaben* von einer an sich zuständigen Ebene auf die andere Ebene zu *übertragen.* Es handelt sich um eine verfassungsrechtl. wirksame Aufgabenverlagerung. Beispiele für diese Alternative finden sich in § 5 FVG. Die dort genannten Aufgaben des Bundeszentralamts für Steuern stammen aus dem Kompetenzbereich der Länderfinanzbehörden. Voraussetzung für beide Alternativen ist, dass der *Vollzug der Steuergesetze erheblich verbessert oder erleichtert* wird. Es handelt sich dabei um unbestimmte Rechtsbegriffe, die für die Auslegung einen Spielraum lassen (vgl. BVerfGE 13, 233; 39, 108; s. auch E 79, 343 f.). Erforderlich ist ein an die Zustimmung des BRats gebundenes Bundesgesetz.

*Satz 2* räumt dem *Landes*gesetzgeber (nicht dem Bundesgesetzgeber) das Recht **10** ein, Verwaltungskompetenzen von Landesfinanzbehörden auf die *Gemeinden zu übertragen.* Die Verwaltung von St, die den Gemeinden allein zufließen, kann den Gemeinden oder Gemeindeverbänden ganz oder z.t. zugewiesen werden. Zur Rückwirkung der Übertragung vgl. BVerwG, DVBl 1983, 138. Maßgebend ist die Ertragshoheit der Gemeinden. Die Grund- und Gewerbesteuern werden von Satz 2 umfasst (s. dazu Art. 106 Rn. 22).

### Absatz 5: Verwaltungsverfahren

Abs. 5 befasst sich mit der gesetzl. Regelung des Verfahrens bei der **Durchfüh-** **11** **rung von Steuergesetzen** (zum Begriff des Verwaltungsverfahrens s. Art. 84 Rn. 4). In *Satz 1* kommt zum Ausdruck, dass der Bund die Regelung des Verfahrens für seine Steuerbehörden, die selbstverständlich nur er treffen kann, durch Bundesgesetz vornehmen muss. Hier wird die Art der Regelung (Gesetzesvorbehalt) wie auch die Regelungspflicht festgelegt. *Satz 2* gibt dem Bund eine fakultative Regelungskompetenz auch für das von den Länderfinanzbehörden anzuwendende Verfahren. Ihre Ausübung ist nicht vom Vorliegen der Voraussetzungen des Art. 72 II abhängig. Die Kompetenz umfasst auch das Recht, das von den Gemeinden und Gemeindeverbänden im Fall des Abs. 4 Satz 2 anzuwendende Verfahren zu regeln. Sie erstreckt sich nicht nur auf Regelungen für die Ausführung von Bundesgesetzen, sondern umfasst auch die für Landesgesetze. Abs. 5 ist *Grundlage für die Abgabenordnung* i.d.F. vom 1.10.2002 (BGBl I S. 3866). Soweit die Gesetzgebungskompetenz des Bundes nach Art. 105 II reicht, kann der Bund mit Verfahrensregelungen auch materielle Regelungen verquicken.

### Absatz 6: Finanzgerichtsbarkeit

Abs. 6 begründet eine **Gesetzgebungszuständigkeit des Bundes** für die Finanzge- **12** richtsbarkeit, und zwar als lex specialis gegenüber Art. 74 I Nr. 1. Es ist eine ausschließliche Kompetenz des Bundes, zu deren Ausübung er verpflichtet ist. Über den Aufbau der Finanzgerichtsbarkeit enthält Abs. 6 keine Angaben. Es muss sich aber nach ausdrücklicher Vorschrift um eine einheitliche Regelung handeln. Dadurch sind partielle Regelungen ausgeschlossen. Art. 71 ist nicht anwendbar. In Art. 95 I ist der Bundesfinanzhof (BFH) als oberster Gerichtshof des Bundes vorgesehen (näher dazu Art. 95 Rn. 4). Aus Art. 99 muss geschlossen werden, dass der Zugang zum BFH in Streitigkeiten über die Anwendung von Landessteuerrecht nur durch Landesrecht geregelt werden kann. Auf der Grundlage des Abs. 6 ist die *Finanzgerichtsordnung* i.d.F. vom 28.3.2001 (BGBl I S. 442), zuletzt geändert durch Art. 9 des G vom 21.7.2012 (BGBl I S. 1566), ergangen.

### Absatz 7: Allgemeine Verwaltungsvorschriften

Allg. Verwaltungsvorschriften (zum Begriff s. Art. 84 Rn. 15) beziehen sich im **13** Bereich des Abs. 7 auf die Ausführung von Steuergesetzen des Bundes (z.B. Einkommensteuerrichtlinien). Zur Bindung der Gerichte an „typisierende Verwaltungsvorschriften", die auf Erfahrung beruhende Schätzungen zum Inhalt haben (vgl. die Rspr. des BFH, z.B. BStBl 1986 II S. 824). Falls Verwaltungsvorschriften nur für die Bundesfinanzbehörden bestimmt sind, bedürfen sie nicht der **Zustimmung des Bundesrats.** Diese ist aber erforderlich, wenn sie sich an Landesfinanzbehörden oder Gemeinden wenden. Zu weiteren Fragen s. Erläut. in Art. 84 Rn. 16–18. Die Aufhebung einer mit Zustimmung des BRates erlassenen Verwaltungsvorschrift bedarf nicht der Zustimmung des BRates, weil damit nur der ursprüngliche Rechtszustand wieder herbeigeführt wird (vgl. für Aufhebungsgesetze BVerfGE 14, 219 f.).

## Artikel 109 [Haushaltswirtschaft in Bund und Ländern]

(1) Bund und Länder sind in ihrer Haushaltswirtschaft selbständig und voneinander unabhängig.

(2) Bund und Länder erfüllen gemeinsam die Verpflichtungen der Bundesrepublik Deutschland aus Rechtsakten der Europäischen Gemeinschaft auf Grund des Artikels 104 des Vertrags zur Gründung der Europäischen Gemeinschaft zur Einhaltung der Haushaltsdisziplin und tragen in diesem Rahmen den Erfordernissen des gesamtwirtschaftlichen Gleichgewichts Rechnung.

(3) Die Haushalte von Bund und Ländern sind grundsätzlich ohne Einnahmen aus Krediten auszugleichen. Bund und Länder können Regelungen zur im Auf- und Abschwung symmetrischen Berücksichtigung der Auswirkungen einer von der Normallage abweichenden konjunkturellen Entwicklung sowie eine Ausnahmeregelung für Naturkatastrophen oder außergewöhnliche Notsituationen, die sich der Kontrolle des Staates entziehen und die staatliche Finanzlage erheblich beeinträchtigen, vorsehen. Für die Ausnahmeregelung ist eine entsprechende Tilgungsregelung vorzusehen. Die nähere Ausgestaltung regelt für den Haushalt des Bundes Artikel 115 mit der Maßgabe, dass Satz 1 entsprochen ist, wenn die Einnahmen aus Krediten 0,35 vom Hundert im Verhältnis zum nominalen Bruttoinlandsprodukt nicht überschreiten. Die nähere Ausgestaltung für die Haushalte der Länder regeln diese im Rahmen ihrer verfassungsrechtlichen Kompetenzen mit der Maßgabe, dass Satz 1 nur dann entsprochen ist, wenn keine Einnahmen aus Krediten zugelassen werden.

(4) Durch Bundesgesetz, das der Zustimmung des Bundesrates bedarf, können für Bund und Länder gemeinsam geltende Grundsätze für das Haushaltsrecht, für eine konjunkturgerechte Haushaltswirtschaft und für eine mehrjährige Finanzplanung aufgestellt werden.

(5) Sanktionsmaßnahmen der Europäischen Gemeinschaft im Zusammenhang mit den Bestimmungen in Artikel 104 des Vertrags zur Gründung der Europäischen Gemeinschaft zur Einhaltung der Haushaltsdisziplin tragen Bund und Länder im Verhältnis 65 zu 35. Die Ländergesamtheit trägt solidarisch 35 vom Hundert der auf die Länder entfallenden Lasten entsprechend ihrer Einwohnerzahl; 65 vom Hundert der auf die Länder entfallenden Lasten tragen die Länder entsprechend ihrem Verursachungsbeitrag. Das Nähere regelt ein Bundesgesetz, das der Zustimmung des Bundesrates bedarf.

1 **Allgemeines:** Art. 109 ist im Rahmen der **Föderalismusreform II** (vgl. dazu Einführung Rn. 7) grundlegend neu gefasst worden. In ihren Beschlüssen ist die Föderalismuskommission II zu dem Ergebnis gekommen, die bisherigen Vorgaben des GG zur Haushaltswirtschaft (HHW) in Bund und Ländern und zu den Grenzen der Kreditaufnahme seien weiterzuentwickeln. Denn sie hätten nicht verhindert, dass die Schuldenlast von Bund und Ländern in der Vergangenheit stark angewachsen ist. Zentrales Ziel sei es, für die Zukunft eine nachhaltige, auf Dauer tragfähige Haushaltsentwicklung im Bund und in den Ländern zu ermöglichen (vgl. Kommissions-Dr 174 S. 5). **Vier Elemente** sind maßgebend: a) In Anlehnung an den "Close-to-Balance"-Grundsatz des Europäischen Stabilitäts- und Wachstumspakts sollen in der konjunkturellen Normallage die öffentl. Haushalte nahezu ausgeglichen sein. b) Durch eine Konjunkturkomponente soll eine symmetrische Berücksichtigung konjunkturbedingter Veränderungen bei Einnahmen und Ausgaben des Bundes gewährleistet werden. Die Verschuldungsspielräume werden in konjunkturell schlechten Zeiten erweitert, in guten Zeiten dagegen ver-

engt bzw. in eine Verpflichtung zu Überschüssen umgekehrt. c) Die Einhaltung der Verschuldungsregeln im Haushaltsvollzug soll über ein „Kontrollkonto" sichergestellt werden. d) Zur Sicherung der staatl. Handlungsfähigkeit in Notsituationen, wie bei Naturkatastrophen oder sonstigen unerwarteten und außergewöhnlichen Sondersituationen, wird eine Ausnahmeregelung vorgesehen, um besondere Finanzbedarfe mit zusätzlichen Krediten decken zu können. Zugleich ist auch hierfür eine Tilgungsregelung vorzusehen. Die Neufassung des Art. 109 ist für den Bund nach Maßgabe der Übergangsregelung in Art. 143 d I ab dem Haushaltsjahr 2011 anzuwenden. Für die Länder gilt die Regelung wegen Art. 143 d I vollständig erst ab 2020. Stärker als bislang enthält Art. 109 weitreichende Vorgaben auch für die Länderhaushalte. Gleichwohl gilt der Grundsatz der Trennung der HHW des Bundes und der Länder in jeweils selbständige und voneinander unabhängige Bereiche fort, so wie dies auch in anderen Vorschriften (vgl. Art. 30, 70 ff., 83 ff., 92 ff., 104 a ff.) auf dem Gebiet der Aufgabenabgrenzung verankert ist. Die HHW von Bund und Ländern sind nicht absolut in dem Sinne voneinander getrennt, dass sie sich in isolierten Räumen getrennt voneinander vollziehen. Sie stehen vielmehr in vielfältigen *Wechselbeziehungen* zueinander, die sich zum großen Teil aus dem weitgehend einheitlichen Finanzsystem der Bundesrepublik ergeben. Dazu gehören das einheitliche Währungs- und Notenbanksystem (Art. 73 I Nr. 4, Art. 88), das einheitliche Zoll- und Handelsgebiet (Art. 73 I Nr. 5), die weitgehend durch den Bund einheitlich ausgeübte Gesetzgebung über die Steuern und die verfassungsrechtl. festgelegte Steuerverteilung zwischen dem Bund und den Ländern (Art. 106) und unter den Ländern (Art. 107); vgl. BVerfGE 101, 220. Diese gegenseitige Verflechtung hat sich durch die Neufassung des Art. 109 weiter verstärkt; hinzutreten die umfassenden europäischen Regeln.

### Absatz 1: Selbständigkeit der Haushaltswirtschaft von Bund und Ländern

Abs. 1 garantiert die Selbständigkeit und Unabhängigkeit des Bundes und der 2 Länder in ihrer HHW. Er ist durch die Föderalismusreform II (vgl. Rn. 1) nicht geändert worden. **Haushaltswirtschaft** i.S. dieser Vorschrift ist die Gesamtheit der auf die staatl. Einnahmen und Ausgaben bezogenen Vorgänge, soweit sie nach bundesstaatl. Verfassungsrecht überhaupt einer selbständigen Entscheidung des jeweiligen Haushaltsträgers unterliegen. Auf der Einnahmeseite gehört danach das gesamte Steuerverteilungssystem, und zwar sowohl die Verteilung der Steuern zwischen Bund und Ländern nach Art. 106 wie auch die unter den Ländern nach Art. 107, *nicht* zur HHW. Bund und Länder sind in ihrer HHW, nicht in ihrer Finanzwirtschaft selbständig und voneinander unabhängig. Dementsprechend ist die Garantie der Haushaltsautonomie in Art. 109 I den Bestimmungen der Art. 105–107 über die Steuerzuteilung und den Finanzausgleich nachgeordnet. Bund und Länder müssen die in diesen Vorschriften ausgesprochenen Einschränkungen ihrer Finanzhoheit hinnehmen (BVerfGE 101, 220). Soweit die Steuerverteilung durch einfache Gesetze geregelt wird, haben die Länder Mitwirkungsrechte über den BRat. Wegen der weitgehenden Übertragung der Steuergesetzgebung auf den Bund beschränkt sich die Selbständigkeit der Länder auf der Einnahmeseite auf die geringen eigenen Steuergesetzgebungskompetenzen, die Kompetenzen zur Erhebung von Gebühren und Beiträgen und auf die Aufnahme von Krediten (s. dazu aber Abs. 4). Der Bund hat auf dem Gebiet der Einnahmen größere Selbständigkeit als die Länder. Hier hat das Erfordernis der BRatszustimmung nach Art. 105 III große Bedeutung. Auf der Ausgabenseite ist der HHW die Aufgaben- und Lastenzuordnung (Art. 30, 104 a I) vorgegeben. Der Spielraum der Länder ist zusätzlich durch die ebenfalls vorgegebene Gesetzgebungskompetenz des Bundes i.V.m. der Pflicht der Länder, die Bundesgesetze auszuführen (Art. 83), und der sich daraus ergebenden Ausgabenlast (Art. 104 a I) eingeengt. Die auch im Zusammenhang mit der Föderalismusreform II geführten Diskussionen zu einer Stärkung der Steuerautonomie der Länder haben zu keinen Rechtsänderungen geführt.

3 **Selbständigkeit** der HHW bedeutet, dass Bund und Länder je getrennt in eigener Verantwortung ihre Entscheidungen bei der Haushaltsaufstellung, der Ausführung des Haushalts sowie der Kontrolle und Prüfung treffen. Es gibt keine Pflicht zu Kenntnisnahme, Benehmen, Anhörung oder Einvernehmen der anderen Seite. Die Mitwirkung des BRats bei der Verabschiedung des Haushaltsplans des Bundes ist keine Ausnahme, da der BRat ein Bundesorgan ist (vor Art. 50 Rn. 4). **Unabhängigkeit** i.S. des Abs. 1 bedeutet die Freiheit von Einflussnahmen der anderen Seite durch Dotationsauflagen und andere Bindungen. In diesem Zusammenhang gewinnt der Grundsatz Bedeutung, dass das Finanzausgleichssystem der Art. 106 und 107 mit seiner zweck- und auflagenfreien Mittelverteilung ausschließlich ist. Die Unabhängigkeit der Ebenen voneinander darf nicht durch vereinbarte Nebensysteme zum Finanzausgleich ausgehöhlt werden. Danach sind auch Matrikularbeiträge der Länder an den Bund verfassungsrechtl. unzulässig.

4 Neben den Einschränkungen des in Art. 109 I aufgestellten Grundsatzes, die sich aus dem einheitlichen Staatsfinanzsystem (s. oben Rn. 1) und den Steuergesetzgebungs- und Verteilungsregeln der Art. 105 ff. ergeben, gibt es eine Reihe von **Ausnahmen** von der Grundregel des Abs. 1 im geschriebenen Verfassungsrecht. Eine besondere Bedeutung haben die zunächst in der Verfassungswirklichkeit entstandenen *Fonds- und Dotationsauflagensysteme*, die mit Art. 109 I nicht in Einklang standen und seit 1969 auf eine klare verfassungsrechtl. Grundlage gestellt worden sind. Die gegenseitigen Verschränkungen bestehen aber fort: Art. 91 a führt über die Regeln für die gemeinsame Koordinierung und Finanzierung nach überwiegend verfassungsrechtl. festgelegten Quoten zu einer Verflechtung der HHW von Bund und Ländern und einer gegenseitigen Bindung hinsichtlich bestimmter Ausgabenansätze (vgl. Erläut. in Art. 91 a Rn. 5 u. 6). Eine ähnliche Wirkung hat Art. 91 b besonders im Bereich der Förderung der wissenschaftlichen Forschung. Auch die Finanzhilfen des Bundes an die Länder nach Art. 104 b berühren die Unabhängigkeit und die Selbständigkeit der HHW der Länder. Der Bund kann nur Finanzhilfen, d.h. keine Vollfinanzierung, gewähren (s. dazu Art. 104 b Rn. 9). Daraus folgt, dass die Länderhaushalte in Höhe ihrer Eigenanteile an den Mischfinanzierungen gebunden werden. Art. 109 I verbietet nicht eine Verpflichtung der Länder zur Erbringung ihres Eigenanteils neben den Finanzhilfen. Das gilt zumindest, wenn der Bund für die Materie eine Gesetzgebungskompetenz nach den Art. 73 ff. hat, aber auch dann, wenn die Länder sich in Verwaltungsvereinbarungen nach Art. 104 b verpflichten. Eine Berührung der HHW von Bund und Ländern kann auch auf dem Gebiet der *ungeschriebenen Kompetenzen des Bundes* aus der Natur der Sache oder kraft Sachzusammenhangs (vgl. Art. 30 Rn. 3–5) eintreten, wenn diese Kompetenzen mit Länderzuständigkeiten zusammentreffen und beide Ebenen über die Erfüllung und Finanzierung der Aufgaben Vereinbarungen treffen (z.B. Nordrh.-Westf. u. Bund auf dem Gebiet der Steinkohleförderung). Diese **Mischfinanzierungen** sind im Prinzip verfassungsrechtl. unter dem Gesichtspunkt des Art. 109 I sämtlich unbedenklich. Sie können aber bei fortschreitender Zunahme an die Grenzen des von Art. 109 I geschützten Kernbestands der HHW der Länder stoßen. Die Gemeinden und Gemeindeverbände gehören wegen des zweistufigen Staatsaufbaus der Bundesrepublik (s. Art. 20 Rn. 6) zu den Ländern. Als Teile der Länder genießen

sie den Schutz des Art. 109 I gegenüber dem Bund. Art. 109 I gibt ihnen jedoch im Verhältnis zu „ihrem" Land keinen Schutz.

**Absatz 2: Europäisches Gemeinschaftsrecht und gesamtwirtschaftliches Gleichgewicht**

Der Verfassungsgesetzgeber hat die bisher ausschließliche Bindung der HHW an die Erfordernisse des gesamtwirtsch. Gleichgewichts verändert und diese dem **Rechtsrahmen des europäischen Rechts** und den sich daraus ergebenden Verpflichtungen unterstellt (vgl. BT-Dr 16/12410 S. 6 f.). Die europäischen Verpflichtungen der Bundesrepublik Deutschland auf Grund des Stabilitäts- und Wachstumspakts ergeben sich zum einen aus dem *präventiven* Arm, ausgehend von Art. 121 AEUV i.V.m. der VO (EG) Nr. 1466/97 des Rates über den Ausbau der haushaltspolit. Überwachung und der Überwachung und Koordinierung der Wirtschaftspolitiken vom 7.7.1997 (ABlEG Nr. L 209 S. 1) sowie der VO (EU) Nr. 1173/2011 des Europäischen Parlaments und des Rates über die wirksame Durchsetzung der haushaltspolit. Überwachung im Euro-Währungsgebiet vom 16.11.2011 (ABlEU Nr. L 306 S. 1), und dem *korrektiven* Arm (Defizitverfahren), ausgehend von Art. 126 AEUV i.V.m. der VO (EG) Nr. 1467/97 des Rates über die Beschleunigung und Klärung des Verfahrens bei einem übermäßigen Defizit vom 7.7.1997 (ABlEG Nr. L 209 S. 6) und wiederum der VO (EU) Nr. 1173/2001. Hiermit und mit dem Mittelfristziel des strukturell nahezu ausgeglichenen Haushalts oder eines Haushaltsüberschusses wird der gemeinsame Rahmen für die HHW von Bund und Ländern gebildet (s. BT-Dr 16/12410 S. 10). Das europäische Recht bildet den Bezugspunkt (vgl. Korioth, JZ 2009, 730).

Materiell sind die Mitgliedstaaten der EU zu Haushalten verpflichtet, die ohne Kreditaufnahme zumindest nahezu ausgeglichen sind oder Überschüsse aufweisen. Die **mittelfristigen Haushaltsziele** dienen nach der – im Zuge der Reform des europäischen Stabilitäts- und Wachstumspakts geänderten – VO (EG) Nr. 1466/97 (s. Rn. 5) drei Zwecken: Einräumung einer Sicherheitsmarge beim Maastricht-Defizit-Kriterium von 3 vH des Bruttoinlandsprodukts, langfristig tragfähige öffentl. Finanzen und in diesem Rahmen haushaltspolit. Spielraum insbes. für öffentl. Investitionen. Das europäische Recht bindet den Mitgliedstaat unabhängig von der jeweiligen Staatsform, deshalb gelten die europarechtl. Verpflichtungen im Haushaltsbereich für den öffentl. Gesamthaushalt. Der Bund trägt in diesem Zusammenhang die Verantwortung für etwaige Defizite der Sozialversicherungen, während die Länder für etwaige Haushaltsdefizite der Gemeinden und Gemeindeverbände einstehen (vgl. BT-Dr 16/12410 S. 10). Die zusätzliche Bezugnahme auf „Rechtsakte" der EG (jetzt EU) auf Grund des Art. 104 EGV (jetzt Art. 126 AEUV), wie in Abs. 2 vorgesehen, ist zu eng.

Die noch ergänzend hinzutretende Bezugnahme auf die Beachtung der Erfordernisse des **gesamtwirtschaftliches Gleichgewichts** bei der HHW von Bund und Ländern ist jetzt dem europäischen Rechtsrahmen unterstellt (s. dazu BT-Dr 16/12410 S. 6). Offen bleibt der zusätzliche Regelungsgehalt. Eine Begriffsbestimmung gibt § 1 StWG. Dessen Satz 2 umschreibt die auf das Ziel des gesamtwirtsch. Gleichgewichts gerichtete Verhaltenspflicht wie folgt: „*Die Maßnahmen sind so zu treffen, dass sie im Rahmen der marktwirtsch. Ordnung gleichzeitig zur Stabilität des Preisniveaus, zu einem hohen Beschäftigungsstand und außenwirtschaft. Gleichgewicht bei stetigem und angemessenem Wirtschaftswachstum beitragen.*" Es handelt sich um eine Zielkombination, deren einzelne Elemente sich in ständiger Veränderung und auch in gegenseitiger Abhängigkeit befinden.

Der Idealzustand wäre, wenn alle vier Ziele in optimaler Weise nebeneinander erreicht würden und in dieser Gleichgewichtslage erhalten werden könnten („magisches Viereck"). In der Wirklichkeit ist dies kaum erreichbar. Das Bemühen muss jedoch darauf gerichtet sein, ein Ungleichgewicht in diesem dynamischen Prozess zu vermeiden (BVerfGE 79, 339). Str. war, ob alle vier Ziele gleichrangig oder die Stabilität des Preisniveaus, der hohe Beschäftigungsstand und das außenwirtsch. Gleichgewicht die eigentlichen Zielkomponenten sind. Im Hinblick auf die zunehmende Regelungsdichte des europäischen Rechts dürfte der Regelungscharakter dieser Bezugnahme weiter an Wert verlieren.

8 Abs. 2 richtet sich an den **Bund und** die **Länder**. Sie sind verfassungsrechtl. gleichermaßen zur Beachtung der europäischen Grundsätze zur Wahrung der Haushaltsdisziplin und sich hieraus ergebender Rechtsakte (vgl. Art. 126 XI AEUV) verpflichtet. Die Verpflichtung trifft auch die Gemeinden, weil sie Teil der Länder sind. Der Bund hat den Ländern gegenüber weder ein besonderes Aufsichtsrecht noch die Befugnis, die Länder bindend zu einem bestimmten konjunkturpolit. Verhalten anzuweisen. Bund und Länder handeln in eigener Verantwortung. Die insoweit notwendig werdende Koordinierung und ggf. Überwachung der HHW regelt Art. 109 a.

### Absatz 3: Verschuldung von Bund und Ländern

9 *Satz 1:* Die sich aus dem europäischen Stabilitäts- und Wachstumspakt ergebenden Grundsätze für die Haushaltsführung der Mitgliedstaaten der EU werden durch Abs. 3 innerstaatl. weiter konkretisiert (s. dazu auch BT-Dr 16/12410 S. 6 f.). Satz 1 trifft dabei die **Grundsatzentscheidung für strukturell ausgeglichene Haushalte** und damit grundsätzlich gegen eine strukturelle Neuverschuldung, die in Satz 4 allerdings *nur für den Bund modifiziert* wird. Sie bezieht sich auf den Haushalt des Bundes und die jeweiligen Haushalte der Länder; auf eine Einbeziehung etwaiger Defizite von Sozialversicherungen und Gemeinden bei der Haushaltsaufstellung wurde wegen des dann notwendigen Informationsaufwandes verzichtet. Die Verantwortung des Bundes für Defizite der Sozialversicherungen und der Länder für Defizite der Haushalte der Gemeinden und Gemeindeverbände mit Blick auf die Vorgaben des europäischen Stabilitäts- und Wachstumspakts bleibt davon unberührt (vgl. BT-Dr 16/12410 S. 10 f.).

10 *Satz 2* eröffnet in *Halbs. 1* die Möglichkeit, bei entsprechender Konjunkturentwicklung von der Vorgabe des Satzes 1 abzuweichen. Bund und Länder können Regelungen treffen, die bei der Bestimmung der zulässigen Kreditaufnahme die Berücksichtigung der Auswirkungen der **konjunkturellen Entwicklung** auf den Haushalt (Einnahmen u. Ausgaben) gewährleisten. Werden solche Regelungen getroffen, müssen sie eine im Auf- und Abschwung symmetrische Berücksichtigung sicherstellen. D.h., dass einer Zulassung zusätzlicher konjunkturbedingter Defizite im Abschwung eine entsprechende Verpflichtung zur Einbeziehung konjunkturbedingter Überschüsse im Aufschwung gegenüberstehen muss. Dadurch soll mittel- bis langfristig gewährleistet werden, dass Kreditaufnahmen im Abschwung durch Überschüsse im Aufschwung ausgeglichen werden. So soll zukünftig eine Verschuldungsneutralität sichergestellt werden, zugleich jedoch den Gebietskörperschaften eine antizyklische Fiskalpolitik ermöglicht bleiben. Die Ausgestaltung der symmetrischen Konjunkturkomponente der Schuldenbegrenzungsregelung erfolgt durch Bund und Länder jeweils in eigener Verantwortung. Art. 115 setzt die für den Bund maßgebenden Vorgaben. *Halbs. 2* enthält eine Ausnahmeregelung für **Naturkatastrophen oder andere außergewöhnliche Notsituationen**. Da eine abschließende enumerative verfassungsrechtl. Benennung

möglicher Notsituationen wegen der Vielzahl und Unterschiedlichkeit denkbarer Anwendungsfälle nicht möglich ist, erfolgt eine Eingrenzung durch drei Kriterien, die gleichzeitig erfüllt sein müssen: Die Notsituation muss außergewöhnlich sein, ihr Eintritt sich der Kontrolle des Staates entziehen, und sie muss den Haushalt erheblich beeinträchtigen. Die Gesetzesbegründung umschreibt Naturkatastrophen als unmittelbar drohende Gefahrenzustände oder Schädigungen von erheblichem Ausmaß, die durch Naturereignisse ausgelöst werden (z.b. Erdbeben, Hochwasser, Unwetter, Dürre, Massenerkrankungen; vgl. BT-Dr 16/12410 S. 11; s. auch hier Art. 35 Rn. 8). Andere außergewöhnliche Notsituationen, die sich der staatl. Kontrolle entziehen, mithin auf äußeren Einflüssen beruhen, die nicht oder im Wesentlichen nicht der staatl. Kontrolle unterliegen, können sein: Besonders schwere Unglücksfälle, eine plötzliche Beeinträchtigung der Wirtschaftsabläufe in einem extremen Ausmaß auf Grund eines exogenen Schocks, wie beispielsweise der Finanzkrise 2008/2009, die aus Gründen des Gemeinwohls aktive Stützungsmaßnahmen des Staates zur Aufrechterhaltung und Stabilisierung der Wirtschaftsabläufe gebietet. Zyklische Konjunkturverläufe im Sinne von Auf- und Abschwung sind demgegenüber keine außergewöhnlichen Ereignisse. Diese wären im Rahmen der Schuldenregel durch die im ersten Halbsatz ermöglichte Konjunkturkomponente zu berücksichtigen. Das Erfordernis der erheblichen Beeinträchtigung der Finanzlage bezieht sich auf den Finanzbedarf zur Beseitigung der aus einer Naturkatastrophe resultierenden Schäden und etwaiger vorbeugenden Maßnahmen. Gleiches gilt zur Bewältigung und Überwindung einer außergewöhnlichen Notsituation (s. auch dazu BT-Dr 16/12410 S. 11).

*Satz 3* verlangt im Hinblick auf die weiten Beurteilungsspielräume, die Satz 2 **11** Halbs. 2 gewährt, für den Fall der Ausnahmesituation, dass die Beschlussfassung über die erhöhte Kreditaufnahme mit einem **Tilgungsplan** versehen wird, der die Rückführung der erhöhten Nettokreditaufnahme regelt (für den Bund innerhalb eines „angemessenen" Zeitraums nach Art. 115 II 8).

Nach *Satz 4* gilt für den **Bund** der Grundsatz des ausgeglichenen Haushalts nach **12** Satz 1 als noch erfüllt, wenn die *Einnahmen aus Krediten in der konjunkturellen Normallage 0,35 vom Hundert des Bruttoinlandsproduktes nicht überschreiten.* Diese Obergrenze soll die strukturelle Verschuldung des Bundes langfristig begrenzen und dem Bundesgesetzgeber im Unterschied zur bisherigen – an den Umfang der veranschlagten Investitionen gebundenen – Kreditobergrenze mehr Flexibilität bei der Ausgestaltung des Haushalts geben.

*Satz 5* enthält zum einen die Maßgabe an die **Länder**, ihre Haushalte und das **13** Haushaltsrecht an die neuen Regelungen anzupassen; zum anderen enthält er ein *strukturelles Verschuldungsverbot*, das nach Art. 143 d I 4 aber erst ab dem Jahr 2020 gilt. Satz 5 verstößt nicht gegen Art. 79 III i.V.m. Art. 20 I (Bundesstaatsprinzip; s. auch BT-Dr 16/12410 S. 6). Auch bislang unterlag die HHW der Gebietskörperschaften sowohl verfassungsrechtl. Bindungen (Art. 109 I) als auch den europäischen Rechtsbindungen (vgl. oben Rn. 1), die sich auf Bund *und* Länder erstrecken. Die Möglichkeit, sich verschulden zu können, gehört nicht zum Kern der Bundesstaatlichkeit (str.).

### Absatz 4: Gemeinsame Grundsätze

Die in Abs. 4 enthaltene **Gesetzgebungskompetenz des Bundes** ist eine Einschrän- **14** kung des Abs. 1. Die Befugnis, durch Gesetz Grundsätze aufzustellen, erstreckt sich auf drei Bereiche: das Haushaltsrecht, die konjunkturgerechte HHW und die mehrjährige Finanzplanung. Die das **Haushaltsrecht** betr. Kompetenz ist durch die 20. Novelle zum GG vom 12.5.1969 (BGBl I S. 357) zusätzlich zu den beiden

*Kienemund* 779

anderen bereits bestehenden Kompetenzbereichen eingeführt worden. Ihr Zweck ist es, durch entsprechende Regelungen die Rechtseinheitlichkeit bei der Reform des gesamten Haushaltswesens in Bund und Ländern in den Grundzügen zu sichern und so die Vergleichbarkeit der Haushalte herzustellen. Diese ist wiederum notwendig aus finanz-, wirtschafts- und konjunkturpolit. Gründen. Die bestehende Verflechtung der Haushalte erfordert eine Vereinheitlichung auch aus verwaltungstechnischen Gründen. Haushaltsrecht ist die Summe der Vorschriften, die die HHW regeln. Das sind – mit Ausnahme des Steuerverfahrensrechts – die auf die Einnahmen und Ausgaben des Staates bezogenen Vorgänge. Nach h.M. umfasst bereits der Begriff „Haushaltsrecht" auch Vorschriften über eine konjunkturgerechte HHW und eine mehrjährige Finanzplanung. Auf Grund des Abs. 4 (Haushaltsrecht) ist das G über die Grundsätze des Haushaltsrechts des Bundes und der Länder vom 19.8.1969 (BGBl I S. 1273), zuletzt geändert durch Art. 1 des G vom 27.5.2010 (BGBl I S. 671), ergangen. Die Grundsatzgesetzgebungskompetenz erstreckt sich weiter auf die **konjunkturgerechte Haushaltswirtschaft**. Damit hat der Gesetzgeber die Möglichkeit, die HHW des Bundes und der Länder durch Grundsatzregelungen auf die Bedürfnisse der Konjunkturpolitik zu verpflichten und sie in diesem Sinne zu gestalten. Hierauf stützt sich ein großer Teil der Regelungen des G zur Förderung der Stabilität und des Wachstums der Wirtschaft vom 8.6.1967 (BGBl I S. 582), zuletzt geändert durch Art. 135 der VO vom 31.10.2006 (BGBl I S. 2407). Außerhalb des Bereichs der HHW können Gesetze, die der Abwehr einer Störung des gesamtwirtsch. Gleichgewichts dienen, auch auf allg. Kompetenzgrundlagen der Art. 73 f. gestützt werden (BVerfGE 20, 409). Der dritte Bereich der Grundsatzgesetzgebungskompetenz des Abs. 3 ist die **mehrjährige Finanzplanung**. Das ist eine über die jeweilige Haushaltsperiode hinausreichende Vorausplanung der haushaltswirtsch. Entwicklung nach Maßgabe des mutmaßlichen Verlaufs der gesamtwirtsch. Entwicklung. Die Finanzplanung ist in ihrem Wesen keine Aufgabenplanung, sie baut vielmehr weitgehend auf der vorgegebenen Fachplanung auf und befasst sich mit finanziellen Größen. Sie hat die Funktion, die öffentl. Ausgaben und ihre Deckungsmöglichkeiten vorausschauend zu ordnen, finanzielle und wirtsch. Entscheidungen zu beeinflussen und Orientierungsdaten für die Folgen und Zusammenhänge gesetzgeberischer Entscheidungen zu liefern. Auf der Grundlage des Abs. 3 regeln die §§ 9 und 10 i.V.m. § 14 StWG und § 50 HGrG die Grundsätze für eine mehrjährige Finanzplanung von Bund und Ländern. Die Finanzplanung ist eine Regierungsplanung, die dem BTag und dem BRat vorgelegt wird. Das Parlament ist an die Planung nicht gebunden.

15  Die **Grundsatzgesetzgebungskompetenz** des Abs. 4 ist eine inhaltlich beschränkte Kompetenz. Art. 72 II findet keine Anwendung. Der Bundesgesetzgeber kann die genannten Sachgebiete nicht erschöpfend regeln. Den Ländern muss ein Regelungsspielraum für regionale Differenzierungen belassen werden. Die grundsätzlichen Normen müssen auf Ausfüllung angelegt sein. Der Bund kann Normen erlassen, die sich nur an die Gesetzgeber, BTag und LTage, richten, aber auch solche mit unmittelbarer Geltung. An die Parlamente gerichtete Normen binden diese. Das gilt auch für den BTag. Nach h.M. kann der Bundesgesetzgeber nur gemeinsame Regelungen für Bund und Länder treffen. Einseitige Bindungen der Länder oder spätere Abänderungen nur hinsichtlich des Bundes sind danach nicht von Abs. 3 gedeckt. Die Gemeinden sind auch hier, wie in Abs. 1 und 2, als Teile der Länder in die Bindungswirkung der Grundsätze einbezogen. Eine Verpflichtung, die Grundsatzgesetzgebung i.S. des Abs. 3 auszuüben, besteht nicht. Wenn Gesetze erlassen werden, bedürfen sie der **Zustimmung des Bundesrats**.

**Absatz 5: Nationale Verteilung von Sanktionslasten der Europäischen Gemeinschaft**

Die durch die *Föderalismusreform I* (vgl. Einführung Rn. 6) geschaffene Rege- **16** lung des Abs. 5 beendet Meinungsverschiedenheiten zwischen Bund und Ländern, wer die **Lasten eventueller Sanktionsmaßnahmen gegen die Bundesrepublik wegen zu hoher Staatsdefizite** „im Zusammenhang" mit Art. 104 EGV (nunmehr Art. 126 AEUV) und den insoweit einschlägigen VO (s. Rn. 5) zu tragen hat. Bei diesen Lasten handelt es sich vorrangig um unverzinsliche Einlagen und Geldbußen gemäß Art. 126 AEUV, die ein Mitgliedstaat ggf. zu erbringen hat. In der föderativen Struktur Deutschlands können Verstöße gegen europäische Bestimmungen zum Staatsdefizit nicht einer staatl. Ebene allein angelastet werden. Auf bundesgesetzl. Ebene enthält zwar § 51 I HGrG die gemeinsame Verpflichtung auch zur Einhaltung der europäischen Vorgaben. Die Vorschrift ist jedoch keine Basis für Bund und Länder bindende Regeln zu den Sanktionslasten.

In Abs. 5 wird die **Verteilung der Sanktionslasten** auf Bund und Länder unab- **17** hängig von der Verursachungsfrage nach einem festen Schlüssel bestimmt. Für den Fall solcher Sanktionszahlungen wird in *Satz 1* der Anteil des Bundes mit 65 vH und derjenige der Länder (einschl. der Gemeinden) mit 35 vH gewichtet. Der Anteil der Länder vom Gesamtbetrag (35 vH) entfällt nach *Satz 2* (der Begriff „solidarisch" entfaltet keine eigenständige Regelungswirkung) mit 35 vH auf alle Länder, während 65 vH auf die einzelnen Länder zusätzlich nach Maßgabe ihres Verursachungsbeitrags aufgeteilt werden. Das Nähere i.s. von *Satz 3* regelt das als Art. 14 des Föderalismusreform-BegleitG vom 5.9. 2006 (BGBl I S. 2098) ergangene G zur innerstaatl. Aufteilung von unverzinslichen Einlagen und Geldbußen gemäß Art. 104 EGV. Die tragenden Grundregeln zur Verteilung der Sanktionslasten finden sich in § 2 dieses Gesetzes. Der auf die Ländergesamtheit entfallende Teilbetrag von 35 vH des Länderanteils wird dort entsprechend ihrer Einwohnerzahl auf alle Länder verteilt. Die verbleibenden 65 vH tragen die Länder nach dem Anteil des Finanzierungsdefizits des jeweiligen Landes an der Summe der Finanzierungsdefizite aller Länder (Verursachungsbeitrag). Die Länder mit einem ausgeglichenen oder positiven Finanzierungssaldo werden an dem Teil der Sanktionslasten, der sich nach dem Verursachungsbeitrag bemisst, nicht beteiligt.

## Artikel 109 a [Vermeidung von Haushaltsnotlagen]

Zur Vermeidung von Haushaltsnotlagen regelt ein Bundesgesetz, das der Zustimmung des Bundesrates bedarf,
1. die fortlaufende Überwachung der Haushaltswirtschaft von Bund und Ländern durch ein gemeinsames Gremium (Stabilitätsrat),
2. die Voraussetzungen und das Verfahren zur Feststellung einer drohenden Haushaltsnotlage,
3. die Grundsätze zur Aufstellung und Durchführung von Sanierungsprogrammen zur Vermeidung von Haushaltsnotlagen.

Die Beschlüsse des Stabilitätsrats und die zugrunde liegenden Beratungsunterlagen sind zu veröffentlichen.

Art. 109 a ist im Zuge der **Föderalismusreform II** (vgl. Einführung Rn. 7) einge- **1** fügt worden. Die Regelung schafft die verfassungsrechtl. Grundlage zur **Errichtung eines Stabilitätsrates**, zur regelmäßigen Überwachung der Haushalte von

Bund und Ländern und für ein Verfahren zur Vermeidung von Haushaltsnotlagen (s. BT-Dr 16/12410 S. 12). In seiner Entscheidung vom 19.10.2006 hat das BVerfG darauf hingewiesen, dass das Instrumentarium des damals geltenden Finanzausgleichsrechts grundsätzlich auf die Bewältigung von Aufgaben der **Haushaltssanierung** einzelner Länder nicht angelegt ist, sondern überfordert wird. Das Bundesstaatsprinzip mache Regelungen zur Vermeidung von Haushaltsnotlagen angesichts der insoweit defizitären Rechtslage erforderlich (BVerfGE 116, 392). Art. 109 a trägt dieser Entscheidung Rechnung, das als Art. 1 in dem BegleitG zur zweiten Föderalismusreform enthaltene G zur Errichtung eines Stabilitätsrates und zur Vermeidung von Haushaltsnotlagen (StabiRatG) vom 10.8.2009 (BGBl I S. 2702) regelt das Nähere.

2 *Satz 1:* Nach *Nr. 1* ist es **Aufgabe des Stabilitätsrates,** auf der Basis festzulegender finanzwirtsch. Kennzahlen die Haushaltswirtschaft von Bund und Ländern kontinuierlich zu überwachen (vgl. auch § 2 StabiRatG). Schon im Vorfeld soll damit das Entstehen einer Haushaltsnotlage erkannt werden, um ggf. Gegenmaßnahmen ergreifen zu können (vgl. BT-Dr 16/12410 S. 12). Der Stabilitätsrat stellt ggf. fest, ob in einer Gebietskörperschaft eine Haushaltsnotlage droht. Ist dies der Fall, vereinbart er mit der betroffenen Gebietskörperschaft ein Sanierungsprogramm. Darüber hinaus sind dem Stabilitätsrat zusätzliche Aufgaben durch Gesetz übertragen worden.

3 Nach *Nr. 2 und 3* (vgl. § 4 StabiRatG) ist nächste Stufe zur Vermeidung von Notlagen das **Verfahren zur Feststellung einer drohenden Haushaltsnotlage.** Es gilt für Bund und Länder. Auslöser einer drohenden Haushaltsnotlage können das tatsächliche oder das zu erwartende Überschreiten der vorher mit Zweidrittelmehrheit festgelegten Haushaltskennzahlen sein oder auch eine entsprechende „Selbstanzeige" der betroffenen Gebietskörperschaft (§ 4 II StabiRatG). Das Überschreiten dieser Indikatoren zeigt an, dass das betroffene Land auf Grund seiner finanziellen Leistungsschwäche nur eine sehr eingeschränkte Handlungsfähigkeit besitzt. Länder, deren Haushalte die in jenen Indikatoren ausgedrückten Merkmale aufweisen, verlieren die Fähigkeit zu einem konjunkturgerechten Haushaltsgebaren und zu konjunktursteuerndem Handeln (BremStGH, NdsVBl 2012, 114). In dieser Stufe schließt sich eine umfassende Analyse der Haushaltssituation der betroffenen Gebietskörperschaft an, die ggf. mit der Feststellung einer drohenden Haushaltsnotlage endet (s. BT-Dr 16/12410 S. 12). In der letzten Stufe des Notlage-Verfahrens ist der Bundesgesetzgeber verpflichtet, **Regelungen zur Sicherstellung der Haushaltssanierung** zu erlassen. Das Sanierungsverfahren ist die zwingende Folge des Feststellens einer drohenden Haushaltsnotlage. Hierzu enthält § 5 StabiRatG die Einzelschritte. Jedes vereinbarte Sanierungsprogramm dauert fünf Jahre, es kann einmal wiederholt werden. Eine Antwort auf die Frage, was nach mehrfach gescheiterter Sanierung geschehen soll, gibt weder Art. 109 a noch das StabilitätsratsG.

4 *Satz 2* hat zum Ziel, durch **Veröffentlichung der Beratungsergebnisse des Stabilitätsrats** und der zugrunde liegenden Unterlagen öffentl. Druck auf die für die Haushalte in Bund und Ländern Verantwortlichen aufzubauen (vgl. BT-Dr 16/12410 S. 7, 12). Die einfachrechtl. Umsetzung vollzieht § 3 III StabiRatG. Die dem Stabilitätsrat vorgelegten Haushaltskennziffern, die Schlussfolgerungen und die auf einzelne Länder bezogenen Berichte werden veröffentlicht (s. unter www.stabilitaetsrat.de).

## Artikel 110 [Haushaltsplan und Haushaltsgesetz des Bundes]

(1) Alle Einnahmen und Ausgaben des Bundes sind in den Haushaltsplan einzustellen; bei Bundesbetrieben und bei Sondervermögen brauchen nur die Zuführungen oder die Ablieferungen eingestellt zu werden. Der Haushaltsplan ist in Einnahme und Ausgabe auszugleichen.

(2) Der Haushaltsplan wird für ein oder mehrere Rechnungsjahre, nach Jahren getrennt, vor Beginn des ersten Rechnungsjahres durch das Haushaltsgesetz festgestellt. Für Teile des Haushaltsplanes kann vorgesehen werden, daß sie für unterschiedliche Zeiträume, nach Rechnungsjahren getrennt, gelten.

(3) Die Gesetzesvorlage nach Absatz 2 Satz 1 sowie Vorlagen zur Änderung des Haushaltsgesetzes und des Haushaltsplanes werden gleichzeitig mit der Zuleitung an den Bundesrat beim Bundestage eingebracht; der Bundesrat ist berechtigt, innerhalb von sechs Wochen, bei Änderungsvorlagen innerhalb von drei Wochen, zu den Vorlagen Stellung zu nehmen.

(4) In das Haushaltsgesetz dürfen nur Vorschriften aufgenommen werden, die sich auf die Einnahmen und die Ausgaben des Bundes und auf den Zeitraum beziehen, für den das Haushaltsgesetz beschlossen wird. Das Haushaltsgesetz kann vorschreiben, daß die Vorschriften erst mit der Verkündung des nächsten Haushaltsgesetzes oder bei Ermächtigung nach Artikel 115 zu einem späteren Zeitpunkt außer Kraft treten.

**Allgemeines:** Der **Haushaltsplan** (HPl) weist die für das Rechnungsjahr zu erwartenden Einnahmen und die beabsichtigten Ausgaben nach Ressorts (Einzelpläne) und Zwecken (Titel) geordnet im Einzelnen aus. Er enthält das polit. Programm der i.d.R. von der BTagsmehrheit getragenen BReg (BVerfGE 45, 32; 70, 324; 79, 329). Der HPl, der nach Art. 110 II 1 durch das HaushaltsG festgestellt wird, ist verbindliche Grundlage der Ausgabenpolitik der BReg für das Rechnungsjahr und Maßstab für die Haushaltskontrolle durch das Parlament. Er ist nicht nur ein Wirtschaftsplan, sondern zugleich ein staatsleitender Hoheitsakt in Gesetzesform, zeitlich begrenzt und aufgabenbezogen. Die Staatsaufgaben stellen sich im HPl als Ausgaben dar, die nach dem Ausgleichsgebot durch Einnahmen gedeckt werden müssen. Umfang und Struktur des HPl spiegeln damit die Gesamtpolitik wider. Zugleich begrenzen die erzielbaren Einnahmen den Spielraum für die Erfüllung ausgabenwirksamer Staatsaufgaben (vgl. Art. 110 I 2). Der HPl ist damit der Ort konzeptioneller polit. Entscheidungen über den Zusammenhang von wirtsch. Belastungen und staatl. gewährten Vergünstigungen. Deshalb wird die parl. Aussprache über den Haushalt – einschl. des Maßes der Verschuldung – als polit. Generaldebatte verstanden (zum Ganzen BVerfGE 130, 343 f.). Die Rechtswirkungen des HPl und seine rechtl. Bedeutung sind Gegenstand eines wissenschaftlichen Meinungsstreits (vgl. dazu Maunz in Ders./Dürig, Art. 110 Rn. 9 ff.). Von praktischer Bedeutung ist die Annahme, dass die Rechtswirkungen des HPl sich im Wesentlichen auf das Organverhältnis zwischen Parlament und Regierung beschränken (BVerfGE 38, 125; BVerfG, KBeschl. v. 6.6.2012 – 1 BvR 503/09 – juris). Ansprüche Dritter werden nicht berührt und begründet. Doch hat der HPl rechtskonstitutive Bedeutung insofern, als er eine **Ermächtigung für die Regierung** begründet, Ausgaben zu leisten und finanzielle Verpflichtungen einzugehen, die ohne das HaushaltsG und den HPl nicht oder jedenfalls nicht in dieser Weise bestünde (BVerfGE 20, 91). Die Regierung darf nur für die im HPl näher bezeichneten Zwecke und nur in der dort für die einzelnen Zwecke bezeichneten Höhe Zahlungen leisten. Für Verpflichtungen auf künftige Rechnungsjahre braucht sie entsprechende **Verpflichtungsermächtigungen.** Daraus folgen ein Verbot von Ausgaben, für die Mittel nicht vorgesehen sind, und ein Verbot, die Höhe der vorgesehenen Mittel zu überschreiten (BVerfGE 45, 34). Das ergibt sich aus dem Zusammenhang der Art. 110–115, insbes. aber aus Art. 111 I und Art. 112. Die Regierung ist jedoch nicht verpflichtet, die vorgesehenen Ausgaben zu leisten. Beim Vollzug des Haushalts handelt die Regierung nach dem Gewaltenteilungsprinzip in eigener Verantwortung. Die in der Praxis geübte Mitwirkung des Parlaments beim Haushaltsvollzug durch den Genehmigungsvorbehalt bei bestimmten Ausgabeansätzen (qualifizierte Sperrvermerke) ist problematisch. Die Bedeutung der Gesamtverantwortung des BTages hat das BVerfG erneut hervorgehoben bei Ablehnung des Antrags auf Erlass einer einstweiligen Anordnung im Zusammenhang mit ESM- und Fiskalvertrag: Je größer das finanzielle Ausmaß von Haftungsübernahmen oder Verpflichtungsermächtigungen ist, umso wirksamer müssen Zustimmungs- und Ablehnungsrechte sowie Kontrollbefugnisse des BTages ausgestaltet werden (U. v. 12.9.2012 – 2 BvR 1390/12 u.a. –).

2 Bei der Wahrnehmung der haushaltspolit. Gesamtverantwortung im **Verhältnis zur Europäischen Union** gelten diese Grundsätze ebenfalls. Danach ist der Deutsche BTag der Ort, an dem eigenverantwortlich über Einnahmen und Ausgaben entschieden wird, auch im Hinblick auf internationale und europäische Verbindlichkeiten. Es ist dem BTag daher untersagt, seine Budgetverantwortung auf andere Akteure derart zu übertragen, dass nicht mehr überschaubare budgetwirksame Belastungen ohne seine vorherige konstitutive Zustimmung eingegangen werden (BVerfGE 129, 177 ff.). Würde über wesentliche haushaltspolit. Fragen der Einnahmen und Ausgaben ohne konstitutive Zustimmung des BTages entschieden oder würden überstaatl. Rechtspflichten ohne entsprechende Willensentscheidung des BTages begründet, so geriete das Parlament in die Rolle des bloßen Nachvollzuges und könnte seine haushaltspolit. Gesamtverantwortung nicht länger wahrnehmen. Der BTag muss daher im unionalen Bereich – unbeschadet einer Mitwirkung nach Art. 23 II – jede ausgabenwirksame solidarische Hilfsmaßnahme des Bundes größeren Umfangs im Einzelnen bewilligen und, soweit überstaatl. Vereinbarungen getroffen werden, die auf Grund ihrer Größenordnung für das Budgetrecht von struktureller Bedeutung sein können, sicherstellen, dass weiterhin hinreichender parl. Einfluss auf die Art und Weise des Umgangs mit den zur Verfügung gestellten Mitteln besteht (BVerfGE 130, 344 f.).

### Absatz 1: Haushaltsgrundsätze

3 *Satz 1* enthält die traditionellen Haushaltsgrundsätze der Vollständigkeit und der Einheitlichkeit des HPl, die damit Verfassungsrang erhalten haben. Andere wichtige Haushaltsgrundsätze sind in der Bundeshaushaltsordnung und im HaushaltsgrundsätzeG geregelt. Der **Grundsatz der Vollständigkeit** besagt, dass *alle* Einnahmen und *alle* Ausgaben in den HPl einzustellen sind (Verbot, erwartete Einnahmen u. beabsichtigte Ausgaben außer Ansatz zu lassen); vgl. BVerfGE 91, 202; 93, 343; 110, 388. Der Grundsatz zielt darauf ab, das gesamte staatl. Finanzvolumen der Budgetplanung und -entscheidung von Parlament und Regierung zu unterstellen und so das Haushaltsbewilligungsrecht als eines der wesentlichen Instrumente der parl. Regierungskontrolle wirksam auszugestalten (BVerfGE 119, 118 f. m.w.N.; s. auch BWStGH, ESVGH 62, 13). Zu den mit dem Vollständigkeitsgebot zusammenhängenden Grundsätzen der Haushaltswahrheit und der Haushaltsklarheit vgl. NdsStGH, NdsVBl 2012, 105, 108; Maunz in Ders./Dürig, Art. 110 Rn. 37 und 38. Der **Grundsatz der Einheitlich-**

**keit** bedeutet, dass Einnahmen und Ausgaben des Bundes in *einen* HPl einzustellen sind (Verbot von Sonder- u. Nebenhaushalten). Mit diesen Grundsätzen steht das sog. *Bruttoprinzip*, nach dem Einnahmen und Ausgaben getrennt voneinander in voller Höhe in den HPl einzustellen sind, in Zusammenhang. Dieses Prinzip ist in Art. 110 nicht vorgesehen. Es bleibt daher, wie bisher, einfachgesetzl. Regelung vorbehalten (§§ 12 HGrG, 15 BHO). Da Einnahmen und Ausgaben des Bundes nur solche der Gebietskörperschaft Bund sind, werden Einnahmen und Ausgaben von bundesunmittelbaren juristischen Personen oder von privatrechtl. organisierten Gesellschaften, die dem Bund gehören oder an denen dieser beteiligt ist, nicht erfasst (BVerfGE 129, 366). *Einnahmen* sind die im Rechnungsjahr kassenmäßig zu erwartenden Deckungsmittel. Dazu gehören laufende Einnahmen aus Steuern usw., aber auch einmalige Einnahmen wie z.B. aus der Veräußerung von Vermögen, ferner Einnahmen aus Krediten (BVerfGE 119, 119; NdsStGH, NdsVBl 2012, 104), nicht jedoch Kassenkredite, die nur der Zwischenfinanzierung dienen. *Ausgaben* i.S. des Abs. 1 sind die (nach dem Fälligkeitsprinzip der §§ 8 HGrG u. 11 BHO) im Rechnungsjahr kassenmäßig zu erwartenden Geldleistungen des Bundes. Für Ausgaben künftiger Rechnungsjahre sind Verpflichtungsermächtigungen vorzusehen (§ 38 BHO). Satz 1 sieht im 2. Halbs. Ausnahmen von den Grundsätzen der Vollständigkeit und der Einheitlichkeit vor, indem er bei **Bundesbetrieben und Sondervermögen** des Bundes auf eine Gegenüberstellung von Einnahmen und Ausgaben verzichtet und die bloße Veranschlagung von Zuführungen (Leistungen aus dem Bundeshaushalt an diese Einrichtungen = Ausgaben) oder Ablieferungen (Leistungen dieser Einrichtungen an den Bundeshaushalt = Einnahmen) zulässt. Bei diesen Einrichtungen handelt es sich um solche, die rechtl. unselbständig sind und deshalb vom Bundeshaushalt umfasst werden. Bundesbetriebe sind zur Erfüllung besonderer Aufgaben erwerbswirtsch. betriebene Einrichtungen. Sondervermögen des Bundes sind abgesonderte Bestandteile des Bundesvermögens, die begrenzte Aufgaben wahrnehmen und auf Grund eines Gesetzes getrennt verwaltet werden. Die Einrichtungen werden i.d.R. nach eigenen Wirtschaftsplänen verwaltet.

*Satz 2*, der das **Gebot des Haushaltsausgleichs** aufstellt, bedeutet, dass der HPl 4
nicht mehr Ausgaben vorsehen darf, als Einnahmen (einschl. Kredite) zur Deckung dieser Ausgaben auf Grund von Schätzungen erwartet werden können und demgemäß veranschlagt sind. Das Gebot gilt bei der Aufstellung der HPl für die BReg und für die Feststellung der HPl durch das Parlament gleichermaßen (BVerfGE 1, 161). Die Exekutive ist an den festgestellten HPl, der ausgeglichen ist, gebunden und hat deshalb den Haushalt unter Aufrechterhaltung des Gleichgewichts zwischen Einnahmen und Ausgaben auszuführen. Abweichungen sind allerdings unvermeidbar. Der Ausgleich darf aber nicht außer Acht gelassen werden. Das Gebot des Ausgleichs ist mit einer antizyklischen Haushaltspolitik durchaus vereinbar, weil Kreditaufnahmen auf der einen und Rücklagen auf der anderen Seite konjunkturbedingte Veränderungen kompensieren können und konjunkturell notwendige Verhaltensweisen ermöglichen.

### Absatz 2: Haushaltsgesetz

Abs. 2 enthält den ebenfalls traditionellen Grundsatz, dass der HPl durch Gesetz 5
festzustellen ist, und zwar *vor* Beginn des Rechnungsjahres, für das der HPl gelten soll. Der **Grundsatz der Vorherigkeit** folgt aus dem Wesen des Plans als Instrument der Zukunftsgestaltung. Er verpflichtet ebenfalls sowohl die BReg wie auch das Parlament (vgl. BVerfGE 119, 120). Zunächst hat die BReg den Haushaltsentwurf so rechtzeitig beim Parlament einzubringen, dass eine Feststellung

vor Beginn des Rechnungsjahres möglich ist (s. auch NWVerfGH, NWVBl 2013, 56). Verstöße gegen den Grundsatz der Vorherigkeit sind u.a. bedingt durch die relativ kurze Zeit, die nach der parl. Sommerpause für die Beratung des Bundeshaushalts zur Verfügung steht. Eine Verletzung des Grundsatzes hat nicht zur Folge, dass der verspätet verabschiedete HPl nichtig wäre (BVerfGE 119, 121; NWVerfGH, NWVBl 2013, 57). Es wird vielmehr daraus, dass das GG in Art. 111 ausdrücklich für den Fall der verspäteten Verabschiedung des HPl Vorsorge trifft, zu schließen sein, dass es sich um eine verfassungsrechtl. Verpflichtung der Beteiligten handelt (BVerfGE 45, 33), deren Nichteinhaltung keine Rechtswirkung auf die Gültigkeit des HPl hat. Auch der verspätet verabschiedete HPl erstreckt sich nach Abs. 2 Satz 1 auf das gesamte Rechnungsjahr. Er wird also rückwirkend auf die inzwischen verstrichene Zeit in Kraft gesetzt. Soweit Abs. 2 die Feststellung des HPl durch ein Gesetz vorschreibt, handelt es sich um eine zwingende Vorschrift (BVerfGE 45, 32). Gemeint ist ein förmliches Bundesgesetz (BVerfGE 129, 367). Die Feststellung des HPl durch RVO ist ausgeschlossen. Auch Zustimmungsrechte zu Maßnahmen der Haushaltsführung der Exekutive in der Form eines schlichten Parlamentsbeschlusses sieht Art. 110 nicht vor (BVerfGE 129, 367). Sinn der **Gesetzesform** ist es, besonders dem Parlament ein umfassendes Ausgabenbewilligungsrecht einzuräumen und Möglichkeiten zu geben, die Staatstätigkeit zu begrenzen und global zu steuern. Die Aufstellung des Haushalts ist immer Sache der BReg. Bei der Aufstellung ist nach der Bundeshaushaltsordnung zu verfahren. Der BMF hat dabei bedeutsame Befugnisse gegenüber anderen Ressorts (vgl. § 26 I GOBReg). Zur Behandlung im BTag s. insbes. § 95 GOBT. Der BRat hat nur ein Einspruchsrecht. Der von der BReg vorgelegte HPl kann im Gesetzgebungsverfahren zwar abgeändert, im Übrigen aber nur als Ganzes verabschiedet werden. Eine Etatverweigerung, die die Staatstätigkeit lahm legt, wäre als Verstoß gegen die Integrationspflicht der Verfassungsorgane (vgl. vor Art. 38 Rn. 3) und wohl auch gegen Art. 20 III verfassungswidrig. Für die Verkündung des HPl nach Art. 82 genügt es, wenn der Gesamtplan (§ 1 Satz 2 BHO) verkündet wird (näher s. Art. 82 Rn. 7).

6  Der HPl kann nach Abs. 2 Satz 1 abw. von der üblichen Praxis auch **für mehrere Jahre** auf- und festgestellt werden. Auch für diesen Fall ist er aber nach Jahren zu trennen. Das Verfahren hat sich in der Praxis nicht bewährt. Satz 2 sieht weitere Modifikationen vor, nach denen der HPl in Teile aufgeteilt werden kann, z.B. in einen Verwaltungshaushalt und einen Finanzhaushalt. Für die verschiedenen Teile können unterschiedliche Geltungszeiträume vorgesehen werden, die allerdings ebenfalls nach Rechnungsjahren zu trennen sind. Diese Regelung hat in der Praxis keine nachhaltige Bedeutung erlangt.

### Absatz 3: Gesetzesvorlage

7  Abs. 3 sieht ein von den allg. Regeln für das Gesetzgebungsverfahren (Art. 76) **abweichendes Verfahren für Haushaltsvorlagen** vor. Während nach Art. 76 I die BReg, Abg. des BTags und der BRat ein *Recht zur Gesetzesinitiative* haben, *steht* dieses Recht im Falle von Haushaltsvorlagen nach Abs. 3 Satz 1 *ausschließlich der Bundesregierung zu*. Es handelt sich nicht nur um ein Recht, sondern zugleich um eine Pflicht. Entsprechend hat auch das Parlament die Pflicht, den Haushalt in angemessener Frist zu verabschieden (vgl. oben Rn. 5). Auch bei Änderungsvorlagen (s. unten) steht das Initiativrecht ausschließlich der BReg zu. Aus der Mitte des BTags können solche Änderungen nicht eingebracht werden. Änderungsanträge zu Vorlagen der BReg sind möglich. Nach Art. 76 II sind Vorlagen der BReg zunächst dem BRat zuzuleiten und i. Allg. erst nach Eingang von

dessen Stellungnahme (Frist im Normalfall sechs Wochen) an den BTag weiterzuleiten (näher Art. 76 Rn. 6 f.). Abw. davon sieht Abs. 3 vor, dass Haushaltsvorlagen gleichzeitig mit der Zuleitung an den BRat beim BTag eingebracht werden.
Das gilt für den Entwurf des HPl mit dem HaushaltsG und für Änderungen gleichermaßen. Als Änderungen kommen **Ergänzungsvorlagen**, die während der Beratung im Parlament den Haushaltsentwurf ändern (§ 32 BHO), und **Nachtrags-
vorlagen**, die den bereits verabschiedeten HPl ändern sollen (§ 33 BHO) und für
die ebenfalls Art. 110 II und III gilt (BVerfGE 129, 367), in Betracht. Der BRat
kann zum Entwurf des HPl mit dem HaushaltsG innerhalb von sechs Wochen
und zu Änderungen innerhalb von drei Wochen Stellung nehmen. Dieses Verfahren dient der Beschleunigung der Haushaltsberatungen. Es hat aber auch den
Zweck, dass der Haushaltsentwurf von der BReg sehr zeitnah vor Beginn des
Rechnungsjahres, für das der Haushalt gilt, beschlossen werden kann.

**Absatz 4: Bepackungsverbot**

Abs. 4 behandelt das sog. Bepackungsverbot. Es enthält eine **Beschränkung des**   8
**Inhalts des Haushaltsgesetzes.** Nach dem Wortlaut des Abs. 4 ist das sachliche
Bepackungsverbot vom zeitlichen zu unterscheiden. Das *sachliche* Bepackungsverbot beschränkt den Inhalt des HaushaltsG auf solche Vorschriften, die sich
auf die Einnahmen und Ausgaben des Bundes beziehen. Das ist ein sehr weiter
Rahmen, der sicher Steuergesetze und Geldleistungsgesetze (zum Begriff s.
Art. 104 a Rn. 6), aber wohl auch andere Gesetze, die Ausgaben zur Folge haben,
umfasst. Das *zeitliche* Bepackungsverbot ergibt sich daraus, dass das HaushaltsG
seinem Wesen nach ein Zeitgesetz ist. Es darf keine Regelungen enthalten, die
über die zeitliche Geltungsdauer des HaushaltsG hinausreichen. Abs. 4 Satz 2
sieht Ausnahmen davon vor, die es ermöglichen, einen kontinuierlichen Übergang zum nächsten HaushaltsG, besonders bei dessen verspäteter Verabschiedung, zu schaffen, aber auch Kredit- und Garantieermächtigungen erst in späteren Rechnungsjahren in Anspruch zu nehmen.

## Artikel 111 [Vorläufige Haushaltsführung]

**(1) Ist bis zum Schluß eines Rechnungsjahres der Haushaltsplan für das folgende
Jahr nicht durch Gesetz festgestellt, so ist bis zu seinem Inkrafttreten die Bundesregierung ermächtigt, alle Ausgaben zu leisten, die nötig sind,**

**a) um gesetzlich bestehende Einrichtungen zu erhalten und gesetzlich beschlos-
sene Maßnahmen durchzuführen,**

**b) um die gesetzlich begründeten Verpflichtungen des Bundes zu erfüllen,**

**c) um Bauten, Beschaffungen und sonstige Leistungen fortzusetzen oder Beihil-
fen für diese Zwecke weiter zu gewähren, sofern durch den Haushaltsplan eines Vorjahres bereits Beträge bewilligt worden sind.**

**(2) Soweit nicht auf besonderem Gesetze beruhende Einnahmen aus Steuern, Ab-
gaben und sonstigen Quellen oder die Betriebsmittelrücklage die Ausgaben unter
Absatz 1 decken, darf die Bundesregierung die zur Aufrechterhaltung der Wirtschaftsführung erforderlichen Mittel bis zur Höhe eines Viertels der Endsumme
des abgelaufenen Haushaltsplanes im Wege des Kredits flüssig machen.**

Art. 111 gestattet der BReg, für den Fall, dass zum Schluss eines Rechnungsjahres der Haushaltsplan (HPl) für das folgende Jahr noch nicht durch Gesetz festgestellt ist, Ausgaben zu leisten, die nötig sind, um rechtl. unumgängliche Maß-

nahmen durchzuführen, oder auf Grund des HPl des Vorjahrs begonnene Maßnahmen, die keine Unterbrechung erlauben, fortzusetzen. Sofern die auf Grund
von Gesetzen fließenden Einnahmen, z.b. Steuern, nicht ausreichen, kann die
BReg die zur Aufrechterhaltung der Wirtschaftsführung notwendigen Kredite in
begrenzter Höhe aufnehmen. Anstelle von Art. 111 kann auch ein Haushalts-
notG eine vorläufige Haushaltsführung ermöglichen, falls das Parlament ein solches verabschiedet. Ein derartiges Gesetz kann nicht enger als Art. 111 sein.
Art. 111 soll nicht das Haushaltsbewilligungsrecht des Gesetzgebers vorübergehend ersetzen, sondern nur für den – vom GG als kurzfristige Ausnahmesituation
geduldeten – etatlosen Zustand eine **vorläufige Haushaltsführung** ermöglichen.
Mit dieser verfassungsrechtl. Lage stand die langjährige Praxis, nach der im
Durchschnitt der Jahre die HaushaltsG mit einer annähernd halbjährigen Ver-
spätung verabschiedet wurden, schwerlich in Einklang (so BVerfGE 45, 33).
Wenn der HPl deswegen nicht verabschiedet werden kann, weil der BReg die
notwendige Mehrheit fehlt und keine Aussicht besteht, diesen Zustand zu überwinden, ist Art. 111 keine Grundlage für eine dauernde Haushaltsführung. Zur
Anwendung des Art. 112 während der vorläufigen Haushaltsführung vgl. die Erläut. in Art. 112 Rn. 5.

## Artikel 112 [Überplanmäßige und außerplanmäßige Ausgaben]

**Überplanmäßige und außerplanmäßige Ausgaben bedürfen der Zustimmung des
Bundesministers der Finanzen. Sie darf nur im Falle eines unvorhergesehenen
und unabweisbaren Bedürfnisses erteilt werden. Näheres kann durch Bundesgesetz bestimmt werden.**

1  **Sinn und Bedeutung** des Art. 112 erklären sich aus seinem Verhältnis zu Art. 110
I. Danach kann die Exekutive nur Ausgaben leisten, die im Haushaltsplan (HPl)
eingestellt sind, und zwar nur in der dort vorgesehenen Höhe (BVerfGE 45, 34).
Art. 112 durchbricht diesen Grundsatz für bestimmte Fälle. Wenn im HPl keine
oder nicht genügend Mittel für unaufschiebbare staatl. Bedürfnisse vorgesehen
sind und diese Mittel auch nicht durch ein ÄnderungsG zum HPl (Nachtragshaushalt) rechtzeitig bereitgestellt werden können, hat der BMF für diese dringenden Notfälle eine Bewilligungkompetenz, die es ermöglicht, die Handlungsfähigkeit der Regierung aufrechtzuerhalten. Es handelt sich um eine **subsidiäre
Kompetenz für dringende Notfälle**, die nicht gleichartig und gleichrangig neben
der Feststellungskompetenz des Haushaltsgesetzgebers steht (BVerfGE 45, 37).

2  *Satz 1:* Ausgaben nach dem HPl werden dezentral von den Ressorts und den ihnen zugeordneten Behörden gemacht. Wenn es sich um **überplanmäßige oder außerplanmäßige Ausgaben** handelt, ist die *Zustimmung des Bundesfinanzministers*
erforderlich (Beispiel aus der Praxis: BT-Dr 16/2713). *Überplanmäßig* sind solche Ausgaben, für die zwar ein Geldansatz mit einer zutreffenden Zweckbestimmung im HPl ausgebracht ist, für die aber die veranschlagten Geldmittel nicht
ausreichen. Ein solcher Fall liegt nicht vor, wenn in einem anderen Ansatz, der
nach den §§ 20, 46 BHO deckungsfähig ist, Mittel vorhanden sind. *Außerplan-
mäßig* sind Ausgaben, für die der Zweckbestimmung nach ein Ausgabenansatz
im HPl überhaupt nicht vorgesehen ist (vgl. auch § 37 BHO).

3  *Satz 2:* Der BMF kann die Zustimmung zu über- und außerplanmäßigen Ausgaben **nur im Fall eines unvorhergesehenen und unabweisbaren Bedürfnisses** erteilen (§ 37 BHO). *„Unvorhergesehen"* ist nicht nur ein objektiv unvorhersehbares

Bedürfnis, sondern jedes Bedürfnis, das tatsächlich, gleich aus welchen Gründen, vom BMF oder der BReg bei der Aufstellung des HPl oder vom Gesetzgeber bei dessen Beratung und Feststellung nicht vorhergesehen wurde oder dessen gesteigerte Dringlichkeit, die es durch Veränderung der Sachlage inzwischen gewonnen hat, nicht vorhergesehen worden ist" (BVerfGE 45, 35; BWStGH, ESVGH 62, 15 m.w.N.). Ein von den Ressorts gesehenes Bedürfnis, das aber dem BMF nicht bekannt geworden ist, ist i.s. des Art. 112 unvorhergesehen. Wenn eine Geldanforderung zur Deckung eines Bedürfnisses beim BMF geltend gemacht worden ist oder wenn der BMF innerhalb des Kabinetts oder während der Gesetzesberatung von einem nicht berücksichtigten Bedürfnis erfährt, ist dieses Bedürfnis vorhergesehen.

Darüber hinaus muss das *Bedürfnis unabweisbar* sein, d.h. die vorgesehene Ausgabe muss sachlich unbedingt notwendig (BWStGH, ESVGH 62, 16) und zugleich zeitlich unaufschiebbar sein. „Nur wenn eine Ausgabe ohne Beeinträchtigung schwerwiegender polit., wirtsch. oder sozialer Staatsinteressen nicht mehr zeitlich aufgeschoben werden kann, besteht für sie ein unabweisbares Bedürfnis" (BVerfGE 45, 36 f.; BWStGH, ESVGH 62, 22). Wenn die Einbringung eines Nachtragshaushalts vertretbar ist, liegt ein Fall der Unabweisbarkeit nicht vor. Der BMF ist gehalten, mit dem Gesetzgeber in Verbindung zu treten, um zu klären, ob dieser noch rechtzeitig eine gesetzl. Bewilligung erteilen kann (BVerfGE 45, 39; BWStGH, ESVGH 62, 15). Ferner ist der BMF, bevor er seine Zustimmung erteilt, verpflichtet, die BReg davon zu unterrichten, wenn im Haushalt über erübrigte Mittel zu disponieren ist, die ihrem Umfang nach von polit. Gewicht sind. Die BReg hat über die Prioritäten anstehender Bedürfnisse zu entscheiden (BVerfGE 45, 48). Die Zustimmungsbefugnis liegt jedoch allein beim BMF; sie kann auch durch eine Kabinettentscheidung nicht ersetzt werden. Die Zustimmung muss grundsätzlich vor der Ausgabe erteilt werden. Nach § 116 II BHO reicht aber in Notfällen auch die nachträgliche Genehmigung durch den BMF aus. Das bedeutet eine Heilung des rechtl. Mangels des Fehlens einer vorherigen Zustimmung.

*Satz 3* sieht vor, dass **Näheres durch Bundesgesetz** bestimmt werden kann. Der Gesetzgeber kann dabei keine vom Regelungsinhalt des Art. 112 abw. Bestimmungen treffen. Die Entscheidung BVerfGE 45, 1, enthält eine bindende Interpretation des Art. 112. Das Fünfte G zur Änderung der BHO vom 22.9.1994 (BGBl I S. 2605) hat dazu das Nähere geregelt (vgl. auch die erstmals in § 5 des HaushaltsG 1979, BGBl I S. 205, getroffene u. seitdem stets wiederholte Regelung). Art. 112 kann auch während der vorläufigen Haushaltsführung nach Art. 111 angewendet werden (BVerfGE 45, 37). Für die Frage, was mangels eines HPl als über- oder außerplanmäßige Ausgabe zu gelten hat, muss entsprechend darauf abgestellt werden, welche Ausgaben nach Art. 111 I geleistet werden dürfen und welche nicht.

## Artikel 113 [Zustimmung der Bundesregierung zu finanzwirksamen Gesetzen]

(1) Gesetze, welche die von der Bundesregierung vorgeschlagenen Ausgaben des Haushaltsplanes erhöhen oder neue Ausgaben in sich schließen oder für die Zukunft mit sich bringen, bedürfen der Zustimmung der Bundesregierung. Das gleiche gilt für Gesetze, die Einnahmeminderungen in sich schließen oder für die Zukunft mit sich bringen. Die Bundesregierung kann verlangen, daß der Bundestag

die Beschlußfassung über solche Gesetze aussetzt. In diesem Fall hat die Bundesregierung innerhalb von sechs Wochen dem Bundestage eine Stellungnahme zuzuleiten.

(2) Die Bundesregierung kann innerhalb von vier Wochen, nachdem der Bundestag das Gesetz beschlossen hat, verlangen, daß der Bundestag erneut Beschluß faßt.

(3) Ist das Gesetz nach Artikel 78 zustande gekommen, kann die Bundesregierung ihre Zustimmung nur innerhalb von sechs Wochen und nur dann versagen, wenn sie vorher das Verfahren nach Absatz 1 Satz 3 und 4 oder nach Absatz 2 eingeleitet hat. Nach Ablauf dieser Frist gilt die Zustimmung als erteilt.

1 **Allgemeines:** Art. 113 enthält eine **einschneidende Beschränkung des Budgetrechts des Parlaments.** Vorbild ist eine ähnliche Regelung in der Geschäftsordnung des englischen Parlaments. Es handelt sich um eine Schutzvorschrift zur Sicherung gegen Störungen des Haushaltsgleichgewichts durch die Legislative. Die BReg soll davor bewahrt werden, ein von den gesetzgebenden Körperschaften beschlossenes Gesetz vollziehen zu müssen, das nach ihrer Auffassung zu einem nicht ausgeglichenen Haushalt führt. Da sich Art. 113 in der ursprünglichen Fassung in der Praxis nicht bewährt hatte, ist er durch G vom 12.5.1969 (BGBl I S. 357) erheblich umgestaltet worden.

**Absatz 1: Finanzwirksame Gesetze**

2 Die in *Satz 1* vorgesehene **Zustimmung der Bundesregierung** muss nicht ausdrücklich förmlich erklärt werden. Das ergibt sich aus Abs. 3 Satz 2, nach dem die Zustimmung nach Ablauf einer in Abs. 3 vorgesehenen Frist als erteilt gilt. Die Verweigerung der Zustimmung der BReg hat aber nur dann rechtl. Wirkung, wenn die BReg vorher die in Abs. 1 und 2 vorgesehenen prozeduralen Rechte ausgeübt hat. Der Zustimmung der BReg bedürfen finanzwirksame Gesetze der in Satz 1 und 2 aufgeführten fünf Arten. Die ersten drei betreffen **Mehrausgaben.** Für dieses „Mehr" kommt es auf den Vergleichsmaßstab an. Zur Feststellung des Vergleichsmaßstabs muss danach unterschieden werden, ob es sich um die Frage der Zustimmung zum **Haushaltsplan** (HPl) mit dem HaushaltsG, das unstreitig auch unter Art. 113 fällt, oder um andere Ausgaben verursachende Gesetze handelt. Das HaushaltsG mit dem HPl ist dann zustimmungsbedürftig, wenn Ausgaben höher angesetzt werden sollen, als es im Entwurf des HPl der BReg vorgesehen ist. Der Entwurf des HPl der BReg ist auch Maßstab, wenn es darum geht, ob im HPl neue Ausgaben ausgebracht werden sollen, die die BReg dem Grunde nach (Zweckbestimmung) nicht vorgesehen hatte. Dasselbe gilt, wenn es um Abweichungen vom Haushaltsentwurf der BReg hinsichtlich solcher Ausgaben geht, die in der Zukunft entstehen. Das kann bei Verpflichtungsermächtigungen der Fall sein. Anders ist es bei **sonstigen Gesetzen,** die nach der Verkündung des HaushaltsG verabschiedet werden. Wenn der als Gesetz verkündete HPl in einem Ansatz höhere Ausgaben als der Entwurf des HPl der BReg oder neue Ausgaben vorsieht, kann trotz des Wortlauts von Satz 1 gegenüber einem Gesetz, das die nach dem verkündeten HPl veranschlagten höheren Ausgaben enthält, nur der HPl als Vergleich maßgebend sein, weil die BReg ihm und damit den gegenüber ihrem Entwurf höheren Ausgaben bereits zugestimmt hat.

3 Die in *Satz 2* genannten Arten von finanzwirksamen Gesetzen betreffen Einnahmen. Gesetze, die **Einnahmeminderungen** in sich schließen oder für die Zukunft mit sich bringen, sind im Wesentlichen Steuergesetze.

*Sätze 3 und 4:* Bei Gesetzen, die der Zustimmung der BReg bedürfen, kann sich **4**
diese in das Gesetzgebungsverfahren einschalten. Von ihrem in Abs. 1 Satz 3 vorgesehenen Recht, eine **Aussetzung der Beschlussfassung des Bundestags** über ein
Gesetz zu verlangen, kann die BReg nur aus finanzwirtsch. Gründen Gebrauch
machen. Diese Gründe und auch, ob und unter welchen Voraussetzungen sie bereit ist, dem Gesetzentwurf zuzustimmen, hat sie in der *Stellungnahme*, die binnen sechs Wochen nach dem Aussetzungsverlangen dem BTag zuzuleiten ist, darzulegen. Die Ausübung beider Befugnisse, Aussetzungsverlangen und Stellungnahme, ist Voraussetzung für eine etwaige spätere Zustimmungsverweigerung
(Abs. 3 Satz 1). Das Verfahren der BReg nach Art. 113 I bestimmt sich nach § 54
GGO. Das Verfahren des BTags regelt § 87 I GOBT.

**Absatz 2: Erneute Beschlussfassung**
Außer der Möglichkeit, sich nach Abs. 1 Satz 3 und 4 in das Gesetzgebungsver- **5**
fahren einzuschalten, hat die BReg das Recht, eine erneute Beschlussfassung des
BTags zu verlangen. Das Recht nach Abs. 2 kann sie ausüben, nachdem das Verfahren nach Abs. 1 keinen Erfolg gehabt hat. Sie kann die erneute Beschlussfassung aber auch dann verlangen, wenn sie von der Möglichkeit des Abs. 1 Satz 3
und 4 *keinen* Gebrauch gemacht hat. Sie muss ihr Recht innerhalb von vier Wochen nach dem Beschluss des BTags geltend machen. Auch in diesem Fall ist sie
später berechtigt, die Zustimmung zu dem Gesetz endgültig zu verweigern; denn
nach Abs. 3 Satz 1 wird dieses Recht gewahrt, wenn das Verfahren nach Abs. 1
Satz 3 und 4 *oder* nach Abs. 2 eingeleitet worden ist. Das Verfahren der BReg im
Falle des Abs. 2 richtet sich nach § 54 GGO. Der Ablauf des Verfahrens im BTag
ist in § 87 II und III GOBT geregelt. Danach gilt der Gesetzentwurf als an den
federführenden Ausschuss und an den Haushaltsausschuss des BTags zurückver-
wiesen. Ist das beschlossene Gesetz dem BRat bereits zugeleitet worden, gilt die
Zuleitung als nicht erfolgt. Der BTag ist nicht darauf beschränkt, zu dem Gesetzesbeschluss ja oder nein zu sagen, er kann ihn vielmehr, anders als im Verfahren
nach Art. 77 II 5, frei umgestalten.

**Absatz 3: Versagung der Zustimmung befristet**
Abs. 3 soll verhindern, dass die BReg nach Abschluss des Gesetzgebungsverfah- **6**
rens in BTag und BRat (Art. 78) ihre erforderliche Zustimmung ohne vorherige
Ankündigung versagt. Die **endgültige Verweigerung der Zustimmung** zu Gesetzen nach Abs. 1 Satz 1 und 2 hängt daher davon ab, dass sie vorher von einer der
ihr in Abs. 1 Satz 3 und 4 und Abs. 2 eingeräumten Möglichkeiten Gebrauch gemacht hat. An die im Verlauf des Gesetzgebungsverfahrens, insbes. zur Begründung der Ausübung der vorgenannten Rechte, vorgebrachten Argumente gegen
das Gesetz ist die BReg jedoch nicht gebunden. Vielmehr steht ihr das Recht zu,
neue Gründe nachzuschieben. Weiterhin will Abs. 3 eine unangemessen lange
Verzögerung der Ausfertigung und Verkündung finanzwirksamer Gesetze verhindern. Die Verweigerung der Zustimmung ist deshalb an eine **Frist von sechs Wochen** seit dem Zustandekommen des Gesetzes nach Art. 78 gebunden. Gibt die
BReg innerhalb dieser Frist keine Erklärung ab, wird die Zustimmung als erteilt
erachtet (Abs. 3 Satz 2). Wenn dagegen die BReg ihre Zustimmung rechtswirksam verweigert hat, kann das Gesetz nicht verkündet werden. Es ist dann endgültig gescheitert. Die BReg kann ihre Zustimmung nicht auf einen Teil des Gesetzes
beschränken, weil sie nicht die Befugnis hat, ein Gesetz in seinem Inhalt zu verändern, was durch Weglassen von Teilen aber geschehen würde.

## Artikel 114 [Rechnungslegung, Rechnungsprüfung]

(1) Der Bundesminister der Finanzen hat dem Bundestage und dem Bundesrate über alle Einnahmen und Ausgaben sowie über das Vermögen und die Schulden im Laufe des nächsten Rechnungsjahres zur Entlastung der Bundesregierung Rechnung zu legen.

(2) Der Bundesrechnungshof, dessen Mitglieder richterliche Unabhängigkeit besitzen, prüft die Rechnung sowie die Wirtschaftlichkeit und Ordnungsmäßigkeit der Haushalts- und Wirtschaftsführung. Er hat außer der Bundesregierung unmittelbar dem Bundestage und dem Bundesrate jährlich zu berichten. Im übrigen werden die Befugnisse des Bundesrechnungshofes durch Bundesgesetz geregelt.

1 **Allgemeines:** Art. 114 ist Ausdruck des im demokratischen Regierungssystem geltenden Grundsatzes, dass jeder, der in Verantwortung für einen anderen Geldmittel bewirtschaften kann oder muss, diesem darüber Rechenschaft zu geben hat (vgl. auch BVerwGE 139, 103). In Art. 114 geht es darum, dass die Regierung, die durch den Gesetzgeber ermächtigt ist, nach einem gegliederten, mit klaren Zielbeschreibungen und Zweckbestimmungen versehenen Haushaltsplan (HPl) Geldmittel auszugeben, daraufhin geprüft wird, ob sie sich im Rahmen dieser Ermächtigung gehalten hat.

**Absatz 1: Rechnungslegung**

2 Abs. 1 legt die Verpflichtung zur Rechnungslegung dem BMF auf, der hier, wie in Art. 108 III und Art. 112, entsprechend seiner Verantwortung für die Finanzwirtschaft innerhalb der BReg eine besondere, eigenständige Rolle spielt. Er hat über **alle Einnahmen und Ausgaben** des Bundes Rechnung zu legen. Da diese Haushaltsrechnung den Zweck hat, die Feststellung zu ermöglichen, ob der HPl eingehalten worden ist (Ist/Soll-Vergleich), müssen darin die tatsächlichen Einnahmen und Ausgaben nach der im HPl vorgesehenen Ordnung den Ansätzen des HPl gegenübergestellt werden. Dabei sind der Vollständigkeit wegen auch über- und außerplanmäßige Ausgaben nachzuweisen. Neben der Darstellung der Einnahmen und Ausgaben muss über das **Vermögen und** die **Schulden des Bundes** Rechnung gelegt werden. Nach § 86 BHO sind der Bestand des Vermögens und der Schulden zu Beginn des Haushaltsjahrs, die Veränderungen während des Haushaltsjahrs und der Bestand zum Ende des Haushaltsjahrs nachzuweisen. Zum Vermögen gehören sowohl das Verwaltungsvermögen wie auch das Finanzvermögen (zu diesen Begriffen s. Art. 134 Rn. 2). Beide Vermögensarten werden im Vermögensnachweis betragsmäßig dargestellt. Die Haushaltsrechnung und der Nachweis des Vermögens und der Schulden sind dem BTag und dem BRat im Laufe des nächsten Rechnungsjahres zur **Entlastung der Bundesregierung** vorzulegen. „Im Laufe des nächsten Rechnungsjahres" bedeutet auch bei einem mehrjährigen HPl nach Art. 110 II, dass jährlich Rechnung gelegt werden muss; denn auch in diesem Fall wird der HPl nach Jahren getrennt aufgestellt. BTag und BRat beschließen über die Entlastung der BReg. Die Entlastung hat im Wesentlichen nur polit. Bedeutung.

**Absatz 2: Bundesrechnungshof**

3 In Abs. 2 findet sich eine **institutionelle Verfassungsgarantie** des Bundesrechnungshofs (BRH), seiner Funktion und der richterl. Unabhängigkeit seiner Mitglieder. Einzelheiten über Organisation und Tätigkeit des BRH enthält das nach Satz 3 ergangene G über den BRH vom 11.7.1985 (BGBl I S. 1445), das durch Art. 15 des G vom 5.2.2009 (BGBl I S. 160) geändert worden ist. Der BRH hat

die Rechnung zu prüfen. Gegenstand dieser Prüfung ist die vom BMF nach Abs. 1 vorzulegende jährliche Haushalts- und Vermögensrechnung. Das Ergebnis dieser Rechnungsprüfung bildet zusammen mit der Rechnung des BMF die Grundlage des parl. Prüfungs- und Entlastungsverfahrens. Die dem BRH obliegende Prüfung setzt nicht erst ein, wenn der BMF förmlich die Rechnung gelegt hat. Der BRH kann schon vorher abgeschlossene Verwaltungsvorgänge einer Prüfung unterziehen. Die Regelung ermöglicht also eine Prüfung, bevor sich das Verwaltungshandeln rechnungsmäßig niedergeschlagen hat (NWVerfGH, NVwZ 2012, 631 f.). Die Zulassung prüfungsfreier Räume ist nicht statthaft (BT-Dr V/4378 S. 4379). Finanzverantwortung geht mit Finanzkontrolle einher (BVerwGE 116, 99). Die Prüfungstätigkeit des BRH umfasst die Rechnungs-, Verwaltungs- und „Verfassungskontrolle". **Rechnungskontrolle** ist die rechnerische formelle Prüfung der Belege. **Verwaltungskontrolle** bedeutet die Prüfung der Geschäftsvorfälle in sachlicher Hinsicht, insbes. ihre Übereinstimmung mit Gesetzen, VO und Verwaltungsvorschriften. Hierin gehört auch die Wirtschaftlichkeitsprüfung, d.h. die Prüfung, ob mit dem geringstmöglichen Aufwand der größtmögliche Nutzen erzielt worden ist. Die rechnungsunabhängige Prüfung betrifft die Prüfung der gesamten Haushalts- und Wirtschaftsführung am Maßstab der Wirtschaftlichkeit und Sparsamkeit, die sich auch auf die der Mittelbewirtschaftung vorausgehenden Verwaltungsentscheidungen bezieht. Adressat ist die Bundesexekutive (s. auch BVerwGE 139, 103 f.). Nicht Adressat der rechnungsunabhängigen Prüfung ist hingegen der Gesetzgeber hinsichtlich des Inhalts der von ihm erlassenen Gesetze. Die Festlegung des Gesetzesinhalts ist nicht Teil der Haushalts- und Wirtschaftsführung des Bundes. Die Auswirkungen gesetzl. Regelungen können lediglich Inhalt von Beratungen nach § 88 II BHO sein. Daher bezieht sich insbes. die Wirtschaftlichkeitskontrolle im Rahmen der rechnungsunabhängigen Prüfung auf die Ergebnisse der Tätigkeit der Bundesverwaltung und nicht auf die Wirtschaftlichkeit von Gesetzesinhalten (BVerfGE 127, 213 m.w.N.). „Verfassungskontrolle" ist die Prüfung, ob der gesetzl. festgestellte HPl einschl. der dazugehörigen Unterlagen von der Verwaltung eingehalten worden ist (BVerfGE 20, 96). Die Prüfungsergebnisse des BRH finden in **Prüfungsbemerkungen** nach § 97 BHO ihren Niederschlag. Diese werden nach Abs. 2 Satz 2 und § 97 I BHO der BReg, dem BTag und dem BRat mitgeteilt (dazu auch OVG Münster, NWVBl 2012, 227). Nach Satz 3 können dem BRH durch einfaches Bundesgesetz weitergehende Befugnisse eingeräumt werden (vgl. § 88 II BHO, wonach der BRH auf Grund von Prüfungserfahrungen BTag, BRat, BReg u. einzelne BMinister beraten kann).

## Artikel 115 [Kreditbeschaffung, Schuldenbegrenzung Bund]

(1) Die Aufnahme von Krediten sowie die Übernahme von Bürgschaften, Garantien oder sonstigen Gewährleistungen, die zu Ausgaben in künftigen Rechnungsjahren führen können, bedürfen einer der Höhe nach bestimmten oder bestimmbaren Ermächtigung durch Bundesgesetz.

(2) Einnahmen und Ausgaben sind grundsätzlich ohne Einnahmen aus Krediten auszugleichen. Diesem Grundsatz ist entsprochen, wenn die Einnahmen aus Krediten 0,35 vom Hundert im Verhältnis zum nominalen Bruttoinlandsprodukt nicht überschreiten. Zusätzlich sind bei einer von der Normallage abweichenden konjunkturellen Entwicklung die Auswirkungen auf den Haushalt im Auf- und Abschwung symmetrisch zu berücksichtigen. Abweichungen der tatsächlichen

*Kienemund* 793

Kreditaufnahme von der nach den Sätzen 1 bis 3 zulässigen Kreditobergrenze werden auf einem Kontrollkonto erfasst; Belastungen, die den Schwellenwert von 1,5 vom Hundert im Verhältnis zum nominalen Bruttoinlandsprodukt überschreiten, sind konjunkturgerecht zurückzuführen. **Näheres, insbesondere die Bereinigung der Einnahmen und Ausgaben um finanzielle Transaktionen und das Verfahren zur Berechnung der Obergrenze der jährlichen Nettokreditaufnahme unter Berücksichtigung der konjunkturellen Entwicklung auf der Grundlage eines Konjunkturbereinigungsverfahrens sowie die Kontrolle und den Ausgleich von Abweichungen der tatsächlichen Kreditaufnahme von der Regelgrenze, regelt ein Bundesgesetz. Im Falle von Naturkatastrophen oder außergewöhnlichen Notsituationen, die sich der Kontrolle des Staates entziehen und die staatliche Finanzlage erheblich beeinträchtigen, können diese Kreditobergrenzen auf Grund eines Beschlusses der Mehrheit der Mitglieder des Bundestages überschritten werden. Der Beschluss ist mit einem Tilgungsplan zu verbinden. Die Rückführung der nach Satz 6 aufgenommenen Kredite hat binnen eines angemessenen Zeitraumes zu erfolgen.**

1 **Allgemeines:** Art. 115 ist durch die **Föderalismusreform II** (vgl. Einführung Rn. 7) wesentlich neu gefasst worden. Die **Finanzierung von Staatsausgaben durch Kreditmittel** ist neben der Finanzierung aus laufenden Einnahmen, insbes. Steuern, ein normaler Finanzierungsvorgang. Sie ist auch zur Verwirklichung einer effektiven staatl. Konjunkturpolitik nützlich und unentbehrlich zur Kompensation einer unzureichenden gesamtwirtsch. Nachfrage. Andererseits zwingt u.a. die Notwendigkeit von Tilgung und Verzinsung den Staat zu einer vorsichtigen Handhabung der Kreditfinanzierung, weil die Belastung künftiger Haushaltsjahre nicht so anwachsen darf, dass der finanzpolit. Spielraum verloren geht. Deswegen unterwirft Art. 115 die Kreditaufnahmen des Bundes der parl. Kontrolle und nunmehr auch quantitativen Begrenzungen, die durch die Föderalismusreform II neu eingeführt worden sind. Zu Art. 115 ist als Ausführungsgesetz das Art. 115-G (G 115) vom 10.8.2009 (BGBl I S. 2704) ergangen. Es war nach seinem § 9 I erstmalig auf den Bundeshaushalt des Jahres 2011 anzuwenden. Der derzeit laufende Übergangszeitraum endet 2016. Art. 115 hat Wirkung nur im Inter-Organ-Verhältnis zwischen Parlament und Regierung.

### Absatz 1: Kreditermächtigung und Kreditbegrenzung

2 Nach Abs. 1 bedarf die Aufnahme von Krediten der gesetzl. Ermächtigung. Darin kommt das Budgetrecht des Parlaments zum Ausdruck. Die Ermächtigung wird im HaushaltsG ausgesprochen, kann aber auch in anderen Gesetzen erfolgen. Sie muss betragsmäßig bestimmt, ausnahmsweise, wenn es nicht anders möglich ist, zumindest bestimmbar sein. **Kredit** bedeutet die Begründung von Verbindlichkeiten zur Beschaffung von Geld, aber auch zur Abgeltung von Ansprüchen, z.B. Befriedigung von Lastenausgleichsansprüchen durch Hingabe von Schuldtiteln. Sog. Verwaltungsschulden (z.B. Zahlungsfristen bei Kaufverträgen) sind keine Kredite i.S. des Art. 115. Der BMF entscheidet darüber, wann und welche Kredite aufgenommen werden. Die Verwaltung der Schulden obliegt nach dem BundesschuldenwesenG vom 12.7.2006 (BGBl I S. 1466) der „Bundesrepublik Deutschland – Finanzagentur GmbH". Der gesetzl. Ermächtigung unterliegen auch **Bürgschaften, Garantien und sonstige Gewährleistungen**, wenn sie zu Ausgaben in künftigen Rechnungsjahren führen können. Bürgschaften sind die des BGB (§§ 765 ff.). Garantie ist die Übernahme eines künftigen ungewissen Schadens (s. dazu auch BWStGH, ESVGH 62, 17). Sonstige Gewährleistungen i.S. des Abs. 1 sind den Bürgschaften und Garantien entsprechende Sicherungsge-

schäfte. Auch dabei muss die gesetzl. Ermächtigung die Höhe „bestimmen" oder „bestimmbar" machen (vgl. dazu § 39 BHO). Der parl. Gesetzgeber muss den finanziellen Umfang der Ermächtigung zur Kreditaufnahme oder Gewährleistungsübernahme durch einen bestimmten – oder wenigstens bestimmbaren – Höchstbetrag selbst festlegen. Bei der Ermächtigung zu Gewährleistungen, mit deren Inanspruchnahme nach Umfang und sonstigen Rahmenbedingungen mit dem Risiko einer schwerwiegenden Reduzierung des Spielraums für künftige haushaltspolit. Entscheidungen gerechnet werden muss, darf sich der Gesetzgeber nicht auf die Festlegung der Höhe beschränken. Der mit dem besonderen Gesetzesvorbehalt verfolgte Zweck, die haushaltspolit. Gesamtverantwortung des BTages gegen eine Verlagerung der den aktuellen oder potentiellen Gesamtschuldenstand wesentlich beeinflussenden Entscheidungen auf die Exekutive abzusichern, würde anderenfalls verfehlt: Eine Umgehung und Aushöhlung der parl. Budgetverantwortung wird nach der Rspr. des BVerfG bei derartigen Gewährleistungsermächtigungen nur verhindert, wenn der Gesetzgeber neben dem Umfang der Ermächtigung auch flankierende Rahmenbedingungen festlegt, die gewährleisten, dass die haushaltspolit. Gesamtverantwortung des BTages gewahrt bleibt. Dies kann durch gesetzl. Bindung der Inanspruchnahme an risikobegrenzende Kriterien und dadurch geschehen, dass die wesentlichen Entscheidungen im Zusammenhang mit der Inanspruchnahme der Gewährleistungsermächtigung ihrerseits an die Mitwirkung des BTages gebunden bleiben (vgl. BVerfGE 130, 347). Hinsichtlich der Wahrscheinlichkeit, für Gewährleistungen einstehen zu müssen, und bei der Prüfung, ob der Umfang von Zahlungsverpflichtungen und Haftungszusagen zu einer Entäußerung der Haushaltsautonomie des BTages führt, kommt dem Gesetzgeber namentlich mit Blick auf die Frage der Eintrittsrisiken und die zu erwartenden Folgen für die Handlungsfreiheit des Haushaltsgesetzgebers ein weiter Einschätzungsspielraum zu, der vom BVerfG grundsätzlich zu respektieren ist (BVerfGE 129, 182 f.; BVerfG, U. v. 12.9.2012 – 2 BvR 1390/12 u.a. –). Das Gericht selbst greift also in die Bewertung der Höhe noch verantwortbarer Gewährleistungsermächtigungen (noch) nicht ein.

### Absatz 2: Schuldenbegrenzungsregel für den Bund

*Sätze 1 und 2:* Abs. 2 ist vorbildlos und konkretisiert für den Bund die Maßgaben des Art. 109 III (dazu allg. Art. 109 Rn. 9 ff.) verpflichtend. Zunächst wird in Satz 1 – Art. 109 III 1 wiederholend – die Grundsatzentscheidung gegen eine strukturelle Neuverschuldung benannt. Ebenfalls für den Bund wird in Satz 2 festgelegt, dass für ihn dieser Maßgabe Rechnung getragen ist, solange sich die **Nettokreditaufnahme** unterhalb der Grenze von 0,35 vH bewegt. Die Norm löst die bisherige Regelung ab, wonach die Einnahmen aus Krediten die Summe der im Haushaltsplan veranschlagten Ausgaben für Investitionen nicht überschreiten durften. Damit wird der bislang geltende (Brutto-)Investitionsbegriff, der als nicht mehr zeitgerecht empfunden wird (vgl. BT-Dr 16/12410 S. 6), abgelöst und auf Verfassungsebene durch ein detailliertes, bundesgesetzl. vorgegebenes und ökonomisch geprägtes Berechnungsverfahren ersetzt. Künftig soll die zulässige strukturelle Verschuldung des Bundes – wie bereits in Art. 109 III 4 vorgesehen – auf maximal 0,35 vH des nominalen Bruttoinlandprodukts begrenzt werden (s. auch die §§ 2–4 G 115). **3**

*Satz 3:* Zu dieser „Strukturkomponente" tritt als „Konjunkturkomponente" die Regelung nach Satz 3 hinzu, nach welcher der Haushaltsgesetzgeber bei der Ermittlung der zulässigen Kreditaufnahme auch die konjunkturelle Entwicklung zu berücksichtigen hat. Der nach Satz 2 eingeräumte (strukturelle) Kreditspielraum **4** wird in Abhängigkeit von den erwarteten Auswirkungen einer von der Normallage abweichenden konjunkturellen Entwicklung auf den Haushalt entweder erweitert oder verringert. In besonders guten Zeiten kann sich die Verpflichtung zur Erwirtschaftung echter Überschüsse (d.h. Tilgungen) ergeben. Durch die symmetrische Berücksichtigung der konjunkturellen Auswirkungen auf den Haushalt sollen ein „prozyklisches" Verhalten vermieden und Kreditaufnahmen in Abschwungphasen durch Überschüsse in Aufschwungphasen ausgeglichen werden (vgl. BT-Dr 16/12410 S. 12).

5 *Satz 4* soll gewährleisten, dass die neue Schuldenregel auch für den Vollzug des Bundeshaushalts gilt. Abweichungen der Kreditaufnahme im Haushaltsvollzug von der Soll-Kreditaufnahme sind kaum zu vermeiden. Die Abweichungen sollen aber über das einzelne Haushaltsjahr hinaus verbucht werden. Positive wie negative Abweichungen werden auf einem **Kontrollkonto** verbucht (s. dazu § 7 G 115). Durch die ab Erreichen des Schwellenwerts von 1,5 vH des nominalen Bruttoinlandsprodukts einsetzende **Rückführungspflicht** nach Satz 4 soll sichergestellt werden, dass die Regelgrenze für die strukturelle Verschuldung weder erheblich noch dauerhaft überschritten wird (vgl. BT-Dr 16/12410 S. 12 f. u. § 7 II u. III G 115).

6 *Satz 5* enthält Vorgaben für den Inhalt des Ausführungsgesetzes. Die vorzusehende Bereinigung der Einnahmen und Ausgaben um finanzielle Transaktionen (z.b. Privatisierungseinnahmen oder Ausgaben für Vermögensbeschaffungen) soll einen Gleichklang der nationalen Schuldenbegrenzungsregel mit der Systematik des europäischen Stabilitäts- und Wachstumspaktes herstellen. Die weiteren Vorgaben betreffen die Berücksichtigung der konjunkturellen Auswirkungen auf den Haushalt auf der Grundlage eines festzulegenden **Konjunkturbereinigungsverfahrens** sowie die Konkretisierung der Handhabung des Kontrollkontos in seinen Einzelheiten (BT-Dr 16/12410 S. 13). Die Umsetzung dieser Vorgaben ist im Art. 115-G vom 10.8.2009 (s. oben Rn. 1) erfolgt.

7 *Satz 6:* Die **Ausnahmeklausel** in Satz 6 entspricht in den Tatbestandsvoraussetzungen Art. 109 III (s. daher Art. 109 Rn. 10). Ergänzend gilt, dass der zur Inanspruchnahme der Ausnahme im Einzelfall erforderliche Parlamentsbeschluss mit qualifizierter Mehrheit (Mehrheit der Mitglieder des BTags; vgl. dazu Art. 121 Rn. 1 f.) gefasst werden muss. Der notwendige Beschluss kann ein Gesetzesbeschluss sein. Denkbar ist auch ein Parlamentsbeschluss, der i.d.R. im Zusammenhang mit der Beschlussfassung über das HaushaltsG erfolgt, mit dem Kreditaufnahmen über die Regelgrenzen hinaus ermöglicht werden (BT-Dr 16/12410 S. 13).

8 Die *Sätze 7 und 8* zwingen den Gesetzgeber, die Beschlussfassung über eine erhöhte Nettokreditaufnahme mit einem **Tilgungsplan** zu versehen, der die Rückführung der oberhalb der Regelgrenzen liegenden Kreditaufnahme regelt. Die Rückführungspflicht soll ein weiteres Anwachsen der Staatsschulden verhindern. Welcher Zeitraum als angemessen für die Rückführung anzusehen ist, hat das Parlament in Ansehung der Größenordnung der erhöhten Kreditaufnahme und der konkreten konjunkturellen Situation zu entscheiden (BT-Dr 16/12410 S. 13).

9 Die Möglichkeit, nach dem bisherigen Abs. 2 für **Sondervermögen** Ausnahmen von den Kreditbegrenzungen vorzusehen, ist mit der Neuregelung in Abs. 2 entfallen. Bereits eingerichtete Sondervermögen mit eigener Kreditermächtigung können nach Art. 143 d I 2 Halbs. 2 auf der Basis der sie legitimierenden Gesetzesbeschlüsse fortgeführt werden. Durch die Streichung der Sonderregelung soll

eine Beeinträchtigung der Wirksamkeit der neuen Schuldenregel durch vormals geschaffene Sondertatbestände verhindert werden (vgl. BT-Dr 16/12410 S. 13).

# Xa. Verteidigungsfall

## Vorbemerkungen

Der Xa. Abschnitt ist das **Kernstück der so genannten Notstandsverfassung.** Die 1 unter dieser Bezeichnung zusammengefassten Bestimmungen (außer Abschnitt Xa insbes. Art. 10 II, Art. 12 a, 20 IV, Art. 35 II u. III, Art. 53 a, 80 a, Änderungen der Art. 87 a u. 91) sind nach Diskussionen, die sich über drei Wahlperioden des BTags hinzogen, 1968 in das GG eingefügt worden. Bis dahin hatte die Verfassung zwar gegen leichtere Gefährdung Vorsorge getroffen (Art. 9 II, Art. 18, 21 II, Art. 37), kaum jedoch gegen eine wirklich bedrohliche Gewaltanwendung im Innern (vgl. Art. 91 a.F.) oder von außen (vgl. Art. 17 a, 59 a, 73 Nr. 1, Art. 87 b a.F.). Die Feststellung des Verteidigungsfalls nach dem früheren Art. 59 a hätte verfassungsrechtl. nur den Übergang der Befehls- und Kommandogewalt über die Streitkräfte vom BMVg auf den BKanzler (Art. 65 a) und die Ausübung der Strafgerichtsbarkeit über Angehörige der Streitkräfte durch Wehrstrafgerichte (Art. 96 a II 2) zur Folge gehabt. Es fehlte vor allem an Regelungen, die eine schnellere Willensbildung der Staatsführung als in Normalzeiten und eine straffe, einheitliche Verwirklichung ihrer Entscheidungen ermöglicht hätten.

Damit unterschied sich das GG von den Verfassungen des Deutschen Reiches, 2 den meisten Landesverfassungen, die Grundrechtseinschränkungen und den Erlass von Notverordnungen vorsehen, und den Verfassungen des demokratischen Auslands (rechtsvergleichende Hinweise bei Heun in Dreier, vor Art. 115 a Rn. 10). Diese im GG vorhandene Lücke, die auch eine Souveränitätslücke war, wurde durch die **Sicherheitsvorbehalte der Drei Mächte** nach Art. 5 II des „Deutschlandvertrags" i.d.F. vom 23.10.1954 (BGBl 1955 II S. 305) gefüllt. Den Alliierten standen danach umfassende Vollmachten in einem Notstand zu, ohne dass deutsche Organe auf die Ausübung dieser Befugnisse entscheidend hätten einwirken können. Mit dem Inkrafttreten der „Notstandsverfassung" sind diese alliierten Vorbehaltsrechte entfallen (Noten der Drei Mächte v. 27.5.1968; Bek. v. 18.6.1968, BGBl I S. 714).

Der 1960 unternommene Versuch, den Notstandsfall besonders handlungseffizi- 3 ent unter Einräumung generalklauselartiger Befugnisse für die Exekutive bei einem Minimum an Kontrollmöglichkeiten zu regeln (Notstand als „Stunde der Exekutive"; sog. Schröder-Entwurf, BT-Dr III/1800), erwies sich als nicht durchsetzbar. Die nach einem für die Bundesrepublik bis dahin nicht gekannten Maß an Auseinandersetzung schließlich Gesetz gewordene Regelung bemüht sich demgegenüber um eine hohe Kontrolldichte und nimmt teilweise effizienzmindernde Wirkungen in Kauf. Charakteristisch sind der **Verzicht** vor allem **auf** das Institut der **Notverordnung** und **auf einschneidende Grundrechtseinschränkungen.** Am weitestgehenden erscheinen die Veränderungen im Bund/Länder-Verhältnis (Art. 115 c, Einflussverlust des BRats in den Fällen der Art. 115 d, 115 e). Besondere Streitpunkte waren die Befugnisse des „Notparlaments", des Gemeinsamen Ausschusses nach Art. 53 a (vgl. Art. 115 a Rn. 5), und die Ausgestaltung der zivilen Dienstpflicht mit ihren Folgen für das Streikrecht. Um allzu perfektionistische Regelungen zu vermeiden, ist bewusst darauf verzichtet worden, Vorsorge für alle denkbaren Gestaltungen eines modernen Krieges zu treffen, also etwa für den Ausfall auch des Gemeinsamen Ausschusses. Trotz dieser Selbstbeschränkung hat angesichts des Strebens nach genauen, rechtsstaatl. abgesicherten Bestimmungen nicht vermieden werden können, dass Umfang und Komplexität der Notstandsvorschriften in einem Missverhältnis zur Struktur der Verfassung insgesamt stehen.

4 Abschnitt Xa regelt die **Feststellung des Verteidigungsfalls** und birgt die meisten dafür vorgesehenen Sonderregelungen (s. daneben aber Art. 12 a III, IV, VI, Art. 87 a III). Das GG enthält weiterhin einige **Vorschriften für den Spannungsfall**, eine krisenhafte Zuspitzung der internationalen Lage, die einen baldigen Verteidigungsfall befürchten lässt: Art. 80 a, 87 a III, Art. 12 a V und VI 2. Spannungsfall und Verteidigungsfall lassen sich unter dem Oberbegriff des „äußeren Notstands" zusammenfassen; wegen des „inneren Notstandes" vgl. Art. 91 sowie Art. 87 a IV. Im *Verteidigungsfall* steht die Verstärkung der Wirkungskraft des Staatshandelns im Vordergrund: Dazu dienen eine Konzentration der Zuständigkeiten, die Gewährleistung der Arbeitsfähigkeit aller Verfassungsorgane, notfalls von Ersatzorganen, und eine – bescheidene – Erweiterung der Möglichkeit zu Grundrechtseinschränkungen. Kennzeichnend für die Notstandsverfassung des GG ist der Verzicht auf die Wahrnehmung parl. Rechte durch die Exekutive. Stattdessen soll ein arbeitsfähiges Organ der Volksvertretung vorhanden sein, nach Möglichkeit der BTag selbst (s. insbes. Art. 115 d). Falls der – wegen der großen Zahl seiner u.u. über das Bundesgebiet verstreuten Mitglieder besonders verwundbare – BTag dennoch ausfällt, nimmt der Gemeinsame Ausschuss die parl. Befugnisse wahr. Dieses „Notparlament" ist organisatorisch die auffälligste Besonderheit der Notstandsverfassung (vgl. Art. 53 a). Der *Spannungsfall* zeichnet sich in seinen Rechtsfolgen weniger durch Stärkung der Staatsgewalt als vielmehr durch eine Mitwirkung des BTags an solchen Exekutiventscheidungen aus, die Rückwirkungen auf die internationalen Spannungen äußern könnten.

5 Zur **Entstehungsgeschichte** und zu der umfangreichen verfassungspolit. Literatur vgl. Heun in Dreier, vor Art. 115 a Rn. 3 ff.; Grote in v. Mangoldt/Klein/Starck, Art. 115 a Rn. 1–3.

## Artikel 115 a [Feststellung des Verteidigungsfalls]

(1) Die Feststellung, daß das Bundesgebiet mit Waffengewalt angegriffen wird oder ein solcher Angriff unmittelbar droht (Verteidigungsfall), trifft der Bundestag mit Zustimmung des Bundesrates. Die Feststellung erfolgt auf Antrag der Bundesregierung und bedarf einer Mehrheit von zwei Dritteln der abgegebenen Stimmen, mindestens der Mehrheit der Mitglieder des Bundestages.

(2) Erfordert die Lage unabweisbar ein sofortiges Handeln und stehen einem rechtzeitigen Zusammentritt des Bundestages unüberwindliche Hindernisse entgegen oder ist er nicht beschlußfähig, so trifft der Gemeinsame Ausschuß diese Feststellung mit einer Mehrheit von zwei Dritteln der abgegebenen Stimmen, mindestens der Mehrheit seiner Mitglieder.

(3) Die Feststellung wird vom Bundespräsidenten gemäß Artikel 82 im Bundesgesetzblatte verkündet. Ist dies nicht rechtzeitig möglich, so erfolgt die Verkündung in anderer Weise; sie ist im Bundesgesetzblatte nachzuholen, sobald die Umstände es zulassen.

(4) Wird das Bundesgebiet mit Waffengewalt angegriffen und sind die zuständigen Bundesorgane außerstande, sofort die Feststellung nach Absatz 1 Satz 1 zu treffen, so gilt diese Feststellung als getroffen und als zu dem Zeitpunkt verkün-

det, in dem der Angriff begonnen hat. Der Bundespräsident gibt diesen Zeitpunkt bekannt, sobald die Umstände es zulassen.

(5) Ist die Feststellung des Verteidigungsfalles verkündet und wird das Bundesgebiet mit Waffengewalt angegriffen, so kann der Bundespräsident völkerrechtliche Erklärungen über das Bestehen des Verteidigungsfalles mit Zustimmung des Bundestages abgeben. Unter den Voraussetzungen des Absatzes 2 tritt an die Stelle des Bundestages der Gemeinsame Ausschuß.

**Allgemeines:** Art. 115 a ersetzt den früheren Art. 59 a I-III. Dort war insbes. be-  1
stimmt, dass der Eintritt des Verteidigungsfalls vom BTag mit einfacher Mehrheit, notfalls stattdessen vom BPräs festgestellt wird. Die neue Regelung enthält – als „Klammerdefinition" – eine Begriffsbestimmung des Verteidigungsfalls, behält die Feststellung den parl. Organen vor und bindet sie außerdem an qualifizierte Mehrheiten.

### Absatz 1: Feststellung des Verteidigungsfalls

Der **Verteidigungsfall** ist gegeben, wenn das Bundesgebiet (zum territorialen Um-  2
fang s. Präambel Rn. 5) von außen (Grote in v. Mangoldt/Klein/Starck, Art. 115 a Rn. 8) mit Waffengewalt angegriffen wird, aber auch, wie Satz 1 klarstellt, wenn ein solcher Angriff unmittelbar droht. Damit reichen begrenzte Angriffe auf deutsche Schiffe und Flugzeuge, anderen Orts stationierte Truppenteile oder auch Bündnispartner nicht aus. Ein alsbaldiger Angriff muss so wahrscheinlich sein, dass innerstaatl. Verteidigungsmaßnahmen nicht länger hinausgezögert werden dürfen. Das wäre z.b. bei einer klassischen Kriegserklärung der Fall, aber auch dann, wenn bereits ein Bündnispartner (zur Erfüllung von Bündnispflichten vgl. Art. 87 a Rn. 3, 8) angegriffen wurde und mit einer Ausweitung auf das Bundesgebiet zu rechnen ist. Fraglich ist, ob Angriffe internationaler Terrororganisationen ausreichen können (dazu Krings/Burkiczak, DÖV 2002, 501; nur bei möglichem Einsatz von Massenvernichtungswaffen: Grote in v. Mangoldt/Klein/Starck, Art. 115 a Rn. 16). Wie stets bei der Feststellung nach Abs. 1 ist aber das Verhältnismäßigkeitsprinzip zu beachten. Entscheidend ist, ob die mit dem Verteidigungsfall einhergehenden Eingriffsmöglichkeiten und Verfahrenserleichterungen zur Abwehr der konkreten Gefahr erforderlich sind (s. Grote in v. Mangoldt/Klein/Starck, Art. 115 a Rn. 23).

Die **Feststellung des Verteidigungsfalls** ist von konstitutiver Bedeutung. Ihre **Fol-**  3
**gen** ergeben sich aus Art. 115 b–115 l, außerdem aus Art. 12 a III, IV und VI, Art. 80 a I und Art. 87 a III. Sie sind innerstaatl. Natur. Völkerrechtl. Wirkungen, etwa die einer „Kriegserklärung", gehen von der Feststellung des Verteidigungsfalls nicht aus; sie setzen besondere Erklärungen des BPräs voraus (Abs. 5). Der Einsatz der Streitkräfte ist in Art. 87 a geregelt (vgl. dazu wie zu ihrer Verwendung zur Erfüllung von Bündnispflichten Art. 87 a Rn. 6 ff.); denn der Begriff des Verteidigungsfalls ist nicht mit dem der Verteidigung (Art. 87 a I, II) identisch.

*Die wichtigsten Rechtswirkungen* des Verteidigungsfalls sind:

a) Erweiterung der Befugnisse des Bundesgesetzgebers (Art. 115 c);
b) Beschleunigung des Gesetzgebungsverfahrens in dringlichen Fällen (Art. 115 d);
c) Erweiterung der Befugnisse der BReg (Art. 115 f), u.U. auch der Landesbehörden (Art. 115 i);
d) Verpflichtung zu zivilen Dienstleistungen (Art. 12 a III, IV u. VI);
e) beim Hinzutreten weiterer Voraussetzungen:

aa) Zulässigkeit völkerrechtl. Erklärungen nach Abs. 5;
bb) Notzuständigkeit des Gemeinsamen Ausschusses anstelle von BTag und BRat (Art. 115 e).

4 Angesichts dieser bedeutsamen polit. und rechtl. Folgen („Entscheidung über Krieg u. Frieden", BVerfGE 121, 135, 153 f.) und der Charakterisierung der Bundeswehr als „Parlamentsheer" (BVerfGE 126, 70; s. dazu auch Art. 65 a Rn. 6, Art. 87 a Rn. 1, 9) ist die Feststellung des Verteidigungsfalls nicht der Exekutive überlassen, sondern grundsätzlich an eine **qualifizierte Mehrheit des Bundestags und** an die **Zustimmung des Bundesrats** gebunden worden. Das Risiko, dass notwendige Entscheidungen versäumt oder verzögert werden, hat der Verfassungsgesetzgeber in Kauf genommen (vgl. aber Abs. 4). Das Erfordernis der Zweidrittelmehrheit ist eine der Sonderregelungen gegenüber Art. 42 II 1. „Mehrheit der Mitglieder": s. Art. 121 Rn. 1. Der BRat beschließt – wie üblich mit der (absoluten) Mehrheit seiner Stimmen (Art. 52 III 1). Vorausgehen muss ein Antrag der BReg.

**Absatz 2: Feststellung durch den Gemeinsamen Ausschuss**

5 Entsprechend der Regelung in Art. 115 e I, die im bereits festgestellten Verteidigungsfall gilt, tritt der Gemeinsame Ausschuss (GA) – Art. 53 a – auch für diese Feststellung selbst an die Stelle von BTag und BRat, wenn die Lage unabweisbar ein sofortiges Handeln erfordert *und* entweder

a) einem rechtzeitigen Zusammentritt des BTags unüberwindliche Hindernisse entgegenstehen
*oder*
b) der BTag bei seinem Zusammentritt beschlussunfähig ist.

Ob diese Umstände gegeben sind, entscheidet der GA, der damit zur „**Selbstinvestitur**" berechtigt ist. Einem rechtzeitigen Zusammentritt – damit ist auch die Wiederversammlung eines i.S. des Art. 39 I 2, II zusammengetretenen (konstituierten) BTages gemeint (str.; vgl. Grote in v. Mangoldt/Klein/Starck, Art. 115 a Rn. 32 f.) – stehen dann Hindernisse entgegen, wenn die Mehrheit der Abg. voraussichtlich aus objektiven Gründen (z.b. Störung der Verkehrs- u. Nachrichtenwege) nicht schnell genug zusammenkommen wird. Der Begriff der Beschlussfähigkeit ist im Hinblick auf Abs. 1 Satz 2 zu verstehen; es muss also mindestens die Mehrheit der Mitglieder des BTags versammelt sein (s. auch § 45 I GOBT). Liegen die genannten Voraussetzungen vor, ist der GA allein zuständig, auch wenn der BRat handlungsfähig sein sollte (ebenso Art. 115 e I). Das Erfordernis der qualifizierten Mehrheit entspricht Abs. 1 Satz 2. Zur Mitgliederzahl vgl. Art. 53 a I. Für den (unwahrscheinlichen) Fall, dass bei handlungsfähigem BTag allein der BRat ausfällt, erscheint eine analoge Anwendung des Abs. 2 geboten.

**Absatz 3: Verkündung der Feststellung**

6 Abs. 3 schreibt grundsätzlich die verhältnismäßig zeitraubende Verkündung der Feststellung des Verteidigungsfalls durch den BPräs (gemäß Art. 82 I mit Gegenzeichnung) im BGBl vor. In Eilfällen kann nach Satz 2 „in anderer Weise" verkündet werden, z.b. durch Verlesung im Fernsehen oder Hörfunk (vgl. auch G über vereinfachte Verkündungen u. Bekanntgaben v. 18.7.1975, BGBl I S. 1919). Später muss eine Nachverkündung im BGBl erfolgen. Der BPräs kann die Einhaltung der formellen Voraussetzungen der Feststellung des Verteidigungsfalls prüfen. Materiell ist er auf eine Missbrauchskontrolle beschränkt.

**Absatz 4: Fiktion der Feststellung und Verkündung**

Auch das beschleunigte Feststellungsverfahren nach Abs. 2 kann im äußersten    **7**
Notfall eines erfolgreichen Überraschungsangriffs zu spät kommen. Die **Feststellung des Verteidigungsfalls und ihre Verkündung** werden daher **fingiert**, sobald
a)  das Bundesgebiet mit Waffengewalt angegriffen wird
    *und*
b)  die nach Abs. 1 und 2 zuständigen Bundesorgane außerstande sind, die Feststellung sofort zu treffen.
Die Fiktion tritt danach nicht ein, wenn BTag und BRat oder GA imstande sind, die Feststellung zu treffen, aus polit. Erwägungen (z.B. zur Verhinderung einer Eskalation bei örtlichen Übergriffen) aber davon absehen wollen. Der maßgebende Zeitpunkt (Angriffsbeginn) ist vom BPräs sobald wie möglich bekannt zu geben (vgl. Abs. 3), um die Rechtslage klarzustellen. In der Situation des Abs. 4 wird den einzelnen Beamten und Soldaten ein Höchstmaß an situationsgerechtem Verhalten abverlangt.

**Absatz 5: Völkerrechtliche Erklärungen**

Völkerrechtl. Erklärungen über das Bestehen eines Verteidigungsfalls (z.B. Fest-    **8**
stellung des **Kriegszustands**) kann der BPräs nicht bereits bei der Feststellung des Verteidigungsfalls abgeben. *Drei Voraussetzungen* müssen vielmehr *kumulativ* hinzukommen:
a)  Verkündung der Feststellung des Verteidigungsfalls;
b)  Angriff auf das Bundesgebiet mit Waffengewalt;
c)  Zustimmung des BTags oder notfalls, nach Maßgabe von Abs. 2, des GA (Satz 2).
Die erste Voraussetzung schließt völkerrechtl. Erklärungen auf Grund der Fiktion des Abs. 4 aus, die zweite stellt sicher, dass keine *„Kriegserklärung"* erfolgt, bevor der Angreifer die bewaffnete Auseinandersetzung seinerseits tatsächlich eröffnet hat. Die dritte Voraussetzung gewährleistet eine gegenüber dem früheren Art. 59 a III verstärkte parl. Mitwirkung.

## Artikel 115 b  [Übergang der Befehls- und Kommandogewalt auf den Bundeskanzler]

**Mit der Verkündung des Verteidigungsfalles geht die Befehls- und Kommandogewalt über die Streitkräfte auf den Bundeskanzler über.**

Der Übergang der Befehls- und Kommandogewalt *über die Streitkräfte* (nicht die Wehrverwaltung) vom BMVg (Art. 65 a) auf den BKanzler mit Verkündung des Verteidigungsfalls (Art. 115 a III u. IV) ist aus der Notwendigkeit heraus geboten, dann auch die obersten militärischen Machtbefugnisse in der Hand desjenigen zu konzentrieren, der über die Richtlinien der Politik (Art. 65 Satz 1) zu befinden hat, von denen die grundlegenden militärischen Entscheidungen im Verteidigungsfall nicht zu trennen sind. Die Folgen des **automatischen Übergangs** sind str. Nach wohl h.M. wird der Minister hinsichtlich der militärischen Kommandostruktur „völlig deposediert" (Epping in Maunz/Dürig, Art. 115 b Rn. 11). Um praktikable Ergebnisse zu erzielen, sind dann aber Organisationsakte bezüglich der Wehrverwaltung, ggf. auch eine Rückübertragung von Ausführungsbefugnissen auf den Minister, notwendig (vgl. im Einzelnen Grote in v. Mangoldt/Klein/Starck, Art. 115 b Rn. 10).

## Artikel 115 c [Erweiterung der Gesetzgebungskompetenzen des Bundes]

(1) Der Bund hat für den Verteidigungsfall das Recht der konkurrierenden Gesetzgebung auch auf den Sachgebieten, die zur Gesetzgebungszuständigkeit der Länder gehören. Diese Gesetze bedürfen der Zustimmung des Bundesrates.

(2) Soweit es die Verhältnisse während des Verteidigungsfalles erfordern, kann durch Bundesgesetz für den Verteidigungsfall

1. bei Enteignungen abweichend von Artikel 14 Abs. 3 Satz 2 die Entschädigung vorläufig geregelt werden,
2. für Freiheitsentziehungen eine von Artikel 104 Abs. 2 Satz 3 und Abs. 3 Satz 1 abweichende Frist, höchstens jedoch eine solche von vier Tagen, für den Fall festgesetzt werden, daß ein Richter nicht innerhalb der für Normalzeiten geltenden Frist tätig werden konnte.

(3) Soweit es zur Abwehr eines gegenwärtigen oder unmittelbar drohenden Angriffs erforderlich ist, kann für den Verteidigungsfall durch Bundesgesetz mit Zustimmung des Bundesrates die Verwaltung und das Finanzwesen des Bundes und der Länder abweichend von den Abschnitten VIII, VIIIa und X geregelt werden, wobei die Lebensfähigkeit der Länder, Gemeinden und Gemeindeverbände, insbesondere auch in finanzieller Hinsicht, zu wahren ist.

(4) Bundesgesetze nach den Absätzen 1 und 2 Nr. 1 dürfen zur Vorbereitung ihres Vollzuges schon vor Eintritt des Verteidigungsfalles angewandt werden.

1 **Allgemeines:** Art. 115 c erweitert für den Verteidigungsfall die Befugnisse und Zuständigkeiten des Bundesgesetzgebers. Hervorzuheben ist, dass diese erweiterten Rechte nicht erst „im", sondern schon „für den" Verteidigungsfall gegeben sind. Gesetze auf dieser Grundlage können also (müssen aber nicht) vorsorglich bereits im Frieden verabschiedet werden.

### Absatz 1: Erweiterung der konkurrierenden Gesetzgebungszuständigkeiten des Bundes

2 Abs. 1 eröffnet eine zusätzliche **umfassende konkurrierende Gesetzgebungszuständigkeit des Bundes** auch in den Bereichen, die ihm nicht durch besondere Bestimmungen des GG zugewiesen sind. Dabei müssen die Voraussetzungen des Art. 72 II erfüllt sein, und zwar gerade die Bedürfnisse des Verteidigungsfalls die bundesgesetzl. Regelung erforderlich machen: „für" den Verteidigungsfall (h.M.). Fehlt es daran, darf der Bund nicht etwa auf seine Kompetenz aus Art. 73 I Nr. 1 rekurrieren. Notwendig ist schließlich die Zustimmung des BRats, auch soweit sie nach anderen Bestimmungen nicht erforderlich wäre (Satz 2). Im Verteidigungsfall kann sie aber entfallen, wenn nach Maßgabe des Art. 115 e der GA die Rechte von BTag und BRat einheitlich wahrnimmt. Die *Anwendung des Gesetzes* ist auf die Zeit nach Eintritt des Verteidigungsfalls bis zu dessen Ende beschränkt; eine Ausnahme gilt nach Abs. 4 nur für die Vorbereitung seines Vollzugs. Die mit der *Föderalismusreform I* (vgl. Einführung Rn. 6) eingeführten Abweichungsrechte der Länder nach Art. 72 III bleiben unberührt; allerdings dürfte die Frist des Art. 72 III 2 im Verteidigungsfall nicht gelten (Jarass in Ders./

Pieroth, Art. 115 c Rn. 2). Zum Abweichungsrecht nach Art. 84 I 2 s. nachstehend Rn. 4.

**Absatz 2: Zusätzliche Grundrechtseinschränkungen**

Abs. 2 enthält die einzigen Grundrechtseinschränkungen, die das GG (von 3 Art. 12 a III-VI abgesehen) im Verteidigungsfall zusätzlich erlaubt. Sie sind von untergeordneter Bedeutung. Diese Grundrechtseinschränkungen kann der Gesetzgeber jedoch nicht generell vorsehen, sondern nur insoweit, als es die Verhältnisse des Verteidigungsfalls erfordern. Über die Anwendung dieser Ausnahmeregelungen sind die Generalsekretäre des Europarats und der UN nach Maßgabe der EMRK und des Pakts über bürgerliche und polit. Rechte zu unterrichten.

**Absatz 3: Vereinfachte Regelungen der Verwaltung und des Finanzwesens**

Abs. 3 ermöglicht, parallel zu der erweiterten Gesetzgebungszuständigkeit des 4 Bundes nach Abs. 1, auch erforderliche Vereinfachungen auf den Gebieten der **Ausführung der Bundesgesetze und** der **Bundesverwaltung** (Abschnitt VIII), der **Gemeinschaftsaufgaben** (Abschnitt VIIIa) und des **Finanzwesens** (Abschnitt X) durch einfaches Gesetz. Insoweit sind die Friedensregelungen des GG zu kompliziert und gewähren dem Bund zu wenig Einfluss und Mittel, als dass sie den Bedürfnissen des Verteidigungsfalls gerecht werden könnten. Gesetze nach Abs. 3, die ebenfalls die Zustimmung des BRats benötigen (s. aber Art. 115 e), dürfen keine Abweichungen vom GG vorsehen, derer es „zur Abwehr eines gegenwärtigen oder unmittelbar drohenden Angriffs" (vgl. Art. 115 a I 1) nicht bedarf. In diesem Umfang kann auch in das Abweichungsrecht nach Art. 84 I 2 eingegriffen werden. Eine weitere Einschränkung wird mit der Forderung nach Wahrung der Lebensfähigkeit von Ländern, Gemeinden und Gemeindeverbänden versucht (krit. Grote in v. Mangoldt/Klein/Starck, Art. 115 c Rn. 17).

**Absatz 4: Vorbereitung des Vollzugs von Bundesgesetzen**

Abs. 4 stellt klar, dass der Vollzug aller Gesetze nach Abs. 1–3 erst im Verteidi- 5 gungsfall beginnen darf. In den Fällen des Abs. 1 und des Abs. 2 Nr. 1 sind (ähnlich Art. 12 a V 2) Vorbereitungsmaßnahmen bereits vorher zulässig.

## Artikel 115 d [Vereinfachung des Gesetzgebungsverfahrens]

(1) Für die Gesetzgebung des Bundes gilt im Verteidigungsfalle abweichend von Artikel 76 Abs. 2, Artikel 77 Abs. 1 Satz 2 und Abs. 2 bis 4, Artikel 78 und Artikel 82 Abs. 1 die Regelung der Absätze 2 und 3.

(2) Gesetzesvorlagen der Bundesregierung, die sie als dringlich bezeichnet, sind gleichzeitig mit der Einbringung beim Bundestage dem Bundesrate zuzuleiten. Bundestag und Bundesrat beraten diese Vorlagen unverzüglich gemeinsam. Soweit zu einem Gesetze die Zustimmung des Bundesrates erforderlich ist, bedarf es zum Zustandekommen des Gesetzes der Zustimmung der Mehrheit seiner Stimmen. Das Nähere regelt eine Geschäftsordnung, die vom Bundestage beschlossen wird und der Zustimmung des Bundesrates bedarf.

(3) Für die Verkündung der Gesetze gilt Artikel 115 a Abs. 3 Satz 2 entsprechend.

**Absatz 1: Möglichkeit vereinfachter Gesetzgebung**

1 Das vereinfachte Gesetzgebungsverfahren, das Art. 115 d vorsieht, steht zwischen dem Normalverfahren und der Gesetzgebung durch den GA. Insbes. entfallen der erste Durchgang bei Regierungsentwürfen (s. dazu Art. 76 Rn. 6) und die Anrufung des Vermittlungsausschusses (VermA) nach Art. 77 II.

**Absatz 2: Einbringung und Zustandekommen**

2 Abs. 2 gilt **nur** für **Gesetzesvorlagen der Bundesregierung** (dazu allg. Art. 76 Rn. 6 ff.). Ihre schnelle Beratung ist im Verteidigungsfall besonders wichtig; im Normalverfahren würde Art. 76 II jedoch bei Regierungsvorlagen eine Verzögerung bewirken. Voraussetzung für die Anwendung der Bestimmung ist, dass die BReg ihre Vorlage **als dringlich bezeichnet;** abw. Auffassungen des BTags oder BRats über die Dringlichkeit können die zwingend vorgesehene Anwendung des Abs. 2 nicht hindern. Möglich ist nach h.M. aber die (nachträgliche) verfassungsgerichtl. Überprüfung durch eine Organklage nach Art. 93 I Nr. 1 (Grote in v. Mangoldt/Klein/Starck, Art. 115 d Rn. 2). Die wichtigsten Besonderheiten des Verfahrens nach Abs. 2 sind die gleichzeitige Zuleitung der Gesetzesvorlage an BTag und BRat (entgegen Art. 76 II) und die unverzügliche gemeinsame Beratung beider Körperschaften (entgegen Art. 77 I 2); außerdem entfallen die Anrufung des VermA (Art. 77 II) und die spezielle, eine separate Beratung des BRats voraussetzende Fristenbindung des Art. 77 IIa. Str., aber mit der h.M. (vgl. etwa Herzog in Maunz/Dürig, Art. 115 d Rn. 26 ff.) zu bejahen ist das Einspruchsrecht des BRats bei nicht zustimmungsbedürftigen Gesetzen. Das Nähere, vor allem über die gemeinsame Beratung (u. getrennte Abstimmung) von BTag und BRat, regelt die gemäß Satz 4 ergangene **Geschäftsordnung** vom 23.7.1969 (BGBl I S. 1100). Abs. 2 ist auf verfassungsändernde Gesetzesvorlagen nicht anwendbar, da Abs. 1 Art. 79 nicht zitiert. Hingegen können Haushaltsvorlagen (Art. 110) nach allg. Ansicht nach Abs. 2 beraten werden (Grote in v. Mangoldt/Klein/Starck, Art. 115 d Rn. 1).

**Absatz 3: Verkündung**

3 Die Bestimmung über die Verkündung gilt für **alle Gesetze,** dringliche i.S. des Abs. 2 und andere, auch solche des GA (Einzelheiten s. in Art. 115 a Rn. 6).

## Artikel 115 e [Stellung des Gemeinsamen Ausschusses]

(1) Stellt der Gemeinsame Ausschuß im Verteidigungsfalle mit einer Mehrheit von zwei Dritteln der abgegebenen Stimmen, mindestens mit der Mehrheit seiner Mitglieder fest, daß dem rechtzeitigen Zusammentritt des Bundestages unüberwindliche Hindernisse entgegenstehen oder daß dieser nicht beschlußfähig ist, so hat der Gemeinsame Ausschuß die Stellung von Bundestag und Bundesrat und nimmt deren Rechte einheitlich wahr.

(2) Durch ein Gesetz des Gemeinsamen Ausschusses darf das Grundgesetz weder geändert noch ganz oder teilweise außer Kraft oder außer Anwendung gesetzt werden. Zum Erlaß von Gesetzen nach Artikel 23 Abs. 1 Satz 2, Artikel 24 Abs. 1 oder Artikel 29 ist der Gemeinsame Ausschuß nicht befugt.

**Absatz 1: Gemeinsamer Ausschuss als „Notparlament"**

Abs. 1 bestimmt folgende Voraussetzungen für die **Ersatzzuständigkeit des Ge-** **1**
**meinsamen Ausschusses** (GA) anstelle von BTag und BRat als „Notparlament"
(vgl. Art. 53 a):

a) Vorliegen des Verteidigungsfalls
   *und*
b) Beschluss des GA mit qualifizierter Mehrheit, dass *entweder*
   aa) dem rechtzeitigen Zusammentritt des BTags unüberwindliche Hindernis-
       se entgegenstehen
       *oder*
   bb) der BTag nicht beschlussfähig ist (§ 45 I GOBT).

Die Zuständigkeit für diese Feststellung, die zu Beginn jeder Sitzung erforderlich
ist, steht allein dem GA zu. Es kommt auf die Funktionsfähigkeit (nicht etwa die
Funktionswilligkeit) nur des BTags an (vgl. dazu Art. 115 a II). Unter den genannten Voraussetzungen erlangt der GA die *volle* Stellung von BTag *und* BRat
und nimmt deren Rechte sämtlich und einheitlich wahr. Verkündung der Gesetze: Art. 115 d III. Für den ungeregelten Fall, dass auch der GA ausfällt, will Grote in v. Mangoldt/Klein/Starck, Art. 115 e Rn. 9, der BReg ein Notverordnungsrecht einräumen (str.; für eine Notkompetenz des BRats, falls allein dieser noch
funktionsfähig ist, Robbers in Sachs, Art. 115 e Rn. 10).

**Absatz 2: Schranken für Gesetze des Gemeinsamen Ausschusses**

Abs. 2 zieht in *Satz 1* dem GA ähnliche Schranken, wie sie im Gesetzgebungsnot- **2**
stand bestehen (Art. 81 IV). Das **Grundgesetz muss unberührt** bleiben. Hingegen
sind von den in Normalzeiten geltenden Bestimmungen des GG *abweichende Ge-*
*setze* des GA nach Art. 115 c II und III zulässig (allg. M.). Wegen ihrer Dauerwir-
kung darf der GA nach *Satz 2* auch *Gesetze nach Art. 23 I 2, Art. 24 I und*
*Art. 29* nicht erlassen. S. auch die aus der subsidiären Stellung des GA folgenden
Einschränkungen in Art. 115 g Satz 2 (zum BVerfGG), Art. 115 h II 2 (Misstrauensvotum), Art. 115 k II und Art. 115 l (Außerkrafttreten u. Aufhebung von
Rechtsnormen u. sonstigen Maßnahmen des GA).

## Artikel 115 f  [Besondere Befugnisse der Bundesregierung]

(1) Die Bundesregierung kann im Verteidigungsfalle, soweit es die Verhältnisse
erfordern,

1. den Bundesgrenzschutz im gesamten Bundesgebiete einsetzen;
2. außer der Bundesverwaltung auch den Landesregierungen und, wenn sie es
   für dringlich erachtet, den Landesbehörden Weisungen erteilen und diese Befugnis auf von ihr zu bestimmende Mitglieder der Landesregierungen übertragen.

(2) Bundestag, Bundesrat und der Gemeinsame Ausschuß sind unverzüglich von
den nach Absatz 1 getroffenen Maßnahmen zu unterrichten.

**Absatz 1: Zusätzliche Befugnisse der Bundesregierung**

Abs. 1 ermöglicht der BReg als Kollegialorgan die konzentrierte **Steuerung der** **1**
**Polizei- und Verwaltungsressourcen** zur Gewährleistung der **inneren Sicherheit**
und Ordnung. Voraussetzung ist, dass der Verteidigungsfall festgestellt und ver-

kündet oder dies zu fingieren ist (Art. 115 a I-IV) *und* die Verhältnisse die Wahrnehmung der erweiterten Befugnisse *erfordern*.

2 *Nr.* 1 erlaubt für den Verteidigungsfall den **Einsatz des Bundesgrenzschutzes** (vgl. Art. 87 I 2; einfachrechtl. nunmehr **Bundespolizei;** BundespolizeiG v. 19.10.1994, BGBl I S. 2978) auch *außerhalb des in Friedenszeiten geltenden Kompetenzrahmens,* ähnlich wie Art. 91 bei einem „inneren" Staatsnotstand (vgl. dazu Erläut. dort; s. auch BVerfGE 97, 218, u. § 7 BPolG).

3 *Nr.* 2 gewährt der BReg eine allg. **Weisungsbefugnis auch gegenüber den Ländern.** Die Weisungen sind an die LReg und nur, wenn die BReg es für dringlich erachtet, auch unmittelbar an Landesbehörden zu richten. *„Landesbehörden"* meint auch die Kommunalbehörden. Die Bestimmung eröffnet aber ohne zusätzliche Gesetzesänderung nicht die Möglichkeit, Behörden, die nach gesetzl. Regelung nicht an Weisungen gebunden sind (z.B. die Bundesbank; vgl. Art. 88 Rn. 4), im Verteidigungsfall mit Weisungen zu versehen (anders die h.M.; z.B. Herzog in Maunz/Dürig, Art. 115 f Rn. 32). Die BReg darf ihre einheitlichen Weisungsbefugnisse gegenüber Bundesverwaltung und Ländern auf einzelne Mitglieder der LReg übertragen. Ein Bedürfnis für die Benennung z.b. eines Ministerpräsidenten zum „Bundesbeauftragten" kann sich ergeben, wenn die Entwicklung in einem Land auf eine der in Art. 115 i vorausgesetzten „Insellagen" hinsteuert.

**Absatz 2: Unterrichtung der gesetzgebenden Körperschaften**

4 Abs. 2 stellt im Wege einer umfassenden Unterrichtungspflicht der BReg sicher, dass die gesetzgebenden Körperschaften hinreichend informiert sind, um ihre Befugnisse (insbes. das Aufhebungsrecht; Art. 115 l I) sinnvoll ausüben zu können.

## Artikel 115 g [Stellung des Bundesverfassungsgerichts im Verteidigungsfall]

Die verfassungsmäßige Stellung und die Erfüllung der verfassungsmäßigen Aufgaben des Bundesverfassungsgerichtes und seiner Richter dürfen nicht beeinträchtigt werden. Das Gesetz über das Bundesverfassungsgericht darf durch ein Gesetz des Gemeinsamen Ausschusses nur insoweit geändert werden, als dies auch nach Auffassung des Bundesverfassungsgerichtes zur Aufrechterhaltung der Funktionsfähigkeit des Gerichtes erforderlich ist. Bis zum Erlaß eines solchen Gesetzes kann das Bundesverfassungsgericht die zur Erhaltung der Arbeitsfähigkeit des Gerichtes erforderlichen Maßnahmen treffen. Beschlüsse nach Satz 2 und Satz 3 faßt das Bundesverfassungsgericht mit der Mehrheit der anwesenden Richter.

1 *Satz 1* enthält für das BVerfG ein an sich selbstverständliches und allg. (auch in Normalzeiten u. für alle Verfassungsorgane geltendes) **Beeinträchtigungsverbot,** das schon aus der Pflicht zur Verfassungsorgantreue (vgl. dazu vor Art. 38 Rn. 3) folgt. Einen Sinn findet die für den Verteidigungsfall formulierte Vorschrift darin, zu unterstreichen, dass das BVerfG auch im Notstand Garant der Rechtsstaatlichkeit mit allen rechtl. Befugnissen bleibt. Der Gemeinsamen Ausschuss darf nach *Satz 2* das G über das BVerfG (Art. 94 Rn. 5) nur insoweit ändern, als dies zur Aufrechterhaltung der Funktionsfähigkeit des Gerichts erforderlich ist (z.B. Herabsetzung des Quorums, Erleichterung der Vertretung, Vereinfachung u. Beschleunigung des Verfahrens), und auch das nur, wenn das BVerfG zuvor

seine (konstitutive) Zustimmung erteilt. Das Zustimmungserfordernis gilt nicht, wenn BTag und BRat tätig werden, auch nicht im Fall des Art. 115 d.

*Satz 3* ermächtigt das BVerfG zu einstweiligen **gesetzesvertretenden Maßnahmen.** 2 Nach *Satz 4* entscheidet dabei das BVerfG im Plenum (sonst als „Zwillingsgericht"; vgl. Art. 94 Rn. 5). Eine Mindestzahl anwesender Richter ist nicht vorgeschrieben.


## Artikel 115 h  [Ablaufende Wahlperioden und Amtszeiten]

(1) Während des Verteidigungsfalles ablaufende Wahlperioden des Bundestages oder der Volksvertretungen der Länder enden sechs Monate nach Beendigung des Verteidigungsfalles. Die im Verteidigungsfalle ablaufende Amtszeit des Bundespräsidenten sowie bei vorzeitiger Erledigung seines Amtes die Wahrnehmung seiner Befugnisse durch den Präsidenten des Bundesrates enden neun Monate nach Beendigung des Verteidigungsfalles. Die im Verteidigungsfalle ablaufende Amtszeit eines Mitgliedes des Bundesverfassungsgerichtes endet sechs Monate nach Beendigung des Verteidigungsfalles.

(2) Wird eine Neuwahl des Bundeskanzlers durch den Gemeinsamen Ausschuß erforderlich, so wählt dieser einen neuen Bundeskanzler mit der Mehrheit seiner Mitglieder; der Bundespräsident macht dem Gemeinsamen Ausschuß einen Vorschlag. Der Gemeinsame Ausschuß kann dem Bundeskanzler das Mißtrauen nur dadurch aussprechen, daß er mit der Mehrheit von zwei Dritteln seiner Mitglieder einen Nachfolger wählt.

(3) Für die Dauer des Verteidigungsfalles ist die Auflösung des Bundestages ausgeschlossen.

### Absatz 1: Verlängerung von Wahlperioden und Amtszeiten

*Satz 1* sieht eine Verlängerung der Wahlperioden von **Bundestag** (Art. 39) und 1 **Landesparlamenten** (zur analogen Anwendung auf Kommunalvertretungen vgl. Stern, Bd. II, S. 1428) vor. Zugrunde liegt die Annahme, dass im Verteidigungsfall und unmittelbar danach die ordnungsmäßige Durchführung von Wahlen kaum möglich sein wird, die genannten Organe aber amtieren sollen. Deshalb ist Satz 1 als eine Regelung des Tags der Neuwahl, nicht des Endes der Wahlperiode i.S. des Art. 39 I 2 zu verstehen. *Satz 2* verlängert die Amtsperiode des **Bundespräsidenten** (Art. 54 II) oder seines Vertreters (Art. 57) so weit, dass der Nachfolger bereits von einer durch etwaige Neuwahlen nach Satz 1 beeinflussten BVersammlung gewählt wird. *Satz 3* regelt die Verlängerung der Amtzeit der **Bundesverfassungsrichter.**

### Absatz 2: Wahl des Bundeskanzlers durch den Gemeinsamen Ausschuss

*Satz 1:* Die **Amtsperiode des Bundeskanzlers** verlängert sich bereits automatisch 2 nach Abs. 1 mit der des BTags (Art. 69 II). Wird dennoch eine **Neuwahl** notwendig, gilt Art. 63, allerdings – Abs. 3 – ohne die Auflösungsoption. Bei Funktionsunfähigkeit des BTags nimmt nach Art. 115 e der Gemeinsame Ausschuss (GA) – Art. 53 a – die Rechte des BTags wahr. Er wählt dann ohne eine Bindung an das Verfahren nach Art. 63 den neuen BKanzler. Der BPräs schlägt einen Kandidaten vor, doch kann der GA schon im ersten Wahlgang einen anderen wählen (anders Art. 63 II). Zur Wahl bedarf es der Mehrheit aller Mitglieder, also einschl. der „Ländervertreter" (Art. 53 a I 3). Dies unterstreicht die Stellung des GA als eines selbständigen und einheitlichen Verfassungsorgans.

3  *Satz 2* regelt die **Möglichkeit des konstruktiven Misstrauensvotums** durch den GA. Das Erfordernis einer Zweidrittelmehrheit aller Mitglieder stellt sicher, dass zumindest die Hälfte der Abg. im GA den Sturz des BKanzlers mittragen.

### Absatz 3: Keine Auflösung des Bundestags

4  Abs. 3 schließt während des Verteidigungsfalls die Auflösung des BTags (Art. 63 IV 3, Art. 68) aus.

## Artikel 115 i  [Maßnahmenbefugnis der Landesregierungen]

**(1) Sind die zuständigen Bundesorgane außerstande, die notwendigen Maßnahmen zur Abwehr der Gefahr zu treffen, und erfordert die Lage unabweisbar ein sofortiges selbständiges Handeln in einzelnen Teilen des Bundesgebietes, so sind die Landesregierungen oder die von ihnen bestimmten Behörden oder Beauftragten befugt, für ihren Zuständigkeitsbereich Maßnahmen im Sinne des Artikels 115 f Abs. 1 zu treffen.**

**(2) Maßnahmen nach Absatz 1 können durch die Bundesregierung, im Verhältnis zu Landesbehörden und nachgeordneten Bundesbehörden auch durch die Ministerpräsidenten der Länder, jederzeit aufgehoben werden.**

1  **Allgemeines:** Art. 115 i ergänzt Art. 115 f. Der Grundsatz, im Verteidigungsfall die Staatsgewalt weitgehend beim Bund zu zentralisieren, wird undurchführbar, wenn die Nachrichtenverbindungen unterbrochen oder aus anderen Gründen die Bundesorgane, eigentlich – wegen des Verweises auf Art. 115 f I – die BReg, zur Staatsleitung nicht in der Lage sind. Besonders ist an die Abschnürung von Teilen des Bundesgebiets durch Streitkräfte des Angreifers zu denken ( **"Insellagen"** ).

### Absatz 1: Kompetenzübergang auf Landesregierungen

2  Die nach Art. 115 f zusammengefassten Weisungsbefugnisse der BReg gegenüber Bundes- und Landesbehörden sollen den noch handlungsfähigen LReg jeweils für ihr Landesgebiet (krit. dazu Grote in v. Mangoldt/Klein/Starck, Art. 115 i Rn. 13) zustehen ( **"Kataraktfall"** ). Der Kompetenzübergang ist davon abhängig, dass

a) die BReg (objektiv) außerstande ist, die notwendigen Maßnahmen zur Abwehr der Gefahr zu treffen, *und*

b) die Lage unabweisbar ein sofortiges selbständiges Handeln in einzelnen Teilen des Bundesgebiets erfordert.

Die Vorschrift ist auch anzuwenden, wenn in allen "einzelnen Teilen des Bundesgebietes" Maßnahmen zu treffen sind, aber – etwa weil die BReg ausgefallen ist – nicht erfolgen. Die LReg haben es in der Hand, Behörden und Beauftragte zu bestimmen, die für ihren Zuständigkeitsbereich notfalls tätig werden, also dann auch Bundesbehörden anweisen können. Letzteres bezieht die Bundespolizei, nicht jedoch die Streitkräfte ein, da Art. 115 i I nicht auf Art. 87 a verweist. Ein Zuständigkeitsübergang auf die LReg findet nicht statt, soweit die BReg bereits nach Art. 115 f I Nr. 2 Mitglieder der LReg beauftragt hat.

### Absatz 2: Erleichterte Aufhebung

3  Abs. 2 entspricht der Aufhebung von Gesetzen des Gemeinsamen Ausschusses nach Art. 115 l I 1; hier wie dort kommt der niedrigere Rang der bloß vorläufigen und subsidiären Zuständigkeit zum Ausdruck.

## Artikel 115 k [Wirkung und Geltungsdauer von Notstandsbestimmungen]

(1) Für die Dauer ihrer Anwendbarkeit setzen Gesetze nach den Artikeln 115 c, 115 e und 115 g und Rechtsverordnungen, die auf Grund solcher Gesetze ergehen, entgegenstehendes Recht außer Anwendung. Dies gilt nicht gegenüber früherem Recht, das auf Grund der Artikel 115 c, 115 e und 115 g erlassen worden ist.

(2) Gesetze, die der Gemeinsame Ausschuß beschlossen hat, und Rechtsverordnungen, die auf Grund solcher Gesetze ergangen sind, treten spätestens sechs Monate nach Beendigung des Verteidigungsfalles außer Kraft.

(3) Gesetze, die von den Artikeln 91 a, 91 b, 104 a, 106 und 107 abweichende Regelungen enthalten, gelten längstens bis zum Ende des zweiten Rechnungsjahres, das auf die Beendigung des Verteidigungsfalles folgt. Sie können nach Beendigung des Verteidigungsfalles durch Bundesgesetz mit Zustimmung des Bundesrates geändert werden, um zu der Regelung gemäß den Abschnitten VIIIa und X überzuleiten.

**Allgemeines:** Art. 115 k regelt Wirkung und Geltungsdauer der von den Besonderheiten des Verteidigungsfalls geprägten Rechtsnormen (*„Notstandsbestimmungen"*); vgl. auch Art. 115 l.

1

### Absatz 1: Wirkung von „Notstandsbestimmungen"

*Satz 1* enthält eine Ausnahme von dem allg. Kollisionsrechtsgrundsatz lex posterior derogat legi priori: Gesetze für den Verteidigungsfall nach Art. 115 c, Gesetze des Gemeinsamen Ausschusses (Art. 115 e) und Gesetze auf Grund des Art. 115 g setzen die in Friedenszeiten geltenden Rechtsnormen **nicht außer Kraft, sondern nur vorübergehend außer Anwendung** (Suspendierung). Das Gleiche gilt für RVO auf Grund solcher „Notstandsgesetze". Nach Außerkrafttreten dieser Notstandsbestimmungen findet also automatisch wieder das „Friedensrecht" Anwendung. Satz 1 findet aber keine Anwendung auf nach Art. 115 d zustande gekommene Gesetze. Im Verhältnis von Notstandsbestimmungen untereinander bleibt es nach *Satz 2* bei den allg. Rechtsgrundsätzen.

2

### Absätze 2 und 3: Geltungsdauer von „Notstandsbestimmungen"

*Absatz 2* bestimmt, dass **Gesetze des Gemeinsamen Ausschusses** (GA) und die auf Grund solcher Gesetze ergangenen RVO spätestens sechs Monate nach Beendigung des Verteidigungsfalls außer Kraft treten. Eine i.d.R. längere, aber ebenfalls beschränkte Geltungsdauer sieht *Absatz 3* für die dort aufgezählten **Gemeinschaftsaufgaben- und Finanzgesetze** vor, auch wenn sie vom GA beschlossen worden sind. Gesetze nach Art. 115 c treten sofort mit Beendigung des Verteidigungsfalls außer Anwendung, das Friedensrecht lebt automatisch wieder auf. Allerdings bleiben Gesetze nach Art. 115 c in Kraft (es sei denn, dass sie gesondert aufgehoben werden), so dass sie wieder in Anwendung kommen, wenn es später erneut zu einem Verteidigungsfall kommt. Gesetze des BTags ohne Inanspruchnahme des Art. 115 c treten wie „Friedensgesetze" außer Kraft.

3

## Artikel 115 l [Maßnahmen zur Beendigung der Ausnahmelage]

(1) Der Bundestag kann jederzeit mit Zustimmung des Bundesrates Gesetze des Gemeinsamen Ausschusses aufheben. Der Bundesrat kann verlangen, daß der Bundestag hierüber beschließt. Sonstige zur Abwehr der Gefahr getroffene Maßnahmen des Gemeinsamen Ausschusses oder der Bundesregierung sind aufzuheben, wenn der Bundestag und der Bundesrat es beschließen.

(2) Der Bundestag kann mit Zustimmung des Bundesrates jederzeit durch einen vom Bundespräsidenten zu verkündenden Beschluß den Verteidigungsfall für beendet erklären. Der Bundesrat kann verlangen, daß der Bundestag hierüber beschließt. Der Verteidigungsfall ist unverzüglich für beendet zu erklären, wenn die Voraussetzungen für seine Feststellung nicht mehr gegeben sind.

(3) Über den Friedensschluß wird durch Bundesgesetz entschieden.

### Absatz 1: Aufhebung von Maßnahmen des Gemeinsamen Ausschusses

1 *Satz 1* enthält als Folgerung aus der bloß subsidiären Zuständigkeit des Gemeinsamen Ausschusses (GA) die Regelung, dass der BTag jederzeit durch **einfachen Beschluss** mit Zustimmung des BRats Gesetze des GA aufheben kann. Die Verkündung dieses Beschlusses ist aus Gründen der Rechtssicherheit erforderlich. Der BRat kann die Beschlussfassung des BTags fordern. Nach *Satz 2* können BTag und BRat durch übereinstimmenden Beschluss auch die Aufhebung sonstiger Maßnahmen des GA oder der BReg verlangen. Dieses Recht ist entgegen der missverständlichen Formulierung nicht auf Gefahrenabwehrmaßnahmen beschränkt. Soweit es sich um Maßnahmen des GA handelt, wirkt der Beschluss von BTag und BRat aus sich heraus, da der BTag erkennbar seine Handlungsfähigkeit wiedergewonnen hat und folglich kein Raum für die Tätigkeit des GA mehr ist. Die BReg ist zur Aufhebung der betroffenen Maßnahmen verpflichtet.

### Absatz 2: Beendigung des Verteidigungsfalls

2 Abs. 2 erleichtert die Beendigung des Verteidigungsfalls gegenüber der Feststellung (Art. 115 a) erheblich: Es bedarf nur eines **einfachen Beschlusses** des BTags und der Zustimmung des BRats, dagegen keiner Zweidrittelmehrheit des BTags und keines Antrags der BReg. Der BRat kann von Abs. 1 Satz 2 die Beschlussfassung des BTags verlangen. Die Beendigungserklärung ist an keine inhaltlichen Voraussetzungen gebunden („jederzeit"); sie muss jedoch erfolgen, wenn die Voraussetzungen für die Feststellung (Art. 115 a I 1) nicht mehr gegeben sind. Die Beendigungserklärung ist vom BPräs zu verkünden; die Art der Verkündung ist nicht geregelt, so dass Art. 115 a III entsprechend anzuwenden ist (str.).

### Absatz 3: Friedensschluss

3 Abs. 3 entspricht wörtlich dem früheren Art. 59 a IV. Für den Friedensschluss bedarf es im Unterschied zur Feststellung (Art. 115 a) und Beendigung (Abs. 2) des Verteidigungsfalls eines **förmlichen Gesetzes**. Über die nach Art. 59 II 1 erforderliche Zustimmung in Form eines Vertragsgesetzes hinausgehend entscheidet über einen Friedensschluss der Gesetzgeber selbst und allein. Für ein Friedensschlussgesetz genügt die einfache Mehrheit im BTag. Die Mitwirkung des BRats richtet sich nach allg. Regeln. Zur völkerrechtl. noch erforderlichen Ratifikation des Friedensvertrags ist zusätzlich eine besondere Ratifikationserklärung des BPräs nach Art. 59 I 2 erforderlich, zu der das Friedensschlussgesetz den BPräs ermäch-

tigt und – im Gegensatz zum Regelfall des Art. 59 II (s. Art. 59 Rn. 9) – zugleich verpflichtet.

## XI. Übergangs- und Schlußbestimmungen

### Vorbemerkung

Der XI. Abschnitt enthält Regelungen sehr unterschiedlichen Charakters. Es handelt sich entgegen der Überschrift des Abschnitts nicht durchweg um Übergangs- und Schlussbestimmungen, wenn darunter Regelungen verstanden werden, die nur von vorübergehender oder zumindest untergeordneter Bedeutung sind. Wie insbes. Art. 116 (Verfassungsdefinition des Begriffs „Deutscher") und Art. 140 (Grundregeln des Staats/Kirchen-Verhältnisses) zeigen, sind unter den Schlussbestimmungen Vorschriften, die zu den zentralen Grundlagen der Verfassungsordnung des GG gehören.

## Artikel 116 [Begriff „Deutscher", Wiedereinbürgerung]

**(1) Deutscher im Sinne dieses Grundgesetzes ist vorbehaltlich anderweitiger gesetzlicher Regelung, wer die deutsche Staatsangehörigkeit besitzt oder als Flüchtling oder Vertriebener deutscher Volkszugehörigkeit oder als dessen Ehegatte oder Abkömmling in dem Gebiete des Deutschen Reiches nach dem Stande vom 31. Dezember 1937 Aufnahme gefunden hat.**

**(2) Frühere deutsche Staatsangehörige, denen zwischen dem 30. Januar 1933 und dem 8. Mai 1945 die Staatsangehörigkeit aus politischen, rassischen oder religiösen Gründen entzogen worden ist, und ihre Abkömmlinge sind auf Antrag wieder einzubürgern. Sie gelten als nicht ausgebürgert, sofern sie nach dem 8. Mai 1945 ihren Wohnsitz in Deutschland genommen haben und nicht einen entgegengesetzten Willen zum Ausdruck gebracht haben.**

### Absatz 1: Status Deutscher

Durch Art. 116 wird der *Status „Deutscher"*, der vor allem Voraussetzung für zahlreiche Grundrechte ist, a) den deutschen Staatsangehörigen, b) den Flüchtlingen und Vertriebenen deutscher Volkszugehörigkeit samt ihren Ehegatten und Abkömmlingen zuerkannt, die im Gebiet des Deutschen Reiches nach dem Stand vom 31.12.1937 Aufnahme gefunden haben (*„Deutsche ohne deutsche Staatsangehörigkeit"*). Zugleich definiert Art. 116 I auch das Staatsvolk der Bundesrepublik Deutschland (BVerwGE 90, 183), von dem die *Staatsgewalt* i.S. des Art. 20 II 1 ausgeht (BVerfGE 83, 51). Auch die **Deutschen ohne deutsche Staatsangehörigkeit** (StA) bilden einen Teil des Staatsvolkes (BVerfGE 83, 51; BVerwGE 8, 342) mit besonderem staatsangehörigkeitsähnlichem Status, der im Rahmen der deutschen Rechtsordnung einer etwa noch vorhandenen fremden StA grundsätzlich vorgeht, aber auch völkerrechtl. weitgehend anerkannt ist (deutsches Schutzrecht). Er hat den Zweck, die deutschen Flüchtlinge und Vertriebenen des 2. Weltkriegs wie Staatsangehörige behandeln zu können, sie aber im Hinblick auf die Erhaltung ihrer Rechte in den Vertreibungsstaaten nicht zur Annahme der deutschen StA zu zwingen. Die vom GG beabsichtigte grundsätzliche Gleichstellung mit den deutschen Staatsangehörigen ist so gut wie überall durchgeführt, auch im bürgerlichen Recht und im Verfahrensrecht (vgl. Art. 9 II Nr. 5 des G v. 11.8.1961, BGBl I S. 1221). Dadurch ist der „Status" heute zu einem der deut-

1

schen StA fast gleichwertigen Rechtsverhältnis geworden. Er ist dennoch als ein nur vorübergehender gedacht, allerdings mit der Neuregelung des Staatsangehörigkeitsrechts seit 2000 weitgehend obsolet geworden (s. Rn. 5).

2 Beide Formen der Staatszugehörigkeit schließen einander aus. Wer der einen Gruppe angehört, kann rechtl. nicht zugleich der anderen angehören. Insbes. fallen Flüchtlinge und Vertriebene deutscher StA allein in die Gruppe 1.

3 Der Besitz der **deutschen Staatsangehörigkeit** bestimmt sich nach dem (heute sog.) StaatsangehörigkeitsG (StAG) vom 22.7.1913 (RGBl S. 583), zuletzt geändert durch G vom 1.6.2012 (BGBl I S. 1224). Deutsche Staatsangehörige sind nach wie vor auch die in den früher zum Deutschen Reich gehörenden Gebieten (einschl. der zeitweise eingegliederten Gebiete wie dem Sudetenland) sowie im sonstigen Ausland wohnhaften Personen, die nach den genannten Rechtsvorschriften die deutsche StA erworben und nicht wieder verloren haben (vgl. BVerfGE 36, 30; 40, 136). Die einheitliche deutsche StA war lange Zeit die wichtigste noch bestehende Klammer gemeinsamer Staatlichkeit zwischen den getrennten Teilen Deutschlands. Sie war immer auch die StA der in der Bundesrepublik ansässigen Deutschen (BVerfGE 36, 30). Es gab neben ihr keine besondere StA der Bundesrepublik. Die deutsche StA darf nach Art. 16 I 1 niemandem entzogen werden. Die durch das G über die Staatsbürgerschaft der DDR vom 20.2.1967 (GBl I S. 3) eingeführte Staatsbürgerschaft der DDR hatte die deutsche StA der in der DDR lebenden Deutschen nicht berührt (Erklärung der BReg in der 97. Sitzung des 5. BTags v. 23.2.1967, StenBer. S. 4419; BVerfGE 36, 30 f.; 40, 163). Die StA der Deutschen im Ausland ist mit keinen Herrschaftsansprüchen der Bundesrepublik Deutschland verbunden; ihre praktische Bedeutung besteht allein darin, dass die Betreffenden Anspruch haben, als Deutsche behandelt zu werden, wenn sie sich in das Bundesgebiet begeben oder Auslandsvertretungen der Bundesrepublik um Schutz bitten (BVerfGE 36, 31). Über Erwerb und Verlust der deutschen StA bestimmten normativ grundsätzlich die Gesetze der Bundesrepublik, da sich diese *allein* als handlungsfähige Präsenzform des Deutschen Reiches verstand. Hinsichtlich der Bewohner der DDR galten aber die Erwerbs- und Verlusttatbestände des Staatsbürgerschaftsrechts der DDR unter dem Vorbehalt des ordre public (BVerfGE 77, 151 f.; a.A. BVerwGE 66, 281 f.). An den vorstehend aufgezeigten Staatsangehörigkeitsverhältnissen hatte sich auch durch den Grundlagenvertrag mit der DDR sowie die bisherigen Verträge mit der UdSSR, Polen und der Tschechoslowakei, in denen staatsangehörigkeitsrechtl. Fragen nicht behandelt wurden, nichts geändert. Auch den in diesen Verträgen enthaltenen Grenzvereinbarungen kann ein Einfluss auf Staatsangehörigkeitsverhältnisse nicht entnommen werden (vgl. BVerfGE 40, 171 ff.; 43, 210). Gleiches gilt im Hinblick auf Art. 16 I 1 für die 1990 beschlossenen Änderungen der Präambel des GG. Österreicher haben ihre deutsche StA i.d.R. am 27.4.1945 verloren (BVerfGE 4, 327, 329; BVerwGE 85, 117).

4 Die Begriffe „**Flüchtlinge oder Vertriebene**" und „deutsche Volkszugehörigkeit" haben in den §§ 1 und 6 BVFG eine authentische Interpretation erfahren (BVerwGE 5, 240, 244; 38, 226; 120, 295; a.A. Stern, Bd. III/1, S. 599; vgl. auch oben Art. 74 Rn. 6). Das Vorhandensein einer anderweitigen Schutzmacht steht der Anwendung des Art. 116 I nach Wortlaut und Sinn nicht entgegen (BVerwGE 23, 272). Unmöglichkeit der Rückkehr in das Vertreibungsgebiet steht einer Vertreibung gleich (BVerfGE 17, 231). Der Passus „als dessen Ehegatte oder Abkömmling" bezieht sich auf nichtdeutsche Volkszugehörige. Die Ehe muss z.Z. der Aufnahme bestehen. Abkömmlinge sind nicht nur Kinder, sondern auch sämtliche weiteren Nachkommen (vgl. BVerwGE 95, 37). Auf nichteheliche

Kinder volksdeutscher Väter und Adoptivkinder ist die für Abkömmlinge geltende Regelung zumindest entsprechend anzuwenden (BVerfGE 37, 252). Auch Ehegatten ohne deutsche Volkszugehörigkeit und Kinder deutscher *Staatsangehöriger* sind nach Sinn und Zweck des Art. 116 I zu dem von Abs. 1 erfassten Personenkreis zu rechnen. Wesentlich für die Zuerkennung der Rechtsstellung eines Deutschen ohne deutsche StA ist neben den genannten persönlichen Eigenschaften eine innerhalb des alten Reichsgebiets erfolgte Niederlassung, genauer eine *„Aufnahme" im alten Reichsgebiet.* Vor ihrer Aufnahme sind deutsche Volkszugehörige keine Deutschen i.S. des GG (BGHZ 121, 314). Eine Aufnahme im Gebiet des Deutschen Reichs außerhalb der Grenzen des heutigen Deutschland war nach Einstellung der Tätigkeit deutscher Behörden nicht mehr möglich. Die Aufnahme setzte früher keine förmliche Zuzugsgenehmigung, aber immerhin voraus, dass sie von den deutschen Behörden nicht verweigert worden ist (BVerwGE 9, 233 f.; 90, 178; 119, 175). Seit Juli 1990 bedarf es nach dem BundesvertriebenenG eines Aufnahmebescheids des Bundesverwaltungsamts. Einen Anspruch auf Einreise und Aufnahme konstituiert Art. 116 I nicht (a.A. Hamann/Lenz, Art. 116 Anm. B 6). Kein Erwerb der Rechtsstellung, wenn ein entgegengesetzter Wille zum Ausdruck gebracht worden ist (str.). Vertreibung und Aufnahme müssen in einem engen zeitlichen und sachlichen Zusammenhang stehen (BVerfGE 2, 100 f.). Der Betroffene muss sich bei der Aufnahme noch im Zustand der Vertreibung befunden haben. Daran fehlt es, wenn er zwischenzeitlich bereits in einem anderen Land endgültig Aufnahme gefunden hatte, d.h. in zumutbarer Weise in das dortige Land eingegliedert war (BVerwGE 9, 232 f.). Nichtdeutsche Volkszugehörige müssen zusammen mit Volksdeutschen (zumindest aber in einem kausalen Zusammenhang mit deren Aufnahme; BVerwGE 90, 176; differenzierend: BVerwGE 115, 12) Aufnahme gefunden haben. Erwerb der Rechtsstellung auch durch Personen, die erst *nach* Inkrafttreten des GG Aufnahme gefunden haben oder noch finden (BVerfGE 17, 231), nicht jedoch bei solchen, die Deutschland vor diesem Zeitpunkt bereits wieder verlassen hatten. „Aufnahme" kann auch finden, wer Teile des alten Reichsgebiets verlassen musste (BVerwGE 38, 227 f.). Ursprünglicher Erwerb der Rechtsstellung als Deutscher ohne deutsche StA mit dem Inkrafttreten des GG oder späterer Aufnahme, abgeleiteter Erwerb und Verlust grundsätzlich entsprechend wie bei deutscher StA (BVerwGE 8, 342; 71, 304 f.). Daher auch Entlassung aus dem „Status" und Verzicht auf ihn möglich. Zur Frage der Anwendbarkeit des Art. 16 I auf Statusdeutsche vgl. die dort. Erläut. in Rn. 1.

Die Worte **„vorbehaltlich anderweitiger gesetzlicher Regelung"** geben Möglich-  5
keiten zur bundesgesetzl. (nicht landesgesetzl.) Änderung vorstehender Regelung für Deutsche, die keine deutsche StA besitzen, unter Wahrung der Grundgedankens des Art. 116 I: der einheitlichen deutschen StA und des Schutzes für alle ins Reichsgebiet geflüchteten Deutschen. Mit dem KriegsfolgenbereinigungsG vom 21.12.1992 (BGBl I S. 2094) ist der Deutschen-Status unabhängig von den Kriterien der Flucht oder Vertreibung auf alle deutschstämmigen Personen in den ehemals deutschen Ostgebieten, in Danzig, Estland, Lettland, Litauen, der ehemaligen Sowjetunion, Polen, der Tschechoslowakei, Ungarn, Rumänien, Bulgarien, Jugoslawien, Albanien und China ausgeweitet worden. Zu den Vertriebenen im Sinne von Art. 116 I gehören seitdem auch die „Aussiedler" (§ 1 II Nr. 3 BVFG), sofern sie vor dem 1.1.1993 ihre Heimat verlassen haben. Die „Spätaussiedler" (§ 4 BVFG), also die deutschstämmigen Personen, die nach dem 31.12.1992 ausgereist und vor dem 1.1.1993 geboren sind (§ 4 I Nr. 3 BVFG), bilden eine eigene Kategorie im BundesvertriebenenG. Ihr Status als Deutscher ist einfachgesetzl.

festgeschrieben (§ 4 III BVFG) und keine Interpretation des Vertriebenenbegriffs (Lübbe-Wolff in Dreier, Art. 116 Rn. 32). Auf Grund des seit dem 1.1.2000 geltenden Staatsangehörigkeitsrechts, nach dem fast alle Deutschen ohne deutsche StA zu deutschen Staatsangehörigen werden, ist die rechtl. Kategorie der Volksdeutschen weitgehend obsolet (Erwerb der deutschen StA durch Aufnahmebescheid [§ 7 StAG] auch für Kinder bzw. durch Geburt im Inland [§ 4 III StAG]; Überleitung aller bisherigen Volksdeutschen in die deutsche Staatsangehörigkeit [§ 40 a StAG]). Die Optionsregelung des § 29 StAG, nach der auch ein Flüchtling oder Vertriebener die deutsche StA wieder verlieren kann, widerspricht ebenfalls nicht dem Grundgedanken des Art. 116 I, da der Verlust der deutschen StA auf eigener Entscheidung des Betroffenen beruht.

### Absatz 2: Wiedereinbürgerung

6   Abs. 2 dient der **Wiedergutmachung nationalsozialistischen Unrechts** im Staatsangehörigkeitsrecht (BVerfGE 8, 86; 54, 69 f.). Um niemandem die entzogene deutsche StA gegen seinen Willen wiederaufzuzwingen, hat der Grundgesetzgeber für den Regelfall von einer automatischen Wiedereinbürgerung abgesehen.

7   *Satz 1* gibt aber allen früheren deutschen Staatsangehörigen, denen unter der Herrschaft des Nationalsozialismus aus polit., rassischen oder religiösen Gründen die StA durch Gesetz oder Einzelakt entzogen worden ist, und ihren Abkömmlingen – soweit diese in einem Verhältnis zu ihnen stehen, das die deutsche StA überträgt (BVerwGE 68, 233 ff.; 85, 110 f.) – ohne Rücksicht auf den Wohnsitz und eine etwa später erworbene fremde StA einen **Anspruch auf Wiedereinbürgerung**, dessen Verwirklichung über einen entsprechenden Antrag zum Wiedererwerb der deutschen StA ex nunc führt. Nach den Entscheidungen BVerfGE 23, 108; 54, 70, handelt es sich wegen der angenommenen Nichtigkeit der seinerzeitigen Ausbürgerungen in Wahrheit um eine bloße „Wiedergeltendmachung" der deutschen StA. Diese Regelung gilt nicht für vor dem 1.4.1953 geborene nichteheliche Abkömmlinge (BVerwGE 68, 234 f.; 85, 114) oder eheliche Kinder ausgebürgerter Frauen (BVerwGE 85, 110 ff.). Die Ehefrau eines Ausgebürterten hat einen Anspruch auf Wiedereinbürgerung nur, wenn sie selbst ausgebürgert wurde. Abkömmlinge i.S. des Art. 116 II 1 sind auch Enkel und weitere Nachkommen (BVerwGE 95, 37). Für Personen, die 1945 wieder als Österreicher in Anspruch genommen worden sind, gilt Art. 116 II nicht (BVerwG, DVBl 1966, 115; BVerwGE 85, 118). Der Antrag auf Wiedereinbürgerung, an den keine zu hohen Anforderungen gestellt werden dürfen (BVerfGE 54, 71), muss vom Berechtigten selbst gestellt werden. Er führt nur zu *seiner* Wiedereinbürgerung; eine Erstreckung auf Angehörige findet nicht statt. Abkömmlinge haben keinen Anspruch auf Wiedereinbürgerung, wenn der ausgebürgerte Elternteil bereits vor ihrer Geburt wieder die deutsche StA erhalten hatte (BVerwG, NVwZ 1992, 796). Verzicht auf Wiedereinbürgerung ist möglich, muss aber klar und deutlich bekundet sein.

8   *Satz 2:* Von dem Grundsatz nur antragsmäßiger Wiedereinbürgerung macht Satz 2 eine Ausnahme für Personen (Ausgebürgerte u. Abkömmlinge), die ihren Wohnsitz (genauer: ihre Niederlassung; BVerfGE 8, 86) nach dem 8.5.1945 wieder in Deutschland (Grenzstand 31.12.1937) genommen haben. Sie **gelten als nicht ausgebürgert,** es sei denn, dass sie einen entgegengesetzten Willen zum Ausdruck gebracht haben. Soll solcher Wille aus einem schlüssigen Verhalten gefolgert werden, muss er sich in diesem völlig zweifelsfrei kundgetan haben (BVerfGE 8, 87). Satz 2 ist auch auf die Verfolgten anzuwenden, die erst nach Inkrafttreten des GG ihren Wohnsitz in Deutschland genommen haben

(BVerfGE 8, 86; BGHZ 27, 375), und entsprechend auf diejenigen, die Deutschland nie verlassen haben („Untergetauchte"). Die Rückwirkungsfiktion des Satzes 2 erstreckt sich auch auf Abkömmlinge, wenn diese ohne die Ausbürgerung die deutsche StA erworben hätten und sie sich, ohne einen den Rechtsfolgen der Fiktion entgegenstehenden Willen zu äußern, in Deutschland niedergelassen haben (vgl. BVerwGE 68, 222 f.). Sie ist auch in anderer Hinsicht nur eine beschränkte: Gilt ein Verfolgter nach Satz 2 als nicht ausgebürgert, hat er seine deutsche StA auch dann nicht nach § 25 I StAG verloren, wenn er während seines Auslandsaufenthalts eine andere erworben hatte (BVerfGE 8, 87), ebenso wenig eine deutsche Frau, die in der Zeit ihrer Ausbürgerung einen Ausländer geheiratet hatte (BGHZ 27, 375).

Nach Auffassung des BVerfG gilt Abs. 2 nur für diejenigen Ausgebürgerten, die **9** den 8.5.1945 überlebt haben, während die vorher verstorbenen die deutsche StA nie verloren haben (BVerfGE 23, 111 f.). Bei vor dem 8.5.1945 Verstorbenen ist vom Fortbestand der deutschen StA auszugehen, sofern nicht konkrete Anhaltspunkte für die Ablehnung einer Rückkehr auch in ein freiheitliches und demokratisches Deutschland vorliegen (BVerfGE 23, 112). Wer zusätzlich aus anderen Gründen (etwa durch freiwilligen Erwerb einer anderen StA) die deutsche StA verloren hat, besitzt nur einen Anspruch auf Einbürgerung mit ex nunc-Wirkung (BSGE 50, 23 f.). Abs. 2 findet keine unmittelbare Anwendung, wenn jemand damals aus ungerechtfertigten Gründen nicht eingebürgert wurde; dies ist jedoch beim Einbürgerungsbegehren zu berücksichtigen (BVerwGE 114, 204 f.).

## Artikel 117 [Übergangsregelungen zu Art. 3 Abs. 2 a.F. und Art. 11]

(1) Das dem Artikel 3 Abs. 2 entgegenstehende Recht bleibt bis zu seiner Anpassung an diese Bestimmung des Grundgesetzes in Kraft, jedoch nicht länger als bis zum 31. März 1953.

(2) Gesetze, die das Recht der Freizügigkeit mit Rücksicht auf die gegenwärtige Raumnot einschränken, bleiben bis zu ihrer Aufhebung durch Bundesgesetz in Kraft.

**Allgemeines:** Art. 117 trifft zwei unterschiedlich strukturierte **Übergangsbestim- 1 mungen** für zwei völlig verschiedene Grundrechte: Abs. 1 für Art. 3 II (jetzt: Satz 1), Abs. 2 für Art. 11. Bis zu seiner Neuordnung galt mit diesen Grundrechten nicht vereinbares vorkonstitutionelles Recht – als Ausnahme von der unmittelbaren Geltung der Grundrechte gemäß Art. 1 III (vgl. BVerfGE 25, 179; 26, 63) – vorübergehend weiter. Im Fall der Gleichberechtigung von Mann und Frau (Abs. 1) ist für die Weitergeltung ein genauer Endtermin bestimmt, bei der Freizügigkeit (Abs. 2) endet die Geltung mit dem Eintritt einer auflösenden Bedingung (Aufhebungsgesetz).

### Absatz 1: Übergangsregelung zu Art. 3 Abs. 2 a.F.

Nach Inkrafttreten des GG *neu geschaffenes* (nicht nur bürgerliches) *Recht* muss- **2** te übergangslos Art. 3 II beachten (BVerfGE 17, 13). Das sofortige Außerkrafttreten aller dem Gleichberechtigungsgebot widersprechenden *alten Vorschriften* (Art. 123 I) hätte 1949 beträchtliche **Rechtsunsicherheit** erzeugt und wurde deshalb durch eine Übergangsregelung bis zum 31.3.1953 suspendiert. Damit ist aber das Art. 3 II widersprechende Recht nicht für als der Verfassung entsprechend erklärt, sondern nur dem Gesetzgeber eine Frist eingeräumt worden, das verfassungswidrige Recht durch verfassungsgemäßes Recht zu ersetzen (BVerwGE 127, 201). Bis zum Ablauf der Frist gelang indessen keine vollständige Rechtsanpassung. Die durch Derogation alten Rechts aufgetretenen Lücken wurden – ohne Verstoß gegen Rechtssicherheit und Gewaltenteilung (BVerfGE 3, 237 ff.; 25, 178; 49, 303) – durch gesetzesvertretendes Richterrecht ausgefüllt.

3 Durch Abs. 1 sanktioniert das GG insbes. statusbegründende **Rechtsfolgen aus der befristeten Fortgeltung** des dem Gleichberechtigungsgebot widersprechenden Rechts auf Dauer (z.b. für das Namensrecht: BVerfGE 48, 341; für das Staatsangehörigkeitsrecht: BVerwGE 71, 305; 92, 72; 127, 197 ff.; hier entgegen VG Osnabrück, NVwZ-RR 1996, 298, auch kein Rückgriff auf den übergangslos geltenden Art. 6 I).

4 Da Art. 3 II a.F. und Art. 3 III a.F. (Merkmal Geschlecht) **wirkungsgleich** sind (BVerfGE 43, 225; 74, 179; unzutreffend: BVerfGE 85, 206 f.; 92, 109; s. dazu Art. 3 Rn. 21), gilt Art. 117 I trotz Nichterwähnung mittelbar **auch** für **Art. 3 III a.F.** (jetzt: Satz 1), ebenso schon BVerfGE 6, 421; ferner Sachs in Ders., Art. 117 Rn. 12, und in Stern, Bd. IV/2, S. 1668.

5 Bei der Ergänzung des Art. 3 II durch einen Satz 2 im Jahre 1994 (vgl. Art. 3 Rn. 1) war eine Präzisierung des Art. 117 I schon deshalb nicht notwendig, weil es sich insoweit um eine nicht der Bindungswirkung des Art. 1 III unterliegende Staatszielbestimmung mit einem eher gesellsch. als rechtl. Ansatz handelt (s. Art. 3 Rn. 16). Wenn überhaupt, ist durch die Neuregelung nur der (das Staatsziel ausgestaltende) künftige, nicht der historische Gesetzgeber angesprochen.

**Absatz 2: Übergangsregelung zu Art. 11**

6 Abs. 2 ist inzwischen **obsolet.** Die auf der „gegenwärtigen" Raumnot – einem zeitgeschichtlich abgeschlossenen Vorgang – basierenden Wohnungsgesetze, die über die Einschränkungen des Art. 11 II hinausgehende Zuzugsverbote vorsahen, bestehen seit 1950 nicht mehr. Wegen Eintritts der auflösenden Bedingung der „Aufhebung" kann die Übergangsbestimmung – etwa bei Raumnot infolge unvorhergesehener Zuwanderung – nicht erneut in Anspruch genommen werden. Neue, die Freizügigkeit einschränkende Gesetze müssen durch Art. 11 II gedeckt sein.

## Artikel 118 [Neugliederung im Südwesten]

Die Neugliederung in dem die Länder Baden, Württemberg-Baden und Württemberg-Hohenzollern umfassenden Gebiete kann abweichend von den Vorschriften des Artikels 29 durch Vereinbarung der beteiligten Länder erfolgen. Kommt eine Vereinbarung nicht zustande, so wird die Neugliederung durch Bundesgesetz geregelt, das eine Volksbefragung vorsehen muß.

Die Vorschrift, lex specialis zu Art. 29 i.d.F. von 1949, ist durch die Bildung des Landes Baden-Württemberg gemäß Satz 2 (G v. 4.5.1951, BGBl I S. 284; dazu BVerfGE 1, 14) **erschöpft.** Sie hatte die Neugliederung in diesem Gebiet gegenüber Art. 29 (auch in dessen damaliger Fassung) erleichtert.

## Artikel 118 a  [Neugliederung von Berlin und Brandenburg]

**Die Neugliederung in dem die Länder Berlin und Brandenburg umfassenden Gebiet kann abweichend von den Vorschriften des Artikels 29 unter Beteiligung ihrer Wahlberechtigten durch Vereinbarung beider Länder erfolgen.**

Art. 118 a ist 1994 (BGBl I S. 3146) eingefügt worden, insbes. um der Empfehlung von Art. 5 EV gerecht zu werden, die für die **Neugliederung von Berlin und Brandenburg** an die historischen Verbindungen zwischen Berlin und seinem Umland anknüpfte. Er steht neben Art. 29 und ist Art. 118 deutlich nachgebildet. Im Unterschied zu dem ebenfalls 1994 eingefügten Art. 29 VIII wird nicht von „Staatsvertrag", sondern – der (älteren) Terminologie des Art. 118 folgend – von „Vereinbarung" der beteiligten Länder gesprochen. Im Ergebnis wird es sich bei Gebietsänderungen immer um Staatsverträge handeln, schon weil der Geltungsbereich von Landesrecht verändert wird. Wie Art. 118 gilt die Vorschrift nur für das näher bezeichnete Gebiet. Im Unterschied zu Art. 118 sieht sie *nicht* hilfsweise eine Neuregelung durch Bundesgesetze vor, sondern stellt ausschließlich auf eine vertragliche Regelung ab. Allerdings erleichterte der Bundesgesetzgeber diese durch das G zur Regelung der finanziellen Voraussetzungen für die Neugliederung der Länder Berlin und Brandenburg vom 9.8.1994 (BGBl I S. 2066). Ebenfalls im Unterschied zu Art. 118 Satz 1 müssen die beiden Länder unter „Beteiligung ihrer Wahlberechtigten" handeln. Der Begriff des „Volksentscheids", den Art. 29 verwendet, wird vermieden, ebenso fehlen (die in Art. 29 enthaltenen) Vorschriften über Mehrheiten und Quoren. Somit bleiben diese Fragen der Vereinbarung beider Länder oder dem jeweiligen Landesrecht vorbehalten. Der entsprechende Staatsvertrag der Länder Berlin und Brandenburg über die Bildung eines gemeinsamen Bundeslandes (Neugliederungs-Vertrag) wurde am 27.4.1995 unterzeichnet und von den LTagen beider Länder am 22.6.1995 mit Zweidrittelmehrheit gebilligt. Die im Staatsvertrag als „Beteiligung ihrer Wahlberechtigten" vorgesehenen Volksabstimmungen fanden am 5.5.1996 in beiden Ländern statt, wobei die LReg im Vorfeld zu sachlicher Werbung für den Vertrag berechtigt waren (BVerfG, NVwZ 1996, 997). Die Mehrheit ist in Brandenburg jedoch verfehlt worden. Damit ist Art. 118 a aber *nicht „verbraucht"* worden.

## Artikel 119  [Flüchtlinge und Vertriebene]

**In Angelegenheiten der Flüchtlinge und Vertriebenen, insbesondere zu ihrer Verteilung auf die Länder, kann bis zu einer bundesgesetzlichen Regelung die Bundesregierung mit Zustimmung des Bundesrates Verordnungen mit Gesetzeskraft erlassen. Für besondere Fälle kann dabei die Bundesregierung ermächtigt werden, Einzelweisungen zu erteilen. Die Weisungen sind außer bei Gefahr im Verzuge an die obersten Landesbehörden zu richten.**

Die Ermächtigung ist **erloschen**, nachdem durch das BundesvertriebenenG vom 19.3.1953 (BGBl I S. 210) eine bundesgesetzl. Regelung erfolgt war (h.M.). Allerdings impliziert die fortdauernde Existenz von Art. 119, dass verfassungsändernd ergehende Ermächtigungen zu gesetzesvertretendem Verordnungsrecht nicht schlechthin an Art. 79 III scheitern müssen.

## Artikel 120 [Kriegsfolgelasten und Sozialversicherung]

(1) Der Bund trägt die Aufwendungen für Besatzungskosten und die sonstigen inneren und äußeren Kriegsfolgelasten nach näherer Bestimmung von Bundesgesetzen. Soweit diese Kriegsfolgelasten bis zum 1. Oktober 1969 durch Bundesgesetze geregelt worden sind, tragen Bund und Länder im Verhältnis zueinander die Aufwendungen nach Maßgabe dieser Bundesgesetze. Soweit Aufwendungen für Kriegsfolgelasten, die in Bundesgesetzen weder geregelt worden sind noch geregelt werden, bis zum 1. Oktober 1965 von den Ländern, Gemeinden (Gemeindeverbänden) oder sonstigen Aufgabenträgern, die Aufgaben von Ländern oder Gemeinden erfüllen, erbracht worden sind, ist der Bund zur Übernahme von Aufwendungen dieser Art auch nach diesem Zeitpunkt nicht verpflichtet. Der Bund trägt die Zuschüsse zu den Lasten der Sozialversicherung mit Einschluß der Arbeitslosenversicherung und der Arbeitslosenhilfe. Die durch diesen Absatz geregelte Verteilung der Kriegsfolgelasten auf Bund und Länder läßt die gesetzliche Regelung von Entschädigungsansprüchen für Kriegsfolgen unberührt.

(2) Die Einnahmen gehen auf den Bund zu demselben Zeitpunkte über, an dem der Bund die Ausgaben übernimmt.

1 **Allgemeines:** Art. 120 regelt für das Verhältnis von Bund und Ländern (BVerfGE 14, 237; 113, 207 ff.) in Abs. 1 – nicht nur übergangsweise, sondern auf Dauer – die Finanzierungsverantwortung für Kriegsfolgelasten und für die Bezuschussung der Sozialversicherung und enthält in Abs. 2 eine Überleitungsvorschrift für bestimmte Steuereinnahmen.

### Absatz 1: Kriegsfolge- und Sozialversicherungslasten

2 Abs. 1 ist **reine Kompetenznorm**, die auf den in Rn. 1 genannten Gebieten allein die finanzwirtsch. Beziehungen des Bundes zu den Ländern (einschl. der Gemeinden u. Gemeindeverbände) gestaltet, keine Ansprüche Dritter begründet (BVerfGE 14, 233, 235; 113, 207 f., 211, 213; BVerwGE 22, 317; 24, 272 f.; BSGE 21, 216; 34, 178 f.; 47, 154 f.; s. auch BVerfGE 128, 101 ff., sowie Satz 5) und auch eine grundrechtl. Ausdeutung nicht zulässt (BVerfGE 113, 213 f.). Sinn der Regelung ist es, eine gleichmäßige Belastung der Bevölkerung mit Kriegsfolge- und Sozialversicherungslasten zu ermöglichen (BVerfGE 113, 214). Art. 120 I ergänzt den X. Abschnitt des GG und ist als **Bestandteil der Finanzverfassung** (BVerfGE 14, 234; 113, 200, 208; BVerwG, NVwZ-RR 2007, 76) im Verhältnis zur allg. Regelung der Art. 104 a über die Lastenverteilung zwischen Bund und Ländern im Wesentlichen **lex specialis** (BVerfGE 113, 200, 206 f.), so dass Art. 104 a, soweit die Finanzierung von Kriegsfolgelasten und Sozialversicherungszuschüssen in Rede steht, weitgehend nicht zur Anwendung kommt. Art. 120 I geht vor allem der Konnexitätsregel des Art. 104 a I (vgl. BSGE 39, 22; 102, 155), aber auch Art. 104 a III vor, weshalb Satz 1, wonach der Bund die Kriegsfolgelasten zu tragen hat, nicht die in Art. 104 a III 2 vorgesehene Rechtsfolge auslöst, dass Gesetze, die dem Bund 50 vH der Kosten oder mehr auferlegen, im Auftrag des Bundes auszuführen sind (BSGE 102, 155 f.). Hinsichtlich der *Verwaltungskompetenz* bleibt es vielmehr bei den allg. Regeln (s. BSGE 102, 155). Gesetze über Kriegsfolgelasten sind deshalb, vorbehaltlich der Sonderregelung des Art. 120 a für die Durchführung des Lastenausgleichs, nach Art. 83 von den Ländern als eigene Angelegenheit auszuführen. Insoweit ist auch Art. 104 a V (Tragung der Verwaltungskosten durch die Länder) anzuwenden; Art. 120 enthält keinen Ansatzpunkt dafür, dass für Kriegsfolgelasten eine Ausnahme gelten könnte.

*Satz 1* begründet die **Finanzierungszuständigkeit des Bundes für die Kriegsfolge- 3 lasten** (BVerfGE 9, 317). Eine Pflicht des Bundes, der Sozialversicherung i.s. des Satzes 4 die Kosten zu ersetzen, die ihr durch Kriegsfolgelasten entstehen, ist der Vorschrift nicht zu entnehmen (BSGE 81, 285). Bei diesen Lasten handelt es sich um die Lasten solcher Kriegsfolgen, deren entscheidende – und in diesem Sinne alleinige – Ursache der 2. Weltkrieg ist (BVerfGE 9, 324; BVerwG, NVwZ 2004, 1126; 2011, 308; NVwZ-RR 2012, 788). Das bedeutet: Je mehr Zeit verstreicht, desto mehr wird der 2. Weltkrieg als maßgebende Ursache zurücktreten. Auch bei einer allzu langen Kausalkette zwischen dem 2. Weltkrieg und bestimmten Lasten kann das Vorliegen einer Kriegsfolgelast entfallen (vgl. BVerfGE 9, 324). Zu den Kriegsfolgelasten rechnen etwa Wiederaufbaukosten, die Versorgung der Kriegsbeschädigten und ihrer Hinterbliebenen, der Lastenausgleich für Flüchtlinge und Vertriebene und Wiedergutmachungsleistungen. Auch die Kosten für die Räumung von Kampfmitteln (BVerwG, NVwZ 2004, 1126; NVwZ-RR 2007, 76; 2012, 788) und für die Eingliederung von Spätaussiedlern werden erfasst (hinsichtlich der Spätaussiedlerkosten a.A. Jarass in Ders./Pieroth, Art. 120 Rn. 3). Keine Kriegsfolgelasten sind dagegen Folgekosten der nationalsozialistischen Gewaltherrschaft, der Wiedervereinigung und von DDR-Unrechtsmaßnahmen. Hinsichtlich der **Besatzungskosten** ist Art. 120 weitgehend gegenstandslos geworden. Die Kosten der Stationierung verbündeter Truppen in der Bundesrepublik unterliegen nicht der Regelung des Satzes 1; sie sind **Verteidigungslasten** (s. auch BVerwGE 12, 333 f.).

Dass den Bund die Kostentragungspflicht für Kriegsfolgelasten nur „nach nähe- 4 rer Bestimmung von Bundesgesetzen" trifft, bedeutet nicht, dass der Bundesgesetzgeber berechtigt wäre, eine Legaldefinition der vom Bund im Einzelnen zu tragenden Kosten vorzunehmen (BVerfGE 9, 305, 325). Die Wendung besagt vielmehr nur, dass der Bundesgesetzgeber oder der von ihm ermächtigte Verordnungsgeber (vgl. BVerwGE 24, 274) befugt ist, im Einzelnen die Auswirkungen eines schon in der Verfassung enthaltenen Rechtssatzes festzulegen, das Verfahren zum Vollzug der Verfassungsnorm zu ordnen und Zweifelsfragen zu entscheiden (BVerfGE 9, 325, 330; BVerwG, NVwZ-RR 2007, 76; BSGE 21, 214). Auch kann er die Länder im Interesse einer sparsamen Verwaltung bei gewissen Lasten in Form von Interessenquoten an den Aufwendungen beteiligen (BVerfGE 1, 139 f.; 9, 330). Fehlt ein Gesetz zur näheren Bestimmung der vom Bund zu tragenden Kriegsfolgelasten oder erweist es sich, gemessen an Art. 120 I, als lückenhaft, ist auf die von der Verfassung vorgegebene Lastenverteilung zurückzugreifen. Darin ist die Befugnis der Fachgerichte eingeschlossen, unzureichend ausgestaltete Ansprüche im Verhältnis der Länder zum Bund entsprechend den verfassungsrechtl. Vorgaben unmittelbar aus Art. 120 I zuzusprechen (BVerwG, NVwZ 2011, 308). Dazu rechnet, wie sich aus Satz 3 ergibt, auch die bis zum 1.10.1965 geübte Staatspraxis (BVerwG, NVwZ 2012, 788).

*Satz 2* ist eine **Bereinigungsvorschrift**, die in Reaktion auf die Entscheidung 5 BVerfGE 9, 305 (vgl. BVerfGE 113, 210 f.; BVerwGE 24, 275) sicherstellt, dass Bundesgesetze, die bis zum 1.10.1969 erlassen wurden und eine von Satz 1 abw. Verteilung der Lasten von Kriegsfolgen zwischen Bund und Ländern festlegen, unberührt bleiben. In einigen vor dem genannten Stichtag ergangenen Gesetzen sind den Ländern Kriegsfolgelasten auferlegt worden, z.B. in § 6 LAG, der eine Beteiligung der Länder an den Kosten des Lastenausgleichs vorsieht, und in § 21 a des Ersten ÜberleitungsG i.d.F. vom 28.4.1955 (BGBl I S. 193), geändert durch Art. V des G vom 21.2.1964 (BGBl I S. 85), der bestimmte vom Bund zu tragende Kriegsfolgelasten auf inzwischen ausgelaufene Pauschalleistungen beschränkte (zu dem zuletzt genannten Gesetz s. BVerfGE 21, 215 ff.; 34, 177 ff.). Die in diesen Gesetzen enthaltene Lastenverteilung ist durch Satz 2 verfassungsrechtl. festgeschrieben (BVerwGE 24, 274). Sie kann, obwohl in einfachen Gesetzen enthalten, ohne Verfassungsänderung nicht verändert werden (BSGE 34, 179). Das gilt aber nur für die Lastenverteilungsregel zwischen Bund und Ländern. Materielle Leistungsansprüche, zu deren Deckung Bund und Länder nach Maßgabe z.b. des § 6 LAG beitragen, können ohne Verfassungsänderung geändert werden.

6 Auch *Satz 3* weicht von der Kostenverteilungsregel des Satzes 1 ab. Die **Schutzklausel** (BT-Dr IV/2524 S. 8; BVerwG, NVwZ-RR 2007, 76) schreibt in Bezug auf Aufwendungen für Kriegsfolgelasten, die in Bundesgesetzen nicht geregelt waren, hinsichtlich der Lastentragung den bis zum 1.10.1965 durch die Staatspraxis geprägten status quo verfassungsrechtl. fest (BVerwGE 24, 274; BVerwG, NVwZ-RR 2007, 76). Lasten, die bis zu diesem Zeitpunkt abw. von Satz 1 von den Ländern, Gemeinden, Gemeindeverbänden oder den anderen in der Vorschrift aufgeführten Aufgabenträgern getragen wurden, sollen diesen aufgebürdet bleiben, d.h. der Bund braucht sie ihnen nicht nachträglich zu erstatten. Die Regelung besagt aber darüber hinaus auch, dass die Länder, Gemeinden, Gemeindeverbände und sonstigen Aufgabenträger die Kriegsfolgelasten, die sie an dem genannten Stichtag getragen haben, auch in Zukunft weiter tragen sollen. Satz 3 bedeutet allerdings nicht, dass der Bund auf dem Gebiet der Kriegsfolgelasten keine neuen Gesetze erlassen kann. Wenn er solche erlässt, fallen die gesetzl. geregelten Tatbestände aus dem Anwendungsbereich des Satzes 3 heraus, und zwar mit der Folge, dass Satz 1 gilt, nach dem der Bund die Lasten zu tragen hat.

7 Die Finanzlastregel des *Satzes 4* betrifft die Sozialversicherung. Unter diesem Begriff ist das Gleiche zu verstehen wie in Art. 74 I Nr. 12, Art. 87 II, die mit Satz 4 ein in sich geschlossenes Regelungssystem der Sozialversicherung bilden (BVerfGE 113, 200; vgl. daher zum Begriff Art. 74 Rn. 11). Erfasst werden außer der ausdrücklich erwähnten Arbeitslosenversicherung und der Arbeitslosenhilfe (zu deren Abschaffung mit Wirkung zum 1.1.2005 s. BVerfGE 128, 101 ff.) auch die gesetzl. Kranken-, Unfall-, Invaliditäts-, Renten- und Pflegeversicherung (zur zulässigen Differenzierung von gesetzl. und privat Versicherten bei der Einführung des Risikostrukturausgleichs in der gesetzl. Krankenversicherung vgl. BVerfGE 113, 213 ff.). Für sie alle bestimmt Satz 4, dass **Zuschüsse zu den Lasten der Sozialversicherung** vom Bund zu tragen sind. Wie jeder andere Dritte (s. oben Rn. 2) haben auch die einzelnen Sozialversicherungsträger aus Art. 120 keinen Rechtsanspruch auf Zuschüsse. Ein solches Recht wird ggf. erst durch entsprechende Bundesgesetze begründet (vgl. BVerfGE 14, 235; 113, 207 f., 211; BSGE 21, 216; 47, 156). Zu deren Erlass wird der Bund durch Satz 4 aber nicht verpflichtet (BVerfGE 113, 219; BSGE 81, 285 f.). Die Regelung macht keine Vorgaben dazu, wie die einzelne Sozialversicherungsleistung auszugestalten ist (BVerfG, DVBl 2001, 897); denn sie besagt nur, dass die Kosten für Zuschüsse, falls sie gewährt werden, vom Bund zu tragen sind (BVerfGE 113, 211) und die Länder nicht verpflichtet werden können, solche Zuschüsse aus ihren Haushalten zu leisten (BVerfGE 113, 207). Aussagen über die verfassungsrechtl. Zulässigkeit gesetzl. Finanzausgleichsregelungen im Binnenbereich eines Sozialversicherungszweigs lassen sich der Vorschrift ebenfalls nicht entnehmen (BVerfGE 113, 207). Den Sozialversicherungsträgern Kriegsfolgelasten aufzubürden, ist dem Bund durch Satz 4 nicht verwehrt (BVerfGE 14, 237; 113, 211 f.; BSGE 25, 247)

8 *Satz 5* bestätigt, indem er die gesetzl. **Regelung von Entschädigungsansprüchen für Kriegsfolgen unberührt** lässt, die Grundregel des Art. 120, der zufolge An-

sprüche Dritter gegen die von der Vorschrift Betroffenen nicht gewährt (s. oben Rn. 2).

**Absatz 2: Übergang der Einnahmen**

Abs. 2 ist eine **Übergangsvorschrift.** Nach dem Ersten ÜberleitungsG vom **9** 28.11.1950 (BGBl S. 773) sind am 1.4.1950 alle nach der damals geltenden Fassung des GG dem Bund zustehenden Steuereinnahmen, die bis dahin den Ländern zugeflossen waren, auf den Bund übergegangen und ebenfalls die wichtigsten Lasten aus dem Bereich der Kriegsfolgen sowie aus dem Sozialbereich (BVerfGE 14, 234 f.). Die Vorschrift hat **keine praktische Bedeutung** mehr.

## Artikel 120 a  [Durchführung des Lastenausgleichs]

**(1) Die Gesetze, die der Durchführung des Lastenausgleichs dienen, können mit Zustimmung des Bundesrates bestimmen, daß sie auf dem Gebiete der Ausgleichsleistungen teils durch den Bund, teils im Auftrage des Bundes durch die Länder ausgeführt werden und daß die der Bundesregierung und den zuständigen obersten Bundesbehörden auf Grund des Artikels 85 insoweit zustehenden Befugnisse ganz oder teilweise dem Bundesausgleichsamt übertragen werden. Das Bundesausgleichsamt bedarf bei Ausübung dieser Befugnisse nicht der Zustimmung des Bundesrates; seine Weisungen sind, abgesehen von den Fällen der Dringlichkeit, an die obersten Landesbehörden (Landesausgleichsämter) zu richten.**

**(2) Artikel 87 Abs. 3 Satz 2 bleibt unberührt.**

**Allgemeines:** Art. 120 a trifft für Bundesgesetze, die der Durchführung des – nach **1** der Wiedervereinigung nicht auf die ostdeutschen Bundesländer erstreckten – Lastenausgleichs dienen, also allein für die gesetzesakzessorische Verwaltung, eine den VIII. Abschnitt des GG über die Ausführung von Bundesgesetzen ergänzende und teilweise von ihm abw. Sonderregelung. Der **Begriff des Lastenausgleichs** wird dabei nicht definiert. Er lässt sich in Anlehnung an § 1 LAG als Leistungsgewährung wegen materieller Kriegs-, Kriegsfolge- und Nachkriegsschäden bestimmen. Ein enger Zusammenhang des auszugleichenden Schadens mit dem Krieg ist – anders bei Kriegsfolgelasten (vgl. Art. 120 Rn. 3) – nicht erforderlich.

### Absatz 1: Lastenausgleichsverwaltung

*Satz 1* betrifft die der Durchführung des Lastenausgleichs dienenden Bundesge- **2** setze nur insoweit, als es um das Gebiet der **Ausgleichsleistungen** geht. Für Lastenausgleichs*abgaben* enthält er keine Regelung. Insofern bleibt es bei den allg. Vorschriften (vgl. Rn. 3). In den Gesetzen über die Gewährung und – jetzt vor allem noch aktuell – Rückforderung von Lastenausgleichsleistungen kann bestimmt werden, dass sie, abw. von Art. 83, teils durch den Bund (Art. 86), teils im Auftrag des Bundes durch die Länder (Art. 85) ausgeführt werden (s. § 305 I LAG u. dazu BVerwG, LKV 2012, 25). Die Regelung ermöglicht auch einen Fall *zulässiger Mischverwaltung* (zu dieser u. ihrem generellen Verbot vgl. vor Art. 83 Rn. 8), wenn Bundesauftrags- und Bundeseigenverwaltung in der Weise miteinander verknüpft werden, dass Landesbehörden an Einvernehmensvorbehalte und dgl. zugunsten des Bundes gebunden werden. Eine Pflicht, eine dahin gehende Regelung zu treffen, begründet Art. 120 a I 1 nicht (str.). Eine weitere Besonderheit besteht darin, dass, soweit der Gesetzesvollzug in Bundesauftragsverwaltung

*Hömig* 821

erfolgt, die nach Art. 85 der BReg und den zuständigen obersten Bundesbehörden zustehenden Befugnisse ganz oder teilweise auf das Bundesausgleichsamt als Bundesoberbehörde (§§ 307, 312 LAG) übertragen werden können, z.b. nach Art. 85 II 1 die Befugnis zum Erlass von allg. Verwaltungsvorschriften, in denen auch das Verfahren und die funktionellen Zuständigkeiten der Lastenausgleichsbehörden geregelt werden können (BVerfGE 8, 167 ff.), oder das Recht zur Erteilung von Weisungen nach Art. 85 III 1 (s. BSGE 39, 263 f.). Die Ausübung der in Satz 1 aufgeführten Gestaltungsmöglichkeiten steht im Belieben des Bundesgesetzgebers. Die entsprechenden Gesetze bedürfen der **Zustimmung des Bundesrats.** Dies gilt allerdings nicht für Änderungsgesetze, durch welche die Organisationshoheit der Länder wiederhergestellt wird (BT-Dr 15/1854 S. 12).

3 *Satz 2* bestimmt für den Fall, dass ein Bundesgesetz nach Satz 1 Bundesauftragsverwaltung anordnet und die der BReg nach Art. 85 zustehenden Befugnisse auf das **Bundesausgleichsamt** überträgt, dass dieses die ihm übertragenen Befugnisse, für die die BReg die Zustimmung des BRats einholen müsste, ohne die Zustimmung des BRats ausüben kann. Satz 2 Halbs. 2 stellt klar, dass auch das Bundesausgleichsamt seine Weisungen entsprechend Art. 85 III 2, außer in Fällen der Dringlichkeit, an die obersten Landesbehörden richten muss, die als Landesausgleichsämter (§ 311 I LAG) vorausgesetzt werden. Im Übigen bestimmen sich Voraussetzungen, Inhalt und Reichweite der Befugnisse des Bundesausgleichsamts nach Art. 85. In den Bereichen der Lastenausgleichsverwaltung, für die die Modifikationen des Satzes nicht gelten, bleibt es bei den allg. Regeln der Art. 83, 84.

### Absatz 2: Mittel- und Unterbehörden

4 Abs. 2 stellt sicher, dass auch für den Vollzug von Bundesgesetzen i.S. des Abs. 1 nach Maßgabe des Art. 87 III 2 bundeseigene Mittel- und Unterbehörden errichtet werden können. Die Vorschrift ist **ohne praktische Bedeutung** geblieben.

## Artikel 121 [Mehrheit der Mitglieder von Bundestag und Bundesversammlung]

Mehrheit der Mitglieder des Bundestages und der Bundesversammlung im Sinne dieses Grundgesetzes ist die Mehrheit ihrer gesetzlichen Mitgliederzahl.

1 Art. 121 definiert den Begriff der **Mehrheit der Mitglieder** i.S. von absoluter oder sog. Abgeordnetenmehrheit für diejenigen Vorschriften des GG, in denen dieser Begriff mit Bezug auf BTag oder BVersammlung verwendet wird (im Einzelnen s. Art. 29 VII 2, Art. 54 VI 1, Art. 63 II-IV, Art. 67 I 1, Art. 68 I 1 u. 2, Art. 77 IV 1 u. 2, Art. 80 a III 2, Art. 87 III 2, Art. 115 II 6 u. Art. 115 a I 2). Darüber hinaus ist Art. 121 auch dann anzuwenden, wenn das GG in einer Bestimmung von „den Mitgliedern" eines der genannten Verfassungsorgane (vgl. Art. 54 III) oder von einer Bruchteilsmehr- oder -minderheit dieser Mitglieder spricht (s. Art. 61 I 3, Art. 79 II bzw. Art. 23 Ia 2, Art. 39 III 3, Art. 42 I 2, Art. 44 I 1, Art. 61 I 2 u. Art. 93 I Nr. 2). In allen Fällen ist die **gesetzliche Mitgliederzahl** zugrunde zu legen. Dies ist die jeweilige Gesamtzahl der nach dem einschlägigen Gesetz in den BTag oder in die BVersammlung Gewählten („Sollbestand"). Nach Maßgabe des Gesetzes (z.B. infolge Mandatsniederlegung oder wegen Todes) ausgeschiedene Mitglieder, deren Sitz noch nicht wieder besetzt ist, sind von der Gesamtzahl abzuziehen. Dagegen sind die an der Ausübung ihres Mandats (z.B.

wegen Krankheit, Sitzungsausschlusses oder einer Reise) nur vorübergehend verhinderten Mitglieder zu berücksichtigen. **Mehrheit** ist mehr als die Hälfte der gesetzl. Mitgliederzahl.

Die **gesetzliche Mitgliederzahl des Bundestages** beträgt seit der 15. Wahlperiode **2** des BTags im Normalfall 598 Abg. (§ 1 I 1 BWahlG). Ob sie sich im Zuge der Neuregelung des Bundeswahlrechts im Anschluss an das BVerfG-U. vom 25.7.2012 – 2 BvF 3/11 – (s. Art. 38 Rn. 31) verändern und welche Auswirkungen auf die weiteren Vorschriften des BundeswahlG über die Zusammensetzung des BTages (vgl. dazu die Angaben in der Voraufl. des Kommentars, Art. 121 Rn. 2) die Neuregelung haben wird, bleibt abzuwarten.

Die **gesetzliche Mitgliederzahl der Bundesversammlung** beträgt das Doppelte der **3** gesetzl. Mitgliederzahl des BTags (Art. 54 III), umfasst also im Normalfall derzeit noch 1196 Vertreter.

**Verstöße gegen Art.** 121 führen zur Unwirksamkeit der getroffenen Entschei- **4** dung, wenn sie für diese erheblich waren. Die unwirksame Entscheidung ist, falls noch möglich, zu wiederholen.

## Artikel 122 [Zeitpunkt der Überleitung der Gesetzgebung]

**(1) Vom Zusammentritt des Bundestages an werden die Gesetze ausschließlich von den in diesem Grundgesetze anerkannten gesetzgebenden Gewalten beschlossen.**

**(2) Gesetzgebende und bei der Gesetzgebung beratend mitwirkende Körperschaften, deren Zuständigkeit nach Absatz 1 endet, sind mit diesem Zeitpunkt aufgelöst.**

Der BTag ist (wie der BRat) am 7.9.1949 erstmals zusammengetreten. Bis zum Ablauf dieses Tages (BVerfGE 16, 6) hatten die Länder das Gesetzgebungsrecht auch insoweit, als es über ihre Zuständigkeiten nach dem GG hinausging. Reichsrecht, das später Bundesrecht geworden ist, konnte durch Landesgesetz nur geändert werden, wenn die Landesgesetze vor dem 7.9.1949 verkündet waren (BVerfGE 7, 330). Von Abs. 2 betroffen war z.B. der Wirtschaftsrat.

## Artikel 123 [Fortgeltung alten Rechts]

**(1) Recht aus der Zeit vor dem Zusammentritt des Bundestages gilt fort, soweit es dem Grundgesetze nicht widerspricht.**

**(2) Die vom Deutschen Reich abgeschlossenen Staatsverträge, die sich auf Gegenstände beziehen, für die nach diesem Grundgesetze die Landesgesetzgebung zuständig ist, bleiben, wenn sie nach allgemeinen Rechtsgrundsätzen gültig sind und fortgelten, unter Vorbehalt aller Rechte und Einwendungen der Beteiligten in Kraft, bis neue Staatsverträge durch die nach diesem Grundgesetze zuständigen Stellen abgeschlossen werden oder ihre Beendigung auf Grund der in ihnen enthaltenen Bestimmungen anderweitig erfolgt.**

**Allgemeines:** Art. 123 regelt zusammen mit den Art. 124 und 125 im Interesse **1** der Kontinuität und Vollständigkeit der Rechtsordnung (MVLVerfG, LVerfGE 10, 326) die **Fortgeltung des vom Grundgesetz angetroffenen Rechtsbestands**

(BVerfGE 6, 344), soweit sich dieser räumlich auf den ursprünglichen Geltungsbereich des GG bezog (vgl. BGHZ 42, 76; OVG Magdeburg, LKV 1997, 417 f.;
offenlassend OLG Brandenburg, LKV 1999, 244 f.). Dabei betrifft Art.
123 die Weitergeltung als solche, während die Art. 124 und 125 das fortgeltende Recht
in Bundes- und Landesrecht aufteilen (BVerfGE 6, 342 f.; 33, 216). Wegen der
Fortgeltung des Rechts der DDR vgl. Art. 9 und 12 EV, das G vom 30.1.2002
(BGBl I S. 567) sowie nachstehend die Erläut. zu Art. 143 (s. auch BVerfGE 97,
124).

### Absatz 1: Fortgeltung grundgesetzkonformen alten Rechts

2  Der Begriff „Recht" ist weit auszulegen. Außer den Vorschriften der Weimarer
Reichsverfassung, die spätestens seit dem Inkrafttreten des GG nicht mehr gegolten haben (BVerfGE 15, 194 f.), sind darunter wie in den Art. 124–126 *Rechtsnormen jeglicher Art* zu verstehen (BVerfGE 28, 133), also nicht nur Gesetze im
formellen Sinne, sondern auch RVO (vgl. BVerfGE 8, 148 ff.; 9, 222), Satzungen
(s. BVerfGE 44, 226; BVerwG, NJW 1988, 355) und Gewohnheitsrecht
(BVerfGE 41, 263; BVerwGE 18, 342). Fortgeltendes Gewohnheitsrecht darf
aber nicht in dem Sinne weiterentwickelt werden, dass neue Eingriffstatbestände
entstehen (BVerfGE 22, 122). Unerheblich ist, aus welcher Zeit das überkommene Recht stammt (BVerfGE 6, 418). Deshalb bezieht sich Abs. 1 auch auf Vorschriften aus der NS-Zeit (BVerfGE 6, 418 f.; vgl. auch nachstehend Rn. 3). Zum
nach 1945 entstandenen *Besatzungsrecht* s. 7. Aufl. des Kommentars, Art. 123
Rn. 2.

3  Nach Abs. 1 fortgelten können nur **Rechtsnormen, die am 7.9.1949**, dem Tag
des Zusammentritts des ersten BTags (vgl. Erläut. zu Art. 122), **gültig waren**
(BVerfGE 4, 138; 6, 419). Abgesehen von dem von der Ausnahmebestimmung
des Art. 117 erfassten Recht wurden deshalb Vorschriften nicht übernommen,
die wegen fehlender Übereinstimmung mit dem GG (dazu nachstehend Rn. 4) bei
dessen Inkrafttreten am 24.5.1949 ihre Geltung verloren hatten (s. BVerwGE 2,
117) oder in der Zeit danach bis zum Stichtag des 7.9.1949 im Widerspruch zum
GG erlassen worden waren (vgl. BFHE 56, 186, 189). Ungültig waren ferner Regelungen, die vor dem 7.9.1949 zwar noch beschlossen und ausgefertigt, aber bis
zu diesem Zeitpunkt nicht mehr verkündet worden waren (BVerfGE 7, 337 f.;
16, 16 ff.). Das Gleiche gilt für vorkonstitutionelle Bestimmungen, die nach den
staatsrechtl. Verhältnissen zur Zeit ihrer Entstehung nicht ordnungsgemäß zustande gekommen (BSGE 16, 233 m.w.N.), insbes. nicht im Einklang mit der damaligen Kompetenzordnung ergangen waren (s. BVerfGE 10, 360). Von der
Übernahme ausgeschlossen waren schließlich Vorschriften, die ursprünglich auf
die bundesstaatl. Organisation des Deutschen Reiches bezogen waren, diesen
Charakter jedoch im nationalsozialistischen Einheitsstaat verloren hatten
(BVerfGE 4, 139). Im Übrigen aber können *Regelungen aus der Zeit des Nationalsozialismus* nicht ohne weiteres als rechtsunwirksam behandelt werden
(BVerfGE 6, 414). Sie sind nur dann als von Anfang an nichtig zu erachten,
wenn sie fundamentalen Prinzipien der Gerechtigkeit so evident widersprechen,
dass der Richter, der sie anwenden oder ihre Rechtsfolgen anerkennen wollte,
Unrecht statt Recht sprechen würde (BVerfGE 23, 106).

4  Ein **Widerspruch zum Grundgesetz** i.S. des Abs. 1 besteht nicht schon dann,
wenn altes Recht in der Form, in der es zustande gekommen ist, unter der Geltung des GG nicht ergehen könnte, sondern nur, wenn es materiell dem GG widerspricht (BayVGH n.F. 11, 65), d.h. wenn es *seinem Inhalt nach* (BVerfGE 6,
332; BGHSt 21, 128) mit einzelnen Bestimmungen des GG oder mit – geschrie-

benen oder ungeschriebenen – Verfassungsgrundsätzen des freiheitlichen demokratischen Rechtsstaates nicht vereinbar ist (BVerfGE 6, 419; BVerwGE 2, 116). Bei nur teilweisem Widerspruch gelten die mit dem GG vereinbaren Teile des alten Rechts fort, wenn sie, für sich gesehen, noch eine sinnvolle Regelung darstellen (vgl. BVerfGE 7, 37). Ob und inwieweit altes Recht weitergilt, hat nicht das BVerfG – etwa nach Art. 126 (vgl. auch dort Rn. 3) –, haben vielmehr die allg. zuständigen Gerichte zu entscheiden (BVerfGE 7, 266 m.w.N.).

Mit welchem **Rang** aufrechterhaltene Vorschriften fortgelten, bestimmt sich nach den staatsrechtl. Verhältnissen zur Zeit ihres Erlasses (BVerfGE 52, 16 f.). Danach hatten die wirksam gebliebenen Rechtsnormen, die auf der Grundlage des ErmächtigungsG vom 24.3.1933 (RGBl I S. 141) in sog. Regierungsgesetzen ergangen waren, den Rang förmlicher Gesetze (vgl. BVerfGE 28, 139 f.; BVerwGE 2, 295 f.). Den gleichen Rang haben fortbestehende gesetzesvertretende VO (BVerfGE 22, 12; 52, 16; s. auch Art. 129 Rn. 8).   5

### Absatz 2: Fortgeltung von Reichsstaatsverträgen im Kompetenzbereich der Länder

Abs. 2 enthält eine Sonderregelung für diejenigen **Staatsverträge des Deutschen Reiches**, die sich auf Gegenstände beziehen, für die nach dem GG die **Gesetzgebungskompetenz der Länder** gegeben ist. Ob solche Verträge völkerrechtl. fortbestehen, ist nach allg. Rechtsgrundsätzen zu entscheiden. Abs. 2 trifft darüber keine Bestimmung. Er befasst sich nur mit dem in innerstaatl. Recht transformierten Inhalt völkerrechtl. gültig gebliebener Verträge (BVerfGE 6, 341) und ordnet – unter der Voraussetzung inhaltlicher Übereinstimmung mit dem GG – seine Fortgeltung an (BVerfGE 6, 344 f.). Eine Bindung für den nunmehr zuständigen Gesetzgeber folgt daraus nicht (BVerfGE 6, 350). Dies gilt auch mit Blick auf das *Reichskonkordat* vom 20.7.1933 (RGBl II S. 679), auf das sich Abs. 2 nach seiner Entstehungsgeschichte vor allem bezieht (BVerfGE 6, 350 f.). Der Landesgesetzgeber ist deshalb nicht gehindert, Recht zu setzen, das von den Schulbestimmungen oder von anderen in die Zuständigkeit der Länder fallenden Regelungen des Reichskonkordats abweicht. Abs. 2 besagt insoweit nur, dass solche Bestimmungen, sofern sie beim Inkrafttreten des GG noch galten, in Kraft bleiben, obwohl sie einem Vertrag entstammen, der nicht von den nunmehr zur Verfügung über den Vertragsgegenstand befugten Ländern abgeschlossen worden ist (BVerfGE 6, 342). Für Reichsverträge, die **Gegenstände der Bundesgesetzgebung** betreffen, gilt Abs. 1 (BVerfGE 6, 345).   6

### Artikel 124 [Altes Recht im Bereich der ausschließlichen Bundesgesetzgebung]

Recht, das Gegenstände der ausschließlichen Gesetzgebung des Bundes betrifft, wird innerhalb seines Geltungsbereiches Bundesrecht.

Art. 124 ordnet Rechtsnormen (s. Art. 123 Rn. 2), die nach Art. 123 fortgelten und **Gegenstände der ausschließlichen Gesetzgebung des Bundes** betreffen, dem **Bundesrecht** zu. Die ausschließliche Gesetzgebung des Bundes ist betroffen, wenn das alte Recht unter der Geltung des GG in dessen ursprünglicher Fassung vom 23.5.1949 nur als Bundesrecht hätte ergehen können (vgl. BVerfGE 33, 216). Maßgebend hierfür sind Art. 73 (s. BVerfGE 15, 185; BVerwGE 10, 195; 37, 370) und Art. 105 I (vgl. BVerwGE 10, 85), darüber hinaus aber auch Sonder-   1 vorschriften, die wie Art. 4 III 2, Art. 21 III oder Art. 38 III zur Regelung durch Bundesgesetz ermächtigen, sowie die im GG stillschweigend mitgeschriebenen Gesetzgebungskompetenzen des Bundes aus der Natur der Sache oder kraft Sachzusammenhangs (dazu s. Art. 30 Rn. 3 u. vor Art. 70 Rn. 3). Die Aufnahme einer Vorschrift in die Sammlung des Bundesrechts (BGBl III) hat, wie § 3 IV des G vom 10.7.1958 (BGBl I S. 437) ausdrücklich klarstellt, keine konstitutive Wirkung (BVerwGE 39, 83).

2  Art. 124 dient (zusammen mit Art. 125) dem **Ziel,** gleichartige Gegenstände alten und neuen Rechts möglichst der gleichen Gesetzgebungsebene zur Regelung zuzuweisen. Dies schließt es jedoch nicht aus, dass verschiedenartige Gegenstände, die in einem einheitlichen Reichsgesetz geregelt waren, z.T. in die Zuständigkeit des Bundesgesetzgebers und z.T. in diejenige der Landesgesetzgebung fallen. Daraus folgt, dass früheres Reichsrecht **teils Bundesrecht, teils Landesrecht** geworden sein kann (BVerfGE 33, 216 f.), und zwar auch dann, wenn ein und dieselbe Regelung eine Materie betrifft, für die einerseits die ausschließliche Kompetenz des Bundes und andererseits die Zuständigkeit der Länder gegeben ist (BVerfGE 4, 131 f.).

3  Das von Art. 124 erfasste alte Recht ist nur „innerhalb seines Geltungsbereiches" (z.b. innerhalb einer früheren Besatzungszone, eines Landes oder Landesteils) Bundesrecht geworden. Art. 124 lässt also partikulares Bundesrecht zu. **Stichtag** für die Fortgeltung als Bundesrecht ist wie im Fall des Art. 125 (vgl. dort Rn. 5 m.w.N.) der 7.9.1949. Von diesem Zeitpunkt an hat das nach Art. 124 übergeleitete alte Recht die gleiche Wirkung wie neues Recht, das im Bereich der ausschließlichen Gesetzgebung des Bundes ergangen ist. Es gelten deshalb auch hier die Art. 31 und 71. Für das Verhältnis zu landesrechtl. Vorschriften, die auf dem Gebiet des Art. 131 erlassen worden waren, ging jedoch diese Vorschrift als Sonderregelung vor (BVerfGE 15, 185; BVerwGE 7, 365 f.).

## Artikel 125 [Altes Recht im Bereich der konkurrierenden Gesetzgebung]

**Recht, das Gegenstände der konkurrierenden Gesetzgebung des Bundes betrifft, wird innerhalb seines Geltungsbereiches Bundesrecht,**
1. **soweit es innerhalb einer oder mehrerer Besatzungszonen einheitlich gilt,**
2. **soweit es sich um Recht handelt, durch das nach dem 8. Mai 1945 früheres Reichsrecht abgeändert worden ist.**

1  Art. 125 regelt die **Umwandlung in Bundesrecht** für den Teil des nach Art. 123 fortgeltenden alten Rechts, der **Gegenstände der konkurrierenden Gesetzgebung** betrifft. Deren Umfang bestimmt sich nach Art. 74 (s. dazu z.B. BVerfGE 23, 122; 33, 217; BVerwGE 89, 71) und Art. 105 II (vgl. BVerwGE 10, 83 ff.; 15, 151 ff.). Maßgebend ist die Ursprungsfassung dieser Vorschriften vom 23.5.1949 (s. BayVerfGH, VerwRspr 32, 897, u. auch Art. 124 Rn. 1). Eine Übernahme kraft Sachzusammenhangs kommt nur in engen Grenzen in Betracht (vgl. BVerfGE 4, 84). Die Fortgeltung als Bundesrecht hing nicht davon ab, dass ein Bedürfnis nach bundesgesetzl. Regelung i.S. des Art. 72 II a.F. bestand (BVerfGE 23, 122 m.w.N.; BGHZ 11, 106; BAGE 18, 341). Zum Streit, ob sich Art. 125 auch auf die frühere Rahmengesetzgebung (Art. 75 a.F.) bezog, s. die 7. Aufl. des Kommentars, Art. 125 Rn. 1.

2  Der Ausdruck „Recht" (dazu allg. Art. 123 Rn. 2) bezieht sich nicht nur auf Normen mit materiellrechtl. Inhalt, sondern erfasst auch damit zusammenhän-

gende Regelungen des Verwaltungsverfahrens (BVerfGE 9, 190). „Recht" i.S. des Art. 125 meint jedoch – anders als in Art. 124 – nicht schon jede Einzelbestimmung eines fortgeltenden Regelwerks. Auch ist der Begriff nicht schlechthin gleichbedeutend mit „Gesetz". Entsprechend dem **Zweck** des Art. 125, weiterer Rechtszersplitterung vorzubeugen, ist darunter vielmehr nur die Gesamtregelung einer begrifflich selbständigen, in sich abgeschlossenen Rechtsmaterie zu verstehen (BVerfGE 28, 144 f.; BVerwGE 89, 72; missverständlich BVerfGE 33, 216). Auch bei diesem Verständnis ist es aber denkbar, dass ein fortgeltendes Gesetz – wie im Fall des Art. 124 (vgl. dort Rn. 2) – **teils Bundesrecht, teils Landesrecht** geworden ist (BVerfGE 4, 184).

*Nr. 1*, die zusammen mit Nr. 2 die speziellen Voraussetzungen für die Umwand-   3
lung in Bundesrecht regelt, verlangt die **einheitliche Geltung** des alten Rechts **in mindestens einer der früheren Besatzungszonen** (vgl. BVerwGE 4, 54). Hierfür kommt es nicht auf die Identität der Rechtsquelle, sondern auf die inhaltliche Übereinstimmung an (BVerfGE 4, 184; BGHZ 11, 106 ff.). Damit ist nicht vollständige Übereinstimmung im Wortlaut gemeint (BVerfGE 4, 184; BVerwGE 11, 90 f.). Auch sachliche Abweichungen in Gesetzen materiellrechtl. Inhalts können i. Allg. außer Betracht bleiben, wenn sie durch die von Land zu Land bestehenden Unterschiede in Behördenorganisation und Behördenzuständigkeit bedingt sind (BVerfGE 4, 184 f.). Zweifelhaft ist, ob Geltungslücken in einer Besatzungszone, die an sich eine Anwendung der Nr. 1 ausschließen (s. BVerwGE 89, 71), durch Gebietsteile anderer Zonen „aufgefüllt" werden können (so BVerwG, DVBl 1958, 321). Dagegen stand es der Annahme zoneneinheitlicher Geltung nicht entgegen, wenn Exklaven vom räumlichen Anwendungsbereich des in Frage stehenden Rechtssatzes ausgenommen waren (BVerwGE 1, 141; BGHZ 11, 106). Galt eine Regelung in zumindest einer Besatzungszone, wurden gleich lautende Regelungen in einer anderen Zone, die sich nicht auf das gesamte Gebiet dieser Zone erstreckten, ebenfalls Bundesrecht (BVerwG, DVBl 1958, 321). **Maßgeblicher Zeitpunkt** für das Erfordernis der einheitlichen Geltung ist der Zusammentritt des ersten BTags am 7.9.1949 (BVerfGE 11, 28; BVerwGE 4, 54).

*Nr. 2* steht selbständig neben Nr. 1. „**Reichsrecht**" i.S. der Regelung ist jede   4
Rechtsnorm, die von einem Organ des Deutschen Reiches erlassen worden ist, ebenso Reichsgewohnheitsrecht. Unter „**Abändern**" ist jeder Eingriff in den reichsrechtl. Rechtsbestand, jede Verfügung eines Landesgesetzgebers über fortgeltendes Reichsrecht zu verstehen, dessen Gegenstand zur – konkurrierenden – Gesetzgebungszuständigkeit des Bundes gehört (BVerfGE 9, 158). Nicht entscheidend ist der Umfang eines solchen Eingriffs (BVerfGE 7, 28). Erfasst wird deshalb auch die Ersetzung einer reichsrechtl. Gesamtregelung durch eine landesrechtl. Gesamtregelung (BVerfGE 7, 26; BVerwG, DVBl 1958, 392; BayVerfGH 15, 110; HessStGH, DÖV 1958, 946). Darüber hinaus findet Nr. 2 selbst dann Anwendung, wenn Landesgesetze geändert worden sind, die Reichsgesetze abgeändert haben, sei es, dass eine Materie nach vorangegangener Aufhebung der reichsrechtl. Vorschriften neu geordnet, sei es, dass die rechtl. Ordnung der Materie mehrfach geändert worden ist (BVerfGE 7, 28). Keine Abänderung des Reichsrechts ist dagegen gegeben, wenn die Neuregelung erfolgt ist, nachdem die Besatzungsmächte reichsrechtl. Bestimmungen aufgehoben hatten (BVerfGE 11, 28).

Altes Recht, das die Voraussetzungen des Art. 125 erfüllt, gilt nur „**innerhalb sei-**   5
**nes Geltungsbereiches**" als Bundesrecht fort. Wie im Fall des Art. 124 (s. dort Rn. 3) ist daher auch hier partikulares Bundesrecht möglich. **Zeitpunkt** für die Umwandlung in Bundesrecht ist der Zusammentritt des ersten BTags am

7.9.1949 (BVerfGE 7, 336 f. m.w.N.; BGHSt 7, 42 f.; BayVerfGH 5, 223). Früheres Reichsrecht, das nach Nr. 1 Bundesrecht geworden ist, hat im gleichen
Zeitpunkt entgegenstehendes, nach dem 8.5.1945 unter Abänderung von Reichsrecht erlassenes Landesrecht nicht aufgehoben, weil sonst Nr. 2 keinen Sinn hätte
(BVerfGE 9, 158). Im Übrigen aber gelten Art. 31 (vgl. BVerfGE 8, 235; 9, 157)
und Art. 72 I (s. BVerfGE 7, 27; 58, 60 f.) auch für die in das Bundesrecht übernommenen Rechtsvorschriften, weil die Umwandlung die gleiche Wirkung hat,
wie wenn der Bund die betr. Materie bereits selbst geregelt hätte (BVerfGE 7,
338; BFHE 83, 643). Art. 125 enthält jedoch keine Vermutung, dass fortgeltendes altes Recht eine erschöpfende, die Sperrwirkung des Art. 72 I a.F. auslösende
Regelung darstellt (BVerfGE 1, 296).

## Artikel 125 a  [Fortgeltung und Ersetzung alten Bundesrechts]

**(1) Recht, das als Bundesrecht erlassen worden ist, aber wegen der Änderung des
Artikels 74 Abs. 1, der Einfügung des Artikels 84 Abs. 1 Satz 7, des Artikels 85
Abs. 1 Satz 2 oder des Artikels 105 Abs. 2 a Satz 2 oder wegen der Aufhebung
der Artikel 74 a, 75 oder 98 Abs. 3 Satz 2 nicht mehr als Bundesrecht erlassen
werden könnte, gilt als Bundesrecht fort. Es kann durch Landesrecht ersetzt werden.**

**(2) Recht, das auf Grund des Artikels 72 Abs. 2 in der bis zum 15. November
1994 geltenden Fassung erlassen worden ist, aber wegen Änderung des Artikels
72 Abs. 2 nicht mehr als Bundesrecht erlassen werden könnte, gilt als Bundesrecht fort. Durch Bundesgesetz kann bestimmt werden, dass es durch Landesrecht ersetzt werden kann.**

**(3) Recht, das als Landesrecht erlassen worden ist, aber wegen Änderung des Artikels 73 nicht mehr als Landesrecht erlassen werden könnte, gilt als Landesrecht
fort. Es kann durch Bundesrecht ersetzt werden.**

1  **Allgemeines:** Art. 125 a ist durch G vom 27.10.1994 (BGBl I S. 3146) in das GG
eingefügt und im Zuge der **Föderalismusreform I** (vgl. Einführung Rn. 6) geändert worden, steht im Zusammenhang mit darin enthaltenen Änderungen der
Art. 72–74, 84, 85 und 105 sowie der Aufhebung der Art. 74 a, 75 und 98 III 2,
durch welche die Gesetzgebungszuständigkeiten von Bund und Ländern reformiert worden sind, und trifft **Übergangsregelungen** für das vor diesen Änderungen erlassene Bundes- und Landesrecht, soweit es **nicht mehr als Bundes- oder
Landesrecht** ergehen könnte. Für der früheren Rahmengesetzgebung nach Art. 75
unterliegendes Bundesrecht, das auch weiterhin als Bundesrecht erlassen werden
könnte, trifft Art. 125 b I eine eigene Übergangsregelung. Der in den Überleitungsregelungen bestimmte Fortbestand nicht mehr kompetenzgemäßen Bundesrechts steht einer Rechtsbereinigung durch den Bundesgesetzgeber nicht entgegen
(vgl. BT-Dr 16/3657 S. 12; 16/5051 S. 25 ff.).

### Absatz 1: Überleitung von wegen Änderung der Kompetenzkataloge künftig nicht mehr möglichem Bundesrecht

2  *Satz 1* sichert den bundesrechtl. **Fortbestand** derjenigen Rechtsvorschriften (vgl.
Art. 123 Rn. 2), die bis zum Inkrafttreten der in Rn. 1 genannten Gesetze auf der
bis dahin gültig gewesenen Kompetenzgrundlage als Bundesrecht erlassen worden sind, nunmehr aber wegen des **Neuzuschnitts der Gesetzgebungszuständigkeiten** durch Änderung des Art. 74 I sowie Streichung von Art. 74 a, 75 und 98

III 2 und wegen der **Einschränkung der Regelungsbefugnisse** des Bundes durch Art. 84 I 7 und Art. 85 I 2 nicht mehr als Bundesrecht ergehen könnten. Dadurch wird vermieden, dass als Folge der grundgesetzl. Änderungen der Gesetzgebungszuständigkeiten von Bund und Ländern ein Regelungsvakuum im Bereich der einfachen Gesetzgebung entsteht (vgl. BVerwGE 131, 29). Seinem Wortlaut nach gilt Satz 1 auch für künftige Kompetenzänderungen in den der konkurrierenden Gesetzgebung nach Art. 74 unterliegenden Bereichen, im Unterschied dazu aber nicht für künftige Änderungen von Art. 84, 85 oder 105. Nicht erfasst werden Regelungen, die nach Art. 124 und Art. 125 als Bundesrecht fortgelten. Die Fortgeltung als Bundesrecht bewirkt, dass abw., das Bundesrecht nicht nach Satz 2 ersetzendes Landesrecht gemäß Art. 31 gebrochen wird.

*Satz 2* knüpft an die Übergangsregelung des Satzes 1 an und bestimmt, dass die **3** Länder das nach dieser Vorschrift fortgeltende Bundesrecht **durch Landesrecht ersetzen** können. „Ersetzen" erfordert, dass der Landesgesetzgeber die Materie, ggf. auch einen abgrenzbaren Teilbereich, in eigener Verantwortung regelt (BVerfGE 111, 30, zu Abs. 2). Eine Änderung oder Ergänzung lediglich einzelner Vorschriften des Bundesrechts kommt dagegen ebenso wenig in Betracht wie eine Negativgesetzgebung, durch die nur die Geltung des Bundesgesetzes für das Land aufgehoben wird (str.; a.A. Wolff in v. Mangoldt/Klein/Starck, Art. 125 a Rn. 126; Degenhart in Sachs, Art. 125 a Rn. 6; Jarass in Ders./Pieroth, Art. 125 a Rn. 8). Anders als im Fall des Abs. 2 (dazu s. nachstehend Rn. 5) kann der Landesgesetzgeber hier tätig werden, ohne dass es zuvor eines Bundesgesetzes bedarf, das die Ersetzung des Bundesrechts freigibt. Ein Handeln nur einzelner Länder hat zur Folge, dass in den anderen Ländern partikulares Bundesrecht fortbesteht; zur Entwicklung auf dem Gebiet der Beamtenbesoldung der Länder vgl. BVerfGE 130, 285 ff. Bis zur Ersetzung durch Landesrecht kann der Bund einzelne Vorschriften des fortgeltenden Bundesrechts ändern, um sie geänderten Verhältnissen anzupassen, nicht jedoch die Regelung dadurch wesentlich verändern (str.; vgl. Kirn in von Münch/Kunig, Art. 125 a Rn. 3); außerdem kann er fortgeltendes Bundesrecht aufheben.

### Absatz 2: Überleitung von Bundesrecht in anderen Fällen

*Satz 1* gewährleistet, dass Bundesrecht, für das bei seinem Erlass ein **Regelungs- 4 bedürfnis i.S. des Art. 72 II in der bis zum 15.11.1994 geltenden Fassung** bejaht worden ist, **als Bundesrecht fortgilt,** auch wenn es unter der Geltung des Art. 72 II n.F. nicht mehr als solches erlassen werden könnte. **Einzelne Vorschriften** eines nach Satz 1 weiter geltenden Gesetzes können weiterhin vom **Bundesgesetzgeber** geändert werden, weil sonst ohne Freigabe durch den Bund, zu der dieser nicht verpflichtet ist, Stillstand der Gesetzgebung einträte. Dabei ist die Änderungskompetenz des Bundes eng auszulegen und an die Beibehaltung der wesentlichen Elemente des Gesetzes geknüpft; eine grundlegende Neukonzeption ist dem Bund verwehrt (BVerfGE 111, 29 ff.; 111, 268 f.; 112, 250). Bundesrecht, das auf der Grundlage des Art. 72 II n.F. erlassen worden ist, fällt, wenn die Erforderlichkeit i.S. dieser Vorschrift nachträglich entfällt, nicht unter Art. 125 a II 1. Seinen Fortbestand regelt Art. 72 IV: Es gilt danach so lange fort, bis das dort genannte Bundesgesetz ergangen und im Anschluss daran das Bundesrecht durch Landesrecht ersetzt worden ist.

Nach *Satz 2* kann Bundesrecht, das gemäß Satz 1 fortgilt, **durch Landesrecht er- 5 setzt** (zum Begriff des „Ersetzens" vgl. oben Rn. 3) werden. Voraussetzung dafür ist aber – anders als im Fall des Abs. 1 Satz 2 (s. dazu oben Rn. 3) –, dass diese Möglichkeit zuvor durch Bundesgesetz eröffnet wird, durch das die Sperrwirkung des Art. 72 I beseitigt wird. Der Bund muss es in diesem Fall den Ländern nicht ermöglichen, das Bundesrecht durch Landesrecht zu ersetzen; die Freigabe steht vielmehr in seinem Ermessen (BVerfGE 111, 30). Dieses ist allerdings entsprechend dem Grundsatz bundes- und länderfreundlichen Verhaltens eingeschränkt. Reicht eine bloße Modifikation der fortgeltenden bundesrechtl. Regelung zur Problembewältigung nicht mehr aus, verengt sich der Entscheidungsspielraum des Bundesgesetzgebers beim Fehlen der Voraussetzungen des Art. 72 II n.F. dahin, dass er die Länder zur Neuregelung ermächtigen muss (BVerfGE 111, 31). Die Zustimmung des BRats ist für entsprechende Gesetze nicht erforderlich. Von der Möglichkeit des Satzes 2 ist bisher nur in geringem Umfang Gebrauch gemacht worden (vgl. § 64 a PersonenbeförderungsG). Beim Scheitern einer Gesetzesvorlage nach Abs. 2 Satz 2 kann die Freigabe durch das BVerfG im Verfahren nach Art. 93 II erfolgen (s. dort Satz 2 u. dazu Art. 93 Rn. 36).

**Absatz 3: Überleitung von Landesrecht**

6 Spiegelbildlich zu Abs. 1 trifft Abs. 3 eine **Übergangsregelung für im Bereich der Rahmengesetzgebung ergangenes Landesrecht**, das nach der Überführung der betr. Materien in die ausschließliche Bundesgesetzgebung nach Art. 73 nicht mehr als Landesrecht erlassen werden könnte. Es handelt sich um das Melde- und Ausweiswesen (Art. 73 I Nr. 3) und den Kulturgüterschutz (Art. 73 I Nr. 5 a). Nach *Satz 1* gilt entsprechendes Landesrecht als solches fort. Es kann nach *Satz 2* durch Bundesrecht ersetzt werden (zum Begriff des „Ersetzens" vgl. oben Rn. 3). Der Bund kann als nunmehr zuständiger Gesetzgeber ohne vorherige Freigabe entsprechend Abs. 2 Satz 2 unmittelbar selbst tätig werden.

## Artikel 125 b [Weitere Übergangsbestimmungen für fortgeltendes Bundesrecht]

(1) Recht, das auf Grund des Artikels 75 in der bis zum 1. September 2006 geltenden Fassung erlassen worden ist und das auch nach diesem Zeitpunkt als Bundesrecht erlassen werden könnte, gilt als Bundesrecht fort. Befugnisse und Verpflichtungen der Länder zur Gesetzgebung bleiben insoweit bestehen. Auf den in Artikel 72 Abs. 3 Satz 1 genannten Gebieten können die Länder von diesem Recht abweichende Regelungen treffen, auf den Gebieten des Artikels 72 Abs. 3 Satz 1 Nr. 2, 5 und 6 jedoch erst, wenn und soweit der Bund ab dem 1. September 2006 von seiner Gesetzgebungszuständigkeit Gebrauch gemacht hat, in den Fällen der Nummern 2 und 5 spätestens ab dem 1. Januar 2010, im Falle der Nummer 6 spätestens ab dem 1. August 2008.

(2) Von bundesgesetzlichen Regelungen, die auf Grund des Artikels 84 Abs. 1 in der vor dem 1. September 2006 geltenden Fassung erlassen worden sind, können die Länder abweichende Regelungen treffen, von Regelungen des Verwaltungsverfahrens bis zum 31. Dezember 2008 aber nur dann, wenn ab dem 1. September 2006 in dem jeweiligen Bundesgesetz Regelungen des Verwaltungsverfahrens geändert worden sind.

1 **Allgemeines:** Art. 125 b ist im Zuge der **Föderalismusreform I** (vgl. Einführung Rn. 6) in das GG eingefügt worden, steht im Zusammenhang mit der gleichzeitig erfolgten Aufhebung der Rahmengesetzgebung nach Art. 75 u.a.F. und trifft **Übergangsregelungen** für das auf Grund dessen erlassene Bundesrecht, soweit es auch nach dem Inkrafttreten der GG-Änderung (1.9.2006) **als Bundesrecht** ergehen

kann. Ferner werden Übergangsregelungen zu den neuen **Abweichungsbefugnissen** der Länder getroffen. Das gilt auch hinsichtlich bestehenden **Organisations- und Verfahrensrechts** nach Art. 84 I.

**Absatz 1: Fortgeltung und Abweichungsbefugnisse der Länder**

Abs. 1 betrifft das von Art. 125 a I nicht erfasste **Rahmenrecht**, dessen Materien in die *ausschließliche Gesetzgebung des Bundes oder* in die *konkurrierende Gesetzgebung* überführt worden sind, und ordnet in *Satz 1* seine Fortgeltung als Bundesrecht an, soweit es auch weiterhin als Bundesrecht erlassen werden könnte. Nach *Satz 2* bleiben die Befugnisse und Verpflichtungen der Länder zur Gesetzgebung in den Grenzen des fortbestehenden Rahmenrechts (dazu BVerwG, Beschl. v. 1.2.2007 – 7 BN 1/07 – juris) bestehen, bis der Bund von seiner neuen Gesetzgebungszuständigkeit Gebrauch gemacht hat. Relevant ist dies im Wesentlichen nur noch für weitergeltendes Hochschulrahmenrecht (früher Art. 75 I Nr. 1 a) und für den Kulturgüterschutz (Art. 73 I Nr. 5 a – s. dort Rn. 8), nachdem der Bund zu Art. 73 I Nr. 3 (früher Art. 75 I Nr. 5) das PersonalausweisG vom 18.6.2009 (BGBl I S. 1346), zu Art. 74 I Nr. 27 (früher Teilbereiche aus Art. 75 I Nr. 1) das BeamtenstatusG vom 17.6.2008 (BGBl I S. 1010), zu Art. 74 I Nr. 29 (früher Art. 75 I Nr. 3) das BundesnaturschutzG vom 29.7.2009 (BGBl I S. 2542), zu Art. 74 I Nr. 31 (früher Art. 75 I Nr. 4) das RaumordnungG vom 22.12.2008 (BGBl I S. 2986) sowie zu Art. 74 I Nr. 32 (früher Art. 75 I Nr. 4) das WasserhaushaltsG vom 31.7.2009 (BGBl I S. 2585) erlassen hat. *Satz 3* bestimmt die Zeitpunkte, ab denen die Länder bei den in die konkurrierende Gesetzgebung überführten Materien nach Art. 72 III **vom Bundesrecht abweichende Regelungen** treffen können. Bei den in Art. 72 III 1 Nr. 1, 3 und 4 genannten Regelungsgegenständen ist diese Möglichkeit seit dem Inkrafttreten der Föderalismusreform I (1.9.2006) gegeben. Im Bereich der Hochschulzulassung und der Hochschulabschlüsse (Art. 72 III 1 Nr. 6) besteht das Abweichungsrecht voraussetzungslos seit dem 1.8.2008, bei den Materien des Umweltrechts (Art. 72 III 1 Nr. 2 u. 5) seit dem 1.1.2010; bis zu diesen Zeitpunkten war Voraussetzung für abw. Regelungen der Länder, dass der Bund zuvor bereits auf Grund der konkurrierenden Gesetzgebungsbefugnis Neuregelungen erlassen hatte.

**Absatz 2: Abweichungsbefugnisse hinsichtlich Behördeneinrichtung und Verwaltungsverfahren**

Abs. 2 regelt die **Abweichungsbefugnisse der Länder von Organisations- und Verfahrensrecht**, das vor dem 1.9.2006 **nach Art. 84 I a.F.** erlassen worden ist. Während die Länder von bestehenden Regelungen des Bundesrechts über die *Behördeneinrichtung* (zum Begriff s. Art. 84 Rn. 3) *seit dem Inkrafttreten der GG-Änderung abweichen* konnten, galt für Regelungen des *Verwaltungsverfahrens* (vgl. dazu Art. 84 Rn. 4 f.) eine *Übergangsfrist* bis zum 31.12.2008, innerhalb derer die Länder von nach altem Recht erlassenen bundesgesetzl. Regelungen des Verwaltungsverfahrens erst dann abw. Regelungen treffen konnten, wenn der Bund das jeweilige Bundesgesetz im Bereich des Verwaltungsverfahrens geändert hatte. Abw. Landesgesetze werden im BGBl (Beispiel: 2009 I S. 600) und bei juris dokumentiert.

## Artikel 125 c [Fortgeltung von Mischfinanzierungsbestimmungen]

(1) Recht, das auf Grund des Artikels 91 a Abs. 2 in Verbindung mit Abs. 1 Nr. 1 in der bis zum 1. September 2006 geltenden Fassung erlassen worden ist, gilt bis zum 31. Dezember 2006 fort.

(2) Die nach Artikel 104 a Abs. 4 in der bis zum 1. September 2006 geltenden Fassung in den Bereichen der Gemeindeverkehrsfinanzierung und der sozialen Wohnraumförderung geschaffenen Regelungen gelten bis zum 31. Dezember 2006 fort. Die im Bereich der Gemeindeverkehrsfinanzierung für die besonderen Programme nach § 6 Abs. 1 des Gemeindeverkehrsfinanzierungsgesetzes sowie die sonstigen nach Artikel 104 a Abs. 4 in der bis zum 1. September 2006 geltenden Fassung geschaffenen Regelungen gelten bis zum 31. Dezember 2019 fort, soweit nicht ein früherer Zeitpunkt für das Außerkrafttreten bestimmt ist oder wird.

1 **Allgemeines:** Art. 125 c ist durch die **Föderalismusreform I** (vgl. Einführung Rn. 6) eingefügt worden. Er enthält **Übergangs- und Folgeregelungen** für das Recht des im Zuge dieser Reform entfallenen Art. 91 a I Nr. 1 und für Änderungen des Rechts nach Art. 104 a IV a.F.

### Absatz 1: Fortgeltung alten Rechts

2 „Recht" i.S. von Abs. 1, das bis zum 31.12.2006 fortgalt, war das inzwischen durch Art. 15 des G vom 8.12.2010 (BGBl I 1864) aufgehobene G über die **Gemeinschaftsaufgabe „Ausbau und Neubau von Hochschulen"** (HochschulbauförderungsG) vom 1.9.1969 (BGBl I S. 1556). Ferner gehörten dazu die auf der Grundlage dieses Gesetzes in 2005 für die Jahre 2005–2008 und in 2006 für die Jahre 2006 ff. beschlossenen Rahmenpläne sowie die zwischen Bund und Ländern zur Durchführung des HochschulbauförderungsG getroffenen weiteren Vereinbarungen.

### Absatz 2: Teilweise Fortgeltung auf Art. 104 a Abs. 4 a.F. beruhenden Rechts

3 *Satz 1* regelt die Fortgeltung der auf Art. 104 a IV a.F. beruhenden Regelungen des **GemeindeverkehrsfinanzierungsG** (GVFG) i.d.F.vom 28.1.1988 (BGBl I S. 100), geändert durch Art. 23 des G vom 29.12.2003 (BGBl I S. 3076), und des G über die **soziale Wohnraumförderung** vom 13.9.2001 (BGBl I S. 2376), geändert durch Art. 4 des G vom 15.12.2004 (BGBl I S. 3450). Die Fortgeltung war auf die Zeit bis zum 31.12.2006 beschränkt.

4 *Satz 2* sieht die Fortsetzung der Gewährung von Finanzhilfen des Bundes für die **Bundesprogramme** nach § 6 I GVFG (Bau u. Ausbau von Verkehrswegen der Straßenbahnen usw.; s. § 2 I Nr. 2 GVFG) und die Fortgeltung der entsprechenden Regelungen – über die Frist des Satzes 1 hinaus – längstens bis zum 31.12.2019 vor. Das gilt auch für die nach Art. 104 a IV a.F. für die entsprechenden Finanzhilfen geschaffenen Regeln. Sowohl die Fortgeltungsfrist der GVFG-Finanzhilfen für die Bundesprogramme als auch die in Art. 143 c enthaltene Befristung der Kompensation u.a. für das Auslaufen der Finanzhilfen nach dem GVFG im Übrigen bis längstens Ende 2019 stehen in Zusammenhang mit der dann erforderlichen Neuregelung des bundesstaatl. Finanzausgleichs. Für neue Programme gilt Art. 104 b unter den dort bestimmten Voraussetzungen.

## Artikel 126 [Entscheidung über die Fortgeltung alten Rechts als Bundesrecht]

Meinungsverschiedenheiten über das Fortgelten von Recht als Bundesrecht entscheidet das Bundesverfassungsgericht.

Art. 126 ergänzt zunächst (u. ergänzte von Anfang an) die Art. 124 und 125 in   **1** verfahrensrechtl. Hinsicht (vgl. BVerfGE 6, 344) und wird, z.T. auf der Grundlage des Art. 94 II 1 (BVerfGE 28, 136), durch die §§ 86–89 BVerfGG komplettiert. **Sinn und Zweck der Regelung** ist es, auch für Meinungsverschiedenheiten über die Qualifizierung von vorkonstitutionellem, aber fortgeltendem Recht (zum Begriff „Recht" s. Art. 123 Rn. 2 u. BAGE 19, 26 f.) als Bundesrecht die Letztentscheidungskompetenz des BVerfG sicherzustellen. Nach Wortlaut und systematischer Stellung gilt die Vorschrift über die Normenqualifikation auch für Recht, das nach den erst später in das GG eingefügten Art. 125 a I, II und Art. 125 b I (vgl. dort Rn. 2) als Bundesrecht fortgilt, soweit es über die Fortgeltung als Bundesrecht Meinungsverschiedenheiten geben sollte (zu der Frage, ob Recht i.S. des Art. 125 a II 1 wegen Änderung des Art. 72 II nicht mehr als Bundesrecht erlassen werden könnte, s. allerdings Art. 93 II). Nicht unter Art. 126 fällt dagegen Recht i.S. von Art. 125 c, weil bei ihm die Fortgeltung als Bundes- oder Landesrecht nicht zweifelhaft sein kann. Ebenfalls nicht erfasst wird nach Art. 9 und 12 EV fortgeltendes DDR-Recht (str.).

Ein unmittelbares **Antragsrecht**, wie es in § 86 I BVerfGG den dort genannten   **2** Bundes- und Landesverfassungsorganen (BTag, BRat, BReg, LReg) eingeräumt ist, steht den *Gerichten* im Verfahren der *abstrakten Normenqualifizierung* nicht zu (BVerfGE 3, 356; 3, 358). Sie können – und müssen – aber gemäß § 86 II BVerfGG, der ebenfalls der Ausführung von Art. 126 dient (BVerfGE 28, 134 ff.), die Entscheidung des BVerfG im *konkreten Normenqualifizierungsverfahren* (zu dessen Besonderheiten s. BVerfGE 28, 135 f.) einholen, wenn in einer bei ihnen anhängigen Sache streitig und erheblich ist, ob eine gültige Vorschrift als Bundesrecht fortgilt. Die Frage ist streitig, wenn das Gericht sie bei Abwägung der für und wider sprechenden Gesichtspunkte für ernstlich zweifelhaft hält (BVerfGE 4, 369 f.; BVerwGE 25, 59 f.), insbes. wenn es nicht entscheiden kann, ohne sich mit einer beachtlichen Meinung des Schrifttums (BVerfGE 11, 92 f. m.w.N.; BGHZ 11, 118; BayVerfGH 13, 180), mit der Auffassung eines Verfassungsorgans des Bundes oder eines Landes (BVerfGE 33, 214) oder mit der Rspr. eines obersten Bundesgerichts (BVerfGE 8, 191) in Widerspruch zu setzen (Hess-StGH, ESVGH 34, 17). Erheblich ist die Rechtsfrage, wenn es in dem Rechtsstreit auf die bundesrechtl. Fortgeltung ankommt (vgl. BVerfGE 3, 373 f.). Ob dies der Fall ist, bestimmt sich grundsätzlich nach der Auffassung des vorlegenden Gerichts (BVerfGE 28, 138; s. auch Art. 100 Rn. 7). Zum **Inhalt der Entscheidung** des BVerfG: § 89 BVerfGG.

Art. 126 betrifft nur Meinungsverschiedenheiten darüber, ob fortgeltendes Recht   **3** **als Bundesrecht zu qualifizieren** ist (BVerfGE 3, 358 f.; BGHSt 7, 43). Die Vorschrift ist deshalb nicht einschlägig, wenn es nur darum geht, ob früheres Recht überhaupt fortgilt (BVerfGE 3, 356; 16, 89; BGHZ 12, 360; s. auch Art. 123 Rn. 4), ob es Landesrecht geworden ist (BVerfGE 1, 164 f.), von welchem Zeitpunkt an es sich ggf. in Bundesrecht verwandelt hat (BVerfGE 4, 368) und welchen Rang (Gesetz, RVO) es besitzt. Die Frage, ob ein Gesetz noch gültig ist, dessen Umwandlung in Bundesrecht streitig ist, kann aber als Vorfrage mitentschieden werden (BVerfGE 4, 216 m.w.N.; 16, 89). Dies gilt auch dann, wenn es sich um ein Landesgesetz handelt, dessen Übereinstimmung mit der Landesverfassung in Frage steht (BVerfGE 11, 94; a.A. HessStGH, DÖV 1958, 946).

## Artikel 127 [Recht des Vereinigten Wirtschaftsgebiets]

**Die Bundesregierung kann mit Zustimmung der Regierungen der beteiligten Länder Recht der Verwaltung des Vereinigten Wirtschaftsgebietes, soweit es nach Artikel 124 oder 125 als Bundesrecht fortgilt, innerhalb eines Jahres nach Verkündung dieses Grundgesetzes in den Ländern Baden, Groß-Berlin, Rheinland-Pfalz und Württemberg-Hohenzollern in Kraft setzen.**

Art. 127 gab der BReg die Möglichkeit, das nach Art. 124 oder 125 als Bundesrecht fortgeltende Recht des die amerikanische und die britische Besatzungszone umfassenden Vereinigten Wirtschaftsgebiets (Bi-Zone) durch RVO auf das Gebiet der französischen Besatzungszone zu erstrecken (zur Nichtanwendung der Regelung auf Berlin s. Maunz/Klein in Maunz/Dürig, Art. 127 Rn. 17). Die Vorschrift diente der **Rechtsvereinheitlichung in einem vereinfachten Verfahren** (vgl. auch BVerfGE 7, 338) und hatte, wie die Übersicht im BGBl 1950 S. 332 zeigt, erhebliche praktische Bedeutung. Mit Ablauf des 23.5.1950 ist die Ermächtigung erloschen.

## Artikel 128 [Fortgeltung von Weisungsrechten]

**Soweit fortgeltendes Recht Weisungsrechte im Sinne des Artikels 84 Absatz 5 vorsieht, bleiben sie bis zu einer anderweitigen gesetzlichen Regelung bestehen.**

Art. 128 stellt sicher, dass **Weisungsrechte** i.S. des Art. 84 V, die in nach Art. 123 **fortgeltenden Vorschriften** (einschl. solcher im Rang einer RVO; BVerwGE 67, 176) enthalten sind, bis zum Erlass einer anderweitigen gesetzl. Regelung bestehen bleiben. Aus der Verweisung auf Art. 84 V folgt, dass sich die Weisungsbefugnisse auf eine Sachregelung beziehen müssen, die als Bundesrecht fortgilt und gemäß Art. 83 in landeseigener Verwaltung zu vollziehen ist, und dass **nur** Weisungsrechte aufrechterhalten bleiben, die zur Erteilung von **Einzelweisungen in besonderen Fällen** befugen. Weisungsrechte ehemaliger Reichsminister sind auf den nunmehr sachlich zuständigen BMinister übergegangen (BVerwGE 67, 176 f.). Zu den Weisungsrechten gehören wie im Fall des Art. 84 (s. dazu Art. 84 Rn. 23) auch mildere Formen der zentralstaatl. Einflussnahme auf den Bereich der Landesverwaltung wie Zustimmungsvorbehalte nach Art des § 35 II des am 1.7.2002 außer Kraft getretenen alten BörsenG und des § 3 der ebenfalls nicht mehr geltenden VO über die deutsche Staatsangehörigkeit vom 5.2.1934 (RGBl I S. 85). Wie hier BVerwGE 67, 175 f.; teilweise a.A. dagegen Wolff in v. Mangoldt/Klein/Starck, Art. 128 Rn. 6, nach dem nur Weisungsrechte in formellen Gesetzen unter Art. 128 fallen (vgl. auch Dens., a.a.O., Art. 128 Rn. 9). Jedenfalls bei Dringlichkeit i.S. des Art. 84 V 2 können fortbestehende Einwirkungsrechte des Bundes auch gegenüber Behörden ausgeübt werden, die obersten Landesbehörden nachgeordnet sind. Einer zusätzlichen bundesgesetzl. Ermächtigung bedarf es dafür nicht.

## Artikel 129 [Fortgeltung und Erlöschen von Ermächtigungen]

(1) Soweit in Rechtsvorschriften, die als Bundesrecht fortgelten, eine Ermächtigung zum Erlasse von Rechtsverordnungen oder allgemeinen Verwaltungsvorschriften sowie zur Vornahme von Verwaltungsakten enthalten ist, geht sie auf die nunmehr sachlich zuständigen Stellen über. In Zweifelsfällen entscheidet die Bundesregierung im Einvernehmen mit dem Bundesrate; die Entscheidung ist zu veröffentlichen.

(2) Soweit in Rechtsvorschriften, die als Landesrecht fortgelten, eine solche Ermächtigung enthalten ist, wird sie von den nach Landesrecht zuständigen Stellen ausgeübt.

(3) Soweit Rechtsvorschriften im Sinne der Absätze 1 und 2 zu ihrer Änderung oder Ergänzung oder zum Erlaß von Rechtsvorschriften an Stelle von Gesetzen ermächtigen, sind diese Ermächtigungen erloschen.

(4) Die Vorschriften der Absätze 1 und 2 gelten entsprechend, soweit in Rechtsvorschriften auf nicht mehr geltende Vorschriften oder nicht mehr bestehende Einrichtungen verwiesen ist.

**Allgemeines:** Art. 129 regelt Überleitung (Abs. 1 u. 2) und Erlöschen (Abs. 3) bestimmter Ermächtigungen und die Aktualisierung bestimmter Verweisungsregelungen (Abs. 4), die in nach Art. 123 fortgeltenden Rechtsvorschriften aus der Zeit vor dem Zusammentritt des ersten BTags am 7.9.1949 (vgl. BVerfGE 2, 326) enthalten sind. Nach den Vorbemerkungen zu Anlage II EV ist auf die dort genannten Ermächtigungen in Rechtsvorschriften der früheren DDR, die als Bundesrecht fortgelten, Art. 129 entsprechend anzuwenden. **1**

### Absatz 1: Übergang von als Bundesrecht fortgeltenden Ermächtigungen

*Satz 1* betrifft den **Übergang von Ermächtigungen** zum Erlass von RVO und allg. Verwaltungsvorschriften sowie zur Vornahme von Verwaltungsakten in den Fällen, in denen die **Ermächtigungsnorm** nach Art. 124 oder 125 als **Bundesrecht** fortgilt. Ob solche Ermächtigungen erloschen sind, beurteilt sich allein nach Abs. 3. Deshalb sind RVO-Ermächtigungen aus der Zeit vor dem 7.9.1949 nicht an Art. 80 I 1 zu messen (BVerfGE 15, 272 f.). Auch Art. 80 I 2 scheidet als Prüfungsmaßstab grundsätzlich aus (BVerfGE 78, 197; BVerwGE 38, 323; BGHZ 42, 240; BAGE 19, 24; BayVerfGH 14, 114 f.). Eine Ausnahme gilt nur dann, wenn das materielle Recht, dessen Durchführung die zu erlassenen VO dienen sollen, nach Inkrafttreten des GG wesentlich geändert worden ist (BVerfGE 22, 214 f.; BVerwGE 38, 323). Dass eine Ermächtigung in einer VO enthalten ist, steht ihrer Fortgeltung nicht entgegen, wie schon der Ausdruck „Rechtsvorschriften" erweist (BVerfGE 28, 143; BAGE 19, 24). **2**

**„Nunmehr sachlich zuständige Stelle"** ist nicht schlechthin der allg. staatsrechtl. Nachfolger der früher zuständig gewesenen Stelle, sondern die (Bundes- oder Landes-)Stelle, die fachlich und der Ebene nach zuständig wäre, wenn die Ermächtigungsnorm unter der Geltung des GG geschaffen würde (BVerfGE 4, 203; BVerwGE 15, 247; OLG Köln, NJW 1954, 894). Beurteilungsmaßstab sind insoweit vor allem die Kompetenzvorschriften der Art. 30, 80, 83 ff. und 108 (BVerfGE 11, 15; s. auch BVerwGE 10, 50; BVerwG, NJW 1959, 2354 f.; BSGE 1, 24 ff.), aber auch die Regeln über die Verwaltungszuständigkeiten des Bundes aus der Natur der Sache oder kraft Sachzusammenhangs (vgl. BVerfGE 11, 17 ff.; OLG Köln, NJW 1954, 894; allg. dazu Art. 30 Rn. 3 u. Art. 83 Rn. 2) und organisatorische Bestimmungen des einfachen Rechts, die im Einklang mit dem **3**

GG erlassen worden sind (BSGE 1, 28). Das einzige Zustimmungserfordernis, das beim Übergang altrechtl. RVO-Ermächtigungen verlangt werden kann, ist die Zustimmung des BRats in den Fällen des Art. 80 II (BVerfGE 4, 203).

4 *Satz 2:* Die an das Einvernehmen mit dem BRat gebundene Befugnis der BReg zur **Entscheidung in Zweifelsfällen**, in denen zwischen Bund und Ländern streitig ist, auf wen eine Ermächtigung übergegangen ist, bezieht sich nur auf die Bestimmung der nunmehr sachlich zuständigen Bundes- oder Landesstelle, nicht also auch darauf, ob die betr. Ermächtigung als Bundesrecht fortgilt (dazu s. Art. 126). Die Anrufung des BVerfG wird durch die Vorschrift nicht ausgeschlossen. Dies gilt jedenfalls dann, wenn eine Entscheidung der BReg nicht ergangen ist (BVerfGE 11, 13; zur fachgerichtl. Prüfungszuständigkeit vgl. auch BAGE 18, 343; BSGE 1, 24 f.; BayVGH n.F. 8, 147; OLG Köln, NJW 1954, 894).

**Absatz 2: Übergang von als Landesrecht fortgeltenden Ermächtigungen**

5 Abs. 2 trifft eine dem Abs. 1 Satz 1 entsprechende Regelung für altrechtl. Ermächtigungen, die nach den Art. 124 f. nicht als Bundes-, sondern als Landesrecht fortgelten. Die **nach Landesrecht zuständigen Stellen** bestimmen sich nach Landesverfassungs- und einfachem Organisationsrecht.

**Absatz 3: Erlöschen alter Ermächtigungen**

6 Abs. 3 regelt das Erlöschen von **Rechtsvorschriften** i.S. der Abs. 1 und 2, die zu ihrer Änderung oder Ergänzung oder zum Erlass von Rechtsvorschriften an Stelle von Gesetzen ermächtigten. Es ist dies eine grundlegende, der Verwirklichung des Rechtsstaats dienende Regelung, die den **Schutz der Gewaltenteilung** bezweckt und eine Distanzierung von den Ermächtigungsgepflogenheiten vergangener Zeiten darstellt (BVerfGE 2, 329). Die Vorschrift gilt als Maßstab nur für Ermächtigungen aus der Zeit vor dem 7.9.1949, die ohne Intervention des nunmehr zuständigen Gesetzgebers fortgelten (BVerfGE 8, 306; 15, 160). Hat dieser eine Ermächtigung in seinen Willen aufgenommen, handelt es sich nicht mehr um altes Recht (BVerfGE 9, 46 f.; 22, 214 f.). Nicht unter Abs. 3 fallen auch Ermächtigungen zum Erlass von allg. Verwaltungsvorschriften und zur Vornahme von Verwaltungsakten (in letzterer Hinsicht s. BFHE 68, 333 f.; 76, 785 f.). Die Fortgeltung derartiger Ermächtigungen bemisst sich nach Art. 123 (vgl. Wolff in v. Mangoldt/Klein/Starck, Art. 129 Rn. 25).

7 **Ermächtigungen zur Änderung oder Ergänzung von Rechtsvorschriften** lagen vor, wenn der Exekutive die Befugnis verliehen war, ein Gesetz im formellen Sinne über den vom Gesetzgeber gezogenen Rahmen hinaus zu ändern oder zu ergänzen. Damit sind – jedenfalls grundsätzlich – Ermächtigungen zum Erlass gesetzesvertretender, d.h. solcher VO gemeint, die sich nicht als Ausführung oder nähere Regelung gesetzl. vorgegebener Grundsätze darstellen, sondern mangels solcher Vorgaben die materielle Funktion von Gesetzen und deshalb auch den Vorrang des Gesetzes haben sollten. Auch die **Ermächtigungen zum Erlass von Rechtsvorschriften an Stelle von Gesetzen** bezogen sich auf den Erlass solcher VO. Darüber hinaus werden von ihnen die sog. Ermächtigungsgesetze erfasst, die überhaupt keine materielle Regelung enthielten, sondern den Verordnungsberechtigten zur selbständigen Regelung des betr. Gegenstandes ermächtigten. Zum Ganzen s. BVerfGE 2, 330 ff.; 8, 79 f.; BVerwGE 87, 139; BGHZ 42, 239 ff.

8 Dem Abs. 3 widersprechende Ermächtigungen sind am 7.9.1949 erloschen (BVerfGE 2, 326). Die **Gültigkeit von Rechtsverordnungen**, die im Zeitpunkt ihres Erlasses auf gesetzl. Grundlage ergangen sind, wird dadurch nicht berührt (BVerfGE 78, 198; BVerwGE 6, 122; BGHSt 14, 226; BGHZ 23, 233; BAGE

19, 21; BSGE 16, 233; s. jedoch zum späteren Ungültigwerden zunächst fortgeltender RVO BVerfGE 78, 198 f.; BVerwGE 118, 323 ff.). Fortgeltende gesetzesvertretende VO werden vom GG als ranggleich mit förmlichen Gesetzen erachtet (Art. 123 Rn. 5 u. vorstehend Rn. 7).

Ermächtigungen zum Erlass von Rechtsvorschriften an Stelle von Gesetzen können unter der Geltung des GG nicht mehr ergehen (BVerfGE 22, 12). Dagegen sind **nachkonstitutionelle Ermächtigungen zur Änderung oder Ergänzung von Gesetzen** zulässig, wenn sie den Anforderungen des Art. 80 I genügen (näher dazu Art. 80 Rn. 2).  **9**

**Absatz 4: Verweisung auf nicht mehr existierende Vorschriften und Einrichtungen**

Abs. 4 regelt den Fall, dass in Rechtsvorschriften i.S. der Abs. 1 und 2 auf nicht mehr geltende Vorschriften oder nicht mehr bestehende Einrichtungen verwiesen ist, und bestimmt als **neue Verweisungsobjekte** diejenigen Vorschriften und Einrichtungen, die an die Stelle der früheren getreten sind.  **10**

## Artikel 130 [Übernahme bestehender Einrichtungen]

(1) Verwaltungsorgane und sonstige der öffentlichen Verwaltung oder Rechtspflege dienende Einrichtungen, die nicht auf Landesrecht oder Staatsverträgen zwischen Ländern beruhen, sowie die Betriebsvereinigung der südwestdeutschen Eisenbahnen und der Verwaltungsrat für das Post- und Fernmeldewesen für das französische Besatzungsgebiet unterstehen der Bundesregierung. Diese regelt mit Zustimmung des Bundesrates die Überführung, Auflösung oder Abwicklung.

(2) Oberster Disziplinarvorgesetzter der Angehörigen dieser Verwaltungen und Einrichtungen ist der zuständige Bundesminister.

(3) Nicht landesunmittelbare und nicht auf Staatsverträgen zwischen den Ländern beruhende Körperschaften und Anstalten des öffentlichen Rechtes unterstehen der Aufsicht der zuständigen obersten Bundesbehörde.

Art. 130 regelt die **Überleitung** und Einordnung bestimmter **vorkonstitutioneller Verwaltungs- und Rechtspflegeeinrichtungen** in das Kompetenz- und Organisationsgefüge des GG. Betroffen waren vor allem die nicht auf Landesrecht oder Länderstaatsverträgen beruhenden Einrichtungen. Art. 130 geht den Art. 87 ff. in formeller Hinsicht vor (allg. M.). Die materiellen Schranken, die der Organisationsbefugnis des Bundes in diesen Bestimmungen gezogen sind, waren aber auch im Rahmen des Art. 130 zu beachten. Deshalb bot dessen Abs. 1 z.B. keine Grundlage dafür, durch die Übernahme von Rechtspflegeeinrichtungen des Reiches den Kreis der Bundesgerichte über die (zufolge Art. 30 Rn. 2, Art. 92 Rn. 1, 6) abschließenden Festlegungen der Art. 92 ff. hinaus zu erweitern (vgl. BVerwGE 32, 23). Die 1929 als rechtsfähige Anstalt des öffentl. Rechts gegründete und von der Versorgungsanstalt des Bundes und der Länder fortgeführte Zusatzversorgungsanstalt des Reichs und der Länder ist nicht nach Art. 130 vom Bund übernommen worden, weil sie auf preußischem Landesrecht beruhte (BGH, NVwZ-RR 2011, 798 ff.). Die Versorgungsanstalt der deutschen Bühnen fällt dagegen als bundesunmittelbare Anstalt des öffentl. Rechts unter Abs. 3 (BVerwG, NJW 1988, 355). Zum Übergang der Einrichtungen im Gebiet der früheren DDR s. Art. 13, 14 EV; vgl. in diesem Zusammenhang auch zum Begriff der Abwicklung BVerfGE 84, 150.

## Artikel 131 [Ehemalige Angehörige des öffentlichen Dienstes]

Die Rechtsverhältnisse von Personen einschließlich der Flüchtlinge und Vertriebenen, die am 8. Mai 1945 im öffentlichen Dienste standen, aus anderen als beamten- oder tarifrechtlichen Gründen ausgeschieden sind und bisher nicht oder nicht ihrer früheren Stellung entsprechend verwendet werden, sind durch Bundesgesetz zu regeln. Entsprechendes gilt für Personen einschließlich der Flüchtlinge und Vertriebenen, die am 8. Mai 1945 versorgungsberechtigt waren und aus anderen als beamten- oder tarifrechtlichen Gründen keine oder keine entsprechende Versorgung mehr erhalten. Bis zum Inkrafttreten des Bundesgesetzes können vorbehaltlich anderweitiger landesrechtlicher Regelung Rechtsansprüche nicht geltend gemacht werden.

1 Art. 131 verpflichtete zum Erlass eines Bundesgesetzes, das die Rechtsverhältnisse der Personen regelte, die am 8.5.1945 im öffentl. Dienst standen oder Versorgung erhielten, dann aber infolge des Zusammenbruchs des Deutschen Reichs aus Dienst oder Versorgung ausgeschieden und nicht oder nicht wieder gleichwertig verwendet worden waren bzw. keine oder keine entsprechende Versorgung mehr erhalten hatten. Es handelte sich hauptsächlich um Flüchtlinge und Vertriebene, um Personen, deren Dienststellen weggefallen oder die aus polit. Gründen ausgeschieden waren.

2 Der Bundesgesetzgeber hat sich seines Auftrags 1951 durch das G zur Regelung der Rechtsverhältnisse der unter Art. 131 des GG fallenden Personen, zuletzt geändert durch das G vom 27.12.1993 (BGBl I S. 2378), entledigt. Das Gesetz galt nach dem Einigungsvertrag nicht im Beitrittsgebiet und ist – da im Übrigen im Wesentlichen obsolet geworden – durch das Dienstrechtl. Kriegsfolgen-AbschlussG vom 20.9.1994 (BGBl I S. 2442, 2452) aufgehoben worden. Auch Art. 131 hat seine **praktische Bedeutung verloren**.

## Artikel 132 [Pensionierung von Beamten]

(1) Beamte und Richter, die im Zeitpunkte des Inkrafttretens dieses Grundgesetzes auf Lebenszeit angestellt sind, können binnen sechs Monaten nach dem ersten Zusammentritt des Bundestages in den Ruhestand oder Wartestand oder in ein Amt mit niedrigerem Diensteinkommen versetzt werden, wenn ihnen die persönliche oder fachliche Eignung für ihr Amt fehlt. Auf Angestellte, die in einem unkündbaren Dienstverhältnis stehen, findet diese Vorschrift entsprechende Anwendung. Bei Angestellten, deren Dienstverhältnis kündbar ist, können über die tarifmäßige Regelung hinausgehende Kündigungsfristen innerhalb der gleichen Frist aufgehoben werden.

(2) Diese Bestimmung findet keine Anwendung auf Angehörige des öffentlichen Dienstes, die von den Vorschriften über die „Befreiung von Nationalsozialismus und Militarismus" nicht betroffen oder die anerkannte Verfolgte des Nationalsozialismus sind, sofern nicht ein wichtiger Grund in ihrer Person vorliegt.

(3) Den Betroffenen steht der Rechtsweg gemäß Artikel 19 Abs. 4 offen.

(4) Das Nähere bestimmt eine Verordnung der Bundesregierung, die der Zustimmung des Bundesrates bedarf.

Die Vorschrift (vgl. zu ihr BVerfGE 4, 295 [296 ff.]) ist durch Zeitablauf **gegenstandslos** geworden.

*Antoni*

## Artikel 133 [Ehemalige Verwaltung des Vereinigten Wirtschaftsgebietes]

Der Bund tritt in die Rechte und Pflichten der Verwaltung des Vereinigten Wirtschaftsgebietes ein.

Der Eintritt des Bundes in die Rechte und Pflichten des Vereinigten Wirtschaftsgebiets (zu diesem s. die Erläut. zu Art. 127) erfolgte unmittelbar auf Grund des Art. 133. Zusätzlicher Rechtsakte bedurfte es also nicht. Wie Art. 135 a I i.V.m. Art. 134 IV und Art. 135 V zeigt, können aus Art. 133 Folgerungen in Bezug auf die Übernahme von Verbindlichkeiten des Deutschen Reichs durch den Bund nicht gezogen werden (vgl. auch Maunz in Ders./Dürig, Art. 133 Rn. 4).

## Artikel 134 [Überleitung des Reichsvermögens]

(1) Das Vermögen des Reiches wird grundsätzlich Bundesvermögen.

(2) Soweit es nach seiner ursprünglichen Zweckbestimmung überwiegend für Verwaltungsaufgaben bestimmt war, die nach diesem Grundgesetze nicht Verwaltungsaufgaben des Bundes sind, ist es unentgeltlich auf die nunmehr zuständigen Aufgabenträger und, soweit es nach seiner gegenwärtigen, nicht nur vorübergehenden Benutzung Verwaltungsaufgaben dient, die nach diesem Grundgesetze nunmehr von den Ländern zu erfüllen sind, auf die Länder zu übertragen. Der Bund kann auch sonstiges Vermögen den Ländern übertragen.

(3) Vermögen, das dem Reich von den Ländern und Gemeinden (Gemeindeverbänden) unentgeltlich zur Verfügung gestellt wurde, wird wiederum Vermögen der Länder und Gemeinden (Gemeindeverbände), soweit es nicht der Bund für eigene Verwaltungsaufgaben benötigt.

(4) Das Nähere regelt ein Bundesgesetz, das der Zustimmung des Bundesrates bedarf.

**Allgemeines:** Art. 134 regelt das rechtl. Schicksal des Reichsvermögens und seine 1 Verteilung auf Bund und Länder, wobei grundsätzlich der Übergang in Bundesvermögen angeordnet wird. Sonderregelungen enthalten Art. 89 für die Reichswasserstraßen, Art. 90 für die Reichsautobahnen und Reichsstraßen sowie Art. 21 III Halbs. 2 und Art. 22 I 7 EV für den Bereich der ostdeutschen Bundesländer (vgl. dazu BVerwGE 132, 366).

### Absatz 1: Reichsvermögen wird Bundesvermögen

Nach Abs. 1 ist das Reichsvermögen unmittelbar mit dem Inkrafttreten des GG 2 (dazu Art. 145 Rn. 1) Bundesvermögen geworden (vgl. auch § 1 ReichsvermögenG v. 16.5.1961, BGBl I S. 597). **Reichsvermögen** umfasst alle vermögenswerten Rechte (Eigentum an beweglichen u. unbeweglichen Sachen, Forderungen sowie sonstige Rechte), und zwar sowohl des Verwaltungsvermögens wie auch des Finanzvermögens. *Verwaltungsvermögen* dient unmittelbar der Durchführung des Verwaltungs- und Dienstbetriebs (Dienstgebäude, Inventar, Kasernen usw.), während das *Finanzvermögen* (Wirtschaftsbetriebe, Beteiligungen, Wertpapiere) der Verwaltung nur mittelbar durch seinen Kapitalwert dient. Seine Erträgnisse werden zur Finanzierung des Verwaltungsaufwands nutzbar gemacht (BVerfGE 10, 37). Zu den Schulden vgl. BVerfGE 15, 133 f.; 23, 166; 24, 214; BVerwGE 132, 366, und Art. 135 a.

**Absatz 2: Übertragung von Vermögen**

3 Nach Abs. 2 *Satz 1* ist (Verwaltungs-)Vermögen, das seiner **ursprünglichen Zweckbestimmung** nach (Stichtag: 8.5.1945 – § 2 ReichsvermögenG) Verwaltungszwecken diente, die nicht zu den Aufgaben des Bundes gehören, auf die nunmehr zuständigen Aufgabenträger (Länder, Gemeinden, Gemeindeverbände u. andere juristische Personen des öffentl. Rechts) unentgeltlich zu übertragen, soweit es von diesen für gleiche oder andere Verwaltungszwecke benötigt wird (BVerfG, NVwZ 2002, 1366). Außerdem ist (ursprüngliches Finanz-)Vermögen, das nach seiner **gegenwärtigen** (Stichtag: 1.8.1961, im Saarland 1.5.1962 – §§ 3, 22 ReichsvermögenG), **nicht nur vorübergehenden Nutzung** Verwaltungsaufgaben der Länder (einschl. Gemeinden u. Gemeindeverbände) dient, diesen zu übertragen. Welche Verwaltungsaufgaben von Bund und Ländern zu erfüllen sind, richtet sich nach den allg. Zuständigkeitsregeln insbes. der Art. 30, 83 ff. Nach *Satz 2* kann der Bund den Ländern nach seinem Ermessen weiteres Finanzvermögen übertragen.

**Absatz 3: Rückfallrecht der Länder und Gemeinden**

4 Abs. 3 begründet ein grundsätzliches Rückfallrecht der Länder und Gemeinden **für ihr früher unentgeltlich auf das Reich übertragenes Vermögen** (zum Zweck der Regelung vgl. BVerfGE 95, 264) auch für fiskalische Zwecke. Gemeinden können sich für ein von ihnen beanspruchtes Rückfallrecht nicht auf Art. 14 III berufen (BVerfG, NVwZ 2002, 1366). Abs. 3 ist insbes. durch § 5 ReichsvermögenG umgesetzt worden; dabei ist u.a. eine Ausschlussfrist für die Geltendmachung des Rückfallrechts grundsätzlich bis zum 31.7.1962 bestimmt worden (vgl. dazu sowie zur Geltung in Berlin BVerfGE 119, 398 ff., 411 ff., 417 ff.; OVG Berlin-Brandenburg, ZOV 2012, 106 ff.).

**Absatz 4: Bundesgesetz**

5 Die **Regelungskompetenz** nach Abs. 4 erstreckt sich auch auf die Passiven des Reiches (BVerfGE 15, 126). Ihr Inhalt ist aus der Situation des **Reichszusammenbruchs** von 1945 zu verstehen, insbes. dem daraus hervorgegangenen Missverhältnis zwischen Leistungsvermögen und Passiven des Reichs. Die Vorschrift enthält daher die Ermächtigung und den Auftrag, diese Lage durch spezielle gesetzl. Maßnahmen zu bereinigen; die Regelung darf alles enthalten, was zur Ordnung dieser besonderen Sachlage notwendig ist. Dies gilt nicht nur für die Art und Weise der Regelung, sondern auch für die Abgrenzung der zu regelnden Gegenstände. Daher konnten auch reichsbezogene Verbindlichkeiten kommunaler Körperschaften i.S. des § 2 Nr. 4 des Allg. KriegsfolgenG vom 5.11.1957 (BGBl I S. 1747) miterfasst werden (BVerfGE 19, 159 f.). Dem Gesetzgeber sind die Forderungen gegen das Reich als dem Grunde nach existent zur Berücksichtigung nach Maßgabe des Möglichen überwiesen; nur mit dieser Maßgabe darf er die Befriedigung der Forderungen kürzen oder verweigern (BVerfGE 15, 142; vgl. auch E 41, 151). Bei der Regelung ist der Gesetzgeber an den Gleichheitssatz (Art. 3) gebunden. Er hat allerdings einen weiten Regelungs- und Gestaltungsspielraum (BVerfGE 102, 298 f.). Regelungen nach Abs. 4 enthalten insbes. das ReichsvermögenG (s. oben Rn. 2) und das Allg. KriegsfolgenG. Der Regelungsauftrag aus dieser Bestimmung ist inzwischen erfüllt (BVerfGE 119, 419).

## Artikel 135 [Rechtsnachfolge in das Vermögen anderer Körperschaften]

(1) Hat sich nach dem 8. Mai 1945 bis zum Inkrafttreten dieses Grundgesetzes die Landeszugehörigkeit eines Gebietes geändert, so steht in diesem Gebiete das Vermögen des Landes, dem das Gebiet angehört hat, dem Lande zu, dem es jetzt angehört.

(2) Das Vermögen nicht mehr bestehender Länder und nicht mehr bestehender anderer Körperschaften und Anstalten des öffentlichen Rechtes geht, soweit es nach seiner ursprünglichen Zweckbestimmung überwiegend für Verwaltungsaufgaben bestimmt war, oder nach seiner gegenwärtigen, nicht nur vorübergehenden Benutzung überwiegend Verwaltungsaufgaben dient, auf das Land oder die Körperschaft oder Anstalt des öffentlichen Rechtes über, die nunmehr diese Aufgaben erfüllen.

(3) Grundvermögen nicht mehr bestehender Länder geht einschließlich des Zubehörs, soweit es nicht bereits zu Vermögen im Sinne des Absatzes 1 gehört, auf das Land über, in dessen Gebiet es belegen ist.

(4) Sofern ein überwiegendes Interesse des Bundes oder das besondere Interesse eines Gebietes es erfordert, kann durch Bundesgesetz eine von den Absätzen 1 bis 3 abweichende Regelung getroffen werden.

(5) Im übrigen wird die Rechtsnachfolge und die Auseinandersetzung, soweit sie nicht bis zum 1. Januar 1952 durch Vereinbarung zwischen den beteiligten Ländern oder Körperschaften oder Anstalten des öffentlichen Rechtes erfolgt, durch Bundesgesetz geregelt, das der Zustimmung des Bundesrates bedarf.

(6) Beteiligungen des ehemaligen Landes Preußen an Unternehmen des privaten Rechtes gehen auf den Bund über. Das Nähere regelt ein Bundesgesetz, das auch Abweichendes bestimmen kann.

(7) Soweit über Vermögen, das einem Lande oder einer Körperschaft oder Anstalt des öffentlichen Rechtes nach den Absätzen 1 bis 3 zufallen würde, von dem danach Berechtigten durch ein Landesgesetz, auf Grund eines Landesgesetzes oder in anderer Weise bei Inkrafttreten des Grundgesetzes verfügt worden war, gilt der Vermögensübergang als vor der Verfügung erfolgt.

**Allgemeines:** Art. 135 regelt nur die Vermögensnachfolge für Vermögen von **zwischen dem 8.5.1945 und dem 23.5.1949 aufgelösten Ländern**, d.h. Preußen, Braunschweig, Hannover, Oldenburg, Lippe und Schaumburg-Lippe, sowie der ihnen angehörenden Körperschaften und Anstalten des öffentlichen Rechts. Die Vorschrift gilt nicht für spätere Gebietsänderungen im Zuge einer Neugliederung, bei der eine vermögensrechtl. Auseinandersetzung durch Bundesgesetz oder Staatsvertrag nach Art. 29 II, VII 1 oder VIII 1 zu regeln ist (vgl. Art. 29 Rn. 8). Für Vermögen im Bereich der ostdeutschen Bundesländer treffen die Art. 21–27 EV Sonderregelungen. 1

### Absatz 1: Gebietsnachfolge

Nach der **Grundsatzregelung** in Abs. 1 fiel sowohl das Verwaltungsvermögen als auch das Finanzvermögen (s. Art. 134 Rn. 2) in den Gebieten der in Rn. 1 genannten Länder unmittelbar den Ländern zu, in denen diese Gebiete beim Inkrafttreten des GG lagen, soweit die Abs. 2–7 keine Sonderregelungen treffen oder zulassen. 2

## Absatz 2: Funktionsnachfolge

3 Nach Abs. 2 fiel das Verwaltungsvermögen der in Rn. 1 genannten Länder und ihnen angehörender juristischer Personen des öffentl. Rechts unmittelbar den am 24.5.1949 zuständigen Aufgabenträgern zu. Dies gilt für bewegliches Vermögen und Grundvermögen (BVerfGE 10, 39). Unter Abs. 2 fällt auch Verwaltungsvermögen zur Aufgabenerfüllung im Bereich der Kultur (Akademien, Forschungsanstalten, Hochschulen, Sammlungen, Büchereien, Museen, Theater), z.b. der ehemalige Preußische Kulturbesitz (BVerfGE 10, 37 f.). Die Vorschrift setzt eine Funktionsnachfolge in der Verwaltungsaufgabe voraus, der das Vermögen gedient hat (BVerfGE 10, 38).

## Absatz 3: Finanzgrundvermögen nicht mehr bestehender Länder

4 Abs. 3 bezieht sich nur auf das zum Finanzvermögen gehörende Grundvermögen einschl. Zubehör und grundstücksgleicher Rechte.

## Absatz 4: Abweichung durch Gesetz

5 Abs. 4 ist eine Ausnahmevorschrift, die dem Bund die Möglichkeit geben soll, den organischen **Zusammenhang von durch Kriegswirren zerrissenen Sammlungen und Bibliotheken** von national-repräsentativer Bedeutung, die ihrer Zweckbestimmung nach zusammengehören, wiederherzustellen und sie ihrer ursprünglichen gesamtdeutschen Aufgabe zu erhalten (BVerfGE 10, 47; 12, 253). Der Gesetzgeber ist nicht darauf beschränkt, unter den vorhandenen, in den Abs. 1–3 genannten Rechtsträgern einen oder mehrere Rechtsnachfolger auszuwählen, vielmehr hat er schlechthin das Recht zu abw. Regelung (BVerfGE 10, 42). Es muss sich aber um Vermögenswerte handeln, die in den Abs. 1–3 erwähnt werden (BVerfGE 10, 36). Ob ein **überwiegendes Interesse des Bundes** eine von den Abs. 1–3 abw. Regelung erfordert und wie diesem Interesse am besten Rechnung getragen wird, kann der Bundesgesetzgeber im Rahmen seiner gesetzgeberischen Freiheit entscheiden. Das BVerfG kann lediglich prüfen, ob er eine durch ein überwiegendes Bundesinteresse offenbar nicht gerechtfertigte Regelung getroffen hat. Der Bundesgesetzgeber konnte auf Grund des Abs. 4 ohne Zustimmung des BRats den ehemals Preußischen Kulturbesitz auf eine bundesunmittelbare Stiftung übertragen (BVerfGE 10, 20). Abs. 4 ist eine **Sonderkompetenz**, so dass der Bundesgesetzgeber nicht an die Voraussetzungen des Art. 87 III 1 für die Errichtung einer bundesunmittelbaren Verwaltung gebunden ist (BVerfGE 10, 45; 12, 253).

## Absatz 5: Bundesgesetz für offene Fragen

6 Abs. 5 kommt nur zum Zuge, wenn und soweit die Regelung der Rechtsnachfolge und Auseinandersetzung in den Abs. 1–4 offengeblieben ist (BVerfGE 10, 44). Die in der Vorschrift genannte Frist ist verstrichen, ohne dass es zu einer Vereinbarung zwischen den beteiligten Ländern oder Körperschaften oder Anstalten des öffentl. Rechts gekommen ist. Das Rechtsträger-AbwicklungsG vom 6.9.1965 (BGBl I S. 1065) stützt sich auf Abs. 5. Zur Regelung der Verbindlichkeiten des Reichsnährstands s. BVerfGE 29, 425.

## Absatz 6: Beteiligungen Preußens

7 Abs. 6 trifft in Abweichung von den in den vorhergehenden Absätzen aufgestellten Grundsätzen eine **Sonderregelung** für die Beteiligungen des ehemaligen Landes Preußens an Unternehmen des privaten Rechts und ordnet ihren Übergang auf den Bund an. Zu Satz 2 vgl. das ReichsvermögenG vom 16.5.1961 (BGBl I S. 597).

*Schnapauff*

**Absatz 7: Zeitpunkt des Vermögensübergangs**

Abs. 7 enthält im Interesse der Rechtssicherheit eine rechtl. Fiktion für den Zeit-  **8**
punkt des Vermögensübergangs.

## Artikel 135 a [Alte Verbindlichkeiten]

(1) Durch die in Artikel 134 Abs. 4 und Artikel 135 Abs. 5 vorbehaltene Gesetzgebung des Bundes kann auch bestimmt werden, daß nicht oder nicht in voller
Höhe zu erfüllen sind

1. Verbindlichkeiten des Reiches sowie Verbindlichkeiten des ehemaligen Landes Preußen und sonstiger nicht mehr bestehender Körperschaften und Anstalten des öffentlichen Rechts,
2. Verbindlichkeiten des Bundes oder anderer Körperschaften und Anstalten
des öffentlichen Rechts, welche mit dem Übergang von Vermögenswerten
nach Artikel 89, 90, 134 und 135 im Zusammenhang stehen, und Verbindlichkeiten dieser Rechtsträger, die auf Maßnahmen der in Nummer 1 bezeichneten Rechtsträger beruhen,
3. Verbindlichkeiten der Länder und Gemeinden (Gemeindeverbände), die aus
Maßnahmen entstanden sind, welche diese Rechtsträger vor dem 1. August
1945 zur Durchführung von Anordnungen der Besatzungsmächte oder zur
Beseitigung eines kriegsbedingten Notstandes im Rahmen dem Reich oblie-
gender oder vom Reich übertragener Verwaltungsaufgaben getroffen haben.

(2) Absatz 1 findet entsprechende Anwendung auf Verbindlichkeiten der Deutschen Demokratischen Republik oder ihrer Rechtsträger sowie auf Verbindlichkeiten des Bundes oder anderer Körperschaften und Anstalten des öffentlichen
Rechts, die mit dem Übergang von Vermögenswerten der Deutschen Demokratischen Republik auf Bund, Länder und Gemeinden im Zusammenhang stehen,
und auf Verbindlichkeiten, die auf Maßnahmen der Deutschen Demokratischen
Republik oder ihrer Rechtsträger beruhen.

**Absatz 1: Verbindlichkeiten des Deutschen Reiches**

Nachträglich durch G vom 22.10.1957 (BGBl I S. 1745) eingefügt, um die bei  **1**
der Beratung des Allg. KriegsfolgenG vom 5.11.1957 (BGBl I S. 1747) aufgetretenen Zweifel auszuräumen, ob Art. 134 oder 135 die in diesem Gesetz getroffenen
Regelungen in vollem Umfang deckt. Die **Befugnis zur Regelung der Verbindlichkeiten des Reichs** und der reichsbezogenen Verbindlichkeiten kommunaler Körperschaften, die vor Inkrafttreten des GG entstanden sind, folgt jedoch schon aus
Art. 134 IV (BVerfGE 15, 133; 19, 157; 23, 166; 24, 214; 41, 152; 45, 100), die
Regelungsbefugnis im Übrigen aus Art. 135. Art. 135 a I ist Spezialvorschrift gegenüber Art. 14 und 19 I. Art. 135 a I Nr. 2 stellt klar, dass auch die Erfüllung
von Ansprüchen verneint werden kann, die auf die Gedanken der Funktions-
oder Vermögensnachfolge gestützt werden, sowie von Ansprüchen, die sich – wie
dingliche Herausgabeansprüche – zwar vom Reich und den sonst in Nr. 1 genannten Rechtsträgern herleiten, heute aber gegen den Bund oder einen anderen
Rechtsträger richten. Nach den oben genannten Entscheidungen des BVerfG
steht Art. 14 einer gesetzl. Regelung der bei Inkrafttreten des Gesetzes bereits bestehenden Reichsverbindlichkeiten nach den in der Entscheidung BVerfGE 15,
143 ff., genannten Grundsätzen nicht entgegen. Der Gesetzgeber erhielt jedoch
keine volle Gestaltungsfreiheit, er hat Forderungen gegen das Reich im Rahmen

des Möglichen zu berücksichtigen (BVerfGE 15, 142 f.). Ferner hat er den Gleichheitssatz des Art. 3 I zu beachten. Allerdings kommt ihm dabei ein weites Beurteilungsermessen zu (BVerfGE 102, 298 f.).

**Absatz 2: Verbindlichkeiten der DDR**

2 Durch G zum Einigungsvertrag vom 23.9.1990 (BGBl II S. 885) eingefügt, um dem gesamtdeutschen Gesetzgeber Gestaltungsspielraum bei der **Regelung der auf den Bund zukommenden Verbindlichkeiten der DDR** und ihrer Rechtsträger zu geben. Mit dem Beitritt der DDR nach Art. 23 a.F. gingen deren Forderungen und Verbindlichkeiten auf die Bundesrepublik über. Entsprechend der in Abs. 1 für Verbindlichkeiten des Deutschen Reiches usw. getroffenen Regelung wird auch hier für den Bundesgesetzgeber die Möglichkeit geschaffen, die Erfüllung überkommener Verbindlichkeiten ganz oder teilweise zu verweigern (BVerwGE 96, 234; 132, 366). Damit kann sich der Gesetzgeber auch von der Bindung an etwaige Entschädigungspflichten nach Art. 14 III befreien (vgl. Maunz in Ders./ Dürig, Art. 135 a Anm. III). Der Sinn der Regelung besteht darin, dem Umstand Rechnung zu tragen, dass im Zeitpunkt des Beitritts der DDR die Höhe der Verbindlichkeiten – einschl. der Ausgleichsleistungen und Entschädigungszahlungen – nicht übersehbar war. Der Gesetzgeber kann zwischen Wiedergutmachungsleistungen und sonstigen Staatsaufgaben Prioritätsentscheidungen treffen, ihm steht – im Rahmen des allg. Gleichheitssatzes (s. BVerfGE 102, 299) – ein besonders weiter Beurteilungsspielraum zu (BVerfGE 94, 326; BGHZ 127, 296; BSGE 78, 174). Abs. 2 schneidet jedoch selbst keine Ansprüche ab und ist auch keine eigenständige Anspruchsgrundlage, sondern setzt einen Anspruchsübergang auf Grund einer anderen Regelung auf die Bundesrepublik Deutschland oder andere Körperschaften und Anstalten des öffentl. Rechts voraus (BGHZ 175, 234). Der Gesetzgeber erhält nur die Möglichkeit, besondere Folgen des Beitritts unter Beachtung der Grundsätze eines gerechten und sozialen Ausgleichs zu bewältigen. Er kann von den Maßstäben des Art. 14 III abweichen, muss es aber nicht. Besondere Bedeutung kommt der Bestimmung hinsichtlich der gesetzl. Regelung zur Klärung noch offener Vermögensfragen (Art. 41 EV) zu (dazu BVerfGE 84, 128 ff.). Die Ermächtigungsgrundlage bezieht sich aber nicht auf Regelungen der Rentenzusatz- und Sonderversorgungssysteme (BVerfGE 100, 47 f.). Entscheidend für die verfassungsrechtl. Beurteilung dieser und weiterer Regelungen ist deren Vereinbarkeit mit den unantastbaren Grundsätzen des Art. 79 III (vgl. BVerfGE 84, 120 ff.; 102, 299; dazu Maunz in Ders./Dürig, Art. 135 a Anm. III). Von der Ermächtigung des Abs. 2 hat der Gesetzgeber mit dem Entschädigungs- und AusgleichsleistungsG vom 27.9.1994 (BGBl I S. 2624) Gebrauch gemacht (vgl. zu diesem Gesetz BVerfGE 102, 254).

## Artikel 136 [Erster Zusammentritt des Bundesrates]

(1) Der Bundesrat tritt erstmalig am Tage des ersten Zusammentrittes des Bundestages zusammen.

(2) Bis zur Wahl des ersten Bundespräsidenten werden dessen Befugnisse von dem Präsidenten des Bundesrates ausgeübt. Das Recht der Auflösung des Bundestages steht ihm nicht zu.

Der erste Zusammentritt des BTages war am 7.9.1949 (vgl. Erl. zu Art. 122), die Wahl des ersten BPräs am 12.9.1949. Mit dem Eintritt dieser Ereignisse ist die Vorschrift **gegenstandslos** geworden.

## Artikel 137 [Wählbarkeit von Angehörigen des öffentlichen Dienstes]

**(1) Die Wählbarkeit von Beamten, Angestellten des öffentlichen Dienstes, Berufssoldaten, freiwilligen Soldaten auf Zeit und Richtern im Bund, in den Ländern und den Gemeinden kann gesetzlich beschränkt werden.**

**(2) Für die Wahl des ersten Bundestages, der ersten Bundesversammlung und des ersten Bundespräsidenten der Bundesrepublik gilt das vom Parlamentarischen Rat zu beschließende Wahlgesetz.**

**(3) Die dem Bundesverfassungsgerichte gemäß Artikel 41 Abs. 2 zustehende Befugnis wird bis zu seiner Errichtung von dem Deutschen Obergericht für das Vereinigte Wirtschaftsgebiet wahrgenommen, das nach Maßgabe seiner Verfahrensordnung entscheidet.**

**Allgemeines:** Nur Abs. 2 und 3 sind (überholte) Übergangsbestimmungen i.s. der Überschrift des XI. Abschnitts, nicht aber Abs. 1.   **1**

### Absatz 1: Wählbarkeitsbeschränkungen

Art. 137 I will durch Wählbarkeitsbeschränkungen eine der organisatorischen   **2** Gewaltenteilung zuwiderlaufende Verbindung von **Amt und Mandat** (genauer: neben der Mandatsausübung die Wahrnehmung von Aufgaben im Bereich einer anderen Staatsfunktion – Verwaltung oder Rspr. –) verhindern, um die Gefahr von Entscheidungskonflikten und damit Verfilzungen abzuwehren (BVerfGE 38, 339; 57, 62; BVerfG, NJW 1996, 2499). Die **Gefahr einer Interessenkollision** durch Personalunion von kontrollierender und kontrollierter Instanz begrenzt zugleich die Freiheit des Gesetzgebers zur Beschränkung der Wählbarkeit, wenn Amt und Mandat auf verschiedener Ebene liegen (BVerfGE 18, 183 f.; 58, 198; zur engen Verzahnung zwischen amtsangehöriger Gemeinde u. Amt s. BVerwGE 117, 16). Art. 137 I besagt nichts für eine von sonstigen Konflikten freie Mandatsausübung (z.B. persönliche Befangenheit, Nebentätigkeit), auch nichts für die Wahrnehmung von Regierungsaufgaben durch Abg. als Beauftragte (vgl. BT-Dr 13/7690 S. 7). Er ist eine Spezialregelung zu der in Art. 12 I geschützten Freiheit der Aufgabe oder Weiterwahrnehmung des gewählten Berufs (BVerfGE 98, 163). S. auch Art. 12 Rn. 3. Grundsätzlich lässt das GG die Ausübung eines Berufs neben dem Mandat zu (BVerfGE 118, 323); mehr dazu Art. 48 Rn. 4.

Abs. 1 meint mit Wählbarkeit die **Wählbarkeit zu den Parlamenten von Bund**   **3** **und Ländern sowie zu den kommunalen Vertretungskörperschaften** (Letztere mit in erster Linie verwaltenden Kompetenzen; vgl. BVerfGE 120, 112). Die Vorschrift ist als Ausnahmeregelung zu Art. 28 I 2, Art. 38 I 1 (allg. u. gleiche Wählbarkeit) und Art. 48 II zu verstehen (BVerfGE 38, 336; 48, 49). Das GG verbietet trotz seines grundsätzlichen Bekenntnisses zum Gewaltenteilungsprinzip (Absage an Funktionsvermischung oder -verschiebung; Unveränderbarkeit – nur – des Kernbereichs der Gewalten; BVerfGE 89, 362; 95, 15; 128, 209 f.; vgl. auch RhPfVerfGH, NVwZ-RR 2004, 235) nicht selbst die Mitgliedschaft von Angehörigen des öffentl. Dienstes in den Volksvertretungen (anders für den BPräs u. die Mitglieder des BVerfG Art. 55 I u. Art. 94 I 3). Doch sieht es die Möglichkeit („kann") vor, die Wählbarkeit von Beamten usw. durch Gesetz zu beschränken (äußerlich Ermächtigung, kein Verfassungsauftrag, jedoch Tendenz zur „Verfassungserwartung" – dazu allg. BVerfGE 106, 330 –; vgl. für die Länder BVerfGE 98, 159 f.; etwas einseitig auf Kann-Vorschrift abstellend: SachsAnhVerfG, NVwZ 1995, 459). „Wählbarkeit" ist hier das Recht, sich zur Wahl zu stellen, eine Wahl anzunehmen sowie ein Mandat innezuhaben und auszuüben (BVerfGE 38, 337; 93, 377); zum Konflikt von Wahlkampf und unparteiischer Amtsführung: BT-Dr 13/9067 S. 47.

4 **Persönlicher Anwendungsbereich:** Art. 137 I erfasst die bei Bund, Ländern, Gemeinden und sonstigen Körperschaften des öffentl. Rechts tätigen *Beamten* (§§ 1, 2 BBG, 1, 2 BeamtStG) und *Angestellten*, d.h. als solche in einem privatrechtl. Arbeitsverhältnis (auch in Teilzeitform; s. BVerwGE 117, 12) Beschäftigten einschl. (nur) der leitenden Angestellten (zum Begriff: OVG Münster, DÖD 2002, 38; BayVGH, NJW-RR 2004, 443 f.) eines von der öffentl. Hand beherrschten privatrechtl. Unternehmens (vgl. BVerfGE 38, 339; 98, 160 f.; BVerfG, NJW 1996, 2498), ferner *Richter* i.s. des § 8 DRiG sowie Berufssoldaten und *Soldaten* auf Zeit i.s. des § 1 II SG. Nicht erfasst sind, unabhängig von dem konkreten beruflichen Aufgabenbereich (BVerfGE 58, 198), *Arbeiter* im öffentl. Dienst (s. den abw. Wortlaut „Personen" in Art. 73 I Nr. 8, Art. 131): bewusste Ausgrenzung (BVerfGE 48, 85; BVerwGE 117, 18), obwohl sich seit 1994 die letzten historisch erklärbaren Unterschiede (Kündigungsfristen, Lohnfortzahlung) zu den Angestellten (nach BVerfGE 62, 275 f.; 82, 146, noch abgrenzbar; stillschweigende Gleichbehandlung in BVerfG, DB 1997, 2438; ausdrücklich BAGE 104, 217) verflüchtigt haben. Von Art. 137 I ebenfalls nicht betroffen sind inaktive (u. damit Nicht-)Beamte (BVerfGE 57, 62), auch Beamte in der Freistellungsphase der Altersteilzeit (OVG Koblenz, NVwZ-RR 2011, 34), Kirchenbedienstete (s. § 135 BRRG u. BVerfGE 42, 340) und Ehrenbeamte i.s. von § 6 V BBG und der §§ 133 BBG, 5 BeamtStG (BVerfGE 18, 184), nach der Entscheidung BVerfGE 18, 185, auch Hochschullehrer und Lehrer: unzutreffend, weil die weitgehende Unabhängigkeit (BVerfGE 3, 151) der Ersteren die allg. beamtenrechtl. Stellung (z.B. Verfassungstreue; BVerfG, NJW 1981, 2684) unberührt lässt (vgl. BVerfGE, 122, 119, zu Art. 33 V; BVerwG, DVBl 1993, 958; wohl auch BVerfGE 126, 28; offener auch BayVerfGH 23, 42 f.) und weil auch bei Lehrern die Behauptung unbedeutender Verwaltungsaufgaben im Zuge der Verrechtlichung des Schulwesens (s. Art. 7 Rn. 5 u. Art. 33 Rn. 16) überholt ist.

5 Art. 137 I berechtigt nicht zu – auch zeitlich begrenzten – *rechtlichen* Wählbarkeitsausschlüssen (Ineligibilitäten; dazu BVerfGE 93, 377), sondern nur zu Wählbarkeitsbeschränkungen in der Form von **Unvereinbarkeiten** (Inkompatibilitäten), also Regelungen, die dem Betroffenen die Wahl zwischen Amt und Mandat lassen und damit immer noch die Möglichkeit offenhalten, ein Mandat – wenn auch unter Inkaufnahme u.U. erheblicher Nachteile – zu erwerben und wahrzunehmen. Ist der Betroffene wegen der Folgen der gesetzl. Regelung außerstande, sich für das Mandat zu entscheiden, kann ein solcher **faktischer Ausschluss** von der Wählbarkeit nur dann hingenommen werden, wenn der Gefahr von Interessenkollisionen anders nicht zu begegnen ist (BVerfGE 48, 88 ff.; 57, 66 ff.; 58, 192 f.). Der Hinnahme stehen generalisierende Regelungen nicht entgegen (keine Verpflichtung zur Beschränkung auf Leitungsfunktionen bei Inkompatibilität von Amtsangestellten u. Gemeindevertretungsmandat; s. BVerwGE 117, 16 f.); jedoch müssen sie an die Wahrscheinlichkeit einer Konfliktlage anknüpfen (vgl. für Aufsichtsfunktionen OVG Münster, DÖV 2003, 44; zu den Mitgliedschaften einer Gemeindeangestellten in einer [Stadt-]Bezirksvertretung OVG Münster, NVwZ 1998, 768, eines Zweckverbandsangestellten im Gemeinderat SachsAnh-

VerfG, NVwZ-RR 1999, 463, eines Leitenden Ärztlichen Direktors einer landkreiseigenen Krankenhausgesellschaft im Kreistag BayVGH, NVwZ 2004, 442). I.d.R. beugt die Abg.-Entschädigung einer faktischen Ineligibilität vor (BVerfG, NJW 1996, 2499). Zum Fehlen eines Anspruchs auf Versetzung an heimatnahe Dienststelle zur Wahrnehmung eines Kommunalmandats s. VG Frankfurt/Main, NVwZ-RR 2007, 270.

Jede Wahlrechtsbeschränkung bedarf eines förmlichen (Bundes- oder Landes-)Gesetzes. Art. 137 I belässt dem Gesetzgeber die konkrete Entscheidung über das „Ob" (vgl. aber Rn. 3) und das „Wie" der Beschränkung. Landesverfassungsrecht kann zwar (theoretisch) Inkompatibilitätsregelungen für ein Land ausschließen; sein Schweigen hindert aber – entgegen BbgVerfG, NVwZ 1996, 591 (zutreffend abw. Meinung, ebd., S. 592 ff., u. im Ergebnis BayVerfGH 23, 39 ff.; SachsAnhVerfG, NVwZ-RR 1995, 459; OVG Weimar, DÖV 1996, 493) – den einfachen Landesgesetzgeber nicht, unmittelbar auf der Grundlage von Art. 137 I tätig zu werden. Die Entscheidung SachsAnhVerfG, NVwZ-RR 1998, 150 f., will die Einbeziehung einzelner Gruppen des öffentl. Dienstes wie der hauptamtlichen kommunalen Wahlbeamten an deren Nähe zum staatl. Verwaltungsapparat messen. Für wahlrechtl. Einzelregelungen ist der für das Wahl-, Parlaments- und Abgeordnetenrecht jeweils betroffene Gesetzgeber (u.U. kraft Sachzusammenhangs die Länder für in das Aktienrecht hineinwirkende Inkompatibilitätsvorschriften; BVerfG, NJW 1996, 2497), für dienstrechtl. Einzelregelungen der Dienstrechtsgesetzgeber zuständig (für Richter im Kreisausschuss: BVerwG, NVwZ 1990, 162; zur Unvereinbarkeit von Richteramt u. kommunalpolit. Mandat: BVerwG, LKV 2000, 403). Im AbgeordnetenG (s. Art. 48 Rn. 9) hat der Bundesgesetzgeber – seinerzeit gestützt auf Art. 75 I Nr. 1 a.F. und Art. 74 a a.F. – die Kompetenz zu dienstrechtl. Einzelregelungen auch für die in den BTag gewählten Bediensteten der Länder und Gemeinden für sich in Anspruch genommen. Nach § 5 I, § 8 I AbgG ruhen die Rechte und Pflichten aus einem öff.-rechtl. Dienstverhältnis vom Tage der Annahme der Wahl zum Abg. an für die Dauer der BTagsmitgliedschaft (vgl. auch § 40 I BBG, § 4 I DRiG u. § 25 II SG).

**Absätze 2 und 3: Ausgelaufenes Recht**

Die Abs. 2 und 3 sind durch Zeitablauf **gegenstandslos** geworden. Abs. 2 wird zu Unrecht (vgl. BVerfGE 95, 351, 354) als Argument gegen die Offenheit des Wahlsystems (s. Art. 38 Rn. 1, 30) in Anspruch genommen (so von Nicolaus, ZRP 1997, 189 f.).

## Artikel 138 [Süddeutsches Notariat]

**Änderungen der Einrichtungen des jetzt bestehenden Notariats in den Ländern Baden, Bayern, Württemberg-Baden und Württemberg-Hohenzollern bedürfen der Zustimmung der Regierungen dieser Länder.**

Die **Föderalismusreform I** (vgl. Einführung Rn. 6) hat das Notariat entgegen ursprünglicher Planung (vgl. BT-Dr 16/813 S. 3, 12) in der konkurrierenden Gesetzgebung des Bundes belassen (s. Art. 74 I Nr. 1 u. dazu Art. 74 Rn. 2). Wäre, wie zunächst beabsichtigt, eine Übertragung der Kompetenz an die Länder erfolgt, wäre Art. 138 mit seiner Sonderregelung für das Notariat für den süddeutschen Raum obsolet geworden. In der Föderalismuskommission I (zu ihr Einführung Rn. 6) wurde Art. 138 verschiedentlich als Argument dafür angeführt, dass eine bundeseinheitliche Regelung des „Notariats" nicht nötig sei (Zur Sache 1/2005 S. 964, 967 f.).

2 Art. 138 sichert ein (abänderbares) **Reservatrecht der süddeutschen Länder** zugunsten der dort traditionellen besonderen Notariatsverfassung (u.a. Beamtennotare in BW bis 2017, Notarkasse München; vgl. die §§ 113–116 BNotO) durch das Erfordernis der Zustimmung der LReg zu Änderungsgesetzen. Insoweit mangels Vereinheitlichungsbedarfs (BVerfGE 17, 389) Schranke für die Bundesgesetzgebung nach Art. 74 I Nr. 1 und zulässige Rechtsungleichheit (dazu BVerfGE 17, 389; BGHZ 38, 232), auch soweit Besonderheiten anderer Bundesländer nicht erfasst werden (BVerfG, KBeschl. v. 24.9.2007 – 1 BvR 2319/07 – juris; a.A. Spranger, RiA 1999, 234 f.). Diese Rücksichtnahme bedeutet nicht eine inhaltliche Billigung des historisch gewachsenen Notarrechts durch das GG (BVerfGE 111, 223). Beispiel für die übliche Zustimmungsklausel: BGBl 2006 I S. 1531, 1533, allg. § 58 II 3 Nr. 3 GGO.

## Artikel 139 [Fortgelten der Vorschriften über Entnazifizierung]

**Die zur „Befreiung des deutschen Volkes vom Nationalsozialismus und Militarismus" erlassenen Rechtsvorschriften werden von den Bestimmungen dieses Grundgesetzes nicht berührt.**

1 Art. 139 ordnet die Fortgeltung der „Entnazifizierungs"vorschriften (zu ihnen s. etwa Masing in Dreier, Art. 139 Rn. 6) unabhängig von deren Übereinstimmung mit dem GG im Übrigen an. Der Vorbehalt gilt nur für das beim Inkrafttreten des GG vorhandene Entnazifizierungsrecht. Dessen Grundzüge sind besatzungsrechtl., seine Ausführung ist deutschen Ursprungs. Zum Erlass neuer vom GG abw. Rechtsvorschriften berechtigt Art. 139 nicht. Der Zweck der **Übergangsbestimmung** erschöpft sich darin, die vorbehaltenen Vorschriften unabhängig von ihrer rechtsstaatl. Problematik und ihrer Übereinstimmung mit den Grundrechten (dazu BVerfGE 1, 7; zu den Zielen für den Neuaufbau vgl. BVerwGE 123, 148) in den neu geschaffenen Verfassungszustand zu überführen und den planmäßigen Abschluss der Entnazifizierung ohne Gefährdung ihrer Rechtsgrundlage (s. Art. 123 i.V.m. Art. 124, 125) zu ermöglichen. Art. 139 („nicht berührt") will diese Vorschriften nicht konservieren, d.h. nicht auf Dauer in ihrem Bestand schützen (BVerwG, NJW 1990, 135; überholt: BVerwGE 32, 76; undeutlich: BVerfGE 22, 423).

2 Art. 139 ist mit dem letzten LandesentnazifizierungsabschlussG im Jahre 1953 **gegenstandslos** geworden (VGH Kassel, NJW 1986, 2661; 1986, 2662). Die Vorschrift enthält also auch **keine** fortdauernde **antinationalsozialistische Grundentscheidung** der Verfassung (ebenso BVerfGE 124, 330; vgl. auch Autermann, DÖV 2012, 231; schon für BVerfGE 3, 151, kein Prüfungsmaßstab außerhalb des Entnazifizierungsbezugs). Soweit nationalsozialistische Bestrebungen im Parteien-, Vereins- oder Versammlungsrecht eine Rolle spielen, argumentiert die Rspr. deshalb – nach Irritationen durch BVerfG, NJW 2001, 2077; OVG Münster, NJW 2001, 2114 – zu Recht nicht mehr mit Art. 139.

3 Die **Absage des Grundgesetzes an den Nationalsozialismus** – im Ergebnis nicht stärker und nicht schwächer als an jede andere Form von Totalitarismus – folgt nicht aus Art. 139, sondern vor allem aus dem gerade unter dem Eindruck der Verbrechen gegen die Menschlichkeit und Rechtsstaatlichkeit erfolgten Bekennt-

nis zu unverletzlichen und unveräußerlichen Menschenrechten (Art. 1 II; s. auch BVerfGE 95, 134 f.; 101, 288; 128, 369; BVerfGK 7, 383; BVerwGE 86, 336 f.), die originär sind und sich nicht von einer „Volksgemeinschaft" ableiten lassen (BVerwGE 83, 167), weiter aus dem im Prinzip der freiheitlichen demokratischen Grundordnung (vgl. Art. 21 Rn. 15) enthaltenen Ausschluss jeder Gewalt- und Willkürherrschaft (BVerwGE 61, 197; 83, 350; klarstellend § 4 II Buchst. f BVerfSchG), aus der Unvereinbarkeit einer auf Verächtlichmachung und Herabwürdigung von Menschen sowie Arterhaltung und -abgrenzung hinzielenden rassisch-biologisch fundierten Volksgemeinschaft mit dem Menschenbild des GG und dem Verbot der Rassendiskriminierung des Art. 3 III 1 (BVerfGE 23, 106 f.; 90, 19; s. auch BVerfGE 2, 12 f.; 102, 64/Sondervotum; 107, 388; BVerwGE 83, 169; 98, 263; 131, 226; BGHZ 75, 162 f.), schließlich aber auch aus der Hinwendung des GG zu internationalen Ordnungsstrukturen (Präambel, Art. 1 II, Art. 9 II, Art. 23–26; dazu BVerfGE 112, 25; 113, 162 f.; 123, 345 ff.).

Entgegen BVerfGE 63, 305/Sondervotum, ist Art. 139 kein Beleg für die Unzulässigkeit der Benachteiligung i.S. des Art. 3 III 1 wegen anderer als nationalsozialistischer polit. Gesinnungen und Betätigungen. Die **wehrhafte Demokratie** des GG enthält den Auftrag zur Abwehr von Beeinträchtigungen der Grundlagen einer freiheitlichen demokratischen Ordnung (näher BVerwGE 137, 282). Die besonderen Schutzvorkehrungen in Art. 9 II, Art. 18, 21 II, Art. 26 erlauben aber nach Auffassung von BVerfGE 111, 158; BVerfGK 13, 91 f., über ihren Anwendungsbereich hinaus nicht die Errichtung ungeschriebener Grundrechtsschranken (vgl. allerdings die in Art. 8 Rn. 14 erwähnte Entscheidung BVerfGE 124, 327 f., mit ihrer Theorie immanenter Grenzen für das Verbot meinungsbezogener Gesetze im Falle der singulär gegenbildlich identitätsprägenden Bedeutung der NS-Gewalt- u. Willkürherrschaft). Das GG missbilligt gleichgewichtig Rechts- und Linksextremismus. Es bedarf keiner antinationalsozialistischen Klausel (so aber der Antrag BT-Dr 14/5127; zum „Antifa-Artikel" 18 a MVVerf s. Erbguth, LKV 2008, 440). **4**

## Artikel 140  [Recht der Religionsgesellschaften][1]

**Die Bestimmungen der Artikel 136, 137, 138, 139 und 141 der deutschen Verfassung vom 11. August 1919 sind Bestandteil dieses Grundgesetzes.**

---

1 Die aufgeführten Artikel der deutschen Verfassung vom 11.8.1919 (RGBl S. 1383) lauten:

Artikel 136
(1) Die bürgerlichen und staatsbürgerlichen Rechte und Pflichten werden durch die Ausübung der Religionsfreiheit weder bedingt noch beschränkt.
(2) Der Genuß bürgerlicher und staatsbürgerlicher Rechte sowie die Zulassung zu öffentlichen Ämtern sind unabhängig von dem religiösen Bekenntnis.
(3) Niemand ist verpflichtet, seine religiöse Überzeugung zu offenbaren. Die Behörden haben nur soweit das Recht, nach der Zugehörigkeit zu einer Religionsgesellschaft zu fragen, als davon Rechte und Pflichten abhängen oder eine gesetzlich angeordnete statistische Erhebung dies erfordert.
(4) Niemand darf zu einer kirchlichen Handlung oder Feierlichkeit oder zur Teilnahme an religiösen Übungen oder zur Benutzung einer religiösen Eidesform gezwungen werden.

## Vorbemerkungen

1 Da der ParlRat (vgl. Einführung Rn. 1) sich zu einer Neuordnung des Verhältnisses von Staat, Religion und Kirchen nicht in der Lage sah, sind als Kompromiss die **Kirchenartikel der Weimarer Reichsverfassung** (nicht Art. 135, 140) in das **GG übernommen** worden. Sie sind von gleicher Normqualität wie die sonstigen Bestimmungen des GG (BVerfGE 19, 219 f.; 111, 50). Als GG-Normen (dazu BVerfG, NJW 1992, 2814) sind sie in dessen Systematik eingegliedert (BVerfGE 111, 50). Die Auslegung ist an Sinn und Geist der grundgesetzl. Wertordnung zu orientieren (organisches Ganzes von inkorporiertem u. sonstigem Verfassungsrecht; BVerfGE 66, 22 m.w.N.; 102, 387; 125, 79). Ein (begrenzter) „Bedeutungswandel" ist dadurch eingetreten, dass die Gewährleistungen des Art. 140 funktional auf die Inanspruchnahme und Verwirklichung des im Verhältnis zur Weimarer Reichsverfassung erheblich verstärkten Grundrechts der Religionsfreiheit angelegt sind (vgl. BVerfGE 102, 387, 393, 395). Eine grundlegende Veränderung des Verhältnisses von Staat, Religion und Kirchen gegenüber der Weimarer Zeit hat jedoch nicht stattgefunden und ist auch heute nicht aktuell (BT-Dr 12/6000 S. 106 f.; 13/10950 S. 150). Für dieses Verhältnis sind neben Art. 140

---

Artikel 137
(1) Es besteht keine Staatskirche.
(2) Die Freiheit der Vereinigung zu Religionsgesellschaften wird gewährleistet. Der Zusammenschluß von Religionsgesellschaften innerhalb des Reichsgebiets unterliegt keinen Beschränkungen.
(3) Jede Religionsgesellschaft ordnet und verwaltet ihre Angelegenheiten selbständig innerhalb der Schranken des für alle geltenden Gesetzes. Sie verleiht ihre Ämter ohne Mitwirkung des Staates oder der bürgerlichen Gemeinde.
(4) Religionsgesellschaften erwerben die Rechtsfähigkeit nach den allgemeinen Vorschriften des bürgerlichen Rechtes.
(5) Die Religionsgesellschaften bleiben Körperschaften des öffentlichen Rechtes, soweit sie solche bisher waren. Anderen Religionsgesellschaften sind auf ihren Antrag gleiche Rechte zu gewähren, wenn sie durch ihre Verfassung und die Zahl ihrer Mitglieder die Gewähr der Dauer bieten. Schließen sich mehrere derartige öffentlich-rechtliche Religionsgesellschaften zu einem Verbande zusammen, so ist auch dieser Verband eine öffentlich-rechtliche Körperschaft.
(6) Die Religionsgesellschaften, welche Körperschaften des öffentlichen Rechtes sind, sind berechtigt, auf Grund der bürgerlichen Steuerlisten nach Maßgabe der landesrechtlichen Bestimmungen Steuern zu erheben.
(7) Den Religionsgesellschaften werden die Vereinigungen gleichgestellt, die sich die gemeinschaftliche Pflege einer Weltanschauung zur Aufgabe machen.
(8) Soweit die Durchführung dieser Bestimmungen eine weitere Regelung erfordert, liegt diese der Landesgesetzgebung ob.

Artikel 138
(1) Die auf Gesetz, Vertrag oder besonderen Rechtstiteln beruhenden Staatsleistungen an die Religionsgesellschaften werden durch die Landesgesetzgebung abgelöst. Die Grundsätze hierfür stellt das Reich auf.
(2) Das Eigentum und andere Rechte der Religionsgesellschaften und religiösen Vereine an ihren für Kultus-, Unterrichts- und Wohltätigkeitszwecke bestimmten Anstalten, Stiftungen und sonstigen Vermögen werden gewährleistet.

Artikel 139
Der Sonntag und die staatlich anerkannten Feiertage bleiben als Tage der Arbeitsruhe und der seelischen Erhebung gesetzlich geschützt.

Artikel 141
Soweit das Bedürfnis nach Gottesdienst und Seelsorge im Heer, in Krankenhäusern, Strafanstalten oder sonstigen öffentlichen Anstalten besteht, sind die Religionsgesellschaften zur Vornahme religiöser Handlungen zuzulassen, wobei jeder Zwang fernzuhalten ist.

und Art. 4 besonders Art. 3 III 1 und die Art. 7 und 33 III von Bedeutung. Art. 140 regelt das (objektive) Grundverhältnis zwischen Staat und Kirchen („Statusverhältnis"; s. BVerfGE 125, 80), Art. 4, soweit es z.b. um die gemeinsame Bekenntnisfreiheit innerhalb der organisierten Kirche geht, daraus nur einen Teilaspekt (BVerfGE 42, 322), diesen allerdings vorrangig. Staatskirchenrecht ist die tradierte Bezeichnung des Rechtsgebiets, Religionsverfassungsrecht (so u.a. auch BVerfGE 102, 393; BVerfGK 12, 330) die in der Literatur im Vordringen begriffene (vgl. Waldhoff, Gutachten D zum 68. DJT, 2010, S. D 9 Fn. 1; Voßkuhle, EuGRZ 2010, 539 Fn. 40). Die Gesetzgebung über die Rechte und Pflichten der Religionsgemeinschaften im Verhältnis zum Staat fällt heute in die Zuständigkeit der Länder (BVerfGE 6, 343 f.). Gleiches gilt für den Abschluss von Konkordaten und Kirchenverträgen (s. auch Rn. 21 u. Art. 123 Rn. 6). Auf **europäischer Ebene** sieht Art. 17 AEUV für den EU-Bereich die Achtung des von den Mitgliedstaaten gewährten Status von Religions- und Weltanschauungsgemeinschaften durch die Union und die Pflege eines regelmäßigen Dialogs mit diesen vor. Nach Art. 4 II 1 EUV achtet die Union die nationale Identität ihrer Mitgliedstaaten, die auch durch das Verhältnis von Staat und Kirchen bestimmt wird (vgl. Hammer, DÖV 2006, 547). Das EU-Recht kann sich befassen mit dem Verhältnis der Union selbst und ihrer Organe mit den Religions- und Weltanschauungsgemeinschaften und mit deren Aktivitäten, soweit sie Materien betreffen, die zu den Kompetenzen der EU gehören (z.B. Wirtschaftsrecht). Näheres bei Weber, NVwZ 2011, 1486 ff. Sonst gehört der Status von Kirchen, Religions- und Weltanschauungsgemeinschaften zur demokratischen Selbstgestaltungsfreiheit eines Mitgliedstaats der EU (BVerfGE 123, 363). Zum nationalen Beurteilungsspielraum s. Art. 4 Rn. 2. Der EGMR (zusammenfassend NVwZ 2011, 1505) erkennt einen Ermessensspielraum der Vertragsstaaten im traditionsbehafteten Bereich zwischen Staat und Kirche an. Zu diskriminierungsfreier Verleihung der Rechtsfähigkeit an Religionsgemeinschaften vgl. EGMR, NVwZ 2009, 510 ff., und Weber, NVwZ 2009, 504 ff.

Art. 93 I Nr. 4 a nennt Art. 140 – anders als Art. 4 I, II – nicht als Maßstab einer **2** **Verfassungsbeschwerde**, obwohl z.B. Art. 136, 137 II und Art. 138 II WRV grundrechtsgleich oder -ähnlich gefasst sind. Entscheidend ist indessen die funktionale Ausrichtung des Art. 140 auf die Religionsfreiheit (s. 1 u. BVerfGE 125, 75, 80). Wohl deshalb wird in der Praxis vor allem Art. 137 III WRV bei hinreichender Rüge einer Verletzung des Art. 4 als materieller Prüfungsmaßstab einer Verfassungsbeschwerde akzeptiert (vgl. BVerfGE 70, 162 f.; BVerfG, NVwZ 1997, 783), aber auch Art. 136 III 1 (BVerfG, NVwZ 2001, 909), Art. 137 V 2 (BVerfGE 102, 384), Art. 138 I (BVerfG, NJW 2001, 318), Art. 138 II (s. BVerfGE 99, 119; BVerfG, NJW 1992, 2813) sowie Art. 139 WRV in seiner die Schutzpflicht aus Art. 4 I und II konkretisierenden Bedeutung (BVerfGE 125, 77 ff.). In Rechtsstreitigkeiten über staatsvertragliche Förderleistungen können Art. 3 I und der staatskirchenrechtl. Paritätsgrundsatz (Rn. 9) herangezogen werden (BVerfGE 123, 171). Zum Verhältnis von Staat und Kirche vgl. Rn. 8 f.

### Art. 136 WRV: Religionsfreiheit

**Allgemeines:** Art. 136 WRV ist – wie z.B. auch Art. 137 II WRV – **praktisch be-** **3** **deutungslos.** Alle seine Verbürgungen und Eingrenzungen ergeben sich bereits aus spezielleren, nicht inkorporierten Verfassungsbestimmungen.

### Art. 136 Abs. 1 WRV: Schranken der Religionsfreiheit

Da Art. 136 I WRV von dem keinen Gesetzesvorbehalt kennenden (zum Unter- **4** schied: BVerfGE 102, 387) Art. 4 I überlagert wird (BVerfGE 33, 31; Problem verkannt von BSGE 87, 217; Herzberg, JZ 2009, 337, offenlassend LG Köln, NJW 2012, 2129), spielt er in der Praxis keine Rolle. Mit der gegenteiligen Unterstellung der Religionsausübungsfreiheit unter den Vorbehalt der allg. Gesetze übersieht BVerwGE 112, 232, die oben in Rn. 1 erläuterte funktionale Ausrichtung des Art. 140 auf Art. 4 I u. II. Es gelten die Erläut. in Art. 4 Rn. 16.

### Art. 136 Abs. 2 WRV: Bekenntnisunabhängigkeit von Rechten und Ämtern

5 Art. 136 II WRV ist inhaltsgleich mit den ersten zwei Fallgruppen des Art. 33 III 1 (BVerfGE 79, 75); vgl. Art. 33 Rn. 9.

### Art. 136 Abs. 3 WRV: Nichtoffenbarung der Religion

6 Satz 1 des Art. 136 III WRV ist wie Art. 136 IV WRV Bestandteil der negativen Religionsfreiheit des Art. 4 (BVerfGE 46, 267; vgl. Art. 4 Rn. 7); das Recht, religiöse Überzeugungen zu verschweigen, wird als Unterfall nur besonders hervorgehoben. Satz 2 schränkt die Freiheit durch ein behördliches Fragerecht zu (hauptsächlich) steuerl. oder statistischen Zwecken ein (zu diesen s. BVerfGE 65, 39). Eine Eintragung der Religionszugehörigkeit oder -nichtzugehörigkeit auf der Lohnsteuerkarte und die darin liegende Offenbarung werden durch die in Art. 137 VI WRV enthaltene Garantie einer geordneten Besteuerung gerechtfertigt (BVerfG, NVwZ 2001, 909; BayVerfGH, NVwZ 2011, 40 f. m.w.N.; a.A. Wasmuth/Schiller, NVwZ 2001, 852 ff.). Nach Auffassung des EGMR (NVwZ 2011, 1503 f.) ist die Eintragung ein im Hinblick auf ein berechtigtes Ziel und die interne Verwendung der Karte nicht unverhältnismäßiger Eingriff in die Religionsfreiheit des Art. 9 EMRK. Zur Unzulässigkeit des Antrags auf Ablehnung von Richtern wegen Nichtbekanntgabe ihrer Religionszugehörigkeit vgl. BayVerfGH 53, 145; BayVerfGH, NVwZ 2011, 39 f.; zum Begriff der Religionsgesellschaft Rn. 12.

### Art. 136 Abs. 4 WRV: Negative Kultusfreiheit, Eid

7 Das Verbot, jemanden zur Teilnahme an religiösen Übungen zu zwingen, richtet sich an den den Lebensbereich des Bürgers einschränkenden Staat (z.B. Pflichtschule; BVerfGE 93, 16) und folgt schon aus Art. 4 I, II (BVerwGE 73, 249; wohl auch BVerfGE 108, 302; s. auch Art. 141 WRV). Zur Bedeutung der Eidesform und zum Recht der Eidesverweigerung vgl. BVerfGE 33, 26 ff.; 79, 76 ff. Kein Verbot, mangels Teilnahmezwangs die „Übungen" nur zu ertragen (OVG Münster, NZWehrR 2008, 83).

### Art. 137 Abs. 1 WRV: Keine Staatskirche

8 Art. 137 I WRV bestimmt, dass keine Staatskirche, d.h. keine mit Vorrechten gegenüber anderen Glaubensrichtungen ausgestattete Religion (VGH Kassel, NVwZ 1995, 815), keine Einheit oder institutionell-organisatorische Verbindung von Staat und Kirche, insbes. – anders als bis 1919 – kein staatl. Kirchenregiment, kein gebietskörperschaftlicher Charakter von Landeskirchen (BVerfGE 19, 217), keine besondere staatl. Kirchenhoheit, keine gesteigerte Staatsaufsicht über die Kirchen, aber auch keine staatl. Fürsorgepflicht für sie (z.B. für ihre Finanzausstattung; vgl. dazu BVerfGE 44, 52, 56 f.; BVerwG, NVwZ-RR 2009, 590), mehr besteht. Die Kirchen sind jetzt, wie alle anderen Religionsgesellschaften, eigenständige, vom Staat unabhängige Organisationen (näher Rn. 18). Das Verhältnis von **Staat und Kirche** steht in einer spezifisch deutschen geschichtlichen Kontinuität. Es ist nicht durch strikte Trennung und Indifferenz (Laizismus), sondern durch eine **„balancierte Trennung"** (Böckenförde) gekennzeichnet, was einerseits zwar Unabhängigkeit und Unterwerfung unter die staatl. Gesetze be-

deutet, andererseits aber Raum lässt für das staatl. Angebot wechselseitiger Zugewandtheit und **Kooperation** (BVerfGE 42, 330 f.; BVerfG, NVwZ 2001, 909; BVerwGE 123, 53; BGHZ 148, 310). Dieses Prinzip ist freilich kraft seiner akzessorischen Natur noch keine Anspruchsgrundlage; es gewinnt erst im Zusammenhang mit einer anderweitig begründeten Rechtsposition Bedeutung (ähnlich OVG Münster, DVBl 2000, 1056: Auslegungsmaxime; allg. zur Akzessorietät BVerfGE 110, 52). Akzentverschiebungen bei der Auslegung ausfüllungsbedürftiger Tatbestandsmerkmale (s. z.B. Rn. 24 f.) durch die Religionsstatistik (vgl. BVerfGK 5, 178; ausführlich Waldhoff, Gutachten D zum 68. DJT, 2010, S. D 16 ff.) und die säkularisierte Gesellschaftsordnung (BVerfGE 111, 51; BVerfGK 1, 144), auch ihre religiöse Pluralisierung, sind mittelfristig möglich. Zum Einfluss der „Entkirchlichung" in den ostdeutschen Bundesländern auf die Berechtigung des Gesetzgebers des Einigungsvertrags, Kirchenbaulasten nicht überzuleiten, sondern erlöschen zu lassen, vgl. BVerwGE 132, 371 f., zur Freiheit einer Glaubensgemeinschaft, statt Kooperation lieber Distanz zu wählen, BVerfGE 102, 396. Ausdruck der Zusammenarbeit sind in der Verfassung z.b. Bekenntnisschulen, Religion als ordentliches Lehrfach in den Schulen (Art. 7 III), Körperschaftsstatus (Art. 137 V WRV), Kirchensteuerrecht (Art. 137 VI WRV), Staatsleistungen (Art. 138 WRV), Anstaltsseelsorge (Art. 141 WRV). Eine ganze Reihe anderer, größtenteils herkömmlicher Verschränkungen ist zulässig und in Konkordaten oder Kirchenverträgen näher geregelt. Zur Rechtsstellung der theologischen Fakultäten, zur Glaubenswahrheit als Gegenstand dortiger Lehre, zum Selbstbestimmungs- und Mitwirkungsrecht der Kirchen (missio canonica/Vokation), zur Bekenntnisgebundenheit des Theologieprofessors ausführlich BVerfGE 122, 107 ff., 119 f. (vgl. auch BVerwGE 101, 310, u. Art. 33 Rn. 9), zu modernen „Vollregelungen" des Verhältnisses von Staat (Land) und Religionsgesellschaften in Kirchenverträgen Weber, LKV 2006, 11 ff.

Schon aus Art. 4 I (durchgängig „leitender Bezugspunkt" des Staatskirchenrechts; BVerfGE 102, 393), aber auch aus Art. 137 I WRV i.V.m. Art. 3 III 1 und Art. 33 III sowie aus Art. 136 WRV ist eine Verpflichtung des säkularen Staats zur **religiös-weltanschaulichen Neutralität** (Nichtidentifikation; dazu schon Art. 4 Rn. 12), zur Gleichbehandlung aller Religions- und Weltanschauungsgemeinschaften (**Parität**) und zur **Toleranz** zu folgern. Der Staat, in dem Anhänger unterschiedlicher Überzeugungen zusammenleben, kann die friedliche Koexistenz nur gewährleisten, wenn er selbst in Glaubensfragen Neutralität bewahrt. Er darf Glaube und Lehre einer Religionsgemeinschaft als solche nicht bewerten und im Bereich genuin religiöser Fragen nichts regeln und bestimmen. Untersagt ist die Privilegierung bestimmter Bekenntnisse ebenso wie die Ausgrenzung Andersgläubiger, geboten eine am Gleichheitssatz orientierte Behandlung aller Religions- und Weltanschauungsgemeinschaften (BVerfGE 93, 16 f.; 108, 299 f. m.w.N.; BVerfGK 7, 324; speziell zur Neutralität BVerfGE 102, 394; 105, 294 f.; BVerwGE 107, 80; BayVerfGH, NJW 2006, 1051; zur Neutralität in der Schule, Abgrenzung zur „Sterilität" BVerwGE 131, 245; zur Toleranz BVerfGE 41, 51; 52, 251; zum Verhältnis von Neutralität u. Toleranz s. BVerfGK 10, 430 f.; BVerwGE 116, 362 ff.). Die Parität wird von der Erfüllung vorkonstitutionell begründeter Rechtspflichten gegenüber einer bestimmten Religion nicht berührt (BVerwG, NVwZ-RR 2009, 591). Aus der staatl. Neutralität lässt sich entgegen der Entscheidung BbgVerfG, LVerfGE 16, 199 f., nichts für die ausnahmslose Gleichbehandlung von Religions- und Weltanschauungsgemeinschaften herleiten (s. Rn. 20). Versuche, sachlich begründete Differenzierungen nach Maßgabe der zahlenmäßigen Stärke oder der sozialen Relevanz zu rechtfertigen (BVerwGE 87,

127 f.; BVerwG, NVwZ-RR 2009, 591), sind zunehmend riskant (apodiktisch verneinend BVerfGE 93, 17; problematisierend BVerfGE 99, 126 f.; undeutlich BVerwGE 112, 319; 121, 21), aber wohl immer noch auf der Grundlage von BVerfGE 83, 150; BayVerfGH 49, 132; 60, 57, konstruierbar und im Rahmen der Privilegien für Körperschaften des öffentl. Rechts (dazu Rn. 18) erlaubt. Nichtidentifikation und eine rechtsstaatl. Verwaltungsorganisation lassen bei der finanziellen Förderung die Aufgabenübertragung an eine institutionell befangene, ihrerseits anspruchsberechtigte Organisation nicht zu (vgl. BVerfGE 123, 183 f.; problematisierend OVG Koblenz, NVwZ-RR 2010, 586). Der staatl. Widerruf der Gebrauchsüberlassung einer Kirche muss keine mit der Neutralität unvereinbare Einmischung in eine rein innerkirchliche Streitigkeit sein, auch wenn gleichsam umverteilend dadurch ein anderes Bekenntnis begünstigt wird (BVerfGE 99, 126). Art. 4 I schützt nicht gegen staatl. – auch kritische – Befassung mit einer religiösen oder weltanschaulichen Gemeinschaft, wohl aber gegen diffamierende, diskriminierende und verfälschende Darstellungen; zum Verhältnis von Neutralität und staatl. Warnung s. BVerfGE 105, 294 ff.; vor Art. 62 Rn. 9. Das Christentum, für das sich keine Aussage in der Präambel findet (vgl. dort Rn. 2; insoweit irrig BVerwGE 109, 46), wirkt als prägender Kultur- und Bildungsfaktor nach, nicht jedoch als vom Staat vereinnahmte Glaubenswahrheit (s. BVerfGE 93, 19 ff.; ähnlich zur schulischen Wertevermittlung BVerfGK 10, 430; BVerwGE 121, 151 f.; BVerwG, NJW 2009, 1290). Über die bloße Nachwirkung geht die noch aktuelle religiös-christliche Bedeutung des Art. 139 WRV (vgl. BVerfGE 125, 80 ff.; näher Rn. 24) hinaus. Im Unionsrecht, soweit die Union für religionsrechtl. Regelungen zuständig ist (s. oben Rn. 1 a.E.), wird der Grundsatz der Parität Art. 19 II und Art. 17 AEUV, ferner Art. 22 EUGrCh entnommen (vgl. Weber, NVwZ 2011, 1487 f.). Nach Auffassung des EGMR (NVwZ 2010, 1354) kann ein Vertragsstaat in seinem Lehrprogramm, beruhend auf Geschichte und Tradition, der Vermittlung von Kenntnissen einer bestimmten Religion mehr Raum geben als denen einer anderen.

10 Den Kirchen steht wie jedermann das Recht zu, sich in der Öffentlichkeit und damit auch im polit. Raum zu Wort zu melden und ihren Einfluss geltend zu machen (sog. **Öffentlichkeitsanspruch der Kirchen**; vgl. z.B. BVerfG, NVwZ 1994, 159; BGHZ 154, 61). Jedoch kein Anspruch von Religions- und Weltanschauungsgemeinschaften auf Beteiligung und Berücksichtigung in Rundfunkprogrammen (BVerwG, NVwZ 1986, 379); insoweit zur Repräsentanz in Aufsichtsgremien rundfunkstaats- und kirchenvertragliche Regelungen (s. Weber, LKV 2006, 12 m.w.N.).

11 **Rechtsschutz in Kirchensachen:** Nach einem Meinungswandel in Rechtsprechung und Literatur (vgl. BVerfGE 111, 8 f./Sondervotum m.w.N.; Weber, NJW 2009, 1179) schränkt das Selbstbestimmungsrecht in innerkirchlichen Streitigkeiten (s. Rn. 14) die staatl. Justizgewährungspflicht im kirchlichen Amtsrecht nicht ein (Ebene der Zulässigkeit des Rechtswegs), wohl aber das Maß der Justiziabilität (Ebene des Rechtsschutzbedürfnisses u. der Begründetheit). Danach kommt es einerseits auf eine kirchenrechtl. Abstützung der staatl. Jurisdiktion nicht an. Andererseits ist ein innerkirchlicher effektiver Rechtsschutz vorrangig. Die staatl. Gerichte können eine von der geistlichen Grundordnung und einem darauf gegründeten Selbstverständnis der Religionsgemeinschaft getragene Maßnahme nicht auf ihre Rechtmäßigkeit, sondern nur auf ihre Wirksamkeit, d.h. daraufhin überprüfen, ob sie gegen Grundprinzipien der staatl. Rechtsordnung verstößt, wie sie in dem allg. Willkürverbot (Art. 3 I; dazu BVerfGK 14, 489), dem Begriff der guten Sitten (§ 138 BGB) und dem des ordre public (Art. 6 EGBGB) ihren

Niederschlag gefunden haben (vgl. BVerwGE 114, 88; 117, 149; BGHZ 154, 309 ff.; OVG Koblenz, NJW 2009, 1223 f.). Das BVerfG hat sich bisher (zuletzt E 111, 5; NJW 2009, 1196) nicht festgelegt (stark vereinfachend OVG Lüneburg, NJW 2010, 2679; von der Kammer-Rspr. des BVerfG u. vom BVerwG sich absetzend OVG Münster, DVBl 2012, 1586 ff.). Die Frage, ob für entsprechende Klagen der Zivil- oder der Verwaltungsrechtsweg eröffnet ist, beantwortet BGHZ 148, 311 ff., nach der Organisationsform: bei Körperschaften des öffentl. Rechts, auch außerhalb des ihnen übertragenen Bereichs hoheitlicher Befugnisse (Kirchensteuer, Friedhofswesen usw.; s. Rn. 18) im Kernbereich kirchlichen Wirkens (weitergehend: BayVGH, NVwZ-RR 2004, 723) öff.-rechtl. Auftreten und damit Verwaltungsrechtsweg, anders bei den übrigen Religionsgemeinschaften, deren Wirken der Privatrechtsordnung unterstellt ist: Zivilrechtsweg (berechtigte Kritik daran bei Muckel, JZ 2002, 192 ff.). Der Beschluss BVerfG, NVwZ 2001, 908, scheint den ordentlichen Rechtsweg bei nicht öff.-rechtl. Handeln von Körperschaften für möglich zu halten. Auf die Rechtsform des konkreten Handelns und nicht auf die allg. Aufgabenerfüllung kommt es auch bei dem für die öffentl. Hand geltenden Rechtsweg an (vgl. BVerwGE 129, 14 f.). Handeln in Ausübung eines öffentl. Amtes liegt bei nicht hoheitlicher Tätigkeit (z.B. Öffentlichkeitsarbeit) entgegen der Entscheidung BGHZ 154, 57 f., mangels Einordnung in die Staatsorganisation und Staatsaufsicht (BVerfGE 102, 388) nicht vor. Zum mangelnden Anspruch eines Pfarrers auf staatl. Rechtsschutz gegen seine Versetzung nach Art. 6 EMRK s. EGMR, NVwZ 2009, 898.

### Art. 137 Abs. 2 WRV: Vereinigungsfreiheit

Die religiöse Vereinigungsfreiheit ist Bestandteil des Art. 4 I, II (s. Art. 4 Rn. 3); **12** doppelte Gewährleistungen vermeidet das GG (BVerfGE 102, 389; zur Wiederholungsfeindlichkeit allg. BVerfGE 124, 126). Art. 4 I, II umfasst Art. 137 II WRV in dessen normativem Gehalt mit; Art. 137 II WRV hat also **keine eigenständige Bedeutung** und ist erst recht nicht lex specialis (vgl. BVerfGE 83, 354 f.; BVerfG, NJW 1994, 2346; ungenau BVerwGE 123, 54, 59; BVerwG, NVwZ 2006, 694). Es bedarf, wenn nicht der Körperschaftsstatus erstrebt wird (Art. 137 V 2 WRV), keiner staatl. Anerkennung einer Vereinigung (BVerfGE 123, 174). Zur Anwendbarkeit des Art. 9 II auf Religionsgemeinschaften s. Art. 9 Rn. 7. **Religionsgesellschaften** (identisch mit Religionsgemeinschaften i.S. des Art. 7 III 3; vgl. auch Art. 7 Rn. 11) sind Verbände, die die Angehörigen ein und desselben Glaubensbekenntnisses oder mehrerer verwandter Glaubensbekenntnisse – nach geistigem Gehalt und äußerem Erscheinungsbild nachvollziehbar – zu *allseitiger* Erfüllung der durch das gemeinsame Bekenntnis gestellten Aufgaben zusammenfassen (s. BVerwGE 123, 54 f., 72: „soziologischer" Gemeinschaftsbegriff; ebd., S. 57 ff., ausführlich zur Erfassung von mehrstufigen Verbänden – Dachverbandsorganisationen –). An bestimmte Rechtsformen sind sie von Staats wegen nicht gebunden. Nicht zu ihnen rechnen die – in Art. 138 II WRV erwähnten – **religiösen Vereine**. Diese sind zwar i.d.R. einzelnen Religionsgesellschaften zugeordnet, im Gegensatz zu ihnen aber nicht mit der allseitigen, sondern nur mit der *partiellen* Pflege des religiösen Lebens ihrer Mitglieder (z.B. mit karitativen, beruflichen, kulturellen oder wissenschaftlichen Aktivitäten) befasst. Sie sind trotz der religiösen Ausrichtung nicht selbst Religionsgemeinschaften, sondern genießen nur innerhalb ihres Zuständigkeitsbereichs den Schutz des Art. 4 (vgl. BVerfGE 24, 246 f.; BVerwGE 123, 56, 61). Zur Verbotsmöglichkeit nach Art. 9 II s. BVerwG, NVwZ 2006, 695, und Art. 9 Rn. 7.

13 Religionsgesellschaften können – auch wenn als Körperschaften des öffentl. Rechts organisiert – **Träger von Grundrechten**, insbes. solchen aus Art. 4, sein (BVerfGE 19, 132; 42, 321 ff.; 99, 118) und gegen deren Verletzung Verfassungsbeschwerde erheben. Dasselbe gilt für ihre Untergliederungen und rechtl. selbständigen Einrichtungen (BVerfGE 53, 387 f.). Ergänzend s. Rn. 2, 19 sowie Art. 4 Rn. 11 und Art. 19 Rn. 8.

### Art. 137 Abs. 3 WRV: Selbstbestimmung

14 Art. 137 III WRV gewährleistet allen Religionsgesellschaften unabhängig von der Organisationsform (vgl. BVerfGE 99, 120; BVerwGE 117, 147) für ihre Angelegenheiten das **Recht der Selbstbestimmung** in den Schranken der für alle geltenden Gesetze. Es geht nicht um eine Ausklammerung aus der staatl. Rechtsordnung i.s. rechtsfreier Räume, sondern um eine die gemeinschaftliche Freiheitsausübung respektierende Sonderstellung innerhalb der staatl. Rechtsordnung. Die Staatsfreiheit der Kirchen wird institutionell gesichert (BVerfGK 14, 486). Die Freiheit des religiösen Lebens und Wirkens (Art. 4 II) wird ergänzt durch die dafür unerlässliche Freiheit der Bestimmung über Organisation, Normsetzung und Verwaltung (BVerfGE 72, 289 m.w.N.; BVerwGE 101, 312). „Ihre" sind die sog. **eigenen** oder auch **inneren Angelegenheiten** der Religionsgesellschaften: vor allem Lehre, Kultus, Seelsorge, Mission, Diakonie und Caritas, Verfassung – darunter Gebietsgliederung (BVerfGE 18, 388), Kirchenmitgliedschaft (BVerfGE 30, 422; 44, 52; irrig BVerwGE 116, 89 ff.), Wahlrecht zu kirchlichen Gremien (BVerfG, NJW 1999, 350), Ämterhoheit und Amtsrecht (BVerfGE 70, 164; 72, 289; problematisierend BVerfGE 111, 5; BVerwGE 66, 244; 117, 148; 124, 314; einschränkend OVG Münster, DVBl 2012, 1587), insbes. Ausbildung (zu kirchlichen Hochschulen s. VG Osnabrück, NVwZ-RR 2004, 262), Berufung (dazu BT-Dr 14/5894 S. 2), Rechte und Pflichten sowie Dienstentfernung, Besoldung und Versorgung der Geistlichen –, Kirchenzucht, Kirchenverwaltung und -gerichtsbarkeit (dazu BGHZ 154, 312; zum kirchlichen Hausverbot OVG Lüneburg, NJW 2010, 2579; vgl. auch Rn. 11), Buchführung und Rechnungskontrolle (VGH Kassel, DÖV 2006, 178), Finanzwirtschaft einschl. Vermögensverwaltung, Gebühren- und Beitragserhebung (BVerfGE 19, 217), nicht aber das organisatorische Selbstverständnis bei Subventionen (BVerwGE 116, 88 f.; BVerwG, LKV 2006, 36; zum Begriff s. Rn. 22). Die Amtsrechtsautonomie ist entgegen der Entscheidung BVerwGE 119, 204, auch bei Einverständnis der Kirche mit staatl. Regelung zu respektieren. Der in Altkonkordaten vorgesehene Treueid der Bischöfe widerspricht nicht der staatsfreien Ämterverleihung (Art. 137 III 2 WRV), sondern ist Ausdruck der „Kontaktaufnahme" der Repräsentanten von geistlicher und weltlicher Gewalt (Pirson, BayVBl 1996, 642). Zur organisatorischen Reichweite der kirchlichen Selbstbestimmung vgl. BVerfGE 46, 85 f.; 53, 391 f.: Erstreckung über die eigentliche Kirche und ihre Untergliederungen (diese unabhängig von der Hierarchie; BayVGH, NVwZ-RR 2005, 316) hinaus auch auf Organisationen, die „ein Stück Auftrag der Kirche" wahrnehmen, z.B. kirchliche Krankenhäuser, Jugendheime, Altenpflegeeinrichtungen usw., soweit nach dem Selbstverständnis eine „religiöse Dimension" erkennbar ist (BVerfGE 57, 243; BVerfGK 12, 330; VGH Mannheim, ESVGH 60, 64 LS), was nicht für bloße Beschaffungsgeschäfte gilt (BVerfG, NJW 1995, 1607; BVerfGK 12, 330). Im Bereich der eigenen Angelegenheiten der Religionsgesellschaften ist kein staatl. verordnetes, die Selbstbestimmung der Religionsgesellschaften einschränkendes Recht mehr zulässig (insoweit aber kein Anspruch auf Verschonung von Nachteilen einer – z.b. privatrechtl. – Organisationsentscheidung; BVerwG, NVwZ 2003, 1520). Ebenso wenig darf der Staat sonst in die eigenen Angelegenheiten

der Religionsgesellschaften eingreifen; zum Rechtsschutz s. Rn. 11. Im Gegensatz
zu den eigenen Angelegenheiten stehen vor allem die **gemeinsamen Angelegenheiten** von Staat und Kirche (möglicherweise begriffliche Distanzierung in BVerfGE
122, 111 f.), zu denen u.a. das Kirchensteuerrecht (BVerfGE 19, 217), Fragen
des Religionsunterrichts in den öffentl. Schulen (BVerfGE 74, 251; BVerwGE
110, 338), der theologischen Fachbereiche an den staatl. Hochschulen, der An-
stalts- und Militärseelsorge, das Privatschul-, das Friedhofswesen (BVerwGE 25,
365 f.; BVerwG, NVwZ 1998, 853; BayVerfGH 49, 88; a.A. wohl Hönes, DÖV
2011, 218) und die Feiertage gehören. Solche Fragen sind typischer Inhalt von
Kirchenverträgen.

Trotz ihrer Selbstbestimmung sind von den Religionsgesellschaften auch in ihren **15**
**eigenen Angelegenheiten** die **für alle geltenden Gesetze** zu beachten. Darunter
sind alle einfachrechtl. Rechtsnormen zu verstehen, die die Kirchen in ihrer Besonderheit als Kirchen nicht härter treffen als jedermann (BVerfGE 42, 334;
BVerfGK 12, 331; BVerwGE 101, 314; 117, 148; BAGE 130, 154), z.b. Strafgesetze, Vorschriften des bürgerlichen Rechts im Vermögensverkehr und in den
sonstigen Außenbeziehungen der Religionsgesellschaften, Baurechts-, Denkmal-
(VGH Mannheim, NVwZ 2003, 1531; DVBl 2011, 1423; stillschweigend wohl
auch BayVGH, NVwZ-RR 2011, 138), Feuer-, Gesundheits-, Lärmschutz-
(BVerwGE 68, 66 f.) und Straßenverkehrsvorschriften, Pressegesetze, PersonenstandsG, Sammlungsrecht u. dgl.; umstritten: Datenschutz (zum EU-Recht
Weber, NVwZ 2011, 1488; innerkirchlich: Claesen, NVwZ 1999, 737); Veröffentlichung des Kirchenaustritts in Kirchenblatt zulässig (LG Zweibrücken,
NVwZ 1998, 880). Kein für alle geltendes Gesetz ist eine Verfassungsnorm (verkannt von BVerwGE 37, 364; BVerwG, NVwZ 2006, 695; BFHE 210, 574;
OVG Münster, DVBl 2012, 1587), die ohne ausdrückliche Erwähnung ohnehin
eine verfassungsunmittelbare „Schranke" setzt (BVerfGE 124, 126, zu Art. 1 III
im Verhältnis zu Art. 44 II 2). Die für den Staat gültigen Rechtsvorschriften sind
ebenfalls keine für alle geltenden Gesetze i.S. des Art. 137 III WRV, insbes. nicht
die staatl. Beamtengesetze (BVerwGE 28, 349; s. auch die §§ 146 BBG, 135
BRRG, 1 III BeamtVG), Hochschulzugangsvorschriften für kirchliche Hochschulen (VG Osnabrück, NVwZ 2000, 962), auch z.b. nicht das Betriebsverfassungs-
(BAGE 51, 244), Personalvertretungs- und Mitbestimmungsrecht (§ 118 II
BetrVG, §§ 112 BPersVG, 1 IV 2 MitbestG), wohl aber die Vorschriften des Arbeitsschutzes und des Teilzeit- und BefristungsG (dazu BAGE 130, 152 ff.). Bei
ihrer Anwendung auf Religions- und Weltanschauungsgemeinschaften sind die
allg., für alle geltenden Gesetze unter Berücksichtigung des Art. 137 III WRV
auszulegen. Ggf. ist der Wechselwirkung von Kirchenfreiheit und Schranken-
zweck durch entsprechende **Güterabwägung** Rechnung zu tragen (BVerfGE 72,
289; BVerwGE 101, 317). Eine staatl. Schrankenregelung im Randbereich des
kirchlichen Selbstbestimmungsrechts ist vertretbar, soweit sie zur Erfüllung einer
öffentl. Aufgabe, etwa des Gesundheitswesens (Krankenhausversorgung) oder
der Altenpflege, unumgänglich ist (BVerfGK 12, 335). Kirchlichen Arbeitnehmern kann die Beachtung der tragenden Grundsätze der betr. Glaubens- und Sittenlehre in der Lebensführung in den Grenzen des allg. Willkürverbots, der guten
Sitten (§ 138 BGB) und des ordre public (Art. 6 EGBGB) vertraglich auferlegt
werden (BVerfGE 70, 165 ff.; BVerwG, DVBl 2001, 723 f.; BAG, DB 1997,
1879; NZA 2001, 1138 f.); aktuelles Beispiel: Eingehen einer gleichgeschlechtli-
chen Lebenspartnerschaft: BAGE 120, 64 f.; bei einer Kündigung wegen Verletzung arbeitsvertraglicher Loyalitätspflichten sind neben dem Selbstbestimmungsrecht der Religionsgesellschaft als Arbeitgeber auch hiermit kollidierende Grund-

rechte aus Art. 4 I, II zu berücksichtigen (BVerfG, NJW 2002, 2771). Das BAG (NJW 2012, 1101 f.) hat die Kündigung des geschiedenen Chefarztes eines katholischen Krankenhauses wegen seiner Wiederverheiratung nach Abwägung des mit § 9 II, § 20 I 2 Nr. 4 AGG in Einklang stehenden Loyalitätsverstoßes und der durch Art. 2 I, Art. 6 I sowie Art. 12 EMRK geschützten Freiheit, eine zweite Ehe einzugehen, für sozial nicht gerechtfertigt erklärt (einzelfallbezogene Zumutbarkeit der Fortsetzung des Arbeitsverhältnisses). Die Aufrechterhaltung der (nationalen) Rspr. wird z.T. krit. beurteilt (vgl. Schmidt in ErfK, GG Art. 4 Rn. 45, 50). Nach Auffassung des EGMR (NZA 2011, 279) verstößt die Kündigung einer Angestellten eines kirchlichen Kindergartens wegen Mitgliedschaft in einer anderen Religionsgemeinschaft nicht gegen Art. 9 EMRK, auch nicht – zusätzliche Prüfungsmaßstäbe Art. 8, 11 EMRK – die Kündigung eines leitenden Mitarbeiters der Mormonenkriche wegen außerehelicher Beziehungen, wohl aber die Kündigung eines Organisten und Chorleiters aus dem gleichen Grunde (u. wegen Bigamie) gegen Art. 8 EMRK (Achtung des Privat- u. Familienlebens). Der EGMR prüft bei Loyalitätsverpflichtungsverletzungen – stärker als bisher das BVerfG – die Art der Tätigkeit des Arbeitnehmers und die Abwägung der gegenseitigen Interessen nach dem Verhältnismäßigkeitsgrundsatz (vgl. Plum, NZA 2011, 1197). Für ihre Arbeitnehmer bedienen sich die beiden großen christlichen Kirchen nicht des Tarifvertrags, sondern durchweg der Gestaltungsform des sog. Dritten Weges, d.h. der von paritätisch besetzten Kommissionen beschlossenen Arbeitsrechtsregelungen (Kollektivvereinbarungen eigener Art, die einzelvertraglich in Bezug genommen werden) mit Schlichtungsausschluss, aber ohne das Druckmittel des zum Verständnis einer kirchlichen Dienstgemeinschaft nicht passenden Arbeitskampfes (näher BAGE 130, 156 f.; BAG, NZA 2011, 639; 2011, 700 – auch zur Inhaltskontrolle). Mit U. vom 20.11.2012 – 1 AZR 179/11 – hat das BAG diese Praxis als rechtens bestätigt, allerdings nur unter der Voraussetzung, dass Gewerkschaften in das Verfahren des Dritten Weges organisatorisch eingebunden werden und das Verhandlungsergebnis für die Arbeitgeberseite als Mindestarbeitsbedingung verbindlich ist; vgl. weiterhin zum kirchlichen Dienst- und Arbeitsrecht BAGE 101, 17 f.; 113, 286; 120, 59, 63 f.; Schliemann, NZA 2011, 1189; Willemsen/Mehrens, NZA 2011, 1205. Soweit die für alle geltenden Gesetze Eingriffe vorsehen, sind die Religionsgesellschaften ausnahmsweise auch in „ihren" Angelegenheiten der Hoheitsgewalt des Staates, insbes. seiner Gerichtsbarkeit, unterworfen. In den *gemeinsamen Angelegenheiten* von Staat und Kirche (s. Rn. 14) besteht grundsätzlich volles Regelungsrecht des Staates durch Gesetzgebung, Verwaltung und Rspr. (für das Friedhofswesen wohl übersehen von BVerwGE 121, 22). Auch hier hat der Staat jedoch Bedacht auf die Freiheit des religiösen Bekenntnisses (Art. 4 I), der Religionsausübung (Art. 4 II) und das Wesen der Religionsgesellschaften zu nehmen.

### Art. 137 Abs. 4 WRV: Rechtsfähigkeit

16  Im Rahmen der Vereinigungsfreiheit (vgl. Rn. 12) wird den (soziologisch – s. Rn. 12 – bereits existierenden) Religionsgesellschaften und ihren Untergliederungen (vgl. Rn. 14) die Möglichkeit einer *irgendwie* gearteten rechtl. Existenz einschl. der Teilnahme am allg. Rechtsverkehr gewährleistet; es besteht **weder** ein **Anspruch auf eine bestimmte Rechtsform** (BVerfGE 83, 355; BVerwGE 123, 55) **noch** eine entsprechende **Verpflichtung**. Umgekehrt wird für die Erlangung des Körperschaftsstatus (Art. 137 V 2) keine „Wartezeit" in der Rechtsform eines e.V. verlangt (BVerfGE 102, 385 f.). Die Bezugnahme auf das bürgerliche Recht beim **Erwerb der Rechtsfähigkeit** (i.d.R. §§ 21, 55 ff. BGB) signalisiert die Beachtung des vereinsrechtl. Rechtsformzwangs: Nur Vereine, deren Zweck nicht auf

einen wirtsch. Geschäftsbetrieb gerichtet ist (Idealvereine, § 21 BGB), sind für die Eintragung ins Vereinsregister vorgesehen. Für Vereinigungen mit wirtsch. Zielsetzung durch unternehmerische Betätigung (wirtsch. Vereine) kommt nach § 22 BGB aus Gründen der Sicherheit des Rechtsverkehrs (Gläubigerschutz) i.d.R. nur eine handelsgesellsch. Organisation in Frage (OLG Hamm, BB 2000, 1162). Die Einteilung ist von aktueller praktischer Bedeutung, wenn neuen Glaubensrichtungen – der Satzung nach Ideal-, nach ihrem Gesamtgebaren Wirtschaftsvereine – die verwaltungsbehördliche **Entziehung der Rechtsfähigkeit** nach § 43 II BGB droht. Entgelte für Leistungen können nur in privatrechtl. Form (Vertrag, allg. Geschäftsbedingungen) erhoben werden (BVerwG, NVwZ 2008, 1358). In diesen Fällen rechnet die Entscheidung BVerwGE 105, 313 (s. auch BVerwG, NVwZ 1999, 766 f.; VGH Mannheim, NVwZ-RR 2004, 904 f.), mitgliedschaftstypische (auch entgeltliche) im Gegensatz zu auch von anderen Anbietern erbrachten Leistungen (z.B. Verkauf von Schriften an Außenstehende, sofern nicht bloßer Nebenzweck) nicht unternehmerischer und damit entzugsschädlicher Tätigkeit zu (vgl. auch Art. 4 Rn. 6). Unabhängig von diesen zivilrechtl. Vorgaben können umgekehrt glaubensbedingte Anforderungen an die innere Organisation die Anwendung des Vereinsrechts beeinflussen – auch bei der Erfüllung zwingender Ordnungsvorschriften –, solange nicht unabweisbare Rücksichten auf die Sicherheit des Rechtsverkehrs und auf die Rechte anderer entgegenstehen (BVerfGE 83, 357 ff.; BVerfG, NJW 1994, 2346), z.B. hierarchische Struktur, Fremdeneinfluss (zu beiden: VGH Mannheim, NVwZ-RR 2004, 904 f.), Gründungsmitgliederzahl (s. OLG Köln, NJW 1992, 1049 f.; OLG Hamm, NJW-RR 1995, 119; 1997, 1397). Vgl. dazu auch Art. 4 Rn. 15.

### Art. 137 Abs. 5 WRV: Körperschaften des öffentlichen Rechts

Art. 137 V WRV wahrt den altkorporierten Religionsgesellschaften (nicht: religiösen Vereinen i.S. des Art. 138 II), d.h. solchen, die bereits vor Inkrafttreten der Weimarer Reichsverfassung Körperschaften des öffentl. Rechts (KöR) waren oder denen dieser Status unter der Geltung der Weimarer Reichsverfassung verliehen worden ist, den Status und sichert die Möglichkeit des Neuerwerbs dieser Rechtsstellung. **Alt-KöR** (geborene KöR) – darunter die römisch-katholischen Bistümer, die evangelischen Landeskirchen, die altkatholische, russisch- und griechisch-orthodoxe Kirche sowie die jüdischen Gemeinden (zu deren Organisation Schwarz, LKV 2008, 344, zu der der Muslime vgl. BT-Dr 14/4530 S. 33 ff.) – behalten nach *Satz 1* ihren Status, auch im Wege der Fortgeltung eines statusbildenden Verwaltungsakts der DDR (Art. 19 Satz 1 EV) ohne Rücksicht auf zwischenzeitliche NS-Willkürentziehung und frühere Nichtanerkennung in der DDR (BVerwGE 105, 258 f.). Die Wiedererlangung der Alt-KöR-Status nach dem Untergang der DDR setzt rechtl. Identität mit einer altkorporierten Rechtsperson voraus (OVG Berlin-Brandenburg, NVwZ 2011, 1534 f.). Der **Neuerwerb** der Rechtsstellung einer (gekorenen) KöR – beispielhafte Liste in der Entscheidung BVerfGE 102, 372, neuerdings auch Zeugen Jehovas – nach *Satz 2 und 3* steht den Religionsgesellschaften wie die Vereinsform (dazu Rn. 16) frei, der einer KöR allerdings nur unter

a) der *geschriebenen* Voraussetzung einer nach der gegenwärtigen Mitgliederzahl (Staatspraxis: ein Promille der Landeseinwohner; s. BT-Dr 14/4530 S. 35), der „Verfassung" (Verfasstheit) der Vereinigung und dem tatsächlichen Gesamtzustand (Indizien: ausreichende Finanzausstattung, Mindestbestandszeit – Staatspraxis: 30 Jahre – u. Intensität der religiösen Lehre) einzuschätzenden **Gewähr der Dauer** sowie

17

b) wegen der Verpflichtung des Staates zum Schutz der Menschenwürde und der Grundentscheidungen der Verfassung den *stillschweigend* mitgeschriebenen Voraussetzungen der unbedingten Respektierung der Strafgesetze, der verfassungsmäßigen Ordnung und des Gedankens der Völkerverständigung (vgl. Art 9 II), ferner der **Rechtstreue** im Übrigen (Bindung an verfassungs- u. einfachrechtl. Vorgaben „im Grundsatz", d.h. unter Respektierung im Konfliktfall bindender Glaubenssätze), schließlich der Konformität mit in Art. 79 III umschriebenen fundamentalen Verfassungsprinzipien, Grundrechten Dritter und Grundprinzipien des Religions- und Staatskirchenrechts des GG, wobei die genannten Strukturvorgaben nicht für die Binnenstruktur der Religionsgemeinschaft maßgeblich und eine zusätzliche Loyalität zum Staat sowie die Annahme grundgesetzl. Kooperationsangebote nicht erforderlich sind

(eingehend dazu BVerfGE 102, 384 f., 389 ff.; nachfolgend OVG Berlin, NVwZ 2005, 1450 ff.; BVerwG, NJW 2006, 3156). Die Entscheidung BVerwGE 123, 70, 72 ff., wendet beide Voraussetzungen auf alle Religionsgemeinschaften im Falle des Art. 7 III 1 und 2 an. Statt auf ein Mitgliederquorum (wie zu a) auf eine einzelfallbezogene Bestandsprognose abzustellen (so VGH Kassel, ESVGH 62, 97 ff.; bestätigt von BVerwG, U. v. 28.11.2012 – 6 C 8.12 – juris), gefährdet die Parität von Vereinigungen im gleichen Bundesland und die Einheitlichkeit der Bewertung nach möglichst objektiven Kriterien in allen Bundesländern. Dagegen der Staatspraxis folgend VG Mainz, NVwZ-RR 2012, 419. Die Voraussetzung b) geht über die Formel, das GG baue zwar auf die Werteloyalität, erzwinge sie aber nicht (BVerfGE 124, 320), hinaus. Zur Distanz zur Verfassungs- und Rechtsordnung bei sonstigen religiösen Vereinigungen s. BVerfGK 2, 24; 9, 380.

18  Das Recht öff.-rechtl. Organisation kann auch von Dachverbänden (vgl. Satz 3; s. auch Rn. 12) und Untergliederungen (BVerfGE 53, 393 ff.; BGHZ 124, 175; undeutlich BVerwGE 130, 234) solcher Korporationen in Anspruch genommen werden. Der **Körperschaftsstatus** der Religionsgesellschaften erklärt sich historisch aus dem Verhältnis des Staates insbes. zu den christlichen Kirchen vor 1919 und wird heute durch die Unterstützung der Eigenständigkeit und Unabhängigkeit der Religionsgemeinschaften als ein Mittel zur Entfaltung der Religionsfreiheit legitimiert (BVerfGE 102, 387, 390). Der Status ist ein besonderer. Abw. von sonstigen KöR nehmen die korporierten Religionsgemeinschaften als Teil der Gesellschaft keine Staatsaufgaben wahr (BVerwGE 117, 147), sind sie nicht in die Staatsorganisation eingebunden und unterliegen sie keiner staatl. Bevormundung und Einflussnahme. Dienst bei ihnen ist kein Staatsdienst (dazu BVerfGE 55, 230 f.; BVerfGK 14, 488 f.; BVerwG, NVwZ-RR 2007, 146; ungenau Ling, ZBR 2006, 247); vgl. auch Art. 33 Rn. 18. Deshalb kann ein Kirchen„beamter" – anders als ein Staatsbeamter (BGH, NJW 2012, 615) – gleichzeitig Rechtsanwalt sein (BVerfGK 10, 421 f., zu § 14 II Nr. 5 BRAO; dort auch Problematisierung des Dienstverhältnisses als entweder öff.-rechtl. im staatsrechtl. Sinne oder arbeitsrechtl., dem staatl. Beamtenrecht entsprechend). Die Herausbebung aus privatrechtl. Religionsgemeinschaft besteht in der Übertragung bestimmter hoheitl. Befugnisse. Dazu zählen z.B. das Besteuerungsrecht nach Abs. 6, die Dienstherrenfähigkeit (Begründung öff.-rechtl. Dienstverhältnisse; str.), die Befugnis, eigenes Recht zu setzen, öff.-rechtl. Einheiten mit Rechtsfähigkeit zu bilden und kirchliche öffentl. Sachen zu schaffen, ferner das Parochialrecht (automatische Zugehörigkeit zur Wohnsitzgemeinde; dazu BVerfGE 30, 422 ff.; BVerwG, NVwZ-RR 2012, 92; Problem übersehen von BFHE 177, 194), wohl auch noch das Friedhofswesen (BVerwGE 25, 366; BVerwG, NVwZ 1998,

853; str.). Die Organisationsgewalt enthält die Befugnis, öff.-rechtl. Untergliederungen zu bilden (BVerfGE 102, 371), deren Maß an Selbständigkeit im Verhältnis zur Religionsgemeinschaft Teil von deren Selbstbestimmungsrecht ist (BVerwG, NVwZ 2009, 391). Die Befugnis zur Rechtsetzung ist gegenständlich auf die Ausgestaltung der KöR beschränkt. Darüber hinausgehende Rechtsetzung, etwa die hoheitliche Abwälzung innerkirchlicher Verwaltungskosten auf außenstehende Dritte, bedarf gesonderter staatl. Verleihung (BVerwG, NVwZ 2008, 1358; krit. Schäfer, NVwZ 2008, 1320). An den Status einer KöR (nicht ihrer privatrechtl. organisierten Einrichtungen; s. BVerwG, NJW 2003, 1520; ähnlich OVG Lüneburg, NVwZ-RR 2003, 61) knüpfen zahlreiche *Privilegien* an wie die Begünstigung bei Abgaben, Kosten und Gebühren (für typische kirchliche Bereiche i.e.S.; dazu OVG Münster, NVwZ-RR 2004, 390; Gebührenfreiheit nicht für nichtöffentl.-rechtl. kirchliche Stiftungen, OVG Lüneburg, NVwZ-RR 2010, 8; zur Grundsteuerbefreiung BFHE 230, 99 ff.), Vollstreckungsschutz, bauplanungsrechtl. Rücksichtnahme, Pflicht der Sozialbehörden zur Zusammenarbeit und Anerkennung als Träger der freien Jugendhilfe (vgl. BVerfGE 102, 371 f.; 105, 120; deklaratorische Zusammenfassung der Privilegien oft in Kirchenverträgen; s. Weber, LKV 2006, 12). Soweit die Religionsgesellschaften vom Staat übertragene Hoheitsgewalt ausüben, sind sie wie der Staat selbst an Gesetz und Recht (Art. 20 III), insbes. an die **Grundrechte**, gebunden (BVerfGE 30, 422; BVerfG, NVwZ 2002, 1497; s. auch BVerfGK 14, 487; Problem übersehen von BVerwGE 118, 209; vgl. dazu Rn. 19) und Adressaten des Rechtsschutzes nach Art. 19 IV i.V.m. den §§ 40 VwGO, 23 FGO; außerhalb dieses Bereichs keine unmittelbare Bindung an einzelne Grundrechte, wohl aber an die Achtung der fundamentalen Rechte der Person (s. BVerfGE 102, 390 f., 391 f.; BGHZ 148, 311), die aber entgegen der Entscheidung BGHZ 154, 63, nicht mit gesteigerter Rechtstreue (z.B. Sorgfaltspflichten) verwechselt werden darf. Da ihr Körperschaftsstatus kein normaler ist, sind auch die korporierten Religionsgesellschaften grundrechtsfähig; sie stehen dem Staat wie jedermann gegenüber und können eigene Rechte gegen ihn geltend machen (BVerfGE 70, 160 f. m.w.N.; BVerfGK 13, 276; vgl. auch oben Rn. 13 u. Art. 19 Rn. 8). Zuständig für die Verleihung des Status sind die Länder. Der Staat darf die korporierten Gesellschaften aus sachlichen Gründen bis zu einem gewissen Grade besser stellen als die übrigen (BVerfGE 19, 134; a.A. BVerwGE 42, 131 f.; s. ergänzend Rn. 9), z.B. im Titelschutz nach § 132 a III StGB (vgl. OLG Köln, NJW 2000, 1654) oder bei Zuschüssen (s. VG Potsdam, LKV 2009, 47: dazu auch Rn. 9).

### Art. 137 Abs. 6 WRV: Kirchensteuerrecht

Kirchensteuern sichern den Kirchen (durch die Säkularisation entfallene) laufende Einkünfte (90 vH der Einnahmen) im Wege der Selbstfinanzierung statt Dauersubventionierung zur Erfüllung von Verpflichtungen, daneben einen innerkirchlichen Finanzausgleich. Das Kirchensteuererhebungsrecht ist ein – in der DDR 1990 eingeführtes und nach Art. 9 EV in den ostdeutschen Ländern fortgeltendes – den korporierten Religionsgesellschaften verliehenes, **vom Staat abgeleitetes**, in den weltlichen Bereich hineinwirkendes **Hoheitsrecht** (s. Rn. 18) und somit keine „eigene" Angelegenheit der Kirchen, sondern Gemeinschaftsangelegenheit von Staat und Kirche, weil dieser zur Beitreibung den Verwaltungszwang zur Verfügung stellt (BVerfGE 73, 399). Es unterliegt daher in vollem Umfang der staatl. Gesetzgebung und in seiner Durchführung der staatl. Aufsicht und Gerichtsbarkeit (BVerfGE 19, 217 f.). Der Grundsatz der Gesetzmäßigkeit der Besteuerung verlangt, dass sowohl der Tatbestand als auch die Höhe der Steuerschuld (d.h. auch Ermäßigungen, Kappungen, Erlass) im Gesetz niedergelegt

19

werden (vgl. BVerwGE 118, 206 f. m.w.N.). Zur Grundrechtsbindung s. Rn. 18; kein unterschiedlicher Hebesatz innerhalb derselben Landeskirche (vgl. BVerfG, NVwZ 2002, 1498). Deshalb ist es problematisch, vorschnell autonomiebezogene Differenzierungsgründe im Rahmen des Art. 3 I zu bejahen (so aber BVerwGE 118, 209). Der Staat ist verpflichtet, die Voraussetzungen für eine geordnete Steuererhebung durch den Erlass von Landesgesetzen (Art. 137 VIII WRV) zu schaffen. Er kann insgesamt die Einzelregelung des Kirchensteuerrechts den Kirchen überlassen und sich auf bestimmte Genehmigungsvorbehalte beschränken, die Materie aber auch eingehend regeln. Art. 80 I findet keine Anwendung (BVerfGE 73, 399–401). Üblich (u. zulässig; s. BVerfGE 20, 43) ist ein Zuschlag zur Einkommen/Lohnsteuer (Bemessungsgrundlage: § 51 a EStG) in Höhe von überwiegend 9, sonst 8 vH (mit Kappungsgrenze), daneben Kirchgeld als nichtakzessorische Kirchensteuer (dazu BVerfGE 73, 402; BVerwG, NJW 1989, 1748; BFHE 211, 96). Die Besteuerung nach der Leistungsfähigkeit wird als Vorzug des deutschen Modells angesehen (vgl. Hammer, DÖV 2008, 975). Entscheidung für Akzessorietät bedeutet keine Verpflichtung, alle Regelungen des EinkommensteuerG in das Kirchensteuerrecht zu übernehmen (BVerwG, DVBl 2008, 1506). Der Staat kann das bestehende Kirchensteuerrecht ändern, aber nicht abschaffen oder aushöhlen (BVerfGE 19, 218). Er hat in Rechtsetzung und Vollzug (einschl. zwangsweiser Beitreibung) die Möglichkeit geordneter Verwaltung der Kirchensteuer sicherzustellen (BVerfGE 44, 57; BVerfG, NJW 2008, 2979; s. auch Rn. 6 u. Art. 4 Rn. 16). Kirchen haben verleihungsbedingt (BVerfGE 30, 421 f.) ein Besteuerungsrecht *nur gegenüber Mitgliedern*, also nicht gegenüber einem Ausgetretenen (zu den Grenzen der Weiterbesteuerung BVerfGE 44, 54 f.; 44, 67; zur Versagung von Vergünstigungen für Ausgetretene vgl. BVerwGE 118, 208 ff.; BVerwG, DVBl 2008, 1508 f.), auch nicht gegenüber dem Ehegatten anderen Glaubens. Jedoch ist die Bemessung des Lebensführungsaufwands (als Indikator der wirtsch. Leistungsfähigkeit des kirchenangehörigen Ehepartners) nach dem gemeinsamen Einkommen der Ehegatten ebenso verfassungsgemäß wie die Individualisierungsgrundsatz bei Glaubensverschiedenheit (BVerfG, NJW 2011, 365; BFHE 183, 109 f., in Weiterentwicklung von BVerfGE 19, 274), desgleichen die Anknüpfung der Kirchensteuer an die pauschalierte Lohnsteuer (BFHE 176, 368 f., gegen OVG Koblenz, BB 1995, 287) und die Religionseintragung auf der Lohnsteuerkarte (s. Rn. 6). Die Mitgliedschaft bestimmt sich in den Grenzen der allg. Gesetze nach – gemäß Art. 137 III WRV (vgl. Rn. 14) maßgebendem – innerkirchlichem Recht (zum „Austritt" mit Wirkung für das *staatliche* Recht s. Art. 4 Rn. 7 u. 16). Anknüpfung z.B. an (via Personensorge zurechenbare) Taufe und Wohnsitz ohne ausdrückliche Beitrittserklärung (etwa im Fall des Zuzugs aus dem Ausland) reicht aus; dem Element der Freiwilligkeit (negative Glaubens- u. Vereinigungsfreiheit) wird durch die Möglichkeit des jederzeitigen Austritts Rechnung getragen (BVerfGE 30, 422 ff.; BVerfG, NJW 2008, 2980; BVerwG, NVwZ 1992, 67; BFHE 172, 571 ff.; 177, 195 ff.; BayVerfGH 53, 172 f.). Einschränkend BlnVerfGH, DVBl 2011, 783, wenn Herangezogener auf Grund besonderer Lebensumstände mit Existenz einer Mitgliedschaft nicht rechnen konnte. Grundsätzlicher BVerwG, NVwZ-RR 2011, 91 f., wonach die Freiwilligkeit der Willensbekundung, einer Religionsgemeinschaft anzugehören, nur durch eine eindeutige Angabe der Gemeinschaft auf dem Anmeldeschein (Rubrik „Religion") dokumentiert wird. Zur Wirksamkeit des Austritts „mit Zusatz" (nur aus der Kirche als KöR, also Beschränkung auf den staatl. Rechtskreis) BVerwG, NVwZ 2013, 15 ff.; Löhning/Preisner, AöR 137 (2012), 126 ff. Zu Unrecht einseitig auf positive Willensäußerung nach außen abstellend BFHE 188, 245; 210, 574 f. Die typisierende Berücksichtigung der Kirchensteuer bei der Berechnung des Nettoentgelts für die Bemessung des Arbeitslosengelds nach § 136 I SGB III a.f. (entfallen seit 1.1.2005) war zulässig (BVerfGE 90, 237 f., zur inhaltsgleichen Vorgängerregelung des § 111 II 2 Nr. 2 ArbeitsförderungsG; vgl. auch BVerfGK 5, 177 f., zum Übergangsrecht). Die Einbehaltungs- und Abführungspflicht des Arbeitgebers nach § 38 EStG ist Indienstnahme Privater für öffentl. Aufgaben (BVerfGE 44, 104; a.A. Wasmuth/Schiller, NVwZ 2001, 857 f.). Gebühren und Beiträge können die Religionsgesellschaften gemäß Art. 137 III WRV aus eigenem Recht erheben (BVerfGE 19, 217). Kein Zurückbehaltungsrecht wegen dissentierender Ansichten (VGH Kassel, NVwZ 1995, 815 f.). Zur europarechtl. Problematik des Kirchensteuerrechts s. Weber, NVwZ 2002, 1452 ff.; allg. zur Entwicklung Homburg, DStR 2009, 2179.

### Art. 137 Abs. 7 WRV: Weltanschauungsgemeinschaften

Art. 137 VII WRV stellt den Religionsgesellschaften die Weltanschauungsgemeinschaften gleich. Zum Begriff Weltanschauung s. Art. 4 Rn. 4, zur Gleichstellung von Weltanschauung und Weltanschauungsgemeinschaften in Art. 4 dort Rn. 5. Die Gleichstellung in Abs. 7 bezieht sich nur auf die vorangehenden Absätze (ebenso Mager in von Münch/Kunig, Art. 140 Rn. 67), daher keine Gleichstellung in Art. 141 WRV und Art. 7 III 2 (nur zu Letzterem gleicher Meinung Waldhoff, Gutachten D zum 68. DJT, 2010, S. D 90, 172 f.). Die gegenteilige Auffassung (vgl. BbgVerfG, LVerfGE 16, 199 f. m.w.N.) verkennt die Grenzen des Wortsinns der vorgenannten Vorschriften einerseits und von Art. 4 I und Art. 33 III 2 (ausdrückliche Erwähnung von Religion *und* Weltanschauung) andererseits sowie den rechtsförmlichen Unterschied von „i.S. dieses GG" (Art. 116 I, Art. 121) und „i.S. dieses Artikels" (Art. 106 IX). Zur letztgenannten Kategorie der artikelbezogenen Gleichstellung gehört auf Grund seiner Stellung Art. 137 VII WRV (s. auch Rn. 9). Ungenau BVerwG, NVwZ 2006, 694. Zum Erkenntniswert der systematischen Auslegung allg. BVerfGE 124, 39 ff. Die Gleichstellung im Bereich der Anstaltsseelsorge des Art. 141 wäre kaum umsetzbar, weil „Bedürfnis nach Gottesdienst und Seelsorge" und „Vornahme religiöser Handlungen" im Rahmen der „innerweltlichen Bezüge" (vgl. Art. 4 Rn. 4) die schwierige Konstruktion einer Entsprechung (angedeuteter Zweifel schon in BVerwGE 61, 159) erfordern würde. Die Entscheidung BVerfGE 83, 150 f., rechtfertigt bei der Besetzung von Gremien die Nichtberücksichtigung von weltanschaulichen Gruppen mit der größeren Erfahrung der Kirchen (z.B. in der Jugendpflege).

### Art. 137 Abs. 8 WRV: Landesgesetzgebung

Die Gesetzgebungskompetenz für Ausführungsgesetze zu Art. 137 WRV, aber grundsätzlich auch sonst im Staatskirchenrecht (Ausnahmen: Art. 138 I 2, Art. 141 WRV), liegt bei den Ländern.

### Art. 138 Abs. 1 WRV: Ablösung von Staatsleistungen

Art. 138 I WRV sieht, um die enge finanzielle Verflechtung von Staat (historisch: Landesherrschaften) und Kirche abzubauen, die Ablösung der auf gesetzl. oder sonstiger Rechtsgrundlage beruhenden Staatsleistungen vor, die in der Einziehung des Kirchenguts durch die Säkularisation insbes. von 1803 ihren historischen Ursprung haben. „**Staatsleistungen**" sind nur fortlaufende, regelmäßig wiederkehrende Leistungen auf Grund dauerhafter, vor Inkrafttreten der Weimarer Reichsverfassung begründeter Rechtspflichten (BayVGH, BayVBl 1987, 725; BbgVerfG, NVwZ-RR 2012, 579), und zwar auf Landes-, nicht auf Reichsebene

20

21

22

(BVerfG, NVwZ 2001, 318; BVerwG, NVwZ 1996, 787). Im Gegensatz dazu stehen später entstandene Zuwendungen oder **Subventionen** auf haushaltsmäßiger Grundlage für öffentl. Aufgaben wie diejenigen für Kindergärten, Schulen, Krankenhäuser, Altenheime, Denkmalpflege (vgl. Spaenle, ZRP 2009, 63) oder solche an jüdische Gemeinden (s. OVG Frankfurt/Oder, LKV 2006, 44, u. Rn. 9; zur Vertragspraxis Weber, LKV 2006, 10 ff.; Schwarz, LKV 2008, 346). Zu den Staatsleistungen zählen neben Geld- und Naturalleistungen auch „negative Staatsleistungen" wie Steuer-, nicht aber Gerichtsgebührenbefreiungen (BVerfGE 19, 13 ff.; BVerwG, NVwZ 1996, 786) und nach dem Beschluss RGZ 111, 146, gemeindliche Leistungen. „**Ablösung**" heißt zwangsweise Aufhebung gegen angemessene Entschädigung (BVerwG, NVwZ-RR 2009, 591). Die in Abs. 1 Satz 2 erwähnten Grundsätze hat der Bundesgesetzgeber aufzustellen, aber bisher nicht erlassen, so dass eine landesgesetzl. Ablösung derzeit nicht möglich ist. Zulässig jedoch eine Ablösung durch Vereinbarung zwischen Land und Religionsgesellschaft. Die ostdeutschen Bundesländer haben durch Verträge viele Staatsleistungen geregelt (vgl. Mückl, HStR VII, § 159 Rn. 35, § 160 Rn. 52 f.). Bis zur Ablösung wird der Bestand der Leistungen garantiert. Abs. 1 hat sich von einer Ablösungsvorschrift zu einer Bestandsgarantie gewandelt. Er erfasst nicht gemeindliche Kirchenbaulasten (BVerwG, NVwZ-RR 2009, 591; weiter s. Rn. 23).

### Art. 138 Abs. 2 WRV: Kirchengutsgarantie

23 Art. 138 II WRV gewährleistet den **Vermögensbesitz** der Religionsgesellschaften (rechtsformunabhängig) und ihrer Vereine (s. Rn. 12), soweit er Kultus-, Unterrichts- oder Wohltätigkeitszwecken gewidmet ist, gegen Eingriffe des Staates (Verbot der Säkularisation oder säkularisationsähnlicher Akte, auch der Umwidmung). Den Gegensatz zu religionsspezifischen Zwecken stellen weltliche (z.B. allgemeinpolit. oder kommerzielle) Zwecke dar. Die Kirchengutsgarantie gewährleistet die kollektive Religionsfreiheit aus Art. 4 I u. II, daneben die Selbstbestimmung des Art. 137 III WRV (die freilich für religiöse Vereine dort nicht garantiert ist) in ihren sächlichen Grundlagen (vgl. BVerfGE 123, 178). Bis zum Beitritt der DDR fortbestehende, vertraglich vereinbarte, im Einigungsvertrag aber nicht anerkannte (s. Rn. 8) gemeindliche Kirchenbaulasten fallen nicht unter die Garantie zustehenden Kirchenguts (BVerwGE 132, 367 f.; krit. Traulsen, NVwZ 2009, 1021). Geschützt sind neben dem zweckgebundenen Eigentum auch „andere" dem (religiösen Zwecken dienenden) Vermögen angehörende Rechte; beidesmal geht es nur um nach Maßgabe des bürgerlichen oder öffentl. Rechts zustehende Güter (vgl. BVerfG, NJW 1992, 2813). Zu den „anderen Rechten" gehören u.a. Rechte einer Kirche aus einer gemeindlichen Kirchenbaulast in einem der westdeutschen Bundesländer (BVerwG, NVwZ-RR 2009, 591), Besitz- und Nutzungsrechte an Immobilien, vor allem zivil- oder öff.-rechtl. begründete Gebrauchsüberlassungsrechte an Kirchengebäuden (s. grundlegend zur Auslegung des Abs. 2 BVerfGE 99, 120 f.). Versuche, die **Schranken** der Kirchengutsgarantie durch einen Rückgriff auf das „für alle geltende Gesetz" des Art. 137 III 1 WRV (BVerwGE 87, 125 f.; OVG Saarlouis, NVwZ 2003, 1008, mit veralteten Belegen) oder die verfassungsimmanenten Schranken des Art. 4 I, II (Lücke, JZ 1998, 541) zu bestimmen, sind durch die Rspr. des BVerfG nicht gedeckt (dort bisher eher durch das fallbezogene Abstellen auf immanente einfachrechtl. Beschränkungen – vgl. BVerfGE 99, 121 f. – überflüssig). Die in BT-Dr 14/7026 getroffene Unterscheidung zwischen der Religionsausübung und der Verfolgung verfassungsfeindlicher Ziele (s. Art. 9 Rn. 7) dienendem Vermögen ist nicht verständlich, weil einem verbotenen, aufgelösten und erloschenen Verein ohnehin kein Vermögen im obigen Sinne mehr „zusteht". Aus Art. 138 II folgt

keine Gebührenbefreiung für Bauvorhaben der Kirchen im Bereich der allg. Bildung und sozialen Betreuung (OVG Münster, NVwZ-RR 2004, 397).

**Art. 139 WRV: Sonn- und Feiertage**

Art. 139 WRV schützt die Institution des Sonntags und der staatl. anerkannten **24** Feiertage unter Nennung des Sinns (**Arbeitsruhe und seelische Erhebung**). Der Schutz hat neben einer weltlich-sozialen auch eine – im Wortlaut nicht ohne weiteres erkennbare – religiös-christliche Bedeutung: einerseits Grundlage für physische und psychische Regeneration, für familiäres und soziales Zusammenleben, Zerstreuung, Persönlichkeitsentfaltung, andererseits (schon kalendarisch) Anknüpfung des religiös neutralen Staates an eine christlich-abendländische Tradition mit einem festen Rhythmus von Arbeitsalltag und Ruhe, von Festen und Gedenktagen (s. eingehend BVerfGE 125, 81 f.). Art und Ausmaß des Schutzes bedürfen einer gesetzl. Ausgestaltung. Die Gestaltungsfreiheit des Gesetzgebers wird dadurch begrenzt, dass – der Bedeutung einer objektivrechtl. **Institutionsgarantie** (dazu BVerfGE 105, 358 f./Sondervotum; 112, 83 f.; ähnlich BVerfGE 112, 348 f.) entsprechend – ein Kernbestand (die Wahrung eines hinreichenden Niveaus) an Sonn- und Feiertagsruhe unantastbar ist (BVerfGE 111, 50). Geschützt ist die Einrichtung mit ihren typusbestimmenden Merkmalen; ein Bestandsschutz für einzelne Feiertage besteht jedoch nicht (vgl. BVerfG, NJW 1995, 3379). Die Gesetzgebung über nationale Feiertage fällt nach der Natur der Sache in die Bundeszuständigkeit (s. Art. 2 II EV: Tag der Deutschen Einheit; vgl. auch vor Art. 70 Rn. 3), die Festlegung der Feiertage im Übrigen sowie die Bestimmung des *generellen* Schutzumfangs von Sonn- und Feiertagen ist Ländersache; der *bereichsspezifische* Schutz erfolgt durch den jeweils zuständigen (s. auch Art. 125 a I) Gesetzgeber (BVerwGE 79, 122 f.). Bundesrechtl. Umsetzung des Feiertagsschutzes insbes. durch die §§ 9 ff. ArbeitszeitG vom 6.6.1994 (BGBl I S. 1170, 1171; dazu BAG, NJW 2010, 395), § 55 e GewO und § 30 III, IV StVO. § 3 Nr. 1 und die §§ 12, 14 des LadenschlussG i.d.F. vom 2.6.2003 (BGBl I S. 744) sind infolge der Föderalismusreform I (vgl. Einführung Rn. 6 u. Art. 74 Rn. 1) durch Ladenöffnungsgesetze der Länder (zum Bestimmungserfordernis für die Freigabe von verkaufsoffenen Sonntagen s. OVG Bautzen, NVwZ-RR 2011, 106 f.) abgelöst worden. Bei der „Anstoßfunktion" des § 58 III SGB XI (Feiertagswegfall) handelt es sich nicht um eine Regelung des Feiertagsrechts (BVerfGK 1, 199). Ohne gesetzl. Anerkennung fallen Feiertage nichtchristlicher Religionsgemeinschaften nicht in den Schutzbereich des Art. 139 (a.A. VGH Kassel, NVwZ 2004, 892); wohl aber können ihre durch Art. 4 I und II geschützten Feste Befreiung vom allg. Feiertagsschutz rechtfertigen. Zur Relevanz islamischer Feiertage vgl. BT-Dr 14/4530 S. 16 ff. und Kloepfer, DÖV 2006, 52, beiläufig BayVerfGH 60, 57; zur kirchenvertraglichen Berücksichtigung jüdischer Feiertage Weber, LKV 2006, 12; Schwarz, LKV 2008, 349.

Auch wenn Art. 139 WRV selbst keine Grundrechtsqualität zukommt, wird **25** durch seinen objektivrechtl. Schutzauftrag die **Schutzverpflichtung** des Landesgesetzgebers **aus Art. 4 I und II** (s. Art. 4 Rn. 12) **konkretisiert** und verstärkt. Dadurch wird Religionsgesellschaften, gestützt auf die religiös-christliche Bedeutung des Art. 139 WRV (Rn. 24), die Geltendmachung eines Mindestniveaus des Schutzes der Sonntage und der gesetzl. anerkannten (hier kirchlichen) Feiertage und ein Recht auf Einschränkung werktäglicher Geschäftigkeit durch zu großzügige Ausnahmen von dem gebotenen Regelfall der Arbeitsruhe in den Ladenöffnungsgesetzen ermöglicht (vgl. BVerfGE 125, 77, 84 ff., 90 f.; für das bayerische

Verfassungsrecht offengelassen von BayVerfGH, BayVBl 2012, 268; NVwZ-RR 2012, 538).

26 Der Gesetzgeber (nicht die für Marktfestsetzungen nach § 69 GewO zuständige Behörde, OVG Koblenz, NVwZ-RR 2012, 231) kann zur Wahrung höher- oder gleichwertiger Rechtsgüter unter Einhaltung eines hinreichenden Niveaus (s. Rn. 25) **Einschränkungen der** als Institution verfassungsunmittelbar garantierten **Sonn- und Feiertagsruhe** vorsehen. Dabei hat er einen Ausgleich zwischen Art. 140/139 WRV einerseits und den (hauptbetroffenen) Grundrechten aus Art. 12 I und Art. 2 I anderserseits vorzunehmen. Nach der Rspr. des BVerfG soll im Fall der Arbeit „für" den Sonn- und Feiertag, d.h. im Rahmen der Zielbeschreibung des Art. 139 WRV einschl. des erwähnten Wandels, die zur Wahrung höher- oder gleichwertiger Rechtsgüter erforderliche Abwägung zwischen den Freizeitbelangen und der Belastung der Arbeitnehmer durch die Versorgung oder Freizeitgestaltung erst ermöglichende Arbeit eher zum Zurücktreten des Sonn- und Feiertagsschutzes führen. Hingegen soll bei der Arbeit „trotz" des Sonn- u. Feiertages, d.h. ohne Bezug zu den Zwecken des Art. 139 WRV, die Arbeitsruhe stärkeres Gewicht haben (vgl. BVerfGE 111, 52; 125, 86 f.; BAGE 132, 94). Die Ladenöffnung bedarf eines dem Sonntagsschutz gerecht werdenden Sachgrundes. Dazu gehören nicht Umsatz- und „Shopping"-Interessen. Ausnahmen müssen als solche für die Öffentlichkeit erkennbar bleiben und dürfen nicht auf eine weitgehende Gleichstellung der sonn- und feiertäglichen Verhältnisse mit den Werktagen hinauslaufen. Bei einer flächendeckenden und den gesamten Einzelhandel erfassenden Freigabe der Ladenöffnung müssen rechtfertigende Gründe von besonderem Gewicht vorliegen, wenn mehrere Sonn- und Feiertage in Folge freigegeben werden sollen (BVerfGE 125, 87 f., 95).

### Art. 141 WRV: Anstalts- und Militärseelsorge

27 Art. 141 WRV ist ein Fall des erlaubten Zusammenwirkens von Staat und Kirche i.S. von Rn. 8. Seelsorge und ungestörte Religionsausübung sind den Religionsgesellschaften in der (öffentl.) Krankenhäusern und sonstigen öffentl. Anstalten (z.B. Altenheimen, Bundespolizei) bei entsprechendem Bedürfnis gestattet (Rechtsanspruch; vgl. BVerwGE 123, 54), wobei – i.V.m. Art. 136 IV WRV sowie den in Rn. 9 genannten Prinzipien – auch nur mittelbarer Teilnahmezwang von Soldaten, Patienten usw. fernzuhalten ist (dazu BVerwGE 73, 249). Zulässigkeit des Großen Zapfenstreichs problematisiert von OVG Münster, NZWehrR 2008, 84. Keine entsprechenden Rechte für Weltanschauungsgemeinschaften, deren Gleichstellung in Art. 137 VII WRV (dazu Rn. 20) sich nur auf die dort vorangehenden Absätze bezieht (str.; wie hier Anschütz, Die Verfassung des Deutschen Reiches vom 11.8.1919, 14. Aufl. 1933, Art. 141 Anm. 1). Rechtsträger ist die Religionsgesellschaft, nicht der Einzelne (großzügiger das einfache Recht in den §§ 36 SG, 38 ZDG u. 54 StVollzG). „*Zulassen*" heißt in eigener (nicht in staatl.) Regie veranstalten dürfen (s. BVerwGE 63, 218). Das schließt insbes. bei der **Militärseelsorge** die Übernahme des organisatorischen Aufbaus und der Kosten durch den Staat nicht aus, geregelt im Militärseelsorgevertrag mit der *Evangelischen* Kirche vom 22.2.1957 (BGBl II S. 702). Nach Ablauf einer Interimslösung für das Beitrittsgebiet wird der Vertrag seit 2004 in ganz Deutschland einheitlich angewendet. Jedoch werden in einer Protokollnotiz zur Auslegung vom 13.6.2002 (LKV 2004, 23; dort auch kirchenamtliche Erläuterungen zur Auslegung) Sonderregelungen für die ostdeutschen Bundesländer u.a. in Gestalt von nebenamtlichen Seelsorgern, von Pfarrern im Angestelltenverhältnis und der befristeten Vergabe von Leitungsämtern zugelassen. Die *katholi-*

*sche* Militärseelsorge hat, gestützt (beamtenrechtl.) auf eine Analogie zum erwähnten Militärseelsorgevertrag (Art. 2 des ZustimmungsG vom 26.7.1957, BGBl II S. 701), ferner auf Art. 27 Reichskonkordat (vgl. Art. 123 Rn. 6) und Päpstliche Statuten, eine in Ost und West einheitliche Rechtsgrundlage. Zur vertraglichen Entwicklung und zur Praxis der Militärseelsorge s. BT-Dr 16/850 S. 29, zur Zusammenarbeit der Militärseelsorge mit den Streitkräften Erlass des BMVg vom 3.9.1994 (VMBl S. 247), zu deren konfessioneller Statistik: 13. BTag, 212. Sitzung vom 14.1.1998, StenBer. S. 1982. Zur Seelsorge in der Bundespolizei vgl. die mit beiden Kirchen abgeschlossenen Vereinbarungen vom 12.8.1965 (GMBl S. 374 u. 377). Die Zusammenarbeit von Staat und Kirche bei der Seelsorge in Justizvollzugsanstalten ist in Vereinbarungen geregelt. Zur muslimischen Militär- und Anstaltsseelsorge s. BT-Dr 14/4530 S. 47 ff., 93, zur jüdischen Anstaltsseelsorge Weber, LKV 2006, 12. Zur Militärseelsorge der beiden zuletzt genannten Religionen vgl. BT-Dr 17/8400 S. 39.

## Artikel 141 [„Bremer Klausel"]

**Artikel 7 Absatz 3 Satz 1 findet keine Anwendung in einem Lande, in dem am 1. Januar 1949 eine andere landesrechtliche Regelung bestand.**

Art. 141 enthält eine – verfassungsrechtl. unbedenkliche (vgl. BVerfGE 6, 355) –   **1** Ausnahme vom Grundsatz des Art. 7 III 1, in den öffentl. Schulen, die nicht bekenntnisfreie Schulen sind (zum Begriff der bekenntnisfreuen Schule s. Art. 7 Rn. 11), den Religionsunterricht als ordentliches Lehrfach einzurichten (vgl. hierzu Art. 7 Rn. 10). Soweit in den Ländern am 1.1.1949 eine andere landesrechtl. Regelung bestand, behält es dabei sein Bewenden. Der Vorbehalt gilt nicht nur für Länder, in denen landesweit kein bekenntnisgebundener Religionsunterricht erteilt wurde, sondern betrifft auch den Fall, dass nur einzelne Schularten vom Religionsunterricht ausgenommen waren.

**Praktische Bedeutung:** Die Ausnahmebestimmung des Art. 141 ist vor allem im   **2** Blick auf die Rechtslage in Bremen geschaffen worden (dazu eingehend BremStGHE 1, 135 ff.) und wird deshalb i. Allg. als *„Bremer Klausel"* bezeichnet. Bedeutung hat sie darüber hinaus für Berlin einschl. des mit dem Westteil wiedervereinigten Ostteils dieses Bundeslandes (BVerwGE 110, 331 ff.; a.A. Kremser, DVBl 2008, 613 f.). Dagegen ist Art. 141 auf die Länder Brandenburg, Mecklenburg-Vorpommern, Sachsen, Sachsen-Anhalt und Thüringen nicht anwendbar (str.; wie hier etwa Gröschner in Dreier, Art. 141 Rn. 12 ff.; a.A. dagegen z.B. Schmitt-Kammler/Thiel in Sachs, Art. 141 Rn. 9 ff.; vgl. für Brandenburg auch BVerfGE 104, 305 ff.). Zwar war der Religionsunterricht im Gebiet dieser Länder am 1.1.1949 nicht als ordentliches Lehrfach an öffentl. Schulen gewährleistet. Doch spricht gegen eine Erstreckung des Art. 141 auf sie, dass sie, als dieser in Kraft getreten war, noch nicht zum Geltungsbereich des GG gehörten. Nichts anderes gilt, wenn im Hinblick auf Art. 23 a.F. unter „Land" i.S. des Art. 141 auch ein solches im Gebiet der damaligen sowjetischen Besatzungszone verstanden wird. Denn in diesem Fall ist für die neu hinzugekommenen Länder wie für diejenigen, auf die Art. 141 von Anfang an gemünzt war, zu fordern, dass das Land, in dem am 1.1.1949 eine andere Regelung galt, als Rechtssubjekt bis zu dem Zeitpunkt fortbestanden hat, an dem das GG auf seinem Territorium in Kraft getreten ist. Daran fehlt es bei den vorangeführten ostdeutschen Bundesländern, weil die Länder, die dort vorher existierten, im Zuge der Entwicklung der DDR zum sozialistischen Einheitsstaat untergegangen waren, mithin mit den durch das DDR-LändereinführungsG vom 22.7.1990 (GBl I S. 955) neu gegründeten Ländern nicht identisch sind. Auch die landesrechtl. Regelungen, die am 1.1.1949 bestanden, waren im Zeitpunkt des Beitritts der DDR zur Bundesrepublik Deutschland nicht mehr vorhanden.

3 Art. 141 schließt nicht aus, auch in den Ländern, für die er gilt (vgl. Rn. 2), Religionsunterricht als ordentliches Lehrfach i.S. des Art. 7 III 1 einzuführen (Hömig, NJ 2009, 241 m.w.N.). Die Freistellung von der Anwendung und Beachtung dieser Vorschrift mit der darin niedergelegten Pflicht, Religionsunterricht als ordentliches Lehrfach vorzuhalten, lässt das Recht der betr. Länder unberührt, ungeachtet des Grundsatzes der religiös-weltanschaulichen Neutralität des Staates (s. Art. 7 Rn. 10 m.w.N.) so zu handeln, wie es dem Regeltatbestand des Art. 7 III 1 (vgl. oben Rn. 1) entspricht. Auch eine Aufwertung des nicht obligatorischen Religionsunterrichts zum Wahlpflichtfach neben dem primär als Pflichtfach geltenden Ethikunterricht ist verfassungsrechtl. deshalb möglich (zur derzeitigen Rechtslage in Berlin s. die Hinweise in Art. 7 Rn. 9 a.E.).

## Artikel 142 [Vorbehalt zugunsten landesrechtlicher Grundrechte]

**Ungeachtet der Vorschrift des Artikels 31 bleiben Bestimmungen der Landesverfassungen auch insoweit in Kraft, als sie in Übereinstimmung mit den Artikeln 1 bis 18 dieses Grundgesetzes Grundrechte gewährleisten.**

1 Art. 142 sichert im Interesse eines eigenständigen Grundrechtsschutzes durch die hierfür allein zuständigen Landesverfassungsgerichte (s. BVerfGE 96, 364, 369) den Bestand der vor allem mit der – in den meisten Ländern möglichen – Landesverfassungsbeschwerde einforderbaren **Grundrechte des Landesverfassungsrechts**, soweit diese mit den Grundrechten und den grundrechtsgleichen Rechten des GG (auch außerhalb des ersten Abschnitts; vgl. BVerfGE 22, 271; 96, 364; BayVerfGH 21, 13; BremStGHE 1, 6; HessStGH, ESVGH 21, 3) übereinstimmen. Die Vorschrift enthält eine **Ausnahme von der Kollisionsnorm des Art. 31** (BVerfGE 36, 362 f.; NdsStGHE 1, 113, 116; anders Dreier in Ders., Art. 142 Rn. 31), ist Ausdruck des föderalen Staatsaufbaus der Bundesrepublik Deutschland und gilt trotz des Worts „bleiben" nicht nur für diejenigen Landesgrundrechte, die bei Inkrafttreten des GG schon in Geltung standen, sondern auch für solche, die erst nach diesem Zeitpunkt geschaffen worden sind (BVerfGE 96, 364; BWStGH, VBlBW 1956, 153). Deshalb hat die Regelung Bedeutung z.B. auch für die Grundrechte in den Verfassungen der *ostdeutschen Bundesländer*.

2 **Übereinstimmung** i.S. des Art. 142 ist gegeben, wenn Grundrechte oder ihnen gleichgestellte Rechte wie das Recht auf Gehör (BVerfGE 22, 271) inhaltsgleich sowohl im GG als auch in einer Landesverfassung garantiert sind. Weder ihr Gewährleistungsbereich noch ihre Schranken dürfen einander widersprechen (BVerfGE 96, 365; SaarlVerfGH, LVerfGE 9, 241), so dass ihre Anwendung im zu entscheidenden Fall zu demselben Ergebnis führt (HessStGH, ESVGH 49, 3). Übereinstimmung besteht aber auch dann, wenn das Landesverfassungsrecht ohne Widerspruch zum GG einen weitergehenden Grundrechtsschutz gewährleistet (BVerfGE 96, 365; HessStGH, ESVGH 32, 9; SaarlVerfGH, LVerfGE 9, 241; BayObLG, BayVBl 1970, 264), z.B. den persönlichen Geltungsbereich der im GG auf Deutsche beschränkten Grundrechte für das Landesrecht auf Ausländer erstreckt (vgl. OVG Berlin, OVGE Bln 19, 181) oder – noch weiterreichend –

Grundrechte verbürgt, die – wie etwa das im bayerischen Landesverfassungsrecht garantierte Grundrecht auf Naturgenuss und Erholung – im GG überhaupt nicht enthalten sind. Schließlich liegt Übereinstimmung selbst dann vor, wenn Landesgrundrechte gegenüber dem Grundgesetz einen *geringeren* Schutz garantieren, sofern das engere Grundrecht als Mindestgarantie zu verstehen ist und deshalb – anders als etwa das Aussperrungsverbot in Art. 29 V HessVerf (dazu s. Art. 9 Rn. 18) – nicht den Normbefehl enthält, einen weitergehenden Schutz zu unterlassen (BVerfGE 96, 365; SächsVerfGH, LVerfGE 16, 465; s. auch BbgVerfG, LVerfGE 10, 189). Eine Bestandsgarantie bedeutet dies jedoch nicht, weil landesverfassungsrechtl. Gewährleistungen, die nicht inhaltsgleich mit Bundesgrundrechten sind, sondern mehr oder weniger Schutz als diese gewähren, nach Art. 31 durch entgegenstehendes einfaches Bundesrecht – jeder Stufe – verdrängt werden können (näher dazu BVerfGE 96, 365 f.; vgl. auch BVerfGE 1, 281; BayObLG, BayVBl 1970, 264). Im Übrigen wird, soweit Landesgrundrechte hinter dem Schutzumfang eines Bundesgrundrechts zurückbleiben, die Schutzwirkung des Letzteren auch gegenüber der Landesstaatsgewalt selbstverständlich nicht berührt (BVerfGE 97, 314 f.).

Soweit **Landesgrundrechte** gemäß Art. 142 in Kraft bleiben und auch im konkre- 3
ten Fall nicht nach Art. 31 durch anderes Bundesrecht verdrängt werden, beanspruchen sie **Beachtung gegenüber den Gerichten der Länder** auch dann, wenn deren Entscheidungen **in einem bundesrechtlich geregelten Verfahren** ergehen (BVerfGE 96, 366 ff.; BVerfGK 8, 173). Sie sind auch in diesem Fall grundsätzlich zulässiger Prüfungsmaßstab für zu den Landesverfassungsgerichten erhobene Verfassungsbeschwerden (zu den Zulässigkeitsvoraussetzungen solcher Verfassungsbeschwerden im Näheren vgl. BVerfGE 96, 371 ff.).

## Artikel 143 [Abweichungen vom Grundgesetz für das Beitrittsgebiet]

(1) Recht in dem in Artikel 3 des Einigungsvertrags genannten Gebiet kann längstens bis zum 31. Dezember 1992 von Bestimmungen dieses Grundgesetzes abweichen, soweit und solange infolge der unterschiedlichen Verhältnisse die völlige Anpassung an die grundgesetzliche Ordnung noch nicht erreicht werden kann. Abweichungen dürfen nicht gegen Artikel 19 Abs. 2 verstoßen und müssen mit den in Artikel 79 Abs. 3 genannten Grundsätzen vereinbar sein.

(2) Abweichungen von den Abschnitten II, VIII, VIIIa, IX, X und XI sind längstens bis zum 31. Dezember 1995 zulässig.

(3) Unabhängig von Absatz 1 und 2 haben Artikel 41 des Einigungsvertrags und Regelungen zu seiner Durchführung auch insoweit Bestand, als sie vorsehen, daß Eingriffe in das Eigentum auf dem in Artikel 3 dieses Vertrags genannten Gebiet nicht mehr rückgängig gemacht werden.

**Allgemeines:** Art. 143 ist durch das G zum Einigungsvertrag vom 23.9.1990 1
(BGBl II S. 885) in das GG eingefügt worden, um über ein **modifiziertes Anwenden des Grundgesetzes** den notwendigen gesetzgeberischen Spielraum dafür zu schaffen, das Recht im beigetretenen Teil Deutschlands im Hinblick auf die unterschiedliche Nachkriegsentwicklung schrittweise in die nach dem GG gebotene Rechtsordnung überzuleiten (BVerfGE 107, 236). Abs. 1 und 2 hatten nur zeitliche Bedeutung; sie erlaubten – unbeschadet des in dem beigetretenen Teil Deutschlands in möglichst kurzer Zeit anzustrebenden Ziels eines vollen verfassungsgemäßen Zustands – dem gesamtdeutschen Gesetzgeber für eine Über-

gangszeit eine Abweichung von Verfassungsnormen in den Grenzen der unverzichtbaren Prinzipien des GG. Dabei enthielten sie – anders als der vermögensrechtl. Regelungen treffende und auf Dauer geltende Abs. 3 – keine Vorgaben an den Gesetzgeber. Das *in Artikel 3 des Einigungsvertrags genannte Gebiet* umfasst die ostdeutschen Bundesländer Brandenburg, Mecklenburg-Vorpommern, Sachsen, Sachsen-Anhalt, Thüringen und den Ostteil von Berlin (s. auch Einführung Rn. 4).

### Absätze 1 und 2: Abweichungen vom Grundgesetz

2   Die **Übergangsfristen**, bis zu deren Ablauf nach Abs. 1 und 2 Recht im Beitrittsgebiet von Vorschriften des GG abweichen konnte, sind seit Ende 1992 und 1995 verstrichen. Abs. 1 und 2 sind seitdem **obsolet** geworden (zum Inhalt der Regelungen vgl. zuletzt die Erläut. in Art. 143 Rn. 2 u. 3 der 6. Aufl. des Kommentars).

### Absatz 3: Bestandskraft von Eigentumseingriffen

3   Abs. 3 soll den verfassungsmäßigen Bestand der in und auf Grund von Art. 41 EV getroffenen Regelungen sichern, ohne insoweit dem Einigungsvertrag Verfassungsrang zu verleihen. In bestimmten Fällen, insbes. bei Enteignungen in der sowjetischen Besatzungszone vor Gründung der DDR (einschl. der Maßnahmen im Rahmen der Bodenreform – s. auch BVerfGE 84, 113 f.; 94, 32; 112, 20 f., 28 ff.; BVerwGE 99, 270 f.; BGHZ 133, 106), soll eine Naturalrestitution ausgeschlossen sein (bei anderen Enteignungsmaßnahmen gilt grundsätzlich das Prinzip der Restitution). Art. 14 soll nicht rückwirkend auf diese Fälle Anwendung finden, auch Entschädigung bzw. Ausgleich können gemäß Art. 135 a II abw. von Art. 14 III erfolgen. Die im Wesentlichen auf eine Forderung der DDR zurückgehende Regelung trägt den Wünschen der Sowjetunion im Rahmen der Verhandlungen zu dem Vertrag über die abschließende Regelung in Bezug auf Deutschland vom 12.9.1990 (BGBl II S. 1318) Rechnung und will **Rechtssicherheit und Rechtsfrieden** schaffen (krit. dazu Wasmuth, DÖV 1994, 986 ff.). Abs. 3 enthält jedoch kein verfassungsrechtl. Gebot, bestimmte Enteignungsmaßnahmen nicht mehr rückgängig zu machen. Er stellt nur klar, dass die in Art. 41 I EV i.V.m. der Gemeinsamen Erklärung vom 15.6.1990 zur Regelung offener Vermögensfragen (Anlage III EV) und die in 41 II EV enthaltenen Bestimmungen sowie die Regelungen zu deren Durchführung nicht unter Bezug auf Art. 14 und 15 verfassungsrechtl. in Frage gestellt werden können. „Unabhängig von Abs. 1 und 2" kann allerdings nicht dahin gehend ausgelegt werden, dass die Eigentumsregelungen nicht an Art. 79 III überprüft werden dürfen; denn Art. 79 III ist für den verfassungsändernden Gesetzgeber verbindlich (s. Art. 79 Rn. 4 u. BVerfGE 84, 120).

4   Soweit in dem Restitutionsausschluss für Enteignungen zwischen 1945 und 1949 (gemeint ist vor Gründung der DDR am 7.10.1949) trotz des Vorbehalts in Abs. 3 eine **Verletzung der Eigentumsfreiheit** nach Art. 14 und des allg. Gleichheitssatzes nach Art. 3 I gesehen wird, kann dem nicht gefolgt werden (BVerfGE 84, 117 f.; 94, 33 ff.; 112, 28 ff.; BVerwGE 96, 11 ff.; z.T. a.A. Scholz in Maunz/Dürig, Art. 143 Rn. 25 ff.). Gegen einen Verfassungsverstoß spricht, dass das GG selbst erst am 24.5.1949 in Kraft trat (s. Art. 145 Rn. 1) und für das Gebiet der DDR erst mit deren Beitritt am 3.10.1990 (ohne Rückwirkung; vgl. BVerfGE 97, 98) wirksam geworden ist und dass der Einigungsvertrag selbst nicht in das Eigentum eingreift (BVerfGE 84, 119 ff.). Unabhängig davon durfte die Bundesrepublik sich bei Vertragsabschluss zur Erreichung der deutschen Einheit auch insoweit auf das im Hinblick auf die Interessen der Sowjetunion und

der DDR polit. Mögliche beschränken (s. BVerfGE 40, 177; 84, 127 f.; 94, 34 ff.). Art. 143 III setzt nicht die Grundrechtsgeltung der Eigentumsgarantie außer Kraft. Ausgeschlossen werden soll nur, dass die ehemaligen Inhaber wieder in ihr altes Eigentumsrecht einrücken. Durchbrochen wird der Grundsatz, dass Substanzschutz und Naturalrestitution einer Verlustentschädigung vorgehen. Dies schließt jedoch weder die Privatisierung bestandskräftig enteigneter Objekte aus noch ist es unzulässig, diese den vormaligen Eigentümern vorrangig anzubieten und ihnen besonders günstige Konditionen für den Wiedererwerb (dazu BVerfGE 84, 131) einzuräumen (die dann zugleich Bestandteil von Ausgleichsmaßnahmen sein können). Weiterhin wird i.V.m. Art. 135 a II (vgl. dazu Art. 135 a Rn. 2) die Möglichkeit geschaffen, bei der Bemessung der Entschädigung unter der nach Art. 14 III gebotenen Höhe zu bleiben. Die in der Gemeinsamen Erklärung vom 15.6.1990 (Rn. 3) vorbehaltene Entscheidung über „staatl. **Ausgleichsleistungen"** schließt eine angemessene Entschädigung nicht aus, wenn diese durch das GG geboten wäre (BVerfGE 83, 173). Da der Einigungsvertrag bei anderen Enteignungsfällen grundsätzlich Restitution oder Entschädigung vorsieht, gebietet Art. 3 I auch für die Fälle des Art. 143 III eine Wiedergutmachung (BVerfGE 84, 129). Der Gesetzgeber hat hier jedoch – unter Berücksichtigung auch des Rechts- und des Sozialstaatsgebots (BVerfGE 102, 298 f.) – einen weiten Gestaltungsspielraum, in den auch die finanziellen Möglichkeiten des Staates einbezogen werden können (BVerfGE 84, 125, 130; 102, 299 ff.). Der Ausgleich hat allerdings unter Wahrung des verfassungsrechtl. Willkürverbots zu erfolgen (BVerfGE 102, 299). Dies ist nach Auffassung des BVerfG durch das AusgleichsleistungsG vom 27.9.1994 (BGBl I S. 2624, 2628) geschehen (BVerfGE 102, 299 ff., 319 ff.). Darüber hinaus ist wohl aus Gründen der Gleichheit auch ein Ausgleich für die Beeinträchtigung anderer Rechtsgüter geboten (s. BVerfGE 84, 130 f.; 102, 301). Zur speziellen Problematik der Bodenreform in der sowjetischen Besatzungszone vgl. BVerfGE 84, 90 ff.; 94, 12 ff.; 112, 1 ff.

## Artikel 143 a [Übergangsrecht für die früheren Bundeseisenbahnen]

(1) Der Bund hat die ausschließliche Gesetzgebung über alle Angelegenheiten, die sich aus der Umwandlung der in bundeseigener Verwaltung geführten Bundeseisenbahnen in Wirtschaftsunternehmen ergeben. Artikel 87 e Abs. 5 findet entsprechende Anwendung. Beamte der Bundeseisenbahnen können durch Gesetz unter Wahrung ihrer Rechtsstellung und der Verantwortung des Dienstherrn einer privat-rechtlich organisierten Eisenbahn des Bundes zur Dienstleistung zugewiesen werden.

(2) Gesetze nach Absatz 1 führt der Bund aus.

(3) Die Erfüllung der Aufgaben im Bereich des Schienenpersonennahverkehrs der bisherigen Bundeseisenbahnen ist bis zum 31. Dezember 1995 Sache des Bundes. Dies gilt auch für die entsprechenden Aufgaben der Eisenbahnverkehrsverwaltung. Das Nähere wird durch Bundesgesetz geregelt, das der Zustimmung des Bundesrates bedarf.

**Allgemeines:** Art. 143 a ist im Zuge der **Neuordnung des Eisenbahnwesens** durch G vom 20.12.1993 (BGBl I S. 2089) in das GG eingefügt worden. Die Vorschrift ist die Grundlage für die Lösung von Problemen im Zusammenhang mit der nach Art. 87 e III notwendigen (s. Art. 87 e Rn. 6) Umwandlung der früher in    **1**

*Hömig*    871

bundeseigener Verwaltung als Behörden geführten Bundeseisenbahnen in privat-rechtl. organisierte Unternehmen (vgl. auch BT-Dr 12/4610 S. 8).

### Absatz 1: Ausschließliche Gesetzgebung des Bundes

2 *Satz 1* wahrt dem Bund die **ausschließliche Gesetzgebungskompetenz umfassend** für alle Angelegenheiten, die im Zusammenhang mit der Umwandlung der früheren Bundeseisenbahnen in Wirtschaftsunternehmen stehen.

3 Die nach *Satz 2* gebotene entsprechende Anwendung des Art. 87 e V bedeutet, dass Gesetze, die auf der Grundlage des Satzes 1 ergehen, der **Zustimmung des Bundesrats** bedürfen. Dies gilt allerdings nur, soweit sie *Interessen der Länder* betreffen (so offenbar auch BT-Dr 12/6280 S. 9). Da es an dieser Voraussetzung bei allein den Bundesbereich berührenden Regelungen i.s. des Satzes 3 fehlt, sind solche Regelungen an die BRatszustimmung nicht gebunden (a.A. Gersdorf in v. Mangoldt/Klein/Starck, Art. 143 a Rn. 8).

4 *Satz 3* gibt dem Bund das Recht, **Beamte der früheren Bundeseisenbahnen,** die infolge der Zusammenführung der Sondervermögen „Deutsche Bundesbahn" und „Deutsche Reichsbahn" nach § 1 des G zur Zusammenführung und Neugliederung der Bundeseisenbahnen vom 27.12.1993 (BGBl I S. 2378) Beamte des daraus entstandenen Sondervermögens „Bundeseisenbahnvermögen" geworden sind, unmittelbar durch – nicht zustimmungsbedürftiges (s. vorstehend Rn. 3) – Gesetz einer im Zuge der Bahnreform nach Art. 87 e III gebildeten privatrechtl. organisierten Eisenbahn des Bundes zuzuweisen. Dabei handelt es sich nicht eigentlich um eine Kompetenznorm, weil Regelungen i.S. des Satzes 3 schon auf Satz 1 gestützt werden können. Sinn der Regelung ist es vielmehr vor allem, die Überleitung der von der Umwandlung der Bundeseisenbahnen in Wirtschaftsunternehmen betroffenen Beamten in ihr neues Betätigungsumfeld gegen verfassungsrechtl. Bedenken abzusichern, die möglicherweise – insbes. aus Art. 33 V – im Hinblick darauf erhoben werden könnten, dass die Überleitung *auch gegen den Willen* des Beamten vorgenommen werden kann (vgl. auch BT-Dr 12/4610 S. 8). Die Rechtsstellung des Beamten und die Verantwortung seines Dienstherrn sind allerdings nach Satz 3 in jedem Falle zu wahren. Unter Rechtsstellung ist die Gesamtheit der Rechte und Pflichten zu verstehen, die mit dem Beamtenstatus verbunden sind und sich aus ihm ableiten lassen (BVerwGE 133, 306). Der Status des Beamten wird durch die Zuweisung also nicht geändert (BGHSt 49, 217 f.; OVG Hamburg, NVwZ-RR 2005, 125 f.; weiter zur Reichweite dieser Bestandsgarantie Art. 143 b Rn. 6 u. dazu OVG Koblenz, DVBl 2006, 1598). *Dienstherr* ist *weiter der Bund* mit allen Rechten und Pflichten aus dem Beamtenverhältnis (BVerwGE 108, 276; 123, 109; zur Fürsorgeverpflichtung s. auch OVG Hamburg, NVwZ-RR 2005, 125 f.). Satz 3 ermächtigt – anders als Art. 143 b III 2 hinsichtlich der dort angesprochenen Unternehmen (s. Art. 143 b Rn. 7) – nicht dazu, Dienstherrenbefugnisse gegenüber den zugewiesenen Beamten durch die Deutsche Bahn als Beliehene ausüben zu lassen (BVerwGE 133, 306 f.). Zuweisungsregelungen i.S. des Art. 143 a I 3 enthält § 12 II und III DBGrG (BGHSt 49, 216). Zur Zahl der bei der Deutschen Bahn AG Ende 2007 beschäftigten Bundesbeamten und zur voraussichtlichen Dauer ihrer Beschäftigung vgl. BT-Dr 16/7653 S. 1.

### Absatz 2: Bundeseigene Verwaltung

5 Abs. 2 regelt einen Fall der obligatorischen Bundeseigenverwaltung. Die Vorschrift gilt für „Gesetze nach Abs. 1" und erfasst deshalb nicht nur Gesetze, die auf der Grundlage des Abs. 1 Satz 1 ergangen sind, sondern auch Gesetze mit

dem in Abs. 1 Satz 3 genannten Inhalt. Vollzugsbehörde ist das **Bundeseisen-bahnvermögen** (Verwaltungsbereich) mit seinen Dienststellen (näher dazu die §§ 3 u. 6 des in Rn. 4 genannten G zur Zusammenführung u. Neugliederung der Bundeseisenbahnen sowie BT-Dr 12/4609 [neu] S. 60 f.).

**Absatz 3: Schienenpersonennahverkehr**

Nach Abs. 3 blieben die Aufgaben im Bereich des Schienenpersonennahverkehrs  6
der **früheren Bundeseisenbahnen** in ihrem überkommenen Bestand (vgl. dazu
Art. 87 e Rn. 3) übergangsweise bis zum 31.12.1995 beim Bund. Seit dem
1.1.1996 obliegt die Aufgaben- und Finanzverantwortung auch für diesen Teil
des öffentl. Personennahverkehrs den Ländern (s. Art. 87 e Rn. 4 u. 11).

## Artikel 143 b  [Übergangsrecht für die frühere Deutsche Bundespost]

(1) Das Sondervermögen Deutsche Bundespost wird nach Maßgabe eines Bundesgesetzes in Unternehmen privater Rechtsform umgewandelt. Der Bund hat die ausschließliche Gesetzgebung über alle sich hieraus ergebenden Angelegenheiten.

(2) Die vor der Umwandlung bestehenden ausschließlichen Rechte des Bundes können durch Bundesgesetz für eine Übergangszeit den aus der Deutschen Bundespost POSTDIENST und der Deutschen Bundespost TELEKOM hervorgegangenen Unternehmen verliehen werden. Die Kapitalmehrheit am Nachfolgeunternehmen der Deutschen Bundespost POSTDIENST darf der Bund frühestens fünf Jahre nach Inkrafttreten des Gesetzes aufgeben. Dazu bedarf es eines Bundesgesetzes mit Zustimmung des Bundesrates.

(3) Die bei der Deutschen Bundespost tätigen Bundesbeamten werden unter Wahrung ihrer Rechtsstellung und der Verantwortung des Dienstherrn bei den privaten Unternehmen beschäftigt. Die Unternehmen üben Dienstherrenbefugnisse aus. Das Nähere bestimmt ein Bundesgesetz.

**Allgemeines:** Art. 143 b ist im Rahmen der **Neuordnung des Postwesens und der**  1
**Telekommunikation** durch G vom 30.8.1994 (BGBl I S. 2245) in das GG eingefügt worden. Die Vorschrift ist die Grundlage für die Lösung von Problemen im Zusammenhang damit, dass Dienstleistungen im Bereich des Postwesens und der Telekommunikation nach Art. 87 f II 1 nicht mehr – wie bis zum Inkrafttreten der Postreform II (s. Art. 87 f Rn. 1) – durch in Behördenform geführte Unternehmen, sondern als privatwirtsch. Tätigkeiten durch private Anbieter erbracht werden (vgl. Art. 87 f Rn. 5).

**Absatz 1: Umwandlung des Sondervermögens Deutsche Bundespost**

Die Regelung in *Satz 1*, das frühere Sondervermögen Deutsche Bundespost nach  2
Maßgabe eines Bundesgesetzes in **Unternehmen privater Rechtsform** umzuwandeln, steht im Zusammenhang mit der Entscheidung des Verfassungsgesetzgebers in Art. 87 f II 1, die Erbringung von Dienstleistungen im Bereich des Postwesens und der Telekommunikation als privatwirtsch. Tätigkeiten privaten Anbietern, darunter den aus dem Sondervermögen Deutsche Bundespost hervorgegangenen Unternehmen, vorzubehalten und so die Voraussetzungen dafür zu schaffen, dass Deutschland durch diese Anbieter in einem weltweit zunehmend liberalisierten Markt für Post- und Kommunikationsdienstleistungen wettbewerbsfähig bleibt (vgl. BVerwGE 126, 185; 132, 307). Die Umwidmung der bisherigen Leistungs-

erbringer von im Exekutivbereich des Bundes geführten Unternehmen mit Behördencharakter in private Wirtschaftsunternehmen ist damit bereits in Art. 87 f II 1 angelegt. Art. 143 b I 1 knüpft bestätigend an diese Festlegung an und bestimmt gleichzeitig, dass die für die Umwandlung erforderlichen Rechtsgrundlagen – ohne Zustimmung des BRats – durch Bundesgesetz zu schaffen sind. Nicht *ob* umgewandelt wird, sondern allein *wie* dies des Näheren geschehen soll, hat danach der – dafür allein zuständige – Bundesgesetzgeber zu entscheiden (s. auch BT-Dr 12/6717 S. 4). Dazu gehört insbes. die Entscheidung darüber, welche private Rechtsform die Nachfolgeunternehmen der Deutschen Bundespost erhalten sollen. Im PostumwandlungsG vom 14.9.1994 (BGBl I S. 2325, 2339) sind die Unternehmen mit Wirkung zum 1.1.1995 in Aktiengesellschaften mit den Gründungsnamen Deutsche Post AG, Deutsche Postbank AG und Deutsche Telekom AG umgebildet worden.

3  *Satz 2* entspricht der Regelung in Art. 143 a I 1 und erweitert die Gesetzgebungszuständigkeit des Bundes nach Satz 1 (dazu vorstehend Rn. 2) um die **ausschließliche Kompetenz** für alle Angelegenheiten, die sich aus der Umwandlung i.s. des Satzes 1 ergeben. Die Gesetzgebungszuständigkeit geht wie diejenige nach den Abs. 2 und 3 als speziellere der Regelungsbefugnis nach Art. 73 I Nr. 7 vor.

### Absatz 2: Monopolüberleitung, Veräußerungssperre

4  *Satz 1* gibt dem Bund eine besondere Gesetzgebungskompetenz (BVerfGE 108, 388 f.). Auf ihrer Grundlage wurden die **ausschließlichen Rechte des Bundes**, d.h. die Monopole, die bis zur Umwandlung i.S. des Abs. 1 Satz 1 auf dem Gebiet des Post- und Fernmeldewesens bestanden, durch Bundesgesetz zunächst generell **für eine Übergangszeit** aufrechterhalten und **auf** die **Nachfolgeunternehmen der Deutschen Bundespost POSTDIENST und der Deutschen Bundespost TELEKOM übertragen** (vgl. die jeweils bis zum 31.12.1997 befristeten Regelungen in § 2 PostG a.F. u. § 1 FAnlG i.d.F. des PostneuordnungsG v. 14.9.1994, BGBl I S. 2325). Damit sollte den strukturellen Veränderungen insbes. im Bereich der Post (s. BT-Dr 13/7774 S. 33 zu § 50) und der weiteren Entwicklung des Postwesens und der Telekommunikation im Rahmen der EU (vgl. BT-Dr 12/8060 S. 182) Rechnung getragen werden (im Einzelnen BVerfGE 108, 390 ff., 398 f.). Eine Verpflichtung zu einer solchen Regelung bestand nicht (BVerwG, NVwZ 2007, 1327). Die Dauer der Übergangszeit ist im GG selbst nicht bestimmt. Dieses ist insoweit also entwicklungsoffen gehalten. Der einfache Gesetzgeber, der bei Inspruchnahme der Ermächtigung des Abs. 2 Satz 1 nicht an die Zustimmung des BRats gebunden war (BVerfGE 108, 397), hatte daher bei der Festlegung des Übergangszeitraums einen Einschätzungs- und Gestaltungsspielraum (BT-Dr 13/7774 S. 33 zu § 50). Auf dieser Grundlage fanden das Übertragungswege- und das Sprachtelefondienstmonopol der Deutschen Telekom AG zufolge des Telekommunikationsvom 25.7.1996 (BGBl I S. 1120) zum 1.8.1996 bzw. 1.1.1998 ihr Ende. Das Gleiche gilt auf Grund des PostG vom 22.12.1997 (BGBl I S. 3294) seit dem 1.1.1998 für die bisherigen Monopole der Deutschen Post AG mit Ausnahme der – praktisch besonders wichtigen – Exklusivlizenz für die gewerbsmäßige Beförderung der von § 51 PostG erfassten Briefsendungen und Kataloge. Die Fortdauer dieses Ausschließlichkeitsrechts war ursprünglich bis zum 31.12.2002 befristet und wurde sodann noch einmal bis Ende 2007 um fünf Jahre verlängert (s. G vom 2.9.2001, BGBl I S. 2271, u. Art. 2 des G v. 16.8.2002, BGBl I S. 3218). Das begegnete in der konkreten Ausgestaltung, die die Maßgaben von Art. 87 f I und II 1 hinreichend beachtete, verfassungsrechtl. keinen Bedenken (BVerfGE 108, 392 ff.; BVerfGK 2, 183).

*Sätze 2 und 3:* Die **Veräußerung von Anteilen des Bundes an den** aus dem Son- 5
dervermögen Deutsche Bundespost hervorgegangenen **Nachfolgeunternehmen**
unterliegt nach Satz 2 Beschränkungen nur in Bezug auf die Deutsche Post AG
als Nachfolgeunternehmen der Deutschen Bundespost POSTDIENST. Insoweit
musste die Kapitalmehrheit des Bundes vom Zeitpunkt des Wirksamwerdens der
Rechtsnachfolge (1.1.1995) an mindestens fünf Jahre lang gewahrt bleiben; Veräußerungen von Anteilsrechten, die diese Mehrheit nicht in Frage stellten, waren
sofort möglich. Die Aufgabe der Kapitalmehrheit des Bundes nach Ablauf der
Fünfjahresfrist bedurfte der Regelung durch Bundesgesetz, das – anders als das
Gesetz nach Satz 1 – an die **Zustimmung des Bundesrats** gebunden war. Durch
Art. 1 des G vom 18.1.2002 (BGBl I S. 416) ist eine entsprechende Regelung getroffen und der Bund ermächtigt worden, die Kapitalmehrheit am Unternehmen
Deutsche Post AG aufzugeben. Das ist inzwischen in mehreren Schritten geschehen. Dem Bund noch verbliebene Anteile führen dazu, dass dieser das Wettbe-
werbsverhalten des von ihm (mit)getragenen Unternehmens (s. Art. 87 f Rn. 5)
mittels der Regulierungsbehörde (vgl. Art. 87 f Rn. 6) selbst reguliert. Seine Anteile an der Deutsche Postbank AG hat der Bund schon zum 1.1.1999 an die
Deutsche Post AG veräußert.

### Absatz 3: Weiterbeschäftigung der Postbeamten

*Satz 1:* Abs. 3 schaffte die Voraussetzung dafür, dass die Umwandlung nach 6
Abs. 1 in personeller Hinsicht möglichst flexibel funktionierte. Die Vorschrift ermöglicht es, die Bundesbeamten, die früher bei der Deutschen Bundespost beschäftigt waren, **ohne Statusänderung**, also als Beamte (vgl. BVerwGE 103, 377;
s. auch Art. 33 Rn. 15) im Rahmen ihres öffentl. Dienst- und Treueverhältnisses,
bei den – aus dem Sondervermögen Deutsche Bundespost hervorgegangenen –
privaten Unternehmen amtsangemessen weiterzubeschäftigen (vgl. auch
BVerwGE 132, 307). Satz 1 stellt, insoweit Art. 143 a I 3 nachgebildet, ausdrücklich klar, dass die genannten Personen unter Wahrung ihrer Rechtsstellung, d.h.
der Gesamtheit der ihnen kraft ihres Status zukommenden Rechte und Pflichten
aus dem Beamtenverhältnis (BVerwGE 132, 308), und der Verantwortung ihres
Dienstherrn beschäftigt werden (zur tatsächlichen Situation Mitte 2009 s. BT-Dr
16/13403). Das bedeutet, dass der *Bund weiterhin Dienstherr* ist (vgl. BVerfG,
NVwZ 2003, 74; BVerwGE 103, 377; BVerwG, NVwZ-RR 2009, 893), die
Bundesbeamten der früheren Deutschen Bundespost aber bei dem zuständigen –
privatwirtsch. agierenden (s. Art. 87 f Rn. 5) – Nachfolgeunternehmen beschäftigt werden, und zwar als Beamte, für die uneingeschränkt die hergebrachten
Grundsätze des Berufsbeamtentums i.S. von Art. 33 V gelten (BVerwGE 132, 43;
BFHE 236, 430; vgl. auch BVerwG, NVwZ-RR 2009, 894: kein zulässiger Per-
sonalüberhang bei den Nachfolgeunternehmen) und die deshalb nicht wie Arbeitnehmer behandelt werden dürfen (s. auch BVerfG, NVwZ 2003, 74: keine
disziplinarrechtl. Gleichbehandlung mit Arbeitnehmern der Deutschen Telekom
AG). Zu der den ehemals bei der Deutschen Bundespost beschäftigten Bundesbeamten danach weiterhin gesicherten Rechtsstellung gehört auch der Anspruch
auf gleiche Alimentation der Bundesbeamten. Dass die jetzt bei den Postnachfol-
geunternehmen beschäftigten Beamten vielfach nicht mehr mit hoheitlichen Aufgaben befasst sind und sich ihre Tätigkeit insoweit von der Tätigkeit der meisten
anderen Bundesbeamten unterscheidet, schließt diesen Anspruch nicht aus
(BVerfGE 130, 68 f.). Die mit Satz 1 verbundene **Weiterbeschäftigungsgarantie**,
kraft welcher die Unternehmen zur Weiterbeschäftigung des übernommenen Personals verpflichtet sind, gilt nicht nur für Veränderungen des Statusamtes, sondern erstreckt sich auch auf Funktionsämter (BVerwGE 132, 43 f.; 132, 307). Ei-

ne darüber hinausgehende Intention ist Satz 1 dagegen nicht zu entnehmen. Er schafft für die Nachfolgeunternehmen der Deutschen Bundespost insbes. keinen Gestaltungsspielraum über Art. 33 V hinaus (BVerwGE 126, 185 f.; BVerwG, NVwZ 2006, 1292) und vermittelt keinen Schutz vor Änderung oder Aufhebung der nicht durch Art. 33 V geschützten, nur auf Grund einfachgesetzl. Regelung beim Übergang auf die Nachfolgeunternahmen bestehenden Rechte der Beamten (BVerfGE 130, 69 f.). Allerdings schließt dies eine Gewährleistungspflicht des Bundes gegenüber diesen Unternehmen zur Weiterbeschäftigung seiner Beamten im eigenen Verwaltungsbereich nicht aus (zur tatsächlichen Lage Mitte 2009 vgl. BT-Dr 16/13403 S. 8 f.), wenn es den Unternehmen aus unternehmens-, betriebs- oder marktwirtsch. Gründen unmöglich oder unzumutbar wird, bestimmte Beamte bei sich weiterhin amtsangemessen zu beschäftigen (näher dazu mit Blick auf die Deutsche Telekom AG Badura, DÖV 2006, 757 ff.; 2010, 534 ff.; s. auch OVG Münster, ZBR 2009, 132).

7 *Satz 2* vervollständigt Satz 1 dahin, dass die privaten Unternehmen, bei denen die von der Deutschen Bundespost übernommenen Beamten weiterbeschäftigt werden, ermächtigt werden, die **Dienstherrenbefugnisse** auszuüben, die dem Bund als Diensther (vgl. Rn. 6) zustehen. Die Regelung trägt Art. 33 V Rechnung (s. auch BVerwGE 132, 306 f.), der nach der Rspr. des BVerfG und des BVerwG verlangt, dass der Beamte nur Stellen seines Dienstherrn verantwortlich ist, die durch ein hierarchisches Über- und Unterordnungsverhältnis eine Einheit bilden, und dass auch nur solche Stellen zur Beurteilung des Beamten und zu den sonstigen seine Laufbahn bestimmenden Maßnahmen befugt sind (BVerfGE 9, 286 f.; BVerwGE 69, 305 f.). Da es an einer derartigen Einheit im Verhältnis zwischen dem *Bund* und dem beschäftigenden Unternehmen fehlt, will Satz 2 dem daraus resultierenden Verfassungsrisiko in der Weise vorbeugen, dass die Unternehmen im Wege der **Beleihung** (BVerwGE 103, 377; 111, 232; zu den sich daraus ergebenden Konsequenzen vgl. BVerwG, NVwZ-RR 2009, 893) in den Stand gesetzt werden, die dem Dienstherrn Bund obliegenden Rechte und Pflichten wahrzunehmen (BT-Dr 12/6717 S. 4 f.). Durch die damit verbundene Rechtsaufsichtspflicht des Bundes wird sichergestellt, dass dieser entsprechend Satz 1 seiner Verantwortung gegenüber den früheren Beamten der Deutschen Bundespost auch weiterhin gerecht werden kann.

8 **Das Nähere** i.S. des *Satzes 3*, der nur ein einfaches, nicht an die Zustimmung des BRats gebundenes Bundesgesetz verlangt, ist vor allem in dem PostpersonalrechtsG vom 14.9.1994 (BGBl I S. 2325, 2353) bestimmt (s. darüber hinaus auch § 2 des PostsozialversicherungsorganisationsG v. 14.9.1994, BGBl I S. 2325, 2338). Danach werden die Beamten, deren Beschäftigungsbehörde am Tag vor der Eintragung der übernehmenden Aktiengesellschaft (vgl. oben 2) in das Handelsregister ein Unternehmen der Deutschen Bundespost war, mit der Eintragung bei der diesem Unternehmen nachfolgenden Aktiengesellschaft beschäftigt, sofern sie nicht zu einer anderen Stelle versetzt wurden oder ihr Beamtenverhältnis vorher endete (§ 2 I). § 1 I des Gesetzes bekräftigt und konkretisiert die bereits in Art. 143 b III 2 ausgesprochene Beleihung, § 20 regelt die Rechtsaufsicht des Bundes über die Wahrnehmung der Dienstherrenbefugnisse durch die beliehenen Unternehmen. Auf der Grundlage von Satz 3 sind auch Regelungen möglich, die es den Nachfolgeunternehmen gestatten, die von ihnen wahrgenommenen Dienstherrenbefugnisse so auszuüben, dass die wirtsch. Unternehmerinteressen im Wettbewerb mit Konkurrenzunternehmen nicht unangemessen beeinträchtigt werden.

## Artikel 143 c [Ausgleich für bisherige Mischfinanzierungen]

(1) Den Ländern stehen ab dem 1. Januar 2007 bis zum 31. Dezember 2019 für den durch die Abschaffung der Gemeinschaftsaufgaben Ausbau und Neubau von Hochschulen einschließlich Hochschulkliniken und Bildungsplanung sowie für den durch die Abschaffung der Finanzhilfen zur Verbesserung der Verkehrsverhältnisse der Gemeinden und zur sozialen Wohnraumförderung bedingten Wegfall der Finanzierungsanteile des Bundes jährlich Beträge aus dem Haushalt des Bundes zu. Bis zum 31. Dezember 2013 werden diese Beträge aus dem Durchschnitt der Finanzierungsanteile des Bundes im Referenzzeitraum 2000 bis 2008 ermittelt.

(2) Die Beträge nach Absatz 1 werden auf die Länder bis zum 31. Dezember 2013 wie folgt verteilt:
1. als jährliche Festbeträge, deren Höhe sich nach dem Durchschnittsanteil eines jeden Landes im Zeitraum 2000 bis 2003 errechnet;
2. jeweils zweckgebunden an den Aufgabenbereich der bisherigen Mischfinanzierungen.

(3) Bund und Länder überprüfen bis Ende 2013, in welcher Höhe die den Ländern nach Absatz 1 zugewiesenen Finanzierungsmittel zur Aufgabenerfüllung der Länder noch angemessen und erforderlich sind. Ab dem 1. Januar 2014 entfällt die nach Absatz 2 Nr. 2 vorgesehene Zweckbindung der nach Absatz 1 zugewiesenen Finanzierungsmittel; die investive Zweckbindung des Mittelvolumens bleibt bestehen. Die Vereinbarungen aus dem Solidarpakt II bleiben unberührt.

(4) Das Nähere regelt ein Bundesgesetz, das der Zustimmung des Bundesrates bedarf.

**Allgemeines:** Art. 143 c ist durch die **Föderalismusreform I** (s. Einführung Rn. 6) eingefügt worden. Er enthält **finanzielle Übergangs- und Folgeregelungen** im Zusammenhang mit der Abschaffung der Gemeinschaftaufgaben Hochschulbau (Art. 91 a I Nr. 1 a.F.) und Bildungsplanung (Art. 91 b Satz 1 a.F.) sowie dem Auslaufen der Finanzhilfen zur Verbesserung der Verkehrsverhältnisse der Gemeinden und zur sozialen Wohnraumförderung (BT-Dr 16/813 S. 22 zu Nr. 23; vgl. auch Art. 125 c Rn. 3). **1**

### Absatz 1: Allgemeine Bedeutung

Abs. 1 regelt die Zeitspanne, während welcher der Bund Finanzleistungen, die er auf Grund der im Rahmen der Föderalismusreform I aufgehobenen Verfassungsbestimmungen und der abgeschafften, auf Art. 104 a IV a.F. beruhenden Finanzhilfen auf den zwei in Rn. 1 genannten – finanziell bedeutenden – Gebieten zugunsten der Länder erbracht hat, weiterhin aufwendet. Dabei nennt Satz 1 den Gesamtzeitraum bis Ende 2019, in dem die Länder noch Bundesmittel beanspruchen können. Satz 2 legt i.V.m. Abs. 2 darüber hinaus fest, dass die Leistungen des Bundes **bis Ende 2013 in gleicher Höhe und Verteilung** auf die Länder, und zwar gebunden für die Zwecke der aufgehobenen Rechtsbestimmungen, erbracht werden. Die Mischfinanzierungsvolumina sind damit für die Übergangszeit von sieben Jahren festgeschrieben, allerdings ohne die in den aufgehobenen Rechtsbestimmungen enthaltenen Mitwirkungsrechte des Bundes und ohne eine Verpflichtung der Länder zur Mitfinanzierung. Die verfassungsrechtl. Festschreibung so hoher Ausgabebeträge (im Einzelnen s. die §§ 2, 3 des als Art. 13 des Föderalismusreform-BegleitG v. 5.9.2006, BGBl I S. 2098, ergangenen EntflechtungsG) **2** über einen Zeitraum von bis zu 13 Jahren ist angesichts der Budgethoheit des Parlaments problematisch.

3 Die im System der Verfassung angelegte und für solche Fälle vorgesehene Regelung, die Lastenverschiebung über die Umsatzsteuerverteilung vorzunehmen (Art. 106 III u. IV), wird durch die vorliegende Vorschrift vermieden, weil einerseits die Änderung der Umsatzsteuerverteilung zwischen Bund und Ländern nicht die den Ausgabezwecken entsprechende Verteilungswirkung unter den Ländern hätte und andererseits die Förderung der mischfinanzierten Sachzwecke, jedenfalls was die Bundesmittel betrifft, aufrechterhalten werden soll. Es handelt sich neben Art. 106 a und Art. 106 b um eine weitere **systemfremde kasuistische Regelung.** Zusammen mit der gleichfalls kasuistischen Bestimmung des § 1 FAG (zum FAG s. Art. 106 Rn. 17) fördert das die Unübersichtlichkeit des verfassungsrechtl. Finanzsystems.

**Absätze 2- 4: Einzelheiten**

4 Die Einzelheiten der Regelung des Art 143 c sind in dessen Abs. 2–4 sowie in dem auf der Grundlage des Abs. 4 ergangenen EntflechtungsG (vgl. Rn. 2) enthalten. Hinsichtlich der nach Abs. 3 Satz 1 für spätestens 2013 vorgesehenen Überprüfung der weiteren Erforderlichkeit der vom Bund geleisteten Zahlungen bleibt offen, ob bei einer Nichteinigung der Beteiligten die Leistungen des Bundes unverändert fortgeführt werden sollen oder was sonst zu geschehen hat. Die Erwähnung des Solidarpakts II (BT-Dr 14/6577, Ziff. II) in Abs. 3 Satz 3 wird nicht als eine verfassungsrechtl. Festschreibung der in dem Pakt festgelegten Beträge anzusehen sein.

### Artikel 143 d [Übergangsregelung zu Art. 109 und Art. 115, Konsolidierungshilfen]

(1) Artikel 109 und 115 in der bis zum 31. Juli 2009 geltenden Fassung sind letztmals auf das Haushaltsjahr 2010 anzuwenden. Artikel 109 und 115 in der ab dem 1. August 2009 geltenden Fassung sind erstmals für das Haushaltsjahr 2011 anzuwenden; am 31. Dezember 2010 bestehende Kreditermächtigungen für bereits eingerichtete Sondervermögen bleiben unberührt. Die Länder dürfen im Zeitraum vom 1. Januar 2011 bis zum 31. Dezember 2019 nach Maßgabe der geltenden landesrechtlichen Regelungen von den Vorgaben des Artikels 109 Absatz 3 abweichen. Die Haushalte der Länder sind so aufzustellen, dass im Haushaltsjahr 2020 die Vorgabe aus Artikel 109 Absatz 3 Satz 5 erfüllt wird. Der Bund kann im Zeitraum vom 1. Januar 2011 bis zum 31. Dezember 2015 von der Vorgabe des Artikels 115 Absatz 2 Satz 2 abweichen. Mit dem Abbau des bestehenden Defizits soll im Haushaltsjahr 2011 begonnen werden. Die jährlichen Haushalte sind so aufzustellen, dass im Haushaltsjahr 2016 die Vorgabe aus Artikel 115 Absatz 2 Satz 2 erfüllt wird; das Nähere regelt ein Bundesgesetz.

(2) Als Hilfe zur Einhaltung der Vorgaben des Artikels 109 Absatz 3 ab dem 1. Januar 2020 können den Ländern Berlin, Bremen, Saarland, Sachsen-Anhalt und Schleswig-Holstein für den Zeitraum 2011 bis 2019 Konsolidierungshilfen aus dem Haushalt des Bundes in Höhe von insgesamt 800 Millionen Euro jährlich gewährt werden. Davon entfallen auf Bremen 300 Millionen Euro, auf das Saarland 260 Millionen Euro und auf Berlin, Sachsen-Anhalt und Schleswig-Holstein jeweils 80 Millionen Euro. Die Hilfen werden auf der Grundlage einer Verwaltungsvereinbarung nach Maßgabe eines Bundesgesetzes mit Zustimmung

*Kienemund*

des Bundesrates geleistet. Die Gewährung der Hilfen setzt einen vollständigen Abbau der Finanzierungsdefizite bis zum Jahresende 2020 voraus. Das Nähere, insbesondere die jährlichen Abbauschritte der Finanzierungsdefizite, die Überwachung des Abbaus der Finanzierungsdefizite durch den Stabilitätsrat sowie die Konsequenzen im Falle der Nichteinhaltung der Abbauschritte, wird durch Bundesgesetz mit Zustimmung des Bundesrates und durch Verwaltungsvereinbarung geregelt. Die gleichzeitige Gewährung der Konsolidierungshilfen und Sanierungshilfen auf Grund einer extremen Haushaltsnotlage ist ausgeschlossen.

(3) Die sich aus der Gewährung der Konsolidierungshilfen ergebende Finanzierungslast wird hälftig von Bund und Ländern, von letzteren aus ihrem Umsatzsteueranteil, getragen. Das Nähere wird durch Bundesgesetz mit Zustimmung des Bundesrates geregelt.

**Allgemeines:** Art. 143 d ist im Zuge der **Föderalismusreform II** (vgl. Einführung  1
Rn. 7) eingefügt worden und regelt die Anwendung der Art. 109 und 115 für Bund und Länder. Mit den darin enthaltenen und weit in die Zukunft reichenden Übergangszeiträumen soll eine Anpassung der Haushalte von Bund und Ländern an die neuen Schuldenbegrenzungsregeln ermöglicht werden.

### Absatz 1: Übergangsregelung

Nach den *Sätzen 1 und 2* blieben **für** das **Haushaltsjahr 2010** die **Art. 109**  2
**und 115** in ihrer bisherigen Fassung weiter anwendbar. Anwendbar war insbes. Art. 109 II a.F., nach dem Bund und Länder bei ihrer Haushaltswirtschaft den Erfordernissen des gesamtwirtsch. Gleichgewichts Rechnung zu tragen haben. Zugleich blieb die Möglichkeit bestehen, Sondervermögen mit eigener Kreditermächtigung außerhalb des Bundeshaushalts einzurichten (Art. 115 II a.F.; näher dazu BT-Dr 16/12410 S. 13).

Die *Sätze 3 und 4* enthalten die maßgebliche **Übergangsregelung für die Länder.**  3
Von der Beachtung der Vorgaben aus Art. 109 III (Haushaltsausgleich ohne Kreditaufnahme) sind die Länder bis zum Jahr 2020 freigestellt. Erst ab diesem Zeitpunkt gilt das länderbezogene Verschuldensverbot. Allerdings sind die Haushalte der Länder nach Satz 4 so aufzustellen, dass im Haushaltsjahr 2020 die Vorgabe aus Art. 109 III 5 erfüllt wird. Die Bestimmung enthält nicht nur einen unverbindlichen Programmsatz, sondern angesichts ihres Wortlauts („sind … aufzustellen") eine Rechtspflicht (str; s. G. Kirchhof in v. Mangoldt/Klein/Starck, Art. 143 d Rn. 10 m.w.N.). Zeitgleich zum Ablauf des Jahres 2019 treten die Regelungen zum Finanzausgleich außer Kraft (vgl. § 20 FAG); in der zur Sicherung einer Anschlussregelung davor liegenden Verhandlungsphase wird der Gesamtkomplex der Bund/Länder-Finanzbeziehungen grundsätzlich neu festzulegen sein.

Die *Sätze 5–7* enthalten die **Übergangsregelungen für den Bund.** In der Zeit  4
bis 2015 ist dieser von der Beachtung der Schuldenbegrenzungsregel in Art. 115 II 2 (Deckelung der Kreditaufnahme auf 0,35 vH des nominalen Bruttoinlandsprodukts) freigestellt. Zugleich muss der Bund in der Übergangsphase 2011–2015 das bestehende strukturelle Defizit abbauen, beginnen sollte er hiermit im Jahre 2011. Nach der Gesetzesbegründung wurde durch die Soll-Regelung der im Zeitpunkt des Abschlusses des Gesetzgebungsverfahrens noch nicht ausgeräumten Prognoseunsicherheit Rechnung getragen, ob im Jahre 2011 keine weiteren Maßnahmen zur Bekämpfung der Finanzmarktkrise oder zur Überwindung ihrer negativen Auswirkungen erforderlich werden würden (BT-Dr 16/12410 S. 13 f.). Für den Bund greift damit die neue Schuldenbremse erst ab dem Jahr 2016.

## Absatz 2: Konsolidierungshilfen

5 Zur Einhaltung der sich aus Art. 109 III ergebenden Verpflichtung auf strukturell ausgeglichene Haushalte (vgl. BT-Dr 16/12410 S. 14) erhalten die hilfebedürftigen Länder Berlin, Bremen, Saarland, Sachsen-Anhalt und Schleswig-Holstein nach *Satz 1* für den Zeitraum 2011–2019 sog. **Konsolidierungshilfen aus dem Bundeshaushalt.** Hiermit wird an die Praxis der Gewährung von Sonderbedarfs-Bundesergänzungszuweisungen (BEZ) angeknüpft, die ebenfalls aus dem Haushalt des Bundes gezahlt wurden. In seiner Entscheidung vom 19.10.2006 hat das BVerfG dazu festgestellt, der Einsatz von BEZ zum Zweck der Sanierung eines Landeshaushalts stoße auf grundsätzliche verfassungsrechtl. Bedenken und sei deshalb nur als ultima ratio erlaubt (BVerfGE 116, 386). Die neue Bestimmung stellt die Gewährung von Bundeshilfen nunmehr auf eine eigene verfassungsrechtl. Grundlage. *Satz 2* regelt die horizontale Verteilung des Gesamtjahresbetrags von 800 Millionen Euro auf die genannten Länder, *Satz 3* sieht für die Durchführung den Abschluss einer Verwaltungsvereinbarung mit allen Beteiligten vor, wobei der Inhalt der Vereinbarung durch § 2 des auf der Grundlage von Satz 3 ergangenen G zur Gewährung von Konsolidierungshilfen (KonsHilfG) G vom 10.8.2009 (BGBl I S. 2705) weitreichend vorgeprägt wird. Die *Sätze 4 und 5* enthalten detaillierte Vorgaben sogar auf verfassungsrechtl. Ebene zum Abbau bestehender Finanzierungsdefizite bis spätestens Ende 2020 (vgl. auch dazu § 2 KonsHilfG; ferner BremStGH, NdsVBl 2012, 116). Eine maßgebliche Rolle für den Erfolg der Konsolidierungsmaßnahmen kommt dem Stabilitätsrat (zu ihm s. Art. 109 a Satz 1 Nr. 1 u. Art. 109 a Rn. 1 f.) zu, dem Überprüfungsrechte für die Durchführung der im jeweiligen Jahr notwendigen Konsolidierungschritte zustehen und der im Fall der Nichteinhaltung Verwarnungen aussprechen kann (§ 2 III KonsHilfG). Nach *Satz 6* ist künftig zugunsten der Empfängerländer eine zusätzliche Gewährung von Sanierungshilfen wegen einer extremen Haushaltsnotlage in der bisher bekannten Form nicht mehr zulässig.

## Absatz 3: Finanzlastverteilung

6 Abs. 3 enthält eine besondere **Verteilungsregel für** die **Aufbringung der Konsolidierungshilfen.** Die Auszahlung der Hilfen erfolgt aus dem Haushalt des Bundes (Abs. 2 Satz 1). Die Länder erbringen ihren (hälftigen) Anteil an den Konsolidierungshilfen aus ihrem Umsatzsteueranteil. Die Ausführungsregelung dazu findet sich in § 1 Satz 16 und 17 FAG.

## Artikel 144 [Annahme des Grundgesetzes, Berlin]

(1) Dieses Grundgesetz bedarf der Annahme durch die Volksvertretungen in zwei Dritteln der deutschen Länder, in denen es zunächst gelten soll.

(2) Soweit die Anwendung dieses Grundgesetzes in einem der in Artikel 23 aufgeführten Länder oder in einem Teile eines dieser Länder Beschränkungen unterliegt, hat das Land oder der Teil des Landes das Recht, gemäß Artikel 38 Vertreter in den Bundestag und gemäß Artikel 50 Vertreter in den Bundesrat zu entsenden.

## Absatz 1: Annahme des Grundgesetzes

1 Das GG ist 1949 nicht durch Volksabstimmung **"angenommen"** worden, sondern (zusätzlich zu der Beschlussfassung des ParlRats) **durch** die **Volksvertretungen** der damals bestehenden zwölf Länder (zu diesen s. Art. 23 a.F. u. Einführung

Rn. 1). Die erforderliche Zweidrittelmehrheit wurde überschritten; nur der bayerische Landtag hat abgelehnt, zugleich aber ausdrücklich die Zugehörigkeit Bayerns zur Bundesrepublik Deutschland bejaht (vgl. auch Art. 178 BayVerf u. BayVerfGH 44, 85). In Berlin (West) wurde die „Annahme" beschlossen; Berlin wurde aber nicht „mitgezählt" (vgl. BVerfGE 7, 12).

**Absatz 2: Ehemalige Sonderregelungen für Berlin**

Abs. 2 ist heute **gegenstandslos**, aber nicht formell aufgehoben. Er betraf – mit   **2** der überholten Bezugnahme auf Art. 23 a.F. – allein das Land **Berlin**. Die „*Beschränkungen*" beruhten auf Völkerrecht: (Gesamt-)Berlin wurde nach Kriegsende nicht Teil einer der vier Besatzungszonen, sondern als besonderes Gebiet unter Viermächteverantwortung gestellt. Deren Fortbestand wurde durch das Viermächteabkommen über Berlin vom 3.9.1971 (Beilage BAnz v. 15.9.1972 S. 44) bestätigt. Dieser „gesamthandähnliche" Rechtsstatus hinderte die Drei Mächte, die volle Integration der Westsektoren (d.h. des Landes Berlin) in die Bundesrepublik Deutschland zuzulassen, ebenso wie er die faktisch weitgehend vollzogene Integration Ost-Berlins in die damalige DDR (s. dazu Lieser-Triebnigg, DÖV 1987, 377) völkerrechtl. unzulässig machte. Überblick über die verfassungs- und völkerrechtl. Situation („**Berlin-Status**") bei Scholz, HStR I, § 9 (vgl. auch die Erläut. in Art. 144 Rn. 2–4 der 6. Aufl. des Kommentars).

**Alle Beschränkungen** sind mit der Beendigung der Viermächte-Rechte und -Ver   **3** antwortlichkeiten in Bezug auf Berlin und Deutschland als Ganzes **entfallen**, die zwischen den Vier Mächten und den beiden deutschen Staaten im Vertrag über die abschließende Regelung in Bezug auf Deutschland vom 12.9.1990 (BGBl II S. 1318) vereinbart wurde (s. auch Präambel Rn. 5). Der Vertrag stellt den formellen Abschluss der „2+4"-Gespräche über die äußeren Aspekte der deutschen Einheit dar. Bereits mit Schreiben an den BKanzler vom 8.6.1990 (BGBl I S. 1068) hatten die Botschafter der Drei Mächte die konkreten Vorbehalte in Bezug auf die unmittelbare Wahl der Berliner Vertreter zum BTag und das volle Stimmrecht der Berliner Vertreter in BTag und BRat aufgehoben.

## Artikel 145 [Inkrafttreten des Grundgesetzes]

(1) Der Parlamentarische Rat stellt in öffentlicher Sitzung unter Mitwirkung der Abgeordneten Groß-Berlins die Annahme dieses Grundgesetzes fest, fertigt es aus und verkündet es.

(2) Dieses Grundgesetz tritt mit Ablauf des Tages der Verkündung in Kraft.

(3) Es ist im Bundesgesetzblatte zu veröffentlichen.

Art. 145 regelt in Abs. 1 die abschließenden Akte des Verfahrens der mit dem   **1** GG gewollten Verfassungsgebung und im Zusammenhang damit in Abs. 2 das **Inkrafttreten** des GG **im Gebiet derjenigen Bundesländer, die ursprünglich zur Bundesrepublik Deutschland gehörten** (s. dazu Einführung Rn. 1). Nach Feststellung seiner – von Art. 144 I geforderten – Annahme in der Sitzung des ParlRats am 23.5.1949 ist das GG in derselben Sitzung auch ausgefertigt (zum Begriff der Ausfertigung vgl. Art. 82 Rn. 2) und verkündet worden (s. auch Einführung Rn. 1). Demzufolge ist es gemäß Abs. 2 mit Ablauf des 23.5.1949 am 24.5.1949 um 0 Uhr in Kraft getreten (BVerfGE 95, 264; BVerwG, DVBl 2008, 1320; ungenau BVerfGE 2, 258; 4, 341; BVerwGE 111, 193; vgl. dazu aber Dreier in

Ders., Art. 145 Rn. 10). Die in Abs. 3 vorgeschriebene Veröffentlichung im BGBl (1949 S. 1) hatte nur noch deklaratorische Bedeutung.

**2** Im Gebiet der später nach Art. 23 Satz 2 a.f. beigetretenen anderen Teile Deutschlands (s. dazu Einführung Rn. 4 u. Präambel Rn. 4) ist das GG für das Saarland am 1.1.1957 (G über die Eingliederung des Saarlandes v. 23.12.1956, BGBl I S. 1011) und für die vom Beitritt der DDR betroffenen Gebietsteile am 3.10.1990 (vgl. Art. 3 i.V.m. Art. 1 EV) in Kraft getreten, in letzterer Hinsicht in der Fassung, die als für den Zeitpunkt des Beitritts maßgeblich bestimmt war.

## Artikel 146 [Geltungsdauer des Grundgesetzes]

**Dieses Grundgesetz, das nach Vollendung der Einheit und Freiheit Deutschlands für das gesamte deutsche Volk gilt, verliert seine Gültigkeit an dem Tage, an dem eine Verfassung in Kraft tritt, die von dem deutschen Volke in freier Entscheidung beschlossen worden ist.**

**1** Art. 146 in der bis zum Inkrafttreten des Einigungsvertrags (vgl. Einführung Rn. 4) gültig gewesenen Fassung gehörte zu den Regelungen des GG, in denen dessen vorläufiger Charakter (dazu s. Einführung Rn. 1 u. 2) seinen Niederschlag gefunden hatte. Mit der in Anwendung des Art. 23 Satz 2 a.f. erfolgten Erstreckung des GG auf das Gebiet der ehemaligen DDR nach Maßgabe des Art. 4 EV und der damit erreichten Wiedervereinigung Deutschlands hat die Vorschrift diese Bedeutung verloren: Wie im letzten Satz der Präambel (vgl. dort Rn. 6) wird in Art. 146 mit der Feststellung, dass das GG nach Vollendung der Einheit und Freiheit Deutschlands „für das gesamte deutsche Volk gilt", zum Ausdruck gebracht, dass das GG **als gesamtdeutsche Verfassung nicht mehr nur übergangsweise** gelten soll (str.; wie hier z.B. BT-Dr 11/7760 S. 358 u. 359; s. auch BT-Dr 12/6000 S. 111).

**2** Am endgültigen Charakter des aktuell geltenden GG ändert auch die – allerdings unklare – Aussage über dessen **Geltungsdauer** nichts. Wörtlich genommen, bekräftigt die Regelung, deren Inhalt und Bedeutung im Schrifttum in vielfältiger Weise umstritten sind (im Näheren Dreier in Ders., Art. 146 Rn. 28 ff.), insoweit nur eine Selbstverständlichkeit: Das GG tritt außer Kraft, wenn sich das deutsche Volk, zu welchem Zeitpunkt auch immer, in Wahrnehmung seiner **verfassungsgebenden Gewalt** in freier Entscheidung, also „frei von äußerem und innerem Zwang" (BVerfGE 5, 131), eine neue, das GG als Ganzes ablösende Verfassung gibt (vgl. auch BT-Dr 12/6000 S. 111), für die Art. 146 keine inhaltlichen Vorgaben macht. Bloße **Verfassungsänderungen** können diese Wirkung nicht haben. Sie berühren, formell und materiell an Art. 79 gebunden (zu den Einzelheiten s. die Erläut. dort), nur die jeweilige Einzelregelung, die nach dem Willen des verfassungsändernden Gesetzgebers aufgehoben werden oder mit neuem Inhalt fortgelten soll.

**3** Im Lichte der Verhandlungen und Beratungen, die zu dem *Formelkompromiss* des Art. 146 n.F. geführt haben, scheint dieser aber gewissermaßen **Verfassungsgebung und Verfassungsänderung miteinander kombinieren** zu wollen. Denn ausweislich der Gesetzesmaterialien soll der neue Art. 146 den Weg dafür öffnen, „nach den Regeln für Verfassungsänderungen ... eine neue Verfassung" zu erarbeiten, „deren Wirksamwerden an eine einfache Mehrheit in einer Volksabstimmung geknüpft werden kann" (so BT-Dr 11/7920 S. 14; vgl. auch BT-Dr 11/7760 S. 359). Das kann dahin verstanden werden, dass zunächst BTag und

BRat nach Maßgabe vor allem des Art. 79 II und III eine neue Verfassung zu beschließen hätten, über deren endgültiges Zustandekommen sodann – auf einer noch zu schaffenden Rechtsgrundlage – das Volk im Wege der Volksabstimmung zu entscheiden hätte (s. auch Jarass in Ders./Pieroth, Art. 146 Rn. 4). Der Vorteil eines derartigen Vorgehens, das im Wortlaut des Art. 146 allerdings kaum einen Rückhalt findet, läge darin, dass auf diesem Wege eine *neue, durch ausdrücklichen Willensakt des Volkes legitimierte Verfassung* zustande kommen könnte, ohne dass – wegen der *Bindung an die formellen und materiellen Sperren* insbes. *des Art. 79 II und III* – befürchtet werden müsste, dass dabei die das GG prägenden verfassungsrechtl. Grundentscheidungen preisgegeben werden. Verfassungsrechtl. geboten ist ein solcher Schritt allerdings nicht (str.; s. auch BVerfG, NVwZ-RR 2000, 474: keine Pflicht staatl. Stellen zur Durchführung einer Volksabstimmung über eine neue Verfassung, davon aber jetzt gemäß Rn. 4 zumindest für die Gründung eines europäischen Bundesstaats abw. BVerfGE 123, 332). Wird auf ihn verzichtet, also von der Durchführung einer Volksabstimmung abgesehen – die Gemeinsame Verfassungskommission von BTag und BRat (zu ihr vgl. Einführung Rn. 5) hat mit Bezug auf Art. 146 keine Empfehlungen ausgesprochen (s. BT-Dr 12/6000 S. 111) –, oder scheitert er daran, dass eine von den gesetzgebenden Körperschaften nach den Regeln des Art. 79 beschlossene neue Verfassung nicht die Billigung des Volkes findet, bleibt das GG mit seinem bisherigen Inhalt als gesamtdeutsche Verfassung in uneingeschränkter Geltung. Nicht geschmälert, höchstens bestärkt wäre in diesem Fall auch seine **demokratische Legitimation,** die in den Westbundesländern in der vor allem in Wahlen bekräftigten Akzeptanz des GG durch die Bevölkerung und im Gebiet der ehemaligen DDR insbes. in den Vorgängen, die zur Wiedervereinigung Deutschlands geführt haben, ihren sichtbaren Ausdruck gefunden hat (zu Letzterem vgl. auch BT-Dr 12/6000 S. 111 sowie Präambel Rn. 4).

Art. 146 bestätigt das vorverfassungsrechtl. Recht des Souveräns, sich eine Verfassung zu geben (vgl. auch BVerfGE 5, 131: „Akt des pouvoir constituant"), aus der die verfasste Gewalt hervorgeht und an die diese gebunden ist. Das BVerfG sieht in der Vorschrift darüber hinaus neben den materiellen Anforderungen des Art. 23 I 1 die **äußerste Grenze der Mitwirkung** der Bundesrepublik Deutschland **an der europäischen Integration** (BVerfGE 123, 332). Die Bundesrepublik soll danach der Schaffung eines Bundesstaates Europa nur im Wege einer neuen Verfassungsgebung unter Mitwirkung des Volkes zustimmen dürfen (BVerfGE 123, 347 f., 364, 370 f.; sehr str.). Entsprechendes wird für eine Preisgabe zentraler unaufgebbarer staatl. Kernaufgaben wie die Ausübung des Budgetrechts des BTages anzunehmen sein (vgl. BVerfGE 123, 359 ff., 406 ff.; ebenfalls str.). Denn allein die verfassungsgebende, nicht aber die verfasste Gewalt ist nach dem Lissabon-Urteil des BVerfG berechtigt, den durch das GG verfassten Staat freizugeben (E 123, 332), wobei offengelassen wird, ob dabei – entsprechend den Erwägungen in Rn. 3 – Art. 79 III zu beachten wäre – s. BVerfGE 123, 343; eher verneinend aber schon BVerfGE 89, 180). Das in diesem Zusammenhang angenommene **Teilhaberecht des wahlberechtigten Bürgers** an der Legitimation öffentl. Gewalt soll mit der Individual-Verfassungsbeschwerde (Art. 93 Rn. 22–31) geltend gemacht werden können (wiederum str.). Obwohl Art. 146 **kein selbständig verfassungsbeschwerdefähiges Individualrecht** begründet (BVerfGE 89, 180), kann die Vorschrift nach Auffassung des BVerfG (E 123, 332) i.V.m. den in Art. 93 I Nr. 4 a genannten Grundrechten und grundrechtsgleichen Rechten – hier Art. 38 I 1 – als verletzt gerügt werden. Mit dem Vertrag von Lissabon vom 13.12.2007 (BGBl 2008 II S. 1039), der den Charakter der EU

4

als Staatenverbund (dazu BVerfGE 123, 348, 350) nicht verändert hat, ist eine solche Verletzung nicht verbunden (BVerfGE 123, 339, 369 ff.). Dass mit ihm die äußerste Grenze der nach geltendem Verfassungsrecht zulässigen europäischen Integration schon erreicht ist, lässt sich schwerlich überzeugend begründen (vgl. auch Schmahl in Sodan, Art. 146 Rn. 5). Das Gleiche gilt für die seitdem zur Bewältigung der Staatsschuldenkrise in der Europäischen Wirtschafts- und Währungsunion getroffenen Maßnahmen (s. dazu im Einzelnen BVerfGE 129, 176 ff.; BVerfG, U. v. 12.9.2012 – 2 BvR 1390/12 u.a. –).

*Hömig*

## Stichwortverzeichnis

Die fett gedruckten Zahlen verweisen auf die Artikel des GG, die mageren auf die Randnummern der Erläuterungen.

Handlungsfreiheit (allg.) s. Persönlich-
keitsentfaltung
Hauptstadt s. Bundeshauptstadt
Haushaltsgesetz, Haushaltsplan des
Bundes
– Allgemeines 110/1 f.
– Ausgaben 110/2 f.
– außerplanmäßige Ausgaben
112/1 ff.
– Begriff u. Bedeutung d. Haushaltspl.
110/1
– Bepackungsverbot 110/8
– Bruttoprinzip 110/3
– Budgetrecht, Budgetverwantwor-
tung s. Bundestag
– Einnahmen 110/2 f.
– Haushaltsausgleich 110/4
– Haushaltsgrundsätze 110/3 f.
– Haushaltsvorlagen 76/2, 110/7
– Kreditaufnahme 109/1 f., 6, 10 f.,
110/4, 111, 115/1 ff., 143 d/3 f.
– Mehrausgaben, Mindereinnahmen
113/1 ff.
– Nachtragshaushalt 112/1, 4
– Normenkontrolle, abstrakte 93/13,
konkrete 100/4
– Rechnungsprüfung 114/3
– Schuldenbegrenzung 109/9-12,
115/3-8
– Sondervermögen 110/3, 115/9
– überplanmäßige Ausgaben 112/1 ff.
– Vorherigkeit 110/5
– vorläufige Haushaltswirtschaft 111
– Zustimmungsrechte d. BReg
113/1 ff.
s. auch Haushaltsnotlagen
Haushaltsgrundsätzegesetzgebung
109/14 f.
Haushaltshoheit 91 a/9, vor 104 a/1,
106/13, s. a. Bundestag unter „Bud-
getrecht, Budgetverantwortung"
Haushaltsnotlagen
– Beistandspflicht bei extremen H.
107/14
– Notlage-Verfahren 109 a/2 f.
– Regelungen z. Haushaltssanierung
109 a/3
– Stabilitätsrat 109 a/1 f.
– Vermeidung v. 109 a/1-4
Haushaltsrecht 109/14

Haushaltssanierung Einf/7, 22/7,
107/14, 109 a/1, 3, 143 d/5
Haushaltswirtschaft 78/4, vor 104 a/1,
106/13, 109/1 ff., 7, 14, 143 d/2
Hebesätze 28/22, 105/1, 106/20, 22,
107/11
Heiliger Stuhl 32/1
Herrenchiemsee-Entwurf Einf/1
Hochschulbau vor 91 a/2, 91 b/1, 5,
125 c/2, 143 c/1
Hochschulen
– Förderung v. Wissenschaft u. For-
schung 91 b/3 ff.
– Gesetzgebung über Abschlüsse an u.
Zulassung zu H. 74/33
– Organisation 5/34
Homosexualität 2/6, 7, 3/12

Individualgesetz s. Gesetz, Gesetze un-
ter „Einzelfallgesetze"
Informationelles Selbstbestimmungs-
recht 1/10, 14, 18, 10/2, 7, 13/4,
17 a/7, 35/4, 43/3, 44/7, 45 c/3,
73/16
Informationsfreiheit 5/9-11, 26-28
Informationstechnik
– Verbindungsnetz des Bundes 91 c/5
– Zusammenarbeit unter den Ländern
91 c/4
– Zusammenwirken von Bund u. Län-
dern 91 c/1-3
s. auch Gewährleistung der Vertrau-
lichkeit u. Integrität informations-
technischer Systeme
Inkrafttreten
– Bundesgesetze 82/1, 10-13, 15
– Grundgesetz Einf/1, 145
– Rechtsverordnungen d. Bundes
80/3, 82/1, 14 f.
Innerer Notstand
– Anforderung v. Hilfskräften 91/2-4
– Begriff 91/1
– regionaler i. N. 91/2
– Schutzgüter 91/1
– Streitkräfteeinsatz 87 a/14 ff., 91/3
– überregionaler i. N. 91/2, 11
– Weisungs- u. Einsatzzuständigkeiten
d. BReg 91/5 ff.
Intimsphäre s. Persönlichkeitsrecht
(allg.) unter „Privat- u. Intimsphä-
re" und auch Ehe